Evangelisches Soziallexikon

9., überarbeitete Auflage

Herausgegeben von

Jörg Hübner
Johannes Eurich
Martin Honecker
Traugott Jähnichen
Margareta Kulessa
Günter Renz

Verlag W. Kohlhammer

Das Evangelische Soziallexikon wird gefördert durch

SOZIALWISSENSCHAFTLICHES INSTITUT

der Evangelischen Kirche in Deutschland EKD

Brot für die Welt – Evangelischer Entwicklungsdienst / Diakonie Deutschland – Evangelischer Bundesverband,
die Evangelisch-Lutherische Landeskirche Sachsens,
den Lehrstuhl Prof. Dr. Reinhard Schmidt-Rost,
den Verein zur Erforschung kirchlicher Zeitgeschichte nach 1945 e. V.,
die Evangelische Kirche Berlin-Brandenburg-schlesische Oberlausitz,
die Evangelisch-lutherische Landeskirche Hannovers,
die Evangelisch-Lutherische Kirche in Norddeutschland,
die Evangelische Landeskirche in Württemberg,
die Stiftung Sozialer Protestantismus,
die Evangelische Landeskirche in Baden,
die Evangelisch-Lutherische Kirche in Bayern,
die Evangelische Kirche in Mitteldeutschland,
die Evangelische Kirche der Pfalz (Protestantische Landeskirche),
die Evangelische Kirche in Hessen und Nassau,
die Evangelische Landeskirche Anhalts.

9. Auflage 2016

Alle Rechte vorbehalten
© W. Kohlhammer GmbH, Stuttgart
Gesamtherstellung: W. Kohlhammer GmbH, Stuttgart

Print:
ISBN 978-3-17-026960-6

E-Book-Formate:
pdf: ISBN 978-3-17-026961-3
epub: ISBN 978-3-17-026962-0
mobi: ISBN 978-3-17-026963-7

Für den Inhalt abgedruckter oder verlinkter Websites ist ausschließlich der jeweilige Betreiber verantwortlich. Die W. Kohlhammer GmbH hat keinen Einfluss auf die verknüpften Seiten und übernimmt hierfür keinerlei Haftung.

Vorwort

Das traditionsreiche Standardwerk der Evangelischen Sozialethik, das Evangelische Soziallexikon, erscheint nun bereits in der 9. Auflage. 1954 erstmals im Auftrag des deutschen Evangelischen Kirchentages von Professor D. Dr. Friedrich Karrenberg herausgegeben, 1963 (4. Auflage) sowie 1980 (7. Auflage) völlig neu bearbeitet, wurde es 2001 mit der 8. Auflage erneut vollständig überarbeitet. Wenn das Soziallexikon nun wiederum neu bearbeitet erscheint – jetzt mit einem veränderten und vergrößerten Herausgeberkreis –, dann will es seiner Verpflichtung treu bleiben, die Friedrich Karrenberg in der 1. Auflage so beschrieben hat:

„Zwei Aufgaben hat sich das Lexikon von Anfang an gesetzt. Es will erstens informieren, eine sachliche Unterrichtung über Entwicklung und Stand der Diskussion zu bestimmten Fragen ist die erste Voraussetzung zur eigenen Urteilsbildung. Man muss wissen: Was gibt es an Einrichtungen und Auffassungen, was spricht für das eine, was für das andere? Dabei waren wir bestrebt, auch andere, also etwa katholische oder säkulare Auffassungen mit ihren Begründungen so sachlich wie möglich wiederzugeben. Das Lexikon will freilich nicht nur informieren. Es will den evangelischen Standpunkt zu den verschiedenen Fragen des sozialen Lebens deutlich machen."

Dieser Verpflichtung bleibt die Neubearbeitung verbunden, nämlich zuverlässige Informationen und Hilfe zur eigenen Urteilsbildung aus der Sicht evangelischen Glaubens zu geben. Die Veränderungen in Politik, Gesellschaft und Wissenschaft und nicht zuletzt in der Kirche selbst, aber auch die sich beschleunigenden Prozesse der Globalisierung nehmen in zunehmendem Maße Einfluss auf die Lebenswelt jedes Einzelnen. Zusammen mit dem stetig voranschreitenden europäischen Einigungsprozess bestimmen sie nachhaltig die politischen, ökonomischen und sozialen Rahmenbedingungen.

Zur Neugestaltung

Thematisch geht das Evangelische Soziallexikon in seiner neunten Auflage insofern neue Wege, als es nach der letzten Auflage (2001) nun Stichworte mit aufnimmt, die sich ergeben aus der zunehmenden Europäisierung, dem demografischen Wandel, der sprunghaften Fortentwicklung der Medienwelten, der Notwendigkeit einer nachhaltigen Lebensweise, den ökonomischen Transformationsprozessen, den sich intensivierenden Teilhabeformen und den voranschreitenden Globalisierungsprozessen. Beispielhaft seien hier folgende Stichworte genannt: Generationenverhältnisse, Demografischer Wandel, Sozialunternehmer, Inklusion, Klimawandel, Energiewende, Bankenkrise, Transaktionssteuer, Spieltheorie, Spekulation, Institutionelle Anleger, Willensfreiheit, digitale Sicherheit, Privatsphäre, Transformation, Postwachstumsökonomie, Suffizienz.

Die Intention der 8. Auflage, angesichts der religiösen Weltlage auch nichtchristliche Religionen zu beachten, wird beibehalten. Dies betrifft auch die Ausrichtung des Evangelischen Soziallexikons auf die soziale, politische, ökonomische und ethische Thematik. Um den neuen Stichworten Raum zu geben und das Lexikon mit seinem Charakter als Handbuch mit Überblicksartikeln erhalten zu können, sind gegenüber der 8. Auflage die Biogramme entfallen.

Neu ist mit der 9. Auflage auch die Art der Platzierung des Lexikons am Büchermarkt: Neben einer Printversion setzen Herausgeber und Verlag – insbesondere auch hinsichtlich der Erwartungen des Marktes – auf die Möglichkeit, das Lexikon auch als E-Book zu publizieren.

Evangelisches Profil

Das Evangelische Soziallexikon hat mit der ersten Auflage damals die Umrisse einer Evangelischen Soziallehre skizziert. Friedrich Karrenberg betonte in der Erstauflage, dass das Evangelische Soziallexikon kein „kirchenamtliches Dokument" ist und auch nicht „die zusammenfassende Lehre der evangelischen Kirche zu den sozialen Fragen" enthält. Im Unterschied zur katholischen Soziallehre bilden nicht kirchenamtliche Lehraussagen, wie Konzilsdekrete und päpstliche Enzykliken, die Grundlage evangelischer Sozialethik. Auch wenn evangelische Überzeugung von der Gewissensbindung eines jeden Menschen ausgeht, ist das Lexikon mehr als die Privatarbeit Einzelner. Jeder Verfasser trägt zwar die Verantwortung für seinen Beitrag; aber dennoch sind fundamentale Grundüberzeugungen und Sichtweisen spezifisch „evangelisch". Übereinstimmung, Grundkonsens und Vielfalt schließen sich allerdings gegenseitig nicht aus. Evangelische Freiheit und autonome Gewissensentscheidungen bilden zwar einen Pluralismus aus, jedoch einen Pluralismus im Rahmen einer Lebenskultur des Protestantismus. Insofern ist die theologische, gesellschaftliche und kulturelle Vielfalt in evangelischen Kirchen ausgeprägt. Biblische Botschaft, kirchliche Tradition, auch spezifisch konfessionelle Traditionen, geschichtliche Erfahrungen und Einsichten gesellschaftlicher Grundüberzeugung und der Kultur sind folglich ins Gedächtnis zu rufen. Die geschichtliche Ausformung evangelischer Ethik darf nicht vergessen werden. Diese Bemühung um Verständigung und Konsens bestimmt auch diese Auflage des Evangelischen Soziallexikons.

Pluralismus und christliche Weltdeutung

Bei vielen Fragestellungen geht es überdies auch gar nicht um eine spezifisch konfessionelle „evangelische" Problemwahrnehmung und Sicht, sondern um eine gemeinsame christliche, um eine umfassend ökumenische Einstellung zur Wirklichkeit.

Humane, allgemeinmenschliche Fragestellungen bilden, zumal in einer sich zunehmend säkularer verstehenden Gesellschaft, eine gemeinsame Verstehens- und Verantwortungsaufgabe; das heißt auch, sie sind allgemeingültig zu erörtern und zu lösen. Das Evangelische Soziallexikon wendet sich daher nicht nur an evangelische Christen, sondern soll allgemeinverständlich – neben der Sachinformation – einen Überblick über in der evangelischen Kirche und im Protestantismus gegenwärtig vertretene Standpunkte und Positionen vermitteln. Vollständigkeit des Überblicks über Sachfragen war weder beabsichtigt noch zu erreichen. Aber die Stimmen des Protestantismus sollen in ihrer ganzen Breite zu Gehör kommen.

Für den Inhalt der Artikel tragen freilich die jeweiligen Autorinnen und Autoren die Verantwortung. Die Artikel konnten auch nicht durchgängig vereinheitlicht werden, Unterschiede in Sprachstil und Fachterminologie konnten und sollten auch nicht durchweg vermieden und beseitigt werden; die Individualität der Autorinnen und Autoren sollte durchaus zur Geltung kommen.

Zu danken haben die Herausgebenden für die großzügige Förderung der Publikation des Evangelischen Soziallexikons durch das Sozialwissenschaftliche Institut der Evangelischen Kirche in Deutschland. Hinzu kommen in der Reihenfolge der Höhe der Zuschüsse folgende Werke, Landeskirchen, Vereine und Personen: Brot für die Welt – Evangelischer Entwicklungsdienst / Diakonie Deutschland – Evangelischer Bundesverband, die Evangelisch-Lutherische Landeskirche Sachsens, der Lehrstuhl Prof. Dr. Reinhard Schmidt-Rost, der Verein zur Erforschung kirchlicher Zeitgeschichte nach 1945 e. V., die Evangelische Kirche Berlin-Brandenburg-schlesische Oberlausitz, die Evangelisch-lutherische Landeskirche Hannovers, die Evangelisch-Lutherische Kirche in Norddeutschland, die Evangelische Landeskirche in Württemberg, die Stiftung Sozialer Protestantismus, die Evangelische Landeskirche in Baden, die Evangelisch-Lutherische Kirche in Bayern, die Evangelische Kirche in Mitteldeutschland, die Evangelische Kirche der Pfalz (Protestantische Landeskirche), die Evangelische Kirche in Hessen und Nassau, die Evangelische Landeskirche Anhalts. Ohne diese vielen Zuschüsse wäre die Veröffentlichung des Evangelischen Soziallexikons einschließlich ihrer digitalen Form nicht möglich gewesen. Die Herausgeber danken den Zuschussgebern. Der Kohlhammer-Verlag hat von

Anfang an die Herausgabe der neunten Auflage dieses Lexikons maßgeblich gefördert und begleitet, woran insbesondere Jürgen Schneider und Florian Specker beteiligt waren. Die administrative Betreuung erfolgte auf Verlagsseite durch Janina Schüle, die sich durch ihren unermüdlichen und nachhaltigen Einsatz für das Evangelische Soziallexikon über zwei Jahre hinweg um dieses Gesamtwerk sehr verdient gemacht hat.

Herausgeber und Verlag wünschen sich, dass die neue Ausgabe, wie die bisherigen Auflagen, Beachtung und Anklang findet.

Jörg Hübner, Johannes Eurich, Martin Honecker,
Traugott Jähnichen, Margareta Kulessa, Günter Renz

Artikelübersicht

Abendland	1
Abfall / Abfallwirtschaft	6
Adressat	9
Agenda 21, Lokale	12
Aggression	14
Agrarpolitik	16
Akademien, kirchliche	22
Alter	27
Altruismus	31
Ambulantisierung	35
Amt	37
Anarchismus	40
Anerkennung	42
Anthropologie	44
Antijudaismus	50
Antisemitismus	54
Antiziganismus	56
Arbeit	58
Arbeiterwohlfahrt	66
Arbeitgeber	67
Arbeitnehmer	69
Arbeitsbewertung	71
Arbeitslosigkeit	73
Arbeitsmarktpolitik	75
Arbeitsrecht	80
Arbeitszeit	99
Armut	103
Assistenz	105
Asyl (juristisch)	107
Asyl (theologisch)	112
Aufklärung	113
Ausbildung / Weiterbildung	116
Autonomie	121
Autonomie (sozialpolitisch)	123
Autorität	124
Banken / Kreditinstitute	127
Bankenkrise	130
Baptisten	132
Barmer Theologische Erklärung (BTE)	135
Barmherzigkeit (biblisch)	139
Barmherzigkeit (diakonisch)	142
Beamte / Beamtenrecht	144
Bedürfnis / Bedarf	146
Befreiungstheologie	150
Behinderung	152
Beratung	154
Bergpredigt	156
Beruf	161
Betrieb / Betriebsverfassung	165
Betriebsrat	170
Betriebswirtschaftslehre	174
Bevölkerung / Bevölkerungspolitik	177
Bibel, soziale Themen der	179
Bildung / Bildungspolitik	184
Biodiversität	189
Bioethik	191
Boden / Bodennutzung	195
Börse	199
Brüder-Unität	201
Bruttoinlandsprodukt	204
Bürgerbeteiligung	208
Bürgerinitiative	212
Bürgertum / Bürgergesellschaft	214
Bürokratie	217
Calvinismus	220
Caritas	227
Club of Rome	230
Corporate Social Responsibility (CSR)	232
Darmstädter Wort	234
Datenschutz	235
Dekalog	240
Demografischer Wandel	242
Demokratie	245
Denkschriften	253
Deregulierung	257
Diakon / Diakonisse / Diakonin	259
Diakonie	261
Dialektik	265
Dialog, interreligiöser	268
Dienst / Dienstleistungen	271
Dienstgemeinschaft	275
Diskriminierung	277
Diskursethik	282
Dritter Weg	284
Ehe / Lebensformen	286
Ehescheidung	293
Ehre	296
Ehrenamt	299
Eid	302
Eigengesetzlichkeit	305
Eigentum, geistiges	307
Eigentum (sozialethisch)	309
Einigung, deutsche	314
Einigung, europäische	316

Einkommen / Einkommenspolitik	318
Elite	330
Eltern	333
Elternrecht	335
Emanzipation	338
Emotion	340
Empowerment	343
Energie / Energiewirtschaft / Energiepolitik	345
Energien, erneuerbare	349
Energiewende	351
Entfremdung	354
Entwicklung, nachhaltige	355
Entwicklungspolitik	359
Ernährung	366
Erwachsenenbildung	369
Erweiterung der EU	375
Erziehung	380
Eschatologie und Ethik	382
Ethik (allgemein)	386
Ethik, analytische	399
EU-Grundfreiheiten (Freizügigkeit)	400
Europa und die Kirchen	404
Europäische Menschenrechtskonvention	411
Europäische Sozialpolitik	413
Europäische Strukturpolitik	420
Europäische Wirtschafts- und Währungsunion (EWWU)	423
Europarecht	429
Euthanasie / Sterbehilfe	433
Evangelische Kirche in Deutschland (EKD)	439
Evangelisch-sozialer Kongress	445
Existenzgründung	448
Extremismus	450
Familie	451
Familienpolitik (aktuell)	457
Familienpolitik (historisch)	459
Faschismus	465
Feste und Feiern	468
Finanzkrise	470
Finanzpolitik	474
Föderalismus	477
Folter	480
Forschungsförderung	483
Fortpflanzungsmedizin	488
Fortschritt	496
Französische Revolution und Kirche	498
Freiheit (sozialethisch)	501
Freiheit (theologisch und ethisch)	507
Freikirche	513
Freizeit	515
Frieden / Friedensethik	518
Fundamentalismus	526
Fundraising	529
Futurologie	531
Geburtenregelung	535
Geld / Geldsysteme / Geldpolitik	536
Geldanlage, ethische	541
Gemeinde (kirchlich)	544
Gemeinde (politisch)	547
Gemeinnützigkeit	550
Gemeinschaft	554
Gemeinwesenarbeit	555
Gemeinwohl	558
Gemeinwohl-Ökonomie	561
Gender	564
Generationenverhältnisse	565
Genetik	567
Genossenschaften	572
Gentechnik / Gentechnologie / Genforschung	578
Gerechtigkeit	583
Geschlechtergerechtigkeit	590
Geschlechterverhältnis	591
Gesellschaft	593
Gesellschaftpolitik	599
Gesetz und Evangelium	603
Gesundheit / Gesundheitspolitik	607
Gewalt	612
Gewerkschaften	614
Gewinn	617
Gewissen	619
Gewissensfreiheit	624
Gleichheit (juristisch)	627
Gleichheit (theologisch)	631
Globalisierung	634
Glück	643
Gnade	645
Grundgesetz (Verfassung)	647
Grundrechte	650
Grundsicherung, soziale	652
Grundwerte	657
Gruppe	661
Güterethik / Güterlehre	664
Handlung / Handlungstheorie	666
Handwerk	669
Haushalte, öffentliche	673
Haushalte, private	675
Hedgefonds	678
Heimat	680
Homosexualität	682
Humanität	684
Humanvermögen / Humankapital	689
Hunger	692
Ideologie	695
Individualismus	698
Industrie- und Sozialpfarramt	700
Industrie / Industriegesellschaft / Industrialisierung	704
Inflation	708
Information	710
Infrastruktur	716
Inklusion	717
Innere Mission	720

Innovation	723
Institution	730
Institutionelle Anleger	734
Interesse	736
Internationale Arbeitsorganisation (IAO)	738
Internationaler Währungsfonds (IWF)	741
Internet	744
Internetrecht	747
Intuition	753
Investition	754
Investivlohn	756
Islam und Sozialethik	758
Journalismus	765
Judentum und Ethik	770
Jugend	773
Kapital und Zins	778
Kapitalismus	786
Kapitalismuskritik	793
Kasuistik	800
Katholische Soziallehre	801
Kinder	811
Kinderarbeit	815
Kinderrechte	818
Kirche und Welt	822
Kirche und Wirtschaft	828
Kirchlich-soziale Konferenz	832
Klasse / Klassenkampf / Klassengesellschaft	834
Klimawandel / Klimagerechtigkeit	836
Koalition / Koalitionsfreiheit	840
Kolonialismus / Postkolonialismus	843
Kommunalverwaltung / Kommunalpolitik	845
Kommunikation	848
Kommunismus	850
Kommunistisches Manifest	853
Kommunitarismus	855
Kommunitäten / Orden / Bruder- und Schwesternschaften	857
Kompromiss	860
Konflikt / Konflikttheorie	862
Königsherrschaft Christi	866
Konjunktur / Konjunkturpolitik	868
Konservatismus	872
Konsum / Konsumgesellschaft	873
Konzern	876
Konziliarer Prozess	878
Kooperation	881
Korporatismus	884
Korruption	886
Krankenhaus	888
Kredit	891
Krieg	893
Kritische Theorie	899
Kritischer Rationalismus	903
Kultur / Kulturpolitik	904
Laie	908
Leben	910
Lebensstandard	916
Legalität / Legitimität	917
Leistung / Leistungsgesellschaft	920
Leitbild	924
Liberalismus	926
Liebe (biblisch-theologisch)	930
Liebe (ethisch)	934
Lohn / Lohnpolitik	937
Lohntheorie	942
Luthertum und Sozialethik	945
Macht	957
Manager	962
Marketing	964
Markt	966
Marktforschung	968
Marktwirtschaft, soziale	969
Marxismus, Religionskritik des Marxismus	973
Massenmedien	978
Materialismus	981
Mediation	983
Medienethik	986
Medienpolitik	989
Medizin / Medizinische Ethik	991
Meinungsforschung	996
Meinungsfreiheit	998
Mennoniten	999
Menschenrechte / Menschenwürde (ethisch)	1001
Menschenrechte / Menschenwürde (politisch)	1013
Methoden, sozialwissenschaftliche	1016
Methodismus	1019
Migration	1021
Migration – Ausländer / Migrationspolitik	1024
Migration – Aussiedler / Vertriebene	1028
Militärseelsorge	1031
Millenniumsziele	1033
Minderheiten / Minderheitenrechte / Minderheitenschutz	1036
Mindestlohn	1041
Mitbestimmung (allgemein)	1043
Mitbestimmung (kirchlich)	1047
Mittelstand / Mittelstandsförderung	1048
Mobbing	1051
Mobilität	1053
Monopol	1057
Moral	1059
Moralpsychologie	1064
Motivation	1067
Multikulturalismus	1069
Nachbarschaft	1072
Nachfolge	1074
Nachhaltigkeit	1077
Nächstenliebe	1082
Nation / Nationalismus	1085
Nationalsozialismus	1087
Naturrecht	1091
Naturschutz und Landschaftspflege	1096

Neid	1098
Neoliberalismus (wirtschaftlich)	1100
Neurowissenschaften und Ethik	1106
Nichtregierungsorganisation (NGO)	1109
Nihilismus	1112
Nonprofit Organisation (NPO), freie, private	1115
Norm / Normen	1118
Nutzen	1121
Öffentliche Güter	1124
Öffentliche Wirtschaft	1126
Öffentlicher Dienst	1129
Öffentlichkeit	1133
Öffentlichkeit und Kirche	1144
Ökologie (allgemein)	1153
Ökologie (kirchliche Aktivitäten)	1158
Ökonomisierung / Ökonomie	1161
Ökumenische Bewegung	1164
Ordnung	1169
Organisation	1173
Organisationskultur / Organisationsethik	1175
Orthodoxe Kirche	1178
Parlament / Parlamentarismus	1182
Parteien / Parteiensystem	1184
Partizipation	1194
Partnerschaft, globale	1197
Patriotismus	1200
Person / Persönlichkeit / Personenrecht	1201
Pflegeethik	1205
Pflegeversicherung / Pflegegeld / Pflegekosten	1209
Pflicht	1213
Pietismus	1214
Planung	1216
Pluralismus	1221
Politik	1226
Politikberatung	1229
Politische Ethik	1232
Polizei / Polizeirecht	1236
Positivismus	1238
Postwachstumsökonomie	1240
Pragmatismus	1242
Pränatalmedizin	1244
Predigt, politische	1249
Privatisierung	1252
Privatsphäre	1254
Produktion / Produktivität	1257
Profession / Professionalisierung	1260
Professionsethik	1263
Proletariat	1265
Protektionismus	1267
Public Relations	1269
Quäker	1271
Randgruppen	1272
Rassismus	1275
Ratingagenturen	1279
Rationalisierung	1282
Raumordnung	1284
Recht / Rechtsstaat	1287
Rechtfertigung	1292
Reich Gottes	1296
Reichtum	1300
Religionen und Wirtschaft	1306
Religionsfreiheit	1309
Religionssoziologie	1313
Rente / Rentenformel / Rentenreform	1317
Revolution	1326
Risiko / Risikogesellschaft	1331
Rohstoffe	1333
Rolle / Rollentheorie	1336
Rüstung	1340
Rüstungskontrolle	1341
Rüstungswirtschaft	1342
Säkularisierung / Säkularisation	1343
Scham	1349
Schuld	1351
Schuldenkrisen, internationale / Schuldenpolitik / Verschuldung	1354
Schwangerschaft / Schwangerschaftsabbruch	1360
Selbstverwaltung	1364
Sexualität / Sexualethik	1367
Shareholder Value	1376
Sicherheit / Sicherheitspolitik	1378
Sicherheit, digitale	1381
Sitte / Gewohnheit / Brauch	1384
Situationsethik	1386
Soldat / Soldatin	1389
Solidarität	1391
Sonntag	1393
Soziale Arbeit	1395
Soziale Frage	1399
Soziale Innovation	1403
Soziale Netzwerke (Soziologie)	1405
Sozialer Wandel	1408
Sozialethik	1411
Sozialgeschichte	1418
Sozialgesetzbuch	1420
Sozialhilfe	1421
Sozialismus	1423
Sozialismus, religiöser	1428
Sozialpartnerschaft	1430
Sozialpolitik	1433
Sozialstaat	1441
Sozialunternehmer / Social Entrepreneur	1443
Sozialversicherung	1446
Soziologie	1455
Sozio-oekonomisches Panel (SOEP)	1460
Sparen	1461
Spekulation	1464
Spieltheorie	1466
Sport (sozialethisch, wirtschaftlich)	1468
Staat (juristisch)	1470
Staat (theologisch)	1477
Staatsverschuldung	1484

Stadt (soziologisch)	1486
Stadt (theologisch)	1489
Statistik	1493
Steuern / Steuerpolitik	1496
Stiftung / Stiftungsrecht	1499
Strafe	1503
Streik	1508
Subsidiarität (ethisch)	1511
Subsidiarität (politisch)	1514
Subsistenz	1516
Subventionen	1519
Sucht	1521
Suffizienz	1525
Suizid / Selbstmord	1527
Systemtheorie	1530
Tarifautonomie / Tarifvertrag	1533
Technik und Gesellschaft	1536
Technikfolgenabschätzung	1540
Terrorismus	1543
Theokratie	1545
Tier / Tierethik	1547
Todesstrafe	1549
Toleranz	1551
Totalitarismus	1553
Tourismus	1555
Tradition	1559
Transaktionssteuer	1561
Transformation	1563
Transnationale Unternehmen (TNU)	1566
Transplantationsmedizin	1570
Tugend	1576
Umwelt (theologisch-ethisch)	1580
Umweltethik (politisch)	1585
Unternehmen / Unternehmer	1592
Unternehmensethik	1595
Unternehmer, Evangelische	1597
Utilitarismus	1599
Utopie	1606
Verantwortliche Gesellschaft	1608
Verantwortung	1609
Verbraucher / Verbraucherpolitik	1613
Verein	1616
Vereinte Nationen	1620
Verkehrspolitik / Verkehrsethik	1624
Vermögen	1628
Vermögenspolitik	1633
Vernunft	1633
Versicherung	1638
Versöhnung	1640
Verteilung / Politiken der Verteilung	1644
Vertrag	1651
Verwaltung	1653
Volk / Volkstum	1655
Volkskirche	1656
Volkswirtschaft / Volkswirtschaftslehre	1658
Volkswirtschaftliche Gesamtrechnung(en)	1667
Vollbeschäftigung	1668
Wachstum / Wachstumspolitik / Wachstumstheorie	1673
Welt / Weltanschauung	1678
Weltgesundheitsorganisation (WHO)	1680
Welthandel / Handelspolitik	1682
Welthandelsorganisation (WTO)	1686
Werte / Werteethik	1690
Wettbewerb / Wettbewerbspolitik / Wettbewerbsrecht	1693
Widerstand / Widerstandsrecht	1703
Willensfreiheit	1712
Wirtschaft / Wirtschaften	1716
Wirtschaftsethik	1721
Wirtschaftsgeschichte	1727
Wirtschaftskriminalität	1733
Wirtschaftspolitik	1740
Wirtschaftssystem	1746
Wissenschaftsethik	1750
Wissensgesellschaft	1756
Wohlfahrt	1760
Wohnen / Wohnungswirtschaft / Wohngeld	1762
Würde	1765
Zentralbank	1768
Zivilcourage	1770
Ziviler Ungehorsam	1772
Zivilgesellschaft	1776
Zweireichelehre	1779

Verzeichnis der Autorinnen und Autoren

Achtner, Wolfgang: Willensfreiheit
Ackermann, Dirck: Militärseelsorge; Soldat / Soldatin
Albach, Horst: Betriebswirtschaftslehre; Investition; Produktion / Produktivität
Albrecht, Hans-Jörg: Wirtschaftskriminalität
Anke, Hans Ulrich: Evangelische Kirche in Deutschland (EKD); Verwaltung
Anselm, Reiner: Abendland; Revolution
Assel, Heinrich: Eschatologie und Ethik
Bagger, Hartmut: Rüstung; Rüstungskontrolle; Rüstungswirtschaft
Balz, Ulrich: Börse
Barth, Hermann: Denkschriften
Baumann, Klaus: Caritas
Becker, Manuel: Faschismus; Nationalsozialismus
Beckmann, Klaus J.: Verkehrspolitik / Verkehrsethik
Bednarek-Gilland, Antje: Risiko / Risikogesellschaft
Beese, Dieter: Aggression; Extremismus; Polizei / Polizeirecht
Beintker, Michael: Gnade; Schuld
Bellermann, Martin: Bedürfnis / Bedarf; Subsistenz
Bendemann, Reinhard von: Barmherzigkeit (biblisch); Bergpredigt; Nachfolge
Benedict, Hans-Jürgen: Randgruppen
Benz, Benjamin: Soziale Arbeit; Sozialpolitik
Berg, Margarita: Biodiversität
Bergmann, Gustav: Innovation; Wissensgesellschaft
Bergmann, Kristin: Gender; Geschlechtergerechtigkeit
Berner, Knut: Diskursethik
Bertelmann, Brigitte: Sparen; Wohlfahrt; Öffentliche Güter
Beutel, Albrecht: Aufklärung
Beyerle, Stefan: Dekalog
Bielefeldt, Heiner: Menschenrechte / Menschenwürde (politisch)
Biermann, Rafael: Sicherheit / Sicherheitspolitik
Bindseil, Christiane: Glück
Blome-Drees, Johannes: Genossenschaften
Bogumil, Jörg: Gemeinde (politisch)
Brabänder, Bernd: Banken / Kreditinstitute
Brakelmann, Günter: Entfremdung; Kommunistisches Manifest; Marxismus, Religionskritik des Marxismus
Brandstäter, Johannes: Migration – Ausländer / Migrationspolitik; Rassismus
Braßler, Axel: Handwerk

Braun, Matthias: Genetik
Brink, Alexander: Shareholder Value; Unternehmensethik
Bulmahn, Edelgard: Ausbildung / Weiterbildung; Forschungsförderung
Caesar, Rolf: Haushalte, öffentliche; Staatsverschuldung; Subventionen
Clemens, Theodor: Brüder-Unität
Coenen-Marx, Cornelia: Amt; Diakon / Diakonisse / Diakonin; Leitbild; Sonntag
Crüsemann, Frank: Bibel, soziale Themen der
Czada, Roland: Politikberatung
Dabrock, Peter: Demografischer Wandel; Gesundheit / Gesundheitspolitik; Kooperation; Situationsethik; Transplantationsmedizin
Dahm, Karl-Wilhelm: Beruf
Dallmann, Hans-Ulrich: Handlung / Handlungstheorie; Konflikt / Konflikttheorie; Organisation; Pflegeethik; Systemtheorie
de Wall, Heinrich: Staat (juristisch)
Deutschmann, Christoph: Konsum / Konsumgesellschaft
Diefenbacher, Hans: Agenda 21, Lokale; Club of Rome; Nachhaltigkeit; Ökologie (allgemein)
Diehl, Benjamin: Geldanlage, ethische; Rationalisierung
Dietrich, Astrid: Arbeitsbewertung
Dietzfelbinger, Daniel: Eigentum (sozialethisch); Gemeinwohl; Wirtschaftsethik
Diller, Klaus Dieter: Bruttoinlandsprodukt; Kapital und Zins
Domke, Martin: Kinderarbeit
Dürr, Malte: Mitbestimmung (kirchlich)
Ehlers, Irmgard: Bürgerbeteiligung
Eibach, Ulrich: Euthanasie / Sterbehilfe; Leben; Suizid / Selbstmord
End, Markus: Antiziganismus
Ennuschat, Jörg: Internetrecht
Erlenkämper, Friedel: Kommunalverwaltung / Kommunalpolitik
Eurich, Johannes: Adressat; Autonomie (sozialpolitisch); Behinderung; Diakonie; Generationenverhältnisse; Inklusion; Krankenhaus; Soziale Innovation
Fehl, Ulrich: Volkswirtschaft / Volkswirtschaftslehre
Feige, Andreas: Gruppe
Felber, Christian: Gemeinwohl-Ökonomie
Feld, Lars P.: Wirtschaftspolitik

Fichert, Frank: Infrastruktur; Markt; Monopol; Wirtschaftssystem
Fleischmann-Bisten, Walter: Kirche und Welt
Flick, Caroline: Konzern
Frey, Christofer: Anthropologie; Autonomie; Gerechtigkeit; Nihilismus
Friedrich, Norbert: Evangelisch-sozialer Kongress; Kirchlich-soziale Konferenz; Soziale Frage
Fuchs, Michael: Dialektik; Ethik, analytische; Individualismus; Positivismus
Gabriel, Karl: Subsidiarität (ethisch)
Geldbach, Erich: Baptisten; Mennoniten; Quäker
Gerberding, Christina: Kredit
Gerlach, Wolfgang: Antijudaismus; Antisemitismus
Geurtz, Ingo: Arbeitslosigkeit; Inflation
Göhner, Reinhard: Arbeitgeber
Gottwald, Franz-Theo: Ernährung
Graumann, Sigrid: Ambulantisierung; Assistenz
Grethlein, Christian: Eltern; Erziehung
Größl, Monika: Internetrecht
Groß, Thomas: Selbstverwaltung
Gruehn, Dietwald: Raumordnung
Gutmann, Gernot: Geld / Geldsysteme / Geldpolitik; Manager; Unternehmen / Unternehmer
Hackenberg, Helga: Sozialunternehmer / Social Entrepreneur
Hampe, Johannes: Boden / Bodennutzung
Harbeck-Pingel, Bernd: Ehre
Haspel, Michael: Krieg; Sexualität / Sexualethik
Haupt, Marlene: Sozialversicherung
Hauschildt, Eberhard: Gemeinde (kirchlich)
Hauschildt, Friedrich: Denkschriften
Hauser, Richard: Einkommen / Einkommenspolitik
Hübner, Jörg: Akademien, kirchliche; Dienst / Dienstleistungen; Ehrenamt; Erwachsenenbildung; Freiheit (sozialethisch); Gemeinschaft; Globalisierung; Hedgefonds; Institutionelle Anleger; Investivlohn; Ratingagenturen; Spekulation; Stadt (theologisch); Tourismus; Transaktionssteuer; Vertrag
Hübner, Jürgen: Bioethik
Heckel, Christian: Europäische Menschenrechtskonvention; Gleichheit (juristisch)
Hecker, Christian: Koalition / Koalitionsfreiheit; Lohn / Lohnpolitik; Lohntheorie
Heesch, Matthias: Humanität; Naturrecht
Heidbrink, Horst: Moralpsychologie
Heinig, Hans Michael: Diskriminierung; Gewissensfreiheit; Religionsfreiheit; Säkularisierung / Säkularisation
Heißler, Markus: Kinderarbeit
Helmschrott, Simone: Dialog, interreligiöser
Hensel, Claudia: Corporate Social Responsibility (CSR)
Herms, Eilert: Institution; Pluralismus
Herriger, Norbert: Empowerment
Heun, Werner: Einigung, deutsche; Einigung, europäische; Grundgesetz (Verfassung); Grundrechte

Heuser, Stefan: Reich Gottes
Heyde, Wolfgang: Macht
Hofmann, Beate: Organisationskultur / Organisationsethik
Holland, Heinrich: Marketing; Marktforschung
Holtschneider, Rainer: Föderalismus
Honecker, Martin: Asyl (theologisch); Barmer Theologische Erklärung (BTE); Eid; Eigengesetzlichkeit; Emanzipation; Ethik (allgemein); Grundwerte; Güterethik / Güterlehre; Liebe (ethisch); Menschenrechte / Menschenwürde (ethisch); Motivation; Rechtfertigung; Sitte / Gewohnheit / Brauch; Staat (theologisch); Theokratie; Tradition; Verantwortliche Gesellschaft; Vernunft; Zweireichelehre
Huber, Wolfgang: Ziviler Ungehorsam; Öffentlichkeit und Kirche
Huber-Rudolf, Barbara: Islam und Sozialethik
Hueck, Nikolaus: Internet
Huster, Ernst-Ulrich: Grundsicherung, soziale; Sozialpolitik
Immerfall, Stefan: Gesellschaftspolitik
Jablonowski, Harry W.: Sozialpartnerschaft
Jacob, Michael: Datenschutz
Jähnichen, Traugott: Anarchismus; Arbeit; Arbeitnehmer; Eigentum, geistiges; Freizeit; Gewalt; Interesse; Klasse / Klassenkampf / Klassengesellschaft; Kommunismus; Kritischer Rationalismus; Mitbestimmung (allgemein); Partizipation; Sozialethik; Sozialismus; Sozialismus, religiöser; Tarifautonomie / Tarifvertrag; Totalitarismus; Utopie
Joest, Christoph: Kommunitäten / Orden / Bruder- und Schwesternschaften
Kaiser, Jochen-Christoph: Französische Revolution und Kirche; Innere Mission; Proletariat
Karle, Isolde: Ehe / Lebensformen
Kaufmann, Michael: Betriebsrat
Kerber, Wolfgang: Wettbewerb / Wettbewerbspolitik / Wettbewerbsrecht
Kessen, Stefan: Mediation
Klein, Eckart: Minderheiten / Minderheitenrechte / Minderheitenschutz
Klie, Thomas: Alter
Klinghardt, Stephan: Unternehmer, Evangelische
Knoflacher, Hermann: Mobilität
Körtner, Ulrich H. J.: Geburtenregelung; Kommunitarismus; Medizin / Medizinische Ethik; Pränatalmedizin
Kranert, Martin: Abfall / Abfallwirtschaft
Kraus, Jobst: Ökologie (kirchliche Aktivitäten)
Kreß, Hartmut: Gewissen; Person / Persönlichkeit / Personenrecht; Verantwortung; Werte / Werteethik
Kreuzaler, Ernst: Internationale Arbeitsorganisation (IAO)
Kreuzer, Thomas: Fundraising
Kronenberg, Volker: Patriotismus

Krüger, Malte Dominik: Kasuistik; Kompromiss
Krüsselberg, Hans-Günter: Familie; Familienpolitik (historisch); Humanvermögen / Humankapital
Kruse, Andreas: Familienpolitik (aktuell)
Kühl, Carsten: Finanzpolitik; Steuern / Steuerpolitik
Kuhn, Thomas K.: Pietismus
Kulessa, Manfred: Korruption
Kulessa, Margareta: Arbeitslosigkeit; Inflation; Marktwirtschaft, soziale; Neoliberalismus (wirtschaftlich); Produktion / Produktivität; Protektionismus; Transnationale Unternehmen (TNU)
Kunter, Katharina: Befreiungstheologie; Darmstädter Wort; Ökumenische Bewegung
Kunze, Rolf-Ulrich: Nation / Nationalismus
Ladwig, Bernd: Politische Ethik
Lambsdorff, Alexander Graf: Liberalismus
Lämmlin, Georg: Beruf; Königsherrschaft Christi
Lange, Dietz: Gleichheit (theologisch); Ideologie; Nächstenliebe
Lange, Pia: EU-Grundfreiheiten (Freizügigkeit); Öffentlicher Dienst
Lanzerath, Dirk: Dialektik; Gentechnik / Gentechnologie / Genforschung; Pragmatismus
Lehmbruch, Gerhard: Korporatismus
Leiner, Martin: Medienpolitik
Link, Christian: Wissenschaftsethik
Linnartz, Michael: Gewerkschaften; Streik
Linz, Manfred: Umweltethik (politisch)
Linzbach, Moritz: Gemeinnützigkeit
Loeken, Hiltrud: Profession / Professionalisierung
Lohse, Ute: Versicherung
Lüpke, Johannes von: Gesetz und Evangelium; Ordnung
Luhmann, Hans-Jochen: Klimawandel / Klimagerechtigkeit
Luibl, Hans Jürgen: Europa und die Kirchen
Maaser, Wolfgang: Barmherzigkeit (diakonisch); Dienstgemeinschaft; Dritter Weg; Pflicht; Strafe; Würde
Mantei, Simone: Geschlechterverhältnis
Manzeschke, Arne: Fortpflanzungsmedizin; Schwangerschaft / Schwangerschaftsabbruch
Marg, Stine: Bürgerinitiative
Marks, Stephan: Scham
Markus, Peter: Agrarpolitik
Mast, Claudia: Public Relations
Mayer-Ernst, Wolfgang: Recht / Rechtsstaat
Mayert, Andreas: Entwicklung, nachhaltige; Kapitalismuskritik; Mindestlohn; Privatisierung; Rente / Rentenformel / Rentenreform
Mecking, Christoph: Stiftung / Stiftungsrecht
Meier-Gräwe, Uta: Haushalte, private
Meireis, Torsten: Anerkennung; Armut; Solidarität; Umwelt (theologisch-ethisch)
Michaelis, Nina V.: Internationaler Währungsfonds (IWF)

Mildenberger, Georg: Nichtregierungsorganisation (NGO)
Mogge-Grotjahn, Hildegard: Sozialer Wandel
Möller, Uwe: Club of Rome
Morgen, Sven: Sicherheit / Sicherheitspolitik
Müller, Christian: Wirtschaft / Wirtschaften
Müller, Klaus: Judentum und Ethik
Munsonius, Hendrik: Meinungsfreiheit
Nagel, Alexander-Kenneth: Religionen und Wirtschaft; Religionssoziologie
Neht, Monika: Mobbing
Neijenhuis, Jörg: Feste und Feiern
Neubäumer, Renate: Arbeitsmarktpolitik; Vollbeschäftigung
Noack, Axel: Handwerk
Nolte, Paul: Demokratie
Noss, Peter: Sport (sozialethisch, wirtschaftlich)
Nothelle-Wildfeuer, Ursula: Katholische Soziallehre
Nullmeier, Frank: Sozialstaat
Nutzinger, Hans G.: Koalition / Koalitionsfreiheit; Lohntheorie
Ohndorf, Wolfgang: Internationale Arbeitsorganisation (IAO)
Ottnad, Adrian: Deregulierung
Paech, Niko: Postwachstumsökonomie
Paul, Herbert: Mittelstand / Mittelstandsförderung
Pelzer, Marei: Asyl (juristisch)
Peukert, Helge: Schuldenkrisen, internationale / Schuldenpolitik / Verschuldung
Pfahl-Traughber, Armin: Terrorismus
Pinkwart, Andreas: Betrieb / Betriebsverfassung; Existenzgründung; Gewinn
Plasger, Georg: Laie
Pohl-Patalong, Uta: Gemeinde (kirchlich)
Polke, Christian: Planung; Öffentlichkeit
Porath, Daniel: Statistik
Potthast, Thomas: Biodiversität
Preis, Ulrich: Arbeitsrecht
Prinzing, Marlis: Journalismus; Massenmedien
Rebenstorf, Hilke: Meinungsforschung
Reich, Utz-Peter: Volkswirtschaftliche Gesamtrechnung(en)
Reihs, Sigrid: Beratung
Reimann, Ralf Peter: Information
Renn, Ortwin: Technikfolgenabschätzung
Renz, Günter: Emotion; Intuition; Neurowissenschaften und Ethik
Reuter, Hans-Richard: Frieden / Friedensethik; Subsidiarität (ethisch)
Rinderspacher, Jürgen P.: Arbeitszeit; Futurologie
Robra, Martin: Konziliarer Prozess
Ronge, Frank: Subsidiarität (politisch)
Rothermundt, Jörg: Volk / Volkstum
Ruckriegel, Karlheinz: Wachstum / Wachstumspolitik / Wachstumstheorie
Ruddat, Günter: Gemeinwesenarbeit; Nachbarschaft

Runkel, Peter: Wohnen / Wohnungswirtschaft / Wohngeld
Schaal, Gary S.: Politik; Zivilcourage
Schäfers, Bernhard: Gesellschaft; Soziologie
Schendel, Gunther: Industrie- und Sozialpfarramt; Neid; Privatsphäre
Scherf, Wolfgang: Konjunktur / Konjunkturpolitik
Scherhorn, Gerhard: Verbraucher / Verbraucherpolitik
Schiewek, Werner: Aggression; Extremismus; Polizei / Polizeirecht
Schiffer, Hans-Wilhelm: Energie / Energiewirtschaft / Energiepolitik
Schlüter, Bernd: Europäische Sozialpolitik
Schmale, Ingrid: Genossenschaften
Schmid Noerr, Gunzelin: Professionsethik
Schmidt, Bettina: Weltgesundheitsorganisation (WHO)
Schmidt-Rost, Reinhard: Kommunikation
Schneemelcher, Peter: Autorität; Konservatismus
Schneidewind, Uwe: Energien, erneuerbare; Energiewende; Suffizienz
Schoberth, Ingrid: Bildung / Bildungspolitik
Schoberth, Wolfgang: Welt / Weltanschauung
Schott, Reinhard: Migration – Aussiedler / Vertriebene
Schreiber, Gerhard: Homosexualität; Todesstrafe
Schreiber, Matthias: Predigt, politische
Schröer, Andreas: Nonprofit Organisation, freie, private
Schröter, Welf: Sicherheit, digitale
Schüle, Ulrich: Europäische Wirtschafts- und Währungsunion (EWWU)
Schüller, Alfred: Marktwirtschaft, soziale
Schulz, Claudia: Methoden, sozialwissenschaftliche
Schulz, Günther: Sozialgeschichte; Wirtschaftsgeschichte
Schulz-Nieswandt, Frank: Arbeiterwohlfahrt; Sozialhilfe
Schuppert, Gunnar Folke: Bürokratie
Schwarke, Christian: Norm / Normen; Technik und Gesellschaft; Toleranz
Seitz, Klaus: Hunger; Millenniumsziele; Vereinte Nationen
Sendker, Michael: Wirtschaft / Wirtschaften
Sesselmeier, Werner: Sozialversicherung
Slenczka, Notger: Luthertum und Sozialethik
Soosten, Joachim von: Bürgertum / Bürgergesellschaft; Nutzen; Utilitarismus; Verteilung / Politiken der Verteilung; Zivilgesellschaft
Spieß, Tabea: Soziale Netzwerke (Soziologie)
Sputek, Agnes: Spieltheorie
Stahmann, Christian: Kolonialismus / Postkolonialismus
Stallwitz, Anke: Sucht

Steinbach, Peter: Widerstand / Widerstandsrecht
Stierle, Wolfram: Elite; Entwicklungspolitik; Moral; Partnerschaft, globale
Stock, Konrad: Tugend
Strohm, Christoph: Calvinismus
Sturm, Michael: Zentralbank
Surall, Frank: Fortschritt; Heimat; Kinder; Kinderrechte
Thiele, Alexander: Erweiterung der EU; Europarecht; Europäische Strukturpolitik
Thiele, Christoph: Ehescheidung; Elternrecht; Folter
Thöle, Reinhard: Orthodoxe Kirche
Thomas, Günter: Medienethik
Ulrich, Hans G.: Altruismus; Freiheit (theologisch und ethisch)
Ulshöfer, Gotlind: Bankenkrise; Finanzkrise; Fundamentalismus; Multikulturalismus
Vierlbeck, Dieter: Handwerk
Voigt, Karl Heinz: Freikirche; Methodismus
Volz, Fritz Rüdiger: Kritische Theorie; Materialismus; Rolle / Rollentheorie; Verein
Wagner, Gert G.: Lebensstandard; Reichtum; Soziooekonomisches Panel (SOEP); Vermögen; Vermögenspolitik
Waldmann, Klaus: Jugend
Weber, Manfred: Banken / Kreditinstitute
Wegner, Gerhard: Gemeinwesenarbeit; Industrie / Industriegesellschaft / Industrialisierung; Kapitalismus; Kirche und Wirtschaft; Leistung / Leistungsgesellschaft; Stadt (soziologisch); Transformation; Öffentliche Wirtschaft
Weinreich, Sonja: Bevölkerung / Bevölkerungspolitik
Welker, Michael: Liebe (biblisch-theologisch)
Weyel, Birgit: Volkskirche
Wichmann, Manfred: Beamte / Beamtenrecht
Wiemann, Jürgen: Welthandel / Handelspolitik; Welthandelsorganisation (WTO)
Wiesinger, Christoph: Bildung / Bildungspolitik
Wilts, Henning: Rohstoffe
Winkler, Jürgen R.: Migration; Parlament / Parlamentarismus; Parteien / Parteiensystem
Wohlfahrt, Norbert: Ökonomisierung / Ökonomie
Wolf, Susanne: Kultur / Kulturpolitik
Wolke, Reinhold: Pflegeversicherung / Pflegegeld / Pflegekosten
Würtenberger, Thomas: Legalität / Legitimität
Wulfhorst, Traugott: Sozialgesetzbuch
Wustmans, Clemens: Arbeitsbewertung; Nachbarschaft; Naturschutz und Landschaftspflege; Tier / Tierethik
Zehner, Joachim: Versöhnung

Abkürzungen

Abk.	Abkommen
Abl.	Amtsblatt der Europäischen Gemeinschaften
ABM	Arbeitsbeschaffungsmaßnahmen
ACK	Arbeitsgemeinschaft christlicher Kirchen
ACP	s. AKP
ADGB	Allgemeiner Deutscher Gewerkschaftsbund
AEMR	Allgemeine Erklärung der Menschenrechte (UN-Menschenrechtscharta)
AEU	Arbeitsgemeinschaft Evangelischer Unternehmer
AEUV	Vertrag über die Arbeitsweise der Europäischen Union
AFET	Allgemeiner Fürsorgeerziehungstag. Zusammenschluss von Organisation und Einrichtungen der freien und öffentlichen Jugendhilfe
AFG	Arbeitsförderungsgesetz
AG KED	Arbeitsgemeinschaft Kirchlicher Entwicklungsdienst
AG	Aktiengesellschaft, Amtsgericht
AGJ	Arbeitsgemeinschaft für Jugendhilfe
AgrarR	Agrarrecht
AgV	Arbeitsgemeinschaft der Verbraucher
AI	Amnesty International
AK	Afrikanische, karibische und pazifische Staaten
AKP-Staaten	Afrika, Karibik, Pazifik-Staaten
amtl. Slg.	Amtliche Sammlung der Entscheidungen des EuGH
amtl.	amtlich
Ann. eur.	Annuaire européen
AO	Abgabenordnung
AöR	Archiv des öffentlichen Rechts
APO	Außerparlamentarische Opposition
APS	Allgemeines Präferenzsystem
ArbG	Arbeitsgericht
ArbRGeg.	Das Arbeitsrecht der Gegenwart
ArbuR	Arbeit und Recht
ArbVerh.	Arbeitsverhältnis
ArchVR	Archiv des Völkerrechts
ASEAN	Association of South-East Asian Nations
atl.	alttestamentlich
AVAVG	Gesetz über die Arbeitsvermittlung und Arbeitslosenversicherung
AufenthG	Aufenthaltsgesetz
AWG	Außenwirtschaftsgesetz vom 28.4.1961 (BGBl. 1961 I S. 481)
AZ	Aktenzeichen
BAFÖG	Bundesausbildungsförderungsgesetz
BAG	Bundesarbeitsgericht
BAT	Bundesangestelltentarif
BAWe	Bundesaufsichtsamt für den Wertpapierhandel
BbesG	Bundesbesoldungsgesetz
BBG	Beitragsbemessungsgrenze
BbG	Bundesbeamtengesetz
BDA	Bundesverband der deutschen Arbeitgeberverbände

BDI	Bundesverband der Deutschen Industrie
BeamtG	Beamtengesetz
BeamtVG	Beamtenversorgungsgesetz
BetrVG	Betriebsverfassungsgesetz
BFH	Bundesfinanzhof
BGB	Bürgerliches Gesetzbuch
BGBl.	Bundesgesetzblatt
BGH	Bundesgerichtshof
BGR	Bundesanstalt für Geowissenschaften und Rohstoffe
BHO	Bundeshaushaltsordnung vom 19.8.1969
BIP	Bruttoinlandprodukt
BKU	Bund Katholischer Unternehmer
BLK	Bund-Länder-Kommission für Bildungsplanung und Forschungsförderung
BMBF	Bundesministerium für Bildung und Forschung
BMI	Bundesministerium des Inneren
BMZ	Bundesministerium für wirtschaftliche Zusammenarbeit und Entwicklung
BnatSchG	Bundesnaturschutzgesetz
BörsG	Börsengesetz
BPersVG	Bundespersonalvertretungsgesetz
BRRG	Beamtenrechtsrahmengesetz
BSHG	Bundessozialhilfegesetz
BSP	Bruttosozialprodukt
Buchst.	Buchstabe
Bull. d. EG	Bulletin der Europäischen Gemeinschaften
Bull.	Bulletin
BUND	Bund für Umwelt und Naturschutz Deutschland
BVerfG	Bundesverfassungsgericht
BVerwG	Bundesverwaltungsgericht
BVG	Bundesversorgungsgesetz
BWS	Bretton Woods System
CCME	Churches Committee for Migrants in Europe
Comece	Commissio Episcopalis Communitatis Europeae (Europäische Bischofskommission)
COMECON	Rat für gegenseitige Wirtschaftshilfe (Council for Mutual Economic Assistance)
CVJM	Christlicher Verein Junger Menschen (YMCA = Young Men's Christian Association)
DAAD	Deutscher Akademischer Austauschdienst
DAEBW	Deutscher Ausschuss für das Erziehungs- und Bildungswesen
DAG	Deutsche Angestellten Gewerkschaft
DBB	Deutscher Beamtenbund
DDP	Deutsche Demokratische Partei (ab 1930 Deutsche Staatspartei)
DEKT	Deutscher Evangelischer Kirchentag
Destatis	Statistisches Bundesamt
DFG	Deutsche Forschungsgemeinschaft
DGB	Deutscher Gewerkschaftsbund
DIHK	Deutscher Industrie- und Handelskammertag (ab 1.7.2001)
DIHT	Deutscher Industrie- und Handelstag (bis 30.6.2001)
DOK	Dokumente (der Kommission der Europäischen Gemeinschaften)
DÖSTA	Deutscher ökumenischer Studienausschuss
DStR	Deutsches Steuerrecht
DStZ	Deutsche Steuer-Zeitung
DtA	Deutsche Ausgleichsbank
DTB	Deutsche Terminbörse
DVBl.	Deutsches Verwaltungsblatt
EAB	Evangelische Aktionsgemeinschaft für Arbeitnehmerfragen

EAF	Evangelische Arbeitsgemeinschaft für Familienfragen
EAG	Europäische Arbeitsgemeinschaft
EAGFL	Europäischer Ausrichtungs- und Garantiefonds für Landwirtschaft
EAGV	Vertrag zur Gründung der Europäischen Atomgemeinschaft vom 25.3.1957 (BGBl. 1957 II S. 1014)
ECOSOC	Economic and Social Council
ECU	European Currency Unit
EDV	Elektronische Datenverarbeitung
EEA	Einheitliche Europäische Akte vom 17./28.2.1986 (BGBl. 1986 II S. 1102, Abl. 1987 Nr. L 169/1)
EECCS	European Ecumenical Commission for Church and Society
EEF	Europäischer Entwicklungsfonds
EF	Evangelisches Frauenwerk
EFI	Expertenkommission Forschung und Innovation
EFRE	Europäischer Fonds für regionale Entwicklung
EFTA	European Free Trade Association (Europäische Freihandelsassoziation)
EG	Europäische Gemeinschaften
EGB	Europäischer Gewerkschaftsbund
EGKS	Europäische Gemeinschaft für Kohle und Stahl
EGKSV	Vertrag zur Gründung der Europäischen Gemeinschaft für Kohle und Stahl vom 18.4.1951 (BGBl. 1952 II S. 447)
EGMR	Europäischer Gerichtshof für Menschenrechte
EGV	Vertrag zur Gründung der Europäischen Gemeinschaft
EIB	Europäische Investitionsbank
EJAD	Bundesarbeitsgemeinschaft Evangelischer Jugendaufbaudienst
EKD	Evangelische Kirche in Deutschland
EKMR	Europäische Kommission für Menschenrechte
EKU	Evangelische Kirche der Union
ELR	European Law Review
EMAS	Eco-Management and Audit Scheme
EMRK	Europäische Konvention zum Schutze der Menschenrechte und Grundfreiheiten vom 4.11.1950 (BGBl. 1952 II S. 686, 953)
EMW	Evangelisches Missionswerk – Mitglieder sind EKD, Freikirchen, Missionarische Einrichtungen und Werke
EP	Europäisches Parlament
EREV	Evangelischer Erziehungsverband. Bundesverband evangelischer Erziehungseinrichtungen. Fachverband des Diakonischen Werkes
ESF	Europäischer Sozialfonds
ESG	Evangelische Studierendengemeinde
ESVG	Europäisches System Volkswirtschaftlicher Gesamtrechnung
ESZB	Europäisches System der Zentralbanken
EU	Europäische Union
EUA	Europäische Umweltagentur
EuG	Europäisches Gericht erster Instanz
EuGH	Gerichtshof der Europäischen Gemeinschaften
EuGRZ	Europäische Grundrechte-Zeitschrift
EuR	Europarecht
Euratom	Europäische Atomgemeinschaft
EuRH	Europäischer Rechnungshof
Eurostat	Statistisches Amt der EG
EUV	Vertrag über die Europäische Union
EuZW	Europäische Zeitschrift für Wirtschaftsrecht
EVG	Eisenbahn- und Verkehrsgewerkschaft
EWG	Europäische Wirtschaftsgemeinschaft
EWGV	Vertrag zur Gründung der Europäischen Wirtschaftsgemeinschaft vom 25.3.1957 (BGBl. 1957 II S. 753, 766)

EWI	Europäisches Währungsinstitut
EWIV	Europäische wirtschaftliche Interessenvereinigung
EWS	Europäisches Währungssystem; Europäisches Wirtschafts- und Steuerrecht
EWSA	Europäischer Wirtschafts- und Sozialausschuss
EWR	Europäischer Wirtschaftsraum
EWU	Europäische Währungsunion
EWWU	Europäische Wirtschafts- und Währungsunion
EZB	Europäische Zentralbank
EZE	Evangelische Zentralstelle für Entwicklungshilfe
FAO	Food and Agriculture Organization
FhG	Fraunhofer-Gesellschaft
FIFA	Fédération Internationale de Football Association
FSA	Financial Services Authority
FuE	Forschung und Entwicklung
FusV	Fusionsvertrag
GA	Generalanwalt
GASP	Gemeinsame Außen- und Sicherheitspolitik
GATS	Genera Traffics on Tariffs and Service
GATT	General Agreement on Tariffs and Trade (Allgemeines Zoll- und Handelsabkommen)
GD	Generaldirektion
GdP	Gewerkschaft der Polizei
GEMA	Gesellschaft für musikalische Aufführungs- und mechanische Vervielfältigungsrechte
GEP	Gemeinschaftswerk der Evangelischen Publizistik
GEW	Gewerkschaft Erziehung und Wissenschaft
GG	Grundgesetz für die Bundesrepublik Deutschland vom 23.5.1949 (BGBl. 1949 S. 1)
GKKE	Gemeinsame Konferenz der Kirchen für Entwicklungsfragen
GKV	Gesetzliche Krankenversicherung
GmbH	Gesellschaft mit beschränkter Haftung
GO	Geschäftsordnung
GOBT	Geschäftsordnung des Deutschen Bundestages
GO.EKD	Grundordnung der Evangelischen Kirche in Deutschland
GPV	Gesetzliche Pflegeversicherung
GRCh	Grundrechtecharta
GS	Gedenkschrift, Gedächtnisschrift
GSG	Grenzschutzgruppe
GVO	Gentechnisch veränderte Organismen
GWB	Gesetz gegen Wettbewerbsbeschränkungen
GZT	Gemeinsamer Zolltarif
HdER	Handbuch des Europäischen Rechts
HGB	Handelsgesetzbuch vom 10.5.1897 (RGBl. S. 219)
HGrG	Haushaltsgrundsätzegesetz
HIIK	Heidelberger Institut für Internationale Konfliktforschung
h. M.	herrschende Meinung (juristisch)
HO	Haushaltsordnung
IAEO	Internationale Atomenergieorganisation
IGH	Internationaler Gerichtshof
ILO	International Labour Organization
IM	Innere Mission
IMC	International Missionary Council
IMF	Internationaler Monetary Fonds
IMR	Internationaler Missionsrat
InfAuslR	Informationsbrief Ausländerrecht

IPbpR	Internationaler Pakt über bürgerliche und politische Rechte
IPCC	Intergovernmental Panel on Climate Change
IPR	Internationales Privatrecht
IS	Islamischer Staat
i. S. v.	im Sinne von
ISDN	Integrated Services Digital Network
ISO	International Organization for Standardization
ITO	International Trade Organization
IuK-Technologie	Informations- und Kommunikationstechnologie
i. V. m.	in Verbindung mit
IW	Institut der deutschen Wirtschaft
IWF	Internationaler Währungsfonds
JArbSchG	Jugendarbeitsschutzgesetz
Jb.(d.) Eur. Integration	Jahrbuch der Europäischen Integration
JbSozRGeg	Jahrbuch des Sozialrechts der Gegenwart
JCMSt	Journal of Common Market Studies
JVA	Justizvollzugsanstalt
JWG	Jugendwohlfahrtgesetz
JWTL	Journal of World Trade Law
JZ	Juristenzeitung
KAEF	Katholischer Arbeitskreis Entwicklung und Frieden
KDA	Kirchlicher Dienst in der Arbeitswelt
KEF	Kommission zur Ermittlung des Finanzbedarfs der Rundfunkanstalten
KEK	Konferenz Europäischer Kirchen
KfW	Kreditanstalt für Wiederaufbau
KMK	Ständige Konferenz der Kultusminister der BRD
KMU	Kleine und mittlere Unternehmen
KODA	Kommission zur Ordnung der diözesanen Angelegenheiten
KOM	Dokumente der Kommission der europäischen Gemeinschaft
KP Chinas	Kommunistische Partei Chinas
KSchG	Kündigungsschutzgesetz
KSZE	Konferenz über Sicherheit und Zusammenarbeit in Europa; seit 1.1.1995: OSZE, s. dort
KWG	Kreditwesengesetz
LG	Landgericht
LHO	Landeshaushaltsordnung
LPG	Landwirtschaftliche Produktionsgenossenschaft
LWB	Lutherischer Weltbund
MAVO	Mitarbeitervertretungsordnung
MitbestG	Mitbestimmungsgesetz
MKRO	Ministerkonferenz für Raumordnung
MOE	Mittel- und Osteuropa
MontanMitbestG	Montanmitbestimmungsgesetz
MPG	Max-Planck-Gesellschaft
MVG	Mitarbeitervertretungsgesetz
MwSt	Mehrwertsteuer
NATO	North Atlantic Treaty Organization
NEA	Nuclear Energy Agency
NGG	Gewerkschaft Nahrung-Genuss-Gaststätten
NJW	Neue Juristische Wochenschrift
Nr.	Nummer

NSU	Nationalsozialistischer Untergrund
ntl.	neutestamentlich
NVwZ	Neue Zeitschrift für Verwaltungsrecht
NZA	Neue Zeitschrift für Arbeits- und Sozialrecht
ÖD	Öffentlicher Dienst
OECD	Organization for Economic Cooperation and Development
OLG	Oberlandesgericht
OPEC	Organization of Petroleum Exporting Countries
ÖRK	Ökumenischer Rat der Kirchen (s. WCC)
OSZE	Organisation für Sicherheit und Zusammenarbeit in Europa
ÖTV	Gewerkschaft Öffentliche Dienste, Transport und Verkehr
OVG	Oberverwaltungsgericht
PartG	Parteiengesetz
PKE	Pro-Kopf-Einkommen
REFA	Reichsausschuss für Arbeitszeitvermittlung
RG	Reichsgericht
RGBl.	Reichsgesetzblatt
RGW	Rat für gegenseitige Wirtschaftshilfe
RKW	Rationalisierungskuratorium der Deutschen Wirtschaft
RNG	Reichsnaturschutzgesetz
ROG	Raumordnungsgesetz
RVO	Reichsversicherungsordnung
RWB	Reformierter Weltbund
SDGs	Sustainable Development Goals
SEC	United States Securities and Exchange Commission
SGB	Sozialgesetzbuch
Slg.	Sammlung der Rechtsprechung des EuGH (I) und des EuG (II)
SNA	System of National Accounts
SprAuG	Sprecherausschussgesetz
SRI	Socially Responsible Investing
Stabex	System zur Stabilisierung von Ausfuhrerlösen
StBA	Statistisches Bundesamt
StGB	Strafgesetzbuch
StIGH	Ständiger Internationaler Gerichtshof
StPO	Strafprozessordnung
StWG	Gesetz zur Förderung der Stabilität und des Wachstums der Wirtschaft
TDL	Tarifgemeinschaft deutscher Länder
TOA	Täter-Opfer-Ausgleich
TRIPS	Trade-Related Aspects of Intellectual Property Rights
TzBfG	Teilzeit- und Befristungsgesetz
UN-BRK	UN-Behindertenrechtskonvention
UNCTAD	United Nations Conference of Trade and Development
UNDP	United Nations Development Program
UNESCO	United Nations Educational, Scientific and Cultural Organization
UNHCR	United Nations High Commissioner for Refugees
UNICE	Vereinigung der Industrien der Europäischen Gemeinschaften
UNICEF	United Nations International Children's Emergency Fund
UnionsV	Vertrag über die Europäische Union vom 7.2.1992 (BGB. 1992 II S. 1253)
UNO	United Nations Organization

VA	Verwaltungsakt
VEF	Vereinigung Evangelischer Freikirchen
VELKD	Vereinigte Evangelisch-Lutherische Kirche Deutschlands
VEM	Vereinigte Evangelische Mission
VerfO	Verfahrensordnung
Verh.	Verhandlungen
Verw.Arch.	Verwaltungsarchiv
VG	Verwaltungsgericht
VG Wort	Verwertungsgesellschaft Wort
VGH	Verwaltungsgerichtshof
VKA	Vereinigung der kommunalen Arbeitgeberverbände
VN	Vereinte Nationen
VVDStRL	Veröffentlichungen der Vereinigung der Deutschen Staatsrechtslehrer
WCC	World Council of Churches (s. ÖRK)
WEU	Westeuropäische Union, Western European Union
WGBU	Wissenschaftlicher Beirat der Bundesregierung Globale Umweltveränderungen
WGG	Wohnungsgemeinnützigkeitsgesetz
WHO	World Health Organization (Weltgesundheitsorganisation)
WissZeitvG	Wissenschaftszeitvertragsgesetz
WRV	Weimarer Reichsverfassung
WSA	Wirtschafts- und Sozialausschuss
WTB	Warenterminbörse
WTO	World Trade Organization
WWU	Wirtschafts- und Währungsunion
YMCA	Young Men's Christian Association
ZaöRV	Zeitschrift für ausländisches öffentliches Recht und Völkerrecht
ZAR	Zeitschrift für Ausländerrecht und Ausländerpolitik
ZRP	Zeitschrift für Rechtspolitik
ZSR	Zeitschrift für Sozialreform

Abendland

1. Das deutsche Wort „A." entstand wohl als Analogiebildung zu LUTHERS Begriffsprägung „Morgenland" in der Übersetzung von Mt 2,1. Es ist erstmalig in CASPAR HEDIOS „Chronica" von 1529 nachweisbar, allerdings nicht als feststehender Terminus, sondern als ein verallgemeinernder, vorrangig im Plural gebrauchter, geographischer Begriff: Die Abendländer bezeichnen bei HEDIO die Länder des weströmischen Reiches, ebenso wie sich dies für die lateinischen Äquivalente „occidens" und „hesperia terra" schon seit dem 6. Jh. eingebürgert hatte. Dieser Sprachgebrauch bleibt auch in der Folgezeit bestimmend. „Abendländer" steht synonym für die aus der Sicht Italiens okzidentale Hälfte der Alten Welt, also →Europa ausschließlich seiner östlichen und süd-östlichen Gebiete.

2. Etwa zeitgleich mit dem Ende des Alten Reiches und als Reaktion auf die Nationalisierungs-, Emanzipations- und Säkularisierungsbestrebungen am Umbruch zur Moderne (→Nation; →Emanzipation; →Säkularisation) gewinnt der Singular „A." eine neue, fortan vorherrschende Bedeutung, bei der geographische, geistesgeschichtliche und epochalisierende Elemente miteinander kombiniert werden. Zum Wegbereiter für diese neue Semantik wird die Romantik, insbesondere FRIEDRICH SCHLEGEL. Während NOVALIS (Die Christenheit oder Europa, 1799), noch durchaus in Einklang mit dem Gedankengut der →Aufklärung die Zukunft Europas auf der durch die →französische Revolution freigesetzten „Allfähigkeit der inneren Menschheit", auf einer umfassenderen und eigentümlicheren zweiten Reformation gegründet sehen wollte, rückt FRIEDRICH SCHLEGEL von diesem Entwicklungsgedanken ab. Nicht vom Schritt nach vorne, sondern von der Orientierung an der →Tradition des A.es verspricht sich SCHLEGEL die Vollendung der Geschichte. Der Begriff des A.es steht dabei einerseits als Chiffre für eine spezifische Staats- und Gesellschaftsordnung (→Staat; →Gesellschaft), für das christliche Kaisertum, das in der Karolingerzeit in Kontinuität zum weströmischen Reich wieder hergestellt wird, andererseits als Signum für eine Epoche, die mit der Reformationszeit, der Epoche der polemisch-barbarischen Beredsamkeit (Philosophie der Geschichte, in: Kritische Friedrich-Schlegel-Ausgabe Bd. IX, München 1971, 353), endet und bis in die Gegenwart hinein auf Wiederherstellung wartet. Obwohl, wie ERNST WOLF zu Recht konstatiert, „A." „weder als historische noch als kulturphilosophische Kategorie [...] wirklich brauchbar ist" (^{1}RGG^3, 10), konnte dieser Begriff, wohl gerade wegen dieser Unschärfe, in der Folgezeit als Kurzformel für die →Utopie einer christlichen Gesellschaftsordnung fungieren, die durch organische →Gemeinschaft, nicht durch individualistische oder willkürliche Herrschaft gekennzeichnet ist.

Maßgeblichen Anteil an der Verbreitung des Terminus „A." hatte sodann LEOPOLD VON RANKE. Wie von SCHLEGEL vorgezeichnet, verwendet auch RANKE in seiner Deutschen Geschichte im Zeitalter der Reformation den Begriff sowohl in deskriptiver, als auch in normativer Absicht. Deskriptiv steht A. für jene Völkergemeinschaft (→Volk), die aus der Verbindung von römischen und germanischen Gruppen unter der Führung KARLS DES GROSSEN entsteht und im Verlauf des Mittelalters zu einer christlich geprägten →Kultur verschmilzt. Normativ geht es RANKE um die Genese und Verteidigung eines Fundaments, das jenseits konfessioneller und nationaler Differenzen den verbindenden „Geist der Nationen" Mitteleuropas bilden könne. Auch wenn bereits JOHANN GUSTAV DROYSEN gegen eine solche, aus SCHLEGELS Reformationsverständnis abgeleitete, einlinige Geschichtsinterpretation polemisierte, die den evangelischen Neuaufbruch des 16. Jh.s vernachlässige, bleibt die mit der Verwendung des Begriffs „A." verbundene Fragestellung weiter präsent. Die von DROYSEN angemahnten, einseitig katholisierenden Tendenzen dürften allerdings dafür verantwortlich sein, dass die explizite Berufung auf das „A." sowohl im 19. wie auch im 20. Jh. vorwiegend katholischen Theoretikern eigen ist. Jedenfalls werden außerhalb des Katholizismus spezifisch andere Akzente gesetzt: MAX WEBER stellt die verbindenden Elemente zwischen Protestantismus und okzidental-rationaler Lebenskultur heraus. ADOLF V. HARNACKS Vorlesungen über das „Wesen des Christentums" bilden ebenfalls den Versuch, eine verbindende, transkonfessionelle Basis der christlichen Kultur zu beschreiben. HARNACK verortet diese, in Abgrenzung zu SCHLEGEL oder auch RANKE, im Wesentlichen mit dem Ausgang der urchristlichen Lehrbildung, also bereits vor der mittelalterlich-abendländischen Epoche. Geprägt durch den Zerfall der alten staatlichen Ordnung mit dem Ende des 1. Weltkriegs greift ERNST TROELTSCH den Gedanken der Kultursynthese wieder auf. Auch er möchte mit dem Rückgriff auf die europäische Geschichte jene Verbindlichkeit und jenen orientierenden Ordnungsrahmen wiedergewinnen, die durch die grundstürzenden Veränderungen nach dem Untergang des Kaiserreiches verloren gegangen sind. Programmatisch formuliert TROELTSCH am Ende seines breit angelegten Werks „Der Historismus und seine Probleme" (1922): „Die Idee des Aufbaus heißt Geschichte durch Geschichte zu überwinden und die Plattform neuen Schaffens ebnen" (GS III, 772). Ohne Rückgriff auf ontologische oder transzendentallogische Überlegungen intendiert TROELTSCH, den Europäismus, jenen Amalgam aus den antiken griechischen und hebräischen Mittelmeerkulturen und der modernen – gerade auch durch Protestantismus und Aufklärung geprägten – westlichen Welt, als Fundament einer Neuorientierung zu begründen. Auch TROELTSCH geht es dabei um die Ausrichtung an abendländischen Wurzeln, kontrastiert er sein Programm doch ausdrücklich jenen Bestrebungen gegenüber, die sich von einer „Flucht in den Orient" (GS III, 165) die Lösung der Krise der europäischen Kultur erwarten. Allerdings hebt TROELTSCH zugleich hervor, im Unterschied zu den restaurativen Versuchen am Beginn des 19. Jh.s könne die geforderte Neuorientierung keinesfalls auf der Grundlage eines einfachen Wiederherstellens einer vorneuzeitlichen Einheitskultur erfolgen.

In all diesen Erwägungen ist OSWALD SPENGLER, dessen kulturpessimistisches Hauptwerk „Der Untergang des A.es" etwa zeitgleich erscheint, ein Hauptgesprächspartner TROELTSCHS. Auf der Grundlage einer zyklischen Geschichtsidee prophezeite SPENGLER das Ende der abendländischen Kultur. Er deutete die Phänomene der modernen Technik und der städtischen Massenkultur in Parallele zu dem Untergang des babylonischen und römischen Weltreichs als Spätform einer Epoche, die Europa lange geprägt habe, jetzt aber einer neuen Kultur weichen müsse. Diese These, die SPENGLER allerdings bereits 1912 in ihren Grundzügen entwickelt hatte, erwies sich in der Umbruchsituation nach 1919 als außerordentlich anschlussfähig für die Gegenwartsdeutung eines breiten Publikums. Unter ihrem Einfluss erlebte der A.-Begriff eine beispiellose Hochkonjunktur, sowohl bei Kritikern als auch bei Anhängern. Ausschlaggebend für diese Breitenwirkung dürfte jedoch eher die Krisenrhetorik allgemein denn die Auseinandersetzung mit den charakteristischen Elementen der europäischen Kultur gewesen sein.

3. Die evangelische Theologie rezipierte größtenteils die Kulturkritik SPENGLERS und suchte nun ihrerseits das rechte Christentum in bewusster Abgrenzung zur modernen Kultur und ihrer Sozial- und Gesellschaftsordnung zu situieren. Das gilt auch für BONHOEFFERS Überlegungen zur Form des Christentums im nun angebrochenen religionslosen Zeitalter, wobei sich in Bonhoeffers frühen Schriften durchaus auch das Bestreben gibt, die moderne Entzweiung zwischen *imperium* und *sacerdotium* wieder rückgängig zu machen und damit an die A.-Tradition anzuknüpfen. Im Unterschied zum Protestantismus bemühte man sich im Katholizismus unter Distanznahme zu SPENGLER um eine konstruktive Besinnung auf die Traditionen des A.es. Katholische Zeitdiagnostiker fanden ihre Foren in der Zeitschrift „Hochland" sowie besonders in der 1925 von führenden katholischen Intellektuellen gegründeten Zeitschrift „A. Deutsche Monatshefte für europäische Kultur, Politik, Wirtschaft". Über die zeitgebundene Debatte hinaus sind die hier geführten Debatten insofern von weiterreichender Bedeutung, als sie zum Nährboden für jene politische Orientierung des Katholizismus werden, die in der Europa-Politik nach 1949 bei K. ADENAUER, A. DE GASPERI und R. SCHUMAN die Grundlage für die Römischen Verträge und den Weg hin zur Integration Deutschlands in die Europäische Union bildet: HERMANN PLATZ, Mitbegründer des „A.es" konstatierte schon 1924, das feindliche Gegeneinander zwischen Frankreich und Deutschland, das durch die Dominanz des nationalstaatlichen, dem →Individualismus verfallenen Gedankens entstanden sei, könne nur durch die Rückbesinnung auf die gemeinsamen kulturellen Wurzeln in der abendländischen Tradition überwunden werden. Gegenüber dem auf die Nation fixierten Protestantismus komme dabei dem Katholizismus eine besondere Aufgabe zu. Trotz aller Stereotypen, die in dieser Rollenzuschreibung liegen, kam diese Auffassung nach 1945 insofern zu ihrem Recht, als die Rechristianisierungsbestrebungen im Protestantismus mit starken Vorbehalten gegenüber der Westintegration des Adenauer-Deutschland einhergingen, der Rückgriff auf die A.-Thematik dem Katholizismus dagegen sehr viel leichter den Weg nach Europa ebnete und die nationale Isolation überwinden half.

4. Die geopolitische Situation nach dem 2. Weltkrieg und der Ost-West-Konflikt verleihen der Suche nach einer integrierenden Wertegemeinschaft Europas in der zweiten Hälfte des 20. Jh.s neue Plausibilität; dabei zeigt sich freilich zugleich die eingeengte, mitunter ideologisch verzerrte Perspektive der vorangegangenen Diskussion: Unzweifelhaft gibt es etwas spezifisch „Abendländisches", gibt es verbindende und charakteristische Grundelemente westlicher Kultur. Dazu gehören die auf der Rationalität naturwissenschaftlicher Weltanschauung gegründete Technologie, die Hochschätzung individueller Freiheiten (→Freiheit) sowie einer gleichermaßen Distanz und Nähe wahrende Zuordnung von Kirche und Staat, Religion und Gesellschaftsgestaltung. Diese Charakteristika verdanken sich Traditionskontexten, die im „A." entstanden sind. Was hier als abendländisch erscheint, entsprang allerdings vorrangig dem Geist von Reformation und Aufklärung und damit genau denjenigen Bewegungen, gegen die sich das Konzept des A.es richten sollte. Darüber hinaus bilden gerade in der gesellschaftlichen und politischen Neukonstitution Europas nach dem 2. Weltkrieg Geschichte und Kultur Nordamerikas eine wesentliche Triebkraft bei der Ausbildung einer „abendländischen" Identität. Geographisch und geistesgeschichtlich ist also der Bezugsrahmen bei der Bestimmung einer europäischen Wertegemeinschaft zu erweitern; zudem ist bei allen Definitionsversuchen hervorzuheben, dass es sich hier immer nur um ein regulatives Ideal, nicht um eine fest stehende Größe handelt.

5. Richtete sich die A.-Rhetorik zunächst abgrenzend gegen die kulturprägenden Faktoren der Reformation und der aus ihr hervorgegangenen Moderne, so begegnet spätestens seit den Ereignissen des 11. September 2001 eine neue Verwendungsweise. A. fungiert

nun nicht mehr als antimoderner Abgrenzungsbegriff gegenüber den Ideen von Reformation und Aufklärung, sondern die Auseinandersetzung mit dem Islam tritt nun in den Mittelpunkt der Debatten. Er bildet die Folie, vor deren Hintergrund eine wahrhaft ökumenische christliche Gemeinsamkeit konstatiert wird. Der Islam bildet das Andere dieser Kultur, sodass es zur Kontrastierung zwischen dem christliche Abendland und dessen Ideen kommen kann. S. HUNTINGTONS Auffassung vom „Clash of Civilisations", von den dem Westen entgegengesetzten Vorstellungen des Islam wirkt dabei stilbildend; die jüngsten Verwendungsweisen des A.-Begriffs in den rechtspopulistischen Bewegungen Europas lehnen sich deutlich an diese Sichtweise an. Der Abwehrkampf gegen die osmanischen Truppen durch das Heilige Römische Reich dient hier als stets aktualisierbare Grundszene. Dabei ist es interessant, sich zu vergegenwärtigen, dass sowohl Altgläubige wie Reformatoren in der gegenseitigen Polemik die Stereotype von den Türken als Verkörperung des Antichristen verwenden konnten. Die heutige islamophobe Rhetorik hat hier ihr historisches Vorbild. Zugleich zeigt die Verwendungsgeschichte des Begriffs, dass A. vor allem als ein Abgrenzungsmodell populär ist; seine Kraft bezieht das Bild mehr aus imaginierten Feindbildern denn aus seiner eigenen analytischen Tauglichkeit. Abendland trägt hier in der Tat Züge eines Mythos (F. W. GRAF), der eine bleibende Bedeutung ohne eine historische Grundlage suggeriert. Das gilt vor allem dann, wenn die Grundlage des Abendlands über eine bestimmte religiöse Orientierung und nicht über eine zweifelsohne mit ihr verbundene, aber eben nicht direkt auf diese zurückzuführende gesellschaftliche Ordnung bestimmt werden soll.

6. Als historische Kategorie oder gar Programmbegriff ist „A." darum heute als obsolet anzusehen. Zu unscharf sind seine Konturen und zu ideologiebelastet (→Ideologie) ist seine Verwendung, insbesondere dort, wo ein äußerst einseitiges Bild des Mittelalters zur Grundlage einer Bestimmung des A.es wird oder A. nur als Abgrenzungsbegriff gegenüber östlichen, insbesondere islamisch geprägten Traditionen dient. Die bleibende Bedeutung der mit dem Begriff verbundenen kulturphilosophischen Bemühungen besteht in dem Bestreben, diejenigen kulturell wirksamen Faktoren zu erheben, die als verbindendes Fundament für ein sich einigendes Europa dienen können und so der kontroversen Diskussion um eine mögliche Erweiterung der Europäischen Union nach Osten oder Süd-Osten die nötige Tiefenschärfe zu verleihen. Darüber hinaus stellt die mit der A.-Semantik verbundene Entkoppelung von kulturell-religiösen Werten und nationaler Bindung für den traditionell nationalstaatlich orientierten Protestantismus eine bleibende Herausforderung dar; eine vertiefte Klärung der eigenen Haltung zum Konzept des sich einigenden Europas und der daraus erwachsenden konzeptionellen Entscheidungen und politischen Konsequenzen steht noch aus. Die darin eingeschlossenen Selbstverständigungsprozesse über das eigene kulturelle Erbe erscheinen auch deshalb von besonderer Bedeutung, da in den letzten Jahren das Bewusstsein für den Zusammenhang zwischen den geistesgeschichtlichen, insbesondere den religiösen Traditionen, und allen Formen gesellschaftlicher Ordnung gewachsen ist.

O. SPENGLER, Der Untergang des A.es, 2 Bde., ¹1918, ᴵᴵ1922 – E. TROELTSCH, Der Historismus und seine Probleme. Erstes Buch: Das logische Problem der Geschichtsphilosophie, GS III, 1922 – H. PLATZ, Deutschland – Frankreich und die Idee des A.es, 1924 – T. HAECKER, Vergil, Vater des A.es, 1952 – E. WOLF, Art. A., in: ¹RGG³, 1957, 9f – H. AUBIN, Der Aufbau des A.s im Mittelalter, in: HZ 187 (1959), 497–520 – O. KÖHLER, Art. A., in: ¹TRE, 1977, 17–42 – W. HEILMANN, Versuch einer Wesensbestimmung des A.es, V. WEHEFRITZ (Hg.), 1984 – A. LANGER (Hg.), Katholizismus, nationaler Gedanke und Europa seit 1800, 1985 – L. LIES SJ, Identität Europas und die Kirchen, in: ZKTh 120 (1998), 302–313 – W. BURGDORF, „Chimaere Europa". Antieuropäische Diskurse in Deutschland (1648–1999), 1999. C. LEGGEWIE (HG.): Die Türkei und Europa. Die Positionen, 2004, – W. BENZ, Ansturm auf das Abendland? Zur Wahrnehmung des Islam in der westlichen Gesellschaft, 2013 – F. W. GRAF, Ruhe, liebes Abendland. Über das Werden eines schillernden Begriffs, in: zeitzeichen 16 (2015), 8–11.

Reiner Anselm

Abfall / Abfallwirtschaft

1. Begriffe. Der Begriff des A. ist maßgeblich von unseren Wertvorstellungen geprägt. Gemäß Kreislaufwirtschaftsgesetz (KRW-G) umfasst A. alle Stoffe oder Gegenstände deren sich ihr Besitzer entledigt oder entledigen will (subjektiver A.begriff) oder entledigen muss (objektiver A.begriff, z. B. aus Gründen des Wohls der Allgemeinheit oder des Umweltschutzes). Es wird in A. zur Verwertung und zur Beseitigung unterschieden. Die A.wirtschaft umfasst alle Aktivitäten und Erfordernisse, die mit der Entstehung, der Erfassung, der Sammlung und des Transportes, der Aufarbeitung und Behandlung, der Verwertung und der Beseitigung von A. zusammen hängen. Beginnend in den 80er Jahren des vergangenen Jahrhunderts hat sich die A.wirtschaft hin zu einer Stoffstrom- und Kreislaufwirtschaft entwickelt, die nicht alleine „end of pipe"-Lösungsansätze verfolgt, sondern durch Rückführung der Stoffe ins Wirtschaftssystem eine Maßnahme des vorsorgenden Umweltschutzes (z. B. Ressourcen- und Klimaschutz) darstellt. Dies kommt auch in der Begrifflichkeit des Kreislaufwirtschaftsgesetzes zum Ausdruck.

2. Aufgaben und Ziele. Bis in die siebziger Jahre des 20. Jahrhunderts war die Behandlung von A. im Wesentlichen davon geleitet, seuchenhygienischen Gefahren zu begegnen (H. ERHARD). Mit der Entwicklung der modernen Konsumgesellschaft in den westlichen Staaten in den vergangenen 50 Jahren stiegen die A.mengen drastisch an. Fehlende Entsorgungsmöglichkeiten, besonders in größeren Städten und die Prognosen des →Club of Rome im Jahr 1972 mit dem Aufzeigen der Grenzen des Wachstums (D. MEADOWS) führten dazu, A.wirtschaft besonders auch unter dem Aspekt der Rückführung der im A. enthaltenen Stoffe in den Stoffkreislauf zu betreiben (Recycling). Die zunehmende Verknappung an Ressourcen, z. B. Phosphor (Dünger) oder strategisch wichtigen Elemente für Hochtechnologieprodukte ist verbunden mit einem Kostenstieg, Konzentrierung auf relativ wenige staatliche und privatwirtschaftliche Akteure, globaler Ungleichverteilung und hieraus resultierenden weltweiten gesellschaftlichen und sozialen Spannungen. Nicht zuletzt die starke wirtschaftliche Entwicklung bevölkerungsreicher Staaten in Asien und Südamerika machen eine Kreislaufführung der begrenzt vorhandenen →Rohstoffe und eine effizientere Nutzung der Ressourcen unabdingbar. Dies umfasst auch das „urban mining" mit der Wiedernutzung der in anthropogenen Lagern (z. B. Infrastruktur, Deponien) vorhandenen Sekundärrohstoffe. Eine wesentliche Anforderung an die A.wirtschaft, die auch in gesetzlichen Rahmenbedingungen Niederschlag gefunden hat, ist auch, dass jede Generation ihre a.wirtschaftlichen Probleme selbst zu lösen hat und nicht auf die nächste Generation übertragen sollte. Vor diesem Hintergrund sind daher die A. in einen Zustand zu überführen, dass aus ihnen keine Altlasten entstehen, sie sich also weitgehend umweltneutral verhalten. Daher ist in Deutschland die Deponierung von unvorbehandelten Siedlungsa.en seit 2005 nicht mehr zugelassen (DEPV). Die EU-Deponierichtlinie folgt dieser Philosophie in modifizierter Weise. A.wirtschaftliche Behandlungsverfahren haben auch die Aufgabe eine Schadstoffentfrachtung zu erzielen, (z. B. durch thermische Verfahren organische Schadstoffe zu zerstören), anorganische Schadstoffe aufzukonzentrieren (z. B. Schwermetalle) und von der Biosphäre fernzuhalten (z. B. durch unterirdische Ablagerung). Kreislaufwirtschaft hat auch zum Ziel, den Rohstoffverbrauch vom →Lebensstandard zu entkoppeln (Verbesserung der Ressourceneffizienz).

3. A.recht. Das Kreislaufwirtschaftsgesetz (KRW-G) setzt die EU-A.rahmenrichtlinie (EU-ARRL) in das deutsche A.recht um. Es besteht eine fünfstufige A.hierarchie: 1. Vermeidung, 2. Vorbereitung zur Wiederverwendung, 3. Recycling, 4. Sonstige Verwertung, insbesondere energetische Verwertung und Verfüllung, 5. Beseitigung. Auch wenn die A.vermeidung als oberste Stufe der Hierarchie genannt ist, so muss konstatiert werden, dass unter Zugrundelegung der A.mengen und der in Verkehr gebrachten Güter eine Vermeidung in relevanter Größenordnung nicht erkennbar ist. Durch ein A.vermeidungsprogramm sollen Maßnahmen zur A.vermeidung verstärkt werden (BMU). Verändertes Nutzerverhalten z. B. Sharing-Systeme und die Reparatur (z. B. in Betrieben oder privat organisierten Gruppen) statt Kauf eines Neuproduktes (W. HECKL) führt zur A.vermeidung. Gerade auch der Vermeidung von Nahrungsmittela. kommt aus sozialen, ethischen, monetären und umweltrelevanten Gründen erhebliche Bedeutung zu (M. KRANERT et al.).

Die Planungsverantwortung obliegt den Ländern (A.wirtschaftspläne), die Umsetzung erfolgt auf Ebene der öffentlich-rechtlichen Entsorgungsträger (Städte, Landkreise).

Entwickler, Hersteller und Vertreiber von Erzeugnissen haben zur Erfüllung der Ziele der Kreislaufwirtschaft Produktverantwortung zu übernehmen. Dies umfasst u. a. technische Langlebigkeit, mehrfache Verwendbarkeit (Mehrwegsysteme), Verwertbarkeit sowie Kennzeichnungs-, Rücknahme- und Pfandpflichten. Dies ist im Einzelnen durch Verordnungen geregelt (z. B. Verpackungsverordnung, Batterieverordnung, Elektrogesetz, Elektrostoffverordnung etc.).

Die Errichtung und der Betrieb von A.entsorgungsanlagen (bis auf Deponien) erfolgt nach dem Bundes-Immissionsschutzgesetz, bei Deponien ist ein Planfeststellungsverfahren mit Umweltprüfung erforderlich. Auf internationaler Ebene ist neben dem EU-Recht besonders das Basler Übereinkommen über die Kontrolle grenzüberschreitender A.verbringung von Bedeutung, welches einen A.export strikt reguliert. Illegale A.exporte u. a. z. B. von nicht funktionsfähigen Elektroaltgeräten in Entwicklungs- und Schwellenländer sind trotzdem Realität.

4. Instrumente. Zur Steuerung der A.ströme existieren folgende Instrumente: staatliche Instrumente (z. B. →Planungen, Ordnungsrecht), ökonomische Instrumente (z. B. Steuern, Abgaben, Pfandsysteme, Zertifikate, finanzielle Anreize, Umweltzeichen) und Instrumente der Wirtschaft (z. B. freiwillige Vereinbarungen zur Vermeidung staatlich kontrollierter Rücknahmepflichten) oder auch Umweltmanagementsysteme (z. B. EMAS, ISO 14001). Da die Entstehung von A. durch das Handeln von Menschen beeinflusst wird, ist es erforderlich zum a.vermeidenden Verhalten durch Erziehung, Öffentlichkeits- und Aufklärungsarbeit sowie beispielhaftes Verhalten – auch in Firmen und öffentlichen sowie kirchlichen Institutionen – anzuregen. →Nachhaltigkeitsstrategien mit a.vermeidenden Effekten sind u. a. höhere Effizienz (Entkopplung von Wirtschaftsleistung und Umweltverbrauch), Konsistenz (geschlossene Kreisläufe in Übereinstimmung mit den natürlichen Stoffwechselprozessen) sowie Suffizienz (Veränderung von Lebensgewohnheiten mit hohem Stoff- und Energieumsatz (Verzicht) →Suffizienz).

5. A.behandlung. A.e, die stofflich verwertet werden sollen, sind zur Erzielung eines hohen Reinheitsgrades separat zu erfassen (getrennte Sammlung). Die Sortierung von trockenen Wertstoffen (z. B. Verpackungen) erfolgt heutzutage in vollautomatischen Sortieranlagen. Bioa.e werden in Kompostierungsanlagen zu Kompost oder in Vergärungsanlagen (Biogasanlagen) zu Biogas (zur regenerativen Energiegewinnung, →Energien, erneuerbare) und Erzeugung eines Gärproduktes verarbeitet. Nicht verwertbare Resta.e werden in Müllheizkraftwerken zu Strom und Wärme umgewandelt, die entstehenden Rückstände (u. a. Metalle und Rostasche) werden verwertet bzw. abgelagert. Alternativ hierzu existieren mechanisch-biologische Resta.behandlungsanlagen, die verwertbare bzw. ablagerungsfähige Stoffe erzeugen. Auf Deponien werden in Deutschland nur Erdaushub, Bauschutt und vorbehandelte Resta.e verbracht. Gefährliche A.e werden in eigens hierfür errichteten Anlagen behandelt.

H. ERHARD, Aus der Geschichte der Städtereinigung, Kohlhammer Stuttgart, 1954 – D. MEADOWS, Die Grenzen des Wachstums, DVA Stuttgart, 1972 – EU-ARRL, Richtlinie 2008/ 98/ EG – KRW-G, Kreislaufwirtschaftsgesetz, BGBL 2012, Teil 1, Nr. 10 – M. KRANERT et al, Ermittlung der weggeworfenen Lebensmittelmengen und Vorschläge zur Verminderung der Wegwerfrate bei Lebensmitteln in Deutschland, BMELV, 2012 – DEPV, Deponieverordnung, BGBL I 2009, zul. geä. 2013 – BMU, A.wirtschaftsprogramm des Bundes, 2013 – W. HECKL, Die Kultur der Reparatur, Hanser München, 2013.

Martin Kranert

Adressat

1. Begriffsbestimmung. Bislang gibt es für Menschen, an die sich die Angebote des Hilfehandelns richten (=A.), keine einheitliche Bezeichnung. Im Folgenden werden vier Begriffe, die aus unterschiedlichen Traditionen und Zeiten stammen und in den verschiedenen Theorieansätzen der →Sozialen Arbeit (systemtheoretisch, kritisch-subjektiv, bildungstheoretisch, ökosozial, dienstleistungsorientiert, lebensweltlich, reflexiv) unterschiedlich akzentuiert sind, vorgestellt. Gemeinsam ist ihnen, dass sich in allen die jeweilige Auffassung des Verhältnisses zwischen Gebenden und Empfangenden von Hilfehandlungen ausdrückt.

Der Begriff Klient hat seinen Ursprung im römischen Recht und bezeichnet den Schutzbefohlenen, womit eine gewisse Asymmetrie in der Beziehung festgelegt ist. Indem der Klient in der modernen Rechtsprechung zum Mandanten wird, wird der Vertretungsauftrag zwar nur auf eine bestimmte Zeit und eine konkrete Sache begrenzt, die Asymmetrie der Beziehung bleibt indes bestehen. Diese Asymmetrie zwischen Professionellen und Hilfesuchenden tritt in der Psychotherapie, welche den Begriff übernommen hat, deutlich hervor. Über sie gelangte er in die Soziale Arbeit, wo er z. T. noch heute gebraucht wird.

Mit dem Begriff A. hat man versucht, einen neutralen Begriff zu finden, der, ursprünglich aus dem Postwesen kommend, den Empfänger einer Sendung bezeichnet und kein asymmetrisches Verhältnis mit dem Sender impliziert. Dennoch kann das Verhältnis im Kontext der Erbringung soz. Hilfeleistungen nicht symmetrisch sein, denn die Rollen zwischen Leistungserbringern und Leistungsempfängern können letztlich nicht vertauscht werden. Gleichwohl soll mit dem A.begriff die Eigenständigkeit der Leistungsempfänger betont werden wie die Erwartung, dass Hilfeleistungen nicht bevormundend oder ausgrenzend sein sollen.

Die Bezeichnung Kunde für Empfänger sozialer Hilfeleistungen ist eine Entlehnung aus der Ökonomie, welcher die Vorstellung des rational und souverän die Dienstleistungs-Angebote der Soz. Arbeit auswählenden Akteurs zugrunde liegt. Im Zuge der →Ökonomisierung wurde diese Idee auf den sozialen Sektor übertragen, um den Aspekt der Qualität der soz. Dienstleistung und der Orientierung am Kunden hervorzuheben. Auch schwingt in dem Kundenbegriff die Idee mit, dass der Kunde die Dienstleistungsanbieter unter Druck setzen kann, ihre Angebote auf das Kundeninteresse hin optimal zu gestalten bzw. umzugestalten.

2. Selbstbestimmung und Wahlfreiheit des Adressaten. Die Folgen der Ökonomisierung auf den A. wurden intensiv diskutiert: Denn obwohl der Kundenbegriff die soz.-pol. Ziele der Selbstbestimmung und Wahlfreiheit von Menschen mit Hilfebedarf transportieren kann, fügt er sich nicht passgenau in die soz. Arbeit ein. Während andere Wirtschaftsbereiche nur die Unterscheidung zwischen leistungserbringenden Anbietern und konsumierenden Nachfragern kennen, gibt es in der Sozialwirtschaft drei Akteure: Leistungserbringer, öffentliche Kostenträger und Leistungsempfänger. Damit ist der Empfänger der soz. Dienstleistung nicht derjenige, der über Qualität und Quantität der empfangenen Leistung bestimmt, sondern der öffentliche Kostenträger. Hinzu kommt, dass in der Sozialwirtschaft der Leistungsempfänger immer auch Co-Produzent der Leistung ist, weil Produktion und Konsumtion der Leistung gleichzeitig erfolgen (uno-actu-Prinzip). Ebenso kann auch die Kundenzufriedenheit nicht der entscheidende Qualitätsindikator einer sozialen Dienstleistung sein, weil die erbrachten Leistungen für die Betroffenen z. T. existenziell notwendig waren, ohne dass sie primär als Erfüllung der subjektiven Bedürfnisse und Wünsche der Betroffenen (z. B. bei Straßenkindern und Menschen ohne festen Wohnsitz) konzipiert waren. Weiterhin gibt es nicht nur souveräne Nachfrager, sondern auch solche Menschen, bei denen eine selbstbestimmte und eigenverantwortliche Lebensführung das Ziel professioneller Leistung ist und durch diese erst ermöglicht werden soll (z. B. in der

Suchthilfe). Liegt eine Einschränkung der Selbstbestimmung des A. vor, sind Stellvertretungs-Lösungen (gesetzl. Betreuer, Bevollmächtigter, Vormund bzw. gesetzl. Vertreter) möglich. Dabei muss jedoch auch das Eigeninteresse der stellv. Person einbezogen werden, welches etwa im Fall der teuren Pflege einer Angehörigen durchaus mit Erwartungen an das eigene Erbe kollidieren kann. Mit der Prinzipal-Agent-Theorie hat man innerhalb der Neuen Institutionenökonomik versucht, solche Akteurskonstellationen abzubilden und durch entspr. Anreizsetzungen zu win-win-Situationen umzuformen.

3. Die sozialpolitische Aktivierung des Adressaten.
Die Agenda 2010 hat mit ihrer Leitidee vom aktivierenden Sozialstaat auch zu einer stärkeren Betonung der Verpflichtung zur Eigenverantwortung des Einzelnen geführt, indem z. B. staatliche Leistungen an Gegenleistungen des Individuums geknüpft wurden. Soziale Interventionen erfolgen dann vornehmlich als Investition, durch die die A. mittels fördernder Maßnahmen unterstützt werden sollen, um nach erfolgreicher Aktivierung wieder Eigenverantwortung übernehmen zu können. Die problematischen Effekte der Aktivierungspolitik bestehen darin, dass mit der Betonung der Eigenverantwortung gesellschaftlich-strukturelle Missstände individualisiert und in die Verantwortung des Einzelnen verlagert werden können. Auch kann es zum sog. „Creaming-Effekt" kommen, nach dem v. a. solche Personen als A. soz. Dienstleistungen ausgewählt werden, bei denen eine (monetär) erfolgsversprechende Aussicht der Intervention zu erwarten ist. Anderseits treten die A. sozialer Dienstleistungen heute nicht nur als selbstbestimmte Kunden sozialer Dienste auf, sondern sie kommen zugleich kontextabhängig als Konsumenten, Koproduzenten, Bürger, Patienten oder Mitglieder einer Gemeinschaft in den Blick. Hintergrund ist ein Mentalitätswandel der A. soz. Dienstleistungen, die – oftmals über Selbstvertretungsbewegungen – soziale Rechte erkämpft und eine Neuorientierung der Sozialpolitik an Selbstbestimmung und Teilhabe der betroffenen Menschen unterstützt haben. Entsprechend werden heute menschenrechtsbasierte Ansätze in vielen Feldern der sozialen Arbeit eingeführt oder sind bereits Standard und betonen den Status des Hilfeempfängers als Träger gleicher Rechte. Die Professionellen erhalten dann neue Rollen als Begleiter, Coaches oder Assistenten.

4. Neuere Entwicklungen. In den letzten Jahren wird auch der Begriff Nutzer im Kontext soz. Dienstleistungen verwendet, bisweilen im Zusammenhang mit neuen Leistungen über das Internet oder über Smartphone-Apps. Diese ermöglichen eine andere Form von Kommunikation zwischen Anbietern und Empfängern soz. Dienstleistungen, aber auch zwischen Empfängern untereinander und damit verbunden einen neuen Zugang zu Informationen und Leistungen sowie in der Folge auch eine stärkere Teilhabe an gesellschaftlichen Prozessen. Die Asymmetrie scheint in diesen Netz(werk)strukturen keine besondere Rolle mehr zu spielen, auch weil Nutzer als Experten in eigener Sache auftreten können.

W. THOLE, Soziale Arbeit als Profession und Disziplin, in W. THOLE (Hg.), Grundriss Sozialer Arbeit, 2005, 13–62 – M. SEITHE, Schwarzbuch Soziale Arbeit, 2010 – R. GROSSMASS, „Klienten", „Adressaten", „Nutzer", „Kunden" – diskursanalytische Überlegungen zum Sprachgebrauch in den sozialen Berufen, 2011.

Johannes Eurich

Agenda 21, Lokale

Die A. 21 ist ein Aktionsprogramm, das 1992 von 170 Staaten in Rio da Janeiro als ein Ergebnis der United Nations Conference on Environment and Development verabschiedet wurde. Im Mittelpunkt der Agenda 21 stehen Armutsbekämpfung (→Armut), Bevölkerungspolitik, Handel und →Umwelt, Landwirtschaft (→Agrarpolitik), →Abfall-, Chemikalien-, Klima- und →Energiepolitik. Darüber hinaus thematisiert sie die finanzielle und technologische Zusammenarbeit zwischen Industrie- und Entwicklungsländern. In der A. 21 werden die globalen Fragen direkt an die lokalen Einheiten herangetragen. Die bei der Weltumweltkonferenz in Rio de Janeiro 1992 verabschiedete A. 21 enthält ein Kapitel 28, in dem ein genauer Plan formuliert ist, nach dem Kommunen weltweit Initiativen zur Unterstützung der A. 21 ergreifen sollen, indem sie „Lokale Agenden" aufstellen sollen. Als Zielsetzung waren 1992 folgende Schritte vorgesehen:

„(a) Bis 1996 soll sich die Mehrzahl der Kommunalverwaltungen der einzelnen Länder gemeinsam mit ihren →Bürgern einem Konsultationsprozess unterzogen haben und einen Konsens hinsichtlich einer ‚kommunalen Agenda 21' für die →Gemeinschaft erzielt haben;
(b) Bis 1993 soll die internationale Staatengemeinschaft einen Konsultationsprozess eingeleitet haben, dessen Ziel eine zunehmend engere Zusammenarbeit zwischen den Kommunen ist;
(c) Bis 1994 sollen Vertreter von Verbänden der Städte und anderer Kommunen den Umfang der Zusammenarbeit und Koordinierung intensiviert haben …;
(d) alle Kommunen in jedem einzelnen Land sollen dazu angehalten werden, Programme durchzuführen und zu überwachen, deren Ziel die Beteiligung von Frauen und →Jugendlichen an Entscheidungs-, Planungs- und Umsetzungsprozessen ist."

Die Lokale A. 21 ist im Konzept der Agenda 21 vor allem als partizipativer Prozess gedacht, als ein Versuch, Bürgerinnen und Bürger an „ihrer" →Politik zu beteiligen, sie zu sensibilisieren, Stärken und Schwächen ihres Gemeinwesens wahrzunehmen und sie zu motivieren, Gestaltungs- und Handlungsspielräume wiederzuentdecken und zu nutzen. Zum einen soll „vor Ort" getan werden, was möglich ist, wodurch die jeweilige nationale →Politik entlastet, jedoch nicht aus ihren Verpflichtungen entlassen werden soll. Gleichzeitig soll auch ein Prozess der Bewusstseinsbildung für die von der Lokalen A. angesprochenen Problembereiche in Gang gesetzt werden. Diese Erwartung wird in der Agenda 21 dezidiert ausgedrückt:

„Durch Konsultation und Herstellung eines Konsenses würden die Kommunen von ihren Bürgern und von örtlichen Organisationen, von Bürger-, →Gemeinde-, Wirtschafts- und Gewerbeorganisationen lernen ... Durch den Konsultationsprozess würde das Bewusstsein der einzelnen →Haushalte für Fragen der nachhaltigen Entwicklung geschärft."

Lokale A. 21-Prozesse in der Bundesrepublik Deutschland sind durch eine Vielfalt unterschiedlichster Ansätze und Vorgehensweisen gekennzeichnet. Die Vielfalt besteht sowohl in der Art und Weise, Themen zu bearbeiten, im Ablauf der Prozesse als auch der Einbindung in kommunale Politikabläufe. Eine hervorgehobene Rolle spielen die Qualitätsanforderungen an eine Lokale A. 21. Aufklärungskampagnen, Aktionstage, Gewinnspiele etc. tragen zu einer Sensibilisierung der →Öffentlichkeit für die Themen der Nachhaltigkeit bei.

Das Engagement und der Einsatz für die Lokale A. 21 hat zwar auf allen Ebenen stetig zugenommen. Fast alle Länder verfügen über eine zentrale Stelle zur Koordination von A. 21-Aktivitäten. Eine Vielzahl von Ländern hat mittlerweile auch Förderprogramme zur Unterstützung Lokaler Agenden 21 in den Kommunen aufgelegt. Dabei werden sowohl konkrete Einzelmaßnahmen und Projekte unterstützt als auch der Entwicklungsprozess einer Lokalen A. 21. Dennoch muss konstatiert werden, dass die Umsetzung der A. weit hinter dem ursprünglich intendierten Zeitplan hinterherläuft und auch bei weitem nicht die angestrebte Verbreitung erreicht hat. Deutschland zählt – nach einem eher zögerlichen Beginn – zu den →Staaten, in denen die Lokale A. 21 eine besonders hohe Zahl von kommunalen Beschlüssen aufweist; jedoch ist es nicht selten so, dass nach einer ersten Phase mit hohem Einsatz auch aus der →Zivilgesellschaft und einem großen Ausmaß ehrenamtlicher Arbeit, die zu gelungenen A.-Projekten führte, dann zum Teil auch wieder das Niveau der Aktivität nachgelassen hat. Auch haben längst nicht alle Kommunalpolitiker den Auftrag der A. 21, die mit keinerlei gesetzlichen oder sonstigen Verpflichtungen verbunden ist, einordnen können oder als Aufforderung zur Suche nach neuen Wegen verstanden. Das ungewohnte Arbeiten im informellen Bereich und das Fehlen vorgegebener Anknüpfungspunkte an definierte, kommunale Aufgaben hat immer wieder auch zu einem Akzeptanzproblem geführt. Im Kern soll die Lokale A. 21 der Stärkung der Eigenständigkeit und des Selbstbewusstseins der Kommunen und ihrer Bürgerinnen und Bürger dienen. Richtig verstanden könnte sie als ein Instrument gegen die vielbeklagte Tendenz des Verlusts an kommunaler Selbständigkeit und zunehmender Politikverdrossenheit dienen.

Ein europaweites Defizit ist nach wie vor, dass sich viele Agenda-Initiativen auf „grüne" Themen konzentrieren. Für die Weiterentwicklung und Umsetzung der Lokalen A. 21 wird es mitentscheidend sein, dass die Impulse auch aus der Wirtschaft und aus sozial engagierten Gruppen kommen. An den L.A.-Prozessen müssen sich die Kommunalverwaltungen aktiv beteiligen, damit es nicht zu einer überflüssigen Konkurrenz zwischen den Agenda-Gruppen und der Kommune kommt. Lokale A.-Prozesse waren insbesondere dann erfolgreich, wenn sie auf einen langfristigen Planungsprozess angelegt waren und deutlich wird, dass durch Projekte in diesem Zusammenhang ökologische, ökonomische und soziale Problemfelder aufeinander bezogen werden können. Dass die Projekte der Lokalen A. 21 immer wieder evaluiert und auch am besten in Nachhaltigkeitsberichten dargestellt werden sollten, kann ebenfalls als Erfolgsbedingung für Agenda-Prozesse gesehen werden.

Jährlich wird in den letzten Jahren der Deutsche Lokale Nachhaltigkeitspreis „ZeitzeicheN" verliehen. Jährlich findet ein Netzwerk 21-Kongress statt, bei dem sich Nachhaltigkeitsakteure der lokalen Ebene treffen und gemeinsam die jeweils drängenden Fragen und Probleme der Handlungsfelder auf der lokalen Ebene besprechen. Insofern hat die Bewegung der Lokalen A. 21 bundesweit zu einer gewissen Professionalisierung gefunden – und eben zu einer Vernetzung, durch die die Kontinuität der Arbeit deutlich gestärkt wurde.

EXPO 2000 HANNOVER GMBH/NIEDERSÄCHSISCHER STÄDTETAG (Hg.), Lokale A. 21. Kommunen aktiv für die Zukunft, 1997 – C. RÖSLER, Städte auf dem Weg zur Lokalen A. 21, 1998. www.netzwerk21kongress.de – E. RUSCHKOWSKI, Lokale Agenda 21 in Deutschland – eine Bilanz, 2002 – ICLEI – LOCAL GOVERNMENTS FOR SUSTAINABILITY (Hg.): Rio20 plus – ein Kursbuch für lokale Nachhaltigkeitsinitiativen, 2013.

Hans Diefenbacher

Aggression

1. A. (von lat. *aggredi* ‚herangehen', ‚angreifen') bezeichnet eine *Handlung* oder eine entsprechende Handlungsdisposition (*Haltung*), die auf die „Selbstbehauptung oder Durchsetzung gegen andere mit schädigenden Mitteln" zielt (Wahl 2009, 10; zur Begriffsgeschichte im dt.-sprachigen Raum ELLERBROCK 2015,

58–60). In Form einer *Handlung* tritt sie häufig als physische und/oder psychische *Gewalt* auf. Als *Haltung* ('Aggressivität') zeigt sie sich in Gefühlen und Gedanken, die das Spektrum von Angst, Zorn und Hass über Gleichgültigkeit, Abwertung bis zur Feindschaft umfassen können. A. verbindet Haltung und Handlung. Deren Wechselwirkung ist unter Berücksichtigung weiterer situativer und rahmender Faktoren Gegenstand einer multidisziplinären A.sforschung (WAHL 2009; in sozialpsychologischer Perspektive HARTUNG/ HERRGEN 2015). Darüber hinaus wird A. als Bestandteil des ‚Wesens des Menschen' im Rahmen sozialwissenschaftlicher/philosophischer (BIERHOFF 2009) und theologischer Anthropologien (PANNENBERG 2011, 139–150) erörtert.

2. Wichtige Deutungs- bzw. Erklärungsmuster über A. wurden seit Beginn des 20. Jh.s formuliert: SIGMUND FREUD (1989 [1930]) versteht in psychoanalytischer Perspektive A. im Rahmen des (Todes-)Triebes als eine „primäre[n] Feindseligkeit der Menschen gegeneinander". (241). KONRAD LORENZ (2004 [1963]) sieht in der A. eine arterhaltende Instinktgebundenheit, die nicht zu eliminieren, aber „gegen ein geeignetes Ersatzobjekt umzuorientieren" sei (290). ERICH FROMM (1999 [1973]) konstatiert neben einer gutartigen (trotzdem missbrauchbaren) A. eine spezifisch menschliche ‚Hyperaggression', die in dem lustvollen Wunsch bestehe, ‚um des Zerstörens willen zu zerstören' (165f.).

3. Aktuell werden sozialpsychologische Modelle von A. diskutiert: Das „General Aggression Model" differenziert zwischen Ausgangsbedingungen, vermittelnden Variablen und Konsequenzen der A. Es stellt eine mögliche Ausgangsbasis für einen der Komplexität von A. annähernd gerecht werdenden integrativen ‚biopsycho-sozialen' Ansatz dar (KRAHÉ/GREVE 2009). Neurowissenschaftliche Forschungsergebnisse gehen von einer primären Kooperationsorientierung des menschlichen Gehirns aus (BAUER 2011): A. werde vom Gehirn weder angestrebt noch belohnt, sondern stelle ein Verhaltensrepertoire dar, „das es ermöglicht, uns einer Gefahr entgegenzustellen und sie zu bewältigen" (47). Zu den Gefahren gehören körperlicher Schmerz bei sich und anderen, aber auch soziale Ausgrenzungen und Demütigungen (59–61). Denn aus „Sicht des menschlichen Gehirns ist soziale Akzeptanz nicht minder überlebenswichtig wie die körperliche Unversehrtheit" (110). Mikrosoziologische Erkenntnisse über die situativen Zusammenhänge von Aggression und Gewaltausübung, wie sie COLLINS (2011) erforscht hat, bestätigen diesen Ansatz. Er konnte zeigen, dass ‚Konfrontationsanspannung und -angst' den Umschlag von A. in Gewalt vor hohe Hürden stelle und deswegen keine lineare Beziehung zwischen beiden bestehe. Deshalb falle die Ausübung von Gewalt schwer und werde auch in aggressiv aufgeladenen Situationen in der Regel eher vermieden (36).

S. FREUD, Das Unbehagen in der Kultur, in: A. MITSCHERLICH/ J. STRACHEY/A. RICHARDS (Hg.), Fragen der Gesellschaft. Ursprünge der Religion (SIGMUND FREUD – Studienausgabe; Bd. 9), 1989⁵ [1930] – K. LORENZ, Das sogenannte Böse. Zur Naturgeschichte der Aggression, 2004²⁴ [1963] – E. FROMM, Anatomie der menschlichen Destruktivität (ERICH FROMM: Gesamtausgabe in zwölf Bänden; Bd. 7: Aggressionstheorie), 1999 [1973] – W. PANNENBERG, Anthropologie in theologischer Perspektive, 2011² [1983] – B. KRAHÉ/W. GREVE, Aggression und Gewalt, in: H. BIERHOFF/D. FREY (Hg.), Handbuch der Sozialpsychologie und Kommunikationspsychologie (Handbuch der Psychologie; Bd. 3), 2006 – H. W. BIERHOFF, Aggression, in: E. BOHLKEN/C. THIES (Hg.), Handbuch Anthropologie – Der Mensch zwischen Natur, Kultur und Technik, 2009 – K. WAHL, Aggression und Gewalt. Ein biologischer, psychologischer und sozialwissenschaftlicher Überblick, 2009 – R. COLLINS, Dynamik der Gewalt. Eine mikrosoziologische Theorie, 2011 – J. BAUER, Schmerzgrenze. Vom Ursprung alltäglicher und globaler Gewalt, 2011 – D. ELLERBROCK, Zwischen individuellen Dispositionen und gesellschaftlichen Dynamiken. Körper und Kontext als Herausforderung einer interdisziplinären Aggressions- und Gewaltforschung, in: G. HARTUNG/M. HERRGEN (Hg.), Interdisziplinäre Anthropologie – Jahrbuch 2/2014: Gewalt und Aggression, 2015.

Werner Schiewek, Dieter Beese

Agrarpolitik

1. Definition und Charakterisierung. A. umfasst Ziele, Maßnahmen und Bestrebungen, die die Landwirtschaft und die Ländlichen Räume betreffen bzw. beeinflussen. Der Staat als Akteur erlässt dazu u. a. Gesetze, Verordnungen, Richtlinien und ergreift spezifische Fördermaßnahmen. A. ist Sektor- und Querschnittpolitik, d. h. sie ist mit der Umwelt-, Verbraucherschutz-, Tierschutz-, Wirtschafts-, Gesellschaftspolitik verbunden. Seit Ende der 50er Jahre (römische Verträge, 1957) ist sie einer der am längsten und stärksten auf europäischer Ebene geregelten und finanzierten Politikbereiche. Die Gemeinsame A. (GAP) der Europäischen Union (*Common Agricultural Policy*, CAP) bestimmt seitdem die Rahmenbedingungen für Landwirtschaft und ländliche Räume maßgeblich.

Zielsetzungen der EU-A. sind laut EU-Vertrag,
1. die Produktivität der Landwirtschaft durch Förderung des technischen Fortschritts, Rationalisierung und den bestmöglichen Einsatz der Produktionsfaktoren, insbesondere der Arbeitskräfte, zu steigern;
2. der landwirtschaftlichen Bevölkerung insbesondere durch Erhöhung des Pro-Kopf-Einkommens eine angemessene Lebenshaltung zu gewährleisten;
3. die Märkte zu stabilisieren;
4. die Versorgung sicherzustellen;
5. für die Belieferung der Verbraucher zu angemessenen Preisen Sorge zu tragen.

Heute stehen die Nachhaltigkeitsorientierung der Landwirtschaft, die Entwicklung vitaler ländlicher Räume sowie die Erfüllung gesellschaftlicher Anforderungen stärker im Fokus.

2. Entwicklung der EU-A. in fünf Perioden. *1. Periode ab 1945.* Nach dem 2. Weltkrieg war in einer Hunger- und Mangelsituation die Steigerung der Produktivität und der Produktion von Lebensmitteln vorrangiges Ziel und Aufgabe der Landwirtschaft. Die EU-A. war bis etwa 1984 vor allem eine protektionistisch angelegte Markt- und Preispolitik, die auf staatliche Marktregulierung (Preisstützung, Interventionsmaßnahmen, Außenschutz) setzte. Marktordnungen wurden schrittweise für fast alle Agrarprodukte eingeführt, wie beispielsweise die Getreidemarktordnung im Jahre 1962. Mit ihr sollten die europäischen Getreidemärkte stabilisiert und Produktionsanreize geschaffen werden. Getreideprodukte aus dem Ausland wurden bis zu einem Schwellenpreis mit Zöllen (Abschöpfung genannt) belegt. Parallel zum Außenschutz griff der Staat mit sog. Interventionsmaßnahmen zur internen Preisstützung und Einkommenssicherung der Landwirtschaft ein: ab einem bestimmten Preis kaufte der Staat das Getreide auf. Diese Politik war stark an Mengensteigerung und den Einkommenszielen der Landwirtschaft ausgerichtet. Dadurch wurde Überproduktion ausgelöst und über einen längeren Zeitraum finanziell gefördert. Es entstanden Butterberge und Milchseen mit hohen Zahlungen aus dem EU-Haushalt.

2. Periode 1984–1992. Um die A. effizienter zu machen und die Ausgaben für den europäischen Agrarhaushalt nicht weiter steigen zu lassen, wurden Mengenregulierungen wie die Milchquotenregelung und eine restriktivere Preispolitik für einige Produkte eingeführt. Trotzdem stiegen die Agrarausgaben weiter, die Einkommenssituation für die Landwirte war weiterhin unbefriedigend. Es wurden stabilisierende Regelungen u. a. bei Getreide eingeführt. Stieg die Menge bspw. an Getreide über eine bestimmte Schwelle, wurde der Preis gesenkt. Dazu wurden verstärkt ergänzende produktionsmindernde Maßnahmen wie die Extensivierungsförderung und die Förderung der ökologischen Landwirtschaft eingeführt, die gleichzeitig positive Umwelteffekte induzierten.

3. Periode 1992 bis 2000. Mit der Reform 1992 fand ein Systemwechsel statt. Die Markt- und Preispolitik der Europäischen Union wurde konsequenter an den Märkten ausgerichtet. Neu war, dass Markt- und Einkommenspolitik getrennt wurden. Es wurden weltmarktorientierte Preise für Produkte angestrebt und dazu die Interventionspreise für verschiedene Produkte deutlich gesenkt. Als Ausgleich wurden den Landwirten direkte Beihilfen in Form von produktbezogenen Prämien als Flächenprämie pro ha Getreide oder Tierprämie pro erzeugtes Mastrind gewährt. Um die Produktmengen weiter zu decken, wurde ferner eine obligatorische Flächenstilllegung eines Teils der Ackerflächen eingeführt. Maßnahmen zum Tier- und Umweltschutz und der Förderung der Lebensmittelqualität wurden verstärkt gefördert.

4. Periode 2000 bis 2005. Mit der Agenda 2000, im Jahr 1999 beschlossen, wurde die Agrarreform von 1992 konsequent weitergeführt. Mit Blick auf die anstehende EU-Osterweiterung, die zunehmend notwendige Integration in die Weltwirtschaft und die Liberalisierung des Agrarhandels wurde die Stärkung der Wettbewerbfähigkeit der europäischen landwirtschaftlichen Betriebe zunehmend wichtiger. Ein erneuter Systemwechsel fand mit der Halbzeitbilanz (*mid-term review*) 2003 statt. Die 1992 eingeführten Direktzahlungen an die Landwirte, also die an die Produktion gebundenen Flächen- und Tierprämien, wurden von der Produktion entkoppelt. Die Landwirte erhalten seither eine von der Produktionsmenge unabhängige Direktzahlung. Flächenstilllegungen waren Voraussetzung für den Erhalt der Prämien. Umweltleistungen und die Gestaltung der ländlichen Räume waren im Sinne der Gemeinwohlgüter (*common goods*) noch keine eigenständigen Förderziele. Mit der Bilanz bzw. der Agrarreform 2003 wurden zusätzlich auch die aktuellen gesellschaftlichen Herausforderungen stärker in die A. eingeführt, insbesondere die Sicherheit und die Qualität der Lebensmittel, der Schutz von Luft, Wasser, Boden als Ressourcen sowie die Förderung und Sicherung der Artenvielfalt und der Habitate sowie die artgerechte Haltung von Tieren. Nachhaltige Entwicklung und integrierende Konzepte (Agrarproduktion und gleichzeitig und ausdrücklich Umwelt-, Tier-, und Verbraucherschutz) wurden wesentliche Zielsetzungen für die A. der folgenden Jahre. Standards zum Umweltschutz, der Nahrungsmittelsicherheit sowie des Tierschutzes sollten konsequenter eingehalten werden. Ferner fand eine Akzentverschiebung von der sog. Marktpolitik (1. Säule) zur ländlichen Entwicklungspolitik (2. Säule) statt. Es wurden daher neue Regelungen eingeführt, und zwar mit dem Instrument der sog. „*cross compliance*". D. h. die Zahlung der staatlichen Mittel wurde von der Einhaltung von Standards abhängig gemacht. Bei Nichteinhaltung gab es Kürzungen bzw. Versagung der Direktzahlungen. Das 2. Instrument war die sog. „Modulation". Mit ihr wurden die Direktzahlungen an die Landwirte gekürzt und diese Mittel von der 1. in die 2. Säule der GAP umgeschichtet.

5. Periode 2005 bis 2015. Die Weltmarktorientierung der Landwirtschaft, die Stärkung der Wettbewerbsfähigkeit des Sektors, die Orientierung an gesellschaftlichen Anforderungen und Umweltzielen wurden konsequent fortgeführt. Die Schaffung eines wettbewerbsfähigen Landwirtschaftssektors, der gleichzeitig die Bewahrung und Pflege der ländlichen Umwelt und der Kulturlandschaften, die Stärkung des sozialen Gefüges, der Lebensqualität und der kulturellen Vielfalt in den ländlichen Räumen sicher stellte, wurde ein relevanteres Ziel der Europäischen Kommission und des Agrarrates und damit der Gemeinsamen A. Die Bundesregierung ergänzte weitere Zielsetzungen, wie die der Innovationen für einen Zukunftssektor Landwirtschaft, die Entwicklung der Bioökonomie und der Biomasse-Nutzung sowie die Stärkung der internationalen Zusammenarbeit (Agrarbericht Bundesregierung, 2011). In der Förderperiode 2014–2020 wurden die Maßnahmen in Teilen neu justiert. Es gab u. a. eine Absenkung der Direktzahlungen, mehr Spielräume für die Mitgliedsstaaten, bis zu 15 % der Mittel von der 1. in die 2. Säule umzuschichten, einheitliche Flächenprämien in Deutschland einzuführen, 30 % der Direktzahlungen an neu definierte Umweltvorgaben zu koppeln, sowie das Instrument *„greening"* zur stärkeren Umweltorientierung einzuführen. Hier werden verschiedene Maßnahmen obligatorisch von der Landwirtschaft verlangt wie bspw. die Einrichtung von 5 % der Ackerflächen als ökologische Vorrangflächen, der Erhalt des Dauergrünlandes und die Einhaltung eines bestimmten Kulturartenanteils auf den Ackerflächen, um Monokulturen bspw. bei Mais zu vermeiden.

Die A. ist stärker an- und eingebunden in die Strategie Europa 2020. Hier wird erwartet, dass die Gemeinsame A. Beiträge zu den Zielsetzungen eines intelligenten, nachhaltigen und integrativen Wachstums leistet. Ebenso, dass landwirtschaftliche Lösungsbeiträge für die anstehenden neuen Herausforderungen wie bspw. Klimaschutz bzw. -anpassung, sozialer Zusammenhalt und umfassende Berücksichtigung aller Umweltbelange erbracht werden.

3. Ländliche Räume und neue Leitbilder der A. Nachhaltige Entwicklung ist seit der UN-Konferenz für Umwelt und Entwicklung („Rio-Konferenz") 1992 ein wichtiges handlungsleitendes und normatives Konzept der A. geworden.

Im Laufe der 90er Jahre wurde als eigenständiges Entwicklungs- und Förderziel die Nachhaltige Entwicklung der ländlichen Räume eingeführt.

3.1 Definitionen der Ländlichen Räume. Ländliche Räume sind alle Gebiete, die nicht städtisch geprägt sind; d. h. sie sind weniger dicht besiedelt, Infrastruktur Einrichtungen sind häufig nicht (mehr) vollständig vorhanden, i. d. R. weit verteilt und nur mit höheren Mobilitätskosten erreichbar. Die Bevölkerungsdichte ist generell niedriger.

3.2 Die Entwicklung der Ländlichen Räume soll Beiträge zum Landschafts- und Klimaschutz leisten, das Sozial- und Wirtschaftsgefüge der ländlichen Kommunen stärken, eigenständige Entwicklungen unterstützen und damit auch der Verbesserung der Wettbewerbsfähigkeit des Landwirtschaftsbereiches dienen.

3.3 Umfang der Fördermaßnahmen zur Entwicklung der Ländlichen Räume. In allen 28 Mitgliedsstaaten der EU gibt es mehr als 100 geförderte Programme zur ländlichen Entwicklung (2. Säule der GAP). In Deutschland werden die Programme – zuständig sind die Bundesländer – im Zeitraum 2014 bis 2020 insgesamt mit ca. 18 Mrd. Euro (Mittel von EU, Bund und Ländern) gefördert.

3.4 Die Rechtsgrundlage ist die Verordnung (EU) Nr. 1305/2013 über die Förderung der ländlichen Entwicklung durch den Europäischen Landwirtschaftsfond für die Entwicklung des ländlichen Raumes (ELER).

In ihr werden folgende Prioritäten gesetzt:
1. Förderung von Wissenstransfer und Innovation in der Land- und Forstwirtschaft und den ländlichen Gebieten.
2. Verbesserung der Lebensfähigkeit der landwirtschaftlichen Betriebe und der Wettbewerbsfähigkeit aller Arten von Landwirtschaft in allen Regionen und Förderung innovativer landwirtschaftlicher Techniken und der nachhaltigen Waldbewirtschaftung.
3. Förderung einer Organisation der Nahrungsmittelkette, einschließlich der Verarbeitung und Vermarktung von Agrarerzeugnissen, des Tierschutzes und des Risikomanagements in der Landwirtschaft.
4. Wiederherstellung, Erhaltung und Verbesserung der mit der Land- und Forstwirtschaft verbundenen Ökosysteme.
5. Förderung der Ressourceneffizienz und Unterstützung des Agrar-, Nahrungsmittel- und Forstsektors beim Übergang zu einer kohlenstoffarmen und klimaresistenten Wirtschaft.
6. Förderung der sozialen Inklusion, der Armutsbekämpfung und der wirtschaftlichen Entwicklung in ländlichen Gebieten.

3.5 Mit dem sog. LEADER Ansatz (Liaison entre actions de développement de l'économie rurale) entwickeln Bürgerinnen und Bürger der Regionen Projekte und Initiativen. Diese dienen in besonderem Maße u. a. der Bewältigung des demographischen Wandels, der Verbesserung der Infrastruktur, dem Engagement sozialer Initiativen und der Unterstützung touristischer Projekte. Dieses Engagement der Zivilgesellschaft ist ein wichtiger Beitrag zur Stärkung der ländlichen Regionen.

4. Landwirtschaft in der gesellschaftlichen Diskussion und aktuelle Brennpunkte. *4.1* Die Art und Weise der heutigen landwirtschaftlichen Produktion und vor allem die Tierhaltung stehen zunehmend im Fokus der öffentlichen Diskussionen. Zum einen sind es die zunehmend größeren Tierbestände und die Folgen der räumlichen Konzentration der Tierhaltung bspw. in Nordwestdeutschland. Es entstehen hohe Emissionen an Methan und Ammoniak sowie betriebliche und regionale Gülleüberschüsse und damit Stickstoff- sowie

Phosphatüberhänge. Der Sachverständigen Rat für Umweltfragen (SRU) fordert mit Nachdruck eine deutliche Verringerung zu hoher Stickstoffeinträge durch organische Düngemittel wie Gülle und in den letzten 10 Jahren zusätzlich durch Gärreste aus den Biogasanlagen. Zunehmend werden eine artgerechtere Tierhaltung und eine Reduzierung des Einsatzes von Arzneimitteln, vor allem Antibiotika, eingefordert. Neue Initiativen zur Förderung des Tierwohls sind seitens der Landwirtschaft unter Einbeziehung des Lebensmitteleinzelhandels (LEH) auf den Weg gebracht worden. Für die Messung des Erfolgsgrades ist es allerdings noch zu früh. Unstrittig ist, dass der Tierschutz in den Mast- und Milchviehhaltungen inzwischen einen wesentlich größeren Stellenwert erhalten hat und die Tierhaltung nach tierethologischen Kriterien ausgerichtet sein soll.

4.2 Die Landwirtschaft verursachte 2014 durch Lachgas, Methan und Ammoniak etwa 7,0 % der Treibhausgasemissionen der Bundesrepublik Deutschland (Umweltbundesamt). Durch eine effizientere Produktion, u. a. angepasstere Düngung und Umstellung der Fütterung, lassen sich Reduktionen erzielen. Eine Verringerung der Zahl der insgesamt gehaltenen Tiere würde ebenfalls den Umfang der Treibhausgase verringern, allerdings nur, wenn die Importe nicht im Gegenzug entsprechend steigen.

4.3 Derzeit gibt es in Deutschland keinen kommerziellen Anbau gentechnisch veränderter Pflanzen. Die große Mehrheit der Verbraucherinnen und Verbraucher, Naturschützer und große Teile der Politik lehnen diese Technik als unnötig und risikoreich ab. Länder wie die USA, Brasilien, Argentinien, Kanada bauen genmanipulierten Mais, Raps und Soja in erheblichem Umfang an.

4.4 Wiederholt wurde u. a. seitens der Bundes- und Landesbehörden festgestellt, dass auch die heutige Landwirtschaft die Artenvielfalt gefährdet und hier erheblicher Handlungsbedarf vorliegt, um nationale und internationale Artenschutzziele zu erreichen. Die Landwirtschaft muss insgesamt biodiversitätsgerechter wirtschaften.

5. **Kirche und A.** *5.1* Die Evangelische Kirche in Deutschland (EKD) hat sich in den Jahren 2003 und 2011 zu agrarpolitischen und Landwirtschaftsfragen geäußert. Die EKD tritt für eine multifunktionale und nachhaltige Landwirtschaft ein. Sie hält die Weltmarkt- und Wettbewerbsorientierung in dieser Form für schädlich und formuliert eine Verpflichtung für alle Christen, die Schöpfung zu erhalten. Damit stehen die Christen für eine andere A. Eine solche Landwirtschaft soll die Welternährung besser sichern, konsequent dem Klimaschutz dienen, die biologische Vielfalt fördern, die Landschaft positiv gestalten, den Verbraucherschutz ernst nehmen und Beiträge zur nachhaltigen Entwicklung ländlicher Räume leisten. Insgesamt ist, so die EKD-Schrift, die internationale Verantwortung zu gering ausgeprägt. Mit der Studie „Unser tägliches Brot gib uns heute. Neue Weichenstellung für Agrarentwicklung und Welternährung" (2015) verstärkt die EKD ihre Forderung, die Krise der Welternährung zu überwinden. Sie versteht diese strategische Ausrichtung als politische Aufgabe, wirksame Änderungen in der Handelspolitik, der A. in den sog. Entwicklungsländern, der Entwicklungspolitik und der Umwelt- und Klimapolitik in Richtung Nachhaltigkeit umzusetzen.

5.2 Die Entwicklungsorganisationen der Kirchen, wie Brot für die Welt, treten für ein entschiedenes Engagement für die Ernährungssicherung weltweit ein. Die Intensivierungs-, Weltmarkt- und Wettbewerbsorientierung der Landwirtschaft in Industrieländern dient nicht der Bekämpfung des Hungers. Auch die Förderung des Agrarsektors in sog. Entwicklungsländern muss sich ändern. Die Nahrungsmittelproduktion muss und kann durch kleine Betriebe stärker und besser gesichert werden.

Die Umsetzung der *Millennium Development Goals*, ein Entwicklungsprozess der Vereinten Nationen, wird 2015 beendet. Mit den sog. *Sustainable Development Goals* (SDGs), den internationalen Nachhaltigkeitszielen, wird sich die internationale Staatengemeinschaft weiter in Richtung Nachhaltigkeit entwickeln. Dazu sind Ober- und Unterziele, die auch landwirtschaftliche Handlungsfelder und Ernährungsziele einschließen, vereinbart worden.

P. Markus (Hg.), Landwirtschaft ist mehr als Essen und Trinken. Gesellschaftliche Leistungen für Naturschutz und Kulturlandschaft, 2005 – Bundesministerium für Ernährung, Landwirtschaft und Verbraucherschutz, Agrarpolitischer Bericht der Bundesregierung 2011 – Kirchenamt der EKD (Hg.), Leitlinien für eine multifunktionale und nachhaltige Landwirtschaft. Zur Reform der Gemeinsamen A. (GAP) der Europäischen Union, EKD-Texte 114, 2011 – Agrarbündnis e.V., Der kritische Agrarbericht 2015.

Peter Markus

Akademien, kirchliche

1. **Wurzeln der A. in den 1930er Jahren.** Die nach 1945 in Deutschland gegründeten A. sind ein spezifisches Handlungsfeld kirchlicher Aktivität im Schnittfeld von →Kirche und →Gesellschaft. Gegenwärtig bestehen in Deutschland 17 evangelische und 26 katholische A. Die evangelischen A., auf die hier nun besonders Bezug genommen wird, orientieren sich dabei an den landeskirchlichen Strukturen. Das Format Tagung dominiert nach wie vor ihre Praxis, wobei sich gerade in den letzten Jahren erhebliche Veränderungen der Veranstaltungsformate feststellen lassen. Die erste evangelische A. wurde am 29. 9. 1945 in Bad Boll mit einer Tagung gegründet, die sich in „14 Tagen der Besinnung" an „Männer des →Rechts und →Wirtschaft" wandte. Der Gründungsdirektor Eberhard Müller prägte die Akade-

miebewegung bis in die 1960er Jahre hinein maßgeblich. Er sah dabei die Wurzeln der A. in den Widerstandskreisen wie z. B. dem Freiburger Kreis liegen. Dabei berief er sich auf HELMUT THIELICKE als dem Begründer Akademieidee im Nachkriegsdeutschland. Dieser habe in einer →Denkschrift an die Leitung der Württembergischen Landeskirche die Gründung einer Theologischen Akademie angeregt. In ihr sollten Wissenschaftler aller Disziplinen, theologisch gebildete →Laien aus verschiedenen →Berufen für eine gewisse Zeit zusammenleben und theologisch so geschult werden, dass ihre christlich geprägten Positionen das gesellschaftliche Leben wirkungsvoll beeinflussen. Diese Historiografie der Akademiebewegung durch EBERHARD MÜLLER, die bis in die 1980er Jahre hinein maßgeblich blieb, wird durch die neueren Forschungen widerlegt: Danach liegen die Wurzeln der Akademiebewegung begründet im nationalprotestantischem Denken, das in den 1930er Jahren eine Verbindung mit der Volkshochschulbewegung einging. 1933 wurden in diesem Verständnis u. a. in Aachen, Düsseldorf, Bonn und Köln „Evangelische A." gegründet, die in den Jahren darauf allerdings von der NS-Diktatur wieder aufgelöst wurden. Zwischen den damaligen A.leitern und den A.gründern nach 1945 bestehen auffällige Kontinuitäten.

2. A. in der jungen Bundesrepublik. Die evangelischen A. wurden in der Gründungsphase wesentlich von den US-amerikanischen Kirchen sowie einem Fonds der Religionsabteilung beim amerikanischen Hochkommissar MCCLAY finanziert. Diese Spenden signalisieren, dass die amerikanischen Kirchen wie auch die Besatzungsmacht ein lebendiges Interesse an den Aktivitäten der A. hatte: Sie wurden als Orte der →Demokratieschulung in der frühen Bundesrepublik verstanden. Die junge Bundesregierung unter Bundeskanzler KONRAD ADENAUER setzte diese Linie fort, wobei der Bad Boller Akademiegründer EBERHARD MÜLLER eine wesentliche Vermittlungsrolle einnahm: Er sorgte dafür, dass die evangelischen A. als Orte politischer →Bildung anerkannt wurden. Dies hatte zur Folge, dass sie frühzeitig durch den Bundesjugendplan des Bundesinnenministeriums sowie durch die „Bundeszentrale für den Heimatdienst", die Vorläuferin der Bundeszentrale für Politische Bildung erhebliche Zuschüsse erhielten. Die evangelischen A. erwiesen sich unter diesem Vorzeichen als wesentliche Säulen der Westintegration der jungen Bundesrepublik. Sie übten einen markanten Einfluss auf die Politik aus und wurden in den 1950er Jahren zu einem Erkennungszeichen des Politischen Protestantismus. Entscheidende Themen der Akademiearbeit waren in den 1950er Jahren die Fragen nach der →Technik, der Führung von →Wirtschaftsbetrieben, Vermassung, Entfremdung und Loyalität. In der Diskussion um eine Wiederbewaffnung 1952 trat EBERHARD MÜLLER mit seinem sozialethischen Pragmatismus auf der Seite des Kanzlers ADENAUER und bewirkte damit eine positive Positionierung weiter Teile der Verantwortlichen im Bereich der EKD. MARTIN NIEMÖLLER, der als Kirchenpräsident der hessen-nassauischen Landeskirche in Arnoldshain auf die dortige Akademiebewegung Einfluss ausübte, erwies sich als vehementer Gegner MÜLLERS.

3. Positionierungen der A. in den 1970er bis 1990er Jahren. Diese Kontroverse zwischen EBERHARD MÜLLER und MARTIN NIEMÖLLER in den 1950er Jahren verweist schon auf die zunehmende thematische Positionierung der A. seit den späten 1960er Jahren. Durch die „Neue soziale Frage" wurde in den Tagungen der A. die „Randgruppenproblematik" und die technisch-ökologischen Risikopotenziale entdeckt. Im Rüstungswettlauf der 1980er Jahre entwickelten die A. Modelle des organisierten Diskurses, die polarisierte Positionen gesprächsfähig hielten oder machen sollten. Gerade in dieser Phase der Entwicklung der A. identifizierten sich die A. mit dem Stichwort „Diskurs". Konzeptionell verstanden sie sich als „Forum" in einer polarisierten Gesellschaft: Die A. wollten Orte sein, die mit ihren Moderationstechniken, ihrer Atmosphäre „am dritten Ort" oder „auf der grünen Wiese" sowie ihren Diskussionsräumen das Gespräch zwischen widerstreitenden Positionen ermöglichen und damit zur Befriedung der Gesellschaft beitragen. Die A. verstanden sich in diesem Konzept lediglich als ein Katalysator, der die Kirche zum Führen eines Dialogs über politische, ökonomische und kulturelle Fragen befähigt. Mit der Auflösung des Ost-West-Konfliktes Ende der 1980er Jahre sowie der voranschreitenden →Globalisierung und den sich in Asien, Russland und Mexiko stetig verstärkenden →Finanzkrise mit ihren globalen Auswirkungen verstärkte sich die seit den 1970er Jahren angelegte internationale Orientierung, die mit den friedenspolitischen und ökologischen Diskussionen Form angenommen hatte. Die A. verstanden sich spätestens nun nicht mehr nur als „Forum", sondern auch als „Faktor" einer zukunftsfähigen Gesellschaft: Vernachlässigte, minoritäre, am Evangelium orientierte Positionen sollten eine Aufmerksamkeit und Öffentlichkeit erhalten.

4. Gegenwärtige Herausforderungen der A. Die Kontroverse zwischen der Vorstellung von A. als „Forum" oder „Faktor" müssen als weitgehend überholt gelten. Wer den Diskurs im Tagungsprogramm organisieren will, muss in der Lage sein, diejenigen Fragen und Probleme zu identifizieren, die von fundamentaler Bedeutung sind. Zugleich hat er dafür zu sorgen, dass die Tagungen personell so besetzt werden, dass die entscheidenden Kontroversen sichtbar werden. In dieser doppelten Ausrichtung der Herausforderungen der Moderne relativiert sich der Gegensatz zwischen „Faktor" und „Forum". In dem 2012 veröffentlichten Positionspapier des deutschen Dachverbandes der A. heißt es deswegen: „Die Grundorientierung evangelischer A.arbeit zielt auf eine demokratische, partizipative und einvernehmliche Lösung gesellschaftlicher Probleme. Wenigstens ein Schritt in dieser Richtung ist gelungen, wenn Widersprüche und Interessengegensätze formuliert und verhandelt werden können. Deshalb wird eine Diskurskultur favorisiert, die Macht und Interessen nicht verschwiegt, sondern zivilisiert." Sehr viel mehr als in der Vergangenheit werden in den A. gegenwärtig nicht mehr fundamentale Fragen, sondern sehr spezifische Problemstellungen thematisiert. Dies bedeutet einen entscheidenden Wechsel in der Teilnehmerstruktur: An die Stelle von allgemein Interessierten treten mehr und mehr funktionale Eliten und diejenigen, die aus beruflichen Gründen eine Tagung besuchen. Der →Dienstleistungscharakter der Angebote in den A. nimmt zu. Zugleich stehen die Kirchen vor der Herausforderung eines strukturellen und finanziellen Wandels, der auch die A. nicht unberührt lässt. Zahlreiche A. haben Studienleitende-Stellen verloren und müssen zugleich mit der Refinanzierung der Kosten für die mit den A. verbundenen Tagungszentren kämpfen. Zudem tragen die überkommenen Tagungsformate dem Professionalisierungsschub in der Teilnehmer-Struktur nicht mehr ausreichend Rechnung. Tagungen nehmen zunehmend mehr Projektcharakter an, sind auf Kooperationspartner ausgerichtet und bemühen sich um eine gesellschaftliche Wirksamkeit ihrer Angebote. Dabei stehen die A. in der Gefahr, in ihrer Orientierung an gesellschaftspolitisch wirksamen und spezialisierten Dienstleistungen ihre kirchliche Legitimations- und Finanzbasis zu verlieren, wodurch die Zahl kleiner, kaum noch wirksamer A. in den Landeskirchen gegenwärtig steigt, ohne dass die Notwendigkeit einer A.arbeit in der Moderne schwindet – im Gegenteil.

5. **A. im Transformationsprozess der Moderne.** Gegenwärtig sind es insbesondere die tiefgreifenden Transformationsprozesse der Wirtschaftsgesellschaft, die ihren Ort des Diskurses im Akademiegeschehen finden können und müssen. Wie das „Gute Leben" in der Zukunft aussieht, ist mehr denn je nicht mehr entschieden, sondern bedarf einer ausreichenden „Diskurskultur" (vgl. das Positionspapier der EAD, 2012) unter der Beachtung einer echten Teilhabe einer Vielzahl von Teilnehmenden. Damit dies gelingt, ist ein interdisziplinär besetztes Kollegium vonnöten. Auch wenn A. grundsätzlich von der Freiheit der Themenwahl leben und sich durch keinen kirchlichen Einfluss instrumentalisieren lassen dürfen, so ergibt sich doch aus ihren Aktivitäten im besten Fall auch ein neuer und weiterführender Impuls für theologisches Denken und kirchliches Handeln im Kontext der Moderne. Dies betrifft insbesondere das interreligiöse Gespräch, das in den A. mit Vertretern der →Zivilgesellschaft anderer religiöser Prägung gepflegt wird. A. sind in diesem Sinn ein Laboratorium einer zukunftsfähigen Gesellschaft: Best-Practice-Beispiele einer offenen und nachhaltigen →Gesellschaft werden in ihr diskutiert, verstärkt und entwickelt. Dabei ist die Verbindung der A. mit Tagungshäusern dort, wo sie noch vorhanden sind, enorm hilfreich für dieses kirchlich eminent bedeutsame Handlungsfeld: Die in den A. diskutierten Fragen und Herausforderungen der Moderne werden in der konkreten Lebensweise des Tagungszentrums beantwortet.

6. **Zusammenarbeit und Organisation der A.** In Kontinuität zur Entwicklung der A. in der frühen Bundesrepublik werden die A. durch einen Dachverband gegenüber der Bundeszentrale für Politische Bildung, den Bundesministerien, den Parteien und kirchlichen Dachverbänden vertreten. Schon 1947 hatten sich die A. in den vier Besatzungszonen zum „Leiterkreis" zusammengeschlossen, der nach der Unterbrechung durch den Kalten Krieg 1991 als „Evangelische A. in Deutschland e. V." eine Neuorganisation erfuhr. Der in Bad Boll gegründete Leiterkreis verlagerte 2005 seinen Sitz nach Berlin. Auf europäischer Ebene wurde 1956 die ökumenische Vereinigung der A. und Laienzentren gegründet, wobei die Anregung dazu von Bad Boll ausging. Seit 1989 traten dem europäischen Netzwerk zunehmend mehr Laienzentren in Mittel- und Osteuropa bei, wobei die konzeptionelle Arbeit in den Bildungszentren sich sehr vielfältig darstellt. 1972 wurde neben dem Europäischen Netzwerk während einer Tagung in der Orthodoxen A. auf Kreta das World Collaboration Committee gegründet, das die bis dahin entstandenen regionalen Vereinigungen in →Europa, Nordamerika und Asien zusammenführte. In den 1990er Jahren kamen die Afrikanische, Karibische und Lateinamerikanische Vereinigung hinzu. Heute versteht sich dieses Netzwerk der A., das sich gegenwärtig „Oikosnet" nennt, mit seinen regionalen Vereinigungen als Teil einer sich formierenden internationalen →Zivilgesellschaft.

E. MÜLLER, Die Kunst der Gesprächsführung, 1965 – LEITERKREIS DER EVANGELISCHEN AKADEMIEN (Hg.), Der Auftrag Evangelischer A. (mit einem Abdruck der Denkschrift des Rates der EKD von 1963), 1979 – G. KOCH/M. NÜCHTERN/K. YARON, Lernen in Bildungshäusern und A., 1983 – F. ANHELM, Diskursives und konziliares Lernen. Politische Grenzerfahrungen, Volkskirche und Evangelische A., 1988 – FISCHER (Hg.), Fünfzig Jahre Evangelische A. Bad Boll. Aufbruch zum Dialog, Stuttgart 1995 – L. SIEGELE-WENSCHKEWITZ, „Hofprediger der Demokratie". Evangelische A. und politische Bildung in den Anfangsjahren der Bundesrepublik Deutschland. In: ZKG 108 (1997), 236–251 – R. ZIEGERT, Kirche ohne Bildung. Die Akademiefrage als Paradigma der Bildungsdiskussion im Kirchenprotestantismus des 20. Jahrhunderts, 1997 – T. MITTMANN, Kirchliche A. in der Bundesrepublik. Gesellschaftliche, politische und religiöse Selbstverortungen, 2011 – EAD (Hg.), Diskurskultur. Ein Positionspapier der Evangelischen A. in Deutschland, 2012.

Jörg Hübner

Alter

1. Alter interdisziplinär. Alter wird zum einen als biometrische Messgröße, der seit dem Zeitpunkt der Geburt abgelaufenen Zeitspanne der Existenz eines Menschen oder anderen Lebewesen verstanden. Das Alter markiert gleichzeitig in recht unspezifischer Weise die ungefähre Position im Lebenszyklus, die durch physiologische Prozesse der Alterung determiniert ist. Auch wird Alter als Bezeichnung für die letzten (das dritte und vierte) Lebensalter genutzt. Typischerweise wird das chronologische Altern, das Alter eines Individuums als eine Zeitangabe vom biologischen Alter eines Menschen, gemessen am körperlichen und geistigen Entwicklungs-, resp. biologischen Merkmalen (Zellstrukturen, typische biologische Umbauprozesse).

Aus einer soziologischen Perspektive erscheint Alter als eine soziale Zuschreibung und gesellschaftliche Konstruktion. Nicht individuelle Merkmale, die mit Alterungsprozessen in Verbindung gebracht werden, sind maßgebend. Vielmehr bestimmt ein chronologisches Altersverständnis sämtliche administrativen Routinen, von denen Lebensbedingungen in einer modernen Gesellschaft abhängen. Staatliche Vorschriften mit bestimmtem Altersbezug bestimmen vom Schuleintrittsalter über die Altersgrenzen im Jugendschutz über die verschiedenen Mündigkeitsschwellen bis hin zu den Altersgrenzen der Erwerbsarbeit das Leben des modernen Menschen. Dabei ist es vor allem die Rechtsordnung, die sich des chronologischen Altersbegriffs bedient, um die Vielfalt der individuellen Lebensformen und Lebensverhältnisse auf die für sie handhabbare Typisierung zu bringen. Durch die Institutionalisierung des Lebenslaufs wird Personen durch kollektive, zumeist in Gesetzen fundierte Definitionen ein sich mit dem Alter ändernder Fundamentalstatus zugesprochen (KAUFMANN). Mündigkeits- und Ruhestandsregelungen definieren die drei Altersgruppen der „Kinder und Jugendlichen", der „Erwachsenen" im Erwerbsleben und der „Alten". Durch die sich im Laufe des 20. Jahrhunderts weitgehend verallgemeinerten Ruhestandsgrenzen wurde die Lebensphase Alter geschaffen und damit kollektive Vorstellungen, die mit dem chronologischen Alter verbunden werden, etabliert, etwa mit dem Lebensalter 60 oder 65 entgeltliche Arbeit nicht mehr verbinden oder in einer Normalbiographie ausschließen. GÖCKENJAN hat in einer Untersuchung zum Wandel des Altersbildes in der Folge der deutschen →Rentenreform von 1957 darauf hingewiesen, dass erst als nicht intendierte Folge der Einführung Lebenshaltungskosten deckender Renten das Rentenalter als eigenständige und sozialrechtlich formierte Lebensphase entstand. Das Erreichen des Rentenalters bedeutet in aller Regel das Ende des Erwerbslebens und hat so wesentlich zum Entstehen eines Bildes vom „funktionslosen Alter" beigetragen.

2. Altersgrenzen. Altersgrenzen sind politisch und faktisch veränderbar. Sie kennen keine gerontologisch begründbare Ratio. Die mit den Altersgrenzen unterstellten generalisierten Leistungsminderungen entbehren einer wissenschaftlichen Grundlage. Nicht zuletzt aufgrund der demographischen Entwicklung und des zunehmenden Fachkräftemangel werden sie zunehmend flexibilisiert. Ein möglicher Verzicht auf staatliche festgelegte Altersgrenzen würde einerseits zu einer Entstandardisierung des Lebenslaufs und zu einer Verunsicherung in der standardisierten Lebensplanung beitragen, wäre aber verbunden mit einem Gewinn an →Freiheit auf der individuellen Ebene und der Nutzung der Potenziale des Alters für Wirtschaft und →Gesellschaft. Das Bild vom Ruhestand hat lange Zeit Vorstellungen eines eher passiven, entpflichteten Alters transportiert, das heute als überkommen gilt. Das deutsche Recht kennt etwa 455 Altersgrenzen (KLIE), sie konstituieren in bestimmter Weise, mit einer spezifischen Regelungsabsicht und in einem spezifischen Kontext Alter und haben (potentiell) Einfluss auf Altersbilder, sowohl individuell erfahrbar bei der Anwendung dieser auf die eigene Person als auch kollektiv wirksam bei der Zu- bzw. Aberkennung gesellschaftlicher Rollen. Nicht nur das staatliche Recht kennt Altersgrenzen. In vielfältiger Weise sind Altersgrenzen auch in der autonomen Rechtsetzung und Rechtspraxis von Bürgerinnen und Bürgern und im Wirtschaftsbereich bekannt. So kennen etwa zahlreiche Satzungen gemeinnütziger Organisationen Altersgrenzen für die Übernahme von Vorstandsaufgaben, Versicherungsbedingungen privater Versicherungsunternehmen Altersgrenzen respektive altersjustierte Versicherungsbeiträge. Auch in der Kreditwirtschaft sind harte und weiche Altersgrenzen bei der Vergabe von Darlehen bekannt. Altersgrenzen zur Sicherung altershomogener Wohnformen sind etwa im Wohnungseigentumsrecht in Teilungserklärungen etwa bei Anlagen des Betreuten Wohnens verbreitet. Auch diese Altersgrenzen tragen potenziell zu einem Defizit geprägten oder Segregation beförderndem Altersbild bei, soweit sie generalisierend eingeschränkte →Leistungsfähigkeit Älterer unterstellen. Selbst dort, wo sie nicht darauf beruhen, sondern etwa allein versicherungsmathematischen Kalkülen folgen, wirken sie sich ungünstig auf Teilhabechancen, auf Handlungsoptionen sowie auf Fragen der Selbstachtung und →Autonomie aus. Insofern sind auch alle Wirtschaftsbereiche sowie die Kirchen aufgerufen, die in ihren selbst gesetzten Rechtsregeln enthaltenen Altersgrenzen einer Überprüfung zu unterziehen und das auch dort, wo sie etwa einer immanenten →Risikobewertung konsistent folgen.

3. Altersbilder. Die Erkenntnisse der Gerontologie haben mit dazu beigetragen die Vorstellungen und Bilder vom Alter deutlich zu differenzieren, defizitäre Altersbilder überwinden zu helfen und an ihre Stelle differenzierte treten zu lassen, die die Potenziale wie auch die Einschränkungen des Alters in angemessener Weise, wissensbasiert vermitteln (Sechster Altenbericht).

4. Lebenszufriedenheit. Zu den wesentlichen Erkenntnissen der Psychologie gehört es, dass im Alter anders als die kognitive Leistungsfähigkeit das Wohlbefinden älterer Menschen durchschnittlich deutlich ansteigt. Dabei sind die Verbesserungen durch günstige sozio-kulturelle Bedingungen, etwa ein allgemeinen höheres Bildungsniveau, zu erklären. Die mit dem Alter alltagstheoretisch typischerweise verbundenen Verlusterfahrungen decken sich damit keineswegs mit dem Alter verbundenen Potenzialen psychologischer und kognitiver Leistungsfähigkeit. Der durchschnittliche Gesundheitsstatus älterer Menschen, der seinerseits abhängig ist vom soziokulturellen Status, hat sich in den letzten Jahrzehnten deutlich verbessert. Wesentlichen Einfluss auf die subjektive Zufriedenheit im Alter kommt der Bedeutung zu, die Ältere für andere Menschen einnehmen. Familiare, nachbarschaftliche und öffentliche Aufmerksamkeit spielen bis ins hohe Lebensalter eine zentrale Rolle. Auch für hochbetagte Menschen ist die subjektiv erfahrene Bedeutsamkeit der eigenen Person ein zentraler Prädiktor für Lebensqualität (KRUSE).

5. Lebensphase Alter. Eine eigenständige Lebensphase „Alter" gibt es als solche nicht und ist auch nicht sinnvoll zu begründen. Lange Zeit wurde zwischen dem dritten und dem vierten Lebensalter unterschieden: das dritte als Lebensalter der jungen, in der Regel gesundheitlich fitten Alten und das vierte Lebensalter als das der Hochbetagten, die in typischer Weise mit bestimmten körperlichen und kognitiven Einschränkungen konfrontiert sind. Alterungsprozesse verlaufen interindividuell höchst unterschiedlich. Der wesentliche Prädiktor für die fernere Lebenserwartung liegt in Einkommen und Bildung begründet. Insofern gewinnt soziale Ungleichheit im Alter noch einmal in besonderer Weise an Bedeutung. Durch veränderte Rollenvorstellungen, veränderte Altersbilder haben sich das Selbstverständnis, die Erwartungshaltungen sowie die Aktivitätsprofile älterer Menschen deutlich verändert.

Der Anteil Älterer am Erwerbsleben ist angestiegen. Noch niemals waren so viele ältere Menschen und die Älteren in ihren Kohorten so stark an Formen bürgerschaftlichen Engagements beteiligt wie im Jahre 2015. Auch das Konsumverhalten, die Selbstbilder, die Bereitschaft zu gesellschaftlicher Verantwortung haben sich deutlich verändert (KRUSE). Dabei ist die Bereitschaft, gesellschaftliche Verantwortung in kirchlichen Zusammenhängen zu übernehmen, bei älteren Menschen besonders ausgeprägt.

6. Religiöse Perspektive. Das Alter hat aus einer religiösen Perspektive stets eine große Rolle gespielt. Ein langes und erfülltes Leben wird als Geschenk Gottes verstanden (BARTEL). Das Älter-werden ist nicht selten an religiöse Verhaltenserwartungen geknüpft, wie das Tragen einer bestimmten Kleidung, die Bemühung um die Beerdigung der Toten, die Einschränkung des Weingenusses und das Gebot der Wohltätigkeit. Das Gebot, die Eltern zu ehren greift Generationenambivalenzen auf. Häufig werden mit dem Alter Stärken wie Klugheit, Erfahrungen, Einsicht und Weisheit in Verbindung gebracht (siehe auch Daniel 13,5; Hiob 12,12). Gerade die im Judentum verankerten Vorstellungen des Alters prägen zum Teil bis heute Vorstellungen vom Alter in einem wertschätzenden Sinne.

7. Gestaltungsaufgabe Alter und Altern. Heute wird das Alter und das Altern als eine individuelle und kollektive Gestaltungsaufgabe verstanden (SCHULZ-NIESWANDT). Der Staat hat in einem subsidiären Verständnis Rahmenbedingungen zu schaffen und Interventionen vorzusehen, die für die individuelle und kollektive Gestaltung des Alters Handlungsspielräume eröffnen und diese absichernd eingreifen. In der modernen Gerontologie wird nicht das Alter sondern das Altern als ein Prozess in den Mittelpunkt der Interpretationen von Alterungsprozessen zum einen und des Verständnisses des Alters gerückt. Dabei wird die im Umbruch befindliche gesellschaftliche Gestaltung des Alters und des Alterns als eine noch nicht gelöste weitreichende Herausforderung und ebenso als Chance für die Gesellschaftsentwicklung wie für die individuelle Lebenslaufgestaltung verstanden. So ist die Gesellschaft als Ganzes von den Alterungsprozessen betroffen und muss sich insgesamt, nicht nur in Teilbereichen, als Reaktion auf die mit dem Altern der Gesellschaft verbundenen Anforderungen verändern. Die wachsende Vielfalt und Buntheit der Lebensweisen im Alter steht generalisierenden und normierenden Vorstellungen des Alters ebenso entgegen wie die nach wie vor bedeutsamen sozialen Unterschiede und Ungleichheiten im Lebenslauf, die sich im Alter noch kumulieren können. (BACKES).

G. M. BACKES, Soziologie des Alters, in: Alter als Last und Chance, 2006, KAS (Hg.), 346–365 – F. SCHULZ-NIESWANDT, Sozialpolitik und Alter, 2006 – J. BARTEL, Referat des emk Bildungswerkes – G. GÖCKENJAN, Zur Wandlung des Altersbildes seit den 1950er Jahren im Kontext und als Folge der Großen Rentenreform von 1957, in: Deutsche Rentenversicherung (2–3) 2007, S. 125–142 – F. KAUFMANN, Was meint Altern? Was bewirkt demographisches Altern? Soziologische Perspektiven, in: U. M. STAUDINGER/H. HÄFNER (Hg.), Was ist Alter(n)? Neue Antworten auf eine scheinbar einfache Frage, 2008, 119–138 – Sachverständigenkommission „Sechster Altenbericht der Bundesregierung" (2010): Alter – Bilder – Altersbilder: Ein erster Überblick. Kommissionsdrucksache 222. Deutsches Zentrum für Altersfragen e.V. – T. KLIE, Altersdiskriminierung und Altersgrenzen im Recht, in: T. JÄHNICHEN u. a. (Hg.), Alternde Gesellschaft. Soziale Herausforderungen des längeren Lebens, 2013, 207–245 – A. KRUSE, Der Ältesten Rat. Generali Hochaltrigenstudie: Teilhabe im Alter, 2014.

Thomas Klie

Altruismus

1. Der Begriff A. bezeichnet im gegenwärtigen allgemeinen Sprachgebrauch die Grundhaltung, Einstellung oder das Prinzip, den/die jeweils Anderen (lat. alter, altera) grundsätzlich zu berücksichtigen und zu fördern, oder auch gegenüber dem je eigenen Interesse oder Belang vorzuziehen. Der Gegenbegriff ist Egoismus, der die Grundhaltung, Einstellung oder das Prinzip bezeichnet, vorzugsweise nur sich selbst (das Ego) zu berücksichtigen. In diesem allgemeinen Sprachgebrauch ist das Verständnis des Menschen enthalten, das diesen als für sich zu betrachtendes Subjekt seiner Welt- und Lebensgestaltung sieht und ihn auf seine Einstellungen, Grundhaltungen oder moralische Ausstattung hin kennzeichnet. Demzufolge ist in der Philosophie, Psychologie, *Soziobiologie* und den empirischen *Sozialwissenschaften* diskutiert worden, inwiefern A. ein unausweichliches Prinzip der Lebensführung (NAGEL) ist und (oder) zur Disposition des Menschen (auch evolutionstheoretisch, genetisch gesehen) oder seiner soz. Entwicklung gehört (→Anthropologie). Diese und weitere Fragestellungen werden in der interdiszplinären *Altruismusforschung* zunehmend intensiv verfolgt.

2. In der **Problemgeschichte** wird A. auf verschiedene Problemstellungen bezogen, die die **moralische oder sittliche Konstitution des Menschen** oder der →Gesellschaft betreffen. Ebenso kann A. als Vorgang der psychischen (motivationalen) Disposition verstanden werden, aber auch als intersubjektiver, nicht nur den Akteur betreffender Vorgang. Welche Art von empirischer oder nicht-empirischer Grundlage der →Moral mit A. bezeichnet werden kann, stellt einen Angelpunkt der Auseinandersetzung dar. Eine Hauptlinie der Argumentation besteht darin, im A. als Einstellung oder Disposition die *Grundlage der Moral* zu sehen und damit der Auffassung entgegenzutreten, die moralische Orientierung könne auf (rationale) Begründungen allein gegründet werden und bedürfe nicht der Berücksichtigung der empirischen oder nicht-empirischen Bedingungen der →Moral, zu denen der A. gehört.

2.1 In der **philosoph. Begriffsbildung** wird A. als Kennzeichnung des Menschen im Sinne der *Moderne* gebraucht, so bei A. COMTE, der damit die Eigenart der Entwicklung des Menschen zu einem gesellschaftl. Wesen kennzeichnet. Der Mensch ist dementsprechend nicht von sich aus auf andere Menschen eingestellt, sondern bedarf der besonderen Formung zu einem soz. Wesen. H. SPENCER beschreibt A. im Blick auf den →Nutzen für den Menschen in der gesellschaftl. Evolution. A. erscheint nicht nur als individuelle Haltung, sondern als gesellschaftl. und polit. Vorgang. Dem entspricht die Zuordnung von *Eigennutz und* →*Gemeinwohl* im gesellschaftl. oder ökonomischen Prozess. Diese Zuordnung kann dann etwa im Rahmen einer Theorie der →*Gerechtigkeit* (RAWLS) als Prinzip des uneigennützigen Eigennutzes interpretiert werden Dementsprechend und darüber hinaus halten einige Verfassungen (z. B. →Grundgesetz) Verpflichtungen gegenüber anderen oder der Allgemeinheit fest, z. B. dass der Gebrauch des Privateigentums „zugleich dem Wohle der Allgemeinheit dienen" soll (Art. 14 GG). A. ist hier also als Einstellung gefordert, die mit der Einsicht in die notwendige **Ausrichtung auf das** →**Gemeinwohl** begründet sein kann. Im Sinne einer Praxis kann A. auch als Kooperationsbereitschaft gefasst werden. Altruismus im Sinne des Gemeinwohls und der Nächstenschaft zu praktizieren haben auch Organisationen (im Sinne von →NGOs und Internet-Vernetzung) entstehen lassen, die entsprechende gemeinsame Aktivitäten fördern (z. B. The Centre for Effective Altruism).

2.2 A. ist darüber hinaus verstanden worden als Prinzip, dem Allgemeinen, insbesondere der allen Menschen gemeinsamen Rationalität, den Vorrang zu geben oder auch die **Ausrichtung auf das Allgemeine** abzutrennen von der je eigenen Lebenswelt, Moral, Disposition oder Konstitution. Altruistisch sein heißt dann nicht, im jeweiligen Gegenüber zu anderen sich zu verhalten und das mit anderen jeweils Gemeinsame zu suchen, sondern es heißt, das Allgemeine aufzusuchen oder zu suchen, an dem alle teilhaben. So gibt es eine Differenz zw. dem A. als Disposition oder Einstellung, dem Anderen oder den Anderen den Vorzug zu geben vor dem Eigenen, und dem A. als der Übereinstimmung oder dem Einverständnis mit dem Allgemeinen, das alle immer schon teilen.

2.3 In der Geschichte der **philosoph.** →**Ethik** spielt der Begriff A. keine hervorgehobene Rolle. Die philosoph. Ethik soz. Verhaltens und Tuns steht zu diesem Begriff in vielfältiger Spannung. Die Tugendlehre (ausgehend von ARISTOTELES) beschreibt mit den →Tugenden keine altruistische Haltung. →*Gerechtigkeit* als Tugend ist von einer altruistischen Haltung ebenso unterschieden wie die Tugenden generell, sofern diese als eine soz. Praxis eingeübt werden. Vom A. unterschieden ist auch das *Wohlwollen*, die Sorge um das Wohl des Nächsten, das als Teil oder erster Schritt der →Liebe verstanden werden kann (THOMAS VON AQUIN). Was in der Tradition als *Ethik des Wohlwollens* (vgl. SPAEMANN) entfaltet wird, steht aber auch in vielfältiger Spannung und Verwandtschaft zum A. Auch *Mitleid* oder Mitgefühl (Sympathie) ist vom A. unterschieden, sofern Mitleid oder Mitgefühl auf den jeweils bestimmten Anderen gerichtet ist und keine universelle Haltung bezeichnet. Dennoch kann argumentiert werden, dass auch das Mitgefühl voraussetzt, sich in den Anderen hineinversetzen zu können, also das mit ihm Gemeinsame (z. B. Schmerz) zu teilen. Dies kann dann auch als Form der Gerechtigkeit dem anderen gegenüber interpretiert werden.

Die vorzugsweise und prinzipielle Berücksichtigung des Anderen wird in verschiedenen philosoph. Traditionen und Konzeptionen im Sinne einer Ethik der *fundamentalen*, immer neu gegebenen oder sich aufdrängenden *Beziehung zum Anderen* reflektiert. Darin wird das Verhältnis des menschl. Selbst zum Anderen in seiner unausweichlichen und die menschl. Existenz tragenden Bedeutung gesehen. Dazu gehört insbesondere die Ich-Du-Philosophie von BUBER, die Philosophie der unendlichen Inanspruchnahme durch den Anderen von LÉVINAS, ebenso die philosoph. Konzeptionen der Beziehung zum Anderen, der Alterität (RICOEUR). Auch in den Theorien eth. Urteilsbildung und der Rationalität geht es um die notwendige, wenn auch nicht unbefragt vorrangige „Einbeziehung des Anderen" (HABERMAS) bei der Feststellung oder Gewinnung des allgemein Gegebenen oder allgemein Gültigen. Die entsprechenden Verfahren dienen der Überführung von partikularen Gemeinsamkeiten in das Allgemeine oder allgemein Geltende, das allein handlungsleitend ist oder sein soll im Unterschied zu solchen eigenen →Interessen, die nicht als allgemeine festgestellt werden können oder in allgemeine Geltung übersetzbar sind.

3. Auch für die **Moral in der jüdisch-christl. Tradition**, ihre Begründung und ihre Prinzipien, stellt sich die Frage, inwiefern A. genuin in die jüdisch-christl. eth. Tradition gehört, und ob insbesondere das Liebesgebot (Lev 19,18; Lk 10, 25–37) im Sinne des A. zu verstehen ist oder einen A. begründen kann (→Liebe).

3.1 NIETZSCHE hat die christl. **Moral der Nächstenliebe** als altruistisch gekennzeichnet. NIETZSCHE charakterisiert die christl. →Moral zugleich als *Mitleidsmoral* und diese wiederum als das Kennzeichen von Moral überhaupt, sofern Moral auf Rechtfertigung gerichtet ist, die sie in der Rücksichtnahme auf andere sucht. Diese Kennzeichnung trifft die christl. Moral nicht. Liebe zum Nächsten im christl. Verständnis ist nicht mit einer altruistischen, der eigenen Rechtfertigung dienenden Haltung gleichzusetzen, die dem Anderen oder dem Allgemeinen grundsätzlich den Vorrang gibt. Das Gebot der Nächstenliebe (Lev 19,18: „liebe Deinen Nächsten wie dich selbst") meint die Liebe zu dem jeweiligen Anderen, von dem gilt: er ist Dir gleich. Diese Liebe wird ausdrücklich geboten, weil sich im A. die Beziehung auf den Anderen nicht erschöpfen kann. Das Liebesgebot verweist auf eine immer schon gegebene Zuordnung des Einen zum Anderen, die je aktuell, in Bezug auf den Nächsten, zu achten ist. Nicht jeder Andere ist immer schon der Nächste, sondern die Nächstenliebe setzt die Berufung in die Nächstenschaft voraus, die auch mit dem Erbarmen (→Barmherzigkeit) verbunden ist, wie es das Gleichnis vom Barmherzigen Samariter zeigt (Lk 10,25–37). Vom A. unterschieden sind auch Handlungen oder Aufgaben, die über das jeweils Geschuldete hinausgehen (supererogatorisches Handeln, vgl. Lk 10,35). Im Unterschied dazu bringt die „*Goldene Regel*" (Mt 7,12: „Alles nun, was ihr wollt, dass euch die Leute tun sollen, das tut ihnen auch.") die immer schon gegebene Voraussetzung in Erinnerung, dass es ein unumgängliches *wechselseitiges und symmetrisches Verhältnis* gibt (das auch als Prizip der Reziprozität z. B. in der Ökonomie verhandelt wird), während die Nächstenliebe oder auch die Feindesliebe (Lk 6,35) dieses durch eine einseitige Zuwendung überbietet. Beides, die Logik der Entsprechung im A. und die Logik der Überfülle in der Liebe gehört zusammen (RICOEUR). Sonst würde der A., wie es NIETZSCHE gesehen hat, nur dem eigenen Nutzen und der eigenen moralischen Rechtfertigung dienen.

3.2 In der **ev. Ethik** ist dem Verständnis von Nächstenschaft entsprechend die grundlegende soz. Verbindlichkeit als →„*Beruf*" gefasst worden. Einen Beruf auszuüben heißt, im Rahmen einer bestimmten Aufgabe für andere und zum Wohle von anderen arbeiten und handeln. In den Traditionen der christl. Ethik ist insofern der Begriff A. nicht fest verankert. Die soz. Verpflichtung wird vielmehr durch das Gebot der Nächstenliebe, im Zusammenhang der christl. Tugendlehre, in einer Ethik der Nächstenschaft, oder im Blick auf ein christl. Verständnis *soz.* →*Verantwortung* im Beruf begründet. Das Gebot oder Prinzip der Nächstenliebe zielt auf die Befreiung dazu, dem Nächsten zu tun und zu geben, was ihn fördert und ihm Not tut. Insofern kann vom Christenmenschen gesagt werden, er ist ein „dienstbarer Knecht und jedermann untertan" (LUTHER). Dies ist keine altruistische oder selbstlose Haltung, sondern Kennzeichen der christl. →Freiheit von der fundamentalen Sorge um sich selbst und der Suche nach einer moralischen Rechtfertigung. Die philosoph. Versuche, die Moral auf A. gegründet zu sehen (NAGEL) und ihre Modifikationen bleiben mit dem Problem einer *anthropologischen Grundlegung* der Moral verbunden. Die *christl. Ethik* sucht die Hinwendung zum Nächsten (und in paradigmatischer Hervorhebung zum „Bruder") nicht als gegebene Voraussetzung oder als Prinzip zu fassen oder auf eine Haltung zu gründen, sondern verweist darauf, dass der Mensch immer neu dazu befreit werden muss, in allem Tun, auch in der Erfüllung der Gebote, den Anderen in seiner Not zu berücksichtigen und ihn zu fördern. Dies begründet dann auch ein Verhältnis zum Anderen, das nicht dem eigenen Nutzen dient, sondern das Gerechtigkeit und →Solidarität mit der Nächstenliebe verbunden sein lässt. Diese hat in der Entwicklung der „Diakonie" eine praktische Form gefunden, die ihren genuinen Ort in der Kirche hat.

E. WOLF, SOZIALETHIK. THEOLOGISCHE GRUNDLAGEN, HG. V. THEODOR STROHM, 1988[3] – R. SPAEMANN, Glück und Wohlwollen. Versuch über Ethik, 1989 – P. RICOEUR, Liebe und Gerechtigkeit, 1990 – H. HARBACH, A. und Moral, 1992 – M. HUNT, Das Rätsel der Nächstenliebe. Der Mensch zwischen Egoismus und A., 1992 – H. MEISINGER, Liebesgebot und Altruismusforschung. Ein exegetischer Beitrag zum Dialog zwischen Theologie und Naturwissenschaft, 1996 – K. R. MONROE, The Heart of Altruism. Perceptions of a Common Humanity, Princeton N. J. 1996 – J. HABERMAS, Die Einbeziehung des Anderen. Studien zur politischen Theorie, 1997² – TH. NAGEL, Die Möglichkeit des A., M. GEBAUER/H.-P. SCHÜTT (HG.), 1998 – D. FETCHENHAUER/H.-W. BIERHOFF, Altruismus aus evolutionstheoretischer Perspektive. In: Zeitschrift für Sozialpsychologie 35 (3) 2004, S. 131–141 – R. DAWKINS/W. WICKLER/K. DE SOUSA FERREIRA, Das egoistische Gen, 2014².

Hans G. Ulrich

Ambulantisierung

1. Begriff und Hintergründe. A. bedeutet die Umstellung von stationären Einrichtungsstrukturen in ambulante Leistungsformen. Zahlreiche soziale und medizinische Leistungen wurden traditionell nur stationär erbracht. Dies wurde in vielen Fällen aus ethischer, gesellschaftlicher oder ökonomischer Sicht kritisiert und mit der Forderung einer Umstellung auf ambulante Leistungen verbunden. In der Folge konnte sich der sozial- und gesundheitspolitische sowie sozialrechtliche Grundsatz „ambulant vor stationär" durchsetzen, demzufolge zunächst alle Möglichkeiten einer ambulanten Versorgung ausgeschöpft werden sollen, bevor eine Person in eine stationäre Einrichtung aufgenommen wird.

2. A. in Psychiatrie und Behindertenhilfe. Historisch betrachtet geht die A. auf die Bewegung der De-Institutionalisierung in der psychiatrischen Versorgung zurück, die seit Anfang der 1970er Jahre in fast allen westlichen Ländern einsetzte. Am konsequentesten waren die Reformen in Italien, wo 1978 das Gesetz 180 erlassen wurde, das vorschrieb, alle großen psychiatrischen Kliniken aufzulösen (A. MONSORNO).

In Deutschland nahm die Psychiatriereform nach dem Bericht der Psychiatrie-Enquete 1975, der den psychiatrischen Landeskliniken und Anstalten menschenunwürdige Zustände attestierte, Fahrt auf. Kritisiert wurde, dass nicht die Behandlung und Rehabilitation der psychisch kranken Menschen, sondern deren Aussonderung und Verwahrung im Mittelpunkt stünde. Die wichtigsten Forderungen waren die Enthospitalisierung der Langzeitpatienten und der Aufbau ambulanter Unterstützungsmöglichkeiten, um sie zurück in ein normales Leben zu führen (K. DÖRNER 2001). Im Rahmen der seitdem andauernden Reformbestrebungen sind die Bettenzahl und die Verweildauer in den psychiatrischen Kliniken gesenkt worden, ambulante Versorgungsstrukturen wie die sozialpsychiatrischen Dienste (J. CLAUSEN/I. EICHENBRENNER) sowie betreute Wohnmöglichkeiten, unterstützte Beschäftigungsmöglichkeiten und tagesstrukturierende Angebote aufgebaut worden.

In stationären Einrichtungen waren traditionell auch Menschen mit geistiger oder körperlicher Behinderung und hohem Unterstützungsbedarf untergebracht (T. DROSTE). Ausgehend von der Kritik an diesen „totalen Institutionen" (ERVING GOFFMAN), die den Lebensablauf von Menschen umfassend bestimmten, wurden stationäre und ambulante Unterstützungskonzepte entwickelt, die Selbstbestimmung und Teilhabe besser fördern. Dabei sind in der Behindertenhilfe nach wie vor ambulante und stationäre Angebote vorhanden. Nach Art. 19 der UN-Behindertenrechtskonvention (UN-BRK) haben Menschen mit Behinderung das Recht ihre Wohnform zu wählen, im SGB XII gibt es jedoch in § 13 Absatz 1 Satz 3 einen Kostenvorbehalt, wenn eine „stationäre Einrichtung zumutbar und eine ambulante Leistung mit unverhältnismäßigen Mehrkosten verbunden ist." Dabei haben die Kommunen einen großen Ermessensspielraum, weshalb immer noch unfreiwillige Heimunterbringungen vorkommen. Die UN-BRK schreibt mit dem Grundsatz der „Inklusion" die A. der Behindertenhilfe verbindlich vor, bis zur konsequenten Umsetzung ist es aber noch ein langer Weg (E. WEBER, J. GLASENAPP, G. THEUNISSEN)

3. A. in Medizin und Pflege. In der Medizin findet auch jenseits der Psychiatrie eine vor allem aus Kostengründen politisch gewollte A. statt (S. SELL). Beispiele sind ambulante Operationen oder ambulante Rehabilitationsmaßnahmen.

A. in der Pflege dagegen wird in erster Linie mit dem Ziel einer Verbesserung der Lebensqualität insbesondere für längere Zeit pflegebedürftige Personen diskutiert (A. PALESCH/A. HERRMANN, H. WALLRAFEN-DREISOW). Mit Hilfe der Pflege durch einen Pflegedienst oder eine Sozialstation kann eine pflegebedürftige Person zu Hause bleiben, gegebenenfalls bis zum Tod. Unter die ambulante Pflege fällt nicht nur die Grundpflege sondern auch Hilfe im Haushalt; sie wird von den Pflegeversicherungen bezahlt. Davon zu unterscheiden ist die ärztlich angeordnete häusliche Krankenpflege, die auf Antrag von den Krankenkassen übernommen werden kann.

4. A. als Zukunftsaufgabe. Die A. der Angebote für Menschen mit Behinderungen und psychischen Krankheiten ist eine verbindliche Forderung der UN-BRK. Im Diakonischen Werk ist es der Bundesverband evangelische Behindertenhilfe e.V. (BEB), dessen Mitgliedseinrichtungen gefordert sind, stationäre Angebote in ambulante Unterstützungsformen zu überführen.

K. DÖRNER, Das Krankenhaus lernt laufen, 1996 – A. MONSORNO, Gesellschaft und Geisteskrankheit, 1997 – T. DROSTE, Die Historie der Geistigbehindertenversorgung unter dem Einfluß der Psychiatrie seit dem 19. Jahrhundert, 1999 – W. JANTZEN, „…die da dürstet nach Gerechtigkeit", 2003 – E. WEBER, Deinstitutionalisieren 2004 – J. GLASENAPP, Im Spannungsfeld von Sicherheit und Freiheit, 2010 – K. DÖRNER, Wieviel Psychiatrie soll, muss, darf sein? In: AKTION PSYCHISCH KRANKE, 25 Jahre Psychiatrie-Enquete Bd. 2, 2001, 44–51 – J. CLAUSEN/I.

Eichenbrenner, Soziale Psychiatrie, 2010 – S. Sell, Die „Ambulantisierung" als Folge der Sozialpolitik, in: H.-C. Reiss, Steuerung von Sozial- und Gesundheitsunternehmen, 2010, 35–50. – A. Palesch/A. Herrmann, Leitfaden Ambulante Pflege, 2012 – H. Wallrafen-Dreisow, Ambulantisierung vollstationärer Strukturen, in: H. Blonski, Den Wandel gestalten, 2012, 115–126 – G. Theunissen, Empowerment und Inklusion behinderter Menschen, 2013.

Sigrid Graumann

Amt

Auf den ersten Blick scheint „Amt" in Kirche und Gesellschaft ein überholter Begriff – was allerdings nicht bedeutet, dass die damit angesprochenen (Streit-) Fragen erledigt wären. Das Arbeitsamt wurde zur Agentur für Arbeit, das Einwohnermeldeamt hat seinen Platz im Bürgerbüro und das Pfarrhaus ist weitgehend Privatwohnung und kaum noch Sitz des „Pfarr-oder Gemeindeamtes". An die Stelle des Status von „Amtsträgern" ist die Funktionalität einer Dienstleistung getreten und auch Kirchenämter werden wie alle Verwaltungen nach den neuen Effizienzkriterien und Leitlinien der Organisationsentwicklung geführt. Gleichwohl wurde und wird in der Kirche eine engagierte Diskussion um die verschiedenen kirchlichen Ämter geführt: um den Diakonat als geordnetes Amt der Kirche, das Prädikantenamt und schließlich um das Verhältnis von „Haupt- und Ehrenamt" in der Organisation.

Die Entwicklung und das Verständnis von Ämtern ist Kennzeichen kirchlicher Strukturen wie kirchlichen Selbstverständnisses. Die Urkirche kannte verschiedene Führungsrollen, zu denen neben den Aposteln auch Diakone und Diakoninnen sowie Propheten und Prophetinnen gehörten. Solche herausgehobenen Funktionen wurden durch die Erfahrung besonderer Geistesgaben begründet. Gegen Ende des 1. Jahrhunderts verlieren jedoch charismatische Eigenschaften wie auch die Rolle umherreisender Propheten und Wanderprediger an Bedeutung; die Bewegung tritt gegenüber der Entwicklung fester Gemeinden in den Hintergrund und lokale Gemeindeleiter gewinnen als die „Nachfolger der Apostel" an Autorität. Gleichzeitig werden Frauen immer mehr von gemeindlichen und überregionalen Führungsrollen ausgeschlossen. Während Leitung im Amt der Presbyter zunächst noch kollegial wahrgenommen wurde, bekam vom 3. Jahrhundert an das Amt des Ortsbischofs eine immer größere Bedeutung. Alle wesentlichen Gemeindeaktivitäten wie Taufe und Eucharistie, aber auch Rechtsprechung und Armenfürsorge unterstanden nun seiner Autorität. Am Ende des Institutionalisierungsprozess der unterschiedlichen Ortsgemeinden zu einer Großkirche steht um 300 eine patriarchale Organisationsstruktur mit einem 3-Ämter-Modell, in dem Presbyter und Diakone dem Bischof untergeordnet sind. Ein Gegengewicht zur zunehmenden Hierarchisierung und Bündelung aller Funktionen im „Weiheamt" bildeten lediglich die Synoden bzw. Konzilien, die gleichzeitig entstanden, um Streitigkeiten in Lehrfragen zu beraten und zu entscheiden.

Mit der Entstehung größerer Bischofsbezirke bildete sich allmählich auch die Pfarramtsstruktur als auf einen ordinierten Amtsträger delegierte Zuständigkeit für einen bestimmten „Amtsbezirk" heraus. Dieses Amtsverständnis eines von einer Autorität delegierten Amtes in einem Verwaltungsbezirk mit Amtssitz findet sich seit dem Mittelalter im deutschsprachigen Raum auch in weltlichen Herrschaftsbereichen mit dem Amtmann als Vorläufer des „Beamten". Nach wie vor haben Pfarrerinnen und Pfarrer als Kirchenbeamte viele Funktionen eines öffentlich-rechtlichen Amtes inne und unterscheiden sich damit gravierend von anderen Ämtern der Kirche.

Mit der neuzeitlichen Diakonie und der wachsenden Bedeutung des bürgerlichen Ehrenamts im 19. Jahrhundert gewannen jedoch die Fragen nach der Bedeutung der Charismen wie auch des Diakonenamts erneut an Bedeutung. Wicherns Entwicklung eines neuen Diakonenamtes und Fliedners Neubestimmung des Diakonissenamtes konnten jedoch wegen unterschiedlicher Vorstellungen über die Zuordnung des Diakonats zu Pfarr-und Leitungsämtern auch auf der 1856 eigens einberufenen Konferenz von Monbijou nicht in Übereinstimmung gebracht werden. Und auch fast 150 Jahre später hat der Versuch, mit einem Text der Kammer für Theologie der EKD zu einem gemeinsamen Verständnis des Diakonats zu kommen, nicht zu einer Übereinstimmung zwischen den Landeskirchen geführt. Dabei stellen sich die unterschiedlichen protestantischen Konfessionen und Amtsverständnisse wie die damit verbundenen Strukturen und Traditionen nach wie vor als erhebliches Hindernis dar – trotz aller theologischen wie strukturellen Schritte, die EKD zunehmend als gemeinsames kirchliches Dach zu begreifen, wie sie sich zum Beispiel auch im gemeinsamen Pfarrdienstrecht niederschlägt.

Schon reformationsgeschichtlich finden sich in den protestantischen Kirchen unterschiedliche Amtsverständnisse vom hierarchisch gegliederten in der anglikanischen und lutherischen bis zum gefächerten Amtsverständnis mit Predigtamt, Diakonenamt, Lehramt und Leitungsamt in der reformierten Tradition. Hinzu kommen verschiedene theologische wie organisationelle Zuordnungen von Kirche und Diakonie. Das hat in der Konsequenz dazu geführt, dass Diakoninnen und Diakone zum Teil wie Pfarrerinnen und Pfarrer verbeamtet und zum Teil immerhin in landeskirchlichen Stellenplänen aufgeführt, meist aber lediglich auf Kreis- oder Ortsebene angestellt sind. Ihre Einsegnung dient in einigen Kirchen der Wahrnehmung von eher katechetischen Aufgaben, die dem Pfarrdienst zugeordnet sind, in anderen der Beauftragung für diakonische Arbeitsfelder. Nur einige wenige Landeskirchen ermöglichen eine Ordination für diesen Dienst.

Das gilt in ähnlicher Weise für die Einsegnung oder Ordination der Prädikanten oder Predigthelfer („Laien-Prediger" mit theologischer Zusatzqualifikation), deren Funktion in den unterschiedlichen Landeskirchen in Deutschland ganz verschieden verstanden wird. Während sie in einigen unierten wie auch in der reformierten Kirche für den konkreten Dienst in einer Gemeinde ordiniert werden und selbstverständlich Sakramente austeilen, ist das für die Gliedkirchen der Vereinigten Evangelisch-Lutherischen Kirche in Deutschland (VELKD) nicht vorstellbar. Der darum entstandene Streit hat vor einigen Jahren daran erinnert, dass die Frage nach den Ämtern der Kirche in hohem Maße ökumenisch sensibel ist, wie sich bereits bei Erarbeitung und Rezeption der Lima-Erklärung des ÖRK zu „Taufe, Eucharistie und Amt" gezeigt hat.

Damit ist zugleich das Thema „Ehrenamt" berührt – zumal auch Prädikantinnen und Prädikanten ehrenamtlichen Dienst tun. Die Frage, ob bzw. wie Ehrenamtliche den „Hauptamtlichen", insbesondere Pfarrerinnen und Pfarrern, „zugeordnet" sind, ist eine der Schlüsselfragen des ehrenamtlichen Engagements in der Kirche. Versteht man, wie es in unierten Kirchen der Fall ist, die Pfarrerinnen und Pfarrer als in ihrem Dienst dem Kirchenvorstand/Presbyterium zugeordnet, so sind es diese Ehrenamtlichen, die – als „presbyteroi" – das Amt der Gemeindeleitung und damit auch den Auftrag der Ehrenamtskoordination innehaben. Das unterstreicht die inzwischen weitgehend akzeptierte Einsicht, dass alle beruflich Mitarbeitenden, einschließlich der Pfarrerinnen und Pfarrer, die ehrenamtlichen Gemeindemitglieder in ihrem Engagement unterstützen, sie qualifizieren und ihre Kompetenzen wahrnehmen und fördern sollen. Evangelische Kirche wäre dann im Kern „Ehrenamtskirche". Solche Überlegungen werden z.Z. auch deshalb wieder relevant, weil die Zahl der beruflich Mitarbeitenden in der „verfassten Kirche" (nicht in der Diakonie) aufgrund schwindender Ressourcen in Kirche und Staat abnimmt und die kleiner werdende Kirche in einer säkularen und sich religiös pluralisierenden Gesellschaft wieder mehr auf die Überzeugungskraft ihrer Mitglieder angewiesen ist. Die Erfahrung schrumpfender Ressourcen und notwendiger Umstrukturierungsprozesse hat allerdings auch dazu geführt, dass der Kampf um Einfluss, Mittel und Selbstverständnisse zwischen den verschiedenen „Amtsträgern" der Kirche wieder zunimmt.

In dieser Situation wird oft das „Priestertum aller" als Argument ins Spiel gebracht; doch ist das Priestertum wie auch das Diakonentum aller Christen zwar selbstverständlicher Ausdruck ihres Glaubens in der Welt, jedoch deshalb noch kein Amt in der Kirche. Zu bedenken ist darüber hinaus, dass auch der Begriff des „Ehrenamts" zunächst die neuzeitliche Unterscheidung zwischen beruflicher Arbeit und bürgerschaftlichem Engagement in Kirche und Gesellschaft zum Ausdruck bringt. Gleichwohl geht es darum, wieder stärker auf die Orientierung an den Charismen wie auch auf die Betonung des Dienstes aller Christinnen und Christen in der Welt zu setzen und die gemeinsame Ausrichtung und Augenhöhe der unterschiedlichen „Amtsträger" in den Mittelpunkt zu rücken, wie sie bereits in der Bekenntnissynode von Barmen 1934 betont wurde. Die unterschiedlichen Ehrenamtsgesetze der Landeskirchen aus den letzten Jahren berufen sich z. T. explizit auf die Tradition der Barmer Theologischen Erklärung. Dass in den aktuellen Umstrukturierungsprozessen die unterschiedlichen Machtpositionen und die damit gegebenen Zugänge zu Ressourcen nicht aus dem Blick geraten, wird entscheidend für die Frage sein, welche Gestalt die Kirche von morgen hat.

ÖKUMENISCHER RAT DER KIRCHEN, Konvergenzerklärung über Taufe, Eucharistie und Amt, 1982 – EVANGELISCHE KIRCHE IN DEUTSCHLAND, Der evangelische Diakonat als geordnetes Amt der Kirche, 1996 – VELKD, Ordnungsgemäß berufen, 2006 – Ehrenamtsgesetz der Ev. Kirche in Hessen und Nassau 2013 – E. HAUSCHILDT, Allgemeines Priestertum und ordiniertes Amt. Theologie des Ehrenamtes, epd-Dokumentation 21/2013.

Cornelia Coenen-Marx

Anarchismus

1. Begriff. A. leitet sich als politische Konzeption der Neuzeit von dem Wort „Anarchie" (griech., Herrschaftslosigkeit) her, das in der griechischen Antike einen ordnungslosen Zustand der polis bezeichnete. In der klassischen Staatsformenlehre meint Anarchie eine ungeregelte Ordnung ohne eigentlichen Herrscher (Archon) und steht in enger Wechselbeziehung zur Tyrannenherrschaft. In deutlicher Abkehr von dieser negativen Konnotation des Begriffs werden seit dem 18. Jh. anarchistische Theorien als →Utopien einer *herrschaftsfreien* →*Gesellschaft* entwickelt.

2. Konzeptionen des A. Der Begründer des neuzeitlichen A. ist der radikale Aufklärer WILLIAM GODWIN (1756–1836), der in seinem zweibändigen Werk „Enquiry concerning political justice" (1792/93) das Ideal einer freiheitlichen Ordnung skizziert, in der auf der Ebene kleiner Distrikte sich durch eine Selbstverwaltung der öffentlichen Angelegenheiten und die Gewährung ökonomischer Freiheit politische →Gerechtigkeit realisiert. Eine radikal individualistische Variante des A. hat in Deutschland MAX STIRNER in seiner Schrift „Der Einzige und sein Eigentum" (1845) entwickelt, wo er den „Einzigen" als egoistisch Genießenden proklamiert, der sich auf seinen Eigennutz und Eigensinn beruft und für den Mitmensch und Umwelt zum bloßen Objekt werden. Im Unterschied zu diesen radikalliberalen Ideen wurde der A. in Verbindung mit sozialrevolutionären Programmen der

Arbeiterbewegung in Südeuropa und Russland in der zweiten Hälfte des 19. Jh.s und in den ersten Jahrzehnten des 20. Jh.s zu einer politischen Massenbewegung. Ausgangspunkt ist die These P.-J. PROUDHONS (1809–1865), →Eigentum, das nicht aus →Arbeit resultiert, als Diebstahl und Quelle des Bösen zu verurteilen. PROUDHON forderte die Aufteilung des Großeigentums, um eine Gesellschaft von autonomen Kleineigentümer und -produzenten zu schaffen. Solidarische Hilfe (→Solidarität) und freie →Verträge sollten nach diesem Modell die Staatsautorität ablösen. Trotz der scharfen Kritik, die MARX an diesem Konzept übte, wirkte PROUDHON auf die Arbeiterbewegung speziell in Frankreich und Spanien nachhaltig ein. Theoretisch beeinflusste er vor allem MICHAIL BAKUNIN (1814–1876) und PETR KROPOTKIN (1842–1921). Unter dem Einfluss BAKUNINS nahm der A. einen militanten Charakter an, der jede Form der →Autorität, vor allem die des →Staates und die der Religion, bekämpfte. Dementsprechend stehen nach diesem Konzept die endgültige Zerschlagung des Staates und der Religion am Anfang der →Revolution. KROPOTKIN hat dieses Konzept erweitert und entwarf die Utopie eines kommunistischen A. (→Kommunismus), wonach jede Form der Leistungsgerechtigkeit durch die Bedarfsgerechtigkeit ersetzt werden sollte. Kennzeichnend für einen Teil der a. Bewegungen sind terroristische Aktionen (→Terror), wobei die →Gewalt als Mittel gesellschaftlicher Veränderung z. T. verherrlicht worden ist. Als wirkmächtigster Flügel der anarchistischen Bewegung entstanden anarchosyndikalistische →Gewerkschaften, die eine Beseitigung staatlicher →Ordnung und die Übernahme der Produktionsmittel (→Produktion) anstrebten und Streiks, Fabrikbesetzungen und Sabotagen organisierten. In Abgrenzung zu diesem Hauptstrom des A. bildeten sich in den ersten drei Jahrzehnten des 20. Jh.s in D. kleinere anarchistische Gruppen um Zeitschriften, die – so GUSTAV LANDAUER (1870–1919) und ERICH MÜHSAM (1878–1934) – einen genossenschaftlichen (→Genossenschaften) und gewaltfreien A. propagierten. Eine kurze Renaissance erlebten a. Theorien im Umfeld der 1968-er Studentenrebellion im Sinn einer antiautoritären Grundhaltung. In jüngster Zeit zeichnet sich demgegenüber in den USA eine radikalliberale Neubegründung a. Konzeptionen ab, indem u. a. von ROBERT NOZICK der Staatsminimalismus als berechtigtes Anliegen der a. Tradition interpretiert wird.

3. A. und religiöse Traditionen. Neben der religionskritischen Haltung der meisten anarchistischen Theoretiker ist die Randerscheinung des religiösen A. in der Tradition LEO TOLSTOIS erwähnenswert. TOLSTOI erhoffte im Sinn seiner →Bergpredigt-Auslegung eine Selbstauflösung der bestehenden Ordnungen durch konsequente Gewaltlosigkeit und die Begründung einer Liebesordnung (→Liebe), die jede Rechtsordnung – auch die rechtlich verfasste Kirche – überflüssig werden ließ. Solche Ideale wurden in der Weimarer Republik aufgenommen und es entstand im Umfeld der rel.-soz. Neuwerkbewegung die von EBERHARD ARNOLD geprägte anarcho-religiöse Siedlungsform der Bruderhöfe, die sich später den Hutterern angeschlossen hat.

4. Kritische Würdigung. Grundlegendes Kennzeichen für die unterschiedlichen Varianten des A. ist eine wesentlich antiinstitutionelle Haltung, die sich vornehmlich gegen den Zwang des Rechts und gegen die staatliche Ordnungsmacht richtet. Neben der Verherrlichung von Gewalt in Teilen der a. Bewegung ist die Herausbildung einer Dominanz charismatischer Führungspersönlichkeiten auffällig. Die bereits in der Antike thematisierte Nähe von Despotie und Anarchie ist somit auch für den neuzeitlichen A. problematisch. Ev. →Sozialethik betont demgegenüber die Bedeutung rechtlich geordneter, gesellschaftlicher →Institutionen, die im Sinn des →Gemeinwohls s vorrangig den Schutz von Schwachen und Benachteiligten gewährleisten.

M. NETTLAU, Bibliographie de l'Anarchie, 1897 – E. OBERLÄNDER (Hg.), Der A., 1972 – R. NOZICK, Anarchy, State and Utopia, 1974 – G. CROWDER, Geschichte der Anarchie, 5 Bde., 1925–1984 – DERS., Classical A., 1991 – A. VON BORRIES (Hg.), Anarchismus – Theorie, Kritik, Utopie, 2007.

Traugott Jähnichen

Anerkennung

1. Begriffsgeschichte und -definition. Das als sozialphilosophischer Begriff noch relativ junge A.konzept bietet eine Bezeichnung für das Phänomen wertender Wahrnehmung von Personen im sozialen Zusammenhang und hat sich damit als Oberbegriff des entsprechenden Wortfeldes etabliert. Ihm kommt eine dreigliedrige Struktur zu (A erkennt B als C an). Als Beschreibungskategorie sozialer Verhältnisse im Kontext des dt. Idealismus von J. G. FICHTE und besonders von G. W. F. HEGEL entwickelt (L. SIEP), ist das Konzept durch die neuere Sozialphilosophie im zeitgenössischen Diskurs etabliert worden. Dabei impliziert der sozialphilosophische A.begriff drei Einsichten: Erstens wird die Bewertung von Personen damit in Wahrnehmungs- statt in Seins- oder Tugendkategorien ausgedrückt und so als subjektiver Akt statt als objektive Gegebenheit gekennzeichnet. Zweitens wird die Bedeutung der A. für die handlungsbefähigende personale Identität und Integrität betont und drittens die moderne soziale Ausdifferenzierung von Wertungsebenen berücksichtigt.

2. Systematische Aspekte. Komplex ist v. a. das Verhältnis der A.-formen: Führt die Unterstellung gleicher Würde zur A. als Bürger mit gleichen Rechten und Freiheiten und also zu einer Politik der Gleichheit, führt die A. der unverwechselbaren, besonderen Identität eines Individuums oder einer Gruppe zu einer Politik der Differenz (Ch. Taylor). Den Vorschlägen A. Honneths und R. Forsts zufolge lassen sich diese unterschiedlichen A.weisen durch sektorale Differenzierungen bearbeiten. Honneth versteht A. als Bedingung des guten Lebens und unterscheidet drei A.modi mit je unterschiedlichen Funktionen für das Selbst – Liebe in Nahbeziehungen ermöglicht Selbstvertrauen, Solidarität in partikularen Wertegemeinschaften Selbstwertschätzung, rechtliche Achtung als Bürger Selbstachtung. Forst sucht die wechselseitigen A.verhältnisse durch eine Differenzierung in vier Ebenen zu klären, deren Logik sich zunehmender Konkretion verdankt: Allgemein hat jeder Mensch aufgrund der Menschenwürde Anspruch auf eine basale Achtung, Mitglieder einer politischen Gemeinschaft haben Anspruch auf die politische A. als gleichberechtigte, politisch verantwortliche Bürger, Rechtspersonen auf die Respektierung der persönlichen Autonomie in den Rechtsgrenzen; Identität wird durch Wertschätzung in engeren Wertgemeinschaften konstituiert.

Theologisch wird A. über das bereits in Lev 19,18 gegebene, jesuanisch dann mit dem Gottesliebegebot zusammengeschlossene Nächstenliebegebot (Mk 12,30–31 par) universalisiert, wobei Liebe weder auf die Zuwendung in Nahbeziehungen reduziert noch als bloßes Gefühl aufgefasst werden darf (J. Fischer), sondern als durch Gott ermöglichte Perspektive universaler A. zu verstehen ist (T. Meireis).

3. Problemlagen und Herausforderungen. Während die basale Achtung aufgrund der Menschenwürde unbedingt gilt, sind politische A., rechtlicher Respekt und spezifische Wertschätzung durch Zugehörigkeiten, soziale und ökonomische Lagen sowie persönliche Eigenschaften und Handlungsweisen bedingt, wobei die Bedingungen der A. immer auch umstritten sind, zumal A. – oder ihre Verweigerung – umgekehrt auch Konsequenzen für Partizipation, Teilhabe, die Gewährung von Rechten sowie die Selbstwertschätzung und Selbstentfaltung der Person hat.

Angesichts politischer Internationalisierung, globaler Krisen, der durch sie ausgelösten Migrationsströme und damit einhergehender kultureller Pluralisierung können die Verhältnisse zwischen den Ebenen problematisch werden, etwa, wenn Migranten eine Staatsbürgerschaft oder eine Arbeitserlaubnis – und damit das „Recht, Rechte zu haben" (H. Arendt 614) sowie die Möglichkeit zum Erwerb von Respekt und Wertschätzung – verweigert wird.

Wird A. aufgrund zugeschriebener Negativeigenschaften, die i. d. R. an äußeren Merkmalen wie dem sozialen Geschlecht, der sexuellen Orientierung, wirtschaftlichem Misserfolg, Armut, körperlicher oder geistiger Beeinträchtigung haften, pauschal vorenthalten, lässt sich von negativer →Diskriminierung sprechen. Dass die Balance zwischen der Anerkennung fundamentaler →Gleichheit und (gruppen-)individueller Besonderheit stets prekär bleibt, lässt sich etwa an dem Phänomen der *deaf culture* veranschaulichen, in dem eine bestimmte Beeinträchtigung von den Betroffenen als schützenswertes Kulturmerkmal verstanden wird und inzwischen in Art. 30,4 des Übereinkommens über die Rechte von Menschen mit Behinderungen von 2006 menschenrechtliche Berücksichtigung gefunden hat.

A. Honneth, Kampf um Anerkennung, 1992 – R. Forst, Kontexte der Gerechtigkeit. Politische Philosophie jenseits von Liberalismus und Kommunitarismus, 1994 – Ch. Taylor, Multikulturalismus und die Politik der Anerkennung, 1997 – J. Fischer, Gefühl der Liebe und Geist der Liebe, ZthK 97/2000, 88–109 – H. Arendt, Elemente und Ursprünge totalitärer Herrschaft. Antisemitismus, Imperialismus, totale Herrschaft, 10. Aufl. 2005 – T. Meireis, Kann denn Liebe Tugend sein? In: Ders. (Hg.), Lebendige Ethik. Beiträge aus dem Institut für Ethik und angrenzende Sozialwissenschaften, 2007, 38–62 – L. Siep, Anerkennung als Prinzip der praktischen Philosophie, 2014.

Torsten Meireis

Anthropologie

1. Eine ‚Lehre vom Menschen' (○A. = A.), die bis in die Philosophie und die Theologie reicht, ist eine deutsche Besonderheit; die angelsächsische Literatur konzentriert sich auf empirische Aspekte einschließlich soziokultureller Gesichtspunkte. Die kontinentale A. verdankt sich verschiedenen Ansätzen:

(1.1) der Darstellung dessen, wie Menschen v. a. in ihrem Verhalten sind, (pragmatisch, nicht praktisch – vgl. Kant: ‚A. in pragmatischer Hinsicht'); (1.2) romantischen Ärzten, die gerade die Leiblichkeit des Menschen gegenüber einer Geistesphilosophie hochhielten; (1.3) einem biologisch ausgerichteten Empirismus, der das Problem des Geistes in die Biosphäre hineinzieht. (1.4) Sobald die A. wertend wird, muss sie über die Deskription hinausgehen und ‚praktisch' werden (im Sinne vernünftiger Selbstbestimmung).

2. Im 20. Jh. entfaltete sich die A. in verschiedenen Disziplinen:

2.1. einer biologisch bestimmten Philosophie, die sich bewusst von der Metaphysik des Geistes abwandte: Der Mensch, biologisch als Mängelwesen zu bestimmen, kompensiere seine Ausgesetztheit – auch an seine eigenen Triebe – durch Institutionen, die ihn in Zucht nähmen (Gehlen). Das Ergebnis musste ein Konservatismus sein, der die ‚Spätkultur' der Moderne im ‚Rückblick' auf den ‚Urmenschen' relativieren will.

2.2. Eher phänomenologisch orientiert bestimmte H. Plessner den Menschen in der Doppelstellung zu sich selbst und zur Welt (Zentrizität und Exzentrizität) (2.3). Der Phänomenologe M. Scheler wollte in der Überlegenheit über die Welt den Ausdruck des Geistes erkennen (Transzendenz).

2.3. Nicht nur der Philosophie stellte sich die Frage nach der Identität des so nach außen orientierten Menschen. Sie kann nicht formale Selbigkeit sein, sondern muss sich geschichtlich ausbilden, sich als zukunftsoffen erweisen und könnte deshalb narrativ darzustellen sein. Sie muss nicht von vornherein metaphysisch ausgelegt werden, sondern sollte sich zuerst auf den Anderen, der *nicht* ein alter Ego ist, beziehen (eine innerweltliche Transzendenz – LÉVINAS, RICOEUR).

2.4. Die A. in der Theologie geht darüber hinaus – oft in vermittlungstheologischer Absicht. Sie kann an philosophische Überlegungen anknüpfen und die biologische Indeterminiertheit als Weltoffenheit sowie als Ansatz der Transzendenz bestimmen (PANNENBERG). Das menschliche Sein soll auf das Ganze angelegt sein und als transzendental-finale Fundamentalorientierung verstanden werden (RAHNER).

2.5. Ein besonderes Thema bildet die A. im neueren Protestantismus (Schule R. BULTMANNS). Sie vermeidet die metaphysische Verselbständigung des menschlichen Geistes oder der Gotteserkenntnis, indem sie MELANCHTHONS Grundsatz des ‚pro me' aufgreift und theologische Aussagen zugleich als anthropologische begreift. Auch diese Dialektik erlaubt nicht, die Frage nach dem zu umgehen, was die empirische Seite menschlichen Daseins übersteige, sich deshalb als ‚metaempirisch' (metaphysisch) zeige oder auf ein Jenseits der Erfahrung verweise.

2.6. Ergebnis: Die einstmals evidente metaphysische Grundlage des Menschseins lässt sich durch die Entschränkung der biologischen A. nicht einfach wiedergewinnen. Aber die Frage, was denn den Menschen zum Menschen mache, besteht weiter und ist nicht einfach empirisch zu beantworten.

3. Die praktische Frage (‚Wer sollen wir sein?') geht über das als gegeben Erkannte hinaus. Worauf richtet sich Menschsein aus?

3.1. Sozioökonomische Theorien setzen ein rationales ökonomisches Wahlverhalten unter Menschen voraus: Der Mensch muss seine Bedürfnis- bzw. Lustbilanz kennen und dabei zugleich auf den allgemeinen Nutzen und auf sein privates Gut hin orientiert sein. Der sog. ‚homo oeconomicus' ist zwar ein theoretisches Konstrukt, aber fordert zu kritischen Diagnosen heraus, wenn Konsumstimulation und -orientierung die mögliche Vielfalt menschlichen Verhaltens einseitig bestimmen und seine Autonomie in Frage stellen. Der Mensch strebt jedoch über jede Erfüllung hinaus. Diese Aussage hätte die ältere Theologie (z. B. AUGUSTINS) veranlassen können, die Erfüllung in einem ‚frui' (Genießen) der Seligkeit bei Gott zu finden, das jegliches ‚uti' (Brauchen) relativiere und schließlich hinter sich ließe. Auf solch unmittelbare Weise kann die heutige Theologie nicht mehr an menschliche Grundorientierungen anschließen.

3.2. Deshalb überschneiden sich in der Frage nach dem ‚guten Leben' (u. a. bei CH. TAYLOR) die Interessen vieler Disziplinen: Soll es Privatsache und deshalb der ethischen Diskussion entzogen sein, weil diese nur auf die *Gerechtigkeit* ausgerichtet sei? Trotz der Vielfalt des Guten ist doch daran festzuhalten, dass nur eine bestimmte Bandbreite selbstgewählten (guten) Lebens auch dem gemeinsamen Leben förderlich ist.

3.3. Deshalb wird die praktische (nicht ‚pragmatische') A. nach der Identität und Integrität der Lebensführung fragen. Sie setzt voraus, dass der Mensch nicht nur in den Zusammenhang der Natur eingegliedert, sondern sich selbst als Aufgabe gegeben ist.

4. Die praktische A. setzt eine Einsicht in den Status des Menschen in seiner Lebenswelt voraus: Ist er ‚Bürger zweier Welten' (der empirisch wahrzunehmenden Welt und der des Geistes) (KANT, GADAMER), oder ist er Exponent einer einzigen Welt (z. B. QUINE)?

4.1. Da sich die Theologie häufig mit dualistischen Tendenzen oder mit der Geistesphilosophie verbündete, neigte sie dazu, an den materialen (biologischen, körperlichen usw.) Bedingungen des menschlichen Lebens vorüberzugehen. So tendiert auch die neueste liberale Theologie dahin, das ‚Subjekt' als Inbegriff des Individuums zu verstehen, das ‚Umwelt' des Systems ist (vgl. RENDTORFF), und sich damit die materiale und soziale Welt gegenüberzustellen. Alle Komponenten einer ‚praktischen A.' müssten dann auch Konstrukte des Subjekts sein.

4.2. 4.2.1. Monistische Entwürfe bestimmen die A. so, dass der Mensch als Exponent der Evolution alles Lebens und damit als ihr (regional) komplexestes Ergebnis gilt. Die Genetik scheint diese Einbindung zu bestätigen. Aber das Verhalten eines Schimpansen und eines Menschen decken sich nicht in der Proportion der gemeinsamen Gene; offensichtlich überlagern sich im menschlichen Geist Gegenstandsbewusstsein und Reflexion sowie reale und virtuelle Welten. Aufbau und Steuerung biologischer Information sollen dann im Sinne eines erweiterten autopoietischen Systems gedacht werden (MATURANA), das sich aus über- bzw. untergeordneten und sich überlagernden Systemen zusammensetzt. Dieses Konstrukt erklärt jedoch noch nicht, warum die Evolution des Lebendigen gerade im menschlichen Denken im Blick auf sich selbst reflexiv wird.

4.2.2. An evolutionären Theorien der Erkenntnis zeigt sich, wie schwierig es ist, ein Ganzes zu denken, dessen Teil auch der es denkende Mensch ist. Die physikalische Kosmologie spiegelt dieses logisch nicht auflösbare Problem im sog. ‚anthropischen Prinzip': Nach dessen schwacher Version ist das Universum so beschaffen, dass denkende Wesen entstehen können, nach der starken, dass sie entstehen müssen. Die alte metaphysische Frage nach der ‚potentia' kehrt damit wieder:

Muss das, was später heraustritt, nicht bereits im Ganzen angelegt sein, auch wenn es nur von neuen, emergenten Niveaus – zum Beispiel des forschenden Menschen – nach rückwärts blickend als angelegte Möglichkeit identifiziert werden kann?

4.2.3. Weiter stellt sich die Frage, wie die physikalisch-biochemische Basis des Gehirns und die Leistungen des Bewusstseins einander zuzuordnen sind. Die Parallelität von neurobiologischen Vorgängen und Leistungen des Bewusstseins (die neurobiologische ‚Determination') ist kein sachangemessenes Schema, obwohl seelische und kognitive Funktionen mit der neurobiologisch erhobenen Grundlage zugleich zugrunde gehen.

4.2.4. Im Blick auf das ‚animal rationale' ist ein einheitlicher Wirklichkeitsbegriff, wie ihn Naturwissenschaften voraussetzen, nicht durchzuhalten; oder er wird mit der Annahme eines Ganzen erkauft, das unter dem Eindruck der Evolutions- und Informationstheorie sogar seinen Materiecharakter verliert und in der Autopoiese des Lebendigen der alten Idee des Geistes entgegenkommt. Bereits der monistische Entwurf des Philosophen Spinoza lehrte, dass die eine, umfassende Wirklichkeit nicht nur alle objektiven, sondern auch alle subjektiven Möglichkeiten in sich enthalten muss und deshalb zu einem Pantheismus führen kann (vgl. Tendenzen bei E. O. WILSON).

4.3 Ist der Mensch darum Bürger zweier Welten, einer empirisch-anschaulichen und einer geistigen? Erkenntnistheoretisch angemessen ist es, zwei (oder mehr) Aspekte der unabgeschlossenen, nie zu Ende gedachten Wirklichkeit anzunehmen, die vor allem die ‚praktische A.' herausfordern.

4.3.1. Sie zeigen sich im Apriori der Sprache: Der Mensch ist ein Wesen, das seine Welt im ‚Ansprechen als...' erkennt und sich durch Symbolisieren eine Welt vermittelt (CASSIRER). Dass die Sprache das Tier zum Menschen mache, war die Sicht HERDERS. Allerdings erlaubt diese Einsicht nicht, eine starre Grenze zu den Menschenaffen zu ziehen. Menschliches Sprechen und Erkennen sind nicht nur instrumental, sondern expressiv und zielen auf eine kommunikative Selbstverwirklichung (I. BERLIN, CH. TAYLOR).

4.3.2. Menschen können virtuelle Welten entwerfen und ihr Sein in die Zukunft projizieren. Deshalb wird das Menschsein in Zeit und Geschichte konstituiert; die Endlichkeit ist für den Menschen konstitutiv, er stirbt, während das Tier verendet; und Identität kann nur in der endlichen Geschichte einer Biographie erreicht werden.

4.3.3. Damit wird auch das menschliche Ausgelegtsein auf das unerfasste und unerfahrbare Ganze zur Leitfigur der Exzentrizität. So schwingt eine transzendentale Dimension in allen Akten der Erkenntnis und Sprache mit.

5. Die sprachliche Verfasstheit menschlichen Daseins setzt eine Vielheit von potentiell kommunizierenden ‚Subjekten' voraus. Deshalb wird sich die praktische A. auf eine *Sozialanthropologie* berufen (vgl. MEAD):

5.1. Menschliche Identität resultiert nicht aus den Aktivitäten eines monadenhaften Ichs, sondern aus der Vermittlung der zentrischen Anlage des Selbst mit dem widerständig anderen Menschen. Das ‚idem' (in formaler Ich-Identität) und das ‚ipse' (das Selbst, hervorgehend aus der Begegnung und Konfrontation mit dem Anderen) sind zu unterscheiden (RICOEUR).

5.2. Die praktische Selbstbestimmung des Individuums (in der Moralität, →Autonomie) kann nicht ungebrochen in eine sittliche Gesellschaft (vgl. HEGEL) umgeleitet werden. Gesellschaftliche Funktionen und Rollen können sich zwar in den fundamentalen (‚transzendentalen') Voraussetzungen menschlicher Existenz niederschlagen – Ichwerden setzt Nicht-Ich voraus – oder dem Individuum auf der Suche nach seiner Integrität als entfremdend entgegentreten. Was der Fall ist, entscheidet sich an latent oder offen tradierten Konzeptionen guten Lebens.

5.3. Diese werden heute u. a. in einem sogenannten *Neoaristotelismus* diskutiert – im Rückgriff auf die Kriterien der Sterblichkeit, der Leiblichkeit, der Wahrnehmungsfähigkeit, des Vorstellens und Denkens, der praktischen Vernunft, der Zugehörigkeit zu Anderen, des Bezugs zu Natur und zu nichtmenschlichen Geschöpfen, des Humors und Spiels usw. (z. T. bei NUSSBAUM).

6. Die Theologie hat ein kritisches Verhältnis zur A., soweit diese sich im Naturalismus erschöpft, oder – dem widersprechend – zum bloßen Vehikel theologischer Aussagen wird.

6.1. Die in der modernen A. wichtige Rede von der Exzentrizität stellt keine hinreichende Begründung dafür bereit, von einem exklusiv theologisch zu verstehenden ‚extra nos' (Gottes oder seiner Offenbarung) zu reden.

6.2. Auch bietet die Rede vom Ganzen, auf das hin allein der Mensch ausgerichtet ist, keinen hinreichenden Grund, eine metaphysische Konstruktion der Wirklichkeit zu entwerfen, um wie vom ‚God's eye view point' herabblickend dem Menschen einen Ort in der Ewigkeit anzuweisen.

6.3. Die praktische A. bedarf einer Teleologie gelingenden Lebens; aber sie setzt keine Geschichtsmetaphysik voraus, der zufolge Menschen aufgrund eigener Erfahrung auf das alles sinnvoll machende Ende der Geschichte ausgerichtet sein sollen (gegen PANNENBERG).

6.4. Die Theologie muss hingegen auf der Gebrochenheit all jener Antworten bestehen, die menschliches Fragen nach Sinn erfährt. Nicht in einem umgreifenden Entwurf der Geschichte wird die Ausrichtung der A. entschieden, sondern am kontingenten Dasein eines Menschen, das selbst unter einer widersprüchlichen Antwort steht, an Jesu Menschlichkeit. Der Glaube gewinnt angesichts des Kreuzes Christi eine Gewißheit, die nicht über eine metaphysische Absicherung des Telos des Lebens verfügt (Kreuzestheologie, vgl. LUTHER).

6.5. Allerdings wäre der Rückzug auf eine nur proklamierende Wort-Gottes-Theologie angesichts moderner anthropologischer Fragestellungen eine Art Ausflucht. Stattdessen sind ihre Konsequenzen in die moderne Lebenswelt zu übersetzen. Sie besagen, dass die Genese des Menschen in der Evolution nicht von selbst eine Sinnperspektive für menschliches Leben erzeugt, dass aber die Sinn- bzw. Zielfrage den Menschen aus dem Strom der Evolution heraushebt und über ihn reflektieren lässt.

6.6. Die philosophischen Fragen der A. dürfen nicht verdrängt werden. Wenn jegliche Erkenntnis (besonders in der Gestalt der A.) auf apriorische (,transzendentale') Voraussetzungen angewiesen bleibt, beweist es nur, dass die Erkenntnis ihren Ursprung und damit sich selbst nie einholen wird. Sie ist ebenso an die Zeit des Menschen gebunden, deren Sinn und Ziel sich nicht von selbst erschließen. Der Mensch stellt nicht nur Fragen, sondern *ist* Frage, deren ganzer Sinn sich erst in der Antwort enthüllt (vgl. JÜNGEL).

6.7. Neuere Entwürfe der Theologie tragen diesen Gesichtspunkten zum Teil Rechnung:

6.7.1. Nach BARTH ist das Gottesebenbild keine dem Menschen eingestiftete Qualität, sondern die in Gottes Beziehung zum Menschen und in seiner Verheißung begründete Personalität. Da Gott in Jesus Christus sowohl *über* als auch *in* aller Zeit zum andern hin ist und sein will, sei Menschsein im Menschen Jesus ‚ontologisch' bestimmt (BARTH, KD III, 2, 158).

6.7.2. TILLICH interpretiert die Grundsituation des im Innersten seiner Existenz in Frage gestellten Menschen als Entfremdung, die nur im essentiellen Sein Jesu, des Christus, der die Essenz unter den Bedingungen der Existenz bewahrte, transzendiert werden kann.

6.7.3. RAHNER geht davon aus, dass der Mensch gerade am Grunde seines Seins über sich hinaus geht, weil er zugleich frei und verantwortlich leben soll. So ist er ‚Hörer', der auf das lösende und sinnstiftende Wort hört, das ihm von jenseits seiner selbst zukommen muss.

6.7.4. PANNENBERG überbietet in apologetischem Interesse die Weltoffenheit (vgl. 2.1 und 2.2) mit Hilfe einer theologisch postulierten Gottoffenheit sowie die Exzentrizität (vgl. 2.2) mit einem Transzendenzbezug, während er die Sünde an der einseitigen, ja ausschließenden Zentrizität erkennen will. Letzteres trifft allerdings PLESSNERS Absichten nicht. KIERKEGAARD sah hingegen die Sünde sowohl im verzweifelten Man-selbst-sein-wollen wie im verzweifelten Man-nicht-selbst-sein-wollen.

6.7.5. JÜNGEL kehrt die neuzeitliche Redewendung vom ‚nichtdefinierbaren Menschen' um und stellt im Zusammenhang der Aussage von der Rechtfertigung fest, dass der Mensch durch Gottes Zuvorkommen ‚definiert', d. h. als der Liebe Gottes bedürftiges Wesen bestimmt sei.

6.8. Theologische Aussagen über den Menschen können nicht einfach anthropologische Aussagen überbieten oder fortführen. aber sie können auch nicht umstandslos neben die nicht metaphysische A.n gestellt werden. Zwischen beiden muss es Diskurse geben, deren Perspektive die ‚praktische' Frage eines in Identität und Integrität zu lebenden Lebens sein muss.

B. SPINOZA, Die Ethik (1677), in: SW 2, 1976 – S. KIERKEGAARD, Die Krankheit zum Tode, 1982 (dänisch: Sygdommen til Doeden, 1849) – R. BULTMANN: Welchen Sinn hat es, von Gott zu reden (1925), in: GuV I, 1958², 26–37 – M. SCHELER: Die Stellung des Menschen im Kosmos, (1927) 1947 – H. PLESSNER; Die Stufen des Organischen und der Mensch, (1928), in: GS IV 1984 – DERS., Philosophische A., 1970 – G. H. MEAD, Geist, Identität und Gesellschaft, hg, v. CH. W. MORRIS, 1975 (urspr. amerik.: Mind, Self, and Society, 1934) – A. GEHLEN, Der Mensch (1941¹), 1955⁵ – DERS., Urmensch und Spätkultur, 1975³ – K. BARTH, KD III,2, 1948 – P. TILLICH, Systematische Theologie, II 1958 – E. CASSIRER, Was ist der Mensch?, 1960 – W. PANNENBERG, Was ist der Mensch?, 1964² – DERS., A. in theologischer Perspektive, 1983 – O. MARQUARD, Art. ‚A.', in: HWPh I, 1971, 362–374 – E. LÉVINAS, Humanismus des anderen Menschen, Hamburg 1989 (französ.: Humanisme de l'autre homme, 1972) – K. R. POPPER, Objektive Erkenntnis, 1973 (engl.: Objective Knowledge, 1972) – T. RENDTORFF, Gesellschaft ohne Religion?, 1975 – K. MICHALSKI (Hg.), Der Mensch in den modernen Wissenschaften, 1985 – K. RAHNER, Grundkurs des Glaubens, 1989⁵, 35-53 – CH. TAYLOR, Quellen des Selbst, 1994 (amerik.: Sources of the Self. The Making of Modern Identity, 1989) – B. BIEVERT (Hg.), Das Menschenbild der ökonomischen Theorie, 1991 – TH. NAGEL, Die Grenzen der Objektivität, 1991 (amerik.: The Limits of Objectivity, 1980) – E. JÜNGEL, Der menschliche Mensch, in: DERS., Wertlose Wahrheit III 1990, 194-213 – P. RICOEUR, Das Selbst als ein anderer, 1996 (französ.: Soi-même comme un autre, 1990) – M. NUSSBAUM, Menschliches Tun und soziale Gerechtigkeit, in: M. BRUMLIK u. a. (Hg.), Gemeinschaft und Gerechtigkeit, 1993, 323–361 – Manifest über Gegenwart und Zukunft der Hirnforschung, in: Gehirn und Geist 6 (2004), 30–37 – E. TUGENDHAT, Anthropologie statt Metaphysik, 2007 – E. BOHLKEN, CH. THIES (Hg.), Handbuch Anthropologie: Der Mensch zwischen Natur, Kultur und Technik, 2009 – J. FISCHER (Hg.), Philosophische Anthropologie. Eine Denkrichtung des 20. Jahrhunderts. Studienausgabe, Freiburg/München 2009 – GERHARD SAUTER, Das verborgene Leben. Eine theologische Anthropologie, 2011.

Christofer Frey

Antijudaismus

1. Begriff. A. entsteht aus einer kirchlich zu verantwortenden Lehre aufgrund einer theologischen Verirrung, die sich aus einer religiösen Rivalität zum Judentum herleitet (s. 1.Thess 2,14f.) A. als Animosität gegen Juden in vorchristlicher Zeit bietet unterschiedliche Spielarten von antijüdischer Polemik: Auf die jüdische Begründung des Exodus aus Ägypten als eines göttlichen Aktes der Befreiung von Fron und Heidentum antwortet die ägyptische Elite mit einem Gegenmythos: Ägypten seinerseits habe sich befreit von einer verseuchten Bevölkerungsschicht, die den Sabbat erfunden habe, weil sie, von Syphilis befallen, nicht mehr als sechs Tage hintereinander habe ihren Fluchtweg ziehen können. Im Unterschied zu solcher sozio-hygienisch begründeten Abwehr reagierte die hellenistische Gesellschaft feindlich auf den exklusiven Anspruch göttlichen Erwähltseins. Diese elitäre Religiosität der Hebräer beleidigte die elitäre Kulturalität der Griechen und setzte eine Gegnerschaft, die im Zuge jüdischer Akkulturation an den Hellenismus verflog.

2. Christlicher A. im 1. Jh. Er entstand aus einer zunächst innerjüdischen Bewegung im Streit um die Messianität Jesu. Diese Kontroverse spiegelt sich schon im NT wider, besonders bei Mt, Joh und in den Paulusbriefen. Mit der Entfernung der sog. messianischen Juden aus der Synagoge Ende des 1. Jh.s verkrampft sich die Rivalität zu einer antijüdischen Feindschaft auf Seiten der Christusgläubigen. Diese deuten die Zerstörung des Zweiten Tempels im Jahre 70 n.Chr. als Gottesurteil über das den Christusglauben verweigernde Israel; mit der Tötung Jesu sei jüdisches Erwähltsein verwirkt; das Erbe Israels habe nun die Kirche als neues, erwähltes Gottesvolk angetreten; innerchristlich obsiegt Jakobus beim Streit mit Petrus in Fragen wie der Zulassung von Heiden in die christliche Gemeinde, der Tischgemeinschaft, der freien Handhabung jüdischer Gesetzesobservanz wie Beschneidung, Sabbatheiligung, Essen von Götzenopferfleisch etc.

3. A. im 2. bis 11. Jh. Der theologisch begründete A. der nächsten Jahrhunderte bekam eine politische Verschärfung mit der Taufe des heidnischen Kaisers KONSTANTIN, der selber die Synode von Nicäa (325) einberuft. Über Nacht wird aus einer staatlich verfolgten →Kirche eine staatliche privilegierte, aber auch staatlich abhängige Kirche. Die bisher Verfolgte wird zur Verfolgerin der Heiden und Juden. Seit dem Zusammenbruch des Westreichs (476) beginnt eine christlich-jüdische Koexistenz. In Spanien freilich hören Judenverfolgungen erst mit der Eroberung durch die Araber auf (711). Durch das friedliche Nebeneinander der drei Buchreligionen erwächst Europa zur Hochkultur der Drei Ringe.

4. A. im Hoch- und Spätmittelalter. Mit den Kreuzzügen wird die Judenheit von einer Kirche bekämpft, die ihre theologischen Parolen von Pöbel und marodierender Soldateska begleiten lässt. „Taufe oder Tod" brüllen verblendete Abenteurer, denen die Kirche Ablass verspricht: „Wer einen Juden tötet, erfährt Vergebung aller seiner Sünden!" Auf dem Zenit päpstlicher Weltgeltung festigt Papst INNOZENZ III. (1160–1216) den Kirchenapparat durch ächtende Aussonderung der gesellschaftlich integrierten Juden. Sie seien, Häretikern und Aussätzigen gleich, eine Bedrohung christlicher Gemeinschaft. Das 4. Laterankonzil (1215) formuliert Verordnungen zur Stigmatisierung der Juden: Spitzhut und gelber Judenfleck auf dem Gewand sind zu tragen, der geschlechtliche Kontakt von christlichen Frauen zu jüdischen Männern wird untersagt. Die Pest (1347–1350), die in Deutschland ein Drittel der Bevölkerung dahinrafft, gilt als willkommener Anlass, in den Juden die Ursache für →Krieg und Krankheit, Pest und Pein zu sehen. So nehmen Judenverfolgungen bis hin zur Reformation ihren „theologisch begründeten" Fortgang.

5. LUTHER und die Juden. Die Reformation setzt auf ihre Weise die Tradition des Judenhasses fort. Sehen Katholiken im Protestantismus eine jüdische Variante der Weltvergiftung, so wähnen die Protestanten „im Juden" den ausgekochten Papisten, Sektierer, Ketzer. Als probate Waffe gilt die Dämonisierung des Gegners. Dem jungen LUTHER scheint noch eine durchaus judenfreundliche Einstellung eigen. Selbst ihr Erwähltsein möchte er ihnen nicht absprechen und wirbt zugleich um Mitempfinden mit dem zerstreuten Volk. LUTHER gilt bis in die späten 30er Jahre des 16. Jh.s als „Judenbeschützer" (vgl. seine Schrift von 1523 „daß Jesus Christus ein geborener Jude sei"). Seine judenfreundliche Einstellung gilt aber wohl letztlich nur dem Bestreben, die Juden für die Konversion zum Christentum zu gewinnen. Der späte LUTHER formuliert seine Enttäuschung gegenüber der Unbekehrbarkeit der Juden (1643) in einem Hass-Pamphlet „Wider die Jüden und ihre Lügen". Indem er die Zerstörung der Synagogen und Privathäuser der Juden sowie die Beschlagnahmung jüdischer Schriften verlangt und die Sklavenarbeit für Juden empfiehlt, nimmt er Sprache und Praxis sowohl des NS-Regimes (→Nationalsozialismus) im 20. Jh. wie auch der sog. „Deutschen Christen" vorweg.

6. Der Liberalismus des späten 18. und 19. Jh.s. Versehen mit der Schubkraft der Ideen der Franz. Revolution, verschaffte der →Liberalismus dieser Epoche den Juden vorübergehend in Deutschland Toleranz, die via Assimilation zugleich jüdische Identität aufsog. Die durch →Industrialisierung beförderten sozialen Krisen schürten neuen A., der dann Ende des 19. Jh.s zur Wurzel für einen massiven →Antisemitismus wurde und durch seine „eliminatorische" Energie zur nahezu gänzlichen Vernichtung des europäischen Judentums führte.

7. A. im 20. Jh. Der theologische A. hatte sich seit dem 19. Jh. in der deutschen →Bevölkerung allgemein zum rassistischen →Antisemitismus, auch in der Ev. →Kirche, gewandelt. Das gab dem NS-Regime leichtes

Spiel, die Juden, auch die getauften Juden, in der Eskalierung von Diffamierung (Judenboykott 1933), Isolierung (Nürnberger Gesetze 1935) und Liquidierung (Deportation ab 1939) „auszuschalten" und die „Endlösung" der sog. „Judenfrage" genozidal herbeizuführen. Schnelle Schuldbekenntnisse der Ev. Kirche nach dem Krieg täuschten über die mangelnde theologische Erkenntnis sowie über ihre historische Kenntnis hinweg. Der Bruderrat der EKiD verabschiedet April 1948 in Darmstadt ein „Wort zur Judenfrage" noch ganz im Denkschema herkömmlicher Stereotypen: Auschwitz sei Zeichen für Gottes Verwerfung des jüdischen Volkes (sic!). Die Erwählung Israels sei auf die Kirche übergegangen. Die Synode zu Berlin Weißensee 1950 widerruft diese Substitutionstheorie indem sie die Christen mit der Judenheit theologisch und menschlich verbunden sieht. Zugleich bekennt sie die Mitschuld der Kirche am Millionenmord der Juden.

Erst durch den Dt. Ev. Kirchentag 1961 in Berlin, wo es erstmalig ein Forum „Christen-Juden" gab, bahnte sich ein Aufbruch zu neuem Denken an: Statt über Juden sprach man nun mit Juden und legte biblische Texte aus. Den Höhepunkt dieser „Bewegung" bildete der Rheinische Synodalbeschluss von 1980, worin die bleibende Erwählung Israels bekannt sowie die Absage an Judenmission und A. erteilt wurde. Weniger „oben" in theol. Fakultäten als vielmehr „unten" an der Basis von →Gemeinden wird um eine „Theologie nach der Shoa" gerungen und gestritten, die sich nicht mehr auf Kosten der Judenheit und ihres Glaubens definiert. Frage: Wird es der Kirche möglich sein, eine Lehre von Christus zu entwickeln, die nicht mehr a. ist? Oder ist der christliche A. für die Kirche „essentiell" (WILCKENS)? Nicht nur Juden, auch Christen warten auf eine durchaus vorläufige Antwort. Denn „der Jude hält die Christusfrage offen" (BONHOEFFER). Dieser Offenheit widerspricht eine auf Kanzeln und Kathedern nach wie vor vertretene Christologie, die am alleinigen kirchlichen Heilsanspruch festhält (nulla salus extra ecclesiam). Die allgemein verordnete und beschworene Freundlichkeit gegenüber der Judenheit verstellt leicht den Blick für die Doppeldeutigkeit der christlichen Rede von Jesus als dem „Messias Israels" und beweist die Unempfindlichkeit gegenüber wachsender jüdischer Angst vor erneuter christlicher Vereinnahmung. Daher dringt der kath. Fundamentaltheologe METZ, darauf, dass Christen ihren Glauben im Zeithorizont von Auschwitz reflektieren und konturieren: „Christliche Theologie nach Auschwitz muss endlich von der Einsicht geleitet sein, dass Christen ihre Identität nur bilden und hinreichend verstehen können im Angesichte der Juden" (Concilium, 20. Jg, 1984, S. 382).

G. SEEBASS, Christlicher Antijudaismus und moderner Antisemitismus, in: Auschwitz – Krise der christlichen Theologie, hg. von R. RENDTORFF und E. STEGEMANN, 1980, S. 9–25 – B. KLAPPERT/H. STARCK (Hg.), Umkehr und Erneuerung. Erläuterungen zum Synodalbeschluss der Rhein. Landessynode 1980 „Zur Erneuerung des Verhältnisses von Christen und Juden", 1980 – H. KREMERS (Hg.), Die Juden und Martin Luther, Martin Luther und die Juden. Geschichte, Wirkungsgeschichte, Herausforderung, 1985 – E. BROCKE/J. SEIM, Gottes Augapfel. Beiträge zur Erneuerung des Verhältnisses von Christen und Juden, 1986 – R. RENDTORFF/H. H. HENRIX (Hg.), Bd. 1 Die Kirchen und das Judentum. Dokumente von 1945–1985, 1988; Bd. 2: Dokumente von 1986–2000, 2001 – S. HERMLE, Evangelische Kirche und Judentum. Stationen nach 1945, 1990 – CH. V. BRAUN/L. HEID (Hg.), Der ewige Judenhaß. Christlicher A., Deutschnationale Judenfeindlichkeit, Rassistischer Antisemitismus, 1990 – W. GERLACH, Als die Zeugen schwiegen. Bekennende Kirche und die Juden, 1993 – P. V. D. OSTEN-SACKEN, Martin Luther und die Juden. Neu untersucht anhand von Anton Margarithass „Der gantz Jüdisch glaub" (1530/31), 2002 – J. M. SCHMIDT, Die Matthäus-Passion von Johann Sebastian Bach. Zur Geschichte ihrer religiösen und politischen Wahrnehmung und Wirkung, 2013.

Wolfgang Gerlach

Antisemitismus

1. Begriff. A. ist eine Form der Judenfeindschaft. Seit der Antike gab es einen religiösen und wirtschaftlichen →Antijudaismus. Judenverfolgungen fanden im MA statt (Kreuzzüge). Das 19. Jh. brachte die Emanzipation der Juden, aber auch den A. als säkulare Ideologie. Im Unterschied zu dem sich theologisch legitimierenden →Antijudaismus leitet der A. seine Judenfeindschaft aus rassistisch-biologistischer Terminologie her: Den Juden als einer sklavischen bzw. zu versklavenden Spezies stehe das Ariertum als „Herrenrasse" (→Rassismus) gegenüber. Die Vermischung beider komme einer „Rassenschande" gleich. In Zeiten individueller, nationaler oder ökonomischer Krisen, meist verbunden mit Identitätskrisen, dient eine solche mit pseudowissenschaftlichen Methoden verbrämte →Ideologie dazu, den persönlichen oder kollektiven Schatten auf einen Feind außerhalb zu projizieren, um ihn zu bekämpfen und zu vernichten. A. ist nach dieser Definition ein psychischer Defekt, dessen Untersuchung sich besonders die Vorurteilsforschung angenommen hat. A. ist eine amorphe Gefühlseinstellung, die, weil irrational und wie ein Karzinom wuchernd, jeder Argumentation unzugänglich bleibt. Der „gute Jude", den man kennt, gilt als eine die Regel stützende Ausnahme. Der A., so sagen Juden, würde auch dann nicht fortbestehen, wenn alle Juden auf der Erde ausgelöscht wären. Eignet dem Antijudaismus die Tendenz zur religiösen Elimination „des Jüdischen" – nämlich durch die Taufe, so drängt der A. auf die physische Elimination „alles Jüdischen" – nämlich durch Verbrennung des Volkes Israel.

2. Zur Geschichte des A. Die Deutschen des 19. Jh.s befinden sich in den Nachwehen der auf die franz. Revolution folgenden napoleonischen Kriege. Das Röm.

Reich dt. Nation ist untergegangen. Fremdländische Herrschaft nährt die Sehnsucht nach nationaler, eigenständiger Identität (→Nation). Zur Reinigung von allem Fremden kommt das „jüdische Element" neu in den Blick: aufklärerischer →Liberalismus steht einem nostalgischen Konservatismus des „wahrhaft Deutschen" störend im Weg. Zu geistigen Bannerträgern für eine judenfeindliche Kampagne werden – ausgerechnet – „fremdländische" Kulturpessimisten wie der franz. Graf Gobineau, der Engländer und Wahldeutsche Chamberlain („Grundlagen des 19. Jahrhunderts") und Paul de Lagarde. Sozialdarwinistische Rassentheorien verkünden den zu erzwingenden Sieg der tugendhaften Arier über die lasterhaften Semiten. Erstmalig benutzt der Journalist Marr in seinem auflagenstarken Buch „Der Sieg des Judentums über das Germanentum" den Begriff A. Er gründet 1879 den „Bund der Antisemiten". Das Judentum wurde außerdem mit dem kapitalistischen Geist identifiziert. Der Oberhofprediger A. Stoecker versteht es, durch demagogische Rhetorik die soziale Frage auf die „Judenfrage" umzuleiten, indem er davor warnt, dass die Deutschen sich in den Erdrutsch des jüdischen Kultur- und Religionsschwundes hineinreißen lassen. Diese antisemitische Hetz-Saat geht im Kaiserreich auf und trägt nach Verlust von Krieg und Kaiser verheerende Früchte selbst bei Kirchenführern wie Dibelius, Niemöller und Wurm, die sich – im Unterschied zu den meisten Antisemiten – offen, wenn auch apologetisch nach 1945 zu ihrem A. bekannt haben. So zeigte sich auch die Bekennende Kirche (von wenigen Ausnahmen abgesehen) nicht in der Lage, dem A. des NS-Regimes (→Nationalsozialismus) Widerpart zu bieten. Der A. war die Ursache der Vernichtung des europäischen Judentums. Der A. als Gefühl verhinderte, den Antijudaismus als Wurzel des A. zu durchschauen. Umfragen (Stand 2014) belegen, dass 15 bis 20 Prozent der Deutschen eine latent antisemitische Überzeugung haben; 8 bis 10 Prozent der Deutschen äußern sich in Umfragen offen antisemitisch, halten Juden für andere, wo nicht gar schlechtere Menschen.

Der Möglichkeit einer solchen Arithmetik widerspricht der nach einem Beschluss des Deutschen Bundestages von Nov. 2008 durch das Bundesministerium des Inneren einberufenen Expertenkommission (Sept. 2009). Zu Selbstverständnis und Ziel dieser umfassenden Expertise gehört das Bestreben, nicht in historischen Retrospektiven zu verharren, sondern die Bekämpfung und Prävention des A. „als Teil der bundesrepublikanischen Staatsraison (zu) begreifen" (S 4). Denn der A. und der andauernde Diskurs um ihn haben „eine ganz wesentliche Rolle für das Selbstverständnis der deutschen →Gesellschaft gespielt" (S. 5). Dabei werden bewusst die Begriffe Stereotyp, Klischee, Vorurteil und Ressentiment „weitgehend synonym" verwendet (S. 6).

Auf Initiative des Rektors der Berliner TU sowie des Vors. der Berliner jüdischen Gemeinde wurde 1982 das „Zentrum für Antisemitismusforschung" (ZfA) gegründet, u. a. mit dem Ziel, durch die Anbindung an die TU die A-Forschung als Wissenschaft zu etablieren. Zu den Forschungsgebieten gehören z. B. auch deutsch-jüdische Geschichte und Holocaustforschung. Als zentral gilt dabei der Aspekt der Interdisziplinarität sowie der →Aufklärungsarbeit für die Öffentlichkeit. Diesem Ziel dienen auch die Angebote von Tagungen, Workshops, Vortragsreihen. Wichtigstes Publikationsorgan des ZfA ist das Jahrbuch für A.forschung, in dem der internationale Literaturmarkt sowohl der empirischen wie der historischen Arbeiten auf dem Gebiet des A. vorgestellt wird. Ferner gibt das ZfA ein auf sieben Bände konzipiertes Handbuch heraus, mit dem Untertitel „Judenfeindschaft in Geschichte und Gegenwart", wovon derzeit 6 Bände erschienen sind. Ferner ediert das ZFA seit 1991 die Reihe „Dokumente, Texte, Materialien", wovon bis 2013 bereits 88 Bände erschienen sind. Längst ist das ZFA zu einer wichtigen Quelle für Forschung und Lehre im Bereich A. sowie zu einer Fundgrube für die →Zivilgesellschaft geworden. Gegenwärtig läuft eine vom ZfA ausgelöste heftige Kontroverse zwischen denen, die in der Islamophobie eine Spielart des A. sehen, und denen, die die Judenfeindschaft der Muslime als A. benannt und verdammt wissen wollen. Daher die Frage: Werden Muslime hier als Opfer oder als Täter des A. konnotiert?

L. Poliakov, Geschichte des A., 8 Bde., 1978ff – R. Ruether, Nächstenliebe und Brudermord. Die theologischen Wurzeln des A., dt. 1978 – G. Seebass, Christlicher Antijudaismus und moderner Antisemitismus, in: Auschwitz – Krise der christlichen Theologie, hg. von R. Rendtorff und E. Stegemann, 1980, S. 9–25 – M. Brocke/H. Jochum (Hg.), Wolkensäule und Feuerschein. Jüdische Theologie des Holocaust, dt. 1982 – R. Hilberg, Die Vernichtung der europäischen Juden, 3 Bde., 1990 – D. J. Goldhagen, Hitlers willige Vollstrecker. Ganz gewöhnliche Deutsche und der Holocaust (amerik. Hitler's Willing Executioners, 1996), 1996 – Ders., Briefe an Goldhagen, 1997 – F. H. Littell (Hg.), Hyping the Holocaust. Scholars Answer Goldhagen, 1997. – I. Guttman, Antisemitismus, in: Enzyklopädie des Holocaust. Die Verfolgung und Ermordung der europäischen Juden, hg. v. E. Jäckel/P. Longerich/J. H. Schoeps, Bd. 1, 1993 – Deutscher Bundestag, Bericht des unabhängigen Expertenkreises Antisemitismus. Antisemitismus in Deutschland – Erscheinungsformen, Bedingungen, Präventionsansätze, Drucksache 17/7700 vom 10. 11. 2011. Weitere Lit. kann beim Zentrum für A.forschung in Berlin aktuell erfragt werden.

Wolfgang Gerlach

Antiziganismus

1. Begriffsgeschichte, -definition und -kontroversen. A. bezeichnet die Feindschaft gegenüber Menschen, die mit dem pejorativen Terminus „Zigeuner" stigmatisiert

werden. Eine wissenschaftliche Definition beschreibt A. als ein historisch gewachsenes und sich selbst stabilisierendes soziales Phänomen, das eine homogenisierende und essentialisierende Wahrnehmung und Darstellung bestimmter sozialer Gruppen und Individuen unter dem Stigma „Zigeuner" oder anderer verwandter Bezeichnungen und eine damit verbundene Zuschreibung spezifischer devianter Eigenschaften an die so Stigmatisierten ebenso umfasst wie damit einhergehende diskriminierende soziale Strukturen und gewaltförmige Praxen.

Die Gruppe, die am häufigsten von A. betroffen ist, ist die Gruppe der Roma und Sinti, jedoch werden häufig auch traditionell nicht romanessprachige Gruppen und Individuen als „Zigeuner" stigmatisiert.

Die erste Begriffsverwendung von A. fand vermutlich in den 1920er Jahren in der Sowjetunion statt, im Englischen, Französischen und Deutschen wird der Begriff seit den 1980er Jahren verwendet. Der Begriff ist in der wissenschaftlichen und politischen Debatte umstritten: Einerseits, weil er einen Neologismus darstelle, der eine zu große Erklärungskraft beanspruche und unzulässig unterschiedliche historische und soziale Phänomene verallgemeinere, andererseits weil er mit dem Lexem „zigan" die stigmatisierende Fremdbezeichnung reproduziere und somit verletzend wirke.

Jene, die den Begriff verteidigen, wenden ein, er fokussiere auf das stereotype Bild des „Zigeuners", mit dem die Mehrheitsgesellschaft gesellschaftlich unerwünschte Eigenschaften auf Roma, Sinti und Andere projiziere. Dieses Bild sei folglich nicht durch reale Eigenschaften oder Verhaltensweisen bspw. von Roma verursacht. Darauf basierende Diskriminierung und Verfolgung träfe überwiegend, jedoch nicht ausschließlich Roma, deshalb sei eine Bezeichnung wie bspw. Antiromaismus unzutreffend. Kontrovers diskutiert wird außerdem das Verhältnis von A. zu →Antisemitismus und anderen Formen von →Rassismus.

2. Geschichte. Frühe Formen des A. in Europa manifestieren sich im 15. Jh. So erklärt der Freiburger Reichstag 1498, „zigeuner" seien „erfarer, usspeer und verkundschafter der christen Lant", entzieht ihnen jeglichen Rechtsschutz und verweist sie des Landes. Solche und ähnliche Verfolgungsmaßnahmen bis hin zu Sklaverei und gezielter Tötung finden sich bis ins 20. Jahrhundert immer wieder in verschiedenen europäischen Ländern. Die Definition der zu verfolgenden Gruppen changiert dabei zwischen einer essentialistischen Beschreibung als „fremdes Volk" und einer sozialen Definition über eine vermeintlich „deviante Lebensweise". Im Zuge der →Aufklärung werden beide Definitionen durch wissenschaftlich argumentierenden →Rassismus verschränkt.

Während des →Nationalsozialismus werden Ausgrenzung und Verfolgung verschärft. Dem nationalsozialistischen Völkermord fallen mehrere hunderttausend Sinti und Roma in ganz Europa zum Opfer, Ungezählte weitere werden Opfer von Zwangssterilisationen, Enteignungen, Deportationen und Lagerhaft. Nach 1945 erfahren viele Überlebende eine „zweite Verfolgung": Insbesondere bei der Polizei und in der Wissenschaft sind bis in die 1970er Jahre noch viele nationalsozialistische Täterinnen und Täter erneut an der Diskriminierung und Ausgrenzung vermeintlicher „Zigeuner" beteiligt. Bis heute sind Roma, Sinti, Jenische oder andere als „Zigeuner" stigmatisierte Gruppen in ganz Europa von – teils staatlicher – Diskriminierung in zentralen Lebensbereichen, gesellschaftlicher Ausgrenzung und wiederkehrenden Gewalttaten wie Pogromen, Brandanschlägen oder bewaffneten Angriffen betroffen.

Selbstorganisationen von Roma und Sinti kämpfen kontinuierlich gegen A. und für eine gleichberechtigte soziale Teilhabe. Dennoch sind antiziganistische Stereotype gesellschaftlich weit verbreitet und tief verankert. In verschiedenen Meinungsumfragen (2014) stellen Sinti und Roma die am stärksten abgelehnte Gruppe dar, bis zu 55,9 % der befragten Deutschen stimmen der Aussage „Sinti und Roma neigen zu Kriminalität" zu.

R. ROSE, Bürgerrechte für Sinti und Roma. Das Buch zum Rassismus in Deutschland, 1987 – M. ZIMMERMANN, Rassenutopie und Genozid. Die nationalsozialistische „Lösung der Zigeunerfrage", 1996 – L. LUCASSEN, Zigeuner. Die Geschichte eines polizeilichen Ordnungsbegriffes in Deutschland 1700–1945, 1996 – J. GIERE, Die gesellschaftliche Konstruktion des Zigeuners: Zur Genese eines Vorurteils, 1996 – W. WIPPERMANN, „Wie die Zigeuner": Antisemitismus und A. im Vergleich, 1997 – I. HANCOCK, The Roots of Antigypsyism: To the Holocaust and After, in: G. J. COLIJN/M. SACHS LITTELL, Confronting the Holocaust: A Mandate for the 21st Century, Bd. 1, 1997, 19–49 – E. JONUZ, Stigma Ethnizität. Wie zugewanderte Romafamilien der Ethnisierungsfalle beggenen, 2009 – M. END, A. in der deutschen Öffentlichkeit. Strategien und Mechanismen medialer Kommunikation, 2014 – O. DECKER/J. KIESS/ E. BRÄHLER, Die stabilisierte Mitte. Rechtsextreme Einstellung in Deutschland 2014, 2014 – I. RANDJELOVIC/J. SCHUCH, Perspektiven und Analysen von Sinti und Roma in Deutschland, 2014 – I.-K. PATRUT, Phantasma Nation. ‚Zigeuner' und Juden als Grenzfiguren des ‚Deutschen' – ANTIDISKRIMINIERUNGSSTELLE DES BUNDES, Zwischen Gleichgültigkeit und Ablehnung. Bevölkerungseinstellungen gegenüber Sinti und Roma, 2014 – J. SELLING/M. END/H. KYUCHUKOV/P. LASKAR/B. TEMPLER, Antiziganism. What's in a Word?, 2015.

Markus End

Arbeit

1. Begriff. A. kann definiert werden als das bewusste, zweckrationale Handeln von Menschen zur Befriedigung von Bedürfnissen (→Bedarf, Bedürfnis), wobei die natürliche und soziale Umwelt verändert und gestaltet wird. Arbeit bezeichnet somit Aktivitäten zur Sicherung des Lebensunterhalts, bestimmt soziale Anerkennungsverhältnisse, in modernen Gesellschaften insb. in der Form der Entlohnung, und verweist auf eine wesentliche Dimension des menschlichen „Selbstausdrucks" (D. SÖLLE), indem Arbeit eng mit dem individuellen Lebenssinn verknüpft wird. Der Begriff A. ist in den meisten europäischen Sprachen mehrdeutig. Neben die ursprüngliche Bedeutung, die passiv die Mühe, Qual und Last der vor allem handwerklichen Tätigkeit umschrieb, trat spätestens seit dem Hochmittelalter die aktive Bedeutung einer bewussten Anstrengung um eines Zieles willen, bis schließlich auch das gefertigte Objekt menschlicher Tätigkeit „A." genannt werden konnte. A. bezeichnet einen Teilbereich der menschlichen Tätigkeiten, der *vita activa*, wobei phänomenologisch zwischen Handeln, Herstellen und Arbeiten unterschieden werden kann. Handeln bezeichnet in Anlehnung an den griechischen Begriff „*praxis*", welcher das ethisch-politische Handeln des freien Bürgers umschreibt, eine selbstbestimmte Tätigkeit, während A. – griechisch „*ponos*", zu unterscheiden von der herstellenden „*technae*" – nachgeordnet wird, da hier das Subjekt hinter den Erfordernissen der Bedürfnisbefriedigung zurückbleibt.

2. Historische Wandlungen des A.sverständnisses. In Entsprechung zur griech. Wortbedeutung wurde A. in der Antike als die eines freien Bürgers unwürdige Tätigkeit betrachtet, was gesellschaftlich durch den Zwangscharakter der Arbeitsverhältnisse bis hin zu massenhafter Sklaverei einen konkreten Ausdruck fand. Wenn auch durch die jüdisch-christliche Tradition eine deutliche Aufwertung der A. erfolgt ist, so hat sich bis zur Reformationszeit an der gesellschaftlichen Geringschätzung der A. nichts Wesentliches geändert. Durch die Einsicht, dass alle Christen „wahrhaftig geistlichen Stands" (M. LUTHER) sind, wurde das kontemplative Leben der Geistlichen nicht mehr der weltlichen A. der sog. →Laien übergeordnet. A. galt vielmehr als Gottes Gebot für alle Menschen ohne Unterschied des Standes. Der von LUTHER geprägte Berufsbegriff bestimmte den konkreten Ort der A., wobei →*Beruf* die vom Einzelnen im Gehorsam gegen Gott bejahte Einordnung in den jeweils gegebenen Stand als Teil der von Gott gestifteten →Ordnung meint. Umstritten ist seit der berühmten Studie MAX WEBERS der Einfluss der protestantischen →Ethik auf den entstehenden →Kapitalismus: Die sich vor allem im Puritanismus ausbildende Gesinnung der *innerweltlichen Askese* in Verbindung mit einem strengen *Berufsethos* hat die kapitalistische Wirtschaftsdynamik vorbereitet und erleichtert, kaum aber direkt verursacht. Mindestens ebenso folgenreich für die Überwindung des traditionalen Arbeitsverständnisses war die bürgerliche Wertung der A. als Begründung von Eigentumsrechten. A. galt nicht mehr als eine untergeordnete Tätigkeit, sondern wurde als grundlegende anthropologische (→Anthropologie) und gesellschaftliche Bestimmung gewertet. An diese – bei JOHN LOCKE explizierte – Tradition knüpfte ADAM SMITH an, in dessen theoretischem System A. als Produktionsfaktor (→Produktion) zum Zentralbegriff wird. Gemäß der von ihm begründeten *A.swertlehre* bemisst sich der Wert eines Produkts nach der in ihm vergegenständlichten A. Um das Ziel einer besseren Güterversorgung bei einer gleichzeitigen Befriedigung wachsender Bedürfnisse und damit die Steigerung des allgemeinen Wohlstands zu erreichen, ist nach SMITH die *A.steilung* der entscheidende Weg zu einer allgemeinen Produktivitätssteigerung (→Produktivität). Die sozialen Konsequenzen dieses ökonomisierten A.sverständnisses sind vielschichtig. Die abstrakte, wertschaffende A. ist mit Zunft- und Adelsprivilegien oder anderen traditionalen Wirtschaftsformen nicht vereinbar. So liegen die liberalen Reformen der Wirtschaftsverfassung in der Konsequenz dieses A.sverständnisses: A. als eine wirtschaftliche Leistung, die bewertet und verglichen werden kann, wird zum grundlegenden Kriterium der gesellschaftlichen Stellung. Dieses A.sverständnis wurde im 19. und 20. Jh. von der Arbeiterbewegung im Wesentlichen aufgenommen und vielfach überboten. A. wird als Grundlage einer →Gesellschaft der Gleichen verstanden, in der die planmäßig organisierte A. der Menschheit ein dauerndes →Glück zu gewähren vermag. Wegweisend für die sozialistische Arbeiterbewegung wurde die Fassung des A.sbegriffs bei KARL MARX, der, anknüpfend an HEGEL, A. als wesensbestimmend für den sich selbst setzenden Menschen ansah, gleichzeitig aber die Entfremdung der menschlichen A. in der kapitalistischen Gesellschaft beschrieb, die zu einer Ware wie jede andere geworden ist. Das grundlegende Ziel des sozialistischen Gesellschaftsutopie ist die Befreiung der A., die „nicht nur Mittel zum Leben, sondern selbst das erste Lebensbedürfnis" (MARX) ist.

3. Erwerbsarbeit als Wesensmerkmal moderner Gesellschaften. A. in dem bezeichneten Sinn als *Erwerbsarbeit* bestimmt die Normalbiographie der überwiegenden Mehrzahl der Menschen. Die grundlegenden sozialen Systeme (→Sozialpolitik) sind auf die Erwerbsarbeit bezogen, indem sie erstens für die A. qualifizieren, zweitens Friktionen im A.sleben (Unfall, Krankheit, aber auch A.slosigkeit; →Sozialversicherung) überbrücken helfen und drittens für einen problemlosen Übergang in den Ruhestand sorgen (→Rente). Die *Erwerbsarbeit* ist die Grundlage des bürgerlichen Lebens, auf welcher der soziale und demokratische →Rechtsstaat gründet (→Sozialstaat; →Demokratie). Für den Einzelnen leitet sich aus dem Erwerbsarbeitsplatz nicht allein die Höhe des →Einkommens ab, sondern auch soziale Sicherheit, Altersversorgung, Aufstiegschancen, wesentliche Partizipationsmöglichkeiten (→Partizipation) und damit Ansehen und Stellung in der Gesellschaft. →A.slosigkeit kann in diesem System als kurzfristige konjunkturelles Problem oder bei technisch bedingten A.sumstellungen oder A.swechseln integriert werden, Formen der Massen- oder Dauerarbeitslosigkeit verursachen aber eine tiefe Krise der auf der Erwerbsarbeit beruhenden Leistungsgesellschaft und führen häufig zu einem dramatischen Identitätsverlust der von A.slosigkeit Betroffenen.

Die einseitige Würdigung der Erwerbsarbeit ist seit den 1970er Jahren aus feministischer (→Geschlechterverhältnis), zivilgesellschaftlicher (→Zivilgesellschaft) und aus ökologischer Perspektive hinterfragt worden. In der Industriegesellschaft wurde die zumeist von Frauen geleistete *Familien-* und *Erziehungsarbeit* (→Familie; →Erziehung; →Haushalte, private) als unbezahlte Arbeit weithin vorausgesetzt, im Zuge der Entwicklung einer Dienstleistungsgesellschaft erfahren diese Arbeiten eine zunehmende, insbesondere materielle Anerkennung. Wesentlich für die Zivilgesellschaft sind die vielfältigen Formen des →*Ehrenamtes*. Die weithin konstatierte *Naturvergessenheit* der Ökonomik, die aus der Konzentration auf die Produktionsfaktoren A. und →*Kapital* resultiert, nötigt dazu, den Anteil der Natur an der Wertschöpfung zu berücksichtigen.

Die gegenwärtig wesentlichen Veränderungen der Arbeitswelt sind durch die fortschreitende Globalisierung und Digitalisierung bestimmt. Beide Prozesse sind ambivalent zu beurteilen, da sie sowohl Vorteile wie auch problematische Konsequenzen beinhalten. Die zunehmende Integration des Welthandels ist positiv zu würdigen, da sie vielen Schwellen- und Entwicklungsländern die Chance einer erfolgreichen wirtschaftlichen Entwicklung eröffnet. Besondere Herausforderungen sind hier die Arbeitsbedingungen in vielen Ländern des Südens, etwa im Bereich der Textilindustrie. Nur wenn bestimmte Mindeststandards eingehalten werden, wie sie von der Internationalen Arbeitsorganisation verabschiedet worden sind, lassen sich die international vernetzten Wertschöpfungsketten ethisch rechtfertigen. Durch die Digitalisierung, gegenwärtig Arbeit 4.0 und Cloud-Working, verstärken sich die Prozesse der zeitlichen, räumlichen und rechtlichen Flexibilisierung der Erwerbsarbeitsverhältnisse mit der Konsequenz einer zunehmenden Entgrenzung von Arbeitswelt und Privat- bzw. →Freizeitsphäre: Ständige Erreichbarkeit durch elektronische Medien, die Zunahme von Bildschirmarbeit, vermehrte Wochenendarbeit (im Jahr 2014 haben samstags regelmäßig 25 % und am Sonntag 14 % der Beschäftigten gearbeitet), Leiharbeit und neue Formen von Selbständigkeit verändern die Arbeitswelt, so dass nur noch rund zwei Drittel der Erwerbsarbeitsverhältnisse den klassischen Standardisierungen der Industriegesellschaft entsprechen. Teilweise sind diese Entwicklungen von den Beschäftigten erwünscht, da sie erweiterte Selbstbestimmungsmöglichkeiten und Kreativitätsgewinne eröffnen. Daneben führen a-typische Arbeitsverhältnisse oft zu höheren psychischen Belastungen und bedeuten in manchen Fällen eine problematische Prekarisierung der Lebensführung.

Parallel zu diesen Entwicklungen der A.sverhältnisse wachsen die Qualifikationsanforderungen, was zu dynamischen Veränderungen von Berufsbildern und Qualifikationen führt, das traditionellen Berufsverständnis verliert seine Bedeutung für die Lebensführung. Indem sich die Kompetenzniveaus differenzieren, entwickeln sich häufig die Einkommen und die Lebenslagen ungleich. Ungeachtet dessen ist die Arbeitszufriedenheit in D. seit den letzten zwanzig Jahren ungebrochen hoch, nur ein Achtel der Beschäftigten ist mit der Arbeitssituation unzufrieden. Dabei spielen sozialstatistische Bedingungen wie Einkommen, Geschlecht oder regionale Differenzierungen so gut wie keine Rolle, lediglich Leiharbeiter sind doppelt so unzufrieden wie der Durchschnitt. Wesentlich für die Arbeitszufriedenheit sind „weiche" Faktoren wie das Arbeitsklima sowie die Bewertung persönlicher Lebensumstände.

4. A. in theologischer Perspektive. Der übersteigerten Bewertung von A. seit der Industriegesellschaft, in der Erwerbsa. und ihre Leistung als entscheidende Wertmaßstäbe des Menschen fungieren, ist aus theologischer Sicht mit dem Verweis auf die Begrenzung der menschlichen A. zu widersprechen. Schöpfungstheologisch bilden Ruhe und A. eine untrennbare Einheit. Nach Gen 2,2 vollendete Gott am siebten Tag seine A. und ruhte von ihr. Die Ruhe ist hier nicht als Gegensatz zur A., sondern als eine komplementäre Ergänzung verstanden. Ferner wird der für die Neuzeit charakteristischen Annahme, der Mensch werde durch seine A. zum Menschen, entschieden widersprochen. Der Mensch hat seine unverlierbare →Würde in der Gottebenbildlichkeit, die vor aller eigenen →Leistung gilt. Als Ebenbild ist der Mensch zur Gemeinschaft mit Gott bestimmt. Erst als solcher ist der Mensch als Beziehungswesen in der Relation von Mitmenschen zur Gestaltung der Welt durch A. aufgerufen. Das Symbol für die Begrenzung des Menschen und seiner A. ist die Ruhe des siebten Schöpfungstages, welche die Ruhe des Feiertages vorbildet. In einer höchst prägnanten Weise sind in der protestantischen Tradition mit Hilfe der Begriffe der →Rechtfertigungslehre die Grenzen von A. und Leistung zum Ausdruck gebracht worden. Das Heil des Menschen ist nicht durch eigene Aktivität zu sichern, sondern der Mensch erfährt sein Angenommensein vor aller Leistung und abgesehen von aller Leistung durch die →Liebe Gottes. Schließlich ist auch in eschatologischer Perspektive (→Eschatologie und Ethik) eine Priorität der Ruhe vor der A. aufweisbar. Insbesondere im Hebr. wird das eschat. Heilsgut mit dem Stichwort Ruhe (vgl. Hebr 3,7ff) umschrieben. Die im Horizont von Schöpfungs-, Rechtfertigungslehre und Eschatologie zu beschreibende Grenze der menschlichen A. ist somit konstitutiv für ein theologisches Verständnis von A. Damit steht jede Form eines totalen A.slebens grundsätzlich im Gegensatz zu einem christlichen Verständnis der A. Die Die *Begrenzung* der A. konstituiert im Gegensatz zu einer totalen Beanspruchung des Menschen durch A. und Leistung des Menschen →Freiheit zum Dasein. (K. BARTH) Diese Freiheit bezeichnet den angemessenen Ausgangspunkt einer theologischen Würdigung der A., die in manchem dem modernen A.sverständnis durchaus nahe kommt. Bereits die biblischen Schriften werten die A. im Vergleich zur Umwelt auf. So wird die Schöpfung als Ergebnis der A. des Schöpfers geschildert. Durch körperliche, handwerkliche A. verfertigt der Schöpfer den Himmel und die Gestirne. Der in einzigartiger Weise durch seine A. schaffende Gott gibt den Menschen das *Mandat* zur A. (D. BONHOEFFER), das nach Gen 2,15 ein Grundfaktum menschlicher Existenz markiert. Der als Ebenbild Gottes erschaffene Mensch erhält als Mandatar Gottes einen *Herrschaftsauftrag* zur Gestaltung der Welt. A. im Sinn der →Verantwortung vor Gott meint allerdings nicht allein die ökonomisierte Form der A., die für die Neuzeit kennzeichnend ist, sondern jede aktive Tätigkeit des Menschen. Erwerbsa. ist somit nur ein Teilbereich des biblisch verstandenen A.sverständnisses, neben der Formen der Familienarbeit, ehrenamtlicher A. und Eigenarbeit ebenso zu würdigen sind. In biblisch-reformatorischer Sicht sind alle menschlichen Tätigkeitsformen, die im Dienst der Mitmenschen stehen, unabhängig von dem Grad der Entlohnung konkreter Ausdruck des *Mandats* Gottes zur Gestaltung der Welt. Die menschliche A. bleibt stets auf den Segen des Schöpfers angewiesen. Auch nach dem Fall, der die *Verfluchung* des Ackers nach sich zieht, bleibt die Menschheit unter der Segenszusage des Schöpfers (Gen 9, 1), der die Schöpfung erhält und regiert. Dieser protologischen Würdigung der A. entsprechen eschatologische Hoffnungsbilder: Anders als in antiken Schilderungen eines *goldenen Zeitalters*, die Hoffnungen auf die Befreiung des Menschen von der A. formulieren, beschreiben biblische Hoffnungsbilder die Entbindung der A. vom Fluch, so dass der Mensch ohne Zwang arbeiten und die Früchte seiner A. genießen kann. Die geschichtliche Realität der A. im Unterschied zu diesen Hoffnungsbildern beschreibt die →Bibel im Anschluss an die Erzählung vom Sündenfall. Seither ist A. untrennbar mit *Mühe* und *Last* verbunden. A. vollzieht sich unter den Bedingungen der *Knappheit* (vgl. Gen 3,18), und der Mensch hat die Natur in den Dienst seines Lebensunterhaltes zu stellen. Des Weiteren steht nicht allein die Tätigkeit des Arbeitens, sondern auch das A.ergebnis unter dem Fluch der Sünde. Die dem Menschen aufgetragene Weltgestaltung kann auch in Weltzerstörung umschlagen, wie die Bibel in ihrem Bericht von den Kainiten als den Begründern der Städtekultur (Gen. 4,17ff.) und ihren Berichten von hybriden Großprojekten antiker Kulturen (vgl. Gen. 11,1ff.; Ex. 1,11ff. u. a.) zum Ausdruck bringt. Wenn A. in theologischer Perspektive auch nicht die Identität und Authentizität des Menschseins erleisten kann, so gehört sie dennoch zum Grundfaktum der Existenz und bleibt als zielgerichtete Tätigkeit im Umgang mit den Gaben der Natur fundamental für sein Wohl in dieser Welt. A. ist ein notwendiges Tun, wie es an vielen Stellen im NT deutlich wird (2.Thess 3,10; 1.Thess 2,9; Apg 20,35; 1.Kor 9,3ff u. a.), um einzelnes und gemeinsames Leben zu ermöglichen. Diese A. kann der Mensch im Wissen, arbeiten zu müssen, und mit dem Dank, arbeiten zu dürfen, als sein Mandat wahrnehmen. A. als Medium der Weltgestaltung und der Selbstbestimmung ist in Entsprechung zu der auf Mitmenschlichkeit angelegten Bestimmung des Menschen stets soziales Handeln, wie es der kooperativen Struktur der A. entspricht. Darin ist das Ethos der Solidarität (→Solidarität) angelegt, das durch die Gestaltung der A.sprozesse weiter zu entwickeln und zu schützen ist.

5. Sozialethische Konsequenzen. Mit der A.sleistung werden Rechte erworben, die als *Rechte aus A.* und *Rechte in der A.* systematisiert werden können. Realgeschichtlich bedurfte es eines historisch langen Prozesses einer entsprechenden *Verrechtlichung* der A.sbeziehungen. Speziell das kollektive →A.srecht beendet die reine Objektstellung der menschlichen A. und ihre Eingliederung als bloßes Mittel für den Betriebszweck. Mit diesen Rechtssetzungen erhält die Würde der A. ihren institutionellen Niederschlag und A. hört auf, lediglich eine Ware auf dem A.smarkt zu sein. In der auf Erwerbsarbeit beruhenden Gesellschaft liegt das elementarste Bestreben des Einzelnen darin, mit seiner A.sleistung den eigenen Lebensunterhalt zu sichern. Die in diesem Zusammenhang grundlegende – bereits in der Bibel begegnende – sozialethische Forderung (→Sozialethik) lautet, dass der jeweils vereinbarte →Lohn pünktlich und in voller Höhe auszuzahlen ist (Dtn 24,14f; Jak 5,4). Die Festlegung der Höhe des Lohns wurde in der sozialethischen Tradition unter dem Stichwort des *gerechten Lohnes* erörtert. Ältere Auffassungen sind von dem Bemühen geprägt, eine am Bedarf orientierte Lohnhöhe zu ermitteln. Abgelöst wurde diese Vorstellung von dem Gedanken der *Leistungsgerechtigkeit* (→Gerechtigkeit) als Grundlage der Bemessung des Lohnanteils. Allerdings ist eine eindeutige Zurechnung von individuellen A.sleistungen auf das Produktionsergebnis in einer hochgradig arbeitsteiligen Wirtschaft nur bedingt möglich. Weiterführend ist es, die Bedingungen, welche die tatsächliche Lohnentwicklung wesentlich beeinflussen, ethisch zu reflektieren. In Industriegesellschaften sind dies vor allem die allgemeine wirtschaftliche Entwicklung, das Niveau der Produktivität und der Qualifizierungen sowie die allgemeine A.smarktlage. Diese Einflüsse schlagen sich in den Abschlüssen von *Tarifverträgen* nieder, die neben der Lohnhöhe die Länge der →A.szeit festlegen. Seit der Zeit der Industrialisierung mit der Durchsetzung extrem langer A.szeiten ist sozialethisch eine Kürzung der A.szeit eingefordert worden. Überlegungen der A.ssicherheit, gesundheitspolitische Gesichtspunkte (→Gesundheitspolitik) sowie vor allem das Ziel der Persönlichkeitsentwicklung der →A.nehmer sind die wesentlichen Gründe, die für die Forderung einer Begrenzung der A.szeit anzuführen sind. Der soziale Protestantismus hat sich seit den 1890-er Jahren für eine faire Austragung der Interessenkonflikte von →A.gebern und →Gewerkschaften engagiert und in diesem Sinn das Tarifvertragssystem gewürdigt. Dabei sind auf beiden Seiten Konfliktmaßnahmen nicht ausgeschlossen. Unter dem Eindruck der realgeschichtlichen Entwicklung, wobei A.nehmer vielfach erst nach *Streiks* Lohnerhöhungen und A.szeitverkürzungen durchsetzen konnten, wurden ebenfalls bereits seit Beginn des 20. Jh.s sozialethische Würdigungen des Streiks entwickelt. Unter den Bedingungen, dass ein Streik als letztes Mittel der Interessenvertretung diszipliniert und gemäß der rechtlichen Vorgaben durchgeführt wird, ist er ethisch legitimierbar. Ähnliches gilt für die *Aussperrung* als Kampfmaßnahme der →Unternehmer, sofern diese durch das Gebot der Verhältnismäßigkeit möglichst präzise konditioniert wird. Neben der Sicherung der Rechte aus A. sind zur Wahrung der Würde der menschlichen A. im A.sprozess die Rechte in der A. grundlegend, wie sie sich in differenzierten Mitbestimmungsrechten am Arbeitsplatz, im Betrieb sowie in der Unternehmensverfassung sowie in Projekten der Humanisierung des Arbeitslebens konkretisieren. Evangelische Sozialethiker haben diese Ziele z.T. konzeptionell mit entwickelt. Auf diese Weise sollen das Selbst- und Verantwortungsbewusstsein der Arbeitenden durch den Aufbau kommunikativer und kooperativer A.sstrukturen gestärkt werden. Ohne die Entfremdung oder den Lastcharakter der A. aufheben zu können, lässt sich als sozialethische Maxime formulieren, dass man nicht nur von, sondern auch in der A. leben können muss. Zwar gelten die Mitbestimmungsrechte und Humanisierungsprogramme für einen größeren Teil der A.sverhältnisse, vor allem in den Bereichen von Industrie und Handwerk, allerdings bestehen etwa im Bereich personennaher Dienstleistung z. T. nur wenig geregelte Arbeitsverhältnisse, so im Bereich der häuslichen Pflege.

Seitdem im letzten Drittel des 20. Jh.s das Problem der Massenarbeitslosigkeit europaweit in den Mittelpunkt gerückt ist, stellt sich erneut die Frage nach einem Recht auf A. Verwirklicht wurde dieses Recht in den real-sozialistischen Ländern zwischen 1918 und 1989/90, wobei das Recht auf A. in einem totalitären Sinn als Pflicht zur A. interpretiert wurde. Der hohen Bedeutung der A. entspricht es, dass auch in freiheitlich-demokratischen Verfassungen oft ein Recht auf A. aufgenommen wurde, allerdings nicht als subjektiv einklagbares Recht, sondern im Sinne einer Staatszielbestimmung, die es wirtschaftspolitisch zu realisieren gilt. Aus sozialethischer Sicht stellen sich grundlegende Anfragen an eine Wirtschaftsordnung, wenn eine hohe Zahl von Menschen langanhaltend aus dem A.sprozess ausgeschlossen wird. Das von den beiden großen Kirchen gemeinsam verantworteten Sozialwort „Für eine Zukunft in Solidarität und Gerechtigkeit" bezeichnet A.slosigkeit als „ernste Bedrohung der Humanität". Um das „ethisch begründete →Menschenrecht auf A." zu realisieren, fordern die Kirchen ein Bündel unterschiedlicher, aufeinander abgestimmter Maßnahmen, wobei europaweit die Jugendarbeits- und in D. das Problem der Langzeitarbeitslosigkeit zu den größten arbeitsmarktpolitischen Herausforderungen geworden sind.

A. Smith, Der Wohlstand der Nationen, 1776 (letzte dt. Aufl. 1978) – G. Traub, Ethik und Kapitalismus, 1904 – M. Weber, Die protestantische Ethik und der Geist des Kapitalismus, in: Archiv für Sozialwissenschaft, 1904f – D. Bonhoeffer, Ethik, 1949 – G. Wingren, Luthers Lehre vom Beruf, 1952 – K. Barth, KD, III/4 1954 – W. Bienert, Die A. nach der Lehre der Bibel, 1954 – H. Arendt, Vita activa, 1958 – W. Conze/M. Riedel, A., in: GGB, ¹1972, 154–215 – A. Rich, Mitbestimmung in der Industrie, 1973 – H. Gülzow/J. Leboff/K.-H. zur Mühlen/M. Honecker/G. Brakelmann, A. I–VIII, in: TRE, III 1978, 624–669 – Die Denkschriften der EKD, Bd. I,1ff, 1978ff – J. Moltmann (Hg.), Recht auf A., Sinn der A., 1979 – R. Kramer, A. Theol., wirtschaftl. u. soz. Aspekte, 1982 – J. Ebach, Ursprung und Ziel, 1986 – G. Brakelmann, Zur A. geboren? 1988 – A. Rich, Wirtschaftsethik Bd. II, 1990 – L. Vischer, A. in der Krise, 1996 – Kirchenamt der EKD /Sekretariat der DBK (Hg.), Für eine Zukunft in Solidarität und Gerechtigkeit. Wort des Rates der EKD und der DBK zur wirtschaftlichen und sozialen Lage in Deutschland, 1997 – D. Sölle, Lieben und arbeiten. Eine Theologie der Schöpfung, 1985/1999 – T. Meireis, Tätigkeit und Erfüllung. Protestantische Ethik im Umbruch der Arbeitsgesellschaft, Tübingen 2008 – M. Jung, Entgrenzung und Begrenzung von Arbeit, Berlin 2012 – Rat der EKD, Solidarität und Selbstbestimmung in der Arbeitswelt, 2015.

Traugott Jähnichen

Arbeiterwohlfahrt

Die Arbeiterwohlfahrt (AWO) ist einer der sechs Spitzenverbände in der Bundesarbeitsgemeinschaft Freie Wohlfahrtspflege. Die A. (2012) ist föderativ aufgebaut. Diese Struktur umfasst 30 Landes-und Bezirksverbände, 404 Kreisverbände, 3.662 Ortsverbände. Die A. zählt 362.000 Mitglieder, 197.000 Beschäftigte, integriert 75.000 Freiwillige, integriert 800 selbstständige Einrichtungen, Organisationen, Initiativen als korporative Mitglieder auf verschiedenen Ebenen und betreibt ca. 14.000 Dienste und Einrichtungen.

Das Leistungsspektrum ist breit gefächert: Stationäre Einrichtungen und Wohngemeinschaften, Tagesstätten, Beratungseinrichtungen, Gesundheitshilfeeinrichtungen, Kooperationen mit Gruppen bürgerschaftlichen Engagements. Die Daseinsthemen umfassen den Menschen im ganzen Lebenszyklus, von Kindheit und Jugend bis ins hohe Alter. Dabei fokussiert die A. diese Daseinsthemen zielgruppenorientiert auf die ganze Komplexität der Sozialstruktur, die von den Vektoren Schicht, Ethnie, Alter und Geschlecht bestimmt wird. Daseinsthemen sind Arbeit, Armut, Wohnen, Pflege, Behinderung, Gesundheit.

Die Werte-Orientierung stammt aus der Tradition des demokratischen Sozialismus. Eine genealogische Verbundenheit mit der sozialdemokratischen Tradition ist daher prägend, wenngleich sich die A. heute als politisch unabhängig definiert. Als Grundwerte fungieren Freiheit, Gleichheit, Solidarität sowie Toleranz und Gerechtigkeit, also die modernen Eckwerte aus der Sattelzeit der französischen Revolution fortführend. Die habituelle Haltung des sozialen Helfens wird aber nicht im Dispositiv des Almosens verstanden, sondern als Praxis der Befähigung der Menschen zur Teilhabe an der Gesellschaft.

1919 gründete Marie JUCHACZ (1879–1956) die A. als „Hauptausschuss für die Arbeiterwohlfahrt in der SPD". Im Prinzip wurde die A. als Selbsthilfe der Arbeiterschaft konzipiert. Die Hilfe für die Arbeiterschaft entwickelte sich zu einem System der Hilfe für alle sozial bedürftigen Lebenslagen der gesamten Bevölkerung fort, hier die Logik der Entwicklung der Sozialpolitik des Staates, heute auch der Logik des Europäischen Sozialmodells folgend. Bezugssystem der Sozialpolitik sind die Lebenslagen der gesamten Bevölkerung über die gesamte Lebensspanne hinweg.

L. LEMKE, Marie Juchacz. Gründerin der Arbeiterwohlfahrt 1879–1956, 1979 – K.-H. BOESSENECKER/M. VILAIN (Hg.), Spitzenverbände der Freien Wohlfahrtspflege, 2013² – L. NOCK/G. KRLEV/G. MILDENBERGER, Soziale Innovationen in den Spitzenverbänden der Freien Wohlfahrtspflege, 2013 – H. BACKHAUS-MAUL u. a., Engagement in der Freien Wohlfahrtspflege, 2014 – M. JÜSTER, Die verfehlte Modernisierung der Freien Wohlfahrtspflege, 2015.

Frank Schulz-Nieswandt

Arbeitgeber

1. Definition. A. zu sein setzt voraus, als juristische oder natürliche →Person mindestens eine Person in einem Arbeitsverhältnis zu beschäftigen. A. können z. B. →Unternehmen, der →Staat, →Vereine oder auch Privatpersonen sein. Es können mithin vielfältige Akteure A. sein, die rechtliche Organisationsform ist für den Arbeitgeberbegriff nicht von Belang. Der A. gibt →Arbeit in dem Sinne, dass er bei der Umsetzung einer Geschäftsidee Beschäftigte einsetzt oder in dem Sinne, dass die öffentliche Hand im Rahmen eines staatlichen Auftrags Arbeit vergibt. Arbeit wird also auf Basis eines Vertrages im Zuge des Austausches von Arbeitsleistung (→Leistung) gegen ein Arbeitsentgelt (→Lohn) gegeben. Dies ist der eigentliche Kern jedes arbeitsrechtlichen Verhältnisses zwischen Arbeitgebern und Arbeitnehmern.

Personalverantwortung allein macht aber nicht zum A.: So tragen z. B. leitende Angestellte zumeist Personalverantwortung und üben ein Direktionsrecht aus, sind selbst aber keine A. Gleiches gilt für Organe juristischer Personen, wie etwa Geschäftsführer oder Vorstände. Beide nehmen nur Arbeitgeberfunktionen wahr.

2. Rolle in der Sozialen Marktwirtschaft. Sowohl der einzelne A. wie auch der Zusammenschluss von Arbeitgebern (Arbeitgeberverband) spielen eine entscheidende Rolle in der Sozialen Marktwirtschaft. Der einzelne A., im Besonderen der gewerbliche A., setzt Geschäftsideen um und schafft damit ökonomische Dynamik und Beschäftigung.

A., die erfolgreich wirtschaften, leisten einen wichtigen und unersetzbaren Beitrag zum →Gemeinwohl. Zweck der →Wirtschaft ist es, die Menschen mit Gütern und Dienstleistungen zu versorgen – in ausreichender Menge, zu marktfähigen Preisen und mit der gewünschten Qualität. Das ist der Dienst der Wirtschaft am Menschen und hierzu tragen A. bei.

Ziel eines gewerblichen A. ist und muss es sein, die Position des Unternehmens im →Markt zu sichern und damit wettbewerbs- und zukunftsfähig zu bleiben. Nur dann kann er Arbeitsplätze sichern und schaffen, in →Ausbildung investieren, Lebens- und Entfaltungschancen bieten, zu Wohlstand und →Fortschritt in der →Gesellschaft beitragen, und hat Freiraum für weiteres Engagement. →Gewinn signalisiert dabei, dass die Strategie des Unternehmens im Markt und im Wettbewerb richtig ist. Gewinn ist nicht alles, aber ohne Gewinn ist alles nichts.

Die ethischen Prinzipien guten unternehmerischen Handelns, wie sie der „ehrbare Kaufmann" verkörpert, gelten auch im Zeitalter der →Globalisierung. Betriebswirtschaftlich unverantwortliche Entscheidungen gefährden hingegen den Bestand und die Zukunftschancen eines Unternehmens und damit auch seiner sozialen Funktionen. Was ökonomisch unvertretbar und verantwortungslos ist, kann daher nicht moralische Pflicht sein.

Arbeitgeberverbände organisieren gemeinsam mit →Gewerkschaften die Tarif- und Sozialpartnerschaft. Die →Tarifautonomie, das Recht von Arbeitgeber- und Arbeitnehmervertretungen die Arbeitsbeziehungen und die Lohnfindung kollektiv und staatsfern zu regeln, zu ordnen und zu befrieden, ist eine der Säulen der Sozialen Marktwirtschaft. Dieses Konzept, das die Wirtschaftsordnung der Bundesrepublik Deutschland seit ihrer Gründung maßgeblich prägt, ist von der christlichen Soziallehre und dem Bemühen um gesellschaftlichen Konsens geprägt.

Verantwortungsvolle Tarifpolitik in der Vergangenheit hat bewiesen, dass die Tarifpartner in der Lage sind, unter dem Gesichtspunkt der Sicherung von Wettbewerbsfähigkeit und Beschäftigung die Arbeitsbedingungen zu gestalten. Zu einer erfolgreichen, beschäftigungsorientierten Tarifpolitik gehören differenzierte und flexible Tariflohnabschlüsse. Der Branchentarifvertrag muss der unterschiedlichen wirtschaftlichen Lage in den Branchen gerecht werden. Der tarifpolitische Geleitzug, nachdem sich alle Branchen am ersten großen Tarifabschluss des Jahres orientierten, gehört der Vergangenheit an.

3. Ausblick. Globalisierung, die demographische Entwicklung und der ständige Wandel von Arbeitsprozessen, etwa durch die Digitalisierung, stellen die Gesellschaft, die Wirtschaft und auch die A. vor große Herausforderungen. Antworten darauf zu finden, wie diese künftig zu meistern sind, bleibt auch Aufgabe der A. Dazu führen sie einen stetigen Dialogprozess mit Gewerkschaften, →Politik und Gesellschaft.

Die Entwicklung von Wirtschaft und Wohlstand ist maßgeblich von den wirtschaftspolitischen Rahmenbedingungen abhängig. Hier kommt dem Gesetzgeber große Verantwortung zu. Umfangreiche sozial- und arbeitsrechtliche Regulierungen, zunehmende Bürokratie und starke Ausweitung von Sozialleistungen haben immer wieder Belastungen für die Unternehmer mit sich gebracht. Es ist daher die Aufgabe der A., auf wirtschaftliche Leistungsfähigkeit als Voraussetzung von gesellschaftlicher →Solidarität hinzuweisen.

C. CREIFELDS, Rechtswörterbuch, 2011[20] – G. SCHAUB, Arbeitsrechts-Handbuch, 2013[15] – W. KÜTTNER, Personalbuch 2014[21] – H. JUNG, Soziale Marktwirtschaft und Weltliche Ordnung, 2009.

Reinhard Göhner

Arbeitnehmer

1. Begriff. A. ist vorrangig eine rechtliche Bezeichnung für Beschäftigte, die unselbständige Arbeit für einen anderen verrichten und deren Arbeitsverpflichtungen sich aus einem Arbeitsvertrag oder entsprechenden Anweisungen ergeben. Der Status eines A.s ist einerseits von Abhängigkeit und Unterordnung unter die Weisungsbefugnis des Arbeitsgebers geprägt, verleiht aber andererseits bestimmte Rechte: Neben elementaren Arbeitnehmerschutzrechten und sozialversicherungsrechtlichen Absicherungen sind dies Partizipationsrechte (→Partizipation) im Sinn des BetrVG und des Mitbestimmungsgesetzes (→Mitbestimmung) und das Recht, sich freiwillig in Gewerkschaften auf überbetrieblicher Ebene mit dem Ziel der Verbesserung der Arbeits- und Lebensbedingungen zusammen zu schließen und dies durch →Tarifverträge rechtlich zu sichern (→Koalitionsrecht). Schwierigkeiten bereitet die exakte Abgrenzung des A.begriffs, insbes. angesichts einer Grauzone zwischen selbständiger und unselbständiger Arbeit. Rechtlich sind die Eingliederung in eine fremde Arbeitsorganisation und die Einordnung in ein umfassendes Weisungsrecht für den Status des A.s maßgebend (BAG-Urteil vom 6. 5. 1999, 5 AZR 247/97), nicht die rechtliche Bezeichnung der Gestaltung des Arbeitsverhältnisses. Ungeachtet dieser Vorgabe ist es im Blick auf viele Einzelfälle, die in der Öffentlichkeit häufig unter dem Begriff der „Scheinselbständigkeit" subsummiert werden, etwa bei Zeitschriftenzustellern, Franchisenehmern, Kameraassistenten u. a. immer wieder unklar, wie der rechtliche Status zu definieren ist und verlangt jeweils konkrete arbeitsrechtliche Klärungen. In D hat seit den 1990er Jahren die Zahl der formal selbständig Arbeitenden kontinuierlich zugenommen, wobei es sich jedoch überwiegend um Solo-Selbständige gehandelt hat, deren Arbeits- und Lebenssituation häufig als prekär zu bezeichnen ist. Diese Entwicklung hing mit der rechtlichen Flexibilisierung der Arbeitsverhältnisse und insbesondere mit der Gewährung von Existenzgründerdarlehen für Arbeitslose zusammen, was relativ viele Betroffene als Ausweg aus der Arbeitslosigkeit gewählt haben. Seit 2012 geht vor dem Hintergrund einer Entspannung der Arbeitsmarktsituation in D. die Zahl der Solo-Selbständigen – und damit die Zahl der Selbständigen insgesamt – wieder zurück bei einem gleichzeitigen Anstieg von regulären Beschäftigungsverhältnissen von A.n.

2. Sozialethische Bewertung. A. sind in sozialethischer Perspektive diejenigen, die durch das Eingehen eines Arbeitsvertrages und den Verkauf ihrer Arbeitskraft eine angemessene Lebensführung sichern müssen. Die konkrete Gestaltung der Arbeitsbedingungen entscheidet wesentlich über die Qualität ihrer alltäglichen Lebens. Daher sind neben dem Einkommensaspekt die Human- und Sozialbedürfnisse der A. im Prozess der Arbeit angemessen zu berücksichtigen, wie es der Würde der menschlichen →Arbeit entspricht. Der seit einiger Zeit auch in der sozialeth. Debatte üblich gewordene Begriff des Arbeitskraftunternehmers verweist auf den größeren Entscheidungs- und Gestaltungsspielraum vieler A. in der Art und Ausführung ihrer Arbeitstätigkeiten und betont insofern ein höheres Maß an Selbstbestimmung. Gleichzeitig kann der Begriff die Assoziation wecken, dass die Verantwortung für ihre Arbeitskraft allein bei den A.n liegt, sie faktisch einen Teil der unternehmerischen Aufgaben übernehmen und ggf. bestimmte Schutzrechte aufgelöst werden. Insofern bleibt sozialethisch trotz mancher Grauzonen die klare Abgrenzung von A.n und Arbeitgebern grundlegend, um A., tendenziell der schwächere Part in den Arbeitsbeziehungen, durch die Verleihung dieses Status und daraus folgender Rechte abzusichern.

S. Ständer, A.begriff und soziale Sicherung, 1996 – M. Körner, Formen der A.mitwirkung, 1999 – T. Meireis, Tätigkeit und Erfüllung. Protestantische Ethik im Umbruch der Arbeitsgesellschaft, Tübingen 2008 – W. Däubler, Das Arbeitsrecht, 2014 – Kirchenamt der EKD (Hg.), Solidarität und Selbstbestimmung in der Arbeitswelt, 2015.

Traugott Jähnichen

Arbeitsbewertung

Die A. stellt eine wichtige Methode zur Erfassung und Messung der objektiven Unterschiede im Schwierigkeitsgrad eines Arbeitsplatzes dar, die aufgrund verschiedener Anforderungen an einzelne Arbeitsplätze oder an Arbeitsvorgänge variieren. Mit ihrer Hilfe werden die Anforderungen, die eine Arbeit oder ein Arbeitsplatz an Personen im Verhältnis zu anderen Arbeiten stellt, nach einheitlichem Maßstab bestimmt. Sie ist somit unerlässlicher Bestandteil für eine gerechte Entgeltpolitik innerhalb eines Unternehmens, da sie eine gerechte Eingruppierung der Mitarbeiter aufgrund gleicher oder gleichartiger Tätigkeiten ermöglichen hilft. An die Eingruppierung bzw. das Grundentgelt schließen sich verschiedene weitere Vergütungssysteme wie Prämien oder leistungsorientierte Bezahlung an, die entsprechend ihren Eigenheiten zusätzliche Anforderungskriterien (Zielvereinbarungen und fest definierte Beurteilungsgrundsätze) benötigen. Neben der Entgeltdifferenzierung ist A. aufgrund der Einzelergebnisse und -schritte ihrer Erstellung für Personalplanung, -entwicklung, -controlling und Arbeitsgestaltung relevant.

Die A. wird in zwei verschiedene Verfahrenstypen unterschieden (summarische und analytische Methode). Summarische Methode meint die globale Erfassung der Arbeitsschwierigkeiten eines Arbeitsplatzes und summarische Berücksichtigung einzelner Anforderungskriterien, im Rahmen der analytischen Methode werden Anforderungsarten der Arbeiten bzw. des Arbeitsplatzes einzeln bewertet. Aufgrund der allgemeinen Verbreitung werden hier lediglich die Methoden der analytischen Bewertung berücksichtigt.

1. Arbeitsbeschreibung. Erster Schritt zur Durchführung einer A. ist die **Arbeitsbeschreibung**, die eine systematische Beschreibung von Arbeitsschritten und Abläufen sowie ggf. von Organisationsbeziehungen beinhaltet und aus der die Anforderungen abgeleitet werden. Sie beinhaltet neben detaillierter Beschreibung der einzelnen Aufgaben die Beschreibung des Arbeitsablaufes (soweit erforderlich), der Organisationsbeziehung, der Umwelteinflüsse, der erforderlichen Mittel sowie des sog. „Output", also des zu erwartenden Arbeitsergebnisses.

Die Arbeitsbeschreibung muss eindeutig sein, damit in der anschließenden Erstellung der Anforderungskriterien und deren Bewertung keine Unschärfe eintritt. Eine Aufgabenbeschreibung in Form einer Selbstbeschreibung durch den Mitarbeitenden ist ebenso möglich wie die Fremderstellung durch Vorgesetzte oder Dritte. Da die Selbstbeschreibung einen starken Einfluss subjektiven Erlebens erwarten lässt, wird vielfach auf eine Beschreibung durch Vorgesetzte oder Dritte zurückgegriffen, die im Dialog mit „Betroffenen" überprüft und überarbeitet wird. Grundsätzlich sollte die Mitwirkung der Stelleninhaber angestrebt werden, da diese die Akzeptanz von Aufgabenbeschreibung und daraus resultierender Bewertung wesentlich erhöht.

2. Anforderungsanalyse. Die **Anforderungsanalyse** besteht in der Ermittlung der Daten für die einzelnen Anforderungsarten, um damit die einzelnen Aufgaben des Stelleninhabers quantifizieren zu können. Im Mai 1950 wurden bei einer int. Konferenz für A. in Genf folgende vier Anforderungskriterien definiert, die in späteren Modellen, wie z. B. dem REFA-Modell oder in gewerkschaftlichen Modellen, eine Verfeinerung gefunden haben: Geistige Anforderung (Können), Körperliche Anforderungen (Belastung), Verantwortung und Umgebungseinflüsse. Die obigen vier Begriffe können wie folgt untergliedert werden: Unter *Können* werden zum einen Kenntnisse, Ausbildung, Erfahrung und zum anderen Geschicklichkeit im Sinne von Handfertigkeit, Übung und Genauigkeit subsummiert. Das Anforderungskriterium *Belastung* wird in geistige und körperliche Belastung bei der Bewertung untergliedert. Das Anforderungskriterium *Verantwortung* erfährt eine Untergliederung nach eigener Verantwortung, Verantwortung für andere oder für weiterreichende Sicherheit. Das Kriterium *Umgebungseinflüsse* wird differenziert nach Klima, Nässe, Schmutz, Staub, Gasen und Dämpfen, Lärm, beeinträchtigender Schutzkleidung, Unfallgefährdung etc.

Die Anforderungsanalyse soll die Quantifizierung der Anforderungen, d. h. die zahlenmäßige Bewertung vorbereiten.

3. Bewertung. Als letzter Schritt erfolgt die **Bewertung** der Aufgabenbeschreibung und der dazugehörigen Anforderungskriterien; unterschieden wird zwischen einem Rangreihenverfahren und dem Stufenwertzahlenverfahren. Das Rangreihenverfahren ordnet die einzelnen Arbeiten bzw. Anforderungen ihrem Schwierigkeitsgrad, so dass auf einer Skala die Arbeiten mit dem höchsten Schwierigkeitsgrad oben, entsprechend jene mit dem geringsten unten angesiedelt sind. Jedem Rangplatz wird dann im Anschluss eine entsprechende Wertzahl zugeordnet; die Addition der Wertzahlen eines Arbeitsplatzes über alle Anforderungen ergibt den Arbeitswert. Im Rahmen des Stufenwertzahlverfahren werden für die unterschiedlichen Schwierigkeitsgrade Merkmalsstufen festgelegt, in welche die Tätigkeiten bzw. Anforderungen eingeordnet werden. Hieraus lassen sich bestimmte Werte der jeweiligen Arbeit ermitteln.

Eine wichtige Rolle in der Durchführung einer A. kommt im Rahmen der Mitbestimmung dem Betriebsrat zu; wenn auch formal erst im Rahmen von Entlohnungs- und Eingruppierungsgrundsätzen vorgeschrieben, erhöht es die vertrauensvolle Zusammenarbeit und Akzeptanz der A. bei den Mitarbeitenden.

E. ZANDER/H. KNEBEL, Taschenbuch für A., 1991 – REFA METHODENLEHRE BETRIEBSORGANISATION, Anforderungsermittlung (A.), 1991 – F. HENNEBERGER/K. OBERHOLZER/S. ZAJITSCHEK, Lohndiskriminierung und A., 1997.

Astrid Dietrich, Clemens Wustmans

Arbeitslosigkeit

1. Begriff. In Deutschland definiert das →Sozialgesetzbuch III (SGB III) wer als Arbeitsloser gezählt wird und in die Arbeitslosenstatistiken der Bundesagentur für Arbeit (BA) eingeht. Dies sind vor allem diejenigen, die bei den Behörden als arbeitssuchend gemeldet sind und dem Arbeitsmarkt zur Verfügung stehen, sich also aktiv um Arbeit bemühen und sich weder in Arbeitsbeschaffungsmaßnahmen noch Fortbildungen befinden. Neben diesem offiziellen Teil existieren jedoch weitere Formen der A., die aber nicht in die Arbeitslosenquote einbezogen werden, wie etwa gar nicht erst bei der BA registrierte Hausfrauen/-männer, Menschen die sich der Erziehung oder Pflege widmen, unfreiwillig Teilzeitbeschäftigte mit derzeit mind. 15 Std./Woche, aber auch solche, die sich aufgrund schlechter Arbeitsmarktchancen fort- und weiterbilden (stille Reserve). Die Arbeitslosenquote der BA ergibt sich somit als Anteil der registrierten Arbeitslosen an der Summe aus Erwerbstätigen und Arbeitslosen.

2. Situation in Deutschland. Der deutsche Arbeitsmarkt durchlief in den letzten Jahrzehnten einen enormen Wandel. Von der Anwerbung ausländischer Gastarbeiter in den 1950/60er Jahren über die Abkehr von Landwirtschaft und Kohleförderung in den 1990ern hin zu einem aktuellen und zukünftigen Fachkräftemangel. Neben unausweichlichen saisonalen und →konjunkturellen Schwankungen zeigt sich der deutsche Arbeitsmarkt jedoch im 21. Jh. bisher (2015) stabil, trotz der Auswirkungen der globalen Finanzkrise. Dies ist zu einem großen Teil auf die sehr hohen Exporte zurückzuführen. Ein großer Teil der Arbeitslosen fällt allerdings in die Kategorie der „Langzeitarbeitslosen" (2015: 38 % aller Arbeitslosen), welche als besonders problematisch einzustufen ist. Ebenso häuft sich ein Mismatch zwischen der (meist zu geringen) Qualifikation der Arbeitskräfte und den Anforderungen freier Stellen.

3. Soziale Folgen. Nicht nur die starken Einkommenseinbußen und die damit verbundenen Einschränkungen des sozioökonomischen Status, vor allem bei Familien, macht Arbeitslosen zu schaffen. Auch das soziale Ansehen in der Gesellschaft – etwa die Verunglimpfung als „faul" oder dem Eindruck, man würde nicht mehr gebraucht – sorgt dafür, dass Arbeitslose signifikant unzufriedener sind als Erwerbstätige (→Glück, →Arbeit). Einhergehend mit zunehmenden psychischen Problemen, auch bei den Kindern Arbeitsloser. Nur selten wird A. als Chance gesehen, sich weiterzuentwickeln oder neues auszuprobieren; obwohl (Erwerbs-)Arbeit anders als etwa für viele Menschen in Entwicklungsländern hierzulande nicht überlebensnotwendig ist.

4. Ökonomische Folgen. Im Kontext des magischen Vierecks der Wirtschaftspolitik und im Rahmen der Arbeitsmarktpolitik wird vom Ziel eines hohen Beschäftigungsniveaus gesprochen – nicht jedoch von →Vollbeschäftigung im Sinne einer A. von null Prozent, da diese nicht erreichbar ist.

Direkte und offensichtliche Auswirkungen der A. auf die öffentlichen →Haushalte liegen auf der Hand: höhere Kommunal- und Staatsausgaben für Eingliederungsbemühungen sowie Arbeitslosengeld (→Arbeitsmarktpolitik), →Sozialhilfe und zudem ausbleibende Steuereinnahmen. Dies hat auch damit zu tun, dass Arbeitslose ihren Konsum einschränken, materieller Wohlstand sinkt und Ersparnisse schnell aufgebraucht werden. Bei steigender A. sinkt ferner die Verhandlungsmacht der Arbeitnehmer, was die Löhne nach unten drückt. Hier entsteht die Gefahr einer Abwärtsspirale von Löhnen und Preisen, welche in Deflation münden kann (→Inflation, →Konjunkturpolitik).

Außer dem Brachliegen wertvoller Arbeitskraft und dem besonders bei Langzeit-A. auftretenden Verfalls von Wissen hat eine hohe A. somit Auswirkungen auf dritte Märkte, wie etwa dem gesamtwirtschaftlichen Gütermarkt einschließlich des internationalen Handels (→Welthandel).

Der Staat kann A. u. a. durch eine frühzeitige Anpassung der →Bildungspolitik oder aber durch geeignete →Arbeitsmarkt- und Beschäftigungspolitik entgegenwirken. Daneben existieren soziale und kirchliche Projekte und Institutionen, die sich um eine Wiedereingliederung Arbeitsloser bemühen.

5. Stellungnahmen der EKD. Generell kritisieren die Kirchenverbände vor allem die Verarmung, soziale Ausgrenzung und fehlende Solidarität während der A., aber auch die rein geld- und statusorientierte Erwerbstätigkeit bzw. dass Menschen eben daran gemessen und bewertet werden. Die EKD stellt Selbstbestimmung, Kooperation und Sicherheit als wichtige Eckpfeiler einer erfolgreichen Erwerbstätigkeit dar und beklagt, dass Arbeit zumeist als Ware gesehen wird und weniger als ein durch die eigenen Interessen gesteuerter (Reifungs-)Prozess der persönlichen Entfaltung und Beitrag zum Gemeinwohl bzw. Gemeinschaftswerk. In ihrer Sozialinitiative 2014 setzen sich die evangelische und katholische Kirche für ein Umdenken im Umgang mit Arbeitslosen ein. Sie fordern eine Abkehr von einem kurzfristigen und statistisch-orientierten Ziel, Arbeitslose in (ungeförderte) Arbeit zu bringen, hin zu einem längerfristigen Ziel der permanenten Teilhabe an der Erwerbsarbeit, ohne zusätzliche Risiken (Befristung, Leiharbeit). Neben einer eingehenden pädagogischen Beratung, die sich auch vermehrt um die individuellen Probleme Arbeitsloser kümmern müsste, soll A. auch vermehrt durch eine gezielte und umfassende Finanzierung von Qualifizierungs- und Beschäftigungsmaßnahmen verhindert werden.

Die kirchlichen Institutionen bemühen sich in arbeitsmarktpolitischen Feldern ebenso wie bei der aktiven Wiedereingliederung Arbeitsloser (u. a. Betreuung, Beratung, Vermittlung, Aus-, Weiter- und Fortbildung), agieren aber auch präventiv, um der Gefahr einer A. vorzubeugen und einen leichten sowie schnellen Einstieg in den Arbeitsmarkt zu ermöglichen.

W. Franz, Arbeitsmarktökonomik, 2013[8] – W. Fredebeul-Krein, W.A.S. Koch, M. Kulessa, A. Sputek, Grundlagen der Wirtschaftspolitik, Kap. 7, 2014[4] – P. Cahuc/S. Carcillo/A. Zylberberg, Labor Economics, 2014[2] – Evangelische Kirche in Deutschland (Hg.), Gemeinsame Verantwortung für eine gerechte Gesellschaft, 2014 – Evangelische Kirche in Deutschland, Solidarität und Selbstbestimmung im Wandel der Arbeitswelt, 2015.

Ingo Geurtz, Margareta Kulessa

Arbeitsmarktpolitik

1. Abgrenzung und gesetzliche Grundlage. Der Begriff Arbeitsmarktpolitik (AMP) wird nicht einheitlich gebraucht. In einer weiten Definition wird darunter die „Gesamtheit aller Maßnahmen, die das Angebot und die Nachfrage auf dem Arbeitsmarkt beeinflussen sollen", verstanden (AMP, Duden Wirtschaft). Im Folgenden wird enger abgegrenzt: AMP setzt beim einzelnen Arbeitnehmer und beim einzelnen Unternehmen an und ist somit mikroökonomisch (→ Volkswirtschaftslehre) ausgerichtet. Damit unterscheidet sie sich von einer auf → Vollbeschäftigung ausgerichteten Politik, die an der gesamtwirtschaftlichen Arbeitsnachfrage und dem gesamtwirtschaftlichen Arbeitsangebot ansetzt und damit makroökonomisch (Volkswirtschaftslehre) orientiert ist. Zudem wird von einem unvollkommenen Arbeits→markt ausgegangen und unter AMP „die Gesamtheit der reaktiven und präventiven Maßnahmen zur Verringerung der Fehlfunktionen des Arbeitsmarktes" (J. Möller/C. Spies) verstanden.

Die gesetzliche Grundlage der AMP bilden im Wesentlichen das Zweite und Dritte Buch des → Sozialgesetzbuchs (SGB II und III). Träger der AMP sind die Bundesagentur für Arbeit (BA) und die Jobcenter, die entweder alleine von einer Kommune oder gemeinsam mit der BA betrieben werden.

2. Passive AMP. Die passive AMP ist der → Sozialpolitik zuzurechnen. Sie soll die negativen wirtschaftlichen Folgen von → Arbeitslosigkeit durch Lohnersatzleistungen abmildern und den von Arbeitslosigkeit Betroffenen die soziale Teilhabe ermöglichen. Ihre zentralen Instrumente sind: (1) *Arbeitslosengeld I*, das am Versicherungsprinzip orientiert ist. Höhe und Dauer der Zahlungen hängen von den individuellen Beiträgen ab, die während der Erwerbstätigkeit geleistet wurden, sowie von der Erfüllung bestimmter Anwartschaftszeiten und vom Vorhandensein von Kindern. (2) *Arbeitslosengeld II*, das sich nach dem Bedürftigkeitsprinzip richtet. Es zielt auf eine einheitliche Grundsicherung ab. Deshalb richtet es sich nicht mehr nach dem früheren Arbeitseinkommen, sondern nur nach der Hilfebedürftigkeit. Es resultiert aus der Zusammenlegung der früheren Arbeitslosenhilfe mit der Sozialhilfe, die 2005 mit Inkrafttreten des 4. Gesetzes für moderne → Dienstleistungen am Arbeitsmarkt („Hartz IV") erfolgte. (3) *Sozialgeld*, das nicht erwerbsfähige Hilfebedürftige erhalten, wenn in ihrer Bedarfsgemeinschaft mindestens ein erwerbsfähiger Hilfebedürftiger lebt. (4) *Insolvenzgeld*, das Arbeitnehmer erhalten, wenn ihr Arbeitgeber zahlungsunfähig ist und deshalb ihre Löhne nur teilweise oder gar nicht bezahlt hat. (5) *Kurzarbeitergeld*, das Arbeitnehmern gewährt wird, wenn ihre Betriebe die regelmäßige wöchentliche Arbeitszeit aufgrund wirtschaftlicher Ursachen oder eines unabwendbaren Ereignisses vorübergehend kürzen müssen.

3. Aktive AMP. Die aktive AMP oder Arbeitsförderung setzt an den Unvollkommenheiten und der Heterogenität von Arbeitsmärkten und daraus resultierenden Strukturdiskrepanzen an.

3.1. Besonderheiten des Arbeitsmarktes. Zentrale Ursache für Marktunvollkommenheiten ist, dass der Arbeitsmarkt „kein →Markt wie jeder andere" ist, vor allem weil sich die Arbeitsleistung nicht von der Person des Arbeitenden trennen lässt. Bei den meisten Menschen bestimmen ihr Beruf und ihre Arbeit nicht nur über ihren Lebensstandard, sondern auch über ihre Selbstbestätigung und gesellschaftliche Anerkennung, ihre psychischen und physischen Belastungen sowie ihre sozialen Kontakte am Arbeitsplatz. Zudem bedeutet ein Wechsel des Arbeitsortes oft, dass der Arbeitnehmer „pendeln" oder umziehen muss und damit viele seiner privaten Kontakte und die seiner Familie neu geknüpft werden müssen.

Für die Unternehmen sind Leistungsbereitschaft und Leistungsfähigkeit wichtig, die von den Werten und Normen der Mitarbeiter, ihrer Bildung und Ausbildung sowie ihrer Fähigkeit, mit anderen Menschen umzugehen, abhängen. Zudem ist auch für die Unternehmen eine längere Beschäftigungsdauer wichtig, insbesondere wenn die ausgeübte Tätigkeit eine längere Einarbeitung und/oder Aus- und Weiterbildung erfordert.

Des Weiteren haben am Arbeitsmarkt Institutionen, wie →Gewerkschaften und Arbeitgeberverbände, steuer- und sozialversicherungsrechtliche Regelungen und eine Vielzahl arbeitsrechtlicher Regelungen, eine größere Bedeutung als an anderen Märkten. Beispielsweise spielen für die aktive AMP Gesetze zum Kündigungsschutz, zu befristeter Beschäftigung, Leiharbeit und geringfügiger Beschäftigung („Mini-Jobs") sowie die Ausgestaltung verschiedener Sozialleistungen eine wesentliche Rolle.

Schließlich besteht „der" Arbeitsmarkt aus einer Vielzahl von Teil-Arbeitsmärkten unterschiedlicher Branchen, Berufe und Regionen sowie mit unterschiedlichen Arbeitszeiten. Als Folge kommt es häufig zu Strukturdiskrepanzen. Beispielsweise stehen Regionen mit hoher Arbeitslosigkeit Regionen mit Arbeitskräftemangel gegenüber, und fehlenden Arbeitsplätzen für Geringqualifizierte stehen zahlreiche offene Stellen für Fachkräfte gegenüber.

3.2. Ziele. Vor dem Hintergrund der Besonderheiten des Arbeitsmarktes sind die Ziele der aktiven AMP oder der Arbeitsförderung nach § 1 SGB III wie folgt festgelegt: *„Die Arbeitsförderung soll dem Entstehen von Arbeitslosigkeit entgegenwirken, die Dauer der Arbeitslosigkeit verkürzen und den Ausgleich von Angebot und Nachfrage auf dem Ausbildungs- und Arbeitsmarkt unterstützen".* Dabei soll sie Langzeitarbeitslosigkeit vermeiden und die Gleichstellung von Frauen und Männern verfolgen.

3.3. Instrumente. Die Instrumente der aktiven AMP lassen sich in drei Gruppen unterteilen: (1) Auf den *Arbeitsmarktausgleich* ausgerichtete Instrumente. Die Arbeitsagenturen verfügen über einen umfassenden „Instrumentenkasten", um durch Berufs- und Arbeitsmarktberatung Informationsdefizite abzubauen und Arbeitssuchende und Arbeitgeber bzw. Jugendliche und Ausbildungsbetriebe zusammenzuführen. Zu diesen Instrumenten zählen Maßnahmen zur Eignungsfeststellung, Hilfestellung bei Bewerbungen sowie Aktivierungs- und Vermittlungsgutscheine, die bei privaten Arbeitsvermittlern eingelöst werden können. (2) *Arbeitsangebotsorientierte* Instrumente. Sie können von den Arbeitsagenturen eingesetzt werden, um die räumliche und berufliche Mobilität von Arbeitnehmern zu erhöhen und um die Beschäftigungsfähigkeit bestimmter Gruppen von Arbeitssuchenden (wie Langzeitarbeitslose, Geringqualifizierte und Personen mit besonderen Vermittlungshemmnissen) zu verbessern. Solche Maßnahmen sind insbesondere die Erstattung von Umzugskosten, berufliche Weiterbildung, die Förderung der Berufsausbildung benachteiligter Jugendlicher sowie Gründungszuschüsse für Arbeitslose, die sich selbstständig machen. Dabei hat der einzelne Arbeitnehmer keinen gesetzlichen Anspruch auf bestimmte Maßnahmen („Ermessensleistungen"). Die lokalen Arbeitsagenturen entscheiden in jedem Einzelfall über die „am besten geeignete Leistung" und müssen dabei „die Fähigkeiten der zu fördernden Person", „die Aufnahmefähigkeit des Arbeitsmarktes" und die Ergebnisse der Beratungs- und Vermittlungsgespräche" berücksichtigen (§ 7 SGB III). Jede lokale Arbeitsagentur verfügt über ein Vermittlungsbudget für Maßnahmen zur „Aktivierung und beruflichen Eingliederung". (3) *Arbeitsnachfrageorientierte* Instrumente. Sie stellen darauf ab, weniger leistungsfähigen Arbeitnehmern den Eintritt in den ersten („regulären") Arbeitsmarkt zu ermöglichen bzw. sie an den ersten Arbeitsmarkt heranzuführen. So erhalten Arbeitgeber bei Einstellung von Arbeitnehmern, „deren Vermittlung wegen in ihrer Person liegender Gründe erschwert ist, einen Zuschuss zum Arbeitsentgelt", um so eine Minderleistung auszugleichen (Eingliederungszuschüsse nach § 88 SGB III). Des Weiteren soll mit Arbeitsgelegenheiten mit Mehraufwandsentschädigung („Ein-Euro-Jobs") die Beschäftigungsfähigkeit von Arbeitslosen erhöht werden. (Dagegen wurden 2012 Arbeitsbeschaffungsmaßnahmen, die gleichermaßen auf Wiedereingliederung abstellten, „gestrichen".)

4. Reformprozesse. Die Ausgestaltung der AMP ist das Ergebnis längerfristiger Reformprozesse, deren „Auslöser" eine über Jahrzehnte steigende „Sockel-Arbeitslosigkeit" und stark zunehmende finanzielle Belastungen durch Sozialleistungen waren. Der Anfang wurde mit dem Job-AQTIV-Gesetz (**A**ktivieren, **Q**ualifizieren, **T**rainieren, **I**nvestieren, **V**ermitteln) gemacht, das 2002 in Kraft trat. Es folgte die Einrichtung der Hartz-Kommission, die mit den vier „Gesetzen für moderne Dienstleistungen am Arbeitsmarkt" („Hartz I bis IV") und dem „Gesetz für Reformen am Arbeitsmarkt" („Agenda 2010") den deutschen Arbeitsmarkt grundlegend reformierte und einen Paradigmawechsel einleitete: *Erstens* wurde die Aktivierung der Arbeitssuchenden in den Mittelpunkt gerückt mit dem Ziel, sie schneller bzw. überhaupt wieder in den Arbeitsmarkt zu integrieren. *Zweitens* wurde der Arbeitsmarkt dereguliert mit dem Ziel, dass neue Arbeitsplätze geschaffen werden.

5. Wissenschaftliche Begleitung und Ergebnisse der neuen AMP. Die Reformprozesse wurden durch intensive Arbeitsmarktforschung des Instituts für Arbeitsmarkt- und Berufsforschung (IAB), begleitet. Sie sollte (und soll noch) Aufschluss geben, wie die Instrumente der AMP wirken und wie sie verbessert werden können (J. MÖLLER/C. SPIES; J. MÖLLER u. a.).

Bei der passiven AMP (s. 2.) besteht generell das Problem der „Abstandswahrung". Die Leistungen an Arbeitslose sollen ihnen einerseits die soziale Teilhabe ermöglichen, aber andererseits nicht so ausgestaltet sein, dass sie die Bereitschaft, wieder eine Arbeit aufzunehmen, beeinträchtigen. Mit *Kurzarbeit* sollen Entlassungen von Beschäftigten und damit die negativen Folgen von Arbeitslosigkeit vermieden werden. Forschungsergebnissen des IAB zu Folge zahlte sich Kurzarbeit nach der Finanzkrise im Herbst 2008 aus (IAB, Flexible Arbeitszeiten). Sie sicherte 2009 – zusammen mit anderen Instrumenten zur Flexibilisierung der Arbeitszeit – rund 1,2 Mio. Arbeitsplätze. Entsprechend stieg 2009 die Arbeitslosigkeit in Deutschlang trotz des erheblichen Einbruchs der gesamtwirtschaftlichen Produktion nur wenig an.

Die aktive AMP (s. 3.) zielt vor allem darauf ab, die individuelle Dauer der Arbeitslosigkeit zu verkürzen, indem sie die Beschäftigungsfähigkeit der Arbeitslosen erhöht und damit ihre Vermittlungsaussichten verbessert. Inwieweit das gelingt, wird empirisch mit der mikroökonomischen Evaluations- und Wirkungsforschung überprüft (J. KLUVE u. a; R. NEUBÄUMER; G. STEPHAN u. a.). Sie macht den Erfolg der Arbeitsförderung daran fest, inwieweit Teilnehmer an einer konkreten arbeitsmarktpolitischen Maßnahme seltener in Arbeitslosigkeit bleiben und/oder häufiger eine reguläre Beschäftigung finden. Dabei zeigte sich: *Arbeitsbeschaffungsmaßnahmen* erzielten nicht die gewünschten Erfolge. Sie konnten weder die Dauer der Arbeitslosigkeit verkürzen, noch die Einmündung in reguläre Beschäftigung erhöhen (R. NEUBÄUMER). Zwar wurde dieses Instrument 2012 abgeschafft, aber die Ergebnisse sind bei „Ein-Euro-Jobs" ähnlich (J. MÖLLER/C. SPIES). *Qualifizierungsmaßnahmen* konnten die Dauer der Arbeitslosigkeit nicht verkürzen. Sie erhöhten jedoch die Chance, in eine reguläre Beschäftigung einzumünden, deutlich, und hielten damit Personen im Arbeitsmarkt, die sonst in Nichterwerbstätigkeit abgewandert wären. *Eingliederungszuschüsse und andere Lohnsubventionen* senkten das Arbeitslosigkeitsrisiko der Geförderten und erhöhten ihre Einmündung in reguläre Beschäftigung. Sie waren das erfolgreichste Instrument aktiver AMP.

Die mikroökonomische Wirkungsforschung kann allerdings nur die direkten Effekte aktiver AMP für die einzelnen Teilnehmer erfassen. In die Beurteilung der verschiedenen Instrumente fließen folgende indirekte Effekte nicht ein. (1) *Mitnahmeeffekte.* Die Unternehmen hätten den Arbeitslosen auch ohne die Maßnahme, z. B. einen Eingliederungszuschuss, eingestellt. (2) *Substitutionseffekte.* Arbeitslose mit einer ihre Produktivität erhöhenden Weiterbildungsmaßnahme werden anstelle von anderen Arbeitslosen eingestellt. (3) *Verdrängungseffekte.* Arbeitgeber, die Teilnehmer an Arbeitsbeschaffungsmaßnahmen oder „Ein-Euro-Jobber" beschäftigen, verdrängen Unternehmen mit regulär Beschäftigten. Somit kann keine Aussage getroffen werden, inwieweit durch die verschiedenen Instrumente einer aktiven AMP insgesamt mehr Arbeitslose eine reguläre Beschäftigung finden.

Allerdings zieht das IAB auch gesamtwirtschaftlich eine positive Bilanz der Reformen des Arbeitsmarktes: „Als Folge [...] habe sich die Dynamik am Arbeitsmarkt erhöht, das Zueinanderkommen von offenen Stellen und Arbeitssuchenden sei leichter geworden, (und) der Teufelskreis einer stetig anwachsenden strukturellen Arbeitslosigkeit sei unterbrochen worden" (J. MÖLLER/C. SPIES). Belege dafür sind, dass im Konjunkturaufschwung 2006 bis 2008 erstmals seit Jahrzehnten die „Sockel-Arbeitslosigkeit" zurückgegangen ist und dass seitdem die Entwicklung der Zahl der Erwerbstätigen einen positiven Trend aufweist, der durch die Finanzkrise nur kurz unterbrochen wurde.

B. KELLER, Einführung in die Arbeitspolitik: Arbeitsbeziehungen und Arbeitsmarkt in sozialwissenschaftlicher Perspektive, 2008[7] – G. STEPHAN/S. RÄSSLER/T. SCHEWE, Instrumente aktiver AMP und die Arbeitsmarktchancen der Geförderten, in: Sozialer Fortschritt [3/57] 2008, 59–66 – J. MÖLLER u. a., Fünf Jahre SGB II: Eine IAB-Bilanz – Der Arbeitsmarkt hat profitiert. IAB Kurzbericht [2] 2009 – R. NEUBÄUMER, Mikroökonomische Evaluation aktiver AMP – Grundlagen, Ergebnisse und eine kritische Bestandsaufnahme, in: Sozialer Fortschritt [12/58] 2009, 290–295 – IAB, Flexible Arbeitszeiten und Kurzarbeit sicherten im Jahr 2009 mehr als eine Million Jobs, Presseinformation des Instituts für Arbeitsmarkt- und Berufsforschung vom 2. 2. 2010, 2010 – S. BOTHFELD/W. SESSELMEIER/C. BOGEDAN (Hg.), AMP in der sozialen Marktwirtschaft. Vom Arbeitsförderungsgesetz zum Sozialgesetzbuch II und III, 2012[2], 91–105 – AMP, in: Duden Wirtschaft von A bis Z, 2013 – J. MÖLLER/C. SPIES, AMP, in: KONRAD-ADENAUER-STIFTUNG (Hg.), Lexikon Soziale Marktwirtschaft, 2013, o. S.

Renate Neubäumer

Arbeitsrecht

1. Allgemeines. *1.1 Begriff und Bedeutung des Arbeitsrechts.* Unter A. wird herkömmlicherweise das →Recht der abhängig Beschäftigten (→Arbeitnehmer) verstanden. Dazu zählt zunächst das Individualarbeitsrecht, das die rechtliche Beziehung zwischen dem einzelnen Arbeitnehmer und seinem →Arbeitgeber regelt. Neben das Individualarbeitsrecht tritt das kollektive A. Darunter fasst man die Rechtsbeziehungen der arbeitsrechtlichen Koalitionen (→Gewerkschaften, Arbeitgeberverbände) und Belegschaftsvertretungen (Betriebsräte, Sprecherausschüsse, Personalräte) sowohl zu ihren Mitgliedern als auch untereinander. Hier geht es um Fragen des Tarifrechts, des Arbeitskampfrechts, des Unternehmensverfassungsrechts und des Betriebsverfassungsrechts. A. erfasst zudem auch die Beziehungen zwischen →Staat und Arbeitgeber (z. B. Arbeitszeitrecht, Jugendarbeitsschutzrecht) sowie zwischen staatlichen Gerichten und Parteien des ArbVerh. (Arbeitsgerichtsbarkeit). Zu berücksichtigen ist außerdem, dass das A. mit dem Sozialrecht verwoben ist. So hängen etwa Kündigungsschutz und die Bedingungen über die Gewährung von Arbeitslosengeld eng miteinander zusammen.

Das A. ist eine Rechtsmaterie von außerordentlicher praktischer Relevanz. Es gilt für die Arbeitsbeziehungen von rd. 30 Mio. Arbeitnehmern (sozialversicherungspflichtige Beschäftigte, 2015) und – was oft übersehen wird – auch für die rd. 7,2 Mio geringfügig Beschäftigten (2015), die generell nicht in die Sozialversicherung einbezogen sind. Für die meisten dieser Personen stellen die Einkünfte aus dieser Erwerbstätigkeit die wesentliche Einkommensquelle dar (→Einkommen); viele Arbeitnehmer haben mit ihrem Arbeitseinkommen zusätzlich ihre Familienangehörigen zu unterhalten (→Familie). Sie müssen überdies einen erheblichen Teil ihres Tagesablaufs im Betrieb oder Büro zubringen. Die im Berufsleben erreichte Stellung, der →Lohn, die Dauer der täglichen und wöchentlichen →Arbeitszeit und des Urlaubs wirken auch weit in den Freizeitbereich (→Freizeit) der Arbeitnehmer und – wegen des Zusammenhangs zwischen Lohn und Altersrente (→Rente) – sogar in den Ruhestand hinein. Somit ist A. nicht eines unter vielen Rechtsgebieten, sondern für mehr als 3/4 der erwerbstätigen Bevölkerung die für ihr berufliches, teilweise sogar für ihr privates Leben zentrale Rechtsmaterie.

1.2 Geschichte des Arbeitsrechts. Im Grunde gibt es das A., seitdem Menschen andere Menschen für sich arbeiten lassen und dafür rechtliche Regeln aufgestellt haben. Das moderne A., das durch die Vertragsfreiheit (→Vertrag) einerseits und den Gedanken des Arbeitnehmerschutzes andererseits charakterisiert ist, entstand jedoch erst im 19. Jh., als sich im Rahmen der Industrialisierung die Gesellschafts- und Sozialordnung grundlegend änderte. In der vorindustriellen Epoche war das Prinzip der Vertragsfreiheit ebenso unbekannt wie ein gesetzlicher Schutz des Arbeitnehmers vor der Übermacht des Arbeitgebers. Zum Ende des 18. Jh.s waren die Lebens- und Arbeitsbedingungen vielmehr durch die Einteilung der →Gesellschaft in unterschiedliche Stände bestimmt. Die überwiegende Zahl der Bevölkerung gehörte zu dieser Zeit dem Bauernstand an. Die Beziehung zwischen Gutsherrn und Bauern, die durch die geburtsbedingte Standeszugehörigkeit begründet wurde, stellte jedoch kein auf Austausch von Leistungen gerichtetes ArbVerh. dar, sondern lässt sich als umfassendes personenrechtliches Herrschaftsverhältnis charakterisieren, welches den Bauern jedoch gleichzeitig ein Mindestmaß an sozialer Sicherheit bot. Das ArbVerh., wie es heute verstanden wird, nämlich als ein Austauschverhältnis „Arbeit gegen Lohn", entstand für den Großteil der erwerbstätigen Bevölkerung erst zu Beginn des 19. Jh.s im Rahmen der Industrialisierung. Galt zwar formal zwischen dem Fabrikarbeiter und seinem Arbeitgeber das Prinzip der Vertragsfreiheit, so führte das tatsächliche Machtungleichgewicht zwischen Arbeitgeber und Arbeitnehmer jedoch zu niedrigen Löhnen, langen Arbeitszeiten, Frauen- und Kinderarbeit bei →Arbeitslosigkeit der Männer, mangelndem Unfallschutz und fehlender sozialer Vorsorge bei Krankheit und Tod des Familienernährers. Als Reaktion auf diese eklatanten Missstände wurden Mitte des 19. Jh.s erste arbeitsrechtliche Schutzgesetze erlassen. Erstes arbeitsrechtliches Gesetz war das preußische „Regulativ über die Beschäftigung jugendlicher Arbeiter in Fabriken" von 1839, das die Beschäftigung von Kindern unter 9 Jahren in Fabriken und Bergwerken und die Beschäftigung von Kindern von 9 bis 16 Jahren über 10 Stunden täglich und Nachtarbeit für sie verbot. Neben die Arbeitsschutzgesetzgebung im technischen Sinne, d. h. durch Schaffung öffentlich-rechtlicher, meist durch Strafandrohung gesicherter Pflichten des Arbeitgebers gegenüber dem Staat, trat später das Arbeitsvertragsrecht. Es befasst sich z. B. in der Gewerbeordnung und dem Handelsgesetzbuch von 1897 und im BGB von 1896 mit der Ausgestaltung des ArbVerh. Da die staatliche Gesetzgebung Ende des 19. Jh.s den einzelnen Arbeitnehmer nur ganz unzulänglich schützte, schlossen sich die Arbeitnehmer im Wege der Selbsthilfe zu →Gewerkschaften zusammen. Die Gewerkschaftsarbeit, insbesondere der Abschluss von Tarifverträgen wurde aber lange Zeit vom Staat bei Strafe verboten. Volle Anerkennung fanden die Gewerkschaften erst nach dem Ersten Weltkrieg.

In der Weimarer Republik entwickelte sich das A. als eigenständige Rechtsdisziplin. Diese Zeit ist durch einen Ausbau der arbeits- und sozialrechtlichen Gesetzgebung geprägt. Dies gilt nicht nur für den Bereich des Individualarbeitsrechtes, auch auf dem Gebiete des kollektiven A. wurden erhebliche Fortschritte erzielt. Mit der Tarifverordnung von 1919 und dem Betriebsrätegesetz von 1920 wurden die Vorläufer des heutigen Tarifvertragsgesetzes und des heutigen Betriebsverfassungsgesetzes geschaffen. In der folgenden NS-Zeit (→Nationalsozialismus) von 1933 bis 1945 wurde dann auch im A. das „Führerprinzip" eingeführt, Arbeitnehmer wurden zu „Gefolgsleuten" des „Betriebsführers" gemacht, Gewerkschaften verboten und die →Betriebsverfassung grundlegend geändert.

Nach dem Ende des Zweiten Weltkriegs wurden bereits unter der Herrschaft der Alliierten viele von den Nationalsozialisten eingeführte Restriktionen wieder rückgängig gemacht. Nach Gründung der Bundesrepublik Deutschland entwickelte sich dann unter Anlehnung an die Rechtslage in der Weimarer Republik das in weiten Bereichen heute noch geltende A. Es ist gekennzeichnet durch die verfassungsrechtlichen Garantien der →Koalitionsfreiheit, der Berufsfreiheit, der Vertragsfreiheit und des →Eigentums. Die kollektive Arbeitsverfassung ist dabei mehr als dies in anderen Ländern der Fall ist vom Geist der →Sozialpartnerschaft gekennzeichnet. Im Bereich des Individualarbeitsrechtes kam es zu einer Intensivierung des Arbeitsschutzrechts und der sozialrechtlichen Absicherung der Arbeitnehmer. Infolge des Beitritts der DDR zur Bundesrepublik gilt das westdeutsche A. seit dem 3. Oktober 1990 auch in den neuen Bundesländern. Darüber hinaus wird die Entwicklung des A. immer mehr durch das Recht der Europäischen Union beeinflusst.

1.3 Grundgedanken des Arbeitsrechts. Die Normen des A. dienen primär einem Ziel: Dem Schutz der Arbeitnehmer im bestehenden ArbVerh. Der Schutzgedanke des A. wurzelt in der einfachen Grunderkenntnis, dass der abhängig Beschäftigte nur seine Arbeitskraft einsetzen kann, um seine Existenz zu sichern. Er unterwirft sich der Weisung des Arbeitgebers; neben einem Vollzeitarbeitsverhältnis besteht im Normalfall keine weitere Möglichkeit, Arbeitskraft sinnvoll unternehmerisch einzusetzen. Der Verlust des Arbeitsplatzes bedeutet in der Regel Existenzgefahr, weil ein auskömmliches Leben durch sozialrechtliche Transferleistungen auf Dauer nicht gesichert ist. Dieser Schutzfunktion dient nicht nur das Individualarbeitsrecht, sondern auch das kollektive A. Tarifvertrags-, Arbeitskampf-, →Betriebsverfassungs- und Mitbestimmungsrecht (→Tarifautonomie; →Betrieb; →Mitbestimmung) schaffen den rechtlichen Rahmen für das kollektive Aushandeln der Arbeitsbedingungen und regeln die betriebliche Ordnung. Das kollektive A. bezweckt außer diesem Schutz die Wahrnehmung der Arbeitnehmerinteressen bei der Einkommens- und Vermögensverteilung (→Einkommen, →Vermögen) und bei der Auswahl und Kontrolle der Unternehmensleitungen in Großunternehmen.

1.4 Rechtsquellen des Arbeitsrechts. Ein allgemeines Arbeitsvertragsgesetz, wie es seit der Verabschiedung des BGB vom Reichstag 1896 schon gefordert, in der Weimarer Reichsverfassung angekündigt und zu dem der Gesetzgeber im vereinten Deutschland durch Art. 30 des Einigungsvertrages aufgefordert ist, fehlt leider bisher. Auch der Aufforderung aus dem Einigungsvertrag ist der Gesetzgeber trotz mehrerer vorliegender Entwürfe (vgl *Henssler/Preis* 2007) nicht nachgekommen. So sind die Rechtsquellen des A. nach wie vor verstreut. Überdies ist das A. stärker als andere Rechtsgebiete in weiten Bereichen ganz oder teilweise durch Richterrecht geprägt. Aus allen diesen Gründen ist das A. nur noch für Experten überschaubar. Als Rechtsquellen sind auf nationaler Ebene neben dem →Grundgesetz vor allem folgende Gesetze zu nennen: Bürgerliches Gesetzbuch (BGB), Handelsgesetzbuch (HGB), Allgemeines Gleichbehandlungsgesetz (AGG), Altersteilzeitgesetz (ATG), Arbeitnehmer-Entsendegesetz (AEntG), Arbeitnehmerüberlassungsgesetz (AÜG), Arbeitsgerichtsgesetz (ArbGG), Arbeitsplatzschutzgesetz (ArbPlSchG), Arbeitsschutzgesetz (ArbSchG), Arbeitssicherheitsgesetz (ASiG), Arbeitszeitgesetz (ArbZG), Berufsbildungsgesetz (BBiG), Teilzeit- und Befristungsgesetz (TzBfG), Gesetz zur Verbesserung der betrieblichen Altersversorgung (BetrAVG), Betriebsverfassungsgesetz (BetrVG), Bundesurlaubsgesetz (BUrlG), Drittelbeteiligungsgesetz (DrittelbG), Entgeltfortzahlungsgesetz (EFZG), Gesetz über europäische Betriebsräte (EBRG), Gewerbeordnung (GewO), Heimarbeitsgesetz (HAG), Insolvenzordnung (InsO), Jugendarbeitsschutzgesetz (JArbSchG), Kündigungsschutzgesetz (KSchG), Mitbestimmungsgesetz von 1976 (MitbestG), Mutterschutzgesetz (MuSchG), Mindestlohngesetz MiLoG, Nachweisgesetz (NachwG), Sozialgesetzbuch (= SGB) III (Arbeitsförderung) und IX (Rehabilitation und Teilhabe behinderter Menschen), Sprecherausschussgesetz (SprAuG), Tarifvertragsgesetz (TVG), Zivilprozessordnung (ZPO). Ferner sind zu nennen Tarifverträge, welche für allgemeinverbindlich erklärt werden können, sowie Betriebsvereinbarungen zwischen Betriebsrat und Arbeitgeber. Tarifverträge und Betriebsvereinbarungen haben für die Praxis des Arbeitslebens besonders große Bedeutung. So finden Tarifverträge nicht nur bei tarifgebundenen Arbeitsvertragsparteien Anwendung, sondern auch nicht gebundene Arbeitsvertragsparteien vereinbaren oftmals deren Anwendung. Zunehmend wirken auch internationale Rechtsquellen auf das deutsche A. ein. Zu nennen sind hier z. B. zahlreiche ratifizierte Übereinkommen der IAO (→internationale Arbeitsorganisation) und das Recht der Europäischen Union (→Europarecht; →EU-Grundfreiheiten; →Europ. Sozialcharta; →Europ. Sozialpolitik).

1.5 Grundbegriffe des Arbeitsrechts. 1.5.1 Arbeitnehmer. →Arbeitnehmer im arbeitsrechtlichen Sinne sind Personen, die aufgrund eines privatrechtlichen Vertrages im Dienst eines anderen zur Arbeit verpflichtet sind. Maßgebend dafür, ob im Einzelfall ein abhängiges ArbVerh. oder ein Dienstvertrag mit einem freien Mitarbeiter vorliegt, ist der Grad der persönlichen Abhängigkeit, der sich wiederum am deutlichsten in Weisungsgebundenheit des Verpflichteten erkennen lässt. Keine Arbeitnehmer sind →Beamte, Familienangehörige des Arbeitgebers, soweit sie nicht aufgrund eines Arbeitsvertrags, sondern aufgrund ihrer familienrechtlichen Verpflichtung →Arbeit leisten, unfreie Arbeiter (z. B. Strafgefangene) und Personen, die vorwiegend aus caritativen oder religiösen Gründen (z. B. Ordensschwestern) oder zu Heilung (z. B. Insassen von Genesungsheimen) arbeiten. Keine Arbeitnehmer sind nach nationalem Rechtsverständnis grundsätzlich auch die gesetzlichen Vertreter juristischer Personen (z. B. Vorstandsmitglieder einer Aktiengesellschaft), wobei jedoch die gesellschaftsrechtlich determinierte Organstellung streng von dem bürgerlich-rechtlich geregelten Anstellungsvertrag zu trennen ist. Keine Arbeitnehmer sind auch die arbeitnehmerähnlichen Personen, die im Gegensatz zu den Arbeitnehmern zwar wirtschaftlich aber nicht persönlich abhängig sind. Arbeitsrechtliche Normen finden auf sie nur dann Anwendung, wenn der Gesetzgeber diese ausdrücklich auf die arbeitnehmerähnlichen Personen erstreckt hat.

1.5.2 Arbeitgeber. →Arbeitgeber ist, wer einen anderen als Arbeitnehmer beschäftigt. Arbeitgeber können sein natürliche und juristische Personen (z. B. Aktiengesellschaft) sowie Privatpersonen und Personen des öffentlichen Rechts (z. B. →Gemeinde).

2. Individualarbeitsrecht. Darunter wird das im Verhältnis zwischen dem einzelnen Arbeitnehmer und dem einzelnen Arbeitgeber geltende Recht verstanden.

2.1 Arbeitsverhältnis/Arbeitsvertrag. Das ArbVerh. ist das Rechtsverhältnis, das zwischen dem einzelnen Arbeitnehmer und dem Arbeitgeber aufgrund des Arbeitsvertrages entsteht. Der Arbeitsvertrag ist ein Dienstvertrag im Sinne der §§ 611 ff. BGB. Auf ihn sind grundsätzlich die allgemeinen Vorschriften des bürgerlichen Rechts über gegenseitige Verträge anzuwenden. Dieser Grundsatz wird allerdings insoweit eingeschränkt, als der Charakter des Arbeitsvertrages als Vertrag, der auf die Erbringung menschlicher Arbeitsleistungen in einem Dauerrechtsverhältnis gerichtet ist, dem entgegen steht. Hieraus folgt z. B., dass die Nichtigkeit des Arbeitsvertrags (wegen Geschäftsunfähigkeit, Sittenwidrigkeit oder Verstoß gegen ein gesetzliches Verbot) oder die Anfechtung des Arbeitsvertrags (wegen Irrtums, Drohung oder arglistiger Täuschung) nicht mit Wirkung für die Vergangenheit geltend gemacht werden kann, wenn das ArbVerh. bereits in Vollzug gesetzt ist (sog. faktisches ArbVerh.).

2.1.1 Entstehung des Arbeitsverhältnisses.

2.1.1.1 Allgemeines. Der Arbeitsvertrag kommt nach dem Grundsatz der Vertragsfreiheit durch Angebot und Annahme zustande. Dies gilt im besonderen Maße für das Prinzip der Abschlussfreiheit. Es steht im Belieben der Beteiligten, ob sie einen Arbeitsvertrag miteinander schließen wollen. Echte Abschlusszwänge gibt es im A. kaum. Eine dem gleich kommende Ausnahme ist jedoch die Verpflichtung zur Übernahme eines Jugendvertreters (§ 78a BetrVG). Darüber hinaus gibt es jedoch zum Schutze bestimmter Arbeitnehmergruppen mittelbare Abschlusszwänge. Dies gilt z. B. für Schwerbehinderte (→Behinderung). Ein Arbeitgeber, der nicht die vorgeschriebene Anzahl von Schwerbehinderten beschäftigt (ab 20 Arbeitsplätzen wenigstens 5 % Schwerbehinderte), muss eine Ausgleichsabgabe von bis zu Euro 260,– je Monat und unbesetztem Arbeitsplatz zahlen. Bei Vorverhandlungen muss der Arbeitgeber den Arbeitnehmer wahrheitsgemäß über Einzelheiten des neuen Arbeitsplatzes unterrichten und darf keine unbegründeten Vorstellungen erwecken. Er darf dem Arbeitnehmer nur Fragen stellen, an denen er als künftiger Arbeitgeber ein berechtigtes, billigenswertes und schutzwürdiges Interesse hat. Der Arbeitgeber ist zum Ersatz der Vorstellungskosten verpflichtet, wenn er den Bewerber zur Vorstellung aufgefordert hat, ohne zugleich zu erklären, er übernehme keine Vorstellungskosten.

2.1.1.2 Formvorschriften. Der Arbeitsvertrag bedarf zu seiner Wirksamkeit grundsätzlich keiner besonderen Form. Aufgrund des Nachweisgesetzes ist der Arbeitgeber jedoch verpflichtet, spätestens einen Monat nach dem vereinbarten Beginn des ArbVerh. die wesentlichen Vertragsbedingungen schriftlich niederzulegen, die Niederschrift zu unterzeichnen und sie dem Arbeitnehmer auszuhändigen. Die formfreie Begründungsmöglichkeit des ArbVerh. wird durch dieses Gesetz jedoch nicht berührt. Allerdings bedarf die wirksame Vereinbarung eines Wettbewerbsverbots für die Zeit nach Beendigung des ArbVerh. der Schriftform. Im Übrigen kann in Tarifverträgen und Betriebsvereinbarungen für den Abschluss des Arbeitsvertrages oder einzelne Abreden Schriftform vorgesehen werden. Hierbei ist im Einzelnen durch Auslegung zu ermitteln, ob es sich dabei um ein Wirksamkeitserfordernis handeln soll.

2.1.1.3 Minderjährige. Minderjährige (noch nicht 18 Jahre alt) können ohne Zustimmung des gesetzlichen Vertreters (im Regelfall die Eltern) keinen Arbeitsvertrag abschließen. Hat aber der gesetzliche Vertreter den Minderjährigen ermächtigt, in Arbeit zu treten, so ist der Minderjährige für solche Rechtsgeschäfte unbeschränkt geschäftsfähig, welche die Eingehung oder Aufhebung eines Dienst- oder ArbVerh. betreffen. Der minderjährige Arbeitnehmer kann z. B. selbst über seine Mitgliedschaft in einer Gewerkschaft entscheiden und Lohn in Empfang nehmen.

2.1.1.4 Arbeitsbeschränkungen für ausländische Arbeitnehmer. Ausländer dürfen eine Beschäftigung nur mit Genehmigung der zuständigen Behörde ausüben und vom Arbeitgeber nur beschäftigt werden, wenn sie eine solche Genehmigung besitzen. Diese Regelung dient dem Schutz der Allgemeinheit und soll den Zugang von Ausländern auf den deutschen Arbeitsmarkt kontrollieren. Die Genehmigung zur Aufnahme einer Beschäftigung wird mit dem Aufenthaltstitel (zu Einzelheiten vgl. das AufenthG) von der Ausländerbehörde erteilt, wenn die Bundesagentur für Arbeit der Beschäftigung zugestimmt hat. Keiner Genehmigung bedürfen jedoch Angehörige von EU- bzw. EWR-Mitgliedstaaten oder kraft zwischenstaatlicher Vereinbarung diesen gleichgestellte Ausländer. Eine Zustimmung der Bundesagentur für Arbeit zur Beschäftigung setzt voraus, dass eine Rechtsvorschrift den Zugang zum deutschen Arbeitsmarkt gewährt, ein konkretes Arbeitsplatzangebot vorliegt, keine bevorrechtigten Arbeitnehmer für die konkrete Beschäftigung zur Verfügung stehen und die Arbeitsbedingungen mit denen inländischer Beschäftigter vergleichbar sind. Ausnahmen vom Zustimmungserfordernis sind in der Beschäftigungsverordnung geregelt. Die illegale Beschäftigung kann mit einer Geldbuße geahndet werden (für den Arbeitgeber bis zu einer Höhe von Euro 500.000,– für den Arbeitnehmer bis zu einer Höhe von Euro 5.000,–). Für den Arbeitgeber ist die illegale Beschäftigung in schwerwiegenderen Fällen eine Straftat, nämlich dann, wenn der Arbeitgeber den Ausländer zu ungünstigen Arbeitsbedingungen oder Ausländer ohne Genehmigung wiederholt oder in größerem Umfang beschäftigt.

2.1.2 Pflichten des Arbeitnehmers. 2.1.2.1 Arbeitspflicht. Durch den Arbeitsvertrag verpflichtet sich der Arbeitnehmer vor allem, für den Arbeitgeber zu arbeiten. Die Arbeitspflicht ist eine höchstpersönliche Pflicht. Umgekehrt kann der Arbeitgeber den Anspruch auf die Arbeitsleistung grundsätzlich nicht ohne Zustimmung des Arbeitnehmers auf einen Dritten übertragen. Auch bei einer Übertragung des ganzen Betriebs z. B. auf einen Käufer schließt der Widerspruch des Arbeitnehmers den Übergang seines ArbVerh. auf den Erwerber aus; das ArbVerh. zu dem Veräußerer bleibt bestehen. Auch ein sog. Leiharbeitsverhältnis, bei dem der Arbeitnehmer dem Entleiher zur Arbeitsleistung verpflichtet ist, während die Lohnzahlungspflicht beim Verleiher bleibt, kann nur mit Zustimmung des Arbeitnehmers begründet werden. Das „Verleihen" von Arbeitnehmern, sog. Arbeitnehmerüberlassung, bedarf einer Erlaubnis der Bundesagentur für Arbeit (Arbeitnehmerüberlassungsgesetz).

Für Art, Umfang und Ort der Arbeitspflicht sind, soweit nicht zwingende Vorschriften aus Gesetzen, Tarifverträgen oder Betriebsvereinbarungen eingreifen, in erster Linie die Abreden im Arbeitsvertrag maßgebend. In diesem Rahmen bestimmt der Arbeitgeber kraft seines Weisungs- oder Direktionsrechts die Einzelheiten der auszuführenden Arbeit. Berechtigten Weisungen des Arbeitgebers in Bezug auf die zu leistende Arbeit hat der Arbeitnehmer zu entsprechen. Fehlen Abreden über Art, Umfang und Ort der Arbeitspflicht, so kommt es darauf an, welche Arbeiten vergleichbare Arbeitnehmer nach der Üblichkeit im Wirtschaftszweig, →Beruf, Betrieb und Ort zu leisten haben. Eine Versetzung auf einen geringer bezahlten Arbeitsplatz ist nur mit Zustimmung des Arbeitnehmers zulässig.

2.1.2.2 Sogenannte Loyalitätspflicht. Mit der Pflicht zur gegenseitigen Rücksichtnahme ist aufseiten des Arbeitnehmers der Gedanke verknüpft, dass dieser während des ArbVerh. die Interessen des Arbeitgebers zu wahren und zu fördern hat. Einen Ausdruck des Mindestmaßes an Loyalitätspflichten des Arbeitnehmers gegenüber dem Arbeitgeber stellt die selbstverständliche Pflicht dar, den Ruf des Unternehmers nicht zu schädigen. Eine solche Vertragspflicht ist auch unter Beachtung des Grundrechts auf →Meinungsfreiheit (Art. 5 GG) anzuerkennen. Die Schwierigkeit besteht lediglich darin, im Einzelfall unter Abwägung der Grundrechte des Arbeitnehmers zu ermitteln, inwieweit von ihm die Rücksichtnahme auf die Unternehmensinteressen erwartet werden kann. Dies gilt insbesondere für den außerdienstlichen Bereich. Hier kann die Anerkennung vertraglicher Bindungen erhebliche Gefahren für die freie Selbstbestimmung des Arbeitnehmers heraufbeschwören. Deshalb sind solche außerdienstlichen Bindungen nur sehr zurückhaltend anzuerkennen. Entscheidend ist auf die Vertragsstruktur des ArbVerh. abzustellen. So lässt sich beispielsweise dem Arbeitsvertrag keine Pflicht des Arbeitnehmers entnehmen, seine private Lebensführung an den Interessen des Unternehmers auszurichten. Es ist zu beachten, dass das Privatleben des Arbeitnehmers grundsätzlich einen geschützten, von der dienstlichen Sphäre zu trennenden Rechtskreis darstellt. Deshalb sind Versuche des Arbeitgebers, etwa durch Vertragsklauseln auf das allgemeine Freizeitverhalten der Arbeitnehmer Einfluss zu nehmen, in dem ihnen z. B. gefährliche Sportarten verboten werden, wegen unzulässigen Eingriffs in das Recht auf freie Entfaltung der Persönlichkeit (Art. 2, Art. 1 GG) unwirksam. Etwas anderes gilt dann, wenn das Freizeitverhalten unmittelbare Auswirkungen auf die vertraglich geschuldete Arbeitsleistungen zeitigen kann, z. B. bei Flugkapitänen, Lokführern, etc., soweit diese zu einem bestimmten Zeitpunkt leistungsbereit sein müssen und nicht durch Alkoholkonsum o. Ä. zur Erfüllung ihrer Arbeitsleistung außerstande sein dürfen. In Tendenzbetrieben, insbesondere im Bereich der Kirchen, sind Pflichten zur Interessenwahrung auch im außerdienstlichen Bereich eher anzuerkennen. So hat das Bundesverfassungsgericht entschieden, dass Kirchen als Arbeitgeber selbst bestimmen dürfen, in welchem Umfang sie von ihren Arbeitnehmern die Beachtung der kirchlichen Glaubens- und Sittenlehre erwarten.

2.1.2.3 Verschwiegenheitspflicht. Der Arbeitnehmer ist verpflichtet, Betriebs- oder Geschäftsgeheimnisse nicht zu offenbaren. Dies gilt auch dann, wenn eine Verschwiegenheitspflicht nicht ausdrücklich im Arbeitsvertrag vereinbart ist. Im Einzelfall kann die Missachtung einer Verschwiegenheitspflicht jedoch durch das Grundrecht der freien Meinungsäußerung gerechtfertigt sein. Die Verschwiegenheitspflicht greift auch dann nicht ein, wenn die Verhaltensweise des Arbeitgebers gegen geltendes Recht verstößt. Der Arbeitgeber kann nicht darauf vertrauen, wegen eines gesetzeswidrigen Verhaltens nicht angezeigt zu werden. Allerdings gebietet es die Interessenwahrungspflicht des Arbeitnehmers, dass er vor Erstattung einer Anzeige zunächst versucht, innerbetrieblich Abhilfe zu schaffen. Ein solcher Versuch kann unterbleiben, wenn es sich nicht lediglich um ein Bagatelldelikt handelt und die Erfolgsaussichten eines innerbetrieblichen Klärungsversuchs als gering einzustufen sind. Der Arbeitnehmer darf den Arbeitgeber nicht allein aus Rache oder um ihn zu schädigen anzeigen.

2.1.2.4 Unterlassung von Wettbewerb. Der Arbeitnehmer darf keinen →Wettbewerb gegen seinen Arbeitgeber treiben. Das Wettbewerbsverbot gilt über das Ende des ArbVerh. hinaus nur, wenn dies schriftlich vereinbart ist und der Arbeitgeber daran ein berechtigtes geschäftliches Interesse hat, das Fortkommen des Arbeitnehmers nicht unbillig erschwert wird, das Verbot längstens zwei Jahre dauert und eine Karenzentschädigung vereinbart ist.

2.1.2.5 Mitteilungs- und Handlungspflichten. Der Arbeitnehmer ist verpflichtet, auf Verlangen den Stand der Arbeiten mitzuteilen, über ihre Durchführung Auskunft zu geben und im Zuge der Arbeitsleistung erlangte Gegenstände herausgeben. Er muss ferner drohende Schäden dem Arbeitgeber anzeigen, soweit sie nicht unerheblich oder dem Arbeitgeber bereits bekannt sind. Problematisch ist, ob und inwieweit der Arbeitnehmer Verfehlungen anderer Arbeitnehmer anzuzeigen hat. Spielt sich die schädigende Handlung im Aufgabenbereich des Arbeitnehmers ab und besteht Wiederholungsgefahr, wird man eine Anzeigepflicht als Teil der Schutzpflicht des Arbeitnehmers bejahen müssen.

2.1.2.6 Verhinderung von Schäden. Der Arbeitnehmer ist verpflichtet, einen dem Betrieb oder einem anderen Arbeitnehmer drohenden Schaden zu verhindern, soweit ihm dies möglich und zumutbar ist.

2.1.3 Pflichten des Arbeitgebers. 2.1.3.1 Lohnzahlungspflicht. Der Arbeitgeber hat in erster Linie die Pflicht, dem Arbeitnehmer den vereinbarten →Lohn zu zahlen. Sind Arbeitnehmer und Arbeitgeber Mitglieder der tarifvertragsschließenden Gewerkschaft und des Arbeitgeberverbandes, so hat der Arbeitnehmer einen unabdingbaren und unverzichtbaren Anspruch auf den Tariflohn. Findet ein Tarifvertrag keine unmittelbare Anwendung auf das ArbVerh., so kann die Geltung des einschlägigen Tarifvertrages in der jeweils geltenden Fassung vereinbart werden. In diesem Fall können auch Einzelheiten zu Gunsten oder zu Ungunsten des Arbeitnehmers geändert werden. Ist keine Vergütung vereinbart und findet auch kein Tarifvertrag Anwendung, so gilt die übliche Vergütung als vereinbart, wenn die Dienstleistung den Umständen nach nur gegen eine Vergütung zu erwarten ist. Seit 01.01.2015 hat grundsätzlich jeder Arbeitnehmer nach dem Mindestlohngesetzes (MiLoG) einen Anspruch auf einen Mindestlohn. Keinen Anspruch auf den Mindestlohn haben insbesondere bestimmte Praktikanten, ehrenamtlich Tätige sowie Kinder und Jugendliche unter 18 Jahren ohne abgeschlossene Berufsausbildung. Der Mindestlohn beträgt z. Z. Euro 8,50 je Zeitstunde. Bis zum 30 Juni 2016 mit Wirkung zum 1. Januar 2017 hat eine Mindestlohnkommission erstmalig über die Anpassung der Mindestlohnhöhe zu entscheiden. Individual- oder kollektivvertragliche Vereinbarungen, die den Anspruch auf Mindestlohn unterschreiten, beschränken oder ausschließen, sind insoweit unwirksam.

Lohnansprüche des Arbeitnehmers sind nur beschränkt pfändbar (§§ 850ff. ZPO). In der Insolvenz des Arbeitgebers sind Entgeltansprüche der Arbeitnehmer für die Zeit nach der Eröffnung des Insolvenzverfahrens bevorrechtigt. Darüber hinaus gibt es eine Sicherung der Ansprüche auf Arbeitsentgelt für die letzten drei Monate vor Eröffnung des Insolvenzverfahrens durch das Insolvenzgeld der Bundesagentur für Arbeit, wenn das Insolvenzverfahren insoweit nicht zur Befriedigung des Arbeitnehmers führt. Gratifikationen werden häufig neben der vertraglich geschuldeten Vergütung gezahlt (z. B. Weihnachtsgratifikation, Jahresabschlussgratifikation).

2.1.3.2 Beschäftigungspflicht. Der Arbeitgeber ist nicht nur zur Zahlung des vereinbarten Lohnes verpflichtet, sondern er hat den Arbeitnehmer grundsätzlich auch zu beschäftigen, d. h. er muss ihm Gelegenheit zur vereinbarten Arbeit geben. Die Beschäftigungspflicht des Arbeitgebers ist inzwischen ein allgemein anerkannter Rechtsgrundsatz des Arbeitsvertragsrechts. Die Rechtsprechung hat dies aus dem Persönlichkeitsrecht des Arbeitnehmers (Art. 2, Art. 1 GG) abgeleitet. Allerdings genießt der Beschäftigungsanspruch des Arbeitnehmers keinen absoluten Vorrang, sondern muss dann zurücktreten, wenn überwiegende schutzwürdige Interessen des Arbeitgebers entgegenstehen (z. B. Wegfall der Vertrauensgrundlage, fehlende Einsatzmöglichkeit).

2.1.3.3 Gleichbehandlungspflicht. Das Gleichbehandlungsgebot fußt auf der unmittelbar im Gerechtigkeitsbegriff wurzelnden Grundidee, dass Gleiches gleich und Ungleiches entsprechend seiner Eigenart ungleich zu behandeln ist. Dabei gehört die Arbeitnehmergleichbehandlung zu den Grundlagen des A. Sie ist im europäischen Recht und im nationalen Recht gesetzlich verankert.

Zu beachten ist zunächst das rechtliche Diskriminierungsverbot in Art. 21 Abs. 1 der Europäischen Grundrechtecharta (EUGRC). Art. 157 AEUV normiert das Gebot der gleichen Entlohnung für Männer und Frauen bei gleicher und gleichwertiger Arbeit (Gleichstellung von Männern und Frauen). Flankierende Regelungen finden sich in den verschiedenen Antidiskriminierungsrichtlinien der EU. Auf nationaler Ebene ergeben sich Diskriminierungsverbote aus dem Allgemeinen Gleichbehandlungsgesetz (AGG). Hiernach darf der Arbeitgeber einen Arbeitnehmer insbesondere bei der Begründung des ArbVerh., beim beruflichen Aufstieg, bei einer Weisung oder einer Kündigung, nicht wegen seines Alters oder Geschlechts, seiner Rasse oder ethnischen Herkunft, Religion oder Weltanschauung, Behinderung oder sexuellen Identität benachteiligen. Die genannten Benachteiligungsverbote erfassen unmittelbare und mittelbare Diskriminierungen. Eine unmittelbare Diskriminierung wegen des Geschlechts liegt beispielsweise vor, wenn ein Arbeitsplatz öffentlich oder im Betrieb nur für Männer oder nur für Frauen ausgeschrieben wird und das Geschlecht keine wegen der Art der auszuübenden Tätigkeit oder der Bedingung ihrer Ausübung wesentliche und entscheidende berufliche Anforderung darstellt. Kennzeichen der mittelbaren Diskriminierung ist, dass die diskriminierende Regelung zwar neutral formuliert ist, in ihren tatsächlichen Auswirkungen jedoch zu einer gesetzeswidrigen Benachteiligung führt. So liegt eine mittelbare Geschlechtsdiskriminierung vor, wenn eine an sich geschlechtsneutral formulierte Regelung de facto wesentlich mehr Angehörige des einen als des anderen Geschlechts betrifft und dies nicht auf Gründe zurückgeführt werden kann, die nichts mit einer Diskriminierung aufgrund des Geschlechts zu tun haben. Diskriminierungsverbote sind jedoch einfach-gesetzlich nicht nur durch die Benachteiligungsverbote nach dem AGG konkretisiert. Der Arbeitgeber darf auch teilzeitbeschäftigte/befristet beschäftigte Arbeitnehmer nicht wegen der Teilzeitarbeit/Befristung gegenüber vollzeitbeschäftigten/unbefristet beschäftigten Arbeitnehmern unterschiedlich behandeln, wenn nicht sachliche Gründe die unterschiedliche Behandlung rechtfertigen (§ 4 TzBfG). Ein weiteres wichtiges Gleichbehandlungsgebot findet sich in § 75 BetrVG, wonach alle im Betrieb tätigen Personen nach den Grundsätzen von Recht und Billigkeit behandelt werden müssen, insbesondere jede unterschiedliche Behandlung von Personen wegen ihrer Abstammung, Religion, Nationalität, Herkunft, politischen und gewerkschaftlichen Betätigung oder Einstellung oder wegen ihres Geschlechts sowie eine Benachteiligung von Arbeitnehmern wegen Überschreitens bestimmter Altersstufen zu unterbleiben hat. Greifen die genannten spezialgesetzlichen Regelungen nicht ein, kann der allgemeine arbeitsrechtliche Gleichbehandlungsgrundsatz zur Anwendung kommen. Ein Anspruch aus dem allgemeinen Gleichbehandlungsgrundsatz setzt zunächst das Vorliegen einer Ungleichbehandlung voraus, d. h. ein oder mehrere Arbeitnehmer werden innerhalb ihres ArbVerh. bei einer kollektiven Maßnahme des Arbeitgebers schlechter behandelt als andere, vergleichbare Arbeitnehmer. Diese Ungleichbehandlung darf nicht ungerechtfertigt sein, d. h. sie darf nicht auf sachfremden oder willkürlichen Kriterien beruhen. Die Verletzung des Gleichbehandlungsgrundsatzes führt in der Regel dazu, dass dem zu Unrecht ungleich Behandelten für die Vergangenheit dieselbe Leistung zuerkannt werden muss, wie sie den übrigen Personen der Vergleichsgruppe gewährt worden ist. Für die Zukunft ist es jedoch dem Arbeitgeber bzw. den Tarifvertragsparteien im Rahmen ihrer Gestaltungsmöglichkeiten freigestellt, auf welchem Niveau sie eine Gleichbehandlung erreichen wollen.

2.1.3.4 Sogenannte Fürsorgepflicht. Unter dieser Bezeichnung sind arbeitsrechtliche Nebenpflichten des Arbeitgebers zusammengefasst. Sie ist das Gegenstück der sog. Loyalitätspflicht des Arbeitnehmers und entsprechend zu definieren. Sie umfasst u. a. die Pflicht zum Schutz von →Leben und →Gesundheit des Arbeitnehmers, zur humanen Arbeitsplatzgestaltung, zum Schutz der eingebrachten Sachen des Arbeitnehmers (z. B. bei Notwendigkeit des Kleidungswechsels verschließbare Schränke, verkehrssichere Ausgestaltung von Firmenparkplätzen), die Pflicht zur Verschwiegenheit, zur Freistellung bei Haftung gegenüber Dritten aus einer betrieblichen Tätigkeit. Diese Haftungsfreistellung greift in vollem Umfang bei leichter Fahrlässigkeit. Bei Vorsatz und grober Fahrlässigkeit hat der Arbeitnehmer den Schaden in der Regel allein zu tragen, wenn sich das Verschulden auf den Schaden bezieht. Bei mittlerer Fahrlässigkeit ist der Schaden unter Berücksichtigung aller Umstände quotal zwischen Arbeitgeber und Arbeitnehmer zu verteilen.

2.1.3.5 Pflicht zur Urlaubsgewährung. Nach dem Bundesurlaubsgesetz hat jeder Arbeitnehmer in jedem Jahr Anspruch auf bezahlten Erholungsurlaub von mindestens 24 Kalendertagen (= 4 Wochen), die nicht Sonn- oder Feiertage sind. Dieser gesetzliche Mindesturlaub wird allerdings durch Tarifverträge beträchtlich überschritten: Ende 2014 lag der durchschnittliche Tarifurlaub bei 30 Arbeitstagen (= 6 Wochen). Den Zeitpunkt des Urlaubsantritts bestimmt der Arbeitgeber, wobei er aber die Urlaubswünsche des Arbeitnehmers zu berücksichtigen hat, es sei denn, dass dringende betriebliche Belange oder Urlaubswünsche anderer Arbeitnehmer dem entgegenstehen.

2.1.3.6 Lohnzahlung ohne Arbeit. Bleibt der Arbeitnehmer schuldhaft der Arbeit fern, so entfällt nicht nur der Lohnanspruch, sondern er macht sich dem Arbeitgeber auch schadensersatzpflichtig. Trifft ihn dagegen kein Verschulden an dem Fernbleiben, sondern umgekehrt den Arbeitgeber, so behält er den Lohnanspruch. Trifft weder Arbeitnehmer noch Arbeitgeber ein Verschulden, so entfällt zwar grundsätzlich der Lohnanspruch. Doch überwiegen in der Praxis diesen Grundsatz die Ausnahmefälle:

2.1.3.6.1 Entgeltfortzahlung im Krankheitsfall. Nach dem Entgeltfortzahlungsgesetz von 1994 hat ein Arbeitnehmer Anspruch auf Arbeitsentgelt für sechs Wochen, wenn er durch Arbeitsunfähigkeit infolge Krankheit an der Arbeitsleistung verhindert ist, ohne dass ihn ein Verschulden trifft. Dieser Anspruch entsteht jedoch erst nach vierwöchiger ununterbrochener Dauer des ArbVerh. Nachdem die Höhe des fortzuzahlenden Entgelts im Krankheitsfall vorübergehend auf 80 % des Arbeitsentgeltes abgesenkt worden war, besteht mit Wirkung vom 1. 1. 1999 wieder ein Entgeltfortzahlungsanspruch in Höhe von 100 % des regelmäßigen Arbeitsentgelts (mit Ausnahme der Überstundenvergütung). Ein den Anspruch ausschließendes Verschulden des Arbeitnehmers ist dann gegeben, wenn dieser gröblich gegen das von einem verständigen Menschen im eigenen Interesse zu erwartende Verhalten verstößt. Ein Verschulden liegt z. B. dann vor, wenn der Arbeitnehmer sich bei einem Verkehrsunfall verletzt, weil er den Sicherheitsgurt nicht angelegt hatte.

2.1.3.6.2 Andere persönliche Hinderungsgründe. Jeder Arbeitnehmer behält nach § 616 BGB den Anspruch auf Lohn oder Gehalt, wenn er durch einen in seiner Person liegenden Grund für einen verhältnismäßig nicht erhebliche Zeit ohne Verschulden an der Arbeitsleistung verhindert ist (z. B. Todesfälle, schwere

Krankheitsfälle in der Familie, eigene Hochzeit, Arztbesuche, soweit nicht außerhalb der Arbeitszeit möglich). Für das Verschulden gilt das im vorstehenden Absatz Gesagte. Welche Zeit verhältnismäßig nicht erheblich ist, hängt vom Einzelfall, insbesondere der Dauer des ArbVerh. ab (z. B. bis zu fünf Tagen bei Pflege eines erkrankten Kleinkindes). § 616 BGB kann jedoch durch Tarif- oder Einzelvertrag abbedungen werden. In zahlreichen Tarifverträgen ist festgelegt, unter welchen Voraussetzungen und bis zu welcher Dauer bei unverschuldeter Abwesenheit der Lohn fortzuzahlen ist.

2.1.3.6.3 Feiertagslohn. Nach § 2 des Entgeltfortzahlungsgesetzes von 1994 hat der Arbeitgeber dem Arbeitnehmer für die Arbeitszeit, die infolge eines gesetzlichen (in Ländergesetzen geregelten) Feiertages ausfällt, das Arbeitsentgelt zu zahlen, das er ohne den Arbeitsausfall erhalten hätte.

2.1.3.6.4 Sonderfälle. Besonders gesetzlich geregelt ist die Entgeltfortzahlung für bestimmte Personengruppen oder für bestimmte Zwecke, z. B. für Betriebsratsmitglieder (§ 37 BetrVG), für Vertrauensmänner und Vertrauensfrauen der Schwerbehinderten (§ 96 SGB IX), für Berufsschulbesuch (§ 9 JArbSchG).

2.1.4 Beendigung des Arbeitsverhältnisses.

2.1.4.1 Beendigungsgründe. Das ArbVerh. endet durch Kündigung, Tod des Arbeitnehmers, Zeitablauf, wenn eine bestimmte Dauer des ArbVerh. vereinbart ist, Eintritt einer auflösenden Bedingung, unter der der Vertrag geschlossen wurde, Aufhebungsvertrag zwischen Arbeitgeber und Arbeitnehmer, Auflösung des ArbVerh. durch Gerichtsurteil. Kein Beendigungsgrund ist z. B. der Tod des Arbeitgebers. Die wichtigsten Beendigungsgründe, nämlich die Kündigung, der Aufhebungsvertrag und die Befristung des ArbVerh. bedürfen zu ihrer Wirksamkeit der Schriftform.

2.1.4.2 Kündigung. Sie ist der praktisch wichtigste Beendigungsgrund. Die Kündigung muss eindeutig und bestimmt auf die Beendigung des ArbVerh. zu einem bestimmten Zeitpunkt gerichtet sein. In Betrieben mit einem Betriebsrat bedarf jede Kündigung durch den Arbeitgeber einer vorherigen Anhörung des Betriebsrats unter Mitteilung der Kündigungsgründe (§ 102 BetrVG). Zu unterscheiden sind ordentliche und außerordentliche Kündigungen.

2.1.4.2.1 Ordentliche Kündigung. Beide Parteien des ArbVerh. können auf unbestimmte Zeit abgeschlossene ArbVerh. durch ordentliche Kündigung mit gesetzlicher oder vertraglicher Frist beenden. Die ordentliche Kündigung durch den Arbeitnehmer bedarf keines sachlichen Grundes. Dagegen muss die ordentliche Kündigung durch den Arbeitgeber sozial gerechtfertigt sein, wenn das ArbVerh. dem Kündigungsschutz unterliegt (vgl. 2.1.4.2.3.). Die gesetzlichen Kündigungsfristen sind einheitlich für Arbeiter und Angestellte in § 622 BGB geregelt. Die Grundkündigungsfrist für ein ArbVerh. beträgt vier Wochen zum 15. oder zum Ende eines Kalendermonats. Während einer vereinbarten Probezeit, längstens für die Dauer von sechs Monaten, kann das ArbVerh. mit einer Frist von zwei Wochen gekündigt werden. Diese Fristen gelten sowohl für die Kündigung durch den Arbeitgeber als auch für die Kündigung des Arbeitnehmers. Für eine Kündigung durch den Arbeitgeber gelten darüber hinaus längere Kündigungsfristen in Abhängigkeit von der Dauer des ArbVerh. in dem Betrieb oder Unternehmen. Die Kündigungsfrist erhöht sich von einem Monat zum Ende eines Kalendermonats, wenn das ArbVerh. zwei Jahre bestanden hat, bis zu sieben Monaten zum Ende eines Kalendermonats, wenn das ArbVerh. 20 Jahre bestanden hat. § 622 Abs. 2 S. 2 BGB, wonach bei der Berechnung der Beschäftigungsdauer Zeiten, die vor Vollendung des 25. Lebensjahres des Arbeitnehmers liegen, nicht berücksichtigt werden, ist europarechtswidrig und deshalb nicht anzuwenden. Innerhalb gesetzlicher Grenzen können die Kündigungsfristen durch Tarifverträge oder Einzelarbeitsvertrag verkürzt oder verlängert werden. Wenn ein Tarifvertrag bestimmt, dass ein Arbeitnehmer nach einer bestimmten Dauer der Betriebszugehörigkeit „unkündbar" wird, so ist damit nur die ordentliche, nicht aber die außerordentliche Kündigung durch den Arbeitgeber ausgeschlossen.

2.1.4.2.2 Außerordentliche Kündigung. Bei Vorliegen eines „wichtigen Grundes" können sowohl das befristete wie das unbefristete ArbVerh. ohne Einhaltung einer Frist gekündigt werden (§ 626 BGB). Ein wichtiger Grund zur fristlosen Kündigung ist jeder Grund, der dem Kündigenden die Fortsetzung des ArbVerh. bis zum nächsten ordentlichen Kündigungstermin nach Treu und Glauben unzumutbar macht. Dabei darf das Verhalten des Arbeitgebers oder Arbeitnehmers nicht isoliert betrachtet werden, sondern nur im Zusammenhang mit der bisherigen Entwicklung des ArbVerh. und den gesamten Umständen des Einzelfalles. Eine außerordentliche Kündigung kommt nur in Betracht, wenn alle anderen, nach den jeweiligen Umständen möglichen und milderen Mittel (z. B. Abmahnung) erschöpft sind, das in den bisherigen Form nicht mehr haltbare ArbVerh. fortzusetzen. Ein Verschulden ist zur außerordentlichen Kündigung nicht erforderlich (z. B. sehr lang anhaltende Krankheit bei Ausschluss der ordentlichen Kündigung). Die außerordentliche Kündigung kann nur innerhalb von zwei Wochen nach Kenntnis des wichtigen Grundes erfolgen (§ 626 Abs. 2 BGB). Der Kündigende muss dem anderen Teil auf Verlangen die Kündigungsgründe unverzüglich schriftlich mitteilen.

2.1.4.2.3 Kündigungsschutz. Für den ganz überwiegenden Teil der Arbeitnehmer ist der Arbeitsplatz einzige Einnahmequelle und damit Existenzgrundlage. Deshalb bezweckt der staatliche Kündigungsschutz, dem Arbeitnehmer den Arbeitsplatz möglichst zu erhalten. Andererseits erfordert das Wirtschaftssystem ständige Anpassung an veränderte Marktverhältnisse

(→ Markt) mit der Folge des Fortfalls von Arbeitsplätzen. Auch können die Person oder das Verhalten des Arbeitnehmers eine weitere Zusammenarbeit unzumutbar machen. Zwischen den verschiedenen Interessen, den sozialen Bedürfnissen und wirtschaftlichen Notwendigkeiten einen tragbaren Ausgleich zu schaffen, ist Aufgabe des KSchG. Danach ist eine ordentliche Kündigung durch den Arbeitgeber unwirksam, wenn sie sozial ungerechtfertigt ist. Das ist der Fall, wenn sie nicht durch Gründe in der Person oder im Verhalten des Arbeitnehmers oder durch betriebliche Erfordernisse bedingt ist. Ferner ist dies der Fall, wenn sie gegen betriebliche Auswahlrichtlinien für Kündigungen verstößt, die mit dem → Betriebsrat vereinbart sind, oder wenn für den Arbeitnehmer eine Weiterbeschäftigungsmöglichkeit im selben Betrieb oder → Unternehmen besteht, und zwar auch dann, wenn diese Weiterbeschäftigung nur nach zumutbaren Umschulungs- oder Fortbildungsmaßnahmen oder unter geänderten Arbeitsbedingungen möglich und der Arbeitnehmer hiermit einverstanden ist. Schließlich kann eine Kündigung trotz Vorliegens dringender betrieblicher Gründe sozial ungerechtfertigt sein, wenn der Arbeitgeber bei der Auswahl des Arbeitnehmers soziale Gesichtspunkte nicht ausreichend berücksichtigt. Das KSchG gilt allerdings nicht in Betrieben mit zehn oder weniger Arbeitnehmern und bei kürzerer als sechsmonatiger Dauer des ArbVerh. Die Sozialwidrigkeit einer Kündigung kann nur durch Klage des gekündigten Arbeitnehmers beim Arbeitsgericht geltend gemacht werden. Die Klage muss innerhalb von drei Wochen nach Zugang der schriftlichen Kündigung erhoben sein, sonst wird die Kündigung, auch wenn sie sozial ungerechtfertigt oder aus anderen Gründen rechtsunwirksam ist, wirksam. Von der gesetzlichen Konzeption her ist das KSchG ein „Bestandsschutzgesetz" und kein „Abfindungsgesetz". Tatsächlich wird das KSchG seiner Aufgabe, nämlich den Bestand des ArbVerh. zu sichern, nur noch in beschränktem Maße gerecht. Die überwiegende Mehrzahl der Kündigungsrechtsstreitigkeiten endet nicht mit einem die Sozialwidrigkeit einer Kündigung feststellenden Urteil, sondern mit einem zum Verlust des Arbeitsplatzes führenden Abfindungsvergleich.

2.1.4.2.4 Besonderer Kündigungsschutz. Besonderen Kündigungsschutz genießen Mitglieder des Betriebsrats, der Jugendvertretung, des Personalrats, des Wahlvorstandes, der Wahlbewerber, Schwerbehinderte und Pflegepersonen. Besonderer Kündigungsschutz besteht auch für Frauen während der → Schwangerschaft und bis zum Ablauf von vier Monaten nach der Entbindung, sowie für Mütter und Väter von dem Zeitpunkt an, von dem an Elternzeit verlangt worden ist, höchstens jedoch acht Wochen vor Beginn der Elternzeit und während der Elternzeit. Für Massenentlassungen gelten Sondervorschriften des KSchG.

2.1.4.3 Befristung. Nach dem zum Zwecke der Umsetzung der europäischen Richtlinie 99/70/EG erlassenen Teilzeit- und Befristungsgesetz (TzBfG) ist die Befristung eines ArbVerh. grundsätzlich nur bei Vorliegen eines sachlichen Grundes zulässig. Ausnahmsweise besteht die Möglichkeit einer erleichterten Befristung ohne sachlichen Grund. So ist z. B. die sachgrundlose, kalendermäßige Befristung eines Arbeitsvertrages bis zur Dauer von zwei Jahren zulässig, wobei dieser bis zu der Gesamtdauer von zwei Jahren dreimal verlängert werden darf. Für Sonderfälle ist die Befristung von ArbVerh. in Spezialgesetzen geregelt (z. B. §§ 2ff. WissZeitG, § 21 BEEG). Will der Arbeitnehmer geltend machen, dass die Befristung eines Arbeitsvertrages rechtsunwirksam ist, so muss er innerhalb von drei Wochen nach dem vereinbarten Ende des befristeten Arbeitsvertrages Klage beim Arbeitsgericht auf Feststellung erheben, dass das ArbVerh. aufgrund der Befristung nicht beendet ist. Versäumt der Arbeitnehmer diese Klagefrist, so gilt die Befristung von Anfang an als rechtswirksam.

2.2 Ausbildungsverhältnis. Bei dem Ausbildungsverhältnis (→ Ausbildung) steht der Zweck, zu einem Beruf auszubilden, im Vordergrund der vertraglichen Beziehungen zwischen Arbeitgeber (Ausbildender) und Arbeitnehmer (Auszubildender). Auf den Ausbildungsvertrag finden neben den Vorschriften des Berufsbildungsgesetzes von 2005, den Ausbildungsordnungen für die einzelnen Ausbildungsberufe und dem Jugendarbeitsschutzgesetz (für Jugendliche unter 18 Jahren) die Vorschriften und Rechtsgrundsätze des A. Anwendung, soweit sich aus dem Wesen und Zweck des Ausbildungsvertrages nichts anderes ergibt.

3. Arbeitsschutzrecht. Zum A. rechnet auch das Arbeitsschutzrecht. Darunter werden die meist öffentlich-rechtlichen Vorschriften zum Schutz des Arbeitnehmers vor Gefahren für Leben und Gesundheit verstanden. Die Durchführung des Arbeitsschutzes ist grundsätzlich Sache des Arbeitgebers. Der → Betriebsrat, Sicherheitsbeauftragte, Betriebsärzte, Behörden (insbesondere Gewerbeaufsichtsämter) sowie Berufsgenossenschaften überwachen die Durchführung des Arbeitsschutzes.

4. Kollektives Arbeitsrecht. Darunter wird herkömmlich das Recht der → Koalitionen, das Arbeitskampfrecht (→ Streik), das Tarifvertragsrecht einschl. Schlichtungsrecht sowie das Mitbestimmungs- und Betriebsverfassungsrecht (→ Betriebsverfassung; → Mitbestimmung) verstanden. Die Bildung der Koalitionen (Gewerkschaften und Arbeitgeberverbände) ist aus der Geschichte des A. zu erklären (vgl. 1.2). Die Koalitionen sind heute verfassungsrechtlich (Art. 9 Abs. 3 GG) geschützte Selbsthilfeorganisationen zur Regelung der Löhne und sonstigen materiellen Arbeitsbedingungen.

Nach der Rechtsprechung des Bundesverfassungsgerichts gewährleistet die →Koalitionsfreiheit die Freiheit des Zusammenschlusses zu Vereinigungen zur Förderung der Arbeits- und Wirtschaftsbedingungen und die Freiheit der gemeinsamen Verfolgung dieses Zwecks. Elemente dieser Gewährleistung sind die Gründungs- und Beitrittsfreiheit, die Freiheit des Austritts und des Fernbleibens sowie der Schutz der Koalition als solcher. Zur Förderung der Arbeits- und Wirtschaftsbedingungen gehört der Abschluss von Tarifverträgen (→Tarifautonomie). Als Partner von Tarifverträgen müssen die Koalitionen frei gebildet, gegnerfrei und auf überbetrieblicher Grundlage gebildet und ihrer Struktur nach unabhängig genug sein, die Interessen ihrer Mitglieder auf arbeits- und sozialrechtlichem Gebiet nachhaltig zu vertreten. Verfassungsrechtlich gewährleistet ist auch das Recht der Koalitionen, Arbeitskämpfe zu führen. Es gehört zum Wesen einer →Marktwirtschaft, dass die Arbeitnehmer ihre Arbeitskraft nur zu dem frei ausgehandelten Preis „zu verkaufen" brauchen. Zahlt der Arbeitgeber diesen „Preis" nicht, können die Gewerkschaften im Rahmen der eingegangenen tarifvertraglichen Verpflichtungen und nach Maßgabe ihrer Satzung zur Zurückhaltung der Arbeitskraft, also zum Streik, aufrufen. Die Arbeitgeber können darauf ihrerseits mit einer Aussperrung reagieren. Insbesondere den Streik sowie die Aussperrung hat das Bundesverfassungsgericht als verfassungsrechtlich gewährleistete Arbeitskampfmaßnahmen bezeichnet, ohne damit jedoch einen abschließenden Kanon von Arbeitskampfmaßnahmen zu schaffen. Vielmehr besteht die Freiheit der Tarifvertragsparteien über die Mittel, die sie zur Erreichung ihres koalitionsmäßigen Zwecks für geeignet halten, frei zu entscheiden. Arbeitskampfmaßnahmen, die auf den Abschluss von Tarifverträgen gerichtet sind, werden als allgemein für erforderlich gehalten, um eine funktionierende Tarifautonomie sicherzustellen. Dagegen sind zwischen den Betriebspartnern, d. h. zwischen Arbeitgeber und Betriebsrat, Arbeitskampfmaßnahmen unzulässig (§ 74 Abs. 2 BetrVG). Der Betriebsrat vertritt alle Arbeitnehmer des Betriebes. Arbeitgeber und →Betriebsrat arbeiten unter Beachtung der geltenden Tarifverträge vertrauensvoll und im Zusammenwirken mit den im Betrieb vertretenen Gewerkschaften und Arbeitgebervereinigungen zum Wohle der Arbeitnehmer und des Betriebs zusammen. Die Beteiligungsrechte des →Betriebsrates reichen über Informations- und Anhörungsrechte bis hin zu echten Mitbestimmungsrechten. In den Bereichen, in denen der →Betriebsrat ein echtes Mitbestimmungsrecht hat, kann der Arbeitgeber von ihm geplante Maßnahmen nicht ohne Zustimmung des Betriebsrates wirksam durchführen. Dies gilt z. B. für Fragen der Ordnung des Betriebes und des Verhaltens der Arbeitnehmer im →Betrieb, die Zeit, den Ort und die Art der Auszahlung der Arbeitsentgelte und die Festsetzung der Akkord- und Prämiensätze und vergleichbarer leistungsbezogener Entgelte, einschließlich der Geldfaktoren, soweit eine gesetzliche oder tarifliche Regelung nicht besteht.

5. Arbeitsgerichtsbarkeit. Wird der Arbeitgeber von einem Arbeitnehmer in seinen Rechten verletzt, kann er sich in der Regel selbst helfen, z. B. durch Nichtzahlung des Lohns, durch Aufrechnung gegen den Lohnanspruch, durch Suspendierung, notfalls durch Kündigung. Der Arbeitnehmer ist dagegen – falls ihm der →Betriebsrat nicht helfen kann oder will – auf die Hilfe der Gerichte angewiesen. So weist denn auch die →Statistik aus, dass in über 94 % der Fälle die Gerichte von den Arbeitnehmern und nicht von den Arbeitgebern angerufen werden. Um den besonderen Belangen des Arbeitslebens Rechnung zu tragen, sind besondere Gerichte für Arbeitssachen eingerichtet, die in allen drei Instanzen neben Berufsrichtern paritätisch mit ehrenamtlichen Richtern aus Kreisen der Arbeitnehmer und der Arbeitgeber besetzt sind (Arbeitsgerichtsgesetz in der Fassung von 1979). Gerichte für Arbeitssachen sind die Arbeitsgerichte (I. Instanz), die Landesarbeitsgerichte (II. Instanz) und das Bundesarbeitsgericht (III. Instanz). Sie sind zuständig für die Entscheidung aller bürgerlichen Rechtsstreitigkeiten im Zusammenhang mit dem ArbVerh. zwischen Arbeitnehmer und Arbeitgeber sowie für Streitigkeiten zwischen den Tarifvertragsparteien und zwischen den Tarifvertragsparteien und Dritten.

Ferner entscheidet das Arbeitsgericht bei bestimmten Streitigkeiten aus dem BetrVG, aus dem Mitbestimmungsgesetz sowie bei Streitigkeiten über die Tariffähigkeit einer Vereinigung. Das Urteilsverfahren vor dem Arbeitsgericht beginnt mit der Klage. Darauf folgt eine Güteverhandlung vor dem Vorsitzenden der Kammer und, falls sie erfolglos bleibt, möglichst unmittelbar anschließend eine weitere Verhandlung vor der Kammer. Das Verfahren ist in allen Rechtszügen zu beschleunigen. Eine besondere Prozessförderung besteht in Kündigungsverfahren. Das Verfahren vor dem Arbeitsgericht endet mit Vergleich, Urteil oder Klagerücknahme. Gegen die Urteile der Arbeitsgerichte findet die Berufung an die Landesarbeitsgerichte statt. Die Berufung kann jedoch nur eingelegt werden, wenn sie in dem Urteil des Arbeitsgerichts zugelassen worden ist, wenn der Wert des Beschwerdegegenstandes Euro 600,– übersteigt, sowie unabhängig davon in Rechtsstreitigkeiten über das Bestehen, das Nichtbestehen oder die Kündigung eines ArbVerh. Gegen das Urteil eines Landesarbeitsgerichts findet die Revision an das Bundesarbeitsgericht statt, wenn sie in dem Urteil des Landesarbeitsgerichts zugelassen oder auf eine Nichtzulassungsbeschwerde hin vom BAG zugelassen worden ist. Die Revision ist zuzulassen, wenn die Rechtssache grundsätzliche Bedeutung hat oder das Urteil von einer Entscheidung des Bundesverfassungsgerichtes von einer Entscheidung des gemeinsamen Senats der obersten Gerichtshöfe des Bundes von einer Entscheidung des BAG oder, solange eine Entscheidung des Bundesarbeitsgerichts in der Rechtssache nicht ergangen ist, von einer Entscheidung einer anderen Kammer desselben Landesarbeitsgericht oder eines anderen Landesarbeitsgerichts abweicht und die Entscheidung auf dieser Abweichung beruht.

W. ZÖLLNER/K.-G. LORITZ/F. HERGENRÖDER, A., 2015[7] – R. MÜLLER-GLÖGE, U. PREIS, I. SCHMIDT (Hg.), Erfurter Kommentar zum A., 2016[16] – U. PREIS, A., 2012[4] – G. SCHAUB, A.handbuch, 2015[16] – dtv-Arbeitsgesetze, 2015[86] – PREIS/HENSSLER, ArbVG-E 2007, NZA Beil. Heft 21.

Ulrich Preis

Arbeitszeit

Im modernen Verständnis ist A. die gemessene und monetär bewertete Dauer einer als →Arbeit geltenden Tätigkeit. Sie entsteht als solche erst mit der Industrialisierung (→Industrie, Industrialisierung). Sie setzt im engeren Sinne abhängige Beschäftigung voraus und dient in diesem Kontext der Bemessung und dem Vergleich der erbrachten Arbeitsmenge und einer darauf aufbauenden gerechten Entlohnung (→Lohn) wie sie auch ein Indikator für die Arbeitsbelastung der Beschäftigten ist. Darüber hinaus ist A. ein wichtiges Element der betrieblichen Organisationsstruktur.

Solange mangels Uhren in der vor- und frühindustriellen Periode keine exakte Zeitmessung möglich oder üblich war, wurde unter anderem die gelieferte Stückzahl zur Bemessung der →Leistung herangezogen, unabhängig von dem hierfür benötigten Zeitaufwand. Das „Tagwerk" stellte noch keine konstante Maßeinheit dar, sondern variierte in seiner objektiven, d. h. an einer homogenen Stundenzählung gemessenen Dauer. Es kann aber als Vorläufer der modernen A. insofern angesehen werden, als damit bereits eine Vergleichbarkeit der Arbeitsleistung angestrebt wurde.

Gegen die Willkür der Zeitbestimmung der →Arbeitgeber in der Phase der Frühindustrialisierung setzten die Arbeiterassoziationen die Forderung nach festen, überschaubaren A.en. Deren ungezügelter Ausdehnung auf vierzehn Stunden und mehr pro Tag, einschließlich des →Sonntags, stellten sie die →Utopie des Acht-Stunden-Tages gegenüber. Dieser konnte in Deutschland West sowie Ost auf breiter Basis erst seit den 1960er Jahren schrittweise realisiert werden. Ebenfalls in dieser Epoche setzte sich der freie Samstag und damit die Praxis des freien Wochenendes (→Freizeit) durch. Weiterhin entstand in der Nachkriegsperiode eine gesetzlich zugesicherte jährliche Arbeitsunterbrechung, der Urlaub. Bezogen auf die Dauer der Lebensarbeitszeit wäre hier darüber hinaus der sozialstaatlich regulierte Ruhestand zu nennen. Die Begrenzung der Wochen- und Tages-A. durch vertragliche Vereinbarungen der Tarifparteien oder Gesetz begründen sich zum einen aus der Notwendigkeit einer regelmäßigen Arbeitsunterbrechung zur Wiederherstellung der Arbeitskraft (Arbeitsschutz). Zum anderen stellen solche Zeitinstitutionen eine Form von zeitlichem Wohlstand (RINDERSPACHER 2002) dar.

Die Dauer der A. wird zum einen von den Tarifparteien vereinbart (→Tarifautonomie), zum anderen ist sie im Gesetz geregelt. Das A.gesetz legt Mindestbedingungen fest, darunter die maximal zulässige tägliche und wöchentliche A., die Länge der Ruhepausen sowie die Grenzen der Nachtarbeit. Innerhalb dieses Rahmens handeln in ein- oder mehrjährigen Abständen Vertreter der Arbeitgeber und der →Arbeitnehmer (→Gewerkschaften) Tarifverträge und Betriebsvereinbarungen (→Betrieb) aus, in denen entsprechend der wirtschaftlichen Leistungsfähigkeit der →Gesellschaft bzw. eines →Unternehmens Verkürzungen aber auch Verlängerungen der A. für eine bestimmte Dauer festgeschrieben werden. Die Arbeitsruhe am Sonntag und an Feiertagen ist darüber hinaus im →Grundgesetz und in den Länderverfassungen geschützt. Weitere Regulierungen der A. ergeben sich u. a. aus dem Ladenschlussgesetz.

Seit den 1980er Jahren besteht eine starke Tendenz zur Auflösung starrer Arbeitszeitstrukturen mit zwei Zielrichtungen: Aus Arbeitnehmersicht ist sie mit dem Schlagwort „Zeitsouveränität" (TERIET 1976) oder „Optionszeit" verknüpft und bezeichnet eine möglichst freie, individuelle Wahl von Dauer, Lage und Verteilung der A.en. Entsprechend den wechselnden Bedürfnissen und Lebenslagen der Menschen sollen hierdurch etwa →Familie und →Beruf besser miteinander in Einklang gebracht werden können (→Geschlechtergerechtigkeit). Dagegen ist der viel gebrauchte Begriff „Flexibilisierung der A." weiter gefasst, indem er offen lässt, inwieweit eher Arbeitnehmer- oder Arbeitgeberinteressen für die daraus resultierenden A.muster bestimmend sind. Arbeitgeber verbinden mit dem Begriff in erster Linie einen betriebswirtschaftlichen Vorteil, nämlich eine verbesserte Anpassung des Arbeitskräfteeinsatzes an die Schwankungen des →Marktes bzw. der Kundenfrequenzen, wie im Einzelhandel. Flexibilisierungsmaßnahmen sind in der Praxis häufig mit einer Erweiterung der Betriebszeiten, d. h. der „Öffnungszeiten" der Betriebe auf die Abend- und Nachtstunden sowie auf den Samstag und/oder den →Sonntag verbunden.

Bei allen Gegensätzen haben zahlreiche theoretische und praktizierte Flexi-Modelle aber auch gezeigt, dass eine breite Schnittmenge gemeinsamer Interessen von Beschäftigten und Arbeitgebern bei der betrieblichen Zeitgestaltung bestehen kann. Ein wichtiges Gestaltungselement flexibler A. sind Zeitkonten. Sie erlauben den Beschäftigten, sowohl Plus- als auch Minusstunden anzusammeln. Als Referenz dient dazu die zwischen den Tarifparteien ausgehandelte tägliche oder wöchentliche Normalarbeitszeit oder ein Jahresarbeitszeitkontingent. Auf diese Weise können Zeit-Guthaben entstehen, die zu einem späteren Zeitpunkt in Form von mehr oder weniger großen „Zeitblöcken" wieder entnommen werden sollen. In einigen Unternehmen ist es sogar möglich, sie für einen vorgezogenen Ruhestand (→Rente) zu nutzen. Mit Blick auf den Zeitwohlstand, das heißt die Nutzbarkeit und Qualität der Zeit für die Beschäftigten ist bei Zeitkonten von erheblicher Bedeutung, inwiefern diese über die Entnahme in Bezug auf Dauer, Lage und Verteilung selbst entscheiden können. So gilt bspw. ein Guthaben, das im November entnommen werden muss, mit Blick auf die eingeschränkten Freizeitmöglichkeiten zu dieser Jahreszeit als wenig nutzbringend.

Für die Zukunft der A.en deuten sich ein erhöhtes Konfliktpotential aber auch neue Chancen an. Konfliktstoff bietet zum einen die Tatsache, dass die täglichen bzw. wöchentlichen A.en seit Beginn des 21-ten Jahrhunderts in fast allen Wirtschaftszweigen faktisch wieder heraufgesetzt worden sind, ebenso die Lebensa. (→Rente). Hinzu kommt die weite Verbreitung befristeter Arbeitsverträge, die unsichere Zukunftserwartungen und diskontinuierliche, patchworkartige Erwerbsverläufe nach sich ziehen. Gleichzeitig findet man eine starke Zunahme von Burn-out-Phänomenen. Dies deutet auf die Notwendigkeit kürzerer A. hin, da Zeitdruck und nervliche Belastungen in fast allen Berufsgruppen enorm angestiegen sind. Zum anderen führt die Flexibilisierung der A. zunehmend zu sozialen Belastungen der Beschäftigten und ihrer →Familien. Dazu gehört, dass „unsocial times" weiter zugenommen haben, das heißt Arbeitszeiten zu sozial unverträglichen Zeiten, wie Spät- und Nachtarbeit sowie Arbeit an Samstagen und Sonntagen. Sehr diskussionsbedürftig erscheint in diesem Zusammenhang eine Forderung, die Öffnungszeiten der Kinderbetreuungseinrichtungen stärker an die Entwicklung solcher Arbeitszeiten anzupassen, bis hin zum 24 Stunden-Betrieb an 7 Tagen.

Flexibilisierung der A. hat darüber hinaus zu einer Aufweichung der Grenzen zwischen Arbeit und Freizeit geführt. Hierzu tragen die mobilen Kommunikationstechnologien wie das Smartphone erheblich bei. Wenngleich – selbstbestimmte – Aufhebung der strikten Trennung der Lebensbereiche auch Vorteile für die Lebensqualität der Beschäftigten haben kann, wird durch die zeitliche Ausweitung der Einflusssphäre des Arbeitgebers die Schutzfunktion eines Ruheraumes für die Regeneration der Arbeitskraft und soziale Kontakte unterminiert.

Zudem stößt die mit ihrer Flexibilisierung faktisch einhergehende Ausweitung der A.- und Betriebszeiten auf das Wochenende auf grundsätzliche gesellschaftspolitische und religiöse Einwände, insbesondere was den →Sonntag betrifft. Kirchen und →Gewerkschaften wie auch Sportverbände u. a. m. halten ein grundgesetzlich geschütztes Sonntagsarbeitsverbot aus gutem Grund nach wie vor für unverzichtbar.

Vielerorts sind Tendenzen der weitgehenden Auflösung fester A.strukturen zugunsten terminierter Projektarbeit zu beobachten. Diese kann entweder innerhalb des Unternehmens in Form einer „Zielvereinbarung" über die Art und den Zeitpunkt der Fertigstellung eines Produkts zwischen Arbeitgeber und Arbeitnehmer geregelt oder, outsourced, als eine Art Liefervertrag gestaltet werden. Im ersten Fall spricht man auch von Vertrauensarbeitszeit (HOFF 1995). Die Ausführenden sind damit frei in der zeitlichen Strukturierung ihrer Arbeit. Inwiefern solche A.muster zu mehr Emanzipation und Selbstbestimmung oder aber zu mehr Selbstausbeutung führen, ist umstritten und hängt nicht zuletzt auch von der konkreten Umsetzung solcher Modelle ab.

Tatsächlich wünschen sich viele Beschäftigte eine abwechslungsreiche Erwerbsbiografie, die sie ihrem Lebensentwurf einpassen können. Die Arbeitszeitbedarfe der Erwerbstätigen sind zum Teil sehr unterschiedlich, vor allem nach Geschlecht, Qualifikation, Lebensstil oder der jeweiligen Phase im Lebensverlauf. Im Schnitt würden vollzeiterwerbstätige Männer gern einige Stunden weniger, teilzeitbeschäftigte Frauen mehr als halbtags arbeiten. Dabei spielt auch die Höhe des Einkommens eine Rolle. Dem soll durch neuere lebenslaufbezogene A.konzepte entsprochen werden, in denen vor allem auch die gängigen Statuspassagen wie Elternschaft oder Pflegeaufgaben eines Angehörigen berücksichtigt werden. Auf der Basis eines dafür bereitgestellten Zeitkontingents erhält der/die Beschäftigte hier sogenannte „Ziehungsrechte", kann also von einem Zeitguthaben Entnahmen tätigen (DGfZP 2005). Hierdurch können allerdings neue erwerbsbiografische Risiken entstehen, die der Abfederung durch flankierende sozialpolitische Maßnahmen bedürften.

Seit den 1980er Jahren wird unter anderem vor dem Hintergrund anhaltender Massenarbeitslosigkeit in den EU-Ländern von zivilgesellschaftlichen Initiativen immer wieder die Idee einer grundlegenden Arbeitsumverteilung propagiert, etwa in Form eines 6-Stunden-Tages für alle. Damit soll wesentlich auch die Gleichstellung von Männern und Frauen befördert werden. Derart weit reichende A.verkürzungen, deren Idee bis auf die sozialen Utopien von THOMAS MORUS im 16ten Jahrhundert zurückgeht, konnten sich bis heute allerdings nicht durchsetzen. Lineare A.verkürzungen wenn auch geringeren Umfangs werden in neuerer Zeit aber wieder aus dem gewerkschaftlichen Kontext heraus gefordert. Sie sollen vor allem den durch ihren Arbeitsalltag oder soziale Aufgaben besonders belasteten ArbeitnehmerInnen zu Gute kommen, wie Erziehenden, älteren Arbeitnehmern oder Pflegenden, zumeist in Kombination mit flexiblen A.anteilen (vgl. REUYS et al. 2012).

Hierbei soll den Betroffenen eine Art Lohnausgleich (Lohnersatzleistung) gewährt werden.

Insgesamt muss die Zukunft der A.en und davon abhängig die der gebräuchlichen Zeitinstitutionen (Feierabend, Wochenende, Urlaub, Ruhestand) als relativ offener Prozess angesehen werden. Einen großen Einfluss auf den künftigen Gang der A.entwicklung werden die Kräfteverhältnisse in der Gesellschaft, der Druck des →Arbeitsmarktes, die gesamtwirtschaftliche Situation und nicht zuletzt die Durchsetzungsfähigkeit grundsätzlicher Wertentscheidungen (→Grundwerte) in der Gesellschaft gegenüber den Ansprüchen der wirtschaftlichen Rationalität haben – etwa die Bedeutung der Familie, die Selbstbestimmung über die eigene Zeit oder die Arbeitsruhe am Sonntag. Dabei verlagern sich die nationalen Auseinandersetzungen in Staat und Wirtschaft zunehmend von der nationalen auf die EU-Ebene. Hier bildet für alle Mitglieder die „Europäische Arbeitszeitrichtlinie" den Rahmen für die jeweilige nationale rechtliche Umsetzung.

Von der Entwicklung der Dauer, Lage und Verteilung der A. wird die künftige Struktur und der Umfang der Freizeit und somit der Zeitwohlstand der Beschäftigten und ihrer Familien abhängen. Auch die Möglichkeiten der Beteiligung an ehrenamtlicher Tätigkeit (→Ehrenamt), in politischen Ämtern, in Sportverbänden (→Sport), bei der Pflege alter Menschen, in →Bürgerinitiativen und nicht zuletzt in der kirchlichen Arbeit werden hiervon berührt. Aus kirchlicher Sicht ist der Erhalt „gemeinsamer Zeiten" auf der Basis gesundheits- und sozialverträglicher A.en im Tages-Wochen-Jahres- und Lebenszyklus eine in vieler Hinsicht unverzichtbare Voraussetzung einer nach christlichen Maßstäben organisierten (post-) modernen Lebenswelt.

B. Teriet, Neue Strukturen der Arbeitszeitverteilung, 1976 – M. Schneider, Streit um A. Die Geschichte des Kampfes um A.verkürzung in Deutschland, 1984 – J. P. Rinderspacher, Zeitwohlstand. Ein Konzept für einen anderen Wohlstand der Nation, 2002 – A. Hoff, Vertrauensarbeitszeit – einfach flexibler arbeiten, 2002 – Deutsche Gesellschaft für Zeitpolitik (DGfZP), Zeit ist Leben. Das Zeitpolitische Manifest der DGfZP, 2005 – H. Gross/ H. Seifert (Hg.), Zeitkonflikte. Renaissance der Arbeitszeitpolitik, 2010 – R. Buschmann/J. Ulber, Arbeitszeitgesetz. Basiskommentar mit Nebengesetzen, 2011[7] – S. Reuyss/S. Pfahl/J. P. Rinderspacher/K. Menke, Pflegesensible Arbeitszeiten. Perspektiven der Vereinbarkeit von Pflege und Beruf, 2012 – Ch. Klenner, veränderte Lebens- und Beschäftigungsverhältnisse – gewandelte Zeitwünsche, in: R. Detje et al. (Hg.), Kämpfe um Zeit. Bausteine für eine neue (arbeitszeit-)politische Offensive, 2014.

Jürgen P. Rinderspacher

Armut

1. Begriff. A. bezeichnet die folgenreiche Unterversorgung mit materiellen Gütern. Grundsätzlich ist absolute von relativer A. zu unterscheiden. Absolute A. liegt vor, wenn das überlebensnotwendige Minimum unterschritten wird, relative wird anhand der Umgebungsbedingungen bestimmt. Drei Zugänge sind in der Bemessung relativer A. üblich. Verbreitet, aber wenig aussagekräftig ist die Bemessung am monetären Einkommen. Hier wird i. d. R. nicht von A., sondern von A.risiko gesprochen – im Bereich der EU wird es bei einem Einkommen unterhalb von 60 % des Medianeinkommens angenommen (BMAS 2013, 426). Aufwändiger und genauer ist der Einbezug von Vermögenswerten, noch präziser sind Konzepte wie der Lebenslagenansatz, die auch subjektive Faktoren (→Bildung, Rücklagen etc.) erfassen. In der EU ist das Konzept der materiellen Entbehrung verbreitet, das Armut anhand von Schlüsselgütern bestimmt (BMAS 2013, 350). Noch weiter geht der capability-approach (A. Sen, M. C. Nussbaum), der A. in Termini fehlender Mittel zur Erreichung eigener Ziele versteht. Zentral ist der Zusammenhang von ökonomischem, kulturellem und sozialem Kapital (P. Bourdieu), weil mangelnde materielle Teilhabe auch Folgen für die →Anerkennung und die →Partizipation haben und zur massiven Einschränkung von Lebenschancen und zur Exklusion (M. Kronauer) führen kann.

2. Theologische Perspektiven. Theologisch ist freiwillige von unfreiwilliger A. zu unterscheiden. Freiwillige A. als selbstgewählter Verzicht auf materielle Güter zugunsten anderer setzt i. d. R. kulturelles und soziales Kapital voraus, als organisierte A. wird sie reformatorisch unter Werkgerechtigkeitsverdacht gestellt. Unfreiwillige A. ist auch deswegen problematisch, weil sie als Fehlen dieses Kapitals gerade eigene Entscheidungen über die zu erstrebenden Güter erschwert. Reformatorisch ist die unfreiwillige A. zugunsten der Arbeit problematisiert worden, was die Einführung geregelter Unterstützung, aber auch die problematische Individualisierung sozialer Probleme begünstigte (Chr. Sachsse, F. Tennstedt).

Im Rekurs auf die besondere Zuwendung Jesu zu den als Opfern menschlicher Ungerechtigkeit verstandenen Armen (Luk 5,20–22 u. ö.) ist bereits im religiösen Sozialismus ein ‚Blick von unten' eingefordert worden, der die Überwindung der A. zum Ziel erklärte und ggw. als befreiungstheologische ‚Option für die Armen' (H. Bedford-Strohm) aufgenommen wird, wobei es vor allem um Befähigung, Beteiligung und Ermächtigung und so um die Überwindung der mit der A. verbundenen Entrechtung geht. In der Sozialphilosophie hat v. a. J. Rawls (1988) Armut als Gerechtigkeitsproblem formuliert und die Verpflichtung zur Optimierung der Lage der relativ Schlechtestgestellten zum Grundprinzip erhoben.

3. Aktuelle Herausforderungen. Als Problem ist das zunehmende Auseinanderdriften von Armut und Reichtum auch in reichen Ländern zu sehen (OECD 2011), weil es das soziale Band stark belastet (R. WILKINSON, K. PICKETT).

Im globalen Massstab bleibt A. – trotz des prognostizierten Sinkens der absoluten Einkommensa.quote (<1,25 $/Tag) auf 13,5 % (WORLD BANK 2015, 2) – problematisch, wobei sowohl lokale wie globale Faktoren ursächlich sind. Zu ersteren zählen Probleme der Bildung, der Infrastruktur und der Governance, zu letzteren – als Erbe des Kolonialismus – problematische ethnische Zusammensetzungen sowie globale rechtliche, politische und weltwirtschaftliche Regeln und Institutionen, die zuungunsten der spät industrialisierten Länder wirken (T. POGGE). Insgesamt muss eine Spaltung von Gesellschaften, in denen unfreiwillige Armut vieler Menschen mit dem Reichtum weniger einhergeht, als Problem der Gerechtigkeit verstanden werden (EKD 2006).

P. BOURDIEU, Ökonomisches Kapital, kulturelles Kapital, soziales Kapital, in: R. KRECKEL (Hg.), Soziale Ungleichheiten (Soziale Welt Sonderband 2), Göttingen 1983, 183–198 – J. RAWLS, Eine Theorie der Gerechtigkeit, 1988⁴ – H. BEDFORD-STROHM, Vorrang für die Armen. Auf dem Weg zu einer theologischen Theorie der Gerechtigkeit, 1993 (Lit.) – CHR. SACHSSE/ F. TENNSTEDT, Geschichte der Armenfürsorge in Deutschland Bd. 1. Vom Spätmittelalter bis zum 1. Weltkrieg, 1998² – M. KRONAUER, Exklusion. Die Gefährdung des Sozialen im hoch entwickelten Kapitalismus, 2002 – EKD (Hg.), Gerechte Teilhabe. Befähigung zu Eigenverantwortung und Solidarität. Eine Denkschrift des Rates der EKD zur Armut in Deutschland, 2006 – R. WILKINSON/K. PICKETT, Gleichheit ist Glück. Warum gerechte Gesellschaften für alle besser sind, 2009 – M. C. NUSSBAUM, Creating Capabilities. The Human Development Approach, 2011 – OECD, Divided We Stand. Why Inequality Keeps Rising, 2011 – T. POGGE, Welta. und Menschenrechte. Kosmopolitische Verantwortung und Reformen, 2011 – T. MEIREIS, Ethik des Sozialen, in: DERS/W. HUBER/H.-R. REUTER (Hg.), Handbuch Evangelische Ethik, 2015, 265–329 (Lit) –BUNDESMINISTERIUM FÜR ARBEIT UND SOZIALES (Hg.), Lebenslagen in Deutschland. Armuts- und Reichtumsberichterstattung der Bundesregierung. Der vierte Armuts- und Reichtumsbericht der Bundesregierung, 2013 – WORLD BANK, World Development Indicators 2015, 2015.

Torsten Meireis

Assistenz

1. Begriff, Konzeption und Zielsetzung. A. ist als emanzipatorisches Konzept der Behindertenhilfe und -selbsthilfe zu verstehen. A. wurde in Abgrenzung zu traditioneller, durch christliche Nächstenliebe motivierter, Fürsorge für Menschen mit Behinderung, die oft als entmündigend und fremdbestimmend erlebt wurde, konzipiert. Sie umfasst Unterstützung, Betreuung und Pflege von Personen, die aufgrund ihrer Beeinträchtigung in ihren Handlungs- und Entscheidungsspielräumen eingeschränkt sind (J. JERG). Dabei soll keine Stellvertretung im Entscheiden und Handeln der Person mit der Beeinträchtigung stattfinden, vielmehr soll ihre Handlungsabsicht durch eine andere Person – die Assistentin/der Assistent – ausgeführt werden. Das Ziel von A. ist die Ermöglichung einer selbstbestimmten Lebensführung bei voller und gleichberechtigter gesellschaftlicher Teilhabe (→Inklusion) sowie die Verschiebung von Macht von Leistungserbringern zu Leistungsnehmern. (C. MÜLLER).

Die ethische Qualität von A. besteht darin, dass Freiheit, nicht nur als „negative Freiheit" verstanden wird, die den Anspruch auf Schutz vor Bevormundung und Fremdbestimmung begründet. Ein solches Verständnis von Freiheit würde Menschen mit Behinderung, die auf A. angewiesen sind, ausschließen. Nur wenn Freiheit auch als „positive Freiheit" verstanden wird, die den Anspruch auf Ermöglichung von Freiheitsspielräumen umfasst, wie es auch die UN-Behindertenrechts-konvention fordert, werden Menschen mit Behinderung gleichermaßen berücksichtigt. In diesem Sinne kann auch von „assistierter Freiheit" gesprochen werden (S. GRAUMANN).

Je nach Anwendungsbereich werden persönliche A., Arbeits-A. und rechtliche A. unterschieden.

2. Persönliche Assistenz. Persönliche A. ist eine Dienstleistung, die es den A.nehmerinnen/A.-nehmern ermöglicht, ihren Alltag selbstbestimmt zu gestalten und ihre Wohnform frei zu wählen. Dabei kann persönliche A. sowohl pflegerische Tätigkeiten als auch Hilfe im Haushalt und bei der Mobilität umfassen. Der Unterschied zur traditionellen Ausübung dieser Tätigkeiten besteht darin, dass eine Assistentin/ein Assistent der anderen Person als ausführendes Organ dient und dabei ihre/seine eigenen Auffassungen und Impulse zurückhalten soll (L. S. KOTSCH).

Persönliche A. stellt eine zentrale Forderung der Selbstbestimmt-Leben-Bewegung dar. Mit der Gründung von A.-genossenschaften haben nicht wenige Aktivistinnen/Aktivisten für sich und andere die Möglichkeit geschaffen, nicht in einer Anstalt oder einem Heim leben zu müssen (S. KÖBSELL). Heute verleiht die UN-BRK Menschen mit Behinderung in Art. 19 das Recht auf Unterstützungsdienste, die für eine volle und gleichberechtigte gesellschaftliche Teilhabe notwendig sind „einschließlich der persönlichen Assistenz".

A.leistungen können durch Träger der Behindertenhilfe angeboten werden oder nach dem sogenannten Arbeitgebermodell erfolgen. Bei letzterem erhält die/der A.nehmer/in Geldleistungen im Rahmen des persönlichen Budgets, mit Hilfe derer sie/er ein Team von Assistentinnen/Assistenten selbst beschäftigt (E. BARTZ). Dementsprechend sieht SGB IX § 17 Abs. 2 eine Wahlmöglichkeit zwischen Sach- und Geldleistungen vor. Von Seiten der Verbände der Behindertenhilfe und -selbsthilfe wird kritisiert, dass die Kostenträger bei Personen mit einem hohen A.bedarf, für die eine Heimunterbringung günstiger wäre, einen Kostenvorbehalt geltend machen können, und so immer noch Menschen mit Behinderung gegen ihren Willen im Heim leben.

3. Arbeitsassistenz. Im Feld der Arbeit hat eine Assistentin/ein Assistent eine ähnliche Funktion, nämlich als ausführendes Organ zu dienen, um Tätigkeiten zu ermöglichen, die die A.nehmerin/der A.nehmer aufgrund einer Beeinträchtigung nicht alleine ausüben könnte (D. BASENER). Dies kann die Hilfe bei Mobilität und Orientierung ebenso umfassen wie Kommunikationsunterstützung etwa durch die Bedienung eines Computers. Auch pflegerische Handlungen können eine Rolle spielen. Obwohl der Anspruch auf Arbeits-A. selbst nicht in der UN-BRK adressiert wird, ist er doch für die Achtung des gleichen Rechts, „den Lebensunterhalt durch Arbeit zu verdienen" (UN-BRK Art. 27) notwendig.

4. Rechtliche Assistenz. Die UN-BRK schreibt in Art. 12 vor, dass Menschen mit Behinderung überall als Rechtssubjekte anerkannt werden und dass sie die notwendige „Unterstützung" oder A. erhalten, „die sie bei der Ausübung ihrer Rechts- und Handlungsfähigkeit gegebenenfalls benötigen". Strittig ist, inwiefern diese Vorgabe mit dem deutschen Betreuungsrecht vereinbar oder eine gesetzliche Änderung erforderlich ist (V. AICHELE). Manche sehen rechtliche A. als verbindliche Orientierung für die gesetzliche Betreuung an, andere halten eine Gesetzesänderung für notwendig. Sicher ist aber, dass ein Perspektivenwechsel weg von einer stellvertretenden hin zu einer assistierenden Tätigkeit des Betreuers/der Betreuerin notwendig ist.

J. JERG, Selbstbestimmung, Assistenz und Teilhabe, 2005 – E. BARTZ, Das persönliche Budget, 2006 – D. BASENER, Hamburger Arbeitsassistenz 2009 – T. MEYER, Potenzial und Praxis des Persönlichen Budgets, 2011 – C. MÜLLER, Persönliche Assistenz, 2011 – S. GRAUMANN, Assistierte Freiheit, 2012 – S. KÖBSELL, Wegweiser Behindertenbewegung, 2012 – L. S. KOTSCH, Assistenzinteraktionen, 2012 – E. BLUNIER, Arbeitsbuch Assistenz Gesundheit und Soziales, 2013 – A. LANGER, Persönlich vor ambulant und stationär, 2013 – V. AICHELE, die gleiche Anerkennung vor dem Recht, 2013, 329–354 – T. DEGENER, Handbuch Behindertenrechtskonvention, 2015.

Sigrid Graumann

Asyl (juristisch)

1. Das Grundrecht auf Asyl. Das Asylrecht ist in Deutschland als Grundrecht ausgestaltet: „Politisch Verfolgte genießen Asylrecht" lautet Art. 16a Abs. 1 Grundgesetz (vormals Art. 16 Abs. 2 S. 2 GG). Mit dem Asylgrundrecht wurde ein subjektives Recht auf Asyl geschaffen. Wer an der Grenze Deutschlands um Asyl nachsucht, dem ist die Einreise und der Aufenthalt im Bundesgebiet zu gestatten. Steht nach Durchführung des Asylverfahrens die Gefahr der politischen Verfolgung fest, besteht ein Anspruch auf Asylgewährung. Anders als die Allgemeine Erklärung der Menschenrechte, die nur das Recht, Asyl *zu suchen*, garantiert – umfasst das Asylrecht nach dem Grundgesetz das *Recht auf Asyl*. Neben Deutschland haben nur wenige Staaten das Asylrecht mit Verfassungsrang ausgestattet (z. B. Frankreich). Nach dem zweiten Weltkrieg zog die damalige Bundesrepublik Deutschland damit die Konsequenzen aus den Erfahrungen mit dem Nationalsozialismus. Die Verfolgten des Nationalsozialismus fanden vielfach keine aufnahmebereiten Staaten und konnten deswegen ihren Verfolgern nicht entkommen oder ihnen gelang die Flucht nur mittels Fluchthelfern, oftmals unter Inkaufnahme großer Gefahren. Aus der historischen Verantwortung heraus, dass die Verfolgung durch Nazi-Deutschland unendliches Leid und massive Fluchtbewegungen ausgelöst hatte, erhielt das Asylrecht Verfassungsrang.

Die obersten Gerichte haben in ihrer Rechtsprechung den Inhalt des Asylgrundrechts konkretisiert. Unter Verfolgung wird die Beeinträchtigung von absoluten Rechtsgütern verstanden – wie Leib, Leben, persönliche Freiheit –, die den Betroffenen in eine ausweglose Lage versetzt. Dabei ist von einem politischen Charakter der Verfolgung auszugehen, wenn sie dem Einzelnen in Anknüpfung an ein asylerhebliches Merkmal (z. B. politische Überzeugung) gezielte Rechtsverletzungen zufügt, die ihn in ihrer Intensität nach aus der übergreifenden Friedensordnung der staatlichen Einheit ausgrenzen. Werden andere Rechtsgüter als Leib oder Leben im Herkunftsstaat bedroht, so kommt es auf die Intensität und Schwere der drohenden Beeinträchtigung an: Sind etwa die Religionsfreiheit oder die ungehinderte berufliche und wirtschaftliche Betätigung gefährdet, so muss die Beeinträchtigung zugleich eine Verletzung der Menschenwürde darstellen und über das hinausgehen, was die Bewohner im Herkunftsstaat allgemein hinzunehmen haben (BVerfGE 54, 341, 357; 80, 315, 335).

Während die Mütter und Väter des Grundgesetzes den humanitären Charakter des Asylrechts vor Augen hatten, erfuhr das Asylgrundrecht seit dem Ende der 1970er Jahre zunehmend eine restriktive Handhabung. Beispielsweise entschied das Bundesverwaltungsgericht, dass politische Verfolgung nur dann vorliegt, wenn sie dem Staat zurechenbar ist. Sie sind ihm nicht zurechenbar, wenn er nicht in der Lage oder nicht willens ist, den Schutz gegen Übergriffe privater Organisationen, Personengruppen oder Einzelpersonen zu gewähren. (BVerwG v. 17. 2. 1978 – 1 B 261.77; BVerwG v. 1. 6. 1965 – 1 C 118.62). Demnach wurden Gefahren aufgrund kriegerischer Auseinandersetzungen in zerfallenden Staaten (z. B. Somalia) als nicht asylrelevant eingestuft. Ebenso wurden Frauen nicht anerkannt, denen geschlechtsspezifische Verfolgung durch Familienangehörige droht.

Eine weitgehende Beschränkung erfuhr das Asylgrundrecht durch die Grundgesetzänderung von 1993, auf die sich die damalige schwarz-gelbe Bundesregierung mit der SPD im sogenannten Asylkompromiss verständigt hatte. Auf das Asylgrundrecht kann sich seither niemand berufen, der aus einem Mitgliedstaat der Europäischen Gemeinschaft oder aus einem anderen sicheren Drittstaat einreist, in dem die Anwendung des Abkommens über die Rechtsstellung der Flüchtlinge und der Konvention zum Schutze der Menschenrechte und Grundfreiheiten sichergestellt ist (Art. 16a Abs. 2 S. 2 GG). Eine weitere Grundrechtseinschränkung stellt die Regelung zu den „sicheren Herkunftsstaaten" dar (Art. 16a Abs. 3 GG). Der Gesetzgeber kann demnach Herkunftsländer bestimmen, für die die widerlegbare Vermutung der Verfolgungssicherheit besteht. Ghana, Senegal, Serbien, Bosnien und Herzegowina, Mazedonien, Albanien, Kosovo sowie Montenegro wurden als sichere Herkunftsstaaten eingestuft (Stand Oktober 2015). Im Kontext der Grundgesetzänderung wurden außerdem das Flughafenverfahren eingeführt: Asylsuchende, die entweder aus sicheren Herkunftsländern oder ohne bzw. mit gefälschten Papieren an einem deutschen Flughafen ankommen, erhalten noch im Flughafentransit ein Schnellverfahren, in dem ihre Rechtsschutzmöglichkeiten stark beschnitten sind (z. B. stark verkürzte Klagefristen). Dieses Verfahren gilt als rechtsstaatlich bedenklich und birgt die Gefahr von Fehlentscheidungen in sich.

2. Genfer Flüchtlingskonvention. Das deutsche Asylrecht ist im Zusammenhang mit dem Flüchtlingsvölkerrecht zu sehen, da es im Zusammenspiel mit dem Asylrecht der Europäischen Union einen heutzutage maßgeblichen Einfluss auf die Schutzgewährung für Flüchtlinge in Deutschland hat. Zentrales Schutzinstrument auf internationaler Ebene ist die Genfer Flüchtlingskonvention (GFK), die als „Abkommen über die Rechtsstellung der Flüchtlinge" am 28. Juli 1951 auf einer UN-Sonderkonferenz in Genf verabschiedet wurde und am 22. April 1954 in Kraft trat. Ergänzt wurde sie am 31. Januar 1967 durch das „Protokoll über die Rechtsstellung der Flüchtlinge", das am 4. Oktober 1967 in Kraft trat. Insgesamt 147 Staaten sind bisher der GFK und/oder dem Protokoll von 1967 beigetreten. Die GFK ist die Rechtsgrundlage für das Amt des Hohen Flüchtlingskommissars der Vereinten Nationen (UNHCR).

Zentraler Inhalt der GFK ist der Schutz vor Zurückschiebung in den Verfolgerstaat – das sogenannte Refoulement-Verbot (Art. 33 Abs. 1 GFK). Verboten sind darüber auch Kettenabschiebungen, das heißt eine Zurückweisung in einen Transitstaat, von dem aus dem Asylsuchenden die Abschiebung bis hin in den Herkunftsstaat droht. Wer an der Grenze um Asyl nachsucht, genießt bereits den Schutz vor Zurückweisung nach der GFK. Ob eine schutzsuchende Person in einem Staat bleiben darf, bemisst sich danach, ob sie als Flüchtling im Sinne der Konvention eingestuft wird.

Flüchtling ist, wer sich aus begründeter Furcht vor Verfolgung wegen seiner Rasse, Religion, Nationalität, Zugehörigkeit zu einer bestimmten sozialen Gruppe oder wegen seiner Überzeugung außerhalb des Landes seiner Staatsangehörigkeit oder als Staatenloser außerhalb des Landes seines gewöhnlichen Aufenthalts befindet (Art. 1A Nr. 2 GFK).

3. Das Gemeinsame Europäische Asylsystem. Mit dem Inkrafttreten des Amsterdamer Vertrages 1999 hat die Europäische Union die Kompetenz erhalten, ein europäisches Asylrecht zu schaffen, das in allen Mitgliedstaaten vergleichbare Standards bei der Schutzgewährung sowie der sozialen Lebensbedingungen für Flüchtlinge schaffen soll. Mit der Vergemeinschaftung des Asylrechts sollte verhindert werden, dass die EU-Staaten in Wettbewerb um die niedrigsten Standards für Flüchtlinge betreiben. Zugleich wurde die Schaffung eines gemeinsamen Asylsystems als zwingend infolge der Abschaffung der Binnengrenzen in der EU angesehen. Die EU hat u. a. durch Richtlinien und Verordnungen folgende Fragen geregelt: Die Anerkennungsvoraussetzungen für Flüchtlinge (Qualifikationsrichtlinie), die Aufnahmestandards für Asylsuchende (Aufnahmerichtlinie), Regelungen über das Asylverfahren (Verfahrensrichtlinie) sowie die Frage, welcher EU-Staat für die Durchführung des Asylverfahrens zuständig ist (Dublin-Verordnung). Das GEAS – das gemeinsame europäische Asylsystem – ist in Teilen liberaler als das deutsche Asylgrundrecht: Die Qualifikationsrichtlinie sieht eine Anerkennung als Flüchtling ausdrücklich auch dann vor, wenn einer Person Verfolgung durch private Akteure droht. Die Verfolgung aufgrund des Geschlechts hat ebenfalls Anerkennung erfahren. Ebenso findet der eingeschränkte Schutz nach dem Grundgesetz bei religiöser Verfolgung im europäischen Asylrecht keine Entsprechung. Der EuGH hat dem deutschen Konzept, dass die Religionsfreiheit nur im Kernbereich geschützt sei, eine Absage erteilt. Das heißt, dass ein Asylsuchender nicht darauf verwiesen werden darf, dass er seine Religion in seinem Herkunftsland im Privaten leben könne. Die Religionsfreiheit umfasst auch das Recht, sich öffentlich zu seiner Religion zu bekennen. Wenn dies im Herkunftsland zur Verfolgung führt, dann hat die bedrohte Person ein Recht auf Flüchtlingsanerkennung. Ebenso ist der europäische Flüchtlingsschutz weiter als das deutsche Asylrecht bei der Anerkennung von Homosexuellen. Auch diese dürfen nicht darauf verwiesen werden, sie könnten ihre sexuelle Orientierung diskret im Privaten leben. Mit dem europäischen Asylrecht sind eine Reihe von restriktiven Ansätzen, mit denen viele verfolgte Menschen vom Schutz ausgeschlossen waren, überwunden worden.

4. Asylzuständigkeitsverfahren nach der Europäischen Dublin-Verordnung. Die umstrittenste Regelung des europäischen Asylrechts ist die Dublin-Verordnung. Sie regelt, welcher Staat in der EU für die Durchführung des Asylverfahrens zuständig ist (Verordnung (EU) Nr. 604/2013). Während Kriterien, die der Familienzusammenführung dienen, selten zur Anwendung kommen, dominiert das Kriterium des Ortes der „illegalen Einreise" in der Praxis. Die EU-Staaten im Süden und Osten sind dadurch strukturell wegen der Einreisewege der Asylsuchenden am häufigsten für die Asylverfahren zuständig. Das Dublin-System gilt vielen inzwischen als gescheitert. Ein Großteil der Flüchtlinge bleibt nicht in den Ländern, die eigentlich für sie zuständig wären, weil diese oftmals überfordert sind. Es fehlt an Aufnahmekapazitäten und funktionierenden Asylsystemen. Es kam zu menschenrechtlichen Korrekturen des Dublin-Systems: Im Jahr 2011 haben zunächst der Europäische Menschenrechtsgerichtshof (EGMR) und später der Europäischer Gerichtshof in Luxemburg (EuGH) festgestellt, dass in Griechenland das Asylsystem derartig unzulänglich ist, dass es zu schwerwiegenden Menschenrechtsverletzungen gegenüber Asylsuchenden kommt (EGMR, 21. 1. 2011, EuGH 23. 12. 2011). Die Abschiebung von Asylsuchenden nach Griechenland aufgrund der Dublin-Verordnung ist seitdem verboten. Wegen der Dysfunktionalität des Dublin-Systems werden Alternativen in der Politik diskutiert – wie etwa die proportionale Verteilung der Asylsuchenden nach einem Verteilungsschlüssel. Nichtregierungsorganisationen fordern, dass Asylsuchende ihren Asylstaat frei wählen können.

5. **Das Asylverfahren.** Direkt nach der Ankunft werden Asylsuchenden in einer Erstaufnahmeeinrichtung untergebracht, wo sie bis zu sechs Monate versorgt werden. Danach werden sie auf die Kommunen umverteilt. Die Anzahl an Flüchtlingen, die ein Bundesland aufnehmen muss, richtet sich nach dem Königssteiner Schlüssel. Das Asylverfahren wird vom Bundesamt für Migration und Flüchtlinge (Nürnberg, Bundesbehörde) durchgeführt. Die Rechtsgrundlage ist das Asylgesetz. Während des Asylverfahrens ist dem Asylsuchenden der Aufenthalt gestattet. Grundlage der Asylentscheidung ist insbesondere die Anhörung, in der der Asylsuchende alle Gründe vortragen muss, aus denen er Verfolgung in seinem Herkunftsland befürchtet. Das Bundesamt muss objektiv und unter Berücksichtigung u. a. von Menschenrechtsberichten über den Asylantrag entscheiden. Fällt der Bescheid negativ aus, steht dem Flüchtling der Rechtsweg vor der Verwaltungsgerichtsbarkeit offen. Eine Beschwerde vor dem Bundesverfassungsgericht ist ebenso wie die anschließende Anrufung des Straßburger Menschenrechtsgerichtshofs möglich. Ist das EU-Asylrecht relevant, kann jedes Gericht den EuGH anrufen. Wird ein Asylsuchender entweder nach dem Asylgrundrecht anerkannt oder erhält er den Flüchtlingsstatus, so wird ihm eine Aufenthaltserlaubnis erteilt, die nach drei Jahren in einen unbefristeten Aufenthaltstitel – die Niederlassungserlaubnis – umgewandelt wird.

UNHCR, Handbuch über Kriterien und Verfahren zur Feststellung der Flüchtlingseigenschaft 1979 – J. Hathaway, The Rights of Refugees under International Law, Cambridge: CUP, 2005 – N. Markard, Kriegsflüchtlinge – Gewalt gegen Zivilpersonen in bewaffneten Konflikten als Herausforderung für das Flüchtlingsrecht und den subsidiären Schutz, 2012 – R. Marx, Handbuch zum Flüchtlingsschutz, Erläuterungen zur Qualifikationsrichtlinie, 2012² – R. Marx, AsylVfG Kommentar zum Asylverfahrensgesetz, 2014⁸ – M. Pelzer, Die Dublin-III-Verordnung: Die neue EU-Verordnung zur Bestimmung des zuständigen Asylstaats, in: Beilage zum Asylmagazin 7–8/2013, S. 29–38. – Pro Asyl u. a. (Hg.), Memorandum „Für die freie Wahl des Zufluchtslandes in der EU – Die Interessen der Flüchtlinge achten", 2015.

Marei Pelzer

Asyl (theologisch)

A. ist ein Wort aus der griech. Sprache. „A." war ein Ort, an dem es verboten war, Personen oder Sachen wegzuführen; A. bedeutet einen Status der Unverletzlichkeit. Der A.gedanke setzt ursprüngl. griech. Verhältnisse voraus. Die Sphäre des Heiligtums gewährte A.suchenden Schutz, weil sie damit vor Verfolgern unter den Schutz eines Gottes gelangt waren. Das A.recht ist also religiös begründet u. setzt die Unterscheidung von heilig u. profan voraus. Die Zuflucht im Heiligtum gewährte einen Status der Unverletzlichkeit.

Auch das AT kennt das Institut des A.s. Gelang es einem Totschläger, vor der Blutrache zum Altar zu fliehen, so gewann er Zeit für eine gerichtl. Entscheidung (Ex 21,13–14; Num 35,9–34; Dtn. 19,1–13; Jos 20,1–9). Sechs Städte werden daher als A.städte benannt. Der Schutz des A.s gilt freilich nicht für vorsätzl. Mord.

Das NT kennt kein A.recht, weil die →Gemeinde kein autonomes Strafrecht hatte. Die Alte Kirche entwickelte nach der konstantinischen Wende ein originäres kirchl. A.recht, in Anknüpfung an griech. Vorstellungen des Schutzes von Flüchtlingen im Tempel. Im MA war das A.recht verbunden mit dem Rechtsinstitut der Immunität, das der Kirche eine eigene Gerichtsbarkeit unabhängig von der staatl. einräumte. Seit dem 14. Jh. wurde das kirchl. A.recht ausgehöhlt u. beseitigt, weil es oft dazu diente, Schwerverbrechern (insbesondere Mörder, Brandstifter, Hochverräter) Straffreiheit zu sichern. Im 18. Jh. wurde in vielen Ländern Europas das kirchl. A.recht formell beseitigt. Das heutige kanonische Recht der kath. Kirche sagt nichts über ein Kirchenasyl aus (anders noch CIC 1917 can. 1179)

A. wird heute gewährt (einmal) als völkerrechtl. Privileg des Rechtsschutzes von Diplomaten u. (sodann) als allgem. →Menschenrecht. Die Folgen des 2. Weltkrieges weiteten nämlich die A.gewährung als Privileg von Diplomaten auf ein individuelles Recht von Verfolgten aus. Aufgenommen ist damit der Gedanke des Gastrechts in vorstaatl. →Gesellschaften. Ein besonderes A.recht der Kirche widerspricht ev. Anschauung, die keine prinzipielle Unterscheidung von heilig u. profan kennt. Christen u. Kirchen sind freilich zum Eintreten („intercessio") für Verfolgte, zur Fürsprache aufgerufen. Fürsprache kann dabei Zeit gewinnen für rechtl. Verfahren, für Einzelfallprüfung u. für eine Gleichbehandlung von Verfolgten u. Flüchtlingen. Differenziert wird zwischen offenem KirchenA. (Kooperation mit dem Staat) und geheimem. Der Gedanke des A.s behält insofern seinen Sinn als Aufgabe der Schutzverpflichtung für politisch Verfolgte und Schutzsuchende.

Seit 2015 stellt sich das Thema A. im übergreifenden Rahmen von Migration. Die Zuwanderung von mehr als 1 Million Migranten gibt der Thematik eine neue Dimension. A. gewährt wird nämlich Einzelnen aufgrund politischer Verfolgung u. nach Prüfung des individuellen Antrags. Flüchtlinge haben dagegen nach der Genfer Flüchtlingskonvention von 1951, ergänzt durch das New Yorker Protokoll 1967, ein Recht auf zeitweilige Aufnahme. Das Flüchtlingsrecht enthält aber keinen individuellen Anspruch auf A.prüfung u. -gewährung. Neben A.bewerbern u. Flüchtlingen gibt es Migranten aus wirtschaftlichen oder klimatischen Gründen. Ein Menschenrecht auf Einwanderung in ein bestimmtes Land besteht de lege lata nicht. Sind Migranten im Land, dann haben sie Anspruch auf Unterbringung, Versorgung u. Betreuung. Dies ist eine staatliche Aufgabe, die angesichts der massenhaften Zuwanderung auch auf Unterstützung durch die Zivilgesellschaft, z. B. die Kirchen, angewiesen ist. Aus der hohen Zahl der Migranten ergeben sich schwierige Aufgaben, u. a. Probleme der Integration. Erforderlich ist ein staatlich verantwortetes Einwanderungs- u. Migrationsrecht. Der Rechtsanspruch auf A. bleibt freilich bestehen, allerdings sind seine Durchführung u. Gestaltung zu klären u. zu präzisieren.

KIRCHENAMT DER EKD (Hg.), Flüchtlinge u. A.suchende in unserem Land, EKD-Texte 16, 1986 – W.D. JUST (Hg.), A. von unten, 1993 – H.R. REUTER, Kirchenrecht u. staatl. A.recht, in: G. RAU/H. R. REUTER/K. SCHLAICH (Hg.), Das Recht der Kirche, III1994, 574–632 – H. EHNES, A.recht u. kirchl. Handeln, in: a.a.O – M. Morgenstern, Kirchenasyl in der BRD. Historische Entwicklung, Aktuelle Situation, Internationaler Vergleich, Wiesbaden 2003 – K. OTT, Zuwanderung und Moral, 2016.

Martin Honecker

Aufklärung

1. Der **Begriff** A. (samt seinen in allen europ. Kultursprachen begegnenden Äquivalenten) entstammt dem meteorologischen Sinnbezirk und hat das Phänomen der Nacht, Nebel oder Wolken durchdringenden Sonne für den geistigen und geistesgeschichtl. Bereich metaphorisiert. Dabei ist ein dreifacher Wortgebrauch zu unterscheiden. A. bezeichnet zum einen das geschichtl. Strukturmoment eines Rationalisierungsprozesses, der durch methodisch herbeigeführten Wissenszuwachs (→Wissensgesellschaft), durch programmatische Popularisierung wissenschaftl.-philos. Erkenntnisse, durch eine traditionskrit., zumeist päd. akzentuierte Geisteshaltung sowie durch ein reflektiertes Modernitäts- und Epochenbewusstsein charakterisiert ist und in der griech. Sophistik des 5. Jh.s v. Chr. ebenso Gestalt annahm wie in den mittelalterl. Rationalisierungsschüben des 12. und 13. Jh.s oder dem das antike „Homo-mensura"-Motiv (PROTAGORAS) aufgreifenden Humanismus samt seiner partiellen Adaption durch die Reformation. Zum andern artikuliert der Begriff A. ein geschichtsphilos. Postulat, das, von I. KANT ausgehend, über G. W. F. HEGEL, K. MARX, F. ENGELS und F. NIETZSCHE bis zu den krit. Entwürfen von TH. W. ADORNO/M. HORKHEIMER, R. DAHRENDORF und J. HABERMAS fortgewirkt hat; der vorwissenschaftl. Gebrauch des Wortes A. ist weithin durch diesen postulatorischen Akzent dominiert (z. B. [sexual-]päd. A., militär. A., Verbraucher-A., Verbrechens-A.). V. a. aber dient der Begriff A. als eine histor. Epochenbezeichnung.

2. Das europ. **Zeitalter** der A. (von der Mitte bzw. 2. Hälfte des 17. Jh.s bis an den Ausgang des 18. Jh.s) wurde v. a. von drei Leitideen bestimmt: dem Postulat einer (traditions-)krit. →Autonomie des menschl. Subjekts, damit verbunden der Tendenz zur Anthropozentrik sowie einem ausgeprägten Fortschritts- und Perfektibilitätsglauben. Seine konstitutiven Voraussetzungen liegen in dem zur Mitte des 17. Jh.s sich manifestierenden Erlahmen der kontroverstheol. Leidenschaften, der rasanten Beschleunigung des naturwiss. Erkenntnisfortschritts und dem unaufhaltsamen Prozess einer Säkularisierung des Staatsgedankens (H. GROTIUS, TH. HOBBES, S. PUFENDORF). Die **Philos.** der A. fand ihr einheitsstiftendes Motiv in der emanzipatorischen Kritik an der alten, theol. dominierten Metaphysik; als ihre beiden Pole treten die Hauptströmungen des Rationalismus (R. DESCARTES, G. W. LEIBNIZ) und des sensualistischen Empirismus (J. LOCKE, D. HUME) auseinander, die in Deutschland von CH. WOLFF zu einer das Denken der Zeit eklektisch rezipierenden Schulphilos. systematisiert worden sind und in der Transzendentalphilos. KANTS durch krit. Rezeption die „kopernikanische Wende" der Erkenntnislehre ausgelöst haben. Neben der Philos. wurde die **Literatur** zum eigentlichen Motor der A.sbewegung. In England begann der Siegeszug des Romans als neuer Hauptgattung der Literatur (H. FIELDING, L. STERNE, D. DEFOES), in Frankreich artikulierte sich die A. in vielfältigen literar. Formen – u. a. in Enzyklopädien, Essays (VOLTAIRE), Komödien

(J. B. MOLIÈRE), Briefen (CH. DE MONTESQUIEU) und Briefromanen (J.-J. ROUSSEAU) –, in Deutschland dominierte zunächst die poetologische Reflexion (J. CH. GOTTSCHED, J. J. BODMER, J. J. BREITINGER), die aber bald durch eine entsprechende literar. Produktion (B. H. BROCKES, CH. F. GELLERT, CH. M. WIELAND, G. E. LESSING) komplementiert worden ist. Das emanzipatorische Potential (→Emanzipation) der A. manifestierte sich in dem programmatischen Bestreben, die philos. und (natur-) wiss. Errungenschaften des Zeitalters zu **popularisieren**, das in der Publizistik sein vorzügliches Medium entdeckte: Während des 18. Jh.s vollzog sich in der gewaltigen Expansion des Buchmarktes ein „Strukturwandel der Öffentlichkeit" (HABERMAS); die „Moral. Wochenschriften" wurden zu exemplarischen Organen der Volks-A., begleitet durch einen kräftigen Aufschwung von Rezensionsorganen, Lexika, Kompendien und, nicht zuletzt, einer päd.-philanthropischen Literatur (J. B. BASEDOW, CH. G. SALZMANN).

3. Auch in der **Kirchen- und Theologiegesch.** bezeichnet die A. eine wichtige, die Frühe Neuzeit ablösende, in ihren Fragestellungen und Folgen bis heute fortwirkende Periode. Ihre Anfänge liegen in der Mitte des 17. Jh.s, als sich das konfessionell plurale Christentum angesichts des die rel. Wahrheitsfrage bewusst suspendierenden pol.-säkularen Friedensschlusses von 1648 zur Ausbildung von transkonfessionell tragfähigen rel. und eth. Grundlagen genötigt sah. So wurde die Verhältnisbestimmung von →Vernunft und Offenbarung, von natürl. und positiver Religion zur epochalen Aufgabenstellung der Theologie. In krit. Absicht befragte man jetzt bibl. Überlieferung, dogmat. Lehrbestand und kirchl. Traditionen nach ihrem vernünftigen Gehalt sowie nach ihrer lebenspraktischen Relevanz. In ihrer Tendenz zur Ethisierung des Christlichen wie überhaupt der Neigung, die „bloß theoretischen Lehren" (J. J. SPALDING) hinter der Pointierung der lebenspraktischen Funktionen der Religion zurücktreten zu lassen, aber auch in dem damit verbundenen Fortschritts- und Perfektibilitätsglauben sowie dem Interesse an einer der Individuation des rel. Subjekts dienenden populartheol. Elementarisierung zeigen sich strukturelle Analogien zwischen (früher) A. und →Pietismus. In England entwarf der Deismus im Rückgriff auf altkirchl. und humanist. Impulse die Umrisse einer „natürl. Religion"; durch den Aufweis außerbibl. Parallelen und Einflüsse suchte er den vernünftig-moral. Kern der Bibel herauszuschälen. In Frankreich trug die A. dezidiert religionskrit. Züge (VOLTAIRE, Materialisten); zugleich freilich unternahm ROUSSEAU eine „neuprotestantische" (E. HIRSCH), auf dem natürl. Gefühl des Menschen basierende Begründung der Religion. In Deutschland artikulierte sich die rel. A. zunächst in den Spielarten einer aus England kommenden Physikotheologie. Die akad. Theologie suchte die überkommenen Lehrbestände in krit.-eklektischer Anverwandlung zu erneuern (Übergangstheologie: J. F. BUDDEUS, CH. M. PFAFF, S. J. BAUMGARTEN). Daraus erwuchs die theol.-kirchl. Bewegung der Neologie (A. F. W. SACK, J. F. W. JERUSALEM, SPALDING), deren Interesse an der Vergewisserung und Stärkung der individuellen Religiosität sich in einem breiten populartheol. Schrifttum niederschlug, ferner in einer konsequenten Revision der Agenden, Gesang- und Gebetbücher, allem zuvor jedoch in der neologischen Predigt, die „die Kanzel als Katheder der A." (W. SCHÜTZ) zu nutzen wusste: Aus dem bibl.-dogmat. Themenbestand wurde als predigtrelevant nur übernommen, was Verstand und Gefühl der Hörer zu berühren vermochte. Die geschichtl. Leistung der Neologie bestand darin, daß sie das gebildete Bürgertum, das unter dem Einfluss der philos.-literar. Zeitströmungen an der kirchl.-altprot. Gestalt des Christentums zunehmend den Geschmack verlor, der christl. Religion zu erhalten und dem Prozess einer fortschreitenden Entkirchlichung entgegenzuwirken verstand. Komplementär dazu versuchte der theol. Rationalismus (J. L. SCHMIDT, H. S. REIMARUS, J. A. L. WEGSCHEIDER) den bibl.-kirchl. Traditionsbestand in eine vernünftige, moralische, den Offenbarungsgedanken verabschiedende Gotteslehre umzuformen. Die polemisch-antithetische Distanzierung, in der sich zu Beginn des 19.Jh.s die neuen theol.-rel. Strömungen (F. SCHLEIERMACHER, Erweckungsbewegung) konstituierten, hat den Blick für die vielfältigen Wirkungen und Spuren getrübt, in denen das Erbe der theol. A. bis heute lebendig geblieben ist.

E. HIRSCH, Gesch. der neuern evangelischen Theologie, 5 Bde., 1984[6] – H. MÖLLER, Vernunft u. Kritik. Deutsche A. im 17. u. 18. Jh., 1986 – W. SCHNEIDERS (Hg.), Lexikon der A.: Deutschland u. Europa, 1995 – A. BEUTEL, Kirchengeschichte im Zeitalter der A. Ein Kompendium, 2009[2].

Albrecht Beutel

Ausbildung / Weiterbildung

A. und W. sind die Grundvoraussetzungen für die Integration in die Berufs- und Arbeitswelt (→Beruf; →Arbeit) und damit für eine eigenständige Lebensführung sowie die Teilhabe am gesellschaftlichen Leben. Gleichzeitig ist ein hohes Niveau beruflicher Qualifikation eine wesentliche Grundlage dafür, dass die deutsche Wirtschaft auch zukünftig im →Wettbewerb auf innovativen Märkten bestehen kann (→Innovation; →Markt). A. und W. haben deshalb eine besondere Bedeutung sowohl für den Einzelnen als auch für das →Gemeinwohl, für die Bekämpfung der →Arbeitslosigkeit und den sozialen Zusammenhalt unserer →Gesellschaft. Es ist primär Aufgabe und →Verantwortung der Wirtschaft, Fachkräfte für den eigenen Bedarf aus- und weiterzubilden und die erforderlichen Investitionen zu tätigen. Der →Staat unterstützt die Wirtschaft dabei flankierend insbesondere durch Rahmenbedingungen, durch Unterstützung von strukturschwachen Regionen und durch Förderung von Problemgruppen.

1. Ausbildung. *1.1 Stellung im Bildungssystem.* Berufliche A. ist nach wie vor der dominierende Bildungsweg für junge Menschen nach Beendigung der allgemeinen Schulbildung. Sie erlangen so einen Berufsabschluss, der ihnen konkrete berufliche Perspektiven eröffnet und den direkten Übergang in das Beschäftigungssystem ermöglicht. Die A. findet ganz überwiegend im dualen System statt, das durch wechselseitige A. im →Betrieb und in der Berufsschule geprägt ist. Diese A. steht grundsätzlich allen Jugendlichen (→Jugend) offen und ist an keinen bestimmten Schulabschluss gebunden. Mehr als die Hälfte eines Altersjahrgangs erlernen einen bundesweit anerkannten A.sberuf. Auch für Schulabgänger mit Abitur ist eine Berufsa. außerhalb der Hochschulen attraktiv. Oft nutzen sie die duale A. als Zwischenschritt hin zum Studium.

1.2 Ziele der A. Die Berufsa. vermittelt die wesentlichen Kenntnisse und Fertigkeiten, die nach A.sabschluss die Aufnahme einer qualifizierten Beschäftigung und damit die Integration in den →Arbeitsmarkt ermöglichen. Sie beschränkt sich aber nicht allein auf Vermittlung von rein fachlichen, arbeitsmarktverwertbaren Fertigkeiten, sondern trägt auch zur Entwicklung der Gesamtpersönlichkeit bei. Die Fähigkeit zum selbstständigen Denken und →Handeln, zu Kreativität, →Toleranz und Weltoffenheit muss ebenso weiterentwickelt werden wie Allgemeinbildung, Orientierungswissen, Fremdsprachen- und Medienkompetenz. Die Bedeutung dieser Schlüsselkompetenzen wird in Zukunft weiter zunehmen, weil ohne sie ein selbstbestimmter Umgang mit neuen Technologien, wie Computeranwendung und Telekommunikation, nicht möglich und sinnvoll erscheint. Zu den wesentlichen Zielen der Berufsa. in einer modernen Gesellschaft gehört auch die Motivierung junger Menschen, neue Anforderungen zu erkennen und Qualifizierungsmöglichkeiten aktiv in allen Phasen ihres Berufslebens zu nutzen. Um allen Jugendlichen chancengleiche Teilhabe an →Bildung und Beschäftigung zu ermöglichen, muss sowohl Jugendlichen mit schlechteren Startchancen als auch besonders leistungsbereiten Jugendlichen adäquate Qualifizierung angeboten werden.

1.3 Gestaltung der A. Ein differenziertes Spektrum staatlich anerkannter A.sberufe kommt den unterschiedlichen Interessen und dem unterschiedlichen Leistungsvermögen junger Menschen entgegen und entspricht gleichzeitig dem differenzierten Qualifikationsbedarf von Wirtschaft und Arbeitswelt. Die Flexibilität der A. wird bei gleichzeitiger Wahrung ihrer breiten Verwertbarkeit in Zukunft durch die Verwendung von Wahlbausteinen und Zusatzqualifikationen weiter erhöht. Wahlbausteine und Zusatzqualifikationen bilden gleichzeitig Brücken zur W. A. wird so, entsprechend dem zu wählenden Einsatzgebiet, differenzierter, wie die neuen informationstechnischen und Medien- sowie Laborberufe bereits zeigen. Das Berufsbildungsgesetz bietet die Möglichkeit, die A.sdauer (in der Regel drei Jahre) unter Berücksichtigung der konkreten Situation der Jugendlichen zu verkürzen oder zu verlängern. Dadurch können individuelle Über- oder Unterforderungen vermieden werden.

Eine effektive Zusammenarbeit von Betrieb und Berufsschule bestimmt ganz wesentlich die Qualität der A. sowie die zeitliche und inhaltliche Flexibilität der Lernangebote. Die betriebliche A. an konkreten beruflichen Tätigkeiten wird durch die Vermittlung grundlegender allgemeiner und berufsbezogener Qualifikationen sowie von systematischen Zusammenhängen in der Berufsschule an geeigneter Stelle im A.sprozess ergänzt. Die Bewältigung neuer Herausforderungen an die A. kann durch zeitgemäße und effektive Kooperationsformen zwischen allen Partnern bei der A. wirksam unterstützt werden. Zukünftig muss auch selbstorganisiertes, durch neue Medien unterstütztes Lernen zum A.salltag gehören. Es kann durch zu entwickelnde regionale Kompetenzzentren zusätzlich gefördert werden.

1.4 Berufliche Qualifizierung Jugendlicher mit besonderem Förderungsbedarf. Die Integration aller Jugendlichen in Arbeitsmarkt und Gesellschaft ist der Prüfstein dafür, wie ernst wir es mit Chancengleichheit wirklich meinen. Insbesondere geht es darum, die Chancen junger Leute ohne Schulabschluss, mit Migrationshintergrund, individuellen Handicaps oder erheblichen Verhaltensproblemen zu verbessern. Dazu sind Maßnahmen der Motivierung für A., der Berufsvorbereitung, der Förderung während der A., aber auch der Nachqualifizierung junger Erwachsener ohne Berufsabschluss notwendig. Erfolgreich führt die Bundesagentur für Arbeit seit Jahren berufsvorbereitende Bildungsmaßnahmen durch. A.sbegleitender Stützunterricht und sozialpädagogische Begleitung helfen Jugendlichen A.sabbrüche zu vermeiden oder A. überhaupt erst aufzunehmen. Dabei werden Wissenslücken geschlossen, aber auch Lerntechniken, Problemlösungsstrategien und soziale Handlungskompetenz vermittelt. Darüber hinaus können im Anschluss an die A. kurzzeitig Übergangshilfen gewährt werden.

Jugendliche, die mit Aufnahme einer betrieblichen Ausbildung überfordert wären, können eine Berufsa. in einer außerbetrieblichen Einrichtung beginnen und ggf. auch abschließen. Die praktische A. findet in diesem Fall bei einem Bildungsträger statt, dort können sich die Ausbilder gemeinsam mit Sozialpädagogen gezielt und intensiv um die Jugendlichen bemühen.

Die Ende 2014 vereinbarte „Allianz für Aus- und Weiterbildung" von Bundesregierung, Wirtschaft und Gewerkschaften will nicht nur die Attraktivität der dualen Ausbildung steigern und für ein ausreichendes Ausbildungsplatzangebot sorgen, sondern sie sieht es als eine ihrer Hauptaufgaben an, die A. für benachteiligte und behinderte junge Menschen sowie für Jugendliche mit migrationsbedingten Problemlagen sicherzustellen. Neben der verstärkten Förderung der Berufseinstiegsbegleitung, von Einstiegsqualifikationen und der Ausweitung ausbildungsbegleitender Hilfen, steht die sog. assistierte Ausbildung, mit der die Risiken minimiert werden sollen, dass Jugendliche ihre Ausbildung vorzeitig abbrechen.

2. Weiterbildung. *2.1 Zielstellung.* Die vielfältigen Veränderungen in Wirtschaft und Gesellschaft – Internationalisierung der Märkte, breiter Einsatz von Informations- und Kommunikationstechnologien (→Kommunikation), Strukturwandel hin zur Dienstleistungsgesellschaft (→Dienst, Dienstleistung), neue Formen der Arbeitsorganisation – verlangen eine ständige Anpassung an sich verändernde Qualifikationsanforderungen. Der Einzelne muss in die Lage versetzt werden, sich eigenständig, eigenverantwortlich und flexibel auf neue Anforderungen einstellen zu können. A. kann unter diesen Bedingungen nur einen ersten Einstieg in eine qualifizierte Berufstätigkeit und zugleich die Grundlage für das ständige Weiterlernen liefern.

Deshalb wird W. im Leben aller Bürger eine immer wesentlichere Rolle spielen. Die Grenzen zwischen persönlich-allgemeiner und beruflicher W. werden immer mehr verschwinden. Die sich rasch wandelnden Anforderungen im Arbeitsprozess verlangen von allen Menschen, unabhängig vom Alter, von der Qualifikation und der Art der Beschäftigung, ständig ergänzende Berufsqualifikationen. Die beruflichen Lernmöglichkeiten im Arbeitsleben müssen deshalb kontinuierlich weiterentwickelt werden.

2.2 Berufliche W. Sie umfasst verschiedene Lernformen, wie Lernen im Prozess der Arbeit, im sozialen Umfeld, in institutioneller W. und mit Hilfe moderner computergestützter Methoden. Diese Lernformen werden zunehmend zu einer neuen beruflichen Lernkultur verbunden, bei der zukünftig auch die Transparenz und Qualität institutionalisierter und nicht-institutionalisierter Lehr- und Lernangebote erhöht werden muss.

Institutionalisierte Formen des Lehrens und Lernens in W.seinrichtungen genügen allein den steigenden Lernnotwendigkeiten nicht mehr. Ein hoher Prozentsatz der im Beschäftigungssystem benötigten Kompetenzen werden bereits heute informell in Tätigkeiten erworben. Deshalb muss – im Sinne eines erweiterten Lernverständnisses – die berufliche W. als Kompetenzmanagement weiterentwickelt werden. Bei der Ergänzung und Umgestaltung bestehender W.sstrukturen können wir auch auf internationale Erfahrungen zurückgreifen. Schwerpunktaufgaben sind berufliche Kompetenzentwicklung der Beschäftigten bei betrieblichen Strukturveränderungen, Erhalt beruflicher Kompetenz bei Arbeitslosigkeit, berufliche Kompetenzentwicklung unter Berücksichtigung arbeitsorganisatorischer, arbeitspsychologischer und auch betriebswirtschaftlicher Aspekte.

2.3 Förderung beruflicher W. Große Verantwortung für die Entwicklung beruflicher Kompetenz im Arbeitsprozess hat die Wirtschaft selbst. Die Aufgaben des Staates bestehen in der W. insbesondere darin, den gleichberechtigten Zugang zu einem angemessenen W.sangebot zu sichern, die W. für besondere Zielgruppen zu fördern, die Rahmenbedingungen für den W.smarkt festzulegen und die Zusammenarbeit aller an W. Beteiligten zu fördern. Die Bundesregierung wird deshalb ihre Anstrengungen zur Durchlässigkeit und Gleichwertigkeit zwischen den Bildungsbereichen fortsetzen, insbesondere betrifft das die staatlichen Fortbildungsregelungen, die Begabtenförderung in der beruflichen Bildung und die Aufstiegsfortbildungsförderung.

Die staatliche Förderung wird mit dem Ziel weiterentwickelt, zukünftig auch in der beruflichen Bildung jedem Fortbildungswilligen die volle Entfaltung seiner Fähigkeiten und Begabungen unabhängig von seinen wirtschaftlichen Verhältnissen zu ermöglichen und damit zur Schaffung von Chancengleichheit im Bildungssystem beizutragen. Dazu gehört aber auch, diejenigen, die eine A. nicht begonnen oder nicht abgeschlossen haben, wieder an das Lernen heranzuführen und dafür zu gewinnen. Arbeitslosen oder aus dem Erwerbsleben vorübergehend Ausgeschiedenen müssen Lernchancen eröffnet werden, die zugleich Arbeitschancen sind.

2.4 Lebenslanges Lernen. Die in der Aus- und W. jeweils erkennbaren Veränderungen infolge sich wandelnder wirtschaftlicher und gesellschaftlicher Bedingungen führen zu einem neuen Verständnis von Bildung. Lebenslanges Lernen bedeutet nicht mehr nur den planmäßigen Durchgang durch formalisierte Bildungswege, sondern aktives, auch informelles Lernen jedes Einzelnen. Das setzt in erster Linie eine neue Einstellung der Menschen zum Lernen voraus: Eigenverantwortung und Selbststeuerung der Lernenden werden gestärkt, Bildungsangebot und -nachfrage werden vernetzt, die Grenzen zwischen den Bildungsbereichen werden fließender und unterschiedliche Lebensbereiche bzw. Politikfelder rücken näher zusammen. Der Leitgedanke des lebenslangen Lernens wird die weitere Entwicklung in der A. und in der W. bestimmen.

W. D. Greinert, Das „deutsche System" der Berufsausbild, 1995[2] – BIBB, Datenreport zum Berufsbildungsbericht. Informationen und Analysen zur Entwicklung der beruflichen Bildung, 2009ff. – E. Nuissl/P. Brandt. Porträt Weiterbildung Deutschland, 2009[4] – H. Dicke, Fortbildung in Europa. Systeme, Strukturen, Ergebnisse, 1999 Statistisches Bundesamt, Berufsbildung auf einen Blick, 2013.

Edelgard Bulmahn

Autonomie

Der Begriff ‚A.' hat rechtliche (→1), philosophische (→2.–4.), sozialpsychologische (→5) und theologische bzw. theologisch-ethische Bedeutung (→6). Diese hängen jedoch nur bedingt zusammen.

1. Der **Begriff** der ‚A.' war noch im Mittelalter unbekannt, gewann aber in der frühen Neuzeit Bedeutung und bezeichnete die lokale Freistellung der Religion vom Grundsatz ‚cuius regio – eius religio'. A. wurde dann zur Befugnis von Körperschaften, eigene Rechtsnormen zu setzen.

2. Aus der Rechtssphäre wanderte der Begriff der A. in die Philosophie KANTs ein. Nun bestimmte ‚A.' ganz allgemein das **von der →Vernunft geleitete Subjekt**, sofern es seine Prinzipien, seinen Umfang und seine Grenzen selbst bestimmt (vgl. v. a. KANT, Opus posthumum). Diese Selbstgesetzgebung gilt v. a. für die praktische Vernunft: A. ist „oberstes Prinzip der Sittlichkeit überhaupt" (KANT, Grundlegung, 440). Der reine gute Wille bestimmt sich selbst. Nach Ansicht der meisten Interpreten wirkt er *über*, nicht *in* den empirischen Umständen des leiblich-seelischen Lebens.

Hauptanliegen KANTs war es, das moralische Urteil auf eine sichere Basis zu stellen. Gründe der empirisch wahrgenommenen Natur (des Menschen) konnten ihm zufolge nicht moralische, sondern nur Vorzugsentscheidungen heraufführen. Durch seine transzendentale Bestimmung der A. lud KANT sich das Problem auf, dass sich der Wille auch zum **unmoralischen Handeln** bestimmen können muss. Diese **Freiheit zum Bösen** blieb und bleibt ein Rätsel (vgl. KANT, Religion).

Aus der A. folgt auch nach KANT nicht die Isolierung individueller Vernunft; denn die Vernunftwesen sind durch ihre jeweilige praktische Vernunft im Reich der Zwecke" miteinander verbunden und auf Menschheitsziele ausgerichtet. Deshalb kennt die Moral den Grundsatz, dass die eigenen Maximen so vertreten werden sollten, als ob das moralische Subjekt „ein gesetzgebendes Glied" „im *allgemeinen* Reich der Zwecke" wäre (Grundlegung, 433, 438).

Die moralische Triebfeder der A. ist die →**Pflicht**. Ihr kommt das christliche **Liebesgebot** nur im Sinne einer unbedingten Verpflichtung nahe (→Liebe). Deshalb behauptete KANT, dass das „christliche Prinzip der →Moral selbst doch nicht theologisch (mithin Heteronomie), sondern A. der reinen praktischen Vernunft" sei (KpV, 129). Damit trifft die noch nicht in Philosophie überführte Theologie ein Heteronomieverdacht. Die Vernunft muss sich fragen, wie sich die vielen freien Willen miteinander vermitteln: entweder in einer umfassenden sittlichen Größe wie dem →Staat (nach HEGEL) oder im Diskurs freier Bürger (HABERMAS, APEL; →Diskursethik).

3. Der von KANT eingeführte praktisch-philosophische A.begriff hat v. a. in der **Gegenaufklärung** und durch Ganzheitsspekulationen Widerspruch gefunden. Das Individuum müsste dann in den umfassenden Zusammenhang zurücktreten. Wenn heute Ganzheiten in Gestalt von evolutionären bzw. systemischen Selbstorganisationstheorien entworfen werden, kann die A. der Vernunftwesen scheinbar durch die **Autopoiese** des →Systems ersetzt werden. Die →Ethik muss dann im Prozess der Evolution mitlaufen; die A. des Individuums weicht einem informationstheoretischen Programm.

4. Während eine übersubjektive Philosophie bzw. Ethik der →Werte den A.gedanken zurückstellt (vgl. SCHELER), bleibt das Postulat der A. bis heute mit der von einzelnen Menschen beanspruchten Vernunft verbunden. Aber die A. hat eine Geschichte durchlaufen: Zuerst war sie Willensa. und vermutlich noch vom christlichen Personverständnis (→Person) beeinflusst, dann wurde sie als Kraft der Vernunft bestimmt, kritisch und unabhängig zu urteilen. Sie schien das Gegenüber Gottes nicht mehr zu brauchen. Der A.begriff wurde aus der transzendentalen Bindung und dem Reich der Zwecke herausgenommen und in Prozeduren überführt, v. a. in das Diskursprinzip (HABERMAS, APEL).

Mit dem **Diskursprinzip** schließt die A.debatte an die politische Theorie an. Diese muss vom leibhaft-realen Menschen ausgehen und die Vernunft in sozialen Beziehungen suchen. Sie sucht nach sozialen und politischen Ordnungen sowie nach dem Recht und wird dabei dem Bürger A. konzedieren. In der politischen Theorie ist vor allem umstritten, ob die A. auf ein allgemeines Recht auf Gleichbehandlung (DWORKIN) oder auf das Recht auf Eigentum am eigenen Körper und an den Früchten der eigenen Arbeit (NOZICK) zurückgeht. Das eine liegt näher an Naturrechtstraditionen, das andere geht auf die Anthropologie von HOBBES und LOCKE zurück.

5. Die moderne **Sozialpsychologie** sieht A. als Ziel der Persönlichkeitsentwicklung an. Psychische Funktionen sind dann nicht mehr Mittel, sondern Expressionen des Selbst (CH. TAYLOR). Psychoanalytisch umstritten ist jedoch die Frage, ob die bloße Verinnerlichung externer Instanzen bereits A. freisetzt. Nach KOHLBERG ist die Autonomie die höchste Stufe einer moralischen Entwicklung, die über kindliche Heteronomie und jugendliches Gruppenverhalten hinausgeht. Diese Entwicklung setzt eine Differenz zwischen dem Subjekt und seinen Rollen voraus, die es flexibel ausführen können muss.

Die **Soziologie** des 20. Jh.s deutet A. im Anschluss an das körperschaftliche Verständnis (vgl. 1). Die Verbandsgenossen geben ihrem Verband selbst Satzungen (WEBER); Teilsysteme entziehen sich zwar nicht dem gesamten System, aber sie differenzieren sich (durch gesteigerte Binnenkomplexität) selbst aus.

6. **Theologie** und theologische **Ethik** des 20. Jh.s haben sich häufig (und apologetisch) gegen den aufklärerischen **Heteronomievorwurf** gewandt. Eine die Heteronomie (als mittelalterliches Spezifikum) konfrontierende A. (der Aufklärung) sollte nach TILLICH in Theonomie überführt werden. Dann muss jedoch die Beziehung zu sich selbst nicht durch Gott (als dem Sein selbst) heteronom bestimmt sein. Die **Identität** (als Kern der A.) müsste als werdend verstanden werden und das Ich durchsichtig in sich selbst und so in seinem Gott existieren. Dann lässt sich die A. im Glauben auch dialektisch denken: mit sich selbst eins und doch ‚gehorsam' sein (vgl. Jer 31,31).

Die sog. „autonome Moral" – ein Flügel der katholischen Moraltheologie – widersetzt sich einem schlichten ‚Gott gebietet' mit Hilfe des thomistisch interpretierten →**Naturrechts**, aber auch der KANTschen Theorie (vgl. AUER). **Liberale protestantische Theologie** sieht das Subjekt als unhintergehbaren Grund auch religiöser Aussagen an, dessen →Freiheit aus protestantischen Wurzeln erwachsen sei, aber sich von kirchlichen und vor allem von dogmatischen Bindungen emanzipiert habe (RENDTORFF). Beide Positionen können jedoch nicht bei einem formalen A.verständnis stehen bleiben; denn das mit der A. verbundene Selbstbild der Menschen hat jeweils eine Geschichte (vgl. CH. TAYLOR). Das verantwortliche Subjekt zeigt sich nicht nur an der Selbstbestimmung durch Freiheit (A.), sondern bestätigt sich in der Selbstverwirklichung, die allerdings ihre Grenzen am Andern findet und in der Sprache konstituiert ist. Sie drückt sich in kulturellen Daseinsäußerungen ebenso wie in einer nicht nur formalen Ethik aus.

I. KANT, Grundlegung zur Metaphysik der Sitten (GMS), in: AA 4, 385–464 – DERS., Kritik der praktischen Vernunft (KpV), in: AA 5, 1–164 – DERS., Die Religion innerhalb der Grenzen der bloßen Vernunft, in: AA 6, 1–202 – DERS., Opus posthumum, in: AA 21f. – M. SCHELER, Der Formalismus in der Ethik und die materiale Wertethik, in: Werke[II], 1954 – P. TILLICH, GW[VII], 1962 – A. AUER, Autonome Moral und christlicher Glaube, 1971 – T. RENDTDORFF, Politische Ethik und Christentum. München: Kaiser, 1978 – J. HABERMAS, Moralbewusstsein und moralisches Handeln, 1983 – K.-O. APEL, Diskurs und Verantwortung, 1988 – CH. TAYLOR, Negative Freiheit? Zur Kritik des neuzeitlichen Individualismus, 1988 (vgl. engl.: Philosophical Papers, 1985) – DERS., Quellen des Selbst, 1994 (amerik.: Sources of the Self, 1989) – M. BRUMLIK/H. BRUNCKHORST (Hg.), Gemeinschaft und Gerechtigkeit, 1993 – L. Kohlberg, Die Psychologie der Moralentwicklung, 1996 (Psychology of Moral Development, 1984).

Christofer Frey

Autonomie (sozialpolitisch)

Im Bereich der Sozialpolitik taucht A. im Umfeld von Begriffen wie Eigenverantwortung, Unabhängigkeit, →Freiheit und →Emanzipation auf und wird nicht selten synonym zu Selbstbestimmung gebraucht, die konnotativ über den philosophischen Aspekt der Selbstgesetzgebung hinausgeht und noch Aspekte der Selbstbeherrschung, -kontrolle und -gestaltung enthält. Selbstbestimmung ist eine soz.-pol. Leitorientierung, die v. a. in Handlungsfeldern mit bislang erhöhter Fremdbestimmung und unter Einsatz von Instrumenten wie dem Persönlichen Budget mehr Wahlfreiheiten der betroffenen Menschen ermöglichen soll. So steht im Sozialgesetzbuch IX und im Behindertengleichstellungsgesetz die individuelle Selbstbestimmung im Mittelpunkt; die zentrale Verankerung der Selbstbestimmung in der UN-Behindertenrechtskonvention lassen A., das Recht, seine Lebensweise selbst zu wählen, als Grundrecht erscheinen. Analog wird beim Kundenbegriff auf die A. des Kunden, verstanden als Selbstbestimmung und Wahlfreiheit, hingewiesen. Gleichwohl muss gesehen werden, dass mit der Einführung von Marktprinzipien im Bereich sozialer Dienste Prävention und Selbstmanagement auf Kosten der kollektiven Sicherung von Risiken zunehmen. Man erklärt behinderte, kranke und arme Menschen zu Managern ihrer selbst und schreibt ihnen damit ein Mehr an Verantwortung für ihre Probleme und deren Lösungen zu.

Die A. eines Menschen ist von vielen Faktoren abhängig (gelebte Beziehungen, vorfindliche Strukturen, intellektueller Entwicklungstand, Erfahrungen, Wissen). Die Grenzen der A. im Sinne selbstbestimmter Lebensführung liegen bei den Fähigkeiten des Individuums, A. auszuüben. Hilfreich kann bei Beeinträchtigungen die Unterscheidung zwischen Entscheidungs-A. und Handlungs-A. sein. Durch Assistenz können Menschen selbstbestimmte Entscheidungen realisieren, auch wenn ihre Handlungsfähigkeit eingeschränkt ist. Bei Menschen mit schweren mentalen Beeinträchtigungen oder fortgeschrittener Demenz kann A. nur in elementarer Form ausgeübt werden, die mit unvermeidlicher Heteronomie in Spannung steht. Hier ist nach Wegen zu suchen, A. so weit wie eben möglich zu ermöglichen – ihre Grenzen liegen dort, wo stellvertretende Entscheidungen unumgänglich sind. Auch hier gilt es darauf zu achten, bei den Entscheidungen die Lebenseinstellungen der betroffenen Person zu berücksichtigen (etwa in Anlehnung an Verfahren aus der Medizinethik).

A. WALDSCHMIDT, Selbstbestimmung als Konstruktion, 2012.

Johannes Eurich

Autorität

Der Begriff A. leitet sich ab vom lateinischen *auctoritas* = Ansehen, Würde, Geltung. Als A. wird eine →Person bzw. Gruppe oder Institution bezeichnet, der aufgrund bestimmter Eigenschaften wie z. B. Charisma, Alter, Amt, sozialer Status, Kompetenz oder →Macht eine besondere maßgebende Wertschätzung bzw. Anerkennung als →Leitbild zukommt. A. kommt nur in einer Beziehung der Über- und Unterordnung vor. Sie zeigt sich in verschiedenen Formen, wie z. B. einer persönlichen Autorität (Charisma), einer formalen Autorität, die auf der faktischen Anerkennung gesellschaftlicher bzw. staatlicher Institutionen und Vorgaben beruht (→Eltern, Schule, Justiz, Militär etc.) oder funktionaler A., bedingt durch fachliche Qualifikation auf einem bestimmten Gebiet.

A. ist bis heute ein wesentliches und entscheidendes Phänomen menschlicher Kultur, Gesellschaft und Religion. Genetische Untersuchungen zeigen, dass die Triade Religiosität, →Konservatismus und Autoritarismus „eine beträchtliche erbliche Grundlage hat" (R. Vaas/M. Blume, 108). In den Anfängen der Menschheitsgeschichte, in den frühen Hochkulturen und in einigen Kulturen bis heute sind religiöse und weltliche A. mehr oder weniger eng miteinander verbunden, wie bei den Pharaonen im alten Ägypten oder heutzutage noch im tibetischen Buddhismus und im Islam. In den Religionen gilt zunächst das Numinose bzw. das Heilige als oberste A. Ferner gelten Personen, die mit dem Numinosen in besonderer Beziehung stehen (Schamanen, Priester, Propheten etc.) sowie die in den heiligen Schriften festgehaltenen Offenbarungen des Göttlichen als A.

Im römischen Recht wird zwischen *auctoritas*, der Herrschaftsmacht aufgrund von Einsicht und *potestas*, der Herrschaftsmacht aufgrund von →Gewalt unterschieden. *Auctor* ist der, der einen Rat gibt, aber aufgrund höherer Kompetenz auch die Verantwortung dafür übernimmt. Mit dem Ende der Antike in Europa und Beginn der Christianisierung wird in Staat und Kirche Gott allein die höchste A. zuerkannt, doch Herrscher und Päpste werden zu vertretenden und ausführenden Organen dieser A., die sich hierarchisch nach unten in die Gesellschaft fortsetzt bis zur gottgewollten A. des Mannes über die Frau und er Eltern über ihre Kinder. Mit der Aufklärung und Entstehung der modernen Demokratien schwindet dieser religiös legitimierte Anspruch. Für die modernen westlichen Gesellschaften ist die Frage nach A. ein permanenter Prozess der Auseinandersetzung zwischen der →Autonomie des Individuums und der notwendigen A. des Staates zum Schutze der Allgemeinheit.

Eine zentrale Rolle spielt A. im gesellschaftlichen Erziehungsdiskurs (→Erziehung) des 20. und 21. Jh. Neue Ansätze der Pädagogik gehen davon aus, dass sich A. nicht allein durch die Position der Lehrperson ableitet sondern auch an die Zustimmung des Belehrten gebunden ist. E. Fromm bezeichnete eine solche A. als rationale A., die durch Einsicht, Freiheit und Gerechtigkeit geprägt ist und stellte sie dem an Macht und Gehorsam orientierten „autoritären Charakter" gegenüber. Darauf aufbauend wandte sich in den 1950ern Jahren die Frankfurter Schule um T. W. Adorno der Untersuchung von A. zu, deren Ansätze von der Studentenbewegung der 1960er Jahren in der antiautoritären Bewegung aufgenommen wurden. Der A.sdiskurs dauert an. In neuerer Zeit wird in der Pädagogik vermehrt auch wieder die Forderung nach mehr A. erhoben (B. Bueb, A. Winterhoff).

A. ist verbunden mit der Vorgabe von Werten, die für die Gesellschaft normativen Charakter haben sollen. Traditionell hatten in Europa →Staat und Kirche an dieser Stelle ein Monopol, das durch die moderne Mediengesellschaft weitgehend in Frage gestellt wird. Ein zentrales Problem ist dabei die A. in der Kommunikation der →Massenmedien. Information über alle weltweiten Vorgänge erfolgt durch Vermittlung, Auswahl Bearbeitung und Kommentierung in den Massenmedien, die weithin als A. gelten. Doch ist damit auch notwendigerweise eine Reduzierung der Komplexität verbunden, dem sich der Einzelne mangels Kenntnis der ganzen Zusammenhänge unterordnen muss. Einfluss auf die Medien zu haben bedeutet A. auszuüben in der Gesellschaft, die dann von Seiten der A. des Staates geordnet und beschränkt werden darf, wenn es um die Verletzung g der gesetzlichen und verfassungsrechtlichen Ordnungen einer Gesellschaft geht. Die A. des Staates begründet sich in der Demokratie auf das Votum der Bürger/innen, während die A. der Diktatur auf Ausübung von Gewalt zur Erhaltung von Macht beruht.

Maßgebend für die A. des Staates in Deutschland ist zudem das Grundgesetz als Grundlage jeder staatlichen Ordnung. Demgegenüber haben die beiden großen christlichen Kirchen nur noch eine beschränkte A. außerhalb ihrer Mitgliedsgemeinde. Dabei ist bei der Ausübung dieser A. zu unterscheiden zwischen römisch-katholischer und evangelischer Kirche. Für die römisch-katholische Kirche gilt, dass die A., die Bibel als Wort Gottes „im Namen Jesu Christi" auszulegen, allein dem Lehramt der Kirche, d. h. den Bischöfen und dem Papst zukommt, wie der *Katechismus* (I,2.3.85) betont. Daraus folgt auch die Begründung der Dogmen. Nach evangelischem Verständnis ist allein die Bibel als Gottes Offenbarung verbindliche A. für das Leben der Gläubigen. Denn es ist „nicht Privileg eines geistlichen Amtes, das Wort Gottes zu verkünden. Es gibt keine Hierarchie, vielmehr gilt das allgemeine Priestertum aller Gläubigen. Darum kommt es allein auf den sachlichen Inhalt des Gesagten, das „Was" an. Die Authentizität und Legitimität des Inhalts kann nicht rein formal begründet werden, sondern nur material" (M. Honecker, 655). Für J. B. Metz spielt das Postulat der Anerkennung der A. der Leidenden die entscheidende Rolle in seiner Idee der *Compassion* als Weltprogramm des Christentums. Für die Gläubigen beider Kirchen kann es zu Konflikten zwischen kirchlicher und staatlicher A. kommen, vor allem im ethischen Bereich wie z. B.

bei Fragen der Sterbehilfe, Abtreibung, des Kirchenasyls etc. Es ist dann Aufgabe staatlicher A., den Vorgaben christlicher A. einen entsprechenden Freiraum zu lassen und die Gewissensfreiheit des Einzelnen als letzte A. anzuerkennen. Ein aktuelles Problem ist der Islamismus, der allein den Koran und die Scharia als A., anerkennt und damit im Widerspruch zum A.sverständnis der demokratischen Staaten der westlichen Welt steht.

Gleichfalls am Anfang steht die Frage nach dem Verhältnis von →sozialen Netzwerken und A. Durch weltweite Vernetzung und grenzenlosen Datenaustausch bildet sich z. Zt. einen weltweite Parallelgesellschaft die die Autonomie des Einzelnen in den Vordergrund stellt und keinerlei staatliche oder religiöse Begrenzung anerkennen will, sondern nur nach eigenen Regeln handelt.

M. Horkheimer/E. Fromm/H. Marcuse, Studien über A. und Familie. Forschungsberichte aus dem Institut für Sozialforschung, 1936 – T. W. Adorno, Studien zum autoritären Charakter, 1973 – J. Clane (Hg.), Erich Fromm und die Pädagogik, 1987 – T. Eschenburg, Über A., 1987 – M. Honecker, Grundriss der Sozialethik, 1995 – Kathechismus der Katholischen Kirche, 1997 – B. Bueb, Lob der Disziplin. Eine Streitschrift, 2006 – J. B. Metz/L. Kudd, Compassion, Weltprogramm des Christentums, 2000 (Lit.) – O. Roy, Der islamische Weg nach Westen, 2006 – M. Winterhoff, Warum unsere Kinder Tyrannen werden. Oder: Die Abschaffung der Kindheit, 2008 – R. Vaas/M. Blume, Gott, Gene und Gehirn. Warum Glaube nützt. Die Evolution der Religiosität, 2009² (Lit.) – T. Petersen, A. in Deutschland, 2011 – G. Dyson, Turings Kathedrale. Der Ursprung des digitalen Zeitalters, 2014 – R. Kurzweil, Menschheit 2.0: Die Singularität naht, 2014 – S. Siebel, Macht und Medien. Zur Diskursanalyse des Politischen, 2014 – H. Omer/A. v. Schippe, A. ohne Gewalt. Coaching für Eltern von Kindern mit Verhaltensproblemen, 2014.

Peter Schneemelcher

Banken / Kreditinstitute

1. Begriff. B. – oft synonym Kreditinstitute (K.) – sind nach dem Kreditwesengesetz (KWG) →Unternehmen, die gewerbsmäßig B.geschäfte betreiben. Am Finanzdienstleistungsmarkt sind neben B. auch „Near-Banks" tätig – etwa Zahlungsinstitute, Wertpapier- oder Versicherungsunternehmen sowie „Non-Banks" (nicht-finanzielle Unternehmen wie Versandhäuser), deren Produktangebot das der B. z. T. ersetzen kann, die aber nicht von der KWG-Definition erfasst sind. Daneben wird häufig über „Schattenb." gesprochen; das sind spezialisierte Finanzinstitute, die b.typische Dienstleistungen anbieten, ohne der für B. geltenden Regulierung u. Beaufsichtigung zu unterliegen. Zum Schattenb.sektor gehören Hedgefonds u. alternative Investmentfirmen ebenso wie Geldmarktfonds. Zwischen B. u. Non-, bzw. Near Banks u. dem Schattenb.sektor bestehen zahlreiche Verbindungen, z. B. über Finanzierungs- u. Refinanzierungsgeschäfte.

2. Wirtschaftliche Bedeutung. B. erfüllen als „*Finanzintermediär*" eine wichtige volkswirtschaftliche Funktion. Mit dem Einlagen- u. Kreditgeschäft schaffen sie einen Ausgleich zwischen meist kleinen Einlagen u. der Nachfrage nach Krediten, die sich in Größe u. Fristigkeit unterscheiden. Dem Risikomanagement kommt hohe Bedeutung zu, damit dem Sicherheitsbedürfnis der Einleger Rechnung getragen wird. Daneben sind B. wichtig für die Übertragung geldpolitischer Entscheidungen der →Zentralb. auf die Realwirtschaft.

3. Größe des B.wesens. Ende 2013 gab es in Deutschland 2.029 K. – überwiegend Universalb., die alle nach dem KWG erlaubten Geschäfte betreiben dürfen. Nach der Rechtsform lassen sich unterscheiden: (1) *private Geschäftsb.* (Großb., Regionalb., Privatbankiers, die meisten Hypothekenb., die Zweigstellen ausländischer B.), (2) *öffentlich-rechtliche K.* (Sparkassen u. Landesb.) sowie (3) *genossenschaftliche B.* (Volks- u. Raiffeisenb. u. deren Spitzeninstitute). Zusammen unterhielten die deutschen B. 38.225 inländische B.stellen u. beschäftigten rund 645.550 Arbeitnehmer. Die Bilanzsumme des deutschen B.gewerbes belief sich auf 7.604 Mrd. €.

4. Herausforderungen des B.geschäfts. Die zunehmende Konkurrenz im B.sektor, aber auch durch b.nahe Unternehmen, technologische Entwicklungen u. veränderte Kundengewohnheiten sowie die Neubewertung der Geschäftsmodelle angesichts schärferer gesetzlicher u. aufsichtlicher Anforderungen stellen die B. vor Herausforderungen.

4.1 Neuerungen infolge der digitalen Entwicklung. Neue Kommunikationsmedien ermöglichen Rationalisierungen u. zugleich völlig neue Angebote von Finanzdienstleistungen. Insbesondere das →Internet schafft neue Absatzwege für B.produkte. Die Abwicklung von Geschäftsprozessen über elektronische Medien hat erhebliche Auswirkungen auf das klassische B.geschäft u. dessen Vertrieb. Das verändert die Rolle der B. als Finanzintermediäre stark. Im Bereich des Zahlungsverkehrs wird dies schon jetzt deutlich: Mobile Bezahldienste, die teilweise auf die von den B. erstellte Infrastruktur mit neuen Angeboten aufsetzen, verändern die bislang stark integrierte Wertschöpfungskette im B.geschäft. Mit dem erhöhten Leistungsumfang sowie der gleichzeitigen Erhöhung der Markttransparenz wachsen die Ansprüche der Kunden an Umfang und Qualität von Informationen, Beratung, Angebote sowie den Einsatz und die Sicherheit moderner Vertriebswege. Das führt zum einen dazu, dass Kunden auch für anspruchsvolle B.geschäfte den bislang üblichen Weg in die Filiale nicht mehr in Kauf nehmen möchten, sondern sich über Produktcharakteristika u. -bedingungen im Internet informieren u. oftmals auch elektronische Wege des Geschäftsabschlusses bevorzugen. Anders als in der Vergangenheit ermöglicht die Zulassung internetbasierter Authentifizierungsverfahren dies heute in vielen Bereichen des B.geschäfts. Damit sinkt tendenziell die traditionell enge Kundenbindung im B.sektor u. Marktanteile können leichter an Konkurrenten verloren werden.

4.2 Regulierung des B.sektors angesichts der Finanzmarktkrise. Im Zuge der ab 2007 um sich greifenden →Finanzkrise u. der anschließend einsetzenden schärferen Regulierung wurde deutlich, dass außer Banken auch andere Finanzinstitute einbezogen werden müssen. Zudem war es nötig, die Regulierung u. Beaufsichtigung der B. u. Schattenb. aus rein nationaler Sicht aufzugeben u. europäische oder globale Lösungen zu finden. Daher formulierte die Gruppe der Staats- u. Regierungschefs der G20 im November 2008, dass alle Finanzmärkte, Finanzprodukte u. Marktteilnehmer angemessener Regulierung u. Beaufsichtigung unterliegen sollen. Aus diesem Leitsatz entstand ein umfassendes Programm neuer Finanzmarktregelungen u. Aufsichtsstrukturen, das das B.geschäft umfangreich beeinflusst.

Von den G20 ausgehend hat sich der Regulierungsauftrag über die bei der *B. für Internationalen Zahlungsausgleich* angesiedelten Institutionen „*Finanzstabilitätsrat*" u. „*Baseler Ausschuss für B.aufsicht*" hin zu den Institutionen der *Europäischen Union* weiterentwickelt u. konkretisiert. Nun unterlegen die B. in Europa u. damit auch in Deutschland einem engmaschigen Regelungsgeflecht zur Schaffung eines einheitlichen Aufsichtsmechanismus. Es gibt ein einheitliches Abwicklungsregime für B. in Schieflage, zur Vereinheitlichung der Einlagensicherungssysteme, aber auch zur Verschärfung der Beratungs- u. Dokumentationspflichten u. zur Trennung des riskanteren Investmentbanking vom klassischen Kundengeschäft, das tief in Geschäftsmodelle u. in bisher nationale Regelungen eingreift.

Zugleich führen neue Kapital- u. Liquiditätsvorschriften tendenziell dazu, dass der Fortfall von Grenzen für Finanzgeschäfte, der mit der Errichtung der →Europäischen Wirtschafts- u. Währungsunion begann, in Teilen revidiert wurde u. es zu einem Rückzug auf nationale Märkte gekommen ist. Damit wird die erhoffte erleichterte Finanzierung der Wirtschaftsunternehmen in der EU tendenziell wieder erschwert. Kritik an der umfassenden Regulierung des B.sektors gibt es zudem wegen der Gefahr, dass Anreize für das B.management geschaffen werden, das eigene Haus so zu strukturieren, dass der mit Regulierung u. Aufsicht verbundene Aufwand möglichst gering ausfällt. Das führt im Endeffekt zu einem vereinheitlichten europäischen Muster-B.modell u. damit zu einer gleichförmigeren B.marktstruktur, die in der nächsten Krise anfälliger sein könnte, als dies bei größerer Vielfalt der Fall wäre.

Der Prozess der stärkeren Regulierung ist noch nicht abgeschlossen. Schon jetzt bestehen Planungen, die Vielzahl neuer Vorschriften, die seit dem Ausbruch der Finanzmarktkrise eingeführt wurden, hinsichtlich ihrer Treffsicherheit u. Effizienz, aber auch hinsichtlich etwaiger unerwünschter Effekte, die durch das Zusammenspiel der einzelnen Maßnahmen entstehen könnten, auf den Prüfstand zu stellen.

BUNDESVERBAND DEUTSCHER B.: Zahlen, Daten, Fakten der Kreditwirtschaft, 2014 – GROUP OF TWENTY: Declaration of the G20 Summit on Financial Markets and the World Economy, November 15, 2008.

Manfred Weber, Bernd Brabänder

Bankenkrise

1. Begriff. Mit B. werden verschiedene Phänomene bezeichnet. Erstens kann es sich um den Zustand einer gefährdeten Bank handeln, deren Liquidität und Stabilität nicht mehr gegeben und deren Funktionsfähigkeit damit in Gefahr ist. Zweitens kann sich der Begriff auf die krisenhafte Situation mehrerer Kreditinstitute bzw. des Bankensektors beziehen, in der die Liquidität und Stabilität der Banken und damit deren bzw. dessen Zahlungsfähigkeit nicht mehr gewährleistet ist. Die B. kann sich aufgrund der engen Verflochtenheit des Finanzsektors von einer bzw. wenigen betroffenen Geldinstituten auf weitere Akteure ausweiten und auch gesellschaftliche Kosten und negative Folgen verursachen. B. können Auslöser oder Folge von Finanzkrisen sein und gehen oft mit anderen wirtschaftlichen oder politischen Krisen einher.

2. Die Rolle von Banken und Auslöser der B. Banken haben im gegenwärtigen Wirtschaftssystem zentrale Aufgaben. Sie sind Intermediäre, die zwischen Einlagen und Kreditvergabe und weit darüber hinaus auch zwischen Nichtbanken und anderen Banken und der Notenbank agieren. Gleichzeitig sind sie seit der Kapitalmarktliberalisierung der 1990er Jahre verstärkt selbst am Kapitalmarkt aktiv. Banken stellen mit ihren Aktivitäten und Angeboten neben finanziellen Dienstleistungen auch Strukturen für Wirtschaft und Gesellschaft bereit. Für den Bankensektor ist dabei Vertrauenswürdigkeit ein ganz wesentliches Element für die Geschäftstätigkeit.

B. kommen sowohl in reichen als auch armen Ländern vor. In manchen Ländern sind B. ein häufigeres Phänomen als in anderen, so weist die USA in den letzten 180 Jahren bspw. 14 B. auf, Kanada jedoch nur zwei.

Die Ursachen von B. können im wirtschaftlichen, unternehmerischen und gesellschaftspolitischen Bereich liegen. Wirtschaftlich können sich bspw. ein Börsencrash oder eine globale realwirtschaftliche Krise auf den Bankensektor auswirken. Auch kann die Insolvenz einer Bank aufgrund der Vernetzung im Finanzsektor negative Auswirkungen auf andere Banken und Kreditinstitute haben. Gleichzeitig zeigen sich B. oft nach der Deregulierung von Kapitalmärkten. Außerdem ereignen sich B. entweder auf dem Höhepunkt von Immobilienbooms oder kurz nach dem Platzen einer Immobilienblase.

Unternehmerisch kann es in der Bank zu Kreditausfällen kommen, die zu Verlusten führen, so dass die Bank in eine Liquiditätskrise kommt. Auch kann sich die Fragilität des Bankgeschäfts aufgrund von Fehlinvestitionen oder auch im Eigenhandel zeigen und so zur Insolvenz führen. Gesellschaftspolitisch kann es aufgrund einer außergewöhnlichen Situation wie einem Krieg oder sozialen Unruhen zu einem „*Bank run*", d. h., einem massiven Ansturm der Bankkunden zur Abhebung ihrer Einlagen kommen, der die Bank in Zahlungsschwierigkeiten bringt. Dies kann aufgrund eines Gerüchts oder tatsächlicher unternehmerischer Probleme der Bank geschehen.

3. Geschichte. B. sind ein Phänomen, das sich in verschiedenen Epochen zeigt und weltweit zu finden ist. Schon im Venedig des 15. Jh. kam es aufgrund des Geldtransfers von Banken zu staatlichen Anleihen zum Bankenzusammenbruch, der staatlicherseits nicht aufgehalten werden konnte. Mit der Einführung von Notenbanken (→Zentralbank) war dann u. a. ein Instrumentarium gefunden, das zur Stabilisierung im Krisenfall beiträgt, wie dies bspw. bei der Baring-Krise im Jahr 1890 der Fall war. Die Baring Bank war in Liquiditätsnöte geraten, weil sie für aufgekaufte südamerikanische Anleihen keine Anleger fand. Durch den Eingriff der britischen Zentralbank (*Bank of England*), die der Bank ein Darlehen bot, konnte der Zusammenbruch verhindert werden. In Deutschland kam es im Zusammenhang mit der Weltwirtschaftskrise 1929 später auch zur Deutschen B. im Jahr 1931, bei der große Banken wie die Danat-Bank und Dresdner-Bank zusammenbrachen. Hierauf wurde wiederum mit staatlichen Aktivitäten reagiert und die Bankenaufsicht sowie das Kreditwesengesetz (KWG) eingeführt, das die Funktionsfähigkeit des Finanzbereichs regelt. Die B. der Jahre seit 2007 lässt sich auf die von den USA ausgehende →Finanzkrise zurückführen und führte unter anderem zum Konkurs von Lehman Brothers, was sich auch global auswirkte und in Deutschland die Einführung des Finanzmarktstabilisierungsfonds (SoFFIN) mit sich brachte.

4. Folgen und Wege aus der Krise. B. haben erhebliche realwirtschaftliche Folgen. Sie können zu Wirtschaftsabschwüngen (→Konjunktur) führen, was sich wiederum negativ auf die Steuereinkünfte (→Steuern) auswirkt und Staats→verschuldung verursachen kann. Es kommt zu fiskalischen Kosten zur Rettung der Bank bzw. der Banken.

Als Wege aus der Krise werden zumeist staatliche Eingriffe vorgenommen, mit deren Hilfe die betroffenen Banken entweder stabilisiert oder die problematischen Aktiva aufgekauft und in „*Bad Banks*" überführt oder die Banken fusioniert oder vom Staat übernommen werden. Es kann auch über die →Zentralbank Liquidität zur Verfügung gestellt werden, so dass wieder Vertrauen in die Bank oder das System hergestellt werden kann. Oder die Bank kann Pleite gehen. Zumeist werden nach den ersten Rettungsmaßnahmen weitere und längerfristige Schritte unternommen wie Regulierungsmaßnahmen für die Finanzdienstleister oder eine Erhöhung der Einlagensicherung oder die Verstärkung der Bankenaufsicht sowie die Überprüfung der Bank hinsichtlich Krisen mit Stresstests.

T. Dabringhausen, B. ökonomie. Entstehung, Verlauf, Vermeidung und Verwaltung von B., 2013 – C. M. Reinhart/K. S. Rogoff, Dieses Mal ist alles anders. Acht Jahrhunderte Finanzkrisen, 2013[3] – C. W. Calomiris/S. H. Haber, Fragile by Design. The Political Origin of Banking Crisis and Scarce Credit, 2014 – P. Bofinger, Grundzüge der Volkswirtschaftslehre. Eine Einführung in die Wissenschaft von Märkten, 2015[4] – M. North, Geld- und B. im Mittelalter und Neuzeit, in: K. Kraemer/S. Nessel, Geld und Krise. Die sozialen Grundlagen moderner Geldordnungen, 2015, S. 43–60.

Gotlind Ulshöfer

Baptisten

1. Geschichte. In einer englischen puritanisch-separatistischen Flüchtlingsgemeinde unter dem Theologen John Smyth (ca. 1570–1612) und dem Juristen Thomas Helwys (ca. 1550–1616) wurde 1609 in Amsterdam die erste Gläubigentaufe vollzogen, wie sie fortan für B. kennzeichnend wurde. Für Säuglingstaufen fehlten in ihren Augen in der Hl. Schrift Belege; stattdessen fand Smyth, dass die Taufe nur an Gläubigen zu vollziehen sei. Weil die Taufe Eingang in die Kirche ist, sind rechte Kirche und rechte Taufe miteinander verzahnt. Smyth folgerte, dass eine falsche Taufe in die falsche Kirche führt. Da die Kirche von England die falsche Taufe von der römischen Kirche übernommen habe, sei die Tochter so korrupt wie ihre Mutter. Eine Reform sei unmöglich; nach neutestamentlichem Vorbild müsse die Kirche restituiert werden. Das ausführliche Bekenntnis *A Declaration of Faith of English People* ist von 1611. In England bildeten sich zwei Traditionen: Die *General Baptists*, durch Rückwanderer aus Amsterdam 1612 entstanden, vertraten eine allgemeine Versöhnung, die *Particular Baptists*, zwischen 1638 und 1641 hervorgetreten, lehrten calvinistisch (→Calvinismus), Christus sei nur für Erwählte gestorben. Beide praktizierten die Gläubigentaufe, zunächst durch Übergießen, später durch Immersion. 1891 erfolgte der Zusammenschluss beider Richtungen.

1639 gründete der aus Massachusetts vertriebene Dissenter Roger Williams, der mit dem baptistischen Arzt John Clarke die Kolonie Rhode Island errichtet hatte, die erste Gemeinde in Nordamerika. Dort entwickelten sich B. im Gefolge von Erweckungen rasant, zumal die kongregationalistische Verfassung Gemeindegründungen unkompliziert ermöglichte. Auch die Afro-Amerikaner begannen eigene Gemeinden mit hohem Wachstum. Streitigkeiten unter B. sind sprichwörtlich; folgenreich war die Spaltung aufgrund der Sklavenfrage, so dass sich 1845 die sozial und theologisch konservative *Southern Baptist Convention* bildete. Sie wuchs im 20. Jh. zur größten protestantischen Kirche der USA, wird aber seit den 1980er Jahren von Fundamentalisten (→Fundamentalismus) angeführt. Im *Bible Belt* ist sie einem „Kulturbaptismus" erlegen und hat wesentliche Teile der Tradition aufgegeben, so dass sich die *Cooperative Baptist Fellowship* abspaltete.

1792 erfolgte die Gründung der *Baptist Missionary Society*. In Indien und Burma kam es zu erheblichen Aufbrüchen, in China und Japan blieben die Erfolge gering. In Korea erfolgte im 20. Jh. wie auf den Philippinen ein beachtliches Wachstum. Britische Kolonisten trugen den Baptismus nach Australien (ab 1831) und Südafrika (1820), freigelassene Sklaven in die Karibik (GEORGE LILIE 1783 Jamaika, PRINCE WILLIAMS 1790 Bahamas) und nach Afrika (LOTT CAREY und COLIN TEAGUE 1821 Liberia). Besonderes Wachstum gab es in Nigeria. In Lateinamerika kam es erst 1871 in Brasilien und 1881 in Argentinien zu Gründungen.

Zäh gestaltete sich das Wachstum in Europa wegen Feindschaft, Verfolgung und mannigfacher →Diskriminierung durch staatliche und kirchliche Stellen. JOHANN GERHARD ONCKEN (1800–1884), der Begründer des kontinental-europ. Baptismus, sandte Kolporteure, oft Handwerksburschen, in die deutschsprachigen Länder und nach Osteuropa. Im russischen Reich entstanden blühende Gemeinden, die im 20. Jh. aufgrund der politischen und ethnischen Verwerfungen viel Leid erduldeten. An einer Systemüberwindung (→Nationalsozialismus oder →Kommunismus) haben B. nicht systematisch gearbeitet. In Deutschland sind die B. mit Teilen der Darby'schen Brüderbewegung zum Bund Ev.-Freikirchlicher Gemeinden zusammengeschlossen. B. sind Gründungsmitglieder der VEF und der ACK und gehören zur KEK.

2. Kennzeichen. Nimmt man das Wort „Baptist" als Akronym, lassen sich daran allgemeinen Kennzeichen erläutern (vgl. LÜTZ):

Die →Bibel gilt als einzige Autorität. Glaubensbekenntnisse (z.B. Rechenschaft vom Glauben 1977), sind nie abgeschlossen, sondern für weitere Einsichten offen und dienen als Hilfen zur Interpretation der Bibel. Der Bibelgebrauch kann sehr unterschiedlich sein und zwischen Fundamentalismus und historischer Kritik schwanken.

Die Autonomie der Ortsgemeinde folgt aus der kongregationalistischen Verfassung, wonach jede Gemeinde ihre Leitung und Pastoren selbstständig wählt und ihre Finanzen verwaltet. Für übergeordnete Aufgaben wie Pastorenausbildung, Mission, →Diakonie, Kinder- und Jugendwerke gibt es den „Bund" („*Union*" oder „*Convention*"). Dazwischen sind regionale Vereinigungen *(associations)* oder Landesverbände. 1950 entstand die Europäisch-Baptistische Föderation (EBF), und bereits 1905 der Baptistische Weltbund (*Baptist World Alliance* = *BWA*). Ihre Hauptaufgaben sind Förderung der Gemeinschaft, Kommunikation und gegenseitige Hilfe. Sie besitzen keine bindende Autorität. Der Weltbund, der ca. 45 Mio. Getaufte repräsentiert, hat mit dem Reformierten und dem Lutherischen Weltbund, dem Vatikan, der Weltkonferenz der →Mennoniten sowie der Anglikanischen Gemeinschaft theologische Dialoge geführt. Mit dem Weltrat Methodistischer Kirchen (→Methodismus) und der Weltpfingstbewegung laufen derzeit Gespräche.

Das Priestertum aller Glaubenden knüpft an reformatorische Einsichten an und wurde als demokratisches Egalitätsprinzip gegen hierarchisches Denken entwickelt.

Voraussetzung der Taufe ist der von jeder Person in Freiheit zu bezeugende Glaube an das durch Christus gewirkte Heil. Es kann kein stellvertretendes oder aufgezwungenes Glaubensbekenntnis geben; daher wird nur die Gläubigentaufe praktiziert. Sie ist sowohl Gottes Bundeszeichen und Gabe als auch die menschliche Antwort darauf und gliedert in die Ortsgemeinde als der konkreten Verwirklichung der Kirche ein.

Der →**Individualismus** ist gegenüber obrigkeitlichen und hierarchischen Strukturen ein gewaltiger Fortschritt in Richtung einer Liberalisierung und Demokratisierung der Kirche und Gesellschaft. Durch die Gemeinschaft wird er gezügelt, weil der Glaube nur in ihr entsteht und lebt.

Sendung: B. haben stets die Mission als Heimat- und Außenmission verbunden mit sozialdiakonischen Aktivitäten ernst genommen.

Die Forderung einer Trennung von Staat und Kirche mündet nicht im Laizismus, sondern wird zum Wohl beider Bereiche erhoben. Weder darf der →Staat eine Kirche oder Religion bevorzugen oder benachteiligen, schon gar nicht mit Zwangsmitteln, noch die Kirche den Staat klerikalisieren. Die Glaubens-, Bekenntnis-, →Gewissensfreiheit, die von Anbeginn in zahlreichen Schriften und in den Bekenntnissen um des →Gemeinwohls willen verteidigt wird, lässt sich am besten in einer →Demokratie mit Entflechtung staatlicher und kirchlicher Bereiche verwirklichen. In der Kolonie Rhode Island wurde allen „volle Freiheit in religiösen Angelegenheiten" garantiert. Williams sprach von einer „Trennmauer oder Hecke zwischen dem Garten der Kirche und der Wüste der Welt". (GAUSTAD 1991) Hier war zum ersten Mal in einem politischen Gemeinwesen die →Religionsfreiheit durchgesetzt. Die Fernwirkung dieser Ordnung und Metapher (*wall of se-*

paration) reicht bis zum Ersten Zusatz zur amerikanischen Verfassung 1791. Diese Konstellation bildet mit Mission und Freiwilligkeit eine Einheit und führt nicht zu einer Privatisierung der Religion, sondern zu aktivem, öffentlichem Gemeindeleben. Das zeigt sich deutlich in den USA.

3. Persönlichkeiten. Der erste Präsident des Weltbundes, der Engländer JOHN CLIFFORD (1836–1923), setzte sich für Sozialreformen ein, kämpfte gegen die Tories, für die Abschaffung des Oberhauses, und leistete „passiven →Widerstand". Damit beeinflusste er durch J. J. DOKE, einen seiner Schüler, GANDHI in Südafrika, der passiv als „gewaltlos" übersetzte (vgl. GELDBACH 2001). Cliffords Freund und zeitweiliger Gegenspieler Charles Haddon Spurgeon (1834–1892) wird oft als „Fürst unter den Predigern" tituliert; er verließ 1887 die *Baptist Union* und starb einsam.

Im Art. nicht genannte bekannte B.: JOHN BUNYAN (1628–1688, Erbauungsbuch „Die Pilgerreise"), WILLIAM CAREY (1761–1834, erster Missionar in Indien), ISAAC BACKUS (1724–1806) und JOHN LELAND (1754–1841, Vorkämpfer für Religionsfreiheit), ERNEST A. PAYNE (1902–1980, einer der Präsidenten des ÖRK), JOHN ROCKEFELLER SEN. (1839–1937) und JUN. (1874–1960, Philanthropen), IVAN S. PROCHANOW (1869–1935 Begründer des Bundes der Evangeliumschristen), ADONIRAM JUDSON (1788–1850, Missionar in Burma), Walter Rauschenbusch (1861–1918, *social gospel*), MARTIN LUTHER KING SEN. (1899–1981) und JUN. (1929–1968), RALPH ABERNATHY (1926–1990, *civil rights movement*), HARRY E. FOSDICK (1878–1969, Prediger und Professor), HARRY TRUMAN (1884–1972), JIMMY CARTER (*1924), BILL CLINTON (*1946, Präsidenten der USA), BILLY GRAHAM (*1918, Evangelist).

W. L. LUMPKIN (Hg.), Baptist Confessions of Faith, 1969 – H. L. MCBETH, The Baptist Heritage, 1990 – DERS. (Hg.), A Sourcebook for Baptist Heritage 1990 – A.W. WARDIN (Hg.), Baptists around the World, 1995 – E. GELDBACH, Von Gandhi zu King, in: ZThG 6, 2001, 60–101 – D. LÜTZ, Wir sind noch nicht am Ziel, 2002 – E. GELDBACH, Baptisten, in: M. MÜHLING (Hg.) Kirchen und Konfessionen, 2009, S. 132–152 – Edwin S. GAUSTAD, Liberty of Conscience. Roger Williams in America, 1991 – D. W. BEBBINGTON, Baptists Through the Centuries. A History of a Global People, 2010 – A. STRÜBIND/ M. ROTHKEGEL (Hg.) Baptismus. Geschichte und Gegenwart, 2012 – Zeitschrift für Theologie und Gemeinde – Theologisches Gespräch – Jahrbuch des Vereins für FreikirchenForschung – Lit.

Erich Geldbach

Barmer Theologische Erklärung (BTE)

1. Die erste **Bekenntnissynode** der Deutschen Evangelischen Kirche (DEK) in Barmen-Gemarke vom 29. bis 31. Mai 1934 vereinte „Vertreter luth., ref. u. unierter Kirchen, freier Synoden, Kirchentage u. Gemeindekreise" im Widerspruch gegen die tief greifende theol. Zerstörung der Reichskirche (seit dem Herbst 1933 u. der Wahl Ludwig Müllers zum Reichsbischof). Mit der „Erklärung zur Rechtslage der Bekenntnissynode der DEK" beanspruchte die Synode, die rechtmäßige ev. Kirche in Deutschland zu sein u. bestritt dem Kirchenregiment der Deutsche Christen (DC) die Legitimität. Die Synode bestellte einen Bruderrat. „Barmen" bedeutet somit kirchenpol. u. kirchenrechtl. die organisator. Gründung der Bekennenden Kirche. Die Kirche beanspruchte ein kirchl. Notrecht gegen die vom →Staat gleichgeschaltete „Reichskirche", dessen Umsetzung dann die nachfolgende Dahlemer Synode vollzog.

2. Über den konkreten kirchenpol. Anlass hinaus hat Barmen Bedeutung durch die Annahme der „**Theologischen Erklärung**". Die BTE ist veranlasst durch die „Irrlehre" der DC, auf die sich besonders die Verwerfungssätze beziehen (Lehre vom „artgemäßen Christentum", vom „arischen", heldischen Christus). Der Hauptautor der BTE ist K. BARTH. In 6 Sätzen bezeugt sie den Anspruch des christl. Glaubens als umfassende Selbstkritik angesichts der neuzeitl. Geschichte des Protestantismus. Formal gleichartig aufgebaut sind die 6 Thesen nach dem Schema: Schriftwort, affirmative Aussage, Verwerfungssatz. Die BTE ist die Magna Charta der Bekennenden Kirche.

Die ersten beiden grundlegenden Themen bezeugen das solus Christus.

Die **1.** *These* bekennt Jesus Christus als das eine „Offenbarungswort": „Jesus Christus, wie er uns in der Hl. Schrift bezeugt wird, ist das eine Wort Gottes, dem wir im Leben u. im Sterben zu vertrauen u. zu gehorchen haben. Wir verwerfen die falsche Lehre als könne u. müsse die Kirche als Quelle ihrer Verkündigung außer u. neben diesem einen Wort Gottes auch noch andere Ereignisse u. Mächte u. Wahrheiten als Gottes Offenbarung anerkennen." Nach der Selbstinterpretation der Autoren (K. BARTH, H. ASMUSSEN) protestiert die These gegen die gesamte theol. Entwicklung seit der Aufklärung u. verwirft die natürl. Theologie. Lutherische Theologen kritisierten deshalb diese Thesen als „Christomonismus"; sie beriefen sich gegen sie auf eine „Uroffenbarung" (P. ALTHAUS), bzw. auf die Unterscheidung von →Gesetz u. Evangelium. Gegenstand der 1. These ist das Verständnis von Offenbarung u. Wort Gottes u. damit das Verhältnis zur Religion u. außerchristl. Gotteserkenntnis.

Die **2.** *These* zieht daraus Folgerungen v. a. für die →Ethik eines Christen: „Wie Jesus Christus Gottes Zuspruch der Vergebung aller unserer Sünden ist, so u. mit gleichem Ernst ist er auch Gottes kräftiger Anspruch auf unser ganzes Leben; durch ihn widerfährt uns frohe Befreiung aus den gottlosen Bindungen dieser

Welt zu freiem dankbaren Dienst an seinen Geschöpfen. Wir verwerfen die falsche Lehre, als gäbe es Bereiche unseres Lebens, in denen wir nicht Jesus Christus, sondern anderen Herren zu eigen wären, Bereiche in denen wir nicht der →Rechtfertigung u. Heiligung durch ihn bedürften." Die These ist schon sprachl. ungenau (so die Verbindung „so u. mit gleichem Ernst", „Zuspruch" u. „Anspruch", „Befreiung aus den gottlosen Bindungen"). Sie ist deshalb in der Interpretation u. Rezeption besonders strittig gewesen. Es geht in ihr um den Öffentlichkeitsauftrag der Kirche (→Öffentlichkeit), um das Verhältnis von Dogmatik u. Ethik, um die Begründung polit. Auseinandersetzungen (→Königsherrschaft Christi, →Zweireichelehre, →Eigengesetzlichkeit der Welt).

These 3 stellt die Unabhängigkeit der →Gemeinde von polit. Mächten fest, betont die Zusammengehörigkeit von „Botschaft" u. „Ordnung der Kirche". Christl. Kirche ist „Gemeinde von Brüdern", in der Jesus Christus als Herr gegenwärtig handelt.

Die *4. These* handelt vom Dienstcharakter der Ämter in der Kirche (→Dienst; →Amt). Beide Thesen führten zur Neubesinnung auf die Grundlagen ev. Kirchenrechts („bekennendes" Kirchenrecht).

Die *5. These* verwirft den Totalitätsanspruch des weltanschaul. NS-Staates u. weist ebenso eine Ausübung staatl. Würden u. Aufgaben durch die Kirche zurück: „Die Schrift sagt uns, dass der →Staat nach göttl. Anordnung die Aufgabe hat, in der noch nicht erlösten Welt, in der auch die Kirche steht, nach dem Maß menschl. Einsicht u. menschl. Vermögens unter Androhung u. Ausübung von →Gewalt für →Recht u. →Frieden zu sorgen. Die Kirche erkennt in Dank u. Ehrfurcht gegen Gott die Wohltat dieser seiner Anordnung an. Sie erinnert an Gottes Reich, Gottes Gebot u. →Gerechtigkeit u. damit an die →Verantwortung der Regierenden u. Regierten." Die These ist nach wie vor polit. aktuell u. war 1934 besonders brisant. Die Unterscheidung von staatl. Aufgabe u. kirchl. Auftrag wird eingeschärft (→Zweireichelehre). Im Staatsverständnis geht es nicht nur um das Verhältnis von Staat u. Kirche, sondern um Staatsverständnis u. Staatsauftrag (→Rechtsstaat, →Demokratie, →Menschenrechte, →Friede, Gewaltmonopol u. a.).

Die *6. These* beschreibt ohne Polemik den Auftrag der Kirche mit der Formulierung „die Botschaft von der freien →Gnade Gottes auszurichten an alles →Volk" u. fasst in diesem Satz die Gesamtausrichtung der BTE zusammen.

3. Wirkungs- u. Interpretationsgeschichte. Die Auseinandersetzung um die theol. Aussagen der BTE betreffen v. a. die affirmativen Aussagen. Die in den Verwerfungssätzen ausgesprochenen Abgrenzungen werden dagegen heute weithin akzeptiert. Die Auslegung der Affirmationen ist schon darum unterschiedl., weil die BTE zusammen mit H. Asmussens Einführungsreferat angenommen wurde. So gibt es eine Spannweite von Interpretationsmöglichkeiten zwischen Lutheranern u. Barthianern.

3.1 Schon bei der Beschlussfassung stellte sich das Problem des Verhältnisses von BTE zu den reformatorischen, v. a. den luth. Bekenntnisschriften (als „Lehrnormen"), von aktuellem Bekennen u. Bekenntnisstand. Die strittige Frage, ob die BTE ein „Unionsbekenntnis" sei, wird im Vorspruch ausdrückl. angesprochen. Kirchenrechtl. relevant wurde die Einschätzung, ob die BTE nur „Erklärung" ist oder Bekenntnischarakter hat, bei der unterschiedl. Aufnahme der BTE in den Ordinationsgelübden der Landeskirchen u. bei der Gründung der →EKD im Blick auf die Entscheidung, ob diese „Kirche" oder nur „Bund bekenntnisverschiedener Kirchen" sei.

3.2 Eine breitangelegte Auslegung u. Anwendung der 6 Thesen der BTE hat der Theologische Ausschuss der EKU erarbeitet, beginnend 1970–1974 mit der 2. These. Die Auslegung arbeitet einerseits deren fortdauernde Bedeutung heraus, macht aber zugleich deutlich, wie kontext- u. situationsbezogen die Aussagen damals aufgenommen wurden. Neue Fragestellungen, wie die nichtchristl. Religionen, das Verhältnis zum Judentum, Feminismus (→Geschlechterverhältnis), Umgang mit →Geld in der Kirche, die Friedensaufgabe im Atomzeitalter, die veränderte gesellschaftl. Umwelt u. a. nötigen zu neuen theol. Überlegungen u. z. T. zu Revisionen.

3.3 Tendenzen, die BTE im fundamentalistischen Sinne theol. zu instrumentalisieren oder polit. kirchenpolitisch funktionalistisch einzusetzen, gab es immer wieder. Der histor. Rang der BTE im Kirchenkampf ist unbestreitbar. Offene Fragen, wie das Verhältnis von Christuszeugnis u. Religion, von Offenbarung u. allgemeiner Gotteserkenntnis können jedoch nicht formal mit der Berufung auf Barmen entschieden werden. Dies gilt insbesondere für die 1. These, wenn sie die gesamte neuere Geschichte der ev. Theologie seit der Aufklärung, also den „Neuprotestantismus" zum „Irrweg" erklären würde. Ebenso kontrovers rezipiert wurde v. a. die 2. These hinsichtl. des Verhältnisses von Glaube u. →Vernunft, von Bekenntnis u. →Humanität (status confessionis), einer christologischen Begründung der Ethik. In These 3 u. 4 ist die Ökumene nicht in Sicht, auch enthält die BTE keine ausgeführte Ekklesiologie. Eine kritische Auslegung der BTE u. v. a. ihrer Anwendung ist also erforderlich, zumal die Bekenntnissituation gegenüber dem totalitären Staat u. angesichts der DC-Irrlehre kontextuell bedingt war. Kontextveränderungen durch den weltanschaul. →Pluralismus, durch den polit. Rahmen einer freiheitl. u. rechtsstaatl. Demokratie u. einer von Profanität u. religiöser Skepsis geprägten nachchristl. →Gesellschaft sind zu bedenken. Die „ev. Wahrheiten", welche die BTE bezeugt, sind jeweils neu auszulegen. Einseitig interpretiert wird außerdem die BTE als polit.

Programm u. zur Legitimation Politischer Theologie. Barmen war kein polit. Widerstandsakt, sondern diente der innerkirchl. Klärung und Orientierung. Wegweisend bleibt die BTE als bedeutsamstes Zeugnis des Kampfes der Bekennenden Kirche um die Freiheit der Verkündigung des Evangeliums u. der Ordnung der Kirche. Darin bestehen ihre bleibende Bedeutung u. ihre weiterführende Orientierungskraft.

E. WOLF, Barmen, 1957, 1970² – A. BURGSMÜLLER/R. WETH (Hg.), Die Barmer Theologische Erklärung, 1983, 1993⁵ – K. NOWAK (u. a.), Barmen und das Luthertum, 1984 – E. JÜNGEL, Mit Frieden Staat machen. Politische Existenz nach Barmen V, 1984 – C. NICOLAISEN, Der Weg nach Barmen. Die Entstehungsgeschichte der Theologischen Erklärung von 1934, 1985 – M. HONECKER, Die Barmer Theologische Erklärung und ihre Wirkungsgeschichte, 1995 – EBERHARD BUSCH, Die Barmer Thesen 1934 – 2004, Göttingen 2004 – A. BURGSMÜLLER (Hg.), Vorträge und Voten aus dem Theologischen Ausschuss der Ev. Kirche der Union, Barmen I und VI, Bd. 1 und 2., ¹1993, ᴵᴵ1994, Barmen II, 1974, Barmen III, Bd. 1 und 2, ¹1980, ᴵᴵ1985, Barmen V, 1986, Barmen IV, Bd. 1 und 2, 1999.

Martin Honecker

Barmherzigkeit (biblisch)

1. Der deutsche Begriff der B. verbindet sich als Lehnübertragung von lat. misericordia mit der Vorstellung einer mitleidigen Empfindung des Herzens (‚armherzig').

2. Die Bedeutung der hebräischen Abstrakt-Pluralbildung ‚*rachamim*' erschließt sich demgegenüber wahrscheinlich bereits etymologisch: ‚*raechaem*' bedeutet im Hebräischen ursprünglich den Mutterschoß, verweist damit auf das innige Verhältnis zwischen Mutter und Kind (vgl. Jes 49,15; 1. Kön 3,26; vgl. den Fall in Thr 4,10). Zum Sinnspektrum der B. gehört von hier aus nicht allein das affektiv-emotive Moment (s. o. 1.). B. impliziert vielmehr auch Verstandestätigkeit und dokumentiert sich in konkret-praktischer, lebensfürsorglicher Aktivität.

3. Biblisch ist auf der einen Seite ein deutlicher Schwerpunkt in der *theologischen* Verwendung des Terminus für das ‚Wesen' bzw. das dem Menschen zugewandte Handeln Gottes zu erkennen. Hiervon ist die deskriptive oder präskriptive Rede von der B. im Blick auf menschlich-soziale Relationen auf der anderen Seite zu unterscheiden.

3.1 Die den atl. Sprachgebrauch dominierende Rede von der göttlichen B. steht in enger Korrelation zur prädikativen Rede vom ‚Gnädigsein' Gottes. In Ps 103,4 ruft der Beter Gott als Vater an, der – wie LUTHER übersetzt – mit →Gnade und B. „krönt". Die B. limitiert Gottes strafendes Handeln am schuldigen Volk oder Einzelnen (Ex 34,6f.; vgl. 33,19; Jes 55,7; Jon 4,2; Ps 86,15–17; 102,14f.). Dies ist insbesondere auch im →Dekalog im Zusammenhang der Formulierung des Ausschließlichkeitsanspruchs und Bilderverbots fixiert (Ex 20,5f./Dtn 5,9f.). Umgekehrt ‚gedenken' und appellieren Volk und Einzelne in Notsituationen an den gnädigen und b. Gott (Jes 63,7.15; Ps 40,12; 51,3; 69,17; 103,13). Die göttliche B. ist im Sprachgebrauch der deuteronomisch-deuteronomistischen Literatur mit seiner Bundestreue korreliert (vgl. Dtn 4,31; 7,9.12; 1. Kön 8,23; Ps 78,37f. u. a. m.). Mit der Exilskatastrophe kann die B. Gottes zum Inbegriff der Verheißung und neuen, dauerhaften Hoffnung des Volkes werden (vgl. Jes 14,1; 54,8.10; 55,7; Ez 39,25; Thr 3,31–33). Das Nicht-Erbarmen Gottes bedeutet in der Gerichtsprophetie demgegenüber die Aufkündigung des treu-heilvollen Handelns am Volk (vgl. Hos 1,6f.; 2,6). In der frühjüdischen Apokalyptik gewinnt die Vorstellung des göttlichen Zorns tragende Bedeutung, der im Endzeitgeschehen gegenüber den Ungerechten und Frevlern an die Stelle seiner B. tritt.

3.2 Kann nach dem AT Gott B. als Lebensschutz unter bzw. ‚vor' Menschen gewähren (vgl. Gen 43,14; 1. Kön 8,50; Ps 106,46) und kann er B. vom Menschen fordern (Sach 7,9), so ist dies im Sinn von notwendender Hilfe (vgl. 1. Sam 23,21), Lebensbewahrung und Fürsorge zu begreifen (grundlegend: JEPSEN, 211–214). B. ist Implikat des Bündnisses unter Freunden (1. Sam 20,8.14f.). Sie äußert sich in materieller Unterstützung und bedeutet die Opposition zu Grausamkeit und Unterdrückung (vgl. Jer 6,23 = 50,42; 21,7; Jes 13,18; vgl. 47,6; Ps 109,16).

4. In den Linien des atl.-jüd. Sprachgebrauchs erschließt sich die Verwendung der griechischen Begriffe ‚*eleeos*', ‚*oiktirmos*' (beide für: ‚Mitleid'/,Erbarmen'/ ‚B.') und ‚*splanchna*' (die ‚Eingeweide'/vom Sitz der Gefühle) sowie ihrer Derivate im NT.

4.1 Anknüpfend an atl.-frühjüd. Psalmensprache ist in Lk 1,50.58.72 von der B. als Bundestreue Gottes die Rede (vgl. Jak 5,11: Hiob). Auch bei Paulus (vgl. Röm 12,1; 2. Kor 1,3; vgl. 1. Clem 9,1; 20,11) verweist die Rede von der B. im Horizont der Problematik der Universalisierung des Heils und der Zukunft Israels auf das sich in Freiheit vollziehende Erwählungshandeln Gottes (Röm 9,15f.22; 11,30–32). Im Zentrum der Explikation der göttlichen B. steht dabei in den ntl. Schriften das Christusgeschehen in seiner soteriologischen Bedeutung (vgl. in der Paulusrezeption: Eph 2,4; Tit 3,5; vgl. 1. Petr 2,10; Hebr 2,17; 4,15f.). Der auferstandene Kyrios wird so zum Garanten eschatologischer B. (vgl. 2. Tim 1,18; vgl. Jud 21). Der Dienst des Apostels Paulus gründet im Erbarmen des auferstandenen Herrn (1. Kor 7,25; vgl. 2. Kor 4,1). Vermag Gott durch seine B. von Krankheit zu heilen (Phil 2,27 von Epaphroditus), so weisen die Wundererzählungen der Evangelien die Tendenz auf, Heilung in der B. *Jesu* zu begründen (vgl. Mk 10,47f. par.; Mt 15,22; 17,15; vgl. Mk 5,19; Lukas hält dagegen nachdrücklich an der Theozentrik der Wunderheilungen fest).

4.2 Gilt der Stoa ‚Mitleid' als ein Affekt, den der Weise mit seiner Verstandes- und Willenskraft kontrollieren soll, so ist demgegenüber christliches Verhalten gerade durch B. gekennzeichnet. Lk 6,36 motiviert (anders Mt) die B.-Forderung mit der vorgängigen B. des göttlichen Vaters. Das Gleichnis vom unbarmherzigen Schuldner narrativiert dieses Entsprechungsverhältnis unter ekklesiologischem Vorzeichen (Sondergut des Mt: 18,23–35). B. wird so einerseits mit der Kongruenz zum göttlichen Handeln, andererseits mit der Perspektive einer heil- oder unheilvollen Zukunft motiviert. Sie soll aber als caritas und Wohltätigkeit in besonderer Weise die Innenrelationen der christlichen communitas qualifizieren (vgl. Phil 2,1; Röm 12,8; Kol 3,12; vgl. Jak 2,13; 3,17).

4.3 Die Rede von der B. impliziert ihrem Ursprung nach ein Abhängigkeits-Gefälle in den zwischenmenschlichen Beziehungen (s. o. 2.). Ntl. ist die B. nicht im Sinne einer „Mitleids-Ethik" gegen die Forderung der →Nächstenliebe als Relation unter sozial Gleichgestellten auszuspielen (so STEGEMANN, 63, 75, 77–79). Vielmehr ist es Ausdruck auch christlich interpretierter →Liebe, dass *sie bestehende Statusinkonsistenzen* gerade erst transzendiert (vgl. den Extremfall der Feindesliebe). Entsprechend kann in Jak 2, (8f.).13 die Forderung der Nächstenliebe als ‚B. tun' interpretiert werden und sind B. und Liebe auch sonst miteinander verschränkt (Kol 3,12.14 u. a. m.). Paradigmatisch erfolgt solche Verschränkung in der Deutung der Gleichniserzählung vom ‚b. Samariter' (Lk 10,30–35 im Kontext von 10,25–37): Der Samariter ‚tut B.' an dem unter die Räuber gefallenen halbtoten Opfer, indem er – im Unterschied zu Priester und Levit – dessen Notlage nicht ignoriert, sie vielmehr durch aktive ‚diakonische' Hilfeleistung bis hin zur Aufwendung von finanziellen Mitteln behebt (vgl. die Almosenforderung: Lk 11,41; 12,33f.). Im gleichen Sinn greift Mt zur Explikation des Liebesgebotes wiederholt auf Hos 6,6 zurück: Gott hat Wohlgefallen an B. und nicht am Opfer (Mt 9,13; 12,7; vgl. 23,23). Die in Mt 25,36f. genannten Aktivitäten, die in der späteren kirchlichen Tradition zu den sechs ‚Barmherzigkeiten' (Hunger und Durst stillen, Fremde aufnehmen, Nackte bekleiden, Kranke pflegen, Gefangene besuchen; sekundär ergänzt durch die Totenbestattung) zusammengefasst werden, können ntl. sowohl als Ausdruck der Nächstenliebe wie auch der B. gelten (vgl. Jak 2,15f.; 1. Joh 3,17).

5. Einer Diffusion der konkret-karitativen Konturen der B. im gegenwärtigen Sprachgebrauch gegenüber, die dem aktuellen Bedeutungsverlust des qualifizierten Begriffs der →‚(Nächsten-)Liebe' vergleichbar ist, müsste die biblisch den Ausschlag gebende theozentrische Rückverankerung der B. geltend gemacht werden.

Hier bietet sich zugleich ein Anknüpfungspunkt für den interreligiösen Diskurs (→Islam).

A. JEPSEN, Gnade und B. im Alten Testament, in: DERS., Der Herr ist Gott, 1978, 211–220 – H.D. PREUSS/E. KAMLAH/M. A. SINGER/G. WINGREN, Art. B., in: TRE, V1980, 215–238 – H. J. STOEBE, Art. *rhm* pi. sich erbarmen, in: THAT, II1984, 761–768 – W. STEGEMANN, Nächstenliebe oder B., in: H. WAGNER (Hg.), Spiritualität. Theologische Beiträge, 1987, 59–82 – H. SPIECKERMANN, „Barmherzig und gnädig ist der Herr…", in: ZAW 102 (1990), 1–18 – H. SIMIAN-YOFRE/U. DAHMEN, Art. *rhm*, in: ThWAT, VII1993, 460–477 (Lit.) – M. ZEHETBAUER, B. als Lehnübersetzung, in: BN 90 (1997) 67–83.

Reinhard von Bendemann

Barmherzigkeit (diakonisch)

Biblische Narrative wie die Beispielerzählung vom Barmherzigen Samariter (Lk. 10, 27–35) und Jesu Gerichtsrede (Mt. 25, 41–46) sowie die enge Verbindung von Mahlgemeinschaft und Armenspeisung (1. Kor. 11, 17–34) dokumentieren die voraussetzungslose, vom Mitgefühl emotional affizierte Zuwendung zum Nächsten als Teil gemeindlichen Lebensvollzuges und individuellen Christseins. Ebenso wie die alttestamentlichen Hilfepraktiken des Judentums, an die sie anknüpfen, verweist diese Form der Zuwendung auf die Barmherzigkeit und Treue als fundamentale Dimension des Gottesverständnisses zurück und begreift die menschliche Barmherzigkeitspraxis als Entsprechung und Antwort auf die Zuwendung Gottes, als ein sichtbares Zeichen seiner heilsgeschichtlichen Zuwendung. Im Amt des Diakons (Apg. 6, 1–7) gewann dies zudem eine funktionale Ausprägung als kirchliches Amt in der Kirche und erlangte neben dem Priester-/Bischofsamt jahrhundertelang eine variierende exponierte Bedeutung.

Die barmherzige Zuwendung zu den Armen als ein Bewährungsfeld tätiger Nächstenliebe begleitete insgesamt in vielerlei Schattierungen und Formen die Geschichte des Christentums. Die Gründer der ev. Diakonie wie JOHANN HINRICH WICHERN und THEODOR FLIEDNER knüpfen unter den sich abzeichnenden und sich verschärfenden Herausforderungen der Sozialen Frage an neutestamentliche Traditionen an und profilieren die Idee des Diakonats (Diakonissen, Diakone). Die freie Diakonie entwickelte sich neben der Gemeindediakonie und der bürgerlichen Armenpflege zu einer eng mit den verfassten Kirchen verbundenen Organisationsform, die die Barmherzigkeit missionarisch in die Gesellschaft hineinträgt. Diese neuen, die Gemeinde überschreitenden Formen barmherziger Zuwendung entfalten bis heute facettenreiche und vielfältige Gestalten kirchlich-sozialarbeiterischen Wirkens.

Unter den Bedingungen moderner gesellschaftlicher Differenzierung tritt diese barmherzigkeitsorientierte Praxisperspektive jedoch zunehmend in Spannung zu den Ansprüchen sozialer Gerechtigkeit. Denn im Kontrast zur Barmherzigkeit setzt Gerechtigkeit zum einen bei gegenseitigen, auf Gleichheit basierenden Ansprüchen, nicht bei einer asymmetrischen Gabe-Beziehung an, zum anderen zielt sie auf politische Steuerung und strukturelle Eingriffe und damit letztlich auf ein präventives Sozialpolitikverständnis. Während ein Teil des Protestantismus die produktive Spannung von Barmherzigkeit und Gerechtigkeit rezipiert und in der Entstehung des Sozialstaatsdiskurses Ende des 19. Jahrhunderts sozial-konservative Akzente setzt, verfolgt der andere Teil eher eine isolierte Barmherzigkeitsperspektive mit dem Ziel, eine politische Akzentuierung diakonischen Wirkens zu vermeiden.

Der präjudizierende Charakter des Verhältnisses von Barmherzigkeit und Gerechtigkeit für sozialethische und -politische Positionierungen begleitet seitdem die Debatten um die diakonische Orientierung der Kirche. Nach dem 2. Weltkrieg dominiert zunächst eine konservativ-soziale Verhältnisbestimmung; im Kontrast zu sozialstaatlichen Großeinrichtungen betont man die zentrale Dimension der Interpersonalität als Kennzeichen barmherziger Zuwendung. Ab den 1970er Jahren vertritt die Diakonie ein Verständnis von gerechtigkeitsorientierter präventiver Sozialpolitik, das sich von ihrer theologischen Barmherzigkeitsperspektive inspirieren lässt. Das Ehrenamt und seine Förderung als Teil diakonischer Praxis erfährt unter diesem Blickwinkel neuerdings besondere Beachtung. Die barmherzige Zuwendung zum Nächsten bleibt auch unter modernen Bedingungen das fruchtbare innere Unruhemoment, durch das sich Kirche und Christen vom sozialen Elend der Welt ansprechen lassen, schöpferisch mit Hilfeleistungen reagieren und ggf. spezifisch sozialpolitische Herausforderung identifizieren. In der nicht irreduziblen Spannung von Barmherzigkeit und Gerechtigkeit führt sie als zivilgesellschaftlicher Akteur dem Gemeinwohldiskurs als partikulare Hilfekultur wichtige Impulse zu.

J. H. Wichern, Gutachten über die Diakonie und den Diakonat, in: Ders., Sämtliche Werke HI/I, hg. v. Peter Meinhold, 1968, 128–184 – M. Zehetbauer, Die Polarität von Gerechtigkeit und Barmherzigkeit. Ihre Wurzeln im Alten Testament, im Frühjudentum sowie in der Botschaft Jesu. Konsequenzen für die Ethik, 1999 – D. Ansorge, Gerechtigkeit und Barmherzigkeit Gottes: die Dramatik von Vergebung und Versöhnung in bibeltheologischer, theologiegeschichtlicher und philosophiegeschichtlicher Perspektive, 2009 – W. Maaser, Wohlfahrtsverbände und gesellschaftliche Solidarität – Problemdiagnosen zum Verhältnis von partikularen Hilfekulturen und Gerechtigkeitsansprüchen, in: Grund und Grenzen der Solidarität in Recht und Ethik, Jahrbuch für Recht 22, 2014, 349–363 – M. Collinet (Hg.), Caritas – Barmherzigkeit – Diakonie: Studien zu Begriffen und Konzepten des Helfens in der Geschichte des Christentums vom Neuen Testament bis ins späte 20. Jahrhundert, 2014.

Wolfgang Maaser

Beamte / Beamtenrecht

B. im staatsrechtlichen Sinn werden von einer dienstherrnfähigen juristischen Person des öffentlichen Rechts unter Aushändigung einer Ernennungsurkunde in ein öffentlich-rechtliches Dienst- und Treueverhältnis berufen. Dessen Inhalte sind nicht wie im Arbeitsrecht vertraglich vereinbart, sondern gesetzlich und damit unverhandelbar normiert.

Zentrale Rechtsquelle des B.rechts ist Art. 33 GG. Er enthält in seinen Absätzen IV und V eine institutionelle Garantie des Berufsb.tums. Die Mütter und Väter des →Grundgesetzes haben sich bewusst dafür entschieden. Sie wollten den auf Dynamik und Änderung angelegten politischen Kräften ein durch lebenslange Ernennung und ausreichende Alimentation unabhängiges, neutrales, an Verfahren und Rechtsförmlichkeit orientiertes Kontinuum entgegensetzen. Das BVerfG definiert das B.tum als eine Institution, „die, gegründet auf Sachwissen, fachliche Leistung und loyale Pflichterfüllung, eine stabile →Verwaltung sichern und damit einen ausgleichenden Faktor gegenüber den das Staatsleben gestaltenden politischen Kräften darstellen soll". In diesem B.bild klingt an, dass es zwischen →Staat und →Gesellschaft steht und als Moderator ein Bollwerk gegen Partikularinteressen zum Schutz des Staatsinteresses bilden soll. Das ist nicht richtig. B. dürfen gegenüber Parlament und gesetzmäßiger Regierung keine Ausgleichsfunktion wahrnehmen. Vielmehr müssen sie ihren Weisungen nachkommen und die (normativ) vorgegebenen Ziele im Verwaltungshandeln umsetzen. Andernfalls büßten Parlament und Regierung ihr Steuerungsprimat ein.

Soweit Art. 33 IV GG davon spricht, dass hoheitsrechtliche Befugnisse in der Regel als ständige Aufgabe Angehörigen des →öffentlichen Dienstes zu übertragen sind, die in einem öffentlich-rechtlichen Dienst- und Treueverhältnis stehen, bestimmt er einen objektivrechtlichen Funktionsvorbehalt zugunsten der B. Sein Umfang hängt von der Interpretation des Begriffs „hoheitsrechtliche Befugnisse" ab. Einig ist man, in der Eingriffsverwaltung (Polizei, Ordnungs- und Finanzverwaltung, Justiz, Staatsleitung [höhere Ministerialbürokratie]) einen Anwendungsfall zu sehen. Hier steht der Staat dem Einzelnen mit einseitigem Zwang gebietend oder entscheidend gegenüber. Ob das auch für die Leistungsverwaltung (Daseinsvorsorge) z. B. bei Lehrern gilt, ist umstritten, mangels herausgehobener grundrechtsrelevanter Qualität derartiger Funktionen aber zu verneinen.

Außerdem beeinflusst der bundesstaatliche Aufbau Deutschlands die Rechtsquellen. Die Länder haben die Gesetzgebungszuständigkeit, soweit keine ausschließliche oder konkurrierende des Bundes besteht. 2006 brachte die Föderalismusreform ihnen Rechtssetzungskompetenzen für Besoldung und Versorgung sowie für das Laufbahnrecht ihrer Landes- und Kommunalb. Dadurch veränderte sich die Besoldungs- und Versorgungshöhe von Land zu Land stark. Der Bund hat die konkurrierende Gesetzgebungskompetenz für Statusrechte und -pflichten. Er übt sie mit dem B.statusgesetz aus.

B.spezifische Pflichten sind als hergebrachte Grundsätze des Berufsb.tums (Art. 33 V GG) bzw. einfachgesetzlich normiert die Pflichten zur (Verfassungs-) Treue, Neutralität und Uneigennützigkeit sowie zum gesetzmäßigen, unparteiischen und gerechten Handeln. Zu den Rechten zählen die lebenslange Berufung zur Sicherung der persönlichen Unabhängigkeit, die Rechte auf Schutz und Fürsorge sowie auf amtsangemessene Beschäftigung mit dem Verbot unterwertiger Arbeit. Elementar ist das Leistungsprinzip bei Ernennungen (Art. 33 II GG). Für Beförderungen sind dienstliche Beurteilungen und ihre Noten entscheidendes Kriterium. Regelbeförderungen nach Zeitablauf gehören in das Reich der Fabel. B. haben einen Anspruch auf amtsangemessene Besoldung und Versorgung. Er leitet sich aus dem verliehenen →Amt und nicht aus dem Dienstposten ab, besteht also unabhängig von der jeweiligen Tätigkeit oder gar der erbrachten Leistung. Die Alimentierung erfolgt nicht nach Dienstalter, sondern die Bezüge steigen in Erfahrungsstufen. B. haben einen Anspruch, an der allgemeinen Steigerung des Lebensstandards teilzunehmen. Das besondere Treueverhältnis verpflichtet sie nicht, mehr als andere zur Konsolidierung der öffentlichen Haushalte beizutragen. Dennoch lässt sich staatliches Sparen bei ihnen leichter durchsetzen. Für sie führt man – anders als bei Beschäftigten im öffentlichen Dienst – keine Tarifverhandlungen mit möglichen →Streiks, sondern legt das Entgelt einseitig durch Gesetz fest.

Gegenwärtig gibt es beim Bund 180.000 B. und Richter, bei den Ländern 1.280.000 (besonders Lehrer und Polizisten) und bei den Kommunen 186.000. Damit hat sich ihre Zahl durch natürliche Fluktuation und Ausgliederungen stetig verringert. Diese Erosion setzt sich schleichend fort. Die vom BVerwG geforderte Neujustierung des Streikrechts durch den Gesetzgeber könnte zur Rückbesinnung auf eine enge Auslegung des Funktionsvorbehalts führen. Für den EGMR und das BVerwG steht die EMRK dem allein statusbedingten, vom Aufgabenbereich unabhängigen Streikverbot für B. entgegen. Hier wirken die Europäisierung des deutschen B.rechts, der Einfluss europäischer Rechtsnormen und ihre Auslegung durch den EuGH und den EGMR. Zwar bezieht sich die Judikatur des EuGH auf →Arbeitnehmer. Das Gericht fasst jedoch B. unter diesen Begriff, so dass seine Entscheidungen für das B.recht relevant sind und beide Statusgruppen annähern. Daraus resultiert ein Dilemma: Eine noch stärkere Angleichung der Beschäftigungsverhältnisse im öffentlichen Dienst durch weitgehende Übernahme der Ergebnisse von Tarifverhandlungen oder wirkungsgleiche Übertragung aktueller Reformen der Sozialver-sicherungssysteme (→Sozialversicherung) mündet zwangsläufig in die Frage, warum es mangels Unterschieden überhaupt B. geben muss. Sollten sich hingegen die (monetären) Anreize, B. werden zu wollen, verglichen mit den Beschäftigten weiter verschlechtern, könnten →Verwaltungen ihren wegen überalterter B.körper notwendigen Bedarf an Neueinstellungen nicht mehr befriedigen. Die demografische Entwicklung (→demografischer Wandel) eröffnet hoch qualifizierten und motivierten jungen Menschen bessere Karrierechancen außerhalb des Berufsb.tums.

Letztlich stellt das verfassungswidrige Verhalten von →Politikern und →Parteien elementare b.rechtliche Prinzipien infrage. Gegen keine Norm des Grundgesetzes wird wohl so häufig verstoßen wie gegen Art. 33 II GG, wonach öffentliche Ämter allein nach Eignung, Befähigung und fachlicher Leistung, nicht aber nach Parteibuch zu besetzen sind. Die (gerichtliche) Durchsetzung der Bestenauslese steht unabhängig vom Problem der Zulässigkeit einer Konkurrentenklage auf tönernen Füßen, weil Ernennungen mit Beurteilungsermächtigungen und Ermessensspielräumen verbunden sind. Als problematisch erweist sich, dass der „rotation in government" wegen der lebenslangen Berufung keine „rotation in office" gegenüber steht. Führungsfunktionen auf Zeit mit Ausnahme der Politischen B. und kommunalen Wahlb. verwirft das BVerfG als verfassungswidrig. Personalentscheidungen wirken somit über die Amtszeit einer Regierung hinaus und liefern den Nachfolgern die politische Rechtfertigung, eigenes parteipolitisch genehmes Personal auszuwählen. Patronage gefährdet die Leistungsfähigkeit des öffentlichen Dienstes und mindert die Aufstiegschancen der in ihm tätigen unparteiischen B. Die objektive, neutrale, kompetente Verwaltung büßt ihre Rolle ein, der Sonderstatus Berufsb.tum verliert seine innere Rechtfertigung.

M. Wichmann/K.-U. Langer, Öffentliches Dienstrecht, [VII]2014.

Manfred Wichmann

Bedürfnis / Bedarf

1. Begriffliches. Beide Begriffe können den Wunsch bezeichnen, einen imaginierten oder tatsächl. Mangel zu mildern oder zu beseitigen. Bei Menschen beziehen sich B. und B. auf Dinge und immaterielle Bereiche, die für ein befriedigendes und menschenwürdiges Leben als erforderlich erachtet werden. Nimmt man eine Unterscheidung von B. und B. vor, so ergibt sich zunächst eine unterschiedliche disziplinäre Zuordnung. „Bedürfnis" ist zuerst eine sozialpsych. Kategorie. Auch in der Ökonomie wird von Bedürfnissen gesprochen. Der Begriff „Bedarf" hingegen wird vor allem in den Bereichen Verwaltung und Privatrecht sowie in sozial-, sowie infrastruktur- oder bildungspol. Handlungsfeldern verwendet.

2. Bedürfnis. Die sozialpsych. Beiträge von MASLOW (1954) zum Thema B. gelten immer noch als die einflussreichsten. Er begreift B. als Motivation und teilt die menschlichen B.se in fünf aufeinander aufbauenden Stufen ein, die in der Rezeption – nicht von ihm selbst – meist als Pyramide dargestellt werden: Aufsteigend von (1.) Physiologischen Elementarb. wie Essen, Trinken und Schlafen über (2.) Sicherheitsb., (3.) Sozialen B. nach sozialen Beziehungen, nach Liebe und Zuwendung, zu (4.) Individuellen B. nach Freiheit Anerkennung und Zuwendung bis zu (5.) B. nach Selbstverwirklichung. Grundsätzlich sind Entstehen und Ausformung des einen die Voraussetzung des nächsthöheren B. Die ersten drei B.se versteht er als Defizitb.se, die anderen als Wachstumsb.se, wobei die Menschen in der Tendenz nach Erfüllung ihrer Wachstumsb.se streben.

MASLOW lehnt sich an die Thesen des Ökonomen und Sozialreformers BRENTANO (1908) an, der zehn B.arten unterschieden und eine Einteilung in materielle und geistige B.se vorgenommen hatte.

In der ökonomischen Lehre wird seit SMITHS „Wealth of Nations" (1776) davon ausgegangen, dass es beim Wirtschaften um die Befriedigung menschlicher B.se geht. Die klassische Ökonomie prägte bis heute die allgemeine volkswirtschaftliche Auffassung, dass der Universalität der menschl. B.se die Knappheit der Mittel gegenübersteht und dass diese Diremption die wesentl. Bedingung für die über den Angebots- und Nachfragemechanismus herstellten Marktpreise ist (vgl. ALBERT 2011, 18). B.se werden in dieser Perspektive als manifeste Optionen begriffen, die formulierbar sind und deren Befriedigung rational betrieben werden kann und sich über Märkte vollziehen kann. Sie werden nicht hierarchisiert, sondern die Befriedigung hängt wesentlich von der Marktstärke oder -schwäche der Nachfrager sowie der Angebotsseite oder auch davon ab, ob bzw. inwieweit bestimmte Güter wie Bildung oder Gesundheitsleistungen als öffentl. Güter außerhalb des Marktmechanismus verteilt werden.

Gehen alle diese Betrachtungen zu B. davon aus, dass ihre Formulierung erkennbar und Befriedigung möglich und auch notwendig ist, dass sie auch legitim sind, so hat der Ansatz der Frankfurter Schule seit den 1940er Jahren den Blick auf Sinn und Berechtigung von Bedürfnissen geschärft. Vor allem MARCUSE (1967) hat eine Unterscheidung von „falschen" und „wahren" B.sen vorgenommen und begründet. Die „wahren" B.se der Menschen, B.se nach Selbstentfaltung, nach Zuneigung oder Solidarität werden durch die entfremdenden, ausbeuterischen und manipulativen gesellschaftlichen Mächte umgewidmet in Konsumb.se, in Bedürfnisse nach Abgrenzung, Hegemonie oder Prestige, so dass sich die Menschen nicht nur aggressiv gegeneinander wenden, sondern sich von ihrer eigenen Person entfremden. B.-befriedigung durch Warenkonsum gerät so zur Ersatzbefriedigung.

3. Bedarf. Im Sinne der o. g. Bedürfnistheorien lassen sich die dort als Elementarbedürfnisse bezeichneten Bedürfnisse – Nahrung, Wohnung oder Sicherheit – auch als B. an Gütern bezeichnen, weil diese Bedürfnisse endlich sind und die Möglichkeit der Sättigung besteht. Sie sind grundsätzlich in Soll- und Messzahlen ausdrückbar. Bei anderen Bedürfnissen wie Anerkennungsbedürfnis ist eine Befriedigung, aber keine Sättigung möglich.

„B." grenzt sich von „Bedürfnis" also zunächst dadurch ab, dass B. mit einem Zielerreichungsgrad in Verbindung gebracht werden kann.

Der entscheidende Unterschied von B. gegenüber Bedürfnissen ist jedoch, dass der B. an Gütern wesentlich – aber nicht ausschließlich – nicht von den Betroffenen, sondern von den Anbietern der Güter (Privatbetriebe oder öffentl. Einrichtungen) definiert wird. Zwar können die Betroffenen wie gemäß dem Wunsch- und Wahlrecht in der Kinder- und Jugendhilfe ihren B. – und ihre Bedürfnisse – anzeigen, aber es gibt ausdrückliche rechtliche Vorbehalte zu ihrer Realisierung („unvertretbare Kosten"), so dass sich am Ende der öffentliche Kostenträger bestimmen kann, was als B. anerkannt wird und was nicht.

B.s-Definitionen und -planungen sind im öffentlichen Sektor allgegenwärtig. So gibt es eine Krankenhausbedarfsplanung nach Landesrecht oder die Leistungen zur Grundsicherung für Arbeitsuchende (Sozialgesetzbuch II – SGB II –, „Hartz IV") werden in Form von „Regelb.en", „Mehrb.en" und B.en für Wohnen definiert (vgl. §§ 20ff. SGB II). Die zusammen lebenden Bezieher der Leistungen werden als B.-Gemeinschaften definiert (§ 7 Abs. 3 SGB II).), d. h. der rechtlich als angemessen angesehene B. zum Lebensunterhalt wird in Geldbeträgen ausgedrückt.

Bei den meisten individuellen Sozialleistungen gilt in Deutschland, dass sie i. d. R. die entsprechenden B.e nicht voll decken sollen, auch wenn sie „B.ssätze" genannt werden, weil sonst nicht nur die sozialen Sicherungssysteme überfordert, sondern auch – gemäß eines konservativen Menschenbildes – bei den Empfängern die Motivation zur Eigenvorsorge geschwächt werden könnte. Somit ergibt sich, dass der extern definierte Bedarf nicht nur nicht den Bedürfnissen entsprechen muss, sondern dass auch die durch Art und Höhe der Leistungen definierten B.e wie bei der Grundsicherung für Arbeitsuchende oder den Asylbewerberleistungen dem tatsächlichen B. der Betroffenen nicht entspricht.

4. Bedarfsfeststellung und Bedürftigkeitsprüfung bei sozialen Leistungen. Bei der Bemessung soz. Leistungen haben die Prüfung des B.s und der Bedürftigkeit eine zentrale Funktion.

B.e werden sowohl für kollektive und öffentl. Güter administrativ festgestellt – oft aufgrund genauer rechtlicher Gebote wie im Falle der B.splanung für ambulante med. Leistungen –, als auch für ind. Sozialleistungen wie Pflege- oder Sozialhilfeleistungen. Im ersten Fall werden Planungsverfahren angewendet, um etwa den Bedarf an Krankenhausbetten zu ermitteln. Im zweiten Fall werden die im jew. Sozialgesetzbuch festgelegten Vergabe- bzw. Leistungskriterien wie z. B. beim Pflegebedarf, oder unbestimmte Rechtsbegriffe wie bei Hilfen für junge Erwachsene nach dem Kinder- und Jugendhilfegesetz auf den Einzelfall angewendet. Die B.sprüfung bei ind., als Sachleistungen gewährten soz. Hilfen erfolgt, um Art und Umfang zu bewilligen, zu begründen und auch zu versagen. Die B.sprüfung wird entweder durch den Leistungserbringer (z. B. Arzt/Ärztin) oder die leistungserbringende Institution (z. B. Arbeitsagentur) vorgenommen, etwa nach der Art der Krankheit des Patienten oder bei Leistungen zur Teilhabe nach der Art der Behinderung. Bei anderen Sozialleistungen – häufig Geldleistungen wie dem Arbeitslosengeld II – richtet sich der festgelegte B. nach Familienstand oder beim Kindergeld nach der Anzahl der Kinder. Maßstab ist, welche der zu erbringenden Leistungen mit der Krankenkasse oder dem Rentenversicherungsträger abrechenbar sind und welche nicht. Ähnlich wird der Umfang von Beratungsleistungen durch eine freigemeinnützige Organisation z. B. der Drogenhilfe durch den öffentl. Kostenträger determiniert und nicht primär durch die Bedürfnisse der Nutzer.

Bei der Bedürftigkeitsprüfung wird nicht geprüft, welche Leistungen in Frage kommen bzw. auf welche Leistungen Ansprüche bestehen, sondern, ob die Antrag stellende Person nicht eigene Mittel hat oder ob es vorrangig zuständige Sozialleistungsträger oder private Unterhaltsverpflichtete gibt, deren Mittel zuerst ausgeschöpft werden müssen, bevor die leistungsgewährende Stelle eintritt (Subsidiaritätsprinzip). Die Bedürftigkeitsprüfung gibt es grundsätzlich nicht bei den Sozialversicherungssystemen, wo der Betroffene als Versicherter durch Beiträge Ansprüche bzw. Anwartschaften für den Leistungsfall erworben hat. Die Prüfung der Bedürftigkeit gehört zu den Systemmerkmalen der Fürsorgesysteme im deutschen Sozialstaat (Sozialhilfe, Grundsicherung bei Erwerbslosigkeit, Asylbewerberleistungen), die gegenüber den anderen Sozialleistungen nachrangig gewährt werden sollen (vgl. BELLERMANN 2011, 92ff.). Sie geht mit einem Mitwirkungsgebot an den Betroffenen einher, seine Verhältnisse der prüfenden Stelle gegenüber, also z. B. dem Jobcenter, offen zu legen, bei Strafe der Versagung von Hilfeleistungen.

Treffen wie im Fall der Sozialhilfe B.s- und Bedürftigkeitsprüfung aufeinander, so kann davon ausgegangen werden, dass die angelegten Maßstäbe sich in summa als besonders streng auswirken, was im Falle von Sozialhilfe oder beim Arbeitslosengeld II zur Folge hat, dass der Zweck der Leistungen, die Armutsbekämpfung bzw. die Aufnahme von Erwerbstätigkeit in vielen Fällen verfehlt wird und die Kluft zwischen Bedürfnissen und zugemessenen B.en, vermittelt über die Bedürftigkeitsprüfung, besonders groß ist. Insoweit lässt sich sagen, dass das Verhältnis von Bedürfnissen, B.en und Bedürftigkeitsfeststellung in Bezug auf die Sozialleistungen zuerst politisch bestimmt ist und gesellschaftlich immer neu ausgehandelt und justiert werden muss. Dies gilt auch für andere öffentliche Güter wie Straßen, Kommunikationssysteme oder Einrichtungen der öffentlichen Sicherheit oder Umweltstandards.

A. SMITH, Der Wohlstand der Nationen, 1776 (letzte dt. Aufl. 1978) – H. MARCUSE, Der eindimensionale Mensch, 1967 – A. H. MASLOW, Motivation und Persönlichkeit 1981 – L. BRENTANO, Versuch einer Theorie der Bedürfnisse, 2006 – H. ALBERT, Die Idee rationaler Praxis und die ökonomische Tradition, 2011 – M. BELLERMANN, Sozialpolitik, 2011.

Martin Bellermann

Befreiungstheologie

Bezeichnung für eine in Lateinamerika beheimatete politische Theologie, die von den sich z. T. auf sie beziehenden und kontextuell weiterentwickelten B.n (im Plural) zu unterscheiden ist (z. B. die „Feministische Theologie", die „Black Theology" in den USA und später auch in Südafrika, die südkoreanische „Minjung-Theologie" sowie weitere „Theologien der Dritten Welt").

Die überwiegend katholisch geprägte B. ist sowohl soziale Bewegung wie auch kontextuelle Theologie. Sie entstand angesichts der durch Urbanisierung und Industrialisierung zunehmenden Massenarmut in Lateinamerika, aber auch in der Auseinandersetzung mit den autoritären Regimen und Militärdiktaturen, die sich seit den 1960er und 1970er Jahren zunehmend durchsetzten und die Phase der revolutionären Aufbrüche der 1950er Jahre (z. B. Bolivien 1952, Kuba 1959) beendete.

Inhaltlich und theoretisch knüpft sie an die von lateinamerikanischen Soziologen in den 1950er Jahren entwickelte „Dependenztheorie" an. Wie diese geht die B. davon aus, dass Lateinamerikas sozioökonomische Abhängigkeit von den Industrienationen (→ Industrie) nur durch eine grundlegende soziale Veränderung der bestehenden Gesellschaftsstruktur und Herrschaftsverhältnisse aufgelöst werden kann. Armut wird dabei nicht als Ergebnis eines verzögerten Entwicklungsprozesses definiert, die durch Reformen überwunden werden kann, sondern nur durch die Selbstbefreiung der Armen, Entrechteten und Unterdrückten.

Internationale kirchliche Aufwertung erhielt die B. durch das Zweite Vatikanische Konzil (1962–1965), das mit der Pastoralkonstitution *Gaudium et spes* (1965) das Fundament für die spätere Leitorientierung der „Kirche für die Armen" legte. Durch die Präsenz des populären brasilianischen Erzbischofs Dom Hélder Câmara (1909–1999), der zu dieser Zeit als einer der wichtigsten Vertreter der B. galt, wirkte die Vision einer „Kirche der Armen" weit über das Konzil hinaus in Kirche und Öffentlichkeit. Anknüpfend an diese Entwicklungen und die von Papst Paul VI. erlassene Sozialenzyklika *Populorum Progressio* (1967), die sich erstmals mit der Spaltung der Welt in Entwicklungsländer und Industrieländer auseinandersetzte und zu einer gerechteren Verteilung der Güter aufrief, fand 1968 im kolumbianischen Medellín die Zweite Lateinamerikanische Bischofskonferenz (CELAM) statt. Sie erhob die „Option für die Armen" zur offiziellen Leitlinie kirchlichen Handelns.

Medellín gab den Anstoß für die Abfassung umfassender theologischer Werke der B.: Dazu gehörte bspw. die 1971 erschienene „Teologia de la liberación" („Theologie der Befreiung") des peruanischen Theologen Gustavo Gutiérrez, die der Bewegung ihren Namen gab. Aber auch Werke des brasilianischen Theologen Hugo Assmann, des uruguayischen Theologen Juan Luis Segundo oder der beiden Brüder Leonardo und Clodovis Boff; später auch die Schriften des zeitweiligen nicaraguanischen Kulturministers Ernesto Cardenal, des Jesuiten Jon Sobrino aus El Salvador oder des argentinischen Philosophen Enrique Dussel. Auf evangelischer Seite fanden etwa der Brasilianer Rubem Alves, der Argentinier José Míguez Bonino und die Uruguayer Julio de Santa Ana und Emilio Castro im „Ökumenischen Rat der Kirchen" in Genf eine wichtige Plattform zur Verbreitung ihrer befreiungstheologischen Ansätze in nicht-katholischen Kreisen; ebenso wie der katholische Befreiungspädagoge Paulo Freire aus Brasilien, der seit 1970 aus seinem Genfer Exil beim „Ökumenischen Rat der Kirchen" wirkte.

Inhaltlich zeichnet sich die stark christologisch orientierte B. durch pluriforme Ansätze, Methoden und Praxismodelle aus, bei denen jedoch jeweils „Befreiung" als hermeneutischer Schlüssel exegetischer Texte (besondere Bedeutung der Exodus-Tradition) gilt sowie der methodische Dreischritt von „Sehen-Urteilen-Handeln" zugrunde liegt. Großen Einfluss gewannen zudem die kirchlichen Basisgemeinden, die sich nach Medellín als Ausdruck einer neuen Sozialgestalt von Kirche (*pastoral de conjunto*) vor allem in den ländlichen Gebieten unter den Landlosen und in den städtischen Elendsvierteln Lateinamerikas bildeten. Hier erfuhren die Ärmsten der Armen ein basisorientiertes „biblisches Empowerment", das ohne Priester auskam und zugleich zum gesellschaftsverändernden Engagement motivierte.

Wegen ihres radikalen Eintretens für soziale Gerechtigkeit und ihrer mitunter mit marxistischen Argumenten (→Marxismus) versehenen Kritik an den brutalen Repressionen der herrschenden Militärdiktaturen wurden zahlreiche Befreiungstheologen und Mitglieder von Basisgemeinden verfolgt, gefoltert und getötet oder ins Exil vertrieben. Zu den prominentesten Opfern dieser Verfolgungswelle gehörte Óscar Romero, Erzbischof von San Salvador, der 1980 während einer Messe direkt am Altar von einem Auftragsmörder der eigenen Regierung erschossen wurde. Seit Mitte der 1970er Jahre setzten sich im Vatikan kritische Stimmen gegenüber der B. durch, verurteilten ihre marxistische Ausrichtung und entzogen verschiedenen Befreiungstheologen ihre Priesterrechte oder ihre Lehrbefugnis. Erst mit der Wahl des Argentiniers Jorge Mario Bergoglio 2013 zum neuen Papst Franziskus ist die theologische Prämisse einer „Kirche der Armen" als Leitidee in den Vatikan eingekehrt und ein langsamer Rehabilitierungsprozess der B. (z. B. offizieller Empfang Gutiérrez' durch Papst Franziskus 2013; Seligsprechung Óscar Romeros 2015; Südamerika-Reise Papst Franziskus 2015) eingeleitet worden.

Über Lateinamerika hinaus wurde die B. vielfältig transnational rezipiert. In der Bundesrepublik wurde die B. im Kontext mit der Theologie der Revolution und der Politischen Theologie auf evangelischer Seite vor allem seit Ende der 1970er Jahre u. a. durch Dorothee Sölle bekannt.

L. Boff, Die Neuentdeckung der Kirche. Basisgemeinden in Lateinamerika, 1980 – R. Frieling, B.: Studien zur Theologie in Lateinamerika, 1984² (Lit.) – E. Dussel, Herrschaft und Befreiung. Ansatz, Stationen und Themen einer lateinamerikanischen Theologie der Befreiung, 1985 – P. Freire, Pädagogik der Unterdrückten, 1985 – L. Boff, Charisma und Macht, 1990 – N. Greinacher (Hg.), Leidenschaft für die Armen: Die Theologie der Befreiung, 1990 (Lit.) – J. B. Metz (Hg.), Die Theologie der Befreiung: Hoffnung oder Gefahr für die Kirche?, 1990 (Lit.) – G. Gutiérrez, Theologie der Befreiung, 1992¹⁰ – J. Sobrino, Christologie der Befreiung, 1998 – C. Rowland (Hg.), The Cambridge Companion to Liberation Theology, 2007² (Lit.) – B. Kern, Theologie der Befreiung, 2013 (Lit.).

Katharina Kunter

Behinderung

1. Begriff. Eine B. wird heute als soziale „Inszenierung" (Lob-Hüdepohl) verstanden, bei der die Art und Weise, wie gesellschaftliche Bedingungen konstruiert oder „inszeniert" sind, und psychische, körperliche oder seelische Beeinträchtigungen eines Menschen nur mangelhaft ineinander greifen und daher zur B. des betroffenen Menschen führen. Menschen mit B. bedürfen oftmals besonderer Befähigungsprozesse und z. T. lebenslanger spezifischer Assistenz bei der sozialintegrativen Lebensbewältigung. Für den individuellen Prozessverlauf einer B. spielen umweltbedingte Faktoren (Familie, soziales Umfeld, gesellschaftliche Gegebenheiten) eine ebenso große Rolle wie persönliche Faktoren (psycho-emotionale Charakteristika, biologischer Hintergrund). Ein B.verständnis, das etwa eine körperliche Schädigung als Hauptursache einer B. identifiziert (med. Modell), übergeht die soziale Konstruktion von Normalitätsvorstellungen und verbleibt in dichotomen Vorstellungen von normal und anomal, die zur Abwertung von der Norm abweichender Lebensformen beigetragen haben.

2. Kulturgeschichte. Der Umgang mit Menschen mit B. variierte zwischen Kulturen und durch die Zeiten, von relativer Konstanz erweist sich allein die negative Bewertung von B. Offenbar wurden Menschen mit B. als Bedrohung der natürlichen Ordnung oder als Herausforderung der moralischen Ordnung der Welt empfunden. Daraus ergaben sich unterschiedliche emotionale Reaktionen wie Angst, Ekel, aber auch Neugier, Faszination oder Mitleid sowie unterschiedliche gesellschaftliche Strategien im Umgang mit Menschen mit B.

In der *Antike* war die Aussetzung oder Tötung von schwächlichen Kindern, „Krüppeln" und „Missgeburten" legitim, während im *Mittelalter* Neugeborene mit körperlichen Fehlbildungen als „Wundergeburten" angesehen wurden, die auf die Macht und den Zorn Gottes verwiesen. In der Neuzeit entwickelten sich Bestrebungen, den menschlichen Körper zu disziplinieren, klassifizieren usw. Der Begriff B. ist erst seit Anfang des 20. Jahrhunderts als Sammelbegriff für eine Vielfalt von Beeinträchtigungen und Schädigungen von Körperfunktionen und Körperstrukturen (vormals „Gebrechliche", „Krüppel", „Invalide", „Narren", „Blödsinnige", „Idioten", „Schwachsinnige", „Irre") eingeführt worden. Nach dem 1. Weltkrieg wurde die rechtliche Definition von B. richtungsweisend, mittels derer die Produktivkraft körperlich beeinträchtigter Menschen gegenüber Menschen mit mentalen Beeinträchtigungen hervorgehoben wurde. Unter den Nationalsozialisten wurde der Begriff B. dann vollständig etabliert, um wirtschaftliche Verwertungsinteressen durchzusetzen. Vor dem Hintergrund der Euthanasie-Verbrechen des 3. Reiches wurden nach dem 2. Weltkrieg behinderten Menschen auf Grundlage der Menschenwürde zwar vielfältige Unterstützungsleistungen eingeräumt, jedoch ohne die mit der Leitdifferenz B. verbundene Praxis der Aussonderung aufzugeben. Deren behindernde Wirkung sollte durch unterschiedliche Ansätze (Normalisierung, Dezentralisierung, Integration) aufgehoben werden.

3. Theologische Aspekte. Die Offenheit des Verständnisses vom Menschen legt nahe, Menschsein nicht an einer bestimmten körperlichen oder geistigen Fähigkeit festzumachen. Theologisch wird die →Würde des Menschen mit dem Zuspruch seiner Gottebenbildlichkeit begründet. Weil sie aufgrund ihrer transzendenten Verankerung in der Gott-Mensch-Relation unverfügbar ist, kann sie auch nicht relativiert werden, etwa durch konsensuelle Übereinkommen. Dementsprechend darf es keine Abwertung bestimmter Formen menschlichen Lebens geben, denn das bloße geschöpfliche Sein des Menschen erfordert seine unbedingte Achtung. Bedauerlicherweise hat diese theologische Grundeinsicht in der Christentumsgeschichte zu selten die Praxis bestimmt.

4. Aktuelle Diskussion. 2001 hat die WHO in einer neuen Definition von B. (International Classification of Functioning, Disability and Health, ICF-2) die Defizitorientierung abgeschwächt und B. als das Ergebnis der negativen Wechselwirkung einer Person, ihres Gesundheitsproblems und der Umweltfaktoren aufgefasst. Selbstbestimmung und Partizipation sind entscheidende Zieldimensionen der Definition von B. geworden, die über den Inklusionsansatz (UN-Behindertenrechtskonvention) heute realisiert werden sollen. Besonders pädagogische und soziologische Ansätze betonen das Gemeinsame aller Menschen, welches das Spezifische einer B. in den Hintergrund treten lässt. Maßgeblich zu diesem Verständniswandel haben Selbstvertretungsbewegungen von Menschen mit B. beigetragen, welche auch die Entstehung einer eig. Disziplin, der Disability Studies befördert haben. Deren Ansatz ist es, B. auf die bestehenden sozialen, politischen und kulturellen Gegebenheiten und Handlungsformen einer Gesellschaft zurückzuführen. Sozialpolitisch wird über Instrumente wie das Persönliche Budget, Assistenzformen oder die Personenzentrierung versucht, gewährte Hilfen als individualisierte Unterstützungsformen für die Selbstbestimmung und Teilhabe von Menschen mit B. einzusetzen und in einem neuen Bundesteilhabegesetz zu bündeln.

A. Lob-Hüdepohl, Biopolitik und die soziale Inszenierung von Behinderung, in: K. Hilpert/D. Mieth (Hg.), Kriterien biomedizinischer Ethik, 2006, 234–254 – J. Eurich, Gerechtigkeit für Menschen mit Behinderung, 2008 – U. Liedke, Beziehungsreiches Leben, 2009 – S. Graumann, Assistierte Freiheit, 2011.

Johannes Eurich

Beratung

1. Begriff. B. war schon in der Rhetorik des Aristoteles ein wichtiges Element. In der →Industriegesellschaft wird dieser Prozess zunehmend institutionalisiert (→Institution) und professionalisiert. In der modernen diakonischen Praxis (→Diakonie) beschreibt der Paradigmenwechsel von Bewahrung über Betreuung hin zu B. ihren hohen Stellenwert. Unter Berücksichtigung des neuzeitlichen Emanzipationsgedankens ergibt sich die charakteristische Formel für die B.stätigkeit: Hilfe zur Selbsthilfe. Die Aufgabe besteht darin, die B.serfahrungen und theologische Theoriebildung aufeinander zu beziehen, wobei sich das Verhältnis von Befreiung durch Gott und →Freiheit als Lebensform emanzipierter Menschen als Grundproblem erweist.

2. Geschichtliche Entwicklung. Nach dem 2. Weltkrieg kam es zur kontinuierlichen Herausbildung eines hochdifferenzierten B.swesens. Nach der praktischen Nothilfe- und Wiederaufbauarbeit, die in den 1950-er Jahren durch Aufgaben der Jugendfürsorge (→Jugend) und Gefährdetenhilfe abgelöst wurden, kam es durch die →Sozialgesetzgebung von 1961/62 und den Umbruch 1967/68 zu einer erheblichen Arbeitsausweitung. Seitdem ist aus B. diakonisch verantwortete Sozialarbeit in einer säkularisierten Welt (→Säkularisierung) geworden, die immer mehr auf Experten angewiesen ist, um in einer komplexen →Gesellschaft den Leidens- und Konfliktdruck der Menschen aufzugreifen und zu bearbeiten.

2.1 Ehe-, Familien- und Lebensb. Schon in den 1920-er Jahren wurden erste kirchliche B.sstellen gegründet, die 1933 wieder geschlossen wurden. In den 1950-er und 60-er Jahren erlebte diese B.sarbeit durch Kurse für Verlobte und eine Art „Eheschule", um neben dem biblischen Eheverständnis Probleme des Eherechts, der Empfängnisregelung und Ehekrisen zu besprechen (→Ehe), einen Aufschwung. Ehe- B verstand sich. sowohl als Dienst an einzelnen Menschen wie auch an der Gesellschaft. Ungefähr zeitgleich zeichnete sich eine ähnliche Entwicklung in der DDR ab, ein Hinweis darauf, welche gestalterischen Kräfte die Kirche dieser B.sarbeit zuweist. Die neuere Entwicklung verbindet mittlerweile Ehe- und Erziehungsb. (→Erziehung) einschließlich der Schwangerschaftskonfliktb. (→Schwangerschaft). 1998 waren 434 psychologische B.sstellen innerhalb der →EKD tätig, die Erziehungs-, Ehe-, Lebens- und Schwangerschaftskonfliktb. anbieten. Dabei ist von ca. 350.000 B.sfällen pro Jahr auszugehen.

2.2 Schwangerschaftskonfliktb. Neben der Sucht- bzw. Drogenb. ist die Schwangerschaftskonfliktb. seit 1974 als Antwort auf die gesetzliche Forderung nach obligatorischer B. bei einem geplanten Schwangerschaftsabbruch entstanden. Bei diesen diak. B.sangeboten für Frauen, die durch ungewollte Schwangerschaft in Konflikt- oder Notsituationen geraten waren, zeichnete sich ein grundlegendes Problem ab. Da die Ratsuchenden nicht freiwillig kommen, kann nur schwer ein Vertrauensverhältnis zu den Beratenden aufgebaut werden – zumal als Grundsatz der B. gilt, die Fortsetzung der Schwangerschaft zu erleichtern. Es ist jedoch weiterhin ein wachsender B.sbedarf zu erkennen – insbesondere nach dem (Teil-)Ausstieg der Katholischen Kirche –, während die Finanzierung zugleich schwieriger wird.

2.3 Schuldnerb. Die Schuldnerb. – erst 1980 eingeführt – bedeutete lange Zeit eine Lücke im Bereich sozialer B. und Unterstützung. Sie versteht sich als „Hilfsangebot für hochverschuldete →Familien und Einzelpersonen", um gerade die sozialen Folgeprobleme von Überschuldung zu verringern. Trotz starker Nachfrage ist die kirchlich-diakonische Schuldnerb. ein finanziell weitgehend ungesichertes Handlungsfeld.

3. Probleme und Ausblick. Die kirchliche B.sarbeit stand anfangs nicht unter Rechtfertigungsdruck. Mit der Differenzierung, Professionalisierung und der steigenden Nachfrage haben sich Fragen nach einer angemessenen Verhältnisbestimmung zwischen B. und Seelsorge ergeben, insbesondere im Blick auf die Integration moderner B.smethoden in die Seelsorgepraxis, ohne dadurch die Vermittlung zentraler theologischer Inhalte zu gefährden, was für die innerkirchliche Akzeptanz der B.sarbeit unerlässlich ist. In jüngster Zeit ist die Profilierung der B.sarbeit gegenüber geistlicher Begleitung hinzugekommen. Dabei geht es vor allem um die agierende Person, deren Gesprächsgrundhaltung in allen 3 Feldern weithin mit den von Rogers genannten Prinzipien übereinstimmt.

Bei Inanspruchnahme von B. zeigt sich die Mittelschichtsorientierung der Klienten. Nur ein „mittleres Maß" an Problemen lässt sich auf diesem Wege lösen. Verarmung (→Armut) und Massenarbeitslosigkeit (→Arbeitslosigkeit) z. B. produzieren Lebenssituationen, die nicht durch individuelles Handeln verändert werden können. Hier liegen Ansatzmöglichkeiten für neu zu entwickelnde Strategien der B.sarbeit in der Diakonie. Auch die Frage, ob B. künftig nicht eher im Bildungsbereich anzusiedeln ist, da auch im B.-geschehen ein aktives und selbstverantwortliches Subjekt vorausgesetzt wird, das an dem jeweiligen Prozess mitarbeitet, stellt sich.

S. KEIL, Familien- u. Lebensberatung, 1975 – J.-CH. KAISER (Hg.), Soziale Arbeit in historischer Perspektive, 1998 – U. KROLZIG (Hg.), Zukunft der Diakonie, 1998 – R. STOLINA, Lebensgespräch mit Gott, in: Pastoraltheologie 99, 288 – 305.

Sigrid Reihs

Bergpredigt

B. nennt man die erste große Rede, die Jesus nach dem Mt-Evangelium hält (Mt 5–7). Mt ergänzt und überarbeitet hier planvoll eine Instruktionsrede, die er in der ‚Spruchquelle' bereits vorfindet (anders z. B. BETZ) und die im Kern aus vier Seligpreisungen (Lk 6,20b-23 par.), dem Feindesliebegebot (Lk 6,27f.32–36 par.), der Warnung vor dem ‚Richten' (Lk 6,37–42 par.) sowie weiteren Mahnungen zu aktivem Gehorsam bzw. entsprechenden Warnungen (Lk 6,43–49 par.) besteht. Die Rückfrage nach der B. zielt entsprechend einmal auf das Profil der Botschaft des ‚historischen Jesus' bzw. des Ethos seiner ersten Anhänger. Auf einer anderen Ebene kommen die Evangelisten in den Blick, die die

Stoffe literarisch gestaltet haben. Schließlich richtet sich das Augenmerk auf die spätere Rezeption und lebenspraktische Bewältigung der Forderungen der B.

1. Die B. im Kontext der Botschaft und Wirksamkeit Jesu.

1.1 Die Frage nach dem Ort und Sinn der in der B. formierten Sprüche im Kontext der Botschaft und Wirksamkeit Jesu ist nicht von der traditionsgeschichtlichen Fragestellung nach der Stellung Jesu innerhalb des antiken Judentums zu trennen (→ Judentum und Ethik). Traditionsgeschichtlich zeigen die paränetischen Stoffe der B. teils enge Berührungspunkte zu Aussagen anderer (radikaler) jüdischer Gruppierungen, teils treten sie in Widerspruch zu diesen. Jesus hat sich in seinem konkreten Handeln wie in seinen Stellungnahmen zu ethischen Fragen nicht vorrangig-programmatisch vom vielfältigen Judentum seiner Zeit und dessen grundlegenden Urkunden abgesetzt (vgl. Lk 16,17 par. Mt 5,18 [möglicherweise judenchristl.]).

1.2 Festzuhalten ist jedoch: Der Begründungshorizont der Forderungen Jesu ist nicht toralogisch. In den „Antithesen" (vgl. Mt 5,21f.27f.33–37) kontrastiert Jesus mit „Ich aber sage euch […]" seine vollmächtige Neuinterpretation des Gotteswillens gegenüber atl.-jüd. traditionellen Aussagen. In dieser Kontrastierung prägt sich die Kompromisslosigkeit der Verbindung eines apokalyptischen Erwartungshorizontes mit einem weisheitlich orientierten Schöpfungsglauben aus. Ist die Gesamtsituation Israels unentschuldbar, so bricht schöpferisch in der Gegenwart Jesu eine neue Zeit an (vgl. Lk 11,20; 10,18), die sich in Wunderheilungen, Dämonenaustreibungen, Gleichniserzählungen und gemeinsamen Mahlzeiten als sich dem drohenden Gericht widersetzende Heilszeit erweist. Auf eben diese innovative Zeit verweisen die „Seligpreisungen" am Beginn der B. Sie implizieren die Vergewisserung einer Relation, eines Erbes, das den (erst Mt: ‚geistlich') Armen, Leid Tragenden und (erst Mt: ‚nach der Gerechtigkeit') Hungernden und Dürstenden nicht zu nehmen ist. Eben darum aber sind die Menschen in der Begegnung mit Jesus ihrerseits zu innovativen Schritten herausgefordert.

1.3 Das Verbot bereits des Zorns und des Schimpfworts gegen den Bruder (Mt 5,21f.), das Verbot der Ehescheidung (Mt 5,31f.; eine Abschwächung bieten die Mt Unzuchtsklausel sowie das Verbot der Wiederheirat [→ Ehe; → Ehescheidung]) wie das Verbot des Schwörens (Mt 5,33–37; → Eid) bedeuten eine Radikalisierung dessen, was in der Mose-Tora gefordert ist, ohne dass diese Korrelation den eigentlichen Akzent trägt. Die Forderungen bemessen sich vielmehr am ursprünglichen Willen des Schöpfers, wie er in der → Reich Gottes-Verkündigung Jesu und seinem Wirken qualitativ vollgültig zur Geltung kommt (vgl. Mk 10,9; Mt 5,34b).

1.4 Auch das Gebot der Feindesliebe steht nicht in einem Autoritätszusammenhang zur Tora (vgl. anders das ‚Doppelgebot' in Mk 12,28–34 par.). Die kompromisslose Forderung der vorbehaltlos-aktiven Zuwendung zum privaten wie nationalen Feind ist vielmehr unmittelbar mit dem Handeln des Schöpfers kurzgeschlossen (vgl. Mt 5,45b).

1.5 Gleiches gilt für die weisheitlich-paränetischen Logien vom Verzicht auf Widervergeltung (Mt 5,39b-41 par.), die die Restrukturierung der Welt unter dem Vorzeichen der Gottesherrschaft ins Feld der Mahnung umsetzen.

1.6 Das ‚Ethos' der B. ist damit aber insgesamt nicht unter Gesichtspunkten der Praktikabilität entworfen. Es entspringt nicht einer Reflexion auf ‚Ordnungen' bzw. auf eine per se in Rechnung zu bringende ‚Würde des Menschen', und es zielt auch nicht auf die Überzeugung, Haltungsänderung oder Verbesserung der Mitmenschen. Umgekehrt intendiert es nicht programmatisch Normendestruktion und Separation. Soweit erkennbar, hat Jesus seine kompromisslosen Forderungen über das Zusammenleben seiner kleinen Gruppe, mit der er durch das galiläische Land und nach Jerusalem zog, hinaus nicht in ihren sozialen Implikationen reflektiert (vgl. Mt 6,25–34 par.). Dies bedeutet eine grundsätzliche Schwierigkeit auch für im Ansatz legitime politisch-theologische oder ökonomisch-ethische Interpretationen der B. (→ [Religiöser] Sozialismus).

2. Die B.-Stoffe in den Evangelien des Mt und Lk.

Die Rezeption der Stoffe bei Mt und Lk zeigt das verschieden gelagerte Bemühen, das sperrige und nicht auf Praktikabilität hin entworfene Ethos in veränderter Zeit kommunikabel und in Ansätzen operabel zu machen.

2.1 Mt hält ausdrücklich die Gegenwart des ‚Volkes' fest (vgl. Mt 5,1 mit 7,28f.) und stellt die B. unter das Vorzeichen der „besseren Gerechtigkeit", die gegenüber den Schriftgelehrten und Pharisäern von den Jüngern gefordert ist (5,20). Sie dokumentiert sich zusätzlich in der Beachtung verschiedener ‚Frömmigkeitsregeln' (6,2–18). Die Feindesliebe (5,43–48) wird bei Mt durch die ‚goldene Regel' (7,12) aufgenommen und interpretiert. Die Forderung nach Vollkommenheit (5,48) zielt dabei nicht auf ein perfektionistisches ‚Leistungsstreben' der Jesusjünger (vgl. den Vorwurf der ‚Gesetzlichkeit', des ‚Synergismus' sowie der → Kasuistik). Ist die B. Teil einer noch stark unter dem Vorzeichen frühen Judenchristentums stehenden Gesamtkonzeption, so geht es auch nach Mt nicht darum, dass der Mensch sich im Tun der ‚Gerechtigkeit' sein ‚Heil' ‚erarbeiten' könnte. Möglichkeitsbedingung des Gehorsams ist vielmehr das ‚Mitsein' Jesu mit seinen Jüngern bis zum Ende der Weltzeit (vgl. in akzentuierter Schlussstellung: Mt 28,20b; vgl. 1,21.23). Die B. markiert mt die Konfliktposition mit der jüdischen Seite. Zugleich bietet sie einen idealen Verhaltenskodex, dem sich auch die Gemeinde als ganze und überall nur auf defizientem Weg und unter dem Vorzeichen des auch ihr gegebenenfalls drohenden negativen eschatologischen Geschicks anzunähern vermag (vgl. Mt 13,24–30).

2.2 Der Evangelist Lk ordnet demgegenüber in der Feldrede die entsprechenden Stoffe in die Anfänge der Jesusbewegung ein (Lk 6,20–49). Die Rede repräsentiert programmatisch die Forderung an die ersten Jünger/‚Apostel‛ respektive die späteren ‚Zeugen‛, wobei auch im dritten Evangelium die Menge hört (Lk 6,19f.; 7,1). Die ‚Feindesliebe‛ wird mit verschiedenen frühchristlich bereits etablierten Topoi expliziert. Die Jünger sollen die segnen, die sie verfluchen (Lk 6,28a; vgl. Röm 12,14). Allgemein geht es um das „Tun des Guten" (Lk 6,27c.35). Besonders akzentuiert Lk den Widerspruch gegen die hellenistische Freundschaftsethik, die gegenseitiges Helfen statuskonsistent nach dem Prinzip ‚do ut des‛ und unter dem Gesichtspunkt der utilitas regelt (vgl. auch Lk 14,12–14). Auch die „Goldene Regel" (6,31) wird von hier aus kritisch reinterpretiert.

3. Typen der B.-Interpretation. Innerhalb der Geschichte der B.-Rezeption lassen sich Grundtypen der Interpretation ausdifferenzieren. Bei der Beurteilung konkreter Gestalten dieser Grundtypen sind Etikettierungen wie ‚Auflösung‛, ‚Aufweichung‛, ‚Reduktion‛, ‚Individualisierung‛, ‚Privatisierung‛ oder ‚Radikalisierung‛ bzw. ‚Ideologisierung‛ nur von begrenztem Wert. Vielmehr ist das Bemühen um die hermeneutische Erschließung bzw. um die lebenspraktische Bewältigung des kompromisslosen Ethos der B. unter differenten geistesgeschichtlichen und gesellschaftlichen Bedingungen als solches wahrzunehmen.

3.1 Das Modell der „consilia evangelica", das die radikalen Forderungen der B. auf einen exklusiven Kreis von Christen eingrenzt (im Unterschied von den „praecepta e."; zu dieser die ma. Auslegung bestimmenden Unterscheidung: THOMAS V. AQUIN, S.Th. I/2 107,2; 108,4; vgl. schon Did 6,2; dagegen LUTHER WA 32, 299–544), überspringt die Tatsache, dass Jesus nach den Evangelien alles Volk mit seinen Geboten konfrontiert. Zugleich *kann* aber die Übernahme des Ethos der B. durch christliche Gruppen, etwa die Übernahme des Anspruchs, einer als ‚böse‛ erkannten ‚Macht‛ oder Institution sich nicht zu widersetzen, einen Versuch darstellen, in zeichenhaft-vorbildlicher Weise den Anspruch der B. gegenüber allen Menschen zu dokumentieren (vgl. die Metaphern „Salz der Erde"/„Licht der Welt" [Mt 5,13ff.]; Orden, Katharer, Waldenser, Täufer, →Mennoniten, →Quäker u. a. m./ →Nachfolge).

3.2 In verschiedener Weise hat die sog. ‚liberale Theologie‛ nach bleibenden Grundsätzen unter der Prämisse gesucht, dass die radikalen Desiderate der B. historisch gebunden und dem neuzeitlichen Menschen unerschwinglich sind. Die B. gilt als Substrat überzeitlicher ‚Sittlichkeit‛ bzw. als Ausdruck einer unbedingten „Gesinnung" (vgl. Mt 5,8). Die konkrete Ausformulierung von „Pflichten" hat demgegenüber in jeder Zeit neu zu geschehen (E. TROELTSCH; W. HERRMANN; auch W. BOUSSET). Hier ist auch auf A. SCHWEITZERS Annahme einer ‚Interimsethik‛ Jesu zu verweisen, die nur unter dem Vorzeichen einer radikalen, später aber enttäuschten Naherwartung plausibel gewesen sei (vgl. die Wiederentdeckung des eschatologischen Hintergrundes der Botschaft Jesu durch J. WEISS). Vergleichbaren Interpretationen droht die Gefahr, den ‚Text‛ der B. unter ihm fremden Prinzipien in seiner konkreten Gestalt als solchen zu verlieren. Dies gilt auch für →situationsethische Deutemodelle, sofern sie die konkreten Forderungen auf ein je unterschiedlich auszufüllendes „dass" formal limitieren.

3.3 Verschiedene Modelle lassen sich als Versuch begreifen, die B. unter systematischen Gesichtspunkten ‚paulinisch‛ zu lesen. Die B. kann hier der Rede vom ‚Gesetz‛ im theologischen Sinn subsumiert werden (‚usus theologicus‛ bzw. ‚elenchticus‛). In ihrer Nonoperabilität verweist sie auf den sündigen Status des Menschen coram Deo (vgl. Röm 3,20; 7,13), der von Christus übernommen wird (vgl. Gal 3,13). Damit kann zugleich eine Einschränkung des Geltungsbereichs der B. auf den innerchristlichen bzw. den ‚privaten‛ Lebensbereich der einzelnen Christenperson im Unterschied zu seiner Rolle im politischen Leben, die den Gebrauch von Macht im Interesse anderer fordert, einhergehen (→Zweireichelehre; →Luthertum). Eine Differenzierung zwischen ‚privatem‛ und ‚amtlich-öffentlichem‛ Lebensbereich ist der B. (ebenso wie Paulus) jedoch fremd. Und so richtig es ist, dass die Forderungen der B. nicht von ihrem Subjekt zu trennen bzw. aus der Theozentrik der Reich-Gottes-Verkündigung zu lösen sind (vgl. die „christologische" Deutung bei E. THURNEYSEN u. K. BARTH), fungieren sie in den Evangelien nicht als Spiegel einer sündhaften Existenz, sondern vielmehr als Stachel, der auf konkretes Handeln zielt und die Geister im Blick auf die Formen und Strukturen des Zusammenlebens von Menschen scheiden kann.

J. LAMBRECHT, Ich aber sage euch. Die B. als programmatische Rede Jesu, 1984 – G. STRECKER, Die B. Ein exegetischer Kommentar, 1985[2] – H. WEDER, Die „Rede der Reden", 1985 – U. LUZ, Das Evangelium nach Matthäus, [1]2002[5], 251–553 – G. LOHFINK, Wem gilt die B.?, 1988 – H. D. BETZ, The Sermon on the Mount, Hermeneia, Minneapolis 1995 – J. BECKER, Jesus von Nazaret, 1996, 276–398 – G. THEISSEN/A. MERZ, Der historische Jesus, 2011[4], 311–358 (Lit.) – H. FRANKEMÖLLE, Matthäus, [1]1999[2], 205–288 – C. S. KEENER, A Commentary on the Gospel of Matthew, Grand Rapids 1999, 160–257 – W. ZAGER, Bergpredigt und Reich Gottes, 2002 – K. WENGST, Das Regierungsprogramm des Himmelreichs, 2010.

Reinhard von Bendemann

Beruf

1. Begrifflich und theologisch. Im *Sprachgebrauch* werden einerseits mit dem B. bestimmte Merkmale einer personalen Tätigkeit verbunden: eine spezifische →Ausbildung, geregelte Zugänge und Laufbahnen, tendenzielle Kontinuität im Lebenslauf, ein Bezug zu persönlichen Begabungen und Präferenzen und eine sinnerfüllte innere Bindung. Die Berufstätigkeit bezeichnet andererseits die formell organisierte Sphäre gesellschaftlicher Tätigkeit (Wirtschaft, Wissenschaft, Politik usf.). Insofern verbindet der Begriff personale und funktionale Aspekte.

Im semantischen Feld des Begriffs finden sich verwandte Tätigkeitsbezeichnungen wie →Amt, →Arbeit, Beschäftigung, Erwerbstätigkeit, Job, Profession, Stellung u. a., die sich in Teilbedeutungen überlagern. Sowohl in seiner etymologischen Verwandtschaft mit ‚Berufung' als auch in seiner sprachlichen Schöpfung und inhaltlichen Prägung durch MARTIN LUTHER verweist das Wort B. auf einen theologisch-religiösen Ursprung. Die Berufung zum Christsein, in die ‚herrliche →Freiheit der Kinder Gottes' (Röm 8,21) und in die →Nachfolge Jesu gehört zu den Kernaussagen des NT. Während in der jesuanischen Verkündigung diese Berufung in die Nachfolge noch mit einer Negation weltlicher Verantwortung verbunden ist („Sorgt nicht!", Mt 6,25; „Siehe, wir haben alles verlassen", Lk 18,28) wird bei Paulus die Evangeliums-Verkündigung mit der Sorge um den eigenen Lebensunterhalt verknüpft (1. Kor 9,15). Die Berufung zum Christsein ist Teil der liebenden Zuwendung Gottes zum Menschen, und mit dem Bleiben im eigenen Stand (bspw. als Sklave, Eph 6,5) und der darin gegebenen Verantwortung verknüpft. Unter dem Einfluss des Mönchtums wurde Berufung (vocatio) im Rückgriff auf die „evangelischen Räte" als Pflicht zu einem „heiligen Leben" verstanden, bestimmt insbesondere durch Keuschheit, →Armut, Gehorsam, asketische Übungen, ‚gute Werke', aber neu verbunden mit dem Gedanken religiöser Verdienste. LUTHER stellte in seinem „reformatorischen Ansatz" die christliche Berufung in den Zusammenhang des Rechtfertigungsgeschehens (→Rechtfertigung).

Verknüpft damit waren eine folgenreiche Reformulierung des Berufungsgedankens und die Neuschöpfung des Begriffs B.: Gegen eine Verkürzung des Vokationsgedankens auf die religiöse Leistung im Rahmen des geistlichen Standes (als Verdienstethik) hat LUTHER nachdrücklich eingewandt, dass Gottes Berufung allen Menschen gilt, die seine Gnade im Glauben annehmen, dass sie nicht beschränkt ist auf die Angehörigen des geistlichen Standes und deren religiöse Aufgaben. Das Gleichwertigsein aller Menschen vor Gott bezieht LUTHER über das geistliche Leben hinaus auf ihr Aufgabenfeld im Alltagsleben, auf ihren ‚Stand'. Alle Christen sollen ihre Alltagstätigkeit als Berufung ansehen und so verstehen, dass sie von Gott in diesen ihren Stand berufen sind, dass ihre Alltagsarbeit ihr „B." ist. So wie der Priester sein Amt als Gottesdienst versteht, so sollen auch Bauer, Stallmagd oder Kaufmann ihren B. als Gottesdienst sehen und praktizieren.

Mit diesem Verständnis des B. wurde die in der antiken wie mittelalterlichen Kultur eher gering geschätzte Alltagsarbeit aufgewertet und mit Sinngebung und einer Bedeutungsqualität verbunden, die in mehrfacher Hinsicht die abendländische →Gesellschaft beeinflusst hat: einmal lag in dem sog. lutherischen Berufsethos eine Motivationskraft, die die klassische protestantische Arbeitsethik von Grund auf geprägt und gefördert hat. Zweitens wird seit MAX WEBER in der Kombination des lutherischen B.sethos mit der calvinistischen Erwählungslehre (CALVIN) und ihrem Syllogismus practicus (der Auffassung, dass, wer von Gott im B.salltag „gesegnet" ist, wohl kaum von ihm für die Ewigkeit verworfen sein kann) eine Konstellation gesehen, die in einer engen Verbindung mit dem neuzeitlichen →Kapitalismus steht: Innerweltliche Askese als Forderung einer dem Segen Gottes entsprechenden Lebens- und B.shaltung ging mit Bildung von Kapital einher, dessen Investition in das eigene Geschäft als Gottesdienst angesehen werden konnte. Die aus der Kombination von B. und innerweltliche Askese resultierende „protestantische Ethik" steht daher in einer starken Nähe zum „Geist des Kapitalismus" und seiner gesellschaftlichen Dynamik.

Bis in das 19. Jh. blieb die Bewährung des Christen als sittliche Person an die Ausübung eines bürgerlichen B.s im Sinne des lutherischen B.sethos gebunden. Allerdings wurde im Zuge der Aufklärung und des Idealismus das Berufsverständnis aus seiner religiösen Präfigurierung herausgelöst. Bspw. bei FICHTE wurde es ganz in den Rahmen eines durch Vernuftzwecke bestimmten Sittengesetzes eingeordnet. Auch wenn die religiösen Wurzeln im Rechtfertigungsgeschehen zunehmend ausgeblendet wurden, blieb der enge Zusammenhang von einerseits B. und andererseits personaler Identifikation, Selbstbestimmung, Selbstwertgefühl oder Lebensqualität auch in einer säkularisierten Gesellschaft (→Säkularismus) erhalten. Das bürgerliche B.sethos wurde zur Form für die Selbstwerdung und -verwirklichung der Person, wie es sich in literarischer Gestalt bspw. bei GOETHE in den Wilhelm-Meister-Romanen dargestellt und in THOMAS MANNS „Buddenbrooks" in seiner Krise reflektiert findet.

2. Geschichtlich. Zwar verdankt sich der Terminus B. mit seinem spezifischen Sinngehalt christlichen Impulsen, doch hat sich seine Bedeutung in einem langen geschichtlichen Wechselspiel zwischen ideellen und sozioökonomisch-materiellen Faktoren herausgebildet. Eine b.liche Form wirtschaftlicher Tätigkeit bildet sich im Zusammenhang mit Arbeitsteilung und der damit verbundenen Spezialisierung von Tätigkeiten heraus. Mit der Möglichkeit, die arbeitsteilig hergestellten Produkte über die Deckung des Eigenbedarfs hinaus auf dem Markt zu tauschen, erweiterte sich das System der Arbeitsteilung zu einer gesellschaftlichen Produktionsweise auf der Basis beruflicher Spezialisierung. Die Einführung der Geldwirtschaft verstärkte diese Entwicklung durch die örtliche und zeitliche Trennung zwischen dem Verkauf von eigenen Produkten oder Leistungen gegen →Geld und dem Ankauf von Gütern für den eigenen →Bedarf. Im Zuge der sich ausbreitenden Tausch- bzw. Marktökonomie löste sich die spezialisierte B.sarbeit mehr und mehr vom Eigenbedarf und entwickelte sich zu einer spezialisierten Erwerbstätigkeit, um weitere eigene Bedürfnisse auf anderen Märkten decken zu können.

Für die zunehmende Spezialisierung der B.stätigkeiten wird eine entsprechende Ausbildung erforderlich, was als Professionalisierung zu charakterisieren ist. Damit verbunden ist die Orientierung an bestimmten Leistungsstandards; es entwickelten sich in historisch vielfältigen Variationen bestimmte Verfahren zum Schutz und zur Sicherung des Sonderwissens, Zugangskontrollen, Verhaltenscodices und Statussymbole. In allen Gesellschaften kam es zu oft weitreichenden Unterscheidungen von B.sangehörigen und ‚Laien', zu sozialen Abgrenzungen sowie zu sozialen Kämpfen.

In Mitteleuropa traten die daraus resultierenden b.sständischen Strukturen und Mentalitäten neben und teilweise an die Stelle von (älteren) geburtsständischen Hierarchien. Den B.sständen zugeordnet waren Zünfte und Innungen, die sowohl die internen Zugangsregeln und Qualitätsmerkmale streng überwachten als auch Abgrenzung und Sicherheit nach außen gewährleisteten; in den Zünften behielten einzelne Familien oft über Generationen hinweg das Monopol für Ausübung und Regelauslegung eines bestimmten Handwerk-B.es (→Handwerk). Diese b.sständische Gesellschaftsordnung wurde vielfach ‚ordnungstheologisch' (→Ordnung, Ordnungstheologie), als von Gott gewollte Ordnung verstanden und sanktioniert.

In der industriellen Arbeitswelt des 19. und 20. Jh.s blieben zwar die Akzente auf Ausbildungsqualifikation und funktionaler Kompetenz erhalten, aber die ständischen Komponenten wie starre Zugangs- und Ausübungsreglements wurden verdrängt und durch ein funktionales B.sverständnis ersetzt, das der auch wirtschaftlich geforderten Liberalisierung und Individualisierung entsprach. An die Stelle der ständischen Zugangs- oder Laufbahnregeln trat der →Arbeitsmarkt, auf dem die Individuen ihre Qualifikationen anbieten und sich mit den spezifischen Interessen der Nachfrager wie →Betrieben, →Krankenhäusern oder dem →Staat arrangieren. Dabei behielten B.squalifikation und B.srolle für lange Zeit ihren bestimmenden Einfluss auf gesellschaftliches Prestige, Selbstwertgefühl und Lebenssinn. Die strukturelle Koppelung von B.sausbildung, B.srolle, Selbstwertgefühl hat, was die höherqualifizierten B.e betrifft, erst mit Verspätung, im Zuge von Liberalisierung und Frauenemanzipation (→Emanzipation; →Geschlechterverhältnis) auch die in der bürgerlichen Gesellschaft (→Bürgertum) bestehende *b.liche Geschlechterdifferenz* relativiert. Die traditionelle Unterscheidung von Männer- und Frauen-B.en wurde tendenziell aufgelöst. Allerdings werden Frauen bis heute noch häufig schlechter bezahlt und sind in den Führungspositionen vielfach unterrepräsentiert (Einführung von Quotenregelungen).

In den postindustriellen Gesellschaften werden die überkommenen B.sbilder durch neue Technologien (→Technik) und Automatisierungsprozesse, insbesondere in elektronischer Datenverarbeitung und Informationstechnologie (→Information), stark verändert oder verdrängt. Traditionelle Qualifikationen verlieren gegenüber Flexibilität, Lernbereitschaft und Teamfähigkeit an Bedeutung. An der Stelle von Fachwissen und Allgemeinbildung tritt Kompetenzorientierung in den Mittelpunkt beruflicher →Bildung. Die Entwicklung wirkt sich auf die traditionellen Muster von B.sprestige, b.licher Wertorientierung und personaler Identität aus und muss durch neue Formen ethischer Bildung ergänzt werden. Unter der Perspektive von „Professionalisierung" (STICHWEH) wird der B. von den ausdifferenzierten Funktionssystemen der Gesellschaft her definiert. Leitend sind dabei Professionen mit (wenigstens anteiliger) personaler Interaktionen zwischen Funktionsrollen (Professionellen, Experten) und Komplementärrollen (Klienten, Laien). Insbesondere die Profession der Manager, denen in den Funktionssystemen nicht nur der Wirtschaft (vgl. Kultur-, Wissenschafts-, Bildungsmanager) entscheidende Gestaltungsmacht zuzuschreiben ist, dürfte zukünftig im Fokus von Professionalisierungstheorien stehen.

3. Ethisch. Wie andere Teilbereiche der Gesellschaft wird berufliches Handeln von dem tiefgreifenden Wertewandel (→Werte) beeinflusst. Die sich daraus ergebenden ethischen Probleme und Aufgaben (→Ethik) betreffen die B.sethik als ganze wie auch das Ethos der Einzel-B.e (wie Arzt, Krankenschwester, Forscher, Handwerker, Ingenieur, Manager). Im Zuge der →Globalisierung wird eine mit den Stichworten Mobilität, Verfügbarkeit, Flexibilisierung, Diskontinuität, Interkulturalität verbundene Entgrenzung der Berufswelt ersichtlich (SENNETT).

Zu den traditionellen Arbeitstugenden wie Gründlichkeit, Disziplin oder Fleiß tritt ergänzend die Forderung nach Flexibilität, innovativem Denken, unternehmerischer Einstellung und Lernbereitschaft. Im Spannungsfeld zwischen B. und →Familie bzw. Partnerschaft verschärfen sich durch die Flexibilisierung und Entgrenzung wie durch die zunehmende Auflösung der traditionellen Rollenmuster die Konflikte. Die Auswirkungen des eigenen Handelns müssen in ihrer globalen

Interdependenz (→Verantwortung) wie im Blick auf künftige Generationen (→Nachhaltigkeit) bedacht und verantwortet werden. Zunehmende Ökonomisierung („Kostendruck") konterkariert sachliche Qualitätsansprüche im B. Mit den Kriterien Solidarität und Selbstbestimmung (EKD) wird der Werterahmen definiert, in dem sich die ethische Reflexion dieser Spannung und Konflikte in einer protestantischen B.sethik bewegt. Sie ist gefordert, ihre Überlegungen im Blick auf allgemeine, universale Geltungsansprüche zur Sprache zu bringen, die an die sachliche Rationalität der Funktionssysteme anschlussfähig sind (→Diskursethik).

Der Beitrag der christlichen Ethik wird sich an den grundlegenden Richtungsimpulsen des biblischen Ethos orientieren und diese unter den neuen Bedingungen zur Geltung zu bringen. Dazu gehören in erster Linie: Die gleiche →Würde aller Menschen vor Gott (Gottes Ebenbild); die Berufung zu →Freiheit und Mündigkeit gegenüber den Zwängen von →Welt und →Tradition (Gal. 3–5); →Nächstenliebe im Sinne von →Verantwortung für den Mitmenschen, besonders für Schwache und Bedürftige; Bewahrung der Schöpfung; Bereitschaft zu Vergebung und Neuanfang. Wirksam wird dieser Beitrag dann, wenn er in den Selbstregulierungen aktueller B.sethiken, wie beispielsweise für Wirtschaftsprüfer im Code of Ethics for Professional Accountants (1998/2006) oder im Rahmen des Management-Studiums in den Principles for Responsible Management Education (2007) im Rahmen des UN Global Compact zur Geltung gebracht werden kann. Die Konzeption einer B.sethik für die Funktionssysteme in der ausdifferenzierten, globalisierten Wirtschaftsgesellschaft stellt in der gegenwärtigen theologischen Wirtschaftsethik ein Desiderat dar.

M. WEBER, Die protestantische Ethik und der Geist des Kapitalismus (1904), in: Ges. Aufsätze zur Religionssoziologie, ¹1920 – P. ALTHAUS, Die Ethik Martin Luthers, 1965 – W. CONZE, Zur Bedeutungsgeschichte des Wortes B., in: O. BRUNNER u. a. (Hg.), Geschichtliche Grundbegriffe, ¹1974, 490–507 – M. WEBER, Wissenschaft als B. (1919), 1975⁶ – DERS., Politik als B. (1919), 1982⁷ – U. BECK u. a., Soziologie der Arbeit und der B.e, 1980 – T. RENDTORFF, Ethik, ²1981 – A. WETTERER (Hg.), Profession und Geschlecht, 1992 – W. HIRSCHMANN, B. und Lebenssinn, 1997 – R. SENNETT, Der flexible Mensch. Die Kultur des neuen Kapitalismus, Berlin, 1998 – K. W. DAHM, Ethikbedarf und theologisches Ethikangebot, in: ZEE 45, 2000, 172–181 – R. STICHWEH, Professionalisierung, Ausdifferenzierung von Funktionssystemen (1994), in: DERS., Wissenschaft, Universität, Professionen. Soziologische Analysen 2013, 317–330 – Solidarität und Selbstbestimmung im Wandel der Arbeitswelt. Eine Denkschrift der EKD, Gütersloh 2015.

Karl-Wilhelm Dahm, Georg Lämmlin

Betrieb / Betriebsverfassung

1. Begriffsklärung. *1.1 Betriebe.* B. sind dynamische sozio-technische Systeme, in denen auf der Grundlage einer Verfassung durch integrative Beziehungen zwischen Menschen Entscheidungsprozesse über den Einsatz finanzieller, personeller und sachlicher Ressourcen mit dem Zweck ablaufen, Sachgüter und →Dienstleistungen nach dem ökonomischen Prinzip zu erstellen und abzusetzen. Bei isolierter Betrachtung kann der B. aus örtlicher und technisch-organisatorischer Sicht als Stätte und Prozess der Leistungserstellung, im ökonomischen Sinne (→Betriebswirtschaftslehre) als Wirtschaftseinheit und Organ der Gesamtwirtschaft und aus soziologischer Perspektive (→Soziologie) als offenes soziales →System gesehen werden. In der Wirtschaftsstatistik (→Volkswirtschaftliche Gesamtrechnung) werden organisatorisch selbständige, örtlich abgegrenzte Arbeitsstätten als B. gezählt. B.e sind durch ihre Produktionsfaktoren, das Wirtschaftlichkeitsprinzip und das finanzielle Gleichgewicht sowie in der Marktwirtschaft i. d. R. durch das Streben nach →Gewinn (sog. erwerbswirtschaftliches Prinzip), das private Eigentum an den Produktionsmitteln und die Selbstbestimmung über ihren Wirtschaftsplan im Rahmen vorhandener Marktbedingungen (sog. Autonomieprinzip) gekennzeichnet. Erwies sich das Verhältnis des B.sbegriffs und des Begriffs des →**Unternehmens** zueinander als äußerst vielschichtig, hat sich zwischenzeitlich die Bezeichnung von auf Fremdbedarfsdeckung ausgerichteten B. als Unternehmen in Abgrenzung zu den Haushalten durchgesetzt, deren B. auf Eigenbedarfsdeckung ausgerichtet ist.

1.2 Verfassung. Während sich der Begriff der B.sverfassung auf die Gesamtheit aller Regelungen zur Gestaltung der vertikalen Beziehungen zwischen den B.sangehörigen und der B.sleitung beschränkt, drückt die Unternehmensverfassung den einheitlichen Zweckwillen des B.s nach außen sichtbar aus und trägt auf diese Weise zur Identifikation der einzelnen Mitglieder mit ihrem B. bei. Sie umfasst sämtliche inhaltlichen und organisatorischen Regelungen zur Bildung von Organen und der Verteilung von Entscheidungskompetenzen und Kontrollen zwischen diesen und den Mitgliedern des B.s auf den unterschiedlichen Hierarchiestufen.

2. Betriebstypologie. Eine Einteilung der B.e kann nach unterschiedlichen Gliederungsgesichtspunkten vorgenommen werden. Um welchen B.styp es sich im Einzelfall handelt, wird weitgehend durch die Verfassung definiert.

2.1 Nach systembezogenen Merkmalen. Je nachdem ob die Herrschaft über den B. von Kapitaleignern oder von der →Gesellschaft wahrgenommen wird, liegt entweder ein kapitalistischer B. (→Kapitalismus), wobei sich das Kapital in privater oder in öffentlicher Hand befinden kann, oder ein sozialistischer B. vor. In Abhängigkeit von der Zielsetzung unterscheidet man auf die Erwirtschaftung eines Gewinns angelegte erwerbswirtschaftliche B.e von sog. gemeinwirtschaftlichen

B.en (→öffentliche Wirtschaft), die die Versorgung bestimmter Abnehmer mit Leistungen möglichst auf Kostendeckungsbasis zum Gegenstand haben, und sonstigen freien →Non-Profit Organisationen, bei denen politische, konfessionelle, karitative, kulturelle oder sonstige Ziele im Vordergrund stehen. Zu den gemeinwirtschaftlichen B.en werden die öffentlichen B.e in der Verfassung der Körperschaft des öffentlichen Rechts (z. B. Industrie- und Handelskammern), der Anstalt des öffentlichen Rechts (z. B. Rundfunkanstalten) oder des rechtlich unselbständigen, aber wirtschaftlich selbständigen Eigenb.s sowie →Stiftungen, gemeinnützige →Vereine und →Genossenschaften gezählt. Bei öffentlichen Verwaltungen wird hingegen auch von einem B.styp sui generis gesprochen.

2.2 Nach der Rolle der Kapitaleigner im B. Sind die Anteilseigner gleichermaßen an Entscheidungen im B. beteiligt, kann es sich sowohl um einen genossenschaftlichen B. als auch um einen rein kapitalistischen B. handeln. Liegt die Geschäftsführung in den Händen eines selbständigen Eigentümerunternehmers und stellt der B. die dauernde Lebensaufgabe und notwendige Grundlage der Berufsausübung des Unternehmers dar, liegen wesentliche Merkmale eines mittelständischen B.s (→Mittelstand) vor. Es überwiegen dann die Rechtsformen des Einzelkaufmanns, der Offenen Handelsgesellschaft oder der Gesellschaft mit beschränkter Haftung (GmbH). Befindet sich die relative Stimmrechtsmehrheit in Händen der Unternehmerfamilie und wird die Geschäftsführung überwiegend von Familienmitgliedern wahrgenommen, liegen die formalen Kennzeichen eines reinen Familienb.s vor. Da üblicherweise nicht alle Familienmitglieder sowohl am Eigentum als auch an der Geschäftsführung beteiligt sind, überwiegen in diesen Fällen die Kommanditgesellschaft (KG), die GmbH sowie die GmbH & Co. KG sowie die sog. Kleine Aktiengesellschaft (Kleine AG) als Rechtsformen. Wird die laufende Geschäftsführung von angestellten Führungskräften (sog. Manager) wahrgenommen, handelt es sich um managerialistische B.e, für die dann üblicherweise die GmbH oder die Aktiengesellschaft (AG) bzw. Europäische Gesellschaft (SE, umgangssprachlich: Europa-AG) als rechtliches Kleid gewählt wird. Bei einer breiten Streuung der Verfügungsrechte in einer sog. Publikumsgesellschaft nimmt der Einfluss des einzelnen Anteilseigners auf die Entscheidungen im B. tendenziell ab. Umso wichtiger werden dann Leitungs- und Überwachungsstrukturen (sog. Corporate Governance), die dazu geeignet sind, den Missbrauch von Leitungsmacht mit möglichst geringem Informations- und Überwachungsaufwand wirksam zu verhindern.

2.3 Nach der B.sgröße. Der Größeneinteilung des Instituts für Mittelstandsforschung (IfM) Bonn folgend, werden Kleinb.e mit weniger als 10 Beschäftigten und einem Jahresumsatz von bis zu 1 Mio. € von Mittelb.en mit 50 bis 499 Beschäftigten und bis zu 50 Mio. € Umsatz von den Großb.en abgegrenzt. Großb.e beschäftigen mind. 500 Arbeitnehmer und erwirtschaften mind. 50 Mio. € Umsatz. Legt man allein die Beschäftigtenzahl pro B. als Kriterium zugrunde, gehören nach Angaben der Arbeitsstättenzählung über 99% der B.e zur Gruppe der Klein- und Mittelb.e.

2.4 Nach Wirtschaftszweigen und der Art der erstellten Leistung. In Abhängigkeit von Branche und Art der erstellten Leistung, werden die B.e der Gruppe der Sachleistungsb.e (land- und forstwirtschaftliche B.e, Bergbau- und Energieb.e sowie Industrie- und Handwerksb.e einschließlich Baugewerbe Energie, Industrie, Handwerk) – oder dem Bereich der Dienstleistungsb.e zugeordnet, zu dem die Groß- und Einzelhandels- sowie Handelsvermittlungsb.e, die Bank- und Versicherungsb.e, die Verkehrs- und Nachrichtenübermittlungsb.e sowie die sonstigen Dienstleistungsb.e, wie etwa die Hotelb.e, die Gesundheitsb.e und die beratenden B.e, gehören.

2.5 Nach den Beziehungen der B.e untereinander. B.e unterhalten oft unterschiedliche gesellschafts- und vertragsrechtliche Beziehungen zu anderen Unternehmen und ihren B.en. Sie reichen von rein marktlicher Koordination (→Markt, →Wirtschaftssysteme) von Lieferungen und Leistungen sowie von Miet-, Pacht- und Kreditverhältnissen (→Kredit) über vertragliche Kooperationen mit mehr oder weniger selbständigen Partnern, etwa in Form des Franchising, eines Netzwerkes oder einer strategischen Allianz, bis hin zu gesellschaftsrechtlichen Zusammenschlüssen (→Wettbewerbspolitik). Dabei verschieben sich die Systemgrenzen der B.e innerhalb der verschiedenen Kooperationsformen aufgrund erheblich gesunkener Informations- und Kommunikationskosten immer schneller. Manche B.e sind in der Lage, ihr Leistungsspektrum und ihre Kapazitäten an veränderte Aufgabenstellungen unter Nutzung globaler Produktionsmöglichkeiten flexibel anzupassen und Leistungsprozesse auf mehrere B.stätten und selbständige B.e zu verteilen. Derartige Phänomene werden als grenzenlose oder virtuelle B. bezeichnet.

3. Gesetzlich normierte Betriebsverfassung. Während die überbetriebliche (sog. unternehmerische) →Mitbestimmung eine Beteiligung der →Arbeitnehmer an der Gestaltung der betrieblichen Arbeits- und Wirtschaftsbedingungen durch Entsendung von Repräsentanten der →Arbeitnehmer in den Aufsichtsrat der Unternehmen vorsieht (sog. Integrationsmodell), wird die betriebliche (sog. Arbeitsrechtliche) Mitbestimmung nach dem B.sverfassungsgesetz (BetrVG) auf B.sebene durch gewählte Arbeitnehmervertreter gegenüber der B.sleitung verwirklicht (sog. dualistisches Modell). Grundanspruch für die betriebliche Mitbestimmung ist die vertrauensvolle Zusammenarbeit zwischen der Unternehmensleitung und der Vertretung der Arbeitnehmer im Zusammenwirken mit den im B. vertretenen →Gewerkschaften und Arbeitgebervereinigungen. Im Vordergrund steht das Schutzbedürfnis des einzelnen Arbeitnehmers. In die Autonomie des Arbeitgebers wird im Gegensatz zur überbetrieblichen Mitbestimmung nur punktuell eingegriffen.

3.1 Grundlegende Aspekte. Mit dem BetrVG, dem Montan-Mitbestimmungsgesetz (Montan-MitbestG) und dem Mitbestimmungsgesetz (MitbestG) sowie dem Sprecherausschussgesetz (SprAuG) für die leitenden Angestellten sowie einschlägigen weiteren Vorschriften des →Grundgesetzes und anderer Arbeitnehmerschutzrechte ist ein umfangreiches Regelwerk für die Etablierung von B.sverfassungen vorgegeben (→Mitbestimmung). Es dient der gesellschaftlichen Legitimation hierarchischer Ordnung in B.en durch die geregelte Einbringung arbeitnehmerorientierter Gesichtspunkte in den Willensbildungsprozess des B.s.

3.2 Geltungsbereich. Bezugspunkt der gesetzlich normierten B.verfassung sind ausschließlich B.e privatwirtschaftlicher Unternehmen. Die Unternehmen und Unternehmenszusammenschlüsse werden überwiegend indirekt über ihre B.e in den Geltungsbereich des BetrVG einbezogen. Von dem Gesetz berücksichtigt werden ausschließlich sozialversicherungspflichtige Arbeiter und Angestellte (→Sozialversicherung) einschließlich der Auszubildenden (→Ausbildung) und der überwiegend für den B. Heimarbeit Leistenden. Die Mitbestimmung der leitenden Angestellten, deren Abgrenzung anhand mehrerer formaler Kriterien erfolgt, ist im SprAuG eigenständig geregelt. Überwiegend und unmittelbar politisch, koalitionspolitisch oder konfessionell gebundene B.e sowie karitative, erzieherische, wissenschaftliche, künstlerische und meinungsverbreitende B.e unterliegen der gesetzlich normierten B.verfassung nicht oder nur partiell (→Mitbestimmung, kirchlich).

3.3 Organisation. Der strukturelle Aufbau der einzelnen Organe der B.sverfassung folgt der jeweiligen Unternehmensstruktur. Allerdings liegt zwischen den Organen nach BetrVG auf den unterschiedlichen Ebenen eines Unternehmens(verbundes) keine Überordnungsbeziehung vor. Der →B.srat ist das zentrale Organ der B.sverfassung und als Träger aller Rechte und Pflichten vor den Arbeitsgerichten parteifähig. Die Errichtung von B.sräten wie von Sprecherausschüssen ist jedoch fakultativ.

3.4 Einflussrechte. Die Einflussnahme nach BetrVG auf die b. Willensbildung erfolgt nach BetrVG ohne gesicherten Einflusserfolg über die Mitwirkungsrechte, zu denen u. a. das passive Informationsrecht, das Recht auf Einsichtnahme und das Anhörungs- und Vorschlagsrecht zählen die auf nahezu alle b. relevanten Fragestellungen Anwendung finden können. Dem hingegen sind die mit abgestuft gesichertem Einflusserfolg verbundenen Mitentscheidungsrechte nur auf jene Problembereiche begrenzt, von denen unmittelbare soziale und personalwirtschaftliche Auswirkungen auf die einzelnen B.sangehörigen oder die Belegschaft insgesamt ausgehen.

3.5 Instrumente. Zum Instrumentarium der betrieblichen →Mitbestimmung zählt die häufig praktizierte einzelfallbezogene Verhandlung zwischen Arbeitgeber und →B.srat sowie die B.svereinbarung zur vertraglichen Lösung übergreifender Problemfelder soweit sie nicht durch Tarifvertrag (→Tarifautonomie) geregelt oder durch entsprechende Öffnungsklauseln im Tarifvertrag zugelassen sind.

H. ALBACH/R. ALBACH, Das Unternehmen als Institution: rechtlicher und gesellschaftlicher Rahmen, 1989 – W. HAMEL, B.sverfassung, in: W. WITTMANN u. a. (Hg.), Handwörterbuch der B.swirtschaft, 1993[5], 424–442 – I. SCHNEEVOIGT/K. MILLER, Mitbestimmung, in: R. KÖHLER et al. (Hg.) Handwörterbuch der B.swirtschaft, 2007[6] – G. WÖHE/U. DÖRING, Einführung in die allgemeine B.swirtschaftslehre, 2013[25].

Andreas Pinkwart

Betriebsrat

1. Wandel der Wirtschafts- und Arbeitsbedingungen im Zuge der Industrialisierung. Spätestens mit dem Einsetzen der wirtschaftlichen Industrialisierung in der Mitte des 19. Jh.s ist die Größe zahlreicher Unternehmen, deren Organisationsstruktur im Sinne von Manufakturbetrieben bis dahin vornehmlich handwerklich geprägt war, signifikant angewachsen. Die Betriebsabläufe sind infolge der zunehmenden →Industrialisierung nicht nur rationaler und schneller geworden, sondern die einhergehende, zunehmende Größe der →Unternehmen hat dazu geführt, dass sich der einzelne →Arbeitnehmer (AN) seinem Arbeitgeber (AG) gegenüber in einer verhandlungsstrukturell zunehmend schwächeren Position befand. Aus dieser Situation heraus haben sich die AN zunehmend organisiert, um gemeinsam ihre (individuellen) Interessen an leistungsgerechter Entlohnung, menschenwürdigen Arbeitszeiten und angemessenem Schutz gegenüber Arbeitsunfällen durchzusetzen (→Arbeit). Naturgemäß besteht das vornehmliche Ziel der AG in einer möglichst rationalen und dadurch profitablen Betriebsorganisation, zumal die grundrechtliche Menschenwürdegarantie (Art. 1 Abs. 1 des Grundgesetzes auch zwischen Privatpersonen greift, sprich der AN soll nicht zum Objekt seines AG herabgewürdigt werden können.

2. Von der Weimarer Republik bis zum BetrVG 1972. Um die Arbeitnehmerinteressen stärker zu artikulieren, kam es mit fortschreitender Industrialisierung zur Gründung der ersten →Gewerkschaften. Unter dem Regime der Weimarer Republik (1919–1933) kam es auch, verstärkt zur Bildung von B., deren vornehmliches Anliegen darin besteht, menschenwürdige Arbeitsbedingungen zu generieren und Diskriminierungen auf betrieblicher Ebene entgegenzuwirken. Dem unter der maßgeblichen Federführung von Reichsarbeitsminister GUSTAV BAUER (SPD) im Jahre 1920 in Kraft getretenen Betriebsrätegesetz (BRG) folgte unter dem Regime der sozialliberalen Koalition (1969–1982) das Betriebsverfassungsgesetz 1972 (BetrVG 1972). Per definitionem lässt sich das Betriebsverfassungsrecht als die Summe der gesetzlichen und untergesetzlichen Kodifikationen definieren, die nicht unmittelbar mit dem vornehmlich durch den Arbeitsvertrag i. S. d. § 611ff. des Bürgerlichen Gesetzbuches (BGB) bestimmten Arbeitsverhältnis korrelieren und – stattdessen – die Organisation der die Arbeitnehmervertretung konstituierenden Gremien betreffen, zu denen neben dem Personalrat der B. zählt.

Das BetrVG 1972 reformiert die gesetzlichen Rahmenbedingungen der betrieblichen Arbeitnehmervertretung grundlegend und ist vor dem Hintergrund einer zunehmenden Demokratisierung von Lebensbereichen zu sehen. Den amtlichen Drucksachen des Deutschen Bundestages zufolge geht es bei der betrieblichen Mitbestimmung vornehmlich um die „Achtung vor der Würde des Menschen und den Ausgleich oder den Abbau einseitiger Machtstellungen durch Kooperation der Beteiligten und die Mitwirkung an Entscheidungen durch die von der Entscheidung Betroffenen" (BT-Drucks. v. 04.02.1970, VI/334, S.65). Durchaus im demokratischen Sinne soll das Betriebsverfassungsrecht dazu beitragen, die Arbeitnehmerseite in die Ausgestaltung von Betriebs- und Produktionsabläufen einzubinden, um gemeinsam mit der Arbeitsgeberseite bei gleichzeitiger Wahrung der berechtigten Arbeitnehmerinteressen das Wohl des Betriebes zu mehren und dessen öffentliche Reputation zu stärken.

3. Wesentliche Aufgaben des Betriebsrats im 21. Jahrhundert. Das in der zweiten Dekade des 21. Jh.s maßgebliche BetrVG definiert die wichtigsten Aufgaben des B. in § 80 BetrVG (allgemeine Aufgaben) resp. in § 87 BetrVG (besondere Aufgaben). Der B. hat im *Allgemeinen die Aufgaben* (§ 80 BetrVG: (1) auf ein jederzeit gesetzeskonformes Handeln des Unternehmens hinzuwirken (Compliance-Funktion des B.) – § 612a BGB untersagt es dem AG, einen AN bei einer Vereinbarung oder einer Maßnahme zu benachteiligen, wenn der AN in zulässiger Weise seine Rechte ausübt (Maßregelverbot), (2) Diskriminierungen aufgrund des Geschlechts, des Alters, der Herkunft oder einer Behinderung zu unterbinden (Antidiskriminierungsfunktion), (3) an der Rekrutierung der Jugend- und Auszubildendenvertretung mitzuwirken (Jugendschutzfunktion), (4) betriebsbezogene Verbesserungsvorschläge von AN entgegenzunehmen und weiterzuleiten (Optimierungsfunktion) Weiterhin lassen sich seine besonderen Aufgaben (§ 87 BetrVG) nach *arbeitnehmerverhaltensbezogenen, arbeitszeitbezogenen, persönlichkeitsschutzbezogenen, arbeitssicherheitsbezogenen* und *arbeitnehmerfürsorgebezogene* Anliegen wie etwa die Unterhaltung von Sozialeinrichtungen differenzieren. Nicht zuletzt umfassen die besonderen Aufgaben des B. ein Anhörungs-, Informations- und Mitgestaltungsrecht hinsichtlich der Arbeitnehmervergütung (Höhe und Auszahlungsmodalitäten der Arbeitnehmervergütung im Allgemeinen wie im Besonderen).

Die personalen Angelegenheiten betreffend bindet § 102 BetrVG im Sinne eines individuellen Rechtsanspruches die Wirksamkeit der Kündigung eines AN zwingend an die vorherige Anhörung durch den B. Der AG hat dem B. die Gründe für die Kündigung mitzuteilen. Des Weiteren sieht § 99 BetrVG bei bestimmten Personalmaßnahmen (Einstellung, Ein- und Umgruppierung, Versetzung etc.) die Mitwirkung des B. vor. Das Mitbestimmungsrecht des B. in arbeitnehmerverhaltensbezogenen Angelegenheiten (§ 87 Abs. 1 Nr. 1 BetrVG) umfasst namentlich auch den Erlass sog. Ethikrichtlinien, in denen vornehmlich große →Unternehmen grundlegende Anforderungen eines unter ethischen Gesichtspunkten vertretbaren Arbeitnehmerverhaltens unternehmensintern kodifizieren.

4. Organisationsstruktur des Betriebsrates. Abhängig von der Betriebsgröße sind bei Erreichen der durch das BetrVG gesetzlich definierten Zahl von jedenfalls 5 AN jedenfalls eine Person, bei jedenfalls 21 AN 3 AN und ab einer Arbeitnehmerzahl von jedenfalls 51 AN fünf Personen, zum B. zu bestellen (§ 9 BetrVG). Bei der Ermittlung des jeweiligen Schwellenwertes ist nach der Rechtsprechung des Bundesarbeitsgerichts (BAG) grundsätzlich jede Person zu berücksichtigen, die „aufgrund eines privatrechtlichen Vertrages im Dienst eines anderen zur Leistung weisungsgebundener, fremdbestimmter Arbeit in persönlicher Abhängigkeit verpflichtet ist" (vgl. BAG, Beschluss v. 05.12.2012, Az. 7 ABR 48/11, Neue Zeitschrift für Arbeitsrecht (NZA) 2013, S. 793ff.). Im Sinne einer für das gesamte Betriebsverfassungsrecht maßgeblichen Legaldefinition umschreibt § 5 BetrVG AN als die Arbeiter und Angestellten einschließlich der zu ihrer Berufsausbildung Beschäftigten, unabhängig davon, ob sie im Betrieb, im Außendienst oder mit Telearbeit beschäftigt werden Leitende Angestellte unterliegen angesichts ihrer arbeitgebernahen Funktion nicht dem persönlichen Anwendungsbereich des BetrVG.

Die Konstituierung des B. betreffend wählen mehrere als B.smitglied bestellte Personen aus ihrer Mitte einen B.svorsitzenden, dessen regelmäßige Amtszeit nach § 21 BetrVG 4 Jahre umfasst. Besteht das Unternehmen aus einem Konzern i. S. d. § 18 des Aktiengesetzes (AktG), kann ein Konzernb. gebildet werden. Insbesondere, um einer Arbeitnehmerdiskriminierung entgegenzuwirken, können über den B. weitere betriebliche Arbeitnehmervertretungen wie eine Auszubildenden-, Jugend- und Behindertenvertretung konstituiert werden (Schnittstellenfunktion des B.).

5. Leiharbeiter als wahlberechtigte Arbeitnehmer. Nach der jüngeren Rechtsprechung des BAG sind bei der Berechnung der maßgeblichen Arbeitnehmerzahl grundsätzlich auch Leiharbeiter zu berücksichtigen (vgl. BAG, Beschluss v. 13. 03. 2013, Az. 7 ABR 69/11, Neue Zeitschrift für Arbeitsrecht (NZA) 2013, S. 789ff.). Hiernach sind die in der Regel beschäftigten Leiharbeiter bei einer insbesondere am Sinn und Zweck der Schwellenwerte des § 9 BetrVG orientierten Gesetzesauslegung mitzuzählen. Für eine Berücksichtigung (sog.) prekärer Beschäftigungsverhältnisse bei der Bestimmung der Schwellenwerte i. S. d. § 9 BetrVG spricht jedenfalls, dass auch Leiharbeiter dem Direktionsrecht des AG unterworfen und von den Betriebsabläufen im mitbestimmungspflichtigen →Betrieb ebenso betroffen sind wie die anderen AN.

6. Arbeitnehmermitbestimmung in Religionsgemeinschaften. Wesentlich beeinflusst durch das Wirken MARTIN LUTHERS (1483–1546), der mit seiner →Zwei-Reiche-Lehre die Grundlagen der Säkularisation in Deutschland entscheidend mitbestimmt hat, und angesichts der verfassungsrechtlichen Gewährleistung des Art. 140 GG – in Verbindung mit Art. 137 der Weimarer Reichsverfassung v. 1919 – ordnet und verwaltet jede Religionsgemeinschaft ihre Angelegenheiten selbstständig innerhalb der Schranken des für alle geltenden Gesetzes. Diese Trennung von →Kirche und →Staat zeigt sich auch im Bereich der Arbeitnehmermitbestimmung. So findet das BetrVG nach § 118 Abs. 2 BetrVG keine Anwendung auf Religionsgemeinschaften und ihre karikativen und erzieherischen Einrichtungen. Hierzu zählen nach der Rechtsprechung des BAG namentlich Kindergärten, schulische Bildungseinrichtungen, Einrichtungen der Diakonie wie Seniorenpflegeeinrichtungen und Krankenhäuser und Wohnungsbaugesellschaften. Auch die gesetzlichen Bestimmungen des BetrVG respektieren insoweit das verfassungsrechtlich gewährleistete Recht der Religionsgemeinschaften auf konfessionelle Selbstverwaltungsautonomie.

Das durch § 118 Abs. 2 BetrVG konkretisierte und höchstrichterlich anerkannte Recht auf konfessionelle Selbstverwaltungsautonomie zeigt sich signifikant darin, dass die Evangelische Kirche in Deutschland (EKD) nebst ihren vorgenannten Einrichtungen anstelle eines B. eine Mitarbeitervertretung hat, deren grundlegende Einzelheiten bis zum 31. 12. 2013 im Mitarbeitervertretungsgesetz (MVG) vom 06. 11. 1992 kodifiziert waren, an dessen Stelle mit Wirkung zum 01. 01. 2014 das Zweite Kirchengesetz über Mitarbeitervertretungen in der Evangelischen Kirche in Deutschland 2013 v. 13. 11. 2013 (MVG-EKD) getreten ist.

Zumal jeder einzelne AN mit seinem Eintritt in den Kirchendienst eine bewusste Entscheidung trifft, ist insbesondere der Diskriminierungsschutz schwächer ausgeprägt als in den gesetzlichen Bestimmungen des BetrVG, indem jeden AN eine den konfessionellen Bindungen folgende Loyalitätspflicht trifft – der einzelne AN hat sein (gesamtes) dienstliches Verhalten den konfessionellen Glaubens- und Moralvorstellungen unterzuordnen –, die sein Allgemeines *Persönlichkeitsrecht* grundsätzlich unberührt lässt und deren Verletzung arbeitsrechtliche Folgen zeitigen kann. Dem MVG unterliegen angesichts seiner Rechtsnatur als teils kirchenrechtliche, teils öffentlich-rechtliche Kodifikation auch jene AN, die selbst nicht Mitglied der EKD sind.

Insbesondere angesichts ihrer föderalen Gliederung in mehrere Landeskirchen kann die Mitarbeitervertretung, die anstelle des B. tritt, regional unterschiedlich ausgestaltet sein, wobei sie – anders als in privatwirtschaftlichen Unternehmen – dem Grundsatz der gemeinschaftlichen Regelungen der Arbeitsbedingungen folgt, aber prinzipiell in Sachen mitentscheidet, die denen des B. vergleichbar sind. Die dem kirchlichen Mitbestimmungsrecht unterliegenden AN werden durch Delegierte respektive Vertreter repräsentiert, die sich aus den Gesamtgremien oder den Arbeitsgemeinschaften der Mitarbeitervertretungen rekrutieren.

Angesichts der Rechtsnatur des § 118 Abs. 2 BetrVG als eng auszulegende Ausnahmevorschrift gebietet dessen Wortlaut eine einschränkende Gesetzesauslegung dahin, dass die Möglichkeit kirchlicher Einflussnahme und der kirchliche Sendungsauftrag gewahrt sein müssen, damit in erfassten karikativen und erzieherischen Einrichtungen anstelle des Betriebsverfassungs- das Mitarbeitervertretungsrecht zur Anwendung gelangt.

G. SCHAUB/B. KREFT, Der B.: Wahlen, Organisationen, Rechte, Pflichten, 2005[8] – A. CAMPENHAUSEN/H. WALL, Staatskirchenrecht: Eine systematische Darstellung des Religionsverfassungsrechts in Deutschland und Europa, 2006[4] – S. EDENFELD, Betriebsverfassungsrecht: Mitbestimmung in Betrieb, Unternehmen und Behörde, 2014[4] – K. PAWLAK/J. RUGE, Betriebsverfassungsrecht, 2014[2] – H.-D. SCHWIND/P.-H. HAUPTMANN/A. SCHRADER, BetrVG leicht gemacht: Das Betriebsverfassungsgesetz verständlich, kurz, praxisorientiert, 2014 – U. TSCHÖPE/A. BISSELS, Arbeitsrecht Handbuch, 2015[9].

Michael Kaufmann

Betriebswirtschaftslehre

1. Geschichtlicher Hintergrund. Die Betriebswirtschaftslehre war bis in das 19. Jahrhundert eine „Kunstlehre", die an kaufmännischen Fachschulen gelehrt wurde. Sie war keine wissenschaftliche Disziplin. Die Entwicklung von großen Industriebetrieben im Gefolge der industriellen Revolution erforderte ein neues wissenschaftliches Verständnis von Unternehmen, die mit Kapital (i. S. von Realkapital, d. h. langlebigen Produktionsgütern) arbeiten. Die Einzelfertigung wurde durch Massenfertigung ersetzt, an die Stelle der Handarbeit trat die Bedienarbeit von Maschinen. Neben die „unsichtbare Hand" des →Marktes als Steuerungsfaktor wirtschaftlicher Prozesse trat die „sichtbare Hand" des Managements (CHANDLER) im Verteilungsprozess der Massengüter.

Für die Ausbildung von Menschen, die sich mit den Waren beschäftigten, die am Markt gehandelt wurden, wählte man die Bezeichnung „Handelslehre". Für die neue Form der Ausbildung von →„Managern" setzte sich schließlich die Bezeichnung „Betriebswirtschaftslehre" durch. Da an den Universitäten vor allem die „Staatswirtschaftslehre" gelehrt wurde, ist verständlich, dass Gelehrte wie RIEGER für die Analyse von Unternehmen in privater Hand den Ausdruck „Privatwirtschaftslehre" wählten. Er konnte sich jedoch nicht durchsetzen. Erst mit dem Erscheinen der drei Bände der „Grundlagen der Betriebswirtschaftslehre" von ERICH GUTENBERG im 20. Jahrhundert und mit seinem Aufsatz „Betriebswirtschaftslehre als Wissenschaft" (1957) setzte sich die Auffassung endgültig durch, dass die Betriebswirtschaftslehre eine wissenschaftliche Disziplin sei.

In den siebziger Jahren des vorigen Jahrhunderts fand eine starke Internationalisierung der Betriebswirtschaftslehre statt. Schnell verbreitete sich in Deutschland ein Verständnis der Unternehmung, das auf dem Aufsatz „The Nature of the Firm" (COASE 1937) aufbaut. Während die ältere Betriebswirtschaftslehre davon ausgeht, dass die Marktpreise von den Unternehmen als gegeben angenommen werden, sieht COASE die Preise am Markt durch Vertragsverhandlungen entstehen. Bei den Vertragsverhandlungen entstehen „Transaktionskosten", die in die Preise eingehen. Transaktionskosten entstehen aber auch innerhalb des Unternehmens. Aus der Vertragstheorie (contract theory) wurden im weiteren Verlauf der Entwicklung die „Theorie der Eigentumsrechte" (property rights theory) und die „Neue Institutionentheorie" entwickelt (RICHTER/FURUBOTN).

Ein weiterer Fortschritt in der amerikanischen Theorie der Unternehmung (theory of the firm) gelang MILGROM und ROBERTS (1972): Sie führten das mathematische Konzept der Komplementarität in die Betriebswirtschaftslehre ein. Die Idee der Komplementarität hatte allerdings bereits GUTENBERG (1951) in die Betriebswirtschaftslehre eingeführt. Er sprach vom „Kombinationsprozessen" und betonte den Begriff der Komplementarität in seiner Produktionstheorie, während MILGROM/ROBERTS die Organisationstheorie in den Mittelpunkt ihres Buches stellten.

2. Unterteilung. Die Allgemeine Betriebswirtschaftslehre lässt sich nach nach Institutionen und nach Funktionen untergliedern. Institutionell kann nach Industriebetriebslehre, Bankbetriebslehre, Handelsbetriebslehre, Wirtschaftsprüfung, →Steuerlehre, Krankenhausbetriebslehre u. a. m. unterschieden werden. Die Unterscheidung von Funktionen folgt aus der Analyse von Produktionsprozessen: Beschaffung, →Produktion, Absatz und Finanzierung.

3. Aufgaben. Die Aufgaben der B. ergeben sich einerseits aus den unternehmerischen Zielsetzungen der Erwirtschaftung einer möglichst hohen Rentabilität (→Gewinn) und andererseits aus den gesellschaftlichen Zielen, an deren Erfüllung die Unternehmen beteiligt sind (→CSR, Corporate Social Responsibility). Im Kern sind diese Ziele langfristiger Natur. Die Theorie der Unternehmung ist nach wie vor zu weiten Teilen vorwiegend statischer Natur. Daher widmet sich ein großer Teil der Forschung im Rahmen der Betriebswirtschaftslehre der Entwicklung einer Dynamischen Theorie der Firma.

Aus den genannten Zielsetzungen folgt eine dreifache Aufgabe: a) Erklärung des Verhaltens von Unternehmen (deskriptive B.), b) Entwicklung von Regeln für optimales Verhalten von Unternehmen (normative B.), c) Beratung der Gesetzgebung (consulting B.).

Inhalt der Erklärungsaufgabe ist es, den Entscheidungsträgern im Unternehmen den Zusammenhang von Ausgangssituation, unternehmerischer Entscheidung und deren Konsequenzen vor Augen zu führen. Solche Ursache-Wirkungs-Beziehungen werden „Erklärungsmodelle" genannt. Erklärungsmodelle sind Produktionsfunktionen, Kostenfunktionen, Investitionsfunktionen, Preis-Absatz-Funktionen, Finanzierungsfunktionen u. a. m.

Inhalt der Entscheidungsaufgabe ist es, den Entscheidungsträgern Anweisungen für optimale Entscheidungen zu liefern. Das geschieht im Rahmen von mathematischen Optimierungsmodellen. Die verschiedenen Modelle wie z. B. Sortimentsoptimierung, Standortoptimierung, Finanzierungsprogramme, langfristige Investitionsentscheidungen, optimale Terminplanung u. v. a. m. werden unter der Bezeichnung „Operations Research" zusammengefasst. Alle diese Entscheidungen sind mit Risiken verbunden. Das „Risikomanagement" in Unternehmen ist daher zu einer entscheidend wichtigen Aufgabe der B. geworden.

Inhalt der Beratungsaufgabe ist es, öffentliche Institutionen bei der Vorbereitung von Gesetzen zu beraten. Neben der Einzelberatung haben die Kommissionen, zu deren Mitgliedern Betriebswirte gehören, beachtliche Wirksamkeit entfaltet. Beispiele sind die Regierungskommission Bahn und die Regierungskommission Deutscher Corporate Governance Kodex (→CSR, Corporate Social Responsibility).

H. ALBACH/R. ALBACH, Das Unternehmen als Institution. Rechtlicher und gesellschaftlicher Rahmen. Eine Einführung, 1989 – H. ALBACH, Allgemeine B., 2001³ – G. BOHN, Der wohlerfahrene Kaufmann, Gablers ökonomische Klassiker, 1789⁵, (1977) – K. BROCKHOFF, B. in Wissenschaft und Geschichte,

2014⁴ – A. Chandler, The Visible Hand: The Managerial Revolution in American Business, 1977 – R. Coase, The Nature of the Firm, in: Economica 1937 – R. Coase, The Firm, the Market, and the Law, 1988 – E. Gutenberg, Einführung in die B. 1958 (2013) – E. Gutenberg, Grundlagen der B., 3 Bände, 1951 bis 1983 (2013) –A. Picot/R. Reichwald/R. T. Wigand, Die grenzenlose Unternehmung, 1996 – R. Richter/ E. Furubotn, Neue Institutionenökonomik, 2010⁴ – G. Wöhe,/U. Döring, Einführung in die Allgemeine B., 2013²⁵.

Horst Albach

Bevölkerung / Bevölkerungspolitik

1. B.sdynamik. *1.1 Definition.* Der Begriff B. wird als Bezeichnung für die menschliche Population innerhalb geografischer Grenzen verwendet. B.spolitik ist darauf gerichtet, Einwohnerzahl und B.sstruktur der B. zu beeinflussen. B.sdynamik bezieht sich auf die in allen Gesellschaften ständig stattfindenden Prozesse von B.swachstum und Schrumpfung, Verjüngung, und Alterung und →Migration.

1.2 Weltb. Der Nationalökonom und Sozialphilosoph Malthus formulierte 1798, dass mit Notwendigkeit die Menschen sich unbegrenzt vermehren, während sich Nahrung und andere Ressourcen nicht in gleichem Maße vermehren. Diese „Überb." könne nur durch Krankheit und Tod korrigiert werden. Trotz Kritik und auch Widerlegung wirken seine Thesen vielfach nach.

So gerät häufig einseitig „B.swachstum" in den Fokus von Wissenschaft und Politik, wenn es um Weltb. bzw B. in Entwicklungsländern geht. Die Weltb. liegt bei mehr als 7,3 Milliarden Menschen (Stand 2014) und wird schätzungsweise bis zum Jahr 2050 auf mehr als 9 Milliarden anwachsen. Das B.swachstum findet fast ausschließlich in den Entwicklungsländern statt.

1.3 B.swachstum und Ressourcen. B.swachstum kann den Entwicklungsfortschritt beinträchtigen, denn mit der B. wächst der Bedarf an Nahrung, Wasser und natürlichen Ressourcen. Allerdings ist der ökologische Fußabdruck in den Ländern mit den niedrigsten Kinderzahlen, wie Deutschland, am höchsten. Die Enzyklika Laudato Si' von Papst Franziskus stellt fest, dass das B.swachstum nicht für ökologische Probleme (→Ökologie) verantwortlich gemacht werden könne, sondern vielmehr das konsumorientierte, verschwenderische Verhalten der Reichen. Die Synode der →EKD weist darauf hin, dass es genügend Nahrungsmittel gibt, um die Weltb. zu ernähren, dass allerdings das B.swachstum ein Faktor ist, der diese Situation in der Zukunft ändern kann. Hier werden politische Weichenstellungen, etwa Stopp der Lebensmittelverschwendung gefordert.

1.4 Demographischer Übergang. Häufig wird angenommen, dass im Zuge der wirtschaftlichen Entwicklung alle Staaten eine Phase des sogenannten „demographischen Übergangs" durchlaufen. Sterberaten sinken aufgrund von Verbesserungen in den Lebensverhältnissen (→Lebensstandard), das Reproduktionsverhalten der B. passt sich aber erst mit einer gewissen zeitlichen Verzögerung an, und die Zahl der Kinder ist nach wie vor hoch, bevor sich Sterbe- und Geburtenraten wieder – auf einem niedrigeren Niveau – stabilisieren.

2. Demographische Dividende. *2.1 Armut und B.* Eine hohe Kinderzahl und B.swachstum können zu einem Kreislauf aus →Armut, Unterentwicklung, hoher Kindersterblichkeit und nachfolgenden hohen Kinderzahlen führen. Jedoch wird zunehmend angenommen, dass auch das Gegenteil zutrifft: Armut führt zu B.swachstum. Dem Wachstum der B. kann demnach am besten durch Armutsbekämpfung entgegengewirkt werden.

2.2 Junge Menschen. Der von den Ökonomen Bloom und Canning geprägte Begriff der demographischen Dividende beschreibt den möglichen wirtschaftlichen Nutzen, der sich durch die entwicklungsbedingte Veränderung der Altersstruktur eines Landes erzielen lässt.

Häufig wird die große Anzahl von Jugendlichen (→Jugend), wie sie in vielen armen Ländern besteht, als Hindernis für gesellschaftliche Entwicklung genannt. Der Weltb.sbericht 2014 des Weltb.sfonds der Vereinten Nationen (UNFPA) stellt jedoch fest, dass die Jugendgeneration ein enormes Potenzial besitzt, um eine Gesellschaft wirtschaftlich, politisch und sozial voranzubringen und nachhaltig zu gestalten und somit eine zentrale Chance für Entwicklung ist.

2.3 Staatliche Politik. Um dies zu verwirklichen, muss staatliche Politik aktiv eingreifen, durch →Investitionen in →Bildung, Ausbildung, Arbeitsplätze, soziale Sicherungssysteme, Gesundheitsversorgung. Auf diese Weise steigt der Anteil der Menschen, die erwerbstätig sind gegenüber dem Anteil an Kindern und alten Menschen. Dadurch werden u. a. Ressourcen für (technologische) Investitionen und →Wirtschaftsentwicklung frei.

2.4 Menschenrechte. B.spolitik zielt häufig darauf, die Anzahl der Kinder bzw. Geburtenraten zu verringern, um Entwicklungsmöglichkeiten von Familien und Gesellschaften zu unterstützen. Die in einigen Ländern, wie z. B. China, angewandten restriktiven und Zwangsmaßnahmen beispielsweise Abtreibungen und Zwangssterilisationen werden aus menschenrechtlicher Perspektive abgelehnt. Es wird darauf verwiesen, dass das Recht, selbst über die Zahl der Kinder zu bestimmen, als erstes von der Weltb.skonferenz in Kairo 1994 als Menschenrecht formuliert und seither bekräftigt wurde.

2.5 Empowerment von Frauen. Vor allem das →Empowerment und die Rechte von Frauen sind zentral für die Anzahl der Kinder in einer Gesellschaft. Wenn Frauen selbst entscheiden können, wie viele Kinder sie bekommen, haben sie meist kleinere →Familien und die Geburtenrate sinkt. Jedoch haben mehr als 220 Millionen Frauen und Mädchen in Entwicklungsländern keinen Zugang zu modernen Methoden der Familienplanung, obwohl sie eine Schwangerschaft verhüten wollen.

5. **B.sdynamik in Deutschland.** Wenn Geburtenraten weiter sinken (→Geburtenregelung), führt dies zu einer Alterung der B. mit stabilen bis abnehmenden B.szahlen und tendenziell dazu, dass wenige erwerbstätige Erwachsene zusätzlich zu den jungen auch viele alte Menschen versorgen müssen. Diese Situation besteht in Deutschland und anderen Industrieländern (→Industriegesellschaft), und zunehmend auch in Schwellenländern wie China. Mit ihrer 2012 verabschiedeten Demografiestrategie skizziert die Bundesregierung, wie die gesellschaftliche →Produktivität trotz des gestiegenen Durchschnittsalters erhalten werden soll. Dazu zählen die Anpassung der Arbeitswelt an die Bedürfnisse von älteren →Arbeitnehmerinnen und Arbeitnehmern, Bildungsangebote für lebenslanges Lernen und eine gezielte Zuwanderungspolitik.

T. MALTHUS, An Essay on The Principle of Population, 1798 (1998 Electronic Scholarly Publishing Project) – INTERNATIONAL CONFERENCE ON POPULATION AND DEVELOPMENT, Programme of Action, 1994 – D. E. BLOOM/D. CANNING/J. SEVILLA, The Demographic Dividend, 2003 – BERLIN-INSTITUT FÜR B. UND ENTWICKLUNG IN KOOPERATION MIT STIFTUNG WELTB., Afrikas demografische Herausforderung, 2011 – BUNDESMINISTERIUM DES INNERN, Jedes Alter zählt – Die Demografiestrategie der Bundesregierung, 2012 – BUNDESMINISTERIUM FÜR WIRTSCHAFTLICHE ZUSAMMENARBEIT, Positionspaper B.sdynamik in der deutschen Entwicklungszusammenarbeit, 2013 – KUNDGEBUNG DER 11. SYNODE DER EKD, „Es ist genug für alle da" – Welternährung und nachhaltige Landwirtschaft 2013 – STIFTUNG WELTB., Weltb., 2013 – BUNDESMINISTERIUM FÜR WIRTSCHAFTLICHE ZUSAMMENARBEIT (BMZ), B.sdynamik und Entwicklungszusammenarbeit, 2014 – B.SFONDS DER VEREINTEN NATIONEN (UNITED NATIONS POPULATION FUND, UNFPA), The Power of 1,8 Billion: The State of World Population 2014, 2014 – Papst FRANZISKUS, Enzyklika Laudato Si' – Die Sorge für das gemeinsame Haus, Vatikan 2015.

Sonja Weinreich

Bibel, soziale Themen der

1. **Voraussetzungen.** Vom durchgängigen Gottes- und Menschenbild der B. her haben *alle* Texte und Aussagen eine soz. Dimension. So werden nicht nur sämtliche Aspekte antiker →Gesellschaft explizit verhandelt, sondern die Suche nach theol. Kriterien für heutige Probleme trifft *durchgängig* auf ein bibl. Sinnpotential, das trotz großer Wirkungen einiger soz. T. der B. (Sabbat/→Sonntag; Armenfürsorge; Arbeitsbegriff; →Sexualethik etc.) in (Teilen) der Kirchengeschichte gerade bei heute neuen Fragen eine überraschende, kreative und krit. Perspektive eröffnet. Voraussetzung für eine sachgemäße Erschließung ist eine soz. Hermeneutik, die bisherige Engführungen (Verlust der soz. Dimension der B. durch eth. Individualisierung, durch unsoz. Neufassung theol. Zentralaussagen wie „Evangelium" und →„Rechtfertigung" sowie durch antijüdische Interpretation ntl. Aussagen als Gegensatz zu atl.) und falsche Alternativen (unhist., autoritative Geltung einerseits, Preisgabe soz. Inhalte im Zusammenhang mit der Veränderung der antiken Lebensformen andererseits) überwindet und die theol. Aussagen der Texte im Rahmen einer bibl. Sozialgeschichte erfasst. Ein bis heute wirkender Anstoß dazu kam von MAX WEBER. Bes. seit den 1970er Jahren ist daran intensiv gearbeitet worden. Ergebnisse liegen vor in grundlegenden Arbeiten und Sammelwerken zu zentralen Themen (s. u.), in umfassenden Gesamtdarstellungen (ALBERTZ; STEGEMANN/STEGEMANN; HAYS; PLEINS; KESSLER 2006), vereinzelt in Kommentaren (bes. SCHOTTROFF 2013) und – am bequemsten zugänglich – in einem eigenen Fachlexikon (CRÜSEMANN/HUNGAR U. A.).

2. **Grundlegendes.** Für Entstehung wie kanonische Ausformung des bibl. Gottesbegriffs ist die Selbstdefinition am Anfang des →Dekalogs Ex 20,2 prägend: Gott als der, der Israel aus Ägypten geführt hat. Mit dem Exodusthema (ASSMANN 2015) als „Urbekenntnis Israels" ist für den bibl. Gott neben dem Bezug auf Israel der auf →Freiheit konstitutiv. Darauf bezieht sich der Widerstand gegen überlegene Großmächte wie gegen den eigenen →Staat (CRÜSEMANN 1978), der zum Zwangsstaat wird (1. Kön 12): das begründet den Schutz soz. schwacher Gruppen (s. u.), das wird als Recht der Freiheit im Dekalog wie in der gesamten Tora wirksam, das bekommt im Exil neue, eschatologische Dimensionen bis hin zur Hoffnung auf Befreiung von den Mächten des Todes (Ez 37,12ff), was mit dem ntl. Auferstehungsglauben fortgesetzt wird. Mit der sich über Jahrhunderte erstreckenden Entstehung des bibl. Monotheismus aus diesem Impuls heraus ist notwendigerweise eine gegenüber der polytheist. Weltsicht veränderte Wahrnehmung der gesamten Wirklichkeit verbunden, die eine bes. deutliche Bündelung in der Tora erfährt (CRÜSEMANN 1992). Dabei werden drei – in Umwelt und älteren Schichten nebeneinanderstehende – Themenkomplexe theol. untrennbar verbunden: Die rel. Kernsätze, zu denen neben Alleinverehrung und Bilderverbot auch der Sabbat gehört und mit ihm ein – in der Urgeschichte am deutlichsten entfaltetes – Menschenbild, das z. B. →Arbeit als zum Menschsein gehörend ansieht; ein „positives" →Recht, in dessen Zentrum ein auf Täter-Opfer-Ausgleich zielendes Strafrecht steht; schließlich Schutzbestimmun-

gen für soz. Schwache und Unterprivilegierte wie Arme, Witwen, Waisen, Sklaven und insbes. Fremde, die rechtl. als normierende Prinzipien für die Auslegung und Anwendung des übrigen Rechts fungieren. Trotz großer Differenzen in theol. Akzenten und hist. Situation – etwa Reformstaaten der vorexilischen Zeit, Ausgestaltung der rechtl. →Autonomie in persischer Zeit, Neufassung im Horizont eschatologisch-apokalyptischer Erwartungen, ja selbst in der doppelten Fortführung im rabbinischen Judentum nach 70 n. Chr. und dem konflikthaften Suchen nach Lebensregeln für ntl.e Gemeinden aus jüd. und nichtjüd. Menschen – stets sind in allem, was theol. wie anthropol. mit diesem Gott verbunden wird, die zentralen theol. Wahrheiten mit rechtl. und soz. Folgen verbunden, und zwar in Zuspruch wie Anspruch, Befreiungserfahrung wie befreiender Praxis, also in Evangelium wie Gesetz. Der folgende Versuch, für drei Felder soz. →Ethik beispielhaft zentrale bibl. Traditionen zu benennen, geht deshalb jeweils von den entscheidenden Aussagen der Tora aus, wie sie bes. im Dtn vorliegen, und ordnet sie in gesamtbibl. Entwicklungslinien ein.

3. Beispiele. *3.1 Staat.* Das Königsgesetz in Dtn 17,14ff unterstellt den Staat (dazu KESSLER 1992) der Tora, d. h. dem göttl. Recht einschließlich seiner Gerechtigkeitsnormen (s. u.). Für die Einsetzung zum König wird eine Kooperation von Israel („Du") und Gott vorgeschrieben; die trad. →Macht des Staates wird so erheblich beschnitten. Im Vergleich mit dem göttl. Anspruch des Königtums in der Umwelt (und z. T. im Christentum) wird hier ein Staatsmodell entwickelt, das Züge einer konstitutiven Monarchie trägt und Parallelen eigentlich erst in neuzeitl. →Verfassungen besitzt. Das gilt unabhängig davon, welcher Zeit man das Gesetz zuschreibt und wie sein Realitätscharakter eingeschätzt wird (am ehesten: Herkunft aus der späten Königszeit im Zusammenhang mit Reformkönigen wie Josia). Die (wohl älteren) Traditionen radikaler Königsablehnung (Ri 8,23; 9,8ff; Hos), aber auch die in Erzählungen verarbeitete Unfähigkeit des Staates, mit Machtmissbrauch fertig zu werden (Thronfolge Davids; bes. 2. Sam 11ff) sowie das Scheitern einer gewaltsamen Durchsetzung einer reine. Jhwh-Religion durch Jehu (2. Kön 9f) gewinnen hier Rechtsgestalt. Ähnliche Staatskritik wird in verschiedenen Zukunftsentwürfen ab der exilischen Zeit entwickelt, nach denen ein eigener Staat entweder ganz verschwindet (Jes 55) oder aber nur in schwachen Resten auftritt (Ez). Die dem altorient. Gottkönigtum bes. nahestehenden Königspsalmen sind im vorliegenden kanonischen Kontext als Erwartung eines messianischen Königs zu lesen, der mit Hilfe von Gottes Macht endlich die trad. vom König erwartete soz. →Gerechtigkeit für die Armen verwirklicht (Ps 72). Die herrschaftskrit. Tradition setzt sich im NT etwa in der Gegenüberstellung gemeindlicher Gemeinschaft zur polit. Herrschaft fort (Mk 10,42f). Wenn Paulus in Röm 13 auch den heidnischen Staat von Gott eingesetzt sieht und er den ChristInnen von Widerstand abrät, so überrascht die positive Einschätzung des römischen Reiches, doch der Text findet sein Gegenstück in Offb 13 und ist kaum als grundsätzliche Infragestellung der gesamtbibl. Tradition gemeint (WENGST).

3.2 Sozial- und Wirtschaftsrecht. Das Dtn enthält ein ganzes Bündel von Gesetzen zur rechtl. Absicherung soz. Problemgruppen. Angeredet sind dabei landbesitzende Bauern, die von trad. Lasten wie dem Zehnten befreit, zugleich aber auf Leistungen zugunsten soz. Bedrohter und Landloser verpflichtet werden. Dieser Entwurf eines soz. Netzes versucht, das Handeln Gottes an soz. Schwachen und Armen in rechtl. bindende Regeln umzusetzen, wobei der im Landbesitz konkretisierte Segen Gottes an die weniger gesegneten weitergegeben und dadurch die künftige Arbeit gesegnet werden soll. Ärmere sollen vor Hunger geschützt sein (Dtn 24,19ff; vgl. 16,9ff) und eine gesicherte Grundversorgung durch eine regelrechte Soz.steuer, bestehend aus einem Drittel des trad. Zehnten, erhalten (14,28f; 26,12ff). Die auf Verhinderung soz. Abstiegs zielenden eigentl. Wirtschaftsgesetze setzen bei den Vorgängen der Verschuldung an, aus der in bäuerlichen Gesellschaften soz. Abstieg, Landverlust und Sklaverei resultierten. Das Zinsverbot (23,20f; vgl. Ex 22,25; Lev 25,37) soll Leihen in Notzeiten ohne die üblichen negativen soz. Folgen sichern; dazu kommt ein regelmäßiger Schuldenerlass in jedem siebten, dem Sabbatjahr (15,1ff). Hiermit wird die altorient. Tradition unregelmäßiger Schuldenerlasse durch den König fortgesetzt und der Versuch gemacht, die grundlegende Befreiungserfahrung in die Möglichkeit gesicherten soz. Neuanfangs umzusetzen. Diese Tradition der Aufhebung von Verschuldung setzt sich bis in die Vaterunserbitte/zusage, Schulden zu erlassen, fort (Mt 6,12) und wird im NT bes. im Lk als Inhalt der Verkündigung Jesu von der nahen Gottesherrschaft aufgegriffen (Lk 4,14ff; vgl. 6,30.34; 16,6ff). Das hat Entsprechungen in Weisheit wie Prophetie und wurzelt wohl letztlich in tribaler amity-Ethik. Sie wird durch die Prophetie des 8. Jh.s auf dem Hintergrund einer tiefen Soz.krise polit. aktualisiert und zur wichtigsten Begründung der prophetisch angesagten Katastrophe (Am 3,12; Jes 5,8ff; Mi 2,2ff). Diese Armentheologie gewinnt in nachexilischen Psalmen, die die Armen als Gottes Volk ansehen, ja mit ihrem Geschick die Gottheit Gottes verbinden (Ps 82) eine neue Gestalt, die bis in die einschlägigen Aussagen der Evangelien reicht (z. B. Mt 25,35ff). – Sind mit den „Armen" dabei i.a. verarmte und überschuldete Landbesitzer gemeint (SCHWANTES), so sind die Fremden neben Witwen und Waisen die wichtigste Gruppe der Landlosen. Der verwendete Begriff *ger* meint von Verwandtschaft und Grundbesitz Getrennte, meist Hunger- und Kriegsflüchtlinge und steht quer zu ethn. Kategorien. Fremde sollen in Israel Zuflucht finden, sie werden unter bes. rechtl. Schutz (Ex 22,21; 23,9), ja den Einheimischen ausdrücklich rechtl. völlig gleich gestellt (Lev 24,22; Num 15,16), weil ihnen die Liebe Gottes gilt (Dtn 10,18) und die der Menschen gelten soll (Lev 19,33f).

3.3 *Familie* . Die trad. Familienstruktur – eine endogame, patrilineare, patrilokale, patriarchale, polygne und erweiterte →Familie – wird durch die Rechtsbestimmungen der Tora zwar i. w. festgeschrieben (und gilt deshalb bis heute manchen als bibl. geboten), gleichzeitig aber auf eine rechtsgeschichtl. neue Weise dem öffentl. am Tor tagenden Gericht der Ältesten unterstellt, wodurch z. B. das Todesrecht des *pater familias* gebrochen wird (Dtn 21,18ff; 22,13ff; vgl. etwa Gen 38). Zudem gibt es in der Tora mit der Gleichsetzung von Vergewaltigung und Mord (Dtn 22,26) oder der Unterscheidung der Tötung eines Embryos von Mord (Ex 21,22ff) Impulse, die bis in heutige Konfliktlagen hinein herausfordernd wirken. Zwar wird also die trad. Familie nicht prinzipiell in Frage gestellt, wohl aber wird durch Gen 2f die Herrschaft des Mannes als Resultat eines Ungehorsams gegen Gott (und also gerade nicht als Schöpfungs- bzw. Naturrecht) angesehen. Dementsprechend wird eine grundlegende Veränderung des →Geschlechterverhältnisses durch die eschatologische Neuschöpfung erwartet (schon Jer 31,22) und dann tendenziell im Judentum wie in den sich als Anbruch der neuen Schöpfung verstehenden urchristl. Gemeinden praktiziert, mit erstaunlichen Veränderungen bes. gegenüber trad. Frauenrollen (v. a. SCHOTTROFF 1994). Hier findet ein Neuaufbruch statt, der schon in der ntl. Spätzeit auf Kritik stößt (1. Tim 2,9ff).

M. WEBER, Das antike Judentum, Ges. Aufsätze z. Religionssoziologie III, 1921 (= MWG 21, 2005) – M. SCHWANTES, Das Recht der Armen, 1977 – F. CRÜSEMANN, Der Widerstand gegen das Königtum, WMANT 49, 1978 – DERS. Die Tora. Theologie und Sozialgeschichte des atl. Gesetzes, 1992; 2005³ – L. u. W. SCHOTTROFF (Hg.), Mitarbeiter der Schöpfung. Bibel und Arbeitswelt, 1983 – K. WENGST, Pax Romana – Anspruch und Wirklichkeit. Erfahrungen und Wahrnehmungen des Friedens bei Jesus und im Urchristentum, 1986 – R. KESSLER, Staat und Gesellschaft im vorexilischen Juda, VT.S XLVII, 1992 – M. CRÜSEMANN/W. SCHOTTROFF (Hg.), Schuld und Schulden. Bibl. Traditionen in gegenwärtigen Konflikten, 1992 – R. ALBERTZ, Religionsgeschichte Israels in atl. Zeit, GAT 8/1.2, 1992 – L. SCHOTTROFF, Lydias ungeduldige Schwestern. Feminist. Sozialgeschichte des frühen Christentums, 1994 – E. W. STEGEMANN/ W. STEGEMANN, Urchristliche Sozialgeschichte, S/B/K 1995 (Lit.) – R. B. HAYS, The Moral Vision of the New Testament, 1996 – C. OSIEK/D. L. BALCH, Families in the New Testament. Households and House Churches, Louisville 1997 – G. K. SCHÄFER/T. STROHM (Hg.), Diakonie – bibl. Grundlagen und Orientierungen, 1998³ – W. SCHOTTROFF, Gerechtigkeit lernen. Beiträge zur bibl. Sozialgeschichte, ThB 94, 1999 – R. KESSLER/E. LOOS (Hg.), Eigentum: Freiheit und Fluch. Ökonomische und bibl. Entwürfe, KT 175, 2000– J. D. PLEINS, The Social Visions of the Hebrew Bible, 2001– R. KESSLER, Sozialgeschichte des alten Israel. Eine Einführung, 2006 – DERS., Studien zur Sozialgeschichte Israels, SBAB 46, 2009 – F. CRÜSEMANN /K. HUNGAR u. a. (Hg.), Sozialgeschichtliches Wörterbuch zur Bibel, 2009 (Lit.) – R. ALBERTZ/R. SCHMITT, Family and Household Religion in Ancient Israel and the Levant, 2012 – L. SCHOTTROFF, Der erste Brief an die Gemeinde in Korinth, ThKNT 2013 – J. ASSMANN, Exodus. Die Revolution der Alten Welt, 2015.

Frank Crüsemann

Bildung / Bildungspolitik

1. Genese und Kontur von Bildung. Der Begriff Bildung ist in sich schillernd und entzieht sich einer genauen Definition. Das liegt nicht nur an der schwer zu erfassenden Unterscheidung zu dem, was →Erziehung meint, sondern auch daran, dass mit ihm ein Prozess in den Blick kommt, über den nur am Rande definitorisch verfügt werden kann, dem aber auch immer ein Ergebnis zugehört (H. PEUKERT). Der geschichtliche Diskurs, der im Spätmittelalter bei MEISTER ECKHART seinen Anfang nahm, hat nichts an Relevanz für unser heutiges Bildungsverständnis verloren. Die Verflechtung zwischen Protestantismus und Bildung zeigt sich bereits in M. LUTHERS Forderung an die Städte, für gutes Schulwesen zum Gelingen der →Erziehung zu sorgen, wobei diese allen und nicht nur den oberen Schichten zukommen sollte. So forderte er, auch für Waisen und verwahrloste Kinder müsse Verantwortung übernommen werden. Die politische Durchsetzung der Ideen ist jedoch PH. MELANCHTONS Einsatz zu verdanken. Humanistisch geprägt, betont er die gleichrangige Bedeutung von Glaube, Vernunft und Erfahrung. Zur gleichen Zeit entwickelt J. A. COMENIUS, der für manche als Begründer der neuzeitlichen Pädagogik gilt, seine programmatischen Gedanken der Gewaltfreiheit, der Allgemeinbildung und des lebenslangen Lernens. Sein Bemühen zielte stets darauf, den Mensch zurück in die von Gott gefügte Ordnung der Welt zu führen. In der Folge wird Bildung zwar im →Pietismus, u. a. bei J. BÖHME, noch als Freiheit des bildlichen Willen Gottes verstanden, jedoch kommt es in der zweiten Hälfte des 18. Jh. zu einer Idealisierung und Pädagogisierung des Begriffs, der in dieser Entwicklung zu einem Leitbegriff einer offenen Gesellschaft in freier Selbstbestimmung emporsteigt. Der einflussreiche Pädagoge J. H. PESTALOZZI nennt Bildung eine allgemeine Emporbildung der inneren Kräfte in der Harmonie von Herz, Geist und Hand. J. G. HERDER verstand Bildung sowohl organisch im Sinne einer Naturteleologie als Ausbildung gegebener Anlagen, als auch bildlich im Sinne eines sich zum Bilde Machen. Im 19. Jahrhundert macht W. v. HUMBOLDT Bildung zum Programm und legt den politischen Entwurf eines dreistufigen Schulsystems vor, das sich in Elementarschule, Gymnasium und Universität gliedern sollte. Dabei vertritt er die Idee, dass Bildung in der Seele ihren Ursprung habe und von außen nur veranlasst, aber nicht hervorgebracht werden könne. Er überholte 1809 die Standesbildung mit der Forderung der Allgemeinbildung als Grundlage jeder guten Profession, im Sinne des aufgeklärten Menschen und Bürgers. Von J. J. Rousseau beeinflusst, verstand er Bildung als innere Bereitschaft gegenüber neuer Erfahrung. In dieser Zeit findet der klassische Bildungsbegriff des Neuhumanismus seine Form und spezifische Neuausrichtung und wird geradezu zum Inbegriff der Bestimmung des Menschseins und zu einer Konzentration auf die individuelle Leistung des Subjekts. Im 19. Jh. wurde der neuhumanistische Ansatz jedoch zu einer formalen Bildung mit Fokus auf grundlegenden Erkenntnismethoden umgeformt. Besondere Betonung fanden die klassischen Alten Sprachen. Dies führte bis Mitte des 20. Jh zu einer diskusbestimmenden Auseinandersetzung zwischen einerseits formaler, d. h. Betonung auf Fähig- und Fertigkeiten, und andererseits materialer Bildung, d. h. Betonung kanonischen Wissens. Die reformpädagogischen Reflexionen zu Beginn des 20. Jh.s unterstreichen demgegenüber die ganzheitlichen Bemühungen um Bildung zum Wohl der Kinder, auch wenn Kinder immer anders seien (J. Oelkers) und Bilder vom Kindsein Bildung eher belasten als befördern. Der notwendige Bruch zur nationalsozialistischen Pädagogik [→Nationalsozialismus] und ihren Bildungszielen einer „Funktionalisierung der Erziehung" muss heute jede Profilierung von Bildung bestimmen wider jedem Versuch ihrer Verdrängung (F. Baumgart u. a.). E. Wiesels Reden sind Anlässe einer kritischen Neuformierung von Bildung bis heute (E. Wiesel). W. Klafki gelang es schließlich mit dem Konzept der kategorialen Bildung den alten Streit zwischen formaler und materialer Bildung zu versöhnen. Im Aufbau von Wissensbestand (material) sollen funktionale und methodische Bildung (formal) in einer nichtadditiven Synthese verbunden (kategorial) werden. Die aktuellen Diskurse suchen dieser spannungsreichen Wahrnehmung von Passivität und Aktivität von Bildung zu entsprechen und, daran kritisch anknüpfend, ein angemessenes und zeitgemäßes Bild von Bildung zu entwickeln, was freilich krisengeschüttelt bleibt. So dient besonders der Diskurs mit der →Ethik dazu, Bildung im Zusammenhang der Frage nach dem guten Leben zu bedenken (K. Meyer), die Bildung nicht ohne die Verwiesenheit von Selbst und Welt und nur in dieser Komplexität aufzusuchen ermöglicht. Dabei kommen relevante Gegenwartsthemen wie →Inklusion und Chancengleichheit, interkulturelles und interreligiöses Lernen ins Spiel, ohne die notwendige Reformen im Bildungsbereich übergangen würden. Eine lediglich an ökonomisch verwertbaren Fähigkeiten orientierte Vorstellung von Bildung befördert Bildung nicht, sondern führt zu einer Verkürzung und bleibt deshalb defizitär.

2. Bildung als Eröffnung von Individuation und Befähigung zur Reflexion. *2.1. Bildung als Eröffnung von Individuation:* Bildung lässt sich nur als ein Geschehen wahrnehmen, das eben nicht von Zielvorgaben leben kann, sondern durch den erzieherischen Prozess (→Erziehung) selbst in den Vordergrund rückt, in dem und an dem gelernt wird. Die Natalität (H. Arendt) des Menschen, seine Geburtlichkeit, ermöglicht die dialektische Durchdringung eigenen Lebens und Handelns, durch die Bildung erst ermöglicht aber auch vertieft wird. Dabei wird dem Individuum sowohl die kritische Aneignung der Welt zugemutet, wie aber auch seine Unabhängigkeit dazu, die seine Individuation inmitten der →Kommunikation gerade auch mit anderen, geschichtlich gewachsenen und auch fremden Orientierungen befördert (H. Peukert). Hier kommt dem Erzieher eine grundlegende Rolle im Bildungsprozess zu, der so nicht eine „zweckrationale Überlegung" oder „Sache der Option" darstellt, sondern selbst als die Eröffnung einer Teilhabe an dem meint, „was uns selbst erfüllt, was uns selbst wirklich ist." (R. Spaemann, Erziehung zur Wirklichkeit, 505). Insofern zielt Bildung auf ein Lernen, das ausgerichtet ist auf den Einzelnen und seiner Wahrnehmung des Selbst (P. Ricoeur). Darum ist Bildung die Befähigung zur Sorge um sich selbst und dabei die besondere Weise der Ermöglichung kritischer Selbstgestaltung (A. Dörpinghaus). Bildung steht zugleich in der Gefahr der Halbbildung (Th. W. Adorno), will sie bilden ohne die schmerzhaften Prozesse einzubeziehen, die Bildung immer neu zu widerständiger Bildung machen. Im Ringen um eine Sache gewinnt Bildung Zeit und zeigt sich als nicht verfügbar. Wartenkönnen und Verzögerung (A. Dörpinghaus) markieren den notwendigen und gerade so nicht *ökonomisierbaren,* weil *humanen* Charakter von Bildung.

2.2. Bildung als Befähigung zur Reflexion. Im Sinne einer politischen Bildung befähigt Bildung dazu, zivilisatorische Prozesse und Strukturen zu durchschauen und zu verstehen. Die genaue Reflexion der →Konsum- und Medienwelt dazu, leben zu lernen, ohne der →Entfremdung durch die Kulturindustrie zu erliegen (M. Horkheimer und Th. W. Adorno) [→Kritische Theorie]. Bildung dient der kritischen Aufklärung der Lebenszusammenhänge, um einen kritisch-konstruktiven und kritisch-kreativen Umgang mit ihnen zu entwickeln, der vor Übergriffen auf das eigene Personsein schützt. Bildung, die auf die Aufklärung dieser Zusammenhänge verzichtet, übergeht den Schutz des Menschen und führt in die Unmündigkeit bis hin zu einer bloß outputorientierten Bildung (P. Freire). In der Befähigung zur Reflexion der öffentlichen Strukturen von Bildung (Schule, Universität etc.) und einer zweckrational ausgerichteten Bildung, wird ein kritisches Lernen ermöglicht, das zur Teilhabe am Gemeinwohl befähigt, das wiederum nur in dieser kritisch unterbrechenden Ausrichtung zu verwirklichen ist.

3. Bildung und ihre Profilierung in Institutionen. Der Bildungsdiskurs im 21. Jahrhundert ist durch zwei epochale Umbrüche gekennzeichnet: Einmal haben die schulischen Bildungsreformen durch die Kompetenzorientierung das Bildungsgeschehen nachhaltig beeinflusst. Wider einer Zielorientierung folgt man dem Paradigma der Befähigung zu vielfältigen Kompetenzen. Die Nachhaltigkeit der Bildungsprozesse und damit eine Überprüfung der Bildung bestimmt entscheidend das Bildungsprofil. In hochschuldidaktischer Hinsicht geht es mit der Modularisierung der Studiengänge, die auch andere Bildungsbereiche strukturell beeinflusst hat, um die Ausdifferenzierung in ein Grundlagenstudium (BA) und einem Aufbaustudiengang (MA). Dabei wird Bildung als primär berufsorientierte Bildung verstanden. Sie bewegt sich weg vom Paradigma der Subjektbildung und hin zum Paradigma der Ausrichtung der Bildung an die Erwartungen des Arbeitsmarktes und ist stark zweckorientiert. Dies geht einher mit einer hohen Verschulung der Studiengänge.

4. Bildungspolitik. Weil Bildung auf das gemeinsame Zusammenleben ausgerichtet ist und nicht nur auf das Gebildetsein des Einzelnen, kommt der Bildung im politischen Kontext eine herausragende Bedeutung zu: Es macht in diesem Zusammenhang Sinn, auf einen weiten Begriff von Bildung(-spolitik) im Sinne der Ausrichtung auf das Gemeinwohl zu rekurrieren und eben nicht im engeren parteipolitischen Sinne auf moralische Leit- und Wertvorstellungen. Erst so kann ein Verständnis von Bildungspolitik und ihrer Aufgabe entwickelt werden, das immer neu zum gemeinsamen Diskurs darüber Anlass gibt. Die gegenwärtigen Diskurse zum Urteilen in je besonderen Herausforderungen der Gegenwart (Sterbehilfe etc.) zeigen, dass Bildungspolitik nur als Prozess wahrgenommen werden kann, will man sie nicht moralisch verengen. Um auch interreligiösen Orientierungen im politischen Diskurs entsprechen zu können, muss Bildungspolitik immer auch die Weite ethisch moralischer Orientierung einbeziehen, wie sie aber je neu gefordert ist, Position zu beziehen. Bildungspolitische Reflexion bewegt sich in diesem Spannungsfeld: Um den Einzelnen in seiner Unvertretbarkeit des Urteilens zu unterstützen, ist das Gemeinwesen gefordert, ohne aber Urteile diktieren zu können. Wiederum gewinnt der Einzelne durch die Teilnahme am öffentlichen Diskurs Kompetenz, die ihn urteilsfähig macht und ihn befähigt, *gebildet* auf Herausforderungen seiner Lebenswelt zu antworten. Solche Befähigung zu politischer Teilhabe führt zu immer neuem Verstehen des je eigenen Lebens und Handelns. Zugleich führt es in ein Verlernen (H. ARENDT), in die kritische Absetzung von Orientierungen, die ihre Überzeugungskraft verloren haben. Dabei leisten ethische und religiöse Bildungsprozesse einen gesellschaftspolitisch unverzichtbaren und bildungspolitisch notwendigen Beitrag (M. HOFHEINZ und H. NOORMANN). Insofern ist Bildung nicht mit einem Mal gelernt, sondern ausgerichtet auf ein lebenslanges Lernen, das auch nicht ohne religiöse Orientierung (verfassungsrechtliche Begründung) angemessen verstanden werden kann. Bildung, besonders in ev. Perspektive, leistet so ihren Beitrag für Kinder und Jugendliche, indem sie zur Anerkennung von Differenz befähigt, und die Ausbildung eigener Identität fördert und unterstützt (vgl. auch Denkschrift der EKD: Religiöse Orientierung gewinnen).

Eine dringende bildungspolitische Grundaufgabe zeigt sich mit den Überlegungen zum intergenerationellen Lernen: Der Erwachsenenpädagogik wachsen hier neue Aufgaben zu (Seniorstudierende etc.), aber auch die Hochbegabtenförderung, Elitebildung [→Elite] und Exzellenzinitiativen verändern die Bildungslandschaft und fokussieren auf neue Adressatenkreise von Bildung, wozu sich die Bildungspolitik verhalten muss. In aller Zustimmung dürfen diese Bildungsaufgaben nicht verhehlen, dass damit ein Profil von Bildung betont wird, das in sich ambivalent ist. Der Auftrag einer ganzheitlichen Bildungspolitik, die umfassend den Bedürfnissen aller zu entsprechen versucht, kann nicht absehen von einer problematischen Entwicklung, die gleichberechtigte Bildungschancen eher in Frage stellt als unterstützt.

M. LUTHER; WA 15, 27–53, 1524 – H. WEIL; Die Entstehung des deutschen Bildungsprinzips, 1930 – J. A. COMENIUS; Große Didaktik. Die vollständige Kunst alle Menschen alles zu lehren, 2007[10] – J. H. PESTALOZZI; Abendstunde eines Einsiedlers, 1780 – W. v. HUMBOLDT, Rechenschaftsbericht an den König, 1809, hg. von A. FLITNER/K. GIEL in: Wilhelm von Humboldt. Werke in fünf Bänden Bd. IV – W. KLAFKI; Das pädagogische Problem des Elementaren und die Theorie der kategorialen Bildung, 1959 – TH. W. ADORNO; Theorie der Halbbildung, in: DERS.: Soziologische Schriften; 1997 (Adorno GS, 8), 93–121 – F. BAUMGART; Erziehungs- und Bildungstheorien, 2007[3] – A. DÖRPINGHAUS; Bildung. Plädoyer wider die Verdummung, Forschung und Lehre/Supplement 9, 2009, 3–14 – M. HOFHEINZ/H. NOORMANN; Was ist Bildung im Horizont von Religion?, 2014 – M. HORKHEIMER/TH. W. ADORNO; Dialektik der Aufklärung. Philosophische Fragmente, 1998 (Adorno GS, 5) – P. FREIRE; Pädagogik der Unterdrückten. Bildung als Praxis der Freiheit, 1971 – M. L. KNOTT; Verlernen. Denkwege mit Hannah Arendt, 2011 – K. MEYER; Bildung, 2009 – J. OELKERS; Kinder sind anders, in: W. HARTH-PETER (Hg.): „Kinder sind anders". Maria Montessoris Bild vom Kinde auf dem Prüfstand, 1997[2] (Erziehung Schule Gesellschaft, 11), 243–258 – J. OELKER; Reformpädagogik. Eine kritische Dogmengeschichte, 2005[4] – H. PEUKERT; Zur Neubestimmung des Bildungsbegriffs; in: Bildungsgangdidaktik. Denkanstöße für pädagogische Forschung und schulische Praxis, A. MEYER/A. MEINERT/A. REINARTZ (Hg.), 1998, 17–29 – KIRCHENAMT DER EKD (Hg.), RELIGIÖSE ORIENTIERUNG GEWINNEN. Evangelischer RU als Beitrag zu einer pluralitätsfähigen Schule; eine Denkschrift des Rates der EKD, 2014 – P. RICOEUR; Das Selbst als ein Anderer, 1996 (Übergänge, 26) – R. SPAEMANN; Erziehung zur Wirklichkeit. Rede zum Jubiläum eines Kinderhauses; in: DERS.: Grenzen. Zur ethischen Dimension des Handelns, 2001, 503–512 – E. WIESEL; Jude Heute. Erzählungen, Essays, Dialoge. Aus dem Französischen von H. LINNERT, 1997.

Ingrid Schoberth, Christoph Wiesinger

Biodiversität

1. Begriffsherkunft und Bedeutung. B. bezeichnet dem Wortursprung gemäß (griech. *bios* = Leben, lat. *diversitas* = Vielfalt) die Vielfalt des →Lebens. Der Begriff wurde Mitte der 1980er Jahre in der US-amerikanischen Naturschutzbiologie und -politik geprägt (*biodiversity*, Kürzel aus *biological diversity*) und tauchte seit Beginn der 1990er Jahre vermehrt auch im deutschen Sprachraum auf (D. TAKACS, T. POTTHAST 1996).

Selbstverständlich ist der begriffliche Gehalt sehr viel älter. Vielheit als Kategorie des Denkens ist die notwendige Verbindung zum Einheitsbegriff (J. RITTER et al.). Ferner ist zwischen einer bloßen numerischen Vielzahl und Vielfalt zu unterscheiden: Mannigfaltigkeit kann als „Ausfaltung" einer (ontologisch oder logisch vor- bzw. übergeordneten) Einheit verstanden werden. Die gottgeschaffene geordnete Vielfalt der Formen des Lebens wird ab dem 16. Jh. zum Gottesbeweis in der Physikotheologie. Mitte des 18 Jh.s benennt und ordnet C. LINNÉ Spezies mit Bezug auf Vorstellungen einer Ökonomie der Natur; ab dem 19 Jh. wird Artenvielfalt zum Gegenstand der biologischen Evolutionstheorie CH. DARWINS.

In naturwissenschaftlicher Perspektive umfasst B. drei Ebenen: a) die Ebene der genetischen Vielfalt, b) die Ebene der Artenvielfalt und c) die Ebene der Vielfalt der biologischen Gemeinschaften (B. BAUR). Eine Gleichsetzung von B. und Artenvielfalt greift somit zu kurz. Oft wird auch die Vielfalt der Lebensräume/Ökosysteme mit gemeint, was allerdings begrifflich über *biologische* Vielfalt hinausgeht. Der Neologismus „B." wurde im Kontext der zunehmenden Bedrohung der Vielfalt der Natur (→Naturschutz und Landschaftspflege) und der Auswirkungen dieses B.sverlustes auf die Lebensgrundlagen der Menschen geprägt. Es ist somit kaum möglich, B. rein naturwissenschaftlich zu denken, ohne zugleich die moralische und politische →Verantwortung und Verpflichtung zu ihrem Schutz mitzudenken. Es handelt sich insofern um einen epistemisch-moralischen Hybridbegriff, bei dem beschreibende und wertende Aspekte eng miteinander verzahnt sind (T. POTTHAST 2007).

2. Politik der B. Als Gefahren für die B. wurden und werden vor allem die Zerstörung und Zerstückelung von Lebensräumen, die Einführung gebietsfremder Arten, bei großen Säugetieren die Jagd sowie zunehmend der →Klimawandel als Verstärker genannt (B. BAUR).

Um diesem B.sschwund entgegen zu wirken, wurde auf der Konferenz der →Vereinten Nationen für →Umwelt und →Entwicklung in Rio de Janeiro im Jahre 1992 das Übereinkommen über die Biologische Vielfalt (*Convention on Biological Diversity*, CBD) verabschiedet. Es handelt sich um einen völkerrechtlichen Vertrag, der von 193 →Staaten unterzeichnet wurde. Das Übereinkommen verfolgt im Wesentlichen drei Ziele: 1) die Erhaltung der biologischen Vielfalt, 2) die nachhaltige Nutzung ihrer Bestandteile und 3) den gerechten Vorteilsausgleich aus der Nutzung genetischer Ressourcen (CBD). Ausdrücklich mit gemeint ist die bedrohte Kulturpflanzen- und Nutztiervielfalt. Damit und mit dem Bezug auf gerechten Vorteilsausgleich ist B. ein Thema der →Sozialethik und politischen →Ökonomie auch im engeren Sinne.

Die deutsche Bundesregierung kam ihrer völkerrechtlichen Verpflichtung zur Umsetzung der CBD mit der *Nationalen Strategie zur Biologischen Vielfalt* 2007 nach (BMU). Auch hier geht es gleichermaßen um Schutz, nachhaltige Nutzung und soziale Aspekte der Erhaltung der biologischen Vielfalt. In 16 Aktionenfeldern wurden dabei Maßnahmen aufgeführt, die möglichst zeitnah umgesetzt werden sollen, um die gesetzten Zielvorgaben zu erfüllen.

Die Synode der →Evangelischen Kirche in Deutschland (EKD) veröffentlichte im November 2013 einen Beschluss zum Schutz der B. An dieser Stelle wurde Bezug auf die →Verantwortung für die Schöpfung genommen, aufgrund derer die Kirchen dem Schutz der B. verstärkte Aufmerksamkeit schenken sollten. Der Empfehlung zufolge sollten die Landeskirchen und Kirchengemeinden sich intensiver mit Fragen des B.sschutzes auseinandersetzen (EKD).

3. Ethik der B. Im Zuge der Entwicklung von Strategien zum Schutz der B. muss die Frage geklärt werden, welche Argumente es für deren Erhaltung gibt. Diese lassen sich in drei Kategorien einteilen: a) Angewiesenheitsargumente, b) eudaimonistische Argumente und c) moralische Argumente im engeren Sinne.

a) Angewiesenheitsargumente bekunden die Tatsache, dass Menschen essentiell auf bestimmte Elemente der B. angewiesen sind, beispielsweise zur →Ernährung, zur Bereitstellung von Sauerstoff, zur Klimaregulierung oder als Medikament. b) Eudaimonistische Argumente (griech. *eudaimonia* = gutes, gelingendes Leben) beziehen sich darauf, dass bestimmte Aspekte der B. wichtig für das gelingende menschliche →Leben sind, zum Beispiel in Form leiblicher Naturerfahrungen und/oder ästhetischer Wertschätzung. c) Moralische Argumente im engeren Sinne plädieren dafür, bestimmte Elemente der B. um ihrer selbst willen zu schützen. Argumente zur Erhaltung der Schöpfung gehören in diese Kategorie, die Idee von Selbstwerten der B. lässt sich jedoch auch säkular-naturphilosophisch begründen.

Den Argumenten liegen unterschiedliche Wertkonzepte zugrunde. Angewiesenheitsargumente beziehen sich auf einen instrumentellen Wert der B., die eine lebenswichtige Funktion für den Menschen erfüllt. Eudaimonistische Argumente stehen im Bezug zu Eigenwerten, die in der Wechselwirkung mit wertschätzenden Menschen entstehen, die Teile der B. für ihr gelingendes →Leben als wichtig erachten. Moralische Argumente im engeren Sinne schließlich postulieren einen Selbstwert von bestimmten Elementen der B., der diesen unabhängig von einer äußeren Wertschätzung innewohnt. Diese letzte Gruppe von Argumenten ist mit den meisten Vorannahmen behaftet, es ist jedoch gar nicht notwendig, diese Kategorie von Argumenten zu bemühen, um eine Vielzahl von Gründen für den Schutz der B. nennen zu können (T. POTTHAST 2007).

Zunehmend gibt es Versuche, der B. einen ökonomischen Wert zuzuschreiben; diese sind allerdings oft strittig (C. KEHL); eine →Ökonomisierung der B. wirft u. a. Fragen nach dem →Eigentum an →Öffentlichen Gütern auf und ist zudem mit zahlreichen methodologischen Problemen behaftet.

Ebenfalls kontroverse Themen sind die Frage, ob Vielfalt per se einen Wert hat, und die Frage, welche Verbindungen und Unterschiede zwischen kultureller Vielfalt (→Kultur, →Multikulturalismus) und B. bestehen (D. HARMON).

CBD, Convention on Biological Diversity, 1992 (online: http://www.cbd.int/convention/convention.shtml) – T. POTTHAST, Inventing Biodiversity: Genetics, Evolution, and Environmental Ethics. Biologisches Zentralblatt/Theory in Bioscience 115(2) 1996, 177–185 – D. TAKACS, The Idea of Biodiversity: Philosophies of Paradise, 1996 – D. HARMON, In Light of Our Differences. How Diversity in Nature and Culture Makes Us Human, 2002 – BUNDESMINISTERIUM FÜR UMWELT, NATURSCHUTZ UND REAKTORSICHERHEIT, BMU, Nationale Strategie zur biologischen Vielfalt, 2007 – T. POTTHAST, B., Ökologie, Evolution: Epistemisch-moralische Hybride und Biologietheorie, in: T. POTTHAST, B.: Schlüsselbegriff des Naturschutzes im 21. Jahrhundert?, 2007, 57–88 – B. BAUR, B., 2010 – J. RITTER/K. GRÜNDER/G. GABRIEL, Historisches Wörterbuch der Philosophie, Lemma ‚Vielheit', Bd. 11, 2011, 1041–1054 – EKD, Biologische Vielfalt: Beschluss der EKD-Synode zum Schutz der B., 2013 (online: http://www.ekd.de/agu/themen/biologische_vielfalt/schutz_der_biologischen_vielfalt.html) – C. KEHL (unter Mitarbeit von A. SAUTER), Was kostet die Natur? Wert und Inwertsetzung von B., 2015.

Thomas Potthast, Margarita Berg

Bioethik

1. Begriff. „B.", von dem evangelischen Pfarrer FRITZ JAHR 1926 erstmals so formuliert, „Lebensethik", meint die eth. Reflexion und Steuerung des naturwiss.-techn. Umgangs mit Leben, also Biozönosen (→Umweltethik), Pflanzen und Tieren (→Tier, Tierethik), insbesondere dem Menschen (→Menschenwürde) als lebendigem Organismus in Biologie und Medizin (→Medizin, med. Ethik). „Bioethics" wurde 1971 von dem Onkologen VAN RENSSELAER POTTER in der Bedeutung von „Überlebenswissenschaft" geprägt und im Kennedy Institute, Washington, im engeren Sinn der biomed. Ethik eingeführt und so auch in Europa übernommen. B. erscheint hier als Theorie von moral. relevantem Umgang mit menschl. Leben vor allem in der Medizin, wird dann aber auch auf außermenschl. Leben ausgedehnt. Phil. kann von einer Subdisziplin der angewandten Ethik zur rationalen Beurteilung von Eingriffen jeglicher Art in organismisches Leben gesprochen werden. Von Gegnern neuer Verfahren wie Gen- und Reproduktionstechnik wird der Vorwurf erhoben, es ginge fortschrittsgläubig nur noch um bloße Regulierung bestimmter Techniken und die Herstellung von Akzeptanz. Einseitige Verabsolutierungen der naturwiss. Methode in Denken und Handeln sind in der Tat zu hinterfragen. Zu lebensgefährdenden Grenzüberschreitungen führt etwa der Sozialdarwinismus. Von einem „Egoismus der Gene" (DAWKINS) zu sprechen, ist Ideologie. Eine entsprechende Antiideologie würde sich freilich gleicher einseitiger Denkmuster bedienen. Differenzierungen sind notwendig.

B. im weitesten Sinne hat den lebensfördernden Umgang mit dem gegebenen Lebendigen einschließlich der Lebensmöglichkeiten des Menschen zum Ziel. Theol. ist die Sicht der Natur als Schöpfung und des Menschen als Geschöpf einzubringen. Zu bedenken ist sowohl das kreative als auch das destruktive Potential der Natur und in spezifischer Weise des Menschen (Freiheit und Sünde). Methodisch sind vorwiss. Orientierungen und Motivationen im Lebenszusammenhang, nachwiss. polit. Strategien und der Austausch begründeter Argumente auf der Ebene des rationalen Diskurses zu unterscheiden und miteinander zu verbinden. Für letzteren werden als Grundprinzipien im Blick auf den Menschen Selbstbestimmung (autonomy) und Wohlwollen (beneficence, ENGELHARDT), aber auch →Gerechtigkeit und – umfassend – →Liebe genannt, im Blick auf Tiere und Pflanzen Artgerechtheit, Erhaltung der Artenvielfalt, Fehlerfreundlichkeit im Umgang. Entscheidend bleibt dankbar gelebte Liebe zum Leben, dessen Förderung, die auch Endlichkeit und Sterblichkeit wahrnimmt und mit bedenkt. Kommunikativer Austausch gehört zur Beziehungswirklichkeit des Lebens.

2. Schwerpunkte. Fortschreitende Techniken gehören zum Instrumentarium moderner Naturwissenschaft. Ihre Entwicklung und ihre Verwendung sind jeweils kritisch zu begleiten und zu prüfen, alternative Denk- und Verfahrensweisen mit einzubeziehen. Durchweg gehören Fragen der →Wirtschaftsethik dazu. Die *Themen* der B. sind im Einzelnen vielfältig. Die →*Umweltethik* ist ein eigener Bereich. In globalem Zusammenhang besteht in Sachen →*Klimagerechtigkeit und Klimawandel* dringender Handlungsbedarf, 2015 die Erarbeitung eines international verbindlichen Klimavertrages. Die *Genomanalyse* (→*Genetik*) verdient besondere Beachtung. →*Gentech-*

nik eröffnet einen weiten Anwendungsspielraum. Die *Proteomik*, umfassend *Epigenetik* erforscht, auch mit Hilfe der *Bioinformatik*, Wirkmechanismen außerhalb der eigentlichen Gene, des Genoms, in Zellen und Geweben.

2.1 Landwirtschaft. 2.1.1 Im Rahmen *„grüner" Gentechnik* werden Nutzpflanzen genetisch verändert, um Erträge zu maximieren und Produkte in einzelnen Merkmalen zu verbessern. Was „Verbesserung" heißt, ist freilich zu hinterfragen. Der Trend weg vom bäuerl. Familienbetrieb hin zu industrieller Produktion verschärft den Druck. Zu thematisieren sind die Auswirkungen auf das Ökosystem und auf die Gesundheit der Verbraucher. Eine Kehre bedeutet die Erzeugung von Insektizid- und Herbizidresistenz: Die Ökosphäre wird abgetötet, um kurzfristig Nutzpflanzen gedeihen zu lassen. Die Kennzeichnungspflicht gentechn. veränderter Lebensmittel und autonomes Verhalten der Kunden haben eine wichtige Funktion.

2.1.2 Das gilt auch für den Fleischkonsum. Bei *Nutztieren* ist noch verschärft vor Kosten-Nutzen-Kalkülen nach der eigenen Würde von Tieren, theol. im Sinne der Mitgeschöpflichkeit zu fragen (→Tier, Tierethik). Das betrifft bereits die Art der Tierhaltung, Weisen der Tierzüchtung, künstl. Insemination, weiterhin In-vitro-Fertilisation, Embryosplitting, gentechn. Veränderungen von Embryonen, etwa zum Zweck der Erzeugung von Wirkstoffen, z. B. in der Milch, Cloning mit Erbgut aus erwachsenen Körperzellen – Techniken, die prinzipiell auch auf den Menschen anwendbar sind.

2.2 Medizinische Forschung. 2.2.1 Die Entwicklung und Einführung neuer Arzneimittel bis hin zu Gentherapien setzen *Tierversuchsreihen* voraus. Dazu gehören die Züchtung und heute auch gentechn. Veränderung von Versuchstieren einschließlich ihrer Verkrüppelung (Beispiel: die Krebsmaus). Auf der Ebene moral. Reflexion wird hier das Modell der rationalen Güterabwägung benutzt: Wiegt der mögl. Fortschritt der Medizin unvermeidbares Leiden der Tiere auf? Tierversuchsgegner demonstrieren demgegenüber existenzielle und emotionale Betroffenheit und fürchten die fortschreitende Mechanisierung des Lebens. Entstehen kann eine Mentalität der Machbarkeit, für die berufl. und wirtschaftl. Erfolg ganz im Vordergrund stehen. Die Beziehungswirklichkeit des Lebens fordert jedenfalls geschöpfl. Solidarität. Bioeth. sind die verschiedenen Aspekte und Perspektiven zu unterscheiden und zu klären, dann aber miteinander in Beziehung zu bringen. Als Medium bietet sich das eth. Gespräch an, das auch in solidarischem Streit der Beteiligten bestehen kann. Zur Schärfung eth. Bewusstseins müssen routinierte Selbstverständlichkeiten hinterfragt werden.

2.2.2 Für die *Genomanalyse beim Menschen* – inzwischen ist die Sequenzierung des ganzen Genoms möglich – sind zunächst individuelle Daten eth. relevant: die Identifikation von Personen und deren Verwandtschaft, Prognosen von Erbkrankheiten. Pränatale Diagnostik ermöglicht präzise Information. Bislang gibt es jedoch kaum therapeutische Möglichkeiten. So kann diagnostisches Wissen eher zum Problem werden: Wie gehe ich mit der Erwartung von Krankheit um, ist gegebenenfalls eine →Schwangerschaft vertretbar oder ein Abbruch zu verkraften und zu verantworten? Ärztl. Genetische Beratung ist unverzichtbar und hat diese Probleme mitzubedenken. Ein Recht auf Nichtwissen muss gewahrt bleiben (→Pränatalmedizin). Bloße moral. Güterabwägung oder Suche nach dem geringsten Übel reichen nicht aus: Lebensentwürfe stehen auf dem Spiel. Gesellschaftl. Mechanismen und Vorurteile wirken ein; deren Regulierung ist Aufgabe der Politik. Die Entscheidungsfreiheit der Betroffenen muss gewährleistet, die Tendenz zur Eugenik („Kranke Kinder müssen nicht geboren werden. Sie belasten den Steuerzahler") verhindert werden. Gesundheit heißt, auch mit Krankheit leben zu können. Gelebte Liebe bedeutet, auch bei Behinderungen wechselseitig füreinander einzustehen. Lebensunwertes Leben gibt es nicht.

2.2.3 Die *In-vitro-Fertilisation (IVF)*, Zeugung im Labor, wurde 1978 eingeführt, um kinderlosen Paaren doch noch zu einem Kind zu verhelfen. Die Methode ermöglicht homolog (in einer Ehe) oder heterolog unterschiedl. Formen von genetischer oder vertretungsweiser („Leihmütter") →Elternschaft, auch „social freezing", dem Arbeitsmarkt geschuldetes Einfrieren von Eizellen zwecks späterer Schwangerschaft. Auch hier sind Lebensentwürfe zu bedenken, gegebenenfalls zu hinterfragen und zu ändern. So gezeugte Kinder kann nur rechtzeitige Information und offene Begleitung vor seelischen Schäden bewahren. Aber auch ein Leben ohne eigene →Kinder kann erfülltes Leben sein.

2.2.4 *Embryonenforschung* ist in Deutschland grundsätzlich verboten (Embryonenschutzgesetz von 1990, 2011 überarbeitet, →Fortpflanzungsmedizin). Die Entwicklung der IVF in England setzte sie jedoch voraus: Die Auffassungen über den Beginn personalen menschl. Lebens (mit der Konzeption oder 14 Tage danach) differieren. Die Entdeckung pluri- und totipotenter *Stammzellen* verschiebt die eth. Problemlage: Ihre separate Weiterzüchtung könnte dem Ersatz defekter Organteile dienen, aber auch zu vollständigen Organismen führen. IVF ermöglicht auch *Präimplantationsdiagnostik (PID)*: Dem Embryo können u. a. bis zum Acht-Zellstadium ohne Schaden Einzelzellen entnommen werden – sie sind totipotent, könnten sich also zu einem Kind entwickeln, werden aber verbraucht. Kranke Embryonen bräuchten nicht transferiert zu werden, eine schonende Alternative zu später vollzogenem Schwangerschaftsabbruch. Kritiker sehen hier einen eth. Dammbruch. Dieses Argument hat freilich nur tutioristische Bedeutung: als Warnung vor ledigl. mögl. negativen Folgen und Missbrauch. Begründete Einzelfälle können kontrollierte Ausnahmen nahelegen.

2.2.5 Weitere Themen der B. sind u. a. die Möglichkeiten der →*Transplantationsmedizin* einschließlich z. B. der problemat. Einpflanzung embryonalen Gewebes, etwa in das Gehirn zur Alzheimertherapie, und die Perspektiven der Xenotransplantation (Übertragung von – möglicherweise gentechn. angepassten – Tierorganen). Grundlegend ist jedoch das Verständnis von →Gesundheit und Krankheit einschließlich des Sterbens (→Euthanasie, →Suizid), damit aber des Lebens überhaupt. Moral.-log. Argumentation in der B. kann Entscheidungshilfe leisten, Entscheidungen selbst aber nicht festlegen: Sie müssen im gesamten Lebenszusammenhang verantwortet werden. Der politisch jeweils fortzuschreibende juristische Rahmen muss das ermöglichen und Gefahren für die Gesellschaft begrenzen.

2.2.6 Richtlinien. Für med. Versuche am Menschen schreibt der anlässlich des Missbrauchs der Medizin im Dritten Reich 1947 formulierte *Nürnberger Codex* die freiwillige, informierte Zustimmung der Versuchsperson mit der Möglichkeit des jederzeitigen Versuchsabbruchs zwingend vor. Auf dieser Basis hat der Weltärztebund in der *Deklaration von Helsinki* 1964, mehrfach revidiert, zuletzt 2013 in Fortaleza (Brasilien), eth. Grundsätze für die med. Forschung am Menschen festgelegt. Die Belange der Versuchsperson haben Vorrang. Von Seiten des Europarates liegt seit April 1997 das „*Übereinkommen über Menschenrechte und Biomedizin*" vor. Ethikkommissionen, der Deutsche Ethikrat, Univ.-Institute, med. Gesellschaften, kirchl. Gremien und Akademien begleiten die weitere Entwicklung. Entscheidend ist die Frage, wie in Forschung und Therapieansätzen Rahmenbedingungen erhalten und geschaffen werden können, die würdige zwischenmenschl. Beziehungen sichern und auch in Zukunft humane Lebensführung ermöglichen.

F. Jahr, Aufsätze zur B. 1924–1948, 2013[2] – R. van Potter, Bioethics. Bridge to the Future, 1971 – H. T. Engelhardt, The Foundations of Bioethics, 1986 (1996[2]) – J. Hübner, Die neue Verantwortung für das Leben. Ethik im Zeitalter von Gentechnologie und Umweltkrise, 1986 – W. T. Reich (Hg.), Encyclopedia of Bioethics, 1995ff[2] – EKD (Hg.), Einverständnis mit der Schöpfung. Ein Beitrag zur eth. Urteilsbildung im Blick auf die Gentechnik, 1997[2] – W. Korff u. a. (Hg.), Lexikon der B., 2000 – M. Düwell, B., 2008 – Ch. Link, Schöpfung, 2012 – W. Huber, Ethik, 2013 – F. Eckrich/K. Tanner (Hg.), Forschung und Verantwortung im Konflikt? Eth., rechtl., ökonom. Aspekte der Totelsequenzierung des menschl. Genoms (Nova Acta Leopoldina 117), 2014 – Datenbank B.-Lit. www.drze.de/BELIT/.

Jürgen Hübner

Boden / Bodennutzung

1. Eigenschaften des B.s. B. ist die oberste Schicht der Erde, gebildet aus mineralischen und organischen Bestandteilen, Wasser und Luft, die das Pflanzenwachstum ermöglicht. Als natürliche Ressource ist der B. ein wichtiger Bestandteil des Ökosystems und Lebensraum für Pflanzen, Tiere und Menschen. Ökonomisch ist der B. neben Realkapital (→Kapital) und →Arbeit ein Produktionsfaktor, dessen Nutzung für die Güterproduktion unentbehrlich ist. Nur in seiner Eigenschaft als Träger von →Rohstoffen (B.schätzen) wird der B. im Produktionsprozess verbraucht. Als Träger der Fruchtbarkeit ist der B. für die landwirtschaftliche Produktion wichtig. V.a.in diesem Zusammenhang kommt es zur Gleichsetzung der Begriffe B. und (Acker-)Land.

Für alle sonstigen Produktionszweige ist der Produktionsfaktor B. kaum als natürliche Ressource, sondern als Grundstücksfläche interessant, die den Standort für die Produktion von Industriewaren und Dienstleistungen bildet. Als Standort für Wohnen ist der B. ein Konsumgut für die Bewohner. Als Standort der Produktion und des Konsums kommt nur der Baub. in Frage. Das Angebot von Baub. verschiedener Art ist vermehrbar und wird im Rahmen der Bauleitplanung unter den Zielvorgaben der →Raumordnung und Landesplanung von den Gemeinden aus dem gegebenen Rohb. geschaffen. Für den Baub. ist die geographische Lage im Raum (zentrale oder periphere Lage usw.) und die Erschließung durch Infrastrukturinvestitionen (insbesondere des Verkehrs) entscheidend.

2. Die Ordnung der B.nutzung. Die B.ordnung bildet die Gesamtheit der für die B.transaktionen verbindlichen Rechtsregeln und der diesbezüglichen sozialen Normen und Institutionen. Sie wird durch die B.ordnungspolitik gestaltet und verändert. Mit der B.ordnung wird die Art und Weise der B.nutzungs- und B.verwertungsrechte festgelegt. Das →Grundgesetz garantiert in Art. 14 I das →Eigentum und stellt fest (Art. 14 II), dass Eigentum verpflichtet und sein Gebrauch zugleich dem Wohl der Allgemeinheit dienen soll. In Bezug auf das B.eigentum setzt die raumbezogene Planung Grenzen, ohne jedoch das zeitlich unbeschränkte Recht des Eigentümers zur B.nutzung in Frage zu stellen. Das Grundproblem der B.ordnung liegt in der Gewichtung der Individualfunktion und der Sozialfunktion des Eigentums, worauf von den Kirchen wiederholt hingewiesen wurde. Aus der höchst-richterlichen Rechtsprechung in Deutschland ist eine liberale Interpretation zu erkennen, die den individuellen Interessen entgegenkommt. Die u. a. in den skandinavischen Staaten zu findende Lösung des „geteilten" Eigentums, in der das B.eigentum in ein Verfügungs- und ein Nutzungseigentum aufgespalten wird, ist in Deutschland nur von historischer Bedeutung (B.reformbewegung, A. Damaschke, 1902; Freilandkonzept, S. Gesell, 1916). Auch bei geteiltem Eigentum kann der B.markt funktionieren, wenn die B.nutzungsrechte an den Meistbietenden versteigert werden. Nur der Preis für die B.nutzung, die B.rente, fiele an den Staat als Verfügseigentümer. Allerdings besteht die Gefahr, dass der Staat für die B.nutzung andere als ökonomische Kriterien anwendet. Der B.preis ergibt sich durch die Aggregation und Abzinsung der (z. B. jährlich zu zahlenden) B.renten über die (unendliche) Lebensdauer des Grundstücks.

Im Weltmaßstab führen unzureichende B.ordnungen in weniger entwickelten Ländern zu illegalen oder illegitimen Aneignungen von B. (Land Grabbing i. e. S.). Dazu gehören i. w. S. auch der B.erwerb von Regierungen oder Unternehmen auf fremden Staatsgebieten zur Produktion von Nahrungs- und Futtermitteln und Biotreibstoffen. Grundsätzlich ist die verbundene Steigerung der landwirtschaftlichen Produktivität richtig, der Waldverlust ist ein ungelöstes Problem. Die institutionellen Regeln zum Schutz der lokalen Bevölkerung bei diesen ausländischen Großagrarinvestitionen sind gegenwärtig nicht ausreichend.

3. Die Steuerung der B.nutzung. *3.1 Funktionen des B.markts.* Ebenso wie Preise den Konsum und die Produktion von Waren und Dienstleistungen lenken, erfolgt in einer →Marktwirtschaft die Zuordnung der Produktionsfaktoren Arbeit, Kapital und B. auf verschiedene Wirtschaftszweige durch den Preismechanismus. Die B.rente als Preis für die Nutzung des B.s steuert die Flächennutzung und damit die räumliche Zuordnung der Standorte der Unternehmen verschiedener Wirtschaftszweige, öffentlicher Einrichtungen und der Wohnungen privater Haushalte. Unterschiedlich hohe B.renten zeigen die unterschiedlichen Knappheiten von Grundstücken und erlauben den Vergleich alternativer Verwendungen des B.s. Änderungen der Nachfragestruktur und der Verfügbarkeit des B.s als natürliche Ressource und/oder als Standort in bestimmter geografischer Lage führen über den B.markt zu Veränderungen der Preis-Kosten-Verhältnisse, wodurch sich ein Anreiz zur sparsamsten Verwendung des B.s ergibt. Wegen der Standortgebundenheit (Immobilität) der verschiedenen Typen von Baub. erfordert ein Ausgleich von Angebot und Nachfrage immer eine gewisse Mobilität, wobei auf der Nachfrageseite Wanderungen von Arbeitskräften und Betriebsverlagerungen notwendig sind. Anpassungsprobleme ergeben sich, wenn innerhalb einer Region Diskrepanzen zwischen Angebot an und Nachfrage nach Arbeitskräften auftreten. Da Bauland insgesamt kein unvermehrbares Gut ist, sondern nur das Angebot bestimmter Typen zeitweise nicht vermehrt werden kann, kommt dem B.markt die besonders wichtige Rolle zu, für die Anpassung von Angebot und Nachfrage verschiedener Typen von Bauland (auf den einzelnen Teilmärkten) zu sorgen.

3.2 Mängel des B.markts. Ökonomisch ist das Ergebnis der Steuerung der B.nutzung durch den Preismechanismus auf dem B.markt nur dann nicht volkswirtschaftlich effizient, wenn der Markt versagt oder Mängel aufweist. Von vielen Arten der Flächennutzung gehen Wirkungen auf Nachbargrundstücke aus. Ein gepflegtes Parkgrundstück wirkt positiv, Lärm und Abgase vom Nachbarn wirken negativ, ohne dass diese Effekte exakt in den B.renten erfasst sind. Auch die vorhandenen Infrastruktureinrichtungen haben externe Effekte, weil vom einzelnen Nutzer keine Marktpreise verlangt werden können. Die externen Effekte führen zu einer Fehlfunktion des B.marktes und sind die zentrale Begründung für die Notwendigkeit der Flächennutzungs- und Bebauungsplanung. Allerdings ist immer zu fragen, ob die Planungseingriffe nicht zu stark sind und ob nicht neben der Umweltqualität die B.preise über das übliche Marktniveau erhöht werden. Außerdem ist zu berücksichtigen, dass zum Schutz der Umwelt eine Reihe zum Teil besser geeigneter Instrumente, u. a. die Umweltsteuer zur Verfügung stehen. Die Ansiedlung zueinander passender Grundstücksnutzungen in enger Nachbarschaft ergibt sich oft allein durch die Wünsche der Eigentümer. Auch unterschiedliche Ansprüche an die Infrastruktur bedingen, dass Gebiete mit ähnlichen Flächennutzungen entstehen. Es ist oft zweifelhaft, ob die staatlichen Entscheidungsträger über ausreichende Informationen verfügen, um die Fehlfunktionen des B.marktes korrigieren zu können und ob sie nicht eventuell sogar eigene Interessen verfolgen.

B.renten zeigen an, wie knapp die Flächen sind und welchen Wert sie für potenzielle Nutzer haben. Neben den Nachbarschaftseffekten gehen in die B.renten auch nicht die ökologischen Eigenschaften eines Grundstücks ein. Für die Nutzung eines Grundstücks als Standort für Gewerbe oder Wohnen ist im Allgemeinen die natürliche B.fruchtbarkeit, die Rolle als Biotop und als Regulator des Naturhaushalts unwichtig, es kommt nur auf die geografische Lage in Verbindung mit der verkehrlichen Erreichbarkeit an. Ökologische Begründungen und das Ziel einer nachhaltigen Stadtentwicklung (→Entwicklung, nachhaltige) dürfen nicht als Vorwand benutzt werden, den Wert einzelner Grundstücke zu erhöhen und einer kleinen Gruppe von B.eigentümern Vorteile zu verschaffen. Jede Ausweitung ökologischer Ausgleichsflächen erhöht letzten Endes die Knappheit von Bauland auch für den Wohnungsbau und erfordert eine Abwägung von Kosten und Nutzen. Ähnliche Überlegungen gelten für die Forderung nach Berücksichtigung sozialpolitischer Aspekte, wenn es um den Wohnungsbau geht und verbilligte Grundstücke gefragt sind. Eine Subvention der B.preise würde den Zwang zur sparsamsten Verwendung des B.s aufheben und damit die Baulandknappheit verschärfen. Die Bezahlbarkeit der Wohnung für Menschen mit niedrigem Einkommen ist ein Problem der →Verteilung und über eine gerechtere Verteilung der Einkommen oder über finanzielle und andere Hilfen zu regeln.

3.3 Verbesserungsmöglichkeiten. Einige der geschilderten Mängel des B.marktes sind durch Verhandlungslösungen zu vermeiden oder zu korrigieren. Das deutsche Baugesetzbuch von 1997 erlaubt städtebauliche Verträge, d. h. Vereinbarungen von Privaten mit der Gemeinde über das, was und wie gebaut werden darf und soll.

Einige der besonderen Mängel des B.marktes werden erst durch Staatseingriffe verursacht. Die Nachfrage nach B. ist oft erhöht, da der B. sich so gut wie nur wenige andere Vermögensbestandteile horten lässt. Die Wertaufbewahrungs- und Kapitalanlagefunktion des B. wird noch immer vom deutschen Steuerrecht begünstigt, da die B.wertzuwächse nicht ausreichend besteuert werden. Eine B.wertsteuer könnte die Lenkungswirkung der B.renten erhöhen, da sie Hortung verhindern, zum Angebot nicht ausreichend effizient genutzter Grundstücke zwingen und die Nachfrage wegen des Anreizes zu flächensparender Nutzung verringern würde. Nach unserer Verfassung kann neues Bauland ausschließlich durch die Gemeinden aufgrund ihrer Planungshoheit ausgewiesen werden. Um die Lenkungsfunktion des B.marktes voll nutzen zu können, müssten die Gemeinden wie private Anbieter auf einem Markt handeln, die Herstellungskosten (einschließlich der ökologischen Kosten) der Baulandschaffung rational abwägen und entsprechend der Nachfrageentwicklung das Angebot festlegen.

J. DÖPFNER/H. DIETZFELBINGER (Hg.), Soziale Ordnung des Baub.rechts. Ein gemeinsames Memorandum der Kammer für Soziale Ordnung der EKD und des Arbeitskreises Kirche und Raumordnung beim Kommissariat der Kath. Dt. Bischöfe, 1973 – WISSENSCHAFTLICHER BEIRAT BEIM BUNDESMINISTERIUM FÜR ERNÄHRUNG, LANDWIRTSCHAFT UND FORSTEN, Zur Neuorientierung der Landnutzung in Deutschland, 1996 – B. DIETERICH/H. DIETERICH (Hg.), B. – Wem nutzt er? Wen stützt er?, 1997 – ORGANISATION FÜR WIRTSCHAFTLICHE ZUSAMMENARBEIT UND ENTWICKLUNG, Stadtentwicklungspolitik in Deutschland, 1999 – BUNDESGESCHÄFTSSTELLE LANDESBAUSPARKASSEN- UND GIROVERBAND e.V. (Hg.), Leitfaden Wohnbaulandbereitstellung, 1999 – M. KÜHN/H. LIEBMANN (Hg.), Regenerierung der Städte, 2009 – MISEREOR, „Landhunger" Ausländische Großinvestitionen in Land, 2010 – H. GOESER, Land Grabbing. Ursachen, Wirkungen, Handlungsbedarf, WD5-3010-204/11 Deutscher Bundestag 2011 – P. HAUG/M. ROSENFELD/D. WEISS, Zur Zukunft der kommunalen Wohnungspolitik in Deutschland und Europa, IWH 2012 – A. KAUFFMANN/ M. ROSENFELD (Hg.), Städte und Regionen im Standortwettbewerb, 2012 – D. APEL, Landschaft und Landnutzung, 2012.

Johannes Hampe

Börse

B.n können auf Zusammenkünfte von Kaufleuten im Mittelalter zurückgeführt werden. Heute sind sie von privaten Unternehmen oder öffentlichen Institutionen betriebene *organisierte Märkte* für vertretbare Güter, insbes. Waren, Wertpapiere, Devisen und daraus abgeleitete Finanzinstrumente (*Derivate*) wie *Futures* und *Optionen* (s. 3.). Sie bieten Dienstleistungen wie Abschluss- und Abwicklung von Emissions- und Handelsgeschäften und die Versorgung mit Informationen über die Entwicklung von Angebot und Nachfrage sowie Preisen der gehandelten Güter an. Außerbörslicher Handel z. B. zwischen Banken wird auch als *Over-The-Counter (OTC)-Handel* bezeichnet.

1. Funktionen. Der Handel an B.n bietet Vorteile: 1) Durch die Konzentration des Handels auf eine B. sinken die *Kosten der Suche* nach Käufer oder Verkäufer. 2) Die *Transparenz* über Angebot und Nachfrage auf dem jeweiligen Markt steigt durch Offenlegung der Handelsdaten. 3) Die *Transaktionskosten* des B.nhandels sind niedrig, da Qualitäten und Mengen der je Transaktion gehandelten Güter sowie die Handels- und Abwicklungsprozesse standardisiert sind. 4) In Folge steigt die *Liquidität* des Marktes, das Risiko willkürlicher Preisschwankungen durch zufälligen Angebots- oder Nachfrageüberhang sinkt. 5) B.npreise bilden grundsätzlich alle am Markt vorhandenen *Informationen* über die dort gehandelten Güter ab, können in diesem Sinne als fair bezeichnet werden und so zu einer *effizienten Preisbildung* und Allokation von Kapital führen. Werden über die B. Wertpapiere erstmalig platziert, spricht man vom *Primärmarkt*. Der anschließende laufende Handel wird als *Sekundärmarkt* bezeichnet.

2. Regulierung. B.n erfüllen ihre Aufgabe nur, wenn auf transparenten Märkten der Informationszugang für alle Marktteilnehmer gleichberechtigt ist und Rechtsansprüche von Minderheitsaktionären gesichert sind. *Manipulationen* sollen durch staatliche *B.naufsicht* (Länderministerien) und *Wertpapieraufsicht* (Bundesanstalt für Finanzdienstleistungsaufsicht BaFin) unterbunden werden. Grundlegende Gesetze für alle B.n in Deutschland sind das B.gesetz (BörsG) sowie speziell für Wertpapier-B.n das Wertpapierhandelsgesetz (WpHG) und das Wertpapiererwerbs- und Übernahmegesetz (WpÜG), die u. a. die Informationsversorgung der Marktteilnehmer, die Verfolgung von Auffälligkeiten bei der Preisbildung und die Regeln für Übernahmen festlegen. Regelungen werden zunehmend auf EU-Ebene vereinheitlicht (Markets in Financial Instruments Directive MiFID) und in Folge der →Finanzkrise die Aufsicht für Wertpapier-B.n teilweise auf eine europäische Ebene verlagert (European Securities and Markets Authority ESMA).

B.n sind in Segmente unterteilt. Gesetzliche Vorgaben für Zulassungsvoraussetzungen von Wertpapieren und Folgepflichten gelten im *Regulierten Markt*. Dagegen wird der *Freiverkehr* ausschließlich durch den jeweiligen B.nbetreiber reguliert. Innerhalb des Regulierten Marktes unterscheidet die Deutsche Börse den General und den Prime Standard. Bei letzterem gehen die Anforderungen an die Transparenz der emittierenden

Unternehmen über das gesetzliche Minimum hinaus und nur Unternehmen aus diesem Segment können in die Auswahlindices für Aktien DAX, MDAX, TecDAX und SDAX aufgenommen werden. Diese privatrechtliche Konstruktion verdeutlicht die grundlegende Bedeutung von Transparenz und Zugang zu Informationen.

3. **Terminmärkte und Derivate.** Am *Kassamarkt* liegen Abschluss und Erfüllung einer Order maximal zwei Tage auseinander. Auf *Terminmärkten* wird bereits heute ein Preis für ein erst zukünftig zu erfüllendes Geschäft fest vereinbart. Dabei sind die Vertragsformen *Future* und *Option* zu unterscheiden. Bei ersterer ist das Geschäft von beiden Seiten unbedingt zu erfüllen, bei letzterer erwirbt der Käufer einer Option gegen Prämienzahlung ein Recht, das er während der Laufzeit ausüben kann, aber nicht muss. Da der Wert dieser und anderer Verträge wie Swaps von der Preisentwicklung des sog. *Basiswertes* abhängt – z. B. eine Goldoption von Gold – werden sie auch als Derivate bezeichnet. Derivate sind nützlich für den Transfer von Risiken, z. B. zur Absicherung gegen Preisschwankungen. Sie erlauben aber auch, mit einem Kapitaleinsatz, der deutlich geringer als beim Kauf des Basiswertes ist, spekulative Positionen einzugehen. Für b.notierte Derivate gibt es b.täglich Statistiken, die Auskunft über Handelsvolumina und offene Positionen geben, die für die Aufsicht auch pro Marktteilnehmer verfügbar sind. Für OTC-Derivate (s. 1.) gab es diese Transparenz nicht, was den unerkannten Aufbau großer Risiken bei einzelnen Marktteilnehmern ermöglichte und das Entstehen der →Finanzkrise begünstigte. Durch EU-Verordnung wurde daher auch für OTC-Derivate eine Meldepflicht an ein Transaktionsregister eingeführt (European Market Infrastructure Regulation EMIR).

C. Bortenlänger/U. Kirstein, B. für Dummies, 2013[4] – C. Scherbaum, So funktioniert die B., 2015[2].

Ulrich Balz

Brüder-Unität

1. Anfänge der B. und Böhmische B. Die Anfänge der B. gehen auf den tschechischen Reformator Jan Hus zurück. Hus hat mit seinen Predigten in der Bethlehemskapelle und als Magister an der Universität Prag Aufsehen erregt und wurde vom Konzil in Konstanz (1414–18) wegen seiner Kritik an der Kirche und dem Lebenswandel des Klerus verurteilt und am 6. Juli 1415 als Ketzer verbrannt. Er forderte, dass die Kirche auf weltliche Macht und Reichtum verzichte und das Leben an Jesus und seinen Jüngern ausrichte. Die Bibel soll allein Maßstab für alle werden, auch für die Mächtigen in der Kirche und in der Welt. Seine Gedanken waren von John Wycliff (1330–84) beeinflusst.

Nach seinem Tod kam es zum Prager Aufstand (1419), der von böhmischen Adligen unterstützt wurde. Die Stadt Tabor wurde zum Zentrum der Hussiten. (Hussitenkriege 1419–35). Eine andere Gruppe der Nachfolger von Jan Hus waren die Utraquisten, die die Einführung des Laienkelches beim Abendmahl forderten. Sie erkannten die hierarchischen Strukturen der Katholischen Kirche an. Die Predigten von Jan Rokycana, Erzbischof von Prag, inspirierte eine Gruppe von Frauen und Männern, die 1457 in dem Dorf Kunwald die Gemeinschaft der „Brüder vom Gesetz Jesu" gründeten. Ihre Suche nach der wahren Kirche brachte sie u. a. in Kontakt mit Waldensern und anderen Reformbewegungen. Sie wollten ihr Leben an der Bergpredigt Jesu und dem Neuen Testament ausrichten. Im Jahr 1467 wählten sie aus ihrer Mitte Prediger und einen Bischof (Mathias von Kunwald) und trennten sich damit endgültig von der Katholischen Kirche. Mit diesem Schritt gründeten sie die „Brüder-Unität" (Jednota Bratrska). Die pazifistischen Gedanken und die Sozialkritik von Petr von Cheltschitzky waren für sie wichtig. In einer an der Bibel orientieren Kirchenordnung richteten sie ihr Leben aus. Sie nahmen Kontakt mit Martin Luther, mit Calvin, Erasmus von Rotterdam und Philipp Melanchthon auf. Luther beschäftigte sich mit ihren Gedanken. „Wir waren alle Hussiten ohne es gewusst zu haben."

Bis auf eine kurze Periode wurde die B. verfolgt. Erzwungene Auswanderungswellen führten sie nach Brandenburg, Polen, Ungarn und in andere Länder. Mit der „Schlacht am Weißen Berg"(1620) spricht man vom Untergang der B. in Böhmen. Ihr letzter Bischof war Johann Amos Comenius (Jan Amos Komensky 1592–1670)

2. Erneuerte B. (Herrnhuter B.) und ihre Siedlungen, Wirtschaft und soziale Gemeinwesen. Im 18. Jahrhundert kam es unter den im Untergrund lebenden Protestanten in Böhmen und Mähren zu einer Erweckung und zu einer erneuten Auswanderungswelle. Graf Nikolaus Ludwig von Zinzendorf (1700–1760) nahm auf seinem Gut Berthelsdorf im Jahr 1722 Flüchtlinge aus Mähren auf. Er gab sein Amt als Jurist am Hof des sächsischen Königs auf und zog in den neu gegründeten Ort Herrnhut, der ein Sammelbecken für pietistische Erweckte und Inspirierte wurde, die in Konflikt mit ihren Kirchen gerieten. Bei einer Abendmahlsfeier (13. August 1727) verband man sich zur Erneuerten B. Dies ist die Geburtsstunde der Herrnhuter B. In den Statuten und Regeln, auf die sich die Einwohner Herrnhuts verbanden, wurde ein Sozialwesen beschrieben, dass auch Standesunterschiede aufhob. „*Herrnhut soll zu ewigen Zeiten von aller Dienstbarkeit, Leibeigenschaft ... frei gesprochen sein ... 23 In Herrnhut soll keiner ... auf Wucher leihen oder borgen ... Handel und Gewerbe dienten in den „brüderischen Gewerbe-*

siedlungen" der Gemeinschaft. *„Der Aufbau Herrnhuts zum christlich-sozialen Gemeinwesen, das auch das ganze Wirtschaftsleben umschloss, gründete auf dieser ersten Verfassung"* (Statuten, HAHN/REICHEL S. 320). ABRAHAM DÜRNINGER (1706–73) gründete eine Weberei und ein Warenhaus mit Handelsbeziehungen in ganz Europa und sorgte für feste Preise. Der Gewinn aus seinem Geschäft unterstützte die seit 1732 begonnene Missionstätigkeit und den Haushalt der Gemeinden. Die Möbelfabriken von ABRAHAM und DAVID RÖNTGEN in Neuwied belieferten mit hochwertigen Möbeln die Höfe Europas. Die Siedlungen der B. zählten im 18. Jahrhundert zu den wirtschaftlich fortschrittlichsten Gemeinwesen mit internationalen Verbindungen. (HAHN/REICHEL 321). In Sarepta an der Wolga und in den schlesischen Gemeinden gab es vor dem 2. Weltkrieg mehrere Betriebe und eine eigene Bank. Bethlehem in Pennsylvania/USA wurde im christlichen Sinn eine „kommunistische Siedlung" genannt. „Wir sind nach seinem Namen genannt (Christus), haben ein Interesse, eine Wirtschaft, wir sind eins fürs andere da" (ZINZENDORF, „Jeremias" 1741 S. 225 nach HAHN/REICHEL, S. 323). In den Siedlungen der Herrnhuter gruppieren sich die Wohnhäuser im typischen Baustil um den Platz im Zentrum. Die Kirchensäle und die Bänke sind weiß gestrichen. In sogenannten „Chorhäusern" lebten und arbeiteten ledige Frauen und Männer zusammen.

3. Mission der B. als ganzheitliche Entwicklungshilfe. Das Zusammentreffen mit Sklaven führte dazu, dass Zinzendorf einen während seiner Schulzeit in den Unterrichtsanstalten von AUGUST HERMANN FRANCKE (Halle) gefassten Plan zur Mission verwirklichen konnte. Den Frauen und Männern in der Mission ging es vor allem darum, den Sklaven die Liebe Gottes zu verkündigen und damit menschliche Würde zu geben. Dies führte zu Konflikten mit den kolonialen Mächten. Im 19. Jahrhundert kam es verstärkt zu Kulturexport, auch wenn man andere Kulturen und Religionen nicht mit der „Herrnhuter Elle" (nach europäischem Maßstab) messen wollte. Den Missionaren ging es um ganzheitliche Hilfe für den Menschen. Darum widmeten sie sich auch schulischen und medizinischen Aufgaben.

4. Theologie der B. Die Th. der B. ist an der Person und der Botschaft Jesu orientiert. (Christozentrismus). Die Gemeinde versteht sich als Dienstgemeinschaft. Das „geordnete Dienen in der Gemeinde" regelt das Miteinander von haupt- und ehrenamtlichen Mitarbeitenden. (Emanzipationsbewegung im Baltikum). Frauen wurden schon im 18. Jahrhundert ordiniert. Praktisch gelebter Glaube ist wichtiger als dogmatische Fragen und Bekenntnisschriften. Schon bei Zinzendorf findet man eine Offenheit gegenüber anderen Konfessionen und ökumenische Gedanken. Der geistliche Dienst kennt die Ordination zum Diakonus und die Einsegnung zum Presbyter und Bischof. Die Bischöfe haben seelsorgliche und keine administrativen Aufgaben.

5. B. weltweit. Heute (2015) besteht die B. aus 28 selbstständigen Unitätsprovinzen auf vier Kontinenten. Außer einer weltweit gültigen Kirchenordnung (Church order) hat jede Unitätsprovinz eine eigene Kirchenordnung. Alle sieben Jahre treffen sich Delegierte zu einer Unitätssynode. Weltweit gibt es ca. 1 Million Mitglieder. Die Mehrzahl lebt in Afrika (Tanzania, Südafrika, Kongo, Malawi), der Karibik (Surinam, Westindische Inseln, Jamaika).

HAHN/REICHEL, Zinzendorf und die Herrnhuter Brüder, 1977 – WOLLSTADT, Geordnetes Dienen in der christlichen Gemeinde", 1966 – BRECHT/PEUCKER, Neue Aspekte der Zinzendorf-Forschung, 2006 – „Unitas Fratrum" Rijksarchief Utrecht, 1975 – MEYER, „Zinzendorf und die Herrnhuter Brüdergemeine 1700–2000", 2000 – MÜLLER, „Geschichte der Böhmischen Brüder Bd. 1", 1922.

Theodor Clemens

Bruttoinlandsprodukt

1. Begriff. Als B. (gebräuchliches Kürzel: BIP, engl. GDP für gross domestic product) wird bezeichnet, was Inländer und Ausländer im Inland an Gütern (Waren und Dienste) erzeugen und damit zugleich an → Einkommen erwirtschaften. „Brutto" bezieht sich hier darauf, dass in dieser Wertschöpfung noch enthalten ist, was an Verschleiß sächlicher Produktionsmitteln ausgeglichen werden muss, bevor sich ein eigentliches Mehr als „Netto" ergibt. Die Abgrenzung „Inland" dient demgegenüber zur Unterscheidung vom Bruttonationaleinkommen (auch: Bruttoinländerprodukt; einst: Bruttosozialprodukt) und damit dem, was Inländer im Inland und Ausland an Gütern erzeugen bzw. an Einkommen erwirtschaften.

2. Berechnung. Zur Ermittlung des BIP führen drei Wege (→ Volkswirtschaftliche Gesamtrechnung), deren rechnerisches Ergebnis – für Deutschland im Jahre 2015 rund 3 Bio. Euro und damit über 35 Tsd. Euro pro Kopf der Bevölkerung – identisch sein muss:

2.1 Entstehungsrechnung. In der Entstehungsrechnung wird sichtbar, auf welche Wirtschaftszweige die Gütererzeugung bzw. Einkommenserzielung entfällt. Dazu sind alle Produktionswerte vom Primären Sektor (Land- und Forstwirtschaft sowie Fischerei) über den Sekundären Sektor (Produzierendes und Baugewerbe) bis zum Tertiären Sektor (private und öffentliche Dienstleistungen) zu erfassen. Die Bewertung der Erzeugnisse erfolgt bei abgesetzten Produkten zu Herstellungspreisen und bei nicht abgesetzten oder zum Absatz bestimmten Produkten zu Herstellungskosten. Nach Abzug jener Erzeugnisse, die als Vorleistungen erneut in den Produktionsprozess eingegangen sind und zur Vermeidung mehrfacher Erfassung herausgerechnet werden müssen, ergibt sich die Bruttowertschöpfung. Das Ergebnis einer Hinzurechnung des Saldos aus Gütersteuern und -subventionen ist schließlich das – weitgehend zu Marktpreisen bewertete – BIP. Indem davon in Deutschland längst rund 70 % im Tertiären Sektor entstehen, belegt dies – im Lichte der Drei-Sektoren-Hypothese – eindrucksvoll den Status einer – postindustriellen – Dienstleistungsgesellschaft; demgegenüber erreicht der Primäre Sektor mit nicht einmal mehr einem Prozent kaum noch die Schwelle der Wahrnehmung.

2.2 Verteilungsrechnung. Die Verteilungsrechnung beantwortet die Frage, wem das den Waren und Diensten entsprechende Einkommen zufließt. Zur Verteilung gelangt das Bruttonationaleinkommen, mithin das BIP zuzüglich des Saldos aus Primäreinkommen von Inländern im Ausland und von Ausländern im Inland. Davon sind zunächst zum einen die Abschreibungen in Abzug zu bringen, welche lediglich den alters- und abnutzungsbedingten Verzehr des volkswirtschaftlichen Sachkapitals ausgleichen sowie daher, ohne die Gefahr eines Substanzverzehrs, nicht für eine anderweitige Verteilung zur Verfügung stehen. Vom danach verbleibenden Nettonationaleinkommen sind sodann zum anderen, weil ebenfalls nicht mehr zur privaten Verteilung gelangend, die Primäreinkommen des →Staates abzuziehen; es ist dies der Saldo aus Produktions- und Importabgaben einerseits und den Subventionen andererseits. Übrig bleibt zuletzt das Volkseinkommen, welches sich auf das Arbeitnehmerentgelt und das Unternehmens- und Vermögenseinkommen verteilt. Mit immer noch über 50 % ist das Arbeitnehmerentgelt nach wie vor die größte Position der Verteilungsrechnung und – was im Rahmen der funktionalen Einkommensverteilung auf die Produktionsfaktoren Arbeit und Kapital verteilungspolitisch aufmerksam verfolgt wird – doppelt so groß wie das Unternehmens- und Vermögenseinkommen. Die Lohnquote (2015: knapp 68 %) als Anteil des Arbeitnehmerentgelts am Volkseinkommen hat sich allerdings seit etwa 2000 im mehrjährigen Trend verringert. Mit dem Volkseinkommen schließlich nicht zu verwechseln ist im Übrigen das verfügbare Einkommen; dieses ergibt sich erst nach einer Umverteilung durch direkte Steuern, Sozialversicherungsbeiträge und Transfers.

2.3. Verwendungsrechnung. Aus der Verwendungsrechnung geht hervor, welche Güter mit dem entsprechenden Einkommen erworben werden. Darunter sind zunächst – nach dem, der die Ausgaben tätigt, und nicht nach dem, der die Güter verbraucht – Private Konsumausgaben von Konsumausgaben des Staates zu unterscheiden. Die Brutto→investitionen als nicht konsumtive Einkommensverwendung aller inländischen Sektoren umfassen hingegen zum einen unter den Bruttoanlageinvestitionen vor allem die Sachanlagen (insbesondere Bauten und Ausrüstungen) und sonstige Anlagen sowie Vorratsveränderungen und Nettozugang an Wertsachen; die sonstigen Anlagen – darunter immaterielle Güter wie Forschung und Entwicklung, Software und Datenbanken sowie Rechte – haben in jüngerer Zeit den größten Bedeutungszuwachs erfahren. Der inländischen Verwendung steht schließlich der Außenbeitrag – der Saldo aus Exporten und Importen von Waren und Diensten – gegenüber. Mit deutlich über 50 % bilden die Privaten Konsumausgaben stets die größte Position der Verwendungsrechnung. Größere Aufmerksamkeit erregt indes die Verknüpfung der Bruttoinvestitionen aus der Verwendungsrechnung und der Abschreibungen aus der Verteilungsrechnung: Indem sich Erstere anteilig verringert und Letztere anteilig erhöht haben, ist deren Saldo – die Nettoinvestitionen – über die Zeit signifikant rückläufig, infolge dessen sich die Zunahme des inländischen Kapitalstocks verlangsamt hat, was zugleich ein niedrigeres Wachstum künftiger Produktionsmöglichkeiten und damit des BIP verheißt.

3. Anwendung. Neben der für die Zwecke struktureller Analysen berechneten Gliederungszahlen finden sich Anwendungen des BIP vorzugsweise für die Bildung von Mess- und Beziehungszahlen, darunter auch und gerade im internationalen Rahmen.

3.1 Messzahlen. Eine sich dem stetigen und angemessenen Wirtschafts→wachstum verpflichtende →Wirtschaftspolitik bedarf eines Indikators für den Grad der Zielerreichung bzw. -verfehlung. Diese Funktion übernimmt gewöhnlich die Wachstumsrate des realen BIP, bei der die absolute Veränderung des zu Preisen des Vorjahres berechneten Inlandsprodukts eines Jahres am vorjährigen Wert relativiert wird. Ein unterdurchschnittlicher Zuwachs – im Verhältnis zu einer ohnehin stets steigenden Arbeitsproduktivität – lässt sodann eine Störung des gesamtwirtschaftlichen Gleichgewichts und hier vor allem eine Zunahme der Arbeitslosigkeit erwarten.

3.2 Beziehungszahlen. Einen umfänglichen Einsatz erfährt das BIP als Bezugsgröße für die Erklärung und Einhaltung von Verpflichtungen auf europäischer Ebene. So wird etwa die Beteiligung der Mitgliedsländer der Europäischen Union an der Finanzierung des Haushalts der Gemeinschaft im Wesentlichen anteilig zum BIP festgelegt. Bekanntheit haben darüber hinaus die – finanzpolitischen – Kriterien von Maastricht erlangt, bei denen Grenzen für die Verschuldung der Staaten auf deren BIP bezogen sind. Letzteres gilt auch für den Europäischen Fiskalpakt und die daran ausgerichtete „Schuldenbremse" in Deutschland sowie das „Gesamtwirtschaftliche Ungleichgewichtsverfahren", das ergänzend auf außenwirtschaftliche – am BIP relativierte – Indikatoren zurückgreift. Während diese Regelungen zumindest grundsätzlich verbindlich sind, waren beispielsweise die Empfehlungen der UNCTAD (Welthandelskonferenz), mit der die Industrieländer zu einer öffentlichen Entwicklungshilfe in Höhe eines bestimmten Prozentsatzes ihrer volkswirtschaftlichen Wertschöpfung angehalten werden sollten, von vornherein unverbindlich.

4. Kritik. Einwände gegen das BIP gründen vor allem auf einer unvollständigen Erfassung und einer fehlerhaften Bewertung volkswirtschaftlicher Aktivitäten, in deren Folge es zu einer systematischen Unter- oder Überschätzung der Wirtschaftstätigkeit kommt.

4.1 Methodische Mängel. Bei einer Anerkennung des Anspruches, mit dem BIP tatsächlich allein den materiellen Zuwachs an Gütern messen zu wollen, kann sich eine Kritik auf Widersprüche innerhalb der Methode beziehen. In diesem Falle ist festzustellen, dass die Erfassung nur der marktgerichteten oder der zu Kosten bewerteten Wertschöpfung einerseits insbesondere zu einer Vernachlässigung der Produktion privater Haushalte – von Hausarbeit und Betreuungsleistungen über Nachbarschaftshilfe bis zu ehrenamtlicher Tätigkeit – führt; einschlägigen Schätzungen zufolge belaufen sich jene Aktivitäten im gelegentlich sogenannten „informellen Sektor" auf ein Drittel bis die Hälfte des offiziellen BIP. Andererseits stellt die Umwelt als Sektor für ihre Inanspruchnahme als Versorgungsquelle und Entsorgungsstätte keine Rechnungen aus, infolge dessen die Beeinträchtigungen der natürlichen Ressourcen weder als Vorleistungen noch als Abschreibungen – und damit als gegenzurechnender Werteverzehr – berücksichtigt werden. Schon vor Jahrzehnten wurden die Kosten der Umweltverschmutzung für Deutschland auf einen Anteil von über zehn Prozent der Wertschöpfung geschätzt. Im Gegenteil führen, eben weil mit Kosten verbunden, bereits die Vermeidung von Schäden und die Wiederherstellung des Status quo ante sogar zu einem rechnerischen Zuwachs des BIP.

4.2 Konzeptionelle Mängel. Eine Erweiterung des Anspruches darauf, mehr als den materiellen Zuwachs an Gütern messen zu wollen, vermag das BIP hingegen von vornherein nicht einzulösen. Was darunter verstanden werden kann, wurde einmal mehr in jüngerer Vergangenheit etwa durch die von der französischen Regierung eingesetzte STIGLITZ-SEN-FITOUSSI-Kommission und die Enquete-Kommission „Wachstum, Wohlstand, Lebensqualität" des Deutschen Bundestages in das Bewusstsein der Öffentlichkeit gerückt. Im Rahmen eines sozialen Fortschritts geht es dabei zum einen nicht nur um die Zunahme der volkswirtschaftlichen Wertschöpfung als Gesamtes, sondern beispielsweise auch um deren Verteilung auf die Mitglieder der Gesellschaft; zum anderen bemisst sich – nachhaltiges – Wohlbefinden nicht allein nach dem Mehr an materiellem Wohlstand. Dieser Kritik kann künftig nur durch ein Bündel ergänzender Indikatoren Rechnung getragen werden.

D. BRÜMMERHOFF/M. GRÖMLING, Volkswirtschaftliche Gesamtrechnung, 2011[9] – M. FRENKEL/K. D. JOHN, Volkswirtschaftliche Gesamtrechnung, 2011[7] – N. RÄTH/A. BRAAKMANN, Generalrevision der Volkswirtschaftlichen Gesamtrechnungen 2014 für den Zeitraum 1991 bis 2014, in: WiSta (2014) 502–543 – DEUTSCHER BUNDESTAG (Hg.), Schlussbericht der Enquete-Kommission: Wachstum, Wohlstand, Lebensqualität, 2013.

Klaus Dieter Diller

Bürgerbeteiligung

1. Die historischen Wurzeln der B. *1.1 Die Forderung nach politischer Teilhabe und bürgerlichen Rechten.* Diese Forderung lässt sich viele Jahrhunderte zurückverfolgen. Das mittelalterliche städtische Bürgertum erkämpfte sich von den geistlichen und adligen Stadtherren verbriefte Rechte bürgerlicher Freiheit und politischer sowie wirtschaftliche Selbstverwaltung (freie Reichsstädte, Hanse). Der Widerstand der abhängigen ländlichen Bevölkerung kulminierte 1525 im Bauernkrieg. Der katholisch-feudale Herrschaftsanspruch wurde auch innerkirchlich hinterfragt (JAN HUS, MARTIN LUTHER). LUTHER gab mit seiner Bibelübersetzung ins Deutsche der Protestbewegung erstmalig eine einheitliche sprachliche Plattform im mitteleuropäischen Raum jenseits des Lateinischen.

Die immer umkämpften doch sich stetig und unaufhaltsam entfaltenden Partizipationsansprüche drückten sich im späten 18. Jahrhundert im Gesellschaftsmodell von freien und mündigen Bürgern (citoyens) aus, die ihre öffentlichen und privaten Angelegenheiten ohne obrigkeitsstaatliche Einmischung selbstständig regeln. Historische Meilensteine sind die Revolutionen von 1776 in Nordamerika, 1789 in Frankreich und 1848 in Deutschland, ein weiterer das allgemeine freie und gleiche Wahlrecht von Männern und Frauen im Jahr 1919 in der ersten Demokratie Deutschlands, der Weimarer Republik. Nach dem Desaster der nationalsozialistischen Diktatur (1933–45) war es seit den 1950er Jahren die neue, parteiübergreifende Opposition der Friedensbewegung (Protest gegen Wiederbewaffnung, Nato-Beitritt und nukleare Aufrüstung) die in der noch jungen Bundesrepublik Deutschland um politischen Einfluss rang. Es folgte als erster sozialdemokratischer Bundeskanzler WILLY BRANDT, der 1969 in seiner Regierungserklärung mit „Mehr Demokratie wagen" den Teilhabe-Forderungen ab den späten 1960er Jahren des letzten Jahrhunderts antwortete, artikuliert von der Studentenbewegung, von der zweiten Frauenbewegung und von der Anti-Atombewegung.

Unter dem Boykott-Aufruf „Kauft keine Früchte der Apartheid" kam es seit den späten 1970er Jahren zu einem Zusammenschluss von kirchlichen, gewerkschaftlichen und internationalen Solidaritätsgruppen, dessen Erfolg in den ersten demokratischen Wahlen Südafrikas im Jahr 1994 gipfelte und das Ende der Apartheid-Politik markierte.

Parallel zu den politisch motivierten Formen von Protest und Engagement entstanden durch gruppendynamische Selbsterfahrungs- und Selbsthilfegruppen neue Zugänge im Umgang mit sich selbst und mit anderen. Die Evangelischen Akademien und die Evangelischen Kirchentage sind bis heute Seismograph für die jeweils aktuellen Auseinandersetzungen um politische Teilhabe, Menschenrechte und Selbstbestimmung.

In der EKD-Denkschrift von 1985 „Evangelische Kirche und freiheitliche Demokratie" wird die Erweiterung von demokratischen Partizipationsmöglichkeiten und direkter Demokratie als Chancen lebendiger und entwicklungsfähiger Demokratie eigens genannt.

1.2 Ehrenamtliches Engagement und B. Die Landflucht als Folge der industriellen Revolution, die Armut der entwurzelten Neuankömmlinge in den expandierenden Industriestädten in der zweiten Hälfte des 19. Jahrhunderts, die Rechtlosigkeit und Schutzlosigkeit der Arbeiter und ihrer Familien, all dies führte zur Selbstorganisation der Arbeiterschaft in den ersten Arbeitervereinen, Sport- und Kulturvereinen und zu karitativen Hilfsmaßnahmen aus dem kirchlich-bürgerlichen Milieu. Auch die erste Frauenbewegung entstand in diesen Milieus. Aus diesen fast ausschließlich ehrenamtlich tätigen Anfängen der (partei-)politisch motivierten Arbeiterschaft und der karitativen Wohltätigkeit, entstanden Genossenschaften, Gewerkschaften und Parteien sowie die kirchlichen und freien Wohlfahrtsverbände. Alle zusammen bilden sie bis heute tragende Säulen des politischen und sozialen Staates und sind immer noch überwiegend auf ehrenamtlicher Basis tätig, teilweise bis hinein in die Vorstandsebene.

Die weitere, traditionell starke ehrenamtliche Säule besteht aus den gewählten Stadt- und Gemeinderäten, zentraler Bestandteil der kommunalen Selbstverwaltung. Auch die Glaubensgemeinschaften wären ohne das ehrenamtliche Engagement ihrer Mitglieder nicht denkbar.

2. B. heute. 2012 veröffentlichte der Städtetag Baden-Württemberg 201 Kurzbeschreibungen von Bürgerbeteiligungsverfahren in seinen Mitgliedsstädten, die innerhalb des letzten Jahres stattgefunden hatten. Die stärksten Impulse für ein Bürgerbeteiligungsverfahren kamen aus den Stadtverwaltungen, gefolgt von Initiativen durch Stadtrat oder Stadtoberhaupt. Die drittstärkste impulsgebende Kraft war die Bürgerschaft. Darin kommt zum Ausdruck, dass seit den heftigen Auseinandersetzungen um die Legalität und Legitimität des Bahnhof-Umbauprojekts Stuttgart 21 die Sensibilität für Beteiligungsverfahren in den Städten und Gemeinden stark zugenommen hat.

In der erwähnten Veröffentlichung werden jeweils vier Stufen von formeller und informeller B. definiert.

Bei der **formellen B.** ist die niedrigste Beteiligungsstufe von Verwaltungsseite die Information, z. B. die Öffentliche Bekanntmachung von Gemeinderatssitzungen nach § 34 GemO, gefolgt von der Anhörung, z. B. die frühzeitige Information über Bauleitpläne nach § 3 BauGB. Die zweithöchste Beteiligungsstufe ist das Einvernehmen/Benehmen, z. B. durch ein Bürgerbegehren nach § 21 GemO. Die höchste Beteiligungsstufe ist die Entscheidung, z. B. die Wahl der Gemeinderäte nach § 26 GEMO.

Bei der **informellen B.** ist die niedrigste Beteiligungsstufe von Verwaltungsseite die Information, z. B. durch Wurfsendungen oder Veröffentlichungen im Mitteilungsblatt, gefolgt von der Konsultation z. B. durch Bürgerfragestunden oder Vortragsreihen. Die zweithöchste Beteiligungsstufe ist die Mitgestaltung z. B. durch Planungswerkstätten oder Mediationsverfahren.

Die höchste Beteiligungsstufe in den 201 Kurzbeschreibungen des Städtetages Baden-Württemberg ist die Kooperation z. B. durch Runde Tische oder Beiräte.

Neben diesen vier Beteiligungsstufen stehen zusätzlich zwei Instrumente der politischen Direktentscheidung durch die Bevölkerung, der Bürgerentscheid und der Volksentscheid. In beiden Fällen muss sich die zur Entscheidung stehende Frage mit Ja oder Nein beantworten lassen. Den Bürgerentscheid gibt es seit 1956 in Baden-Württemberg und seit 2005 in allen Bundesländern. Er ermöglicht direkte demokratische Abstimmungen in Gebietskörperschaften ohne Gesetzgebungskompetenz, das sind die Kommunen und die Landkreise. Der Volksentscheid ist das Instrument direkter Demokratie für alle gesetzgebenden Gebietskörperschaften, also für die Länder- und die Bundesebene.

Für die Politikgestaltung ist es erstrebenswert, die drei Säulen der Demokratie gleichberechtigt zu nutzen: direkte Demokratie, Partizipation bei Dialog und Gestaltung und repräsentative Demokratie.

B. verpflichtet die Behörden, sich ernsthaft, wohlwollend und mit fachlicher Anerkennung mit Ideen aus der Bürgerschaft zu befassen. Eine Ablehnung muss klar und verständlich begründet sein. Dies erfordert nicht nur fachliche Kompetenz wie bisher für Verwaltungspersonal üblich, sondern auch kommunikative Kompetenz, denn es geht um Kommunikation auf Augenhöhe, die auch im Ablehnungsfall aufrecht erhalten werden soll.

Insgesamt entsteht ein neues gesellschaftspolitisches Leitbild einer Zivilgesellschaft, die in viele Politikfelder hineinwirkt, z. B. Stadtentwicklung, Wohnen, Nachbarschaftshilfe, Energieversorgung.

Erfolgreich sind besonders die Beteiligungsansätze, denen ein Paradigmenwechsel gelingt im Umgang mit unterschiedlichen Milieus, Kulturen, Religionen, Sprachen, Ansichten, Beteiligungszugängen und Kommunikationsstilen – der Paradigmenwechsel, diese Vielfalt als starkes Potential zu nutzen, auch wenn die Abstimmungsprozesse länger dauern, gegenseitigen Respekt und Feingespür erfordern. Respekt, Transparenz und Kommunikation sind zentrale Schlüssel für gelingende B. und verlässliches bürgerschaftliches Engagement.

Deutschland und Europa stehen vor drei absehbaren und historisch neuen Herausforderungen:
- Klimawandel und damit verbundenen neuen Formen von zentraler und dezentraler Energiegewinnung und -versorgung
- Demografischer Wandel und damit verbundenen neuen Formen von nachbarschaftlicher Unterstützung und veränderter Infrastruktur
- Integration von Migranten und Flüchtlingen aus Europa und vielen Gegenden der restlichen Welt und dem damit verbundenen, ungewohnten Umgang mit Menschen anderer Sprache und Kultur.

Die erfolgreichen Lösungsansätze werden in den Nachbarschaften, Dörfern und Städten entwickelt, umgesetzt und gelebt, denn neben den Familien sind die Nachbarschaften die wichtigsten Orte eines alltagsrelevanten Zugehörigkeitsgefühls und ehrenamtlichen Engagements. Das Konzept des Sozialkapitals greift diese Erfahrung auf und unterstreicht die Bedeutung von sozialen Netzwerken für Nachbarschaften, Glaubensgemeinschaften oder ethnische Gruppen.

Mittlerweile gibt es zum Politikfeld B. zwei wichtige Grundsatzpapiere der Bundesregierung, sowie Leitlinien auf Länderebene und zahlreiche kommunale Durchführungsbestimmungen für Beteiligungsprozesse. Es gibt elektronische Beteiligungsportale und Qualifizierungsangebote für die Verwaltung genauso wie für bürgerschaftlich Engagierte. Es gibt Orte des fachlichen Austauschs, der im Dialog steht mit einer sich rasch entwickelten Beteiligungsforschung.

Noch fehlt eine Verknüpfungen der Beteiligungsforschung mit dem Konzept des Fundraising. Fundraising ist bereits gut erforscht und verbindet mit seinen zentralen Handlungsansätzen Geldspenden, Sachspenden, Zeitspenden (ehrenamtliches Engagement), Stiftungen und Unternehmenskooperationen Zielgruppen und Kommunikationskonzepte, die für Bürgerbeteiligung hoch relevant sind. Beide Konzepte verfolgen das Ziel der Verbesserung von Umständen mit Hilfe von engagierten Menschen und sind lösungsorientiert.

3. Die Grenzen von B. *3.1* B. und direkte Demokratie finden ihre Grenzen bei gesetzlich vorgeschriebenen Maßnahmen, die einem Interesse des Gemeinwohls dienen. Lokale, partikulare Interessen können den Gemeinwohl-Interessen konträr gegenüberstehen. Je früher in diesem Fall der transparente Dialog beginnt, desto besser. Außerdem müssen einmal getroffene Entscheidungen von allen Beteiligten akzeptiert werden, selbst wenn die Entscheidung nicht der eigenen Position entspricht.

3.2 Die Erfahrung lehrt, dass sich in Beteiligungsprozessen bisher vorwiegend ältere Männer mit guter Bildung und ökonomischer Sicherheit beteiligen. „Stille Gruppen" wie z. B. Jugendliche, Migranten und Menschen in prekären Lebenssituationen, sind bis jetzt in Beteiligungsprozessen stark unterrepräsentiert. Sie stehen für ein Drittel der Bevölkerung Deutschlands. Ein Lösungsansatz ist die feste Einrichtung einer aufsuchenden Beteiligung vor Ort in den Kommunen. Das Gegensteuern ist wichtig um eine zunehmende Spaltung der Gesellschaft zu verhindern.

ENQUETE-KOMMISSION „ZUKUNFT DES BÜRGERSCHAFTLICHEN ENGAGEMENTS"/DEUTSCHER BUNDESTAG, Bericht. Bürgerschaftliches Engagement: auf dem Weg in eine zukunftsfähige Bürgergesellschaft, 2002 – BUNDESREGIERUNG (Hg.), Nationale Engagementstrategie der Bundesregierung, 2010 – P. NANZ/M. FRITSCHE, Handbuch Bürgerbeteiligung. Verfahren und Akteure, Chancen und Grenzen, Bundeszentrale für politische Bildung, 2012 – STÄDTETAG BADEN-WÜRTTEMBERG, Hinweise und Empfehlungen zur Bürgermitwirkung in der Kommunalpolitik, 2012 – LANDESZENTRALE FÜR POLITISCHE BILDUNG BADEN-WÜRTTEMBERG, Bürgerbeteiligung in Deutschland und Europa, Reihe Deutschland & Europa, Heft 65, 2013 – K. SELLE, Über Bürgerbeteiligung hinaus: Stadtentwicklung als Gemeinschaftsaufgabe? Analysen und Konzepte, 2013 – A. EVERS/T. KLIE/P.-S. ROSS, Eine Herausforderung an Gesellschaft und Politik, Die Vielfalt des Engagements; Bundeszentrale für politische Bildung www.bpb.de/apuz/203531/die-vielfalt-des-engagements 27. 3. 2015.

Irmgard Ehlers

Bürgerinitiative

1. Begriffsbestimmung und Kennzeichen. Eine B. ist ein oft spontaner, organisatorisch lockerer Zusammenschluss einzelner Bürger meist auf lokaler Ebene mit dem Ziel, konkrete Verhältnisse zu verändern b. o. geplante Projekte zu beeinflussen. Damit sind B. zum Entstehungszeitpunkt oftmals Ein-Punkt-Bewegungen, während sich im Laufe ihres Bestehens die Anhängerzahl, der Aktionsradius u. die Themen erweitern können. Dann kommt es oftmals auch zu nationalen u./o. internationalen Vernetzungen der B. Mehrheitlich jedoch lösen sich die B. nach Erreichung des Ziels oder dem Scheitern auf bzw. werden inaktiv. Obwohl die B. außerhalb klassischer Beteiligungsformen (in →Parteien, →Gewerkschaften, →Kirchen oder Verbänden) als Teil der →Zivilgesellschaft eingeordnet wird, gehört sie als gängiger Zusammenschluss zum politischen Alltag. In der B. wird der Bürger selbstständig aktiv, somit ist die B. ein plebiszitäres Projekt. Die Aktivisten der B. versuchen mittels Öffentlichkeitsarbeit, Informationskampagnen, Protestveranstaltungen, persönlichen Gesprächen mit verantwortlichen Entscheidern o. über den Rechtsweg Einfluss auf →Politik, →Gesellschaft u. →Wirtschaft zu nehmen. Obwohl z. T. die Wirkungen von B. recht weitgehend sind, ist der harte u. aktive Kern der beteiligten Akteure zahlenmäßig eher gering, während die Größe der Helfer-, Sympathisantenkreise u. losen Anhänger sehr groß sein kann. B. sind zeitlich u. thematisch begrenzt, arbeiten autonom u. treten in vielfältigen Formen auf.

2. **Geschichte und Entwicklung.** Als Reaktion auf die repräsentativen Defizite der Parteiendemokratie, auf enttäuschte Erwartungen staatlichen Handelns, aufgrund der Kritik am Planungsoptimismus u. der Sachzwanglogik, mit der auch die Wachstums- u. Machbarkeitshoffnungen in Frage gestellt wurden sowie einer Sensibilität für neue Politikfelder, wie der Umweltpolitik, entstanden ab 1969/70 im Zusammenhang mit den alternativen u. neuen sozialen Bewegungen eine Vielzahl an B. Die meist jungen Akteure der B. der 1970er Jahre waren überwiegend in den Bereichen Umweltschutz, Städtebau, Verkehr, Erziehung u. Soziales aktiv, darüber hinaus waren sie durch Gemeinsamkeiten im Lebensstil, in politischen Partizipationsformen u. Grundeinstellungen zur →Umwelt, Natur, Mitmenschen, Technik u. Arbeit gekennzeichnet. Sie forcierten Modelle der alternativen Lebensführung, indem Engagement für den Erhalt der natürlichen Lebensgrundlagen, Protest u. Systemkritik in der B. miteinander verbunden wurden.

3. **Aktuelle Tendenzen.** Obwohl in den 1990/00er Jahren B. weiterhin existierten u. aktiv waren, bekommen sie als lokale Akteure seit 2010/11 wieder verstärkte Aufmerksamkeit. Ein ähnlicher Lebensstil oder eine gleichartige Werthaltung kennzeichnet die B. der Gegenwart nicht mehr, dafür eint sie die Unzufriedenheit mit der Funktionsfähigkeit des politischen Systems, mit dem Verhalten der politischen Eliten u. mit dem Mangel an Möglichkeiten, ihre Vorstellungen, Bedürfnisse u. Anliegen effektiv u. direkt in die politischen Entscheidungsprozesse hineinzutragen. Die Themen der B. sind noch immer sehr breit, richten sich jedoch auch gegen lokale Projekte der →Energiewende (Windkraftanlagen, Stromtrassen, Biogasanalgen) u. somit gegen regenerative Energieanalgen, die von der Umweltbewegung der 1970er Jahre forciert worden sind. Die Mehrzahl der Akteure sind Angestellte, Rentner u. Selbständige zwischen 46 u. 65 Jahren, meist ressourcenstark u. gut ausgebildet. Somit beteiligen sich Arbeiter oder Prekarisierte ebenso wenig in B. wie in den klassischen Institutionen. Eine Vielzahl der Akteure der B. kämpft um den Erhalt der Heimat u. indirekt auch gegen den Wertverlust der eigenen Immobilien. B. sind jedoch nicht nur eigennützig, reaktiv u. verhindernd, sondern erarbeiten sich Expertise u. schlagen Alternativen vor, die sie – jenseits der etablierten u. legitimierten demokratischen Entscheidungsprozeduren – um- u. durchsetzen möchten.

4. **Bewertung und Einordnung.** Die Zunahme der Anzahl an B. u. die Steigerung ihrer Aktivitäten kann als Indiz für einen Vertrauensschwund bzw. Legitimitätsverlust des politischen Systems u./o. der politischen Eliten interpretiert werden. Gleichzeitig sind B. Ausdruck einer lebendigen →Zivilgesellschaft, in der Bürger Selbsthilfe praktizieren u. politische Einflussnahme ausüben möchten, statt passiv u. desinteressiert dem Gemeinwesen gegenüberzustehen. B. können sozialpsychologisch daher auch als Befriedung der individuellen Bedürfnisse nach Handlungsvermögen, Selbstwirksamkeit, →Solidarität u. sinnvollem Engagement gedeutet werden. Da die Vertreter der B. nicht gewählt u. auch nicht kontrolliert werden, sie zunehmend über informelle Partizipationsmöglichkeiten verfügen, muss jedoch die Frage nach der politischen →Legitimität der B. immer wieder gestellt werden.

P. C. MAYER-TASCH, Die Bürgerinitiativbewegung, 1976 – A. PELINKA, Bürgerinitiativen, 1978 – B. GUGGENBERGER, Bürgerinitiativen in der Parteiendemokratie, 1980 – V. HAUFF, Bürgerinitiativen in der Gesellschaft, 1980 – K.-P. BÖSSHAR, Bürgerinitiativen im politischen System der Bundesrepublik Deutschland, 1982 – O. W. GABRIEL, Bürgerbeteiligung u. kommunale Demokratie, 1983 – B. GUGGENBERGER/U. KEMPF (Hg.), Bürgerinitiativen u. repräsentatives System, 1984² – R. G. HEINZE/T. OLK, Bürgerengagement in Deutschland, 2001 – A. VETTER (Hg.), Erfolgsbedingungen lokaler Bürgerbeteiligung, 2008 – J. TRUMANN, Lernen in Bewegung(en), 2013 – F. WALTER (Hg.), Die neue Macht der Bürger, 2013.

Stine Marg

Bürgertum / Bürgergesellschaft

1. Der Ausdruck „Bürgertum" dient als Sammelbegriff der Typisierung einer sozialen Konfiguration (Stand, →Klasse, Schicht), die sich aus der mittelalterlichen und frühneuzeitlichen Keimzelle des europäischen Stadtbürgertums (Bürgerrecht, „civic humanism") im 17. und 18. Jh. herausgebildet hat (in Opposition zu Adel und Klerus) und im Zuge von →Aufklärung, Industrialisierung (→Industrie, Industrialisierung) und politischer →Revolution als Träger von Ideen, Repräsentant von →Interessen, Darsteller eines Verhaltensstils („Bürgerlichkeit") sowie mit einem bestimmten Modus der Vergesellschaftung, einem eigenen Rationalitätstypus als auch mit der Modellvorstellung der „bürgerlichen →Gesellschaft" dem 19. Jh. (1789–1918) seinen Namen gegeben hat, welches man gemeinhin als das „bürgerliche" bezeichnet.

2. Das Bürgertum des 19. Jh.s bildet keine homogene soziale →Gruppe; unterscheiden lassen sich das

Wirtschaftsbürgertum (→ Eigentum und Marktchancen), das Bildungsbürgertum (Bildungspatente und Kompetenzchancen) und daneben der Typus des Berufsbeamtentums (Autoritätschancen; → Beamte). Daneben entwickelt sich mit dem Begriff des „Bürgers" die politisch-normative Idee eines mit Rechten und Pflichten ausgestatteten Subjekts (→ Menschenrechte, → Grundrechte), das sich deutlich vom Begriff des Untertanen abhebt. Als Träger von Rechten solle der Bürger → Verantwortung für das → Gemeinwohl (Gemeinsinn, Bürgertugend) übernehmen; im Modell der bürgerlichen Gesellschaft soll die staatliche Macht (→ Staat) im Sinne des liberalen → Rechts- und Verfassungsstaats an den Willen mündiger Bürger zurückgebunden werden (→ Öffentlichkeit, Wahlrecht, Parteienkonkurrenz [→ Parteien], repräsentative → Demokratie). Anders als im Deutschen greift in Frankreich die Unterscheidung zwischen dem Wirtschaftsbürger (bourgeois) und dem Gesellschaftsbürger (citoyen). Daneben entwickeln sich in Europa unterschiedliche Konzepte des Staatsbürgerschaftsrechts (→ Migration, → Nation, Abstammung, Standesamt, Personalausweis, Wehrpflicht) sowie die Institutionen des Zivilrechts und des Bürgerlichen Gesetzbuches. Das Modell der bürgerlichen Rationalität beruht auf → Arbeit und → Leistung, Selbstbeherrschung und Selbstkontrolle („vernünftig sein"); seine Ordnung ist männlich präfiguriert (→ Geschlechterverhältnis) und beruht auf dem Ausschluss des *Anderen* des männlichen Vernunft-Ichs.

3. Für das liberale Bürgertum in Deutschland wird die im Zuge der Epoche der Aufklärung gewonnene Unterscheidung von Kirchlichkeit und selbstangemuteter Religiosität prägend (→ Säkularisierung). Mit dem Neuhumanismus (HERDER, HUMBOLDT) werden „→ Bildung" und „→ Kultur", in scharfer Opposition zum Zweckdenken des Wirtschaftsbürgertums und der Verwerfung des Nützlichkeitsdenkens (→ Utilitarismus), zu Leitbegriffen des bildungsbürgerlichen Selbstverständnisses. Die Fortdauer und Selbstbehauptung der obrigkeitsstaatlichen Traditionen und das Scheitern demokratischer Revolutionen (1848) begünstigt in Deutschland die Ausformung einer „Kultur des Unpolitischen". Als weltanschaulicher Politikersatz bilden sich für das Bürgertum neue und nicht zu geringen Teilen übercodierte Muster innerweltlicher Transzendenz aus: sie sind praktisch (Arbeit und → Familie), politisch (Reich, Nation) und/oder ästhetisch (Kunstreligion, Bildungskanon, Kulturnation) formiert. Die liberale Idee des „Bürgers" zerfällt in Deutschland in der ersten Hälfte des 20. Jh.s durch die Ressentiments der Antibürgerlichkeit, die Schwäche und die Ablehnung der liberalen Überzeugungstradition, die Deligitimierung des liberalen Parlamentarismus und den Aufstieg politischer Religionen (Faschismus, Bolschewismus, → Nationalsozialismus).

4. Während am Beginn des 21. Jh.s das Bürgertum als soziologisch zu identifizierende Größe nicht mehr auszumachen ist, überlebt das normative Ideenpotenzial, das zum Bedeutungszuwachs des Begriffs „Bürger" beigetragen hat, im Begriff der Bürgergesellschaft (→ Zivilgesellschaft). Zu dieser Kontinuität haben die Bürgerrechtsbewegung in den USA in den 1950-er und 60-er Jahren (Civil Right Movement), die Bürgerinitiativbewegung in Westdeutschland (1968–1983) und die Bürgerrechtsbewegungen Osteuropas (1976–1989; Carta 77, Solidarnosc) maßgeblich beigetragen. Die Modellvorstellung der Bürgergesellschaft meint die kooperative und gemeinwohlorientierte Selbstorganisationskompetenz der → Gesellschaft in öffentlichen Angelegenheiten im Gegenüber und im Zusammenspiel mit den Instanzen des Regierungshandelns (→ Staat) und des Verwaltungshandelns (→ Bürokratie). Mit dem Begriff verbindet sich die Weiterentwicklung der formalen Elemente und Spielregeln der Demokratie (Eigenverantwortung, Verteilung der Entscheidungskompetenzen, Partizipationschancen [→ Partizipation]) jenseits der Regulierungsalternativen Staat oder → Markt, passiver Wahlbürgerschaft, einsamem Selbstunternehmertum und konsumtiver Erlebnisroutine. Daneben stellt die Idee der Bürgergesellschaft die Frage, wie auf der Ebene der alltäglichen Lebensvollzüge der Sinn und die Sorge für eine Lebensgestaltung gebildet, eingeübt und ermutigt werden kann (→ Bildung, → Tugenden), die den konkreten anderen immer mitumfasst und darum das öffentliche Handeln in politischen Angelegenheiten als ein Gut erscheinen lässt, das im wohlverstandenen Selbstinteresse (Motivation, Engagement und Selbstinitiative) der Individuen auf der Suche nach einem guten und gerechten Leben liegt. Der Rückblick auf das 20. Jh. zeigt, dass es angesichts des gesellschaftsstrukturellen → Extremismus für das Projekt einer Bürgergesellschaft (Einübung in demokratische Spielregeln, Zivilität, Liberalität und → Toleranz und die gemeinsame Bildung und Gestaltung von Handlungsräumen) keine historische oder kulturelle Garantie gibt. Religionspädagogik (Deutungskompetenz) und die Bindewirkung sozialer Bildung (Anerkennung und Selbstachtung) jenseits der selbstbezüglichen Appelle an → Werte und → Vernunft, aber auch die unpathetischen Handlungsräume, die den christlichen Kirchen aufgrund ihrer lokal verankerten Struktur zur Verfügung stehen, gehören zu den Elementen, die die christentumskulturellen Traditionen der Moderne zum Projekt einer zivilen Bürgergesellschaft beitragen können.

5. Im Zeitalter der digitalen Moderne (ab 1990) wird der Sozialtypus des Bürgers weitgehend durch die neue Sozialgestalt des „Users" (Mediennutzer) abgelöst. Zu den Herausforderungen der Digitalisierung aller Lebensbereiche gehört die algorithmische Einhegung des Menschen, auch in der Ambivalenz der „sozi-

alen Netzwerke" als eine neue wie mögliche Version der alten Gestalt der Bürgergesellschaft. In Erinnerung an den normativen Gehalt der Begriffsregistratur „Bürger" bleibt die Konzentration von „Bürger" auf das selbstbestimmte Individuum im Gedächtnis; Digitalisierung nötigt dazu, den Menschen als Datenkörper in seiner digitalen Identität zu verstehen. Im Goldrausch der Datenausbeutung bleibt die Gestaltung der digitalen Vergesellschaftung („Vernetzung") des Individuums durch die Beratung der „res publica" über einen digitalen „Code civil" eine der zentralen Herausforderungen.

C. Welcker, Art. Bürgertugend oder Bürgersinn, in: Staats-Lexikon, II1846², 763–770 – Th. H. Marshall, Bürgerrechte und soziale Klassen (1965), 1982 – M. Riedel, Art. Bürger, Staatsbürger, Bürgertum, in: GG, 1972¹, 672–725 – A. O. Hirschmann, Engagement und Enttäuschung (1982), 1984 – U. Frevert, Frauen-Geschichte, 1986 – J. Kocka (Hg.), Bürger und Bürgerlichkeit im 19. Jahrhundert, 1987 – ders., Bürgertum im 19. Jahrhundert. Deutschland im europäischen Vergleich, 3 Bde – D. Grimm, Recht und Staat der bürgerlichen Gesellschaft, 1987 – Th. Nipperdey, Religion im Umbruch, 1988 – G. Bollenbeck, Bildung und Kultur, 1994 – H. Münkler (Hg.), Bürgerreligion und Bürgertugend, 1996 – N. Bolz u. a.(Hg.), Weltbürgertum und Globalisierung, 2000 – P. Bahr, Ethik der Kultur, in: Handbuch der Evangelischen Ethik. Hg. von W. Huber, T. Meireis, H.-R. Reuter, 2015, 401ff., bes. 436–441.

Joachim von Soosten

Bürokratie

1. Begriff. Das gängige Verständnis von B. ist nach wie vor entscheidend geprägt durch das B.-Modell Webers, der bürokratische Herrschaft als eine im Vergleich zur traditionalen oder charismatischen Herrschaft besonders effektive und rationale Herrschaftsform beschrieben hat. Dieses klassische B.-Modell, das als Regelfall bürokratischer Organisation die öffentliche →Verwaltung vor Augen hat, ist durch die folgenden fünf Merkmale gekennzeichnet: (1.) Regelhaftigkeit des Amtshandelns, das heißt Anwendung formaler, ohne Ansehen der konkreten Person geltender Regeln, (2) die strikte Trennung von →Amt und →Person (3) eine genau festgelegte Autoritätshierarchie mit der Folge vertikaler Kommunikationswege (Dienstweg), (4) eine festgelegte Arbeitsteilung mit klar zugeordneten Kompetenzen sowie (5) ein fachlich geschultes und nach Qualifikation ausgewähltes Personal. Diese Merkmale bürokratischer →Organisation prägen auch heute die öffentliche Verwaltung in Deutschland und finden ihre Widerspiegelung in den sogenannten hergebrachten Grundsätzen des Berufsbeamtentums, die gemäß Art. 33 Abs. 5 GG auch von jedem Reformgesetzgeber zu beachten sind.

2. Bürokratisierung. Das, was gemeinhin als B. bezeichnet wird, ist keineswegs auf den Bereich der öffentlichen Verwaltung, also auf die Bundes-, Landes- und Kommunalverwaltung beschränkt. Vielmehr zeigt eine prozesshafte Perspektive auf das Phänomen der B., dass sie – und insoweit könnte man fast von einer Gesetzmäßigkeit sprechen – überall dort anzutreffen ist, wo in einer größeren Organisationseinheit wiederkehrende Aufgaben nach einheitlichen Maßstäben zu erledigen sind: Diesen Prozess kann man als Bürokratisierung bezeichnen. In diesem Sinne kann man etwa von einer Bürokratisierung Europas sprechen (M. Bach) oder von Großunternehmen als bürokratischen →Organisationen. Die Bürokratisierung hat aber auch schon seit langem die vielfältigen Trabanten des Verwaltungssystems erfasst, wie etwa Anstalten und Körperschaften des öffentlichen Rechts; aber auch halb- und nicht-staatliche Institutionen wie die Rentenversicherungsträger oder die großen Wohlfahrtsverbände, die beide wichtige Pfeiler des →Wohlfahrtsstaates darstellen, sind bürokratisch organisiert. Dies ist nichts pathologisches, sondern dem Umstand geschuldet, dass auch sie nach der Funktionslogik einer Verwaltung arbeiten (müssen); man könnte insoweit von verselbstständigten B.n sprechen (vgl. dazu das Bureaucratic Transparency-Projekt der Werner Bonhoff-Stiftung).

3. B.abbau/ B.kritik. Wenn heute das Thema B. aufgerufen wird, dann zumeist in kritischer Absicht: Die zentralen Stichworte heißen B.abbau und B.kritik. Angesichts dieser populären und politisch mit einem hohen Stellenwert versehenen Grundhaltung (s. u.) gerät allzu leicht die Tatsache aus dem Blick, dass die bürokratisch organisierte Verwaltung des neuzeitlichen Verwaltungsstaates als ein ausgesprochen erfolgreiches Modell zu gelten hat; insbesondere gerät leicht in Vergessenheit, dass es die Reformb.n des absolutistischen →Staates waren, die – wie das Beispiel Preußens zeigt – die mit der Industrialisierung einhergehende Beschleunigung wirtschaftlicher und sozialer Prozesse selbst zu forcieren und durch Verwaltungsmaßnahmen zu flankieren suchten. Der Verwaltungs- und Rechtsstaat war die ordnungspolitische Begleiterscheinung umfassender sozialer, kultureller und vor allem ökonomischer Mobilisierungsprozesse (Raphael). Aber auch ein Blick auf die immer zahlreicher werdenden „fragilen Staaten", in denen eine funktionierende Staatsgewalt entweder gar nicht mehr besteht oder zunehmend erodiert, zeigt, welch zentrale Bedeutung einer regelorientierten und nicht auf persönlichen Beziehungen (Nepotismus, Klientelismus) beruhende Verwaltung mit einem nach fachlicher Qualifikation rekrutierten Personal zukommt (Schneckener).

Während sich die B. kritik vor allem an beobachtbaren Pathologien bürokratischen Verwaltens festmacht – Erstarrung in Routine, fehlendes Problemlösungs- und Kostenbewusstsein, Aufblähung des Personalkörpers – zielt der sogenannte B.abbau in eine andere Richtung;

im Vordergrund steht hier die Reduzierung der sogenannten Bürokosten, die insbesondere die mittelständische →Wirtschaft über Gebühr belasteten. Um dieses Ziel zu erreichen, beschloss die Bundesregierung ihr Programm „B.abbau und bessere Rechtsetzung" im April 2006, das neben allgemeinen politischen Zielsetzungen – Schaffung eines größeren Freiraumes für die Wirtschaft und Eröffnung von Chancen für mehr →Wachstum und Beschäftigung – als seinen harten Kern in einer verbindlichen Methodik zur Messung von B.kosten und der Errichtung einer besonderen Institution durch das Gesetz zur Einsetzung eines Nationalen Normenkontrollrates (NKRG) vom 14. August 2006 besteht. Vorbild für das B.abbauprogramm der Bundesrepublik war der in den Niederlanden bestehende „Rat zur Verminderung administrativer Lasten", auf den ein spezifisches Verfahren der B.kostenmessung zurückgeht, das als Standardkosten-Modell (SKM) bezeichnet wird und vor allem diejenigen B.kosten im Auge hat, die durch Informations- und Dokumentationspflichten von Bürgern und Unternehmen entstehen (zum Beispiel Daten oder Statistiken für Behörden verfügbar zu halten oder zu übermitteln), die ihnen aufgrund von Rechtsvorschriften auferlegt werden (zu allem GRÖHE/NAUENDORF). Ob diese Methode des B.abbaus mit seiner Fokussierung von auf Heller und Pfennig ausrechenbaren B.kosten geeignet ist, die eigentlichen Wurzeln des B.problems in den Griff zu bekommen, ist eher zu bezweifeln. Wessen es vielmehr bedarf, ist die Entwicklung einer kritischen Gesetzgebungslehre, die darauf zielt, dass die bürokratischen Wirkungen einer Maßnahme von allen Akteuren des politischen Prozesses zu bedenken sind, und zwar auf allen Ebenen und in allen Entscheidungssituationen (SCHUPPERT). Hinsichtlich dieser B.relevanten Entscheidungssituationen zentral sind die Entscheidungen (1) für ein bestimmtes Regelungsregime („regulatory choice"), (2) für die jeweiligen Instrumente („instrumental choice"), und (3) für den angemessenen Organisationstyp („institutional choice"). Nur eine solche Strategie des B.abbaus, die sich als Querschnittsaufgabe versteht, wird längerfristig Erfolg haben können.

4. Hierarchie. Das vielfach als autoritär kritisierte und für mit modernen Managementtheorien unvereinbar erklärte Hierarchieprinzip hat sich als erstaunlich zählebig erwiesen und prägt nach wie vor die Realität der deutschen Verwaltung. Wenn man genauer hinsieht, zeigt sich, dass das Organisationsprinzip Hierarchie zwischen göttlicher Stiftung, natürlichem Bauprinzip der Exekutive und demokratietheoretischer Notwendigkeit changiert. Was zunächst die göttliche Stiftung angeht, so gehört die Vorstellung, dass die →Kirche als →Institution nur als „communio hierarchica" gedacht und von Gott gewollt sein kann, zum nicht zur Disposition stehenden Kernelement des katholischen Kirchenverständnisses. Dieses vielleicht auf den ersten Blick überraschende Beispiel ist aus historischer Perspektive durchaus naheliegend, wird doch der kirchlichen Institutionenkultur durchweg eine Vorbildfunktion für die Entwicklung der staatlichen Institutionenarchitektur attestiert (DREIER). Was die Hierarchie als „natürliches Bauprinzip" der Exekutive angeht, so steht für diese Vorstellung das Verständnis von →Staat als Maschine Pate, nach dem – für das Ideal des absolutistischen Fürstenstaates typisch – die Existenz eines höchstes Gestaltungswillens vorausgesetzt wird, der von oben nach unten die regelhafte, mechanische Apparatur der Verwaltung ordnet, inspiriert und dirigiert. Von da ist es kein weiter Weg dahin, die hierarchisch-bürokratische Organisation auch als Funktionserfordernis einer demokratisch verfassten Staatlichkeit zu verstehen. Dies ergibt sich zunächst aus der verfassungsrechtlich gebotenen Gesetzesbindung der Verwaltung. Denn wenn das demokratisch erzeugte Gesetz das zentrale Steuerungsinstrument des demokratischen Rechtsstaats darstellt, dann bedarf es einer Verwaltung, die den Willen des demokratischen Gesetzgebers möglichst unverfälscht umsetzt: daher erweist sich eine auf dem Bürosystem, dem strikten Weisungsrecht und dem Berufsbeamtentum beruhende Verwaltung auch für die →Demokratie als geeignet und adäquat (DREIER). Aber nicht nur der Gesichtspunkt der Gesetzesbindung „punktet" für das Hierarchieprinzip, sondern auch das das parlamentarische Regierungssystem prägende Prinzip parlamentarischer Kontrolle und Verantwortlichkeit der Exekutive: so beruht insbesondere das im Parlamentarismus unverzichtbare Prinzip der Ministerverantwortlichkeit darauf, dass das Handeln „seines" Ministeriums der Weisungsbefugnis des Ministers unterliegt, weil er es sonst nicht zu verantworten hätte; insoweit verfügt das Hierarchieprinzip im demokratischen Verfassungsstaat über eine doppelte verfassungsrechtliche Fundierung.

M. BACH, Die Bürokratisierung Europas, 1991 – H. DREIER, Hierarchische Verwaltung im demokratischen Staat, 1991– L. RAPHAEL, Recht und Ordnung. Herrschaft durch Verwaltung im 19. Jahrhundert, 2000 – U. SCHNECKENER (Hg.), Fragile Staatlichkeit. „States at Risk" zwischen Stabilität und Scheitern, 2006 – G. F. SCHUPPERT, Bürokratisches Regieren – eine governancetheoretische Perspektive, in: A. VOSSKUHLE (Hg.), Entbürokratisierung und Regulierung, 2006, S. 6–40 – H. GRÖHE/S. NAUENDORF, B.abbau und bessere Rechtsetzung, Zeitschrift für Gesetzgebung (ZG), 2009, S. 367–382.

Gunnar Folke Schuppert

Calvinismus

1. Allgemein. *1.1 Begriff.* Als C. im engeren Sinne bezeichnet man die kirchlichen Gruppierungen und theologischen Richtungen, die das Gedankengut des Genfer Reformators JEAN CALVIN vom 16. bis 18. Jh. aufgenommen, neu akzentuiert und weiterentwickelt haben. Zum C. im weiteren Sinne gehören auch die bis in die Gegenwart reichenden Wirkungen der Lehren CALVINS und seiner Nachfolger. Als Charakterisierung einer oder mehrerer Kirchen taugt der Begriff nur bedingt, da es keine sich calvinistisch nennenden Kirchen gibt (Ausnahme: die „calvinistischen" Methodisten in Wales, vgl. O. WEBER). Von dem Begriff „Reformierte Kirchen" ist der C. zu unterscheiden, da er nur einen, wenn auch beträchtlichen Teil von ihnen geprägt hat, vor allem in der Westschweiz, Frankreich, der Kurpfalz, den Niederlanden und Nordamerika. Neben dem Erbe CALVINS haben M. BUCER, H. ZWINGLI, J. OEKOLAMPAD, H. BULLINGER und J. A LASCO, aber auch P. MELANCHTHON mit ihrem Gedankengut eigenständig die Bildung Reformierter Kirchen gefördert. Zudem hat der C. über diese hinaus weitreichende Wirkungen auf die →Kultur am Beginn der Moderne und die westliche Zivilisation insgesamt entfaltet.

1.2 Formierung und Verbreitung. Bereits CALVINS Werk vereinbart in sich gegensätzliche Tendenzen, die dann zu verschiedenen Ausprägungen des C. geführt haben. CALVIN hat seine Bildung im Milieu humanistischer Jurisprudenz erworben und sich in jungen Jahren dem *Humanismus* angeschlossen. Dessen Erbe bleibt in seinem Werk präsent. Die methodisch fundierte Auslegung der Heiligen Schrift als Ausgangspunkt der Theologie, die rhetorisch-lehrhafte Ausrichtung des Hauptwerks „Institutio Christianae Religionis", die platonisch und stoisch beeinflußte Betonung des Geistseins Gottes sowie das pointierte ethische Interesse und das konsequente Bemühen um Heiligung und Weltgestaltung haben eine wesentliche Wurzel im Humanismus. Dem stehen gegenüber eine von AUGUSTIN und LUTHER beeinflusste radikale Sündenlehre, die Auffassung von der Unfreiheit des menschlichen Willens sowie der gegen humanistische Kritik profilierte Prädestinationsgedanke, der jede menschliche Mitwirkung am Heil ausschließt. Die gegensätzlichen Wege, welche die Schüler und Nachfolger CALVINS gegangen sind, lassen sich nicht zuletzt als Ausdruck einer unterschiedlichen Gewichtung dieses von CALVIN originell zusammengeführten und weiterentwickelten Erbes erklären. Ein entscheidendes Datum bei der Formierung des C. war die Generalsynode der reformierten Gemeinden der Niederlande, die zwischen November 1618 und Mai 1619 in Dordrecht unter starker internationaler Beteiligung stattfand. Die Auseinandersetzung zwischen Arminianern (Remonstranten), die lediglich eine humanistisch-moralistisch modifizierte Prädestinationslehre vertraten, und den Anhängern einer von Gottes ewigem Ratschluss ausgehenden und die Perseveranz einschließenden Prädestinationsvorstellung, den sog. Gomaristen (nach F. GOMARUS) oder Kontraremonstranten, wurde hier zugunsten der letzteren entschieden. Damit und mit der Ausbildung einer geisttheologisch grundgelegten Christologie und Abendmahlslehre erlangte der C. seine konfessionellen Unterscheidungslehren, die ihm angesichts der Zwänge einer wachsenden Konfessionalisierung im Zuge der Bildung frühmoderner Territorialstaaten Ausbreitung und Eigenständigkeit sicherten. Aufgrund der 1549 zwischen CALVIN und H. BULLINGER im „Consensus Tigurinus" erzielten Übereinkunft in der Abendmahlslehre unterblieb die Scheidung der ansonsten keineswegs dogmatisch homogenen Reformation zwinglianischer und calvinistischer Prägung. Im letzten Drittel des 16. Jh.s ergaben sich charakteristische Unterschiede bei der Formulierung der Lehre dadurch, dass man entweder auf die aristotelische Philosophie oder auf die platonisch beeinflusste, in Diagrammen visualisierbare und zugleich simplifizierende Einteilungslogik des PETRUS RAMUS zurückgriff. Aristotelische Logik wurde vor allem von den Genfer Theologen im Umkreis T. BEZAS bevorzugt, während der Ramismus den von ZWINGLI und BULLINGER geprägten Theologen besonders attraktiv erschien. Man unterscheidet gewöhnlich vier Hauptformen des C., die sich freilich vielfach überschneiden: 1. Die *calvinistische Orthodoxie*, die sich von T. BEZA in Genf ausgehend in der westlichen Schweiz und Frankreich (Akademie von Sedan) und den Niederlanden ausbreitete und ihren abschließenden Ausdruck in der „Formula consensus ecclesiarum helveticarum" (1675) fand; 2. Der *philippistische C. in Deutschland*, der sich unter dem Einfluss P. MELANCHTHONS durch eine Abmilderung des Gegensatzes zum →Luthertum auszeichnete und den „Heidelberger Katechismus" geprägt hat; 3. Die von J. COCCEJUS ausformulierte *Foederaltheologie*, die die Geschichte als durch Gottes ewigen Bund bestimmt und im →Reich Gottes zum Ziel kommen sah; 4. Die *Subjektivierung des C.* im Bereich des *Puritanismus*, die als *Präzisismus* den persönlichen Glaubensgehorsam oder als *Empirismus* die individuelle Glaubenserfahrung in den Mittelpunkt stellte.

2. Sozialethik. *2.1 Reformation der Lehre und des Lebens.* Der Anspruch CALVINS und des C., die unvollendet gebliebene Reformation der Lehre durch eine *Reformation des Lebens* zu vollenden, rückte von Anfang an Fragen der Heiligung, der →Ethik und der →Sozialethik ins Zentrum des Interesses. Charakteristisch dabei ist die nicht durch die Dialektik von →Gesetz und Evangelium gebrochene Orientierung am Text der biblischen Schriften. Bibelkommentierung verbindet sich mit einer ausgeprägten Tendenz zur systematischen Durchdringung. Während bei CALVIN noch die Christusgemeinschaft des Glaubenden im Zentrum der systematischen Darstellung steht, ist es im frühen C. das mit der Erwählung (oder Verwerfung) einsetzende Geisthandeln Gottes. Das Verhalten des Menschen wird in allen Lebensbereichen unter dem Gesichtspunkt der *wahren Gottesverehrung* erörtert. Die Ausrichtung allen menschlichen Handelns auf die Vermehrung des Ruhmes des Schöpfers fördert die *systematische* Entfaltung der Ethik.

2.2 Geist und Gesetz als Ausgangspunkte. Die Ethik des frühen C., zum ersten Mal 1577 von dem CALVIN-Schüler L. DANAEUS ausgeführt und systematisch dargestellt, nimmt in umfassender Weise die vom Humanismus wiederentdeckten antik-philosophischen Theorien menschlichen Handelns auf. Im Sinne der radikalen Sündenlehre wird dann jedoch allein der durch den göttlichen Geist als Subjekt ethischen Handelns konstituierte, wiedergeborene Mensch in den Blick genommen. Diesem sowohl anthropozentrischen als auch *geisttheologischen Ausgangspunkt* der calvinistischen Ethik, der für den neuzeitlichen Subjektbegriff bedeutsam geworden ist, steht als zweiter Ausgangspunkt das *göttliche Gesetz,* zusammengefasst im →Dekalog, gegenüber. Weder bei CALVIN noch im C. steht das Gesetz unter dem kritischen Vorbehalt der von LUTHER geprägten Reformation, dass es vom Menschen nur zu leicht zur Selbstrechtfertigung benutzt werde und darum im Wesentlichen lediglich sündenaufweisende, auf das befreiende Evangelium hinweisende Funktion (usus theologicus legis) habe. Vielmehr kommt dem anleitenden und mahnenden Gebrauch des Gesetzes im Leben der Wiedergeborenen (tertius usus legis) die Würde des „praecipuus usus legis" zu. Die Hochschätzung des Gesetzes lässt sich nicht zuletzt daraus erklären, dass ein Großteil der führenden Theologen im frühen C. ursprünglich in der Jurisprudenz ausgebildet war und Juristen für die Ausbreitung des C. eine zentrale Rolle gespielt haben. Auch die humanistisch beeinflusste Tendenz einer Orientierung am vollständigen Bibeltext Alten und Neuen Testaments verhindert eine Abwertung des (atl.) Gesetzes.

2.3 Staat und Kirche. Die weltliche Obrigkeit hat nicht allein für →Recht und →Frieden, sondern ebenso für die *rechte Gottesverehrung* zu sorgen. Nach dem Vorbild des Alten Testaments und unter Wirkung römischer Rechtstraditionen gehört die Sorge für die erste Tafel des →Dekalogs zu den elementaren Aufgaben der weltlichen Obrigkeit. Daraus ergibt sich der im Vergleich zur lutherischen Tradition stärker betonte christliche Charakter des gesamten politischen Gemeinwesens. Abhängig von den unterschiedlichen historischen Kontexten ergeben sich aber durchaus verschiedene Bestimmungen des Verhältnisses von Kirche und →Staat. Zum einen wird das Gemeinwesen als übergeordneter Begriff, in dem Kirche und Staat verschiedene Funktionen erfüllen, verstanden. Hier betont man die *Freiheit der Kirche von staatlichen Eingriffen,* die Unantastbarkeit des Bekenntnisses und die staatsunabhängige Ämterbesetzung und Kirchenzucht. Dieser untersteht auch die weltliche Obrigkeit (bes. im Presbyterianismus). Zum anderen gibt es die einem *Staatskirchentum* ähnliche Eingliederung in das politische Gemeinwesen, dessen Leitung der weltlichen Obrigkeit zukommt. Der Staat übernimmt durch die Besetzung von Ämtern kirchenleitende Funktion, und die Kirchenzuchtmaßnahmen sind weder hinsichtlich der agierenden Personen noch hinsichtlich der Gestalt der vollzogenen Strafen klar von staatlicher Gerichtsbarkeit unterschieden. Schließlich hat sich in den Situationen der Verfolgung – so vor allem in Frankreich und den südlichen Niederlanden – ein *Modell klarer Trennung von Kirche und Staat* entwickelt. Danach ist die Kirche in Bekenntnis wie Ordnung völlig selbstständig. Der Staat wird zwar grundsätzlich als gottgegebene Ordnung anerkannt, aber zugleich in seiner Herrschaftskompetenz – nicht allein in Glaubensfragen – streng begrenzt.

2.4 Widerstandsrecht und Bundestheologie. CALVIN hat ein Recht auf →Widerstand gegen unrechtmäßiges Handeln der weltlichen Obrigkeit nur in sehr eingeschränktem Maße untergeordneten Amtsinhabern zugestanden. Angesichts der Auflösung der mittelalterlichen feudalen Ordnung fand die autoritäre, den Frühabsolutismus fördernde Staatslehre des Neustoizismus zahlreiche Anhänger auch im C. Nachdem die Religionskriege in Frankreich mit den Protestantenverfolgungen vom August 1572 (Bartholomäusnacht) einen blutigen Höhepunkt erreicht hatten, verbreitete sich jedoch das sog. *monarchomachische Schrifttum,* in dem ein Widerstandsrecht in verschiedener Weise ausgeführt und begründet wird. Die „Francogallia" (1573) des Juristen F. HOTMAN argumentiert gegen die Zentralisierung und Übersteigerung königlicher Macht auf Kosten der Stände, indem sie dies als Beseitigung der traditionellen Ordnung beschreibt. T. BEZAS 1574 zuerst erschienener Traktat „De iure magistratuum" vertritt eine Widerstandspflicht der untergeordneten Magistrate gegen ungesetzliche Akte der Obrigkeit. Die 1579 unter dem Pseudonym S.J. BRUTUS veröffentlichten „Vindiciae contra tyrannos" begründen das Widerstandsrecht gegen eine Obrigkeit, die die wahre Kirche verfolgt und gegen →Recht und Gesetz verstößt, mit der Lehre von einem *doppelten Bundesschluß.* Der Bund Gottes mit dem Herrscher und dem →Volk, das sog. pactum religiosum, verpflichtet dazu, für die rechte Gottesverehrung zu sorgen. Der Bund zwischen Volk und Herrscher verpflichtet diesen zur →Gerechtigkeit und jenes zum Gehorsam. Die Gehorsamsverpflichtung des Volkes endet, wenn der Herrscher seiner Verpflichtung zu einer gerechten Herrschaft nicht nachkommt. J. ALTHUSIUS entfaltet den Gedanken der *Volkssouveränität* in der „Politica methodice digesta" (zuerst 1603) systematisch und fundiert ihn naturrechtlich (→Naturrecht). Neben dem bundestheologisch begründeten *Volkssouveränitätsgedanken* wirken das ständische Widerstandsrecht, ephorale Kontrolle und vertragliche Sicherungen der Etablierung absolutistischer Landesherrschaften entgegen.

2.5 Herrschaftsbegrenzung und Demokratie. Bundestheologie und Volkssouveränitätsgedanke wurden weiterentwickelt und haben vor allem in den Neuenglandstaaten zur Ausbildung demokratischer Staatsformen beigetragen. Mehrere theologische Grundentscheidungen wirken sich →Demokratie-fördernd aus. Die *Macht der Sünde* nicht nur über das Volk, sondern ebenso über die Inhaber staatlicher Gewalt erfordert die Kontrolle von deren Machtbefugnis (→Macht). Die Souveränität weltlicher Herrschaft ist strikt begrenzt durch die betonte *Souveränität und Freiheit Gottes.* Die *presbyterial-synodale Leitungsstruktur* in der Kirche, die von Anfang an charakteristisch für den C. war, hat vorbildlich für die Herausbildung der Institutionen *repräsentativer Demokratie* gewirkt. In den USA führte die Berührung mit den Nachfahren des linken Flügels der Reformation (Spiritualisten) zu einer Ausgestaltung des im frühen C. eher randständigen *Toleranzgedankens* (R. WILLIAMS, J. MILTON, W. PENN). Die in Teilen des C. vertretenen theokratischen Ansprüche, wie sie der Verpflichtung der Obrigkeit, für die rechte Gottesverehrung zu sorgen, inhärent waren und vor allem in O. CROMWELLs Herrschaft manifest wurden, wirkten sich später in einer in den USA am stärksten entwickelten Ausrichtung der Gesellschaft auf das →*Reich Gottes* hin aus (social gospel).

2.6 Wirtschaftsleben. Der C. hat sich in wirtschaftlich aufstrebenden Regionen formiert und allein schon darum die Fragen von frühindustrieller Produktion, Handel und Geldwirtschaft ausgehend vom göttlichen Gesetz (Diebstahlsverbot) in besonderer Weise thematisiert. Das kanonische Verbot der Zinsnahme (→Kapital und Zins) wird aufgehoben, auch wenn deren Praxis streng nach dem Kriterium der Billigkeit und Liebe zu regeln ist (nur 5%). M. WEBER hat den *Geist des* →*Kapitalismus* auf die dem C. eigene innerweltliche Askese und das mit der Prädestinationslehre verbundene Streben, im wirtschaftlichen Erfolg Zeichen und damit Gewissheit der Erwählung zu finden, zurückgeführt. Die von ihm gebotenen Belege stammen jedoch aus dem englisch-amerikanischen C. des 17. und 18. Jh.s (R. BAXTER, B. FRANKLIN), als sich der C. bereits mit anderen Geistesströmungen vermischt hatte. Gleichwohl förderten calvinistische Grundsätze die Ausbreitung kapitalistischer Wirtschaftsformen. Die Ausrichtung des gesamten Lebens auf die rechte Gottesverehrung und die Vermehrung seines Ruhmes als Schöpfer bedingen eine Haltung innerweltlicher Askese sowie die planmäßige Organisation und *Disziplinierung der Lebensgestaltung.* Was diesem Ziel nicht dient, wie insbesondere Spiel, Tanz, Feste, Theaterbesuch und materieller Lebensgenuss, hat keinen Platz. Jede Art von *Luxus* ist als Missachtung des souveränen Gottes verboten. Lebensgenuss kann nur durch Gott selbst, nicht jedoch aus der Welt kommen. Alles andere bedeutet eine Missachtung der Ehre Gottes. Die gemeinreformatorische *Berufsethik* (→Beruf) wird konsequent weiterentwickelt dergestalt, dass der Beruf die entscheidende Möglichkeit bietet, gestaltend und nicht genießend mit der Welt umzugehen. Der Komplexität ökonomischer Austauschverhältnisse sind calvinistische Theologen in der frühen Neuzeit kaum gewachsen gewesen. Man hat zwar CALVINs Orientierung der Ökonomie am →*Gemeinwohl* und die klare Normierung durch *Billigkeit und Liebe* festgehalten, das Hauptinteresse der Ethik richtet sich jedoch auf Aspekte persönlicher Lebensführung. Während anfangs in den Kirchenzuchtverfahren Wirtschaftsvergehen und unlauteres Geschäftsgebaren noch eine Rolle spielen, berichten die späteren Protokolle fast ausschließlich von luxuriösem Gebaren, übermäßigem Trinken und sexuellen Vergehen. Die calvinistische Sozial- und Wirtschaftsethik hat inhaltlich gesehen zahlreiche Parallelen in der frühen Neuzeit (Neustoizismus). Eigen ist ihr eine besondere Konsequenz in der *systematischen Umsetzung* und *institutionellen Ausgestaltung.* Neben den presbyterial-synodalen Leitungsstrukturen und den Kirchenzuchtbehörden kommt hier auch dem Diakonenamt (→Diakonie; →Amt) eine besondere Bedeutung zu.

3. Nachwirkungen im 19. und 20. Jh. Der C. verlor im 18. Jh. im Zuge der Durchsetzung der →Aufklärung und der historisch-kritischen Bibelauslegung, die er selbst durch seinen humanistischen Einschlag mit heraufgeführt hatte, rasch an Bedeutung. Das 19. Jh. erlebte vor allem in den Niederlanden (A. KUYPER, D. H. T. VOLLENHOVEN, H. DOOYEWEERD) und den USA eine Renaissance calvinistischen Gedankenguts in Kirche, Gesellschaft und Kultur (Neo-C.). Im deutschen Sprachbereich hat besonders KARL BARTH dazu beigetragen. Die Ergebnisse historisch-kritischer Schriftauslegung werden integriert, indem der Biblizismus der calvinistischen Orthodoxie durch die *konzentrierte Ausrichtung am Christusgeschehen* ersetzt wird. Die Prädestinationslehre erhält ebenfalls eine christologische Zuspitzung. Jesus Christus ist nicht nur der erste Erwählte, sondern auch der einzige Verworfene. Die Souveränität und Freiheit Gottes wird gerade durch seine Offenbarung allein in dem Gekreuzigten und Auferstandenen gewahrt. Das Interesse des C. an der Heiligung und der Ausrichtung der gesamten Gesellschaft auf die Ehre Gottes wirkt weiter. Angesichts der Herausforderungen der Gegenwart (Eigengesetzlichkeit; ideologisch überhöhte Schöpfungsordnungen) führt es zu einer betonten Lehre von der →*Königsherrschaft Christi* über die gesamte Welt (→Barmer Theologische Erklärung) sowie der Herausstellung des Zusammenhangs bzw. der Entsprechung von Christengemeinde und Bürgergemeinde, von Rechtfertigung und Recht (K. BARTH, ERIK WOLF, J. ELLUL). Damit ist man im 20. Jh. wieder hinter die Vereinseitigungen des Zeitalters der Konfessionalisierung zurück zu CALVIN gelangt. Besser ist hier von einer *Calvin-Renaissance* als von einem Neo-C. zu sprechen.

T. BEZA, De iure magistratuum (1574), K. STURM (Hg.), 1965 – L. DANEAU, Ethices Christianae libri tres, Genf 1577 – H. HEPPE, Die Dogmatik der evangelisch-reformierten Kirche, E. BIZER (Hg.), 1958 – O. WEBER, Art. C., in: EKL, [1]1961[2], 658–664.– A. BIÉLER, La pensée économique et sociale de Calvin, Genf 1961 (Lit.) – J. T. McNEILL, The history and character of Calvinism, London, Oxford, New York 1962 – H. KRETZER, C. und französische Monarchie im 17. Jahrhundert, 1975 – H. H. ESSER, Calvins Sozialethik und der Kapitalismus, in: G. HEINRICH u. a. (Hg.), Actio formans. FS W. Heistermann, 1978, 103–118 – M. PRESTWICH, International Calvinism, 1541–1715, Oxford, New York 1985 – R. MULLER, Christ and the Decree. Christology and predestination in Reformed Theology from Calvin to Perkins, 1986 – J. ROHLS, Theologie reformierter Bekenntnisschriften, 1987 – M. WEBER, Die protestantische Ethik, J. WINCKELMANN (Hg.), [1]1991[8], [11]1987[5] – H. SCHILLING, Civic Calvinism in northwestern Germany and the Netherlands. Sixteenth to nineteenth centuries, Kirksville, Mo. 1991 – R. C. GAMBLE (Hg.), Articles on Calvin and C. A fourteen-volume anthology of scholarly articles, New York 1992 – H. LEHMANN, Max Webers „Protestantische Ethik", 1996 – W. F. GRAHAM (Hg.), Later Calvinism. International perspectives, Kirksville, Mo. 1994 – A. PETTEGREE/A. C. DUKE/G. LEWIS (Hg.), Calvinism in Europe, 1540–1620, Cambridge, New York 1994 – C. STROHM, Ethik im frühen C., 1996 (Lit.) – R. T. KENDALL, Calvin and English Calvinism to 1649, Oxford 1997[2] – E. F. K. MÜLLER (Hg.), Die Bekenntnisschriften der reformierten Kirche (1903), 1999 – P. BENEDICT, Christ's Churches Purely Reformed. A Social History of Calvinism, 2002 – C. STROHM, Methodology in Discussion of „Calvin and Calvinism", in: H. J. SELDERHUIS (Hg.), Calvinus Præceptor Ecclesiæ, 2004, 65–105 – M. E. HIRZEL/M. SALLMANN (Hg.), 1509 – Johannes Calvin – 2009. Sein Wirken in Kirche und Gesellschaft. Essays zum 500. Geburtstag, 2008 [franz.: 2008; engl.: 2009] – I. BACKUS/P. BENEDICT (Hg.), Calvin and His Influence, 1509–2009, 2011 – I. DINGEL/H. SELDERHUIS (Hg.), Calvin und C. Europäische Perspektiven, 2011 – D. G. HART, Calvinism. A History, 2013 – G. VAN DEN BRINK/H. HÖPFL (Hg.), Calvinism and the Making of the European Mind, 2014 – Calvin-/C.-Bibliographie, in: CTJ 6ff. (1971ff.).

Christoph Strohm

Caritas

1. Biblische Mitte. C. ist die lat. Übersetzung des griech. Begriffes *agape*, der in LXX zur besseren Differenzierung von anderen profangriech. Begriffen für Liebe (-sphänomene) (*eros, philia, storge,* u. a.) zur Übersetzung des hebr. *'ahab* („Liebe") mit theologischer Bedeutung spezifisch geprägt u. so im NT übernommen wird. Je nach Kontext in LXX oder NT meint *agape* die Liebe Gottes zu seinem Volk u. die Antwort des Volkes bzw. der Menschen in Gottes- u. Nächstenliebe, gemäß der Weisung des Bundes bzw. Jesu, der sie in seiner (Pro-) Existenz selbst und als einziger „vollkommen" (vgl. Gen 17,1; Mt 5,48; Joh 13,1) lebte. C. verweist somit unmittelbar auf das Zentrum christlicher Religion u. Theologie: auf die heilsgeschichtliche Selbstoffenbarung Gottes in Jesus Christus als „Liebe" (1 Joh 4,8.16) u. auf das biblische, jesuanisch vertiefte Ethos, Gott mit allen Kräften u. die Nächsten zu lieben wie sich selbst (vgl. Mk 12,28–34 parr; Dtn 6,4; Lev 19,18). In ihr liegen die „bessere Gerechtigkeit" (Mt 5,20) u. die Erfüllung des ganzen Gesetzes (vgl. Röm 13,9f.), an der die Welt die Jünger/innen Jesu erkennen soll (vgl. Joh 13,34f.; 15,12), weil sie einander lieben, wie er sie geliebt hat. In der synopt. Verkündigung wird die Erfüllung der Gottes- u. Nächstenliebe u. a. konkretisiert in Seligpreisungen u. Antithesen der Bergpredigt (Mt 5 par), im Gleichnis vom barmherzigen Samariter (Lk 10,25–37) wie vom reichen Mann u. dem armen Lazarus (Lk 16,19–31), die zusammen mit der Endgerichtsrede Mt 25,31–46 u. deren Verhaltensweisen („Werke der Barmherzigkeit" bzw. „der Gerechtigkeit") die Praxis der Christ/innen aller Zeiten inspiriert u. herausgefordert haben zu tätiger *agape* bzw. „c." gegenüber Glaubensgeschwistern wie gegenüber allen Mitmenschen ohne Unterschied in Not, Krankheit oder Unglück.

2. Christentumsgeschichtlich. Die Berufung zur c. wurde von Beginn an auf individueller *u.* überindividueller *u.* damit auch auf ekklesiologischer Ebene verstanden. Ihre Praxis wurde Kriterium der Glaubwürdigkeit – auch bei Katechumenen. Die Apg spiegelt sie als wesentlichen Teil der Sendung der Kirche mit Liturgie u. Verkündigung bzw. als ekklesiales Grundprinzip, das Organisation u. Institution braucht: z. B. in der Begründung des Siebenerkreises (Apg 6) u. in der paulin. Kollekte für Jerusalem. Die frühchristliche C. war geprägt v. den Agape genannten Mahlzeiten, v. Einsatz einer Gemeindekasse aus freiwilligen Beiträgen z. Linderung v. Notlagen (Tertullian, *Apolog.* 39), v. Gastfreundschaft, die z. Einrichtung v. Hospizen incl. Krankenversorgung führte (*Didaskalie*), v. Fürsorge bei der Totenbestattung. Die frühe Kirche wirkte in d. griech.-röm. Umwelt als Sauerteig für eine *neue* Kultur des Helfens, dessen Wirksamkeit sich – nicht geradlinig u. gegen vielfältigste Widerstände – durch die Jahrhunderte in verschiedensten Kulturen entfaltet, damit arme, behinderte u. bedrängte Menschen aller Art als Gottes geliebte Ebenbilder in ihrem Lebensrecht u. in ihrer unantastbaren Würde Anerkennung u. ihren Platz, Ansehen u. Teilhabe in der Mitte der Gemeinschaft erhalten bzw. bewahren. Schrittmacher neuer Entwicklungen waren u. sind oft Menschen, die Not sehen u. im Geist des Evangeliums ungeachtet der Widerstände u. Konventionen handeln (z. B. ELISABETH V. THÜRINGEN, ANGELA MERICI, JOHANNES V. GOTT, VINZENZ V. PAUL, FRÉDÉRIC OZANAM, DAMIAN DE VEUSTER u. v. a. m.).

3. Caritas als Organisation bzw. Verband. In den Umwälzungen des 19. Jh. mit seinen schweren sozialen

Verwerfungen reagierten auch viele chr. Gemeinden u. ev. wie kath. Persönlichkeiten auf die sozialen Nöte. Die Säkularisationen Anf. 19. Jh. hatten mit der Zerstörung des Geflechtes v. eng gefassten wohltätigen Stiftungen dafür (paradoxerweise) neue Freiräume geschaffen. Rund 50 Jahre nach J. H. WICHERN (Centralausschuss der Inneren Mission) gründeten der Priester L. WERTHMANN (1858–1921) u. weitere engagierte Persönlichkeiten am 09.11.1897 in Köln mit Sitz in Freiburg den „Charitasverband für das Katholische Deutschland", um die vielen caritativen Aktivitäten katholischer Initiativen u. Kongregationen zu besserer Sichtbarkeit u. Effektivität zu bündeln, zu organisieren u. bekannter zu machen. 1916 wurde er als „Deutscher Caritasverband" (DCV) v. der Fuldaer Bischofskonferenz als legitime Zusammenfassung der organisierten C. der katholischen Kirche in Deutschland anerkannt. Im 20. Jh. wurden weltweit C.verbände auf Diözesan- u. nationalen Ebenen gegründet (1901 Schweiz, 1903 Österreich, 1910 USA), 1951 die weltweite Föderation C. Internationalis, 2015 mit über 160 kath. NROs der Katastrophen- u. soz. Nothilfe, die in über 200 Ländern u. Territorien tätig sind ohne jegliche Diskriminierung und „Missionierungsabsicht" z. Schutz der Würde u. Freiheit d. Menschen. Mindestmaß der C. ist →Gerechtigkeit. Sie zielt auf unmittelbare Notlinderung, Beseitigung der Not-Ursachen, Hilfe z. Selbsthilfe, Nachhaltigkeit. Solche menschlich zugewandte tätige Liebe – auch ohne Worte – betrachtet sie als bestes Zeugnis für den Gott, der die Liebe ist (1 Joh 4,8.16, BENEDIKT XVI. 2005).

Weltweit ist der DCV mit einer →Dienstgemeinschaft (→Dritter Weg) v. über 590.000 Angestellten u. ähnlich vielen Freiwilligen die größte Caritasorganisation, bestehend aus ca. 8.250 eigenständigen Rechtsträgern mit knapp 24.248 Diensten u. Einrichtungen der Gesundheits-, Kinder- u. Jugend-, Familien-, Alten-, Behindertenhilfe u. weiteren soz. Hilfen (1.041.928 Betten u. Plätze; Stand 31.12.2012), „Markenzeichen" ist das Flammenkreuz. Der DCV ist wie das DW der EKD einer der sechs Spitzenverbände der Freien Wohlfahrtspflege u. Mitglied der BAGFW u. sieht seine Aufgaben im sozialstaatlichen Mitwirken über personennahe Dienste hinaus in Solidaritätsstiftung, sozialpolit. Anwaltschaft u. Aus- u. Weiterbildung v. Fachpersonal mit Wissen, Können u. christlich inspiriert-inspirierender Haltung.

4. C.wissenschaft. 1925 a. d. Universität Freiburg institutionalisiert, wie das 1927 in Berlin gegründete ev. Pendant 1938 verboten durch die NS-Herrschaft widmet C.-wissenschaft sich unabhängig kritisch-konstruktiv in interdisziplinärer empirischer u theologischer Forschung u. Lehre der C. als Wesensvollzug von Christsein u. Kirche in wachem Bewusstsein der Verbindung mit Liturgie u. Verkündigung wie auch der zivilgesellschaftlichen u. sozialstaatlichen Bedeutung dieses zentralen Ausdrucks christlicher Religionsfreiheit für das pluralitätsbejahende Gemeinwohl in Subsidiarität u. Solidarität.

K. BAUMANN, Die katholische lehramtliche Position zur Sorge um die Armen u. Bedrängten aller Art, in: C. SIGRIST/H. RÜEGGER, (Hg.) Helfendes Handeln im Spannungsfeld theologischer Begründungsansätze, Zürich 2014 – K. BAUMANN, Wieso „Barmherzigkeit"? Gerechtigkeit als Mindestmaß der Liebe, in: E. KOLLER u. a. (Hg.), Werke der Barmherzigkeit, Linz 2013 – K. BAUMANN, Hilfekultur als Kulturhilfe. Die organisierte Nächstenliebe (Caritas/ Diakonie) der Kirche als Kulturfaktor, in: J. EURICH/C. OELSCHLÄGEL (Hg.) Diakonie u. Bildung, Stuttgart u. a. 2008 – BENEDIKT XVI., Enzyklika *Deus caritas est*, 25.12.2005 – J. EURICH u. a. (Hg.) Kirchen aktiv gegen Armut u. Ausgrenzung, Stuttgart u. a. 2010. – E. GATZ (Hg.), Caritas u. soziale Dienste, Freiburg 1997. www.Caritas.de, www.caritaswissenschaft.uni-freiburg.de.

Klaus Baumann

Club of Rome

1. Organisation. Der CoR wurde 1968 in Rom gegründet. Er vereint maximal 100 Persönlichkeiten aus mehr als 50 Ländern aller Kontinente, aus unterschiedlichen Kulturen sowie aus einem breitem Spektrum wissenschaftlicher Disziplinen und beruflichen Positionen aus Wirtschaft, →Verwaltung, →Politik, Medien (→Massenmedien) und internationalen →Organisationen. Geleitet wird der CoR von einem Präsidenten, ihm zur Seite stehen der Generalsekretär und der Schatzmeister, gewählt auf drei Jahre vom Exekutiv-Komitee, dem höchsten Entscheidungsgremium mit 12 Mitgliedern, von dem auch die Mitglieder des CoR kooptiert werden. Seit 2008 hat der CoR seinen Sitz in Winterthur (CH).

Inzwischen gibt es 25 National Associations for The Club of Rome mit der Aufgabe, die „Botschaft" des CoR in die interessierte →Öffentlichkeit der jeweiligen Länder hinein zu tragen, aber auch Ideen aus den einzelnen Ländern in die Arbeit des CoR einfließen zu lassen. Die National Associations bedürfen einer Rechtsform und der Anerkennung des CoR.

2. Ziele. Der CoR versteht sich als ein unabhängiges internationales Diskussions- und Ideen-Forum mit folgendem Ziel:

2.1 Analyse der entscheidenden Menschheitsprobleme und Erarbeitung von Lösungsansätzen in globalen Zukunftsszenarien;

2.2 Darstellung der Ergebnisse in der Öffentlichkeit und ihre Diskussion mit Entscheidungsträgern in Politik, Wirtschaft und →Gesellschaft.

Die Arbeit des CoR wird von folgenden Grundsätzen bestimmt:

2.3 Betrachtung der Probleme stets in globaler Perspektive und in der Erkenntnis, dass die zunehmende

Interdependenz der →Staaten im Zeitalter der →Globalisierung den Handlungsspielraum nationaler Politik wesentlich einschränkt;

2.4 Holistische Betrachtung der Weltprobleme, um der zunehmenden Komplexität von Politik, →Gesellschaft, Wirtschaft, Technologie, →Umwelt und Kultur Rechnung zu tragen;

2.5 Interdisziplinäre Erarbeitung von langfristigen Zukunftsszenarien und Handlungsalternativen für die Politik, die allgemein zu sehr an kurzfristige Interessen gebunden ist.

3. Methodik. Die wesentlichen Arbeitsergebnisse werden in den „Berichten an den CoR" der Öffentlichkeit präsentiert. Themen dazu kommen aus der Arbeit des CoR. Sie werden von Mitgliedern des CoR bzw. in Zusammenarbeit mit befreundeten Persönlichkeiten oder Institutionen erstellt und in enger Abstimmung mit dem Exekutiv-Komitee als „Berichte an den CoR" akzeptiert. Seit dem ersten „Bericht an den CoR" aus dem Jahre 1972 mit dem Titel „Grenzen des Wachstums" (Limits to Growth; →Wachstum), erschienen in einer Gesamtauflage von 12 Mio. Exemplaren in 27 Sprachen, sind mehr als 25 weitere Berichte erschienen.

Auch die Jahreskonferenzen des CoR, die jeweils in den verschiedenen Regionen stattfinden, bieten die Möglichkeit, sich im Dialog der Öffentlichkeit zu Zukunftsfragen der Menschheit zu präsentieren.

4. Kritische Würdigung. Der internationale Ruf des CoR wurde mit den „Grenzen des Wachstums" begründet, die mit ihrem radikalen Denkanstoß einen entscheidenden Beitrag zum Durchbruch des „Nachhaltigkeitsdenkens" (→Nachhaltigkeit) geleistet haben. Von einer Vielzahl von →Institutionen und „Denkfabriken", vor allem aber den immer bedeutsamer werdenden Nicht-Regierungsorganisationen, werden diese Ideen inzwischen verstärkt zum Tragen gebracht. In diesem „Konzert" hat der Club aufgrund seiner anerkannten Unabhängigkeit und Ideenkraft auch weiterhin eine wichtige Aufgabe zu erfüllen.

D. MEADOWS, die Grenzen des Wachstums, 1972 – H. v. NUSSBAUM (Hg.), Die Zukunft des Wachstums, 1973 – U. COLOMBO, Der zweite Planet, 1986 – E. LASZLO, Evolution, 1987 – D. MEADOWS, Die neuen Grenzen des Wachstums, 1994 – W. VAN DIEREN, Mit der Natur rechnen, 1995 – J. STREICH, Dreißig Jahre CoR, 1997 – E. U. v. WEIZSÄCKER/A. B. LOVINS, Faktor vier, 1997 – J. CEBRIAN, Im Netz – die hypnotisierte Gesellschaft, 1999 – F. VESTER, Die Kunst, vernetzt zu denken, 1999 – O. GIARINI/P. M. LIEDTKE, Wie wir arbeiten werden, 1999 – F. VESTER, Die Kunst, vernetzt zu denken, 2002 – E. U. v. WEIZSÄCKER: Grenzen der Privatisierung – wann ist des Guten zuviel?, 2005 – JØRGEN RANDERS, 2052 – der neue Bericht an den Club of Rome, 2012 – C. MARTIN: Endspiel – wie wir das Schicksal der tropischen Regenwälder noch wenden können, 2015.

Uwe Möller, Hans Diefenbacher

Corporate Social Responsibility (CSR)

1. Begriff und Bedeutung. CSR bezeichnet grundsätzlich die Verantwortung der →Unternehmen gegenüber der →Gesellschaft. Unternehmen, die sich an Profitmaximierung ohne Rücksicht auf mögliche Folgen orientieren, stehen nicht erst seit Beginn der →Finanzkrise 2007/09 in der Kritik. Besonders die sozialen Konsequenzen der Krise haben das Vertrauen der Verbraucher geschädigt. Der Wandel gesellschaftlicher und wirtschaftlicher Rahmenbedingungen und ein sich anbahnender Bewusstseinswandel der Verbraucher führten dazu, dass CSR in den letzten Jahren an Bedeutung gewonnen hat. Die Europäische Union definiert CSR als ein Konzept, bei welchem Unternehmen soziale und Umweltbelange in ihre wirtschaftlichen Tätigkeiten und ihre Interaktion mit Stakeholdern auf freiwilliger Basis einbeziehen. Die Definition beruht auf den *drei Säulen der* →*Nachhaltigkeit (triple bottom line)*: ökonomische, soziale und Umweltverantwortung, die die Weltkommission für Umwelt und Entwicklung der →Vereinten Nationen („Brundtland-Kommission") 1987 veröffentlichte und die Grundlage für die →Agenda 21 wurde. CSR bezieht sich somit nicht allein auf soziale, sondern auf alle drei Säulen der Nachhaltigkeit.

2. Historische Wurzeln. Das Erzielen von →Gewinnen unter Berücksichtigung ethischer Gesichtspunkte ist in Deutschland mindestens seit Mitte des 12. Jahrhunderts als Leitbild des *Ehrbaren Kaufmanns* bekannt. Neben den kaufmännischen Eigenschaften zählten Anstand und Redlichkeit, das Unterlassen von Wucher, Verlass auf sein Wort und das Geben für Gott, der sog. *Gottespfennig*, zu den Tugenden des ehrbaren Kaufmanns. H. R. BOWEN vertrat in seinem auch heute noch vielbeachteten Werk „*Social Responsibilities of the Businessman*" *aus dem Jahr 1953* die Auffassung, dass Geschäftsleute ihre Handlungen und Entscheidungen an den Werten und Zielen der →Gesellschaft ausrichten sollten. K. DAVIS (1960) erweiterte den Begriff des Geschäftsmanns auf Institutionen und damit auch auf Unternehmen.

3. Modelle. *3.1* CARROLLS *Pyramide korporativer Verantwortung.* basiert auf der Annahme, dass Unternehmen an der *Basis* der Pyramide nach Profitabilität streben und die ökonomische Verantwortung erst die Voraussetzung zum Überleben und zum Erreichen der nächsten Ebene, der *legalen Ebene*, schafft. Die unternehmerische Verantwortung liegt hier im Folgen der gesellschaftlichen Regeln und Normen. Die *dritte Stufe* der Pyramide betrifft die ethische Verantwortung der Unternehmen (→Unternehmensethik), d. h. die Verpflichtung, gerecht und fair zu handeln (?). Nach Erreichen dieser Ebene hat das Unternehmen die philanthropische Verantwortung, der Gesellschaft Mittel zur Verfügung zu stellen und deren Lebensqualität zu verbessern.

3.2 *Drei-Domänen-Modell nach Schwartz & Carroll.* Während das Pyramidenmodell von nacheinander zu erreichenden Stufen ausgeht, stellt dessen Weiterentwicklung durch SCHWARTZ und CARROLL drei Verantwortungen auf eine Ebene und einander gleich. Sie werden als drei sich schneidende Kreise verstanden: Im Idealfall werden in der Mitte des Modells alle drei Domänen (ökonomisch, legal, ethisch) der CSR erfüllt.

3.3 *Modell korporativer Verantwortung nach* ERNST & YOUNG. Das Modell der korporativen Verantwortung von ERNST & YOUNG betrachtet hingegen den Aspekt der CSR nicht isoliert, sondern setzt diesen in einen Gesamtzusammenhang mit der übergeordneten Verantwortung der Unternehmen (*corporate responsibility*).

4. Corporate Responsibility (CR). *Corporative Responsibility* umfasst außer CSR die *Corporate Governance* und das *Corporate Citizenship*. Mit *Corporate Governance* wird die Steuerung der Unternehmensführung bezeichnet, die die Abwicklung wirtschaftlicher Transaktionen dirigiert. Hierzu zählen z. B. das Einhalten des Deutschen Corporate Governance Kodex (DCGK) sowie das Vorgehen gegen Korruption. *Corporate Citizenship* (CC) wird als das über die eigenen Geschäftsinteressen hinausgehende Engagement des Unternehmens in seinem Umfeld verstanden. Hierzu gehören Spenden, Sponsoring, Stiftungen, Bildungsprojekte und auch humanitäre Hilfsprojekte.

Corporate Responsibility ist nicht mit *Corporate Sustainability* (CS) gleichzusetzen. Während unter CR eher das Schaffen von Transparenz, der Dialog mit Stakeholdern und das Veröffentlichen eines Nachhaltigkeitsberichts verstanden wird und sich somit an die Stakeholder eines Unternehmens richtet, bezieht sich *Corporate Sustainability* auf die Nachhaltigkeit des Unternehmens selbst.

5. Standards & Indices. Die *Global Reporting Initiative (GRI)* entwickelte ein umfangreiches Rahmenwerk für die Nachhaltigkeitsberichterstattung. Der *Global Compact (GC)* ist ein weltumspannender Wertepakt, der 1999 vom damaligen UN Generalsekretär KOFI ANNAN ins Leben gerufen wurde. Die beitretenden Unternehmen verpflichten sich, die Werte konsequent umzusetzen. Der *SA8000* ist ein auf nationalen Gesetzen und international gültigen Menschenrechten basierender Standard. Der *Dow Jones Sustainability Index (DJSI)* gilt als Leuchtturm-Index.

6. Kritik. Der Begriff CSR wird häufig in Theorie und Praxis uneinheitlich genutzt und führt so zu einer unklaren Vorstellung. Ebenso unübersichtlich sind die Möglichkeiten des *Reportings* des CSRs, denn auch aufgrund der großen Unterschiede von Unternehmen ist es schwierig ein einheitliches Schema zu definieren. Ein weiterer Kritikpunkt ist die daraus resultierende Möglichkeit des *Greenwashings* oder *Social Washings* von Unternehmen. Hierbei werden ökologische oder soziale Unternehmensinitiativen initiiert, um diese zu Werbezwecken zu nutzen, aber eine nachhaltige Integration in die Unternehmenskultur findet nicht statt.

H. R. BOWEN. Social Responsibilities of the Business Man, 2013 (Erstaufl. 1960) – K. DAVIS, Can business afford to ignore social responsibilities? in: California Management Review, II, 70–76, 1960 – KOMMISSION DER EUROPÄISCHEN GEMEINSCHAFTEN, Grünbuch, Europäische Rahmenbedingungen für die soziale Verantwortung der Unternehmen,. KOM (2001) – K. R. KIRCHHOFF, CSR als strategische Herausforderung, in: K. GAZDAR et al. (Hg.), Erfolgsfaktor Verantwortung, CSR professionell managen, 2006 – D. KLINK, Der Ehrbare Kaufmann, in: Zeitschrift für Betriebswirtschaft, Special Issue 3, 57–79, 2008 – ERNST & YOUNG et al. (Hg.), Agenda Mittelstand, nachhaltige Unternehmensführung, 2012 – M. S. SCHWARZ/A. B. CARROLL, CSR, A Three Domain Approach, in: Business Ethics Quarterly, Vol. 13, 502–530, 2013.

Claudia Hensel

Darmstädter Wort

Das am 8. August 1947 in Darmstadt verabschiedete und seitdem verkürzt als DW bezeichnete *Wort des Bruderrates der Evangelischen Kirche in Deutschland zum politischen Weg unseres Volkes* steht in der Tradition der →Barmer Theologischen Erklärung (1934) und des Stuttgarter Schuldbekenntnisses (1945). Es ist im Wesentlichen auf einem Textentwurf des Göttinger Theologieprofessors HANS-JOACHIM IWAND zurückzuführen und wurde danach durch Überarbeitungen von KARL BARTH, MARTIN NIEMÖLLER und HERMANN DIEM erweitert. Vor dem Hintergrund des beginnenden Kalten Krieges und der Machtübernahme der Kommunisten (→Kommunismus) im Osten Europas und im Kontext der Auseinandersetzung um die zukünftige Positionierung des westdeutschen Protestantismus gegenüber CDU und SPD plädierte das DW für einen tief greifenden kirchlich-politischen Paradigmenwechsel. Dazu skizzierten die Verfasser in sieben Abschnitten die in ihren Augen geschichtlich verhängnisvollen Irrwege des deutschen Protestantismus (Imperialismus, →Nationalismus, antirevolutionärer christlicher →Konservativismus, Ideologieanfälligkeit, Ablehnung des →Marxismus) als eine gemeinsame Schuldgeschichte. Mit der wiederkehrenden Formulierung „Wir sind in die Irre gegangen" warb die Erklärung im letzten Abschnitt im Dienste der Versöhnung und um des Aufbaus eines besseren deutschen Staatswesens für eine Loslösung aus dieser Vergangenheit.

Die klare Verurteilung der national-konservativen Prägungen des Protestantismus wie auch die Offenheit gegenüber dem Sozialismus führte zu breitem kirchlichen Widerspruch gegen das DW und verhinderte seine Aufnahme als eine gesamtkirchliche Tradition. In der Folgezeit wurde es in der Bundesrepublik vor allem als ein gegenüber der Sozialdemokratie und dem Sozialismus offener Text des Linksprotestantismus rezipiert. In der DDR hingegen wurde das DW als eine wichtige Hilfe für den Dienst in der sozialistischen Gesellschaft wahrgenommen (z. B. auf der Synode des DDR-Kirchenbundes 1970 von Bischof ALBRECHT SCHÖNHERR).

Kirchliches Jahrbuch 1945–1948, 1950 – G. BRAKELMANN, Kirche und Schuld. Das Darmstädter Wort von 1947, in: DERS., Kirche in den Konflikten ihrer Zeit, 1981 – M. GRESCHAT, Im Zeichen der Schuld, 1985 – H. LUDWIG/H. PROLINGHEUER/A. SCHÖNHERR, In die Irre gegangen? Das Darmstädter Wort in Geschichte und Gegenwart, 1997 – M. GRESCHAT, Die evangelische Christenheit und die deutsche Geschichte nach 1945, 2002.

Katharina Kunter

Datenschutz

1. D. allgemein. Ein wichtiger Meilenstein für die verfassungsrechtliche Verankerung des D.es im deutschen →Recht war im Jahr 1983 die Entscheidung des Bundesverfassungsgerichts mit dem sog. Volkszählungsurteil. Unter dem aus Art. 2 Grundgesetz abgeleiteten „Recht auf informationelle Selbstbestimmung" versteht man seitdem D. als ein Grundrecht. Jedermann soll selbst entscheiden dürfen, wer seine Daten wofür verwenden darf. Ausdrücklich ist dieses Grundrecht nicht im Grundgesetz geregelt.

Im staatlichen Bereich hatten in Deutschland bereits in den 1970er Jahren erste Gesetzgeber D.gesetze erlassen. Das weltweit erste D.gesetz ist das hessische LandesD.gesetz aus dem Jahr 1970. Das erste BundesD.gesetz – BDSG – stammt aus dem Jahr 1977. In den 1990er Jahren entwickelte sich das D.recht – auch vor dem Hintergrund des technischen →Fortschritts – auf EU-Ebene und in den Mitgliedsstaaten ständig weiter. In den letzten Jahren hat sich der Europäische Gerichtshof mehrfach mit dem Thema D. beschäftigt und Urteile von grundsätzlicher Bedeutung gesprochen. Seit einiger Zeit gibt es auf europäischer Ebene Bestrebungen, mit einer EU-D.grundverordnung unmittelbar in den Mitgliedsstaaten der Europäischen Union geltendes EU-D.recht mit einheitlichen Standards zu schaffen. Ein Abschluss des europäischen Gesetzgebungsverfahrens wird in nächster Zeit erwartet.

2. Kirchlicher D., allgemein. Der D. hat in den →Kirchen im Blick auf das Seelsorgegeheimnis und das Beichtgeheimnis eine jahrhundertelange – auch rechtliche – Tradition. Aus dieser Tradition heraus hat der Schutz der Daten von Gemeindegliedern und Mitarbeitenden (BeschäftigtenD.) und der Schutz der Daten von Menschen, die kirchliche Einrichtungen in Anspruch nehmen, für die Kirchen auch vor dem Hintergrund des kirchlichen Auftrags und des christlichen Menschenbildes von jeher eine besondere Bedeutung (Datengeheimnis). Das erste D.gesetz der →EKD (Kirchengesetz über den D. der Evangelischen Kirche in Deutschland (EKD-D.gesetz – DSG-EKD)) ist bereits im Jahr 1978 in Kraft getreten und wurde in den Jahren 1993 und 2013 umfassend novelliert. Auch die katholische Kirche hat mit der Anordnung über den kirchlichen D. eine gesetzliche Grundlage im Bereich D. geschaffen.

3. D. in der EKD und seine Grundsätze. Der kirchliche D. ist im EKD-D.gesetz (DSG-EKD) geregelt. Dieses Kirchengesetz wirkt in den Gliedkirchen der →EKD unmittelbar und bedarf keiner weiteren synodalen Umsetzung in den einzelnen Gliedkirchen. Der Anwendungsbereich des Gesetzes erstreckt sich auch auf die →Diakonie sowie auf alle anderen kirchlichen Stellen unabhängig von ihrer Rechtsform. Zusätzlich zum DSG-EKD haben die meisten Gliedkirchen von der Möglichkeit ergänzender Bestimmungen Gebrauch gemacht. Das DSG-EKD orientiert sich mit einigen Besonderheiten an der staatlichen Gesetzgebung und berücksichtigt auch die neuere europäische Rechtsprechung. Dabei hat es genau wie alle staatlichen Gesetze den Charakter eines Verbotsgesetzes mit Erlaubnisvorbehalt.

Das DSG-EKD verfolgt den Zweck, den Einzelnen davor zu schützen, dass er durch den Umgang mit seinen personenbezogenen Daten in seinem Persönlichkeitsrecht beeinträchtigt wird. Deswegen ist die Erhebung, Verarbeitung und Nutzung von personenbezogenen Daten nur dann zulässig, wenn das DSG-EKD oder eine andere Rechtvorschrift sie erlaubt oder anordnet oder soweit die betroffene Person eingewilligt hat.

Hierbei dürfen nach dem Grundsatz der Erforderlichkeit jeweils im Einzelfall nur die personenbezogenen Daten erhoben, verarbeitet und genutzt werden, die zur Aufgabenerfüllung notwendig sind.

Daraus ergibt sich, dass bei allen Arbeitsvorgängen die Erhebung, Verarbeitung und Nutzung von personenbezogenen Daten – soweit wie möglich – zu vermeiden ist. Sofern bei Arbeitsvorgängen die Erhebung, Verarbeitung und Nutzung von personenbezogenen Daten nicht vermieden werden kann, wählt die verantwortliche Stelle jeweils den Arbeitsvorgang, bei dem so wenig personenbezogene Daten wie möglich erhoben, verarbeitet und genutzt werden müssen (Grundsatz der Datenvermeidung und Datensparsamkeit). Werden personenbezogene Daten nicht mehr benötigt, sind sie zu löschen. Dabei sind die gesetzlichen Löschfristen zu beachten.

Außerdem ist nach dem Grundsatz der Zweckbindung eine Verwendung von personenbezogenen Daten für einen anderen als den vorab festgelegten Zweck grundsätzlich ausgeschlossen, es sei denn, es liegt eine

Einwilligung der betroffenen →Person vor oder ein →Gesetz oder eine Rechtsvorschrift erlaubt dies oder ordnet dies an.

Demgegenüber hat jede betroffene Person nach dem DSG-EKD bestimmte Rechte (Betroffenenrechte). So hat jede betroffene →Person gegenüber der kirchlichen Stelle ein Recht auf Auskunft. Im Übrigen hat sie ein →Recht auf Berichtigung, Löschung oder Sperrung ihrer personenbezogenen Daten, insbesondere dann, wenn die Daten unrichtig oder für den Zweck, für den sie erhoben und gespeichert worden sind, nicht mehr erforderlich sind und die Daten im Übrigen keiner Aufbewahrungspflicht unterliegen.

Daneben gibt es D.vorschriften in vielen anderen kirchlichen (gegebenenfalls auch staatlichen) Rechtsvorschriften, die im kirchlichen und diakonischen Bereich zur Anwendung kommen. Vor dem Hintergrund der staatskirchenrechtlich abschließenden Regelung zum kirchlichen D. im DSG-EKD findet das BundesD.gesetz – BDSG – im kirchlichen und diakonischen Bereich keine Anwendung.

Im Ganzen ist ein wirksamer D. nur mit einer wirkungsvollen IT-Sicherheit zu erreichen. Deswegen ist im DSG-EKD für kirchliche Stellen sowohl die Verpflichtung verankert, die erforderlichen technischen und organisatorischen Maßnahmen zu treffen als auch IT-Sicherheit zu gewährleisten.

Vor Ort wirken Betriebsbeauftragte und örtlich Beauftragte für den D. auf die Einhaltung des D.es hin. Als D.aufsichtsbehörden wachen Beauftragte für den D. über die Einhaltung der Vorschriften über den D.

4. Erläuterungen der Grundsätze zum kirchlichen D. *4.1 Personenbezogene Daten.* Personenbezogene Daten sind gemäß § 2 Abs. 1 DSG-EKD Einzelangaben über persönliche oder sachliche Verhältnisse einer bestimmten oder bestimmbaren natürlichen →Person (betroffene Person). Besondere Arten personenbezogener Daten sind Angaben über rassische und ethnische Herkunft, politische Meinungen, religiöse und weltanschauliche Überzeugungen, →Gewerkschaftszugehörigkeit, →Gesundheit oder Sexualleben. Dazu gehört nicht die Zugehörigkeit zu einer →Kirche oder sonstigen Religionsgemeinschaft.

4.2 Erhebung, Verarbeitung und Nutzung von personenbezogenen Daten. Unter Erheben versteht man gemäß § 2 Abs. 3 DSG-EKD das Beschaffen von personenbezogenen Daten über die betroffene Person. Verarbeiten ist gemäß § 2 Abs. 4 DSG-EKD hingegen das Speichern, Verändern, Übermitteln, Sperren und Löschen personenbezogener Daten. Unter Nutzen versteht man gemäß § 2 Abs. 5 DSG-EKD jede Verwendung personenbezogener Daten, soweit es sich nicht um eine Verarbeitung handelt.

4.3 Einwilligung. Die Einwilligung einer →Person in die Erhebung, Verarbeitung oder Nutzung ihrer personenbezogenen Daten ist an strenge Voraussetzungen geknüpft. Die Einwilligung muss freiwillig, informiert und schriftlich sein. Eine Einwilligung darf nicht durch Druck erzwungen werden. Der Einwilligende muss erkennen können, dass er einwilligt und in was er einwilligt. Insbesondere müssen die erhebende Stelle und der Verarbeitungszweck deutlich sein. Eine Einwilligung darf nicht im Kleingedruckten versteckt, sondern muss als solche deutlich und abgehoben vom sonstigen Text erkennbar sein. Von der Schriftform darf nur abgewichen werden, wenn besondere Umstände dies rechtfertigen (z. B. bei einer Notaufnahme im →Krankenhaus). Über die Folgen einer Nichteinwilligung ist der Betroffene zu informieren.

4.4 Datenvermeidung und Datensparsamkeit. Die D.rechtlichen Grundprinzipien der Datenvermeidung und Datensparsamkeit verfolgen das Ziel, dass bei der Erhebung, Verarbeitung und Nutzung von personenbezogenen Daten so wenig personenbezogene Daten wie möglich erhoben, verarbeitet und genutzt werden. Das unnötige Erheben, Verarbeiten und Nutzen von personenbezogenen Daten läuft dem „Grundrecht auf informationelle Selbstbestimmung" zuwider. Diese D.rechtlichen Grundprinzipien stehen in einem engen Zusammenhang mit dem D.rechtlichen Grundsatz, dass nur diejenigen personenbezogenen Daten erhoben, verarbeitet und genutzt werden dürfen, die für die Erfüllung der konkreten Aufgabe benötigt werden (Grundsatz der Erforderlichkeit).

4.5 Datengeheimnis. Das sog. Datengeheimnis ist in § 6 DSG-EKD geregelt. Es gilt für alle →Personen, die mit dem Umgang von personenbezogenen Daten betraut sind. Diese →Personen sind bei der Aufnahme ihrer Tätigkeit auf das Datengeheimnis zu verpflichten. Das Datengeheimnis besteht auch nach Beendigung der Tätigkeit fort. Das Datengeheimnis beinhaltet, dass die unbefugte Erhebung, Verarbeitung oder Nutzung personenbezogener Daten untersagt ist. Neben dem Datengeheimnis gibt es weitere Dienst- und Amtsgeheimnisse sowie besondere Schweigepflichten (z. B. das Seelsorgegeheimnis und Beichtgeheimnis oder ärztliche Schweigepflichten), die zu wahren sind.

4.6 Betroffenenrechte. Das EKD-D.gesetz normiert an verschiedenen Stellen →Rechte, die der betroffenen →Person zustehen, wenn es um Einzelangaben über ihre persönlichen oder sachlichen Verhältnisse (personenbezogene Daten) geht. Unabdingbar sind die Rechte der betroffenen →Person auf Auskunft zu den über sie gespeicherten personenbezogenen Daten sowie auf Berichtigung, Löschung oder Sperrung von personenbezogenen Daten, wenn diese falsch sind bzw. kein Rechtsgrund für deren Speicherung besteht. Neben diesen unabdingbaren Rechten begründet das DSG-EKD in verschiedenen Zusammenhängen Informations- sowie Auskunfts- und Berichtigungspflichten der verantwortlichen Stellen. Schließlich hat jede →Person das

→ Recht, sich an den zuständigen Beauftragten für den D. zu wenden, sofern sie der Ansicht ist, bei der Erhebung, Verarbeitung oder Nutzung ihrer personenbezogenen Daten durch kirchliche Stellen in ihren Rechten verletzt worden zu sein.

4.7 BeschäftigtenD. Zum BeschäftigtenD. zählt man alle D.rechtlichen Fragen im Zusammenhang eines Arbeitsverhältnisses. Rechtliche Regelungen zum BeschäftigtenD. finden sich in § 24 DSG-EKD. Vor dem Hintergrund des kirchlichen Arbeitsrechts sind → Arbeitgeber und → Arbeitnehmer rechtlich gleichwertige Partner. Gleichwohl findet im D. die Position des Arbeitnehmers besondere Berücksichtigung. Daneben enthalten auch die Rechtsprechung in der Arbeitsgerichtsbarkeit sowie Urteile zum Mitarbeitervertretungsrecht Hinweise zu Fragen, in welchem Maß und unter welchen Voraussetzungen der Arbeitgeber in das Grundrecht des Arbeitnehmers auf informationelle Selbstbestimmung eingreifen darf.

4.8 IT-Sicherheit. IT-Sicherheit umfasst gemäß § 2 Abs. 14 DSG-EKD den Schutz der mit → Informationstechnik erhobenen und verarbeiteten Daten insbesondere vor unberechtigtem Zugriff, vor unerlaubten Änderungen und vor der Gefahr des Verlustes, um deren Vertraulichkeit, Integrität und Verfügbarkeit zu gewährleisten. Die auf Grundlage von § 9 Abs. 2 DSG-EKD erlassene Verordnung zur Sicherheit der Informationstechnik (IT-Sicherheitsverordnung – ITSVO-EKD) regelt insbesondere die Verpflichtung zur Erstellung von IT-Sicherheitskonzepten.

4.9 Betriebsbeauftragte und örtlich Beauftragte für den D. Kirchliche Stellen, bei denen in der Regel mehr als neun → Personen ständig mit der Erhebung, Verarbeitung oder Nutzung personenbezogener Daten beschäftigt sind, müssen gemäß § 22 Abs. 1 DSG-EKD Betriebsbeauftragte bzw. örtlich Beauftragte für den D. bestellen. Betriebsbeauftragte und örtlich Beauftragte wirken auf die Einhaltung der Bestimmungen zum D. hin. Dabei haben sie insbesondere die ordnungsgemäße Anwendung von Datenverarbeitungsprogrammen, mit deren Hilfe personenbezogene Daten verarbeitet werden, zu überwachen, Mitarbeitende mit den Bestimmungen des D.es vertraut zu machen und die Dienststellenleitung zu beraten. Betriebsbeauftragte und örtlich Beauftragte müssen die für ihre Aufgabenerfüllung erforderliche Fachkunde und Zuverlässigkeit besitzen. Weitere wesentliche Tätigkeitsmerkmale sind Weisungsunabhängigkeit, keine Benachteiligung wegen der Wahrnehmung dieser Tätigkeit, Recht auf Einsicht in Unterlagen und Auskünfte und Anspruch auf Unterstützung bei der Aufgabenerfüllung.

4.10 D.aufsichtsbehörden. Die Evangelische Kirche in Deutschland (→ EKD) sowie die Gliedkirchen der EKD bestellen jeweils für ihren Bereich Beauftragte für den D. Dabei können die Gliedkirchen für ihren diakonischen Bereich besondere (eigene) Beauftragte für den D. bestellen. Diese Beauftragungen sind vergleichbar mit den staatlichen D.aufsichtsbehörden. Nach § 19 DSG-EKD wachen die Beauftragten für den D. über die Einhaltung der Vorschriften über den D. Außerdem prüfen sie Rechtsverletzungen, beraten kirchliche Stellen und geben Empfehlungen.

Der Beauftragte für den D. der Evangelischen Kirche in Deutschland (BfD EKD) ist die D.aufsichtsbehörde auf der Ebene der → EKD. Der BfD EKD ist seit dem Jahr 2014 eine eigenständige Dienststelle, die in der Rechtsform einer unselbständigen Einrichtung der EKD geführt wird. Bisher haben 16 Landeskirchen sowie einige → Diakonische Werke die D.aufsicht durch Vertrag auf die EKD übertragen.

A. Ziekow, Datenschutz und evangelisches Kirchenrecht: Eigenständigkeit und Eigenartetheit des Datenschutzgesetzes der EKD, Tübingen, 2002 – M. Germann, Das kirchliche D.recht als Ausdruck kirchlicher Selbstbestimmung, ZevKR 48, 2003, S. 446–491 – H. Claessen, D. in der evangelischen Kirche, 2004.

Michael Jacob

Dekalog

1. Begriff. Die Bez. („Zehnwort") leitet sich aus der griech. Übersetzung der bereits in Ex 34,28; Dtn 4,13 und 10,4 belegten hebr. Wortverbindung ab. Die Zehnerstruktur ist im hebr. Text bestenfalls angedeutet (Dohmen). Daher existieren in Judentum und Christentum unterschiedliche Zählweisen. Darüber hinaus ist die Verteilung auf zwei „Tafeln" (vgl. u. a. Ex 24,12; 32,15f; Dtn 10,1–5 u. Philo von Alexandrien) zu beachten, die allerdings nicht in der Unterscheidung von „theologischer" und „sozialer" Geltung aufgeht. Über vergleichbare Reihungen („Fluch-Dodekalog": Dtn 27,15–26; „kultischer D.": Ex 34,12–26) hinaus sind vor allem die funktionalen Einbindungen der beiden D.-Fassungen als Offenbarungen am Sinai (Ex 20,2–17; vgl. 19,11; 20,18) und am Horeb (Dtn 5,6–21; vgl. 5,1–3.23–31) zu beachten, auch in ihrem Verhältnis zu „Bundesbuch" (Ex 20,22 – 23,33) und dtn. Recht (Dtn 12–26: Otto).

2. Auslegungsgeschichte. *2.1 Die inner-atl.* Auslegungsgeschichte deutet sich bereits in den Divergenzen beim Vergleich von Ex 20 und Dtn 5 an: die einmal schöpfungs- (vgl. Ex 20,11 mit Gen 2,2f), zum anderen geschichtstheologische Begründung mit sozialethischer Motivation beim Sabbatgebot (vgl. Dtn 5,14b.15: Gewähr der Ruhe für Sklave und Sklavin bzw. Herausführung aus Ägypten), der Verweis auf Gottes Befehl in Sabbat- und Elterngebot des Dtn (vgl. Dtn 5,12.16 mit Ex 20,8.12) und die dtn. Platzierung der Frau vor das „Haus deines Nächsten" im Begehrensverbot (vgl. Dtn 5,21 mit Ex 20,17). Hinzu kommen Abweichungen des griech. Textes wie die Anordnung der Kurzprohibitive in Ex 20,13–15 par. (Mord – Ehebruch – Diebstahl), die u. a. mit der Vorordnung des Ehebruchverbots und der Anknüpfung an das Elterngebot den Aspekt der „Familie" betonen möchten (vgl. auch Papyrus Nash [2. Jh. v. – 2. Jh. n. Chr.]). Weitere Versionen finden sich in Pseudo-Phokyl. 3–8 (1. Jh. v. – 1. Jh. n. Chr.) und in den Handschriften vom Toten Meer od. den samaritan. D.-Inschriften (seit dem 3./4. Jh. n. Chr.). Sporadische Anhaltspunkte wie die literar. Einbindung des D.s im Rahmen des Dtn (vgl. Dtn 9f), die dtn.-dtr. Sprache (Ägypten als „Sklavenhaus" od. „wie JHWH, dein Gott, dir befohlen hat" etc.) und die Bilderverbot und judäischen Namenssiegeln des 7. bzw. 6. Jh.s v. Chr. gemeinsame Wertschätzung der Bilderlosigkeit, die sich in pers. Zeit fortsetzt, weisen in einen nachexil. Entstehungszeitraum des D.

2.2 *Judentum (→Judentum und Ethik):* Während der D. v. a. in älteren Zeugnissen wie dem Aristeasbrief, bei PHILO sowie in den älteren Tefillin und Mezuzot (Phylakterien) vom Toten Meer als „Weltgesetz" und Konzentrat des jüd. Gesetzes oder auch in Gebetspraxis und Liturgie noch zur Geltung kommt (vgl. Mischna Tamid 5,1), schränken spätere „rabbin." Quellen seine Bedeutung auch ein (vgl. den jerus. Talmud, Berakhoth 1,5,3c). Unter „Häretikern" (hebr. „Minim") könnte, so die Begründung, der Eindruck entstehen, Mose sei am Sinai nur der D. offenbart worden und nicht die gesamte Tora mit ihren 613 Ge- und Verboten.

2.3 Das *NT kennt zweifellos beide Tafeln des D.s*, greift aber aus theologischen Gründen (Christusbekenntnis) nicht explizit auf die durch die Ausschließlichkeit dominierte erste Tafel zurück. Die Einzelgebote werden zugespitzt (Mt 5,21f.27f; →Bergpredigt) und primär argumentativ und komparativ funktionalisiert (vgl. Mk 10,17–22 par.; LÖHR). Schließlich fehlt der Begriff.

2.4 Neben dem Doppelgebot der Gottes- und →Nächstenliebe (Dtn 6,4f; Lev 19,18; Mk 12,28–34 par.) gilt der D. bis heute als ethischer Basistext schlechthin. Die christl. Wertschätzung des D.s ist nach LUTHER durchaus mit der paulin. Vorstellung von Christus als dem „Ende des Gesetzes" (Röm 10,4) vereinbar. Bezeichnet doch das Doppelgebot der Liebe als Zusammenfassung des D.s ein „Naturgesetz", das keiner Legitimation durch Mose bedarf.

3. **Grundzüge einer „dekalogischen Ethik".** Streng genommen entzieht sich der D. einer Übertragung auf aktuelle Probleme christl. →Ethik, da die *Präambel* (Ex 20,2 par.) auf die „historiosophische" (BEN-CHORIN) Rettungstat des einen Gottes Israels verweist. Der Befreiung Israels (Indikativ) folgt das Gebot (Imperativ), dessen Befolgung die Antwort auf die im Exodusgeschehen erwiesene Gnade Gottes darstellt.

An den *Einzelgeboten* werden zudem die Grenzen einer sozialethischen Orientierung des D.s deutlich: In Fragen der Sonntagsarbeit (→Sonntag) mag der sozialethische Begründungszusammenhang in der dtn. Fassung des

Sabbatgebots (Dtn 5,12–15) Argumentationshilfen geben. Er verweist jedoch nur auf eine von drei atl. Sabbat-Dimensionen: neben der „imitatio Dei" (Ex 20,8–11) und dem „Bundeszeichen" (Ex 31,16f). In doppelter Hinsicht spezifisch redet das Tötungsverbot: Im Stile des Kurzprohibitivs stehen zwei hebr. Vokabeln für die Einheit des gesamten D.s, da sich im Lebensschutz gegenüber dem Nächsten die alleine Gott zustehende Verfügbarkeit über menschliches Leben spiegelt (vgl. Dtn 32,39). Doch zugleich meint das seltene hebr. Verb ein personales Töten, jenseits von Kriegsbann, Todesstrafe, Vegetarismus oder der modernen strafrechtlichen Unterscheidung in Mord und Totschlag. Diskussionen über Todesstrafe, Abtreibung (→Schwangerschaft) etc. müssen diese Spezifika des Gebots berücksichtigen.

S. BEN-CHORIN, Die Tafeln des Bundes, 1979 – H. LÖHR, Der Dekalog im frühesten Christentum und seiner jüdischen Umwelt, in: W. KINZIG/C. KÜCK (Hg.), Judentum und Christentum zwischen Konfrontation und Faszination, 2002, 29–43 – E. OTTO, Deuteronomium 1–11, Zweiter Teilband: 4,44 – 11,32, 2012 – M. KÖCKERT, Die Zehn Gebote, ²2013 – ST. SEILER, Weisung zur Freiheit, in: ZEE 57 (2013), 195–212 – CHR. DOHMEN, Decalogue, in: TH. B. DOZEMAN/C. A. EVANS/J. N. LOHR (Hg.), The Book of Exodus, 2014, 193–219.

Stefan Beyerle

Demografischer Wandel

1. **Begriff und Allgemeines.** Unter die die Weltgesellschaft treffenden anthropogenen Transformationsprozessen (→Globalisierung, →Klimawandel, Digitalisierung der Gesellschaft) dürfte kaum einer Deutschland so gravierend herausfordern wie der d.W. Unter diesem Begriff sollte man nicht nur – wie landläufig üblich – die Alterung der Bevölkerung verstehen (Deutschland hat nach Japan weltweit den höchsten Anteil der über 64-Jährigen), sondern sämtliche bevölkerungsbezogene Entwicklungsprozesse. Zu ihnen gehört neben der Geburtenhäufigkeit und der Lebenserwartung auch der Wanderungssaldo (Verhältnis zwischen Ein- und Auswanderung). Berücksichtigt man diese Größen zusammen, dann lässt sich für Deutschland als genereller Trend klar absehen: Die Bevölkerung wird etwas stärker noch als in anderen entwickelten Ländern im Durchschnitt älter und schrumpft (laut Stat. Bundesamt ist mit einer Schrumpfung der dt. Bevölkerung von 2013 80,8 Mill. Einw. zu 2060 zwischen 67,6 und 78,6 Mill. Einw. zu rechnen). Drei Faktoren tragen zu dieser Entwicklung entscheidend bei: die Zunahme der Lebenserwartung, vor allem bedingt durch den Fortschritt in der öffentlichen →Gesundheitsversorgung und in der →Medizin, der Rückgang der Geburtenzahlen und der Saldo zwischen Zu- und Abwanderung. Die Gestaltung dieser Veränderungsprozesse verlangt daher nicht nur die Umstellung öffentlicher wie nicht-öffentlicher Infrastrukturen und Arbeitsplätze auf eine insgesamt al-

ternde Bevölkerung, sondern auch pro- und nicht nur reaktive Maßnahmen zur Integration der Einwanderungswilligen wie zur Verhinderung der Auswanderung (insbesondere) von hoch qualifizierten Arbeitnehmern.

2. Notwendige Dekonstruktionen. Anfang der 2000er Jahre konnte man in Deutschland, vor allem befeuert durch Bücher von F. SCHIRRMACHER und H. BIRG, geradezu eine „Methusalem-Hysterie" diagnostizieren. Damals wurden als dramatische Auswirkungen des d.W.s der Kollaps der →sozialen Sicherungssysteme, die Verödung ganzer Regionen und ein „Krieg der Generationen" heraufbeschworen. Als statist. Grundlage für diese Prognose diente vor allem der sog. Altersquotient, der das Verhältnis zwischen arbeitender Bevölkerung (sie wurde als Gruppe der 20- bis 60-Jährigen definiert) und Rentnern (konkret: der Kohorte der über 60-Jährigen) angibt. Auf dieser Grundlage hätte sich die Unterstützungsrate von Beginn der 2000er Jahre an bis zum Jahre 2050 geradezu verdoppelt – ein die soziale Kohäsion in der Tat massiv gefährdendes Szenario. Volkswirtschaftlich ist aber nicht nur der Altersquotient von Bedeutung, sondern der das Verhältnis von Jugend- und Altersquotient angebende Unterstützungsquotient. Denn dieser markiert das Gesamtverhältnis des nicht arbeitenden zum arbeitenden Teil der Bevölkerung und kann damit nicht nur die Zunahme der Betagten, sondern auch die Abnahme der Geburtenzahlen berücksichtigen. Nimmt man den Unterstützungsquotient als Grundlage des Ausmaßes des d.W.s und moduliert angesichts steigender Lebenserwartung das Rentenzugangsalter auf 67 Jahre und angesichts der globalen Migrationsbewegungen das Wanderungssaldo auf jährlich + 200.000, dann steigt der Unterstützungsquotient von 2013 bis 2060 noch immer um ca. ein Drittel – diese keineswegs zu leugnende gesellschaftliche Herausforderung bietet dennoch deutlich mehr Gestaltungsperspektiven als die Anfang der 2000er Jahren mit den verwendeten Berechnungsgrößen prognostizierte „d. Katastrophe".

3. Ethische Orientierungsmuster. Insofern sich mit dem d.W. einerseits große Vorteile (steigende Lebenserwartung), andererseits zahlreiche gesellschaftliche Herausforderungen (u. a. gesell. Inklusion und Integration, nachhaltige Stabilisierung der soz. Sicherungssysteme) verbinden, stellt sich die Frage, welche ethischen Kriterien den d.W. am angemessensten erschließen. Vielfach wird zu diesem Zweck – gerade mit Blick auf das Generationenverhältnis – die →Gerechtigkeit als Leitnorm in Anschlag gebracht. Doch dieser Ansatz verfehlt die eigentlichen Herausforderungen des d.W.s. Während die soziale Gerechtigkeit bestenfalls indirekt das Verhältnis der Generationen (Ethnien und Geschlechter) zueinander adressiert, weil sie primär das Recht des Einzelnen auf kommunikative Freiheit und deshalb dessen gesellschaftliche Inklusion unabhängig von Kohortenzugehörigkeit (oder nur indirekt davon betroffen, sofern sich zeigen lässt, dass diese ein nachweisbares *Exklusion*srisiko darstellt) einfordert und während die affektiv aufgeladene Fürsorge der persönlichen Nahbeziehungen sich nicht auf makrosoz. Gestaltungsfragen übertragen lässt, kann vor allem die →*Solidarität* die Besonderheiten unterschiedlicher Kohorten in einer →Gesellschaft (Generationen, Ethnien und Geschlechter) pflichten- wie affektionssensibel erschließen. Deshalb kommt ihr bei der sittl.-pol. Bewältigung des d.W.s eine besondere konzeptionelle Orientierungskraft zu. Dies gilt vor allem dann, wenn man Solidarität im Anschluss an PAUL RICŒUR vom Verständnis der Dankbarkeit und der Gabe zu begreifen sucht. Auf diese Weise kann das Verhältnis der Generationen (Ethnien wie Geschlechter) dann mit Leben erfüllt werden, wenn der Reichtum gewürdigt wird, den jede Generation (jede Ethnie und jedes Geschlecht) den anderen unvertauschbar erschließt, den die andere Seite dann jeweils unvertauschbar annehmen und sich so aus unterschiedlichen Gründen Dankbarkeit auf allen Seiten einstellen kann. So vermeidet man mit einer präferenziellen Orientierung an der Solidarität sowohl übertriebene Pflichterwartungen wie Affektionsüberlastungen, ohne deshalb Fragen von Pflicht und Affektivität als Werte für die Gestaltung des d.W.s überhaupt zu sistieren. Zugleich werden bei der so verstandenen Solidaritätsorientierung *Kontingenzbewusstsein* (denn die zu gestaltenden Verhältnisse sind trotz ihres Reichtums prekär) und *Diversitätssensibilität* (denn gerade aus der Vielfalt erwächst der Reichtum) als Gestaltungsressourcen des d.W.s gestärkt.

4. Konkrete Perspektiven. In zahlreichen von der →Politik, den →Kirchen und anderen zivilgesell. Akteuren angestoßenen Projekten wird zunehmend und unter Beachtung orts- und regionenspezifischer Prägungen versucht, den d.W. nicht nur als Gefahr, sondern als Chance der Förderung sozialer Kohäsion zu begreifen. In der Klammer einigermaßen stabiler wirtschaftlicher Rahmenbedingungen gilt es dabei besonders, die Vereinbarkeit von Erwerbs- und Familienarbeit (u. a. durch Ausdehnung der sozialversicherungspflichtigen und -fähigen Erwerbsarbeitsphase) zu ermöglichen, möglichst lange selbstbestimmte, quartiersnahe Lebensführung unter Förderung von Familienstrukturen, aber auch neue „Wahlverwandtschaften" (caring communities) zu stärken, den Dialog der Generationen, Ethnien und Geschlechter sowie ehrenamtliches Engagement zu fördern und →*Bildung*smaßnahmen, die all diese Initiativen begleiten, zu etablieren. Nicht nur in der Theorie, wie in den anregenden jüngeren sozialpol. Denkschriften und Orientierungshilfen der EKD geschehen, sollte die Kirche gesell. vorangehen, sondern auch praktisch durch alltägl. Arbeit in Gemeinden und Diakonie. Weitere zahlreiche Handlungsanstöße bietet das Demografieportal der Bundesregierung.

DEUTSCHER BUNDESTAG (Hg.), Schlussbericht der Enquete-Kommission „Demographischer Wandel", 2002 – B. FREVEL (Hg.), Herausforderung demografischer Wandel, 2004 – RAT DER EKD (Hg.), Im Alter neu werden können, 2010 – P. DABROCK, Befähigungsgerechtigkeit, 2012, 287–338 – T. KLIE, Wen kümmern die Alten?, 2014.

Peter Dabrock

Demokratie

1. Begriffsklärung und Grundprobleme. D. bezeichnet seit der griechischen Antike die (auch wörtlich übersetzt) Herrschaft des Volkes im Gegensatz zur Herrschaft eines Einzelnen, z. B. eines Königs, in der Monarchie und einer →Gruppe, z. B. von Adligen, in der Aristokratie. Seit dem späten 18. Jh. zielt der Begriff auf die politische Ordnung einer freien Selbstregierung aller (ursprünglich: männlichen) →Bürger, zunehmend und seit dem frühen 20. Jh. unbestreitbar unter Einschluss der Frauen als Bürgerinnen. D. beschreibt politische →Institutionen und Verfahren, zielt aber zugleich auf den umfassenden Entwurf einer freien und gleichen Lebensordnung in allen Bereichen von →Gesellschaft und Alltag. Sie konstituiert sich, gerade auch im 21. Jh., in der Spannung zwischen konkreter Regierungsform und weit ausgreifender Utopie eines besseren Lebens.

Lange Zeit, auch schon in der Antike, war D. umstritten und sogar überwiegend negativ bewertet. Manche Topoi der D.kritik wirken bis heute nach, z. B. die Angst vor der unvernünftigen oder chaotischen Herrschaft der „Masse" oder des „Pöbels", oder der Einwand, in einem größeren Gemeinwesen lasse sich unmittelbare Bürgerpartizipation praktisch nicht realisieren. Bis weit ins 19. Jh. war die Monarchie das europäische Normalmodell; freiheitliche und egalitäre Bestrebungen hefteten sich bis ins 20. Jh. stärker an den Begriff der Republik (in der deutschen Tradition, z. B. der Arbeiterbewegung: „Freistaat") als den der D. Erst nach dem 1. und besonders nach dem 2. Weltkrieg stieg D. zum universellen Leitbegriff einer Herrschafts- und Lebensordnung gleicher →Freiheit auf, deren Gegenpol nicht mehr die Monarchie war, sondern die Diktatur, besonders im Zeitalter des →Faschismus und des sowjetischen →Kommunismus. Seit dem späten 20. Jh. steht die D. global v. a. im Gegensatz zu autoritären Regimes, z. T. auch zum Verlust von (rechtssicherer und gerechter) staatlicher Ordnung überhaupt („failing states"). Zugleich ist sie, zum ersten Mal in ihrer Geschichte, normativ nahezu unbestritten, und die Debatte verlagert sich zu Fragen ihrer Realisierung und bestmöglichen Ausgestaltung unter veränderten Bedingungen, z. B. der →Globalisierung oder der Digitalisierung.

Mit der Einsicht seit dem späten 18. Jh., dass D. nicht direkt und unmittelbar ausgeübt werden muss (direkte D.), sondern auch als repräsentative D. durch Vertretung des Volkes in Parlamenten realisiert werden kann, hat sich ein Set von →Institutionen und Verfahren etabliert, die bis heute zum Grundbestand nicht nur der westlichen D. zählen: die plurale und wettwerbliche Organisation von Meinungen, Interessen und Ideologien in →Parteien; regelmäßige freie Wahlen (D. als zeitlich begrenzte Herrschaft von Personen) zu Leitungsämtern und insbesondere zum →Parlament als oberstem Organ der Gesetzgebung; Gewaltenteilung zwischen Legislative, Exekutive und Judikative; Unabhängigkeit der Justiz und Rechtsstaat; →Grundrechte (auch als Bürger- und →Menschenrechte) mit dem Kern der →Meinungs-, Presse- und →Religionsfreiheit und dem Recht auf freies Auftreten in der →Öffentlichkeit. Häufig wird dieses Ensemble in einem Staatsgrundgesetz (Verfassung; z. B. →Grundgesetz der Bundesrepublik Deutschland) fixiert und für unabänderlich erklärt. In ihm kommt zugleich eine zunehmende Verschmelzung von D. und →Liberalismus zum Ausdruck, weshalb dieses Arrangement auch als „liberale D." bezeichnet wird.

Die Erweiterung der D. als Regierungsform zur D. als Lebensform (J. DEWEY) wurde im 20. Jh. z. T. von scharfen Konflikten zwischen konservativem und progressivem D.verständnis begleitet, ist aber inzwischen weithin unbestritten, ohne dass damit die Bedeutung des institutionell-politischen Arrangements der liberalen D. bezweifelt wird. In institutioneller wie in sozialer Hinsicht bleibt D., wie schon um 1800, mehr als ein neutraler Zustandsbegriff, sondern ist zugleich ein zentraler Erwartungs-, Hoffnungs- und Erlösungsbegriff, und begegnet damit selber z. T. als eine implizit theologische Kategorie.

2. Geschichte und Formen. *2.1 Antike D.* Zwischen dem 6. und dem 4. Jh. v. Chr. bildeten sich Praxis, Begriff und (v. a. im 4. Jh.) Theorie der D. in der athenischen Polis heraus, im Kontext der sozialen und kulturellen, aber auch militärisch-politischen Entwicklung griechischer Stadtstaaten (Poleis), aber auch eines größeren Raumes früher Hochkulturen Vorderasiens und des östlichen Mittelmeeres. Dennoch spricht auch heute noch viel für den Ausnahmecharakter der griechischen bzw. athenischen „Erfindung" der D. als einer „Revolution der Weltgeschichte" (C. MEIER). Sie beruhte auf der Ersetzung der Königs- oder Adelsherrschaft durch eine Politik der gleichberechtigten Bürger (v. a. seit den Reformen des KLEISTHENES, 508/507 v. Chr.), die sich an Gesetze (Reformen des SOLON, ca. 570 v. Chr.) und →Institutionen band, aber als Versammlungsdemokratie ausgeübt wurde. Politische Führungsämter hatten geringere Bedeutung als später in der Römischen Republik und wurden v. a. im Losverfahren besetzt. Für die Polis der männlichen Vollbürger galt das Prinzip der Isonomie (Gleichgesetzlichkeit; gleiche →Freiheit), doch machten die Vollbürger nur etwa 15 % der gesamten →Bevölkerung aus. Nach den Perserkriegen gelangte die athenische D. im 5. Jh. v. Chr. zur vollsten Entfaltung, einschließlich einer kulturellen Blüte, zu der auch die Ausgestaltung und Selbstreflexion einer demokratischen Lebensweise gehörte. In der politischen Theorie des 4. Jh.s (u. a. bei ARISTOTELES) überwog die Kritik an der D., und ihr praktischer Verfall beschleunigte sich. Heute kann die athenische oder „klassische" D. kaum mehr als Urmuster „westlicher" D. gelten, aber sie bleibt wissenschaftlich und politisch ein zentraler Referenzpunkt, z. B. bei den Anhängern einer direkten (im Ggs. zur repräsentativen) D.

2.2 Die Anfänge moderner D. Im späten Mittelalter und der Frühen Neuzeit bezeichnete nicht D., sondern Republik die freie Staatsform bürgerlicher Selbstregierung im Unterschied zu Monarchie oder Tyrannis. Republikanische Praxis in italienischen Kommunen des späten Mittelalters (Florenz), z. T. bis ins 18. Jh. (Venedig), auch in den deutschen freien und Reichsstädten, sowie frührepublikanische Staatsformen (Niederlande seit dem späten 16. Jh., England 1649–1660, Polen als Adelsrepublik bis 1795; Schweiz) gehören deshalb unmittelbar zur Frühgeschichte der modernen D. Eine weitere Wurzel bildet die →Aufklärung im 18. Jh., z. B. in der Kritik der absoluten Monarchie, der Forderung nach →Rechtsstaat und Gewaltenteilung (MONTESQUIEU) und der Betonung des bürgerlichen Gesamtwillens (ROUSSEAU), aber auch in der Praxis freier, diskursiver →Öffentlichkeit z. B. im Vereinswesen. Den entscheidenden Durchbruch sowohl zum emphatischen D.begriff als auch zum institutionellen Ensemble der modernen D. brachten die Amerikanische und die Französische →Revolution am Ende des 18. Jh. In der Unabhängigkeit der britischen Kolonien in Nordamerika 1776 entstanden republikanische Staaten, die Verfassungen schriftlich fixierten, →Grundrechte verankerten (Virginia Declaration of Rights, 1776) und ein repräsentatives Wahlregime einführten bzw. aus der britischen Tradition weiterentwickelten. Im Konflikt um die Bundesverfassung der USA 1787/88 formulierten die „Federalist Papers" (v. a. J. MADISON, A. HAMILTON) Grundzüge einer modernen D.theorie. In Europa wurde wenig später (seit 1789) die Französische Revolution zum Ausgangspunkt demokratischer Bestrebungen, ebenfalls mit Konzepten der Volkssouveränität, von Verfassung und →Grundrechten und der beginnenden Praxis eines repräsentativen Parlamentarismus, aber stärker als in Nordamerika mit sozialegalitären und kommunitär-solidarischen Akzenten („Freiheit, Gleichheit, Brüderlichkeit"). Die soziale Reichweite der D. war zunächst eng begrenzt (weiße Männer; z. T. auch Vermögensschranken), erwies sich aber immer wieder als Antrieb der Erweiterung und Inklusion. Bis weit ins 20. Jh. blieben die Amerikanische und die Französische Revolution wichtiger Bezugspunkt für D. und Emanzipation, →Freiheit und →Gleichheit, nicht nur im Westen, sondern global, z. B. im Antikolonialismus der „Dritten Welt".

2.3 Konflikt und Erweiterung im 19. und 20. Jh. Das 19. Jh. kann als Zeitalter des →Liberalismus und der D. beschrieben werden, aber letzteres nicht im Sinne der Regierungsform (denn die Zahl der D.n blieb bis 1918 sehr klein), sondern einer progressiven Bewegung, die überwiegend in scharfer Opposition zu Monarchie, Obrigkeitsstaat und den Resten der Feudalgesellschaft stand. In Deutschland formierte sich D. als Bewegung und Partei v. a. im Vormärz und in der Revolution von 1848/49, in der das Ziel einer demokratischen Nationalstaatsgründung scheiterte. Seit 1850 forderten →Industrialisierung und →Kapitalismus mit neuen Formen der Unfreiheit und Ungleichheit die D. heraus; im Umfeld von Arbeiterbewegung und Sozialismus entstanden Konzepte der „sozialen D." bzw. später, v. a. im →Marxismus, der „sozialistischen D." Hier und in anderen sozialen Bewegungen des 19. Jh.s (Frauen, Abolitionismus) verknüpfte sich D., über Regierungsform und →Institutionen hinaus, als sozialethisch-anthropologischer Erwartungsbegriff mit der Vorstellung einer umfassenden →Emanzipation des Menschen. Während die Sozialdemokratie →Freiheit und Gleichheit, liberale Verfassung und soziale Veränderung durch Reform zu vereinbaren suchte, wandte sich der revolutionäre Sozialismus um 1900, zwischen LUXEMBURG und LENIN, von der nunmehr verachteten „bürgerlichen D." ab und strebte nach einer „Diktatur des →Proletariats". Nach dem 1. Weltkrieg endete das Zeitalter der imperialen Monarchien in Europa; die D. als Regierungsform setzte sich zum ersten Mal weithin durch, z. T. in republikanischer Form (auch im Deutschland der Weimarer Republik), z. T. aber auch (und bis heute) durch innere Demokratisierung von Monarchien (Großbritannien, Belgien und Niederlande, Skandinavien). In vielen Ländern erhielten Frauen 1918/20 das Wahlrecht und wurden, ebenso wie Arbeiter und Besitzlose, formal gleich in die D. einbezogen. Zugleich entstand ein neuer Gegensatz der D. zu modernen Formen der Diktatur, der autoritären und totalitären Herrschaft, neben dem sowjetischen →Kommunismus v. a. in Gestalt der faschistischen Bewegungen und Regimes, insbes. des deutschen →Nationalsozialismus. Nach dem 2. Weltkrieg erfasste, unter Führung der USA, eine neue Welle der Demokratisierung Westeuropa einschließlich der Bundesrepublik; für vier Jahrzehnte bestimmte der Gegensatz zwischen angelsächsischer liberaler (und kapitalistischer) D. des Westens und dem „realen Sozialismus" des sowjetischen Blocks die (auch globale) Konstellation des Kalten Kriegs. Seit den demokratischen Revolutionen in Ostmitteleuropa 1989 und dem Zerfall des →Kommunismus ist die D. die vorherrschende politische Verfassung Europas. Dabei hat die europäische Integration als Zusammenschluss demokratischer Staaten eine erhebliche Sogwirkung und zugleich Sicherungsfunktion für die einzelstaatlichen D.n entfaltet, trotz der Defizite in der demokratischen Verfasstheit der EU selber.

2.4 Dynamisierung und Pluralisierung seit den 1970er Jahren. Während der klassische Erwartungshorizont der staatsbürgerlichen Gleichheit und →Inklusion sich zunehmend erschöpfte und die institutionelle Verfasstheit der D. (z. B. Parteienpluralismus, Wahlen, Parlamente, Gewaltenteilung) gesichert schien, artikulierten sich neue demokratische Bewegungen und Forderungen in den westlichen Gesellschaften, teilweise als Rückwirkung aus dem antikolonialen Befreiungskampf (GANDHI; →ziviler Ungehorsam und gewaltloser Widerstand). Seit den 1950er Jahren entwickelte die Bürgerrechtsbewegung in den USA, ausgehend von klassischen Forderungen nach Rechten und →Inklusion (der schwarzen Bevölkerung v. a. im segregierten Süden), neue Formen der →Partizipation und des Protests, die von der Studentenbewegung der 1960er Jahre aufgegriffen wurden und in den sog. Neuen Sozialen Bewegungen seit den 1970er Jahren (Umwelt, Anti-Atom, Frieden, Dritte Welt u. a. m.) ebenso wie im lokal-demokratischen Impuls von →Bürgerinitiativen gesellschaftliche Breitenwirkung entfalteten. Bürgermobilisierung, Protest und Institutionenkritik haben sich seitdem, zunächst gegen Skepsis und Widerstand, nicht nur als ein Korrektiv der liberal-repräsentativen D. etabliert, sondern sind selber zu einer (ergänzenden, erweiternden) Form der D. geworden. In dieser „partizipativen D." konstituiert sich demokratische Politik nicht durch Auftrag der Bürger im Staat, sondern durch das selbstorganisierte Handeln der Bürger in der →Zivilgesellschaft, die jenseits von →Parteien, →Gewerkschaften und Interessenverbänden v. a. die postklassischen Organisationsformen wie →Bürgerinitiativen und →Nichtregierungsorganisationen umfasst. Während die liberale D. einen →Pluralismus von →Interessen abbildete, definiert sich die partizipatorische und postklassische D. durch einen starken sozialethischen, insbesondere advokatorischen Impuls, nämlich das Eintreten für die →Interessen (schwächerer) Dritter. Gerade in diesem Sinne spielen →Kirchen und Religionsgemeinschaften eine wichtige Rolle in den neuen Formen der D. und haben, nicht zuletzt im deutschen Protestantismus, ihr Selbstverständnis und ihre Handlungsmuster seit den 1970er Jahren grundlegend verändert: im Übergang von parastaatlichen Organisationen (aus dem traditionellen Staatskirchenverhältnis) zu Akteuren der →Zivilgesellschaft.

3. D. und Protestantismus. Das Verhältnis des Protestantismus zur D. (als Regierungsform wie als soziale Bewegung) ist vielschichtig, historisch tief gestaffelt und nicht zuletzt in Deutschland sehr spannungsreich; gerade im 20. Jh. reichte es von scharfer Ablehnung bis zu emphatischer Unterstützung. Vor der Reformation etablierte sich im europäischen Hochmittelalter eine grundlegende Differenz zwischen „→Staat" und „→Kirche", zwischen weltlicher und geistlicher Ordnung (Investiturstreit, 11. Jh.), die teilweise bis heute als grundlegende, die D. begünstigende westliche Errungenschaft interpretiert wird (H. A. WINKLER). Aber wenn das christliche Menschenbild und der Anspruch auf ein Reich, das „nicht von dieser Welt" ist (Joh 18, 36), eine Position radikaler Alterität gegenüber weltlichen Herrschaftsansprüchen bieten konnte, als Schutzraum ebenso wie als Plattform christlich begründeter Autoritätskritik, konnte das Trennungsdenken auch einer Gleichgültigkeit gegenüber politischer Unfreiheit Vorschub leisten. Dieses Spannungsverhältnis wurde lange Zeit als theologischer und kirchenpolitischer Konflikt im Protestantismus, besonders im deutschen, ausgetragen.

Die Reformation hat einen wesentlichen Beitrag zu den kulturellen Voraussetzungen späterer Demokratisierung geleistet. Dazu zählen die Beförderung des →Individualismus, die Betonung von (individueller) →Bildung als Voraussetzung gesellschaftlicher Handlungskompetenz, die Etablierung des →Gewissens als moralischer Instanz und nicht zuletzt der reformatorische Freiheitsgedanke. Das „Priestertum aller Gläubigen" gab einen antihierarchischen und egalitären Impuls, der später in die weltliche Sphäre übersetzt werden konnte. In institutioneller Konsequenz können reformatorische Modelle der Kirchenverfassung (Presbyterial-, Synodalverfassung) als Erprobungsräume der D. gelten. Im 17. und 18. Jh. waren radikale (calvinistisch-) protestantische Strömungen in Großbritannien und Nordamerika häufig Vorkämpfer für soziales Egalitarismus und →Inklusion (Levellers; Methodisten). Grundsätzlich hat die religiöse Pluralisierung des konfessionellen Zeitalters langfristig den Sinn für →Toleranz und die Idee der Bekenntnisfreiheit gestärkt, die wiederum eine wichtige Wurzel der →Meinungsfreiheit ist.

Auf der anderen Seite hat die (erst später so genannte) →Zweireichelehre LUTHERS, überhaupt sein teils eher affirmatives Verhältnis zur weltlichen Obrigkeit, vor allem im deutschen Protestantismus häufig ein unkritisches Verhältnis zu traditionellen, monarchischen und elitären, später auch autoritären und im Extremfall des Nationalsozialismus radikal diktatorischen Herrschaftsformen begünstigt. In Verbindung mit dem landesherrlichen Kirchenregiment verschärfte sich im 19. Jh., als die demokratischen Bewegungen anwuchsen, eine Abwehrhaltung des Protestantismus gegenüber der D. und anderen emanzipatorischen Kräften wie der Arbeiterbewegung. Das preußische „Bündnis von Thron und Altar" war bis ins 20. Jh.

eine geradezu sprichwörtliche Formel für die antidemokratische, monarchisch-konservative Engführung des Protestantismus vor allem im Nordosten Deutschlands. Während der Katholizismus sich nach dem Kulturkampf in der Zentrumspartei erfolgreich politisch organisierte (einschließlich sozialer und demokratischer Richtungen), galten die konservativen →Parteien des Kaiserreichs und der Weimarer Republik als Bastionen des Protestantismus. Als diese Tradition in den 1930er Jahren innerhalb der evangelischen Kirche auch den →Nationalsozialismus und seine seit Januar 1933 errichtete Diktatur und Gewaltherrschaft religiös rechtfertigen und sogar überhöhen wollte („Deutsche Christen"), markierte die →Barmer Theologische Erklärung 1934 für die Bekennende Kirche eine Gegenposition: nämlich die Differenz von göttlicher und weltlicher Ordnung (mit dem Vorrang der ersten für Christen) sowie die Ablehnung einer die →Kirche usurpierenden „Führer"-Ordnung. Ein klares Bekenntnis zur liberalen D. war damit nicht verbunden (auch z. B. nicht bei K. Barth). Diese Wendung vollzog der deutsche Protestantismus, auf der Grundlage der Barmer Erklärung und des Stuttgarter Schuldbekenntnisses (Oktober 1945), erst nach dem Ende des Nationalsozialismus und in den ersten zwei Jahrzehnten der Bundesrepublik; endgültig erst mit der →EKD-→Denkschrift „Evangelische Kirche und freiheitliche D." 1985.

Seit den 1970er Jahren hat sich das Verhältnis von D. und Protestantismus erheblich dynamisiert, insofern die Haltung der Akzeptanz und Verteidigung der liberal-repräsentativen D. durch ein Engagement evangelischer Christen für die neuen, partizipatorischen und advokatorischen Formen von Protest und D. und in ihnen überlagert wurde. Teile des Protestantismus, etwa der Deutsche Evangelische Kirchentag, entwickelten sich zur Avantgarde und zum institutionellen Rückhalt der neuen D. mit Ausstrahlung auch in nichtreligiöse Milieus. Dabei profitierte er von der Durchsetzung eines neuen, ethisierten Verständnisses von →Politik, für das religiöse Reflexion und Gewissensbekenntnis eine wichtige Ressource bildeten. Im kommunistischen Osteuropa, v. a. in Polen und der DDR, spielten die Kirchen in den 1980er Jahren unter ganz anderen Vorzeichen eine gleichwohl ähnliche politische Rolle. In der DDR wurde die evangelische →Kirche zum Pionier und Schutzraum der demokratischen Opposition und der Protestantismus zur wichtigen Kraft der demokratischen Erneuerung. Zu Beginn des 21. Jh.s ist das Verhältnis des deutschen Protestantismus zur D. vielfältig, aber entschiedener positiv als jemals zuvor: Theologisch hat sich die bloße Akzeptanz der D. in eine vehemente, auch sozialethisch begründete Verteidigung transformiert. Neben dem Selbstverständnis als zivilgesellschaftlicher Protestmotor ist (gerade im internationalen Vergleich) auch der Einfluss des Protestantismus auf die staatlichen Eliten im Sinne einer demokratiebewussten und staatsgestaltenden „public religion" und „öffentlichen Theologie" bedeutsam.

4. Krise und Öffnung: D. als universelle sozialethische Herausforderung. Am Anfang des 21. Jh.s ist die D. in eine paradoxe Situation geraten: Einerseits stößt ihre klassische nationalstaatliche Verfasstheit in der →Globalisierung und in neuen Formen der deterritorialisierten Governance an Grenzen. Zugleich erodiert die kulturelle Selbstverständlichkeit der D., die prägend für die Nachkriegsjahrzehnte war. Ausdruck eines neuen Unbehagens in der D. sind populistische Bewegungen und Regierungsstile, oft auf der extremen Rechten, die die institutionelle Stabilität der D. und den demokratischen Grundkonsens jedoch bisher in Europa nicht ernsthaft gefährden konnten. Die kritische, v. a. marxistische D.theorie interpretiert das als fundamentalen historischen Wandel, als Rückschritt in eine Fassaden- oder „Postdemokratie" (C. Crouch). – Andererseits erneuert und erweitert sich D., sowohl innerhalb demokratischer Gesellschaften („Demokratisierung der D.", C. Offe), z. B. durch zunehmende lokale →Bürgerbeteiligung und →Partizipation außerhalb von →Parteien und Parlamenten, als auch durch ihre globale Attraktivität. Die Welt ist nicht demokratisch geworden, aber überall auf der Welt ist D. der Erwartungsbegriff einer freien, gerechten und selbstbestimmten Lebensordnung, einschließlich der klassischen →Institutionen der liberalen D. (freie Wahlen, Rechtsstaat, Meinungsfreiheit usw.). Insofern ist D. auch im 21. Jh. nicht nur eine Regierungsform, sondern mehr denn je die universelle Projektionsfläche eines guten Lebens, im Binnenraum von Nationalgesellschaften oder anderen sozialen Mikrokosmen (→Städte; ethnische und religiöse →Gemeinschaften) ebenso wie in der Weltgesellschaft, und bleibt damit eine sozialethische Aufgabe.

Evangelische Kirche und freiheitliche D. Der Staat des Grundgesetzes als Angebot und Aufgabe. Eine Denkschrift der EKD, 1985 – W. Huber (Hg.), Protestanten in der D. Positionen und Profile im Nachkriegsdeutschland, 1990 – C. Meier, Athen. Ein Neubeginn der Weltgeschichte, 1993 – J. Dunn (Hg.), Democracy. The Unfinished Journey, 1994 – B. R. Barber, Strong Democracy. Participatory Politics for a New Age, 2003[2] – C. Offe (Hg.), Demokratisierung der D., 2003 – D. braucht Tugenden. Gemeinsames Wort des Rates der EKD und der deutschen Bischofskonferenz, 2006 – C. Crouch, Postdemokratie, 2008 – W. Nippel, Antike oder moderne Freiheit? Die Begründung der D. in Athen und in der Neuzeit, 2008 – C. Möllers, D. Zumutungen und Versprechen, 2008 – J. Keane, The Life and Death of Democracy, 2009 – H. A. Winkler, Geschichte des Westens, 4 Bde., 2009–2015 – M. G. Schmidt, D.theorien, 2010[5] – P. Nolte, Was ist D.? Geschichte und Gegenwart, 2012 – W. Merkel, D. und Krise. Zum schwierigen Verhältnis von Theorie und Empirie, 2015.

Paul Nolte

Denkschriften

Seit 1962 hat die →EKD in Wahrnehmung ihrer öffentlichen Verantwortung (→Kirche und Welt) eine größere Zahl von Abhandlungen herausgegeben, die sich unter der Bezeichnung „D." zu Themen im Spannungsfeld von christlichem Glauben, Kirche und Gesellschaft äußern.

1. Begriff. Als D. bezeichnet man allgemein die Darlegung einer wichtigen Angelegenheit, oft im amtlichen Auftrag oder an eine Behörde gerichtet, gelegentlich auch die Abhandlung einer gelehrten Körperschaft. Beispiele sind etwa J. H. WICHERNS programmatischer Beitrag zur sozialen Frage von 1849 („Die →innere Mission der deutschen evangelischen Kirche – Eine D. an die deutsche Nation"), die Verlautbarung des Central-Ausschusses für die innere Mission zur Sonntagsheiligung von 1854 („D. über die zur Beförderung der Sonntagsheiligung in dem evangelischen Deutschland anzuwendenden Mittel"), die an den „Führer und Reichskanzler" gerichtete D. der Deutschen Evangelischen Kirche von 1936 und, aus jüngerer Zeit, die D. der beim Ministerpräsidenten von Nordrhein-Westfalen eingerichteten Kommission „Zukunft der Bildung – Schule der Zukunft" von 1995. In den letzten Jahrzehnten wird die Bezeichnung „D." außerhalb der evangelischen Kirche nur recht selten verwendet und in Kirche und Öffentlichkeit faktisch auf die D.en der EKD bezogen.

2. Bestand. Von 1962 bis 2015 sind 30 D.en der EKD erschienen.

2.1 Am bekanntesten ist die sog. Ost-D. „Die Lage der Vertriebenen und das Verhältnis des deutschen Volkes zu seinen östlichen Nachbarn" (1965). Sie hat eine bedeutende Rolle bei der Vorbereitung einer neuen Ostpolitik, der Anerkennung der Oder-Neiße-Grenze und damit der Aussöhnung zwischen Deutschen und Polen gespielt. Häufig wird sie als vorbildlich für die öffentliche Wirkung einer D. und die politische Rolle der Kirchen bewertet. Dabei wird jedoch nicht immer scharf genug gesehen, worauf die Wirkung der „Ost-D." beruht: Sie zeichnet sich nicht dadurch aus, dass sie eine prononcierte politische Position bezieht, vielmehr nimmt sie auf der Argumentationsebene der politischen Vernunft gründliche Abwägungen vor und deutet am Ende nur kurz die möglichen Konsequenzen in der Grenzfrage an. Dass sie dies allerdings tut und damit einen Tabubruch vollzog, verschaffte ihr ihre besondere Wirkung.

2.2 Von den D.en sind ferner besonders wichtig: „Aufgaben und Grenzen kirchlicher Äußerungen zu gesellschaftlichen Fragen" (1970), die sog. „Denkschriften-D.", in der Grundlage und Vorgehensweise der kirchlichen Urteilsbildung zu gesellschaftlichen Fragen entfaltet werden; „Frieden wahren, fördern und erneuern" (1981), die Friedens-D.; „Evangelische Kirche und freiheitliche Demokratie" (1985), die Demokratie-D.; „Gemeinwohl und Eigennutz" (1991), die Wirtschafts-D., sowie „Identität und Verständigung" (1994), die D. zum Religionsunterricht. Ferner sind zu nennen eine weitere Friedens-D. „Aus Gottes Frieden leben – für gerechten Frieden sorgen" (2007) und die sog. Unternehmer-D. „Unternehmerisches Handeln in evangelischer Perspektive" (2008).

3. Abgrenzung. Neben den D.en stehen in der EKD unter der Bezeichnung „Studie", „Beitrag", „Wort", „Thesenreihe", „Handreichung", „Orientierungshilfe", „Impulspapier", „Grundlagentext" u. Ä. weitere Abhandlungen zu Themen im Spannungsfeld von christlichem Glauben, Kirche und Gesellschaft.

3.1 Zwischen den im Namen der EKD veröffentlichten Abhandlungen, die ausdrücklich „D." heißen, und jenen, die andere Bezeichnungen tragen, lässt sich keine klare Trennlinie ziehen: weder hinsichtlich ihrer Vorbereitung (sie werden allesamt durch Kommissionen aus Experten erarbeitet) noch hinsichtlich des Gremiums, das für sie verantwortlich zeichnet („D.en" werden allerdings in der Mehrzahl der Fälle als Äußerungen der EKD oder des Rates der EKD selbst veröffentlicht), noch hinsichtlich des sachlichen Gewichts, das ihnen vom Rat der EKD beigemessen wird (es ist aber die Tendenz erkennbar, grundlegende Äußerungen zu herausgehobenen Themen – →Frieden, →Demokratie, Wirtschaft, Religionsunterricht – mit der Bezeichnung „D." zu verbinden), noch hinsichtlich ihrer Bedeutung über einen konkreten Anlass hinaus, die sich immer erst in der Tragfähigkeit und Rezeption des betreffenden Textes erweist. Darum ist es unumgänglich und sachgemäß, bei einer Betrachtung der D.en der EKD auch die sonstigen im Namen der EKD veröffentlichten Abhandlungen im Sinne von D.en im weiteren Sinne des Wortes einzubeziehen. Dies hat sich auch darin niedergeschlagen, dass die im Gütersloher Verlagshaus Gerd Mohn seit 1978 herausgegebenen Sammelbände „Die D.en der EKD" alle bis 1993 im Namen der EKD veröffentlichten Abhandlungen unabhängig von ihrer konkreten Bezeichnung enthalten.

3.2 Zu den D.en im weiteren Sinne des Wortes zählen auch diejenigen Texte, die die EKD zusammen mit anderen Kirchen, vor allem gemeinsam mit der römisch-katholischen Kirche in Deutschland, vorbereitet und veröffentlicht. Der Anteil der gemeinsam herausgegebenen Texte hat sich in den vergangenen Jahrzehnten deutlich vergrößert. Darin kommt zum Ausdruck, dass die gesellschaftlichen Herausforderungen in der Regel nicht eine einzelne Konfession, sondern die Christen und die Kirchen gemeinsam betreffen, das Verständnis des christlichen Glaubens, aus dem heraus Antworten gegeben werden, genügend Übereinstimmungen aufweist, um zu gemeinsamen Positionen zu finden, und das Gewicht der kirchlichen Stimme in der Öffentlichkeit zunimmt, wenn beide großen Kirchen gemeinsam auftreten. Die Trennlinien bei den Stellungnahmen zu den einzelnen Themen verlaufen im Allgemeinen nicht mehr zwischen den Kirchen, sondern quer zu den konfessionellen Grenzen mitten durch die Kirchen.

3.3 Unter den öffentlichen kirchlichen Äußerungen lassen sich vom Genus der D.en die kurzen „Worte" und „Erklärungen" – insbesondere der Synode, des Rates und des Vorsitzenden des Rates der EKD – abgrenzen. Diese sind bis 2002 gesammelt zugänglich in den Bänden unter dem Titel „Kundgebungen", dabei für die Jahre 1969–1991 getrennt nach EKD (West) und Bund der Evangelischen Kirchen in der DDR.

4. Entstehung. D.en (im engeren und weiteren Sinne des Wortes) werden in der Regel von den in der Grundordnung der EKD (Art. 22) vorgesehenen Kammern oder Kommissionen „aus sachverständigen kirchlichen Persönlichkeiten", die „zur Beratung der leitenden Organe" gebildet werden, ausgearbeitet. Die Arbeitsergebnisse werden dem Rat der EKD vorgelegt, von ihm, gegebenenfalls in modifizierter Fassung, zur Veröffentlichung freigegeben und vom Kirchenamt der EKD publiziert.

4.1 Die Kammern oder Kommissionen sind entweder ständige Beratungsgremien des Rates und werden dann vom Rat für die Dauer einer Amtsperiode des Rates, also für 6 Jahre, berufen. Oder es handelt sich um ad hoc gebildete Kommissionen, die sich nach Erledigung ihres vom Rat gegebenen Auftrages wieder auflösen. In beiden Fällen wird bei der Berufung darauf Wert gelegt, dass das Gremium, dem in der Regel nur Kirchenmitglieder angehören sollen, interdisziplinär und kontrovers zusammengesetzt ist. Die kirchliche Stimme hat in den diffizilen und komplexen Fragen des politischen, wirtschaftlichen und wissenschaftlichen Lebens nur Gewicht, wenn sie sich des Schatzes bedient, den das Expertenwissen der „Laienchristen" darstellt. Die Beteiligung von Experten mit kontroversen Positionen soll im Rahmen des Möglichen gewährleisten, dass ergebnisoffen nach überzeugenden Lösungen und nicht bloß nach Argumenten zugunsten einer vorgefassten Meinung gesucht wird.

4.2 Das älteste, heute noch bestehende ständige Beratungsgremium, das mit der Vorbereitung von D.en beauftragt ist, ist die Kammer für Öffentliche Verantwortung, die – nach Vorläufern unmittelbar nach dem Ende des Krieges – 1949 eingerichtet wurde. Die Kammer für Theologie wurde – wegen der lange umstrittenen Kompetenz der EKD, sich neben VELKD, EKU und Arnoldshainer Konferenz ebenfalls zu spezifisch theologischen Fragen zu äußern – erst 1987 gebildet. Daneben bestanden in der Ratsperiode 2009–2014 noch die Kammer für soziale Ordnung, die Kammer für Bildung und Erziehung, Kinder und Jugend, die Kammer für Nachhaltige Entwicklung, die Kammer für weltweite Ökumene und die Kammer für Migration und Integration sowie der gemeinsame Ausschuss „Kirche und Judentum".

4.3 Bei der Vorbereitung des „Wortes zur wirtschaftlichen und sozialen Lage", das der Rat der EKD und die katholische Deutsche Bischofskonferenz 1997 unter dem Titel „Für eine Zukunft in Solidarität und Gerechtigkeit" veröffentlicht haben, wurden methodisch neue Wege beschritten. Die Vorbereitung wurde durch einen zweieinhalbjährigen Konsultationsprozess, der auf der Grundlage eines 1994 herausgegebenen Impulspapiers eine intensive Partizipation in Kirche und Öffentlichkeit erlaubte, verbreitert und vertieft. Demselben Modell folgte ein Konsultationsprozess zum Verhältnis von Protestantismus und Kultur, den EKD und Vereinigung Evangelischer Freikirchen 1999 begonnen haben.

5. Themen. Die D.en behandeln, bei Vorrang sozialethischer Probleme, ein weitgespanntes Themenfeld.

5.1 Die Gliederung der Sammelbände „Die D.en der EKD" erlaubt eine gute Übersicht. Band 1, untergliedert in die Teilbände 1/1–4 (1978–1993), behandelt „Frieden, Menschenrechte, Weltverantwortung". Band 2, von dem bisher ebenfalls vier Teilbände (1978–1992) vorliegen, steht unter der Überschrift „Soziale Ordnung, Wirtschaft, Staat". Band 3 ist dem Themenbereich „Ehe, Familie, Frauen und Männer" (1981) gewidmet. Band 4 umfasst in zwei Teilbänden Veröffentlichungen zu „Bildung, Information, Medien".

5.2 Schon die summarische Übersicht lässt erkennen, dass die Probleme des politischen und sozialen Lebens im Vordergrund stehen. Fragen aus dem wissenschaftlich-technischen Bereich, der Welt von Medien und Kultur oder dem Rechtsbereich treten demgegenüber zurück. Theologische und kirchliche Themen kommen aber in jüngerer Zeit im Zusammenhang mit dem Reformprozess und dem Reformationsjubiläum 2017 stärker zum Zuge. Diese ungleiche Berücksichtigung der verschiedenen Themenbereiche spiegelt zum einen eine jahrzehntelange – nur historisch zu verstehende – Aufgabenteilung innerhalb der EKD, bei der die Leitungsorgane der EKD gemäß Art. 19 der Grundordnung auf die Wahrnehmung des politischen Mandats gegenüber den Inhabern öffentlicher Gewalt ausgerichtet waren, während theologische und kirchliche Themen in die Verantwortung der Gliedkirchen und der gliedkirchlichen Zusammenschlüsse fielen. Im Übergewicht der politischen und sozialen Themen zeigte sich zum anderen die traditionelle Staatsbezogenheit des Protestantismus (→ Staat). Aufgaben, Leistungen und Defizite der staatlichen Strukturen, nicht der intermediären Institutionen fanden vorrangig Aufmerksamkeit. In beiden Hinsichten zeichnen sich in jüngerer Zeit Trendänderungen ab.

6. Funktion. D.en sind eine der möglichen Gestalten, in denen das kirchliche Lehramt nach evangelischem Verständnis ausgeübt werden kann. Autorität besitzen sie nur insoweit, wie sie kraft des Gewichts ihrer Argumente, aber auch der Glaubwürdigkeit der kirchlichen Institution zu überzeugen vermögen. Sie verstehen sich als Hilfe zur eigenen Urteilsbildung und damit als Beitrag zur Klärung offener oder strittiger Fragen. Dabei können sie keine höhere Kompetenz oder kein größeres Gewicht für sich beanspruchen als die profilierte Stimme einzelner Christenmenschen. Die besonderen Chancen und Aufgaben der D.en liegen auf dem gesellschaftsdiakonischen Feld darin, einen nicht partei- oder interessengebundenen Standpunkt zu formulieren, dabei einen stellvertretenden Konsens für Kirche und Gesellschaft zu erreichen, in der öffentlichen Diskussion verschwiegene oder verloren gegangene Fragen und Lösungswege zur Geltung zu bringen und so unter Umständen „Mund für die Stummen" und Übergangenen (Prov 31,8) zu werden.

KIRCHENAMT DER EKD, Kundgebungen. Worte, Erklärungen und Dokumente der Evangelischen Kirche in Deutschland, 3 Bde., 1959–1996 – DASS. (Hg.), Die D.en der Evangelischen Kirche in Deutschland, 4 Bde., 1978–1993 – Kundgebungen, Worte, Erklärungen und Dokumente des Bundes der Evangelischen Kirchen in der DDR, 2 Bde., 1995–1996 – L. RAISER, Die D.en der EKD als Wahrnehmung des Öffentlichkeitsauftrags der Kirche, in: KIRCHENAMT DER EKD (Hg.), Die D.en der EKD, 1/11978, 9–39 – H. SCHRÖER, Art. D.en, Kirchliche, in: TRE, VIII 1981, 493–499 – M. HONECKER, Lehrautorität und Sachautorität in evangelischen D.en, in: A. AUER (Hg.), Die Autorität der Kirche in Fragen der Moral, 1984, 33–52 – J. LELL, Art. D.en der EKD, in: EKL, ¹1986³, 809–812 – E. WILKENS, Bekenntnis und Ordnung. Ein Leben zwischen Kirche und Politik, 1995, 154–185 – CH. ALBRECHT, Art. D.en, in: RGG, II1999⁴, 664–666.

Hermann Barth, Friedrich Hauschildt

Deregulierung

1. Begriff. D. ist der Abbau staatlicher Markteingriffe durch rechtliche Regelungen (Regulierungen), die den wirtschaftlichen Entscheidungs- und Handlungsspielraum der Marktteilnehmer aus ökonomischen (z. B. Vermeidung allokativen Marktversagens, d. h. der Fehllenkung knapper Ressourcen) oder außerökonomischen (z. B. sozialethischen Gründen, →Verteilung) beschneiden. D. soll durch Marktöffnung und Stärkung der Marktkräfte Wohlfahrtsgewinne realisieren. D. i. w. S. überschneidet sich mit →Privatisierung, weil der →Staat in regulierten Bereichen oft selbst als Produzent und Anbieter auftritt. D. i. e. S. bezeichnet den Abbau spezifischer Regulierungen von Preisen, Mengen, Qualitäten, Marktzugang usw. für wettbewerbsrechtliche (→Wettbewerbspolitik) Ausnahmebereiche.

2. Geschichte. Regulierung (regulation) spielt in →Wettbewerbsrecht und -politik vor allem in den USA seit Mitte des 19. Jh.s eine wichtige Rolle. D. wurde dagegen erst im letzten Viertel des 20. Jh.s Thema der →Wirtschaftspolitik. Beide Tendenzen haben jedoch ältere dogmen- und wirtschaftsgeschichtliche Wurzeln. Der klassische →Liberalismus setzte sich gegen die staatliche Bevormundung der Wirtschaft im Merkantilismus zur Wehr. Der im Manchester-→Kapitalismus rigoros durchgesetzte Rückzug des Staates löste wiederum sozial- wie wettbewerbspolitische (→Wettbewerbspolitik, →Sozialpolitik) Gegenreaktionen aus. Diese Antinomie besteht bis heute fort. Die durch (De)Regulierungsfehler mitverursachte weltweite Finanzmarktkrise hat seit 2008 eine erneute Regulierungswelle ausgelöst.

3. Theorie. Die Forderung nach D. fußt auf der Markt-, Wettbewerbs- und Ordnungstheorie. Da staatliche Eingriffe in den wettbewerblichen Marktprozess im Normalfall Wohlfahrtsverluste (z. B. durch Wachstumseinbußen, Innovationshemmnisse, Fehllokation oder Beeinträchtigung der Konsumentensouveränität) verursachen, sind sie nur in Ausnahmen und bei genauer Kosten-Nutzen-Abwägung zu rechtfertigen. D. ist geboten, wenn eine solche Begründung fehlt, der Regulierungszweck die -kosten nicht rechtfertigt oder eine marktkonformere Lösung (z. B. Lizenzversteigerung, Trennung von Bereitstellung und Betrieb von Netzen usw.) den gleichen Zweck erfüllt. Befürworter der D. lehnen daher nicht jede Regulierung ab. So wird z. T. eine staatliche Regulierung bei der →Privatisierung staatlicher Monopole für notwendig gehalten, um langfristig für Wettbewerb zu sorgen. Den meisten Regulierungen wird jedoch theoretisch und empirisch die Berechtigung bestritten. Außerökonomisch motivierte Regulierungen, die besonders in der Sozialpolitik verbreitet sind, verursachen oft hohe ordnungspolitische und gesamtwirtschaftliche Kosten und vernachlässigen nicht selten effizientere, marktkonforme Alternativen.

Unstrittig bleibt als Regulierungsgrund die Korrektur allokativen Marktversagens – z. B. bei externen Effekten, d. h. bei Handlungen, durch die Nutzen oder Kosten (z. B. durch Umweltbelastungen) für Dritte entstehen, die von den Verursachern in ihren Entscheidungen systematisch nicht berücksichtigt werden, →öffentlichen Gütern, Informationsmängeln und natürlichen →Monopolen. Bei vielen Regulierungen liegt jedoch kein Markt-, sondern Staatsversagen vor. In anderen Fällen ist der ursprüngliche Regulierungsgrund (insbesondere das natürliche Monopol) aufgrund technischen Fortschritts nicht mehr gegeben.

4. Politik. Nationale D.smaßnahmen betreffen zunächst vor allem klassische Regulierungsbereiche wie Verkehrszweige, Post und Telekommunikation, Energiewirtschaft, Finanzdienstleistungen sowie mittelständische Berufszweige (z. B. Rechtsanwälte, Handwerk). International wurden im Zuge von Liberalisierung und →Globalisierung Handelshemmnisse abgebaut und die internationalen Devisen- und Finanzmärkte dereguliert.

Mit der Vollendung des Europäischen Binnenmarktes 1992 (→EU-Grundfreiheiten), der Schaffung der →Europäischen Wirtschafts-, Währungs- und Sozialunion und der Etablierung der →WTO 1995 wurden zunehmend auch Dienstleistungen in die (internationalen) D. einbezogen. Doch sind aus politischen Gründen viele Bereiche davon weiterhin ausgenommen – etwa bei der Europäischen Dienstleistungsrichtlinie von 2006 oder im Rahmen der 2013 begonnenen Verhandlungen des Abkommens über eine Transatlantische Handels- und Investitionspartnerschaft (TTIP) zwischen der EU und den USA.

In Deutschland erfolgte die D. (z. B. in Telekommunikation und →Energiewirtschaft) relativ spät und z. T. erst auf Druck der EU-Kommission. Neben weiteren Schritten zur D. im Zuge o. g. internationaler Abkommen konzentrierte sich die D. in Deutschland ab 2002 besonders auf den →Arbeitsmarkt („Agenda 2010", „Hartz"-Gesetze). Mit Bildung der Großen Koalition 2005 und vor allem seit der Finanzmarktkrise hat die deutsche Politik auf allen Ebenen eine Kehrtwende vollzogen und viele neue Regulierungen – u. a. im Energiebereich (z. B. Energieeinsparverordnung), in der Wohnungswirtschaft („Mietpreisbremse") sowie im Arbeits- und Sozialrecht (gesetzlicher Mindestlohn) – geschaffen.

Gegen D. wenden sich häufig betroffene Interessengruppen. Die Verbände und Träger kirchlicher und freier Wohlfahrtspflege haben ein ambivalentes Verhältnis zur D.: Einerseits befürworten sie als „Sozialanwalt" vielfach zusätzliche Regulierungen und kritisieren die mit der Deregulierung verbundene „Ökonomisierung" sozialer Leistungen. Andererseits beklagen sie selbst eine Überregulierung ihrer Arbeit.

D.SKOMMISSION, Berichte, 1990f – C. WINSTON, Economic D.: Days of Reckoning for Microeconomists, in: JEL 31 (1993), 1263–1289 – DERS., U.S. Industry Adjustment to Economic Deregulation, in: JEP 12 (1998), 89–110 – J. BORRMANN/J. FINSINGER, Markt und Regulierung, 1999 – MONOPOLKOMMISSION, XII. Hauptgutachten, 1998 – DIES., XX. Hauptgutachten, 2014 – A. OTTNAD, Zwischen Markt und Mildtätigkeit: Die künftige Positionierung der Freien Wohlfahrtspflege im europäischen Umfeld, in: M. ALBRECHT/E. KNAPPE (Hg.), Soziale Dienste im Europäischen Binnenmarkt, 2002, 29–78 – G. KNIEPS, Wettbewerbsökonomie: Regulierungstheorie, Industrieökonomie, Wettbewerbspolitik, 2008[3] – M. FRITSCH, Marktversagen und Wirtschaftspolitik, 2011[8].

Adrian Ottnad

Diakon / Diakonisse / Diakonin

Angesichts großer sozialer Probleme kam es im 19. Jh. zu einer Erneuerung des ntl. Diakonats in der evangelischen Kirche. J. H. WICHERN, TH. und FRIEDERIKE FLIEDNER, H. LÖHE u. a. entwickelten durch eine gelungene Verbindung von →Arbeit, →Ausbildung und geistlichen Gemeinschaften neue Organisationen der Armenfürsorge, Erziehungshilfe und Krankenpflege. Die neu geschaffenen Berufe der Diakonisse und des Diakons prägten die schnell wachsende Anstalts- wie die Gemeindediakonie bis in die Mitte des 20. Jh.s. Seit Beginn des 20. Jh.s kam es allerdings daneben und auch im Diakonat selbst zu einer vielfältigen Ausdifferenzierung der Erziehungs-, Sozial- und Gesundheitsberufe. Bis heute ist es nicht gelungen, die diakonischen Berufe im Sinne eines geordneten, diakonischen Amtes auf allen Ebenen von Kirche und →Diakonie zu etablieren, wie es J. H. WICHERN 1856 in seinem Gutachten über die Diakonie und den Diakonat gefordert hatte. Diakone/Diakoninnen werden an kirchlichen Fachhochschulen oder Fachschulen wie auch in den Ausbildungsstätten der Brüder- und Schwesternschaften ausgebildet. Kirchlicher Auftrag, Gemeinschaftszugehörigkeit und Einsegnung sind bislang allenfalls in gliedkirchlichen Diakonengesetzen geregelt. Erst 2014 hat die EKD durch die Möglichkeit der Modularisierung, Vergleichbarkeit und standardisierter Zertifizierung der vielfältigen Rahmenbedingungen diakonische und gemeindepädagogische Berufsprofile geschaffen. Entsprechende Regelungen im Blick auf das diakonische Amt fehlen – trotz der EKD-Schrift über den Diakonat als geordnetes Amt der Kirche (1998) bis heute. Unterschiede im Berufs- und Amtsverständnis von Diakon und Diakonisse lassen sich nicht von der Geschlechterfrage trennen. Bis heute ist die „männliche" Erziehungs- und „Fürsorge"-Diakonie der Brüderhäuser durch andere Arbeitsfelder und Berufsgruppen geprägt als die „Mutterhausdiakonie" mit ihren Pflegeeinrichtungen und -schulen. Seit der Öffnung der Diakonenausbildung in den 1960er Jahren ist der Beruf der Diakonin für Frauen attraktiver als der Eintritt in eine Schwesternschaft. Nur noch wenige Mutterhäuser bieten eine Diakonissenausbildung mit eigenem Abschluss an, die sich dann oft bei der Diakonenausbildung anrechnen lässt. In vielen Landeskirchen wurde aber auch die Einsegnung der Diakonissen agendarisch nicht als Einsegnung in ein kirchliches Amt begriffen. Die Zukunft der Schwesternschaften scheint ungewiss; in vielen Fällen ist die Zahl der Berufstätigen in den alt gewordenen Gemeinschaften gering, auch fehlt vielen, die sich heute in „Schwesterngemeinschaften" zusammenschließen, eine diakonisch-theologische Qualifikation. Die von TH. FLIEDNER selbst angestoßene Professionalisierung der „Frauenberufe" in Pflege und →Erziehung ging zwar von Anfang an mit einer biblisch-theologischen Qualifikation einher; sie blieb jedoch im Bildungsanspruch unter dem der Diakoninnen und Diakone und hierarchisch dem Pfarramt wie dem Arztberuf zugeordnet. Die notwendige →Emanzipation aus patriarchal geprägten Strukturen kam erst zögernd in Gang. Trotz des rasanten Wachstums der Schwesternschaften (1930 ca. 30.000 Diakonissen im Kaiserwerther Verband) gab es seit der Gründung des Zehlendorfer Diakonievereins durch F. Zimmer 1894 Kritik am zölibatären und ordensähnlichen Aufbau der Mutterhäuser (Entsendungsprinzip, Taschengeld und Versorgungsordnung). Seit Ende der 1960er Jahre haben sich Diakonissengemeinschaften zunächst für „Tarifangestellte" und später auch für verheiratete Frauen geöffnet. Konstitutiv für die Einsegnung blieb aber die Zugehörigkeit zur Schwesternschaft als Glaubens- und Dienstgemeinschaft. Heute müssen die mit dem Diakonat verbundenen Fragen nach dem Amtsverständnis (gestuftes oder gefächertes →Amt, Ordination oder Einsegnung) im ökumenischen Kontext diskutiert werden (Lima-Erklärung zu Taufe, Eucharistie und Amt). Dabei zeigt der Vergleich z. B. mit den skandinavischen Ländern, dass die Gemeinschaftstraditionen diakonischer Einrichtungen in dem Maße an Bedeutung verlieren, wie die verschiedenen diakonischen Berufe (Diakon, Diakonin, Diakonisse) in einem diakonischen Amt der Kirche aufgehen, das die Zugehörigkeit zu einer Gemeinschaft nicht mehr unbedingt voraussetzt. Mit der EKD-Schrift zu diakonisch-gemeindepädagogischen Ausbildungs- und Berufsprofilen sind erste Schritte in diese Richtung getan.

J. Schmidt, Beruf: Schwester. Die Entwicklung des Frauenbildes und des Berufsbildes der Diakonie im 19. Jh., 1994 – Kirchenamt der EKD (Hg.), Der ev. Diakonat als geordnetes Amt der Kirche, 1996 – T. Strohm, Einleitung, in: Elsie McKee/Risto A. Ahonen, Die Erneuerung des Diakonats als ökumenische Aufgabe, Heidelberg 1996, 11–34 – G. Freytag, Unterwegs zur Eigenständigkeit, 1998 – D. Reiniger, Diakonat der Frau in der einen Kirche, 1999 – C. Coenen-Marx; Die Seele des Sozialen, Neukirchen 2013 – A. Noller/E. Eidt/H. Schmidt, Diakonat – theologische und sozialwissenschaftliche Perspektiven auf ein kirchliches Amt, Stuttgart 2013 – Kirchenamt der EKD, Perspektiven für diakonisch-gemeindepädagogische Ausbildungs- und Berufsprofile, 2014.

Cornelia Coenen-Marx

Diakonie

1. Begriff und Verfasstheit. D. ist vom gr. Wort „diakonia" abgeleitet, dessen wörtl. Bedeutungen Dienst, Gesandtschaft, Beauftragung mit Vermittlungstätigkeiten oder Botengängen umfassen. Heute kann D. als soz. Dienst am Mitmenschen wiedergegeben werden, der in der Liebe Gottes zum Menschen und dem darauf bezogenen Gebot der Nächstenliebe gründet. Im Gleichnis vom barmherzigen Samariter (Lk 10) als Vorbild für die tatkräftige Hinwendung zu Menschen in Not im Neuen Testament allen Christen aufgegeben, meint D. nicht nur das individuelle Erbarmen und Helfen, sondern umfasst genauso unterschiedliche Organisationsformen der Hilfe und Unterstützung: als Teil kirchengemeindl. Engagements oder als diak. Werk der verfassten Kirchen (z. B. Sozialstationen auf Kirchenkreisebene), aber ebenso alle Einrichtungen und sozialen Dienste, die parallel zur verfassten Kirche unter dem Dach von Diakonie Deutschland als Mitgliedseinrichtungen in Landesverbänden oder als Fachverbände organisiert sind. Diak. Dienstleister betreiben in einer Vielzahl von Handlungsfeldern in Partnerschaft mit wohlfahrtsstaatl. Organen (→Subsidiarität) Krankenhäuser, Alten-Pflegeeinrichtungen, ambulante Pflegedienstleister, Kindergärten, Beratungsstellen, Einrichtungen für Menschen mit Behinderung, Jugend- und Familienhilfe, Unterkünfte für Menschen ohne festen Wohnsitz, Arbeit für Menschen mit Migrationshintergrund etc.

Diakonie Deutschland ist einer der sechs Verbände der Freien Wohlfahrtspflege in Deutschland. 2012 wurde das Diak. Werk der →EKD mit der Aktion Brot für die Welt sowie der Diakonie Katastrophenhilfe und der Ev. Entwicklungsdienst zum Evangelischen Werk für Diakonie und Entwicklung (EWDE) zusammengeschlossen. Diakonie Deutschland – Evangelischer Bundesverband ist als Teilwerk des EWDE Nachfolgerin des Diak. Werkes der EKD. Die Konferenz Diakonie und Entwicklung der Diakonie Deutschland, in der die Vertreter der 19 Diak. Landesverbände, der 9 freikirchlichen Diak. Werke und 70 Fachverbände einmal jährlich tagen, beschließt über Grundsatzfragen des Vereins, über allg. Grundsätze für die diak. und volksmissionarische Arbeit, über humanitäre Hilfe, sowie über allgemeine Grundsätze für den Entwicklungsdienst. Der „Aufsichtsrat" der Diakonie Deutschland überwacht die Beschlüsse der Konferenz. Insgesamt sind mehr als 450.000 Menschen in über 28.000 diakonischen Einrichtungen bei Diakonie Deutschland und ihren Gliedern beschäftigt, ca. 700.000 freiwillig engagiert. Arbeitsverhältnisse werden im →Dritten Weg gestaltet, wobei einzelne diak. Unternehmen od. Landesverbände auch kirchengemäße Tarifverträge mit Gewerkschaften abgeschlossen haben. Weiterhin gibt es den Verband diakonischer Dienstgeber in Deutschland (VdDD) und den Verband Evangelischer Diakonen-, Diakoninnen und Diakonatsgemeinschaften in Deutschland (VEDD).

2. Biblische Begründung und geschichtliche Entwicklung. Die Zuwendung zu Menschen in Not ist von Anfang an Kennzeichen des christlichen Glaubens. Auch wenn neuere Forschung darauf hindeutet, dass der Begriff D. in der Urgemeinde keine spezifisch diak. Dienste meinte, so wurden doch Hilfe und Fürsorge bis hin zum Schutz bedrängter Menschen aus atl. Rechts- und Propheten-Traditionen sowie der jüd. Armenfürsorge zur Zeit Jesu übernommen und in entsprechenden ntl. Geboten (→Nächstenliebe) Christen aufgetragen. Vorbild christlichen Engagements ist die Zuwendung Jesu zu kranken und ausgeschlossenen Menschen damals (z. B. Blinden, Lahmen, Aussätzigen, Prostituierten, Zöllnern usw.). Darauf aufbauend wurde christliche Nächstenliebe zunächst innergemeindlich praktiziert (diakonia als eine der vier Grunddimensionen von Kirche neben martyria, leitourgia und koinonia), wobei bereits eine Aufforderung zur Überschreitung ethnischer und rel. Grenzen jener Zeit enthalten war und damit Hilfeleistungen für prinzipiell jeden Menschen in Not begründet wurden. Die caritative Hilfe verlieh Christengemeinden in den erste. Jh.en eine hohe Anziehungskraft und trug maßgeblich zur Verbreitung des Christentums bei. Vom Frühchristentum bis ins Mittelalter drückte sich die Sorge für notleidende Menschen vor allem in der Gründung von Hospitälern aus, aber auch in der Versorgung von Armen und Bedürftigen durch die Klöster. Auf Grundlage der →Rechtfertigung wies M. LUTHER Christen zur dienenden Liebe gegenüber ihrem Nächsten aus Dankbarkeit für die erfahrene Liebe Gottes. Zugleich wurde die Versorgung der Armen in die Verantwortung der Gemeinschaft der Bürger gelegt, die mittels des gemeinen Kastens (einer Art Sozialkasse) den Bedürftigen entsprechend ihrem Bedarf geben sollte. Jedoch ging damit auch eine größere Disziplinierung der Armen einher. In der reformierten Trad. verankerte J. CALVIN die caritative Arbeit im Amt des Diakons. A. H. FRANCKE gründete im 17. Jh. Waisenhäuser mit (Aus-)Bildungsmöglichkeiten in Halle, Graf von ZINZENDORF gab wichtige Impulse aus der Gemeindearbeit. In der Folgezeit schlossen sich eine Vielzahl von Armen-, Waisen-, Witwenhäusern sowie Einrichtungen für (psych.) Kranke, aber auch genossenschaftl. oder industrielle Ideen an (durch OBERLIN, FALK, VON DER RECKE-VOLMERSTEIN, LÖHE, WERNER u. a.). TH. FLIEDNER und seine Frau FRIEDERIKE gründeten in Kaiserswerth das erste Mutterhaus (Modell für viele weitere im In- und Ausland), in welchem Diakonissen in der Krankenpflege ausgebildet wurden, was alleinstehenden Frauen die Möglichkeit zu einer Tätigkeit in der Öffentlichkeit (ohne dir. Aufsicht durch einen Mann) eröffnete. F. VON BODELSCHWINGH gründete in Bethel bei Bielefeld Einrichtungen für Menschen mit Epilepsie und baute sie zum größten diak. Werk aus. Ein entscheidender Impuls für die D. ging von J. H. WICHERN aus, auf dessen Stegreifrede beim Kirchentag in Wittenberg 1848 hin der „Central-Ausschuss für die →Innere Mission" gegründet wurde. Die Arbeit des Ausschusses zielte zunächst auf die Re-Christianisierung des dt. Volkes ab, führte aber auch die vielen Einzelinitiativen zusammen, gab ihnen ein Konzept und vernetzte sie organisatorisch. Obwohl sich die Innere Mission zu lange gegen die als gottlos bezeichnete Arbeiterbewegung positionierte und die Bedeutung sozialpol. Engagements nicht erkannte, war sie im Zuge der Verabschiedung der ersten Sozialgesetze ab 1881 durch Bismarck nicht zu übergehen. Nach dem 1. Weltkrieg wurde der Wohlfahrtsstaat zur Bewältigung der Kriegsfolgen ausgebaut und die Freie Wohlfahrtpflege über das →Subsidiaritätsprinzip in der Reichsverfassung der Weimarer Republik verankert. Nach der Machtübernahme durch die Nationalsozialisten führte die „Nationalsozialistische Volkswohlfahrt" Standardisierungs- und Professionalisierungsprozesse – auch im Sinne ihrer „Rassenhygiene" sowie der Eugenik – durch und brach dabei mit der christlichen und humanistischen Tradition, etwa indem die „Wertvollen" zu fördern und die „Minderwertigen" auszumerzen seien oder den konfessionellen Wohlfahrtsverbänden überlassen wurden. Widerstand, oppositionelles Verhalten oder geäußerte Abstandnahme gab es von Seiten der konf. Wohlfahrtsverbände nur vereinzelt. Entsprechend wurden auch aus diak. Einrichtungen behinderte Menschen zur Vernichtung durch die Nazis abtransportiert. In die Lücke sozialstaatl. Handelns nach dem Ende des Zweiten Weltkriegs sprangen vor allem die konf. Dienste und Einrichtungen. Das 1945 gegründete Hilfswerk der Ev. Kirche in Deutschland, das sich von der Inneren Mission abgrenzte, organisierte und verteilte Hilfsgüter aus dem Ausland. 1961 wurde mit dem Bundessozialhilfegesetz den freien Trägern in der Wohlfahrt gegenüber den staatlichen der Vorrang eingeräumt, was eine erhebliche Expansion der konf. Wohlfahrtsverbände in der BRD in den 1960er und 70er Jahren zur Folge hatte. 1975 schlossen sich die ev. Hilfs- und D.werke zum Diak. Werk der EKD in Deutschland zusammen, in das nach der dt. Wiedervereinigung 1990 auch diak. Einrichtungen aus der DDR integriert wurden.

3. Herausforderungen. Die soz. und gesundheitl. Arbeit der D. ist als „Wesens- und Lebensäußerung" unabdingbarer Teil der Kirche; jedoch ist der Diakonat bis heute noch kein geordnetes kirchl. Amt. Diak. Einrichtungen sind ebenso Teil des Sozialstaats und werden überwiegend aus den Sozialversicherungen finanziert. Seit den 1990er Jahren befindet sich der dt. Wohlfahrtsstaat in tief greifender Transformation. Die Einführung wettbewerblicher Rahmenbedingungen hat mehr Konkurrenz zwischen gewerblichen Leistungsanbietern und freigemeinnützigen Trägern und neue Formen der Finanzierung (stärkere Beteiligung des privaten Sektors durch Fundraising und Stiftungen) begünstigt, was die faktische Verabschiedung vom Subsidiaritätsprinzip bedeutete und die Anwendung ökon. Steuerungselemente zur Steigerung von Effizienz und Effektivität beförderte. Treiber der Transformation sind außerdem demogr. Entwicklung, Veränderung der Lebensformen, neue Auffassungen von Autonomie und die Entwicklung der staatlichen Haushalte. Sie artikulieren sich in Prozessen der Dezentralisierung, lokalen Selbstorganisation, stärkerer Einbindung der Adressaten und in der Zunahme zivilgesell. Engagements. Diese Entwicklungen stellen die D. in eine Gemengelage zwischen Dienstleistungsorientierung, organisationaler Verbetrieblichung, zivilgesell. Rollenzuschreibung und kirchlichem Selbstverständnis und erfordern eine neue Aufgabenverteilung zwischen diak. Verbänden und ihren Mitgliedern. Durch die Verschränkung von Staat (Finanzierung, Standardisierung), Markt (Wettbewerb unter autonomen Dienstleistern) und Zivilgesellschaft (Fördervereine, Initiativen, Selbstvertretungsorganisationen) werden diak. Dienstleister zu hybriden Organisationen, in denen unterschiedliche Sektorenlogiken zusammenkommen. Hinsichtlich ihres Selbstverständnisses findet sich die D. folglich in einer Mehrfachrolle von betrieblicher Organisation (Dienstleister, Arbeitgeber), politischer Organisation (Lobbyist für sozial Schwache, Kooperationspartner für staatliche Programme) und kirchlicher Einrichtung (christl. Akteur, Gemeindebezug), die eine tiefgehende Anfrage an ihre Identität sowie zentrale Herausforderungen für die Zukunft bedeutet. Bes. die Sozialanwaltschaft – ein zentrales Motiv christlichen Engagements für Teilhabemöglichkeiten marginalisierter Menschen – braucht neue Formen, denn ein diak. Dienstleister kann nur bedingt als „Anwalt" die Interessen eines Menschen vertreten, an dem er zugleich als Dienstleister ein eigenes wirtschaftliches Interesse hat. So ringen diak. Unternehmen um ihre christliche Ausrichtung und versuchen, mittels der Gestaltung der Unternehmenskultur eine diak. Identität zu stützen. Weiterhin stellt sich als Aufgabe, diak. Engagement von Kirchengemeinden stärker mit den diak. Unternehmen zu verbinden („Gemeinwesen-D.") und so zur Gestaltung einer Kultur des Helfens in der Gesellschaft beizutragen.

C. FRERK, Caritas und D. in Deutschland, 2005 – J. EURICH/ W. MAASER, D. in der Sozialökonomie, 2013 – G.-H. HAMMER, Geschichte der D. in Deutschland, 2013 – H. SCHMIDT/K. D. HILDEMANN (Hg.), Nächstenliebe und Organisation, 2013 – J. EURICH, D., 2014.

Johannes Eurich

Dialektik

Als D. oder dialektisch (von gr. dialegein = sich unterreden) bezeichnet man eine Technik der philosoph. Problembehandlung, die die Form einer *Unterredung* annimmt oder Rede und Gegenrede in der Reflexion simuliert. Auch die Problemlage selbst, sofern sie sich als Prozess von Rede und Gegenrede, Position und Gegenposition beschreiben lässt, kann dialekt. bzw. D. genannt werden. Im Laufe seiner Begriffsgeschichte hat D. die Bedeutung einer *Methode*, einer *Disziplin* oder auch eines (weltanschaulichen) *Systems* angenommen.

1. Begriffsgeschichte. *1.1 Antike.* PLATON, für den die dialekt. Gesprächstechnik in den verschiedenen Etappen seines philosoph. Denkens in unterschiedl. Weise zum Prototyp des Philosophierens wurde, kann an die Entwicklung der D. im Rahmen der vorsokratischen Philosophie anknüpfen. Ausgehend von der bereits bei den frühen Denkern beliebten Thematisierung bipolarer Einheiten (Tag/Nacht, Sein/Nichtsein, Leben/Tod) spricht HERAKLIT über das sich selbst Zusammenstimmende des Gegensätzlichen oder Verschiedenen wie bei Bogen und Leier. Als ‚Erfinder' der D. in der Rede gilt der Eleat Zenon. Die Sophisten machen die dialekt. Unterredung zu einer allgemein anwendbaren und lehrbaren Technik der Argumentation und *erfolgreicher Gesprächsführung*. In Kritik der nur auf den faktischen Erfolg der Überredung ausgerichteten sophistischen Eristik fasst PLATON D. als die Methode, im Dialog vorgebrachte Ansichten auf *Gründe und Gegengründe* hin zu überprüfen. Auf dem Weg zu den wahren Seienden (Ideen) weist der platonische SOKRATES durch gezielte Fragen seine Dialogpartner auf Widersprüche und Aporien ihrer Rede hin. Für ARISTOTELES hat D. zunächst die Aufgabe der Aufdeckung von „sophistischen" Trugschlüssen. In seiner ‚Topik' untersucht er Argumentationsmuster, sammelt Gesetzmäßigkeiten ihrer Konstruktion und gibt Anleitungen zu ihrer Verwendung für die überzeugende Argumentation (im Rahmen der Rhetorik) wie auch für die zwingende Argumentation (im Rahmen der D.). Während die streng wissenschaftl. Beweisführung (Analytik) nur wahre Prämissen wählen soll, stützt sich die Beweisführung der D. auf Sätze, die allgemein oder weithin anerkannt sind (endoxa). Für CICERO hat es die Topik mit der Auffindung von Argumenten zu tun (ars inveniendi), während sich die D. auf deren Anwendung in der Beweisführung (ars iudicandi) beschränken kann.

1.2 Mittelalter. Vermittelt durch BOETHIUS knüpft das lateinische Mittelalter an die aristotelische Unterscheidung zwischen D. und Analytik an. Zugleich wirkt aber auch der stoische Fächerkanon nach, in dem D. als Bezeichnung der *Schuldisziplin Logik* insgesamt dient. Zeitweilig wird die D. zum Inbegriff der natürl. → Vernunft, die rein auf sich selbst gestellt und ohne Rückgriff auf die göttl. Offenbarung operiert.

1.3 Neuzeit. KANTS transzendentale D. weist auf die unverrückbaren Widersprüchlichkeiten (Antinomien) hin, mit denen die Vernunft konfrontiert wird, wenn apriorische Anschauungsformen und Begriffe auf letzte Fragen angewandt werden. Für G.W.F. HEGEL ist die D. Bewegung der Vernunft, Natur des Denkens; das Sein des Wirklichen fasst er als dialekt. Bewegung von Begriffen auf. In einer *thetisch-antithetischen* Vermittlung und Versöhnung zwischen Gegensätzen – wie Subjekt/Objekt, Denken/Sein – die in einer höheren, den Gegensatz ‚aufhebenden' Einheit (*Synthese*) mündet, hat das menschliche Denken in spekulativer Form der D. Anteil an dieser Bewegung. K. MARX greift HEGELS D. als Methode der Darstellung von bürgerlicher Ökonomie und soz. Verhältnisse in ideologiekritischer Absicht auf. F. ENGELS bildet diese Darstellungsweise in eine „objektive D." ab und erklärt die D. gleichermaßen zur „Wissenschaft von den allgemeinen Bewegungs- und Entwicklungsgesetzen der Natur, der Menschengesellschaft und des Denkens". Demgegenüber greift F. SCHLEIERMACHER auf PLATONS Unterredungskunst und auf die aristotelische Topik zurück. Er entwickelt die D. als *Theorie der Kommunikation*, in welcher es um eine Verständigung über die Sache selbst geht. Diese erfordert zugleich die persönliche Annäherung und den inhaltl. Konsens.

1.4 Moderne. Im 20. Jh. hat D. als Methode der Kritik v. a. in der franz. Phänomenologie und Existenzphilosophie (J.P. SARTRE, M. MERLEAU-PONTY) sowie in der Frankfurter Schule (H. MARCUSE, TH.W. ADORNO, J. HABERMAS) Einfluss gewonnen. SARTRE hat mit der These, dass die gesamte historische D. auf individueller Praxis beruhe, das marxistische Geschichtsverständnis und seine Grundbegriffe existenzphilosoph. umgedeutet. ADORNO versteht die von ihm als ‚Antisystem' bezeichnete *negative D.* als eine grundsätzliche Herausforderung menschl. Seins. Sie enthüllt objektive Widersprüche, wie sie in Philosophie und →Gesellschaft ‚geworden` sind, und vermittelt sie nicht in einer Synthese von Identität und Nichtidentität (HEGEL), sondern hält sie fest. ADORNOS Gedanke der hoffnungslosen Hoffnung nach Auschwitz, als das Begreifbarmachen des Unbegreifbaren, wird zu einem Element der Auseinandersetzung des im 20. Jh. fehlgeleiteten Menschen mit sich selbst.

2. Systematisch. Betrachtet man die Geschichte der D. als Methode, Disziplin, Denk- und Weltsystem, so scheint die Zuordnung zu den erkennenden Subjekten diametral ihrer Verortung im Gang der Sache selbst gegenüberzustehen. Anderseits stehen beide Ansätze mitunter zeitlich nahe beieinander (HERAKLIT - ZENON, ENGELS - MARX) oder begegnen sogar innerhalb eines Theorieansatzes (so etwa in ADORNOS „Negativer D." und der „D. der Aufklärung" von ADORNO und HORKHEIMER). Ohne die einzelnen Umdeutungen zu nivellieren, wird man deshalb für alle Konzepte von D. die Einsicht in die *exemplarische Bedeutung des Gesprächs* als grundlegend ansehen können. Ausgangspunkt des Gesprächs ist nämlich nicht nur der Streit bzw. die Differenz, sondern ebenso die Bemühung um die beiderseitige Anerkennung der Wahrheit. Allerdings wird in vielen Fällen davon auszugehen sein, dass nicht die Einstimmigkeit der Gesprächspartner als angemessenes Resultat erachtet werden kann, sondern dass teils mit Konsens teils mit Dissens gerechnet werden muss. Solcher Dissens kann durch die Ambivalenz der zu erkennenden Sache oder auch durch den notwendigerweise aus verschiedenen Perspektiven erfolgenden Zugriff seitens der endlichen Vernunft gerechtfertigt sein.

Auch der Konsens behält den Charakter des prozessual Vorläufigen, in ihm kommt eine geteilte Meinung, nicht schon die Wahrheit selbst zum Ausdruck.

3. Dialektische Theologie. Unter dem Einfluss der Hegelkritik von S. KIERKEGAARD und in programmatischer Bezugnahme auf die paulinische Theologie und die Rechtfertigungslehre (→Rechtfertigung) M. LUTHERs betonte eine Gruppe evangel. Theologen nach dem 1. Weltkrieg die Fremdheit und Andersheit Gottes. In Abgrenzung von einer dogmatischen und einer kritischen Theologie sah K. →BARTH die Aufgabe einer dialekt. Theologie darin, die Spannung auszuhalten zwischen dem Auftrag zur Rede über Gott und dem menschl. Unvermögen, für Gott als der Negation alles frommen Menschenwesens eine angemessene Sprache zu finden. Die Wertschätzung des Widerspruchs und die betonte Entgegensetzung von →Gnade und Sünde wird von F. GOGARTEN, R. BULTMANN, E. BRUNNER und anderen Vertretern der dialekt. Theologie geteilt.

PLATON, Protagoras, Werke, [1]1990 – DERS., Sophistes, Werke, [VI]1990 – ARISTOTELES, Topik, Philosoph. Bibliothek 12, 1992 – DERS., Sophistische Widerlegungen, Philosoph. Bibliothek 13, 1968 – PETRUS ABAELARDUS, Dialectica, L.M. DE RIJK (Hg.), Assen 1956 – I. KANT, Kritik der reinen Vernunft, A 1781, B 1787 – G.W.F. HEGEL, Phänomenologie des Geistes, 1807 – DERS., Wissenschaft der Logik, 1812–1816 – F. SCHLEIERMACHER, D. (1814/15). Einleitung zur D. (1833), Philosoph. Bibliothek 387, 1988 – K. BARTH, Der Römerbrief, 2. Fass. 1922, Zürich 1999[16] – M. HORKHEIMER, TH.W. ADORNO, D. der Aufklärung. Philosoph. Fragmente, 1947 – TH.W. ADORNO, Negative D., 1966 – J.P. SARTRE, Krtik der dialekt. Vernunft (Orig. franz. Critique de la raison dialectique 1960), 1967 – F. KAULBACH, Schleiermachers Idee der D., in: Neue Z. für system. und theolog. Religionsphilos. 10 (1968), 16–260 – O. SCHWEMMER, D., in: J. MITTELSTRASS (Hg.), Enzyklop. Philosophie und Wissenschaftstheorie, [1]1980, 463–471 – W. HÖRLE, Dialektische Theologie, in: TRE, [IIX]1981, 683–696 – – M. QUANTE, D., in: S. GOSEPATH ET AL. (Hg.) Hb. der Politischen Philosophie und Sozialphilosophie, 2008, 219–222, ST. SCHMAUKE, D., in: P. KOLMER, A. WILDFEUER, Neues Hb. philos. Grundbegriffe, Bd. 1 522–532, 2011, H.H. HOLZ, Dialektik. Problemgeschichte von der Antike bis zur Gegenwart, 5 Bd., 2011.

Michael Fuchs, Dirk Lanzerath

Dialog, interreligiöser

1. Definition. Interreligiöser Dialog (Interreligiöses Gespräch, Dialog der Religionen; IRD) meint die Begegnung zwischen Akteuren (Personen oder Gemeinschaften) mit unterschiedlichem religiösem Bekenntnis. Er setzt voraus, dass sich die Partner respektieren und unterschiedliche Meinungen und Haltungen kennen lernen wollen. IRD akzeptiert die jeweiligen Differenzen, ohne sie auflösen oder relativieren zu wollen. Ziel ist es, in einen ehrlichen Erfahrungsaustausch zu treten, der die eigene Glaubenspraxis vermittelt und bezeugt, die des Partners von innen heraus verstehen möchte und gleichzeitig die Bereitschaft zur Aufnahme von Neuem in sich trägt. Vertrauen und Selbstverständlichkeit im Umgang miteinander unterstützen diesen Dialogprozess. Auch die Förderung einer solchen Vertrauensbasis ist Teil des IRD. IRD geht damit in seinen Zielen über →Toleranz hinaus.

2. **Notwendigkeit und Ziele.** Das gestiegene Interesse an, aber auch steigende Ressentiments gegenüber vermeintlich fremden Religionen hat zunächst globale Hintergründe, insbesondere der 11.09. 2001, die darauf folgenden Militäreinsätze, zuletzt die Machtverschiebung im Nahen und Mittleren Osten unter dem Einfluss des „Islamischen Staats" und der Einfluss muslimischer Radikalisierungsbewegungen (Salafismus). Gleichzeitig ist ein weltweites Erstarken religiöser Motive und Extremismen in internationalen Konflikten (u. a. Afrika, Asien) zu beobachten. Aufgrund zunehmender Globalisierung und weltweiter Migration berührt dies auch Deutschland. Hier setzte vor allem die sog. Sarrazin-Debatte 2010 eine Zäsur in der Frage, wie ein Zusammenleben unterschiedlicher Religionen und Kulturen möglich ist. Bewegungen wie Pegida 2014/2015 zeigen auf, dass darauf nach wie vor keine gemeinsame Antwort gefunden ist, und sind Ausdruck zunehmender Verunsicherung. Nicht zuletzt die weiterhin steigenden Flüchtlingszahlen (→Asyl, juristisch; →Asyl, theologisch; →Migration) werden die Fragen nach einem gelingenden Miteinander auch in den kommenden Jahren aktuell halten. Hier ist IRD als Teil der Friedensarbeit (→Frieden, Friedensethik) unumgänglich, um die eigene Sprachfähigkeit zu erhalten, um Ängste abzubauen, in Partnerschaft leben zu können und Antworten auf gemeinsame Fragen zu suchen. Gleichzeitig wird die Rolle von Religion in der Gesellschaft neu diskutiert. Damit kommt dem IRD eine Schlüsselbedeutung auf lokaler, gesellschaftlicher und internationaler Ebene zu. „Der interreligiöse Dialog ist eine fundamentale Überlebensbedingung pluralistischer Gesellschaften" (SCHWÖBEL, S. 83).

3. **Ebenen des Dialogs, Praxis.** Dialog hat stets mehrere Ebenen. Eingängig für den IRD ist die Beschreibung des Vatikans von 1991: Auf abstraktester Ebene findet sich der Expertendialog, wie er an Universitäten, Akademien und ähnlichen Institutionen stattfindet. Hier stehen die unterschiedlichen Konzepte des Dialogs, die theologischen Grundsatzfragen und Grundlagen im Mittelpunkt. Der „Dialog der religiösen Erfahrung" verbindet Menschen unterschiedlichen Bekenntnisses in Formen, die es den Beteiligten ermöglichen, ihre Spiritualität miteinander zu teilen. Dazu können gemeinsame religiöse Feiern gehören. Der „Dialog des Handelns" bringt Menschen zusammen, die gemeinsame Ziele haben, für die sie sich aufgrund ihrer jeweiligen Glaubensprägung einsetzen, z. B. ein gemeinsames gesellschaftspolitisches Engagement. Der „Dialog des Lebens" schließlich nimmt den menschlichen Alltag in den Fokus, der im jeweiligen Lebensumfeld geteilt wird, losgelöst von religiösen Formen (berufliche Zusammenarbeit, Sport, Vereinsaktivitäten etc.). Ebenso hilfreich kann die Unterscheidung zwischen Kontakt, Austausch und Zusammenarbeit sein (vgl. SCHMID/ AKCA/BARWIG).

Auf der Ebene der kirchlichen und religiösen Ortsgemeinden steht zunächst die Begegnung im Vordergrund. Hier können gemeinsam gefeierte religiöse Feste, aber auch Projekttage oder regelmäßige Aktivitäten wie Sport oder Ausflüge zu einem wachsenden Vertrauen beitragen. Zunächst kann es nicht um religiöse Diskussionen oder gar kontroverse Themen gehen, sondern um ein selbstverständliches Miteinander. Hier wird deutlich: IRD geschieht nicht punktuell, sondern ist ein gemeinsamer Prozess und eine gesamtgesellschaftliche Aufgabe.

Im öffentlichen Raum sind Themen wie religiöse Bildung an öffentlichen Schulen, Islamische Theologie an Universitäten, Bau von Gebetsorten und -häusern, Pflege und Bestattung dominierende Aspekte des interreligiösen Zusammenlebens. Eine weitere Ebene bildet das öffentliche Recht, das etwa in der Länderhoheit in Bildungsfragen oder im Bestattungsrecht zum Tragen kommt. Akteure des IRD bewegen sich dabei im Spannungsfeld des weltanschaulich neutralen Staates und der öffentlichen Rolle von Religionsgemeinschaften.

Weitere gesellschaftspolitische Themen, in denen IRD zunehmend an Bedeutung gewinnt, sind u. a. →medizinische Ethik, Fragen einer sozialen und gerechten Gesellschaft und Wirtschaft, →Umwelt, politische, →Verantwortung. Hier lassen sich sowohl im Expertendialog als auch in der Praxis neue Impulse beobachten, die zeigen, dass IRD über den Austausch theologischer Positionen hinausgeht und sich zu einer Wahrnehmung der gemeinsamen, wertebasierten gesellschaftspolitischen Ziele entwickelt.

4. **Theologische Entwicklung, aktuelle Theorien.** Unter dem Eindruck der zunehmenden Globalisierung im 20. Jh. haben die Kirchen lange Zeit entweder exklusivistische oder inklusivistische Modelle der interreligiösen Positionierung diskutiert. Ausgehend von der Beschäftigung mit den grundlegenden theologischen Unterschieden der großen Weltreligionen, sehen exklusivistische (fundamentalistische) Denkansätze die Wahrheitsfrage als entscheidend an und sprechen dem Gegenüber aufgrund des eigenen Absolutheitsanspruches jede Erkenntnis von Wahrheit ab. Inklusive (relativistische) Modelle gehen davon aus, dass in anderen Traditionen Teile von Wahrheit zu finden seien, sie „einen Strahl jener Wahrheit erkennen lassen, die alle Menschen erleuchtet" (Vatikanum II; Nostra Aetate,

1965). Pluralistische Positionen schließlich, die von einer gemeinsamen Wahrheit ausgehen, die unterschiedliche Ausprägung in den einzelnen Religionen findet, wurden vor allem seit den 1980er Jahren diskutiert (John Hick, Paul Knitter). Die Frage, wie das eigene (christliche) Glaubenszeugnis im Dialog vertreten werden kann, ohne dem Dialogpartner seine Glaubenserfahrungen abzusprechen, stellt sich seither wieder lauter, zusammengefasst aktuell unter dem Begriff der Komparativen Theologie.

Christlicher Glaube und nichtchristliche Religionen. Theologische Leitlinien, EKD-Texte 77, Hannover 2003 – R. Bernhardt, Ende des Dialogs? Die Begegnung der Religionen und ihre theologische Reflexion, Beiträge zu einer Theologie der Religionen Bd. 2, Zürich 2005 – U. Dehn (Hg.), Handbuch Dialog der Religionen. Christliche Quellen zur Religionstheologie und zum interreligiösen Dialog, Frankfurt a. M. 2008 (Sammlung von Quellentexten) – F. Eissler, Komparative Theologie. Eine Alternative zu bisherigen religionstheologischen Konzepten?, in: MD[12] 2011, 449–455 – H. Schmid/A. Akca/K. Barwig (Hg), Gesellschaft gemeinsam gestalten. Islamische Vereinigungen als Partner in Baden-Württemberg, Baden-Baden 2008.

Simone Helmschrott

Dienst / Dienstleistungen

1. Bedeutung der D.leistungen. In der jüngsten Geschichte der industriellen Revolution (→Industrie) ist eine massive Verlagerung von der industriellen Produktion hin zum D.leistungssektor zu verzeichnen. Zu Beginn des Industrialisierungsprozesses (→Industrie) beträgt der Beitrag des Primärsektors (Landwirtschaft, Fischerei, Forstwirtschaft u. a.; →Agrarpolitik, Landwirtschaft) zum Sozialprodukt rund 80 %. Nur 10 % entfallen auf D.leistungen sowie auf den gewerblichen Sektor. Im Zuge der Industrialisierung steigt der Beitrag des sekundären Sektors auf 40 bis 50 %; öffentliche und private D.leistungen nehmen einen Umfang von rund 30 % ein. In einem dritten Stadium der Entwicklung geht der Beitrag des gewerblichen Sektors auf 20 bis 30 % zurück, der Anteil des Primärsektors, insbesondere der Landwirtschaft, wird marginal, während der D.leistungsbereich weiter wächst und einen Umfang von 60 bis 70 % aller Tätigkeiten einnimmt. Während viele Entwicklungsländer (→Entwicklungshilfe, Entwicklungspolitik) Asiens und Lateinamerikas in den 1980er und 1990er Jahren in eine Phase eingetreten sind, in der der Bereich des verarbeitenden Gewerbes den größten Beitrag zum Sozialprodukt leistet, sind die Industrieländer in die dritte Phase der industriellen Produktion vorgerückt. Ende der neunziger Jahre wurden in den USA 73 %, in Frankreich 64 %, in Japan 59 %, in Großbritannien 55 % und in Deutschland 54 % des Sozialproduktes nicht mehr durch die Güterproduktion, sondern durch die Erbringung von D.leistungen erzeugt. Nach 2000 wuchs neben den klassischen D. (Transport, Versicherung, Tourismus, Sozialwirtschaft u. a.) in allen Industrie- und Schwellenländern der Bereich der D. leistungen massiv an, der dem Informationssektor zuzurechnen ist. In der Forschung wird dieser Bereich mittlerweile teilweise auch schon als „Quartärsektor" gezählt. Dazu gehören Beratungsleistungen, IT-D.leistungen und D. e im Bereich der Kommunikationstechnologie. 2010 betrug der Anteil der Erwerbstätigen im Tertiärsektor in den USA 78 %, in Deutschland 73,5 %, in Großbritannien 79,4 % und in Japan 67 %.

2. Definition der D.leistungen. D.leistungen umfassen in der wirtschaftlichen Gesamtrechnung all jene Wirtschaftsbereiche, in denen keine dinglichen Waren produziert werden, die also nicht zum Bergbau, zur Landwirtschaft, zur Energiewirtschaft (→Energie) oder zum produzierenden Gewerbe (→Produktion) gehören. Neben dieser negativen Definition werden in der Forschung D.leistungen als immaterielle Güter beschrieben, bei denen das Prinzip gilt, dass →Produktion und →Konsum zur gleichen Zeit und am gleichen Ort erfolgen müssen. Jedoch ist diese wie weitere Definitionen nicht allgemeingültig, weil sich Gegenbeispiele finden lassen. Deswegen ist es sinnvoller, die Definition der D.leistungen über vorhandene Felder des D.s zu erfassen. Zudem liefert eine solche Beschreibung eine genauere Basis für die Beurteilung der oben beschriebenen Entwicklung. In der internationalen →Statistik werden fünf Hauptgruppen unterschieden: Groß- und Einzelhandel, Hotel- und Gaststättengewerbe (1), Transport, Lagerung und Kommunikationswesen (2); Finanzwesen, →Versicherungen, Immobilien und professionelle D.leistungen (3); soziale und persönliche D.leistungen (4); öffentliche D.leistungen (5). In den Industrieländern hatte in den neunziger Jahren der dritte Subsektor des D.leistungsgewerbes (Finanzwesen, Immobilien, Versicherungen) das höchste Wachstum zu verzeichnen. In den USA wurde dieser Bereich zum wichtigsten Wirtschaftssegment (27 %) überhaupt und konnte die verarbeitende Industrie (18 %) weit hinter sich lassen. Auch in den Industrieländern der EU zeichnen sich entsprechende Tendenzen ab. Hinter diesem Trend steht erstens die immer noch wachsende Arbeitsteilung innerhalb der industriellen Sektoren. →Unternehmen des gewerblichen Sektors lagern professionelle D.leistungen (Consulting, →Marktforschung, Werbung (→Marketing), Engineering, →Forschung und Entwicklung u. s. w.) zunehmend aus, um sich ihn als Fremdleistung wieder einzukaufen. Zweitens werden im Zuge der →*Globalisierung* arbeitsintensive Produktionsbereiche in Entwicklungs- und Transformationsländer verlagert, während der D.leistungsbereich, der eine hohe →Aus- und Fortbildung erforderlich macht, in den Industrieländern verbleibt. Schließlich hat drittens der *Finanzsektor* einen immensen Zuwachs zu verzeichnen. Professionelle D.leistungen decken den damit entstehenden Bedarf ab. Die strukturelle Verschiebung von der Industrie zum D.leistungssektor wurde bereits in den 1940er Jahren – vor allem von JEAN FOURASTIÉ – prognostiziert, also zu einem Zeitpunkt, als die Nachkriegsentwicklung eine starke Expansion des verarbeitenden Gewerbes in Gang setzte. JEAN FOURASTIÉ betrachtete den Weg in die D.leistungsgesellschaft als einen gesetzmäßigen Vorgang: D.leistungen lassen sich nach seiner Meinung nicht rationalisieren, ein Produktionswachstum kann also im tertiären Sektor nicht stattfinden. Auf dieser Annahme gründend prognostizierte er, dass der D.leistungssektor alle Arbeitskräfte aufnehmen würde, die im primären und sekundären Sektor freigesetzt werden. Diese Prognose hat sich nicht erfüllt, da sich die globale Gesellschaft längst schon in einem vierten Stadium befindet: Traditionelle D.leistungsberufe wie der Augenoptiker, die Erzieherin oder die Altenpflegerin werden ergänzt um neue Berufsbilder wie die der IT-Fachleute, der Call-Center-Mitarbeitenden oder der Logistik-Profis. Sie repräsentieren die neue Normalität einer „Dienstleistungsgesellschaft 2.0". Vor allem wandert die D. leistungsarbeit im großen Maße in den Süden: Häusliche Care-Arbeit wird über transnationale Fürsorgemigration gewährleistet; profitable Altenpflegeheime werden in den südosteuropäischen Staaten eröffnet oder Call-Center-D.e für D.leistungen in den industrialisierten Weltregionen werden in den Schwellenländern eingerichtet. Sie sind Ausdruck einer arbeitsteiligen D.leistungsgesellschaft neuen Typus, in der festgefügte Arbeitsverhältnisse traditionellen Typus aufgebrochen werden. Zwischen formeller und informeller Arbeit entstehen international neue Grauzonen. Hinzu kommt eine andere Tendenz: Traditionell durch feste Arbeitsverhältnisse erledigte D.leistungen werden bedingt durch die zunehmende Digitalisierung von allen Weltbürgern quasi nebenbei erledigt. Insbesondere personenbezogene D.leistungen verlieren durch solche Tendenzen ökonomisch erheblich an Wert.

3. D.leistungen im Weltmarkt. Verstärkt wird diese Tendenz durch die internationale Liberalisierung des D.leistungsmarktes im Rahmen der GATT-Verhandlungen. In der Uruguay-Runde (1986–1994) wurden erste Schritte unternommen, um den Handel mit D.leistungen nach den gleichen Prinzipien (Nichtdiskriminierung, Meistbegünstigung) zu regulieren wie den Austausch von Gütern (Allgemeines Abkommen für den Handel mit Dienstleistungen, GATS). Die weltweite Liberalisierung des Handels in diesem Sektor soll insbesondere den Entwicklungsländern zugutekommen, da die Niederlassung ausländischer Finanzinstitute die wirtschaftliche Basis der betroffenen →Staaten verbessert. Zugleich kann im Verkehrs- und Transportwesen (→Verkehr), in der Energieversorgung sowie im Umweltschutz (→Umwelt) die Marktöffnung (→Markt) dazu beitragen, verschwenderische Monopolstrukturen sowie die Vielfalt und Effizienz des Angebotes zu erhöhen. In vielen Entwicklungsländern hat schließlich die Wettbewerbsfähigkeit im Bereich höher qualifizierter D.leistungen wie Datenverarbeitung und Softwareentwicklung beträchtlich zugenommen. Von einer Öffnung der Weltmärkte für den tertiären Sektor würden also insbesondere diese Länder erheblich profitieren. Für die Millenium-Runde der weiteren Verhandlungen im Rahmen der →WTO war diese Frage ein zentraler Themenschwerpunkt. Mangelnde Fortschritte in den GATS-Verhandlungsrunden in den Millenniums-Runden nach 2010 führten darüber hinaus zu anderen multilateralen Abkommen wie z. B. TISA (Trade in Service Agreement) oder zum TTIP (Trans-Atlantic Trade and Investment Partnership). Mit derartigen Abkommen sollen vor allem die Bereiche Finanz-, Rechts-, IT- und Umweltd.leistungen eine sehr viel stärkere Marktöffnung erfahren.

4. Folgen des Wandels im D.leistungsgewerbe. Die Veränderungen in den Wirtschaftssektoren haben mittel- und langfristig erhebliche Konsequenzen für das Verständnis der →Arbeit sowie für die Gestaltung des Arbeitsplatzes. Der Arbeitsplatz der Zukunft wird durch die Auswirkungen von →Kommunikation und →Information auf die Arbeitssphäre bestimmt sein. Dabei wird den zukünftigen →Arbeitnehmern eine größere Flexibilität bei der Erledigung verschiedener D.leistungen abverlangt. Die verschiedenen Aufgaben der Planung, der Vermarktung sowie der Verteilung werden zunehmend mehr vom gleichen Arbeitnehmer eingefordert. Dadurch übernimmt der Arbeitnehmer im D.leistungssektor zugleich quasi-unternehmerische Funktionen. Eine bessere Ausbildung sowie eine kontinuierliche Fortbildung (→Ausbildung, Weiterbildung) sind unabdingbare Voraussetzungen, um sich den Veränderungen anpassen zu können. Hinzu kommt, dass die Trennung zwischen →Arbeit und →Freizeit durch den wachsenden Einfluss der Informationstechnologie in weiten Bereichen des D.leistungsgewerbes abnehmen wird. Diese Konsequenzen werden das Verständnis der Arbeits- und der Freizeitwelt sowie ihres Verhältnisses zueinander verändern, zugleich die Anforderungen an den Arbeitnehmer merklich erhöhen. Weniger leistungsfähige sowie nur eingeschränkt flexible Arbeitnehmer werden diese Veränderungen nur sehr eingeschränkt zu ihrem Vorteil nutzen können. Hierin liegt ein erhebliches Problem für die zukünftige Gestaltung des →Arbeitsmarktes begründet.

J. FOURASTIÉ, Die große Hoffnung des 20. Jahrhunderts, 1954 – D. BELL, Die nachindustrielle Gesellschaft, 1975 – F. DECKER, Einführung in die D.leistungsökonomie, 1975 – T. RASMUSSEN, Entwicklungslinien des D.leistungssektors, 1977 –

H. TENGLER/M. HENNIKE, D.leistungsmärkte in der Bundesrepublik Deutschland, 1987 – A. VÖLKER, Allokation von D.leistungen, 1984 – H. KLODT/R. MAUER/A. SCHIMMELPFENNIG, Tertiarisierung in der deutschen Wirtschaft, 1997 – O. GIARNI/ P. M. LIEDTKE, Wie wir arbeiten werden. Der neue Bericht an den Club of Rome, 1998 – N. BRIESKORN/J. WALLACHER (Hg.), Arbeit im Umbruch. Sozialethische Maßstäbe für die Arbeitswelt von morgen, 1999 – H. KUBICEK u. a. (Hg.), Die Informations- und D.leistungsgesellschaft des 21. Jahrhunderts, 2000 – M. BAETHGE/I. WILKENS, Die große Hoffnung für das 21. Jahrhundert. Perspektiven und Strategien für die Entwicklung der D.leistungsbeschäftigung, 2001 – C. BENDER/H. GRASSL, Arbeiten und Leben in der D.leistungsgesellschaft, 2004 – B. LOHEIDE, Wer bedient hier wen? – Service oder Selfservice? Die Bundesrepublik Deutschland als D.leistungsgesellschaft, 2008.

Jörg Hübner

Dienstgemeinschaft

Der Dienstgemeinschaftsbegriff erfuhr im 20. Jahrhundert mannigfaltige Interpretationen. Im ‚Gesetz zur Ordnung der Arbeit in öffentlichen Verwaltungen und Betrieben' bezeichnete er von 1934 bis 1945 die besondere Loyalität des öffentlichen Dienstes gegenüber der nationalsozialistischen Volksgemeinschaft. Die damals nicht der verfassten Kirche zugeordneten Einrichtungen der Inneren Mission fielen unter dieses Gesetz und nahmen das nationalsozialistische Arbeitsrecht bereitwillig auf.

In der Nachkriegszeit wurden die Einrichtungen der Inneren Mission/Diakonie der verfassten Kirche kirchenrechtlich zugeordnet; sie partizipieren seitdem in vollem Umfang am verfassungsgemäßen Selbstbestimmungsrecht der Kirchen. Im Zuge dessen erfährt der Dienstgemeinschaftsbegriff in Verbindung mit der Formulierung von der „Diakonie als Lebens- und Wesensäußerung der Kirche" seit den 1950er Jahren eine entscheidende Neuinterpretation: Er wird aus dem Verständnis der →Barmer Theologischen Erklärung (Barmen III, IV) heraus als Kennzeichnung des spezifisch kirchlich geprägten Leitbildes im sich schrittweise herausbildenden kirchlichen Arbeitsrecht verstanden und erfüllt eine zentrale Bedeutung in der Zuordnung der freien Diakonie zur verfassten Kirche. Die ev. Landeskirchen verstanden und verstehen das Leitbild als ein Dienstverständnis, das den →Streik (vgl. Dritter Weg) und einen klassischen Tarifvertrag ausschließt. Bereits seit Mitte der 1950er Jahre interpretierte die Mehrheit der ev. Landeskirchen die Dienstgemeinschaft im Sinne einer Entwicklung des Dritten Weges, eine Minderheit hingegen in Richtung eines mit den Gewerkschaften abzuschließenden kirchengemäßen Tarifvertrags. Anders als im westdeutschen Kontext akzentuierten die DDR-Kirchen in den 1970er Jahren den Begriff der Dienstgemeinschaft als Leitbild der Kirche im Sozialismus.

Als Leitbild berührt die Dienstgemeinschaftsidee auch arbeitsrechtliche Fragen einer spezifisch kirchlichen Loyalität. Sie umfasst zum einen Fragen der Kirchenmitgliedschaft als Voraussetzung der Einstellung, zum anderen Fragen der Lebensführung im Rahmen der kirchlichen Berufsausübung. Die besonders im katholischen Kontext profilierten und akzentuierten Loyalitätserwartungen an die Lebensführung werden von den Gerichten – Streitfälle sind bisher vor allem explizite nicht kirchenkonforme Position zum Schwangerschaftsabbruch, homosexuelle Lebensführung, Kirchenaustritt u. ä. – unter Verweis auf das kirchliche Selbstbestimmungsrecht und das Leitbild als Dienstgemeinschaft weithin als Kündigungsgrund zugestanden.

In den 1990er Jahren präzisierten die ev. Kirchen insgesamt ihre mitgliedschaftlichen Anforderungen durch verschiedene Abstufungen in der „Richtlinie des Rates über die Anforderungen der privatrechtlichen beruflichen Mitarbeit in der Evangelischen Kirche in Deutschland und des Diakonischen Werkes der EKD". Zur selben Zeit ließ die politisch induzierte Entstehung der Sozialwirtschaft spezifisch ökonomische Handlungszwänge für die diakonischen Einrichtungen entstehen, die in Spannung zum normativen Charakter des Dienstgemeinschaftsanspruchs stehen; 2006 kritisierte das Kirchengericht der EKD die strategischen Geschäftspraktiken von diakonischen Einrichtungen, sich über eigene Personalserviceagenturen dauerhaft MitarbeiterInnen zu deutlich geringerem Gehalt zuzuführen.

Auch die Mitarbeiterzusammensetzung aus überwiegend kirchenfernen Mitarbeitern in den neuen Bundesländern ließ zunehmend Zweifel an der Leistungsfähigkeit des Dienstgemeinschaftsbegriffs aufkommen. Angesichts vielfältiger Herausforderungen ermöglicht das Kirchenrecht neuerdings neben dem →Dritten Weg auch die Möglichkeit eines kirchengemäßen Tarifvertrags (ohne Streik) unter Einbeziehung der Gewerkschaft.

W. MANSFELD/W. POHL/G. STEINMANN/A. B. KRAUSE, Die Ordnung der nationalen Arbeit. Kommentar zu dem Gesetz zur Ordnung der nationalen Arbeit und zu dem Gesetz zur Ordnung der Arbeit in öffentlichen Verwaltungen und Betrieben unter Berücksichtigung aller Durchführungsbestimmungen, 1934 – H.-R. REUTER, Kirchenspezifische Anforderungen an die privatrechtliche berufliche Mitarbeit in der Evangelischen Kirche und ihrer Diakonie, in: R. ANSELM/J. HERMELINK (Hg.), Der Dritte Weg auf dem Prüfstand. Theologische, rechtliche und ethische Perspektiven des Ideals der Dienstgemeinschaft in der Diakonie, 2006, 33–69 – H. LÜHRS, Kirchliche Dienstgemeinschaft. Genese und Gehalt eines umstrittenen Begriffs, in: KuR 13 (2007), 220–246 – W. MAASER, Das Konzept und die Idee der Dienstgemeinschaft zwischen 1934–1952, in J. EURICH/DERS.: Diakonie in der Sozialwirtschaft. Studien zu Folgen der neuen Wohlfahrtspolitik, 2013, 308–370 – H. KRESS, Die Sonderstellung der Kirchen im Arbeitsrecht – sozialethisch vertretbar?: ein deutscher Sonderweg im Konflikt mit Grundrechten, 2014 – K. KLEINE VENNEKATE, Dienstgemeinschaft und das kirchliche Arbeitsrecht in der evangelischen Kirche in Deutschland – 1945 bis 1980, 2015.

Wolfgang Maaser

Diskriminierung

1. Begriffsbestimmung. Unter D. versteht man die als *illegitim begriffene Ungleichbehandlung* im Zugang zu Ressourcen gesellschaftlicher Anerkennung. Typischerweise gründen D. auf bestimmten, Personen zugeschriebenen Merkmalen (wie etwa Geschlecht, Ethnie, etc.). Der Begriff D. hat sich im ausgehenden 19. Jh. durch anglo-amerikanische Einflüsse im deutschen Sprachgebrauch etabliert und ist zurückzuführen auf den lateinischen Ausdruck discriminare. D. bedeutet also ursprünglich, jemanden von anderen abzusondern, ihn unterschiedlich zu machen und – so die Konnotation – damit herabzusetzen. Der Rede von der D. kommt neben der Geltendmachung verbürgter Rechte eine politisch-rhetorische Funktion zu.

2. Sozialtheoretische Grundlagen. *2.1* Die →Gesellschaft lässt sich als Ergebnis sozialer Evolution in Form funktionaler und personaler Ausdifferenzierung beschreiben (N. LUHMANN). Quasi gegenläufig zu dieser Ausweitung gesellschaftlicher Differenz wurden sozialnormativ in zunehmendem Maße bestimmte Ungleichheiten als D., als nicht hinzunehmende Unterschiedserzeugung missbilligt. Diese vermehrte D.ssensibilität deutet darauf hin, dass unsere Gesellschaft auf ein hohes Maß an gleicher sozialer Teilhabe (Inklusion) an den Leistungen der unterschiedlichen gesellschaftlichen Teilsysteme wie z. B. dem Recht, der Wirtschaft oder der →Politik angewiesen ist. Multiple D.sverbote stellen in dieser Perspektive den Versuch dar, den dysfunktionalen Effekten von Exklusion entgegenzuwirken.

2.2 Egalität *gehört zu* jedem modernen sozialethischen Theoriedesign (→Gleichheit, theologisch). Wann Differenzierungen illegitim werden, bestimmt sich in Abhängigkeit von den sonstigen sozialphilosophischen Grundannahmen. Aus Sicht des →Utilitarismus ergibt sich der Ächtungswert von D. aus ihrer *negativen Nützlichkeitsbilanz*. D. wirkt in dieser Perspektive in summa desintegrierend, destabilisierend, ökonomisch depotenzierend, also sozial destruktiv. Andere, sog. deontologische Theorien statuieren ein Verbot von D. unabhängig von ihren Folgen. I. KANT sieht die Prinzipien von →Freiheit und Gleichheit unauflöslich verschränkt: *Von* →*Vernunft wegen* und qua Menschsein komme jedem Menschen *das gleiche Recht an Freiheit* zu. Nicht-D. wird damit zu einem „angeborenen", also natürlichen Menschenrecht. So überzeugend dieses Postulat auf den ersten Blick wirkt, so schwierig gestaltet sich seine durchgehende Operationalisierung. Egalitäre Forderungen können sich freiheitsfeindlich auswirken und dann ihrerseits diskriminieren (A. DE TOCQUEVILLE). In realiter erweist sich die Ausbalancierung von Gleichheits- mit Freiheitsansprüchen immer wieder als prekär. Vor diesem Hintergrund reformuliert J. RAWLS den kantischen Ansatz unter den gewandelten Bedingungen des 20. Jh.s. Eine ungleiche Verteilung von privaten und öffentlichen materiellen und ideellen Gütern und damit von Freiheitschancen generiere solange einen Zustand gerechter →Verteilung (und wirke damit nicht diskriminierend), wie eine solche Differenz jedermann zum Vorteil gereiche und der Zugang zu den Ressourcen vermittelnden Positionen und Ämtern grundsätzlich jedem offen stehe. Ein striktes D.sverbot besteht hiernach (nur) in Bezug auf die *Möglichkeit*, an in einer Gesellschaft zu verteilenden Gütern teilzuhaben. *D.en sind demzufolge Fragen der fairen Chancengleichheit im Zugang zu sozialen Ressourcen, nicht dagegen des Verteilungsergebnisses*. Gegen diesen liberalen Ansatz politischer Philosophie wird aus Sicht des →Kommunitarismus eingewandt, dass die Gerechtigkeitsstrukturen (→Gerechtigkeit) einer Gesellschaft nur unter Berücksichtigung der radikalen Situiertheit des Menschen in seinen vielfältigsten konkreten Verhältnissen betrachtet werden können. Es hätten sich zahlreiche bereichsspezifische Egalitätsethiken ausgebildet. Der Zugang zu den unterschiedlichsten sozialen Gütern sei von je zu je kulturell diversifiziert. Als übergeordneten normativen Nenner lässt sich nach M. WALZER nur ausmachen, dass die Innehabung des Gutes A nicht den Zugang zu Gut B determinieren solle („komplexe Gleichheit"). Einer solchen *normativen Nichtvoraussetzbarkeit der einen gesellschaftlichen Ressource für die Teilhabe an einer anderen* kommt eine dezidert antidiskriminierende Wirkung zu; sie deckt sich in D.fragen aber weitgehend mit RAWLS' Postulat der fairen Chancengleichheit.

3. Erscheinungsformen. Objekt von D.en können ebenso Individuen wie soziale →Gruppen oder ganze →Staaten sein. Das Verhältnis von Diskriminierten und Diskriminanten ist zumeist eines von Minorität und Majorität. Der Schutz von →Minderheiten zielt deshalb primär auf D.sprävention. D.en sind staatlich veranlasst, von den →Eliten eines Landes zumindest geduldet oder werden, was seltener vorkommt, ausschließlich von einem seinerseits marginal(isiert)en Bevölkerungsteil getragen. Die konkreten Erscheinungsformen von D.en erstrecken sich vom Versagen von Bürger- und →Menschenrechten über wirtschaftliche und berufliche Benachteiligungen bis hin zu Maßnahmen, die auf (physische und intellektuelle) soziale Separierung und Isolierung zielen. Die Beeinträchtigung der körperlichen Integrität, insb. die Tötung von Menschen, aufgrund zugewiesener D.smerkmale stellt die äußerste Form einer D. dar. Eine besondere Ausprägung bildet dabei die Vernichtung einer ganzen sozialen Gruppe (Genozid, Holocaust).

Als D. begreift man klassischerweise insbesondere nicht gerechtfertigte *Differenzierungen aus Gründen des Geschlechts, einer* →*Behinderung, der Sprache, der Ethnie, der Herkunft und Abstammung oder der religiös-weltanschaulichen oder politischen Überzeugung*.

Typologisch hilfreich ist die Unterscheidung zwischen direkten und indirekten bzw. unmittelbaren und mittelbaren D.en. Während die eine Form offen zu Tage tritt, geht es bei der anderen um typische D.swirkungen trotz formaler Gleichbehandlung.

Der Katalog anerkannter D.smerkmale erweist sich als grundsätzlich offen, wie man an der zunehmenden Bedeutung des Merkmals der *sexuellen Orientierung* (→Homosexualität) und am Vorstellungswandel in Fragen der Gleichstellung von Mann und Frau (→Geschlechtergerechtigkeit) im Laufe des letzten Jahrhunderts sieht. Andere Merkmale haben für die Manifestation von D.en an Bedeutung verloren, weil (aufgrund der sozialen Entwicklung) keine hinreichende Zuordnungsgruppe besteht (so bei D.en wegen der Zugehörigkeit zu einer „→Klasse") oder weil das politisch-normative Programm entsprechende D.en vollständig verdrängt hat (wie das republikanische Staatsprinzip das Kriterium der Abstammung aus einer Adelsschicht). Das Verständnis von D.en ist somit stark vom kulturellen Kontext abhängig (→Kultur). Die für die Markierung von D.en notwendige soziale Wertung ist, ungeachtet aller Evidenzen im Einzelfall, ein höchst voraussetzungsvoller Prozess. In Anlehnung an entsprechende rechtswissenschaftliche Debatten ist in allen Diskursen zur Erfassung von D.en genauer zu analysieren, ob überhaupt eine Ungleichbehandlung vorliegt, ob eine solche auf d.sbegründende Merkmale bezogen ist und ob nicht selbst eine merkmalsbezogene Differenzierung als sachadäquat gerechtfertigt und damit nicht als D. anzusehen ist.

4. Ursachen. Die Gründe für D.en sind so vielfältig wie ihre Realisationen. D.en bilden weniger eine naturgegebene menschliche Konstante (anthropologischer Ansatz; →Anthropologie) als vielmehr in ihren Ursachen vielfältige und voraussetzungsdivergente *symbolische Zuschreibungen* und *kulturell geprägte Erscheinungen*. In eine genaue Betrachtung der Antriebe zur D. sind sowohl ein komplexes Geflecht individualpsychologischer, kognitiver und emotionaler Gründe wie eine gesamtgesellschaftliche Struktur- und Funktionsanalyse einzubeziehen. Ferner ist ungeachtet auszumachender Kontinuitäten in Genese und Zweck aller Erscheinungen von D.en zwischen den jeweiligen D.smerkmalen (und zusätzlich zwischen ihren einzelnen historischen Realisationen) zu differenzieren. Insbesondere die Forschungen zur Geschichte des →Antisemitismus haben seine von je zu je unterschiedlichen soziokulturellen Radizierungen offengelegt – ein Befund, den es auf sämtliche D.sformen zu übertragen gilt. Idealtypisch lassen sich als Ursachen und Funktionen von D.en aber zumindest folgende übergreifende Aspekte festmachen: individuelle und kollektive Identitätsbildung durch diskriminierende Aus- und Abgrenzungen („die sind anders" – insb. Xenophobie); psychisch-emotionale Sublimierung und Projektion (z. B.

„Sündenbock"-Phänomene); Reduktion der Komplexität sozialer Wirklichkeit durch Ausbildung von D. zugrunde liegenden Stereotypen, Stigmatisierungen und Vorurteilen; (intergenerative) Tradierung und Reproduktion diskriminierender sozialer Wahrnehmungs- und Verhaltensmuster; herrschaftsstabilisierende Funktion durch Freund-/Feindbildungen und damit verbundene politische Bindungseffekte insbesondere in autokratischen Regimen.

5. Antidiskriminierungsmaßnahmen. *5.1* Verbote von D.en bilden die tragende Säule *rechtlicher Antid.smaßnahmen.* Sie stellen einen essentiellen Bestandteil des Rechtsstaates und einen gemeineuropäischen Baustein unserer Verfassungskultur dar. Ihr Zweck liegt im Schutz gleicher →Freiheit und gleicher Würde aller Menschen.

5.1.1 Verfassungsrechtliche D.sverbote binden zunächst nur die Staatsgewalt. Im gesellschaftlichen Bereich erfolgt eine Verpflichtung auf Nichtd. durch Gesetze. Eine umfassende Bindung an ein allgemeines Verbot der Ungleichbehandlung widerspräche dem Gebot der Privatautonomie (→Autonomie) als dem tragenden Leitprinzip hiesiger Wirtschafts- und Sozialordnung. Allerdings sind die grundgesetzlichen D.sverbote als Grundentscheidungen der Verfassung bei der Auslegung der zwingenden →Normen und Generalklauseln des Privatrechts wie des sonstigen einfachen Rechts zu berücksichtigen. Für das deutsche Verfassungsrecht sind die D.sverbote des Art. 3 II und III →Grundgesetz von zentraler Bedeutung. Die Differenzierungsverbote des Art. 3 II und III GG werden durch weitere antidiskriminierend wirkende Regelungen wie die Garantie gleicher bürgerlicher und staatsbürgerlicher Rechte und des gleichen Zugangs zu öffentlichen Ämtern (Art. 33 GG), der politischen Chancengleichheit von →Parteien (Art. 21 GG), der Wahlgleichheit (Art. 38 1 GG) oder die Grundsätze der religiös-weltanschaulichen Neutralität und Parität des Staates (Art. 4 GG, Art. 140 GG i. V. m. Art. 136 I, II, 137 I, VII WRV) verfassungsrechtlich flankiert.

5.1.2 Die Internationalisierung vormals nationalstaatlich strukturierter Gesellschaft(en) prägt das gewachsene Problembewusstsein gegenüber D.en. *Völkerrechtlich* wird das D.sverbot als Menschenrecht u. a. in Art. 2 der AEMR sowie Art. 26f. IPbürgR garantiert. Nach Art. 14 EMRK sind die durch die Konvention garantierten Freiheits-, Verfahrens- und Teilhaberechte ohne jegliche D. zu gewähren.

5.1.3 Auf vielfältige Weise enthält das *Unionsrecht* Diskriminierungsverbote. Essentiell für die Funktionsfähigkeit eines supranationalen Staatenverbundes ist das Verbot unterschiedlicher Behandlungen aus Gründen der Staatsangehörigkeit (Art. 18 AEUV). Eine Konkretisierung erfahrt dieser Grundsatz durch die →EU-Grundfreiheiten (Art. 26 II AEUV). D.sverbote sieht das →Europarecht auch im Bereich der Gleichstellung von Männern und Frauen (Art. 157 AEUV sowie Sekundärrecht) vor. Mit dem Amsterdamer Vertrag wurde in Art. 13 EGV (jetzt Art. 19 AEUV) eine Rechtsgrundlage für weitere antidiskriminierende Maßnahmen der Union (insb. gegen Rassismus) geschaffen. Schließlich ist das D.sverbot in der Grundrechtscharta der EU von hoher Relevanz (Art. 21, 23 GR-Charta).

5.1.4 Der europäische Gesetzgeber hat zudem eine Fülle Einzelrechtsakten zur Bekämpfung von Diskriminierungen erlassen. Der deutsche Gesetzgeber hat sie durch das *Allgemeine Gleichbehandlungsgesetz* umgesetzt.

5.1.5 Bezüglich aller genannten D.sverbote stellt sich die Frage, ob sie absolut gelten oder ob sie gerechtfertigte Ausnahmen zulassen. Die Antwort hängt von der genauen Formulierung der jeweiligen Norm und ihrem systematischen Kontext ab. Insbesondere wenn auch Bürger und ihre Vereinigungen einem D.sverbot unterstellt werden, gilt es, rechtspolitisch wie bei der Auslegung vorhandener Vorschriften berechtigte spezifische Freiheitsrechte zu achten, etwa das Tendenzrecht von Parteien und Presse in Bezug auf D.en aufgrund politisch-weltanschaulicher Überzeugungen oder die korporative Religionsfreiheit und das Selbstbestimmungsrecht von Religionsgemeinschaften in Bezug auf religiöse D.en.

5.2 Neben dem Verbot erscheinen sog. *positive Maßnahmen* als weiteres probates rechtliches Mittel gegen D.en. Hierunter versteht man die Einräumung besonderer Rechte an als diskriminiert ausgemachte Personen oder Gruppen. Beispielhaft seien genannt die in den USA unter „Affirmative Action" firmierende bevorzugte oder quotierte Zulassung zu →Berufen oder →Institutionen, die in Gleichstellungsgesetzen in Deutschland vorgeschriebene Bevorzugung von Frauen gegenüber gleichqualifizierten Männern bei Einstellungen oder Beförderungen im öffentlichen Dienst im Falle weiblicher Unterrepräsentierung oder Quotierungen bei sonstigen Personalrekrutierungen (z. B. im politischen Bereich oder in Organen juristischer Personen). So hat der deutsche Gesetzgeber eine Frauenquote für den Aufsichtsrat von börsennotierten und mitbestimmungspflichtigen Aktiengesellschaften beschlossen. Die Zulässigkeit derartiger Maßnahmen ist im Einzelnen wegen der Gefahr einer ihrerseits diskriminierenden Wirkung (sog. umgekehrte D.) umstritten. Tatsächlich stellt sich in einer direkten Konkurrenzsituation zwischen einem Angehörigen einer „grundsätzlich" diskriminierten Gruppe und einer anderen Person die Bevorzugung der ersteren in einer Einzelentscheidung als individuelle D. der zweiten dar: schließlich begründen gerade D.smerkmale (z. B. Geschlecht, Ethnie, →Alter) die Bevorzugung der einen Person. Zugleich ist die Erfassung und Verarbeitung „struktureller" Diskriminierungen in rechtlichen Kategorien ein legitimes Anliegen, auch wenn die zugrunde liegende Gruppenorientierung dem klassischen bipolaren System von Grund- und Menschenrechten (Individuum – Staat) zuwiderläuft. Wo eine formale Gleichheitsgarantie effektive Chancengleichheit wegen konterkarierender lebensweltlicher Wirklichkeiten nicht zu gewährleisten vermag, muss gleichheitsrechtlich Raum sein für kompensatorische positive Maßnahmen. So lässt sich z. B. Art. 3 II GG dahingehend verstehen, dass es als individualrechtliches, aber gruppenbezogenes Dominierungsverbot mit dem Verfassungsauftrag, auf die Beseitigung bestehender Nachteile hinzuwirken, *zu* staatlichen Förderungsmaßnahmen ermächtigt und insoweit Ungleichbehandlungen von Männern und Frauen bis zu einer weitgehenden faktischen Gleichstellung der *Möglichkeiten* des weiblichen Geschlechts rechtfertigt. Damit ist zugleich die Grenze der Zulässigkeit markiert. Positive Maßnahmen sind zeitweiliger Natur und entsprechend auf die Herstellung von Chancengleichheit hin zweckorientiert; ihr Ziel ist nicht eine paritätische Repräsentanz. Sie dürfen weder zur dauerhaften Festschreibung von Sonderrechten noch zur Etablierung neuer D.en durch eine überkompensatorische Belastung anderer Gruppen führen. Schließlich gilt es, auch im Kampf gegen D. die Verpflichtung auf Gerechtigkeit im Einzelfall zu beachten. Deshalb sind Öffnungsklauseln im Rahmen positiver Maßnahmen erforderlich, um eine Berücksichtigung besonderer Umstände zu sichern. Mit der Einführung von sog. echten Gruppenrechten sind dagegen strukturell übermäßig individualdiskriminierende Effekte verbunden; sie widersprechen damit dem Gebot eines möglichst schonenden Ausgleichs kontradiktorischer Rechtspositionen.

5.3 Die rechtlichen Bemühungen gegen D.en werden ergänzt durch weitere Maßnahmen. Hierzu gehören komplementär in erster Linie präventiv wirkende Aufklärung und →Bildung, Kampagnen zur Beeinflussung der Öffentlichen Meinung, Opferberatung und -betreuung, die Verbreiterung und Vertiefung des wissenschaftlichen Wissens über D.en oder die Berücksichtigung von antidiskriminierenden Belangen auf anderen Politikfeldern (D.sbekämpfung als Querschnittsaufgabe).

W. HEUN, Freiheit und Gleichheit, in: H.-J. PAPIER/D. MERTEN (Hg.), Handbuch der Grundrechte Bd. 2, 2006, S. 437 ff. – T. ALTWICKER, Menschenrechtlicher Gleichheitsschutz, 2011 – H. ROTTLEUTHNER/M. MAHLMANN, Diskriminierung in Deutschland, 2011 – M. LEHNER, Zivilrechtliche Diskriminierungsschutz und Grundrechte, 2013 – P. ROSANVALLON, Die Gesellschaft der Gleichen, 2013.

Hans Michael Heinig

Diskursethik

1. Begriff. Die D. ist eine normative Theorie, die unter Verzicht auf religiös-metaphysische Voraussetzungen moralische Verbindlichkeiten kommunikativ, kognitiv und konsensorientiert zu begründen und anzuwenden sucht. Ausgehend von den Unterscheidungen zwischen Faktizität und Geltung bzw. Sittlichkeit und Moralität werden Normen und Werte, deren Legitimität zweifelhaft geworden ist, in einem reglementierten Prüfungsverfahren daraufhin getestet, ob sie die begründete Zustimmung *aller* Beteiligten finden und in ihrem Geltungsanspruch bestätigt werden können. Die D. gibt keine materialen Inhalte vor, sondern elaboriert formale Voraussetzungen und Verfahrensregeln: Vorgestellt wird eine ideale Sprechsituation, in der das Prinzip der Herrschaftsfreiheit gilt und die Teilnehmenden einzig dem Zwang des besseren Argumentes folgen. Somit haben im d. Verfahren alle sprach- und handlungsfähigen Subjekte die Chance, gleichberechtigt Argumente vorzubringen und zu widerlegen. Die Konsensfindung ist nicht an der Erarbeitung von Kompromissen interessiert, sondern konzentriert sich auf moralische Normen, die die Zustimmung aller finden. Die intendierte Ausscheidung partikularer und kontextspezifischer Präferenzen kann sich zu der Forderung verdichten, den Radius für die geforderte Einbeziehung der Anderen über den Kreis der Anwesenden hinaus auf alle potentiellen Gesprächsteilnehmer auszudehnen. Als postkonventionelle Moraltheorie gibt die D. der Erhebung des *Gerechten*, das von allen Vernunftwesen gewollt wird, den Vorrang vor der Ermittlung des *Guten*, das universalistischen Maßstäben aufgrund seiner als unumgänglich gewerteten Partikularität nicht genügt, obschon es von der D. in seiner ethischen Relevanz gewürdigt wird. Von den *Begründungs-* sind die *Anwendungsdiskurse* zu unterscheiden, in denen es nicht um moralische Rigidität, sondern um sensible Anbindung normativer Gehalte an je verschiedene Situationen geht:

2. Grundlagen. Die Hauptvertreter der D. in Deutschland, J. HABERMAS und K.-O. APEL, verzichten im Anschluss an die Ältere Kritische Theorie auf eine substantielle Bestimmung der Vernunft, nicht aber auf eine Verortung von Rationalität überhaupt, deren Vorhandensein sie aus den Strukturen alltäglichen kommunikativen Verhaltens rekonstruieren und zu Elementen einer Universalpragmatik verdichten. Auf dieser lebensweltlichen Basis wird die Versprachlichung dreier Welten entfaltet: (a) im theoretischen Diskurs wird über die *Wahrheit* von Behauptungen über objektive Gegebenheiten entschieden, während (b) die praktisch ausgerichtete D. Bezugnahmen auf moralische Konventionen unter dem nur wahrheitsanalogen Anspruch der *Richtigkeit* überprüft. Die von kommunizierenden Individuen (c) implizit stets mitthematisierte subjektive Innenwelt wird als nicht dekontextualisierbares Reservoir privater Prägungen bewertet und unter dem Aspekt der *Wahrhaftigkeit* fokussiert. Indem die Exponenten der D. ihre sprachphilosophischen Distinktionen u. a. mit Einsichten von G. H. MEAD bezüglich der Interdependenzen zwischen Individuum und Gesellschaft zusammen denken, transformieren sie zugleich die Grundelemente der von I. KANT entwickelten deontologischen Moraltheorie: Universalismus, Formalismus und Kognitivismus. Denn das auf Herrschaftsfreiheit basierende, ideologiekritische Verfahren sucht zu verhindern, dass bloß partikulare Interessen als Universalmaximen ausgegeben werden, weshalb an die Stelle des solipsistischen Individuums, das aus seiner Sicht Maximen auf ihre Kompatibilität mit dem kategorischen Imperativ prüft, die interaktiv urteilende Diskursgemeinschaft tritt. In der Nachfolge KANTs insistiert K.-O. APEL darauf, den unbedingten Anspruch des moralischen Sollens festzuhalten und spricht daher vom transzendentalen *Apriori* der Kommunikationsgemeinschaft; dem Konsensergebnis wird der Status einer Letztbegründung zuerkannt.

3. Kritische Würdigung. Wie schon KANTs kategorischer Imperativ besticht der integrative Ansatz der D. durch seine universale Ausrichtung, die der Durchsetzung bloß subjektiver Interessen und der Aufrechterhaltung illegitimer Machtverhältnisse ihre moralische Grundlage entzieht und eine vernunftgeleitete Normenbegründung präferiert, die im Verfahren *und* Konsensergebnis die Interessen noch der Schwächsten spiegelt. Zu den Leistungen d. Methodik kann neben der Verpflichtung zur Intersubjektivität v. a. die präzise Unterscheidung und Festlegung der Regeln für Diskurs*ebenen* gezählt werden. Allerdings ist aufgrund der Wirkmächtigkeit systemischer Faktizitäten und Depravationen der Menschenrechte nach der Reichweite d. Verfahren zu fragen, deren Insistieren auf Herrschaftsfreiheit nicht grundlos der Utopismusvorwurf gemacht wird; auch wenn an der Nichthintergehbarkeit rationaler Argumentationsmuster im Kommunikationsprozess festgehalten werden kann, bildet doch die Anerkennung basaler Diskursgrundsätze selber schon ein *moralisches Prinzip*. Angesichts dieser nicht genügend ausgewiesenen Prämisse wird eine selber an der Unterscheidung von Faktizität und Geltung moralischer (und rechtlicher) Normen interessierte *theologische Ethik* die der D. zugrunde liegenden anthropologischen Prämissen thematisieren und nach der *Grundlage* fragen, die Menschen zu einem Freiheitsgebrauch befähigt, der sich in der Wahrnehmung der Interessen aller anderen konkretisiert. Problematisch ist der sich auf die Prüfung bereits vorhandener Normen konzentrierende d. Formalismus darin, dass er die Frage ausblendet, wie es zu neuen materialen Gehalten einer Ethik kommt.

J. HABERMAS, Erläuterungen zur D., 1991 – K. BERNER, Gesetz im Diskurs. Konsequenzen theologisch-philosophischer Wirklichkeitsdeutung, 1997 (Lit.) – DERS., Wahrheit und Rechtfertigung. Philosophische Aufsätze, 1999.

Knut Berner

Dritter Weg

Der Dritte Weg bezeichnet das spezifisch kirchliche Verfahren bei der Ausgestaltung der Arbeitsbedingungen, das die Kirchen seit den 1950er Jahren im Rahmen ihres durch die Verfassung ermöglichten kirchlichen Arbeitsrechts Zug um Zug entwickelten und in den 1970er Jahren einführten. Im Gegensatz zum zweiten Weg – hier erfolgen die arbeitsrechtlichen Kollektivvereinbarungen durch vertragliche Vereinbarungen und Tarifverträge zwischen Gewerkschaften und Arbeitgebern auf Basis der verfassungsmäßig garantierten Koalitionsfreiheit (GG Art. 9 (3)) – entwickelten die Kirchen einen eigenen Weg und wurden 1952 vom Betriebsverfassungsgesetz ausgenommen.

Eine ausgedehnte, relativ langwierige und kontroverse Debatte veranlasste die meisten ev. Landeskirchen einen Vereinbarungsweg einzuschlagen, der die Gewerkschaften als gleichberechtigte Vertragspartner ausschloss. Die Idee der →Dienstgemeinschaft spielte dabei für die kirchenrechtliche Rechtfertigung eine zentrale Rolle, da das spezifisch Kirchliche auch im theologisch begründeten Verzicht auf Streik und Aussperrung in der Austragung von Interessengegensätzen und -konflikten gesehen wird.

Den entscheidenden Gestaltungsschritt leitete die EKD 1976 durch die „Richtlinie über das Verfahren zur Regelung der Arbeitsverhältnisse der Mitarbeiter im kirchlichen Dienst" (ARRG) ein, die als Grundlage der landeskirchlichen Ausgestaltung eines Arbeitsrechtsregelungsgesetzes fungierte. Insgesamt förderte die allgemeine gesellschaftliche Debatte um die Mitbestimmung Anfang der 1970er Jahre, aber auch innerkirchliche Debatten um die Sozialpartnerschaft diese Entwicklung. Der Dritte Weg etablierte sich infolgedessen als ein dem säkularen Verfahren gleichwertiger Weg, der entsprechenden Kriterien genügen musste. Die Arbeitsrechtsregelungen über Arbeitsinhalt und Lohnhöhe erfolgen seitdem in paritätisch besetzten arbeitsrechtlichen Kommissionen, deren Rechtsverbindlichkeit eigens durch einzelvertragliche Bezugnahme durch die Vertragsparteien hergestellt wird.

In Konflikten greifen entsprechende Schlichtungsverfahren. Die Mitgliedschaft in der Kommission ist wiederum an die Kirchenzugehörigkeit sowie mit einem spezifischen Besetzungsschlüssel an die hauptamtliche Tätigkeit in der Kirche gebunden.

Seit dem Eintritt in die Sozialwirtschaft ab Mitte der 1990er Jahre änderten sich die Steuerungs- und Finanzierungsformen der diakonischen Einrichtungen. Die Ablösung des Bundesangestelltentarif 2005, an dem sich die Entlohnung der kirchlichen Mitarbeiter bis dahin orientierte, führte vor allem innerhalb der evangelischen Einrichtungen und Verbände zu uneinheitlichen Tarifsystemen, die neben weiteren Kritikpunkten (fehlende materielle Parität, Ausnutzen von Wettbewerbsvorteilen in der Sozialwirtschaft, „Tarifhopping", Outsourcing durch Leiharbeit, öffentlicher Reputationsverluste) den Dritten Weg als gleichberechtigtes Verfahren infrage stellten. Zudem dreht sich aufgrund des Fachkräftemangels das in der Loyalitätsrichtlinie festgelegte Regel-Ausnahme-Prinzip zugunsten der Kirchenfernen in den östlichen Bundesländern um und berührt damit das Verständnis der Dienstgemeinschaft als theologisch begründetes Leitbild des Dritten Weges in empfindlicher Weise. Überdies verstärkt die uneinheitliche Handhabung der Loyalitätsrichtlinie auch rechtlich den Plausibilitätsverlust.

Die verfassten protestantischen Kirchen modifizierten aufgrund des facettenreichen Problemdrucks der ihr zugeordneten diakonischen Einrichtungen ihre Arbeitsrechtsregelungen; die EKD erweiterte die Möglichkeiten der Arbeitsrechtsregelungen durch ein landeskirchlich zu implementierendes Arbeitsrechtsregelungsgrundsätzegesetz (ARGG-EKD): Neben dem Dritten Weg wird damit ein Verfahren kirchengemäßer Tarifverträge mit uneingeschränkter Friedenspflicht („ohne Streik") ermöglicht. Zudem wird die einheitliche Anwendung der Arbeitsvertragsrichtlinien des Ev. Bundesverbands für Diakonie angestrebt.

J. Klute/F. Segbers (Hg.), Gute Arbeit verlangt ihren gerechten Lohn: Tarifverträge für die Kirchen, 2006 – H. Lührs, Die Zukunft der arbeitsrechtlichen Kommissionen: Arbeitsbeziehungen in den Kirchen und ihren Wohlfahrtsverbänden Diakonie und Caritas zwischen Kontinuität, Wandel und Umbruch, 2010 – R. Richardi, Arbeitsrecht in der Kirche: staatliches Arbeitsrecht und kirchliches Dienstrecht, 2012[6] –T. Jähnichen, Arbeitswelt Kirche – Überblick über die Geschichte der Gestaltung der kirchlichen und diakonischen Arbeitsbeziehungen während des 20. Jahrhunderts, in: Dritter Weg?: Arbeitsbeziehungen in Kirche und Diakonie, 2015, 21–54 – K. Kleine Vennekate, Dienstgemeinschaft und das kirchliche Arbeitsrecht in der evangelischen Kirche in Deutschland – 1945 bis 1980, 2015 – W. Maaser, Ekklesiologische Problemanzeigen im Schnittfeld von subjektiver oder objektiver Dienstgemeinschaft, in: Dritter Weg?: Arbeitsbeziehungen in Kirche und Diakonie, 2015, 55–71.

Wolfgang Maaser

Ehe / Lebensformen

1. Begriff und Definition. Die E. ist traditionell eine Verbindung zwischen zwei oder mehreren Personen unterschiedlichen Geschlechts. Die Beziehung ist auf Dauer angelegt und wird gesellschaftlich legitimiert. Mit ihr gehen bestimmte ökonomische und in der Regel auch sexuelle (→Sexualität, Sexualethik) Rechte einher. Eigentumsfragen werden festgelegt, Erbfolgen begründet und die Unterstützung zwischen den Partnern und ihren Kindern festgeschrieben. Eine E. wird rituell geschlossen, sie muss aber nicht religiös legitimiert werden. Die E.-schließung ist ein rite de passage (oder rite de confirmation, R. Nave-Herz), der das Zusammenwachsen zweier Gruppen/→Familien fördert und die Beziehungen zwischen den Herkunftsfamilien regelt. Dabei werden neue soziale →Rollen (E.-mann/E.-frau, Schwiegermutter, Schwager) erworben. Die E. lässt sich in allen Kulturen als eine soziale Struktur und Ordnung verstehen, die auch unabhängig von Religion besteht. Zugleich entwickeln viele Religionen eine dezidiert religiöse Sicht auf die E. Religionen können aber auch ein eheloses Leben als anerkannte L. legitimieren. Im Christentum ist beides der Fall.

2. Biblische Perspektiven. Obwohl sie häufiger vorkommt, ist die polygame E. im AT nicht der Normalfall. Polygynie mit maximal zwei E.-frauen wird nur im Ausnahmefall zugelassen, vor allem bei Kinderlosigkeit oder Krankheit der Frau. Die E. gründet in der Regel nicht auf der →Liebe der Partner. Ihre primäre Aufgabe ist es, die geordnete Fortpflanzung und die Fortsetzung der Genealogie der Familie zu sichern. Doch gibt es späte biblische Traditionen, in denen das Zusammentreffen von Liebe und E. als besonderer Glücksfall gepriesen wird. Besonders prominent ist dies bei der Paradieserzählung (Gen 2–3) der Fall. So wird in Gen 2,24 der im Alten Orient üblichen Patrilokalität eine utopische Matrilokalität gegenübergestellt: Nicht mehr verlässt eine Frau Vater und Mutter, um von der Familie der männlichen Seite subordiniert zu werden, sondern ein Mann verlässt Vater und Mutter, um an seiner Frau zu hängen und sich an sie zu binden. Mit dieser Umkehrung macht die Erzählung deutlich, dass das patriarchale Zusammenleben der Geschlechter nicht der Schöpfungsintention Gottes entspricht. Als segensreiches Alternativmodell wird eine Beziehung zwischen Mann und Frau vorgestellt, die von einer großen Hingabe *des Mannes* (nicht nur der Frau) ausgeht und Gleichheit und wechselseitige Treue intendiert. Die Strafsprüche in Gen 3,16 bringen demgegenüber eine lebensmindernde Wirklichkeit zum Ausdruck. Schon innerhalb des ATs lässt sich mithin eine Distanzierung von patriarchalen Strukturen erkennen. (E. OTTO)

Das NT enthält keine umfassende E.-theologie. E. und Familie sind keine dominierenden Themen für das frühe Christentum. Das →Reich Gottes schafft eine geistliche Familie der Brüder und Schwestern (Mt 12,46–50), die die natürliche Familie in ihrer Bedeutung relativiert. E. und (innerhalb der E. praktizierte) Sexualität werden bejaht, aber nicht überhöht: Neben der E. werden auch ehelose L. anerkannt, wie die Witwen- und Jungfrauenschaft sowie das Wanderpredigertum. Zugleich ist keine Privilegierung zölibatärer L. erkennbar. Selbst Paulus, der die E.-losigkeit bevorzugt, verteidigt die E. gegen asketische Kritiker. Paulus vertritt in 1 Kor 7,1ff eine gegenseitige Geschlechterverantwortung in der E. und behandelt Mann und Frau dabei paritätisch. Paulus setzt die sexuelle Gemeinschaft in der E. genauso selbstverständlich voraus wie die Möglichkeit, in einer E. nach Absprache eine Zeit lang auf Sexualität zu verzichten. In den späteren Deuteropaulinen (insbes. Eph 5,22ff) und den Pastoralbriefen (1 Tim 5,9ff u. Titus 2,4f) wird in Anpassung an die Ständeethik der römisch-hellenistischen Umwelt wieder die patriarchale E.-ordnung proklamiert.

Als Fazit lässt sich festhalten, dass es neben den patriarchalen Traditionen biblische Überlieferungszusammenhänge gibt, die die E. als eine von Treue und Reziprozität bestimmte L. imaginieren. Im Hinblick auf die E.-diskussion der Gegenwart ist das hohe Ethos eines von wechselseitiger Bindung und Liebe geprägten Zusammenlebens von Mann und Frau, das von Herrschsucht und Dominanzstreben frei ist und großen Respekt für die (auch sexuellen) Bedürfnisse des anderen bekundet, hervorzuheben. Vor diesem Hintergrund ist auch das radikale Scheidungsverbot Jesu (Mk 10,1ff), bei dem Jesus primär den Schutz der Frau im Blick hatte, zu interpretieren. Es sollte nicht trivialisiert, aber auch nicht apodiktisch ausgelegt werden: Das Leben unter der Sünde birgt die Möglichkeit des Scheiterns in sich. Die paradiesische Idealvorstellung intensiver →Gemeinschaft ist unter irdischen Bedingungen nicht immer zu verwirklichen. Wie unwahrscheinlich und voraussetzungsreich „die Paradiesehe" ist, wird schon in Gen 3 reflektiert.

3. Reformatorische E.-theologie. Anders als noch das NT bewerteten die Kirchenväter E.-losigkeit durchweg höher als den E.-stand. Damit schob sich der Zölibat als vermeintlich bessere L. im Lauf der Zeit in den Vordergrund. Dieser Entwicklung widersprach MARTIN LUTHER scharf. Er sah in der E. ein gutes Schöpfungswerk, einen heiligen Orden zum Wohl des Gemeinwesens, keinesfalls eine zweitrangige L. Für LUTHER war die E. ein „weltlich Ding". Die E. ist damit keine Sache des geistlichen, sondern des weltlichen Regiments. Sie kann von unterschiedlichen Gebräuchen und Sitten geprägt sein und rechtlich verschiedene Formen annehmen. Die E. ist dementsprechend auch nicht der Dogmatik, sondern dem Bereich der →Ethik und der sittlichen Lebensgestaltung zuzuordnen. Mit dieser Auffassung widerspricht die reformatorische E.-lehre dem römisch-katholischen sakramentalen E.-verständnis fundamental. Nach römisch-katholischer Auffassung vermittelt die E. eine besondere Sakramentsgnade, die die E.-leute verändert. Die E. ist dabei sichtbares Zeichen der unsichtbaren Vereinigung Christi mit seiner Kirche. Da Christus mit seiner Kirche in Ewigkeit verbunden ist, sind auch Mann und Frau in Ewigkeit miteinander verbunden – die Möglichkeit von Scheidung und Wiederheirat ist ausgeschlossen.

Die E. bleibt in der römisch-katholischen Kirche eine sekundäre L., während sie in der reformatorischen Theologie einen zentralen Stellenwert erhält, obwohl oder gerade weil sie dort als „weltlich Ding" verstanden wird. Das liegt daran, dass die Welt nach reformatorischer Überzeugung genauso Ort der Gottesgegenwart ist wie die Kirche. Die Bejahung von Sexualität und ein heiliges Leben waren für die Reformatoren kein

Widerspruch. Für LUTHER ist jede Tätigkeit, die im Glauben und in der Liebe geschieht, ein göttliches Werk. In diesem Sinn ist für ihn auch die E. ein göttliches Werk und eine heilige Ordnung, die das menschliche Zusammenleben fördert, einer verantwortlich gelebten Sexualität Raum und Anerkennung verleiht, der Sünde wehrt und Liebe und Treue lehrt.

Die Weltlichkeit der E. bedeutet auch, dass die E. keinen besonderen Glauben verlangt. Sie bedarf weniger der Religion als der Vernunft und der alltagspraktischen Weisheit im Umgang miteinander. Es ist reformatorische Grundüberzeugung, dass E. und Familie für das christliche Gemeinwesen, aber auch für den Einzelnen (weitgehend) unentbehrlich sind. Die E. kann darüber hinaus einen geistlichen Zweck erfüllen, insofern sie den Glauben stärkt und Liebe, Nachsicht und Vergebung in ihr geübt werden.

Dass die E. als „weltlich Ding" und nicht als Sakrament verstanden wurde, hatte weitreichende Folgen für die eheliche Rechtsprechung. Alle reformatorischen Konfessionen schränkten „die Rolle der Kirche ein und erweiterten die Rolle des Staates und der Gesellschaft, wo es um die Gründung von Ehen, ihre Kontrolle und ihre Auflösung ging." (J. WITTE) So sollte der rechtliche Trauungsakt vor der Kirchentür durchgeführt werden. Aufgabe des Traugottesdienstes in der Kirche war es nur noch, für das Paar zu beten, es mit Schriftworten zu ermahnen und um den Segen für die E.-leute zu bitten (M. LUTHER, 1529). Erst durch die Einführung der obligatorischen Zivilehe 1874 in Preußen wurden der rechtliche Trauungsakt und die gottesdienstliche Segenshandlung klar voneinander getrennt. Heute werden bei einer evangelischen kirchlichen Trauung die Trau- oder Konsensfragen zwar wiederholt, dabei wird aber nicht die E. konstituiert, sondern der Blick auf die religiöse Dimension der gemeinsamen Lebensführung und die Bitte um Gottes Segen gerichtet.

Die Reformatoren setzten sich dafür ein, dass möglichst viele Menschen heiraten können. Das reformatorische E.-recht reduzierte die zahlreichen E.-hindernisse deshalb drastisch. Nur enge (Bluts-) Verwandtschaft und Impotenz stellten weiterhin Heiratshindernisse dar. Darüber hinaus legten die Reformatoren auf die →Öffentlichkeit der E.-schließung großen Wert und wirkten heimlichen E.-schließungen entgegen. Die soziale Umwelt sollte die geschlossene E. akzeptieren und unterstützen. Vor allem aber führte die Reformation die Möglichkeit der E.-scheidung und das Recht auf Wiederheirat ein. Schon LUTHER befasste sich mit diversen Scheidungsgründen, die er als legitim erachtete. Andere Reformatoren wie JOHANNES BUGENHAGEN, HEINRICH BULLINGER und MARTIN BUCER akzeptierten nicht nur E.-bruch und Impotenz, sondern darüber hinaus auch die schwere Zerrüttung einer E. als Scheidungsgründe. Besonders BUCER formulierte hohe Ansprüche an die Ehe: In der E. sollten sich zwei Menschen einander „in höchster Güte und Zuneigung" zuwenden und wechselseitig unterstützen. War das nicht mehr möglich und setzt eine unversöhnliche →Entfremdung ein, war die E. faktisch schon aufgelöst (J. WITTE).

Insgesamt trug die reformatorische Bewegung zu einer Intimisierung von E. und Familie bei und präformierte damit ein Modell, das sich vom 17. bis 19. Jahrhundert im Bürgertum durchsetzen sollte (H.-M. GUTMANN). Die romantische Vorstellung der Liebe als Voraussetzung der E. kann sich ebenfalls auf LUTHER berufen (D. RÖSSLER): Für LUTHER ist die Liebe das wichtigste Motiv für die E., auch wenn er selbst ständischem Denken verhaftet blieb.

LUTHER kann mit seinen Vorstellungen an den Liebes- und E.-diskurs des Hochmittelalters anknüpfen, in dem neue Leitbilder von sexueller und emotionaler ehelicher Verbundenheit geschaffen wurden. So war es z. B. spätmittelalterliche Auffassung, dass die sexuelle Lust die emotionale Bindung in der E. stärkt – und zwar unabhängig davon, ob aus ihr Kinder hervorgehen oder nicht (R. SCHNELL). Es ist insofern verfehlt, die vormoderne E. auf eine reine Zweckgemeinschaft zu reduzieren. Die E. war nicht nur eine Frage der „Oeconomia", sondern wurde in vielen Schriften des Hochmittelalters mit Freundschaft, Zuneigung, Liebe und →Gleichheit in Verbindung gebracht (G. SIGNORI). Ab dem 12. Jh. setzte sich das Konsensprinzip durch: Eine Ehe ohne Einwilligung beider Ehepartner wurde zur Ausnahme. Damit konnte ein unliebsamer Heiratspartner (auch von der Frau) zurückgewiesen werden, eine Voraussetzung, die bis heute interkulturell keineswegs selbstverständlich ist.

4. Gegenwärtige Herausforderungen. Die L. sind in den letzten Jahrzehnten vielfältiger und bunter, aber auch fragiler geworden. E. und Familie verstehen sich nicht mehr von selbst. Wer heute heiratet, beschließt nicht automatisch, eine Familie zu gründen. Die Aufnahme sexueller Beziehungen ist unabhängig von einer E.-schließung oder der Absicht dazu gesellschaftlich legitim geworden. Eheanaloge L. wie nicht-eheliche Lebensgemeinschaften haben sich etabliert und sind allgemein anerkannt. Darüber hinaus ist das Alleinleben eine L., die nicht mehr stigmatisiert wird wie das bis in die 1970er Jahre hinein der Fall war.

Zugleich hat sich die E. selbst tiefgreifend verändert und ihre kulturelle Anpassungs- und Lernfähigkeit unter Beweis gestellt. Besonders deutlich wird das in der E.-rechtsreform von 1977. Bis dahin war die Frau zur Führung des Haushalts verpflichtet und hatte der Mann die Entscheidungsmacht über die gemeinsamen Kinder. Die Frau konnte ohne Zustimmung ihres Mannes kein Arbeitsverhältnis eingehen. Die E.-rechtsreform von 1977 nimmt Abschied vom Leitbild der Hausfrauenehe, verzichtet auf jegliche Vorgabe und überlässt die individuelle Gestaltung der E. der Autonomie des Paares. Damit ebnete sie den Weg, Erwerbs- und Familientätigkeit nicht zwangsläufig entlang der Geschlechterachse (→ Geschlechterverhältnis) aufzuteilen. Das polarisierende bürgerliche Geschlechterrollenmodell wirkt zwar immer noch nach, doch ist die Frage der Vereinbarkeit von E./Familie und → Beruf heute zugleich eine der wichtigsten Gestaltungsfragen moderner E.-paare. Vor allem junge Frauen weigern sich, Familie und Beruf weiterhin als Alternative zu betrachten (J. Allmendinger).

Vielfach wird eine Krise der E. beklagt – dies vor allem vor dem Hintergrund der im Vergleich mit dem „golden age of marriage" (1960er Jahre) geringeren Zahl der E.-schließungen und der hohen Scheidungsquote. Eine gewisse Deinstitutionalisierung (→ Institution) von E. und Familie ist nicht von der Hand zu weisen. E. und Familie haben einen Monopolverlust erlitten. Zugleich sucht die ganz überwiegende Mehrheit der Gesellschaftsmitglieder ihr individuelles Glück nach wie vor in erster Linie in Familie und Partnerschaft. Im Verlauf der letzten Jahrzehnte ist der Stellenwert dieses Wertmusters sogar gestiegen. Die Bindungsquote hat eher zu- als abgenommen. Immer noch gehen mehr als 80 Prozent eines Geburtsjahrgangs in ihrem Leben eine E. ein. Über 60 Prozent aller E. enden nicht durch Scheidung, sondern durch den Tod des E.-partners (R. Nave-Herz). Das ist angesichts der demographischen Entwicklung (der langen E.-dauer) und der Akzentuierung von Freiwilligkeit ein bemerkenswerter Befund. „Die Tatsachen zeigen eine nach wie vor hohe Stabilität von Ehen." (N. Luhmann)

Der moderne Protestantismus muss sich mit den vielfältigen Facetten und kulturellen Rahmenbedingungen moderner Lebensführung auseinandersetzen, wenn er zu einer differenzierten Orientierung beitragen will. Das betrifft erstens die überkommene komplementäre Geschlechtermetaphysik (H. Tyrell), die in modifizierter Form immer noch weite Teile der → Sozialethik bestimmt. Die mit der E. assoziierte Vorstellung „natürlicher" polarer Charaktere und Aufgaben von Mann und Frau sind inzwischen sozialwissenschaftlich als kulturelles Konstrukt erwiesen (I. Karle, 2006).

Das betrifft zweitens die Frage der Öffnung der Institution E. für gleichgeschlechtliche Paare. Die Voraussetzung der Verschiedengeschlechtlichkeit für die E.-schließung ist zu überdenken, wie das in vielen europäischen Nachbarländern und in den USA bereits der Fall ist. Evangelischer Ethik geht es um die Förderung nachhaltiger, verantwortlicher, reziproker Partnerschaften. Das gilt für heterosexuelle wie homosexuelle Paarbeziehungen gleichermaßen. Die gleichgeschlechtlichen Paare, die heiraten wollen, stärken die E. und zeigen, dass die E. als Institution nach wie vor begehrenswert ist. Die evangelische Kirche hat deshalb allen Grund, sich für eine vollgültige Trauung von homosexuellen Paaren, die sich an den ehelichen Normen orientieren wollen, einzusetzen und damit im Sinne der Reformation die E. als „weltlich Ding" weiterzuentwickeln (I. Karle, 2014).

Drittens sollte eine evangelisch-lutherische Sozialethik in einer an → Markt und Tausch orientierten Gesellschaft den Wert der E. als einer solidarischen L., die einen stützenden und stabilisierenden Rahmen für dauerhafte Beziehungen darstellt, zum Ausdruck bringen. Es gilt plausibel zu machen, dass und inwiefern die E. die Tragfähigkeit von intimen Beziehungen fördert und eine Schutzfunktion insbesondere für den schwächeren Partner sowie ggf. die Kinder wahrnimmt. E. und Familie sind besonders nachhaltige Beziehungsmodelle, die nicht ohne weiteres aufgelöst werden können. Die heutige E. ist durch die Emotionalisierung und Exklusivität ihrer Binnenstruktur „eine der bedeutsamsten identitätsbildenden und -erhaltenden Institutionen" (R. Nave-Herz).

Viertens sollten andere, eheanaloge L. nicht gegen die E. (als „Leitbild") ausgespielt werden. Biographien sind in der Moderne viel zu komplex und brüchig, um nur ein Modell privaten Zusammenlebens als wegweisend und lebensdienlich zu betrachten.

M. Luther, Vom ehelichen Leben, 1522, in: D. Lorenz (Hg.), Vom ehelichen Leben und andere Schriften über die Ehe, 1978, 13–44 – M. Luther, Ein Traubüchlin für die einfältigen Pfarrherrn, 1529, in: BSLK ^{6}1967, 528–541 – M. Bucer, De Regno Christi liberi duo, 1550, 2. Buch, Kap. 38, F. Wendel (Hg.), Martini Buceri Opera Latina, ^{XV}1955 – D. Rössler, Grundlagen und Aspekte des gegenwärtigen lutherischen E.-verständnisses, in: G. Gassmann (Hg.), E. – Institution im Wandel. Zum evangelischen E.-verständnis heute, 1979, 37–65 – H. Tyrell, Geschlechtliche Differenzierung und Geschlechterklassifikation, in: KZSS 38, 1986, 450–489 – R. Schnell, Sexualität und Emotionalität in der vormodernen Ehe, 2002 – I. Karle, „Da ist nicht mehr Mann noch Frau…". Theologie jenseits der Geschlechterdifferenz, 2006 – N. Luhmann, Liebe. Eine Übung, A. Kieserling (Hg.), 2008 – E. Otto, Die Rechtsgeschichte von Familie und E. im antiken Judentum der hebräischen Bibel. Die Dialektik genealogischer und religiöser Normenbegründung im Familienrecht, in: A. Holzem/I. Weber (Hg.), E. – Familie – Verwandtschaft. Vergesellschaftung in Religion und sozialer Lebenswelt, 2008, 65–88 – J. Witte, Vom Sakrament zum Vertrag. E., Religion und Recht in der abendländischen Tradition, 2008 – J. Allmendinger, Frauen auf dem Sprung. Wie junge Frauen heute leben wollen. Eine Brigitte-Studie, 2009 – G. Signori, Von der Paradiesehe zur Gütergemeinschaft. Die E. in der mittelalterlichen Lebens- und Vorstellungswelt, 2011 – H.-M. Gutmann, Martin Luthers »christliche Freiheit« in zentralen Lebenskonflikten heute. Intimität gestalten. Verantwortlich leben. Freiheit realisieren, 2013 – H. Kress, Gleichgeschlechtliche Partnerschaften ohne und mit Kindern. Persönlichkeits- und Kinderrechte als Maßstab der Ethik – Probleme der Kirchen, in: EvTh 73, 2013, 364–376 – R. Nave-Herz, Ehe- und Familiensoziologie. Eine Einführung in Geschichte, theoretische Ansätze und empirische Befunde, überarbeitete Aufl. ^{3}2013 – I. Karle, Liebe in der Moderne. Körperlichkeit, Sexualität und E., 2014.

Isolde Karle

Ehescheidung

1. Rahmenbedingungen. Im kirchlichen Verständnis wie auch im staatlichen Recht in Deutschland gilt nach wie vor als Grundsatz das Prinzip der Unauflöslichkeit der →Ehe. Nach evangelischem Verständnis ist dies durch den ausdrücklichen Willen des Schöpfers begründet: „Was nun Gott zusammengefügt hat, das soll der Mensch nicht scheiden" (Mt 19,6; Mk 10,9). Im staatlichen Eherecht ergibt sich die prinzipielle Unauflöslichkeit der Ehe aus § 1353 I S. 1 BGB: „Die Ehe wird auf Lebenszeit geschlossen". Diese schon immer geltende Idealvorstellung hat sich allerdings aufgrund der Lebenswirklichkeit mit der Gefahr der inneren oder äußeren Zerstörung einer Ehe zu keiner Zeit durchhalten lassen. Der dementsprechenden Notwendigkeit, Scheidungsregelungen für den Fall des Scheiterns einer Ehe vorzusehen, hat das staatliche Recht Rechnung getragen. Während nach katholischem Kirchenrecht die Ehescheidung verboten, folglich auch nicht geregelt ist, ist in den evangelischen Kirchen unter Akzeptanz des vom →Staat in Anspruch genommenen Regelungsmonopols kein eigenes Ehe- und Ehescheidungsrecht entwickelt worden.

Die somit heute deutlich sichtbar werdende Divergenz zwischen dem staatlichen Recht einerseits und insbesondere dem katholischen Kirchenrecht andererseits ist von Beginn an angelegt gewesen und geschichtlich nachvollziehbar, spielte aber in Deutschland in Zeiten, in denen die Rechtstradition maßgeblich von christlich-abendländischen Ehevorstellungen geprägt war, keine entscheidende praktische Rolle. Wo sich, beginnend mit den die Eheauflösung erleichternden Ehelehren der →Aufklärung, bis zum gegenwärtigen Stand das staatliche Ehescheidungsrecht entwickelt hat, steht es somit nunmehr materiell kirchenrechtlichen Vorstellungen gegenüber. Doch auch dies bewirkt keinen Konflikt zwischen staatlichem und kirchlichem Eherecht, solange es dem kirchlichen Recht nicht bestritten ist, eine nach staatlichem Recht geschiedene Ehe kirchenrechtlich als weiterhin bestehend zu betrachten. Im deutschen Recht ist dies durch eine Kollisionsnorm abgesichert. Gem. § 1588 BGB werden die kirchlichen Verpflichtungen in Ansehung der Ehe durch die Vorschriften des staatlichen Eherechts nicht berührt. Damit nimmt der neutrale Staat zur Kenntnis, dass die Ehe kirchenrechtliche Verpflichtungen bewirkt, die sich bei Abweichung allerdings im staatlichen Bereich nicht auswirken können. Ihre Einhaltung wird staatlicherseits weder überwacht noch sanktioniert.

2. E. im staatlichen Recht. Das E.srecht im BGB trägt sowohl der personalen wie auch der sozialen Funktion der Ehe Rechnung, indem es einerseits handhabbare Kriterien für die Auflösung der Ehe setzt, wenn die Ehe zwischen den Ehepartnern gescheitert ist, zum anderen bei der Regelung aber nicht die Bedeutung außer Acht lässt, die die gescheiterte Ehe in sozialer Hinsicht für den einzelnen Ehepartner oder etwa von der Scheidung betroffene →Kinder hat. Dementsprechend kann die grundsätzlich nur durch Gerichtsurteil herbeizuführende E. erst erfolgen, wenn auch die Scheidungsfolgen geklärt sind (zwingender Verhandlungs- und Entscheidungsverbund gem. § 137 I FamFG). Es ist in Deutschland bislang rechtlich nicht möglich, eine E. im Wege eines Mediationsverfahrens herbeizuführen. Als Maßnahme der Verständigung im Vorfeld einer E. gewinnt die Mediation jedoch an Bedeutung.

Voraussetzung der E. ist gem. § 1565 BGB das Scheitern der Ehe. Es gilt seit der Eherechtsreform zum 1. 7. 1977 das Zerrüttungsprinzip, das das sog. Verschuldensprinzip abgelöst hat, nach dem ein dem einzelnen Ehepartner vorgeworfenes ehewidriges Verhalten Grundlage für die Auflösung der Ehe war. Nach dem Zerrüttungsprinzip ist die Ehe gescheitert, wenn die Lebensgemeinschaft der Ehegatten nicht mehr besteht und nicht erwartet werden kann, dass die Ehegatten sie wiederherstellen. Das Scheitern der Ehe muss nur dann bewiesen werden, wenn die Ehegatten noch nicht ein Jahr getrennt leben (§ 1565 II BGB) und die Fortsetzung der Ehe eine unzumutbare Härte darstellt. Im Übrigen wird die Zerrüttung unwiderlegbar vermutet, wenn die Ehegatten seit einem Jahr getrennt leben, und beide die Scheidung wollen (§ 1566 I BGB). Leben die Ehegatten drei Jahre getrennt, kann auch gegen den Willen eines Ehegatten geschieden werden (§ 1566 II BGB), da in diesem Fall unwiderlegbar von der Zerrüttung ausgegangen wird. Getrenntleben meint, dass die häusliche, eheliche Lebensgemeinschaft nicht mehr besteht. Darunter ist die vollständige Aufgabe der Gemeinsamkeiten in sämtlichen Lebensbereichen zu verstehen. Nur aus besonderen Gründen oder wenn und solange die Scheidung für den sie ablehnenden Ehepartner eine unzumutbare Härte darstellen würde, soll die Ehe nicht geschieden werden, obwohl sie gescheitert ist (Härteklausel des § 1568 BGB). Nach der Rspr. gilt die Mißachtung religiöser Überzeugungen des einzelnen Ehepartners von der Unauflöslichkeit der Ehe nicht als unzumutbare Härte.

Die E. zieht eine Reihe von gesetzlich geregelten Scheidungsfolgen nach sich. Gem. § 1569 BGB obliegt es nach der Scheidung jedem Ehegatten grundsätzlich, selbst für seinen Unterhalt zu sorgen („Grundsatz der Eigenverantwortung"). Nur wenn er dazu außerstande ist, kann er im Rahmen der gesetzlichen Regelungen gegenüber dem anderen einen Unterhaltsanspruch geltend machen. Dieser Anspruch setzt auf der einen Seite eine Bedürftigkeit voraus (§ 1577 BGB), auf der anderen Seite Leistungsfähigkeit (§ 1581 BGB). Die Bedürftigkeit des einen Ehegatten kann entstehen, wenn von ihm wegen seines Alters (§ 1571 BGB), wegen Krankheit oder Gebrechen (§ 1572 BGB) eine Erwerbstätigkeit nicht (mehr) erwartet werden kann oder wenn er keine angemessene Erwerbstätigkeit zu finden vermag (§ 1573 BGB). Angemessen ist eine Erwerbstätigkeit, die der →Ausbildung, den Fähigkeiten, einer früheren Erwerbstätigkeit, dem Lebensalter und dem Gesundheitszustand des Ehegatten entspricht, soweit eine solche Tätigkeit nicht nach den ehelichen Lebensverhältnissen unbillig wäre. Bei den ehelichen Lebensverhältnissen sind insbesondere die Dauer der Ehe sowie die Dauer der Pflege oder Erziehung eines gemeinschaftlichen Kindes zu berücksichtigen (§ 1574 II BGB). Die Leistungsfähigkeit des Verpflichteten hat da ihre Grenze, wo sein eigener angemessener Unterhalt gefährdet ist (§ 1581 BGB). Das Gesetz regelt weitere Einzelheiten, insbesondere dazu, in welchen Fällen Unterhalt wegen der Betreuung eines Kindes beansprucht werden kann (§ 1570 BGB).

Scheidungsfolge ist ferner die Durchführung eines Versorgungsausgleichs zwischen den ehemaligen Ehegatten. Für ab dem 1. 9. 2009 gestellte Scheidungsanträge erfolgt der Versorgungsausgleich nach den Regelungen des Versorgungsausgleichsgesetzes. § 1 dieses Gesetzes legt als Regel den „Halbteilungsgrundsatz" fest, wonach beim Versorgungsausgleich die in der Ehezeit erworbenen Anteile von Anrechten (Ehezeitanteile) jeweils zur Hälfte zwischen den geschiedenen Ehegatten zu teilen sind. Zu den im Rahmen des Scheidungsverfahrens mitzuverhandelnden Scheidungsfolgen gehören darüber hinaus die Frage des elterlichen Sorgerechts (§ 1671 ff. BGB) sowie im Streitfall die Frage der Rechtsverhältnisse an Wohnung und Hausrat.

3. E. im evangelischen Verständnis. Die Ehe ist auch nach evangelischem Verständnis grundsätzlich unauflöslich. Ausgehend von der Überlegung, daß die Ehe eine in der Schöpfung angelegte Ordnung Gottes ist, in der Mann und Frau zur Gemeinschaft füreinander bestimmt werden, in der sie umfassend Geborgenheit erfahren und in der ihnen eine gemeinsame Lebensgestaltung ermöglicht wird, verschließt die evangelische →Ethik gleichwohl nicht den Blick vor dem Erfordernis einer E. für den Fall der Zerrüttung der Ehe. Für die evangelische Kirche hängt die E. unmittelbar mit der Macht der Sünde in der Welt zusammen. Sie steht im Widerspruch zum ursprünglichen Ehekonsens und zerstört dessen Vertrauensgrundlage. E. ist somit das Eingeständnis eines nicht durchgehaltenen Versprechens, sie zeigt enttäuschte Hoffnung und hinterlässt vielfältige Spuren. Die geschiedenen Eheleute bedürfen deshalb der Seelsorge und nicht kirchenrechtlicher Sanktion. Infolgedessen kann nach evangelischem Glaubensverständnis die (Wieder-) Trauung Geschiedener nicht grundsätzlich und in jedem Fall verweigert werden. In ihrem „Muster einer Ordnung: Trauung" von 1986 stellt die Arnoldshainer Konferenz (Akf) zu dieser Frage fest: „Die Predigt von der Rechtfertigung des Sünders spricht Geschiedene so auf ihre Schuld an, daß sie die ihm geschenkte Vergebung erkennen und annehmen. Die Kirche wird ihnen deshalb die Begleitung bei einem Neuanfang nicht verwehren. Wenn Geschiedene eine neue Ehe begründen wollen und dazu das Handeln der Kirche erbitten, kommt dem Traugespräch eine besondere Bedeutung zu. Die Seelsorgerin oder der Seelsorger muß erkennen, ob der Wille zu einer dauerhaften ehelichen Bindung vorhanden ist; sie oder er hat auch zu prüfen, ob angesichts der Umstände des Scheiterns der früheren Ehe und der jetzigen Einstellung der Eheleute dazu eine Trauung seelsorgerlich und vor der Gemeinde verantwortet werden kann." Eine (Wieder-) Trauung Geschiedener ist nach evangelischem Verständnis somit in diesem Rahmen möglich.

Vor dem Hintergrund des evangelischen Verständnisses von der grundsätzlichen Unauflöslichkeit der Ehe als einem Gebot Gottes bei allerdings gleichzeitig bestehender Einsicht in die mögliche Unausweichlichkeit einer E. im Fall der Zerrüttung der Ehe sind dagegen Überlegungen äußerst problematisch, die kirchlicherseits ausgesprochene Segnungen oder gar Gottesdienste aus Anlass der Scheidung vorsehen.

Keine einheitliche Klärung und eine dementsprechend unterschiedliche kirchenrechtliche Regelung in den evangelischen Landeskirchen erfährt bislang die Frage der Behandlung von im Amt durch eine E. selbst betroffenen Pfarrern oder Pfarrerinnen. Unter Berücksichtigung der gewandelten gesellschaftlichen Anschauungen setzt sich hierbei je nach Lage des konkreten Falles ein Abrücken vom ursprünglich strikten Grundsatz der Versetzung zunehmend durch.

E. BLESKE, Konfliktfeld Ehe und christliche Ethik, 1981 – H. ENGELHARDT (Hg.), Die Kirchen und die Ehe, 1984 – ARNOLDSHAINER KONFERENZ (Hg.), Muster einer Ordnung: Trauung, vom 18.4. 1986, ABl. EKD, 1986, 244 – D. PIRSON, Staatliches und kirchliches Eherecht, in: HdbStKR, I 1994² – F. THIELE, Unser Tun und Lassen. Leitfaden evangelischer Ethik, 1996² – Gottes Gabe und persönliche Verantwortung. Zur ethischen Orientierung für das Zusammenleben in Ehe und Familie, Beitrag der Kammer für Ehe und Familie der EKD, 1997 – D. SCHWAB, Handbuch des Scheidungsrechts, 2013[7].

Christoph Thiele

Ehre

1. Begriff. E. verweist auf einen Geltungsrahmen sowie auf soziale Situationen, in denen Personen eine bestimmte Form von Achtung zukommt. Die Selbstverständlichkeit gesicherter Interaktionen wird erst dann sichtbar, sobald Misstrauen von Akteuren artikuliert wird (LØGSTRUP) und E. als bedroht erscheint.

Bei der theologischen Thematisierung der E. sind zwei Methoden zu unterscheiden: Entweder wird die E. Gottes als Maßstab für die Bezeichnung intersubjektiver Verhältnisse angegeben (z. B. GRIMM), oder es werden gesellschaftstheoretische und am Authentizitätsideal orientierte Begründungen vorgenommen (vgl. H. THIELICKE).

In der frühen Neuzeit ist E. gültiger Indikator sozialer Ebenbürtigkeit und Ungleichheit in einer durch Standeskonzepte differenzierten Gesellschaft. E. und Ehrverlust als Signale gesellschaftlicher Geltung leben ungeachtet der Transformation der Gesellschaft durch die Industrialisierung fort, besonders im Duell, das auch in den theologischen Ethiken breit diskutiert wird. Im 19. Jh. und der ersten Hälfte des 20. Jh.s hat der Begriff E. dagegen im Rahmen des Kulturprotestantismus und seiner Kritik eine neue Platzierung gefunden, wenngleich er in den Ethiken der letzten Jahrzehnte deutlich weniger Aufmerksamkeit findet. Darin schlägt sich die Ersetzung von E. nieder durch Verwendung der Begriffe *Achtung*, →*Person*, →*Menschenwürde*, aber auch *Selbstdarstellung*, *Prestige* und *Rolle* in der Alltagskommunikation und der wissenschaftlichen Terminologie.

2. Begriffsgeschichte 16.–18. Jahrhundert. Für die frühe Neuzeit ist die Übereinstimmung mit den Erwartungen des eigenen Standes als Anwendungsbereich des E.begriffs kennzeichnend. Daneben wird das Ideal einer persönlichen E. entwickelt, die vom Auftreten einer Person in der dörflichen bzw. städtischen Öffentlichkeit abhängt. Weiterhin wird im Rahmen des Ständekonzepts zwischen ehrenhaften und nicht ehrenhaften Berufstätigkeiten unterschieden. Seit dem 16. Jh. ist eine Inflation des Titelwesens zu beobachten, das Grade sozialer Beachtung, nicht nur beim Adel, sondern auch bei Handwerkern verfeinert. E. als Form der Achtung innerhalb einer Ständegesellschaft erfährt eine Veränderung durch die absolutistische Definition der Adels-E. über Zugehörigkeit zum Hof und durch die Beobachtung „innerer" E. in der →*Aufklärung*, die für die Entwicklung der an der →*Persönlichkeit* orientierten theologischen Modelle von großer Bedeutung ist.

3. Begriffsgeschichte 19.–20. Jahrhundert. Nach ROTHE korrespondiert der erwarteten gesellschaftlichen Anerkennung eine Selbsterziehung der →*Person*, die von einem Wahrhaftigkeitsideal geleitet ist, das von vielen Theoretikern in der Folge in den Mittelpunkt gestellt wird. Streng unterschieden von den Erwartungen der bürgerlichen Gesellschaft dagegen leitet HARLESS den Begriff E. von der E. Gottes ab: „So weiß [...] der Christ von einem unbedingten Behaupten dessen, was man persönliche E. nennt, schon aus dem Grunde nichts, weil er von keiner E. weiß, welcher der →Person als solcher gilt, sondern weil er nur von einer solchen weiß, die ihr als Eigentum ihres himmlischen Herren zukommt."

Eine deutliche Abgrenzung der bürgerlichen E. von christlicher E. nimmt zwar auch FRANK vor, wie sie sich in der Begriffsunterscheidung von „natürlicher E." und „E. bei dem lebendigen Gott" widerspiegelt, doch impliziert seine Deutung tatsächlich eine ethische Richtung. Während die bürgerliche E. jeder für sich beanspruchen dürfe, fasst FRANK den christlichen Begriff im Anschluss an die Gottesebenbildlichkeit als Quelle menschlicher E. enger. Gottes Gebote und Gottes E. übertreffen die Geltungsansprüche menschlicher E. Diese ist gemäß seiner Auffassung ebenso Haltung des Individuums wie „sittlicher Maßstab". FRANK streicht demgemäß die Würde des Menschen heraus, die E. bleibt seiner Auffassung zufolge auch „in der sündlichen Corruption" erhalten. Die Besonderheit der christlichen E. bestehe darin, dass sie sich in einer vorbildlichen Lebensweise äußere, die die Relevanz christlicher →Kultur für Nichtchristen evident werden lässt. Insofern könnten an Christen „höhere ethische Ansprüche" gestellt werden.

Eine umfassende Kritik der Modelle, die das Leitbild einer christlichen oder wenigstens durch das Christentum mitgestalteten →Kultur ausarbeiten, formuliert BRUNNER, der die E. auf das Rechtfertigungsgeschehen bezieht und demnach die E. und Liebe Gottes als vorrangig versteht. Dem Christen sei es „nicht zuerst darum zu tun, daß →Kultur sei, sondern daß Gott zu seinem Recht komme: die E. Gottes."

K. E. LØGSTRUP führt ein Entsprechungsverhältnis zwischen der Achtung gegenüber anderen Personen und der E. Gottes ein. H. THIELICKE und M. HONECKER heben den relationalen Charakter der E. hervor; die Selbstständigkeit der Person und ihre Gestaltungsfähigkeit implizieren auch die Beachtung ihrer Unverfügbarkeit innerhalb sozialer Deutungsrahmen.

4. Gegenwärtige Probleme. Nachdem die Skepsis der Nachkriegszeit eine Wiederanknüpfung an nationalistische oder militaristische Ehrbegriffe verhinderte, wird in allen Formaten der Medienöffentlichkeit in ihrer Redundanz, von Printmedien über das Fernsehen bis hin zum Internet, das Interesse an außergewöhnlichen Personen auf Dauer gestellt. Dabei sind das Bedürfnis nach Informationen und Unterhaltung nicht mehr streng zu unterscheiden, was sogar auf den Bereich des Politischen übergreift, sei es bei der Präsentation von Nachrichten oder den Scheindiskussionen der Talkshows. Die Aufmerksamkeit für besondere Leistungen im Sport, außergewöhnliche Erscheinungen des Pop, für Inszenierungen des Privaten und sogar des Intimen geht vielfach mit einer Neugier für den Skandal einher, die auf die öffentliche Diskreditierung von Prominenz aus ist. Die ritualisierten Diskurse von Würdigung und Herabwürdigung kalkulieren dabei die Verletzlichkeit von Personen mit ein, die medial z. B. mit Schuldbekenntnis, Verteidigungsrede und der stereotypen Übernahme von Verantwortung an die öffentliche Wahrnehmung des Außerordentlichen anschließen oder sich der Beobachtung entziehen.

Der Begriff E. lebt in der depravierten Form musikalischer Subkulturen z. B. des Hip Hop fort, wobei unbesehen eines künstlerischen Stils das öffentliche Erscheinungsbild und die mitlaufende Bewerbung Gegenstand von Beachtung und Missachtung sind. Bei internationalen Sportereignissen wird dagegen die Pseudo-Identität von Staaten Referenzpunkt der Verehrung.

Der Euphemismus „Ehrenmord" bezieht sich auf Tötungsdelikte, die auf den ungelösten Problemen der kulturellen Differenz zwischen Familienidentitäten muslimischer Prägung und den Freiheitsrechten und dem Selbstbestimmungsinteresse von Personen beruhen, wie sie durch den Geltungsanspruch der Menschenrechte begründet sind. Ausgehend von Ehrenkodizes wird die Begrenzung von Freiheitsrechten für Familienmitglieder normiert und sanktioniert, die unter strafrechtlichen und grundrechtlichen Aspekten verwerflich ist.

R. ROTHE, Theologische Ethik, 1870² - M. KÄHLER, Die Wissenschaft der christlichen Lehre, 1883/1905³ - FR. H. R. FRANK, System der Sittlichkeit II, 1887 - A. v. HARLESS, Christliche Ethik, 1893⁸ - E. BRUNNER, Das Gebot und die Ordnungen, 1932 - H. THIELICKE, Art. „Ehre", in: TRE, IX 1982, 362-366 - R. VAN DÜLMEN, Kultur und Alltag in der frühen Neuzeit II, 1992 - M. HONECKER, Grundriss der Sozialethik, 1993. - D. BURKHART: Eine Geschichte der E., 2006 - W. SPEITKAMP, Ohrfeige, Duell und Ehrenmord, 2010 - H. BODENDIECK-ENGELS, „Ehrenmord" vor deutschen Gerichten, 2013.

Bernd Harbeck-Pingel

Ehrenamt

1. Definition. In einer zeitgemäßen Definition der „Universal Declaration on Volunteering" (1990) wird die e.liche Arbeit so umrissen: „Freiwilliges Engagement basiert auf persönlicher Motivation und Wahlmöglichkeiten. Es entsteht aus freiem Willen, mit eigener Entscheidung und ist ein Weg zur bürgerschaftlichen Beteiligung im Gemeinwesen. Freiwilliges und bürgerschaftliches Engagement finden in Form von Aktivitäten einzelner oder in →Gruppen statt und wird in der Regel im Rahmen einer →Organisation ausgeübt" (GASKIN u. a., 1996). Freiwilligkeit, Wahlmöglichkeiten, freier Wille und eigene Entscheidungen: Mit diesen Stichworten wird der sich seit Beginn der 1990er Jahre abzeichnende Wandel in der Diskussion zum E. umschrieben. Schon die traditionelle Bezeichnung „E." wird in der aktuellen Auseinandersetzung in Frage gestellt und als nicht mehr zutreffend für das soziale Engagement bezeichnet; stattdessen überwiegen die Bezeichnungen „Selbsthilfe", „Bürgerarbeit", „bürgerschaftliches Engagement" oder „Freiwilligenarbeit". Eine konsensfähige Bezeichnung für den im anglo-amerikanischen Sprachraum üblichen Begriff des „volunteers" gibt es im deutschsprachigen Raum aufgrund unterschiedlicher Konzepte noch nicht. Zunehmend geraten auch die Freiwilligenzentralen und die Freiwilligendienste in den Fokus. Die Freiwilligendienste erleben seit den 2000er Jahren geradezu einen Boom.

2. Geschichte des E.es. Historisch verankert ist das E. im städtischen →Bürgertum des 18. Jh.s. Bis dahin war →Ehre in der europäischen →Gesellschaft an den Stand gebunden; mit dem Aufbruch des Bürgerlichen wird Ehre dagegen mit Verdiensten für das →Gemeinwohl verbunden. In *Sozietäten und Gesellschaften* engagieren sich angesehene Bürger für das städtische Armenwesen. In der *Hamburger „Patriotischen Gesellschaft"* untersuchen Bürger das ihnen zugewiesene Wohngebiet und organisieren gezielte Unterstützung bis hin zur Arbeitsbeschaffung. In der *preußischen Städteordnung* von 1808 wird das soziale E. des Bürgertums in die öffentliche Sozialverwaltung integriert: Bürger erhalten das öffentliche E. z. B. in der Form einer Vormundschaft. Schließlich wird im *„Elberfelder System der Armutspflege"* aus dem Beginn des 20. Jh.s die Grundlage für den Sozialberuf geschaffen.

3. Wandel des E.es. Zum ständisch geprägten Begriff der „Ehre" haben die sich freiwillig engagierenden Bürger im Sportverein, in der Kirchengemeinde oder in caritativ-diakonischen Einrichtungen heute keinen Bezug mehr. Ihre Motivation zu helfen erwächst entweder aus dem Überzeugtsein von der in der Organisation vertretenen Auffassung (primäre Motivation) oder weil sie sich in eine →Gemeinschaft einbinden lassen wollen (sekundäre Motivation). Kaum ein Thema hat in den Verbänden sowie im sozialen Sektor in den letzten Jahren so große Aufmerksamkeit auf sich gezogen wie das Thema E. Seit 1990 sind mehr als 80 *statistische Erhebungen zum Wandel des E.es* durchgeführt und veröffentlicht worden (→Statistik). Nach der viel beachteten „Eurovol-Studie", in deren Rahmen 1993 bis 1995 Daten zur Situation des E.es in neun europäischen →Staaten (Deutschland, Großbritannien, Irland, Niederlande, Belgien, Slowakei, Bulgarien, Dänemark und Schweden) erhoben und ausgewertet wurden, geben 27 % der Befragten an, außerhalb von →Arbeit und →Familie für oder mit einer Organisation e.lich tätig zu sein (Deutschland: 18 %). Der „Deutsche Freiwilligensurvey", der seit 1999 erhoben wird und dessen letzte Erhebung 2009 veröffentlicht wurde, kommt zu anderen Ergebnissen: Danach sind 36 % aller Bürger ab 14 Jahre in irgendeiner Form ehrenamtlich oder freiwillig engagiert. Beide Studien kommen zu gleichen Ergebnissen hinsichtlich der Motivation der e.lichen Tätigkeit: Neben der Freude an der Tätigkeit stehen die wirkungsmächtige Teilhabe sowie die Ausdehnung des eigenen Kontaktnetzwerkes im Vordergrund. Allgemein haben Nützlichkeitserwägungen für die Ausübung des E.es in den letzten Jahren deutlich an Gewicht gewonnen. 2016 wird die nächste Auswertung der Befragung aus dem Jahr 2014 des Freiwilligensurveys erwartet.

Mit den Ergebnissen der Erhebungen zeichnet sich ein neues Verständnis bürgerschaftlicher Hilfe ab, das sich deutlich von der traditionellen Struktur des E.es entfernt. Dem entspricht, dass die Zusammensetzung des Kreises e.licher Mitarbeiter die über 60-jährigen Menschen als überrepräsentativ ausweist. Hier zeichnet sich ein neues Verständnis des →Arbeitnehmers im Ruhestand ab, der die Erfahrungen seines Berufslebens an jüngere Menschen weitergibt. Zugleich steigt der Anteil der 30- bis 45-jährigen Tätigen; dies hängt mit einer Steigerung der *Selbsthilfegruppen* jenseits der Verbandsstruktur zusammen. Von einer Krise des E.es kann angesichts dieser Zahlen keine Rede sein. Jedoch verlagert sich das bürgerschaftliche Engagement – weg von den Verbänden, hin zu den Feldern der Selbst- und Nachbarschaftshilfe (→Nachbarschaft). Auch innerhalb der Verbände verstehen die E.lichen sich als Experten, die eigenverantwortlich bestimmte Aufgaben übernehmen. Dem entspricht die Einsicht in der modernen Diskussion, dass e.lich und beruflich ausgeübte Sozialarbeit nicht gegeneinander auf- bzw. abzuwerten ist, sondern wechselseitig ergänzungsbedürftig ist.

4. E. in der Kirche. Nach einer Studie zur „Motivation e.licher Mitarbeiterinnen und Mitarbeiter in der Kirche für die *Evangelische Kirche von Hessen und Nassau*" sowie einer Befragung unter allen e.lichen Mitarbeiterinnen und Mitarbeitern in *der bayerischen Landeskirche* zeigen sich im kirchlichen Milieu ähnliche Tendenzen zum Wandel des E.es. Das direkte Angesprochensein durch die Pfarrerin oder den Pfarrer ist nach diesen Erhebungen Grund für eine e.liche Mitarbeit: Es bedarf einer besonderen Einladung, in der deutlich wird, dass die besonderen Fähigkeiten und Begabungen des potenziellen Mitarbeiters gesehen werden. Auf diesen persönlichen Reichtum angesprochen zu werden, über den nicht eine marktübliche Bezahlung entscheidet, ist für die meisten Menschen eine neue und ungewöhnliche Erfahrung. Die e.liche Mitarbeit von *Frauen* in Kirchengemeinden ist deutlich höher ist die der Männer. Ihre Motivation wird dadurch bestimmt, dass e.liche Tätigkeit Sinn stiftet. Neben der Familienarbeit erleben Frauen im kirchlichen E. ein Gefühl von Befreiung und Bestätigung. Das E. in der Kirche ist eine attraktive Lösung für Frauen, die einen dritten Weg zwischen der familiären Einbindung und der berufsmäßigen Fixierung suchen. Für die *Männer* ist das kirchliche E. eine Möglichkeit, Krisen ihrer Lebensgeschichte integrieren zu können. Männer stellen in der Mehrzahl in ihrer e.lichen Arbeit das ihnen ansonsten begegnende Leistungsdenken kritisch in Frage: Sie knüpfen damit an das Verständnis des Menschen als Geschöpf Gottes an, in dem Muße und →Leistung eine Verbindung eingehen.

5. Theologie des E.es. Die moralische Verpflichtung zum →Dienst für andere ist keine theologisch angemessene Begründung für das E. im Wandel. Es ist vielmehr zu fragen, ob nicht eine Theologie des E.es an die *Charismenlehre* der paulinischen Briefliteratur anzuknüpfen hat. „Hat einer die Gabe des Dienens, dann diene er;. wer zum Trösten und Ermahnen berufen ist, der tröste und ermahne. Wer gibt, der gebe ohne Hintergedanken;. wer Barmherzigkeit übt, der tue es freudig" (Röm 12,7f). Die Charismenlehre des Paulus stellt eine gute Brücke zur Freude und Teilhabe als Grundmotivation e.licher Tätigkeit her. E.liche Mitarbeiter besitzen die Gabe, Enttäuschungen zu überwinden und die Ermutigungen in den Mittelpunkt zu stellen. Die Charismen als Fundamente kirchlichen Lebens verleihen der sichtbaren Kirche Offenheit und Beweglichkeit; die eigenverantwortliche Funktion des E.es jenseits der Funktion als „Erfüllungsgehilfen" wird mit einer solchen theologischen Begründung des E.es in den Mittelpunkt gerückt. Es wird deswegen für die Zukunft wichtig sein, auch die *Rahmenbedingungen* kirchlicher Freiwilligenarbeit zu überprüfen. Dazu gehören *Versicherungs- und Erstattungsansprüche* der e.lich Tätigen, aber genauso auch die Forderung nach einer Anrechnung e.licher Arbeit auf die Höhe der Altersbezüge. Eine zeitgemäße Gestaltung des E.es sowie eine dazu gehörende theologische Begründung ist eine Herausforderung zukünftigen kirchlichen →Handelns.

S. Müller/T. Rauschenbach (Hg.), Das soziale E. Nützliche Arbeit zum Nulltarif, 1988 – S. Reihs, Im Schatten von Freiheit und Erfüllung. E.liche Arbeit in Bayern, 1995 – M. Bühler, Frauen-Kirche-E. Entwicklungen und Perspektiven, 1995 – K. Gaskin/J.D. Smith/I. Paulwitz u. a. (Hg.), Ein neues bürgerschaftliches Europa. Eine Untersuchung zur Verbreitung und Rolle von Volunteering in zehn Ländern, 1996 – P. Schüll, Motive E.licher. Eine soziologische Studie zum freiwilligen Engagement in ausgewählten Ehrenamtsbereichen, 2004 – T. Gensicke/S. Geiss/S. Picot, Freiwilliges Engagement in Deutschland 1999–2004. Repräsentative Erhebung im Auftrag des Bundesministeriums für Familie, Senioren, Frauen und Jugend, 2006 – T. Gensicke/S. Geiss, Hauptbericht des Freiwilligensurveys 2009: Zivilgesellschaft, soziales Kapital und freiwilliges Engagement in Deutschland 1999 – 2004 – 2009, 2010 – C. Pinl, Freiwillig zu Diensten? Über die Ausbeutung von Ehrenamt und Gratisarbeit, 2013.

Jörg Hübner

Eid

1. Begriff. Der Begriff „Eid" bezeichnet die feierl. Bekräftigung einer Aussage. Urspr. spricht der E. eine bedingte Selbstverfluchung aus u. trägt demgemäss einen rel. Charakter. Der E.brüchige (Meineidige) setzte sich einem Gottesurteil (Ordal) aus. Gott wurde als der Bürge der Wahrheit angerufen. Die Bekräftigung der Aussage unter Benutzung der Formel „Ich schwöre" betrifft zwei Sachverhalte. Im assertorischen E. wird, vor allem in Gerichtsverfahren, die Wahrheit einer Aussage feierl. u. förml. bekräftigt, im promissorischen E. (Versprechenseid, Treueeid) wird die Wahrhaftigkeit eines Versprechens bekundet. Der E. ist – wie auch Gelöbnis, Gelübde, Versprechen – eine performative Aussage u. Handlung. Weil der Schwörende sich bei der Eidesleistung auf Gott beruft, hat der E. seinem Ursprung nach einen rel., sakralen Charakter. Säkularisierung u. weltanschaul. Pluralisierung machen die rel. Form fragwürdig. Daher darf, so WRV Art. 136, Abs. 4, niemand „zur Benutzung einer religiösen Eidesform" gezwungen werden. Der säkulare Staat kennt folglich zwei Formen des E.: Mit u. ohne Anrufung Gottes.

2. Geschichte. *2.1 Bibel.* 2.1.1 Altes Testament. Im AT ist für Israel ein VersprechensE beim Bundesschluss bezeugt. Der Eidbrüchige wird als Gotteslästerer bestraft. Das Verbot, den Namen Gottes zu missbrauchen, betraf auch den E. (vgl. Lev 19,12, Ex 20,7). Der E. bei fremden Göttern war als Apostasie verboten. (Dtn 6,12f; Am 8, 14) Ein Meineid gilt als Lügenschwur. Das Schwören als solches wird im AT nicht grundsätzl. in Frage gestellt; gewarnt wird vor übereiltem (Koh 5,1ff) u. gehäuftem (Sir 23,9–20) Schwören.

2.1.2 Neues Testament. Das NT kennt zwar Bekräftigungsformeln („Amen") u. zitiert im AT gebräuchl. Gotteside (eine ausdrückl. Reflexion über Form, Sinn u. menschl. E. u. den Gotteseid findet sich Hebr 6, 13–17). In der →Bergpredigt (Mt 5,33–37) u. in Jak 5,12 findet sich ein ausdrückl., absolutes Verbot für Christen, zu schwören; ob das absolute Schwurverbot auf Jesus selbst zurück geht oder eine Folge der Toraverschärfung in der judenchristl. Urgemeinde ist, ist exegetisch umstritten. Wirkungsgeschichtl. hat das Eidesverbot die Diskussion der Christen um die Erlaubtheit des Schwörens beeinflusst.

2.2 Alte Kirche. In der Alten Kirche haben Christen eine Eidesleistung möglichst vermieden. Die Kirchenväter lehnen den Schwur als Akt heidnischer Gottesverehrung ab. CHRYSOSTOMUS verbietet den Christen prinzipiell das Schwören. Nach der konstantinischen Wende erlaubten die lat. Kirchenväter AMBROSIUS, HIERONYMUS u. AUGUSTIN das Schwören; sie warnten jedoch vor Missbrauch (AUGUSTIN: „Peccat et graviter qui falsum iurat, non peccat qui verum iurat; sed nec ille peccat qui non iurat", Sermo 180,4).

2.3 Mittelalter. Die augustinische Lehre bestimmte das MA. Um 400 gab die Kirche ihre eideskrit. Haltung auf. Die Kirche unterstützte die Ablegung von Treueeiden. Eine besondere Aufmerksamkeit fand der Meineid in der Bußbuchliteratur. Das kanonische Recht (Decretum Gratiani) gab dem E. breiten Raum im kirchl. Rechtsleben u. entfaltete eine breite Kasuistik des E.

2.4 Reformation. Die Reformation hielt gegen Katharer, Waldenser u. v. a. gegen den „linken" Flügel der Reformation (→Mennoniten, →Quäker u. a.), die das Eidesverbot der Bergpredigt als „Gesetz Christi" verpflichtend machte, am Recht der Obrigkeit auf eine Eidesforderung fest. CA 16 lehrt, „dass Christen mögen aufgelegte E. tun." Für verwerfl. erklärt werden freiwillige kirchl. Gelübde.

2.5 Aufklärung. Die Aufklärung übt Kritik am E., da er die Überzeugung vom Walten göttl. Mächte voraussetze, also im Aberglauben verankert sei (so z. B. KANT). Der Staat könne ferner nicht den Bürgern eine rel. Handlung abverlangen Der Zwang zum Schwören verstößt danach gegen das Grundrecht der →Religionsfreiheit. Der E. als „Erpressungsmittel der Wahrhaftigkeit in äußeren Aussagen" ist daher ein „trauriger Beweis von der geringen Achtung des Menschen für die Wahrheit selbst im Tempel der öffentl. Gerechtigkeit" (KANT). A. SCHOPENHAUER riet, den E., eine „metaphysische Eselsbrücke des Juristen", möglichst selten zu benutzen.

3. Heutige Problematik. Kritik am E. verwendet mehrere Gründe u. Motive; auch die theol. Kritik teilt z. T. diese Anfragen.

3.1 Im rel.-neutralen Staat, der die Glaubens- u. Gewissensfreiheit zu achten u. zu schützten hat, wird der E. als rel. Handlung infrage gestellt. Diesem Einwand sucht man zu begegnen durch die Einführung nicht-rel. Eidesformeln, bei Beibehaltung des E. als Institut der Rechtsordnung. Der Säkularisierungsvorgang des Rechts ist freilich zu bedenken.

3.2 Der Missbrauch des E. im Totalstaat als Instrument autoritärer u totalitärer Gewissensbindung macht das Institut als solches fragwürdig. Im NS-Staat löste der Treueeid auf HITLER, der Soldaten u. Beamte zu bedingungslosem Gehorsam verpflichtete, Gewissenskonflikte aus (→Widerstandsrecht, →Gewissen). Am 20. Juli 1944 trat dies zutage: Die Bindung an Gott setzt auch der staatl. Ordnung u. Macht Grenzen. 1938 wurde innerkirchl. die Forderung einer Eidesleistung an Pfarrer, die sich an den Führer u. an den NS-Staat binden sollten, zur Zerreißprobe.

3.3 Soldateneid u. feierl. Gelöbnis der Wehrpflichtigen führen seit den 60er Jahren zu innerev. Diskussionen. Kritik am E. überschnitt sich dabei mit der Friedensdiskussion u. der Forderung nach Wehrdienstverweigerung als christl. Zeichen.

3.4 Anders als das kath. Kirchenrecht, das Glaubenseid u. Gelübde kennt u. den E. als Mittel der Verpflichtung u. der Wahrheitsbekundung gebraucht (CIC 1983, can 1199–1204), hat der E. heute im ev. Kirchenrecht keinen Platz.

3.5 „Thesen zur Eidesfrage" eines ev.-kath. Ausschusses 1972 haben einerseits nicht die Abschaffung des E. schlechthin gefordert, aber Reformen der Eidesleistung empfohlen, zur Einschränkung des Schwörens („Eidesinflation") geraten u. auf die Grenzen der Gewissensbindung durch den E. hingewiesen (Apg 5,29).

3.6 In der Diskussion um den E. werden unterschiedl. Sichtweisen der öffentl. Bedeutung von Kirche u. Religion im säkularen Staat manifest. Der E. hat noch einen formalen Symbolwert. Verlöre jedoch das Wort „Gott" seinen Sinn im allg. Sprachgebrauch, so wäre auch eine Eidesleistung hinfällig. In der Tradition der Rechtspflege (E. im Strafverfahren, Sachverständigeneid) u. der Politik (Amtseid polit. Amtsträger, Bundespräsident, Bundeskanzler, Bundesminister, E. von Abgeordneten, Richtern, Beamten, Soldaten) hat das Schwören aber nach wie vor Gewicht. Rechtspolitisch ist der E. umstritten. Ob der E. wirklich noch die Wahrheitsfindung fördert u. die Gewissenhaftigkeit bei der Erfüllung von Pflichten einschärft, ist somit ständig zu überprüfen.

H. BETHKE (Hg.), E., Gewissen, Treuepflicht, 1965 – A. GERLACH-PRÄTORIUS, Die Kirche vor der Eidesfrage (AGK; 18), 1967 – DIES., Thesen zur Eidesfrage, in: ZEE 17 (1973), 106–109 – DIES., Art. E., in: TRE, ^{IX}1982, 373–399 – G. NIEMEIER (Hg.), Ich schwöre. Theologische und juristische Studien zur Eidesfrage, 2 Bde., ^{I}1968, ^{II}1968 – R. GINTERS, Versprechen und Geloben (MoThSt.S; 1), 1973 – M. HONECKER, Grundlagen der Sozialethik, 1995, 612ff.

Martin Honecker

Eigengesetzlichkeit

1. E. ist eine im 20. Jh. im Umkreis von MAX WEBER (oder von MAX WEBER selbst) geprägte Kurzformel u./oder Chiffre, für die Unausweichlichkeit u. innere Eigendynamik sozialer, wirtschaftl., politischer u. kultureller Prozesse. Auch bei L RAGAZ findet sich das Wort „E." 1914. Statt von E. spricht man auch von „Sachzwang" oder „Eigenständigkeiten". E. beruht auf dem Bestreben, die naturwissenschaftl. ermittelten Gesetzmäßigkeiten auf →Gesellschaft u. →Politik zu übertragen. Die Theologie hat von jeher zum sozialwissenschaftl. Verständnis von E. ein zwiespältiges Verhältnis eingenommen. F. NAUMANN empfand den Gegensatz zwischen der modernen, von Technik, Wirtschaftlichkeit u. rationaler Politik geprägten Lebenswelt u. der biblischen Botschaft wie dem christl. Liebesgebot als unüberbrückbar („Briefe über Religion"). Theologische Beurteilung lehnt häufig die Anerkennung einer E. der Lebensgebiete der christl. Überzeugung von Gottes Wirken, dem Bekenntnis zu →Königsherrschaft Christi (K. BARTH) u. der Verbindlichkeit des Glaubensanspruchs grundsätzlich ab. Die Orientierung an E. wurde zum theologischen Theorem.

2. Der Begriff E. beschreibt einen höchst vielschichtigen Sachverhalt. Der Sachverhalt ist älter als das Wort. LUTHER erklärte im Rahmen der →Zweireichelehre, dass das weltl. Leben sein „eigenes Wesen" habe (→Gesetz u. Evangelium). Das Problem der E. ist aber kein spezielles Problem des deutschen Luthertums, das aufgrund einer Theorie der E. inhumane moderne Entwicklungen (z. B. →Krieg, →Nationalismus, Imperialismus, →Kapitalismus) widerspruchslos hingenommen habe (gegen A. HAKAMIES). Im Zeitalter von Technik, Wissenschaft u. struktureller Systemzwänge ist E. ein Problem jeder →Ethik u. →Sozialethik. Zu unterscheiden ist daher thematisch:

2.1 E. kann bezeichnen die →Emanzipation von Lebensgebieten u. Ideen von kirchl. Lenkung u. christl. Normierung seit der →Aufklärung. Religion u. Lebenswelt treten auseinander. Man kann diesen Vorgang →„Säkularisierung" nennen, ein Begriff der freilich mehrdeutig ist. Es gibt keine „christl." Wirtschaftsordnung, keinen „christl." →Staat u. a. mehr. Die →Gesellschaft wird pluralistisch (→Pluralismus), der Staat säkular. Das 2. Vatikanische Konzil hat dies in der Pastoralkonstitution „Gaudium et spes" „Autonomie der irdischen Wirklichkeit" genannt.

2.2 Diese Verselbständigung der Lebensgebiete u. die Achtung einer (relativen) Eigenständigkeit von Wirtschaft, Staat, Politik u. →Kultur ermöglicht es, Sachansprüche u. Sachstrukturen eines Lebensgebietes wahrzunehmen. E. ist dann Äquivalent zu Sachgemäßheit, Sachlichkeit.

2.3 E. der Wirtschaft u. Politik ist ferner ein Hinweis auf die Machtfrage (das MACHIAVELLI-Problem; BISMARCKS Realpolitik u. a.; →Macht). Mit dem Hinweis auf E. wird eine kritische Einmischung von Ethik u. Religion abgelehnt. In der Technokratiethese ist ebenfalls diese Sicht leitend: Ethik wird zur entbehrl. →Ideologie.

2.4 In der Wirtschaft sind ökonomische Gesetzmäßigkeiten u. Regeln zu beachten: Marktkonformität (→Markt), Standortvorteile bzw. -nachteile. Neben natürl. Gegebenheiten (Klima, Lage, Bodenbeschaffenheit) sind auch psycholog. u. gesellschaftl. Bedingungen zu beachten, die ökonomische Entscheidungen nicht außer Kraft setzen können. Das 19. Jh. hat Gesetze, Entwicklungsgesetze als unabänderbare Regeln zu entdecken vermeint (z. B. K. MARX Verelendungs- u. Revolutionstheorie; F. LASSALLES „ehernes" Lohngesetz; A. COMTES Dreistadiengesetze). Dass es Regeln u. Regelmäßigkeiten gibt, die dem →Handeln Grenzen setzen, ist nicht zu bestreiten. Die „Natur" (auch des Menschen) ist nicht beliebig zu manipulieren. Aber E. ist nicht deterministisch zu verstehen; vielmehr ist nach Möglichkeiten der Beeinflussung, Gestaltung u. Veränderung in Wirtschaft, Politik, Kultur etc. zu suchen (→Verantwortung).

3. Deswegen ist seitens der Sozialethik zwischen „relativer" E. (Sachanforderungen, Eigenständigkeit; Sachlogik) u. absolut gesetzter E. zu unterscheiden. Für die Ethik setzt „Sollen" Können voraus. Aber Eigenverantwortlichkeit schließt nicht eine Suche nach Alternativen aus. Verabsolutierte E. ist die moderne Variante des Fatalismus, eines uralten Schicksalsglaubens. Fatalismus bestreitet →Verantwortung u. →Freiheit. Damit ist nicht nur sittl. Handeln unmögl., sondern ist mit dem christl. Glauben unvereinbar, der auf Gottes Macht vertraut. E. umfasst einen komplexen Sachverhalt, nämlich die →Autonomie

von Lebensgebieten u. Ethos, das Verhältnis von Sachansprüchen u. ethischen Urteilen, ferner die Verweltlichung („Säkularisierung") von Politik, Wirtschaft, Technik usw., also die Ortsbestimmung von Kirche u. Theologie im Kontext von Moderne (Aufklärung) u. Postmoderne (postchristl. Weltdeutung). Eine differenzierte Sicht der E. sollte daran hindern, das Wort polemisch in Kontroversen der theol. Ethik zu benutzen.

F. KARRENBERG, Das Problem der „E.", in: DERS. (Hg.), Gestalt und Kritik des Westens, 1959, 103–133 – A. HAKAMIES, „E." der natürlichen Ordnungen als Grundproblem der neueren Lutherdeutung (UKG 7), 1971 – M. Honecker, Das Problem der E., in: ZThK 73 (1976), 92–130 (Lit.) – W. HUBER, „E." und „Lehre von den Zwei Reichen", in: W. HUBER (Hg.), Folgen christlicher Freiheit (NBST 4), 1983, 53–70.

Martin Honecker

Eigentum, geistiges

1. Begriff. Der wesentliche Unterschied des g.en E.s zu anderen E.sformen besteht darin, dass g.em E. keine positiven Besitz- oder Nutzungsrechte zukommen, sondern wesentlich Ausschließungs-, Abwehr- und Verbreitungsrechte gegenüber Dritten.

Die für die Neuzeit maßgebliche E.theorie, wie sie John Locke formuliert hat, gilt auch für den Bereich des g. E.s: Ausgehend von dem E. jedes Menschen an seiner eigenen Person sind „die Arbeit seines Körpers und das Werk seiner Hände ... im eigentlichen Sinne sein." Als Produkt menschlicher Kopf-Tätigkeit verleiht g. E. als immaterielles E. seinem Urheber vorrangig das Recht, Dritten eine – insbes. gewerbliche – Verwendung zu untersagen. In diesem Sinn ist die Konzeption des g. E.s die Grundlage des Urheberrechtes und des Patentschutzes, die jeweils zeitlich (diverse Ablauffristen für Urheber- und Patentrechte) und territorial begrenzt sind. Durch internationale Abkommen wird gegen die territoriale Begrenzung eine Harmonisierung der Schutzrechte g.en E.s und dessen tendenziell weltweite Anerkennung angestrebt, was im globalisierten Zeitalter des Internets unumgänglich ist. Dennoch ist die Sicherung g.er E.srechte, da es sich wesentlich um immaterielles E. handelt, oft nur schwer durchsetzbar.

Des Weiteren gelten auch bei g.em E. die allgemeinen Schranken des E.srechtes, wie sie in D. verfassungsrechtlich die Sozialpflichtigkeit des E. (Art. 14 GG) und die analog zu verstehende Umweltverpflichtung des E. sowie die allgemeinen rechtlichen Schranken, bei Bio-Patenten z. B. das Embryonenschutzgesetz, bezeichnen. Ein Bsp. der Sozialpflichtigkeit g. E.s ist darin zu sehen, dass, wenn die Verbreitung von Wissen durch den Rechteinhaber über Gebühr beschränkt wird, dieser zu einer Lizenzerteilung verpflichtet werden kann. Dies ist etwa bei mediz. oder pharmaz. Innovationen der Fall, wenn eine durch das Patent geschützte Erfindung, die dem allg. Wohl dienen kann, vom Patentinhaber nicht genutzt werden will oder kann. Ähnliches gilt für die Lizenzierung von Nachahmerprodukten speziell in Ländern des Südens, welche patentgeschützte Arzneimittel, etwa bei HIV-Erkrankungen, nicht ausreichend ihrer Bevölkerung zur Verfügung stellen können.

2. Aktuelle sozialethische Herausforderungen des Urheber- und des Patentrechtes. Urheberrechte sind die Rechte des Urhebers an seinen geistigen Schöpfungen, insbes. künstlerischer oder wissenschaftlicher Art. Angesichts der durch elektronische Medien nur schwer zu kontrollierenden Verbreitung g.en E.s engagieren sich sog. Verwertungsgemeinschaften (VG Wort, GEMA u. a.) für den Urheberschutz und eine finanzielle Vergütung der Urheber. Besondere Probleme des Urheberschutzes wirft die Verbreitung g.en E.s im Internet auf, wo sich in vielen Bereichen eine Gratiskultur entwickelt hat. Beim Einstellen von Texten, Graphiken oder Bildern u. a. auf einer Webseite sind stets die Urheberrechte, ggf. auch die Persönlichkeitsrechte von abgebildeten Personen, zu prüfen, was häufig unterbleibt. Urheberrechtsverletzungen können zivilrechtliche Ansprüche des Verletzten, z. T. auch ordnungs- und strafrechtliche Konsequenzen nach sich ziehen. Auch die teils halblegale, teils illegale Verbreitung von Computerprogrammen, Musik, Filmen u. a. durch streaming-Portale verletzt häufig Urheberrechte, wobei es auch hier nur schwer möglich ist, dies angemessen zu ahnden. Andererseits entsteht im Internet ein neues Ethos einer sharing-community, die darauf setzt, Wissen, künstlerische Werke u. a. nach Möglichkeit allgemein und kostenlos zur Verfügung zu stellen, exempl. die Internet-Enzyklopädie Wikipedia. Gleichzeitig wächst die Gefahr, dass große Internet-Anbieter etwa von Suchmaschinen Wissen mehr und mehr monopolisieren, die Zugänge steuern und letztlich ökonomisch verwerten.

Der Patentschutz verleiht einem Erfinder das Recht, Dritten die gewerbliche Nutzung seiner Erfindung zu untersagen und soll ihn motivieren, die Erfindung zum allgemeinen Wohl öffentlich zugänglich zu machen. In diesem Bereich sind es vor allem Entwicklungen im Bereich der Bio- und Gentechnologie, die neue Fragestellungen aufwerfen, weil hier die Abgrenzung von allgemein zugänglichem Grundlagenwissen und verwertbarem Anwendungswissen nur schwer zu treffen ist. Ferner sind bei gentechnologischer Entdeckungen die herkömmlichen Patentierungskriterien: Neuheit, Erfindungshöhe und gewerbliche Anwendung nur bedingt zutreffend. Schwierig ist hier insbes. die traditionelle Unterscheidung von „Erfinden" und „Entdecken", wobei im Grundsatz nur „Erfindungen", nicht aber „Entdeckungen" patentierbar sind. Auf der Grundlage gentechn. Forschungen werden gegenwärtig Patente auf Gensequenzen erteilt, in den USA sofern die Entdeckung hoch wahrscheinlich mit einer biologischen Funktion und einer möglichen technischen Anwendung verknüpft, in Deutschland restriktiver sofern eine konkrete technische Verwertung mit einem bestimmbaren Nutzen benannt werden kann. Beide Fälle, vor allem die Patentierungspraxis in den USA, bedeuten eine gewisse Über-Belohnung des „Erfinders" bzw. „Entdeckers", da andere Forscher, die einen weiteren Informationsgehalt desselben Stoffes für Innovationen nutzen, lediglich abhängige Patente erwerben können.

Der Patentierung von Gensequenzen sind durch die EU-Richtlinie 98/44-EG, die am 3. 12.2004 durch eine Novellierung des Patentgesetzes in deutsches Recht überführt wurde, enge Grenzen gesetzt. In diesem Gesetzgebungszshg. ist die patenthindernde Generalklausel des § 6 der EU-Biotechnologierichtlinie in deutsches Recht übernommen worden, nach der für Erfindungen, „deren gewerbliche Verwertung gegen die öffentliche Ordnung oder die guten Sitten verstoßen würde, ... keine Patente erteilt" (§ 2, Abs. 1 PatG-neu) werden. Somit werden explizit ethische Vorgaben im Blick auf Patentansprüche formuliert, die jedoch im Einzelfall schwierig zu begründen sind. Konkretisiert hat das Gesetz folgende nicht-patentierbare Erfindungen als Verstöße gegen „die öffentliche Ordnung oder die guten Sitten": Verfahren zum Klonen menschlicher Lebewesen, Verfahren zur Veränderung der genetischen Identität der Keimbahn des menschlichen Lebewesens sowie Verwendungen von menschlichen Embryonen zu kommerziellen Zwecken. Durch dieses Gesetz ist unmittelbar ein ethischer Diskurs angestoßen, der nach der Übereinstimmung von zum Patent angemeldeten Erfindungen mit den „guten Sitten" zu fragen hat, wobei diese inhaltlich in einer pluralistischen Gesellschaft schwer zu bestimmen sind.

D. SCHWAB, Art. „E.", in: Geschichtliche Grundbegriffe, Bd. 2, 1975 – J.-R. SIECKMANN, Modelle des E.sschutzes, 1998 – M. V. RENESSE/K. TANNER, Rechtsstreit um die Gene, in: Zeitzeichen 1/2001, 56–59 – J. KERSTEN, Ethische und rechtliche Herausforderungen des Biopatents, in: Politisches Denken. FS Margot v. Renesse, 2005, 173–179.

Traugott Jähnichen

Eigentum (sozialethisch)

1. Begriff. E. im bürgerlich-rechtlichen Sinne ist das umfassende Herrschaftsrecht über eine Sache – im Unterschied zu *Besitz* –, über die sonst kein anderer verfügen kann. E. können nur bewegliche und unbewegliche Sachen sein (§ 90 BGB). E. in verfassungsrechtlicher Bedeutung ist jedes vermögenswerte Recht und Gut (Art 14,1 GG). Darunter fallen z. B. Forderungen, Aktien, Urheberrechte sowie deas geistie E. E. hat nach Art. 14,2 GG zum →Gemeinwohl verpflichtenden Charakter: „Sein Gebrauch soll zugleich dem Wohle der Allgemeinheit dienen".

2. Biblische Grundlagen. Im Hebräischen ist *nahalah* Besitz und E. Auch das Griechische *ktäma* differenziert nicht nach der modernen Unterscheidung zwischen E. und Besitz. Bei den *Belegen aus dem AT* ist ferner der Bedeutungswandel im Laufe der Kulturgeschichte Israels zu beachten: Stand für die Nomaden der Viehbesitz im Vordergrund – das Recht auf Güter-Privat-E. war selbstverständlich (vgl. 7. und 10. Gebot des Dekalogs) – wird nach der Sesshaftwerdung der Landbesitz (→Boden) wichtiger. Gott ist zwar Eigentümer der Himmel und der Erde, kann sie aber auch den Menschen geben (*dominium terrae*) (Gen 1,28; Gen 17,8; Lev 14,34; Dtn 10,14; Dtn 33,53; Ps 2,8 etc.). Das ist nicht als moderne E.-Übertragung, sondern nur als bedingtes Nutzungsrecht zu verstehen (vgl. Lev 25,23). Dies gilt auch für das den Stämmen Israels zugewiesene Land (Jos 13,1–7). Für das E.-Verständnis des AT ist das *Jobeljahr* (Lev 25,8–13) von besonderer Bedeutung. Jedes 50. Jahr sollte u. a. aller Grundbesitz an den ursprünglichen Eigentümer zurückgegeben werden, vermutlich eine theologische Reminiszenz an den von Gott geliehenen Status der Erde und die Hoffnung auf jeweils neu zu gewährende Chancengleichheit. Das ist ein wichtiger Aspekt, der heute oft auch im wirtschaftsethischen Zusammenhang diskutiert wird. In der neutestamentlichen Tradition finden sich mahnende Worte, sich nicht an das E. zu binden (Mt 6,19; Mt 6,24; Mk 10,23 etc.) – die Relation und innere Haltung zum E., nicht das E. selbst steht im Mittelpunkt der ntl. Diskussion. JESUS – nach Mt 8,20 besitzlos – fordert in eschatologischer Perspektive, vom materiellen E. loszulassen. Dabei geht es ihm vor allem um eine innere Unabhängigkeit (Mk 10,25f par.). Auch PAULUS fordert von der Gemeinde in Korinth, E. zum Ausgleich von Mangel abzugeben (2. Kor 8,13f). Er lehnt Habsucht als Götzendienst ab (Kol 3,5). In der ntl. *Briefliteratur* wird verstärkt auf die Volks-E.-Tradition zurückgegriffen (Tit 2,14; 1 Petr 2,9). In der *frühchristlichen Urgemeinde* entwickelt sich aufgrund der kritischen Worte JESU zu E. Gütergemeinschaft (Apg 4, 32–35), ein Ideal, das in den *Klöstern* seine Fortsetzung erfährt. Insgesamt wird E. im Frühchristentum vor allem als gesinnungsethische Frage betrachtet.

3. Geschichtliche Bemerkungen. CICERO entwirft in „De officiis" die sog. *Okkupationstheorie*: Danach gehörte alles, was die Natur vorgebracht hat, allen, allerdings hätten die Menschen zunehmend die Natur okkupiert, woraus eine historisch gewachsene E.s-Ordnung entstanden sei. Das E.s-Recht fordere von den Eigentümern sozialpflichtigen Umgang mit E. Die Okkupationstheorie, die E. institutional begründet, wird zur Grundlegung im *Römischen Recht* und damit zur Basis der Diskussion in der *Patristik*, allerdings mit anderen Vorzeichen: AMBROSIUS VON MAILAND, BASILIUS DER GROSSE und JOHANNES CHRYSOSTOMUS sehen in der E.s-Ordnung eine Verletzung des Willen Gottes, die aus dem Sündenfall folgt, denn die Schöpfungsordnung fordere Gütergemeinschaft, wenngleich die Kirchenväter nicht in einem modernen kommunistischen Sinne verstanden werden dürfen, sondern im Sinne der gesinnungsethischen Behandlung der E.-Frage interpretiert werden müssen. THOMAS VON AQUIN beschreibt die Sachen der Natur nach zwar als alleine in der Macht Gottes liegend, aber nach ihrem Gebrauch und ihrer Nutzung entstehe dem Menschen ein natürliches E.s-Recht über die Dinge, weil die unvollkommeneren Dinge (äußere Dinge) durch das Vollkommenere (Mensch) genutzt und gebraucht werden könnten. Darüber hinaus sei der mit Vernunft ausgestattete Mensch mit dem *dominium terrae* beauftragt. Mit dieser sekundär-naturrechtlichen Begründung (→Naturrecht) des E. zieht THOMAS eine Grenze zu den *mittelalterlichen Armutsbewegungen* (Katharer, Waldenser), deren Forderung nach Gütergemeinschaft er aus pragmatischen Gründen (sie führe zu Unfrieden und Unordnung) ablehnt. LUTHER grenzt sich ebenso gegen die Forderung des schwärmerischen Flügels der Reformation nach E.s-Verzicht ab. E. wird zwar gewährt, jedoch soll es nach LUTHERS ethischem Grundverständnis stets aus der →Nächstenliebe heraus verstanden und behandelt werden. Ablehnend äußert sich LUTHER gegen Zins- und Wucherwesen, während CALVIN (→Calvinismus) ein gewisses Maß an Verzinsung befürwortet, so lange E. zur Ehre Gottes eingesetzt werde. Mit der Neuzeit und ihrer feudalen Ordnung wendet sich die Interpretation des E.-Begriffs, obschon GROTIUS noch eine naturrechtliche E.-Konzeption vertritt (→Naturrecht). HOBBES spricht in der Urkonzeption der Natur jedem Menschen ein Zugriffsrecht auf diese zu; das aber müsse in den Kriegszustand führen. Ausweg biete allein ein *Gesellschaftsvertrag* (→Vertrag), der dem Souverän die Macht zuspricht, die E.-Rechte zu verteilen. LOCKE verbindet die E.-Theorie von THOMAS mit dem E.s-Recht des Menschen an seiner Person, einschließlich seiner *Arbeitskraft (Freiheitsrecht)*: Damit sei alles, was der Mensch mit seiner Arbeitskraft bearbeitet hat, sein E., eine verschärfte Okkupationstheorie, die bei ROUSSEAU auf Widerstand stößt, der darin eine Entrechtung der Armen zugunsten der Reichen sah. Gleichwohl wurde die LOCKEsche Theorie zur Grundlage der E.-Diskussion, auch der *Politischen Ökonomie* des 18. und 19. Jh.s (SMITH, RICARDO). HEGEL rezipiert den von LOCKE aufgestellten Zusammenhang von Freiheit und E. und verschärft ihn: Die Freiheit gebe sich im E. objektives Dasein, weil die Person ihren freien Willen in eine Sache lege. MARX deutet die LOCKEsche Theorie um, indem er im E. den Ursprung aller Gewalt der Bourgeoisie über das Proletariat sieht. KANT unterzieht die LOCKEsche E.-Theorie einer grundlegenden Kritik und fordert eine E.-Ordnung, die sich nach den Maßstäben der praktischen Vernunft einer letztlich demokratischen Rechtspolitik verpflichtet weiß.

4. Kirchliche Stellungnahmen. Es wird heute weniger diskutiert, wie es zu E. kommt, sondern wie E. *sozialgestalterische Funktion* bekommt. Somit ist die E.-Frage heute zugleich eine Grundfrage der *Wirtschafts- und Gesellschaftsordnung*. Dabei eröffnen sich drei Perspektiven: a) Wie kann eine E.-Ordnung so gestaltet werden, dass sie von einer sozial-marktwirtschaftlichen Gesellschaft verantwortet werden kann?, b) wie kann die Sozialpflicht des E.s (etwa auch an Unternehmensanteilen) heute verbindlich gemacht werden?, und c) wie gehen wir mit dem Besitz der Natur (→Rohstoffe, →Energie) um (→Ökologie, →Umwelt, →Gentechnik, Genethik, →Bioethik, Biopatente, Kommerzialisierung des menschlichen Körpers)? Auch die immer drängender werdende Frage nach dem geistigen E. hat hier ihren Platz. Grundsätzlich bejahen →katholische Soziallehre und evangelische →Sozialethik den Anspruch auf Privat-E., dessen Sozialverpflichtung zugleich gefordert wird. Mit der Enzyklika „Rerum Novarum", 1881, wird das E.s-Recht als →Naturrecht festgelegt. Die →EKD hatte sich 1962 grundlegend in der →Denkschrift „Eigentumsbildung in sozialer Verantwortung" zur E.-Frage geäußert; die Denkschrift legt ihren Schwerpunkt auf die E.-Streuung und mahnt zum sozialverantwortlichen Umgang mit E. In der EKD-Denkschrift „Gemeinwohl und Eigennutz" von 1991 heißt es: „E. gehört zur Freiheit und zu den Grundrechten des Menschen. Die Freiheit des Umgangs mit persönlichem E. ist an soziale Verantwortung gebunden" (130). Das E.s-Recht müsse in eine umfassende *Wirtschaftsordnung* eingebunden werden. Das von beiden Kirchen 1997 veröffentliche Papier zur wirtschaftlichen und sozialen Lage in Deutschland „Für eine Zukunft in Solidarität und Gerechtigkeit" setzt bei der E.-Frage den Schwerpunkt auf eine „Kultur des Erbarmens" (13 u. ö.) und auf die Option für die Armen (96 u. ö.). E. wird in Form eines wirtschaftlich-sozialen und kulturellen Grundrechtes als Menschenrecht definiert (132), dessen nationale wie internationale Sozialpflichtigkeit (162) mit der *Wirtschaftsordnung* eng verbunden wird (143; vgl. 215). Eine gerechte Verteilung von E. spiegele sich z. B. in zunehmender Beteiligung der Arbeitnehmerinnen und Arbeitnehmer am Produktivvermögen ab, für die sich die Kirchen einsetzen (216ff). In der sogenannten Unternehmerdenkschrift der EKD von 2006 („Unternehmerisches Handeln in evangelischer Perspektive") wird die E.-Thematik nicht gesondert behandelt.

5. Ausblick. Die E.-Frage ist eine zentrale Frage der →*Wirtschaftsethik*, da die Regelung der E.s-Fragen zu den Grundpfeilern einer gesellschaftlichen Ordnung gehört. Die soziale Ausgestaltung der E.s-Fragen und ihrer rechtlichen Bestimmungen obliegt dabei zunächst den staatlichen Ordnungsmaßnahmen. Allerdings sind dabei wichtige Differenzierungen zu unternehmen: E. ist heute nicht mehr nur eine Frage des Besitzes von Land und

Gut, sondern mittlerweile existieren ganz verschiedene Formen von E.: Etwa die Anteilschaft an Unternehmen oder das sogenannte Humankapital, das als wichtiges E. in der wirtschaftsethischen Debatte verstanden wird, so fragwürdig dieser Ausdruck auch sein mag. In der bioethischen Diskussion geht es zunehmend um Fragen des E. am pflanzlichen, tierischem oder menschlichem Leben (Patente). Im Zeitalter der weltweiten Kommunikation und der Social Media ist schließlich die Frage nach dem →geistigen E. in eine neue Dimension vorgedrungen (Urheberrecht, Schutz geistigen E.s, Kopierschutz etc.). Bei den konventionellen Formen des E. scheint die sozialethische Fragestellung einfach zu beantworten sein, einigt man sich auf folgende Grundformel: Ist es Privat-E., das zur Entfaltung der Persönlichkeit verhilft, so ist dieses zu schützen, handelt es sich um E. an Produktionsmitteln, so ist dieses – unter der Bedingung, dass damit keine offene oder latente Herrschaft ausgeübt wird, und dass es zur sozialen Stütze der Wirtschaftsordnung wird – ebenso zu stützen und zu fördern. Die von den Kirchen eingebrachte „vorrangige Option für die Schwachen" (vgl. Unternehmerdenkschrift von 2006 wie auch früher) ist dabei im Sinne einer sozial ausgestalteten Marktwirtschaft zu beachten. Schwieriger wird die sozialethische Problematik des E. in *nicht-konventionellen Zusammenhängen*. Wie lässt sich →geistiges E. (→Bildung), natürliches E. (*Zellen, Gene*) und psychisch-intellektuelles, persönliches E. (*Humankapital*) definieren? E.-Fragen drängen sich darüber hinaus auch im Zusammenhang der *Ökologiedebatte* auf und verweisen damit auf atl. Zusammenhänge (Natur als „Leihgabe", „Bewahrung der Schöpfung" als Schlagworte). Im Zusammenhang der *Nachhaltigkeitsdebatte* (→Nachhaltigkeit, →Agenda 21, →Entwicklung, nachhaltige) ist angesichts einer weltweiten Verflechtung der ökonomischen Akteure (→Globalisierung) die Frage nach dem Umgang mit Natur und Ressourcen (insbesondere die Wasserfrage) von entscheidender Bedeutung für die E.-Diskussion sein. Die kontinuierliche Ausbeutung der Natur und damit der schleichende Entzug der Lebensgrundlage für viele Menschen wird künftig die E.-Debatte in neuer Form bestimmen. Auch hier ist es Aufgabe der Kirchen, verstärktes Augenmerk auf einen ressourcenschonenden Umgang mit Grund und →Boden zu richten und eine gerechte Verteilung anzumahnen. In diesem erweiterten Kontext sind die aktuellen Stellungnahmen und Texte der EKD sowie der theologisch-wirtschaftsethischen Ansätze zu verstehen.

KIRCHENAMT DER EKD (Hg), Gemeinwohl und Eigennutz, 1991 – U. MARGEDANT, Eigentum und Freiheit. Eigentumstheorien im 17. und 18. Jahrhundert, 1993 – M. HONECKER, Grundriß der Sozialethik, 1995 – DASS./SEKRETARIAT DER DT. BISCHOFSKONFERENZ, Für eine Zukunft in Solidarität und Gerechtigkeit, 1997 – A. ANZENBACHER u. a., Wandlungen im Verständnis und in der Begründung von Eigentum und Eigentums-Ordnung, Zum Begriff, in: W. KORFF u. a. Hg., Handbuch der Wirtschaftsethik, 1999, 50–87 (Lit.) – H. SIEGRIST (Hg.), Eigentum im internationalen Vergleich, 1999 – R. KESSLER u. a. (Hg.), Eigentum und Fluch, 2000 – KIRCHENAMT DER EKD (Hg.), Unternehmerisches Handeln in evangelischer Perspektive, 2006 – T. JÄHNICHEN, Wirtschaftsethik, 2008 – M. ASSLÄNDER (Hg.), Handbuch Wirtschaftsethik 2011 – P. DABROCK, Befähigungsgerechtigkeit, 2012 – KIRCHENAMT DER EKD (Hg.), Die Erde ist des Herrn und alles was darinnen ist, 2012 – DASS. (Hg.), Nachhaltige Entwicklung braucht Global Governance, 2014 – D. DIETZFELBINGER, Praxisleitfaden Unternehmensethik, 2015^2.

Daniel Dietzfelbinger

Einigung, deutsche

1. Verspätete Nation. Der deutsche Nationalstaat ist im Vergleich zu den westeuropäischen Vorbildern erst spät entstanden. Ein Zusammengehörigkeitsgefühl ist zwar schon im Alten Reich zu beobachten, aber nach dem Scheitern einer demokratischen nationalen Revolution 1848/49 ist der deutsche Nationalstaat erst 1871 im Gefolge des Deutsch-Französischen Krieges unter Führung Preußens Realität geworden. Nachdem der Versailler Friedensvertrag 1919 dem Deutschen Reich zwar nicht unerhebliche Gebietsabtretungen auferlegt, aber es in seinem Kernbestand belassen hatte, wurde Deutschland nach dem 2. Weltkrieg zunächst in vier Besatzungszonen aufgeteilt und ein Teil Polen und Russland zugewiesen. Durch die zunehmende Konfrontation im Kalten Krieg entwickelte sich daraus die Zweiteilung in die neuen Staatsgebilde der Bundesrepublik Deutschland und der Deutschen Demokratischen Republik im Jahr 1949.

2. Weg zur Wiedervereinigung. Beide Staatsteile hielten trotz des Eisernen Vorhangs zunächst an dem Ziel einer gesamtstaatlichen Wiedervereinigung fest. Die Bundesrepublik betrachtete sich dabei von Anfang an als alleiniger Rechtsnachfolger des Deutschen Reiches und setzte diesen Anspruch auch diplomatisch (Hallstein-Doktrin) weitgehend durch. Das Bundesverfassungsgericht betonte in ständiger Rechtsprechung die Rechtspflicht aller Verfassungsorgane, die Einheit Deutschlands anzustreben und zu fördern. Gleichwohl trat die Aufhebung der Teilung als realisierbares politisches Ziel im Lauf der Zeit auch im Westen zunehmend in den Hintergrund.

Nach der weitgehend gelungenen Westintegration suchte die sozialliberale Koalition seit 1969 im Rahmen der Entspannungspolitik nach einer Verbesserung der politischen Beziehungen mit der DDR und den osteuropäischen Staaten unter sowjetischer Herrschaft auf der Grundlage des Status quo, die zu dem Grundlagenvertrag von 1972 und zahlreichen weiteren Abkommen führte, das Ziel eines „Wandels durch Annäherung" (Egon Bahr) verfolgte und Teil einer umfassenden Ostpolitik (Moskauer Vertrag 12. 8. 1970, Warschauer Vertrag 7. 12. 1970, Vier-Mächte-Abkommen 3. 9. 1971, Prager Vertrag 11. 12. 1973) war. Im weiteren Kontext gehört dazu auch die Konferenz über Sicherheit und Zusammenarbeit in Europa KSZE (Helsinkikonferenz 1. 8. 1975).

Die sowjetische Raketenstationierung und der Afghanistankrieg seit 1979 führten als Gegenreaktion zum Nato-Doppelbeschluss (12. 12. 1979) und damit zunächst wiederum zu einer Verschärfung des Ost-Westkonflikts. Innere wirtschaftliche Stagnation, Afghanistan-Krieg und die starke Aufrüstung der USA erzwangen unter GORBATSCHOW eine erneute Wendung zu einer inneren Reform- (Perestroika) und äußeren Entspannungspolitik, die zu dem ersten großen Abrüstungsvertrag (INF-Vertrag v. 8. 12. 1987) führte.

Als deutlich wurde, dass die Sowjetunion unter Gorbatschow nicht mehr bereit war, die sowjetische Herrschaft in den osteuropäischen Ländern mit Hilfe sowjetischer Panzer wie 1953 (Polen, DDR), 1956 (Ungarn), 1968 (Tschechoslowakei) aufrechtzuerhalten, brach die kommunistische Herrschaft in diesen Ländern allmählich zusammen. Die Öffnung der ungarisch-österreichischen Grenze am 11. 9. 1989 löste eine Massenflucht aus der DDR aus, die Massenproteste durch die sogenannten Montagsdemonstrationen in der DDR brachten auch das kommunistische Regime in Berlin zum Einsturz, das sich zu einer überstürzten Öffnung der Mauer am 9. 11. 1989 gezwungen sah.

3. **Wiedervereinigung.** Am 18. 3. 1990 fand die erste freie Wahl zur Volkskammer der DDR statt, die Koalitionsregierung unter LOTHAR DE MAIZIÈRE handelte mit der Bundesrepublik den Staatsvertrag zur Währungs-, Wirtschafts- und Sozialunion vom 18. 5. 1990 aus. Am 22. 7. 1990 wurden die alten Länder der DDR restituiert. Am 23. 8. 1990 erklärte die Volkskammer den Beitritt zur BRD gem. Art. 23 GG mit Wirkung zum 3. 10. 1990 und am 31. 8. 1990 wurde der Einigungsvertrag geschlossen, der das westdeutsche Recht auf die DDR übertrug. Am 2. 12. 1990 fand aufgrund des Wahlvertrags vom 3. 8. 1990 die erste gesamtdeutsche Parlamentswahl statt. Die Verabschiedung einer neuen gesamtdeutschen Verfassung nach Art. 146 GG wurde damit verworfen. Durch den Zwei-plus-Vier-Vertrag vom 12. 9. 1990 wurde die Einigung durch die Siegermächte sanktioniert.

Im Anschluss an die formale Wiedervereinigung wurden zahlreiche Gesetze erlassen, um die neuen Bundesländer in das gesamtdeutsche Staatswesen zu integrieren. Drei Aufgabenfelder waren im Wesentlichen betroffen: Zahlreiche Gesetze zum wirtschaftlich-finanziellen Wiederaufbau, die rechtlich-politische Aufarbeitung der kommunistischen Diktatur sowie der allgemeine Ost-West-Ausgleich. Der völlige Zusammenbruch der DDR-Wirtschaft erschwerte die Integration in erheblichem Umfang, so dass die Anpassung der Lebensverhältnisse erst heute allmählich erreicht wird.

K. R. KORTE U. A., Geschichte der deutschen Einheit in vier Bänden, 1998 – E. W. WEIDENFELD/K. R. KORTE (Hrsg.),
Handbuch zur deutschen Einheit 1949–1989–1999, 1999. – A. RÖDER, Geschichte der deutschen Wiedervereinigung, 2011.

Werner Heun

Einigung, europäische

Der Gedanke der e.E. geht auf historische Vorläufer zurück, die bis ins 14. Jahrhundert zurückreichen und im 18. und 19. Jahrhundert beispielsweise von I. KANT und J. C. BLUNTSCHLI wiederaufgegriffen wurden. Im 20. Jahrhundert war das Werk „Paneuropa" (1923) des Grafen Richard Coudenhove-Kalergi einflussreich. Die Züricher Rede von WINSTON CHURCHILL vom 19. 9. 1946 im bereits gespaltenen Europa, das zudem seine Weltmachtstellung definitiv an die USA und die Sowjetunion verloren hatte, gab einen unmittelbaren Anstoß. Die Staaten Westeuropas sahen sich dem Druck der kommunistischen Herrschaft ausgesetzt, die sich im Sieg MAOS in China 1949, dem Koreakrieg ab 1950 und der Errichtung des Eisernen Vorhangs und Zündung der ersten russischen Atombombe 1950 manifestierte. Sie schlossen sich daher zu einem Bündnis mit den USA (Nordatlantik-Pakt Organisation NATO 1949) zusammen, zumal die USA bereits im European Recovery Program (Marshall-Plan) 1947 wirtschaftliche Aufbauhilfe leisteten. Aus dieser Zusammenarbeit war auch bereits die Organisation für Europäische Wirtschaftliche Zusammenarbeit OEEC 1947 entstanden. Parallel hatte der Kongress der Europäischen Bewegung in Den Haag 1948 die Gründung des Europarats 1949 bewirkt, dessen Beratende Versammlung aber wegen der englischen Blockadepolitik eine stärkere Integration nicht realisierte.

Unter Rückgriff auf das von JEAN MONNET und ROBERT SCHUMAN entwickelte „funktionalistische" Modell, wonach die umfassende politische Einigung Europas durch auf bestimmte Sachbereiche beschränkte supranationale Gemeinschaften vorbereitet werden sollte, wurde auf französische Initiative zwischen den an einer solchen Zusammenarbeit interessierten sechs Staaten Frankreich, Italien, Bundesrepublik Deutschland sowie den Beneluxstaaten Belgien, Luxemburg, Niederlande am 18. 4. 1951 der Vertrag über die Gründung der Europäischen Gemeinschaft für Kohle und Stahl (EGKS), der sogenannten Montanunion, geschlossen. Der am 27. 5. 1952 unterzeichnete Vertrag über die Gründung der Europäischen Verteidigungsgemeinschaft (EVG) scheiterte dagegen am 30. 8. 1954 an der Zustimmungsverweigerung der Französischen Nationalversammlung. Damit verlor auch der Satzungsentwurf für die Europäische Politische Gemeinschaft (EPG) seine Grundlage, welcher im März 1953 im Auftrag der Außenminister der sechs Mitgliedstaaten der EGKS von deren Versammlung angenommen worden war. Ein weitreichender Souveränitätsverzicht war damit vorläufig gescheitert. Die Bundesrepublik trat deshalb 1955 der NATO bei. Daneben trat noch die Westeuropäische Union (WEU) von 1948 (Deutschland ist 1954 beigetreten) bis 2011.

Unter erneutem Rückgriff auf den „functional approach" wurden auf der Konferenz von Messina (1./2. 6. 1955) der Vertrag über die Gründung der Europäischen Wirtschaftsgemeinschaft (EWG) und das Abkommen über die Europäische Atomgemeinschaft (EURATOM) ausgehandelt, die am 25. 3. 1957 in Rom unterzeichnet wurden.

Großbritannien und sechs andere europäische Staaten gründeten zur Abwehr der von der EWG befürchteten wirtschaftlichen Gefahren am 4. 1. 1960 die Europäische Freihandelsassoziation (EFTA). Am 10. 8. 1961 stellte Großbritannien den ersten Antrag auf Beitritt zu den Europäischen Gemeinschaften, der am Veto DE GAULLES scheiterte. Nach dessen Abdankung traten Großbritannien, Irland und Dänemark am 21. 1. 1972 bei, während Norwegen den Beitritt in einem Referendum ablehnte. Griechenland trat durch Vertrag vom 28. 5. 1979, Spanien und Portugal durch Verträge vom 12. 6. 1985 jeweils nach ihrer Demokratisierung bei. 1995 kamen Österreich, Schweden und Finnland hinzu.

Die drei Europäischen Gemeinschaften begründeten drei rechtlich grundsätzlich voneinander unabhängige Gemeinschaften, die aber durch den Fusionsvertrag vom 8. 4. 1965 (in Kraft 1.7.67) eng verbunden waren, da es jeweils nur ein Organ (Ministerrat, Kommission, etc.) gab. Die Einheitliche Europäische Akte institutionalisierte 1986 die Europäische Politische Zusammenarbeit, erweiterte die Zuständigkeiten der Gemeinschaft und begründete die Unterscheidung von Supranationalität und Intergouvernementalität.

Der nächste Integrationsschritt erfolgte durch den Maastricht-Vertrag vom 7. 2. 1992, der eine Europäische Union (EU) neben den Europäischen Gemeinschaften errichtete, die EWG in Europäische Gemeinschaft umbenannte und die Europäische Wirtschafts- und Währungsunion mit der EZB begründete, sowie die Unionsbürgerschaft einführte.

Der Vertrag von Amsterdam von 1997 weitete die Mehrheitsentscheidungen aus, auf der Konferenz von Nizza wurde eine institutionelle Reform beschlossen und am 7. 12. 2000 die europäische Grundrechtecharta proklamiert. Der Entwurf eines „Vertrages über eine Verfassung für Europa" des Europäischen Konvents, der am 29. 10. 2004 in Rom unterzeichnet wurde, scheiterte an den Referenden Frankreichs und der Niederlande. Wesentliche Elemente dieser „Verfassung" wurden jedoch durch den Vertrag von Lissabon vom 13. 12. 2007 (in Kraft seit 1. 12. 2009) verwirklicht. Danach gibt es nur noch eine einheitliche Europäische Union. Bereits zuvor waren die acht osteuropäischen Staaten sowie Malta und Zypern mit Wirkung vom 1. 5. 2004 der Union beigetreten. Seitdem sind noch Bulgarien, Rumänien und Kroa-

tien Mitglieder geworden. Die Finanzkrise nach 2008 hat insbesondere die Währungsunion in eine erhebliche Krise gestürzt, mit deren Folgen die Union zur Zeit zu kämpfen hat. Nach Vollendung des Binnenmarktes ist zudem die Finalität der Union unklar geworden.

P. PESCATORE, Die Geschichte der europäischen Einigung zwischen Realität und Utopie, 2007 – G. BRUNN, Die europäische Einigung: Von 1945 bis heute, 2009[3] – A. WIRSCHING, Der Preis der Freiheit: Geschichte Europas in unserer Zeit, 2012 – W. LOTH, Europas Einigung – Eine unvollendete Geschichte, 2014.

Werner Heun

Einkommen / Einkommenspolitik

1. E. im gesamtwirtschaftlichen Kreislauf. E. stellt eine Stromgröße dar, die eines der Ergebnisse des Wirtschaftsgeschehens in einer →Volkswirtschaft innerhalb einer bestimmten Periode – z. B. in einem Monat oder einem Jahr – beschreibt. Es entsteht als Gegenleistung für den Einsatz der Produktionsfaktoren →Arbeit (einschl. Unternehmertätigkeit) und →Kapital. Mit dem System Volkswirtschaftlicher Gesamtrechnungen (VGR) wird das gesamtwirtschaftliche Einkommen in verschiedenen begrifflichen Abgrenzungen nachgewiesen, die jeweils unterschiedliche Aspekte des Wirtschaftsgeschehens auf der Entstehungs-, Verteilungs- oder Verwendungsseite beleuchten (BRÜMMERHOFF/LÜTZEL).

Das Bruttoinlandsprodukt (BIP) charakterisiert den Wert der in einer Periode im Inland produzierten und bewerteten Leistungen abzüglich der in Produktionsprozess als Vorleistungen verbrauchten Güter. Es wird häufig als Indikator der Leistungsfähigkeit und des Wohlstands einer →Gesellschaft interpretiert. Gegen die Gleichsetzung einer Zunahme des BIP mit einer Wohlstandssteigerung werden allerdings gravierende Einwände erhoben (STIGLITZ, SEN, FITOUSSI). Nimmt man die aus dem Ausland zufließenden Einkommen zum BIP hinzu und zieht die an das Ausland gezahlten Einkommen ab, so erhält man das Bruttonationale. Das Volkse. ist ein Teil des Bruttonationale. Es ist die Summe aller Erwerbs- und Vermögense., die Inländern letztlich zufließen, also der Bruttoe. aus unselbständiger Arbeit (einschließlich der Arbeitgeberbeiträge zur Sozialversicherung) sowie der E. aus Unternehmertätigkeit und →Vermögen, dem auch die Mische. der Selbstständigen hinzugerechnet werden. Es verteilt sich auf die drei Sektoren →Unternehmen, →Staat und Private →Haushalte, wobei der Sektor der Privaten Haushalte meist einschließlich der privaten →Organisationen ohne Erwerbszweck abgegrenzt wird. Das verfügbare E. des Haushaltssektors ergibt sich aus dessen Anteil am Volkse. und dem Saldo der an andere Sektoren (Staat, Unternehmen,) geleisteten (insbesondere →Steuern und Sozialbeiträge) und von anderen Sektoren empfangenen (→Renten, Pensionen, Unterstützungen u. ä.) laufenden Übertragungen (Transferzahlungen). Auf einzelwirtschaftlicher Ebene der Haushalte und Personen wird der ihnen zufließende Teil des Volkseinkommens als Markt- oder Primäreinkommen bezeichnet. Das verfügbare Einkommen der Haushalte und Personen wird auch Nettoeinkommen genannt. Es kann für Konsum zur Bedarfsdeckung oder für Ersparnis zur Vermögensbildung verwendet werden.

2. Die funktionale Verteilung des Volkseinkommens. *2.1 Bezug zu den Produktionsfaktoren.* Die Relation zwischen Bruttoe. aus unselbstständiger Arbeit (einschließlich der Arbeitgeberbeiträge zur Sozialversicherung) zum Volkse. wird als Lohnquote, das Verhältnis des E. aus Unternehmertätigkeit und Vermögen zum Volkse. als Gewinnquote bezeichnet. Diese kategoriale E.sverteilung einer Volkswirtschaft entspricht aber nicht der →Verteilung des Volkse.s auf die beiden Produktionsfaktoren Arbeit und Kapital, da ein Teil der E. aus Unternehmertätigkeit der menschlichen Arbeit zuzurechnen ist (Unternehmerlohn). Wird dieser Teil mit einem Schätzverfahren ausgegliedert und zum Bruttoe. aus unselbständiger Arbeit addiert, ergibt sich im Verhältnis zum Volkse. eine Arbeitseinkommensquote bzw. als Gegenstück hierzu eine Kapitaleinkommensquote und somit die funktionale E.sverteilung.

2.2 Makroökonomische Indikatoren. Tabelle 1a: Entwicklung des Volkseinkommens in Deutschland 1960–2011

Jahr	(Spalte 1) Nominelles Volkse. in Mrd. DM	(Spalte 2) Lohnquote/ Gewinnquote in %	(Spalte 3) Arbeits-e.squote/ Kapital-e.squote in %
1960	240,1	60,1/39,9	78,3/21,7
1970	530,4	68,0/32,0	81,5/18,5
1980	1.139,6	75,8/24,2	85,8/14,2
1989	1.738,5	70,3/29,7	78,9/21,1
1991 West Ost	2.042,4 184,4	69,6/30,4 102,9/–2,9	77,8/22,3 107,2/–7,2
1994 West Ost	2.023,9 297,5	70,5/29,5 89,9/10,1	78,5/21,5 97,0/3,0
1996 2001 2006 2011	1.605 1.791 2.031 2.294	66,0/34,0 66,1/33,9 62,2/37,8 64,1/35,9	78,7/21,3 79,9/20,1 72,1/27,9 75,2/24,8

Quellen: 1960–1994 Sachverständigenrat zur Begutachtung der gesamtwirtschaftlichen Entwicklung, verschiedene Jahresgutachten; Ab 1996 Statistisches Bundesamt, Genesis-Datenbank. Verbraucherpreisindex: Lange Reihen ab 1948, Wiesbaden 11/2014. Angaben ab 1996 mit den Angaben vor 1996 nicht voll vergleichbar, da mehrere Revisionen der VGR stattgefunden haben. Angaben für 2011 unter Berücksichtigung der Volkszählungsergebnisse für 2011. Zum Teil eigene Berechnungen.

Tabelle 1a (Sp. 1–3) zeigt Zeitreihen des Volkse.s sowie der kategorialen und funktionalen Verteilung über einen langen Zeitraum. Von 1960 bis 1991 stieg das nominale Volkse. (bewertet zu jeweiligen Preisen) in Westdeutschland auf das 8,5-fache, aber von 1991 bis 1994 nahm es in den alten Bundesländern nicht mehr zu, während es in den neuen Bundesländern zu einem Anstieg von etwa 61 % kam.

Tabelle 1b: Entwicklung von Pro-Kopf-Einkommen und Preisniveau 1960–2011

Jahr	(Spalte 4) Nom.verfügbares E. pro Kopf in DM/ Euro	(Spalte 5) Preisniveauindex 1995 = 100	(Spalte 6) Reales verfügb. E. pro Kopf in DM
Westdeutschland (DM)			
1960	3.796	31,8	11.937
1970	7.357	40,5	18.165
1980	14.975	66,4	22.558
1989	22.308	83,6	26.684
West- und Ostdeutschland (DM)			
1991 West Ost	25.121 12.702	89,0 75,5	28.225 16.824
1994 West Ost	25.604 18.769	98,4 98,1	26.020 19.132
Gesamtdeutschland nach Umstellung der VGR auf das ESVG, umgerechnet in Euro. Preisniveauindexbasis 2010 = 100			
1996	14.917	81,6	18.280
2001	16.626	87,4	19.022
2006	18.117	93,9	19.294
2011	20.392	102,1	19.973

Quellen: siehe Tabelle 1a

Wegen des Preisniveauanstiegs (Tabelle 1b Sp. 5) war der reale Zuwachs, d. h. das Mehr an Gütern und →Dienstleistungen, das man mit dem erhöhten E. kaufen konnte, allerdings wesentlich geringer. Das nominelle verfügbare E. pro Kopf ist zwischen 1960 bis 1991 in Westdeutschland nur auf das 6,6-fache gestiegen (Sp. 4). Dieser im Vergleich zur Steigerung des gesamten nominellen Volkse. geringere Zuwachs beruht zum einen auf der Bevölkerungszunahme um 16 % (von 55,4 Mio. auf 64,1 Mio.) und zum anderen darauf, dass die Summe der Steuern und Sozialabgaben stärker gewachsen ist als der Rückfluss in Form von Sozialleistungen. Unter Berücksichtigung der Preisniveausteigerungen reduziert sich der Anstieg des realen verfügbaren E.s pro Kopf (Tabelle 1b Sp. 6) zwischen 1960 und 1991 in Westdeutschland auf das 2,4-fache. In den drei Folgejahren ist es in den alten Ländern sogar um 7,8 % gesunken, während es in den neuen Bundesländern um 13,4 % gestiegen ist. Hier zeigen sich zum einen die E.sverbesserungen in Ostdeutschland infolge der Wiedervereinigung und des Systemwechsels, zum anderen aber auch die mit diesem Prozess verbundenen Lasten in Westdeutschland. Dennoch betrug 1994 das reale verfügbare E. pro Kopf in den neuen Ländern erst 73,5 % des Vergleichswertes im Westen.

Die Entwicklung der kategorialen E.sverteilung (Tabelle 1a Sp. 2) zeigt in Westdeutschland einen uneinheitlichen Verlauf. Dies gilt auch für die funktionale Verteilung des Volkse.s bei allerdings gegenüber der Lohnquote wesentlich höherem Niveau der Arbeitseinkommensquote (Sp. 3). Wenn ein Schätzwert für den „Unternehmerlohn" abgezogen wird, fließt in den alten Bundesländern nur etwa ein Fünftel des Volkse.s dem Faktor Kapital in Form von reinen Gewinnen, Dividenden und sonstigen Ausschüttungen, Zinsen, Nettomieten und Pachten zu. In den neuen Bundesländern ergibt sich ein ganz anderes Bild. Hier waren 1991 die ausgezahlten Löhne (→Lohn) höher als das gesamte Volkse.; die Differenz musste durch Lohnsubventionen (→Subvention) und durch Verlustübernahme durch die Eigentümer der Unternehmen (Treuhandanstalt, neue Besitzer und Gebietskörperschaften) aufgebracht werden. 1994 zeigte sich zwar bereits eine Gewinnquote von immerhin 10 %, der aber nach Abzug des „Unternehmerlohns" ein Anteil des Kapitale.s von nur 3 % entsprach.

Für die Zeit nach 1994 werden E.saggregate nur noch für Gesamtdeutschland nachgewiesen, so dass die spezifischen Entwicklungen in West- und Ost-deutschland nicht mehr getrennt beobachtet werden können. Die VGR wurde zudem 1995 auf das Europäische System Volkswirtschaftlicher Gesamtrechnungen (ESVG) umgestellt mit der Folge begrifflicher und methodischer Änderungen. Daher sind die Angaben ab 1996 mit früheren Größen nicht voll vergleichbar. Aus dem unteren Block der Tabelle 1a (Sp. 1) ergibt sich für den Zeitraum von 1996 bis 2011 ein Anstieg des nominellen Volkse. (nunmehr: Nettonationale.) in Gesamtdeutschland von 42,9 %, für das real verfügbare E. pro Kopf aber nur ein Zuwachs von 9,3 % (Tabelle 1b Sp. 6). Die Lohnquote und die Arbeitseinkommensquote sind mit Schwankungen tendenziell gesunken; der Anteil der Kapitale. erreichte im Jahr 2011 24,8 %.

2.3 Theorien der funktionellen E.sverteilung. Der klassische Ansatz zur Erklärung der E.sverteilung auf die Produktionsfaktoren knüpft an die Grenzproduktivitätstheorie an, die vom Modell der vollkommenen Konkurrenz auf Faktor- und Gütermärkten und der Entlohnung der Produktionsfaktoren nach ihrem Wertgrenzprodukt ausgeht. Danach bestimmt der Wert des Outputs, welcher der zuletzt eingesetzten Einheit eines Produktionsfaktors zuzurechnen ist, den Preis des Produktionsfaktors, also den Lohn- bzw. Ertragssatz. Die Hauptkritikpunkte an den verschiedenen Varianten der Grenzproduktivitätstheorie der Verteilung beziehen sich auf die unrealistischen Annahmen des zugrunde liegenden Modells sowie der produktionstechnischen Determinierung der Verteilung bei Vernachlässigung sozialer und makroökonomischer Zusammenhänge. Auf einzelwirtschaftlicher Ebene hat die Grenzproduktivitätstheorie zur Erklärung der Lohnstruktur aber weiterhin große Bedeutung. Dabei werden auch Bildungsunterschiede und der Technische Fortschritt als wichtige Bestimmungsgründe einbezogen. Das theoretische und empirische Problem der Zurechnung eines Produktionsergebnisses auf die verschiedenen beteiligten Faktoren ist aber ungelöst; folglich kann die häufige Interpretation der Entlohnung entsprechend dem Wertgrenzprodukt als „leistungsgerecht" wissenschaftlich nicht untermauert werden, sie hat vielmehr normativen Charakter. Die Schwächen der Grenzproduktivitätstheorie haben zur Entwicklung von Kreislauf-, Monopolgrad- und Machttheorien der funktionellen Verteilung geführt (KÜLP). Auch sie sind insofern umstritten, als sie jeweils spezifische Bestimmungsgründe hervorheben und damit nur Teile des wirtschaftlichen Geschehens berücksichtigen.

3. Personelle E.sverteilungen. *3.1 Bezugseinheiten.* Die Ermittlung des verfügbaren E. pro Kopf besagt noch nichts über die Verteilung des Wohlstands. (Tabelle 1b, Sp. 6). Auch aus der Lohn- und Gewinnquote lassen sich keine Schlussfolgerungen über die Wohlstandspositionen von →Arbeitnehmern, Selbständigen und Unternehmern ableiten, da jede soziale →Gruppe neben dem Haupte. auch andere E.sarten beziehen kann (Querverteilung), in unterschiedlichem Maß von Abgaben und Transferzahlungen berührt wird und jeweils spezifische Haushaltsstrukturen aufweist. Daher muss man auf die Ebene der Haushalte und Personen übergehen. Bei der Frage nach der Ungleichheit der Verteilung der Markte. (Primärverteilung) und der Nettoe. (Sekundärverteilung) ist zwischen der E.sverteilung auf Haushalte und der auf Personen zu unterscheiden; häufig wird für beide Verteilungen der Begriff der personellen Verteilung verwendet. Bei der Bezugnahme auf Haushalte wird allerdings vernachlässigt, dass mit einem gegebenen Haushaltse. je nach der Haushaltsgröße und -struktur (Haushaltstypen) sehr unterschiedliche Wohlstandspositionen der zugehörigen Personen verbunden sind. Deshalb wird in neueren Analysen die E.sverteilung überwiegend auf Personen bezogen, indem das Haushaltse. in geeigneter Weise gewichtet wird, um eine Vergleichbarkeit der wirtschaftlichen Verhältnisse von verschiedenen Haushaltstypen zu erreichen. Wegen Einsparungen beim gemeinsamen Wirtschaften und wegen des geringeren Bedarfs von →Kindern erweist sich die Haushaltsgröße und ein damit errechnetes Pro-Kopf-E. als ungeeignet. Vielmehr bedarf es eines Gewichtungsschemas, das als Äquivalenzskala bezeichnet wird. Eine häufig verwendete Äquivalenzskala (modifizierte OECD-Skala) ordnet dem Haushaltsvorstand ein Gewicht von 1 zu, während weitere Haushaltsmitglieder über 13 Jahren mit 0,5 und Kinder bis 14 Jahren mit 0,3 berücksichtigt werden. Diese Skala beruht auf einer Festlegung der Europäischen Union, um die personellen Einkommensverteilungen der Mitgliedsländer besser vergleichbar zu machen (Laeken-Indikatoren). Daneben gibt es allerdings eine Vielzahl theoretisch und empirisch begründeter Skalen, die teilweise den Bedarfszuwachs durch weitere Haushaltsmitglieder wesentlich geringer, teilweise aber auch höher ansetzen (FAIK). Aus der Division des Haushaltse.s durch die Summe der Skalengewichte der Haushaltsmitglieder ergibt sich das Äquivalenze., das jedem Haushaltsmitglied als Indikator seiner individuellen Wohlstandsposition zugeordnet wird.

3.2 Verteilungsmaße und -darstellungen. Zur Messung der E.sverteilung sind verschiedene zusammenfassende Indikatoren entwickelt worden (BECKER/HAUSER, HAUSER). Allen Maßen liegt implizit oder explizit eine unterstellte soziale Wohlfahrtsfunktion zugrunde, die Annahmen über die Beziehungen zwischen E. und individuellem →Nutzen und über die Bewertung der zu aggregierenden E.sunterschiede umfasst; die soziale Wohlfahrtsfunktion ist letztlich normativ und kann nicht mit anerkannten wissenschaftlichen Verfahren bewiesen werden.

Eine einfache grafische Darstellung der E.sverteilung ist die Lorenzkurve. Dabei werden die Bezugseinheiten nach der Höhe ihres E.s geordnet, anschließend die Bevölkerungsanteile ebenso wie die entsprechenden E.santeile kumuliert und die jeweils zusammengehörenden Wertepaare in einem Koordinatensystem eingetragen. In Abbildung 1 sind für Deutschland für das Jahr 2011 Lorenzkurven für verschiedene Ebenen des Verteilungsprozesses dargestellt.

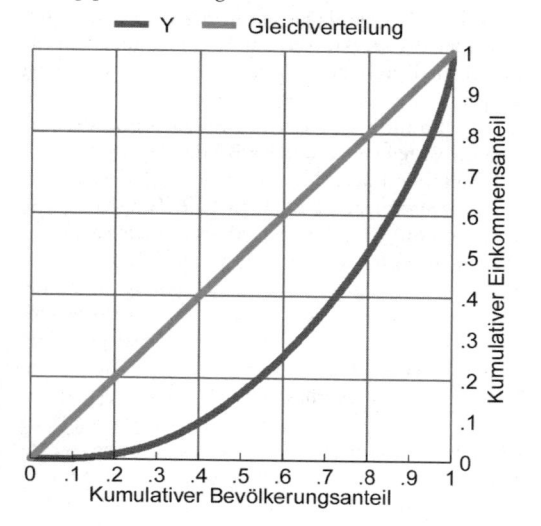

Abbildung 1a: Marktäquivalenzeinkommen

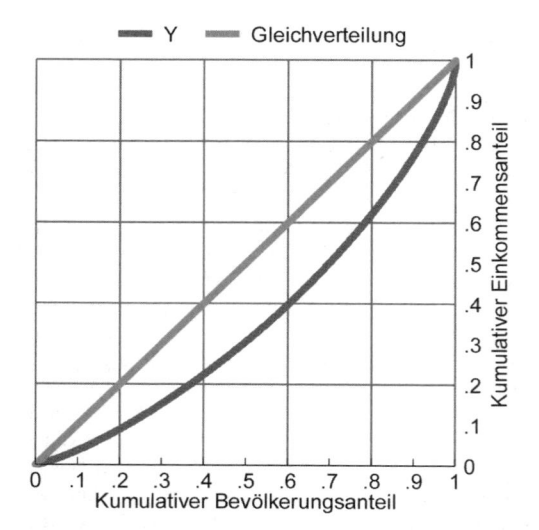

Abbildung 1b: Nettoäquivalenzeinkommen

Erhebungsjahr 2012; Einkommen bedarfsgewichtet, inklusive zugerechneter fiktiver Miete für eigengenutztes Wohneigentum; Personen in Privathaushalten. Berechnungen von M. M. GRABKA, DIW.

Die Diagonale kennzeichnet die Gleichverteilungslinie als Referenzverteilung; hier liegen alle Punkte, bei denen Bevölkerungs- und E.santeil gleich sind. Je weiter die Lorenzkurve von dieser fiktiven Referenzlinie entfernt liegt, d. h. je weiter der E.santeil hinter dem Bevölkerungsanteil zurückbleibt, desto ungleicher sind die E. verteilt. Die Lorenzkurve bezüglich der Verteilung der Marktäquivalenze. auf Personen, d. h. der E. vor Berücksichtigung der staatlichen Maßnahmen, verläuft in großem Abstand zur Diagonalen und zeigt bspw., dass die unteren 20 % der Personen nahezu keine Markte. beziehen – faktisch also fast ausschließlich von innerfamilialen oder staatlichen Transfers. leben –, die unteren 50 % der Personen lediglich über ca. 16 % und die unteren 80 % gerade über die Hälfte des gesamten gewichteten Marktäquivalenze.s aller Personen in Privathaushalten verfügen; letzteres bedeutet im Umkehrschluss, dass die oberen 20 % der Personen die Hälfte des gewichteten Primäre.s beziehen (Abb. 1a). Die Lorenzkurve für die Verteilung der äquivalenzgewichteten Haushaltsnettoe. auf Personen, also nach Berücksichtigung von Abgaben und zufließenden Transfers, liegt der Gleichverteilungslinie wesentlich näher. Die unteren 20 % der Personen verfügen über knapp 10 % des gesamten Nettoäquivalenzeinkommens, die unteren 50 % beziehen ca. 30 % des gesamten Nettoäquivalenze.s, während den oberen 10 % ca. 25 % der Gesamtsumme zufließen (Abb. 1b).

Tabelle 2: Entwicklung der Einkommensungleichheit in Deutschland 1991–2011

Jahr	Marktäquivalenz-einkommen	Nettoäquivalenz-einkommen
Gini-Koeffizient in Prozent		
1991	41,1	24,7
1995	44,5	25,8
2000	45,5	25,6
2005	49,9	29,3
2011	48,5	28,8
Quintilsanteile		
am Marktäquivalenzeinkommen Prozent		

Jahr	1. Qu.	2. Qu.	3. Qu.	4. Qu.	5. Qu.
2001	1,5	8,8	17,1	25,2	47,4
2011	1,3	7,8	16,4	25,4	49,2
am Nettoäquivalenzeinkommen in Prozent					
2001	9,6	14,4	17,9	22,4	35,8
2011	8,9	13,5	17,3	22,4	37,9

Quelle: Sachverständigenrat, Jahresgutachten 2012/13, S. 373 und 374; Berechnungen auf Basis des Sozio-oekonomischen Panels (SOEP) des DIW, Berlin.

In Tabelle 2 sind einige Maßzahlen zur personellen Verteilung der Nettoäquivalenz. ausgewiesen, die zur Erfassung von Veränderungen im Zeitablauf häufig anschaulicher sind als grafische Darstellungen. Der Gini-Koeffizient gibt das Verhältnis der Fläche zwischen der Lorenzkurve und der Gleichverteilungslinie zur gesamten Dreiecksfläche unter der Gleichverteilungslinie an. Er kann Werte zwischen 0 (völlige Gleichverteilung) und 1 (Konzentration des gesamten Einkommens auf die oberste Bezugseinheit) annehmen. Je höher er ist, desto ungleicher ist die Verteilung. Beschränkt man sich auf Deutschland nach der Wiedervereinigung, so zeigt sich, dass der Gini-Koeffizient für die Marktäquivalenze. seit der Wiedervereinigung tendenziell zugenommen hat, d. h. dass deren Verteilung deutlich ungleicher geworden ist. Die Ungleichheit bei den Marktäquivalenze. wird allerdings durch das Steuersystem und das System der sozialen Sicherung wesentlich reduziert. Der Gini-Koeffizient für die Nettoäquivalenze. liegt daher deutlich niedriger. Auch auf dieser Ebene der Sekundärverteilung hat die Ungleichheit aber deutlich zugenommen. Die Ungleichheit der Marktäquivalenze. ist in den neuen Bundesländern sogar höher als in den alten, aber die Nettoäquivalenze. sind weniger ungleich verteilt. Hierin wird der in Ostdeutschland stärker ausgleichende Effekt des Steuer- und Sicherungssystems deutlich (SACHVERSTÄNDIGENRAT 2012/13). Ordnet man die Personen in aufsteigender Reihe anhand ihres Marktäquivalenze. oder Nettoäquivalenze. So kann man für jeweils ein Fünftel der Personen deren Anteil am gesamten Einkommen ermitteln (Quintilsverteilung). Wären die Einkommen gleichverteilt, so hätte jedes Quintil einen gleich großen Anteil am Gesamte. Die Unterschiede in den Quintilsanteilen zeigen also deutlicher als der Gini-Koeffizient in welchen Bereichen die Ungleichheit besonders ausgeprägt ist. Veränderungen in den Quintilsanteilen im Zeitverlauf markieren, in welchen Bereichen die mit dem Wachstum einhergehenden durchschnittlichen E. Steigerungen angefallen sind. Der untere Block der Tabelle 2 zeigt für die Jahre 2001 und 2011 die Quintilsverteilungen der Marktäquivalenze. und der Nettoäquivalenze. Vergleicht man die beiden Verteilungen für das Jahr 2001, so erkennt man, dass die unteren beiden Quintile durch Umverteilung große Zuwächse erzielen, während die oberen beiden Quintile eine Verringerung ihrer Anteile hinnehmen müssen. Dabei werden allerdings Rentenzahlungen, die auf früher geleisteten Beiträgen beruhen, wie reine Transfers behandelt. Könnte man den beitragsgestützten Teil der Transfers ausgliedern, so wäre die Umverteilung nicht ganz so ausgeprägt. Beim Vergleich der Quintilsverteilungen für die Jahre 2001 und 2011 zeigt sich, dass bei den Marktäquivalenze. die Anteile der unteren beiden Quintile gesunken sind, während die oberen beiden Quintile gewonnen haben. Bei den Nettoäquivalenze. ist das Bild noch ausgeprägter. Bei den unteren drei Quintilen sanken die Anteile, während nur das oberste Quintil einen Zuwachs erfuhr. Insgesamt gesehen kann man konstatieren, dass in Deutschland in der vergangenen Dekade – wie in den meisten Europäischen Ländern – die Einkommensungleichheit deutlich zugenommen hat (OECD 2011).

3.3 Theorien der personellen E.sverteilung. Unmittelbare Bestimmungsgründe der personellen Primärverteilung sind die Struktur der Haushalte nach Zahl, Ausbildung und Berufserfahrung der E.sbezieher sowie der Vermögensbesitz und dessen Ertrag. Schließlich spielt das Ausmaß an Arbeitslosigkeit und die unterschiedliche Betroffenheit einzelner Gruppen eine Rolle. Auf der Arbeitsnachfrageseite sind das Anforderungsprofil der zu besetzenden Arbeitsplätze und die Lohnstruktur maßgeblich, die ihrerseits wieder von den Produktionsbedingungen und dem Technischen Fortschritt abhängen. Dabei geht die personelle Verteilungstheorie der Arbeitseinkommen von bestimmten Auslese- oder Filterprozessen aus, welche die Besetzung von Arbeitsplätzen und die individuelle Auf- und Abstiege bestimmen Das gegenwärtige Qualifikationsprofil der Arbeitnehmer hängt auch von der Verteilung der naturgegebenen Fähigkeiten und Begabungen sowie von den durchlaufenen Ausbildungsprozessen ab (Humankapitalbildung) Der individuelle Vermögensbesitz beruht auf originärer Ersparnis, Wertänderungen am bestehenden Vermögen sowie auf der Vererbung zwischen den Generationen. Die Ertragssätze hängen auf vielfältige Weise von Marktprozessen ab. Für die gesamte Lohnsumme sind auch die Erklärungsansätze der funktionalen Verteilungstheorie von Bedeutung. Die Primärverteilung ist überdies abhängig von gesetzlichen Rahmenbedingungen, die z. B. Eigentumsrechte, den →Wettbewerb und die Arbeitsmarktordnung regeln. Für die Sekundärverteilung kommen als weitere Einflussgrößen das Steuersystem und soziale Sicherungssystem hinzu. Da die Sekundärverteilung über den Kreislaufzusammenhang wiederum die Primärverteilung beeinflusst, entspricht die beobachtete Primärverteilung nicht derjenigen einer fiktiven Situation, in der es keine Umverteilung durch den →Staat gäbe. Auch ist die Zahllast einer Abgabe nicht immer mit der Traglast gleichzusetzen; denn einzelne Wirtschaftssubjekte nutzen in Abhängigkeit des Verhältnisses von Angebot und Nachfrage über ihre Preisgestaltung Vor- oder Rückwälzungsmöglichkeiten (Inzidenztheorie).

Die Verteilungstheorie hat zwar zur Erklärung einzelner Bereiche des Verteilungsprozesses beigetragen, über die Wechselwirkungen unter Berücksichtigung des Kreislaufzusammenhangs ist aber noch wenig bekannt. Es fehlt an der Zusammenfügung einzelner Partialmodelle zu einem dynamischen Mikro-Makro-Modell, wobei auch die Rolle des Staates nicht exogen gegeben, sondern entscheidungstheoretisch begründet werden sollte (ATKINSON). Darüber hinaus sind Fragen der normativen Bewertung von E.sverteilungen bisher noch wenig untersucht. Hierbei geht es zum einen um eine Theorie der →Gerechtigkeit (Leistungsgerechtigkeit, Bedarfsgerechtigkeit, Chancengleichheit, Generationengerechtigkeit und Risikoausgleich) zur Beschreibung einer akzeptablen E.sverteilung (BECKER, HAUSER) und zur Begründung wohlfahrtsstaatlicher Maßnahmen (RAWLS; ROEMER) und zum anderen um die empirische Erforschung der Gerechtigkeitsvorstellungen in der Gesellschaft.

4. E.spolitik. E.spolitik ist die Einflussnahme wirtschaftspolitischer Handlungsträger (→Wirtschaftspolitik) auf das E., wobei an verschiedenen E.sbegriffen angeknüpft werden kann. Grundsätzlich lässt sich zwischen →Wachstums- und →Verteilungspolitik unterscheiden. Da allerdings verschiedene politische Akteure gleichzeitig Maßnahmen durchführen, die – gezielt oder als Nebenwirkung – auf die Höhe und Verteilung der E. Einfluss nehmen, sind die Voraussetzungen für die Verfolgung einer stringenten E.spolitik durch einen einzigen wirtschaftspolitischen Handlungsträger nicht gegeben.

Die Wachstumspolitik bezieht sich auf das Volksw. als ganzes und geht davon aus, dass ein gesamtwirtschaftliches Wachstum gleichzeitig zunehmende E. der Wirtschaftssubjekte impliziert und daher eine Steigerung der (gesellschaftlichen) →Wohlfahrt angenommen werden kann. In der Bundesrepublik Deutschland sind Bund und Länder durch das *Gesetz zur Förderung der Stabilität und des Wachstums der Wirtschaft (StabG)* von 1967 zur Erreichung eines „stetigen und angemessenen Wirtschaftswachstums" verpflichtet und damit die wichtigsten Träger der Wachstumspolitik. Als direkte Maßnahmen gelten vor allem die Bereitstellung von →Infrastruktur, insbesondere in Hinblick auf Kommunikations- und Transportwesen, sowie die Förderung von →Investitionen und des Technischen Fortschritts (→Technik und Gesellschaft) zusammen mit Ausbildungsmöglichkeiten (Bildung von Humankapital) und schließlich die Gestaltung des rechtlichen Rahmens (Wirtschaftsordnung). Ein weiterer Träger der Wachstumspolitik ist die Zentralbank, die eine ausreichende Geldversorgung zu gewährleisten hat (→Geld). Aber auch von zahlreichen staatlichen Aktivitäten, die primär anderen Zielen dienen, können mittelbar Wirkungen auf das Wirtschaftswachstum ausgehen, z. B. von der Ausgestaltung des Steuersystems, der Höhe und Struktur der Ausgaben der öffentlichen →Haushalte und der →Staatsverschuldung.

Im Gegensatz zur Wachstumspolitik bezieht sich die Verteilungspolitik nicht direkt auf das gesamtwirtschaftliche Volkse., sondern auf die E. gesellschaftlicher Gruppen, einzelner Haushalte oder Individuen. Zielsetzung ist es, die E.sunterschiede zwischen den betrachteten Adressaten einer gesellschaftlich akzeptierten →Norm anzunähern. Dabei kann auf zwei Ebenen angesetzt werden. Zum einen kann auf die Verteilung der Markte. (primäre E.sverteilung) Einfluss genommen werden, indem als förderungswürdig angesehene Gruppen bei der Erzielung von Markte. unterstützt werden oder Interessengruppen versuchen, ihre E.sziele durchzusetzen. Die Gebietskörperschaften wirken zwar in vielfältiger Weise auf die Verteilung der Markte. ein; inwiefern der Staat allerdings gezielt in den Marktprozess eingreifen soll, hängt von der realisierten Wirtschaftsordnung ab. Daneben sind vor allem die Tarifparteien als Träger dieser Form der E.spolitik anzusehen (→Tarifautonomie). In diesem als →Lohnpolitik bezeichneten Bereich können insbesondere drei Strategien unterschieden werden. Die produktivitätsorientierte Lohnpolitik zielt darauf ab, einen Anstieg der Löhne gemäß dem Wachstum der Arbeitsproduktivität durchzusetzen. Eine expansive Lohnpolitik hingegen versucht, die relative Position der Lohnempfänger zu verbessern, indem Lohnsteigerungen oberhalb des Produktivitätszuwachses erreicht werden. Außerdem soll durch die Stärkung der Nachfrage das Wirtschaftswachstum angeregt werden. Demgegenüber versucht die kostenniveauneutrale Lohnpolitik den Anstieg weiterer Kostenfaktoren neben den Löhnen in der Lohnentwicklung zu berücksichtigen. Die dieser Strategie folgenden Abschlüsse liegen somit noch unterhalb derer der produktivitätsorientierten Lohnpolitik. Hierdurch sollen inflationäre Tendenzen (→Inflation) vermieden werden. Allerdings verlagert sich in Zeiten hoher →Arbeitslosigkeit der Schwerpunkt von der Beeinflussung der E. zur Suche nach einer Verbesserung der Beschäftigungsbedingungen (SACHVERSTÄNDIGENRAT 2012/13, Tz. 547–580).

Zum anderen kann, ausgehend von der Verteilung der Markte., durch Umverteilungsmaßnahmen die Verteilung der verfügbaren E. der Wirtschaftssubjekte (sekundäre E.sverteilung) beeinflusst werden. Hierzu dienen insbesondere die Transfers im Rahmen eines Systems der sozialen Sicherung (→Sozialpolitik), sowie die Ausgestaltung des Steuersystems, beispielsweise eine progressive Einkommensbesteuerung mit Freibeträgen in Höhe des soziokulturellen Existenzminimums. Auch Vermögensteuern und eine wirksame Erbschaftsbesteuerung kommen in Frage.

Die Verteilung der Markte. folgt im Wesentlichen dem Gedanken der Leistungsgerechtigkeit, indem für überdurchschnittliche →Leistung überdurchschnittliche E. erzielt werden. Unter Gerechtigkeitsgesichtspunkten ist die Messung der Leistung anhand des Markterfolges allerdings problematisch, da dieser nicht nur von der aktuellen Leistung, sondern auch von den „Startchancen", vom Ertrag des ererbten oder selbst ersparten Vermögens, von daran geknüpften Wertänderungen und auch von zufälligen Gewinnmöglichkeiten bestimmt wird (sog. windfall profits). Hingegen orientiert sich die Beeinflussung der sekundären Verteilung daran, die Bedarfsdeckungsmöglichkeiten der Wirtschaftssubjekte zu verbessern bzw. anzunähern (Bedarfsgerechtigkeit). Ein wesentliches Teilziel ist dabei die Vermeidung von (Einkommens-) →Armut, d. h. die Sicherung eines soziokulturellen Existenzminimums als Basis für minimale gesellschaftliche Teilhabe. Zur Sicherung des Lebensunterhalts wird ein staatlich garantiertes Mindeste. definiert, wobei je nach den individuellen Lebensumständen unterschiedliche Bedarfslagen zu berücksichtigen sind. Mithin kann die festgesetzte Höhe des Existenzminimums unterschiedlich ausfallen. In Deutschland wird eine flächendeckende Mindestsicherungsfunktion durch das Arbeitslosengeld II, die Bedarfsorientierte Grundsicherung im Alter und bei Erwerbsminderung, die →Sozialhilfe, die Leistungen nach dem Bundesausbildungsförderungsgesetz (BaföG), die Kriegsopferfürsorge und das Asylbewerberleistungsgesetz wahrgenommen, die neben der allgemeinen Sicherung des soziokulturellen Existenzminimus auch besonderen Bedarfslagen (bspw. →Behinderung) Rechnung zu tragen versuchen.

Bei der Verteilungspolitik ist neben der Höhe der E. die Stetigkeit des E.sbezugs von Bedeutung. Ein im Zeitablauf unsicherer E.sbezug kann, unabhängig von seiner Höhe, als →Risiko angesehen werden. Daher werden durch die Sozialversicherungen die breite Schichten treffenden Risiken abgesichert und damit ein gewisser Ausgleich zwischen Perioden mit überdurchschnittlichem E. und solchen mit unterdurchschnittlichem E. angestrebt; dies geschieht insbesondere durch Pflichtbeiträge für besondere Risikotatbestände (→Alter, vorzeitige Erwerbsunfähigkeit, Krankheit, Pflegebedürftigkeit, Arbeitslosigkeit) und die hiermit verbundenen E.seinbußen. Daneben gibt es den Familienlastenausgleich zur Milderung der durch Kinder bedingten Unterhaltslasten.

Die hier getroffene Unterteilung der E.spolitik in Wachstums- und Verteilungspolitik darf nicht darüber hinwegtäuschen, dass diese beiden Politikfelder nicht unabhängig voneinander sind. Zum einen beeinflusst die Verteilungspolitik die wirtschaftlichen Anreizstrukturen. Indem die Wirtschaftssubjekte durch verteilungspolitische Eingriffe angespornt oder gehemmt werden, eigene E. zu erwirtschaften, ergeben sich Auswirkungen auf das Volkse. als Ganzes. Zum anderen erleichtert ein hohes Wirtschaftswachstum die Durchführung verteilungspolitischer Maßnahmen. Wenn der Zuwachs des Volkse.s vor allem den wirtschaftlich schlechter gestellten Wirtschaftssubjekten zugutekommt, kann deren Lage sowohl absolut als auch relativ zu den bessergestellten Wirtschaftssubjekten verbessert werden, ohne dass jemand im Gegenzug (absolute) Einbußen hinnehmen müsste. Umgekehrt sind aber auch positive Effekte einer ausgleichenden Verteilungspolitik auf das Wirtschaftswachstum anzunehmen, da die Beseitigung des E.srisikos eine planvolle Teilnahme am Wirtschaftsprozess fördert.

J. Rawls, Eine Theorie der Gerechtigkeit, 1979 – A. Stobbe, Volkswirtschaftliches Rechnungswesen, 1994 – B. Külp, Verteilung: Theorie und Politik, 1994³ – J. Faik, Äquivalenzskalen, 1995 – A. B. Atkinson, Seeking to explain the distribution of income, in: J. Hills (Hg.), New Inequalities, Cambridge 1996, 19–48 – R. Hauser, Zur Messung individueller Wohlfahrt und ihrer Verteilung, in: Statistisches Bundesamt (Hg.), Wohlfahrtsmessung – Aufgabe der Statistik im gesellschaftlichen Wandel, 1996, 13–38 – J. E. Roemer, Theories of Distributive Justice, Cambridge/Mass. 1996 – D. Brümmerhoff/H. Lützel (Hg.), Lexikon der volkswirtschaftlichen Gesamtrechnungen, München, Wien, 2002³ – I. Becker/R. Hauser, Anatomie der Einkommensverteilung, 2003 – A. Sen, Ökonomie für den Menschen Wege zu Gerechtigkeit und Solidarität in der Marktwirtschaft, 2005³ – W. Salverda/B. Nolan/T. M. Smeeding (Hg.), The Oxford Handbook of Economic Inequality, 2009 – J. Stiglitz/A. Sen/J.-P. Fitoussi, Report by the Commission on the Measurement of Economic Performance and Social Progress, 2010 – I. Becker/R. Hauser, Soziale Gerechtigkeit – ein magisches Viereck, 2011[2.] H. Krämer, Die Entwicklung der funktionalen Einkommensverteilung und ihrer Einflussfaktoren in ausgewählten Industrieländern 1960–2010, IMK Studie 1/2011 – OECD, Divided we stand. Why inequality keeps rising, 2011 – Sachverständigenrat zur Begutachtung der gesamtwirtschaftlichen Entwicklung, Jahresgutachten 2012/13, Tz. 547–580, 2012 – A. B. Atkinson, Inequality. What can be done?, 2015 – G. Corneo – Kreuz und quer durch die deutsche Einkommensverteilung, in: Perspektiven der Wirtschaftspolitik, Bd. 16, H. 2, 2015, S. 109–126.

Richard Hauser

Elite

1. Begriff. E. (frz. Lehnwort von lat. eligere = auslesen) bezeichnet die Sonderstellung einer ausgewählten →Minderheit und wird deskriptiv und normativ verwendet, wenn Minoritäten über soziales Prestige oder →Macht verfügen. Als soziologisches Differenzierungsprinzip macht der E.-Begriff die Klärung von Kriterien und Kennzeichen der E., von Referenzgruppen („Masse", „→Laien") und ideologischen Funktionen (→Ideologie) einer durch E.nbildung markierten sozialen Ungleichheit erforderlich. Der Ausdruck unterliegt einem Bedeutungswandel, ist mehrdeutig, wertbeladen und ausdifferenziert. Von E. wird im Blick auf →Gruppen gesprochen, die Einfluss geltend machen bzw. →Verantwortung tragen (Macht-E.; Funktions-E.; Technokratie in →Politik, Management, Wissenschaft; Repräsentations-E.; aber auch Kleptokratie und verschworene Ordensgemeinschaften), die aufgrund ihrer Geburt herausgehoben sind (Geburts-E.), oder die über besondere →Ausbildung verfügen (Bildungs-E.; Wert-E.; E.-Truppen; künstlerische E., wissenschaftliche E.; Begabtenauslese; Intellektuelle). Damit betrifft der E.-Begriff nicht nur den Bereich der politischen Herrschaft, sondern ist auf die gesamtgesellschaftliche Systemebene und auf die Teilsysteme anzuwenden.

2. Beispiele. Priestertum, Adel, Rittertum und Patriziat gelten als *Urbilder* von monopolisierten und undurchlässigen E.n. Mit der französischen →Revolution und der Industrialisierung (→Industrie) kommt es zu neuen Ansätzen der E.nbildung. Funktionale Schlüsselstellungen und die gezielte Auslese bzw. Ablösung von E.n gewinnen an Bedeutung. *Religiöse Herrschafts-E.n* finden sich in allen organisierten Religionen. Die besondere Qualifikation wird hierbei entweder über ein persönliches oder über ein amtsgebundenes Charisma (M. WEBER, →Amt) begründet. In diesem Sinne beanspruchen Propheten, Mönche, Brahmanen, Asketen, Kleriker etc. Sonderstellungen. Der →Pietismus betrieb die organisatorische Herausdifferenzierung all derer, die „mit Ernst Christen sein wollen" (M. LUTHER) in den sog. collegia pietatis. Die damit entstehende „ecclesiola in ecclesia" zielte auf die Reform der Kirche und nicht auf die Separation. In Fortführung dieser Traditionen sieht F. SCHLEIERMACHER den „ursprünglichen Gegensatz" von „Hervorragenden" (Klerus) und „Masse" (→Laie) als die Voraussetzung einer verantwortlichen Kirchenleitung an. In einem wechselseitigen Prozess dient diese „bestimmte Gestaltung" gleichermaßen der „Anregung" der Masse wie der „Aufforderung" der aus ihr Hervorgehobenen. M. WEBER versuchte einen Zusammenhang zwischen der calvinistischen Erwählungslehre (→Calvinismus) und dem erfolgreichen Agieren im →Kapitalismus aufzuzeigen. *Im politischen Bereich* stellt sich die Frage nach dem Verhältnis, in dem →Demokratie und E.n stehen. Für O. SAMMER ist die Massendemokratie auf ein funktionierendes E.n-System angewiesen, um die politische Willensbildung zu gewährleisten. E. wird von ihrer verantwortlichen Funktion (→Verantwortung) im politischen System her konzipiert. Um der Gefahr der Monopolisierung (→Monopol) zu begegnen, bedarf es der permanenten Resonanz und Kontrolle sowie der Offenheit und Vielfalt von E.n. W. I. LENIN propagierte die organisatorische Kaderbildung als eine proletarische Wert-E. Im Sinne einer Avantgarde des Proletariats wurde im Marxismus-Leninismus der →Partei die führende Rolle im →Klassenkampf zugewiesen. Eine sozialdarwinistisch und rassistisch begründete Zuordnung von E.n auf den Führer hin fand im Rekurs auf soziologische E.-Theorien im Faschismus statt.

3. E.theorien. Während ARISTOTELES ein naturgegebenes Gegenüber von „Herr" und „Sklave" postulierte, wurde PLATONS Modellierung einer idealen Polis mit „vollkommenen Wächtern" und „Herrscher-Philosophen" zum Ausgangspunkt sozialphilosophischer →Utopien, die den Gebildeten soziale Führungsaufgaben anvertraut wissen wollten (TH. MORUS, CAMPANELLA, F. BACON). Grundlegend für Theorien, die die Unvermeidlichkeit einer Herrschaft durch E.n vertreten, sind die Werke von L. GUMPLOWICZ, V. PARETO, G. MOSCA, R. MICHELS und K. MANNHEIM. Nach MOSCA (Elementi di scienza politica, 1896) legitimieren Volkssouveräne der „classe politica" mit ihrer „formula politica" („Alle Macht geht vom Volke aus!") lediglich ihre eigennützige Herrschaft. Der Ausgleich von Privat- und Allgemeininteresse ist nicht erreichbar; zur Disposition steht nur, ob aristokratische oder demokratische Wege des Aufstieges beschritten werden. PARETO (Trattato de sociologia generale, 1916) sieht die Geschichte geradezu als „Friedhof von E.n", die in ihren kombinatorischen („Füchse") und persistenten („Löwen") Varianten miteinander konkurrieren und sich in der „circulation des èlites" ablösen. Zirkulation und Gleichgewichte elitärer Schichten treten hier an die Stelle sozialer Integration. In der neueren Diskussion stehen den Positionen, die soziale Ungleichheitsstrukturen im Verfügen über kulturelles, ökonomisches und soziales →Kapital begründet sehen (P. BOURDIEU) jene gegenüber, die eine Analyse hierarchischer sozialer Schichtungen (R. DAHRENDORF) angesichts von Individualisierungs- und Diversifizierungstendenzen zurückweisen (U. BECK, →Individualismus). Politisch-Ökonomische Theorien fragen nach der Rolle von E.n im Entwicklungsprozess, sehen Effektivität als Folge eines „survival of the fittest" (Chicago School) oder stellen Konzepte eines „wohlwollenden Diktators" kategorisch in Frage (J. BUCHANAN). Eine theologische Sicht auf die Bedeutung von E.n wird sich von dem im biblischen Erwählungsdenken zugrunde liegenden Zusammenhang von Privileg und Verpflichtung leiten lassen können. Soziale Ungleichheiten bedürfen demnach der Begründung (vgl. J. RAWLS), sind einer individual- und ordnungsethischen Reflexion zu unterwerfen und zielen letztlich auf die verantwortungsvolle und partizipatorische Verbindung zwischen E.n und Gemeinschaft. Orientierungs- und Fachwissen, Transdisziplinarität und eine ökumenische Perspektive wären zentrale Elemente einer entsprechend verantwortlichen E.n-Bildung. Damit ist die Frage nach den Funktionen von E.n kategorisch verknüpft mit dem Widerstand gegen die jedem E.konzept inhärenten Tendenzen der Privilegierung, Abkopplung von der „Masse" sowie einer Demokratiegefährdung. Nach evangelischem Verständnis geht es vielmehr darum, dass Verantwortungs-E.en Gaben, Fähigkeiten und Güter, die sie empfangen haben, nachhaltig für andere und für das Gemeinwesen einsetzen.

O. STAMMER, Das E.nproblem in der Demokratie, Schmollers Jb. 71. Jg., H.5, 1951 – C. W. MILLS, The Power Elite, New York, 1956 – R. HAMANN, Paretos E.theorie und ihre Stellung in der neueren Soziologie, 1964 – K. MANNHEIM, Mensch und Gesellschaft im Zeitalter des Umbaus, 1967 – TH. B. BOTTOMORE, E. und Gesellschaft. Eine Übersicht über die Entwicklung des E.nproblems, 1974 (Lit.) – F. SCHLEIERMACHER, Kurze Darstellung des theologischen Studiums (1810), 1977 – J. M. BUCHANAN, Die Grenzen der Freiheit. Zwischen Anarchie und Leviathan, dt. 1984 – W. RÖHRICH, E.n und das Ethos der Demokratie, 1991 (Lit.) – M. WEBER, Die protestantische Ethik, 1991^8 – P. BOURDIEU, Die feinen Unterschiede, ^{9}1997 – W. BÜRKLIN (Hg.), E.n in Deutschland. Rekrutierung und Integration, 1997 – U. HENKE, E. oder … „Einge sind gleicher.", in: E.-U. HUSTER (Hg.), Reichtum in Deutschland. Die Gewinner der sozialen Polarisierung, 1997^2, 189–199 – I. WEBER, Nation, Staat und E. Die Ideologie der Neuen Rechten, 1997 – CH. WELZEL, Demokratischer E.nwandel. Die Erneuerung der ostdeutschen E. aus demokratie-soziologischer Sicht, 1997 – M. HARTMANN, Elitesoziologie. Eine Einführung, 2004 – KIRCHENAMT DER EKD (Hg.): Evangelische Verantwortungseliten. Eine Orientierung, EKD Texte 112, 2011.

Wolfram Stierle

Eltern

1. Grundlegend. Der E.schaft liegt die soziobiologische Notwendigkeit des Zusammenlebens von Kindern und Erwachsenen zugrunde. Sie ist zum einen biologisch begründet (Filiation), insofern die Keimzellen von Frau und Mann miteinander verschmelzen müssen, damit menschliches Leben entsteht. Ein eventuelles Klonen würde hier vor neue ethische Herausforderungen stellen. Zum anderen gibt es seit alters die sozial zugeschriebene E.schaft (Adoption), die sich von der biologischen unterscheiden kann. Dieser spannungsvolle Zusammenhang zwischen biologischer und sozialer Dimension bestimmt bis heute die E.schaft und erfordert entsprechende rechtliche Regelungen (→Elternrecht).

E.schaft besteht grundsätzlich auf Lebensdauer. Während in der Vergangenheit durch den frühen Tod ihrer Mütter Kinder häufig bei Stiefmüttern aufwuchsen, hat sich die Situation verändert. Heute entstehen durch Trennung neue soziale Konstellationen. Eventuell neue Partner eines E.teils übernehmen elterliche Funktion im Alltag. Dazu tritt der rechtlich gegebene und sozial meist gewünschte Kontakt zum nicht mehr im Haushalt lebenden E.teil. Umgekehrt besteht eine lebenslange Fürsorgepflicht der erwachsenen Kinder für ihre Eltern.

2. Theologisch. Die theologische Bedeutung der E.schaft wird daraus ersichtlich, dass Gott biblisch sowohl als Vater (z. B. Dtn 32,6; Ps 68,6; Jer 3,19; Mal 2,10; Mt 5,16; 6,4,9) als auch als Mutter (Jes 66,13;) bezeichnet wird. Im Christentum begegnen aber auch Einstellungen, die die E.schaft relativieren (s. schon Mt 10,37). So bleibt den E. das Patenamt für ihre Kinder – aufgrund einer sexualfeindlichen Erbsündenlehre – vorenthalten. Dazu treten im Mittelalter in Pollutionsvorstellungen begründete Distanzierungen, die einen zölibatären, sich also der E.schaft verweigernden Lebensstil präferieren. Demgegenüber hob vor allem M. LUTHER die Bedeutung der E. hervor. Die E. gelten ihm in der Auslegung des vierten Gebots im Großen Katechismus „nach Gott fur die Öbersten" (BSLK 587), weil sie „an Gottes Statt" (ebd.) fungieren. Daraus resultiert zum einen die Verpflichtung an die Kinder, ihre E. zu ehren, was als „hohest Werk" (BSLK 592) gilt. Zum anderen bedeutet es eine Verpflichtung für die E. (BSLK 603), die der Reformator „der kinder Apostel, Bichoff, Pfarrer, ynn dem sie das Euangelion yhn kundt machen" (WA 10 II,301) nennt. Allerdings waren ihm damit verbundene Probleme in der Praxis bewusst (WA 15,33f.). Deshalb engagierte sich Luther für den Aufbau des Schulwesens, und damit für eine Institution, die bis heute in die E.rechte der →Erziehung eingreift.

3. Psychologisch und pädagogisch. Religionspsychologisch kommt den ersten frühkindlichen Bezugspersonen, in der Regel den E., eine grundlegende Bedeutung für den späteren Umgang mit Objektbeziehungen und damit auch für die Gottesvorstellung eines Kindes zu. Vor allem das Gefühl des Angenommenseins bzw. der Verlassenheit durch die E. haben tiefe Prägekraft.

Religionspädagogisch gesehen bestimmen die E. bei ihren Kindern die religiösen Einstellungen und die Beziehung zur Kirche. Dabei fällt auf, dass besonders Alleinerziehende – im Gegensatz zu miteinander verheirateten E. – Zurückhaltung üben, für ihre Kinder die Taufe zu begehren. Auf jeden Fall treten im Zuge der Erwerbsneigung der E. zunehmend ergänzend weitere Personen hinzu: Großeltern, Tagesmütter, pädagogisches Personal in Kindertagesstätten. Die beiden letzteren Gruppen übernehmen meist wochentags elterliche Funktionen. In höherem Alter der Heranwachsenden begrenzen und korrigieren die Schule, die Medien und die Gruppe der Altersgleichen den Einfluss der E.

4. Herausforderungen. Neu ist seit den siebziger Jahren des 20. Jhs., dass E.schaft zu einer Option wird.

Etwa ein Viertel aller Frauen in Deutschland werden im Lauf ihres Lebens keine Mütter, was nur zu einem kleineren Teil biologisch begründet ist. Umgekehrt suchen Paare bei Unfruchtbarkeit medizinische Hilfe, um E. werden zu können. E.schaft wird so zu einem bewussten Akt. Zugleich deuten die Scheidungsraten auf die Labilität der Partnerschaften hin. Das Verhältnis zu den Kindern und somit die E.rolle sind demgegenüber – aus rechtlichen, aber auch emotionalen Gründen – beständiger. Die In-vitro-Fertilisation eröffnet auch die Möglichkeit zu einer sog. Leihmutterschaft, eine neue Form der E.schaft, bei der sich biologische und soziale Funktion ausdifferenzieren.

H.-J. Fraas, Die Religiosität des Menschen. Religionspsychologie, 1990, 157–224 – M. Domsgen, Familie und Religion, 2004 – C. Grethlein, Praktische Theologie, 2012, 335–357 – Bundesministerium für Familie, Senioren, Frauen und Jugend (Hg.), Familienreport 2012, 2013.

Christian Grethlein

Elternrecht

Gegenstand des E.s sind vor allem die Pflege und →Erziehung des →Kindes. Dabei geht es um die Entwicklung der intellektuellen, sozialen, kulturellen und sittlich-religiösen Anlagen und Fähigkeiten des Kindes im Interesse der Einübung des sozialen Verhaltens als Heranwachsender oder Erwachsener in →Staat und →Gesellschaft. Den →Eltern wird im Hinblick auf die Kindeserziehung die entscheidende Bedeutung beigemessen. Das E. beruht dementsprechend auf dem Grundgedanken, dass der Mensch sowohl das leibliche Dasein als auch die Grundlegung des seelischen, geistigen und religiösen Lebens seinen Eltern verdankt, weshalb diese von Natur aus bereit und berufen sind, die →Verantwortung für die Pflege und Erziehung des Kindes zu übernehmen, und dass in aller Regel den Eltern das Wohl des Kindes mehr am Herzen liegt als irgendwelchen anderen Personen oder →Institutionen. E. ist insofern eine Kategorie sowohl des staatlichen Rechts als auch der christlichen →Ethik.

1. E. im staatlichen Recht. „E. ist die verfassungsrechtliche Gewährleistung einer in der natürlichen Eltern-Kind-Beziehung angelegten, pflichtbestimmten Rechtsstellung herrschaftlich-treuhänderischer Art, die eine mit der Kindesentwicklung allmählich schwindende Pflege- und Erziehungsbefugnis sowie ein Abwehrrecht gegen Übergriffe des Staates in diese Befugnis zum Gegenstand hat." (Def. von Böckenförde). Das E. ist in Art. 6 II →Grundgesetz verankert: „Pflege und Erziehung der Kinder sind das natürliche Recht der Eltern und die zuvörderst ihnen obliegende →Pflicht. Über ihre Betätigung wacht die staatliche Gemeinschaft." In dieser Weise als Grundrecht der Eltern formuliert, ist das E. einerseits ein Abwehrrecht gegen den Staat. Andererseits bindet es die Eltern in einer doppelten Pflicht – Pflege und Erziehung –, deren Bezugspunkt das Wohl des Kindes ist. Dieses ist deshalb der Maßstab für die Grenzen des E.s. Liegen insoweit elterliches Versagen oder Missbrauch vor, ist der Staat zum Tätigwerden im Rahmen seines Wächteramtes berufen. So kann er sich etwa gegen das E. der religiösen Kindererziehung (dazu s. u.) durchsetzen, wenn seelische Entwicklung oder →Gesundheit des Kindes, z. B. durch Unterlassen einer medizinisch indizierten Heilbehandlung, aus religiösen Gründen gefährdet werden. Das E. stößt ferner da an seine Grenzen, wo auch dem Staat ein gleichrangiges schulisches oder allgemeines sekundäres Erziehungsmandat zusteht. Im Übrigen sind die Eltern in der Ausübung des E.s weitgehend frei. Insbesondere gibt der Staat keine Erziehungsziele vor. Im Zuge der allmählichen Herausbildung des kindlichen Persönlichkeitsrechts beginnt das E. zu weichen. Rechtlich gilt die vollständige Selbstentscheidungsfähigkeit des Kindes als mit der Volljährigkeit erreicht. Erlischt in diesem Moment das E., so bleibt gleichwohl eine Elternpflicht bestehen, soweit ihre Wahrnehmung, etwa aus Gründen der Existenzsorge, weiterhin erforderlich ist.

Die Ausübung des E.s vollzieht sich zum einen in einem →Handeln gegenüber dem Kind. Insofern kann von einem Einwirkungsrecht gesprochen werden. Zum anderen haben die Eltern die Befugnis, im Interesse des Kindes seine Rechte und Pflichten wahrzunehmen, also für es zu handeln (Wahrnehmungsrecht). Leistungsansprüche gegenüber dem Staat sind aus dem E. nicht unmittelbar ableitbar. Die Ausübung des E.s, der elterlichen Sorge oder doch zumindest des Umgangsrechts, steht beiden Elternteilen gemeinsam oder einzeln zu. Rechtsgrundlagen des E.s finden sich auch im internationalen Recht. So folgt aus dem Recht auf Achtung des Privat- und Familienlebens in Art. 8 EMRK die Sicherung eines ungestörten Eltern-Kind-Verhältnisses einschließlich des Sorge- und Umgangsrechtes. Alle wesentlichen Aspekte des Eltern-Kind-Verhältnisses einschließlich der Anerkennung des E.s sind im Übrigen angesprochen im UN-Übereinkommen über die Rechte des Kindes vom 20. 11. 1989 (Kinderrechtskonvention der UN). In Deutschland dient ein Nationaler Aktionsplan der Umsetzung dieser Konvention. Es ist Pflicht und Aufgabe aller deutschen Behörden und Gerichte, dem Vorrang des Kindeswohls Geltung zu verschaffen, indem sie ihre Entscheidungspraxis an Abwägungs- und Begründungserfordernissen der Konvention ausrichten.

Die Entfaltung des E.s im Einzelnen ist im deutschen Recht in einer Vielzahl von Regelungen erfolgt. Grundlegende →Normen und die Regelung einer Reihe von Einzelfragen enthält das BGB (§§ 1626 ff). Danach haben „die Eltern … die Pflicht und das Recht, für das minderjährige Kind zu sorgen (elterliche Sorge). Die elterliche Sorge umfasst die Sorge für die Person des Kindes (*Personensorge*) und das Vermögen des Kindes (*Vermögenssorge*)" (§ 1626 I BGB). Dabei „berücksichtigen die Eltern die wachsende Fähigkeit und das wachsende Bedürfnis des Kindes zu selbständigem Handeln. Sie besprechen mit dem Kind, soweit es nach dessen Entwicklungsstand angezeigt ist, Fragen der elterlichen Sorge und streben Einvernehmen an" (§ 1626 II BGB). Der Gesetzgeber geht davon aus, dass der Umgang mit beiden Elternteilen in der Regel dem Kindeswohl entspricht (§ 1626 III BGB). Dementsprechend billigt er den Eltern und dem Kind ein Umgangsrecht zu, auch im Fall der *Trennung der Eltern*. Die Übertragung der Alleinsorge bedarf in diesem Fall eines Antrags, dem unter bestimmten Voraussetzungen stattzugeben ist (§ 1671 BGB). Nicht miteinander verheiratete Eltern können die Sorge für das Kind gemeinsam übernehmen (§ 1626a BGB). Durch das Gesetz zur Reform der elterlichen Sorge nicht miteinander verheirateter Eltern wurden 2013 insbesondere die Rechte unverheirateter Väter gestärkt. Im Rahmen der Erziehung des Kindes sind körperliche Bestrafungen, seelische Verletzungen und andere entwürdigende Maßnahmen unzulässig (§ 1631 II BGB). Ein früher noch geduldetes *Züchtigungsrecht* gibt es nicht. Die *religiöse Kindererziehung* ist Teil des E.s aus Art. 6 II GG, zugleich aber auch Ausfluss der Religionsfreiheit der Eltern (Glaubensfreiheit), die gem. Art. 4 GG gewährleistet ist und den Eltern das Recht gibt, ihren Kindern die eigene religiöse Überzeugung zu vermitteln. Eine Regelung hat das Recht zur religiösen Kindererziehung im noch heute geltenden „Gesetz über die religiöse Kindererziehung" (RKEG) vom 15. 7. 1921 erfahren. Danach wird das grundsätzliche Bestimmungsrecht der Eltern hinsichtlich der Festlegung der Religion des Kindes und seiner Erziehung in dem gewählten Bekenntnis begrenzt durch das nach gestuften Mündigkeitsregelungen sich entwickelnde Selbstbestimmungsrecht des Kindes. Die umfassende Religionsmündigkeit erlangt das Kind mit Vollendung des 14. Lebensjahres.

2. **E. nach evangelischem Verständnis.** Anders als in der römisch-katholischen Kirche hat das E. im evangelischen Raum keine kirchenrechtliche Verankerung erfahren. Seine rechtstheologische Behandlung beschränkt sich zudem weitgehend auf Aspekte der religiösen Erziehung. Gleichwohl ist das E. Gegenstand der evangelischen →Ethik. Bei der Taufe (→Feste und Feiern) versprechen Eltern und Paten eine christliche Erziehung des Kindes. Indem die Taufe Aufnahme in die Gemeinde Jesu Christi ist und den Keim zum christlichen Glauben legt, muss die versprochene Erziehung dementsprechend ausgerichtet sein. Unter ethischem Aspekt ist die Taufe gewissermaßen das Tor zum Einüben in das Leben der →Gemeinde. Gegenstand der christlichen Erziehung ist die Vermittlung eines sinnerfüllten Tuns und Lassens, das von Gott kommt und auf ihn auszurichten ist. Ausgehend von einer spezifisch religiösen Erziehung beginnend im Kleinkindalter erreicht die christliche Erziehung somit alle Bereiche der Lebenswirklichkeit. Der Erziehungsauftrag folgt damit dem grundsätzlichen Verkündigungsauftrag, der sich wiederum aus dem Tauf- und Missionsbefehl ableitet.

I. RÖBBELEN, Zum Problem des E.s, 1965 – D. PIRSON/R. SCHÄFER, Art. E., EvStL, [1]1987[3] – M. JESTAEDT, Das elterliche Erziehungsrecht im Hinblick auf die Religion, in: HdbStKR, [II]1995[2] – D. PIRSON/I. RIEDEL-SPANGENBERGER/F. HUFEN, Art. E., in: LKStKR [1]2000 – F. THIELE, Unser Tun und Lassen. Leitfaden evangelischer Ethik, 1996[2] – GÖTZ in: Palandt, Bürgerliches Gesetzbuch. Kurzkommentar, 2015[74].

Christoph Thiele

Emanzipation

1. Begriff. Der Begriff stammt aus dem Römischen Recht. Er ist abgeleitet vom Wort „e manu capere" = aus der Hand nehmen, freilassen. Mancipium heißt im Römischen Recht der feierliche Eigentumserwerb durch Handauflegen. Der Besitzergreifung entspricht die Freigabe aus der Verfügungsgewalt. E. bezeichnet daher im römischen Zivilrecht den Rechtsakt der Entlassung von Sklaven und auch von Söhnen aus der Verfügungsgewalt des Pater familias. E. bezeichnet ein einmaliges Ritual, nicht einen Entwicklungsprozess. Das MA kannte noch im Kirchenrecht das Institut emancipatio canonica, d. h. das Recht der Kirche, Kinder von Ketzern aus der väterlichen Gewalt zu befreien oder den Eintritt in einen Orden zu vollziehen.

2. Neuzeit. Im 17. u. 18. Jh. wird aus einem ursprünglichen Akt des Gewährens ein Akt der Selbstbefreiung. Die Formulierung lautet: *sich emanzipieren*. Aus einem zivilrechtlichen Begriff wird ein polit. Ziel- und Bewegungsbegriff. E. bezeichnet generell die Befreiung von Zwängen. KANT beschreibt →Aufklärung als Ausgang aus der selbstverschuldeten Unmündigkeit mit Hilfe des Gebrauchs des eigenen Verstandes. HEINRICH HEINE meinte: „Was ist die große Aufgabe unserer Zeit? Es ist die E." K. MARX (Zur Judenfrage, 1844) unterscheidet zwischen einer polit. u. einer allgemeinmenschlichen E. E. wird als Folge von Selbstbefreiung verstanden: „Wir müssen uns selbst emanzipieren, ehe wir andere emanzipieren können." In der neuzeitlichen Philosophie – insbesondere im Idealismus – wird die Geschichte selbst zum Subjekt von E.; E. wird ein Synonym zu →Fortschritt, →Freiheit, Herrschaftsabbau, →Revolution. Leitthema ist dabei die Frage, wann eine →Gesellschaft emanzipiert ist. E. wird zum sozialgeschichtlichen Vorgang (→Sozialgeschichte).

3. E. von Gruppen Benachteiligter. Emanzipiert werden im 18. u. 19. Jh. →Gruppen und →Institutionen, z. B. die Kirche vom →Staat, die Schule von der Kirche, Kolonien vom Mutterland u.Ä. Aus der auf Institutionen und Gruppen bezogenen E., die Benachteiligungen u. →Diskriminierung abbauen u. Gleichberechtigung herstellen will, sind besonders hervorzuheben: (a) Die E. des →Bürgertums brachte →Menschenrechte und die Abschaffung der Ständegesellschaft. (b) Die E. der Arbeiter, des „Dritten" Standes des Proletariats ist eine Folge der →Industrialisierung (→Soziale Frage). Die Arbeiterklasse forderte Befreiung von Ausbeutung u. Unterdrückung. Im 19. Jh. wurde ferner um die E. von Leibeigenen und Sklaven (Bewegung der abolition, v. a. in den USA) gekämpft. (c) E. der Juden. Die E. der Juden forderte erstmals JOHN TOLAND 1714. In Frankreich hat die Nationalversammlung 1791 den Juden die völlige Gleichberechtigung gewährt. Im 19. Jh. gab es in Deutschland um die E. der Juden politische Auseinandersetzungen, in denen es einerseits Verteidiger des christlichen Staates gab (F.J. STAHL), andererseits sich als Gegenbewegung zur Judenemanzipation der →Antisemitismus formierte. Die Nürnberger Gesetze von 1935 hoben die E. faktisch wieder auf, indem sie Juden die Staatsbürgerschaft entzogen und sie zu „Staatsangehörigen" erklärten. (d) E. der Frau. Dabei ging es einmal um die tatsächliche Gleichstellung der Frau im →Recht. Zum anderen um die Durchbrechung geschlechtsspezifischer Lebensrollen in →Familie und →Gesellschaft, →Arbeits- u. Familienrechte (→Geschlechterverhältnis; Gleichstellung von Männern und Frauen, – Gender). Es kommt dabei zu Koalitionen verschiedener E.sbewegungen, z. B. von Sozialismus und Frauen. Die Frauenfrage, so A. BEBEL (Die Frau und der Sozialismus, 1879), sei „nur eine Seite der allgemeinen sozialen Frage". (e) E. als Entkolonialisierung. Die polit. Selbstbestimmungs- u. Unabhängigkeitsbestrebungen in Afrika, Asien, Lateinamerika verstehen sich ebenfalls als E. im Sinne von Selbstbefreiung. Ziel war die nationale Unabhängigkeit. Auch ethnische →Minderheiten forderten E. (z. B. die Iren und Katholiken in Großbritannien).

4. E. als Programm. E. wird in der Neuzeit zum Prinzip umfassender Umgestaltung der Gesellschaft. E. als dynamische Veränderung bezieht sich auf das Grundverständnis des Menschen als Emanzipator. Die Psychologie will von falschen Vorstellungen (Neurosen) befreien (S. FREUD). J. HABERMAS spricht von einem emanzipator. Interesse, ein „in der →Vernunft selbst wirksames Interesse an der Selbstständigkeit des Ich". Eine emanzipator. →Erziehung verstand sich in den 1970-er Jahren als antiautoritäre Erziehung. E. soll fundamental von der bürgerlich-kapitalistischen Bedürfnisstruktur, vom „Konsumzwang" (→Konsum), vom „Habenwollen" befreien. Emanzipator. Vorstellungen werden verstanden als permanente Gesellschaftskritik, als fortschreitende Aufklärung. Mit dem E.sbegriff verbinden sich zugleich – geschichtsphilosophisch – eschatologische Erwartungen (→Eschatologie und Ethik) u. die Zielvorstellung eines herrschaftslosen Reichs der Freiheit, eines ständigen Fortschritts. E. und Erlösung, Heil werden nahezu synonym.

Dagegen wird christl. →Ethik einerseits die Beseitigung von Benachteiligung u. Diskriminierung unterstützen u. fördern, andererseits aber Illusionen von vollständiger E. gegenüber kritisch sein. Die Unterscheidung von polit. E. u. Erlösung, Heil bleibt bestehen. Ein realistisches Verständnis der Menschen wird weder die E. von der Natur (den „Genen") noch die Abschaffung des Bösen, der Sünde anstreben. Der gelegentlich behauptete Gegensatz von – Tradition u. E. ist falsch. Eine totale E. von der →Tradition ist völlig utopisch u. ideologisch (→Utopie; →Ideologie). Die Dialektik der Aufklärung, die Spannung von Freiheit u. Abhängigkeit, theol. von Freiheit u. Sünde ist wahrzunehmen. Es gibt überdies nicht nur Fortschritte der →Humanität, sondern auch Rückfälle in Barbarei u. Unmenschlichkeit. E. kann nicht jede „Entfremdung" aufheben. Da eine Entleerung des Wortes E. zum bloßen Schlagwort dessen Auffüllung mit beliebigen Inhalten ermöglicht, sind die jeweiligen Versprechungen u. Vorstellungen von E. je für sich kritisch zu analysieren und zu diskutieren. Der Begriff E. als solcher ist inhaltsleer Daraus folgt nicht eine prinzipielle Absage an E., wohl aber eine differenzierte Betrachtung der neuzeitl. E.sbewegungen hinsichtlich des Verhältnisses von Tradition u. Wandel, →Innovation, so wie im Blick auf die Bewahrung von Ordnung(en) u. die Verwirklichung von →Autonomie und Mündigkeit. Die Wiederbesinnung auf Religion u. Erfahrung relativiert die Idee der E.

G. ROHRMOSER, E. und Freiheit, 1970 – M. GREIFENHAGEN (Hg.), E., 1973 – J. SCHLUMBOHM, Freiheitsbegriff und E.sprozess. Zur Geschichte eines politischen Wortes, KVR 1382, 1973 – G. HARTFIEL (Hg), E. - Ideologischer Fetisch oder reale Chance?, 1975 – J. FETSCHER, Herrschaft und E., 1976 – TT. RENDTORFF, E. und christliche Freiheit, in: CGG, XVIII 1982, 149ff – H.M. SCHREY, Art. E., in: TRE, IX 1982, 534–544 (Lit.).
Martin Honecker

Emotion

1. Allgemeines. Versuche einer konsistenten Systematisierung von E.en sind ebenso zum Scheitern verurteilt wie präzise begriffliche Abgrenzungen z. B. zu Gefühlen oder Affekten. Nur tendenziell ist bei der Rede von einem Gefühl (z. B. der Traurigkeit) die leiblich-seelische Komponente stärker im Blick, bei einer E. (z. B. der Trauer) der Komplex von Ursache und folgender typischer Reaktion, bei einem Affekt (des Ärgers z. B.) der vorübergehende Charakter.

Zum Verständnis des Phänomens der E.en trägt grundlegend die schon von Ch. Darwin vertretene und durch die Forschungen P. Ekmans bestätigte Auffassung von die Universalität einer Reihe von Grundemotionen sowie ihres mimischen Ausdrucks bei: Freude, Trauer, Wut, Ekel, Überraschung, Furcht, Verachtung. Allerdings verstehen autistische Menschen Gesichtsausdrücke nur durch bewusstes Lernen. Mit dem mimischen Ausdruck gehen physiologische und neurologische Veränderungen einher sowie solche der Haltung und der Stimme. Dabei sind auch Kombinationen gut erkennbar, z. B. freudig-überrascht, traurig-wütend etc. Eine zunehmende Nutzung der Universalität des mimischen Ausdrucks für die automatische Gefühlserkennung durch digitale Geräte zum Zweck der gezielten Werbung zeichnet sich ab (R. Khatchadourian).

Neben diesen Grundemotionen gibt es eine Fülle von weiteren E.en bzw. Gefühlen mit unterschiedlich starken kognitiven Anteilen: Empörung, Neid, Schamgefühl, Gefühl der Dankbarkeit, Enttäuschung, Gefühl der Sicherheit etc.

E.en waren einerseits unmittelbar für das Überleben des Einzelnen vorteilhaft – so etwa bei den physiologischen Reaktionen im Kontext der Angst; andererseits fungieren sie als soziale Signale (Freude, Ekel usw.). Offenbar war es evolutionär nicht vorteilhaft, ein Pokerface zu zeigen. Andere Formen des Gefühlsausdrucks sind nur im Rahmen komplexer Sozialbeziehungen, zu denen insbesondere reziproker →Altruismus (R. L. Trivers) gehört, evolutionär verständlich (→Moralpsychologie). Von Gefühlsansteckung, einem für in Gruppen lebende Tiere vorteilhaften Affekt, an dem auch der Mensch teilhat, lassen sich Mitleid, das meist mit einer Stress-Reaktion einhergeht, Mitgefühl (→Barmherzigkeit) und Empathie unterscheiden, wobei bei letzterer die Subjekt-Objekt-Unterscheidung erhalten bleibt.

E.en können somit verstanden werden als „Weise, in der das Coping-System die aktuelle Antriebs- und Anreizlage sowohl im Außenbereich als auch des eigenen Körpers wahrnimmt" (F. Schwab 75).

Gegenüber den allgemein-menschlichen Phänomenen sind auch die kulturellen Differenzen nicht zu übersehen: Kulturen unterscheiden sich in dem Ausmaß, in dem Gefühle in der Öffentlichkeit gezeigt werden und der Bewertung, die Gefühle und ihre Äußerung gesellschaftlich jeweils erfahren.

Da E.en an Wahrnehmungen und ihre kognitive Interpretation, aber auch an Überzeugungen gekoppelt sind, können sie je nach kultureller Prägung durch ganz verschiedene Reize ausgelöst werden. So kann eine Tabuverletzung Ekel, Ärger oder Angst nur dann hervorrufen, wenn sie als solche erkannt bzw. empfunden wird. Ebenso unterscheiden sich Gesellschaften darin, welches Verhalten als ehrverletzend gilt und mit einem Schamgefühl oder aber Wut beantwortet wird. Zudem spielen die individuellen Erfahrungen eine maßgebliche Rolle dabei, wann welche Gefühle hervorgerufen werden. Auf der Möglichkeit, Gefühle aktiv durch Gedanken beeinflussen zu können, beruhen Formen kognitiver Psychotherapie.

2. Emotionale Intelligenz. Kontrovers wird das Konzept der e.alen Intelligenz (D. Goleman) diskutiert, etwa die Frage, ob der Begriff „Intelligenz" sinnvoll ist. Unstrittig ist, dass die Psychologie der e.alen Intelligenz Überschneidungen zum Feld der Persönlichkeitspsychologie zeigt, z. B. bei den Aspekten e.ale Stabilität (vs. Neurotizismus) oder Extraversion (vs. Introversion). E.ale Intelligenz kann verstanden werden als die Fähigkeit, E.en wahrzunehmen und auszudrücken, E.en kognitiv zu verstehen (und sich zu ihnen zu verhalten), sowie E.en bei sich selbst und bei anderen zu kontrollieren bzw. zu beeinflussen. Frappierend ist die Feststellung, dass „gefühlsblinde" Menschen sich mit rationalen Entscheidungen nicht leichter tun, sondern in endlosen Abwägungsprozessen befangen bleiben (A. Damasio 232ff, 263).

3. Soziologie der E.en. Während das Konzept der e.alen Intelligenz ein erfolgreicheres Leben für e.al intelligente Menschen voraussagt, sah noch S. Freud für seine Zeit die Mittelklasse eher an einem Mangel an e.alem Leben leiden. Aus der Sicht einer Soziologie der E. konstatiert E. Illouz wachsende Wertschätzung von e.aler Kompetenz als Ausfluss eines „globalen therapeutischen Habitus". Dies gehe mit einem ungleichen Zugang zu eudaimonistischen Gütern einher, zu denen sie die Kunst, soziale Kontakte zu pflegen, ebenso zählt wie eine strategische Lebensplanung und ein Sich-den-E.en-Widmen.

4. E. und Ethik. Während in der Stoa, bei Kant und im →Utilitarismus (vgl. insbesondere J. Bentham und P. Singer) Gefühle keine positive oder sogar eine negative Rolle in der Ethik spielen, ist deren Rolle in anderen (insbesondere tugend-)ethischen Ansätzen zentral. Dabei wird insbesondere an die sozialen Gefühle angeknüpft, wohl wissend, dass diese im Nahbereich am stärksten sind und sich gegenüber Fremdgruppen sogar ins Gegenteil verkehren können. So stehen diese Ethiken ggf. vor der Herausforderung einer Begründung bzw. Plausibilisierung der Erweiterung des Bezugsbereiches, die kognitiv, affektiv und religiös/spirituell gestützt werden kann. M. Nussbaum vertritt die Ansicht, dass dabei allerdings die Tendenz zum Partikularismus (Bevorzugung des Nahbereichs) nicht aufgehoben werden kann, ohne die Liebe selbst aufzuheben, so dass der Gesellschaft viel von der Kraft für das Gute entzogen würde.

Zu den „moralischen Gefühlen" kann aber neben den „positiven" Gefühlen auch die „Empörung" über Ungerechtigkeit gerechnet werden, die sich früh in der Kindheit zeigt.

Christliche Ethik verzichtet in der Regel nicht auf eine affektive Begründung bzw. Motivation des Handelns. Der Heidelberger Katechismus thematisiert unter der Überschrift „Von der Dankbarkeit" die guten Werke, die die Christen aus Dankbarkeit für die Gnade Gottes tun. Der Jesus der →Bergpredigt radikalisiert das Liebesgebot bis hin zur Feindesliebe. A. SCHWEITZER erweitert den Bezugsbereich der Ethik zu einer „Ehrfurcht vor dem Leben". Diese sei „Ergriffensein von dem unendlichen, unergründlichen, vorwärtstreibenden Willen, in dem alles Sein gründet" (282).

CH. DARWIN, Der Ausdruck der Gemüthsbewegungen bei dem Menschen und den Thieren, 1872 (Orig. engl. The Expression of the Emotions in Man and Animals, 1872 – A. SCHWEITZER, Kulturphilosophie. Bd. II: Kultur und Ethik, 1996 (Orig. 1923) – R. L. TRIVERS, The Evolution of Reciprocal Altruism, in: Quarterly Review of Biology 46, 1971 – A. R. DAMASIO, Descartes' Irrtum. Fühlen, Denken und das menschliche Gehirn, 1995 (Orig. amerik. Descartes' Error 1994) – D. GOLEMAN, Emotionale Intelligenz, 1996 (Orig. amerik. Emotional Intelligence 1995) – F. SCHWAB, Evolution und E. Evolutionäre Perspektiven in der E.sforschung und der angewandten Psychologie, 2004 – P. EKMAN, Gefühle lesen. Wie Sie E.en erkennen und richtig interpretieren, 2004 (Orig. engl./amerik. Emotions Revealed 2003) – N. C. KARAFYLLIS/G. ULSHÖFER (Hg.), Sexualized Brains. Scientific Modeling of Emotional Intelligence from a Cultural Perspective, 2008 – E. ILLOUZ, Die Errettung der modernen Seele. Therapien, Gefühle und die Kultur der Selbsthilfe, 2009 (Orig. amerik. Saving the Modern Soul 2008) – M. C. NUSSBAUM, Political Emotions. Why Love Matters for Justice, 2013 – R. KHATCHADOURIAN, We know How You Feel, in: The New Yorker 19. 1. 2015 – R. BARTH/C. ZARNOW (Hg.), Theologie der Gefühle, 2015 (Lit.).

Günter Renz

Empowerment

1. Definition. Der Begriff Empowerment (wörtlich übersetzt: „Selbstbefähigung", „Selbstbemächtigung", „Stärkung von Eigenmacht und Autonomie") bezeichnet *biografische Prozesse, in denen Menschen ein Stück mehr Macht für sich gewinnen* – und hier zum einen: Macht politisch buchstabiert als Teilhabe an politischen Entscheidungsprozessen (politisches E.), zum anderen: Macht lebensweltlich definiert als gelingende Bewältigung alltäglicher Lebensbelastungen (psychosoziales E.). E. beschreibt Mut machende Prozesse der Selbstbemächtigung, in denen Menschen in Situationen des Mangels, der Benachteiligung oder der gesellschaftlichen Ausgrenzung beginnen, ihre Angelegenheiten selbst in die Hand zu nehmen, in denen sie sich ihrer Fähigkeiten bewusst werden, eigene Kräfte entwickeln und ihre psychosozialen und politischen Ressourcen zu einer selbstbestimmten Lebensführung nutzen lernen. E. – auf eine kurze Formel gebracht – zielt auf die (Wieder-) Herstellung von Selbstbestimmung über die Umstände des eigenen Alltags.

2. Wertebasis und normative Rahmung. E. ist ein „werthaltiges Konzept" – das E.-Konzept ist eingespannt in einen Rahmen von handlungsleitenden normativen Überzeugungen und Werthaltungen. *(1) Autonome Lebensgestaltung:* E. formuliert ein optimistisches Menschenbild. In dessen Mittelpunkt steht die Vorstellung, dass Menschen – auch dort, wo ihr Leben in Demoralisierung und erlernter Hilflosigkeit eingefasst ist – die Kraft finden, für sich und für andere „ein besseres Leben" zu erstreiten. Der E.-Diskurs greift mit diesem Reden von einem besseren Leben Argumentationsmuster auf, die auch in anderen (historisch vorangehenden) normativen Entwürfen gesellschaftlicher Praxis enthalten sind: Autonomie, Mündigkeit, Emanzipation, gelingende Lebensbewältigung. *(2) Die grundlegende Ressourcenorientierung:* Das E.-Konzept vertraut auf die Talente, die Fähigkeiten und die Stärken der Menschen. Leitfaden ist ihm die Bekräftigung jener Ressourcen, die es Menschen möglich machen, ihr Leben auch in kritischen Lebenslagen und in biografischen Belastungen erfolgreich zu meistern (personale und soziale Ressourcen). *(3) Das Eintreten für soziale Gerechtigkeit:* Ein weiterer Grundwert thematisiert die politischen Horizonte des E.-Konzeptes: Dieses Konzept ist einem sozialaufklärerischen Programm verpflichtet. Ziel ist es, Menschen ein kritisches Bewusstsein für die Webmuster der sozial ungleichen Verteilung von Lebensgütern und gesellschaftlichen Chancen zu vermitteln, ihr analytisches Wissen um die Veränderbarkeit dieser übermächtig erscheinenden Strukturmuster zu festigen und sie zur politischen Selbstvertretung in sozialer Aktion anzustiften.

3. Ressourcenorientierte Methodik. E. fokussiert die methodische Aufmerksamkeit auf die Ressourcenförderung. Die pädagogische Beratung und Begleitung zielen auf eine Erweiterung der Ressourcenhaushalte der Betroffenen. Methodisches Handwerkszeug auf der Ebene der Einzelfallarbeit ist daher die Ressourcendiagnostik und die ressourcenorientierte Beratung. Auf der Ebene der sozialräumlichen Arbeit (Gemeinwesenarbeit; Stadtteilmanagement) hingegen geht es um den Aufbau und die stärkende Begleitung von Unterstützungsnetzwerken, in denen Menschen mit gleichartigen Betroffenheiten und Anliegen sich zusammenschließen, gemeinsame Kräfte entdecken und solidarisches bürgerschaftliches Engagement ausüben (Netzwerkarbeit mit inszenierten Gemeinschaften; Förderung von Selbsthilfe und bürgerschaftlicher Selbstorganisation). Dort aber, wo Menschen – unterstützt durch eine ressourcenzentrierte Methodik – die Erfahrung von produktiver Gestaltungskraft machen, vollziehen sich Mut machende Prozesse einer Stärkung von Eigenmacht – sie fühlen sich ihrer Umwelt weniger ausgesetzt und gewinnen Mut für eine selbstbestimmte Lebensgestaltung.

4. Evaluation. Die empirischen Befunde der Evaluationsforschung dokumentieren eindrücklich die stärkend-produktiven Effekte von ressourcenfördernden Arbeitsansätzen. E. bestärkt zum einen das Selbstbewusstsein und die soziale Identität der Klienten. Dort, wo die Adressaten die Erfahrung von eigener Stärke, Autonomie und Gestaltungskraft machen können, erweitern sich ihre psychischen Kräfte – sie stärken ihre personalen Ressourcen, sie schöpfen Selbstwert und gewinnen ein neues Vertrauen in die eigenen Bewältigungsfähigkeiten (die Erfahrung von Selbstwirksamkeit; Bewältigungsoptimismus). E. bestärkt die Menschen zum anderen aber auch in ihrer Rolle als „politische Bürger" – es stärkt das soziale und politische Engagement der Bürger, ihre Teilhabe an Prozessen der politischen Willensbildung und ihre solidarische Gemeinschaft in sozialen Bewegungen und vermehrt auf diese Weise ihr positives Kapital an zivilgesellschaftlicher Kompetenz.

N. Herriger, Empowerment in der Sozialen Arbeit. Eine Einführung, 2014[5] – N. Herriger, Empowerment-Landkarte. Diskurse, normative Rahmung, Kritik, in: APuZ, Heft 13–14/2014, S. 39–46 – N. Herriger: www.emowerment.de, 2014.

Norbert Herriger

Energie / Energiewirtschaft / Energiepolitik

1. Energie. *1.1 Definition.* E. wird als Fähigkeit eines Stoffes, Körpers oder Systems definiert, Arbeit zu verrichten. E. kann in verschiedenen Formen vorkommen. Dazu gehören beispielsweise potenzielle E., kinetische E., chemische E. oder thermische E. In einem geschlossenen System bleibt die Summe aller E.n, ausgedrückt durch den E.erhaltungssatz, immer gleich. Im physikalischen Sinne gibt es also keinen Verlust von E. Gemäß E.erhaltungsgesetz sind E.erzeugung oder auch E.verbrauch physikalisch nicht möglich, auch wenn diese Begriffe vielfältig verwendet werden. Tatsächlich handelt es sich bei E.erzeugung um die Umwandlung von E. in eine andere Form, zum Beispiel von Kohle in Elektrizität. Mit E.verbrauch werden Prozesse bezeichnet, in denen Potenziale genutzt werden, z. B. die Temperaturdifferenz bei Wärmeprozessen. Dadurch wird die Nutzbarkeit von Potenzialen erhöht – zulasten nicht mehr oder nur noch begrenzter verwendbarer Potenziale, wie zum Beispiel Wärme mit niedriger Temperatur.

1.2 E.träger. E.potenziale mit hoher Arbeitsfähigkeit, die technisch und wirtschaftlich nutzbar sind, werden als E.träger bezeichnet. Dabei kann zwischen erneuerbaren E.n, wie Sonne und Wind, und nicht-erneuerbaren E.n unterschieden werden. Bei den nicht-erneuerbaren E.n erfolgt eine Klassifizierung zwischen fossilen Brennstoffen, wie Erdöl, Erdgas und Kohle, sowie Kernbrennstoffen, wie Uran, Plutonium und Thorium. Zur Bemessung der Höhe von E.potenzialen bedient man sich physikalischer Einheiten. Die in Deutschland gemäß den gesetzlichen Bestimmungen zu verwendende Einheit ist Joule. Daneben sind unter anderem aber auch die Kilowattstunde, die Steinkohleneinheit, der Kubikmeter und die Öleinheit geläufige Größen zur Bestimmung des Potenzials von E.trägern. Standardisierte Umrechnungsfaktoren ermöglichen die additive Verknüpfung von vielfach in unterschiedlichen Einheiten angegebenen *Erzeugungs-* oder *Verbrauchs*mengen von E.trägern.

1.3 E.begriffe. Die nähere Kennzeichnung des *Verbrauchs* von E.trägern erfolgt unter Verwendung einer Reihe von Begriffen verschiedenen Inhalts. Dabei handelt es sich insbesondere um die Begriffe Primäre., Sekundäre., Ende., nicht-energetischer *Verbrauch*, Nutze. und E.dienstleistungen. Als Primäre. werden Träger von Potenzialen bezeichnet, die in der Natur vorkommen und keiner Umwandlung unterzogen wurden. Das sind zum Beispiel Rohöl, Erdgas, Steinkohle, Braunkohle, Uran und erneuerbare E.n. In Kraftwerken oder Raffinerien umgewandelte E.n, wie Strom beziehungsweise Kraftstoffe oder Heizöle, werden als Sekundäre.n bezeichnet. Die am Ort des *Verbrauchs* genutzte E. wird unter dem Begriff Ende. geführt. Statistisch abgeleitet wird der Ende.verbrauch aus dem Primäre.verbrauch, vermindert um den nicht-energetischen *Verbrauch* sowie den *Verbrauch* und die *Verluste* in Umwandlungsprozessen, wie Kraftwerken und Raffinerien. Als nicht-energetischer *Verbrauch* wird die Nutzung von E. als Rohstoff, zum Beispiel in chemischen Prozessen zur Herstellung von Kunststoffen oder als Reduktionsmittel bei der Roheisenerzeugung bezeichnet; weitere Beispiele sind die Verwendung von E.trägern als Schmierstoffe oder als Bitumen für den Straßenbau. Ende. wird unter *Verlusten* in Nutze., also in eine Form umgewandelt, die der *Verbraucher* letztendlich benötigt. Dazu gehören Heiz- und Prozesswärme, Licht, Informations- und Kommunikationsleistungen sowie mechanische E.

1.4 Substitutionsmöglichkeiten. Die Nachfrager sind nicht an den E.trägern, wie Öl, Gas, Kohle oder Strom, als solchen interessiert, sondern an den E.dienstleistungen, die unter Einsatz von E.trägern erstellt werden. Die Nachfrage nach E.trägern ist also eine abgeleitete Nachfrage, abgeleitet aus dem Bedarf unter anderem an Wärme, Kühlung, Helligkeit, Kommunikation und motorischer Kraft. Weil es sich um eine abgeleitete Nachfrage handelt,
– bestehen weitreichende Substitutionsmöglichkeiten zwischen E.trägern sowie auch zwischen E.- und Kapitaleinsatz;
– bewertet der Nachfrager nicht isoliert die E.träger, sondern die Gesamtsysteme, die zur Bereitstellung von E.dienstleistungen zusammenwirken.

Weitreichende Substitutionsmöglichkeiten zwischen E.trägern bestehen zum Beispiel in der Stromerzeugung und in der Bereitstellung von Wärme. Auch im Verkehrssektor dürften künftig verstärkt bestehende Alternativen genutzt werden. Beispielhaft kann die Elektromobilität genannt werden. Substitutionsmöglichkeiten zwischen E.- und Kapitaleinsatz ergeben sich, weil e. nicht „roh", sondern in einem System zur Bereitstellung von E.dienstleistungen genutzt wird. Hauptbestandteile dieser E.bereitstellungssysteme sind unter anderem Kraftwerke, Fahrzeugmotoren, Heizungsanlagen und stationäre Motoren. Diese E.wandler können unterschiedlich effizient sein. So erfordert die Erzeugung einer bestimmten Strommenge in einem Kraftwerk mit hohem Wirkungsgrad einen geringeren E.einsatz als in einer weniger effizienten Anlage. Gleiches gilt bei der Umwandlung von E. auf der Endabnehmerstufe – zum Beispiel in Heizungsanlagen oder Fahrzeugen. Die Höhe des E.verbrauchs wird beispielsweise aber auch durch die Bausubstanz von zu beheizenden oder zu kühlenden Gebäuden beeinflusst.

2. Energiewirtschaft. *2.1 Abgrenzung des Begriffs.* Zur E. werden alle Unternehmen, Einrichtungen, Institutionen und auch privaten Akteure gerechnet, die zur Versorgung von Haushalten, öffentlichen Einrichtungen, öffentlichen und privaten Dienstleistern sowie Produktionsbetrieben mit Energieträgern beitragen. Zu den Leistungen der E. zählen Aktivitäten entlang der gesamten Wertschöpfungskette – von der *Gewinnung* von Energie über die Umwandlung, den Transport und die Speicherung, den Handel und Vertrieb bis hin zur Messung und Abrechnung.

2.2 Träger der E. In Deutschland gibt es eine Vielzahl von sogenannten Energieversorgungsunternehmen, die elektrische Energie erzeugen, über das Stromnetz transportieren und verteilen sowie Abnehmer mit Strom, aber auch mit Erdgas und Fernwärme beliefern. Daneben zählen insbesondere auch die Unternehmen aus den Bereichen Erdöl- und Erdgasgewinnung, Steinkohlen- und Braunkohlenförderung, Verarbeitung von Rohöl in Raffinerien, Veredlung von Kohlen in marktgängige feste Produkte, Importeure von Energieträgern sowie Unternehmen auf der Groß- und Einzelhandelsebene zur E. Mit dem Ausbau erneuerbarer Energien hat sich der Kreis der Energieerzeuger um inzwischen mehr als 1,5 Millionen Betreiber von Solar-, Wind- und Biogasanlagen erweitert. Der Rahmen für die Tätigkeit der E. wird durch die Energiepolitik gestaltet.

3. Energiepolitik. *3.1 Akteure.* Die Gestaltung der E. erfolgt in Deutschland durch Gebietskörperschaften, wie Kommunen, Kreise, Landkreise, Bundesländer und die Bundesebene. Die auf Bundesebene primär für E. zuständige Institution ist das Bundesministerium für Wirtschaft und Energie. Daneben spielen europäische und internationale Institutionen eine zunehmend wichtige Rolle.

3.2 Verknüpfung mit anderen Politikfeldern. E. ist eng verknüpft mit Umwelt- und Klimapolitik sowie Wettbewerbs-, Verkehrs-, Bau-, Sozial-, Technologie- und Entwicklungspolitik. Die energiepolitischen Rahmenbedingungen in Deutschland sind zunehmend auch bestimmt durch europäische Regelungen, die etwa in den Bereichen Binnenmarkt, Wettbewerb, Umwelt und Klima sowie Sicherheit der Versorgung greifen. Auf globaler Ebene spielen Klimafragen eine wachsende Rolle. So haben international übernommene Verpflichtungen zur Begrenzung der Emissionen an Treibhausgasen unmittelbare Auswirkungen auf die Energieversorgung der Bundesrepublik Deutschland.

3.3 Energieprogramme der Bundesregierung. Ausrichtung und Ziele der E. der Bundesregierung sind insbesondere in den seit 1973 aufgelegten Energieprogrammen im Einzelnen dargelegt. Im Rahmen der Fortschreibungen 1974, 1977 und 1981, dem Energiebericht 1986, den 1991 veröffentlichten Leitlinien zur gesamtdeutschen E., dem Energiebericht von 2001 sowie dem *Energiekonzept für eine umweltschonende, zuverlässige und bezahlbare Energieversorgung* vom 28. September 2010 hatte die Bundesregierung umfassende programmatische Aussagen getroffen. Das letztgenannte Energiekonzept beinhaltet – ausgerichtet auf vier Jahrzehnte – einen weitreichenden Umbau der Energieversorgung. Zu den zentralen darin verankerten Vorgaben gehören:
– Senkung der Emissionen an Treibhausgasen in Deutschland bis 2050 um mindestens 80 Prozent gegenüber 1990;
– Ausbau der erneuerbaren →Energien zur zentralen Säule der Energieversorgung;
– drastische Verminderung des Energieverbrauchs unter beschleunigter Umsetzung von Energieeffizienz.

Gleichzeitig hatte die Bundesregierung eine Verlängerung der Laufzeit der Kernkraftwerke beschlossen, die zu diesem Zeitpunkt als Brückentechnologie zum Übergang auf erneuerbare Energien angesehen worden war.

3.4 Neuausrichtung der E. Die Reaktorkatastrophe von Fukushima im März 2011 hatte die Bundesregierung zu einer Neuausrichtung der E. veranlasst. Entscheidende Merkmale der →Energiewende sind die Rücknahme der im September 2010 beschlossenen Laufzeitverlängerung der Kernkraftwerke und die Beschleunigung des mit dem Energiekonzept vom 28. September 2010 angestrebten Umbaus der Energieversorgung. So war entschieden worden, acht Kernkraftwerke unverzüglich stillzulegen und den Betrieb der verbleibenden neun Blöcke schrittweise bis Ende 2022 zu beenden. Dazu hatten der Deutsche Bundestag und der Bundesrat im Sommer 2011 ein umfangreiches Gesetzespaket beschlossen.

3.5 Instrumente. Zur Umsetzung der Ziele der E. – das sind Sicherheit, Wettbewerbsfähigkeit sowie Umwelt- und Klimaverträglichkeit – bedient sich die E. verschiedener Instrumente. Dazu gehören ordnungsrechtliche Vorschriften, beispielsweise zur Gewährleistung eines umweltgerechten Baus und Betriebs von Kraftwerken, Mindestanforderungen an die Energieeffizienz von Gebäuden und Heizungsanlagen sowie Abgasnormen bei Kraftfahrzeugen. Neben ordnungsrechtlichen Vorgaben schafft der Staat über Förderinstrumente, zum Beispiel zum Ausbau erneuerbarer Energien, über steuerliche Begünstigungen oder auch Belastungen, wie etwa die Energie- und Stromsteuer, Anreizsysteme zur Verstärkung beziehungsweise zur Einschränkung der Nutzung bestimmter Energiearten. Zur Lösung ökologischer Probleme im Energiebereich setzt die Politik zunehmend auch auf sogenannte marktwirtschaftliche Instrumente. Ein Beispiel ist das Treibhausgas-Emissionshandelssystem, das zum 1. Januar 2005 EU-weit zur Begrenzung der CO_2-Emissionen für die Sektoren Energieerzeugung und Industrie eingeführt und seitdem weiterentwickelt worden ist.

BMWi/BMU (Hg.), Energiekonzept für eine umweltschonende, zuverlässige und bezahlbare Energieversorgung, Berlin, September 2010 – CDU, CSU und SPD (Hg.), Koalitionsvertrag für die 18. Legislaturperiode, Deutschlands Zukunft gestalten, Berlin, November 2013 – H.-W. SCHIFFER, Energiemarkt Deutschland, Jahrbuch 2015, Köln, Dezember 2014 – VEREIN DEUTSCHER INGENIEURE (Hg.), VDI-Richtlinie 4661, Energiekenngrößen – Grundlagen – Methodik, Düsseldorf, August 2014 – ARBEITSGEMEINSCHAFT ENERGIEBILANZEN E.V. (Hg.), Daten und Fakten, Berlin/Köln 2015.

Hans-Wilhelm Schiffer

Energien, erneuerbare

1. Begriff. Als erneuerbare Energieträger werden alle Energieträger bezeichnet, die sich im Gegensatz zu Rohstoff-gebundenen Energieträgern (insbesondere fossile Energieträger, Uran) durch ihre Nutzung faktisch nicht erschöpfen, sondern in kurzen Fristen erneuern. Dazu zählen insbesondere die direkt und indirekt auf Sonnenenergie basierenden Energieträger Solarenergie, Windenergie, Wasserkraft und Biomasse sowie im weiteren Erdwärme und Gezeiten-/Meeresenergie.

2. Bedeutung. Der sich seit dem 19. Jahrhundert global beschleunigende Prozess der Industrialisierung basiert im Wesentlichen auf fossilen Energieträgern und hat zu einem massiven Anstieg des Energieverbrauches geführt. Die potenzielle Endlichkeit dieses fossilen Entwicklungsmodells wurde prominent erstmals Anfang der 1970er Jahre im Bericht „Grenzen des Wachstums" an den →Club of Rome thematisiert. Während der Club-of-Rome-Bericht im Kern das absehbare Ende der Verfügbarkeit fossiler Ressourcen ins Zentrum seiner Betrachtung stellte, veränderte sich spätestens in den 1980er Jahren die Problemsicht und rückte den durch den Verbrauch fossiler Ressourcen ausgelösten Klimawandel in den Vordergrund.

Heute besteht in der Klima- und Umweltforschung Einigkeit darüber, dass ein Großteil der fossilen Ressourcen in der Erdkruste verbleiben muss, um die Folgen eines durch Menschen verursachten Klimawandels in Zukunft beherrschbar zu halten (→Klimawandel, 2-Grad-Ziel). Sowohl wissenschaftlich (Wissenschaftlicher Beirat der Bundesregierung Globale Umweltveränderungen, WBGU) als auch politisch (G7-Gipfel im Jahr 2015) wird deswegen eine vollständige „Dekarbonisierung" der Weltwirtschaft noch im 21. Jh. gefordert.

Vor diesem Hintergrund haben erneuerbare Energieträger in der energiepolitischen Debatte erheblich an Bedeutung gewonnen. Eine zu 100 % auf erneuerbaren Energieträgern basierende Energieversorgung gilt als die Antwort auf die Forderung nach einer Dekarbonisierung unserer Wirtschaftsweise. In vielen globalen wie auch nationalen Szenarien wurde in den letzten Jahren gezeigt, dass eine allein auf erneuerbaren Energieträgern basierende Energieversorgung auch bei steigendem Energiebedarf durchaus möglich ist.

3. Herausforderungen. Die Nutzung e.r E. stellt insbesondere (1) technische, (2) ökonomische und (3) ökologische Herausforderungen bei der Umsetzung.

Technologisch waren die Entwicklungen seit den 1980er Jahren durch erhebliche technologische Fortschritte bei der regenerativen Stromgewinnung durch Wind- und Solarenergie geprägt. Hier konnten die Wirkungsgrade bzw. die →Produktivität der entsprechenden Anlagen um ein Vielfaches erhöht werden. Diese Produktivitätsfortschritte bieten jedoch keine Lösung für die zeit-, wetter- und standortabhängige Energieerzeugung mit Wind- und Solarenergie. Die Energieerzeugung mit e.n E. muss daher immer in einem komplexen Energiesystem gesehen werden, das Aspekte des Mixes unterschiedlicher erneuerbarer Energieträger (insbesondere Einbezug von Wasserkraft und Energie aus Biomasse), der ausreichenden Netzauslegung, der stärkeren Dezentralisierung, der Energiespeicherung und einer aktiven Verbrauchssteuerung umfasst. Die technologische Forschung und Entwicklung von erneuerbaren Energieträgern konzentriert sich auf alle diese Aspekte.

Eine besondere Herausforderung stellt der Einsatz e.r E. im Verkehrsbereich dar. Durch die geringere Energiedichte von Elektrobatterien im Vergleich zu fossilen Kraftstoffen, stellt insbesondere die Umstellung von Autos und noch stärker von Flugzeugen auf erneuerbar gewonnene Elektroenergie eine besondere Herausforderung dar. Hier bieten Bio-Kraftstoffe oder aus der Umwandlung von Strom gewonnene Kraftstoffe eine Alternative, die jedoch aufgrund ihrer Gewinnung mit hohen Wirkungsgradverlusten einhergehen.

Ökonomisch war die Erzeugung von Energie aus erneuerbaren Quellen lange Zeit sehr viel teurer als die Energieerzeugung aus fossilen Energiequellen. Durch die erreichten technologischen Fortschritte, eine umfassende staatliche Förderung in vielen Ländern und einen damit möglich gewordenen immer breiteren Einsatz insbesondere von Wind- und Sonnenenergie hat sich der Kostenabstand erheblich reduziert und lassen sich Anfang des 21. Jahrhunderts an Wind- und sonnenreichen Standorten Wind- und Solarstrom günstiger als Strom aus fossilen Energieträgern erzeugen. Dieses Kostenverhältnis fiele noch eindeutiger aus, wenn durch ein funktionierendes Emissionshandelssystem die durch fossile Energieträger verursachten CO_2-Emissionen mit einem angemessenen Preis versehen wären. Perspektivisch besteht daher die Chance, ein auf e.n E. basierendes Energiesystem bezogen auf die Kosten des gesamten Lebenszyklus kostengünstiger als ein fossiles Energiesystem zu gestalten.

Dabei ist die Umstellung jedoch mit erheblichen industrie-strukturellen Umbrüchen insbesondere in stark auf fossilen Energieträgern und Industrien beruhenden Ländern verbunden. Dies erklärt den teilweise massiven Widerstand gegen eine noch schnellere Umstellung des Energiesystems auf erneuerbare Energieträger.

Mit der stärkeren Verbreitung erneuerbarer Energien zeigen sich zunehmend auch deren ökologische Herausforderungen. Diese liegen sowohl auf der Ebene des Naturschutzes (insbesondere bei Windkraft und Wasserkraft) sowie beim Ressourcenverbrauch (insbesondere Landnutzungskonflikte bei der Gewinnung von Bioenergie, sowie Nutzung knapper Rohstoffe bei der Solarenergie, insbesondere aber der Batterietechnologie). Durch weitere technologische Fortschritte sowie einen angepassten Mix regenerativer Energien scheinen diese Herausforderungen beherrschbar. Sie sensibilisieren aber dafür, dass ein Umstieg auf erneuerbare Energie unbedingt auch mit Maßnahmen zur absoluten Reduktion des Energieverbrauchs gekoppelt sein sollte. Nur so lassen sich die mit der Energieerzeugung verbundenen ökologischen Nebenfolgen sicher beherrschen.

Uwe Schneidewind

Energiewende

1. Begriff. Mit der E. wird die Umstellung des Energiesystems auf eine ökologisch verträgliche Energieversorgung bezeichnet. Der Begriff der E. geht bis auf die 1980er Jahre und eine damals vom Öko-Institut in Freiburg entworfene Konzeptionen zurück (P. HENNICKE 1985). Er hat mit den Entscheidungen der Bundesregierung zum Ausstieg aus der Atomenergie nach der Reaktorkatastrophe in Fukushima im Jahr 2011 nochmals an Bedeutung gewonnen. Der Begriff der „E." ist seitdem in seiner deutschen Form zu einem international verwendeten Begriff geworden.

2. Elemente. Insbesondere durch die enge Verbindung mit dem deutschen Atomausstieg wird mit dem Begriff der „E." oft nur eine Umstellung der Stromerzeugung auf regenerative Energiequellen assoziiert. Dabei ist der Begriff der E. sehr viel weiter. Er umfasst den nachhaltigen Verbrauch und die Bereitstellung aller Energiequellen – sowohl von elektrischer als auch von Wärmeenergie als auch von Energie im Mobilitätssektor. Während gerade in den letzten Jahren weltweit große Fortschritte in der regenerativen Stromerzeugung durch Erneuerbare →Energien gemacht wurden, stehen diese Erfolge im Bereich der Wärmebereitstellung sowie insbesondere im Verkehrssektor weitgehend aus.

Drei zentrale Elemente einer E. müssen unterschieden werden (1) die Energieeinsparung, (2) die Erhöhung der Energieeffizienz, (3) die Umstellung der Energieerzeugung auf Erneuerbare Energien. Nationale und internationale Szenariorechnungen zeigen, dass eine umfassende E. nur bei der Kopplung aller drei Ansätze zu erreichen ist. (1) Die Energieeinsparung zielt auf die Reduktion des absoluten Energieverbrauchs, auch durch Maßnahmen der →Suffizienz, d. h. der Reduktion von absoluten Energiebedarfen. Diese können z. B. durch die Reduktion von Mobilitätsbedarfen, der Reduktion von Heiztemperaturen oder dem Verzicht auf Klimaanlagen, der Vermeidung von Stand-By-Stromverbräuchen oder der Reduktion von (beheizten) Wohnflächen erreicht werden. (2) Maßnahmen der Energieeffizienz stellen die gleiche Energiedienstleistung mit weniger Energieverbrauch bereit. Maßnahmen der energetischen Gebäudesanierung sowie effiziente Maschinen und Motoren gehören genauso dazu wie Energiesparlampen im privaten Bereich. (3) Erst vor dem Hintergrund des reduzierten Energiebedarfes durch Maßnahmen der Suffizienz- und Effizienzsteigerung wird die vollständige Umstellung des Energieverbrauches auf „Erneuerbare Energien" in überschaubaren Fristen realistisch.

3. Herausforderungen. Die Umsetzung der E. sieht sich auf unterschiedlichen Ebenen mit erheblichen Herausforderungen konfrontiert. Eine besondere Bedeutung haben technische, ökonomische, soziale, ökologische und politische Herausforderungen der Umsetzung.

3.1 Technische Herausforderungen. Insbesondere die Umstellung der Stromversorgung auf Erneuerbare Energien wirft vielfältige technische Herausforderungen auf. Die wetterabhängige Verfügbarkeit insbesondere von Wind- und Solaranergie stellt neue Anforderungen an die Netzauslegung, Möglichkeiten der Energiespeicherung und das Lastmanagement beim Betrieb einer Stromversorgung mit im Wesentlichen Erneuerbaren Energien.

Im Mobilitätsbereich sind aufgrund der ökologischen Nebenfolgen von Bio-Kraftstoffen die auf Erneuerbarer Stromgewinnung basierende Elektromobilität sowie mit erneuerbaren Energien gewonnener Wasserstoff wichtige Optionen für eine ökologisch verträgliche Umstellung des landgebundenen Personen- und Güterverkehrs. Aufgrund der geringeren Energiedichte von Batteriestrom gegenüber fossilen Kraftstoffen stellt dies besondere Anforderungen an Reichweite und Gewicht von Elektro-Automobilen. Sowohl Elektromobilität als auch Wasserstoffantriebe erfordern den Aufbau umfassender neuer Versorgungsinfrastrukturen.

3.2 Ökonomische Herausforderungen. Die E. ist mit vielfältigen ökonomischen Umstellungsherausforderungen verbunden. Durch die fehlende Berücksichtigung externer ökologischer Kosten ist die Energiebereitstellung aus fossilen Energieträgern oft noch kostengünstiger als Energie aus regenerativen Energiequellen. Durch den massiven Ausbau der erneuerbaren Energieerzeugung verbunden mit umfassenden technologischen Entwicklungen nähern sich die Erstellungskosten von fossiler und regenerativer Energieerzeugung jedoch immer stärker an.

Durch die langfristigen Investitionen in bestehende zentrale Energieerzeugungsstrukturen, insbesondere Großkraftwerksstrukturen, kommt es durch eine schnelle Umstellung auf regenerative Energien zu einer ökonomischen Entwertung der Infrastrukturen und getätigten Investitionen. Dies ruft ökonomische Anpassungsherausforderungen für einzelne Unternehmen sowie stark durch klassische Energieerzeugung geprägte Regionen hervor. Die damit verbundenen Arbeitsplatzverluste werden jedoch langfristig durch die in der Regel arbeitsintensivere Wertschöpfung eines energieeffizienten (z. B. durch Investitionen in Gebäudesanierung, in neue Energiedienstleistungen) und mit regenerativen Energien erfolgenden Energieversorgung kompensiert.

3.3 Soziale Herausforderungen. Die E. ist auch mit sozialen Herausforderungen verbunden. Insbesondere die konkrete politische Ausgestaltung des Umbaus des Energiesystems erzeugt ökonomische Gewinner und Verlierer einer E. So wurden in Deutschland erhebliche private Investitionen in Erneuerbare Energien durch die sogenannte EEG („Erneuerbare Energien-Gesetz") mobilisiert, da das EEG feste Einspeisevergütungen für Erneuerbare Energien vorsah und über lange Zeit hohe Renditen bei der Investition in Erneuerbare Energien ermöglichte. Durch die Umlage der Mehrkosten auf alle Stromverbraucher entstand in diesem Zuge eine Diskussion über „Energiearmut" insbesondere einkommensschwacher Haushalte. Mit Anpassungen im EEG wurde darauf politisch reagiert.

3.4 Ökologische Herausforderungen. Die E. ist auch mit ökologischen Herausforderungen konfrontiert. So werden Fragen des Natur- und Artenschutzes im Zuge des Ausbaus von Wind- und Wasserenergie, Fragen des Ressourcenverbrauches bei der Erstellung von Solaranlagen sowie Energiespeichern sowie insbesondere die ökologischen Folgen von Bio-Sprit in den letzten Jahren verstärkt diskutiert. Die Gestaltung der E. muss daher immer auch ökologische Randbedingungen berücksichtigen, die über die unmittelbaren Klimaeffekte der Energieerzeugung hinausreichen.

3.5 Politische Herausforderungen. Die skizzierten technischen, ökonomischen, sozialen und ökologischen Herausforderungen stellen besondere Anforderungen an die politische Gestaltung einer E. Eine E. braucht eine umfassende politische Gestaltung und Flankierung. Diese muss darauf zielen, die vielfältigen Perspektiven früh einzubeziehen und dabei langfristige und für alle Akteure berechenbare Steuerungsimpulse zu setzen. Insbesondere konstante ökologische Preissignale spielen hier eine wichtige Rolle.

P. HENNICKE, Die E. ist möglich, 1985.

Uwe Schneidewind

Entfremdung

Im neuzeitlichen philosophischen Diskurs spielt der E.sbegriff eine entscheidende Rolle. Vor allem durch die HEGELsche Philosophie ist er in die sich bildende Sozialphilosophie und Sozialwissenschaft der Folgezeit eingegangen. Besonders wirkmächtig für die Entwicklung kritischer Theorien über die bürgerlich-kapitalistische Gesellschaft (→Kapitalismus) wurde er durch seine Zentralstellung im Werk des „Linkshegelianers" KARL MARX (1818–1883). In Anlehnung an ihn wurde der E.sbegriff nicht nur in fast allen wissenschaftlichen Teildisziplinen, sondern auch im politisch-moralischen Diskurs verwendet. Zentrale Aussagen sind: Unter den Bedingungen der Arbeitsteilung als Zerlegung des industriellen Produktionsprozesses (→Industrie; →Produktion) in einzelne mechanisch vollzogene Verrichtungen hat der Arbeiter keine Beziehung mehr zum Arbeitsprozess als einem ganzheitlichen Prozess, den er überblickt, durchschaut und selbsttätig gestaltet. Er wird als Mensch zu einem integrierten Bestandteil der Maschine, von außen durch die Arbeitsorganisation gesteuert und durch Betriebshierarchien kontrolliert. Ein entscheidendes Grundbedürfnis des Menschen wird dadurch gebrochen: zu seiner Arbeit ein kreatives Verhältnis zu haben, in seiner →Arbeit personalen und humanen Sinn zu finden. In seinen fragmentierten Arbeitsvollzügen wird der produzierende Mensch nur als isoliertes Individuum angesprochen. Ein weiteres Grundbedürfnis des Menschen wird dadurch verhindert: im Arbeitsprozess sachliche und soziale Kontakte zu haben. E. wird aus einem philosophischen Begriff zur Umschreibung alltäglich erlebter Verweigerung von humanen Strukturen und sozialen Beziehungen. Sie kulminiert in der Tatsache, dass die Produzenten der Produkte ihre Arbeitskraft an den Eigentümer der Produktionsmittel verkaufen. Ihre Löhne werden über den Preis auf dem →Markt bezahlt, an den →Gewinnen aber partizipieren sie nicht. „Arbeit" und „→Kapital" stehen sich antagonistisch gegenüber. Der schwächere Teil in dem sich notwendigerweise entwickelnden Kampfverhältnis ist in der Regel der abhängige Lohnarbeiter.

Zwei epochale Antworten und Strategien haben sich an dieser Grundsituation moderner Arbeitserfahrung verbunden mit Arbeitsleid (Ausbeutung physischer und intellektueller Ressourcen, Frühinvalidität, →Arbeitslosigkeit u. a.) entwickelt: die revolutionäre und die revisionistische. Marxistische Theoretiker (→Marxismus) erwarteten von einer politisch-revolutionären Aufhebung der kapitalistischen Wirtschaftsgesellschaft und ihrer Produktionsverhältnisse die Aufhebung der E. als Befreiung des Menschen zum selbstbewussten Schöpfer seiner eigenen, humanen Arbeits- und Lebenswelt. Das revisionistische Projekt meint erkannt zu haben, dass eine völlige Aufhebung entfremdeter Strukturen, Zustände und Situationen nicht möglich ist und daher eine pragmatische, an der fortschreitenden Humanisierung der Arbeitswelt orientierte Praxis zu entwickeln ist. Man zielt auf eine Mitwirkung und →Mitbestimmung des Arbeiters am Arbeitsplatz, im →Betrieb und →Unternehmen ab. Erweiterung und Vertiefung der Arbeitsaufgaben, Verschränkung von dispositiven, exekutiven und kontrollierenden Funktionen, Bildung von Arbeitsgruppen, Abbau überflüssiger Hierarchien u.v.m. können Schritte auf dem Wege zu mehr praktischer, erlebbarer Humanität sein. Die Humanisierung von Produktionsstrukturen und die Demokratisierung (→Demokratie) von Sozialstrukturen bleiben dauernde Aufgaben.

Neben dem Bezug auf die industrielle Arbeitswelt wird der E.sbegriff zunehmend auch auf andere Aspekte der modernen Lebenswelt bezogen, etwa auf die fortschreitende Beschleunigung oder auf die Naturvergessenheit, wobei jeweils die Dynamik der kapitalistischen Wirtschaftsweise als Urheberin aufgezeigt wird.

Ev. →Sozialethik wird von ihren anthropologischen (→Anthropologie) und sozialethischen Voraussetzungen her diesen Prozess der Begrenzung und Minimalisierung von E.sphänomenen in der Arbeits- und in der Lebenswelt unterstützen und kritisch begleiten. Sie wird vor unrealistischen Erwartungen warnen, aber die realen Möglichkeiten, die größer sein dürften als die heutige durchschnittliche Praxis, einfordern.

K. Marx, Die Frühschriften, S. Landshut (Hg.), 1955 – H. Popitz, Der entfremdete Mensch, 1967 – G. Braklmann, Zur Arbeit geboren?, 1988 – F. Müller, Entfremdung, 2012 – H. Rosa, Beschleunigung und Entfremdung, 2013.

Günter Brakelmann

Entwicklung, nachhaltige

1. Begriff. Zur Beschreibung des Gegenstandes N.E. wird häufig auf die im Bericht der „Brundtland-Kommission" 1987 entwickelte Definition N.E. zurückgegriffen. Hiernach kann eine Entwicklung dann als nachhaltig gelten, wenn von ihr erwartetet werden kann, dass die →Bedürfnisse der gegenwärtigen Generation befriedigt werden, ohne dabei künftige Generationen in ihren Möglichkeiten zur Bedürfnisbefriedigung einzuschränken. Diese Definition ist griffig, aber vor dem Hintergrund der inhaltlichen Weiterentwicklung dessen, was heute unter N.E. verstanden wird, unterkomplex. Zum einen betont sie allein den intergenerationalen Aspekt N.E. und vernachlässigt so die intragenerational sehr unterschiedlichen Möglichkeiten zur Bedürfnisbefriedigung innerhalb einzelner →Staaten und zwischen verschiedenen Weltregionen. Aus ihr geht zudem nicht hervor, dass N.E. beim Versuch, ökonomische und soziale Entwicklungsziele mit ökologischen Nachhaltigkeitszielen in Einklang zu bringen, häufig mit Trade-Off-Problemen konfrontiert ist, die sich schwerlich allein auf das Ziel „Bedürfnisbefriedigung" herunterbrechen lassen. Sie adressiert drittens implizit die gesamte Weltgemeinschaft, während das Paradigma N.E. vielfach v. a. auf Entwicklungs- und Schwellenländer bezogen wird – z. B. im Rahmen der Millennium Development Goals (s. u.) – und das frühere Paradigma „nachholender Entwicklung" ablösen soll, das allein ein ökonomisches Aufschließen der Entwicklungsländer zu den Industriestaaten zum Ziel hat („Modernisierungstheorie"). Die Kernfrage N.E. lautet heute, wie das wirtschaftliche Aufholen der Entwicklungs- und Schwellenländer so unterstützt und gestaltet werden kann, dass soziale und ökonomische Fortschritte nicht zu einem Abweichen von lokalen und globalen Zielen ökologischer →Nachhaltigkeit führen. Diese Frage ist zwar tatsächlich nur in weltweitem Maßstab zu beantworten, aber, wie in der Klimarahmenkonvention der UN-Umweltkonferenz 1992 in Rio formuliert wurde, unter Berücksichtigung „gemeinsamer, aber unterschiedlicher Verantwortlichkeiten und spezieller nationaler und regionaler Entwicklungsprioritäten, Ziele und Gegebenheiten."

2. Entwicklungsgeschichte und Herausforderungen N.E. Das Paradigma aufholender Entwicklung war bis in die 1970er Jahre hinein keinem größeren Widerspruch ausgesetzt. Die Beobachtung des wirtschaftlichen Aufstiegs und des rasant zunehmenden materiellen Wohlstands der Industriestaaten nach dem Zweiten Weltkrieg führte zur Vorstellung, Entwicklungsländer könnten diesen Weg mit einem Mix aus Entwicklungshilfe, privaten Kapitalzuflüssen, institutionellen Veränderungen, politischen Reformen und wirtschaftlichen Strukturanpassungen weitestgehend kopieren. Doch nicht nur blieben die Fortschritte dieser Entwicklungsstrategie gering, es rückten auch zunehmend Bedenken in den Vordergrund, ob eine weltweite Kopie des westlichen Modells mit dem begrenzten Vorrat nicht erneuerbarer Ressourcen und der Schadstoff-Aufnahmefähigkeit der Umwelt in Einklang gebracht werden kann (Bericht des →„Club of Rome" 1972). Diese Bedenken trafen in den Entwicklungsländern zunächst auf Widerstand, da sie berechtigterweise nicht einsahen, warum der bis dahin weitestgehend von den wohlhabenden →Staaten in Anspruch genommene Umweltverbrauch sowie die damit einhergehende Umweltbelastung Gründe sein sollten, ihre eigene Entwicklung zu begrenzen. Als sich die Gewissheit des anthropogen verursachten →Klimawandels durch die Emission von Treibhausgasen als größte und möglicherweise ultimative Gefährdung künftigen Wohlstands durchsetzte und deutlich wurde, dass negative Folgen einer ungebremsten Klimaerwärmung vor allem in Entwicklungsländern spürbar würden, wuchs jedoch auf allen Seiten die Einsicht, dass ein großer Teil →ökologischer Nachhaltigkeitsziele global gelöst werden muss und in enger Beziehung zu den ökonomischen und sozialen Entwicklungszielen der Schwellen- und Entwicklungsländer steht. In der Rio-Erklärung über Umwelt und Entwicklung der zweiten UN-Umweltkonferenz 1992 wurde daher als Grundsatz 4 formuliert: „Damit eine nachhaltige Entwicklung zustande kommt, muss der Umweltschutz Bestandteil des Entwicklungsprozesses sein und darf nicht von diesem getrennt betrachtet werden." Der →Konflikt zwischen →Industrie- und Entwicklungsländern blieb jedoch bestehen, verlagerte sich nun jedoch auf die Frage, wer vorrangig die Kosten N.E. tragen sollte. Auf der Rio-Konferenz wurde mit der →Agenda 21 ein Leitprogramm zur N.E. beschlossen, zudem eine Klimarahmenkonvention und eine →Biodiversitätskonvention. Eine Kommission für nachhaltige Entwicklung wurde eingerichtet, um über die Umsetzung des Leitprogramms zu wachen. Die Ergebnisse blieben jedoch mager, vor allem, weil die weltwirtschaftliche Entwicklung der 1990er und 2000er Jahre eine Richtung einschlug, die wenig Rücksicht auf N.E. nahm. →Globalisierung, zunehmende Liberalisierung der Finanzmärkte und Ausrichtung der jeweiligen nationalstaatlichen →Wirtschaftspolitik auf den internationalen Standortwettbewerb ließen Nachhaltigkeitsziele in den Hintergrund treten. Der wirtschaftliche Aufstieg einiger asiatischer →Staaten, insbesondere Chinas und Indiens, und die positive wirtschaftliche Entwicklung weiterer Schwellenländer (bspw. Brasiliens und Südafrikas) folgten nicht dem Modell N.E., sondern dem hergebrachten Modell aufholender Entwicklung. Das führte nicht nur zu deutlich zunehmender Ressourcennutzung und Umweltbelastung, sondern auch zu Veränderungen der internationalen Kräfteverhältnisse und Verantwortlichkeiten für ökologische Belastungen. Internationale →Kooperation bei der Durchsetzung N.E. wurde auf diese Weise schwieriger als ohnehin schon, wie die Verhandlungen über das Kyoto-Abkommen zum Klimaschutz 1997 sowie die bis heute andauernde Auseinandersetzung über ein Kyoto-Folgeabkommen beispielhaft zeigen. Auf der anderen Seite wies ein erheblicher Teil von Staaten weiterhin weder aufholende noch N.E. auf. Die Millennium Development Goals der →Vereinten Nationen, des →Internationalen Währungsfonds, der Weltbank und der OECD des Jahres 2000 griffen dieses Problem auf und betonten erneut, dass ökonomische, soziale und ökologische Nachhaltigkeitsziele voneinander abhängen und nur gemeinsam erreicht werden können. Allerdings enthielt nur eines der acht Millenniumziele – das siebte – Aspekte ökologischer →Nachhaltigkeit. Einige der ökonomischen und sozialen →Millenniumsziele konnten bis 2015 erreicht werden, ökologische Ziele wurden hingegen weit verfehlt. Die Emission von Treibhausgasen beschleunigte sich deutlich. Die Verluste an →Biodiversität, Wäldern und Fischbeständen nahmen ebenso ungebrochen zu wie die Zahl der Weltregionen mit Wasserknappheit. Die Strategie N.E. muss daher bislang als gescheitert angesehen werden. Unter anderem als Reaktion auf dieses Versagen entwickelte eine UN-Arbeitsgruppe 2014 einen Katalog von 17 „Sustainable Development Goals", die 2015 an die Millennium Development Goals anschließen sollen und mehr Gewicht auf ökologische Nachhaltigkeit legen. Sie stehen zudem in enger Verbindung zur Weltklimakonferenz, die im Dezember 2015 in Paris stattfindet. Sollte dort kein ehrgeiziges und durchsetzbares Klimaabkommen erzielt werden, gelten einige der Sustainable Development Goals von vornherein als nicht erreichbar.

3. N.E. als kirchliches Anliegen. Das Ziel N.E. wurde in einer Reihe von Stellungnahmen der →Evangelischen Kirche in Deutschland wie auch im →konziliaren Prozess der ökumenischen Gemeinschaft christlicher Kirchen aufgegriffen. Hervorzuheben ist zudem die 2015 erschienene Umweltenzyklika „Laudato Si'" von Papst FRANZISKUS. Der Rat der →EKD äußerte sich 2009, die Kammer der EKD für N.E. 2014 umfassend zur N.E. Sie fordern – unter anderem – eine treibhausgasneutrale →Entwicklungspolitik sowie ein Überspringen der Stufe fossiler Energieversorgung in den Ländern des Südens. →Verantwortung für N.E. müssten die wohlhabenden Länder übernehmen. Sie werden zu einer radikalen und umfassenden Umkehr („Metanoia"), zur Befreiung von falschen Orientierungen und zur globalen →Solidarität mit jenen aufgerufen, die im politischen Prozess die schwächste Stimme haben, vom Scheitern N.E. aber am stärksten betroffen sind: Die Ärmsten und Schwächsten in den Entwicklungsländern, deren existentiellen Lebensbedingungen zunehmend bedroht sind, und die Mitglieder künftiger Generationen.

KIRCHENAMT DER EKD (Hg.), Umkehr zum Leben. Nachhaltige Entwicklung im Zeichen des Klimawandels, 2009 – M. BEISHEIM/S. DRÖGE (Hg.), UNSCD Rio 2012. Zwanzig Jahre Nachhaltigkeitspolitik – und jetzt ran an die Umsetzung?, 2012 – GLOBAL POLICY FORUM EUROPE (Hg.), Globale Nachhaltigkeitsziele für die Post-2015-Entwicklungsagenda, 2013 – KIRCHENAMT DER EKD (Hg.), Auf dem Weg der Gerechtigkeit ist Leben. Nachhaltige Entwicklung braucht Global Governance, 2014 – DEUTSCHE BISCHOFSKONFERENZ (Hg.), Enzyklika Laudato Si' von Papst Franziskus. Über die Sorge für das gemeinsame Haus, 2015 – UNITED NATIONS (Hg.), Open Working Group Proposal for Sustainable Development Goals, 2015 – UNITED NATIONS (Hg.), The Millennium Development Goals Report 2015, 2015.

Andreas Mayert

Entwicklungspolitik

1. Begriff. Die Wachstumsmetapher „Entwicklung" (E). in teleologischer Absicht auf soziale Gebilde anzuwenden, ist eine junge Idee des 18. Jahrhunderts. Erst nach dem 2. Weltkrieg verbreitete sich der Gedanke, entwickelte Länder könnten unterentwickelten bei einem Aufholprozess helfen. Der Begriff wandelt sich aktuell, ihm wachsen neue Bedeutungen zu, ohne dass ältere verschwinden. EP im *herkömmlichen* Sinn bezeichnet die Maßnahmen, mit denen Industrieländer (IL) die soziale, ökonomische und ökologische E. in E.sländern (EL) fördern. Merkmale für EL sind Hunger und Unterernährung, hohe Kindersterblichkeit und schlechte →Gesundheitsversorgung, Analphabetismus und schlechte Bildungschancen insbesondere für Frauen, hohe →Arbeitslosigkeit, ungleiche →Einkommens- und →Vermögensverteilung, niedriges PKE und mangelnde Teilhabegerechtigkeit. EP im *engeren* Sinne bezeichnet die E.szusammenarbeit (EZ) und löst im deutschen Sprachgebrauch zunehmend die Bezeichnung E.shilfe ab. EP im *weiteren* Sinne ist globale Strukturpolitik. Inzwischen hat sich mit der Verabschiedung der „Sustainable Development Goals" (SDGs) durch die →Vereinten Nationen 2015 der Begriff entscheidend weiter verändert. In einer multipolaren Welt, in der EL und Schwellenländer (SL) keine homogene Einheit bilden, ist nachhaltige globale E. in differenzierter Weise Aufgabe aller Länder.

2. Ziele. Ziele der deutschen EP sind es, →Armut zu bekämpfen, →Frieden zu sichern, →Partizipation und →Demokratie zu verwirklichen, die →Globalisierung gerecht zu gestalten und so nachhaltige E. im ökologischen, ökonomischen, politisch-sozialen und kulturellen Sinn zu befördern. Als universelles Zielsystem einer nachhaltigen E. haben die VN für die Zeit bis 2030 die SDGs vereinbart. Universalität zielt dabei auf den verantwortlichen Beitrag von IL, SL und EL zu einer Globalen Partnerschaft – unabhängig von Einkommenskategorien. Die 17 Ziele, die in weitere 169 Unterziele aufgeteilt sind, lauten: 1. →Armut beenden, 2. Hunger beenden, →Ernährungssicherheit, eine bessere Ernährung erreichen und eine nachhaltige Landwirtschaft fördern, 3. →Gesundheit, 4. inklusive, gerechte und hochwertige Bildung gewährleisten und Möglichkeiten des lebenslangen Lernens für alle fördern, 5. →Geschlechtergerechtigkeit und Selbstbestimmung für alle Frauen und Mädchen erreichen, 6. Wasser und Sanitärversorgung gewährleisten, 7. Zugang zu bezahlbarer, verlässlicher, nachhaltiger und zeitgemäßer →Energie sichern, 8. dauerhaftes, inklusives und nachhaltiges Wirtschaftswachstum, produktive →Vollbeschäftigung und menschenwürdige →Arbeit für alle fördern, 9. eine belastbare →Infrastruktur aufbauen, inklusive und nachhaltige Industrialisierung fördern und →Innovationen unterstützen, 10. Ungleichheit innerhalb von und zwischen Staaten verringern, 11. Städte und Siedlungen inklusiv, sicher, widerstandsfähig und nachhaltig machen, 12. für nachhaltige →Konsum- und Produktionsmuster sorgen, 13. Maßnahmen zur Bekämpfung des →Klimawandels und seiner Auswirkungen ergreifen, 14. Ozeane, Meere und Meeresressourcen nachhaltig nutzen, 15. Landökosysteme schützen, wiederherstellen und ihre nachhaltige Nutzung fördern, Wälder nachhaltig bewirtschaften, Wüstenbildung bekämpfen, Bodenverschlechterung stoppen und umkehren und den Biodiversitätsverlust (→Biodiversität) stoppen, 16. friedliche und inklusive →Gesellschaften im Sinne einer nachhaltigen E. fördern, allen Menschen Zugang zur Justiz ermöglichen, 17. effektive, rechenschaftspflichtige und inklusive →Institutionen auf allen Ebenen aufbauen, Umsetzungsmittel stärken und die globale →Partnerschaft für nachhaltige E. wiederbeleben. Eine Clusterbildung des Zielsystems ist unter den „5Ps" people, planet, prosperity, peace und partnership versucht worden. Kritisiert wird, dass die Ziele vage seien, wo es um verbindliche nationale Rechenschaft, um Widersprüche von Wachstumszielen und Nachhaltigkeit sowie um strukturelle Ursachen von Ungleichheit gehe.

Dieses SDG-Zielsystem weist deutliche Änderungen gegenüber den Anfängen der EP auf. Als Startpunkt der E.shilfe gilt die Antrittsrede von US-Präsident Truman 1949. Darin werden Länder als (unter)entwickelt kategorisiert und die entwickelten Länder auf die Möglichkeiten hingewiesen, Armut und Elend zu bekämpfen. E. wurde verstanden als linearer postkolonialer Aufholprozess der Verwandlung von Armut in Wohlstand durch den Transfer von →Kapital und technischem Knowhow. Die Externalisierung der sozialen und ökologischen Kosten der →Industrialisierung war nicht problematisiert. So stand die erste der VN-E.sdekaden 1961–70 unter dem Leitbild der aufholenden industriellen E. Sichtlich bescheidener wurde für die 2. E.sdekade 1971–80 eine Grundbedürfnisstrategie entwickelt. Im Fokus stand nun, die Armut zu beseitigen. EP zielte auf die Befriedigung materieller Grundbedürfnisse wie Nahrung, Kleidung, Wohnung, →Gesundheit oder Trinkwasserversorgung sowie immaterieller wie →Bildung, Unabhängigkeit, Rechtssicherheit, Selbstbestimmung. Das Scheitern der IWF-Strukturanpassungsprogramme, zunehmende Armut, aufkommende Wachstumskritik und die →Schuldenkrise führten dazu, dass die Zeit 1981–90 als verlorenes Jahrzehnt in die Geschichte der EP eingegangen ist. Diese drei Dekaden standen unter dem Einfluss des ideologischen Systemwettbewerbs Ost – West. Demgegenüber waren die Jahre 1991–2000 geprägt von der Hoffnung auf eine Friedensdividende nach dem Fall des Eisernen Vorhangs und von dem Aufstreben der SL. Leitbild wurde die für nachhaltige E. notwendige globale Strukturpolitik. Sie zielt auf die Verbesserung wirtschaftlicher, sozialer, ökologischer und politischer Strukturen, da diese sich wechselseitig fördern und begrenzen. Zugleich fällt in diese Phase die Zunahme sozialer Ungleichheit innerhalb der →Staaten und global zwischen den Staaten. Die homogenisierende Rede von „Erster" und „Dritter" Welt erodierte, nachdem die „Zweite" sich aufgelöst hatte. Unter dem Eindruck gemeinsamer Überlebensinteressen kam es zu einer Serie von Weltkonferenzen. Deren Themen wie →Kinder (New York 1990), →Umwelt (Rio de Janeiro 1992), →Menschenrechte (Wien 1993), →Bevölkerungsentwicklung (Kairo 1994), soziale E. (Kopenhagen 1995), Frauen (Peking 1995) oder →Wohnen (Istanbul 1996) markieren eine Aufbruchsstimmung und die Ergänzung des Nationalstaatssystems durch neue Strukturen globaler Governance. Zu einem Höhepunkt der seit Gründung der VN abgehaltenen über vierzig Weltkonferenzen wurde der Millenniumsgipfel in New York 2000. 191 Nationen und 147 Staats- und Regierungschefs dokumentierten in der Millenniumserklärung ihren Willen, die Fragen von →Krieg, Armut und Umweltzerstörung energischer anzugehen. 2001 wurden acht →Millenniumentwicklungsziele vereinbart, die bis 2015 erreicht sein sollten und die mit klaren Indikatoren versehen waren: Beseitigung der extremen Armut und des Hungers; Grundschulbildung für alle →Kinder; Gleichstellung der Geschlechter; Senkung der Kindersterblichkeit; Verbesserung der →Gesundheit von Müttern; Bekämpfung von HIV/Aids, Malaria und anderen Krankheiten; Sicherung der ökologischen Nachhaltigkeit; Aufbau einer weltweiten E.spartnerschaft (ohne messbare Ziele). Die Ziele wurden nur teilweise erreicht. Als Fortschritt gilt, dass die Armut halbiert wurde, 90 % der Kinder eine Grundschulausbildung erhalten, der Anteil der Mädchen dabei zugenommen hat und im Kampf gegen Malaria und Tuberkulose Erfolge errungen wurden. Die SDGs stellen nun gegenüber den MDGs den Anspruch, umfassendere Ziele einer →Partnerschaft für nachhaltige E. zu sein.

3. Arten und Strukturen. Der E.sausschuss der OECD (Development Assistance Commitee, DAC) definiert EZ als öffentliche Leistungen der OECD-Länder in Form von Zuschüssen oder Darlehen. Sie dienen der Förderung der wirtschaftlichen und sozialen E. und werden an EL oder an internationale Organisationen vergeben. In der *bilateralen* EZ vergibt ein Staat die Beiträge unmittelbar an das Partnerland, mit dem völkerrechtliche Verträge über Projekte und Programme abgeschlossen werden. Die wesentlichen Instrumente der EZ sind die Finanzielle Zusammenarbeit (FZ) – meist günstige Kredite zum Aufbau von Infrastruktur und der Finanzierung von →Investitionen – und die Technische Zusammenarbeit (TZ), die zur Aufgabe hat, die Fähigkeiten von →Organisationen, Menschen und →Gesellschaften zu erhöhen. Das BMZ beauftragt als Durchführungsorganisationen für die FZ die KfW und für die TZ in der Regel die Deutsche Gesellschaft für Internationale Zusammenarbeit (GIZ). Die bilaterale EZ umfasst auch die nicht-staatliche Zusammenarbeit, in der gemeinnützige und private Träger staatlich gefördert werden, TZ-Maßnahmen durchzuführen. Ebenso sind Not- und Flüchtlingshilfe oder Ernährungssicherungsprogramme Formen der bilateralen EZ. Etwa 2/3 der deutschen EZ werden bilateral verausgabt, etwa 10 % des BMZ-Haushaltes gehen an zivilgesellschaftliche Träger, →Kirchen und →Stiftungen. Leitprinzip ist der Schutz der Menschenrechte. Auch fördert das BMZ mit dem Ziel der Anbindung der Partnerländer an globale Wissensnetzwerke und der Qualifikation von Führungskräften die Wissenschafts- und Hochschulkooperation. Thematische Schwerpunkte sind →Bildung, →Gesundheit, ländliche E., gute Regierungsführung, nachhaltige wirtschaftliche E. und Klimaschutz. Die *multilaterale* EZ fokussiert demgegenüber auf globale E.sherausforderungen, die nicht allein nationalstaatlich angegangen werden können. →Institutionen dabei sind der Europäische E.sfonds, die Weltbank, die regionalen E.sbanken, verschiedene UN-Fonds und Programme sowie der globale Fonds zur Bekämpfung von AIDS, Tuberkulose und Malaria (GFATM). Aufgabe der EZ im weiteren Sinne ist die Mitgestaltung globaler Ordnungs- und Prozesspolitik im Sinne einer nachhaltigen ökonomischen, sozialen, ökologischen und politischen E. Entsprechend geht es um „Weltinnenpolitik" (CARL-FRIEDRICH VON WEIZSÄCKER), also Regeln des →Welthandels, →Steuergesetze, Sozialstandards, Kernarbeitsnormen, Sozialklauseln und Gütesiegel, Klimarahmenkonvention, biologische Vielfalt und Wüstenbildung, die Reform des Weltsicherheitsrates oder den Internationalen Strafgerichtshof. Alle Maßnahmen unterliegen einer Erfolgskontrolle und Evaluation durch das eigens dafür gegründete unabhängige Deutsche Evaluierungsinstitut der EZ (DEval). Internationale Foren zur verbesserten Wirksamkeit der EZ fanden in Paris (2005), Accra (2008) und Busan (2011) statt.

4. Biblische Impulse. Der biblischen Tradition ist die Vorstellung einer kontinuierlichen E. von einer niedrigeren zu höheren Fortschrittsstufe fremd. Großes Interesse aber findet sich biblisch bezeugt an gerechten Lebensbedingungen. Die Erinnerung an den Exodus, also die Befreiung aus Knechtschaft und Sklaverei, ist ein Identitätsmerkmal des Gottesvolkes. Dieses Herkommen begründet die →Pflicht, soziale, wirtschaftliche und politische Verhältnisse immer neu daraufhin zu befragen, ob sie die geschenkte →Freiheit erhalten, gerechten Lebensbedingungen dienen und das Recht der Bedrängten, Witwen, Waisen und Armen achten. Die Wirtschaftsgesetze wie das Verbot, Lebensgrundlagen zu pfänden oder das Jubeljahr und der Dekalog zeugen davon, dass durch →Recht und heilende Unterbrechung die Freiheit gegen unheilvolle Tendenzen zu bewahren ist. In der Tradition der prophetischen Kritik ungerechter Besitz-, Produktions- und Landverteilungsverhältnisse wurzelt das christliche Sozialdenken.

5. Kirche und Ökumene. Die im Rahmen des Internationalen Missionsrates entstandenen Studien zeigen früh eine Analyse misslingender E. und überstürzten sozialen Wandels. Die ersten Vollversammlungen des Ökumenischen Rates der Kirchen (ÖRK) sprachen sich 1948 (Amsterdam) und 1954 (Evanston) dafür aus, dass Afrika und Asien die Chancen der Industrialisierung durch Kapitaltransfer und technischen Fortschritt nutzen sollten. Mitte der 60er Jahre kam es zur programmatischen Kritik der dominierenden Ansätze. Auf der Konferenz über →Kirche und →Gesellschaft in Genf 1966 waren erstmals in der Geschichte der Weltkirchenkonferenzen die Teilnehmer aus dem Norden und Westen in der Minderheit. Unter diesen Vorzeichen wurde der Abschied vom sozialethischen Leitbild der „→*Verantwortlichen Gesellschaft*" eingeleitet. Das auf der Vollversammlung 1968 in Uppsala aufkommende und auf der Konferenz über Wissenschaft und Technologie für eine menschliche E. 1974 in Bukarest erstmals formulierte Konzept einer „*Just, Participatory and Sustainable Society*" *(JPSS)* trat an seine Stelle. JPSS kann seinerseits als Übergang zum →*Konziliaren Prozess für Gerechtigkeit, Frieden und Bewahrung der Schöpfung (JPIC)* angesehen werden. Genf 1966 verabschiedete die Vision, es wäre eine kirchliche Aufgabe, den westlichen Wohlfahrtsstaat in eine Wohlfahrtswelt zu transformieren. Die Forderung einer revolutionären Befreiung aus Unterdrückungsstrukturen wurde mehrheitsfähig. Wirksame Optionen für Marginalisierte und Arme zu ergreifen, wurde von der ethischen zur ekklesiologischen Frage nach der Einheit der →Kirche. So wie der Einfluss der EL zunahm, so kündigten Ökonomen aus diesen Ländern den nach den Lehrbüchern der IL ausgebildeten Fachkollegen den Konsens. Eine zentrale Rolle spielte dabei der indische Ökonom SAMUEL PARMAR, der das Konzept der aufholenden E. in Frage stellte und den Fokus auf die E.svoraussetzungen soziale →Gerechtigkeit, Eigenständigkeit und Teilhabe legte. 1968 ruft HELMUT GOLLWITZER auf der Synode der Evangelischen Kirche in Deutschland in Berlin-Spandau die Kirche dazu auf, sich für die Interessen der Armen einzusetzen. Die Synode empfiehlt den Landeskirchen, mindestens zwei Prozent der Einnahmen aus Kirchensteuern für die Bekämpfung der Armut in der Welt bereitzustellen. Viele Landes- und auch Freikirchen beteiligen sich und gründen als gemeinsames Werk den Kirchlichen E.sdienst (KED). Auf dem Vatikanischen Konzil ruft die Enzyklika *Gaudium et Spes 1965* alle am E.sprozess beteiligten dazu auf, Macht und Verantwortung zu teilen. 1966 verortet die *Enzyklika Populorum Progressio* gelingende E. nicht im Wirtschaftswachstum, sondern im Kontext von →Menschenrechten und →Frieden. 1968 wird auf der Konferenz der römisch-katholischen Bischöfe Lateinamerikas in Medellín/Kolumbien die „vorrangige Option für die Armen" zentral. Die gemeinsamen Grundüberzeugungen zwischen →Ökumene und Vatikan führten 1968 zur Gründung von *SODEPAX*, einem gemeinsamen Ausschuss von ÖRK und Justitia et Pax. Im Ergebnis kam es in Deutschland zur Gründung der Gemeinsamen Konferenz Kirche und E. (GKKE), die seitdem eine wichtige Rolle im Dialog mit Regierung, →Wirtschaft und →Zivilgesellschaft spielt. 1968 hat die ÖRK Vollversammlung in Uppsala unmissverständlich formuliert: „*Die entwickelten wie die Entwicklungsländer begannen die wirtschaftliche Zusammenarbeit unter falschen Voraussetzungen. Sie waren der Ansicht, der bloße Transfer von Kapital und technischem Können leite automatisch einen Proß des wirtschaftlich unabhängigen Wachstums ein. Aber jede wirksame Ausrichtung auf die Weltentwicklung erfordert radikale Veränderungen der Institutionen und Strukturen auf drei Ebenen: innerhalb der Entwicklungsländer, innerhalb der entwickelten Länder und in der internationalen Wirtschaft.*" (STIERLE et al. (Hg.), 232). Zugleich wurde das Konzept „Kredite statt Wohltätigkeit" initiiert, das 1975 zur Gründung der *Ecumenical Development Cooperative Society (EDCS)* führte, die sich seit 1999 Oikocredit nennt. 1969 rief die EKD die Kammer für kirchlichen E.dienst ins Leben, die 1973 die erste entwicklungspolitische Denkschrift der EKD *Der E.dienst der Kirche – ein Beitrag für Frieden und Gerechtigkeit in der Welt* veröffentlichte. 1970 installierte der ÖRK die Kommission für die Beteiligung der Kirchen an der E. *Commission on the Churches' Participation in Development (CCPD)*. Drei Ziele waren damit verbunden. Erstens ein ökumenisches Verständnis von E. im Anschluss an Impulse des Wirtschaftswissenschaftlers SAMUEL PARMAR zu entwickeln. Zweitens mit Hilfe des Ökumenischen E.sfonds *(Ecumenical Development Fonds, EDF)* eine Alternative zu den karitativen Geber-Nehmer-Beziehungen zu ermöglichen. Drittens für die kirchliche Beteiligung an E.sfragen eine theologische Grundlegung zu erarbeiten. 1975 beschrieb die fünfte Vollversammlung des ÖRK in Nairobi E. als einen „befreienden Prozess". Die Gründung des *Ausschusses für entwicklungsbezogene Bildung und*

Publizistik (ABP) 1976 spiegelt die Erkenntnis wider, dass E. im Süden mit Veränderungen im Norden einhergehen muss. 1980 kam es auf der *EKD-Synode in Garmisch-Partenkirchen* zu einem Eklat in der Frage des Lebensstils einer missionarischen Kirche angesichts weltweiter Armut. 1987 bestätigte die *Enzyklika Sollicitudo Rei Socialis* die enge Verbindung von E. und Befreiung und das Konzept der eigenständigen E. In seiner *Enzyklika Laudato si* 2015 bringt Papst FRANZISKUS seine Sorge über das gemeinsame Haus der Welt zum Ausdruck. Er fordert, →Klimaschutz und E. zusammenzudenken und Verantwortung für die Atmosphäre als globales Gemeinschaftsgut zu übernehmen. Dafür müssen Fortschritt und E. im Einklang mit der Schöpfung definiert und andere Wege des Wachstums gegangen werden. Den Beitrag der EKD fasst aus Anlass des VN-Gipfels in New York die *Studie „... damit sie das Leben und volle Genüge haben sollen"* zusammen. Ausgehend von einer ökumenischen „Theologie des Lebens" werden Handlungsempfehlungen zu einer sozialökologischen →Transformation von →Wirtschaft und Gesellschaft entwickelt.

6. Kirchliche Werke. Für die institutionalisierte kirchliche E.szusammenarbeit gilt die Gründung von Misereor 1958 als Startsignal. Die erste Brot-für-die Welt-Kampagne folgte 1959 und 1960 begann Dienst in Übersee (DiÜ) mit der Entsendung von Experten. Als Hauptansprechpartner für den Staat bei dem Einsatz staatlicher Fördermittel gründeten 1962 die Kirchen Zentralstellen. Auf katholischer Seite wurde die Katholische Zentralstelle für E.shilfe e.V. (KZE) eng mit dem Bischöflichen Hilfswerk Misereor e.V. in Aachen verbunden. Evangelischerseits bevorzugte man die Unabhängigkeit der Arbeit von „Brot für die Welt" und richtete die Evangelische Zentralstelle für E.shilfe e.V. (EZE) als Organisation für die Zusammenarbeit mit der Bundesregierung ein. Im Oktober 2008 haben die Mitgliederversammlung des EED und die Diakonische Konferenz den Zusammenschluss des Diakonischen Werks der EKD e.V. (DWEKD) und des Evangelischen E.sdienstes e.V. (EED) zum Evangelischen Zentrum für E. und Diakonie e.V. beschlossen. Die Fusion von Brot für die Welt mit dem EED zu einem neuen Werk mit dem Namen: „Brot für die Welt – Evangelischer E.sdienst" wurde 2012 abgeschlossen. Im Zeichen der langjährigen Partnerschaft arbeiten BMZ und Kirchen in Form von Globalbewilligungen zusammen. Die Zentralstellen entscheiden auf der Grundlage der vereinbarten Förderrichtlinien selbstständig über den Einsatz der Mittel. Maßnahmen im Bereich der kirchlichen Verkündigung dürfen nicht staatlich gefördert werden. Charakteristikum der kirchlichen EZ ist ihr partnerschaftlicher Ansatz: EZE/Brot für die Welt – EED und KZE/Misereor führen keine Projekte mit eigenem Personal und eigener Verwaltungsstruktur vor Ort durch, sondern unterstützen Vorhaben ihrer Partnerorganisationen. Die betroffenen Bevölkerungsgruppen werden in den gesamten Prozess der Planung und Durchführung einbezogen. Eigenverantwortung und Eigeninitiative werden gestärkt und E. wird als „gemeinsamer Lernprozess" verstanden. Ebenso zählt zu den Zielen, in Deutschland das Bewusstsein zu schärfen für den Zusammenhang des eigenen Lebensstils mit Armut und Unterentwicklung in anderen Ländern. Seit 2003 fungiert Concorde als europäischer Dachverband entwicklungspolitischer NROs in der EU. Das internationale kirchliche Netzwerk ACT Alliance ist eines der größten Bündnisse für humanitäre Arbeit und EZ mit dem Ziel, die Arbeit der protestantischen und orthodoxen Kirchen zu koordinieren und durch gemeinsame Qualitätsstandards noch effektiver zu gestalten.

K. H. DEJUNG, Die ökumenische Bewegung im Entwicklungskonflikt 1910–1968, 1973 – W. STIERLE/D. WERNER/M. HEIDER (Hg.), Ethik für das Leben, 100 Jahre Ökumenische Wirtschafts- und Sozialethik, 1996 – U. WILLEMS, Entwicklung, Interesse und Moral. Die Entwicklungspolitik der Evangelischen Kirche in Deutschland, 1998 – BROT FÜR DIE WELT, Den Armen Gerechtigkeit 2000, Herausforderungen und Handlungsfelder, 2000 – W. STIERLE, Chancen einer ökumenischen Wirtschaftsethik, 2001 – F. NUSCHELER, Lern- und Arbeitsbuch Entwicklungspolitik, 2012 – H. IHNE/J. WILHELM (Hg.), Einführung in die Entwicklungspolitik, 2013 – KIRCHENAMT DER EKD, Auf dem Wege der Gerechtigkeit ist Leben. Nachhaltige Entwicklung braucht Global Governance, EKD Texte 114, 2014 – M. BOHNET, Geschichte der deutschen Entwicklungspolitik, 2015 – KIRCHENAMT DER EKD, „... dass sie das Leben und volle Genüge haben sollen". Ein Beitrag zur Debatte über neue Leitbilder für eine zukunftsfähige Entwicklung, EKD Texte 122, 2015.

Wolfram Stierle

Ernährung

1. Definition. E. stellt die Aufnahme von Nährstoffen dar, die für das Wachstum, den Erhalt und die Fortpflanzung von Lebewesen notwendig sind. Eine ausreichende Menge sowie die E.squalität sind entscheidend für die Gesunderhaltung und Leistungsfähigkeit des Menschen. E. unterliegt einem starken historischen wie kulturellen Wandel. Eine diesbezügliche Analyse von E. und Esskultur ermöglicht einen Einblick in gesellschaftspolitische Werte und Ordnungen – und umgekehrt (G. HIRSCHFELDER). Neben der Überlebenswichtigkeit und Verfügbarkeit von E. sind auch Dimensionen wir kulinarischer Genuss, Esskultur, soziales Prestige, Fitness sowie ethische Aspekte (Klima-, Tier-, Umwelt- und Ressourcenschutz) und aktuelle Entwicklungen (→Konflikte, →Globalisierung) relevant für E. Angesichts der vielfältigen Veränderungen und globalen Implikationen von E. wird auch von einer E.swende gesprochen, die die Zukunft der Menschen weltweit beeinflussen wird (I. DÄRMANN/H. LEMKE). Diese hängt insbesondere von der Art der Landbewirtschaftung ab (industriell, konventionell, ökologisch). Heute steht die Welt außerdem vor enormen Herausforderungen hinsichtlich der E.ssicherung sowie in Bezug auf die Vermeidung von e.sbedingten Erkrankungen.

2. Welternährung. Für eine ausgewogene E. braucht der Mensch je nach →Alter, Aktivität und Geschlecht zwischen 1600 und 2900 Kcal (DGE). Während in den Industrienationen Übergewicht und e.sbedingte Zivilisationskrankheiten zu einem immer größeren Problem heranwachsen, waren von 2012 bis 2014 etwa 805 Millionen Menschen chronisch unterernährt, weitere zwei Milliarden litten an Vitamin- und Nährstoffmangel (FAO, IFAD, WFP). In Bezug auf die weltweite E.ssicherung und nachhaltige Ernährungsstrategien sind aus e.sökologischer Sicht (vgl. K. von KOERBER/ C. LEITZMANN) vier große Herausforderungen zu identifizieren:

2.1 Bevölkerungswachstum und Ressourcenknappheit. Die derzeitige Weltbevölkerung zählt sieben Milliarden Menschen. Bei einem prognostizierten Wachstum von ca. einem Prozent jährlich werden bis zum Jahr 2050 etwa 10 Milliarden Menschen die Erde bevölkern. Gleichzeitig hat sich die landwirtschaftlich nutzbare Anbaufläche aufgrund von Versiegelung, Erosion und Wüstenbildung seit den 1960er Jahren halbiert. So müssen immer mehr Menschen auf immer knapperen Böden Nahrung finden. Hinzu kommt, dass auch die Bodenfruchtbarkeit (→Boden) durch monokulturellen Anbau, Überdüngung und Erosion immer stärker abnimmt. Verschärft wird die Situation zusätzlich durch den →Klimawandel (Dürren, Überschwemmungen, Wetterextreme) und durch Wasserknappheit.

2.2 Mengen- und Verteilungsproblematik. Die zweite Herausforderung für die globale E. ist der Wandel der Konsumgewohnheiten (→Konsum), insbesondere in den Schwellenländern. So steigt der jährliche Bedarf an Lebensmitteln tierischer Herkunft, deren Herstellung besonders ressourcenintensiv ist. Bereits heute wird nahezu die Hälfte der weltweiten Getreideerträge in der Tierproduktion als Futtermittel eingesetzt. Der →Konflikt zwischen Trog und Teller wird noch erweitert um den Tank: Die Gewinnung von sog. Biotreibstoffen aus Industriepflanzen verschärft die Flächenproblematik zusätzlich.

Im Hinblick auf die Verteilung von Lebensmitteln spielen Welthandel und globale Warenströme ebenso eine Rolle, wie fehlende →Infrastrukturen in den von →Hunger betroffenen Regionen. Ferner haben fehlende Lager-, Kühl- und Transportmöglichkeiten hohe Verluste von Lebensmitteln zur Folge. In den Industrienationen ist die Lebensmittelverschwendung eher gesetzlichen Standards, einer hohen Anspruchshaltung der →Konsumenten sowie Fehlplanungen geschuldet. So werden jährlich weltweit etwa 1,3 Milliarden Tonnen Lebensmittel verschwendet – das entspricht einem Drittel der gesamten Produktion (FAO 2013).

2.3 →Kriege und Konflikte. Es gibt einen engen Zusammenhang zwischen kriegerischen Auseinandersetzungen bzw. fragilen Staaten und Problemen der E.ssicherung. Nicht nur sind →Krieg und der Zusammenbruch von Staaten ursächlich für →Hunger, auch kann eine schlechte E.sversorgung zu Revolten, Aufständen und Regierungsstürzen führen – man denke etwa an die Konflikte auf Haiti im Jahre 2008. Die Weltbank hat errechnet, dass die Wahrscheinlichkeit eines Konfliktes um 50 Prozent ansteigt, wenn zuvor die Wirtschaftsleistung eines Landes um fünf Prozent gesunken ist. Allein von 2007 bis 2014 haben gestiegene Lebensmittelpreise zu 51 Hungerrevolten in mehr als 30 Ländern geführt.

2.4 Sozio-ökonomische Dimension. Die sozio-ökonomischen Faktoren, die bei der E.ssicherung eine Rolle spielen, sind am besten mit dem Problem der Ungleichheit zu beschreiben. So herrscht ein Ungleichgewicht im Machtgefüge innerhalb der am Welthandel beteiligten Staaten (Industrienationen vs. Schwellen- und Entwicklungsländer) und es bestehen Ungleichheiten innerhalb der Produktionskette (Großkonzerne vs. Kleinbauern) sowie zwischen den Geschlechtern (rechtliche und faktische Benachteiligung von Frauen in der Landwirtschaft). Darüber hinaus findet eine ungerechte Verlagerung von Umwelt- und Sozialkosten statt, die sich auch im Preis für den Endverbraucher widerspiegelt (Externalisierung der Kosten in der industriellen Landwirtschaft vs. Internalisierung seitens der ökologischen Landwirtschaft).

3. Ernährungsethik. Die E.sethik ist eine interdisziplinäre Fachrichtung, die eine ethische Analyse und Orientierungshilfe entlang der Wertschöpfungskette E. bietet, also von der Produktion über die Verarbeitung bis hin zum Handel und dem Endverbraucher (F.-TH. GOTTWALD/M. MEINHARDT). Dementsprechend weit ist das Themenspektrum, mit dem Ernährungsethik sich auseinandersetzt: Verteilungs- und Gerechtigkeitsproblematiken im Hinblick auf den gegenwärtigen und zukünftigen Zugang zu Ressourcen wie Böden, Wasser oder Zuchtgut spielen ebenso eine Rolle wie Fragen rund um Lebensmittelsicherheit, Biotechnologien, →Tierethik, Biodiversität und Konsumethik. Je höher der Verarbeitungsgrad von Lebensmitteln und je stärker der Eingriff in die E. des Menschen, sowie je schwieriger die Umkehrbarkeit von Entscheidungen (etwa bei der Grünen →Gentechnik), desto drängender ergeben sich e.sethische Fragestellungen (F.-TH. GOTTWALD/I. BOERGEN).

Besondere ethische Implikationen werden dem Konsum von Lebensmitteln tierischer Herkunft zugeschrieben, insbesondere Fleischprodukten. 300 Millionen Tonnen Fleisch wurden 2014 weltweit produziert

(BUND/Heinrich-Böll-Stiftung/LeMonde diplomatique). Beim Verzehr von Fleisch ist ein weltweiter Wandel im Gang: Während in den Industrienationen ein Sättigungsgrad auf sehr hohem Niveau bzw. eine schwach rückläufige Bewegung zu verzeichnen ist, hat sich die Nachfrage in Schwellen- und Entwicklungsländern stark erhöht. In Asien und Südamerika hat sich die Fleischerzeugung seit 1990 mehr als verdoppelt (C. Heinze/R. Bundschuh). Die weltweiten Auswirkungen dieses globalen Wandels der E.sgewohnheiten sind gravierend: Für die Aufzucht und Mast der landwirtschaftlich genutzten Tiere werden zwei Drittel der globalen Agrarflächen benötigt, in Deutschland sind es fast zwei Drittel (BUND/Heinrich-Böll-Stiftung/LeMonde diplomatique). Emissionen aus der industriellen Tierhaltung sowie die Abholzung tropischer Wälder zur Gewinnung von Weide- und Anbauflächen werden u. a. als Mitverursacher für den Klimawandel benannt. Gesundheitliche Beeinträchtigungen der Anwohner von Tierhaltungsanlagen sind an dieser Stelle ebenso anzuführen (F.-Th. Gottwald/D. Nowak) wie Erkrankungen, die auf den zu hohen Fleischkonsum in den westlichen Ländern selbst zurückzuführen sind.

G. Hirschfelder, Europäische Esskultur. Geschichte der Ernährung von der Steinzeit bis heute, 2001 – Weltbank, Breaking the Conflict Trap. Civil War and Development Policy, 2003 – F.-Th. Gottwald/D. Nowak, Nutztierhaltung und Gesundheit – Neue Chancen für die Landwirtschaft, 2007 – I. Därmann/H. Lemke, Die Tischgesellschaft. Philosophische und kulturwissenschaftliche Annäherungen, 2008 – F.-Th. Gottwald/M. Meinhardt, Food Ethics, 2010 – K. von Koerber/C. Leitzmann, Welternährung: eine globale Perspektive. In: I. Hoffmann/K. Schneider/C. Leitzmann, Ernährungsökologie. Komplexen Herausforderungen integrativ begegnen, 2011 – DGE Deutsche Gesellschaft für Ernährung, Energie. Richtwerte für die durchschnittliche Energiezufuhr bei Personen unterschiedlichen Alters in Abhängigkeit vom Ruheenergieumsatz und der körperlichen Aktivität, 2012 – F.-Th. Gottwald/I. Boergen (Hg.) – Essen & Moral. Beiträge zur Ethik der Ernährung, 2013 – C. Heinze/R. Bundschuh, Agrarmärkte 2013: Vieh und Fleisch, 2013 – FAO, Food wastage footprint. Impact on natural resources, 2013 – FAO, IFAD and WFP, The State of Food Insecurity in the World: Strengthening the enabling environment for food security and nutrition, 2014 – Weltbank, Food Price Watch 5, Issue 17, 2014 – BUND/Heinrich-Böll-Stiftung/LeMonde diplomatique, Fleischatlas, 2014.

Franz-Theo Gottwald

Erwachsenenbildung

1. **Allgemeine Begründung der E. in der modernen →Gesellschaft.** In der modernen, von Globalisierungsprozessen geprägten Wissensgesellschaft nimmt die E. einen bedeutsamen Stellenwert ein (→Globalisierung). Die fortschreitende Technisierung (→Technik und Gesellschaft) sowie die Notwendigkeit sozialer und beruflicher Mobilität sowie die Auswirkungen der Informationstechnologie (→Information) auf die gesellschaftliche, berufliche und private Existenz des Menschen machen „lebenslanges Lernen" zur Voraussetzung zum Überleben in →Beruf und Gesellschaft. In Deutschland hat die E. seit den 1960er Jahren einen stabilen Standort innerhalb des Gesamtbildungssystems erlangt (→Bildung); sie ist im Strukturplan des Deutschen Bildungsrates verankert und durch gesetzliche Rahmenregelungen finanziell abgesichert. Mit dem Strukturplan des Deutschen Bildungsrates (1970) vollzog sich ein Begriffswechsel von der E. zur Weiterbildung (→Aus-, Weiterbildung) und markiert damit eine weitreichende Perspektivenverschiebung. E. wird zunehmend mehr als lebenslanger Prozess und verstärkt als berufliche Anpassung und Weiterqualifizierung verstanden. Mit dem Bildungsplan und der damit sich vollziehenden Verrechtlichung der E. kam es zur Einführung einer Vielzahl von rechtlichen Regelungen (Bildungsurlaubsgesetze, Entwicklungsplanung, Entwicklung von Finanzkriterien; Bildungsurlaub). Zahlreiche Träger mit unterschiedlichen Zielvorstellungen und Möglichkeiten charakterisieren seit diesem Wandel der Bildungslandschaft die erwachsenenbildnerische Praxis in Deutschland: →Staat, Kommunen, →Arbeitgeber- und Unternehmensverbände, →Gewerkschaften, Kirchen, kommerzielle Fortbildungsinstitute und diverse →Vereine sind wichtige Träger; Einrichtungen der E. sind Akademien, Berufsbildungswerke, Volkshochschulen, Umschulungszentren und Verwaltungsakademien. Begründet wird diese Pluralität der E. einerseits mit Artikel 2,1 GG, in dem aus der freien Entfaltung der Persönlichkeit ein Recht auf Bildung abgeleitet wird. E. als *Weiterbildung* wird zum Ausdruck des autonomen Menschen (→Autonomie). Andererseits ergibt sich aus den Veränderungen des beruflichen und gesellschaftlichen Lebens die Notwendigkeit einer ständigen Anpassung an die veränderten ökonomischen und sozio-kulturellen Rahmenbedingungen. Die Begründung erwachsenenbildnerischer Praxis bewegt sich ständig zwischen diesen beiden Polen des *„Qualitätslernens"* und des *„Identitätslernens"* hin und her. Unter den Bedingungen fortschreitender Globalisierung und Liberalisierung des gesamten gesellschaftlichen Lebens droht der Bereich der beruflichen Weiterbildung (Qualitätslernen) ein erhebliches Übergewicht gegenüber dem Identitätslernen zu erhalten.

2. **Kirchliche E.** Neben Verkündigung, Seelsorge und Unterweisung ist die E. vor allem im Nachkriegsdeutschland als ein neues Aufgabenfeld kirchlichen →Handelns entdeckt worden. Charakteristisches Moment kirchlicher E.saktivität ist ein ähnlich breit gefächerter *Bildungspluralismus* wie in der allgemeinen E. Die Bandbreite reicht von E. als am heilsgeschichtlichen Auftrag der Kirche orientierte Einübung in die praxis pietatis eines gemeindlichen Lebens über Theologiekurse für Nichttheologen, Bibelkurse, Lebens- und Orientierungshilfe bis zum Selbstverständnis evangelischer Akademien als Orte des Su-

chens und Fragens (→Akademien, kirchliche). Auch die kirchliche E. bewegt sich zwischen beiden Polen hin und her: Entweder ist sie Ausdruck der missionarischen Kirche, die diejenigen erreichen möchte, die sich im traditionellen Gemeindekreis nicht mehr eingebunden fühlen, oder sie ist das Selbstverständnis einer *diakonisch-seelsorglichen Kirche*, die den Christen zur Klärung ihres Lebens- und Glaubensbildes verhelfen will.

3. Geschichte der evangelischen E. Erste Ansätze einer institutionellen E. finden sich in den 1844 unter WICHERN gegründeten evangelischen Jünglingsvereinen, die Ende des 19. Jh.s durch die Bildungsarbeit der evangelischen Arbeitervereine fortgeführt wurden. Zu Beginn des 20. Jh.s entstanden parallel zu den bürgerlichen Institutionen der „Zentralverein zur Gründung von Volksbibliotheken" (1900), der „Verband evangelischer Büchereien" (1903) und der „Evangelische Preßverband für Deutschland" (1910). Unmittelbar vor dem Ersten Weltkrieg begann die Gründung der auf den dänischen Erweckungstheologen GRUNDTVIG zurückgehenden *Heimvolkshochschulen* (zahlreiche Neugründungen nach 1919, z. B. Lindenhof bei Bethel und Hermannsburg). In der *Weimarer Republik* gab es Versuche, ein religiössoziales Konzept der E. zu formulieren, das jedoch weitgehend wirkungslos blieb. Von herausragender Bedeutung ist schließlich der nach 1945 vollzogene Ausbau der evangelischen E. in drei Stufen: Unmittelbar nach Kriegsende bildeten sich auf Gemeindebene „Aussprachekreise", nach 1950 nimmt die kirchliche E. teil am politischen Gestaltungs- und Demokratisierungsauftrag und schließlich konsolidiert sich die evangelische E. in Gemeindeakademien, Sozialinstituten, Bildungswerken und vielfältigen Einrichtungen des zweiten Bildungsweges. 1945 wurde in *Bad Boll* die erste evangelische Akademie durch E. MÜLLER gegründet; sie umschrieb ihre Funktion als „Brücke des Verstehens" zwischen →Kirche und Welt. Sie möchte als „Institution der Dauerreflexion" einen Beitrag zur demokratischen Neuordnung (→Demokratie) und Neuorientierung des geistigen und öffentlichen Lebens in Deutschland leisten. Die Akademie verstand sich als der „Dritte Ort", an dem Gespräche zwischen Andersdenkenden initiiert und biblische Texte mit einem gesellschaftlichen Problem ins Gespräch gebracht wurden. 1961 wurde als Zusammenschluss der verschiedenen regionalen Bildungsträger, Werke, Verbände und Arbeitsgemeinschaften die *DEAE*, die „Deutsche Evangelische Arbeitsgemeinschaft für E." gegründet; sie führt Erörterungen über Grundsatzfragen der Bildungsarbeit in kirchlicher Trägerschaft durch und beteiligt sich zugleich an der Entwicklung weiterführender Materialien. Insbesondere seit den 1990er Jahren gerieten die kirchlichen Bildungsträger durch die Frage nach dem Proprium ihrer Arbeit, durch den Rückgang der Finanzressourcen als auch durch die Bevorzugung des Qualitätslernens (Fortbildung, Weiterbildung, Berufsbildung) infolge einer fortschreitenden Ökonomisierung aller Lebensbereiche zunehmend unter Druck.

4. Begründung evangelischer E. *4.1 E. als missionarisches Handeln der Kirche.* Ausgehend von der Voraussetzung, dass die Verkündigung den Menschen in die Entscheidungssituation für oder gegen das Evangelium ruft, verstehen die Vertreter dieses Modells (VOLKER WEYMANN u. a.) E. als Ausdruck der Bekehrung mit den Mitteln organisierter →Bildung. Religiöse E. wird hier nicht als eine zwischen Evangelium und →Kultur, zwischen Kirche und Welt, zwischen alten und neuen Deutungsmustern vermittelnde Bemühung angesehen, sondern vielmehr als eine Form der zur Entscheidung aufrufenden Konfrontation mit der Verheißung und dem Anspruch des christlichen Glaubens. Das Bildungsgeschehen erhält von daher einen stark appellativen Bezug und es bleibt streng eingebunden in das Leben einer kirchlichen →Gemeinschaft. Formen dieses missionarischen Handelns finden sich z. B. in den *Glaubenskursen* wieder.

4.2 E. als lehrendes Handeln der Kirche. Kirche und Gesellschaft haben sich nach der Ansicht eines solchen Ansatzes der E. zunehmend voneinander entfremdet und müssen sich in der lehrenden Kirche wieder neu begegnen. In einer methodisch unaufdringlichen, diskursiv-offenen Art und Weise sollen die christlichen Sinn- und Lebensmuster neu verstanden werden. E. versteht sich hier als der Versuch, die Kirche in eine Lerngemeinschaft in Angelegenheiten des Glaubens zu verwandeln. Der Aktivierung der Glaubenden sowie des kirchlichen Lebens insgesamt dienen *„Theologiekurse für Nichttheologen", Bibelkurse* sowie der Kontakt zu den theologischen Wissenschaften. Die Adressaten der E. sollen aus der Rolle eines Objektes der lehrenden Kirche zur Teilhabe am Glauben der Gemeinschaft geführt werden. Resultate der erwachsenenbildnerischen Praxis sind möglichst in die theologische →Verantwortung der Gemeindearbeit zu integrieren und als Ausgangspunkt eines gemeinsamen Lernprozesses der kirchlichen Arbeit ernst zu nehmen. E. kann in diesem Verständnis nicht nur als missionarisches, sondern auch ein das kirchliche Leben dynamisierendes Geschehen beschrieben werden, dem in der pluralistischen Gesellschaft (→Pluralismus) eine besondere Bedeutung zufallen wird.

4.3 E. als Stärkung der religiösen Autonomie des Menschen. Dieses Konzept geht davon aus, dass nicht nur in der Kindheit bzw. in der Jugend inhaltsorientierte Glaubensunterweisung ihren notwendigen Platz hat, sondern im Laufe des gesamten →Lebens erforderlich ist, um den Menschen zur Reife, auch zur religiösen Reife, kommen zu lassen (KARL ERNST NIPKOW u. a.). In Anlehnung an die u. a. von JOHN FOWLER gezeigten Stufen der Glaubensentwicklung kommt deswegen der E. eine große Bedeutung im kirchlichen Leben zu. Sie muss kontinuierlich und lebensbegleitend stattfinden; ihr Ziel ist die Stärkung der religiösen *Autonomie* des Menschen nicht nach vorgegebenen Mustern und Schemata, sondern in der Orientierung an den Teilnehmern.

4.4 E. als lebensbegleitendes Handeln der Kirche. Bildung ist nach der Auffassung dieser Vertreter (CHRISTOPH MEIER, JÜRGEN LOTT, MICHAEL NÜCHTERN u. a.) ein befreiender persönlicher Akt, der nicht von der Gesellschaft verfügt werden kann, sondern in dem lediglich die Gelegenheit zum Lernen ermöglicht werden kann. Insbesondere in kritischen *Lebenssituationen* ist Bildung existenznotwendig; sie orientiert sich in diesem Verständnis an der Lebensbiographie der Teilnehmer, um vorhandene Deutungs- und Lebensmuster verändern zu können. E. ist Ausdruck einer umfassenden *Lebenshilfe* und nicht an der ausschließlichen Vermittlung von Glaubensinhalten orientiert. Der Umgang mit der Fraglichkeit des Seins ist Absicht dieses Modells.

4.5 E. als gesellschaftsdiakonisches Handeln der Kirche. E. wird von der Vertretern dieses Konzeptes (ERNST LANGE, PAULO FREIRE u. a.) als integrierendes Moment eines umfassenden, auf die Veränderung sozialer Verhältnisse abzielendes Geschehen verstanden. Kirche, die als gesellschaftliche →Institution nicht unmittelbar in die ökonomische Zweck-Mittel-Rationalität eingebunden ist, muss sich nach diesem Verständnis kirchlicher E. zum Anwalt des Menschen machen. E. zielt darauf ab, in der →Gesellschaft unterdrückte Bedürfnisse und *Konfliktfelder* zu benennen sowie Möglichkeiten verantwortlicher Weltgestaltung zu reflektieren und parteilich wahrzunehmen. Bildungsziele dieser erwachsenenbildnerischen Praxis sind →*Emanzipation*, herrschaftsfreier Dialog (→Diskursethik) und Stärkung des Individuums im gesellschaftlichen →Konflikt. Nicht um eine Übersetzung des Glaubens in die Sprache unserer Zeit geht es, sondern um eine „Sprachschule der →Freiheit", in der Folgekonflikte gesellschaftlicher Machtstrukturen (→Macht) und Transformationsprozesse zum Lernfeld der E. werden. Erprobt wurde dies z. B. in gemeinsam mit →Gewerkschaften getragenen Lehrgängen mit Schichtarbeitern.

Alle genannten Modelle und Konzepte besitzen ihre Berechtigung im Modus unterschiedlicher Einrichtungen, Methoden und Lernsituationen kirchlicher E. Sie sind als partielle Theoriekonstrukte zu verstehen, die unterschiedliche Bildungsvoraussetzungen und Lernsituationen betonen.

5. E. im Kontext der gesellschaftlichen Veränderungen. Insbesondere in der Familienbildung, aber auch besonders in der politischen Bildung deutet, hinterfragt und kritisiert eine moderne E. die gesellschaftlichen Transformationsprozesse. Durch die vielfältigen Veränderungen innerhalb der →*Familien*, insbesondere durch das Rollenverständnis von Frau und Mann (→Rolle; →Geschlechterverhältnis), durch die Belastungen der Familien infolge hoher Mobilität und beruflicher Qualifizierung sowie durch das veränderte *Freizeitverhalten* (→Freizeit) kann die Familienbildung einen großen Stellenwert einnehmen. Familienbildung muss Familie als lernende →Organisation begreifen und ihre Anpassungsfähigkeit unterstützen. Die Beziehungen zwischen den Generationen fokussiert sie und wird entsprechende Begegnungsräume organisieren. In aller Behutsamkeit und Nüchternheit wird sie einer Überhöhung und Idealisierung der Familie in der Bildungsarbeit begegnen.

Im Bereich der politischen Bildung werden seit Mitte der 1990er Jahre unterschiedliche Konzepte des „*Globalen Lernens*" diskutiert. Sie gehen gemeinsam davon aus, dass die bestehenden Gesellschaften entgrenzt werden und zu einer Weltgesellschaft zusammenwachsen. Die Gegensätze der Welt spiegeln sich in der Biografie wider, in multikulturellen →Ehen und Familien, in weltweit organisierten →Unternehmen sowie in internationalen Reisen (→Tourismus). Erfahrungen der Bedrohung, Ohnmacht und Überforderung durch die wachsenden Ansprüche infolge der Globalisierungsprozesse werden in einer E. bearbeitet, die sich am konziliaren Prozess für →Frieden, →Gerechtigkeit und Bewahrung der Schöpfung orientiert bzw. den Bezug zur Umsetzung der →Agenda 21 in den Kommunen herstellt. Friedensbezogene, entwicklungsbezogene und ökologiebezogene Bildung erlangen in allen Konzepten des „Globalen Lernens" eine hohe Bedeutung.

6. Kirchliche Stellungnahmen zur Bedeutung der E. Mehrfach hat sich die *Evangelische Kirche in Deutschland (*→*EKD)* zur Rolle der E. innerhalb der Gesellschaft und der Kirche geäußert. 1983 beschrieb sie in der Stellungnahme „E. als Aufgabe der evangelischen Kirche" die E. als Grundaufgabe der Kirche, die theologisch genauso zu begründen sei wie die Aufgabe der Verkündigung und der Seelsorge. 1991 wurde die kirchliche E. mit der Stellungnahme „Evangelisches Bildungsverständnis in einer sich wandelnden Arbeitsgesellschaft" eingeordnet in einen umfassenden Bildungsauftrag der Gesamtgesellschaft. Evangelischer E. kommt nach dieser Stellungnahme eine integrierende Funktion zu: Sachwissen und Selbstwissen, Qualifikationswissen und Orientierungswissen müssen sich miteinander verschränken. In der 1997 veröffentlichten Stellungnahme „*Orientierung in zunehmender Orientierungslosigkeit. Evangelische E. in kirchlicher Trägerschaft*" wird die Bedeutung der E. für das kirchliche Selbstverständnis noch einmal hervorgehoben. Die Kirche kann auf E. nicht verzichten, weil diese die Moderne mehr denn je prägt und repräsentiert. Die übergreifende Frage nach zeitgemäßen Formen der →Nachfolge Jesu Christi wird in der E.sarbeit der Kirchen beantwortet. E. ist nach der Auffassung dieser letzten Stellungnahme „um der Menschen und um des Weges der Gesellschaft im Ganzen unverzichtbar." Schwerpunkte der evangelischen E. sind lebensweltbezogene

Bildungshilfen und sinnstiftende Orientierungsangebote, wobei die „universale Perspektive der E." in der Stellungnahme der EKD betont wird. Deswegen ereignet sich E. in einer doppelten Perspektive: Erstens in der Beziehung der sich bildenden Menschen zu sich selbst, in der Auseinandersetzung mit der gesellschaftlichen und natürlichen Umwelt und zweitens in der sozialen Organisation von gesellschaftlichen Prozessen, die andere nicht ausgrenzen. Das Miteinander von E. als Beitrag zur Verständigung innerhalb der Gesellschaft sowie als Ausdruck des Widerstandes gegen gesellschaftlich zerstörerische Tendenzen werden in der E. nach dieser Stellungnahme als zusammen gehörende Elemente beschrieben. In der 2010 zuletzt veröffentlichten Denkschrift „Kirche und Bildung. Herausforderungen, Grundsätze und Perspektiven evangelischer Bildungsverantwortung und kirchlichen Bildungshandelns" wurden diese Einsichten vertieft: Das „christliche Verständnis von Selbstständigkeit als Grundmerkmal von Bildung" betreffe „konstitutiv verantwortungsbewusste Mündigkeit". „Die Einzelnen sind als Kinder, Jugendliche und Erwachsene in ihren konkreten Lebenslagen wahrzunehmen und als Subjekte zu stärken."

CH. MEIER, Kirchliche E., 1979 – V. WEYMANN, Evangelische E. Grundlagen theologischer Didaktik, 1983 – J. LOTT, Handbuch Religion II. E., 1984 – H. TIETGENS, E. als Suchbewegung, 1986 – A. BORN, Geschichte der E.sforschung, 1990 – G. ORTH, E. zwischen Parteilichkeit und Verständigung, 1990 – M. NÜCHTERN, Kirche bei Gelegenheit. Kasualien – Akademiearbeit – E., 1991 – R. ARNOLD, Betriebliche Weiterbildung, 1991 – K. E. NIPKOW, Bildung als Lebensbegleitung und Erneuerung. Kirchliche Bildungsverantwortung in Gemeinde, Schule und Gesellschaft, 1992 – R. ENGLERT, Religiöse E. Situation, Probleme, Handlungsorientierung, 1992 – H. SIEBERT, Theorien für die Bildungspraxis, 1993 – K. DERICHS-KUNSTMANN/ P. FAULSTICH u. a., Weiterbildung zwischen Grundrecht und Markt, 1997 – KIRCHENAMT DER EVANGELISCHEN KIRCHE IN DEUTSCHLAND, Orientierung in zunehmender Orientierungslosigkeit, 1997 – J. H. KNOLL (Hg.), E. und berufliche Weiterbildung in Deutschland, 1997 – H. SIEBERT, Didaktisches Handeln der E., 1997 – R. TIPPELT (Hg.), Handbuch E./Weiterbildung, 1997 – J. KADE/D. NITTEL/W. SEITTER, Einführung in die E./Weiterbildung, 1999 – U. POHL-POTALONG, Religiöse Bildung im Pluarl. Konzeptionen und Perspektiven, 2003 – K. E. NIPKOW, Bildung im Umbruch, 2005 – T. SCHLAG, Horizonte demokratischer Bildung. Evangelische Religionspädagogik in politischer Perspektive, 2013 – I. NOTH/C. KOHLI REICHENBACH, Religiöse Erwachsenenbildung, 2013.

Jörg Hübner

Erweiterung der EU

1. Grundlagen. Die Europäische Wirtschaftsgemeinschaft wurde im Jahre 1958 zwar von lediglich sechs Staaten gegründet, war aber bereits zu diesem Zeitpunkt auf eine E. um weitere europäische Staaten angelegt. Eine solche E. entsprach der Logik nicht nur des angestrebten Binnenmarktes, sondern auch des dahinter stehenden Zieles der friedlichen Einigung Gesamteuropas (→Einigung, europäische). Seit der Gründung sind der heutigen EU denn auch 22 Staaten beigetreten (Stand: April 2015), so dass dieser besondere Zusammenschluss nunmehr 28 Mitgliedstaaten umfasst. Endgültig abgeschlossen ist dieser E.sprozess indes noch nicht. Die EU befindet sich vielmehr in Beitrittsverhandlungen mit zahlreichen weiteren europäischen Staaten. Dementsprechend findet sich auch im Vertrag von Lissabon in Art. 49 EUV eine ausdrückliche, den Beitritt zur EU regelnde Klausel. Die erreichte Integrationstiefe und die auch durch die Eurokrise hervorgerufene Unsicherheit über den weiteren Fortgang und die Finalität der Integration lässt es freilich als unwahrscheinlich erscheinen, dass es in den nächsten Jahren zu größeren E.srunden kommen wird. Die EU befindet sich insoweit in einer gewissen Findungs- und Konsolidierungsphase nach innen, die durch Expansionen nach außen nicht gestört werden soll. In Großbritannien wird sogar erstmals über einen Austritt aus der EU offen nachgedacht, der seit dem Vertrag von Lissabon in Art. 50 EUV eine ausdrückliche Regelung erfahren hat, bereits zuvor aber zumindest theoretisch nicht zu verhindern gewesen wäre.

2. Beitrittsvoraussetzungen. Nach Art. 49 Abs. 1 EUV kann jeder europäische Staat, der die Werte der EU achtet und sich für ihre Förderung einsetzt, beantragen, Mitglied der EU zu werden. Der Beitritt selbst erfolgt durch ein Abkommen zwischen der EU und dem beitretenden Mitgliedstaat, welches der Ratifikation in allen Mitgliedstaaten bedarf. In diesem Abkommen werden zugleich die Aufnahmebedingungen sowie eventuelle Übergangsregelungen festgelegt. Das ratifizierte Abkommen genießt den Rang europäischen Primärrechts (→Europarecht).

2.1 Europäischer Staat. Beitrittsfähig ist nur ein europäischer Staat. Dieses Kriterium ist zunächst einmal geographisch zu verstehen, bezieht sich auf Europa als Kontinent und bringt dadurch zum Ausdruck, dass es sich bei der EU um einen regionalen Zusammenschluss handelt. Dementsprechend musste ein von Marokko gestellter Beitrittsantrag schon aus diesem formalen Grunde abgelehnt werden. Insbesondere zum asiatischen Kontinent ist eine eindeutige geographische Grenzziehung allerdings nicht immer möglich, so dass über die Zugehörigkeit zu Europa auf einer zweiten Stufe politisch zu entscheiden ist. Das kann ausdrücklich geschehen, regelmäßig wird dies jedoch durch die Aufnahme von Beitrittsverhandlungen zum Ausdruck gebracht werden. Auch die generelle Beitrittsfähigkeit der Türkei ist daher zumindest politisch mittlerweile zweifelsfrei anerkannt.

2.2 Kopenhagener Kriterien. Der beitretende Staat muss die in Art. 2 EUV genannten Werte und damit neben der Menschenwürde auch Freiheit, Demokratie, Gleichheit und Rechtsstaatlichkeit achten sowie die Menschenrechte wahren. Diese und weitere Voraussetzungen des Beitritts sind vom Europäischen Rat und damit von den Staats- und Regierungschefs der EU in den sog. Kopenhagener-Kriterien näher konkretisiert worden. Danach setzt ein Beitritt zunächst eine institutionelle Stabilität als Garantie für demokratische und rechtsstaatliche Ordnung, für die Wahrung der Menschenrechte sowie die Achtung und den Schutz von Minderheiten voraus (politische Kriterien). Erforderlich sind weiterhin eine funktionierende Marktwirtschaft sowie die Fähigkeit, dem Wettbewerbsdruck und den Marktkräften innerhalb der EU standzuhalten (wirtschaftliche Kriterien). Zudem muss der beitretende Staat in der Lage sein, den unionalen Besitzstand, insbesondere das gesamte →Europarecht zu übernehmen. Ein bisher wenig beachtetes, zukünftig aber wohl sehr viel stärker in den Fokus rückendes Kriterium bildet zuletzt die Aufnahmefähigkeit der EU, wonach eine Aufnahme neuer Mitglieder nur in Betracht kommt, soweit die „Stoßrichtung der europäischen Integration" erhalten bleibt. Angesichts der Unklarheit über die Finalität der Integration ist dies freilich kein sonderlich greifbares Kriterium. Im Kern dürfte es darum gehen, die Funktionsfähigkeit der EU im Hinblick auf ihre Institutionen aber auch deren „Identität" zu wahren. Gerade bei einem Beitritt größerer Staaten aus anderen Kulturkreisen wie der Türkei, dürfte diese Frage zukünftig eine bedeutendere Rolle spielen.

Aber auch im Übrigen ist zu beachten, dass es sich bei den Kopenhagener-Kriterien nicht um eindeutig bestimmbare, sondern letztlich politische Kriterien handelt. Bei einigen Beitritten – nicht zuletzt der großen OstE. – dürfte denn auch fraglich sein, ob sie tatsächlich bei allen Staaten umfassend erfüllt waren. Andererseits besteht auf Seiten des Beitrittskandidaten zumindest kein rechtlicher Anspruch auf Beitritt, selbst wenn dieser die Kriterien erfüllt. Politisch dürfte an einem Beitritt dann allerdings kaum ein Weg vorbeiführen.

3. Erfolgte Beitritte. Die Beitritte zur EU erfolgten nach einer gewissen Konsolidierungsphase mit dem Beitritt Großbritanniens, Irlands und Dänemarks ab dem Jahr 1973 in unregelmäßigen Abständen. Gerade der Beitritt Großbritanniens belegt dabei die politische Dimension der EU-E.en und war letztlich erst möglich, nachdem der französische Präsident CHARLES DE GAULLE zurückgetreten war. Es folgten mit Griechenland im Jahr 1981 sowie Spanien und Portugal (beide 1986) Staaten, die erst wenige Jahre zuvor zur Demokratie zurückgekehrt waren und bei denen die Erfüllung der Beitrittskriterien insofern Zweifel aufkommen ließ, die jedoch zurückgestellt wurden, um die neuen Verhältnisse zu stabilisieren. Im Jahr 1995 traten Österreich, Finnland und Schweden bei, bei denen hinsichtlich der Erfüllung der Beitrittskriterien keine Bedenken bestanden.

Der Zusammenbruch des Ostblocks Anfang der 90er- Jahre und das Entstehen zahlreicher „neuer" Staaten im östlichen Europa ließ schnell die Frage nach deren Verhältnis zur EU aufkommen. Ab 1994 wurden insoweit zahlreiche Partnerschafts- und Kooperationsabkommen geschlossen, die jedoch keine konkrete Beitrittsperspektive enthielten, sondern vor allem die Handelsbeziehungen verbessern und die politischen Verhältnisse stabilisieren sollten. Mit potenziellen Beitrittskandidaten wurde demgegenüber eine spezielle „Östliche Partnerschaft" begründet, um den Beitritt vorzubereiten und zu beschleunigen. Zuletzt wurde ein solches Abkommen 2014 mit der Ukraine geschlossen, was zu erheblichen Spannungen mit Russland führte. Im Jahr 2004 traten dann neben Malta und Zypern noch acht weitere Staaten des ehemaligen Ostblocks der Union bei (OstE.). Erneut war die Erfüllung der Beitrittskriterien bei einigen dieser Staaten eher zweifelhaft. Daneben stellte die OstE. aber vor allem die Funktionsfähigkeit der EU vor zahlreiche Schwierigkeiten, die bis heute kaum als gelöst angesehen werden können. Dazu gehört u. a. die weiterhin unbefriedigend beantwortete Frage nach der institutionellen Zusammensetzung der Organe der EU. Nicht zuletzt die Europäische Kommission erscheint mit einem Kommissar pro Mitgliedstaat schlicht überdimensioniert – ein Problem dem der seit 2014 amtierende Kommissionspräsident JUNCKER mit der Einführung einer gewissen Hierarchisierung innerhalb der Kommission begegnet ist. Mit Bulgarien und Rumänien (2007) und Kroatien (2013) wurde die OstE. vorläufig abgeschlossen. Trotz der zum damaligen Zeitpunkt eher kritischen Haltung der EU-Bevölkerung im Hinblick auf entsprechende E.en konnte ein Beitritt dieser Staaten jedenfalls aus politischen Gründen kaum abgelehnt werden.

4. Beitrittskandidaten. Die EU befindet sich auch weiterhin in Verhandlungen mit zahlreichen Staaten über einen Beitritt. Betroffen sind hier vornehmlich jüngere Staaten des östlichen Balkans – Montenegro ist seit 2010, Serbien seit 2012 und Albanien seit 2014 offizieller Beitrittskandidat. Als zukünftige Beitrittskandidaten kommen darüber hinaus auch Mazedonien, das Kosovo sowie Bosnien und Herzegowina in Betracht. Ob entsprechende Beitritte tatsächlich erfolgen, wird aber auch davon abhängen, wie der interne Konsolidierungsprozess innerhalb der EU verläuft. Ein Beitritt der Ukraine dürfte angesichts der bestehenden Spannungen zu Russland mittelfristig nicht in Betracht kommen.

Als weniger problematisch erscheinen Beitritte der politisch und wirtschaftlich stabilen verbliebenen EWR- und EFTA-Staaten, also der Schweiz, Liechtenstein, Norwegen und Island. In Norwegen scheiterte der Beitritt bisher an der Bevölkerung, die diesem in zwei Referenden (1972 und 1994) eine Absage erteilte. Mit weiteren Beitrittsanträgen dürfte angesichts der besonderen wirtschaftlichen Situation in naher Zukunft nicht zu rechnen sein. Gleiches gilt wohl auch für Liechtenstein. Die Schweiz genießt aufgrund zahlreicher bilateraler Abkommen mit der EU einen besonderen Status, der freilich in anderen EU-Staaten zunehmend skeptisch gesehen wird. Ob sich dem „Sog" der EU noch lange wird entziehen können, bleibt abzuwarten; im Jahr 2001 lehnte die Bevölkerung einen Beitritt noch ab. Island hat im Zusammenhang mit der Finanzkrise erstmals einen Beitrittsantrag gestellt, diesen aber im Jahr 2014 wohl aufgrund der wirtschaftlichen Erholung wieder zurückgezogen.

Eine besondere Rolle innerhalb der Beitrittskandidaten nimmt die Türkei ein, die bereits im Jahr 1959 einen Assoziierungsstatus beantragte und im Jahr 1963 einen Beitrittsassoziierungsvertrag unterzeichnete. Ein offizieller Beitrittsantrag folgte im Jahr 1987. Es kam sodann zunächst zur Errichtung einer Zollunion (1996). Offizielle Beitrittsverhandlungen laufen seit 2005, die jedoch vor dem Hintergrund der aktuellen Entwicklungen in der Türkei unter dem heutigen Präsidenten Erdogan kaum vorankommen. In jedem Fall würde die Aufnahme der Türkei die EU aufgrund ihrer Größe, Kultur und Religion vor enorme (finanzielle) Herausforderungen stellen; zudem hätte die EU dann eine unmittelbare Grenze zum äußerst instabilen nahen Osten (Syrien) – was von einigen freilich auch als Chance gesehen wird. Der Beitritt der Türkei bleibt damit hoch umstritten und dürfte (wenn überhaupt) kaum vor 2025 erfolgen.

5. Austritt aus der EU? Formelle Austritte aus der EU hat es bisher nicht gegeben, sehr wohl aber „räumliche" Verkleinerungen etwa durch die Sezession Algeriens von Frankreich. Grönland gehört zwar zu Dänemark, entschied sich nach Erlangung des Autonomiestatus im Jahr 1982 aber gegen einen Verbleib in der Union.

Die Unsicherheit über den Fortgang und das Ziel der Integration hat jedoch dazu geführt, dass einige Mitgliedstaaten über einen Austritt aus der EU mehr oder weniger offen diskutieren. In Großbritannien fand im Juni 2016 ein Referendum zu dieser Frage statt.

G. BRUNN, Die Europäische Einigung: von 1945 bis heute, 2009 – C. CALLIESS, Die neue Europäische Union nach dem Vertrag von Lissabon, 2010 – M. HERDEGEN, Europarecht, 2015[17] – S. HOBE, Europarecht, 2013[8] – T. OPPERMANN/C. D. CLASSEN/M. NETTESHEIM, Europarecht, 2014[6] – M. SCHLADEBACH, Der Vertrag über den Beitritt zur EU, in: Landes- und Kommunalverwaltung 2004, 10 – F. SCHORKOPF, Der Europäische Weg, 2015[2] – R. STREINZ, Europarecht, 2012[9] – A. THIELE, Europarecht, 2015[12].

Alexander Thiele

Erziehung

1. Grundlegend. E. im engeren Sinn bezeichnet ein kommunikatives Geschehen zwischen den Generationen, um die Heranwachsenden zu einem selbstständigen Leben zu befähigen. Dabei steht die Intentionalität der Erziehenden, also der Älteren im Vordergrund. Demgegenüber thematisiert Bildung diese Kommunikationen unter dem Schwerpunkt der Selbstbestimmung und Eigentätigkeit des bzw. der zu Erziehenden; Sozialisation rückt den sozialen Kontext dieses Geschehens und seine Wirkungen in den Fokus. Doch überschneiden sich diese drei Begriffe durch den Bezug auf dasselbe Geschehen und markieren unterschiedliche Perspektiven, aber keine voneinander getrennten Sachverhalte. So notiert B. SCHRÖDER vier „Grundtypen christlicher Erziehung …: Initiation in einen Lebensstil (Erziehung), Integration in eine christlich geprägte Lebenswelt (Enkulturation/Sozialisation), Instruktion (Unterricht), Induktion individueller Religiosität (Bildung)" (163).

E. geschieht in einem mehrdimensionalen Spannungsgefüge: zwischen Umweltoffenheit des zu erziehenden Menschen und dem gesellschaftlich, kulturell und politisch bestimmten Kontext, in dem er lebt; zwischen Individualität und Sozialität; zwischen Kontinuität und Wandel. Je schneller – und somit erlebbar – die Veränderungen einer sozialen Formation sind und je geringer dadurch die Selbstverständlichkeiten der E. werden, desto höher wird der Reflexionsbedarf über sie. Dementsprechend bildete sich die moderne Pädagogik als die Theoriebildung der E. seit Beginn des 19. Jahrhunderts im Zuge allgemeiner Traditionskritik heraus. Sie impliziert notwendig zwei normative Annahmen: das ihr inhärente Menschenbild und eine Sicht der Zukunft, auf die hin erzogen wird.

Institutionell geschieht E. an verschiedenen Orten, die sich teilweise ergänzen, aber auch in Konkurrenz zueinander stehen: Familie bzw. Sippe, Schule und andere, häufig religiöse Institutionen wie Kirchengemeinde, Moschee (HUSSAIN) oder Synagoge (SCHRÖDER 365–376), aber auch Sportvereine, Arbeiterjugend u. ä. Sie bedienen sich unterschiedlicher Methoden und Medien.

2. Theologisch und historisch. Im Alten Testament finden sich keine historisch eindeutigen Nachrichten zu E.institutionen. Doch werden E.prozesse vorausgesetzt, etwa in Hinblick auf die Weitergabe der Erinnerung an Gottes rettendes Handeln (Ex 10,2; 12,26). Dazu kann das ganze Buch der Sprüche als E.buch sowohl für Heranwachsende als auch Erwachsene gelesen werden. Hier finden sich auch – wirkungsgeschichtlich problematische – Ausführungen über die Nützlichkeit von Prügelstrafen (z.B. Spr 10,13; 13,24; 23,13f.) und Züchtigungen (z.B. Spr 15,10; 29,15). Dabei erziehen teilweise Gott und der Lehrer gemeinsam (Spr 2).

Entsprechend der Naherwartung spielt E. im Neuen Testament eine geringe Rolle. In Hebr 12,4-13 wird direkt Spr 3,11f. aufgenommen, dazu geben die Haustafeln allgemeine Weisungen.

Nur indirekt kann das Taufkatechumenat als erste institutionalisierte Form christlicher E. gelten, insofern daran Erwachsene teilnahmen. Als sich die Kindertaufe durchzusetzen begann, wurde es auf liturgische Formeln reduziert und seines katechetischen Charakters entkleidet. In der Folge kam dem Bußsakrament, ebenfalls auf Erwachsene ausgerichtet, eine bedeutende erzieherische Funktion vor allem in moralischer Hinsicht zu. Vor allem die Reformatoren kritisierten diese Entwicklung. Ihr Rückgang auf das Wort Gottes und damit die Bibel erforderte das Erlernen des Lesens und führte zu einer Dominanz literaler E. Nach M. LUTHER ist solche E. „auff erden das aller edlist theurist werck" (WA 10/II,301). Realistisch sieht er dabei die Eltern überfordert und appelliert deshalb in seinen drei berühmten sog. Schulschriften – „An den christlichen Adel" (1520; WA 6,381-469), „An die Ratsherren aller Städte deutschen Landes, daß sie christliche Schulen aufrichten und halten sollen" (1524; WA 15,9-53), „Predigt, daß man Kinder zur Schule halten solle" (1530; WA 30II,508-588) – an die Obrigkeit, Schulen für alle Kinder (auch die Mädchen) einzurichten. Damit war ein wichtiger Impuls gegeben, der in Verbindung mit Anderem in Deutschland langfristig in die allgemeine Schulpflicht mündete. Weil sich im Zusammenhang mit der Zulassung zum Abendmahl und der sich damit verknüpfenden Einführung der Konfirmation bis zum Ende des 18. Jahrhunderts ein weiterer Unterricht allgemein etablierte, nahm christliche E. zunehmend die Form des Unterrichts an. Zwar hatte Luther den Kleinen Katechismus auch für die Hausväter und damit die häusliche E. geschrieben; de facto fand er aber im Unterricht Verwendung. Die römisch-katholische Kirche, allen voran der Jesuitenorden, folgten ebenfalls dieser Spur. Eine gewisse Öffnung stellte seit Ende des 19. Jahrhunderts der Kindergottesdienst dar. Er verdankte sich der angelsächsischen Sunday-School, modifizierte deren unterrichtlichen Charakter aber in Deutschland durch seine liturgische Ausrichtung. Erst seit den achtziger Jahren des 20. Jahrhunderts wird unter sozialisationstheoretischer und dann liturgischer Perspektive die Einseitigkeit der Konzentration christlicher E. auf Unterricht deutlich. Langsam findet wieder die →Familie, jetzt aber im Sinne der multilokalen Mehrgenerationenfamilie, bei den Theorien zur christlichen E. Aufmerksamkeit.

3. Herausforderungen. E. setzt ein bestimmtes Menschenbild und eine Annahme über die Zukunft voraus, auf die hin erzogen werden soll. Beides ist heute strittig. Der Pluralismus in Fragen der Daseins- und Wertorientierung als Konsequenz divergierender Menschenbilder ist unübersehbar. Die klassische reformatorische Unterscheidung zwischen dem Menschen als Sünder und als Gerechtfertigtem warnt gleichermaßen vor optimistischen wie pessimistischen Anschauungen. Dazu hilft die Unterscheidung zwischen Vorletztem und Letztem realistisch in die Zukunft zu blicken, also weder euphorische Paradiesverheißungen noch drohende Untergangsszenarien zu übernehmen. E. ist so gesehen eine weltliche Angelegenheit (M. LUTHER, s. SCHRÖDER 71) und auf den vernünftigen Diskurs der daran Beteiligten angewiesen. Sofern sie aber christliche E. ist, also Raum für die Kommunikation des Evangeliums eröffnet, ermöglicht sie ein Leben im Vertrauen auf Gottes Begleitung. Auf der Grundlage der Erzählungen von Gottes Handeln sind Beten und Gesegnet-Werden dabei die grundlegenden Kommunikationsformen christlicher E. (GRETHLEIN 493–568).

Für die christlichen Kirchen ergibt sich daraus die Aufgabe, einen inhaltlich qualifizierten Beitrag zur E. zu leisten. Dies erfolgt in unterschiedlicher Weise: als erwachsenenbildnerische Unterstützung von Eltern; als unterrichtliche Angebote für Heranwachsende, vornehmlich in Religionsunterricht und kirchlichen Schulen; als Eröffnung von Räumen, gemeinsam über die Ausrichtung des Lebens nachzudenken und so das Evangelium zu kommunizieren. Christliche E. hat dann drei Dimensionen (GRETHLEIN 253–323): die von Lehr- und Lernprozessen, in denen Vergangenheit, Gegenwart und Zukunft auf Gottes Wirken hin durchsichtig gemacht werden; die von gemeinschaftlichem Feiern, bei dem Gottes Anwesenheit erfahren wird; die von gegenseitigem Helfen zum Leben, bei dem im „Geringsten" Christus begegnet.

E. PAUL, Geschichte der christlichen Erziehung 2 Bde., 1993 und 1995 – F. SCHWEITZER, Pädagogik und Religion, 2003 – B. SCHRÖDER, Religionspädagogik, 2012 – C. GRETHLEIN, Praktische Theologie, 2012 – A. HUSSAIN, A Social History of Education in the Muslim World, 2013.

Christian Grethlein

Eschatologie und Ethik

1. Evangelische Position. „Eschatologie" ist die Lehre vom „Ende aller Dinge" im *letztgültigen Urteil* Gottes („Gericht Gottes") und vom *Verheißungshandeln* Gottes (→ „Reich Gottes"): Gott verheißt in Jesus Christus die gottfeindlichen Mächte, zuletzt den Tod, neuschöpferisch zu überwinden, um alles in allem zu sein und gewesen zu sein (1. Kor 15,28). Diese Verheißung erfüllt der schöpferische Geist Gottes schon jetzt am Handeln und an Handelnden; er gewährt neues Leben mit Gott im Glauben und auf Hoffnung, welches zu beschreiben Aufgabe der →Ethik ist. Die genuine Vergegenwärtigung des verheißenen „Gerichts über die Werke" durch den Geist ist die Krise menschlichen →Handelns und ethischen Urteilens, begründet aber zugleich Handeln und Urteilen in der „Freiheit von den

Werken". Kritische Unterscheidung der Werke von der →Person und Neuschaffung der Person über ihren Werken und im Urteilen über sie gehören zusammen: Handlungen stehen weder mit ihren Voraussetzungen noch mit ihren Folgen allein in menschlicher Hand; sie können gerade deshalb begrenzt verantwortet (wichtig z. B. für die Frage nach der →Freiheit zur ‚politischen' →Verantwortung) und ethisch begründet werden (Röm 12,2: Was ist gut angesichts des von Gott Kommenden?). Die eschatologische Begrenzung menschlicher Handlungen durch Gottes Handeln und seine →Gerechtigkeit umreißt also den Raum konkreter Handlungsverantwortung. Die Zeit moralisch beurteilbaren Handelns (‚Geschichte') und dessen höchstes Gut (‚Realutopien') sind nicht Maß aller Dinge. Verantwortlichkeit soll vom Rechtfertigungsbedürfnis der Person (→Rechtfertigung) und ethische Begründung freien Handelns von Letztbegründung menschlicher Freiheit unterschieden bleiben. Gerade dann können Handlungen als ‚Früchte des Geistes' beschrieben werden (Gal 5,22), in denen die Freiheit des Glaubens und der Hoffnung in erfüllten Werken der →Liebe und der nüchternen Geduld mitgeteilt wird. In ihnen finden sich Personen im Geist am Ort konkreter Nächstenschaft vor (→Reich Gottes). Dieses Einbezogen- und Verwandeltwerden des (‚inneren und äußeren') Menschen in den Zusammenhang göttlichen Handelns und in die Urteilsfreiheit des Gewissens ist als neues Leben mit Gott zu entfalten (M. LUTHER).

Die Rede von Gericht und Verheißung Gottes kann die rationale Grundlegung der Ethik mit weit bestimmteren und reineren Begriffen der Sittlichkeit bereichern, als diese bis dahin hatte liefern können, wobei zur entscheidenden Frage wird, inwiefern diese „von der →Vernunft *frei* gebilligt werden" können (I. KANT, Kritik der Urteilskraft B 463 Anm.).

2. Geschichte und Typen. Die traditionelle Lehre von den letzten Dingen, als Abfolge endgeschichtlicher Ereignisse (Tod und Auferstehung, Jüngstes Gericht, Vollendung der Welt) wird von daher seit KANT und SCHLEIERMACHER in neuer Weise *fundamentalethisch* wahrgenommen: als rationale Frage nach praktischer Hoffnung. Dabei bilden sich zwei Typen: Die eschatologische Rede von Gott wird ethisch zur *handlungs- und urteilskritischen* Frage nach dem wahren Ende aller Dinge im „verheißenen", d. h. hier: grenzbegrifflichen Urteil Gottes. Die kritisch-negative Wahrnehmung dieser Grenze der Vernunft umreißt den Raum historisch-politischer Urteilskraft. Dieser Raum bildet sich ab in einer öffentlich-pluralen moralischen Vernunftkultur, ohne dass diese durch Vernunft allein zu begründen wäre (I. KANT; als Theorie politischen Handelns und Urteilens bei H. ARENDT; als Frage nach humaner Selbstbegrenzung antizipations- und verantwortungsfähiger Vernunft in einem „Lebensraum mit Zukunft" bei G. PICHT; als diskursethische Frage [→Diskursethik] nach Vernunftkultur bei A. WELLMER; F. KAMBARTEL). Theologische Ethik macht hier das *Widerfahrnis neuen Handelns* Gottes in Verheißung und Gesetz geltend (H. G. ULRICH).

Der Zusammenhang von E. und E. kann aber auch *geschichtstheologisch* zu einer christlichen Kultur- und Gesellschaftstheorie ausgearbeitet werden, welche die neue, im ‚Geist' gegebene christliche Lebenswirklichkeit (‚Reich Gottes' und Kirche) beschreibt. Das neue Gesamtleben im Geist setzt sich ins christliche Handeln fort und konstituiert Handlungsformen und Kulturdimensionen in ihrer fortschreitend sich entwickelnden Totalität (F. SCHLEIERMACHER). Die Krise des Auseinandertretens radikal-eschatologischer, christlicher Ethik und okzidental-rationaler Kulturentwicklung kann in diesen Typ integriert werden (E. TROELTSCH). ‚Eschatologie' wird zur krisentheoretischen Reflexionsfigur im Rahmen der ‚Ethik' als fundamentaler Wirklichkeitswissenschaft. Parallel zu Modernisierungsschüben wird je neu nach kritischen Kultursynthesen in Theologie und Kirche gefragt (W. PANNENBERG, T. RENDTORFF).

3. Zwei Grundprobleme. *3.1 Politische Theologie und politische Ethik.* Die Frage nach praktischer Hoffnung wird von einer charakteristischen Dialektik begleitet: Die geschichtstheologische Überbegründung politisch-revolutionären Handelns aus begriffener oder erinnerter Geschichte und antizipierter Zukunft Gottes führt zur politischen Theologie. Der christliche Glaube sei geschichtlich-gesellschaftliche Praxis in solidarischer Hoffnung auf den Gott Jesu, der als Gott der Lebenden und Toten (Opfer) alle ins Subjektsein ruft und darin das Subjekt eschatologischer Glaubenspraxis bildet (J. B. METZ; J. MOLTMANN). Politisch-ökonomische Gegensätze werden apokalyptisch chiffriert. Die gesellschaftskritische Frage nach (De)Legitimation von Herrschaft überdeckt die ethische Frage nach Verantwortbarkeit politischen Handelns, v. a. den differenzierten Zusammenhang von Rechtsform, politischem Handeln, Urteilsbildung und Gerechtigkeit Gottes (M. HONECKER; vermittelnd die Theorie einer eschatologisch-teleologischen Entsprechung von göttlicher Gerechtigkeit und menschlicher Rechtsentwicklung bei W. HUBER).

3.2 Messianismus und Eschatologie. Ein zweites Problem ist der konstruierte Gegensatz von christlicher Eschatologie und jüdischem Messianismus: Mit der messianischen Idee der einen weltgeschichtlichen Zukunft unter dem einzigen Gott sei die Idee einer wahrhaft politischen Wirklichkeit und eines theodizeeischen Sinns der Geschichte entdeckt; Einigung und Heiligung des göttlichen Namens im Gesetz, v. a. stellvertretendes (Mit-) Leiden des erwählten Volks inmitten geschichtlicher Antagonismen sei das messianische Symbol dieser Zukunft (H. COHEN). Muss das Insistieren auf dem genuin eschatologischen Charakter jüdischer Ethik (sichtbare Öffentlichkeit messianischer, stets aufgeschobener Hoffnung vs. Innerlichkeit des *post Christum* gegenwärtigen →Reiches Gottes, G. Scholem) aber zu komparatistischer Typenbildung führen? Bleibt solche Typenbildung methodisch in der Hoffnung, also unter dem Widerspruch durch das eschatologisch neue, noch nicht aussagbare Handeln Gottes an Israel und Kirche? Dialogisch, nicht komparatistisch fragt F. Rosenzweig nach eschatologischer Hoffnung und messianischem Leben in jüdischer Ethik: Im jüdischen Gottesdienst werde das Bleiben in der eschatologischen Hoffnung erlernt; in der messianischen Lebensform des ‚Gesetzes', in der das ewige Leben des erwählten Volkes mit Gott aufzufinden und mitzuteilen ist, wird dieses Bleiben bewährt (→Judentum und Ethik).

Die Wahrung der eschatologischen Grenze menschlichen Handelns im Handeln Gottes bleibt kritische Aufgabe philosophischer und theologischer, christlicher und jüdischer, dialogischer Ethik: Was bedeutet die Forderung, dass Reden von Gott, Handeln und praktisches Urteilen und ihre Theorie (Ethik der Ethik) in der Hoffnung des verheißenen Handelns Gottes im Geist *bleiben sollen*?

F. Rosenzweig, Der Stern der Erlösung. Mit einer Einführung von R. Mayer, 1976 – Ders., Zweistromland. Kleinere Schriften zu Glauben und Denken, R. Mayer/A. Mayer (Hg.), Haag 1984 – M. Honecker, Die Hoffnung des Glaubens und die Verantwortung in der Welt, in: E. Jüngel u. a. (Hg.), Verifikationen, Festschrift für G. Ebeling, 1982, 363–384 – H. Arendt, Das Urteilen. Texte zu Kants Politischer Philosophie, hg. und mit einem Essay von R. Beiner, 1985 – A. Wellmer, Ethik und Dialog. Elemente des moralischen Urteils bei Kant und in der Diskursethik, stw 578, 1986 – H. G. Ulrich, Eschatologie und Ethik. Die theologische Theorie der Ethik in ihrer Beziehung auf die Rede von Gott seit Friedrich Schleiermacher, BevTh 104, 1988 (Lit.) – H. Cohen, Religion der Vernunft aus den Quellen des Judentums, B. Strauss (Hg.), 1988² – F. Kambartel, Philosophie der humanen Welt. Abhandlungen, stw 773, 1989 – T. Rendtorff, Ethik. Grundelemente, Methodologie und Konkretionen einer ethischen Theologie, 2 Bde., ¹1990² – G. Picht, Zukunft und Utopie. Mit einer Einführung von E. Rudolph, 1992 – J.B. Metz, Glaube in Geschichte und Gesellschaft. Studien zu einer praktischen Fundamentaltheologie, 1992⁵ – G. Scholem, Zum Verständnis der messianischen Idee im Judentum. Mit einer Nachbemerkung: Aus einem Brief an einen protestantischen Theologen, in: Ders., Über einige Grundbegriffe des Judentums, es 414, 1993⁷, 121–170 – W. Pannenberg, Grundlagen der Ethik. Philosophisch-theologische Perspektiven, KVR 1577, 1996 – W. Huber, Gerechtigkeit und Recht. Grundlinien christlicher Rechtsethik, 1996 – R. B. Hayss, The Moral Vision of the New Testament. Community, Cross, New Creation, 1996 – G. Etzelmüller, „... zu richten die Lebendigen und die Toten". Zur Rede vom Jüngsten Gericht im Anschluß an Karl Barth, 2001 – Eschatologie und Ethik im frühen Christentum. FS Günter Haufe, Greifswalder theologische Forschungen 11, 2006 – Ch. Gestrich, Die Seele des Menschen und die Hoffnung der Christen. Evangelische Eschatologie vor der Erneuerung, 2009 – Jürgen Moltmann, Ethik der Hoffnung, 2010 – J. Stubbe Teglbjaerg Kristensen, Body and Hope. A constructive interpretation of recent eschatology by means of the phenomenology of the body, 2013.

Heinrich Assel

Ethik (allgemein)

1. Begriff und Aufgabe. Das Wort E. ist griechischer Herkunft. E. ist von Ethos zu unterscheiden. Ethos bezeichnet die Gewöhnung, auch die Gewohnheit, den Charakter. Beim Ethos geht es daher um die Einübung der für das Zusammenleben in der Polis wichtigen Grundhaltungen, der →Tugenden. E. – vom griechischen Wort ta ethika = die ethischen Lehrschriften abgeleitet – bezeichnet hingegen die Reflexion auf das richtige →Handeln. E. bedeutet nicht: tun, selbst handeln, sondern kritische Prüfung des Handelns, des Verhaltens des Menschen. Thema der E. ist das Handeln, Verhalten, die Lebensführung des Menschen. Das menschl. Verhalten u. Handeln orientiert sich zudem an Regeln. Das lateinische Wortäquivalent für E. lautet →Moral, abgeleitet von mos, mores = →Sitten, Brauch. Statt von E. spricht man deswegen auch von Moraltheologie, Moralphilosophie. Im heutigen Sprachgebrauch wird überdies gelegentl. zwischen E. als kritischer Reflexion u. Moral als Beschreibung faktischen Verhaltens unterschieden. Man spricht dann z. B. von Moralstatistik, Durchschnittsmoral, von der „Moral" einer →Gruppe, einer Truppe u.Ä. Bei den Griechen (Platon, Aristoteles) wurde E. im engen Zusammenhang mit der „→Politik", d. h. den Gesetzen u. der →Ordnung der Polis u. der Ökonomik (von oikos = Haus), d. h. der Lehre vom →Leben im „Haus", der →Familie als Wirtschaftsgemeinschaft, erörtert. Aufgabe u. Thema der E. ist das kritische Bedenken von Lebensweisen, von an Maßstäben (Kriterien, →Normen) orientiertem Verhalten, Handlungen des Menschen. Diese Handlungen werden beurteilt anhand von Vorstellungen vom guten Leben u. anhand der Unterscheidung von gut u. böse, richtig oder falsch bewertet.

2. Grundlegende Unterscheidungen. *2.1 Deskriptive und normative E.* Hinsichtl. der Argumentation werden zwei Weisen der ethischen Argumentation unterschieden: nach dem präskriptiven, normativen Verständnis besteht die Besonderheit der E. darin, Sollensforderungen, Ansprüche zu vertreten u. zu begründen. „Präskriptiv", vorschreibend u. normativ, bewertend anhand von Bewertungsmaßstäben urteilend ist eine E., die *Sollensansprüche* vertritt. Sie beschreibt nicht indikativisch, sondern befiehlt mit Imperativen. Das Beispiel einer präskriptiven E. ist Kants Kritik der praktischen →Vernunft mit dem Kategorischen Imperativ. Ein deskriptives Verständnis sieht die Aufgabe darin, ethische Voraussetzungen zu beschreiben. Deskriptive E. wurde z. B. in Form einer Güterlehre oder auch in einer E. u. Ontologie der →Werte entworfen. PLATONS Verknüpfung von Ideenlehre u. Tugendlehre, mit der in der Lehre von den drei Seelenteilen begründeten Darstellung der vier Kardinaltugenden (Besonnenheit, Tapferkeit, Weisheit, →Gerechtigkeit – Pol. 427ff), ist Prototyp einer deskriptiven E. →SCHLEIERMACHERS Darstellung der Sittenlehre als Güterlehre ist das repräsentativste Modell deskriptiver E. in der ev. Theologie.

2.2 Individual-, Personal und →Sozialethik. Nach Bezügen u. Dimensionen ist es heute üblich zwischen Individual-, Personal- u. Soziale. zu differenzieren. In der Individuale. geht es um die sittl. →Verantwortung für die eigene individuelle Lebensführung (z. B. die eigene →Gesundheit, die persönl. →Ehre). Personale. bedenkt die Verantwortung für u. gegenüber den Mitmenschen, also die interpersonalen Bezüge (→Person). Personale. ist an der Ich-Du-Beziehung orientiert, sie ist E. der zwischenmenschl. Beziehungen u. geschieht dialogisch in der Begegnung mit dem Anderen (z. B. MARTIN BUBER). Soziale. befasst sich mit der Verfassung u. Ordnung der Strukturen menschl. Zusammenlebens. Sie ist Sozialstrukturene., E. der →Institutionen. Soziale. thematisiert nicht nur die Fragen der Verantwortung in Strukturen, sondern auch die Verantwortung für Strukturen, die Gestaltung der institutionellen Ordnung.

Eine Unterscheidung der verschiedenen Perspektiven von Individual-, Personal u. Soziale. kann zur Klärung von Fragestellungen beitragen. E. ist aber nicht auf Soziale. zu reduzieren. Die Verantwortung des Menschen für sich selbst wie für seine Mitmenschen hat ein eigenes Recht u. Gewicht.

2.3 Theologische Begründung und angewandte E. Herkömmlicherweise wird grundsätzl. die Möglichkeit einer prinzipiellen Begründung von E. in *Philosophie* u. *Theologie* erörtert. Das ist der Gegenstand einer theoretischen Fundierung in einer Fundamental- oder Fundamentaltheorie. Leitfragen sind: Was begründet überhaupt E.? Wie ist eine vernünftige, einsichtige, wissenschaftl. Begründung von E. möglich? Davon zu unterscheiden ist eine Anwendung ethischer Einsichten u. Grundsätze (Prinzipien) auf konkrete Sachverhalte. Die angewandte E. oder „applied ethics" hat Sachkunde mit ethischer Bewertung zu verbinden. Statt von „applied ethics" spricht man auch von Bereichse. (z. B. →Wirtschafts-, →Wissenschafts-, Technike.; →politische, ökologische oder →medizinische E., →Bioe. usw.). Die Fragestellungen der jeweiligen Bereichse. berühren u. überschneiden sich mit der klassischen Tradition eines Standesethos (Ethos des Arztes, Richters, Forschers, →Soldaten etc.). Die Diskussion um das Verhältnis von theoretischer u. praktisch angewandter E. zeigt, dass „angewandte E." nicht einfach durch Ableitung, Deduktion von ethischen Prinzipien oder aus einer ethischen Theorie gewonnen werden kann. Auch u. trotz unterschiedlicher theoretischer Ansätze kann allerdings ein Einverständnis über praktisches Handeln erreicht werden. Es stellt sich damit die Aufgabe einer Vermittlung der sorgfältig ermittelten Sachverhalte u. Sachgegebenheiten mit der ethischen Bewertung. Dabei sind zwei komplementäre Fehlschlüsse zu vermeiden: Der auf D. HUME zurückgehende „Sein-Sollens-Fehlschluss", der auch „naturalistischer Fehlschluss" (G.E. MOORE) genannt wird, leitet aus dem Gegebensein Sollensforderungen ab (z. B. „natürl.", also sittl. geboten). Ein „normativistischer Fehlschluss" hingegen will aus sittl. Forderungen auch die faktische Gegebenheit, die Wirklichkeit, die Sachgesetzlichkeit erschließen. Angewandte E. hat eine sittl. Grundsicht mit allgem. u. spezif. Sachgesetzlichkeiten zu verbinden. Daher erfordert eine Bereichse. die Verbindung u. Kooperation von ethischer Kompetenz mit Erfahrungs- u. Sachwissen auf dem jeweiligen Lebensgebiet.

2.4 Normative E., Paränese, Meta-E. Die Aufgabe *normativer* E. ist die argumentative Begründung u. kritische Reflexion von →Normen, Kriterien, Maßstäben, Regeln eines sittl. verantwortbaren Handelns. Der Gegenstand normativer E. ist das Thema der Normenbegründung u. Normene. Argumentationsverfahren u. die Überprüfung der Rechtmäßigkeit, der Legitimation (→Legitimität, Legitimation) von Geltungsansprüchen sind in einer normativen E. zu erörtern. *Paränese* oder *Paraklese* nennt man die ethische Mahnrede. Sie fordert zum Tun des Guten auf u. ruft die anerkannten moralischen Grundsätze u. ethischen Maßstäbe in Erinnerung. PLATON (SOKRATES) u. die Stoiker pflegten die ermahnende u. ermunternde, protreptische Einschärfung des Guten. Im NT findet sich häufig Paränese, vor allem in den Paulusbriefen (Röm 12ff; Gal 5,6 u. Ä.). Beide Argumentationsformen sind jedoch nicht zu verwechseln. Normative E. hat argumentativ die *Richtigkeit* von Handlungen rational zu begründen; Paränese hingegen bringt das anerkannt Gute, die sittl. Forderung als solche zur Sprache und erinnert an das Tun des Guten u. Rechten.

Die vor allem im angelsächsischen Sprachraum einflußreiche u. wissenschaftl. ausgearbeitete *Meta-E.* untersucht die Sprache der Moral, die Bedeutung moralischer Wörter u. Sätze (→Analytische E.). Sie verfährt deskriptiv. Sie fragt nach der Bedeutung von Wörtern wie z. B. gut, richtig, →Pflicht, Erlaubnis, →Wert, →Glück im Zusammenhang ethischer Äußerungen. Unterschiedl. meta-ethische Konzepte – Naturalismus (empirische Sicht, Beschreibung des natürl. Richtigen), Intuitionismus (unmittelbare Einsichtigkeit der moralisch richtigen Handlung), Präskriptivismus (Empfehlung oder Vorschreiben einer Normvorstellung), Emotivismus (Mitteilung eines Gefühls der Billigung oder Missbilligung einer Handlung) – führen zu konträren Interpretationen des Phänomens ethischer Aussagen. Zur Klärung moralischer Aussagen beigetragen hat die von I.L. AUSTIN inaugurierte u. von J.R. SEARLE weitergeführte Sprechakttheorie. Dabei werden z. B. informative u. performative (vollziehende, veranlassende) Sätze unterschieden. Ein Versprechen gibt z. B. keine neutrale →Information, sondern ist ein performativer Akt, eine Sprachhandlung. Fragestellungen der Meta-E. u. einer Normenlogik, deontischer Logik haben je ihre eigene Bedeutung neben der normativen E. Der Artikel konzentriert sich im Folgenden auf die normative E.

2.5 Normen- und Situationse. Das Wort „Norm" wird erst im 19. Jh. als ethischer Begriff benutzt. →Norm heißt Maßstab, Beurteilungskriterium. Neben einem sozialen u. ethischen Gebrauch des Normbegriffs gibt es einen technischen Normbegriff (z. B. metrisches System, DIN-Normen). Die klassische Formulierung für Norm lautet: Gesetz oder Gebot. Der Inhalt von Normen ist höchst vielfältig. Er reicht von Moden, Bräuchen, Etikette, Konventionen über →Sitte bis hin zu sittl. Prinzipien u. mit Sanktionen versehenen Rechtsnormen. Geltung u. Begründung von Normen werden unterschiedl. gesehen: Sind Normen absolute Maßstäbe, regulative Ideen, Standards eines kulturellen Grundkonsenses? Mit dem Hinweis auf eine Normene. meint man eine Orientierung an Bewertungskriterien, Handlungsregeln u.Ä. Eine starre Normene. wird von einer rigoros verstandenen Kasuistik vorausgesetzt. Gegen die →Kasuistik wendet sich eine →*Situationse.* (oder auch Existenze.), welche die Notwendigkeit der Berücksichtigung unterschiedlicher Situationen u. existenzieller Lebenslagen zur Geltung bringt. Situationse.er berufen sich auf AUGUSTINS Satz: „Dilige, et quod vis fac." „Reine" Situationse.er lehnen generell eine Orientierung von E. an Normen ab. Dagegen ist freilich als Einwand darauf hinzuweisen, dass ohne Kenntnis von Maßstäben ethische Urteilsbildung nicht möglich ist. Zu bedenken sind freilich Reichweite, Geltungsgrund, Verbindlichkeit, Entstehung u. Entwicklung sozialer u. ethischer Normen. Der Umgang mit Normen ist von der E. kritisch u. differenziert zu bedenken. Ein Rekurs auf Normen ist freilich genauso unerlässl. wie die Berücksichtigung unterschiedlicher Situationen u. Lebenslagen. Eine *Alternative* von Normene. *oder* Situationse. ist verfehlt. Das Beziehungsverhältnis von Normen u. Situationen bedarf der Klärung. Dabei ist die Erinnerung an die klassische Tugend der Epikie, der Aequitas, der angemessenen Berücksichtigung der Umstände weiterführend.

2.6 Universale und partikulare E. Eine rationale E., welche sich auf den Universalitätsanspruch der →Vernunft beruft, schließt häufig eine Kritik an partikularen E.en ein. E. soll universal, zeitlos u. überall gleicherweise gelten. Die kommunitaristische Sicht macht gegen den Rationalitäts- u. Universalitätsanspruch rationalistischer E. die Kontextabhängigkeit sittl. Verhaltens geltend (→Kommunitarismus). In der Tat ist zwischen Entstehen (Genese) u. Geltung ethischer Einsichten zu unterscheiden. Zudem ist ein Entwurf von E. allein aus der Vernunft („sola ratione"), d. h. eine bloß rationale Konstruktion von E. nicht möglich. E. setzt als Stoff →Tradition, Erfahrung, →Kultur voraus. Sittl. Erfahrung u. ethische →Verantwortung sind eingebettet in Kultur.

Im Rahmen der Analyse des Zusammenhangs von Vernunft u. Erfahrung, von Rationalität, E. u. Kultur ist der Universalitätsanspruch normativer E. zu thematisieren. Eine *rationale* E. impliziert eine Kritik an partikularer E., sei diese kulturell bedingt oder religiös u. theol. verankert (christliche, jüdische, islamische, buddhistische usw. E.; →Judentum und Ethik). Der Universalitätsanspruch rationaler E. u. der →Pluralismus kulturell, religiös, gesellschaftl. geprägter materialen E.en ist also ebenfalls ein Grundproblem wissenschaftl. E. Auch partikulare E.en haben nämlich einerseits sich selbst am Universalitäts- u. Rationalitätsanspruch messen zu lassen, andererseits jedoch selbst ihrerseits einen Anspruch auf allgemeine Geltung zu vertreten.

3. Die Komplexität der ethischen Frage. Die Aufgabe u. Fragestellung der E. ist umfassend u. in sich selbst sehr vielschichtig u. mehrdimensional.

3.1 Handlungstheorie und Lebensführungspraxis. E. kann als *Handlungstheorie*, als Bedenken u. Beurteilen von *richtigen* u. *falschen* Handlungen verstanden werden. E. kann auch in einem weiteren Sinne als Theorie der Lebensführungspraxis, also als Lebensanschauung begriffen werden. Je nach der Bestimmung der ethischen Aufgabe als Handlungslehre oder als Theorie des *guten* Lebens verändert sich die Fragestellung. Im Blick auf das Handeln lautet die Frage: Welches Handeln ist richtig? Was soll ich – in einem bestimmten Fall – tun? Im Blick auf die Lebensgestaltung lautet die Frage: Was für ein *Mensch* will ich sein? *Wie* will ich leben? Die Orientierung am richtigen Handeln u. am guten Leben sind nicht identisch. Dementsprechend verschieden u. weitgespannt sind die Grundbegriffe der E.: →Norm, Gebot, →Pflicht, →Wert, →Tugend, Charakter, Lebensformen.

Unterschiedl. Perspektiven zeigen sich auch im Blick auf den Ansatz beim sittl. handelnden *Subjekt* oder bei den Inhalten, *Objekten* des Handelns. Leitfrage kann die *Konstitution* des sittl. Subjekts sein: Es ist dann die Frage nach der →Freiheit u. den Bedingungen des persönl. Handelns. Die Perspektive der Beurteilung u. Bewertung konkreter Handlungen bezieht sich auf Maßstäbe, Urteilskriterien u. Inhalte; das im Mittelpunkt stehende Thema ist dabei die Frage der Normen, der Normenbegründung, Normengeltung u. Normenkritik. Eine andere Perspektive eröffnet hingegen die Frage nach dem umfassenden *Ziel* des „guten" Lebens, die sog. *„Sinnfrage".* Die Leitfrage ist dabei: *Wozu* überhaupt sittl. handeln, warum verantwortl. leben? Why to be moral? Diese Fragestellung in der E. wird als Letztbegründungsfrage erörtert.

3.2 Die Komplexität ethischer Handlungen. Das *Handlungsgefüge* konkreten Handelns u. Verhaltens ist sorgfältig u. differenziert zu analysieren. Motive, Beweggründe, Absichten (Intentionen), Ziele u. die Wahl der Mittel wirken zusammen. Handlungen sind als *bewusste* u. zielgerichtete menschl. Tätigkeiten zu verstehen; Absicht, Bewusstsein u. Zielorientierung unterscheiden Handeln als menschl. Entscheidungen von instinktgesteuerten Verhalten u. von vor- bzw. unterbewussten Reaktionen. Handlungstheorien sind fundiert in einem zugrunde liegenden Verständnis des Menschen.

3.3 Ethische Typen und Modelle. In der Geschichte haben die unterschiedl. Anschauungen von der Aufgabe der E. zu verschiedenen Typen u. Modellen ethischer Fragestellungen geführt. Eine *spirituell-entfaltungsorientierte* Entwicklungslinie betont die Formung der sittl. Persönlichkeit. Sie war seit der Antike religiös verankert. Es geht hier um die Verwirklichung vollkommener Gottesliebe u. der Nächstenliebe, um Nachahmung Gottes u. →Nachfolge Christi, um geistl. Pflichten, um Askese, um das Vollkommenheitsideal des Mönchtums etc. Eine *kasuistisch-anwendungsorientierte* Entwicklungslinie befasst sich hingegen mit den Regeln u. Normen für das Handeln u. für die Praxis des Lebens. Sie hatte in der Kirchengeschichte ihren ursprüngl. Ort in der Praxis des Beichtstuhls, mit der Unterscheidung von lässl. Sünden u. Todsünden, sowie den Leistungen für eine Wiedergutmachung (satisfactio operis, Kirchenstrafen). Die klassische Darstellungsform ist die der →Kasuistik, der Bewertung des casus conscientiae. Eine dritte *systematisch-grundlegungsorientierte* Entwicklungslinie erörtert hingegen den Ansatz, das Fundament von E. Grundlegend kann z. B. die Tugendlehre (→Tugend), die Vernunfteinsicht oder die natürl. Neigung zum Guten (→Naturrecht) sein. ARISTOTELES, THOMAS VON AQUIN u. KANT u. a. repräsentieren in je eigener Weise dieses Argumentationsmodell.

Die Unterscheidung verschiedener Typen u. Argumentationsmodelle kann man mit dem Schema einer Evolution ethischer Weltbilder verbinden. Die *Gesetzese.*, d. h. eine Gebote u. Regeln autoritativ vermittelnde E., wie sie besonders in der Moralkasuistik gepflegt wurde, wird in der →Aufklärung abgelöst durch die Wendung zur →Autonomie des sittl. Subjekts. An die Stelle der Gesetzese. tritt die *Gesinnungse.* mit dem Prinzip, dass allein der gute Willen des Handelns gut macht. Im 20. Jh. wird die Gesinnungse. durch eine *Verantwortungse.* abgelöst. Verantwortungse. verbindet die Frage nach dem Subjekt, dem Träger von Verantwortung mit der Wahrnehmung von Aufgaben, Aufträgen von Verantwortung (z. B. →Friede, Beseitigung des Welthungers, Überleben von Menschheit u. →Umwelt). Mit der Verantwortungse. wird, wie bei ARISTOTELES, ein enger Zusammenhang zwischen Politik u. E. hergestellt. →Politik orientiert sich freilich an *Interessen,* E. sollte sich an Vorstellungen vom guten Leben, an „Werten", sittl. Kriterien, Normen orientieren. Eine Verantwortungse. stellt sich die Aufgabe einer öffentlichen, d. h. politischen Vermittlung von E.

4. Zur Geschichte der E. Die Komplexität der ethischen Aufgabe u. die Vielfalt ethischer Modelle ist an einigen repräsentativen Beispielen zu veranschaulichen.

4.1 Griechentum. Der Ursprung ethischer Reflexion liegt für das abendländische Denken im Griechentum. Nach PLATON hat ARISTOTELES die erste philosophische E. verfasst (Nikomachische E.). ARISTOTELES bezieht die E. auf das Streben nach dem Guten, das alle Praxis des Menschen bestimmt. Nach der Einleitung der Nikomachischen E. (I,1) strebt alles Tun des Menschen nach dem Guten, d. h. alles Können, Forschen, Wählen, →Handeln ist sittl. zielorientiert. Die einzelnen Ziele werden um des letzten Zieles, des höchsten Gutes willen verfolgt. Letztes Ziel des Menschen ist die „Eudaimonia", das →Glück. Das Streben des Menschen nach dem letzten Ziel äußert sich in einer Bewegung der Seele. Diese Bewegung bedarf der Übung, der Ausbildung der Tüchtigkeit, der →Tugend, der „Arete". ARISTOTELES hat mit dem Bedenken der Wahlhandlung, dem Tugendbegriff u. dem Ansatz der sittl. Einsicht (Phronesis, prudentia, Tugend der Klugheit) die methodische Reflexion der E. für die Folgezeit grundgelegt.

Die *Stoa* bildete seit etwa 300 v.Chr. bis in die Kirchenväterzeit die Grundlage der E. in der hellenistisch-römischen →Kultur aus. Die stoische E. ist kosmopolitisch ausgerichtet. Das Handeln des Menschen wird durch die gemeinsame Teilhabe an der Weltvernunft, am Logos bestimmt. Die kosmische Ordnung regelt als natürliches Gesetz das sittl. richtige Handeln des Menschen. An der Weltvernunft sich orientieren bedeutet: naturgemäß leben, *secundum naturam vivere.* Die stoische E. konzipiert die Idee eines →Naturrechts. Sie entfaltet ferner eine reiche Tugendlehre. Zur Ausübung von →Tugend gehört die Beherrschung der Affekte. Die stoische Tugend- u. Affektenlehre prägt bis ins 18. Jh. die moraltheoretische Reflexion. Das Ziel der Beherrschung der Affekte, Triebe u. das Ideal der „Apathie" war herrschendes universales Ethos im römischen Weltreich.

Neben der Stoa ist der *Epikureismus* zu erwähnen, die Lehre EPIKURS. Im Epikureismus ist das Kriterium des Handelns nicht die sittl. Ordnung, sondern das Erreichen von Lust, Freude („Hedone", von daher: Hedonismus).

4.2 Israel, Urchristentum und Kirchenväter. Israel u. das *Urchristentum* lehrten keine ethische Theorie. Sie tradierten ihre Lebensweisung mit Hilfe des →Dekalogs, der Tora, im NT anhand der →Bergpredigt, der apostolischen Weisungen, der *Paränese.* Die christl. Lehre von Sünde u. Erlösung, von Buße, neuem Leben u. Heiligung verband sich bei den *Kirchenvätern* mit der Aufnahme philosophischer Denkmuster u. Weltdeutung. Augustin hat für das christl. Abendland eine Synthese aus griechischem Naturrechtsdenken u. dem Doppelgebot der Gottes- u. Nächstenliebe in Gestalt eines christl. Naturrechts hergestellt. Spiritualität, das Suchen nach Gott u. Heil wurde dadurch mit ethischem Streben verbunden. Für das ethische Denken der christl. Theologie methodisch u. inhaltl. leitend war der Platonismus, auch der Neuplatonismus.

4.3 Mittelalter u. Reformation. Die aus dem arabischen Raum wiedererlangte Kenntnis des ARISTOTELES führte im 13. Jh. zu einem Neuansatz der E. Insbesondere THOMAS VON AQUIN erörterte die Wahlfreiheit als Voraussetzung dafür, dass der Mensch Herr seiner Handlungen sein kann. Vernunft u. Glaube, Natur u. Übernatur, inclinationes naturales (das natürl. Streben) des Menschen u. seine transzendente Bestimmung werden in einer umfassenden Konzeption verbunden. Aristotelisches Denken modifiziert das bei AUGUSTIN platonisch (metaphysisch) begriffene Naturrecht, indem es das Natürl. auf empirische Wahrnehmung zurückbezieht u. damit eine „natürliche" Vernunftmoral ermöglicht.

Die spätmittelalterl. Konzentration der E. auf die Zuordnung von →Freiheit, Vermögen des Menschen (liberum arbitrium) u. →Gnade Gottes, auf verdienstl. Akte u. die Mitwirkung des Menschen am Heil stieß auf den Widerspruch der *Reformation.* Das „Allein aus Gnaden" der →Rechtfertigung, die Unterscheidung von Glaube u. Werken, von →Gesetz u. Evangelium, die Kontroverse um „gute Werke" u. das neue Verständnis von Freiheit eines Christenmenschen führte auch zu einem neuen theologischen Ansatz der E.

4.4 Aufklärung. Die Wendung der E. zur *Vernünftigkeit* (Rationalität) sowie die Emanzipation der E. von kirchlicher, klerikaler Bevormundung (→*Säkularisierung*) brachten in der →Aufklärung einen völligen Neuansatz der E. DESCARTES plädierte für eine pragmatische provisorische Moral, also für die Bewahrung von Konventionen, solange diese nicht eindeutig widerlegt sind. THOMAS HOBBES („De cive") begründete E. als praktische Vernunftphilosophie ohne Metaphysik. Angesichts einer Bürgerkriegssituation zog er sich auf die vernünftigen Grundforderungen eines „natural law" u. der Vertragstreue zurück. Die E. der Aufklärung wird pragmatisch u. praktisch.

IMMANUEL KANT hat in seiner „Grundlegung der Metaphysik der Sitten" (1785) transzendentalphilosophisch E. ohne Religion u. Theologie fundiert. Der Ausgangspunkt der E. ist nach ihm die sittl. →Autonomie der →Person, die Selbstgesetzgebung des Willens. Der Ursprung des sittl. Guten u. damit dessen Kriterium ist die sittl. Selbstverpflichtung des Willens: Es ist nichts in der Welt gut zu nennen als der reine Wille. Die Einsicht in das sittl. Gute begründet einen unbedingten Anspruch. Die Formulierung dieses unbedingten Anspruchs enthält der *Kategorische Imperativ,* der fordert, dass das eigene Handeln zur Maxime einer allgemeinen Gesetzgebung werden soll. Neben der Begründung der E. auf die sittl. Autonomie der Person erhebt der Kategorische Imperativ einen Universalitätsanspruch; er vertritt das Postulat auf allgemeine u. unbedingte Verbindlichkeit. Die sittl. Autonomie der Person hat für die menschl. Praxis eine personale u. eine soziale Seite. Die Moralität der Sittlichkeit einer Person u. die politisch-soziale →Gerechtigkeit als Sittlichkeit in institutionellen Zusammenhängen sind zu unterscheiden. So gliedert sich Kants „Metaphysik der Sitten" in eine „Tugendlehre" u. in eine „Rechtslehre".

KANTS Rechts- u. Staatsphilosophie benennt als Kriterium von Gerechtigkeit u. Recht den „Inbegriff der Bedingungen, unter denen die Willkür des einen mit der Willkür des anderen nach einem allgemeinen Gesetz der Freiheit zusammen vereinigt werden kann" (RL §8). KANTS Philosophie der praktischen →Vernunft geht in einer transzendentalen Philosophie der →*Freiheit* von der menschl. Freiheit als Unbedingtem aus, die zugleich die Bedingung der Möglichkeit von Verbindlichkeit überhaupt setzt. Trotz der Kritik am Rigorismus u. Formalismus der E. KANTS ist dieser Ansatz für den ethischen Idealismus maßgebl. geworden. In J.G. FICHTES „System der Sittenlehre" (1798), G.W.F. HEGELS „Rechtsphilosophie" (1821) u. F.W.J. SCHELLINGS Freiheitsphilosophie wurde diese Konzeption aufgenommen u. weiterentwickelt.

4.5 Die Entstehung des Utilitarismus. Ende des 18. Jh.s wurde in England zur Zeit KANTS eine utilitaristische E. konzipiert, vor allem von J. BENTHAM u. später J.S. MILL. BENTHAM proklamierte das größtmögl. Glück der größtmögl. Zahl. Der →Utilitarismus bewertet die *Folgen* einer Handlung (Konsequentialismus) u. misst sie am Nutzenprinzip als allgemeinverbindl. Moralprinzip. Strittig ist dabei die Begründung u. Beurteilung von Handlungen: Soll jede einzelne Handlung nur nach dem →Nutzen für den Handelnden bemessen werden (Handlungsutilitarismus) oder soll eine Klasse von Handlungen auf den allgemeinen Nutzen hin untersucht werden (Regelutilitarismus)? Strittig ist ferner das *Ziel* des Nutzens: Meint das Nützl. materiellen Gewinn, faktischen Erfolg oder einen idealen Wert? Der Utilitarismus lässt sich demgemäß in einen egoistischen, hedonistischen u. in einen altruistischen, idealen Utilitarismus ausdifferenzieren. Umstritten ist ferner die Möglichkeit der Ermittlung des Gesamtnutzens u. die Notwendigkeit der Ergänzung des Nutzenprinzips durch ein Gerechtigkeitsprinzip (Gerechtigkeit als Fairness, vgl. JOHN RAWLS).

4.6 Ansätze des 19. Jh.s. Eigene Akzente setzte A. SCHOPENHAUER mit der Ausrichtung der E. am Mitleid oder KIERKEGAARD u. ihm folgend eine Existenz. mit der Betonung der ethischen Existenz als Vollzug von

Entscheidung. F. NIETZSCHES Moralkritik führt zum Programm einer „Umwertung der Werte". KARL MARX sieht in der bürgerl. Moral nur ein Instrument der Unterdrückung, Beherrschung u. Ausbeutung. E. impliziert in marxistischer Sicht Ideologiekritik u. wird aufgehoben in Geschichtsphilosophie, Revolutionstheorie u. in der Erwartung einer Aufhebung der Entfremdung u. des Gelingens der →Emanzipation.

5. Der Pluralismus ethischer Ansätze. *5.1 Überblick.* Der Überblick über die Geschichte der ethischen Ansätze lässt eine Vielfalt erkennen u. dadurch die Multiperspektivität ethischer Fragestellungen sichtbar werden. Eine allgemein anerkannte ethische Theorie gibt es derzeit nicht. Neben einer Tugende. wird die aristotelische Tradition der Strebense. u. die von KANT aus dem Faktum der Vernunft transzendentalphilosophisch hergeleitete Sollense., des auf dem Postulat der Freiheit begründeten Anspruchs der praktischen Vernunft vertreten. Auch der Utilitarismus wird in Gestalt eines Konsequentialismus u. eines Präferenzutilitarismus als Inbegriff einer rationalen, universalisierbaren, nicht-religiösen E. vertreten. Andere Modelle u. Paradigmen einer theoretischen Begründung der E. kommen noch zum utilitaristischen, zu KANTS transzendentalphilosophischen u. zum tugendethischen Paradigma hinzu. Zu nennen ist das Paradigma einer materialen *Werte.,* die sich auf Selbstevidenz von →Werten u. eine unmittelbare Werterkenntnis beruft (NICOLAI HARTMANN, MAX SCHELER). Eine transzendental-pragmatisch begründete →*Diskurse.* (K. O. APEL, J. HABERMAS) geht von der Anerkennung des Apriori der Kommunikationsgemeinschaft aus u. will konsensuell eine Verständigung über ethische Inhalte u. Normen durch Diskursverfahren erreichen. Das *kontraktualistische* Paradigma – vertreten von J. RAWLS in seiner „Theorie der Gerechtigkeit" (1971) – begründet u. etabliert handlungsleitende Normen durch einen →Vertrag u. ein Verfahren zur Sicherung institutioneller Gerechtigkeit im menschl. Zusammenleben. Ein *individualrechtliches* Paradigma beruft sich auf die Grundfreiheiten des Individuums u. auf unveräußerl. →Menschenrechte. Der →*Pluralismus* ethischer Paradigmen u. Theorieansätze macht eine deduktive Ableitung von konkreten Handlungsanweisungen aus einem einzigen Prinzip unmöglich; er wehrt ferner der rationalistischen Neuerfindung des Moralischen u. verweist auf eine Konvergenzargumentation von verschiedenen methodischen Verfahren. Der methodische Pluralismus entspricht auch am ehesten der Komplexität u. Differenziertheit ethischer Urteilsbildung.

5.2 Deontologie und Teleologie. Der methodische Pluralismus relativiert inzwischen auch die Antithese von Deontologie u. Teleologie. Eine absolute Deontologie vertritt KANT, wenn er ein Handeln aus →Pflicht dem Handeln aus Neigung entgegensetzt. Sittliches Handeln ergibt sich demnach aus der Erfüllung der Pflicht, der Befolgung von Pflichten (Pflicht = deon). Eine absolute Inpflichtnahme schließt jede Folgenabschätzung aus. *Teleologische* E. sieht auf das Ergebnis, das Ziel des Handelns (telos = Ziel, Erfolg). Teleologische E. nimmt eine Folgenabschätzung vor. Der Gegensatz von Deontologie u. Teleologie steht auch hinter der Entgegensetzung von Gesinnungs- u. Verantwortungse. (MAX WEBER), bzw. Erfolgse. (MAX SCHELER). Eine Folgenabschätzung kann freilich nicht prinzipiell gesinnungslos argumentieren, u. auch eine von der inneren Verpflichtung ausgehende E. kann nicht prinzipiell auf Folgenabschätzung, auf die Wahrnehmung von Wirkungen des Handelns verzichten. Die klassische Moralphilosophie wie die kath. Moraltheologie benutzen von jeher das Verfahren der Güter- u. Übelabwägung, der Abwägung des geringeren Übels. Gemäßigte Deontologie u. gemäßigte Teleologie sind also vereinbar. Dabei ist zu klären, aus *welcher* Gesinnung (Verpflichtung) *welche konkrete* Verantwortung wahrzunehmen ist. Eine E. der →Verantwortung kann ebenfalls Gewissensbildung u. Folgenabschätzung, Güterabwägung, eine Vorzugswahl vereinen. Die Erwartung, durch die Berufung auf einfache Grundsätze schwierige u. differenzierte Handlungssituationen auflösen zu können, ist allerdings trügerisch.

6. E. und →Anthropologie. E. setzt ein Grundverständnis des Menschen voraus. Das *Fundament* aller E. ist eine Gesamtsicht des Menschen: Ist der Mensch durchgängig rational bestimmt, ein Vernunftwesen? Welche Bedeutung für das ethische Engagement haben Gefühle, Affekte, Emotionen? Ist das →Gewissen des Menschen als Anwendung eines Urteilsvermögens der praktischen Vernunft zu verstehen oder als Beanspruchung der Person im Gemüt oder Charakter? Der Mensch ist eben nicht nur ein durch Rationalität u. Reflexion gesteuertes Wesen. Neben der Vernunft sind *Wille,* das *praktische Wollen* u. *Gefühle, Affekte, Motivation* zu berücksichtigen. Die seit ARISTOTELES übl. Analyse der Handlungen als Vorzugswahl, in der im Einzelfall Erkenntnis, Absicht (Intention), Mittelwahl u. Zielorientierung zusammenspielen, setzt (Wahl- und) Handlungsfreiheit als menschliches Vermögen voraus. Eine vollständige Determination menschl. Handelns macht freilich E. unmöglich. →Freiheit bedingt jedoch Handlungsgewissheit. Handlungsgewissheit gründet in persönlicher Gewissheit, im Vertrauen auf Sinnhaftigkeit menschl. Handelns. Theologie spricht in dieser Hinsicht von Glaubensgewissheit u. vom Glauben als Vertrauen.

Klärungsbedürftig ist weiterhin das Verhältnis von →*Vernunft* u. Rationalität als Mittel der Verständigung über das richtige sittl. Handeln u. Verhalten zur *Erfahrung* als Quelle ethischen Wissens u. Wertens (→Tradition). Eine rein konstruktiv verfahrende E.

bleibt formal u. inhaltsleer, weil die materialen ethischen Gehalte aus →Tradition, Geschichte, →Kultur, auch -Sitte stammen.

7. Allgemeine E. und theologische, christliche E. Ein Grundproblem ist die Zuordnung des Universalitätsanspruches einer rationalen E. (Verallgemeinerungse.) zur Tradition christlicher E. Die Forderung nach Autonomie der Vernunft u. des Subjekts seit der Aufklärung hat die Spannung verschärft. In der kath. Moraltheologie wurde diese Problematik in der Debatte um eine *autonome* Moral bzw. die Autonomie der Moral erörtert (→Autonomie). Dabei war der Auslöser dieser Debatte zunächst eine Konfrontation der Evidenz der Moral mit dem Autoritäts- u. Gehorsamsanspruch des kirchl. Lehramts („Humanae vitae", 1969). Einverständnis besteht inzwischen darüber, dass es keine spezifischen, besonderen christl. oder theologischen *Methoden* der E., kein besonderes theol. Argumentationsverfahren gibt, so wenig wie ein christliches ABC oder ein christliches Einmaleins. Auch sind christl. Inhalte der E. weiterhin identisch mit vernünftigen, allgemeinmenschl. Inhalten. Auf diese Übereinstimmung von humaner u. christlicher E. bezieht sich die Konzeption des →Naturrechts. Zwischen allgemeiner, humaner u. christlicher E. besteht deswegen kein prinzipieller Gegensatz. Christlicher Glaube bestreitet freilich der E. jeglichen Heilsanspruch, eine soteriologische Wirkung. Der Mensch erlöst sich nicht selbst durch ethisches Handeln. Der christl. Glaube stellt außerdem die E. in den Kontext des christl. Gottesglaubens. Zu den Grundeinsichten des Glaubens gehören die durch den Glauben erschlossene Erkenntnis der Sünde, das Vertrauen auf Gottes Rechtfertigung, auf die Sündenvergebung als Befreiung vom Bösen u. als Ermächtigung zum Guten. Der christl. Glaube übt *Fundamentalunterscheidungen* ein, wie Person u. Werke, Glaube u. Handeln vor Gott u. vor den Menschen (→Zweireichelehre), Glaube u. →Liebe, schließlich →Gesetz u. Evangelium. Innerhalb der ev. E. ist nach 1945 eine Kontroverse, eine Grundsatzdebatte um die Reihenfolge von Gesetz u. Evangelium (LUTHER) oder Evangelium u. Gesetz (K. BARTH) u. damit um die theol. Begründung von E. exklusiv aus der Christusoffenbarung geführt worden. Diese Kontroverse war hauptsächlich eine Auseinandersetzung um die theol. *Erkenntnislehre* u. um das *Offenbarungsverständnis*. Eine an Einsicht appellierende u. der Kommunikabilität verpflichtete E. wird einerseits die Relativität sittlicher Erkenntnis betonen, aber andererseits auch eine praktikable, pragmatische, allgemein vermittelbare Lösung von Lebensfragen anstreben. Deshalb wird auch christl. E. das Instrumentarium anerkannter Argumentationsverfahren nutzen. Evidenz u. Argumentationsfähigkeit sind freilich ebenso wenig ein Einwand dagegen, E. *bewusst* im *Kontext* christl. Glaubens zu reflektieren u. das christl.

Verständnis von Freiheit, Sünde, Glaubensgewissheit, Liebe als Charisma, Gnadengabe u. a. einzubeziehen.

8. Das Proprium einer evangelischen E. In diese Verbindung von *Glaubensgewissheit* u. ethischer Orientierung ist dann auch die vielverhandelte Frage nach dem *Proprium* oder *Spezifikum* christlicher E. zu beantworten. Eine christl. oder konfessionell „evangelische" E. lässt sich nicht eindeutig mit Hilfe eines christl. Normenbestandes oder besonderer christlicher Handlungsanweisungen ausweisen u. als Normensystem aus Schrift oder Offenbarung ableiten. Die Botschaft des *Evangeliums* spricht dem Mensch, gerade dem Sünder Gottes Gegenwart zu u. ist eine Einladung zum Glauben. Das Evangelium widerfährt dem Menschen, wenn er es *hört* u. sich gesagt sein lässt. Glaube u. Evangelium werden vom Menschen nicht hergestellt. Daraus folgt die Unterscheidung zwischen dem *Hörer* des Wortes, der als Glaubender passiv ist, u. dem *Täter* des ethisch Geforderten, der zur Aktivität aufgerufen ist. Ev. E. hat daher Handeln Gottes u. Handeln des Menschen, *opus dei* u. *opus hominis*, die Annahme der Gnade im *Glauben* u. die Inanspruchnahme der →Liebe im Dienst am Nächsten zu unterscheiden. Gerade diese Unterscheidung macht frei zur Wahrnehmung konkreter Verantwortung, die immer *begrenzte* Verantwortung ist. Vom Evangelium bemächtigte Verantwortung leitet an zur Unterscheidung *für was gegenüber wem* stellvertretend *für andere gemäß welchen Regeln* der Mensch, der Christ, Verantwortung trägt. →Verantwortung ist eine Aufgabe mit mehreren Bezügen. Die mehrstellige Ausrichtung von Verantwortung lässt sich so formulieren: Wer ist für welche Aufgaben u. stellvertretend für andere vor welcher Instanz nach welchen Handlungskriterien verantwortlich? Das allgemeinmenschl. Phänomen von Verantwortung u. Verantwortlichkeit des Menschen ist somit im Horizont christl. Glaubens zu begreifen als Ermächtigung u. Befreiung zum Handeln u. zur eigenständigen Lebensgestaltung durch Gott, den Schöpfer, Erlöser u. Versöhner des Menschen. Glaube, Liebe, Hoffnung (1. Kor 13,13), Gnadengaben Gottes, Charismen befähigen u. ermächtigen den Christen zu solcher Verantwortungsübernahme. Auch bietet eine christliche Lebensform in Gestalt des Ethos Orientierungshilfe.

W. TRILLHAAS, E., 1970³ – O. BAYER, Zugesagte Freiheit. Zur Grundlegung theologischer E., 1980 – H. THIELICKE, Theologische E., 3 Bde., I1981⁵, II/11986⁵, II/21987⁴, III1968² – A. HERTZ u. a., Handbuch der christlichen E., 3 Bde., 1982² – W. KRECK, Grundfragen christlicher E., 1983³ – D. BONHOEFFER, E., hg. v. E. BETHGE, 1984¹⁰ – W. SCHRAGE, E. des Neuen Testaments, 1984⁵ – H.E. TOEDT, Perspektiven theologischer E., 1988 – T. RENDTORFF, E., 2 Bde., I1990², II1991², 3. Aufl. 2011 – M. HONECKER, Einführung in die Theologische E., 1990 – DERS., Grundlagen der Soziale., 1995 – C. FREY, Theologische E., 1990 – DERS./P. DABROCK/S. KNAUF, Repetitorium der E., 1995 – D. LANGE, E. in evangelischer Perspektive. Grundfragen christlicher Lebenspraxis, 1992 – H. Kramer, Integrative E., 1995 – J. Nida-Rümelin (Hg.), Angewandte E. Die Bereichse.en und ihre theoretische Fundierung. Ein Handbuch, 1996 – W. Pannenberg, Grundlagen der E. Philosophisch-theologische Perspektiven, 1996 – H. Kress/W.E. Müller, Verantwortungse. heute. Grundlagen und Konkretionen einer E. der Person, 1997 – H.G. Ulrich (Hg.), Evangelische E. Diskussionsbeiträge zu ihrer Grundlegung und ihren Aufgaben, TB 83, 1999 – J. Fischer, Theol. E. Grundwissen u. Orientierung, 2002 – E. Schockenhoff, Grundlegung der Ethik, 2007 – M. Honecker, Ev. Ethik als Ethik der Unterscheidung, 2010 – W. Härle, Ethik, 2011 – W. Huber, Ethik. Die Grundfragen unseres Lebens. Von der Geburt bis zum Tod, 2013 – Ch. Frey, Wege zu einer ev. Ethik, 2104 – W. Huber, T. Meireis, H-R. Reuter, Handbuch der Evangelischen Ethik, München 2015.

Martin Honecker

Ethik, analytische

„A.E." dient als Sammelbezeichnung für moralphilosophische Erörterungen und Theorien aus der analytischen Philosophie. Die schrittweise Zerlegung gedanklicher und sprachlicher Komplexe in jeweils einfachere lässt sich als Methode bis in die Frühgeschichte der Philosophie zurückverfolgen. Unter dem Einfluss von G. E. Moore und der Logik G. Freges wurde dieses Verfahren für B. Russell, L. Wittgenstein und A.J. Ayer zum Leitbild des Philosophierens und das Erreichen einfachster Einheiten zum Ideal (logischer Atomismus). Ausgehend von Cambridge hat die Methode der (Sprach-)Analyse den Geist der Philosophie in weiten Teilen der Englisch sprechenden Welt und darüber hinaus geprägt.

Anfänglich auf wissenschaftstheoretische Fragen fokussiert, hat die analytische Philosophie ihr Themenspektrum erweitert. Schon A. J. Ayer erörterte den Status moralischer Urteile (→Moral). C. L. Stevenson und R. M. Hare rückten die Moralsprache sogar ins Zentrum. Geht es Stevenson um ihre psychologische Deutung, so betreibt Hare die Analyse der Moralsprache als einen Zweig der Logik. Im Rahmen einer Bedeutungsanalyse alltäglichen Sprechens ordnet er moralischen Ausdrücken Empfehlungs- und Aufforderungscharakter zu. Wer moralisch argumentiert, tut dies nicht nur bezüglich eines konkreten Falls, sondern zugleich für alle ähnlichen Fälle (universaler Präskriptivismus).

Die a. E. hat sich über diese von ihr selbst als metaethisch bezeichnete Aufgabe hinaus auch Fragen der normativen →Ethik zugewandt. Für R. B. Brandt verhält sich die kritische Ethik oder Metaethik zur normativen Ethik wie die Wissenschaftstheorie zur Wissenschaft. Die Analyse der Moralsprache schafft also die Voraussetzungen, sich den traditionellen Fragen der Ethik nach den Kriterien und Bestimmungen des moralisch richtigen →Handelns angemessen zu nähern. Auch W. K. Frankena widmet sich beiden Aufgaben und erörtert schließlich die Frage, warum wir überhaupt moralisch sein sollen. Mit dieser Erweiterung ihres Themenspektrums ist zugleich die Abgrenzung der a. E. schwierig geworden. Neuere Ansätze greifen nicht nur die Problemstellungen der Philosophiegeschichte auf, sondern knüpfen auch an die Lösungen von Platon, Aristoteles, den Stoikern, Thomas von Aquin und von vielen Denkern der Neuzeit an. Hatte die a. E. schon als Meta-Ethik eine Vielfalt von Richtungen hervorgebracht (Naturalismus, Intuitionismus, Emotivismus, Präskriptivismus) entsprechend der Zuordnung der Moralsprache zu einer bestimmten Sprachdimension oder Sprechhandlungsweise, so wird diese Pluralität im Bereich der normativen Ethik noch übertroffen. Die Ansätze und Stilisierungen reichen hier von der →Tugendethik über bedürfnis- und interessenorientierte Ansätze und Güterlehren sowie hedonistische und utilitaristische Folgenabschätzungen bis zu regelutilitaristischen Modellen und deontologischen Pflichten- oder Prinzipienethiken (→Pflicht). Die a. E hat das moralisch Richtige hinsichtlich der normativen Grundorientierungen wie auch im Blick auf konkrete Entscheidungen in vielen Handlungsfeldern (Medizin, Wirtschaft, internationale Politik u. a.) zu bestimmen versucht. Sie ist dabei um eindeutige Problemformulierungen bemüht und trennt das moralphilosophische Problem der Rechtfertigung streng von der einzelwissenschaftlichen Aufgabe der empirischen Beschreibung und Erklärung moralischer Phänomene. Diese methodischen Ansprüche haben über die a. E. hinaus Schule gemacht.

R.B. Brandt, Ethical Theory, New York 1959 – W.K. Frankena, A.E., 1972 – G. Meggle/A. Beckermann, Analytische Handlungstheorie, 2 Bde., 1977 – R.M. Hare, Die Sprache der Moral, 1983 – P. Foot, Die Wirklichkeit des Guten. Moralphilosophische Aufsätze, 1997 – O. Hallich, Die Rationalität der Moral. Eine sprachanalytische Grundlegung der Ethik, 2008 – D. Birnbacher, Analytische Einführung in die Ethik, 3. Aufl. 2013.

Michael Fuchs

EU-Grundfreiheiten (Freizügigkeit)

1. Inhalt und vertragliche Grundlagen. Die EU-G. sind die wesentlichen Elemente zur Verwirklichung des europäischen Binnenmarktes und damit der Wirtschaftsunion (→**Europ. Wirtschafts- und Währungsunion**) **insgesamt.** Sie garantieren die grundsätzliche →Freiheit des Warenverkehrs, des Personenverkehrs, des Dienstleistungsverkehrs sowie des Kapital- und Zahlungsverkehrs. Die Warenverkehrsfreiheit (Art. 28–37 AEUV) umfasst ein Verbot von Zöllen (Art. 30 AEUV), das Verbot mengenmäßiger Beschränkungen und aller Maßnahmen gleicher Wirkung (Art. 34 AEUV) sowie eine Verpflichtung zur Umformung staatlicher Handlungsmonopole (Art. 37 AEUV). Die Freiheit des Personenverkehrs ist unterteilt in die Arbeitnehmerfreizügigkeit (Art. 45–48 AEUV) und die

Niederlassungsfreiheit (Art. 49–55 AEUV). Erstere zielt auf die →Mobilität der unselbstständig Tätigen, während letztere das Recht gewährleistet, sich in einem anderen Mitgliedstaat niederzulassen und eine selbstständige Tätigkeit aufzunehmen. Die gegenüber den anderen Freiheiten subsidiäre Dienstleistungsfreiheit (Art. 56–62 AEUV) gewährt das Recht, grenzüberschreitende →Dienstleistungen zu erbringen sowie grenzüberschreitende Dienstleistungen zu empfangen. Die Freiheiten des Kapital- und Zahlungsverkehrs (Art. 63–66 AEUV) gewährleisten die grenzüberschreitende Übertragung von →Geld und ähnlichen Vermögenswerten sowie alle Zahlungen über die innerstaatlichen Grenzen hinweg. Bei der Freiheit des Personenverkehrs und der Dienstleistungsfreiheit finden sich für Beschäftigte in der öffentlichen Verwaltung sowie für Tätigkeiten, die dauernd oder zeitweise mit der Ausübung öffentlicher Gewalt verbunden sind, eng auszulegende Ausnahmen vom Geltungsbereich der EU-G. Alle EU-G. genießen grds. Vorrang vor sämtlichem mitgliedstaatlichen Recht, einschließlich des Verfassungsrechts, und sind unmittelbar anwendbar. Der einzelne Unionsbürger kann sich daher vor den nationalen Gerichten unmittelbar auf die EU-G. berufen. Die Anwendbarkeit der EU-G. setzt allerdings ein sog. grenzüberschreitendes Element voraus. Es ist also erforderlich, dass z. B. die Waren oder die betroffenen Personen tatsächlich eine mitgliedstaatliche Grenze überschritten haben. Die EU-G. finden hingegen keine Anwendung auf rein innerstaatliche Sachverhalte, die in keinerlei Zusammenhang mit dem Unionsrecht stehen. Daraus kann sich u. U. eine Schlechterstellung der eigenen Staatsangehörigen ergeben, die jedenfalls durch das Unionsrecht (→Europarecht) nach überwiegender Ansicht nicht untersagt ist (sog. **Inländerdiskriminierung**).

Neben den speziellen Freizügigkeitsgewährleistungen durch die EU-G. schützt das Unionsrechts primärrechtlich seit dem Vertrag von Maastricht über Art. 21 AEUV auch unabhängig von einer wirtschaftlichen Betätigung die Freizügigkeit der Unionsbürger. Jedem Unionsbürger kommt danach das Recht zu, sich im Hoheitsgebiet der europ. Mitgliedstaaten – vorbehaltlich vertraglich oder anderweitig normierter Beschränkungen und Bedingungen – frei zu bewegen und aufzuhalten. Wie die anderen EU-G. stellt Art. 21 AEUV ein unmittelbar anwendbares subjektives Recht dar. In Art. 45 der Charta der Grundrechte der EU werden die Freizügigkeit und die Aufenthaltsfreiheit zusätzlich grundrechtlich gewährleistet. Im Zusammenspiel mit dem allg. Diskriminierungsverbot des Art. 18 AEUV wird teilweise ein Anspruch auf Vollintegration der Aufenthaltsberechtigten hergeleitet, was insbesondere in Bezug auf den Zugang zu Leistungen der nationalen sozialen Sicherungssysteme kontrovers diskutiert wird.

2. Adressaten und Berechtigte. Die EU-G. richten sich in erster Linie an die Mitgliedstaaten der EU, und zwar sowohl an den Gesetzgeber als auch an Verwaltungsbehörden und Gerichte, welche die EU-G. beachten und etwaiges entgegenstehendes nationales Recht unangewendet lassen müssen. Ebenfalls an die EU-G. gebunden ist die EU selbst, deren Organe daher beim Erlass von Rechtsakten unterhalb der Verträge (sog. Sekundärrechtsakte) die Gewährleistungen der Freiheiten beachten müssen. Privatpersonen sind grds. nicht Adressaten der EU-G. Eine Ausnahme gilt jedoch für die Arbeitnehmerfreizügigkeit, die auch Privatpersonen bindet. Mit dieser Ausdehnung des Adressatenkreises soll im Bereich des Arbeitsrechts eine zu starke Einschränkung der Freiheit verhindert werden, da die überwiegende Anzahl der Arbeitsverhältnisse privatrechtlicher Natur ist. Unter bestimmten Umständen können die Mitgliedstaaten zudem dazu verpflichtet sein, gegen eine Beeinträchtigung der EU-G. durch Private einzuschreiten.

Berechtigte der EU-G. sind zum einen die Unionsbürger (Art. 20 AEUV), das heißt diejenigen natürlichen Personen, welche die Staatsangehörigkeit eines Mitgliedstaates besitzen. In Deutschland ist damit Art. 116 GG maßgeblich. Zum anderen können sich auch juristische Personen auf die Niederlassungsfreiheit (Art. 54 AEUV) sowie über Art. 62 AEUV auf die Dienstleistungsfreiheit berufen. Die Kapitalverkehrsfreiheit schützt aufgrund ihres Gewährleistungsgehalt sogar unabhängig von der Staatsangehörigkeit oder des Anlageortes.

3. Reichweite der Gewährleistungen. *3.1 Diskriminierungsverbot.* Die EU-G. begründen vorrangig ein Diskriminierungsverbot. Damit ist es den Mitgliedstaaten grds. verboten Waren, Personen oder Dienstleistungen aufgrund ihrer Herkunft anders zu behandeln als inländische Waren, Personen oder Dienstleistungen. Verboten sind sowohl unmittelbare Diskriminierungen, bei denen sich die Benachteiligung ausdrücklich aus der nationalen Regelungen ergibt, indem etwa explizit die Staatsangehörigkeit als Differenzierungskriterium genannt wird als auch mittelbare Diskriminierungen. Eine mittelbare Diskriminierung liegt vor, wenn eine Norm zwar unterschiedslos für In- und Ausländer gilt, sich bei ihrer tatsächlichen Anwendung indes eine Diskriminierung ausländischer →Personen ergibt, etwa indem die Regelung den Eintritt einer Rechtsfolge an den Wohnsitz oder den regelmäßigen Aufenthaltsort einer Person knüpft.

3.2 Beschränkungsverbot. Die EU-G. verbieten nicht nur jedwede Form der Diskriminierung durch mitgliedstaatliches Recht, vielmehr hat der Europäische Gerichtshof ihren Gewährleistungsgehalt im Laufe der Zeit auf ein generelles Beschränkungsverbot ausgedehnt. Ein Eingriff in die EU-G. liegt daher auch dann vor, sofern nationale Maßnahmen die Ausübung der Freiheiten behindern oder weniger attraktiv machen können. Auch vollkommen unterschiedslos wirkende nationale Maßnahmen können damit einen Eingriff in eine EU-G. begründen und dadurch Rechtfertigungspflichten für die Mitgliedstaaten auslösen. Diese Rechtsprechung dehnt den Gewährleistungsbereich der EU-G. weit aus. Jedenfalls für den Bereich der Warenverkehrsfreiheit hat der Europäische Gerichtshofs diese Ausdehnung daher teilweise wieder eingeschränkt: Danach fallen rein beschränkende Maßnahmen nur dann unter das Verbot des Art. 34 AEUV, wenn es sich um produktbezogene und damit marktzugangsbeschränkende Regelungen handelt, während Regelungen, die sich lediglich indirekt auf das In-Verkehr-bringen eines Produkts auswirken wie Verkaufs- oder Nutzungsmodalitäten grds. nicht erfasst werden sollen. Damit unterfallen nationale Regelungen wie beispielsweise Ladenöffnungszeiten nicht mehr dem Gewährleistungsbereich der Warenverkehrsfreiheit. Der Gerichtshof differenziert insoweit zwischen dem Marktzugang und der Marktausgestaltung, die mit Ausnahme von denjenigen Bereichen in denen die EU eine förmliche Rechtsharmonisierung nach Art. 114 AEUV vornimmt, weiterhin den Mitgliedstaaten überlassen bleibt. Die EU-G. zielen insoweit allein auf einen beschränkungsfreien Marktzugang. Ist dieser erfolgt, müssen sich alle Marktteilnehmer an die nationalen Ausgestaltungsregeln halten. Dieser Gedanke der zweistufigen Konzeption des europ. Binnenmarktes – Marktzugang über die EU-G. und vollständige Harmonisierung nur über Art. 114 AEUV – lässt sich auch auf die anderen EU-G. übertragen.

4. Rechtfertigung von Eingriffen. Liegt eine Diskriminierung bzw. eine Beschränkung durch eine nationale Regelung und damit ein Eingriff in eine EU-G. vor, bedeutet dies noch nicht, dass auch eine Verletzung dieser Freiheit vorliegt. Eingriffe in die EU-G. sind rechtfertigungsfähig. Eine Rechtfertigung setzt stets eine gesetzliche Grundlage, auf welche das nationale Verhalten gestützt werden kann, und das Vorliegen eines Rechtfertigungsgrundes voraus. Ferner muss sich die nationale gesetzliche Grundlage auch als verhältnismäßig und kohärent darstellen.

Sämtliche EU-G. enthalten zunächst geschriebene Rechtfertigungsgründe. In den jeweiligen Vorschriften (Art. 36, 45 Abs. 3, Art. 52, Art. 62, Art. 64–66 AEUV) werden verschiedene Schutzgüter – z. B. die öffentliche Sicherheit und Ordnung oder der Gesundheitsschutz – genannt, die eine Einschränkung der jeweiligen EU-G. rechtfertigen können. Diese sind grds. eng auszulegen. Korrespondierend zu der weiten Auslegung der EU-G. als allgemeine Beschränkungsverbote hat der Europäische Gerichtshof darüber hinaus den ungeschriebenen Rechtfertigungsgrund der zwingenden Erfordernisse entwickelt, der für sämtliche Freiheiten Geltung beansprucht. Danach kann ein Eingriff in eine EU-G. auch dann gerechtfertigt werden, wenn die nationale Regelung erforderlich ist, um zwingenden Erfordernissen gerecht zu werden. Als zwingende Erfordernisse in diesem Sinne hat der Europäische Gerichtshof insbesondere eine wirksame steuerliche Kontrolle, den Schutz der öffentlichen Gesundheit, die Lauterbarkeit des Handelsverkehrs, den Verbraucherschutz sowie den Umweltschutz anerkannt. Auch der Schutz der Grundrechte Dritter wird unter den Begriff der zwingenden Erfordernisse gefasst. Diese zwingenden Erfordernisse können jedenfalls für die Rechtfertigung einer rein beschränkenden nationalen Maßnahme herangezogen werden. Der erweiterte Gewährleistungsgehalt der EU-G. verlangt insoweit auch erweiterte Rechtfertigungsmöglichkeiten für die Mitgliedstaaten. Umstritten ist indes, ob die zwingenden Erfordernisse auch mittelbare Diskriminierungen zu rechtfertigen vermögen. In der bisherigen Rechtsprechung des Europäischen Gerichtshofs lässt sich dies nicht eindeutig belegen, vielmehr hat dieser in derartigen Fällen zur Rechtfertigung noch anderweitige vertragliche Verpflichtungen herangezogen. Da sich mittelbare Diskriminierungen jedoch nicht immer trennscharf von bloßen Beschränkungen unterscheiden lassen, sollte auch für diese eine Rechtfertigungsmöglichkeit über zwingende Erfordernisse zugelassen werden. Einigkeit besteht hingegen darüber, dass der ungeschriebene Rechtfertigungsgrund der zwingenden Erfordernisse für direkte Diskriminierungen nicht eingreift, die angesichts des heute erreichten Integrationsstandes allerdings ohnehin nur noch äußerst selten vorkommen. Für diese waren in den Verträgen von Beginn an nur die eng auszulegenden, geschriebenen Rechtfertigungsgründe vorgesehen.

W. Frenz, Handbuch Europarecht, Band 1 EU-G.[2], 2012 – D. Ehlers, Europäische Grundrechte und Grundfreiheiten[4], 2015 – A. Thiele, Europarecht, 2015[12] – C. Calliess/M. Ruffert, EUV/AEUV-Kommentar[4], 2011.

Pia Lange

Europa und die Kirchen

1. Grundsätzliches. *1.1. Europa.* „Europa" ist weder begrifflich noch geographisch oder (geistes-)geschichtlich exakt definiert. Dem entspricht mentalitätsgeschichtlich Europas „offene Identität": eine sinnstiftende Ursprungsgeschichte fehlt, aus einer Vielzahl von Traditionen (jüdisch-christlicher wie griechisch-römischer), Religionen und Rationalitäten entwickelt sich der europäische Gestus der Transzendierung und Universalisierung, der in der Gefahr steht, seine eigene kontextuelle Gebundenheit zu vergessen (Eurozentrismus). In diesem Prozess ist „Europa" weder ein hervorragendes Thema (europäischer) Kirchen wie ihrer

Theologien, noch eines europäischer Geistesgeschichte. Erst in Krisen- und Umbruchzeiten wird Europa als Gemeinschaft thematisiert und als politische Größe institutionalisiert. Erstmals in der Zeit Karls des Großen wird die Europaidee geschichtlich relevant und als politischer Krisenbegriff inszeniert – unter dem Druck des Islam, der „Europa macht, indem er die Christenheit auf Europa beschränkt" (E. MORIN). Die Europaidee aktualisiert sich etwa in der sog. „Türkengefahr" des 16. Jahrhunderts oder in der Re-Regionalisierung und damit Marginalisierung Europas als Folge der Globalisierung des 20. Jahrhunderts. Generell gilt, dass Europa nur im Plural existiert und sich multiperspektivisch, gebunden an nationale, religiöse oder weltanschauliche Perspektiven konstituiert. Dazu gehören auch die kirchlich-theologischen Perspektiven. Sie prägen diese (Geistes-)Geschichte mit, haben Anteil am geschichtlichen Wandel. Zu den Aufgaben der Kirchen zählt es, europäische *Leitbilder* auf der Ebene der Institutionen wie der Visionen an den Vorgaben des christlichen Glaubens kritisch zu prüfen.

1.2. Europa-Modelle der Kirchen. Die kritische Wahrnehmung der Leitbilder Europas ist zwischen den Kirchen Europas von unterschiedlichen Hintergrundannahmen abhängig.

In Kirchen reformatorischen Ursprungs wird Europa als weltliches Phänomen wahrgenommen, welches durch das verkündigte Wort zur Sache gerufen wird – bei Wahrung der Distanz der Kirchen zur Europapolitik, während deren Prinzipien, etwa die Verantwortung für die Freiheit, evangelisch gedeutet werden. Primär ist dabei die Orientierung der (säkularen) europäischen Wertegemeinschaft am verkündigten Wort. Als Leitbild kann die Idee der „Einheit in versöhnter Verschiedenheit" gelten. Dieses Modell bleibt der Geschichte der Reformation verbunden: galt die Reformation der gesamten Ökumene, so haben sich evangelische Kirchen aus theologischen (Bibelübersetzung in die Muttersprachen) und aus (kirchen-)politischen Gründen regional (später national) formiert. Reformatorische Kirchen Europas sind prinzipiell universal, faktisch national. Damit fällt jedoch „Europa" als Thema der Theologie wie als zu gestaltender politischer Lebensraum weitgehend aus. Demgegenüber sind es vor allem Einzelpersonen, Migranten in Europa, die Vorstellungen eines friedlichen Europa entwickeln, etwa JAN AMOS COMENIUS, der Bischof der protestantischen Brüderunität in Böhmen und Mähren.

In der römisch-katholischen Kirche wird Europa in der Tradition des ‚christlichen Abendlandes' wahrgenommen. Dabei geht es jenseits aller romantischen Idealisierungen um die Wahrnehmung Europas als eines Daseinsraumes, der auch durch christlichen Glauben strukturiert wurde und deswegen in christlicher Verantwortung für die gesamte Ökumene kultiviert werden muss (K. RAHNER). Damit ist die europäische Wertegemeinschaft in Korrelation zu bringen mit der christlichen Werthierarchie, unter anderem unter der Vorstellung der Wiederentdeckung der christlichen Wurzeln Europas unter dem Stichwort der Re-Evangelisierung. „In diesem Zusammenhang dürfen wir daran erinnern, dass die christlichen Werte wesentlich zur Identität Europas gehören. [...] In der gegenwärtigen Situation ist eine neue Evangelisierung notwendig, damit durch das lebendige Zeugnis der Christen die grundlegenden Werte unserer Kultur als tragende Säulen in den Bau eines neuen, freien und mit sich selbst versöhnten Europas eingebracht werden können." (Gemeinsames Wort der polnischen und der deutschen Bischöfe 1965). „Ich rufe dich, altes Europa, einen Schrei voller Liebe zu. Finde zu dir selbst zurück, sei du selbst. Entdecke deine Ursprünge. Belebe deine Wurzeln. Erwecke jene Werte zum Leben, die deine Geschichte glorreich machten und veredle deine Gegenwart in den anderen Kontinenten." (PAPST JOHANNES PAUL II. in Santiago de Compostela, 1982)

In den orthodoxen Kirchen lässt Europa sich in der spirituellen Tradition der „Symphonia" sehen, des Zusammenspiels von Geistlichem und Weltlichem. Damit ist auf europäischer Ebene auch eine kritische Rückfrage an westliche Vorstellungen, vornehmlich der Säkularisierung als eines wesentlichen Elementes europäischer Identität verbunden.

2. Geschichtliches. *2.1. Abendland.* – Ein geschichtsmächtiges, bis in die Gegenwart wirkendes Europa-Konzept findet sich in der Vorstellung des „christlichen Abendlandes". Gerade ihre Romantisierung erschließt eine kritische Vision für ein neues Europa jenseits nationalstaatlicher und nationalkirchlicher Grenzen: „Die Christenheit muss wieder lebendig und wirksam werden, und wieder eine sichtbare Kirche ohne Rücksicht auf Landesgrenzen bilden. [...] Sie muss das alte Füllhorn des Segens wieder über die Völker ausgießen." (NOVALIS). Doch erst mit beiden Weltkriegen haben die Übergangs- und Untergangsvisionen die Vorstellung des christlichen Abendlandes verabschiedet, reaktiviert lediglich in restaurativen Kreisen, vor allem im Deutschland der 50-Jahre, oder rechtspopulistisch ausgelegt in der PEGIDA-Bewegung. Dem Abendland wird dann die Vorstellung von Europa entgegengesetzt, etwa programmatisch in der Rede von WINSTON CHURCHILLS 1946 in Zürich, die mit dem Satz endet „Let Europe arise."

2.2. 1945 bis zum Ende des Kalten Krieges. Die Schwierigkeiten für ein neues Europakonzept nach dem 2. Weltkrieg bestanden in der wirtschaftlich und politisch prekären Situation, der nationalstaatlichen Orientierung und im Vorbehalt gegen gesamteuropäische Perspektiven. So fehlten integrierende Europavisionen. Dies gilt letztlich auch für den ÖRK, dessen Europavision einer eigenständigen dritten Kraft zwischen den

Blöcken verblasste. Wichtiger dagegen waren die kleinen, nicht selten aus dem Widerstand motivierten, auch kirchlichen Versuche nationaler Aussöhnung und ökumenisch-europäischer Integration bereits während des 2. Weltkrieges (etwa die Cimade, 1939 in Frankreich ins Leben gerufene ökumenische Einrichtung zum Beistand für Gefangene in Konzentrationslagern). Zum Motor einer entideologisierten Europaidee der Nachkriegszeit wurde die wirtschaftliche Entwicklung und Zusammenarbeit in Europa: Europa sozial gestalten und die Völker zu versöhnen, wurde Aufgabe, meist eher einzelner politisch Verantwortlicher als soziale Gestaltungsaufgabe einerseits und speziell die deutsch-französische Aussöhnung andererseits – und beides in Spannung zum beginnenden Ost-West-Gegensatz. In die Anfangszeiten des Kalten Krieges reicht die Geschichte der „Konferenz europäischer Kirchen" (KEK) (Gründung 1964), zurück, die auf kirchenleitender Ebene der gesamteuropäischen Integration verpflichtet ist und sich bis heute als Brücke zwischen West und Ost sowie zwischen reformatorischen und orthodoxen Kirchen in Europa versteht. Eine produktive Überwindung traditioneller nationalstaatlicher Ausrichtung durch transnationale Perspektiven gelang auf breitem Raum weder institutionell noch visionär. Versöhnung über die Grenzen lief dagegen über Gemeindepartnerschaften.

Im Unterschied zu evangelischen oder ökumenischen Europaperspektiven besitzt die Europaarbeit der römisch-katholischen Kirche von Anfang an politische Instrumentarien (der Vatikan unterhält Nuntiaturen) und Leitideen für ein „christliches Europa", die in kritischer Distanz zu Entwicklungen in den (kommunistischen) Ländern Osteuropas stehen. Die „europäische Kultur wird entweder unverfälscht christlich und katholisch sein, oder aber sie wird verzehrt werden vom Steppenbrand jener anderen, materialistischen" (PIUS XII).

3. Die Kirchen und die Europäisierung Europas – Neue Herausforderungen. *3.1. Neue Strukturen.* Der KSZE-Prozess, die Überwindung des Eisernen Vorhangs und das Ende des Kommunismus in den 90er-Jahren ermöglichten eine neue Phase der europäischen Integration – geopolitisch mit der Osterweiterung der EU, völkerrechtlich mit dem Vertrag von Lissabon (2007/2009) verbunden. Artikel 17 (AEVU) eröffnet Kirchen und Religionsgemeinschaften Mitsprache: „Die Union pflegt mit den Kirchen und (weltanschaulichen; Vf) Gemeinschafen in Anerkennung ihrer Identität und ihres besonderen Beitrags einen offenen, transparenten und regelmäßigen Dialog." Dies bedeutet, dass Kirche sich selber europäisch thematisiert und institutionalisiert und Anteil nimmt an der politischen Integration Europas. Im Bereich der protestantischen Kirchen gibt es eine Vielzahl von Europasynoden einzelner Kirchen. Dazu gibt es Ansätze zu transnationaler Kooperation. So entwickelt sich die Leuenberger Kirchengemeinschaft – 1975 als Kanzel- und Abendmahlsgemeinschaft gegründet – verstärkt zu einer Zeugnis- und Dienstgemeinschaft im öffentlichen Raum und wird in Gemeinschaft evangelischer Kirchen in Europa (GEKE) 2003 umbenannt. Die Fragen zu Struktur und Funktion einer gesamteuropäischen Synode, ob durch Kirchenleitungen realisiert oder aus dem konziliaren Prozess sich aufbauend, sind allerdings bis heute offen. Für die römisch-katholische Kirche ist an die Sonderversammlungen der Bischofssynoden für Europa 1991 und 1999 zu erinnern oder etwa neben der Europäischen Bischofskonferenz (CCEE) an den Rat der Bischofskonferenzen der Europäischen Gemeinschaft" (Com ECE). Zur Gestaltung des Miteinanders der orthodoxen, katholischen und evangelischen Kirchen Europas dient die KEK (Konferenz Europäischer Kirchen), hierfür ist die „Charta oecumenica" (2001) von herausragender Bedeutung.

3.2. Seele Europas? Mit dem Ende des alten Ost-West-Konflikts beginnt, parallel zur äußeren Integration Europas, Anfang der 90er Jahre eine neue Suche nach einem Leitbild für Europa. Angestoßen wird dieser Prozess durch den damaligen Kommissionspräsidenten JACQUES DELORS unter dem Motto „Seele für Europa": „If in the next ten years we haven't managed to give a soul to europe [...] the game will be up." Gemeint und gesucht ist über die rechtlichen, wirtschaftlichen und militärischen Entwicklungen hinaus, die im Vertrag von Maastricht (1992/1993) ihr Regelwerk fanden, Europas sinnstiftende Identität (gemeinsame Wurzeln, gemeinsame Ziele). Die Metaphorik der „Seele Europas" ist problematisch, tendiert sie doch dazu, den europäischen Integrationsprozess zu idealisieren, in einem zivilreligiösen Vernetzungsprozess zu überhöhen – dabei verliert sie ihre Produktivkraft. Kirchen partizipieren unterschiedlich an dieser „großen Debatte". In der römisch-katholischen Kirche finden sich anknüpfend an ältere Traditionen Ansätze zu einer spirituellen Erweckung Europas: „Die Christen können [...] [die] Seele [des großen Bauwerks Europa] sein." (Ecclesia in Europa, Apostolisches Schreiben 2003). Von Bedeutung für die innerkirchliche Ökumene zwischen Katholizismus und Orthodoxie wie das Miteinander europäischer Völker ist auch die Wendung von den beiden Lungenflügeln, mit denen Europa atmet. Im evangelischen Bereich finden sich Ansätze zu einer theologische Wahrnehmung europäischer Politik und Zivilgesellschaften (vgl. „Theologie für Europa. Perspektiven evangelischer Kirchen", Frankfurt 2006). Im Schlusswort der GEKE-Studie „Kirche – Volk – Staat – Nation" Frankfurt 2002 heißt es: „Es ist unsere Hoffnung, dass auch in dem politischen Projekt eines säkularisierten Europa, in den Geschichten des Aufbruchs und des Gelingens wie in den unverschuldeten und selbstverschuldeten Katastrophen Gott gegen allen Augenschein anwesend ist, die Erwartungen der Menschen trägt und diese nach seinem Willen leitet." Im Rahmen der europäischen Identitätskonstruktionen wird auch verstärkt nach der geschichtlichen und kulturellen Identität Europas gefragt, paradigmatisch unter dem Stichwort einer europäischen Erinnerungskultur, in der Europa nicht selten zum „Erbe" stilisiert wird. Mag auch die Geschichte europäisches Erbe sein, weitergegeben wird es in unterschiedlichen, auch gegensätzlichen Erinnerungskulturen. Zudem weist Erinnerungskultur eher den Blick zurück statt Ausblicke auf die Zukunft zu eröffnen („Erinnern, um Neues zu wagen. Europäische Gedächtniskulturen. Evangelische Perspektiven", 2011).

3.3. *Religion im öffentlichen Raum Europa.* Seit Anfang des Jahrtausends gibt es Anzeichen für ein Erstarken von Religion auch im öffentlichen Raum Europa, angestoßen durch die Entwicklungen des Islam. Säkularisierungstheoreme als Vorhersage, dass Religion in Europa ausstirbt oder sich in individuelle Glaubenshaltungen transformiert, haben sich nicht bewahrheitet. Zu beachten sind dabei zum Beispiel die Fragen von Religionsfreiheit, wie sie in den letzten Jahren vor dem EuGH und anderen Gerichten zu verhandeln waren (Kopftuchverbot, Beschneidung, Kruzifixurteil, Asyl etc.). Die Hoffnung, dass Religion Identität stiftet, wird unterlaufen durch die Einsicht, dass die religiösen Identitäten different sind, sowohl zwischen den Religionsgemeinschaften wie zwischen diesen und der Gesellschaft. Dies nimmt das neue Interesse an einer „öffentlichen Theologie" (BEDFORD-STROHM, EKD-Ratsvorsitzender) als verantworteter Umgang mit öffentlicher Religion in Europa zwischen Differenzerfahrung und Integrationskraft auf.

3.4. *Auf dem Weg zu einer europäischen Zivilgesellschaft.* Mit Beginn des 21. Jahrhunderts ist das Projekt der europäischen Integration – trotz EU-Erweiterung und Strukturenstärkung – wieder in eine Krise geraten. Eine zunehmende Nationalisierung der Politik in EU-Staaten sowie die Auswirkungen der ökonomischen Krise in Form sozialer Ausdifferenzierung in den einzelnen Ländern wie im europäischen Raum unterlaufen die Idee eines gemeinsamen Europa; die europäischen Institutionen, allen voran das europäische Parlament, leiden an mangelnder demokratischer Legitimierung, die Gemeinsame Außen- und Sicherheitspolitik (GASP) an Durchschlagskraft, der Umgang mit Migranten und Flüchtlingen in und nach Europa macht die europäischen Grundwerte als Basis Europas zunichte. Das europäische Projekt, Europa zum Wirtschafts- und Friedensraum zu machen, verliert an Überzeugungskraft. Demgegenüber gilt es, die Europäisierung Europas von unten zu stärken und den Aufbau einer europäischen Zivilgesellschaft voranzutreiben. Hier kommen auf Kirchen neue Aufgaben zu, aufgenommen etwa in dem Band „Education für Democratic Citzenship in the Context of Europe" der KEK. Besonders bei sozialethischen Themen sind Kirchen als Gesprächspartner der Politik gefragt. Die GEKE hat 2013 einen Sammelband „Evangelisch in Europa. Sozialethische Beiträge" vorgelegt. Auch bei der Entwicklung eines europäischen Bildungsraums können Kirchen ihre Bildungskompetenzen einbringen, wie etwa durch das Projekt forum bildung europa der GEKE. Für die Evangelischen Kirchen steht die Fortsetzung der Reformation auf europäischer Ebene noch aus – „europa reformata" könnte hier eine Losung für das Jubiläumsjahr 2017 und darüber hinaus werden. Oder wie es PAPST FRANZISKUS bei seiner Rede vor dem Europaparlament im November 2014 formuliert hat: „Es ist der Moment gekommen, den Gedanken eines verängstigten und in sich selbst verkrümmten Europas fallen zu lassen, um ein Europa zu erwecken und zu fördern, das ein Protagonist ist und Träger von Wissenschaft, Kunst, Musik, menschlichen Werten und auch Träger des Glaubens ist."

K. BARTH, Die christliche Verkündigung im heutigen Europa, in: TEH NF 3 (1946) 11–24 – K. Rahner, Abendland, in: LThK², Bd. 1, Freiburg 1957, 15–21 – A. RICH, Integration Europas im Horizont der Kirche, Zürich 1962 – J. SCHWARZ (Hg.), Katholische Kirche und Europa. Dokumente 1945–1975, München/Mainz 1980 – T. RENDTORFF (Hg), Europäische Theologie. Versuche einer Ortsbestimmung, Gütersloh 1980 – B. BRENNER (Hg.), Europa und der Protestantismus, Bensheimer Hefte 73, Göttingen 1983 – Das neue Europa als christliche Verantwortung. Günter Brakelmann zum 60. Geburtstag, PTh 80 (1991) 401–501 – EVANGELISCHE KIRCHE IN DEUTSCHLAND (Hg), Verantwortung für ein soziales Europa: Herausforderungen einer verantwortlichen sozialen Ordnung im Horizont des europäischen Einigungsprozesses, Gütersloh 1991 – Informationes Theologiae Europae. Internationales ökumenisches Jahrbuch für Theologie (ab 1992) – M. HONECKER, Die ökumenische Dimension der vereinigten Europa, in: P. KOSLOWSKI (Hg), Europa imaginieren, Berlin 1992, 187–202 – G. GILLESSEN u. a. (Hg.) Europa fordert die Christen. Zur Problematik von Nation und Konfession, Regensburg 1993 – M. GRESCHAT; W. LOTH (Hg), Die Christen und die Entstehung der Europäischen Gemeinschaft, Konfession und Gesellschaft Bd. 5, Kohlhammer, 1994 – H. HEPPNER/G. LARENTZAKIS (Hg), Das Europa-Verständnis im orthodoxen Südosteuropa, Graz 1996 – KALLSCHEUER (Hg.), Das Europa der Religionen. Ein Kontinent zwischen Säkularismus und Fundamentalismus, Frankfurt 1996 – J· SCHWARZ, Die katholische Kirche und das neue Europa. Dokumente 1980–1995, Mainz 1996 – I. U. DALFERTH/H.-J. LUIBL/H. WEDER (Hg.), Europa verstehen. Zum europäischen Gestus der Universalität, Zürich 1997 – H.-J. LUIBL, Europa, theologisch, in: ZdZ, 51 (1997) 162–166 – H.-J. LUIBL et al (Hg), Unterwegs nach Europa. Perspektiven evangelischer Kirchen, Frankfurt 2002, 2.A. – J. H. H. WEILER, Ein christliches Europa. Erkundungsgänge, Salzburg-München 2004 – H.-J. LUIBL et al (Hg), Theologie für Europa. Perspektiven evangelischer Kirchen, Frankfurt 2006 – M. BÜNKER (Hg), Evangelische Kirchen und Europa, Wien 2006 – M. FRIEDRICH/H.-J. LUIBL (Hg), Glaubensbildung. Die Weitergabe des Glaubens im europäischen Protestantismus, Leipzig 2012 – P. SCHREINER, Religion im Kontext einer Europäisierung von Bildung, Münster 2012 – L. MILIOPOU-

LOS, Das Europaverständnis der christlichen Kirchen im Zuge der Europäisierung: Ein Konvergenzprozess?, 2015.

Hans Jürgen Luibl

Europäische Menschenrechtskonvention – Grundrechte-Charta der Europäischen Union

1. Europäischer Grundrechtsschutz. Seit 1789 sind →Grundrechte ein wesentliches Element der Staatsverfassung und bestimmen das Verhältnis zwischen Staat und Bürger, indem sie die staatliche Herrschaft gegenüber dem Bürger gleichzeitig begrenzen und – wegen der darin enthaltenen staatlichen Schutzpflichten – legitimieren. In Deutschland verkörpern die Grundrechte die Abkehr von den totalitären Herrschaftssystemen des 20. Jh.s und bildeten lange Zeit ein Stück nationaler Identifikation („Verfassungspatriotismus"). Parallel zu dieser nationalen Entwicklung hat auch im Völkerrecht der Schutz universeller →Menschenrechte an Bedeutung gewonnen und gehört inzwischen als „ius cogens" zum Kernbestand des Völkerrechts. Bereits die UN-Charta von 1945 und die Allgemeine Erklärung der Menschenrechte der UN-Generalversammlung von 1948 enthalten entsprechende Ziele und Absichtserklärungen. Rechtsverbindlichen Schutz der Menschenrechte gewährleistet erstmals die Europäische Menschenrechtskonvention von 1950 (EMRK). Sie ist heute Teil des europäischen „Mehrebenen-Systems", das beim Grundrechtsschutz mittlerweile aus den drei Ebenen der nationalen Grundrechte (→Grundgesetz und Landesverfassungen), der EMRK (unten 2.) und der Grundrechte-Charta der Europäischen Union (GRCh, unten 3.) besteht.

2. Die Europäische Menschenrechtskonvention. Die EMRK ist der wichtigste multilaterale Vertrag des Europarats (Sitz Straßburg). Sie gilt, da dem Europarat nach 1990 alle europäischen Ostblockstaaten außer Weißrussland beigetreten sind, bis nach Asien (Russland, Aserbaidschan, Türkei). – Die EMRK hat überragende Bedeutung für die Entwicklung des internationalen Menschenrechtsschutzes, weil damit zum ersten Mal effektive Durchsetzungsmechanismen auf internationaler Ebene geschaffen worden sind. Die EMRK bewirkte einen Durchbruch bei der völkerrechtlichen Aufwertung des Individuums, dessen Rechtsstellung durch die Einführung der Individualbeschwerde gestärkt wurde. Seither kann der Einzelne auf internationaler Ebene Rechtsschutz selbst gegen seinen eigenen →Staat erlangen. – Zugleich war die EMRK ein Meilenstein in der Entwicklung des regionalen Menschenrechtsschutzes und hatte Vorbildfunktion für die anderen regionalen Menschenrechtsabkommen (Amerika 1969, Afrika 1981, Arabische Liga 2004). – Seit der einfacheren und effektiveren Ausgestaltung der Individualbeschwerde zum Europäischen Gerichtshof für Menschenrechte (EGMR, Straßburg) im Jahr 1998 hat die EGMR-Rechtsprechung erheblich an rechtlicher und politischer Bedeutung gewonnen. Dies betrifft u. a. die humanitären Abschiebeverbote im Ausländer- und Flüchtlingsrecht und den Schutz des →Familien- und Privatlebens. Der EGMR hat den Schutz der Privatsphäre gegenüber der →Meinungs- und Pressefreiheit gestärkt und damit einen anderen Akzent gesetzt als das Bundesverfassungsgericht. Andererseits räumt der EGMR den Konventionsstaaten einen weiten Einschätzungs- und Gestaltungsspielraum ein, wo unter ihnen ein Wertungskonsens fehlt. Dies betrifft etwa den Schutz des ungeborenen Lebens (Natur und Rechtsstellung des Embryos), die künstliche Befruchtung, die →Todesstrafe und die Kopftuchfrage. Insgesamt hat der EGMR aus der EMRK eine Art gemeineuropäischen Grundrechtsstandard geformt, der über die EU hinausreicht und als zentraler Baustein einer europäischen Werte- und Verfassungsordnung bezeichnet wird. – Der innerstaatliche Rang der EMRK ist umstritten. Das Bundesverfassungsgericht verneint den Rechtscharakter als „allgemeine Regel des Völkerrechts" mit Übergesetzesrang. Es geht davon aus, dass die EMRK wie andere völkerrechtliche Verträge als einfaches Gesetzesrecht gilt und dass die EGMR-Rechtsprechung von den deutschen Gerichten nicht einfach schematisch umzusetzen ist. Andererseits erkennt es in der EGMR-Rechtsprechung eine Auslegungshilfe für die Bestimmung des Grundrechtsinhalts und strebt über die „Völkerrechtsfreundlichkeit" des Grundgesetzes eine Harmonisierung der deutschen Rechtsordnung mit der EMRK an.

3. Die Grundrechte-Charta der Europäischen Union. Eine ganz andere Entstehungsgeschichte und Rechtsnatur hat die GRCh. Die Grundrechte in der Europäischen Union haben ihre Wurzeln im gemeinsamen Binnenmarkt der EWG. Aus der ursprünglichen Verpflichtung der Mitgliedstaaten zum Abbau nationaler Rechtshindernisse hat der Gerichtshof der Europäischen Union (EuGH, Luxemburg) die vier Grundfreiheiten (freier Verkehr von Waren, Personen, Dienstleistungen und Kapital) und weitreichende Diskriminierungsverbote als einklagbare subjektive →Rechte entwickelt, die heute in den EU-Verträgen kodifiziert sind. Sie werden durch die →Grundrechte der GRCh ergänzt und verstärkt. Die GRCh wurde 2000 verkündet und 2009 rechtsverbindlich. Sie ist rechtlich gleichrangig mit den EU-Verträgen (Primärrecht, „Verfassung der EU") und verkörpert den Wandel der EU von der Wirtschafts- zur Wertegemeinschaft. Die GRCh gilt für die Organe der EU und für die Mitgliedstaaten bei der Durchführung des EU-Rechts (Art. 51). Wie weit diese

Bindung der Mitgliedstaaten reicht, ist – auch zwischen dem EuGH und dem Bundesverfassungsgericht – umstritten. Den im EU-Vertrag vorgesehenen Beitritt der EU zur EMRK hat der EuGH 2014 für unzulässig erklärt.

A. NUSSBERGER, Europäische Menschenrechtskonvention, in: Handbuch des Staatsrechts X, 2012[3], § 209 – M. HERDEGEN, Grundrechte der Europäischen Union, ebenda § 211 – T. KINGREEN, Grundrechtsschutz, europäischer, in: Evang. Staatslexikon, Neuausgabe 2006.

Christian Heckel

Europäische Sozialpolitik

1. Einführung und Zuständigkeitsordnung. Die Gründung der Europäischen Gemeinschaften geht auf das Ziel der Friedenssicherung durch wirtschaftliche Vernetzung zurück. Der Gedanke europäischer →Grundwerte fand dabei Ausdruck in den verschiedenen Verträgen und Konventionen u. a. auch des Europarates. Obwohl häufig Bezug auf das „Europäische Sozialmodell" genommen wird (z. B. LINZBACH etc.) sind doch die Unterschiede in Umfang, Struktur und Qualität der Sozialsysteme der Mitgliedsstaaten (MS) zumal nach den letzten Erweiterungen erheblich. Die in Deutschland vertraute Erbringung sozialer Leistungen durch freigemeinnützige bzw. private professionelle →Dienste, die Rolle der Kirchen und Wohlfahrtsverbände, die rechtliche und finanzielle Rahmung durch den →Staat, die Ausgestaltung als gerichtlich durchsetzbare Rechtsansprüche ist dabei nahezu einzigartig. Ähnliches gilt für Qualität und Umfang sowie Arten der Sozialleistungen und die Rolle von Steuern und Sozialversicherungsbeiträgen. (Vgl. SCHMID) Teils erschöpfen sich in anderen MS soziale Leistungen in unzureichenden Geldleistungen ohne befähigende Dienstleistungskomponenten oder Anreizsysteme. Dagegen decken andere Sozialversicherungssysteme in Bezug auf die beitragspflichtige Mitgliedschaft oft die gesamte Bevölkerung ab. Das im Ganzen bewährte deutsche Modell starker Wohlfahrtsverbände (Vgl. SCHLÜTER, Rollenwandel der Wohlfahrtsverbände) professioneller freier und gemeinnütziger sozialer Dienste als Partner der öffentlichen Hand begegnet im europäischen Marktsystem neuen Herausforderungen. (Vgl. SCHULTE, Die Zukunft sozialer Dienste etc., JARRE). Kirchliche soziale Dienste und Wohlfahrtsverbände wahren nach deutschem Recht ihre Eigenständigkeit durch das →Subsidiaritäts- und Partnerschaftsprinzip des SGB, durch das verfassungsrechtliche Selbstbestimmungsrecht und den Unternehmensschutz. Im europäischen Maßstab ist ihre gewichtige Rolle im Sozialsystem zunächst erklärungsbedürftig. Diakonische Dienste haben gegenüber der EU-Marktlogik stärker als bisher ihren Rechtsstatus im europäischen Regelsystem zu wahren. (Vgl. SCHLÜTER Diaconia Europea) Das Feld→Europa und die Kirchen ist auch sozialpolitisch von eigener Art.

Die Mitgliedstaaten haben stets darauf geachtet, die Zuständigkeit in der Sozialpolitik zu behalten. Dennoch gibt es einige Ansätze für die EU, einerseits dem Handeln in eigenen Zuständigkeitsfeldern eine stärkere sozialpolitische Profilierung zu geben wie auch bei grenzüberschreitenden Sachverhalten und insgesamt in Form von Empfehlungen tätig zu werden. Es haben sich außer den grenzüberschreitenden Sachverhalten und den Impulsen zur Beschäftigungspolitik durchgreifende sozialpolitische Ansätze auf europäischer Ebene bisher nicht gezeigt. Mögliche Motive für eine stärkere sozialpolitische Orientierung auf EU-Ebene können hier nur in Stichworten angedeutet werden: die Grundwerte, die vertraglichen Kohäsionsziele, das beschädigte Ansehen der EU im Zuge des Krisenmanagements, die Notwendigkeit der Ideologie des freien Marktes eine grundlegende Rahmung im Sinne der in den Verträgen genannten Sozialen →Marktwirtschaft zu geben, Sozialausgaben als Investitionen in →Familie, →Wirtschaft und Beschäftigung zu begreifen, grenzüberschreitende Sachverhalte zu regeln, gemeinsame beschäftigungspolitische Ansätze zu verwirklichen, wirksame Sozialsysteme aufzubauen, Armutswanderungen und Ungleichgewichte in der Leistungsinanspruchnahme zu vermeiden, die demographische Herausforderung zu schultern, Lösungen für eine gemeinsame Flüchtlings- und →Asyl-Politik zu finden. Die EU-Wirtschafts- und Wettbewerbspolitik und die entsprechenden Rechtsinstrumente wie das Beihilfe- oder Vergaberecht hatte zunehmend systemfremd z. B. über den Unternehmensbegriff in die Sozialleistungssysteme eingegriffen. (SCHLÜTER, Diaconia Europea). Dabei unterlag man auch in der deutschen Rechtsprechung teilweise dem Irrtum, Leistungserbringer innerhalb des teilweise wettbewerblich, ansonsten planwirtschaftlich organisierten deutschen Sozialleistungssystems mit seinen Rechtsansprüchen, staatlicher Infrastruktur- und Leistungsgarantie, Monopolnachfragern, Vertragsdisparitäten, öffentlicher Finanzierung und sonstigen Garantien seien nicht anders zu behandeln als das Marktgeschehen der allgemeinen Wirtschaft. Aktuelle Impulse kommen auch von der inzwischen weit ausgefächerten europäischen Theoriebildung zur Daseinsvorsorge bzw. →öffentlichen Gütern. Der europarechtliche Begriff Dienstleistungen vom allgemeinen wirtschaftlichen Interesse ist dabei fehlleitend, da die gesetzliche Rahmung für solche Dienste gerade das vorrangige Gemeinwohlinteresse ausdrückt. Schließlich bedürfen offenbar auch die neuen, in der →Finanzkrise entwickelten haushalts- und wirtschaftspolitischen Instrumente der EU einer sozialpolitischen Rahmung, um eine gewisse politische Kohärenz zu wahren. Das massive Auseinanderlaufen von →Reichtum und →Armut sowie die Daten zur Jugendarbeitslosigkeit bei gleichzeitiger enormer Schattenwirtschaft lassen eine sozialpolitische Aktivierung der EU zudem sinnvoll erscheinen. Hinzu kommen extreme Ungleichgewichte in den Wachstumszahlen und Handelsbilanzen. Diese lassen erkennen, dass wirksame Sozialsysteme Wohlstand, Wirtschaft und Beschäftigung stützen, andererseits aber auch, dass die Möglichkeiten von Sozialsystemen begrenzt sind, wirtschaftsstrukturelle Fehlentwicklungen auszugleichen. Dazu zählen, Oligopole, Marktdominanzen, Vernichtung von Kleinbetrieben und die entsprechenden sozialen und kulturellen Schäden wie mangelnde soziale Inklusion, Landflucht etc. →Sozialpolitik als Querschnittsaufgabe verstanden trifft auf große Herausforderungen sowohl auf der Ebene der EU wie der Mitgliedstaaten. Von der Ausdeutung des häufig gebrauchten Begriffs der „Modernisierung der Sozialsysteme" (Vgl. S. ÜBELMESSER) entweder in Richtung Abbau, Ausbau, →Privatisierung oder Stärkung von Wirksamkeit, finanzieller und rechtlicher Absicherung wird die Zielstellung der künftigen E.S. abhängen.

2. Rechtliche Instrumente. Die sozialpolitische Tätigkeit der EU darf nach Art. 137 EGV nur unterstützend und ergänzend sein, eine Harmonisierung ist ausgeschlossen. Die eigentliche Zuständigkeit liegt bei den Mitgliedsstaaten. Dennoch hat es eine stetige Erweiterung sozialpolitischer Ziele und Instrumente gegeben. Der EUGH hat z. B. das finanzielle Gleichgewicht der Sozialversicherungssysteme zu einer Rechtfertigung für Eingriffe in die Dienstleistungsfreiheit erklärt (Rs C-158/96, Kohll, Sig. 1998). Die Verträge legen die EU auf die soziale Marktwirtschaft, Antidiskriminierung und das Ziel des sozialen Zusammenhalts (EGV Art. 158) fest. Art. 136 Abs. 1 verweist ausdrücklich auf die Europäische Sozialcharta des Europarats, der Vertrag von Nizza nahm die Bekämpfung der sozialen Ausgrenzung und die Modernisierung der Sozialschutzsysteme sowie ein eigenes Kapitel zur Beschäftigungspolitik (Art. 125ff. EGV) auf. Die Grundrechtecharta für Arbeitnehmer folgte 1989 dem Impuls der Kommission, die wirtschaftliche und die soziale Dimension des Binnenmarktes in eine Gleichrangigkeit zu bringen. Die EU-Arbeitszeitrichtlinie (2003/88/EG) und die Arbeitsschutzrichtlinie setzten gemeinsame Ziele im Arbeitsschutz. Neu aufgenommen wurde 2009 die sog. „soziale Querschnittsklausel" in Artikel 9 AEUV. Sie verpflichtet alle Politikbereiche zur sozialen Folgenabschätzung. Die Verbesserung der Arbeitsumwelt und der Sozialdialog wurden weitere Zielstellungen der EU (Art. 118 a und 118b a. F.) Die europäischen Vorgaben zur Beschäftigungspolitik bildeten z. B. in Deutschland die Grundlage für die sog. Hartz-Reform. Rechtsprechung (EUGH Rs. C 120/95, Decker, Sig. 1998) und Regelungen des Rates und des Parlaments haben bisher im Bereich der Inanspruchnahme von Heilbehandlungen erste Schritte einer Koordination der Gesundheitssysteme bei grenzüberschreitenden Sachverhalten geleistet. Eine Koordination der sozialen Ansprüche der Wanderarbeitnehmer beruht auf Art. 42 EGV. Richtlinien zum Arbeitsschutz gründen sich auf Art. 137 Abs. 1 EGV.

Die Grundkontroverse Freihandelszone oder politische Union spielt auch in die →Sozialpolitik hinein (BOECKH etc.) Die (vor)schnelle Einordnung sozialrechtlicher deutscher Leistungserbinger als europarechtliches →Unternehmen und als →Markt im Sinne des Europäischen Wettbewerbsrechts sowie allgemeine sog. Ökonomisierungstendenzen (Vgl BEDFORD-STROHM etc.) haben mühsame Klärungsprozesse notwendig gemacht. Die Sicht der EU und der meisten Mitgliedstaaten auf freie Träger als Empfänger öffentlicher Mittel ist dabei eines, welches korruptionsfrei bisher meist nur in der Vergabesystematik und als partielle Unterstützung der Aufgaben Dritter, nicht aber in der Systematik des deutschen vertraglichen Dreiecksvertragsverhältnisses gedacht wird. Was dort optionale Unterstützung durch den Staat, ist hier die Verwirklichung sozialstaatlicher Pflichten (Vgl. NEUMANN; LANGE, KINGREEN). In den langjährigen Verhandlungen über die Ausrichtung des Beihilfe- und Vergaberechts haben sich über Ausnahmeregelungen Grundsätze für den Gesundheits- und Sozialbereich ergeben. Diese können dahingehend zusammengefasst werden, dass Dienste der Daseinsvorsorge bei bestimmten Beihilfegrenzen und darüber hinaus bestimmte Dienste des Sozial- und Gesundheitswesens aus der Notifikationspflicht und Beihilfekontrolle ausgenommen wurden. Es gilt die Grundregel, dass Sozialleistungssysteme transparent und diskriminierungsfrei für Anbieter und Nutzer zugänglich sein müssen. Die EU schreibt im Ergebnis das Vergabesystem nicht vor, sondern erkennt mittlerweile das sozialrechtliche Dreieck, also den Zugang aller Leistungserbringer und damit die Trägervielfalt und das Wahlrecht der Nutzer an. Den EU-Vergabevorschriften kommt nur dann eine entscheidende Bedeutung zu, wenn sich der nationale Gesetzgeber für die Vergabe entscheidet und zu den Diensten in ein Auftraggeberverhältnis tritt. Dies ist bis wenige Ausnahmen im SGB II und III in deutschen Sozialrecht nicht gegeben. Einem Auftragsverhältnis stehen schon die Grundprinzipien des SGB sowie das Staatskirchenrecht entgegen. Es handelt sich vielmehr um ein Partnerschafts- und Kooperationsverhältnis auf der Grundlage nicht einer obrigkeitsähnlichen Vergabeentscheidung sondern von Leistungs- und Entgeltverträgen zwischen öffentlicher Hand und den Leistungserbringenden Diensten. Wo, wie bei den Rettungsdiensten oder den Beschäftigungsdiensten, die öffentliche Hand eine Vergabeentscheidung trifft, haben es der Bund bzw. die Bundesländer teilweise versäumt, Gemeinwohlprioritäten wie Jugendarbeit und Freiwilligengewinnung sowie die Gemeinnützigkeit und den Zivil- und Katastrophenschutz ausreichend gesetzlich zu berücksichtigen, so dass der reine Preiswettbewerb zu einer Erosion der Leistungsfähigkeit führen kann.

3. Sozialpolitische Instrumente. Neben den wenigen unmittelbar rechtsverbindlichen Instrumenten ist die EU auf den EU-Sozialfonds und auf eine Koordinierungspolitik angewiesen, die insbesondere durch Vergleiche und Empfehlungen an die Mitgliedstaaten Wirksamkeit entfalten kann. Art. 3 EGV weist der EU ausdrücklich die Rolle der Koordinierung der Beschäftigungspolitik zu. Als Instrumente dienen in bestimmten genau festgelegten Bereichen die Offene Methode der Koordinierung und zunehmend nun auch die Berichte und Empfehlungen im Rahmen des Europäischen Semesters zur Umsetzung der EU-Strategie. Sozialpolitisch hat die Kommission in jüngster Zeit die Frage der Sozialinvestitionen und der →Sozialunternehmer gestärkt. Nach einer Phase der Ruhe in den eigentlichen Hauptfragen der Verbesserung der Sozialsysteme zeichnet sich ggf. ab 2016 ausgehend von einer Initiative des Europäischen Wirtschafts- und Sozialausschusses EWSA (SOC 520 2015) ggf. eine stärkere Betonung wirksamer Sozialsysteme und der öffentlichen Verantwortung hierfür ab. Die EU wird sowohl auf der Ebene eigenen Handelns und eigener Zuständigkeit stärker sozialpolitische Standards beachten müssen wie auch die Mitgliedstaaten durch Empfehlungen und Vergleiche zu einer größeren Kohärenz und der Beachtung von Mindeststandards veranlassen müssen. Denkbar ist dabei auch eine stärkere Bindung der Förderung aus den Strukturfonds an sozialpolitische Mindeststandards. Der Gedanke der Sicherung von Freiheit und somit der Grundfreiheiten durch Sozialpolitik ist ebenso wie moderne Sozialwissenschaften und professionelle Dienste und Ausbildungsgänge im Sozialbereich noch kein Gemeingut in der EU. Das Konzept der →Gemeinnützigkeit wie es grundlegend ist für die soziale Arbeit der Kirchen und der deutschen Wohlfahrtsverbände, ist grundsätzlich als Prinzip in der EU verbreitet, unterscheidet sich aber stark in der Definition und den Rechtsfolgen. In den jüngeren Initiativen der EU zu Sozialunternehmen und Sozialinvestitionen ist teilweise es gelungen, den Aspekt der →Gemeinnützigkeit zu verankern. Bei Instrumenten wie dem Fonds für Soziales Unternehmertum stehen sind Renditeinteressen ein Teil des Konzepts, so dass hier →Gemeinnützigkeit im dt. Sinne kein entscheidendes Kriterium bildet.

Eine akute sozialpolitische Herausforderung bildet die Frage der →Migration aus Nicht-EU-Gebieten einschließlich der Konvergenz der damit verbundenen Aufnahmeregeln, Antragsorten und Sozialleistungen für Asylbewerber und Flüchtlinge sowie die Lage von →Minderheiten in einigen EU-Ländern. Die teilweise unfreiwillige →Mobilität von Arbeitnehmern stellt zudem neue Anforderungen an die Portabilität von Sozialleistungsansprüchen und die Konvergenz der Systeme.

Nachdem die Dominanz der Binnenmarktregeln den allgemeinen demokratietheoretisch bedenklichen Trend der →Konsumgesellschaft bzw. des forcierten →Kapitalismus verstärkt, →Gesellschaft durch Markt und den Bürger durch den Konsumenten zu ersetzen, bemühen sich die EU-Organe gerade in der Wirtschaftskrise auch um eine stärkere Wahrnehmung der →Zivilgesellschaft. Ein wichtiges Forum der europäischen Zivilgesellschaft und Beratungsinstrument ist der Europäische Wirtschafts- und Sozialausschuss. Der EWSA ist ein beratendes Organ der EU mit Initiativrecht. Dort sind Organisationen der Zivilgesellschaft, der Wohlfahrtspflege, Kultur, des Verbraucherschutzes und der Sozialpartner vertreten. Auf EU-Ebene sind eine Vielzahl von Wohlfahrtsverbänden, Verbänden von →Sozialversicherungen und Europäischen Dachverbänden aktiv. Die Kirchen und die Bundesarbeitsgemeinschaft der Freien Wohlfahrtspflege sind mit eigenen Vertretungen in Brüssel präsent.

4. Der Europäische Sozialfonds. Eines der wichtigsten sozialpolitischen Instrumente der EU ist der seit 1957 bestehende eur. Sozialfonds sowie der Fonds für regionale Entwicklung und der Kohäsionsfonds. (allg. Best. in VO (EG) Nr. 1083/2006 des Rates). In der Förderperiode 2007 bis 2013 verfügte der ESF über 55 Mrd. Euro. Mit dem Ziel der sozialen und wirtschaftlichen Kohäsion und insbesondere der Beschäftigungsförderung und der sozialen Integration fördert er Maßnahmen der Qualifizierung und Abbau von Benachteiligungen u. a. auch von Menschen mit →Behinderung und Migranten. Mitgliedstaaten und Regionen entwickeln jeweils eigene Strategien und verwalten die Fondsmittel. Die Freie Wohlfahrtspflege hat in den letzten Jahren darauf gedrungen, im Rahmen des Partnerschaftsprinzips an Konzeption und Umsetzung stärker beteiligt zu werden. Die EU-Struktur- und Investitionsfonds sind seit 2014 unter einem gemeinsamen strategischen Rahmen zusammengefasst. Der Fonds folgt den gemeinsamen Beschäftigungsleitlinien der EU und wird zur Umsetzung der nationalen Reformprogramme eingesetzt, welche Teil des eur. Semesters sind und von Länderempfehlungen der EU begleitet werden. Strategie und Haushalt des ESF werden zwischen MS, Kommission und Parlament ausgehandelt. Umfang der EU-Finanzierungsmittel hängt vom jew. Wohlstand der betr. Region ab. 2014 bis 2020 gehen 9, 7 Mrd. Euro an deutsche Übergangsregionen und 8, 6 Mrd. an stärker entwickelte Regionen, 965 Mio. in die europ. territoriale Zusammenarbeit, 36 % Bund, 64 % Länder (Grundlage VO (EU) Nr. 207/2015). Die meisten Mittel fließen in die sog. neuen Bundesländer. Priorität ist die Förderung nachhaltiger und hochwertiger Beschäftigung, die Mobilität, die Unternehmensgründung, die aktive Inklusion von Migranten, benachteiligten Jugendlichen etc. Gefördert werden Projekte i. d. R. privater, freigemeinnütziger oder öffentlicher Träger, und Verbände. (Grundlage Verordnung EG Nr. 108172006 v. 5. 7. 2006). Im Rahmen der Wirtschaftskrise sind Mittel des Fonds u. a. teilweise für einen europäischen Hilfsfonds für die Ärmsten gewidmet worden (Verordnung 223/14). Der aus der Agrarpolitik stammende und zunächst auf eine reine Lebensmittelverteilung gerichtete Fonds erhielt auch auf die Stellungnahme des EWSA hin eine Ausrichtung, die sich stärker auf die Selbstbestimmung der Person, die integrative Wirkung, gegen Stigmatisierung und moderne Sozialleistungsstandards sowie auf die Mitwirkung sozialer Dienste bezog. Der EWSA forderte außerdem mit Erfolg, dass die verteilenden Organisationen keine privaten Profitinteressen verfolgen und dass der Einkauf der Lebensmittel nicht zur weiteren Stärkung von marktdominanten und sozialpolitisch schädlichen Oligopolen wie der Supermarktketten führt. (EWSA SOC 473).

Insgesamt besteht die Gefahr, dass der ESF vertragswidrig →sozialstaatliche Aufgaben der MS ersetzt, zu lange Förderungen ohne Folgeförderung durch die MS entstehen und dass kleinere Projektträger zu geringe Chancen auf Beteiligung haben.

W. Schmähl, Europäische Sozialpolitik, 1997 – T. G. Arl, Sozialpolitik nach Maastricht, 1997 – J. Schmid, Wohlfahrtsstaaten im Vergleich, 2002 – T. Kingreen, Das Sozialstaatsprinzip im Europäischen Verfassungsverbund, 2003 – R. Steinz, Europarecht, 8. A. 2008, 1. A. 2003 – J. Boeckh/E.-U. Huster/B. Benz, Sozialpolitik in Deutschland, 2004 – V. Neumann/D. Nielandt/A. Philipp, Erbringung von Sozialleistungen nach Vergaberecht? 2004 – B. Schulte, Die Zukunft sozialer Dienste vor der Europäischen Herausforderung, in: C. Linzbach/U. Lübking/S. Scholz/B. Schulte, Die Zukunft der sozialen Dienste vor der europäischen Herausforderung, S. 25–62. 2005 – D. Jarre, Soziale Dienste und der zivile Dialog in der Europäischen Union, in: C. Linzbach/U. Lübking/S. Scholz/B. Schulte, Die Zukunft der sozialen Dienste vor der europäischen Herausforderung, S. 239–259 2005 – Eichenhofer, Sozialrecht der europäischen Union 2006 – B. Schlüter, Diaconia Europea, Europapolitische Bindungen kirchlich-diakonischer Dienste und die Interessenvertretung der Diakonie bei der Europäischen Union, in: Zeitschrift für evangelisches Kirchenrecht, VI. Internationales Symposion der VELKD in Wien, S. 325–353 2006 – H. Bedford-Strohm/T. Jähnichen/H.-R Reuter/S. Reihs/G. Wegner (Hg.), Kontinuität und Umbruch im deutschen Wirtschafts- und Sozialmodell, 2007 – S. Übelmesser, Modernisierung der Sozialsysteme und Europäisierung der Sozialpolitik in Zeiten der Globalisierung. In: C. Linzbach/U. Lübking/S. Scholz/B. Schulte, Globalisierung und Europäisches Sozialmodell, S. 167–188 2007 – B. Schlüter/S. Scholz, Rollenwandel der Wohlfahrtsverbände in der Europäischen Union: Organisatorische und rechtliche Aspekte. In: C. Linzbach/U. Lübking/S. Scholz/B. Schulte, Globalisierung und Europäisches Sozialmodell, S. 189–214 2007 – Hartmut Lange, Sozialrecht und Vergaberecht, 2010 – M. Fuchs, (Hg.) Kommentar zum Sozialrecht der EU 2013 – M. Fuchs, Europäisches Sozialrecht, 2013.

Bernd Schlüter

Europäische Strukturpolitik

1. Grundlagen/Begriff. Bereits die Gründungsstaaten der Europäischen Wirtschaftsgemeinschaft waren in wirtschaftlicher Hinsicht keineswegs völlig homogen und auch in den Folgejahren kam es zunächst nur langsam zu einer wirtschaftlichen Angleichung. Die Aufnahme strukturschwacher Gebiete im Rahmen der EU-Erweiterungen (→Erweiterung, europäische), zuletzt die Osterweiterung 2004, begründeten sodann erstmals ein deutliches wirtschaftliches Gefälle innerhalb der EU, das bis heute nicht überwunden und durch jüngere EU-Beitritte eher verschärft denn abgeschwächt worden ist. Solche ökonomischen Heterogenitäten erweisen sich indes nicht nur für den angestrebten Binnenmarkt als misslich, sie können sich, wie die Eurokrise gezeigt hat, vor allem für eine Währungsunion als ernsthafte Bedrohung darstellen. Nachdem mit dem europäischen Sozialfonds bereits seit 1958 Geldmittel bereit gestellt wurden, um soziale Ungleichheiten partiell auszugleichen, verfolgt die EU spätestens mit der Errichtung des Europäischen Regionalfonds im Jahre 1975 auch das umfassendere Ziel, der Stärkung ihres wirtschaftlichen und sozialen Zusammenhalts. Ausdrücklich wurde dieses Kohäsionsziel allerdings erst mit der Einheitlichen Europäischen Akte in das europäische Primärrecht (→Europarecht) aufgenommen und im Vertrag von Lissabon noch um den territorialen Zusammenhalt ergänzt.

Das Instrument dazu bildet die e.S. (auch Kohäsionspolitik), die darauf abzielt, die Unterschiede im Entwicklungsstand der Regionen und den Rückstand der am wenigsten entwickelten Regionen durch interventionistische und damit umverteilende Maßnahmen zu verringern, die insoweit einen Kontrapunkt zum sonstigen marktwirtschaftlichen System der EU setzen. Die e.S. ist damit zugleich Ausdruck der besonderen Solidarität zwischen den Mitgliedstaaten der EU, die allerdings (wie die Eurokrise gezeigt hat) weiterhin auf eher wackligen Füßen steht.

2. Instrumente der e.S./ESI-Fonds. *2.1 Allgemeines.* Die e.S. erfolgt durch eine Vielzahl bisweilen nicht sonderlich transparent gestalteter sog. „Fonds", für deren wichtigste, die „europäischen Struktur und Investitions-Fonds" (ESI-Fonds), in den europäischen Verordnungen 1303/2013 und 1311/2013 (→Europarecht) gemeinsame Grundlagen festgelegt worden sind. Für die aktuelle Förderperiode von 2014–2020 ist dabei für die ESI-Fonds eine Mittelausgabe von 325 Mrd. Euro vorgesehen – eine Summe, die zwar groß klingt, in einer 28 Mitgliedstaaten umfassenden Union jedoch lediglich unterstützend wirken kann und im Schwerpunkt für die Bereiche Beschäftigung, Innovation, Klimawandel, Bildung und Armut genutzt werden soll. Die geförderten Projekte werden allerdings nicht allein durch die EU, sondern im Wege der Kofinanzierung nach den Grundsätzen der „Komplementarität und Partnerschaft" auch von den Mitgliedstaaten getragen, so dass insoweit eine gewisse „Hebelung" des genannten Betrages erfolgt. Mit den ESI-Mitteln werden also grundsätzlich keine EU-, sondern (private) mitgliedstaatliche Projekte unterstützt, sofern diese bestimmten Vorgaben genügen und mit den Prioritäten des jeweiligen Fonds vereinbar sind. Die Verwaltung der Mittel erfolgt nicht allein durch die Kommission, sondern unter Beteiligung der Mitgliedstaaten in Form einer „geteilten Mittelverwaltung", was zur Verhinderung von Missbrauch funktionierende Verwaltungsstrukturen in den Mitgliedstaaten zwingend voraussetzt. In Deutschland wird mit dem Subventionsbetrug in § 264 StGB eine besondere Form des Missbrauchs zudem unter Strafe gestellt.

Die AgrarS. gehört zwar ebenfalls zur e.S., nimmt aber schon aufgrund ihres finanziellen Umfangs eine gewisse Sonderrolle ein. Die genannten 325 Mrd. Euro beinhalten denn auch nicht die Agrarausgaben der genannten Förderperiode.

2.2 Europäischer Regionalfonds (EFRE). Der EFRE wurde im Jahr 1975 erstmals aufgelegt, und findet heute in Art. 176 AEUV seine primärrechtliche Grundlage (→Europarecht). Seine Aufgabe ist es danach, „durch Beteiligung an der Entwicklung und an der strukturellen Anpassung rückständiger Gebiete und an der Umstellung der Industriegebiete mit rückläufiger Entwicklung zum Ausgleich der wichtigsten regionalen Ungleichgewichte in der Union beizutragen." Eine Konkretisierung dieses allgemeinen Auftrags findet sich für die aktuelle Förderperiode in der Verordnung 1301/2013. Diese zählt dazu in Art. 5 der Verordnung „Investitionsprioritäten" auf, zu denen neben der Stärkung von Forschung, technologischer Entwicklung und Innovation unter anderem auch so unterschiedliche Dinge wie die Verbesserung der Barrierefreiheit, die Stärkung der Wettbewerbsfähigkeit von KMU aber auch die Förderung der Bestrebungen zur Verringerung der CO_2-Emissionen in allen Branchen der Wirtschaft, die Erhaltung und der Schutz der Umwelt oder die Förderung der sozialen Inklusion und Bekämpfung von Armut und jeglicher Diskriminierung gehören. Jedes größere mitgliedstaatliche Projekt dürfte daher potenziell auf irgendeine Weise zumindest potenziell erfassbar sein. Immerhin werden in Art. 3 Abs. 3 der Verordnung bestimmte Bereiche, wie die Stilllegung bzw. der Bau von Kernkraftwerken oder die Herstellung, Verarbeitung und Vermarktung von Tabak und Tabakerzeugnissen, von einer Unterstützung ausdrücklich ausgeschlossen.

2.3 Europäischer Sozialfonds (ESF). Der ESF war bereits im Gründungsvertrag der EWG (1958) vorgesehen und sollte insbesondere zur Bekämpfung der Arbeitslosigkeit in Süditalien eingesetzt werden. Aber auch Deutschland profitierte im Bereich „Umschulung" erheblich von diesen Mitteln. Die primärrechtliche Regelung findet sich heute in Art. 162ff. AEUV, wonach der ESF die Beschäftigungsmöglichkeiten der Arbeitskräfte im Binnenmarkt verbessern und damit zur Hebung der Lebenshaltung beitragen soll. Näheres regelt für die aktuelle Förderperiode die Verordnung 1304/2013. Nach deren Art. 2 fördert der ESF einen bunten Strauß an beschäftigungspolitischen Zielen, zu denen u.a. ein hohes Beschäftigungsniveau und eine hohe Qualität der Arbeitsplätze, die Verbesserung des Zugangs zum Arbeitsmarkt, die Unterstützung der geografischen und beruflichen Mobilität der Arbeitskräfte und zahlreiche weitere (Inklusion, Chancengleichheit, Nichtdiskriminierung) gehören. In Art. 3 der Verordnung werden die spezifischen Interventionsprioritäten des ESF sodann im Einzelnen aufgelistet.

2.4 Europäischer Kohäsionsfonds. Der in Art. 177 Abs. 2 AEUV verankerte Kohäsionsfonds soll zu Vorhaben in den Bereichen Umwelt und transeuropäische Netze auf dem Gebiet der Verkehrsinfrastruktur finanziell beitragen. Die Einzelheiten werden in der Verordnung 1300/2013 näher ausgestaltet.

2.5 AgrarS. Mit der auf Art. 40 Abs. 3 AEUV gestützten AgrarS. versucht die EU, die Lage des ländlichen Raumes durch Modernisierung der Strukturen der landwirtschaftlichen Betriebe zu verbessern. Sie hat sich seit den Anfängen in vielfältiger Hinsicht gewandelt. Im Gegensatz zu früheren Regelungen wird bei der heutigen Förderung insoweit möglichst darauf geachtet, keine Anreize zu Überproduktion zu setzen sowie nachhaltige und umweltfreundliche Landwirtschaft zu unterstützen. Die AgrarS. über den Europäischen Garantiefonds für die Landwirtschaft (EGFL, Verordnung 1305/2013) und den Europäischen Landwirtschaftsfonds für die Entwicklung des ländlichen Raumes (ELER, Verordnung 1306/2013) nimmt dabei weiterhin mehr als ein Drittel des Gesamthaushaltes der EU ein. Hinzu kommt der 2014 neugefasste Europäische Meeres- und Fischereifonds (EMFF, Verordnung 508/2014) mit einem Umfang von gut 6 Mrd. Euro.

3. Ausblick. Die e.S. kann durchaus auf beachtliche Erfolge zurückblicken. Das gilt dabei auch für die AgrarS., mit deren Hilfe es gelungen ist, die Versorgung mit Lebensmitteln in Europa auch in der Nachkriegszeit sicherzustellen. Gleichwohl dürften in diesem Bereich die größten Herausforderungen bestehen. Mittelfristig wird hier kein Weg an einer signifikanten Senkung der Agrarausgaben vorbeiführen, die sich freilich aus politischen Gründen als außerordentlich schwierig erweist.

M. Freise/M. Garbert, Abschied von der Gießkanne? Europäische Kohäsionspolitik nach Lissabon, in: Integration 2013, 34 – T. Oppermann/C. D. Classen/M. Nettesheim, Europarecht, 2014[6] – M. Nettesheim, EU-Fondsverwaltung im Verwaltungsverbund, in: Europäisches Umwelt- und Planungsrecht 2014, 24 – R. Streinz, Europarecht, 2012[9].

Alexander Thiele

Europäische Wirtschafts- und Währungsunion (EWWU)

1. Vorbemerkung. Die EWWU trat am 1. Januar 1999 in Kraft. Der Euro ersetzte in zunächst 11 Mitgliedsstaaten die nationalen Währungen, wobei bis Ende des Jahres 2001 Bargeld noch in den nationalen Denominationen bereitgestellt wurde. Bis 2015 traten weitere acht EU-Staaten der Eurozone bei. Damit übertrugen sie die Souveränität in der Geldpolitik auf das Europäische System der Zentralbanken (ESZB), in dessen Zentrum die Europäische →Zentralbank (EZB) mit Sitz in Frankfurt steht. Die Währungsunion ist als monetäre Ergänzung des Binnenmarktes (→EU-Grundfreiheiten) zu verstehen.

2. Der Weg zur EWWU. *2.1 Binnenmarkt und Wechselkurssystem.* Die Vorgeschichte der Währungsunion reicht in die 1960er Jahre zurück. Nach dem Scheitern des damaligen Weltwährungssystems (Bretton-Woods-System, →Internat. Währungsfonds) herrschte weitgehend Konsens, dass freie Wechselkurse mit der Integration Europas in einen gemeinsamen Markt unvereinbar sind. Eine unter dem Vorsitz des luxemburgischen Ministerpräsidenten Werner tagende Gruppe von Sachverständigen erstellte einen „Fahrplan" zur Einführung einer gemeinsamen Währung; der Werner-Plan scheiterte aber, als die EG-Mitgliedstaaten auf die Auflösung des Bretton-Woods-Systems, den anschließenden Dollarverfall und die erste Ölkrise mit unterschiedlichen und nicht abgestimmten Maßnahmen reagierten. Ersatzweise diente ein europäisches Fixkurssystem, zunächst die sog. „Währungsschlange", Ende der 1970er das Europäische Währungssystem (EWS) der innergemeinschaftlichen Währungsstabilität. Großbritannien, dessen →Inflationsrate mit über 20% weit über dem europäischen Durchschnitt lag, verlor einen Großteil seiner Währungsreserve und musste die Währungsschlange verlassen. Das EWS brachte eine gewisse Beruhigung in den Währungsbeziehungen, dennoch traten wiederholt Spannungen auf, begleitet von spekulativen Attacken seitens der Finanzmarktakteure. So scheiterte auch ein zweiter Versuch, das britische Pfund an die anderen EU-Währungen zu binden Während Großbritannien sich daraufhin für einen freien Wechselkurs entschied, hatte Frankreich mit einem radikalen wirtschaftspolitischen Kurswechsel ab 1983 die Voraussetzung dafür geschaffen, dass der Franc gegenüber der Deutschen Mark weitgehend stabil gehalten werden konnte.

Die teilweise geglückte Stabilisierung der Währungsrelationen ging einher mit der in der Einheitlichen Europäischen Akte von 1985 festgelegten „Vollendung des gemeinsamen Marktes". Sie umfasste u. a. die Liberalisierung und Öffnung der Finanzmärkte und der für Versorgungsdienstleistungen (z. B. Energie, Telekommunikation, Post).

2.2 Ziele der Währungsunion. Mit der Währungsunion soll verhindert werden, dass die Wettbewerbsfähigkeit der Unternehmen innerhalb des Binnenmarktes von erratischen Wechselkursschwankungen abhängt. Ansonsten wären die Unternehmen gezwungen, das durch Wechselkursschwankungen verursachte Marktrisiko dadurch zu verringern, dass sie ihre Produkte und Dienstleistungen in jenem Währungsgebiet erstellen, in die sie diese verkaufen wollen. Damit ginge aber für sie der bedeutende Vorteil des Binnenmarktes, nämlich die Nutzung von „Größenvorteilen" (Skaleneffekte, „*economies of scale*") verloren. Über dieses maßgebliche Ziel hinaus werden als Vorteile einer Währungsunion der Wegfall von Transaktionskosten (z. B. Umtauschgebühren, Kosten der Kurssicherung), Vorteile aus der Funktion als weltweite Reservewährung sowie liquidere Kapitalmärkte und damit geringere Finanzierungskosten genannt. Zudem soll die EWWU mit ihren hohen Anforderungen an eine Koordinierung der Wirtschaftspolitik zu einer stärkeren politischen Integration der EU beitragen.

2.3 Konvergenzkriterien („Maastricht-Kriterien"). Da im Rahmen einer Währungsunion die Wirtschaftspolitik eines EU-Staates sich unmittelbar auf die Partnerstaaten auswirkt, müssen EU-Mitgliedstaaten vor ihrer Aufnahme in die Währungsunion nachweisen, dass ihre makroökonomischen Daten sich nicht wesentlich von denen der Eurozone unterscheiden. Unabdingbar ist die *Preisniveaustabilität*. Laut dem Vertrag zur Arbeitsweise der EU (AEUV) ist dies gegeben, wenn die Inflationsrate des Beitrittslandes nicht mehr als 1,5%-Punkte über der Inflationsrate der drei preisstabilsten Mitgliedstaaten liegen. Der Staatshaushalt (→Haushalte, öffentliche) soll keine Gefahr für die Stabilität darstellen; dies gilt i. d. R. als erfüllt, wenn das *Haushaltsdefizit* unter 3% des BIP (→Bruttoinlandsprodukt) und der *Schuldenstand* (→Staatsverschuldung) nicht über 60% des BIP liegt. Das Niveau der *langfristigen Zinsen* darf nicht mehr als 2%-Punkte über dem Durchschnitt der drei preisstabilsten Mitgliedstaaten liegen. Die Währung des Beitrittslandes darf in den letzten zwei Jahren vor Eintritt in die Eurozone *keine Wechselkursschwankungen* aufgewiesen haben. Zudem müssen alle *Rechtsvorschriften*, insbesondere in Bezug auf das →*Bankensystem*, angepasst worden sein.

3. Das Eurosystem. *3.1 Organisation.* Im Mittelpunkt des Eurosystems steht die EZB. Das EZB-Direktorium besteht aus dem Präsidenten, dem Vizepräsidenten und vier weiteren Mitgliedern. Das Direktorium führt die Geschäfte der EZB und bildet den Kern des EZB-Rats. Dieser setzt sich aus dem Direktorium und 15 im Rotationsprinzip stimmberechtigten Präsidenten der nationalen Notenbanken der Eurozone zusammen. Er setzt die Geldmengenziele und beschließt die geldpolitischen Maßnahmen. Die nationalen Notenbanken setzen sie um.

3.2 *Geldpolitische Ziele*. Vorrangiges, im AEUV verankertes Ziel ist die *Preisniveaustabilität*. Der EZB-Rat definiert diese als eine Inflationsrate von unter, aber nahe zwei Prozent. Soweit dies ohne Beeinträchtigung des Inflationszieles möglich ist, unterstützt das ESZB die allgemeine Wirtschaftspolitik der Union. Weitere Aufgaben sind die Förderung eines reibungslosen Funktionierens der Zahlungssysteme und die Bankenaufsicht im Euroraum.

Um das Inflationsziel zu erreichen, verfolgt die EZB ein Zwei-Säulen-Konzept. Zum einen unterlegt sie ihrer Politik die Entwicklung realwirtschaftlicher Größen, die für das Preisniveau entscheidend sind, zum anderen die Entwicklung der Geldmenge. (Zu den geldpolitischen Instrumenten: siehe →Geldpolitik.)

3.3 *Stabilität der ersten zehn Jahre*. Die Einführung der gemeinsamen Währung verlief zunächst erfolgreich. Auch wenn der Preisanstieg einzelner, in der Regel mit Bargeld zu bezahlender Produkte als „gefühlte" →Inflation in der Öffentlichkeit zu dem populären Schlagwort „Teuro" führte, lag die Inflationsrate mittelfristig nahe bei dem Zielwert von zwei Prozent. Die Zinsen für Staatsanleihen lagen in den ersten zehn Jahren nach der Euro-Einführung deutlich unter dem Niveau der 1980er und 1990er Jahre, die Unterschiede im Zinsniveau zwischen den Staaten waren weitgehend verschwunden. Einigen Ländern, darunter Spanien und Italien, gelang es ihre →Staatsverschuldung, gemessen am BIP (→Bruttoinlandsprodukt), zu verringern.

3.4 *Die EWWU seit Beginn der Finanzkrise*. Mit der →Finanzkrise änderte sich die Situation dramatisch. Banken mussten in hohem Maße Anlagen und Forderungen abschreiben, verzeichneten massive Verluste und gerieten in Zahlungsschwierigkeiten. Die Kreditvergabe zwischen den Finanzinstitutionen kam weitgehend zum Erliegen; die Geldschöpfung (→Geldpolitik) im Bankensektor ging stark zurück. Um den drohenden Kollaps des Bankensystems zu verhindern, vergaben nahezu alle Regierungen Hilfskredite an die Großbanken und übernahmen teilweise ihre Zahlungsverpflichtungen (→Bankenkrise). Die Realwirtschaft fiel aufgrund der Kreditkontraktion in die schwerste Rezession (→Konjunktur) seit der Weltwirtschaftskrise. Die Preise begannen zu sinken. Diese *Deflation* schien die Preisniveaustabilität eher zu gefährden als →Inflation.

Obwohl die EZB ihre geldpolitische Aufgabe mit einer massiven Ausweitung der Liquidität erfolgreich löste, geriet die EWWU in immense Spannungen. Grund hierfür war, dass die durch die Rezession gestiegene →Staatsverschuldung die Zahlungsfähigkeit einzelner Länder bedrohte. Als Folge verringerter Bonität sahen sich diese Länder stark erhöhten Zinsforderungen für ihre Staatsanleihen gegenüber, während Euro-Staaten mit hoher Bonität, allen voran Deutschland, sich zu extrem niedrigen Zinsen finanzieren konnten.

Aufgrund der extrem divergierenden Entwicklung der Zahlungsfähigkeit und der Notwendigkeit, einzelne Staaten mit Hilfskrediten aus hierfür geschaffenen „*Rettungsschirmen*" (u. a. 2012 der Europäische Stabilisierungsmechanismus ESM) zu stützen, wurde von Kritikern auf „Konstruktionsfehler" der EWWU hingewiesen und ihr Fortbestehen in Frage gestellt.

4. **Erfolgsvoraussetzungen und Probleme.** In einer Währungsunion steht den Mitgliedsländern der Wechselkurs zur Anpassung an unterschiedliche Entwicklungen der Wettbewerbsfähigkeit nicht mehr zur Verfügung. Länder mit hohen Lohnkostensteigerungen können die entstehenden Wettbewerbsnachteile und folgende Exportrückgänge bzw. Importsteigerungen in einer Währungsunion nicht durch Abwertung ihrer Währung abbauen; die steigenden Exportüberschüsse der anderen Länder der Währungsunion werden nicht durch eine Aufwertung verringert. Daher bedarf es anderer Anpassungsmechanismen.

4.1 *Notwendige Rahmenbedingungen*. Die „Theorie optimaler Währungsräume" diskutiert eine Reihe von Faktoren, die zur Funktionsfähigkeit einer Währungsunion beitragen. Hierzu gehören ein hohes Maß an wirtschaftlicher Verflechtung sowie eine hohe Kapital- und Arbeitskräftemobilität, mit der die unterschiedlichen Auswirkungen von außen einwirkender Einflüsse und die Folgen divergierender Produktionskosten ausgeglichen werden können. Unabdingbar für eine funktionierende Währungsunion ist also der vollständige Ausbau des Binnenmarktes mit nicht nur uneingeschränktem Waren- und Dienstleistungsverkehr, sondern auch freien Faktormärkten (→EU-Grundfreiheiten).

Darüber hinaus ist die Wirtschafts-, insbesondere die Fiskalpolitik (→Finanzpolitik, →Konjunkturpolitik) der Mitgliedsstaaten zu koordinieren. Zur dauerhaften fiskalischen Disziplin sollten die Vorschriften des Stabilitäts- und Wachstumspaktes beitragen, demzufolge in den Mitgliedsstaaten die Nettoneuverschuldung drei Prozent des BIP nicht überschreiten sollten. Ausnahmen hiervon waren lediglich für Krisenzeiten vorgesehen. Nachdem ausgerechnet Deutschland in den Jahren 2001 bis 2005 den Wert für die Neuverschuldung überschritten hatte und das von der EU eröffnete Defizitverfahren zu keinen Sanktionen führte, hatte sich der Disziplinierungsdruck des Paktes erheblich reduziert. Im Jahr 2011 wurde daher der Europäische Fiskalpakt geschlossen. Demnach verpflichteten sich die Staaten, unter Berücksichtigung länderspezifischer Übergangsbestimmungen den konjunkturbereinigten (strukturellen) Staatshaushalt auf ein Defizit von maximal 0,5% des BIP zu begrenzen. Die fiskalische Disziplinierung soll zudem durch die sogenannte „no-bail-out-Klausel", also den Haftungsausschluss der EU für Schulden eines Mitgliedslandes, herbeigeführt werden. Dieses Grundprinzip wurde durch die Einrichtung des ESM inzwischen jedoch gebrochen.

Eine besondere Verantwortung kommt der →Lohnpolitik, also den Tarifparteien zu. Da sich in einem funktionierenden Binnenmarkt die Preise für Rohstoffe und Kapital nicht wesentlich unterscheiden, hängen die Wettbewerbsfähigkeit der Unternehmen und die Leistungsbilanz eines Mitgliedstaates ganz entscheidend von den Lohnstückkosten ab. Lohnvereinbarungen müssen daher die Produktivitätsunterschiede zwischen den Regionen widerspiegeln.

4.2 Ausgewählte Probleme. 4.2.1 Entwicklung der Lohnstückkosten. Eine ausschließlich im nationalen Kontext eingebettete Lohnpolitik führte in den letzten Jahren vor der Finanzkrise zu einem Auseinanderdriften der Lohnstückkosten. Während in Deutschland die →Gewerkschaften Lohnsenkungen hinnehmen mussten, stiegen die Löhne insb. in den Mittelmeerländern stärker als die →Produktivität. Als Folge erzielte Deutschland immer größer werdende Exportüberschüsse im Handel mit diesen Ländern. Deren Defizite erforderten Kapitalimporte, die in der Finanz- und Wirtschaftskrise aber ausblieben. Die Krise traf sie daher besonders hart.

4.2.2 Destabilisierungstendenzen. Die rapide steigende →Staatsverschuldung löste zusammen mit der folgenden Herabsetzung der Bonitätseinstufung durch die →Ratingagenturen die EWWU destabilisierende Finanzströme aus. Um zu verhindern, dass ihre eigene Bonität schlechter „geratet" wird, schichteten die →Banken und Versicherungsunternehmen ihr Forderungsportfolio um. Sie verkauften griechische, spanische, italienische und portugiesische Staatsanleihen und erwarben deutsche, österreichische und finnische Schuldverschreibungen. Damit stieg die Zinsbelastung für die Mittelmeerländer mit der Folge weiterer Verschlechterungen im Rating. Deutschland hingegen konnte sich zu immer geringeren Zinsen finanzieren. Die Finanzmärkte bewirkten somit sich selbst erfüllende Prognosen und wirkten tendenziell destabilisierend: die Verschlechterung im Rating der Mittelmeerländer führte zum Verkauf von Staatsanleihen, dies zu Zinssteigerungen, dies wiederum zur weiteren Verschlechterung des Rating. Einige Ökonomen forderten, diesen Teufelskreis mit der Ausgabe von „*Eurobonds*", also von der EU bzw. den Euro-Ländern gemeinsam begebenen Staatsanleihen, zu durchbrechen. Insbesondere Deutschland, aber auch Frankreich, Österreich und die Niederlande lehnten den Vorschlag ab, da hierdurch der Anreiz für einzelne Staaten zur Haushaltsdisziplin sinke. Eine gemeinsame Haftung, verbunden mit Finanztransfers (*Transferunion*) wurde kategorisch ausgeschlossen. Der Fortbestand des Euro schien ernsthaft gefährdet. Als Alternative zur Wiedergewinnung ihrer Wettbewerbsfähigkeit blieb den betroffenen Ländern nur der schmerzhafte Weg durch eine „Anpassungsrezession", die sich für die Bevölkerung in Form dramatischer Lohnsenkungen und dem Abbau von Sozialleistungen bemerkbar machte.

4.2.3 Mandatsausdehnung durch die EZB? Während mit der Ablehnung von Euro-Bonds und dem Europäischen Fiskalpakt die Bekämpfung der →Schuldenkrise erneut in die Verantwortung der Nationalstaaten verwiesen wurde, interpretierte die EZB ihr geldpolitisches Mandat zunehmend breiter. Mit dem gezielten Ankauf von Staatsanleihen gelang es ihr, die überhöhten Zinsen für Staatsanleihen der unter dem schlechten Rating leidenden Länder zu senken. Die Ankündigung des EZB-Präsidenten im Juli 2012, alles im Mandat der EZB Stehende zu tun, um den Euro zu erhalten, und die Ankündigung eines neuen Instrumentariums, den „*Outright Monetary Transactions*", stabilisierten die Finanzmärkte. Die OMT umfassen, wenn angewandt, den Ankauf von Staatsanleihen solcher Länder, die im Rahmen des „ESM-Rettungsschirms" Darlehen aufnehmen und den damit verbundenen fiskalpolitischen Einschränkungen folgen. Die EZB begründet ihre Bereitschaft hierzu mit ihrer Aufgabe, zur Funktionsfähigkeit der Finanzmärkte beizutragen. Kritiker hingegen werfen ihr eine nicht durch den AEUV gedeckte Ausweitung ihres Mandates vor.

4.2.4 Politische Akzeptanzprobleme. Das vermutlich größte Problem ist ein mit Andauern der durch die Rezession (→Konjunktur) angestiegenen Arbeitslosigkeit und den angemahnten Strukturanpassungen zunehmende Ablehnung der EWWU. Das Gefühl aufgrund der Euro-Mitgliedschaft dem Diktat der EU und insbesondere dem der von Deutschland angeführten Gläubigerländer ausgeliefert zu sein, scheint sich in allgemeiner Ablehnung der EU und des mit ihr verbundenen Politiksystems niederzuschlagen. In einer Reihe von Ländern, darunter Griechenland, Italien und Frankreich, erreichten die Euro-Gegner nur wenige Jahre nach Ausbruch der Finanzkrise bei Parlamentswahlen mehr als ein Drittel der Stimmen. Auch in den Ländern mit niedriger Arbeitslosigkeit und unter geringerem Druck stehenden Sozialsystemen nimmt die Akzeptanz ab. Zum einen wird befürchtet, dass Unternehmen aus Ländern mit niedrigem Lohnniveau, insbesondere Bulgarien und Rumänien, die Dienstleistungsfreiheit dazu nutzen, in Ländern wie Deutschland und Österreich mit Niedrigstpreisen einheimische Konkurrenz zu verdrängen. Zum anderen herrscht die Angst, die Freizügigkeit (→EU-Grundfreiheiten) des Binnenmarktes führe zu einer das Sozialsystem belastenden Zuwanderung nicht oder wenig Qualifizierter.

5. Schlussfolgerung. Nach anfänglichen Erfolgen stand die EWWU seit Beginn der Finanzkrise 2008 unter erheblichen ökonomischen Anpassungszwängen.

Ob die Konstruktion der Eurozone, die der gemeinsamen Währung keine wirkliche Fiskalunion und schon gar keine Transferunion zur Seite stellte, und daher als einzigen Anpassungsmechanismus die Rezession kennt, auf Dauer haltbar und für die Mehrheit der Bevölkerung in Europa akzeptabel ist, muss die Zukunft weisen.

Sachverständigenrat zur Begutachtung der gesamtwirtschaftlichen Entwicklung, Jahresgutachen 2010/11 – H.-J. Blanke (Hrsg.), Die „Fiskalunion": Voraussetzungen einer Vertiefung der politischen Integration der Europäischen Union, 2014 – U. Brasche, Europäische Integration, 2013³ – M. Heise, Europa nach der Krise: die Währungsunion vollenden, 2014.

Ulrich Schüle

Europarecht

1. Begriff. E. bezeichnet das Recht internationaler europäischer Zusammenschlüsse. Dabei ist zwischen dem Unionsrecht und dem sonstigen E. zu differenzieren.

Das Unionsrecht umfasst das gesamte Recht der Europäischen Union und mit dieser zusammenhängender Organisationen. Aufgrund der ausgeprägten Integrationsdichte dieses Zusammenschlusses von gegenwärtig 28 Mitgliedstaaten (→ Erweiterung, europäische) weist dieses E. einige Besonderheiten auf, die es von sonstigem „gewöhnlichem" Völkerrecht unterscheidet. Der Europäische Gerichtshof (EuGH) hat diese Besonderheiten frühzeitig herausgearbeitet und immer wieder betont. Sie sind mittlerweile in den einzelnen Mitgliedstaaten auch grds. anerkannt.

Demgegenüber handelt es sich beim sonstigen E. grds. um „gewöhnliches" Völkerrecht. Mit dem Europarat und der von diesem verabschiedeten Europäischen Menschenrechtskonvention (EMRK) finden sich aber auch hier Zusammenschlüsse, deren Bedeutung nicht unterschätzt werden darf, denen aber gerade in den Medien nicht immer ausreichend Aufmerksamkeit geschenkt wird.

2. Unionsrecht. *2.1 Unionsrechtsarten.* Zu unterscheiden ist zwischen dem primären und dem sekundären Unionsrecht.

Das Primärrecht nimmt innerhalb des Unionsrechts die höchste Rangstufe ein. Es umfasst die beiden Unionsverträge (EUV und AEUV) einschließlich aller Beitrittsverträge und der den Verträgen beigefügten Protokolle. Seit dem Vertrag von Lissabon genießt damit auch die bereits im Jahr 2000 feierlich proklamierte Grundrechtecharta einen solchen Primärrechtsstatus. Hinzu kommen die allgemeinen Rechtsgrundsätze des Unionsrechts. Völkerrechtliche Verträge der EU gehören zwar nicht zum Primärrecht, gehen aber dem Sekundärrecht vor und nehmen insofern eine gewisse Zwischenstellung ein.

Das Primärrecht kann nur von den Mitgliedstaaten, nicht aber von der EU selbst modifiziert werden. Die EU genießt insoweit keine „Kompetenz-Kompetenz", die allein bei den Mitgliedstaaten verblieben ist. Änderungen des Primärrechts sind daher grds. nur durch einstimmigen Beschluss der Mitgliedstaaten möglich und bedürfen anschließend der Ratifikation.

Das Sekundärrecht umfasst demgegenüber das von den Unionsorganen gesetzte Recht, wobei das Primärrecht Grundlage, Rahmen und Grenze der Rechtsetzungsgewalt der EU bildet. Die EU darf nach dem Prinzip der begrenzten Einzelermächtigung nur dort Recht setzen, wo ihr von den Mitgliedstaaten im Primärrecht eine ausdrückliche Kompetenz zugewiesen worden ist. Die Einhaltung dieser besonderen Rechtssetzungsgrenze wird dabei nicht zuletzt vom Bundesverfassungsgericht (BVerfG) streng überwacht (siehe sogleich).

Die wichtigsten Rechtsakttypen des Sekundärrechts werden in Art. 288 AEUV aufgelistet. Zu unterscheiden sind danach Verordnungen, Richtlinien und Beschlüsse. Empfehlungen und Stellungnahmen gehören zwar ebenfalls zum Sekundärrecht, sind aber rechtlich unverbindlich. Europäische Rechtsakte, die Sekundärrechtsakte näher ausgestalten oder durchführen, werden zum Teil als „Tertiärrecht" bezeichnet. Diese müssen dann auch mit dem jeweiligen Sekundärrechtsakt vereinbar sein.

Das Verfahren zum Erlass des Sekundärrechts ist nicht einheitlich geregelt, wird vielmehr in der einschlägigen Kompetenznorm aufgeführt. Im Regelfall kommt freilich das sog. ordentliche Gesetzgebungsverfahren zur Anwendung, in dem nach einem Vorschlag der Kommission der Rat und das Europäische Parlament als maßgebliche Rechtsetzer fungieren. Einstimmigkeit im Rat wird dabei grds. nicht vorausgesetzt; für alle Mitgliedstaaten verbindliches Sekundärrecht kann also auch gegen den Willen einzelner Mitgliedstaaten gesetzt werden.

2.2 Besonderheiten des Unionsrechts. Das gesamte Unionsrecht wird vom EuGH seit der grundlegenden Entscheidung in der Rechtssache Costa/ENEL aus dem Jahre 1964 als autonome Rechtsordnung angesehen, die sich von ihren völkerrechtlichen Grundlagen weitgehend gelöst hat. Kennzeichen der Unionsrechtsordnung ist danach die Supranationalität des Unionsrechts, die sich in dessen Vorrang vor nationalem Recht und in der unmittelbaren Anwendbarkeit in den einzelnen Mitgliedstaaten manifestiert.

2.2.1 Vorrang des Unionsrechts. Aus europäischer Perspektive geht das Unionsrecht sämtlichen nationalen Rechtsvorschriften einschließlich des nationalen Verfassungsrechts vor. Im konkreten Kollisionsfall zwischen Unions- und nationalem Recht setzt sich mithin das Unionsrecht durch, indem allein dieses zur Anwendung kommt. Das nationale Recht bleibt im Übrigen aber gültig und kann daher in Fällen ohne Unionsrechtsbezug auch weiterhin Anwendung finden; es handelt sich folglich um einen Anwendungs- und nicht um einen Geltungsvorrang.

Der EuGH begründet diesen Vorrang mit der Autonomie des Unionsrechts, dessen einheitliche Geltung in allen Mitgliedstaaten nur gesichert sei, wenn diesem „keine wie immer gearteten innerstaatlichen Rechtsvorschriften" vorgingen. Der Vorrang des Unionsrechts beruht dabei weiterhin allein auf der Rechtsprechung des EuGH, ist also an keiner Stelle ausdrücklich normiert. Der gescheiterte Verfassungsvertrag sah eine solche Normierung vor, die aber in den aktuellen Vertrag von Lissabon nicht übernommen wurde.

Das BVerfG akzeptiert den unbedingten Vorrang des Unionsrechts jedoch nur im Hinblick auf das einfache nationale Recht, stellt bzgl. des Vorrangs vor nationalem Verfassungsrecht hingegen einige Vorbehalte auf, die es zuletzt in seiner Entscheidung zum Vertrag von Lissabon noch einmal ausgeweitet hat. Ausgangspunkt bildet für das BVerfG dabei die zutreffende Überlegung, dass die EU in ihrer Existenz weiterhin von den einzelnen Mitgliedstaaten abhängt, die daher auch weitgehend frei über die Bedingungen ihres Beitritts bestimmen können. In Deutschland ist insoweit Art. 23 Abs. 1 GG maßgeblich, der die Übertragung von Hoheitsrechten auf die EU von bestimmten Anforderungen abhängig macht und sie zudem in ihrem Umfang begrenzt. Daher kann das BVerfG zunächst zusätzliche Hoheitsübertragungen auf die EU auf ihre Vereinbarkeit mit Art. 23 Abs. 1 GG überprüfen. Darüber hinaus muss aber auch das von der Union gesetzte Sekundärrecht den in Art. 23 Abs. 1 genannten Anforderungen genügen. Daher kann das BVerfG auch dieses Sekundärrecht daraufhin überprüfen, ob es mit dem unabdingbaren Grundrechtsstandard vereinbar ist, von den auf die EU übertragenen Kompetenzen gedeckt ist und die Identität der Verfassung achtet. Sollte dies nicht der Fall sein, ist das entsprechende Unionsrecht jedenfalls im deutschen Rechtsraum nicht anwendbar, genießt also zwangsläufig auch keinen Vorrang. Vor einer solchen Entscheidung ist freilich dem EuGH die Möglichkeit einzuräumen, über den betreffenden Unionsrechtsakt zu entscheiden. Nachdem diese Vorbehalte zwar immer wieder artikuliert, aber in keinem Fall tatsächlich zur Anwendung kamen, hat das BVerfG im Jahr 2014 erstmals eine solche Ultra-Vires-Entscheidung in Aussicht gestellt, da es bezweifelt, dass einige von der EZB im Rahmen der Eurokrise ergriffenen Maßnahmen mit deren geldpolitischem Mandat vereinbar sind. Es hat diese Frage daher dem EuGH vorgelegt. Die Ausführungen des BVerfG sind freilich kaum überzeugend, so dass davon auszugehen ist, dass der EuGH die Vorbehalte nicht teilen wird. Ob das BVerfG anschließend tatsächlich eine Ultra-Vires-Entscheidung fällen wird, ist für diesen Fall allerdings schwer vorherzusagen und dürfte auch von der Begründung des EuGH abhängen.

Abgesehen von diesen besonderen Fällen ist der Vorrang des Unionsrechts vor einfachem Recht aber auch in den einzelnen Mitgliedstaaten weitgehend anerkannt. Die vom BVerfG geäußerten Vorbehalte spielen zumindest in der Praxis so gut wie keine Rolle. Dies dürfte sich trotz der (verfehlten) Ankündigung des BVerfG hinsichtlich der EZB-Maßnahmen auch zukünftig nicht ändern.

2.2.2 Unmittelbare Anwendbarkeit des Unionsrechts. Ausdruck der Supranationalität des Unionsrechts ist zudem dessen unmittelbare Anwendbarkeit in den Rechtsordnungen der Mitgliedstaaten. Das Unionsrecht bindet die jeweiligen Adressaten also unmittelbar, ohne dass es einer Umsetzung oder Durchführung bedürfte. Sowohl aus dem Primär- als auch aus dem Sekundärrecht können sich daher nicht zuletzt für den Bürger unmittelbar Rechte und Pflichten ergeben, die von den Behörden und Gerichten in den Grenzen des Vorrangs des Unionsrechts auch dann zu berücksichtigen sind, soweit nationales Recht entgegenstehen sollte.

3. Sonstiges E. Neben der EU finden sich noch zahlreiche weitere europäische internationale Organisationen. Die wohl größte Bedeutung kommt insoweit dem bereits 1949 gegründeten Europarat zu, der mittlerweile 47 Mitgliedstaaten umfasst und nicht zuletzt nach dem „Fall der Mauer" zu einer friedlichen Entwicklung demokratischer und rechtsstaatlicher Grundsätze in Europa beigetragen hat. In der parlamentarischen Versammlung des Europarats kommen Parlamentarier aller Mitgliedstaaten in regelmäßigen Abständen zusammen, um über aktuelle Entwicklungen zu debattieren und Konventionen zu verabschieden. Die wohl wichtigste Konvention stellt dabei die EMRK dar, die bereits im Jahr 1950 verabschiedet wurde und seitdem durch zahlreiche Zusatzprotokolle ergänzt worden ist. Das Institut der Individualbeschwerde ermöglicht es dabei jedermann nach Erschöpfung des innerstaatlichen Rechtswegs eine Verletzung der in der EMRK gewährten Grundrechte vor dem Europäischen Gerichtshof für Menschenrechte zu rügen. Dadurch hat die EMRK entscheidend an der Etablierung eines angemessenen europäischen Grundrechtsstandards mitgewirkt. Auch Deutschland wird dabei immer wieder erfolgreich verklagt und dadurch gezwungen, seine Grundrechtsstandards anzupassen.

Als weitere europäische Organisationen sind noch die 1975 gegründete Organisation für Sicherheit und Zusammenarbeit in Europa (OSZE) und die aus dem Jahre 1961 stammende Organisation für Wirtschaftliche Zusammenarbeit und Entwicklung (OECD) zu nennen.

Die Besonderheiten des Unionsrechts gelten für das sonstige E. nicht. Es handelt sich also um „gewöhnliches" Völkerrecht, dem keine supranationalen Wirkungen und kein Vorrang vor nationalem Recht zukommen. Eine gewisse Sonderrolle nimmt lediglich die EMRK ein, deren Gewährleistungen nach der Rechtsprechung des BVerfG „im Rahmen methodisch vertretbarer Gesetzesauslegung" berücksichtigt werden müssen.

C. CALLIESS, Die neue Europäische Union nach dem Vertrag von Lissabon, 2010 – C. GRABENWARTER/K. PABEL, Europäische Menschenrechtskonvention, 2012[5] – M. HERDEGEN, Europarecht, 2015[16] – S. HOBE, Europarecht, 2013[8] – T. KRUIS, Der Anwendungsvorrang des EU-Rechts in Theorie und Praxis, 2012 – J. MEYER-LADEWIG, Europäische Menschenrechtskonvention – Handkommentar, 2011[3] – T. OPPERMANN/C. D. CLASSEN/M. NETTESHEIM, Europarecht, 2014[6] – F. SCHORKOPF, Der Europäische Weg, 2015[2] – R. STREINZ, Europarecht, 2012[9] – J. P. TERHECHTE, Der Vorrang des Unionsrechts, in: Juristische Schulung 2008, 403 – A. THIELE, Europarecht, 2015[12] – DERS., Europäisches Prozessrecht, 2014[2] – DERS., Friendly or Unfriendly Act? The „Historic" Referral of the Constitutional Court to the ECJ regarding the ECB's OMT-Program, in: German Law Journal 15 (2014), 241.

Alexander Thiele

Euthanasie / Sterbehilfe

1. Begriff. E. wird international gleichbedeutend gebraucht mit *Sterbehilfe* (= S.) für Menschen, die an einer bald zum Tode führenden Krankheit leiden. Beide Begriffe werden häufig eingeschränkt auf die *Tötung* von →Leben. Zur S. gehören (1) die mitmenschliche und seelsorgliche Zuwendung und pflegerische Hilfen (= *Sterbebegleitung*), (2) medizinische Behandlungen zur Linderung von Leiden (*Palliativmedizin*), die als unbeabsichtigte Nebenwirkung eine Verkürzung der Lebenszeit einschließen können (früher „indirekte" S. genannt), (3) das Unterlassen lebensverlängernder Behandlungen bei unvermeidbar nahendem Tod (*Sterbenlassen*, früher *passive S.* genannt). Durch diese Formen der S. wird nicht gegen das Tötungsverbot verstoßen. Von ihnen grundsätzlich zu unterscheiden sind alle Formen der S., bei denen Menschen den Tod bewusst durch ihr Handeln verursachen, also (4) die *Beihilfe zum* →*Suizid* und (5) die *Tötung* durch andere Menschen (auch als *aktive S.* bezeichnet). Bei ihr ist grundsätzlich zu unterscheiden zwischen (a) einer *Tötung auf Verlangen* und (b) *ohne Zustimmung* der Betroffenen. Wenn diese zudem nicht an einer bald zum Tode führenden Krankheit leiden, wird dies (6) als *Vernichtung* angeblich *lebensunwerten Lebens* bezeichnet. Der Begriff E. wird in Deutschland meist für letztere Handlungen verwendet.

2. Geschichte. In vielen Kulturen (vor allem bei Nomaden) wurde E. bei alten (→Alter), kranken und behinderten (→Behinderung) Menschen praktiziert. In der Antike setzte man die Empfehlungen von PLATON in die Tat um, chronisch Kranke nicht ärztlich zu behandeln (Politeia 407) und „wer an der Seele missraten und unheilbar ist" zu töten (Politeia 409/10, ähnlich ARISTOTELES, Politik VII, 14). Hintergrund war die Glorifizierung des geistig hochstehenden (Philosoph) und des jugendlich-vitalen Menschen (Athlet) und die Bemessung des Lebenswerts am →Nutzen für den →Staat. Letzteres wurde zu Ende des 19. Jh.s im *Sozialdarwinismus* wieder leitend, der DARWINS Vorstellungen von der Selektion der Schwachen im Kampf ums Dasein auf die menschliche →Gesellschaft übertrug. Danach verliert das Leben seine →Würde und den Wert eines zu schützenden Rechtsguts in dem Maße, in dem es für die Gesellschaft zur dauernden Last wird. Der NS-Staat verband diese Theorien mit Vorstellungen vom rassischen Unwert (Rassenhygiene) und vernichtete in „Gnadentod-Aktionen" ca. 300.000 unheilbar kranke und behinderte Kinder und Erwachsene, die als „lebensunwertes Leben" eingestuft wurden.

Eine zweite Form der Rechtfertigung der aktiven S. geht von der Selbstbestimmung bzw. den Interessen des Einzelnen aus. Stoische Philosophen lehrten, dass der „Weise" sich, ehe es im Sterben zur Entmächtigung des Ich und damit zu einem „unwürdigen" →Leben komme, selbst den Tod geben oder dazu die Hilfe der Ärzte in Anspruch nehmen solle. Von stoischem Gedankengut beeinflusste Ärzte leisteten daher Beihilfe zum →Suizid und aktive S. Dem Ethos des HIPPOKRATES und – später – dem christlichem Ethos folgende Ärzte lehnten den Suizid und die aktive S. ab. Rechtfertigend für beide Formen der S. ist ein negatives Urteil über den Wert des Lebens, das die betroffenen Menschen selbst über ihr Leben fällen. F. NIETZSCHE leitete aus dem „Tod Gottes" ab, dass der Mensch sein eigener Gott und dass es des Menschen unwürdig sei, den Tod als Naturschicksal zu erleiden. Er solle den Tod zur Tat der Freiheit werden lassen bevor ein blindes Naturschicksal das Leben „lebensunwert" mache. Internationale „E.-Bewegungen" des frühen 20. Jh.s setzten sich für die Tötung „lebensunwerten" Lebens ein und beschränkten sich erst nach dem Bekanntwerden der Verbrechen im NS-Staat auf die Forderung nach gesetzlicher Billigung der aktiven S. mit Einwilligung der Kranken. Die Diskussion über aktive E. lebte in Europa seit 1980 wieder auf, zunächst in den Niederlanden, die als erster Staat der Welt 2001 (gefolgt von Belgien und Luxemburg) die Tötung auf Verlangen von unheilbaren Menschen bei Einhaltung bestimmter Bedingungen (ärztliche Begutachtung und Durchführung, Meldung u. a.) rechtlich straffrei stellten. Mittlerweile wird die Tötung auch auf schwer psychisch kranke Menschen und auf Kinder ausgedehnt. In Deutschland diskutiert man, ob die ärztliche Beihilfe zur Selbsttötung rechtlich erlaubt werden soll, will aber die Tötung auf Verlangen (noch) nicht gestatten, obgleich die Mehrheit der Bevölkerung sich auch dafür ausspricht.

3. Recht und Standesethik. In Deutschland ist die aktive S. bei →Strafe verboten (§ 216 StGB), die „indirekte S.", die „passive S." und die Beihilfe zum Suizid aber straffrei. Ein Recht auf Suizid hat die Rechtsprechung bisher nicht anerkannt. Der Gesetzgeber hat 2009 ermöglicht, in Fällen lang anhaltenden „Siechtums" lebenserhaltende Maßnahmen bis hin zur Nahrungszufuhr zu unterlassen, wenn dies dem in einer Patientenverfügung niedergelegten Willen der Betroffenen entspricht. Die *Bundesärztekammer* lehnt mit dem Eid des Hippokrates und dem Weltärztebund in ihren „Grundsätzen (...) zur ärztlichen Sterbebegleitung" (2011) die aktive S. entschieden ab, billigt aber das „Sterbenlassen" (passive S.) bei Menschen mit aussichtsloser Prognose, wenn dies dem geäußerten oder – bei Menschen mit schweren zerebralen Schädigungen – dem mutmaßlichen Willen der Betroffenen entspricht. Die Grundsätze stellen fest: „Die Mitwirkung des Arztes bei der Selbsttötung ist keine ärztliche Aufgabe." Der Deutsche Ärztetag 2011 hat diese mehrdeutige Aussage präzisiert und in der Musterberufsordnung betont, dass es Ärzten verboten ist, „Patienten auf deren Verlangen zu töten. Sie dürfen keine Hilfe zur Selbsttötung leisten." Die Ärzteschaft befürchtet, dass ansonsten der entscheidende ethische Grundsatz des ärztlichen Ethos, dem Leben zu dienen, ausgehöhlt und auch das Töten für Ärzte erlaubt wird. Einige Landesärztekammern haben das eindeutige Verbot der Beihilfe zum Suizid jedoch nicht in ihre verbindlichen Landesberufsordnungen übernommen.

4. Ethische Kriterien. Hauptsächlicher Grund für den Ruf nach rechtlicher Billigung der „aktiven S." ist nicht, dass die Menschen heute im Sterben mehr leiden als in früheren Zeiten sondern die Individualisierung, Säkularisierung und Planbarkeit des Lebens, in deren Gefolge die →*Menschenwürde* (Grundgesetz Art. 1) inhaltlich immer mehr mit *Selbstbestimmung* (→Autonomie) gleichgesetzt und aus ihr dann abgeleitet wird, dass der Mensch Besitzer seines Lebens ist und über es nach seinem Belieben verfügen darf, also das Recht habe zu wählen, ob er eines natürlichen oder eines Todes durch Menschenhand sterben will. Der Schutz des Lebens (nach Art. 2 GG) wird damit der Achtung der Autonomie eindeutig untergeordnet. Das Verbot, Menschenleben zu töten, ist der für den Schutz des Lebens wesentlichste Grundsatz. Umstritten ist aber einmal, ob das *Tötungsverbot* auch für das eigene Leben gilt (Suizid), und zum anderen, ob es für alles biologisch von Menschen abstammende →Leben von der Zeugung bis zum Tod gilt, weil ihm bis zum natürlichen Tod unverlierbar die →*Würde* zukommt, Mensch zu sein und als solcher behandelt zu werden. Ferner versucht man, die Unterscheidung zwischen *Tötung* (aktiver S.) und *Unterlassen* lebensverlängernder Behandlungen („passive" S.) mit dem Hinweis zu relativieren, dass der Tod nicht nur durch eine motorisch aktive Handlung sondern auch durch ein bewusstes *Unterlassen* möglicher lebensrettender Maßnahmen herbeigeführt werden kann (P. Singer u. a.). Ein solcher Grenzfall, bei dem durch das Unterlassen der Befriedigung von lebensnotwendigen *Grundbedürfnissen* der Tod herbeigeführt werden kann, stellt z. B. der Verzicht auf die Ernährung von multimorbiden, aber noch nicht dem Tod nahen alten Menschen dar. Dies ist ethisch insbesondere bedenklich, wenn das ohne ausdrückliche Zustimmung der Betroffenen geschieht und mit der Einstufung des Lebens als „lebensunwertes" Leben begründet wird.

4.1 Aktive und „passive" S. Grundlegend für diese Unterscheidung ist die zwischen *unwiderruflich sterbenden* und *nicht notwendig in ungefähr absehbarer Zeit sterbenden* Menschen. *Sterbend* ist ein Mensch dann, wenn es zu einem unwiderruflichen Prozess kommt, der in ungefähr absehbarer Zeit zum *Tod* führt (→Leben). Dann wird durch einen *Verzicht* auf weitere lebensverlängernde Maßnahmen der Tod als unabwendbares „*Schicksal*" *zugelassen,* aber *nicht verursacht.* Geschieht ein Verzicht mit der Absicht, das Sterben nicht hinaus zu ziehen, so ist dies kein gegen das Leben gerichteter Akt sondern eine Hilfe im Sterben. Vorausgesetzt wird, dass es nicht Aufgabe der →Medizin ist, den Tod an sich sondern nur Krankheiten zu bekämpfen, so lange dadurch dem todkranken Menschen nicht mehr geschadet als geholfen wird. Wo das nicht mehr möglich ist, da sind Patienten, Angehörige, Ärzte u. a. herausgefordert, die Übermacht des Todes über das Leben an- oder wenigstens hinzunehmen. Dem *Unterlassen* liegt also eine geistige Aktivität zugrunde. Es geschieht aus Sorge für das Wohlergehen des Menschen; es ist nicht – wie die aktive S. – ein Akt *gegen* sondern eine Hilfe *für* das Leben. Die handlungsleitende Absicht ist bei beiden klar unterschieden. Wichtig für die Abgrenzung ist ferner die Unterscheidung zwischen einer das Leben zerstörenden *Krankheit* und dem *Leben* selbst. Der aktiven S. liegt meist ein geistiges Urteil zugrunde, in dem das Leben mit der Krankheit identifiziert und als „menschenunwürdig" oder gar „lebensunwert" eingestuft wird und deshalb angeblich getötet werden darf. Dem Unterlassen lebensverlängernder Therapien bei todkranken Menschen liegt hingegen kein derart negatives Urteil über den Lebenswert zugrunde.

Die *Beihilfe zum Suizid* wird juristisch von der Tötung auf Verlangen durch andere grundsätzlich unterschieden, weil der Mensch die seinen Tod verursachende Letzthandlung selbst vollzieht. Aus ethischer Sicht wird diese Fixierung auf die Letzthandlung dem gesamten, den Tod verursachenden Handlungszusammenhang und den darin zusammen aktiv werdenden Personen nicht gerecht. Daher muss die Beihilfe zum Suizid eigentlich der „aktiven S." zugerechnet werden.

4.2 Hilfen im Sterben: Palliativmedizin, Pflege. Die Behandlung von Kranken soll dem Leben dienen. Dieser Auftrag erlischt nicht mit dem Unterlassen lebensverlängernder Therapien. An ihre Stelle treten nun palliativmedizinische und pflegerische Behandlungen, deren Ziel die Linderung der physischen und auch psychischen Leiden ist, damit die Leiden im Sterben erträglich bleiben. Durch die Palliativmedizin (Palliativstationen, ambulante palliativmedizinische Dienste) und Hospize kann dieses Ziel heute weitgehend erreicht werden. Unterstützt durch ambulante Hospizdienste kann in vielen Fällen auch ein Sterben im häuslichen Bereich ermöglicht werden. Voraussetzung dafür ist ein flächendeckender Ausbau palliativmedizinischer Dienste und eine Ergänzung durch eine ehrenamtliche Hospizarbeit. Auf diese Weise kann den Menschen die Angst vor einem schweren Sterben in Einsamkeit genommen werden, so dass es nicht der aktiven S. bedarf. Die Kirchen sehen darin den allein angemessenen Umgang mit dem Sterben.

4.3 Selbstbestimmtes Sterben? Ethisch und juristisch entscheidend ist für die aktive wie die „passive" S., ob sie auf oder ohne *Verlangen* der Betroffenen geschieht. Die Tötung von Menschen, die sich nicht im Sterben befinden, ohne ihre Einwilligung ist eine nicht zu rechtfertigende Vernichtung angeblich „lebensunwerten" Lebens. Auch die Tötung von Sterbenden ohne Einwilligung wird meist mit einer Einstufung ihres Lebens als „menschenunwürdiges" Leben begründet. Ein derart tödliches „Letzturteil" über das Leben eines Anderen kann niemandem zugebilligt werden. Ob dem Menschen ein solches Urteil über sein eigenes Leben eingeräumt werden darf, wird je nach weltanschaulichen Voraussetzungen anders beantwortet (→Suizid). Wenn die →Menschenwürde nicht mit Autonomie gleichgesetzt wird, dann lässt sich aus ihr nicht ableiten, dass der Mensch ein Recht hat zu wählen, ob er eines natürlichen oder eines Todes durch Menschenhand sterben will. Selbst wenn ein Recht auf Suizid bejaht wird, besagt das nicht zugleich, dass andere befugt sind, dieses Urteil auszuführen oder dabei Hilfe zu leisten. Es müssen die das individuelle Geschick übergreifenden Folgen bedacht werden. Eine rechtliche Billigung der Beihilfe zum Suizid eröffnet die Möglichkeit der *Anstiftung zum Suizid* und die Tore zur Tötung auf Verlangen, und diese kann auch sukzessive zur Tötung ohne Verlangen ausgeweitet werden (Dammbruch-Argument). So wird diskutiert, ob auch ein vorab, etwa ein in einer Patientenverfügung niedergelegter Wille hinreichender Grund sowohl für die Beihilfe zum Suizid wie auch die Tötung auf Verlangen sein kann. Und wenn kein eindeutiger Wille vorliege, es dann aber zu „menschenunwürdigen" Lebenszuständen komme, so könne man die *mutmaßliche* Einwilligung des Betroffenen zur Tötung voraussetzen, wenn keine eindeutig gegenteilige Lebensanschauung bekannt sei (N. HOERSTER). So werden Übergänge geschaffen zur Tötung ohne eindeutiges Verlangen bei angeblich „menschenunwürdigem" Leben, vor allem der stetig zunehmenden Zahl schwerstpflegebedürftiger alter Menschen. Es gibt also gute Gründe dafür, dass Ärzten und anderen Personen eine Beihilfe zum Suizid und eine Tötung auf Verlangen rechtlich nicht erlaubt wird, sie daher von ihnen auch nicht verlangt werden kann. Nur beim *Unterlassen* lebensverlängernder Therapien spielt der Wille der Patienten die entscheidende und für Ärzte verbindliche Rolle.

5. Theologisch. Ist das Sterben unabwendbar, so ist über das Leben von einer menschlicher Verfügung entzogenen „Instanz" zum Tode verfügt. Eine weitere Bekämpfung der Krankheit ist dann nicht mehr geboten. Der *Verzicht* (passive S.) geschieht in Anerkennung der Begrenztheit menschlicher →Macht über den Tod. Die aktive S. hingegen impliziert einmal, dass Leben Besitz des Menschen sei, über den er nach seinen Vorstellungen verfügen darf, und zum anderen, dass es Leben gibt, das „menschenunwürdig" und nicht mehr „lebenswert" ist.

Theol. ist festzuhalten, dass Leben verdanktes Leben, Leihgabe Gottes ist, über die ein Mensch nicht letztgültig verfügen darf. Daher ist jede *Verursachung des Todes* durch Tun wie Unterlassen abzulehnen, der ein negatives Urteil über den *Lebenswert* und der Anspruch zugrunde liegt, ein absolutes Verfügungsrecht über das eigene Leben zu haben. Das Sterben ist meist mit Leiden, nicht zuletzt einer „Entmächtigung" der Persönlichkeit verbunden. Das entwürdigt das Menschenleben nicht. Es macht das Angewiesensein auf die Liebe Gottes und die Hilfe anderer Menschen deutlich. Es fordert heraus, diese Fremdverfügung über das Leben anzunehmen und das Leben in die „Hand Gottes" loszulassen. Es geht dabei aus christl. Sicht auch um die Bewährung des Glaubens und der Hoffnung auf die Vollendung des Lebens bei Gott in den Anfechtungen des Sterbens. Es sind nicht nur die physischen Schmerzen sondern oft noch vielmehr die seelischen-geistigen Probleme und die Ängste vor der Vernichtung im Tod, die das Sterben schwer machen und Tötungswünsche aufkommen lassen. Deshalb bedarf es im Sterben des seelischen und seelsorglichen Beistands.

Bei der Diskussion über aktive S. ist zu unterscheiden, ob es primär um die Abschaffung eines der letzten religiös begründeten Tabus in der Gesellschaft geht oder wirklich um Hilfen für Sterbende. Die physischen Probleme im Sterben können heute durch einen Verzicht auf Lebensverlängerung (passive S.) und durch verbesserte palliativmedizinische Hilfen fast immer erträglich gestaltet werden. Seltene tragische Grenzfälle nicht linderbaren schwersten Leidens, in denen die aktive S. erwogen wird und mit der kein Anspruch auf ein letztes Verfügungsrecht über das eigene oder das Leben anderer geltend gemacht wird, entziehen sich normativ-ethischen und insbesondere rechtlichen Regelungen. In solchen Fällen stehen Menschen in ihrem →Gewissen allein vor Gott und müssen die Verantwortung für ihr Handeln vor Gott und Menschen übernehmen.

K. NOWAK, „E." und Sterilisierung im „Dritten Reich", 1984[4] – U. EIBACH, Sterbehilfe – Tötung aus Mitleid? , 1998 – N. HOERSTER, Sterbehilfe im säkularen Staat, 1998 – P. SINGER,

Sterben und Tod, 1998 – NATIONALER ETHIKRAT (Hg.), Selbstbestimmung und Fürsorge am Lebensende, 2006 – U. BENZENDOERFER, Der gute Tod? Geschichte der E. und S., 2009 – DTSCH. BISCHOFSKONFERENZ/EKD (Hg.), Sterbebegleitung statt aktiver Sterbehilfe, 2011[2] – GEMEINSCHAFT EVANGELISCHER KIRCHEN IN EUROPA, Leben hat seine Zeit, Sterben hat seine Zeit, 2011 – E. AULBERT/F. NAUCK/L. RADBRUCH, Lehrbuch der Palliativmedizin, 2011[3] – N. FEINENDEGEN u. a. (Hg.), Menschliche Würde und Spiritualität in der Begleitung am Lebensende, 2014 – TH. S. HOFFMANN/M. KNAUP (Hg.), Was heißt: in Würde sterben? 2015.

Ulrich Eibach

Evangelische Kirche in Deutschland (EKD)

Die Evangelische Kirche in Deutschland (EKD) ist die Gemeinschaft ihrer lutherischen, reformierten und unierten Gliedkirchen (Art. 1 Abs. 1 S. GO.EKD). In ihr kommt das Bestreben um Einheit im föderal strukturierten, territorial gegliederten und konfessionell ausdifferenzierten deutschen Protestantismus zum Ausdruck. Das zeigt sich in gemeinschaftlicher Gestaltung von Kernprodukten für das Glaubensleben der ev. Christen und für die Arbeit in den Kirchengemeinden, in der gemeinschaftlichen Vertretung ev. Positionen gegenüber der Öffentlichkeit und der Bundespolitik, in der Stärkung der rechtlichen und verwaltungspraktischen Gemeinschaft der Gliedkirchen sowie in der kirchlichen Ökumene- und Auslandsarbeit.

1. Vorgeschichte. Das verstärkte Bemühen um eine Gesamtvertretung für den Protestantismus in Deutschland setzte Mitte des 19. Jahrhunderts ein. Der Wittenberger Kirchentag brachte 1848 mit dem Impuls von WICHERN den Aufbruch zu einer übergreifenden Inneren Mission. In der Eisenacher Konferenz kamen die Landeskirchen ab 1852 zu einem Austausch über gemeinsame Fragen z. B. der Perikopenordnung und der Bibelrevision zusammen. 1903 wurde als ständiges Organ der Deutsche Evangelische Kirchenausschuss eingesetzt. Auf dieser Grundlage bildete sich 1922 der Deutsche Evangelische Kirchenbund mit partiellen Gemeinschaftsaufgaben für alle Landeskirchen. Das nationalsozialistische Regime gründete 1933 die Deutsche Evangelische Kirche (DEK) durch Reichsgesetz. Aus dem Kirchenkampf heraus entstand die Gegenbewegung der Bekennenden Kirche, die sich 1934 auf die →Barmer Theologische Erklärung als gemeinsame Grundlage verständigte. Sie konnte aber den deutschen Protestantismus nicht in der Breite hinter sich versammeln.

2. Geschichtliche Entwicklung. Nach 1945 konnten die Bemühungen um eine Gesamtvertretung des deutschen Protestantismus auf dem Kirchlichen Einigungswerk aufbauen, das der Württ. Landesbischof WURM 1941 initiiert hatte. Die Kirchenversammlung von Treysa betraute ihn mit der Leitung des Rates, den sie 1945 auf der Grundlage einer Vorläufigen Ordnung als erstes gemeinschaftliches Organ für die EKD einsetzte. Die Kirchenversammlung von Eisenach verabschiedete 1948 die im Wesentlichen so bis heute aktuelle Grundordnung und konstituierte die EKD als Bund der ev. Landeskirchen in den vier Besatzungszonen Deutschlands. Trotz der Gründung der DDR 1949 blieb die EKD als gesamtdeutsche Vertretung zunächst auch mit den östl. Landeskirchen weiter bestehen. Infolge der nach dem Bau der Berliner Mauer zunehmenden praktischen Behinderungen und des Drucks der DDR-Regierung gründeten die östl. Landeskirchen 1969 den Bund der Ev. Kirchen in der DDR (BEK). Sie hielten aber ebenso wie die EKD weiter an der Zusammengehörigkeit der Landeskirchen in Ost und West fest. Nach der deutschen Wiedervereinigung stellten die Synoden der EKD und des BEK 1991 die Einheit in der EKD wieder her.

3. Kirchengemeinschaft bekenntnisverschiedener Kirchen. Seit ihrer Gründung begleitet die EKD die Frage, ob sie (nur) ein Kirchenbund oder selbst Kirche ist. Vor allem von luth. Seite wurde eingewandt, dass sich eine ev. Kirche klar auf bestimmte reformatorische Bekenntnisse beziehen müsse. Als Gemeinschaft ihrer bekenntnisverschiedenen Gliedkirchen steht die EKD aber für die Einheit unter den Bedingungen konfessioneller Pluralität. In dieser Hinsicht hat sich die EKD seit ihrer Gründung weit entwickelt. Anfangs sahen die Gliedkirchen die Bekenntnisunterschiede untereinander noch als „kirchentrennend" an, mit der Folge, dass zwischen ihnen keine volle Kanzel- und Abendmahlsgemeinschaft bestand. Lehrgespräche mündeten schließlich 1973 in die Leuenberger Konkordie. Diese bildet für die EKD die Grundlage dafür, auch als Gemeinschaft bekenntnisverschiedener Kirchen zu vollständiger Kanzel- und Abendmahlsgemeinschaft und der wechselseitigen Anerkennung ordnungsgemäß vollzogener Amtshandlungen unter den Gliedkirchen (Art. 4 Abs. 1 GO.EKD) sowie zu einem gemeinschaftlichen Verständnis als Kirche zu kommen. Diese vertiefte Gemeinschaft in der EKD wurde durch die Wiederherstellung der kirchlichen Einheit in der EKD nach 1991 noch weiter befördert. Deshalb ist auch die EKD selbst als Kirche anzusehen, für die die Bekenntnisse ihrer Gliedkirchen bestimmend sind.

4. Verbindung mit VELKD und UEK. Diese Entwicklung hat die Gemeinschaft der EKD auch mit den gliedkirchlichen Zusammenschlüssen der VELKD und der UEK vertieft. Eine 1997 angestoßene intensive Debatte hat 2005 zu einem neuen integrativen Modell für die Gemeinschaft der Landeskirchen geführt: Durch zeitgleiche Kirchenverträge der EKD mit der UEK und mit der VELKD nehmen diese ihren Auftrag seither eigenverantwortlich in der EKD wahr (Art. 21 a Abs. 1 GO.EKD). Diese strukturelle Verbindung soll die theologische Zusammenarbeit vertiefen helfen und zu einer profilierteren Stärkung der kirchlichen Präsenz in Gesellschaft und Öffentlichkeit beitragen, Ressourcen sollen gebündelt und Arbeitsabläufe bei der Kooperation der Gliedkirchen verbessert werden. Das Zusammenwirken folgt dem Grundsatz, so viel Gemeinsamkeit aller Gliedkirchen in der EKD zu erreichen wie möglich und dabei so viel Differenzierung vorzusehen, wie aus dem Selbstverständnis von UEK oder VELKD nötig ist. Beide werden regelmäßig prüfen, ob der Grad der Zusammenarbeit eine weitere Aufgabenübertragung an die EKD möglich macht. Einen starken Ausdruck findet die neue Gemeinschaft dadurch, dass die nach der Grundordnung der EKD gewählten Synodalen zugleich Generalsynodale der VELKD bzw. Mitglieder der Vollkonferenz der UEK sind und ihre Tagungen mit der EKD-Synode verbinden. Der Erfüllung der Verwaltungsaufgaben von EKD, UEK und VELKD dient das Kirchenamt der EKD in Hannover. Dort ist je eine Amtsstelle für die UEK und die VELKD eingerichtet.

5. Föderaler Aufbau. Zur EKD gehören als Gliedkirchen alle ev. Landeskirchen in Deutschland. Ihre Zahl hat sich seit der Gründung der EKD durch Zusammenschlüsse von 27 auf 20 verringert. Nach dem Kirchenmitgliedschaftsgesetz der EKD erstreckt sich die Kirchenmitgliedschaft von der Zugehörigkeit zu einer Gemeinde und ihrer Landeskirche auch auf die EKD. Derzeit gehören so rd. 23 Mio. Mitglieder zur EKD. Die Finanzierung der EKD läuft im Wesentlichen über eine Umlage der Gliedkirchen. Auf der Ebene der EKD wird weiter ein solidarischer Finanzausgleich ausgestaltet, der insbesondere den östlichen Gliedkirchen zu Gute kommt. Auch in rechtlicher Hinsicht liegt die ursprüngliche Gesetzgebungskompetenz bei den Gliedkirchen. Deshalb kann die EKD ihre Gliedkirchen nicht aus eigenem Recht binden, sondern nur solange und soweit diese ihr dazu die Befugnis übertragen. (Art. 10a Abs. 2 GO.EKD). Insofern unterscheidet sich die Rechtslage gegenüber der Verfassungslage nach dem Grundgesetz. Diese Ausprägung des ev. Föderalismus birgt das Risiko einer Zersplitterung des Rechtsbestandes, die nach innen immensen Aufwand erfordert und nach außen die Plausibilität kircheneigener Regelungen mindert. Mit der Grundordnungsänderung von 2000 ist für die Landeskirchen grundsätzlich neu die Möglichkeit eingeräumt worden, sich übertragene Gesetzgebungskompetenzen von der EKD wieder zurückzuholen. Das hat den Einstieg in eine umfassendere Rechtsvereinheitlichung gebracht. Seither ist es gelungen, in wichtigen Bereichen eine gesamtkirchliche Gesetzgebung auf den Weg zu bringen: im Kirchenbeamten-, Pfarrdienst- und Disziplinarrecht, im Arbeitsrecht mit dem Arbeitsrechtsregelungsgrundsätzegesetz und dem neu gefassten Mitarbeitervertretungsgesetz sowie im Bereich der kirchlichen Gerichtsbarkeit.

6. Aufgaben und Einrichtungen. Kernaufgabe der EKD ist es, die Gemeinschaft unter den Gliedkirchen zu vertiefen (Art. 6ff. GO.EKD). Dazu hilft sie ihnen bei der Erfüllung ihres Wirkens, fördert den Austausch untereinander, wirkt darauf hin, dass sie in wesentlichen Fragen nach übereinstimmenden Grundsätzen verfahren, befördert die Rechtsvereinheitlichung und gibt Anregungen und Richtlinien für die Arbeit in den Gliedkirchen. In vielen Bereichen geht die verwaltungspraktische Unterstützung noch erheblich weiter. Zunehmend übertragen Gliedkirchen der EKD Verwaltungsaufgaben, damit diese möglichst gebündelt wahrgenommen werden können. Dazu gehört z. B. die Datenschutzaufsicht durch den Beauftragten der EKD, die Rechnungsprüfung durch das Oberrechnungsamt der EKD, die Konzentration von Fragen des Arbeitsschutzes in der Ev. Fachstelle für Arbeitssicherheit und Gesundheitsschutz bei der EKD (EFAS) oder die gemeinsame Nutzung gebündelter Marktmacht durch Sammel- und Rahmenverträge der EKD im Bereich des Versicherungswesens oder der Urheberrechte.

Vor allem aber hat die EKD vielfältige Kompetenzen zur theologischen Arbeit, wie bei der Pflege der Lutherbibel und des Ev. Gesangbuches oder, gemeinsam mit der VELKD und der UEK, die Verantwortung für einheitliche Perikopen. Ein weiterer Schwerpunkt liegt in der Wahrnehmung öffentlicher Verantwortung der Kirche, das heißt, sich öffentlich zu den ethischen, sozialen und politischen Fragen der Gesellschaft zu Wort zu melden. Dies geschieht u. a. durch Denkschriften. Die EKD vertritt auch die gesamtkirchlichen Anliegen gegenüber der Bundesrepublik Deutschland und der Europäischen Union, dies insbesondere über die Dienststelle des Bevollmächtigten des Rates der EKD in Berlin und Brüssel.

Die EKD trägt die Verantwortung für die mehr als 130 deutschsprachigen ev. Gemeinden im Ausland, die durch entsandte oder beauftragte Auslandspfarrer von der EKD betreut werden. Darüber hinaus pflegt die EKD ökumenische Partnerschaften mit vielen ev. Kirchen weltweit und engagiert sich in den internationalen ökumenischen Organisationen, insbesondere dem Ökumenischen Rat der Kirchen und der Konferenz Europäischer Kirchen. Auf nationaler Ebene steht die EKD zudem in regelmäßigem Austausch mit der kath. Deutschen Bischofskonferenz und engagiert sich in der Arbeitsgemeinschaft christl. Kirchen in Deutschland e. V. (ACK). Im Zusammenwirken mit der Bundeswehr nimmt die EKD nach Art. 18 GO.EKD die Gemeinschaftsaufgabe der ev. Seelsorge in der Bundeswehr auf der Grundlage des im Jahr 1957 mit der Bundesrepublik Deutschland abgeschlossenen Militärseelsorgevertrages wahr.

Weiter fördert die EKD Aktivitäten, die für den Protestantismus in Deutschland bedeutsam sind, so mit der Ev. Akademie zu Berlin, dem Sozialwissenschaftlichen Institut der EKD in Hannover, der auf Grundlagenforschung zur Theologie und den Korrespondenzwissenschaften ausgerichteten „Forschungsstätte der Ev. Studiengemeinschaft... (FEST)" in Heidelberg, dem Kirchenrechtlichen Institut der EKD an der Universität Göttingen, dem auf Bildungsfragen ausgerichteten Comenius-Institut in Münster, der Ev. Zentralstelle für Weltanschauungsfragen in Berlin und dem Institut für Kirchenbau und kirchliche Kunst der Gegenwart mit Sitz an der Philipps-Universität Marburg. Zur Förderung der Verständigung unter den Kirchen betreibt die EKD gemeinsam mit dem Ev. Bund das Konfessionskundliche Institut e.V. in Bensheim. Und gemeinsam mit der UEK unterhält sie in Berlin das Ev. Zentralarchiv.

Mit dem Ev. Werk für Diakonie und Entwicklung e.V. (EWDE) als Wohlfahrtsverband und Entwicklungsdienst nimmt die EKD im Zusammenwirken mit den ev. Freikirchen den Auftrag nach Art. 15 GO.EKD wahr, die in Christus erwiesene Liebe Gottes zur Welt allen Menschen durch Wort und Tat zu bezeugen. Dazu leistet das Werk diakonischen und volksmissionarischen Dienst in christlicher Hilfe für andere, verantwortet die Aktion „Brot für die Welt" und den Ev. Entwicklungsdienst und leistet humanitäre Hilfe in Katastrophenfällen.

Als zentrales Mediendienstleistungsunternehmen für sich, die Gliedkirchen, Werke und Einrichtungen unterhält die EKD das Gemeinschaftswerk der Evangelischen Publizistik e.V. (GEP). Das GEP ist Trägerorganisation u. a. für den Ev. Pressedienste (epd), das ev. Magazin „chrismon" und die Rundfunkarbeit der EKD, zu der neben der Arbeit an Verkündigungsformaten für den Rundfunk auch zahlreiche Aktivitäten im Jugendmedienschutz und in den Bereichen Medienpädagogik und Medienethik gehören.

Mit Blick auf ihre gesamtkirchliche Bedeutung fördert die EKD auch gliedkirchenübergreifende Verbände, Werke und Einrichtungen in ganz unterschiedlichen Trägerschaften und Rechtsformen. Das geht von der „gruppenbezogenen" Arbeit der Kirche nach Art. 14 GO.EKD, z. B. an Männern, Frauen und der Jugend, in der Arbeitswelt, mit Unternehmern und Handwerkern, mit Schaustellern, Aussiedlern, Seeleuten und Urlaubern, über die Werke der inneren wie der äußeren Mission und der Diasporaarbeit nach Art. 15f. GO.EKD bis hin zu der Unterstützung ev. geprägter Orden wie z. B. des Johanniter-Ordens.

7. Organe. Die kirchenleitenden Aufgaben sind bei der EKD auf drei Organe verteilt, die Synode, die Kirchenkonferenz und den Rat. Das Kirchenamt mit Sitz in Hannover unterstützt die drei Organe in ihrer Arbeit und dient auch der VELKD und der UEK zur Erfüllung ihrer Aufgaben. Rechtsstreitigkeiten werden durch die Kirchengerichtsbarkeit der EKD entschieden. Zu ihr gehört der Verfassungsgerichtshof, das Kirchengericht erster Instanz und der Kirchengerichtshof als Kirchengericht zweiter Instanz, die auch Rechtsprechungsaufgaben für die Gliedkirchen wahrnehmen können.

Der Synode kommen die wesentlichen Aufgaben der Gesetzgebung und das Budgetrecht zu. Darüber hinaus berät sie in Fragen des gesamtkirchlichen Lebens und begleitet die Arbeit des Rates, äußert sich in Kundgebungen und wählt gemeinsam mit der Kirchenkonferenz den Rat. Die Synode tagt öffentlich, i. d. R. einmal im Jahr. Die Synode hat 120 Mitglieder. 100 davon werden durch die Synoden der Gliedkirchen gewählt. 20 Synodale beruft der Rat unter besonderer Berücksichtigung von Persönlichkeiten, die für das Leben der Gesamtkirche und die Arbeit der kirchlichen Werke Bedeutung haben. Für jeden Synodalen werden zwei Stellvertreter gewählt bzw. berufen.

Die Kirchenkonferenz ist das föderale Organ der EKD. Es wird von den Leitungen der Gliedkirchen gebildet. Diese entsenden jeweils zwei Mitglieder, in der Regel den leitenden Geistlichen und den leitenden Juristen der gliedkirchlichen Verwaltung. In der Kirchenkonferenz nehmen die Gliedkirchen ihre Mitverantwortung für die Arbeit der EKD wahr. Da die EKD in ihrem Handeln auf die Akzeptanz ihrer Gliedkirchen angewiesen ist, werden wesentliche Vorhaben der EKD in der Kirchenkonferenz beraten. Die Kirchenkonferenz wirkt auch bei der Wahl des Rates mit und hat im Rahmen der Gesetzgebung die Stellung einer zweiten Kammer.

Der Rat vertritt die EKD nach außen und leitet sie in allen Angelegenheiten, die nicht ausdrücklich anderen Organen vorbehalten sind. Die Aufgaben reichen von grundlegenden theologischen Fragen über ethische Positionierungen in gesellschaftspolitischen Themen bis hin zu organisatorischen Entscheidungen, z. B. im Hinblick auf die Arbeit kirchlicher Werke, Verbände und Einrichtungen. Den kirchlichen Öffentlichkeitsauftrag nimmt der Rat in besonderer Weise durch aktuelle Stellungnahmen oder in Form von Publikationen wahr. Dabei unterstützen ihn Kammern und Kommissionen, die für besondere Sachgebiete mit sachverständigen Persönlichkeiten gebildet werden, sowie haupt- oder ehrenamtliche Beauftragte für herausgehobene Arbeitsbereiche. Dem Rat gehören 15 Mitglieder an, der Präses der Synode kraft Amtes, die 14 anderen werden von Synode und Kirchenkonferenz jeweils mit Zweidrittelmehrheit für eine Amtszeit von sechs Jahren gewählt. Aus der Mitte der gewählten Ratsmitglieder wählen Synode und Kirchenkonferenz wiederum gemeinsam ebenfalls mit einer Zweidrittelmehrheit den Vorsitzenden des Rates und dessen Stellvertreter.

H. Brunotte, Die Grundordnung der EKD, 1954 – W.-D. Hauschild, EKD, in: TRE X 1982, S. 656–677 (Lit.) – Chr. Heckel, Die Kirchengemeinschaft in der EKD, 1995 – H. Claessen, Grundordnung der EKD, 2007 (Lit.).

Hans Ulrich Anke

Evangelisch-sozialer Kongress

1. Gründung und Bedeutung. Der Evangelisch-soziale Kongress (ESK) konstituierte sich am 28. Mai 1890 in einer Phase des politischen und sozialpolitischen Aufbruchs (Februarerlasse Kaiser Wilhelms II.) Die Gründung durch Adolf Stoecker, Ludwig Weber und Adolph Wagner war ein Kompromiss, nachdem Vorbehalte Adolf von Harnacks u. a. Liberaler, die eine partei- und kirchenpolitische Verengung der Organisation fürchteten, ausgeräumt waren. Unter dem Dach des ESK fanden sich konservative und liberale Sozialreformer, „moderne" liberale Theologen und konservativ-orthodoxe Protestanten zusammen; es gehörten ihm Theologen, Historiker, Nationalökonomen, Juristen und Politiker an.

Die 1891 verabschiedete Satzung formulierte als Arbeitsziel der Kongressarbeit, „die sozialen Zustände unseres Volkes vorurteilsfrei zu untersuchen, sie an dem Maßstab der sittlichen und religiösen Forderungen des Evangeliums zu messen und diese selbst für das heutige Wirtschaftsleben fruchtbarer und wirksamer zu machen als bisher". Konkrete, an den Zeitumständen orientierte Analysen der sozialen und ökonomischen Bedingungen der →Gesellschaft sowie eine auf der Grundlage der christlichen →Ethik vorgenommene Beurteilung und Stellungnahme bestimmten die Arbeit. Dazu kam besonders für die ersten Jahre noch das Ziel, die Arbeiter in Kirche und →Staat zu integrieren, wobei eine Voraussetzung in einer umfassenden Sozialreform gesehen wurde.

Als bildungsbürgerliches und akademisches Diskussionsforum entwickelte sich der ESK zu einem wichtigen sozial- und gesellschaftspolitischen Faktor (→Sozialpolitik; →Gesellschaftspolitik) in Kaiserreich und Weimarer Republik. Seine Wirksamkeit konnte er entfalten durch die jährlichen Kongresse, durch Volksabende sowie durch vielfältige Publikationen, besonders durch die Kongressdokumentationen und ein eigenes Mitteilungsblatt (Mitteilungen des ESK bzw. Evangelisch-sozial). Landesverbände und regionale Gruppen, die aber meist nur vorübergehend bestanden, unterstützten die Arbeit, wobei besonders die Sächsische evangelisch-soziale Vereinigung (ab 1904) herausragt.

Der ESK wurde immer von namhaften Vertretern der politischen oder kirchlichen Öffentlichkeit vertreten; erster Präsident war der Landesökonomierat Moritz August Nobbe (1891–1902); es folgten von Harnack (1902–1912), der Theologieprofessor Otto Baumgarten (1912–1921), der ehemalige Außenminister und Reichsgerichtspräsident Walter Simons (1925–1936) und der Pfarrer Johannes Herz (ab 1936).

Die Geschichte des ESK war begleitet von Krisen und Konflikten und von einer im Vergleich mit anderen →Organisationen, wie der →Kirchlich-sozialen Konferenz (KSK), immer wieder auftretenden Organisationsschwäche. Die Mitgliederentwicklung des ESK war, soweit bekannt, stark schwankend, der höchste Stand konnte 1914 mit 1950 Mitgliedern verzeichnet werden; diese kamen in der Regel aus dem großstädtischen Bildungsbürgertum. Relativ viele Frauen beteiligten sich am ESK, hatte er doch die Frauenfrage bereits sehr früh thematisiert.

2. Der ESK bis 1895/96. Der Gründungskonsens konnte nicht die unterschiedlichen Auffassungen zur Gesellschaftsreform oder zur Lösung der →Sozialen Frage verdecken. So zerbrach die Einheit des Kongresses, die schon 1893 durch den Auftritt von Elisabeth Gnauck-Kühne als Kongressrednerin gefährdet war, bereits 1895/96, parallel zur sozialpolitischen Wende des Kaisers, der sich scharf gegen einen Staats- oder Pastorensozialismus gewandt hatte („Christlich-sozial ist Unsinn"). Stoecker und seine sozialkonservativen Gesinnungsfreunde verließen den ESK und gründeten 1897 die KSK. Dabei waren die äußeren Faktoren nur der Katalysator für einen theologischen und politischen Dissens, der durch das Auftreten einiger jüngerer Theologen wie Friedrich Naumann, der sich von Stoeckers christlich-sozialer Idee gelöst hatte, und Nationalökonomen wie Max Weber verschärft hatte. Diese traten für eine Demokratisierung der Gesellschaft und für einen starken Nationalstaat ein. ESK und KSK, die politisch und theologisch zwei Flügel des sozialen Protestantismus repräsentierten, entwickelten trotz der Spannungen durchaus komplementäre Arbeitsformen.

3. 1896 bis zum Ersten Weltkrieg. Nach 1896 fand der ESK zu einer größeren Geschlossenheit und Kontinuität. Als Teil der bürgerlichen Sozialreformbewegung bemühte er sich, auf die sozial- und gesellschaftspolitische Entwicklung des Kaiserreichs Einfluss zu nehmen. Damit wurde er zu einem wichtigen Forum des liberalen Kulturprotestantismus und seines Ideals der freien Persönlichkeit. Wichtige Impulse setzte zudem die sächsische Landesvereinigung, die eine praxisorientierte Arbeit machte und z. B. zu öffentlichen Diskussionen mit Sozialdemokraten und Arbeitern einlud. Hier findet sich auch ein modifizierter volksmissionarischer Ansatz der Arbeit, der aber nun – anders als in der Anfangsphase – sozialliberal ausgerichtet war.

4. **Weimarer Republik und** →**Nationalsozialismus.** Nachdem die Arbeit im Ersten Weltkrieg weitgehend zum Erliegen kam, dauerte es bis zur Mitte der Weimarer Republik, bis sich der Kongress konsolidiert hatte. Führungsfragen – Otto Baumgarten hatte 1918 erstmals und 1921 endgültig seinen Rücktritt erklärt, danach gab es verschiedene Interimslösungen – und inhaltliche Positionsbestimmungen – besonders die Frage der Öffnung zum →Religiösen Sozialismus – belasteten die Arbeit. Nach 1925 bemühte sich der ESK unter Simons und dem Generalsekretär Herz um eine Anknüpfung an die Vorkriegsarbeit, wobei Themen der →Wirtschaftsethik und die Bedeutung der Religion für die Gesellschaft in den Vordergrund rückten. Vorbehaltlos akzeptierte der ESK die Weimarer Republik, verzichtete aber auch nicht darauf, auf Schwächen der Demokratie hinzuweisen.

1933 widersetzte sich der ESK den Versuchen der Eingliederung in das Ev. Männerwerk; die Selbstständigkeit wurde aber unter Verzicht auf eine öffentliche Wirksamkeit erreicht. Gleichzeitig ließ man eine Zustimmung zur nationalsozialistischen Sozialpolitik erkennen, da diese auf der Idee der Volksgemeinschaft basiere, stellte zugleich aber den Hilfegedanken für die Schwachen besonders heraus. Am Kirchenkampf beteiligte sich der ESK nicht; unter Berufung auf Paul Althaus wurde z. B. die →Barmer Theologische Erklärung abgelehnt.

5. **Fazit.** Trotz einiger Versuche gelang es Herz nach 1945 nicht, die Arbeit des ESK wiederzubeleben. Die soziale und gesellschaftspolitische Arbeit war auf andere Institutionen übergegangen, der Verbandsprotestantismus war verkirchlicht worden. Evangelische →Akademien, die Kammerarbeit der →EKD (Kammer für öffentliche Verantwortung, Kammer für soziale Ordnung) und auch der Evangelische Kirchentag sind an diese Stelle getreten. Für ein von der verfassten Kirche unabhängiges, bürgerliches Forum war kein Platz mehr.

Verhandlungen des ESK, 1890–1932 – MESK, 1891–1903 – EvSoz, 1904–1944 – Evangelisches Ringen um soziale Gemeinschaft. 50 Jahre ESK 1890–1940, 1940 – M. Schick, Kulturprotestantismus und soziale Frage, 1970 – G. Kretschmar, Der ESK. Der Protestantismus und die soziale Frage, 1972 – H. Gründer, Walter Simons, die Ökumene und der ESK, 1974 – V. Drehsen, Der ESK als sozialethisches und praktisch-theologisches Forum des Kulturprotestantismus im wilhelminischen Kaiserreich, in: K. M. Müller, Kulturprotestantismus, 1992, 190–229 – K. E. Pollmann, Bericht über das Forschungsprojekt: Verzeichnis des Archivbestandes und Edition der Quellen des ESK 1890–1945, in: T. Jähnichen/N. Friedrich, Protestantismus und soziale Frage, 2000, 191–202 – S. Kranich, Die Sächsische Evangelisch-Soziale Vereinigung, 2006 – N. Schmutzler, Evangelisch-sozial als Lebensaufgabe. Das Leben und Wirken von Pfarrer J. Herz, 2013.

Norbert Friedrich

Existenzgründung

1. **Begriff.** Bei einer E. handelt es sich um die Entdeckung von Geschäftschancen durch Individuen und die Schaffung geeigneter Organisationsstrukturen (→Organisation) zu ihrer Realisierung. Wesentliche Voraussetzungen für eine E. sind das Vorhandensein eines oder mehrerer Gründer und einer Gründungskonzeption sowie die Möglichkeit des Marktzutritts, also die Abwesenheit von Marktzutrittsbarrieren. Die E. kann in Form einer originär-selbständigen Gründung eines →Unternehmens (Unternehmensgründung i. e. S.), die Übernahme eines bestehenden Unternehmens (derivative Gründung in Form eines Management-Buy-Out bzw. eines Management-Buy-In) oder durch Ausgründung aus einem bestehenden Unternehmen (sog. Spin-off) erfolgen. Seit der Jahrtausendwende bildete sich unter der Bezeichnung des Entrepreneurship auch im deutschsprachigen Raum ein eigenständiger wissenschaftlicher Forschungs- und Lehransatz heraus, der sich mit allen Fragen der E. befasst. Es handelt sich dabei nicht nur um Probleme betriebswirtschaftlicher (→Betriebswirtschaftslehre), sondern auch volkswirtschaftlicher (→Volkswirtschaft), psychologischer, sozialer, rechtlicher und technischer Art. Stehen soziale bzw. ökologische Ziele im Vordergrund, spricht man auch von Social bzw. Ecological oder übergreifend auch von Sustainable Entrepreneurship.

2. **Gründerpersönlichkeit.** Von ihr hängt ganz wesentlich der Erfolg einer E. ab, da sie die konstituierenden E.smaßnahmen zu treffen hat. Die Bandbreite der von ihr häufig in Personalunion wahrzunehmenden Unternehmerfunktionen reicht von der des Smithschen Kapitalisten, über Says Entrepreneur in der Rolle des Koordinators, Webers charismatischen Führer und Schumpeters innovativen Unternehmer bis hin zu Knights Risikoträger und Kirzners Arbitrageur. Ihre Charakterisierung kann anhand objektiver und subjektiver Merkmalsgruppen wie etwa Alter, Geschlecht, Herkunft und Erfahrungshintergrund sowie ihrer Motivationsstruktur erfolgen. Gründer sehen sich vor erhebliche Anforderungen an ihre psychische und physische Belastbarkeit gestellt. Eine E. erweist sich für sie als Problem der Risikogestaltung. Dies liegt in der hohen Komplexität und der Unbestimmtheit der künftigen Entwicklung, für die es keine zuverlässigen Erfahrungswerte gibt, ebenso begründet wie in den begrenzten zeitlichen und materiellen Ressourcen. Eine qualifizierte Ausbildung, berufliche Erfahrungen und eine gezielte Unterstützung durch externe Gründungsberater helfen, diese Herausforderungen besser bewältigen zu können. Nach dem Erkenntnisstand der E.sforschung lassen sich zudem die relevanten kognitiven, persönlichen und kommunikativen Fähigkeiten von Gründern durch gezielte Lehrkonzepte und -maßnahmen vermitteln und den Willen zur Selbständigkeit durch eine ent-

sprechende handlungsorientierte →Ausbildung an den Schulen und Universitäten fördern.

3. E.sprozess. In aller Regel erfordert der gesamte E.sprozess einen Zeitraum von etwa fünf Jahren. Die sog. Seed-Phase beginnt zunächst mit der Motivation und der Suche nach einer geeigneten Geschäftsidee sowie einer groben Machbarkeitsprüfung unter Absatzgesichtspunkten. Hierzu haben sich in jüngerer Zeit Methoden wie das Business Model Canvas oder das sog. Lean Entrepreneurship herausgebildet, die es erlauben, neue Geschäftsmodelle leichter zu entwickeln und schneller am Markt zu testen. In der darauf folgenden Konzeptionsphase wird ein detaillierter sog. Businessplan ausgearbeitet. Er enthält eine klare Zielplanung, eine Prognose der voraussichtlichen Markt- und Konkurrenzsituation (→Markt), eine Stärken- und Schwächen-Analyse sowie eine Ressourcenplanung für die einzelnen betrieblichen Teilbereiche einschließlich der Ausgestaltung der Gründungsorganisation und -finanzierung. Erst auf Basis eines solchermaßen fundierten Konzepts wird die eigentliche Gründungsphase (sog. Start-up-Phase) eingeleitet. Diese beginnt mit der Entscheidung über den Geschäftsgegenstand und die Firma, den Standort und die Rechtsform. Je nachdem ob es sich um eine Einzel- oder eine Teamgründung handelt und ob ein in kaufmännischer Weise eingerichteter Geschäftsbetrieb erforderlich ist oder nicht, kommen die Einzelfirma ohne (sog. Kleinstgewerbe) oder mit Eintragung in das Handelsregister, die Personengesellschaft (GbR oder OHG bzw. KG), die Kapitalgesellschaft (UG (haftungsbeschränkt), GmbH bzw. (Kleine) AG oder aber die eingetragene →Genossenschaft als Rechtsform in Betracht. Die Nachgründungsphase umschreibt den faktischen Aufbau des Unternehmens, die F&E-Phase, die Anmeldung gewerblicher Schutzrechte (Patente, Markenschutz etc.) und die Markteinführung sowie die sog. Frühentwicklungsphase, in der eine schrittweise Stabilisierung der künftigen Unternehmensentwicklung u. a. durch eine Professionalisierung des Managements, eine Festigung und Erweiterung der Absatzmöglichkeiten und eine ausgewogene Finanzierungsstruktur angestrebt werden.

4. E.finanzierung. In der Seed- und Start-up-Phase stehen dem E.saufwand i. d. R. noch keine resp. keine hinreichenden Umsatzerlöse gegenüber. Bei innovativen E. stellt sich die Finanzierungssituation aufgrund ausgeprägter asymmetrischer Informationsverteilung zwischen Kapitalgeber und -nehmer besonders schwierig dar. So hat der Gründer einzigartige Informationen über das von ihm entwickelte Projekt, während der Kapitalgeber über nur relativ geringe Möglichkeiten verfügt, die Erfolgschancen einer ihm nicht vertrauten Markt- oder Produktinnovation zu beurteilen. Ebenso bestehen Unsicherheiten über die persönlichen und fachlichen Eigenschaften des Gründers sowie die geschäftliche Entwicklung des Unternehmens. Allgemein ist die Informationsasymmetrie umso größer, je jünger ein Unternehmen und je innovativer seine Produkte sind. Da diese Probleme für Fremdkapitalgeber kaum kalkulierbar sind, versagt die Risikoabgeltung durch die Zinsgestaltung. Risikotragendes Startkapital ist für E.en daher unverzichtbar. Dieses kann von der Gründerperson oder im Falle einer Teamgründung von mehreren Partnern sowie von Freunden und Verwandten, über das Internet (sog. Crowdfunding und Crowdinvesting) oder durch sog. Business Angels bereitgestellt werden. Darüber hinaus stellen Venture Capital-Gesellschaften und etablierte Unternehmen im Wege des sog. Corporate Venturing Risikokapital für innovative E.en zur Verfügung. Die zuletzt genannten Kapitalquellen sind jedoch mit dem Nachteil hoher Kosten und weitreichender Eingriffe in die unternehmerische Autonomie behaftet.

A. PINKWART, Die Unternehmensgründung als Problem der Risikogestaltung, in: Zeitschrift für Betriebswirtschaft, H. 5/2002, 55–84 – H. KLANDT, Gründungsmanagement, 2006² – T. EHRMANN/P. WITT, Gründung, in: R. KOHLER U. A. (Hg.), Handwörterbuch der Betriebswirtschaftslehre, 2007⁶, 630–640 – C.K. Volkmann u. a., Entrepreneurship in a European Perspective, 2010 – A. OSTERWALDER u. a., Business Model Generation, 2011.

Andreas Pinkwart

Extremismus

Als Begriff begegnet E. (lat. *extremus*, der äußerste) erstmals zu Beginn des 20. Jh.s in der englischen Berichterstattung über den hinduistischen Nationalismus in Indien. Ideengeschichtlich stellt er den Gegensatz zum aristotelischen Begriff der Mitte (Mesotes) dar (BACKES 2006). Aktuell gelten Bestrebungen als extremistisch, „die außerhalb des Bekenntnisses zum demokratischen Verfassungsstaat anzusiedeln sind, diesen bekämpfen und ihm eine totalitäre Ideologie gegenüberstellen, die zu seiner Auflösung führen würde." (FLÜMANN 2015). Demgegenüber bezeichnet Radikalisierung unter Berufung auf eine unterstellte „Wurzel des Konflikts" (ECKERT 2012) Verschärfungsprozesse zwischen ideologischen Positionen und sozialen Gruppen sowie innerdemokratische Veränderungsbestrebungen ohne Infragestellung der Verfassungsordnung als Ganzer (FLÜMANN 2015).

Zufriedenheit bildet den Nährboden für eine demokratische Kultur, Unzufriedenheit für Radikalisierungen bis hin zu extremistischen Positionen. Extremistische Ideologien, Strategien und Aktionsformen senken die Hemmschwelle für physische und psychische Gewalt. Besonders gesellschaftliche Transformationsprozesse tragen das Risiko in sich, Extremismen zu fördern. Zugleich geben sie Potentialen Raum, demokratische Traditionen zu stärken. Legitimation und Identifikation durch das Gewaltmonopol des Staates, Rechtsgleichheit, Gewaltenteilung, soziale Integration und das Recht auf Teilhabe an Gesundheitsversorgung, Bildung und Arbeit beugen dem E. vor.

Extremismen des 20. Jahrhunderts wurden durch säkulare Ideologien befeuert. Die militante säkularistische Moderne und ihre Technokratie finden ihr Pendant in religiösem und politischem Fundamentalismus. Beide stehen im Wechselverhältnis zueinander (SCHÄFER 2008), wie z. B. wirtschaftliche Modernisierung und weltanschauliche Diktatur (China), „gospel of wealth" und christlicher Fundamentalismus, Demokratie und theokratischer Islamismus (Iran), Technikaffinität und Terror (IS) zeigen.

U. BACKES, Politische Extreme. Eine Wort- und Begriffsgeschichte von der Antike bis zur Gegenwart, 2006 – H. W. SCHÄFER, Kampf der Fundamentalismen. Radikales Christentum, radikaler Islam und Europas Moderne, 2008 – E. JESSE/ T. THIEME (Hg.), Extremismus in den EU-Staaten, 2011 – ECKERT/FLÜMANN/GEREON, Streitbare Demokratie in Deutschland und den Vereinigten Staaten. Der staatliche Umgang mit nichtgewalttätigem politischem Extremismus im Vergleich, 2015.

Dieter Beese, Werner Schiewek

Familie

In den ersten fünf Lebensjahren – das ist die These der modernen Sozialwissenschaften – entwickelt sich von Grund auf die menschliche Persönlichkeit. Das ist die Zeit, die von F.nzeiten dominiert wird.

F. ist die Institution, die die Menschen lehrt, – dass sie Regeln des Zusammenlebens brauchen, – dass sie arbeiten müssen, um überleben zu können, – dass es sich lohnt, Wissen anzusammeln und Instrumente, die die Arbeit erleichtern, – dass sie auf Gemeinschaft angewiesen sind, weil unterschiedliche Ausstattung und Fertigkeiten Arbeitsteilung und bessere Versorgung ermöglichen. In jeder Gesellschaft ist die Existenz von F.n die Basis von Erziehung, Fürsorge, Wirtschaft, Recht und Politik. Ohne F.n gibt es keine wie auch immer gestaltete Variante von Gesellschaft. Nur über die zahllosen Entwicklungspotentiale Einzelner, die als Kinder in F. aufwachsen, ist die Qualität des Handlungs- und Gestaltungspotentials und damit der Wohlstand einer Gesellschaft bestimmbar.

1. Definition. Als F. bezeichnet man jene biologisch-soziale →Gruppe, jene spezifische Rechts-, Wirtschafts- und Lebensgemeinschaft, deren Leistungen und Verhaltensregeln ausgerichtet sind auf die Sicherung der Handlungs- und Überlebensfähigkeit ihrer Mitglieder, von →Kindern und für sie verantwortliche →Eltern sowie deren Verwandten in historisch je unterschiedlichen Lebensräumen und Lebenssituationen. Die F. ist eine gesellschaftliche Gruppe besonderer Art. Wie auch immer F. durch Gewohnheit, →Sitte oder →Recht konstituiert sein mag, stets ist sie der Ort, an dem mehrere Generationen, in einem sozial-moralischen Zusammenhang persönlicher Vertrautheit so eng wie sonst in keiner anderen Gruppe miteinander verbunden, in wechselseitiger →Solidarität Daseinsfürsorge füreinander leisten.

F. ist der Ort, an dem jegliches individuelle →Leben beginnt. Mit der Vermittlung von Alltagswissen, der ethischen, geistigen und kulturellen Überlieferungen durch die familiale Gruppe wird der Prozess des Aufbaus der sozial-kulturellen →Persönlichkeit junger Menschen eingeleitet. F. ist der Ort intensivster räumlicher Nähe von zwischenmenschlichen Begegnungen und der daraus resultierenden gefühlsmäßigen Bindungen (und Belastungen), ein Ort, an dem deshalb in einem erheblichen Umfang emotionale Spannungsbewältigung zu leisten ist. Sie ist zugleich der Ort, der Kindern, Jugendlichen (→Jugend) und Erwachsenen über Handlungsanweisungen eine zielorientierte →Kommunikation mit ihrer gesellschaftlichen Umwelt ermöglicht.

Die F. ist jene soziale →Institution, die für ihre Mitglieder Kenntnisse über die Grundregeln eines geordneten menschlichen Zusammenlebens bereitstellt: Kenntnisse über →Normen und →Werte, über Rechte und →Pflichten von Frauen, Männern und Kindern in ihrem unmittelbaren familialen Nebeneinander und Füreinander ebenso wie in der →Nachbarschaft, der →Gemeinde und der Großgesellschaft (→Gesellschaft). Mit der Vermittlung dieses Basiswissens und von Denk- und Verhaltensmustern baut die F. grundlegend das Verständnis und die Fähigkeit aller ihrer Mitglieder für ein geordnetes Handeln (→Handlung) in komplexen Umwelten auf.

Jene an individuelle Handlungspotentiale geknüpfte menschliche Befähigung, in komplexen Umwelten Entscheidungen zu treffen, die für Personen, für Gruppen und die Gesellschaft insgesamt sinnstiftende Elemente aufweisen, wird in der familienwissenschaftlichen Terminologie heute sprachlich exakt mit dem Begriff „Humanvermögen" umschrieben. Die Besonderheit von F. und zugleich ihre Bedeutung als soziale Institution für die Gesellschaft resultieren aus ihrer historisch bewiesenen Unersetzbarkeit im Hinblick auf die Bildung und Erhaltung von Humanvermögen im Solidaritätsverbund zwischen den Generationen (Fünfter F.nbericht).

2. Geschichte. Bemerkenswert ist, dass erst im 18. Jh. das Wort F. in der deutschen Sprache aufkommt. Es verdrängt den alten umfassenden Begriff des „Hauses". Das „Haus" ist das Kontrastmodell zu einer auf Personen bezogenen F.nkonzeption. Es ist die Lebensform der „schlimmen alten Zeit" (SHORTER), die die Überlebensfähigkeit der Menschen mit der Institution des Hauses zu sichern sucht. Deshalb war dem Haus, vor allem seiner Wirtschaft alles persönliche Leben ein- und unterzuordnen. Ihm hatten alle zu dienen. Das Leben war dezidiert dem Prinzip der Bestandserhaltung der dem Haus dauerhaft verfügbaren, den Menschen ihre Nahrung spendenden Ressourcen unterworfen; die Historiker sagen: der Sachdominanz des „Erbes". Zu regeln und zu sichern war, dass das Haus, in der pflugbäuerlichen Wirtschaft der Hof, nur so viele Menschen tragen konnte und sollte, wie Arbeitskräfte zu gebrauchen und andere Mitglieder des Hauses zu ernähren waren. „Überzählige" wurden abgedrängt in die unterbäuerliche Schicht, in den „Bettelstand", in Existenzen meist kümmerlichster Lebenshaltung, weithin ohne gleichbleibend sichere Subsistenzgrundlage. Für sie wurde um die Mitte des 19. Jh.s, nicht zuletzt durch Heiratsverbote, definitiv „F.nlosigkeit" (W. H. Riehl) hergestellt. Die städtische F. unterschied sich in ihren Grundstrukturen nicht entscheidend von der ländlichen.

3. Luthers Verständnis der F. Luther hat das Wort F. nicht verwendet, wohl aber intensiv über Eltern und deren Pflichten für ihre Kinder nachgedacht. Seine Begrifflichkeit ist die des Hauses, des Gutes, der →Arbeit und der Nahrung, eingebunden in das Thema der Erhaltung von →Ordnungen: Wer aber soll Leben erhalten, wenn nicht der Mensch – jeder unter dem Schutz und Schirm des eigenen Leibes und Lebens sowie des Friedens für Weib, Tochter, Sohn, Haus, Hof, Gesinde, Geld, Gut, Acker und was man sonst hat?

Für Luther gilt: Gott hat den Eltern Kinder gegeben und „Nahrung dazu"; ernstlich ist ihnen geboten, sie zu erziehen zu Gottes Dienst und zwar alle – gleich welchen Standes. Armer Leute Kinder dürfen nicht um der Nahrung willen von der Schule ferngehalten werden. Jedermann mag begabt und tauglich sein für die wichtigen →Ämter in Staat und Gesellschaft. „Es wird an Leuten eher mangeln als an Gütern".

Zu oft ist in der Vergangenheit Luthers F.nbild sehr nahe an die „Herrschaftsform des Patriarchats" gerückt worden – zu Unrecht. Für Luther ist das Recht auf F. ein →Menschenrecht, es verkörpert die Freiheit, Gleichheit und Würde der Person ohne Ansehen des Geschlechts, der Herkunft, der Religion, des Alters. Über dessen Wahrung hat die Obrigkeit zu wachen, sie muss aber wissen, dass Menschenrechte nicht staatlich verhandelbar sind. F. ist zugleich der Ort, wo Arbeit geleistet wird im Dienst Gottes und des Nächsten; Arbeit, die nicht zuletzt dem Aufbau von Handlungsorientierungen und Handlungsvermögen dient in einer Welt, für die der Mensch →Verantwortung zu übernehmen hat. Luther wusste hinsichtlich der Bemühungen um die Neuordnung des Alltagslebens um die Schwierigkeit der Vermittlung glaubensbezogener Handlungsorientierungen. Gleichwohl nahm er sich energisch dieser Aufgabe an. Dass er dabei dem „Pfarrhaus" eine gewichtige Rolle zuschrieb, beweist, dass er diese Erziehungsarbeit keiner anderen Institution glaubte anvertrauen zu können.

4. Zur Geschichte der F. im 19. Jh. Die Unterscheidung zwischen „Haus" und „F." im Allgemeinen Preußischen Landrecht (1794) signalisiert das Ende einer nachhaltigen, nicht mehr umkehrbaren Veränderung in den Wirtschafts- und Sozialstrukturen der deutschen Lande, deren Weg sich über einige Jahrhunderte erstreckt. Ihr Kern ist die Auflösung der Feudalsysteme. Geistige Bewegungen wie die Renaissance und der Humanismus, der Protestantismus und die →Aufklärung trugen dazu ebenso bei wie die mit ihnen einhergehenden revolutionären Entwicklungen in den Naturwissenschaften. Die Sozialstruktur der bisherigen ständischen Ordnung stand historisch zur Disposition. Der Übergang von einem bislang vorwiegend von autoritären Vorgaben, von Offenbarungen, →Traditionen und Gruppenregeln geprägten Lebensstil zu einem deutlich verstärkten – auf sich selbst als Individuum bezogenen – autonomen Denken des Menschen (→Autonomie) bestimmte das Lebensgefühl und das auf der Linie eines umfassenden Individualisierungsschubs basierende Selbstbewusstsein der geistigen Führungsschichten ebenso wie der großen Mehrheit der Bevölkerung „am Fuß der gesellschaftlichen Pyramide".

Solchen Entwicklungen war auch die Institution des Hauses unterworfen. Mit der demographischen Revolution des ausgehenden Mittelalters vermehrten sich die Menschen, die unterhalb des Bereichs der anerkannten Nahrung lebten, stark im Vergleich zur konstant bleibenden Bevölkerung der „Häuser". Sie brachen aus den Grenzen aus, die „ihnen wirtschaftlich und sittlich gesetzt sein sollten". Die gewaltige Verbesserung der Arbeitsproduktivität durch den Industrialisierungsprozess (→Industrie, Industrialisierung) bedeutete die Rettung vor einer drohenden Verelendungskatastrophe. Nicht verhindern konnte sie zunächst, dass sich „die alte Trennungslinie zwischen der Auskömmlichkeit familientragender Häuser und der Dürftigkeit familiärer Kümmerformen in die industrielle Arbeitswelt hinein fortsetzt" (Conze). Bekannt ist die prekäre Lebenslage von Arbeiterfamilien in den neuen Städten, alle sind erwerbstätig „jenseits der Sphäre des Hauswesens" (Engels). Aber auch dort waren die Mütter durch die Aufnahme vieler Unverheirateter ins „Logis" um die Erziehlung familienexistenzdeckender →Einkommen bemüht. Eigentumslos leisteten Frauen nicht im „Haus", sondern in der „Wohnung" ihre Arbeit für die F. Angesichts der Übernahme von alle Lebensbereiche der F. umfassenden Pflichten gab es so viel an Arbeit, dass ihr in Würdigung der aufwendigen selbstständigen Leitung des „Haushalts" als Ehrentitel der der „Hausfrau" zugestanden wurde (→Haushalte, private).

5. F.n in der modernen Gesellschaft. Wesentliche Elemente der gesellschaftlichen Anforderungen an F.n heute lassen sich bestimmen, wenn ihnen folgende Funktionen zugerechnet werden: a) die generative Funktion, deren Kern die Entscheidung für Kinder darstellt; b) die Sozialisationsfunktion, die Leistungen der Pflege, →Erziehung und →Ausbildung von Kindern erforderlich macht, Leistungen, an denen stets auch die übrigen F.nmitglieder partizipieren; c) die Platzierungsfunktion der sozialen Vermittlung von Status mit der Gewöhnung (wiederum nicht allein) der Kinder an die Anforderungen sozialer Positionen in F., Schule, →Beruf, →Politik und →Freizeit, personenbezogene Hilfe im Bemühen um angemessene Lebenschancen; d) die regenerative Funktion der Schaffung von Rückzugsmöglichkeiten, die nach Belastungen und speziell in Notzeiten Erholung und die Wiedergewinnung von Sicherheit und Gefühlen der Geborgenheit gewähren; und schließlich e) die Haushaltsfunktion der Bereitstellung persönlicher Versorgungsleistungen über einen Produktionsprozess, in dem familiale →Arbeitszeit, Marktgüter und kollektive Leistungsangebote miteinander kombiniert werden.

Die Besonderheit familialer Aktivitäten besteht in persönlichen →Dienstleistungen, die sich niemals wie die →Produktion von marktorientierten Erzeugnissen (→Markt) standardisieren lassen. Ihr Merkmal ist der konkrete individuelle Zuschnitt der Leistungen auf die spezifischen Belange, Bedürfnisse (→Bedarf, Bedürfnis) und Nöte der F.nmitglieder. Diese Eigenart familialer Leistungen, die die spezifische Qualität der produktiven Leistungen im Alltag des F.nhaushalts begründet, wird in ihrer Bedeutung für das Alltagsleben und dessen volkswirtschaftlichen Rang in der Tagespolitik sträflich missachtet, erscheint sie doch in der staatswirtschaftlichen Perspektive nahezu grundsätzlich „als kostenlos erbracht", nur weil sich hier vermeintlich keine Marktpreise ermitteln lassen. Jegliche Produktion in Familienhaushalten, auch die der täglichen Fürsorge, kann dann als „Privatangelegenheit von F." betrachtet werden und nicht als eine Aktivität von ungewöhnlich hohem volkswirtschaftlichen und gesellschaftlichen Rang Es kann nicht deutlich genug betont werden, dass diese Einschätzung zu gravierenden politischen Fehlentscheidungen und fatalen gesellschaftlichen Fehlentwicklungen geführt hat. Es ist bezeichnend für die Bundesrepublik Deutschland, dass nur jene Wissenschaftler, die sich von partei- und interessenpolitischen Bindungen fernhalten konnten, davor ständig warnten: Wenn kostenlos erbrachte Leistungen für die Gesellschaft nicht geschätzt und gefördert würden, drohe deren Reduktion. Große Teile in der Verursachung von Kinderlosigkeit seien diesem Tatbestand geschuldet →F.npolitik.

Zu Recht attestiert F. X. KAUFMANN der Bundesrepublik Deutschland „strukturelle Rücksichtslosigkeit gegenüber F.n". Erst allmählich tritt die Erkenntnis ins Bewusstsein der Öffentlichkeit, dass in den F.nhaushalten jene werteschaffenden Leistungen erbracht werden, die nicht nur den privaten Lebensbereich des Menschen mit Inhalten erfüllen und dessen Lebensqualität und Sinngehalt bewirken, sondern zugleich das Fundament errichten, auf das sich alle anderen Lebensbereiche der Gesellschaft gründen. Das Leben in F.n in seiner konkreten Realität bleibt im Blickfeld einer fiskalisch geprägten Gesellschaftsperspektive randständig.

Unter den Bedingungen der Gegenwart ist es zwar streitig geworden, davon auszugehen, dass ein (verheiratetes) Elternpaar mit unselbstständigen Kindern den Kern einer F. bildet. In der Realität familialen Zusammenlebens in der Bundesrepublik Deutschland (2012) zeigt sich allerdings, dass 74,9 % aller Kinder in den alten Bundesländern und 53,9 % in den neuen bis zum 17. Lebensjahr tatsächlich mit beiden Eltern zusammenwohnen (Familienreport 2012: 15). Die „Zwei-Eltern-F." mit formaler Eheschließung ist jedenfalls bislang in quantitativer Sicht definitiv dominant geblieben.

Entscheidend ist gleichwohl für jeglichen Versuch einer Abgrenzung von F., dass er auf gesellschaftliche Regelungen verweist. Die wissenschaftliche Praxis bindet deshalb die Vorstellung von F. nicht allein an ein z. B. ehelich bestimmtes F.nhaushaltssystem. Sie registriert die Existenz einer Vielfalt von F.nformen, in denen die Eltern nicht, noch nicht oder nicht mehr formal in einem Eheverhältnis (→Ehe) zueinander stehen: Ein-Eltern-F.n (Alleinerziehende) oder auch nichteheliche Lebensgemeinschaften. Sie stellen aus unterschiedlichen Gründen keine Ausnahmeerscheinung in Gesellschaften dar. Stets wird jedoch das Bedeutungsfeld der F. für Individuen und ihre Gesellschaften zentriert auf Lebens- und Wirtschaftsgemeinschaften zwischen mehreren Generationen, in denen dauerhaft wechselseitig Kommunikations-, Pflege- und Versorgungsleistungen angeboten werden. Deren Mitglieder können selbst einen gemeinsamen Haushalt führen, ohne stets miteinander zusammenleben zu müssen, wenn regelmäßige Kontakte und ein permanenter Leistungsaustausch stattfinden. Ziel bleibt →Kooperation, wechselseitige Hilfe, das Bemühen, die gemeinsam verfügbaren Ressourcen und Handlungspotentiale zu einem Bündel zu schnüren, das der Lebenslage aller beteiligten F.nmitglieder bestmöglich dient. Auch in den westlichen Wirtschaftsgesellschaften ist die F. eine Produktionsgemeinschaft geblieben; sie hat sich nicht auf eine Konsumgemeinschaft (→Konsum) reduziert. Angesichts der Zentralität des F.nhaushaltes für wirtschaftliche und gesellschaftliche Prozesse ist es nicht verwunderlich, dass Gesellschaften Regeln und Normen, Gesetze und Ordnungen entwerfen, die diese Institution des F.nhaushaltes mit Schutzräumen zu umgeben bemüht sind.

M. LUTHER, Ausgewählte Schriften. K. BORNKAMM/G. EBELING (Hg.), ^{III}1983, 188–199/^{V}1983^{2}, 91–139 – H. HATTENHAUER,

Luthers Bedeutung für Ehe und F., in: H. Löwe/C.-J. Roepke (Hg.), Luther und die Folgen, 1983, 86–109 – Th. Nipperdey, Luther und die Bildung der Deutschen, in: H. Löwe/C.-J. Roepke (Hg.), Luther und die Folgen, 1983, 13–27 – Bundesministerium für F., Senioren, Frauen und Jugend (Hg.), Fünfter F.nbericht, F.n und F.npolitik im geeinten Deutschland – Zukunft des Humanvermögens, 1994 – Bundesministerium für F., Senioren, Frauen und Jugend, F.nreport 2012 – H. J. Berman, Recht und Revolution, 1995 – F. X. Kaufmann, Zukunft der F. im vereinten Deutschland. Gesellschaftliche und politische Bedingungen, 1995 – H-G. Krüsselberg, Ethik, Vermögen und F., 1997. H-G. Krüsselberg, Friedrich Engels – Die Vision von der Gleichheit der Geschlechter in Familie, Wirtschaft und Gesellschaft, in: R. Nave-Herz (Hg.), Die Geschichte der Familiensoziologie in Portaits, 2010, 57–77 – R. Nave-Herz (Hg.), F.nsoziologie, Ein Lehr-und Studienbuch, 2014. – R. Nave-Herz, Familie heute, 6.A. 2015.

Hans-Günter Krüsselberg

Familienpolitik (aktuell)

Im Unterschied zu einer traditionellen Fp., die primär unter der Zielsetzung eines sozialen Lastenausgleiches steht und sich auf finanzielle Transfers konzentriert, kennzeichnet eine nachhaltige Fp. ein ganzheitlicher Ansatz von Familien-, →Bildungs-, →Arbeitsmarkt- und Integrationspolitik. Die im Jahre 2009 vom Bundesministerium für Finanzen und vom Bundesministerium für Familie, Senioren, Frauen und →Jugend in Auftrag gegebene Gesamtevaluation ehe- und familienbezogener Maßnahmen und Leistungen berücksichtigt *vier Ziele einer nachhaltigen Fp.*: (I) Wirtschaftliche Stabilität und soziale Teilhabe von Familien, (II) Vereinbarkeit von Familie und →Beruf, (III) Förderung und Wohlergehen von →Kindern, (IV) Fertilität/Realisierung von Kinderwünschen. Dabei kann die Vereinbarkeit von Familie und →Beruf als „Motor" für die anderen familienpolitischen Ziele betrachtet werden. Die Subventionierung der Kinderbetreuung trägt nicht nur effizient zur Erreichung dieses Zieles bei, sie wirkt sich auch positiv auf die drei anderen Zielsetzungen aus. Mit den vier genannten Zielsetzungen zu vereinbaren sind laut Gesamtevaluation weiterhin die Maßnahmen Unterhaltsvorschuss, steuerlicher Entlastungsbetrag für Alleinerziehende, Kinderzuschlag, Elterngeld sowie – allerdings bei geringerer Wirksamkeit – die steuerliche Absetzbarkeit von Kosten der Kinderbetreuung und der ermäßigte Beitragssatz für Familien in der sozialen Pflegeversicherung. Zielkonflikte zwischen wirtschaftlicher Stabilität und Vereinbarkeit von Familie und →Beruf ergeben sich dagegen für die Maßnahmen Ehegattensplitting, beitragsfreie Mitversicherung in der Gesetzlichen Krankenversicherung, Kindergeld bzw. Kinderfreibeträge, Kind bezogene Anteile an ALG II und Wohngeld, erhöhtes Leistungsniveau beim ALG I.

Die quantitativ bedeutendste Transferleistung, die das Bundesministerium für Familie, Senioren, Frauen und →Jugend vornimmt, ist das *Elterngeld*. Eltern, die wegen der Betreuung ihres Kindes nicht oder nicht voll erwerbstätig sind, haben einkommensabhängig einen Anspruch auf 300 € bis 1.800 € über einen Zeitraum von bis zu 14 Monaten, die frei zwischen den Partnern aufgeteilt werden können, sofern jeder mindestens zwei Monate in Anspruch nimmt – für Alleinerziehende besteht die Möglichkeit, 14 Monate lang Elterngeld zu beziehen. Bei Bezug von ALG II, Sozialhilfe und Kinderzuschlag (derzeit maximal 140 €, zusätzlich Leistungen für Bildung und Teilhabe) wird das Elterngeld vollständig auf das →Einkommen angerechnet.

Mit dem zum 1. Juli 2015 eingeführten *Elterngeld Plus* haben Eltern, die höchstens 30 Stunden pro Woche arbeiten, die Möglichkeit, die Hälfte des ihnen zustehenden Elterngeldes über den doppelten Zeitraum zu beziehen. Sofern beide Partner über einen Zeitraum von mindestens vier Monaten 25–30 Stunden pro Woche arbeiten, wird ein Partnerschaftsbonus von 4 Elterngeld Plus-Monaten gewährt (von diesem können auch Alleinerziehende profitieren). Gleichzeitig haben →Eltern nun die Möglichkeit, auch ohne Zustimmung des →Arbeitgebers zwischen dem 3. und 8. Lebensjahr des Kindes eine unbezahlte Auszeit von 24 statt bisher zwölf Monaten zu nehmen.

Seit dem 1. August 2013 hat jedes Kind ab dem vollendeten ersten Lebensjahr einen *Rechtsanspruch auf einen Betreuungsplatz*. Der Bund unterstützt den notwendigen Ausbau von Betreuungsplätzen mit dem Sondervermögen „Kinderbetreuungsfinanzierung" (bis 2014 5,4 Mrd. €) – zusätzlich werden 400 Mio. € pro Jahr für die *Sprachförderung in Kitas* bereitgestellt.

Mit dem *Betreuungsgeld* wurde eine Transferleistung für Eltern geschaffen, deren Kinder nach dem 1. August 2012 geboren sind und die keine öffentlichen Betreuungsangebote in Anspruch nehmen. Über einen Zeitraum von maximal 22 Monaten bis zum 36. Lebensmonat wurde ein Betrag von zunächst 100 €, ab dem 1. August 2014 von 150 €, gewährt. Laut Urteil des Bundesverfassungsgerichts vom 21. Juli 2015 verstößt diese Regelung gegen das →Grundgesetz, da das Betreuungsgeld nicht eine →Leistung der öffentlichen Fürsorge oder ein Beitrag zur Harmonisierung der Lebensverhältnisse war und der Bund somit nicht die notwendige Gesetzgebungskompetenz hatte.

Seit 2014 werden für die →Erziehung von vor 1992 geborenen Kindern 24 Monate statt zuvor zwölf Monate Pflichtbeitrag eines Durchschnittsverdieners in der Gesetzlichen Rentenversicherung berücksichtigt (sogenannte „*Mütterrente*"); für nach 1992 geborene Kinder beträgt die angerechnete Kindererziehungszeit 36 Monate. Des Weiteren haben seit 2014 auch Adoptiv-, Stief- und Pflegeeltern sowie Großeltern und andere Verwandte die Möglichkeit, die Anerkennung von Kindererziehungszeiten zu beantragen.

Seit dem 1. Juli 2011 werden auch *Pflegezeiten* in der gesetzlichen Rentenversicherung berücksichtigt.

Hier werden für jedes Jahr geleistete →Pflege gegenwärtig je nach Pflegestufe und Zeitaufwand zwischen 7,42 € und 22,26 € (West) bzw. 6,60 € und 19,76 € (Ost) der monatlichen →Rente gutgeschrieben.

Durch eine Reihe von Urteilen des Bundesverfassungsgerichts und entsprechende Gesetzesänderungen im Lebenspartnerschaftsgesetz sowie im Erb-, Steuer-, Adoptions- und Sozialrecht wurden *eingetragene gleichgeschlechtliche Partnerschaften* ehelichen Partnerschaften weitgehend gleichgestellt. Ein politisches Streitthema bildet nach wie vor das *Adoptionsrecht*; gleichgeschlechtlichen Paaren ist es in Deutschland nicht erlaubt, gemeinsam Kinder zu adoptieren – eine Möglichkeit, gemeinsam Eltern zu werden, besteht auf dem Weg der Adoption des leiblichen Kindes des Lebenspartners („Stiefelternadoption") sowie – nachdem im Juni 2014 eine Entscheidung des Bundesverfassungsgerichts umgesetzt wurde – auf dem Weg der sukzessiven Zweitadoption. Nach einer Entscheidung des Bundesverfassungsgerichts im Juli 2015 sind von gleichgeschlechtlichen Paaren im Ausland gemeinsam adoptierte Kinder als solche anzuerkennen.

DEUTSCHER BUNDESTAG, Familie zwischen Flexibilität und Verlässlichkeit – Perspektiven für eine lebenslaufbezogene Familienpolitik. Siebter Familienbericht der Bundesregierung. Drucksache 16/1360, 2006 – IRENE GERLACH, Familienpolitik, 2009 – MARTIN BUJARD, Geburtenrückgang und Familienpolitik, 2011 – OECD, Doing Better for Families. OECD Publishing, 2011 – DEUTSCHER BUNDESTAG, Zeit für Familie – Familienzeitpolitik als Chance einer nachhaltigen Familienpolitik. Achter Familienbericht der Bundesregierung. Drucksache 17/9000, 2012 – OECD, The Future of Families to 2030. OECD Publishing, 2012 – KARIN JURCZYK/ANDREAS LANGE/BARBARA THIESSEN (Hg.), Doing Family. Warum Familienleben heute nicht mehr selbstverständlich ist, 2014 – MARINA RUPP/OLAF KAPELLA/NORBERT F. SCHNEIDER (Hg.), Die Zukunft der Familie. Anforderungen an Familienpolitik und Familienwissenschaft, 2014 – HANS BERTRAM/CAROLIN DEUFLHARD, Die überforderte Generation. Arbeit und Familie in der Wissensgesellschaft, 2015.

Andreas Kruse

Familienpolitik (historisch)

1. Definition. F. umfasst die Gesamtheit aller öffentlich anerkannten Maßnahmen, Aktivitäten und Entwicklungen, die geeignet sind, familiale Leistungen zu schützen, gesellschaftlich zu bewerten und zu stärken – ungeachtet dessen, ob sie von Einzelpersonen oder von →Organisationen in staatlicher oder nicht-staatlicher Trägerschaft initiiert und durchgeführt werden. F. will dabei der Besonderheit familialer Leistungspotentiale, Probleme und →Bedürfnisse in modernen Industrie- und →Dienstleistungsgesellschaften Rechnung tragen.

Bezüglich der politischen Maßnahmen-Wahl ist eine Konkurrenz zwischen den Prinzipien des Institutionenschutzes (Hilfe für die →Familie als gesellschaftlich schützenswerte →Institution) und des Individualschutzes (Hilfe für die Mitglieder von Familien, z. B. →Kinder, Mütter) nicht auszuschließen.

In der institutionellen Perspektive, im Makroaspekt, gilt die Familie als die gesellschaftliche Institution, die mit ihrer →Verantwortung für die nachwachsenden Generationen für den Fortbestand der Gesellschaft unabdingbare →Leistungen erbringt. Deshalb schützen politische Systeme ihre Familien durch ihre Verfassungen →Grundgesetz Art. 1–6.

Als unentbehrlich erscheinen ebenfalls den Verfassungsgebern in der Mikroperspektive die Unterstützung von personenbezogenen Leitideen, wie z. B. die allseitige persönliche Entfaltung des Einzelnen (von Frau und Mann, von →Eltern und Kindern), die Gleichberechtigung der Geschlechter, der Ausgleich von Ungleichheiten in den Start- und Entwicklungschancen von Eltern und Kindern (Familienmitglieder-Politik).

Wenn Makro- und Mikroziele zueinander in Konflikt geraten, dann werden Gesellschaften gezwungen, sich bezüglich der Legitimität ihrer jeweiligen politischen Entscheidung vor dem Hintergrund aktueller Erkenntnisse einer Abwägung zwischen ihnen zu unterziehen.

F. kann der Besonderheit familialer Leistungspotentiale, Probleme und Bedürfnisse in modernen Industrie- und →Dienstleistungsgesellschaften nur Rechnung tragen, wenn sie erkennt, dass diese einem ständigen Veränderungsprozess unterworfen sind. Daher entwickeln sich die Konzepte der F. in einem ständigen Fortschreibungsprozess.

2. Die Erkenntnis der Notwendigkeit der F. in einer Industrie- und Dienstleistungsgesellschaft. F. bedeutet, sich der größten Querschnittsaufgabe der →Politik zu stellen. Gleichgültig, ob es um →Wirtschaft oder →Wohnen, um organisierte oder nicht-organisierte Arbeit, um kulturelle und ökonomische Entwicklungen, um Wertmuster der →Bevölkerung oder Verfassungsnormen geht, niemals handelt es sich um Phänomene ohne familienpolitische Bedeutung.

Ferner wurde mit Beginn der Bundesrepublik Deutschland von deutschen Sozialwissenschaftlern der Familie eine neue Bedeutung innerhalb der Politik zugewiesen (siehe dazu die Dokumentation in: SCHREIBER, Külp 1971): Zeitgerecht sei nicht mehr die Stützung einer sozial schwachen Arbeiterklasse. Anstelle einer Klasse müsse das Zielobjekt gesellschaftsbezogener →Politik die Familie sein, und das quer durch alle Klassen und Schichten hindurch ohne jeglichen Unterschied. Kapitaleigner und →Arbeitnehmer seien in starken Verbänden organisiert, die die Interessen ihrer Mitglieder im Verteilungskampf und im Politikfeld sehr gut zu vertreten wüssten. Zwei Gruppen der →Bevölkerung bedürften daher besonderer Aufmerksamkeit:

die Nichtorganisierten und die Nichtproduzenten, vorrangig eben die Familien.

Familien sind – wegen ihrer Variabilität und Heterogenität – nicht als starke und einheitliche Interessenvertretung im politischen Prozess vertreten, weil die vorhandenen Familienverbände sich in Zielsetzung u. a. m. unterscheiden.

Um die Belange von Familien politischerseits stärker zu berücksichtigen, wurde 1953 das Familienministerium gegründet, das im Zeitverlauf erweitert wurde und nunmehr auch die politischen Interessen der Senioren, Frauen und →Jugend vertritt. Seit 1970 steht ihm ein unabhängiger Beirat zur Seite. Es lässt sich nachweisen, dass dessen wissenschaftliche Beratung wesentlich zur Fortentwicklung familienpolitischer Ideen und Maßnahmen beigetragen hat (Wissenschaftlicher Beirat 2012).

3. Das Rentensystem von 1957: Ziel und Kritik.

Von Experten der F. ist immer wieder betont worden, das Zentralproblem der F. bestehe in einer Fehlkonstruktion des System der gesetzlichen Rente in Deutschland – von Anbeginn. Schon 1957 sei der Aufbau einer dazu notwendigen integrierten Familien-Rentenversicherung durch die Realisierung eines Solidaritätsvertrags zwischen drei Generationen versäumt worden.

Übersehen worden seien damals grundlegende Tatbestände im Hinblick auf gesellschaftlich notwendige Zusammenhänge: Um den lebensnotwendigen Bedarf für die drei Lebensphasen „Kindheit und Jugend", „Arbeitsalter" und „Lebensabend" zu decken, steht stets nur das →Einkommen zur Verfügung, das von den Erwerbstätigen aktiv erwirtschaftet wird. Es muss ausreichen, zumindest drei →Generationen zu versorgen, die der Kinder, Eltern und Großeltern. In der Familienphase bedeutet das für die erwerbstätigen Eltern, dass ihr erwirtschaftetes Einkommen für sie nicht frei verfügbar ist. Sie tragen schließlich die →Verantwortung für den Unterhalt ihrer Kinder und ihrer eigenen Eltern, den jetzigen Großeltern. Sie wissen, dass sie ihren Kindesunterhalt ihren Eltern verdanken und dass nur ihre Kinder ihnen einen verlässlichen Unterhalt garantieren können, sobald diese selbst ins Erwerbsalter hineingewachsen sind. Die Dankesleistung an die Eltern und die vorsorgende Investition in Kinder sind die Grundelemente eines Solidar-Vertrags zwischen den Generationen (siehe SCHREIBER 1955).

Das Solidaritätsmodell sieht die Leistungen für Kinder als spiegelbildliches Pendant zu den Leistungen für die Generation der Älteren. Nur unter diesem Aspekt kann ein System Sozialer Sicherung sich zu seiner Finanzierung gerechterweise des Umlage-Verfahrens bedienen, das sich dann auch auf zumindest drei Generationen zu beziehen hat.

Wissenschaftlich und politisch intendiert war 1957, auf der Basis einer drei Generationen integrierenden Familien-Rentenversicherung ein System der dynamischen →Rente einzuführen. Dessen Ziel sollte es sein, alle Empfänger von Renten durch Rentenanpassungen an den Folgen wirtschaftlichen Wachstums teilhaben zu lassen; ihr Lebensstandard sollte sich auch nach Beendigung ihrer aktiven (Erwerbs-) Zeit weiterhin auf dem Niveau halten lassen, das sie sich während der Zeit ihrer Erwerbstätigkeit erarbeitet hatten. Politische Interventionen reduzierten jedoch den Entwurf auf einen Zwei-Generationen- Ansatz ohne Kinderbezug. Eingeführt wurde 1957 ein Rumpfsystem, das die Notwendigkeit, die Versorgung von Kindern sicherzustellen, komplett ignorierte und deshalb zu Recht als eine Versicherung für Kinderlose bezeichnet worden ist. Nachbesserungsversuche blieben halbherzig und vor allem wirkungslos.

4. Demographische Veränderungen im Hinblick auf das deutsche Rentensystem.

Die demografische Basis reduzierte sich bereits in der Zeit zwischen 1965 und 1977 auf eine Geburtenzahl von ein bis zwei Kindern pro Frau und beträgt heute 1,4. Vor allem aber ist die Kinderlosigkeit in Deutschland hoch: 22 % der Frauen bleiben gegenwärtig – wie die amtliche Statistik zeigt – Zeit ihres Lebens kinderlos. Elternschaft ist längst nicht mehr auf alle Mitglieder der Gesellschaft verteilt (KAUFMANN 2005).

Aber mit dem Aufziehen und der →Erziehung der Kinder erfüllt die Familie neben der Haushaltsfunktion die für alle Gesellschaftsteile bedeutsame Sozialisationsfunktion. Damit übernehmen Eltern im Vergleich zu Erwachsenen ohne Kinder spezifische gesellschaftspolitische Funktionen.

Bereits im 5. Familienbericht wird F. unter dem Aspekt der Sicherung der „Zukunft des Humanvermögens" behandelt. Die Berichtskommission nimmt die Formel auf, die Familie sei die →Institution, deren unersetzbare →Leistung für die Gesellschaft darin bestehe, mit ihrer Entscheidung für Kinder das →Humanvermögen einer Gesellschaft für die Zukunft zu sichern. Zur korrekten Einschätzung der Leistungen von Familien ist es ferner wichtig zu wissen, dass der volkswirtschaftliche Wert von Humanvermögen, dessen Bildung der Leistung von Familien zu verdanken ist, sich auf Mehr als das Doppelte dessen beläuft, was der Wirtschaftssektor an Sachvermögen bereitstellt. Familienarbeit erweist sich so als Bestandteil gesellschaftlich notwendiger Arbeit, ohne den auch moderne westliche Gesellschaften nicht überlebensfähig sind (7. Familienbericht 2006).

Familiale Leistungen werden ohne →Verträge und ohne Entlohnung für Mitglieder von Familien erbracht. Seit 1992 ist die für die Bundesrepublik Deutschland gültige Relation von „unbezahlter" Familienarbeit zu „bezahlter" Erwerbsarbeit bekannt; nämlich 95,5 Mrd. zu 60 Mrd. Stunden. Für 2001 lautet die Relation 96 Mrd. Stunden zu 56.

Der zeitliche Beitrag zur Bildung von Humanvermögen ist zwischen den Mitgliedern unterschiedlich hoch. Neuere Untersuchungen zeigen im Vergleich zu älteren (KRÜSSELBERG u. a.1968; BLANKE u. a. 1996), dass sich die unterschiedlichen Zeitbelastungen zwischen den Geschlechtern kaum verändert haben.

Da die Familien aber durch diese ihre Leistung die Allgemeinheit von Kosten entlasten, die diese sonst übernehmen müsste, sollten – familienpolitisch gesehen – die Leistungen der Familie, die die Gesellschaft schließlich stabilisieren, finanziell ausgeglichen werden.

Es ist das Verdienst von Kaufmann, den Begriff der strukturellen Rücksichtslosigkeit gegenüber Familien geprägt zu haben. Er will damit deutlich machen, dass es in Haupt-Fragen der F., z. B. der Kinderlosigkeit, nicht um Vorurteile geht, sondern um strukturelle Eigenschaften des deutschen Wirtschafts-. Finanz- und Sozialsystems. Diese Systeme sind bis heute gesetzlich so angelegt, dass sie keine Rücksicht nehmen auf die besondere Funktion von Familien in Gesellschaften.

Das Bundesverfassungsgericht hat diese gesellschaftliche „Schieflage" bereits vor 15 Jahren thematisiert. Das Jahr 2001 markiert deshalb ein Datum von grundsätzlicher Bedeutung für die F. Mit seinem Urteil vom 3. April 2001 stellte der erste Senat des Bundesverfassungsgerichts fest, dass ein Rentenversicherungssystem, welches die Leistungen der Familien für den Fortbestand dieser →Institution ignoriert, nicht verfassungskonform sein könne. „Für ein solches System (ist) nicht nur der Versicherungsbeitrag, sondern auch die Kindererziehungsleistung konstitutiv. Wird dieser generative Beitrag nicht mehr in der Regel von allen Versicherten erbracht, führt dies zu einer spezifischen Belastung kindererziehender Versicherter". Das ist deshalb eine verfassungswidrige Benachteiligung, weil sie einmal den Gleichheitssatz, zum anderen die Verpflichtung des →Staates, →Ehe und Familie zu schützen und zu fördern, verletzt.

Seit 2001 lebt also die Bundesrepublik Deutschland mit einem System der Sozialen Sicherung, das in großen Teilen verfassungswidrig ist, ohne dass sich der Gesetzgeber veranlasst sah, zu dessen Abstellung tätig zu werden.

Das Jahr 2001 markiert ein weiteres Datum von grundsätzlicher Bedeutung für die F. Damals wurde mit der „Reform" des Systems der gesetzlichen →Rente dessen ursprüngliches Ziel total preisgegeben Die politisch verheißene und gesetzlich garantierte Sicherung eines im Arbeitsleben erworbenen Lebensstandards für die Zeit nach der Erwerbstätigkeit wurde mit Verweis vor allem auf demografische Entwicklungen schlicht vom →Staat gekündigt. Rentenniveauabsenkungen waren sowohl die Absicht als auch die stetige Folge: 2012 lag das Verhältnis der Rente zum versicherten Verdienst, das Netto-Rentenniveau vor Steuern, bereits bei nur noch 49,6 Prozent. Nach den Berechnungen der Bundesregierung wird es in Zukunft weiterhin spürbar sinken (BÄCKER/KISTLER 2014). Altersarmut droht, zumal die Möglichkeit einer privaten – durch Ersparnisse finanzierten – Altersvorsorge wegen des geringen Zinsniveaus zu schwinden scheint. F. bleibt mit einer hohen Dringlichkeit auf der Agenda politischen Handelns.

5. Die familienpolitischen Leistungen im Jahr 2010 aus der Sicht der Bundesregierung und ihrer Kritiker. Im Januar 2013 legte die Bundesregierung für das Jahr 2010 ihre Bestandsaufnahme der familienbezogenen Leistungen und Maßnahmen des Staates vor. Dabei handele es sich um eine „zwischen den Ressorts der Bundesregierung abgestimmte und auch in Wissenschaft und Verbänden breit akzeptierte" Aktion. Erfasst worden waren nicht weniger als 156 ehe- und familienbezogene Einzelmaßnahmen mit einem Finanzierungsvolumen von 200,3 Milliarden Euro jährlich.

Trotz der Versicherung der Bundesregierung, ihr Zahlenwerk sei mit den Verbänden abgestimmt und auch wissenschaftlich breit akzeptiert, regte sich gleich heftigste Kritik – sowohl am Volumen der Leistungen als auch an deren Berechnungsgrundlage. Kritiker sprachen von einem „200 Milliarden-Irrtum". Sie warfen den an diesem Rechenwerk beteiligten Wissenschaftlern vor, bei der Sammlung von Zahlen wichtige theoretische und empirische Zusammenhänge, z. B. bezüglich der Verteilungswirkungen des Transfersystems, nicht gebührend beachtet zu haben. Es komme in jedem Einzelfall darauf an zu ermitteln, ob und inwieweit etwa zufließende →Renten, Arbeitslosenunterstützung (→Grundsicherung, soziale), Kindergeld u. ä. ganz oder auch nur teilweise durch Steuern oder →Versicherungsbeiträge, die man selbst zahle, aufgebracht, also gegenfinanziert werden

Das Urteil ist eindeutig: Familien werden in Deutschland durch die Steuer- und Sozialsysteme infolge der Sozialisierung der Alterslasten bei Privatisierung der Kinderlasten regelrecht ausgebeutet. In der Fachwelt heißt das Transferausbeutung (BORCHERT).

6. Die gegenwärtige Forderung nach einer nachhaltigen F. Der Weg der F. führte in einem demokratischen Prozess von der Forderung nach einem Familienlastenausgleich zu der nach einem Familienleistungsausgleich bis schließlich gegenwärtig zu einer umfassenden Vision einer F. der →Nachhaltigkeit. Als Ziel einer nachhaltigen F. gilt es heute, soziale, wirtschaftliche und politische Rahmenbedingungen zu schaffen, die es der nachwachsenden Generation ermöglichen, in die Entwicklung und Erziehung von Kindern zu investieren, Generationensolidarität zu leben und Fürsorge für andere als Teil der eigenen Lebensperspektive zu interpretieren.

Wissenschaftler fordern deshalb gegenwärtig zur Anerkennung des generativen Beitrags der Eltern die

Einführung einer „Kinderrente" in das Renten-System, weil diese die Generationensolidarität erst begründet.

Der deutsche Kinderschutzbund fordert seit langem eine Kindergrundsicherung, aktuell in Höhe von monatlichen 536 Euro. Sie könne alle anderen Leistungen für Kinder ersetzen.

Überdies wird die Fülle oft unkoordinierter familienpolitischer Maßnahmen und die mit ihnen verbundenen bürokratischen Hindernisse, die zu ihrer Nutzung große zeitliche Anstrengungen der Familien erfordern, kritisiert.

Im Prinzip geht es in einer nachhaltigen F. darum, die Idee zu vermitteln, dass familiale Leistungen investive Merkmale nachhaltiger Art haben. Denn sie tragen zur Bildung und Erhaltung von Humanvermögen bei und sichern die Zukunftsfähigkeit der Gesellschaft. →Investitionen sind Aufwendungen, die getätigt werden müssen, um gesellschaftlich produktives Handeln in Zukunft zu ermöglichen.

WISSENSCHAFTLICHER BEIRAT FÜR FAMILIENFRAGEN beim Bundesministerium für Jugend, Familie und Gesundheit, Zur Reform des Familienlastenausgleichs 1971 – BUNDESMINISTERIUM FÜR FAMILIE, SENIOREN, FRAUEN UND JUGEND (Hg.), Fünfter Familienbericht, Zukunft des Humanvermögens, 1994 – K. BLANKE/M. EBELING/N. SCHWARZ, Zeit im Blickfeld. Ergebnisse einer repräsentativen Zeitbudgeterhebung, 1996 – H.-G. KRÜSSELBERG/H. REICHMANN (Hg.), Zukunftsperspektive Familie und Wirtschaft, 2002 - F. X. KAUFMANN, Schrumpfende Gesellschaft 2005 – I. GERLACH, Familienpolitik 2010 – WISSENSCHAFTLICHER BEIRAT FÜR FAMILIENFRAGEN beim Bundesministerium für Familie, Senioren, Frauen und Jugend, Familie, Wissenschaft, Politik, 2012 – H.-W. SINN, Das demographische Defizit 2013 – J. BORCHERT, Sozialstaatsdämmerung 2013 – G. BÄCKER/E. KISTLER, Absenkung des Rentenniveaus und Aufgabe der Lebensstandardsfunktion der Rente, 2014 – M. WERDING, Familien in der gesetzlichen Rentenversicherung 2014 – Übersicht über das Sozialrecht 2015 – R. NAVE-HERZ (Hg.), Familiensoziologie 2014 – DIES., Familie heute 2015 – H. BERTRAM/C. DEUFLHARD, Die überforderte Generation 2015.

Hans-Günter Krüsselberg

Faschismus

1. Definition. Der Begriff F. geht auf das ital. *fasci, fascio* oder *fascismo* zurück, das sich wiederum vom lat. *fasces* ableitet, mit dem im antiken Rom die Rutenbündel als Amtsinsignien der römischen Liktoren (höhere Staatsbeamte) bezeichnet wurden. Ursprünglich als Eigenname einer antidemokratischen, ebenso nationalistisch wie sozialistisch orientierten Bewegung im Italien nach 1900 geprägt, avancierte F. zur prototypischen Bezeichnung der Diktatur B. MUSSOLINIS (1922–1943) und wurde zu einer allgemeinen Bezeichnung für verschiedene autoritäre Bewegungen und Regime der Zeit zwischen den beiden Weltkriegen des 20. Jahrhunderts. Nach dem 2. Weltkrieg wurden F. und Anti-F. in der politischen, medialen und wissenschaftlichen Debatte zu zentralen Kampfbegriffen im Diskurs um unterschiedliche Gesellschaftsentwürfe.

2. F. Regime. Die Kombination aus der italienischen Unzufriedenheit mit dem Resultat des 1. Weltkriegs (*vittoria mutilata*) und dem Wunsch nach tief greifenden sozialen Reformen schuf die Voraussetzungen, dass B. MUSSOLINI 1922 formal legal in Kooperation mit traditionalen Regimeeliten an die Macht gelangte und in der Folge eine hypernationalistische, autoritäre Diktatur aufbaute, die in den 1930er Jahren im Abessinienkrieg, im Spanischen Bürgerkrieg sowie dann an der Seite des „Dritten Reichs" im Zweiten Weltkrieg expansionistisch auftrat, jedoch nie zu einem wirklich totalitärem Regime ausgebaut wurde.

Das Spektrum an Regimen, die neben dem italienischen Prototyp mit der Etikettierung F. belegt wurden, reicht von den iberischen Diktaturen unter F. FRANCO in Spanien (1939–1975) und A. DE SALAZAR in Portugal (1933–1974) über Regime wie Polen unter J. PILSUDSKI (1926–39), Ungarn unter N. HORTHY (1920–1944) und dem österreichischen „Austro-F." unter E. DOLLFUSS und K. V. SCHUSCHNIGG (1933/34–1938) bis zum tennoistischen Japan der 1930er Jahre. Auch die Kollaborationsregime, die die Nationalsozialisten im Zweiten Weltkrieg etwa in Norwegen, Jugoslawien, Belgien sowie in einem guten Dutzend weiterer Länder einsetzten, werden mitunter als f. eingestuft. Das „Dritte Reich" sprengt aufgrund des mit ihm verbundenen biologistischen Rassismus den F.-Begriff. Da es in seiner Herrschaftsintensität und mit der Shoah die vorgenannten Regime bei weitem übertraf, lässt es sich allenfalls als Radikal-F. begreifen. Es besteht die Gefahr der Verharmlosung, wenn der →Nationalsozialismus als F. bezeichnet wird.

3. F.-Theorien. Das zentrale forschungsmethodologische Problem eines allgemeinen F.-Begriffs ergibt sich aus der Tatsache, dass der Begriff historisch für ein spezifisches Phänomen in Italien geprägt wurde, das nur bedingt auf andere nationale Eigenentwicklungen im Sinne eines Gattungsbegriffs transzendiert werden kann. Dennoch ist in der Forschung vielfach versucht worden, allgemeine F.-Theorien zu entwickeln: (1) marxistische F.-Theorien versuchen, den F. als fatale Konsequenz des Kapitalismus zu deuten (G. DIMITROW, Th. W. ADORNO); (2) Modernisierungstheorien deuten den F. als Reaktion auf sich beschleunigende Prozesse von Industrialisierung, Urbanisierung etc. im Sinne einer Revolution gegen die Moderne (F. BORKENAU, H. A. TURNER); (3) Totalitarismustheorien unterstellen strukturelle Ähnlichkeiten zwischen dem F. und seinem ideen- und realgeschichtlichen Antipoden, dem marxistisch-leninistischen Sowjetkommunismus (C. J. FRIEDRICH, H. ARENDT, E. NOLTE, K. R. POPPER); (4) sozialreligiöse Konzepte wiederum gehen von einer Verlagerung der religiösen Manifestation in die politische Sphäre aus und deuten im Lichte religionsähnlicher Symbole, Rituale und Ausdrucksformen den F. als degenerierte Form von Religionsersatz für die säkularisierte Gesellschaft (E. VOEGELIN, R. ARON, E. GENTILE).

Aus den älteren Deutungen hervorzuheben ist die Interpretation von E. NOLTE, der im *F. in seiner Epoche* (1963) den F. als transpolitisches Phänomen des Aufstands gegen die praktische und die theoretische Transzendenz deutete. Aus seiner Analyse des italienischen F., des deutschen Nationalsozialismus und der französischen Action française destillierte er sechs Merkmale eines „f. Minimums": die drei Negativmerkmale Antimarxismus, Antiliberalismus, Antikonservatismus, die beiden Organisationsprinzipien Führerprinzip und Parteiarmee sowie die Ausrichtung auf den Totalitätsanspruch. NOLTE interpretierte den F. nicht als historisch-singuläres Phänomen, sondern aus philosophisch-ideenhistorischer Perspektive als Epochensignatur der Zeit zwischen den Weltkriegen und inspirierte damit die Geschichts- und Sozialwissenschaften.

In der neueren Forschung hat unter ähnlichen Perspektiven wie einst NOLTE R. GRIFFIN den F. als politische Ideologie beschrieben, deren Wesen mythisch imprägniert sei und die in verschiedenen Variationen eine palingenetische, d. h. auf kollektive Wiedergeburt abzielende Form eines populistischen Ultranationalismus darstelle. R. O. PAXTON definiert ein „f. Minimum", demzufolge auf eine Obsession von Demütigung und Opferrolle kompensatorisch mit Einheits-, Stärke- und Reinheitskult reagiert werde und in Kooperation mit alten Eliten parteibasiert und gewaltverherrlichend expansionistische Ziele verfolgt würden. Historiker wie ST. G. PAYNE wenden sich gegen den Abstraktionsversuch eines f. Minimums und die damit verbundene rein ideenhistorische Perspektive. Der aus ihrer Sicht einseitig phänomenologischen Deutung von Struktur und Ideologie wird ein multikausales Forschungsmodell mit einer Gewichtung vieler weiterer Faktoren entgegengesetzt, da der F. keine kohärente Ideologie gehabt habe, sondern ungeachtet gleicher Wurzeln vielfach eklektisch und irrational zusammengesetzt gewesen sei. PAYNE will den Epochencharakter des F. nur in dem Sinne gelten lassen, dass er die ursprünglichste und dynamischste Form einer radikalen Bewegung beschreibe, der realgeschichtlich jedoch viele Graustufen zueigen waren und Gegner gegenüber gestanden hätten.

Während diese Debatte noch nicht abgeschlossen ist, können doch als wesentliche F.-Charakteristika festgehalten werden: (1) eklektisches Amalgam in der ideologischen Programmatik mit nationalistisch-imperialistischen Elementen, antiliberaler und antimarxistischer Stoßrichtung sowie mit sozialistischen Versatzstücken angereicherte Weltanschauung; (2) Aktionsmuskul und Gewaltverherrlichung mit ausgrenzendem Feindbilddenken; (3) Ausrichtung auf eine autoritäre charismatische Führungspersönlichkeit; (4) Machtbasis in einer elitären Massenorganisation mit militärischer oder paramilitärischer Unterstützung. Mit der normativ-deskriptiven Verwendungsweise des F. als politischem Kampfbegriff sowie als wissenschaftlicher Kategorie zur Typologisierung und Analyse von Bewegungen und Herrschaftssystemen wird man weiterhin leben müssen – so wie bei vielen anderen politischen Schlüsselkategorien auch.

A. BAUERKÄMPER, Der Faschismus in Europa 1918–1945, 2006 – R. J. B. BOSWORTH, The Oxford Handbook of Facism, 2009 – K. D. BRACHER/L. VALIANI (Hg.), Faschismus und Nationalsozialismus, 1991 – ST. BREUER, Nationalismus und Faschismus. Frankreich, Italien und Deutschland im Vergleich, 2005 – R. GRIFFIN: The Nature of Facism, 1993 – E. NOLTE, Der Faschismus in seiner Epoche. Action francaise, italienischer Faschismus, Nationalsozialismus, ⁶2008 – R. O. PAXTON, Anatomie des Faschismus, 2006 – ST. PAYNE: Geschichte des Faschismus. Aufstieg und Fall einer europäischen Bewegung, 2001 – TH. SCHLEMMER/H. WOLLER, Der Faschismus in Europa. Wege der Forschung, 2014.

Manuel Becker

Feste und Feiern

F. werden meist als vom Alltag unterschieden verstanden, sie bilden den Gegenpol zum Alltag und unterbrechen ihn. Zwei F.theorien lassen sich idealtypisch unterscheiden: die affirmative und die paroxystische F.theorie. Die affirmative F.theorie (affirmare = bejahen, beteuern, bekräftigen) greift auf PLATON zurück, der das F. als Gabe der Götter beschreibt. Durch den Alltag werden Menschen vom Wesentlichen des Lebens abgelenkt, mit dem Fest wird ihnen die Ordnung wieder vor Augen geführt. Für die Gegenwart führen z. B. KERÉNYI die affirmative F.theorie fort, da vermittels des F.es „die *wahre Wirklichkeit der Welt* geschaut und ausgesprochen wird" (43), und PIEPER hat seine F.theorie eine Zustimmung zur Welt genannt, weil das F. komplementär zum Alltag bzw. zur Arbeit ist, die nützlich ist. Der Sinn der →Arbeit liegt außerhalb ihrer selbst. Das F. ist nicht einfach die Unterbrechung der Arbeit, sondern eine Tätigkeit, die ihren Sinn in sich selbst hat: PIEPER nennt z. B. die *visio beatifica*, das Schauen des göttlichen Ursprungs, das glücklich macht, oder zitiert CHRYSOSTOMUS: „*Ubi caritas gaudet, ibi est festivitas*, ‚Wo Liebe sich freut, da ist Fest'." (43) Die innere Struktur des F.es ist letztendlich ein Gutheißen, ein Lieben der von Gott geschaffenen Welt, auch wenn diese kritisiert werden kann, da sie im Alltag diese Wirklichkeit ermangelt.

Die paroxystische (para = neben, oxys = scharf: anstacheln, aufbringen, erzürnen) F.theorie hat FREUD gleichsam als Mythos anhand des Vatermordes einer Urhorde konstruiert. Die Söhne ermorden den Vater, weil er alle Frauen für sich behalten will. Nach dem Vatermord verzehren sie ihn, diese verbrecherische Totemmahlzeit interpretiert FREUD als „vielleicht das erste F. der Menschheit" (213). Die sich immer wiederholende Totemmahlzeit bindet alle in den Schuldzusammenhang ein, der Vater wird betrauert. Nach der Trauer beginnt aber das F., mit dem sich die Feiernden von aller Last des Alltags sowie seinen →Normen und damit auch von →Schuld und Trauer befreien. Das F. ist „ein gestatteter, vielmehr ein gebotener Exzeß, ein feierlicher Durchbruch eines Verbotes." (312) Triebe werden entfesselt und alle Befriedigungen gestattet. Die während des F.es erfahrene Entlastung vom Alltag gewährt neue Kraft, nun den Alltag mit seinen Normen, Ordnungen und Sicherheiten wieder einzuhalten. FREUD versteht den Alltag als etwas Bedrückendes, von dem sich Menschen immer wieder befreien wollen, im Gegensatz zur affirmativen F.theorie, die den Alltag mit allen Einschränkungen letztendlich doch als gut und sinnvoll versteht.

In der Moderne finden sich zwar viele F.e, aber nicht mehr das F. schlechthin, das den Alltag völlig unterbricht. CAILLOIS führt darum im Anschluss an FREUDS F.theorie den →Krieg an, der in modernen Gesellschaften den Alltag suspendieren kann. Aber CAILLOIS verwirft seine These nach dem Erleben des Zweiten Weltkriegs selbst, weil dieser Krieg nur noch Zerstörung hinter sich lässt und nicht mehr die Bedeutung hat, Kraft für den beschwerlichen Alltag zu erbringen. Das gilt für die spät-moderne Gegenwart umso mehr, weil ein mit atomaren, biologischen oder chemischen Waffen geführter Weltkrieg das Leben ganz auslöschen kann, aber mitnichten Kraft für den wieder zu gewinnenden Alltag vermittelt. Nach einem solchen totalen Krieg kommt kein Alltag mehr. Krieg in diesem Sinne ist also kein F., wenn es auch mit MARQUARD, der aber sowohl vor dem totalen Alltag als auch vor dem totalen Krieg warnt, als Moratorium des Alltags verstanden werden kann. Einige moderne, auch theologische F.theoretiker sind FREUDS F.theorie gefolgt, wie z. B. COX, MARTIN, andere wie z. B. SCHLEIERMACHER oder BARTH haben den affirmativen F.typ aufgenommen.

Analysiert man heutige F.e, wird man Elemente beider F.theorien in einem F.vollzug wiederfinden. Zum einen ist ein F. affirmativ, weil es den Alltag gutheißt, zum anderen lassen sich paroxystische, exzesshafte Elemente im Lauf des F.es nicht übersehen. Im Anschluss an die Beschreibung des F.es bei BOLLNOW hat GEBHARDT das F. als ein emotionales und affektuelles Handeln, die Feier dagegen als ein wertrationales Handeln verstanden, die neben dem Alltag zwei gegensätzliche Weisen des menschlichen Lebens darstellen. An diesem Theorieelement hat es Kritik gegeben, und NEIJENHUIS hält fest, dass F. und Feier nicht nur miteinander verbunden verstanden werden können, sondern auch nicht unbedingt bipolar auf den Alltag bezogen werden müssen, da der Alltag der Spät-Moderne mit fortschreitender Ästhetisierung selbst immer festlicher wird und eine Unterscheidung von Alltag und Fest kaum gelingt. Darum werden sie auf das Leben bezogen verstanden: Das Leben ereignet sich sowohl im Alltag als auch im Fest mit der Feier, die beide je auf ihre Weise Sinn stiften und Sinn vergewissern.

F. D. E. SCHLEIERMACHER, Die praktische Theologie …, 1850 – S. FREUD: Totem und Tabu, in: GW 9, 1940, sowie in: Werkausgabe in zwei Bänden, 1978 – K. BARTH, Kirchliche Dogmatik III/4, 1951 – F. O. BOLLNOW, Neue Geborgenheit, 1955 – J. PIEPER, Zustimmung zur Welt, 1963 – H. COX, Das F. der Narren, 1970 – K. KERÉNYI, Das Wesen des F.es, in: DERS.: Antike Religion, 1971, 43–67 – G. LIEBERG, Art. F. I, in: HWPh 2, 1972, 938f – G. M. MARTIN, F. und Alltag, 1973 – E. OTTO/ T. SCHRAMM (Hg.), F. und Freude, 1977 – W. GEBHARDT, F., Feier und Alltag, 1987 – R. CAILLOIS, Der Mensch und das Heilige, 1988 (Französische Ausgabe: L'homme et le sacré, 1950) – W. HAUG/R. WARNING (Hg.), Das F., 1989 – O. MARQUARD, Moratorium des Alltags. Eine kleine Philosophie des F.es; in: Das F., hg. v. W. HAUG/R. WARNING, 684–691, auch abgedruckt in U. SCHULTZ (Hg.), Das F., 413–420 – U. SCHULTZ (Hg.), Das F. Eine Kulturgeschichte von der Antike bis zur Gegenwart, 1988 – J. ASSMANN, Der zweidimensionale Mensch: das F. als Medium des kollektiven Gedächtnisses; in: DERS. (hg. mit TH. SUNDERMEIER), Das F. und das Heilige, 1991, 13–30 – R. KOCH, F. oder Feier? in: R. BEILHARZ/G. FRANK (Hg.), F., 1991, 29–40 – P. CORNEHL/M. DUTZMANN/A. STRAUCH (Hg.), »… in der Schar derer, die da feiern«, 1993 – D. RÖSSLER, Unterbrechung des Lebens. Zur Theorie des F.es bei Schleiermacher, in: P. CORNEHL u. a. (Hg.), »… in der Schar derer, die da feiern«, 1993, 33–40 – Das F., JBTh 18 (2003) – M. MAURER (Hg.), Das F., 2004 – A. LEIPOLD, Die Feier der Kirchenf.e., 2005 – H. BECK/H.-U. WIEMER, Feiern und Erinnern, 2009 – F. LIENHARD (Hg.), F. in Bibel und kirchlicher Praxis, 2010 – J. NEIJENHUIS, F.e und Feiern. Eine theologische Theorie, 2012.

Jörg Neijenhuis

Finanzkrise

1. Begriff. F. bezeichnet eine Lage, in der das Finanzsystem in Bedrängnis geraten ist und bei der fast alle Finanzmarktindikatoren eine negative Entwicklung aufweisen, so dass es zu Insolvenzen kommt. Dies kann mit anderen Krisen einhergehen wie einer →Bankenkrise, Schulden- oder Währungskrise und die Realwirtschaft erheblich in Mitleidenschaft ziehen. F. können weltweit auftreten und leiten häufig den Beginn eines extremen Abschwungs nach einer konjunkturellen Überhitzung ein (→Konjunktur).

2. Geschichte und Arten der F. F. gibt es durch die Jahrhunderte. Sie sind von ihrem historischen Umfeld beeinflusst. Ein Beispiel für eine F., die zugleich Schuldenkrise war, ist das Geschehen zwischen England und Florenz im 14. Jh. Es kam zu Zahlungsausfällen seitens des englischen Königs EDWARD III., der 1340 nach verschiedenen militärischen Niederlagen nicht mehr seine Schulden ggü. Florenz begleichen konnte, was dort wiederum zu einer F. führte. Spekulationen können ebenfalls zu F. führen. GALBRAITH sieht als Kennzeichen einer Spekulation, dass eine technische Neuerung oder ein Produkt zum Spekulationsobjekt wird, dessen Wert durch immer weitere Investitionen steigt. Der Euphorie der Spekulation folgt ein abruptes Ende. In der Finanzgeschichte gilt als erstes bedeutendes Beispiel für eine Spekulationsblase der Tulpenschwindel aus den 1630er Jahren in Holland. Die Tulpenzwiebeln waren erst Mitte des 15. Jahrhunderts nach Westeuropa gelangt und wurden auch aufgrund von Züchtungen und der Knappheit der neuen Sorten zu einem Investitionsobjekt. Der Handel an den Warenbörsen und Termingeschäfte ermöglichte eine Ausweitung der Spekulationen, die das ganze Land erfasste. Im Jahr 1637 kam es zu einem jähen Einbruch des Tulpenpreises, verursacht durch Panikverkäufe. Es folgte eine konjunkturelle Depression.

Neben →Bankenkrisen sind auch – meist gemeinsam auftretende – Währungs- und Inflationskrisen (→Inflation) Teil von F. Historisch betrachtet gibt es das Phänomen der Wertminderung der Währung schon lange. HEINRICH DER VIII. von England hat bspw. den Silbergehalt des englischen Pfunds kontinuierlich gesenkt, um seiner Geldnot Herr zu werden.

Eine große F., die verschiedene andere Krisen umfasste, war die Weltwirtschaftskrise 1928–1930. Nach einem Immobilienboom in den 1920er Jahren in den USA und dem Platzen dieser Blase kam es Ende der zwanziger Jahre zum Aktienboom. Die Aktienkurse entwickelten sich stetig nach oben, und diese Form der Geldanlage wurde für viele Menschen und Unternehmen so attraktiv, dass viele den Kauf sogar kreditfinanzierten. Am 29. Oktober 1929 kam es in New York zum Börsencrash. Massive Aktienverkäufe ließen den Handel einbrechen. Der wirtschaftliche Abwärtstrend hatte u. a. zur Folge, dass US-amerikanische Investitionen und Kredite in Europa stark zurückgingen. Die US-Krise entwickelte sich zur Weltwirtschaftskrise.

Die F. von 2007/8 zeigt zwar ähnliche Krisensymptome auf, wobei sich im Vorfeld jedoch die Rolle des Finanzsektors gewandelt hatte. Diese Veränderung lässt sich als „Finanzialisierung" beschreiben, d. h., *„Prozesse, durch die sich während der letzten drei Jahrzehnte ein Bedeutungszuwachs von Finanzmärkten, Finanzmotiven, Finanzinstitutionen und Finanzeliten in der Funktionsweise der Ökonomie, sowohl auf nationaler als auch auf internationaler Ebene vollzogen hat"* (HEIRES/ NÖLKE, S. 19). Durch die Umstrukturierung und Ausdehnung des Finanzmarkts gab es neue Institutionen sowie Geschäftspraktiken und die Differenz zwischen Real- und Finanzwirtschaft nahm zu. Vor dem Hintergrund dieser Entwicklungen kann zwar das Platzen der Immobilienblase in den USA im Jahr 2007 als Ausgangspunkt der F. genannt werden, aber ökonomisch liegen verschiedene weiterreichende Entwicklungen zugrunde. Die Niedrigzinspolitik (→Geldpolitik, →Kapital u. Zins) sowie die Förderung von Immobilienkrediten auch für niedrige Einkommensgruppen, die Möglichkeit schlecht gedeckte Kredite in neuen Finanzprodukten weiterzuverkaufen und diese durch Rating-Agenturen als lukrativ bewertet zu bekommen, sowie die nur marginale Aufsicht im Schattenbankenbereich waren einige der Gründe, wie es zu weiteren negativen Folgen auf dem Finanzmarkt und zur F. kam. Aufgrund der schwierigen konjunkturellen Lage und des steigendem Leitzinses im Immobilienbereich konnten zahlreiche Kredite nicht mehr zurückgezahlt werden und die Immobilienpreise sanken. Die Krise griff auch auf den Bankenbereich über, denn Wertverluste der sog. *Subprime-Krise* zeigten sich in der Bankbilanz und vernichteten Eigenkapital. Dies betraf auch Investmentbanken, bei denen es zu einem Vertrauensverlust kam. Als 2008 die LEHMANN BROTHERS Insolvenz anmelden mussten und keine staatliche Unterstützung bekamen, verstärkte sich das Misstrauen. Gleichzeitig wirkte sich die F. auf die Staatsschulden aus, die aufgrund der Rettungsmaßnahmen in Form von Zahlungen und Liquiditätsmaßnahmen anstiegen. Die Realwirtschaft wurde aufgrund der Unsicherheiten im Finanzbereich in Mitleidenschaft gezogen. Zur Bekämpfung der Krise halfen Aktivitäten staatlicherseits, wie Subventionen für gefährdete Banken, erweiterte Aufsichtsmaßnahmen und Konjunkturprogramme (→Konjunktur). Diese bewirkten in verschiedenen Ländern eine Beruhigung des Finanzmarkts und der wirtschaftlichen Lage. Verschiedenen relativ hoch verschuldeten europäischen Ländern gelang es jedoch nicht, die Folgen der F. aus eigener Kraft abzufedern, da ihre Kreditwürdigkeit seitens privater Kreditgeber als immer geringer eingestuft wurde und die geforderten Zinsen entsprechend anstiegen. Diesem Trend begegnete zum einen die Europäische →Zentralbank mit dem Kauf von Staatsanleihen dieser Länder. Zum anderen minderten Kredite seitens der Europäischen Union, der Zentralbank und des →Internationalen Währungsfonds die Gefahr von Staatspleiten. Allerdings waren die Kreditprogramme mit Sparauflagen und Umstrukturierungen verbunden, die den Ländern ökonomisch und politisch zu schaffen machten. Dies wurde besonders deutlich am Beispiel Griechenlands, dessen Schulden besonders hoch waren und dem besonders harte Konsolidierungsauflagen gemacht wurden.

3. Theorien zur Entstehung und Verlauf von F. Obwohl es F. seit langem gibt, kann nicht von einer einheitlichen Theorie zu ihrer Entstehung gesprochen werden, auch wenn sich die F. ähneln. F. haben immer wieder zur Diskussion in der Finanz- und Geldtheorie und zu deren Überarbeitung geführt. Aus den vielfältigen Theorien zu F. seien hier zwei erwähnt, die politischen Einfluss erlangt haben: Der *Monetarismus*, der auf MILTON FRIEDMAN und ANNA J. SCHWARTZ zurückgeht, vertritt die These, dass Märkte rational sind und dass die Geldmenge als wichtigster Einflussfaktor auf das realwirtschaftliche Geschehen konstant zu halten ist (bzw. mit einer konstanten Rate wachsen soll). Vereinfacht gesprochen führt zu wenig Geld zum Rückgang von Konsum und Investitionen. Somit wird als Hauptverantwortliche für Krisen die Zentralbank gesehen, die zu wenig gegen die Abnahme der Geldmenge getan hat.

Einen anderen Ansatz vertritt der Postkeynesianer Hyman Minsky. Er geht davon aus, dass der Finanzsektor fragil ist und Instabilitäten keine Ausnahme sind. F. entstehen auch unabhängig vom realwirtschaftlichen Geschehen. Steigen – aus welchen Gründen auch immer – die Profitaussichten in einem Bereich, kann dies einen sektoralen Boom bewirken, der (teils) durch Bankkredite finanziert wird. Die Gewinne werden reinvestiert, und es kommt zu Preissteigerungen. Diese Euphorie führt zur Überschätzung der Situation und des Profits. Die Kurse steigen daher weiter. Gibt es nun Akteure, die ihre Gewinne realisieren wollen, kann dies zum Umschwung führen, so dass die Blase platzt und es zum „Run" kommt. Die in Not geratene Bank oder das Unternehmen, das den „Run" nicht verkraftet, kann zum Auslöser der Krise werden.

4. Bekämpfung und Verhinderung von F. Sind F. zwingender Teil des kapitalistischen Wirtschaftssystems oder sollte statt von Systemkrise besser von Handlungskrise gesprochen werden, in der die Verantwortung der mit Macht ausgestatteten Finanzmarktakteure im Vordergrund steht (Koslowski)? Können Krisen auch durch strukturelle Veränderungen verhindert oder zumindest abgeschwächt werden (Emunds)? Auch wenn die Verantwortung des Einzelnen nie ganz aufgegeben werden kann, so bedarf es für die Bekämpfung von F. auch des Blicks auf die institutionelle und systemische Ebene und damit einhergehenden Veränderungen (Hübner).

Zur Bekämpfung und Verhinderung von F. ist es wichtig, einen Umgang mit der Fragilität der Finanzmärkte und mit den Risiken zu finden und möglichst ein robustes System zu entwickeln, das bspw. strengere Eigenkapitalvorschriften und eine klare und effektivere Finanzaufsicht vorsieht sowie mehr Transparenz von Banken und anderen Finanzdienstleistern einfordert. Dabei sollten wirtschaftliche, soziale und gesellschaftliche Auswirkungen von Finanzmarktaktivitäten und möglichen F. berücksichtigt werden. Auch die vertrauensschaffende Option eines „Retters in der Not", der als *„lender of last resort"* im Notfall durch die Übernahme von Schulden bzw. durch neues Geld einspringt, kann dazu beitragen, dass es erst gar nicht zur F. kommt. Anderseits ist diese Option auch kritisch zu sehen, da sie zu größerer Fahrlässigkeit der Finanzinvestoren beitragen kann. Kommt sie zum Einsatz, ist dies zudem oft gleichbedeutend mit einer Sozialisierung privat und anderweitig verursachter Verluste.

C. P. Kindleberger, Manien, Paniken, Crashes. Die Geschichte der Finanzkrisen dieser Welt, Kulmbach 2001 – J. Hübner, Macht euch Freunde mit dem ungerechten Mammon! Grundsatzüberlegungen zu einer Ethik der Finanzmärkte, 2009 – P. Koslowski, Ethik der Banken. Folgerungen aus der F., 2009 – J. K. Galbraith, Eine kurze Geschichte der Spekulation, 2011[4] – C. M. Reinhart/K. S. Rogoff, Dieses Mal ist alles anders. Acht Jahrhunderte F., 2013[3] – B. Emunds, Politische Wirtschaftsethik globaler Finanzmärkte, 2014 – M. Heires/A. Nölke, Die Politische Ökonomie der Finanzialisierung, in: Dies. (Hg.), Politische Ökonomie der Finanzialisierung, 2014, S. 19–29 – P. Bofinger, Grundzüge der Volkswirtschaftslehre. Eine Einführung in die Wissenschaft von Märkten, 2015[4] – F. Brugger, Die ökonomische Geldtheorie und ihre (Finanz-)Krisen: Von David Hume bis zur Gegenwart, in: K. Kraemer/S. Nessel (Hg.), Geld und Krise. Die sozialen Grundlagen moderner Geldordnungen, 2015, S. 79–109.

Gotlind Ulshöfer

Finanzpolitik

1. Begriff. F. ist kein eindeutig definierter Begriff. Konsens dürfte sein, dass im Rahmen der F. in erster Linie Einnahmen und Ausgaben von Gebietskörperschaften und anderen öffentlich-rechtlichen Haushalten (insbes. Sozialversicherungen) festgelegt werden, mit denen gesellschaftliche Ziele erreicht werden sollen. Der Einsatz finanzpolitischer Instrumente bedarf der politischen Legitimation, i. d. R. durch Parlamente, und muss transparent in öffentlichen Haushaltsplänen (→Haushalt, öffentlicher) abgebildet werden. Innerhalb der Volkswirtschaftslehre befasst sich die Finanzwissenschaft mit der F.

2. Ziele. Während private →Haushalte und →Unternehmen sich in marktwirtschaftlichen Systemen vorwiegend am Eigennutz ausrichten, orientiert sich die F. vom Grundsatz her an gemeinwohlorientierten Zielen. Nach der liberalen Wirtschaftsauffassung des 19. Jahrhunderts (→Liberalismus, →Neoliberalismus) sollte sich der Staat auf die Erfüllung von Hoheitsaufgaben wie die Bereitstellung innerer und äußerer Sicherheit beschränken. Dies hat sich mit der Demokratisierung im 20. Jh. geändert. Der →Staat und damit die F. übernimmt nunmehr nicht nur eine Ordnungs-, sondern darüber hinaus eine gesellschaftliche und ökonomische Gestaltungsfunktion. Allerdings ist das Ausmaß finanzpolitischer Eingriffe nach wie vor sowohl in der Wissenschaft wie auch in der finanzpolitischen Praxis umstritten. Die F. in den 1980er Jahren in den USA (sog. Reaganomics) und in Großbritannien (sog. Thatcherism) oder die Vorstellungen der Tea Party-Bewegung in den USA zeigen, dass marktradikale finanzpolitische Konzepte bis heute in bedeutenden Volkswirtschaften vertreten werden.

Die sozialen Probleme infolge der Industrialisierung und die Erkenntnisse aus der Weltwirtschaftskrise von 1929 haben entscheidend dazu beigetragen, dass eine interventionistische F. zu einem notwendigen Korrektiv eines sich selbst überlassenen Marktprozesses wurde. Die moderne Finanzwissenschaft weist seit Mitte des letzten Jahrhunderts in Anlehnung an MUSGRAVE der F. drei Ziele zu, die staatliche Interventionen in einer marktwirtschaftlichen Ordnung rechtfertigen: Allokations, Distribution und Stabilisierung.

2.1 Allokationsziel. Hier geht es darum, staatlicherseits korrigierend in den Marktprozess einzugreifen, wenn dieser nicht oder nicht in wünschenswertem Umfang bestimmte Leistungen bereitstellt. Hierzu zählt zunächst – ähnlich wie nach der liberalen Wirtschaftsauffassung des 19. Jh. – die Bereitstellung →öffentlicher Güter. Diese zeichnen sich durch Nichtausschließbarkeit von der Nutzung und Nichtrivalität im Konsum aus. Das Militär sorgt für äußere Sicherheit. Eine private Bereitstellung von Militär – die ohnehin gesellschaftspolitisch unerwünscht wäre – käme ökonomisch auch gar nicht zustande. Da nämlich jeder Mensch von der Bereitstellung profitieren würde, auch wenn er nicht für äußere Sicherheit bezahlt (*free rider Verhalten*), ließe sich auf dem Markt kein kostendeckender Preis erzielen. Mithin käme das Angebot nicht zustande.

Bei *meritorischen Gütern* interveniert der Staat, weil er meint, dass andernfalls die Leistung nicht im gesellschaftlich wünschenswerten Umfang nachgefragt und angeboten würde, weil die Zahlungsbereitschaft bzw. -fähigkeit der Nachfrager zu niedrig ist. Bildungsangebote sind marktfähige Güter. Wenn sie dennoch staatlicherseits (nahezu) unentgeltlich angeboten werden, ist dies Ausdruck einer gesellschaftspolitisch erwünschten Vorstellung, wonach nicht die Kosten und Preise der Ausbildung über deren Inanspruchnahme entscheiden sollen.

Schließlich greift der Staat auch in die Preisbildung des Marktes ein, um negative Effekte wirtschaftlicher Aktivitäten zu reduzieren. So kann er beispielsweise Produkte, deren Nutzung Umweltschäden nach sich ziehen, mit Abgaben belegen, um die Nutzung und die entstehenden volkswirtschaftlichen Kosten (hier: Umweltverschmutzung) einzuschränken und dem Verursacher anzulasten (*Internalisierung externer Kosten*).

2.2 Distributionsziel. Hier geht es darum, normativ korrigierend in die Einkommens- und Vermögensverteilung des Marktes einzugreifen. Dass eine extreme Ungleichverteilung gesellschaftspolitisch destabilisierend wirkt, ist weitgehend unstrittig. Ab welchem Ausmaß dies gilt oder wie viel Ungleichverteilung in Kauf genommen werden sollte, damit die Marktkräfte sich effizient entfalten können, ist ökonomisch nur sehr begrenzt zu beantworten. Die Ziele müssen normativ politisch festgelegt werden. Die Finanzwissenschaft kann die Frage beantworten, wie zielgenau die eingesetzten Instrumente wirken und welche Konfliktbeziehungen zu anderen Zielen entstehen. Die öffentlichen →Haushalte sind quantitativ sehr stark von distributionspolitischen Ausgaben geprägt. Dies gilt insb. dann, wenn man die Sozialversicherungssysteme (Renten-, Kranken-, Pflege-, Arbeitslosenversicherung) mit in den Blick nimmt.

2.3 Stabilisierungsziel. Hier geht es darum, mit finanzpolitischen Instrumenten makroökonomisch steuernd in den Wirtschaftsprozess einzugreifen. In der Literatur wird das Stabilisierungsziel häufig mit einer antizyklischen keynesianischen →Konjunkturpolitik gleichgesetzt. Diese Sichtweise greift für die Praxis zu kurz. Andere Ziele wie angemessenes Wirtschaftswachstum (→Wachstum), hoher Beschäftigungsstand (→Vollbeschäftigung), außenwirtschaftliches Gleichgewicht oder Preisniveaustabilität (→Inflation) sind ebenfalls Gegenstand makroökonomischer Steuerung.

3. Instrumente. *3.1 Staatsausgaben.* Ausgaben sind das bedeutendste Instrument staatlicher F. Nahezu alle finanzpolitischen Ziele können durch staatliche Ausgabenpolitik beeinflusst werden. Bei der Bereitstellung von öffentlichen Gütern, bei Infrastruktureinrichtungen oder bei →Bildung bedient sich der Staat der Vorleistungen des privaten Sektors (z. B. beim Bau von Straßen oder Schulen). Er tritt als Anbieter, aber nur partiell als Produzent dieser Güter auf. Der Preis für die Nutzung – häufig handelt es sich um eine unentgeltliche Bereitstellung – wird aus den genannten Gründen nicht am Markt, sondern staatlich festgesetzt. Die Transferleistungen des Staates – vor allem Sozialleistungen an private Haushalte und Subventionen an Unternehmen – sind i. d. R. Geldleistungen, über die Private frei oder zweckgebunden disponieren können. Zinszahlungen des Staates für aufgenommene Kredite sind eine besondere, aber quantitativ bedeutsame Ausgabenart. Die öffentlichen →Haushalte verschulden sich am privaten Kapitalmarkt und die Zinsverpflichtungen beschränken die heutige Dispositionsfähigkeit und verschieben Zahlungsverpflichtungen auf künftige Generationen (→Staatsverschuldung). Das ist der Grund, warum es für nahezu alle Gebietskörperschaften Vorschriften gibt, die die öffentliche Verschuldung begrenzen (→Staatsverschuldung).

3.2 Staatseinnahmen. Steuern sind das bedeutsamste Einnahmeinstrument (→Steuerpolitik). Sie sind Zwangsabgaben und dienen der Deckung der allgemeinen Ausgaben. Die Steuerzahler haben keinen Anspruch auf eine spezifische Gegenleistung. Steuern werden zudem so ausgestaltet, dass bereits mit ihrer Erhebung und nicht allein durch ihre Veräußerung allokations-, distributions- oder stabilitätspolitische Ziele erreicht werden. Sozialabgaben sind ebenfalls Zwangsabgaben, aber sie konstituieren eine spezifische Gegenleistung. Steuern und Sozialabgaben ergeben rund 90 v. H. der Staatseinnahmen. Die Übrigen sind Gebühren, Beiträge und Erwerbseinkünfte. Reichen diese Einnahmen nicht zur Deckung der Ausgaben aus, nimmt der Staat – wie zuvor dargestellt – Kredite am Kapitalmarkt auf.

3.3 Mittelbare „Instrumente". Auch ordnungspolitische, gesetzgeberische Maßnahmen, die sich nicht unmittelbar im Haushalt niederschlagen, spielen in der Praxis eine bedeutsame finanzpolitische Rolle. So reduzieren z. B. Mindestlöhne (→Lohnpolitik) und Kündigungsschutzvorschriften zunächst die Sozialausgaben und erhöhen die Steuereinnahmen. Dem stehen aber gegenläufige Effekte infolge höherer Kosten und geringerer Gewinne der Unternehmen gegenüber. Mit umwelt- oder allokationspolitischen Argumenten wird die sog. Ökosteuer, mit gesundheitspolitischen Argumenten wird die Tabaksteuer begründet. In beiden Fällen soll der Verbrauch verteuert und eingedämmt werden, und in beiden Fällen entstehen Einnahmen für den Staat. Das ursprüngliche Ziel könnte aber auch durch teilweise oder generelle Verbote erreicht werden.

In der internationalen F. spielen Finanz- und Kreditmärkte seit der →Finanzkrise eine überragende Rolle. Staaten, die in Zahlungsschwierigkeiten geraten (→Schuldenkrise), können z. B. entweder durch zwischenstaatliche Finanztransfers oder aber durch Bürgschaften und Kreditgarantien (→Kredit) gestützt werden. Die budgetären Wirkungen beider Maßnahmen unterscheiden sich deutlich. Maßnahmen zur Vermeidung zukünftiger Finanzkrisen sind hingegen nahezu ausschließlich ordnungspolitisch (Regulierung der Finanzmärkte). Allerdings werden z. B. auch →Steuern auf den Handel mit Finanzmarktprodukten (→Transaktionssteuer) vorgeschlagen, um hochspekulative Finanztransaktionen einzudämmen.

4. Träger. In föderativen Staaten (→Föderalismus) wie Deutschland werden Aufgaben-, Ausgaben- und Einnahmekompetenzen auf die verschiedenen Gebietskörperschaften und die Träger der →Sozialversicherung verteilt. Die Einnahmen werden darüber hinaus im Rahmen des Finanzausgleichs sowohl zwischen als auch innerhalb der Gebietskörperschaftsebenen umverteilt. Dahinter steht der Gedanke, dass innerhalb einer föderalen Staatsordnung gleichwertige Lebensverhältnisse gewährleistet sein sollen. Defizite der Sozialversicherung werden ggf. durch Zuschüsse des Bundes gedeckt.

R. A. Musgrave, Finanztheorie, 1969^2 – W. Scherf, Einführung in die Finanzwissenschaft, 2011^2 – Finanzplan des Bundes (erscheint jährlich nach der Verabschiedung des Bundeshaushalts als Bundestagsdrucksache).

Carsten Kühl

Föderalismus

1. Begriff und Geschichte. Es gibt weder eine einheitliche F.-Theorie noch eine anerkannte „beste Form" des F., sondern nur zahlreiche Varianten und Annäherungen sowohl in der wissenschaftlichen Durchdringung dieser „Idee" als auch in den vielfältigen Ausprägungen der politisch – rechtlichen Praxis bei der Umsetzung, insbes. als normatives und reales Strukturprinzip von Territorialstaaten. Dennoch lassen sich Gemeinsamkeiten finden, die über Schlagworte wie „Einheit in Vielfalt – Vielfalt in Einheit" deutlich hinausgehen.

Ausgehend von der Wortbedeutung – das lat. „foedus" bedeutet „Bund/Bündnis/Vertrag" – und der historischen Entwicklung – schon in der griechischen Antike gab es Städte-Bünde zur gemeinsamen Verteidigung etwa gegen die Perser – zeigen sich erste Strukturmerkmale, die für alte wie neue F.-Formen gelten: die einzelnen Mitglieder/Städte/Gebietseinheiten schließen ein Bündnis (meist durch äußeren Druck gefördert), in dem sie ihre eigene →Autonomie (weitgehend) behalten, sich aber durch den Zusammenschluss mit anderen, ähnlichen Einheiten stärken. Das bedeutet gemeinsame Ressourcen, gemeinsame Macht, die „natürlich" auch nach innen abgegrenzt und geregelt werden muß und so zu einer gleichzeitigen Machtkontrolle führt. Es entstehen zwei Ebenen: nach außen, als gemeinsamer Bund, ist man stark, nach innen kann man seine Selbständigkeit in hohem Maße behalten, entsprechende „Bündnis" – Regeln (Verträge/Verfassungen) vorausgesetzt.

Historisch hat es solche „Bündnis"-Strukturen – zunächst in lockerer, dann in festerer Form – auch in **Deutschland** früh gegeben, allerdings in monarchisch – dynastischer Ausprägung. Erst der Untergang dieser monarchischen Welt 1918/19 führte zu der ersten republikanisch und demokratisch verfassten Einheit Deutschlands (s. die sog. Weimarer Verfassung v. 11. 8. 1919) und schließlich – nach der NS-Katastrophe 1933 bis 1945 – zum →Grundgesetz vom Mai 1949, gestärkt durch die Deutsche Einheit 1990. Erst diese Verfassungen brachten die *entscheidende Wende*: Der Bundesstaat – diese territoriale Konkretisierung des föderalen Grundgedankens – geht in D. eine – nunmehr nach Art. 20 GG i. V. m. Art. 79 Abs. 3 GG unauflösliche – *Verbindung* ein mit den anderen Grundprinzipien der staatlichen Organisation, also der →*Demokratie, dem* →*Rechtsstaat und* neu – nach Weimar – dem →*Sozialstaat*. Erst in dieser modernen Variante wird der F. nicht nur als Staatsorganisationsregel verstanden, sondern (neben dem Rechtsstaatsprinzip) als massiv unterstützendes System zur *Freiheitssicherung durch Machtteilung und Machtkontrolle* (auch als „vertikale Gewaltenteilung" bezeichnet), d. h. die drei Staatsgewalten Legislative, Exekutive und Judikative bestehen sowohl auf Bundes- wie auf Landesebene. Die Länder als Mitglieder des staatlichen Bundes der „Bundesrepublik Deutschland" behalten ihre Staatsqualität, haben eigene Verfassungen, eigene Gesetze, eigene Verwaltungen und die Bürger haben auch auf dieser Ebene jeweils ein eigenes Wahlrecht. Die Länder müssen sich zwar gem. Art. 20, 28 GG dem Verfassungsrahmen des GG „beugen". Dies ist aber nicht iS. einer Unterordnung zu verstehen, sondern die 16 Länder begegnen dem Bund – staatstheoretisch jedenfalls – „auf Augenhöhe", jeder hat „seine" Zuständigkeiten. Die damaligen Landtage mußten die Verabschiedung des GG im Mai 1949 denn auch erst „ratifizieren", ehe es in Kraft treten konnte. Selbst mit verfassungsändernder Zweidrittelmehrheit kann man die Länder nicht beseitigen, nur ihre Zahl verringern (Art. 29 GG).

Außerhalb des F. als Staatsorganisationsprinzip kann man in einem weiter gefaßten Verständnis auch andere *gesellschaftliche und wirtschaftliche* Organisationsformen als „föderal" bezeichnen: in →Parteien, →Gewerkschaften, Genossenschaften, Sparkassen, Sportorganisationen gilt ein solcher Grundgedanke ebenso wie in den großen Kirchen; insbes. die evangel. Gliedkirchen und die →EKD sind dafür ein gutes Beispiel. Im Bereich der nicht-staatlichen Organisation sui generis, dem Staatenverbund der *Europäischen Union* und anderer supranationaler Organisationen findet man den föderalen Gedanken ebenfalls wieder, wenn sich die einzelnen Mitglieder zu bestimmten Zwecken verbünden oder sogar relativ eng zusammenschließen (s. etwa die Euro – Mitgliedsstaaten innerhalb der EU), aber dennoch ihren nationalstaatlichen Charakter beibehalten, wenn auch unter Abgabe bestimmter Souveränitätsrechte an die jeweils „höhere" Ebene.

2. Reformen des F. – im engeren Sinne des Bundesstaates – in Deutschland. Da es sich bei dem Konzept des F. um ein dynamisches handelt, sich die Rahmenbedingungen häufig ändern und neben den oben angesprochenen Vorteilen auch Nachteile des F. zu erkennen sind (Z.B. die zeitraubenden Abstimmungsprozesse, die gegenseitigen Blockademöglichkeiten bei unterschiedlichen politischen Mehrheiten in Bundestag und Bundesrat, aber möglicherweise auch die zu enge Zusammenarbeit und gegenseitige Verflechtung insbes. der Exekutiven der beiden Ebenen), hat es immer wieder (notwendigerweise) Reformen und Reformversuche gegeben, um solche Entwicklungen zu unterbrechen oder evtl. Nachteilen entgegen zu arbeiten.

Nach der Deutschen Einigung (→Einigung, deutsche) 1990 wurde zunächst mit der „Gemeinsamen Verfassungskommission von Bundestag und Bundesrat" (GVK 1991/93) versucht, den Beschwerden, insbes. der großen Länder, sie würden bei der Gesetzgebung zunehmend durch den Bund „entmachtet", entgegenzukommen und insbes. die Kompetenzkataloge für die Gesetzgebung in den Art. 70ff. GG zu überprüfen. Das Ergebnis reichte den Ländern aber nicht aus, so dass es Ende der 90'er Jahre weitere Bestrebungen zu einer grundlegenden Verfassungsreform gab, die in die F.-Reform-Kommissionen und F.-reformprozesse I (2003–2006) und II (2006–2009) mündeten und auch erhebliche Veränderungen im GG zur Folge hatten (s. Lit.).

Mit solchen Reaktionen und Reformen versucht die Politik, den F. in D. handlungsfähig zu halten und den sich ändernden Rahmenbedingungen (etwa Europäisierung, →Globalisierung, Regionalisierung) anzupassen, mögliche Nachteile auszugleichen und nach innen eine gute Balance zwischen den beiden staatlichen Ebenen zu erreichen. Inwieweit dies gelungen ist, wird – je nach politischem und/oder wissenschaftl. Standort – unterschiedlich bewertet. Im Großen und Ganzen herrscht aber die Auffassung vor, dass der F. in D. zu einer „geglückten" Verfassung (insbes. zu einem „geglückten" Bundesstaat) wesentlich beiträgt.

R. HOLTSCHNEIDER/W. SCHÖN (Hg.), Die Reform des Bundesstaates, 2007 – H. MEYER, Die Föderalismusreform 2006, 2008 – F. W. SCHARPF, F.-Reform: Kein Ausweg aus der Politikverflechtungsfalle?, 2009 – I. HÄRTEL (Hg), Handbuch Föderalismus, 4 Bände, 2012; insbes. Bd. I – Grundlagen, I. HÄRTEL, Prolog; Bd. II – Probleme, Reformen, Perspektiven: H. RISSE § 44 (zur FöKo I), A. PENDZICH–VON WINTER/M. FRISCH § 45 (zur FöKo II) – H.-P. SCHNEIDER, Der neue deutsche Bundesstaat, 2013.

Rainer Holtschneider

Folter

1. Definition und Begriff. Im Bemühen, umfassend die F. zu ächten sind seit der →Aufklärung, insbesondere aber im 20. Jh., Abkommen und Maßnahmen ergriffen worden, um die internationale Gemeinschaft gegen die Anwendung von F. zu verpflichten. Dieses Bemühen geht einher mit der Schwierigkeit, den Begriff der F. in seiner Vielschichtigkeit zu definieren. Im UNO-Übereinkommen gegen F. und andere grausame, unmenschliche oder erniedrigende Behandlung oder →Strafe vom 10.12.1984 wird die F. als jede Handlung bezeichnet, „durch die einer Person vorsätzlich große körperliche oder seelische Schmerzen oder Leiden zugefügt werden, zum Beispiel um von ihr oder einem Dritten eine Aussage oder ein Geständnis zu erlangen, um sie für eine tatsächlich oder mutmaßlich von ihr oder einem Dritten begangene Tat zu bestrafen oder um sie oder einen Dritten einzuschüchtern oder zu nötigen, oder aus einem anderen, auf irgendeiner Art von →Diskriminierung beruhenden Grund, wenn diese Schmerzen oder Leiden von einem Angehörigen des öffentlichen Dienstes oder einer anderen in amtlicher Eigenschaft handelnden Person, auf deren Veranlassung oder mit deren ausdrücklichem oder stillschweigendem Einverständnis verursacht werden." Diese Definition versucht, noch umfassender als frühere Konventionen, das Phänomen der F. zu beschreiben und dabei die unterschiedlichen Methoden der F. abzudecken. Unterschieden werden die physische, die psychische und die psychiatrisch-pharmakologische F. Vor dem Hintergrund der staatlichen Dimension der F. greift es zu kurz, die handelnden Personen als Psychopathen oder Sadisten einzustufen. Folterer sind zumeist vielmehr Produkte hierarchischer Sozialbeziehungen und häufig bereits in der →Familie, durch die Vermittlung von Aggressionsbereitschaft und von Feindbildern oder durch ihre beruflichen Bindungen in Justiz, Polizei oder Militär totalitärer Staaten für die Durchführung von Folterhandlungen vorbereitet worden.

2. **Geschichte und Entwicklung.** F. galt in der Antike als ein legales Mittel zur Beschaffung von Informationen oder Geständnissen oder als Zwangsmittel mit dem Ziel, den Betreffenden zum Widerruf seines von der Staatsreligion abweichenden Glaubens zu bewegen. Im Mittelalter war die F. ein in den Prozessordnungen ausdrücklich vorgesehenes Zwangsmittel. Sie wurde insbesondere in den Hexen- und Ketzerprozessen des 16. und 17. Jh.s angewendet, insoweit betrieben in den Inquisitionsprozessen der mittelalterlichen Kirche. Eine Umbesinnung setzte in der Zeit der Aufklärung ein. Seit dem 18. Jh. fand die Ächtung der F. Eingang in zahlreiche staatliche Rechtsordnungen und etwa in die Erklärung der →Menschen- und Bürgerrechte in der →Französischen Revolution von 1789. Später setzte sich die Tendenz durch, in internationalen Abkommen die F. grundsätzlich und auch als Mittel des Krieges zu ächten. Namentlich im 20. Jh. sind eine Reihe internationaler Konventionen und Erklärungen verabschiedet worden, die u. a. die Beseitigung der F. zum Ziel haben. Als wichtigste zu nennen sind: die Allgemeine Erklärung der Menschenrechte von 1948, die UNO-Erklärung über den Schutz aller Personen vor F. und anderer grausamer, unmenschlicher oder erniedrigender Behandlung oder Strafe von 1975, die Antifolterkonvention der UNO von 1987, die Europäische Menschenrechtskonvention von 1950, das Europäische Übereinkommen zur Verhütung von Folter und unmenschlicher oder erniedrigender Behandlung oder Strafe von 1987, Artikel 4 der Charta der Grundrechte der Europäischen Union. Die internationale Ächtung der F. hat gleichwohl nicht zur weltweiten Beseitigung der F. geführt. Vielmehr sind heute die Methoden und die Technik der F. subtiler geworden. Sichtbare Spuren suchen die Folterer zu vermeiden. Die Anwendung psychischer F.methoden hat an Gewicht gewonnen. So ist die F. auch heute noch ein täglich praktiziertes Mittel politischer Verfolgung, insbesondere in diktatorischen Herrschaftsregimen, aber im Rahmen des „Kriegs gegen den Terror" wieder zunehmend auch in demokratischen Staaten. Die Menschenrechtsorganisation Amnesty International berichtet im Jahr 2014 über Fälle von Folter und anderen Formen der Misshandlung in 141 Ländern. Auf der Grundlage der Antifolterkonvention der UN hat als „Nationaler Präventionsmechanismus" seit 2009 auch in Deutschland eine „Nationale Stelle zur Verhütung von Folter" die Aufgabe, auf Missstände aufmerksam zu machen und den Behörden Empfehlungen und Vorschläge zur Verhütung von Folter und sonstigen Misshandlungen zu unterbreiten.

3. **Kirchliche Aspekte und christliche Ethik.** Im Laufe der Geschichte der F. haben auch die christlichen Kirchen Schuld auf sich geladen. Die F. als Mittel staatlicher Rechtsordnungen duldend oder selbst aktiv handelnd im Rahmen der mittelalterlichen Inquisition zur Ermittlung und Bestrafung von Religionsvergehen haben die Kirchen es durch Jahrhunderte hindurch versäumt, sich der F. entgegenzustellen. Mit dem Ende der Ketzerprozesse setzte ein Umdenken ein. Die christliche →Ethik lehnt jede Form von F. ab und verurteilt sie. Im Zuge der Ausprägung staatlicher Menschenrechtserklärungen, denen nicht unbedingt ein christliches Menschenbild zugrunde liegt, ist es gleichwohl ein Gebot für Christen, die ihnen geschenkte →Vernunft einzusetzen, um auf die Fülle der Menschenrechtsprobleme, z. B. das der F., die erforderlichen Antworten zu finden. In diesem Sinne stellte der Rat der →EKD in einer Erklärung zum 25. Jahrestag der Verabschiedung der Allgemeinen Erklärung der Menschenrechte durch die Vollversammlung der UN am 10. 12. 1973 fest: „Ist Wahrung der Menschenrechte Maßstab einer gerechten Ordnung und hängt der →Frieden in der Welt an unserer Kraft, eine solche Ordnung zu bauen und aufrechtzuerhalten, so ist damit zugleich gesagt, warum wir dabei nicht nur als Bürger unseres Staates und als Glieder einer immer mehr zusammenrückenden Menschheit, sondern als Christen gefordert sind... Daß die Menschen in all ihrer Unvollkommenheit und faktischen Ungleichheit, daß jeder Mensch also zum Ebenbild Gottes berufen ist, ist tragender Grund seiner Würde und des sittlichen Gebots, diese Würde zu achten. Sind wir durch Christus befreit und zur Nächstenliebe aufgerufen, so heißt das auch, daß wir Verhältnisse der Unfreiheit, der Unterdrückung und Ausbeutung von Menschen durch Menschen in ein der Menschenwürde entsprechendes Miteinander zu verwandeln haben. Die Hoffnung auf das kommende Reich Gottes spornt uns an, für einen gerechten Frieden zu wirken." Die Forderungen, die hierdurch an Christen gestellt werden, können zu Gewissenskonflikten führen. Wo, etwa durch F., grundlegende Rechte der Person für sich und in der →Gesellschaft verletzt werden, kennt die christliche Ethik ein →Widerstandsrecht. Zum Schutz der eigenen oder einer fremden Person können Christen aufgerufen sein, einem →Staat Widerstand zu leisten. Es ist eine Frage des Einzelfalles, ob gewaltsamer Widerstand geleistet werden kann oder ob womöglich Unrecht bewusst erduldet wird. Insofern können Christen in Situationen geraten, in denen sie aus einer Gewissensent-

scheidung heraus selbst Folterungen am eigenen Leib hinnehmen werden (s. dazu Mt 10, 28).

A. RIKLIN, Internationale Konvention gegen die Folter, 1979 – G. KELLER, Die Psychologie der Folter, AMNESTY INTERNATIONAL (Hg.), 1981 – J. E. CHRISTOPH, Kundgebungen. Worte, Erklärungen und Dokumente der EKD, III1996 – F. THIELE, Unser Tun und Lassen. Leitfaden evangelischer Ethik, 1996² – M. SCHMOECKEL, Humanität und Staatsraison, 2000 – AMNESTY INTERNATIONAL, Folter 2014. 30 Jahre gebrochene Versprechen, Bericht zur weltweiten Anwendung von Folter 30 Jahre nach Verabschiedung der Antifolterkonvention der Vereinten Nationen, 2014.

Christoph Thiele

Forschungsförderung

1. Begriffsbestimmungen. Forschung ist die systematische, planvolle Suche nach neuen Erkenntnissen und neuem Wissen in allen Wissenschaftsbereichen. Die auf diese Weise gewonnenen neuen Fakten, Einsichten, Methoden, Gesetzmäßigkeiten und Theorien müssen grundsätzlich nachvollziehbar und nachprüfbar sein. So müssen etwa die durch Beobachtung, Messung oder Experiment gewonnenen Ergebnisse allgemein reproduzierbar sein, um wissenschaftlich anerkannt zu werden. Die Forschung wird traditionell in Grundlagenforschung und angewandter Forschung unterteilt. Die Grundlagenforschung ist zweckfrei und zielt allein auf die Erweiterung des Wissens und die Verbesserung der Erkenntnisgrundlagen einschließlich der Entwicklung neuer Theorien. Die angewandte Forschung sucht demgegenüber zielgerichtet nach neuen Lösungen, etwa zur Bekämpfung von Krankheiten, zur Senkung des Schadstoffausstoßes von Kraftfahrzeugen oder Ansätzen zur Überwindung der Langzeitarbeitslosigkeit. Vor dem Hintergrund der raschen wissenschaftlich-technischen Entwicklung haben sich zahlreiche Mischformen entwickelt, die im Einzelfall eine eindeutige Zuordnung zur Grundlagen- bzw. zur angewandten Forschung schwierig machen. In engem Zusammenhang mit der Forschung steht die vor allem in Unternehmen betriebene (technische) Entwicklung. Sie zielt auf die Auswertung neuer Forschungsergebnisse und deren Nutzung zur Entwicklung neuer oder zur Verbesserung bestehender Materialien, Produkte, Verfahren und Dienstleistungen. Forschung und Entwicklung sind ein Teilbereich der Wissenschaft. Diese umfasst darüber hinaus vor allem die wissenschaftliche Lehre und Ausbildung, aber auch den Erarbeitung wissenschaftlicher Dokumentationen oder Datenbanken sowie die Erstellung von wissenschaftlichen Gutachten und politischen Entscheidungshilfen.

2. Forschungspolitik. Wissenschaft und Forschung sind konstitutive Elemente moderner Gesellschaften. Sie haben zur Entwicklung freiheitlicher, rechtsstaatlicher Demokratien ebenso beigetragen wie zur Entfaltung der industriellen Produktion und zur nachhaltigen Verbesserung der Lebensbedingungen in den Industrieländern. Rationalität, das vorurteilsfreie Hinterfragen von vermeintlich Selbstverständlichem, die Suche nach Antworten auf den Ursprung unseres Seins, der Vorstoß in neue, unbekannte Welten oder die Erforschung vergangener Zivilisationen, gehören ebenso zu unserer Kultur, wie Kunst, Musik oder Theater. Es ist Aufgabe des Staates, die Freiheit von Wissenschaft und Forschung zu gewährleisten und die rechtlichen Rahmenbedingungen für eine freie Entfaltung von Wissenschaft und Forschung zu schaffen. Hierzu gehört auch eine angemessene finanzielle Förderung. Angesichts der zentralen Bedeutung von Forschung und Entwicklung für den Erhalt der Wettbewerbsfähigkeit der Wirtschaft und für die Lösung drängender Zukunftsaufgaben wie der Entwicklung einer nachhaltigen Wirtschaftsweise, der Bewältigung des Klimawandels oder der Bekämpfung von Krankheiten ist die staatliche Forschungsförderung mehr denn je gefordert, die nötigen Impulse für entsprechende Schwerpunktsetzungen zu geben. Die dabei verfolgten Schwerpunktsetzungen, Förderinstrumente und Strategien sind nie unumstritten und immer auch Gegenstand politischer Debatten. Auch die Wissenschaft selbst wird seit der Entwicklung und Nutzung der Kernkraft, der Gentechnik, der IuK-Technologien oder der Nanotechnologie zunehmend öffentlich hinterfragt. Wissenschaft und Forschung müssen sich der Debatte um ethische Verantwortbarkeit und die Grenzen des Zulässigen stellen.

Die Zuständigkeit für die Forschungspolitik liegt in der Bundesrepublik Deutschland bei Bund und Ländern. In den Ländern sind dies in erster Linie die Wissenschafts- und Wirtschaftsministerien, beim Bund das Bundesministerium für Bildung und Wissenschaft und das Bundesministerium für Wirtschaft und Technologie. Darüber hinaus tragen Ressorts wie das Verteidigungs-, Landwirtschafts-, Umwelt- oder Gesundheitsministerium im Rahmen ihrer Ressortforschungsaktivitäten zur Förderung von Forschung und Entwicklung bei. Bund und Länder koordinieren ihre Aktivitäten im Rahmen der Gemeinsamen Forschungsförderung nach Art. 91b GG in der Gemeinsamen Wissenschaftskonferenz von Bund und Ländern (GWK). Eine wichtige Funktion bei der Entwicklung der deutschen Forschungslandschaft kommt dem 1957 eingerichteten Wissenschaftsrat zu. Er wird gemeinsam von Bund und Ländern getragen und besteht aus zwei Kammern, der Wissenschaftlichen Kommission und der Verwaltungskommission. Aufgabe des Wissenschaftsrates ist die Beratung von Bund und Ländern in übergreifenden Fragen des Wissenschaftssystems und in ausgewählten Strukturaspekten wie der Struktur und Leistungsfähigkeit einzelner Fachgebiete. Deutlich an Gewicht haben in den vergangenen Jahren die Förderprogramme der Europäischen Union gewonnen.

3. Instrumente der Forschungsförderung. Der Forschungspolitik steht für die Förderung von Forschung und Entwicklung ein breites Instrumentenbündel zur Verfügung. Grundsätzlich lassen sich direkte und indirekte Maßnahmen unterscheiden. Zu den direkten Fördermaßnahmen zählen die institutionelle und die Projektförderung. Bei der institutionellen Förderung werden Einrichtungen in staatlicher Trägerschaft wie die Hochschulen oder Ressortforschungseinrichtungen über einen längerfristigen Zeitraum gefördert. Institutionelle Förderung erhalten auch die Forschungsorganisationen wie die Max-Planck-Gesellschaft (MPG) und die Förderorganisationen wie die Deutsche Forschungsgemeinschaft (DFG) sowie die Forschungsförderungsorganisationen. Hierzu zählen die Deutsche Forschungsgemeinschaft (DFG), der Deutsche Akademische Austauschdienst (DAAD) und die Alexander von Humboldt-Stiftung (AvH). Die institutionelle Förderung gibt den Zuwendungsempfängern Planungssicherheit und weitgehende Entscheidungsfreiheit über den Einsatz der Mittel. Die Höhe der staatlichen Zuwendungen wird zunehmend an Leistungsindikatoren und regelmäßiger Evaluierung gebunden. Der institutionellen Förderung steht die Projektförderung gegenüber, wobei sich direkte, indirekte und indirekt-spezifische Maßnahmen unterscheiden lassen. Die direkte Projektförderung ist kurzfristig auf einen Zeitraum weniger Jahre angelegt und erfolgt im Rahmen von thematisch ausgerichteten Förder- und Fachprogrammen. Mit der Projektförderung sollen Forschungsgebiete oder neue Organisationsstrukturen, die über eine erhebliche Bedeutung für die Sicherung der Wettbewerbsfähigkeit der Wirtschaft oder die Lösung gesellschaftlicher Aufgaben etwa bei der Bewahrung der natürlichen Umwelt oder der Bekämpfung von Krankheiten haben, rasch vorangebracht werden. Die Mittel werden grundsätzlich in Wettbewerbsverfahren verbunden mit einer wissenschaftlichen Begutachtung der eingereichten Projekte vergeben. Im Rahmen der Projektförderung werden nicht nur öffentliche Forschungseinrichtungen, sondern auch Unternehmen gefördert. Sie leistet damit einen wesentlichen Beitrag zur Vernetzung der verschiedenen Forschungseinrichtungen untereinander und von Wirtschaft und öffentlichen Forschungseinrichtungen. Von diesen sog. Verbundprojekten verspricht man sich eine schnellere und erfolgreichere Umsetzung neuer Forschungsergebnisse in der Industrie und damit eine Stärkung der internationalen Wettbewerbsfähigkeit. Die indirekte Projektförderung richtet sich insbesondere an kleine und mittlere Unternehmen und soll sie bei der Aufnahme von FuE-Tätigkeiten unterstützen. Die Maßnahmen reichen von der Unterstützung technologieorientierter Unternehmensgründungen, die Mobilisierung von Beteiligungskapital, über die Förderung der Einstellung von FuE-Personal und die Beratung in technologischen Fragen bis zur Förderung von Forschungsinfrastrukturen, Forschungskooperationen und innovativen Netzwerken. Im Unterschied zu vielen anderen Staaten werden FuE-Aktivitäten der Unternehmen in Deutschland jedoch nicht besonders steuerlich gefördert. Der Förderung von Wissenschaft, Forschung und Entwicklung dienen neben institutioneller und Projektförderung zahlreiche weitere staatliche Maßnahmen wie die Förderung einer wissenschaftsfördernden Infrastruktur mit wissenschaftlichen Bibliotheken, Fachinformationszentren, Materialprüfungsanstalten oder Datennetzen. Zu nennen ist schließlich noch die Gewährleistung wissenschaftsfreundlicher rechtlicher Rahmenbedingungen wie der Patentgesetzung oder der Schutz geistigen Eigentums im Rahmen des Urheberrechts.

4. Strukturen der deutschen Forschungslandschaft. Deutschland verfügt über eine breitgefächerte, leistungsfähige Forschungslandschaft. Die über 370 Hochschulen bilden das Rückgrat der deutschen Forschungslandschaft. Ihre FuE-Ausgaben beliefen sich 2012 auf rd. 14,25 Mrd. €. Die Hochschulforschung wird durch ein breites Spektrum außeruniversitärer Forschungseinrichtungen ergänzt. Zu nennen sind hier zunächst die 18 Forschungszentren der Helmholtz-Gemeinschaft. Ihr Forschungsbudget lag 2012 bei 3,75 Mrd. €. Mit der 2001 eingeführten Programmsteuerung haben die früheren Großforschungseinrichtungen deutlich an Gewicht und Anerkennung innerhalb der deutschen Forschungslandschaft gewonnen. Aufgabe der HGF ist es mittels strategisch ausgerichteter Spitzenforschung Beiträge für die Lösung drängender Fragen von Gesellschaft, Wissenschaft und Wirtschaft zu liefern. Die Fraunhofer-Gesellschaft (FhG) verfügte 2012 mit 1,89 Mrd. € über das zweitgrößte FuE-Budget. In ihren 66 Instituten und Forschungseinrichtungen wird vor allem anwendungsbezogene Forschung betrieben. Mit einem FuE-Budget von 1,66 Mrd. € (2012) ist die Max-Planck-Gesellschaft (MPG) die drittgrößte außeruniversitäre Forschungsorganisation. Sie konzentriert sich mit ihren 82 Instituten auf höchstqualifizierte Grundlagenforschung und gehört zu den weltweit angesehensten Forschungseinrichtungen überhaupt. Die 89 Einrichtungen der Wissenschaftsgemeinschaft Gottfried Wilhelm Leibniz (WGL) betreiben anwendungsbezogene Grundlagenforschung, bzw. bieten Serviceleistungen für den Wissenschafts- und Forschungsbereich. Hierfür standen der WGL 2012 1,18 Mrd. € zur Verfügung. Die genannten Forschungsorganisationen werden gemeinsam von Bund und Ländern, allerdings mit sehr unterschiedlichen Finanzierungsschlüsseln, gefördert. Daneben betreibt der Bund eine Reihe von sog. Ressortforschungseinrichtungen. Diese gaben 2012 knapp 1,05 Mrd. € für FuE aus. Schließlich existiert noch eine Vielzahl von kleineren teils öffentlich, teils privat finanzierten Forschungseinrichtungen. Während Hochschulen und außeruniversitäre Einrichtungen vor allem Forschung, weniger aber Entwicklung betreiben, ist letzteres die Domäne der Wirtschaft. Auf den Unternehmenssektor entfielen 2012 mit 53,79 Mrd. € rund 66 % der in der Bundesrepublik durchgeführten Forschung und Entwicklung.

5. Finanzierung der Forschung. Die Ausgaben für Forschung und Entwicklung beliefen sich 2012 in Deutschland auf 79, 4 Mrd. €. Deutschland wandte damit 2,88 % seines Bruttoinlandsproduktes für FuE auf. Im internationalen Vergleich hat sich die Position der Bundesrepublik seit 1998 deutlich verbessert. Damals waren es erst 2,31 % des BIP. Der Abstand zu den weltweit forschungsintensivsten Staaten ist aber immer noch deutlich. So beliefen sich die FuE-Ausgaben in Südkorea 2012 auf 4,03 % des BIP, in Japan auf 3,35 % oder in Schweden auf 3,28 %. Finanziert werden Forschung und Entwicklung in Deutschland zu 65,6 % durch die Wirtschaft und zu 29,8 % durch Bund, Länder und Gemeinden. Die restliche Finanzierung erfolgte durch Stiftungen und durch Aufträge und Zuwendungen aus dem Ausland.

Die staatlichen FuE-Ausgaben werden in Deutschland zu knapp 56 % vom Bund und zu rd. 44 % von den Ländern aufgebracht. Größter Finanzier auf Seiten des Bundes war 2012 das BMBF mit 8,04 Mrd. €, gefolgt vom Wirtschaftsministerium mit 2,75 Mrd. €, dem Verteidigungsministerium mit 937 Mio. € und dem Landwirtschaftsministerium mit 546 Mio. €. 83,1 % der vom Bund bereit gestellten FuE-Mittel flossen an Hochschulen, außeruniversitäre Forschungseinrichtungen und sonstige Einrichtungen ohne Erwerbszweck, die restlichen 16,9 % an Wirtschaftsunternehmen. Gefördert wurden 2012 mit den Bundesmitteln vor allem die Gesundheitsforschung mit 1,81 Mrd. €, die Luft- und Raumfahrt mit 1,31 Mrd. €, die Umwelt- und Klimaforschung mit 1,08 Mrd. € und die Energieforschung mit 1,02 Mrd. €. Die Ausgaben für die Geistes- und Sozialwissenschaften beliefen sich auf 874,7 Mio. €. In der Industrie gelten als besonders forschungsintensiv der Automobilbau, die pharmazeutische und die elektrotechnische Industrie.

BMBF (Hg.), Bundesbericht Forschung und Innovation, 2008 ff – EFI (Hg.), Gutachten zur Forschung, Innovation und technologischen Leistungsfähigkeit, 2008ff – MICHAEL FUCHS, Forschungsethik, 2010 – HANS MEYER, Zukunft des Wissenschaftssystems, 2014 – THOMAS REYDON, Wissenschaftsethik, 2013 – WISSENSCHAFTSRAT, Perspektiven des deutschen Wissenschaftssystems, 2013.

Edelgard Bulmahn

Fortpflanzungsmedizin

1. Zur Begrifflichkeit. Bei der F. handelt es sich um medizinisch-technische Verfahren, die helfen sollen, das Phänomen neuen Lebens zu verstehen, zu kontrollieren, zu modifizieren und ggf. zu optimieren. Hierbei muss sie von benachbarten Praktiken wie der →Geburtenregelung oder dem →Schwangerschaftsabbruch abgegrenzt werden; es ist allerdings unübersehbar, dass die Erkenntnisse der F. für diese relevant sind. Der Begriff F., auch „Reproduktionsmedizin", macht darauf aufmerksam, dass ein lange Zeit als „natürlich" und also dem „Naturtrieb" zugeschlagener Vorgang, nämlich die Weitergabe des →Lebens durch Zeugung und Geburt, zunehmend unter die Deutungs- und Handlungsmacht der Medizin (Medikalisierung) geraten ist. Dies ist in seinen vielschichtigen Konsequenzen zu bedenken.

„Medikalisierung" hat sich seit den 1970er Jahren (vgl. ILLICH 1995) als eine sozialwissenschaftliche Kategorie etabliert. Hierunter versteht man, dass eine Verhaltensweise, Lebensform oder Befindlichkeit in medizinischen Begriffen definiert und medizinische Behandlungsformen als adäquate Lösung angesehen werden (vgl. CONRAD 2007).

Die Medikalisierung der menschlichen Fortpflanzung wird ambivalent beschrieben und bewertet (vgl. ULLRICH 2012). Zweifelsohne liefert sie einen wichtigen Beitrag, um ungewollte Kinderlosigkeit zu überwinden, Komplikationen in der →Schwangerschaft bzw. Krankheiten zu lindern, zu heilen oder auch zu vermeiden. Zugleich stellen sich aber mit der Technisierung, Genetisierung (vgl. DER 2013; GILLESSEN-KAESBACH/HELLENBROICH 2014, 503ff) und Kommerzialisierung der Schwangerschaft und des Embryos ethische, rechtliche und soziale Fragen.

2. Zum Sachstand. Die F. wird insbesondere eingesetzt, um der ungewollten Kinderlosigkeit zu begegnen. Hierzu behandelt sie Physiologie und Pathophysiologie der Fortpflanzungsorgane, des Fortpflanzungsaktes sowie der Schwangerschaft. Prima vista gilt die ärztliche Hilfe in dieser Not als moralisch gerechtfertigt, sofern der erstrebte Zweck höher bewertet wird als eventuell auftretende Schäden. Ungewollte Kinderlosigkeit ist ein die Menschheitsgeschichte begleitendes Phänomen (vgl. ROUSELLE 1993), das allerdings in einer Gesellschaft wie der deutschen mit einer niedrigen Geburtenrate, steigender Infertilität und wachsenden technischen und finanziellen Möglichkeiten immer weniger den Charakter eines Geschicks behält, das es ethisch, spirituell oder intellektuell zu meistern gilt. Vielmehr wird der Kinderwunsch zu einer biographischen Option, welche mittels kluger Organisation in die berufliche, partnerschaftliche und sonstige Lebensplanung einzufügen ist (vgl. STÖBEL-RICHTER et al. 2013).

2.1 Medizinische Perspektive. Kinderlosigkeit kann seine Ursachen in verschiedenen Störungen und Pathologien haben. Hierzu zählen verschiedene Formen der dauerhaften oder vorübergehenden Infertilität (Hormonstörungen, organische Ursachen, immunologische Sterilität, Umwelteinflüsse bei beiden Geschlechtern; Fehlgeburten und Alter bei Frauen; Erektionsstörungen, Spermienqualität und -transport bei Männern), aber auch genetische Dispositionen, welche Schwangerschaft verhindern oder zu Aborten, Fehl- oder Totgeburten führen. In letzteren Fällen ist eine humangenetische wie auch psychosoziale Begleitung der Paare angezeigt bzw. im Falle von assistierten Reproduktionstechniken (ART) gesetzlich sogar vorgeschrieben. Aber auch in allen anderen Fällen erweitert eine psychologische und sexualwissenschaftliche →Beratung die Perspektive auf das komplexe und keineswegs vollständig verstandene Phänomen der Empfängnis und Geburt.

Konservative Methoden der F. sind hormonelle Stimulation, Insemination, mikrochirurgische Eingriffe zur Herstellung der Eileiterfunktion bzw. der Spermiengabe, microoperative epididymale Spermien-Aspiration (MESA), Testikuläre Spermien-Extraktion (TESE). Wo diese Maßnahmen nicht zur Schwangerschaft führen, werden ART eingesetzt: In-vitro-Fertilisation (IVF), Intracyto-plasmatische Spermieninjektion (ICSI), elektiver Single-Embryo-Transfer (eSET), Samen-, Eizell- und Embryonenspende sowie Leihmutterschaft. Begleitend werden diagnostische Techniken eingesetzt wie Pränataldiagnostik (PND) und seit 2013 auch Präimplantationsdiagnostik (PID) (vgl. Diedrich et al. 2013).

Mit einer fortschreitenden Entkoppelung von Sexualität und Fortpflanzung sowie der Anerkennung und Gleichstellung von nicht-heterosexuellen und nicht-ehelichen Partnerschaften wird Kinderlosigkeit auch hier und bei alleinstehenden Personen als ein mögliches Problem gesehen und entsprechend medizinisch behandelt.

Die medizinische Perspektive auf Kinderlosigkeit ist stark vom Verständnis als Störung oder Krankheit geprägt, denen im Wesentlichen medizintechnisch begegnet wird mit der Gewinnung fortpflanzungsfähiger Gameten, deren Verschmelzung sowie der Begleitung des orthogenetischen Reifungsprozesses bis zur Geburt bzw. im Falle eines „anormalen" Verlaufs mit deren Abbruch in vitro (PID) oder in utero (→Schwangerschaftsabbruch, →Pränatalmedizin).

Je nach spezifischer Konstellation und ihrer kulturellen und rechtlichen Rahmung können für die Gametengewinnung, die Austragung der befruchteten Eizelle und die Elternschaft für das geborene Kind bis zu fünf biologische und soziale Elternteile zusammenkommen, was mit der Vervielfältigung der Elternrollen diverse rechtliche, ethische und soziale Fragen nach sich zieht, die sowohl individuell wie gesellschaftlich beantwortet werden müssen (vgl. Schleissing 2014, 39ff).

2.2 *Rechtliche Perspektive.* Die Rechtssetzung im Bereich der F. ist einerseits als Umsetzung zentraler verfassungsrechtlicher Prärogative zu verstehen, andererseits als Antwort auf regelungsrechtliche Lücken, die insbesondere durch den medizintechnischen Fortschritt und die gesellschaftspolitischen Transformationen fortlaufend aufgeworfen werden. In besonderer Weise einschlägig sind hier: Embryonenschutzgesetz (ESchG 1991), Stammzellgesetz (StZG 2002), Gendiagnostikgesetz (GenDG 2010), Präimplantationsgesetz (PräimpG 2011).

Die deutsche Rechtssetzung vermag die auftretenden Probleme allerdings nur unzureichend zu lösen; sie ist hinsichtlich zentraler Begriffe wie „Embryo", „Befruchtung" oder „Stammzelle" nicht konsistent. Ein seit Jahren gefordertes Fortpflanzungsmedizingesetz (vgl. Gassner et al. 2013) könnte hier zu einer Vereinheitlichung führen und die medizintechnischen Fortschritte ebenso berücksichtigen wie die sozialen und rechtlichen Veränderungen in Deutschland, aber auch einen zunehmend sich globalisierenden (→Medizin-) Tourismus (Beck-Gernsheim 2013), der dorthin „ausweicht", wo dem Kinderwunsch die geringeren rechtlichen Einschränkungen begegnen (Bergmann 2014).

Bezogen auf Deutschland sind *verfassungsrechtlich* die Grundrechte zu beachten und gegeneinander abzuwägen: Schutz des Lebens und der Menschenwürde, Persönlichkeitsrecht, Recht auf körperliche Unversehrtheit, Recht auf Fortpflanzung und reproduktive Autonomie, Gleichbehandlung und Nichtdiskriminierung sowie besondere institutionelle Garantien für die Familie. *Strafrechtlich* können diese Grundrechte bewehrt werden, allerdings vermag das Strafrecht hier nur äußerste Grenzen zu ziehen, ohne das unmittelbare Sollen oder Dürfen regeln zu können (vgl. Giesen 1998, 777). Im *Zivilrecht* werden insbesondere Fragen des Familienstandes und der Rechte und Pflichten gegeneinander geregelt: Mutter- und Vaterschaft, Unterhaltsansprüche, Erbrecht, Adoption, Recht des Kindes auf Wissen um seine genetische Abstammung.

Ohne diese Rechtsfragen hier umfänglich behandeln zu können, sollen doch einige zentrale Probleme benannt werden. So können durch anonyme Samenspende vermehrt Halbgeschwister geboren werden, die um diese Verwandtschaft nicht wissen, was rechtlich wie genetisch nicht unproblematisch ist (vgl. DER 2014). Die in einigen Ländern erlaubte (in Deutschland verbotene) Leihmutterschaft sowie die heterologe Insemination schaffen eine „gespaltene Mutter- bzw. Vaterschaft" (vgl. Carsten 2004), die neben einer weitreichenden rechtlichen Regelung von allen Beteiligten ein hohes Maß an emotionaler wie sozialer Einübung erfordert. Das gilt auch für die in D. nicht verbotene Embryonenspende, die als möglicher Ausweg angesehen wird, um überzählige Embryonen nicht verwerfen zu müssen (vgl. Netzwerk Embryonenspende). Nicht zuletzt wird man fragen müssen, ob einige der Regeln nicht bestimmte Gruppen und Geschlechter diskriminieren: Ein Verbot von Eizellspende und Leihmutterschaft kann als diskriminierend gegenüber Frauen betrachtet werden, indem der Mann seine Fortpflanzungsmacht stärker ausübt, als es der Frau zugestanden wird bzw. diese weiter medikalisiert wird (vgl. BRADISH et al. 1989; GEHRING 2006; ULLRICH 2012). Dass homosexuelle Paare (noch) keine Reproduktionstechnik in Anspruch nehmen dürfen, kann auch unter Beachtung der Sonderstellung der Familie (Art. 6, Abs. 1 GG) als eine Form der Diskriminierung gelesen werden (vgl. HAAG 2013) – zumal politisch, rechtlich und theologisch (EKD 2013) die Anerkennung neuer Beziehungsformen diskutiert wird. Insgesamt gewinnt der rechtliche Rahmen zunehmend einen kontraktualistischen Charakter, was nicht zuletzt durch die Globalisierung solcher Fragen (vgl. HAKER 2014) und die technisch-ökonomische Logik der medizinischen Verfahren provoziert wird.

So stellen sich aus medizinischer Sicht gewisse rechtliche Beschränkungen als kontraproduktiv für eine hohe Erfolgsrate zur Herbeiführung einer Schwangerschaft dar. Die in § 1 Abs. 1 Nr. 4 ESchG festgelegte Befruchtungsrate von maximal 3 Eizellen pro Zyklus muss aus dieser Perspektive als ebenso ineffizient gelten wie der Embryonentransfer vor der Reifung zur Blastozyste, was eine bessere Beurteilung der regelrechten Entwicklung des Embryos erlauben würde (vgl. MICHELMANN 2005:21). Diese Perspektive reflektiert deutlich das effizienzorientierte Denken eines technisch-ökonomischen Verfügenwollens und -könnens, das derzeit (noch) mit ethischen Vorbehalten kollidiert.

Zwar sind Keimzellen als besondere Körperzellen von einer Kommerzialisierung sowohl nach EU-Recht wie nach deutschem Gewebegesetz ausgenommen, doch zeigt sich in der deutschen Stammzellgesetzgebung durchaus eine „Doppelmoral" (JOERDEN 2009), die eher eine weitere Ermäßigung der rechtlichen und ethischen Hürden erwarten lässt, wie es sich auch im Bereich der Präimplantationsdiagnostik andeutet.

Insgesamt ist zu erwarten, dass künftig reproduktive Verhältnisse stärker von rechtlichen Verträgen begleitet sein werden, was der Risikoaversion und der Rechtssicherheit aller Beteiligten entgegenkommen dürfte. Zugleich wird das nicht ohne Auswirkungen auf das Selbstverhältnis des/der Einzelnen, die sozialen Beziehungen und deren emotionale Textur bleiben.

3. Ethische Perspektive. Eine ethische Betrachtung und Beurteilung der gegenwärtigen Geltungs- und Begründungsansprüche der F. kann sich auf rechtliche Normen allein nicht beziehen. Moralische Kriterien wie Autonomie, Wohlbefinden oder Freiheit bedürfen ihrerseits einer gründlichen Explikation. Die Natur des Menschen liefert hierfür jedoch angesichts ihrer technischen Veränderbarkeit kein sehr robustes Fundament, wohingegen die Menschenwürde allgemein als Prinzip einer ethischen Orientierung angesehen wird. Der in seiner Verwendung teilweise überdeterminierte Begriff wirft eigene Probleme auf, die durch sorgsame Unterscheidung wenigstens minimiert werden können (vgl. BIRNBACHER 2011).

Betrachtete man den Kinderwunsch von Singles und Paaren als ein per se berechtigtes Ziel im Leben, das durch die technischen Mittel der F. mit größerer Wahrscheinlichkeit erreicht werden kann als ohne diese, so ließe sich der ethische Diskurs als eine Frage nach der Angemessenheit und Rechtfertigung der Mittel fassen. Damit geriete jedoch zu leicht aus dem Blick, dass sich das Ziel selbst unter dem technischen Einsatz verändern kann (z. B. durch Erwartungen an ein genetisch gesundes Kind oder ein Kind mit bestimmten Eigenschaften), und der Akteur dieser Zielsetzung sich ebenfalls verändert: von der klassischen Reproduktionstriade (Mutter, Vater, Kind) zu Konstellationen mit drei bis fünf Elternteilen, die in unterschiedlicher genetischer und sozialer Nähe zum Kind stehen. Schließlich verändern sich unter diesen Bedingungen auch die sozialen Beziehungen sowie die Selbstbilder und Selbstverhältnisse aller Beteiligten.

Die Technik – auch die der F. – ist nie nur Mittel, sondern stets auch Ausdruck und Konstituens menschlicher Existenz. Als solche eröffnet sie neue Möglichkeiten, vielleicht auch Freiheiten der Existenz, die je kritisch zu betrachten sind. Aus Genderperspektive scheint sich die Frau qua F. von überkommenen Rollenbildern zu emanzipieren. Was früher Schicksal oder Gottes Fügung gewesen sein mag, wird angesichts der zur Verfügung stehenden ART nun zur eigenen Entscheidung und Gegenstand eigener Verantwortung, die nicht in allen Fällen tatsächlich übernommen werden kann, sind doch die damit verbundenen Determinanten und Folgen keineswegs immer transparent (vgl. LEMKE 2007, 173ff)

Allgemein lässt sich feststellen, dass die technische Seite der F. (Entkopplung von Sexualität und Fortpflanzung, zeitliche Entkopplung von Zeugung und Empfängnis durch den zeitlich sehr viel späteren Transfer von kryokonservierten oder vitrifizierten Gameten oder Embryonen) weitreichende Auswirkungen auf Generationenfolge, Familienstrukturen und Verwandtschaft haben kann. Entsprechend erscheint es angezeigt, den ethischen Diskurs um die F. entlang der konkreten sozialen Praktiken und der jeweiligen Verantwortung der Akteure zu führen.

3.1 Perspektive der Individuen. Betrachtet man die Individuen, so wird man an erster Stelle die Verantwortung für den Embryo nennen müssen, der als das vulnerabelste Wesen im reproduktionsmedizinischen Setting anzusehen ist. Diese Verantwortung ist an Rollen gekoppelt, die durch die F. neu definiert werden müssen. Die Multiplikation der elterlichen Akteure lockert die herkömmliche Reproduktionstriade auf und schafft neue Rollen und Beziehungen, in denen die Genetik für die Identitätsbildung des Kindes eine neue Problematik erhält (Recht des Kindes, Auskunft über seine genetischen Eltern zu erhalten, muss von der F. gewährleistet werden), zugleich aber der sozialen Elternschaft qua Recht (z. B. bei Samenspende, Leihmutterschaft) im Sinne des klassischen Familienbildes Vorrang einräumt.

Zu den Individuen im weiteren Sinne müssen auch die überzähligen Embryonen aus IVF-Zyklen gezählt werden, die es aufgrund des ESchG (Dreierregel) gar nicht geben dürfte, außer bei Krankheit der Frau, was eine Implantation der bereits befruchteten Eizellen verhindert. Diese Dreierregel führt allerdings auch zum Problem des Fetozids, um Mehrlingsgeburten zu verhindern. Außerdem werden mit Zulassung der PID mehr Embryonen erzeugt und wohl nicht eingepflanzt werden (vgl. HUBER 2015:168ff). Hier stehen mehrere Rechtsgüter gegeneinander, deren Vorrangigkeit nicht a priori entschieden werden kann. Erschwert wird die Debatte außerdem, weil über Anzahl und Verbleib der überzähligen befruchteten Eizellen (ESchG) bzw. Embryonen (StZG) keine genaue Auskunft zu erhalten ist (vgl. Jahrbuch Deutsches IVF-Register 2013).

Aus der Perspektive der verschiedenen Elternrollen ergeben sich ganz unterschiedliche Probleme. Die einen bestehen aus dem je individuellen Recht auf Freiheit und reproduktive Autonomie, die aber jeweils in Verantwortung zu hiervon Betroffenen gestaltet werden muss. Neben der Frage nach dem Kindeswohl, das in concreto jedoch schwer zu artikulieren ist, stellen sich zunehmend drängende Fragen hinsichtlich der Freiheit, Gerechtigkeit und Nichtinstrumentalisierung von Leihmüttern (vgl. exemplarisch GUGUCHEVA 2010; CHATTERJEE 2014). Menschen, die Hilfe in der F. suchen, halten sich nicht an Landesgrenzen und ihr jeweiliges Recht, weswegen das in Teilen restriktive Recht in Deutschland (z. B. Verbot der Leihmutterschaft oder der Eizellspende) diese Probleme nicht zu lösen vermag; hier müssen großräumige Vereinbarungen getroffen werden, die nicht ohne eine möglichst umfassende Information und einen breiten öffentlichen Diskurs gefunden werden.

Aus der Perspektive des reproduktionsmedizinischen Personals ergeben sich ethische Fragen nicht nur an den Grenzen des Rechts, sondern auch dort, wo ökonomische Erwägungen mit ärztlichen konfligieren bzw. der heilende und lindernde Anspruch der Medizin in ein Enhancement übergeht. Gerade aus diesem Grund erscheint es dringend geboten, dass eine umfassende medizinische und psychosoziale Beratung in Fragen der F. von einem kompetenten Personal durchgeführt wird, das nicht auch die Behandlung durchführt (vgl. DORN/WISCHMANN 2013).

3.2 Perspektive der Organisationen. Praktiken wie das *social freezing* werden in anderen Ländern von Arbeitgebern unterstützt, was man einerseits als deren Beitrag zu einer besseren Vereinbarkeit von Familie und Beruf lesen kann, umgekehrt aber auch als einen weiteren Schritt zur biopolitischen und -ökonomischen Durchdringung aller Lebensbereiche. Diese Fragen dürfen nicht der Wahl der Einzelnen überlassen werden, sondern bedürfen einer breiten öffentlichen Diskussion über Gestalt und Qualität dieser reproduktiven Akte sowie der je spezifischen Verantwortung.

3.3 Perspektive der Gesellschaft. Der Zugriff auf die Reproduktionsverhältnisse der Bevölkerung ist spätestens seit der Gründung der modernen Staaten ein Thema (vgl. FOUCAULT 2004). Unter dem Vorzeichen des Demographischen Wandels werden jetzt erneut Erwägungen angestellt, die F. als Mittel der Bevölkerungspolitik einzusetzen (vgl. FUCHS 2014), was sich im liberalen Rechtsstaat im Wesentlichen in Form von finanzieller Unterstützung bei der Inanspruchnahme der F. und in Form der Gestaltung familienfreundlicher Umwelten („Familienmainstreaming", vgl. BBAW und Leopoldina 2012) darstellt. In diesem Zusammenhang sind auch soziale Haltungen für und gegen Kinder bzw. hinsichtlich von Kindern mit Behinderung ein wichtiges Thema, bei dem Staat, Kirchen und andere zivilgesellschaftliche Akteure wichtige Akzente setzen können.

3.4 Sozialethische Aspekte. F. ist ein Mittel, um einen Kinderwunsch zu erfüllen und damit im weiteren Sinn eine Familie zu gründen. Es ist unmittelbar einsichtig, dass die sich immer weiter ausdifferenzierende und von hohem Innovationstempo geprägte F. weit reichende Auswirkungen hat auf Zeugung, Empfängnis, Sexualität sowie alle damit verbundenen Beziehungen.

Die reproduktionstechnischen Möglichkeiten vervielfältigen die Zahl der Akteure, die an der Entstehung neuen Lebens beteiligt sind. Die hiermit verbundenen Beziehungen, Rechte, Pflichten und Verantwortungen sind sowohl rechtlich wie auch ethisch aufzuklären und sozial einzuüben.

Die fortschreitende Auswahl nach genetischen Kriterien bedeutet eine neue Qualität im Blick auf das Selbstverständnis der „genetisch Determinierten". Das würde erst recht gelten für Eingriffe in die Keimbahn (vgl. HABERMAS 2001), die zwar allgemein abgelehnt werden, deren Forschung zugleich aber weiter vorangetrieben wird und durch die Crispr/Cas9-Technologie immer eleganter und moralisch unanstößiger erscheinen.

Ob Menschen, die unter einem technischen Regime gezeugt werden, das aus Effizienzerwägungen in deren genetischer und familialer Matrix starke Spuren hinterlässt, sich einem offenen und selbst-bestimmten Leben gegenübersehen, wird keineswegs nur eine empirische Frage sein. Sie ist jenseits aller dystopischen Beschwörungen von „Halbmenschen", Chimären oder Cyborgs und jenseits aller moralischen Appelle zur Verbesserung der menschlichen Gattung (SAVULESCU/KAHANE 2009) eine ethische Frage, die anschließen kann an der bereits christologisch formulierten Unterscheidung von „gezeugt, nicht gemacht" (vgl. SPAEMANN 2001). Allen Menschen, nicht nur für den ‚wahren Menschen' Jesus Christus, sollte diese Unterscheidung gelten, dass sie bei aller reproduktionstechnischen Kontrolle über den Zeugungsakt und die Entwicklung während der Schwangerschaft in ein Leben treten dürfen, das sie frei hält von Gestaltungsphantasien der Anderen. Ob und wie dies für kommende Menschen und ihr Selbstverhältnis gelten wird, die im Zuge einer immer feiner justierten F. „gezeugt" werden, wird der Lackmustest für diese Techniken bzw. für die Freiheitlichkeit unserer Gesellschaft sein.

P. BRADISH/E. FEYERABEND/U. WINKLER (Hg.), Frauen gegen Gen- und Reproduktionstechnologien, 1988 – A. ROUSELLE, Der Körper und die Politik, in: G. DUBY, M. PERROT (Hg.), Geschichte der Frauen, Bd. 1, 1993, 323–372 – I. ILLICH, Die Nemesis der Medizin, 1995[4] – D. GIESEN, F. rechtlich, in: W. KORFF/L. BECK/P. MIKAT (Hg.), Lexikon der Bioethik, [1]1998, 777–780 – J. HABERMAS, Die Zukunft der menschlichen Natur, 2001 – R. SPAEMANN, Gezeugt, nicht gemacht, in: Die Zeit 4/2001 – J. CARSTEN, After kinship, 2004 – M. FOUCAULT, Geschichte der Gouvernementalität, 2 Bde. 2004 – F. S. ODUNCU/K. PLATZER/W. HENN (Hg.), Der Zugriff auf den Embryo, 2005 – H. W. MICHELMANN, Reproduktionsmedizin und Embryonenschutz, in: Oduncu et al. 2005, 15–32 – P. GEHRING, Was ist Biomacht?, 2006 – P. CONRAD, The Medicalization of Society, 2007 – T. LEMKE, Gouvernementalität und Biopolitik, 2007 – J. C. JOERDEN, Stammzellgesetzgebung und Doppelmoral, in: J. C. JOERDEN/T. MOOS/C. WEWETZER (Hg.), Stammzellforschung in Europa, 2009, 199–209 – J. SAVULESCU/G. KAHANE, The moral obligation to create children with the best chance of the best life, in: Bioethics 23 (5) 2009, 274–290. – M. GUGUCHEVA, Surrogacy in America, 2010 – D. BIRNBACHER, Drei Begriffe von Menschenwürde, in: J. C. JOERDEN/E. HILGENDORF/N. PETRILLO/F. THIELE (Hg.), Menschenwürde und moderne Medizintechnik, 2011, 45–55 – H. HAKER, Hauptsache gesund?, 2011 – Berlin-Brandenburgische Akademie der Wissenschaften (BBAW) und Nationale Akademie der Wissenschaften Leopoldina, Zukunft mit Kindern, 2012 – C. ULLRICH, Medikalisierte Hoffnung, 2012 – DEUTSCHER ETHIKRAT (DER), Die Zukunft der genetischen Diagnostik – von der Forschung in die klinische Anwendung, 2013 – K. DIEDRICH/M. LUDWIG/G. GRIESINGER, Reproduktionsmedizin, 2013 – EKD, Zwischen Autonomie und Angewiesenheit, 2013 – G. GILLESSEN-KAESBACH/Y. HELLENBROICH, Genetik in der Reproduktionsmedizin, in: DIEDRICH ET AL., 2013, 503–514 – A. DORN/T. WISCHMANN, Psychologische Aspekte der Reproduktionsmedizin, in: Der Gynäkologe 12/2013, 913–917 – U. GASSNER/J. KERSTEN/M. KRÜGER/J. F. LINDNER/H. ROSENAU/U. SCHROTH, Fortpflanzungsmedizingesetz, 2013 – Y. STÖBEL-RICHTER/A. SENDER/E. WEIDNER/E. BRÄHLER, Elternschaft – Planung oder Schicksal?, in: G. MAIO/T. EICHINGER/C. BOZZARO (Hg.), Kinderwunsch und Reproduktionsmedizin, 2013, 295–319 – E. BECK-GERNSHEIM, Kinderwunsch ohne Grenzen?, in: G. MAIO/T. EICHINGER/C. BOZZARO (Hg.), Kinderwunsch und Reproduktionsmedizin, 2013, 337–345 – C. HAAG, Zum Kinderwunsch homosexueller Männer und Frauen, in: G. MAIO/T. EICHINGER/C. Bozzaro (Hg.) Kinderwunsch und Reproduktionsmedizin 2013, 400–425 – DEUTSCHER ETHIKRAT (DER), Inzestverbot, 2014 – Deutsches IVF-Register 2013, in: Journal für Reproduktionsmedizin und Endokrinologie 1/2014 – P. CHATTERJEE, Human Trafficking and Commercialization of Surrogacy in India, in: European Researcher 2/2014, 1835–1842 – H. HAKER, Reproductive rights and reproductive technologies, in: D. MOELLENDORF/H. WIDDOWS et al., Handbook of Global Ethics 2014, 340–353 – S. SCHLEISSING (Hg.), Ethik und Recht in der Fortpflanzungsmedizin, 2014 – S. BERGMANN, Ausweichrouten der Reproduktion, 2014 – S. FUCHS, Gesellschaft ohne Kinder, 2014 – W. HUBER, Rechtsethik, in: W. HUBER/T. MEIREIS/H.-R. REUTER (Hg.), Handbuch der Evangelischen Ethik, 125–193 – Netzwerk Embryonenspende: www.netzwerk-embryonenspende.de.

Arne Manzeschke

Fortschritt

1. Begriff. Im Unterschied zum neutralen Begriff *Entwicklung* impliziert F. eine Wertung und lässt sich als „Entwicklung zum Höheren hin" sowie deren Ergebnis auffassen. Insofern die Bewertung einer Entwicklung als F. die Aufforderung suggeriert, diese weiterzuverfolgen, kommt einer solchen, oft kontroversen Qualifizierung eine wichtige soziale Steuerungsfunktion zu. Die →Sozialethik hat zu prüfen, ob der Anspruch, ein F. zu sein, zu Recht erhoben wird.

2. Geschichte. Die antike Geschichtsphilosophie war größtenteils nicht *linear*, sondern *zyklisch* ausgerichtet. Zyklisches Denken lässt keinen echten F. zu, da ein niedriges Niveau nie endgültig überwunden wird. Die Vorstellung eines F.s der Menschheit verdankt sich christl. Einfluss. Geschichte wurde bereits früh von Theologen wie IRENÄUS († um 202) im Anschluss an jüd. Denken als fortschreitende Verwirklichung eines göttl. Heilsplans qualifiziert, der freilich erst am Ende der Geschichte durch Gott selber zur Erfüllung gelange. Eine nachhaltige Wirkung hinsichtlich der Transformation christl. Geschichtstheologie in mod. Denken ging von G. E. LESSING (1729–1781) aus. Die göttl. Offenbarung greife zwar erziehend in den F. der Menschheit hin zu einem Zeitalter des Geistes ein, so dass auch in der Religion ein F. stattfinde. Sie vermittle aber nur solche Einsichten, zu denen die menschl. →Vernunft auch selber gelangen könnte. Ziel sei die Fähigkeit, „die →Tugend um ihrer selbst willen zu lieben". I. KANT (1724–1804) bezog darüber hinaus auch die soz. Verhältnisse ein. Der geschichtl. F. zielt ihm zufolge auf einen „allgemeinen weltbürgerlichen Zustand", in dem der →Krieg überwunden ist und sich alle Anlagen des Menschen frei entfalten können. Im 19. Jh. prägten wissenschaftl.-techn. Neuerungen (→Technik u. Gesellschaft) einen F.sglauben, der zu einem wesentlichen Merkmal des aufstrebenden Bürgertums wurde. Dies spiegelte sich im Denken damaliger Theologen wie z. B. A. RITSCHL (1822–1889) wider, der das Reich Gottes als im Berufsgehorsam zu verwirklichendes „Produkt der christl. →Gemeinde" verstand. Auch der →Marxismus, der den F.sgedanken aus seinen christl. Bezügen löste und ihn ideologisierte (→Ideologie), partizipierte trotz seiner Distanz zum →Bürgertum am herrschenden F.soptimismus. Das 20. Jh. stellte nicht zuletzt aufgrund der Schrecken beider Weltkriege, die durch techn. F. erheblich verstärkt wurden (Massenvernichtungsmittel u. a. m.), den F.sglauben tiefgreifend infrage. Eine verbreitete Empfindung beschrieb A. Camus (1913–1960) mit dem *Mythos von Sisyphos* (1942, dt. 1956), der zum zyklischen Denken zurücklenkte: Der Mensch sei ohne Hoffnung auf eine bleibende Verbesserung seiner selbst und der Welt zu immer neuer „absurder Anstrengung" verurteilt. A. Schweitzer (1875–1965) konstatierte ein ethisches Defizit der modernen Industriegesellschaft (→Industrie), insofern seit dem 19. Jh. der *geistig-ethische F.* nicht mehr mit dem *materiellen F.* Schritt halten konnte.

3. Sozialethische Herausforderungen. Eine mögliche Reaktion auf das von Schweitzer benannte Defizit ist die Verlangsamung des techn. F.s (Retardationsmodell). So beschlossen namhafte Wissenschaftler 1975 ein Moratorium zum zeitlich befristeten Verzicht auf die rekombinante DNA-Technologie (→Gentechnik). Gegenwärtig wird analog dazu gefordert, neue molekularbiologische Verfahren zur gezielten und dauerhaften Veränderung von menschlichem Erbgut vorerst nicht anzuwenden, damit Zeit für eine öffentliche Debatte bleibe. Auf anderem Gebiet wird z. B. ein Moratorium beim sog. *Fracking* zur Förderung von Erdgas diskutiert, da unkalkulierbare Risiken für Boden und Grundwasser sowie mittelbar für die menschliche →Gesundheit befürchtet werden. Lässt sich der technische F. nicht nachhaltig verlangsamen, weil dies oft weder allgemein plausibel gemacht noch umfassend durchgesetzt werden kann, so müssen die ethischen Bemühungen beschleunigt werden (Akzelerationsmodell). In einzelnen Fällen, wie z. B. hinsichtlich der Xenotransplantation, konnten in einem ethischen Vorlauf mögliche Probleme erörtert werden, bevor neue Fakten geschaffen waren. Internationale Abkommen wie die →Agenda 21 oder die sog. Bioethik-Konvention (→Bioethik) des Europarates entwickeln ethische Leitbilder (z. B. →Nachhaltigkeit od. informationelle Selbstbestimmung), denen eine regulative Funktion im Blick auf mögliche F.sszenarien zukommt. Erschwert wird das ethische Urteil durch die *Ambivalenz* des F.s auf nahezu allen Gebieten. Dieselbe Errungenschaft (z. B. Kernspaltung oder genetische Diagnostik), die das Leben erleichtert, belastet es oft zugleich, indem sie schwierige Entscheidungen abverlangt oder gar eine unmittelbare Bedrohung darstellt. Das Erbe der Aufklärung, die F. auf →Werte wie →Frieden und →Freiheit ausrichtete, warnt davor, einseitig nach dem Zuwachs an Erkenntnis und Beherrschung der Naturkräfte (linearer F.) zu beurteilen, ob

eine Entwicklung einen F. im ethisch qualifizierten Sinn darstellt. Der eschatologische Vorbehalt der christl. Tradition wehrt dabei überzogenen Erwartungen an den F. und fordert dazu auf, ihn kritisch zu begleiten.

K. Borchard/H. Waldenfels (Hg.), Zukunft nach dem Ende des F.sglaubens, 1998 – P. Gelhaus, Gentherapie und Weltanschauung, 2006 – F. M. Wuketits, Evolution ohne F., NA 2008 (Lit.) – J. Sack, F. und Verhängnis, 2012 – J. Dierken, F.e in der Geschichte der Religion?, 2012.

Frank Surall

Französische Revolution und Kirche

Die französische Kirche stand am Vorabend der Revolution im katholischen Europa ohne Beispiel da. Gestützt auf ihre gallikanische Sondertradition lebte sie in relativer Unabhängigkeit von der Kurie, deren Rechte seit dem Ausgang des Mittelalters mehr und mehr auf den König übergegangen waren. Sie besaß das Monopol auf den Staatskult und war mit ihrer Verantwortung für das Schul- und Armenwesen integraler Teil des Ancien Régime. Mit Ausnahme der freiwilligen Abgabe des Don gratuit von allen Steuern befreit finanzierte sie sich durch den Zehnten und aus den Einkünften des Kirchenbesitzes, der schätzungsweise 6-10 % allen Grund und Bodens ausmachte. In politischer Hinsicht fungierte die Kirche primär als das einigende Band eines Landes, dem die Nationalstaatsidee noch fehlte und dessen heterogene Ständegesellschaft durch den König und sie zusammengehalten wurde (Maier).

Andererseits spiegelte die Kirche am Ausgang des Ancien Régime die vielfältigen Antinomien der französischen Gesellschaft wider: Sie war in sich selbst gespalten, nicht religiös-theologisch, sondern durch die soziale Kluft, die den Dorf-Curé von der bischöflichen Hierarchie trennte. Und seit sich die gallikanischen Freiheiten nach dem Konkordat von 1516 zunehmend in Rechte der Krone gewandelt hatten (Erdmann), begann die Kirche zu begreifen, dass die Abhängigkeit von einem absoluten Monarchen ihren religiösen Auftrag stärker beeinträchtigte, als das gegenüber einem schwachen Papst der Fall gewesen war.

Die Kirche war reform*bedürftig*, wie die cahiers de doléance, die Beschwerdehefte des Klerus, selbst zugestanden, aber aus sich heraus reform*unfähig*. So kam der Wandel von außen, d. h. durch die Nationalversammlung, die jedoch nicht aus religionsfeindlichen Motiven tätig wurde, wie man angesichts der späteren Entwicklung vermuten könnte. Im Gegenteil, die Abgeordneten unter Einschluss der 291 geistlichen Deputierten des 1. Standes betonten die Unentbehrlichkeit der Kirche für den Staatskult und stimmten, wenn auch zögerlich, den Reformen auf Kosten der Kirche zu. Dazu zählten die Aufhebung der Klosterprivilegien am 17.11. 1789, Beseitigung der Steuerfreiheit und eigenen Gerichtsbarkeit für den Klerus und schließlich die Abschaffung des Zehnten. Als Ausgleich brachte die sogen. Zivilkonstitution vom 12. Juli 1790 die „Verbeamtung" der Geistlichen und eröffnete damit der überwiegenden Mehrheit von ihnen endlich eine auskömmliche Existenz. Ferner wurden die Zahl der Diözesen mit nunmehr 83 jener der neuen Départments angepasst sowie die Wahl der Pfarrer und Bischöfe durch politische Vertretungskörperschaften bestimmt. Dafür hatten die Priester den Eid auf die Verfassung zu leisten und der rechtsförmigen Trennung von der Weltkirche zuzustimmen. Dadurch spaltete die Zivilkonstitution nicht nur die Kirche, sondern auch das Land, nämlich in laïzistische Verteidiger und altgläubige Gegner des Gesetzes, – seitdem spricht man von den „deux Frances". Die Zivilverfassung leitete demnach einen grundsätzlichen Schwenk der revolutionären Religionspolitik ein. Über Bestrafung und Verfolgung der eidverweigernden Priester und örtliche antireligiöse Ausschreitungen führte diese neue Linie u. a. zur Einführung des Revolutionskalenders, zur Umbenennung zahlreicher religiös konnotierter Ortsnamen (Fortfall des Zusatzes ‚Saint') und später zur kurzfristigen Etablierung eines staatlich zunächst geduldeten Atheismus in Gestalt der Göttin der Vernunft und nach diesem Zwischenspiel zum deistischen Kult des Être Suprême.

KARL DIETRICH ERDMANN hat 1949 in impliziter Anlehnung an die Erfahrungen des sogen. Kirchenkampfes die These vertreten, dass die rechtsförmigen Eingriffe des Staates in die innere Ordnung der Kirche von dieser als Verletzung des Bekenntnisses verstanden wurden. Denn auch 1933/34 entzündete sich die Auseinandersetzung ebenfalls an einer staatlichen Zwangsmaßnahme (Übernahme des Arierparagraphen, Einsetzung von Staatskommissaren). Tatsächlich sicherte Art. 10 der „droits de l'homme et du citoyen" nur die *individuelle* Religions- und Meinungsfreiheit, garantierte hingegen *nicht* das Kultusmonopol der katholischen Kirche und hielt die Frage offen, ob das Staatskirchentum preisgegeben und damit de facto die Trennung von Staat und Kirche vollzogen werden sollte. Damit unterminierte der Gesetzgeber die staatskirchenrechtliche Verankerung des Katholizismus und behielt sich weitergehende Regelungen (zu Lasten der Kirche) vor.

Die revolutionäre geistig-kulturelle und „rechtliche" Grundlage eines solchen möglichen Eingriffs bildeten die dem ROUSSEAUSCHEN Sozialvertrag entlehnte Vorstellung unbegrenzter Volkssouveränität einerseits und einer für jeden Staat unverzichtbaren ‚bürgerlichen' Religion, die religion civile, andererseits: „Für den Staat ist es allerdings wichtig, dass sich jeder Staatsbürger zu einer Religion bekenne, die ihn seine Pflichten lieben heißt." Nach dieser Auffassung konnte die Volkssouveränität nicht hinnehmen, dass sich autonome Körperschaften innerhalb ihrer Grenzen auf eigenes Recht berufen, um ihre inneren Belange zu regeln. Denn damit würde die unbedingte Einheit des Gemeinwesens infrage gestellt, – das galt auch für die Rechtsgestalt der Kirche. Deshalb proklamierten die Rousseauisten eine Religion neuen Typs, eben die „Zivilreligion", die sich der Volkssouveränität zu unterwerfen hatte und deren Inhalte sich wie ein deistischer Tugendkatalog lesen.

In dem Augenblick, als die Revolutionäre einsehen mussten, dass sich ihre Staatskirche nicht in das Modell einer Zivilreligion einfügen ließ (REICHARDT/SCHMITT), wurden die Eidverweigerer unter dem Klerus zu Feinden der Republik erklärt. Umgekehrt musste der Rekurs auf den status confessionis altgläubige Priester und Bischöfe in Opposition zur jetzt konstitutionellen Monarchie bringen, nachdem das Angebot ihres Sprechers BOISGELIN, ein Nationalkonzil einzuberufen, um die notwendigen inneren Reformen selbst durchzuführen, von der Assemblée Nationale verworfen worden war.

Allerdings ist die Tatsache unbestreitbar, dass zahlreiche Geistliche keineswegs nur gezwungenermaßen, sondern auch aus freien Stücken der konstitutionellen Kirche den Rücken drehten und es viele Gemeindeglieder ihnen nachtaten. Lokale Repressionen hat es zweifellos in vielen Fällen gegeben, – aber ein Blick auf die nach 1790 verstärkt zu registrierende déchristianisation wirft das Problem auf, ob dies allein auf staatliche Zwangsmaßnahmen zurückzuführen ist. Schon in der älteren Literatur wurde deshalb danach gefragt, ob die Wurzeln jener während der Revolution offen zu Tage tretenden Entchristlichung nicht wesentlich früher angesetzt werden müssen (BERNHARD GROETHYSEN, 1927). Und vor einigen Jahren hat MICHEL VOVELLE mit seinen Untersuchungen von 4.500 Priester-Abdankungserklärungen, den sogen. abdicataires, anhand der südlichen Départments zeigen können, dass dieser massenhaften Verzicht auf das geistliche Amt mit seinen Rechten und Pflichten auch Ausdruck einer lange zuvor anzusetzenden, allmählichen inneren Entfremdung von Religion und Kirche gewesen ist. In diesem Sinne versteht VOVELLE die déchristianisation des Jahres II deshalb sowohl als „Momentaufnahme" eines vergangenen Zustands wie gleichzeitig als bewusste politische Willenserklärung (1976/81).

In kirchen- und mentalitätsgeschichtlicher Hinsicht sind die Folgen der Religionspolitik der Frz. Revolution insofern bedeutsam geworden, als mit den religionspolitischen Maßnahmen in engerem Sinne auch die modernen politisch-demokratisierenden Forderungen dieser Epoche von den Katholiken als tiefgreifender Bruch mit christlich-abendländischen Traditionen verstanden und entsprechend radikal verworfen wurden. In der ersten Hälfte des 20. Jh.s konstruierte die katholische Apologetik daraus eine Genealogie des ‚großen Abfalls', die von der Reformation über die Frz. Revolution bis zu den religionsfeindlichen politischen Heilslehren von Nationalsozialismus und Bolschewismus als vermeintlich legitimen Kindern der Massendemokratie reichten. Umgekehrt galten die Katholiken im laïzistischen Frankreich und bald auch darüber hinaus als Royalisten, Gegner von Demokratie und Emanzipation und damit als Feinde des Fortschritts. Dieser Gegensatz, der in dem erwähnten Terminus der „deux Frances" Ausdruck fand, hat auch die Geschichtsschreibung der Revolution nachhaltig geprägt und die hier errichteten „Fronten" dauerhaft stabilisiert. Erst die seit den 1970er Jahren wachsende Einsicht, dass die Revolution in ökonomisch-gesellschaftlicher Hinsicht wenig Neues gegenüber dem Ancien Régime erbracht hatte und die entscheidenden von ihr ausgehenden Impulse in erster Linie *politischer* und *sozio-kultureller* Art gewesen waren (REICHARDT 1983), entspannte festgefahrene Deutungsmuster auch im Hinblick auf die Rolle von Religion und Kirche. Hinzu traten die Ergebnisse der mentalitätsgeschichtlichen Forschung, welche die déchristianisation nicht mehr länger als Ausfluss eines revolutionären Voluntarismus begriff, sondern den Ereignissen seit 1789 nur noch eine zusätzliche Impulsfunktion zubilligte.

K. D. ERDMANN, Volkssouveränität und Kirche. Studien über das Verhältnis von Staat und Religion in Frankreich vom Zusammentritt der Generalstände bis zum Schisma (5. Mai 1789 – 13. April1791), 1949 – M. VOVELLE, Religion und Révolution. La déchristianisation de l'an II, 1976 – B. Groethuysen, Die Entstehung der bürgerlichen Welt- und Lebensanschauung in Frankreich, 1927–1930, ND 1973 – M. OZOUF, La fête révolutionaire, 1789–1799, 1976 – J. McMANNERS, The French Revolution and the Church, 1969 – E. SCHMITT, Einführung in die Geschichte der Französischen Revolution, 1980² – R. E. Reichardt/DERS., Die Französische Revolution – Umbruch oder Kontinuität?, in: ZhF 7. 1980, 257-320 – F. FURET/D. RICHET, Die Französische Revolution, ND 1981 – M. VOVELLE, Vom Vendémiaire zum Fructidor des Jahres II. Die „andere Entchristianisierung", in: Sozialgeschichte der Aufklärung in Frankreich, hg. v. H. U. GUMBECHT/R. E. REICHARDT/T. SCHLAICH, München II 1981, 201–228; R. E. REICHARDT, Art. Frz. Revolution, in: TRE 11, 401–417 [1981] – M. VOVELLE, Die Französische Revolution. Soziale Bewegung und Umbruch der Mentalitäten, 1985 – EVA SCHLEICH, Kirche, Klerus Religion, in: R. E. REICHARDT (Hg.), Ploetz. Die Französische Revolution, 1988 – H. MAIER, Revolution und Kirche. Zur Frühgeschichte der christlichen Demokratie, 1988⁵ – A. KUHN, Die Französische Revolution, 1999.

Jochen-Christoph Kaiser

Freiheit (sozialethisch)

1. Freiheit als Ausgangspunkt von Ethik heute. In der jüngeren Entwicklung der philosophischen und theologischen →Ethik ist der F.sbegriff hinter Leitbegriffen wie →Gerechtigkeit, →Verantwortung, →Leben oder →Tugend stark zurückgetreten. Dabei ist jede →Ethik eingebunden ist eine kollektive F.sgeschichte und Ausdruck derselben. Existentiell ist jeder Mensch von der Suche nach F. betroffen. Der Versuch, diesen Raum der F. abzustecken, das Bewusstsein der F. zu vertiefen, F. zu erleben, F. zu feiern und strukturell abzusichern, muss als **das** Thema oder als höchstes Gut menschlicher Lebensführung erfasst werden. →Ethik als Theorie des guten Lebens kann also gar nicht anders, als F. zum Leitthema, als Ausgangspunkt und Orientierungsbegriff zu machen: „Es bleibt dabei: Alle Ethik steht und fällt mit dem F.sgedanken. Es liegt alles daran, den Gedanken der Freiheit zu gewinnen und richtig zu fassen" (TRILLHAAS). Was für die individuelle Lebensführung gilt, das gilt im besonderen Maße auch für die Geschichte der zusammenwachsenden Weltgemeinschaft. Mit den →Revolutionsbewegungen des 18. Jh.s wurde das Prinzip der F. zur ideologischen Grundlage der bürgerlichen →Gesellschaft. An die Stelle der Souveränität des Fürsten trat die Volkssouveränität, und an die Stelle von Geburt und Herkunft trat die →Leistung des freien Menschen. Die →Industrialisierung im 19. Jh. ist ohne das Streben nach F. nicht zu verstehen: Als Arbeitskräfte und →Konsumenten werden alle Menschen gleich behandelt und sind damit von den letzten feudalen Resten befreit. Die Orientierung an Rasse und Nationalität wich mit der Katastrophe des 2. Weltkriegs dem Bewusstsein, dass alle Menschen gleich sind; die Allgemeine Erklärung der →Menschenrechte markiert den Ausgangspunkt einer Bewegung, in der es um allen Menschen gemeinsame F.srechte geht. Die F. eines jeden Menschen ist unteilbar und nicht hintergehbar. Die Befreiung von den kommunistischen Diktaturen 1989 hat die Ordnung der Weltgemeinschaft von Grund auf verändert und den Prozess der voranschreitenden →Globalisierung ausgelöst: Das Zusammenwachsen der Menschheit zu einer Weltgemeinschaft wird zum Ausdruck einer kollektiven F.sgeschichte. Die letzten Herrschaftsansprüche dominanter Mächte sollen fallen und die Errungenschaften der Menschheit allen Menschen zugute kommen. Die F.sbewegung in den islamischen Welten („Arabischer Frühling") haben Anteil an dieser kollektiven F.sgeschichte. F. ist zum zentralen Leitbild einer zusammenwachsenden Menschheit geworden: F., →Demokratie und Menschenrechte sind zusammenhängende Bestandteile eines global geltenden Leitbildes und Grundlage einer inneren Verfassung der Weltgemeinschaft. In den Zeiten einer globalisierten Welt kommt →Ethik deswegen nicht umhin, die F.sbotschaft in die Mitte ihrer Theoriebildung zu stellen.

2. Der F.sbegriff in seiner sozialethischen Dimension. Ohne das grundlegende Bewusstsein von F. wäre jedes sozialethische Denken und jede →Sozialethik leer, weil Sozialethik verantwortliches Handeln zwingend voraussetzt. Dabei bedarf Ethik einer spezifischen Fassung der F.sbotschaft. Was F. ist, wurde in der Geschichte der Ethik sehr kontrovers beurteilt und ist auch heute noch in einem sehr viel kleineren Maße evident, als es der häufige und selbstverständliche Gebrauch des Begriffs F. in der zusammenwachsenden Weltgemeinschaft suggeriert. Jeder menschlichen Reflexion kann sich jedoch erschließen, dass F. erstens keine automatisch sich einstellende Eigenschaft am und im Menschen ist, sondern Ausdruck eines Geschehens und einer affektiven →Transformation darstellt, in deren Vollzug der freie Mensch sich zweitens in einem sinnstiftenden Selbst- und In-der-Welt-Sein befindet. Zur F. gehört die Zuwendung zur Mitwelt deswegen nicht als Darüberhinausgehendes hinzu, sondern ist mit dem Vollzug von F. schon mitgesetzt. Das Selbst- und In-der-Welt-Sein des freien Menschen sind in sich miteinander eng verwobene Daseinsformen seiner Existenz. Aus diesem Grund besitzt F. immer auch eine sozialethische Dimension und kann von dieser nicht gelöst werden. Im alltäglichen Umgang leuchtet dieser Zusammenhang vorreflexiv daran auf, dass die F. des einen an der F. des anderen ihre Grenze findet.

3. F. in christlicher Perspektive. In christlicher Perspektive ist F. als der freudige Vollzug sinnstiftenden Selbst- und In-der-Welt-Seins im Kraftfeld des göttlichen Geistes zu verstehen. Der Geist Gottes als die „Durchsetzungskraft Gottes" (WELKER) verändert den Menschen so, dass im Kraftfeld des göttlichen Geistes der Mensch zum spontanen, freudigen Vollzug bewussten Selbstseins angestiftet wird. Das Gefühl der Verlorenheit, Verzagtheit und Ohnmacht weicht dem Gefühl der Freude, der Verbundenheit und der Kreativität. In der biblischen Pfingstgeschichte sind das sich öffnende ganze Haus (Apg 2,2) sowie die die missionarische Predigt des Petrus (Apg 2,14ff) Ausdruck dessen, was der göttliche Geist bewirkt hat, nämlich F. Deswegen ist F. in christlicher Perspektive erstens als die Offenheit des Menschen für seine kreatürlichen Fähigkeiten und Möglichkeiten zur Sprache zu bringen (Gen 1,28). Im freudigen Vollzug bewussten Selbstseins gibt es nichts, von dem nicht zugleich auch behauptet werden könnte, dass es hinsichtlich seiner Konstitutionsbedingungen und seiner Ausformungen grundsätzlich nicht gestaltungsfähig sei. In der kreatürlichen F. legt sich der Schöpfergott gleichsam selbst aus. Zweitens ist das Wirken des sich entäußernden Gottes in Jesus Christus nicht anders als im Modus der F. zu verstehen: Die Gesetzes- und Kultkritik (z. B. Mt 5,17ff) oder die Kritik am Sabbatgebot (Mk 2,23ff), aber die Verschränkung von Gottes- und Nächstenliebe (Lk 10,25ff) des historischen Jesus sind Ausdruck dieser geistgewirkten F. Mit ihr ist der Mensch auf die Zukunft ausgerichtet; er kann Perspektiven entwickeln und das grenzenlose Reich der kreativen Möglichkeiten auskosten. F. in christlicher Perspektive ist in der Aneignung des Werkes Jesu Christi immer auch verdankte F. Drittens kann geistgewirkte F. nicht anders als F. in der →Gemeinschaft gedacht, verstanden und gelebt werden. In dieser dritten Dimension ist also von der kommunikativen F. zu sprechen. Damit ist gemeint, dass in der Kraft des Geistes die Wirklichkeit der F. als Geschehen erst in der gegenseitigen →Liebe, Achtung, Herzlichkeit, Sympathie und Teilhabe in Erfüllung geht. Frei ist der Mensch im Kraftfeld des Geistes insofern, als er von anderen geachtet wird und zugleich dem Anderen Achtung entgegenbringt. Kommunikative F. heißt, dass der in der Gewissheit des Glaubens lebende Mensch sein Leben für andere öffnet, es mit anderen teilt und für andere da sein kann. Der andere Mensch wird im Zeichen der kommunikativen F. nicht zur Grenze der eigenen F. erklärt, sondern zur Bereicherung des eigenen Daseinserfahren. Diese drei Dimensionen von F., also die kreatürliche, verdankte und kommunikative F., sind immer auch ethisch bedeutsame Seiten des F.sbegriffs in christlicher Perspektive. Auch in seiner christlichen Begründung kann F. niemals anders als wirksame und damit ethisch zu reflektierende F. verstanden werden.

4. Die ethische Dimension von F. in ihrer anthropologisch-philosophischen Begründung. F. und deren Konsequenzen für die konkrete Lebensführung sind immer auch schon ein Thema philosophischer Auseinandersetzung seit der griechischen Antike gewesen. In besonderer Form hat im Deutschen Idealismus HEGEL mit den ethischen Dimensionen des F.sbegriffs auseinandergesetzt, woran in der Gegenwart A. HONNETH anschließt: Dieser hat F. nun als kommunikative F. verstehbar gemacht. F. kann nicht als ein handbares Gut menschlichen Daseins verstanden erden, sondern verdankt sich nach HONNETH einer bestimmten Form zwischenmenschlicher →Kommunikation: „Die Verwirklichung von F. bedeutet, zu einen Zugewinn an Handlungsmacht zu gelangen, indem durch die Bestätigung von Seiten des anderen das Wissen um die eigenen Fähigkeiten und →Bedürfnisse gefördert wird. ... Zur Entwicklung von →Autonomie ist der Einzelne nur in den Maße fähig, in dem er Beziehungen mit anderen Subjekten unterhält, die ihrer Form nach eine wechselseitige Anerkennung von bestimmten Persönlichkeitsanteilen ermöglichen". F. bedarf also eines ganzes Netzwerkes von Anerkennungsbeziehungen, die HONNETH „Sphären reziproker Anerkennung" nennt. Dazu zählt er erstens ein Rechtssystem, in dem die Subjekte durch wechselseitige Gewährung von subjektiven Rechten zu einem Bewusstsein von Handlungsmacht gelangen. Außerdem bedarf der Mensch zur Erfahrung von F. affektiver Intimbeziehungen und drittens ist der Mensch in der Entwicklung seiner F. von der Anerkennung seines Arbeitsbeitrages abhängig. Wer sich mit der F. auseinandersetzt, beschäftigt sich damit automatisch auch mit dem →Recht, der Liebe und der →Arbeit. Bei dem Versuch einer ethischen Rekonstruktion von F. in ihrer sozial-gesellschaftlichen Bedingtheit wird der Eigensinn von F. in HONNETHS Konzept jedoch übersehen. Dies gelingt P. BIERI im besonderen Maße, als er F. als eine Daseinsform begreifen kann, die im Prozess der Auseinandersetzung mit anderen vom Individuum immer wieder neu erarbeitet werden muss („Handwerk der F."). Artikulation, Prozesse des Verstehens und Bewertungen sind für ihn drei Wege, auf denen sich F. einstellt. Im Wechsel zwischen intersubjektiv ablaufenden Kommunikationsprozessen und sich herausbildenden Gewissheitsstrukturen bildet sich F. heran: „Weil das so ist, kann man mit einer gewissen Überspitzung sagen: Willensf. Ist ein Stück weit Glückssache. Es ist nicht nur Glückssache, was für ein Los man in der natürlichen Lotterie zieht. Man kann auch darin Glück oder Pech haben, wie mühelos oder mühevoll all die Dinge sind, die zusammenkommen müssen, damit man etwas aus F. wollen kann." In beeindruckender Weise bringt auf diese Weise BIERI zum Ausdruck, dass F. persönlich erarbeitet werden muss und dennoch eine Kraft auf unsicherem Boden darstellt und deswegen nur als bedingte verstanden werden kann. Es lassen sich also auf diesem Wege durchaus Beziehungen zwischen dem philosophischen F.sdiskurs und der theologischen Durchdringung von F. herstellen.

5. Die sozialethischen Dimensionen des F.sbegriffs. Auf dem Boden solcher Entfaltungen von F. lässt sich eine umfassende Ethik der F. rekonstruieren:

5.1 Die Achtung vor dem Menschen und seinen F.srechten. Der Mensch ist als das Wesen anzusehen sein, dem F. zugesprochen wird und das seine tiefste Erfüllung dort erfährt, wo er in F., also im freudigen Vollzug sinnstiftenden Selbstseins leben kann. Wirklichkeit wird diese dem Menschen zukommende Achtung im Respekt vor der F. der Gewissensentscheidung, der ihm zukommenden Kommunikations.en sowie schließlich im Recht auf Religionsf. Die kreativen und innovativen Kräfte der →Gesellschaft können nur dort zu Tage treten, wo den drei F.srechten ausreichend Raum gewährt wird. Dies ist auch in der zusammenwachsenden Weltgemeinschaft nicht dauerhaft und ständig der Fall. Insbesondere die →Informationsgesellschaft steht in der Gefahr, →Gewissens-, Meinungsf. und →Religionsf. um der kollektiven Sicherheit willen einzuschränken. Die Realisierung diese fundamentalen F.en menschlicher Lebensführung wird damit zum herausragenden Thema einer →Ethik, die sich den Herausforderungen einer globalisierten Welt stellt und darin der F. normative Kraft einräumt.

5.2 Ehrfurcht vor dem Leben. Derjenige, der frei ist, kann der Vielfalt seiner Mitwelt in Ehrfurcht begegnen. F. als der freudige Vollzug sinnstiftenden Daseins und In-der-Welt-SEINS wird im Modus der Ehrfurcht vor dem Leben erkennbar daran, dass sich die vereinnahmende Bindung an die Existenz des umgebenden natürlichen Lebens auflöst. Inhaltlich bedeutet dies für eine Ethik der F., die Ehrfurcht vor dem Leben zu Beginn wie am Ende (→Euthanasie, Embryonenschutz) des Lebens zu thematisieren, aber auch die Achtung des Lebens der mitgeschöpflichen →Umwelt in den Mittelpunkt zu rücken. Hier ist die Frage nach den Rechten anzusprechen, die den Geschöpfen zukommen. Schließlich wird es – angestoßen durch die Herausforderungen des →Klimawandels – um die Bedeutung von Gemeingütern und deren Rechtsstatus in einer Ethik der F. zu gehen haben.

5.3 Menschliche →Kommunikation mit dem Willen zur →Partnerschaft. Die Vermassung des Menschen ist eine der gewaltigen Gefährdungen aller F.sbestrebungen innerhalb der modernen →Gesellschaft. Stattdessen findet F. ihre Form in einem in kommunikativen Zusammenhängen erlebbaren Willen zur partnerschaftlichen Begegnung. Eine →Ethik der F. wird deswegen darauf ausgerichtet sein, den Vertragsstrukturen einen wachsenden Raum zu gewähren, die Lebensführung in partnerschaftlichen Verhältnissen auch neben der Rechtsform →Ehe sowie die Förderung überschaubarer Gemeinschaften thematisieren (→Subsidiarität, Bürgerkommune, →Gemeinden).

5.4 Lebendige menschliche Kreativität als Fundament einer f.lichen Gesellschaft. Die Existenz einer f.lichen Gesellschaft ist auf die Kreativität in einem hohen Maße angewiesen. Kreativität entfaltet sich in einer Informations- und Mediengesellschaft, die unter den Bedingungen von →Internet und Sozialen Netzwerken vor großen Herausforderungen steht (z. B. Macht der Suchmaschinen), die die F. der Lebensführung gefährden. Genauso wird eine →Ethik der F. hier das hohe Gut der →Wissenschaftsf. sowie die F. in konkreten Arbeitsverhältnissen (Prekarisierung von →Arbeit, Bürgergeld) in den Mittelpunkt zu rücken haben.

5.5 Die Potenzialität der F.: Mut zur Entwicklung. F. ist nicht zu denken, ohne den Kontext der Geschichte und der Hoffnung auf weitere Entwicklungsmöglichkeiten in den Blick zu nehmen. Dies gilt gerade für Schwellenländer sowie für die Länder des Südens, aber auch in den industrialisierten Staaten im Blick auf die Etablierung von alternativen Indikatoren zur Messung des Fortschritts. Damit ist die Frage nach den Grenzen des →Wachstums bzw. nach einer →Postwachstumsökonomie zu stellen. Schließlich wird es in einer Ethik der F. um die Chance des Konzepts der Sozialen →Marktwirtschaft im Zeitalter der →Globalisierung zu gehen haben.

5.6 Fantasie – ein Spiegelbild f.lichen Lebens. Fantasie kann im Zustand f.licher Lebensführung aufleuchten. Sie manifestiert sich im Spiel, in der →Bildung, aber auch in der Kunst und der →Kultur. Deswegen wird eine Ethik der F. die Frage der Kinderrechte, nach einer ausreichenden Bildung (frühkindliche →Bildung,

Globales Lernen) sowie nach einer städtischen Kultur als Inbegriff einer f.lichen Gesellschaft thematisieren.

5.7 Ermutigung zur Teilhabe. F. entfaltet sich in der Teilhabe vieler Menschen an den gesellschaftlichen Entscheidungsprozessen. Gerade in einer f.lichen Gesellschaft wird deswegen den →Nichtregierungsorganisationen ein breiter Platz einzuräumen sein. Genauso gilt es, die demokratischen Strukturen durch ausreichende Mitwirkungsrechte ihrer Bürgerinnen und →Bürger (z. B. in Planungszellen) zu stärken sowie das Verhältnis zwischen →Kapital und →Arbeit im Finanzmarktkapitalismus kritisch zu beleuchten (z. B. →Investivlohn).

W. Huber, Folgen christlicher F. Ethik und Theorie der Kirche im Horizont der Barmer Theologischen Erklärung, 1983 – J. Moltmann (Hg.), Religion der F. Protestantismus in der Moderne, 1990 – A. Honneth (Hg.), Kommunitarismus – eine Debatte über die moralischen Grundlagen moderner Gesellschaften, 1993 – O. Bayer, F. als Antwort, 1995 – P. Bieri, Das Handwerk der F. Über die Entstehung des freien Willens, 2001 – N. Fraser/A. Honneth, Umverteilung oder Anerkennung? Eine politisch-philosophische Kontroverse, 2006 – J. Hübner, Ethik der F. Grundlegung und Handlungsfelder einer globalen Ethik in christlicher Perspektive, 2011.

Jörg Hübner

Freiheit (theologisch und ethisch)

1. F. gilt in vielen rel. und **geistesgeschichtlichen Traditionen** als das zentrale Kennzeichen menschl. Existenz und Lebensform. Die *christl.* →*Tradition* verbindet im Verständnis der F. vielfältige Aspekte der bibl. und kirchl. Überlieferung, der kirchl. Praxis und Frömmigkeit, der Philosophie und der geschichtl.-gesellschaftl. Reflexionszusammenhänge, in denen F. als die Erfüllung menschl. Lebens gesehen wird. Die christl. Tradition ist auch selbst der Ursprung verschiedener dieser Verständnisweisen und gelebter Formen von F. F. ist als „umstrittene F." (O. Bayer) verstanden worden, sofern es ein genuines, bibl. begründetes christl. Verständnis von F. gibt, das in den verschiedenen geistesgeschichtl. und gesellschaftl. Zusammenhängen krit. erinnert werden muss.

2. In der bibl. Tradition erscheint F. als Grammatik aller ihrer Erzählungen. In ihnen erscheint F. in der Befreiung zu einem Leben in Gottes Geschichte und Gottes Weisung entsprechend und in der Hoffnung auf Gottes barmherziges befreiendes Handeln. In der Erzählung vom Exodus im **Alten Testament** erscheint F. paradigmatisch als Befreiung von Herrschaft zu einem Leben in Freiheit von jeder Fremdbestimmung, auch jeder religiösen und ideologischen, und jeder politischen oder ökonomischen Unterdrückung, die dem Leben in Gottes Geschichte und Weisung widerspricht.

Im **Neuen Testament** wird F. als das fundamentale Kennzeichen christl. Lebens bestimmt. F. gründet in der Botschaft von der rettenden Heilstat Gottes in Jesus Christus (Gal 5,1). Aufgrund der Erfüllung des Willens Gottes durch Jesus Christus, die im Glauben ergriffen wird (Gal 5,1), werden Menschen dazu berufen, frei zu sein davon, sich selbst vor Gott behaupten zu müssen und sich fundamental um ihr Leben zu sorgen. Sie dürfen sich neu als Gottes Geschöpfe erfahren (2. Kor 5,17). Dies ist die F. des Geistes Gottes (2. Kor 3,17). Sie schließt die Freiheit von einem „Gesetz" ein, durch dessen Erfüllung Gottes gerechte Zuwendung erwirkt werden soll, statt einem Leben in Gottes Gebot, das zu einem Leben in F. und zur Bewahrung dieser F. gegeben ist. Im Ausüben dieser geschöpflichen Lebensform wird F. wirklich. Diese besteht darin, dass sich Menschen statt von ihren unabsehbaren Bedürfnissen bestimmen zu lassen, dem Anderen, dem →Nächsten in der →Liebe zuwenden, wie es Gottes Gebot entspricht, und so gute Formen des Zusammenlebens (→Tugenden) gewinnen (Gal 5).

3. Das bibl. Verständnis der F. hat in der **christl. Tradition** eine spannungsreiche Auslegung gefunden. Deren Geschichte ist durch Einschnitte markiert, die mit tief greifenden geistesgeschichtl. Veränderungen verbunden sind.

3.1 Das gilt für Augustin, der die F. des Menschen eingefügt sieht in sein Streben nach dem Guten und nach Gott. F. wird innerhalb dieser →Ordnung, die als Ordnung der Liebe begegnet, wirklich. Einflussreich ist Augustins Verständnis geworden, dass der Mensch zw. der ihm gegebenen Hinneigung zum Guten und der Wahl des Bösen eingefügt ist und nicht zw. gleichrangigen Möglichkeiten zu entscheiden hat. Prägend – aber auch strittig – ist geblieben, inwiefern die F. des Menschen in einer ursprünglichen Willensf. gründet. Thomas von Aquin sieht die menschl. F. in der möglichen Übereinstimmung mit Gottes Willen, seiner Schöpfung und mit der Natur des in diese Schöpfung eingefügten Menschen (→Naturrecht), der seiner →Vernunft entspricht.

3.2 Luther setzt im Rahmen der *reformatorischen Theologie* einen weiteren Einschnitt, indem er die F. des Menschen nicht mit dessen Natur oder Bestimmung gegeben sieht, sondern mit der Erfahrung des immer neuen befreienden Handelns Gottes durch die Verkündigung des Wortes Gottes (→Luthertum). Dementsprechend hält Luther gegenüber der humanistischen Tradition (Erasmus) fest, dass der *Wille des Menschen,* sein Geist und seine Vernunft von Gottes heilvollem Willen umgriffen und getragen sind. Dies meint die Unfreiheit seines Willens innerhalb des Willens Gottes, keinen Determinismus durch anonyme Wirkungszusammenhänge. Luther hat den Menschen in seiner *Befreiungsbedürftigkeit* gesehen und ihn als „zu befreienden" verstanden. Entscheidend ist, dass Menschen immer neu frei werden von der fundamentalen Sorge um ihre →Rechtfertigung vor Gott. In diesem Sinne ist der

Christenmensch als ein „freier Herr aller Dinge und niemandem untertan" zu sehen. Nichts und niemand kann für ihn Heilsbedeutung haben, an nichts kann er sein Herz hängen wollen, ohne seine F. zu verlieren, außer an Gott durch die Einstimmung in dessen Willen und befreiendes Handeln. Diese *F. im Leben mit Gott* lässt den Menschen frei werden für die Liebe zum Nächsten. In diesem Sinn ist der Christenmensch ein „dienstbarer Knecht und jedermann untertan".

Der Christenmensch ist hinsichtlich seines Glaubens, seiner christl. Lebenspraxis und durch sein Bekenntnis zu Christus, seinem Herrn, nichts und niemandem untertan. Darin ist eine weitreichende *emanzipatorische Bedeutung* der christl. F. enthalten (→ Emanzipation). Die soz.-pol. Freiheitsgesch., die daraus folgt, hat ihren Angelpunkt in der *Religionsfreiheit* (→ Gewissensfreiheit), die mit anderen Freiheitsrechten (→ Menschenrechte) verbunden ist. Auch die F. des → Gewissens gegenüber ihm fremden moralischen oder religiösen Bindungen gehört in diesen Zusammenhang. Diese Freiheitsgesch. setzt dort neu an, wo sich die F. von jeder Art von soz. oder polit. Abhängigkeit oder Knechtschaft mit der F. als fundamentale Selbstbestimmung verbindet. Christl. Freiheit umgreift dieses Verständnis begrenzend und kritisch als die Freiheit von Menschen, die von Gott bestimmt und getragen sind.

3.3 Angestoßen durch die reformatorische Theol. aber auch im Gegensatz zu ihr sieht das *neuzeitliche und moderne Verständnis* des Menschen diesen als unabhängiges, in jeder Hinsicht freigesetztes Subjekt seines Lebens und seiner Welt. Der Mensch hat sein Leben selbstständig und umfassend verantwortlich (→ Verantwortung) zu führen. Diese *F. der Lebensführung* zeichnet sein Subjekt-sein aus. Diese Auffassung von der menschl. F. tritt mit der → *Aufklärung* in einen spezifischen Problemzusammenhang ein, sofern es – auch im Sinne der christl. Tradition – gilt, F. universell, in allen Lebensbeziehungen als F. von Fremdbestimmung und Unmündigkeit zu fassen. Auch diese F. ist zugleich als soz.-polit. verwirklichte zu denken und wird in den Freiheitsrechten fassbar.

F. wird in der Philosophie Kants – in der Weiterführung der Aufklärung – als Selbstbestimmung und Selbstgesetzgebung (→ Autonomie) durch die →Vernunft erfasst, die zum Menschsein gehört und alle Menschen verbindet. Aufgrund dieser immer schon vorausgesetzten *Freiheitsidee* ist die →Humanität des Menschen zu wahren, die dem Menschen als vernünftigem Wesen eigen ist. Demgegenüber wird die F. immer wieder neu – so in der Philosophie →Hegels – in ihrer *Verwirklichung* reflektiert. F. gewinnt demzufolge ihre Geltung nicht ohne ihre geschichtl. sich entwickelnde Gestalt in der sittl.-rechtl. Verfassung der gesellschaftl.-polit. Wirklichkeit (→ Recht). In der Philosophie von Marx (→ Marxismus) wird diese Wirklichkeit hist. ge-

gebenen Bedingungen ausgeliefert gesehen, die um der F. willen grundlegend verändert werden müssten, wie vor allem die Abhängigkeit des Arbeiters vom → Kapital.

3.4 Die F. des Menschen wird in der Existenzphilosophie (von Kierkegaard bis Heidegger) in ihrer bedrohenden, aber auch aussichtsreichen *Abgründigkeit* gesehen: Der Mensch ist seiner F. ausgeliefert (Sartre), aber auch – in einem Leben am Abgrund (H. Arendt) – in einzigartiger Weise zum →Handeln genötigt und ermächtigt. Frei sein heißt handeln können, und handeln können heißt neu anfangen können, um das polit. Zusammenleben zu gewährleisten und legitime → Macht zu bilden. Auf dieser Linie ist F. auch als „*kommunikative F.*" verstanden worden, in der sich F. im inhaltlich bestimmten Zusammenleben realisiert und erfüllt (→ Kommunitarismus).

3.5 Demgegenüber ist im *liberalen* Verständnis F. (→ Liberalismus) die F. von Einzelnen, die ihre Grenzen an dem je anderen findet oder an einer umgreifenden → Ordnung, innerhalb deren jeder Mensch den ihm zukommenden Freiheitsspielraum haben soll. Dieser F. entspricht die polit. liberale Verfassung des Staates. Im soz. Zusammenhang geht es um die Entfaltung und freie Betätigung des Einzelnen, die letztendlich allen zugute kommt. Dieses allg. Ziel kann als → Gemeinwohl verstanden werden, dem die individuelle F. zugeordnet bleibt. Von den liberalen Formen von F. ist die Entwicklung eines →*Individualismus* zu unterscheiden, der die liberale Balance von F. und Ordnung durchbricht. Gegenüber der formalen Bestimmung von F. im → Liberalismus bleibt es notwendig, das soz. und polit. Gemeinsame und Verbindliche, in dem F. zur Entfaltung kommt, als Praxis einzufordern und institutionell zu sichern. Dem entspricht die Entwicklung von *zivilgesellschaftl.* Strukturen (→ Zivilgesellschaft) oder auch der Ausbau und die Garantie von solidarischen Verbindlichkeiten im → *Sozialstaat*.

3.6 Sofern dem *modernen Verständnis des Menschen* entsprechend F. als das Zusammentreffen von Gabe, Aufgabe und Selbstbestimmung verstanden wird, verwirklicht sich menschl. Leben als freiheitliches. F. ist nicht allein durch die →Arbeit oder das →Eigentum vermittelt. Kennzeichnend für die F. im modernen Verständnis bleibt die Spannung zw. einer F., die das *Individuum* Angelpunkt aller soz. Verhältnisse sein lässt, gegenüber einer F., die sich in *soz. Verbindlichkeiten* realisiert. Sofern F. für den Menschen heißt, die ihm gegebene Lebensgrundlage anzunehmen, zu verantworten und zu bewähren (T. Rendtorff), wird F. zum Prinzip, dem alle Lebensverhältnisse entsprechen sollen. Dabei bleibt nicht zu übersehen, wo akut Befreiung von Bedingungen der gesellschaftl. Entwicklung und von Unterdrückung nötig ist, wie es nicht zuletzt in den ökonomischen und polit. Abhängigkeits- und Herrschaftsverhältnissen in zahlreichen Ländern, zumal der armen Länder gegenüber den reichen der Fall ist. Darauf hat vor allem die →Befreiungstheol. die Aufmerksamkeit gelenkt. Die F. in der Fassung der „Moderne" hat in ihrer universellen Wirkmacht eine Welt entstehen lassen, die zugleich krisenhafte Folgen zeitigt und so die Kritik (und Gegenkritik) dieser epochalen Realisierung von F. bedingt, die vor allem die Etablierung von fragwürdigen Machtverhältnissen in allen Lebensbereichen und die Zerstörung der „natürlichen Umwelt" des Menschen betrifft.

4. Die Entwicklung einer freiheitlichen und pluralistischen (→Pluralismus) →Gesellschaft bringt eine Vielheit von **verschiedenartigen F.en** hervor, die etwa auf der Zunahme von vielfältigen Wahlmöglichkeiten (Optionalismus) oder von →Deregulierung beruhen. Demgegenüber bleibt immer neu zu fragen, in welchen Formen des Lebens und Zusammenlebens sich menschl. F. erfüllt. Es wird zur neuen Aufgabe einer eth. Betrachtung von F., Prozesse der Liberalisierung, die Auflösung von Strukturen auf der einen Seite und die Bildung und Erfüllung von *Lebensformen der F.* auf der anderen Seite zu unterscheiden. Dies gilt immer den Formen polit. gelebter Freiheit, in denen sich F. und Gerechtigkeit zugleich realisieren. Dies betrifft vor allem den Zusammenhang von **F. und Ökonomie**, wie er im Ideal einer – gegenüber staatlicher Steuerung – freien und sozialen Marktwirtschaft festgehalten wird. Die Erwartung an den →Markt, selbst bestimmte Abhängigkeiten oder Zwänge aufzuheben, ist durch die gegenläufigen, auch krisenhaften Prozesse des Wirtschaftens, die sich ohne direkte (politische) Steuerung etwa durch die Kapitalakkumulation global dynamisieren, weitgehend in Frage gestellt. Daher ist die Forderung nach anderen regulierenden Ordnungen, →Institutionen oder Wirtschaftsformen festzuhalten und konzeptionell weiterzuentwickeln, die der weitgreifenden Abhängigkeit von ökonomischen Prozessen entgegenwirken.

5. F. stellt sich dort in neuer Weise dar, wo die Entfaltungsmöglichkeiten, aber auch Grenzen und Unwägbarkeiten des **technologisch vermittelten menschlichen Vermögens** (→Technik), die Lebenswelt nach eigener Vorstellung radikal zu verändern, in den Blick rücken. Nicht allein die Abwehr von Risiken (→Risiko), sondern die Fortführung der durch Wissenschaft und Technologie vermittelten radikalen *Weltveränderung* erscheint als unausweichliche Perspektive. Entsprechend gilt es, *erneut* nach der F. zu fragen, der zufolge der Mensch entgegen aller Zwangsläufigkeit über Ziele *entscheiden* und für Folgen einstehen kann, statt der technologischen Entwicklung – etwa im Zusammenhang des Entstehens einer digitalen Welt und den mir ihr gegebenen Herrschaftsverhältnissen – ausgeliefert zu sein. Darüber hinaus ist im Blick zu behalten, dass F. nicht durch den Zugewinn an Vermögen zu verwalten und zu steuern („Gouvernementalität") oder zu bewahren ist, sondern dass dadurch neue Zwänge entstehen. So geht es immer zugleich um eine F., die den M. nicht auf sich selbst, zumal nicht auf sein technologisches Vermögen, zurückgeworfen sein lässt, sondern ausgerichtet sein lässt auf das, was sein Leben trägt und leitet. So ist bei aller Weltveränderung das *Verstehen der menschlichen Existenz* in ihrer F. und ihren Konturen für die Bewahrung menschl. F. entscheidend.

6. Im Thema F. sind die **Grundelemente christl.** →**Ethik** enthalten: die Beziehung menschl. Handelns zur Erfahrung des Handelns Gottes, der Zusammenhang von Handeln, →Schuld und der *Befreiung von Schuld*, die Reichweite der Beauftragung des Menschen und seiner →*Verantwortung* für den Nächsten und die Welt. In diesen Grundelementen treffen die *Kontroversen* zum Freiheitsverständnis aufeinander. Es zeichnen sich aber auch *Alternativen* ab, an denen sich das *eth. Urteil* ausrichten kann: so die Alternative zw. einer F., die den Menschen als isolierten Einzelnen begreift und einer F., die in soz. Verbindlichkeit gelebt wird; ebenso die Alternative zw. einer F., die den Menschen auf ihn selbst zurückbezogen sein lässt, und einer F. von den Zwängen der Selbstbehauptung oder der Selbstrechtfertigung, die in der im Glauben und in der Hoffnung erfahrenen Befreiung besteht.

6.1 Wie die im Evangelium zugesprochene F. gewonnen und in den gesellschaftl. Prozessen der Freisetzung und Unterwerfung humaner Lebensformen gelebt wird, bleibt die zentrale Frage ev. →*Ethik*. F. gründet nach ev. Verständnis nicht im Menschen selbst, in seinem Willen oder seiner Vernunft, sondern verdankt sich immer neu der im Glauben geschenkten Befreiung von den Gesetzen der Selbstbehauptung und der Selbstbefangenheit. Auch die Vernunft, das Denken und die Wahrnehmung bedürfen der Befreiung, der „frohe(n) Befreiung aus den gottlosen Bindungen dieser Welt" (Barmen II). In dieser Befreiung gründet auch die *soz.-polit. Form christl. F.*, die in der freien Zuwendung zum Nächsten und im ausdrücklichen pol. Handeln des Christen ihren Angelpunkt hat.

6.2 Soz. Verbindlichkeit steht nicht im Gegensatz zur F. F. ist im *ev. Verständnis* nicht allein als die F. zur Selbstentfaltung und einer entsprechenden Selbstbeschränkung zu verstehen, sondern F. besteht darin, dass der Mensch nicht auf seine Bedürfnisse oder Entscheidungen fixiert bleibt. F. ist zu gewinnen durch die Ausrichtung an der Erfahrung dessen, was Gott *für die* Menschen will, was sie von ihm als seine Geschöpfe empfangen und was ihnen im Glauben und in der Hoffnung widerfährt. Darauf *gemeinsam* antworten zu können, ist Kennzeichen der F. Diese Antwort besteht darin, dass Menschen *in allen Lebensverhältnissen* erproben, was es heißt, in der Befreiung aus der Selbstverschlossenheit in der Aufmerksamkeit auf den Anderen und in der Verantwortung für den Anderen zu leben.

6.3 Es kommt für eine **Ethik der F.** darauf an, wie sich die christl. verstandene F. mit den verschiedenen, auch im Recht verankerten, Konzeptionen von F. *auseinandersetzt* und *verständigt*. Die moderne Gesellschaft wird davon bestimmt sein, wie verschiedene Lebensformen nicht nur in gegenseitiger →Toleranz existieren, sondern auf ein gemeinsames Handeln ausgerichtet bleiben, also eine **polit. Form der F.** hervorbringen, die eine freiheitliche Gesellschaft ebenso kennzeichnet wie die friedliche Koexistenz. In diesem Sinne ist die christl. Ethik auf eine *demokratische Form* (→Demokratie) der F. ausgerichtet. Von dieser pol. Form wird die Bewahrung der F. gegenüber immer neu entstehenden Herrschaftsverhältnissen in allen Lebensbereichen abhängen

J. Simon (Hg.), F. Theoretische und praktische Aspekte des Problems, 1977 – H. Jonas, Das Prinzip Verantwortung. Versuch einer Ethik für die technologische Zivilisation, 1979 – W. Huber, Folgen christlicher F. Ethik und Theorie der Kirche im Horizont der Barmer Theologischen Erklärung, 1983 – Kirchenamt der EKD (Hg.), Evangelische Kirche und freiheitliche Demokratie. Der Staat des Grundgesetzes als Angebot und Aufgabe. Eine Denkschrift der Evangelischen Kirche in Deutschland, 1985 – M. Riedel, F. und Verantwortung. Zwei Grundbegriffe der kommunikativen Ethik, in: Ders., Für eine zweite Philosophie. Vorträge und Abhandlungen, 1988, 152–170 – Ch. Taylor, Negative F.? Zur Kritik des neuzeitlichen Individualismus, 1988 – J. Moltmann (Hg.), Die Religion der F. Protestantismus in der Moderne, 1990 – T. Rendtorff, Ethik. Grundelemente, Methodologie und Konkretionen einer ethischen Theologie, 2 Bde. (^{1}1980, ^{II}1981), ^{1}1990^{2}, ^{II}1991^{2} – H. G. Ulrich (Hg.), F. im Leben mit Gott. Texte zur Tradition evangelischer Ethik, 1993 (Lit.) – O. Bayer, F. als Antwort. Zur theologischem Ethik, 1995 – R. Schröder, Vom Gebrauch der F. Gedanken über Deutschland nach der Vereinigung, 1996 – F. Crüsemann, Bewahrung der Freiheit. Das Thema des Dekalogs in sozialgeschichtlicher Perspektive, 1998^{2} – W. Huber, Von der Freiheit. Perspektiven für eine solidarische Welt, 2012 – J. Hübner, Ethik der Freiheit. Grundlegung und Handlungsfelder einer angewandten Ethik in christlicher Perspektive, 2012 – A. Honneth, Das Recht der Freiheit. Grundriß einer demokratischen Sittlichkeit, 2013 – U. Duchrow/H. G. Ulrich (Hg.), Befreiung vom Mammon. Liberation from Mammon, 2015 – O. Höffe, Kritik der Freiheit. Das Grundproblem der Moderne, 2015.

Hans G. Ulrich

Freikirche

1. Begriff. Der Begriff „Freikirche" unterliegt inhaltlich einem starken Wandel. Im 20. Jahrhundert hat er für die sog. klassischen Freikirchen (→Mennoniten, →Baptisten, Methodisten, Freie evangelische Gemeinden) den früher polemisch verwendeten Begriff „Sekte" abgelöst. 1648 war im Westfälischen Frieden nach der 1555 erfolgten reichsrechtlichen Anerkennung der Katholiken und Lutheraner nun auch den Reformierten dieser Status zuerkannt. Alle anderen Kirchen wurden als „Sekten" klassifiziert. Im angelsächsischen Bereich waren sie abtrünnige „Separatisten", von der Lehre abweichende „Nonkonformisten" und darum „Dissenters" oder „Independente". Gegen das alleinbestimmende Patronatsrecht bei Pfarrberufungen entstand in Schottland seit 1833 eine Protestbewegung. Daraus organisierte sich 1843 erstmals eine Freikirche mit Ausstrahlungen in die Schweiz („église libre").

2. Wandel. Die seit dem ersten Drittel des 19. Jahrhunderts in die deutschen Länder mit anerkannten Territorialkirchen kommenden Kirchen (Baptisten, Methodisten, Irvingianer) wurden hier als eindringende „Sekten" bezeichnet. Die Obrigkeiten befürchteten durch die demokratisch verfassten Kirchen politische Unruhen und die dem summus episcopus unterstellten Staatskirchen mit ihrem monopolartigen Anspruch wurden teilweise zur Abwehr der konkurrierenden „Sekten" instrumentalisiert. Neben den Staatskirchen entstanden Freikirchen. Die kongregationalistisch-independentischen Täufergemeinden waren Protestkirchen, die Methodisten kamen als Missionskirchen. Beide Typen ergänzten das traditionelle deutsche Staatskirchensystem. Der Baptismus war begleitet von Protesten auch gegen die Obrigkeit. Die Forderungen nach Religions-, Glaubens- und Gewissensfreiheit gehörte zu dessen innovativen gesellschaftspolitischen Aktivitäten. Die Methodisten forderten mit der Praxis einer Mission unter Getauften die flächendeckende Vorstellung einer territorial organisierten Kirche mit monopolem Anspruch heraus. Ihr Grundansatz, diese Mission als ökumenische Unterstützung der hiesigen Erweckungsbewegung zu gestalten, war zwar zukunftsorientiert, aber für die staatsbezogenen Kirchen nicht annehmbar. Baptisten und Methodisten bereicherten die fast fundamentalistisch-morphologischen Kirchenstrukturen seit dem 16. Jahrhundert, indem sie moderne Modelle des Kircheseins praktizierten. Die Independentisten setzten einerseits auf die Unabhängigkeit bis hin zur Autonomie der örtlichen Gemeinden sowie innergemeindliche Transparenz durch demokratische Mitbeteiligung aller Gemeindeglieder. Die methodistischen Kirchen vermittelten das zukunftsorientierte System einer connexialen Weltkirche. Als Connexio wird das weltweit wirksame ekklesiale Struktursystem des Verbunds durch Konferenzen bezeichnet, das gelegentlich als „konziliares Prinzip" erklärt wird.

In der Monarchie war die Freiheit und staatliche Unabhängigkeit aller Kirchen noch kein Thema. Der Begriff Freikirche half sowohl als Abgrenzung zur „Staatskirche" wie auch zur Überwindung der Diskriminierung als „Sekte".

Mit dem Wechsel von der Monarchie zur Republik begann für die Freikirchen eine neue Zeit. Ihre Grundvorstellung der Trennung von Kirchen und Staat mit allen Konsequenzen wie Verzicht auf Privilegien, Selbsterhaltung der Kirche, keine Besteuerung der Kirchenglieder und Zuwendungen aus öffentlichen Kassen, Ablehnung von Verpflichtungen der Bischöfe und Präsidenten auf politische Verfassungen und gleiche Bürgerrechte für ihre Mitglieder konnten sie nun verwirklich sehen. Die Freiheit zur inneren Gestaltung der kirchlichen Ordnung war ein Grundsatz, der ihren Verfassungen und Kirchenordnungen von je her zugrunde lag. Die von den Freikirchen überwiegend begrüßte Republik förderte die Zusammenarbeit der Freikirchen (1916: Bildung „Hauptausschuss" und 1926 „Vereinigung Ev. Freikirchen" (VEF). Ziele waren die Durchsetzung politischer Forderungen in der Weimarer Durchsetzung und eine stärkere Öffentlichkeitswirkung. Das Recht, als Körperschaft des öffentlichen Rechts anerkannt werden zu können, wurde in der Verfassung verankert. In Fragen der umstrittenen Schulgesetzgebung gesellschaftlich nach außen und in der Förderung der ökumenischen Entwicklung nach innen erwiesen sich die Freikirchen, zwar in unterschiedlicher Akzentsetzung, aber insgesamt als „Motor der Modernisierung". Damit übernahmen sie eine Funktion, die der Staatsrechtler Christian Walter den Minderheiten als Aufgabe zuschreibt.

Gegenwärtig wird die Bezeichnung Freikirche inflationär von fast allen aufkommenden Gemeinschaften verwendet. Er hat seine gesellschaftsverändernde Kraft eingebüßt und wird dort eher als ein Weg zur Selbstdarstellung benutzt, um in Ökumene und Gesellschaft eine gewisse Akzeptanz zu erlangen.

E. GELDBACH, Freikirchen – Erbe, Gestalt und Wirkung, 2005, 2. völlig neu bearbeitete Auflage – K. H. VOIGT, Freikirchen in Deutschland (19. und 20. Jahrhundert), 2004 – K. H. VOIGT, Ökumene in Deutschland, Bd. 1, Anfänge 1848–1945, 2014, Bd. 2 (1948–2001), 2015 – Jahrbücher des VEREIN FÜR FREIKIRCHENFORSCHUNG, seit 1991 jährlich.

Karl Heinz Voigt

Freizeit

1. Begriff. Seit dem 19. Jh. wird im deutschsprachigen Raum der Begriff F. im Kontext des Engagements der Gewerkschaften für eine Verkürzung der →Arbeitszeiten in der →Industrie verwandt. Zuvor war der Begriff *Muße* gebräuchlich, der – anknüpfend an antike Ideale – als elitäres Ideal die der Oberschicht verfügbare Zeit für *Persönlichkeitsbildung* (→Person, Persönlichkeit) und die Übernahme politischer →Ämter bezeichnete. In der biblischen Tradition ist es demgegenüber die allen Menschen und sogar den Nutztieren zustehende Ruhe des Sabbaths (→Judentum und Ethik; →Bibel), welche die →Arbeit vollendet und begrenzt. Seit der Zeit der *industriellen Revolution* dominiert ein von Naturzyklen unabhängiges, *lineares Zeitverständnis*, das vielfach zur Herausbildung eines Gegensatzes von Arbeit und F. geführt hat. Während im 19. Jh. die industriellen Arbeitszeiten in beispielloser Weise ausgeweitet wurden, haben die Arbeiterbewegung und die staatl. →Sozialpolitik in Deutschland seit der Weimarer Zeit bis in die 1990er Jahre durch eine Verkürzung der *Wochenarbeitszeit*, eine Ausweitung der *Urlaubszeiten* und eine Verlängerung der *Altersruhe* eine permanente Ausweitung der F. durchsetzen können. Seither lassen sich im Zuge einer zunehmenden Flexibilisierung der Arbeitszeiten neue Formen der Entgrenzung von Arbeit und Freizeit – etwa durch Formen der Projektarbeit oder durch elektronische Medien – sowie eine zunehmende Ausweitung der Wochenendarbeit feststellen. Teilweise ermöglicht die Entgrenzung von Arbeit und Freizeit eine bessere Zeitsouveränität der Individuen, führt aber auch zu einer ständigen Erreichbarkeit und ggf. Verfügbarkeit.

Demgegenüber bedeutet F. formal die von der Erwerbsarbeit entlastete, frei verfügbare Zeit, wobei zwischen F. als *Reproduktionszeit* (Regeneration der bei der Arbeit verausgabten Kräfte) und F. als *Restgröße* (Zeitbudget abzüglich der Zeiten für Arbeit, Wege, Schlaf, körperliche Erhaltung u. a.) unterschieden werden kann. Über diese negativen Definitionen hinausgehend meint F. die von den Einzelnen nach freiem Ermessen qualitativ ausgefüllte Zeit, die als selbstbestimmte, von gesellschaftlichen Rollenzwängen befreite Zeit der *Persönlichkeitsentfaltung* (Selbstverwirklichungsbestrebungen durch Spiel, →Bildung, →Sport u. a.) oder der *Zerstreuung* und *Unterhaltung* dient. Je nach Definition wird F. – in der Regel vom Primat der Arbeit ausgehend – theoretisch als Gegenwelt, Erholung, Verlängerung oder Kompensation zur Arbeit konzipiert. Mit der tendenziellen Zunahme frei verfügbarer Zeit gewinnt das F.verhalten als eigenständiges Muster der Lebensführung neben der Arbeitswelt eine größere Bedeutung.

2. F.verhalten und Sozialstruktur. Das F.verhalten als Bezeichnung des Ensembles der Motive, Ziele, Orientierungen und Wertvorstellungen (→Werte) der Einzelnen bei ihrer Deutung und Verwendung der F. ist wesentlich durch sozialstrukturelle Daten (→Alter, Bildung, Geschlecht, Familienstand, Art des →Berufs, Wohnort, →Einkommen u. a.) bestimmt. Nach wie vor gibt das Einkommen relevante Auskunft über den F.stil, daneben bestehen geschlechtsspezifische Ungleichheiten und die hohe Bedeutung der Familiensituation, wobei →Kinder den Schwerpunkt auf familiäre F.aktivitäten richten (→Familie). Die deutlichsten Zusammenhänge lassen sich empirisch zwischen F.verhalten, Lebensalter und Bildungsgrad aufzeigen, wobei sich als generelle Entwicklung seit dem kulturellen Wandel der späten 1960-er Jahre eine Erlebnisorientierung in der F. feststellen lässt. Eine entsprechende Analyse hat GERHARD SCHULZE vorgelegt, der fünf *Erlebnismilieus* unterscheidet, die durch eine Altersgrenze (40 Jahre) und Bildungsniveaus abgegrenzt sind. So identifiziert er bei den jüngeren Gruppen einen „aktionsorientierten F.stil" sowie ein Selbstverwirklichungsmilieu mit hochkulturellen F.ambitionen. Im Bereich der drei älteren Gruppen lassen sich ein Niveaumilieu mit exklusiven F.möglichkeiten, ein Integrationsmilieu mit einem ausgeprägten Geselligkeitsstreben und der Tendenz zu Nachbarschaftskontakten (→Nachbarschaft) und Vereinsaktivitäten (→Verein) sowie ein Harmoniemilieu differenzieren. Die Charakteristika dieser Milieustrukturen sind durch weitere Studien – vgl. die Sinus-Studien – präzisiert worden.

3. **Kommerzialisierung der F.** Ungeachtet der sozialstrukturellen Differenzierungen lässt sich eine zunehmende Kommerzialisierung und Konsumorientierung (→Konsum) des F.verhaltens feststellen. Der Medienkonsum (→Massenmedien, speziell das →Internet) steht quantitativ an der Spitze der bevorzugten F.aktivitäten, die Urlaubsreise (→Tourismus) und der Sport werden qualitativ als zentrale Möglichkeit der Selbstbestimmung, als „populärste Formen von →Glück" (H. W. OPASCHOWSKI) betrachtet. Entsprechend steigen die Ausgaben für Mobilität, Gastronomie, Sportartikel, Medien und Unterhaltungselektronik nach wie vor an. Problematisch sind einerseits die mit der Dominanz des F.konsums verbundene Passivierung des F.verhaltens und andererseits neuartige Leistungsnormen und Statussymbole, wie sie die F.- und Kulturindustrie fördert.

4. **F.-Pädagogik und die Rolle der Kirchen.** Gegen diese Tendenzen richtet sich eine aktivierende F.-Pädagogik, die sich um spielerische und selbstbestimmte Aktivitätsformen – häufig in einem Gruppenbezug (→Gruppe) – bemüht. Ihr geht es um die Gewinnung einer Balance zwischen eher passiv-konsumorientierten und kommunikativ-gestalterischen F.aktivitäten. Eine besondere Bedeutung kommt hier den Kirchen zu: Sie sprechen mit ihren Angeboten für Gruppen, durch Seminare, sozialdiakonische oder kulturelle Aktivitäten und nicht zuletzt mit dem Gottesdienst ihre Mitglieder in der F. an und konkurrieren dabei mit einer Vielzahl anderer F.angebote. Dies erschwert angesichts der tendenziellen Entgrenzungen von F. und Arbeit sowie der zunehmenden Bedeutung der elektronischen Kommunikation und der Mobilität in der F. die Gestaltung der traditionellen kirchlichen Angebote, gleichzeitig reagieren die Kirchen darauf z. T. erfolgreich durch neue Angebote, etwa durch den Ausbau der Urlauberseelsorge und durch ihre Internetpräsenz. Theologisch ist das Thema F. – von der Sonntagsheiligung abgesehen – nur wenig reflektiert: Traditionell hat man F. durch den Verweis auf religiöse und rekreativ-soziale Zwecke legitimiert. Wurde gegen Ende des 20. Jh. F. in oft dichotomischer Abgrenzung zur Arbeitswelt als Chance individueller Selbstbestimmung gewürdigt, geht es gegenwärtig insbesondere um die Gewinnung einer angemessenen Work-Life-Balance. Gegen Tendenzen des Rückzugs vieler Menschen in die F.sphäre privaten Glücks und angesichts neuer Zwänge einer ständig zu steigernden Erlebnisqualität in der F. ist theologisch daran zu erinnern, dass die Rechtfertigungsbotschaft von jedem Selbstverwirklichungszwang – sei es in der F., sei es in der Arbeitswelt – befreit. Wesentliches Symbol hierfür sind die Ruhe und die Muße des arbeitsfreien, gemeinsamen Sonntags, für dessen Schutz sich die Kirchen einsetzen.

W. KOEPPEN (Hg.), F. im Wandel, 1984 – J. KRAUSS-SIEGMANN, Von der F. zur Muße, 1989 – G. SCHULZE, Die Erlebnisgesellschaft, 1992 – J. P. RINDERSPACHER, Zeitwohlstand. Ein Konzept für einen anderen Wohlstand der Nation, 2002 – H. W. OPASCHOWSKI, Einführung in die Freizeitwissenschaft, 2008 – K. GOETZ, Freizeit-Mobilität im Alltag oder Disponible Zeit, 2009.

Traugott Jähnichen

Frieden / Friedensethik

1. Begriff. *1.1.* Als Ziel des Strebens und Hoffens, unter der gegenteiligen Erfahrung grausamer →Kriege und leidvoller Friedlosigkeit immer wieder ersehnt, hat das Wort F. einen Klang, der in die Tiefendimension menschlicher Erfahrung reicht. Zu den Konnotationen des F.sbegriffs gehört die rel.-spirituelle Dimension ebenso wie die pol.-rechtliche. Thema der →Ethik ist der F. als Ziel menschlichen (insbesondere pol.) Handelns. F.sethik ist somit Teil der →Pol. Ethik. Dabei setzt christl. F.sethik das im christl. Glauben erschlossene Verständnis von Gott, Welt und Mensch voraus; sie fragt, wie der in den bibl. Überlieferungen zugesagte F. auf die pol. Gestaltung des F.s zu beziehen ist. Auch der pol. F. ist ein mehrdimensionaler Begriff:

1.2. Seiner *Reichweite* nach, kann er auf Beziehungen zwischen Individuen und gesellschaftlichen Gruppen, auf die innerstaatl. Ordnung ebenso wie auf zwischenstaatl. Verhältnisse bezogen werden. *Funktionalistische Ansätze*, die F. in einer Theorie des internationalen Systems verorten, reservieren den F.sbegriff für zwischenstaatl. und zwischengesellschaftliche Beziehungen (CZEMPIEL). Dieser F.sbegriff umfasst die innerstaatl. Interaktionen nur, soweit sie funktional auf das internationale System bezogen sind. Der Zusammenhang zwischen innerem und äußerem F. kommt stärker in einem *zivilisationstheoretischen Zugang* zum Tragen (SENGHAAS). In dieser Perspektive sind gelungene Zivilisierung und F. identische Tatbestände. Die entscheidenden Dimensionen von F. als Zivilisierungsprojekt erschließen sich aus den Bedingungen, die in modernen Gesellschaften inneren F. ermöglichen: v. a. die Herausbildung des staatl. Gewaltmonopols und der individuellen Affektkontrolle.

1.3. Seinem *Inhalt* nach umschließt der F.sbegriff zwei Pole, nämlich Existenzsicherung und Existenzentfaltung. Eine bloß negative F.sdefinition („Zustand innerhalb eines Systems größerer →Gruppen von Menschen, bes. von →Nationen, bei dem keine organisierte, kollektive Anwendung oder Drohung von Gewalt stattfindet") ist ebenso unzureichend wie die rein positive („Zustand der Integration konfligierender →Parteien in einem übergeordneten System"). Könnte der negative F. auch durch eine diktatorische Weltregierung garantiert werden, so übersieht der positive F.sbegriff die mögliche produktive Funktion von Konflikten. Beide Definitionen sind v. a. darin unzureichend, dass sie F. als Zustand verstehen. F. ist jedoch ein Prozess: die Annäherung an ein Ziel, dessen konkreter Inhalt sich mit der gesch. Entwicklung verändert und sich deshalb einer abschließenden Definition entzieht. Dem trägt die neuere F.sforschung dadurch Rechnung, dass sie nicht von einer F.sdefinition, sondern von Indikatoren für f.sfördernde Prozesse ausgeht. Deren wichtigste sind die Vermeidung von Gewalt, die Verminderung von Unfreiheit und der Abbau von Not.

2. Gesch. Entwicklungen. *2.1. Antike und Bibel.* Die *antiken* F.sverständnisse fassen F. als Gegenbegriff zum Krieg auf. Die griech. eirene bezeichnet den inneren F.szustand eines Gemeinwesens in den von den Göttern verfügten Zwischenzeiten eines als dauernd erfahrenen Kriegsgeschehens. Der lat. Terminus pax ist seiner Grundbedeutung nach ein Rechtsbegriff, der sich auf das zweiseitige Verhältnis von Vertragsparteien bezieht. Die pax Romana war allerdings Programm einer imperialen, auf →Gewalt gestützten Herrschaftsordnung; für ihren Bestand galt die Maxime „si vis pacem, para bellum". In der Zeit der pax Augusta (40 v.Chr. – 143 n.Chr.) wurde die pax zur Gottheit und ihr Kult zur Spitze der pol. Religion Roms.

Das *bibl.* F.sverständnis unterscheidet sich vom antiken radikal. Der shalom des *AT* ist Ausdruck für ein umfassendes, den Menschen in seiner leib-seelischen Ganzheit und allen Sozialbezügen betreffendes Heilsein und Wohlergehen; vgl. v. a. die Verwendung des Wortes als Gruß- (z. B. Gen 43,23; 44,17; Ri 19,20) und Segensformel (Num 6,26). Hatten die Stämme im vorstaatl. Israel noch Befreiungskämpfe im Namen Jahwes geführt, so führte die Geschichte des Königtums zu einer zunehmenden Distanzierung Gottes vom Krieg. Da die pol. F.saufgabe des Königs nicht nur den Schutz gegen äußere Feinde, sondern auch die Hilfe für Elende und Arme umfasste (Ps 72), richtete sich die königskrit. Prophetie gegen machtpol. Selbstbehauptung (z. B. Jes 7; 30,15ff; 31,1ff) ebenso wie gegen einen Pseudof., der massive soziale Ungerechtigkeit deckt (Jer 6,14; 8,11). Daraus ging in der Krise des Exils die Erwartung eines weltumspannenden messianischen F.s hervor: Er verbindet sich mit der Figur eines →Recht und →Gerechtigkeit wiederherstellenden F.sfürsten (Jes. 9,1ff), dem Bild eines F.s mit und in der Natur (Jes 11,1ff) und jenem „Urmodell der pazifizierten Internationale" (BLOCH), in der kraft der konfliktschlichtenden Weisung Gottes Schwerter zu Pflugscharen umgeschmiedet werden (Jes 2,2ff/Micha 4,1ff).

Das *NT* betont den göttlichen Gabecharakter des F.s, der aber seine Entsprechung im menschl. F.shandeln findet. Die F.sbotschaft Jesu v. Nazareth ist Teil seiner Predigt von der nahenden Gottesherrschaft. Den F.sstiftern (eirenopoioi), wird in der →Bergpredigt der eschatologische Ehrentitel der Söhne Gottes zugesagt (Mt 5,9); deshalb sind sie befähigt, Feindesliebe (Mt 5,44; Luk 6,27) zu üben. Hist. grenzt sich die Jesusbewegung mit der Mahnung zum Gewaltverzicht nicht nur gegen die gewaltförmige pax Romana ab (ihr gilt Mt 10,34), sondern ebenso gegen zeitgenössische militante jüd. Befreiungsbewegungen. Das urchristl. Ethos der Feindesliebe ist aber nicht passiv und apol. zu verstehen; es hatte seinen sozialen Ort in der Praxis zeichenhafter Verweigerung und gewaltfreier Resistenz gegenüber der röm. Besatzungsmacht. Nach dem ntl. Zeugnis sind die messianischen F.shoffnungen in Jesus zur Erfüllung gekommen (Luk 2,14). Paulus und seine Schule sehen den Grund des F.s im Kreuz Jesu Christi gelegt, d. h. in der Versöhnung durch Gottes eigene Selbsthingabe und Feindesliebe (Röm 5,1ff; 2 Kor 5,18ff). Dieser durch Christus gestiftete F. bedeutet ein neues Verhältnis zwischen der Menschheit und Gott sowie den Menschen untereinander (Eph 2,14–17) und umfasst kosmische Dimensionen (Kol 1,20). Im Joh.Evgl. wird der F.sgedanke allerdings auf die Überwindung existenzieller Weltangst reduziert. In Anbetracht der Minderheitensituation der frühen Christen stellte sich die F.saufgabe noch nicht als pol. Problem, sondern blieb auf den Binnenbereich der Gemeinden beschränkt (1.Thess 5,13; 2 Kor 13,11; Jak 3,18–4,10).

2.2. Frühe Kirche bis Reformation. Kriegsdienst im röm. Heer und Bekenntnis zum christl. Glauben galten für die frühen Christen überwiegend als unvereinbar. Dem Vorwurf, das Christentum verhalte sich zur pax Romana subversiv, traten die christl. Autoren des 2. und 3. Jh.s mit dem Argument entgegen, Frömmigkeit, Nächstenliebe und Hoffnung auf den ewigen F. Gottes innerhalb der christl. Gemeinde bilde den entscheidenden Beitrag zum pol. F. Daraus erwuchs die Aufgabe, den F. als eschatologisches Heilsgut und den pol. F. in ein konstruktives Verhältnis zu setzen. Die wirkungsmächtige Grundlage dafür lieferte AUGUSTIN. Als Antwort auf die durch den Fall Roms (410) ausgelöste Krise der Reichstheol. führte er die Zuordnung von innerweltl. und eschatologischem F. auf die Unterscheidung zweier menschheitlicher Personenverbände, der Bürgerschaft Gottes (civitas Dei) und der zum Bösen tendierenden irdischen Bürgerschaft (civitas terrena seu diaboli) zurück. Weil die Kirche in ihrer gesch. Existenz nur als ein aus beiden Verbänden gemischter Sozialkörper (corpus permixtum) besteht, sind in dieser Weltzeit die Glieder der civitas Dei darauf angewiesen, mit den Gliedern der civitas terrena zusammenzuarbeiten. Der auf diese Weise erreichbare F. kann nur eine unvollkommene Gestalt haben. Er ist kein höchstes, wohl aber ein hohes Gut, das durch weltl. Macht und Herrschaft, notfalls auch durch einen gerechten Krieg gesichert werden muss.

Hatten (bei aller Gegensätzlichkeit) sowohl das röm. wie das christl. Verständnis vom F. im Singular gesprochen, so brachte das germ. Denken andere Motive ein. Die alt- und mittelhochdt. Wörter fridu und fride (von indogerm. pri = lieben, schonen) sind etymologisch mit frei, freien, Freund verwandt. Sie verweisen auf einen Zustand der Gewaltlosigkeit und gegenseitigen Verbundenheit in partikularen Sozialbereichen wie Haus, Sippe, Dorf, →Stadt und Land. Der ma.liche Sprachgebrauch kennt deshalb eine Mehrzahl von F. als Bezeichnung für die (sei es zeitlich, sei es territorial) begrenzte Eindämmung der als Rechtsinstitut geltenden Fehde. Unter ihnen gewannen nach der Jh.wende der (von kirchl. Instanzen ausgerufene und sanktionierte) Gottesf. sowie der (nach diesem Vorbild von den weltl. Gewalten ausgebaute) Landf. herausragende Bedeutung.

Die →Institution des Sonderf.s verdrängte die umfassende F.sidee nicht; sie geriet jedoch im Hochma. in den Konflikt zwischen Kaiser und Papst (imperium und sacerdotium) um den Vorrang bei der Garantie des universalen F.s. Der Überordnung der Gnade über die Natur entsprechend stützte THOMAS VON AQUIN den Suprematsanspruch des Papstes. Er behandelt die christl. F.spflicht im Traktat über die übernatürliche Liebe; als ultima ratio sind um des F.s willen die Übel des Krieges nach Maßgabe der einschränkenden Kriterien des bellum iustum in Kauf zu nehmen. Auch die großen F.svisionen des 14. Jh.s (DANTE ALIGHIERI, MARSILIUS VON PADUA, P. DUBOIS) gehen ebenso wie später ERASMUS VON ROTTERDAM von einer wesensgemäßen Hinordnung des Menschen auf den F. aus, betonen aber in unterschiedlicher Weise die Eigenständigkeit der weltl.-pol. F.sordnung und antizipieren das moderne Motiv einer internationalen Schiedsgerichtsbarkeit.

M. LUTHERS F.sethik steht im theol. Bezugsrahmen seiner →Zwei-Reiche-(und Regimenten-)Lehre. Sie hebt die ma. Zwei-Stufen-Ethik auf, welche die Radikalforderungen der Bergpredigt für eine monastische Sondermoral reserviert hatte. An die Stelle einer gruppenspezifischen tritt eine personale Unterscheidung: *Für sich selbst* soll der Christ Gewaltverzicht üben und Unrecht nicht vergelten; *für andere* jedoch, zum Schutz des Nächsten, ist die zwangsbewehrte Rechtswahrung des obrigkeitlichen Amtes gemäß Röm 13 ein „großer und nötiger Nutzen, damit F. erhalten, Sünde bestraft und den Bösen gewehrt werde". Der pazifistische „linke Flügel" der Reformation (FRANCK u. a.) bestreitet die Zulässigkeit jener Unterscheidung; daraus gehen die Hist. F.skirchen (→Quäker, →Mennoniten, Brethren) hervor. Bei LUTHER ist das Gebot des privaten Gewaltverzichts zugunsten des amtlichen Gewaltgebrauchs im hist. Kontext pol.-rechtlicher Reformbemühungen zu sehen, die die Eindämmung des Fehderechts, die Monopolisierung der Gewalt und die Etablierung einer zentralen Gerichtsbarkeit zum Ziel hatten. LUTHER bezog die pol. Aufgabe wie die ma. Tradition auf die Verwirklichung von iustitia et pax; der Gedanke einer aus →Gnade geschenkten →Gerechtigkeit Gottes relativierte aber den Geltungsanspruch der iustitia civilis von Grund auf (sog. relatives →Naturrecht). Der Reformator gab deshalb dem F. als dem „grössesten Gut auf Erden" Vorrang vor der Durchsetzung des eigenen Rechtsstandpunkts: Er verwarf den Religionskrieg und schränkte den rechtmäßigen Krieg strikt auf den Verteidigungsfall unter dem Vorbehalt des →Gewissens ein. Entsprechend erlauben die luth. Bekenntnisschriften das iure bellare im Rahmen der Erfüllung anderer pol. Pflichten (CA XVI).

2.3. Neuzeit. Die abendländische Konfessionsspaltung schwächte die f.sstiftende Kraft des christl. Glaubens nachhaltig und trieb den Gedanken der Souveränität des neuzeitlichen →Staates hervor (BODIN). Vor diesem Hintergrund entstand *einerseits das völkerrechtliche Projekt des Staatenf.s* durch Verrechtlichung der zwischenstaatl. Beziehungen und des Krieges, wozu auf naturrechtlicher Grundlage H. GROTIUS sowie bereits die spanische Spätscholastik (F. DE VITORIA, B. AYALA) wesentliche Anstöße lieferten. *Andererseits* entwickelte TH. HOBBES in Reaktion auf die konfessionellen Bürgerkriege *das absolutistische Konzept des Staatsf.s*, das den inneren F. durch bloßen (wahrheitsindifferenten) Gesetzeszwang garantiert, dafür aber die zwischenstaatl. Beziehungen im Naturzustand eines potenziellen Krieges aller gegen alle belässt.

Eine weitsichtige Lösung des Problems skizzierte I. KANT. In seiner Schrift „Zum ewigen F." (1796) knüpft er an die Tradition der F.sutopien an, konstatiert aber das „Ende aller Hostilitäten" als kategorisches Vernunftgebot. Die positiven Verwirklichungsbedingungen eines universalen Rechtsf.s fasst KANT in drei „Definitivartikeln" zusammen: 1. „Die bürgerliche Verfassung in jedem Staat soll republikanisch sein"; Republiken bzw. repräsentative Demokratien sind f.sgeneigt, weil die Zustimmung zum Krieg von allen Bürgern abhängt. 2. „Das Völkerrecht soll auf einen Föderalism freier Staaten gegründet sein", denn ein Weltstaat wäre potenziell despotisch. 3. „Das Weltbürgerrecht soll auf die Bedingungen der allgemeinen Hospitalität eingeschränkt sein", so dass ein f.sfördernder globaler Austausch von Informationen, Ideen und Waren ohne Verletzung des Selbstbestimmungsrechts der →Staaten statthaben kann.

Im 19. Jh. dominierte jedoch ein kriegsverherrlichender *Bellizismus*, der durch die antinapoleonischen Befreiungskriege sowie den aufkommenden Nationalismus Sukkurs bekam und seitens des dt. Protestantismus (mit wenigen Ausnahmen wie BONHOEFFER, DEISSMANN, SIEGMUND SCHULTZE) bis weit in den 2. Weltkrieg hinein mitgetragen wurde. Im 19. Jh. liegen jedoch auch die Anfänge des organisierten *Pazifismus*, in den Impulse des hist. F.skirchen, der bürgerlich-liberalen F.sbewegung, des →Rel. Sozialismus und der antimilitaristischen Arbeiterbewegung einflossen. Der (1901 geprägte) Begriff „Pazifismus" ist nicht auf den individuellen, unbedingten Gewaltverzicht beschränkt. Er bezieht sich auf die Gesamtheit der Bestrebungen, die eine Politik gewaltfreier zwischenstaatl. Konfliktaustragung propagieren und das Ziel einer friedlichen, auf das Recht gegründeten Völkergemeinschaft verfolgen. Die Ideen des *legal pacifism* führten nach dem 1. Weltkrieg zum Völkerbund; das völkerrechtliche Kriegsverhütungsrecht und das humanitäre Kriegsrecht wurden ausgebaut. Nach der Katastrophe des 2. Weltkriegs hob die Charta der UN (→Vereinte Nationen) das freie Kriegsführungsrecht der Staaten durch das allg. Gewaltverbot (Art. 2 Abs. 4) auf.

2.4. *Kirchl. F.sethik nach 1945.* „Krieg soll nach Gottes willen nicht sein" (so die 1. Vollversammlung des ÖRK in Amsterdam 1948) – diese Einsicht setzte sich in den meisten großen Kirchen erst jetzt durch. Seither gehört die F.sverantwortung zu den zentralen Themen in der Arbeit des ÖRK und der konfessionellen Weltbünde, der röm. kath. Soziallehre sowie des Öffentlichkeitsauftrags der EKD (→Denkschriften). In der bibl.-theol. Grundlegung einer christl. F.sethik stimmen heute ev. und röm.-kath. Kirche weitestgehend überein; ebenso in ihrer Unterstützung der F.saufgabe der Vereinten Nationen und der Förderung ziviler Friedendienste. Nach wie vor bestehende Kontroversen darüber, ob und unter welchen Bedingungen militärische Gewalt überhaupt christl. verantwortbar ist, sind konfessionsübergreifend (→Krieg).

Situationsbedingt konzentrierte sich die kirchl. f.sethische Urteilsbildung während des Ost-West-Konflikts auf die Problematik der Kriegsverhütung durch das System nuklearer Abschreckung. Dabei nahm der Konsens bezüglich der Unverantwortbarkeit des *Einsatzes* von Nuklearwaffen zu, die ethische Bewertung der *Drohung* mit ihnen blieb dagegen strittig. Der christl. Nuklearpazifismus, der – unter Verwerfung anderer Haltungen – die F.sfrage zum Bekenntnisfrage erklärte, konnte in der EKD (anders als im Kirchenbund der DDR) nicht in kirchenamtliche Positionsbestimmungen vordringen. Im westdt. Mehrheitsprotestantismus wurde seit 1959 (ebenso wie in der röm.-kath. Kirche seit dem II. Vatikanum) die Beteiligung an kriegsverhütender Abschreckung unter der Bedingung toleriert, dass sie von effektiver Abrüstung begleitet wird. Die Vollversammlung des ÖRK in Vancouver 1983 forderte jedoch die →Kirchen auf, Herstellung, Stationierung und Einsatz von Kernwaffen zum völkerrechtswidrigen „Verbrechen gegen die Menschheit" zu erklären.

Der von dieser Versammlung ausgerufene „→Konziliare Prozess zur gegenseitigen Verpflichtung (Bund) für Gerechtigkeit, Frieden und Bewahrung der Schöpfung" initiierte v. a. im dt.sprachigen Raum einen breiten Dialog über die christl. F.sverantwortung. Er zählte in der DDR zu den Katalysatoren des friedlichen Umsturzes von 1989 und führte im selben Jahr zur ersten (gemeinsam mit der kath. Kirche durchgeführten) Eur. Ökumenischen Versammlung in Basel. Die abschließende Weltversammlung in Seoul 1990 trug der Vatikan nicht mit. Der im „Konziliaren Prozess" entwickelte Leitbegriff des „gerechten F.s" korrigierte das in der nördlichen Hemisphäre vorherrschende Verständnis der F.saufgabe als bloßer Kriegsverhütung, indem er einerseits die Forderung des Südens nach globaler Verteilungsgerechtigkeit, andererseits den Schutz der →Menschenrechte mit dem F.sthema verband.

Nach dem Ende der bipolaren Weltordnung 1989 sah sich das von beiden Kirchen geteilte Konzept des gerechten F.s dem Phänomen „neuer" (aus zerfallender Staatlichkeit resultierender) Kriege und (v. a. seit der Jahrtausendwende mit der Realität eines international operierenden Terrorismus konfrontiert.

3. Systematische Perspektiven. *3.1.* F. ist kein unumkehrbarer zivilisatorischer Prozess, sondern muss stets neu gestiftet werden Diese Aufgabe gehört unabdingbar zur christl. Weltverantwortung; sie ist aber *mehr* als eine moralische Pflicht. Das Ethos der F.sstifter gründet in der durch Gott in Jesus Christus erwirkten Versöhnung; es hat sein Ziel im kommenden Reich Gottes, in dem „→Gerechtigkeit und F. sich küssen" (Ps 85,11). In christl. Sicht sind Ursprung und Vollendung des F.s zwar für pol. Handeln strikt unverfügbar; sie orientieren es jedoch neu durch den Geist der Verzeihung, der Feindesliebe und der Gewaltfreiheit (auch gegenüber der Natur). Freiwilliger Gewaltverzicht, der dem ntl. F.sgebot unmittelbar folgt, antizipiert jenes Ethos, das unter der kommenden Gottesherrschaft allgemein werden soll. Es gewinnt in dem Maße pol. Bedeutung, in dem es sich nicht auf individuelle Verweigerung beschränkt, sondern mit einer kollektiven Praxis aktiver F.sarbeit verbindet. Der gerechte F. als Leitbild christl. →Ethik zielt auf die Vermeidung von Gewaltanwendung, auf die Förderung der Freiheit und den Abbau von Not.

3.2. In einer schon versöhnten, aber noch nicht erlösten Welt kann das Ziel des gerechten F.s nicht ohne einen vereinbarten Rechtszustand verwirklicht werden, der wie den innerstaatl., so auch den zwischenstaatl. Naturzustand überwindet. In einer kooperativ verfassten Weltgesellschaft ohne Weltregierung muss eine am gerechten F. ausgerichtete globale F.sordnung jedenfalls drei Regelungsbereiche umfassen:

3.3.1. *Kollektive F.ssicherung* durch die internationale Organisation der Staatengemeinschaft (heute die UN). Die F.ssicherungsaufgabe ist legitim durch ein System kollektiver Sicherheit zu lösen, das den (äußerstenfalls auch militärischen) Schutz der Einzelstaaten wie der internationalen Rechtsordnung einer gemeinsamen Aktion der Mitglieder unter der Direktive einer transnationalen Entscheidungsinstanz (des Sicherheitsrats) vorbehält. Ein System kollektiver Sicherheit richtet sich nicht wie ein Verteidigungsbündnis gegen potenzielle Angreifer von außen, sondern ist auf Binneneffekte angelegt: Jedes Mitglied ist gegen jedes andere dadurch geschützt, dass alle einander gegen einen F.sbrecher in den eigenen Reihen schützen. Dabei haben zivile Maßnahmen wie kontrollierte Abrüstung, Begrenzung des Waffenhandels, →Konfliktprävention, friedliche Streitbeilegung sowie Sanktionen unterhalb der militärischen Gewaltschwelle Vorrang vor dem (durch Kriterien rechtswahrender Gewalt strikt limitierten) Einsatz militärischer Mittel. Antiterrorismus Aufgabe ist Aufgabe internationaler Verbrechensbekämpfung.

3.3.2. *Universalität und Unteilbarkeit der Menschenrechte:* Die pol. Gerechtigkeit, an der sich eine globale F.sordnung als Rechtsordnung orientieren muss, findet ihre Konkretisierung in den Menschenrechten. Obwohl sich die regulative Idee eines Weltbürgerrechts in einer kooperativ verfassten Weltordnung notwendigerweise an der Staatenrealität bricht, gibt es sehr wohl eine Rechtspflicht der Staaten zur Gewährleistung des menschenrechtlichen Mindeststandards. Eine militärische Intervention ist jedoch f.sethisch nur zum Schutz vor Menschheitsverbrechen (v. a. Genozid, Massenmord an Minderheiten) sowie unter strikter Befolgung der Regeln der UN-Charta vertretbar (vgl. das 2001 auf UN-Ebene rezipierte Konzept der Responsibility to Protect). F.srelevant sind die Menschenrechte v. a. wegen ihrer zivilen Logik: Im Zuge der Emanzipation der Zivilgesellschaft gegenüber der →Staatenwelt bieten sich gesellschaftlichen Akteuren (→Nichtregierungsorganisationen, Religionsgemeinschaften, kirchl. Zusammenschlüssen, →Massenmedien) neue Chancen zur Herstellung einer moralisch sensiblen Weltöffentlichkeit, zur Förderung →demokratischer Strukturen sowie zur zivilen Konfliktbearbeitung im Auftrag internationaler Organisationen.

3.3.3. *Transnationale soziale Gerechtigkeit:* Zum gerechten F. gehört die Garantie eines Mindestmaßes weltweiter Verteilungsgerechtigkeit. Dieses Postulat bezieht sich auf Grundbedürfnisse, d. h. die globale Verteilung ist daran zu messen, ob sie jedem Menschen Existenz, dauerhaften Unterhalt und ausreichende Verwirklichungschancen sichert. Im Interesse einer weltweiten F.sordnung bedarf es der Garantie von Mindestnormen sozialer Sicherung, der Etablierung fairer Kooperationsverhältnisse und der Stärkung der Verhandlungsmacht der Entwicklungsländer in den internationalen Wirtschafts- und Finanzinstitutionen, aber auch der Verpflichtung der ökonomisch schwachen Staaten zu guter und verantwortlicher Regierungsführung (good governance).

W. LIENEMANN, Frieden, 2000 – DEUTSCHE BISCHOFSKONFERENZ, Gerechter Friede, 2000 – RAT DER EKD, Aus Gottes Frieden leben – für gerechten Frieden sorgen. Eine Denkschrift, 2007[2] – M. WEINGART, Religion Macht Frieden, 2007 – V. STÜMKE/M. GILLNER (Hg.), Friedensethik im 20. Jh., 2011 – K. RAISER/U. SCHMITTHENNER (Hg.), Gerechter Friede. Ein ökumenischer Aufruf, 2012 – H.-R. REUTER, Recht und Frieden, 2013.

Hans-Richard Reuter

Fundamentalismus

1. Grundverständnis. F. gibt es in fast allen Konfessionen und Religionen in vielfältiger Form. Als Gemeinsamkeit der verschiedenen Ausprägungen kann eine strenge Ausrichtung an „fundamentals" des Glaubens genannt werden, die zur Identifikation und zur Abgrenzung gegenüber anderen Personen und Gruppen dienen. Der ausschließende Wahrheitsanspruch der eigenen Überzeugung ist ein wesentliches Element sowie dessen alleingültige Durchsetzung auch gegenüber anderen (JÄGGI und KRIEGER). Aus dem christlichen Kontext hat der F. seine Bezeichnung. C. L. LAWS hatte 1920 in einer Zeitschrift der Baptisten diesen Ausdruck gebraucht und nahm damit Bezug auf eine religiöse Bewegung in den USA, die sich im 19. und 20. Jh. ausgehend von den „fundamentals", d. h. bestimmten Glaubensüberzeugungen, gegen den Darwinismus, Säkularisierung und den Modernismus stellte (KIENZLER).

2. Theologische Charakteristika. *2.1 Die „fundamentals" und das Schriftverständnis.* Die fünf „fundamentals", die sich aus den Niagara Bible Conferences Ende des 19. Jh.s entwickelt hatten (COBB), stehen in engem Zusammenhang mit dem spezifischen Schriftverständnis des F., das die Irrtumslosigkeit der Bibel herausstellt. Der erste Grundsatz lautet, dass die Bibel als Heilige Schrift unfehlbar ist. Daraus ergibt sich als zweiter Grundsatz der Glaube an die Jungfrauengeburt sowie die Göttlichkeit Jesu. Drittens geht es um das Sühnopfer Jesu, welches er für die Sünden der Menschen erbracht hat, viertens um die leibliche Auferstehung von Jesus Christus und fünftens um die Wiederkunft Christi nach dem Armageddon.

Die Schrift wird als die Grundlage des Glaubens verstanden, und die Vorstellung der Verbalinspiration steht im Mittelpunkt. Eine kritische Hermeneutik wird abgelehnt. Da es auch um ein wörtliches Verständnis der Schöpfungsgeschichte geht (Kreationismus), werden Darwin und die Evolutionstheorie abgewiesen.

2.2 Wahrheits- und Religionsverständnis. Religion als Ausdruck des Glaubens, der das ganze Leben prägt, wird als die wesentliche Größe im menschlichen Leben angesehen. Dabei ist der absolute Wahrheitsanspruch, der sich aus dem Stellenwert der biblischen Quellen ergibt, grundlegend. Dies führt zur Vorstellung der Notwendigkeit der Durchdringung der Religion in alle Lebensbereiche. Die entscheidende Problematik dieses Ansatzes liegt in seinem Verständnis von Wahrheit und von den Fundamenten der Religion, das als „deplazierte Fundamentalität" (SCHWÖBEL) bezeichnet werden kann, weil hier „die Verwechslung der Offenbarung mit dem Zeugnis der Offenbarung" geschieht.

2.3 Bekenntnisorientierung und Organisationsform. Von Bedeutung ist das persönliche Bekehrungserlebnis, das auch als „Wiedergeburt" bezeichnet wird. Es dient als Erkennungszeichen des wahren Christen. Die Sakramente und meist auch die Kindertaufe sind eher irrelevant (ZEHNER). Das exklusive Selbstverständnis führt auch dazu, dass die fundamentalistische Gemeinschaft sich als eine Gruppe von Auserwählten verstehen kann, die eine Grenzziehung zwischen den „Auserwählten" und der „Außenwelt", die als verunreinigt gilt, vornehmen. In manichäischem Sinne wird dies mit dualistischen Metaphern wie Licht-Dunkel etc. beschrieben. Oft ist die Organisationsform „das charismatische Führerprinzip", das mit autoritären Führungsstrukturen einher geht (GRÜNSCHLOSS).

2.4 Endzeit. Auch wenn nicht jeder religiöse F. apokalyptisch oder millenaristisch ausgerichtet ist, so ist dies jedoch bei vielen ein charakteristisches Element. Dabei wird auf die Offenbarung des Johannes und entsprechende apokalyptische Bilder und Vorstellungen aus der Tradition zurückgegriffen. Diese werden zur Zeitdiagnose, zur Handlungsmotivation, und zur Identitätsstiftung genutzt. Die Vorstellung vom Gericht bspw. macht deutlich, dass nur die Christen mit dem entsprechend fundamentalistischen Glauben gerettet werden können. Die Gegenwart wird als Krisenzeit gedeutet, in der die „Zeichen der Zeit" auf einen Endkampf im Sinne des Armageddon hinweisen, der als Schlacht zwischen dem Bösen und dem Guten verstanden und in Erwartung der Wiederkunft des Messias geführt wird (GRÜNSCHLOSS), der dann auch sein Reich aufbauen wird.

2.5 Ethische Grundsätze. Die Geschlossenheit und Abgrenzung gegenüber pluralistischen Strukturen, die den F. charakterisiert, zeigt sich auch in seiner Ethik (MEYER). Absolute Gewissheiten kennzeichnen die moralische Grundhaltung, die keinen Relativismus zulässt. Es werden ethische Grundsätze aus der Bibel, die als eindeutiges Wort Gottes gilt, abgeleitet. Im Zentrum steht der wiedergeborene Christ, dessen ganzes Leben Ausdruck seines Glaubens sein sollte und der an den entsprechend gelebten Grundsätzen zu erkennen ist. Im US-amerikanischen christlichen F. sind dies bspw. eine bestimmte Sexualmoral, klare Rollenverteilung zwischen Frau und Mann, ein traditionelles Eheverständnis und Ablehnung von Homosexualität etc. Neben dem individualethischen Bereich lassen sich sozialethische Ansprüche erkennen, da es auch um Gesellschaftsumformung im Sinne einer Prägung des Staates durch die Religion geht (TAYLOR), was bis zur Vorstellung der Errichtung einer Theokratie reichen kann. Im Kern geht es auch um die Wiederherstellung bzw. Erhaltung von bestimmten Ordnungen, die in der Bibel verankert gesehen werden.

3. Ausprägungen. Christlich-fundamentalistische Bewegungen sind weltweit in protestantischen, katholischen und orthodoxen Kontexten zu finden (WIPPERMANN). Je nach weitem oder engem Verständnis des F., d. h., wie weit und in welcher Form der Absolutheitsanspruch und die Durchsetzung der als Wahrheit erkannten religiösen Überzeugungen geht, gilt es zu differenzieren zwischen Fundamentalismen, die Grundrechte missachten und teilweise Gewalt anwenden und denen, die diese anerkennen (LUDWIG). Das „Fundamentalism-Project", initiiert von der Academy of Arts and Sciences in den USA der neunziger Jahre des 20. Jh.s (MARTY und APPLEBY), hat mit Hilfe breiter empirischer Untersuchungen gezeigt, dass fundamentalistische Bewegungen sich zwar als negative Reaktion auf „die Moderne" firmieren und starken Bezug nehmen auf die Tradition in ihrer Religion, aber dass sie je nach Kontext auch unterschiedlich ausgeprägt sein können und gleichzeitig selektiv Elemente der Moderne für die eigenen Zwecke nutzen wie bspw. neue Medien.

4. Fundamentalismus in anderen Religionen. Auch in anderen Religionen gibt es fundamentalistische Bewegungen (z. B. im Hinduismus). Sie sind gekennzeichnet durch eine einseitige Auffassung der eigenen Religion, die entsprechend dem christlichen F. u. a. Züge trägt wie einen absoluten Wahrheitsanspruch, Abgrenzung der religiös-fundamentalistischen Gemeinschaft gegenüber anderen Gruppierungen in der Religion sowie dem Anspruch auf individuelle und gesellschaftliche Lebensgestaltung. Vgl. zum F. zudem →Islam und →Judentum.

C. J. JÄGGI und D. J. KRIEGER, F. Ein Phänomen der Gegenwart, 1991 – M. E. MARTY und R. S. APPLEBY (Hg.): The Fundamentalism Project, 5 Bde, 1991–1995 – K. KIENZLER, Der Religiöse F. Christentum, Judentum, Islam, 1996⁵ – J. B. COBB (Hg.), Progressive Christian Speak. A Different Voice on Faith and Politics, 2003 – C. SCHWÖBEL, Die Wahrheit des Glaubens im religiös-weltanschaulichen Pluralismus, in: DERS., Christlicher Glaube im Pluralismus. Studien zu einer Theologie der Kultur, 2003, S. 25–60 – M. L. TAYLOR, Religion, Politics and the

Christian Right. Post-9/11 Powers and American Empire, 2005 – J. Zehner, Art. F., Systematisch-theologisch, in: RGG, Bd. 3, 2008[4], Sp. 421–423 – A. Grünschloss, Was ist „F."? Zur Bestimmung von Begriff und Gegenstand aus religionswissenschaftlicher Sicht, in: T. Unger (Hg.), F. und Toleranz, 2009, S. 163–199 – T. Meyer, Was ist F.? Eine Einführung, 2011 – W. Wippermann, F. Radikale Strömungen in den Weltreligionen, 2013 – C. Ludwig, Dimensionen des religiösen F. in der säkularen Moderne, in: P. Heiser und C. Ludwig (Hg.), Sozialformen der Religionen im Wandel, 2014, S. 81–110.

Gotlind Ulshöfer

Fundraising

Der Begriff „F." verweist selbst schon auf die Tätigkeit: auf das Wachsen (engl. *to raise*) des Vermögens *(fund)* der jeweiligen →Organisation. Mit der Betonung auf die Tätigkeit wird deutlich, was hierunter zu verstehen ist: F. ist eine Aktivität von Nonprofit-Organisationen, aufgrund derer ihr Vermögen bzw. die vorhandenen Ressourcen wachsen. In diesem Verständnis entwickelte sich F. zu einem „Handwerk" – einer professionellen Tätigkeit mit einem Ethos, das nach den Regeln, die aus der praktischen Erfahrung gewonnen werden, ausgeführt wird.

In den letzten Jahren hat sich dieses F.-Verständnis gewandelt. Inzwischen wird auch im angelsächsischen Raum von „F." in einem Wort gesprochen wird. Im Gegensatz zur ursprünglichen Betonung der Tätigkeit verweist der zusammengeschriebene Begriff auf die betriebliche Funktion. Es ist nicht länger damit getan, Ressourcen einzuwerben. Hinzugetreten sind strategische und taktische Aspekte ebenso wie das Controlling, ohne das F. heute kaum mehr ökonomisch sinnvoll umgesetzt werden kann. Mithin hat es sich auch von einer handwerklichen Einwerbung von Spenden zu einem strategisch und systematisch geplanten und umsetzbaren Prozess entwickelt.

Im Ergebnis dieses Prozesses steht F. im Spannungsfeld von betrieblicher Funktion auf der einen und konkreter Tätigkeit auf der anderen Seite. Als betriebliche Funktion geht es beim F. um Fragen des Einsatzes von Ressourcen, die mikropolitische Auseinandersetzung um die Zuweisung dieser Ressourcen und das Controlling der F.-Prozesse, um den Einsatz der Ressourcen zu optimieren und zu legitimieren.

Als konkrete Tätigkeit geht es nach wie vor um →Kommunikation mit der →Öffentlichkeit, Interessenten und Förderern, die sowohl einzeln als auch kollektiv – per Direktmarketing oder →Massenmedien – erfolgen kann. Dabei ist Kommunikation auf die Einwerbung der benötigten Ressourcen ausgerichtet, und F. muss sich hieran messen lassen. Infolgedessen wird Kommunikation geplant, vorbereitet, umgesetzt und evaluiert und werden die Ergebnisse des F.s dem Controlling unterworfen. Erst dies ermöglicht die Optimierung der Kommunikationsprozesse.

In einer globaleren Perspektive kann F. auch als Gestaltungsprinzip von →Zivilgesellschaft selbst verstanden werden. In diesem Verständnis organisieren sich Menschen in Nonprofit-Organisationen und stellen ihnen die notwendigen Ressourcen zur Verfügung. F. wird damit zu einem Prinzip, anhand dessen Zivilgesellschaft und gesellschaftliche Solidarität organisiert werden können. Die Einwerbung der notwendigen Ressourcen ist somit nicht mehr das Ziel des F., sondern Folge dieses Gestaltungsprinzips.

Damit lässt sich F. aus der Umklammerung der Betriebswirtschaftslehre und speziell des Marketings befreien und einer interdisziplinären Betrachtung zugänglich machen. Die Perspektive auf das F. wird auf diese Weise interdisziplinär. Es bestehen Anschlüsse an Diskurse der (Sozial-)Anthropologie und der (Sozial-)Philosophie ebenso wie der Gesellschaftstheorie, Politikwissenschaft und der Theologie. Wie diese Zugänge für das F. fruchtbar gemacht werden können, ist im deutschsprachigen Raum bislang aufgrund des stark betriebswirtschaftlichen Fokus kaum herausgearbeitet; erste Ideen und Skizzen finden sich in den Arbeiten von Fischer und Volz.

Die Ansätze, die heute im F. vorzufinden sind, lassen sich in vier Ebenen differenzieren: Auf der ersten Ebene stehen die Ressourcen im Mittelpunkt, die im F. eingeworben werden können, auf der nächsten Ebene die Formen der Einnahmen selbst. Auf der dritten Ebene geht es darum, mit welchen Verständnissen Organisationen und Fundraiser selbst an das F. herangehen. Die vierte Ebene schließlich thematisiert die bereits angesprochenen Paradigmen.

Dementsprechend hat sich ein Diskurs entwickelt, in welchem Spenden als Gaben verstanden werden. Hier wird versucht, die Gabe-Theorie von Mauss, die dieser in seinem Essay „Die Gabe" von 1925 formuliert hat, für das F. fruchtbar zu machen. Nach Mauss zeichnen sich Gaben durch den Dreischritt von „Geben", „Nehmen" und „Erwidern" bzw. „Weitergeben" aus. Dabei werden durch diesen Dreischritt, der in jedem Fall freiwillig und doch obligatorisch ist, Beziehungen konstituiert: Menschen, die nehmen, sind ihrerseits moralisch verpflichtet zu geben (→Norm der Reziprozität). Erwidern sie die Gabe, geben sie ebenfalls, was den Empfänger wiederum verpflichtet, diese Gabe zu erwidern.

In diesem Kontext bekommt „F." dann eine andere gesellschaftliche Aufgabe. Es geht dann nicht länger darum, ökonomische Äquivalente für fehlende öffentliche Mittel einzuwerben, sondern mit Hilfe des F.s →Gesellschaft zu gestalten und soziale Netzwerke mit spezifischen Sinn-Angeboten zu entwickeln. Der Fokus liegt dann nicht mehr auf der Technik der Beschaffung, sondern auf der sozialen Konstruktion von Unterstützer-Strukturen für gemeinsame Anliegen. Die hierfür benötigten Ressourcen fließen dann im

Anschluss fast von allein, da ein gemeinsames Verständnis über Ziele und beabsichtigte Wirkungen auf einer normativen und emotionalen Basis dem Geben zugrunde liegt.

TH. KREUZER/F. R. VOLZ, Die verkannte Gabe – Anthropologische, sozialwissenschaftliche und ethische Dimensionen des F.s, in: C. ANDREWS u. a. (Hg.), Geben, Schenken, Stiften, 2005, 11–31 – F. R. VOLZ, Stiftung als Institution – eine Hinführung, in: U. HAHN u. a. (Hg.), Geben und Gestalten, 2008, 39–48 – CH. GAHRMANN, Strategisches F., 2012 – M. URSELMANN, F., 2014 – TH. KREUZER/G. SCHNEIDER-LUDORFF, Stiftungen, Stipendien, Stifte, in: V. LEPPIN/G. SCHNEIDER-LUDORFF, Das Luther-Lexikon, 2015, 662–663 – G. SCHNEIDER-LUDORFF, Stiftungen in den protestantischen Reichsstädten der Frühen Neuzeit, in: S. VON REDEN (Hg.), Stiftungen zwischen Politik und Wirtschaft (Historische Zeitschrift/Beiheft NF 66), 2015, 123–140 – F. AKADEMIE (Hg.), F. Handbuch für Grundlagen, Strategien und Methoden, 2015 – K. FISCHER, Warum Menschen spenden, 2015.

Thomas Kreuzer

Futurologie

F. oder Zukunftsforschung stellt, vereinfachend gesagt, den Versuch der systematischen Reflexion der Zukunft auf der Basis jeweils aktueller wissenschaftlicher Methoden dar. Von anderen wissenschaftlichen Disziplinen, die zum Teil ähnliche Themen bearbeiten, hebt sich F. vor allem durch ihre paradigmatische Ausrichtung auf „Zukunft" ab. Nicht nur im internationalen Kontext spricht man statt von F. inzwischen auch von „future studies".

Ein herausragendes Thema der F. ist naturgemäß die *Prognostizierbarkeit* der Zukunft. Sie versteht Prognose jedoch nicht als Voraussage konkreter (historischer) Ereignisse, sondern als Aussagen über die Entwicklungsrichtung bzw. über mögliche und erstrebenswerte alternative Entwicklungspfade des technisch-wissenschaftlichen und ökonomischen →Fortschritts sowie des sozialen Wandels, die den jeweiligen aktuellen Standards der Wissenschaften entsprechen. F. unterscheidet sich damit von vorwissenschaftlichen Methoden der Vorausschau, etwa von Orakeln, Auguren und Prophetien, sowohl in Bezug auf das Ziel und den Inhalt der Voraussage als auch auf ihre Prognosetechnik. Der F. steht dagegen die Tradition des utopischen Denkens (→Utopie) näher, soweit dieses sich auf die Gestaltbarkeit des Wandels von Strukturen richtet.

Die Herausbildung der F. als wissenschaftliches Paradigma ist eng mit einer historisch-spezifischen Konfiguration verbunden: Spätestens seit Mitte der 1950er Jahre haben sich die westlichen →Gesellschaften, allen voran die USA, explizit auch als „Zukunftsgesellschaften" (MOLES) begriffen, deren Blick nach vorn in eine als offen gedachte Zukunft gerichtet ist. Dieses produzierte zunächst eine optimistische Aufbruchsstimmung in Bezug auf die Gestaltbarkeit der Welt und die Lösung großer Probleme wie Hunger, Krankheit, Krieg oder soziale Ungerechtigkeit, gepaart mit Zukunftsängsten angesichts der atomaren und anderer Bedrohungen in der Phase des kalten Krieges.

Bereits in den 1940er Jahren in den USA, später in Frankreich, den Niederlanden und der Schweiz entstanden einschlägige Institute und Vereinigungen (STEINMÜLLER et al. 2000); besonders bekannt geworden sind etwa das Stanford Research Institute (SRI), die Rand-Corporation oder das MITRE-Massachusetts Institute for Technology MIT. In Deutschland wurde die F. dagegen erst vergleichsweise spät wahrgenommen. Hierfür steht vor allem der Name OSSIP FLECHTHEIM, der in den 1970er Jahren eine eigenständige Fundierung einer Zukunftsforschung vorlegte, z. T. in Abgrenzung gegenüber den Prämissen der F. nordamerikanischer Provenienz. FLECHTHEIM kritisierte an den westlichen Gesellschaften deren naiven Wachstumsoptimismus (→Wachstum) und deren einseitige ideologische Orientierung auf →Markt und Individuum (→Individualismus), ebenso wie er auf der anderen Seite jeden Geschichtsdeterminismus, der in den staatssozialistischen Ländern und in der westdeutschen Linken verbreitet war (→Sozialismus), zurückwies. Einfluss auf die Entwicklung der F. in Deutschland hatte die Gründung des Instituts für Zukunftsforschung und Technologiebewertung (IZT) Anfang der 1980er Jahre. Unter ihrem langjährigen Direktor ROLF KREIBICH wurden dort entscheidende Themen und Standards der heutigen nationalen futurologischen Forschung gesetzt.

Viele der ursprünglichen Vorstellungen der F. über die Beschaffenheit und das Tempo des Wachstums des Wohlstandes blieben in der Anfangsphase noch den Vorstellungen der industriellen Moderne verhaftet, die jedoch schon bald zugunsten eines ökologischen Grundansatzes überwunden wurden. Hierzu trugen wesentlich die aufkommenden Negativ-Szenarios über die Entwicklungsperspektiven der Welt bei, allen voran die Studie „Grenzen des Wachstums" des Club of Rome. Diese Studie thematisierte unter anderem die Verknappung der natürlichen Ressourcen, Umweltbelastungen durch Emissionen sowie das rasche Wachstum der Weltbevölkerung (→Bevölkerung) in Verbindung mit der Welternährungssituation. Auch die negativen Folgen verschiedener Großtechnologien, insbesondere der Kernenergie wurden nun einer breiteren Öffentlichkeit bewusst. Damit kann die F. als eine der wichtigen Vorläuferinnen der Ökologiebewegung angesehen werden. →Nachhaltigkeit und Zukunftsfähigkeit gehören seit den 1980er Jahren zu den zentralen paradigmatischen Grundlagen der F.

F. diskutiert die Entwicklungsperspektiven der Weltgesellschaft ebenso wie den regionalen Strukturwandel als Aufgabe der Gestaltung einer als offen gedachten Zukunft. In diesem Zusammenhang spricht man auch im Plural von unterschiedlichen denkbaren „Zukünften". Hierbei wird seit der frühen Phase der F. technologischen Basisinnovationen (→Technik und Gesellschaft) und deren Möglichkeiten für die Fortentwicklung der Menschheit große Aufmerksamkeit gewidmet. Wichtige Themen sind u. a. Technikentwicklung und Technologiefolgenabschätzung, Bevölkerungsentwicklung, Ressourcenverbrauch, Steuerungsfähigkeit demokratischer Gesellschaften, Bürokratisierung, Friedens- und Abrüstungsstrategien, Bildung und Erziehung. Weiterhin fragt F. nach den Zukünften der Arbeit, der Städte, der Informationsgesellschaft sowie nach neuen Lebensstilen. Sie zielt darauf, den Akteuren in Wirtschaft, Politik und Kultur konstruktive Gestaltungsalternativen anzubieten, mithin die Möglichkeit verschiedener Zukünfte als Gestaltungsoption deutlich zu machen.

Die Themen ebenso wie die Methoden der F. unterliegen selbst einem ständigen Wandel im Zeitverlauf. Sie ist somit als solche Gegenstand eines äußerst dynamisch-evolutionären Prozesses. Das breite Spektrum komplexer Themen, mit dem sie befasst ist, stellt zugleich eine Stärke und Schwäche dar. Es lässt sich schnell erkennen, dass auch sehr viele andere wissenschaftliche Zugänge unter anderen Paradigmen mit denselben Themen wie die F. befasst sind, sodass diese seit ihren Gründungstagen damit zu kämpfen hat, sich als eigenständige Wissenschaftsdisziplin zu profilieren. Auf der anderen Seite fördert ihr paradigmatischer Grundansatz – die Frage nach dem Morgen und seinen Chancen – wie kaum ein anderer die allseitig propagierte Interdisziplinarität, sowohl in der Theorie als auch in der Praxis der empirischen Forschung.

Der Vielfalt der Themen entspricht die Vielfalt der Methoden. Nachdem in den Anfangsjahren schlichte Hochrechnungen oder relativ einfache Computersimulationen Anwendung fanden, ist bezüglich der ursprünglichen Erwartung, bestehende Trends auf diese Weise antizipieren zu können, bald große Skepsis eingetreten. Dies haben spätestens die von niemandem prognostizierten epochalen weltpolitischen Umbrüche seit Ende der 1980er Jahre bestätigt. Heute operiert die F. mit Modellen, die u. a. auf wahrscheinlichkeits- und chaostheoretischen Grundannahmen beruhen. Wenn sie Prognosen erstellt, strebt sie Auskünfte über die Wahrscheinlichkeit des Eintritts von Entwicklungen – nicht aber von Ereignissen – an. Auch unwahrscheinliche Konstellationen gelten heute, anders als in den Gründerjahren der F., als denkmögliche Alternativen, deren Eintritt zumindest nicht völlig auszuschließen ist.

Zur Erforschung alternativer Zukünfte einschließlich ihrer absehbaren Nebenfolgen werden u. a. verschlankte Formen des seit Beginn der F. häufig angewendeten Delphi-Verfahrens herangezogen (z. B. shaping factors – shaping actors-Methode), wie auch weiterentwickelte Simulations-Methoden oder Zukunftswerkstätten. Szenarios bspw. sollen mögliche Verläufe eines Bündels gesellschaftlicher Teilbereiche (z. B. →Arbeit, →Umwelt) über einen bestimmten Zeitraum bis zu einem festgesetzten Zeitpunkt in der Zukunft erkunden. Umgekehrt können gewünschte Ziele hypothetisch auf einen Zeitpunkt in der Zukunft projiziert werden, um im Szenario nachzustellen, welche alternativen Pfade zu dieser angestrebten Zukunft hinführen könnten. In der neueren F. spielen kommunikative, partizipative und gestaltende Verfahren eine immer größere Rolle. So wird die direkte Einbeziehung von Betroffenen sowie von Entscheidern und Akteuren aus Politik, Wirtschaft und Gesellschaft (Zukunftswerkstätten, Fokusgruppen, Visionswerkstätten oder Zukunftskonferenzen) empfohlen (vgl. Kreibich 2011).

Eine wichtige Form der Erkundung und Darstellung angenommener Richtungen der tatsächlichen Perspektiven der Gesellschaften ist die Herausarbeitung sogenannter „Mega-Trends". Sie beruhen auf der Analyse einer großen Vielzahl einzelner sog. Basistrends und bezeichnen Entwicklungen, die erstens fundamental, zweitens langfristig (über 20 Jahre) und drittens global für Gesellschaft und Natur sind. Als ein Abkömmling der F. verbreitete sich seit den 1990er Jahren vermehrt die sogenannte Trendforschung Sie konzentriert sich wie der Name sagt auf die Erkundung jeweils geltender Mega-Trends. Von Vertretern/innen der F. wird diese allerdings als pseudowissenschaftlich und einseitig interessenbezogen kritisiert (Rust 2008). Tatsächlich findet sie häufig zur Unterstützung der Marketingaktivitäten großer Unternehmen Anwendung. Vorgeworfen wird ihr u. a. eine „boulevardeske" Publikationspraxis und Meinungsmache, die auf einen weiten Verbreitungsgrad in den Medien und damit möglichst große Einflussnahme der Auftraggeber auf die öffentliche Meinung und die Institutionen der Zivilgesellschaft abzielt.

Erstaunlicherweise hat die F. zwar unzählige Visionen und empirische Studien darüber hervorgebracht, wie die Zukunft inhaltlich gestaltet sein sollte, nicht jedoch wurde in diesem Kontext nach dem Wesen der Zukunft gefragt. Sie setzt damit die Zukunft als Gegebenheit unhinterfragt voraus. Die neuere sozialwissenschaftliche Zeitforschung hat demgegenüber die Vermutung geäußert, dass die Zeitmodi – Gegenwart, Vergangenheit und Zukunft – nicht natürliche Entitäten darstellen, sondern sog. soziale Konstrukte sind, deren Existenz nicht voraussetzungslos unterstellt werden kann (Rinderspacher 1994).

Die Zukunft der F. erscheint eher ungewiss. Im deutschsprachigen Raum hat sie sich in Gestalt netzwerkartig miteinander verbundener Institute, Arbeitsstellen und Publikationsorgane als eigenständiger Ansatz zwar etablieren können. Zugleich steht sie jedoch in der ständigen Gefahr, aufgrund ihres breiten interdisziplinären Ansatzes, der eigentlich ein Vorteil ist, in den zahlreichen anderen wissenschaftlichen Fachgebieten, die ihren Blick ebenfalls auf Zukunftsfragen richten, aufzugehen. Als eigenständiges universitäres Fach blieb ihr die Anerkennung bislang weitgehend versagt. Immerhin konnte sie sich vereinzelt in Verbindung mit anderen Disziplinen, wie der Bildungsforschung, im akademischen Betrieb festsetzen. So wird „Zukunftsforschung" inzwischen auch als Studiengang angeboten.

J. P. Rinderspacher, Zukunft als Weltanschauung. In: E. Holst/J. P. Rinderspacher/J. Schupp (Hg.), Erwartungen an die Zukunft. Zeithorizonte und Wertewandel im sozialwissenschaftlichen Diskurs, S. 19–44. 1994 – K. Steinmüller/R. Kreibich/Ch. Zöpel (Hg.), Zukunftsforschung in Europa. Ergebnisse und Perspektiven, 2000 – H. Rust, Zukunftsillusionen. Kritik der Trendforschung, 2008 – R. Popp/E. Schüll, Zukunftsforschung und Zukunftsgestaltung. Beiträge aus Wissenschaft und Praxis, 2009 – R. Kreibich, IZT Berlin – 30 Jahre 1981–2011. Zukunftsforschung für die Orientierung in Gesellschaft, Wirtschaft, Wissenschaft, Bildung. IZT (Institut für Zukunftsstudien und Technologiebewertung Berlin), Werkstattbericht Nr. 116, 2011.

Jürgen P. Rinderspacher

Geburtenregelung

Als G. (engl. birth control, population control) werden unterschiedliche Maßnahmen zur gezielten Einflussnahme auf Kinderzahl und Geburtenhäufigkeit bezeichnet. Sie können innerhalb einer →Ehe oder Lebensgemeinschaft, aber auch innerhalb einer Gemeinschaft oder →Gesellschaft ergriffen werden.

Methoden der G. im engeren Sinne sind alle Maßnahmen der Empfängnisverhütung, von der Enthaltsamkeit und dem Coitus interruptus über mechanische Antikonzeptiva (Kondome, Pessare, „Spirale") und hormonelle („Anti-Baby-Pille") bis zur Sterilisation. Zum Spektrum gehören außerdem nidationshemmende Medikamente („Pille danach"). Unter Ethikern und Juristen herrscht ein breiter Konsens, dass Abtreibungen keine Methode der G. sind oder sein sollten. Auch die Fristenregelung im deutschen Strafrecht und vergleichbare Gesetze in anderen Ländern sind so zu verstehen. Im internationalen Vergleich ist aber festzustellen, dass Abtreibungen de facto sehr wohl zum Zweck der G. vorgenommen werden. Selbst die Tötung von Neugeborenen ist eine historisch nachweisbare Praxis.

Auf der individuellen Ebene ist G. ein Element der Familienplanung und wird mit dem Recht auf sexuelle Selbstbestimmung und der reproduktiven →Autonomie begründet. Es geht also um das Recht, nicht nur die Zahl der Nachkommen, sondern auch den Zeitpunkt ihrer Geburt und die Abfolge der Geburten festzulegen. G. kann aber auch mit dem Wunsch der Geschlechtswahl verbunden sein, z. B. in Ländern wie Indien, in denen Mädchen tendenziell unerwünscht sind. In Fall von geschlechtsgebundenen Erbkrankheiten kann G. medizinisch begründet sein. Die moderne →Genetik, →Pränatalmedizin und Präimplantationsdiagnostik eröffnen darüber hinausgehende Möglichkeiten der Selektion und somit auch der G.

Auf der gesellschaftlichen und politischen Ebene wird G. als Instrument der →Bevölkerungspolitik gesehen. Während Länder, in denen die Geburtenrate sehr niedrig oder rückläufig ist, diese auf dem Weg über Anreize und eine aktive Familienpolitik zu fördern versuchen, schlagen Länder mit starkem Bevölkerungswachstum meist gegenteilige Wege ein. Sie reichen von Kampagnen zur Verbreitung von Verhütungsmitteln über die staatliche Benachteiligung von kinderreichen Familien bis zu Zwangsabtreibungen (Beispiel: Die Ein-Kind-Politik in China). Programme der G. können aber auch eugenisch oder rassistisch motiviert sein. Ein dunkles geschichtliches Kapitel sind Zwangssterilisationen, z. B. von Menschen mit geistiger Behinderung, die auch in westlichen Ländern teilweise bis in die 1970er Jahre vorgenommen wurden. Auf internationaler Ebene setzen sich die WHO und die *International Planned Parenthood Federation* (IPPF) für die Stärkung der Selbstbestimmung im Hinblick auf →Sexualität, →Schwangerschaft und Familienplanung ein, wobei Frauen eine Schlüsselrolle spielen.

Die großen monotheistischen Religionen begreifen Kinder grundsätzlich als gute Gabe Gottes und verstehen Kinderreichtum als göttlichen Segen. Während aber Judentum und Islam gegenüber Methoden der G. traditionell eine größere Offenheit zeigen, wurden diese in der Geschichte des Christentums weithin abgelehnt. Für die röm.-kath. Kirche gilt das bis heute, weil grundsätzlich jeder Geschlechtsakt auf Zeugung ausgerichtet sein soll. Einzig die Anwendung der Zeitwahl ist zulässig, die Verwendung „künstlicher", z. B. hormoneller Mittel dagegen verboten. Die ev. Kirchen zeigen sich hingegen gegenüber der G. als Ausdruck verantwortlicher Familienplanung aufgeschlossen und messen der Unterscheidung zwischen natürlichen und künstlichen Methoden keine prinzipielle Bedeutung zu, wobei die Abtreibung grundsätzlich ausgenommen ist. Kritisch ist auch die Haltung der ev. Kirche zu allen Methoden vorgeburtlicher Selektion.

Kirchenkanzlei der EKD (Hg.), Denkschrift zu Fragen der Sexualethik, 1971 – Kirchenamt der EKD (Hg.), Weltbevölkerungswachstum als Herausforderung an die Kirchen, 1984 (Lit.) – Katechismus der Kath. Kirche, 1993, 2366–2379 – M. Mesner, Geburten/Kontrolle. Reproduktionspolitik im 20. Jh., 2010.

Ulrich H. J. Körtner

Geld / Geldsysteme / Geldpolitik

1. Begriff und ökonomische Funktionen. Auf die Frage, was G. eigentlich ist, findet man in der Geschichte der Wirtschaftswissenschaft recht unterschiedliche Antworten. Bei der historisch-materiellen Vorstellung vom

G. stritt man sich darüber, worin das „Wesen" des G.es besteht, eine „Ware" oder eine „Anweisung" zu sein. Mit G. als Ware meinten die *„Metallisten"* die materielle Substanz, aus der das G. bestand (Gold, Silber), während die *„Nominalisten"* im G. ein durch den Staat direkt oder indirekt geschaffenes Mittel (z. B. Banknote) verstanden, das eine Anweisung auf Sachgüter und Dienstleistungen darstellt, die man mit G. kaufen kann. In der theoretisch-funktionalen Vorstellung vom G. geht man hingegen von der Erfahrung aus, dass man mit G. Güter kaufen, Schulden begleichen, den Wert von Gütern als Preise in G.einheiten ausdrücken und dass man G. für spätere Verwendung zurücklegen kann. Hieraus leiten sich ökonomische Funktionen ab, die das G. zu leisten im Stande ist. Es sind dies die Funktionen des allgemeinen *Tauschmittels*, des *Zahlungsmittels*, einer allgemeinen *Recheneinheit* und des *Wertspeichers*. G. im Sinne einer strengen Definition ist demnach alles das – und nur das –, was in der Lage ist, diese vier Funktionen unbeschränkt ausüben zu können. Dies widerspricht allerdings zum Teil dem allgemeinen Verständnis, denn Beträge, die z. B. auf Sparkonten oder Terminkonten gehalten werden, bezeichnet man üblicherweise ebenfalls als G., obwohl sie vorübergehend nicht als Tauschmittel oder Zahlungsmittel fungieren können.

2. Zentralbankgeld und Geschäftsbankengeld. Unter den heutigen Gegebenheiten kommt G. in zwei Grundtypen vor, nämlich als Zentralbankgeld (G.basis, outside money) und als Geschäftsbankengeld (Giralgeld, inside money). Das von der →Zentralbank geschaffene und in den Verkehr gebrachte G. hat drei Erscheinungsformen, nämlich als Zentralbank-Buchgeld (Guthaben auf Konten bei der Zentralbank), als Banknoten – das sind bedruckte G.scheine aus Papier, Polymer oder Baumwolle – und als Münzen. G.münzen sind heute unterwertige G.einheiten, die aus Metall(-legierungen) geprägt werden, wobei der aufgeprägte Wert größer ist als der Metallwert einschließlich der Prägekosten, so dass für den, der das Recht zur Münzprägung (Münzregal) hat, ein Münzgewinn entsteht (Seignorage). In Deutschland liegt das Münzregal beim Bund und dieser bringt die Münzen über die Bundesbank (→Zentralbank) in Umlauf. Das Geschäftsbankengeld wird durch die Geschäfts→banken bei bestimmten Geschäftsvorfällen geschaffen und besteht in der Form von Einlagen auf Konten bei diesen Banken. Dabei sind zu unterscheiden die Sichteinlagen (das ist G. im strengen Sinne der Definition), die Spareinlagen, die als Guthaben auf Sparkonten bzw. als Sparbriefe gehalten werden, und die Termineinlagen (in Deutschland als Festgelder oder Termingelder). Zwischen der Menge an Zentralbankgeld und dem Geschäftsbankengeld gibt es einen engen Zusammenhang, weil jede Geschäfts→bank aus mindestens drei Gründen jederzeit in einem bestimmten Umfang in Zentralbankgeld liquide sein muss. Der erste Grund besteht in dem Wunsch der Bankkunden Bargeldabhebungen von ihren Konten vornehmen zu können, also Giralgeld in Zentralbankgeld umzutauschen; der zweite Grund liegt im Überweisungsverkehr, der zum großen Teil über Guthaben abgewickelt wird, welche die Geschäftsbanken auf ihren Konten bei der →Zentralbank unterhalten; der dritte Grund ist der Umstand, dass die →Zentralbank aus g.politischem Motiv die Geschäftsbanken dazu verpflichtet, im Umfang eines von ihr festgelegten Prozentsatzes ihrer Kundeneinlagen ihrerseits Guthaben bei der Zentralbank zu halten (*Mindestreservepflicht*).

3. Geldentstehung und Geldvernichtung. G. entsteht bei einer Reihe von Geschäften, welche die →Zentralbank oder eine Geschäftsbank mit ihren Partnern abwickeln. Beispiele mögen dies verdeutlichen: Zentralbankgeld entsteht u. a. dann, wenn die →Zentralbank einer Geschäftsbank einen →Kredit einräumt und den Kreditbetrag dem Konto der Geschäftsbank gut schreibt. Zahlt die Geschäftsbank den Kreditbetrag an die Zentralbank zurück, dann wird Zentralbankgeld vernichtet. Zentralbankgeld entsteht auch dann, wenn die Zentralbank von einer Geschäftsbank Wertpapiere (z. B. Staatsanleihen) übernimmt und dies mit einer Gutschrift auf dem Konto der Geschäftsbank vergütet. Gibt sie hingegen an die Geschäftsbank Wertpapiere ab und bucht sie den Abgabepreis vom Konto der Geschäftsbank ab, dann wird Zentralbankgeld vernichtet. Giralgeld entsteht immer dann, wenn einer Geschäftsbank zusätzliches Zentralbankgeld zufließt und dies dazu führt, dass auf den Konten ihrer Kunden neue Gutschriften entstehen. In den Besitz von zusätzlichem Zentralbankgeld kommt eine Geschäftsbank dann, wenn ihre Kunden Bareinzahlungen auf ihre Konten vornehmen, wenn ihr im Überweisungsverkehr von den Zentralbankkonten anderer →Banken Beträge auf ihr eigenes Zentralbankkonto zugehen oder wenn ihr die Zentralbank selbst einen Kredit einräumt und ihr den Kreditbetrag auf ihrem Konto gut schreibt. Bareinzahlungen des Publikums führen unmittelbar zu Gutschriften auf dessen Konten (passive Giralg.schöpfung). Der Ankauf von Wertpapieren oder Devisen durch eine Geschäftsbank aus dem Publikum wird mit Gutschriften auf die Konten der Verkäufer bezahlt und neue Kreditbeträge werden auf den Konten der Kreditnehmer durch Gutschrift bereit gestellt (aktive Giralg.schöpfung). Entsprechend führen Barabhebungen von den Konten des Publikums, der Verkauf von Wertpapieren oder Devisen zu Lasten der Konten der Käufer sowie die Rückzahlung von Krediten zu Lasten der Konten der Kreditnehmer zur Vernichtung von Giralgeld. Während die einzelne Geschäftsbank im Wege der Kreditgewährung nur in einem Umfang Giralgeld schöpfen kann, in dem sie zureichend in Zentralbankgeld liquide ist (denn sie muss mit Bargeldabhebung und mit Überweisungen auf Konten bei anderen Banken rechnen), ist das Geschäftsbankensystem insgesamt in der Lage, Giralgeld in einem Umfang zu schaffen, der größer ist als die Summe der bei den einzelnen Banken vorhandenen Beständen an freiem, also nicht durch Mindestreserveverpflichtung gebundenem Zentralbankgeld (freie Liquiditätsreserve). Man spricht daher von multipler Giralg.schöpfung. Diese ist deswegen möglich, weil die Bareinzahlung und beim Überweisungsverkehr die freie Liquiditätsreserve einer Geschäftsbank von Bank zu Bank weiter wandert und so mehrfach als Basis für die Kreditvergabe verwendet werden kann, welche währenddessen durch die Mindestreservepflicht allmählich abschmilzt.

4. Geldpolitik. Unter G.politik versteht man jene staatlichen Maßnahmen, die zum einen dem Zweck dienen, das G.wesen politisch/rechtlich so zu gestalten, dass das G. seine Funktionen reibungslos erfüllen kann, und zum anderen die umlaufende G.menge so zu steuern, dass bestimmte politische Ziele realisiert werden können.

4.1 Institutionelle Geldpolitik. Zielen die Maßnahmen des Staates auf eine Reform des bestehenden oder auf die Errichtung einer neuen Ordnung des G.wesens, dann handelt es sich um institutionelle G.politik (G.ordnungspolitik). Fundamental hierbei ist die Etablierung des gewünschten G.systems (*Währungssystems*). Dabei geht es um die Frage, ob das, was als G. fungiert, ganz oder teilweise durch einen Stoffwert (z. B. Gold oder Silber) gedeckt sein muss oder nicht.

4.1.1 Geldsysteme der Vergangenheit. In früheren Jahrhunderten kannte man unterschiedliche Arten stoffwertgebundener G.systeme. Bei den mono-metallistischen G.systemen kamen frei ausprägsame Gold- oder Silbermünzen in den Umlauf, bei den bi-metallistischen Systemen wurden Münzen aus beiden Metallen geprägt. Dabei kannte man einmal die Doppelwährung, bei welcher die Wertrelation zwischen beiden Währungsmetallen durch Gesetz fixiert war, und die Parallelwährung, bei der sich die Wertrelation nach den jeweiligen Marktpreisen der beiden Edelmetalle richtete. Eine Sonderform stellt die zwischen 1873 und 1908 in Deutschland bestehende *hinkende Währung* dar, bei der die freie Ausprägbarkeit des Silbers aufgehoben wurde, jedoch die bereits im Umlauf befindlichen Silbermünzen weiterhin benutzt werden konnten. Soweit neben den Münzen auch Banknoten im Umlauf waren, mussten diese entweder vollständig oder zum Teil durch Goldbestände bei den Noten ausgebenden Banken gedeckt sein (Goldkernwährung).

4.1.2 Geldsysteme der Gegenwart. Heute kennt man in vielen Ländern keinerlei Deckungsvorschriften für umlaufende Banknoten oder gar für Giralgeld. Jedoch hat die institutionelle G.politik durch geeignete Gesetze und Verordnungen dafür zu sorgen, dass G. seine Funktionen reibungslos erfüllen kann, und dass für die Besitzer von Geld Sicherheit gegen den Missbrauch mit G. entsteht. Die Festlegung, wem das Münzregal zusteht, gehört hier ebenso dazu wie gesetzliche Bestimmungen hinsichtlich des Aufbaus und der Kompetenzen der →Zentralbank, sowie der Erlass von Vorschriften nationaler und zum Teil internationaler Art hinsichtlich der Bedingungen, unter denen Geschäftsbanken gegründet und betrieben werden können. Auch sind gesetzliche Vorschriften darüber erforderlich, in welcher Weise die Tätigkeit von Geschäftsbanken zum Schutz der Bankkunden als deren Gläubiger kontrolliert werden soll (Bankenaufsicht). Eine besondere Art einer Währungsordnung stellen *Currency Boards* dar, wie sie schon bis zur Mitte des 20. Jahrhunderts existierten, insbesondere in den früheren britischen Kolonien, und die auch heute in einer Reihe von Staaten etabliert sind. Es handelt sich dabei um eine Ordnung im Bereich des Entstehens von der G.basis. Eine staatliche monetäre Institution (Currency Board oder Währungsamt) hat die Aufgabe, das Zentralbankgeld vertrauenswürdig gegen eine Verschlechterung der G.wertstabilität zu schützen. Der Board ist gesetzlich verpflichtet, die in enger Zusammenarbeit mit der Zentralbank entstehende G.basis zumindest zu 100 Prozent in Währungsreserven eines geldwertstabilen Landes (*Ankerwährung*) gedeckt zu halten Zwischen der eigenen Währung und der Ankerwährung wird ein fester Wechselkurs langfristig festgelegt. Neues Zentralbankgeld kann nur dann entstehen, wenn es der Volkswirtschaft gelingt, z. B. durch Exporte mehr an Ankerwährung (oder einer anderen, problemlos in Ankerwährung umtauschbaren Fremdwährung) zu erlösen, als an Ankerwährung z. B. für Importe benötigt wird.

4.2 Funktionelle Geldpolitik. Zielen hingegen die Maßnahmen des Staates auf die Beeinflussung des G.umlaufs, dann hat man es mit funktioneller G.politik zu tun. Diesen Bereich der G.politik delegiert der Staat in aller Regel auf die →Zentralbank des Wirtschaftsgebiets. Traditionelles Kernziel der funktionellen G.politik ist die Herbeiführung bzw. der Erhalt von G.wertstabilität, also die Vermeidung von Deflation und →Inflation, die sowohl in der Form einer breit angelegten Verschlechterung der Kaufkraft des G.es (allgemeine Preisinflation) als auch in der Form des Entstehens einer Preisblase an spezifischen Märkten (z. B. Immobilienmarkt) auftreten kann (Vermögenspreisinflation). Zu den Instrumenten der funktionellen G.politik zählen im Rahmen des Systems der Europäischen Zentralbanken (ESZB) verschiedene Formen der Offenmarkt-Politik, bei welcher die Zentralbank den Geschäftsbanken durch die meist zeitlich begrenzte Übernahme oder Abgabe von Wertpapieren Liquidität zuführt bzw. entzieht (Wertpapierpensionsgeschäfte), die Politik der ständigen Fazilitäten, wobei die Zentralbank den Geschäftsbanken sehr kurzfristige Übernacht-Kredite einräumt sowie kurzfristige Möglichkeiten der Anlage von Zentralbank-Guthaben auf Terminkonten einräumt, und die Mindestreservepolitik, bei der den Geschäftsbanken durch Verschärfung bzw. Erleichterung der Mindestreservepflicht ein Teil ihres bisher als Mindestreserve gebundenen Zentralbankg.es als freie Liquidität verfügbar wird bzw. bisher freie Reserve nun gebunden wird. In jüngster Zeit verfolgt jedoch eine Reihe von →Zentralbanken immer deutlicher auch ein zweites Kernziel, das man als Stabilisierung der Finanzmärkte bezeichnen kann. Es sollen die meist durch hohe →Staatsverschuldung bestimmter Länder entstehenden Turbulenzen an den Finanzmärkten abgemildert werden. Das zur Erreichung dieses Ziels entwickelte bzw. in Entwicklung begriffene Instrumentarium der Politik, mit dem man derzeit noch keine oder nur wenig Erfahrung hat, kann jedoch längerfristig die Beibehaltung von G.wertstabilität erschweren und so die Zentralbanken in ein Dilemma führen.

R. ANDEREGG, Grundzüge der Geldtheorie und Geldpolitik, 2007 – M. BORCHERT, G. und Kredit, 2003[8] – D. DUWENDAG/K. H. KETTERER/W. KÖSTERS/R. POHL, D.B. SIMMERT, Geldtheorie und Geldpolitik in Europa, 2014[6] – E. GÖRGENS/K. RUCKRIEGEL/F. SEITZ, Europäische Geldpolitik, 2013[6] – O. ISSING, Einführung in die Geldtheorie, 2011[15] – O. ISSING, Einführung in die Geldpolitik, 1996[6].

Gernot Gutmann

Geldanlage, ethische

Bei der e.n G. wird die konventionelle G. durch die Bezugnahme auf das Kriterium der Ethik ergänzt. Die konventionelle G. orientiert sich primär an den Kriterien Sicherheit, Liquidität sowie Rendite. Diese werden als Magisches Dreieck der G. bezeichnet. Die e. G. wird dabei um ein viertes Kriterium, die ethische Orientierung der Anlage, ergänzt. Die e. G. kann daher als korrektives Instrument im etablierten Finanzanlagesystem gesehen werden.

Je nach dem inhaltlichen Schwerpunkt der jeweiligen Geldanlage wird sie z. B. als ethikbezogen, nachhaltig, sozial oder ökologisch („Grünes Geld") charakterisiert. Im Englischen hat sich der Begriff *Socially Responsible Investment* (SRI) durchgesetzt.

1. Historie. Der Grundgedanke der e.n G. findet sich ursprünglich im angloamerikanischen Kulturraum bei den Glaubensgemeinschaften der Methodisten und →Quäker. Hier durfte Geld nicht in „sündige" Aktien (*Sin Stocks*) angelegt werden. Dies waren Wertpapiere von Unternehmen, die mit Suchtmitteln, Waffen oder Glücksspiel handelten.

Im Rahmen der gesellschaftlichen Entwicklungen und Proteste der 1960er Jahre, wurde die G. als politisches Instrument genutzt. Dabei sollte Widerstand gegen solche Unternehmen deutlich werden, die bspw. den Vietnam-Krieg oder das Apartheid-Regime in Südafrika unterstützten.

Dies führte zur Entwicklung von Ethikfonds, also primär offene Investmentfonds, die nur in Unternehmen investierten, die definierte ethische Kriterien erfüllten. Mit dem Pax World Fund wurde 1971 in den USA der erste Ethikfonds aufgelegt. In Kontinentaleuropa gewann die Diskussion zur e.n G. insbesondere durch die Diskussionen zur →Ökologie und →Nachhaltigkeit an Dynamik.

Der Marktanteil der e.n G. zeigt hohe Wachstumsraten. Der europäische Branchenverband Eurosif gibt für 2013 ein Gesamtvolumen nachhaltiger Kapitalanlagen von knapp 9,9 Billionen Euro (2002: 336 Milliarden €) in Europa an.

2. Umsetzung und Strategien. Bei der e.n G. soll Geld wirksam und zielgerichtet angelegt werden. Die →Evangelische Kirche Deutschlands (EKD) formuliert den Grundgedanken der e.n G. als „fördern, gestalten, verhindern". Bei der e.n G. handelt es sich um eine anwendungsorientierte →Ethik. Es gibt daher eine Vielzahl an unterschiedlichen Normenkatalogen und Vorstellungen, was als förderungs-, veränderungs- bzw. verhinderungswürdig definiert werden kann.

Eine grundlegende Strategie der e.n G. ist die kriteriengeleitete Auswahl von Anlageoptionen. Dies kann über die Definition von Negativ- und Positivlisten geschehen. Negativlisten bzw. Ausschlusskriterien können für Unternehmen aber auch für Länder erstellt werden. Durch Anwendung von Ausschlusskriterien, die in der Anlagepraxis besonders häufig zum Einsatz kommen, soll verhindert werden, dass Kapital solchen Unternehmen zu Gute kommt, die ethischen Maßstäben widersprechen. Klassische Ausschlusskriterien sind Geschäftstätigkeiten im Bereich Rüstungsgüter (insb. bei geächteten Waffen), Suchtmittel oder auch Menschen- und Arbeitsrechtsverletzungen. Als Ausschlusskriterien für Staaten werden bspw. die Kriterien Todesstrafe oder Korruption angeführt. Im Sinne des Förderns können dagegen Positivkriterien, also förderungswürdige unternehmerische Aktivitäten, definiert werden. Klassische Kriterien beziehen sich auf die Einhaltung bzw. das Übererfüllen von Umwelt-, Sozial- und Governance-Standards (ESG-Kriterien).

Häufig in Kombination mit dem Kriterienansatz kommt der Ratingansatz, v. a. das *Best in class*-Prinzip zum Tragen. Dieses steht für einen brancheninternen Vergleich bezüglich der definierten Zielkriterien und stellt damit ein relatives Maß dar. Gefördert werden solche Unternehmen, die in ihrer Branche am höchsten bewertet werden. Mitbewerber sollen hierdurch zur Nachahmung bewegt werden.

Die Auswahl der entsprechenden Finanzprodukte und Unternehmen anhand der spezifischen Kriterien ist hochkomplex. Daher bedarf es spezialisierter Finanzintermediäre, die die Produkte anbieten und/oder sogenannter ethikbezogener Rating-Agenturen, die eine Bewertung von Unternehmen nachprüfbar machen. Durch eine entsprechende Vorselektion wird das zur Verfügung stehende Anlageuniversum begrenzt. Dieses Anlageuniversum kann zusätzlich, basierend auf institutionellen oder privaten Wertvorstellungen sowie ökonomischen Überlegungen, nochmals profiliert werden. Für Fondmanager und institutionelle Anbieter ist die Transparenz über die zugrunde liegenden Kriterien zentral, gerade weil es bisher kein einheitliches Gütesiegel für Produkte der e.n G. gibt.

Für eine e. G. stehen alle gängigen Finanzprodukte zur Verfügung, die im konventionellen Anlagebereich etabliert sind. Sie umfassen Fördersparmöglichkeiten, Direktbeteiligungen, ethische Investmentfonds, Lebensversicherungen sowie Anlagen in börsennotierten Aktien ausgewählter Unternehmen.

Eine Strategie der e.n G. sind private Einlageformate, bspw. Spar- oder Festgeldkonten bei Alternativbanken. Diese Banken können hierdurch spezifischen Projekten und Unternehmen günstigere Zinsen ermöglichen. Eine weitere Strategie ist das Direktinvestment bzw. die Direktbeteiligung. Dabei handelt es sich um unmittelbare Beteiligungen an Unternehmen oder Anlagen in Sachwerte (bspw. Investitionen in Windparks).

Während Einlageformate und Direktinvestments auf dem primären Kapitalmarkt getätigt werden, also das Geld direkt in Unternehmen und Projekte fließt, werden Investmentfonds und Lebensversicherungen auf dem sekundären Kapitalmarkt gehandelt, also in Form von Schuldtiteln und Aktien. Insbesondere der Bereich nachhaltiger Investmentfonds verzeichnet in den letzten Jahrzehnten hohe Wachstumsraten. 2014 waren laut *Sustainable Business Institute* (SBI) insgesamt 393 nachhaltige offene Investmentfonds im deutschsprachigen Raum zugelassen (Anlagevolumen: insg. 47 Milliarden Euro). Konzentrieren sich solche Fonds in ihrer Titelauswahl auf ausgewählte Branchen, Technologien oder Themen, bspw. regenerative Energiegewinnung oder Prinzipien des Fairen Handels, spricht man von Themenfonds.

Eine spezifische und individuelle Auswahl ist auch über den Kauf von Aktien eines bestimmten Unternehmens möglich. Als Informationsgrundlage können hier Rankings in spezifischen Indizes (bspw. der Natur-Aktien-Index (NAI), *Dow Jones Sustainability Index* (DJSI)) dienen, in denen das jeweilige Unternehmen gelistet ist.

Neben dem Ansatz, Unternehmen Kapital zur Verfügung zu stellen bzw. dies auszuschließen, kann auch die Strategie des Engagements eingesetzt werden. Unter Engagement wird die aktive Beteiligung an Unternehmensdialogen oder auch die Stimmrechtsausübung subsumiert. Diese Strategie kann insbesondere bei Unternehmen konventioneller Indizes mit Veränderungspotential sinnvoll sein, um eine ethikorientierte Lenkungswirkung zu erzielen.

Zur e.n G. gehört auch der Bereich der Mikrofinanzanlagen. Über Mikrofinanzinstitute werden finanzielle Basisdienstleistungen (Kredite, Geldanlagen, oder Versicherungen) für Kunden in Entwicklungs- und Schwellenländern ermöglicht, die ansonsten keinen Zugang zu konventionellen Banken hätten. Häufig wird nicht direkt in die Mikrofinanzinstitute vor Ort investiert, sondern das Geld wird über Intermediäre (Banken, Genossenschaften, Kapitalgesellschaften) den lokalen Instituten zur Verfügung gestellt.

VERBRAUCHERZENTRALE NRW e.V. (Hg.), Ethisches Investment: Rendite mit gutem Gewissen, 2001 – A. SCHNEEWEISS, Kursbuch ethische Geldanlage. Aktien, Fonds, Beteiligungen, 2002 – G. ULSHÖFER/G. BONNET (Hg.), Corporate Social Responsibility auf dem Finanzmarkt. Nachhaltiges Investment – Politische Strategie – Ethische Grundlagen, 2009 – WISSENSCHAFTL. ARBEITSGRUPPE FÜR WELTKIRCHL. AUFGABEN DER DEUTSCHEN BISCHOFSKONFERENZ, Mit Geldanlagen die Welt verändern? Eine Orientierungshilfe zum ethikbezogenen Investment, 2010 – KIRCHENAMT DER EV. KIRCHE IN DEUTSCHLAND (EKD), Leitfaden für ethisch nachhaltige Geldanlage in der ev. Kirche, 2011 (Lit.).

Benjamin Diehl

Gemeinde (kirchlich)

1. Bedeutung. G. ist besonders für die evangelische →Kirche der zentrale Begriff kirchlicher Sozialformen und kirchlicher →Organisation, insofern sich nach protestantischer Auffassung die Kirche „von unten" aufbaut und der Basiseinheit rechtliche und theologische Eigenständigkeit zugesprochen wird. Diese Überzeugung beruht auf der Erfahrung der Reformationszeit, dass im Gegensatz zur Gesamtkirche viele G.n sich der reformatorischen Lehre zuwandten. Gleichzeitig wirken heute in der G. unterschiedliche Kirchen- und Sozialform-Ideale nebeneinander (aktive →Gruppe, →Institution Volkskirche, →Unternehmen Kirche), was ihr einen hybriden Charakter gibt.

2. Begriff. „G." ist eine Übersetzung des neutestamentlichen Worts „ekklesia". Das meint sowohl die örtlichen christlichen Versammlungen (vgl. 2. Kor 14, 28; Röm 16, 16) als auch die transzendente Versammlung aller Christen (bes. in Kol u. Eph).

Der Begriff wurde und wird durch die Geschichte unterschiedlich und mehrschichtig verwendet. In jedem Fall umfasst er ein geistliches Geschehen, eine daraus erwachsene →Institution und eine Organisationsgestalt.

3. Geistliches Geschehen. Christliche Überzeugung ist: Ursprung und Mittelpunkt der G. ist die Präsenz Christi sowie die Teilhabe und →Kommunikation zwischen Christus und den Gläubigen und Teilhabe der Gläubigen an der dadurch gegebenen Wirklichkeit. Entsprechend muss jede G. Jesus Christus als ihren Grund verstehen und ihren Auftrag als von Gott gegeben begreifen. Sie ist ein Teil der weltweiten Kirche und weiß sich gleichzeitig in die Welt gesendet. Das geistliche Geschehen wird vom Wirken des Heiligen Geistes geprägt. Es stellt sich in den gemeinschaftlichen religiösen Vollzügen von Christinnen und Christen dar. Diese →Gemeinschaft muss auf christlicher Basis offen sein für verschiedene Menschen unterschiedlicher Herkunft, Eigenschaften und Ausrichtungen.

4. Institution. Bereits die späteren Schriften des Neuen Testaments lassen den Übergang zur Institution erkennen. Aus den situativen und personalen Charismen (vgl. 2. Kor. 12) etwa werden Ämter (vgl. 1./2.Tim u. Tit). Die Tradierung des geistlich Erfahrenen wird konsolidiert, gleichzeitig die Radikalität der Botschaft jedoch abgeschwächt.

Historisch folgte „G." relativ rasch einer territorialen Logik in Anlehnung an die Verwaltungsbezirke des römischen Reiches. Mit der flächendeckenden christlichen Mission verschmolzen im Mittelalter christliche G. und gesellschaftliche Ordnung (vgl. den politisch-religiösen Doppelsinn der Worte „G." und „Kirchspiel"). Mit dem germanischen Eigenkirchenwesen, den Stolgebühren und der Einführung des Zehnten wurde der Pfarrzwang eingeführt, der die Gläubigen in allen religiösen Belangen auf die G., der sie zugehörten, festlegt. Die Reformation wertete die G. theologisch auf, ohne an ihren organisatorischen Formen Wesentliches zu verändern. Mit der Aufklärung und dem Pietismus erhält das G.verständnis deutlicher ein subjektives und auf persönlicher Frömmigkeit beruhendes Element. Die parochiale Logik kreuzt sich mit personaler Zuordnung, wenn sich Menschen „ihren" Prediger selbst wählen oder sich in Konventikeln als religiöse Gemeinschaft zusammenfinden.

Mit den gesellschaftlichen und sozialen Veränderungen im Gefolge der Industrialisierung überträgt gegen Ende des 19. Jh.s die „G.bewegung" (SULZE) die Sozialformen freier christlicher →Vereine auf die parochialen Ortsg.n (Bildung von G.gruppen und -kreisen, Errichtung von G.häusern). G. wird jetzt zu einem eigenen sozialen Gebilde, das sich über aktive Mitwirkung konstituiert („lebendige" G.) und dem man entsprechend auch fernbleiben kann.

Nach dem Ende der staatskirchlichen Verhältnisse seit 1919 haben die parochial verfassten Ortsg.n als „Körperschaften öffentlichen Rechts" einige ansonsten dem Staat vorbehaltene Rechte. Die Säkularisierung, die konfessionelle Bevölkerungsmischung besonders nach dem 2. Weltkrieg und die →Globalisierung und →Pluralisierung religiöser Verhältnisse lassen dann im 20. Jahrhundert auch die landeskirchliche G. noch deutlicher zu einem Gebilde werden, an dem vor Ort nur eine Minderheit beteiligt ist.

In heutiger Perspektive muss G. auf institutioneller Ebene folgende Kennzeichen erfüllen: Sie feiert regelmäßig Gottesdienst, erfüllt aber auch weitere Aspekte des kirchlichen Auftrags in den Bereichen biographisch-religiöse Begleitung, →Bildungshandeln, Hilfehandeln und Gerechtigkeitshandeln. Sie wird durch →Amt und allgemeines Priestertum geleitet und eröffnet dabei unterschiedliche Möglichkeiten der Beteiligung für ihre Mitglieder: Sie müssen die G. engagiert mitgestalten können, dürfen aber nicht auf diese Form von Beteiligung festgelegt werden.

5. Organisation. Schließlich ist G. auch eine Organisation zur ressourcenbewussten Steuerung ihres Handelns. Die dafür genutzen Verfahren können je nach Zeit und →Kultur stark variieren, müssen jedoch zum Inhalt des Evangeliums passen.

Als →Organisation leitet und vertritt G. sich im Wesentlichen selbst, weil und insofern das geistliche Geschehen im Gottesdienst ihr Zentrum ist. Wesentliches Organ für die parochiale Selbststeuerung ist das Presbyterium bzw. der Kirchenvorstand oder Kircheng.rat als ein von den G.gliedern demokratisch gewähltes Gremium, das gemeindeleitende Aufgaben gemeinsam mit und im Gegenüber zum Pfarramt innehat. Die anderen Ebenen kirchlicher Organisation (Kirchenkreis bzw. Dekanat sowie die Landeskirche) sind zwar für das geistliche Geschehen sekundär, müssen jedoch um der sinnvollen Erfüllung ihres Auftrags willen eine gegenseitige Leitung und Steuerung ausbilden, so dass die Gesamtkirche die Belange der Einzelg. im Blick hat, die G. sich wiederum als Teil der Gesamtkirche begreift, innerhalb derer sie spezifische Aufgaben erfüllt, jedoch an andere Größen gewiesen ist.

Zwar sind aus evangelischer Sicht Organisationsstrukturen keine Frage des Bekenntnisses, sondern der Zweckmäßigkeit in den jeweiligen Verhältnissen (vgl. CA VII). Die Wahl der Organisationsform kann aber sehr wohl das geistliche Geschehen fördern oder behindern, seine Inhalte verdeutlichen oder undeutlich machen. Wie in dieser Frage die gegenwärtig dominante Form parochialer G.bildung gegenüber anderen Konstitutionslogiken zu bewerten ist, wird theologisch wie soziologisch kontrovers diskutiert.

6. Zukunft der G. Die gegenwärtigen kirchlichen Verfassungen, Gesetze und Ordnungen identifizieren immer noch weitgehend G. und Parochie (Ausnahmen: Personalg.). Theologisch problematisch ist das, insofern damit eine historische Ausprägung von G. zur Norm erhoben und nicht selten mit der Ebene des geistlichen Geschehens von G. vermengt wird. Die Dominanz territorialer Logik hat bei einer von →Mobilität und Pluralität geprägten Lebensweise gesellschaftlich abgenommen. Streng kleinräumig lokal aufgestellte G.n erreichen nur bestimmte Bevölkerungsgruppen, anderen wird der Zugang zur Kirche durch diese Sozialform eher erschwert. Zudem erweist es sich bei den in Zukunft vor allem aus demographischen Gründen zu erwartetenden weiteren finanziellen Einbrüchen als ineffektiv, linear in Parochien bei gleichem Aufgabenspektrum und flächendeckendem Versorgungsauftrag zu sparen. Vielmehr legt es sich nahe, an bestimmten Orten in einem dünner gewordenen Netzwerk unterschiedliche Akzente für unterschiedliche Zielgruppen zu setzen und damit unterschiedliche Zugänge zu ermöglichen.

Wenn nichtparochiale Einrichtungen, die an der Basis tätig sind wie beispielsweise Frauenwerke, →Akademien, Kirchlicher Dienst in der Arbeitswelt etc., den oben genannten Kriterien auf geistlicher, institutioneller und organisatorischer Ebene entsprechen, sollten sie auch theologisch als G. bezeichnet werden. Parallel erfolgt gegenwärtig eine Pluralisierung von G.formen, häufig ausgehend von der Basis, z. B. in Formen von Profilg.n (z. B. „Kirchen der Stille" oder Jugendkirchen) oder missionarischen G.n („Fresh Expressions of Church"). Die bisherige kirchenrechtliche Anbindung des Begriffs G. an die Parochie bedarf der Prüfung.

U. POHL-PATALONG, Ortsgemeinde und übergemeindliche Arbeit im Konflikt, 2003 – J. HERMELINK, Kirchliche Organisation und das Jenseits des Glaubens. Eine praktisch-theologische Theorie der evangelischen Kirche, 2011; Art. Gemeinde, in: RGG⁴ III (2000), 610–622 – E. HAUSCHILDT/U. POHL-PATALONG, Kirche (Lehrbuch Praktische Theologie), 2013 – R. KUNZ/U. POHL-PATALONG, Aufbruch zu einem neuen Verständnis von Gemeinde. Ein Beitrag zur Verständigung, PrTh 48, 2013, 28–35 – R. KUNZ/T. SCHLAG (Hg.), Handbuch für Kirchen- und Gemeindeentwicklung, 2014.

Uta Pohl-Patalong, Eberhard Hauschildt

Gemeinde (politisch)

1. Begriff. Der Begriff „Kommune" heißt wörtlich aus dem Lateinischen übersetzt Gemeinde, allerdings werden mit diesem Begriff sowohl die Gemeinden, die kreisfreien Städte, die kreisangehörigen Städte und die Landkreise bezeichnet. Juristisch sind die Kommunen Körperschaften des öffentlichen →Rechtes.

2. Größe der G.n. Die *Größe* der Kommunen variiert zwischen den Bundesländern erheblich. Während es im vereinten Deutschland bundesweit 11.093 Gemeinden (Stand 2015) gibt, sind es z. B. NRW nur 396, aber in Bayern immer noch 2.056 Kommunen. Die Gründe liegen darin, dass kommunale *Gebietsreformen* in den einzelnen Bundesländern sehr unterschiedlich durchgeführt wurden. Zu den Kommunen gehören damit sowohl Millionenstädte wie München oder Köln als auch über 4.000 Gemeinden mit jeweils unter 500 Einwohnern.

3. Ordnung der G.n. Im Rahmen der föderalstaatlichen Ordnung der Bundesrepublik sind die Gemeinden und Gemeindeverbände als Träger der grundgesetzlich garantierten kommunalen Selbstverwaltung (Art. 28, Ab. 2 GG) eine eigene Ebene im Verwaltungsaufbau. Sie gehören neben dem Bund und den Ländern zu den Gebietskörperschaften und sind damit eine der drei *Hauptverwaltungsebenen*. In ihrem Gebiet sind sie grundsätzlich die Träger der gesamten örtlichen öffentlichen →Verwaltung. Neben ihnen gibt es auf der lokalen Ebene nur untere Behörden des Bundes und des Landes als Sonderbehörden (z. B. Zoll, Polizei, Finanz- oder Arbeitsamt). Allerdings nimmt die kommunale Ebene auch staatliche Aufgaben wahr.

Auch wenn die Kommunen zu den drei Hauptverwaltungsebenen gehören, so sind sie *staatsrechtlich* Teil der Länder und unterliegen damit deren Aufsichts- und Weisungsrecht. Wenn im engeren Sinne von staatlicher Verwaltung gesprochen wird, sind nur der Bund und die Länder gemeint, da nur sie über eine jeweils eigene staatliche Hoheitsmacht verfügen.

Damit zusammenhängend ist die kommunale Vertretungskörperschaft in der deutschen Kommunaltradition ein Verwaltungsorgan, folglich Teil der kommunalen Selbstverwaltung und der Exekutive zuzuordnen; sie ist kein Parlament im eigentlichen Sinne. Entscheidend für den fehlenden Status der Kommunalvertretung als Parlament ist die fehlende Gesetzgebungskompetenz. Trotz dieser Einschränkung hat sich in der kommunalen Praxis zumindest in den großen →Städten kommunale Selbstverwaltung zu einer *modernen lokalen* →*Demokratie* entwickelt. Auch institutionell wurden seit den 1970er Jahren die →Informations- und Kontrollrechte des Kommunalparlamentes ausgebaut.

4. Finanzierung der G.n. Zur *Finanzierung* ihrer Aufgaben verfügen die Kommunen über die Möglichkeit →Steuern zu erheben. Dies sind derzeit vor allem die sogenannten Realsteuern (Art. 106 Abs. 6 GG), also die Gewerbe- und Grundsteuer, sowie kleinere Verbrauchs- und Aufwandssteuern (z. B. Hundesteuer). Daneben sind die Gemeinden am Steuerverbund beteiligt, einmal direkt über die Einkommenssteuer und die Umsatzsteuer, zum anderen indirekt über den kommunalen Finanzausgleich der Länder. Weitere Einnahmequellen sind die Erhebung von Gebühren und Abgaben für die Inanspruchnahme kommunaler Dienstleistungen sowie die Kreditaufnahme. Deutlich wird bei der Betrachtung der Einnahmepositionen die relativ große Abhängigkeit von Entscheidungen der Bundes- und Landesebene und von der wirtschaftlichen Entwicklung. Die Kreditaufnahme unterliegt gesetzlichen Regelungen und dem Genehmigungsvorbehalt der Aufsichtsbehörde, die Einnahmen aus der Gewerbe- und Einkommensteuer sind konjunkturabhängig, die Einnahmen aus den Zuweisungen von Bund und Land Ergebnis von Verhandlungsprozessen, bei denen die Kommunen über die geringsten Machtressourcen verfügen und die Gebühren unterliegen dem Gebot der Kostendeckung. Die Steuerbarkeit der eigenen Einnahmesituation ist mithin begrenzt.

5. Aufgaben der G.n. Die konkrete Ausgestaltung der kommunalen Aufgaben, Befugnisse und Strukturen wird durch die jeweilige Landesverfassung und von den Ländern erstellte Kommunalverfassungen geregelt. Dazu gehören die Gemeindeordnungen, die Kreisordnungen, die Kommunalwahlgesetze, die Kommunalabgabengesetze sowie Gesetze über kommunale Zusammenarbeit. Grundsätzlich verfügen die Gemeinden zur Verwirklichung des Selbstverwaltungsrechtes im Rahmen der Gesetze von Bund und Land über die Organisations-, Personal-, Finanz-, Planungs-, Satzungs-, Gebiets- und Aufgabenhoheit.

Die Kommunen nehmen vor allem Aufgaben in den Sektoren innere →Verwaltung und allgemeine Staatsaufgaben, Soziales, Gesundheitswesen, Wirtschaftsförderung, →Verkehr und öffentliche Einrichtungen wahr. Damit liegt ein Großteil von Verwaltungsaufgaben in Deutschland in der Zuständigkeit der Gemeinden und Gemeindeverbände.

Das Grundgesetz gewährleistet in Art. 28 Abs. 2 die kommunale Selbstverwaltung als institutionelle Garantie; das bedeutet, die Gemeinden haben das Recht, „alle Angelegenheiten der örtlichen →Gemeinschaft im Rahmen der Gesetze in eigener Verantwortung zu regeln". Innerhalb dieses garantierten Rahmens besitzen die Länder einen erheblichen Spielraum zur Schaffung eigenständiger Kommunalverfassungen. Dabei haben die Länder lange sowohl auf historische Vorbilder zurückgegriffen als auch Vorbilder der Kommunalverfassungen der Besatzungsmächte berücksichtigt. Ausgehend von Ostdeutschland entwickelte sich seit 1991 jedoch ein durchgängiger Trend zur Reform der Kommunalverfassungen in Richtung süddeutsche Rat-Bürgermeisterverfassung (baden-württembergischer Prägung) mit einem direkt gewählten Bürgermeister und der Einführung von Bürgerbegehren und Bürgerentscheiden in allen Bundesländern. Allerdings sind damit nicht alle Unterschiede zwischen den G.ordnungen beseitigt.Nach wie vor bestehen zum Teil erhebliche Unterschiede im Institutionenarrangement zwischen einzelnen Bundesländern, u. a. bezüglich der Kompetenzverteilung zwischen Kommunalvertretung und Verwaltung, der Wahlzeit des Bürgermeisters, der Leitung der Gemeindevertretung, der Möglichkeiten des Kumulierens (ein Kandidat auf einer Liste kann mehrere Stimmen erhalten) und des Panaschierens (Kandidaten von einer Liste können auf die andere geholt werden). Zur Beschreibung dieser zwischen den Bundesländern stark variierenden kommunalen Entscheidungsstrukturen hat sich in der empirischen Politikwissenschaft das Begriffspaar „Kommunale Konkordanz- und Konkurrenzdemokratie" durchgesetzt (BOGUMIL/HOLTKAMP). Konkordanzdemokratische Muster dominieren eher in baden-württembergischen, rheinland-pfälzischen und ostdeutschen Kommunen, während in NRW, dem Saarland und Hessen konkurrenzdemokratische Konstellationen prägend sind.

H. NASSMACHER/K.-H. NASSMACHER, Kommunalpolitik in Deutschland, 1998. – H. WOLLMANN/R. ROTH (Hg.), Kommunalpolitik. Politisches Handeln in den Gemeinden, Schriftenreihe der Bundeszentrale für politische Bildung, Band 356, 1998[2] – L. HOLTKAMP, Kommunale Konkordanz- und Konkurrenzdemokratie– Parteien und Bürgermeister in der repräsentativen Demokratie, 2008 – S. KUHLMANN U. A., Dezentralisierung des Staates in Europa. Auswirkungen auf die kommunale Aufgabenerfüllung in Deutschland, Frankreich und Großbritannien, 2011 – J. BOGUMIL/L. HOLTKAMP, Kommunalpolitik und Kommunalverwaltung. Eine praxisorientierte Einführung, Bundeszentrale für politische Bildung, Band 1329, 2013.

Jörg Bogumil

Gemeinnützigkeit

→Gemeinwohl und Gemeinwohlorientierung sind Oberbegriffe der gesetzlichen G. Sie meinen zunächst wirtschaftliche Aktivitäten zur kollektiven Nutzenmaximierung einer übergeordneten Gemeinschaft. Die Begriffe sind in ihrer allgemeinen, letztlich nach europäischem Verständnis grundlegend dem menschlichen Leben, der Würde und der Selbstbestimmung des Einzelnen dienen sollenden Zielsetzung wie kaum andere geeignet, u. a. theologische, wirtschaftliche, rechtliche, soziale, kulturelle und politische Einblicke zu öffnen.

1. Steuerbegünstigte gemeinnützige, mildtätige und kirchliche Zwecke von Körperschaften nach der Abgabenordnung. G. ist ein in der Abgabenordung als dem allgemeinen Gesetz des deutschen Steuerrechts in den §§ 51 bis 68 AO im Abschnitt „Steuerbegünstigte Zwecke" geregelter Begriff, der namentlich für das Wirtschaften von Diakonie und Caritas als kirchlich zugeordnete Dienste mit mehr als 1 Mio. Beschäftigten in Deutschland grundlegende Voraussetzung bildet. Das ist demnach ein Wirtschaftszweig eigener Art mit Profil, der für alle Menschen ohne jede Ausgrenzung offen ist.

Der Oberbegriff der deutschen Gesetzgebung ist „Steuerbegünstigte Zwecke" in § 51 AO, der in den folgenden Paragrafen als gemeinnützige (§ 52 AO), mildtätige (§ 53 AO) und kirchliche (§ 54 AO) Zwecke begrifflich vom Tatbestand her und mit dann unterschiedlich begünstigender Rechtsfolge aufgefächert wird. Gemeinnützige Zwecke werden nach § 52 AO dann verfolgt, wenn die Tätigkeit einer Körperschaft darauf gerichtet ist, die Allgemeinheit auf materiellem, geistigem oder sittlichem Gebiet selbstlos zu fördern. Unter der Förderung der Allgemeinheit ist beispielsweise die Förderung der Wissenschaft und Forschung, der Religion, des öffentlichen Gesundheitswesens oder der Jugend- und Altenhilfe zu nennen. Mildtätige Zwecke nach § 53 AO verfolgt eine Körperschaft, die hilfebedürftige Personen selbstlos unterstützt, sei es wegen ihres körperlichen, geistigen oder seelischen Zustandes, oder sei es, weil sie nur geringe Einkünfte und kein Vermögen haben. Der Begriff der kirchlichen Zwecke nach § 54 AO ist dann gegeben, wenn eine Körperschaft gefördert wird, deren „Tätigkeit darauf gerichtet ist, eine Religionsgemeinschaft, die Körperschaft des öffentlichen Rechts ist, selbstlos zu fördern". Die Diakonie – unbeschadet der Rechtsform -bezieht § 54 AO indes nicht als „kirchlich" ein, auch dann nicht, wenn sie nach dem Grundgesetz (Art. 4 GG i. V. m. Art. 140 GG mit den in das GG inkorporierten Artikeln der Weimarer Reichsverfassung 137ff.) und geltender Rechtspraxis der verfassten Kirche im Sinne der Goch Entscheidung des Bundesverfassungsgerichtes zugeordnet ist. Diese Rechtslage findet sich jetzt kirchengesetzlich ausdrücklich wieder im Zuordnungsgesetz der EKD, das auf der Synode 2014 beschlossen wurde.

2. Gemeinwohlorientierung als Gesetzesbegriff der EKD für der Kirche zugeordnete Dienste. Das Zuordnungsgesetz der EKD definiert eine kirchenautonome „G." kirchlich zugeordneter Dienste mit dem Begriff „Gemeinwohlorientierung". Dieser ist kongruent mit dem staatlichen Gesetzesbegriff „G." in § 52 AO. So bestimmt etwa das Diakoniegesetz der Evangelischen Kirche im Rheinland, dass die kirchengesetzlich einzuhaltende „Gemeinwohlorientierung" dann gewährleistet ist, „wenn die Bedingungen des Abschnittes „Steuerbegünstigte Zwecke" der Abgabenordnung erfüllt sind" (§ 5 Abs. 2 Satz 2 Diakoniegesetz EKiR). Damit schafft die kirchliche Rechtsordnung unabhängig in Trennung vom Staat, aber in wechselseitigem, respektvollem und partnerschaftlichen Gegenüber auf eigene Art die kirchengesetzliche Gemeinwohlorientierung. Sie beweist damit, dass sie die auf christlicher Grundlage in Deutschland geschaffenen Rechtsvorschriften der Abgabenordnung zukunftsgerichtet aus eigenem Willen, eigener Ethik und eigener Gesetzgebungskompetenz für ihre Dienste beschreiben will und kann.

Das hat im Anblick der globalen Wettbewerbsordnung und der ökonomischen Erfordernisse auf die Tätigkeit der Kirchen einschließlich der Dienste von Diakonie und Caritas Auswirkung. Dies lenkt den Blick auf den bedeutenden Begriff der Selbstlosigkeit, welchen das Gesetz „mit nicht in erster Linie eigenwirtschaftlichen Zwecken" dienend umschreibt. Dieser ist zwar ein vom Gesetz definierter Begriff in § 55 AO, welcher vollumfänglich der gerichtlichen Überprüfung unterliegt, er deckt sich aber im Kern mit der biblischen Sicht vom Menschen in Bezug auf die Gemeinwohlorientierung des Wirtschaftens, namentlich des diakonisch-caritativen Handelns von Rechtsträgern, die den Kirchen im genannten Sinn zugeordnet sind. Gemeinnützige Rechtsträger ohne die kirchliche Zuordnung, die es in der beschriebenen Art nur in Deutschland gibt, heißen auf französisch „entreprises á but non lucratif" oder „sans but lucratif" und auf englisch „non profit corporations". Stets sind nur juristische und nicht natürliche Personen gemeinnützig.

3. Verprobung des staatlichen und des kirchlichen Gesetzgebungsbefundes aus biblischer Sicht. Dieser internationale positivrechtliche gesetzliche Befund deckt sich unabhängig von dem vorausgehenden Gebot der Gottesliebe mit dem Gebot der Nächstenliebe „Liebe deinen Nächsten wie dich selbst", welches eindeutig die Eigenliebe als Voraussetzung und Spiegel der Nächstenliebe benennt. Das wurde häufig in seiner menschenfreundlichen Plausibilität nicht so deutlich benannt. Nach dem Vorwort der Denkschrift der EKD von 1991 „Gemeinwohl und Eigennutz" zeigt sich Eigennutz „nicht selten in der Gestalt eines rücksichtlosen Egoismus und steht dann im Widerspruch zum Gebot der Nächstenliebe". Gerade in der Zuwendung zum hilfebedürftigen Menschen ist das Gebot gemeinwohlorientierter Nachhaltigkeit auch im Sinne nachfolgender Generationen ein Gebot ökonomischer Vernunft. Es steht mit dem gewerblichen und gewinnorientierten Wirtschaften in einer gewollten Konkurrenz, und zwar im Sinne eines gewünschten Wettbewerbs mit den gewerblichen Trägern in diesem Sektor, sowie einer gewünschten Methoden- und Trägervielfalt gewerblicher und gemeinnütziger Träger. Am Ende unterscheidet die gemeinwohlorientierten von den gewerblichen Trägern der unterschiedlich lange Zyklus ihres Wirtschaftens, die Tatsache der Nichtvererbung von Betriebsvermögen an natürliche Personen und die Nichtentnahme von Gewinnen für individuelle und persönliche Zwecke natürlicher Personen. Das gilt unbeschadet jeweiliger Profile als „corporate identity".

Nächster im biblischen Sinn ist jeder Mensch ohne jede Ausgrenzung. Am profilierten biblisch offenbarten Transzendenz- bzw. Gottesbezug der Kirche und der ihr zugeordneten Dienste ändert das nichts. Demgemäß definieren die evangelischen Gesetze die Gemeinwohlorientierung kirchlicher Dienste am Ende unabhängig auf der Grundlage der unumkehrbaren Trennung von Staat und Kirche – wenn auch bei derzeit gegebener wesenhafter Kongruenz mit § 55 AO – im Wesentlichen wie folgt:
- Gewinne werden für die Erfüllung des kirchlichen Auftrags verwendet
- Unverhältnismäßige Gehälter und unverhältnismäßige sonstige Zahlungen werden ausgeschlossen

("sobrietas" nach der binnenkatholischen Terminologie)
– für den Fall der Auflösung oder Aufhebung wird in dem Statut in der Regel vorgesehen, dass ein gemeinwohlorientierter Vermögensanfall zugunsten von Trägern kirchlicher Arbeit erfolgt, in jedem Fall und ohne jede Ausnahme aber die Übertragung für gemeinwohlorientierte Zwecke menschlicher Zuwendung im Sinne der Nächstenliebe als nachhaltige Methode des Wirtschaftens im Sinne nachfolgender Generationen.

Darüber hinaus erfolgt die Bezahlung der hauptberuflich Beschäftigten nach ohne Ausnahme bindenden kollektiven Tarifen im Rahmen kirchlicher Gesetzgebung, welche in ihrer Binnenplausibilität und partizipativen Gewerkschaftsoffenheit nach dem für alle geltenden Gesetz und dem allgemeinen deutschen Rechtssystem in europäischer und internationaler Einbettung unterliegt und demgemäß gerichtlicher Überprüfung zugänglich ist.

Auf diese Weise ist ein universell plausibler Rahmen für den gemeinnützig und wettbewerblich mit anderen Systemen agierender Dienst der Kirche und ihrer unbeschadet der Rechtsform zugeordneten Einrichtungen beschrieben. Dieser Dienst ist auch dann gesetzlich und statuarisch mit seinem biblischen Transzendenzbezug plausibel zu erhalten, wenn selbst in den Leitungspositionen nicht nur Christinnen und Christen tätig sind.

Diese Sicht hat das Bundesverfassungsgericht in seinem Beschluss vom 22. 10. 2014 – 2BvR 661/12 – unabhängig vom konkreten Fall eingehend im Sinne der Goch Entscheidung bestätigt, und zwar in seinem nicht vollständig dem ökonomischen Prinzip unterworfenen religiös-diakonischen Wirken der Kirchen und der ihnen zugeordneten Dienste (vgl. bes. Hinweis des BVerfG – 2BvR 661/12 – auf das Strategiepapier von Bethel, Rdn. 104, 118).

Abgabenordnung in der Fassung der Bekanntmachung vom 1. Oktober 2002 (BGBl. I S. 3866; 2003 I S. 61), die zuletzt geändert wurde durch Artikel 16 des Gesetzes vom 25. Juli 2014 (BGBl. I S. 1266) – Buchna/Seeger/Brox/Leichinger, G. im Steuerrecht, 10. Aufl. 2010, 11. Aufl. 2015 – Verordnung zur Durchführung der §§ 17–19 Steueranpassungsgesetz vom 16. 12. 1941 (RStBl. 1941, S. 937) – BVerfG 11. 10. 1977 – 2BvR 209/76 – BVerfGE 46,73 (Goch) – BVerfG 22. 10. 2014 – 2BvR 661/12; Verfassungsbeschwerde – 2BvR 2292/13 schwebt; BAG 20. 11. 2012 – 1 AZR 179/11 – NZA 2013, 448ff. – Kirchengesetz zur Zuordnung rechtlich selbständiger Einrichtungen zur Kirche (Zuordnungsgesetz der EKD – ZuOG-EKD) vom 12. 11. 2014; ABl. EKD 2014, S. 340 – Kirchengesetz über das Diakonische Werk der Evangelischen Kirche im Rheinland und die Zusammenarbeit in der Diakonie (Diakoniegesetz) vom 14. 01. 2005 (KABl. S. 66) geändert durch Kirchengesetz vom 21. 01. 2014 (KABl. S. 72) – Matth. 22, 34–40; 5. Mose 6,5; 3. Mose 19,18 – Gemeinwohl und Eigennutz, Wirtschaftliches Handeln in Verantwortung für die Zukunft, Denkschrift der EKD, 2. Aufl. Gütersloh 1991 – U. Rhode, Das Motu Proprio (MP) Intima Ecclesiae Natura über den Dienst der Nächstenliebe, KuR 2013, S. 107ff. – MP vom 11. 11. 2012, promulgiert im Osservatore Romano 02. 12. 2012.

Moritz Linzbach

Gemeinschaft

1. G. und Gesellschaft. Das Gegenüber von G. und →Gesellschaft bestimmt den Diskurs um die →Rolle und Bedeutung von G.en seit Ende des 19. Jh.s (Tönnies). In den 1930er Jahren hat neben M. Weber und Durkheim auch Rüstow in einem universalgeschichtlichen Entwurf („Ortsbestimmung der Gegenwart", 3 Bände) die Vergesellschaftung der Menschheit in verschiedenen Prozessen der Überlagerung und Vermachtung nachgezeichnet. Gegenüber einer Überlagerung als dem Sündenfall der Menschheitsgeschichte setzt sich Rüstow in diesem Werk für eine Integration des Menschen in überschaubare G.sstrukturen ein. Ansonsten werde der Mensch zum Opfer ideologischer Vereinnahmungen. An die Stelle der Vermassung und Vergesellschaftung müsse eine ausreichende „Vitalpolitik" trete. Dazu gehörte in der liberalen →Tradition, in der Rüstow stand, eine ausreichende →Wettbewerbsordnung sowie die Möglichkeit des Menschen, seine freiwillige →Solidarität im Rahmen der →Familie, der →Nachbarschaft, der →Gemeinde oder der →Genossenschaft zu leben. Die Entwürfe von Rüstow und Tönnies mit ihrer Gegenüberstellung von →Gesellschaft und G. sind in historischer Perspektive als Versuche zu verstehen, gegenüber einer industrialisierten und anonymen Gesellschaft die →Rolle der elitären Verantwortungsträger in Erinnerung zu rufen.

2. Die aktuelle Bedeutung der Diskussion um lebensfähige G.en. Gegenüber dieser kritischen, historischen Einordnung des G.sdiskurses zu Beginn des 20. Jh.s wird in der globalisierten, vernetzten und kulturell homogenisierten Weltgemeinschaft in einer Wiederbelebung der Kritischen Theorie aktuell zur Geltung gebracht, dass eine freiheitliche Gesellschaft auf Resonanzeffekte angewiesen ist, die in einer beschleunigten →Gesellschaft mehr und mehr verloren gegangen sind (Rosa). In diesem Zusammenhang kommt den überschaubaren G.en für eine menschliche Entwicklung eine entscheidende Rolle zu: Sie sorgen dafür, dass der Mensch in der postmodernen Gesellschaft seine Gestaltungsfähigkeit nicht verliert, sondern subjektorientiert tätig werden kann. Die Etablierung von Regionalwährungen und genossenschaftlich organisierten Wirtschaftsmodellen, der Diskurs um eine die voranschreitende →Globalisierung begleitende „Glokalisierung" (Robertson), die Diskussion um familiale Lebensformen oder die Etablierung von crossmedial organisierten Netzwerken und →Nichtregierungsorganisationen sind Beispiele, in denen Resonanzeffekte in g.sähnlichen Strukturen unter den Bedingungen der Postmoderne entstehen. Weil G.en Riten und Traditionen pflegen, an →Werten orientiert sind und zugleich durch ihre Gewohnheiten und Verfahren das Tempo des Einzelnen oder der Gesellschaft bremsen, sind sie gewichtige Faktoren, die Kooperationsbemühungen bündeln und anregen. Wesentliches Merkmal der G.en ist also die in ihr gepflegte →Kultur sowie die Form der →Kommunikation. G.en schaffen in der Postmoderne eine „menschliche Multitemporalität" (MARQUARD). Ihnen kommt die Bedeutung zu, die Geschwindigkeit aus dem →Innovationsverhalten des Wirtschaftens herauszunehmen.

3. Emanzipatorische G.en. Im Zusammenhang mit einer zunehmenden Entfremdung des Menschen in der postmodernen Gesellschaft entstehen neben den eher traditionell orientierten G.en, die sogenannten „emanzipatorischen G.en". Dazu gehören Ökodörfer, die schon genannten Regionalwährungen, Friedensgemeinschaften, Wohngemeinschaften, Bürgerkommunen u. a. m. Sie verfolgen das Ziel, zur transformierenden Bewusstseinsbildung beizutragen, dem wachsenden Konkurrenzdruck zu begegnen und die Beheimatung des Menschen in einer nachhaltig organisierten Weltgemeinschaft zu vertiefen. Die Bedeutung solcher G.en ist nicht zu unterschätzen: Sie können das Movens einer sich verändernden Gesellschaft sein, die bestrebt ist, sich nachhaltig und zukunftsfähig aufzustellen. In ihnen kann das →Freiheitsstreben des modernen Menschen zum Ausdruck kommen, der sein Engagement in kommunitären Beziehungsfeldern wirkungsvoll zur Geltung bringen will.

F. TÖNNIES, G. und Gesellschaft, 1987 – A. GRIMME, Vom Reichtum sozialer Beziehungen. Zum Verhältnis von G. und Sozialkapital, 2009 – H. ROSA, Theorien der G., 2010.

Jörg Hübner

Gemeinwesenarbeit

1. Begriff. G. stellt neben Sozialer Einzel(fall)hilfe (case work) und Sozialer Gruppenarbeit (group work; →Gruppe) die als sozialraumbezogen definierte „dritte Methode" (bzw. als „Arbeitsfeld" – community organization) professioneller Sozialarbeit dar, die den Klienten- oder Zielgruppen-Bezug auf die Bedingungen der jeweiligen Lebenswelten im lokalen Sozialraum (→Nachbarschaft, Stadtteil oder →Gemeinde) ausweitet. Handlich ist dies als Feldbezug – in Differenz zum Fallbezug – bezeichnet worden. Die Einzelnen sollen so besser im Kontext ihrer sozialen (sozialräumlichen) Lebensbedingungen gesehen werden. Die Verbesserung von Lebensbedingungen soll durch individuelle und kollektive Befähigung und Aktivierung der Betroffenen im sozialen Netzwerk des Stadtteils bzw. der Kommune angegangen, abgestimmt und verändert werden. Als Träger kommen der Staat, Wohlfahrtsverbände oder auch Kirchen infrage. Diskutiert werden von Anfang an die Grenzen dieses Konzepts: im Sozialraum allein können strukturelle gesellschaftliche Ungleichheiten bzw. Machtverhältnisse kaum verändert werden. Damit bleibt die Reichweite der G. begrenzt.

2. Entwicklung der G. In der sich seit ca. 1960 in Deutschland durchsetzenden diffusen Sammelbezeichnung G. (meist abgekürzt: GWA) sind unterschiedlichste Traditionen und z. T. widersprüchliche Konzeptionen lebens- bzw. sozialraumbezogener Sozialarbeit zusammengeflossen, die sich jenseits auch in Deutschland vorhandener Ansätze (vgl. z. B. im 19. Jh. Genossenschaftsbewegung [→Genossenschaften], WICHERNS diakonische Milieuarbeit) vor allem seit etwa 1880 in den USA (Settlement Bewegung, Community Organization, Development, Planning) und später auch in den Niederlanden (Opbouwwerk) entwickelt haben und modifiziert worden sind. Seit 1970 haben sich – gerade auch im kirchlichen Kontext – etwa folgende theoretisch-idealtypische **Grundformen** von G. herausgebildet: (1) Die *wohlfahrtsstaatliche* G. zielt als Koordination traditioneller Methoden und Kooperation traditioneller Träger von Sozialarbeit auf die Verbesserung und Vernetzung des Dienstleistungsangebots vor Ort (z. B. Einrichtung einer Spielstube). Sie stellt heute sicherlich die am weitesten verbreitete Variante der G. dar. (2) Davon nicht strikt unterschieden ist die *integrative* G. (ROSS). Sie zielt auf der Basis vorhandener →Interessen und Bedürfnisse (→Bedarf, Bedürfnis) auf die stärker reformorientierte sozialpolitische Verbesserung (→Sozialpolitik) des Klimas, der Lebensbedingungen im Nahbereich (etwa durch Aktivierung der Betroffenen zur Selbsthilfe), u. a. durch verstärkte Identifikation und veränderte →Partizipation. (3) Die *aggressive und konfliktorientierte* G. (ALINSKY/MÜLLER) zielt beeinflusst durch die Studentenbewegung (bzw. durch die →Befreiungstheologie: Option für die Armen) – durch Erweiterung und Veränderung vorhandener Interessen und Bedürfnisse auf grundlegende Gesellschaftsveränderung (→Revolution von unten). Die damit verbundenen radikaldemokratischen Formen der Intervention (z. B. aus der Bürgerrechtsbewegung) haben bis etwa 1980 stark das öffentliche Bild von G. beeinflusst. Sie ist heute in Deutschland kaum mehr zu finden. (4) Die *katalytisch-aktivierende* G. (KARAS/HINTE) versucht durch kreatives soziales Lernen (besonders mit den Möglichkeiten der zur →Bürgerinitiative und Selbsthilfe anstiftenden Gruppenarbeit) kommunale Lebensverhältnisse zu verändern, in der der Sozialarbeiter o. ä. die Rolle eines Katalysators übernimmt, der die Betroffenen zu eigenen Entscheidungen befähigt. (5) Die *integrative, lebensweltliche G. als Netzwerk* (NOACK) versucht gegen (technokratische) Parzellierung die

Selbstbestimmung und Selbstorganisation von Gruppen und Einrichtungen, Institutionen und Behörden durch lebensweltliche Arbeit zu verknüpfen, um das Individuum auf allen Ebenen einzubinden und zu unterstützen. In der Realität sind heute diese Konzepte oft miteinander verknüpft.

Waren in vielen Projekten von G. zwischen 1968 und 1975 durchweg soziale →Konflikte Ausgangspunkt von G., so weitet sich der Horizont einer G. in den 1980er Jahren zunehmend in Richtung einer *Prävention für eine menschengerechte Lebenswelt vor Ort* und gestaltet sich stärker als *kommunalpolitische Gestaltung*. Dabei lassen sich durchgängig etwa folgende **Phasen** von G. unterscheiden: Qualitative und quantitative *Analyse* der lokalen Situation unter Einbeziehung aller Betroffenen; flexible Entwicklung und *Planung* der Strategie (öffentliche Interessenwahrnehmung; Schritte des Handelns: Veränderung von Entscheidungsstrukturen, Demokratisierung von Entscheidungsprozessen; Befähigung der Betroffenen); variable öffentliche und solidarische *Aktion* (Umsetzung der Planung); kurz-, mittel- und langfristige *Auswertung und Beurteilung* (Evaluation und Wirkungsanalyse); *Nachbereitung* (Initiation verstärkender Begleitmaßnahmen inkl. struktureller und institutioneller Problemlösungen). Vorherrschend sind heute Formen der G., die den Dialog aller Beteiligten im Interesse sozialausgleichender Stadtplanung voranbringen. Neuere Konzepte verfolgen dabei Leitideen eines „inklusiven Sozialraums" (SCHULZ-NIESWANDT) bzw. von „Caring Communities" in den Stadtteilen. Der „aktivierende Sozialstaat" entdeckt insbesondere die aktivierenden Aspekte der G. neu, indem er besonders auf die Förderung von ehrenamtlicher Selbstverantwortung setzt – was allerdings in sozialbenachteiligten Sozialräumen an Grenzen stößt.

3. Kirche u. G. Gerade diese neuen Konzepte fordern heute Kirchengemeinden und →Diakonie wieder zu verstärkten G. Aktivitäten heraus. Sie sind nicht selten vor Ort als Akteur in der →Nachbarschaft oder auch als Anwalt bestimmter benachteiligter Gruppen (Flüchtlinge, Arme, Menschen mit Behinderungen – insbesondere im Zuge der Konversion großer diakonischer Heime) aktiv, z. B. in Form einer Gemeinwesendiakonie (HORSTMANN/NEUHAUSEN). Sie können so G. in kontextuelle Konzepte der Gemeindeentwicklung (-aufbau, -beratung o. ä.) einbeziehen (→Gemeinde, kirchlich), Mitarbeiter, Gruppen und Einrichtungen aktivieren, für die Beseitigung menschenfeindlicher Lebensbedingungen eintreten und im sozialen Netzwerk initiativ bzw. kooperativ mitarbeiten. Einige Landeskirchen fördern entsprechende Aktivitäten.

M. G. Ross, G. (1968), 1971² (Orig. amerikan. Community Organization, 1955) – R. u. H. HAUSER, Die kommende Gesellschaft. Handbuch für soziale Gruppenarbeit und G., 1971 – P. FREIRE, Pädagogik der Unterdrückten, 1971 – S. D. ALINSKY, Leidenschaft für den Nächsten. Strategien und Methoden der G., 1973 (Orig. amerikan. Reveille for Radicals, 1969) – H.-E. BAHR/R. GRONEMEYER (Hg.), Konfliktorientierte G., 1974 – A. SEIPPEL, Handbuch Aktivierende G. Konzepte – Bedingungen – Strategien – Methoden – Fallstudien, 2 Bde., 1976 – IBEN u. a., G. in sozialen Brennpunkten (1981), 1992² – H. A. RIES u. a. (Hg.), Hoffnung Gemeinwesen, 1997 – W. NOACK, G. Ein Lehr- und Arbeitsbuch, 1999 – W. BUDDE/F. FRÜCHTEL/W. HINTE, Sozialraumorientierung, 2006 - M. HORSTMANN/E. NEUHAUSEN, Mutig mittendrin. Gemeinwesendiakonie in Deutschland, 2010 – F. KESSL, Sozialraum. Eine Einführung, 2010 – G. BINGEL, Sozialraumorientierung revisited, 2011 – J. EURICH/F. BARTH/K. BAUMANN/G. WEGNER, Kirchen aktiv gegen Armut und Ausgrenzung, 2011 – F. SCHULZ-NIESWANDT, Der inklusive Sozialraum, 2013 - M. HORSTMANN/H. PARK, Gott im Gemeinwesen, Sozialkapitalbildung in Kirchengemeinden, 2014 – G. WEGNER, Religiöse Ressourcen für „Spatial Justice" in: PTh 2015, Heft 1.

Günter Ruddat, Gerhard Wegner

Gemeinwohl

1. Begriff. G. (*lat.: salus publica, bonum commune, bonum generale*) beschreibt ein allgemeines Gut der →Gesellschaft, das im jeweiligen Kontext genauer zu bestimmen ist. Der Begriff ist zwischen politischer Philosophie, →Sozialethik und praktischer Philosophie einzuordnen. Das G. wird in geschichtlichen Zusammenhängen unterschiedlich gedeutet, da es von den je aktuellen Wertvorstellungen (→Werte) einer →Gesellschaft bestimmt ist. Grundsätzlich sind zwei Bestimmungszugänge zu unterscheiden: Die *deduktive Zugangsweise* (G. wird a priori bestimmt, daraus werden Normen für eine Gesellschaft abgeleitet = normatives Verständnis von G.) und *die induktive* (Summe der Einzelinteressen, die G. bestimmen; methodologischer →Individualismus).

2. Geschichtliche Bemerkungen. Für ARISTOTELES existiert das G. (*koinon*) zur Verwirklichung eines höheren Interesses. Die Polis als Ganzes umfasst mehr als die individuellen Partikularinteressen. Er verwendet den Begriff in seiner Unterscheidung von *Politie* (Herrschaft der Vielen zum Nutzen des G.) und *Demokratie* (Herrschaft der Vielen zum Nutzen des Pöbels). PLATON formuliert die G.-Idee in normativer Perspektive als ein *objektives Apriori*, das unter bestimmten Voraussetzungen in der Polis konkret verwirklicht werden kann. In „De officiis" ordnet CICERO den Eigennutz dem G. unter; dieser Gedanke wurde im Mittelalter rezipiert, indem unter G. der höchste Zweck des Staates verstanden wurde. THOMAS VON AQUIN sieht im G. – neben dem tugendhaften Leben (→Tugend) – den Staatszweck, der inneren und äußeren Frieden sichert, Wohlstand verschafft und sichert, dass sich der Mensch verwirklicht, weil dies von Gott so gewollt sei (G.

„göttlicher" im Vergleich zu anderen Werten). Das Gesetz sei immer auf das G. ausgerichtet (*lex semper ad bonum commune ordinatur*). LEIBNIZ ordnet das G. als das Bestehen und die weitere Entwicklung des Universums in seiner göttlichen Ordnung über alles. WOLFF gibt dem G. einen stärker individuell zu verstehenden Sinn, denn dem G. entspreche alles, was den Menschen in seiner Entwicklung fördert und keine Beschwerden bringt. Seit der *Aufklärung* wird G. jeweils über den zu bestimmenden Zweck des Gesellschaftsvertrages bestimmt. ROUSSEAU orientiert seine Theorie vom gemeinsamen Gemeinwollen (*volonté générale*) am G.-Gedanken (im Gegensatz zum volonté de tous). G. sei die Sicherung der allgemeiner Wohlfahrt bei gleichzeitiger Entwicklungsmöglichkeit der individuellen Mitglieder der Gesellschaft (*deduktiver, apriorischer G.-Begriff*). HOBBES sieht den Staatszweck in der Friedenssicherung, LOCKE in der Sicherung der individuellen Eigentumsrechte (*induktiver, aposteriorischer G.-Begriff*). Die *Utilitaristen* (MILL, BENTHAM) (→Utilitarismus) gehen dagegen davon aus, dass mit der formelhaften Definition „des größten Glücks der größten Zahl von Menschen" das G. hinreichend definiert sei (autonomer Austausch zwischen individuellen und gesamtgesellschaftlichen Interessen). MARX und seine Epigonen (→Marxismus) kritisieren den G.-Gedanken als jeweilige Ausprägung der herrschenden →Klasse (*ideologiekritische Interpretation*). Erst in der klassenlosen →Gesellschaft sei ein wirkliches G. realisierbar. Die liberale Strömung der (Wirtschafts-)Philosophie (→Liberalismus) konstruiert den G.-Gedanken über den Zusammenhang der Individualinteressen. Diese Vorstellung stößt heute auf Kritik von Seiten des →Kommunitarismus, der die Gemeinschaftsbindung des Menschen in den Vordergrund stellt. In der *Verfassung der Bundesrepublik Deutschland* ist die G.verpflichtung allein über das Eigentumsrecht (→Eigentum) definiert (Art 14 GG), also nicht isoliert in die Verfassung aufgenommen. Allerdings entwickelt sich in der Entstehungszeit der Sozialen Marktwirtschaft (→Markt) bei den führenden Vordenkern (RÖPKE, RÜSTOW, MÜLLER-ARMACK) eine ausgeprägte G.-Orientierung im Komplementaritätsgebilde von Freiheit (→Wettbewerb) und →Gerechtigkeit (→Sozialpolitik).

3. Kirchliche Stellungnahmen. Die →katholische Soziallehre schließt an THOMAS VON AQUIN an. Insbesondere über das Solidaritätsprinzip wird der G.-Gedanke in die Dogmatik eingebracht, da das Solidaritätsprinzip das Ganzheitsprinzip wie das G.-Prinzip einschließt. In *Mater et magistra (1961)* wird G. gefasst als „Inbegriff jener gesellschaftlichen Voraussetzungen, die den Menschen die volle(n) Entfaltung ihrer Werte ermöglichen oder erleichtern" (Nr. 65). Die EKD-Denkschrift (→Denkschriften) „*G. und Eigennutz*" von 1991 entfalt G. – ausgehend von der ordnungspolitischen Überprüfung des wirtschaftlichen Handelns – im engen Konnex zum Begriff der (sozialen) →Gerechtigkeit, der wiederum auf biblische Grundalgen zurückgreifen kann (vgl. insbes. 151ff). Das gemeinsame Papier der Kirchen zur wirtschaftlichen und sozialen Lage „*Für eine Zukunft in Solidarität und Gerechtigkeit*" stellt den G.-Bezug des Individuums und der gesellschaftlichen Gruppen sowohl im nationalen (vgl. 113 u.ö.) wie im internationalen Rahmen (237ff) heraus. Definiert wird G. in dem Papier als das „Wohl aller und eines jeden" (117). In den aktuellen Denkschriften und Texten der EKD wird der Gemeinwohlgedanke als prominente Leitidee zum Maßstab und Korrektiv der gesellschaftlichen Entwicklung und die Verpflichtung, zum G. ebizutragen zu einer evangelischen „Tugend" und „Wert" (EKD, 2006).

4. Ausblick. Das Problem einer G.-Bestimmung ergibt sich aus der relativen Unbestimmtheit des Begriffs, obschon er nicht nur in der (politischen) Philosophie und →Sozialethik, sondern auch in der →Betriebswirtschaftslehre unter dem Stichwort „gemeinwirtschaftliche Wirtschaftlichkeit" immer wieder zu definieren und in Konzepte zu integrieren versucht wurde. Die begriffliche Unschärfe ergibt sich aus der *Relation zur jeweiligen Staatsform* bzw. politischen Theorie, die den Begriff definiert: So galt etwa im alten Griechenland oder Rom die Sklavenordnung als gerecht und als Teil des G.s. Auch die ntl. Texte greifen diese nicht an. Die marxistische Theorie definiert G. wiederum anders als die demokratische Theorie. G. als Begriff hat mithin keine überzeitliche Bedeutung, sondern ist ein jeweils zum politischen status quo relativer Begriff. Innerhalb der Staatsform der →Demokratie lässt sich G. als ein *übergeordneter Konsens* definieren, in dem die Interessen sowohl der Einzelnen (Individualinteressen) wie der Gruppen (Institutionsinteressen) in einer überindividuellen und überinstitutionellen Form weitgehend in einem Kompromiss aufgefangen sind. Dabei kann (und muss) das G. im Zweifelsfall gegen die Interessen einzelner oder von Gruppen verstoßen, da es das gesamte Gemeinwesen in toto (Ökonomie, →Ökologie, Sozialwesen etc.) umfassen sollte. Der Begriff ist gleichwohl nicht als *restriktiver Gegenpol* zu den Interessen der Individuen oder Institutionen zu verstehen, sondern muss als *übergeordnete Organisationsaufgabe* genau dieser Partikular-Interessen verstanden werden. Das bedeutet auf der einen Seite Begrenzung, auf der anderen Seite auch Förderung/Anreiz der Partikularinteressen. Die jeweilige Intention ist je nach Staatsform und Verfasstheit einer →Gesellschaft zu bestimmen. Die Förderung des G.s innerhalb eines Staates und damit die Erfüllung der Organisationsaufgabe der Partikularinteressen der individuellen Mitglieder einer Gesellschaft liegt in der Rahmenordnung eines politischen Gebildes, also im Staat mit seinen politischen Gestaltungsformen über Verbote, Gebote und Anreize. Das freilich entbindet weder Individuen noch Institutionen von der gestalterischen Mitverantwortung. In der heutigen weltweiten vernetzten Gesellschaft stellen sich Gemeinwohlfragen unter drei Perspektiven: Zum einen wird durch die zunehmenden Individualisierung in westlichen Gesellschaften das Verhältnis zwischen dem einzelnen Menschen und der Verantwortung für das Ganze immer neu in den Vordergrund zu rücken sein. Zweitens werden die je internen Debatten innerhalb von Gesellschaften im Blick auf Verteilungsgerechtigkeit und Gemeinwohl an Bedeutung gewinnen (Grundeinkommen, Mindestlohn). Schließlich wird die G.-Frage nicht mehr an nationalen oder kontinentalen Grenzen halt machen, sondern ist im Zusammenhang mit der Frage nach globaler Gerechtigkeit (Nord-Süd-Verhältnis) zu stellen.

P. HIBST, Utilitas publica – gemeiner Nutz – G. Untersuchungen zur Idee eines politischen Leitbegriffs von der Antike bis zum späten Mittelalter, 1991 – C. KISSLING, G. und Gerechtigkeit. Ein Vergleich von traditioneller Naturrechtsethik und kritischer Gesellschaftstheorie, 1993 – D. DIETZFELBINGER, Soziale Marktwirtschaft als Wirtschaftsstil. Alfred Müller-Armacks Lebenswerk, 1998 – U. VON ALEMANN (Hg.), Bürgergesellschaft und G. Analyse, Diskussion, Praxis, 1999 – N. OERMANN, Anständig Geld verdienen?, 2007 – M. ASSLÄNDER (Hg), Handbuch Wirtschaftsethik, 2011 (Lit.) – U. KÖRTNER, Evangelische Sozialethik, 2012³ – MARBUGER JAHRBUCH THEOLOGIE XXVI, Gemeinwohl, 2014.

Daniel Dietzfelbinger

Gemeinwohl-Ökonomie

1. Definition und Beschreibung. Die GWÖ ist eine vollständige alternative Wirtschaftsordnung zu den bisherigen „großen Experimenten" →Kapitalismus und Kommunismus, die in einem zivilgesellschaftlichen Prozess entwickelt wird. Ihre tragenden Säulen sind nicht „neu", sondern die Ziele und Werte demokratischer Verfassungen. Die Werte →Menschenwürde, →Gerechtigkeit, →Nachhaltigkeit, →Solidarität und →Demokratie sollen konsequent in den Rechtsrahmen für die Wirtschaft eingebaut werden; zudem soll das Leben universaler Beziehungswerte wie Ehrlichkeit, Vertrauensbildung, Empathie, Kooperation und Teilen in der →Wirtschaft positiv angereizt werden, nach dem Motto „Mit Ethik zum Erfolg". Die GWÖ versteht sich als *vollethische* →Marktwirtschaft. Gemeinwohl soll zum Oberziel des Wirtschaftens, und Geld, Gewinn und Kapital sollen zu Mitteln des Wirtschaftens werden. Diese Ziele der GWÖ sind konform mit den gegenwärtigen Verfassungen: So heißt es zum Beispiel die bayrische Verfassung: „Die gesamte wirtschaftliche Tätigkeit dient dem →Gemeinwohl." (Art. 151) Das deutsche Grundgesetz sieht vor, dass „Eigentum verpflichtet" und „sein Gebrauch zugleich dem Wohl der Allgemeinheit dienen" soll (Art. 14). Entsprechend dieser Ziel-Mittel-Relation entwickelt die GWÖ eine Methodik wirtschaftlicher Erfolgsmessung, welche die Erreichung des Ziels quantifiziert – und nicht lediglich die Entwicklung der Mittel. Auf der Makroebene (Volkswirtschaft) wird ergänzend zum BIP das Gemeinwohl-Produkt erstellt, auf der Mesoebene (Unternehmen) ergänzend zur Finanz-Bilanz eine Gemeinwohl-Bilanz, und auf der Mikroebene (Investition) der Gemeinwohl-Beitrag in Ergänzung zur Finanzrendite. Das Ergebnis der „Gemeinwohl-Prüfung" bei Investitionsvorhaben soll sowohl über die Kreditkonditionen entscheiden als auch die Vergabe von →Krediten. Das „Gemeinwohl-Produkt" könnte sich aus den 20 relevantesten „Zutaten" für Lebensqualität (Ernährung, Gesundheit, Wohnung, Beziehungsqualität, Vertrauen, soziale Sicherheit, Grundrechte, →Mitbestimmung, Geschlechtergleichheit, →Friede etc.) zusammensetzen, die vom demokratischen Souverän in kommunalen Bürgerbeteiligungsprozessen selbst definiert werden. Die Gemeinwohl-Bilanz misst die ethische Leistung oder „Performance" eines Unternehmens: von der Sinnhaftigkeit des Produkts über die Qualität der Arbeitsbedingungen bis zu den ökologischen Effekten und der betriebsinternen →Demokratie. Das Gemeinwohl-Bilanz-Ergebnis wird auf allen Produkten sichtbar gemacht (z. B. in Form einer farblich unterscheidbaren Ampel) und entscheidet über die rechtliche Bevorteilung oder Benachteiligung des Unternehmens, z. B. via →Steuern, Zölle, Zinsen oder beim öffentlichen Einkauf. Mithilfe dieser Anreizinstrumente sollen die ethischen Produkte preisgünstiger werden als die unethischen, wodurch sich die sozialsten und nachhaltigsten Unternehmen durchsetzen würden. Die „Gesetze" des →Marktes würden dann mit den →Werten der Gesellschaft übereinstimmen.

2. Demokratischer Prozess. Die GWÖ beschreibt 20 Grundelemente des Wirtschaftsordnung. Dazu zählen weitere Innovationen wie das „Freijahr", eine dritte Generation „ökologischer Menschenrechte" oder die Begrenzung der Ungleichheit bei Einkommen und Vermögen, um allen Menschen die tatsächlich gleichen Rechte, Freiheiten und Chancen zu sichern. Deshalb versteht sich die GWÖ auch als *wirklich liberale* Marktwirtschaft. Alle Vorschläge der Bewegung sollen in demokratischen Buttom-up-Prozessen, sogenannten „Kommunalen Wirtschaftskonventen", gemeinsam mit anderen Ideen diskutiert und vorsortiert werden. Über Delegation aus den „Gemeinwohl-Gemeinden" könnte ein Bundeswirtschaftskonvent konstituiert werden, der die finalen Varianten für jeden Ordnungspunkt der Wirtschaft ausarbeitet. Diese könnten vom gesamten Souverän final abgestimmt werden (durch „Systemisches Konsensieren", das bedeutet, dass der Vorschlag mit dem geringsten Widerstand gewinnt). Die Ergebnisse gehen als Wirtschaftsteil in die Verfassungen ein und wirken von dort bindend für die gesetzgeberische Arbeit von Regierungen und Parlamenten. Langzeit-Ziel ist eine „souveräne Demokratie".

3. Kritik und Diskussion. Die GWÖ wird seit ihrer öffentlichen Darstellung 2010 vor allem im deutschen und spanischen Sprachraum rezipiert. Neben einer breiten positiven Resonanz bei →NGOs aus dem Spektrum nachhaltige Entwicklung, Nord-Süd-Kooperation, alternatives Wirtschaften und Menschenrechte sowie in spanischen Medien gibt es auch kritische Reaktionen aus etablierten Interessenvertretungen, speziell in Österreich. Manche Kritiker versuchen pauschal die GWÖ mit Sozialismus, Kommunismus oder auch Totalitarismus gleichzusetzen. Der bedeutsamste Ansatzpunkt zur Kritik ist das „Menschenbild", auf dem die GWÖ angeblich beruhe: Der Mensch sei von Natur aus egoistisch, ein System positiver Werte könne nicht funktionieren. Hierbei handelt es sich um ein Missverständnis, da die GWÖ auf gar keinem Menschenbild aufbaut, sondern nur vorschlägt, dass in der Wirtschaft dieselben Charaktereigenschaften, die zu aller Zeit als tugendhaft angesehen wurden, ebenso belohnt werden sollten wie Verfassungswerte. Die größte Herausforderung, speziell für klassische Ökonomen, stellen die von der GWÖ zitierten Forschungsergebnisse, dass Kooperation stärker motiviere als Konkurrenz, und die Wirtschaft (auch deshalb) auf systemische Kooperation gegründet werden solle. Die geforderte Demokratisierung großer Unternehmen wird mancherorts als Einschränkung der (Unternehmens-)Freiheit aufgefasst und der Vorschlag der Begrenzung der Ungleichheit bei Einkommen, Vermögen und Erbschaften als Infragestellung des Eigentumsrechts an sich (HÖRL, TACKE). Zustimmung zum Konzept der GWÖ stammt u. a. von HARALD WELZER, der sie zu den Alternativen der Zukunft zählt. ERIC MASKIN kommentiert: „Christian Felber thinks big. Not content with marginal change, he proposes a thorough overhaul of our capitalist system."

4. Internationale Bewegung und Mitmachen. Die GWÖ-Bewegung startete am 6. Oktober 2010 in Wien und fand Befürworter Anfang 2015 in 40 Staaten. 1800 Unternehmen unterstützen die Initiative, mehr als 200 hatten die Gemeinwohl-Bilanz final erstellt. Es gab erste Gemeinwohl-Gemeinden und Universitäten, die Forschungsprojekte durchführten und Lehrprogramme entwickelten. Der Südtiroler Landtag hatte einen positiven Beschluss zur GWÖ gefasst, ebenso eine erste spanische Gemeinde. Eine „Bank für Gemeinwohl" war in Österreich im Entstehen, in Konzeption waren zudem „Europäische Regionale Gemeinwohl-Börsen". Am 17. September 2015 nahm der Europäische Wirtschafts- und Sozialausschuss eine Stellungnahme für die Einarbeitung der Gemeinwohl-Ökonomie in den Rechtsrahmen der EU und ihrer Mitgliedstaaten mit einer 86 %-Mehrheit an. Die Bewegung aus rund 2000 Freiwilligen wird von 16 Vereinen unterstützt und will einen internationalen Verband gründen. Am Prozess der GWÖ kann sich zudem jede Privatperson, jedes Unternehmen, jede Organisation und jede Gemeinde niederschwellig beteiligen.

J. BAUER, Das Prinzip Menschlichkeit. Warum wir von Natur aus kooperieren – C. FELBER, Die Gemeinwohl-Ökonomie, 2012 – C. FELBER, Geld. Die neuen Spielregeln, 2014 – A. KOHN, No contest. The Case Against Competition, 1992 – E. OSTROM, Was mehr wird, wenn wir teilen: Vom gesellschaftlichen Wert der Gemeingüter, 2011 – N. PAECH, Befreiung vom Überfluss. Auf dem Weg in die Postwachstumsökonomie, 2012 – H. WELZER, Selbst denken. Eine Anleitung zum Widerstand, 2013 – S. ZAMGNI/L. BRUNI, Zivilökonomie, 2014 – J. SIKORA, Vision einer Gemeinwohl-Ökonomie auf der Grundlage einer komplementären Zeitwährung, 2001.

Christian Felber

Gender

Der engl. Begriff „G." wird i. d. R. mit „soziokulturelles Geschlecht" übersetzt, und gegen den Begriff *sex* abgegrenzt, der seinerseits das anatomische Geschlecht bezeichnet. In der deutschen Sprache gibt es für den Begriff keine Entsprechung. Die Begriffe „Geschlechtscharakter", „Geschlechtsidentität" oder „Geschlechtsrolle" decken immer nur Teile der Bedeutung ab. Am nächsten kommt der Begriff dem Terminus „Geschlechterordnung".

G.theorien behandeln die Frage, was es bedeutet, in einer →Gesellschaft Mann oder Frau zu sein. In den 1970er Jahren wurde der Begriff G. im angloamerikanischen Raum eingeführt, um zu verdeutlichen, dass Unterschiede zwischen Frauen und Männern nicht allein biologischen Ursprungs sind. G. verweist darauf, dass die Geschlechtsdifferenz wesentlich sozial und kulturell konstruiert ist.

Mit dem G.ansatz lässt sich die Geschlechterordnung einer →Gesellschaft analysieren und beschreiben. Sie besteht aus allen Vorstellungen vom Weiblichen und Männlichen, die an einem bestimmten Ort zu einer bestimmten Zeit existieren, sowie aus allen Konsequenzen, die diese Vorstellungen dafür haben, wer was macht, wer was bestimmen kann und welche Fremd- und Selbstbilder kollektiv und individuell bestehen. Die Geschlechterordnungen der Vergangenheit haben die Gestaltungs- und Teilhabechancen zwischen Frauen und Männern sehr ungleich verteilt. Bis in die Gegenwart hinein bestehen manche der Vorstellungen und Denkmuster fort, auch wenn sie mittlerweile modifiziert und modernisiert wurden. Indem der G.ansatz diese Muster aufzudecken hilft, trägt er zur Herstellung von →Geschlechtergerechtigkeit bei.

In jüngster Zeit sind der G.ansatz und mit ihm verbundene Konzepte für Geschlechtergleichstellung in die

Kritik konservativer →Medien und →Organisationen geraten. Der Kern der Kritik richtet sich gegen die Vorstellung der Konstruiertheit und Wandelbarkeit von Geschlechtsrollen. Stattdessen wird die Auffassung von biologisch bedingten komplementären Geschlechtsidentitäten vertreten.

J. BUTLER, Vom Unbehagen der Geschlechter, 1991 – C. VON BRAUN/I. STEFAN (Hg.), G. Studien. Eine Einführung, 2000 – I. KARLE, Da ist nicht mehr Mann noch Frau. Theologie jenseits der Geschlechterdifferenz, 2006 – R. FREY/M. GÄRTNER u. a., G., Wissenschaftlichkeit und Ideologie. Argumente im Streit um Geschlechterverhältnisse, 2013.

Kristin Bergmann

Generationenverhältnisse

1. Begründungstheoretische Perspektive. Generation ist ein vielfältiger Begriff. Als mikrosoziologischer Begriff zur Beschreibung der Generationenbeziehungen bezeichnet er zunächst die familiale Generation, die Geschlechterfolge. Als makrosoziologischer Begriff dient er zur Beschreibung der Verhältnisse gesellschaftlicher Generationen, also von Kohorten, die von gleichen historischen Ereignissen betroffen waren. Unter dem Stichwort Generationenvertrag erfolgt eine idealtypische Aufteilung der Gesellschaft in einen noch nicht erwerbstätigen Teil (Kinder und Jugendliche), in einen erwerbstätigen Teil und in einen nicht mehr erwerbstätigen Teil (Rentner). Jedoch wird aufgrund des demografischen Wandels fraglich, ob die Lasten der soz. Sicherung der vorhergehenden Generation von der nachwachsenden Generationen noch in gleicher Weise übernommen werden können. Jenseits der Diskussion über die Alterssicherung gehört zu den G. jedoch auch die Frage, wie insg. die Beziehungen zwischen den Generationen gestaltet werden. Es gibt zahlreiche Beispiele, in denen sich Menschen generationenübergreifend auch außerhalb der eigenen Familie gegenseitig unterstützen oder gemeinsam Projekte betreiben. Ebenso entstehen neue Wohnformen des Miteinanders und intergenerationellen Teilens. Folglich sind nicht nur Aspekte der Generationengerechtigkeit, sondern auch der →Solidarität, Teilhabe und →Nachhaltigkeit einzubeziehen.

2. Theologisch-ethische Perspektive. Dass Solidarität zwischen Alten und Jungen keineswegs selbstverständlich ist, sondern gegenseitige Verantwortung erfordert, zeigt das erste soziale Gebot des Dekalogs, das wahrscheinlich nicht Menschen im Kindesalter, sondern Erwachsene in der Mitte des Lebens adressiert: „Du sollst deinen Vater und deine Mutter ehren, wie dir der Herr, dein Gott, geboten hat, auf dass du lange lebest und dir's wohlgehe in dem Lande, das dir der Herr, dein Gott, geben wird". Für die Eltern adäquat zu sorgen ist in einer Wirtschaftsform, in der es keine Altersversorgung außerhalb des häuslichen Sozialverbandes gibt, eminent wichtig, weil Alte, Kranke und sozial Schwache zum Überleben darauf angewiesen sind. Damit sind Alte und Junge in ein Verantwortungsgefüge zueinander gesetzt: Die Eltern sollen die Kinder für ein gemeinsames Leben unterweisen, die jüngere Generation soll sich um die Alten kümmern, um die Humanität der Gesellschaft zu erhalten. Bezeichnet wird dieses Verantwortungsverhältnis mit dem biblischen Begriff der Gerechtigkeit, der aber im Gegensatz zum heutigen formal-prozeduralen Verständnis Gemeinschaftstreue in Analogie zur Bundestreue Gottes zu seinem Volk meint. Biblische Gerechtigkeit ist verbunden mit wechselseitiger Verantwortung und Barmherzigkeit und entspricht eher dem heutigen Solidaritätsbegriff.

Ein direkter Übertrag biblischer Vorstellungen zu G. auf heutige Themen des Ausgleichs zwischen Generationen ist nicht möglich, weil unterschiedliche Konzepte von Generation zugrunde liegen: der familiale Generationenbegriff der Antike mit der Großfamilie im Zentrum und der makrosoziologische Generationenbegriff ausdifferenzierter moderner Gemeinschaften. Dennoch macht das 4. Gebot auch heute noch deutlich, dass auch der abstrakte Austausch zwischen gesellschaftlichen Generationen auf der Makroebene nur funktionieren kann, wenn er unterfüttert wird von einer Solidaritätspraxis, die über Gerechtigkeitsvorstellungen hinausgeht, im familiären Kontext ausgebildet und im eigenen Umfeld intergenerationell ausgeübt wird.

3. Wirtschaftsethische Perspektive. Die Nachhaltigkeitsidee im Bereich der G. fordert eine Neuauflage des Generationenvertrages ein: nicht mehr sollen die Jungen für die Versorgung der Alten verantwortlich sein, sondern jede Generation soll für ihre Bedürfnisse aufkommen und nicht die nachfolgende Generation mit Kosten belasten. Nachhaltigkeit wird so nicht nur zum Thema intergenerationeller Gerechtigkeit, sondern verknüpft sich auch mit der Globalisierungsdebatte hinsichtlich der Unterschiede zwischen arm und reich und der Frage der gerechten Nutzung globaler Ressourcen. Eine Schwierigkeit liegt freilich beim Grundsatz der Gerechtigkeit selbst: diese kann immer nur die Rechte und Pflichten existierender Personen regeln. Zwar lassen sich auch Rechte zukünftiger Generationen formulieren und advokatorisch vertreten, man hat aber keine hinreichende Kenntnis über die Umstände zukünftiger Generationen (wirtschaftliche und technologische Entwicklung, der Einfluss kontingenter Größen wie Krieg und Umweltbedingungen, etc.). Weiterhin wird eingewandt, dass es zwischen Generationen keine symmetrische Verpflichtung wechselseitiger Schuldigkeiten geben kann, weil die nachfolgende Generation immer von den Vorleistungen der vorangegangenen Generation lebt, ohne diese Vorleistungen in gleicher Weise begünstigen zu können. Daraus werden Konsequenzen für das Modell der Alterssicherung gezogen: Das umlagefinanzierte Rentensystem, bei dem die Lasten einer Generation der nächsten aufgebürdet werden in der Hoffnung, dass die Lasten der nächsten Generation von der übernächsten getragen werden, wird ökonomisch als ungerecht empfunden, weil auf diese Weise keine Generationengerechtigkeit erreicht werden könne. Denn jede Generation lebe anders als die vorherige und ein konstanter Fortschrittsfaktor lasse sich nicht bestimmen. Ganz im Gegenteil müssten aufgrund des demografischen Wandels immer weniger Erwerbstätige immer mehr Rentner finanzieren. Alternativ wird die Einführung der kapitalgedeckten Altersvorsorge gefordert. Jeder Einzelne und damit auch jede Generation sorgt durch Kapitalbildung für sich selbst, wodurch die Verschiebung in der Bevölkerungsstruktur ohne negativen Einfluss bliebe. Es ist jedoch fraglich, ob dieses Modell die Probleme der Alterssicherung lösen kann. Denn auch die Erträge für die private Altersvorsorge müssen durch das laufende Volkseinkommen erwirtschaftet werden. Und ein längeres Leben erfordert eine längere und höhere Einzahlung und in der Folge eine höhere Belastung jüngerer Generationen. Weil in Generationen mit niedrigen Geburtenraten auch eine Schrumpfung der Kapitalmärkte erfolgt, würden gesamtwirtschaftliche Entwicklungen in ihren Effekten individualisiert, ganz abgesehen davon, dass Verluste an Kapitalmärkten die individuelle Altersvorsorge eliminieren können – beides Szenarien, die nicht von Gerechtigkeit zwischen den Generationen geprägt wären. Wirtschaftsethisch ist zu unterstreichen, dass mit dem Konzept der Generationengerechtigkeit allen Altersgruppen die gleichberechtigte Teilhabe am gegenwärtigen Wohlstand der Gesellschaft ermöglicht werden soll. Dabei ist ein zentraler Aspekt, dass Entscheidungen über den Lastenausgleich zwischen den Generationen von allen Mitgliedern der Gesellschaft mitbestimmt werden können, was beim kapitalgedeckten System nicht möglich ist, weil es den Marktprozessen folgt, beim Umlageverfahren hingegen schon, weil es in einem politisch-demokratischen Prozess entschieden wird.

A. Börsch-Supan, Zum Konzept der Generationengerechtigkeit, in: Zeitschrift für Wirtschaftspolitik 52/2003, 221–226 – F. Ekardt, Das Prinzip Nachhaltigkeit: Generationengerechtigkeit und globale Gerechtigkeit, 2005 – J. Eurich/P. Dabrock/W. Maaser (Hg), Intergenerationalität zwischen Solidarität und Gerechtigkeit, 2008 – H. Unnerstall, Rechte zukünftiger Generationen, 1999.

Johannes Eurich

Genetik

1. Hintergrund und Grundlagen. Der aus dem Griechischen stammende Begriff G. bezeichnet die Wissenschaft von der Erzeugung und Vererbung. Die G. hat eine rasante Entwicklung vollzogen: Bereits im Jahre 1871 gelang es Friedrich Miescher die Desoxyribonukleinsäure (DNS oder DNA) zu isolieren, aber erst mit den mendelschen Kreuzungsexperimenten sowie später den mit dem Nobelpreis gewürdigten Arbeiten von Watson und Crick wurde die DNS in ihrer Doppel-Helix-Struktur als Träger der Erbinformation entdeckt. Mit dem Modell der komplementären doppelhelicalen Struktur war gleichsam eine Theorie der erblichen Informationsübertragung verbunden, die in den folgenden Jahren weiter erforscht und beständig ausgebaut wurde. Bei der Zellreplikation wird zunächst die DNS in einen einzelsträngigen Molekülstrang, die Ribonukleinsäure (RNS oder RNA), überschrieben (Transkription) und anschließend in Proteine übersetzt (Translation). Das Verständnis dieses grundlegenden Mechanismus der →Informationsvermittlung und -übertragung befeuerte zugleich das Interesse wie die Möglichkeiten der molekularen G. Ein weiterer Treiber dieser Entwicklung war die voranschreitende Entschlüsselung des menschlichen Genoms im Jahre 2004 sowie eine rasante Entwicklung im Bereich der Sequenzier- und Synthesetechniken. Diese Entwicklungen führten dazu, dass die Sequenzierung von Genabschnitten und sogar ganzen Genomen zunehmend effizienter und kostengünstiger geworden ist.

Trotz all dieser Entwicklungen im Bereich der G. bleibt die Frage offen, was genau unter dem Terminus „Gen" verstanden werden kann. Lange wurde davon ausgegangen, dass es sich bei einem Gen um die Einheit handelt, welche Informationsträger für eine bestimmte phänotypische Eigenschaft ist. Heute lässt sich das ursprüngliche Dogma der G., ‚ein Gen – ein Enzym' nicht mehr aufrechterhalten. Mittlerweile ist bekannt, dass viele unterschiedliche sowohl genetische wie nicht genetische Faktoren dafür ausschlaggebend sind, welche Funktion ein Gen innehat. Eine solche Abhängigkeit der Genregulation durch interne wie externe Faktoren sorgte dafür, dass der Fokus weg von einem einzelnen Genabschnitt hin zu den größeren Zusammenhängen, wie der Genomik (auch Genomics) oder der Proteomik (auch Proteomics) wechselte. Dieses Wechselspiel von DNS, ihren molekularen Produkten sowie externen Umweltfaktoren wird heute auch unter dem Terminus EpiG. verhandelt. Unter diesem Begriff werden stabile Veränderungen in der Regulation der Genexpression verstanden, die über Zellteilungen hinweg festgeschrieben werden, ohne dass eine Veränderung der DNS-Sequenz vorliegt.

2. Aktuelle Entwicklungen und Herausforderungen. Die Methoden und Techniken der G. finden heute in zahlreichen medizinischen und nicht medizinischen Kontexten Anwendung. Grund dafür ist erstens der Sachverhalt, dass jeder Organismus weitestgehend mit den gleichen molekularen Bausteinen ausgestattet ist. Zweitens sind die Analyse, Sequenzier- und Synthesetechniken in der G. mittlerweile so schnell und vergleichsweise günstig geworden, dass auch sehr große Datenmengen verarbeitet und generiert werden können. Vor diesem Hintergrund wird unter dem Stichwort der sog. Big-Data-Biology sehr intensiv darüber diskutiert, mit welchen Standards die Kompatibilität im Umgang mit genetischen Daten trotz einer beständig wachsenden Datenkomplexität erreicht werden kann.

Das große Interesse an der G. speist sich nicht zuletzt aus den vielfältigen Anwendungsmöglichkeiten wie zum Beispiel der →Energieerzeugung, der Nahrungsmittelproduktion oder der Herstellung von Medikamenten. Eine noch junge, aber in den letzten Jahren massiv wachsende Disziplin stellt hier die Synthetische Biologie dar. Ziel und Ansatz der Synthetischen Biologie ist es, biologische Systeme so zu analysieren, zu modellieren, und schließlich zu synthetisieren, dass die Herstellung von modulierten biologischen Systemen möglich wird. Im Unterschied zur klassischen Gentechnik wird dabei nicht mehr nur versucht einzelne Genabschnitte zu untersuchen oder zu synthetisieren, sondern neue genetische Module, angefangen von kleinen Plasmiden bis hin zu einem komplexen bakteriellen Organismus nachzubauen. Dadurch erhofft man sich nicht nur ein umfassenderes Verständnis der Entstehung und Erhaltung von →Leben, sondern die neuen Systeme sollen vielmehr auch in unterschiedlichen pharmazeutischen, medizinischen und →ökologischen Bereichen Anwendung finden. Die Synthetische Biologie steht damit paradigmatisch für die sich mit der G. verbindende Herausforderung der unterschiedlichen →Werthaltungen und Einstellungen. So stellen die zunehmenden Möglichkeiten der G. immer wieder in Frage, wo die Grenze zwischen etwas Lebendigem und etwas nicht Lebendigem verläuft, wo die bislang bekannten und als Konsens geltenden Grenzen zwischen Natürlichem und Künstlichem verlaufen und nicht zuletzt, ob sich solche Grenzen nicht nur verschieben sondern mitunter gänzlich aufheben lassen.

Die Komplexität der Debatten spitzt sich einmal mehr zu, wenn es um den Einsatz genetischer Methoden am menschlichen Genom, zum Beispiel in der Untersuchung von Krankheitsmechanismen oder der Feststellung von individuellen Krankheitsrisiken geht. Dass der Einsatz genombasierter Diagnosetechniken hier auch zu einer Herausforderung für klassische ethische Konzepte wie →Gesundheit und Krankheit führt, wurde spätestens mit Beginn der Sequenzierung des Humangenoms diskutiert. Die Herausforderung besteht dabei darin, dass mittels genetischer Diagnostik ein Erkrankungsrisiko für bestimmte erblich bedingte Erkrankungen ermittelt werden kann. Hierbei wurde in den Debatten der Begriff der sog. individualisierten oder personalisierten Medizin geprägt.

Zu beachten ist dabei jedoch zunächst zweierlei: Erstens handelt es sich bei den ermittelten Werten um Wahrscheinlichkeitsaussagen über das →Risiko einer Krankheitsmanifestation. Solche Wahrscheinlichkeitswerte stellen noch keine Diagnose dar, sondern geben lediglich Auskunft darüber, wie unter der Annahme bestimmter Voraussetzungen die jeweilige Krankheitsdisposition aussieht. Zweitens ist zwischen sog. monogenetisch und multifaktoriell bedingten Erkrankungen zu unterscheiden. Unter monogenetischen Erkrankungen sind solche zu verstehen, bei denen Mutationen auf einem bestimmten Genabschnitt eine Krankheit, wie zum Beispiel Morbus Huntington, hervorrufen. Demgegenüber sind multifaktoriell bedingte Erkrankungen solche, bei denen durch die Korrelation von Mutationen in einzelnen Genabschnitten, die für sich noch nicht pathogen sein müssen, ein Krankheitsbild hervorgerufen wird. Neben der wissenschaftlichen Beschäftigung mit diesen Risikofaktoren wächst zugleich auch das öffentliche Interesse an den Möglichkeiten der genetischen Diagnostik. Besonders prominent ist dabei der Fall Angelina Jolies, bei der 2013 nach einem genetischen Screening ein Krankheitsrisiko von – je nach Angabe – 70 bis 90 Prozent für die Erkrankung an erblich bedingtem Brustkrebs ermittelt wurde und die sich daraufhin für eine präventive Entfernung des Brustgewebes entschied, ohne dass die Krankheit bereits manifest geworden war. Soziologische Studien sprechen mittlerweile bereits von dem sog. Jolie-Effekt und machen damit deutlich, dass sich im Gesundheitssystem ein genereller Trend hin zu einer möglichst frühzeitigen und an das jeweils individuelle Risiko einer →Person angepassten Prävention zeigt. Damit einher geht auch die Frage, ob und wenn ja unter welchen Voraussetzungen, die Kosten für solche präventiven Maßnahmen ohne Eintritt einer Erkrankung, Teil der solidarischen →Gesundheitsleistung sein sollen und können.

In den ethischen Debatten wurde diese Entwicklung bereits sehr frühzeitig unter dem Terminus der sog. „healthy-ill people" diskutiert. Dabei waren diese konzeptionellen Auseinandersetzungen – nicht zuletzt in Folge einer bestimmten Rezeption der Arbeiten von MICHEL FOUCAULT – lange Zeit von einem mehr oder minder latenten genetischen Determinismus geprägt. Erst in den letzten Jahren, nicht zuletzt bedingt durch die Erkenntnisse der komplexen Interaktion zwischen genetischen und nicht-genetischen Faktoren, hat sich zunehmend die Einsicht durchgesetzt, dass es sich bei genetischen Daten nicht per se um exzeptionelle Daten handelt, die Eingriffstiefe ist hier also nicht per definitionem tiefer, als bei bereits etablierten, nicht genetischen Verfahren.

Neben diesen Möglichkeiten und Anwendungsfeldern spitzt sich der Streit um die Möglichkeiten und Grenzen der G. noch einmal zu, wenn es sich um Eingriffe in das menschliche Erbgut handelt. Solche Eingriffe, die auch unter dem Terminus Genomchirurgie diskutiert werden, haben zum Ziel in der DNA kodierte Erbinformationen präzise und dauerhaft zu verändern, um so beispielsweise genetische Anlagen für bestimmte Pathologien bereits frühzeitig zu verändern und möglichst zu beseitigen. Besonders im Fokus ist hier die sog. CRISPR/CAS-Technik, die in unterschiedlichen Einsatzgebieten der Grundlagenforschung getestet worden ist und sich aktuell an der Schwelle zum Übertritt in klinische Studien findet. Ein paradigmatisches Beispiel für den Einsatz von Methoden der Genomchirurgie bieten sog. mtDNA (mitochondrial-DNA) bedingte Erkrankungen. MtDNA bedingte Erkrankungen sind eine besondere Gruppe erblich bedingter Erkrankungen. Obgleich sich mtDNA bedingte Erkrankungen aktuellen Schätzungen zufolge eine eher geringe Prävalenz zumessen lässt, weisen solche Defekte eine im Vergleich zur Zellkern-DNA bis zu zehnmal höhere Progressivität auf und werden als Bedingungsfaktoren zahlreicher gesundheitlicher Beeinträchtigungen, wie Herz- und anderer Organerkrankungen, Demenz, Herzinfarkt, Blindheit und Taubheit, sowie einer verkürzten Lebenserwartung angesehen. Hinsichtlich der Prävention von mtDNA bedingten Erkrankungen keimt derzeit die Debatte auf, in welchem Maße mittels der Nutzung von (neuen) IVF-Technologien solche Defekte bekämpft werden können. Ziel ist es dabei die Mitochondrien mit DNA-Defekten durch nicht defekte Organellen aus (Fremd-)Spendereizellen zu ersetzen.

Aus ethischer Perspektive ist in der Bewertung einer neuen Technologie wie zum Beispiel dem mtDNA-Transfer zunächst auf die notwendige Kohärenz zu bereits bestehenden Regularien und Praktiken zu verweisen. Dies ist notwendig, da es sich bei den jeweiligen Techniken um Entwicklungen handelt, für die aufgrund fehlender Erfahrungswerte noch keine fundierte Folgenabschätzung und →Risikoabwägung möglich ist. Hier spielen sowohl Fragen der Bio→sicherheit (Biosafety und Biosecurity), Fragen des möglichen Missbrauchs einer Technologie (sog. Dual-Use Problematik) als auch Fragen der ökonomischen Nutzbarkeit (z. B. Patentierbarkeit von Genen) oder eines entwickelten Produkts eines gewichtige Rolle. Deutlich wird aber auch, dass eine solche →Technikfolgenabschätzung zwar notwendig aber für sich allein nicht hinreichend ist. Gerade eine theologische →Ethik hat vor dem Hintergrund ihrer Einbettung in ihren Bezeugungshintergrund nach den Auswirkungen des Einsatzes der G. im Human- und Außerhumanbereich nach den Kriterien verantwortlichen Handelns zu fragen. Eine besondere Rolle kommt hier der Frage nach den Auswirkungen genetischer Techniken für die jeweiligen Konzepte der Weltbeschreibung und -deutung zu. Hier nüchtern und dabei um die Tragweite der Entscheidungen wissend Orientierungsangebote für gesellschaftliches und politisches Handeln aufzuzeigen, ist eine der aktuell vorrangigsten Aufgaben theologischer Ethik.

L. Honnefelder, Ethische Probleme der Human G., in: J. P. Beckmann (Hg.), Fragen und Probleme einer medizinischen Ethik, Berlin, 1996, 332–354 – S. Adhya et al., Mitochondrial gene therapy: The tortuous path from bench to bedside, in: Mitochondrion 11, 2011, 839–844 – P. Dabrock et al., Was ist Leben – im Zeitalter seiner technischen Machbarkeit?, 2011 – P. Dabrock, Privacy, data protection, and responsible government. Key issues and challenges in biobanking, in: Special Issue Public Health Genomics 15, 2012, 227–312 – D. Hellebrekers et al., PGD and heteroplasmic mitochondrial DNA point mutations: a systematic review estimating the chance of healthy offspring. Human Reproduction Update 18, 2012, 341–349 – Human Fertilisation and Embryology Authority, Review of scientific methods to avoid mitochondrial disease, 2012 – Nuffield Council on Bioethics, Novel techniques for the prevention of mitochondrial DNA disorders: an ethical review, 2012 – P. Rabinow et al., Designing human practices. An experiment with synthetic biology, 2012 – S. Huster, Die Vergütung genetischer Diagnostik in der Gesetzlichen Krankenversicherung, 2013 – Deutscher Ethikrat, Biosicherheit – Freiheit und Verantwortung in der Wissenschaft, 2014 – Ch. Lenk, Handbuch Ethik und Recht der Forschung am Menschen, 2014 – E. Seedhouse, Beyond Human: Engineering Our Future Evolution, 2014 – P. Dabrock, Bioethik des Menschen. In: W. Huber/T. Meireis/H.-R. Reuter (Hg.) Handbuch der Evangelischen Ethik, 2015, 517–583 – J. Graw, G., 2015[6].

Matthias Braun

Genossenschaften

1. G. als ubiquitäre Gesellungs- und Wirtschaftsform. G. sind eine ubiquitäre Gesellungs- und Wirtschaftsform, die zu allen Zeiten weltweit zu finden ist. In einem gesonderten Genossenschaftsgesetz (GenG) ist die G. seit 1867 in Preußen, seit 1871 bzw. 1889 in Deutschland auch juristisch geordnet (Kap. 2). Seither unterscheidet man zwischen der Wirtschafts- und Sozialform sowie der Rechtsform einer G.

Der Begriff G. beinhaltet das althochdeutsche Wort noz, das Vieh bedeutet. Genoz/Genosse war eine →Person, die einen Nutzungsanteil am Vieh und an der Viehweide hatte, die sich im Gemeinbesitz befanden. Der Wortursprung verweist auf solche „common pool resources" (Allmende oder auch Gemeinschaftsgüter), die nach Ostrom (1999) effizient von der lokal ansässigen sozialen →Gruppe der jeweiligen Allmende-Nutzer verwaltet und bewirtschaftet werden können. Die g.-lichen Formen gemeinschaftlicher Selbsthilfe führen durch die Zusammenarbeit (→Kooperation) mit anderen Personen zu besonderen/ besseren Ergebnissen im Vergleich zur individuellen Selbsthilfe. Mit der Eingliederung in die g.-liche Gruppe – einhergehend möglicherweise mit der Aufgabe bzw. einer bewussten Einschränkung der individuellen Souveränität – können Handlungsmöglichkeiten durch die g.-liche →Kooperation hinzugewonnen werden, über die der Einzelne alleine nicht verfügt.

In den vormodernen Zeiten waren Menschen in der Gesamtheit ihrer Rollen Teil der g.-lichen Gemeinschaften, die, wie z. B. die g.-ähnlichen Gilden und Zünfte des Mittelalters sowie die Kammern oder Versicherungsvereine, wichtige Teile des Wirtschafts- und Soziallebens in →Selbstverwaltung regelten. In diesen Formen war ein gemeinwirtschaftlicher/ →gemeinnütziger Aspekt als Teil des g.-lichen Handelns mit angelegt.

1.1 G.licher Archetypus. Ausgehend von dem großen Rechtswissenschaftler O. v. GIERKE wird von den Soziologen A. VIERKANDT, R. HETTLAGE und zuletzt von F. SCHULZ-NIESWANDT der g.-liche als Gegenpol zum herrschaftlichen Archetypus definiert. Die →partizipativ angelegte Sozialstruktur der G. sieht die Wahl (und Abwahl!) eines Leiters/Führers als primus inter pares aus dem Kreis der Genossen vor. Die Genossen sind Gefolgschaft, keine Untertanen wie bei der Herrschaft. Herrschaft ist fremdbestimmt, von außen eingesetzt und stark hierarchisch organisiert. Zwar gibt es auch in G. eine Über- und Unterordnung. Diese ist aber von den Genossen selber partizipativ gesetzt und nicht von außen beeinflusst und legitimiert. G. ist eine „Gesellung von Gleichbeteiligten, Gleichberechtigten und Gleichverpflichteten" (WEIPERT 1964, S. 33). Entschieden ist auf den Förderzweck der G. hinzuweisen. Das Mitglied mit seinem Bedarf und damit die leistungswirtschaftliche Mitgliederförderung stehen im Mittelpunkt der Organisation.

1.2 G. der Moderne. Während die sich seit Mitte des 19. Jh.s ausprägenden modernen Formen des G.-wesens zunächst häufig auf sittlichen Orientierungen gemeinschaftsorientierten Handelns gründeten, überwiegen bei den heutigen G., die auf eine inzwischen nicht selten über 100-jährige Geschichte zurückblicken können, individualistische und eigennutzorientierte Vorstellungen. Insbesondere neoklassisch ausgerichtete Wirtschaftswissenschaftler gehen davon aus, dass Personen allein aus zweckrationaler Nutzenerwägung Mitglied einer G. werden bzw. bleiben. Aus soziologischer, anthropologischer Sicht kommen dagegen auch wertrationale, traditionale oder affektuell bestimmte Motivationen im Sinne M. WEBERS in Betracht.

Mit dem Begriff G. sind solche kollektiven Organisationsformen belegt, deren Mitglieder sich durch gemeinschaftliches Handeln fördern (Selbsthilfeprinzip, Förderprinzip). Dadurch, dass die Eigentümer und die Nutzer der G. identisch sind (Identitätsprinzip), werden Konflikte vermieden, die aus den unterschiedlichen Interessen der Eigentümer/ Kapitalgeber und Nutzer resultieren. Die personale, demokratische Verfassung der G. äußert sich im Kopfstimmrecht und den Prinzipien der →Selbstverwaltung und Selbstorganschaft, nach denen ausschließlich Mitglieder die G. führen (Vorstand), kontrollieren (Aufsichtsrat) bzw. an der Willensbildung mitwirken (General- bzw. Vertreterversammlung). Hinzu kommt das Prinzip der Selbstverantwortung, das seinen Niederschlag in solidarischen Haftungsregeln der G. findet.

2. Genossenschaft als Rechtsform. *2.1 Rechtsnatur.* Der Begriff der G. ist entwicklungsgeschichtlich kein Rechtsbegriff, sondern ein wirtschaftlicher, soziologischer und sozialethischer. Deren wesentliche Kennzeichen wurden jedoch teilweise durch das deutsche Genossenschaftsgesetz (GenG) zu rechtlichen Merkmalen erhoben. Von ihrer körperschaftlichen Struktur her ist die eingetragene Genossenschaft (eG) im Sinne des GenG dem Verein (§§ 21 ff. BGB) verwandt. BEUTHIEN spricht von der eG als Förderwirtschaftsverein, der Rechtspersönlichkeit nicht durch Verleihung, sondern durch Eintragung in das Genossenschaftsregister erlangt. Soweit das GenG keine besonderen Regelungen enthält, können ergänzend die Vereinsvorschriften herangezogen werden. Als juristische Person kann die eG Rechte erwerben und Verbindlichkeiten eingehen sowie vor Gericht klagen und verklagt werden. Die eG gilt als Kaufmann kraft Rechtsform (§ 17 II i. V. m. § 6 HGB).

2.2 Tatbestandsmerkmale. G.en im rechtlichen Sinne (eG) sind nach der Definition des § 1 GenG Gesellschaften von nicht geschlossener Mitgliederzahl, deren Zweck darauf gerichtet ist, den Erwerb oder die Wirtschaft ihrer Mitglieder oder deren soziale oder kulturelle Belange durch gemeinschaftlichen Geschäftsbetrieb zu fördern. Diese Definition macht die eG an drei Tatbestandsmerkmalen fest, die sie sowohl von Personen- als auch von Kapitalgesellschaften unterscheiden: an der nicht geschlossenen Mitgliederzahl, am gemeinschaftlichem Geschäftsbetrieb und am Förderzweck. Nach dem Merkmal der nicht geschlossenen Mitgliederzahl ist die eG in ihrem Bestand vom Ein- und Austritt einzelner Mitglieder unabhängig. Insofern ist die eG eine Gesellschaft mit variablem Eigenkapital. Auch wenn grundsätzlich jedem der Erwerb der Mitgliedschaft offensteht, gibt es keinen Anspruch auf Aufnahme in eine G. Nach § 4 GenG muss die Zahl der Gründer einer eG mindestens drei betragen. Diese Zahl muss auch später fortbestehen und solange beibehalten werden, wie die eG aktiv ist. Bei dauerhaftem Absinken der Mitgliederzahl unter drei ist die eG nach § 80 GenG aufzulösen. Unter gemeinschaftlichem Geschäftsbetrieb wird eine planmäßige, auf Dauer angelegte organisatorische Zusammenlegung von Sach- und Personalmitteln verstanden. § 1 GenG meint damit sowohl das gemeinschaftliche Unternehmen als auch dessen Unternehmertätigkeit. Herausgehobenes Merkmal der eG ist der Förderzweck. Der Förderzweck einer eG zielt darauf ab, mit den Mitgliedern in einen Fördergeschäftsverkehr einzutreten, um diese zu Kunden des gemeinschaftlichen Geschäftsbetriebes zu machen. Dieses förderwirtschaftliche Identitätsprinzip ist durch § 1 GenG zwingend festgelegt. Der besondere Vereinigungszweck der eG ist nicht auf die Erwirtschaftung einer möglichst hohen Kapitalrendite gerichtet, sondern auf die persönliche Förderung der Mitglieder durch naturale Leistungen des gemeinschaftlichen Geschäftsbetriebes. Die eG erfüllt diesen Zweck, wenn sie eine Leistung erwirtschaftet, diese an die Mitglieder weitergibt und den gemeinschaftlichen Geschäftsbetrieb absichert, um langfristig förderfähig zu bleiben. Was Inhalt des Förderzwecks i. S. v. § 1 GenG ist, legt der gesetzliche Wortlaut nur im Grundsatz fest. Unabdingbare Aufgabe der eG ist es, den Erwerb oder die Wirtschaft ihrer Mitglieder oder deren soziale und kulturelle Belange zu fördern. Eine Förderung des Erwerbs liegt vor, wenn die eG die gewerbliche, freiberufliche oder sonstige Erwerbstätigkeit der Mitglieder unterstützt. Unter Förderung der Wirtschaft wird die Unterstützung der Mitglieder in ihrer privaten Haushaltsführung verstanden. Mit der Förderung sozialer und kultureller Belange ist die Befriedigung materieller sowie ideeller Mitgliederbedürfnisse gemeint. Welche Förderleistungen im Einzelnen zu erbringen sind, folgt aus der gewählten Genossenschaftsart und dem in der Satzung festgelegten →Unternehmensgegenstand (§ 6 Nr. 2 GenG). Für die eG besteht die Pflicht zur Mitgliedschaft in einem regionalen Prüfungsverband, der die Einrichtungen, die Geschäftsführung sowie den Jahresabschluss nach Maßgabe von § 53 GenG prüft.

3. G. in Deutschland. *3.1 Genossenschaften mit über 100-jähriger Tradition.* Aktuell gibt es in Deutschland rund 8.000 Genossenschaften mit ca. 22 Millionen Mitgliedern. Damit ist das G.-wesen die mitgliederstärkste Wirtschaftsorganisation in Deutschland. Genossenschaftsanteile sind die am weitesten verbreitete Form der Beteiligung der Bevölkerung am Produktivkapital. G. sind zudem wichtige Arbeitgeber und Ausbilder in Deutschland.

Grundsätzlich wird zwischen Förderungs-G. (Identität von Mitgliedern als Eigentümer und Kunden/ Lieferanten) und Produktivgenossenschaften (Identität von Mitgliedern als Eigentümer und Beschäftigte) unterschieden. Zur großen Zahl der Förderungs-G. gehören Kredit-G. wie die Volksbanken und Raiffeisenbanken sowie Banken für Berufsgruppen (z. B. Apotheker- und Ärztebank) oder gesellschaftliche Bereiche (Kirchenbanken) oder für besondere Geschäftspolitiken (Ethikbank, GLS-Bank), ebenso wie →Wohnungs(bau)-G., →Konsum-G., landwirtschaftliche Bezugs- und Absatz-G., gewerbliche G. wie Einkaufs-G. für das →Handwerk (z. B. BÄKO, Intersport) oder den Einzelhandel (z. B. REWE und EDEKA), aber auch →Energie-G. und →Dienstleistungs-G (z. B. DATEV). Dagegen gibt es in Deutschland nur wenige Beispiele von Produktiv-G. Weltweit gilt die im baskischen Spanien ansässige Mondragon-→Gruppe als Beispiel einer erfolgreichen, großen Produktiv-G.

Um die Primärg. herum hat sich bereits beginnend im 19. Jh. ein g.-liches Verbundsystem etabliert, das neben weiteren Verbundunternehmen und Zentral-G. auch eine breit gefächerte Verbandslandschaft auf regionaler wie auch auf bundesstaatlicher Ebene aufweist.

Auf horizontaler Ebene gilt zwischen den G. Solidarität und nicht →Wettbewerb als steuerndes Prinzip, während auf der vertikalen Ebene nach dem Prinzip der →Subsidiarität kooperiert wird.

3.2 Neugründungen von G. Seit den 2000er Jahren ist eine erhebliche Zunahme der Neugründungen von G. feststellbar. Neugründungen betreffen vor allem →Energie-G., Dienstleistungs-G., Sozial-G., g.-liche Dorfläden sowie G. im →Gesundheitsbereich (Ärzte-G.). Maßgeblich beeinflusst wurde das g.-liche Neugründungsgeschehen durch die Novellierung des G.-gesetzes von 2006, jedoch auch durch andere geänderte gesetzliche Rahmenbedingungen. Letzteres wird vor allem im Bereich der →Energie-G. deutlich. Ohne das Erneuerbare Energien Gesetz (EEG), das finanzielle Förderungen für die Einspeisung von Energie aus regenerativen Quellen (Wind, Sonne, Pflanzen) vorsieht, wäre es sicherlich nicht zu den vielen Gründungen insbesondere von Photovoltaik-G. gekommen. Die breite Palette der Energie-G., die neben den Photovoltaik-G. auch Windenergie-G., Bioenergie-G. aber auch ganze Bioenergiedörfer umfasst, zeigt die Geeignetheit der Rechtsform der G. für →Bürgerbeteiligung. Die Errichtung einer dorfeigenen Energieversorgung durch nachwachsende Rohstoffe durch die gemeinschaftseigenen Netze ist ein typisches Kollektivgut, das ein hohes Bürgerengagement, eine →Bürgerinitiative mit viel →ehrenamtlichen Engagement voraussetzt.

Gesetzliche Änderungen sind auch im Falle der →Gesundheits-G. als förderliche Rahmenbedingungen zu nennen. Zu denken ist hier insbesondere an das SGB V, das durch mehrere Vorschriften Integrierte Versorgungsformen nach §§ 140a ff., Modellvorhaben nach §§ 63–65 und Strukturverträge nach § 73a SGB vorsieht, die die Ärzte zu direkten Verhandlungspartnern der Gesetzlichen Krankenversicherungen macht. Beginnend mit dem Jahr 2000 haben sich viele Ärzte-G. gegründet. Diese können – wie die Einkaufs-G. der Handwerker und Gewerbetreibenden – lediglich den günstigen Einkauf medizinischer Produkte zum Geschäftszweck haben. Darüber hinaus sind solche Ärzte-G. auch Verhandlungspartner der Gesetzlichen Krankenversicherungen bei den Integrierten Versorgungsformen und Modellprojekten oder wirken mit bei der Vertretung von Interessen. Aber auch auf der Patienten- bzw. Nachfragerseite werden durch die gesetzlich verankerte Förderung der kollektiven Selbsthilfe in Verbindung mit der finanziellen Unterstützung durch die Gesetzlichen Krankenkassen g.-ähnliche Selbsthilfeinitiativen und -organisationen gefördert. Gerade im →Gesundheits- und im sozialen Bereich agieren viele Vereine und Selbsthilfeorganisationen, die nicht in der Rechtsform der eG wirtschaften, aber nach den strukturgebenden Prinzipien als g.-lich einzuordnen sind.

4. G. als Akteure der →Zivilgesellschaft und als Teil der Unternehmensvielfalt in der Sozialen Markt-

wirtschaft. Neuerdings richtet sich das wissenschaftliche wie auch politische Interesse wieder auf die Daseinsvorsorge gerade im ländlichen Bereich, aber auch in einigen städtischen Quartieren. Aufgrund des →demografischen Wandels, der sich in dem bereits beobachtbaren und zukünftig weiterhin erwarteten Rückgang der →Bevölkerung sowie in der deutlichen relativen Zunahme älterer Menschen niederschlägt, sind schon jetzt Einschränkungen in der kulturellen, sozialen und wirtschaftlichen →Infrastruktur im ländlichen Raum feststellbar. Eine nach unten gerichtete Spirale, die sich an den Schließungen von Gaststätten, Arztpraxen, Bankfilialen, Schwimmbädern, Kinos, Geschäften, an der Ausdünnung des Öffentlichen Nahverkehrs festmacht, verringert zunehmend die Lebensqualität in diesen Räumen und führt in der Folge auch zu wirtschaftlichen Einbußen. Gegengesteuert werden kann durch die Hebung lokaler und regionaler, endogener Ressourcen. Hier erweisen sich die g. Selbsthilfeformen als besonders dienlich und geeignet. Solche g.-lichen Selbsthilfeformen, die die lokale soziale und kulturelle Infrastruktur betreffen wie Familien-G., Gaststätten-G., Kino-G., Dorfläden oder derartige G., die einem besonderen Bedarf von Personengruppen gewidmet sind (Assistenz-G. von Behinderten, Selbsthilfegruppen für besondere Erkrankungen), spezielle g.-liche Wohnformen und Wohnprojekte (Mehrgenerationenhäuser) werden zunehmend gegründet und können als Ausdruck zivilgesellschaftlichen Engagements betrachtet werden.

Die Zwecksetzung der G., die auf die Förderung ihrer Mitglieder gerichtet ist, führt dazu, dass G. nicht nur die Lebenslagen/den →Lebensstandard ihrer Mitglieder verbessern, sondern sich selber immer wieder als krisenfest erwiesen haben. Dies zeigte sich erneut in der letzten Wirtschafts- und Finanzkrise, in der etwa viele Kreditgenossenschaften nicht nur neue Mitglieder gewannen, sondern das Kreditgeschäft für den Mittelstand aufrechterhielten, sogar eher ausweiteten. Zudem war der Kreditgenossenschaftssektor der einzige Bankensektor, der die Krise aus eigener Kraft und ohne staatliche Unterstützungen bewältigte.

Insgesamt bereichern G. die Unternehmensvielfalt in der →Sozialen Marktwirtschaft, was vor allem in Krisenzeiten deutlich wird. G. verhelfen wirtschaftlich schwachen Gruppen zur Marktfähigkeit, erhalten und stärken selbstständige Existenzen und erfüllen eine sozialpolitische Funktion nicht zuletzt dadurch, dass sie die erzielten Größenvorteile an die G.-Mitglieder weiterreichen. Auch werden sie geschätzt als geeignete Organisations- und Wirtschaftsform, in der Projekte der →Zivilgesellschaft, der →Postwachstumsökonomie oder auch der →Gemeinwohl-Ökonomie angelegt sind.

Die Begründung für das Internationale UN-Jahr der G. 2012 verweist darauf, dass G. nachhaltig wirtschaften und zugleich sozialverantwortlich handeln. G. stabilisieren regionale Wirtschaftskreisläufe und sichern lokale Beschäftigung. Die Aufnahme der G. in die UNESCO-Liste des immateriellen Kulturerbes in Deutschland verweist auf das hohe Ansehen dieser Sozial- und Wirtschaftsform in Deutschland.

H. Paulick, Das Recht der eingetragenen G., 1956 – A. Vierkandt, Die g.-liche Gesellschaftsform der Naturvölker, in: Ders. (Hg.), Handwörterbuch der Soziologie, 1959², 191–201 – G. Weippert, Jenseits von Individualismus und Kollektivismus, 1964 – R. Hettlage, G.-theorie und Partizipation, 1979 – R. Vierheller, Demokratie und Management, 1983 – W. W. Engelhardt, Allgemeine Ideengeschichte des G.-wesens, 1985 – F. Fürstenberg, Zur Soziologie des G.-wesens, 1995 – E. Ostrom, Die Verfassung der Allmende. Jenseits von Staat und Markt, 1999 – F. Schulz-Nieswandt, Herrschaft und G., 2003 – J. Kessler/A. Herzberg, Das neue G.-recht, 2006 – M. Geschwandtner, G.recht. Grundlagen und Muster, 2007 – M. Helios/T. Strieder (Hg.), Beck'sches Handbuch der G., 2009 – V. Beuthien, G.-gesetz. Kommentar, 2011[15] – Lang/Weidmüller, G.-gesetz. Kommentar, 2011[37] – P. Pöhlmann/A. Fandrich/ J. Bloehs, G.sgesetz. Kommentar, 2012[4] – I. Schmale/P. Degens, Selbstbestimmung, Lebenslage und Fähigkeiten: Beiträge von G. zur wirtschaftlichen und sozialen Entwicklung. In: J. Brazda /M. Dellinger/ D. Rössl, G. im Fokus einer neuen Wirtschaftspolitik. Bericht der XVII. Internationalen G.-wissenschaftlichen Tagung (IGT) 2012 in Wien, 2013, S. 776–794 – I. Schmale /J. Blome-Drees, G. als Akteure der regionalen Entwicklung, in: Sozialer Fortschritt, 63. Jg. Nr. 8, 2014, S. 186–190.

Johannes Blome-Drees, Ingrid Schmale

Gentechnik / Gentechnologie / Genforschung

1. Begriff und Methoden. Unter „*Gentechnik/Gentechnologie*" werden techn. Eingriffe mittels verschied. Methoden in das Erbmaterial von Organismen oder deren Substrukturen (Gewebe, Zellen) verstanden, die zu einer *Veränderung der Erbinformation* führen (In-vitro-Mutagenese). Mit Hilfe von Restriktionsenzymen kann das DNA-Molekül – als molekularer Träger der Erbinformation in der Zelle (bei Eukaryonten im Zellkern) des Organismus – in Fragmente aufgespalten werden. Dieses Verfahren ermöglicht, einzelne Gene als funktionelle Einheiten zu isolieren und mittels Klonierungsvektoren vom Genom einer Zelle in das einer anderen Zelle zu übertragen (Transformation). Unter der Voraussetzung, dass das Fremdgen im Organismus stabil bleibt und exprimiert wird, soll erreicht werden, dass dieser Organismus aufgrund der neuen genet. Disposition gegenüber dem Ursprungsgenom eine Eigenschaft (z. B. ein best. Eiweiß synthetisieren zu können) zusätzl. erhält oder eine nicht gewünschte Eigenschaft verliert. Das den g. Verfahren zugrunde liegende Prinzip ist zwar grundsätzl. einfach, doch der Weg bis zum neuen in der Wirtszelle aktiven Gen ist sehr aufwendig. Da das Erbmaterial biochem. betrachtet bei allen Organismen (Mikroorganismus, Pflanze, Tier, Mensch) aus dem gleichen Material (insb. Nukleinsäure) besteht, ist es prinzipiell mögl., nicht nur innerhalb einer Art genet. Material auszutauschen, sondern auch Gene von der einen auf die andere Art zu übertragen. Mit der Entwicklung des CRISPR/Cas-Systems, das einem adaptiven antiviralen Abwehrmechanismus aus Bakterien entlehnt ist, sind gentechnische Veränderungen nicht nur einfacher und billiger geworden, sondern sie können auch gezielter vorgenommen werden und versprechen eine höhere Stabilität im Organismus.

2. **Grundlagenforschung.** G. Verfahren sind für unterschiedl. Anwendungsbereiche entwickelt worden. Der Grundlagenforschung dient die G. als eine Methode, die biol. Bedeutung der Gene, deren Ort im Genom und im Funktionszusammenhang des Gesamtorganismus zu begreifen. Hier wird bes. das *genet. Steuerungspotential* (Genregulation und -expression) bei der Entwicklung von Zellverbänden und Organismen untersucht. Gegenstand dieser Forschung ist insbes. die Aufklärung entwicklungsbiol. Zusammenhänge zwischen Genen als biochem. Informationseinheiten (Genotyp) einerseits und der Ausbildung der durch diese Gene (mit-)bedingten Merkmale eines Organismus (Phänotyp) andererseits. Dabei ist von großem Interesse, wie sich im Laufe der Individualentwicklung (Ontogenese) eines Organismus das Differenzierungspotential von Zellen wandelt (totipotente, pluripotente, ausdifferenzierte Zellen). Der Frage, wie sich verschied. Gene wechselseitig beeinflussen und welche Rolle den Umweltbedingungen bei Genregulation und -expression beizumessen ist, gilt ein großes Augenmerk innerhalb der Genforschung. Hier hat insbesondere die epigenetische Forschung an Bedeutung gewonnen. Sie untersucht Veränderungen bei den DNA-Methylierungsmustern und den Histonen (Verpackungsproteine der DNA). Ändern sich diese Muster durch Umwelteinflüsse, dann kann dies Auswirkungen auf die Merkmale des Phänotyps haben, obwohl die DNA-Sequenz unverändert bleibt.

3. **Medizin.** Genet. Forschung und Anwendung in der →Medizin zielen auf die *Diagnose* und *Therapie* genet. bedingter *Krankheiten*. Mittels humangenet. Verfahren können Diagnosen und Prognosen hinsichtlich des Eintritts oder der Eintrittswahrscheinlichkeit von Krankheitsmanifestationen im Rahmen von Präfertilisations-, Präimplantations-, Pränataldiagnostik und postnatalen genet. Tests gestellt werden. G. Verfahren im eigentlichen Sinne, d. h. verändernde Eingriffe in das menschl. Genom, finden aber nur im Rahmen therapeut. Methoden innerhalb der Medizin statt. Während viele der diagnost. Verfahren bereits etabliert sind, befinden sich *gentherapeut. Verfahren* derzeit noch im klinischen Versuchsstadium. In diesen werden mittels molekularbiol. Methoden unter Einsatz von viralen Vektoren Zellen in vivo oder in vitro hinsichtlich genet. Dispositionen modifiziert (Genkorrektur, -ersatzes oder -addition). Ziel ist es, Gene zu korrigieren oder deren für den Träger schädliche Wirkweisen zu kompensieren. Damit wird eine an der genet. Ursache ansetzende Therapie erreicht. Gewisse Erfolge gibt es etwa bei der seltenen monogenetischen Erkrankung X-SCID (Severe Combined Immunodeficiency); jedoch traten bei den behandelten Kindern vereinzelt Leukämien auf, deren genaue Ursachen noch umstritten sind. Im Rahmen der *somatischen Gentherapie* erfolgt der Eingriff an Körperzellen. Betroffen sind die Zellen derjenigen Gewebe, in denen das entsprechende Gen hinsichtlich des Genprodukts aktiv ist. Bei der *Keimbahntherapie* wird das Erbmaterial von Keimzellen (Eizellen, Spermien) oder frühen embryonalen Stadien (postzygotisch) verändert. Dadurch betrifft die Modifikation nicht nur bestimmte Zellen, sondern den gesamten Organismus und u. U. dessen Nachkommen, insofern die Modifikation bei der Bildung der Keimzellen weitergegeben wird. Am Tiermodell werden bereits Keimbahneingriffe erfolgreich für die Zucht *transgener Tiere* (s. u.) durchgeführt. Erfolgt die Integration eines Transgens erst spät, so dass der Organismus sowohl aus Zellen mit dem Ursprungsgenom als auch aus Zellen mit modifiziertem Genom (Transgenom) besteht, spricht man von einem „genet. Mosaik". Während beim Menschen Eingriffe in Körperzellen (somatische Gentherapie) nach Abklärung der *Risiken* (Sicherheit der genet. Modifikation, Pathogenität der Vektoren usf.) aufgrund der Analogie zu konventionellen Substitutionstherapien auf eine hohe gesellschaftl. Akzeptanz stoßen, werden Eingriffe in die Keimbahn (Keimbahntherapie) überwiegend abgelehnt. Gleichwohl hat eine chinesische Forschergruppe 2015 das CRIPSR/Cas9-Verfahren an menschlichen Embryonen erprobt und damit neue ethische Debatten ausgelöst. Keimbahneingriffe sind in Deutschland durch das Embryonenschutzgesetz (1991) und in Europa in den Ländern verboten, die das Menschenrechtsübereinkommen zur Biomedizin des Europarats (1996) gezeichnet haben (zu weiteren rechtl. Regelungen s. u.). Die Risiken, die mit der Keimbahntherapie verbunden sind, sind deutlich größer als bei somatischen Eingriffen; in der Entwicklungsphase wäre verbrauchende Embryonenforschung notwendig. Eine genet. Veränderung, die nicht nur einzelne Zellen, sondern das Gesamtgenom des Menschen betrifft, ist aufgrund der engen *Verschränkung von* →*Person und Genom* anthropolog.-eth. sehr viel kritischer zu bewerten als die Gentherapie an Körperzellen. Da mit diesen g. Verfahren grundsätzl. nicht nur Gene verändert werden können, die Krankheiten betreffen, sondern auch diejenigen, die sog. Normaleigenschaften kodieren, besteht die Gefahr, dass diese Verfahren nicht nur therapeut. Zwecken dienen, sondern auch für Verbesserungen von Normaleigenschaften angewandt werden könnten (genetic doping, genetic enhancement).

4. Transgene Tiere. Mit dem Einsatz g. Verfahren in der Tierzucht (transgene Tiere) werden sehr unterschiedl. Zielsetzungen verfolgt: Im Rahmen der *biomedizin. Forschung* finden transgene Tiere (→Tier, Tierethik) Verwendung für die Erprobung von Arzneimitteln und Entwicklung neuer Therapieformen sowie für die Herstellung von Tiermodellen bei der Erforschung von Krankheitsentwicklungen. So finden bspw. in der onkolog. Forschung „knock-out-Mäuse" Verwendung, bei denen durch Insertionsmutagenese bestimmte Gene gezielt ausgeschaltet werden können. Auch als Nutztiere der biomedizin. Forschung und Anwendung werden transgene Tiere für die *Synthese von Proteinpharmaka* (z. B. von 1-Antitrypsin) eingesetzt, die in der Regel über die Milchproduktion bei Säugern sezerniert werden („gene farming/pharming"). Darüber hinaus sollen transgene Tiere als Gewebe- oder Organ„spender" für medizin. Transplantationszwecke (*Xenotransplantation*) entwickelt werden, um den Mangel an menschl. Spenderorganen und -geweben zu kompensieren.

Im Zusammenhang mit der Nutztierzucht innerhalb der *Landwirtschaft* werden besonders transgene Tiere gezüchtet, um deren Leistung zu steigern oder bestimmte erwünschte Eigenschaften gezielt zu exprimieren. Entwickelt wurde eine schneller wachsende transgene Lachssorte. Ihre Markteinführung in den USA wurde Ende 2015 genehmigt. Neben den zu erwartenden *ökolog. Risiken* (bspw. steigende genet. Uniformität und dadurch höhere Krankheitsanfälligkeit der gesamten Population, Freisetzung transgener Tiere in Fremdbiotope, toxische Substanzen als Nebenprodukte) und den *Risiken für die Gesundheit des Menschen* (z. B. durch die Verschlechterung der Qualität von Lebensmitteln tierischer Herkunft) sind auch die Momente des *Tierschutzes* zu beachten. Denn wenn der Schutz der Tiere als leidensfähige Lebewesen ernst genommen werden soll, ist nicht nur zu prüfen, welche Risiken das Mittel G. für den Menschen und seine Umwelt birgt, sondern auch, ob die mit der g. Veränderung anvisierten Ziele so hochrangig sind, dass es als eth. gerechtfertigt erscheint, so tief in den natürl. Bauplan von Tieren einzugreifen. Tiere verfügen zwar nicht über die Fähigkeit autonomer Zwecksetzung, die ausschließlich Personen und mithin Menschen vorbehalten bleibt, sind jedoch als zur lebend. Natur gehörig durch eine dieser generell eigenen Struktur selbsttätiger, aus sich selbst hervorgehender und sich selbst zum Ziel habender Zweckverfolgung gekennzeichnet. Die Schutzpflicht bedeutet nicht, dass Eingriffe in die Interessenssphären von Tieren kategorisch zu verurteilen sind, wohl aber, dass deren *Legitimität an eine eth. Rechtfertigung gebunden* ist, in deren Rahmen es die konkurrierenden →Interessen aller betroffenen Menschen und nichtmenschl. Lebewesen bzw. die damit verbundenen Güter und Übel gegeneinander abzuwägen gilt.

5. Transgene Pflanzen. Mit der g. Veränderung bei Pflanzen sind Verbesserungen des Gehalts von Speicherorganen, die Entwicklung krankheitsresistenter Kulturpflanzen, Veränderungen hinsichtlich einer selektiven Verwendung von Herbiziden oder andere Modifikationen im Blick. Damit sollen neben der Qualitätsverbesserung auch die weltweiten Erträge bei der Nahrungsmittelproduktion (novel food s. u.) gesteigert werden. Im Mittelpunkt einer eth. Betrachtung stehen hier die mit der Freisetzung transgener Pflanzen im Zusammenhang stehenden ökolog. Risiken.

6. Transgene Mikroorganismen. In der *Biotechnologie* etabliert ist die g. Modifikation von Mikroorgan. (Bakterien, Hefen u. a.). So werden über g. modifizierte Varianten des Bakteriums E. coli für therapeut. Zwecke menschl. Hormone wie Insulin und das Wachstumshormon Somatotropin synthetisiert. Auch bei der Brot-, Bier- und Weinherstellung werden inzwischen g. modifizierte Mikroorgan. eingesetzt. Das ursprünglich aus Kälbermägen gewonnene Labenzym (Chymosin), das bei der Herstellung vieler Käsesorten eine bedeutende Rolle spielt, wird inzwischen zu einem hohen Anteil von transgenen Mikroorganismen produziert. Insbesondere die Gefahr der Freisetzung pathogener Mikroorganismen, die das Arbeiten mit Mikroorgan. zu einem *Handeln unter Unsicherheit* macht, ist bei der Bewertung dieser Verfahren zu beachten.

7. Novel Food. G. veränderte Organismen oder deren Genprodukte spielen inzwischen bei der *Lebensmittelproduktion* (novel food, GM food) international eine bedeutende Rolle. In Europa ist diese Form jedoch stark umstritten. Hinsichtlich der gesellschaftl. und eth. Bewertung sind neben den *gesundheitl.* →*Risiken* (z. B. bezogen auf die Möglichkeit allergener Wirkungen von Fremdproteinen) auch die *kulturanthropolog. Hintergründe* des Umgangs mit Lebensmitteln in Betracht zu ziehen. Denn Herstellung und Verarbeitung, die Küche als die Kultur der Zubereitung, werden integrierender Bestandteil einer Lebensform, die Natur und →Kultur, Überlebensnotwendigkeit, Zuträglichkeit und Geschmack zu einer Einheit verbindet. Die Art der Herstellung und die Weise der Zubereitung sind Elemente dieser Identität, Sozialität und →Heimat vermittelnden Kultur. Im Blick auf den →Markt ist zu prüfen, ob der Einsatz von transgenen Organismen zu neuen Abhängigkeiten bspw. in den agrarwirtschaftl. Strukturen der Entwicklungsländer führt. Aus ethischer Perspektive wird vor allem um eine Kennzeichnungspflicht gerungen, damit bei Markteinführung selbst entschieden werden kann, ob man diese Produkte konsumieren möchte.

8. Synthetische Biologie. Die Methoden der Gentechnik gehen in das jüngere Gebiet der *Synthetischen*

Biologie mit ein, in dem etwa natürliche DNA-RNA-Aminosäuremoleküle als Informationsträger durch synthetische Nukleinsäure-Analoga (Xenonukleinsäuren) ersetzt werden und damit den genetischen Code erweitern (Xenobiologie). Darüber hinaus werden künstliche genetische Netzwerke als molekulare Schalter in ein natürliches System eingebunden, um zeit- und ortsabhängig bestimmte physiologische Prozesse wie etwa Schwankungen in der Metabolitkonzentration zu registrieren und diese anzugleichen (genetische Schaltkreise). Die ethischen und naturphilosophischen Herausforderungen bestehen vor allem darin, zu bewerten, in welcher Weise hier die lebendige Welt der Organismen mit der künstlichen Welt der Artefakte (Werkzeuge, Maschinen) zu verschmelzen beginnt.

9. Recht. In Deutschland wird der Umgang mit g. veränderten Organismen durch das *G.gesetz* (1990) geregelt. Für die Anwendung am Menschen sind vor allem das Arzneimittelgesetz (2005), das Embryonenschutzgesetz (1990/2011) sowie die Vorschriften zu Human- bzw. Heilversuchen zu beachten. Verschiedene EU-Verordnungen regeln in Europa Freisetzung, Koexistenz, Kennzeichnungspflicht für gentechnisch veränderte Produkte. Besonders umstritten in der öffentl. Diskussion ist die im Zusammenhang mit den Ergebnissen der G. einhergehende *Patentierung* von transgenen Pflanzen und Tieren, aber auch von menschl. Embryonen und isolierten menschl. DNA-Sequenzen (vgl. EU-Richtlinie über den rechtl. Schutz biotechnolog. Erfindungen 1998).

C. Baum/G. Duttge/M. Fuchs, Gentherapie, 2013 – J. Burley/J. Harris (Hg.), A companion to genetics 2002. – K.-D. Jany/R. Streinz/L. Tamborrino, G. in der Lebensmittelproduktion, 2011 – B. Alberts u. a., Meolekularbiologie der Zelle, 2011 – T. Dingermann, Gentechnik – Biotechnik, 2011. – W. van den Daele u. a. (Hg.), Grüne G. im Widerstreit. Modell einer partizipativen Technikfolgenabschätzung zum Einsatz transgener herbizidresistenter Pflanzen, 1996 – L. Honnefelder, Das Rohe und das Gekochte. Anthropologische und ethische Überlegungen zur g. Veränderung von Lebensmitteln, in: Jahrbuch für Wissenschaft u. Ethik 4 (1999), 13–27 – D. Lanzerath, Konzeptualisierung genetischen Wissens: normative Probleme, in: Nova Acta Leopoldina NF 117, Nr. 396 (2014), 87–105 – B. Müller-Röber u. a. (Hg.), Grüne Gentechnologie. Aktuelle wissenschaftliche, wirtschaftliche und gesellschaftliche Entwicklungen, 3. Aufl. 2013.

Dirk Lanzerath

Gerechtigkeit

1. G. entzieht sich einem einheitlichen **Begriff** und stellt ein sehr variables Konzept dar, das unterschiedliche *Regelungssysteme* prägen und unterschiedliche *Normierungen* (für einzelne →Handlungen, →Personen, soziale Verfahren, vielleicht auch für Affekte) verbinden kann. G. bezieht sich auf die Lebensführung (Tugend), auf grundlegende Ordnungen (Naturrecht) und auf verfahrensbedingte Ordnungen (Kontraktualismus). Wichtige meist offene Fragen sind die Reichweite eines Gerechtigkeitsschemas und die Instanzen der Verantwortung von Gerechtigkeit weltweit und in bestimmten Zusammenhängen. Die *Kriterien* beschränken sich häufig auf unterschiedliche Regionen sozialen Lebens. G. kann **formal** sein (Unparteilichkeit, vgl. Barry), sie kann sich als **material** erweisen (als *ideale G.*, die einen Maßstab setzt, oder als *korrektive G.*, die sich vor allem bei Verstößen gegen das Gesetz auswirkt). V.a. in der Sozialphilosophie hat es immer wieder Definitionsversuche gegeben, die sowohl die antike Lehre vom Menschen und seiner Seele als auch in der Neuzeit ausgearbeitete Verfahren, G. festzustellen, voraussetzten. Trotz des Anscheins geschichtlicher Relativität tendiert sie jedoch dahin, sich an bestimmte Profile humanen Lebens zu binden.

2. Was ist G.? Die Aussagen der *(philosophischen) Tradition* streuen:

2.1 Platon sah sie als herausragende →Tugend an, die des Menschen *Seele* ordnet; diese Ordnung sollte der G. in einer arbeitsteiligen *Polis* entsprechen. Die G. regelte (a) den begehrenden Teil bzw. Bauern und Handarbeiter (Demiurgen), (b) den mutvoll beherrschenden Teil der Seele bzw. Wächter als Ordnungskräfte, (c) die →Vernunft bzw. die der Philosophie bedürfenden Herrscher. (Ähnliche soziale Ordnungen kehren auch in der Sozialphilosophie der Reformationszeit wieder - populär: Nähr- und Wehrstand sowie Obrigkeit) G. zielt auf eine Ordnung in beiden Bereichen. Da die Herrscher auch Weise und so Garanten der Ordnung sein sollten, stellte die G. ohne Zweifel ein hohes *Gut* dar (im Gegensatz zur Moderne, in der sich die G. vom inhaltlich Guten ab- und in Verfahren auflöst). Da Platon sich dem geschriebenen Gesetz entgegenstellen konnte, hob er auch den Gesichtspunkt der *Billigkeit*, der fallbezogenen, nicht deduktiven G. heraus (Epikie).

2.2 Aristoteles ist der große, z. T. bis in die Gegenwart wirkende Analytiker der G. Er unterscheidet zwischen der *Verteilungs-* und der *Tausch-G.* Die erstere ist auf die →Verteilung von Gütern im sozialen Kontext bezogen, die zweite auf Handelsbeziehungen, aber u. U. auch auf die Relation von Vergehen und →Strafe (die iustitia legalis, im MA z. B. von Thomas v. Aquin hervorgehoben).

2.3 Die aristotelischen Differenzierungen haben sich bis zur *Neuzeit* durchgehalten, aber die Begründung durch Tugend (s. Platon) musste grundlegenden Ordnungsfragen weichen, die in unterschiedlichen *Begründungstheorien* hervortreten:

2.3.1 Nicht mehr als an Gott gebundenes →Naturrechts, sondern durch ein *Vernunftrecht* sollte die staatstragende G. gefunden werden. Sie erwächst aus dem Verzicht, im eigenen Interesse Gewalt wahrzunehmen. (HOBBES) Die Diskussion der →Menschenrechte muss allerdings davon ausgehen, dass die G. ihre Grundlage in einer nicht an Kriterien gebundenen Zuerkennung basaler →Rechte an jene findet, denen sie gewährt wird.

2.3.2 Eine ebenfalls rationale Begründung kennt die viel diskutierte Theorie des amerikanischen Philosophen RAWLS. Die fundamentale Bestimmung der G. wird als fiktiver *Urzustand* vorgestellt (eine ‚transzendentale' original position), in dem sich Einzelne unter dem Schleier des Nichtwissens (ihrer gesellschaftlichen Position) für eine möglichst gerechte →Gesellschaft entscheiden; diese soll das geringste Risiko bergen, schlecht davon zu kommen. RAWLS geht es vor allem um die distributive G.; nach seiner ersten (Verteilungs-) Regel muss allen gleiche →Freiheit gewährt werden; dann müssen die Grundgüter des Lebens (und auch die Möglichkeit der →Partizipation am Gemeinwesen) eingeschlossen sein. Nach der zweiten sollen *Unterschiede* nur so weit zugelassen werden, wie sie zum Besten der am schlechtesten Davongekommenen dienen. Der RAWLS leitende Gesichtspunkt der **Fairness** ist in der Rationalität eines Ausgleichs begründet.

2.3.3 Diesem Fairness-Vertrag stünde der **Interessen**-Vertrag gegenüber: Betroffene sicherten ihre elementaren Interessen gegenseitig.

2.4 Während diese Konzeptionen einen universalisierbaren Gesichtspunkt des Ausgleichs voraussetzen, gehen **Versionen** des →Kommunitarismus von der Einübung der G. in bestimmten Sphären aus (WALZER, u. U. auch SANDEL). Auch wenn die Extension der G. in bestimmten Sphären unterschiedlich ist, überlappen sich jedoch viele Extensionen im Konsens. Kommunitaristische Theorien können nicht hinnehmen, dass G. und *Gutes* völlig voneinander getrennt werden.

2.5 Die (neoliberale) **Ökonomie** bereitet der Idee der G. besondere Probleme: Da der →Markt dem ökonomischen →Liberalismus als spontane Ordnung gilt, die Qualifikation ‚gerecht' aber nur intentionalem menschlichen Verhalten zukommen soll, könne die Marktwirtschaft nicht an einer Idee der G. gemessen werden (VON HAYEK). Da jedoch die Ökonomie mit Distributionsproblemen befasst ist, muss es Gesichtspunkte bzw. Regeln geben, die der *Optimierung der Distribution* dienen, so dass den Produzenten eine hinreichende Zahl an Konsumenten gegenübersteht. Zudem könnte das fiktive Szenario des Gefangenendilemmas zur Frage führen, unter welchen Bedingungen Menschen überhaupt bereit sind, nicht nur zu kooperieren, sondern suboptimal zu wählen und damit einen Ausgleich mit anderen zu suchen.

2.6 Trotz so unterschiedlicher Begründungen wird behauptet, dass die *abendländische Gerechtigkeitsdiskussion* Einigkeit in drei Hinsichten erzielt habe: (a) im Blick auf Kriterien der **Verfahrensg.**, (b) auf das Leitprinzip der **Unparteilichkeit** und (c) das Leitprinzip der **Tauschg.** (Letzteres: HÖFFE) Kritisch wäre dem Tauschprinzip entgegenzuhalten, dass die Menschenrechtsdiskussion auf einer Basis fundamentaler Rechte ohne Tausch bestehen muss. Außerdem bezieht sich die Einigkeit wohl nur auf formale Gesichtspunkte.

2.7 Dann werden die Grenzen zwischen einer in Verfahren zur Geltung kommenden G. und der **Idee guten Lebens** durchlässig. Die Auslegung der **biblischen Tradition** muss trotz der Unschärfe ihres Begriffs der G. darauf bestehen, dass diese zuerst das fundamentale Lebensrecht feststellt. Es wird vom Schöpfer gewährt und in der Erlösung bestätigt. Gottes Recht ist Wohltat, es soll vom Menschen zur produktiven Gestaltung lebensdienlicher Beziehungen befolgt werden.

3. Mit ihnen sind unterschiedliche **Leitlinien menschlichen Lebens** verbunden.

3.1 In der *Antike* gründet G. in der Einbindung der Menschen in die Ordnung des Kosmos bzw. der *Polis* und deshalb in der Idee guten Lebens, das sich nach PLATON der Idee des Guten annähern, nach ARISTOTELES im selbstgeführten Leben verwirklichen soll. Die Spätantike prägt den Grundsatz des ‚suum cuique' (ULPIAN), aber lässt das ‚suum' reichlich unbestimmt.

3.2 Die Reformatoren unterscheiden die helfende G. Gottes von der menschlichen. Nur Schwärmer beanspruchen (am vermeintlichen Ende der Zeiten), Gottes Recht unmittelbar in die Gesellschaft einführen zu können. Nach LUTHER bleibt dies auf das *geistliche Regiment Gottes* beschränkt, während sein *Weltregiment* das Recht um des →Nächsten willen in seinen Dienst nehmen will. Gottes Rechtswille und der Dienst am Nächsten sollen aber auch das weltliche Recht verändern und gestalten. Luthers Rechtsunterricht war zunächst fast nur auf Fürsten beschränkt. CALVIN bezieht die G. noch profilierter auf das Gebot Gottes. Reformierte der dritten Generation konnten den Bundesgedanken aufbieten, um die Verpflichtung der Herrschenden gegenüber dem Volk hervorzuheben.

3.3 In der frühen Neuzeit geht HOBBES vom Gedanken eines Individuums aus, das erst nachträglich als vergesellschaftet verstanden wird, aber seine vor- oder übersoziale Rationalität und Freiheit, soweit sie nicht andere schädigt, nicht preisgeben darf. Dieser Ansatz wird noch heute vertreten: Der Mensch sei Eigentümer seiner selbst und damit auch des Produktes seiner Arbeit (s. auch LOCKE). Fundamentale G. wird dann vom →Eigentum ausgehen. Das beginne mit dem Recht auf den eigenen Körper (NOZICK).

3.4 Da jedoch →Arbeit und →Eigentum geschichtlichem Wandel unterliegen, hängt G. vom Kampf um *Anerkennung* in konkreten sozialen Umständen ab. HEGEL analysiert sie mit Hilfe der Dialektik von Herr und Knecht und stellt damit die Frage, wie Menschen einander in ihrer Unterschiedenheit anerkennen können. Erstreckt sich die Anerkennung auch auf jene, die nichts ‚leisten' können? Das Christentum hat mit Hilfe der *Caritas* den Gedanken der Epikie überboten und Gesichtspunkte der →Barmherzigkeit in solche der G. überführt.

3.5 Vor allem die christliche Tradition regt an, angesichts von *Fairness- und Tauschtheorien* ein **anthropologisches Grunddatum** suchen und in allen Kontroversen durchzuhalten: den **Anderen**. Sind Alter und Ego von vornherein reziprok, stehen sie also in einer Balance der →Pflicht, oder fordert Alter (der oder die Andere) unabdingbar Ego (das Ich) heraus (LEVINAS), kann beider Verhältnis asymmetrisch sein, verlangt es Vorgaben, ja eine transzendentale Unterscheidung, die Alter nicht als alter Ego zu betrachten erlaubt? (RICOEUR) G.theoretiker könnten ein dichtes Ego-Alter-Verhältnis auf das Ethos der →Familie oder der spezifischen →Gemeinschaft unterhalb der →Gesellschaft beschränken und darin die Gefahr patriarchaler Fürsorgeverhältnisse erkennen.

3.6 Darum ist die vor allem in der *Ökumene* eröffnete Perspektive der *einen* Menschheit so wichtig: Wäre G. nur an begrenzte Sphären gebunden, so blieben ihre Verfahren und Kriterien der Interpretation einer bestimmten →Kultur ausgeliefert. Die politische und bürgerliche Kultur ließe nur ein sehr formales ‚Recht der Völker' zu (RAWLS). Eine G., die der Mündigkeit aller Beteiligten Rechnung trägt, wird nur in einer →„verantwortlichen Gesellschaft" voll entfaltet. Die G. muss also die eher partikularen Ursprungssphären ihrer jeweiligen Konzeptionen überschreiten. Die in der Bibel bezeugte Geschichte des Glaubens zeigt, dass die Partikularität des im Bunde mit Israel gewachsenen Gesetzes um des *einen* und einzigen Gottes aller Menschen willen aufgebrochen wurde. Ein Anstoß zur *Universalisierung* war der Glaube an einen die Welt übersteigenden und deshalb alle Menschen betreffenden Gott (v.a.in der Botschaft der Propheten) und das Doppelgebot der Gottes- und Nächstenliebe, das nicht von Leistung und Gegenleistung bestimmt wird.

4. Differenzen im Verständnis der G. zeigen sich vor allem bei *Verfahren* und **Kriterien ihrer Bestimmung**. Verfahrensg. kann nur mit Hilfe bestimmter Regeln zur Geltung kommen. Diese erfordern eine Verständigung über die Reichweite und das Ziel ihrer Anwendung. Sie könnten versuchsweise so formuliert werden:

4.1 **Gleich** behandelt werden soll jeder Mensch im Blick auf (a) *fundamentale Rechte* und ein Mindestmaß an gesellschaftlichen *Grundgütern* und *Chancen*, (b) seine anerkannten *Grundbedürfnisse*, (c) seine *Leistungen* in der bzw. für die Gesellschaft (z. B. gleicher Lohn für gleiche Leistung), (d) seine *Verdienste* um die Gesellschaft, (e) seinen *Status* (z. B. als Kind). Gelegentlich wird auch ein radikaler *Egalitarismus* vertreten. Um (b) zu erfüllen, sind jedoch oft positive Diskriminierungen notwendig (z.B bei Behinderungen).

4.2 Diese allgemeinen Regeln setzen jedoch *kulturelle Interpretationen* (z. B. von Leistungen) voraus und erfordern Basisindikatoren wie (a) das Maß der ‚welfare', (b) die konkrete Gestalt der Partizipation an der Gesellschaft und die sie ermöglichende kommunikative Freiheit, (c) die Fähigkeit zu produktiver und anerkannter Arbeit, (d) die Freiheit, ein kritisches Mitglied der Gesellschaft zu sein, und (e) die Dialog- und Kooperationsfähigkeit. (f) Eine den Kriterien vorausliegende Grundlage liegt in einer lebensförderlichen Umwelt (ökologische G. – Prinzip der ‚sustainability' [→Nachhaltigkeit]) sowie einer ‚verantwortlichen Gesellschaft'.

4.3 Neben der Verteilungsg. ist die (prozedurale) **legale G.** vor allem im Justizwesen wichtig. Die Strafg. ist nur einer ihrer Aspekte, denn Recht ermöglicht erst soziale Verfahren, die sich an der G. ausrichten. Die →**Gesellschaftspolitik** muss vor allem die protektive und kontributive G. berücksichtigen.

4.4 Regeln der G. gewinnen unterschiedliche *Reichweite* und erfahren unterschiedliche Interpretation. In einem Clan-Ethos haben nur wenige Regeln eine Chance, ebenso in vertikal strukturierten oder in (fiktiven) reinen Marktgesellschaften mit minimaler rechtlicher Regelung. Deshalb bedürfen sie zum einen der regulativen Idee eines weltbürgerlichen Rechtszustandes (KANT) und zum anderen des Motivs der prinzipiell unbegrenzten →Nächstenliebe, die noch nicht festgelegte Personen in den Gesichtskreis der eigenen →Verantwortung einbezieht.

5. Die G. wird im Blick auf die Verfahrensregeln und Kriterien (s. 4) sehr variabel ausgelegt. Trotzdem zielen alle Diskussionen um G. auf einen Kernbestand: Was ist mit der Anerkennung des Anderen als *Mitmenschen, der anders sein darf,* als notwendig vorauszusetzen? Diese Frage wird in der jüdisch-christlichen Tradition so zu beantworten sein:

5.1 Es geht nicht an, atl. verstandene G. gegen ein plakativ verstandenes griechisches. G.sverständnis auszuspielen. Auch die biblische G. kennt Verfahrensgesichtspunkte (z. B. bei der Wiederherstellung agrarischer Gemeinschaftsstrukturen). Unterschiedlich ist allerdings die *Perspektivierung der Lebensführung*: Entweder richtet sie sich an einem guten, im Kosmos oder der Polis verankerten Leben aus (s. o. 2.1f), oder sie bestimmt sich an gemeinsamem Lebenkönnen, angetrieben von wachsender und vertiefter Nächstenschaft (s. o. 3.5).

5.2 Im abendländisch-christlichen und v. a. im reformatorischen Verständnis wird deshalb das Verständnis menschlicher *Identität* in der Lebensführung entscheidend: Des Menschen Leben ist nicht zuerst eigenes Werk, sondern eine Vorgabe Gottes; ein darauf bezogenes G.sverständnis erkennt dem Leben **zuerst** →**Rechte**, dann →Pflichten zu (s. v. a. die Kriterien 4.1 a, b). Da alle Menschen eine je eigene Lebensgeschichte im Rahmen einer größeren, oft von Sinnlosigkeit gezeichneten Geschichte haben, sind sie keineswegs atomistisch zu betrachtende Individuen mit rationalem Bewusstsein. Jeder konkrete Mitmensch setzt der formalen G. Grenzen.

5.3 G. kann darum nicht dem Wohlwollen oder der →Solidarität kategorial oder normativ vorgeordnet werden (gegen Höffe). Weil sie ihre Gesichtspunkte im Laufe der Geschichte erweitert (s. o. 4.2), werden Gesichtspunkte der Solidarität oder des Wohlwollens im Rahmen einer durchaus auch rationalen Nächstenschaft bei der Bestimmung der G. mitwirken.

5.4 Zu allen Zeiten steht die *Reichweite der G.* zur Diskussion. In ihr kann der stoisch-christliche Gedanke des *Naturrechts* ein wichtiges Motiv, aber nicht unbedingt ein Vorbild sein: Gottes Wendung zum Menschen soll den Blick auf alle Menschen erschließen, aber nicht eine zeitlos-metaphysische Sicht des Humanum als Grundlage der G. voraussetzen. Sofern die G. zuerst in begrenzten Sphären bestimmt wird, muss sie ihre partikulare Entstehung und Auslegung überschreiten können. Eine Herleitung von einem neutralen, alles übergreifenden Standpunkt ist nicht möglich. Auch die prozedurale Theorie der Fairness von Rawls setzt mit der ‚original position' bestimmte Annahmen über den Menschen und sein Risikoverhalten voraus: Ist er ein Spieler, der alles oder nichts will, oder ist er auf Vorsicht und rationalen Ausgleich bedacht? Mit Walzer kann von einem ‚reiterativem Universalismus' gesprochen werden: Humane und emanzipatorische Prozesse der G., die in einem Kulturkreis angestoßen werden, sollten zu analogen Prozessen in anderen herausfordern.

5.5 Da die Nächstenschaft aber nicht nur den Nächsten im Allgemeinen, sondern vor allem konkrete Nächste meint, tritt zu den eher neutralen Verfahren der G. die **Billigkeit** als Korrektiv; das antike Motiv der Epikie muss eine christliche Variante des Wohlwollens herausfordern.

5.6 Zusammenfassend lässt sich sagen, dass es kein exklusiv biblisches oder christliches Konzept der G. gibt. Die **theologische** →**Ethik des Protestantismus** wird die die G.svorstellungen begleitenden Projekte menschlicher Lebensführung perspektivieren; und sie wird Kriterien (4.1 bzw. 4.2) gewichten und in eine Reihenfolge bringen (etwa im Sinn von 4.1 a-d).

Platon, Politikos, verschiedene Ausgaben (bes. 294a 7f.) – Ders., Politeia, verschiedene Ausgaben (bes. 439, 441a, 439) – Aristoteles, Nikomachische Ethik, verschiedene Ausgaben (bes. V, 5) – M. Luther, Das Magnificat, verdeutschet und ausgelegt (1520f.), in: WA 7,540–604 – H. Zwingli, Von göttlicher und menschlicher G. (1523), in: SW II (CR 84), 458–525 – G. W. F. Hegel, Grundlinien der Philosophie des Rechts, 1976 (ThWA 7) (urspr. 1821) – E. Brunner, G., 1943 – Ch. Perelman, Über die G., 1967 – J. Rawls, Eine Theorie der G., 1975 (amerik.: A Theory of Justice, 1971) – E. Lévinas, Humanismus des anderen Menschen, Hamburg 1989 (franz.: Humanisme de l'autre homme, 1972) – I. Tammelo, Theorie der G., 1977 (Lit.) – M. Sandel, Liberalism and the Limits of Justice, 1982 – F. A. v. Hayek, Markt, Plan, Freiheit, 1983 – U. Steinvorth, Stationen der politischen Theorie, 1983[2] – M. Walzer, Sphären der G., 1992 (amerik.: Spheres of Justice, 1983) – Ch. Taylor, Quellen des Selbst, 1994 (amerik.: Sources of the Self. The Making of Modern Identity, 1989 – R. Nozick, Vom richtigen, guten und glücklichen Leben, 1991 (amerik.: The Examined Life, 1989) – P. Ricoeur, Das Selbst als ein anderer, 1996 (franz.: Soi–même comme un autre, 1990) – O. Höffe, G. als Tausch?, 1991 – D. Bonhoeffer, Ethik, hg. v. H. E. Tödt u. a., 1992 (DBW 6) – A. Sen, Inequality Reexamined, 1992 – W. Lienemann, G., Göttingen 1995 – K. Bayertz, (Hg.): Politik und Ethik, 1996 – R. Forst, Kontexte der G. Politische Philosophie jenseits von Liberalismus und Kommunitarismus, 1996 (Lit.) – W. Reese–Schäferr, Grenzgötter der Moral. Der neuere europäisch–amerikanische Diskurs zur politischen Ethik, 1997 (Lit.) – U. Steinvorth, Gleiche Freiheit. Politische Philosophie und Verteilungsg., 1999 – W. Kersting, Theorie der sozialen G., 2000 – A. Sen, Die Idee der Gerechtigkeit, 2010.

Christofer Frey

Geschlechtergerechtigkeit

Der Begriff bezeichnet die Freiheit zu unterschiedlichen und nicht nach Geschlecht vorgezeichneten Seins- und Lebensweisen, basierend auf →Gleichheit in der Verteilung von Ressourcen und Wertschätzung. Er greift den Umstand auf, dass die gesellschaftlichen Gestaltungs- und Teilhabechancen entlang der Differenzierung nach Geschlecht ungleich verteilt sind.

Die Forderung nach G. wurde bereits von der ersten Frauenrechtsbewegung Mitte des 19. Jahrhunderts erhoben und ist bis heute von Bedeutung. Seither verbinden sich mit ihr eine Vielzahl konkreter Themen: von der Zulassung der Frauen zu universitärer →Bildung, der Einführung des Frauenwahlrechts, der Zulassung zu allen Berufen über die Problematisierung häuslicher Gewalt bis zu aktuellen Diskussionen über Entgeltgleichheit und die Präsenz von Frauen in Führungspositionen.

Die wissenschaftliche Befassung mit Geschlechterfragen begann in Deutschland in den 1970er Jahren. In Aufnahme der Kategorie → „Gender" werden die Bedeutung des Geschlechterverhältnisses für →Kultur und →Gesellschaft erforscht und Instrumente und Maßnahmen zum Abbau von geschlechtsspezifischen Diskriminierungen entwickelt. Dazu gehört neben gesetzgeberischen Initiativen und verschiedenen Maßnahmen zur gezielten Förderung von Frauen im Erwerbsleben das Prinzip des Gender Mainstreaming, mit dem Entscheidungsprozesse geschlechtssensibel gestaltet werden.

Aktuell stehen unter der Perspektive der G. vor allem strukturelle Dimensionen von Ungleichheit im Fokus. So werden in der Care-Debatte die Folgen der Trennung in einen privaten – überwiegend weiblichen –

Bereich der Fürsorgearbeit und einen öffentlichen – überwiegend männlichen – Bereich der Erwerbsarbeit für Frauen und Männer und für die →Gesellschaft insgesamt diskutiert.

Die →Kirchen haben die Asymmetrie des Geschlechterverhältnisses lange Zeit stabilisiert und theologisch zu legitimieren versucht. Ende der 1980er Jahre brach die evangelische Kirche diese Tradition und postulierte die neue →Gemeinschaft von Frauen und Männern in der Kirche, in der beide Geschlechter ihre Begabungen und Fähigkeiten in gleicher Weise einbringen können. Seither fördern die meisten Landeskirchen die Verwirklichung von G. aktiv. Neben der ausgewogenen Besetzung von Gremien und Leitungspositionen, der Vereinbarkeit von →Beruf und →Familie, einer geschlechtssensiblen Sprache gehört auch die Förderung einer geschlechterbewussten Theologie zu den Feldern kirchlichen Engagements.

U. GERHARD, Unerhört. Die Geschichte der deutschen Frauenbewegung, 1995 – DIES., Frauen in der Geschichte des Rechts. Von der Frühen Neuzeit bis zur Gegenwart, 1999 – K. BERGMANN, Die Gemeinschaft von Frauen und Männern in der Kirche. Wirkungen der Beschlüsse der Synode der EKD in Bad Krozingen 1989, in: H. BARTH u. a. (Hg.), Kirchliches Jahrbuch für die Evangelische Kirche in Deutschland, 2009, S. 194ff – G. MATTHIAE u. a. (Hg.), Feministische Theologie. Initiativen, Kirchen, Universitäten – eine Erfolgsgeschichte, 2008.

Kristin Bergmann

Geschlechterverhältnis

1. Begriff und Gegenstand. G. beschreibt a) das quantitative Verhältnis männl. und weibl. Individuen einer Population sowie b) – meist im Plural – die gesellsch. Organisation und Institutionalisierung von Beziehungen zw. Männern und Frauen. Mit G.en befassen sich gender studies sowie die Geschlechterforschung als Forschungspersp. zahlr. Fachrichtungen, u. a. der Theol. In Ausweitung zur Frauenforschung machen sie Geschlecht als soziale Kategorie zum Fokus der Theoriebildung. Konstitutiv ist ferner die Diff. zwischen sozialem (engl. gender) und biolog. Geschlecht (engl. sex), die Problematisierung gegenw. G.e als asym. u. dichotom, sowie das Postulat der Veränderbarkeit der G.e.

2. Historische Verhältnisbestimmungen. Das G. wurde in bibl. u. abendl. Kulturen i. d. R. hierarchisch verfasst als Patriarchat. Unter Geschlecht wurde „eine biolog. begründete Aussage über das Wesen von Frauen und Männern verstanden. Männlichkeit und Weiblichkeit gelten als unveränderliche Gegebenheiten, die sich [...] als Geschlechtscharakter manifestieren und auf deren Grundlage die jeweilige Geschlechterordnung erklärt und legitimiert werden kann." (WEGNER, 577). Essentialisierende Ansätze, die aus anatom. Unterschie-

den Wesenseigenschaften u. die soz. Ungleichheit d. Geschlechter ableiteten, wurden im letzte. Jh. durch sozialisationstheoret. Modelle abgelöst. „Man wird nicht als Frau geboren, man wird dazu (gemacht)." (S. DE BEAUVOIR)

3. Aktuelle Theorien. *3.1* Seit den 1980er Jahren dient das G. als zentrales Theorem *strukturorientierter soziol. Ansätze* zur Beschreibung gesell. Ungleichheitsstrukturen (geschlechtsspez. Arbeitsteilung, Gesetzgebung).

3.2 Seit den 1990er Jahren rückt der Beitrag des Individuums zur Herstellung der Geschlechterdiff. ins Zentrum soz. Analysen (*konstruktivistische Wende*). Wir *haben* nicht nur ein Geschlecht, sondern konstruieren es in Interaktionen auch mit (doing gender).

3.3 J. Butler hinterfragt zeitgleich die sex/gender-Unterscheidung und betrachtet soz. wie biolog. Geschlecht als Resultat kultur. Diskurse. Butler *dekonstruiert* nicht die mat. Beschaffenheit des Körpers, sondern auf philos.-methodol. Ebene seine erkenntnistheoret. Zugänglichkeit. Unsere Wahrnehmung des biolog. Geschlechts ist soz. vermittelt.

3.4 Queer studies hinterfragen u. a. die Heteronormativität und binäre Logik des G.es. Männl. u. weibl. werden neu verstanden als Pole eines Kontinuums mit fließenden Übergängen (Intersexualität).

3.5 Intersektionale Forschungsansätze analysieren Geschlecht in seiner (v. a. intrapersonalen) Verwobenheit mit weiteren Kategorien soz. Ungleichheit wie „race and class". Daneben etablieren sich seit der Jahrtausendwende *Diversity studies*. Auch sie betrachten Diversität als Signum postmoderner Gesellschaften und zielen auf die Entw. konstruktiver Umgangsweisen mit Vielfalt (z. B. im Bildungs- u. Gesundheitswesen). Sie sind abzugrenzen vom Diversity Management des Personalwesens.

4. Religion und Geschlecht. Rel. kann zur Affirmation asym. G.e. genutzt werden (Eph 5: Mann Haupt der Frau; 1Kor 14: Schweigegebot) sowie zur präs.-eschatol. Aufhebung im rel. Bereich (Gal 3,28 Nicht Mann noch Frau). Wiewohl die Gottebenbildlichkeit allen Menschen gilt (Gen 1), übte das Christentum weithin eine legitimierende und stab. Funktion auf das patr. G. aus, in welchem es entstand. Das G. wurde theol. aufgeladen (u. a. mittels Gen 2 u. 3: Nachrangige Schöpfung d. Frau u. Sündenfall) und u. a. in der Sexualethik tradiert. Vorstellungen von Weiblichk. und Männlichk. wurden unter Verweis auf Schöpfungsordnung bzw. Naturrecht religiös codiert und universalisiert. Gegen eine verkürzte Theol. der Ordnungen ist festzuhalten, dass keine *universal* gültige Geschlechterordnung in Bibel oder Natur offenbart ist. Eine Nähe trad. Geschlechterrollenbilder zu trad. christl. Glaubensinhalten ist gleichwohl empir. nachweisbar (Lukatis, 15). Bislang wenig wiss. Beachtung fand die bes. Relevanz des G.es in radikalisierten Formen von Rel. (Liebsch). Theol. Geschlechterforschung bezieht sich u. a. auf symbol. Repräsentationen d. G. in den Rel., auf G.e in rel. Organisationen (Zugang zu Ämtern und Kult) sowie auf Gottesbilder. Für eine *Theologie jenseits der Geschlechterdifferenz* votiert I. Karle und dekonstruiert ontologisierende Festschreibungen von Weiblichk. u. Männlichk. zugunsten der Wahrnehmung schöpferischer Vielfalt von Individuen, Lebensverläufen und Beziehungsformen.

S. de Beauvoir, Das andere Geschlecht, 1968 – J. Butler, Gender Trouble: Feminism and the subversion of Identity, 1990 – I. Karle, „Da ist nicht mehr Mann noch Frau..." Theologie jenseits der Geschlechterdifferenz, 2006 – K. Liebsch, Religion und G. Zur Ordnungsfunktion religiöser Symbolisierungen des G., in: Politik und Religion 33, 2003, 68–87 – I. Lukatis u. a. (Hg.), Religion und G., 2000 – H. Wegner, Art. G., in: ESL³, 577–581.

Simone Mantei

Gesellschaft

1. Definition. Erscheinungsformen. G. ist ein vieldeutiger Begriff sowohl der Alltagssprache als auch in den Sozialwissenschaften. Vom Wortursprung (von althochdeutsch *sal*, Raum) ausgehend ist G. 1.) eine Bezeichnung für die Tatsache der Verbundenheit von Lebewesen (Menschen; Tiere; Pflanzen) in einem bestimmten Raum. An diese wortursprüngliche Bedeutung, mit Bezug auf Geselligkeit, geselliges Beieinandersein, erinnern noch Redewendungen wie „eine G. geben", jemandem „G. leisten"; 2.) Mit Bezug auf menschliche G.en bezeichnet der Begriff Vereinigungen zur Befriedigung und Sicherstellung gemeinsamer Bedürfnisse und Interessen. Beispiele: Reise-G., Tisch-G., Abend-G., aber auch: Aktien-G., G. der Wissenschaften, G. Jesu (Jesuiten); 3.) bezeichnet G. alle Formen des organisierten menschlichen Zusammenlebens, von der Stammesg. über die Stadtg. zur bürgerlich-nationalen und schließlich zur Weltg. Um diesen G.sbegriff geht es hier.

2. Anthropologische Grundlagen. Evolution von G.en. Der Mensch als Gattungswesen ist auf das Zusammenleben und -wirken mit anderen angewiesen. So erklärte schon Aristoteles (384–322) die Entstehung von G. (der antiken Polis) aus der „geselligen Natur" des Menschen einerseits, aus dem wechselseitigen Angewiesensein auf die unterschiedlichen (arbeitsteiligen) Fähigkeiten der Menschen zur Befriedigung ihrer Bedürfnisse (→Bedarf, Bedürfnis) andererseits.

Über die längste Phase der Menschheitsgeschichte waren G.en – wie noch heute in Regionen Asiens, Amerikas, vor allem Afrikas, Melanesiens und Polynesiens – als Stammesg. organisiert. Eine Stammesg. umfasst Angehörige gleicher Abstammung, Sprache und →Kultur (Ethnie). Es handelt sich um überschaubare G.sformen von wenigen Hundert bis ca. 2000 Menschen. Die pol. und die soziale Integration können differieren. Im ersten Fall ist der Übergang vom Stamm zum →Volk und seine großgesellschaftlichen und später nationalstaatlichen Organisationsformen fließend; im zweiten Fall ist Stamm ggf. identisch mit einem Klan (Clan) bzw. einer Sippe (einer Großfamilie; extended family). Die Entwicklung von Stammesg.en über Stadtg.en in den frühen Hochkulturen zu nationalstaatlich verfaßten G.en ist weder geradlinig noch universal nachweisbar.

3. Sonderstellung der bürgerlichen G. G. im heutigen Verständnis der von Europa und Nordamerika geprägten Entwicklungen ist vor allem die bürgerliche G. Damit ist jene Form der Organisation des Zusammenlebens gemeint, die von den Bürgern in den mittelalterlichen und frühneuzeitlichen Städten entwickelt und in den bürgerlichen Revolutionen des 17.-19. Jh.s durchgesetzt wurde. Die bürgerliche G. war und ist vor allem Markt- und Rechtsgesellschaft. Die Freisetzung der Individuen zu ihren Fähigkeiten und Bestrebungen setzt ökonomisch den →Markt und politisch die →Demokratie (die auch als Marktmodell der Konkurrenz um Mandate gesehen werden kann) voraus, weiterhin die Absicherung der Eigentums-, Produktions- und Marktsphäre (→Eigentum; →Produktion) durch das →Recht. Der →Vertrag ist für die Individuen, das Gesetz für alle Bürger die Rechtsfigur, mit der die →Autonomie des Einzelnen und die →Freiheit und →Gleichheit (vor dem Gesetz) aller gesichert werden. Der Aufrechterhaltung der Freiheit aller dienen weiterhin das Prinzip der Kritik und die →Institutionen der kritischen →Öffentlichkeit.

Der →Liberalismus war und ist die bündigste Theorie bzw. Ideologie dieser Grundlagen und damit der bürgerlichen G.; er macht zugleich deutlich, wie eine staatsfreie Sphäre – die bürgerliche G. als Handlungsraum autonomer Individuen – überzeugend gedacht und gleichwohl durch einen starken (Rechts-) Staat nach innen wie außen geschützt werden soll. Die parlamentarische Demokratie auf ihren verschiedenen Ebenen (Gemeinde, Land, Bund) ist jene Einrichtung, in der die Vielfalt der Interessen in der G. und der ordnende Staat aufeinandertreffen.

Einer der ersten soziologischen Definitionsversuche dieser hist. völlig neuen Form des Zusammenlebens stammt von F. Tönnies. In „→Gemeinschaft und Gesellschaft" (zuerst 1887) analysierte er die Entwicklungen von der ständisch-feudalen, agrarischen „G." zur modernen Industrie-G. mit ihren Trends der Anonymisierung und der Sonderstellung des einzelnen Individuums. So lässt sich nach Tönnies G. denken, „als ob sie in Wahrheit aus getrennten Individuen bestehe, die insgesamt für die allgemeine G. tätig sind, indem sie für sich tätig zu sein scheinen". War das „Zeitalter der Gemeinschaft (...) durch den sozialen Willen als Eintracht, Sitte, Religion bezeichnet", so das der G. „durch den sozialen Willen als Konvention, Politik, öffentliche Meinung".

Das Modell der bürgerlichen G. war und ist erfolgreich, weil es eine Staats- und G.sform entwickelte, die die Freiheit aller unabhängig vom (privaten) Glauben der einzelnen G.smitglieder zur Grundlage machte und es sich erfolgreich mit den Auswirkungen der „Doppelrevolution" (E. HOBSBAWM) verbinden konnte, d. h. dem Zusammenwirken der v. a. von England und Schottland ausgehenden industriellen Revolution und der v. a. von Frankreich 1789ff. ausgehenden politischen und emanzipatorischen Revolution. In dieser Dynamik der „Doppelrevolution" steht die im Kern weiterhin existente bürgerliche G. bis heute. Geblieben sind auch die sich früh abzeichnenden, letztlich nicht völlig aufhebbaren Widersprüche dieser Gesellschaftsorganisation: dass individuelle Freiheit und allgemeine Gleichheit in Widersprüche geraten müssen und die Brüderlichkeit (bzw. Solidarität) als dritte Säule der Revolution 1789ff. in den anonym und komplex werdenden G. als moralisches Prinzip vielleicht tauglich, als Strukturprinzip aber überfordert ist. Das hat die Erfolglosigkeit der sozialistischen G.en, die der Gleichheit und der Brüderlichkeit den Vorrang vor der individuellen Freiheit gaben, nur zu deutlich gezeigt.

4. G. als Lebensform. Die bürgerliche G. basiert auf der Freiheit des Einzelnen und den auf ihr gründenden neuen Formen der Assoziation, der Institutionen, der parteilichen und sonstigen Interessenzusammenschlüsse (→Interesse). Die Entpersonalisierung der Arbeitsbeziehungen in dem Sinn, dass nicht mehr persönliche Abhängigkeiten wie in der ständisch-feudalen G. strukturbildend sind, sondern die Freisetzung des Einzelnen zu selbst gewählter Arbeit ist hierfür ebenso ein Beispiel wie die Ablösung der durch →Tradition und Verwandtschaft vorgegebenen gemeinschaftlichen Beziehungen durch selbst gewählte →Gruppen und Netzwerke. Zu den Charakteristika der Entwicklung moderner G.en gehört weiterhin, dass sich →Beruf und →Arbeit, →Bürokratie, →Politik, →Freizeit, →Öffentlichkeit, →Kultur, Erziehungs- und Gesundheitswesen (→Erziehung; →Gesundheit) und selbst die Kirche zu eigenen Sphären ausbilden (in der Sprache der →Systemtheorie: „ausdifferenzieren"). Alle diese Bereiche entwickeln je für sich großorganisatorische, gesellschaftliche Dimensionen und damit Trends zur Anonymisierung gegenüber dem Einzelnen. Das Individuum muss die korrespondierenden komplexen Rollenanforderungen integrieren. Das Erlernen universalistischer →Normen und die Fähigkeit zur Empathie sind hierfür Voraussetzungen.

5. G.stheorien. Seit der Antike sind normative Theorien über die „richtige" G. bzw. G.en des „guten Lebens" überliefert; seit dem 18. Jh. gibt es Bemühungen um objektive Theorien über die Grundzüge menschlicher G.en, also *G.stheorien* im heutigen Verständnis. Seither haben Fragen nach dem „Ursprung der Ungleichheit unter den Menschen" (J.-J. ROUSSEAU, 1754) einen zentralen Stellenwert in G.stheorien. Die säkularisierten, an →Vernunft und →Aufklärung orientierten Theorien der bürgerlichen Rechtsg. und die kritischen Gegenentwürfe der marxistischen und sozialistischen G.stheorien (die aber das Erbe der Aufklärung und des deutschen Idealismus für sich beanspruchen können) wurden seit der zweiten Hälfte des 19. Jh.s durch neoromantische, neo-ständische und seit Beginn des 20. Jh.s durch faschistische G.sentwürfe – im Hinblick auf Gemeinschaft, Volk, Rasse oder sonstige, die anonymisierten Massen zusammenschweißende Wertbezüge – in ihr Gegenteil verkehrt.

Neben den historischen, den rechts- und staatswissenschaftlichen, den rechtsphilosophischen und politologischen G.stheorien sind soziologische Theorien i. e. S. zu unterscheiden, wobei die aus dem Erbe des Hegelianismus stammenden Theorien des →Marxismus und der →Kritischen Theorie (Frankfurter Schule) zwischen den allgemeinen G.stheorien und den mehr soziologischen anzusiedeln sind. Als soziologische G.stheorien sind an wichtigster Stelle die dem Strukturfunktionalismus, der Systemtheorie und die der Phänomenologie verpflichteten Ansätze zu nennen.

Die strukturfunktionalistischen, v. a. auf T. PARSONS zurückgehenden Ansätze und die systemtheoretisch orientierten, v. a. mit dem Namen von N. LUHMANN verbundenen G.stheorien sehen die G. als ein Interaktionssystem mit Steuerungsfunktionen für alle Teilsysteme wie z. B. →Familien, →Gemeinden, die Wirtschaft, die →Bildung und →Ausbildung. Strittig ist, in welchem Ausmaß die Ausdifferenzierung und Autonomisierung der gesellschaftlichen Teilsysteme oder aber ihre wechselseitige Interpenetration zur Entstehung der modernen G. beigetragen haben. Insbesondere die G.stheorie von N. LUHMANN erweist sich für andere Wissenschaften, aber auch für Theorien der Netzwerkg. (s. u.) als anschlussfähig, weil sie den Begriff der →Kommunikation in den Mittelpunkt der Analysen (ob auf personaler, kultureller oder gesellschaftlicher Ebene) stellt.

Die unter dem Einfluss von A. SCHÜTZ und G. H. MEAD entwickelten phänomenologisch-soziologischen Ansätze nehmen im Blick auf G. eine prinzipiell akteursbezogene Perspektive ein. G. wird als „Konstrukt" der Lebenswelt und des sinnhaft orientierten Alltagshandelns verstanden; sie existiert in dem Maße, wie sie in Sinnzusammenhängen und Symbolsystemen (z. B. Sprache, Recht) präsent und für das individuelle Handeln relevant ist (BERGER/LUCKMANN).

Neben diesen unterschiedlichen Sichtweisen auf G. sind folgende Grundfragen zu klären: 1) Wie wird das Verhältnis Individuum und G. gesehen (Primat der individuellen Freiheit oder des Allgemeinwohls?); 2) Welchen Stellenwert haben die „intermediären Institutionen", d. h. die zwischen Individuum und Gesellschaft/Staat tretenden Einrichtungen: die Familien, Gruppen und Gemeinschaften, die Assoziationen und Institutionen des Wirtschafts- und Kulturlebens, der Kirchen und Verbände? Wie wird das Verhältnis von G. und →Staat interpretiert (wobei rechtshegelianische G.stheorien einen Primat des Staates behaupten, wie HEGEL in seiner Rechtsphilosophie von 1821, und die linkshegelianischen, z. B. die marxistische G.stheorie, den Staat zugunsten der selbstverwalteten G. absterben lassen, weil sie in ihm nur ein Instrument der jeweils herrschenden Klasse sahen und auf die „Selbstverwaltung der G." vertrauten).

Eine wichtige Forschungsfrage im Hinblick auf die Struktur der G. ist weiterhin, ob die in der bürgerlichen G. herausgebildete Differenz von Staat und G. noch existent ist oder die Prozesse der „Vergesellschaftung des Staates" (z. B. durch zu weitgehenden Einfluss der Parteien) und der „Verstaatlichung der G." (z. B. durch exzessive Gesetzgebung) nicht zu weit fortgeschritten sind und damit Freiheitsspielräume des autonomen Bürgers einengen. Weitere Unschärfen in der Abgrenzung von G. und Staat ergeben sich durch die Herausbildung eurozentristischer Staats- und G.s-Strukturen und die darüber hinausreichenden weltgesellschaftlichen Verflechtungen.

6. Aktuelle G.smodelle. Seit der „digitalen Revolution" haben sich so viele Grundlagen der G. verändert, dass weder eine bestimmte soziologische Theorie noch die Berufung auf ein bestimmtes G.smodell (z. B. „spätbürgerliche G.") ausreichen, um die neuen Strukturen und Handlungsbedingungen angemessen zu erfassen. Zu den neueren typisierenden G.sbegriffen gehören: 1) *Risikog.* Dieser 1986 von U. BECK geprägte Begriff verweist auf völlig neue Gefährdungslagen (technisch; ökologisch) in der global werdenden Zivilisation (→Risiko). Als wichtig für die Analyse der gegenwärtigen G. erwiesen sich einzelne Kapitel dieses Werkes, die die zunehmende Individualisierung der Biografien, die Pluralisierung der Lebensstile und die Entstandardisierung bisheriger Strukturen der modernen Industrieg. zum Thema machten. Zum Wegbrechen soziologischer Gewissheiten über die G.sstruktur gehört auch die Infragestellung der bisherigen Interpretation von Klasse und soziale Schichtung. 2) *Netzwerk- und Informationsg.* Kann man in D. BELLS Werk über „Die nachindustrielle G." einen frühen Versuch sehen, die Konturen der von Wissen und Wissenschaft geprägten neuen G. entlang „der Achse der aufkommenden ‚intellektuellen Technologie'" analytisch in den Griff zu bekommen, so in M. CASTELLS dreibändigem Werk über „The Information Age" eine empirische Fundierung der bisher erfolgten gesellschaftlichen Veränderungen. Grundlegend ist die Eigenschaft der Netze als „offene Strukturen" auf der Basis der jeweiligen Codes der →Kommunikation „ohne Grenzen zu expandieren" (CASTELLS). Netze dynamisieren die G. und die Möglichkeiten der in ihr handelnden Individuen und Institutionen. Die Veränderungen erfolgen deshalb so schnell, weil Netzwerke die „angemessenen Instrumente für eine kapitalistische G. (sind), die auf →Innovation, →Globalisierung und dezentraler Konzentration (...) basiert". Inhärent ist den Netzwerken die Negation von Zeit und Raum. Bisherige institutionelle Grenzen, z. B. zwischen großen und kleinen Firmen, können übersprungen werden. Individuen können nun per PC/→Internet bestimmen, wo die Wissensgrenzen und die räumlichen wie zeitlichen Grenzen der →Kooperation und Kommunikation liegen. Der „informationelle Faktor" führt, beschleunigt durch die „digitale Revolution" und durch die neue Wissensordnung der G., zu neuen Seh- und Denkgewohnheiten. Auch die Sprache und die Weltbilder ändern sich. 3) *Erlebnisg.* G. SCHULZE sieht in der „Erlebnisg." bzw. den in ihr zum Ausdruck kommenden Verhaltens- und Wertorientierungen eine neue Basis der G. und ihrer Entwicklung. „Erlebnisrationalität" ist durch den Wertwandel zur Grundlage von Entscheidungen und Verhaltensweisen geworden. Es werden die Befunde bestätigt, dass sich durch Veränderung der Arbeits- und Freizeitstrukturen und völlig neue (individualisierte) Formen der Kommunikations- und sonstigen Medien auch neue soziale Milieus und Lebensstile herausgebildet haben. 4) *G. als Kommunikationssystem.* In einer Welt, in der es ein nicht mehr integrierbares Wissen über psychische oder soziale Systeme gibt, kann nur noch die →Kommunikation selbst kommunizieren (Luhmann 1997). Erst in einem solchen Netzwerk der Kommunikation kann erzeugt werden, was wir unter sozialem Handeln verstehen. 5) *Weltg.* Erste Konturen der Weltg. wurden deutlich seit der Herausbildung der großen Kolonialreiche im 16. und 17. Jh. (Ansätze eines weltweiten Wirtschaftssystems); sie verstärkten sich mit den Möglichkeiten der modernen Verkehrserschließung und Kommunikation. Eine wichtige Entwicklungsstufe wurde durch die Weltkriege erreicht, die durch die Bemühungen einer weltweiten Friedenssicherung 1920 zur Gründung des Völkerbundes und 1945 der Vereinten Nationen (UNO) führten. Die intergouvernementalen exekutiven Regierungsfunktionen (z. B. UNO-Friedenstruppe; Hochkommissar für das Flüchtlingswesen) sind jedoch sehr eingeengt. Die begrenzten Handlungsmöglichkeiten dieser und anderer Organisationen (z. B. Internationaler Gerichtshof in Den Haag) und die Entwicklungen der Netzwerkg. machen deutlich, dass der Steuerungs- und Konfliktlösungsbedarf in Politik und Recht, Wissenschaft und Kultur, Kommunikation und wirtschaftlicher Entwicklung mehr und mehr den nationalstaatlich-gesellschaftlichen Rahmen überschreitet und auf immer mehr Gebieten dessen Internationalisierung erforderlich macht. Nationalstaatliche Grenzziehungen von G.en als Handlungsraum für Individuen, Institutionen und Staaten werden damit jedoch keineswegs hinfällig.

M. Riedel, G., bürgerliche, in: Geschichtliche Grundbegriffe, II 1979, 719–800 – Ders., G., Gemeinschaft, a. a. O., 801–862 – F. Tönnies, Gemeinschaft und G. (1887, 1935[5]), 1988 – P. L. Berger/Th. Luckmann, Die gesellschaftliche Konstruktion der Wirklichkeit (1969), 2010[23] – M. Castells, The Information Age, Bd. 1: The Rise of the Network Society, 1996 – D. Bell, Die nachindustrielle G. (amerik. 1973; dt. 1975), 1996 – U. Beck, Risikog. Auf dem Weg in eine andere Moderne (1986), 1997[14] – N. Luhmann, Die G. der G., 2 Bde., 1997 – A. Mintzel, Multikulturelle G.en in Europa und Nordamerika, 1997 – G. Kneer/A. Nassehi/M. Schroer, Soziologische G.sbegriffe, 1997 – G. Schulze, Erlebnisg. (1992), 1997[7] – R. Stichweh, Die Weltgesellschaft, 2000 – M. Castells, Der Aufstieg der Netzwerkgesellschaft, 2004 (orig. amerik. 1996).

Bernhard Schäfers

Gesellschaftspolitik

1. Begriff. G. meint planmäßig aufeinander abgestimmte Bündel politischer Maßnahmen, die auf die Gestaltung der gesamten →Gesellschaft zielen. Sie stellt eine bewusste, in die Zukunft zwischenmenschlicher Ordnungen gerichtete soziale →Innovation dar, die auf die Möglichkeit rationalen gesellschaftlichen Wandels baut. Die eingeleiteten Veränderungen folgen dem als richtig erkannten Ordnungsbild der gesellschaftlichen Verhältnisse. Gegenüber Einzelpolitiken zeichnet sich G. durch ein umfassendes Gesamtkonzept aus, indem sie versucht, →Wirtschafts-, →Sozial-, Regional-, →Arbeitsmarkt-, →Steuer-, Bildungs-, Rechts- oder Umweltpolitik (→Bildung, →Umwelt) usw. vorausschauend zu koordinieren.

G. wird häufig im Begriffspaar mit →Wirtschaftspolitik genannt. Damit wird der enge Zusammenhang angedeutet, der zwischen der Organisationsform des sozialen Zusammenlebens (→Gesellschaft) und seiner wirtschaftlichen Grundlage besteht. Während aber zumindest hinsichtlich der Ziele – wenn auch nicht hinsichtlich der Mittel – der Wirtschaftspolitik, der Steigerung der wirtschaftl. Leistungsfähigkeit und Ergiebigkeit, Einigkeit besteht, gilt dies für die G. nicht.

Der Begriff wurde in Deutschland lange Zeit als zu ideologiebehaftet vermieden. Erste Verbreitung fand er in der →katholischen Soziallehre der Zwischenkriegszeit. →Sozialpolitik sollte zur Sozialreform weiterentwickelt und staatliches →Handeln auf sozialstaatliche Ziele verpflichtet werden, insbesondere auf den sozialen Ausgleich und auf die Hebung der sozialen Lage benachteiligter →Gruppen. Darin spiegelt sich die Erfahrung umfassender staatlicher Eingriffe in die soziale Lebenswirklichkeit, etwa in der Kriegswirtschaft, und die Einsicht in die Begrenztheit herkömmlicher Sozialpolitik angesichts des wirtschaftlichen und sozialen Umbruchs.

In der Zeit nach dem Zweiten Weltkrieg wurde der Begriff von reformsozialistischen Strömungen aufgegriffen. Er grenzte ab sowohl gegen kommunistische wie liberale Kräfte, die sich beide gegen eine schrittweise Verbesserung der Gesellschaft wandten: die einen, weil die krisenhafte Agonie der kapitalistischen Gesellschaft allein durch revolutionäre Umwälzung beseitigt werden könnte; die anderen, weil sie der Möglichkeit einer rationalen Gestaltung der Gesellschaft prinzipiell skeptisch gegenüber stehen. Seinen Höhepunkt erlebte G. in der Frühzeit der sozialliberalen Koalition. Reformpolitik sollte sozialen Wandel planerisch gestalten, G. als ressortübergreifende, „konzeptionsorientierte Innenpolitik" (Lompe) die außenpolitische Öffnung begleiten. Angestrebt war die Modernisierung der Gesellschaft auf sozialwissenschaftlicher Grundlage und im Rahmen partizipatorischer Willensbildung, doch durchgeführt durch ein aufgeklärtes, politisch-administratives System.

Im Nachgang zu den PISA-Ergebnissen (→Bildungspolitik) erlebte G. nochmals einen kleinen Aufschwung. Bildungs- und sozialpolitische Maßnahmen sollten verzahnt werden, um so zugleich die Leistung des deutschen Bildungssystems zu verbessern und seine soziale Ungleichheit zu vermindern. Vielstimmige Zuständigkeiten ließen allerdings kaum zu, „Bildungspolitik als Gesellschaftspolitik" zu betreiben.

Gegenwärtig wird der Begriff wieder selten benutzt. G. setzt erstens eine gesamtgesellschaftliche Ordnungsvorstellung, auf die die einzelnen Schritte bezogen werden, zweitens die Überzeugung, politische Mittel ließen sich zielgenau für die gewünschten Ziele mobilisieren und schließlich drittens die bewusste Gestaltungsabsicht mächtiger politischer Akteure voraus. Alle drei Voraussetzungen stehen heute in Frage.

2. Prinzipien. Jede G. bestimmt sich von ihrem ordnungspolitischen Konzept der „guten Gesellschaft". Wirtschaft und Gesellschaft sollen in Richtung eines idealen Gemeinwesens entwickelt werden. Die Nebenfolgen des technischen Fortschritts (→Technik und Gesellschaft), die – gemessen an ihrem Anspruch – bescheidenen Erfolge der sozialliberalen wie dann auch der kulturkonservativen Reformen und schließlich das Scheitern des sozialistischen Projekts haben seit den 1980-er Jahren zu einer „Erschöpfung der utopischen Energien" (Habermas) und zum Aufstieg des neoliberalen Leitbilds der G. geführt. Dieses →Leitbild, dem auch die rot-grüne Koalition in ihrer Politik der Marktöffnung folgte, umfasst die Elemente →Deregulierung, →Privatisierung und →Globalisierung und ist an der unternehmerischen und volkswirtschaftlichen Wettbewerbsfähigkeit orientiert. Es erscheint auch deswegen so attraktiv, weil es dem Anschein nach auf große Gesellschaftsentwürfe verzichten kann. Die Lösung der drängenden Probleme unserer Zeit wird dem Such-, Innovations- und Selektionsmechanismus des →Marktes überantwortet. Der unternehmerischen Initiative und der privaten Selbstverantwortung freie Bahn zu schaffen erfordert aber erhebliche g. Eingriffe, die letztlich doch einem sozialphilosophischen Fortschrittsbild verpflichtet sind. Zwar hat dieses Leitbild mit der →Banken- und →Finanzkrise an Überzeugungskraft eingebüßt, doch die Machtbasis der Finanzmarktakteure besteht weitgehend fort.

3. Akteure. An der Formulierung g. Vorschläge wirken soziale Gruppen und Bewegungen, →Staat, Wissenschaft, aber auch einzelne Persönlichkeiten mit. Wie bei sozialen Innovationen üblich, gehen die Ideen dem praktischen Versuch der dauerhaften Strukturveränderung lange voraus. G. sieht sich immer mit alternativen Entwürfen konfrontiert; in Zeiten einer sich als „alternativlos" verstehenden Politik hat sie keine Konjunktur.

Eine „wissenschaftliche" G. kann es nicht geben. Wissenschaft und Politik folgen unterschiedlichen Handlungslogiken und Relevanzkriterien. Da G. in die Zukunft gerichtet ist und Zukunft niemals völlig vorhersehbar, beinhaltet sie stets auch Elemente des Glaubens. Immer gibt es Alternativen und deshalb muss G. auch korrigierbar sein. Unter der gegenteiligen Prämisse haben totalitäre und autoritäre Herrschaftsordnungen nicht nur unsägliches Leid über ihre →Bevölkerungen gebracht, sondern sind auch, gemessen an ihren eigenen g. Zielen, gescheitert.

G. kann nur begrenzt von oben verordnet werden. Sie muss in ihrer jeweiligen Zeit auch argumentativ breitenwirksam sein, bevor sie praktisch werden kann. Das gilt selbst für totalitäre Regime, die ihre g. Ziele gewaltsam durchzusetzen suchen. In →Demokratien wird man am ehesten von politischen →Parteien erwarten dürfen, dass sie weit in die Zukunft reichende Ansätze gesellschaftlicher Reformen entwerfen, diese im öffentlichen Austausch weiter entwickeln und zur Abstimmung stellen. Parteien scheinen aber derzeit nicht in der Lage, weitreichende Visionen anzubieten, für die sich breite Bevölkerungsgruppen begeistern könnten.

An die Stelle der Parteien konnten die „neuen" sozialen Bewegungen als Impulsgeber für zündende Zukunftsvisionen nur eine Zeit lang treten. Die „alten" sozialen Bewegungen, allen voran die →Gewerkschaften, haben genug damit zu tun, angemessen auf sich verändernde Rahmenbedingungen zu reagieren, als dass sie in der Lage wären, gestaltend in die Zukunft zu wirken. Die Kirchen klagten 1997 in ihrer gemeinsamen Erklärung eine solidarische und gerechte Gesellschaft ein, doch bereits die katalogartige Zielperspektive einer sozial-ökologischen, europäisch handlungsfähigen und global verpflichteten Marktwirtschaft verdeutlicht die Unsicherheit, von einer als defizitär empfundenen Gegenwart in eine bessere Zukunft anschaulich Brücken zu schlagen. 17 Jahre später müssen sie feststellen, dass die Fragen nach dem sozialen Zusammenhalt noch dringlicher geworden sind. Auch die Sozialwissenschaften enthalten sich – nach den Erfahrungen mit der marxistisch inspirierten Gesellschaftskritik einerseits und der gewachsenen Bescheidenheit angesichts ihrer begrenzten Erkenntnisfähigkeit andererseits – weitgehend gesamtgesellschaftlicher Neuentwürfe. Selbst die im vergangenen Jahrzehnt politisch besonders einflussreiche Ökonomie musste erkennen, dass ihre Analysen zwar partielle, nicht aber Gesamteffekte herausarbeiten können (KIRCHGÄSSNER).

4. Gestaltungsmöglichkeiten. Politische Akteure sehen sich heute mit sinkenden Steuerungskapazitäten konfrontiert. Dies gilt vor allem für den Nationalstaat, der traditionell der Ansprechpartner für g. Forderungen war. Mit wachsender →Globalisierung steht er vor dem Problem, dass sein Wirkungsbereich im Vergleich zu den Problemlagen schrumpft. Bisweilen werden Globalisierung und andere technisch-wirtschaftliche Entwicklungen als anonyme Schicksalsmächte empfunden, auf die ein Gemeinwesen nur noch mit Anpassung reagieren kann. In diesem Zusammenhang werden zwei Lösungsmöglichkeiten diskutiert. Die eine setzt auf neue politische Akteure jenseits des Nationalstaats, seien es globale Bürgervereinigung wie Greenpeace, transnationale →Organisationen wie die Vereinten Nationen, Verträge wie das Abkommen von Rio zum Umweltschutz, oder supranationale Zusammenschlüsse wie die Europäische Union. Eine starke →Bürgergesellschaft soll Aufgaben übernehmen, für die politisch-administrative →Institutionen nicht mehr zuständig sein sollen oder hierzu nicht mehr in der Lage sind.

Andere hoffen, die Handlungs- und Innovationsfähigkeit westlicher Nationalstaaten (MAYNTZ/STREECK) lasse sich über neuartige Politikformen und -instrumente zurückgewinnen. Aus dieser Perspektive bringt die Verflechtung des →Staates mit gesellschaftlichen Akteuren (paritätische Gremien, organisierte →Interessen, →Unternehmen, Gebietskörperschaften) und der Einsatz nicht-hierarchischer Verhandlungssysteme (Mediation, Planungszelle, regionale Verhandlungssysteme, runde Tische, Experten- und Betroffenenversammlungen) keinen Souveränitätsverlust, sondern erschließt neue Steuerungsmöglichkeiten. Der demokratische Staat darf aber nicht zu einem Akteur unter vielen werden; die Folge wäre, dass sich Verantwortlichkeiten verwischten und Lösungen auf Kosten der nicht präsenten Gruppen gesucht würden. Der Staat als dem →Gemeinwohl verpflichtete Kontrollinstanz bleibt unverzichtbar. Ein Ersatz für die nationalstaatliche Verfasstheit repräsentativer →Demokratien ist bislang nicht erkennbar.

5. Notwendigkeit von G. Zweifellos herrscht derzeit kein Mangel an gesamtgesellschaftlichen Problemen und Herausforderungen. Es gibt auch eine Fülle einzelner Vorschläge zu ausgewählten Problemfeldern, doch scheint es derzeit kein von vielen als überzeugend empfundenes, konsistentes Modell der G. zu geben. Das Vertrauen in die Gestaltungskraft politischer Akteure, namentlich des Staates, ist gesunken, ebenso der Glaube an die Planbarkeit gesellschaftlicher Entwicklungen. Dies gilt ungeachtet der Tatsache, dass die Regierungen bei der Bewältigung der Weltfinanzkrise erhebliche Mittel mobilisieren konnten und so ihre Handlungsfähigkeit unter Beweis gestellt haben.

Berechtige Einwände gegen G. sollten nicht dazu dienen, auf den Versuch der politischen Gestaltung von vornherein zu verzichten. Aktuelle Beispiele zeigen, dass „holistische Reformen" (WIESENTAHL) zwar unwahrscheinlich, aber nicht unmöglich sind. Ob der gegenwärtig die soziale Phantasie hemmende Steuerungspessimismus überwunden werden und G. eine Renaissance erleben kann, wie HIRSCHMAN mit seiner Zyklustheorie nahelegt, muss offenbleiben.

O. v. NELL-BREUNING/H. SACHER, Zur christlichen Gesellschaftslehre, 1954² – K. LOMPE, Gesellschaftspolitik und Planung, 1976² – O. NEULOH, Innovation, in: TH. SCHOBER/M. HONECKER/H. DAHLHAUS (Hg.), Evangelisches Soziallexikon, 1980⁷ – H.-D. ORTLIEB/D. LÖSCH, in: GÖRRES GESELLSCHAFT (Hg.), Staatslexikon, 1986⁷ – A. O. HIRSCHMAN, Denken gegen die Zukunft. Die Rhetorik der Reaktion, 1992 – RAT DER EVANGELISCHEN KIRCHE UND DER DEUTSCHEN BISCHOFSKONFERENZ, Für eine Zukunft in Solidarität und Gerechtigkeit, 1997 – R. MAYNTZ/W. STREECK (Hg.), Die Reformierbarkeit der Demokratie, 2003 – H. WIESENTHAL, Gesellschaftssteuerung und gesellschaftliche Selbststeuerung, 2006 – M. OPIELKA, Bildungspolitik als Gesellschaftspolitik, in: J. SCHMID et al., Welten der Bildung? 2011, 29–52 – G. KIRCHGÄSSNER, Zur Politischen Ökonomie der wirtschaftspolitischen Beratung, in: Wirtschaftsdienst 2013³ – RAT DER EVANGELISCHEN KIRCHE UND DER DEUTSCHEN BISCHOFSKONFERENZ, Gemeinsame Verantwortung für eine gerechte Gesellschaft, 2014.

Stefan Immerfall

Gesetz und Evangelium

1. Die Unterscheidung von G. u. E. ist für die evangelische Theologie und →Ethik von **grundlegender Bedeutung**: Indem die Theologie innerhalb der Lehre vom Heilswirken Gottes (Soteriologie) zwei Sprachformen unterscheidet: Worte der Forderung, der Inanspruchnahme und der Anklage einerseits und Worte der Zusage, der Gnade und des Freispruchs andererseits, geht es ihr darum, Gott und Mensch, Gottes Handeln und des Menschen Handeln in rechter Weise aufeinander zu beziehen. Sie entspricht damit dem Artikel von der →Rechtfertigung, in dem die evangelische Theologie ihre alles bestimmende Mitte hat. Von daher ist es zu verstehen, dass M. LUTHER in der immer wieder neu zu vollziehenden Unterscheidung von G. und E. die Kunst der Theologie überhaupt gesehen hat. Mit ihr entscheidet sich das Gottesverständnis und zugleich das Verständnis menschlicher →Freiheit: Dass der Mensch den Willen Gottes, der ihm im Gesetz begegnet, erfüllen kann, dass also dem Sollen auch ein Können entspricht, ist keineswegs selbstverständlich, sondern setzt den Zuspruch der Gnade voraus.

2. Mit der Unterscheidung von G. u. E. greift die Theologie auf den **biblischen Sprachgebrauch** zurück. Vor allem die Briefe des Paulus (insbesondere der Gal) haben LUTHER zur Ausbildung seiner Unterscheidungslehre verholfen. Zwar findet sich die Unterscheidung bei Paulus nicht als festes, antithetisch gefasstes Begriffspaar; gleichwohl ist deutlich, dass mit dem paulinischen Verständnis des E.s als einer rettenden Gotteskraft (Röm 1,16; 1.Kor 1,18) ein Wahrheitsanspruch verbunden ist (vgl. Gal 1,6–10; 2,5), der zwangsläufig die Frage nach der Bedeutung des Israel gegebenen G.es (Tora) aufwirft. Bei Paulus ist die Unterscheidung und Zuordnung beider Worte Gottes entscheidend christologisch bestimmt: Der Glaube, der die Existenz in Christus gründet, führt den Menschen aus seiner widersprüchlichen Situation „unter dem Gesetz" heraus (vgl. Röm 7; Gal 4,1–7), enthebt jedoch die Glaubenden keineswegs dem G.; vielmehr werden sie dazu befreit, das ganze G., wie es sich im Liebesgebot (→Nächstenliebe) zusammenfasst (Röm 13,8–10; Gal 5,14), kraft des Heiligen Geistes zu erfüllen. Die scharfe Kritik gilt dem G., sofern es den Blick auf das durch Christus gewährte Heil zu verstellen und somit das E. zu verdunkeln droht. Ist aber das E. in aller Klarheit herausgestellt, dann fällt von ihm her auch ein Licht, das den innersten Kern und damit das Ganze des G.es ausleuchtet und zur Geltung bringt. Diese dialektische Sicht des G.es ist nicht zu denken ohne das AT. Zu erinnern ist hier an die Verheißung eines G.es, das dem Menschen ins Herz geschrieben ist (Jer 31,31–34) und also „geistlich" verstanden werden will. Wenn Paulus im Rückgriff auf die biblische Urgeschichte den Zusammenhang von Sünde und Gesetz bedenkt (Röm 7,7–13) und dabei das vom Sünder missbrauchte, aber nicht zu bewältigende G., das „G. der Sünde und des Todes" (Röm 8,2), vor Augen hat, hält er an dem ursprünglichen Sinn des G.es als des guten Wortes Gottes (vgl. Röm 7,12) fest. Das E. als Botschaft von der Sündenvergebung ersetzt nicht das G., sondern erschließt dessen Grundwort: die Selbstzusage Gottes, der die Menschen in die Gemeinschaft seines Bundes ruft (vgl. das in diesem Sinne als E. zu verstehende 1. Gebot).

3. Die Notwendigkeit, G. u. E. zu unterscheiden, ergibt sich für die **reformatorische Theologie** aus der Erfahrung, dass beide in der Situation des sündigen Menschen, der sich selbst zu rechtfertigen sucht, immer wieder miteinander verwechselt werden. Ihre Nicht-Unterscheidung bedeutet heillose Ungewissheit, die den Menschen sowohl Gott als auch sich selbst missverstehen lässt. Um dieses Missverhältnis zu überwinden, bedarf es der kritischen Wahrnehmung der Lebenswirklichkeit, in der G. u. E. auf den Menschen einwirken, aber auch von ihm in Anspruch genommen, gebraucht oder auch missbraucht werden. Die Reformatoren und die ihnen folgende altprotestantische Dogmatik haben daher die Unterscheidung unter dem Leitgesichtspunkt des „Gebrauchs" (als Lehre vom „usus legis") entfaltet. Dabei werden drei **Wirkungs- und Anwendungsbereiche** unterschieden.

3.1 Das G. ist notwendig, weil und insofern der Mensch böse ist, d. h. im Widerspruch zur guten Schöpfung Gottes lebt. Es bezieht sich auf eine allgemein menschliche Problematik und ist daher auch, durch die Besonderheiten der religiösen und kulturellen Tradition hindurch, in seiner allgemeinen Verbindlichkeit zu bedenken. In seinem weltlichen Gebrauch, der in der lutherischen Theologie als „erster Gebrauch" („primus usus legis", „usus civilis") bezeichnet wird, obliegt ihm die Aufgabe der ethischen Grenzziehung: Es dämmt die Macht des Bösen ein; es vermittelt eine relativ stabile weltliche →Ordnung, für die Christen und Nicht-Christen gemeinsam →Verantwortung tragen; und nicht zuletzt verhilft es zu einer ersten Selbsterkenntnis, sofern der Mensch im Spiegel des G.es mit seinen Verfehlungen konfrontiert und bei ihnen behaftet wird. So notwendig das G. in dieser Funktion ist, so wenig vermag es jedoch das Böse in der Wurzel zu überwinden.

3.2 Die Problematik der Grenzziehung wiederholt und verschärft sich in einer zweiten Dimension, die unter dem Begriff des „theologischen Gebrauchs" („usus theologicus", „usus elenchticus") thematisiert wird. Auch und gerade im Blick auf das Gottesverhältnis ist es notwendig, den Sünder, der sein will wie Gott, in die Schranken zu weisen. Mit dem G. konfrontiert, erfährt der Mensch sein Unvermögen, den Willen Gottes zu erfüllen. Die von Paulus (Röm 7) und von LUTHER scharf analysierte Widersprüchlichkeit der Existenz unter dem G. weist über sich hinaus auf das „andere" Wort Gottes, auf das E., das gegenläufig zum G. die von diesem gezogene Grenze zwar nicht aufhebt, aber doch insofern durchlässig werden lässt, als sich der Mensch im Glauben außerhalb seiner selbst in Christus als gerechtfertigt erkennen kann.

3.3 Als Inbegriff der Rechtfertigungsbotschaft unterscheidet sich das E. vom G., befördert es aber auch einen neuen Gebrauch des G.es. Die Frage eines „dritten Gebrauchs" („tertius usus legis"), der die christliche Existenz in spezifischer Weise bestimmt, wird freilich kontrovers diskutiert. Im Anschluss an LUTHER, der explizit nur von einem „zweifachen Gebrauch" gesprochen hat, akzentuiert die lutherische Theologie vor allem die →Freiheit eines Christenmenschen, der als der Gerechtfertigte des Gesetzes nicht mehr bedarf (1.Tim 1,9) – führt doch die Erneuerung des Herzens von selbst zum wahrhaft guten Werk im Dienst am →Nächsten – und der als der Sünder, der er immer noch ist, demselben G. untersteht, das im weltlichen Gebrauch für alle Menschen gilt. Das neue G. ist in dieser Perspektive kein anderes als das zuvor gegebene, wie es in dem Israel anvertrauten G. bezeugt und in seinen Grundgehalt auch als „natürliches G." im Herzen aller Menschen wirksam ist (Röm 2,14f; vgl. die Goldene Regel als Summe der →Bergpredigt, Mt 7,12). Auf dem Boden der Rechtfertigungstheologie wird hier die christliche Ethik vornehmlich als Freiheitsethik verstanden. Ihr Hauptthema ist die Befreiung des ethischen Subjekts als Befreiung zum Dienst am Nächsten in der Welt. Demgegenüber bezeichnet es das besondere Anliegen der reformierten Theologie (CALVIN), die bleibende Bedeutung des G.es auf dem Weg von der Rechtfertigung zur Heiligung herauszustellen. Ist der Christ zur Heiligung gerufen (vgl. 1. Thess 4,1–8), so findet er sich noch einmal neu auf das G. verwiesen: als Regulierung gerade des christlichen Lebens im Gegenüber zur Welt und als Hilfe zur Gestaltwerdung des Glaubens in der Nachfolge Christi. Im Hintergrund steht hier eine bundestheologische Deutung des G.es, die dieses sowohl im AT als auch im NT vornehmlich als Heilsgabe versteht und von daher die Einheit von G. u. E. betont (vgl. K. BARTH, E. u. G.).

4. An der Frage des „tertius usus legis" brechen **Probleme** auf. Ist das G. auch und gerade für die Existenz im Glauben verbindlich zu machen, droht die Grundeinsicht der reformatorischen Rechtfertigungslehre, dergemäß das Heil *allein* durch den Glauben und das in ihm angenommene Handeln Gottes herbeigeführt wird, in den Hintergrund zu treten. Die von Seiten der lutherischen Theologie vorgebrachte Kritik, die sich sowohl gegen reformierte als auch gegen römisch-katholische Positionen richtet, sieht hier eine unter soteriologischen Gesichtspunkten problematische Verquickung von göttlichem und menschlichem Werk, die das E. tendenziell in ein neues G. überführt und somit moralisiert. Ein E., das der Ergänzung durch das G. bedürfte, wäre nicht mehr E. im Sinne eines suffizienten und effizienten Mittels des Heils. Ist in dieser Hinsicht gegenüber allem Moralismus auf der unverkürzten Bedeutung des E.s zu insistieren, so muss sich andererseits eine Theologie, die auf den „dritten Gebrauch des G.es" meint verzichten zu sollen, fragen lassen, ob sie nicht die Bedeutung des G.es verkürzt. Indem das G. zum einen im Horizont der Welt funktional mit dem weltlichen Recht gleichgesetzt und zum anderen im

theologischen Horizont auf seine anklagende, den Sünder seiner Sündhaftigkeit überführende Funktion zugespitzt wird, bleiben wesentliche Bestimmungen des biblischen G.esbegriffs außer Acht. Als Wort Gottes ist das G. Weisung zum Leben, Quelle des Lebens (vgl. Ps 119). Die Rede von *dem* G. verkennt nicht nur die in sich überaus differenzierte innerbiblische Begriffsgeschichte, sondern vor allem auch die Differenz zwischen dem biblischen G. als Wort Gottes und einem allgemeinen weltlichen G. (G. der Natur, der Vernunft, der Geschichte; →Naturrecht). Gegenüber einer Theologie, die den Anspruch der geschichtlichen Wirklichkeit mit dem G. Gottes gleichsetzt, die Verbindlichkeit des besonderen G.es, auf das sich Christentum und →Judentum gemeinsam gründen, aber relativiert, haben K. BARTH und die →Barmer Theologische Erklärung von 1934 zu Recht die einzigartige Autorität und die Einheit des in der ganzen Schrift bezeugten Wortes Gottes herausgestellt.

5. Gottes Wort begegnet dem Menschen als Zuspruch und Anspruch, als Gabe und Forderung, als Selbstmitteilung Gottes und als Regulativ menschlichen Verhaltens. Gegenüber allen Versuchen, diese Zweiheit auf eine Größe zu reduzieren (Monismus), ist die **Verschiedenheit** der Worte Gottes zu betonen. Gegenüber allen Interpretationen, die das Verschiedene auseinander fallen lassen und gegeneinander verschließen (Dualismus), ist die **kommunikative Verbundenheit** zu wahren. Verschiedenheit heißt nicht Beziehungslosigkeit. Die Unterscheidungslehre von G. u. E. bewährt sich, wo immer sie die zu unterscheidenden Größen miteinander kommunizieren lässt.

W. JOEST, G. und Freiheit, 1968[4] – P. BRUNNER, G. u. E. Versuch einer dogmatischen Paraphrase, in: DERS., Bemühungen um die einigende Wahrheit, 1977, 74–96 – A. PETERS, G. u. E., 1981 – E. KINDER/K. HAENDLER (Hg.), G. u. E., 1986[2] (Lit.) – M. HONECKER, Einführung in die Theologische Ethik. Grundlagen und Grundbegriffe, 1990 (Lit.) – O. BAYER, G. u. E., in: DERS., Leibliches Wort, 1992, 35–56 – O. HOFIUS, Paulusstudien I und II, 1994[2] und 2002 – J. RINGLEBEN, Gott im Wort, 2010 – W. HÄRLE, Ethik, 2011, 191–197.

Johannes von Lüpke

Gesundheit / Gesundheitspolitik

1. Begriff und Allgemeines. G. zählt zu der Gruppe der „großen", menschliche Grundphänomene bezeichnenden Wörter, die jeder kennt und benutzt, die sich aber bei näherer Betrachtung einer eindeutigen Definition entziehen. Im Falle der G. ist dies zum einen begründet darin, dass der Begriff durch seinen jeweiligen soziokulturellen Kontext neben deskriptiven immer auch normative und evaluative Elemente mit sich führt. Zum anderen liegt dies an seinem problematischen definitorischen Verhältnis zu seinem Gegenbegriff „Krankheit". Wird v. a. seit der Neuzeit und ihrem im Anschluss an BACON und DESCARTES (i. d. R. als prägend angesehenen) mechanistischen Körper-Konzept G. bloß als die Abwesenheit von Krankheit begriffen, werden beide Begriffe in ein nahezu kontradiktorisches Verhältnis gebracht. Die Bestimmung der G. als „Schweigen der Organe" (R. LERICHE) hingegen zielt eher auf ein konträres Verhältnis und beschreibt G. als Latenzphänomen (H.-G. GADAMER: „Verborgenheit der G."). Um G. nicht bloß ex negativo über seinen Gegenbegriff und damit zu eng zu bestimmen, definierte die WHO G. programmatisch umfassend als „Zustand vollkommenen körperlichen, geistigen und sozialen Wohlbefindens und nicht allein als das Fehlen von Krankheit und Gebrechen". Der utopische Charakter dieser auf das subjektive Befinden zielenden holistischen Definition ist hinreichend kritisiert, zugleich ist aber auch seine rezeptionsgeschichtliche Bedeutung gewürdigt worden, eine Wende von patho- zu salutogenetischen Konzepten innerhalb der G.spolitik (Gp.) eingeleitet zu haben. Will man die Einseitigkeiten der reduktionistischen wie holistischen Bestimmung von G. überwinden und berücksichtigt man deren jeweiligen sozialen Bezug, dann kann man G. begreifen als die Fähigkeit, mit den eigenen körperlichen Begrenzungen in einem jeweiligen soziokulturellen Kontext produktiv umgehen zu können (D. RÖSSLER). Diese moderate Definition erlaubt es, a) Menschen mit Schädigungen oder Behinderungen sehr wohl G. zusprechen zu können und b) Gp. nicht einfach krankheitsbezogen zu fokussieren, sondern darunter auch über die Rechtsmaterie von SGB V hinaus weitergehende Präventions- und Public-Health-Aktivitäten zu fassen.

2. Historische Orientierungen. In archaischen Gesellschaften werden vor dem Hintergrund umfassender religiöser Lebensdeutung und -praktik G. und Krankheit wesentlich religiös interpretiert. Medizinische Handlungen werden von Priesterärzten vorgenommen. Auch wenn in frühen Hochkulturen erste Differenzierungen von Religion und Medizin auftreten, bleiben religiöse Deutungen prägend (und sind oft heute, selbst in säkularisierter Form [→Säkularisierung], noch nicht überwunden), weil das Spektrum medizinischer Interventionen begrenzt ist. Krankheit wird oft als →Strafe für sündiges Verhalten gedeutet, G. als Ausweis besonderer Erwähltheit betrachtet. Wo Krankheit als Prüfung erscheint, besteht zumindest die Möglichkeit, durch ihre Überwindung auf ein wieder versöhntes Verhältnis zur Gottheit oder ein besonders heroisches Verhalten verweisen zu können. Viele kulturelle Traditionen kennen aber auch das Motiv des leidenden Gerechten (HIOB), das daran erinnert, dass solche (ver-)urteilenden Schemata in der Lebenswelt oft zu kurz greifen.

Die biblische und kirchengeschichtliche Tradition teilt z. T. die religionsgeschichtlichen Motive (z. B. im

Topos des Tun-Ergehens-Zusammenhangs oder in Krisenzeiten wie den mittelalterlichen Pestepidemien), z. T. finden sich aber auch bemerkenswerte, den jeweiligen historischen Kontext oft provozierende Umgangsformen und Wertungen, besonders in der jesuanischen Praxis, die in Heilungen, aber auch schon in der geschenkten Nähe zu Kranken (Mk 3,10 parr.) und im Leiden Jesu selbst (Mk 14f.) Zeichen des anbrechenden Reiches Gottes realisiert sieht. In einem solchen konstruktiven Umgang, der kirchengeschichtlich im Motiv „Christus als Arzt" fortgeführt wird, darf Krankheit klagend vor den mitleidenden Gott getragen, kann eine Entkopplung von G. und Heil (Joh 9) anerkannt und dabei dennoch auch die Krankheitssituation als Ort der Nähe Gottes gedeutet werden. Für diese disparaten Umsetzungen religiöser Motive zeichnen sich zeitliche und sachliche Kontexte mit ihren jeweiligen pessimistischen oder optimistischen Lebensmustern und Spiritualitätsansätzen verantwortlich.

Die Pflege der Kranken (Mt 24, 36) um ihrer selbst willen, die nicht endet, wenn die Heilkunst an ihre Grenzen stößt, wird als Charakteristikum des jungen Christentums wahrgenommen, das es entscheidend von anderen religiösen Gemeinschaften in der Spätantike abhebt. Das Mönchtum (→Kommunitäten, Orden, Bruder und Schwesternschaften) trägt diese Tradition ins Mittelalter und gründet Hospize, deren Arbeit in der säkularen Hospital- und →Krankenhaustradition fortgeführt werden. Damit erweist sich das christliche Motiv der Armen- und Krankenpflege als ein entscheidender Vorläufer moderner Gp. Diese ist aber auch von politischen Motiven der Gesellschaftsstabilisierung (O. v. BISMARCK) und wissenschaftlichem Fortschritt (→Ernährung, Hygiene, Lebensbedingungen) geprägt. Die religiöse Deutung spielt dabei unmittelbar keine Rolle mehr.

3. **Gesundheitswissenschaftliche Differenzierungen.** Verschiedene Disziplinen haben sich um das Verständnis von G. und Krankheit bemüht. Durch die jeweiligen (sozial-)psychologischen, sozialwissenschaftlichen, gesundheitswissenschaftlichen, medizinisch-philosophischen und gesundheitsökonomischen Ansätze hindurch kann man zwei Grundtypen der Bestimmung festhalten: *Genetisch-dynamische Modelle* wie das salutogenetische Modell A. ANTONOVSKYS oder das sozialpsychologische Bewältigungsmodell von K. HURRELMANN u. a. fragen nach den Entstehungsbedingungen von G. und Krankheit, wobei zwischen beiden Größen das Kontinuum betont wird. Dem Vorteil, auf diese Weise v. a. über den G.sbegriff externe Effekte wie Umweltbedingungen, →Bildung und konkrete Verhaltens- und Verhältnisprävention für die soziale Gestaltung des G.sstatus des Einzelnen wie der →Bevölkerung betrachten zu können, entspricht der Nachteil, im Blick auf die Krankheitsverhütung zu wenig operationalisierbar zu sein. Dies können *statisch-eidetische Modelle* besser, die synchron fragen, was Krankheit oder G. ausmacht und welche Faktoren zu diesen Größen zählen. Dies geschieht entweder, wie in der klassischen biostatistischen Konzeption von CH. BOORSE, indem G. als Abwesenheit von Krankheit und Krankheit als Abweichung von geschlechts- und altersbezogenen „normal species functioning" definiert wird. Oder G. wird eher wie in der WHO-Definition oder der Welfare-Theory von L. NORDENFELT als „Fähigkeit, alle vitalen Ziele unter bestimmten akzeptierten Umständen zu realisieren", Krankheit wiederum als Einschränkung dieser Fähigkeit charakterisiert. Der Nachteil v. a. des hochoperationabel an Lebensbedingungen ausgerichteten Definitionstypus liegt darin, dass er der Gefahr der Abblendung der externen Faktoren erliegt, die nach gesundheitswissenschaftlichen Daten jedoch die größten Einflüsse auf die Morbiditäts- und Mortalitätsstatistik haben. Während aufgrund je soziokultureller und damit immer verborgen wertender Bestimmungen keiner der beiden Grundtypen den Anspruch auf semantische Richtigkeit erheben kann, kann in der pragmatischen Sphäre von Public Health eher der erste (vgl. bspw. die Ottawa-Charta), im Bereich der Rechtsmaterie von SGB V eher der zweite Grundtypus wirken, ohne dass dabei die andere Seite gänzlich aus dem Blick verloren werden darf. In Zukunft wird sich konzeptionell, aber auch für die Gp. die Lage verkomplizieren, weil durch den neuen Trend der 4-P-Medizin (prädiktiv, präventiv, personalisiert, partizipativ) viel präzisere →Risikoprofile von Krankheitsdispositionen und G.gefährdungen identifiziert werden. Die Grenzen zwischen G. und Krankheit werden damit noch unklarer und so auch die Grundlagen für med. Behandlungen und ihre (solidar.) Finanzierung. Auch ist damit zu rechnen, dass es zu moral. relevanten Verschiebungen in der solidar. wie stigmatisierenden Selbst- und Fremdzuschreibung von Krankheitszuständen kommt.

4. **Konkrete Perspektiven.** Die Vielfalt der verschiedenen, einander oft scharf kritisierenden Ansätze sollte die Theologie davon abhalten, mit der Warnung vor überzogenen G.sansprüchen ein exklusives Wächteramt für sich reklamieren zu wollen. Dennoch kann sie ohne moralische Attitüde darauf hinweisen, dass Krankheit zum Anlass der Sinnfrage werden kann, an der man die Gabe des →Lebens und der G. neu entdecken, aber auch der oft nur im Zuspruch von Außen zukommenden Hoffnung auf gelingendes Leben gewahr werden kann. Sie geht auch so weit, dass der Verlust von G. durch physische oder psychische Krankheit nicht das letzte Wort haben muss, um ein Leben als gut begreifen zu können (→Rechtfertigung). Zugleich mag die Theologie mit bestimmten humanwiss. Ansätzen auf eine integrale Betrachtung der Gp. hinweisen, die sich an der Leiblichkeit und sozialen Verbundenheit der Menschen orientiert.

5. Sozialethische Grundzüge der Gp. Wenn G. die subjektive Fähigkeit zum konstruktiven Umgang mit den physischen und psychischen Grenzen der eigenen Leiblichkeit meint, dann stellt sich die gesundheitspolitische Frage, wie weit Menschen ein moralisches oder rechtliches Anspruchsrecht darauf besitzen, dass die →Gesellschaft oder der →Staat sie dabei solidarischer- oder gerechterweise unterstützen muss. Während libertäre (→Liberalismus) Ansätze (allgemein F. A. v. Hayek, R. Nozick; im Bezug auf die Gp. H. T. Engelhardt) aufgrund ihres negativen Freiheitsverständnisses (→Freiheit) ein Recht auf G.sversorgung nahezu ausschließen, anerkennen fast alle anderen Sozialtheorien trotz unterschiedlicher Begründungsstrategien und Reichweitenbestimmungen diesen Anspruch. Dieses wird unter Berücksichtigung positiver →Freiheit, aber auch unter Anerkennung, dass in der Moderne ursprüngliche soziale Verbindlichkeit erodiert und durch neue Formen (staatliche →Wohlfahrt) ersetzt worden ist und folglich dem Staat eine →Verantwortung für ein anständiges Maß der G.sversorgung zukommt, aus einer Kombination des allgemeinen Chancengleichheitsverständnisses (→Gleichheit) als Ausdruck sozialer →Gerechtigkeit mit G.s- und Krankheitsdimensionen abgeleitet. Angesichts der dabei möglichen Kombinationsvielfalt, in der sich prägende Menschenbilder widerspiegeln, wird intensiv die Frage nach einer Priorisierung von G.sleistungen (im engen Sinne von SGB V), gerade angesichts der Chancen wie Risiken der 4-P-Medizin, diskutiert. Ethisch (→Ethik; →Sozialethik) ist dabei über die Berücksichtigung fundierender Kriterien (wie →Menschenwürde) und Rahmenbedingungen (wie Grundbedarf, medizinische und ökonomische Effizienz, Verfahrensgerechtigkeit, Beteiligungsgerechtigkeit, Leistungsgerechtigkeit und intergenerationale Solidarität) hinaus grundlegend die Befähigung zur Entfaltung der eignen Persönlichkeit als Teilnahmemöglichkeit an gesellschaftlicher →Kommunikation zu beachten, die mit Kontrollkriterien wie Dringlichkeit, Tragbarkeit, Beeinflussbarkeit und fehlender Konsumnähe der G.sversorgung verbunden werden sollte. Angesichts begrenzter finanzieller Ressourcen gewinnt die Befähigung zur gesundheitlichen Eigenverantwortung auf der Schwelle von Public Health-Aktivitäten und Krankheitsversorgung aus sozialethischer Perspektive immer mehr an Bedeutung. Diese Form sozialethischer Entscheidungskriterienberatung muss zivilgesellschaftlicher Diskussion ausgesetzt werden, insofern es hier um gravierende Weichenstellungen zwischen Solidarität (→Solidaritätsprinzip) und Eigenverantwortung im Blick auf G. geht, die teilweise, aber nicht gänzlich den Charakter eines Ermöglichungsgutes für andere Lebensziele (W. Kersting) besitzt.

D. Lanzerath, Krankheit und ärztliches Handeln, 2000 – C. Lenk, Therapie und Enhancement, 2002 – S. Anand u. a. (Hg.), Public Health, Ethics, and Equity, 2005 – O. Rauprich u. a. (Hg.), Gleichheit und Gerechtigkeit in der modernen Medizin, 2005 – Rat der EKD, „Und unsern kranken Nachbarn auch!", 2011 – P. Dabrock, Befähigungsgerechtigkeit, 2012, 219–286 – H.-M. Rieger, Gesundheit, 2013.

Peter Dabrock

Gewalt

1. Begriff. Das deutsche Wort G. umfasst ein weites Bedeutungsspektrum, wie der Vergleich mit anderen Sprachen zeigt. In der engl. Sprache lassen sich die Begriffe „force" im Sinn der insbes. militärischen Gewaltanwendung, „violence" als Bereitschaft zu einem aggressiv-destruktiven Handeln vorrangig im zwischenmenschl. Bereich und „power" als öffentl. G. im Sinn der Gewaltenteilung (separation of powers) unterscheiden. Gemeinsam ist diesen Bedeutungen von G. die Möglichkeit, gegenüber Dritten durch das Mittel der Androhung oder Ausübung von phys. Zwang eine Veränderung des Verhaltens oder der Situation herbeizuführen. Daneben lässt sich von psych. G. sprechen, die sich, wie beim →Mobbing, symbolischer Mittel (Sprache, Gesten u. a.) bedient. Schließlich bezeichnet strukturelle G. die in sozialen Strukturen verfestigten G.verhältnisse, die den Betroffenen Entfaltungs- und Lebensmöglichkeiten rauben. In normativer Hinsicht ist die Perspektive der G.überwindung grundlegend, wenngleich je nach Bedeutungsfeld Formen von „power" – insbes. im Sinn der „power to" – oder von „force" ethisch gerechtfertigt oder zumindest verantwortet werden können.

2. G. und der Prozess der Zivilisation. Im Vergleich zu früheren Jahrhunderten ist im 20. Jh. in Europa die Wahrscheinlichkeit, einer Gewalttat im zwischenmenschl. Bereich zum Opfer zu fallen, recht gering geworden, gleichzeitig sind in keinem anderen Jh. so viele Menschen durch staatliches G.handeln getötet worden. Dieses Phänomen lässt sich mit Norbert Elias' Theorie über den Prozess der Zivilisation interpretieren, nach der seit der frühen Neuzeit die zunehmende Zentralisierung der politischen und ökonomischen Macht einhergeht mit einer – zeitlich verzögerten – Veränderung der dominanten Persönlichkeitsstruktur, wobei eine zunehmende individuelle Affektkontrolle und ein Sinken der individuellen Gewaltbereitschaft festzustellen sind. Die Zentralisierung legitimer G.ausübung hat wesentlich zur Durchsetzung des staatl. G.monopols beigetragen, das die legitime Androhung und Ausübung von G. allein staatlich-hoheitlichem Handeln zubilligt. Auf diese Weise sind etwa das im Mittelalter weit verbreitete Fehderecht und auch die G.kriminalität stark zurückgedrängt worden. Auf der anderen Seite kam es im 20. Jh. im Kontext nationalistisch-bellizistischer Propaganda und (neo-)kolonialer Herrschaft sowie insbes. durch totalitäre Diktaturen (Totalitarismus) zu einem exzessiven Maß staatlichen G.handelns. Dabei sind wesentliche Kriterien der G.anwendung der traditionellen Lehre des „gerechten Krieges" grob missachtet worden. Darüber hinaus haben totalit. Diktaturen massive Menschenrechtsverletzungen begangen, insbes. das Lebensrecht bestimmter Bevölkerungsgruppen negiert. Angesichts dieser durch staatl. Exekutive verübten G. sind die Bindung des G.monopols an eine legitime Autorität, die G.enteilung und eine strikte Bindung der G. an das Recht unerlässlich, um illegitime staatl. G.ausübung zu vermeiden. Nur im Rahmen rechtlich geordneter und demokratisch kontrollierter Wahrnehmung seiner Aufgaben dürfen der Staat oder bei intern. Konflikten die Staatengemeinschaft, wenn andere Möglichkeiten, rechtswidriger G. zu wehren, nicht möglich sind, im Sinn der „ultima ratio" G. anwenden, etwa im Vollzug polizeilichen oder milit. Handelns. Auch das Zwangsmittel der →Strafe ist im Kontext öffentlicher G. zu legitimieren. Durch Transparenz, klare Verantwortungsstrukturen, berufseth. Schulungen u. a. sind „toxische Situationen" (PH. ZIMBARDO) in Polizei-, Militär- oder Gefängniseinrichtungen zu verhindern, um g.tätige Übergriffe nach Möglichkeit auszuschließen.

Indiv. G. vollzieht sich, abgesehen von der insgesamt nach wie vor rückläufigen G.kriminalität, häufig in von der Öffentlichkeit abgeschirmten Räumen, z. B. in Familien vorrangig als G. gegen Frauen und Kinder, z. T. in der Form sexueller G. Die Nachbarschaft und Jugendämter stehen hier in der Verantwortung. Hoch problematisch ist, dass es in Fürsorgeeinrichtungen für Kinder und Jugendliche, auch in kirchlicher Trägerschaft, in der Nachkriegszeit häufig zu G. gegenüber Schutzbefohlenen gekommen ist, ähnlich wie beim Militär oder in Gefängnissen haben sich „totale Institutionen" (E. GOFFMAN) als besonders anfällig erwiesen. Des Weiteren spielt die G.ausübung in bestimmten Subkulturen eine große Rolle, im Umfeld extrem. polit. Gruppen, bei Hooligans, im Rockermilieu u. a. mit z. T. fließenden Übergängen zur Kriminalität, wobei zur Wahrung des staatl. G.monopols eine Null-Toleranz-Haltung gefordert ist.

Die Perspektive der Überwindung von struktureller G. impliziert eine Vielzahl von sozialeth. Herausforderungen, indem alle Formen sozialer Benachteiligung, wie Langzeitarbeitslosigkeit oder Armut, aufzuheben sind.

3. **Überwindung von G.** G.tätiges Handeln im Sinn von violence ist, wie exempl. die Geschichte von Abel und Kain (Gen.4) zeigt, Ausdruck der Sünde als Verfehlung der Gott-Mensch und der Mensch-Mitmensch-Beziehung. Das fünfte Gebot „Du sollst nicht töten" drückt apodiktisch ein entsprechendes G.verbot aus. In der Bergpredigt ist dieses G.verbot im Sinn einer Kritik jeder Form psych. G. zugespitzt (Mth. 5,21), Frieden stiften (Mth. 5,9) und G.freiheit bis zur Feindesliebe (Mth. 5,38f) sind konstitutive Merkmale der jesuanischen Ethik. Dem entspricht Jesu G.verzicht und -kritik im Zshg. seiner Verhaftung. In Aufnahme dieser Impulse konzentriert sich kirchliches Handeln gegenwärtig stark auf die G.prävention und auf den Beistand für die Opfer von G.handlungen, um für deren soziale und psych. Integrität zu sorgen. Von den hist. Friedenskirchen abgesehen, die als Pioniere g.freien Handelns zu würdigen sind, haben sich die Kirchen mehrheitlich auf eine Eindämmung von G. im Sinn der Lehre des „gerechten Krieges" – heute modifiziert durch das Leitbild des „gerechten Friedens" – konzentriert und sind vielfach schuldhaft in die allgemeine G.geschichte verstrickt gewesen. Ausgehend von dem Frieden Gottes, der in jedem Gottesdienst den Gläubigen zugesprochen wird, können sich Christen und Kirchen für eine Kultur der G.freiheit engagieren.

E. GOFFMAN, Asyle, 1972 – J. GALTUNG, Strukturelle G., 1975 – N. ELIAS, Über den Prozess der Zivilisation (2 Bd.), 1976 – W. LIENEMANN, Frieden, 2000 – W. SOFSKY, Traktat über die G., 2005 – KIRCHENAMT DER EKD (Hg.), Aus Gottes Frieden leben, 2007 – PH. ZIMBARDO, Der Luzifer-Effekt. Die Macht der Umstände und die Psychologie des Bösen, 2008.

Traugott Jähnichen

Gewerkschaften

1. **Begriff.** G. sind freiwillige kollektive Massenorganisationen von Arbeitnehmern auf überbetrieblicher Ebene zur Verbesserung ihrer Arbeits- und Lebensbedingungen. Die Werte der G. basieren auf der Trias →Gerechtigkeit, →Freiheit und →Solidarität. Adressaten gewerkschaftlichen Handelns sind →Arbeitgeber, mit denen sie selbst oder deren komplementären Verbänden →Tarifverträge aushandeln. G. sind somit normsetzend und daher nicht mit klassischen →Nichtregierungsorganisationen gleichzusetzen, sondern als Körperschaften sui generis zu betrachten. Um ihre Vorstellungen durchzusetzen, agieren G. im gesellschaftlichen wie politischen Raum. Sie beraten in vielfältiger Form ihre Mitglieder wie etwa durch Bildungsangebote oder arbeitsrechtliche Vertretung und unterstützen die vorwiegend gewerkschaftlich organisierten →Betriebsräte. G. müssen über eine soziale Mächtigkeit verfügen, die es ihnen erst erlaubt, mit Arbeitskampfmitteln/ →Streik als Ultima Ratio ihren Forderungen Nachdruck zu verleihen. Die Existenz von G. wird aus Artikel 9, Abs. 3 →Grundgesetz abgeleitet. Ein gesondertes G.gesetz existiert in Deutschland nicht.

2. **Geschichtliche Entwicklung.** Die deutschen G. entstanden im Zuge der →Industrialisierung ab Mitte des 19. Jahrhunderts aus Gesellen- und Gewerkvereinen. Nach der Aufhebung des Sozialistengesetzes kam

es ab 1889 zu einer Welle von G.gründungen. Waren sie anfänglich eher berufsständisch ausgerichtet, setze sich im Laufe ihres Formierungsprozesses eine Struktur nach Industrieverbänden und nach sozialistischer, christlicher, liberaler oder anarchistischer Ausrichtung durch. Nach ihrer Anerkennung als Tarifpartner im Zuge des Ersten Weltkrieges galten die G. als eine wesentliche Stütze der Weimarer Republik. Mit dem Betriebsrätegesetz von 1920 wurde die deutsche Besonderheit einer dualen Interessensvertretung von G. und von ihnen formal unabhängigen Betriebsräten institutionalisiert. Die Machübernahme der Nationalsozialisten führte 1933 zum Verbot aller G. und dem Verlust ihres Vermögens. Nach dem Zweiten Weltkrieg wurde in der Bundesrepublik Deutschland der Deutschen Gewerkschaftsbund (DGB) nach dem Prinzip der Einheitsgewerkschaft gegründet, in dem die Beschäftigten unabhängig von politischer Ausrichtung, Konfession und Beruf organisiert sind. Der organisatorische Grundsatz „Ein Betrieb – eine Gewerkschaft – ein Tarifvertrag" war trotz der zeitweiligen Existenz der Deutschen Angestelltengewerkschaft für den Nachkriegskonsens prägend. Daneben existieren noch der Deutsche Beamtenbund und der kleinere Christliche Gewerkschaftsbund Deutschlands. In der Deutschen Demokratischen Republik wurde der Freie Deutsche Gewerkschaftsbund (FDGB) gegründet, der aber nicht den Kriterien einer freien G. entsprach und Teil des Staatsapparates war. Nach der deutschen Wiedervereinigung geriet das spezifisch deutsche Modell der →Sozialpartnerschaft, das den Verbänden ein hohes Maß an Mitgestaltung des →Sozialstaates ermöglicht, unter einen steigenden Rechtfertigungsdruck. Erst durch ihr erfolgreiches Agieren in der →Finanzkrise 2009 stieg das Ansehen der G. wieder, so dass von einer Renaissance der G. gesprochen werden kann.

3. Struktur. Das deutsche G.system basiert im Wesentlichen auf den Gesetzen zur →Mitbestimmung, →Betriebsverfassung und Tarifautonomie. G. als Mitgliederorganisationen müssen nach demokratischen Prinzipien aufgebaut sein. Grundsätzlich ist das durch den DGB dominierte G.modell durch einen schwachen Dachverband und starke Einzelgewerkschaften charakterisiert. Die IG Metall, Ver.di und IG BCE verfügen allein über drei Viertel der Mitgliedschaft, das verbliebene Viertel verteilt sich unter der NGG, GdP, EVG, IG BAU sowie GEW.

4. Wandel. Der durch →Globalisierung, Europäisierung und Digitalisierung ausgelöste Strukturwandel führt zu elementaren Herausforderungen für die G. Die zu Beginn der 1990er Jahre stark ansteigende →Arbeitslosigkeit schwächte lange die gewerkschaftliche Kraft und begünstigte marktradikale Forderungen nach →Deregulierung. Die sich permanent transformierende Industriegesellschaft und der stetig wachsende Anteil des Dienstleistungssektors verändern das Koordinatensystem der G. Der industrielle Sektor in Deutschland ist jenseits aller Debatten um die Entwicklung zur Dienstleistungs- und Wissensgesellschaft zwar nach wie vor Basis gewerkschaftlicher Stärke, doch verändern technologische Innovationen und Rationalisierungsschübe die Industriearbeit grundlegend. Die Zahl der Beschäftigten in der Industrie schrumpft und wird von dem Beschäftigtenanteil im Dienstleistungsbereich übertroffen. Die G. weisen eine Repräsentationslücke auf, da ihre Mitgliedschaft eher eine männlich dominierte Facharbeiterschaft widerspiegelt. Das Aufbrechen klassischer Sozialmilieus und der damit verbundene zunehmende →Individualismus sowie eine wachsende Akademisierung erschweren gewerkschaftliche Rekrutierungsbemühungen. Zumal dezentralere Formen der Betriebsorganisation und das Anwachsen von atypischen Beschäftigungsformen eine einheitliche Interessensvertretung hemmen.

5. Internationalisierung. G. könnten nur auf nationaler Ebene wirksam sein, da sie im Rahmen der jeweiligen nationalen Rechtssysteme und ihrer länderspezifischen Kulturen agieren. Auch wenn sich mit den Europäischen Betriebsräten (EBR) oder den Vertretungsorganen der neuen Unternehmensrechtsform Societas Europaea (SE) neue länderübergreifende Organe formieren, bleiben ihre Möglichkeiten weit hinter denen der deutschen Mitbestimmung zurück. Die Einflussmöglichkeiten des europäischen Gewerkschaftsbundes (EGB) sowie des Internationalen Gewerkschaftsbundes (IGB) sind aufgrund der eingeschränkten rechtlichen Möglichkeiten und Heterogenität der nationalen Mitgliedsbünde eher deklamatorischer Art. Obwohl einige erfolgversprechende Ansätze wie die Global Frameworks Agreements oder auch internationale Netzwerke von Arbeitnehmervertretungen in wenigen multinationalen Unternehmen existieren, bleibt das europäische und internationale gewerkschaftliche Handeln trotz aller Supranationalisierung ein gewerkschaftlicher Randbereich ohne wirkliche Gestaltungsmöglichkeiten.

6. Herausforderungen. Die Erosion des Tarifsystems durch eine nachlassende Tarifbindung, die gewerkschaftliche Repräsentationslücke in einigen Arbeitnehmergruppen sowie das Aufkommen kleiner Berufs- und Spartengewerkschaften mit Partikularinteressen werden als wesentliche Herausforderungen für die etablieren DGB-G. gesehen. Daher ist für sie die gewerkschaftliche Erschließung neuer Branchen, die Steigerung der Tarifbindung, Betriebsratsgründungen und Mitgliedergewinnung heute notwendiger Bestandteil ihres Handelns. Da die G. sich im Wesentlichen über Mitgliedsbeiträge finanzieren, bedeuten Mitgliederverluste auch immer finanzielle Einbußen. Um daher ihre

Gestaltungskraft zu erhalten, müssen die G. für ihre traditionelle Klientel so auch Frauen, junge Beschäftigte und Akademiker gleichermaßen attraktiv sein. In unterschiedlichsten Formen und konzeptionellen Ansätzen wie dem Organizing oder der Zielgruppenarbeit suchen die DGB-G. nach neuen Wegen, um ihre Mitgliederbasis und Gestaltungskraft zu stärken.

M. Schneider, Kleine Geschichte der G., 2000[2] – W. Müller-Jentsch, G. und Soziale Marktwirtschaft seit 1945, 2011 – Aus Politik und Zeitgeschichte 40–41/2013 – W. Schroeder (Hg.), Handbuch der G. in Deutschland, 2014[2] – H. Dribbusch/P. Birke, Die DGB-G. seit der Krise, Publikation der FES, 2014 – C. Anders/H. Bieber/H. Lesch, Gewerkschaftsmitglieder, in: Vierteljahresschrift zur empirischen Wirtschaftsforschung, Jg.42, 2015.

Michael Linnartz

Gewinn

1. Zweck. In marktwirtschaftlichen Systemen (→Marktwirtschaft) dient der G. (bzw. Verlust) als unverzichtbare Ziel-, Maß- und Steuerungsgröße, die sich vereinfacht als Differenzgröße zwischen bewertetem Aufwand und Ertrag eines erwerbswirtschaftlichen →Betriebes in einer Periode definieren lässt. Ein G.maximum wird dann erreicht, wenn bei Güterknappheit ein möglichst günstiges Verhältnis zwischen dem Aufwand an Wirtschaftsgütern und dem damit erzielten Ertrag realisiert wird. Der G. bringt damit die Wertschätzung zum Ausdruck, die einem →Unternehmen für den von ihm geleisteten Kombinationsprozess entgegengebracht wird. In dem Umfange, in dem die erstellten Güter und →Dienstleistungen höher bewertet werden als die Summe der eingesetzten Produktionsfaktoren trägt das Unternehmen zur Wertschöpfung bei. Die Ermittlung und Verteilung des G. stellt sich als vielschichtiges Problem dar.

2. Begriff. Der **betriebswirtschaftliche G.begriff** (→Betriebswirtschaftslehre) geht von einer zukunftsbezogenen, auf den Gesamtwert des Unternehmens ausgerichteten Betrachtung aus. Er kennzeichnet den in einer Periode höchstens ausschüttbaren G. (sog. Free Cash Flow), der verbleibt, wenn vom jährlich nachhaltig erzielbaren G. und den jährlichen Abschreibungen zuvor neben der Ertragsteuer alle Investitionsaufwendungen (→Investition) in Abzug gebracht worden sind, die zur künftigen Sicherung der Ertragskraft des Unternehmens benötigt werden. Der Wert des Unternehmens (sog. →Shareholder Value) ergibt sich danach als Summe der diskontierten Free Cash Flows zuzüglich des diskontierten Liquidationswertes sowie des Veräußerungswertes der vorhandenen Wertpapiere abzüglich des Marktwertes des Fremdkapitals. Der betriebswirtschaftliche G.begriff vermeidet Periodisierungsverzerrungen, stellt dafür aber erhebliche Anforderungen an die Prognose künftiger Zahlungsströme, Geldwert- und Zinsentwicklungen (→Geld, →Zins). Zudem sind die in dieses Konzept einfließenden Strategien der Unternehmensführung sowie die subjektiven Schätzungen für die externen Adressaten nicht nachvollziehbar. Die anderen Beteiligten (Stakeholder) sind daher an einer hinreichend objektivierten G.ermittlung interessiert. An die Stelle der Gesamtbewertung tritt dann das Einzelbewertungsverfahren, wobei unterschiedliche Objektivierungsregeln zwangsläufig auch zu anderen G.en führen (sog. steuerlicher G.begriff und handelsrechtlicher G.begriff).

3. G.ermittlung. Eine geregelte Darstellung der G.einflussgrößen erfolgt durch die Gewinn- und Verlustrechnung. Bei ihr handelt es sich um eine zeitraumbezogene Gegenüberstellung von Erträgen und Aufwendungen einer Periode. Sie wird gemeinsam mit der Bilanz als eine Einheit gesehen und als handelsrechtlicher Jahresabschluss bezeichnet. Während der G. bei Personenunternehmen in der Bilanz als Erhöhung des Eigenkapitals erscheint, wird der Bilanzg. der Kapitalgesellschaften aus dem Jahresüberschuss erhöht um Gewinnvorträge und Entnahmen bzw. vermindert um Verlustvorträge und Einstellungen in Rücklagen ermittelt. Der Jahresüberschuss resp. -fehlbetrag ergibt sich aus dem Ergebnis der gewöhnlichen Geschäftstätigkeit (sog. Betriebsergebnis), bereinigt um außerordentliche, aperiodische und nicht mit dem eigentlichen Betriebszweck zusammenhängende Aufwendungen und Erträge sowie nach Abzug der →Steuern.

4. G.verwendung. Der G. stellt eine Residualgröße dar, die den Eigentümern des Unternehmens nach der Verteilung des Ertrages an die übrigen Stakeholder verbleibt. Seine Verwendung wird durch **gesetzliche und statuarische Regelungen** sowie unternehmenspolitische Entscheidungen bestimmt. Bei Personengesellschaften sind entsprechende Regelungen im Gesellschaftsvertrag vorzusehen, wobei das Handelsrecht eine Art Mindestverzinsung der Kapitalanteile vorgibt. Aufgrund der auf die Kapitaleinlage beschränkten Haftung sind die gesetzlichen Vorschriften und vertraglichen Regelungen für die Aktiengesellschaft (AG) und die Gesellschaft mit beschränkter Haftung (GmbH) weitaus detaillierter gefasst. Für die **G.verwendungspolitik** bieten sich grundsätzlich zwei verschiedene Stoßrichtungen an, die Zurückbehaltung des G.s im Unternehmen (sog. G.-thesaurierung) und die Ausschüttung des G.s an die Kapitaleigner. Diese Entscheidungen werden im Falle der Trennung von Eigentum und Führung (→Betrieb) von den unterschiedlichen Interessenlagen zwischen Kapitaleigner und dem Management sowie in Abhängigkeit von der Unternehmensentwicklung, den künftigen Markt- und Konkurrenzbedingungen und der Finanzierungsstrategie des Unternehmens sowie in erheblichem

Umfange von steuerlichen Rahmenbedingungen bestimmt.

5. G.-Kritik. Kritische Einwände werden etwa gegen den vergangenheitsbezogenen, durch Bewertungen verzerrten handelsrechtlichen G.begriff ebenso vorgebracht wie gegen den steuerlichen G.begriff, der den Unternehmen u. a. durch die Orientierung am Anschaffungswert- und Nominalwertprinzip bei steigenden Wiederbeschaffungskosten Erfolgspotentiale entzieht. Darüber hinaus wird die G.maximierung angesichts der empirisch beobachtbaren vielschichtigen Zielsysteme von Unternehmern als einschränkende Modellannahme bewertet. Eine ähnliche Kritik richtet sich auch gegen die einseitige Ausrichtung der Unternehmenspolitik am sog. Shareholder Value. In neueren betriebswirtschaftlichen Modellen wird daher nach ganzheitlichen Lösungen gesucht, die im Eigeninteresse der Eigentümer auf die Steigerung des Unternehmenswertes als Ganzem, dem sog. Stakeholder Value (→Shareholder Value) resp. der Steigerung des Mehrwerts für Unternehmen und Gesellschaft, dem sog. Shared Value, abzielen.

E. GUTENBERG. Grundlagen der Betriebswirtschaftslehre, Bd. 1: Die Produktion, 1982[24] – H. ALBACH, Allgemeine Betriebswirtschaftslehre, 2001[3] – G. WÖHE/U. DÖRING, Einführung in die allgemeine Betriebswirtschaftslehre, 2013[25] – H. SCHIERENBECK/C.B.WÖHLE, Grundzüge der Betriebswirtschaftslehre, 2012[18] – M.E. PORTER/M.R. KRAMER, Corporate Social Responsibility, 2012.

Andreas Pinkwart

Gewissen

1. Begriffsbildung. Der griech. Begriff für G. (syneidesis = „Mitwissen") meinte zunächst generell ein Bewusstsein, dass das eigene Verhalten begleitet. Im prägnanten Sinn, in Bezug auf das im Inneren des Menschen verwurzelten sittlichen Überzeugungen, gelangte das G. bei EPIKTET, CICERO, SENECA, im hellenistischen Judentum (PHILO) und sodann im christlichen Denken zur Sprache. Anders als das Lateinische (conscientia) kennt das Hebräische zwar nicht den Begriff G. als solchen. Als Äquivalent bürgerte sich im Judentum jedoch u. a. das Wort „Herz" ein. Das rabbinische Judentum sprach auch vom guten Trieb. Zu begrifflichen Differenzierungen trug später THOMAS VON AQUIN bei. Mit Hilfe der beiden im Mittelalter verwendeten Begriffe synteresis und conscientia legte er zwei Dimensionen des G.s dar. Das G. als synteresis ist eine Grundgegebenheit des Menschseins, die einen jeden in seiner sittlichen Grundhaltung auf die allgemeinen Prinzipien des Guten, vor allem auf den Grundsatz „Das Gute ist zu tun, das Böse ist zu meiden", hin orientiert. Darüber hinaus kann und soll der Einzelne mit Hilfe seines G.s, das THOMAS diesbezüglich als conscientia bezeichnete, sein Wissen um das Gute unter Berücksichtigung der jeweiligen Umstände auf den konkreten Handlungsakt anwenden.

2. G.sfreiheit als Implikation des G.sbegriffs. In heutiger Perspektive ist mit dem Begriff des G.s untrennbar das Grundrecht der G.sfreiheit verbunden. Alte Wurzeln der Idee der G.sfreiheit finden sich sogar bereits bei THOMAS. Einschlägig sind seine Überlegungen zum sog. irrenden G. (conscientia erronea). Demzufolge „bindet" oder „verpflichtet" das eigene G. den Menschen in so hohem Maße, dass er seinem G. folgen soll, selbst „wenn es sich im Gegensatz zum Oberen befindet". Damit hatte THOMAS ansatzweise die neuzeitliche Idee der G.sfreiheit erfasst. Den Durchbruch ermöglichten sehr viel später dann das neuzeitliche profane Naturrecht und die Aufklärungsphilosophie. Vordenker der Aufklärung legten alles Gewicht auf die Unantastbarkeit des individuellen G.s und auf die G.sfreiheit als →Menschenrecht. Der jüdische Aufklärungsphilosoph MOSES MENDELSSOHN betonte, die Idee der G.sfreiheit sei gerade auch im Judentum verankert. Mit Hilfe religionsphilosophischer und vor allem rationaler philosophischer Argumente begründete er, dass im Staat sowie in den einzelnen Religionsgemeinschaften für alle Menschen G.sfreiheit zu gelten hat. I. KANT würdigte MENDELSSOHNS Leitbild der „Nothwendigkeit einer unbeschränkten Gewissensfreiheit", die für alle Menschen zu gewährleisten ist, als wegweisend. KANT meinte, hiervon müssten endlich auch die christlichen Kirchen lernen. Faktisch war es dann aber so, dass das Anliegen der G.sfreiheit in Europa gegen die Widerstände der Kirchen durchgesetzt werden musste. Es ist dem modernen liberalen Verfassungsstaat zu verdanken, dass die G.sfreiheit – und auf ihr fußend die Religions- und Weltanschauungsfreiheit – in Staat und Gesellschaft zur Basis des menschlichen Zusammenlebens wurde. Eine Zusicherung der „vollen Glaubens- und G.sfreiheit" enthielt z. B. die Paulskirchenverfassung von 1849 (§ 144). Inzwischen ist die Freiheit des G.s, der Religion und der Weltanschauung in der EU-Grundrechtscharta und in internationalen Menschenrechtsdeklarationen verankert. So hat z. B. das UN-Übereinkommen über die Rechte des →Kindes vom 20. 11. 1989 kodifiziert, dass G.s- und Religionsfreiheit ebenfalls für Kinder gilt. Die G.sfreiheit stellt ein grundlegendes Menschenrecht, ja einen Kern der klassischen Schutz-, Abwehr- und Freiheitsrechte der Einzelperson dar.

3. Anthropologische Bedeutung des G.s. Moderne Theorien haben das Phänomen des G.s noch in anderer Hinsicht durchdacht. Sie fragten, wie Aussagen oder Inhalte des persönlichen G.s vor kulturgeschichtlichen oder psychosozialen Hintergründen zustande gekommen sind. Die Lebensphilosophie F. NIETZSCHES kritisierte, dass das Christentum die Menschen mit seinen „asketischen Idealen", nämlich Armut, Demut, Keuschheit, moralisch überfremdet habe. Derartige religiös-moralische G.sbindungen lehnte er aufgrund entstehungsgeschichtlich-genealogisch angelegter Einwände ab. Vergleichbar argumentierte S. FREUD. Mit seinen den Einzelnen ängstigenden moralischen Wertvorstellungen sei das G. auf frühe Kindheitserlebnisse zurückzuführen. Solche Herkunftsanalysen des „Wie" der Entstehung regressiver oder problematischer G.sinhalte sind berechtigt. Sie entkräften aber nicht den anthropologischen Stellenwert des Phänomens des G.s als solchen. Vielmehr schärfen sie den Blick dafür, dass das G. keine statische Größe ist und keine unveränderlichen, „ewigen" →Normen enthält, sondern biografisch und kulturell geprägt ist. Dies vorausgesetzt, bildet das G. ein Symbol für die personale und sittliche Identität des einzelnen Menschen und für die →Würde des Menschseins.

4. Funktionen des G.s. Für den Vollzug menschlicher Existenz kommen dem G. grundlegende Funktionen zu.

4.1 Dem G. lässt sich eine **religiöse bzw. weltanschauliche Funktion** zuschreiben. Es verweist den Menschen an die „Chiffre Gott" (K. Jaspers). Die religiöse Dimension des G.s hatte geistesgeschichtlich vor allem LUTHER betont. Ihm lag an dem Gedanken, dass das G. durch das Rechtfertigungsurteil Gottes von Anfechtung und →Schuld befreit werde. Für LUTHER wurden G. und Glaube sogar zu Wechselbegriffen. Auch neuere psychologische Theorien, z. B. die Tiefenpsychologie C. G. JUNGS, verdeutlichten am Phänomen des G.s den Transzendenzbezug des Menschseins und sprachen zugespitzt vom G. als „Stimme Gottes" im Menschen. Im heutigen Kontext von Pluralismus und Säkularisierung ist allgemeiner zu sagen, dass die menschliche Existenz vom G. zur Sinn- und Orientierungssuche angehalten wird.

4.2 Im Schwerpunkt ist allerdings die ethische Dimension bzw. sind **ethische Funktionen** des G.s hervorzuheben. Hierzu sind verschiedene Aspekte auseinanderzuhalten.

4.2.1 Menschliches Handeln bedarf der Motivation, des affektiven Anstoßes. Eine Handlung ist dann „g.haft", wenn die moralischen Motivkomponenten gegenüber nichtmoralischen, neutralen dominieren. G.haftes Handeln ist zugleich an die ethische Vernunft, an die rationale Abwägung ethischer Normen und Werte gebunden. Der verantwortliche G.sentscheid des mündigen, urteilsfähigen Menschen bedarf der Reflexion (Güter- und Übelabwägung; Reflexion der Handlungsfolgen). Eine begründete G.sentscheidung sollte intersubjektiv mitteilbar sein und anderen Menschen plausibilisiert werden können, auch wenn sie sie inhaltlich nicht teilen.

4.2.2 Neben der motivierenden kommt dem G. eine warnende oder Zweifel auslösende Funktion zu. Es vermag den Menschen in innere Konflikte zu stürzen, wenn angesichts einer Situation alternative Entscheidungen gleichermaßen denkbar erscheinen. So belastend ein G.skonflikt ist, vermag er andererseits das G.surteil zu schärfen und einen Zuwachs an individueller ethischer Urteilskraft zu ermöglichen.

4.2.3 Das Bemühen um g.haftes Handeln schließt nicht aus, ggf. schuldig zu werden. In Bezug auf begangene Handlungen oder Unterlassungen übernimmt das G. die Funktion des Schuldaufweises. Dabei sind bloße Schuld„gefühle" einerseits, eine wirkliche „Existentialschuld", die auf zwischenmenschlichen Verfehlungen beruht, andererseits zu unterscheiden. Auf die Differenz zwischen vordergründigen Schuldgefühlen und einer das G. belastenden existenzialen Schuld hat der Religionsphilosoph MARTIN BUBER aufmerksam gemacht. Die Existentialschuld sollte so weit wie möglich wiedergutgemacht werden.

5. Verständnis des G.s in den christlichen Kirchen. So sehr das G. einen Schlüsselbegriff der Ethik und Anthropologie bildet, so belastet und zwiespältig ist das Verhältnis der beiden Kirchen zur Idee des G.s und zur individuellen G.sfreiheit.

5.1 Die Problematik in der kath. Kirche. Noch im 20. Jh. lehnte die kath. Kirche die G.s- und Religionsfreiheit als modernistischen Irrtum ab. Erst 1965 erkannte sie, zumindest für den weltlichen Bereich, das Menschenrecht der Religionsfreiheit an. Anstelle der eigenverantworteten G.sentscheidung der Einzelperson rückt sie allerdings bis heute die Bindung des G.s an das Lehramt ins Zentrum. Sie betont die Verbindlichkeit kirchlicher Lehraussagen sogar für Moral und Lebensführung, z. B. im Blick auf →Ehe, Lebensformen, →Sexualität. Das G. der Christen werde „durch die Lehre der kirchlichen Autorität geleitet" (Katechismus der Kath. Kirche, 1993, Nr. 1785). Freilich haben auch manche kath. Stimmen an dieser normativistisch-autoritativen Engführung des G.sbegriffs Kritik geübt, z. B. die Vertreter der sog. autonomen Moral (F. BÖCKLE u. a.). Unter Berufung auf das G.s- und Vernunftverständnis, das sich bei THOMAS VON AQUIN findet, unterstrichen sie auch für kath. Christen die Unhintergehbarkeit von →Freiheit, Selbstbestimmung und eigenständiger G.sentscheidung. Inzwischen ist empirisch belegt, dass Mitglieder der kath. Kirche – auch solche, die sich der Kirche eng verbunden fühlen – das Gebundensein ihres G.s an das Lehramt durchweg nicht mehr akzeptieren. Z.B. ist bekannt, dass Katholikinnen das Verfahren der künstlichen Befruchtung (In-vitro-Fertilisation) in Anspruch nehmen, obwohl das Lehramt dies 1987 und 2008 ausdrücklich verboten hat. Zu Fragen der Moral und Lebensführung ist zwischen den Angehörigen der kath. Kirche und der Amtskirche eine hochgradige kognitive Dissonanz entstanden. Trotz anderslautender kirchlicher Vorgaben nehmen Katholiken ihre G.s- und Entscheidungsfreiheit faktisch in Anspruch. Für Menschen, die als Arbeitnehmer bei der kath. Kirche beschäftigt sind, können hieraus freilich erhebliche Schwierigkeiten erwachsen. Wenn sie z. B. gegen das kirchliche Verbot der Wiederverheiratung Geschiedener verstoßen, müssen sie damit rechnen, dass die kath. Kirche als Arbeitgeberin sie entlässt. Rechtsethisch ist sehr problematisch, dass das Bundesverfassungsgericht dies nach wie vor hinnimmt. Noch 2014 hat das Bundesverfassungsgericht der korporativen Religionsfreiheit der Kirche den Vorrang vor dem G. und den persönlichen Entscheidungsrechten von Arbeitnehmern zugebilligt (BVerfG, Beschl. v. 22. 10. 2014, 2 BvR 661/12). Immerhin wird das Thema inzwischen in einer breiteren Öffentlichkeit kirchenkritisch diskutiert.

5.2 Ambivalenz im Protestantismus. Zum Protestantismus ist bemerkenswert, dass das Wort G. durch die Bibelübersetzung Luthers in die neuhochdeutsche Sprache eingegangen ist. Aus guten Gründen wurde die Auffassung vertreten, die Hochschätzung des individuellen G.s sei für den Protestantismus geradezu ein Wesensmerkmal; der Protestantismus sei eine „G.sreligion" (Karl Holl; ähnlich z. B. Friedrich Schleiermacher). Eine Vorordnung „offizieller" kirchlicher Lehre vor dem persönlichen G., so wie die kath. Kirche sie kennt, war und ist dem Protestantismus völlig fremd. Andererseits haben ev. Theologen wie Karl Barth den G.sbegriff marginalisiert, indem sie statt der persönlichen sittlichen Selbstbestimmung den Glaubensgehorsam betonten. Es gehört zu den Schattenseiten des Protestantismus, die G.s-, Religions- und Weltanschauungsfreiheit anderer Menschen, u. a. von Juden, jahrhundertelang verneint zu haben. Die Abständigkeit gegenüber dem Leitbild der G.sfreiheit wirkt im Protestantismus noch heute nach, etwa im Arbeitsrecht der ev. Kirchen. Z.B. ist einem Arbeitnehmer der ev. Kirche, der Mitglied der kath. Kirche ist, der Austritt aus der kath. Kirche untersagt, auch wenn er sich hierfür auf sein G. beruft. Ein solcher Schritt führt zur Kündigung durch den ev. Arbeitgeber. Im Blick darauf, dass das individuelle G. zu respektieren ist, besteht also bei beiden Kirchen bis heute Lern- und Nachholbedarf.

6. Heutige ethische Leitideen. Im Horizont heutiger Ethik ist zunächst der hohe Rang der **G.sfreiheit** zu unterstreichen. Diese besagt, dass der einzelne Mensch in seinen persönlichen Überzeugungen zu achten und zu schützen ist. Dies betrifft keineswegs nur seine religiösen, philosophischen oder weltanschaulichen Überzeugungen, sondern z. B. auch seine Ansichten über die Lebensform und Lebensführung oder seine Selbstbestimmung im Umgang mit Gesundheit, Krankheit und Sterben. Insofern ist heutzutage, das Motiv der G.s- und Religionsfreiheit aufgreifend, ein allgemeines Recht auf ethische Unabhängigkeit hervorzuheben (hierzu z. B. Ronald Dworkin). – Das Korrelat der G.sfreiheit bildet das Leitbild der **G.sverantwortung**. Diesem zufolge ist der einzelne Mensch zur Übernahme sittlicher Verantwortung verpflichtet und zur „Kultivierung" (I. Kant) seines G.s aufgerufen. – Damit das Zusammenleben der Menschen im heutigen soziokulturellen Pluralismus gelingt, ist es unerlässlich, dass der Staat die G.s- und Meinungsfreiheit wirksam schützt und dass in der Gesellschaft ein **Ethos der →Toleranz** Einzug hält – im Sinn einer dialogischen, kommunikativen Toleranz und der wechselseitigen Akzeptanz unterschiedlicher Überzeugungen, Lebensformen und Lebensstile. In dieser Hinsicht sind auch in den westlichen Gesellschaften nach wie vor Defizite aufzuarbeiten. Der Respekt vor dem G. bzw. die G.sfreiheit einerseits, soziokulturelle Toleranz andererseits bilden zwei Seiten einer Münze.

M. Buber, Schuld und Schuldgefühle, in: Ders., Werke, [1]1962, 475–502 – C. G. Jung, Das G. in psychologischer Sicht, in: GW, [X]1974, 475–495 – H. Reiner, G., in: HWP, [III]1974, 574–592 – K.-W. Merks, Gott und die Moral, 1998, 129–148 – H. Kress, G. und G.sfreiheit, in: IKZ 96 (2006), 64–88 – Ders., Ethik der Rechtsordnung, 2012, 170–184, 254–272 – W. Huber, Ethik, 2013, 103–116 – R. Dworkin, Religion ohne Gott, 2014 – H.-G. Ziebertz, Religionsfreiheit in interreligiöser Perspektive, 2015.

Hartmut Kreß

Gewissensfreiheit

Die Gewissensfreiheit bildet in enger Verbindung mit der Religionsfreiheit eine Art Urgrundrecht. Sie gehört zum Kernbestand der Grundrechte. Systematisch verkörpert sie in prägnanter Weise das Anliegen aller Grundrechte, individuelle Freiheit zu garantieren und auf diese Weise die anspruchsvollen Personalitätskonzeptionen moderner Gesellschaften zu schützen.

1. Ideengeschichte. Für Cicero war die Fähigkeit zur moralischen Selbstbefragung (conscientia) ein Anknüpfungspunkt für soziale Wertschätzung (dignitas). Das Christentum hat dann maßgeblich zur Verinnerlichung und Verdinglichung des Gewissens beigetragen. Die reformatorische Theologie verschärft die der Idee des Gewissens eigene Individualisierungstendenz. Politischrechtlich institutionalisiert wurde die Achtung von Gewissensentscheidungen im Gefolge der konfessionellen Bürgerkriege. Im Laufe des 19. Jahrhunderts gerät die Gewissensfreiheit dann in den Sog der Säkularisierungsprozesse. „Das Gewissen wird gelöst aus der Verbindung zum Glauben. Es wird auf sich gestellt und als letzte und höchste Instanz der autonomen Persönlichkeit begriffen" (E.-W. Böckenförde). Mit der Säkularisierung des Gewissensbegriffs wird der theoretische

Zugriff auf das Phänomen diffuser. Nietzsche, Marx und Freud setzen dem Gewissen zu. Das Gewissen verliert seinen Status als gesicherte Leitkategorie normativer Theoriebildung. Das Verfassungsrecht zeigt sich von diesen Entwicklungen jedoch ebenso unbeeindruckt wie der allgemeine Sprachgebrauch.

2. Gewissensfreiheit im Verfassungs- und Völkerrecht. Im Grundgesetz wird die Gewissensfreiheit durch Art. 4 Abs. 1 GG geschützt. Sie gehört auch zum festen Kernbestand des völkerrechtlichen Menschenrechtsschutzes (Art. 9 Abs. 1 EMRK, Art. 18 AEMR). Das Gewissen ist laut Bundesverfassungsgericht als „ein (wie immer begründbares, jedenfalls aber) real erfahrbares seelisches Phänomen zu verstehen, dessen Forderungen, Mahnungen und Warnungen für den Menschen unmittelbar evidente Gebote unbedingten Sollens sind." (BVerfGE 12, 45, 54f.). Die Gewissensfreiheit zielt auf einen Gewissenskonflikt. Sie schützt die Freiheit zur individuellen Entscheidung in einer Situation widerstreitender rechtlicher und als zwingend erlebter moralischer Verhaltensanforderungen.

Im deutschen Verfassungsrechtsverständnis hat sich die Gewissensfreiheit von ihrem textlichen Umfeld der Religionsfreiheit gelöst. Umstritten ist, ob auch die Ausbildung des Gewissens unter den Schutzbereich der Gewissensfreiheit fällt. Manche meinen, die Gewissensfreiheit schütze nur vor negativen staatlichen Konsequenzen, die aus der Gewissensentscheidung resultieren, nicht aber vor staatlicher Einflussnahme auf die Gewissensbildung. Einschränkungen im Schutzbereich werden auch gesucht, wenn die Gewissensfreiheit bloß vor dem Zwang, gegen sein Gewissen handeln zu müssen, schützen soll. Folglich umfasse die Gewissensfreiheit nicht, dass die eigenen moralischen Vorstellungen die Gültigkeit oder Anwendung von Gesetzen begrenzen. Wer etwa als Pazifist den Etat der Bundeswehr nicht unterstützen will oder als „Lebensschützer" die Finanzierung von Abtreibungen durch die gesetzliche Krankenversicherung, beziehe sich nicht auf das eigene Handeln und sei deshalb nicht durch die Gewissensfreiheit geschützt.

Solche Bemühungen um eine Eingrenzung des Schutzbereichs der Gewissensfreiheit sind ersichtlich dadurch motiviert, eine ausufernde Berufung auf die Gewissensfreiheit zu verhindern. Doch sie sind stark vom erwünschten Ergebnis geprägt. Hier zeigt sich die Schattenseite der deutschen Entwicklung, die Gewissensfreiheit ganz von ihren Entstehungskontexten der Religions- und Weltanschauungskonflikte abzulösen und zu einem eigenen Grundrecht weiterzuentwickeln. Im anglo-amerikanischen Raum ist der historische Entstehungszusammenhang stärker präsent. Gleiches gilt für die Spruchpraxis zur Europäischen Menschenrechtskonvention. Es geht sowohl bei der Religionsfreiheit wie bei der Gewissensfreiheit um die genaue Ausgestaltung des Vorrangs des Rechten vor den Konzepten des Guten. In Frage steht jeweils, inwieweit individuelle Vorstellungen vom guten Leben die Freistellung von generell bestehenden Rechtspflichten verlangen bzw. erlauben. Die Pazifizierung der schnell eskalierenden Konflikte um Konzepte des guten Lebens war nicht nur historischer Anlass für die Ausbildung der Religions- wie der Gewissensfreiheit, sondern ist in der pluralisierten und individualisierten modernen Gesellschaft auch deren bleibender Zweck. Beide Grundrechte bringen zum Ausdruck, dass der Staat den Menschen in seiner individuellen Persönlichkeit, also mit seiner Befähigung zum eigenen religiösen, ethischen und moralischen Urteil, achtet. Der Schutzbereich der Gewissensfreiheit umfasst deshalb sowohl die Gewissensbildung und den Prozess der Gewissensentscheidung wie die aus dieser resultierenden Konsequenzen im menschlichen Verhalten. Von der Religionsfreiheit unterscheidet sich die Gewissensfreiheit vor allem im Hinblick auf die generelle Reichweite des Schutzes sowie in der Intensität der Darlegungslast: Die Gewissensfreiheit zielt auf eine konkrete persönliche Konfliktsituation im Sinne einer Zwangslage. Es geht nicht bloß um seitens des Grundrechtsträgers erwünschtes Verhalten, sondern es ist eine innerliche (seelische) Notlage darzulegen. Die Substantiierung und Plausibilisierung des geltend gemachten Selbstverständnisses gelingt im Rahmen der Religionsfreiheit umso einfacher, als das begehrte Verhalten Ausdruck einer mit anderen Menschen geteilten religiös-kommunikativen Praxis ist; je privatistischer hingegen die Gewissensentscheidung, umso schwieriger gerät die die konsistente Darstellung von Gewissenszwängen.

Das Grundrecht auf Gewissensfreiheit nach dem Grundgesetz kennt, anders als Art. 9 EMRK, keinen Gesetzesvorbehalt; seine Schranken findet es deshalb nur in den Grundrechten Dritter und anderen Rechtsgütern mit Verfassungsrang. Das in der Rechtsprechung behandelte Fallmaterial ist vielfältig. Es reicht von dem Berufssoldaten, der sich weigert, eine bestimmte Software zu entwickeln bis zur Biologiestudentin, die keine Experimente an Tieren vornehmen will, über waldbesitzenden Veganer, der auf seinem Grund keine Hochsitze dulden will bis zum Arzt, der einen Patienten gegen dessen Willen weiterbehandeln will. Die Rechtsprechung zeigt, dass der Ansatz, der Gewissensfreiheit durch Grundrechte Dritter und andere Rechtsgüter mit Verfassungsrang Grenzen zu setzen, zu sinnvollen Lösungen führt.

N. Luhmann, Die Gewissensfreiheit und das Gewissen, in: Ders., Ausdifferenzierung des Rechts, 1981, S. 326ff. – M. Herdegen, Gewissensfreiheit und Normativität des positiven Rechts, 1989 – E.-W. Böckenförde, Das Grundrecht der Gewissensfreiheit, in: Ders., Staat, Verfassung, Demokratie, 1991, S. 200ff. – M. Borowski, Die Glaubens- und Gewissensfreiheit des Grundgesetzes, 2006 – J. Maclure/C. Taylor, Laizität und Gewissensfreiheit, 2011 – M. Heinig, Gewissensfreiheit, in: ders., Die Verfassung der Religion, 2014, S. 121ff (Lit.) – S. Schaede/T. Moos (Hg.), Das Gewissen, 2015 (Lit.).

Hans Michael Heinig

Gleichheit (juristisch)

1. Verfassungsgrundlagen. G. ist ein elementarer Bestandteil der →Gerechtigkeit und wird, u. a. im allgemeinen Priestertum, mit der G. vor Gott in Zusammenhang gebracht. Kern der G. im Recht ist der allgemeine G.ssatz: „Alle Menschen sind vor dem Gesetz gleich" (Art. 3 Abs. 1 GG, fast wortgleich Art. 20 EU-Grundrechte-Charta). Sein Wortlaut besticht auf den ersten Blick durch sein ethisches Pathos, verwirrt aber auf den zweiten durch die in ihm angelegten Widersprüche. Die Fassung im Indikativ suggeriert eine Zustandsbeschreibung, die im Gegensatz zur Lebenserfahrung vielfacher UnG. steht. Ferner behandeln die Gesetze selbst so vieles ungleich, dass sich zwei Fragen stellen. Gilt der allgemeine G.ssatz nur für die Anwendung der Gesetze oder auch für den Gesetzgeber selbst? Diese Frage beantwortet Art. 1 Abs. 3 GG mit der Grundrechtsbindung *aller* Staatsgewalten, was zur weiteren Frage führt: Welchen Inhalt hat der allgemeine Gleichbehandlungsanspruch?

2. Die Offenheit des allgemeinen Gleichheitssatzes. Der Inhalt des allgemeinen G.ssatzes ist deshalb so schwer fassbar, weil er in mehrfacher Hinsicht offen ist. Anders als bei den Freiheitsrechten – hier gibt es eine Vielzahl spezieller Grundrechtstatbestände und die allgemeine Handlungsfreiheit (Art. 2 Abs. 1 GG) hat nur eine subsidiäre Auffangfunktion – ist der allgemeine G.ssatz kein bloßes Auffanggrundrecht für wenige Lebenssachverhalte. Er gilt vielmehr umfassend und prägt maßgeblich ganze Rechtsgebiete wie bspw. das Steuerrecht. Einen weiteren Grund hat die Offenheit des allgemeinen G.ssatzes darin, dass sein „Schutzbereich" nicht wie bei den Freiheitsrechten vorgegeben, sondern durch die Bildung von Vergleichsgruppen gleichsam selbst zu konstruieren ist. Hierzu sind zwei Rechtslagen zu unterscheiden und in ein Verhältnis zu setzen: die des Ausgangssachverhalts einerseits und die des Referenzsachverhalts andererseits. Für die Bestimmung, ob sie „wesensmäßig gleich" sind, kommt es auf den Vergleichsmaßstab (Referenzmaßstab, tertium comparationis) an, „in Bezug worauf" sie ungleich behandelt werden. Besteht danach eine Ungleichbehandlung, so muss diese in einem weiteren Schritt verfassungsrechtlich gerechtfertigt werden. Auch hierfür sind die Maßstäbe außerhalb der Norm selbst zu finden.

3. Maßstäbe der allgemeinen Gleichbehandlung.
3.1. Philosophische Grundlagen. Die Ausfüllung dieses offenen Tatbestands ist in besonderem Maße von ethischen und sozialphilosophischen Vorgaben abhängig. In der Philosophie wird seit ARISTOTELES zwischen austeilender und ausgleichender Gerechtigkeit unterschieden. In diesem Spannungsfeld steht die Bestimmung sozialer Gerechtigkeit im Grunde auch heute. Die Aufklärung sah es als Aufgabe, die allgemeinen Gesetze in gleicher Weise auf die Menschen anzuwenden, nicht aber die faktische G. zwischen den Menschen herzustellen. G. ist gleiche Freiheit. Auch der freiheitliche Verfassungsstaat des →Grundgesetzes geht von einer natürlichen →Freiheit aus, deren Ausübung zu faktischer Ungleichheit führen darf. Vorgegeben sind Freiheit und UnG., nicht G. und Unfreiheit.

3.2. Verfassungsrechtliche Maßstäbe. Dem philosophisch-politischen Spannungsverhältnis von →Freiheit und G. korrespondiert jedoch kein verfassungsrechtlicher Gegensatz. Die inhaltliche Offenheit des allgemeinen G.ssatzes erfordert häufig den Rückgriff auf Wertungen anderer Verfassungsentscheidungen. Dadurch verbinden sich die Freiheits- und G.garantien des Grundgesetzes. Eingriffe in Freiheitsrechte sind nur dann verhältnismäßig, wenn sie gleichmäßig erfolgen, also den Gleichbehandlungsanspruch wahren. Umgekehrt wird der allgemeine G.ssatz heute auch als ein subjektives Abwehrrecht verstanden, das eine ungerechtfertigte Ungleichbehandlung abwehrt. Die Beschränkung von G.rechten ist ebenso rechtfertigungsbedürftig wie die Beschränkung von Freiheitsrechten. Bei ihrer Rechtfertigung ist auch in Betracht zu ziehen, in welchem Maße die Ungleichbehandlung in Freiheitsrechte eingreift. Gelegentlich werden Freiheits- und G.srechte miteinander kombiniert und verstärkt, z. B. beim Recht auf gleichmäßige Nutzung der Hochschulkapazitäten in den Numerus-Clausus-Fächern.

3.3. Willkürverbot und Verhältnismäßigkeit. Das Bundesverfassungsgericht hat in seinen Anfangsjahren dem Gesetzgeber große Freiheit eingeräumt und den allgemeinen G.ssatz als bloßes Willkürverbot interpretiert. Der Gesetzgeber darf danach wesentlich Gleiches nur dann ungleich und wesentlich Ungleiches nur dann gleich behandeln, wenn sich hierfür vernünftigen Erwägungen finden lassen, die sich aus der Natur der Sache ergeben oder sonst einleuchtend sind. Ab 1980 ist es zu der „neuen Formel" übergegangen, wonach das G.sgebot verletzt ist, „wenn eine Gruppe von Normadressaten im Vergleich zu anderen Normadressaten anders behandelt wird, obwohl zwischen beiden Gruppen keine Unterschiede von solcher Art und solchem Gewicht bestehen, dass sie die ungleiche Behandlung rechtfertigen können". Dies erfordert eine Abwägung. Die Kontrolldichte kann auf diesem Weg abgestuft werden von einem bloßen Willkürverbot bis zu einer strengen Bindung an Verhältnismäßigkeitserfordernisse. Beide Formeln (Willkürformel und neue Formel) zwingen den Gesetzgeber zur Rechtfertigung seiner Regelungen und garantieren die Rationalität gesetzgeberischen Handelns.

3.4. Der allgemeine Gleichheitssatz im Arbeits- und Sozialrecht. Das Bundesverfassungsgericht verlangt die „bereichsspezifische" Anwendung des G.ssatzes und entnimmt die Unterscheidungsmerkmale aus den einzelnen Regelungsbereichen. Im →*Arbeitsrecht* hat es nur wenige Gesetze beanstandet, darunter die Differenzierung zwischen Arbeitern und Angestellten. Jedoch hat das Bundesarbeitsgericht aus dem allgemeinen G.ssatz den arbeitsrechtlichen Gleichbehandlungsgrundsatz als eigenständiges Rechtsprinzip entwickelt. Im kirchlichen Arbeitsrecht wird diskutiert, ob von kirchlichen Arbeitnehmern die Kirchenzugehörigkeit verlangt werden kann; diese Frage ist aber nicht am staatlichen Grundrecht auf Gleichbehandlung zu messen, sondern von den Kirchen in Ausübung ihres kirchlichen Selbstbestimmungsrechts anhand theologischer Kriterien zu entscheiden. Im *Sozialversicherungsrecht* gibt der G.ssatz keine Richtungsentscheidungen für den Gesetzgeber vor. Der G.sgedanke des Versicherungsprinzips (Äquivalenz von Beitrag und Leistung) wird durch das Solidarprinzip, das Fürsorgeprinzip, Typisierungen und Pauschalierungen neutralisiert. Auch im Bereich der →*Sozialhilfe* verfügt der Gesetzgeber über eine große Gestaltungsfreiheit und hat der G.ssatz keine richtungsgebende Bedeutung. Die beiden Leitentscheidungen zur unzureichenden Ermittlung der Regelleistungen („Hartz IV", 2010) und zur unzureichenden Höhe der Asylbewerberleistungen (2012) hat das Bundesverfassungsgericht nicht mit der Verletzung des G.ssatzes, sondern der Verletzung der Menschenwürde und des Sozialstaatsprinzips begründet. Diese Zurückhaltung der Gerichte bei der verfassungsrechtlichen Kontrolle ist zu begrüßen. Sie ermöglicht dem →Sozialstaat eine aktiv gestaltende →Sozialpolitik, bei der die verschiedenen Konzeptionen austeilender und ausgleichender Gerechtigkeit im parlamentarischen Prozess erörtert und durch die Volksvertretung statt durch Gerichte entschieden werden.

4. Besondere Gleichheitssätze. *4.1. Die besonderen Differenzierungsverbote.* Nach Art. 3 Abs. 3 Satz 1 GG darf niemand wegen seines Geschlechts, seiner Abstammung, seiner Rasse, seiner Sprache, seiner Heimat und Herkunft, seines Glaubens, seiner religiösen oder politischen Anschauungen benachteiligt oder bevorzugt werden. Dieses Verbot ist eine unmittelbare Reaktion auf nationalsozialistische Verfolgung. Es weist gegenüber dem allgemeinen G.ssatz Besonderheiten auf. 1. Es gilt nur für die Benachteiligung oder Bevorzugung, nicht aber für wertneutrale Unterscheidungen wie z. B. getrennte Toiletten. 2. Verboten ist die Differenzierung „wegen" der genannten Unterscheidungsmerkmale. Dieses Kausalitätserfordernis birgt Probleme. Das Bundesverfassungsgericht geht von einem Anknüpfungsverbot aus, das eine Differenzierung „anhand" der genannten Merkmale verbietet. Eine Ungleichbehandlung ist danach nur verboten, wenn sie sich auf eines der genannten Differenzierungskriterien stützt, nicht aber wenn sich andere, zulässige Differenzierungsgründe finden lassen. 3. Das Verbot erfasst auch faktische und mittelbare →Diskriminierungen. Solche liegen vor, wenn die Ungleichbehandlung nicht zwingend, aber typischerweise die geschützte Personengruppe trifft. Wenn z. B. 93,5 % der Reinigungskräfte in einem Krankenhaus weiblich sind, liegt in deren Schlechterstellung eine Frauendiskriminierung. 4. Im Ergebnis gelten auch die besonderen Diskriminierungsverbote nicht absolut, sondern es kann eine Ungleichbehandlung durch Abwägung mit kollidierendem Verfassungsrecht legitimiert sein. Dabei sind die Grenzen zum allgemeinen G.ssatz (Art. 3 Abs. 1 GG) fließend und die Rechtfertigungsanforderungen umso höher, je problematischer das Differenzierungsmerkmal ist. Mittelbare Diskriminierung, die an die sexuelle Orientierung anknüpft, ist etwa besonders streng zu prüfen, obwohl hierfür kein besonderes Diskriminierungsverbot besteht, sondern der allgemeine G.ssatz (Art. 3 Abs. 1 GG) einschlägig ist. Ebenso wird die Gleichbehandlung anderer Lebensgemeinschaften vom Bundesverfassungsgericht so streng an Art. 3 Abs. 1 GG gemessen, dass die in Art. 6 Abs. 1 GG angelegte Privilegierung der Ehe kaum mehr erkennbar ist. 5. Zusätzliche Diskriminierungsverbote enthalten das →Europarecht (Art. 14 →Europäische Menschenrechtskonvention, Art. 20 bis 26 EU-Grundrechte-Charta, zahlreiche EU-Richtlinien) und das zur Richtlinien-Umsetzung erlassene Allgemeine Gleichbehandlungsgesetz (AGG). Durch die Rechtsprechung des Europäischen Gerichtshofs sind besonders die Probleme der →Diskriminierung wegen →Alters und Staatsangehörigkeit in den Blick geraten. Danach sind den EU-Mitgliedstaaten grundsätzlich Privilegien für die eigenen Staatsangehörigen untersagt. Hingegen lassen die deutschen Gerichte die Differenzierung nach der Staatsangehörigkeit beim Vorliegen sachlicher Gründe zu. Das hierdurch entstehende Problem der Inländerdiskriminierung ist weitgehend ungelöst.

4.2. Die Gleichberechtigung der Geschlechter. Eine Ungleichbehandlung von Mann und Frau kann nur durch zwingende biologische Gründe (z. B. Schwangerschaft) oder besondere Verfassungsvorgaben (z. B. für die Wehrpflicht) gerechtfertigt werden. Die rechtliche Gleichstellung von Mann und Frau (→Geschlechtergerechtigkeit) wurde 1994 flankiert durch den Verfassungsauftrag, die tatsächliche Durchsetzung der Gleichberechtigung von Frauen und Männern zu fördern und auf die Beseitigung bestehender Nachteile hinzuwirken (Art. 3 Abs. 2 Satz 2 GG). Dieses Element kompensatorischer G. erstreckt das Gleichberechtigungsgebot auf die gesellschaftliche Wirklichkeit und ermöglicht es dem Gesetzgeber, durch begünstigende Regelungen Nachteile auszugleichen, die ganz oder überwiegend Frauen treffen. Nicht endgültig geklärt ist die Zulässigkeit von Frauenquoten. Da sie mit dem individuellen Gleichberechtigungsanspruch jedes Mannes kollidieren, sind sie besonders begründungsbedürftig und müssen verhältnismäßig sein. Entsprechende Maßstäbe gelten für die Diskriminierung Behinderter (Art. 3

Abs. 3 Satz 2 GG) und die Gleichstellung nichtehelicher Kinder (Art. 6 Abs. 5 GG).

4.3. Demokratische Gleichheitsrechte. Der Kerngedanke der →Demokratie enthält die G. aller Staatsbürger im politischen Mitwirkungsrecht. Diese staatsbürgerliche G. ist eine formale G., bei der es eigentlich keine sachliche Rechtfertigung für eine Ungleichbehandlung geben darf. Für den Zugang zu den öffentlichen Ämtern nennt Art. 33 Abs. 2 GG deshalb Eignung, Leistung und Befähigung als ausschließliche Kriterien und verbietet alle anderen Differenzierungsmerkmale. Im Wahlrecht gilt eine besonders stringente G., um allen Wählern und allen Parteien die gleiche Chance zu geben. Die Einschränkungen der Wahlrechts-G. durch die sog. 5 %-Sperrklausel und die Überhangmandate sind besonders rechtfertigungsbedürftig und werden vom Bundesverfassungsgericht streng beurteilt. Auch →Pluralismus und →Toleranz der Gesellschaft haben ihren tragenden Grund in der demokratischen G.

J. ISENSEE/P. KIRCHHOF, Handbuch des Staatsrechts VIII, 2010³, §§ 181–183 – Lehrbücher über Grundrechte – Kommentare zu Art. 3 GG.

Christian Heckel

Gleichheit (theologisch)

1. Grundsätzlich. Ansätze zu einer relig. Begründung des Ideals der G. finden sich in der Stoa, die alle Menschen als Abkömmlinge Gottes ansah. Doch führte dies lediglich zu der Forderung, Sklaven menschenwürdig zu behandeln. Das frühe Christentum dachte ähnlich. Schon Jesus praktizierte im Umgang mit „Zöllnern und Sündern" G. gegenüber der vergebenden Liebe Gottes. Dementsprechend behauptete Paulus die G. „in Jesus Christus" (Gal 3,28): Alle Menschen sollen als Sünder im Glauben →Gnade empfangen (Röm 3,23f.). In diesem Sinn griff LUTHER den Gedanken auf.

2. Geschichte. *2.1 Kirche.* Paulus konkretisierte die G. vor Gott, indem er der korinth. Vorstellung einer geistl. Elite das Bild der →Gemeinde als Leib Christi entgegensetzte. Dessen Glieder sollten gleichberechtigt ihre je eigene Funktion wahrnehmen (1. Kor 12). Daraus erwuchs das Ideal der Gütergemeinschaft, das man in der Urgemeinde realisiert sah (Apg 2). Doch wurde der G.sgrundsatz früh aufgeweicht, z. B. im Schweigegebot für Frauen in der Gemeinde (1. Kor 14,34–36, nachpaul. Einschub). Ebenso folgenreich war die Einrichtung kirchl. Ämter (→Amt), die das Wachstum der Gemeinden erforderte. Anfang des 2. Jh.s entstand ein „monarchisches" Bischofsamt mit Entscheidungsbefugnis in Fragen von Glaube, Gottesdienst und Sitte, Ausgangspunkt für die spätere differenzierte Hierarchie. Nur die Ketzerbewegungen hielten das G.sideal wach.

LUTHER hat das „Priestertum aller Gläubigen" (1. Petr 2,9) wiederentdeckt: Alle Christen sind gleichermaßen Zeugen des Glaubens. Daraus folgerte er das allg. Mitbestimmungsrecht aller Gemeindeglieder. Doch machte die werdende ev. Pastorenkirche davon keinen Gebrauch. PH. J. SPENER erinnerte an LUTHERS Zielvorstellung (*Pia desideria* 1675) und wirkte damit auf den →Pietismus. Bei CALVIN und in der ref. Kirche finden wir die Wahlämter der Ältesten und Diakonen, Grundstock für die spätere presbyterial-synod. Kirchenverfassung. Doch galten die Amtsinhaber in besonderer Weise als Repräsentanten Christi. Ab Mitte des 19. Jh.s gab es im Zusammenhang mit Bestrebungen zur Trennung von Kirche und Staat gewisse →demokrat. Tendenzen, freilich mit begrenzter kirchenpol. Wirkung. Erst durch die →ökumen. Bewegung, v. a. durch den Einfluss amerikan. Kirchen, trat das allg. Priestertum stärker ins Bewusstsein, ohne sich aber in der deutschen ev. Kirche wirklich durchzusetzen. Seit dem II. Vaticanum betont es auch die röm. Kirche, doch ohne Verzicht auf das hierarch. Prinzip.

2.2 Theorie der →*Gesellschaft.* Einen Umsturz der Gesellschaftsordnung im Sinne des G.sideals hat kein neutest. Autor gefordert. G. galt nur „in Christus" für die christl. Gemeinde. Auch innerhalb der Kirche tastete man die gesellschaftl. Strukturen nicht an. So schickte Paulus den Sklaven Onesimus an dessen Herrn zurück mit der Bitte, ihn als christl. Bruder zu behandeln, nicht, ihn freizulassen (Phlm 15–17). Bei dieser Grundeinstellung blieb es bis zum Beginn der Neuzeit. Die Ständegesellschaft galt im Mittelalter als naturrechtl. (→Naturrecht) sanktioniert. Noch LUTHER hielt in seiner Auslegung des 4. Gebots daran fest.

Mehr Gerechtigkeit und G. wurde mit christl. Begründung im Bauernkrieg des 16. Jh.s gefordert. Die Bauern scheiterten allerdings, nachdem LUTHER nach anfänglicher Befürwortung ihrer Forderungen sich gegen deren gewaltsame Durchsetzung gewandt hatte. Daneben sind die humanist. Staatsromane des 16. und 17. Jh.s (→Utopie) zu nennen. Deren erster, die *Utopia* des TH. MORUS 1516, erinnert an die Idee des Gemeineigentums in Apg 2. Ebenso wirkmächtig war der von CALVIN dem AT entnommene, in der ref. Theologie zentrale Gedanke des Bundes Gottes mit seinem Volk. Während CALVIN eine aristokrat. Regierungsform bevorzugte, nahm J. ALTHUSIUS (*Politica* 1603.1610.1614) bereits den Gedanken der Volkssouveränität vorweg. Diesen entwickelte der puritan. erzogene Philosoph J. LOCKE zu der Vorstellung weiter, Staatswesen seien durch einen Gesellschaftsvertrag zustande gekommen, und J.-J. ROUSSEAU postulierte einen allg. Volkswillen, der trotz der natürl. Ungleichheit der Menschen für G. vor dem Gesetz sorge. Die amerikan. Unabhängigkeitserklärung formulierte 1776, inspiriert vom Interesse engl. Dissidenten an →Religionsfreiheit, den Grundsatz „Alle Menschen sind gleich geschaffen". Im Anschluss daran und an die Begründung der G. mit der Vernunft durch die Aufklärung stellte die Franz. Revolution die Ideale Freiheit, G., Brüderlichkeit auf. Davon wurde später das marxist. Leitbild einer klassenlosen sozialist. Gesellschaft (→Sozialismus) abgeleitet. Auf dem amerikan. Ideal gleicher indiv. Freiheit baut die Erklärung der →Menschenrechte (1948) auf.

In Deutschland haben sich, begünstigt durch die Kleinstaaterei sowie durch die im →Luthertum Mitte des 19. Jh.s entwickelte Theologie der Schöpfungsordnungen (TH. KLIEFOTH), feudale und organologische Vorstellungen bis nach 1945 gehalten. Erst dann setzte sich allmählich das westl. Ideal der G. durch.

3. Sozialethik. Über die Geltung der G.-forderung für Kirche und Gesellschaft besteht in der ev. Theologie Einigkeit. Strittig ist, wie sie zu begründen ist und wie die Konflikte von G. mit natürlicher oder funktionaler Ung. und Freiheit zu lösen sind. Ein Beispiel für ersteres ist die Inklusion behinderter Menschen.

3.1 Zur Begründung von G. Nach K. Barth ist der Staat aus Sicht des Glaubens gleichnisfähig für das →Reich Gottes, das die Kirche zur Kirche macht. Deshalb entspreche soz. und pol. G. der G. in Christus. Freilich könnte aus der umfassenden Herrschaft Christi auch G. unter einer Diktatur folgen. Ebenso problematisch ist eine naturrechtl. Begründung, da als natürlich auch das Recht des Stärkeren gelten könnte. Nach der →Zweireichelehre dagegen ist Gestaltung gesellschaftl. Lebens Sache abwägender Vernunft, angeleitet durch die Liebe. Dann ist G. vor dem Gesetz gefordert, weil sie der Würde des Einzelnen als Ebenbild Gottes entspricht und dem friedlichen Zusammenleben dient.

Dies alles gilt auch für die Kirche als Institution, insofern diese nach reformator. Überzeugung ebenfalls eine weltl. Größe ist. Dabei ist aber Ansprechbarkeit auf die G. vor Gott und auf die Nächstenliebe vorausgesetzt.

3.2 Funktionale Ung. G. vor Gott ist G. ungleich geschaffener Menschen. Unterschiedliche Begabungen befähigen zu je besonderen gesellschaftl. Aufgaben. Dazu gehört auch die Differenz von leitenden und untergeordneten Funktionen. Ferner können Lebensschicksale den Zugang zu bestimmten Berufen versperren. G. ist deshalb als prinzipielle Chancen-G. für indiv. Entfaltung und Wahrnehmung gesellschaftl. Positionen aufgrund von Eignung und Leistung zu fassen.

3.3 Freiheit und G. A. DE TOCQUEVILLE erkannte das Spannungsverhältnis von G. und →Freiheit: Mehr G. verlangt Einschränkung von Privilegien, somit von Freiheitsausübung; mehr Freiheit kommt bes. soz. Stärkeren zugute und mindert G. Das belegt sowohl der →Sozialismus (der aber durch neue privilegierte Klassen das G.sideal desavouierte) als auch der →Kapitalismus. →Gerechtigkeit kann also nur vorläufig als rechtlich gesichertes relatives Gleichgewicht von Freiheit und G. bestehen. Dabei kann entweder der libertäre Aspekt betont werden, etwa durch die Idee des (hypothet.) Gesellschaftsvertrags (J. RAWLS), der auf Vertrauen zur pol. →Vernunft basiert. Oder man orientiert sich an der egalitären Forderung der →Solidarität, die auf das christl. Gebot der →Nächstenliebe zurückgeht (R. NIEBUHR, A. RICH).

3.4 Kirche und soz. G. Nachdrücklich gefordert wird kirchl. Einsatz für soz. G. kath. seit der Sozialenzyklika *Rerum novarum* 1891 auf naturrechtl. Grundlage, ev. seit dem Christl.-soz. Kongress Ende des 19. Jh.s. In neuerer Zeit ist an die amerikan. Bürgerrechtsbewegung seit Mitte des 20. Jh.s sowie an das Antirassismus-Programm des Weltkirchenrats von 1969 zu denken.

M. LUTHER, Dass eine christliche Versammlung oder Gemeine Recht und Macht habe, alle Lehre zu urteilen usw. (1523), XIWA, 408–416 – J. LOCKE, Zwei Abhandlungen über die Regierung (Orig. engl. Two Treatises on Government 1690), 1967 – J.-J. ROUSSEAU, Diskurs über die Ung. (Orig. franz. Discours sur inégalité 1755), 1990* – K. BARTH, Christengemeinde und Bürgergemeinde (ThSt[B] 20), 1946 – R. NIEBUHR, Die Kinder des Lichts und die Kinder der Finsternis (Orig. engl. The Children of Light and the Children of Darkness 1944), 1947 – J. RAWLS, Eine Theorie der Gerechtigkeit (Orig. engl. A Theory of Justice), 1975 – A. RICH, Wirtschaftsethik, Bd. 1: Grundlagen in theol. Perspektive, 1984 – T. KOCH, Art. G., theol., in: EstL, ¹1987*, 1177–1182 (Lit.) – H. E. TÖDT, Perspektiven der Ethik, 1988 – J. MEHLHAUSEN, Art. Presbyterialsynod. Kirchenverfassung, in: TRE, XXVII1997, 331–340 – R. Kunz/U. Liedke (Hg.), Handb. Inklusion in der Kirchengemeinde, 2013.

Dietz Lange

Globalisierung

1. Begriff und Definition. Seit Anfang der 1990er Jahre das Wort G. zunächst journalistisch erschlossen (P. MARTIN/H. SCHUMANN) und danach auch intensiv wissenschaftlich erkundet wurde (Übersicht bei U. BECK, 1998), ist der Begriff „G." Synonym für die Zustandsbeschreibung der Welt im 21. Jahrhundert geworden. Dabei gibt es weder eine allgemein akzeptierte Definition des Phänomens G. noch einen Konsens über seine exakte Beschreibung. Während in den 1960er Jahren der Begriff G. zum ersten Mal im deutschen Sprachraum nachweisbar u. a. von RUDI DUTSCHKE als Ausdruck des internationalen Kampfes für eine →Solidarität mit den antikolonialen Bestrebungen in Afrika, Asien und Lateinamerika verwandt wurde („G. der revolutionären Kräfte", R. DUTSCHKE), wurde er mit dem Zerfall des Ostblocks zum Synonym für die weltweite →Liberalisierung und →Deregulierung. Abzugrenzen ist er von dem Phänomen der *Internationalisierung*: Damit wird beschrieben, dass sich die Durchlässigkeit der nationalen Grenzen erhöht, ohne dass der →Nationalstaat in Frage gestellt wird. Daneben bezieht sich der Begriff der *Transnationalisierung* auf Prozesse, durch die Institutionen wie die Vereinten Nationen oder die Europäische Union bzw. Akteure wie transnationale Unternehmen entstehen, welche die nationalstaatlichen Ordnungen übergreifen. Im Unterschied dazu umschreibt G. eine Verdichtung und Beschleunigung grenzüberschreitender Transaktionen, die faktisch oder der Möglichkeit nach alle Individuen, →Institutionen, Nicht-Regierungs-Organisationen und →Staaten zu einem komplexen Gefüge wechselseitiger, häufig aber ungleichgewichtiger Abhängigkeiten miteinander vernetzen. Bezugspunkt dieser G.sprozesse sind nicht mehr die Nationalstaaten, deren Handlungsspielräume sich infolge dieser Entwicklungen entscheidend verändern, sondern ist die Weltgemeinschaft als Ganzes.

2. Dimensionen der G. Die G. ist ein komplexer Vorgang mit vielen Gesichtern, der alle Lebensbereiche durchdringt, zu einer auch im Alltag erfahrbaren Wirklichkeit geworden ist und vor gewaltige Herausforderungen stellt. Unter *ökonomischen Gesichtspunkten* wird die G. zumeist mit dem dynamischen Wachstum des grenzüberschreitenden Handels identifiziert. Jedoch ist hier vor einer undifferenzierten Betrachtungsweise zu warnen: Global in dem Sinne, dass die gleichen Anbieter überall auf der Welt miteinander um Kunden konkurrieren, sind nur wenige Gütermärkte. Dazu gehören z. B. die Märkte für →Rohstoffe, Flugzeuge und Software. Die meisten Güter und →Dienstleistungen werden innerhalb der Wirtschaftsregionen gehandelt. Dagegen hat die Entwicklung auf den Finanzmärkten zweifellos eine neue Qualität erreicht. Die rasante Entwicklung der Finanzmärkte ist auf die Liberalisierung des Kapitalverkehrs, den verstärkten Einsatz moderner Kommunikationstechnologien sowie auf die steigende Bedeutung der Anlagemöglichkeiten in Aktien zurückzuführen. 1980 betrugen die grenzüberschreitenden Anleihe- und Aktientransaktionen in den Industrieländern durchschnittlich 10 % der inländischen Wirtschaftsleistung; 1998 betrug der Anteil teilweise über 300 %; gegenwärtig wird angesichts der dominanten Funktion der Finanzmärkte vom „Finanzmarktkapitalismus" oder von einer voranschreitenden „Finanzialisierung" gesprochen. Geradezu explodiert ist der Handel mit Finanzderivaten aller Art; neue Akteure in einem kaum zu regulierenden Schattenbankensystem bestimmen den globalen Finanzmarkt. Diese dramatischen und noch nicht endenden Umwälzungen auf den Finanzmärkten können als wahrer Ausdruck der ökonomischen G. verstanden werden. Die Bedeutung der transnationalen Unternehmen, die in den jeweiligen Regionen eine neue Basis der Produktion schaffen und zugleich global operieren, steigt im gleichen Maße an. Unlösbar damit verbunden ist die technologische G., der rasante Fortschritt in der Kommunikationstechnologie. Die Entwicklung der Computertechnologie und die voranschreitende Digitalisierung fast aller Lebenswelten stellen den entscheidenden Quantensprung zur weltweiten Verflechtung dar. Das Aufkommen von E-Mail, →Internet und sozialen Netzwerken haben ein völlig neues Verständnis der Wirklichkeit erzeugt. Neue Muster der →Kommunikation werden geschaffen: Das Grundsymbol der G. wurde das „World Wide Web". Die modernen Transportmöglichkeiten haben zudem die Kosten der Raumüberwindung erheblich gesenkt und dadurch auch die Mobilität von Menschen im enormen Maß erhöht. Der weltweite →Tourismus und der global wachsende Migrationsdruck (→Migration) sind ebenso eine Erscheinungsform der G. Schließlich können infolge der Entgrenzung von Raum und Zeit Waren weltweit gleichzeitig vermarktet und abgesetzt werden. Die zweifellos zu beobachtende Konvergenz der globalen Kultur geht jedoch einher mit einer regionalen Differenzierung: Weltweit vermarktete Produkte müssen auf regionale und lokale Besonderheiten bezogen bleiben („Glokalisierung"). G. und Regionalisierung sind also nicht zwei gegensätzliche Prozesse, sondern gehören unter den Bedingungen der modernen Kommunikations- und Transaktionsmöglichkeiten unlösbar zusammen.

3. Auswirkungen der G. Die G. ist also eine der dominierenden Entwicklungen des ausgehenden 20. Jh.s. Sie prägt ein neues Zeitalter der Wechselbeziehungen zwischen Staaten, →Volkswirtschaften, Interessengruppen (→Interesse), Nicht-Regierungs-Organisationen und Menschen. Einerseits vermehrt sie die Kontakte zwischen Menschen und →Organisationen über Staatsgrenzen und Wirtschaftssysteme hinweg – in ökonomischer, technischer, kultureller und politischer Hinsicht. Andererseits spaltet sie jedoch auch die Produktionsprozesse (→Produktion), die →Arbeitsmärkte, politische Strukturen und →Gesellschaften in Gewinner und Verlierer der G. dramatisch auf. Produktionsmuster und Konsumgewohnheiten (→Konsum) werden immer mehr dem globalen Maßstab angepasst; das Stichwort G. kennzeichnet also auch die homogenisierte Welt. Aber während die Oberfläche der einen Welt immer uniformer erscheint, reagieren die lokalen und regionalen Kräfte mit großem Widerstand auf die Zerstörung ihrer traditionellen Erzeugnisse, Gewohnheiten, →Sitten und →Werte. Die „janusköpfige G." (D. Messner) bringt also sehr ambivalente Auswirkungen hervor. Wird G. mit den Entwicklungen auf den globalen Finanzmärkten identifiziert, so entwickelt sich ein z. T. nicht mehr regulierbares Schattenbankensystem, das die Weltwirtschaft in immer wieder neue →Finanzkrisen zu stürzen droht. Zugleich steigen die Möglichkeiten, Kapital unter ethischen Gesichtspunkten anzulegen, erheblich an. Noch werden diese Möglichkeiten in einem überhaupt nicht ausreichenden Maße genutzt. Ob dies überhaupt je möglich sein wird, ist noch nicht entschieden.

3.1 Ökonomische Auswirkungen. Wird G. hauptsächlich als ein Prozess zunehmender außenwirtschaftlicher Öffnung verstanden, infolge dessen auch Sachkapital (→Kapital) in die Entwicklungs- und Transformationsländer (d. h. die Länder des ehemaligen Ostblocks) strömt, so kann dies positive Wachstumseffekte (→Wachstum) und eine Zunahme des Volkseinkommens (→Einkommen) auslösen. Für die Mehrzahl der ärmeren Entwicklungsländer trifft dies jedoch bisher nicht zu, weil es an entsprechenden Rahmenbedingungen sowie an einer ausreichenden Marktgröße fehlt, die den Zufluss fremden Human- und Sachkapitals unterstützt. Insbesondere die Länder südlich der Sahara sowie in Südamerika werden zunehmend vom globalen →Markt ausgeschlossen („Rumpfg.").

3.2 Auswirkungen auf den Arbeitsmarkt. Wissensfortschritt und die Bildung von Kapital sind die tragenden Säulen der „New Economy". In den Industrieländern führt diese Dynamik dazu, dass immer weniger ungelernte →Arbeit zum Einsatz kommt, während die Nachfrage nach qualifizierten Arbeitskräften steigt. Dieser Prozess wird durch die G. enorm verstärkt. In den Entwicklungsländern werden viele traditionelle →Betriebe dem Wirtschaftsdruck nicht standhalten können und zunehmend mehr →Arbeitnehmer in den informellen Sektor abgedrängt. Frauen sind von den Auswirkungen der G. auf den Arbeitsmarkt besonders hart betroffen, weil sie in arbeitsintensiven Industriezweigen der Schwellenländer untertariflich entlohnt werden oder infolge des Abbaus der sozialstaatlichen Leistungen in den Privathaushalt (→Haushalte, private) oder in die lokalen →Gemeinschaften abgedrängt werden.

3.3 Ökologische Auswirkungen. Der noch sehr beschränkte, aber durch die globalen Konferenzen angestoßene Technologietransfer kann die ökologische Situation (→Ökologie, allg.) global verbessern; zugleich vergrößert die Übernahme westlicher Konsum- und Produktionsmuster (z. B. Fleischkonsum) in den Entwicklungs- und Transformationsländern den Ressourceneinsatz sowie den Ausstoß an →Abfällen und klimaschädlichen Abgasen.

3.4 Politische Auswirkungen. Die G.sprozesse verändern die Handlungsspielräume der Nationalstaaten erheblich. Nicht-Regierungs-Organisationen sowie internationale Organisationen übernehmen immer mehr Aufgaben der Nationalstaaten. Zugleich wird infolge der grenzenlosen Finanz- und Kapitalströme dem Nationalstaat die materielle Basis für seine sozialstaatlichen Aufgaben (→Sozialstaat) entzogen.

3.5 Soziokulturelle Auswirkungen. Die gewaltigen Wachstumsraten der globalen Finanz- und Devisenmärkte (700 % in 15 Jahren) sowie die sich immer weiter verstärkende Dominanz der Kapitalmärkte im 21. Jahrhundert („Finanzialisierung") führen zu einem erheblichen Machtgewinn (→Macht) der Kapitalseite. In den Industrieländern bewirkt dies die Verteilung von →Einkommen und →Vermögen zugunsten der Einkünfte aus Kapitaleinkünften; diesen zunehmenden und sich immer weiter verstärkenden Ungleichheiten entsprechen die wachsenden Abstände zwischen armen und reichen →Staaten im Weltmaßstab. Eine Reduzierung der sozial und kulturell wichtigen Lebensumstände auf ihre ökonomische Verwert- und Tauschbarkeit („Renditegesellschaft") ist dramatisch und eine ernst zu nehmende Folge der G.sprozesse im alltäglichen Leben.

3.6 Religiöse Auswirkungen. Aus Widerstand gegen eine kommerziell bestimmte Welteinheitskultur sowie aus Enttäuschung über nicht eingelöste Versprechungen der Globalkultur entstehen infolge der G. zunehmend mehr fundamentalistische Tendenzen (→Fundamentalismus) in den Weltreligionen (Islamismus). Auch das Erstarken der Pfingstbewegung in Südamerika kann als Antwort auf die G.sprozesse verstanden werden.

3.7 Zusammenfassende Bewertung. Wie die zukünftige politische, ökonomische und soziale Ausgestaltung der Weltgesellschaft aussehen wird, ist angesichts dieser ambivalenten Phänomene auch zu Beginn des 21. Jahrhunderts noch nicht entschieden. Hier liegen große ethische Herausforderungen, die bis weit in den Alltag eines jeden „gewöhnlichen Menschen" (H. DIEFENBACHER/R. DOUTHWAITE) hinein die Folgen der G. und ihrer Bewältigung spüren lassen.

4. Begründung internationaler →Solidarität in der Geschichte christlicher →Ethik. Am Zusammenwachsen n der Weltgemeinschaft haben sich die christlichen Kirchen, begründet durch den universalen Anspruch des Evangeliums, gestaltend und kritisch beteiligt: Insbesondere in dem ausgehenden 19. Jh. kann eine Wechselwirkung zwischen den weltweit missionarischen und wirtschaftlichen Entwicklungen demonstriert werden. Als nach der Aufnahme des Dampfschifffahrtverkehrs (1807) die Zahl globaler Verflechtungen zunahm, verdichteten sich die Missionsbestrebungen der Kirchen. Kolonialismus, *Missionsbewegungen* und die Ausweitung internationaler Kooperationen bildeten eine unauflösliche Einheit. Die intensive Beziehung zwischen Welthandel und Weltreligionen (→Religionen und Wirtschaft) lässt sich auch an der ersten Weltausstellung in Chicago (1893) belegen, an der sich die Kirchen mit einem „Parlament der Religionen der Welt" beteiligten. Die einheitsstiftenden Tendenzen des internationalen Marktes sollten durch gemeinsame Anstrengungen der Religionen vertieft werden, um „materialistische Tendenzen" bekämpfen zu können. Der säkulare Internationalismus und die ökumenisch-missionarische Kooperation bewegten sich in die gleiche

Richtung: Die *Gründung des Völkerbundes* (1919) wurde enthusiastisch begrüßt: Die Vereinten Nationen müssten „zu einem Ziel der Christenheit" werden (F. S. Schultze). Später wurden die strukturellen Probleme des Völkerbundes kritisiert; er bedürfe einer „Seele", einem zu gründenden „Bund der Kirchen". Die →*ökumenische Bewegung* hat sich mit den Fragen der internationalen Ethik – nicht zuletzt aufgrund dieser historischen Beziehung – immer wieder kritisch auseinandergesetzt. In Amsterdam (1948) prägte J. H. Oldham das →Leitbild der →*verantwortlichen Gesellschaft* in direkter Antwort auf die Gründung der Vereinten Nationen. Der säkulare Internationalismus und der kirchliche Ökumenismus müssten nach den Worten der Konferenz zusammenwirken, um Gottes Willen für die Welt und die Menschheit Geltung verschaffen zu können. Die ideelle Basis für eine globale Völkergemeinschaft bestehe in einer →Wohlfahrt für alle durch die gerechte Teilnahme aller Bürger an der Gesellschaft. Zur „verantwortlichen Gesellschaft" gehört in diesem Sinne auch die Verwirklichung wirtschaftlicher und sozialer →Gerechtigkeit im globalen Maßstab. In Fortsetzung dieser Diskussion wurde in Uppsala (1968) das Stichwort der „weltweit verantwortlichen Gesellschaft" geprägt; die Kirchen müssten dazu mit einer gelebten „*Katholizität*" einen eigenen Beitrag leisten. Nach der Weltkonferenz von Uppsala entwickelten sich Ökumene und das globale Finanz- und Wirtschaftssystem mehr und mehr auseinander; die ökumenische Bewegung nahm zunehmend eine Oppositionsrolle ein. Unter dem Vorzeichen der ökologischen und der entwicklungspolitischen Bewegung (→Entwicklungspolitik) in den 1970er Jahren kritisierte die ökumenische Bewegung später insbesondere die Rolle der transnationalen Konzerne als Mächte und Akteure globaler Unterdrückung. Durch die *Solidarisierung der Kirchen mit den Armen* (→Armut) könne die vorherrschende Weltwirtschaftsordnung umgesteuert werden (Vancouver 1983). Aus der wachsenden gesellschaftlichen Kritik an der Weltwirtschaftsordnung („Hungermärsche"), der missionarischen Bewegung sowie aus der Arbeit der kirchlichen Hilfswerke „Misereor" und „Brot für die Welt" ging dann in den 1980er Jahren ein Konzept hervor, das die G.prozesse aus entwicklungspolitischer Sicht konstruktiv-kritisch begleitete und Veränderungen der G.prozesse anregen will: Die wachsende Bewegung des „alternativen Handels" z. B. forderte faire Preise für Waren aus der „Dritten Welt" ein. Impulsgebend sollte der „*Faire Handel*" die bestehenden Handelssysteme, die zu Lasten der Kleinbauern in den Entwicklungsländern gehen, verändern. Tatsächlich führte die Bewegung des Fairen Handels in den 1990er Jahren dazu, die Bedeutung international geltender Sozial- und Umweltstandards zu beachten. Soziale und ökologische Labels (z. B. „Rugmark" für Teppiche, die ohne →Kinderarbeit hergestellt werden)

übten einen erheblichen Einfluss auf Positionsbestimmungen zum voranschreitenden G.prozess innerhalb und außerhalb der Kirchen aus.

5. Aktuelle sozialethische Positionsbestimmungen. In der theologischen Ethik sowie in der kirchlichen Diskussion wird die Auseinandersetzung mit dem voranschreitenden Globalisierungsprozess im 21. Jahrhundert sehr differenziert geführt. Verschiedene Positionen beleuchten unterschiedliche Dimensionen der G.

5.1 Die von H. Küng 1995 gegründete Stiftung Weltethos setzt bei den konkreten Bedingungen der Weltwirtschaft ein und verweist auf die Notwendigkeit einer interreligiösen Begegnung als Voraussetzung für eine zukunftsfähige Entwicklung der Weltwirtschaft. Eine global gesteuerte Welt braucht ein globales Ethos. Das 2012 in Tübingen gegründete Weltethos-Institut verfolgt das Ziel, die Prinzipien des Projektes Weltethos im globalen Wirtschaftsleben zu implementieren. Es schafft Verlässlichkeit und stabilisiert damit den globalen Markt; es bewahrt die globalen Wirtschaftsbeziehungen vor Zusammenbrüchen wie dem der Weltwirtschaftskrise in den 1930er Jahren. Die Verpflichtung auf eine Kultur der →Toleranz, der →Solidarität und der →Gleichberechtigung, die allen Religionen gemeinsam ist, ist insbesondere von den Managern der transnationalen Konzerne wahrzunehmen. Ein „ethischer Kapitalismus" soll die Verantwortung für die Beseitigung der weltweiten Armut und für die ökologischen Probleme übernehmen.

5.2 K. Raiser und R. J. Schreiter betonen darüber hinaus, dass wegen der verschlungenen Geschichte zwischen christlicher Ökumene und G. eine pauschale Ablehnung der G. nicht möglich sei. Den Homogenisierungstendenzen der G. („McDonaldisierung") stellen sie die Vision der „Konziliarität" bzw. der „neuen Katholizität" als „theologische Antwort auf die G." gegenüber: lokale Vielfalt wird eingebunden in ein Netz der globalen Rechenschaftspflicht. Wie diese kirchliche Vision in ökonomische Strukturen zu übersetzen ist, bleibt allerdings weitgehend offen.

5.3 Für eine Stärkung der lokalen Ökonomien setzen sich dagegen H. Diefenbacher/R. Douthwaite und U. Duchrow ein. Durch Tauschringe, lokale →Genossenschaften, regionale Währungen und →Banken sowie einer regionalen Selbstversorgung sollen die Auswirkungen der G. abgemildert und die G. insgesamt in neue Bahnen gelenkt werden. Lokale Ökonomien wollen die Vision eines guten Lebens mit der ökologischen Tragfähigkeit dieser Erde in Einklang, die sich kritisch mit einer eindeutig am qualitativen Wachstum ausgerichteten Ökonomie auseinandersetzen (Jackson, Zieschank, Welzer u. a. m.) Zwar ist die Balance zwischen Globalität und Kontextualität eine enorme Herausforderung der Zukunft („Global denken – lokal handeln"); jedoch birgt die einseitige Anwendung dieses Konzeptes die Gefahr, dass Entsolidarisierungstendenzen im globalen Markt nur noch weiter verstärkt werden.

5.4 Den konkretesten Vorschlag unterbreiten die →Organisationen des „Fairen Handels": Fair und gerecht bedeutet im globalen Zeitalter, den Zugang aller zum Markt strukturell zu ermöglichen sowie gleichzeitig im Produktionsprozess grundlegende soziale und ökologische Standards zu berücksichtigen. Diese Position stellt überzeugend eine Brücke zwischen dem Handeln vor Ort und der globalen Wirtschaft, zwischen der →Agenda 21 und der Verpflichtung zur Bewahrung der Schöpfung sowie zwischen ökonomischen und sozialen Erfordernissen dar. Eine Berücksichtigung dieser Handlungsmodelle in der Etablierung von Sozialstandards im internationalen Handelssystem erfolgt teilweise, steht aber insgesamt noch aus.

5.5 Die aktuelle Auseinandersetzung mit der G. wird insgesamt gesehen im Zusammenhang der Diskussion um den voranschreitenden →Klimawandel eingeordnet und eine „Transformation" der Lebensweise für notwendig erachtet: „Als evangelische Kirche sind wir davon überzeugt, dass zur Abmilderung der Folgen des Klimawandels und für die Erhaltung der Lebensgrundlagen für künftige Generationen ein einschneidender Mentalitätswandel in Politik, Wirtschaft und Gesellschaft nötig ist" (EKD 2005, 107).

6. Handlungsoptionen und zukünftige Perspektiven.
Die Auswirkungen der G., insbesondere der fast vollkommene Ausschluss weniger finanzkräftiger Staaten vom globalen Markt, machen eine Regulierung der grenzenlosen Kapital- und Finanzmärkte ohne Zweifel notwendig. Im Zentrum aller sozialethischer Überlegungen steht die Menschenwürde, die allen Menschen unterschiedslos und in gleicher Weise zukommt. Sie bildet die Grundlage der →*Menschenrechte*, die nicht nur aus den bürgerlichen und politischen Rechten bestehen (Zivilpakt), sondern auch die wirtschaftlichen, sozialen und kulturellen Rechte (Sozialpakt) einschließen muss. In der Logik dieses Ansatzes bei den Menschenrechten liegt die Option für die von diesen Rechten Ausgeschlossenen. Vorrangige Aufmerksamkeit müssen jene erhalten, die nicht einmal ihre elementaren Bedürfnisse (→Bedarf, Bedürfnis) befriedigen können. Verbunden damit ist die Notwendigkeit, dass dieser →Lebensstandard für künftig mehr als 9 Mrd. Menschen unter den ökologischen Gesichtspunkten, wie sie auf dem Erdgipfel in Rio 1992 ausgesprochen wurden, vereinbar sein muss. Unter diesen beiden Prämissen hat auf allen Ebenen die Regulierung der Kapital- und Finanzmärkte im Sinne einer „G. der Menschenrechte" zu beginnen. Dazu gehört auf der Ebene der internationalen Institutionen die Demokratisierung der „global players", insbesondere von →Welthandelsorganisation (WTO), Weltbank und Währungsfonds. Die Einführung einer →*Transaktionssteuer* auf Spekulationsgewinne zur Finanzierung des Erhalts der Biodiversität auf diesem Planeten ist weiter zu bedenken und hinsichtlich ihrer politischen Realisierungschancen zu präzisieren. Wesentlich prägende Akteure des globalen Marktes sind die transnationalen Konzerne, die zunehmend mehr ihre Verantwortung erkennen und international geltende „*Codes of Conduct*" einführen. Diese von ihnen unternehmensethisch einzuhaltenden Sozial- und Umweltstandards als Ausdruck der Verbindung zwischen Erfolg und Ethik sind ernst zu nehmen; sie sind zusammen mit vorbildlichen und aktuellen Überlegungen zur Einführung eines international geltenden *Sozial-Audits für transnationale Unternehmen* (SA 8000 in Anlehnung an das EG-Öko-Audit bzw. an die internationale Umweltnorm ISO 14000) ethisch zu prüfen und ins Gespräch zu bringen. Dabei kommt den Nicht-Regierungs-Organisationen eine innovative Rolle zu: Sie schlüpfen zunehmend mehr in die Rolle von globalen Akteuren, die Missstände aufdecken, alternative Modelle entwickeln, an die Souveränität der Kunden appellieren und an der Kontrolle von *Sozial- und Umweltstandards* mitwirken. Vom Aufbau einer solchen *Weltzivilgesellschaft* (→Zivilgesellschaft) hängt die Zukunft der kommenden Weltgesellschaft ab. Die →Kirchen mit ihrem universalen Auftrag sowie ihren globalen Kontakten in fast alle Kulturen hinein können im Dialog mit anderen Religionen sowie in Bündnissen mit den Nicht-Regierungs-Organisationen (z. B. zur Umsetzung der Agenda 21 in den Kommunen) sowie in einer entwicklungsbezogenen Bildungsarbeit („Globales Lernen") einen entscheidenden Beitrag dazu leisten.

F. BRASSEL/M. WINDFUHR, Welthandel und Menschenrechte, 1995 – P. MARTIN/H. SCHUMANN, Die G.sfalle, 1996 – N. BRIESKORN (Hg.), Globale Solidarität. Die verschiedenen Kulturen und die Eine Welt, 1997 – E. ALTVATER/B. MAHNKOPF, Grenzen der G. Ökonomie, Ökologie und Politik in der Weltgesellschaft, 1997 – U. DUCHROW, Alternativen zur kapitalistischen Weltwirtschaft, 1997[2] – H. KÜNG, Weltethos für Weltpolitik und Weltwirtschaft, 1997 – R. J. SCHREITER, Die neue Katholizität. G. und die Theologie, 1997 – K. RAISER, Überholt die G. die ökumenische Entwicklung?, in: EvTh 58 (1998), 92ff – R. DOUTHWAITE/H. DIEFENBACHER, Jenseits der G., 1998 – U. BECK, Was ist G.?, 1998 – GRUPPE VON LISSABON, Grenzen des Wettbewerbs, 1998 – K. HÜBNER, Der G.skomplex, 1998 – R. KLINGEBIEL/S. RANDERIA (Hg.), G. aus Frauensicht, 1998 – M. ZÜRN, Regieren jenseits des Nationalstaates, 1998 – Europäisches Kairos-Dokument für ein sozial gerechtes, lebensfreundliches und demokratisches Europa, 1998 – U. MENZEL, G. versus Fragmentierung, 1998 – H.-B. PETER (Hg.), G., Ethik und Entwicklung, 1999 – Glaube und Globalität. Jahrbuch Mission 1999, 1999 – I. HAUSCHLER/D. MESSNER/ F. NUSCHELER (Hg.), Globale Trends 2000, 1999 – C. C. v. WEIZSÄCKER, Logik der G., 1999 – T. REICHERT/J. DESAI, Die Welthandelsdebatte. Eine Herausforderung für den Fairen Handel, 1999 – UNDP (Hg.), Bericht zur menschlichen Entwicklung, 1999/2000 – DEUTSCHE BISCHOFSKONFERENZ (Hg.), Die vielen Gesichter der G. Perspektiven einer menschengerechten Weltordnung, 1999 – D. DÖRING, Sozialstaat in der G., 1999 –

G. v. Arnim/V. Deile u. a. (Hg.), Jahrbuch Menschenrechte 2000, 1999 – Fair Trade e.V. (Hg.), Im Zeichen der Nachhaltigkeit. Verknüpfung von Öko- & Fair Trade-Initiativen, 1999 – J. Stieglitz, Die Schatten der G., 2002 – J. Hübner, G. als Herausforderung für Theologie und Kirche, 2003 – P. Windolf (Hg.), Finanzmarkt-Kapitalismus, 2005 – J. Stieglitz, Die Chancen der G., 2006 – C. Zöpel, Politik mit 9 Milliarden Menschen in Einer Weltgesellschaft, 2008 – EKD (Hg.), Umkehr zum Leben. Nachhaltige Entwicklung im Zeichen des Klimawandels, 2009 – D. Rodrik, Das G.sparadox, 2011 – C. Macher, Fair Trade – Betrachtung eines alternativen Handlungsmodells, 2011 – J. Hübner, Ethik der Freiheit. Grundlegung und Handlungsfelder einer globalen Ethik in christlicher Perspektive, 2011 – M. Heires/A. Nölke (Hg.), Politische Ökonomie der Finanzialisierung, 2014 – N. Klein, Die Entscheidung. Kapitalismus vs. Klima, 2015.

Jörg Hübner

Glück

1. Phänomenologische Beschreibung. In den G.darstellungen von Antike bis Gegenwart finden sich phänomenologisch drei Gemeinsamkeiten:
- G. wir als angenehm und erstrebenswert empfunden;
- G. entspricht einem Zustand der Übereinstimmung mit sich selbst, mit der Gesellschaft und ihren Normen oder mit der Wirksamkeit des Transzendenten;
- G. kann nicht selbstverständlich werden, ohne zu erlöschen. Es lebt von seiner Erneuerung und weiß um sein Gegenteil.

2. Spannungsfelder des Glücks. *2.1 Theorie und Praxis.* G. steht seit Aristoteles in der Spannung zwischen theoretischer Betrachtung und praktischer Lebensführung. *Eudaimonia* ist tugendhaftes Handeln und zugleich das in sich selbst Vollendete, sich selbst Genügende. Im Spannungsfeld von Aktion und Kontemplation muss sich jedes G.sverständnis neu positionieren.

2.2 Autonomie und Heteronomie. Aristoteles betont einerseits die →Autonomie der *eudaimonia*, da sie aus Tugend erwächst, weiß aber andererseits auch, dass der tugendhaft Handelnde auf äußere Güter angewiesen ist. Moderne soziologische Untersuchungen zeigen, dass ein Mindestmaß an materieller Sicherheit das G.sempfinden erhöht, dass es aber bei wachsendem Wohlstand stagniert.

G.sbegriffe stehen auch in der Spannung zwischen Unverfügbarkeit und Machbarkeit. Aristoteles z.B. betont zwar die Lernbarkeit von G., um zum Einüben der Tugenden und zum Streben nach dem Guten zu ermutigen. Zugleich will er aber das G. der menschlichen Verfügbarkeit entziehen, um vor Hybris zu bewahren.

2.3 Der Einzelne und das System. Für Aristoteles ist die soziale Dimension ein Konstitutivum des G.s. Der Einzelne kann nur glücklich sein in der Einbindung in den Staat, in Freundschaften sowie in s. Familie. Die Grenze für diese Einbindung und damit auch für die Verantwortung für das G. des anderen bietet die *polis*.

Die gemeinschaftliche Bedeutung von G. kommt in der Neuzeit vor allem in England mit der utilitaristischen Sozialethik (→Utilitarismus) Benthams in den Blick, in der das „größtmögliche G. der größtmöglichen Zahl" zum Leitprinzip von Ethik und Politik erhoben wird. So ist in der amerikanischen Unabhängigkeitserklärung von 1776 das „Streben nach G." als unveräußerliches Menschenrecht verankert, und die französische Menschenrechtserklärung (→Menschenrechte) von 1793 sieht das gemeinschaftliche G. als Ziel der Gesellschaft. Eine aktuelle Debatte um G. als Ziel staatlichen Handelns löst der König von Buthan aus, der 1972 G. zum obersten Ziel nationaler Politik ausruft und 2008 dem sog. „Gross National Happiness" (GNH) Verfassungsrang verleiht und damit als alternativen Wohlstandsindikator zum →Bruttoinlandsprodukt etabliert.

Gegenläufig zu den politisch relevanten G.skonzepten zeigt sich im 18.Jh eine Privatisierung des G.s im bürgerlichen Kontext, wie es sich in Rousseaus „Emil" (1762) oder in Schillers „Lied von der Glocke" (1799) mit seiner Verherrlichung des häuslichen G.s widerspiegelt.

3. Theologische Aspekte. *3.1 Gnade und Verantwortung.* Steht die monastische Tradition eher für das kontemplative G., so sind befreiungstheologische Ansätze geprägt von der radikalen Teilhabe an der Welt in all ihren Facetten. Die Verantwortung für das G. des – auch fernen – Anderen wird theologisch exemplarisch von D. Sölle entfaltet, wenn sie „freigewordene Menschen" als „Bauleute des G.s" bezeichnet und so in die sozialethische Verantwortung ruft. Auf der anderen Seite wird der Gnaden- und Geschenkcharakter des G.s hervorgehoben (G. Greshake) um es vor totalitaristischer Vereinnahmung zu schützen.

3.2 Dankbarkeit. G. kann nicht selbstverständlich werden, weil es sich in der Gewöhnung verliert, daher rückt es in die Nähe der Dankbarkeit. Diese ermöglicht eine perpetuierte Erneuerung von G. und verweist zugleich auf seine Unverfügbarkeit.

3.3 Immanenz und Transzendenz Augustin versucht, eine christliche G.sauffassung gegen die heidnische zu profilieren. Demnach ist *beatitudo* in diesem Leben nicht zu erreichen. Irdisches G. liegt allein in der Hoffnung auf Überwindung des irdischen Elends im ewigen Leben. Erst ab den 1960er Jahren wird das zweckfreie diesseitige G. theologisch vorsichtig gewürdigt.

D. Bonhoeffer bietet mit dem Begriff der Christuswirklichkeit, in der Immanenz und Transzendenz verschränkt sind, die Vorlage für eine christologische Verankerung des G.s: So, wie in Christus Gott und Mensch *unvermischt und ungetrennt* Wirklichkeit sind, so sind in der Christuswirklichkeit weltliches G. (und Leid) und das verheißene Heil *unvermischt und ungetrennt* Wirklichkeit und als solche besonders zu würdigen.

A. Augustinus, De civitate Dei XIX, CCSL 1955 – D. Sölle, Fantasie und Gehorsam. Überlegungen zu einer künftigen christlichen Ethik, 1968 – G. Greshake, Gottes Heil – Glück des Menschen, 1983 – D. Bonhoeffer, DBW VIII, Widerstand und Ergebung, 1998 – J.-J. Rousseau, Emil oder Über die Erziehung, 1998[13] – J. Bentham, In Introduction to the principles of moral and legislation, 2005 – F. Schiller, Sämtliche Gedichte und Balladen, 2005 – C. Bindseil, Ja zum Glück. Ein theologischer Entwurf im Gespräch mit Bonhoeffer und Adorno, 2010 – Aristoteles, Nikomachische Ethik, 2013³.

Christiane Bindseil

Gnade

1. Christlicher Kontext. Der Begriff G. (griech. charis, lat. gratia, clementia) umfasst Komponenten konstruktiver Zuwendung wie Güte, Gunst, Freundlichkeit, Huld, Wohlwollen, →Barmherzigkeit, Milde, Schonung oder Nachsicht. Der tiefere Sinngehalt von G. lässt sich über die alltagssprachl. Verwendung nicht oder kaum erschließen, weil G. allgemein als Grenzphänomen (z. B. „G.nbrot", „G.ngesuch") empfunden oder von ihren Kontrasterfahrungen (wie „G.nlosigkeit") her angesprochen wird. Die lebenstragende und -fördernde Funktion von G., ja ihre schöpferische und sogar Unheil wendende Kraft, wird erst im Kontext des Verständnisses von *Gottes* G. sichtbar. Für den christlichen Glauben ist G. ein konstitutives Element des Heils und der mit dem Heil zugesagten und bereits zeichenhaft realisierten neuen Lebenswirklichkeit. In der G. sind alle Daseinsäußerungen des dreieinigen Gottes zentriert, so dass sein Handeln als Schöpfer, Versöhner und Erlöser nur als Ausdruck seiner freien G. angemessen verstanden wird. Würde Gott seine G. zurücknehmen, so müsste die Welt vergehen. Von schlüsselhafter Bedeutung ist Gottes Versöhnungshandeln an dem von ihm abgefallenen Menschen. Statt den Sünder dem verdienten Gericht und damit dem endgültigen Tod auszuliefern, ist Gott ihm gnädig (vgl. Jes 54, 8.10; Ps 103, 8–13) und rechtfertigt (→Rechtfertigung) ihn allein aus G. (sola gratia) um Christi willen (vgl. Röm 3,24). Die Kirche steht unter dem Auftrag, „an Christi Statt [...] durch Predigt und Sakrament die Botschaft von der freien G. Gottes auszurichten an alles Volk" (→Barmer Theologische Erklärung, VI). Gottes G. ist frei, sie wird zwar umsonst, aber nicht gezwungenermaßen zugewendet. Ihr eignet Souveränität, aber gerade darin ist ihr alles Herablassende fremd: Sie hat immer die Form erbarmender Selbstentäußerung, die suchend und rettend dem Verlorenen, Elenden und Verachteten nachgeht (vgl. Luk 15). Der gnädige Gott ist der barmherzige Gott, der von der Not des Menschen im Innersten bewegt und berührt wird und sie im Geschick Jesu Christi zu ihrer Überwindung auf sich nimmt. G. manifestiert sich als →Barmherzigkeit und wird als Barmherzigkeit konkret.

2. Sozialethische Relevanz. Die Zuwendung der den Sünder rechtfertigenden G. Gottes bleibt dem Verhältnis zwischen Gott und Mensch vorbehalten und lässt sich nicht unmittelbar auf die zwischenmenschlichen Interaktionsordnungen übertragen. Gleichwohl werden durch sie ethische Grundoptionen für Milde, Schonung, Nachsicht, unkalkulierte Zuwendung, Erbarmen usw. in ihr Recht gesetzt und gegen ihre Strittigkeit vereindeutigt. Angesichts der alles Zusammenleben dominierenden und häufig zementierenden Ordnungen, Rollen, Positionen und Funktionszuweisungen ist der Gemeinschaft stiftende Sinn eines von G. bewegten Handelns ersichtlich. So würde das Leben nicht weitergehen, wenn es keine Schuldentlastung gäbe (→Schuld), wenn nicht immer wieder „G. vor Recht" ergehen könnte. Kindern und Jugendlichen schuldet man Nachsicht, den alten Menschen Rücksicht, man kann sie nicht einfach an den Regeln des aktiven, tätigen Lebens messen. In ihrem Anspruch begrenzt werden die ausschließliche Orientierung an Effizienz- und Nützlichkeitskriterien, die Reduktion auf den Primat des Ökonomischen, die Erwartung, dass sich für alle Probleme zumindest techn. Lösungen entwerfen und bewerkstelligen lassen, der Sog zum nur Funktionalen und Machbaren. Die Dimension der G. bildet den eigentümlich unverfügbaren Nährboden für zweckfrei und vorbehaltlos agierende Menschlichkeit, die an der Not anderer nicht vorbeisieht und sich der Schwachen annimmt. Die Realisierung sozialer →Gerechtigkeit und →Solidarität ist in einem oft unterschätzten Ausmaß davon abhängig, dass die Glieder einer →Gemeinschaft den Wert – zweckfreier – Zuwendung zum Mitmenschen erfassen und achten. Die soziale Bedeutung von G. wird leicht verkannt und ist immer wieder neu gegen ihre Aufweichung durch an sich berechtigte zweckrationale und ökonomische Kalküle zu verteidigen.

3. Rechtlich. Das heute verfassungsmäßig verankerte *Begnadigungsrecht* sieht die Möglichkeit vor, rechtskräftig erkannte Strafen (→Strafe) mildernd umzuwandeln, ganz oder teilweise zu erlassen oder ihre Vollstreckung zur Bewährung auszusetzen. In der BRD wird das Begnadigungsrecht auf der Ebene des Bundes vom Bundespräsidenten, auf der Ebene der Länder in der Regel von den Ministerpräsidenten ausgeübt (vgl. Art. 60,2 GG; § 452 StPO). Die Begnadigung setzt den Richterspruch voraus und hebt diesen nicht auf; die Korrektur von ergangenen Gerichtsurteilen liegt ausschließlich bei den zuständigen Berufungsinstanzen. Wohl aber können bei sorgfältiger Prüfung des Einzelfalls und aller Begleitumstände zu einem bestimmten Zeitpunkt die Straffolgen des richterlichen Urteils teilweise oder ganz außer Kraft gesetzt werden. Um G. wird ersucht, sie kann ohne Angabe von Gründen auch verweigert werden. Ihre Gewährung bleibt der freien Entscheidung der G.ninstanzen vorbehalten. Ein einklagbarer Anspruch auf G. würde das Begnadigungsrecht auflösen und die Rechtsordnung aushöhlen.

Neben der Individualbegnadigung stellen die kollektive Begnadigung (Amnestie) und die Niederschlagung bzw. von außen verfügte Einstellung eines Verfahrens (Abolition) weitere Formen des Begnadigungsrechts dar. Letztere ist umstritten und gilt in der BRD – außer im Falle einer Amnestie – als unzulässig. Die Amnestie sichert bestimmten, klar definierten Tätergruppen Straffreiheit zu. Sie bedarf jeweils eines Gesetzes. Amnestien wurden häufig im Zusammenhang mit Friedensverträgen, revolutionären Prozessen und gesellschaftl. Umbrüchen erlassen. Sie können immer dann angebracht sein, wenn das Erfordernis der Befriedung dringlicher wird als die berechtigte gerichtliche Aufarbeitung von Unrechtstaten. Der →Rechtsstaat wird mit dem Instrument der Amnestie äußerst zurückhaltend und sparsam umgehen. Straffreiheitsgesetze bei geordneten Rechtsverhältnissen schwächen nachhaltig das wünschenswerte Unrechtsbewusstsein.

H. Dombois, Das Recht der G., [1]1969[2], [II]1974, [III]1983 – O. H. Pesch/A. Peters, Einführung in die Lehre von G. und Rechtfertigung (1981), 1994[3] – W. Dirks, Barmherzigkeit. Ermutigung zu einer unzeitgemäßen Tugend, 1992 – Ch. Mickisch, Die G. im Rechtsstaat, 1996 (Lit.) – K.-H. Menke, Das Kriterium des Christseins, Grundriss der G.nlehre, 2003 – H. Birkhoff/M.Lemke, G.nrecht. Ein Handbuch, 2012 – J. Werbick, G., 2013.

Michael Beintker

Grundgesetz (Verfassung)

1. Entstehung. Nach der bedingungslosen Kapitulation am 8. 5. 1945 teilten die Alliierten Deutschland in vier Besatzungszonen auf. Infolge des sich verschärfenden Ost-West-Konflikts entschlossen sich die Westmächte, die drei Westzonen (Bizone bereits 1947 gebildet) zu einem föderalistischen Staatswesen umzugestalten und übergaben den elf westlichen Ministerpräsidenten im Juli 1948 die Frankfurter Dokumente mit ihren grundlegenden Verfassungsvorstellungen. Der daraufhin 1948 einberufene Parlamentarische Rat verabschiedete am 8. 5. 1949 nach Verhandlungen und Genehmigung der Militärgouverneure das G., das von allen Landtagen außer dem bayerischen (der das G. aber anerkannt hat) ratifiziert und am 23. 5. 1949 verkündet wurde. Es wurde seitdem häufig, insgesamt 58 Mal, geändert.

2. Verfassungsstrukturen. Das G. ist in jeder Hinsicht eine vollwertige Verfassung und war als „Provisorium" nur im Hinblick auf die fehlende Einbeziehung der damaligen Sowjetzone verstanden worden. Es regelt mit den Grundrechten als 1. Abschnitt das grundlegende Verhältnis zwischen Staat und Bürger einerseits und die Staatsorganisation andererseits. Der Grundsatz der Menschwürde und die Staatsstrukturprinzipien des Art. 20 GG werden zudem im Kern für unantastbar erklärt (Art. 79 III GG).

Die Grundrechte sind bewusst als auch gerichtlich durchsetzbare subjektive Rechte des Einzelnen ausgestaltet, die alle Staatsgewalt als unmittelbar geltendes Recht binden. Das G. enthält im Gegensatz zur Weimarer Reichsverfassung keine sozialen Rechte.

Art. 20 GG enthält die wesentlichen Strukturprinzipien, die teilweise auch im G. weiter konkretisiert werden. Das Republikprinzip verbietet die Einführung einer erblichen Monarchie. Das Demokratieprinzip schließt eine Reihe wichtiger Elemente ein, zu denen das Mehrheitsprinzip, die Herrschaft auf Zeit, der Minderheitenschutz und eine freie öffentliche Meinungs- und Willensbildung zählen. Das Prinzip verlangt darüber hinaus für die Ausübung staatlicher Gewalt ein bestimmtes demokratisches Legitimationsniveau, dessen Elemente die funktional-institutionelle Legitimation durch die Verfassung, die sachlich-inhaltliche Legitimation durch Gesetze und hierarchisches Weisungsrecht und die personell-organisatorische Legitimation durch Wahlen und Ernennung der Staatsdiener bilden.

Das Rechtsstaatsprinzip beinhaltet vor allem den Vorrang der Verfassung und das Prinzip des Gesetzesvorrangs und -vorbehalts, die Gewährleistung gerichtlichen Rechtsschutzes und einiger Justizgrundrechte (z. B. rechtliches Gehör), Rechtssicherheit durch Bestimmtheit und Vertrauensschutz, das Verhältnismäßigkeitsprinzip und die objektive Pflicht des Staates, Rechtsverstöße zu beseitigen.

Im Gegensatz zu den konkreten Anforderungen des Rechtsstaatsprinzips ist das Sozialstaatsprinzip allein als hochabstrakter Grundsatz verankert, der in Verbindung mit der Menschenwürde das Existenzminimum verbürgt, ansonsten aber lediglich ein Staatsziel bildet, dessen Ausgestaltung dem Gesetzgeber überlassen bleibt.

Das G. konstituiert die Bundesrepublik als Bundesstaat, der im Grundsatz auch durch Art. 20 GG garantiert wird. Der Bundesstaat ist dadurch definiert, dass sowohl der Bund als Zentralstaat als auch die Gliedstaaten Staatlichkeit oder Souveränität besitzen. Sachlich ist dabei entscheidend, ob beide Ebenen über Verfassungsautonomie sowie einen Kernbestand an eigenständigen Kompetenzen verfügen. Zwei Grundstrukturen kennzeichnen die Kompetenzverteilung im Bundesstaat des G. Die Kompetenzen werden erstens nicht nach Sachmaterien strikt getrennt, sondern für ein Sachgebiet wie öffentliche Wohlfahrt oder den Immissionsschutz sind die Kompetenzen für die Gesetzgebung, Verwaltung und Rechtsprechung verschiedenen Ebenen zugewiesen, so dass insgesamt eine starke Verflechtung zwischen Bund und Ländern eintritt. Zweitens werden die einzelnen Sachgebiete nicht umfassend und abschließend jeweils einer Ebene zugewiesen, sondern es besteht eine grundlegende Vermutung der Zuständigkeit zugunsten der Länder und daneben werden weitreichende Kompetenzen dem Bund zugewiesen, welche die Länderkompetenz verdrängen. Die grundsätzliche Vermutung zugunsten der Länder findet sich in Art. 30 GG, das Prinzip wird in Art. 70 GG für die Gesetzgebung und in Art. 83 GG für die Verwaltung wiederholt. In der Verfassungsrealität hat dies dazu geführt, dass die Gesetzgebungsfunktion ganz überwiegend vom Bund wahrgenommen worden ist, während die Länder die Verwaltung übernommen haben. Die Rechtsprechung ist zwar hauptsächlich Länderangelegenheit, der einheitliche Instanzenzug mit den Bundesgerichten als Revisionsinstanzen sowie die Dominanz der Bundesgesetzgebung führen aber ebenfalls zu einem Übergewicht des Bundes. Diese prinzipielle Kompetenzverteilung spiegelt sich auch in der Finanzverteilung.

3. Institutionelles System. Art. 20 II GG etabliert die Gewaltenteilung als Verfassungsprinzip, die nicht allein rechtsstaatliche Machtbegrenzung, sondern auch eine effektive Staatsorganisation zu verwirklichen sucht. Die Gewaltenteilung wird heute auch nicht in erster Linie als Trennung der drei Funktionen verstanden, die verschiedenen persönlich und organisatorisch unabhängigen Organen zugewiesen werden, sondern als funktionsgerechte Zuweisung der Funktionen an die Organe, die dafür nach ihrer Organisation, Zusammensetzung, Funktion und Verfahren über die besten Voraussetzungen verfügen.

Das G. sieht eine strikt repräsentative Demokratie ohne Formen der unmittelbaren Volksabstimmung vor (Ausnahme Art. 29, 118, 118a GG für den Fall der Neugliederung des Bundesgebiets). Art. 38 I 1 GG normiert die klassischen Wahlrechtsgrundsätze, das Wahlsystem wurde jedoch nicht in die Verfassung aufgenommen. Der Gesetzgeber hat ein personalisiertes Verhältniswahlsystem mit einer 5 %-Sperrklausel eingeführt.

Das G. hat sich ferner für ein parlamentarisches Regierungssystem entschieden, in dem die Regierung in ihrem Bestand vom Vertrauen des Parlaments abhängig ist, weil sie durch (konstruktives) Misstrauensvotum (Art. 67 GG) gestürzt werden kann. In Krisensituationen kann die Exekutive andererseits den Bundestag auflösen (Art. 63 IV, 68 GG). Der Bundeskanzler verfügt auch dank seiner Richtlinienkompetenz (Art. 65 GG) über eine starke Stellung. Infolge des parlamentarischen Regierungssystems kooperieren Parlamentsmehrheit und Regierung eng miteinander, während die Kontrollfunktion des Parlaments vornehmlich von der Opposition wahrgenommen wird. Der Bundespräsident ist weithin auf seine Integrations- und Repräsentationsfunktion verwiesen und verfügt über eine Legalitätsreserve und nur in Krisenfällen über eine politische Reservefunktion. Auch durch die Verlagerung der Gesetzgebungskompetenzen auf den Bund und durch die Ausweitung des Zustimmungserfordernisses für Bundesgesetze ist die Rolle des Bundesrates deutlich über die ihm ursprünglich zugedachte Funktion hinausgewachsen. Im Konzert der Verfassungsorgane hat zudem das Bundesverfassungsgericht eine wachsende Bedeutung aufgrund seiner umfassenden Rechtsprechungskompetenzen erlangt.

4. Verfassungsentwicklung. Trotz zahlreicher Änderungen im Detail hat das G. seine Grundstruktur bewahrt. Es hat zu einer stabilen politischen Entwicklung maßgebend beigetragen und sich im Großen und Ganzen bewährt. Auch deswegen fiel im Zuge der Wiedervereinigung die Entscheidung für einen Beitritt der DDR nach Art. 23 GG und nicht für eine neue Verfassungsschöpfung nach Art. 146 GG. Heute regelt Art. 23 GG die Integration in die Europäische Union. Unabhängig davon, ob man noch Formen unmittelbarer Demokratie einführen will, hat sich das G. als funktionsfähige Verfassung erwiesen.

K. HESSE, Grundzüge des Verfassungsrechts der Bundesrepublik Deutschland, 1999[20] – C. MÖLLERS, Das G., 2009 – W. HEUN, Die Verfassungsordnung der Bundesrepublik Deutschland, 2012 – P. KIRCHHOF/J. ISENSEE (Hrsg.), Handbuch des Staatsrechts, 12 Bde, 2003–2014[3].

Werner Heun

Grundrechte

1. Begriff, Geschichte und Bedeutung. Der Begriff der G. ist im deutschen Sprachgebrauch für die rechtlich verbindlichen Gewährleistungen dem Staat vorausliegender Rechte des Individuums im Anschluss an die Terminologie des Grundgesetzes üblich und grenzt sich damit von dem Begriff und der Idee der Menschenrechte mit ihrem universalen Anspruch ab. Die Konzeption der G. als rechtlich verbindlicher Gewährleistungen subjektiver Freiheits- und Gleichheitsrechte wird erstmals Ende des 18. Jahrhunderts in der Bill of Rights of Virginia 1776 und der französischen Déclaration des Droits de l'Homme et du Citoyen von 1789 verwirklicht. Die G.garantien der Verfassungen des deutschen Konstitutionalismus im 19. Jahrhundert begründen in erster Linie nur einen Gesetzesvorbehalt für die monarchische Exekutive und geben den Parlamenten programmatische Leitlinien für die Gesetzgebung vor. Erst das Grundgesetz setzt mit Art. 1 III GG endgültig die unmittelbare rechtliche Geltung der G. für die gesamte Staatsgewalt, also auch für die Legislative, durch. Durch die Position der meisten G. am Anfang der Verfassung und das Bekenntnis zu den Menschenrechten in Art. 1 II GG betont das Grundgesetz die konstituierende Bedeutung und den Rang der G. in der demokratischen und rechtsstaatlichen Ordnung der Bundesrepublik Deutschland und setzt sich damit von dem Unrechtsstaat des Nationalsozialismus ab.

2. Funktionen. G. dienen – ihrer Geschichte und heutigen Bedeutung nach – in erster Linie dazu, die Freiheitssphäre des einzelnen vor Eingriffen der öffentlichen Gewalt zu schützen. Sie sind daher vor allem Abwehrrechte des Bürgers gegen den Staat. Sie sind auch im demokratischen Verfassungsstaat nicht obsolet. Einzelne G. gewähren darüber hinaus auch konkrete Mitwirkungsrechte. Dazu zählen im weiteren Sinn auch die Kommunikationsg. (Meinungsfreiheit, Versammlungsfreiheit) und das Wahlrecht. Darüber hinaus bilden schon immer die Gleichheitsrechte ein wesentliches Element der G.

Schon die früheren G.verbürgungen sahen in den G.n objektive Prinzipien der Ordnung des Gemeinwesens. Diese Bedeutung hat unter dem Grundgesetz durch die Verfassungsgerichtsbarkeit eine außerordentliche Verstärkung erfahren. Die G. wirken danach als objektive Prinzipien für die gesamte Rechtsordnung. Sie errichten eine objektive Wertordnung, die als verfassungsrechtliche Grundentscheidung für alle Bereiche des Rechts gilt und Gesetzgebung, Verwaltung und Rechtsprechung „Richtlinien und Impulse" gibt. Nicht nur bei der Gesetzgebung, auch bei der Auslegung und Anwendung des einfachen Rechts sind die G. zu berücksichtigen. Im Einzelfall können G. auch als Teilhabe- und Leistungsrechte wirken und damit unmittelbar positive Ansprüche begründen. Dagegen legen die G. die Bundesrepublik nicht auf eine bestimmte Wirtschaftsordnung fest.

3. Berechtigte und Verpflichtete. Das Grundgesetz unterscheidet zwischen Menschenrechten, die „jedermann" zustehen, und G.n, die nur „Deutschen" zustehen. G.träger sind prinzipiell alle natürlichen Personen sowie inländische juristische Personen, soweit die G. ihrem Wesen nach auf sie anwendbar sind. Verpflichtet wird als G.adressat der Staat, wobei alle Staatsgewalt unabhängig davon, ob sie privat- oder öffentlich-rechtlich handelt, gebunden ist. Dagegen sind private Rechtsträger, auch Inhaber gesellschaftlicher Macht, nicht unmittelbar (sog. Drittwirkung) an die G. gebunden (Ausnahme Koalitionsfreiheit). Aufgrund der objektiv-rechtlichen Wirkung der G. ist aber eine mittelbare Drittwirkung allgemein anerkannt, zumal die G. eine weitreichende Ausstrahlungswirkung für die gesamte Rechtsordnung entfalten.

4. Ausgestaltung und Begrenzung. Die G.gewährleistung erfolgt im Grundgesetz meist in wenigen äußerst knappen Sätzen, die weiterer rechtlicher Ausgestaltung bedürfen. Das gilt insbesondere für normgeprägte G. wie das Eigentum, dessen Inhalt überhaupt erst durch das einfache Gesetz bestimmt wird. Wichtiger ist noch, dass die G. nicht unbeschränkt oder absolut gewährleistet sind, da ihr Gebrauch ansonsten regelmäßig zu Konflikten mit den G. anderer Bürger führen müsste. Meist enthalten die G. daher einen unterschiedlich ausgestalteten Gesetzesvorbehalt. Damit sie gegenüber der Gesetzgebung nicht leerlaufen, unterliegen die Gesetze bei Eingriffen ihrerseits bestimmten formalen und materiellen Rechtfertigungsanforderungen, insbesondere dem Verhältnismäßigkeitsprinzip und den Anforderungen des Art. 19 GG.

5. Schutz der G. Der Verfassungsgeber hat angesichts der Erfahrungen der nationalsozialistischen Zeit in besonderem Maß versucht, die G. vor ungerechtfertigten Zugriffen zu schützen. Neben die materiellen Schranken der G.eingriffe tritt vor allem ein umfassender gerichtlicher Schutz der G. Dem Bürger steht gem. Art. 19 IV GG in jedem Fall der Weg zu einer gerichtlichen Überprüfung aller Akte der Exekutive offen. Außerdem kann jeder Bürger, der sich in einem seiner G. verletzt sieht, meist erst nach Erschöpfung des Rechtswegs mit einer Verfassungsbeschwerde vom Bundesverfassungsgericht die Einhaltung der G. durch alle staatlichen Organe überprüfen lassen.

R. ALEXY, Theorie der Grundrechte, 1985 – H. DREIER, Dimensionen der Grundrechte, 1993 – H.-J. PAPIER/D. MERTENS (Hrsg.), Handbuch der Grundrechte in Deutschland und Europa, 9 Bde, 2004–2014.

Werner Heun

Grundsicherung, soziale

1. Strukturmerkmale. In jeder Gesellschaft gibt es Menschen, die aus eigener Kraft nicht in der Lage sind, ihren Lebensunterhalt selbst zu bestreiten. S. G. stellt die gesellschaftlich gesetzte Interventionsschwelle dar, an der das Gemeinwesen sich moralisch verpflichtet, eine von ihm als angemessen angesehene Teilhabe zu sichern. Dabei legen die dazu befugten Gremien zugleich fest, ab wann, in welchem Umfang, wie lange, durch wen und in welcher Weise diese – vorleistungsfreie – Hilfe gewährt wird. S. G. tritt *subsidiär* ein, also erst dann, wenn der Nachweis erbracht ist, dass der Einzelne und dessen sozialer Grundverband (etwa Familie) seinen Lebensunterhalt nicht bestreiten können. Allerdings soll die materielle Versorgung so ausgestaltet sein, dass ein Anreiz erhalten bleibt, sich aus dieser Notsituation selbst zu befreien (*Lohnabstandsgebot*). Dieses bezieht sich auf die vorherrschende Form der eigenständigen *Subsistenzsicherung* in der Gesellschaft, heute meint dies Erwerbsarbeit. Und schließlich soll in einem Prüfverfahren sichergestellt werden, dass keine Leistungen an Personen gehen, die sich eigentlich selber helfen können (*Unterscheidung zwischen würdigen und* *unwürdigen Armen*). S. G. hat also neben dem Aspekt der *Hilfeleistung* immer auch den der *Kontrolle* und den der *Erziehung* zur Anpassung an die vorherrschenden Werte und Normen sowie den der *Disziplinierung* etwa durch die Sanktion des Leistungsentzugs.

2. Geschichtliche Entwicklung. Armut bedeutet im jüdisch-christlichen Denken eine Verletzung der Würde des Menschen, die sich daraus ableitet, dass der Mensch Geschöpf Gottes ist. Diese Würde ist unaufgebbar. Die Armenunterstützung findet in der jüdischen Bibel und im Neuen Testament einen breiten Raum. Im kaiserlichen Rom erhielten Arme nach Prüfung ihrer Bedürftigkeit ein Stück Land, genannt *precarium*. Dieses Land durfte weder verkauft noch verpfändet werden, es diente einzig der eigenständigen Subsistenzsicherung durch landwirtschaftliche Arbeitsleistung. Die feudale mittelalterliche Gesellschaft verband die Armenfürsorge mit dem Gedanken des wechselseitigen Abhängigkeits- und Treueverhältnisses: Der Reiche gab dem Armen Almosen, dafür leistete dieser Fürbitte im Gebet für die Seele des Reichen. Dieses System kam an seine Grenzen mit dem Aufkommen der (früh-)kapitalistischen Gesellschaft, verbunden mit einer starken Land-Stadt-Flucht und den allmählichen funktionslos werdenden feudalen Hilfesystemen.

Für das System der s. G. wurde die Reformation wichtig. Während Kaiser KARL V. per Edikt im Jahr 1531 den Kommunen die Pflicht übertrug, für ‚ihre' Armen zu sorgen, setzte sowohl die lutherische als auch die calvinistische Reformation auf das Engagement der Christen bei der Armenunterstützung. Die kirchlichen Gemeinden sammelten Lebensmittel und verteilten sie an Bedürftige („*gemeiner Kasten*"). Daneben beriet LUTHER auch weltliche Gemeinden beim Aufbau ihres Armenwesens. Für LUTHER war Reichtum, der nicht zur Überwindung von Armut eingesetzt wird, „gestolen vor got". Es bildeten sich die bis heute gültigen Grundprinzipien der Armenfürsorge aus. Zum einen scheidet Armenfürsorge strikt zwischen den Bedürftigen und denen, die sich bloß auf Kosten anderer einen Vorteil verschaffen wollen. Für letztere gilt das in der Diakonie-Geschichte meist aus dem Kontext herausgerissene und missverständlich interpretierte Paulus-Zitat: „Wer nicht arbeiten will, der soll auch nicht essen." (2. Thess., 3, Vers 10) Der Bezug zur (Erwerbs-)Arbeit ist sowohl bei LUTHER als auch bei CALVIN zentral. Zum anderen zeichnet sich eine Parallelstruktur zwischen öffentlichen und heute der Zivilgesellschaft zugeordneten Hilfesystemen ab, die im 19. Jahrhundert deutlichere Gestalt annimmt und sich bis heute durchgehalten hat.

Im 19. Jahrhundert zeigt sich dieses im Nebeneinander der Neuansätze diakonischen bzw. caritativen Handelns (für die Namen wie JOHANN HINRICH WICHERN, THEODOR FLIEDNER, WILHELM EMMANUEL VON KETTELER und LORENZ WERTHMANN beispielhaft stehen) und Ansätzen einer Systematisierung der kommunalen Armenfürsorge (*Elberfelder Modell*). Höhe und Verfahrensgrundsätze variierten einmal zwischen den einzelnen Kommunen selbst und zum anderen zwischen kommunalen sowie den zivilgesellschaftlichen Hilfesystemen. Erst mit den Reichsgrundsätzen von 1924 wurden in der Weimarer Republik einheitliche Kriterien für die kommunale s. G. festgelegt, ohne allerdings auch die materielle Höhe anzugleichen. Dieses geschah erst mit dem Bundessozialhilfegesetz im Jahr 1961. Es wurden die Dinge in einem ‚Warenkorb' zusammengefasst, die das Existenzminimum abbilden sollten. Die Regelsätze der s. G. wurden entsprechend der jeweiligen Preisentwicklung des Korbinhalts fortgeschrieben. Inzwischen ist an die Stelle des Warenkorbmodells ein Statistik-Modell getreten, das sich an den Einkommen und Ausgaben der unteren Einkommensbezieherinnen und -bezieher orientiert (*Einkommens- und Verbrauchsstichprobe des Statistischen Bundesamtes*).

3. Ausgestaltung der sozialen Grundsicherung in Deutschland. Artikel 1, Absatz 1 des Grundgesetzes ist die bestimmende Grundnorm des Gemeinwesens: „Die Würde des Menschen ist unantastbar. Sie zu achten und zu schützen ist Verpflichtung aller staatlichen Gewalt." Dieser Artikel unterliegt dem sog. ‚Ewigkeitsgebot', er darf nach Artikel 79 Abs. 3 GG nicht aufgehoben werden. Höchstrichterliche Entscheidungen haben mehrfach unterstrichen, zuletzt im Jahr 2010, dass dieses keineswegs nur die Sicherstellung des bloßen Überlebens umfasst, sondern darüber hinaus auch die soziale und kulturelle Teilhabe abdecken muss (*soziokulturelles Existenzminimum*). In diesem Sinne ist die s. G. aufgebaut und zugleich ethisch zu bewerten.

Die s. G. in der Bundesrepublik Deutschland besteht derzeit aus 5 Subsystemen. Zum ersten ist durch Entscheidung des Bundesverfassungsgerichts festgelegt, dass das eigenerwirtschaftete Einkommen bis zur Höhe des Existenzminimums nicht besteuert werden darf (*steuerlicher Grundfreibetrag*). Mit der Reformgesetzgebung von 2005 wurde 2. das System der Mindestsicherung bei Arbeitslosigkeit für den Personenkreis eingeführt, der zur Erwerbsarbeit fähig ist (*Grundsicherung für Arbeitssuchende*, Sozialgesetzbuch II), aber keine Ansprüche auf Leistungen aus der Arbeitslosenversicherung hat. Erfasst werden dabei auch alle Personen, die mit dem Leistungsempfänger/der Leistungsempfängerin in einer sog. *Bedarfsgemeinschaft* leben und für einander versorgungsmäßig eintreten müssen. Dabei erfolgt eine Bedürftigkeitsprüfung, bei der alle Einkommen und Vermögenswerte – bis auf Freibeträge – aller in der Bedarfsgemeinschaft Lebenden einbezogen werden (Fortschreibung der früheren *Familiensubsidiarität*). Das 3. Subsystem stellte die traditionelle *Sozialhilfe* dar (*Grundsicherung für nicht Er-*

werbsfähige, SGB XII). Es tritt zum einen für alle nicht generell abgesicherten sozialen Risiken ein, so für Personen mit besonderen sozialen Schwierigkeiten. Zum anderen gibt es hier zwei Sonderfälle, nämlich die Grundsicherung im Alter und bei voller Erwerbsminderung, bei denen der Rückgriff auf versorgungspflichtige Angehörige auf Extremfälle beschränkt ist. Die Leistungshöhe sowohl der Grundsicherung bei Arbeitslosigkeit wie der allgemeinen Grundsicherung ist gleich hoch. Das 4. System ist eine Grundsicherung im Rahmen des *Bundesversorgungsgesetzes* und zielt auf Fälle wie etwa eine Entschädigung beim Erleiden von Gewalttaten. 5. Schließlich gibt es Leistungen für Asylbewerber im Rahmen des *Asylbewerberleistungsgesetzes*.

4. Kritische Würdigung der sozialen Grundsicherung. Dem Anspruch nach kann die s. G. alle in Not geratenen Menschen erreichen. Allerdings zeigt sich, dass nicht wenige Menschen trotz Leistungsanspruchs durch sie nicht erfasst werden bzw. sich diesem System entziehen – aus Unkenntnis, Scham, erfahrenen Schikanen bei Leistungsbehörden etc. (*Dunkelziffer*). Dies betrifft in besonderer Weise Personenkreise, die keinen festen Wohnsitz in Deutschland haben, weil sie aus ihren Heimatländern aus unterschiedlichen Gründen geflohen sind. Europaeinheitliche Regelungen gibt es hier nicht bzw. werden durch Entscheidungen des Europäischen Gerichtshofes eher umrissen denn geklärt. Aber auch schon länger hier Wohnende scheuen mitunter den Gang zu den zuständigen Ämtern. Dabei wird zugleich kontrovers diskutiert, ob und inwieweit die gewährten Leistungen tatsächlich ein soziokulturelles Existenzminimum umfassen. Nicht nur Betroffene, sondern auch wissenschaftliche Expertisen bezweifeln dieses, insbesondere bei der Grundversorgung von Kindern. Der politische Versuch, etwa durch das sog. *Bildungspaket* den Bildungsanspruch dieser Kinder im Rahmen der Mindestsicherung zu stärken, ist aufgrund des bürokratischen Aufwands und der Zielungenauigkeit allerdings eher kritisch zu werten. Kritisiert werden muss daneben insbesondere die Versorgung von Asylbewerbern, da deren Leistungen ausdrücklich auf den Aspekt der soziokulturellen Integration verzichten. Das Bundesverfassungsgericht hat die Leistungshöhe dieses Gesetzes nachdrücklich gerügt und so eine Neufassung erzwungen.

Immer wieder zeigt sich die komplementäre Struktur einer öffentlich-rechtlichen s.G. und zivilgesellschaftlicher Initiativen. Aktuell betrifft dieses insbesondere die ,Tafel-Bewegung', den Versuch also, mittels vom Verwendungsverfall betroffener Lebensmittel und anderer Spenden Bedürftige zu unterstützen. Gerade kirchliche bzw. diakonische Einrichtungen sind hier besonders stark beteiligt. Sie stehen in dem Dilemma, einerseits den Staat von einer kritischen Überprüfung der gewährten Leistungshöhe zu entlasten, andererseits wird Armut wieder konkret sichtbar – auch in kirchlichen Kreisen.

5. Ein garantiertes Grundeinkommen? Seit geraumer Zeit wird diskutiert, ob nicht an die Stelle der Fürsorgeleistungen ein System allgemeiner Grundsicherung (*garantiertes Grundeinkommen*) treten sollte. Befürworter sehen in dieser bedarfsunabhängigen Leistung ein Ende administrativer Fehlentscheidungen und Strafmaßnahmen (z. B. Sperrfristen). Kritiker hingegen verweisen auf die immensen Kosten, deren Einsatz die soziale Schichtung in der Gesellschaft nicht beseitigen werde; außerdem sei es das Ziel der meisten Hilfebedürftigen, wieder einen Zugang zur Erwerbsarbeit zu finden. Diese reklamieren eine subsistenzsichernde Beschäftigung, nicht bloße ,Stütze'. Im Gegensatz zu diesen kritischen Einwendungen gegen eine allgemeine Grundsicherung überwiegt bei der Diskussion über eine *Grundsicherung für Kinder* eine eher positive Sichtweise, weil hier der Aspekt der Chancengleichheit aller Kinder im Vordergrund steht.

6. „Der Mensch lebt nicht vom Brot allein…" – Umfassende Aspekte der sozialen Grundsicherung. S. G. meint aber nicht nur finanzielle Transfers. So gibt es komplementäre Hilfesysteme, die etwa ein Wohnen zu sozialverträglichen Mietkosten ermöglichen sollen (*sozialer Wohnungsbau* neben der Leistung *Wohngeld*). Laut dem Sozialgesetzbuch VIII – *Kinder- und Jugendhilfe* – hat jeder junge Mensch ein „Recht auf Förderung seiner Entwicklung und auf Erziehung zu einer eigenverantwortlichen und gemeinschaftsfähigen Persönlichkeit." (§ 1, Abs. 1). Ein breites Set an unentgeltlichen Hilfen und sonstigen Angeboten konkretisiert diese generelle Aussage. Daneben gibt es Sonderregelungen für bestimmte Personengruppen (etwa für Alleinerziehende, die genauso viele Betreuungstage für erkrankte Kinder bekommen wie Elternpaare). Und schließlich gibt es besondere Hilfen für Menschen mit Behinderung und für Pflegebedürftige – um nur einige Beispiele anzuführen. In diesem Sinne fordert eine Expertise im Auftrag des Diakonischen Werkes aus dem Jahr 2011: „Die Diakonie tritt für eine unhinterfragte Existenzsicherung eines jeden ein. Dieses umfasst eine Teilhabe am gesellschaftlichen Leben, damit neben der physischen Existenz unter anderem auch Bildung, Ausbildung, Weiterbildung, Gesundheit, Wohnen, Freizeitaktivitäten gewährleistet werden." (Becker, S. 46)

7. Historische Rahmen und verteilungspolitische Kompromisse. Die Höhe, Gewährungs- und Verweigerungspraxis von s. G. ist immer Ausdruck historischer Gegebenheiten (unmittelbare Nachkriegszeit versus eine Phase starken ökonomischen Wachstums) und verteilungspolitischer Kompromisse in einer Gesellschaft. Beides ist normativ bestimmt. Auch der Wirkungskreis muss stets von Neuem justiert werden, denn die Gewährung von s. G. ist auch ein Instrument zur Sicherung des sozialen Friedens in einer Gesellschaft. Die schon zitierte Expertise im Auftrag des DW fasst zusammen: „Die Verteilungsprozesse und -strukturen unserer Gesellschaft stehen auf dem Prüfstand." (ebenda S. 48)

Doch diese umverteilende Ausrichtung kann nicht an den Grenzen des jeweiligen Nationalstaates haltmachen. Das soziale Gefälle zwischen einer nationalen s. G. zu den eklatanten Notlagen in anderen Ländern Europas und darüber hinaus ist einer der Gründe für Migration (Abschreckung des Herkunftslandes – Push-Faktor – bzw. Anziehungskraft des Zielortes – Pull-Faktor). S. G. ist Umverteilung hin zu den Bedürftigen und kann deshalb insgesamt nicht auf die nationale Ebene beschränkt sein. Katastrophenhilfe, Entwicklungshilfe, wirtschaftliche Aufbauhilfen, aber auch schlicht faire Handelsbeziehungen sprengen zwar den Rahmen der nationalen s. G., sind aber gleichwohl auch Instrumente dafür, dass die s. G. nicht überstrapaziert und letztlich selbst in Frage gestellt wird.

G. BÄCKER u. a., Sozialpolitik und soziale Lage in Deutschland, Band 1, 2010 – U. BECKER (Hg.), Perspektiven der Diakonie im gesellschaftlichen Wandel, 2011 – R. EDTBAUER/W. KIEVEL, Grundsicherungs- Sozialhilferecht für soziale Berufe, 2013 – L. LEISERING u. a., Soziale Grundsicherung in der Weltgesellschaft, Monetäre Mindestsicherungssysteme in den Ländern des Südens und des Nordens, 2006 – S. SELKE (Hg.), Tafeln in Deutschland. Argumente einer sozialen Bewegung zwischen Nahrungsmittelumverteilung und Armutsintervention, 2011.

Ernst-Ulrich Huster

Grundwerte

1. **Begriff.** G. ist ein gesellschaftspolitischer Begriff (→Gesellschaftspolitik). Als Wort der politischen Rhetorik verweisen G. auf moralische Grundsätze politischen Handelns, die fundamentale Wertvorstellungen einer →Gesellschaft, einen „Grundkonsens", auf unbestrittene Maßstäbe menschl. Zusammenlebens. Die Silbe „Grund" ist nicht eindeutig; sie schillert zwischen „begründend" u. „fundamental". Die Frage nach →Werten →Normen, ethischen Kriterien als Beurteilungsmaßstäben der Gesellschaft wurde nach 1969 laut, auch im Zusammenhang der „Rehabilitierung der praktischen →Vernunft" u. einer Rückbesinnung auf die →Ethik.

2. 1976/77 gab es in der Bundesrepublik Deutschland die sog. **G.debatte**. Abgesehen von tagespolitischen Anlässen (z. B. Strafrechtsreform, Novellierung des § 218, →Schwangerschaftsabbruch) artikulierte sie eine doppelte Fragestellung: Einmal ging es dabei um die Frage, ob eine pluralistische Gesellschaft (→Pluralismus), welche die individuelle Glaubens-, →Gewissens- u. →Religionsfreiheit anerkennt, noch ein gemeinsames Ethos für alle Bürger benötigt u. besitzt bei Wahrung der weltanschaul. Neutralität. Zum anderen wurde die Rolle des →Staates im Konsensbildungsprozess diskutiert.

2.1 Die G.diskussion wurde ausgelöst durch ein „Wort zu Orientierungsfragen" der kath. Bischöfe „Gesellschaftliche G. und menschl. →Glück" (7. Mai 1976). Das Wort war durch die Bundestagswahl 1976 veranlasst. In diesem Wort wurde generell eine Wertekrise der Gesellschaft beklagt u. speziell wurden gesetzgeberische Reformvorhaben (Novellierung des § 218, Schwangerschaftsabbruch, Reform des Ehescheidungs- u. Familienrechts, Reform des Rechts der elterl. Sorgen) angesprochen. Die Reformen wurden als Indiz eines generellen Werteverfalls genannt, gegen den an sittl. Grundsätze u. christl. Überlieferung zu erinnern sei.

2.2 Das Godesberger Grundsatzprogramm der SPD eröffnete ebenfalls schon 1959 der Abschnitt „G. des →Sozialismus" mit dem Satz: „→Freiheit, →Gerechtigkeit u. →Solidarität, die aus der gemeinsamen Verbundenheit folgende Verpflichtung, sind die G. des sozialistischen Wollens". Die Orientierung an G.n war das eigentl. Neue am Godesberger Programm. Sie markiert die Abkehr von der deterministischen Geschichtstheorie eines dogmatischen →Marxismus u. die Hinkehr zu einem ethischen, humanistischen →Sozialismus. Auch die CDU nahm in ihr Grundsatzprogramm im Oktober 1978 die G. Freiheit, Solidarität, Gerechtigkeit als Maßstäbe politischen Handelns auf.

2.3 Die ab 1976 geführte G.debatte blieb diffus. Eine große Anzahl von Politikern, polit. u. kirchl. Gremien äußerten sich. Strittig blieb in der Debatte vieles: Ursache u. Analyse der Wertekrise u. der gesellschaftl. Situation blieben offen. Die Zuordnung der drei G. wurde unterschiedl. bewertet: Soll die Freiheit oder die Gerechtigkeit den Vorrang haben? Die Schwerpunkte in der Debatte wurden unterschiedl. gesetzt: Die Diskussion machte sich an verschiedenen Themenfeldern fest: →Familie, →Ehe u. →Erziehung bildeten einen Schwerpunkt. Ein weiteres zentrales Thema war der →Friede. Im sozialen u. wirtschaftl. Bereich wurden G. auf →Mitbestimmung, →Eigentum, →Bildung bezogen, auch auf die Strafrechtsreform, Umweltschutz(→Umwelt), Verknappung der →Rohstoffe u. →Energie wurden mit der Neubestimmung von Lebensstil u. Lebensführung verbunden. Die Zuständigkeit des Staates für die Wahrung der G. wurde unterschiedl. bewertet. In diesem Zusammenhang wurde auch das Verhältnis u. die Unterscheidung von →Grundrechten u. G., von sittl. Wertung u. Gütern erörtert. Einen eigenen Schwerpunkt der Debatte bildeten die Aufgaben von Staat u. Kirche in ihrer Verschiedenheit. Ein Streitgegenstand war auch die Erziehung („Erziehungsziele", „Rahmenrichtlinien").

2.4 Die G.diskussion ist auch Kennzeichen eines allgemeinen Bewusstseinswandels. Die Nachkriegszeit ging in den 1960-er Jahren geistig zu Ende („Studentenrevolution" 1968/69); zugleich rückte das „Dritte Reich", die NS-Zeit historisch ferner. Der Jugendprotest richtete sich zeitgleich gegen einen offenkundigen politischen Pragmatismus, gegen Interessenbindungen im Staat u. gesellschaftl. →Institutionen („→Kapitalismuskritik"). Gleichzeitig löste sich ein bestehender Grundkonsens der Nachkriegsgesellschaft auf u. wurden die Fragen auch moralischer u. politischer Orientierung der Gesellschaft neu gestellt.

2.5 Die G.diskussion betrifft die Thematik des gesamten Grundverständnisses der Gesellschaft. Die Debatte war somit zwar zum einen geistiges Krisensymptom, zugleich aber auch ein Anstoß, das Ethos eines freiheitl. Staates zu überprüfen. Zwischen der Zuständigkeit eines weltanschau. neutralen, säkularen Staates (→Säkularisation) in sittl. Fragen u. der Wertorientierung einer Gesellschaft, zumal in einer pluralistischen Gesellschaft, ist zu differenzieren, das Verhältnis von Ethos u. →Recht bedarf einer sorgfältigen Klärung.

3. Probleme. Klärungsbedürftig ist grundsätzl. zunächst der Begriff „→Wert".

3.1 Ursprüngl. ein ökonomischer Begriff (Wert = Preis) ist er vor allem durch NIETZSCHES Forderung einer „Umwertung der Werte" in die Philosophie eingebracht worden (→Nihilismus). NICOLAI HARTMANN hat dagegen eine Wertethik auf der Grundlage objektiver Werte, einer „Wertehierarchie", analog zu der Gegebenheit der platonischen Ideen entworfen. Dagegen wurde geltend gemacht, dass es, erkenntnistheoretisch gesehen, nur um subjektive Wertungen, um Benennung dessen was für eine →Person, für eine bestimmte Gesellschaft wertvoll sei, gehen könne, also um ein Wertbewusstsein. CARL SCHMITT u. a. polemisieren gegen eine „Tyrannei der Werte". Eine positivistische Wirklichkeitsdeutung bestreitet die Berechtigung von Werten zu reden. Durch die Unschärfe des Wertbegriffs werden Rückfragen nach Werthaltungen (→Tugenden), Rechtsgütern, Gemeinsinn, →Autonomie der →Moral in einer säkularisierten Gesellschaft gestellt. Gerade die Rede von einer „Wertordnung des →Grundgesetzes" u. die Frage, ob die Grundrechte ein „Wertsystem" bilden, wirft die Frage nach dem Verhältnis von G. u. Grundrechten auf: Sind Grundrechte nur Abwehrrechte des Individuums gegen Staatseingriffe? Welche →Verantwortung trägt der Staat für die Erhaltung der G. oder ist er nur der „Notar" der faktischen öffentl. Meinung (so HELMUT SCHMIDT). Der Staat hat jedenfalls das Leben als Rechtsgut u. die →Menschenwürde zu schützen u. kann insofern nicht „wertneutral" bleiben (wohl aber: weltanschau. neutral). Auch die Politik muss sich an G. messen lassen (Kulturstaat, Bildungsauftrag).

3.2 Auswahl u. Anzahl der G. sind eher zufällig. Neben Gerechtigkeit, Freiheit, Solidarität könnte man weitere G. nennen (und hat es getan): →Gleichheit, →Subsidiarität, →Friede, →Leben, Hochschätzung der →Arbeit, Achtung der Persönlichkeit, sogar Wahrheit. Die Zuordnung u. das Beziehungsverhältnis der drei G. Freiheit, Gerechtigkeit u. Solidarität ist unterschiedl.

Die unter das Wort G. subsumierten ethischen Leitbegriffe sind genau zu analysieren u. zu klären, da die Gefahr einer Ideologisierung der G. (→Ideologie) besteht u. damit deren Loslösung von konkreten Aufgaben u. Herausforderungen. Auch ist jeder staatl. Zwang zur Homogenisierung der Gesellschaft zu vermeiden. Ein heiml. Leitthema der Debatte war seit HEGELS Theorie der bürgerl. Gesellschaft die Auseinandersetzung um die Stabilität u. Leistungsfähigkeit eines freiheitl. Staats prägt. Strukturprobleme der modernen Gesellschaft, des raschen sozialen Wandels (z. B. Informationsgesellschaft; →Information) sind zudem gewichtig.

4. Der Beitrag der Kirchen. Von Sozialwissenschaftlern (N. LUHMANN, H. LÜBBE) wurde die G.debatte im Zusammenhang mit den Überlegungen zu einer „Zivilreligion", der Religion des Bürgers, gebracht. Die Kirchen haben sich an der G.debatte mit eigenen Beiträgen beteiligt. Ev. Theologen (E. JÜNGEL) äußerten ausdrückl. Vorbehalte gegen den Wertbegriff. Unbeschadet des →Pluralismus der Gesellschaft u. der Verpflichtung des Staates zur weltanschau. Neutralität können die Kirchen freilich am Prozess ethischer Urteilsbildung mitwirken durch argumentative Beiträge, allein schon aufgrund des Rechts der →Meinungsfreiheit. (Öffentlichkeit und Kirche). In einer Sinnkrise geht es freilich weniger darum, moralische Forderungen u. Postulate zu erheben u. einzuschärfen, als vielmehr darum, Glauben, Gottvertrauen u. Hoffnung zu bezeugen u. das Potential christl. Überlieferung (→Tradition), v. a. der →Bibel auf Grundfragen des Menschseins u. der →Humanität zu beziehen.

Eine „Gemeinsame Erklärung des Rates der EKD u. der kath. Deutschen Bischofskonferenz" „G. u. Gottes Gebot" 1979 hat den →Dekalog, einschließl. des 1. Gebots, auf aktuelle gesellschaftl. Themen bezogen. Die Kirchen haben in der Wertdiskussion kein Monopol, wohl aber ein Mandat, an →Bildung u. →Kultur mitzuwirken. Der Auftrag der Kirchen beschränkt sich aber nicht auf die moralische Orientierung u. auf einen Beitrag zur Stabilisierung der Gesellschaft. Er hat von der Botschaft des Evangeliums auszugehen, die nicht mit abstrakten G. gleichzusetzen ist, die freilich zugleich Lebenswirklichkeit gestaltet u. Erfahrungen mit dem Glauben vermittelt (→Gesetz u. Evangelium). Die G.debatte verweist damit zurück auf Grundfragen theologischer Ethik (→Ethik, →Rechtfertigung,

→Zweireichelehre, →Sozialethik, →Menschenrechte, Friedensethos).

J. Döpfner/H. Dietzfelbinger (Hg.), Das Gesetz des Staates und die sittliche Ordnung, 1970 – O. Kimminich (Hg.), Was sind G.?, SKAB 80, 1977 – G. Gorschenek (Hg.), G. in Staat und Gesellschaft (1977), 1978[3] – Kirchenkanzlei der Evangelischen Kirche in Deutschland/Sekretariat der Deutschen Bischofskonferenz, G. und Gottes Gebot. Gemeinsame Erklärung des Rates der Evangelischen Kirche in Deutschland und der Deutschen Bischofskonferenz, 1979[3] – A. Paus (Hg.), Werte, Rechte, Normen, 1979 – C. Schmitt u. a. (Hg.), Die Tyrannei der Werte, 1979 – K. Weigelt (Hg.), Werte, Leitbilder, Tugenden; zur Erneuerung der politischen Kultur, 1985.

Martin Honecker

Gruppe

1. In Unterscheidung zu einem Aggregat (= akzidentielle, lokalisierbare Menschenansammlung: Warteschlange, Demonstration, Konzertpublikum), und einer nur kategorialstatistisch fassbaren sog. „Großgruppe" (Fußballfans) sind für ein „soziales Gebilde"vom Typ G. folgende Merkmale konstitutiv: (1) regelmäßige Interaktionen von relativer Dauerhaftigkeit (= Handeln in unmittelbarer Wechselbeziehung zwischen Menschen in einer für die Dazugehörenden überschaubaren Anzahl); (2) Minimum an gemeinsamen Verhaltensnormen (= verlässliche Erwartbarkeit von aneinander ausgerichteten und bekannten Erwartungen); (3) gemeinsam geteilte/ verfolgte Ziele/Interessen; (4) Minimum an differenzierten sozialen Positionen (Rollenerwartungen). Phänomenologisch-idealtypisch können G.en nach Struktur und Dynamik ihres Sozialitätscharakters unterschieden werden, z. B. nach: Primär- vs. Sekundär-G. (Familie/Arbeitsteam); Formal-G. vs. Sympathie-G. (hierarchisch gegliederte Betriebsabteilung vs. Freizeitverein). Das „Gesamt" gegenseitig wahrnehmbarer (d. h. auch: intern kontrollierbarer) Orientierungsgemeinsamkeit(en) kann zu einem „Wir-Gefühl" (Identifikation mit G.) führen. Dessen g.-interne Funktionswirkung wird im Begriff der G.nkohäsion (GK) gefasst und kann unterschiedlich stark ausfallen. Die GK ist wesentliche Bedingung für das Ausmaß der zeitlichen u. strukturellen G.-Stabilität. Dabei kann es zu einer (im Subjekt vollzogenen) Unterscheidung zw. „ingroup" („wir") und „outgroup" (die „anderen") kommen.

Über die Mitgliedschaft in (mehr oder weniger vielen, biographisch wechselnden) G.en verschiedenen Typs ist das Subjekt mit den unterschiedlichen, zueinander z. T. in Spannung/Widerspruch stehenden (abstrakten) gesellschaftlichen Subsystemen (Wirtschaft, Recht, Religion, Wissenschaft, Kunst) und ihren (i. d. R. in Organisationen realisierten) je eigenen Handlungs-, Wertu. Entscheidungslogiken mit dem Gesamtsystem („Gesellschaft") vermittelt, muss aber (in der Moderne des Westens) diese Spannungen als allein verantwortliches Individuum aushalten bzw. verarbeiten. Zugleich prägt die Teilhabe an der G. mit der stärksten Kohäsion und längsten Zugehörigkeit (i. d. R. ingroup vom Typ der Primär-G.) mit den in diesem „Wir" geltenden Werte-, Verhaltens- und Handlungsstandards die Weltsicht und das Verhalten des Individuums (Sozialisation). Die Vermittlungsleistung in den Partizipationsraum der Öffentlichkeit wird heute gestützt (nicht: ersetzt) durch kommunikative Teilhabe an weltweit internetbasierten, nur virtuell-„sozialen" Netzwerken. Deren gesellschaftliche Wirkungsrichtung und Tiefe sind derzeit noch nicht verlässlich absehbar.

2. Die empirische G.n-Forschung hat vielfältige Nutzung dort gefunden, wo es um Kenntnisse über kontrollierte Beeinflussbarkeit sozialer Interaktionen geht, z. B. in der Organisationspsychologie (Systematisierung der Mitarbeiterführung durch Optimierung der Kommunikations-, Kooperations- und Anerkennungsprozesse), oder in der Psychiatrie (Förderung der Identitätsbildung und -stabilisierung). In diesem Feld ist der Begriff der G.ndynamik (GD) einzuordnen. Deskriptiv bezeichnet er Permanent-Prozesse der Strukturierung des gruppeninternen Positionen- bzw. Rollensystems. Zugleich indiziert GD eine Therapie- und Trainingsmethode, die auch in der Psychotherapie etabliert ist. U. a. macht sie sich den Effekt zunutze, dass (mitunter rigoros offen kommunizierte) Rückmeldeprozesse (feedback) in der Öffentlichkeit einer G. bei den Teilnehmenden Veränderungen im Verhältnis von Selbst- zu Fremdwahrnehmung erzwingen und damit auch deren Weltsicht verändern können. Das wiederum kann zu eher konformen Handlungsmustern führen. Veränderungen können aber auch durch inter-individuelle Vergleichsprozesse bewirkt werden, bei denen sich das Bewusstsein für die eigene Individualität ausbildet bzw. gesteigert wird. Dann basiert die Hauptwirkung der Gruppe auf einer Förderung der Individualität der Teilnehmenden, die in der Gruppe lernen, ihre neu wahrgenommene Identität in der Gruppe wie auch gegenüber gesellschaftlichen Konformitätserwartungen zu leben. Freilich können sich unter dem Label „GD" auch Beeinflussungstechniken verbergen, die (z. B. bei extremistischen G.en im politischen oder religiösen Bereich Sekten) durch manipulative Steuerungstechniken die Konformität einzelner G.-Mitglieder erzwingen und damit die GK stärken wollen. Man bedient sich dazu gesteuerter feedback-Effekte und fokussiert damit auf die Identität des Subjekts, die in solchen „totalen G.en" aus der Orientierung („Spiegelung") an den anderen Mitgliedern der ingroup erwächst: In und durch diese G. soll das gestützt und monopolisiert werden, was erst durch die G. erworben wurde: Identität als G.-Mitglied (z. B. Scientology).

3. Die Bedeutung des Verbundes von Kohäsion, Konformität und Stereotypenbildung zeigt sich in einem

sozialethisch ambivalenten Grundsachverhalt vieler G.nbildungsprozesse: (1) Für die meisten sozialen Interaktionssituationen kommt man zu deren Initiierung bzw. Fortsetzung nicht ohne typisierende Vorannahmen über personen- und situationstypische „Erwartbarkeiten" in Gestalt „standardisierter Erwartungsbilder" aus (=Vor-Urteile, Stereotype). Sie sichern die Reibungslosigkeit des Alltags. (2) Für die in weniger bewusst individualitätsbasierten G.en angestrebte Steigerung der G.nkohäsion durch Förderung des konformen Verhaltens besonders auf der Gefühls- und Bewertungs-Ebene eignet sich besonders die g.ninterne Bildung von „Auto-Stereotypen" (AS): positiv profilierte Vorstellungen der „ingroup" von sich selbst. (3) Die Geltungskraft des AS ist steigerbar durch Kontrastierung mit negativ profilierten Vorstellungen, entweder generell von „den anderen" oder konkreten „outgroups" (Hetero-Stereotyp). So können soziale Stereotypisierungen g.-intern eufunktionale, dagegen zwischen G.en dysfunktionale Wirkungen entfalten. Je stärker in einer jeweiligen ingroup Unkenntnis über Gegebenheiten einzelner outgroups oder generell: der „Umwelt" gegeben ist und je stärker die Kontextbedingungen die Existenz der ingroup zu gefährden scheinen, desto stärker kommt es zur Kontrastierung zw. Auto- u. Hetero-Stereotyp. Aus dem Kontrasterleben können sich Konflikte ergeben (vom einfachen Kommunikationsabbruch bis zu Gewalt anwendenden Auseinandersetzungen). Diese Phänomene wirken nicht nur zwischen (Klein-)G.en, sondern finden sich auch auf der Wahrnehmungs-Ebene zwischen Mitgliedern von unterschiedlichen, statistisch-kategorial abgrenzbaren gesellschaftlichen „Groß.n". Interaktionskonsequenzen können sich aber nur in konkreten sozialen Gebilden wie Aggregaten oder G.en realisieren.

4. Die Ambivalenz der in (3.) beschriebenen Verbundwirkung kann nicht als Ausnahmeereignis sozialer Abweichung klassifiziert werden, sondern muss als Standardfall begriffen werden. Deshalb stellt sich, besonders angesichts der heute zunehmenden parallelen Existenz gesellschaftlicher Großgruppen mit unterschiedlicher religionskultureller Prägung, die sozialethische Frage, welcher Art von Kultur, die als Kultur auch geistesgeschichtlich verwurzelt sein muss, es gelingen kann, im gesellschaftlichen Spannungsfeld eine Ordnung zu stiften, die das für alle geltende „Gesellschaftliche" transzendieren kann, indem sie die sowohl ingroup-stabilisierenden als auch systemisch dysfunktional wirkenden Fremdzuschreibungen (Hetero-Stereotype) so miteinander zu vermitteln vermag, dass die soziale Energie in eine „Zusammenbestehbarkeit des Handelns" (TROELTSCH) aller Beteiligten transformiert wird.

H.-D. SCHNEIDER: Kleing.nforschung, Stuttgart 1975 – E. SPIESS/L. v. ROSENSTIEL, Organisationspsychologie, München 2010 – H. STEINKAMP, G.ndynamik und Demokratisierung.

Ideologiekritische und sozialethische Studien zur empirischen und angewandten Kleing.nforschung. 2. Aufl., 1986.

Andreas Feige

Güterethik / Güterlehre

1. SCHLEIERMACHER hat die →Ethik eingeteilt in →Pflichten-, →Tugend- u. G.lehre. Damit steht SCHLEIERMACHER in der Tradition der Ethik seit Platon, ARISTOTELES, der Stoa, AUGUSTIN u. THOMAS V. AQUIN, die nach dem Ziel sittlichen Handelns fragt: Was soll bewirkt werden? Welches Gut soll erreicht werden? Auch der →Utilitarismus orientiert sich an einem Gut, der allgemeinen →Wohlfahrt („Das größtmögliche →Glück der größtmöglichen Zahl"). Strittig ist, welches Ziel anzustreben ist, z. B. das höchste Gut (Gott als summum bonum, ein transzendentes Ziel), eine Wohlfahrtsmaximierung oder eine Vielzahl von Gütern, z. B. Kulturgüter wie die Wohlordnung von →Ehe und →Familie, →Staat, Wirtschaft, Wissenschaft etc. G.ethik betont das objektive Ziel, das Ergebnis des Handelns u. berührt sich darin mit einer Verantwortungsethik, wohingegen Gesinnungsethik das subjektive Wollen betont. KANT lehnt eine G.ethik prinzipiell ab, weil sie die Unterscheidung von Gut u. Böse zwangsläufig von empirischen Gegebenheiten u. kulturellen Faktoren abhängig mache.

2. Das Eigenschaftswort „gut" enthält eine Bewertung. Gut ist ein Qualitätsbegriff; er besagt: Der Bewunderung wert, gut für etwas, sogar gut an sich. Axiologische u. ontologische Bedeutung treffen darin zusammen. Von einem „guten" Menschen (vir bonus) unterschied schon die antike Ethik die „gute" Sache, das bonum. Bereits ARISTOTELES unterschied verschiedene Gestalten des Guten als Güter. Die Stoa differenzierte nach seelischen (Verstandesschärfe, Tugenden), leiblichen (→Gesundheit, körperliche Unversehrtheit, Kraft, Schönheit) u. äußeren Gütern. Reichtum und leibliche Vorzüge haben nur einen relativen Wert; sie sind Adiaphora. Seit AUGUSTIN wird den „irdischen" Gütern das ewige Gut, Gott als Ziel des Lebens übergeordnet.

3. Das Substantiv „Gut" bezeichnet innerweltlich etwas Vorhandenes, ein „Vermögen". Denn das Gute gibt es in der Realität nicht absolut, sondern nur in der Gestalt von Gütern. Das Wort Gut wird auch ökonomisch verwendet, z. B.: „Frachtgut", „Saatgut" aber auch „Diebesgut" sowie Gütererzeugung, Güterverkehr, Güterrecht, Gütergemeinschaft usw. „Güter" sind entweder dem Handeln vorgegebene „Natur"güter (z. B. →Leben, →Umwelt) oder durch Handeln erzeugte Kulturgüter. Wirtschaftliche Güter sind Mittel zur Befriedigung menschlicher Bedürfnisse (→Be-

darf, Bedürfnis). Rechtsgüter wie →Leben, →Freiheit, →Eigentum, →Ehre etc. sind schützenswerte humane →„Werte". Güter sind oft Kulturerzeugnisse der Menschheit. SCHLEIERMACHER erörtert Güter als kulturelle Erzeugnisse (Produkte), die durch das Einwirken der menschlichen →Vernunft auf die Natur hervorgebracht werden sollen. →Recht, →Kultur, Religion, Schutz u. Förderung von Familie u. Ehe sind Güter, die eine objektive Ethik (Kulturethik) zu bedenken hat. Die materiale →Wertethik (MAX SCHELER, NICIOLAI HARTMANN) ist G.ethik. Die Wertethik untersucht u. analysiert Güter, deren Hierarchie u. Rangordnung („Gütertafel") u. ihre Vorzugswürdigkeit.

4. G.ethik setzt die Wahrnehmung empirisch vorgegebener u. aufgegebener, kulturell erzeugter Güter voraus. Der Wertung voraus geht ein deskriptives Element. An dieser Voraussetzung setzt die Kritik an einer als G.lehre konzipierten Ethik an. Kritisch befragt wird die Vermischung von sittlichen Gütern u. ökonomischen Gütern. Die ökonomische Sicht geht davon aus, dass Sachgüter der Befriedigung menschlicher Bedürfnisse dienen sollen. Zu unterscheiden sind Konsum- u. Produktivgüter, Verbrauchs- u. Gebrauchsgüter, inferiore (notwendig zur Erfüllung von Grundbedürfnissen) u. superiore Güter (Luxusgüter). Grundlegend ist ferner die Unterscheidung zwischen privaten u. öffentlichen Gütern (Umweltschutz, →Bildung, →Sicherheit). Eine am formalen Prinzip der Universalisierbarkeit ausschließlich orientierte Ethik lehnt den Einbezug empirischer Faktoren ab. Probleme wirft auch die Spannung zwischen subjektiver Wertschätzung, die zumeist auf der biografischen Individualität beruht, u. einer objektiven, allgemeingültigen Güterordnung auf. Außerdem haben Güter in unterschiedlichen Kulturen einen verschiedenen Stellenwert u. Rang (Kulturrelativismus). Eine ausschließlich als G.lehre konzipierte Ethik hat also große Probleme, sowohl in theoretischer Perspektive (gibt es eine objektive, objektivierbare Erkenntnis von Gütern, Werten, u. deren Rangfolge?) als auch in praktischer Perspektive (wie ist die Verwirklichung eines Gutes bei kollidierenden Ansprüchen u. konkurrierenden →Interessen der Subjekte möglich?). Gleichwohl hat eine materiale Ethik, insbesondere eine →Sozialethik, die Güterlehre mitzubedenken, wenn die Zielvorstellungen u. Ergebnisse (Produkte) eines Handelns in →Verantwortung bedacht werden.

F.D.E. SCHLEIERMACHER, Ethik (1812/1813), 1981 – E. TROELTSCH, Grundprobleme der Ethik, GS, II1913, 1922³, 555–672 – MAX SCHELER, Der Formalismus der Ethik und die materiale Werteethik, 1913/1916, 1954⁴ – R. SPAEMANN, R. LÖW, Wozu? Geschichte u. Wiederentdeckung des teleologischen denkens, 3. Aufl. 1991 – H. KRÄMER, Integrative Ethik, 1992 – T. MEIREIS, H.R. REUTER, Das Gute und die Güter, 2007.

Martin Honecker

Handlung / Handlungstheorie

1. Begriff. Klassisch bezeichnet H. das intentional gesteuerte Verhalten eines Aktors. Es ist zu unterscheiden zwischen dem Subjekt der H. (Aktor), den H.objekten (Material, Werkzeuge) und der der H. zugrunde liegenden Intention (H.absicht), die auf ein H.ziel ausgerichtet ist und ein bestimmtes H.ergebnis bezweckt. Dabei ist es unwesentlich, ob das Ergebnis (und die mit ihm verbundenen Folgen) mit der H.intention übereinstimmen oder nicht. Analytisch ist die Kontingenz der H. vorauszusetzen: zum Begriff der H. gehört, dass der Handelnde unter identischen Umständen auch anders hätte handeln können. Ein Problem der H.th. ist, dass sich bislang kein allseits akzeptierter H.begriff durchgesetzt hat.

2. H.th. Ansätze. Die philosophische Diskussion des H.begriffs wurde durch ARISTOTELES' klassische Unterscheidung zwischen Herstellen (poiesis) und Handeln (praxis) bestimmt. Er unterscheidet zwischen einem H., das auf ein außerhalb seiner selbst liegendes Ziel ausgerichtet ist (poiesis) und dem H., das sein Ziel in sich selber hat (praxis), sowie zwischen den korrespondierenden Wissensformen technisches Wissen (techne) und praktische Besonnenheit (phronesis). (Nik.Eth 1140 a+b) Eine Reformulierung erfuhr diese Unterscheidung durch die an MARX und ARENDT angelehnte Unterscheidung zwischen Arbeit und Interaktion durch HABERMAS.

In der theologischen Tradition werden h.th. Probleme im Zusammenhang der Willensfreiheit sowie der Bedeutung der Werke für Glauben und Gerechtigkeit vor Gott erörtert. Damit steht in Frage, inwieweit der Mensch überhaupt autonom handeln, bzw. für welche Bereiche menschl. Tätigkeit →Autonomie angenommen werden kann (ERASMUS und LUTHER über den freien, bzw. unfreien Willen).

Von einer H.th. im engeren Sinne kann man mit dem Entstehen der →Soziologie sprechen. Grundlegend ist WEBERS Charakterisierung der Soziologie als Wissenschaft, die soziales H. deutend verstehen und ursächlich erklären will. Ebenso folgenreich ist dessen Differenzierung der Bestimmungsgründe des H.: zweckrationales, wertrationales, affektuelles und traditionales H.

Die gegenwärtige Debatte hat ihren Ausgangspunkt in PARSONS' H.th. Er versteht H. als Zurechnungsschema und fragt, wie unter modernen Bedingungen die H. von Personen mit unterschiedlichen und gegensätzlichen Interessen so koordiniert werden können, dass soziale →Ordnung entsteht. Dabei unterstreicht er die Rolle normativer Orientierungen. Seine Überlegungen führen zur Konzeption des H.systems und den Funktionen, die es erfüllen muss, um Ordnung zu gewährleisten (Anpassung, Zielerreichung, Integration und Strukturerhaltung). An PARSONS und WEBER knüpft HABERMAS mit der Theorie des kommunikativen H. an. Er kritisiert die einseitige Ausrichtung am Modell zweckrationalen H. und stellt dem ein mehrdimensionales H.modell gegenüber, das zwischen teleologischem, normenreguliertem, dramaturgischem und kommunikativem H. unterscheidet. Im kommunikativen H. geht es um die Verständigung von Kommunikationsteilnehmern über gemeinsame Situationsdefinitionen, bei denen sie sich durch die Erhebung von Geltungsansprüchen auf die objektive (Wahrheit), soziale (Richtigkeit) und subjektive (Wahrhaftigkeit) Welt beziehen. Die kommunikative Alltagspraxis ist in der Lebenswelt angesiedelt, für die es die Funktionen der Verständigung (Tradierung und Erneuerung kulturellen Wissens: →Kultur), der Handlungskoordinierung (soziale Integration: →Gesellschaft) und der Sozialisation (Herausbildung persönlicher Identitäten: →Person) erfüllt. In der idealen Kommunikationsgemeinschaft sieht Habermas das formale Ideal sprachlicher Verständigung, als formale Antizipation richtigen Lebens. Von dieser These aus wird das Programm einer →Diskursethik begründet.

Mit der Konzeption der Soziologie als Theorie sozialen Handelns bricht die Systemtheorie LUHMANNS. Für ihn stellen Kommunikationen das Letztelement sozialer Systeme dar. Soziale Systeme bestehen aus Kommunikationen und aus deren Zurechnung als H., H. erscheint als spezifische Selektionsweise: Intentionales Verhalten wird als Erleben, wenn die Selektivität der Umwelt (also auch anderen Systemen), und als H., wenn sie dem System selbst zugerechnet wird, registriert. Erleben dient der Sinnreproduktion, indem es die Aktualisierung und Virtualisierung von Sinn weiterführt (Aktualisierung der Selbstreferenz von Sinn). H. dient der Systemreproduktion, indem es Anschlussmöglichkeiten für weiteres H. festlegt (Aktualisierung der Selbstreferenz sozialer Systeme). Insofern konstituiert die Zurechnung als H. →Freiheit als Möglichkeit, anders zu handeln; die doppelte Kontingenz des H. führt zur Rückführung auf Motive, um H. verständlich zu machen. H. stellt sich als konstituiert durch die Zurechnung eines Systems dar und nicht als intentionales Verhalten eines Aktors.

Die Gegenposition bezieht die am Rational-Choice-Modell orientierte Soziologie. Sie geht vom Modell eines zweckrational handelnden Aktors (homo oeconomicus) aus, der rational und nutzenmaximierend handelt. Gesellschaftl. Prozesse erscheinen als Aggregation individuellen erfolgsorientierten H.

Die aktuelle philosophische Diskussion wird dominiert von der analytischen H.philosophie. Wesentliche Differenzen bestehen hier zwischen kausalistischen, die interne Ursachen des H. annehmen, und logisch intentionalistischen H.erklärungen, die Intention und H. logisch aufeinander beziehen. Partikularistische Positionen verstehen H. als einzelne raumzeitlich eindeutig identifizierbare konkrete Ereignisse, wobei umstritten ist, inwieweit H. auf Körperbewegungen als Basishandlungen (DANTO) zurückgeführt werden können.

3. Probleme. Anerkannt ist, dass auch Unterlassungen als H. zu verstehen sind, sofern man anders hätte handeln können. Hier zeigt sich, dass der H.begriff eng verknüpft ist mit der Frage der Zurechnung, insbesondere unter juristischem und ethischem Aspekt. Es ist die Frage, inwieweit einem Aktor sein H. oder Unterlassen derart zugerechnet werden kann, dass er für sein Verhalten verantwortlich gemacht werden kann. In dieser Hinsicht erweist sich H. als ethischer Grundbegriff, der Voraussetzung für →Freiheit und →Verantwortung ist.

Ein weiteres Problem hängt mit den Begriffen des Willens und der Intention zusammen. Einerseits wird zur Erklärung von H. immer auf Intentionen und den sie begründenden Willen rekurriert, andererseits vollzieht sich das Alltagsh. oft ohne expliziten Bezug auf beide. Intentionen werden meist retrospektiv als Gründe des H. angegeben, ohne dass zwischen H. und Absicht ein Verhältnis bestünde wie zwischen Ursache und Wirkung. Die Psychologie hat darauf aufmerksam gemacht, dass das, was wir tun, und das, was daraus folgt, wenig zu tun hat mit dem, was wir ursprünglich gewollt oder intendiert haben: Aufgrund der begrenzten Rationalität eigenen Entscheidens und der Intransparenz des kausalen, semantischen und kulturellen H.kontextes gehören kontraintentionale Aspekte des H. zu den Grundproblemen menschlichen H. Hierzu gehört auch die Beobachtung, dass Aktoren sich selbst über ihre Motive im Unklaren sind, bzw. einander widerstreitende Motive beobachten; zumal meist Motiv- und Intentionsbündel vorliegen, die selbstsimplifizierend auf zentrale Motive oder Intentionen reduziert werden. TAYLOR analysiert dieses Problem anhand der Unterscheidung von Wertungen erster und zweiter Ordnung, die es einer Person ermöglichen, sich zu den eigenen Wünschen reflexiv zu verhalten und zu prüfen, was sie eigentlich wollen können.

Zudem besteht die Möglichkeit, leibseelische Prozesse, wie z. B. das Erröten, h.analog zu erklären und auf Gründe zurückzuführen. Auch Verhaltensweisen, die nicht bewusst intendiert wurden, lassen sich analog einer H. deuten. Insbesondere die Psychoanalyse ist eine Methode, auf diese Weise Verhalten als H. eines Aktors zu begreifen.

Ein weiteres Problem ist, dass die traditionelle H.th. am Modell eines individuellen Aktors orientiert ist. Die Vernetzungen innerhalb sozialer Systeme machen es jedoch häufig unmöglich, Individuen als Handelnde zu identifizieren. Dies führt zu Schwierigkeiten vor allem hinsichtlich der Zuschreibung von →Verantwortung. Auch der Begriff des kollektiven H. löst dieses Problem nicht, weil unter Umständen nicht alle Beteiligten intentional die H.folge mit ihrem H. intendiert haben.

Solche Probleme legen es nahe, h.th. die Perspektive zu wechseln, und H. als Interpretationskonstrukt (LENK) zu konzipieren. H. sind in dieser Perspektive nicht an sich existierende Phänomene, sondern werden konstituiert durch Interpretationen und Zuschreibungen auf einen individuellen oder kollektiven Aktor. Auch dieser selbst deutet entsprechend sein Verhalten als H. unter einer Beschreibung in einer kontextuell bestimmten Situation. Dieses Verständnis korrespondiert mit der systemtheoretischen Beschreibung der H. als Selektionsweise.

4. H. und Ethik. So unscharf der Begriff der H. auf der einen Seite vielfach gebraucht wird, so grundlegend ist seine Bedeutung für die Ethik. Denn mit ihm hängen unmittelbar die Begriffe →Freiheit und →Verantwortung zusammen. Wird auf eine präzise Fassung des H.begriffs verzichtet, bleiben jene ebenfalls unklar. Jedenfalls liegt es vom H.begriff aus gesehen nahe, beide als Bedingung der Möglichkeit von H. zu unterstellen.

Empirisch muss geklärt werden, inwieweit Freiheit und Verantwortung in Bezug auf eine konkrete H. und ihre Folgen jeweils gegeben sind. Darüber hinaus ist zu fragen, unter welchen Bedingungen wem für welche H. Verantwortung zugeschrieben werden kann. Zudem ist Freiheit als notwendige Bedingung für die Rede von H. von ihrer jeweiligen Realisierung zu unterscheiden. Dies verweist darauf, dass sie unter Umständen erst herbeigeführt werden muss, um in einem ethischen Sinn von H. und Verantwortung sprechen zu können.

M. WEBER, Wirtschaft und Gesellschaft, (1921) 1972^5 – T. PARSONS, The Structure of Social Action, New York 1937 – H. LENK (Hg.), H.th. – interdisziplinär, $^{I-IV}$1977–79 – J. HABERMAS, Theorie des kommunikativen H., $^{I-II}$1981 – J. FISCHER, H. als Grundbegriff christlicher Ethik. Zur Differenz von Ethik und Moral, 1983 – N. LUHMANN, Soziale Systeme. Grundriß einer allgemeinen Theorie, 1984 – CH. TAYLOR, Was ist menschliches Handeln?, in DERS., Negative Freiheit? Zur Kritik des neuzeitlichen Individualismus, 1992, 9–51 – C. HORN/G. LÖHRER (Hg.), Gründe und Zwecke. Texte zur aktuellen H.theorie, 2010 – U. SCHIMANK, H. und Strukturen. Einführung in die akteurtheoretische Soziologie, 2010^4 – W. BONSS, H.theorie. Eine Einführung, 2013 – B. MIEBACH, Soziologische H.theorie. Eine Einführung, 2013^4.

Hans-Ulrich Dallmann

Handwerk

Anders als in den meisten europäischen Ländern ist die Zugehörigkeit zum H. in der Bundesrepublik nicht durch Betriebsgröße oder Zahl der Beschäftigten bestimmt, sondern durch die h.smäßige Ausübung eines Gewerbes im Sinn der H.sordnung vom 17. 9. 1953. Vor dem Hintergrund sich ständig wandelnder politischer, ökonomischer, technischer und sozialer Verhältnisse wurde dieses Gesetz mehrfach geändert. Die jüngste Novelle datiert aus dem Jahr 2004.

Durch das Gesetz zur Ordnung des H.s sind Form, Inhalt und Dauer der Qualifikation geregelt. Sie vollzieht sich in den Stufen Lehrling, Geselle, Meister in einem System besonderer Ausbildungsverordnungen und nach den Vorschriften des Berufsbildungsgesetzes. Außerdem sichert das Gesetz den h.lichen Befähigungsnachweis. Mit diesem verbunden ist das Recht zur Führung des Meistertitels, der Anspruch auf Eintragung in die H.srolle, welche den selbstständigen →Betrieb eines Handwerkers als stehendes Gewerbe gestattet sowie die Berechtigung zur →Ausbildung.

Darüber hinaus können sich laut H.sordnung selbstständige Handwerker des gleichen oder nahestehender H.e zu Innungen zusammenschließen. Alle H.sinnungen eines Stadt- oder Landkreises bilden die Kreishandwerkerschaft. Die Interessensvertretung wird durch H.skammern wahrgenommen. Neben diesen im Gesetz verankerten Selbstverwaltungskörperschaften öffentlichen Rechts gibt es als Bundeszusammenschlüsse die „Bundesvereinigung der Fachverbände des Deutschen H.s", den „Deutschen H.skammertag" und den „Zentralverband des Deutschen H.s" mit Sitz in Berlin. Welche Gewerbe nach einer h.lichen Berufsausbildung und absolvierter Prüfung als H. betrieben werden können, ist in den entsprechenden Anlagen zur H.sordnung festgelegt. Z. Z. sind 41 zulassungspflichtige →Berufe aufgeführt. Außerdem werden 53 zulassungsfreie Handwerke und 54 handwerksähnliche Gewerbe aufgeführt. Hier kann der Meisterbrief freiwillig erworben werden. Auch diese Betriebe unterliegen der Betreuung durch die H.skammern.

1. Wirtschaftliche und soziokulturelle Bedeutung. Das H. ist der vielseitigste Wirtschaftsbereich Deutschlands und bildet mit seinen kleinen und mittleren Betrieben das Kernstück der deutschen Wirtschaft. Rund 1.007.000 Betriebe sind in die H.srollen und in das Verzeichnis des handwerksähnlichen Gewerbes eingetragen. Dort arbeiten rund 5,38 Millionen Menschen, ca. 371.000 Lehrlinge erhalten eine qualifizierte Ausbildung. Damit sind 12,6 Prozent aller Erwerbstätigen und 27,3 Prozent aller Auszubildenden in Deutschland im H. tätig. Im Jahr 2014 erreichte der Umsatz im H. rund 533 Milliarden Euro (ohne MwSt). Das H. bildet weit über den eigenen Bedarf aus und übertrifft damit alle anderen Wirtschaftsbereiche. H.seigene Einrichtungen der berufl. Bildung werden auch Arbeitslosen (→Arbeitslosigkeit), Jugendlichen ohne Lehrstelle, Umschülern, Flüchtlingen und ausländischen MitbürgerInnen (→Migration) zur Verfügung gestellt. Dadurch leistet das H. einen wichtigen Beitrag zur Stabilisierung der Wirtschaft in strukturschwachen Gebieten. Darüber hinaus beteiligt es sich bei der Einrichtung mittelständischer Wirtschaftsstrukturen (→Mittelstand) und an Entwicklungs- und Wiederaufbauprojekten in Europa und weltweit. In Anknüpfung an soziale und zivilisatorische Traditionen engagieren sind

H.erInnen ehrenamtlich (→Ehrenamt) und zeigen ein vielfältiges gesellschaftspolitisches Engagement. Schließlich setzt das H. seine kulturgeschichtlichen Leistungen auch heute noch fort, z. B. in der Restaurierung und Sanierung von Kulturgütern und in der künstlerischen und kunsthandwerklichen Gestaltung von Schmuck-, Einrichtungs- und Gebrauchsgegenständen.

2. Herausforderungen und Probleme. Allem Untergangsgerede zum Trotz konnte sich das H. im wirtschaftlichen Strukturwandel der Neuzeit und im Wettbewerbsverhältnis (→Wettbewerb) zu →Industrie, Handel und Dienstleistungssektor (→Dienstleistung) bis heute behaupten. Folgende Typen modernen H.s lassen sich unterscheiden: weitgehend industrialisierte, warenproduzierende Betriebe (z. B. Nahrungsmittelh.), in die vertikale industrielle Arbeitsteilung integrierte Zulieferer- und Segmentproduzenten (z. B. Werkzeugmacher), Reparatur, Wartung und Erhaltung anbietende Vermittler zwischen Industrie und Verbraucher (z. B. Kfz-H.), Einzelstücke fertigende Nischenbetriebe (z. B. Kunsth.) und Gewerbebetriebe der öffentl. Hand.

Gegenwärtig steht das H. vor neuen Herausforderungen: Globalisierte (→Globalisierung) und teilweise gesättigte →Märkte, internationale Arbeitsteilung, weltumspannende Informations- und Kommunikationstechniken (→Information; →Kommunikation), Konzentrationsprozesse in Großindustrie und Handel, und die zunehmende Digitalisierung der Arbeitswelt sowie ein zunehmender Fachkräftemangel. Parallel dazu finden sich Diversifikations-, Dezentralisierungs- und Individualisierungstendenzen sowie die Wiederentdeckung des Regionalen und Lokalen. Weitere Probleme sind: Bereitschaft zu mehr Eigenleistung, stagnierende Realeinkommen und abnehmende Zahlungsmoral der Verbraucher. Außerdem verlangt verändertes Nachfrageverhalten individuelle, qualitativ hochwertige, umweltfreundliche Produkte und Dienstleistungen aus einer Hand. Verschärfte Wettbewerbssituationen und zunehmende Kosten sind die Folge. Gleichzeitig bergen diese Prozesse aber auch Chancen zu flexibler Anpassung, zur Entwicklung neuer Produkte und Dienstleistungen und zur Entdeckung neuer Märkte.

Das H. hat als personalintensiver Wirtschaftszweig wenige Rationalisierungspotenziale (→Rationalisierung). Außerdem ist es strukturell benachteiligt bei der Kapital- (→Kapital) und Informationsbeschaffung, dem Einsatz neuer Techniken, in Forschung und Entwicklung, hinsichtlich der schulischen Qualifikation seines Nachwuchses, im Hinblick auf die gesetzlichen Regulierungsdichte, Schwarzarbeit und illegale Beschäftigung. Insbesondere Bildungs-, Tarif-, →Sozial-, Struktur-, →Steuer-, →Forschungsförderungs- und Europapolitik sind herausgefordert, hier h.sverträgliche Rahmenbedingungen zu schaffen.

Schließlich bemühen sich die H.sbetriebe in Eigeninitiative, Kooperation und Netzwerken darum, ihre Attraktivität und Leistungsfähigkeit zu erhöhen: Abbau der Belastungen für H.smeisterInnen und Meisterfrauen, Einführung flexibler →Arbeitszeiten, Verbesserung des Arbeits- und Gesundheitsschutzes, mehr Partnerschaft, kooperativer Führungsstil, Mitarbeiterbeteiligung, Erweiterung betriebswirtschaftlicher Kenntnisse und moderner Unternehmensstrategien sowie die Entwicklung von mehr gesellschaftlichem Verantwortungsbewusstsein, einem großen Engagement in Umweltfragen usw.

3. Kirche und Handwerk. Kirche und Handwerkerschaft sind eng miteinander verbunden: In den Kirchengemeinden, vor allem in ländlichen Regionen, spielen Handwerkerfamilien schon seit Jahrhunderten eine große Rolle, da sie sehr ansässig sind und über Generationen hinweg Gemeinden geprägt haben. Zugleich ist die Kirche in vielen Situationen und Aufgaben, wie beispielsweise bei Kirchbau oder -sanierung, auf das Handwerk angewiesen und nutzt dessen Dienstleistungen.

Die besondere Beziehung zwischen Handwerk und Kirche kommt in der Arbeitsgemeinschaft Handwerk und Kirche (AHK) zum Ausdruck. Die AHK setzt sich zusammen aus Handwerkerinnen und Handwerkern sowie landeskirchlichen Einrichtungen der Handwerkerarbeit in der Evangelischen Kirche in Deutschland (EKD). Gegründet wurde die AHK während des Stuttgarter Kirchentages 1952 von Handwerkern und der Männerarbeit. Die AHK steht in der Tradition der Evangelischen Gesellen- und Meistervereine, die sich nach einer Initiative des protestantischen Sozialreformers und Theologen Johann Hinrich Wichern auf dem Kirchentag in Wittenberg 1848 in mehreren Städten gründeten.

Seit März 2011 ist die AHK gemeinsam mit dem Kirchlichen Dienst in der Arbeitswelt (KDA) sowie dem Bund Evangelischer Arbeitnehmer (BEA) als Arbeitsbereich in den Evangelischen Verband Kirche-Wirtschaft-Arbeitswelt (KWA) eingebunden.

Die AHK arbeitet vor dem Hintergrund des christlichen Glaubens an wirtschafts- und sozialethischen Themen für Mensch, Gesellschaft und Umwelt. Sie trägt dazu bei, dass die Anfragen der Handwerkerinnen und Handwerker, die oft bewusste und engagierte Glieder ihrer Kirche sind, in der Kirche gehört und beachtet werden und erinnert daran, dass das Engagement der Kirche für das Handwerk stetig ausgebaut werden kann.

Gleichzeitig setzt sich die AHK in christlicher Verantwortung ein für umweltschonendes Wirtschaften und die Bewahrung der Schöpfung, für die Gleichberechtigung von Frauen und Männern im Handwerk, für eine Kultur der Selbständigkeit und für soziale Gerechtigkeit und Chancengleichheit des Handwerks in der Gesellschaft.

ZENTRALVERBAND DER DEUTSCHEN HANDWERKS (Hg.), Die Handwerksordnung und ergänzende gesetzliche Vorschriften nach dem Stand vom Dezember 2014, 2014 – Ev. VERBAND KIRCHE-WIRTSCHAFT-ARBEITSWELT (KWA), Handwerk und Kirche 2014: Reformation und Politik, Magazin der Arbeitsgemeinschaft Handwerk und Kirche, 2014 – Ev. VERBAND KIRCHE-WIRTSCHAFT-ARBEITSWELT (KWA), Handwerk und Kirche 2015: Den Wandel meistern, Chancen im ländlichen Raum, Magazin der Arbeitsgemeinschaft Handwerk und Kirche, 2015.

Dieter Vierlbeck, Axel Noack, Axel Braßler

Haushalte, öffentliche

1. Begriff u. Funktionen. Die öffentl. Finanzwirtschaft ist ihrem Wesen nach eine Planwirtschaft, die auf einem festen Haushaltsplan (auch *Budget* oder *Etat* genannt) basiert. Der H.plan ist eine systematische Zusammenstellung der für einen vorher festgelegten Zeitraum (H.periode, i. d. R. ein Jahr) geplanten, prinzipiell vollzugsverbindlichen Ausgabenansätze. Der Plan enthält auch die zur Deckung dieser Ausgaben vorgesehenen, vorausgeschätzten Einnahmen. Der H. plan wird jeweils vor Beginn der H.speriode durch das H.sgesetz festgestellt, das innerhalb der Exekutive vollzugsverbindlich ist, jedoch keine unmittelbare Wirkung nach außen ausübt. Gesetzliche Grundlagen für die Aufstellung bilden das Haushaltsgrundsätzegesetz (HgrG) u. die Bundeshaushaltsordnung (BHO) bzw. die Landeshaushaltsordnungen (LHO) für die Bundesländer.

2. Funktionen. Die dem H.splan zugedachten *Budgetfunktionen* sind das Ergebnis einer langen Entwicklung der bürokratischen Verwaltung u. der demokratisch-parlamentarischen Staatsform. Die *Budgetfunktionen* lassen sich nach ihrer historischen Entstehung wie folgt gliedern (RÜRUP/HANSMEYER): Die beiden ältesten Aufgaben, die ein H.splan erfüllen soll, sind (1) die *administrative Kontrollfunktion*, wonach der H.splan als gesetzliche Bewirtschaftungsgrundlage für die Verwaltung eine zahlenmäßige Kontrolle des bürokratischen Handelns ermöglicht. (2) die *finanzwirtschaftliche Ordnungsfunktion*, der zufolge der Etat als eine planmäßige Gegenüberstellung von Ausgaben und Einnahmen der Sicherung der Bedarfsdeckung dient. Mit der Ausbreitung der parlamentarischen Demokratie sind (3) eine *politische Kontrollfunktion* (vorherige u. nachträgliche politische Kontrolle des Regierungshandelns) u. (4) eine *politische Programmfunktion* (H. als monetärer Ausdruck des Regierungsprogramms) hinzugekommen. Mit dem Vordringen keynesianischer Gedanken ist dem H.splan überdies (5) eine *volkswirtschaftliche Lenkungsfunktion* zugeschrieben worden, die den H.splan als Instrument zur Realisierung gesamtwirtschaftl. Stabilisierungsziele betrachtet (→Konjunktur).

3. H.stechnik. Die H.stechnik befasst sich in erster Linie mit Aufbau u. Inhalt des H.splans, d. h. mit verschiedenen Gliederungsmöglichkeiten des H.splans. Die traditionelle Gliederung nach dem *Ministerialprinzip* bedeutet grundsätzlich eine Gliederung nach der Ressortverantwortung bzw. dem Verwaltungsaufbau. Der *Ministerialplan*, der noch heute in der Praxis dominiert, dient vor allem der *administrativen Kontrollfunktion*. Im *Funktionenplan* wird hingegen versucht, organisch zusammengehörige, aber institutionell verstreute, Ausgaben zusammenzufassen. Der *Funktionenplan* ist aus der Kritik am *Ministerialprinzip* entstanden und dient vor allem der *politischen Programmfunktion*. Die Hauptprobleme des *Funktionenplans* liegen in einer u. U. willkürlichen Zuordnung von Ausgabenbereichen u. der Statik des Aufgabengerüsts. Schließlich strebt der *Gruppierungsplan* eine Gliederung der öffentl. Ausgaben u. Einnahmen nach volkswirtschaftl. Wirkungen an u. dient damit der volkswirtschaftl. Lenkungsfunktion. Seine Aussagefähigkeit ist jedoch durch eine z. T. unzureichende Untergliederung u. die Notwendigkeit u. U. problematischer Wirkungshypothesen (z. B. bei Steuern) begrenzt.

4. Haushaltsgrundsätze. Die Grundsätze sind „gewisse Prinzipien, deren Befolgung eine möglichst vollkommene Erfüllung der Budgetfunktionen gewährleisten soll" (NEUMARK). Die Mehrzahl der H.sgrundsätze ist von der H.spraxis entwickelt worden. Nach FRITZ NEUMARK gliedern sich die H.sgrundsätze in statisch-formale, die sich auf Inhalt u. Form des H.splans beziehen (Vollständigkeit, Einheit, Klarheit) u. dynamisch-materiale, die sich auf Vorbereitung u. Durchführung des H.splans erstrecken (Genauigkeit, Vorherigkeit, Spezialität, Öffentlichkeit, Ausgleich). Teilweise werden daneben weitere (z. T. umstrittene) Grundsätze angeführt (Non-Affektation, Jährlichkeit, Sparsamkeit u. Wirtschaftlichkeit). Für alle H.sgrundsätze gelten gewisse (erlaubte) Ausnahmen (z. B. beim Grundsatz der Vollständigkeit die Ausgliederung der Sondervermögen des Bundes). Finanzpolitisch problematischer sind andere Verstöße gegen zentrale Grundsätze (wie etwa gegen den Grundsatz der Wahrheit u. Klarheit durch eine verharmlosende Bezeichnung von →Subventionen als „Prämie" oder „Beihilfe").

5. Der Haushaltskreislauf. Der H.skreislauf beschreibt den idealtypischen „Lebenszyklus" des öffentl. H.s von der Entstehung bis zur letzten Kontrolle. Der H.skreislauf lässt sich in vier Phasen unterteilen: (1) *Aufstellung des Entwurfs*, (2) *parlamentarische Beratung u. Verabschiedung*, (3) *Vollzug* u. (4) *Kontrolle*. Bei einjähriger H.speriode erstreckt sich der Budgetkreislauf heute über mindestens drei Jahre. Hierdurch werden die Funktionen des Budgets zum Teil stark beeinträchtigt.

N. Andel, Finanzwissenschaft, 1998[4] – F. Neumark, Theorie u. Praxis der Budgetgestaltung, Hb d. Finanzwissenschaft, Bd. 1, 1952[2] – P. Senf, Kurzfristige H.splanung, Hb. d. Finanzwissenschaft, Bd. 1, 1977[3] – B. Rürup/K.-H. Hansmeyer, Staatswirtschaftl. Planungsinstrumente, 1993[3].

Rolf Caesar

Haushalte, private

Als Privathaushalt zählt jede zusammenwohnende und eine wirtschaftliche Einheit bildende Personengemeinschaft, aber auch →Personen, die allein wohnen und wirtschaften. Die Privath., d. h. Unterhalts- oder Bedarfswirtschaften. tragen als „ursprüngliche →Betriebe" die erste und letzte →Verantwortung für die Daseinsvorsorge der in ihnen lebenden Menschen. Sie haben einen Bedarf an Sachgütern und →Dienstleistungen, verfügen aber auch über Ressourcen, die zur Bedarfsdeckung eingesetzt werden. P. H. sind soziale, für jeden Menschen erforderliche Handlungssysteme (→Handlung) von essenzieller gesellschaftlicher Relevanz. In ihnen wird das Humanvermögen einer →Gesellschaft herangebildet, versorgt, erhalten, betreut und erzogen, und zwar unabhängig von seinem „Marktwert" (→Markt). In der alteuropäischen Ökonomie – von den griechischen Philosophen bis zur Hausväterliteratur der 17. Jh.s, aber auch von Seiten sozialpolitisch argumentierender Ökonomen – gehörte es zu den Grundsätzen, dass nicht Reichtum und Überfluss Auftrag der Ökonomie ist, sondern dass →Wohlfahrt bei gerechter →Verteilung für möglichst alle Menschen gesichert wird.

Mit der →Aufklärung und dem Entstehen der modernen Nationalökonomie verliert sich das Interesse an der haushalts- und bedarfsorientierten Wirtschaftsauffassung – der Oikonomia – und wendet sich der Frage nach der Entstehung des Reichtums des →Staates und der →Unternehmen zu.

Die mikroökonomische Haushalts-, Konsum- oder Nachfragetheorie ist auf eine subjektive Nutzenmaximierung der als „Konsument und Verbraucher" personifizierten →Institution „Privat- und Familienh." (→Familie) bei der Nachfrage nach Marktgütern orientiert.

P. H. werden zu Konsum- oder, noch genauer, zu Verbrauchseinheiten, die die produzierten Waren und Dienstleistungen verbrauchen und somit vernichten (→Konsum).

Die in Privath.en geleistete Alltagsarbeit in ihrer grundlegenden ökonomischen Bedeutung zu analysieren, gerät damit erst gar nicht ins Blickfeld der gängigen nationalökonomischen Theorien.

Den ideologischen Nukleus (→Ideologie) dieser Ausgrenzung erklären Nationalökonomen klassischer Prägung unverblümt so: „Die Begründung dafür liegt in dem besonderen Charakter all dieser im Schoße der Familie unentgeltlich geleisteten häuslichen Dienste: Sie haben zwar alle auch eine wirtschaftliche Seite, aber sie werden im Allgemeinen doch weit weniger als wirtschaftliche Handlungen, denn als Akte der Lebensführung, der Lebensgestaltung und der aus geübten fürsorglichen Betreuung empfunden. Es widerstrebt dem gesunden Gefühl, hier den Maßstab wirtschaftlicher Bewertung anzulegen." (Jostock 1941)

Diese männliche Wahrnehmungsperspektive mündet in ein sexistisches Ökonomiekonzept, weil es die Höherwertigkeit des Mannes und seine Aktivitätsfelder im Erwerbsbereich festschreibt und ihren Niederschlag in nationalökonomischen Konzepten und einer dem gemäßen politischen Praxis findet (→Geschlechterverhältnis). „Was demgegenüber Frauen arbeiten, wenn sie kochen, putzen, nähen, bügeln, flicken, mit →Kindern Schularbeiten machen, eine heimische Atmosphäre gestalten, die alternde Generation pflegen, soziale Mittagstische organisieren, wird als Folge des verengten Blickwinkels herkömmlicher Ökonomie, nicht als ökonomische Tätigkeit wahrgenommen" (Bernhard-Filli u. a., 1994). Die Bildung und der Erhalt von Humanvermögen, auf die Wirtschaft und Gesellschaft elementar angewiesen sind, beruht vorgängig auf einer Vielzahl von versorgungswirtschaftlichen Tätigkeiten des Alltags, die weder als Kulturleistung noch als ökonomische Aktivität gewertet werden. Gleichwohl sind Care-Bedürfnisse universell und erfordern entlang des Lebenslauf Personen, welche diese Tätigkeiten übernehmen (Meier-Gräwe 2014). „…denn die Tatsache menschlicher Bedürftigkeit, Verletzlichkeit und Endlichkeit beinhaltet, dass alle Menschen am Anfang, viele zwischenzeitlich und sehr viele am Ende ihres Lebens versorgt werden müssen" (Brückner 2010).

Die Ignoranz dieser Tatbestände manifestiert sich überdeutlich in einem Arbeitsbegriff, der auf die Sphäre marktvermittelter Bedürfnisbefriedigung reduziert wurde. Dadurch gerät aus dem Blick, dass Haus- und Familienarbeit ebenfalls der Status von gesellschaftlich notwendiger →Arbeit innewohnt, ohne die erwerbswirtschaftliche Unternehmen und Gesellschaften nicht überlebensfähig sind. Selbst die von G. Becker um eine Zeitallokationstheorie erweiterte Mikroökonomie vermag die ungerechtfertigte Trennung von ökonomischer Rationalität und einer bedürfnisorientierten alltäglichen Lebenswelt nicht zu überwinden (Becker 1988).

In den nationalökonomischen Konzepten wird schließlich nach wie vor nicht konzeptualisiert, dass p. H., insbesondere Familienh., Orte sind, an denen beide Geschlechter unterschiedlich sozialisiert und eingebunden werden: Für Männer stellen sie eine Lebensform dar, in der sie entlang ihrer Biografie von Müttern, Schwestern, Tanten, Großmüttern, Ehefrauen und Geliebten – sozusagen von der Wiege bis zur Bahre – versorgt und gepflegt werden. Für Frauen handelt es sich demgegenüber um einen Arbeitsbereich mit hohem Verpflichtungsgrad, an dem sie durch ihre versorgungswirtschaftlichen Tätigkeiten einen beträchtlichen Beitrag zur gesellschaftlichen →Wohlfahrt leisten (VON SCHWEITZER 1988). Die durch die „invisible hand" der von Frauen erbrachten Leistungen werden von männlichen Ökonomen jedoch nicht als Arbeit anerkannt oder bestenfalls als „Arbeit aus Liebe" apostrophiert, was zu vielfältigen Benachteiligungen von Frauen entlang ihrer Biografien führt (KRÜSSELBERG 1997; MEIER/v. SCHWEITZER 1999).

Vor diesem Hintergrund ist es als ein Erfolg anzusehen, dass Ende der 80er Jahre des 20. Jh.s ein Konzept zur Erfassung der Bruttowertschöpfung durch Haushaltsproduktion erarbeitet und einer empirischen Analyse zugrunde gelegt werden konnte, deren Ergebnisse in einem „Satellitensystem Haushaltsproduktion" vorliegen, die die →volkswirtschaftlichen Gesamtrechnungen als Wohlstandsmaß eines Landes sinnvoll und notwendig ergänzen. Couragierten Haushaltswissenschaftlerinnen, aber auch den Erkenntnissen aus mehr als zwei Jahrzehnten Frauenforschung ist es zu verdanken, dass hier ein Ansatz gegen die „hinhaltende Abwehr" des Mainstreams in den Wirtschaftswissenschaften platziert werden konnte. Ein zentrales Ergebnis dieser Analyse besagt, dass 2001 im gesamten Bundesgebiet mit 96 Mrd. Stunden unbezahlter Arbeit in p.n H.n etwa das 1,7-Fache an Zeit im Vergleich zum Volumen an geleisteter mit 56 Mrd. Stunden aufgewandt wurde (SCHÄFER 2004).

Innerhalb der einschlägigen Nationalökonomie wird allerdings – trotz dieser Befunde – auch weiterhin der Ausschluss des p.n H.s als einer unverzichtbaren produktiven Einheit der Wirtschaft praktiziert.

Ein Fraueninteressen beachtendes Wirtschaftskonzept hätte demgegenüber die wechselseitigen Verflechtungen von innerfamilialer und gesellschaftlicher Arbeitsteilung theoretisch in den Blick zu nehmen. Dabei geht es nicht primär um „Ausgleichsmaßnahmen für Frauen" angesichts unterschiedlicher Ausgangsbedingungen, die Männer und Frauen am →Arbeitsmarkt haben, sondern um die Anerkennung von Familienqualifikationen in der Berufswelt und die Enttrivialisierung von Haus- und Fürsorgearbeit bei gleichzeitiger Entuniversalisierung des männlich konnotierten →Marktes. In der wirtschaftswissenschaftlichen Theoriebildung und einer entsprechenden politischen Praxis setzt diese Vision die Abkehr von einem einseitigen und begrenzten Handlungsmodell des homo oeconomicus voraus. Es gilt, Frauen als Wirtschaftssubjekte wahrzunehmen, die maßgeblich in der Organisationsform von p.n H.n tätig sind, und diesem Tatbestand in einem erweiterten Ansatz von Ökonomie-Rechnung zu tragen, in dem die Frage nach dem Sinngehalt wirtschaftlichen Handelns mit allen Konsequenzen für die Wohlfahrt in einer zukunftsfähigen →Gesellschaft erneut gestellt wird. Die Arbeit des Alltags von Frauen innerhalb von p.n H.n würde in dieser Perspektive nicht als selbstverständlich gegeben vorausgesetzt oder im Gebäude impliziter Grundannahmen ökonomischer Theoriebildung verschwinden. Es käme im Gegenteil darauf an, gerade die elementaren Voraussetzungen des Wirtschaftens zu konzeptualisieren, d. h. den Gegenstandsbereich der Ökonomie um die Basis jeglicher ökonomischer Aktivität, nämlich um die Ökonomie des Erhaltens/Unterhaltens zu erweitern, wie sie in p.n H.n vollzogen wird.

T. JOSTOCK, Die Berechnung des Volkseinkommens und ihr Erkenntniswert, 1941 – G. S. BECKER, A Theory of the Allocation of Time, in: The Economic Journal 75, 1965, 493–517 – R. v. SCHWEITZER, Lehren vom Privathaushalt. Eine kleine Ideengeschichte, 1988 – H. BERNHARD-FILLI u. a., „Weiberwirtschaft". Frauen – Ökonomik – Ethik, 1994 – H. - G. KRÜSSELBERG, Die Fabel von der Unproduktivität der Arbeit im Familienhaushalt, in: U. MEIER (Hg.), Vom Oikos zum modernen Dienstleistungshaushalt. Der Strukturwandel privater Haushaltsführung, 1997, 87–100 – U. MEIER/R. v. SCHWEITZER, P. H. als Wohlfahrtsproduzenten, in: W. KORFF u. a. (Hg.), Handbuch der Wirtschaftsethik, III 1999, 486–508 – D. SCHÄFER, Unbezahlte Arbeit als Haushaltsproduktion, in: STATISTISCHES BUNDESAMT (Hg.), Alltag in Deutschland – Analysen zur Zeitverwendung (Forum der Bundesstatistik Bd. 43), 2004, 247–273 – M. BRÜCKNER, Entwicklungen der Care-Debatte – Wurzeln und Begrifflichkeiten, in: U. APITSCH u. a., Care und Migration. Die Ent-Sorgung menschlicher Reproduktionsarbeit entlang von Geschlechter- und Armutsgrenzen, 2010, 43–58 – U. MEIER-GRÄWE, Hauswirtschaftliche Tätigkeiten als produktive Arbeit. Eine kurze Geschichte aus haushaltswissenschaftlicher Perspektive, in: K. SCHEIWE/J. KRAIETZ (Hg.), (K)eine Arbeit wie jede andere? Die Regulierung von Arbeit im Privathaushalt, 2014, 135–164.

Uta Meier-Gräwe

Hedgefonds

1. Definition von H. Mit dem Sammelbegriff „H." wird eine sehr heterogene Gruppe von Investment-Formen zusammengefasst, für die es keine klare Definition gibt, die sich allerdings durch bestimmte Merkmale von anderen Investments abhebt: Erstens weisen H. einen hohen Grad an Flexibilität auf. Dies betrifft die Wahl der Investment-Strategie und der Märkte. Zweitens können H. in einem nicht festgelegten Rahmen Fremdkapital aufnehmen: Durch Leer-Verkäufe von geliehenen Aktien-Paketen wird auf einen niedrigeren (Short-Selling) oder höheren Kurswert (Leverage) spekuliert. Spekulative Informationsverarbeitung stellt ein wesentliches Instrument von H. dar. Drittens unterliegen H. zumeist einer sehr geringen Regulierung. Auch nach der →Finanzkrise hat sich daran sehr wenig geändert. Viertens unterliegen Fonds-Manager einer starken ergebnisorientierten Entlohnung. Die Entlohnung der Manager von H. werden direkt an der Wertentwicklung des

Fonds gebunden. Weltweit existieren ca. 1500 H., die ein Vermögen von ca. 3 Billionen US-$ verwalten. Das Wachstum der H. ist weiterhin beachtlich. 70 % der H. sind auf den Kaimaninseln, 10 % in Irland sowie in den USA, 5 % auf den britischen Jungfern-Inseln sowie weitere 5 % in den Bahamas, den Bermudas und Luxemburg beheimatet. In Deutschland erfolgte eine Zulassung von H. erst mit dem Investment-Modernisierungsgesetz vom 1.1.2004. Die 2014 in Deutschland zugelassenen 38 H. unterliegen der Aufsicht der Bundesanstalt für Finanzdienstleistungsaufsicht (BaFin); ihr Fremdkapital-Einsatz (Short-Selling und Leverage-Effekt) wird sehr stark begrenzt. Es handelt sich somit eher um Investment-Fonds mit größeren Freiheiten als um H. im eigentlichen Sinne.

2. Die Arbeitsweise der H.: Leerverkäufe, Hebelwirkung und Derivate. Insbesondere seit der →Finanzkrise 2007/2008 sind die H. stark in den Blickpunkt des öffentlichen Interesses gerückt. Sie wurden in der →Öffentlichkeit in diesem Zusammenhang sehr kritisch als „Heuschrecken" bezeichnet. Diese Bezeichnung hängt mit der spezifischen Arbeitsweise dieser Fonds zusammen: H. und deren →Manager erheben für sich den Anspruch, Unvollkommenheiten der Marktentwicklung aufzuspüren und gezielt zum Vorteil der gesamtwirtschaftlichen Entwicklung auszunutzen. So werden →Investitionen in →Unternehmen getätigt, die sich in finanziellen Schwierigkeiten befinden, wobei auf eine erfolgreiche Fortführung ihrer Tätigkeit und damit auf einen Anstieg des Aktienkurses spekuliert wird. Umgekehrt wird die Übernahme eines nicht mehr profitablen Unternehmens vorhergesehen. Durch Leerverkäufe von geliehenen Aktien des betroffenen Unternehmens wird der Anpassungsprozess am →Markt beschleunigt (bei überbewerteten Aktien „Short-Selling", bei unterbewerteten Aktien „Leverage" genannt) und damit eine z.T. sehr hohe Rendite erwirtschaftet. H. können in diesem Zusammenhang Fremdkapital aufnehmen, wobei das Verhältnis zwischen Eigen- und Fremdkapital in der jüngeren Vergangenheit teilweise bei 1:50 lag (Hebelwirkung). Gegenwärtig wird nach den Regulierungsmaßnahmen der G-20-Staaten ein solches Verhältnis nicht mehr erreicht. Dennoch werden auch gegenwärtig im erheblichen Umfang Derivate genutzt: Dabei handelt es sich z. B. von einer Investment-Bank geliehene Kapitalsummen, die wiederum in Anleihen eines Staates oder einer →Bank investiert werden. H. halten 60 % aller global gehandelten Derivate. Diese ineinander verschachtelten Formen einer Kapitalanlage mit nicht klar erkennbaren Besitzverhältnissen werden gemeinhin als ein Auslöser der →Finanzkrise 2007/2008 ausgemacht.

3. H. als Trendsetter am Finanzmarkt. Insbesondere durch die äußerst hohe Aufnahme von Fremdkapital kommt den H. eine sehr viel größere Einflussmöglichkeit zu als es das in ihnen angelegte →Kapital vermuten lässt. H. greifen verändernd am →Markt ein und bewirken gegebenenfalls sogar eine Neuaufstellung eines →Unternehmens. H. sind damit nicht als Dienstleister der Finanzindustrie zu betrachten, sondern aufgrund ihrer aktiven Beeinflussung der wirtschaftlichen Einheiten als Trendsetter zu verstehen, die sich Einflussnahme durch →Politik und →Gesellschaft weitgehend entzogen haben. Dazu gehört auch, dass in einem sehr viel stärkeren Ausmaß als bei anderen vergleichbaren Formen des Investments den Fonds-Managern eine bedeutsame Rolle zukommt. Sie verfügen über ein ungeheures Maß an →Informationen und Einschätzungen, das in seiner Wirkung das Wissen von Aufsichtsräten, Politikern und Brokern übersteigt. Ihr Informationsstand, ihre Analysefähigkeit und die von ihnen beabsichtigte Strategie werden jedoch demgegenüber als exklusives Wissen einzustufen sein, das sich einer Beeinflussung durch einen öffentlich stattfindenden Diskurs weitgehend entzieht. Von H. geht also infolge ihrer Struktur die Möglichkeit aus, dass sie die Stabilität der Finanzmärkte negativ beeinflussen können. Aus ökonomischen wie aus ethischen Gründen gilt es also, ihre spekulative Tätigkeit einer regulierenden Kontrolle zu unterziehen.

4. Regulierungsmaßnahmen nach der Finanzkrise 2007/2008. Zunächst wurde auf G7- bzw. G8-Gipfeln vereinbart, den H. eine Selbstverpflichtung aufzulegen. Diese Vereinbarungen führten aufgrund des Widerstandes einiger Regierungen jedoch nicht zum Ziel. Deswegen wurde 2010 beschlossen, eine Registrierungspflicht für H. einzuführen und die 100 global bedeutsamsten H. zu kontrollieren. Die Investoren sollten den Aufsichtsbehörden in den USA und Großbritannien (SEC und FSA) Einblick in deren Bilanzen gewähren. Es ist zurzeit nicht abschätzbar, ob diese Regulierungsmaßnahmen ausreichend effektiv sind und damit eine Gefahr für den globalen Finanzmarkt ausgeschlossen werden kann.

D. Kaiser, H., 2004 – B. Berg, Die Welt der H., 2006, J. Hübner, „Macht euch Freunde mit dem ungerechten Mammon!" Grundsatzüberlegungen zu einer Ethik der Finanzmärkte, 2009 – B. Berg, Finanzkrisen und H. – Finanzmagier oder Krisenauslöser?, 2009 – S. Mallaby, Mehr Geld als Gott. H. und ihre Allmachtsfantasien, 2011 – H. Peukert, Die große Finanzmarkt- und Schuldenkrise, 2011 – J. Eckert, H. und ihre Mythen, 2013.

Jörg Hübner

Heimat

1. Begriff. Im Unterschied zum genealogischen, objektiv und unveränderlich zuzuordnenden Begriff *Vaterland* (→Patriotismus) hängt die Bezeichnung des Herkunftsorts als H. von der inneren Verbundenheit ab und ist somit subjektiv und variabel. Die emotionale Qualität resultiert daraus, dass „der Mensch sozialen oder kulturellen ‚Halt' erst über Ortsbezüge ... zu entwickeln scheint" (G. STIENS). Sprache, Religion u. a. können aber „mobile H. oder zumindest H.ersatz" (J. AMÉRY) werden. Gegenläufig dazu stellte die EKD in den 1990er Jahren in ihrer 3. Untersuchung über Kirchenmitgliedschaft fest, dass Kirche heute für viele zu einer „fremden H." geworden sei.

2. Geschichtlich. Erst seit der Wende des 18. zum 19. Jh. wurde der Begriff H. unter romantischem Einfluss zum Allgemeingut. Insbesondere in der Restauration seit 1815 kam es zu einer regressiven Rede von H., welche das Scheitern der politischen Hoffnungen der Befreiungskriege kompensierte. H. bezog sich dabei oft auf eine idealisierte nationale (Mittelalter) oder individuelle (Kindheit) Vergangenheit. Bei F. NIETZSCHE (1844–1900) war der Verlust von H. Folge einer inneren Distanz zur herrschenden Moral und Religion, so dass ihm in einer paradoxen Wendung Einsamkeit zur H. wurde. Aber auch durch rechtl. und soz. Diskriminierung wie z. B. im NS-Staat konnte „die H. ... einem auch in der H. enteignet werden" (F. STERN). Die Bezeichnung *H.vertriebene* für Flüchtlinge aus den dt. Ostgebieten nach dem 2. Weltkrieg drückte aus, dass die Betreffenden nicht nur einen materiellen Verlust erlitten hatten, sondern auch in ihrer personalen Identität getroffen waren. Durch die zunehmende Verbundenheit mit dem neuen Lebensumfeld konnte letzteres vielfach zur neuen H. werden. In neuerer Zeit fand der zwischenzeitlich diskreditierte Begriff H. neue Beachtung angesichts von →Globalisierung und Mobilitätsdruck, die Ortsbezüge zu nivellieren drohen.

3. Ethisch. Sehnsucht nach H. setzt voraus, dass keine vollständige Identifizierung mit dem Status quo gegeben ist, und enthält somit ein kritisches Potenzial. „Nicht nur wir, sondern die Welt selber ist noch nicht zu Hause" (E. BLOCH). Nach Paulus ist der Himmel die H. der Christen (Phil 3,20), so dass ein irdischer Ort grundsätzlich nicht ungebrochen zur H. werden kann. Daher ist es theologisch fragwürdig, dass die *Charta der deutschen H.vertriebenen* (1950) neben dem Verzicht auf Vergeltung ein „Recht auf die H. als eines der von Gott geschenkten Grundrechte der Menschheit" proklamierte. Treffender stellte die wegweisende →Denkschrift der →EKD über *Die Lage der Vertriebenen und das Verhältnis des dt. Volkes zu seinen östl. Nachbarn* (1965) den Christen in eine „letzte Distanz sowohl zur H. wie zur H.losigkeit"; Gott gibt in seiner Freiheit H., „wann und in welcher Gestalt er will." Rechtlich garantiert werden können nur das „Recht auf eine Staatsangehörigkeit" (Allg. Erkl. der →Menschenrechte, Art. 15) und Rahmenbedingungen, die erleichtern, dass jemandem der Ort, an dem er lebt, zur H. wird. Demnach darf die H. von Migranten (→Migration) nicht ohne weiteres mit deren Herkunftsland gleichgesetzt werden. Sie können durch einen längeren Aufenthalt hier oder durch Repressionen dort ihrer alten H. entfremdet sein, und es sind Voraussetzungen zu schaffen, dass sie ggf. eine neue H. finden (→Asyl). Die christl. Perspektive erkennt die tiefe menschl. Sehnsucht nach H. an. Sie verklärt jedoch weder den Status quo, noch blickt sie romantisierend zurück, sondern ermöglicht eine realistische und zukunftsorientierte Betrachtung der Gegenwart. Diese kann motivieren, aktiv dazu beizutragen, dass sich Menschen „‚auf Zeit' heimisch ... fühlen" (P. BIEHL) können.

P. BIEHL u. a. (Hg.), H. – Fremde, 1998 – K. JOISTEN, Philosophie der H. – H. der Philosophie, 2003 – P. BLICKLE, H. A critical theory of the German idea of homeland, 2004 – J. KORFKAMP, Die Erfindung der H., 2006 – P. SCHMITT, Sehnsuchtsort – Sehnsuchtswort. H. als theologisch anschlussfähiger Begriff bei Arnold Stadler, 2014 (Lit.).

Frank Surall

Homosexualität

H. ist eine Variante sexuellen Erlebens und Verhaltens, die primär oder ausschließlich auf das gleichgeschlechtliche Gegenüber gerichtet ist. Im Unterschied zur *passageren* Entwicklungs- und Hemmungsh. in der Pubertät und der *situativen* Pseudoh. mangels heterosexueller Kontakte (etwa in Gefängnissen und Klöstern) haben etwa 4 % der Männer und 2 % der Frauen dauernd und ausschließlich homosexuelle Kontakte. Diese *konstitutionelle* H. als Merkmal der sexuellen Identität ist weder selbstgewählter Lebensstil noch sozial bedingt und veränderbar.

Nichtsdestotrotz waren homosexuelle Menschen in fast sämtlichen Kulturen seit der Antike und in allen Weltreligionen Opfer von →Diskriminierung und Ausgrenzung. Diese soziale und religiöse Ächtung der H. hat auch in strafgesetzlichen Verboten homosexueller Handlungen ihren Niederschlag gefunden, zumal H. noch bis vor Kurzem in der →Medizin als nosologische Einheit betrachtet wurde. Erst 1992 wurde H. in der Internationalen Klassifikation der Krankheiten (ICD-10) der →Weltgesundheitsorganisation, deren Anwendung in Deutschland seit 2000 Pflicht ist, aus der Liste der Paraphilien gestrichen. Nach neuesten wissenschaftlichen Erkenntnissen über die Bedeutung der genetischen Anlagen und der vorgeburtlichen Gehirnentwicklung im Zusammenspiel mit den Geschlechtshormonen für die Ausbildung der sexuellen Orientierung hat H. als solche nichts mit psychischer Gesundheit oder Krankheit zu tun. Erst das Leiden an dieser sexuellen Orientierung und/oder das Erleben der Stigmatisierung durch das soziale Umfeld kann sie zur Beschwerde werden lassen. Mit der Entpathologisierung der H. einher ging in Deutschland wie in vielen anderen westlichen Gesellschaften die rechtliche Permissivität (1994 wurde § 175 StGB über die Strafbarkeit homosexueller Handlungen mit Jugendlichen abgeschafft) bis hin zur Einführung des Lebenspartnerschaftsgesetzes 2001, welches eine weitgehende rechtliche Gleichstellung gleichgeschlechtlicher mit ehelichen Gemeinschaften heterosexueller Partner vorsieht. Eine vieldiskutierte Ausnahme bildet das Verbot der gemeinschaftlichen Adoption durch Lebenspartner.

Die gegenwärtige theologische und innerkirchliche Debatte über H. in Deutschland kreist zum einen nach wie vor um die Frage der Beurteilung von H. vor dem Hintergrund ablehnender biblischer Aussagen zur homosexuellen Praxis (Lev 18,22; 20,13; Röm 1,24–27; 1 Kor 6,9–11; 1 Tim 1,10; dagegen handeln Gen 19,4–11 und Ri 19,22–26 von einer groben Verletzung des Gastrechts), zum anderen und in letzter Zeit verstärkt um die Frage der Bewertung gleichgeschlechtlicher Lebenspartnerschaften im Vergleich zur →Ehe.

Obwohl im gesamtbiblischen Zeugnis nur sehr sporadisch thematisiert, wird homosexuelles Verhalten eindeutig negativ als „Gräuel" und „schändliche Leidenschaft" bezeichnet, die Symptom einer grundlegenden Störung der Gottesbeziehung ist. Demgemäß wird im Katechismus der Katholischen Kirche, aber auch in freikirchlichen Stellungnahmen die Auffassung vertreten, dass H. als widernatürliche „Abirrung" nicht dem Willen und der Schöpfungsordnung Gottes entspreche, homosexuellen Menschen daher nur die (homo)sexuelle Enthaltsamkeit bleibe. Möchte man aus der Ablehnung homosexuellen Verhaltens durch einzelne Bibelstellen aber nicht den Schluss ziehen, damit der Notwendigkeit weiterer theologischer Reflexionen und einer eigenen Klärung enthoben zu sein, ist zu fragen, wie mit diesen unzweideutigen Aussagen der Bibel umzugehen ist. Neben dem Verweis auf die Zeitgebundenheit biblischer Texte (vgl. hierzu etwa auch Lev 20,10–12; Mt 5,34f.; 6,16–18; 1 Kor 11,2–16; 14,33–35; 1 Tim 2,12), aus der man die sachliche Berechtigung zu neuen Normbildungen angesichts der heutigen Lebenswirklichkeit ableitet, wird unter Verweis auf das reformatorische Schriftprinzip vom Doppelgebot der →Liebe als konzentriertestem Ausdruck des göttlichen Willens her argumentiert. Zwar ist →Sexualität nach biblischem Verständnis in ihrer heteronormativen Zweigeschlechtlichkeit (→Geschlechterverhältnis) für das Menschsein konstitutiv, doch muss jede ethische Festlegung letztinstanzlich am Doppelgebot der Liebe orientiert werden. Jeder Mensch ist Geschöpf Gottes und kann (einem) der Nächste sein.

Hinsichtlich der Bewertung gleichgeschlechtlicher Lebenspartnerschaften ist die kirchliche Öffentlichkeit tief gespalten, vor allem deshalb, weil sich diese Frage nicht isoliert von der Frage nach dem heutigen christlichen Verständnis von Ehe und Familie behandeln lässt. Der traditionellen kirchlichen Sexualethik zufolge gehören homosexuelle Menschen zu den Ausnahmen, die nicht zur Ehe geschaffen sind, deren erster Zweck Zeugung und Erziehung von Kindern ist. Andererseits wird gefordert, auf die gesellschaftlichen Entwicklungen und Veränderungen nicht nur mittels theologischer Reflexion einzugehen, sondern sie auch in der kirchlichen Praxis zu begleiten. Ein allgemeiner Konsens darüber, *wie* diese Verankerung in der Kasualpraxis auszusehen hat, ob durch Segnung und/oder einer der Trauung qualitativ gleichwertigen und gleichförmigen kirchlichen Amtshandlung, ist gegenwärtig aber auch zwischen den Gliedkirchen der EKD nicht abzusehen.

R. Friedman, Männliche H., 1993 – M. Honecker, Grundriß der Sozialethik, 1995, 221–228 – Kirchenamt der EKD (Hg.), Mit Spannungen leben, 1996 – Kirchenamt der EKD (Hg.), Verläßlichkeit und Verantwortung stärken, 2000 – M. Banner, Sexualität II, in: TRE, ^{31}2000, 195–214 – J. Asendorpf, Psychologie der Persönlichkeit, 2004^3, 383–385 – Katechismus der Katholischen Kirche, Neuübers., 2005, 596 u. 605 – Ch. Scharfetter, Allgemeine Psychopathologie, 2010^6, 315–318 – D. Swaab, Wir sind unser Gehirn, 2013, 87–118 – Kirchenamt der EKD (Hg.), Zwischen Autonomie und Angewiesenheit, 2013 – Kirchensynode der EKHN (Hg.), Ordnung des kirchlichen Lebens, 2013, 52–62 – I. Karle, Liebe in der Moderne, 2014, 127–138 – P. Dabrock u. a., Unverschämt – schön. Sexualethik: evangelisch und lebensnah, 2015.

Gerhard Schreiber

Humanität

1. Begriffsbestimmung. Mit dem Begriff *Humanität* ist gemeint, dass mit dem biologischen Dasein als Mensch Normen und Gestaltungsaufgaben gegeben sind, die auf eine Vollendungsgestalt abzielen, die wesentlich über die biologische Fundierung hinausgeht.

Die Fragen nach dem Verhältnis der biologischen zur kulturell-gestalterischen Dimension des Daseins, sowie zwischen individueller und sozialer Lebensgestaltung sind deswegen zentrale Aufgaben auf dem Weg zu einem angemessenen Begriff von H. Weitere Fragen ergeben sich infolge der großen kulturellen Differenzen im Verständnis von H. sowie angesichts der Konkurrenz von Denkansätzen, die die Gottesbeziehung als wesentlichen Aspekt von H. sehen und Herangehensweisen, die programmatisch säkular sind.

2. Wegen der umfassenden Reichweite des Begriffs H. ist vorab die **Frage nach der interkulturellen Gültigkeit von Humanitätsnormen** zu stellen: Auch außerhalb des „abrahamitischen" Kulturzusammenhangs, der seine Entstehung und Gestaltung der Begegnung von semitischer Religionsgeschichte (Judentum, Christentum, Islam) mit der spätantiken (insb. stoisch geprägten) Kultur verdankt, begegnet der Gedanke eines gestaltungsmächtigen Sollens als Ausdruck der Zielbestimmung menschlichen Daseins, so etwa bei Konfuzius (551–479). Dort findet sich etwa die Forderung, sich der bestehenden und lebensweltlich-konkreten Sitte anzupassen (was vor allem betont wird, z. B. Gespräche II,3), das aber (weniger betont) im Sinne des Strebens nach eigener, auch subjektiver, Erfüllung (IV,2). Dies lässt sich parallel deuten zu dem stoischen, auch alttestamentlich-weisheitlichen, Gedanken der beiderseits wahrzunehmenden sozialen und individuellen Dimension des Lebens. Gegen eine Einengung der Kategorie H. auf westliche Kulturzusammenhänge wären also grundsätzlich Belege aus fernöstlichen (und weiteren) Kulturen geltend zu machen. Dabei wird auch deutlich, dass Deutungen H. geschichtlich-individuiert sind, worauf zuerst J. G. HERDER (1744–1803) hingewiesen hat.

3. Ein zentraler Aspekt der ethisch-normativen Kategorie H. besteht darin, dass diese dem Menschen auch als biologischem Lebewesen zugeschrieben wird. Durch den materialistischen Zweig der Aufklärung (etwa: J. O. DE LA METTRIE, 1709–1751) wird für das moderne Wahrheitsbewusstsein die Aufgabe festgeschrieben, normative Zuschreibungen an den Menschen mit dessen biologischer Verfasstheit in Verbindung zu bringen. Die *Anthropologie in pragmatischer Hinsicht* (I. Kant, 1724–1804) muss also ihre Beziehung zur *physischen Anthropologie* ausdrücklich reflektieren. Diese Reflexion arbeitet – in klassischer Weise grundgelegt bei J. G. HERDER, F. SCHILLER (1759–1805) und F. D. E. SCHLEIERMACHER (1769–1834) – den Gedanken aus, dass die (physische) Natur, unmittelbar präsent in der Körperlichkeit des Menschen, geistig angeeignet werden muss, was dann eine Verleiblichung der geistigen Beschaffenheit des Menschen bzw. der Vernunft ergibt. Der mit dem Vernunftabsolutismus etwa J. G. FICHTEs (1762–1814) gesetzte (faktische) Dualismus, der die *Bestimmung des Menschen* in der Durchsetzung theoretischer und praktischer Autonomie gegen die physischen Bedingungen des Daseins realisiert sehen will, ist damit, der Intention nach, überwunden. Anders als F. SCHILLER, der das vollendete Gleichgewicht von Natur und Vernunft in der *Anmut* vor allem als ästhetisches Phänomen begreift (während die *Würde* als Durchsetzung der Vernunft gegen die Natur hinter der Anforderung des Gleichgewichts stets zurückbleiben muss), arbeitet Schleiermacher den Gedanken der Aneignung der Natur durch die intentionale Beschaffenheit des Menschen („Vernunft") als Grundlage der Ethik aus, also einer allgemeinen Theorie der sich geschichtlich realisierenden H.: Als zentraler Verweis auf die theologischen Hintergründe dieser Auffassung fungiert dabei die Tatsache, dass Vernunft und Natur immer schon in einer handlungsbefähigenden Synthese gegeben sind, deren Vollendung in der Verantwortung des geschichtlich handelnden Menschen steht, wobei die Religion die orientierende Perspektive für die Erreichung dieses wesentlich transzendenten Ziels, des *höchsten Gutes*, darstellt.

Moderne Ansätze sind vor die Alternative gestellt, den Reduktionismus (im Sinne des bei DE LA METTRIE sich andeutenden Typus) auszubauen oder den von HERDER, SCHILLER und SCHLEIERMACHER zuerst ausgearbeiteten und wirkungsgeschichtlich vielfach variierten und konkretisierten Ansatz phänomenologisch zu vertiefen. – Im Sinne eines (faktischen) Reduktionismus haben vor allem bestimmte Einsichten bzw. Ansprüche der modernen Hirnforschung gewirkt: Kulturelle Errungenschaften aller Art werden durch Vernetzung von Gehirnzellen und -arealen ermöglicht, individuell übernommen, gegebenenfalls auch weiterentwickelt: H. wäre in diesem Sinne also eine Art kulturelle *software*, die ihren eigenen, nicht unmittelbar materiellen, Gesetzmäßigkeiten folgt, deren limitierender Rahmen aber gleichwohl die *hardware* des Gehirns ist. Die Deutung von H. als Resultat gelingender Freiheit (mithin: Verantwortung) wird damit problematisch. Die Alternative wäre ein phänomenologischer Ansatz: Ausgangspunkt ist die im unmittelbaren und sozialen Erleben präsente Tatsache einer körperhaft gegebenen, gleichwohl mit dieser Gegebenheitsweise nicht identischen, psychischen Realität. So, wie er sich immer schon in der Reflexion auf seine Lebendigkeit vorfindet, überschreitet der Mensch das biologische Grundphänomen der Körper-Umwelt-Interaktion als deren *Zentrum* jedes Lebewesen fungiert: Er ist damit, mit H. PLESSNER (1892–1985) zu sprechen, – auch – *exzentrisch*: D. h. unbeschadet der Natürlichkeit des Menschen besteht H. wesentlich darin, dass subjektiv und intersubjektiv, Formen und Bereiche entstehen, die aus der (körperlichen) Natur des Menschen als solcher nicht abgeleitet werden können. In Anknüpfung u. a. an Plessner hat vor allem W. PANNENBERG (1928–2014) betont, dass in dieser Perspektive theologische Wahrheitsansprüche im Sinne wissenschaftlich diskutabler Hypothesen auch im Rahmen einer empirisch grundgelegten Anthropologie ernst zu nehmen sind. In diesem Sinne erscheint der Reduktionismus der Hirnforschung jedenfalls nicht als alternativlos.

4. Individuum und Gesellschaft; das Problem der technologisch geprägten Lebenswelt. Mit der normativen Kategorie H. ist auch eine gelingende Beziehung zwischen Individuum und Gesellschaft gemeint. Ältere Ansätze sehen beide Aspekte vereinigt, etwa in stoischen Vorstellungen vom evidenten Moralisch-Angemessenen, oder interpretieren, oft in unklarer Überschneidung, individuelle christliche Existenz und die Anforderungen der sozialen Lebenswelt teils parallel, teils einander gegenüberstehend (so zwar überwiegend nicht LUTHER, wohl aber die stoisch-naturrechtlich durchgebildete altlutherische Ständeethik). – Hier hat SCHLEIERMACHER einen Systematisierungsversuch unternommen. H. besteht grundsätzlich in der Erschlossenheit von Individuen für einander, alle Bereiche des Erlebens, auch die individuell geprägten einschließlich der Religion, sind demzufolge durch Vermittlungsprozesse ermöglicht und haben die Struktur von Gemeinschaften. Auch der Ausgangspunkt (das partielle immer schon Angeeignetsein der Natur für die bewusste Orientierung und Tätigkeit des Menschen) und der nur in der Religion vorwegnehmbare Endpunkt (das *höchste Gut*) des geschichtlichen Lebens haben Gemeinschaftsgestalt. Diese Deutung von H. ist zwar gegenüber allen Dualismen, wie sie etwa in der Philosophie FICHTES oder (anders argumentierend) in der wirksam gewordenen Gestalt lutherischer Sozialethik begegnen, konsistenter. Aber sie nivelliert Individualität und lässt für den Gedanken der Unableitbarkeit der individuellen Gottesbeziehung ebenso wenig Raum wie für die Vorstellung einer existentiellen Unvertretbarkeit des Individuums. Diese Dimension von H. (gegenüber dem von Schleiermacher repräsentierten Theorietypus) einzufordern, ist wesentliches Anliegen S. KIERKEGAARDS (1813–1855). – Andererseits haben eine Reihe moderner Autoren u. a. aus totalitären Varianten des Gemeinschaftsgedankens – dass nämlich Gemeinschaft sich über das vollgültige Aufnehmen und Ermöglichen subjektiver Authentizität legitimieren muss – die Konsequenz einer Rückbesinnung auf die, mit Schleiermachers Intersubjektivitätsauffassung verbundene, Relativierung des Authentischen gezogen: Zu nennen wären hier neben H. PLESSNERS Abhandlung *Grenzen der Gemeinschaft* vor allem die Studien von E. Herms zu bzw. im Anschluss an Schleiermacher. Autoren wie PLESSNER oder HERMS bemühen sich, die Bedeutung der Formen des Zusammenlebens gegen die Überbetonung des Subjektiv-Authentischen geltend zu machen. – Eine neue Dimension der Rückfrage nach H. ist durch die technische Formierung moderner Lebenswelten entstanden, was in der Spätmoderne prinzipiell auch die biologische Beschaffenheit des Menschen einschließt: Wie sind individuelle und gemeinschaftliche Verantwortung so wahrzunehmen, dass katastrophale Fehlsteuerungen vermieden werden können? H. JONAS (1903–1993) hat hier die Rückbesinnung auf teleologisches Denken vorgeschlagen, das Mensch und Natur zu einer Ganzheit verbindet, für die Verantwortung zu übernehmen ist. Außerdem muss denkerisch die Möglichkeit von Freiheit als Bedingung für praktisch ausgeübte Verantwortung sichergestellt werden.

5. Theologisch-ethische Schlussüberlegungen. Die im Anschluss an einige repräsentative Autoren skizzierten Überlegungen lassen sich im Sinne folgender Gesichtspunkte für Grenzziehungen verstehen, innerhalb derer unterschiedliche Auffassungen von H. – jedenfalls grundsätzlich – protestantisch legitim sein können:

5.1 H. gebietet das Ernstnehmen des spezifisch menschlichen Umgangs mit Wirklichkeit (unter Einschluss von dessen religiöser Dimension) und verbietet deren biologistische Reduktion. Die Kategorie H. betont aber die Forderung nach Integrität des Menschen als Naturwesen. Menschliches Leben ist im Kern Erleben und folgt den Formen der Lebenswelt, die weder auf ihre natürliche Fundierung reduziert werden darf, noch beliebig umgestaltbar ist. Ein spezieller Aspekt des Ausgehens von der Lebenswelt ist die Einsicht, dass die Verpflichtung auf einen wissenschaftsförmig begründeten Laizismus als angeblich allgemeinverbindliche Grunddoktrin aufgeklärter Gesellschaften ebenso inhuman ist wie Religionszwang. Auf der anderen Seite ist ein humanes Zusammenleben dadurch gekennzeichnet, dass die physische Integrität jedes Individuums in ihrer grundlegenden Bedeutung anerkannt und demzufolge so weit wie möglich garantiert ist.

5.2 Die Realisierung von H. erfordert die **gleichgewichtige Berücksichtigung der sozialen und der individuellen Dimension von H.** Der soziale Aspekt ist vor allem durch Teilhabemöglichkeiten (was auch Pflichten umfasst) zu sichern, der individuelle Aspekt mittels wirksamer Zusicherungen, durch Anmutungen von Teilhabe nicht vereinnahmt zu werden. Ein humanes Zusammenleben berücksichtigt Plessners (indirekt auch schon Schleiermachers) Einsicht, dass Institutionen auf Funktionen bezogen sind und totalitär werden und ihre Funktion verlieren, wenn sie über diese hinausgehen, etwa um Lebensglück auf dem Zwangs- oder Suggestionsweg herzustellen. Gegen ein Denken, das soweit von Strukturen ausgeht, dass für Gewissensunmittelbarkeit kein Raum mehr bleibt, ist (hier nun *gegen* Schleiermacher) auf die **unverrechenbare Individualität jeder Person** als Voraussetzung von H. zu verweisen.

5.3 Die modernen technischen (z. T. auch sozialtechnologischen) Möglichkeiten zur Gestaltung der Lebenswelt und zunehmend auch der körperlichen Verfasstheit des Menschen müssen – kategorial und praktisch – in ein System der Verantwortung eingebunden werden, das sich am Gedanken der **Grenzen von Gestaltbarkeit** orientiert.

5.4 Solche Aufgabenfelder stellen sich grundsätzlich und unausweichlich. Im Deutungszusammenhang des christlichen Glaubens wird man auf die **aus der Schöpfung resultierende Weltverantwortung des Menschen** zu verweisen haben (Gen 1,18). Diese Beauftragung ist jedoch, wie gesehen, keine willkürliche Zusatzannahme des christlichen Glaubens. Sie ist vielmehr Ausdruck der Tatsache, dass H. als Gestaltungsauftrag mit der menschlichen Existenz untrennbar mitgesetzt und damit zentraler Aspekt von deren transzendentem Bedingungsgefüge ist.

J. G. FICHTE, Die Bestimmung des Menschen, hg. v. TH. BALLAUFF u. I. KLEIN, 1962 u. ö. – H. JONAS, Das Prinzip Verantwortung, 1979 – F. D. E. SCHLEIERMACHER, Ethik (1812/13), hg. v. H.-J. BIRKNER, 1981 – H. PLESSNER, Mit anderen Augen. Aspekte einer philosophischen Anthropologie, 1982 – I. KANT, Anthropologie in pragmatischer Hinsicht: Werke, hg. v. W. WEISCHEDEL, 1983, X, 395–690 – H. JONAS, Macht oder Ohnmacht der Subjektivität, 1987 – J. G. HERDER, Briefe zur Beförderung der Humanität, hg. v. D. IRMSCHER, 1991 – S. KIERKE-

GAARD, Furcht und Zittern, dt. v. L. RICHTER, 1992 – E. TROELTSCH, Die Soziallehren der christlichen Kirchen und Gruppen, 1912 (ND 1994) – W. PANNENBERG, Was ist der Mensch?, 1995[8] – R. WEILAND (Hg.), Philosophische Anthropologie der Moderne, 1995 – J. O. DE LA METTRIE, Der Mensch eine Maschine, dt. v. TH. LÜCKE, Nachw. v. H. TETENS – E. HERMS, Gesellschaft gestalten, 2002 – F. D. E. SCHLEIERMACHER, Akademievorträge (KGA I,11), hg. v. M. RÖSSLER, 2002 – W. SINGER, Der Beobachter im Gehirn. Essays zur Hirnforschung, 2002 – E. HERMS, Menschsein im Werden, 2003 – H. PLESSNER, Grenzen der Gemeinschaft, in: Gesammelte Schriften, hg. v. G. DUX u. a., 2003, V, 7–133 – KONFUZIUS, Gespräche, dt. v. R. WILHELM, hg. v. H. v. ESS, 2005 – R. SAFRANSKI (Hg.), Schiller als Philosoph. Eine Anthologie, 2005 – F. J. WETZ (Hg.), Texte zur Menschenwürde, 2011.

Matthias Heesch

Humanvermögen / Humankapital

1. Begrifflichkeiten. Im Jahr 2004 lautete das Unwort des Jahres „Humankapital", was großen Unmut unter deutschen Wirtschaftswissenschaftlern erregte. Das war insofern erstaunlich, als die Unterscheidung zwischen →„Kapital" und „Vermögen" in der deutschen Ökonomik eine lange Tradition hat. In den Sozialwissenschaften wird – meist ohne Bedenken – ein Kapitalbegriff der sog. kritischen Theorie übernommen, der auf einer Terminologie Bourdieus fußt. In dessen Werken übernimmt das Wort Kapital die Funktion, den kapitalistischen Ursprung und so auch die kapitalistische Grundstruktur aller Spielarten sozialer Ungleichheit als Tatsache der gesellschaftlichen Realität zu „entlarven". Das Kapital ist hier die „Kraft", die alle „Dinge" bewegt; es wird somit für den Autor zu einem Objekt, das allgegenwärtig ist und deshalb die Gesellschaft grundlegend prägt.

Im Gegensatz dazu ist Humanvermögen ein analytischer, situationslogisch gewendeter Begriff. Er zielt auf eine Ist-Situation des Alltagslebens, in der nach dem Prozess der Entstehung, der Qualität und dem quantitativen Umfang von Handlungspotentialen in einer Gesellschaft gefragt wird. Vermögen ist das, worüber Menschen als Handlungspotential verfügen können. Humanvermögen besitzt in diesem Kontext eine besondere Qualität: Im Lebenszyklus junger Menschen sind Eltern weltweit die Primär-Investoren. Ihr Einsatz von Arbeitskraft, ihre Fürsorge, der von ihnen gewährleistete Unterhalt dienen grundlegend dem Aufbau der Handlungsfähigkeit ihrer Kinder, eben von Humanvermögen. In der Makroperspektive verkörpern sich im Humanvermögen jeder nachwachsenden Generation nicht allein die Leistungen und Erwartungen unzähliger Eltern, sondern auch die Erwartungen aller Kinderlosen – nicht zuletzt im Hinblick auf ihre Altersversorgung.

Von vielen Ökonomen wurde der angelsächsische Begriff „human capital" wörtlich ins Deutsche übersetzt. Besonders einflussreich wurde in der Ökonomik der Familie die Studie „A Treatise on the Family" (BECKER, 1981), die sich um seinen Begriff „human capital" zentriert. Nicht bedacht wurde dabei, dass dessen Version nicht die einzige Variante einer Ökonomik der Familie ist. Zudem hatte sich in der angelsächsischen Wissenschaftssprache lange Zeit kein eindeutiger Begriff für „Vermögen" herausgebildet. Das aber hatte bereits in den 1930er Jahren JOHN COMMONS in seinen Werken veranlasst, den deutschen Begriff „Vermögen" zu verwenden. Für ihn ist der Einsatz von Vermögen („assets") im Marktprozess „mehr als ein passives Aus- und Einströmen. Er ist eine aktive willensbezogene Akquisition von Einkommen, ... ein Transaktionsprozeß, der zusätzliche Kaufkraft schafft" (COMMONS 1968, 165).

Mit ähnlicher Begründung lehnte SCHULTZ die Verwendung selbst des Begriffs „human resources" ab: natürliche und andere materielle Ressourcen sind passive ökonomische Faktoren; sie sind auch frei von Präferenzen. Menschliche Handlungseinheiten sind aktiv – nicht zuletzt in der Entwicklung von Fähigkeiten (einschließlich Geschick und Wissen) und Präferenzen. „Humanvermögen" umfasst „alle Attribute eines Menschen – die physischen, biologischen, psychologischen und kulturellen –, die sowohl die sozialen Werte", zu denen er sich bekennt, „als auch die ökonomischen Werte", die er schafft, zu begründen und zu erklären helfen (SCHULTZ 1972, 9).

2. Familie – der Ort der Entstehung von Humanvermögen. Die 5. Familienberichtskommission hatte sich den Begriff Humanvermögen zu Eigen gemacht und die Formel aufgenommen, die Familie sei die Institution, deren grundlegende und unersetzliche Leistung für die Gesellschaft darin bestehe, mit ihrer Entscheidung für Kinder das „Humanvermögen" einer Gesellschaft in der Zukunft zu sichern. Im Gegensatz zu „Humankapital" sei dieser Begriff so angelegt, dass er die allgemein-grundsätzliche Bedeutung menschlichen Handlungsvermögens für die Bewältigung aller Lebensbereiche von Gesellschaft betone und nicht allein dessen ökonomische Dimension.

Wer den Begriff „Humanvermögen" verwendet, denkt an folgende Leistungsabläufe in Familien: Die Bildung, der Aufbau von Humanvermögen beginnt mit der Vermittlung von Befähigungen zur Bewältigung des Alltagslebens. Hier geht es um den Erwerb von Handlungsorientierungen und Werthaltungen in einer Welt zwischenmenschlicher Beziehungen. Damit vollzieht sich der Aufbau von sozialer Daseinskompetenz oder – wie hier definiert wird – von „Vitalvermögen". Dieser Begriff soll zunächst nur die konkrete Tatsache, als Mensch in der Welt zu sein, ansprechen und hinweisen auf die allmählich wachsenden Fähigkeiten, sich in der alltäglichen Welt bewegen und zurecht finden zu können und sie nach und nach zielbewusst zu nutzen. Vitalvermögen zu besitzen bedeutet, über die existenziellen Handlungsgrundlagen des Lebens verfügen zu können.

Der Erwerb sozialer Daseinskompetenz, von Vitalvermögen, ist folglich eine unverzichtbare Voraussetzung für den stetigen Aufbau von Handlungs- und Arbeitsvermögen eines Heranwachsenden. In der Geschichte menschlichen Handelns ist →Arbeit immer der Ausdruck gewesen für die Anstrengungen der Menschen, die Bedingungen, unter denen sie leben müssen, möglichst so zu gestalten, wie es ihren persönlichen Vorstellungen und Möglichkeiten entspricht. Dieses Ziel setzt zunächst allgemeine Befähigungen zu Arbeit voraus wie dann auch später die Aneignung von Fachkompetenzen zur Bildung von Erwerbsarbeitsvermögen im Sektor der Wirtschaft. So entfaltet sich eine Persönlichkeit, deren Individualität aus exakt dieser engen Verbindung von Daseins- und Fachkompetenzen erwächst. Begründet werden Potenziale für kreatives Handeln in komplexen Umwelten: Alltagswissen und Gesundheit, Bildung, Zugang zu Wissenschaft und Lernbereitschaft zum Erwerb von Qualifikationen für den Umgang mit Familie und Verwandtschaft, mit Schule und Arbeitswelt, mit Demokratie und Politik.

Nur über eine erfolgreiche Humanvermögensbildung in Familie und Schule wird eine innovative und effiziente Wirtschaft und darüber hinaus eine dynamische, weltoffene Gesellschaft möglich (5. Familienbericht Abschn. I. 4.). Es bleibt als Grundthese, dass die Familie jene Institution ist, in der grundlegend über den Sozialisationserfolg der nachwachsenden Generationen entschieden wird.

3. Schlussbemerkung. Es zeigt sich, dass es hinreichende Gründe gibt, in der wiss. Diskussion den Unterschied in den sachlichen und kontextbezogenen Tatbeständen zwischen Vermögen und Kapital zu beachten. Das trifft auch dort zu, wo in den Sozialwissenschaften das Sprachsystem von Bourdieu aufgegriffen wird, der sich als Vertreter der kritischen Theorie versteht und dezidiert →Kapitalismuskritik betreibt. Unmissverständlich zielt seine Kapitaldefinition auf die Herrschaftsverhältnisse in vermeintlich kapitalistischen Systemen, deren Spielarten er „ökonomisches, kulturelles und soziales Kapital" nennt.

P. BOURDIEU, Ökonomisches Kapital, kulturelles Kapital, soziales Kapital, in: R. KRECKEL (Hg.) Soziales Ungleichheiten, 1983, 183–198 – GARY S. BECKER, A Treatise on the Family, 1981 – BUNDESMINISTERIUM FÜR F., SENIOREN, FRAUEN UND JUGEND (Hg.), Fünfter Familienbericht, Familien und Familienpolitik im geeinten Deutschland – Zukunft des Humanvermögens, 1994 – H.-G. KRÜSSELBERG, Ethik, Vermögen und Familie, 1997.

Hans-Günter Krüsselberg

Hunger

1. Definition, Ausmaß und Auswirkungen. Unter H. wird nach der Definition der Welternährungsorganisation FAO ein Zustand chronischer Unterernährung verstanden. Als chronisch Hungernde gelten Menschen, die über einen längeren Zeitraum nicht genügend Nahrung zu sich nehmen können, um das Minimum ihrer täglichen Energiezufuhr zu decken. Über den Kalorienmangel hinaus beeinträchtigt auch die Unterversorgung mit Mikronährstoffen wie Vitaminen oder Mineralstoffen die menschlichen Körperfunktionen. Diesbezüglich spricht man auch vom „versteckten" Hunger (Brot für die Welt 2014). Während die Zahl der Hungernden für den Zeitraum 2014–2016 mit 795 Millionen angegeben wird (FAO 2015), leiden weitaus mehr Menschen an Mangelernährung. Ihre Zahl wird auf mehr als 2,5 Milliarden geschätzt. Die Mehrheit der Hungernden lebt in Entwicklungs- und Schwellenländern, 511 Millionen davon in Asien, 232 Millionen in Afrika. Der Anteil der Hungernden an der Bevölkerung ist in Afrika mit 20 Prozent am höchsten. Doch auch in den Industrieländern hungern mehr als 5 Millionen. In erster Linie sind arme Bevölkerungsgruppen, die im ländlichen Raum leben, von H. betroffen. Die Hälfte der Hungernden sind Kleinbauern, 20 Prozent landlose Farmarbeiter und 10 Prozent Sammler und Hirten. Mädchen und Frauen sind überproportional stark betroffen: mehr als 60 Prozent der Menschen, die an H. leiden, sind weiblich. Die Zahl der Hungernden hat nach FAO-Angaben zwischen 1990 und 2015 um 216 Millionen abgenommen, der Anteil der unternährten Menschen an der Bevölkerung ist von 23,3 Prozent auf 12,9 Prozent zurückgegangen. Das Teilziel des Millenniumsziels 1, den Anteil der Hungernden bis 2015 zu halbieren, wurde demnach nur knapp verfehlt. Allerdings hat die FAO ihre Berechnungsmethode mehrfach geändert und wird z. B. von LAPPÉ et al. (2013) dafür kritisiert, die Erfolge der H.-Bekämpfung schönrechnen zu wollen. Die FAO-Statistik berücksichtigt nur länger als ein Jahr anhaltende Situationen der Unterversorgung mit Kalorien. Insbesondere für Schwangere, Kleinkinder oder Kranke kann jedoch schon eine Unterversorgung, die wenige Monate dauert, irreparable Gesundheitsfolgen haben. Chronischer H. ist für die Betroffenen physisch wie psychisch verheerend und beeinträchtigt auch die sozialen und wirtschaftlichen Entwicklungspotenziale ganzer Gesellschaften. Auch Mangelernährung führt insbesondere bei Kindern zu schwerwiegenden Wachstumsstörungen (stunting), Apathie und Retardation der geistigen Entwicklung.

2. Das Recht auf Nahrung. Das Recht auf Nahrung gilt angesichts des Ausmaßes des weltweiten H. als eines der am häufigsten verletzten →Menschenrechte. Das Recht auf eine angemessene und ausreichende Nahrung ist bereits in Artikel 25 der Allgemeinen Erklärung der Menschenrechte enthalten und wurde 1966 in Artikel 11 des Internationalen Paktes über wirtschaftliche, soziale und kulturelle Rechte völkerrechtlich verbindlich verankert. Zu den Staatenpflichten gehört es demnach, dafür Sorge zu tragen, dass die Menschen jederzeit physisch und wirtschaftlich Zugang zu angemessener Nahrung oder zu Mitteln zu ihrer Beschaffung haben. 2000 wurde bei den →Vereinten Nationen das Amt des Sonderberichterstatters für das Recht auf Nahrung eingerichtet. Als zusätzliches Instrument wurden 2004 von der FAO die „Freiwilligen Leitlinien zur Umsetzung des Rechts auf Nahrung" verabschiedet, die u. a. Empfehlungen zur Implementierung menschenrechtlicher Instrumente und zur Sicherung des Zugangs zu Produktionsressourcen wie Boden, Wasser und Saatgut umfassen. Die deutsche Bundesregierung hat die Entwicklung dieser Leitlinien maßgeblich unterstützt.

3. Ursachen und Strategien. Rein rechnerisch werden heute weltweit ausreichend Nahrungsmittel produziert, um alle Menschen ernähren zu können. Ursachen dafür, dass Menschen hungern müssen, sind daher u. a. der ungleiche Zugang zu den vorhandenen Nahrungsmitteln, fehlende eigene Produktionsressourcen wie Land und Saatgut, hohe Nacherntverluste und die Tatsache, die ein zunehmender Anteil der agrarischen Produktion nicht mehr direkt der menschlichen Ernährung zugeführt wird, sondern als Tierfutter, zur Erzeugung von Biotreibstoffen oder anderen industriellen Nutzungen Verwendung findet. Die Ernährungssicherheit von armen Bevölkerungsgruppen ist vor allem dadurch gefährdet, dass sie über kein ausreichendes Einkommen verfügen, um sich in Notsituation Lebensmittel kaufen zu können oder auf marginalen Böden wirtschaften müssen, die nicht genügend Ertrag abwerfen bzw. infolge von Wetterextremen sehr starken Schwankungen unterworfen sind. Strategien zur Überwindung des H. müssen insbesondere diese verletzlichen Bevölkerungsgruppen im ländlichen Raum in den Blick nehmen und einen Beitrag zur Minderung ihrer →Armut leisten. Die Welternährungskrise 2008, in deren Verlauf die Weltagrarpreise, die über Jahrzehnte auf einem tiefen Niveau verharrten, neue Höchststände erklommen, hat aber auch gezeigt, wie Weltmarktbedingungen die Ernährungssicherheit ganzer Nationen beeinträchtigen können. Angesichts niedriger Weltmarktpreise und eine u. a. von der Weltbank ausdrücklich empfohlene „handelsbasierte Ernährungssicherungsstrategie" hatten viele Länder die ländlichen Räume vernachlässigt. Die Zahl der nettonahrungsmittelimportierenden Länder ist von ca. 30 in den 1980er Jahren auf über 110 Länder 2008 gestiegen. Die Trendwende auf den Agrarmärkte hat dazu geführt, dass wieder mehr staatliche Mittel in die Landwirtschaft fließen, gleichzeitig aber auch auf den Finanzmärkten die Attraktivität von Agrarinvestitionen erhöht, so dass vermehrt große Landflächen in Entwicklungsländern für die Produktion von Biomasse für den Export aufgekauft („landgrabbing") werden. Gegenüber herkömmlichen Strategien, den H. in erster Linie mithilfe produktionstechnischer Verbesserungen überwinden zu wollen, mahnt der von den →Vereinten Nationen eingesetzte Weltagrarrat (IAASTD 2009) einen Paradigmenwechsel an. Er plädiert für den Vorrang agrarökologischer Produktionsverfahren mit möglichst niedrigem externen Input, eine Konzentration auf die kleinbäuerlichen Produzenten und die Anerkennung der Multifunktionalität der Landwirtschaft. Ungeachtet der heftigen Auseinandersetzungen, die die Debatte über die Strategien zur H.-Bekämpfung prägen, besteht Einvernehmen, dass mit dem →Klimawandel eine dramatische neue Gefährdung für die zukünftige Sicherung der Welternährung auf den Plan tritt, die die Anpassungsfähigkeit zukünftiger Landwirtschaft herausfordert.

4. Positionen der →Kirchen. Ausgehend von der Erfahrung, dass die Weltgemeinschaft der deutschen Bevölkerung in der Zeit des Hungers und der Not nach dem Ende des Zweiten Weltkriegs geholfen hatten, riefen die Kirchen in Deutschland gegen Ende des Jahrzehnts des „Wirtschaftswunders" zu Dankopfern zugunsten der Hungernden in der Welt auf. Dem Start von Misereor (1958) auf katholischer und von Brot für die Welt (1959) auf evangelischer Seite war der Versuch KREYSSIGs vorausgegangen, mit der Aktionsgemeinschaft für die Hungernden 1957 eine ökumenisch angelegte Initiative der Kirchen gegen Hunger und Armut auf den Weg zu bringen. Die Arbeit von Brot für die Welt setzte von Anfang an auf Hilfe zur Selbsthilfe, später wurde dieser Ansatz ergänzt durch eine rechtebasierte Herangehensweise („Den Armen Gerechtigkeit") und eine kritische Auseinandersetzung mit der Agrarentwicklung und der Ernährungsweise in Europa und Deutschland („Hunger durch Überfluss"). Die 11. Synode der EKD hat 2013 in ihrer Kundgebung appelliert, „die Zeichen der Zeit zu erkennen und alles in ihrer Macht Stehende zu tun, um die →Ernährung der Weltbevölkerung zu sichern und den Hunger so schnell wie möglich, spätestens aber bis 2030 vollständig zu überwinden". Die Synode machte damit auch deutlich, dass sich die Weltgemeinschaft nicht mit einer Linderung des H. zufrieden geben darf, sondern dass eine vollständige Überwindung des H. politisch machbar und ethisch wie menschenrechtlich geboten ist. Daran anknüpfend begründet die Studie der EKD (2015) „Unser tägliches Brot gib uns heute" ausgehend von der Analyse der komplexen Ursachen für die Entstehung von H., weshalb eine grundlegende Agrar- und Ernährungswende erforderlich ist, um die Zukunft der Welternährung zu sichern.

IAASTD, Agriculture at a Crossroads, 2009 – F. M. LAPPÉ/T. POGGE et al., How we count hunger matters. in: Ethics and International Affairs, 27 No 3, 2013, 251–259 – EKD, Es ist genug für alle da. Kundgebung der 11. Synode, 2013 – BROT FÜR DIE WELT, Satt ist nicht genug, 2014 – EKD, Unser tägliches Brot gib uns heute, 2015 – FAO, The State of Food Insecurity in the World, 2015.

Klaus Seitz

Ideologie

1. Begriffsgeschichte. Anfangs bedeutete I. die *Wissenschaft von den Ideen*, die aus sinnlicher Wahrnehmung hervorgehen (A. L. C. DESTUTT DE TRACY 1796, anknüpfend an J. LOCKE). In der Schule der „Ideologen" sah NAPOLEON ihm feindlich gesonnene Gesellschaftstheoretiker und wirklichkeitsfremde Schwärmer. In diesem Sinn benutzten deutsche konservative Politiker das Wort für diejenigen ihrer Gegner, welche die Ideale der →Franz. Revolution vertraten.

K. MARX und F. ENGELS begründeten die sozialkrit. Verwendung des Begriffs. Danach ist I. das *„falsche Bewusstsein"*, welches das ökonom. →Interesse der herrschenden →Klasse als allg. Interesse ausgibt, um die →Produktionsverhältnisse zu zementieren. Diese entfremden durch rigide Arbeitsteilung den Arbeiter seiner Tätigkeit und machen seine Arbeitskraft zur Ware. Da dieser Zustand objektiv gegeben sei, gilt das Interesse der unterdrückten Klasse an seiner Aufhebung und an der Errichtung einer Diktatur des →Proletariats nicht als i. Vielmehr beansprucht die marxist. Weltanschauung, in einem materialist.-positivist. Sinn „wissenschaftl." zu sein. Dementsprechend war schon für MARX der exemplarische Fall falschen Bewusstseins die Religion als „Opium des Volks". Damit verlieh er FEUERBACHS Religionskritik eine gesellschaftskritische Dimension. Der spätere →Marxismus konnte den I.begriff auch allg. für →Weltanschauung verwenden; so bezeichnete LENIN den →Sozialismus als (wahre) I.

Die *Wissenssoziologie* des frühen 20. Jh.s hat in dem für die proletarische Sicht erhobenen Objektivitätsanspruch ebenfalls eine Verschleierung von Machtinteressen entdeckt und folgerichtig den I.begriff in seiner krit. Bedeutung auch auf den Marxismus bezogen. Er bezeichnet in dieser über den ökonom. Sinn hinaus erweiterten Fassung die „Seinsgebundenheit" (K. MANNHEIM), d. h. Abhängigkeit *alles* Denkens von der gesellschaftl. Situation. I.kritik muss darum stets Selbstkritik einschließen. Das wirft freilich die erkenntnistheoret. kaum zu lösende Frage auf, wie Seinsgebundenheit im Zeichen dieses totalisierten I.begriffs überhaupt eruiert und zuverlässig beschrieben werden kann. MANNHEIM nimmt dafür ein „immer umfassender werdendes Subjekt" an, das über genügend Unabhängigkeit verfügt; das soll wohl die wiss. Soziologie sein. M. HORKHEIMER hat diese Auskunft als ebenfalls i. erwiesen.

Die *Frankfurter Schule* hat den I.begriff in zwei Hinsichten weiterentwickelt. Zum einen hat sie ihn psychol. gedeutet, indem sie im Anschluss an FREUD und an die Vorurteilsforschung das falsche Bewusstsein auf Internalisierung soz. Faktoren im Unbewussten zurückführte. Zum anderen hat sie im Unterschied zu MARX der vermeintlich objektiven Wissenschaft mit ihren Sachzwängen eine i. Funktion zugeschrieben, insofern ihr Objektivitätsanspruch die Interessen der Forscher und ihrer Geldgeber verschleiere (J. HABERMAS).

Im *allg. Sprachgebrauch* bezeichnet I. die weltanschaulichen Systeme, die den nationalsoz. und kommunist. Diktaturen des vorigen Jh. zur Durchsetzung ihrer Machtansprüche dienten (K. D. BRACHER). Daneben hält sich im angelsächs. Bereich eine neutrale Fassung als „a shared set of political preferences" (H. NOEL). Beide Formen verdecken jedoch das grundsätzliche Problem, das durch die präzisere wissenssoz. Fassung des Begriffs ans Licht getreten ist (man denke nur an die Tea Party in USA).

2. Theol. Interpretation. Die Entdeckung des I.phänomens bedeutet die Einsicht in die elementare, irrationale und emotionale Färbung allen menschlichen Denkens. Dadurch wird der erkenntnistheoret. Optimismus der klassischen europäischen Philosophie in Frage gestellt. I. ist hinsichtlich des in ihr herrschenden emotionalen Moments mit dem *Vorurteil* verwandt, insofern sie sich rationaler Kritik verschließt, tritt aber im Unterschied zu diesem stets als kollektive Erscheinung auf. Sie stellt eine weltanschauliche Verbrämung ökonom. und/oder pol. Machtinteressen dar. Dabei kann sich eine I. zwar mit Religionen verbinden (Beispiel: christl. Fundamentalisten in der Republikanischen Partei der USA), doch stellt sie selbst eher einen Religionsersatz dar.

Theologie und Kirche haben sich in der Beschäftigung mit dem Thema weithin auf die Auseinandersetzung mit den großen pol. I. beschränkt. Dabei sind sie zwar zum Kern des Problems vorgedrungen (vgl. v. a. die →Barmer Theol. Erklärung), doch I.kritik am eigenen Denken und Handeln blieb selten. Gelegentlich wurde dieses Versäumnis mit der These gerechtfertigt, der Glaube an Jesus Christus schütze vor i. Verblendung (K. BARTH). Dabei blieb außer Betracht, dass Glaube nur zusammen mit natürlicher Selbst- und Welterfahrung und mit allg. vernünftigem Denken gelebt wird. So wurden faktisch Machtinteressen, die in der Kirche wie in jeder anderen Institution am Werk sind, der krit. Analyse entzogen. Das führte nicht selten zur Ideologisierung kirchl. Äußerungen zu soz. und pol. Fragen.

Der erste Theologe, der dem Problem in seiner ganzen Komplexität die gebührende Aufmerksamkeit gewidmet hat, war der Amerikaner R. NIEBUHR. I. hat bei ihm ihren Ort in der Lehre von der Sünde. Deren Grundform ist die Hybris, „verzweifelt man selbst sein zu wollen" (S. KIERKEGAARD). Diese hat drei Gestalten: Hybris der Macht, intellektuelle und moralische Hybris. Alle drei Formen haben einen individuellen und einen kollektiven Aspekt. Im Kollektiv potenzieren sich die Gestalten der Sünde. Dabei ist I. die treibende Kraft: Sie sublimiert die Hybris der Macht, indem sie ihr den Anschein verleiht, im Dienst der absoluten Wahrheit und der absolut gerechten Sache zu stehen. Letztlich ist hier überall die Ursünde am Werk, sein zu wollen wie Gott.

NIEBUHR hat auf diese Weise seine im Kern reformator. Sündenlehre mit dem totalen I.begriff MANNHEIMS verknüpft. Damit hat er nicht nur ein Instrumentarium geschaffen, um die großen pol. I.n seiner Zeit zu verstehen, sondern zugleich einen anschaulichen Beleg für SCHLEIERMACHERS soziale Interpretation der Erbsünde als Gesamtschuld geliefert. Verantwortung für die Hybris und verhängnishafte kollektive Verstrickung in sie werden gleichermaßen deutlich. Der darin implizierte Mangel an Selbstkritik beruht nach NIEBUHR teils auf Unwissenheit, teils auf Unredlichkeit.

Nach dieser Begriffsbestimmung ist I. ein menschliches Grundphänomen, das es in der Geschichte immer gegeben hat und das mit dem Untergang von →Nationalsoz. und →Kommunismus nicht verschwunden ist. Dafür spricht empirisch das Vorhandensein pol. Extremismen in allen Teilen der Welt ebenso wie der irrationale Aspekt pol. Diskussionen selbst in ihren gemäßigten Formen.

Für den Umgang mit I.n werden vorbeugende pädagogische Maßnahmen und *rationaler Diskurs* empfohlen. In der Tat kann auf diese Weise pragmatisches Denken eingeübt werden. Doch wäre es eine Illusion zu meinen, es könne eine „herrschaftsfreie Diskussion" (J. HABERMAS) tatsächlich geben. Nach Auskunft der *Gruppendynamik* leben Diskussionen geradezu davon, dass ihre Teilnehmerinnen und Teilnehmer Macht ausüben. Überdies wird der (schein-)rationale Diskurs auch von den I.n selbst verwendet. Deshalb muss eine Staatsführung bereit sein, ggf. gesetzl. Zwangsmittel einzusetzen, um die Ideologisierung des pol. Lebens zumindest in vertretbaren Grenzen zu halten.

Der Beitrag des *Christentums* zur I.problematik besteht in zweierlei. Negativ lehrt es, dass kein Einzelner, kein Kollektiv und keine Institution (die Kirchen eingeschlossen) über die Wahrheit verfügt. Dies ist nicht nur der Endlichkeit menschlichen Erkenntnisvermögens, sondern auch interessegeleiteter Verfälschung geschuldet. Positiv befreit der Glaube von der Verabsolutierung der eigenen Position und der eigenen Machtansprüche. Damit fördert er Bereitschaft zu Selbstkritik, Toleranz und Versachlichung der Diskussion und weist so in die Vorläufigkeit aller Weltgestaltung ein.

K. MARX, Pariser Manuskripte, 1844 – DERS./F. ENGELS, Deutsche I., 1844/45 – R. NIEBUHR, The Nature and Destiny of Man, 1941/43 – K. D. BRACHER, Zeit der I.n. Eine Geschichte pol. Denkens im 20. Jh., 1984 – M. HORKHEIMER, Ein neuer I.begriff? (1930), in: K. LENK (Hg.), I.: I.kritik und Wissenssoziologie (1971), 1984^9, 283–303 – A. HAARDT, Art. I./I.kritik, ^{XVI}TRE, 1987, 32–39 (Lit.) – K. MANNHEIM, I. und Utopie (1929), 1995^8 – J. HABERMAS, Erkenntnis und Interesse (1968), PhB 589, 2008 – H. NOEL, Political Ideologies and Political Parties in America, 2013.

Dietz Lange

Individualismus

1. Begriff. Als I. bezeichnet man Auffassungen, die den einzelnen Menschen seiner sozialen Umgebung vorordnen. Die Priorität des Individuums kann dabei sowohl metaphysisch-ontologisch, logisch, erkenntnistheoretisch oder gesellschaftswissenschaftlich festgestellt, als auch moralphilosophisch, praktisch-theologisch, rechts-, sozial- oder wirtschaftspolitisch gefordert werden. Der Begriff wurde zuerst im frühen 19. Jh. in Frankreich in abwertendem Sinne benutzt und durch die Schüler SAINT-SIMONS verbreitet.

2. Ideengeschichte. Als ein metaphysisches Programm lässt sich der I. erstmals bei G.W. LEIBNIZ erkennen. In der Monadologie skizziert er Substanzen, die einfach, unteilbar, unvertretbar und vereinzelt sind und die zugleich durch ihren Ort und ihre Lage das Universum in je einzigartiger Weise spiegeln. Obschon die Spiegelungen untereinander harmonieren, ist das *Individuum das Prinzip der Weltbildung*. Mit LEIBNIZ gelangt die seit PLATON und ARISTOTELES anhaltende Debatte um das *Verhältnis von Einzelnem und Allgemeinem* zu einem ersten Abschluss: Nicht die Konstitutionsprinzipien des Einzelnen stehen in Frage, sondern der Status des Allgemeinen, der Begriffe, Gattungen und Arten. Die ontologisch-metaphysische Kontroverse findet ihre Fortsetzung in einer sozialphilosophischen und -politischen. LEIBNIZ' fensterlose Monade wird im →Liberalismus leitend für das Bild des Menschen in der →Gesellschaft. Nicht von seiner Natur her ist er auf das Gemeinschaftsleben ausgerichtet und angewiesen, sondern nur zur Verfolgung selbstgesetzter Zwecke geht er Bindungen ein. Die hierdurch entstehenden →Institutionen sind künstlich und den vorgegebenen Wünschen entsprechend modifizierbar. Das Individuum ist und bleibt *Eigentümer seiner Person*, seiner Fähigkeiten und seiner Güter. Zurückgewiesen wird diese Konzeption insbesondere seitens der französischen Soziologie (A. COMTE). G.W.F. HEGELS Philosophie beinhaltet nicht nur eine Kritik des politischen und gesellschaftstheoretischen I., sie stellt vielmehr grundsätzlich das Allgemeine vor das Partikuläre. Auch K. MARX und der →*Marxismus* wenden sich gegen das liberalistische Menschenbild. In der Deutung der Texte des jungen MARX erweist sich indes der Streit, inwiefern MARX methodologisch Holist oder Individualist sei, als Folge der von MARX nicht eindeutig entschiedenen Frage, ob der einzelne Mensch bloß Ensemble gesellschaftlicher Verhältnisse ist oder ob umgekehrt die Gesellschaft und die Geschichte als Produkte der Arbeit einzelner Menschen verstanden werden müssen.

Die *deutsche Romantik* hat nach den Worten von G. SIMMEL gegen den liberalen I. der Einzelheit einen I. der „Einzigkeit" gesetzt, der die Einmaligkeit des Einzelnen, seine Originalität und Selbstentfaltung idealisiert. Leitbild ist den Romantikern nicht der Siedler oder der Kaufmann, sondern der Künstler. M. STIRNER radikalisiert den I., indem er empfiehlt, alle Bindungen an andere Einzelne und an Institutionen zu lösen. Politische und religiöse Einrichtungen, aber auch Gefühle und moralische Haltungen sollen nur soweit und solange bestehen, wie sie Eigentum des Einzelnen sind.

S. KIERKEGAARD stellt der allgemeinen Idee HEGELS das „kleine Ich" entgegen, das im *Christentum* eine zentrale Stellung erhält. Existentielle Sinnfragen kann nur das Ich für sich selbst beantworten. KIERKEGAARDS Analyse der Verfasstheit des Einzelnen wurde in der evangelischen Theologie des 20. Jh.s v. a. von R. BULTMANN aufgegriffen. Die Betonung der unmittelbaren Beziehung des Gläubigen zu Gott und damit ein Konzept des religiösen I. lässt sich in der jüdisch-christlichen Tradition indes bis zur Prophetie des Jeremias, in die verschiedenen Ausprägungen der Mystik, wie auch in die Theologie der Reformatoren und der Pietisten (→Pietismus) zurückverfolgen.

3. **Methodologischer I.** In den Sozialwissenschaften wurde der I. zu einem *wissenschaftstheoretischen Paradigma*: Jede soziale Erscheinung soll hiernach als Ergebnis einer Mehrzahl von individuellen Handlungen oder Verhaltensweisen erklärt werden. Dieses von dem österreichischen Ökonomen J. SCHUMPETER im Anschluss an die klassische deutsche Soziologie (M. WEBER, G. SIMMEL) formulierte Postulat hat durch die Arbeiten von F. VON HAYEK u. K. POPPER nachhaltig gewirkt, wurde aber insbesondere durch É. DURKHEIMS Soziologie und C. LÉVI-STRAUSS' strukturalistische Ethnologie in Frage gestellt. Der Kommunitarismus in der zeitgenössischen politischen Philosophie tritt vehement gegen die Vorordnung des isolierten Individuums gegenüber allen Formen der Gemeinschaft auf.

4. **Vermittlungsbemühungen zwischen Kollektivismus u. I.** Die meisten der individualistischen Ansätze sind bemüht, die Vorstellung der gänzlichen Isoliertheit des Menschen durch das *Postulat staatlicher und gesellschaftlicher Institutionen* zu ergänzen. So führt bei T. HOBBES gerade das individuelle Machtstreben und die Furcht vor dem gewaltsamen Tod zur Forderung nach der unteilbaren und unveräußerlichen Gewalt des Souveräns. Auch J. LOCKE verlangt zur Sicherstellung der individuellen Eigentumsrechte eine Staatsmacht (C.B. MACPHERSON). Das isolierte Individuum wird damit auf den Naturzustand vor dem Vertrag über die Zusammenarbeit zurückprojiziert. Gleichwohl sind es die Bedürfnisse des Individuums, die den absolutistischen →Staat bei HOBBES und die konstitutionelle Ordnung bei LOCKE rechtfertigen. Als einen Versuch, zwischen liberalistischem I. und sozialistischem Kollektivismus zu vermitteln, versteht sich die →*katholische Soziallehre*. Die Vermittlung sollen die Prinzipien der →Subsidiarität und →Solidarität leisten. Der moderne auf der →Würde des Individuums aufbauende →*Rechtsstaat* verzichtet auf die anthropologische Klärung, ob das Individuum von seiner Natur her sozial und auf bestimmte Gemeinschaftsformen hingeordnet ist, und hält den Gedanken des Selbstwertes, der Eigenverantwortlichkeit und der Unvertretbarkeit jedes Einzelnen fest. Daraus ergeben sich auch das Recht auf eine *individuelle Entwicklung* und der *Schutz des* →*Gewissens* sowie der Anspruch auf direkte oder mittelbare Mitwirkung an den politischen Entscheidungen.

T. HOBBES, Leviathan oder Stoff, Form und Gewalt eines kirchlichen und bürgerlichen Staates (Org. engl. Leviathan or the matter, form, and power of a commonwealth ecclesiastical and civil 1651), 1989 – J. LOCKE, Zwei Abhandlungen über die Regierung (Org. engl. Two Treatises of Government 1690), 1977 – M. STIRNER, Der Einzige und sein Eigentum (1844), 1972 – G. SIMMEL, Grundfragen der Soziologie. Individuum und Gesellschaft (1917), 1984 – F. v. HAYEK, I. und wirtschaftliche Ordnung, Zürich 1952 – C. B. MACPHERSON, Die politische Idee des Besitzindividualismus. Von Hobbes bis Locke (Org. engl. The Political Theory of Possessive Individualism. Hobbes to Locke 1962), 1967 – S. LUKES, Types of Individualism, in: P. P. WIENER (Hg.), Dictionary of the History of Ideas. Studies of Selected Pivotal Ideas, New York [II]1973 – L. DUMONT, Essais sur l'individualisme. Une perspective anthropogique sur l'idéologie moderne, Paris 1983 – C. F. GETHMANN, Individualismus, methodologischer, in: J. MITTELSTRASS (Hg.), Enzyklopädie Philosophie und Wissenschaftstheorie, [II]1984, 226–227 – W. JANKE/H. LUTHER, Individuum/Individualismus, in: TRE, [XVI]1987, 117–127 – H. HASTEDT, Der Wert des Einzelnen. Eine Verteidigung des Individualismus, 1998 – H. E. SCHILLER, Das Individuum im Widerspruch. Zur Theoriegeschichte des modernen Individualismus, 2006.

Michael Fuchs

Industrie- und Sozialpfarramt

1. **Begriff und Verbreitung.** In den 20 Gliedkirchen der EKD arbeiten gegenwärtig insgesamt knapp 30 I. (2001 waren es noch ca. 60). Die Amts- und Aufgabenbezeichnungen für die betreffenden Pfarrpersonen variieren je nach Landeskirche; außerdem arbeiten die I. eng mit SozialsekretärInnen und ReferentInnen anderer Fachrichtungen zusammen (z. B. ÖkonomInnen, PädagogInnen, SozialtherapeutInnen, AgraringenieurInnen).

Die Vielfalt der Bezeichnungen und vertretenen Qualifikationen spiegelt die historisch gewachsene Vielfalt der Arbeitsbereiche und Themen, aber auch ein verändertes Selbstverständnis wieder. Der Fokus geht längst über die Arbeit an Industriethemen hinaus und kann je nach Zuschnitt der Arbeitsbereiche z. B. auch die Themen →Handwerk, Dienstleistung, Landwirtschaft und Arbeit mit Führungskräften umfassen (sofern hierfür nicht eigene funktionale Dienste vorhanden sind). In den meisten Gliedkirchen sind die I. heute unter dem Dach eines Kirchlichen Dienstes in der Arbeitswelt (KDA) angesiedelt. Auf Bundesebene sind diese KDAs in der Arbeitsgemeinschaft des KDA-Bundesverbandes zusammengeschlossen, der seit 2011 Teil des Ev. Verbandes Kirche Wirtschaft Arbeitswelt (KWA) ist.

2. Geschichtliche Entwicklung. *2.1 Weimarer Republik und NS-Zeit.* Trotz der Versäumnisse der Kirche angesichts der →Industrialisierung reicht die Vorgeschichte der kirchlichen Beschäftigung mit Fragen der Arbeitswelt in das 19. Jh. zurück (→Ev.-sozialer Kongress, Freie kirchl.-soziale Konferenz). Bereits im Kaiserreich bemühten sich erste Theologen um eine persönliche Kenntnis der Arbeitswelt und arbeiteten in Industriebetrieben mit (z. B. P. GÖHRE). In den 1920er Jahren wurde die Arbeit der Sozialpfarrer dann in mehreren Landeskirchen etabliert (1921 rheinische Provinzialkirche: Sozialpfarrer W. MENN). Die „Soziale Botschaft" des Deutschen Evangelischen Kirchentages von Bethel schlug die hauptamtliche Anstellung „ev. Männer und Frauen (Theologen und Nichttheologen)" vor, die „der Kenntnis und Pflege der sozialen Aufgabe und des Anteils der Kirche an ihrer Lösung" dienen sollten (CORDES, 135). Das Interesse war, nach dem Ende der staatskirchlichen Bedingungen im neuen weltanschaulich pluralen →Staat wieder anschlussfähig zu werden. Trotz des breiten Ansatzes, den die „Soziale Botschaft" vorschlug, kam es zur Fokussierung auf die Einstellung von Sozialpfarrern und auf die Erarbeitung einer ev. →Sozialethik. Von daher stand vor 1933 die Fortbildung und Selbstverständigung von Theologen im Vordergrund (Fortbildungskurse für Pfarrer, Sozialwissenschaftliche Studiengesellschaft in der Landeskirche Hannovers) – neben der Mitwirkung an Weltanschauungswochen für →ArbeitnehmerInnen. Entsprechend dem Anspruch der „Überparteilichkeit", den die evangelische →Kirche damals erhob, präferierten die I. einen Versöhnungskurs zwischen einem eigengesetzlichen →Kapitalismus und →Sozialismus (R. MUMM, Sozialpfarrer in Westfalen). In der Weltwirtschaftskrise gab es das unpolitische Plädoyer für ein neues →Gemeinschaftsgefühl (hannoverscher Sozialpfarrer J. G. CORDES 1932).

Unter der Herrschaft des →Nationalsozialismus wurden die Stellen der damals 13 Sozialpfarrer gestrichen, weil Deutschen Christen keine besondere „soziale Aufgabe der Kirche" sahen. Lediglich der hannoversche Sozialpfarrer CORDES konnte ab 1935 wieder amtieren und interpretierte seine Rolle systemkonform im Sinne einer „christlich-nationalen Aufgabe" (CORDES).

2.2 Nach 1945. Der Neuaufbau der Arbeit der I. nach 1945 hatte verschiedene Wurzeln: Initiativen kamen von Landeskirchen, aber auch von ev. →Akademien. Ziel war ein neuer Brückenschlag zwischen →Kirche und Arbeitswelt unter den Bedingungen der →Sozialen Marktwirtschaft. Stellen für I. wurden wieder eingerichtet, neu war die Etablierung von SozialsekretärInnen (Sozialakademie Friedewald, gegründet 1949/1951), deren Notwendigkeit 1955 auf der EKD-Synode in Espelkamp unterstrichen wurde. Der Sensibilisierung der PfarrerInnen verschrieb sich besonders das von der Goßnermission betriebene Seminar für kirchlichen Dienst in der Industriegesellschaft in Mainz (1948 gegründet von H. SYMANOWSKI). Bis zur Gründung des bundesweiten KDA 1974 war die Ev. Aktionsgemeinschaft für Arbeitnehmerfragen der EKD (AkfA) eine wichtige Plattform für die Arbeit der I. Hiervon und vom Mainzer Seminar gingen bedeutende Impulse aus: 1955 setzte sich die AkfA unter Vorsitz von E. MÜLLER innerhalb der EKD erfolgreich für die Einheitsgewerkschaft (→Gewerkschaften) ein und entschied sich damit gegen die Christliche Gewerkschaftsbewegung und für den DGB. 1963 forderte das Mainzer Seminar – über den Montanbereich hinaus – gemeinsam „mit den →Gewerkschaften" die paritätische Besetzung von Aufsichtsräten und die Einrichtung „Arbeitsbesprechungen auf Arbeitsgruppen- bzw. auf Abteilungsebene in die Betriebsverfassung" (→Mitbestimmung), um „das Problem des Objektseins des Arbeiters zu lösen" (SYMANOWSKI/VILMAR, 123f.).

Als Arbeitsformen etablierten sich in den 1950er und 1960er Jahren die „unmittelbare Zusammenarbeit mit Gruppen-, Berufs- und Interessenverbänden", sowie Rüstzeiten und Betriebsbesuche (SCHUSTER, 193). Ein Beispiel für eine bewusst sozialdiakonische Arbeit war die seit 1960 bestehende „Arche" in Wolfsburg. Auch die kirchentheoretische Bedeutung solcher Arbeitsformen von I. wurde früh diskutiert (Verhältnis zwischen Parochie und „Paragemeinde", vgl. SYMANOWSKI, 559).

Seit den frühen 1970er Jahren rückten neue Themen ins Blickfeld der I.: neben der Massenarbeitslosigkeit und den Veränderungen im Dienstleistungssektor schließlich auch der sich beschleunigende technische und digitale Wandel. Auf die Massenarbeitslosigkeit reagierten landeskirchliche Industriepfarrämter mit der Gründung von Arbeitsloseninitiativen (z. B. Arbeitslosenzentrum Hannover, gegr. 1979). Bei Betriebsschließungen solidarisierten sich I. und andere Kirchenleute vielfach mit den betroffenen ArbeitnehmerInnen. Allerdings nahm die kirchliche Industrie- und Sozialarbeit gelegentlich „auch gegenüber den Gewerkschaften" einen „kritische[n] Part" wahr, weil sie sich nicht nur als Anwalt der gewerkschaftlich organisierten Stammbelegschaften verstand (SOHN, 7). Nichtsdestotrotz erhielt der KDA 1995 mit dem Hans-Böckler-Preis die höchste Auszeichnung von DGB und Gewerkschaften.

3. Heutige Arbeitsfelder und Herausforderungen. Der Bundes-KDA hat derzeit vier Bundesausschüsse zu den Themen (1.) →Arbeit und Technik, (2.) Erwerbslosigkeit, Sozial- und Arbeitsmarktpolitik (3.) Entwicklung in Europa (→Europa und die Kirchen) und (4.) Führung und Verantwortung. Diese Themen geben die aktuellen Herausforderungen an, mit denen sich auch die KDAs auf Ebene der Landeskirchen beschäftigen.

Im Bereich *Arbeit und Technik* geht es u. a. um die Entwicklungen, die mit der vierten technischen Revolution verbunden sind („Wirtschaft 4.0" mit selbststeuernden Systemen). Das Konzept der Humanisierung der Arbeitswelt, das unter dem Leitbegriff „gute Arbeit" verfolgt wird, steht hier vor neuen Herausforderungen.

Im Bereich *Erwerbslosigkeit, Sozial- und Arbeitsmarktpolitik* stehen heute Fragen der Langzeitarbeitslosigkeit und die Folgen der reformierten Sozialgesetzgebung (Hartz IV) im Mittelpunkt. Weitere Themenschwerpunkte aus jüngster Zeit sind Verbesserungen des Insolvenzrechts (nach der Insolvenz der größten Drogeriemarktkette Europas 2012) und die arbeitsrechtlichen Regelungen in Diakonie und Kirche (Dritter Weg). Zu den bisherigen Regelungen in Kirche und Diakonie äußerte sich der KDA 2013 kritisch und forderte einen neuen Dialog zwischen Kirche und Gewerkschaften.

Was den Bereich *Entwicklung in Europa* angeht, so wurden 2011 mit der Gründung des Netzwerkes „Church Action on Labour and Life" die Kontakte zwischen den verschiedenen europäischen Kirchen auf eine neue Basis gestellt. Themen sind hier u. A. prekäre Arbeitsformen und eine ökologische Wirtschaft. Das Anliegen der Transformation zu einer zugleich sozial und ökologisch ausgerichteten Wirtschaft unterstützte der KDA zuletzt auch in der deutschen Diskussion.

Im Bereich *Führung und Verantwortung* geht es um Fragen der Unternehmenskultur und werteorientierte Führung (→Unternehmensethik). Zielgruppen sind hier v. a. UnternehmerInnen und Führungskräften. Hierbei knüpft der KDA an ältere Formen der Berufsgruppenarbeit (z. B. an Akademien) an. Allerdings haben I. mit der Einbeziehung spiritueller Angeboten (Retraiten, Pilgern) auch neue Arbeitsformen entwickelt.

Ein weiteres Schwerpunktthema ist der *Schutz des freien Sonntags*; dieses Thema beschäftigt den KDA besonders seit 2006, als die Ladenöffnungszeiten in Deutschland Ländersache wurden. Der KDA gehört zu den Mitgliedern der „Allianz für den freien Sonntag Deutschland", einem kirchlich-gewerkschaftlichen Bündnis unter Einschluss ev. und kath. Arbeitnehmerverbände und der kath. Betriebsseelsorge (gegr. 2006).

Insgesamt ist die Arbeit der I. und des KDA heute durch eine Vielfalt bereits traditioneller und neuer Arbeitsformen geprägt, zu denen Betriebsbesuche und Gottesdienste zu arbeitsweltbezogenen Themen (am 1. Mai oder als Handwerkergottesdienst) genauso gehören wie die Netzwerkarbeit mit PolitikerInnen und Verbänden oder seelsorgerliche Einzelgespräche.

4. Bedeutung. Die Bedeutung der I. besteht nach wie vor in ihrer Brücken-Funktion zwischen Kirche und der sich rapide verändernden Arbeitswelt. Der funktionale Dienst der I. und aller Mitarbeitenden des KDA steht für den „Anspruch" der ev. Kirche, „in eigener Verantwortung für eine solidarische und gerechte Arbeitswelt einzutreten" (RAT DER EKD, 138) und sich durch die Begegnung mit der „Welt der Arbeit" selbst auch verändern zu lassen (Synode der EKD 1955, nach: von BISMARCK, 66). Die Erwartung, dass die Kirche „sich um Arbeitsalltag und Berufsleben kümmern" soll, ist bei den evangelischen Kirchenmitgliedern im letzten Jahrzehnt gestiegen (besonders im Bereich der alten Bundesrepublik; vgl. die Kirchenmitgliedschaftsuntersuchungen der EKD). Für die Kirche und ihre (aktuellen oder zukünftigen) Mitarbeitenden stellt der bewusste Kontakt mit der Arbeitswelt ein erhebliches ethisches Lernfeld dar (PELIKAN). Außerdem hat die Arbeit der I. eine missionarische Dimension, weil auch kirchendistanzierte Menschen erreicht werden.

K. VON BISMARCK (Hg.), Die Kirche und die Welt der industriellen Arbeit, 1955 – H. SYMANOWSKI, Arbeiterpfarrer, in: RGG[3], Bd. 1, 1957, 559 – K. SCHUSTER, Sozialpfarrer, in: RGG[3], Bd. 6, 1962, 192f. – H. SYMANOWSKI/FR. VILMAR: Die Welt des Arbeiters, 1963 – H. VOKKERT, Entwicklung und Wandlung der Industrie- und Sozialpfarrämter in den westdeutschen Landeskirchen von 1945 bis Ende der 1960er Jahre, 1973 – R. VELLER, Theologie der Industrie- und Sozialarbeit, 1974 – M. CORDES Die Sozialwissenschaftliche Studiengesellschaft in der ev.-luth. Landeskirche Hannovers, in: JGNKG 97/1999, 133–185 – W. BELITZ, Industrie- und Sozialpfarrer/pfarrerin, in: RGG[4], 2001, 129f. – R. PELIKAN, Ethik lernen in der Arbeitswelt, Perspektiven einer missionarischen Ethik, 2009 – J. REHM/R. PELIKAN/PH. BÜTTNER (Hg.), Kirchliches Handeln in der Arbeitswelt, 2009[2] – Ev. VERBAND KIRCHE WIRTSCHAFT ARBEITSWELT, Blick zurück nach vorn, 2014 – W. SOHN, Ursprünge und Entwicklungen des Kirchlichen Dienstes in der Arbeitswelt, in: Ev. VERBAND KIRCHE WIRTSCHAFT ARBEITSWELT, Blick zurück nach vorn, 2014, 4–9 – RAT DER EKD (Hg.), Solidarität und Selbstbestimmung im Wandel der Arbeitswelt. Eine Denkschrift, 2015.

Gunther Schendel

Industrie / Industriegesellschaft / Industrialisierung

1. Definition. Während der allgemeine Begriff der „I." im Sinne von „Fleiß" eine lange Geschichte in der Entwicklung der Arbeit hat, lässt sich von I., I.gesellschaft und Industrialisierung in einem qualifizierten Sinne erst seit der *industriellen Revolution* des 19. Jahrhunderts reden. Mit „I." wird nun der alle Zweige der Gesellschaft umfassende technische Fortschritt begriffen, der sich insbesondere immer größer werdenden industriellen Anlagen, den Fabriken, verkörpert. In dieser Hinsicht ist die i. Entwicklung einer der Triebkräfte der verschiedenen Gründerphasen in diversen Ländern und somit auch der Entfaltung des Kapitalismus. So wie die ökonomische Revolution die Menschen über die Etablierung von Märkten und Wettbewerb aus ihren ursprünglichen „moralischen Ordnungen" herauslöst, tut dies in einer anderen Weise die technische bzw. i. Revolution, in dem sie in einer sich ständig beschleunigenden Weise immer mehr Möglichkeiten zur Steigerung der Produktivität bereitstellt. Auf die Zeitgenossen wirkt dies als ein weltgeschichtliches Ereignis ersten Ranges, das alle Völker der Welt ergreift und sie über technische Innovationen miteinander in Beziehung setzt.

In diesem Kontext ändert sich auch die alte Identifizierung von I. und Fleiß. Während sich der Fleiß eher mit Sich – Abplacken auf der „alten gebahnten Straße" verbindet, überlegt sich sozusagen die I. nun „ob sie nicht auf einem kürzeren, richtigeren Wege zum Ziel gelangen und dabei gewinnen könne" (HEINRICH PHILIPP SEXTROH). Es geht also nicht mehr um die Anerkennung von Energieaufwendung und Strebsamkeit als solcher, sondern darum, möglichst geschickt und mit möglichst wenig Kraftaufwendung Ergebnisse in der Produktion zu erzielen. Die Industrie strebt so danach, immer weiter zu kommen und sich höhere Ziele zu setzten – wobei eines ihrer gewaltigen Ziele ist, so wird schon damals festgestellt, Zeit und Raum einander näher zu bringen (LUCIAN HÖLSCHER). Die I. ist in dieser Hinsicht demnach auch ein fundamentaler Ausdruck des bürgerlichen Weltbildes, das nach Hegel auf einem gewaltigen Ausbau des „Systems der Bedürfnisse" beruht, das nur durch eine immer weiter fortschreitende Produktivität – durch I. – auch nur annähernd zu befriedigen ist. Gleichzeitig, so schon Hegel, führt diese I. zur Anhäufung der Reichtümer auf der einen Seite und zum Herabsinken einer großen Masse unter das Maß einer gewissen Subsistenzweise, d. h. zur Armut auf der anderen Seite.

Auf diese Weise wird der Begriff der I. bzw. der I.gesellschaft zu einer der Kernbegriffe der Selbstverständigung der modernen Gesellschaft. Die enge Verbindung mit den gewaltigen Produktivitätszuwächsen moderner Wirtschaftsweisen liegt auf der Hand. In dieser Form wird der Begriff auch heute noch benutzt, z. B. in der Formulierung des Begriffs der „*Industrie 4.0*" bzw. der „Arbeit 4.0", hat aber an Bedeutung verloren, da mit Industrie im Sinne von technisch fabrikbezogener Produktion heute nur noch ein Teilbereich der Wirtschaft erfasst werden kann. Die Formel „Industrie 4.0" bezieht sich auf eine Phaseneinteilung der industriellen Entwicklung, bei der mit „Industrie 1.0" die Phase der Mechanisierung der industriellen Revolution mit Wasser- und Dampfkraft gemeint ist. Unter „Industrie 2.0" wird die eigentliche industrielle Revolution mit Massenfertigung mit Hilfe von Fließbändern; die genau geplante wissenschaftlich organisierte Einfügung der Arbeitstätigkeiten in die Maschinenwelt der Fabriken verstanden, wie sie sich insbesondere in der Umsetzung tayloristischer Arbeitsgestaltung von den 1920ern bis etwa zu den Endsiebziger Jahren herausgebildet hat. Hier kommt es zu einer Veränderung der Arbeit in Einheit mit der Maschinenentwicklung selbst: Der Arbeiter wird mit seinen Fähigkeiten zum Anhängsel der Maschine gemacht. Dieses System gerät dann in den 1970er Jahren an seine Grenzen, vor allem dadurch, dass es nicht mehr in der Lage ist, dauerhaft hohe Qualität und schon gar keine Einzelfertigung zu ermöglichen. Es beginnt dann die Phase der „Industrie 3.0" die insbesondere durch eine umfassende Computerisierung und digitale Steuerung der Arbeitsprozesse und der Maschinen gekennzeichnet ist. Die Produktionsweise verändert sich unter Einfluss der neuen Kommunikationstechniken; die Arbeitsanforderungen werden sehr viel stärker auf Gruppenarbeit, handwerkliche Qualität und kommunikative Fähigkeiten umgestellt. Es kommt zu einer Neuenddeckung qualifizierter Arbeit im ursprünglichen Sinne. Mit „Industrie 4.0" ist nun eine weitere Phase der umfassenden Digitalisierung und Automatisierung der Arbeitsprozesse in den Fabriken gemeint, die mit großer Wahrscheinlichkeit zu erheblichen weiteren Rationalisierungseffekten und zur Freisetzung von Arbeitskräften führen wird. Die I. bzw. die I.gesellschaft und mit ihr insbesondere die Arbeitswelt der Menschen ist folglich seit ihrer explosionsartigen ersten großen Inauguration im 19. Jahrhundert dauernd in Veränderung begriffen. Der nun anstehende digitale Wandel bündelt eine Vielzahl von Veränderungen, die auf der Basis einer schnellen und breiten Adaption neuer Informationen- und Kommunikationstechnologien in Wirtschaft und Gesellschaft realisiert werden. Stichworte wie „Crowdworking" machen die Runde.

2. Entwicklung. In „Industrie 4.0" kommt ein Prozess zu seinem bisherigen Höhepunkt, der mit der Integration von Wissenschaft und Technik in die Produktion bereits im 19. Jahrhundert begonnen hat. Die frühere archaische Differenz zwischen den geistigen Potenzialen der Menschen (im Sinne von Wissenschaft) und ihren handwerklichen im (Sinne von körperlicher Arbeit), wird damit in der I. überwunden und setzt völlig neue Produktivitätsressourcen frei. Diese Entwicklung geht einher mit der Konzentration großer Kapitalien zur Finanzierung der gewaltigen fabrikmäßig eingesetzten Maschinen. Schon früh ist gesehen worden, dass es diese Entwicklung ist, die auch die Arbeiterklasse geschaffen hat: große Menschengruppen, die als abhängig Beschäftigte in diesen Fabriken konzentriert und sinnlich erfahrbar waren. Das ursprüngliche Vorbild der Fabriken war auf der einen Seite die handwerkliche Struktur, die sich oft in Arbeitsgruppen auch in der Fabrik noch wiederfanden, auf der anderen Seite aber auch das militärische Kasernieren, bis hin zur minutiösen Überwachung der Tätigkeiten der Menschen. Oberhalb der Arbeiter bildete sich in den Fabriken und I.betrieben eine kleinere, aber wachsende Schicht von Angestellten, die an der Seite des Managers bzw. des Besitzers das gesamte Unternehmen verwalteten und die Arbeiter beaufsichtigten. Diese Angestelltenschicht ist immer wieder Gegenstand soziologischer Untersuchungen geworden. Sie hat sich zahlenmäßig ausgedehnt und heutzutage den Anteil der klassischen Arbeiter weit in den Hintergrund gedrängt.

Mit der Entwicklung der I. einher geht die Explosion von Forschungstätigkeiten, die insbesondere auf Ursachen und Folgen der Leistungserbringung in industrialisierten Arbeitszusammenhängen abzielen und deswegen nach den Hierarchien im Betrieb und nach Kooperationsformen fragen. Als besonderer Typus der modernen I. gilt der moderne I.arbeiter, der schon früh umfassend beschrieben wird. Der i. Betrieb gilt in dieser Hinsicht folglich auch als die Kernzelle der Klassenspaltung bzw. Klassenordnung der Gesellschaft. Es lassen sich freilich kaum alle I.betriebe über einen Leisten schlagen: Die Führungs- und Leitungs- und besonders die unternehmenskulturellen Traditionen in den Betrieben sind vollkommen unterschiedlich. In vielen großen deutschen, aber auch anderen Unternehmen, existiert durchaus ein fürsorgliches Ethos, das die Haltung der Betriebsleitung gegenüber den Arbeitenden prägt. Trotz massiver Interessenkonflikte sind Vorstellungen von Unternehmen als Familien nicht selten.

3. Kritik. Seit ihrem Beginn wird I.ung kontrovers diskutiert. Ebenso wie im Fall der Kapitalismuskritik finden sich auch verschiedene Formen der Kritik an der I.ung. Während noch im 19. Jahrhundert Kontroversen über Agrarstaat oder I.staat gab, da die Befürchtung bestand, dass zu viele Arbeiter in der I. beschäftigt werden würden und das Land sich nicht mehr ernähren könnte, zeigt sich schon früh, dass die Rentabilitätsvorteile der I. alles überwogen und die Lösung in einer I.ung der Landwirtschaft gesehen werden musste. Spätestens Ende des 19. Jahrhunderts setzt dann auch in Deutschland eine Begeisterung für die I.ung ein, die gleichwohl nicht ganz ohne Ambivalenz ist, wie ein Zitat von FRIEDRICH NAUMANN von 1905 zeigt: „Die Industrialisierung ist es, die einen neuen Aufschwung des demokratischen Denkens mit sich bringt und fordert, und zwar in verschiedener Weise, teils um den Industrialismus zur vollen Entfaltung zu bringen und teils, ihn davor zu behüten, das Wertvollste zu ruinieren, was es überhaupt gibt, die menschliche Persönlichkeit." In dieser Richtung ist die Vorherrschaft der großen Fabrik und der Technik auch immer als gefährlicher Prozess der Entfremdung des Menschlichen und des Verlusts der Gemeinschaftskräfte verstanden worden. Gerade die Entwicklungen der „Industrie 2.0", in denen der Mensch zum reinen Anhängsel der technischen Großprozesse wurde (und dies auch insbesondere in seiner Reduktion auf Handgriffe besonders deutlich wurde), ließen diese Art von Kritik immer wieder an Plausibilität gewinnen. Tatsächlich aber ist die Entwicklung der I. die Voraussetzung für eine erhebliche Verbesserung der Versorgung der Bevölkerung, die zu ungeheuren Steigerungen des Lebensstandards geführt hat, geworden. Während also die I.wirtschaft der Masse der Menschen eine Art von Arbeitsleben aufzwingt. das im Widerspruch zu höchsten Kulturidealen steht, führt sie doch faktisch zu der besten Versorgung der Menschen, die es bisher in der Geschichte gegeben hat.

4. Ausblick. Das Verhältnis von Kultur, I. und Technik bleibt bis heute ein breit diskutiertes Thema. Gerade die neuen Formen der Digitalisierung und Vernetzung fordern vielfältige Kritiken heraus, deren wichtigste heute jedoch weniger die kulturelle, als die ökologische ist. Die bisherige i. Entwicklung ging, zumindest bis „Industrie 3.0", aber dann auch noch weiter darüber hinaus, mit einem ständig wachsenden Verbrauch an Rohstoffen einher und steigert ihn heute immer noch weiter. Auch die heutigen i. Expansionen, insbesondere in den Schwellenländern (Bric), verbrauchen immense Rohstoffe und sind mit erheblichen CO^2 Emissionen verbunden. Dies bedroht das ökologische Gleichgewicht. Deswegen gerät eine krude industrielle Produktion immer mehr in die Kritik. Auf der anderen Seite gibt es genau an dieser Stelle erhebliche technische und organisatorische Reformbemühungen, die zu breiten Initiativen und zu nachhaltiger Kreislaufproduktion in den Fabriken und zu einer erheblichen Senkung des primären Rohstoffverbrauchs führen. Die Probleme, die durch die I.ung geschaffen worden sind, lassen sich nur durch eine weitere – reflexive – Stufe der I.ung lösen.

H. P. SEXSTROH, Über die Bildung der Jugend zur Industrie, 1785. – F. NAUMANN, Demokratie und Kaisertum, 1905[4] – F. FÜRSTENBERG, Industriesoziologie, I 1966[2], II 1974, III 1975 – J. K. GALBRAITH, Die moderne Industriegesellschaft, 1970 – G. W. F. HEGEL, Philosophie des Rechts, 1979 – L. HÖLSCHER, Industrie, Gewerbe, In: Geschichtliche Grundbegriffe 1982.

Gerhard Wegner

Inflation

1. Begriffe. I. (lat. inflatio = das Aufschwellen) stellt einen Anstieg des allgemeinen Preisniveaus dar. Die

I.srate spiegelt dabei die prozentuale Veränderung des durchschnittlichen Preisniveaus gegenüber einem beliebig wählbaren Vergleichszeitraum wider. Üblicherweise wird die jährliche Preisänderungsrate – z. B. von März 2014 bis März 2015 – angegeben. Ist die Rate negativ, spricht man von *Deflation*.

Unter *Preisniveaustabilität* ist nicht Nullinflation, sondern eine zumindest mittelfristig stabile und niedrige jährliche I.rate zu verstehen. Je nach wirtschaftl. Dynamik, wirtschaftl. Entwicklungsstand und Zentralbankphilosophie werden unter „niedrig" unterschiedliche Zielwerte verstanden. Jedoch wird niemals ein Inflationsziel angestrebt, das deutlich unter 2 % liegt, da solch eine niedrige Inflation in der Praxis bereits Deflationscharakter aufweisen kann.

2. Messung. Das Preisniveau wird meist durch den Verbraucherpreisindex (VPI) beschrieben. Dieser wird von nationalen Statistikagenturen (z. B. Statistisches Bundesamt) anhand eines gewichteten „Warenkorbs" konstruiert und beinhaltet die durchschnittlichen Preise des üblichen Waren- und Dienstleistungskonsums eines Haushaltes. Der Harmonisierte Verbraucherpreisindex (HVPI) unterscheidet sich leicht vom VPI und wird von allen EU-Mitgliedsstaaten nach der gleichen Methode ermittelt, was den Vorteil einer besseren internationalen Vergleichbarkeit hat. Vor allem kann durch Gewichtung und Zusammenführung aller nationaler HVPIs in der Eurozone ein HVPI für den gesamten Euroraum berechnet werden. Liegt dessen jährliche Änderungsrate nahe, aber unter 2 %, so sieht die Europäische →Zentralbank (EZB) die Preisstabilität als gewahrt an.

Zu den vielen methodischen Herausforderungen für eine realistische Berechnung der I. zählt die Berücksichtigung von Qualitätsänderungen, z. B. bei technischen Geräten oder Immobilien.

3. Auswirkungen. I. hat verschiedene soziale und wirtschaftl. Wirkungen, die oft gesellschaftspolitisch unerwünscht sind. So ist I. immer mit Umverteilungswirkungen verbunden. Sie bedeutet stets eine Entwertung des →Geldes, der Spar- oder Finanzanlagen und eine Minderung der Kaufkraft bei denjenigen, deren Einkommen weniger als die I. wächst. Demgegenüber profitieren Schuldner und diejenigen, deren Einkommen stärker als die Preise steigen. Daher ist es für viele Zwecke angebracht, preisbereinigte Größen (reale Größen) anstelle von nominalen Größen (Geldgrößen) zu betrachten, etwa das reale Einkommen, Reallöhne und reale Zinsen. Hohe, stark schwankende instabile I.raten erzeugen eine große Unsicherheit und beeinträchtigen unter Umständen Investitions-, Spar- und Konsumvorhaben der →Unternehmen bzw. Menschen. Sie verzerren Marktsignale, -verhalten und -ergebnisse (→Markt), so dass es zu Fehlallokation (→Wirtschaften) sowie Wohlfahrts- und Wachstumseinbußen (→Wachstum) kommt. Ferner besteht die Gefahr einer Lohn-Preis-Spirale, d. h. dass das Lohnniveau an die Inflation angepasst wird, woraufhin das Kostenniveau steigt, was Inflationstreibend wirkt, wodurch wieder Lohnanpassungen induziert werden usw. usf. Im schlimmsten Fall kann eine sehr hohe I. zu einer Hyperinflation führen, durch die das →Geld seine Funktionen nicht mehr erfüllen kann, so dass eine umfassende Währungsreform oder Kopplung an eine Fremdwährung nötig werden kann.

4. Zustandekommen. I. kann vielschichtige Ursachen haben und sowohl von der Seite des Marktangebots als auch der Nachfrage ausgehen. *Angebots-I.* kann entstehen, wenn die Produktionskosten wegen steigender Preise für Produktionsfaktoren (z. B. Löhne) oder importierte Vorleistungen (z. B. Erdöl) steigen (Kostendruck-I.). Oder die Marktgegebenheiten ändern sich so, dass die Unternehmen ihre Gewinnmargen erhöhen können (Gewinndruck-I.), z. B. durch eine Vermachtung der Märkte (→Wettbewerbspolitik) oder durch →Protektionismus. *Nachfrage-I.* bedeutet demgegenüber, dass eine steigende gesamtwirtschaftliche Güternachfrage I. verursacht.

Des Weiteren führt eine Ausweitung des Geldangebots (Geldmenge, →Geldpolitik) über kurz oder lang zu I., wenn das Wachstum der Geldmenge jenes der gesamtwirtschaftlichen Produktion (reales →Bruttoinlandsprodukt) übersteigt.

Eine Abwertung der einheimischen Währung führt ebenfalls zu I. Dies liegt zum einen an den – in Inlandswährung berechneten – gestiegenen Preisen für importierte Güter, zum anderen liegt es an der gestiegenen Nachfrage des Auslands (Exportnachfrage), die erfolgt, weil die einheimischen Güter aus Sicht des Auslands – also in Auslandswährung gerechnet – durch die Abwertung billiger geworden sind.

Schließlich bezeichnet *importierte I.* den Vorgang, dass sich ein Anstieg der Inflation in anderen Ländern auf das Inland überträgt. Zum einen kann dies unmittelbar durch den Import der nun teureren Güter passieren. Zum anderen kann es Folge einer Wechselkurspolitik sein, die zu einer Ausdehnung der Geldmenge führt, die wiederum I. begünstigt.

R. Clement/W. Terlau/M. Kiy, Angewandte Makroökonomie, 2013[5] – E. Görgens/K. Ruckriegel/F. Seitz, Europäische Geldpolitik, 2013[6] – M. Fredebeul-Krein/W. Koch/M. Kulessa/A. Sputek, Grundlagen der Wirtschaftspolitik, 2014[4].

Ingo Geurtz, Margareta Kulessa

Information

1. Begriff. Information (von lateinisch in-formare ,formen', ,bilden', ,gestalten') ist eine Teilmenge an Wissen, die aus direkter oder indirekter Kenntnis einer Sache entstehen. I. als Wissen verstanden bedarf daher der kognitiven Fähigkeiten bewusster Beobachter, um aus Sachverhalten Schlussfolgerungen zu ziehen. Insofern ist I. auch erkenntnistheoretisch die Grundlage für Wissen und Wahrheit.

Vom Begriff der I. leitet sich die Wissenschaft der Informatik ab. Mit I. können auch Daten bezeichnet werden, die einen Zustand eines Systems darstellen, und die gespeichert und verarbeitet werden können. Die I.stechnologie – häufig auch als I.s- und Kommunikationstechnologie (IKT) bezeichnet – ist die Grundlage der I.sgesellschaft, die sich aufgrund der Durchdringung aller Lebensbereiche durch die IKTen, insbesondere durch die Vernetzung über das Internet, bildet.

Juristisch und gesellschaftlich stellt sich die Frage nach dem Recht auf *informationelle Selbstbestimmung*, d. h. das Recht des Einzelnen, grundsätzlich selbst über die Verwendung seiner personenbezogenen Daten zu bestimmen. Dazu korrespondiert die Forderung nach Open Data, also dem offenen Zugang zu nicht-personenbezogenen Daten, um so *I.sfreiheit* und Transparenz, besonders bei öffentlichen Einrichtungen und Institutionen zu gewährleisten. Die Digitalisierung produziert große Mengen an I. (big data), deren Sammlung und Auswertung ermöglichen die Vorhersage menschlichen Verhaltens, was für die Steuerung ökonomischer Prozesse genutzt werden kann.

2. Informationstheorie. *2.1 Sender-Empfänger-Modell.* Der von Claude Shannon begründeten I.stheorie liegt ein Sender-Empfänger-Modell zugrunde. Kommunikation ist die Übertragung einer Nachricht, die kodiert als Signal über einen Kanal vom Sender zum Empfänger übermittelt wird. Obwohl die I.stheorie als wissenschaftliche Disziplin zur angewandten Mathematik bzw. Informatik gehört, wird sie auch auf andere Wissensgebiete wie Linguistik und Neurobiologie übertragen und ist technische Grundlage für Datenübertragung beispielsweise im Internet und Mobilfunk.

Entropie ist in der I.stheorie ein Maß für den mittleren I.sgehalt pro Zeichen einer Quelle, daher ist sie ebenso ein Maß für Unsicherheit. Je mehr Zeichen von einem Sender empfangen werden, desto mehr I. erhält man, damit sinkt gleichzeitig auch die Unsicherheit über das, was hätte gesendet werden können. Der I.sgehalt einer Nachricht lässt sich als minimal erforderliches Kostenmaß bei der Übertragung über einen kapazitiv begrenzten Datenkanal verstehen.

2.2 Informationsgehalt und Kodierung. Die Grundeinheit für I. ist das Bit – Kunstwort aus „binary digit" – also binäre Ziffer. Dabei ist ein Bit definiert als die Ungewissheit, welchen Wert eine binären Zufallsvariable annimmt, die mit derselben Wahrscheinlichkeit Eins oder Null ist, bzw. als der I.sgewinn, falls der Wert dieser Variablen bekannt wird. Ein Bit kann daher nur einen zweier möglicher Werte haben, zumeist dargestellt durch 0 und 1, wahr und falsch, on/an und off/aus, ja und nein. In der Automatentheorie kann der I.sgehalt eines Bit daher durch einen Zwei-Zustand-Automaten dargestellt werden.

2.3 Informationsspeicherung. Die Entwicklung von Speichertechnologien ermöglicht es, immer größere I.smengen zu verarbeiten und zu speichern. Aus den Grundeinheiten Bit und Byte werden die Einheiten Kilobyte (KB, Tausend Byte), Megabyte (MB, Million Byte), Gigabyte (GB, Milliarde Byte), Terabyte (TB, Billion Byte) und Exabyte (EB, Trillion Byte) abgeleitet. Hatten in den 80er Jahren Computer noch Diskettenlaufwerke mit einer maximalen Speicherkapazität von bis zu 1,44 MB, können Festplatten mittlerweile Terabytes an I. speichern. Neben Bit und Byte als Basiseinheiten lässt sich die I.smenge auch anhand des jeweiligen I.strägers quantifizieren, so kann beispielsweise die I.smenge eines Buches anschaulich mit der Seitenzahl oder die eines Textes mit der Zahl der Wörter beziffert werden.

2.4 Komprimierung und Verschlüsselung. Mathematisch sind Verschlüsselungs- und Kompressionsverfahren Abbildungen, Verschlüsselung schützt die Nachricht davor, dass Dritte bei Übertragung oder Speicherung einer I. diese lesen können, Kompression reduziert den für die Datenspeicherung benötigten Speicherplatz bzw. für die Datenübertragung benötigte Bandbreite.

2.4.1 Kompression. Bei verlustfreien Kompressionsverfahren lässt sich aus den komprimierten Daten die ursprüngliche I. vollständig wieder herstellen. Diese Verfahren werden für Text- und Datendateien verwendet, während verlustbehaftete Verfahren besonders im Multimedia-Bereich – typischerweise bei Streaming-Diensten oder Internet-Telefonie – zum Einsatz kommen. Hier werden Dateien mit größerer I.sdichte produziert, deren Speicherung oder Übertragung als Originaldatei großen Speicherplatzbedarf oder Bandbreitenbedarf generieren würde. Bei verlustbehafteter Kompression werden Approximationsalgorithmen benutzt, für Audio-Dateien hat sich MP3 als de-facto-Standard etabliert, bei Bilddaten JPEG. Bei gängigen Kompressionseinstellungen lässt sich so die Dateigröße stark reduzieren, ohne dass für das menschliche Ohr oder Auge die Kompression wahrnehmbar wird.

2.4.2 Verschlüsselung. Verschlüsselung von I.en verhindert nicht das Abhören oder Abfangen von Nachrichten, sondern dass der Inhalt der Nachricht unbefugten Dritten zugänglich wird. Bereits seit dem Altertum gab es symmetrische Kryptosysteme, bis in die 1970er Jahre waren keine anderen kryptographischen Verfahren bekannt und im Einsatz. Bei symmetrischer Verschlüsselung signiert der Sender einer Nachricht diese mit einem mit dem Empfänger vereinbarten geheimen Schlüssel, den der Empfänger zur Entschlüsselung verwendet, um aus der verschlüsselt übertragenen bzw. gespeicherten Nachricht wieder die I. in Klartext umzuwandeln. Wenn Schlüssel nicht vorab ausgetauscht werden können, kommen so wie im Internet asymmetrische Verfahren, auch unter Public Key-Kryptographie bekannt, zum Einsatz. Durch einen Verschlüsselungsalgorithmus wird aus einem Klartext unter Verwendung des öffentlichen Schlüssels ein Geheimtext erzeugt. Der Entschlüsselungsalgorithmus berechnet zu jedem Geheimtext unter Verwendung des geheimen Schlüssels wieder den passenden Klartext.

Theoretisch könnten diese Verschlüsselungsverfahren aufgebrochen werden, jedoch wäre bei hinreichend starken Schlüsseln so viel Rechenleistung (brute force) notwendig, dass dies praktisch unmöglich ist.

3. **Informationsgesellschaft.** *3.1 Begriff.* Der Begriff I.sgesellschaft ist nicht fest definiert und wird oft mit dem Begriff der Wissensgesellschaft zusammen verwendet. Die Schaffung, Verbreitung, Nutzung, Integration und Manipulation von I.en ist die wirtschaftliche, politische und kulturelle Grundlage der I.sgesellschaft, die auf die industrielle Gesellschaft folgt. Eng verwandte Konzepte sind die der postindustriellen Gesellschaft, die der postmodernen Gesellschaft und die der Netzwerkgesellschaft. So wie die industrielle Revolution die Agrargesellschaft abgelöst hat, erlaubt die Digitale Revolution den Übergang von der Industriegesellschaft zur I.sgesellschaft.

3.2 Digitale Kluft. Betrug 1986 die gesamte auf der Welt gespeicherte I. 2,6 Exabyte, davon war weniger als 1 Prozent digital gespeichert, stieg der Anteil der digital gespeicherten I. im Jahre 1993 auf 3 Prozent. Im Jahr 2002 lag genauso viel I. digital wie analog gespeichert vor, während 2007 weltweit 280 Exabyte gespeicherte I. vorlagen, davon aber 94 Prozent digital. Zugang zu digital verfügbarer I. ist Kriterium für die Fähigkeit zu ökonomischer, politischer und kultureller Entwicklung. Die digitale Kluft (digital divide) besteht nicht nur innerhalb einer Gesellschaft, sondern auch global zwischen Staaten, daraus ergibt sich das 2003 auf dem ersten UN-Weltgipfel zur I.gesellschaft definierte entwicklungspolitische Ziel, die globale digitale Kluft zu verringern und weltweit Zugang zu ITK zu ermöglichen.

3.3 Informatisierung. Bereits in den 70er Jahren des 20. Jahrhunderts prägen SIMON NORA und ALAIN MINC den Begriff der Informatisierung der Gesellschaft. Verschiedene Prozesse sind verantwortlich für den Übergang zur I.sgesellschaft, die Ausbreitung des Internet und die damit geschaffenen länderüberspannenden Kommunikationsmöglichkeiten verstärken die Globalisierung und erlauben so einen weltweiten I.s- und Warenaustausch.

Neben die Massenmedien sind soziale und peer-to-peer-Netzwerke (also Netzwerke gleichrangiger Partner) als I.squellen getreten, jeder Bürger kann so vom Empfänger auch zum Sender von I. werden. Die Medienlandschaft befindet sich im Umbruch, Internetkonzerne werden zu Medienunternehmen. Im gesellschaftlichen Bereich entstehen neue Formen partizipativer Demokratie, da über ITK einfacher Zugang zu sozialen und politischen Prozessen gewährt wird. Zensur auszuüben wird immer schwieriger aufgrund der dezentralen Struktur des Internet, so dass autoritäre Regime rigide Filtermechanismen einsetzen und den Internetzugang für ihre Bevölkerung beschränken.

3.4 Wirtschaft. In Bezug auf die Wirtschaft wird I. die treibende Kraft für Innovation und Entwicklung und nimmt in der I.sgesellschaft die Rolle ein, die Arbeit und Kapital in der industriellen Gesellschaft spielten. Unter dem Begriff „Industrie 4.0" werden die Auswirkungen der Informatisierung auf die Produktion beschrieben. Wasser- und Dampfkraft charakterisierten in der (ersten) industriellen Revolution die Produktion, die Massenproduktion in der (zweiten) industriellen Revolution wurde durch die Nutzung der Elektrizität möglich, I. verändert die digitale Revolution die Produktion fundamental. Aufgrund der Informatisierung der Produktion und des Hinterlassens von Datenspuren durch Konsumenten entstehen immense Datenmengen. Die Analyse solcher „big data" lässt genaue Rückschlüsse für die Nachfrage und Auslieferung verschiedenster Produkte zu. Das „Internet der Dinge" ermöglicht es, über Sensoren erhobene Daten unmittelbar in den dezentralen Produktionsablauf einer „smart factory" einzuspeisen und in Echtzeit auch individuelle Werkstücke bzw. Kleinserien zu produzieren.

3.5 Rechtlich. In der I.sgesellschaft werden die klassischen *Kommunikationsgrundrechte*, also Meinungsfreiheit und I.sfreiheit, die I.szugangsfreiheit, Datenschutz, das Recht auf informationelle Selbstbestimmung und die Urheberrechte immer wichtiger.

Die Rechtsentwicklung folgt dem technologischen Fortschritt nur mit zeitlicher Verzögerung, das deutsche Urheberrecht stammt noch aus einer Zeit vor der Digitalisierung, als es noch Aufwand erforderte, Kopien zu fertigen. Das Recht auf informationelle Selbstbestimmung wurde als eine Ausprägung des allgemeinen Persönlichkeitsrechts entwickelt und vom Bundesverfassungsgericht im sogenannten Volkszählungsurteil von 1983 als Grundrecht anerkannt. Das Datenschutzrecht ist vom Gegenüber von Bürger und Staat geprägt, jedoch besitzen heute multinationale Internetunternehmen mehr Daten über den Einzelnen als der Staat.

In Bezug auf Daten ist streng zwischen personenbezogenen, die höchsten rechtlichen Schutz genießen, und nicht-personenbezogenen Daten zu unterscheiden. So gewährt das I.sfreiheitsgesetz des Bundes einen voraussetzungslosen Rechtsanspruch auf Zugang zu amtlichen I.en von Bundesbehörden, ausgenommen davon sind allerdings personenbezogene Daten. Die Idee, dass Daten der öffentlichen Hand bzw. durch öffentliche Förderung gewonnene Daten der Allgemeinheit dienen sollen, gewinnt an Zuspruch. Bewegungen wie Open Data, Open Access, Open Educational Resources (OER) versuchen, den ungehinderten Zugang zu I.en zu gewährleisten, gleichzeitig aber auch den Urheber dieser I.en entsprechend zu würdigen. Eine wichtige Rolle spielt in diesem Zusammenhang die Creative Commons-Bewegung, die ein Lizenzwerk zur Verfügung stellt, um ein rechtssicheres Verbreiten und Teilen von I. zu erlauben.

3.5.1 Überwachung. Bei der Diskussion um die Vorratsdatenspeicherung stellt sich die Frage, inwieweit generell personenbezogene Kommunikationsmetadaten ohne konkrete Verdachtsmomente gespeichert werden können, um nachträglich daraus I.n über Straftaten zu gewinnen.

Das Mitschneiden von Kommunikationsdaten an Knotenpunkten im Internet insbesondere durch die amerikanische National Security Agency (NSA) kann durch nationalstaatliche Gesetze nicht beschränkt werden, so dass bürgerliche Grundrechte wie informationelle Selbstbestimmung effektiv nicht bei Online-Kommunikation zu schützen sind. Technisch böte Verschlüsselung von Kommunikation eine Schutzmöglichkeit, jedoch ist unklar, unter welchen Umständen Sicherheitsbehörden Zugang zu privaten Schlüsseln gewährt wird, jedoch erschwert verschlüsselte Kommunikation deren Überwachung.

3.5.2 Recht auf Vergessen. Suchmaschinen strukturieren den I.szugang für die Internetnutzer, in Deutschland hat Google ein de-facto-Monopol. Ordnungspolitisch und medienethisch ist dies bedenklich, da nur die über Suchmaschinen zugänglich gemachte I. effektiv verfügbar ist. Umgekehrt stellt sich die Frage, inwieweit einzelne Personen das Recht haben, dass I. über sie aus dem Index von Suchmaschinen gelöscht werden. Das „Recht auf Vergessen" ist nicht explizit gesetzlich geregelt, Datenschutzgesetze in Deutschland und Europa enthalten lediglich Bestimmungen, dass unter bestimmten Voraussetzungen personenbezogene Daten zu löschen sind. Der Europäische Gerichtshof entschied aufgrund einer Klage gegen Google, dass Personen die Tilgung von Links mit auf sie bezogenen Daten, zum Beispiel auf alte Presseartikel, aus den Suchergebnissen verlangen können.

4. Theologisch-ethische Perspektiven. Gerade gegenüber Post-Privacy-Vertreter, die zwar totale I.sfreiheit nicht als Wunschvorstellung propagieren, sondern eher als technisch nicht verhinderbar einschätzen, bleibt aufgrund des christlichen Menschenbildes festzuhalten, dass es auch in der I.sgesellschaft Schutzräume geben muss, in denen private I. nicht öffentlich werden darf. Was in der biblischen Schöpfungsgeschichte (z. B. Gen. 3, 21) in Bezug auf körperliche Nacktheit gilt, lässt sich auch auf den Schutz gegen die digitale Nacktheit übertragen, nämlich dass nicht alle Datenspuren einer Person offengelegt werden dürfen. Was öffentlich und was privat in der I.sgesellschaft ist und wem welche I. zugänglich sein soll, verlangt einen neuen medienethischen Diskurs.

Im Gegensatz zum Besitz materiellen Eigentums lässt sich I. teilen, ohne dass diese dabei verloren geht. Die freie I.sweitergabe, auf die sich die Free Software-, Open Content und OER-Bewegung berufen, findet Anknüpfungspunkte in der biblischen Überlieferung, so in Jesu Mahnung beim Umgang mit Eigentum (vgl. Acta 20, 35) oder in der Bewertung des Gemeinguts. Die Reformation lässt sich als Weitergabe von Open Content verstehen. Hätte es das moderne Urheberrecht gegeben, hätten sich LUTHERS reformatorische Ideen kaum europaweit so schnell durch den Buchdruck verbreitet. Auch Pietismus und Puritanismus greifen in ihrem Umgang mit wissenschaftlicher Erkenntnis Haltungen auf, die ROBERT K. MERTON als wissenschaftlichen Kommunalismus bezeichnet, und den heutigen Bewegungen von Open Data bzw. Open Access nahe stehen. Der Umgang mit und das Teilen von I.n ist für die I.sgesellschaft fundamental. Während für personenbezogene I.n aus juristischer und theologischer Sicht Schutzmechanismen realisiert werden müssen, kann das Teilen nichtpersonenbezogener Daten sozialethisch geradezu geboten sein, wenn man AUGUSTINUS (De Doctrina Christiana) folgt: „Wenn eine Sache nicht gemindert wird, da man sie mit anderen teilt, ist ihr Besitz unrecht, solange man sie nur allein besitzt und nicht mit anderen teilt."

CLAUDE E. SHANNON, Warren Weaver: The Mathematical Theory of Communication. University of Illinois Press, 1949 – SIMON NORA, Alain Minc: Die Informatisierung der Gesellschaft. Frankfurt am Main, New York 1979 – MARTIN HILBERT/PRISCILA LÓPEZ, The World's Technological Capacity to Store, Communicate, and Compute Information, Science vol. 332 no. 6025 pp. 60–65, 2011 – The World Summit on the Information Society, www.itu.int/wsis – Creative Commons, http://creativecommons.org.

Ralf Peter Reimann

Infrastruktur

1. Begriff. Der Begriff entstammt der militärischen Terminologie. Er bezeichnet in seiner heute überwiegenden zivilen Verwendung die Basiseinrichtungen, die für die Funktionsfähigkeit einer arbeitsteiligen Volkswirtschaft erforderlich sind. Dabei existieren zahlreiche Definitionen mit unterschiedlicher Akzentuierung.

2. Arten. Eine erste Unterscheidung erfolgt zwischen materieller, institutioneller und personeller I. Die *institutionelle I.* kennzeichnet im weitesten Sinn Regeln und Institutionen (z. B. Verwaltung, Rechtswesen), die *personelle I.* das →Humankapital. Die *materielle I.* kann weiter in die technische und die soziale I. unterschieden werden. Für die *technische I.* sind generell Ortsgebundenheit, Langlebigkeit, Unteilbarkeiten sowie ihre vielfältigen Nutzungsmöglichkeiten (*Polyvalenz*) charakteristisch. Sie lässt sich anhand ihrer Funktion weiter einteilen, z. B. Verkehrs-, Energie- oder Kommunikationsinfrastruktur. Während die technische I. sowohl von →Unternehmen als auch von →Haushalten genutzt wird, dient die *soziale* I. primär den Haushalten, etwa in Form der Bildungs- oder der Krankenhausinfrastruktur.

3. Merkmale, Ausstattung und Finanzierung. I.einrichtungen weisen meist die Merkmale →öffentlicher Güter oder „natürlicher" →Monopole auf. Durch die Bereitstellung und Finanzierung der I. entscheidet der Staat auch über die Voraussetzungen für wirtschaftliches Wachstum und die Lebensbedingungen der Bevölkerung. So spielen I.investitionen im Bereich der →Wachstums- und der Regionalpolitik eine wichtige Rolle. Allerdings gehen von I.einrichtungen mitunter auch negative externe Effekte aus, die zu Widerständen in der Bevölkerung führen (z. B. Flughäfen, Elektrizitätsleitungen). Das Konzept der Daseinsvorsorge verlangt u. a. eine ausreichende Ausstattung mit I. in allen Teilgebieten eines Landes. Bei geringer Bevölkerungsdichte und sinkender Bevölkerungszahl (→demografischer Wandel) wird die Ausstattung letztlich auch über interregionale Transfers ermöglicht.

Neben einer staatlichen Bereitstellung der I. sind auch Kooperationen (Öffentlich-Private-Partnerschaften – ÖPP) sowie eine rein private Bereitstellung möglich, wobei sowohl Qualitätsvorgaben als auch Entgeltregulierungen üblich sind (z. B. Postsektor). Um Defizite im Bereich der I.ausstattung zu verringern, wird oftmals eine verstärkte Nutzerfinanzierung vorgeschlagen, etwa bei den Bundesfernstraßen (Maut).

R. JOCHIMSEN, Theorie der I., 1966 – B. WIELAND, I., in: O. SCHÖLLER et al. (Hg.), Handbuch Verkehrspolitik, 2007, S. 376–404.

Frank Fichert

Inklusion

1. Begriff. In der wissenschaftlichen Diskussion werden I. und Exklusion seit mehr als drei Jahrzehnten in unterschiedlichen Verständnissen debattiert: (1) in der Diskussion um soziale Ungleichheit wird Inklusion als gesellschaftlicher Einschluss z. B. im Sinne der Teilhabe von Menschen in →Armut thematisiert und geht über eine bloße materielle Absicherung hinaus, dagegen wird (2) in systemtheoretischer Perspektive die Teilhabe an einem gesellschaftlichen Teilsystem als I. bezeichnet, während (3) gesellschaftspolitisch ein I.begriff vorherrschend ist, der aus der Bewegung für die Rechte behinderter Menschen herkommend die Zielvorstellung einer Gesellschaft umreißt, in der kein Mensch aufgrund seiner Andersartigkeit ausgegrenzt oder diskriminiert wird. Wissenschaftlich wurde dieses Verständnis durch die Disability Studies entscheidend vorangetrieben, es wird inzwischen aber auch in der Jugendhilfe oder der Migrationsarbeit reflektiert. Sozialpolitisch wie in der breiteren Öffentlichkeit wird I. vor allem seit der Ratifizierung der sogenannten UN-Behindertenrechtskonvention durch Deutschland im Jahr 2009 im Blick auf das Verhältnis von Heterogenität und →Behinderung diskutiert. I. löst dabei vorhergehende Orientierungen wie das Normalisierungsprinzip oder Integrationskonzepte ab. Bei beiden sollten Menschen mit Behinderung so in die Mehrheitsgruppe der „normalen" Menschen einbezogen werden, dass sie sich möglichst den dominanten Normalitätsvorstellungen anpassten. Dagegen bezeichnet I. einen Paradigmenwechsel, weil I. die Gestaltung eines Gemeinwesens anstrebt, das jede Form von Heterogenität (z. B. aufgrund ethnischer Herkunft, Religion, Geschlecht, sexueller Orientierung, Behinderung etc.) nicht nur zulässt, sondern positiv bewertet und so das Zusammenleben verschiedenster Mehr- und Minderheiten befördern will. I. zielt daher auf die Überwindung dichotomer Vorstellungen zugunsten einer Vielfaltsgemeinschaft, in der jeder Mensch gleichwertig ist und wertgeschätzt wird.

2. I. von Menschen mit Behinderung. Die I. von Menschen mit →Behinderung wird heute durch menschenrechtsbasierte Ansätze verfolgt. Ein Ziel betrifft nach der UN-Behindertenrechtskonvention die „volle und wirksame Teilhabe an der Gesellschaft und Einbeziehung in die Gesellschaft" (Art. 3c). Die Umsetzung dieses Ziels wird regelmäßig anhand von Berichten staatlicher Stellen dokumentiert und die Wirksamkeit anhand erstellter Aktionspläne überprüft. Davon geht ein erheblicher Veränderungsdruck auf die bisherigen Förderungs- und Unterstützungsformen für behinderte Menschen aus. Diese sollen nicht länger in absondernden Sondereinrichtungen betreut werden, sondern die Möglichkeit zu einem selbstbestimmten und teilhabenden Leben in allen Bereichen der Gesellschaft, z. B. auch auf dem ersten Arbeitsmarkt haben. I. sucht nach Formen der Unterstützung und Assistenz, die auch bei Einschränkungen von kognitiven Fähigkeiten nicht von vornherein zu Ausschlüssen oder Absonderungen führen. Ein Modell dazu bieten professionelle Assistenzen, die die Selbstbestimmung von Menschen mit Behinderung einschließlich der Kontrolle über die lebenspraktische Gestaltung des Alltags unterstützen. Durch assistive Formen soll auch die Möglichkeit der Übernahme sozialer Rollen in der Gesellschaft und der Teilhabe am öffentlichen Leben erleichtert werden. Dabei wird kritisch diskutiert, dass die Orientierung an Selbstbestimmung und Teilhabe Kompetenzen voraussetzt, die nicht bei allen Menschen mit Behinderung in gleicher Weise ausgebildet sind (besonders schwerst- und mehrfach behinderten Menschen droht der Verbleib in herkömmlichen

Förderformen und damit der Ausschluss aus gesellschaftlichen Teilbereichen) und dass die politisch forcierte Kostenneutralität des Transformationsprozesses in der Praxis teilweise zu erheblichen Konflikten geführt hat, die die Ziele des Inklusionsansatzes untergraben. Dieser Effekt wurde bereits bei der Einführung anderer sozialpolitischer Instrumente wie dem Persönlichen Budget beobachtet und wird zurzeit vor allem bei der Umsetzung des I.paradigmas im Schulsystem deutlich.

3. **I. im Schulsystem.** Weil bei der I. nicht das Anderssein von Menschen, sondern die Fokussierung auf das Gemeinsame unabhängig von Störungen oder Hindernissen das Leitprinzip ist, spielt I. auch in Bildung und Erziehung eine zentrale Rolle. Das Spezifische einer Beeinträchtigung ist dabei nur von sekundärer Bedeutung. Eine inklusive Pädagogik hat die Grundidee eines gemeinsamen Lebens- und Lernumfeldes behinderter und nichtbehinderter Kinder, womit eine Selektion behinderter Kinder im Bildungssystem überwunden werden soll. Sie geht von der Heterogenität jeder Gruppe aus und favorisiert ein Konzept des gemeinsamen Lernens und Lebens unterschiedlicher Schülergruppen und -persönlichkeiten. Bei der Praxis der I. kann es nicht einfach um die Eingliederung von Kindern mit Behinderung in die allgemeine Schule gehen, sondern darum, Schule an sich anders zu gestalten, um das gemeinsame Leben und Lernen aller Kinder zu ermöglichen. Dies bedeutet nicht nur neue didaktische Ansätze eines inklusiven Unterrichts, sondern die umfassend gedachte Umgestaltung der Organisation wie Kultur von Schulen als inklusive Lern- und Lebensorte. Dementsprechend geht es nicht mehr nur um die besondere Förderung von Kindern mit Behinderung, sondern um Ressourcen für das ganze Schulsystem, um gemeinsames und individuelles, d.h. die besonderen Bedürfnisse eines jeden Schülers angemessen beantwortendes Lernen für alle.

4. **I. in der Kirche.** Im christlichen Glauben wird die unbedingte Liebe Gottes zu jedem Menschen verkündigt. Deshalb sollte die Gemeinschaft der Kinder Gottes eine jeden Menschen ohne Unterschied bestätigende und wertschätzende Gemeinschaft sein. Alle Versuche, anderen Menschen (in oftmals gutgemeintem Mitleid) einen Platz am Rand der Gemeinschaft einzuräumen und sie dort tendenziell exklusionsgefährdet zu „integrieren", scheiden daher aus. Die inkludierende Liebe Gottes fordert Menschen heraus, grundsätzlich inklusiv zu denken und ihre Gemeinschaften dahingehend auszurichten bzw. umzubauen. In diesem Sinne kann die Glaubensgemeinschaft eine Schnittstelle bilden zwischen Innen- und Außenwelt, zwischen der Erfahrung des Angenommenseins (durch Gott) und der Anerkennung durch andere. →Kirche und →Diakonie kommt hier die wichtige Funktion zu, in kleinen Bezugsgruppen Anerkennung und Teilhabe zu ermöglichen, die z. B. schwerstbehinderten Menschen auf gesellschaftlicher Ebene (noch) nicht gewährt wird. Allerdings müssen die Kirchen dazu selbstkritisch ihre bisherige Praxis überprüfen und ein inklusives Miteinander nicht nur in Projekten, sondern als Regelfall kirchengemeindlichen Lebens etablieren.

5. **Auf dem Weg zu einer inklusiven Gesellschaft.** Damit I. in einer Gesellschaft gelingen kann, müssen viele gesellschaftliche Gruppen und Institutionen inklusive Prozesse der Gestaltung des Gemeinwesens befördern. Neben der Weiterentwicklung rechtlicher Grundlagen in dem gegenwärtig diskutierten Bundesteilhabegesetz müssen vor allem Strukturen geschaffen werden, die es jedem Menschen ermöglichen, sich auf seine Art (produktiv) einzubringen. I. hängt letztlich ab vom Zusammenwirken einer inneren Haltung, die gegenüber dem Anderen eingenommen wird, und gesellschaftlichen Rahmenbedingungen und Strukturen, die einem Umdenken und einer Wertschätzung von Vielfalt entgegenkommen und sie überhaupt erst im Interesse der menschenrechtlichen Ansprüche *aller* wirksam werden lassen.

J. EURICH, Gerechtigkeit für Menschen mit Behinderung, 2008 – J. EURICH/A. LOB-HÜDEPOHL (Hg.), Inklusive Kirche, 2011 – P. FLIEGER (HG.), Menschenrechte – Integration – Inklusion, 2011 – A. HINZ (HG.), Von der Integration zur Inklusion, 2010 – R. KUNZ/U. LIEDKE (Hg.), Handbuch Inklusion in der Kirchengemeinde, 2013 – V. MOSER (Hg.), Die inklusive Schule, 2012.

Johannes Eurich

Innere Mission

1. In den Jahren nach den Befreiungskriegen erlebte die seinerzeit sogenannte christliche Liebestätigkeit einen neuen Aufschwung, nachdem sie seit dem Dreißigjährigen Krieg bis zum Ende des Ancien Régime stetig an Bedeutung verloren hatte. Der Neubeginn zahlreicher sozialer Hilfsinitiativen in den christlichen Kirchen seit Beginn des 19. Jahrhunderts ist primär auf eine neue ‚Wohlfahrtsgesinnung' zurückzuführen, die u. a. zwei Wurzeln hatte: (1) Die einschneidenden Änderungen der Wirtschafts- und Gesellschaftsverfassung nach Ende des Alten Reiches bereiteten zwar der arbeitsteiligen Industriegesellschaft den Weg, lösten aber wegen des Kapitalmangels zunächst eine tief greifende Wirtschafts- bzw. Emanzipationskrise (JANDKE/HILGER) aus, da Märkte und Geld fehlten, um die produzierten Güter abzunehmen. Die Folge war der Pauperismus, d. h. eine zuvor nie gekannte massenhafte Armut, die in Deutschland zwischen 1820 und der Märzrevolution von 1848 grassierte und zu Unruhen und lokal begrenzten Ausschreitungen führte; der von Gerhard Hauptmann literarisch verarbeitete Aufstand

der schlesischen Weber (1844) war eine solche Hungerrevolte. (2) Am Ende der Spätaufklärung entfalteten sich in Europa und auch in den deutschen Staaten zwei gegensätzliche und doch verwandte Strömungen, welche die geistigen und soziokulturellen Voraussetzungen für die Erneuerung sozialer Zuwendung aus christlicher Gesinnung schufen: Die dem Spätpietismus entstammende und geprägte Erweckungsbewegung auf der einen und die frühbürgerliche Gesellschaft auf der anderen Seite. Auf der anderen Seite waren es die Angehörigen der entstehenden frühbürgerlichen Gesellschaft, die sich aus dem Gefühl der Mitverantwortung für das bonum commune auch sozialen Fragen widmeten und mit der nach der Wende zum 19. Jh. entstehenden Vereinsbewegung eine neue soziale Reformgesinnung mitbegründeten.

2. Unter dem Namen „Innere Mission" wurden die bestehenden Aktivitäten protestantischer Sozialarbeit seit den 1830er Jahren durch den Hamburger Theologen JOHANN HINRICH WICHERN zusammengefasst: Auf dem Wittenberger Kirchentag von 1848 konnte er ein größeres protestantischen Publikum für seine Konzeption einer I.M. begeistern. Er und seine Freunde fühlten sich jedoch nicht als Sozialreformer, sondern verfolgten in erster Linie volksmissionarische Ziele, d. h. sie wollten die durch die neuartige Massenarmut religiös entwurzelten Bevölkerungsgruppen, die seit der Frühindustrialisierung aus dem Osten in die neuen Industriegebiete strömten, für den christlichen Glauben (wieder-)gewinnen. In der richtigen Erkenntnis, dass die Bekämpfung akuter Not Voraussetzung dafür war, dass die davon Betroffenen diese Botschaft überhaupt erreichte, verbanden die Protagonisten christlicher Liebestätigkeit volksmissionarische Aktion immer mit sozialem Hilfehandeln. Daraus haben sich im innerkirchlichen Urteil wie in der allgemeinen Öffentlichkeit später zwei Missverständnisse entwickelt: einmal dass Diakonie primär soziale Dienstleistung aus christlicher Verantwortung sei und dann die Vorstellung, wer soziale Arbeit auf seine Fahnen schreibe, müsse Vorkämpfer sozialer Reformen sein. Genau dies waren die Väter (und Mütter) der I.M. ihrem Selbstverständnis nach jedoch nicht, weil soziales Handeln für sie ‚nur' eine subsidiäre Funktion im Kontext ihres geistlichen Auftrags hatte. Schon dies bedeutete allerdings im Vormärz viel und besaß insofern eine gesellschaftliche Vorreiterfunktion auf dem langen Weg zum Sozialstaat in Deutschland.

Die bestehenden (Staats-)Kirchen hielt Wichern zum Aufbau der I.M. für ungeeignet. Neben Predigt, Seelsorge und Kasualien blieben den Geistlichen nur geringe Freiräume, zumal wenn die volksmissionarischen Aktivitäten, wie sie WICHERN vorschwebten, ganz bewusst über die Grenzen der einzelnen Parochien hinausgehen und sich überregional organisieren sollten.

So favorisierte er den bürgerlichen Verein und dessen Freiwilligkeitsprinzip in Antithese zum Anstaltscharakter der Kirchen als Strukturelement seiner →Diakonie. Von Anfang an beobachteten deshalb die Landeskirchen die Eigenständigkeit der I.M.-Vereine gegenüber der kirchenleitenden Hierarchie mit gewissem Misstrauen und wiesen alle Bemühungen der Diakonie, ihren Dienst, der schon in der Urgemeinde genannt wird (Diakonat), als besonderes kirchliches Amt anzuerkennen, kompromisslos zurück. Latente Spannungen charakterisieren deshalb von Anfang an das Verhältnis von I.M./Diakonie und Kirche und sind keineswegs erst im Laufe des gemeinsamen Weges von heute gut 150 Jahren entstanden.

3. Die I.M. entwickelte sich nach 1848 rasch zu einer regelrechten ‚Bewegung', die bald alle deutschen Landeskirchen und selbst diejenigen in Österreich und der Schweiz erfasste. Zum Erbe der Erweckung gehörte der Verzicht auf eine pointiert konfessionalistische Ausrichtung, was die Verbreitung des Diakoniegedankens auch im übrigen europäischen Ausland, vor allem in den Niederlanden und Skandinavien förderte. Hinzu kam die vorausschauende Entscheidung, mit der Bildung des Central-Ausschusses für I.M. in Berlin kein ‚Diakoniekonsistorium' mit Entscheidungskompetenzen zu schaffen, sondern eine gesellschaftspolitische Beratungsinstitution, die das gesamte Gebiet der Wohlfahrtspflege wissenschaftlich begleiten, die angeschlossenen Landesverbände sowie einzelne Einrichtungen fachlich unterstützen sowie die Verhandlungen mit staatlichen Stellen über soziale Gesetzesvorhaben und Finanzierungsfragen führen sollte.

4. Schon vor dem Ersten Weltkrieg wurde die I.M. zur größten deutschen nichtstaatlichen Wohlfahrtsorganisation; zusammen mit dem 1897 gegründeten Caritasverband ist sie es bis heute geblieben. Ihren doppelten Anspruch – soziale Arbeit und Volksmission – hat sie im Laufe von anderthalb Jahrhunderten nicht aufgegeben, wenngleich in der Praxis der soziale Bereich – entgegen den Intentionen der Gründungsväter – ungleich stärker expandierte. Damit besteht zweifellos die Gefahr einer gewissen ‚Emanzipation' diakonischer Arbeit von kirchlich-theologischen Vorgaben, – andererseits sorgt der ebenfalls zunehmende Säkularisierungsdruck anscheinend dafür, dass Kirche und Innere Mission resp. Diakonie weiterhin fest zusammenstehen und sich in ihrem jeweils verschiedenen gesellschaftlichen Auftrag ergänzen.

M. GERHARDT, Ein Jahrhundert Innere Mission. Die Geschichte des Central-Ausschusses für die Innere Mission der Deutschen Evangelischen Kirche, 1948 – C. JANTKE/D. HILGER (Hg.), Die Eigentumslosen. Der deutsche Pauperismus und die Emanzipationskrise in Darstellungen und Deutungen der zeitgenössischen Literatur, 1965 – J. C. Kaiser, Sozialer Protestantismus im 19. Jahrhundert. Beiträge zur Geschichte der Inneren Mission 1914–1945, 1989 – U. Gäbler, Auferstehungszeit. Erweckungsprediger des 19. Jahrhunderts, 1990 – V. Herrmann/J. C. Kaiser/Th. Strohm et al. (Hg.), Bibliographie zur Geschichte der deutschen evangelischen Diakonie im 19. und 20. Jahrhundert, 1997 – U. Röper/C. Jüllig (Hg.), Die Macht der Nächstenliebe. Einhundertfünfzig Jahre Innere Mission und Diakonie 1848–1998, 1998 – I. Hübner/J. C. Kaiser (Hg.), Diakonie im geteilten Deutschland, Stuttgart 1999 – J. C. Kaiser, Evangelische Kirche und sozialer Staat – Diakonie im 19. und 20. Jahrhundert, hg. von V. Herrmann, 2008 – G.-H. Hammer, Geschichte der Diakonie in Deutschland, 2013.

Jochen-Christoph Kaiser

Innovation

1. Begriffsabgrenzung. I. ist ein schillerndes Phänomen. Ursprünglich stammt der Begriff vom lateinischen Wort „Innovatio", welcher Erneuerung aber auch sich Neuem hingeben bedeutet. I. hat also mit Aufbruch und Veränderung, mit Hingabe und Leidenschaft, aber auch mit der Orientierung an Erfahrungen zu tun. I. ist ein Sammelbegriff für Verbesserungen und Neuerungen. Sie reichen von marginalen Detailänderungen bis zu fundamentalen Neuentwicklungen. Das I.sspektrum umfasst Um- und Durchsetzung von Entdeckungen und Erfindungen, qualitative Veränderungen von Eigenschaften, Strukturen oder Abläufen, Umgestaltung und Verbesserung konventioneller Realisationen, Lancieren und Verbreitung von Neuentwicklungen und Neukreationen sowie Finden neuer An- und Verwendungsmöglichkeiten.

I.en sind also Ideen, die von einer bestimmten Gruppe als neu wahrgenommen, als nützlich anerkannt und realisiert werden. Die Devise lautet, etwas hinzuzufügen, was fehlte, weniger etwas reduzieren und abschneiden, was als fehlerhaft gilt. I.en geben Impulse, erzeugen mehr Möglichkeiten, zeigen Wege auf und sind eher aus einem ganzheitlichen Ansatz der Fülle und der Chancen zu generieren. I.en erzeugen das Neue und Andere. Damit ist jedoch noch nicht gesagt, dass die Situation verbessert und gelöst, also sinnvoll verändert wird. Viele Veränderungen werden zumindest als negativ störend oder verschlechternd empfunden, andere führen gar zu einer von vielen nachteilig empfundenen Situationen. Trotzdem bieten aber Veränderungen neue Chancen zur Entwicklung, zum Lernen und zur Lösung starrer Gewohnheiten. Vitale Systeme benötigen Wandel und Vielfalt als Wesensbedingungen. Lebendige →Unternehmen müssen versuchen, sich verbessernd zu verändern, da sich das Umfeld permanent turbulent und diskontinuierlich entwickelt. Nur in sehr überschaubaren, gleichförmigen und strukturierten Kontexten können Routinesysteme Effizienzvorteile erzielen. Nur wenn sich der Kontext wenig komplex und dynamisch darstellt, ist es besser, bewährte, eingespielte Routinen und Strukturen zu erhalten. Andernfalls erscheint es sinnvoll – so paradox das klingen mag – bei hoher Fehlerhäufigkeit Neues zu probieren und zu variieren. Nur so kann schnell gelernt werden, sich an neue Bedingungen anzupassen. In einer Atmosphäre der „Fehlerfreundlichkeit" und Kreativität steigen zudem das Engagement und die Motivation, da hier Spielräume bestehen, sich einzubringen und seine Ideen zu verwirklichen.

Eine *Idee* ist nach Platon das sinnlich nicht fassbare, ewig seiende Urbild eines Dinges. Nach Immanuel Kant ist die Idee ein Grundbegriff der Erkenntnistheorie, der in der Vernunft seinen Ursprung und keine Entsprechung im Bereich der Erfahrung hat. Eine Idee ist also etwas zumindest subjektiv Neues, etwas als neu Erkanntes. Eine Idee entspringt zum Beispiel einer Verknüpfung von bisher getrennten Gedanken im Gehirn. Durch die Kombination vorhandener Aspekte entsteht eine neue Lösung, die nicht aus der Erfahrung stammt. Ideen gehen insofern Erfindungen voraus, die in der Regel viele Ideen voraussetzen. Die *Kreation* ist der Prozess der Ideengewinnung.

Eine *Invention* ist eine Erfindung, also eine vollkommen neue Erkenntnis zumeist auf technischem Gebiet. Eine Invention kann ein wesentlicher Teil einer I. sein, wird aber erst dazu, wenn diese Erfindung realisiert werden kann und Akzeptanz findet. Viele Patente werden bisher gar nicht genutzt, weil kein darstellbarer Nutzen erkannt wird oder die Realisation zu schwierig oder kostenaufwendig ist.

2. Systemisch: I.en in sozialen Systemen. I. ist ein Teamentwicklungsprozess, denn für die erfolgreiche Erneuerung werden mehrere Personen benötigt. Diese Tendenz verstärkt sich in komplexen Kontexten. Gegenstand der I. sind Unternehmen und Organisationen sowie das, was sie nach außen anbieten (z. B. Produkte) und die externen Beziehungen. Alles dies sind *soziale Systeme*. Systemisch heißt zunächst nichts weiter, als systemdienlich.

Unternehmen verstehen wir als soziale Systeme (→Systemtheorie), die sich aus drei wesentlichen Elementen, den „*Kommunikationen*", zusammensetzen: *Informationen, Identität* und *Beziehungen*. Es sind diese Kommunikationen, die den Charakter und den Zusammenhalt ausmachen. Die Unterschiede zu anderen bilden die Basis für Identität (Bindungskraft, Zusammenhalt, Orientierung). Je mehr sich das System unterscheidet, desto besser ist es zu identifizieren. Es erhält mehr Informationen, da sich die Akteure mehr zum System bekennen. Zudem verbessern sich die Beziehungen. Gute Beziehungen erzeugen mehr Informationen, da sich Menschen vertrauen. Die drei Elemente fördern sich also gegenseitig.

Damit eine sinnvolle Weiterentwicklung geschehen kann, sind wenige, aber klare Regeln, ein offener und partnerschaftlicher Umgang sowie die kooperative Öffnung zu anderen Organisationen grundlegend. Eine Unternehmung muss sich von anderen unterscheiden und eigenständig bleiben, darf sich aber zugleich nicht einmauern. Attraktivität entsteht aus Eigenständigkeit und Offenheit. Das Problem dabei ist, dass von einem System oft nur bestimmte Bereiche sichtbar sind wie Symbole (Marke, Produkt), die Geschichten, die erzählt werden, und die Rituale und Regeln. Die eigentlichen Werte oder gar das System selbst sind nur indirekt erkennbar. Der Kulturkern des Systems und seine äußeren Merkmale sollten möglichst in Einklang gebracht werden, damit sich Andere gut orientieren können. Das heißt, das Erscheinungsbild (CD, Logo, Werbung), die Geschichten über die Firma (PR, Image etc.) sowie die Regeln und Rituale (Spielregeln, Leitlinien, Verträge) sollten aus der Identität des sozialen Systems entspringen und ein konsistenter Ausdruck dessen sein.

Vitale Systeme brauchen wenige Prinzipien, wenige Regeln und viel Autonomie, dann können sich Lösungen entwickeln, die organisch erwachsen. Es entsteht Ordnung aus dem Chaos, wenn ein klarer, aber breiter Rahmen gegeben ist und geeignete Atmosphären geschaffen werden. Es werden von Akteuren Unterscheidungen vorgenommen, die innen und außen differenzieren. Organisationen kann man nicht finden, handhaben oder beraten, weil sie sich nur in einer von anderen Systemen unterscheidbaren Form der Kommunikation beschreiben lassen. Unternehmen sind damit Interaktionsgemeinschaften, die durch Veränderung der Kommunikationen verändert werden. Probleme werden wie Lösungen sozial konstruiert oder anders ausgedrückt: Probleme sind oft Kommunikations- oder Beziehungsprobleme. Sie entstehen relational in der Interaktion zwischen mindestens zwei Akteuren, und wenn man die Sprache und den Umgang durch die Änderung der Kontextbedingungen irritiert, entstehen neue Optionen zur Vitalisierung des Unternehmens. Zuweilen kann man durch jedwede Veränderung und Irritation überprüfen, ob das Unternehmen noch lebensfähig ist und es gegebenenfalls wiederbeleben.

3. Entwicklung von I.en. *3.1 Produktangebotserweiterung.* Unternehmen können ihr Produktangebot auf zwei Wegen erweitern: Durch *Akquisition* und die *Entwicklung neuer Produkte* (ProduktI.en). Bei der Akquisition kann zwischen dem Zukauf innovativer Unternehmen, dem Erwerb von Patenten und anderer Schutzrechte (→Eigentum, geistiges) Lizenz- oder Franchiseabkommen unterschieden werden. Allerdings sind dies keine I.en i. e. S., sondern ein Erwerb von Beteiligungen, Rechten bzw. Dienstleistungen. ProduktI. werden von Unternehmen selbst, etwa in einer eigenen Forschungs- und Entwicklungs- (F&E-) Abteilung, durch unabhängige Entwicklungslabors/-forscher und/oder im Zuge von *Open Innovation Prozessen* entwickelt.

3.2 Open Innovation vs. Closed Innovation. Heutige I.sprozesse bedürfen einer Vielzahl von Kompetenzen und Sichtweisen. Die hohe Komplexität und Dynamik erfordert die Integration unterschiedlicher Akteure in den Erneuerungsprozess. Die Öffnung des I.sprozesses für diverse Akteure und Institutionen wird als *Open Innovation* bezeichnet. Es werden dann Spezialisten, Forschungsinstitute, Kunden, Nutzer, Zulieferer und Beraterin den I.sprozess integriert. Im Gegensatz dazu spricht man von der *Closed Innovation*, wenn sich die innovierende Institution auf ihre eigenen Ressourcen konzentriert und keine anderen Akteure integriert. *Open Innovation* hat den Vorteil, dass mehr Kreativität, mehr Kompetenz und mehr Erkenntnisse und Erfahrungen integriert und genutzt werden können. Sie hat den Nachteil, dass die Ideen und Erfindungen dann weniger geschützt werden können und es Koordinationsprobleme geben kann. Eine erste Stufe zur *Open Innovation* stellt die *User driven Innovation* dar, wobei Nutzer und Kunden in den Entwicklungsprozess integriert werden, um eine gute Gebrauchsfähigkeit (*Usability*) zu erreichen. Mit neuen Technologien können zunehmend die Nutzer selbst an der Produktentwicklung teilnehmen und I.en entwickeln, Reparaturen durchführen und dezentral fertigen. Man spricht in diesem Zusammenhang von der *Maker Culture*. I.en können so interaktiv gestaltet werden und Menschen können sich die Dinge aneignen. *Fabrication laboratories (fab labs)*, *Repair Cafes* und interaktive Wertschöpfungszentren spielen zunehmend eine große Rolle und werden aller Voraussicht nach die Fertigung und Entwicklung deutlich verändern.

4. I.sarten. *4.1 Strategische Entscheidungen des Unternehmens.* ProduktI.en lassen sich in Bezug auf die strategische Entscheidung des Unternehmens in sechs Kategorien unterteilen. (1) *Weltneuheit*: Neues Produkt für völlig neuen Markt (z. B. Mobiltelefone ab ca. 1990). (2) *Neue Produktlinien*: Neue Produkte, die den Unternehmen den Zugang zu einem bereits existierenden Markt ermöglichen (z. B. ein Hersteller von Skibindungen fertigt nun Skier). (3) *Produktlinienergänzung*: Neue Produkte, die etablierte Produktlinien des Unternehmens ergänzen (z. B. Taschenmesser mit integriertem USB Stick). (4) *Verbesserte bzw. weiterentwickelte Produkte*: Neue Produkte, die leistungsfähiger sind oder einen größeren Nutzen versprechen (z. B. neuer Prozessor oder Software im Computer). (5) *Repositionierte Produkte*: Existierende Produkte, die auf neuen Märkten/Segmenten angeboten werden (z. B. MP3-Player für das Auto). (6) *Kostengünstigere Produkte*: Neue Produkte, die bei niedrigeren Kosten eine vergleichbare Leistung bringen

4.2 Grad der Neuheit. I.en sind Erneuerungen, die nach dem Neuheitsgrad dreigeteilt werden können. (1) *BasisI.en:* Solche GrundlagenI.en resultieren aus einer vollkommen neuen Erkenntnis oder Erfahrung. Als Beispiele sind das Automobil, die „Pille" oder das Internet zu nennen. (2) *VerbesserungsI.en* betreffen die Entwicklung neuer Komponenten und Nutzenaspekte. Hier sind als Beispiele neue Antriebsformen von Autos (Gas, Brennstoffzelle, Strom) oder Internet-Software zu nennen. (3) *AnpassungsI.en:* Es werden ökologisch, sozial, rechtlich oder technisch veränderte Ansprüche oder Standards in vorhandene Produkte integriert (z. B. Airbag, Katalysator).

4.3 ProzessI.en. Neben der ProduktI., also der Erneuerung von Resultaten, können auch die Prozesse und Verfahren, die zur Erstellung von Leistungen durchlaufen werden, einer Erneuerung und Revision unterzogen werden.

4.4 Kultur- und OrganisationsI. Kultur- und OrganisationsI.en ergänzen die ProzessI.en. Hierbei geht es um die Gestaltung des Rahmens und der Atmosphäre, in denen I.en ablaufen. So werden z. B. die Unternehmensphilosophie, die Unternehmensethik oder die und -kommunikation weiter entwickelt. Organisatorische I.en betreffen die strukturellen Komponenten, wie z. B. geeignete Abteilungs- und Gruppenbildungen, den Aufbau des *Total Quality Managements* oder die Formen der Zusammenarbeit (Hierarchieaufbau, Prozessstrukturen). Genau so können auch die Beziehungen zu anderen Unternehmen (z. B. Netzwerke) und Marktteilnehmern (z. B. Händlern) erneuert werden.

4.5 Pseudoinnovationen vs. Responsible Innovation. Zahlreiche sog. Neuerungen bieten für die Käufer oder Nutzer kaum Vorteile. Diese *ScheinI.en* werden von Unternehmen auf den Markt gebracht, um weitere Umsätze und Gewinne zu realisieren. Einige Markenkonzerne bieten fast ausschließlich solche *PseudoI.en* an. Manche Neuerungen werden sogar nur initiiert, um eine wirkliche Veränderung zu verhindern. Im Gegensatz dazu geht es im Zeichen der →Nachhaltigkeit und sozialen Verantwortung (→Corporate Social Responsibilty, CSR) um „mitwelt"-orientierte, verantwortungsvolle I.en (*Responsible Innovation*).

4.6 Evolutionäre und revolutionäre I.en. Evolutionäre (schrittweise) I.en dienen der allmählichen Weiterentwicklung von Basis- und Schlüsseltechnologien. Revolutionäre I.en erzeugen demgegenüber deutliche Sprünge in der Entwicklung. Hier werden in relativ kurzer Zeit, Schrittmachertechnologien für neue Märkte nutzbar gemacht. Revolutionäre Innovateure gehen ein hohes Risiko ein, können bei erfolgreicher Einführung jedoch auch erhebliche *Vorsprungsgewinne* realisieren und Marktsegmente besetzen sowie ihr Image und ihre Marktposition nachhaltig verbessern.

5. I.sziele und –management. *5.1 Vitalität und Entwicklung.* Die Zielsetzung in Unternehmen, von Unternehmern und anderen Stakeholdern ist die Erhaltung der Vitalität, also die Existenzsicherung und Weiterentwicklung der Systeme und des Menschen. Entwicklung ist der Zuwachs von Möglichkeiten. Der Fokus liegt bei I.en also auf der Erweiterung der Entwicklungsfähigkeit. Ein rentables Wirtschaften ist Voraussetzung und strenge Nebenbedingung, aber wohl kaum erstes Ziel. I.sziele sind wie alle anderen Ziele mit den generellen Unternehmenszielen zu koordinieren. Innovative Unternehmen lassen I.sziele aber eine große Bedeutung zukommen. Die dauerhafte Weiterentwicklung im Sinne der Nachhaltigkeit und Resilienz steht dabei im Vordergrund.

Die wesentlichen Aufgaben des Managements (→Manager), durch welche I.en ideal erfüllt werden können, sind Impulse zu geben für Neuerungen sowie den Rahmen und die geeignete Atmosphäre für Entwicklung und Lernen zu schaffen.

5.2 Management. Das I.smanagement umfasst die Initiative, die Prozessbegleitung und Rahmengestaltung für Erneuerungsprozesse von der Idee und Erkenntnis über die Problemlösung zur erfolgreichen Verwirklichung und Einführung. Die einzelnen beteiligten Akteure und Bereiche sollen sich nach systemischer Auffassung im abgesteckten Rahmen möglichst selbst organisieren. Das I.smanagement auf der jeweiligen Ebene stellt die notwendigen Ressourcen bereit, achtet auf die Initiative durch Impulse. Dies alles zählt zur Prozesssteuerung.

6. I.sprozess (Solution Cycle). Für alle wesentlichen Probleme existieren im Prinzip Lösungen. Die zentrale Frage der I. ist: Wie können die Lösungen verwirklicht werden? Aus empirischen Beobachtungen und theoretischen Überlegungen heraus lässt sich ein Prozessdesign entwickeln, das Orientierung in I.sprozessen und die Realisierung von I.en ermöglicht, der *Solution Cycle* (BERGMANN/DAUB). Die wesentlichen Phasen, die jeweiligen Aufgaben, typische Problembereiche und adäquate Methoden können übersichtlich dargestellt werden. Die acht Phasen des *Solution Cycles* können zu drei *Hauptmodi* (Modus = Stimmung, Tönung) zusammengefasst werden: Dieses lösungsorientierte Vorgehen stellt eine *Unit of Work* dar und ist Teil eines grundsätzlichen Entwicklungsprozesses.

6.1 Perzeptiver Modus. Der *Perzeptive Modus* umfasst (Erkennen und Wahrnehmen) mit den ersten Beobachtungen, den Austausch von Sichtweisen sowie die gemeinsame Problembeschreibung und Visionsfindung. Hier werden die Marktanforderungen mittels Scanning und Monitoring (*Awareness*) aufgenommen sowie Kontext- und Aufgabenprämissen präzisiert. Es wird im Sinne von BATESON Wissen generiert (*Lernstufe 0*). Dabei erscheint eine betont entschleunigte Vorgehensweise angemessen, um nicht der Neigung zum schnellen Eingreifen zu folgen. Eine behutsame und langsame Vorgehensweise ermöglicht eine genauere Wahrnehmung und die Berücksichtigung verschiedener Gesichtspunkte. Eines der wichtigsten Ergebnisse ist die gemeinsame Beschreibung von Wirklichkeit der Kultur und der Kompetenzen des innovierenden Systems. Hierbei wird versucht, die verschiedenen Problemsichtweisen zu einer gemeinsamen Figur zu vereinen. Es wird also im Dialog bestimmt, auf welchem Feld sich die wesentlichen Aufgaben befinden. Ein vorrangiges Ziel besteht darin, die Akteure zu befähigen, sich selbst und ihre Beziehungsstruktur untereinander besser zu erkennen. Zudem geht es in dieser Phase um die Ausbildung einer guten Beziehung unter den beteiligten Akteuren sowie um die Entwicklung eines *Common Grounds* mit Regeln, Umgangsformen und Zielen. Gleichfalls gilt es, eine erreichbare Vision zu formulieren. Wenn die zu lösende Aufgabe allen Beteiligten klar vor Augen steht, entwickelt sich oft ein gewisses „*Flowgefühl*". Alle wissen, worum es geht, und die Ziele erscheinen erreichbar. Die oft komplizierten Probleme können zuweilen unergründlich einfach gelöst werden, wenn die selbstorganisierbare Lösungsfähigkeit entdeckt wird.

6.2 *Kreativer Modus*. Der sich anschließende Kreative Modus dient der interaktiven Lösungskreation, der vertiefenden Planung von Interventionen sowie der aktiven Veränderung (*Lernstufe 1*). Es wird kreiert, selektiert, ausprobiert und realisiert. Hier werden Teams gebildet, Engagement entfacht, Lösungen kreiert, Veränderungen geplant und realisiert. Es wird Neues gelernt und verändert (Lernen Stufe 1). Die Akteure erleben ihre Selbstwirksamkeit und entdecken Kohärenz im Handeln, wenn sie eigenständig und verantwortlich entscheiden und in einer experimentierfreudigen Atmosphäre Neues ausprobieren dürfen. Der kreative Prozess wird besonders durch die Distanzierung von der konkreten Problemlage erreicht. Fast alle Kreativitätsmethoden basieren auf dem Prinzip, den Geist auf Abwege auf Abstand zu führen. Diese Methode wird auch als *Abduktion* bezeichnet.

6.3 *Reflektiver Modus*. Im reflektiven Modus steht die Beobachtung der Veränderungen (Kontakt, Flow oder Flop) im Vordergrund. Die Erfahrungen werden zu Mustern und Regeln systematisiert (*Best Patterns*), der Projektabschluss gefeiert und die lernorientierte Reflexion der Geschehnisse (Loslösung) manifestiert. Die Lernstufe 2 beinhaltet das Lernen zweiter Ordnung. Die Erfahrungen werden aus der Außenperspektive betrachtet und reflektiert. Im günstigen Fall können Erkenntnisse dritter Ordnung gewonnen werden, die einen Beitrag zur Metakompetenz bilden, einer universellen Problemlösefähigkeit des Systems. Diese Phasen werden in der Praxis aus Effizienzgründen gerne ausgelassen, um sich direkt in das nächste Projekt zu stürzen. Reflexion und substanzielles Lernen bedürfen jedoch der Muße.

Verknüpft man nun die skizzierten Erkenntnisse miteinander, so lassen sich Lösungsansätze ableiten, die an die individuellen Anforderungen einer jeden Organisation (z. B. →Unternehmen) angepasst werden können. Auf Basis des *Solution Cycles* lassen sich gezielte Interventionen durchführen, die helfen, wichtige (Veränderungs-) Impulse anzustoßen, positive Atmosphären zu schaffen und die Rahmenbedingungen für die Veränderungsprozesse selbst zu gestalten.

G. BATESON, Ökologie des Geistes: Anthropologische, psychologische, biologische und epistemologische Perspektiven, 1981 – G. BERGMANN: Die Kultur der Reparatur der Kultur, in: S. HABSCHEID/G. HOCH/H. SCHRÖTELER-V. BRANDT/V. STEIN (Hg.), „Diagonal", Umnutzung – Alte Sachen, neue Zwecke, 2014, S. 27ff. – G. BERGMANN/J. DAUB, Systemisches I. – und Kompetenzmanagement, 2008 – DIES., Das menschliche Maß – Entwurf einer Mitweltökonomie, 2012.

Gustav Bergmann

Institution

Die heute gängigen Verwendungen des Ausdrucks „I." gehen theoriegeschichtlich auf die *Historiographie* zurück und damit auch auf einzelne Humanwissenschaften wie: *Rechtswissenschaft* und *-philosophie* (etwa diejenige G. W. F. HEGELS), auf die *Soziologie* (zu deren gegenstandsspezifischen Leitbegriffen er bei DURKHEIM, MALINOWSKI und PARSONS gehört) und auf die *Wirtschaftswissenschaften* (→Betriebswirtschaftslehre; →Volkswirtschaft). Letztere setzten I.en zunächst nur als Randbedingungen wirtschaftlicher Prozesse (Preisbildung durch Koordination individuellen Vorteilsstrebens am →Markt) voraus, behandeln sie aber inzwischen – in der „Neuen I.enökonomik" – selbst auf der Linie ihres ökonomischen Erklärungsansatzes menschlichen Handelns als spontane Resultate der Konkurrenz individuellen Vorteilsstrebens. In der Mitte des 20. Jh.s hat A. GEHLEN den Ausdruck zur Beschreibung eines fundamentalen Sachverhalts der →*Anthropologie* aufgegriffen und ausgearbeitet: Im Unterschied zum instiktgesteuerten Zusammenleben und Umweltverhalten von Tieren in Herden verlangt der Mangel an Instinksteuerung bei Menschen, daß ihr Zusammenleben in Gemeinschaft (in Gesellschaften) und deren Umweltverhalten durch I.en geregelt wird: durch Regeln des leibhaften Umgangs mit sich und anderen, die durch wechselseitige Verständigung etabliert und durch wechselseitige Achtung dieser Verständigungsresultate freiwillentlich stabil gehalten werden. Dieser Status von I.en als Moment der universalen conditio humana erklärt die Herkunft ihrer Thematisierung aus der Historiographie sowie, dass inzwischen auch andere als die schon genannten Humanwissenschaften, etwa *Religionswissenschaft*, und die *christlichen Theologien* „I.en" thematisieren. – Hintergrund für Gehlens *negative* Bestimmung des Unvermeidbarkeitsgrundes von I.en unter Menschen ist dessen *positive* Bestimmung in J. G. v. HERDERS Sicht des Menschen als des ersten

„Freigelassenen der Schöpfung". Dieser Ansatz wird durch die Sicht des Menschen als auf dem Boden kommunikativ bestimmter Vernunfteinsicht verantwortlich wirkender Person präzisiert. Ihm gegenüber steht das behavioristische Bild des Menschen als Exekutor konditionierter Reizreaktionen (exemplarisch B. F. SKINNER). Diese Alternative beeinflusst zwar nicht die allseitige Sicht der Funktion von I.en als Mittel der Bedürfnisbefriedigung, wohl aber die Beschreibung der Bedingungen für die Erfüllung dieser Funktion sowie der Bedingungen der Evolution (der Etablierung, der Erhaltung, der Veränderung und des Verfalls) von I.en. – Der Sache nach bezeichnet die Rede von I.en zunächst vier verschiedene soziale Sachverhalte: *erstens* Regelungen der Interaktion in wiederkehrenden Alltagssituationen, *zweitens* korporative Gebilde (soziale Systeme) mit mehr oder weniger stark ausgebildeten Zügen einer →Organisation, etwa →Staaten, →Kirchen, →Unternehmen, →Gewerkschaften, Verbände, Universitäten etc.; *drittens* Komplexe der normativen Regelung sozialen Austausches, etwa Sprache, →Geld, →Recht, →Eigentum, Handel, →Liebe, Literatur, cultus publicus (öffentlicher Gottesdienst) etc. (weil für die Unterhaltung der beiden ersten Arten von I.en unverzichtbar, auch „Meta-I.en" genannt). Diese I.en können informell (nur implizite Regelung) oder formell sein (explizite Regelung). Wesenszug aller genannten I.en: Ihre Regeln werden von Einzelnen nicht folgenlos übertreten: sie sind sanktioniert, am schärfsten mittels des Rechts durch Androhung von Strafe. Insofern sind sie für alle Einzelnen objektive Vorgegebenheiten (wenn auch gerade nicht von der Art anpassungerzwingender Dinge, wie DURKHEIM meinte). *Viertens* kann der Ausdruck – in seiner fundamentalanthropologisch-weiten Fassung – aber auch *alle* stabilen Regelungen des Umweltverhaltens menschlicher Individuen bezeichnen, darin eingeschlossen auch solche rein individueller Art, also persönliche Gewohnheiten und Grundsätze Einzelner, seien sie unbewusst oder durch Entschluss zustande gekommen. In dieser Bedeutung kommt der Ausdruck dem Begriff des „Habitus" nahe, der immer auch psychische Strukturen („innere Haltungen": Bildungsgestalten des Affekts und des Strebens, Gewohnheiten des Wert- und Abschätzens) als Grund individueller Verhaltensgewohnheiten im Blick hat. Diese vier Bedeutungen sind verschieden, schließen sich aber nicht nur nicht aus, sondern verweisen aufeinander: Organisationen sind überhaupt nur möglich innerhalb einer Matrix von Regeln der Alltagsinteraktion und von anerkannten und hinreichend stabilen Meta-I.en. Die Art der befolgenden Teilnahme an diesen sozialen Regelungen ist durchgehend abhängig von individuellen habits. Dies Abhängigkeitsverhältnis von individuellen Verhaltensgewohnheit und -motiven zieht inzwischen auch und gerade in der I.enökonomik die Aufmerksamkeit auf sich (SCHLICHT). Zwar können Einzelne nur unter der Voraussetzung von schon bestehenden Alltagsregelungen und insbesondere Meta.-I.en sowie meist – in jeder entwickelten Gesellschaft – auch von Organisationen ihre persönlichen Verhaltensgrundsätze und Partizipationsgewohnheiten (→Partizipation) ausbilden, aber diese sozialen Bedingungen determinieren nicht die Einzelnen in der Entwicklung ihrer persönlichen Grundsätze (I.en), sondern bedingen sie nur und sind hinsichtlich ihres Bestandes und ihrer weiteren Entwicklung davon abhängig, *wie* die Einzelnen ihre Teilnahme an ihnen regeln. Die genannten verschiedenen Gegenstände der Rede von „I.en" bilden also einen einzigen unlöslichen Sachzusammenhang, für den die zuletzt genannte weite Bedeutung – Geregeltheit *allen* menschlichen Handelns (Interagierens) – grundlegend ist. Die engeren Bedeutungen bezeichnen drei verschiedene Aspekte bzw. Ausprägungen dieses Grundsachverhalts: (a) Regelung von Alltagsverhalten, (b) Organisationen, c) Meta-I.en. – Für die wichtige Frage nach den Bedingungen der *Evolution* von I.en ergibt sich daraus: Bedingung des Entstehens von I.en ist die Verständigung über bedürfnisbefriedigende Interaktionsweisen, Bedingung ihres Bestandes sind die dafür erforderlichen und zur Haltung der Interaktanten gehörenden Motive, die Bedingungen ihrer Veränderung sind individuelle Variationen der Regelbefolgung bzw. das Nichtbefolgen von etablierten Regeln. Beides ist ebenfalls gestützt auf Verständigung: mehr oder weniger gelungene oder misslungene. Die Bedingungen für das „Überleben" derartiger Variationen ist ebenfalls, dass bzw. ob sich im Wandel der innerweltlichen Lagen der Gemeinschaft (Gesellschaft) durch Verständigung zunehmend Motive für die Übernahme der Abweichungen ergeben oder diese vereinzelt bleiben. Entscheidend sind also stets die auf situationsbezogene Verständigung zurückgehenden Motive zur Einhaltung etablierter Regulungsgestalten oder zu Abweichungen von ihnen auf Seiten der relevanten Mehrheit. Somit ist es unrealistisch *erstens*, den Bestand von Institutionen der Bildungsgestalt der Innerlichkeit (Haltung) ihrer Partizipanten entgegenzusetzen (so LÜBBE-WOLFF); *zweitens* der durchgehenden Wechselbeeinflussung zwischen individuellen habits, Alltagsregelungen, geregelter Kooperation in Organisationen und Teilnahme an den sogenannten Meta-I.en nicht Rechnung zu tragen; und *drittens* sich nicht Rechenschaft zu geben über das Ausmaß, in welchem auf diese Bedingungen der Evolution von I.en bewusste, planende Entscheidungen Einfluss haben und inwieweit andererseits mit Faktoren des Beharrens bei gegebenen I.en bzw. des Auftretens von Neuerungen und ihrer Durchsetzung zu rechnen ist, die der bewussten Planung grundsätzlich entzogen sind.

In der Theologie sind der Sache nach fast alle Sachaspekte der I.enproblematik bereits in F. D. E. SCHLEIERMACHERS Psychologie, Gesselligkeitstheorie und →Ethik angesprochen und in einem ersten Lösungsversuch zusammengefasst worden. Vor allem wurde schon damals die in der conditio humana selbst begründete, unhintergehbare Wechselbedingung zwischen sozialen und persönlichen Regelungskomplexen erkannt. Die dezidiert liberalen, auf die Flüssigkeit sozialer Ordnung und die persönliche →Verantwortung der Einzelnen für ihre →Bildung und Reform zielenden Pointen dieser Sicht konnten sich jedoch gegenüber dem Vorherrschen von konservativer Verteidigung gegebener Ordnung auf der einen und einem von KANT inspirierten ethischen Formalismus und →Individualismus (mit übrigens ebenfalls massiv ordnungskonservativem Effekt: etwa bei A. RITSCHL und W. HERRMANN) auf der anderen Seite nicht durchsetzen. Erst nach dem Zweiten Weltkrieg machte die I.enproblematik dann auch in der Theologie Karriere, und zwar zunächst in der evangelischen →Sozialethik. Hier diente sie (etwa bei H.-D. WENDLAND, E. WOLF, D. V. OPPEN, A. RICH, T. RENDTORFF) dazu, überhaupt die Leibhaftigkeit und Sozialität des Menschseins als fundamentalanthropologischen Sachverhalt gegenüber Engführungen der theologischen Anthropologie auf den Einzelnen und seine Innerlichkeit scharf in den Blick zu bekommen und gleichzeitig das unrealistische und ideologieanfällige (→Ideologie) Konzept von naturgegebenen „→Ordnungen" (Schöpfungsordnungen) zu überwinden. Die röm.-kath. Soziallehre (→Kath. Soziallehre) war hier durch ihre Orientierung am scholastischen Konzept der „Sozialnatur" des Menschen in einer besseren Ausgangslage, hat sich dann aber auch das Thema der I.en angeeignet. Für beide Theologien ist das Konzept heute unverzichtbar als Bedingung der Anschlussfähigkeit ihrer Theoriebildung an die Theoriebildung der Gesellschafts- und Humanwissenschaften insgesamt. Dabei ist sachlich geboten, an der christlichen Überzeugung vom Sein des Menschen als →Person, die aus Ganzem auf Ganzes hin lebt, festzuhalten. Methodisch ist das ohne weiteres möglich, weil in den Sozial- und Humanwissenschaften generell mit unterschiedlichen kategorialen Konzeptionen des Menschseins zu rechnen ist. Methodisch geboten ist freilich, dass die theologische Verwendung des I.enbegriffs die oben angedeutete Differenziertheit und Klarheit des Sachbezugs erreicht und durchhält.

Das ist insb. im Blick auf eins der wichtigsten gegenwärtigen Anwendungsfelder des I.enkonzepts erforderlich: im Blick auf die Erforschung der sog. „I.enmüdigkeit", die heute weithin und besonders im Bereich der →Kommunikation von Weltanschauung und Religion herrschen soll. Diese Phänomene lassen sich sachgemäß nur befragen und verstehen, wenn die in der Natur der Sache liegenden unauflöslichen Wechselbeziehungen zwischen I., Organisation, Regelung des Alltagsverkehrs, Teilnahme an Meta-I.en und Haltungen als System individueller Motive und Gewohnheiten unterschieden und aufeinander bezogen werden.

B. MALINOWSKI, A scientific theory of culture, 1944 – T. PARSONS, Beiträge zur soziologischen Theorie, 1964 – E. DURKHEIM, Die Regeln der soziologischen Methode, 1965 – H. D. WENDLAND, Person und Gesellschaft in evangelischer Sicht, 1965 – DERS., Einführung in die Sozialethik, 1971 – T. RENDTORFF, Zum sozialethischen Problem der I.en, in: LWB (Hg.), Glaube und Gesellschaft. Beiträge zur Sozialethik heute, 1966, 42–58 – F. JONAS, Die Institutionenlehre A. Gehlens, 1966 – H. DUBIEL, Art.: Institution, in: HWP IV (1976) 418–424 – A. GEHLEN, Urmensch und Spätkultur, 1977[4] – W. KORFF, I.entheorie, in: HCE, Bd. 1, 1978, 168–177 – V. VANBERG, Der individualistische Ansatz zu einer Theorie der Entstehung und Entwicklung von I.en, in: Neue Politische Ökonomie 2 (1983), 50–69 – M. HONECKER, Einführung in die theologische Ethik, 1990 – R. RICHTER/E. FURUBOTN, Neue Institutionenökonomik, 1999[2] – G. LÜBBE-WOLFF, Die Aktualität der Hegelschen Rechtsphilosophie, in: B. SANDKAULEN/V. GERHART/ W. JAESCHKE (Hg.), Gestalten des Bewußtseins. Genealogisches Denken im Kontext Hegels, 2008, 328–249 – R. SEYFERT, Das Leben von Institutionen. Zu einer allgemeinen Therie der Institutionalisierung, 2011.

Eilert Herms

Institutionelle Anleger

1. Funktionsweise und Bedeutung der I. am globalen Finanzmarkt. I., zu denen Versicherungsgesellschaften, →Hedge-Fonds, Investment-Fonds oder Pensionsfonds gehören, sind die „großen Tanker" der Finanzindustrie. Ihnen wird eine Wissensindustrie aus Analysten, →Rating-Agenturen und →Beratern zugeordnet, die die notwendigen →Informationen bereitstellen, die für die kumulierten Anlageentscheidungen nötig sind. Ihre Größe ist in den 2000er Jahren erheblich gewachsen: Drei Viertel des insgesamt auf 80 Billionen US-$ geschätzten globalen Privatvermögens wird von ihnen gehalten, wobei ca. die Hälfte des →Vermögens auf Pensionsfonds und Investment-Fonds entfällt. I. verwalten zum Teil größere Kapitalsummen als das →Kapital, das durch das jährliche →Bruttosozialprodukt von Industriestaaten erbracht wird. Zugleich lässt sich durch eine tiefergehende Analyse zeigen, dass z. B. in den USA die 20 größten I. 40 % aller von ihnen verwalteten Aktienanteile halten. Dadurch ist die Marktmacht erheblich gestiegen. Schließlich kommt hinzu, dass zwischen Spezialfonds und Publikumsfonds zu unterscheiden ist: Während Vermögensbesitzer, die eher der Mittelschicht zuzuordnen sind, Publikumsfonds bedienen, sind Spezialfonds erst für Kunden mit einer sehr hohen Mindestanlagesumme zugänglich. Das Anlagevolumen der Spezialfonds überschreitet das der Publikumsfonds erheblich. Damit verschärft sich der Konzentrationsprozess innerhalb der Finanzindustrie. I. nehmen dabei folgende Funktion am Finanzmarkt ein: Sie sind als Risikotransformatoren zu betrachten, die das Risikopotenzial, das private Anleger einzugehen bereit sind, in Verbindung bringen mit börsennotierten →Unternehmen, die das →Kapital am Finanzmarkt einsammeln. I. handeln dabei im Wesentlichen mit Wissen und Informationen, die sich auf transnational tätige Unternehmen und deren Gewinnerwartungen beziehen.

2. Auswirkungen der verstärkten Aktivitäten der I. am Finanzmarkt. Aufgrund der sehr hohen Vermögenswerte, die nach Anlagemöglichkeiten suchen, nehmen spekulative Aktivitäten zu. Kurzfristige Anlageformen und kurzfristig zu erbringende Gewinnerwartungen bestimmen dadurch den Finanzmarkt. Ein unternehmerisches Handeln wird dominant, dass sich an den Aktionärsinteressen orientiert. Mit der Verkürzung des unternehmerischen Entscheidungshorizontes steigt die Gefahr, dass Interessen der Beschäftigten eher unberücksichtigt bleiben. Kriterien von →Nachhaltigkeit und Zukunftsfähigkeit verlieren an Bedeutung. Eine hohe Risikoneigung kann den Finanzmarkt bestimmen, wenn diesen Tendenzen nicht durch Maßnahmen der nationalen und globalen →Politik Einhalt geboten wird. Die →Finanzkrise 2007/2008 hat gezeigt, welche gravierenden ökonomischen und sozialen Auswirkungen eine solche Struktur des Finanzmarktes, der durch I. bestimmt wird, hat. Das durch I. dominierte Geflecht der Finanzindustrie, das auch „Finanzkapitalismus" bezeichnet wird, ist auch nach wie vor dringend reformbedürftig.

3. Reformschritte für I. innerhalb des Finanzkapitalismus. Ökonomische und ethische Gesichtspunkte verlangen nach einer umfassenden Reform des Finanzmarktes in seinem aktuellen Zuschnitt. Dies betrifft im Wesentlichen auch die Rolle der I. Im Sinne einer funktionsfähigen Wettbewerbsordnung liegt eine Zertifizierung der Investment-Fonds: Kapitalanleger müssen erkennen, welche Renditen realistisch zu erwarten sind, welche Strategie die Fonds-Manager anwenden und in welche Finanzprodukte das Kapital investiert wird. Die EU-Finanzrichtlinie weist in diese Richtung. Noch weitergehend sind Überlegungen, die nach einer institutionellen und politisch gewollten Förderung von SRI-Finanzprodukten fragen. I., die SRI-Produkte vertreiben, könnten steuerlich entlastet werden. Kurzfristige Anlageentscheidungen werden zurückgedrängt, was nicht nur der Funktionalität der Finanzmärkte entgegenkommt, sondern auch die Verlässlichkeit der Gewinnerwartungen der Kapitalanleger stärker berücksichtigt. SRI-Produkte besitzen langfristig gesehen nämlich eine hohe Rentabilität. Weitere Reformschritte können hinzukommen: Dazu gehört ein Verhaltenskodex für I., wobei im Gegensatz zu transnational tätigen Unternehmen auch nach der Finanzkrise 2007/2008 immer noch ein sehr hoher Nachholbedarf in der Finanzindustrie besteht. Eine Finanz→transaktionssteuer kann darüber hinaus die I., die durch häufiges Umschichten der Anlageprodukte auf Kurzfristigkeit der Entscheidungen setzen, stärker belasten. Schließlich ist im Bankensektor zwischen dem Kredit- und Wertpapiergeschäft eine Trennung herbeizuführen. Eine effektive Regulierung des internationalen Finanzmarktes, die bisher nur in den Anfängen steht, wird die dominante Rolle I. zu berücksichtigen haben. Ihnen und damit den Entscheidungsträgern der I. kommt in den voranschreitenden →Globalisierungsprozessen eine hohe →Verantwortung zu.

J. HÜBNER, „Macht euch Freunde mit dem ungerechten Mammon!" Grundsatzüberlegungen zu einer Ethik der Finanzmärkte, 2009 – M. HEIRES/A. NÖLKE (Hg.), Politische Ökonomie der Finanzialisierung, 2014 – B. EMUNDS, Politische Wirtschaftsethik globaler Finanzmärkte – H. SCHÄFER (Hg.), I. und nachhaltige Kapitalanlagen. Best practices deutscher Banken, Stiftungen und Altersvorsorgeeinrichtungen, 2014 – M. BASSLER, Die Bedeutung von i.n für die interne Corporate Governance ihrer Beteiligungsunternehmen, 2015.

Jörg Hübner

Interesse

1. Begriff und Problemkontext. Der Begriff leitet sich ab vom latein. „interest": „Es ist von Wichtigkeit, es ist daran gelegen." Ursprünglich war der Begriff im jurist. Kontext verankert und bedeutete im röm. Recht einen Anspruch auf Schadensersatz und bezeichnete im Mittelalter Rückzahlung und ggf. Zins von geliehenem Kapital. Ausgehend von diesem Verständnis wurde der Begriff in den sich entwickelnden Wirtschaftswiss. zu einem zentralen Terminus. Insbesondere ADAM SMITH betonte das Eigeninteresse, von ihm als eine „unveränderliche Tatsache der Natur" (Theorie der eth. Gefühle) verstanden, als Basis wirtschaftlichen Handelns: „Nicht vom Wohlwollen des Metzgers, des Brauers, des Bäckers erwarten wir das, was wir zum Essen brauchen, sondern davon, dass sie ihre eigenen Interessen wahrnehmen." (Wohlstand der Nationen) Nach SMITH lässt sich eine marktwirtschaftliche Ordnung dadurch legitimieren, dass sie auf dem gegebenen Eigeninteresse aufbaut und durch den Wettbewerb gleichzeitig dem Gemeinwohl dient, wie die Formel der „unsichtbaren Hand" vor dem Hintergrund eines deistischen Weltbildes prägnant zum Ausdruck bringt. DAVID RICARDO nahm den Begriff des Interesses in seine polit.-ökon. Analysen auf und versuchte zu zeigen, dass die ökon. Interessen der Grundeigentümer denen der anderen Klassen entgegengesetzt sind. Bei Marx waren es dann die Interessen der Kapitaleigner, die dem gemeinschaftlichen Interesse, repräsentiert durch die Arbeiterklasse, antagonistisch gegenüber stehen. In diesem Sinn bezeichnet in der marxist. Theorie (→Marxismus) der Gegensatz der Interessen von Kapital und Arbeit den Grundwiderspruch des Kapitalismus, den es revolutionär aufzulösen gilt. Demgegenüber betonen reformorientierte Gewerkschafter die Möglichkeiten eines fairen Aushandelns der unterschiedl. I.n der Kapital- und der Arbeitnehmerseite durch das kollektive Arbeitsrecht.

Während die I.n von Kapital und Arbeit in der Weimarer Zeit und in der Bundesrepublik durch Tarifverträge ausgehandelt werden, hat sich eine Vielzahl von weiteren I.ngruppen formiert, so dass von einem I.npluralismus in den wirtsch. Beziehungen wie in der Gesellschaft insgesamt gesprochen werden kann. Vor diesem Hintergrund konzentrieren sich die Sozialwiss. diesbzgl. auf eine Analyse der Organisation und Durchsetzung individueller und kollektiver I.n, die durch Verbände, Lobbyismus u. a. versuchen, Entscheidungsprozesse in Parlamenten und öffentl. Verwaltungen zu beeinflussen. Für die öffentliche Kommunikation und Legitimation der jew. I.n ist es wesentlich, inwieweit diese partik. I.n auf das Gemeinwohl bezogen werden können. Darüber hinaus sind Bürgerinitiativen und andere Gruppen wichtige Akteure der Zivilgesellschaft, wobei neben ökon. I.n, der Tendenz einer zunehmenden postmaterialistischen Haltung entsprechend auch ideelle I.n vertreten werden.

2. **Sozialethische Bewertung.** Das Verfolgen eigener I.n ist in der christl. Tradition vor dem Hintergrund des Gebots der Nächstenliebe häufig problematisiert und im Sinn eines Ethos der Selbstlosigkeit kritisiert worden. Demgegenüber ist in der evang. Wirtschaftsethik herausgearbeitet worden, dass ein Engagement für die eigenen I.n als Arbeitnehmer zur Erhaltung der Arbeitskraft und der Versorgung der Familien wie auch das unternehmerische Gewinnstreben theologisch-ethisch legitim sind, sofern auf diese Weise die allg. Wohlfahrt gefördert wird. Klassisch ausgedrückt haben diese Sichtweise T. Rendtorff und ihm folgend die EKD-Wirtschaftsdenkschrift „Gemeinwohl und Eigennutz", wonach das Eigeni. in eine Ordnung der Gegenseitigkeit einzubinden ist, um auf diese Weise „Formen des intelligenten Eigennutzes als intelligenter Nächstenliebe" zu entwickeln. Eine notwendige Voraussetzung hierfür sind öffentl. Kontrollen der I.ngruppen, um ein höchst mögliches Maß an Transparenz zu schaffen.

Im Sinn einer advokatorischen Ethik werden von kirchl. Gruppen und Bürgerinitiativen z. T. auch die I.n von marginalisierten Gruppen, nicht artikulationsfähigen (Tiere, Ökosysteme) oder noch nicht anwesenden (künftige Generationen) Lebewesen vertreten, was als Problemanzeige verdeutlicht, dass diejenigen I.n, die über keine Durchsetzungsmacht verfügen, häufig unberücksichtigt bleiben. Solche I.n wahrzunehmen und zugleich zu fragen, welche Akteure in legitimer Weise als Anwalt dieser I.n anerkannt werden können, verweist auf die Notwendigkeit wie die Problematik advok. Ethik.

A. Smith, Theorie der ethischen Gefühle, (1759 Orig.) 1985 – A. Smith, Der Wohlstand der Nationen, (1776 Orig.) 1978 – J. Mittelstrass, Über I.n, 1975 – T. Rendtorff, Ethik, 1991² – Kirchenamt der EKD (Hg.), Gemeinwohl und Eigennutz. Eine Denkschrift der EKD, 1991 – T. Jähnichen, Sozialer Protestantismus und moderne Wirtschaftskultur, 1998 – Kirchenamt der EKD (Hg.), Solidarität und Selbstbestimmung in der modernen Arbeitswelt, 2015.

Traugott Jähnichen

Internationale Arbeitsorganisation (IAO)

Die IAO ist die auf Weltebene für Arbeits- und Sozialpolitik zuständige Organisation. Sie wurde 1919 mit Sitz in Genf gegründet. Seit 1946 gehört sie als Sonderorganisation zum VN-System (→ Vereinte Nationen). Ihre Mitglieder und Träger sind die Nationalstaaten. Aus 42 Gründerstaaten sind inzwischen 185 Mitgliedstaaten (2014) geworden. Dadurch ist die IAO heute aber heterogener, wodurch sich die Willensbildung nicht selten schwierig gestaltet. Deutschland trat ihr bereits 1919 bei, verließ sie unter der nationalsozialistischen Herrschaft und kehrte nach dem 2. Weltkrieg mit beiden deutschen Staaten (Bundesrepublik 1951 und DDR 1974) und 1990 als wiedervereinigter Staat zurück.

1. **Auftrag und Entwicklung.** Die Schaffung der IAO als selbstständiger Teil des gleichzeitig gegründeten Völkerbunds steht in unmittelbarem Zusammenhang mit dem Trauma des gerade beendeten 1. Weltkrieges. Ihre Verfassung fand als Teil XIII Eingang in den Friedensvertrag von Versailles. Die Präambel beginnt mit dem Satz: „*Der Weltfriede kann auf Dauer nur auf sozialer Gerechtigkeit aufgebaut werden*". Da dieser Frieden durch schlechte Arbeits- und Lebensbedingungen gefährdet ist, fordert die Präambel, diese Bedingungen zu verbessern. Ein weiteres Motiv für die Gründung der IAO war die Vermeidung/Verringerung von internat. Wettbewerbsverzerrungen durch fehlende oder niedrige Schutzregelungen. Dieser Gesichtspunkt ist heute durch die → Globalisierung noch wichtiger geworden 1919.

Die Anpassungsfähigkeit der IAO, zeigen ihre „*Agenda für menschenwürdige Arbeit*" und die „*Erklärung über soziale Gerechtigkeit für eine faire Globalisierung*". Die IAO hatte aufgrund der seit Mitte der 1970er Jahre rasant gestiegenen weltweiten Arbeitslosigkeit die Beschäftigungspolitik ins Zentrum ihrer Arbeit gerückt. Mit der Agenda stellte sie klar, dass es dabei um die Förderung und Schaffung *menschenwürdiger* Arbeit („decent work") gehen muss. Mit der Erklärung (2008) antwortete sie auf den forcierten weltwirtschaftlichen Strukturwandel, der tief in die wirtschaftlichen und sozialen Verhältnisse der Staaten und ihrer Bürger eingreift.

2. **Dreigliedrigkeit als Strukturprinzip.** Die wichtigste strukturelle Besonderheit der IAO ist die in ihrer Verfassung verankerte Dreigliedrigkeit. Jedes Land entsendet zwei Regierungsvertreter, einen Gewerkschafts- und einen Arbeitgebervertreter in die Organe der IAO. Dort haben sie sich in Regierungsgruppe, Arbeitnehmergruppe und Arbeitgebergruppe organisiert. Hier erfolgt die Willensbildung und Koordinierung des Abstimmungsverhaltens. Dies gilt für die Int. Arbeitskonferenz – Vollversammlung und Legislative der IAO –

ebenso wie für den Verwaltungsrat, dem Exekutivorgan sowie für alle von Konferenz und Verwaltungsrat eingesetzten Ausschüsse. Die Dreigliedrigkeit entspricht dem ordnungspolit. Grundverständnis der IAO, wonach →Sozialpartnerschaft und Interessenausgleich zwischen →Arbeitgebern und →Arbeitnehmern die besten Voraussetzungen für eine auf →Gerechtigkeit abzielende →Wirtschafts-, Arbeits- und →Sozialpolitik bilden.

Das Int. Arbeitsamt in Genf ist das Ständige Sekretariat der IAO. An seiner Spitze steht der vom Verwaltungsrat gewählte Generaldirektor, der für die sachgemäße Aufgabenerledigung verantwortlich ist.

3. Aufgaben und Ziele. Die IAO sollte von Anfang an einer fortschreitenden int. Vernetzung der →Sozialpolitik dienen. Die Verfassung legt als Hauptaufgabe der IAO die Erarbeitung, Verabschiedung und Überwachung int. →Normen fest. Dazu sind allseits anerkannte arbeits- und sozialrechtl. Mindeststandards gemeinsam zu erarbeiten. Damit wurde zum ersten Male einer int. Organisation die Zuständigkeit übertragen, wie ein Gesetzgeber Fragen anzugehen und Probleme zu regeln, die vorher ausschließlich Angelegenheiten eines jeden Staates waren. Dieser Bereich ist Schwerpunkt ihrer Aktivitäten geblieben.

Das Tätigkeitsspektrum der Org. hat sich jedoch deutlich erweitert. Ein Grund dafür ist die Globalisierung, die zwar vielen Millionen Menschen vor allem in den Schwellenländern Arbeit und steigende Einkommen gebracht hat. Aber in vielen Ländern haben die Menschen daran (noch) nicht genug teil. Das →Wirtschaftswachstum wird zudem häufig von zunehmender Ungleichheit begleitet. Es wächst die Kluft zwischen Gewinnern und Verlierern der Globalisierung. In dem härter werdenden int. Wettbewerb geraten auch Arbeits- und Sozialnormen unter Druck. Um den Globalisierungsprozess langfristig zu stabilisieren und eine Akzeptanzkrise zu vermeiden, ist es nach Auffassung der IAO dringend geboten, das Wachstum der Wirtschaft sozialpolitisch zu flankieren. Ökonomische Entwicklung und gesellschaftspolit. →Fortschritt müssen weltweit besser in Einklang gebracht werden. Die oben (s.1.) erwähnte IAO Erklärung von 2008 zur Globalisierung enthält entsprechend als strategische Ziele: *Beschäftigung, sozialer Schutz, sozialer Dialog und Rechte bei der Arbeit*.

4. Instrumente. *4.1 Übereinkommen.* Das wichtigste Instrument der IAO sind die von Ihr beschlossenen Übereinkommen. Die Übereinkommen werden von der IAK verabschiedet. Erforderlich ist eine Mehrheit von zwei Dritteln der anwesenden Delegierten. Sie bedürfen der Ratifizierung durch die Mitgliedstaaten, um rechtl. Verpflichtungen zu begründen. Die Ratifikation ist freiwillig. Kein Mitgliedstaat kann hierzu gezwungen werden. Für ratifizierte Übereinkommen besteht allerdings eine Berichtspflicht zur innerstaatlichen Umsetzung. Ein Sachverständigenausschuss prüft die Berichte. In seinen Bemerkungen hält er festgestellte oder vermutete Vertragsverletzungen fest und veröffentlicht sie in seinem Bericht an die IAK. Gegen einen betroffenen Mitgliedstaat kann Klage (andere Mitgliedstaaten) oder Beschwerde (Sozialpartner) eingelegt werden.

Bis jetzt wurden rund 190 Übereinkommen angenommen, die weite Teile des →Arbeits- und Sozialrechts abdecken. Einige befassen sich stärker mit soz.-eth. Grundpositionen im Arbeitsleben (Menschenrechtsübereinkommen), andere beziehen sich auf bestimmte Situationen im arbeits- und sozialrechtl. Kontext. Die Gesamtheit der int. Arbeitsnormen erstreckt sich auf folgende Regelungsbereiche: Vereinigungsfreiheit, Verbot der Zwangsarbeit, Chancengleichheit und Gleichbehandlung, Beschäftigung und Arbeitskräftepotential, Arbeitsverwaltung, Arbeitsbeziehungen, →Löhne, wöchentl. Ruhetage und bezahlter Urlaub, Arbeitsschutz, soz. Sicherheit, Beschäftigung von Frauen, Beschäftigung von Kindern und Jugendlichen, Wanderarbeitnehmer, Plantagenarbeiter, usw.

4.2 Empfehlungen. Die IAO wirkt auch durch Empfehlungen auf ihre Mitglieder ein und hat bisher über 200 Empfehlungen verabschiedet. Empfehlungen sind allerdings nicht verbindlich und können nicht ratifiziert werden. Für Umsetzungsdruck sorgen jedoch die Sozialpartner und die Medien. Ein gutes Beispiel ist die 2012 verabschiedete Empfehlung Nr. 202 zum sozialen Basisschutz. Deutschland stellt der IAO für Projekte zu deren Umsetzung seitdem Finanzmittel zur Verfügung.

4.3 Erklärungen. Erklärungen dienen der Präzisierung und Aktualisierung des Auftrags und der Ziele der IAO, wie die erwähnte Erklärung zur Globalisierung. Wichtig ist aber auch die „*Erklärung über die grundlegenden Prinzipien und Rechte bei der Arbeit*", die von der IAK 1998 einstimmig verabschiedet worden ist. Darin verpflichten sich die Mitgliedstaaten, alles zu unternehmen, um die Inhalte der Kernübereinkommen zu erfüllen und diese möglichst bald zu ratifizieren.

4.4 Entwicklungsprojekte. Die Förderung von Entwicklungsprojekten hat als Instrument der IAO seit den 1950er Jahren eine noch immer wachsende Bedeutung gewonnen. Dabei nutzt die IAO nicht nur Eigenmittel, sondern in großem Umfang auch die Finanzierung durch Weltbank, UNDP (→Vereinte Nationen), EU und einzelne Geberländer. Als Beispiel für die inzwischen Hunderte von Projekten sei das 1990 von Deutschland angestoßene und mitfinanzierte multilaterale *Projekt zur Beseitigung der Kinderarbeit* in der Welt erwähnt, das zwar inzwischen tausenden von Kindern zu einem besseren Leben verholfen hat, aber nach wie vor unverzichtbar ist. Durch technische Zusammenarbeit mit Regierungen und →Sozialpartnern will die IAO auch die Erreichung der Ziele ihrer Erklärung zu den grundlegenden Arbeitsrechten (s. o.) erleichtern und beschleunigen.

5. Ergebnisse und Fazit. Seit ihrer Gründung hat die IAO wesentlich zur Verbesserung von Arbeits- und Sozialrecht und der sozialen Lage der Menschen in ihren Mitgliedstaaten beigetragen. Das gilt, obwohl bei weitem noch nicht alle Mitglieder die IAO Übereinkommen ratifiziert haben. Selbst die sog. Kernübereinkommen, die sich auf die Regelungsbereiche Vereinigungsfreiheit, Verbot der Zwangsarbeit, Diskriminierungsverbot und →Kinderarbeit beziehen, sind noch nicht von allen Mitgliedstaaten ratifiziert worden. Häufig sind (erhoffte) Wettbewerbsvorteile ein Grund dafür, dass Mitgliedstaaten selbst Übereinkommen, denen sie bei der Schlussabstimmung in Genf zugestimmt haben, nicht oder erst nach jahrelanger Verzögerung ratifizieren. Für die IAO gibt es daher noch viel zu tun. Sie ist zu Recht auf Dauer angelegt.

Auch wenn die Geschichte zeigt, dass es trotz aller arbeits- und sozialrechtlichen Anstrengungen nicht gelungen ist, den Weltfrieden zu sichern, so fand die IAO mit der Verleihung des Friedensnobelpreises 1969 für ihren Beitrag zum sozialen Frieden in der Welt die gebührende Anerkennung.

Leider erhält die IAO trotz allem nicht die notwendige Aufmerksamkeit in den Medien und der Öffentlichkeit, sonst wäre ihre Durchsetzungskraft höher und ihre Arbeit für eine sozial gerechtere Welt noch erfolgreicher.

IAO-WEBSITES (www.ilo.org – www.ilo.org/Berlin), Dreissig Jahre Kampf für soziale Gerechtigkeit, 1919–1949, 1951 – ILO WORLD OF WORK REPORT 2014–15 – ILO WORLD SOCIAL PROTECTION REPORT 2014–15 – Global Employment Trends 2014.

Ernst Kreuzaler, Wolfgang Ohndorf

Internationaler Währungsfonds (IWF)

1. Geschichte. Der IWF wurde 1944 gemeinsam mit der Weltbank auf einer Konferenz in Bretton Woods in New Hampshire/USA von 45 Staaten gegründet. Der Fonds ist eine Sonderorganisation der →Vereinten Nationen. Angesichts der Erfahrungen aus der Großen Depression in den 1930ern und des 2. Weltkriegs wollte man die wirtschaftliche Kooperation verbessern und insbesondere den →Welthandel ausweiten. Ursprüngliche Ziele des IWF waren die Wiederherstellung der Konvertibilität der Währungen, die Errichtung eines Systems fester, aber anpassungsfähiger Wechselkurse mit Bindung an den US-Dollar (damit an Gold, Bretton-Woods-System) und die Errichtung eines Systems der kurzfristigen Kreditvergabe an Mitgliedstaaten mit Zahlungsbilanzproblemen.

Der IWF wurde während der letzten Jahrzehnte vielfach kritisiert, u. a. für die sozialen und ökologischen Folgen seiner Politik (s. 4.) und seine fragwürdige Rolle in der Asienkrise 1997/1998. Anschließend sank seine Bedeutung, und kritische Stimmen forderten sogar seine Abschaffung. Im Zuge der →Finanzkrise und der europäischen Schuldenkrise (→EWWU), erlangte er neue Bedeutung als die Institutionen, die neben Europäischer →Zentralbank und Europäischer Kommission z. B. finanzielle Rettungspakete schnürte und die Finanzpolitiken der Euro-Schuldenstaaten überwachen sollte.

Ende 2015 hatte der IWF 188 Mitglieder, die gemäß der Höhe ihrer Kapitaleinlage über Stimmrechte verfügen (s. 3.). Die USA verfügten über 16,75 % der Stimmanteile, Japan 6,23 %, Deutschland 5,81 %, Frankreich 4,29 %, Vereinigtes Königreich 4,29 % und China 3,81 %. Der IWF beschäftigte ca. 2.600 Mitarbeiter aus rund 140 Ländern, die meisten im Hauptquartier in Washington, D.C.

2. Aufgaben und Instrumente. Hauptaufgabe des IWF ist es, die Stabilität des internationalen Geld- und Währungssystems sicherzustellen. Der Fokus liegt hauptsächlich auf der Kreditvergabe und Hilfspaketen für Entwicklungsländer mit Zahlungsbilanzproblemen oder an Länder, denen der Bankrott droht (z. B. Asienkrise 1997/1998, Argentinienkrise 2001/2002). Das Mandat des IWF wurde 2012 aktualisiert. Es umfasst nun alle makroökonomischen und den Finanzsektor betreffenden Aspekte. Der IWF soll sich nach der internationalen →Finanzkrise 2007/09 zum Kern einer neuen internationalen Finanzordnung entwickeln.

Der IWF überwacht das internationale Finanzsystem und stellt Mitgliedern kurzfristige finanzielle Hilfen bereit. Übersteigen diese deren eingezahlte Mittel (s. 3.), werden die Darlehen meist an die Durchführung von wirtschaftspolitischen Auflagen gebunden. Dabei handelt es sich um makroökonomische Stabilisierungsprogramme, die den Abbau der →Staatsverschuldung, staatlicher Eingriffe in die Wirtschaft (→Deregulierung, →Privatisierung) und von Subventionen und die Eindämmung der →Inflation vorsehen. Der IWF berät außerdem Länder bei Maßnahmen zur Vorbeugung/Bewältigung von Finanzkrisen, zur makroökonomischen Stabilisierung, zur Wachstumsförderung oder zur Armutsbekämpfung. Zudem bietet er auf makroökonomischem Gebiet technische Hilfe und Ausbildung an.

3. Finanzierung. Der IWF ist eine Art Kreditgenossenschaft (→Genossenschaften). Mitgliedsländer leisten Einlagen (mind. ¼ davon in Hartwährung), die im Bedarfsfall an Not leidende Mitglieder ausgezahlt werden können. Die Höhe der Einlage bemisst sich nach einer für jedes Land zu Beginn der Mitgliedschaft festgelegten *Quote*. Für die Höhe sind das →Bruttoinlandsprodukt, der Anteil am →Welthandel und die Währungsreserven von Bedeutung. In Höhe dieser Einzahlung kann jedes Mitglied jederzeit und ohne Auflagen Mittel abrufen. Darüber hinaus hat es Anspruch auf vier Kredittranchen in Höhe von jeweils 25 % der eigenen Einzahlung, um Zahlungsbilanzschwierigkeiten zu überbrücken. Die Quoten werden i. d. R. alle fünf Jahre überprüft und angepasst. Die Summe der Einzahlungen betrug im September 2015 334 Mrd. US$. Zusätzlich hat der IWF die Möglichkeit, in bestimmter Höhe weitere Mittel bei den Mitgliedsländern einzufordern, Kredite bei den Mitgliedsländern aufzunehmen und sich unter Umständen auch Mittel an den Finanzmärkten zu leihen.

4. Kritik. Erstens wird kritisiert, dass die Erfolge der IWF-Politik sowohl wirtschaftlich als auch sozial und ökologisch fragwürdig seien. Die Kreditauflagen wurden in der Vergangenheit – ausgehend vom westlichen Entwicklungsverständnis – zu unspezifisch auf die Verhältnisse der kreditnehmenden Entwicklungsländer angepasst. Aufgrund unterentwickelter Bank- und Finanzsysteme und differierender sozialer Strukturen haben die Programme des IWF in vielen Fällen nicht zum erhofften →Wachstum geführt. Zudem haben die Sparauflagen durch Einschnitte bei Gesundheits- und Bildungsprogrammen die ohnehin schon prekären Verhältnisse großer Bevölkerungsschichten verschärft. Da oft eine falsche →Wirtschaftspolitik zu den Zahlungsbilanzproblemen bzw. -krisen geführt hat, ist allerdings nicht der Verzicht auf Kreditauflagen geboten. Vielmehr ist deren Reform und die Beachtung der jeweiligen Bedingungen, auch und gerade der sozialen, erforderlich.

Zweitens wird bemängelt, dass es bei IWF und Weltbank zu große Aufgabenüberschneidungen gibt. Der IWF überschreite seine ursprünglichen Zuständigkeiten, indem er nicht nur kurzfristige Zahlungsbilanzdefizite überbrückt, sondern auch grundlegende Strukturanpassung finanziert und zur Bedingung macht. Es wird außerdem gefordert, dass private Kapitalgeber stärker zur Finanzierung von Krisen herangezogen werden sollten. Ferner müsse viel größeres Augenmerk auf die Verbesserung der Bankenaufsicht gelegt werden. Hier wurden seit der →Finanzkrise und der Schuldenkrise in der Eurozone erste Anpassungen unternommen und das Mandat erweitert (s. 2.).

Drittens schaffe das Eingreifen des IWF als „Feuerwehr" der Weltfinanzmärkte sog. *moral-hazard-Probleme*: Zum einen haben Mitgliedsländer den Anreiz, notwendige wirtschaftspolitische Reformen nicht anzugehen, da sie wissen, dass sie im Notfall Kredite des IWF erhalten. Zum anderen wird das Investitionsrisiko (insb. bei Währungsspekulationen) von privaten Anlegern durch den IWF aufgefangen, was zu verzerrtem und zu sorglosem Anlageverhalten führe.

Viertens sei der IWF als Institution zu undemokratisch. Die Stimmrechtsverteilung nach dem Prinzip „one dollar, one vote" benachteiligt Schwellen- und Entwicklungsländer. Entscheidungen würden damit hauptsächlich von den wirtschaftlich starken Ländern getroffen. Die 2010 beschlossene Stimmrechtsreform, bei der Schwellenländer mehr Gewicht bekommen sollten, wurde jedoch bislang (Dezember 2015) nicht umgesetzt. Außerdem werden die Chefposten des IWF traditionell von einem Europäer besetzt (die der Weltbank mit einem US-Amerikaner). Dieses Relikt stößt ebenfalls auf zunehmend großen Widerstand der Entwicklungs- und Schwellenländer, ohne deren Mitwirken ein stabiles internationales Finanzsystem kaum noch denkbar ist.

Diese Kritikpunkte wurden auch im Kontext der Euro-Schuldenkrise geäußert, bei der nun auf einmal auch „westliche Länder" betroffen waren. Die Arbeit der drei Institutionen (s. 1) wurde entsprechend der Kritik als intransparent und undemokratisch wahrgenommen, die Vorgaben an die Programmländer als zu detailliert und die Maßnahmen zur Bekämpfung der Krise hätten die soziale Ungleichheit in den betroffenen Ländern zumindest kurzfristig erhöht.

U. BASSELER/J. HEINRICH/B. UTECHT, Grundlagen und Probleme der Volkswirtschaftslehre, 2010 – A. DREHER, Verursacht der IWF Moral Hazard? Jahrbuch für Wirtschaftswissenschaften, Bd. 54, H.3, 268–287, 2003 – K.-P. KRUBER, Internationaler Währungsfonds und Weltbankgruppe, bpb, 2012 – INTERNATIONAL MONETARY FUND (IMF), About, www.imf.org, 2015 – IWF, Jahresbericht 2014.

Nina V. Michaelis

Internet

1. Begriff. Das I. ist ein auf globalen Standards basierender offener Zusammenschluss heterogener Computernetzwerke. In ihm sind Rechnernetze von Forschungseinrichtungen oder kommerziellen Kommunikationsdienstleistern (→Kommunikation), Firmen- oder Behördennetzwerke so miteinander verbunden, dass jedes an sie angeschlossene Endgerät unter einer eindeutigen Adresse ansprechbar ist. Dadurch wird der direkte Austausch von →Informationen zwischen zwei Endgeräten (klassischerweise Computer/Rechner, aber auch Mobiltelefone, einzelne Sensoren, Überwachungskameras, Spielekonsolen etc.) möglich. Dieser Informationsaustausch dient unterschiedlichen Zwecken und wird durch Protokolle normiert. Zu den besonders häufig genutzten Protokollen zählen E-Mail, Kurznachrichtendienste, (Video-)telefonie, und, seiner Beliebtheit wegen oft mit dem I. selbst verwechselt, das World Wide Web (www). Bei letzterem handelt es sich um multimediale Präsentationen von Informationen oder Unterhaltungsinhalten, die untereinander durch Querverweise vernetzt sind.

Schnelle Internetverbindungen erlauben es zudem in wachsendem Maß, Speicher und Rechenleistung selbst in das I. zu verlagern und so dynamisch Rechenressourcen zur Verfügung zu stellen („cloud computing").

Das Internet ist dezentral organisiert, d. h. es gibt keine Instanz, der das gesamte Netz unterstehen würde. Wohl gibt es →Organisationen, die über Standards und Protokolle entscheiden. Daneben aber sind eine Vielzahl von Gremien und Einzelpersonen für jeweils kleine und kleinste Bereiche („domains") des I. verantwortlich.

2. Geschichte. Die Anfänge des I. liegen in den 1960er Jahren, als sich wissenschaftliche und militärische Institutionen zusammenschlossen, um knappe Rechenkapazität gemeinsam nutzen zu können. Die technische Neuerung bestand in den unterschiedliche Computersysteme verbindenden, einheitlichen Übertragungsprotokollen und in der dezentralen Struktur, die das Netz besonders unempfindlich gegen Störungen und Ausfälle einzelner Rechner machte. Einen großen Schritt zur Popularisierung des I. bedeutete die Verbreitung des World Wide Web www. Ursprünglich 1989 am Genfer Institut für Teilchenphysik („CERN") zur Präsentation wissenschaftlicher Forschungsergebnisse entwickelt, fand die dem www zugrunde liegende Hypertext-Sprache wegen der in ihr enthaltenen Möglichkeiten, →Informationen multimedial aufzubereiten und zu verknüpfen, schnell weite Verbreitung. 1997 gaben 6,5 % der Deutschen an, das Internet zu nutzen, 2014 waren es knapp 80 %, 58,3 % täglich. Weltweit sind 2014 etwa 40 % der Bevölkerung Nutzer des Internets.

3. Potentiale und Problemstellungen. Das I. wurde seit etwa der Jahrtausendwende mit großer Dynamik zu einem →Massenmedium, das wegen seiner Bidirektionalität und der Aufhebung seiner Bindung an Ort und Zeit neuen Regeln folgt und mit neuen Kommunikationsmöglichkeiten (→Kommunikation) gesellschaftliche Veränderungsprozesse bewirkt. Man kann diese Entwicklung einerseits mit dem Beginn der Gutenberg-Ära, andererseits mit der industriellen →Revolution des 19. Jahrhunderts verglichen und damit neue →Freiheits- und Beteiligungspotentiale ebenso wie ökonomische Krisenphänomene und Regulierungsdesiderate (→Markt) benannt. Die Hoffnung, durch ungehinderten Informationsaustausch demokratische Strukturen nicht nur in der westlichen Welt, sondern auch unter autoritären Regimen zu stärken, ist einer Ernüchterung gewichen, die zudem neue Monopolbildungen konstatiert und die „Zivilisierung und Humanisierung dieser neuen technischen Revolution" (M. Schulz) fordert.

3.1 Das I. bestimmt wirtschaftliche und soziale Beziehungen, der BGH hat 2013 die „zentrale Bedeutung" des I. auch für die private Lebenshaltung festgestellt. So sind verstärkte Anstrengungen notwendig, das I. allgemein zugänglich zu machen. Dazu bedarf es sowohl des technischen Ausbaus als auch Bildungsanstrengungen (→Bildung) zur Förderung der „digital literacy" und etwa die Anerkennung eines „Rechts auf I." bei der Berechnung des Regelsatzes der sozialen Grundsicherung.

3.2 Gegenüber anderen Medien zeichnet sich das I. durch seine offene Kommunikationsstruktur aus, die jeden Nutzer zum potentiellen Sender werden lässt. Dadurch tritt das www potentiell in Konkurrenz zu herkömmlichen →Massenmedien, etwa weil es möglich wird, hochspezialisierte Informationen für kleine Minderheiten anzubieten, oder weil – z. B. in →Staaten mit restriktiver Informationspolitik – sich das I. tendenziell der Kontrolle der →Politik entzieht. Die schöpferischen Aktivitäten der I.nutzer („user-generated content") machen sich sowohl gemeinnützige Organisationen (etwa das Online-Lexikon „Wikipedia") als auch von Unternehmen betriebene I.seiten zunutze (u. a. die Videoplattform „Youtube"). Die Geschäftsmodelle letzterer beruhen im Wesentlichen auf Werbeeinnahmen.

3.3 Der Markt für Internetanbieter neigt stark zur Konzentration. Der Suchmaschinenanbieter Google hatte 2014 in Deutschland mehr als 90 % Marktanteil, Facebook hat seit seinem Marktstart 2004 nahezu alle anderen social media-Anbieter verdrängt. Kritiker sehen darin nicht nur ein ökonomisches Problem, sondern eine Gefahr für die egalitäre Struktur des I. als solche: Bestimmte Inhalte des I. können aus technischen, ökonomischen oder politischen Gründen ausgeblendet bzw. unauffindbar werden, die Infrastruktur des I. könnte den Interessen der Monopolisten angepasst werden. Eine rechtliche Regulierung ist wegen der internationalen Struktur des I. schwierig. Ansätze dazu finden sich in der Forderung danach, alle Datenströme im I. gleichrangig zu behandeln („Netzneutralität").

3.4 Die Aggregierung großer Datenmengen bei I.-Dienste-Anbietern und die freiwillige Preisgabe auch intimer Daten in den „Sozialen Medien", besser: *social media* werfen neue Fragen des →Datenschutzes auf. Sie betreffen das Recht auf informationelle Selbstbestimmung sowohl gegenüber den Sicherheitsbehörden (→Polizei) als auch gegenüber Unternehmen, die mit →Informationen über potentielle Kunden handeln. Ein weiteres datenschutzrechtliches Problem stellt die potentiell unendliche Speicherdauer des I. auch bei personenbezogenen Daten dar. Neueste Rechtsprechung räumt ein „Recht auf Vergessenwerden" ein, das das Auffinden veralteter Informationen über Personen verhindern soll. Rechtliche Regulierungen werden auch hier durch die nationenübergreifende Struktur des I. sowie kulturell bedingte unterschiedliche Grade der Sensibilität gegenüber Datenschutzfragen erschwert.

4. Zukünftige Entwicklungen. Der Dynamik des I. ist es zu verdanken, dass seine Entwicklung kaum je-

mals richtig vorhergesagt wurde. Weder apokalyptische Visionen totaler Überwachung durch ein allgegenwärtiges I. noch euphorische Vorstellungen von Erlösung durch freien Informationsfluss haben sich bestätigt. Dennoch lässt sich annehmen, dass das I. in Zukunft seine ambivalente gesellschaftsprägende Kraft eher verstärken wird. Die durch technische Entwicklungen weiter wachsende Verfügbarkeit von Informationen und Meinungen wird für einen wachsenden Kampf um Aufmerksamkeit sorgen. Schon heute setzen I.-Dienste-Anbieter Algorithmen ein, die dem Kunden vorzugsweise solche Informationen präsentieren, die seinen vermuteten Interessen und Einstellungen entsprechen. Bereits die Form der Informationsbeschaffung im I. durch Suchmaschinen verstärkt diesen Effekt, weil sie tendenziell nur vorher Gewusstes findet und so affirmiert statt irritiert. Im Gegensatz zu den hoch gesteckten Erwartungen an eine durch das I. hergestellte weltweite →Öffentlichkeit entstehen tatsächlich eher zwar räumlich entgrenzte, aber thematisch kleinteilige und homogene Öffentlichkeiten, in denen eine gegenseitige Bestätigungskultur den offenen Argumentationsaustausch verdrängt. Die ‚Vernischung' des öffentlichen Diskurses (→Diskursethik) im I. erschwert die Organisation demokratischer Willensbildungsprozesse (→Demokratie) und fördert die gesellschaftliche Desintegration voneinander abgeschotteter Diskussionszirkel, denen die Bezugnahme auf gemeinsam zur Kenntnis genommene Medien verloren geht. Für die →Kirchen bedeutet dies zweierlei: Einerseits sehen sie sich in eine Kommunikationsstruktur gestellt, der die große Öffentlichkeit fehlt, in die hinein sie ihre Botschaft verkündigen könnten. Andererseits wird ihr Irritationspotential dringender gebraucht werden, um das Bewusstsein für ein die eigene Wahrnehmung übersteigendes Mehr an Kommunikationsgeschehen zu schärfen. In jedem Fall werden die sich durch das I. stellenden gesellschaftlichen Herausforderungen nicht durch Verweigerung, sondern nur unter Zuhilfenahme dieser Kommunikationstechnik bewältigen lassen.

L. Gräf/M. Krajewski (Hg.), Soziologie des I., 1997 – K. Hafner/M. Lyon, ARPA Kadabra oder die Geschichte des I., 2002 – N. Carr, The Big Switch – Rewiring the World from Edison to Google, 2008 – M. Eumann u. a. (Hg.), Medien, Netz und Öffentlichkeit, 2013 – J. Lanier, Wem gehört die Zukunft? [8]2014 – F. Schirrmacher (Hg.), Technologischer Totalitarismus: Eine Debatte, 2015 – Landeskirchenrat der Evangelisch-Lutherischen Kirche in Bayern (Hg.), Das Netz als sozialer Raum: Kommunikation und Gemeinschaft im digitalen Zeitalter – ein Impuls, 2015. www.netzpolitik.org.

Nikolaus Hueck

Internetrecht

1. Einleitung. Das →Internet ist aus der heutigen →Gesellschaft nicht mehr wegzudenken. Diese Bedeutung spiegelt sich auch in der →Politik wider. So benennt der Koalitionsvertrag von CDU, CSU und SPD (2013) einige Vorhaben zum I., beispielsweise zur Haftung bei WLANs oder die Anpassung des Urheberrechts an das digitale Zeitalter. Selbstverständlich befassen sich auch die Kirchen mit dem →Internet. Zu nennen ist etwa die Kundgebung der EKD „Kommunikation des Evangeliums in der digitalen Gesellschaft – Wahrnehmungen und Folgerungen" vom 12. 11. 2014, in der u. a. der →Staat aufgefordert wird, für eine digitale →Infrastruktur zu sorgen, die grundrechtssichernd funktioniert.

2. Kein rechtsfreier Raum. Das →Internet birgt viele Chancen für →Wirtschaft, →Gesellschaft und den Einzelnen in sich, aber auch erhebliche Risiken. So müssen beispielsweise →Verbraucher vor übereilten Geschäften oder vor Betrügereien durch kaum greifbare Kriminelle geschützt werden. Die →Freiheit der Bürger ist gefährdet, wenn ihr Internetverhalten ausgespäht wird. Ebenso kann die Rechtsordnung bedroht werden, wenn Behörden gegen illegale Tätigkeiten im →Internet nicht effektiv einschreiten können. Klargestellt sei, dass das →Internet kein rechtsfreier Raum ist. Im →Internet gelten die Gesetze, auch die →Grundrechte.

3. Begriff. Unter den Begriff I. wird eine Vielzahl von Regelungen aus dem öffentlichen →Recht, dem Zivilrecht und dem Strafrecht gefasst. Es ist dementsprechend eine Querschnittsmaterie. Verwandte und teils synonyme Bezeichnungen sind Multimediarecht, →Recht der neuen Medien, IT-Recht, Online-Recht oder Computerrecht. Nachfolgend soll exemplarisch auf einige Bereiche des I.s eingegangen werden.

4. Verfassung. *4.1 Grundgesetz (GG).* Im GG findet sich die Bezeichnung „→Internet" nicht, immerhin der Begriff der „informationstechnischen Systeme" (Art. 91c GG). Es gibt kein explizites „Internetgrundrecht". Das BVerfG hat im Hinblick auf Online-Durchsuchungen gleichwohl ein Grundrecht auf Gewährleistung der Integrität und Vertraulichkeit informationstechnischer Systeme entwickelt, das eine besondere Ausprägung des Allgemeinen Persönlichkeitsrechts gem. Art. 2 Abs. 1 i. V. m. Art. 1 Abs. 1 GG darstellt. Dieses Grundrecht greift nur, wenn andere →Grundrechte nicht einschlägig sind. So kann in Sachverhalten mit Internetbezug – abhängig von der konkreten Fallgestaltung – der Schutzbereich verschiedener →Grundrechte eröffnet sein, beispielsweise →Meinungsfreiheit, Informationsfreiheit, allgemeines Persönlichkeitsrecht oder Religionsfreiheit.

4.2 Verfassungen der Länder. In den Verfassungen der Länder werden im Rahmen der Grundrechtsgewährleistungen zum Teil „andere Medien" bzw. „andere →Massenmedien" genannt, so in Art. 19 Abs. 2 der Verfassung des Landes Brandenburg und Art. 11 Abs. 2 der Verfassung des Freistaates Thüringen.

5. Konvergenz der Medien. Im Zusammenhang mit I. fällt oft das Stichwort Konvergenz der Medien. Darunter versteht man das Zusammenwachsen der unterschiedlichen Medienformen. Herkömmlich wurde zwischen Rundfunk, Presse (→Massenmedien/ →Meinungsfreiheit), Film und Individualkommunikation unterschieden (so auch in Art. 5 Abs. 1 GG). Durch die Nutzung der modernen Kommunikationswege, insbesondere des →Internets, verliert diese herkömmliche Unterscheidung technisch immer mehr an Bedeutung, bleibt aber z. B. relevant für die Kompetenzverteilung (unten 7.).

6. Europarecht/Völkerrecht. Schon wegen der grenzüberschreitenden Natur des Internets sind Unionsrecht und Völkerrecht von großer Bedeutung. Zwar gibt es keine einheitliche umfassende europarechtliche Normierung eines I.s, die sich schon im Hinblick auf die der EU nur begrenzt eingeräumten Befugnisse verbietet. Allerdings ist das I. stark durch europarechtliche Vorgaben geprägt und harmonisiert worden. Auf Ebene der Verträge spielt namentlich die Dienstleistungsfreiheit eine große →Rolle. Ferner enthält Art. 11 der EU-Grundrechtecharta eine umfassende Garantie der Meinungs- und Medienfreiheit, zu der u. a. der Bereich des Internets gehört. Darüber hinaus kann der Einzelne etwa gegen Suchmaschinenbetreiber einen Anspruch auf Löschung von Verlinkungen aus Art. 12b, 14 Abs. 1a der Richtlinie 95/46/EG i. V. m. Art. 7, 8 EU-Grundrechtecharta haben („Recht auf Vergessenwerden", vgl. EuGH, Urteil vom 13. 05. 2014, Az. C 131/ 12). Auf Sekundärebene gibt es weitere Richtlinien, die das I. maßgeblich beeinflussen. Daneben gibt es auf völkerrechtlicher Ebene Übereinkommen und Verträge, die für das →Internet relevant sind. Beispielsweise wird über Art. 10 und Art. 8 der Europäischen Menschenrechtskonvention (Recht auf →Privatsphäre bzw. →Meinungsfreiheit) der Menschenrechtsschutz in Hinblick auf →Kommunikation über das →Internet gewährleistet.

7. Telemedien. Die Schaffung der →Normen zu Telemedien sollte der Vereinheitlichung der Regelungen im elektronischen Geschäftsverkehr dienen. Telemedien, früher auch Multimedia genannt, sind nach § 1 Abs. 1 Telemediengesetz (TMG) des Bundes bzw. § 2 Abs. 1 S. 2 des Länderstaatsvertrags für Rundfunk und Telemedien (RStV) alle elektronischen Informations- und Kommunikationsdienste, soweit sie nicht Rundfunk im Sinne des RStVs, Telekommunikationsdienste oder telekommunikationsgestützte Dienste im Sinne des Telekommunikationsgesetzes sind. Vor allem im RStV und im TMG finden sich – neben der Definition – Bestimmungen zu Telemedien, etwa zur Zulassungsfreiheit, zum Geltungsbereich des deutschen →Rechts, zu Informationspflichten und Verantwortlichkeiten.

8. Jugendschutz. Im →Internet sind →Kinder und Jugendliche besonderen Gefährdungen ausgesetzt. Der verfassungsrechtlich garantierte Jugendschutz hat daher im →Internet einen hohen Stellenwert. Relevante →Normen für den Jugendschutz im →Internet finden sich vor allem im Jugendmedienschutz-Staatsvertrag und im Jugendschutzgesetz. Danach ist beim Angebot von Telemedien, die die Entwicklung von Kindern und Jugendlichen zu einer eigenverantwortlichen und gemeinschaftsfähigen Persönlichkeit beeinträchtigen können, dafür Sorge zu tragen, dass Angehörige der betroffenen Altersstufen diese üblicherweise nicht wahrnehmen, etwa durch Vorschaltung eines als geeignet anerkannten Jugendschutzprogramms.

9. Justiz/Verwaltung. In Justiz und →Verwaltung wird der technische Fortschritt nachvollzogen und der elektronische Geschäftsverkehr gefördert. Behörden sind etwa verpflichtet, Zugänge für die Übermittlung elektronischer Dokumente zu eröffnen (Bsp.: elektronische Steuererklärung). Für Klagen vor Gericht gilt allerdings bislang der Grundsatz der Schriftlichkeit; sie dürfen allenfalls mit qualifizierter elektronischer Signatur über das Internet eingereicht werden.

10. Online-Glücksspiel. Seit dem neuen Glücksspielstaatsvertrag vom 15.12.2011 sind Online-Lotterien sowie Online-Sport- und Pferdewetten unter bestimmten gesetzlich festgelegten Voraussetzungen erlaubnisfähig. Zuvor waren Online-Glücksspiele ausnahmslos verboten. Kasinospiele, wie beispielsweise Online-Poker, bleiben, von ein paar Ausnahmen in Schleswig-Holstein abgesehen, verboten. Diese Verbote können nur schwer durchgesetzt werden, weil die Anbieter im Ausland sitzen (unten 18.).

11. Datenschutzrecht. Relevant ist in diesem Zusammenhang vor allem das Bundesdatenschutzgesetz (BDSG), dessen Geltungsbereich neben öffentlichen Stellen des Bundes insbesondere nichtöffentliche Stellen (= natürliche und juristische →Personen, Gesellschaften und andere Personenvereinigungen des Privatrechts, die nicht mit der Wahrnehmung öffentlicher Aufgaben betraut sind) erfasst. Ferner wird auf europäischer Ebene eine Datenschutz-Grundverordnung erarbeitet, durch die ein allgemeiner Rechtsrahmen für den Schutz personenbezogener Daten in der gesamten EU geschaffen werden soll.

Nach § 4 Abs. 1 BDSG ist die Erhebung, Verarbeitung und Nutzung personenbezogener Daten nur zulässig, wenn dies durch Rechtsvorschrift erlaubt bzw. angeordnet wird oder der Betroffene eingewilligt hat. Im Unterschied dazu ist die Nutzung anonymisierter Daten bislang weitgehend unbeschränkt zulässig. Wegen der Anonymität schien diese Nutzung weniger problematisch zu sein. In jüngerer Zeit stellt sich dennoch ein datenschutzrechtliches Defizit bei den sog. Big Data ein, d. h. der (oft kommerziellen) Analyse großer Datenmengen aus vielfältigen Quellen mit einer hohen Verarbeitungsgeschwindigkeit (z. B. der Daten, die beim Suchen im →Internet anfallen). Daneben gibt es weitere datenschutzrechtliche Problematiken, etwa bei der Vorratsdatenspeicherung, der Nutzung von Clouds oder von sozialen Netzwerken.

12. Vertragsschluss im Internet. *12.1 Allgemeines.* Viele Menschen nutzen das Internet für Einkäufe etc. Grundsätzlich gilt dann das allgemeine Zivilrecht. Der Vertragsschluss im →Internet folgt daher den allgemeinen Regeln. Elektronische und automatisierte Erklärungen sind echte Willenserklärungen. Willenserklärungen, die z. B. per Email oder Mausklick abgegeben werden, sind solche unter Abwesenden. Das hat zur Folge, dass die Willenserklärung erst zugeht, wenn unter gewöhnlichen Umständen mit der Kenntnisnahme zu rechnen ist und ein →Vertrag bis zu dem Zeitpunkt zustande kommen kann, zu dem die Antwort unter regelmäßigen Umständen erwartet werden darf (vgl. § 147 Abs. 2 BGB).

12.2 Allgemeine Geschäftsbedingungen (AGB). Bei Verträgen im →Internet können AGBs verwendet werden, wobei auch hier grundsätzlich eine wirksame Einbeziehung erforderlich ist, was unter anderem einen ausdrücklichen Hinweis bei Vertragsschluss und die Möglichkeit der Kenntnisnahme des Kunden erfordert (§ 305 Abs. 2 BGB). Es gelten dann die allgemeinen Regelungen.

12.3 Internet-Auktionen. Internet-Auktionen, bei denen es an einem Zuschlag durch den Versteigerer mangelt, wie beispielsweise bei Ebay, sind keine Versteigerungen im Sinne von § 156 BGB. Eine andere Frage ist, ob Online-Auktionen nach § 34b GewO genehmigungsbedürftig sind. Dies ist jedenfalls bei Internet-Auktionen, die die Voraussetzungen des § 156 BGB erfüllen, zu bejahen.

12.4 Verbraucherschutz/Fernabsatzrecht. Rechtsgeschäfte im Internet lösen besondere Gefahren für →Verbraucher aus. Das BGB kennt deshalb Verbraucherschutzvorschriften für sog. Fernabsatzverträge (Verträge, die ausschließlich unter Nutzung von Fernkommunikationsmitteln zustande kommen, wie etwa durch Emails oder Telemedien), z. B. Widerrufsrechte. Eine weitere wichtige Verbraucherschutzvorschrift besteht in der sog. Button-Lösung, nach der bei Bestellungen im →Internet mittels einer Schaltfläche eine eindeutige Beschriftung derselben, etwa „zahlungspflichtig bestellen", von Seiten des Unternehmers erforderlich ist.

13. Urheberrecht. Urheberrechte sind die Rechte des oder der Urheber an ihren persönlichen geistigen Schöpfungen. Schon beim Einstellen von Bildern auf der Webseite einer →Gemeinde können Urheberrechte betroffen sein, etwa wenn ein Foto ohne Einwilligung des Fotografen hochgeladen wird. Urheberrechtsverletzungen können zivilrechtliche Ansprüche des Verletzten nach sich ziehen, wie Unterlassungs-, Schadensersatz- oder Auskunftsansprüche (vgl. §§ 97ff. UrhG). Daneben können unter Umständen auch straf- und ordnungsrechtliche Sanktionen die Folge sein (§§ 106ff. UrhG).

14. Marken-/Namensrecht. Beispielsweise im Zusammenhang mit Domains, wie etwa „ekd.de", sind Marken- oder Namensrechtsverletzungen ein Thema. Falls Schutz nach dem Markengesetz besteht, ist dieser vorrangig. Marken- und Namensrechtsverletzungen können zumindest zivilrechtliche Folgen nach sich ziehen (vgl. etwa §§ 14ff. Markengesetz, §§ 12, 823 BGB).

15. Wettbewerbsrecht. Im Verstoß gegen Impressumspflichten, bei der Versendung von Spams oder unter Umständen bei Verstößen gegen standesrechtliche →Normen, wie es sie etwa für Rechtsanwälte und Notare gibt, können unzulässige geschäftliche →Handlungen nach dem UWG gegeben sein. Diese können wiederum wettbewerbsrechtliche Verpflichtungen auf Beseitigung, Unterlassung, Schadensersatz und auf Gewinnherausgabe nach sich ziehen (vgl. §§ 8ff. UWG).

16. Arbeitsrecht. Im →Arbeitsrecht stellt sich etwa die Frage der Zulässigkeit der privaten Nutzung des →Internets am Arbeitsplatz. Vielfach gibt es hierzu Festlegungen in Arbeitsverträgen oder Betriebsvereinbarungen.

17. Straf- und Ordnungswidrigkeitenrecht. Im →Internet finden →Normen des Strafgesetzbuchs (StGB) sowie des Nebenstrafrechts (= strafrechtliche Normen außerhalb des StGB, etwa im TMG oder im UrhG) Anwendung. Dasselbe gilt für das Ordnungswidrigkeitenrecht. Strafrecht kann beispielsweise im Zusammenhang mit extremistischer Propaganda, Cybermobbing, Phishing (etwa beim Online-Banking), bei Abo-Fallen, illegalem Online-Glücksspiel oder (Kinder-) Pornographie eine →Rolle spielen.

18. Anwendbares Recht/Durchsetzbarkeit/Vollstreckung. Das I. ist geprägt von grenzüberschreitenden Sachverhalten. Rechtliche Fragen, die sich in diesem Zusammenhang stellen, sind etwa, welches →Recht überhaupt anwendbar ist und ob bzw. wie dieses über die staatlichen Grenzen hinaus durchgesetzt und vollstreckt werden kann. Dabei gilt mit vielen Ausnahmen (vor allem im Zivilrecht, siehe ferner z. B. § 3 TMG) folgende Grundregel: Wenn ein Internetangebot (auch) auf den deutschen →Markt zielt, ist deutsches →Recht anwendbar. Deutsche Behörden können Untersagungs- oder Sanktionsmaßnahmen ggü. →Unternehmen im Ausland aber nur mit Hilfe der dortigen Behörden durchführen.

D. Dörr/J. Kreile/M. D. Cole, Handbuch Medienrecht. Recht der elektronischen Massenmedien, 2011[2] – D. Dörr/R. Schwartmann, Medienrecht, 2015[5] – F. Fechner, Medienrecht, 2015[16] – M. Gercke, Die Entwicklung des Internetstrafrechts 2013/2014, in: ZUM 2014, 641–653 – N. Härting, I., 2014[5] – D. Heckmann, juris PraxisKommentar I., 2014[4] – T. Hoeren, I., 2015, (abrufbar unter: http://www.uni-muenster.de/Jura.itm/hoeren/materialien/Skript/Skript_Internetrecht_April_2015.pdf) – T. Hoeren/u. Sieber/B. Holznagel, Handbuch Multimedia-Recht, 2015[41] – H. Hoffmann, Die Entwicklung des I. bis Ende 2014, in: NJW 2015, 530–533 – M. Köhler/H.-W. Arndt/T. Fetzer, Recht des Internet, 2011[7] – A. D. Luch/S. E. Schulz, Die digitale Dimension der Grundrechte. Die Bedeutung der speziellen Grundrechte im Internet, in: MMR 2013, 88–93 – J. Petersen, Medienrecht, 2010[5] – R. Uerpmann-Wittzack/M. Jankowska-Gilberg, Die Europäische Menschenrechtskonvention als Ordnungsrahmen für das Internet, in: MMR 2008, 83–89 – A. Wien, I. Eine praxisorientierte Einführung, 2012[3].

Jörg Ennuschat, Monika Größl

Intuition

1. Begriffsbedeutung. Die Rede von I. impliziert in der Regel eine Abgrenzung gegenüber einem verstandesmäßigen Erkennen und Bewerten. Während sich jedes Denken prozesshaft vollzieht, bezieht sich I. auf ein schlagartiges Erfassen, darin dem Akt des Sehens bzw. Schauens vergleichbar.

2. I. in der Psychologie. Die Frage, ob I. ein guter Ratgeber bei Entscheidungen ist, wird von Psychologen unterschiedlich beantwortet. Während D. Kahneman die vielfältigen Irrtümer des automatischen und schnellen Beurteilungssystems (System 1) gegenüber dem langsameren, bewusst und konzentriert arbeitenden diskursiven Vernunftapparates (System 2) aufzeigt, betont G. Gigerenzer die unverzichtbare Leistung der I., des Bauchgefühls, bei vielen alltäglichen und insbesondere komplexen Entscheidungssituationen.

3. I. in der →Moralpsychologie. Eine Systematisierung der moralischen I.en hat zuletzt J. Haidt unternommen. Danach spielen in allen Kulturen folgende 6 Werte als evolutionär-adaptive Werte eine Rolle: Fürsorge, Fairness, Loyalität, Autorität, Heiligkeit, Freiheit. Die verschiedene Gewichtung dieser I.en ist zwischen Kulturen unterschiedlich und spiegelt sich innerhalb z. B. der US-amerikanischen Kultur in einer entsprechenden politischen Orientierung wider.

Dass das intuitive moralische Urteil sehr situationsabhängig ist und z. B. durch die Formulierung des Problems stark beeinflusst wird, zeigen „ethische Experimente" (K. A. Appiah).

4. I. in der Moralphilosophie. Der I.ismus behauptet, dass moralische I.en sich nicht weiter begründen lassen. G. E. Moore erkannte nur die I. des »Guten« an und leitete daraus die Pflicht ab, bemüht zu sein, »die größtmögliche Summe des Guten in der Welt« hervorzubringen. Werden bei einem ethischen Dilemma divergierende I.en relevant, kann über deren Gewichtung wiederum nur eine I. entscheiden. Dies gilt als entscheidende Schwäche des I.ismus, insofern angesichts der mangelnden Kritisierbarkeit nicht mehr von einer Weise des Erkennens gesprochen werden kann.

Der Jesus der Evangelien appelliert einerseits an moralische I.en (z. B. Mk. 2,17) während er andererseits moralische Forderungen kontraintuitiv radikalisiert (vgl. Antithesen der →Bergpredigt).

G. E. Moore, Principia Ethica, 1996 (Orig. engl. 1903) – K. A. Appiah, Ethische Experimente, 2009 (Orig. engl. Experiments in Ethics, 2008) – G. Gigerenzer, Bauchentscheidungen. Die Intelligenz des Unbewussten und die Macht der I., 2008 – D. Kahneman, Schnelles Denken, langsames Denken, 2012 – J. Haidt, The Righteous Mind. Why Good People Are Divided by Politics and Religion, 2012 – G. Gigerenzer, Risiko, 2013.

Günter Renz

Investition

1. Begriff. Unter I. i. w. S. versteht man eine Ausgabe, die in der Erwartung zukünftiger höherer Einnahmen vorgenommen wird. Ausgaben für den Bau einer neuen Fabrik im Ausland erstrecken sich über mehrere Jahre, bis die Produktion anrollt und Einnahmen erzielt werden. Der Bau eines neuen Energienetzes vom Norden Deutschlands in den Süden dauert mehrere Jahre und erfordert Ausgaben für die technischen Anlagen, für die Genehmigungsverfahren, die Schulung von Mitarbeitern für die Betreibung des Energienetzes etc. Erst wenn die letzte I.sausgabe getätigt ist, können die ersten Einnahmen anfallen. Dann setzt der Cashflow-Strom (laufende Einnahmen abzüglich laufender Ausgaben) ein. Wie hoch dieser Strom in den Jahren der Zukunft ist und ob überhaupt Cashflows erzielt werden, ist unsicher. Risiken im laufenden Geschäft und vor allem strategische Unsicherheiten stellen den Investor vor große Schwierigkeiten.

Der Investor versucht, diese Risiken auf mehrere Finanziers zu verteilen. Die Anleger versuchen, die strategischen Unsicherheiten den Eigentümern der Reali. (Cashflow Strom in Reali.en wie Stromnetze, Kraftfahrzeug- und Schienennetze, Produktionsanlagen) zu überlassen (s. auch 2.).

Betriebswirtschaftlich bezeichnet die I. nach BOULDING die „vollständige Geschichte der Zahlungsströme in und aus einem Konto". I.en werden als „Anlagei.en" für geplante Bauten oder Maschinen oder als „Umlaufi.en" in Rohstoff- oder Warenlager vorgenommen. Anlagei.en und Umlaufi.en bilden zusammen die „Reali.en" des Unternehmens.

„Finanzi.en" sind aus der Sicht des →Unternehmens Zahlungsströme, die zunächst Einnahmen sind, denen später Ausgaben für Zinsen und Tilgungen folgen. Bei Großprojekten werden die Zahlungsströme für die Reali.en mit den Zahlungsströmen für die Finanzierungsi.en direkt miteinander verbunden. Man spricht von „finanziellem Gleichgewicht" wenn am Ende des Projekts die Cashflows aus der Reali. größer sind als die Cashflows aus den Finanzi.en. Die I.srechnung der Deutschen Bahn AG ist eine solche Projektrechnung für neue Strecken.

2. I.srechnung bei Risiko und Unsicherheit. Wie hoch der o. g. Cashflow in den Jahren der Zukunft ist und ob überhaupt Cashflows erzielt werden, ist unsicher. Risiken im laufenden Geschäft und vor allem strategische Unsicherheiten stellen den Investor vor Schwierigkeiten. Die vielen damit erforderlichen unternehmerischen Entscheidungen werden oft „aus dem hohlen Bauch" getroffen. Das braucht nicht falsch zu sein, wenn der Investor die nötigen Eigenmittel für die Finanzierung der Reali. aufbringt und Mitarbeiter oder Kunden von einem Scheitern der I. nicht betroffen werden. Seit die Finanzierungsinstitute jedoch selbst hochriskante I.en tätigten und die Risiken auf die Anleger durch Verbriefung der I.en überwälzten, sind die Finanzierungsinstitute zögernd geworden, den Unternehmen bei der Finanzierung von I.en zu helfen. Man spricht in diesen Fällen davon, dass die Finanzierungsinstitute die ihnen vorgelegten Finanzierungsanträge „tot rechnen".

Die →Betriebswirtschaftslehre hat Verfahren für die Berechnung der Vorteilhaftigkeit von I.en entwickelt, die weder Spekulation noch Angst hinreichend umfassen. Am Anfang wurde das Pay-Off-Verfahren entwickelt. Man berechnete, wie lange es dauert, bis der Einnahmen-Strom den Ausgabenstrom überdeckt („amortisiert"). Bei hohen Risiken werden I.en (bzw. Kredite) nur getätigt (bzw. gewährt), wenn die Pay-off-Periode 2 bis 3 Jahre nicht überschreitet.

Ein verfeinertes Berechnungsverfahren ist das „DCF-Verfahren" (discounted Cashflow-Verfahren). Hierbei werden die Cashflows aus einer I. bis zum Planungshorizont berechnet und auf den Entscheidungszeitpunkt abgezinst. Der Diskontierungs-Zins setzt sich aus Kapitalmarktzins und Risikozuschlag zusammen. Ist der „Kapitalwert" (net Cashflow) der I. positiv, darf die I. getätigt werden. Statt mit „sicheren Erwartungen" über die jährlichen Cashflows zu rechnen, kann man auch mit Wahrscheinlichkeitsverteilungen der jährlichen Cashflows rechnen und daraus eine Wahrscheinlichkeitsverteilung des Kapitalwerts der I. berechnen. Überschreitet die Wahrscheinlichkeit eines negativen Kapitalwerts eine bestimmte (subjektiv vorgegebene) Größe, wird die Vornahme der I. abgelehnt.

Diese Form der Berücksichtigung von Risiken gilt nicht, wenn die I. strategische Unsicherheiten beinhaltet. Für die Berechnung der Vorteilhaftigkeit von I.en mit strategischen Unsicherheiten wurden Methoden der →Spieltheorie entwickelt (non-cooperative games). Häufig ist es aber besser, ganz auf die I. zu verzichten oder die strategische Unsicherheit durch Kooperation der Kontrahenten auszuschließen.

In Einzelfällen hat sich die Methode der Beweislastumkehr in der I.srechnung als hilfreich erwiesen. Ein berühmtes Beispiel ist der Bau eines Kraftwerks durch einen Energieerzeuger. Der Vorstand beauftragte die Planungsabteilung, die entsprechende I.srechnung durchzuführen und das Ergebnis vorzulegen. Alle Rechnungen kamen zu dem Ergebnis, dass das Kraftwerk unrentabel sein würde. Der Vorstand für Technik war mit den Ergebnissen nicht zufrieden. Er wollte Arbeitsplätze in seiner Heimatgemeinde schaffen. Er fragte zuerst nach dem entscheidenden Faktor für die Rentabilität der I. Der Grundstückspreis erwies sich als entscheidend. Dann musste die Planungsabteilung den „kritischen Grundstückspreis" berechnen. Es zeigte sich, dass er weit unter dem bisher in den Berechnungen angenommenen Grundstückspreis lag. Dem Vorstandsmitglied gelang es, den Grundstückspreis auf den kritischen Wert zu drücken. Das Kraftwerk wurde gebaut. Tempi passati.

H. ALBACH, I. und Liquidität, 1962 – H. ALBACH (Hg.), I.stheorie, Neue Wissenschaftliche Bibliothek 78 (I.stheorie), Köln 1975 – H. BLOHM/K. LÜDER, I., 1991[7] – TH. HERING, I.stheorie, 2003[2] – D. SCHNEIDER, I., Finanzierung und Besteuerung, 1992.

Horst Albach

Investivlohn

1. Definition. Unter I. wird eine Beteiligung der →Arbeitnehmerinnen und Arbeitnehmer am Erfolg eines →Unternehmens als Teil des Arbeitsentgelts verstanden. Die Beteiligung erfolgt durch Belegschaftsaktien, Aktiendepots, Wandelanleihen oder überbetriebliche Kapitalanlagegesellschaften.

2. Geschichte. Seit den 1950er Jahren wurde die Idee des I.s immer wieder diskutiert. Mit der Ausformulierung einer kirchlichen →Sozialethik nach 1945 ist sie fest verbunden. Zum ersten Mal wurde sie im protestantischen Kontext in der Eigentums-Denkschrift der EKD (1962) („Eigentum in sozialer Verantwortung") formuliert. In dieser Denkschrift heißt es, dass das Verfügungsrecht über Vermögen eine gute Gabe Gottes darstellt. Sie hilft dem Menschen, „in Verantwortung und →Freiheit miteinander zu leben." Das Eigentum hilft dem Menschen beim rechten Gebrauch, für sein Leben und das seiner Nächsten →Verantwortung zu übernehmen, sittliche Entscheidungen in größerer Unabhängigkeit zu treffen sowie →Wirtschaft und →Gesellschaft als Ganzes interessiert und verantwortlich mitzubestimmen. „Der Mensch soll ‚mein' sagen können, um frei zu sein." Damit eine liberale Wirtschaftsgesellschaft Bestand hat, müsste jedoch auch dafür gesorgt sein, dass das →Eigentum breit gestreut werde. Offen spricht sich hier die erste Sozialdenkschrift der EKD für eine Förderung des I.s aus. In vielen Stellungnahmen haben in den 1970er und 1980er Jahren Gremien der evangelischen Kirche, z. T. in Zusammenarbeit mit →Institutionen der katholischen Kirche (BKU), diese normative Grundlage wiederholt, vertieft und präzisiert. Insbesondere in den Folgejahren wurde festgehalten: Dieses Leitbild betrifft nicht nur die →Arbeitnehmer, sondern sei bedeutsam für den Aufbau einer Gesamtgesellschaft. Auch Studierende, Hausfrauen und Hausmänner, aber auch →Beamte sollten in das Programm eines breit gestreuten Eigentums einbezogen werden. Vorgeschlagen wird neben der steuerlichen Begünstigung der →Investitionen in Unternehmensanteile die Gründung von Unternehmensbeteiligungsgesellschaften und Anlage- →Genossenschaften.

3. **Wirksamkeit.** Die diversen Vorschläge der kirchlichen Gremien wurden von den Tarifpartnern in den 1970er Jahren intensiv diskutiert, jedoch mit größter Zurückhaltung aufgenommen. Während die →Gewerkschaften die Gefahr sahen, dass sich die Abhängigkeit der Arbeitnehmer von den →Arbeitgebern verstärkt, diese zunehmend mehr für ihren Lebensunterhalt zuständig sind und zudem die Solidarität der Arbeitnehmer ausgehöhlt werde, verstanden die Arbeitgeber den I. als eine Abgabe, die zusätzliche weitere Kosten verursacht. Auch nach der Wiedervereinigung blieben die Versuche der Kirchen, diesen Gegensatz und Widerstand der →Tarifpartner zu überwinden, weitgehend erfolglos. In den 1990er Jahren wurden Überlegungen, die Idee des I.s weiter zu verfolgen, ganz aufgegeben.

4. **Aktuelle Entwicklungen und Beurteilungen.** Angesichts der voranschreitenden →Globalisierung und des mit ihr sich verstärkenden Dominanz des Finanzkapitalismus käme dem Leitbild des I.s eine neue Aktualität zu. Unternehmen, die sich in Deutschland um eine Beteiligung der →Arbeitnehmer am Produktivvermögen beteiligen – es sind zurzeit lediglich 3 % – weisen eine höhere Produktivität auf. Dies ist ein Indiz dafür, dass der I. nicht nur die Eigentumsstruktur der Arbeitnehmer positiv verändert, sondern auch unter ökonomischen Perspektiven sinnvoll sein kann. Es ist u. a. daran zu denken, dass an die Stelle der Betriebsrente Formen der Mitarbeiter-Beteiligung treten, die staatlich gefördert werden und als Aktienoptionen in einem überbetrieblichen Pensionsfond aufgehen. Ein solches Modell würde der gestiegenen Mobilität der →Arbeitnehmer entsprechen. In diesem Sinne wurde in den Jahren 2006/2007 Konzepte von der CDU/CSU sowie von der SPD („Deutschlandfonds") diskutiert. Wirtschaftsinstitute und →Gewerkschaften signalisierten Diskussionsbereitschaft. Durch den Einbruch der Aktienkurse in Folge der letzten großen →Finanzkrise 2007/2008 sind jedoch weitere Überlegungen im Sinne des Leitbildes I. bedauerlicherweise ausgeblieben.

KIRCHENAMT DER EKD (Hg.), Eigentum in sozialer Verantwortung. Eine Denkschrift zur Eigentumsfrage in der Bundesrepublik Deutschland, 1962 – BUNDESMINISTERIUM FÜR ARBEIT UND SOZIALORDNUNG (Hg.), Mitarbeiterbeteiligungen am Produktivvermögen. Ein Wegweiser für Arbeitgeber und Arbeitnehmer, 1998 – R. FIEDLER-WINTER, Innovative Mitarbeiterbeteiligung – Der Königsweg für alle 1998 – J. HÜBNER, Teilhabe am Unternehmenserfolg verstärken. In: ZEE 52 (2008), 134–140.

Jörg Hübner

Islam und Sozialethik

Die Systematik des Islam ist durch Signalbegriffe geprägt, die auch die islamische S. erschließen. Das Gottesbild ist von der absoluten Transzendenz Gottes bestimmt. Der Abstand zwischen Gott, dem Schöpfer, und dem Menschen, seinem Geschöpf, überbrücken Engel, insbesondere im Offenbarungsgeschehen an die Propheten. Dem Propheten selbst kommt dabei keine Heilsbedeutung zu, abgesehen von seinem Auftrag als verkündendem Werkzeug. Da er kraft dieses Auftrags Gehorsam in der Befolgung des göttlichen Willens verlangt, steht er in der Verkündigung der ethischen Pflichten, nicht der gnadenhaften Einsichten. Das Bild des Menschen wird durch dessen Kennzeichen, Stellvertreter Gottes auf Erden (khalifatu-l-lahi) zu heißen, ausgedeutet. In seiner Aufgabe, Gottes Gesetz auf Erden zur Durchsetzung zu bringen, seine Befolgung zu überwachen und dieses Gesetz zu erfüllen, kommt er der im Koran verankerten ethischen Maxime, Gutes zu befehlen und Böses zu verwehren (K 2,185) nach. Absolut transzendentes Gottesbild, Menschenbild und Aufgabe des Propheten führen zum Prädestinationsgedanken. Der souveräne Gott gibt an seinen Stellvertreter abgeleitete Souveränität weiter, lässt sich jedoch nicht beeinflussen. Dass Muslime dennoch nicht in Fatalismus verfallen, hängt eng mit dem Bewährungsgedanken zusammen (→Calvinismus). Ebenfalls aus dem Koran abgeleitet, versteht sich der Islam als die Religion der Mitte (al-wasad, K 2,143). Er steht in der Mitte der beiden Übertreibungen in Bezug auf die Person Jesu des

Judentums und des Christentums, da das Judentum Jesus nicht einmal als Propheten anerkennt und das Christentum ihm sogar den Titel des Gottessohnes verleiht. Jedoch auch an s. Kategorien gemessen, steht der Islam in der Meinung seiner Vertreter in der Mitte zwischen →Kapitalismus und →Kommunismus. Die Waage zwischen den regulierenden Kräften zugunsten der Erfordernisse des →Gemeinwohls und den nötigen Freiräumen zur Entfaltung der →Persönlichkeit schafft das Prinzip der →Gerechtigkeit (adl). Es wurde im islamischen Recht (scharia) ausformuliert, das für die islamische Gemeinschaft (umma) den inneren Zusammenhang gewährleistet, wie ihn die christliche Soziallehre (→Sozialethik; →Katholische Soziallehre) zwischen dem Erlösungswerk Jesu Christ und dem Einsatz um mehr Gerechtigkeit in der Welt herstellt. Dieser Zusammenhang soll im Folgenden entfaltet werden.

1. Das Vorbild Muhammads. Die islamische Lehre über die Ordnung des Zusammenlebens in der →Gesellschaft, entsprechend der Verflechtungen von Religion mit →Staat und Wirtschaft entwickelte sich am Modell der biografischen Merkmale Muhammads und der ersten islamischen Gemeinde. Es wurde verschiedentlich darauf hingewiesen, dass Muhammad in einer Umbruchssituation wirtschaftlicher und gesellschaftlicher Art predigte und selbst den Geist der sozialen Reformen aufgriff. Die Händler in Mekka, wo Muhammad bis zur Auswanderung nach Medina im Jahre 622, d. i. nach seinem 50sten Geburtstag lebte, wechselten ständig zwischen der Lebensform der Nomaden und der Städter ebenso, wie sie sowohl den Tauschhandel als auch die Geldwirtschaft kannten. In Medina lernte er die Sorgen der Bauern und die Notwendigkeit der gerechten Verteilung von Wasser kennen. Diese Aufgabe kam ihm, dem Vorsteher des in der Gründung befindlichen Staates zu. In dieser Doppelfunktion Muhammads als Prophet wie auch als Politiker liegt nach allgemeiner Ansicht die stärkste Prägung für die künftige islamische Staatsphilosophie und S. Viele Muslime halten sogar die soziale Reform für die eigentliche Botschaft Muhammads. Das mache überhaupt den Islam so einzigartig, dass er sich nicht nur um die Angelegenheiten des Jenseits sondern ebenso um die Belange des Diesseits kümmere, dass er die umfassende Botschaft für die gottgefällige Lebensweise sei, dass er ausgewogen Anbetung und Arbeit, Glaubensideal und Lebensrealität miteinander verbinde. Der Islam lasse eine Trennung zwischen weltlichen und geistlichen Fragen nicht zu und überlasse die Gestaltung des Diesseits nicht den säkularen Autoritäten. Somit unterliegt auch die S. dem Rahmen der Scharia.

2. Die Entwicklung der Scharia. Die Einheit von Glaube und religiösem Gesetz bezeichnen Muslime mit dem Begriff „scharia", d. h. wörtlich „der Weg zur Quelle", womit der Weg vor Gott ins Paradies gemeint ist. Die Scharia wurde aus dem Koran und der Sunna, d. h. aus dem Vorbild Muhammads in Wort und Tat in den ersten vier Jahrhunderten der islamischen Zeitrechnung erarbeitet. Sie regelt das Leben des einzelnen Muslim von der Geburt bis zum Tod und ordnet die meisten Bereiche des sozialen, kulturellen und politischen Lebens der islamischen Gesellschaft (umma). Eine Unterscheidung zwischen religiösen und weltlichen Angelegenheiten unternimmt die Scharia deshalb nicht, weil sie sich auf die göttliche Quelle des Koran beruft und damit jeden der angesprochenen Bereiche mit der Autorität Gottes behandelt.

Nach der Sammlung der Primärquellen, dem Koran und der Sunna, konnten die islamischen Rechtsgelehrten der verschiedenen Schulen, die sich auf unterschiedliche Spruchsammlungen des islamischen Propheten berufen, Rechtsfragen lösen. In den Primärquellen nicht behandelte Fragen mussten unter Anwendung verschiedener Methoden juristisch beantwortet werden. Die Methoden umfassen u. a. die Übereinstimmung der Rechtsgelehrten in einem Urteil, den Analogieschluss von einem Fall aus den Primärquellen auf einen anstehenden und die eigenständige Rechtsfindung durch den Einsatz der Vernunft. Diese Urteile und Rechtsmeinungen wurden gesammelt und bilden die ungeheure Menge der Einzelbestimmungen der Scharia. Nach der Schließung des „Tores der eigenständigen Rechtsfindung" im Todesjahr des Gelehrten AL-GHAZALI im Jahre 1111 n. Chr. erfolgte die Ausformulierung des Teiles des islamischen Rechts, das aus Überlieferungen und Gewohnheiten in die Erlasse der Kalifen und/oder Sultane einging und ohne Anspruch auf göttliche Autorität veränderlich ist. Nach der Unabhängigkeit der Protektorate und vor allem nach dem Zusammenbruch des Osmanischen Reiches, der Gründung der Republik Türkei und der Exilierung des Kalifen 1924 schrieben die entstehenden Staaten mit überwiegend muslimischer Bevölkerung ihre nationalen Verfassungen nicht nach dem Vorbild der Scharia sondern überwiegend nach dem Vorbild der europäischen Staaten. So verlor die Scharia mehr und mehr an Bedeutung im öffentlichen Leben. Dem wirkte die Bewegung des sog. Islamismus, auch islamischer Fundamentalismus genannt, entgegen.

Kennzeichnend für das islamische Recht ist im Vergleich zur westlichen Rechtsauffassung dessen universal-universeller Anspruch auf Geltung und die damit in Zusammenhang stehende Vermengung von juristischen und moralischen Kategorien. Diese drückt sich u. a. in der Einteilung der Handlungen des Menschen in fünf Klassen aus: (1.) Das Gebotene ist verpflichtend und zieht Lohn bzw. bei Unterlassung Strafe nach sich. (2.) Das Empfohlene wird als förderlich für den Einzelnen und die Gemeinschaft erachtet und belohnt, die Unterlassung nicht bestraft. (3.) Das Erlaubte stellen neutrale

Handlungen dar, für die es weder Lohn noch Strafe gibt, dar. (4.) Das Tadelnswerte widerspricht den von Gott gegebenen Regeln, die Unterlassung wird belohnt, die Tat jedoch nicht bestraft. (5.) Das Verbotene zieht Strafe nach sich, die Unterlassung wird belohnt. Am Ausgangspunkt zurückgekehrt ist nun darzustellen, welche im islamischen Recht verankerten, unumstößlichen Pflichten s. Konsequenzen nach sich ziehen, bzw. unter s. Aspekten zur religiösen Verpflichtung erhoben wurden.

Die sog. fünf Säulen stellen einen Bereich der Scharia dar, der dem Einzelnen und seiner Gemeinschaft mit seinem Gebotsanspruch uneingeschränkt bekannt ist. Das erste Gebot verpflichtet zum Glaubensbekenntnis (schahada): „Ich bezeuge, dass es keinen Gott gibt außer Gott, und ich bezeuge, dass Muhammad der Gesandte Gottes ist". Der radikale Eingottglaube im Islam dient auch zur Begründung für die Tatsache eines Gesetzes – statt zweier, für die weltlichen und religiösen Belange – und einer →Ethik, einer einzigen Gemeinschaft, verbunden in einer Weltanschauung (zur Stellung der Nichtmuslime s. u.). In den Riten des Pflichtgebetes, d. i. die zweite Säule, kommt nicht nur die Vertikale, die Hinwendung zu Gott, sondern auch die Horizontale, die Hinwendung zum Mitmenschen und Mitbeter im abschließenden Gruß (al-salamu 'aikum) zum Ausdruck. Konkrete Unterstützung für andere bedeutet die Pflicht der oft sogenannten Almosensteuer (zakat). Sie muss für den Besitzstand entrichtet werden, der über ein von Muhammad festgesetztes Existenzminimum hinausgeht und beträgt 2,5 %. Sie soll nach modernen Auslegungen den Bedürftigen zu Gute kommen, wie Schuldnern, die ohne eigenes Verschulden in Geldschwierigkeiten geraten sind, Reisenden, Studierenden und den freiwilligen Kämpfern für den Glauben oder die Heimat. Mit dem Einsatz dieser Art Quellensteuer sollen Besitz und soziale Verpflichtung entsprechend der islamischen Lehre vom →Eigentum, das Gott vorbehalten ist, miteinander verknüpft werden. Daraus ergibt sich logisch das Zins- bzw. Wucherverbot für den Menschen, dem nur das Nutzungsrecht der göttlichen Güter zusteht. Interpreten, die den koranischen Begriff des „riba" (K 2, 275) als Wucher verstehen, sind an die vereinzelten Bemühungen um ein islamisches Bankwesen (z. B. in Pakistan PLS = Profit and Loss Sharing), das sich nicht strikt am Zinsprinzip orientiert, nicht gebunden. Das Fasten (saum) im Monat Ramadan, die vierte Säule, beinhaltet den Verzicht von Essen und Trinken von Sonnenaufgang bis Sonnenuntergang. Als geistliche Übung ist die Lektüre des Korans üblich. Abgesehen von der Erfüllung des Gehorsams gegenüber dem koranischen Gebot ist der Verzicht dazu geeignet, den Wert der Güter zu relativieren und am eigenen Leib die Not Bedürftiger zu erfahren, um so die eigene solidarische Spendenbereitschaft zu erhöhen. Die Pilgerfahrt nach Mekka (hadsch) die jeder Muslim einmal in seinem Leben unternehmen soll, sofern es seine persönlichen Lebensumstände erlauben, drückt in den äußeren Zeichen der Kleidung die →Gleichheit der Muslime vor Gott aus und stärkt ebenfalls das Solidaritätsgefühl in der „umma".

3. Vertreter der islamischen Soziallehre. Die Basis für die Entwicklung s. Denkens im Islam stellt die theologische Aussage von der Gerechtigkeit Gottes dar. Die frühe Geschichte des Islams, die blutigen Kämpfe zwischen Sunniten und Schiiten, aber auch der Blick auf persönliche Schicksalsschläge, führte zu der Frage, ob das Widerfahrene vorherbestimmt sei und wenn ja, wie es denn mit der Gerechtigkeit Gottes vereinbar bzw. zu erklären sei. Zur Beseitigung der gesellschaftlichen Widersprüche konnte die bloße Deklaration der „umma" nicht beitragen. Die theologische Richtung der Mutaziliten (8. Jh. n. Chr.) entschied sich angesichts der koranischen Strafandrohungen für die Behauptung des freien Willens des Menschen und den Erhalt der absoluten Gerechtigkeit Gottes, die das Böse nicht zulassen und das Gute nicht fernhalten kann. Der Anspruch aus dieser Gotteserkenntnis an den Menschen, dessen Stellvertreter, ist u. a. die Überwindung der sozialen Unterschiede zwischen den Gläubigen, die sich Brüder sind (K 49,10). Im 9. Jh. n.Chr. errichteten die Karmatier mit der beschriebenen sozialen Gestaltungskraft der Offenbarungsschrift einen vom Kalifat nahezu unabhängigen, nachträglich als kommunistisch zu bezeichnenden Staat auf dem Gebiet des heutigen Irak.

Mutaziliten und Karmatier konnten sich nicht gegen die Orthodoxie durchsetzen. Denn sie folgte den „bürgerlichen Politiken", dem Handbuch der Staats- und Wirtschaftswissenschaften, des AL-FARABI (gest. 950), der der Metaphysik und ethisch-politische Theorie harmonisiert, der der kapitalistischen Tendenz des Islam zuneigt und das soziale →Verantwortung des Besitzes hinter das individuelle Wohlergehen stellt. Dem widerspricht IBN HAZM (gest. 1064), der „Vater des islamischen →Sozialismus". Ihm ist die freiwillige Armenfürsorge der Reichen zu wenig, die Almosensteuer zu gering. Er fordert eine staatlich erhobene Einkommensteuer, damit es keine Menschen mehr gebe, denen „das tägliche Brot, Kleidung für Sommer und Winter und ein Heim fehlen". Seine Idee war, dass Gott die Scharia offenbart hatte, um die Menschen glücklich zu machen. In diesem Sinne sollte die Koranexegese durchgeführt und die S. angelegt werden. Mit diesen Vorarbeiten entwarf IBN KHALDUN (1332 -1406) das System der islamischen S. Der Gelehrte aus Westarabien geht in seiner soziologisch begründeten Geschichtsphilosophie von der Freiwilligkeit jeder sozialen Haltung im Zusammengehörigkeitsgefühl (arab.: assabiyya) des Kollektivs aus. Privatbesitz lässt er unangetastet, Enteignungen will er nur für die Belange der Moscheen und Schulen gestatten.

Die soziale Frage spielt auch in den Reformbewegungen des 20. Jh.s ihre Rolle. Die Muslimbrüder gaben Nomaden die Möglichkeit zu siedeln und damit dem →Staat Stabilität. Der Propagandist des Panislamismus und Schöpfer der arabischen Vokabel für Sozialismus (ischtirakiya), AL-AFGHANI (1838–1897), greift noch einmal den theologischen Begriff der „Gerechtigkeit" auf und ergänzt ihn zur ausgleichenden Gerechtigkeit auf dem Hintergrund der Bestimmungen der Scharia. Der Scheich der Universität in Kairo, al-Azhar, MUHAMMAD ABDUH (gest. 1905), Vordenker der islamischen Renaissance, erlaubte in einer bekannten Fatwa, d. i. Rechtsgutachten, das Postsparen und bereitete damit den Weg für die Akzeptanz der genossenschaftlichen Arbeitsweise des Internationalen Währungsfonds unter den sog. islamischen Ländern. Er lehrte: „Der Islam ist wahrer →Sozialismus, ein Wissen um das diesseitige wie das jenseitige →Glück." Die Realisierbarkeit einer islamischen Wirtschaftsordnung steht in der Islamischen Republik Iran auf dem Prüfstand. Vorgedacht von ALI SCHARIATI und in die Praxis umgesetzt von Ayatollah Khomeini zeigen Machtkämpfe und Differenzierungsprozesse, dass eine islamische Wirtschaftslehre einheitlicher Art aus der Scharia nicht abzulesen ist. Die Entscheidung darüber, wie die zeitbezogene Umsetzung der Prinzipien der Scharia erfolgen kann, soll situationsgerecht mit Blick auf das Gemeinwohl (maslaha) getroffen werden.

4. Sozialethische Einzelthemen. Neben der Almosensteuer und dem Verbot des Wuchers ist der dritte Pfeiler der islamischen S. das Erbrecht (K 4,11–18). Es basiert auf dem arabischen Erbrecht, das erweitert und korrigiert wurde. Besonders für die Witwe und die Töchter verbesserte es die Gesetzeslage. Und es gewährleistete, dass →Eigentum auf mehrere Erben verteilt werden musste. So sollte Reichtum vielen zu Gute kommen und soziale →Gerechtigkeit hergestellt werden. Den Nachteil, dass dadurch auch kleines Erbe fragmentiert wurde, bekamen besonders die Landbesitzer zu spüren. Wer das Erbe nicht aufsplitten will, kann es entweder schon zu Lebzeiten verschenken oder aber in eine fromme Stiftung (waqf) einfließen lassen. Vor-aussetzung für den Erbrechtsdiskurs ist die Existenz und der Schutz des Privateigentums. Tatsächlich wird als kollektiver Besitz nur Wasser, Weidegrund und Feuer diskutiert. Dennoch unterliegt das Recht auf privaten Besitz s. Einschränkungen.

Im Zuge der globalisierten Märkte und der internationalen Handelsplätze insbesondere am Arabischen Golf wird der Beitrag des islamischen zinslosen Bankwesens zu einer gerechten Wirtschaftsordnung diskutiert ebenso wie jener der islamischen Arbeitsethik in den muslimische Arbeitsmigranten anwerbenden Aufnahmeländern. Aktuelle Forschungen klären die Bereitschaft islamischer Gesellschaften nach dem Vorbild der Gemeinde in Median Asyl zu gewähren und Flüchtlinge aufzunehmen.

Einzelthemen, die die islamische S. aus strukturellen Gründen nicht beschäftigen, sind z. B. das Selbstverständnis der Religionsgemeinschaften im Staat, das Verhältnis der Offenbarung zur Welt und Fragen der Entfaltung der Persönlichkeit. Diese Themen werden entsprechend dem göttlichen Recht unter der Voraussetzung, dass die Erfordernisse des Gemeinwohls die Entfaltung der Persönlichkeit dominieren, behandelt. Im Kontext des Zusammenlebens von Christen und Muslimen in →Europa interessieren die Demokratiefähigkeit (→Demokratie) des Islams und die Stellung der Nichtmuslime im islamischen Staat. Kennzeichen des demokratischen Staates sind die Gewaltentrennung, das Parteiensystem (→Parteien), freie Wahlen und die Gleichheit der Bürger. In einem islamischen Staat dagegen ist die Exekutive an die islamische Legislative, die von der göttlichen Autorität und der Scharia abhängt, gebunden. Die Beteiligung am Entscheidungsprozess erfolgt durch die Konsultation (schura, K 42,38; 3,159). Sie wird grundsätzlich weder durch Wahlen zusammengesetzt noch hat sie Funktionen, die über den Beraterstatus hinausgehen. In der Vielfalt der Staaten mit muslimischer Bevölkerung ist neben der konstitutionellen Monarchie auch die sozialistische Volksrepublik als islamische Staatsform denkbar und existent, ohne einen Bruch mit der islamischen Tradition konstatieren zu müssen. In diesen Hinsichten steht die Scharia der Demokratie bedingt neutral gegenüber. Was die Gleichheit aller Bürger anbelangt, steht sie ihr entgegen. Sklaven, Frauen und Nichtmuslime kommen nur eingeschränkt in den Genuss von Bürgerrechten. Gegen die Sklaverei (K 90,13) haben sich muslimische Autoritäten bis heute nicht deutlich gewandt. Frauen genießen vor Gott die gleichen Rechte – und Pflichten – wie Männer, sind nach Gesichtspunkten der sozialpolitischen/ethischen Gerechtigkeit jedoch benachteiligt. Das bedeutet einerseits, dass zwar die göttlichen Pflichten, wie die Almosensteuer, auch die Frauen betreffen, aber die Frauen andererseits nur die Hälfte des Erbes erhalten, das Männer im gleichen Verwandtschaftsverhältnis erhalten würden. Nichtmuslime in der privilegierten Form der Schriftbesitzer, d. h. Juden und Christen, nehmen im islamischen Staat den Dhimmi-Status ein. Sie sind nicht berechtigt, sich zu bewaffnen, können dadurch nicht an der eigenen Verteidigung und der des Staates teilnehmen, weshalb sie als Ersatz zu einer besonderen Steuerzahlung (dschizja) verpflichtet sind. Dhimmi sind nicht berechtigt, in Positionen aufzusteigen, die sie in die Lage versetzen könnten, Macht über Muslime auszuüben. Die Religionsfreiheit ist um die Verkündigungsfreiheit beschnitten, die Entfaltung der Persönlichkeitsrechte um die freie Partnerwahl gekürzt. Christlichen und jüdischen Männern ist es nicht gestattet, ohne vorherigen Übertritt zum Islam eine Muslima zu ehelichen, eine Muslima darf keinen Partner unter Nichtmuslimen wählen. Diese Einschränkungen folgen dem koranischen Grundsatz, dass allein der Glaube den Unterschied zwischen den Menschen mache (K 49,13).

S. Kotb, Social Justice in Islam, 1953 – H. Mintjes, Social Justice in Islam, 1977 – J. D. J. Waardenburg, Social Development and the Islamic Religious Tradition, 1978 – P. Antes, u. a., Islamische Ethik, in: ders., Ethik in nichtchristlichen Kulturen, 1984 – M. Rodinson, Islam und Kapitalismus, 1986 – W. Schluchter (Hg.), Max Webers Sicht des Islams, 1987 – H. Ennaifer, La pensée sociale dans les écrits musulmans modernes, in: IBLA 50 (1987), 160, 223–253 – A. Ali, Scaling an Islamic work ethic, in: The Journal of Social Psychology 128.5 (1988): 575–583. – A. Bayat, Making Islam democratic: Social movements and the post-Islamist turn. Stanford University Press, 2007 – K. Elmadmad, Asylum in Islam and in modern refugee law. Refugee Survey Quarterly, 2008, 27. Jg., Nr. 2, S. 51–63 – Abul Hassan/Sofyan Syafri Harahap, „Exploring corporate social responsibility disclosure: the case of Islamic banks." International Journal of Islamic and Middle Eastern Finance and Management 3.3 (2010): 203–227.

Barbara Huber-Rudolf

Journalismus

1. Definition. J. bedeutet im Wesentlichen 1. ein gesellschaftliches Teilsystem, über das eine öffentliche Selbstbeobachtung der gesamten Gesellschaft ermöglicht wird, sowie 2. ein Berufsfeld.

J. beobachtet die Gesellschaft universell, er selektiert, recherchiert und präsentiert die beobachteten Themen und macht die Beobachtungen öffentlich, indem diese über →Massenmedien verbreitet (periodisch, permanent oder in Echtzeit) und einem Massenpublikum angeboten werden. Diese zunehmend durch Publikumsbeobachtungen ergänzten Konstruktionen einer gemeinsamen Wirklichkeit verschaffen Orientierung in einer komplexen Welt, fördern die Teilhabe in einer demokratischen Gesellschaft und die Verständigung darüber, wie wir als Gemeinschaft leben wollen.

2. J. und Gesellschaft. Die Systemtheorie (Luhmann) unterteilt die Gesellschaft in Teilsysteme, die für die Gesamtgesellschaft bestimmte Leistungen erbringen, aber nach ihrer eigenen Logik vorgehen, was dazu führt, dass sie einander teilweise aus dem Blick verlieren. Das gesellschaftliche Teilsystem „J." hat als besondere Funktion und Leistung die Teilsysteme zu verknüpfen zu einem Gesamtüberblick über das, was in einer Gesellschaft geschieht und relevant ist. Das heißt, über journalistische Vermittlung erfährt die Kultur, was die Politik macht, die →Politik, was die →Wirtschaft umtreibt etc. J. liefert einen solchen Überblick nicht nur für Teilsysteme, sondern auch innerhalb dieser Teilsysteme – zum Beispiel, indem im Teilsystem Politik die Mächtigen kritisiert und kontrolliert und Foren für öffentliche sowie für individuelle Meinungsbildung bereitgestellt werden – und J. liefert diese Leistung für jeden einzelnen Mediennutzer (auch: Rezipient), indem er ihm ermöglicht, über Wesentliches aktuell Bescheid zu wissen und mitdiskutieren zu können. Dieses systemische Ordnen spiegelt sich in den sogenannten Ressorts wieder, in die beispielsweise Tageszeitungen oder Newssites wie Spiegel-online oder Zeit-online etc. sortieren: →Politik, →Wirtschaft, →Gesellschaft, Wissenschaft, Kultur, →Sport etc.

J. als Sinn- und Handlungsgefüge und Instanz ermöglicht eine andauernde und aktuelle Selbstbeobachtung der Gesellschaft in Form einer Fremdbeobachtung: Diese Beobachter-Haltung orientiert sich am Zielpublikum und an der Gesellschaft. So betrachtet, lässt sich J. über die Beobachterperspektive abgrenzen sowohl von der Literatur als dem Feld fiktionaler Beobachtung, als auch von Öffentlichkeitsarbeit oder Werbung als den Feldern der partikularen Interessen und der Selbstdarstellung.

Aus Sicht speziell der konstruktivistischen Systemtheorie (Scholl/Weischenberg) erfordert die Fremdbeobachtung professionelle Beobachter, welche Medienwirklichkeit aus ihren Beobachtungen und mittels professionellem Handwerkszeug „konstruieren". Die digitalen Möglichkeiten bewirken, dass Leser, Hörer oder Zuschauer nicht länger nur eine zentrale Referenz des J. bilden, sondern längst und unumkehrbar als Prosumer auftreten, also Inhalte sowohl produzieren als auch konsumieren können, und die vormalige, traditionelle Rolle von Journalisten als Gatekeeper, also als Schleusenwärter, die maßgeblich beeinflussen, was öffentlich gemacht und diskutiert wird, auflösten. Das korrespondiert mit der Sicht beispielsweise der Cultural Studies (Renger, Lünenborg), die von jeher Rezipienten als Bestandteil, und nicht überwiegend als Gegenüber des Teilsystems J. betrachteten. Weitere Theorien packten an der Journalisten-Persönlichkeit an, an J.-Funktionen, Berufsrollen und Nachrichtenauswahlkriterien, beschrieben J. als ein eigenes Funktionssystem, als Teil der →Massenmedien oder des Mediensystems (Löffelholz).

3. J. und Demokratie. Ergänzend zur Beschreibung, was J. *ist*, sei hier fokussiert, was J. in einem demokratischen Gesellschaftssystem *soll*. J. ist Schlüssel für eine vitale demokratische Gesellschaft, weil ihm die Aufgabe zukommt, →Öffentlichkeit herzustellen sowie ein Forum anzubieten, auf dem sich öffentliche Meinung bilden kann, also eine Vorstellung darüber, wie wir in dieser Gesellschaft leben wollen. Konstitutiv für die →Demokratie ist der informierte, mündige Bürger und als Voraussetzung dafür ein J., der informiert, kritisiert und kontrolliert: also einerseits jedem ein eigenes Bild über das politische, wirtschaftliche, kulturelle etc. Geschehen ermöglicht und andererseits als „vierte Macht" wirkt und Missstände, Willkür und Fehlleistungen ans Licht bringt. Dies lässt sich nur leisten bei redaktioneller Unabhängigkeit: Die wirtschaftliche Unabhängigkeit ist gesetzlich über ein Trennungsgebot von Werbung und redaktioneller Berichterstattung gesichert und berufsethisch über den Pressekodex präzisiert, die Unabhängigkeit vom →Staat über das Grundgesetz, Artikel 5 (1), der Pressefreiheit und die Freiheit der Berichterstattung durch Rundfunk und Film gewährleistet sowie Zensur ablehnt. J. erfüllt also in einer Demokratie Grund→bedürfnisse und muss damit zumindest teilweise meritorisch, also auch unabhängig vom Umfang der Nachfrage verfügbar sein; darüber hinaus kann J. durchaus auch Wirtschaftsgut sein, sich also rechnen.

4. J. und Medienwandel. Die Entwicklung des J. lässt sich in vier Perioden gliedern (BAUMERT): Präjournalistisch (Ende des 15. Jahrhunderts), korrespondierender J. (bis Mitte des 18. Jh.s), schriftstellerischer J. (bis zum 19. Jh.) und seit Mitte des 19. Jh.s redaktioneller J. In dieser letzten Phase differenzierten sich Publikationsformen, Distribution, Darstellungsformen, Recherchemethoden, Selektion, Tätigkeitsprofile etc. immer mehr aus. Digitale Techniken bringen die Entwicklung weiter in Fahrt, sie verändern die Gesellschaft und damit auch die Mediengesellschaft maßgeblich (PRINZING/WYSS). Drei Beispiele: 1. das periodische Publizieren (als Tageszeitung, Wochenmagazin, Monatszeitschrift etc.) wurde ergänzt durch Nonstop- und Echtzeitpublizieren. 2. Soziale Medien (Twitter, Facebook etc.) verändern die Rollen von Publikum und Journalisten sowie Produktionsweisen: Über Twitter können Journalisten z. B. Publikumsstimmungen unmittelbar aufgreifen, Experten finden und vielfältiger recherchieren; 3. Spezielle Software ermöglicht, in großen Datensätzen Geschichten zu finden, die einem früher verborgen geblieben wären oder deren Auswertung einen unkalkulierbar hohen Aufwand bedeutet hätte; andererseits erleichtert manche Software auch Fälschungen und Überwachungen. Das heißt, diese Neuerungen verlangen neue, angepasste Praktiken, um mit Informanten-Schutz, Verifizierung von Inhalten, aber auch mit Nutzerinhalten umzugehen.

5. J. als Beruf. Professionell J. zu betreiben, bedeutet über ein reichhaltiges Handwerkszeug zu verfügen und dieses variabel anzuwenden. Das umfasst Darstellungsformen (Nachricht, Bericht, Reportage, Porträt, Interview, Kommentar etc.), Berichterstattungsmuster und Konzepte („Informations-J.", Meinungsj., Präzisionsj., Investigativer J., Anwaltschaftlicher J, Public J, Ratgeber-J., Datenj. etc.), Rollen (Vermittler, Pädagoge, Watchdog, Erklärer, Anwalt, Detektiv, Promoter etc.) und Funktionen (kritisieren, kontrollieren, informieren, unterhalten etc.) (MEIER, MEYEN, RIESMEYER). Die Digitalisierung steigert die Anforderungen an professionelle Fertigkeiten noch.

Berufspraktisch lässt sich J. strukturieren in Kanäle (J. hat in den verschiedenartigen Massenmedien wie Print, Hörfunk, TV, Online nochmals differenzierte Ausprägungen), in Stile (u. a. Boulevard, also ein emotionaler und personalisierender Volkstheaterstil, Satire-Stil wie etwa die ZDF-Formate *Die Anstalt* oder *Heute show*) und weniger pointierende und emotionalisierende Stile), in Finanzierungsweisen (privat, gemeinnützig, philanthropisch, Gebühren, staatlich), in Arbeitsverhältnisse und -rollen (festangestellt, Pauschalist, freiberuflich etc.; Reporter oder Korrespondent, der von vor Ort berichtet, Redakteur, der Artikel bearbeitet und Themen aussucht, Moderator, der Themen präsentiert) sowie in Themensektionen (Politik-, Wirtschaftsressort etc.). Der Deutsche Journalistenverband DJV, einer der Berufsverbände im deutschen J., formuliert in seinen Aufnahmerichtlinien (2014): J. betreibe, wer „an der Erarbeitung bzw. Verbreitung von Informationen, Meinungen und Unterhaltung durch Medien mittels Wort, Bild, Ton oder Kombination dieser Darstellungsmittel beteiligt ist, und zwar vornehmlich durch Recherchieren (Sammeln und Prüfen) sowie durch Auswählen und Bearbeiten der Informationsinhalte, durch deren eigenschöpferische medienspezifische Aufbereitung (Berichterstattung und Kommentierung), Gestaltung und Vermittlung oder durch disponierende Tätigkeiten im Bereich von Organisation, Technik und Personal". Diese Beschreibung ist doppelt diskussionswürdig, zum einen, weil der DJV neben jenen, die für Printmedien, Rundfunk, digitale Medien, Nachrichtenagenturen und im Bildjournalismus tätig sind, auch die einschließt, die in der Presse- und Öffentlichkeitsarbeit arbeiten, im systemischen Verständnis der Fremdbeobachtung also gar nicht dem J. zugehören würden. Zum anderen, weil im Zuge der Digitalisierung sichtbar wurde, dass manche Amateure im →Internet sehr professionelle Arbeit leisten, Suchmaschinen journalistische Selektion nachahmen und Algorithmen zumindest einfache Texte automatisch verfassen. Solche unterschiedlichen Berufszuordnungen machen Statistiken über den Arbeitsmarkt ungenau; der aktuellste wissenschaftliche Report hat Daten von 2005 und geht in Deutschland von 48.000 Hauptberuflichen aus (MALIK/SCHOLL/WEISCHENBERG). Zwei Trends sind eindeutig: Der Anteil der freiberuflich Tätigen und jener der Frauen wächst kontinuierlich (DJV 2014).

Im Kern bedeutet J. Taktgeber (Metronom), Frühwarnsystem (Seismograf), Moderation und Themensetzung (Agendasetting) (vgl. FABRIS/KAPERN/NEUBERGER); die Themensetzung folgt der Aktualität und diese setzt sich zusammen aus den drei Kriterien Neuigkeit, Faktizität (tatsächliche Ereignisse) und Relevanz für die Zielgruppe (MEIER); die Nachrichtenauswahl ist geprägt durch bestimmte Merkmale von Ereignissen

(Nachrichtenwerte), wie zum Beispiel Status/Elite (ist der Akteur mächtig, die Nation bedeutsam), Identifikation (betrifft das Ereignis das Publikum unmittelbar) (SCHULZ).

6. J. und Fehlleistungen. J. kann über die Stränge schlagen, Missstände gibt es natürlich auch im gesellschaftlichen Teilsystem Medien: etwa J., der falsche Behauptungen verbreitet, als Meute auftritt, Schicksale von Menschen ausschlachtet („Witwenschütteln"), täuscht, hetzt, skandalisiert, Menschen fertig macht. Die Medienbranche muss sich weitgehend selbst kontrollieren, denn staatliche Kontrolle und Marktkontrolle bergen das Risiko, dass auf diesem Weg Zensur ausgeübt wird und nur noch publiziert wird, was der Regierung gefällt oder den Anzeigenkunden passt. Die Medienselbstkontrolle erfolgt über Regulierungsgremien wie den Deutschen Presserat, der Beschwerden gegen Berichterstattungsfälle behandelt, Fehlleistungen von J. auch öffentlich rügen kann und im Pressekodex Handlungsempfehlungen festhält, die als Gebote pro-aktiv verantwortungsorientierten J. befördern wollen. Und sie erfolgt über Medienkritik und Medienj. Doch hier, bei der Beobachtung des gesellschaftlichen Teilsystems Medien, gelangt der Selbstbeobachtungsauftrag des J. auf ein heikles Feld, weil es immer schwierig ist, quasi die Hand, die einen füttert, zu beißen, also das eigene Medienhaus und die eigene Branche ähnlich kritisch zu sehen wie andere; eine sich verschlechternde wirtschaftliche Situation und der digitale Medienwandel erschweren die Situation weiter: die Fehleranfälligkeit steigt, die Bereitschaft zur Selbstreflexion sinkt.

7. J. und Verantwortung der Gesellschaft. J. wird gleichzeitig zunehmend ausgehöhlt, banalisiert, kommerzialisiert und pauschal für verantwortungslos erklärt. Nie stand J. so im Verdacht zu fälschen und zu stören, wohl nie war der Druck, unter dem Journalisten standen, so hoch wie gegenwärtig: Druck durch Verleger und Medienmanager, Druck durch Anwälte, die Medienhäuser und Redaktionen gängeln, Druck auch durch ein Publikum, dem Journalisten zu selten vermittelt haben, was J. will und soll und das demzufolge nun kaum unterscheiden kann, was seriös ist und was heiße Luft, und sich immer öfter einer Medienverdrossenheit hingibt; diese erreichte eine absurde Spitze im Skandieren des Begriffs „Lügenpresse", der daraufhin zu Recht zum Unwort des Jahres 2014 erklärt wurde. Weil das Teilsystem J. konstitutiv ist für eine demokratische Gesellschaft, ist J. darin einer der verantwortungsvollsten →Berufe. Die →Verantwortung, die Journalisten für einen gesunden öffentlichen Diskurs haben, ist vergleichbar mit jener Verantwortung, die Ärzte für die Volksgesundheit haben. Damit dieser Diskus fair abläuft, braucht es Regeln. Diese liefert die Medienethik; sie liefert den Kompass, die Orientierung. Sie umfasst die journalistische Berufsethik (Pressekodex), die Medienwirtschaftsethik (es ist eine ethische Frage, welche Art von Arbeitsbedingungen Medienmanager ihren Journalisten zumuten) und die Publikumsethik. Alle sind in der Verantwortung, wir alle brauchen den differenzierten und differenzierenden Blick: Es gibt nicht *die* Medien und *den* J., es gibt im J. Fehlleistungen und es gibt →Leistungen.

D. BAUMERT, Die Entstehung des deutschen Journalismus, 1928 – B. BLÖBAUM, Journalismus als soziales System, 1994 – N. LUHMANN, Die Realität der Massenmedien, 1996[2] – W. SCHULZ: Politische Kommunikation, Theoretische Ansätze und Ergebnisse empirischer Forschung zur Rolle der Massenmedien in der Politik, 1997 – A. SCHOLL/S. WEISCHENBERG, Journalismus in der Gesellschaft, 1998 – R. RENGER; Populärer Journalismus. Nachrichten zwischen Fakten und Fiktion, 2000 – R. BURKART, Was ist Kommunikation? Was sind Medien?, 2002 – S. RUSS-MOHL, Journalismus. Das Hand- und Lehrbuch, 2003 – H. FABRIS, Vielfältige Qualität. Theorien zur Analyse der Qualität des Journalismus. In: M. LÖFFELHOLZ u. a. (Hg.) Theorien des Journalismus. Ein diskursives Handbuch, 2004, 393–404 – M. LÖFFELHOLZ (Hg.) Theorien des Journalismus. Ein diskursives Handbuch, 2004 (2) – M. LÜNENBORG. Journalismus als kultureller Prozess. Zur Bedeutung von Journalismus in der Mediengesellschaft. Ein Entwurf, 2005 – H. KEPPLINGER, Forschungslogik der Nachrichtenwertforschung, 2006 – M. MALIK/A. SCHOLL/S. WEISCHENBERG, Souffleure der Mediengesellschaft. J. in Deutschland 2005, 2006 – M. MEYEN/C. RIESMEYER, Diktatur des Publikums. Journalisten in Deutschland, 2009 – H. KEPPLINGER, Journalismus als Beruf, 2011 – K. MEIER, Journalistik, 2011 – P. KAPERN/C. NEUBERGER, Grundlagen des Journalismus, 2013 – DJV 2014 (www.djv.de) – M. PRINZING/V. WYSS, Recherche im Netz. Journalismus-Atelier, 2014 – C. NEUBERGER/C. NUERNBERGK/ M. RISCHKE, Journalismus im Internet: Profession – Partizipation – Technisierung, 2015[2].

Marlis Prinzing

Judentum und Ethik

„Im Judentum ist die sittliche Forderung ein Grundsätzliches, ein Tragendes der Religion. Die Ethik ist hier zur Religion nicht hinzugefügt, sondern ein Wesentliches in ihr. … Das Neue, das der Glaube Israels der Welt gebracht hat, wurzelt in diesem bestimmten ethischen Charakter, der ihm eigen ist. Der Monotheismus Israels ist der ethische Monotheismus." LEO BAECK hat mit diesen Sätzen – unter der Überschrift „Sittlichkeit als Grundforderung des Judentums" – die grundsätzlich ethische Verfasstheit des Judentums bündig zum Ausdruck gebracht.

So gewiss Israel geboren wird durch Gottes Tat der Befreiung aus dem Sklavenhaus Ägyptens, gewinnt das Gottesvolk seine Gestalt entscheidend im Übernehmen der Tora am Sinai. Ohne den Exodus könnte kein Bundesverhältnis entstehen; ohne den Schritt zum Sinai bliebe die Befreiung folgenlos-mirakulöse Episode. Der Bund vom Sinai „bindet" an die gewonnene Freiheit.

Der Bund formuliert Freiheit als ethische Verantwortung. Dass das Gedenken des Exodus geradezu identisch ist mit dem Bekenntnis, geheiligt zu werden durch Tora und Gebote (hebr.: *mitsvot),* ist der rabbinischen Tradition fundamental wichtig.

Auf einer *ersten* Ebene im Raum ethischer Verantwortung ist die Entscheidungskompetenz jedes Einzelnen im Blick. Der rabbinisch-jüdischen Tradition ist die tiefe Überzeugung eigen, der Mensch könne eine Wahl zum guten oder zum bösen Tun treffen. „Alles liegt in der Hand des Himmels, ausgenommen die Furcht des Himmels" (bNidda 16b). Als Schriftgrund für diese Aussage gilt den Rabbinen Dtn 10,12f und das Insistieren auf der persönlichen Übernahme der Tora.

Auf einer *zweiten* Ebene geht es um die Verortung kollektiver Gewinnung ethischer Normen im halachischen Diskurs. Der Affinität der Tora zur Freiheit entspricht die Verantwortung des Menschen für ihre Interpretation und Applikation auf die jeweiligen Erfordernisse des Lebens. In einem herausragenden Exempel rabbinischer Streitkultur (bBava Metsia 59b) zitieren die talmudischen Weisen Dtn 30,12: „Sie ist nicht im Himmel" – die *mitsva* Gottes ist am Sinai dem Menschen übergeben und gerade damit zum Synonym für den menschlichen Verantwortungsbereich geworden. Der rabbinische Disput um die *Halacha* und damit um Kriterien und Konkretionen für verbindliches *Gehen* (hebr.: *halach)* im Horizont des Gottesbundes ist unvertretbar der Ort, an dem sich der Sinai je und je wieder ereignen kann. Die sorgsam gewonnene Mehrheitsentscheidung im Lehrstreit lässt alle sonstigen Instanzen mit ihren Offenbarungsansprüchen hinter sich: Kein supranaturales Phänomen, ja nicht einmal eine Stimme vom Himmel zählen im halachischen Klärungsprozess.

Auf einer *dritten* Ebene ist die soziale Interdependenz aller Glieder des Bundesvolkes angesprochen. Der Mensch ist verantwortliches Subjekt seines Tuns und hat einzustehen für die Konsequenzen, die sein Tun nach sich zieht. Die Kategorie des Bundes bindet die unvertretbare individuelle Existenz zu einer größeren Gemeinschaft zusammen. Rabbinisch kommt es zur Prägung des Grundsatzes der „Bürgschaft", des Aufeinander-Verwiesen-Seins der einzelnen Glieder in der Solidargemeinschaft des Bundesvolkes. „Alle Israeliten sind sich gegenseitig verantwortlich, stehen füreinander als Bürgen ein" (Sifra 112b zu Lev 26,37; bSch‘vuot 39a). *Bürgschaft* im Bundesvolk meint soziale *Bürgschaft* der Glieder untereinander. Der weiteste Kreis schließt hier die Bürgschaft in der universalen Kommunität im Horizont des Weltganzen mit ein. In der Verfehlung des Einzelnen ist die ganze Welt gestraft (bSch‘vu‘ot 39b), im Rechttun des Einzelnen geschieht der ganzen Welt Recht (Vgl. Moses Maimonides, Hilchot T‘schuva 3,4). Konsequenterweise legt das rabbinische Judentum in Gestalt der sieben noachidischen Gebote ein Konzept universeller Ethik vor.

Ethik im J. ist bezogen auf eine Tora, die sich der Exodusfreiheit verdankt bzw. dem Gott entspringt, der sein Gottsein von allem Anfang an mit Befreiung aus Knechtschaft verbunden hat (Ex 20,2). Tora ist Freiheit. Die Tafeln der Tora sind „beschrieben von dem Finger Gottes" (Ex 31,18), Gottes Schrift ist „eingegraben" (hebr.: *charut)* auf den Tafeln (Ex 32,16). Dazu bemerkt Rabbi JEHOSCHUA BEN LEVI im 3. Jh.: „Lies hier nicht *charut (eingegraben),* sondern *cherut (Freiheit)."* Und er fügte hinzu: „Der wahrhaft freie Mensch ist einer, der sich mit dem Studium der Tora befasst" (Pirqe Avot 6,2).

Ethik im J. fragt nach der alltäglichen Operationalisierung der fundamentalen Exoduserfahrung. Die jüdische Tradition stellt diejenige Form von solidarischem Handeln an oberste Stelle, deren Befreiungspotential am größten ist: „Größer ist derjenige, der Kredit gewährt, als derjenige, der Almosen gibt; größer als alle jedoch ist derjenige, der einem zum Erwerbsgeschäft verhilft" (bSchabbat 63a). Hierin liegt der höchste Erweis der Gerechtigkeit (hebr.: *ts‘daqa),* die in Aktionseinheit mit dem Erweis von Erbarmen *(g‘milut chassadim)* den Grundpfeiler zwischenmenschlicher Solidarität bildet.

Ethik im J. fragt nach der tätigen Antwort auf den lebenschaffenden Gott. Tora verweist auf Leben. „Viel Tora, viel Leben", formuliert die Mischna (Pirqe Avot 2,7). Die Rabbinen nennen die fundamentale Option für das geschöpfliche Leben: *piqquach näfäsch;* zu deutsch: *Erhaltung und Förderung des Lebens,* auch zu übersetzen mit: *offenes Auge für das Leben.* Es handelt sich um eines der weitreichendsten Grundprinzipien rabbinischer Ethik, das abgeleitet ist aus Lev 18,5: „Der Mensch, der die Gebote tut, soll durch sie leben." Die talmudische Auslegung (bJoma 85b) knüpft daran den Grundsatz: Die Gebote sollen dem Leben dienen; ihr Sinn ist, das Leben zu fördern und nicht den Tod. Dieser Regel folgt auch der Sabbat: „Um der Lebenserhaltung willen tritt das Sabbatgebot zurück." Wie für Jesus gilt auch für die Rabbinen die Maxime: „Der Sabbat ist *euch* übergeben, nicht *ihr* seid dem Sabbat übergeben" – so die rabbinische Formulierung im Midrasch Mechilta zu Ex 31,14.

Ethik im J. steht des Weiteren unter dem Grundmotiv der Heiligkeit: „Ihr sollt heilig sein, denn ich bin heilig, der HERR, euer Gott" (Lev 19,2). Gerade die zentrale Institution des Sabbat spiegelt neben den Motiven der Schöpfung und Befreiung den Heiligkeitsgedanken im Sinne eines Protestes gegen naturwüchsige Zwangsläufigkeiten und Rationalitäten, gegen totale, systemische Machtansprüche wider.

Ethisches Denken im J. spürt den Leitmotiven in Israels Tora nach. Die sog. *Goldene Regel:* „Was dir verhasst ist, das tue auch deinem Nächsten nicht" (bSchabbat 31a) – universelle Weisheitsregel im besten Sinne und geradezu ethisches Erbe der Weltkultur – gehört in die Reihe jener ethischen Grundmotive, mit denen die rabbinische

Tradition den innersten Gehalt der göttlichen Weisung zusammenzufassen sucht. So gilt etwa der Dekalog – insbesondere seine zweite Hälfte – als Zusammenfassung der Tora (vgl. Mt 19,18f; Röm 13,10; Jak 2,8–11) oder auch das Doppelgebot der Liebe zu Gott (Dtn 6,5) und der Nächstenliebe (Lev 19,18), das zuerst in Jub 36,4–8 belegt ist (vgl. auch Mt 22,37–40).

Ein für das rabbinische J. hervorragendes Beispiel, die Tora bündig zusammenzufassen, ist der Dialog zwischen Rabbi AQIVA und BEN AZZAI (Sifra 89b zu Lev 19,18; Bereshit Rabba 24,7 zu Gen 5,1). Rabbi AQIVA knüpft an das Gebot der Nächstenliebe in Lev 19,18 den Satz: „das ist eine große Regel ($k^elal\ gadol$) in der Tora". BEN AZZAI zitiert dagegen die schöpfungstheologisch-anthropologische Grundaussage von der Gottesebenbildlichkeit des Menschen in Gen 5,1 und postuliert diese als eine „noch größere Regel" für das Verständnis der Weisung Gottes.

R. ROSENZWEIG, Solidarität mit den Leidenden im Judentum (Studia Judaica. Forschungen zur Wissenschaft des Judentums 10), 1978 – S. BEN-CHORIN, Jüdische Ethik anhand der Patristischen Perikopen, 1983 – SPERO, Morality, Halakha and the Jewish Tradition, 1983 – M. M. KELLNER (Hg.), Contemporary Jewish Ethics, 1988[2] – Z. FALK, Religious Law and Ethics. Studies in Biblical and Rabbinical Theonomy, 1991 – Z. LEVY, Probleme moderner jüdischer Hermeneutik und Ethik, 1997 – K. MÜLLER, Tora für die Völker. Die noachidischen Gebote und Ansätze zu ihrer Rezeption im Christentum (Studien zu Kirche und Israel 15), 1998[2] – K. MÜLLER, Diakonie im Dialog mit dem Judentum. Eine Studie zu den Grundlagen sozialer Verantwortung im jüdisch-christlichen Gespräch (Veröffentlichungen des Diakoniewissenschaftlichen Instituts an der Universität Heidelberg 11), 1999 – M. ZEMER, Jüdisches Religionsgesetz heute. Progressive Halacha, 1999.

Klaus Müller

Jugend

J. umfasst eine Vielzahl an alltäglichen Vorstellungen. Im Alltag und in der Wissenschaft wird der Begriff häufig verwendet: als eine besondere gesellschaftliche →Gruppe, als Begriff für eine →Generation, als Lebensabschnitt, als eine biografische Entwicklungsphase, als eigenständige Lebensphase. Auch das Adjektiv ‚jung' findet sich in mannigfaltigen Varianten in der Sprache, z. B. in der Verbindung ‚junge Alte' oder J.lichkeit ist geradezu zu einem gesellschaftlichen Ideal geworden.

1. Zum Begriff. J. kann zunächst als eine historisch herausgebildete, gesellschaftliche geprägte und biografisch einmalige Lebensphase, als ein Strukturmuster einer modernen →Gesellschaft betrachtet werden. J. hat die Funktion, dass Heranwachsende eine stabile, selbststeuerungsfähige Persönlichkeit ausbilden sowie soziale Fertigkeiten und Kompetenzen für das Leben in einer pluralen und demokratischen →Gesellschaft erwerben (MÜNCHMEIER 2008). Die Lebensphase J. ist gleichzeitig gelebte Wirklichkeit für die J.lichen, die ihr gegenwärtiges ‚J.leben' gestalten und somit diese Lebensphase entscheidend mitprägen. Die Lebensphase J. wird häufig auch als Statuspassage zwischen Kindheit und Erwachsenheit beschrieben. Dabei ist bewusst zu machen, dass die Übergänge zwischen diesen Lebensabschnitten unscharf bzw. fließend sind, und der Durchgang durch diese Lebensphase in Abhängigkeit von den jeweils verfügbaren milieu-, geschlechter-, kultur- und regionalspezifischen Ressourcen oder →Norm- und →Wertvorstellungen erfolgt.

2. Altersnormen und J. Wissenschaftlich eindeutig begründete Definitionen, in welchem Alter die J.phase beginnt und mit welchem Alter sie endet, sind nicht verfügbar. In der klassischen Debatte über J. wurde der Beginn der J.phase in Verbindung mit dem Anfang der psycho-biologischen Phase der Pubertät bestimmt und ihr Ende durch den Eintritt des Heranwachsenden in den gesellschaftlich-kulturell normierten Status des Erwachsenseins festgestellt. Wobei hierzu in der J.debatte der 1970er Jahre die Kriterien des Erwerbs eines →Berufs, das Erreichen ökonomischer Selbstständigkeit und das Eingehen einer festen Bindung (Heirat) herangezogen wurden. Ein kurzer Blick auf die aktuelle gesellschaftliche Realität zeigt sehr schnell, dass solche normativen Vorstellungen sehr stark von gesellschaftlichen Entwicklungen (Veränderungen in den Wertvorstellungen und Lebensformen), von strukturellen Veränderungen (Verlängerung von Ausbildungszeiten) und vor allem von ökonomischen Entwicklungen (Arbeitslosigkeit, Veränderung von Beschäftigungsstrukturen) abhängig sind.

Dennoch ist das Alltagsleben von konventionell und rechtlich festgelegten Altersnormen durchdrungen. Voll geschäftsfähig wird man mit 18. Nach dem SGB VIII ist J.licher wer 14 aber noch nicht 18 Jahre alt ist. Die Wahlberechtigung bei den Wahlen zum Deutschen Bundestag ist auf 18 Jahre festgelegt, für Landtagswahlen und bei Kommunalwahlen gelten teilweise andere Altersgrenzen. In der →Kinderrechtskonvention der →Vereinten Nationen werden als →Kinder alle jungen Menschen bis zum Alter von 18 Jahren verstanden. In den J.organisationen der →Parteien kann man gar bis zum Alter von 35 Jahren Mitglied sein. Sichtbar wird, dass mit dem Begriff J. sehr unterschiedliche Altersnormen verbunden werden.

3. Zur Geschichte der J. In traditionalen Gesellschaften erfolgt der Übergang von der Kindheit zum Erwachsenen in Form einer Initiation. J. als eigene Lebensphase ist dort nicht anzutreffen. Mit der Ausdehnung von →Bildungsprozessen (Durchsetzung der Schulpflicht) und der damit verbundenen Freisetzung beginnt sich Ende des 19. Jh.s der Begriff J. für Altersphase dazwischen durchzusetzen. Das ist der Ausgangspunkt für eine Institutionalisierung und Verallgemeinerung von J. Das entstandene Bildungsmoratorium wurde bis in die 1960er Jahre des vergangenen Jh. vor allem von männlichen J.lichen aus dem →Bildungsmilieu genutzt. Erst mit der Bildungsexpansion und den Schulreformen der 1970er Jahre kann die Rede davon sein, dass in den westlichen Gesellschaften J. zu einer eigenständigen Lebensphase für alle Heranwachsenden wird, was sich dann auch in J.kulturellen Selbstinszenierungen wie z. B. Mods, Punks, Skinheads, Gothics zeigt. J. als Gegenstand gesellschaftlicher, politischer und wissenschaftlicher Debatten ist also ein vergleichsweise junges Phänomen.

4. J. im Blick der Wissenschaften. J. genießt seit Beginn der Herausbildung einer Lebensphase J. die Aufmerksamkeit der Wissenschaft. Anfangs gerät J. vor allem als Gefährdung der öffentlichen Ordnung (abweichendes Verhalten, Kriminalität, Verwahrlosung) in den Blick. Doch quasi parallel entsteht ein Diskurs um J. als Hoffnungsträger für gesellschaftlich notwendige →Innovationen (S. SANDRING u. a. 2015). Diese beiden Perspektiven prägen bis in die Gegenwart die Debatten über J. und der J.forschung.

Gegenwärtig trägt vor allem die Forschung in den Bereichen Soziologie, Psychologie, Kulturwissenschaften, Medizin, Biologie und der Neurowissenschaft zu neuen Erkenntnissen über J. bei, wobei soziologische und psychologisch-sozialpsychologische Ansätze stark dominieren.

4.1 Die psychologische Perspektive. In dieser Perspektive interessieren vor allem die Entwicklungsvorgänge und -dynamiken, die nach Beginn der Pubertät eintreten sowie die Entwicklungspotenziale, die in dieser biografischen Phase geweckt werden können. Als zentrale Herausforderung wird die Entwicklung einer persönlichen Identität betrachtet. Im Vordergrund der Themen in dieser auch als Adoleszenz bezeichneten Phase stehen die Fragen: Wer bin ich? Wer möchte ich sein? Was ist mir wichtig? Woran kann ich mich orientieren? So verstanden heißt J. in unserer →Kultur, verschiedene Entwürfe und Rollen auszuprobieren und zu experimentieren.

Ein wichtiger Aspekt dabei ist, sich mit dem eigenen, sich verändernden Körper auseinanderzusetzen und ein positives Verhältnis zu seinem Körper zu finden. In Zusammenhang damit geht es dann auch darum, ein neues Verständnis bezogen auf die eigene Geschlechtsidentität zu entwickeln. Was für eine Frau möchte ich sein? Was für ein Mann möchte ich sein? Will ich wirklich eines von beiden sein? Wie nehmen mich andere wahr? Wie reagieren die Anderen auf mich? Antworten auf diese Fragen sind elementar für die Entwicklung einer eigenständigen Persönlichkeit und für einen Aufbau erster intimer Beziehungen. Aus psychologischer Sicht sind weiterhin die Prozesse der Ablösung vom →Elternhaus für die Entwicklung der J.lichen relevant. Unabhängiger zu werden, eigene Meinungen zu haben, einen eigenen Freundeskreis aufzubauen, einen eigenen kulturellen Geschmack auszubilden sind wesentliche Kennzeichen dieses Entwicklungsschritts. Gerade gleich- und gegengeschlechtliche Freundschaften bieten die Chance, mehr über sich zu erfahren, sich mit anderen über Wünsche und Lebensvorstellungen auszutauschen und sich auf das Philosophieren über Gott und die Welt einzulassen. Schließlich ist die Frage nach einer beruflichen Orientierung ein wichtiges Thema der Lebensphase J. (WATZLAWIK 2013).

Aus psychoanalytischer Sicht (ERDHEIM 1982) gilt die Adoleszenz als zweite Chance in der Persönlichkeitsentwicklung des Individuums. Ausgelöst durch die biologischen Prozesse der Pubertät kommt es zu einer Lockerung der in der →Kindheit ausgebildeten psychischen Strukturen und in der Folge zu einer erneuten Auseinandersetzung der Heranwachsenden mit der sie umgebenden Kultur, gesellschaftlichen Anforderungen, herrschenden Strukturen und →Normen. Ein ‚Durcharbeiten‘ dieser Erfahrungen wird als Grundlage der Entwicklung einer eigenständigen →Persönlichkeit erachtet.

4.2 Die soziologische Perspektive. Soziologisch betrachtet ist J. ein soziales Phänomen, eine bestimmte Altersgruppe, ein gesellschaftliches Strukturmuster. Von SCHERR wird J. näher als Phase vorbereitenden Lernens und der eingegrenzten Autonomie der Lebensführung charakterisiert.

Die Debatte in der Soziologie hat sich bis in die 1970er Jahre des 20. Jh.s auf die Frage der Verallgemeinerung, der Verlängerung und des Wandels des Sinns der J.phase konzentriert. Immer größere Anteile der Heranwachsenden kamen in den Genuss des Bildungsmoratoriums, in Verbindung mit verlängerten Schul- und Ausbildungszeiten dehnte sich die Lebensphase J. aus, das Bildungsmoratorium wandelte sich in einen eigenständigen Lebensabschnitt mit Erprobungs- und Experimentierfunktion. J. war nicht mehr nur eine Statuspassage mit Übergangscharakter sondern eine Lebensphase aus eigenem Recht.

Ab den 1980er Jahren veränderte sich der soziologische Diskurs über J. OLK begründete die These von der Entstrukturierung der J.phase. Die Bildungsbiografien der nachwachsenden →Generation weiteten sich aus, die Übertritte ins Beschäftigungssystem verzögerten sich, das Bild einer standardisierten ‚NormalJ.‘ löste sich im Verlauf gesellschaftlicher →Individualisierungs- und →Pluralisierungsprozesse auf. Zudem zeigte sich ein Widerspruch zwischen kultureller Selbstständigkeit und ökonomischer Abhängigkeit, um das Phänomen eines sich immer weiter hinauszögernden →Berufseintritts auf den Begriff zu bringen.

Mit Entstrukturierung ist gemeint, dass sich bestimmte, früher als J.spezifisch benannte Vorgänge wie Ablösung vom Elternhaus, Identitätsfindung etc. biografisch vorverlagert haben. Im →Konsum- und Freizeitsektor werden J.liche als eigenständige Akteure betrachtet. Am anderen Ende verzögert sich der Eintritt ins Berufsleben. Eine einheitliche kollektive Statuspassage hat sich in unterschiedliche Teilübergänge aufgelöst, die biografisch immer weiter streuen. Die Lebensphase J. ist durch asynchrone Entwicklungen geprägt und hat sich in sozial ungleiche und soziostrukturell heterogene J.en ausdifferenziert. Z. B. für Mädchen in einem Milieu mit traditionsorientierter →Migrationsgeschichte kann sich der Durchgang durch die J.phase völlig anders gestalten als für Jungen, die in einem liberal-intellektuellen Milieu erwachsen werden. Oder für J.liche, die in einem prekären Milieu aufwachsen sieht J. anders aus, als für die, die in dem Milieu der Performer groß werden.

J. kann als risikobelastete Lebensphase betrachtet werden, die durch eine „widersprüchliche Gemengelage von Abhängigkeit und Autonomie, pädagogischer Regulierung und Eigenverantwortlichkeit gekennzeichnet" (SCHERR 2013) ist. Riskant ist diese Lebensphase, weil eine erfolgreiche Bewältigung der verschiedenen Anforderungen nicht gewährleistet werden kann.

5. **Aspekte des J.diskurses.** Der Diskurs über J. und die Forschung über J. ist von zahllosen Versuchen begleitet, die J. auf **einen** Begriff zu bringen und in Verbindung mit dem Begriff der Generation zu setzen. Ausgehend von der ‚skeptischen Generation' (SCHELSKY 1957), über die ‚Generation der Unbefangenen' (BLÜCHER 1966), die ‚verunsicherte Generation' (SINUS 1984), die ‚Generation X' (COUPLAND 1991), die ‚Generation @' (OPASCHOWSKI 1999), die ‚pragmatische Generation' (SHELL 2006 und 2010) oder jüngst die ‚Generation Y' (HURRELMANN/ALBRECHT 2014) – zahlreiche weitere Versuche wurden nicht erwähnt – wurden immer wieder zum Scheitern verurteilte Anläufe unternommen, die Gestalt der J. mit einem Begriff zu charakterisieren. Dabei erwies sich die J. immer als heterogener und vielschichtiger als die plakativen Bezeichnungen zu transportieren vermögen. Gegenüber solchen Versuchen der Vereindeutigung ist grundlegende Skepsis angebracht.

Die gegenwärtige Debatte über die Lebenslage J. geht von einer zeitlichen Differenzierung in zwei unterschiedliche Phasen aus. Die erste Phase ist wesentlich durch die Bildungsinstitutionen bestimmt. J.licher/J.liche sein bedeutet im Wesentlichen Schülerin oder Schüler zu sein. Die eigene →Rolle, die persönlichen Handlungschancen und -restriktionen werden in großem Umfang durch das System Schule geprägt, das J.leben außerhalb der Schule bezieht sich positiv oder auch negativ – z. B. in J.kulturellen Inszenierungen – darauf. Es schließt sich eine nachschulische Phase an, die insbesondere durch offene und riskante Prozesse des Übergangs in →Arbeit und →Beruf, durch J.kulturelle Experimente, Familiengründung, Vorbereitung auf die →Elternschaft und Übernahme gesellschaftlicher →Rollen bestimmt wird.

Zu beachten ist, dass diese beiden Phasen der Lebenslage J. milieu-, geschlechter-, kultur- und regionalspezifisch unterschiedlich gelebt werden. Das betrifft das Freizeitverhalten, J.kulturelle Orientierungen, das Risikoverhalten, das Verhältnis zur →Sexualität und Körperlichkeit, die Entwicklung politischer Einstellungen, die beruflichen Orientierungen, die Beziehungen zu Gleichaltrigen, das Verhältnis zur →Familie und den Stellenwert von →Bildung und Schule.

Jenseits dieser Differenzierung kann J. als ein historisch entstandenes, gesellschaftliches Konstrukt verstanden werden, das die Funktion hat, sich vor allem auf eine spätere Handlungsfähigkeit in unterschiedlichsten gesellschaftlichen Bereichen vorzubereiten. Der Sinn von J. liegt vornehmlich darin, einerseits eine stabile, selbststeuerungsfähige Persönlichkeit zu werden und sich andererseits auf die Anforderungen in Arbeit und →Beruf und die kompetente Erfüllung der Staatsbürger- und →Konsumentenrolle vorzubereiten. Dabei ist nicht zu vernachlässigen, dass J. auch ein Lebensabschnitt ist, in dem J.liche ihr Leben ohne permanente Beobachtung durch →Eltern und pädagogische →Institutionen leben bzw. leben wollen.

H. SCHELSKY, Die skeptische Generation. Eine Soziologie der deutschen J., 1957 – V. BLÜCHER, Die Generation der Unbefangenen, 1966 – SINUS-INSTITUT, Die verunsicherte Generation: J. und Wertewandel, 1984 – M. ERDHEIM, Die gesellschaftliche Produktion von Unbewusstheit. 1982 – T. OLK, Zur Entstrukturierung der J.phase, in H. HEID/W. KLAFKI (Hg.), Arbeit-Bildung-Arbeitslosigkeit. 19. Beiheft der ZfPäd, 1985, 290–307 – D. COUPLAND, Generation X, 1991 – H. W. OPASCHOWSKI: Generation @, 1999 – SHELL DEUTSCHLAND HOLDING (Hg.), J. 2006. Eine pragmatische Generation unter Druck, 2006 – R. MÜNCHMEIER, J. im Spiegel der J.forschung, in: G. BINGEL/A. NORDMANN/R. MÜNCHMEIER (Hg), Die Gesellschaft und ihre J. Strukturbedingungen J.licher Lebenslagen, 2008, 13–26 – A. SCHERR, J. soziologisch, in: Y. KAISER/M. SPENN/M. FREITAG/T. RAUSCHENBACH/M. CORSA (Hg.), Handbuch J. Evangelische Perspektiven, 2013, 37–42 – M. WATZLAWIK, J.: entwicklungspsychologisch, in: Y. KAISER/M. SPENN/M. FREITAG/T. RAUSCHENBACH/M. CORSA (Hg.), Handbuch J. Evangelische Perspektiven, 2013, 31–36 – K. HURRELMANN/E. ALBRECHT, Die heimlichen Revolutionäre: Wie die Generation Y unsere Welt verändert, 2014 – S. SANDRING/W. HELSPER/H-H. KRÜGER, Wandel der Theorie und Forschungsdiskurse in der J.forschung, in: DIESS. (Hg.): J. Theoriediskurse und Forschungsfelder, 2015, 9–32.

Klaus Waldmann

Kapital und Zins

1. **Begriff.** Die Bezeichnung K. wurde im 16. Jh. aus ital. capitale entlehnt, das seinerseits auf lat. capitalis, das

Haupt oder den Kopf (lat. caput) bzw. das Leben betreffend, zurückgeht. Aus der ursprünglichen Bedeutung als Kopfzahl des Viehbestandes entwickelte sich sodann der bis in die Gegenwart umgangssprachlich vorherrschende Sinngehalt als Vermögen in Geldeinheiten. Das – im antiken Rom dem Staat gegenüber anzugebende – Vermögen hieß indes lat. census, was zugleich auch die Vermögensschätzung römischer Bürger in Verbindung mit deren Eintragung in Steuerlisten meinte und Grundlage einer eben darauf erhobenen Vermögensabgabe war. Für die dem Lehnsherrn des mittelalterlichen Feudalsystems zu leistende Abgabe (an Vieh) erwuchs daraus der Ausdruck Z., der nachfolgend – ebenfalls ab dem 16. Jh., im heute dafür gebräuchlichen Plural seit dem 18. Jh. – das Entgelt für die Überlassung von K. bezeichnete.

Im wirtschaft(swissenschaft)lichen Sprachgebrauch haben beide Begriffe, K. stärker als Z., zwischenzeitlich eine geradezu übermäßige Verwendung erfahren, in deren Folge sie einerseits auch als solche nicht unmittelbar zu erkennende Sachverhalte beschreiben und daher andererseits durch bedeutungsgleiche Ausdrücke ersetzt wurden. Zum Zweck einer inhaltlichen Ordnung können in einer vorrangigen Gliederung darunter zunächst die voneinander abweichenden Zusammenhänge in →Volks- und →Betriebswirtschaftslehre unterschieden werden.

2. Volkswirtschaftliche Betrachtung. Aus gesamtwirtschaftlicher Sicht lässt sich das K. insbesondere und sogar in doppelter Weise nach der materiellen Beschaffenheit abgrenzen:

2.1 K. und Arbeit. Im ABC der wohl bekanntesten Unterscheidung stellt das K. einen nach Arbeit – der auf die Schaffung von Werten und Sicherung der Versorgung gerichteten menschlichen Tätigkeit – sowie Boden – den durch die Natur bereitgestellten Ressourcen – dritten Produktionsfaktor dar, wobei die Trennschärfe allerdings aus mehreren Gründen strittig erscheint: Einmal ist das K. ein erst aus dem Zusammenwirken von Arbeit sowie Boden entstandener und – als produziertes Produktionsmittel – insofern lediglich abgeleiteter Faktor. Zudem wurde – durch KARL MARX – einerseits die lebendige Arbeit vom K. als geronnener Arbeit sowie andererseits das konstante K. von der Arbeit als variablem K. unterschieden. Und schließlich hat sich sogar für das durch Erziehung und Ausbildung geschaffene Wissen und Können des Menschen – die Qualität der Arbeit – inzwischen der Begriff des Human-K. verbreitet.

In den meisten Analysen wird dennoch eine auf Arbeit und K. (einschl. Boden) verkürzte Unterscheidung beibehalten, um damit vor allem zwei Fragen zu verbinden: Zum einen ist in allokativer Hinsicht von Interesse, wie hoch der K.-Stock einer →Volkswirtschaft sein muss, um eine bestimmte Menge an Gütern und Diensten erzeugen sowie eine gewünschte Anzahl an Arbeitsplätzen erhalten zu können. Ersteres Verhältnis stellt den K.-Koeffizienten – reziprok die K.- →Produktivität – dar; sein Wert beläuft sich – langfristig tendenziell zunehmend – in Deutschland etwa auf drei, infolge dessen jede Einheit an Einkommen den dreifachen Einsatz an K. bedingt. Als K.-Intensität wird dagegen die Relation von K.-Stock zu Arbeitsplätzen bezeichnet; in Deutschland erfordert jeder Arbeitsplatz, mit langfristig steigendem Trend, die Aufbietung von durchschnittlich fast 400 Tsd. € an K.

Zum anderen gilt in distributiver Hinsicht das Augenmerk der Verteilung des Produktionsergebnisses auf die daran beteiligten Faktoren. Die spektakulärste theoretische Position einerseits dürfte hierzu wiederum MARX vertreten haben: Auf der vorerwähnten Unterscheidung gründend, billigte dieser allein der Arbeit die Fähigkeit zu, einen über den Aufwand zu ihrer Reproduktion (Existenzminimum) hinausgehenden Wert schaffen zu können; demgegenüber bringe das K. lediglich seinen bestehenden Wert ein. Indem nun aber die Kapitalisten (→Kapitalismus) das Proletariat nur existenzminimal entlohnen und sich den Mehrwert vollständig aneignen würden, verhalte sich die Abgeltung der Faktoren diametral zu ihrer Mitwirkung an der Wertschöpfung. Eine aktuelle empirische Antwort andererseits wird stattdessen regelmäßig in der Verteilungsrechnung zur Ermittlung des →Bruttoinlandsprodukts erteilt: Darunter setzt sich das Volkseinkommen aus den Arbeitnehmerentgelten sowie aus dem Unternehmens- und Vermögenseinkommen zusammen, so dass näherungsweise ersteres als →Einkommen des Faktors Arbeit und letzteres als solches des K. verstanden werden kann. Der verdichtenden Beschreibung jener funktionalen Einkommensverteilung dient im Übrigen die (unbereinigte) Lohnquote; auf das restliche Einkommen ad 100 Prozent, zum größeren Teil also die Z., entfällt in Deutschland ein Anteil von rund einem Drittel.

2.2 Arten von K. Nicht minder bedeutend als das ABC der Produktionsfaktoren ist die Unterscheidung zwischen Geld-K. (Finanz-K.) und Sach-K. (Real-K.). Unter Geld-K. (vormals fiktives K.) können alle Formen dokumentierter Ansprüche gegen andere verstanden werden, infolge dessen das Spektrum vom (unverzinslichen) Bargeld bis zu (verzinslichen) Wertpapieren reicht. Der Entstehung geht eine →Geld- bzw. Kreditschöpfung voraus, bei der die finanziellen Mittel auf der Grundlage entweder einer Sicherheitsübereignung von Vermögenswerten (Realkredit) oder einer individuellen Kreditwürdigkeit (Personalkredit) geschaffen werden. Infolge dessen beläuft sich die Nettosumme des gesamten Geld-K. stets auf null, da in einem geschlossenen System mit jeder Forderung der Gläubiger eine Verbindlichkeit der Schuldner in gleicher Höhe einhergeht. Zudem verändert sich auch die Bruttosumme des Geld-K. aller Gläubiger nicht, wenn darunter lediglich ein

Tausch der Formen stattfindet (Bsp.: Auflösung eines Sparbuchs zwecks Kauf von Aktien). Überdies setzt das Geld-K. in der Regel ein Sach-K. in gleicher Höhe voraus, das allerdings eben nicht notwendigerweise dinglicher Natur sein muss, sondern etwa in Form einer zukunftsträchtigen Idee oder eines zuverlässigen Leumunds bestehen kann. Und schließlich bedeutet eine Vermehrung des Geld-K. dann keine zwangsläufige Zunahme des Sach-K., wenn die Geldschöpfung allein auf dessen Bestand gründet (Bsp.: Beleihung von Immobilien); zu seiner Erhöhung ist es vielmehr erforderlich, dass die finanziellen Mittel in zusätzliches Sach-K. umgewandelt werden (Investitionen).

Unter Sach-K. lassen sich alle dauerhaften und nicht dauerhaften Produktionsmittel zusammenfassen. Das Spektrum reicht hier also vom Anlage-K. wie Grundstücken, Gebäuden und Maschinen (fixes oder gebundenes K.) bis zu den Lagerbeständen an Roh-, Hilfs- und Betriebsstoffen sowie Halb- und Fertigwaren (zirkulierendes oder umlaufendes K.); aus moderner Sicht wäre zudem das immaterielle K. zu berücksichtigen, so etwa langlebige Software oder die Verfügungsgewalt über Rechte (Bsp.: Verwendung von Markennamen). Über das Privat-K. hinaus ist ergänzend zuletzt die staatliche →Infrastruktur einzubeziehen, welche in Form öffentlicher Einrichtungen (Bsp.: Verkehr, Versorgung und Verwaltung) eine →Produktion überhaupt erst ermöglicht; dafür findet sich zugleich die Bezeichnung als National-K. oder Sozial-K.

2.3 Arten von Z. Die Vielfalt der monetären Z. als Abgeltung der Überlassung von Geld-K. übersteigt daraufhin noch dessen Fülle an Formen, wobei eine Gemeinsamkeit zumeist die Berechnung und Angabe als Prozentsatz der Summe des K. per annum ist: Von administrierten Sätzen einmal abgesehen, zu denen sich die Geschäftsbanken bei der Notenbank refinanzieren, lassen sich bei den Markt-Z. zunächst die Haben- oder Aktiv-Z. für die Anlage den (höheren) Soll- oder Passiv-Z. für die Aufnahme finanzieller Mittel im Bankensystem unterscheiden; die Z.-Marge ist dabei als Gegenleistung für die Wahrnehmung der Transformationsfunktion zu interpretieren. Zudem korrelieren die Haben-Z. positiv und die Soll-Z. negativ mit dem Einlage- bzw. Kreditvolumen, was sich auf einen degressiven Verwaltungsaufwand zurückführen lässt. Nach der Fristigkeit der Überlassung können sodann etwa – im Interbankhandel – Z. für Tages- bis Zwölfmonatsgeld und – im Publikumsgeschäft – Z. für Sicht-, Termin- und Spareinlagen getrennt werden. Ohne die Anomalie einer inversen Z.-Struktur verhalten sich Z. und Frist im Übrigen gleichgerichtet, da mit einer höheren Dauer der Überlassung zugleich ein größeres Risiko (Bsp.: Inflation) verbunden ist. Letzteres gilt freilich nur bei (konstanten) Fest-Z. gegenüber (variablen) Gleit-Z.; der um die →Inflation bereinigte Nominal-Z. wird außerdem als Real-Z. bezeichnet. Während der Real-Z. infolge dessen durchaus auch einen negativen Wert annehmen kann, ist dies bei einem Nominal-Z. gewöhnlich allenfalls in Krise zu beobachten.

Eine längere Laufzeit – allerdings selten mehr als zehn Jahre – weisen festverzinsliche Wertpapiere (Bsp.: Anleihen) auf; soweit deren Kurs von ihrem Nominalwert abweicht, weil etwa die Begebung unter pari (mit einem Disagio) oder über pari (mit einem Agio) erfolgt, ist dem Nominal-Z. ein Effektiv-Z. gegenüberzustellen. Eine gleichsam ewige Laufzeit ist allein den mit einer Dividende verzinsten Aktien eigen. Und schließlich ist der Z. für Realkredite (Bsp.: Hypothekarkredit) unter anderem aufgrund der größeren Sicherheit niedriger als der Z. für Personalkredite (Bsp.: Dispositions- und Kontokorrentkredit); daher gilt auch im Allgemeinen umgekehrt ebenfalls, dass aus einem höheren Z. auf ein zugleich höheres Risiko des späteren Ausfalls der Tilgung und Verzinsung geschlossen werden kann. Trotz jener Vielfalt sind indes alle Z. sensibel miteinander verbunden, was zuletzt die Notenbank bei ihrer Z.-Politik zur wenn schon nicht direkten, so doch mittelbaren Einflussnahme auf die durch Angebot und Nachfrage gebildeten Markt-Z. ausnutzen kann.

Die Abgeltung des Sach-K. kann daraufhin als „natürlicher Z." (KNUT WICKSELL) bezeichnet werden; auch eine Benennung als realer Z. wäre angemessen, sofern dieser Ausdruck nicht bereits für den inflationsbereinigten Satz belegt ist. Als bewertete gütermäßige Ergiebigkeit des Einsatzes von K. verkörpert er dessen Grenzleistungsfähigkeit bzw. internen Z.; dies ist jener Diskontierungsfaktor, bei dem die Summe der auf die Gegenwart abgezinsten, für die Zukunft erwarteten Einzahlungsüberschüsse infolge einer Anlage in Sach-K. exakt deren Anschaffungskosten entspricht. Gewöhnlich wird der natürliche Z. als exogen angenommen; seine Höhe hängt wesentlich vom Niveau des technischen Fortschritts, seine Veränderung von positiven (Bsp.: Innovation) und negativen realen Schocks (Bsp.: Ressourcenverknappung) ab.

Das analytische Interesse gilt nun schließlich in erster Linie dem Verhältnis des Z. für Geld-K. zum Z. für Sach-K., für das gemeinhin ein Gleichgewicht angenommen werden kann, bzw. dessen Veränderung. Einerseits vermag sodann eine relative Verringerung des monetären Z. gegenüber dem natürlichen Z. einen konjunkturellen Zyklus (→Konjunktur) zu erklären: Da sich nun bei Eigenfinanzierung eine Anlage in Sach-K. höher als jene in Geld-K. verzinst und auch bei Fremdfinanzierung noch eine positive Marge verbleibt, werden zuvor unterbliebene Investitionen lohnend; kumuliert resultiert daraus ein wirtschaftlicher Aufschwung. Indem aber schrittweise immer mehr →Investitionen getätigt werden, nimmt zum einen der monetäre Z. infolge der erhöhten Fremdfinanzierung zu, während sich zum anderen der natürliche Z. aufgrund der diffundierenden Ergiebigkeit aller Anlagen in Sach-K. vermindert; das Ergebnis ist eine Rückkehr zum Gleichgewicht bzw., bei überschießender Reaktion, sogar ein wirtschaftlicher Abschwung.

Andererseits mag es, auf dem Gedankengut von JOHN MAYNARD KEYNES gründend, im Wissen um jene Wirkung als Aufgabe des Staates erkannt werden, in das Verhältnis der Z. eingreifen zu sollen; indem sich jedoch der natürliche Z. weitgehend einer Einflussnahme entzieht, verbleibt allein der Z. für Geld-K. als Ansatzstelle. Wenn daraufhin die →Zentralbank eine expansive →Geldpolitik betreibt, geraten die Z. hoch liquider Anlagen unter Druck, so dass vermehrt weniger liquide und höher verzinste Formen gesucht werden. Infolge steigender Wertpapierkurse und auch dafür sinkender Z. ist damit jener Spielraum vorhanden, um zusätzliches Geld-K. zwecks Umwandlung in Sach-K. zu absorbieren. Das Gelingen jener Transmission aus dem monetären in den realen Bereich setzt freilich voraus, dass das Geldangebot der →Zentralbank nicht auf eine völlig geldzinselastische Geldnachfrage (Liquiditätsfalle) und sinkende Z. nicht auf eine völlig geldzinsunelastische Bildung von Sach-K. treffen (Investitionsfalle).

Der Anspruch einer gesamtwirtschaftlichen Betrachtung kann zuletzt selbstverständlich nicht bedeuten, dass eine Volkswirtschaft als Gesamtheit zu handeln vermag. Die beschriebenen Zusammenhänge sind vielmehr das kumulierte Ergebnis der Entscheidungen einzelner Wirtschaftssubjekte, insofern der Blick stets auch bereits vom – gleichwohl um Eigenheiten zu ergänzenden – Standpunkt des Unternehmens aus gerichtet ist.

3. Betriebswirtschaftliche Betrachtung. Aus einzelbetrieblicher Sicht kommt als hauptsächliche Unterscheidung des K. jene nach Bilanzpositionen hinzu: Auf der Passivseite einer Bilanz findet sich das (abstrakte) Gesamt-K., bei dem die Finanzierungsquellen nach Eigentumsrechten und Fristigkeit getrennt werden. Zum einen fällt darunter das von den Eigentümern und Anteilseignern aufgebrachte Eigen-K. (einschl. Rücklagen); dieses – als gezeichnetes K., Nenn-K. oder Nominal-K. bei Aktiengesellschaften das Grund-K. und bei Gesellschaften mit beschränkter Haftung das Stamm-K. – dient unter anderem als Haft-K. und ist in der Regel langfristig verfügbar. Zum anderen ist das von unternehmensfremden Personen zur Verfügung gestellte Fremd-K. (einschl. Rückstellungen) anzuführen; jene Verbindlichkeiten können unterschiedlich befristet sein. Während für die Abgeltung des Fremd-K. sodann jeweils ein entsprechender Markt-Z. zugeordnet werden kann, ist im Zuge einer Kostenrechnung für das Eigen-K. ein kalkulatorischer Z. anzusetzen, der den Opportunitätskosten – den entgangenen Erträgen aus einer anderweitigen verzinslichen Anlage – Rechnung trägt.

Auf der Aktivseite der Bilanz spiegelt sich hingegen die konkrete Bindung bzw. Verwendung des K. – allerdings üblicherweise unter der Bezeichnung als Vermögen – wider. Folgerichtig ist darunter die schon bekannte Trennung in Anlage- und Umlaufvermögen zu erneuern, wobei ersteres die Sachanlagen und letzteres – im Gegensatz zur gesamtwirtschaftlichen Betrachtung – hier jedoch nicht nur die Vorräte, sondern auch die aus betrieblicher Sicht nun sehr wohl bedeutsamen Forderungen umfasst.

Von Belang können jene Unterscheidungen im Rahmen einer K.-Analyse sein, bei der zur Abschätzung von Chancen und Risiken die Zusammensetzung des K. nach Fristigkeit und Sicherheit geprüft wird. Gebräuchliche Kennzahlen sind in diesem Zusammenhang etwa die Eigenkapitalquote (der Anteil des Eigen-K. am Gesamt-K.), der Anspannungskoeffizient (der Anteil des Fremd-K. am Gesamt-K.) und der Verschuldungsgrad (das Verhältnis von Fremd-K. zu Eigen-K.). Ein konkretes Ziel mag es daraufhin beispielsweise zum einen sein, zur Erhöhung des Marktwertes eines Unternehmens dessen K.-Struktur zu verändern; die dabei unterstellte Abhängigkeit zwischen beidem ist allerdings nicht unumstritten (Modigliani-Miller-Theorem). Zum anderen lässt sich zum Beispiel die Rendite des Eigen-K. dann steigern, wenn die Rendite des Gesamt-K. jene des Fremd-K. übertrifft und daraufhin der Verschuldungsgrad erhöht wird (Leverage-Effekt).

4. Rechtfertigung. So selbstverständlich in der Gegenwart K. gebildet und durch einen Z. abgegolten wird, verlangte ersteres doch nach einer Begründung, wie auch letzteres lange Zeit nicht unumstritten war. Wesentliche Motive der Bildung von K. können bereits in der Vorsorge für eine eigene ungewisse Zukunft oder in der Vorführung von Wohlhabenheit gegenüber anderen gesehen werden; beide Beweggründe vermögen indes aber noch nicht einen Z. zu rechtfertigen, da das K. in diesen Fällen einen Nutzen schon durch den Zugewinn an Sicherheit und das Ausleben eines Besitzerstolzes abgibt.

4.1 K. und Z. als (Verzichts-)Ausgleich. Der Schlüssel zu einer darüber hinausgehenden Erklärung kann, bei aller begrifflichen Fülle auch hier, vielmehr im intertemporalen Konsumenten- und Produzentenverhalten innerhalb der Agio-Theorie des EUGEN VON BÖHM-BAWERK gesehen werden: Nach jenem Ansatz neigen Konsumenten gewöhnlich systematisch zu einer Unterschätzung ihres künftigen Bedarfs und einer Überschätzung ihrer künftigen Bedarfsdeckungsmöglichkeiten. Eine solche Einstellung mutet insofern einsichtig an, als ein Missverhältnis von Bedürfnissen und Bedürfnisbefriedigung in der Regel gegenwärtig zu erfahren ist, in der Hoffnung etwa auf eine sich mit der Zeit einstellende Sättigung und einen wirtschaftlichen Fortschritt aber nicht von Dauer erscheint. Aus beidem resultiert jedenfalls eine

Höherbewertung des Gegenwartskonsums gegenüber dem Zukunftskonsum; um Wirtschaftssubjekte in dieser Situation trotzdem zeitweise zum Verzicht auf Konsum und damit zur Bildung von Ersparnis veranlassen zu können, muss ihnen ein Ausgleich – eben ein Z. – angeboten werden (auch: Abstinenz-Theorie).

4.2 K. und Z. als Zukunftswert/Investition. Lässt sich durch die Z.-Abhängigkeit des K.-Angebots die Notwendigkeit eines Z. begründen, so muss für die Möglichkeit eines Z., der von den Produzenten entrichtet werden kann, ein weiterer Erklärungsansatz bemüht werden: Dieser ergibt sich aus der größeren technischen Ergiebigkeit zeitraubender Produktionsumwege; danach bewirkt der Verzicht auf den Konsum von Gegenwartsgütern und deren produktiver Einsatz einen insgesamt höheren Ausstoß an Zukunftsgütern. Etwa beim Wald und Wein als zwei dazu verbreiteten Beispielen ist es die Zeit selbst, welche die Entsagung eines gegenwärtigen Verbrauchs von Holz und Saft durch eine später höhere Quantität oder Qualität entlohnt. Ein nicht minder anschauliches Beispiel gibt jener Fischer, der einen Teil seines bislang mühsam mit der Hand eingebrachten Fangs nicht sofort verzehrt, sondern als Vorrat für eine Zeit anlegt, in der er – statt Fische zu fangen – eine Angel oder ein Netz fertigt, um damit anschließend ein besseres Fangergebnis zu erzielen; der Bezug zu K. und Z. wird hier vielleicht noch deutlicher, wenn sich der Fischer in seiner fanglosen Zeit durch andere versorgen lässt, die er später an seinem besseren Fangergebnis beteiligt. Allgemein resultiert daraus also auch eine Z.-Abhängigkeit der K.-Nachfrage (Investitionen).

Bei klassischer Betrachtung bringt somit umgekehrt der real bestimmte Z. zugleich das Angebot an und die Nachfrage nach K. – und auf diese Weise die Entscheidung zwischen Gegenwarts- und Zukunftskonsum – in Einklang. Aus keynesianischer Sicht kommt sodann – nach bereits erfolgter Entscheidung zwischen gegenwärtigem und künftigem Konsum – eine monetäre Erklärung hinzu: Um die Aufgabe, Kaufkraft in die Zukunft zu übertragen, konkurrieren demnach Geld und Wertpapiere. Da – von Inflation abgesehen – die liquide Geldhaltung risikolos, die weniger liquide Wertpapierhaltung hingegen mit einem Kursrisiko verbunden ist, werden Wirtschaftssubjekte ihre Präferenz für Liquidität nur bei Abgeltung durch einen Z. aufzugeben bereit sein; in diesem Fall entscheidet der Z. also in erster Linie über die Aufteilung der K.-Bildung (Liquiditätspräferenztheorie).

4.3 K. und Z. aus philosophisch/theologischer Sicht. Indem Z. für K. sehr wohl eine Wertschöpfung widerspiegeln bzw. – zumindest in einem marktwirtschaftlichen System – Ausdruck einer souveränen Entscheidung der Wirtschaftssubjekte nach Abwägung gegenwärtiger und künftiger Nutzen und Kosten sind, war die dazu in der griechischen Antike von Plato und Aristoteles noch vertretene Ablehnung freilich nie haltbar.

Folgerichtig ist auch das kanonische Zinsverbot als aus dem Alten und Neuen Testament abgeleitete christliche Norm ebenso wie die entsprechende, auf dem Koran fußende Untersagung in der islamischen Welt stets durch Ausnahmen – eine Beschränkung auf bestimmte Darlehen – oder durch List – die Zulassung von Gebühren und Gewinnbeteiligungen mit z.-ähnlicher Wirkung – entschärft worden.

Schließlich gilt zum einen allerdings auch, dass K. zwar ein Ergebnis vorangegangener Bildung ist, was mit einem sicheren Verzicht verbunden war; sein Wert bestimmt sich hingegen nach der ungewissen Erzielung von Z. in der Zukunft. Nur so ist es etwa zu erklären, dass sich die Börsenkapitalisierung von Dienstleistern im Internet mitunter auf ein Mehrfaches des Sach-K. ganzer Branchen oder Volkswirtschaften beläuft. Und zum anderen verbietet sich schon von daher der Schluss, allein durch eine Umverteilung von K. – einer Bestandsgröße – zusätzliche Einkommen – eine Stromgröße – freisetzen und darüber verfügen zu können.

W. Filc, Theorie und Empirie des Kapitalmarktzinses, 1998² – O. Issing, Einführung in die Geldtheorie, 2011⁶.

Klaus Dieter Diller

Kapitalismus

1. Definition. Über die Frage, *wie man K. definiert*, hat es immer wieder heftige Kontroversen gegeben. In einer ersten Annäherung ist sein auffallendstes Merkmal, dass es stets um das Investieren von Kapital (meist: Geld) mit dem Zweck, mehr Kapital zu machen, geht. Alle klassischen Kapitalismusdefinitionen (z. B. Karl Marx, Max Weber, Werner Sombart, Karl Polanyi, James Fulcher) stimmen eben hierin überein: die *Kernstruktur des K.* besteht in dieser Bewegung des Geld-Ware-Geldplus Kreislaufs (G-W-G). Sie tendiert dazu, sich als Kapitalverwertungslogik quasi automatisch zu verselbstständigen und alle möglichen Lebensbereiche zu subsumieren: das Kapital wird zur prägenden Struktur wichtiger gesellschaftlicher Bereiche. Es gibt mithin keinen K. ohne dass in irgendeiner Weise Geld als Kapital mit dem Ziel der Vermehrung eingesetzt wird. Rein von der Seite der Zahlen her betrachtet, sieht es deswegen so aus, als würde sich das Geld beständig selbst vermehren. Aus dieser Definition folgt zugleich, dass sich der Kernprozess des K. von jeder Form einer substanziellen *Bedürfnisbefriedigung* zugunsten der Akkumulation von Reichtum als solcher emanzipiert hat. Sie findet lediglich als eine Funktion der Kapitalverwertungslogik statt, d. h. es werden diejenigen Bedürfnisse vorrangig befriedigt, mit denen sich Geld verdienen lässt und der Erfolg der Bedürfnisbefriedigung zeigt sich folglich an der Vermehrung des Kapitals, sprich am Gewinn oder dem Profit, der aus den entsprechenden Prozessen gezogen werden kann –

und nicht an dem Ausmaß dieser Befriedigung selbst. Mithin kann es durchaus zur Befriedigung von Bedürfnissen in einem enormen Ausmaß durch den K. kommen, wie es dies noch in keiner anderen Wirtschaftsform je gegeben hat. Aber sie bleibt eben eine Folgeerscheinung bzw. der Randnutzen dieses Kernprozesses. Beschreibt man diesen Vorgang spezifisch als Prozess der *Ökonomisierung*, dann unterliegen in der Tat alle Bedürfnisse in der Gesellschaft im K. der Logik der Ökonomie, die aber näher betrachtet nichts anderes ist als die Logik des Kapitals.

Nun kann man allerdings an dieser Stelle anmerken, dass es die eine oder andere Form der Investition von Kapital in der Geschichte schon immer existierte. Nicht zuletzt MAX WEBER hat darauf hingewiesen, dass es Entsprechendes auch schon in der Antike oder dann auch im Mittelalter gegeben hat. Daran ist richtig, dass es fast immer Menschen gegeben hat, die „Kapital" einsetzen um es als solches zu vermehren. Im Kontext einer traditionalen Ökonomie kann solch ein Verhalten eine wichtige dynamisierende Rolle spielen, aber es verändert nicht den Grundcharakter des ökonomischen Systems, das auf Subsistenzwirtschaft, auf Handwerk und Handel mit dem Ziel der Bedürfnisbefriedigung bezogen bleibt. Diese Situation verändert sich erst Ende des 18. Jahrhunderts/Beginn des 19. Jahrhunderts, als sich Formen der Kapitalinvestition über die Ausbreitung von Märkten und angetrieben durch Wettbewerb zunächst in Europa und dann weltweit hegemonial immer weiter und aggressiver ausbreiteten. Erst diese Kopplung von Kapital und *„entbetteten" Märkten* schafft den modernen K. Märkte sind das ideale Medium der Kapitallogik, da sich auf ihnen alles am abstrakten Kriterien des Tausches und damit des Geldes bzw. der Zahl ausrichtet. Insofern gibt es keinen K. ohne entsprechende Märkte, die als solche zur Entgrenzung tendieren und nicht mehr in einer bodenständigen Weise lediglich dem erweiterten Austausch in Subsistenzökonomien dienen.

KARL POLANYI kann aufschlussreich zeigen, wie auf diese Weise nicht nur einzelne Produkte, sondern ganze Gesellschaften zur Funktion von Märkten, und so zum Anhängsel des Kapitalverwertungsprozesses werden. Die Ökonomie tritt zu den Menschen in ein aktives Wechselverhältnis und weckt bei ihnen beständig neue Bedürfnisse und zwar in einem welthistorisch unvergleichlichen Ausmaß. Dieser Prozess wird z. B. im Kommunistischen Manifest von KARL MARX und FRIEDRICH ENGELS prophetisch nach wie vor eindrücklich beschrieben. Es bildet sich immer stärker und in heutiger Zeit umfassend eine Art *transzendenter K.* (JOCHEN HIRSCHLE), in dem tendenziell alle Lebensformen in den Nexus der Kapitalverwertung einbezogen sind, ohne, dass dies den Beteiligten noch klar werden würde. Das Kapital arbeitet mit den Verzauberungen der Lebenswelt der Menschen, sowie dies früher die Religion getan hat, nutzt sie nicht nur, sondern formt beständig wieder neue Wünsche und steht mit ihrer Lebenswirklichkeit in einem beständigen produktiven Umformungsprozess. Ein Entkommen aus dieser Struktur ist dann kaum noch denkbar. Die Menschen befinden sich im „Weltinnenraum des Kapitals" (PETER SLOTERDIJK), sofern sie sich in den interessanten und attraktiven Kernbereichen der Gesellschaft befinden. Die Rohstoffe, die die Basis der Kapitalverwertung darstellen, sind nicht länger natürliche Substanzen, wie dies noch im 19. Jahrhundert der Fall gewesen ist, sondern die Fantasien und Sehnsüchte der Menschen. Mit ihrer Gestaltung wird effektiv Geld verdient („Symbolökonomie"). Kapitalismus macht glücklich. Letztendlich lässt sich dann nicht mehr unterscheiden, welche Seite den Prozess dominiert: ob das Kapital den Menschen oder die Menschen dem Kapital dienen. Hinter diesen Prozessen steht eine Art Utopie der privaten Mobilisierung und Aneignung der kreativen Potenziale gesellschaftlicher Arbeit. „Wenn Geld den Zugriff nicht mehr nur auf einzelne Produkte, sondern auf das kreative Vermögen des Menschen selbst eröffnet, dann ist es ein nie abschließbares Unterfangen; denn die menschliche Kreativität lässt sich als Ganze niemals in den Griff bekommen und privat besitzen." (CHRISTOPH DEUTSCHMANN)

2. Elemente des K. Die wichtigsten Elemente des K. sind *entgrenzte Märkte*. Märkte hat es immer gegeben; sie sind aber in den traditionalen Ökonomien durch sittlich – moralische Vorgaben eingehegt, und bleiben so gesellschaftlich eingebettet. In der k. Gesellschaft jedoch werden die Märkte universell und sind als Ebenen einer versachlichten, weil prinzipiell indifferenten geldbezogenen Kommunikation zu begreifen. Sie werden durch den auf ihnen herrschenden Wettbewerb noch zusätzlich dynamisiert. Allerdings ist *Wettbewerb* nicht unbedingt eine Voraussetzung für den K. Es gibt auch Formen des K., die in bestimmten Bereichen (Branchen oder Ländern) eher auf Kooperation setzen, wie es z. B. der Fall während der deutsche Gründerzeit im 19. Jahrhundert war – bis weit in das 20. Jahrhundert hinein, als die deutsche Wirtschaft sich gerade dadurch auszeichnete, dass sie auf „Kartelle" setzte, die den Wettbewerb innerhalb Deutschlands in manchen Branchen eher begrenzten. Ähnliche Phänomene finden sich in anderen Aufbruchsökonomien, wie seinerzeit der Japans oder heute in China wieder. Gleichwohl erfolgt auch hier die Steuerung der Investition von Kapital über die meist private Aneignung der Gewinne – und dann eben auch über Märkte. Die Stärkung von Wettbewerb in diesen Ökonomien kann dann geradezu auch als Gegengewicht gegen einen radikalen K. begriffen werden, denn Wettbewerbe begrenzen die Möglichkeiten, Märkte zu vermachten und auf diese Weise Übergewinne abzuschöpfen. Perfekter Wettbewerb würde in der Theorie Gewinne gar eliminieren. Das Projekt der deutschen sozialen Marktwirtschaft nach dem 2. Weltkrieg setzte genau an dieser Stelle an und stellte folglich eine Form eines in der Theorie durch Wettbewerb sozial gebändigten K. dar.

Ein weiteres zentrales Element ist die weitgehend *private Verfügungsgewalt über die Produktionsmittel* und die damit verbundene private Aneignung der Profite. Auch an dieser Stelle finden sich allerdings Modifikationen im Fall von staatskapitalistischen Gesellschaften wie heute z. B. in China, wo bei spezifischen Unternehmen die Möglichkeiten der privaten Aneignung zugunsten des Staates begrenzt sind. Diese Begrenzung kann institutionell vorgegeben, sie kann aber auch durch kulturelle Faktoren eingeschränkt sein. Die private Verfügungsgewalt realisiert sich zudem in der Regel in *Unternehmen*. Das moderne Unternehmen ist *das Medium des K.*, da es das Instrument ist, mit dem sich die k. Kernstruktur in der Gesellschaft realisiert: sie dienen der Verwertung des Kapitals in seiner produktivsten Form. Über (formelle und informelle) Verträge werden Arbeitskräfte so eingebunden, dass ihre Arbeitsleistungen in dieser Richtung eingesetzt werden können. Das Prinzip des Unternehmens ist die beständige Rationalisierung seiner Prozesse um im Wettbewerb bestehen zu können. Dies schließt auch die beständige Weiterentwicklung der Arbeitskraft ein (allerdings auch ihre permanente Entwertung). Unternehmens- und Arbeitskulturen sind aus dieser Sicht hierfür funktional (nicht jedoch aus Sicht der Arbeitenden, was einen permanenten strukturellen Konflikt zwischen Kapital und Arbeit impliziert).

Schließlich ist ein häufig diskutiertes Element des K. sein *„Geist"*. Die großen Kapitalismus – Analysen von Max Weber, Werner Sombart, Luc Boltanski, Michael Nowack u. a., sprechen gerne vom „Geist" des K. um damit einen spezifischen Wirtschaftsstil zu kennzeichnen, der zwar in der einen oder anderen Form mit materiellen Anreizen und materiellen Strukturen verknüpft ist, aber sich nicht darauf reduzieren lässt, ja selbst erst den K. erzeugt. So hält Max Weber fest, dass im K. Formen von Rationalisierung, insbesondere bürokratische Verfahren, jenseits von charismatischen Herrschaftsformen, erheblich an Gewicht gewonnen haben. Der K. in Max Webers Sicht ist eine durch und durch rational gesteuerte Wirtschaftsweise, die wenig emotional irritiert werden kann, da sie durch den Kapitalverwertungsprozess auf ein klares Ziel hingelenkt wird. Anders ist die entsprechende Diagnose bei Sombart, aber dann auch bei Schumpeter, bei denen es gerade charismatische und insofern auch emotionale, ja irrationale Unternehmertypen sind, die dem Prozess der schöpferischen Zerstörung, der durch die Kapitalverwertung bedingt ist, immer wieder anwerfen. Mit dem „Neuen Geist des K." (Luc Boltanski) werden Neuorientierungen der Arbeitsorganisation im Zuge der massiven Einführung von Kommunikationstechniken seit den 1990er Jahren bezeichnet, die mit einer zugleich erhöhten Freiheit und Selbstverantwortung der Akteure und ihrer verstärkten Anbindung an Märkte einhergehen. Der „Geist" des K. wird im Interesse generischer Studien auch mit religiösen oder kulturellen „Geistern" in Beziehung gebracht (klassisch bei Max Weber zum Protestantismus oder – negativ – Konfuzianismus oder Michael Nowak zum Katholizismus).

3. Varianten des K. Von besonderer Bedeutung ist die Erkenntnis, dass es nicht die eine Form des K. gibt, sondern eine ganze Reihe von verschiedenen *Wegen kapitalistischer Entwicklung*, bei die sich in der westlichen Sphäre insbesondere die liberalkapitalistische Welt der Angelsachsen (GB, USA, Australien) und die der koordinierten Wirtschaftsformen Mitteleuropas, insbesondere Deutschlands und Skandinaviens, aber auch Japans unterscheiden. Die Differenzierung geht an dieser Stelle soweit, dass bisweilen bei den koordinierten Wirtschaftsformen, gerade auch der Skandinaviens, nicht mehr von K. geredet wird, sondern von sozialmarktwirtschaftlichen Strukturen, die die latente Aggressivität des K. in kulturelle und soziale Formen zurückbinden würden. Aus der Sicht der radikalmarktverschärften Orientierung können solche Formen gar als eine Mischung aus Sozialismus und K. bezeichnet werden. Zudem existieren „südliche" K., z. B. im Raum des Mittelmeers, in denen Rationalisierungen zugunsten von Klientelbeziehungen schwach ausgebildet sind (Musterbeispiel: Griechenland). Neben diesen Formen finden sich heute auch staatskapitalistische Entwicklungswege, wie sie sich besonders in China aber auch in anderen asiatischen Ländern, wie Vietnam, abzeichnen. Die Differenzierung von Varianten des K. blickt also auf verschiedene Funktionen der wichtigen Akteure, und unterschiedliche Rollen, die insbesondere Kultur, Ethos und Moral spielen, was zu verschiedenen Entwicklungspfaden geführt hat. So finden sich z. B. immer wieder moralökonomische „Einschüsse" in ansonsten völlig k. Ökonomien, was den Umgang mit Arbeitnehmern oder auch die Höhe von Managementgehältern anbetrifft. Von besonderer Bedeutung ist die unterschiedliche Rolle, der der Staat (gerade im Hinblick auf wohlfahrtsstaatliche und regulatorische Funktionen) spielt. Oft werden die koordinierten Formen des K. als besonders zivilisatorische Errungenschaften betrachtet. Auf der anderen Seite darf aber auch nicht übersehen werden, dass die radikalmarktwirtschaftlichen Konzeptionen ebenso diverse rechtliche und kulturelle Institutionalisierungen aufweisen, um die Aggressivität des K. ggfls. abzubiegen und insbesondere seine Erträge gesamtwirtschaftlich nützlich zu machen. So sind die Spendenaufkommen in den USA und das dort in gemeinnützige Stiftungen investierte Kapital dermaßen hoch, wie dies in keinem der europäischen Länder auch nur ansatzweise der Fall ist, wo die Gemeinwesenverpflichtung stärker über den Staat abgewickelt wird.

Eine besondere Bedeutung kommt in diesem Zusammenhang gerade auch der deutschen Entwicklung zu. In *Deutschland* wird besonders ungern von K. geredet (HANS-ULRICH WEHLER). Während aber die Konzeptionen zur sozialen Marktwirtschaft nach dem 2. Weltkrieg von einer in einem hohen Ausmaß durch einen funktionierenden Wettbewerb geregelten Marktwirtschaft ausgingen, ist es faktisch das Miteinander einer hoch integrierten Wirtschaft (im Sinne der sprichwörtlichen „Deutschland-AG") und eines funktionierenden, umfassenden Sozialstaates, die bis heute das markante Kennzeichen eines sozial verträglichen K. in Deutschland darstellen.

4. Entwicklungstendenzen. Blickt man historisch zurück, so zeigt sich die Überlegenheit k. Strukturen gegenüber Formen einer traditionalen moralischen Ökonomie durch weit erhöhte Produktivitätsanreize. Die Entgrenzung aller möglichen Strukturen aus traditionalen Verhältnissen, die durch den K. erfolgt, ermöglicht einen Aufschwung in vielerlei Hinsicht, entzaubert die Welt, verwandelt alles in Waren und breitet einen im Prinzip amoralischen Geist über die Welt aus. Entsprechend sind Prozesse der Globalisierung schon im 19. Jahrhundert vorausgesagt worden.

Daraus entsteht das Dauerproblem der Einbettung dieses Prozesses in sozial nützliche Bezüge, die dieser Wirtschaftsstil von sich aus nicht nur funktional in den Blick bekommt. Eine in den letzten Jahrzehnten (wieder) zu beobachtende Tendenz besteht in der *Verselbstständigung der Finanzmärkte* gegenüber der Realwirtschaft, was in der Wirtschaftskrise 2008/2009 zu großen Turbulenzen und einer erheblichen Gefährdung der Weltwirtschaft insgesamt geführt hat (vgl. insbesondere JOSEPH VOGL). Die k. Entwicklung ist zudem nicht denkbar ohne ein ständiges Auf und Ab ihrer Entwicklung, wie es sich in den Konjunkturzyklen bzw. in den großen Kondratieffschen Entwicklungskurven abbildet. Diese Wellenbewegung hat mit der Dauervernichtung von Kapital einerseits und der Investition in neue Produkte anderseits im Wettbewerb zu tun. Es entsteht damit das Phänomen eines sich quasi verselbstständigten Wirtschaftswachstums, das ökonomisch logisch rein formal als Wachstum des Bruttosozialprodukts oder anderer rein monetärer Kategorien konzipiert werden kann. Zum Problem erster Ordnung wird dann wie die „Randbedingung" der Ökonomie, nämlich die Existenz resilienter ökologische Bedingungen, zu konzipieren ist. In der Kernlogik des K. spielt sie keine grundlegende Rolle, weswegen eine Einpreisung der ökologischen Kosten „von außen" vorangebracht werden muss. Ob dies gelingen kann, erscheint durchaus fraglich zu sein, weswegen bisweilen dem „K., wie ihn kennen," das Ende prognostiziert wird (ELMAR ALTVATER).

Entscheidend ist zudem die Rolle des *Staates*. In klassischen Analysen kommt dem Staat die Aufgabe zu, die chaotische und anarchische k. Entwicklung zu bändigen und ihr verlässliche Rahmenbedingungen zu setzen. Heute zeigt sich allerdings immer deutlicher, wie sehr die staatlichen Strukturen mit dem Kapitalverwertungsprozess immer schon verbunden sind, und deswegen nicht simpel als ihm gegenüber stehend begriffen werden können. Insbesondere in der Wirtschaftskrise 2008/2009 war frappierend, wie schnell der Staat als Retter der großen Finanzakteure, sprich der Banken, auftrat und mit vergleichsweise enormen Bürgschaften und Summen diese Kernstruktur des Systems stabilisierte. Der Staat ist so stets der Garant des K. – und zugleich sein Regulator. Wohin die Entwicklung jeweils ausschlägt, hängt von Entwicklungspfaden und je aktuellen, politischen Konstellationen ab.

In diesen Zusammenhängen spielt stets auch *Verschuldung* eine große Rolle. Schulden werden im K. tendenziell in keiner Weise mehr als moralische oder ethische Kategorien angesehen, sondern stellen lediglich kalkulatorische Größen in spezifischen Investitionen dar. Sie ermöglichen Zeitgewinne und schaffen so Wettbewerbsvorteile. Zudem verallgemeinern sie strukturell die Subsumption unter die Verwertungslogik.

Ein Charakteristikum der Entwicklung des K. ist die *Entwicklung wachsender Ungleichheiten*. Besonders markant ist in dieser Hinsicht die Analyse von THOMAS PIKETTY. Er weist nach, dass die Zuwachsraten des Kapitals selbst im K. stets tendenziell größer sind, als die Zuwachsraten der Löhne und Gehälter der Beschäftigten und deswegen diesem Wirtschaftssystem eine Tendenz zu wachsender Ungleichheit inhärent ist. Diese Tendenz habe nach dem Ende der (sozialstaatlich geprägten) Nachkriegskonjunkturen und dem Zusammenbruch des Sozialismus wieder an Dynamik gewonnen.

Eine weitere Folge des K. kann als Beschleunigung (HARTMUT ROSA) gefasst werden. Die Struktur des sich selbst verwertenden Kapitals tendiert dazu, beschleunigende Effekte für alle möglichen Lebensbereiche zu zeitigen, da ein gewisser Beschleunigungsgewinn mit höheren Profiten einhergeht als der des Konkurrenten.

5. Ausblick. Fast man die Analyse des K. zusammen, so kann man in einer doppelten Richtung urteilen:
– Die Entgrenzung der Produktivität im K. hat ein Ausmaß an Wohlstand erzeugt, wie dies noch nie in der Geschichte auch nur annährend der Fall gewesen ist. Die durch ihn entwickelte Technik, die Höherqualifizierungen der Arbeitskraft, das angehäufte Wissen, bieten heute Lösungen für eine Vielzahl von Problemen der Menschheit. Die Potentiale dieser Wirtschaftsweise bleiben enorm.
– Auf der anderen Seite ist der k. Prozess tendenziell rücksichtslos gegen alles, was ihm Grenzen setzt und

so auch gegen Moral und Ethik. Zwar nutzen kapitalorientierte Unternehmen auch Aspekte von Moral und Ethik, um sich unter spezifischen gesellschaftlichen Bedingungen Reputation zu verschaffen und auf diese Weise überhaupt ihr Kapital verwerten zu können. Aber dieser Aspekt bleibt prinzipiell am Nutzen für das eigene Unternehmen orientiert. Der Prozess selbst ist pointiert „leer" (void) und zielt nur auf die Vermehrung seiner selbst.

Damit ist die Zukunft des K. auch heute mehr denn je vollkommen offen. Realistische Alternativen zeichnen sich weniger denn je ab. Aber sie bleiben gleichwohl als „Spiegel" gefragt, will sich die Menschheit nicht einem blinden Mechanismus unterwerfen. Sie helfen, K. zu gestalten, denn „den K." gibt es nicht.

A. Smith, Der Wohlstand der Nationen, 1999 (engl. 1776) – K. Marx, Das Kapital, 3 Bde, (1867–1894) 1988[17], 1986[11], 1988[14] – W. Sombart, Der moderne Kapitalismus, 3 Bde, (1902–1927), 1928[7], 1928[7], 1955[4] – M. Weber, Die protestantische Ethik und der Geist des Kapitalismus, Reprint 1934 (urspr. 1905) – J. A. Schumpeter, Theorie der wirtschaftlichen Entwicklung, (1911) 1997[9] – K. Polanyi, The Great Transformation, 1978 (engl. 1944) – H. M. Novak, Die katholische Ethik und der Geist des K., 1998[2] (englisch 1993) – T. Jähnichen, Sozialer Protestantismus und moderne Wirtschaftskultur, 1998 – E. Altvater/B. Mahnkopf, Grenzen der Globalisierung, 1999[4] – P. A. Hall/D. Soskice, Varieties of Capitalism, 2001 – G. S. Jones, Das kommunistische Manifest, 2012 (englisch 2002) – L. Boltanski/E. Chiapello, Der neue Geist des Kapitalismus, 2003 (franz. 1999) – J. Fulcher, Kapitalismus, 2007 (engl. 2003) – P. Sloterdijk, Im Weltinnenraum des Kapitals, 2005 – E. Altvater, Das Ende des Kapitalismus wie wir ihn kennen, 2006[4] – T. Jähnichen, Wirtschaftsethik, 2008 – K. Dörre/S. Lessenich/H. Rosa, Soziologie – Kapitalismus – Kritik, 2009 – P. Minsky, Instabilität und Kapitalismus, 2011 – J. Vogl, Das Gespenst des Kapitals, 2011[2] – J. Hirschle, Die Entstehung des transzendenten Kapitalismus, 2012 – R. Jaeggi, Was (wenn überhaupt) ist falsch am Kapitalismus?, 2013 – T. Piketty, Das Kapital im 21. Jahrhundert, 2014 (franz. 2013) – C. Deutschmann, Kapitalismus, 2014 – L. Herzog/A. Honneth (Hg.), Der Wert des Marktes, 2014 – G. Wegner, Moralische Ökonomie, 2014 – H.-U. Wehler, Die Deutschen und der Kapitalismus, 2014 – T. Parsons, „Kapitalismus" in der gegenwärtigen deutschen Literatur: Sombart und Weber, 2015 – J. Vogl, Der Souveränitätseffekt, 2015.

Gerhard Wegner

Kapitalismuskritik

1. Begriff. Jede Auseinandersetzung mit K. steht zunächst vor der Frage, welcher →Kapitalismus denn gemeint ist. Dass es vielfältige Variationen des Kapitalismus gibt, ist hinlänglich bekannt. Ein erheblicher Teil dessen, was K. genannt wird, erweist sich bei genauerem Hinsehen als Kritik an einer Spielart des Kapitalismus, z. B. an „reineren" bzw. liberaleren Formen des Kapitalismus (bspw. die Kritik am →Neoliberalismus). Andere Richtungen der K. richten sich gegen Ergebnisse, die bestimmte Formen des Kapitalismus nach sich ziehen (z. B. die in der päpstlichen Enzyklika „Laudato Si" geäußerte K.). Wieder andere Richtungen der K. weisen auf Entwicklungen des Kapitalismus hin, die geeignet sind, mit ihm verbundene positive Erwartungen zu unterminieren (z. B. die Kritik von Thomas Piketty an der zunehmenden →Vermögensungleichheit). Für die fundamentalste K. – den →Marxismus – spielte die Frage nach der gemeinten Variation des Kapitalismus noch kaum eine Rolle, denn dieser existierte bei Formulierung des „Kapitals" weitestgehend in seiner Grundform. Das ist heute ganz anders. Um Fragen nach der gemeinten Variation des Kapitalismus aus dem Weg zu gehen, sollte eine Auseinandersetzung mit K. den Weg wählen, gedanklich von der Grundform des Kapitalismus auszugehen. Diese lässt sich als ein System beschreiben, „das auf Privat→eigentum und freien →Märkten gegründet ist" (Christoph Deutschmann). Auf den Märkten werden neben Gütern und →Dienstleistungen auch →Geld, →Kapital, →Arbeit und Naturgüter gehandelt. Die wirtschaftliche Koordination erfolgt, vermittelt über den Preismechanismus, auf den Märkten. →Gewinne fließen den Eigentümern der Produktionsmittel zu. Unter dieser Prämisse weist K. auf zwingende negative Effekte eines unverfälschten Kapitalismus hin, die dieser nicht aus sich selbst heraus lösen kann – sie sind systeminhärent. Vielmehr bedarf es gesellschaftlicher, nicht genuin kapitalistischer Regeln und →Institutionen, die negativen Effekte aufzufangen. Das deckt sich mit dem protestantischen Zugang zum Kapitalismus: Die wirtschaftliche Dynamik und Effizienz des Kapitalismus sollen genutzt, er muss aber zugleich eingehegt werden, um unerwünschte gesellschaftliche, →kulturelle, soziale oder →ökologische Nebenwirkungen abzuwenden.

2. Kapitalismus und Einkommensungleichheit. Die Dynamik und Effizienz des Kapitalismus hat in den letzten 200 Jahren in den →Industriestaaten zu erheblichen Wohlstandszuwächsen geführt, die allen Bevölkerungsschichten zugute gekommen sind, wenn auch in den letzten Jahrzehnten in immer geringerem Ausmaß. →Fortschritte in der Technologie, in der →Medizin, im Bereich der Nahrungsmittelversorgung, der →Mobilität oder der Qualität von Konsumgütern wären im beobachtbaren Ausmaß nicht ohne einen Kapitalismus zustande gekommen, der über den Wettbewerbsmechanismus →Unternehmen unter den ständigen Druck der Entwicklung von →Produktions- und Produktinnovationen setzte. Dennoch erzeugt der Kapitalismus →gesellschaftliche Ungleichheiten, die er nicht aus sich selbst heraus beseitigen kann und die ohne äußere Eingriffe eine zunehmende Tendenz aufweisen. Dafür gibt es verschiedene Gründe. Der erste ergibt sich aus dem Verhältnis zwischen Kapitalbesitzern und Lohnarbeitern. →Löhne sind aus Sicht der Kapitalbesitzer Kosten wie alle anderen, die im Produktionsprozess anfallen. Um wettbewerbfähig zu bleiben, müssen Kapitaleigner bestrebt sein, Löhne möglichst niedrig zu halten. Die Asymmetrie im Verhältnis zwischen wenigen Arbeitsnachfragern und vielen Arbeitsanbietern (Monopson am Arbeitsmarkt) sowie die in einer globalisierten Weltwirtschaft bestehende Möglichkeit, Produktionsstätten in →Staaten mit geringerem →Lohnniveau zu verlagern, erleichtern es, den Druck auf das heimische Lohnniveau aufrecht zu erhalten. Das gilt allerdings nicht für alle Lohnempfänger. →Arbeitnehmer mit spezifischem Wissen sind am Arbeitsmarkt knapper als →Arbeitnehmer, die einfache Tätigkeiten verrichten und leichter ersetzbar sind; sie können daher höhere Löhne durchsetzen Auf diese Weise ergeben sich erhebliche →Einkommensungleichheiten zwischen Kapitalbesitzern und Lohnbeziehern und zwischen den Lohnbeziehern selbst. Der Trend zu Einkommensungleichheit wird durch den stetigen technischen →Fortschritt verstärkt. Auch wenn dieser nicht, wie früher häufig angenommen wurde, dauerhaft zu mehr →Arbeitslosigkeit führt (→Rationalisierung), zieht er doch nach sich, dass →Arbeitnehmer mit bestimmten Qualifikationen obsolet werden und auf geringer entlohnte Jobs verwiesen werden, während andere Arbeitnehmer von neuen Jobs mit aufgrund zunehmender Arbeits→produktivität höheren Löhnen profitieren. →Arbeitgeber haben zudem einen Anreiz, Weiterbildungs- und Qualifikationsmaßnahmen auf jene Arbeitnehmer zu konzentrieren, deren Grundkenntnisse mit neuen Anforderungen kompatibel sind, während v. a. älterer Arbeitnehmer aus dem Produktionsprozess heraus gedrängt werden und geringqualifizierte Arbeitnehmer von vorneherein keine Chance haben, einen „Insider-Status" zu erlangen. Werden leicht ersetzbare, geringqualifizierte Arbeitnehmer nicht durch bestimmte gesellschaftliche Regulierungen geschützt, oder fehlt ein gesellschaftliches Auffangnetz für Niedriglohnbezieher, sind diese gezwungen, sehr niedrige Löhne zu akzeptieren und es kommt zu →Armut trotz Arbeit. Je unbeschränkter sich der Kapitalismus entfalten kann, desto größer fällt die geschilderte Einkommensungleichheit aus. Der Kapitalismus selbst kennt keinen Mechanismus, diese Entwicklung abzumildern. Es sind nicht genuin kapitalistische Mechanismen, die hier Abhilfe schaffen: Staatlich erlaubte oder unterstützte Kartellbildung der Arbeitnehmer in Form von →Gewerkschaften als Gegengewicht zur Arbeitgeberseite und Regeln zur Ausgestaltung von →Tarifkonflikten, →Mindestlöhne, soziale Auffangnetze und Unterstützungsleistungen bei nicht existenzsichernden Löhnen, staatliche Qualifikationsmaßnahmen für Erwerbslose oder gesetzliche Ansprüche auf Weiterqualifizierung für alle Arbeitnehmer sowie Umverteilung über ein progressiv ausgestaltetes →Steuersystem. Die beschriebene K. an zunehmender Einkommensungleichheit infolge eines unregulierten Kapitalismus ist somit berechtigt. Durch sekundäre Umverteilungssysteme ist es möglich, extreme Einkommensungleichheiten einzudämmen.

3. Kapitalismus und Vermögensungleichheit. Der Kapitalismus führt tendenziell zu erheblicher Vermögensungleichheit. Dazu kommt es zum einen, weil Kapitaleinkommen in der Regel höher als →Lohneinkommen sind und schneller wachsen. Sie können daher zu einem größeren Teil gespart bzw. reinvestiert werden. Weil die Zahl der Kapitalbesitzer weit geringer als die der Lohneinkommensbezieher ist, nimmt die Vermögenskonzentration zu. Zudem wird Kapital vererbt, hängt also nicht am individuellen Kapitalbesitzer. Es kann, solange es existiert, Kapitaleinkommen abwerfen. Lohneinkommen hängt hingegen am „Besitzer" der Arbeitskraft und ist daher flüchtig. Im Laufe der Zeit kann es daher, sofern keine destruktiven Ereignisse auftreten, zu erheblicher Vermögensungleichheit kommen – und tatsächlich nimmt die ohnehin schon große Vermögensungleichheit in den meisten →Industriestaaten seit Jahrzehnten zu (Thomas Piketty). Der Kapitalismus kann nicht aus sich selbst heraus den Trend zu mehr Vermögensungleichheit begrenzen. Das kann nur nicht genuin kapitalistischen →Institutionen oder Regeln gelingen, beispielsweise Vermögens- und Gewinnsteuern oder Maßnahmen, die →Arbeitnehmer in die Lage versetzen, ebenfalls Kapital anzusparen (→Investivlohn). Das gelingt jedoch zunehmend immer weniger, u. a. aufgrund von Kapitalflucht in Steueroasen. Extreme Vermögensungleichheit wirft nicht nur Gerechtigkeitsfragen auf, sondern schadet auch einem kapitalistischen Wirtschaftssystem. Einkommenserwerb wird zunehmend von eigener →Leistung entkoppelt, unterschiedliche Startbedingungen der Gesellschaftsmitglieder werden verfestigt und die soziale Mobilität gehemmt. Damit werden wichtige Grundvoraussetzungen eines dynamischen Kapitalismus unterminiert, weil zunehmend nicht mehr die Leistungsfähigsten, Talentiertesten und Kreativsten wichtige Steuerungsfunktionen im kapitalistischen Wettbewerb einnehmen, sondern diejenigen, die unabhängig von diesen Eigenschaften von Beginn an weit bessere Startvoraussetzungen besitzen („Crony Capitalism").

4. Kapitalismus und Demokratie. Die Beziehung zwischen Kapitalismus und Demokratie ist ambivalent. Es wird häufig darauf hingewiesen, dass die wirtschaftliche →Freiheit des Kapitalismus zum einen ein wichtiger Bestandteil demokratischer Ordnungen ist, zum anderen im Zeitverlauf dazu beiträgt, dass eine zuvor noch nicht vorhandene demokratische Ordnung entsteht. Zwar zeigen die Beispiele Chiles in den 1970er Jahren und des heutigen Chinas, dass Kapitalismus und

Demokratie nicht notwendigerweise miteinander einhergehen müssen, im Regelfall sind jedoch wirtschaftliche und politische Freiheit eng miteinander verbunden. Eine kapitalistische Wirtschaftsform kann dennoch Einfluss auf die *Qualität* einer →Demokratie nehmen. Demokratisch gewählte Regierungen sind in hohem Maße von einer stabilen →Wirtschaft und der damit verbundenen Sicherung von Beschäftigung abhängig. Das Argument der internationalen Wettbewerbsfähigkeit eines Wirtschaftsstandorts kann die Handlungsalternativen einer Regierung einschränken, so dass →Unternehmensinteressen eine im Vergleich zu den →Interessen der Wahlbürger größere Bedeutung beigemessen wird. Es lässt sich eine große Zahl sozialpolitischer Kürzungsmaßnahmen aufzählen, die mit dem Argument der Lohnnebenkosten und ihrer Auswirkung auf die internationale Wettbewerbsfähigkeit durchgeführt wurden. Auch die Bankenrettungspakete in Folge der →Finanzkrise 2008/2009 und der nachfolgenden europäischen →Schuldenkrise, die letztlich eine Haftung von Steuerzahlern für die Fehler von privaten →Banken festschrieben, lassen sich durch die Abhängigkeit gewählter Regierungen von der Stabilität des (finanz-)kapitalistischen Systems erklären. Zudem lässt sich beobachten, dass Entscheidungen über wirtschafts- und sozialpolitische Fragen zunehmend dem demokratischen Prozess entzogen werden. Für die an unabhängige →Zentralbanken ausgelagerte →Geldpolitik gilt das schon lange. Während der europäischen Schuldenkrise wurden jedoch zunehmend auch sozial- und fiskalpolitische Fragen parlamentarischen Entscheidungen entzogen, indem nicht gewählte Institutionen (EZB, IWF, Europäische Kommission) die Zuständigkeit faktisch übernahmen oder Regeln eingeführt wurden, die demokratische Entscheidungsträger binden (z.B. Schuldenbremse). Diese Entwicklungen sind bereits für sich allein betrachtet problematisch. Hinzu kommt jedoch, dass es gerade demokratische Entscheidungen sind, die in der Lage sind, negative Effekte des Kapitalismus zu begrenzen.

5. Ineffizienzen des Kapitalismus. Es ist eine der großen Stärken des Kapitalismus, dass er in vielen Bereichen effiziente Lösungen ermöglicht. Eine Zentralverwaltungswirtschaft führt dagegen zu einer erheblichen Verschwendung von Ressourcen. Daneben gibt es jedoch große Bereiche, in denen ein unregulierter Kapitalismus erhebliche Ineffizienzen nach sich zieht. Die mit diesem Tatbestand verbundene K. ist keineswegs mit einer allgemeinen Kritik an →marktwirtschaftlichen Mechanismen gleichzusetzen. Vielmehr zielt sie häufig auf eine Vervollkommnung des Marktes, zu der ein unregulierter Kapitalismus gerade nicht in der Lage ist, worauf – u.v.a. – die Vertreter des Ordoliberalismus hingewiesen haben. Eine erste Ineffizienz entsteht dadurch, dass der Kapitalismus selbst nicht in der Lage ist, jene grundlegenden →öffentlichen Güter zu produzieren, die für die Absicherung und Funktionsfähigkeit eines kapitalistischen Systems entscheidende Bedeutung haben. Diese Unfähigkeit ergibt sich aus dem Tatbestand, dass es sich um Güter handelt, die sich dem Marktwettbewerb entziehen, weil niemand zu ausreichend geringen Kontrollkosten von ihrer Nutzung ausgeschlossen werden kann. Neben öffentlichen Einrichtungen, die →Rechtssicherheit – insbesondere auch im Bereich des Vertragsrechtes – und öffentliche →Sicherheit (→Polizei, Landesverteidigung) garantieren, sind hier die öffentliche →Infrastruktur, das →Bildungssystem und Grundlagenforschung zu nennen. Der zweite Bereich, in dem erheblicher Ineffizienzen eines unregulierten Kapitalismus auftreten, betrifft die negativen externen Effekte kapitalistischen →Wirtschaftens. Diese betreffen vor allem den Umweltbereich. Die Emission von Treibhausgasen als „Mutter aller Externalitäten" ist hier sicher das wichtigste Beispiel. Da es keinen Eigentümer der Atmosphäre gibt, ist es bis heute in weiten Teilen der Welt unentgeltlich möglich, durch die Emission von Treibhausgasen zur Klimaerwärmung beizutragen und Folgekosten zu produzieren, die vermutlich in der Lage sein werden, insbesondere künftigen Generationen Wohlstandsverluste in astronomischer Höhe aufzubürden. Auch im Bereich der Wissensproduktion kann nicht davon ausgegangen werden, dass ein sich selbst überlassener Kapitalismus zu effizienten Ergebnissen führt. Wird das Recht an →geistigem Eigentum nicht durch das öffentliche →Rechtssystem geschützt, gibt es nur gerinne Anreize zu Forschung und Entwicklung. Genießt es hingegen, wie anderes Eigentum auch, einen absoluten Schutz, wird die Diffusion von Wissen soweit beschränkt, dass technischer →Fortschritt über Gebühr gehemmt wird. Auch an dieser Stelle ist daher eine außerhalb des Kapitalismus angesiedelte →Institution notwendig, die mithilfe des Patentrechts einen Ausgleich zwischen dem zur Vornahme von Forschungsaktivitäten notwendigen Schutz geistigen Eigentums und der zur Diffusion von Wissen notwendigen Begrenzung dieses Eigentumsrechtes vornimmt. Weitere Ineffizienzen ergeben sich aus dem, was Jack Hirshleifer die „dunklen Kräfte" des Kapitalismus nennt. So effizienzfördernd Wettbewerb aus gesamtwirtschaftlicher Sicht ist, haben Unternehmen häufig ein Interesse daran, dem Wettbewerbsdruck soweit wie möglich zu entgehen. Folge sind →Monopolbildungen, Kartelle, →Korruption und Marktmanipulationen (→Wirtschaftskriminalität), die in Zeiten des unverfälschten Kapitalismus des 19. Jahrhunderts eine erhebliche Rolle spielten und auch aktuell – man denke an die Entstehungsgründe der →Finanzkrise 2008/2009 oder an die Manipulation von Referenzzinssätzen im Rahmen des Libor-Skandals – keineswegs selten sind. Es ist die Aufgabe gesellschaftlicher

→Institutionen und Regeln, diese „dunklen Kräfte" zum Zwecke der Markteffizienz soweit es geht einzuschränken. Da reale Märkte zudem nie vollkommenen Märkten entsprechen, sind sie anfällig für Koordinationsfehler, die zu →Konjunktureinbrüchen und in Extremfällen zu schweren wirtschaftlichen Depressionen führen, die massive →volkswirtschaftliche Kosten nach sich ziehen, von sozialen Kosten ganz abgesehen. Es sind öffentliche Institutionen und Instrumente – die →Geldpolitik von →Zentralbanken, die Fiskalpolitik von →Staaten – die diese Kosten in Grenzen halten.

6. K. der Kirchen. Die →Evangelische Kirche in Deutschland hat sich in den letzten Jahrzehnten stets zum Kapitalismus in Form einer sozial-ökologischen Marktwirtschaft bekannt und die wichtige Rolle von →Unternehmern für die Entfaltung einer leistungsfähigen →Ökonomie hervorgehoben. Sie hat jedoch auch vor den Folgen eines unregulierten oder schlecht regulierten Kapitalismus gewarnt – zuletzt vor dem Hintergrund der →Finanzkrise 2008/2009, aber auch in Bezug auf die fehlende →ökologische →Nachhaltigkeit des bisherigen →Wirtschaftens. Sie hat hervorgehoben, dass der Kapitalismus „eingebettet" werden muss, und zwar nicht nur kulturell und sozial (Jens Beckert), sondern auch in ein System von Checks and Balances, das es erlaubt, die unzweifelhafte Kraft eines kapitalistischen →Wirtschaftssystems zu nutzen, aber zugleich seine Ineffizienzen, Unzulänglichkeiten und zerstörerischen Kräfte zu minimieren. K. war in der Vergangenheit ein wichtiger Mechanismus, den Kapitalismus zum einen effizienter zu gestalten, zum anderen in Bahnen zu lenken, die ihn vor sich selbst schützen. Der Erfolg dieser Art von K. war und ist, dass sich der Kapitalismus trotz offensichtlicher Defekte als hochgradig anpassungsfähig an ethische Vorstellungen eines gerechteren Wirtschaftens gezeigt hat. Diese Anpassung ging jedoch nicht vom Kapitalismus aus, sondern von nichtkapitalistischen →Werten, →Gerechtigkeitsvorstellungen, Institutionen und Regeln, die ihn umgeben. Bei der K. handelt es sich somit um eine vermutlich kaum endende Aufgabe, bei der den Kirchen eine wichtige Rolle als Produzenten von Werten und Gerechtigkeitsvorstellungen und als Unterstützungsinstitutionen demokratisch verhandelter Gesetze und Regulierungsmaßnahmen zukommt.

Jack Hirshleifer, The Dark Side of the Force, in: Economic Inquiry, 1994[XXXII] – Jens Beckert, Grenzen des Marktes: Die sozialen Grundlagen wirtschaftlicher Effizienz, 1997 – Kirchenamt der EKD (Hg.), Wie ein Riss in einer hohen Mauer: Wort des Rates der Evangelischen Kirche in Deutschland zur globalen Finanz- und Wirtschaftskrise, 2009 – Joseph Vogel, Das Gespenst des Kapitals, 2010 – Wolfgang Streeck, Gekaufte Zeit: Die vertagte Krise des demokratischen Kapitalismus, 2013 – Michael Fritsch, Marktversagen und Wirtschaftspolitik, 2014 – Thomáš Sedláček/David Graeber, Revolution oder Evolution: Das Ende des Kapitalismus?, 2015 – Naomi Klein, Die Entscheidung: Kapitalismus vs. Klima, 2015 – Thomas Piketty, Das Kapital im 21. Jahrhundert, 2015.

Andreas Mayert

Kasuistik

1. Grundsätzliches. K. (von lat. casus, „Fall") bezeichnet eine Methode, mit Einzelfällen umzugehen, indem man sie allgemein einordnet. Damit ist i. d. R. der Anspruch einer Bewertung des Einzelfalls verbunden. Grundsätzlich besteht die Möglichkeit, den Einzelfall entweder als Anwendungsfall einer allg. Regel oder als Typus eines durch andere Einzelfälle exemplifizierbaren Falls zu verstehen. Problematisch wird die K., wenn sie von der fallbezogenen Einordnung zur abstrakten Norm wird, die an der Konkretion des Einzelfalls vorbeigeht („Haarspalterei", „Spitzfindigkeit"). Geschichtlich ist die K. in versch. Kulturen und Religionen zur Blüte gelangt. Gegenwärtig wird die K. wiss. in versch. Fachgebieten wie der Rechtswiss., Medizin, Ethik und kath. Theologie praktiziert (M. Honecker).

2. Evangelische Perspektiven. Vor dem Hintergrund der Kritik Jesu an der K. (Mk 2,27) und im Anschluss an das Evangelium von der →Rechtfertigung des Gottlosen durch den Glauben entzündet sich der reformatorische Protest an der k. Beichtpraxis. Die Verrechtlichung des Bußwesens wird von evangelischer Seite kritisiert und mit der im Glauben erschlossenen Gewissensfreiheit und →Verantwortung des Einzelnen kontrastiert. Vielfach wird die K. in der ev. Ethik bis heute strikt abgelehnt. Dennoch stellt sich angesichts von Appellen an ethisch eher abstrakte Prinzipien wie →„Liebe" oder →„Freiheit" die Frage nach der Verbindlichkeit und der Konkretion evangelischer Weisungen, wie sie auch biblisch verbürgt sind (P. Wick). Dies führt zu der Frage, ob und wie eine evangelische K. möglich ist, ohne in einen eth. Biblizismus zu verfallen (A. Denecke). Die gegenwärtige Diskussion empfiehlt eine differenzierte Wahrnehmung der K. durch die ev. Ethik. Anschlussreich und diskutabel erscheint eine an Handlungszielen orientierte K., die sich nicht von ihren rel. Einstellungen trennen lässt. Letzteres ist nicht ein „relativistisches" oder „subjektivistisches" Eingeständnis, sondern wird dem Sachverhalt gerecht, dass das Verständnis des Menschen weder einfach „objektiv" noch biologisch definitiv vorgegeben ist (J. Fischer). Insofern hängt die K. von der theologischen →Anthropologie ab, die ihrerseits allgemein rechenschaftspflichtig ist. Der Erwartung an vermeintlich objektive und von ihrer rel. Wahrnehmung trennbare Kriterien muss sich die ev. Ethik daher versagen.

A. Denecke, Wahrhaftigkeit. Eine evangelische K., 1972 – M. Honecker, Einführung in die Theologische Ethik. Grundlagen und Grundbegriffe, 1990, 170–175 – A. R. Jonsen/S. Toul-

MIN, The Abuse of Casuistry, A History of Moral Reasoning, 1990² – J. FISCHER, Evangelische Ethik und K. Erwiderung auf Peter Wicks Beitrag, in: ZEE 53, 2009, 46–58 – P. WICK, Evangelische Ethik contra K. Evangelische Bio- und Medizinethik in der Sackgasse?, in: ZEE 53, 2009, 34–45 – P. WICK, K. als evangelische Herausforderung. Reaktion auf Johannes Fischers Erwiderung, in: ZEE 53, 2009, 198–203.

Malte Dominik Krüger

Katholische Soziallehre

1. Begriff. Katholische Soziallehre (KS) im engeren Sinn meint die „*kirchliche Sozialverkündigung" (KSV)* bzw. „*Sozialverkündigung der Kirche"* als die in eine systematische Ordnung gebrachte Summe aller kirchenamtlichen Verlautbarungen zu eth. Fragen im weitesten Sinne auf soz., gesellschaftl., pol. und wirtschaftl. Gebiet. Darüber hinaus gehören auch entspr. Sachfragen tangierende Stellungnahmen, Hirtenbriefe und Erklärungen auf der Ebene der nationalen Bischofskonferenzen (Deutschland: Gemeinsames Wort der Kirchen; Amerikanischer Wirtschaftshirtenbrief; Österreichischer Sozialhirtenbrief) und einzelner Bischöfe dazu.

KS im weiteren Sinn, *Christl. Gesellschaftslehre (CGL)* bzw. *Christl. Sozialethik (CSE)* meint die wissenschaftl. Disziplin innerhalb des Fächerkanons der Theologie, die sich mit den Mitteln wissenschaftl.-vernünftiger Reflexion, in Auseinandersetzung mit der Theologie einerseits, einer phil. →Sozialethik und den humanwissenschaftl. Disziplinen andererseits um die „ethisch-pol. Realpräsenz des Evangeliums", um seine „Inkulturation" in die technisch-industrielle Zivilisation der Moderne (H.-J. HÖHN) bemüht. CSE versteht sich materialiter als eth. (→Handlungs- und →System)Theorie zur Realisierung *soz.* →*Gerechtigkeit* sowohl im Blick auf die Strukturen als auch das Ethos einer →Gesellschaft.

KSV und KS stehen idealiter im gleichen wechselseitig sich befruchtenden Verhältnis wie das Lehramt der Kirche und die theol. Wissenschaft insgesamt.

2. Zur Entstehung der KS. KS als eigenes Genre kirchenamtl. Verkündigung und wissenschaftl. Theologie ist erst am Ende des 19. Jh.s im Kontext der durch den vorindustriellen Pauperismus (Massenarmut) und die *frühkapitalistische Klassengesellschaft* (→Klasse) hervorgerufenen „→*soz. Frage"* entstanden (erste Sozialenzyklika „Rerum novarum" 1891; Gründung des ersten Lehrstuhls für CGL 1893 in Münster). Stand der Katholizismus zunächst ohne formuliertes Sozialideal da, so leistete die *Sozialkritik der kath. Romantik* (u. a. ADAM HEINRICH MÜLLER, FRANZ VON BAADER) eine erste tiefer greifende Analyse der gesellschaftl. und ökonomischen Wandlungen der Industriegesellschaft, die insgesamt als künstliche Gesellschaft abgelehnt wurde. Man sah den Grund für das soz. Elend in dem neuen Geist des rationalist. →Individualismus und in der Auflösung der alten, religiös begründeten Ständeordnung und forderte mithin eine totale Sozialreform als Rückkehr zur ständischen Gesellschaft mit dem gleichzeitigen Bemühen um die „Standwerdung" der Arbeiter.

FRANZ JOSEPH VON BUSS würdigte 1837 erstmalig die Errungenschaften der Industrialisierung (→Industrie) positiv, gleichzeitig aber sah er deutlich die negativen soz. Auswirkungen und forderte, seiner Zeit noch weit voraus, eine „Fabrikgesetzgebung", also ein sozialpol. Programm.

ADOLF KOLPING unternahm einen weiteren Schritt im Blick auf die mögliche Überwindung der Verelendung aus der Kraft des kath. Glaubens und der kirchl. Gemeinschaft. Er machte den kurze Zeit zuvor in Elberfeld gegründeten Gesellenverein zu seinem eigenen, vor allem pastoralen Anliegen.

Den wohl wichtigsten Beitrag zur Lösung der soz. Problematik des 19. Jh.s aus der Sicht des Katholizismus leistete Bischof WILHELM EMMANUEL VON KETTELER. Schon 1848 rief er auf der Basis der Lehre des THOMAS VON AQUIN die Grundsätze einer christl. Eigentumsethik ins öffentl. (christl.) Bewußtsein. Der endgültige Durchbruch gelang ihm im Jahr 1869 (Referat vor der Fuldaer Bischofskonferenz sowie Rede auf der Liebfrauenheide bei Offenbach) durch seine umfassende Einsicht in die ökonomischen und pol. Ursachen der soz. Frage. Damit wurden nun erstmalig durchgreifende Lösungsansätze sichtbar, bezogen auf drei Bereiche: 1. Selbsthilfe der Arbeiter, 2. Staatliche Arbeiterschutzgesetzgebung, 3. Engagement der Kirche.

GEORG VON HERTLING überwand die antikapitalistische Grundeinstellung des an der Romantik orientierten Teils des deutschen Sozialkatholizismus endgültig und wies auf der Basis seines naturrechtl.-sozialphil. Denkens den Weg zur →Sozialpolitik innerhalb des „Systems". Damit haben sich am Ende dieser Entwicklung weder Staatssozialismus noch romantische Rückwärtsorientierung durchsetzen können, sondern auf lange Sicht der Realismus der sog. „*Mönchengladbacher Richtung"* des deutschen Sozialkatholizismus. Auf diesem Fundament wächst dann auch die Tradition der kirchenamtl. Sozialrundschreiben, die begründet wird mit „*Rerum novarum"* (1891) von Papst LEO XIII.

3. Motive der KS. KSV ist ein zentraler Bestandteil der kirchl. Lehre insgesamt (und damit auch die CSE konstitutives Element der theol. Wissenschaft insgesamt), da die Kirche es als ihre →Pflicht und ihr →Recht ansieht, „den Glauben zu verkünden, ihre Soziallehre kundzumachen… und auch politische Angelegenheiten einer sittlichen Beurteilung zu unterstellen, wenn die →Grundrechte der menschlichen →Person oder das Heil der Seelen es verlangen" (GS 76,5). Mit Blick auf Christus geht es der Kirche um das (christl.)

Heil und, untrennbar damit verbunden, um das wahre (irdische) Wohl des Menschen (vgl. OA 1). Diese umfassende Sicht vom Menschen und von der Menschheit, die aufgrund des Schöpfungsglaubens und des Evangeliums allein der Kirche zu eigen ist, markiert den *„integralen Humanismus" (PP 13)* als Hintergrund für die genuin theologischen Motive, aus denen heraus KSL formuliert wird: Christliche Welt- und Gesellschaftsgestaltung wird als Verpflichtung verstanden, die sich aus dem schöpfungstheologisch grundgelegten Kultur- und Herrschaftsauftrag ergibt. Bei der Erfüllung dieses Auftrags ist die Orientierung am Menschen in seiner Würde als Ebenbild und Geschöpf Gottes maßgeblich. Der christl. Einsatz für die Menschen, besonders für die Armen und die am Rand Stehenden, das Bemühen um gerechtere Strukturen in der Gesellschaft, der Beitrag zur Lösung der sozialen Frage spiegelt zugleich die Solidarität Gottes mit den Menschen in seinem menschgewordenen Sohn Jesus Christus wieder. Kirchliches Handeln in diesem Kontext der Diakonia, die unverzichtbar und gleichwesentlich wie die Leiturgia und Martyria eine Grunddimension der Kirche darstellt, bekommt damit quasi-sakramentale Bedeutung – dabei handelt es sich um Sakramente, die, mit Bezug auf HANS URS VON BALTHASAR formuliert, vor der Kirchentür gespendet werden.

Der Christ erwartet die Vollendung des Reiches Gottes nicht aus eigenen Kräften, sondern von Gott her, der den neuen Himmel und die neue Erde schaffen wird. Diese eschatologische Hoffnung aber darf nicht zu einer passiven oder resignativen Haltung des bloßen Abwartens führen, sondern muss vielmehr zur Sorge um die Gestaltung dieser Erde ermutigen. Denn menschlicher Fortschritt zu einer gerechteren, menschlicheren Welt ist zwar „eindeutig vom Wachsen des Reiches Christi zu unterscheiden", hat aber „doch große Bedeutung für das →Reich Gottes", weil sich in ihm nach Gottes Willen bereits eine „umrisshafte Vorstellung" (adumbratio) von der „künftigen Welt" (GS 39) ankündigt.

4. Erkenntnis- und wissenschaftstheor. Aspekte. In der Tradition verstand sich das Fach CGL als das Gesamt aller sozialphil. – aus der wesenhaft soz. veranlagten Menschennatur – und sozialtheol. – aus der christlichen Heilsordnung – gewonnenen Erkenntnisse über Wesen und Ordnung der menschl. Gesellschaft (J. HÖFFNER). Die Verhältnisbestimmung dieser beiden konstitutiven Erkenntnisquellen →Naturrecht und Offenbarung zueinander hat innerhalb der Entwicklung der KS unterschiedl. Akzentuierungen bewirkt und wesentlich Kontinuität und Wandel der CSE bestimmt.

4.1 Zur theol. Dimension der CSE. War die frühchristl. und mittelalterl. Beschäftigung mit genuin sozialeth. Fragestellungen überwiegend von sozialtheol. Argumentation geprägt (Eigentumsethik, Zinsverbot, Legitimierung der Ständegesellschaft), so wurde seit der ARISTOTELES-Rezeption des THOMAS VON AQUIN in der Hochscholastik primär sozialphil., d. h. mit den Mitteln der von Gott erleuchteten →Vernunft argumentiert. Als im 19. Jh. die moderne KS als eigenständige Disziplin innerhalb der Theologie entstand, setzte sich die Erkenntnis durch, dass nicht die gesamte liberale kapitalistische Wirtschaftsordnung aus theol. Gründen abzulehnen sei. Vielmehr erkannte man die Notwendigkeit der vernünftigen Differenzierung zwischen theol., phil. und sachwissenschaftl. Argumentation. Die phil. Argumentation war neuscholastisch-naturrechtlich. Bei aller Problematik dieses Denkens in seiner Weiterentwicklung gilt es aber festzuhalten, dass die KS mit diesem naturrechtl. Ansatz immer von dem Bemühen um eine rational nachvollziehbare, kommunizierbare Argumentation geprägt war, mit deren Hilfe es ihr im 19. Jh. auch gelang, die gesellschaftl. Standort- und Konzeptionslosigkeit angesichts der neuen soz. Probleme zu überwinden und an der Auseinandersetzung über Lösungsansätze vernehmlich zu partizipieren. Aus diesem Grund der Kommunikabilität und Vernunftgemäßheit wendet sich die KSV seit Papst JOHANNES XXIII. an „alle Menschen guten Willen" und sucht den Dialog mit allen, denen es um die „Verteidigung des Menschen" (CA 61) geht.

Das theol. Element kam in dieser neuscholast.-naturrechtl. Argumentationsform primär in schöpfungstheol. und wenigen soteriologischen Rahmenbezügen zum Tragen. Erst im Gefolge der Neuakzentuierungen des II. Vat. wurde auch der heilsgeschichtl. und eschatol. Horizont speziell über die theol. →Anthropologie in das Selbstverständnis der CSE integriert. Es ist vor allem das Grundkonzept des theol. Personalismus, das die KSV Papst JOHANNES PAULS II. prägt und damit die KS zwar nicht umfundiert, aber ihrer Reduktion auf die sozialphil. Argumentation durch einen umfassenderen genuin theol. Ansatz wehrt. Dies zeigt sich etwa in der Verhältnisbestimmung von →Liebe und Gerechtigkeit, wie sie sich bei JOHANNES PAUL II. in „Dives in misericordia" findet. Ähnlich wie NIKOLAUS MONZEL, der von der Liebe als „Sehbedingung der Gerechtigkeit" spricht, sieht er die Liebe als die Kraft, die die Gerechtigkeit und die →Solidarität aus mögl. Engführungen und Verzerrungen herausholt und sie auf die menschl. Person in ihrer Würde hin orientiert. Diese sowohl schöpfungstheol. als auch christolog. begründete Orientierung an Wert und Würde des Menschen und dessen Mittelpunktstellung als unverzichtbarem Kriterium der KS führte dann auch seit der Enzyklika „Pacem in terris" von JOHANNES XXIII., speziell aber im Pontifikat JOHANNES PAULS II. dazu, dass die KSV in Überwindung der Irritationen und Probleme, die im Kontext der geschichtl. Entwicklung aufgetreten sind, die Idee der Menschenwürde und der daraus resultierenden →Menschenrechte als genuine Konsequenz des

Evangeliums und Implikation seiner Verkündigung versteht. Mit dieser grundsätzlichen Hinordnung auf den Menschen als Person erweist sich die KSL zudem auch wiederum als anschlussfähig an die außertheologische Debatte.

Angesichts der schwindenden Selbstverständlichkeit christl. Überzeugung und des zunehmenden Wertepluralismus wird die Frage nach der spezifisch theol. Signatur der christl. Sozialethik heute mit wachsender Dringlichkeit gestellt und unterschiedlich beantwortet: Im Sinne eines Minimalanspruchs geht es zunächst einmal um das Offenhalten der technisch-funktionalen Vernunft für die Transzendenz, für das „Andere der Vernunft" (H.-J. Höhn), um eine „christl. Heuristik" (M. Schramm, A. Habisch), die das Suchen nach Möglichkeiten und Wegen einer humaneren, gerechteren Gesellschaftsordnung eröffnet. Spezifischer Christliches, eine sozial relevante christl. Grundorientierung, die sich artikuliert in einem Gefüge offener Optionen für die Armen (→Armut), →Freiheit und →Gerechtigkeit, →Frieden, Bewahrung der Schöpfung, für das Transparentwerden des →Reiches Gottes in der Welt (A. Anzenbacher), fungiert als hermeneutischer Schlüssel christl.-sozialeth. Theoriebildung. Wenn nun gegenwärtig diese Optionen und ihre Fundierungsleistung etwa im Blick auf *das* Projekt der Moderne, das neuzeitl. Menschenrechtsethos, zu entfallen drohen, dann ist damit nicht weniger als eben dieses gesamte Projekt vom Verschwinden bedroht. Genau an dieser Stelle hat CSE somit auch gesamtgesellschaftl. Unverzichtbares und Spezifisches einzubringen. Zugleich gilt es im Blick zu halten, dass das spezifisch Christliche *nicht exklusiv* für die Christen gilt, sondern sich gerade als die Überzeugung identifizieren lässt, dass „Gott das Heil und Leben *aller* Menschen [will]." (H. J. Höhn)

4.2 Zur phil. Dimension der KS. Da CSE die komplexen Herausforderungen anzunehmen sucht, die die Moderne mit ihren Signaturen der →Pluralisierung, Individualisierung und funktionalen Differenzierung an sie stellt, und sich nicht selbst von vorneherein aus dem gesellschaftl. Diskurs ausschließen will, kann sie nicht länger auftreten als die übergeordnete gesellschaftl. Größe, die das Interpretations- und Normierungsmonopol für ein gelingendes Miteinander in der Gesellschaft hat. Vielmehr versteht sie sich als *eine* gleichberechtigte Gesprächspartnerin im gesellschaftl. Diskurs. Da im „nachmetaphysischen Zeitalter" (J. Habermas) neuscholastisch-naturrechtl. Argumentations- und Begründungsformen sozialeth. Theoriebildung obsolet geworden sind, führt die CSE einen sehr viel allgemeineren phil. Diskurs. Damit ist nicht eine bestimmte Philosophie gemeint, der sie sich verschreiben würde, sondern das Philosophieren insgesamt, d. h. alle geschichtl. vorfindlichen, insbesondere die in der Gegenwart entstandenen und diese in ihren spezifischen Bedingungen und Ausprägungen reflektierenden phil. (Sozial-)Theorien in all ihrer kontroversen Vielfalt, die es kritisch zu sichten und unter spezifischer Perspektive systematisch aufeinander zu beziehen gilt.

In diesem Kontext des phil.-gesellsch. Diskurses kann die KS ihren theol. begründeten, bleibenden Geltungsanspruch daher nicht durch Verweis auf Glaubens- und Autoritätsargumente aufrechterhalten, sondern nur einlösen unter den Plausibilitätsbedingungen der Gegenwart und auf der Basis einer Neubestimmung ihrer eth. Basiskategorien im Kontext eines Moralkonzeptes, das dem Prozesscharakter gesellschaftl. Verfahren, →Institutionen und Strukturen gerecht zu werden sucht.

Die *phil. Grundlage* für diesen Ansatz bildet die sich aus dem neuzeitl. Naturrechts- bzw. Vernunftrechtsdenken seit Kant ergebende Unterscheidung zwischen dem Gerechten und dem Guten. Während das scholastische →Naturrecht durch einen Rekurs auf Wesen und Bestimmung des Menschen den Gesamtraum menschl. Praxis (einschließlich letzter Wert- und Sinnfragen des Menschseins) in den Blick nimmt, sprengt das neuzeitl. Naturrechtsdenken diese umfassende Perspektive, indem es den eth. Gesamtraum in zwei relativ selbstständige Bereiche aufteilt, die innerhalb der praktischen Philosophie eine völlig unterschiedliche Rolle spielen: in den Bereich der Gerechtigkeitsfragen und in den Bereich der Fragen des guten Lebens bzw. in den des Rechten/Richtigen und des Guten. Tendenziell geht es also im Konzept der Moderne für den Bereich des Gesellschaftl. und Soz. um die Gestalt einer formalen Gerechtigkeitstheorie auf der Basis der Menschenrechte als formale Grundlage der Rechtsordnung, während Fragen des guten Lebens, die in einer pluralistischen und individualisierten Gesellschaft nicht mehr universalisierbar zu klären und in ihren Ergebnissen nicht allgemein zustimmungsfähig sind, privatisiert werden und den Bereich der Freiheit der Lebensgestaltung betreffen.

Allerdings bleibt aus phil. Perspektive zu bedenken, dass der Diskurs selber und seine Bedingungen bereits ein Ethos der Anerkennung der Diskursteilnehmer als Personen, ein Gerechtigkeitskonzept voraussetzen (→Diskursethik). Der gesellsch. Diskurs muss also in seinem Gegenstand zwar stets beschränkt bleiben auf Fragen der Gerechtigkeit, aber dennoch läuft – als diskursiv nicht zu eruierende Voraussetzung – die Frage nach dem guten Leben stets mit. An dieser Stelle schließt sich in der modernen ethischen Theoriebildung der Kreis zu dem oben skizzierten Anliegen klassischen Naturrechtsdenkens wieder: Diese ethischen Theorien kommen nicht ohne anthropol. Grundannahmen vom „natural Unbeliebigen" (A. Anzenbacher) aus, die zu tun haben mit allgemein menschl. Bedürfnissen.

5. Prinzipien und Ziel der KS. *5.1* Die KS betrachtet ihre Sozialverkündigung als Bestandteil der christl. Lehre vom Menschen. Zum bibl.-christl. Bestimmungszusammenhang gehört unverzichtbar der Aspekt der *Geschöpflichkeit* und der *Gottebenbildlichkeit* jedes Menschen sowie die Überzeugung von der Berufung des Menschen zur Teilnahme am ewigen Leben Gottes, das den durch Christus erlösten Menschen von ihm geschenkt und verheißen ist. Erst durch Jesus Christus und dessen Offenbarung der Liebe des Vaters wurde dem Menschen seine Würde in ihrer ganzen Fülle offenbar. Klassische christl. Anthropologie setzt phil. an bei der Theorie von der →*Person*, die den Menschen in der Spannung zwischen *Individualität* und *Sozialität* sieht. Die häufige Gleichsetzung der Individualität des Menschen mit seiner Personalität erweist sich als defizient, gehört doch zur vollen Wahrheit der menschl. personalen Existenz neben dem individuellen zugleich auch der Bereich des gemeinschaftsbezogenen und sozialen Seins. Der Mensch als je-einmaliges Individuum in seiner ursprünglichen Verbundenheit mit seinen Mitmenschen ist mit dem Begriff Person gemeint. Die KS geht davon aus, dass Gott jedem Menschen als seinem Geschöpf grundsätzlich die Fähigkeit mitgegeben hat, mit Hilfe seiner natürlichen →Vernunft die menschl. →Würde und die damit verbundenen Konsequenzen für das gesellschaftl. Zusammenleben zu erkennen. Der Mensch wird also als das Wesen gesehen, das mit →Rechten und →Pflichten ausgestattet ist sowie in der Spannung von →Freiheit und →Verantwortung lebt. Der oberste Grundsatz der KS besagt, dass der Mensch stets „Ursprung, Träger und Ziel" (MM 219) aller gesellschaftl. Einrichtungen sein muss. Aus diesen anthropol. Grundsätzen ergeben sich drei fundamentale Prinzipien des gesellschaftl. Zusammenlebens, die sich gegenseitig ergänzen und nur im Bezug aufeinander richtig zu verstehen sind.

5.2 Das **Prinzip des** →**Gemeinwohls** als eine notwendige Implikation der soz. Dimension des Menschseins stellt einen Grund-Wert für das Bestehen jeder →Gemeinschaft dar und umfasst all jene →Werte im Sinne eines Grund- oder Mindestbestandes (bonum commune), die eine Gemeinschaft insgesamt bejahen muss, damit das Zusammenleben aller Glieder der betreffenden Gemeinschaft gelingen und jeder Einzelne darin seine persönl. Wertverwirklichung immer vollkommener erreichen kann. Aus dem Verständnis vom Menschen als Person mit Rechten und Pflichten ergibt sich die unverzichtbare Rückbindung des Gemeinwohls an und dessen eth. Qualifizierung durch die personale Würde des Menschen. Alle Mitglieder einer Gemeinschaft sind für das jeweilige Gemeinwohl verantwortlich; ihre Einsicht und aktive Zustimmung aufgrund freier Überzeugung ist gefordert. Damit die →Gesellschaft freier und in ihrer Würde gleicher Bürger das Gemeinwohl verwirklichen kann, bedarf es als unabdingbarer Institution der Gemeinwohlautorität, also des →Staates. Dessen Kernaufgaben bestehen im Schutz der Gesellschaft gegen Angriffe von außen, in der Wahrung des Rechtsfriedens im Innern, in der Gewährleistung einer elementaren →Infrastruktur und – im Blick auf den modernen →Sozialstaat – in der Organisation der wirtschaftl. Daseinssicherung mit dem Ziel, jedem Bürger das für ein Leben in Würde nötige Existenzminimum zu gewährleisten. Damit ist ein Mindestinhalt des Gemeinwohls umschrieben, der – als Antwort auf die Frage, was bei aller zunehmenden →Pluralisierung und Individualisierung die Gesellschaft zusammenhält – als unverzichtbarer Grundkonsens die notwendige Bedingung für den Bestand einer Gesellschaft darstellt.

5.3 Vor dem Hintergrund der konstitutiven soz. Dimension des Menschseins sowie motiviert durch das Gebot der christl. →Liebe versteht die CSE unter →**Solidarität** nicht einen äußerlichen Appell an Hilfsbereitschaft, sondern die grundsätzliche gemeinsame →Verantwortung aller Menschen füreinander, sowohl auf der Ebene der Individuen als auch auf der der →Gruppen. Das Prinzip der Solidarität mit allen Menschen hat seinen Ansatzpunkt bei der wesensmäßigen →Gleichheit und Gleichwertigkeit aller Menschen und bei deren gleichzeitiger realer Ungleichheit etwa der Begabungen, der Lebensschicksale, der persönl. Lebensgestaltung sowie, daraus folgend, auch der wirtschaftl. Situation. Diese Solidarität verpflichtet, soweit die eigene Leistungsfähigkeit reicht, zu →Leistung und Mitarbeit, um dann auch die Nicht-, Noch-nicht- oder Nicht-mehr-Leistungsfähigen und Leistungsschwachen mittragen zu können, so dass diese ein Leben in Würde zu führen vermögen und befähigt werden, an den gesellschaftl. Institutionen, kulturellen Gütern und wirtschaftl. Erfolgen zu partizipieren und ihren möglichen Beitrag zu leisten. Nur in dieser Kombination von Leistungsorientierung und „Option für die Armen" ist auch die Verwirklichung von echter Gerechtigkeit möglich. Solidarität bedeutet also nicht Gleichmacherei, sondern Verwirklichung des Personprinzips für einen jeden: Solidarität meint den aus gemeinwohlbezogenen Voraussetzungen motivierten Willen, das zu tun, was man einander als Personen schuldig ist, also Gerechtigkeit zu verwirklichen. Gerechtigkeit ist dabei in klassischer Definition zu verstehen als die beständige und vom Willen mitgetragene und zugleich vernunftbestimmte Haltung, jedem das Seine, insbesondere sein Recht zu geben.

Der umfassende Charakter des Solidaritätsprinzips zeigt sich in zwei Dimensionen: 1. in der völkerübergreifenden, internationalen und globalen Solidarität, deren Notwendigkeit in den letzten Jahren verstärkt bewusst geworden ist im Kontext der Globalisierung und der daraus folgenden Probleme. 2. in seiner zukunftsweisenden Orientierung – hier sprechen manche auch von dem neuen *Sozialprinzip der* →*Nachhaltigkeit*: Dies ist einerseits zu verstehen als die diachrone Dimension des Solidaritätsprinzips, das die Verantwortung für die kommenden Generationen mit einschließt, auf deren Kosten die gegenwärtige Generation nicht wirtschaften, die Ressourcen verbrauchen, die →Volkswirtschaft überlasten und die Umwelt belasten darf. Andererseits bringt die Rede vom Nachhaltigkeitsprinzip die Vernetzung dreier Perspektiven zum Ausdruck: „soziale(r) Ausgewogenheit, ökologische(r) Tragfähigkeit und ökonomische(r) Effizienz als sich wechselseitig bedingende Größen". (M. VOGT)

5.4 Das →**Subsidiaritätsprinzip** scheint geeignet, das Verständnis vom Menschen und seiner Eigenverantwortung mit dem Gemeinwohl- und Solidaritätsprinzip zu verbinden. Ihm (vgl. QA 79) geht es um Schutz und Ermöglichung der Freiheit der menschl. Person und kleiner Gruppen sowie die Anerkennung ihrer jeweiligen Kompetenz. Dieses fundamentale sozialphil. Prinzip bedeutet: 1. Das, was der Einzelne oder eine kleine Gruppe aus eigener Kraft und aufgrund eigener Fähigkeiten schaffen können, darf ihnen nicht von einer jeweils größeren Gruppe abgenommen werden (negative Seite, subsidiäres Entzugsverbot, subsidiäre Kompetenz). 2. Wenn die Leistung nicht, noch nicht oder nicht mehr selbst von der Person oder der personnahen Einheit erbracht werden kann, darf und muss die jeweils höhere Einheit subsidiäre Hilfestellung leisten (positive Seite, subsidiäre Assistenz). Dies impliziert, dass sie sich, wenn die Hilfe zur Selbsthilfe erfolgreich war, entsprechend auch wieder zurückziehen muss (subsidiäre Reduktion, L. SCHNEIDER). Die Realisierung dieses fundamentalen Sozialprinzips erweist sich als Kontrapunkt etwa zu einem totalen Versorgungsstaat, in dem die Gesellschaft nicht gegliedert und in dem Eigeninitiative einzelner oder kleinerer gesellschaftl. Gruppen nicht erwünscht ist. Gleichzeitig lehnt die KS infolge des Subsidiaritätsprinzips den liberalen „Nachtwächterstaat" ebenso ab, dessen Aufgaben lediglich die Wahrung der Ordnung, der Rechtsschutz und die Verteidigung nach außen sind, der aber die Sicherung der →Wohlfahrt und der →Kultur einer sich vom Staat deutlich abgrenzenden, autonomen Gesellschaft überlässt. Für die Bürger eines Sozialstaats bedeutet das Subsidiaritätsprinzip einerseits bei einer Überbetonung der positiven Seite die Warnung vor der Gefahr eines Versorgungsstaates oder „Fürsorgestates" (CA 48,4), andererseits aber auch bei einer Überbetonung der negativen Seite die Sorge vor dem Verlust an humaner Substanz.

5.5 *Soziale Gerechtigkeit*. Seit der Mitte des 19. Jh.s, vor allem im Kontext der komplexen soz. Problemlagen nachneuzeitl.-moderner demokratischer Gesellschaften, ist von der soz. Gerechtigkeit als einer weiteren Form von Gerechtigkeit die Rede. Für die KS wurde dieser Begriff schnell zu einer der wichtigsten Zielvorgaben in der Entwicklung von Gesellschaften und Staaten. In der gegenwärtigen sozialeth. Debatte um die Begriffsbestimmung sind drei Aspekte bedeutsam: Einer *etatistischen Verengung* des Begriffs, der zufolge primär der Staat Subjekt, Produzent und Garant soz. Gerechtigkeit ist, wird allein schon durch Anbindung an die Gemeinwohlgerechtigkeit und das Subsidiaritätsprinzip vorgebeugt. Ist nun nicht ausschließlich der Staat, sondern die Gesellschaft selbst Subjekt und Promotor soz. Gerechtigkeit, dann kann die Herstellung soz. Gerechtigkeit auch nicht primär in *ökonomistischer Verengung* eine Frage der Herstellung ökonomisch gleicher Verhältnisse sein. Aktuelle sozialeth. Ansätze interpretieren die Formel von der „soz. Gerechtigkeit" durch die Formel von der „*kontributiven oder partizipativen Gerechtigkeit*" bzw. der *Beteiligungsgerechtigkeit*: Dies beinhaltet demnach ein für jeden Menschen gegebenes Mindestmaß an Recht und Pflicht zur Teilnahme an Prozessen, Einrichtungen und Errungenschaften innerhalb der menschl. Gesellschaft sowie die Verpflichtung der Gesellschaft, diese Teilhabe zu ermöglichen. Vor diesem Hintergrund lässt sich soz. Gerechtigkeit auch nicht rein technizistisch verstehen, mithin legislatorisch, durch sozialregulative Maßnahmen und Institutionalisierungen herstellen. Ohne die Notwendigkeit von Strukturen und Institutionen soz. Gerechtigkeit abstreiten zu wollen, erweist sich entgegen einer technizistischen Verengung des Begriffs die Seite des Bürgersinns, der in die Verantwortung und Pflicht genommenen Bürger und Gesellschaft als ebenso bedeutsam. Die Herstellung soz. Gerechtigkeit macht demnach in christl.-sozialeth. Perspektive auch eine angemessene Einstellung der Mitglieder einer Gesellschaft erforderlich, gleichsam die permanente Haltung und Initiative, sie verwirklichen zu wollen: sie ist auch eine Einstellung, ein Habitus, eine →Tugend.

Soz. Gerechtigkeit als das theol.-christl. grundgelegte, sittl.-prakt. Bemühen um die Schaffung der Möglichkeitsbedingungen, unter denen sich Freiheit im soz. Raum als →Partizipation an allen sie betreffenden Vorgängen verwirklichen kann, bedeutet also mehr als den rechnerisch-kühlen Austausch von Sachgütern mit Bezug auf vorrangig ökonomisch gedachte, weitgehend vom Staat regulierend herzustellende Gleichheit der Bürger. Bezugspunkt und Movens der Herstellung soz. Gerechtigkeit ist die Anerkennung der allen Menschen gleichen „personalen Würde", die ökonomisch nicht verrechenbar ist.

Für die Zukunft kommt also der KS die zentrale Aufgabe zu, im Gespräch und in Kooperation mit allen anderen gesellschaftl. Kräften, die um den Menschen und die Gesellschaft besorgt sind, die Möglichkeiten der Realisierung soz. Gerechtigkeit unter den Bedingungen der Moderne, der Individualisierung und Pluralisierung zu erkunden, hierfür das Konzept einer sozialeth. rekonstruierten →Zivilgesellschaft fruchtbar werden zu lassen und von dort aus Lösungen für die drängenden Fragen der Gegenwart wie etwa der Reform des Sozialstaates, der Globalisierung, einer weltweiten sozialen Marktwirtschaft zu suchen.

Jb. für christl. Sozialwiss., 1960ff – K. HILPERT, Die Menschenrechte. Geschichte. Theologie. Aktualität, 1991 – U. NOTHELLE-WILDFEUER, Soziale Gerechtigkeit und Zivilgesellschaft, 1999 – TH. HAUSMANNINGER, Christliche Sozialethik zwischen Moderne und Postmoderne, 1993 – A. ANZENBACHER, Christliche Sozialethik, 1997 – H.-J. HÖHN (Hg.), Christliche Sozialethik interdiziplinär, 1997 – U. NOTHELLE-WILDFEUER, Die Sozialprinzipien der katholischen Soziallehre, in: A. RAUSCHER (Hg.): Handbuch der Katholischen Soziallehre, 2008, 143–163 – M. VOGT, Das Konzept der Nachhaltigkeit, in: A. RAUSCHER (Hg.): Handbuch der Katholischen Soziallehre, 2008, 411–419 – H.-J. HÖHN, Soziale Diakonie – kulturelle Diakonie. Vom entscheidend Christlichen, in: Pastoralblatt 62 (2010), 300–308 – J. HÖFFNER, Christliche Gesellschaftslehre (1962/ 1983), in: J. HÖFFNER, Perspektive sozialer Gerechtigkeit (= DERS., Ausgewählte Schriften, Band 1) Paderborn 2015, 239–481.

Ursula Nothelle-Wildfeuer

Kinder

1. Begriff. Zu unterscheiden ist zwischen einem genealogischen und einem kulturanthropologischen Begriff des K.es. Der genealogische Begriff markiert eine bleibende Position in der Generationenfolge, mag das betreffende K. schon längst erwachsen oder gar verstorben sein. Hingegen bezieht sich der hier maßgebliche kulturanthropologische Begriff des K.es auf K.heit als vorübergehende Lebensphase, deren Abgrenzung kulturspezifisch variieren kann. Vorgeburtliches Leben wird nur selten in den Begriff des K.es einbezogen. Nach § 1 BGB beginnt die Rechtsfähigkeit mit der Vollendung der Geburt, wenngleich menschliches Leben schon davor schutzwürdig und erbfähig ist. Das Ende der K.heit lässt sich entweder weiter durch das Erreichen der Volljährigkeit bestimmen (so die UN-K.rechtskonvention/→K.errechte), sodass ein K. jeder Nicht-Erwachsene wäre, oder aber enger durch den Eintritt der Pubertät, wenn das K. zum Jugendlichen wird (Adoleszenz). In jedem Fall sind fließende Übergänge sowohl ethisch als auch rechtlich anzuerkennen, insofern bei der →Erziehung des K.es dessen wachsende Selbstverantwortungsfähigkeit zu berücksichtigen ist (§ 1626 BGB). Die Lebensphase der K.heit lässt sich weiter unterteilen in das Säuglings- (0–1 J.), das Kleink.- (1–6 J.) und das Schulk.alter (ab 6 J.). Im dtsch. Recht festgelegt ist, dass ein Jugendlicher das 14., aber noch nicht das 18. Lebensjahr vollendet hat. Danach gilt er bis zur Vollendung des 21. Lebensjahrs als „Heranwachsender" (§ 1 JGG).

2. Geschichte und Gegenwart. Lange Zeit wurden K.er bis in ihre Kleidung hinein als „kleine Erwachsene" behandelt und unmittelbar in die Lebenswelt der Erwachsenen sowie in die →Familie als Produktionsgemeinschaft einbezogen. Rechtlich galten sie als Eigentum ihrer →Eltern bzw. Familie. Das Mittelalter hindurch lernten K.er v. a. durch die Praxis, indem sie an dieser teilnahmen. Das K. hatte eine untergeordnete, quasi rechtlose Stellung, die sich nur darin vom Dienstpersonal unterschied, dass sie nicht auf Dauer angelegt war. Wie schon in der Antike mit dem gr. Wort *pais* als Oberbegriff für ein Familienmitglied minderen Rechtes sowohl das unmündige K. als auch ein Diener oder Sklave bezeichnet werden konnte, sprach noch Luther häufig in einer festen Wendung von „K.ern und Gesinde". Beide gehörten zum Hausregiment, dem der Pater familias vorstand. Erst in der Neuzeit kam es ARIÈS zufolge zur „Entdeckung der K.heit" als einer kategorial vom Erwachsensein unterschiedenen Lebensphase. Nun bildeten sich spezifische Lebensformen aus, von der Kleidung bis zu k.gemäßer Beschäftigung (Spiel/ Spielzeug). Ein wesentlicher Faktor war die seit dem 15. Jh. erfolgende Expansion der Schulbildung. Wenngleich schon seit der frühen Neuzeit Denker wie MONTAIGNE (1533–1592) für eine Neuorientierung der Erziehung an der Natur des K.es eintraten, gilt als eigentlicher Entdecker der K.heit erst der Philosoph und Pädagoge ROUSSEAU (1712–1778) in der Epoche der →Aufklärung. Er begründete eine Abkehr vom paternalistischen Modell, das K.er strikt der →Autorität von Eltern, Lehrherrn und Lehrern unterordnete. ROUSSEAU ging in seinem Erziehungsroman *Emile* (1762) von der K.heit als natürlichem Alter aus. Der Erzieher solle vom K. her denken und nur indirekt auf dieses einwirken, indem er es durch eine geschickte Auswahl der Reize aus der Welt der Dinge an die Welt der →Gesellschaft heranführe. Allerdings nahm ROUSSEAU Mädchen von der Erziehung zur Mündigkeit aus, da die Abhängigkeit vom Mann der weiblichen Natur entspreche. KANT (1724–1804) bezog sich in seinen Vorlesungen *Über Pädagogik* (1803) mehrfach auf ROUSSEAU. Insbesondere dessen Auffassung, man dürfe vom K. nicht schon früh eine unverstandene Anpassung an gesellschaftliche Konventionen verlangen, kam seiner Intention entgegen. Man müsse bei K.n „nicht den Charakter eines Bürgers, sondern den Charakter eines K.es bilden." Hauptziel sei der rechte Gebrauch der →Freiheit im moralischen Handeln aus eigener Einsicht in die Begriffe der →Pflicht. Ein solcher könne nur durch einen Erziehungsprozess erworben werden, der selber soweit wie möglich Freiheit zugesteht. KANT wollte nicht Vernunfterkenntnisse (→Vernunft) in K.er hineintragen, sondern diese aus ihnen herausholen. Darin zeigt sich die Abkehr von einer Sicht des K.es als Erziehungsobjekt zugunsten der neuen Orientierung an der k.lichen Subjektivität. Auch GOETHE (1749–1832) rühmte ROUSSEAUS „Naturevangelium der Erziehung". In seinem Roman *Wilhelm Meisters Wanderjahre* (1821/29) entwarf er eine „pädagogische Provinz", in der K.er mit ihren Lehrern von der übrigen Welt getrennt aufwachsen und andere, die k.liche Entwicklung fördernde Regeln gelten als ringsumher. Die Erzieher der pädagogischen Provinz erkennen, „wo seine Natur eigentlich hinstrebt ... Weise Männer lassen den Knaben unter der Hand dasjenige finden, was ihm gemäß ist, sie verkürzen die Umwege". Die Erziehung von K.ern wurde seit der Aufklärungsepoche zu einer bedeutenden und verantwortungsvollen Aufgabe, die immer mehr ins Zentrum der bürgerlichen Familie rückte. Man schenkte den besonderen Bedürfnissen von K.ern verstärkte Beachtung. Diese Bedürfnisse wurden zunächst jedoch nicht vom K., wie bei den Vordenkern des neuzeitl. Paradigmenwandels, sondern von gesellschaftl. und religiösen Vorgaben her bestimmt und bestenfalls paternalistisch durch Schutz und →Ausbildung befriedigt. Bis weit ins 20. Jh. hinein blieben die Schule wie der private Raum der →Familie, der im 19. Jh. durch die parallele Ausgliederung der Berufstätigkeit aus dem häuslichen Bereich entstand (→Beruf), hierarchisch strukturiert. Die Schule, der ARIÈS zufolge die Funktion eines Schutz- und Vorbereitungsraumes für die Anforderungen der Erwachsenenwelt zukam, stand zudem lange Zeit noch nicht allen K.ern in gleicher Weise offen. Die Durchsetzung einer allgemeinen Schulpflicht (in Preußen seit 1763) wurde vielfach durch die Notwendigkeit zu →K.erarbeit, kostspieliges Schulgeld (in preußischen Volksschulen bis 1888) und mangelhafte Rahmenbedingungen unterlaufen. Erst 1872 wurden in Preußen Mindeststandards geschaffen, indem die Klassengröße der Volksschulen auf maximal 80 Schüler festgelegt und die Entwicklung zu einem mehrklassigen Schulsystem angestoßen wurde. Auch danach blieb der Schulbesuch in Deutschland bis zur Weimarer Republik unverbindlich. Der →Nationalsoz. instrumentalisierte K.er unter ideologischen (→Ideologie) und rassischen (→Rasse) Gesichtspunkten, denen K.er ihre eigene Individualität gehorsam unterordnen sollten. Erst im letzten Drittel des 20. Jh.s wurden die Eigenart und eigene Rechte von K.ern (→K.errechte) immer mehr anerkannt und patriarchale Strukturen hinterfragt. Unbeschadet weiter fortwirkender traditioneller Gender-Muster wird die Gleichberechtigung von Jungen und Mädchen nunmehr grundsätzlich akzeptiert (→Geschlechtergerechtigkeit, Geschlechterverhältnis, Gleichstellung). Vor neue Herausforderungen stellt gegenwärtig der →demographische Wandel. Waren 1950 noch mehr als 30 % der dtsch. Bevölkerung jünger als 20 Jahre, so waren es 2013 nur noch 18 %. Das Geburtenniveau in Deutschland ist seit langem sehr niedrig (1,4 K.er/Frau) und die Lebenserwartung steigt. Der K.erwunsch kollidiert oft mit dem Streben nach persönlicher oder beruflicher Entfaltung. K.er sind zum →Armutsrisiko geworden, v. a. für Alleinerziehende. Laut Paritätischem Wohlfahrtsverband lag die K.erarmut 2013 bei 19,2 %. In einer überalterten Gesellschaft mit hoher K.erlosigkeit könnte es künftig schwieriger werden, k.gerechte Strukturen zu etablieren und zu bewahren.

3. Theologisch. Nach der theol. →Anthropologie sind zwischen Mensch und Mensch keine Abstufungen in der Wertigkeit statthaft, da alle gleichermaßen zum Ebenbild Gottes geschaffen sind. Damit werden auch die empirischen Unterschiede zwischen K.ern und Erwachsenen relativiert. Was vom Menschen her betrachtet als Überlegenheit des einen über den anderen erscheint, wird in der Relation zu Gott hinfällig. Die in der Gottebenbildlichkeit begründete →Gleichheit erhält von der nt.lichen Soteriologie her einen besonderen Akzent durch das, was die reformatorische Theol. mit dem Schlagwort „solus Christus" zum Ausdruck gebracht hat. Heil und Rettung hat Christus allein gebracht, kein Mensch kann sich vor Gott rühmen (1. Kor. 1,29). Diese voraussetzungslose Annahme des Menschen durch Gott stellt den theol. Grund der Säuglingstaufe dar. Die Mitgliedschaft in der christl. Kirche ist nicht von einem bestimmten Verstehenshorizont abhängig. Vor Gott hat der Erwachsene keinen Vorzug gegenüber dem Säugling. Eine defizitorientierte Anthropologie, die K.er vorrangig als „Noch-nicht-Erwachsene" betrachtet, wird somit unmöglich, da die theol. defizitäre Situation *aller* Menschen herausgestellt wird. Traditionell wurde dies mit dem geistesgeschichtlich befrachteten Begriff der „Sünde" ausgedrückt. Positiv gewendet: Die von Christus bewirkte Freiheit des Christenmenschen ist auch die Freiheit des K.es. Die Annahme Gottes gilt jedem Menschen in seiner jeweiligen Situation, mit seinen besonderen Eigenschaften – dem K. genauso wie dem Erwachsenen. Anschaulich zeigt sich dies im Handeln Jesu. In den Evangelien ruft Jesus die K.er zu sich und trägt den Jüngern auf, „wie die K.er zu werden" (Mt. 18,3). Damit sind keine besonderen Eigenschaften im Blick, welche K.er etwa den Erwachsenen voraushätten, sondern eine grundsätzliche Umkehrung der Wertordnung zugunsten sozial Benachteiligter. Die Aufforderung, K.er in Jesu Namen aufzunehmen (Mt. 18,5), meint die konkrete Sorge für K.er als physisch Schwächere und weithin gering Geachtete.

4. Ethisch. Von der christl. Nächstenliebe (→Nächster) her ist ein besonderer Einsatz für diejenigen geboten, die ihre Gleichberechtigung als Menschen mit gleicher Würde nicht selber einfordern können: Neben Alten und Menschen mit Behinderung sind dies vor allem die K.er Die fundamentale Gleichheit von Erwachsenen und K.ern vor Gott erfordert gleichwohl eine ethische Differenzierung in der Welt. Die empirische Differenz von K.ern und Erwachsenen darf jedoch nicht in einem hierarchischen Autoritätsverhältnis, das K.ern Schutz und Sicherheit um den Preis von Gehorsam und Unterordnung bietet, festgeschrieben werden. Dadurch überließe man den Abbau der Differenz überwiegend der natürlichen Entwicklung des K.es und rechtlichen Normierungen. Die Gleichheit von K.ern und Erwachsenen vor Gott motiviert vielmehr dazu, die k.liche Entwicklung mit aktiver Förderung zu begleiten. Letztere zielt auf zukünftige gleiche Beteiligungsmöglichkeiten (→Partizipation), mag man diese auch aktuell dem K. *um seiner selbst willen* noch nicht im vollen Umfang zugestehen können. Die Forderung nach aktiver Beteiligung von K.ern würde ohne die Grundlage des Schutzes und ohne die Vermittlung der Förderung hinter ihrem eigenen Anspruch zurück bleiben. Denn die Beteiligung von K.ern wäre ohne Schutz und Förderung, die ihrem Entwicklungsstand angemessen sind, eine Überforderung. So wäre es unverantwortlich, ein Kleink. unbegleitet dem Straßenverkehr auszusetzen, anstatt es durch Verkehrserziehung allmählich darauf vorzubereiten und bis dahin sorgsam aufzupassen (→Verkehrsethik). Auch am →Arbeitsleben können K.er in den westlichen →Industriestaaten aus gutem Grund nicht oder nur eingeschränkt teilnehmen (→K.erarbeit). Stattdessen sollen sie durch Schulbildung in die Lage versetzt werden, künftig einen →Beruf ergreifen zu können, der ihren Neigungen und Fähigkeiten entspricht (→Ausbildung). Als Ziel des Entwicklungs- und Förderprozesses meint gleiche Beteiligung keine ungehemmte Entfaltung des Einzelnen, sondern die Anteilnahme am gemeinsamen Ganzen, in →Verantwortung für sich selbst und für den Nächsten. Diese normative Orientierung (→Norm) entspricht dem Verhältnis von Schutz, Beteiligung und Förderung, das der Konzeption der →K.errechte zugrunde liegt, der gegenwärtig viele Verbände und Einzelpersonen eine →Leitbildfunktion zuerkennen.

M. J. BUNGE (Hg.), The Child in Christian Thought, 2001 – R. LUX (Hg.), Schau auf die Kleinen... Das K. in Religion, Kirche u. Gesellschaft, 2002 – P. ARIÈS, Geschichte der K.heit, 2003[15] – F. SPENGLER, K. sein als Menschsein, 2005 – E. HERMSEN, Faktor Religion. Geschichte der K.heit vom MA bis zur Gegenwart, 2006 – H.-H. KRÜGER/C. GRUNERT (Hg.), Handbuch K.heits- u. Jugendforschung, 2010[2] – U. STENGER u. a. (Hg.), Einführung in die K.heitsforschung, 2010 – H. LUTTERBACH, K.er und Christentum, 2010 (Lit.).

Frank Surall

Kinderarbeit

K. wird oft definiert als Arbeit, welche die Rechte und Würde eines Kindes verletzt und es seiner Kindheit und seinem Entwicklungspotential beraubt. Konkreter ist damit jede Form von Arbeit gemeint, die mental, physisch, sozial und moralisch gefährlich und schädlich ist für Kinder und die ihnen darüber hinaus die Möglichkeit eines Schulbesuchs vorenthält bzw. einschränkt. Auch der Zwang den Besuch der Schule mit harter und langer Arbeit kombinieren zu müssen, fällt darunter. Maßstab zur Feststellung des Unrechtstatbestandes K. sind nationale Gesetze sowie internationale Übereinkommen.

Nicht jede Arbeit, die Kinder ausüben, ist im genannten Sinne „Kinderarbeit". Die Mitarbeit von Kindern und Jugendlichen bei Tätigkeiten, die weder ihrer Gesundheit, ihrer persönlichen Entwicklung oder dem Schulbesuch schaden, ist grundsätzlich als positiv anzusehen. Die Mitarbeit im Haushalt der Eltern oder im Familienbetrieb sowie die Übernahme bezahlter Tätigkeiten in der Freizeit oder den Ferien können einen positiven Effekt auf die persönliche Entwicklung der Heranwachsenden haben. Durch Mithilfe und Arbeit werden wichtige gesellschaftliche Werte vermittelt.

Zuständig für die Entwicklung von global gültigen Vereinbarungen zum Thema K., ist die Internationale Arbeitsorganisation (ILO – International Labor Office), eine Sonderorganisation der Vereinten Nationen mit Sitz in Genf. Vertreter von Arbeitgebern, Gewerkschaften und Regierungen von 185 Staaten sitzen gemeinsam an einem Tisch und beschließen Mindeststandards im Bereich der internationalen Arbeitsbeziehungen. Die ILO hat für den Bereich der K. zwei fundamentale Übereinkommen verabschiedet: Die Konvention 138 über das Mindestalter für die Zulassung zur Beschäftigung und Konvention 182 über die schlimmsten Formen der K.

Die Mindestalter-Konvention 138 verbietet generell die Beschäftigung von Kindern, die jünger als 13 Jahre sind. Sie erlaubt die Ausübung leichter Tätigkeiten für 13- bis 15-Jährige. Das Mindestalter für eine Vollzeitbeschäftigung liegt bei 15 Jahren. In Entwicklungsländern kann davon abgewichen werden. Arbeiten, welche gefährlich sind für die Gesundheit, Sicherheit oder Moral dürfen aber generell erst ab 18 Jahren ausgeübt werden. Mittlerweile ist das Abkommen von 167 Staaten weltweit ratifiziert worden und deshalb faktisch als weltweiter Standard anerkannt.

Als Ergänzung zur Konvention 138 wurde 1999 das „Übereinkommen 182 über das Verbot und unverzügliche Maßnahmen zur Beseitigung der schlimmsten Formen der Kinderarbeit" verabschiedet. Die Durchsetzung dieses Beschlusses wurde auch wesentlich durch eine internationale Kampagne des „Global March Against Child Labor" unterstützt, einem Bündnis von rund 1400 NGOs aus über 100 Staaten.

Die Konvention 182 fordert eine sofortige Beendigung von 1. Sklaverei, Schuldknechtschaft, allen Formen von Zwangsarbeit sowie den Einsatz von Kindern als Soldaten. 2. Kinderprostitution und -pornografie. 3. dem Einsatz von Kindern in illegalen Bereichen, wie z. B. dem Drogenhandel. 4. Arbeit, die der Gesundheit, Sicherheit oder Moral schadet.

Das Abkommen hat große internationale Anerkennung gefunden. 179 von 185 Mitgliedstaaten der ILO haben die Konvention 182 ratifiziert und sich dadurch auch verpflichtet, sie national umzusetzen. Zu den wenigen Ländern, die das Übereinkommen nicht ratifiziert haben, gehört auch Indien, wo nach wie vor viele Kinder den schlimmsten Formen der K. ausgesetzt sind. Ein weiterer Eckpfeiler im völkerrechtlichen Schutz von Kindern stellt die 1989 verabschiedete Kinderrechtskonvention der Vereinten Nationen dar. Sie sichert Kindern das Recht zu, vor wirtschaftlicher Ausbeutung geschützt zu werden. Sie definiert in Art. 32 K. als Tätigkeiten von unter 18-jährigen, die ihnen schaden oder sie am Schulbesuch hindern. Eine reguläre Arbeit darf demnach erst ausgeführt werden, wenn die Person nicht mehr schulpflichtig ist.

Nach Angaben der ILO (Stand 2012) müssen weltweit 168 Millionen Kinder im Alter von 5–17 Jahren arbeiten (in dem Sinne, dass Ihre Arbeit gegen die Übereinkommen 138 und 182 verstößt), davon verrichten 85 Millionen gefährliche oder ausbeuterische Arbeit. Gemessen an allen Kindern dieser Altersgruppe ist der Anteil der arbeitenden Kinder seit 1950 gefallen und wird laut Prognosen der ILO weiter sinken. Seit 2000 ist K. um ein Drittel zurückgegangen, mit steigender Tendenz. Allein zwischen 2008 und 2012 ging die weltweite Zahl der Kinderarbeiter von 215 auf 168 Millionen zurück und die Zahl der Kinder in gefährlicher Arbeit verringerte sich von 115 auf 85 Millionen. Allerdings fiel die Entwicklung von Land zu Land und von Region zu Region sehr unterschiedlich aus. In absoluten Zahlen arbeiten derzeit die meisten Kinder in Asien. Gemessen am Anteil der Altersgruppe (über 20 Prozent aller 5–17jährigen) verzeichnet Afrika die höchste Quote an Kinderarbeitern. Die Landwirtschaft ist der Wirtschaftszweig, der mit Abstand den höchsten Anteil an K. hat. Weitere wichtige Sektoren in denen Kinder arbeiten sind Dienstleistungen und Industrie. Der überwiegende Teil der Kinder arbeitet im informellen Sektor und für die heimische Wirtschaft. Nur ein geringer Teil produziert für den Weltmarkt. Auch private Haushalte, Landwirtschaft, Kleingastronomie, arbeitsintensive, auf lokale Märkte ausgerichtete Industrien, Bergbau etc. beuten Kinder aus.

Im Focus der Öffentlichkeit in den westlichen Industriestaaten steht insbesondere K., mit der Produkte für den Weltmarkt hergestellt werden, wie z. B. Textilien, Fußbälle, Feldfrüchte wie Orangen, Kakao etc. Die Mobilisierung der Öffentlichkeit wurde in erster Linie erreicht durch Kampagnen und Aktionen von NGOs. Dies führte häufig zu Verbesserungen für die betroffenen Kinder, z. B. in der indischen Teppichproduktion oder der Fußballherstellung in Pakistan. Auch bei der Kakaoproduktion in Westafrika oder der Haselnussernte in der Türkei führte der öffentliche Druck dazu, dass die beteiligten westlichen Unternehmen Druck auf Ihre Lieferanten ausüben müssen, um illegale Praktiken zu vermindern und zugleich Bildungs- und Ausbildungsprojekte mit den betroffenen Kindern durchzuführen. Anderseits gibt es auch den Vorwurf, dass durch diese Maßnahmen K. nur in andere Industriezweige, die weniger im öffentlichen Focus stehen, verdrängt wurden. Ein Ansatz, dies zu verhindern bietet der Faire Handel. Er gibt den Familien die Chance, dass die Arbeit der Erwachsenen den Lebensunterhalt sichert. Weiterhin verbietet er in seinen Standards K. und ermöglicht über sein Prämiensystem die Förderung von Bildung und Ausbildung von Kindern und Jugendlichen.

Um K. zu überwinden bedarf es eines integrierten Ansatzes: Armutsbekämpfung und Beschäftigungspolitik, konkrete Maßnahmen, um K. zurückzudrängen sowie die Förderung von Bildung müssen eng miteinander verknüpft werden. Die deutsche Entwicklungszusammenarbeit fördert seit Anfang der 1990er Jahre das internationale Programm zur Abschaffung der Kinderarbeit (IPEC) der ILO, das die Regierungen bei der Umsetzung von Strategien zur Bekämpfung der Kinderarbeit unterstützt. Einige NGOs und Hilfswerke setzen darüber hinaus auch auf die Förderung von Organisationen arbeitender Kinder zur Sicherung ihrer Rechte auf Nahrung, Bildung, Freizeit, Gesundheit. Dieser Ansatz führte 2014 dazu, dass mit Bolivien ein Land das pauschale Kinderarbeitsverbot aufhob und stattdessen die Rechte arbeitender Kinder per Gesetz regelte. Besonders schlimme Formen der K. bleiben natürlich auch dort weiterhin verboten.

ILO-IPEC, Marking progress against child labour – Global estimates and trends 2000–2012, 2013 – Nordelbisches Zentrum für Weltmission und Kirchlichen Weltdienst/ Südwind e.V., Indien: Schule statt Kinderarbeit, 2006 – SOMO, Fact Sheet: Child labour in the textile & garment industry, Amsterdam, 2014.

Markus Heißler, Martin Domke

Kinderrechte

1. Geschichte. Die Anfänge der K. sind eng mit der Reformpädagogik verbunden, die v. a. seit Ende des 19. Jh.s →Erziehung ausgehend von Eigenart und Bedürfnissen der Kinder selber gestalten wollte. Der Kindergarten-Bewegung des 19. Jahrhunderts, die von F. Fröbel (1782–1852) begründet wurde, ging es um die freie Entfaltung des Kindes gegenüber der Zweckrationalität der sich industrialisierenden Gesellschaft (→Industrie). In ihrem Zusammenhang forderte die Amerikanerin K. D. Wiggin (1856–1923) in ihrem Buch *Children's Rights* 1892 erstmals programmatisch Rechte von Kindern ein. Das Kind sei kein Eigentum seiner Eltern und habe ein Recht auf ein Umfeld, das seinen spezifischen Bedürfnissen angemessen ist. Bis zur Jh.wende war die Einsicht, dass die →Gesellschaft Kindern besondere Aufmerksamkeit zuwenden müsse, so weit verbreitet, dass die schwedische Sozialreformerin E. Key (1849–1926) das anbrechende 20. Jh. zum „Jh. des Kindes" erklären konnte. Vordringlichstes Recht des Kindes sei es, in einer liebevollen Partnerschaft zu leben. Daneben postulierte KEY, inspiriert von F. NIETZSCHE, das problematische zweite Grundrecht des Kindes, ohne erbliche Schädigungen geboren zu werden. War die Rede vom „Jh. des Kindes" zu optimistisch, so rückten Kinder dennoch im 20. Jh. vermehrt ins Blickfeld. 1913 fand in Brüssel die Erste Internationale Kinderschutz-Konferenz statt, die aufgrund des 1. Weltkriegs ohne unmittelbare Wirkung blieb. Im Jahr 1923 entwarf die Britin E. JEBB (1876–1928) eine *Children's Charter*, die sich der Völkerbund im folgenden Jahr als *Genfer Erklärung* zu eigen machte. Diese enthielt vornehmlich Schutzrechte, die Kindern in Ausnahmesituationen wie Krankheit, Ausbeutung oder Krieg zukommen sollten. Der polnische Arzt und Pädagoge J. KORCZAK (1878–1942) kritisierte, die *Genfer Erklärung* habe „Rechte und →Pflichten verwechselt; der Ton der Deklaration klingt nach gutem Zureden, nicht nach Forderung". Kindsein war für KORCZAK eine dem Erwachsensein gleichberechtigte Ausprägung des Menschseins. Für das grundlegende K. überhaupt hielt er daher das Recht des Kindes auf Achtung. Er wollte im Kind keinen werdenden Menschen und zukünftigen Staatsbürger sehen, der gegenwärtig auf Wohlwollen angewiesen sei. KORCZAK machte vielmehr Anspruchsrechte des Kindes gegenüber →Eltern, Erziehern und →Staat geltend, indem er für das „Volk der Kinder" einen gerechten Anteil am volkswirtschaftlichen Vermögen einforderte. Damit wurde er zu einem Wegbereiter des modernen Konzepts partizipativer K. Nach dem Zweiten Weltkrieg blieb die *Allgemeine Erklärung der →Menschenrechte* von 1948 noch in der paternalistischen Tradition, als sie in Art. 25 den „Anspruch auf besondere Hilfe und Unterstützung" von Mutter und Kind festschrieb. Einen Meilenstein stellte 1959 die Verabschiedung einer *Erklärung der Rechte des Kindes* durch die →Vereinten Nationen dar. Diese gestand dem Kind einen „Anspruch" darauf zu, „gesund aufzuwachsen und sich zu entwickeln". Doch blieb sie einer defizitorientierten Betrachtung des Kindes verhaftet, indem sie z. B. in der Präambel dem „Kind wegen seiner mangelnden körperlichen und geistigen Reife besonderen Schutz und besondere Fürsorge" zusprach. Das Jahr 1979 erklärte die UNO zum „Jahr des Kindes". Aus diesem Anlass sollte die K.*serklärung* von 1959 in eine völkerrechtlich bindende Konvention umgewandelt werden. Doch erst 10 Jahre später wurde 1989 eine neue, 54 Art. umfassende Konvention verabschiedet (UN-KRK). Inzwischen wurde sie von fast allen UN-Mitgliedstaaten ratifiziert – von Deutschland 1992 mit Vorbehalten, die 2010 zurückgenommen wurden. Neben der K.sbewegung „von oben", also auf der Ebene staatlicher Legislative und Exekutive, entstand in den 1970er Jahren im Zusammenhang mit Antipädagogik, Kinderladen-Bewegung und Einflüssen angloamerikanischer K.ler wie R. FARSON (geb. 1926) oder J. C. HOLT (1923–1985) eine K.sbewegung „von unten". Diese forderte eine weitgehende Gleichberechtigung von Kindern, mit teilweise problematischen Konsequenzen (Schulverweigerung, sexuelle Selbstbestimmung, Kinderwahlrecht u. a.). Während diese radikale Strömung bis Anfang der 1990er Jahre an Bedeutung verlor, machten sich in den letzten Jahrzehnten immer größere Gruppen der →Zivilgesellschaft, darunter einschlägige Fachverbände wie der Deutsche Kinderschutzbund oder Terre des hommes, das Anliegen der K. zu eigen. Bemühungen, K. ins deutsche →Grundgesetz aufzunehmen, sind freilich bislang gescheitert.

2. Wirkung der UN-K.skonvention. Die UN-KRK enthält zwar keine unmittelbaren Sanktionen, aber die in Art. 44 eingegangene Verpflichtung der Staaten, dem neu gegründeten UN-K.sausschuss in Genf regelmäßig Berichte zur Umsetzung der UN-KRK vorzulegen, die dieser bewertet, erzeugt öffentliche Aufmerksamkeit (→Öffentlichkeit) und politischen Druck. In Deutschland schlossen sich etwa 100 →Nichtregierungsorganisationen zu einer *National Coalition* zusammen, um die Umsetzung der UN-KRK kritisch zu begleiten. Die K.sbewegungen von oben und von unten wurden so zusammengeführt. Staatliche und nicht-staatliche Stellen arbeiteten beim von der Bundesregierung im Anschluss an den Weltkindergipfel 2002 angeregten *Nationalen Aktionsplan „Für ein kindergerechtes Deutschland 2005–2010"* zusammen, indem z. B. Qualitätsstandards für die Beteiligung von Kindern in unterschiedlichen Bereichen (Schule, Kommune u. a.) entwickelt wurden. Kommunen (→Kommunalpolitik) und Bundesländer beriefen in den 1990er Jahren Kinderbeauftragte, um →Verwaltungsmaßnahmen und Gesetze auf ihre Kinderfreundlichkeit hin zu prüfen. Verschiedene rechtliche Reformen der letzten Jahrzehnte stehen in einem kinderrechtlichen Kontext, v. a. das Kindschaftsrechtsreformgesetz (1998) und das Gesetz zur Ächtung der →Gewalt in der →Erziehung (2000).

Im Jahr 2014 ist das 3. Fakultativprotokoll zur UN-KRK, das die Individualbeschwerde von Kindern vor dem UN-Ausschuss für K. ermöglicht, in Kraft getreten. Auf Empfehlung des UN-Ausschusses für K. wurde 2015 im Auftrag der Bundesregierung eine unabhängige Monitoring-Stelle im Dt. Institut für Menschenrechte eingerichtet, welche in direkter Zusammenarbeit mit Kindern als „Experten in eigener Sache" die Umsetzung der UN-KRK überwachen und vorantreiben soll.

3. Normative Konzeption. Normativer Kern der UN-KRK ist Art. 3: „Bei allen Maßnahmen, die Kinder betreffen, ... ist das Wohl des Kindes ein Gesichtspunkt, der vorrangig zu berücksichtigen ist." Art. 12 konkretisiert dies dahingehend, dass die Meinung des Kindes in allen diesen betreffenden Angelegenheiten "angemessen und entsprechend seinem Alter und seiner Reife" zu berücksichtigen ist. Hier werden →Partizipation an sozialen Entscheidungsprozessen und Integration in die gesellschaftlichen Strukturen als neue Basisnormen erkennbar, die neben die früher allein geltenden →Normen der Prävention und Protektion treten, ohne diese allerdings ersetzen zu wollen. Nach Art. 9 etwa darf ein Kind (nur) dann gegen seinen Willen von seinen Eltern getrennt werden, wenn die Trennung zum Wohl des Kindes notwendig ist. Unter bestimmten Umständen übernimmt das Kindeswohl somit eine Ersatzfunktion für den Kindeswillen. Die kinderrechtlichen Basisnormen Schutz, Beteiligung und Förderung dürfen nicht gegeneinander ausgespielt werden, sondern jedes K. ist von allen drei Basisnormen her nach Maßgabe des Kindeswohls auszulegen (→Kinder). K. verstehen sich als Anwendung und Auslegung der allgemeinen →Menschenrechte im Blick auf Kinder. Menschenrechte, die undifferenziert Erwachsenen wie Kindern gelten, stellen das inklusive Extrem dar, z. B. das Recht auf Schutz vor →Folter (Art. 37). Am anderen, exklusiven Extrem befinden sich Rechte, die entweder nur Erwachsenen (Recht auf →Arbeit) oder ausschließlich Kindern (Recht auf Zusammenleben mit den Eltern/ Art. 9) zukommen. Dazwischen stehen die meisten Menschenrechte, die für Kinder differenziert gelten. Dazu gehört z. B. das K. auf Informationsfreiheit (Art. 17), das den nötigen Kindermedienschutz berücksichtigen muss (→Medienethik). Aber auch ein scheinbar inklusives Menschenrecht wie das Recht auf →Leben gilt nur in seinem Kern undifferenziert für Kinder und Erwachsene. Das Leben eines Kindes beinhaltet nach Art. 6 UN-KRK mehr als das bloße Überleben, nämlich die Möglichkeit einer (möglichst selbstbestimmten) Entwicklung (K. auf →Bildung, Art. 28/29). Ob diese über die UN-KRK hinaus ein K. auf Religion erfordert, ist strittig. In diesem Fall sollte ein K. auf Religion freilich nicht nur als Förder- und Beteiligungsrecht verstanden werden, sondern auch als Schutzrecht den Schutz vor problematischen Aspekten einschließen, die das Kind schädigen oder sein →Gewissen belasten (→Religionsfreiheit). Im Kontext der →Nachhaltigkeitsdebatte gibt es seit einiger Zeit Bestrebungen, K. als Individualrechte um sog. Ökologische K. und andere kollektive Rechte zu erweitern (Recht auf intakte →Umwelt, auf →Frieden u. a.). So berechtigt deren Anliegen ist, sollte dabei stets die Partizipation der Kinder selber mitbedacht werden, um nicht hinter den K.gedanken zurückzufallen.

F. GÜTHOFF/H. SÜNKER (Hg.), Handbuch K., 2001 – M. LIEBEL, K. aus Kindersicht, 2009 – F. SURALL, Ethik des Kindes. K. und ihre theologisch-ethische Rezeption, 2009 – K. GRAF, Ethik der Kinder- und Jugendhilfe, 2014 – E. ROSSA, K. Das Übereinkommen über die Rechte des Kindes im internationalen und nationalen Kontext, 2014 (Lit.).

Frank Surall

Kirche und Welt

1. Begriffsklärung. Die beiden hier in ihrem vielfältigen Abhängigkeits- und Beziehungsgeflecht darzustellenden Begriffe K. und W. stehen je selbst in komplexen und teils unscharfen Definitionszusammenhängen. Neben individuellem Interesse und weltanschaulicher Sichtweise (→Welt, Weltanschauung) spielen ethische, historische, politische, soziologische oder theologische Aspekte eine eher zentrale oder nebensächliche Rolle. Das Hebräische, das kein eigenes Wort für W. kennt, verwendet „Himmel und Erde" als Bezeichnung des Alls. Das Griechische versteht unter W. den „Kosmos" (lat. mundus), die gesamte geistige und materielle Wirklichkeit. Nach den biblischen Schöpfungsberichten (Gen 1–2) ist die W. Werk des Schöpfers und der Mensch ist in die Schöpfung hineingestellt. Die Bibel spricht aber auch von der gefallenen Schöpfung (Gen 3). Im NT kann W. sogar zum Inbegriff der Gottesfeindschaft werden (1. Joh 5,19; 2. Kor 4,4). Der Teufel ist „der Fürst dieser W." (Joh 12,31; 14,30). Das Reich Christi ist daher nicht von dieser Welt. (Joh 18,26). Auch der Begriff K. ist stark vom jeweiligen konfessionellen Standpunkt abhängig. Man kann darunter sowohl die im 3. Artikel des Apostolischen Glaubensbekenntnisses formulierte geglaubte Gemeinschaft aller Christen als Teil des Leibes Christi (1. Kor 12,12 ff) verstehen als auch die strukturell unterschiedlich verfassten kirchlichen Institutionen oder nur die verfasste „Amtskirche" im Gegenüber zum „Kirchenvolk". Ebenso grundlegend für die Bestimmung des Verhältnisses von K. und W. ist die Unterscheidung von sichtbarer und unsichtbarer Kirche. Nicht unwichtig wurde gerade im ökumenischen Kontext (→Ökumenische Bewegung) Luthers Übersetzung des griechischen Wortes „ekklsia" (Versammlung) mit „Gemeinde" (→Gemeinde, kirchlich) statt mit K. wie überwiegend in der Einheitsübersetzung und teils sogar in der neuen Zürcher Bibel. In evangelikalen Kreisen werden die Zusammenhänge von K. und W. auch als Kampfansage gegen jede Anpassung an die „gottlose Welt" und den sog. Zeitgeist beschrieben.

2. Weltverantwortung der K. Die Weltverantwortung und damit die ethische, soziale und politische Mitverantwortung der K. (→Ethik, →Politische Ethik, →Sozialethik, →K. und Wirtschaft) hat ihre Wurzeln in der jüdischen und urchristlichen Tradition, vor allem des Dekalogs, der prophetischen Macht- und Sozialkritik (→Judentum und Ethik), der →Bergpredigt und Gleichnisse Jesu. Hieraus entwickelten sich schon in den ersten christlichen Gemeinden die drei Säulen Gemeinschaft (koinonia), Zeugnis (martyria) und Dienst (diakonia), die nach den Berichten der Apostelgeschichte nicht nur das gottesdienstliche Leben bestimmten, sondern auch bald Konflikte mit der nicht-christlichen W. zur Folge hatten (Act 2, 42–46; 6, 1–7; 7, 54 ff). Daraus haben die K.n und vor allem viele der aus ihnen heraus entstandenen Gemeinschaften (→Kommunitäten, Orden, Bruder- und Schwesternschaften) eine bis heute bestehende und beachtliche Wirkung für Aufgaben, Herausforderungen und Nöte der W., vor allem im Bildungs- Gesundheits- und Sozialbereich, erzielt. Darüber hinaus haben die K.n neben ihrer gottesdienstlichen Botschaft an die Welt (→Predigt, politische) auch in öffentlichen Reden (→Öffentlichkeit und Kirche) und gedruckten Stellungnahmen (→Denkschriften) ihre W.-verantwortung wahrgenommen. Denn spätestens seit der →Aufklärung ist damit auch das Thema „K. in der W." verbunden, also die Berücksichtigung der geschichtlichen Veränderungen und deren Rückwirkungen auf die K.n. Dies schließt „die Beziehungen von Glaube und Theologie zu →Weltanschauungen, →Ideologien, Wissenschaftssystemen und Weltdeutungen ein" (HONECKER, 407).

3. K. und W. im Protestantismus. Die vielfältigen Ursachen der Reformation des 16. Jh.s, deren unterschiedlicher Verlauf in den einzelnen Ländern und Regionen Europas und die zum Teil theologisch recht kontroversen Positionen der Reformatoren in Kursachsen, in der Schweiz, in den oberdeutschen Städten und im sog. Linken Flügel der Reformation prägen seit rund 500 Jahren die evangelischen Konzepte und Besonderheiten der Beziehungen von K. und W.

3.1 Lutherische Aspekte. Die im Luthertum vorrangig auch und gerade das Verhältnis von K. und W. bestimmende Zweiregimentenlehre (→Zwei-Reiche-Lehre) ist vom jungen Luther selbst entwickelt worden und fand Eingang in die Bekenntnisschriften (CA XVI, Gr. Katechismus zum 5. Gebot u. a.). Luther wertete ausgehend von seiner Betonung des „Allgemeinen Priestertums der Getauften" (→Amt) mit seiner Lehre von den beiden Regierweisen Gottes die weltlichen Stände und damit alle →Arbeit (→Beruf) in Familie, →Staat und Wirtschaft (→K. und Wirtschaft) auf. In einem Regiment wirkt Gott durch das Evangelium zum Heil der Menschen und im anderen durch das Gesetz und die weltlichen Ordnungen zur Erhaltung der W. Diese Lehre ist von ihrer biblischen Begründung her als nötiges und kritisches Korrektiv und vor allem in der Beurteilung ihrer Umsetzung und Konsequenzen immer umstritten geblieben. Die Zustimmung vieler Lutheraner zur →Barmer Theologischen Erklärung von 1934 war daher auch nur dadurch möglich geworden, weil in Ergänzung oder zur Abschwächung der 2. These schließlich die 5. These eingefügt worden ist. Auch in der Auseinandersetzung um die atomare Nachrüstung und →Friedensethik 1982 stellte die VELKD fest, dass die K. mit ihrem Bekenntnis zu Jesus Christus steht und fällt und nicht mit politisch-militärischen Entscheidungen. Fragen der politischen →Vernunft dürften nicht in theologisch unzulässiger Weise mit dem Evangelium vermischt werden.

3.2 Reformierte Aspekte. Die reformierte K. weist den einzelnen Christen in seine Verantwortung vor Gott. Sie besteht darauf, dass Gottes Gnade persönlich angenommen und in Zeugnis und Dienst persönlich weitergegeben werden will. Im Anschluss an Johannes Calvin wird nicht nur jegliche Ämterhierarchie abgelehnt, sondern auch der Bundesgedanke stark betont. Der „Bund Gottes", in dem der Mensch zum Leben unter der Gnade erwählt ist, ruft nach Sichtbarkeit im Alltag. Die Christen werden durch Kirchenzucht zur Heiligung und zum Gottesdienst im Alltag angehalten. Die Auswirkungen dieser Lehre für das öffentliche Leben, für Wirtschaft und Handel, für Politik und Kultur werden oft mit dem auch missverstandenen Begriff →Calvinismus bezeichnet. Der reformierte Theologe K. BARTH hat durch seine Betonung der Folge von „Evangelium und Gesetz" (→Gesetz und Evangelium) „eine Einheit von geistlichem Auftrag und gesellschaftlichem Handeln der K." vertreten und damit „eine Entsprechung von Glaube und ethischem Handeln" (HONECKER, 322). Das „Gesetz" ist immer schon vom „Evangelium" umfangen als Gottes gute Weisung für sein Volk. Zum gnadenlosen Gesetz wird es, wenn die Sünde sich seiner bemächtigt. In der Konsequenz dessen hat etwa 1982 der Reformierte Bund im schon erwähnten Diskurs um den NATO-Doppelbeschluss die Friedensfrage zu einer Bekenntnisfrage erklärt, da es in der Stellung zu den Massenvernichtungswaffen um das Bekennen oder Verleugnen des Evangeliums gehe.

3.3 Freikirchliche Aspekte. Die meisten der von ihrer Entstehung und ihren theologischen Schwerpunkten recht unterschiedlichen und in Deutschland →Freikirchen genannten K.n der Reformation wollen nicht nur hinsichtlich ihrer Verfassung bzw. Gemeindeordnung frei von staatlicher Bevormundung sein, sondern traten seit ihrer Entstehung für eine völlige Trennung von →Staat und K. ein. Als lange verfolgte und vertriebene →Minderheiten finden sich bei ihnen schon früh „Ansätze von Konzeptionalisierung und politischen Forderung von Religions- und Gewissensfreiheit" (→Religionsfreiheit), deren mühsame Durchsetzung „für das Selbstverständnis vieler Freikirchen eine große Rolle" spielt (GELDBACH, 235). Dieses bislang zu wenig gewürdigte Engagement bestimmt insgesamt die freikirchliche Haltung zu K. und W. bis heute. Im Einzelnen muss beispielsweise der Einsatz der →Mennoniten für Gewaltfreiheit (→Gewalt) und Kriegsdienstverweigerung, der Kampf der →Baptisten und des →Methodismus gegen Rassendiskriminierung (→Rassismus) und Sklaverei, der Einsatz der aus dem Methodismus 1865 entstandenen Heilsarmee (unter dem Slogan „Seife, Suppe, Seelenheil") für Obdachlose, Flüchtlinge, Prostituierte und Suchtkranke genannt werden. Dazu kommt das Engagement der Adventisten für eine an der biblischen Botschaft orientierte Feiertagsheiligung (→Sonntag) sowie →Ernährung und gesunde Lebensführung.

3.4 Kundgebungen, Denkschriften, Erklärungen und Grundlagentexte der EKD. Im deutschen Kontext muss vor allem an die Entstehung und Bedeutung von →Denkschriften und anderen kirchenamtlichen Erklärungen und Stellungnahmen erinnert werden, die nach dem Ende des Zweiten Weltkriegs alle wichtigen Bereiche von K. und W. thematisiert haben: Christen und Juden, Ostgebiete, Religionsunterricht, →Frieden, →Demokratie, Landeswirtschaft, →Umwelt, Interreligiöser →Dialog, →Ehe und →Familie, →Bildung und →Kultur, →Freizeit, →Sport, Sonntagsruhe, Tod und Sterben, Ursachen und Konsequenzen der Reformation (→Rechtfertigung), u. a. Als Folge des geringen Widerstands gegen die Verbrechen des Nationalsozialismus, der kirchenpolitischen Erfahrungen zwischen 1933 und 1945 und der daraus resultierenden existenziellen Verunsicherung und theologischen Sprachlosigkeit begann bereits die Kirchenkonferenz in Treysa im August 1945 neue Wege zur politischen Mitverantwortung zu beschreiten. Die erste Kundgebung des dort konstituierten Rates der →EKD hatte den Titel „Verantwortung der K. für das öffentliche Leben". In der Konsequenz dieser Weichenstellung ist auch das wenig später ausgesprochene Schuldbekenntnis zu den NS-Gräueltaten in der Stuttgarter Erklärung vom Oktober 1945 und das →Darmstädter Wort des Reichsbruderrats von 1947 zu verstehen. „Die Hinwendung zur Übernahme öffentlicher Verantwortung im gesellschaftlich-politischen Raum der NS-Zeit ist einer der bedeutendsten Transformationsprozesse der Kirche im Übergang von der Diktatur zur Demokratie" (OELKE, 288). Als Konsequenzen dieses neuen Mitgestaltungs- und Verantwortungsbewusstseins für K. und W. müssen „Das Wort zur Judenfrage" der EKD-Synode von Berlin-Weißensee (1950) und die sog. Ostdenkschrift „Die Lage der Vertriebenen und das Verhältnis des deutschen Volkes zu seinen östlichen Nachbarn" (1965) gewürdigt werden. Die Rolle der nach 1945 entstanden kirchlichen →Akademien und des Deutschen Evangelischen Kirchentags darf dafür nicht hoch genug eingeschätzt werden. Nicht zufällig hat die EKD dann 1970 („Aufgaben und Grenzen kirchlicher Äußerungen zu gesellschaftlichen Fragen") und nochmals 2008 („Das rechte Wort zur rechten Zeit") zwei Denkschriften über Ursachen, Ziel und Wirkung kirchenamtlicher Stellungnahmen veröffentlicht. Wenn gefragt und darauf geantwortet wird: Welchen Auftrag hat die K.? Wer spricht für die K.? Wozu spricht die K.? Zu wem spricht die K.? Unter welchen gesellschaftlichen Bedingungen spricht die K.? und Wie spricht die K.? – dann ist damit auch schon ein Dilemma angezeigt. Es geht gerade bei Lehrfragen um die Grenzziehung von eigenem Standpunkt und Pluralismusfähigkeit. Dabei darf die Akzeptanz verschiedener Positionen nicht mit Relativismus und völliger Beliebigkeit verwechselt werden. Gerade der →Pluralismus in moralisch-ethischen Fragen ist derzeit ein großes Problem für den ökumenischen und interreligiösen →Dialog.

4. K. und W. im Katholizismus. Als klare Absage an die von Papst PIUS IX. (1846–1878) im „Syllabus" (Anhang von 80 Sätzen zur Verurteilung von Rationalismus, →Liberalismus, →Sozialismus, →Demokratie und anderen Irrtümern der Moderne zur Enzyklika „Quanta cura" von 1864) vertretene Position hat hundert Jahre danach das Zweite Vatikanische Konzil (1962–1965) das pastorale Handeln der K. als eine Mitverantwortung und Mitgestaltung des öffentlichen Lebens auf W.gestaltung beschrieben. Mit bischöflichen Hirtenbriefen und anderen publizistischen Mitteln werden vor allem die Laien aufgefordert, sich am Prozess sozialer Kommunikation nach den Prinzipien der →katholischen Soziallehre zu beteiligen. So beschreibt die Pastoralkonstitution des Konzils über die „Kirche in der Welt von heute" (Gaudium et Spes = GS) die Situation der Menschheit als tiefgehenden Wandel, der das gesellschaftliche Gleichgewicht gestört und damit Spannungen im Menschen wie in der gesamten Menschheit verursacht hat. Dies wirke sich auch auf das religiöse Leben aus und bringe eine vielfache Verwirrung der Gläubigen mit sich. Als Antwort darauf wird das Bekenntnis zu Jesus Christus genannt und die Versicherung, dass die K. bereit sei, am Aufbau einer besseren Welt der →Gerechtigkeit und der →Solidarität mitzuarbeiten. Im Blick auf einen damit verbundenen Bedeutungsverlust kirchlicher Lehrpositionen wird einerseits die vorrangige Bedeutung des →Naturrechts betont. Andererseits ist die K. jetzt bereit, auf staatliche Privilegien und legitime Rechte zu verzichten, „wenn feststeht, dass durch deren Inanspruchnahme die Lauterkeit ihres Zeugnisses in Frage gestellt ist, oder wenn veränderte Lebensverhältnisse eine andere Regelung fordern" (GS 76,5). Die daraus etwa von der Befreiungstheologie und anderen nachkonziliaren pastoralen Konzeptionen gezogenen Konsequenzen wurden während des Pontifikats JOHANNES PAULS II. (1978–2005) mit verschiedenen kirchenrechtlichen Maßregelungen untersagt. Erst mit Papst FRANZISKUS (seit 2013) scheinen auf dem Hintergrund seiner lateinamerikanischen Erfahrungen neue Wege einer oft geradezu revolutionär bezeichneten Neuorientierung eine echte Chance zu bekommen. In seinem Apostolischen Schreiben „Die Freude des Evangeliums" (Evangelii gaudium) über die Verkündigung des Evangeliums in der W. von heute vom November 2013 geht es um mehr als um eine neue Etappe der Evangelisierung. Seine klaren Worte einer deutlichen →Kapitalismuskritik, dass die gegenwärtige „Wirtschaft tötet", fanden freilich nicht nur Zustimmung. Aber allein die auch sonst bei Franziskus spürbare Absicht, den einzelnen Bischofskonferenzen mehr Kompetenzen einzuräumen, könnte ganz im Sinne des Zweiten Vatikanischen Konzils durch eine Dezentralisierung auch neue und für eine glaubwürdigere Beziehung von K. und W. nötige Möglichkeiten erschließen.

5. K. und W. in der Orthodoxie.

Über Jahrhunderte hat das vom oströmischen Kaiser JUSTINIAN (527–565) entwickelte Ideal der „Symphonie" (Einklang) das Zusammenwirken der Ostkirchen mit dem →Staat geprägt und unter totalitären Umständen auch mehr belastet als konstruktiv befördert. Als eine Art von Gewohnheitsrecht ohne rechtliche Fixierung versuchte eine solche ganzheitliche Betrachtung von K. und W. Konkurrenzansprüche zu regeln. Umso wichtiger es heute, die Bemühungen, Texte und Rechtsgrundlagen zu würdigen, die vor allem in Ost- und Ostmitteleuropa unmittelbar vor und nach dem Ende der UdSSR neue Wege in den Fragen von K., Volk und Nation und sozialen Fragen (→Orthodoxe Kirche und Sozialethik) beschritten haben. So hat das Moskauer Patriarchat der Russischen Orthodoxen Kirche (ROK) nach der ersten umfassenden Sozialdoktrin von 2000 im Juli 2008 mit den „Grundlagen der Lehre der ROK über die Würde, die Freiheit und die Menschenrechte" ein beachtliches sozialethisches Dokument und Konzept auf der Basis des biblischen Bildes der Menschenwürde veröffentlicht.

6. Ökumenische Aspekte – Gemeinsame Worte.

Obwohl seit dem Beginn der ökumenischen Bewegung am Anfang des 20. Jh.s eigentlich selbstverständlich, ist es jedenfalls im deutschen Kontext auffällig, dass die fast in allen K.n virulenten Fragen der Beziehungen von K. und W. nur selten bilateral oder gar multilateral in Angriff genommen wurden. Bekannte Ausnahmen sind die beiden Sozialworte der EKD und der römisch-katholische K. in Deutschland. 17 Jahre nach der ersten Stellungnahme „Für eine Zukunft in Solidarität und Gerechtigkeit" (1997) folgte mit dem Text „Gemeinsame Verantwortung für eine gerechte Gesellschaft" 2014 eine neue „Sozialinitiative", die eine grundlegende gesellschaftliche Transformation anstoßen wollte, um auf bedrohliche Veränderungen wie →Globalisierung, Wirtschaftskrisen und →Klimawandel zu reagieren. Den dort zu findenden zehn „Thesen" geht es um folgende Verantwortungen: wirtschaftliches Wachstum in den Dienst für den Menschen stellen; die Soziale Marktwirtschaft naschhaltig weiterentwickeln; ordnungspolitische und ethische Maßstäbe für die Wirtschaft zu erneuern; die Staatsfinanzen zu konsolidieren; eine ökologische Nachhaltigkeit in Lebens- und Wirtschaftsstilen zu verankern; die mit dem demographischen Wandel einhergehenden sozialen Belastungen gerecht zu verteilen; durch Inklusion und Partizipation zur Chancengleichheit beizutragen; eine breite Beteiligung an Erwerbsarbeit zu fördern, bessere Bildung und Mitwirkung an der Gestaltung einer europäischen Solidaritäts- und Verantwortungsgemeinschaft zu bewerkstelligen. Die Kritik von Fachleuten richtete sich vor allem gegen das Faktum, dass die Forderungen der K.n sich „weitgehend der Linie des Koalitionsvertrags" anschlossen (KRESS, 21), gegen den Vorbildcharakter der Unternehmensmitbestimmung, die in kirchlichen Unternehmen nicht vorgesehen sei und ein fehlendes Wort zur Kritik am kirchlichen Arbeitsrecht (KRESS, 22). Kaum hörbar waren kritische Worte dazu, warum ein solcher Text nicht wenigstens von allen K.n der Arbeitsgemeinschaft Christlicher Kirchen in Deutschland (ACK) möglich gewesen sein sollte. Dies hingegen war möglich beim Start und der Durchführung des von der „Konferenz Europäischer Kirchen" (KEK) und dem „Rat der Katholischen Europäischen Bischofskonferenzen" (CCEE) initiierten Prozesses für „Frieden, Gerechtigkeit und Bewahrung der Schöpfung". Nach Vorbereitungstagungen in der DDR und in der BRD durch die jeweiligen ACKs konnten 1989 kurz vor dem Ende des Mauerfalls beide deutsche Staaten einen wichtigen Beitrag für einen auch international viel beachteten Meilenstein leisten. Drei große Europäische ökumenische Versammlungen in Basel (1989), Graz (1997) und Sibiu (2007) haben dann gezeigt, wie eine ökumenisch engagierte Christenheit neue Wege für K. und W. beispielhaft erarbeiten und bewältigen kann.

E. GELDBACH, (In) Toleranz und Religionsfreiheit als Themen in der Geschichte der Freikirchen, in: Freikirchenforschung 2015[24], 235–266 – M. HONECKER, Art. Kirche und Welt, in: TRE [XVIII]1989, 405–421 – DERS., Art. Kirche VIII. Ethisch, in: ebd., 317–334 – H. KRESS, Das neue Sozialwort der Kirchen. Kirchliche Verlautbarungen sind in eine Sackgasse geraten, in: MdKI 2014[65], 21 f – KIRCHENAMT DER EKD/SEKRETARIAT DER DBK (Hg.), Für eine Zukunft in Solidarität und Gerechtigkeit. Wort des Rates der EKD und der DBK zur wirtschaftlichen und sozialen Lage in Deutschland, 1997 – KIRCHENAMT DER EKD (Hg.), Das rechte Wort zur rechten Zeit. Eine Denkschrift der EKD zum Öffentlichkeitsauftrag der Kirche, 2008 – DASS., Christlicher Glaube und religiöse Vielfalt in evangelischer Perspektive. Ein Grundlagentext des Rates der EKD, 2015 – H. OELKE, Der äußere und innere Wiederaufbau der evangelischen K. nach 1945, in: Reformation und Politik – Bruchstellen deutscher Geschichte im Blick des Protestantismus, SVRKG [18]62015, 267–288.

Walter Fleischmann-Bisten

Kirche und Wirtschaft

In der 2000jährigen *Geschichte des Christentums* hat sich das Verhältnis von KuW vielfältig entwickelt und ist äußerst verschiedenen Akzentuierungen ausgesetzt gewesen. Bereits die biblischen Schriften sind in dieser Hinsicht nicht eindeutig. Auf der einen Seite finden sich die bekannten reichtumskritischen Texte vom Mammon oder vom reichen Jüngling mit der Warnung, sein Herz (allein) an Reichtum und insofern an die Dynamik der Wirtschaft zu hängen. Auf der anderen Seite wird in der Bibel aber auch Wohlstand und Reichtum durchaus als Segen Gottes begriffen (besonders im Alten Testament) und zudem auch der Einsatz der eigenen Gaben und die treue Verwaltung von Gütern in höchsten Tönen gelobt. Einige Bibelstellen, wie insbesondere jene vom Nadelöhr, durch die eher ein Kamel gehen könnte, als dass ein Reicher in das Himmelreich kommen würde, haben eine enorme Wirkungsgeschichte in Richtung einer deutlichen Reichtumskritik gehabt. Auf der einen Seite wurde sie konkret gegen Reiche gewendet, mit der Aufforderung, Reichtum zu verteilen und vom Erwerb von Reichtum abzusehen; auf der anderen Seite ist sie aber auch eher spirituell verstanden worden, in der Ermahnung, sein Herz auch dann nicht an Reichtum zu hängen, wenn man selbst materiell reich sei. Auch dann wäre die Erringung der Seligkeit immer noch möglich, sofern man seine Gesinnung auf höhere Güter als den materiellen Reichtum richten würde. Tatsächlich ist die Situation in der Geschichte des Christentums unausgeglichen: immer haben Reiche und Arme gemeinsam zur Kirche und zum Christentum gehört. In der Regel haben sich die großen Anstaltskirchen auch um die Inklusion der Reichen bemüht, wohingegen die christlichen Bewegungen bzw. Sekten ein stärkeres Gleichheitsethos und damit eine stärkere Reichtumskritik einforderten (Vergl. BROWN).

Theologisch, aber auch religionssoziologisch oder auch -psychologisch gesehen gibt es durchaus eine Differenz zwischen religiösen und ökonomischen *Haltungen*. Während ökonomische Haltungen von der Knappheit der Mittel und damit vom Allokationsproblem knapper Ressourcen ausgehen und darauf zielen, aus knappen Ressourcen einen möglichst großen Ertrag zu ziehen, lebt eine religiöse Haltung genau andersrum und kommt vom im Überfluss vorhandenen Segen Gottes bzw. seiner umfassenden Liebe dazu, möglichst viel Lebensmöglichkeiten für alle einzufordern. Der Ausgangspunkt ist also die Fülle und nicht die Knappheit. Der religiöse Mensch erlebt sich folglich schon immer als „reich". Klassisch in dieser Hinsicht sind die entsprechenden Äußerungen aus der Bergpredigt Jesu, in der mit der Aufforderung, sich nicht zu sorgen, in deutlicher Weise extrem antiökonomisch argumentiert wird. Die großen Heiligen des Christentums haben sich in dieser Hinsicht auch stets antiökonomisch artikuliert und verbanden mit der Aufforderung sich voll Gott anzuvertrauen, oft den Verzicht auf weltlichen Reichtum. Mit der Reformation ändert sich allerdings diese prägende Linie des mittelalterlichen Christentums. LUTHER und die anderen Reformatoren argumentieren pointiert anti-franziskanisch, indem sie alle Menschen zur Arbeit anhalten, Armut, Müßiggang und Faulheit nicht mehr zu einem quasi Heiligenstatus verklären. Diese grundsätzlich positive Bejahung wirtschaftlicher Betätigung seit der Reformation, ja sogar ihre Auffassung als eine Art von Gottesdienst, findet allerdings bei den Reformatoren dort eine Grenze, wo es um Reichtums- und Kaptitalakkumulation als solche geht. Luther (auch die anderen Reformatoren) kritisiert heftig den aufkommenden Frühkapitalismus und insbesondere die Überhandnahme von Verschuldung und Zinsen.

Die reale Entwicklung verläuft dann allerdings in den lutherisch geprägten Gegenden anders als in der Reformierten. Währens sich aufgrund des lutherischen Berufsethos eine Auffassung von Arbeit als „Leistung für andere" eher sozialverträgliche und eingebettete Formen der Ökonomie durchsetzen – weswegen in diesen Gegenden dann schließlich auch die ersten Sozialstaaten entstehen – setzen sich in den reformierten und insbesondere angelsächsisch geprägten, eher radikalmarktliche und wettbewerblich kapitalistische Formen durch, die noch zusätzlich dadurch legitimiert sind, dass Gewinn in ihnen als Zeichen des Segens Gottes interpretiert werden konnte. Bis heute sind solche Protestantismen zu finden. Nicht selten wurde auch der bisweilen größere ökonomische Erfolg der Protestanten als der Katholiken eine Art sekundärer Legitimation genutzt (Vgl. klassisch: S. SMILES). Vorsichtig lässt sich zudem sagen, dass die lutherische Reformation zumindest auch zu einem sozialistischen Verständnis einer solidarischen Ökonomie – die reformierte Tradition aber eher zu rein kapitalistischen Formen geführt haben.

Einen Einschnitt erfährt das Verhältnis Kirche und Wirtschaft dann mit der Explosion der Industriegesellschaft und des *aufkommenden Kapitalismus* Anfang des 19. Jahrhunderts. Hier gerät das Christentum gegenüber der Wirtschaft in die Defensive, da eine ganze Reihe von Ökonomen nun die Verfolgung von Eigeninteressen und damit im Grunde genommen die Verfolgung von Untugenden in den Vordergrund ökonomischer Produktivität rückt und legitimiert. Genau das, was jahrhundertelang im Christentum als Sünde gebrandmarkt war, wird nun als Quelle einer aggressiven Wirtschaftsentwicklung positiv gesehen. Während dies in den angelsächsischen Ländern schnell umgesetzt wird, finden sich in Deutschland und anderen lutherisch geprägten Gegenden hierzu starke oppositionelle Kräfte. Noch lange, bis hin in die heutige Zeit, hält sich die Vorstellung, dass Formen der Arbeit für andere, also altruistische Formen, werthaltiger und christlich legitimierter seien, als dass Verfolgen von Eigeninteressen. Dies schlägt sich auf der einen Seite in einer betont christlich – sozialistischen Kritik nieder, aber auch in betont konservativ christlichen Formen. Dass Habgier nun plötzlich eine höchst profitable und moralisch unschuldige Angelegenheit sei, wollen viele nicht einsehen. Zwar ist Habgier nicht typisch für die Moderne, dass aber Geldgier und Mammon ethisch neutralisiert werden, kennzeichnet dann doch eine spezifische Problematik der Moderne, mit der sich das Christentum bis heute intensiv auseinandersetzt.

Diese wenigen Hinweise auf die Geschichte des Verhältnisses von Kirche, Christentum und Wirtschaft belegen, dass hier durchaus ein Spannungsfeld gegeben ist, das aber als Gegen und Ineinander von Ökonomie und Moral ausgesprochen produktiv gestaltet werden kann. Für diese produktive Gestaltung stehen die ökonomischen und wirtschaftsethischen Aufbrüche in Deutschland nach dem 2. Weltkrieg unter dem Stichwort der *Sozialen Marktwirtschaft*, in denen der ordnungspolitische Versuch gemacht worden ist, ursprüngliche christliche Impulse der Unterordnung der Wirtschaft unter die gesellschaftlichen Interessen neu zu durchdenken. Hier wurden auf der einen Seite der Wirtschaft ihr volles Recht zugedacht, auf der anderen Seite aber auch deren Machtinteressen beschnitten. Ein solches Denken ist in Deutschland bis heute prägend. Es ist in den wirtschaftspolitischen und wirtschaftsethischen Äußerungen der Evangelischen Kirche in Deutschland auch immer wieder unterstrichen worden. Herausragend waren eine ganze Reihe von Denkschriften, so insbesondere die Denkschrift „Gemeinwohl und Eigennutz" (1991), in der das sterile Gegenüber von Eigennutz und altruistischen Orientierungen mit der Formel vom „intelligenten Eigeninteresse", das die Nächsten stets im Blick hat, überwunden werden sollte. An diesen Text knüpft dann 2008 die Denkschrift „Unternehmerisches Handeln in evangelischer Perspektive" an, in der die EKD insbesondere Unternehmer würdigt und ihr Handeln in eine soziale und nachhaltige Wirtschaftsordnung einbindet. Ein bisher letzter Text ist sodann die Denkschrift zu „Solidarität und Selbstbestimmung im Wandel der Arbeitswelt." (2015). Im Gegenüber zur Thematisierung des unternehmerischen Handelns würdigt die EKD nun die Gewerkschaften und brandmarkt bestimmte Fehlentwicklungen in der Entwicklung der Arbeitsplatzwelten. In ökumenischer Hinsicht ist das Verhältnis Kirche und Wirtschaft wesentlich durch das gemeinsame Wort „Für eine Zukunft in Solidarität und Gerechtigkeit" von 1997 und durch den Text der Sozialinitiative von 2014 („Gemeinsame Verantwortung für eine gerechte Gesellschaft") geprägt. In beiden Texten werden soziale und wirtschaftliche Fragestellungen miteinander integriert. Insbesondere der zweite Text entwickelt ein fast klassisch naturrechtliches Bild einer Wirtschaft, die sich den gesellschaftlichen und humanen Anforderungen einpasst.

Auf der organisatorischen Ebene gibt es eine ganze Reihe von Institutionen der Evangelischen Kirche, die sich dem Dialog mit der Wirtschaft widmen, so neben den evangelischen Akademien, insbesondere der Kirchliche Dienst in der Arbeitswelt, aber auch der Arbeitskreis Evangelischer Unternehmer. Von wachsender Bedeutung ist die Ebene der Wirtschaftsethik.

S. SMILES, The Huguenots, 1867 u. ö., E. TROELTSCH, Die Soziallehren der christlichen Kirchen und Gruppen, 2 Bde 1994 (ursprünglich 1912) – EKD, Gemeinwohl und Eigennutz, 1991 – H-J. PRIEN, Luthers Wirtschaftsethik, 1992 – F. ZIESCHE, „Evangelische Wirtschaftsethik", 1996 – A. PAWLAS, Die lutherische Berufs- und Wirtschafsethik, 2000 – J. REHM/J. TWISSELMANN, Kirche, wo bist du? Die gesellschaftliche Verantwortung der Kirche im Dialog, 2007 – A. BRITTON/P. SEDGWICK, Ökonomische Theorie und christlicher Glaube, 2008 – EKD, Unternehmerisches Handeln in evangelischer Perspektive, 2008 – J. REHM/R. PELIKAN/P. BÜTTNER, Kirchliches Handeln in der Arbeitswelt, 2009 – J. REHM/R. PELIKAN Wirtschaft um des Menschen willen, 2010 – J. REHM/S. REIHS, Kirche und unternehmerisches Handeln, 2010 – P. BROWN, Through the eye of a needle, 2012 – G. WEGNER, Moralische Ökonomie, 2014 – EKD, Selbstbestimmung und Solidarität im Wandel der Arbeitswelt, 2015.

Gerhard Wegner

Kirchlich-soziale Konferenz

1. Gründung und Bedeutung. Die Existenz der KSK ist ein Ergebnis der Spaltung des sozialen Protestantismus im Kaiserreich, der dauerhafte Bestand bis in die NS-Zeit hinein signalisiert zugleich eine gewisse Arbeitsteilung zwischen KSK und →Evangelisch-sozialem Kongress (ESK).

Nach dem Austritt der sozialkonservativen Protestanten aus dem ESK gründeten ADOLF STOECKER, LUDWIG WEBER u. a. nach längeren Vorbereitungen im April 1897 die „Freie Kirchlich-soziale Konferenz". Anders als der ESK war die KSK auf einen konservativ-orthodoxen Kurs gegen die „moderne" Theologie ausgerichtet, sie sollte, so legten es die Richtlinien für die Arbeit von 1898 fest, die innerkirchliche Reform fördern. Konkret meinte dies: Umgestaltung der Kirchenverfassung, Trennung von →Staat und Kirche, Schaffung einer →Volkskirche, Förderung von Evangelisation und Gemeinschaftsbewegung aber auch eine Behandlung der →Sozialen Frage. Das Besondere an der KSK war dabei die Verpflichtung der Arbeit auf einen deutlichen Praxisbezug; sie wollte kein freies Diskussionsforum sein, sondern eine →Institution zur Durchsetzung konkreter Ziele in Kirche und →Gesellschaft. Die Vorstellung einer Rechristianisierung der Gesellschaft bestimmte die Arbeit.

Nur wenige Personen prägten den Kurs der KSK. Nachdem zunächst GRAF ZU SOLMS-LAUBACH (1897–1900) und der Jurist Dr. DUNCKER (1901–1903) der Konferenz vorstanden, amtierte danach der ‚heimliche' Vorsitzende STOECKER (bis 1909) sowie bis 1933 REINHOLD SEEBERG. In der NS-Zeit wechselte der Vorstand häufiger, letzter Vorsitzender war F. BRUNSTÄD. Die laufenden Geschäfte wurden vom Generalsekretär geführt, von 1897–1900 ERNST BÖHME, von 1900–1932 REINHARD MUMM, der durch seine langjährige Tätigkeit der entscheidende Faktor für die weitere Entwicklung war. Die KSK konnte auf einen hohen Mitgliederbestand von bis zu 4.600 Mitgliedern bauen.

2. Die Entwicklung bis 1918. Da die KSK über zu wenig innerkirchlichen Rückhalt bei der Behandlung der Kirchenreform verfügte und ein Bündnis zwischen sozialkonservativen STOECKER-Anhängern und der Gemeinschaftsbewegung nicht gelang, konzentrierte sich die Arbeit seit 1900 auf die Behandlung der sozialen Frage. Gerade MUMM profilierte die KSK als eine sozialkonservative Reformbewegung, die sich zum Ziel setzte, durch die Förderung einer staatlichen Sozialreform, die Arbeiterschaft mit dem preußisch-deutschen Obrigkeitsstaat zu versöhnen. So wurde um die KSK ein kleiner kirchlich-sozialer ‚Konzern' aufgebaut, der die Ausbreitung der evangelischen Arbeitervereine ebenso förderte wie den Gewerkverein der Heimarbeiterinnen unter MARGARETE BEHM, der die Behandlung der Frauenfrage durch die Gründung eigener Frauengruppen forcierte und die Pressearbeit durch die Gründung einer eigenen Zeitung, einer monatlichen Zeitschrift (Kirchlich-soziale Blätter) und durch viele Druckschriften zum Zentrum der Agitation machte. Viele dieser Arbeitsbereiche entstanden in einer engen Verknüpfung mit der kleinen „Christlich-sozialen Partei" STOECKERS. Besonderes Engagement entfalteten die Kirchlich-sozialen, die schon durch ihren Namen die enge Verbindung zur Kirche ausdrücken wollten, bei der Unterstützung der Christlichen →Gewerkschaften. Vor dem Ersten Weltkrieg förderte die KSK zudem die Einrichtung eines sozialen Bildungswesen, durch bes. Kurse für Arbeiter etc.

3. Weimarer Republik und →Nationalsozialismus. Politisch war die KSK konservativ, im Ersten Weltkrieg unterstützte eine Mehrheit die annexionistische Politik, in der Weimarer Republik gehörten führende Repräsentanten wie MUMM zur DNVP. Seit 1918 konnte sich die KSK, die nunmehr „Kirchlich-sozialer Bund" (KSB) hieß, nach einer schweren Finanzkrise unter der Führung von MUMM und SEEBERG konsolidieren, wobei die organisatorische und programmatische Nähe zur →Inneren Mission gesucht wurde. Gleichzeitig öffnete man sich verstärkt den theoretischen Reflexionen der praktischen Arbeit, womit eine Annäherung an den ESK erreicht wurde. 1933 konnte sich der KSB nur mühsam der Gleichschaltung entziehen, nicht zuletzt da nach MUMMS Tod (1932) und SEEBERGS Rückzug vom Präsidium die Weiterexistenz fraglich war. Nach einigen Versuchen, die Organisation aufrecht zu erhalten, u. a. als „Adolf-Stoecker-Gesellschaft", wurde der KSB 1943 aufgelöst.

4. Fazit. Nach 1945 gab es praktisch keine Versuche, die Organisation wiederzubeleben, ähnliche Arbeitsbereiche fanden sich bei den Sozialpfarrämtern, in der Sozialakademie Friedewald, beim Kirchlichen Dienst in der Arbeitswelt und auch in der kleinen Evangelischen Arbeitnehmerschaft wieder. Mit seiner praktischen Arbeit hatte der KSB entscheidend zu einer Öffnung der Kirche gegenüber der sozialen Fragen beigetragen und zugleich die Politisierung der Kirche gefördert.

Hefte der Freien KSK, 1899–1933 – Kirchlich-soziale Blätter, 1898–1934 – N. FRIEDRICH, R. Mumm und die christlich-soziale Bewegung, 1997 – K. E. POLLMANN, Die FKSK von ihren Anfängen bis zum ersten Weltkrieg (1890–1914), in: F. W. GRAF (Hg.), Sozialprotestantismus im Kaiserreich, 1995 – T. JÄHNICHEN/N. FRIEDRICH, Geschichte der sozialen Ideen im deutschen Protestantismus, in: H. GREBING (Hg.), Geschichte der sozialen Ideen in Deutschland, 2000, 867–1103.

Norbert Friedrich

Klasse / Klassenkampf / Klassengesellschaft

1. Begriff. K. bezeichnet eine soziale Positionierung, die eine wesentliche Perspektive für die Analyse der Sozialstruktur einer Gesellschaft und die Beschreibung sozialer Ungleichheit eröffnet. Der Begriff hat insbesondere im Übergang von der feudalen Drei-Stände-Ordnung zur Herausbildung der kapitalistischen Industriegesellschaft eine hohe Plausibilität gewonnen. In markanter Weise hat der →Marxismus die gesamte Geschichte der Menschheit durch K.nkämpfe bestimmt gesehen, indem die Auseinandersetzungen um materielle Güter und gesellschaftliche Machtpositionen zwischen herrschenden und unterdrückten Klassen als treibende Kräfte der gesellschaftlichen Entwicklung interpretiert worden sind. Im „Kommunistischen Manifest" haben MARX und ENGELS die Unterscheidung von zwei Klassen als Instrument zur Analyse der gesellschaftlichen Bedingungen in der Zeit des Frühkapitalismus konzipiert. Danach stehen den Besitzern von Produktionsmitteln, den Kapitalisten, die Besitzlosen, das Proletariat gegenüber. Die Proletarier verkaufen ihre Arbeitskraft um des Überlebens willen als Ware an die Besitzer von Produktionsmitteln und finden nur so lange Arbeit, wie sie deren →Kapital vermehren. Sie erleben sich in ihrer Arbeit und von den Produkten ihres Arbeitens als entfremdet. Die Interessenkonflikte um die Aneignung des im Produktionsprozess durch die menschliche Arbeitskraft geschaffenen Mehrwerts interpretiert die Marxsche Theorie – wie alle sozialen Auseinandersetzungen in der Geschichte – als K.nkämpfe. Die K.nkämpfe zwischen Kapitaleignern und Proletariat, die sich im zumindest zeitweiligen Verbot von Arbeitnehmerorganisationen und im Lohndruck als K.nkampf „von oben" sowie in Streiks und politischen Aktionen als K.nkampf „von unten" vollziehen, bringen den antagonistischen Gegensatz der beiden Klassen zum Ausdruck. Diesen Hauptwiderspruch der gesellschaftlichen Entwicklung im Kapitalismus gilt es durch den revolutionären Akt der politischen Machteroberung durch das Proletariat aufzulösen. Angestrebt wurde in den Ländern, in denen zwischen 1917 und 1990/91 kommunistische Parteien die Macht erobert hatten, nach der Phase der Herrschaft des Proletariats, in der die gesellschaftliche Ungleichheit und die daraus resultierenden ungleichen Machtverteilungen abgebaut werden sollten, eine endgültige Überwindung des Klassengegensatzes in der klassenlosen Gesellschaft des Kommunismus mit dem Ziel der Aufhebung der Entfremdung.

2. **Kritik des K.nbegriffs.** Das dichotomische Schema der K.neinteilung hinsichtlich des Eigentums an Produktionsmitteln erwies sich im Lauf der weiteren Entwicklung kapitalistischer Gesellschaften als unzureichend. Die Bedeutung traditioneller Eliten, die Rolle von Managern in den Unternehmen, ein z. T. breit gestreuter Aktienbesitz u. a. werden durch dieses Schema kaum erfasst. Zudem hat sich die marxistische Erwartung, dass etwa nationale Unterschiede durch das Klassenbewusstsein an Bedeutung verlieren würden, nicht erfüllt. Darüber hinaus sind im Zuge der weiteren Ausdifferenzierung der Gesellschaft neben den ökonomischen Aspekten weitere Unterscheidungsmerkmale im Blick auf die soziale Platzierung relevant geblieben oder geworden. Insofern ist die Kategorie „Klasse" als eine historisch wirkmächtige soziale Konstruktion zur Beschreibung der gesellschaftlichen Entwicklung zu verstehen. Sie hat eine wesentliche Perspektive, den Besitz an Produktionseigentum, in den Mittelpunkt der Gesellschaftsanalyse gestellt, dadurch jedoch andere wichtige Aspekte gesellschaftlicher Entwicklung aus dem Blick verloren. Dementsprechend sind weitere Untersuchungsperspektiven sozialer Positionierung in der Gesellschaft, wie sie verschiedene Schichtenmodelle oder die Differenzierung unterschiedlicher Milieus bieten, für die Analyse sozialer Positionierungen heranzuziehen. In diesem Sinn ist in marxistischer Tradition das Verfügen über soziales oder kulturelles Kapital (BOURDIEU) als wesentliche Bestimmungsgröße für die gesellschaftliche Machtverteilung aufgezeigt worden. Ferner sind an die Person gebundene Qualifikationen, wie Bildungsabschlüsse oder der Erwerb spezifischer Kompetenzen, in den Blick zu nehmen. Ungeachtet dessen bleibt angesichts der historisch über lange Zeiträume stabilen und gegenwärtig eher zunehmenden Differenz von Kapitalgewinnen und Arbeitnehmereinkommen (PIKETTY) die Verfügungsmöglichkeit über Kapital eine zentrale Einflussgröße der Entwicklung und Verfestigung sozialer Ungleichheit.

3. **Theologisch-ethische Rezeption.** In der theologischen Sozialethik haben insbesondere Vertreter des religiösen Sozialismus während der Weimarer Republik sowie einige der am christlich-marxistischen Dialog beteiligten Theologen seit den 1960er Jahren Aspekte der K.nanalyse der Gesellschaft aufgenommen. Ihnen ging es um ein angemesseneres Verständnis sozialer Konflikte, die Aufdeckung gesellschaftlicher Machtmechanismen und um die Überwindung der K.nherrschaft. Als wesentliche Perspektive nach dem Scheitern des Sowjetkommunismus und dem Ende der marxistischen Utopie einer klassenlosen Gesellschaft bleibt die aus der Analyse der K.nverhältnisse abgeleitete Kritik der Privilegiengesellschaft (GOLLWITZER) wegweisend, indem der Abbau jeder Form von Privilegien mit der Zielperspektive des Aufbaus einer gerechteren Gesellschaft zu verknüpfen ist.

H. GOLLWITZER, Die kapitalistische Revolution, 1974 – J. KOCKA (Hg.), Klassen in der europäischen Sozialgeschichte, 1979 – P. BOURDIEU, Die feinen Unterschiede, 1982 – TH. PIKETTY, Das Kapital im 21. Jh., 2014.

Traugott Jähnichen

Klimawandel / Klimagerechtigkeit

1. **Begriff und Ausgangslage.** K.gerechtigkeit (engl. *climate justice*) ist ein Spezialfall von →Gerechtigkeit – so erscheint es jedenfalls zunächst. Entsprechend gibt es ein modernes, auf die quantitative Verteilung zielendes Verständnis, das „Regelungssysteme" und „Normierungen" im Blick hat. Daneben gibt es ein aus religiöser Erfahrung gespeistes Verständnis von →Gerechtigkeit, welches präziser mit „Gerechtfertigtheit" (engl. *righteousness*) zu bezeichnen ist. Auch das kann in K.gerechtigkeit anklingen. K.gerechtigkeit wird auch als Spezialfall von →Umweltgerechtigkeit verstanden.

Im Zusammenhang mit dem K.wandel stößt das moderne normierende Verständnis auf spezifische Schwierigkeiten. Ausgangspunkt ist der menschgemachte K.wandel. Als dessen wesentliche Ursache ist der Anstieg der Konzentration von langlebigen Treibhausgasen identifiziert. Dieser Anstieg ist ein resultierender Netto-Wert, da bislang von den vom Menschen in die Atmosphäre entlassenen Treibhausgasen etwa die Hälfte zeitgleich aus der Erdatmosphäre wieder ausgeschleust wird. Der Anstieg der Treibhausgas-Konzentration bringt eine Reihe von (gestaffelten) Folgeeffekten mit sich, die Erwärmung der Erdatmosphäre ist lediglich das erste Glied in dieser Reihe. Doch auch sie tritt nicht umgehend ein, sondern baut sich im Verlauf von Jahrzehnten auf, spiegelt damit die lange Verweildauer der Treibhausgase in der Atmosphäre. Dieselbe Charakteristik, in der zeitlichen Spreizung noch weit ausgeprägter, zeigt sich bei der weiteren Folge „Anstieg des Meeresspiegels".

Konsequenzen dieser zeitlichen Verzögerung zwischen Setzen der Ursache und Manifestation des vollen (ersten) Effekts sind: (a) das bereits Ausgelöste an Erderwärmung bzw. Anstieg des Meeresspiegels lässt sich nicht einfach ‚abstellen' – nach Auslösung ist es jeweils vielmehr zum vollen Erscheinen programmiert; (b) der Mensch hat die Stabilität der Zwischeneiszeit ‚Holozän' bereits beendet; (c) der mit dem menschgemachten K.wandel heraufbeschworene Konflikt ist wesentlich intertemporaler und intergenerationeller Natur.

Diese Charakteristik bringt es mit sich, dass die nahegelegte Analogie von Umweltgerechtigkeit und K.gerechtigkeit nicht wirklich trägt. Üblich ist in der Umweltpolitik das Verfahren, zunächst (je Sparte) ein Umweltqualitätsziel festzulegen und anschließend dessen Realisierung schrittweise anzustreben. Ein Umweltqualitätsziel beschreibt in der Regel einen besserer Zustand als denjenigen, der in der Gegenwart vorliegt. In der internationalen K.politik, unter dem Dach der Vereinten Nationen, wurde diesem üblichen Verfahren gefolgt: Mit Art. 2 K.rahmenkonvention ist 1992 ein („Umweltqualitäts'-)Ziel festgelegt worden. Das aber lautet nicht: „kein K.wandel", sondern lediglich: „Begrenzung des Ausmaßes des menschgemachten K.wandels", der prinzipiell zugelassen wird.

Damit ist akzeptiert bzw. ‚gerechtfertigt', dass weite Teile der Menschheit in ihren angestammten Lebensbedingungen einem (teilweise massiven) Wandel ausgesetzt sind – diese elementare Ungerechtigkeit ist mit der Gründungsurkunde globaler K.politik in vollem Bewusstsein akzeptiert worden. Bei der 1. Konferenz der K.rahmenkonvention in Berlin 1995 wurde der damalige Vorsitzende des IPCC (Intergovernmental Panel on Climate Change), BERT BOLIN, bei seinem Bericht an das Plenum von einem Delegierten eines der pazifischen Inselstaaten in hoher Erregung unterbrochen mit der Beschwerde, dass sein Gremium ausschließlich Szenarien vorlege, in denen der Untergang seines Heimatstaates, eines Mitglieds der Vereinten Nationen, impliziert sei. BOLIN ging darauf empathisch ein, brachte sein persönliches Mitgefühl zum Ausdruck, verwies dann aber darauf, dass dies die Beschlusslage der Weltgemeinschaft sei, der er in seinem Amt verpflichtet sei. Aus dieser Beschlusslage folgt Zweierlei: (a) K.gerechtigkeit hat sich hinsichtlich der *Folgen* des K.wandels auf Kompensatorisches zu konzentrieren; und (b) K.gerechtigkeit hat sich hinsichtlich der *Ursachen* des K.wandels auf Aspekte der K.politik im Sinne der Minderung von Treibhausgasemissionen zu konzentrieren. So ist es auch geschehen.

Eine Zuspitzung in ihrer Bedeutung hat K.gerechtigkeit erfahren mit dem Beschluss der UN-K.konferenz von Cancún im Jahre 2010, der Art. 2 K.rahmenkonvention konkretisierend bestimmt. Dabei wurde der zugelassene menschgemachte K.wandel – repräsentiert durch eine Veränderung der mittleren Temperatur in der unteren Erdatmosphäre – begrenzt auf einen Anstieg unter 2 Grad Celsius gegenüber dem Niveau in vorindustrieller Zeit. Seit dieser (um 20 Jahre verspäteten) quantifizierten Grundsatzentscheidung zum Ziel aller K.politik ist der Konflikt unter den multilateralen Akteuren recht gut quantifizierbar: Als Konflikt um die Verteilung eines begrenzten ‚Budgets' noch zur Emission zugelassener Treibhausgase. Dieses Budget ist umrechenbar in eine Restmenge noch zur Verbrennung zugelassener fossiler Energieträger. Das IPCC hat in seinem Fünften Bewertungs-Bericht von 2013/2014 die Größenordnung wie folgt festgestellt: Von den jeweiligen Vorkommen dürfen bei der Kohle 20 % und bei Öl und Erdgas jeweils 60 % noch verbrannt werden.

Es existieren somit drei Arenen von Verteilungskonflikten, die für K.gerechtigkeit einschlägig sind: (i) Verteilung sowohl von Schäden als auch von Mitteln zum Schutz vor ihnen bzw. zu ihrem Ausgleich (engl. *loss and damage*); (ii) Verteilung (der Last) der Minderungs- bzw. Transformations-Aufgabe, die sich aus der Begrenzung der Restemissionen ergibt, auf Staaten (engl. *burden sharing*); (iii) Verteilung der verbliebenen Rechte auf Förderung fossiler Energieträger auf Unternehmen bzw. Staaten (engl. *carbon bubble*). Diesen drei Konflikt-Arenen haben sich Gruppen bzw. Bewegungen, die sich dem Anliegen der K.gerechtigkeit verschrieben haben, mit unterschiedlichen Schwerpunkten zugewandt.

2. Initiativen zur Verfolgung von K.gerechtigkeit. Initiativen, die sich der Verfolgung des Anliegens der K.gerechtigkeit gewidmet haben, gibt es mehr als hier aufgeführt werden können. Ausgewählt werden solche mit längerer Tradition bzw. festerem institutionellem Fundament.

2.1 Vereinte Nationen. Auf UN-Ebene ist auf Zweierlei hinzuweisen.

(i) die Forderung nach K.gerechtigkeit im Sinne intergenerationeller Gerechtigkeit ist im Text der K.rahmenkonvention verankert: In Artikel 3 (1) heißt es

„The Parties should protect the climate system for the benefit of present and **future generations** of humankind, on the basis of **equity** and in accordance with their **common but differentiated responsibilities** and respective capabilities."

(ii) Trotzdem ist ein institutionelles Defizit in der Berücksichtigung der legitimen Interessen zukünftiger Generationen zu konstatieren, das nicht spezifisch für den menschgemachten K.wandel ist. Ein Bericht des UN-Generalsekretärs im Rahmen des „sustainable development"-Programmzuges der UN aus dem Jahre 2013 mit dem Titel *„Intergenerational solidarity and the needs of future generations"* identifiziert auf UN-Ebene insgesamt 25 Rechtstexte, die auf die Interessen zukünftiger Generationen abstellen – jeweils jedoch lediglich in eher deklaratorischer Form. Das weist darauf hin, dass dem Anliegen von K.gerechtigkeit vermutlich nur im Rahmen eines weit darüber hinausgehenden institutionellen Wandels auf globaler Ebene entsprochen werden kann.

2.2 „Contraction & Convergence" sowie „The Greenhouse Development Rights Framework". Dabei handelt es sich um eine elaborierte Vorstellung eines

Minderungspfades für Treibhausgasemissionen, der dem Anspruch auf „common but differentiated responsibilities" gerecht wird. Der Contraction & Convergence-Ansatz (C&C) wurde in den frühen 1990er Jahren ausgearbeitet – führend war das Global Commons Institute (UK) mit seinem Co-Gründer AUBREY MEYER – und vielfältig eingesetzt. Zum „Greenhouse Development Rights Framework" (GDRF) weiterentwickelt wurde dieser Ansatz einer fairen Verteilung der Lasten einer globalen Minderungsstrategie, veranlasst von einer Koalition von Instituten im Vorfeld der K.konferenz von Kopenhagen (2009). Unter ihnen war die Heinrich-Böll-Stiftung führend beteiligt. Als Personen stehen hinter dem GDRF-Ansatz PAUL BAER und TOM ATHANASIOU von EcoEquity in Kalifornien.

2.3 Mary Robinson Foundation. MARY ROBINSON, die frühere Präsidentin von Irland (1990–1997) und Hochkommissarin der Vereinten Nationen für Menschenrechte (1997–2002), gründete im Jahre 2010 die *Mary Robinson Foundation – Climate Justice* (Mary Robinson Stiftung für K.gerechtigkeit) (MRFCJ). Im Jahre 2014 hat der UN-Generalsekretär sie als Sondergesandte für den K.wandel, verantwortlich für die Vorbereitung des UN-K.gipfels in Paris im Dezember 2015, berufen.

K.gerechtigkeit (*climate justice*) wird von der MRFCJ verstanden als eine Vision, die von den Menschen getragen wird und die den zukünftigen Zustand der Welt als offensichtlich ungerecht erleuchtet. In fünf Hauptanliegen (*priority pathways*) versucht die Stiftung ihre Arbeit zu konturieren. Darunter figurieren prominent „Beteiligung", ein neues ökonomisches Wachstumsmodell, K.finanzierung sowie eine Beendigung des gegenwärtigen Zustands der rechtlichen Verantwortungsfreiheit für einen Entwicklungspfad, welcher die menschliche Lebensgrundlage zerstört. Dass die „*Rule of Law*" auch beim K.-Thema zu greifen vermag, ist natürlicherweise das fünfte Hauptanliegen der MRFCJ. Gezielt wird mit diesem Programm für K.gerechtigkeit also auf einen institutionellen und zugleich rechtskulturellen Wandel hingearbeitet, der auch die Aktivitäten, die zum menschgemachten K.wandel beitragen, elementaren Vorstellungen von Gerechtigkeit unterwirft.

2.4 Ökumenischer Rat der Kirchen (World Council of Churches, WCC). Der Ökumenische Rat der Kirchen (ÖRK) begleitet die globale K.politik seit Anbeginn mit einer intensiven *advocacy*-Arbeit. Diese hat er vor der K.konferenz von Kopenhagen (2009) nochmals verstärkt. Eine generelle Einbettung hat diese Arbeit erhalten durch die „Konvokation zu Gerechtigkeit, Frieden und Bewahrung der Schöpfung", die in Seoul, Korea, im Jahre 1990 stattfand. K.gerechtigkeit bringt aus der Trias dieser Konvokation zwei Elemente zusammen.

Der Begriff K.gerechtigkeit wurde aus den Grundsätzen der 2007 gegründeten K.allianz übernommen in ein Memorandum (Beten und Arbeiten für gerechten Frieden und K.gerechtigkeit) für die Internationale Ökumenische Friedenskonvokation in Kingston/Jamaika von 2011. Nachdem der ÖRK zunächst von Ökogerechtigkeit gesprochen hatte (Erklärung des Zentralausschusses von 2009), nahm er den Begriff K.gerechtigkeit offiziell erstmals 2013 in der Erklärung der Vollversammlung in Busan auf.

In Reaktion auf die Generalversammlung des Ökumenischen Rates in Porto Alegre (2006) ist K.gerechtigkeit zu einem prominenten Zug des Engagements der Weltchristenheit befördert worden, es wurde bei der Durchführung des Programms zu *„Poverty, Wealth and Ecology"* vorangetrieben. Es war der bewusste Versuch, die Betonung des „gerechten Friedens" zu verbinden mit der Thematik ökologischer Gerechtigkeit. Innerhalb der Arbeitsgruppe des ÖRK *„Care for Creation and Climate Justice"* (CCCJ) wird dieser Schulterschluss von Umwelt- und Menschenrechtsfragen, die für den K.wandel charakteristisch sind, betrieben – und dafür steht K.gerechtigkeit.

W. SACHS, Climate Change and Human Rights, 2006 – WORLD COUNCIL OF CHURCHES, Climate Change and the World Council of Churches. Background information & recent statements, 2010 – http://www.climatejusticeonline.org – https://oikoumene.org/climatechange.

Hans-Jochen Luhmann

Koalition / Koalitionsfreiheit

1. Begriff. Allgemein bezeichnet K. den Zusammenschluss oder zumindest das gleichgerichtete Zusammenwirken von Akteuren zur Erreichung gemeinsamer Ziele. In dieser generellen Bedeutung ergeben sich weitgehende Übereinstimmungen mit Interessengruppen (→Interesse). Spezifischere Bedeutung erhält der Begriff K. im politischen Bereich bei der Bildung und Unterstützung einer gemeinsamen Regierung durch die K. der sie tragenden →Parteien. Auch der Zusammenschluss von Akteuren in der (mathematischen) Spieltheorie zur Erreichung eines taktischen oder strategischen Ergebnisses wird als K. bezeichnet. Im Zusammenhang mit der K.sfreiheit bezeichnet K. den Zusammenschluss von →Arbeitnehmern zu →Gewerkschaften und von →Arbeitgebern zu Arbeitgeberverbänden mit dem Ziel, die monetären und nichtmonetären Bedingungen des Einsatzes menschlicher Arbeitskraft durch kollektive Vereinbarungen (→Tarifautonomie, Tarifvertrag) im Sinne einheitlicher Mindestbedingungen zu regeln. Obwohl solche Vereinbarungen zunächst nur die Mitglieder der betreffenden K.en (Gewerkschaften, Arbeitgeberverbände) verpflichten, können sie darüber hinaus aufgrund rechtlicher Regelungen

(→Arbeitsrecht) und auch aus faktischen ökonomischen Gründen eine über die K.smitglieder hinausgehende Wirkung entfalten. Im Rahmen der Sozialen Marktwirtschaft (→Marktwirtschaft, Soziale) wird K.sfreiheit als wesentliches Mittel möglichst wirtschaftsfriedlicher Auseinandersetzungen und eines Interessenausgleichs zwischen beiden K.en i. S. einer →Sozialpartnerschaft betrachtet. In dem Maße, wie diese Arbeitsmarktk.en selbst uneinheitliche Interessen unterschiedlicher Gruppen von Mitgliedern repräsentieren, leisten sie darüber hinaus auch einen Beitrag zu einem internen Interessenausgleich innerhalb der jeweiligen K.

2. **Juristische Aspekte der K.sfreiheit.** Die K.sfreiheit stellt einen wichtigen Spezialfall der allgemeinen Vereinigungsfreiheit dar, die in Art. 9 →Grundgesetz gewährleistet ist und zusammen mit dem Sozialstaatsprinzip in Art. 20 Abs. 1 GG eines der tragenden Elemente der Sozialen Marktwirtschaft bildet. Letztere ist zwar keine unmittelbar verfassungsrechtlich geschützte Wirtschaftsordnung, sie ergibt sich jedoch implizit aus der Wertordnung des GG.

Das Recht zur Bildung einer K. auf dem →Arbeitsmarkt steht jedermann zu, jedoch gibt es für bestimmte Berufsgruppen (insbesondere die →Beamten) Einschränkungen hinsichtlich zulässiger Aktionen (v. a. beim Streikrecht). Die K.sfreiheit schützt sowohl einzelne K.smitglieder als auch die K. insgesamt vor staatlichen Einschränkungen und Eingriffen, und wegen der grundrechtlichen Drittwirkung der K.sfreiheit sind auch privatrechtliche Absprachen und Maßnahmen gegen dieses Recht unzulässig. Prinzipiell ist der Staat zur Respektierung der →Tarifautonomie wie auch zur Neutralität in Arbeitskämpfen (→Streik) und zur Wahrung der wechselseitigen Parität von Gewerkschaften und Arbeitgeberverbänden verpflichtet.

Das individuelle K.srecht nach Art. 9 Abs. 3 GG umfasst nicht nur die *positive K.sfreiheit* (Recht des Einzelnen zum Zusammenschluss mit anderen in einer Arbeitsmarktkoalition), sondern auch die *negative K.sfreiheit* (Recht des Einzelnen, aus einer K. auszuscheiden oder ihr nicht beizutreten).

Obwohl Art. 9 Abs. 3 GG nur von individueller K.sfreiheit spricht, wird damit nach herrschender Meinung auch die *kollektive K.sfreiheit* (als Folge und zugleich Bedingung individueller K.sfreiheit) gewährleistet. Diese umfasst das Verbot staatlichen Eingriffs in die Gründung, den Bestand und die innere Organisationsfreiheit der K.en (*K.sbestandsgarantie*), die Freiheit der K.en, die „Arbeits- und Wirtschaftsbedingungen" selbst zu regeln (*K.szweckgarantie*), und den Einsatz freiheitlicher Verfahren der Interessenverfolgung, -auseinandersetzung und -einigung auf paritätischer Grundlage gegenseitigen Wettbewerbs und wechselseitiger Gleichheit (*K.sbetätigungs-* und *K.smittelgarantie*).

3. **Hist. Entwicklg. der K.sfreiheit.** Das Recht v. a. der Arbeitnehmer, sich gegenüber den als übermächtig empfundenen Arbeitgebern zu K.en (→Gewerkschaften) zusammenzuschließen, musste im Laufe des 18. und 19. Jh.s in Europa und Nordamerika in mühseligen politischen und wirtschaftlichen Auseinandersetzungen erkämpft werden, die für den traditionellen Konflikt zwischen „→Kapital und →Arbeit" in dieser Periode typisch waren. Für Vordenker der Gewerkschaftsbewegung wie L. BRENTANO stellte die Ks.-freiheit ein wesentliches Instrument der Selbsthilfe zur Bewältigung der „Sozialen Frage" dar, da es einseitige Machtkonzentrationen, welche zu einer systematischen Benachteiligung der Arbeitnehmer führten, aufhob. In die gleiche Richtung ging auch die Argumentation von J.K. GALBRAITH, dass Macht von Unternehmern bzw. Unternehmen durch die Schaffung von gewerkschaftlicher Gegenmacht eingedämmt werden sollte. Bis zum Beginn des 20. Jh.s gab es, zumal in Deutschland, immer wieder Versuche, die Bildung und Betätigung von Gewerkschaften zu kriminalisieren, mit exzessiven Schadensersatzforderungen, v. a. im Arbeitskampf, ökonomisch zu erschweren oder zu verhindern oder aber durch Bildung arbeitgeberabhängiger „Gelber Gewerkschaften" zu konterkarieren. Hinzu kam die individuelle straf- und zivilrechtliche Verfolgung einzelner Mitglieder, v. a. dann, wenn sie als „Rädelsführer" betrachtet wurden. Erst die Weimarer Verfassung (1919) hat die K.sfreiheit konstitutionell garantiert.

Während heute Rechtswissenschaft und Rechtsprechung Arbeitsmarktk.en und K.sfreiheit weitestgehend akzeptieren und als wichtige Elemente der Sozialordnung betrachten, findet im Zuge der wirtschaftlichen Entwicklung, aber auch des gesellschaftlichen Wandels eine gewisse (faktische) Erosion der ursprünglichen Funktionen der K.sfreiheit statt. Dazu zählt zunächst ein seit den neunziger Jahren des 20. Jh.s feststellbarer Mitgliederschwund in den großen Branchengewerkschaften, der jedoch inzwischen gestoppt zu sein scheint. Eine weitere aktuelle Herausforderung ist das Erstarken von Spartengewerkschaften, beispielsweise im Verkehrssektor, welche die Interessen einzelner Berufsgruppen – auch gegenüber anderen Gewerkschaften – offensiv vertreten und aufgrund der Schlüsselfunktion der von ihnen repräsentierten Beschäftigtengruppen besondere Macht in Arbeitskämpfen ausüben können. Problematisch ist diese Entwicklung vor allem dann, wenn die mit dieser Machtausübung verbundenen Kosten in erster Linie zu Lasten unbeteiligter Dritter gehen. Wie sehr diese Tendenz zu einer Beeinträchtigung des Potentials von K.en zum internen Interessenausgleich führt, zeigt sich daran, dass Versuche zur gesetzlichen Eindämmung der Macht von Spartengewerkschaften auch im gewerkschaftlichen Sektor höchst kontrovers beurteilt werden. In diesem Zusammenhang wird zugleich deutlich, dass die Legitimität von Machtpositionen, auch wenn diese aus der Ks.freiheit resultieren, untrennbar mit deren verantwortungsvollem Gebrauch verbunden ist.

J. Knebel, K.sfreiheit und Gemeinwohl, 1978 – DGB Bundesvorstand, 60 Jahre Grundgesetz aus gewerkschaftlicher Sicht, 2009 – H. D. Jarras, Art. 9 Vereinigungs- und Koalitionsfreiheit, in: H. D. Jarass/B. Pieroth, Grundgesetz-Kommentar, 2012^{12}, 291–310 –W. Löwer: Art. 9 Vereinigungsfreiheit, Koalitionsfreiheit, in: I. von Münch/P. Kunig, Grundgesetz-Kommentar, Band 1, 2012^6, 722–843 – C. M. Schmidt/R. Bachmann, Im Zweifel für die Freiheit. Tarifpluralität ohne Chaos, in: Wirtschaftsdienst, 92 (2012), 291–294 – C. Anders/H. Biebeler/H. Lesch, Die deutschen Gewerkschaften im Aufbruch? Mitgliederentwicklung und politische Einflussnahme, IW Trends 1/2015.

Christian Hecker, Hans G. Nutzinger

Kolonialismus / Postkolonialismus

1. Abgrenzungen. Mit dem Begriff K. werden globale ökonomische und kulturelle Abhängigkeitsstrukturen (→ Globalisierung) bezeichnet, die eng mit der europäischen Expansion seit der frühen Neuzeit zusammenhängen und sich bis zur politischen Unabhängigkeit der früheren Kolonialstaaten in den 1960er und 1970er Jahren erstrecken. Gemeinhin werden die unterschiedlichen Formen von Kolonialregierungen in drei Idealtypen (J. Osterhammel/J. C. Hansen) differenziert: *Beherrschungskolonien*, darunter ist die Kontrolle einer geringen Anzahl von Kolonialbeamten und Militärs über ein externes Territorium mit dem Ziel der wirtschaftlichen Ausbeutung zu verstehen (Indien). Davon zu unterscheiden sind *Stützpunktkolonien*, urbane Küstenareale als Knotenpunkte maritimer Herrschaftsentfaltung (Batavia oder Hong Kong), und schließlich *Siedlungskolonien*, Territorien, die mit Hilfe indigener Arbeitskräfte oder importierter Sklaven von europäischen Farmern und Plantagenbesitzern verwaltet werden (Nordamerika, Kanada, Südafrika, Brasilien). K. als globale Organisationsform von struktureller → Macht und → Gewalt beschreibt damit ein Herrschaftsverhältnis, durch das eine kolonialisierte (außereuropäische) Gesellschaft den ökonomischen Eigeninteressen einer fremden (europäischen) Kolonialregierung untergeordnet und jeglicher Eigenentwicklung beraubt wird. Die Fremdkontrolle über die einheimische → Wirtschaft geht einher mit der kulturellen Zerstörung der k. Lebenswelten (→ Kultur), indem Identifizierungen mit der eigenen Geschichte durch Bildungsinstitutionen nach europäischem Zuschnitt systematisch blockiert werden. Die doppelte k. Strategie ist eingebettet in programmatische Modernisierungsdoktrinen (Heidenmission, Ende des 19. Jahrhunderts: → Antisemitismus, → Rassismus) die zur Legitimation der ökonomischen und kulturellen Dominanz der K.regierung dienen. Neben Großbritannien, Frankreich, Spanien, Portugal, Belgien oder die Niederlande avancierte auch Deutschland nach der Reichsgründung bis 1918 zur K.macht mit K.en in Afrika, Nordostchina und dem Pazifik. Die komplexen Folgen der Dekolonialisierung und die Frage nach den weiterhin bestehenden transnationalen Machtstrukturen (→ Transnationale Unternehmen) zählen zu den Forschungsgegenständen des sich in den 1980er Jahren etablierenden P. Es sind Theoretiker wie E. Said, G. Spivak, H. Bhabha oder E. Laclau, die mit ihren Anleihen an poststrukturalistischen und neomarxistischen Konzepten (→ Marxismus) neue Perspektiven auf die globalen Verflechtungsgeschichten eröffnen. Keineswegs vollzog sich die Adaption europäischer Werte und Traditionen kritik- oder widerstandslos (→ Widerstand). Wo kolonisierende und kolonisierte Gesellschaften aufeinandertreffen, entsteht eine hybride Kontaktzone, ein „Dritter Raum", in dem die Konturen der Asymmetrie ihre Eindeutigkeit verlieren. Entsprechende kulturhermeneutische und historiographische Studien machen sichtbar, dass der nicht perfekte Transfer europäischer Werte und Traditionen (Mimikry) sowohl die Bürger der Kolonialstaaten als auch die kolonialen → Eliten reziprok verändert und dieser nicht abgeschlossene Prozess auch die polyzentrische Situation der Globalisierung bestimmt. So werden in p. Diskursen universalisierte, „westlich" geprägte Narrative dezentriert und alternative, subalterne Positionen der Zweidrittelwelt sichtbarer.

2. K./P. und die Genealogie von Religionen. Die koloniale Expansion hat neben komplexen ökonomischen Verschiebungen zu einer facettenreichen Kollision zwischen den christlichen Religionskulturen Europas und den Frömmigkeits- und Theologiedebatten in Asien, Afrika und Südamerika geführt. Anhand der k. Kontaktzonen in British India lässt sich zeigen, wie im Laufe des 19. Jahrhunderts die disparate Phänomenologie polytheistischer Ritualsysteme zu den Religionen „Hinduismus" und „Buddhismus" modelliert werden. Es ist auf den Einfluss europäischer Philologen und Missionare zurückzuführen, dass die Frage nach dem historisch-kritischen Textbestand sakraler Traditionen (→ Bibel) ins Zentrum rückt. Das sich so öffnende historische Panorama rekonstruiert die verfasste religiöse Praxis auf dem indischen Subkontinent als Produkt eines zivilisatorischen Verfalls und stilisiert die archaischen Religionsanfänge zum ritualfreien, monotheistischen Ideal. Auf diesem Weg lassen sich universale Wertvorstellungen aus den Religionskulturen Indiens herausschälen, die die Etablierung religiöser Reformbewegungen begünstigen, den kolonialen Intentionen entsprechen und fester Bestandteil moderner Bildungseinrichtungen (→ Bildung, Bildungspolitik) werden.

3. Postkoloniale Theologien. Die Debatten um die kolonialen Dimensionen der Multitude haben in der Zwischenzeit auch die Theologie erreicht und zur Etablierung verschiedener p. Theologien geführt. Auch wenn es zunächst den Anschein hat, als würden sich Themen wie →Armut, →Reichtum, →Gerechtigkeit, →Kapitalismuskritik, Feminismus, Globalisierung oder →Ökologie mit den Kernfragen der →Befreiungstheologie überschneiden, ist das Verhältnis beider Konzepte nicht konfliktfrei zu bezeichnen. Der in Birmingham lehrende Theologe SUGIRTHARAJAH unterstellt den befreiungshermeneutischen Klassikern einen zu kritiklosen Gebrauch der Schlüsselchiffre „Befreiung" (→Freiheit) und damit eine mangelnde Distanzierung vom kolonialen Projekt der „Moderne". Kritisch beleuchtet er den essentialistischen Gebrauch zentraler Dichotomien wie arm/reich oder Unterdrücker/Unterdrückter und fordert eine p. Perspektive, in der die Theologie der Religionen ernst genommen wird. Dennoch wünscht sich SUGIRTHARAJAH Befreiungshermeneutik und Pk. als *Kampfgefährten*, um mit dem hermeneutischen Potential beider theologischer Konzepte die Bibel von den Verstrickungen hegemonialer Ideologien zu befreien und den Blick für multiple Identitäten jenseits simplifizierender Gruppenbezeichnungen zu öffnen.

E. SAID, Orientalismus, 2014[4] (Orientalism, 1978) – G. C. SPIVAK, Can the Subaltern Speak? (1988), 2008 – E. SAID, Kultur und Imperialismus. Einbildungskraft und Politik im Zeitalter der Macht, 1994 (Culture and Imperialism, 1993) – R. KING, Orientalism and Religion. Postcolonial Theory, India and „The Mystic East", 1999 – J. BUTLER/E. LACLAU/S. ŽIŽEK, Kontingenz. Hegemonie. Universalität. Aktuelle Dialoge zur Linken, 2013 (Contigency, Hegemony, Universality, 2000) – R. YOUNG, Postcolonialism. An Historical Introduction, 2011 (2001) – H. K. BHABHA, Die Verortung der Kultur (The Location of Culture, 2004), 2011[2] – F. COOPER, Kolonialismus denken, 2012 (Colonialism in Question, 2005) – T. MASUZAWA, The Invention of Tradition, 2005 – S. CONRAD, Deutsche Kolonialgeschichte, 2008 – M. BERGUNDER, Was ist Religion? Kulturwissenschaftliche Überlegungen zum Gegenstand der Religionswissenschaft, in: ZfR (19) 2011, 3–55 – J. OSTERHAMMEL/J. C. JANSEN, Kolonialismus, 2012[7] – M. STAUSBERG (Hg.), Religionswissenschaft 2012 – S. CONRAD/S. RANDERIA/R. RÖMHILD (Hg.), Jenseits des Eurozentrismus, 2013[2] – U. DUCHROW, Gieriges Geld. Auswege aus der Kapitalismusfalle – Befreiungstheologische Perspektiven, 2013 – A. NEHRING/S. TIELESCH (Hg.), Postkoloniale Theologien, 2013 – R. S. SUGIRTHARAJAH, The Bible and Asia: From the Pre-Christian Era to the Postcolonial Age, 2013 – A. MBEMBE, Kritik der schwarzen Vernunft, 2014 (Critique de la raison nègre, 2013) – M. M. CASTRO/N. DHAWAN, Postkoloniale Theorie. Eine kritische Einführung, 2015[2] – A. LOOMBA, Colonialism/Postcolonialism, 2015[3].

Christian Stahmann

Kommunalverwaltung / Kommunalpolitik

1. Begriff. K.politik bedeutet Bemühen um Gemeinschaftsgestaltung auf örtlicher Ebene, K.verwaltung meint Erledigung der Aufgaben der örtlichen Gemeinschaft unter Umsetzung der kommunalpolitischen Entscheidungen in gleichzeitiger Bindung an die bestehenden Gesetze. Beide Begriffe erfassen das Geschehen in der politischen Gemeinde; üblicherweise wird hierunter zugleich auch das entsprechende Geschehen in den (Land)Kreisen und den sonstigen Gemeindeverbänden (Zusammenschlüsse mehrerer Gemeinden) verstanden.

Politische Fragen und Probleme entstehen sehr häufig auf kommunaler Ebene, weil sich dort Tendenzen, Veränderungen im gesellschaftlichen Bereich häufig zuerst zeigen. Diese Probleme – Umweltverschmutzung, Lärmbelästigung, Arbeitslosigkeit, Straßenbau, Schul-, Kultur-, Sport- und Gesundheitswesen, Energieversorgung, Abfall- und Abwasserbeseitigung – verlangen zwar häufig nach großflächigeren Lösungen, staatlichen Entscheidungen. Bedenklich ist es jedoch, wenn der Staat der Versuchung unterliegt, erforderliche Entscheidungen ohne Beteiligung der Kommunen zu treffen. Sinn und Aufgabe der K.politik bestehen nicht zuletzt darin, den einzelnen Bürger für die Belange der örtlichen Gemeinschaft zu interessieren, sein Engagement zu wecken, um Sachverstand, Engagement und unterschiedliche Interessenlagen der Bürger in den Prozess der Entscheidungsfindung auf kommunaler Ebene einfließen zu lassen. Die Gemeinde, Kommune, erweist sich so als die sog. Urzelle der Demokratie. Desinteresse und Staatsverdrossenheit drohen, wenn der Bürger feststellen muss, dass ihm oder seinen gewählten Vertretern schon auf örtlicher Ebene kein Gestaltungs- und Entscheidungsfreiraum zugebilligt wird.

2. Verfahren. Funktionsweise und Verfahren der K.verwaltung werden durch die Art der Körperschaft (Gemeinde, (Land-)Kreis, Kommunalverband, Zweckverband etc.) und die jeweiligen landesgesetzlichen Regelungen (Gemeindeordnung, (Land-)Kreisordnung, Amtsordnung, Bezirksordnung, K.selbstverwaltungsgesetz u. a.) bestimmt. Trotz aller Verschiedenheit, die auf der Gesetzgebungszuständigkeit der einzelnen Bundesländer beruht, bestehen übereinstimmende Grundprinzipien: Mit Ausnahme des Sonderfalles einer Gemeindeversammlung in Kleinstgemeinden muss in jeder Gemeinde nach Art. 28 I GG zwingend eine Vertretung des Gemeindevolkes nach den allgemeinen Wahlrechtsgrundsätzen gebildet werden. Diese Vertretungskörperschaft ist zwar Volksvertretung, jedoch kein Parlament und stellt das oberste (Verwaltungs-) Organ der Gebietskörperschaft Gemeinde dar. Sie ist grundsätzlich für alle Entscheidungen in örtlichen Selbstverwaltungsaufgaben zuständig, soweit nicht der Gesetzgeber Entscheidungsrechte einem anderen gemeindlichen Organ zugewiesen hat oder die Vertretungskörperschaft selbst das Entscheidungsrecht verlagern darf und davon Gebrauch gemacht hat. Als weitere Entscheidungsträger kommen insbesondere von der Vertretungskörperschaft gebildete Ausschüsse, für Gemeindebezirke gebildete Bezirksvertretungen oder die Leitung der hauptberuflich tätigen Verwaltung in Betracht. Letzteres ist in den meisten Bundesländern der i. d. R. unmittelbar von den Bürgern gewählte Bürgermeister, z. T. noch ein Kollegium, der Magistrat. Diese Verwaltungsleitung ist rechtsqualitativ ebenfalls Organ der Gemeinde und zugleich eine Behörde, zuständig für die Vorbereitung und Ausführung der Beschlüsse der Vertretungskörperschaft, Ausschüsse und Bezirksvertretungen, Erledigung der Geschäfte der laufenden Verwaltung, Wahrung der recht- und gesetzmäßigen Arbeit der Verwaltung sowie die Repräsentation der Gemeinde.

Ein Entscheidungsrecht der Gemeinde setzt das Vorliegen der sog. Verbandskompetenz voraus: Vorliegen einer Angelegenheit der örtlichen Gemeinschaft, die die Gemeinde sodann im Rahmen der bestehenden Gesetze in eigener Verantwortung regeln und damit auch entscheiden kann. Kein Entscheidungsrecht besteht, wenn das Entscheidungsrecht Dritten (Bund, Land) obliegt. Hier kann lediglich im Ausnahmefall bei gegebener spezifischer Betroffenheit der einzelnen Gemeinde ein Befassungsrecht in Betracht kommen, das jedoch nur eine Empfehlung an die entscheidende Stelle gewährt.

3. Gegenstand. der K.verwaltung ist die Erledigung der Aufgaben der Kommune nach Maßgabe der bestehenden Gesetze und der gefassten Beschlüsse. Diese Aufgaben der Gemeinden lassen sich in zwei Gruppen unterteilen: Aufgaben des eigenen Wirkungskreises (freiwillige und pflichtige Selbstverwaltungsaufgaben, nur Rechtsaufsicht durch die zuständige staatliche Aufsichtsbehörde) und Aufgaben des übertragenen Wirkungskreises (Auftragsangelegenheiten, neben Rechtsaufsicht auch Fachaufsicht, die der zuständigen staatlichen Behörde ein umfassendes Weisungsrecht einräumt). In einigen Bundesländern (Baden-Württemberg, Hessen, Nordrhein-Westfalen, Schleswig-Holstein) wurden Teile dieser früheren Auftragsangelegenheiten in Pflichtaufgaben zur Erfüllung nach Weisung umgewandelt. Diese Aufgaben wurden dadurch von bisher staatlichen zu kommunalen Aufgaben und sind den Selbstverwaltungsaufgaben zuzuordnen (streitig), jedoch mit der Besonderheit, dass ein –allerdings eingeschränktes – staatliches Weisungsrecht besteht. Das Tätigwerden der K.verwaltung kann sowohl in Anwendung des öffentlichen Rechts als auch des Privatrechts erfolgen und lässt sich weiterhin unterteilen in Eingriffsverwaltung (beisp. Ordnungsrecht), Leistungsverwaltung (beisp. Sozialhilfe) und planende Verwaltung (beisp. Bebauungspläne).

4. Finanzierung. Die Finanzierung der Gemeinden erfolgt über von ihnen erhobene oder ihnen zugewiesene Abgaben (Steuern, Gebühren, Beiträge), Einnahmen aus eigener wirtschaftlicher Betätigung und staatlichen Finanzzuweisungen. Bei den kommunalen Verbänden stellt die Umlageerhebung bei den Mitgliedern die wesentliche Finanzierungsquelle dar. Grundlage der kommunalen Finanzwirtschaft ist ein für jedes Jahr zu erstellender Haushaltsplan, wobei das über Jahrzehnte angewandte kameralistische Haushaltssystem inzwischen weitestgehend in Anlehnung an das System der doppelten kaufmännischen Buchführung umgestellt worden ist.

M. BURGI, Kommunalrecht, 2012[4] – P. J. TETTINGER/W. ERBGUTH/T. MANN, Besonderes Verwaltungsrecht, 2012[11] – A. GERN, Deutsches Kommunalrecht, 1997 – K. WAECHTER, Kommunalrecht 1995.

Friedel Erlenkämper

Kommunikation

1. K., (lat. communicatio), Mitteilung, Übertragung von →Information, Austausch von Signalen zwischen (Teil-) Systemen; der Begriff erhielt im 20. Jh. durch Naturwissenschaften (Biologie, Kybernetik) und →Technik (Telekommunikation) großes Gewicht; ältere Verwendungen in Theologie (TH. V. AQUIN, prot. Orthodoxie) und Philosophie (K. JASPERS) spielen demgegenüber eine geringe Rolle.

2. K. gilt als Basisprozess sozialen Lebens („Man kann nicht nicht kommunizieren", P. WATZLAWICK, der K. und Verhalten gleichsetzt). Sie dient dem Aufbau des Weltbezugs und liegt der Entfaltung sozialer Kompetenzen und der Entwicklung sozialer Gebilde zugrunde. Sender und Empfänger, sowie der Kanal der Informationsübertragung bilden die Elemente jeder K., besondere Beachtung finden die Austauch- und Rückkopplungsprozesse (feed back). Nach der Art des Kanals unterscheidet man in der Biologie optische, akustische (verbale, nonverbale) und chemische K., in den Sozialwissenschaften werden nach den verwendeten Medien technische bzw. computergestützte und personale K. oder entsprechend digitale und analoge K. unterschieden; wesentlich ist auch die Unterscheidung von personaler K., Massenk. und K. durch →Massenmedien. K.sprozesse laufen teils bewusst, teils unbewusst ab.

3. Die Konjunktur des Begriffs seit den 1960er Jahren korrespondiert mit sozialen Entwicklungen in modernen →Gesellschaften wie Mobilisierung, Individualisierung, Privatisierung, Destabilisierung institutioneller Bindungen und Technisierung des Alltagslebens; er dient zur summarischen Bezeichnung der Austauschprozesse, die diesen Wandel teils erst ermöglichten (Telefon; Hörfunk, Fernsehen [→Massenmedien]; →Verkehr), teils beschleunigen (duales Rundfunksystem,

→Internet, e-commerce). Das Gewicht der K. für moderne Gesellschaften spiegelt sich in einer vielfältigen wissenschaftlichen Reflexion, die ihrerseits neue Formen von Praxis hervorgebracht hat: (1) die sozialpsychologische Deutung der Entwicklung der Persönlichkeit als K.sgeschehen (Sozialisation durch Interaktion, Symbolischer Interaktionismus, G. H. MEAD; →Rolle) ist Allgemeingut der pädagogischen Praxis; (2) die k.sorientierte Interpretation von Prozessen in Kleingruppen (→Gruppe) und →Organisationen hat die Entfaltung einer differenzierten Praxis von Gruppendynamik und (System-)Therapie zur Effektivierung von Organisationen bzw. zur Therapie von zwischenmenschlichen Beziehungen angeregt (Systemik).

Die Bedeutung von K. spiegelt sich ferner in sozialphilosophischen Deutungen. So interpretiert J. HABERMAS die Gesellschaft von der idealen Vorstellung einer herrschaftsfreien K. her (→Kritische Theorie), während N. LUHMANN die K. von Systemen (→Systemtheorie) als den Grundprozess von Gesellschaft überhaupt beschreibt.

4. Die weiter wachsenden K.smöglichkeiten beschleunigen die Veränderungen in der Lebens- und Arbeitswelt, teils real etwa durch die Dezentralisierung von Arbeitsprozessen, durch die Erhöhung der Anforderungen an die →Ausbildung, durch Differenzierung von Problemkonstellationen (vgl. →Globalisierung von Wirtschaft und Politik, e-commerce usw.), teils aber auch durch die Erwartung weiterer Veränderungen. Augenfällig ist die Zunahme rechtlicher und ethischer Probleme (Schutz der Privatsphäre, →Datenschutz, Urheberrecht im Internet u. Ä.), die ständig neuen Regelungsbedarf hervorrufen. Aus ethischer Perspektive (→Ethik) stellt sich vor allem die Frage nach den Inhalten der K., die durch die Dominanz der technischen Prozesse in den Hintergrund getreten ist.

5. Die christlichen Kirchen als K.-gemeinschaften gründen wesensmäßig auf personaler K. (communio sanctorum), sie sind es gewohnt, ihre Botschaft in den jeweils gegebenen Medien (Wort, Schrift, Druck, Elektronik) zu kommunizieren; die verbale K. stand vor allem in den Kirchen der Reformation im Vordergrund. Die moderne K.sgesellschaft stellt deshalb für die Kirchen eine besondere Herausforderung dar, in der sie sich als intermediäre →Institutionen (BERGER/LUCKMANN) oder inzwischen auch als transkulturelle K. gemeinschaften verstehen, handeln und bewähren könnten. Das christliche Verständnis der Wirklichkeit kann als das derzeit einzige, alle Bereiche des sozialen Lebens umfassende gelten, zu dessen Verbreitung allerdings eine hohe kommunikative Kompetenz christlicher Publizistik und Homiletik erforderlich ist. Als Leitbegriff der Verkündigung hat E. LANGES Formel „K. des Evangeliums" die neuere prakt.-theol. Theoriebildung weiter angeregt.

E. LANGE, Predigen als Beruf, 1976 – J. HABERMAS, Theorie des kommunikativen Handelns, 1981 – D. FREY/S. GREIF (Hg.), Sozialpsychologie, 1987 –P. L. BERGER/Th. LUCKMANN, Modernität, Pluralismus und Sinnkrise, 1995 – N. LUHMANN, Die Gesellschaft der Gesellschaft, 1997 – E. PROMMER/G. VOWE (Hg.), Computervermittelte K. Öffentlichkeit im Wandel, 1998 – A. HEPP, Transkulturelle K., 2006 – SYBILLE KRÄMER, Medium, Bote, Übertragung: Kleine Metaphysik der Medialität, 2008 – P. WATZLAWICK u. a., Menschliche K. (1969), 2011[12] – R. SCHMIDT-ROST, Massenmedium Evangelium, 2011 – C. GRETHLEIN, Praktische Theologie, 2012.

Reinhard Schmidt-Rost

Kommunismus

1. Der Begriff. K. (lat. communis, gemeinsam) bezeichnet politische Programme, Bewegungen und Parteien, die eine wesentlich auf Gemeinschaftseigentum basierende Gesellschaftsordnung anstreben. Grundlegend für diese seit dem 19. Jh. weltweit einflussreich gewordene Konzeption ist eine radikale Kritik des Privateigentums, insbesondere die Kritik des Eigentums an Produktionsmitteln, die z. T. auch von religiösen Motiven bestimmt gewesen ist. Das Ideal einer harmonischen, weil durch das Gemeinschaftseigentum bestimmten Gesellschaft findet sich u. a. bereits in PLATONS „Politeia", in der „Utopia" des THOMAS MORUS sowie in der als „Liebes-Kommunismus" bezeichneten Gütergemeinschaft der Jerusalemer Urgemeinde (vgl. Acta 2, 42ff 4,32ff), welche sich monastische Bewegungen sowie einzelne radikale täuferische und pietistische Gruppen zum Vorbild genommen haben.

2. Historische Entwicklung seit dem 19. Jh. In der ersten Hälfte des 19. Jh.s entstand eine Vielfalt frühkommunistischer Bewegungen, die in der Tradition utopischen Denkens eine radikale gesellschaftliche Neuordnung zur Bewältigung der Folgekrisen der Industrialisierung, speziell der Massenarmut, anstrebten. So hatte in Frankreich 1825 HENRI DE SAINT-SIMON eine „neue Christenheit" im Sinn einer gesellschaftlichen Orientierung an einer auf der Nächstenliebe beruhenden Gemeinschaftsordnung proklamiert und in seiner Nachfolge hatten u. a. CHARLES FOURIER und ROBERT OWEN diesen Impuls zur Bildung von genossenschaftlichen Mustereinrichtungen aufgenommen. Im vormärzlichen Deutschland stellte sich die von GEORG BÜCHNER und dem hessischen Theologen LUDWIG WEIDIG verfasste kommunistisch-sozialrevolutionäre Flugschrift „Der Hessische Landbote" (1834) explizit in die Tradition der alttestamentlich-prophetischen Sozialkritik. Die Vorgeschichte des „Bundes der Kommunisten", dem KARL MARX und FRIEDRICH ENGELS 1847 beitraten, lässt sich exemplarisch an der in der Frühphase dominierenden Gestalt des Bundes, WILHELM WEITLING, skizzieren. Der gelernte Schneider

WEITLING kritisierte seit Mitte der 1830er Jahre im Rahmen verschiedener Geheimgesellschaften in ganz Europa die Herrschaft von Eigentum, Geld sowie dem Erbschaftssystem und propagierte demgegenüber eine auf dem Gemeineigentum beruhende Umwälzung der Gesellschaft, für die er sich auf Jesus von Nazareth als dem Urbild eines kommunistischen Menschen berief.

3. Die marxistische Interpretation des K. Als MARX und ENGELS mit dem 1848 im Auftrag des „Bundes der Kommunisten" veröffentlichen „Kommunistischen Manifest" nach und nach die Meinungsführerschaft in dieser Bewegung gewannen, wurden die z. T. religiös geprägten frühkommunistischen. Ideale durch ein politisches Programm verdrängt, das auf der Grundlage ökonomischer Gesellschaftsanalysen glaubte, einen wissenschaftlich begründeten, gesetzmäßigen Entwicklungsprozess zum K. aufzeigen zu können, in dem durch einen revolutionären Akt der Besitz an Produktionsmitteln in die „Hände der assoziierten Individuen" (MEW 4, 482) überführt werden sollte.

Die von MARX und ENGELS propagierte Abkehr von utopisch-kommunistischen Idealen beruhte auf einer materialistischen Geschichtsanschauung, welche die Geschichte als Abfolge von Klassenkämpfen interpretiert hat. Im „Kommunistischen Manifest" entwickelten sie die Diagnose eines antagonistischen Widerspruchs zwischen der Klasse der Produktionsmittelbesitzer und dem das Anliegen der menschlichen Emanzipation vertretenden Proletariat. Die Aufgabe der Kommunisten beschrieben sie dahingehend, als organisierte Bewegung des Proletariats für die Eroberung der politischen Macht zu kämpfen mit dem Ziel, den Besitz an Produktionsmitteln zu vergesellschaften. Dadurch sollten die entfremdenden Klassenverhältnisse überwunden und letztlich die klassenlose Gesellschaft des K. errichtet werden. Mit der Gründung der „Ersten internationalen Arbeiterassoziation" 1864 in London wurde eine wichtige politische Keimzelle der marxistisch geprägten Arbeiterbewegung in Europa gegründet. Das dreibändige Werk von MARX „Das Kapital" wurde neben dem „K. Manifest" zur autoritativen Grundschrift, das auf viele sozialistische und kommunistische Parteien einen dominanten Einfluss nahm. Auch die deutsche Sozialdemokratie stand zeitweilig – vor allem unter dem Eindruck des „Sozialistengesetzes" – unter marxistischem Einfluss.

In Russland spaltete sich unter dem Einfluss LENINS eine sog. mehrheitliche Bewegung, die Bolschewiki (dt.: Mehrheitler), von der russischen Sozialdemokratie im Jahr 1903 ab und entwickelte sich zu einer straff zentralistisch geführten Kaderpartei von Berufsrevolutionären, der in den revolutionären Wirren in Russland 1917/18 die Eroberung der politischen Macht gelang und die nach und nach die russische Gesellschaft nach den Zielen der kommunistischen Bewegung umgestaltete. 1918 wurde die Russische Kommunistische Partei, 1925 die der Sowjetunion gegründet, die zum Vorbild aller anderen kommunistischen Parteien im 20. Jh. wurde. Insbesondere als Resultat des Zweiten Weltkriegs eroberten kommunistische Parteien unter dem dominierenden Einfluss der Sowjetunion in Osteuropa, aber auch in China und in vielen anderen Ländern des Südens die politische Macht. Im gesamten kommunistischen Herrschaftsbereich wurden totalitäre Diktaturen geschaffen, die nach und nach von einer völligen Einschränkung individueller bürgerlicher Freiheiten, von der Zurückdrängung oder offenen Bekämpfung der Religionen, speziell der Kirchen, und von einer zentralistisch organisierte Planwirtschaft geprägt waren. Angesichts einer zunehmenden, vom Freiheitswillen geprägten Kritik von Dissidenten im Inneren, den Erfolgen der von der römisch-katholischen Kirche unterstützten Gewerkschaftsbewegung „Solidarnosc" in Polen, politischer Fehlschläge in Ländern des Südens (Afghanistan u. a.) sowie einer lang anhaltenden wirtschaftlichen Stagnation erwies sich der Sowjetkommunismus schließlich als reformunfähig und implodierte in den Jahren 1989 bis 1991. Seit dieser Systemtransformation spielen kommunistische Parteien in Europa keine bedeutende Rolle mehr. Demgegenüber haben die chinesische KP und wenige andere kommunistische Parteien die politische Macht weiterhin aufrechterhalten, in wirtschafts- und sozialpolitischen Fragen die kommunistischen Grundsätze jedoch in vielerlei Hinsicht aufgegeben. In ökonomisch rückständigen Ländern hat der K. im 20. Jh. im Sinn einer Entwicklungsdiktatur Industrialisierungsprozesse und z. T. auch die Schaffung einer gewissen sozialen Sicherung bewirkt, insgesamt erwies er sich jedoch als unfähig, die soziale Frage zu lösen. Weit schwerer wiegt, dass der totalitären Herrschaftsform des K. mehrere Millionen Menschen zum Opfer gefallen sind.

4. K. und Religion. Eng verknüpft mit der marxistischen Geschichtsdeutung ist eine grundsätzliche Religionskritik, welche Religion im Sinn der Formel „Opium des Volkes" einerseits als Ausdruck und „Protestation" gegen das Elend und andererseits als „Manifestation" des menschlichen Elends thematisierte. Angesichts der häufig auf Seiten der Herrschenden stehenden Kirchen im 19. und z. T. im 20. Jh. verschärfte sich die Religions- und Kirchenkritik in den kommunistischen Bewegungen, grundlegend wurde LENINS Diktum der Religion als „Opium für das Volk" und die gewaltsame, antireligiöse Politik in der Sowjetunion, vor allem in der Zeit des Stalinismus, und in China während der Kulturrevolution. Vor diesem Hintergrund kam es während des 20. Jh.s kaum zu Annäherungen von christlichen und kommunistischen Positionen. Einzelne Vertreter der Bewegung des „religiösen Sozialismus" während der 1920er Jahre zeigten Sympathien für den

K. Die religiösen Sozialisten strebten eine Öffnung der Kirchen für die Anliegen der Arbeiterschaft in Verbindung mit ethisch begründeten, antikapitalistischen Forderungen an. In dem Ziel der Errichtung einer kommunistischen Wirtschaftsordnung sahen Teile der Bewegung einen Schritt zur Einlösung der christlichen Brüderlichkeitsethik. In den 1960er Jahren kam es angesichts verschiedener kirchlicher (II. Vaticanum, Theologie der Hoffnung u. a.) und gesellschaftlicher Aufbrüche sowie marxistischer Neuorientierungen erneut zu Dialogen und z. T. Formen der Zusammenarbeit von christlichen und kommunistischen Intellektuellen und Gruppen, die jedoch durch den Einmarsch des Warschauer Paktes in die CSSR 1968 schwer belastet wurden. In manchen Varianten der Befreiungstheologien in Ländern des Südens sind Elemente marxistischer Gesellschaftsanalyse aufgenommen und im Sinn einer „Option für die Armen" fruchtbar gemacht worden, kommunistische Zielsetzungen im Sinn einer Überwindung des Eigentums an Produktionsmitteln spielen in theologischen und kirchlichen Diskursen jedoch kaum eine Rolle. Gegenwärtig findet eine kommunistisch beeinflusste Kritik des Privateigentums an Produktionsmitteln, speziell der politisch nahezu unbegrenzten Macht von Großanlegern auf den internationalen Finanzmärkten, vor allem unter Globalisierungskritikern Resonanz. Es fehlt jedoch weithin die aktivierende Hoffnung auf ein Alternativmodell zur herrschenden Gesellschaftsordnung, wie sie für die kommunistische Bewegung des 20. Jh.s charakteristisch gewesen ist.

H. DE SAINT-SIMON, Nouveau Christianisme, 1825 – W. WEITLING, Evangelium eines armen Sünders, 1843 – K. KAUTSKY, Von Plato bis zu den Wiedertäufern, 1895 – K. MARX/F. ENGELS, Werke (MEW), hg. vom INSTITUT FÜR MARXISMUS-LENINISMUS BEIM ZK DER SED, 1956ff – H. M. ENZENSBERGER, Georg Büchner. Ludwig Weidig. Der Hessische Landbote. Texte, Briefe, Prozessakten, 1965 – I. FETSCHER, Der Kommunismus. Von Marx bis Mao Tse-tung, 1969 – O. K. FLECHTHEIM, Weltkommunismus im Wandel, 1977 – H. GOLDSTEIN, Kleines Lexikon zur Theologie der Befreiung, 1991 – F. FURET, Das Ende der Illusion. Der Kommunismus im 20. Jh., 1996 – S. COURTOIS, Das Schwarzbuch des Kommunismus, 1998 – K. RAISER, For a Culture of Life. Transforming Globalization and Violence, Geneva 2002 – S. HESSEL, Empörung – Meine Bilanz: Meine offenen Rechnungen, 2012.

Traugott Jähnichen

Kommunistisches Manifest

Im Nov. 1847 nehmen MARX und ENGELS in London an dem 2. Kongress des Bundes der Kommunisten teil. Sie erhalten den Auftrag, ein K.M. zu verfassen. Es soll der Klärung der ideologischen und politischen Positionen dienen. Die Endfassung des M.es vom Jan. 1848 ist vorrangig von MARX verfasst. Ende Februar erscheint es, wird in die bürgerlich-liberale Revolution hinein verschickt und beginnt seine Karriere als eine dt., europäische und universale politische Kampfschrift, die weltgeschichtliche Bedeutung erhalten sollte. Sie verbindet eine bestimmte Geschichtsinterpretation mit einem strategisch-politischen Zukunftsentwurf und mit taktischen Zwischenschritten.

Der zentrale Satz steht am Anfang: „Die Geschichte aller bisherigen →Gesellschaft ist die Geschichte von Klassenkämpfen" (→Klasse, Klassenkampf). Unterdrücker und Unterdrückte dualisieren die Welt, vor allem in der Phase der Klassenkämpfe zwischen Bourgeoisie und Proletariat. Die erstere bildet sich in ökonomischen und politischen Kämpfen gegen den Feudalismus heraus. Sie hat eine revolutionäre Rolle gespielt, indem sie permanent die →Produktion und die gesellschaftlichen Zustände revolutioniert hat. Dabei hat sie die zwischenmenschlichen Beziehungen zugunsten eines nackten ökonomischen Interesses aufgelöst, die persönliche →Würde des Menschen zum Tauschwert erniedrigt. Ständig löst sie alte Einrichtungen und Anschauungen auf, sie entwickelt und beutet den Weltmarkt aus, sie zivilisiert die ganze Erde, sie konzentriert Besitzverhältnisse und agglomeriert Bevölkerungen und Produktionsmittel (→Produktion).

Die entwickelten modernen Produktivkräfte kommen in Konflikt mit den Produktionsverhältnissen. „Die bürgerlichen Verhältnisse sind zu eng geworden, um den von ihnen erzeugten Reichtum zu fassen." Der Versuch, die Krise durch Vernichtung von Produktivkräften oder durch Eroberung neuer →Märkte zu überwinden, scheitert. Das Ergebnis: „Die Waffen, womit die Bourgeoisie den Feudalismus zu Boden geschlagen hat, richten sich jetzt gegen die Bourgeoisie selbst. Aber die Bourgeoisie hat nicht nur die Waffen geschmiedet, die ihr den Tod bringen; sie hat auch die Männer erzeugt, die diese Waffen führen werden – die modernen Arbeiter, die Proletarier." Der Proletarier lebt nur so lange, wie er Arbeit findet. Er findet →Arbeit, solange er das →Kapital vermehrt. Er verkauft seine Arbeitskraft als Ware. Das Proletariat beginnt seinen Kampf gegen die Bourgeoisie mit seiner Existenz und repräsentiert die Emanzipationshoffnungen der gesamten Menschheit.

Dieser 1. Teil des M.es hat als eine Synthese von argumentierender Geschichtsbetrachtung und der Ansage eines historisch unvermeidlichen Sieges des Proletariats eine Faszination auf viele Generationen von Arbeitern und Intellektuellen ausgeübt. Für sie war es eine säkulare Hoffnungsschrift. Die verheißene historisch greifbare Erlösung von ökonomischer Ausbeutung und politischer Unterdrückung hat große Teile der Arbeiterklasse im 19. und 20. Jh. zu politischer Aktion gebracht. Das M. wurde zum Arsenal ökonomisch-historischer Argumentationen und zur Grundschrift sozialistisch-kommunistischer Hoffnungen auf die →Emanzipation aller Menschen.

Die Teile II und III behandeln einzelne Fragen des ideologischen und politischen Klassenkampfes. Die Kommunisten als der „entschiedenste, immer weitertreibende Teil der Arbeiterparteien aller Länder" haben als Ziel: Bildung des Proletariats als Klasse, Sturz der Bourgeoisieherrschaft, Eroberung der politischen →Macht durch das Proletariat. Die Aufhebung des Privateigentums (→Eigentum) an den Produktionsmitteln führt zur Aufhebung des Gegensatzes von Kapital und Arbeit. Ohne despotische Eingriffe in die bürgerlichen Produktionsverhältnisse geht es nicht. Die ersten Maßnahmen sind u. a.: Enteignung des Grundeigentums, Abschaffung des Erbrechtes, Zentralisierung des Geldwesens (→Geld) in Staatshand (→Staat), gleicher Arbeitszwang für alle, unentgeltliche →Erziehung der →Kinder, Vereinigung der Erziehung mit der materiellen Produktion. Das Ergebnis des kommunistischen Kampfes wird sein: „An die Stelle der alten bürgerlichen Gesellschaft tritt eine Assoziation, worin die freie Entfaltung eines jeden die Bedingung für die freie Entfaltung aller ist." Teil III des M.es ist eine polemische Auseinandersetzung mit anderen zeitgenössischen sozialistisch-kommunistischen Entwürfen, von denen der eigene Entwurf als revolutionärer Sozialismus abgegrenzt wird.

Teil IV bestimmt die Stellung der Kommunisten zu den verschiedenen oppositionellen →Parteien. Sie unterstützen jede „revolutionäre Bewegung gegen die bestehenden gesellschaftlichen und politischen Zustände". Dazu gehört die bürgerliche Revolution als Vorstufe zur proletarischen Revolution. Das M. schließt mit dem Satz: Die Kommunisten „erklären es offen, dass ihre Zwecke nur erreicht werden können durch den gewaltsamen Umsturz aller bisherigen Gesellschaftsordnungen. Mögen die herrschenden Klassen vor einer kommunistischen Revolution zittern. Die Proletarier haben nichts in ihr zu verlieren als ihre Ketten. Sie haben eine Welt zu gewinnen. Proletarier aller Länder vereinigt euch!"

Die Geschichte der neuzeitlichen sozialistisch-kommunistischen Bewegungen ist ohne dieses M. nicht zu verstehen. Die Verfasser avancierten zu den bekanntesten Deutschen in der Welt. Dass ihre Bewegung, die emanzipatorische Horizonte eröffnete, in der Realität der Geschichte zu einer Form des modernen →Totalitarismus entarten sollte, gehört zu den tragischen Folgen dieses säkularen Revolutionskatechismus.

K. Marx, Die Frühschriften, S. Landshut (Hg.), 1955 – G. Brakelmann, Die soziale Frage des 19. Jh.s, 1981.

Günter Brakelmann

Kommunitarismus

Als K. (engl. Communitarianism, von community = Gemeinschaft) bezeichnet man eine sozialphilosophische Richtung, welche die Zugehörigkeit zu einer bestimmten Gemeinschaft und die Identifikation mit ihrer Geschichte und ihren Werten für menschliches Leben und Handeln ebenso wie für die ethische Theorie- und Urteilsbildung für grundlegend hält. Allerdings handelt es sich beim K. nicht um eine einheitliche Schule, sondern um eine Sammelbezeichnung für unterschiedliche Denkrichtungen, die einige Gemeinsamkeiten aufweisen. Dazu gehören ein aristotelisches Verständnis des Guten bzw. des guten Lebens, die Rehabilitierung des Tugendbegriffs, die Kritik am modernen atomistischen Individualismus, die Erneuerung des Gemeinschaftsgedankens, die Betonung von Wertorientierungen für den Zusammenhalt einer Gesellschaft sowie die Rückbindung von Werten und Überzeugungen an grundlegende Narrative, verbunden mit einer hermeneutischen Methode.

Der K. ist in den 1980er Jahren in den USA entstanden. Ausgangspunkt war eine Kritik der Gerechtigkeitstheorie von J. Rawls, die auf einer liberalen Vertragstheorie beruht. Rawls wurde ein atomistisches Menschenbild vorgeworfen. Nach kantischer Tradition, der Rawls zuzurechnen ist, wird die Moralität des Handelns durch die Verallgemeinerungsfähigkeit seiner Regeln gewährleistet, so dass der Begriff des Gerechten den Primat gegenüber dem des Guten hat. Nach kommunitaristischer Ansicht ist beider Verhältnis jedoch genau umgekehrt zu bestimmen. Man kann den K. als eine neue Theorie des Politischen verstehen, das aber nicht auf den Staat und ein verfahrenstechnisches Verständnis von Demokratie reduziert, sondern in einer starken Zivilgesellschaft verankert wird. Die ideengeschichtlichen Wurzeln des K. lassen sich auf F. Tönnies' Unterscheidung von Gemeinschaft und Gesellschaft sowie auf M. Bubers dialogischen Personalismus zurückführen. Die bekanntesten Vertreter des K. sind M. Sandel, A. MacIntyre, M. Walzer, R. Bellah, Ch. Taylor, M. Nussbaum und A. Etzioni. Letzterer plädiert dafür, das engl. Community im Deutschen mit „Gemeinwesen" zu übersetzen, da der Gemeinschaftsbegriff durch Nationalsozialismus und Sozialismus sehr belastet sei. Das Gemeinwesen als beständige Aufgabe und nicht etwa als überkommene statische Ordnung soll ausdrücklich mit dem modernen Pluralismus kompatibel sein, den modernen Individualismus repektieren und auf die Bedürfnisse des Einzelnen antworten. Etzioni hat hierfür den Begriff des „responsiven K." geprägt.

Eine offene Frage ist nach wie vor, wie sich der Partikularismus eine kommunitaristischen Begründung von Ethik, Werten und Normen mit Forderung nach einer universalistischen Begründung von Ethik in Einklang bringen lässt. Wenn es z. B. um die Begründung und inhaltliche Bestimmung von Menschenrechten geht, ist diese Frage besonders drängend.

Der K.-Debatte lässt sich auch die Diskussion über das Programm einer „kirchlichen Ethik" zuordnen, das v. a. von G. Lindbeck, J. Milbank, S. Hauerwas, J. H. Yoder oder R. Hütter vertreten wird. Man kann in ihren Entwürfen die kirchliche Variante des K. sehen, wobei der kommunitaristische Gemeinschaftsbegriff auf die Kirche übertragen wird. Positiv fällt ins Gewicht, dass Konzeptionen einer kirchl. Ethik die individualistische bzw. personalethische Engführung christlicher Ethik überwinden wollen und auf die Rückbindung jeder theologischen Ethik an das gelebte christliche Ethos aufmerksam machen. In seinen unterschiedlichen Ausprägungen ist das christl. Ethos an eine konkrete Gemeinschaft gebunden, d. h. an Kirchen und Gemeinden, aus deren identitätsstiftenden Erzählungen und Traditionen es sich speist. Dieses Sichtweise kann jedoch zur einer einseitig antagonistischen Verhältnisbestimmung von Kirche und Gesellschaft führen, mit der Folge einer möglichen Selbstimmunisierung der Kirche gegenüber kritischen Anfragen von außen und einer binnenkirchlichen Reduktion ethischer Urteils- und Konsensbildung auf Bekenntnissätze. Außerdem besteht die Gefahr, die Komplexität der konfessionellen Vielfalt und der realen ökumenischen Situation auf einen abstrakten Kirchenbegriff oder aber auf die binnenkirchliche Identität einer Einzeldenomination zu reduzieren.

J. RAWLS, Gerechtigkeit als Fairneß, 1977 – M. SANDEL, Liberalism and the Limits of Justice, 1982 – M. WALZER, Spheres of Justice, 1983, dt. 1992 – A. MACINTYRE, After Virtue, 1984, dt. 1987 – G. LINDBECK, The Nature of Doctrine, 1984, dt. 1994 – CH. TAYLOR, Sources of the Self, 1989, dt. 1994 – R. HÜTTER, Evangelische Ethik als kirchliches Zeugnis, 1993 – M. BRUMLIK/H. BRUNKHORST (Hg.), Gemeinschaft und Gerechtigkeit, 1995 – A. HONNETH (Hg.), K., 1995 – S. HAUERWAS, Selig sind die Friedfertigen, 1995 – W. REESE-SCHÄFER, Grenzgötter der Moral. Der neuere europäisch-amerikanische Diskurs zur politischen Ethik, 1997 – I. U. DALFERTH, Gedeutete Gegenwart, 1997, 18–22 – A. ETZIONI, Die Entdeckung des Gemeinwesens, 1998 – E. ARENS, Kirchlicher K., ThRev 94, 1998, 487–500 – M. C. NUSSBAUM, Gerechtigkeit oder Das gute Leben, 1999 – A. ETZIONI, Art. Communitarianism, in: Encyclopedia of Applied Ethics, vol. 1, 2012², 515–521 (Lit.).

Ulrich H. J. Körtner

Kommunitäten / Orden / Bruder- und Schwesternschaften

1. Begrifflichkeit. Das Phänomen der erst im 20. Jh. entstandenen Gemeinschaften verbindlichen Lebens ist außerordentlich vielgestaltig. Jede Terminologie kann nur im Nachhinein über das empirische Erscheinungsbild gelegt werden, ohne jede einzelne konkrete Gemeinschaftsgestalt voll erfassen zu können. Als hilfreich hat sich folgende *Grobeinteilung* erwiesen: *Bruder-* bzw. *Schwesternschaften* sind Zusammenschlüsse ohne *vita communis*, aber mit einer verbindlichen Lebensregel. *Kommunitäten* sind Gemeinschaften mit *vita communis* auf der Basis der sog. *Evangelischen Räte* Armut, Keuschheit, Gehorsam (auch: Schlichtheit, Reinheit, Anerkennung einer Autorität). Insofern eine Kommunität nur aus zölibatär lebenden Mitgliedern besteht, gleicht sie in etwa einem Orden. Es gibt aber auch *Familienkommunitäten*, die in der Regel als eigenes Phänomen betrachtet werden (REIMER, 10f), was aber Gemeinschaften, die Zölibatäre und Verheiratete als gleichberechtigte Glieder einer Kommunität betrachten, nicht gerecht wird.

2. Entstehungsgeschichte. Drei Wellen der Entstehung verbindlichen Lebens in den evangelischen Kirchen lassen sich beobachten: eine *bruderschaftliche* zwischen den Weltkriegen, eine *zölibatäre* nach dem zweiten Weltkrieg, und, sie überlagernd, seit 1968 eine Welle von *Familienkommunitäten, Lebenszentren* oder *gemischten Gemeinschaften*.

2.1 Bruder- und Schwesternschaften. Die Jugend- und Wandervogelbewegung zu Beginn des 20. Jh.s hatte große Wirkung auf die Bildung neuer Zusammenschlüsse unter evangelischen Christen, die nach wirklicher Christuserfahrung im Gottesdienst, nach authentischer Gemeinde-Erfahrung im Erleben echter menschlicher Beziehungen und nach Lebensgestalten suchten, die solchen Erfahrungen konkreten Ausdruck verliehen. Unter dem Einfluss der Liturgischen Bewegung, der Alpirsbacher Schule (R. GÖLZ), der Singebewegung (F. BUCHHOLZ) und der Hochkirchlichen Vereinigung (F. HEILER) entstanden u. a. der *Berneuchener Dienst* (1926) und im Zusammenhang mit diesem die *Evangelische Michaelsbruderschaft* (1931), sowie nach dem Krieg v. a. die Evangelische Schwesternschaft *Ordo Pacis* (1953). Unabhängig davon wirkte ab 1905 die *B. vom gemeinsamen Leben* in der Schweiz und seit 1923/1924 auch in Deutschland, ferner die *Pfarrer-Gebets-B.* (1913), und die *Bahnauer B.* (1906/1948).

2.2 Kommunitäten. Neben der Jugendbewegung gehören die Brüder- und Schwesternhäuser der B. vom gemeinsamen Leben zum Mutterboden der K.en. Die meisten der heutigen evangelischen K.en sind nach dem 2. Weltkrieg aufgrund der tief greifenden Umbrucherfahrungen entstanden. Die bekanntesten unter ihnen: die *Evangelische Marienschwesternschaft* Darmstadt (1947), die *Communität Christusbruderschaft* Selbitz (1949), die *Communität Casteller Ring* auf dem Schwanberg (1950), die *Kommunität Imshausen* (1955), die *Christusträger* Brüder und Schwestern (1961), die *Jesus-Bruderschaft* (1961) und die *Kommunität Adelshofen* (1962). Die Kommunitäten sind nicht aufgrund eines gemeinsamen Dienstes zusammen getreten, sondern weil sie sich durch Gott zum gemeinsamen Leben unter den Evangelischen Räten berufen wissen. Daraus fließt dann freilich auch die Hingabe an die Mitmenschen in konkreten Aufgaben (Einkehrarbeit, Seelsorge, Exerzitien, z. T. Arbeits- und Ausbildungsplätze). Alle zwei Jahre findet die „Konferenz ev. K.en" statt (Selbstverständnis s. EKD Texte 88, 30f).

2.3 Familien- und gemischte Gemeinschaften. 1968 war in vielerlei Hinsicht ein „Schwellenjahr". Dem Suchen nach neuen Arten des Zusammenlebens haben sich auf ihre Weise auch ev. Christen angeschlossen. Es entstanden die *Offensive Junger Christen* (1968), das Lebenszentrum für die Einheit der Christen in *Schloss Craheim* (1968), das Ökumenische Lebenszentrum *Ottmaring* (1968), später u. a. die *Freie christliche Jugendgemeinschaft* in Lüdenscheid (1975), die *Jesus-Gemeinschaft* in Marburg (1981), die *Familienkommunität Siloah* in Neufrankenroda (1990). Jährlich gibt es ein „Treffen Geistlicher Gem." (Selbstverständnis s. EKD Texte 88, 31–33).

2.4 *Neue Gemeinschaftsformen.* Seit der Jahrtausendwende entstanden neue, fließende Formen von Gemeinschaftsbildung („emergente Gemeinden"), die in einem „Communio-Netzwerk" einander und erfahrenen K.en begegnen, „austauschen und sich wechselseitig ermutigen und unterstützen"; dabei geht es „besonders um junge Lebensgemeinschaften" (Homepage).

3. **Evangelisches Selbstverständnis.** *3.1 Die Frage der Gelübde.* Da sich die Klosterkritik LUTHERs besonders gegen die „Mönchsgelübde" richtete (*De votis monasticis iudicium*, 1522), hat die theologische Reflexion der K.en vor allem an diesem Punkt schon früh zu einer Klärung geführt. In dem Dokument *Profess und Kirche* wird dargelegt: a) In der Profess bekennt ein Christ öffentlich die Einwilligung in seine Berufung unter den sog. Evangelischen Räten zu leben; b) diese Lebensform ist ein Charisma und hat keinerlei Verdienstcharakter; c) das Nebeneinander verschiedener Lebensformen ist ein Ausdruck unterschiedlicher Berufungen; d) die Profess wurzelt in der Taufe und kann wie diese nur in die Kirche hinein führen. Da die ev. Kirchen kein Ordensrecht kennen, gibt es auch keinerlei rechtliche Einordnung evangelischer Gelübde; sie haben den Charakter freiwilliger Verpflichtungen.

3.2 K.en und Kirche. 1976 stellte die Bischofskonferenz der VELKD dankbar fest, „dass diese K.en … auf der Basis der Heiligen Schrift stehen und die Rechtfertigung allein aus Glauben leben wollen" (REIMER 206). Dementsprechend verstehen sich „die K.en in der Kirche (als) ein Gegenüber zur Kirche" (REIMER 211). Seit 1979 ernennt die EKD einen Bischof als Kontaktmann und Begleiter der K.en und geistl. Gem. 2007 kam „ein Votum des Rates der EKD zur Stärkung evangelischer Spiritualität" heraus (EKD Texte 88), das von einer gemischten Gruppe aus Vertretern von K.en, geistl. Gemeinschaften und der EKD erarbeitet worden war. Darin wird u. a. über den „Dienst der K.en und geistl. Gemeinschaften in der Kirche" sowie über den „Dienst der Kirche an K.en und geistl. Gemeinschaften" nachgedacht. Der damalige Ratsvorsitzende W. HUBER stellte fest, dass die K.en „ein Schatz der ev. Kirche (sind), den es zu fördern und zu festigen gilt" (S. 5). Inzwischen haben die Ev. Kirchen von Baden, Bayern und Mitteldeutschland die Existenz von K.en und geistl. Gem. in ihrer Kirchenverfassung verankert.

3.3 Ökumenische Weite. „K.en sind Stätten ökumenischer Begegnung, Orte des theologischen und spirituellen Austauschs… Ihre Leidenschaft für die Einheit des Leibes Christi wurzelt in dem Opfer und Gebet Jesu (Joh 17). Sie wird genährt durch Wort und Sakrament und bewährt sich im Bemühen um die Einheit in Vielfalt in der eigenen Gemeinschaft" (REIMER 216f). „Die Mischung aus Autonomie und Alternative, aus geistlicher Verdichtung und ökumenischer Offenheit (macht) die Faszination der K.en und verbindlichen Lebensgemeinschaften heute aus" (W. HUBER in: EKD Texte 88, 5). Manche Gemeinschaften sind daher auch konfessionsverbindend zusammengesetzt. Die „Konferenz ev. K.en" entsendet Beobachter zur Deutschen Ordensoberenkonferenz (DOK) und umgekehrt. Einige K.en sind Vollmitglieder in Arbeitsgemeinschaften von kath. Orden (JOEST 2012, 115.120f).

L. MOHAUPT (Hg.), Modelle gelebten Glaubens. Gespräche der Lutherischen Bischofskonferenz über K.en und charismatische Bewegungen, 1976 – PROFESS UND KIRCHE. Theologische Reflexionen evangelischer K.en, US 34 (1979) 93–95 (auch in: I. REIMER (Hg.), Verbindliches Leben, 207–211) – J. HALKENHÄUSER, Kirche und K. Ein Beitrag zur Geschichte und zum Auftrag der kommunitären Bewegung in den Kirchen der Reformation, 1985² (Lit.) – G. WENZELMANN, Nachfolge und Gemeinschaft. Eine theologische Grundlegung des kommunitären Lebens, 1994 – CH. JOEST, Spiritualität evangelischer K.en. Altkirchlich-monastische Tradition in evangelischen K.en von heute, 1995 (Lit.) – S. MALLINKRODT-NEIDHARDT, Gottes letzte Abenteurer. Anders leben in christlichen Gemeinschaften und K.en, 1998 – I. REIMER, Verbindliches Leben in evangelischen Bruderschaften und kommunitären Gemeinschaften, 1999 – T. DÜRR/D. KELLERHALS/P. VONAESCH (Hg.), Evangelische Ordensgemeinschaften in der Schweiz, 2003 – KIRCHENAMT DER EKD (Hg.), Verbindlich leben. K.en und geistliche Gemeinschaften in der Evangelischen Kirche in Deutschland. En Votum des Rates der EKD zur Stärkung evangelischer Spiritualität (EKD Texte 88), 2007 – D. KELLERHALS, Heilende Gemeinschaft in der Postmoderne unter besonderer Berücksichtigung der Benediktusregel. Ein Beitrag zum Bau von kirchlicher Gemeinschaft, 2008 – Ch. JOEST, Die Entstehung von K.en in den Kirchen der Reformation, in: A. LEXUTT/V. MANTEY/V. ORTMANN (Hg.), Reformation und Mönchtum, 2008, 241–264 – A. AEPPLI/H. CORRODI/P. SCHMID (Hg.), Kirche im Miteinander von Ortsgemeinde, Kommunitäten und Bewegungen, 2011 – Ch. JOEST, Monastische Wurzeln der Spiritualität in den evangelischen K.en, in: H. SCHOENAUER (Hg.), Spiritualität und innovative Unternehmensführung, 2012, 108–123 – www.evangelische-kommunitäten.de – www.communionetzwerk. de.

Christoph Joest

Kompromiss

1. **Grundsätzliches.** Der Begriff K. stammt aus dem röm. Recht und bedeutet bei einem Streitfall die Bereitschaft, sich dem Spruch eines Schiedsrichters zu unterwerfen. Kennzeichnend für K. ist der Verzicht auf eine gewaltsame Durchsetzung der eigenen Position und

der Ausgleich der streitenden Parteien im Sinn einer einvernehmlichen Konfliktregelung (W. TRILLHAAS). Mit der Verständigung schließt der K. bewusstes Handeln, soziale Wechselseitigkeit und eine durch relativen Verzicht eröffnete Zukunftsperspektive ein (M. GREIFFENHAGEN). Ferner setzt der K. voraus, dass man die vielschichtige Wirklichkeit nicht einseitig durch unbedingte Festsetzungen normieren kann (M. HONECKER). In dem Sinn ist der K. das grundlegende Verfahren in sozialen Zusammenhängen, die Gegensätze austragen, gesellschaftlich einen Interessensausgleich auf dem Boden gemeinsamer Grundwerte ermöglichen und rechtlich den Raum für die Beilegung spannungsvoller Ansprüche ermöglichen. Eth. K. sind notwendig, wenn Normen und Pflichten selbst in Widerstreit geraten (W. TRILLHAAS). Die K.kultur weist eine enge Verbindung mit dem Bereich menschlicher Personalität auf (R. STROH).

2. Vorbehalte und Diskussion. Der K. wird traditionell in der philosophisch-theologischen Theorie von Idealen relativiert, wenn man unter Idealen k.lose Gestalten des Ursprünglichen versteht, die das menschliche Leben bestimmen können sollen. Auch die Praxis des „faulen" K., bei dem man etwa materielle Vorteile den sittlichen Werten vorzieht oder eine Partei von der anderen hintergangen wird, und die Praxis des „Scheink." und des „Formelk.", bei dem einander streitende Widersprüche nur verschleiert werden, sind dem Ruf des K. abträglich. Dagegen erhebt die ev. Theologie zwar nicht den K. zum Ideal des Faktischen. Doch in der ev. Theologie kann der K. grundsätzlich aufgrund der Botschaft von der →Rechtfertigung Martin Luthers gewürdigt werden (M. HONECKER). Dies bleibt freilich nicht ohne Widerspruch in der eigenen Disziplin und der katholischen Moraltheologie. Einen ausgearbeiteten und profilierten Entwurf einer ev. Theologie des K. bietet Helmut Thielicke. Zum einen ist eine solche Theologie des K. seines Erachtens angesichts der vielschichtigen Wirklichkeit mit ihren Grenz- und Konfliktfällen gefordert, zum anderen fordert der ev. Rechtfertigungsglauben dazu auf. Denn Gott hat mit der gefallenen Welt letztlich in Jesus Christus einen K. geschlossen, insofern sich Gott auf diese Welt eingelassen hat (H. THIELICKE). Dagegen betont die kath. Moraltheologie nach ihrem traditionellen Verständnis, dass die gefallene Welt eine vernünftige und durch den „Sündenfall" nur relativ beschädigte Grundstruktur hat (→Naturrecht) und so eine Abwägung von Werten (→Kasuistik) ermöglicht (H.-J. WILTING). Innerhalb der ev. Theologie kritisiert prominent Dietrich Bonhoeffer die religiöse Hochschätzung des menschlichen K. Seines Erachtens wird damit theologisch unzulässig der Mensch in den Mittelpunkt gerückt und die Weltwirklichkeit („Vorletztes") verabsolutiert (D. BONHOEFFER).

3. Evangelische Position. Eine ethische Bewertung des K. aus ev. Sicht kann sich an der Rechtfertigungsbotschaft orientieren, insofern letztere zu einem religiösen Bewusstsein der Ambivalenz gegenüber der vielschichtigen Wirklichkeit anleitet und einen vernünftigen Umgang mit ihr empfiehlt. Dies schließt ein, dass eine theologisch wie historisch objektiv fixierbare Güterabwägung letztlich nicht möglich ist. Grenze dieses K.verständnisses, das in seinen Folgen allgemein zumutbar ist, stellt die unbedingte Personenwürde (→Menschenwürde) dar. Letztere entspricht anthropologisch der ev. Rechtfertigungsbotschaft.

D. BONHOEFFER, Ethik (1949), 1984¹⁰, 137–162 – H. THIELICKE, Theologische Ethik II/1, (1959) 1965³, 56–201 – W. TRILLHAAS, Art. K., in: Evang. Staatslexikon, 1966¹, 1113–1116 – H.-J. WILTING, Der K. als theologisches und ethisches Problem. Ein Beitrag zur unterschiedlichen Beurteilung des Kompromisses durch H. Thielicke und W. Trillhaas, 1975 – M. HONECKER, Einführung in die Theologische Ethik. Grundlagen und Grundbegriffe, 1990, 234–243 – M. GREIFFENHAGEN, Kulturen des K., 1999 – R. STROH, Art. K., in: RGG⁴, Bd. 4, 2001, 1539–1540 – MARCUS DÜWELL, Kompromiss, in: DÜWELL u. a. (Hg) Handbuch der Ethik, 2011³, 415–420 – H. R. REUTER, Grundlagen und Methoden der Ethik, in: W. HUBER u. a., Handbuch der ev. Ethik, 2015, 9–124.

Malte Dominik Krüger

Konflikt / Konflikttheorie

1. Begriff. K. stammt von lat. confligere (zusammenstoßen, streiten, kämpfen oder aneinander geraten, im Streit liegen). K. lässt sich definieren als *kommunizierter Widerspruch* (LUHMANN); er ist zu unterscheiden von den Formen (z. B. →Krieg, →Wettbewerb) und den Medien des K.austrags (z. B. →Macht, →Gewalt), er bezieht sich auf unterschiedliche (intra- und interpersonale, soz. und internationale) K.ebenen. K. haben die Form einer sozialen Konstruktion, ein K. ist das, was als K. – von wem auch immer – wahrgenommen wird.

K.th.n beziehen sich auf diese Ebenen und fokussieren K.ursachen, Austragungsformen, personale, gesellschaftl. und internationale Auswirkungen, aber auch die Beschreibung optimaler K.strategien. Im Bereich pol. K.forschung hat sich die Friedens- und K.forschung als eigenständiger Forschungszweig etabliert. In den letzten Jahren hat der K.begriff durch die neuen K.konstellationen verstärkt an Bedeutung gewonnen.

2. K.theoretische Ansätze. *2.1* Obwohl der K.begriff erst seit Mitte des 19. Jh.s verwendet wird, findet er sich der Sache nach seit den Anfängen der Philosophie. So lassen sich bei HERAKLIT Streit und Krieg als kosmolog. Prinzip identifizieren: Die Einheit des Gegensätzl. ist die Voraussetzung des Bestandes der Welt. Zu Beginn der Neuzeit finden sich k.th. Ansätze der pol. Philosophie bei MACHIAVELLI: Pol. als rational kalkulierte

Machterhaltung und bei HOBBES' Vertragstheorie: Das Selbsterhaltungsinteresse der im Naturzustand (Krieg aller gegen alle) permanent gefährdeten Individuen führt zur Errichtung einer zentralen Autorität, die Sicherheit und Ordnung gewährleistet.

2.2 Wegbereiter des modernen K.begriffs wird die *klassische pol. Ökonomie*. Die rationale Verfolgung der Eigeninteressen der ökonomischen Subjekte wird auf dem →Markt ausgetragen. Durch dessen Vermittlung werden die aus Konkurrenz entstehenden K. zivilisiert und für die Vermehrung des Wohlstandes der Gesamtheit nutzbar gemacht. Im Gegensatz hierzu beziehen MARX und ENGELS K. auf Widersprüche der materiellen Basis. Die unterschiedl. Dynamik der Entwicklung von Produktivkräften und Produktionsverhältnissen führt zu antagonistischen Widersprüchen, die in der Form von Klassenkämpfen ausgetragen werden. Diese sind der Motor des soz. und pol. Wandels. Gleichzeitig erklärt der *sozialdarwinistische Konkurrenzbegriff* soz. Auslese und das Überleben der Stärkeren aus dem Konkurrenzkampf, der aus Knappheit resultiert. Daran knüpfen im 20. Jh. Ethologie und Soziobiologie (LORENZ, EIBL-EIBESFELDT) an, die menschl. Aggression als ursprüngl. Verhaltenstendenz des Menschen kennzeichnen.

2.3 Seit Ende des 19. Jh.s dominieren *soziolog. K.th.* Als klassisch gelten die Ansätze von SIMMEL, der den K. (als Streit, Konkurrenz oder Kampf) als Form der Vergesellschaftung versteht und die formalen Merkmale von K.beziehungen zum Gegenstand der Soziologie macht, und WEBER, der den Kampf als Kern soz. Wandels auf den Ebenen der wirtschaftl., pol. und soz. Ordnung postuliert. K. wird bei ihm zu einer Form soz. Handelns, dem bei geregeltem K.austrag innovative Eigenschaften zugeschrieben werden. Seit dem Zweiten Weltkrieg herrschen strukturfunktional. K.th. vor, auf die sich beziehend die moderne K.th. entstand. COSER schließt dabei an SIMMELS Ansatz an und analysiert die stabilisierenden Funktionen soz. K. DAHRENDORF entwirft Soziologie als K.th.: In jeder Gesellschaft besteht eine Differenz zwischen dem Interesse am Bestehen und an der Veränderung gesellschaftl. Ordnung. In diesen K. sind Rollen, Gruppen und andere soz. Einheiten involviert. Solange der K. institutionalisiert werden kann, ist er für die gesellschaftl. Entwicklung funktional. In modernen Gesellschaften lösen die Antagonismen von Ansprüchen und Angeboten, von Politik und Ökonomie den traditionellen Klassenk. ab.

2.4 Die aktuelle soziolog. Debatte ist geprägt von konkurrierenden Ansätzen: HABERMAS geht von System und Lebenswelt als unterschiedl. Ebenen der Vergesellschaftung aus; durch zunehmende Rationalisierung kommt es zu einer Kolonialisierung der Lebenswelt mit der Folge, dass die symbolische Reproduktion der Lebenswelt (mit ihren verständigungsorientierten K.regelungsformen) gefährdet ist. Die K., die dadurch entstehen, lösen tendenziell die klassischen Verteilungsk. ab; stattdessen erhalten soz. Bewegungen eine besondere Bedeutung als Träger gesellschaftl. Wandels. HONNETH wiederum rekonstruiert soz. K. als Kampf um Anerkennung in den Sphären Familie, Gesellschaft und Staat mit den Mustern Liebe, Recht und Solidarität. LUHMANN konzipiert K. im Rahmen seiner Theorie autopoietischer Systeme als Kommunikation von Widerspruch, die Anschlussfähigkeit erzeugt. Dies steht unter der Bedingung doppelter Kontingenz und dient dem selbstreferentiellen Aufbau des K. als soz. System. Die gesellschaftl. Funktion von K. besteht darin, dass sie als Immunsystem wirken, mit dem die Gesellschaft ihre Möglichkeit zur Selbständerung erhält.

Alternative Theorien sind die Ansätze BOURDIEUS, für den sich gesellschaftl. Auseinandersetzungen als K. um verschiedene Formen des kulturellen und symbolischen Kapitals und deren Akkumulation darstellen, die in unterschiedl. Feldern zu verorten sind, und LYOTARDS, der aus sprachanalytischen Argumenten von der Unvereinbarkeit der Diskursarten ausgeht. Nach dem Ende der „großen Erzählungen" ist keine vereinheitl. Sichtweise mehr denkbar, so dass prinzipiell alle Diskurse und Lesarten miteinander in K. stehen, ohne dass eine rationale Beendigung des Streites denkbar wäre.

2.5 Neben diesen soz. wissenschaftl. gefärbten K.th. sind stärker pol. orientierte zu nennen, z. B. der *pol. Realismus*, der internationale K. als K. um Macht, und die *kritische Friedensforschung*, die internationale K. v. a. unter der Prämisse struktureller Gewalt (GALTUNG) analysiert. In diesem Zusammenhang spielen auch Übernahmen aus der Spiel- und Entscheidungstheorie eine Rolle, die zur Optimierung von Zweck-Mittel-Relationen in K.situationen dienen sollen.

3. Unterscheidungen von K.ebenen. Die Unterscheidungen des K.begriffs haben allein analytische Funktion, in der Realität sind die verschiedenen Perspektiven miteinander verschränkt. Differenziert werden v. a.:

Intrapersonale K. stellen sich als einander widersprechende Verhaltensdispositionen dar. Erklärt werden sie z. B. behavioristisch durch einander entgegengesetzte Reiz-Reaktionskonstellationen, psychoanalytisch aus der Dynamik unterschiedlicher seelischer Kräfte oder rollentheoretisch als Intra-Rollenk. *Interpersonale K.* sind auf der Ebene der Interaktion angesiedelt. Je nach Menschenbild können sie als Ergebnis eines K. um knappe Ressourcen, als bedingt durch die Fremdheit der Menschen oder als Folge der natürl. Aggression verstanden werden. *Soziale K.* lassen sich kennzeichnen als Gegensatz zwischen Teilgruppen innerhalb einer Gesellschaft. Sie können sich darstellen als normative K. um die Ziele und Voraussetzung der Gesellschaft und als K. über die Verteilung gesellschaftlicher Güter. Wobei hier nach den beteiligten Gruppen z. B. Generationenk. und K. entlang der Organisation der Geschlechterverhältnisse oder zwischen ges. Klassen unterschieden werden muss. *Internationale K.* sind bestimmt durch die Konkurrenz verschiedener Gesellschaftssysteme, Machtblöcke und Interessensphären, wobei vor allem das System der Nationalstaaten als K.herd beschrieben werden kann. Während in den 1980er und 1990er Jahren Ost-West- und Nord-Süd-K. im Mittelpunkt der Debatte standen, stehen gegenwärtig ethnische K. an dieser Stelle. Hier knüpft der Begriff *Kultur.* an, der unterschiedl. kulturelle Prägungen als Quelle sozialer und internationaler K. postuliert. Allerdings ist umstritten, was der Kulturbegriff analytisch leisten kann und ob durch ihn nicht die eigentlichen K.ursachen verdeckt werden.

Weitere Unterscheidungen beziehen sich nicht auf K.ebenen, sondern auf K.typen. Es werden beschrieben: *manifeste vs. latente K.*, wobei unklar ist, ob sich latent auf den K.austrag oder seine Wahrnehmung bezieht, *symmetrische vs. asymmetrische K.* im Blick auf die Stärke oder Gleichberechtigung der K.parteien, *informelle vs. institutionalisierte K.* bzw. *legitime vs. nichtlegitime K.* vor allem hinsichtlich der Regelhaftigkeit des Mitteleinsatzes, *konsensuale vs. dissensuale K.* im Blick auf die Zielorientierung.

Die Funktion von K. wird sowohl positiv als auch negativ bewertet; während zum einen vor allem sein innovativer Charakter betont wird, kommt es zur negativen Bewertung wegen der Bedrohung der pol. oder soz. Ordnung, aber – bei interpersonalen Konflikten – auch der Stabilität der Ich-Identität. Da bei K. i. d. R. beide Aspekte zu beobachten sind, ist, statt der Kennzeichnung allein als funktional oder dysfunktional, sinnvoller von der Ambivalenz des K. (HUBER) zu sprechen. Allerdings sollte die negative Bewertung vor allem die Mittel des K.austrags betreffen, zumal die meisten K. mit friedlichen Mitteln geregelt werden.

4. Konflikt in theol. Perspektive. K. ist kein genuin theol. Begriff. Trotzdem lassen sich sowohl Gottes- als auch Menschenbeziehung k.th. beschreiben. Allerdings hat die Bezeichnung des K. zwischen Gott und Mensch als Sünde vor allem negative Konnotationen. Insofern sind der einfachen Übernahme des K.begriffs in die theol. Sprache Grenzen gesetzt. Ähnliches gilt für den Zusammenhang zwischen K. und Versöhnung. Versöhnung als Überwindung der Feindschaft ist ein Grundmotiv christlichen Glaubens (2. Ko. 5, 19f) mit der ethischen Folge: die Überwindung von Feindschaft (nicht des K. selbst) soll Motiv christlichen Handelns sein. Das setzt die Anerkennung des K. und der K.partner ebenso voraus wie das Eintreten für gewaltfreie Mittel des K.austrags und die Forderung nach der Institutionalisierung von K. Auch hier ist darauf zu achten, K. nicht allein als Negativfolie für die christliche Versöhnung zu betrachten, sondern die produktiven Folgen des K. zu berücksichtigen.

N. LUHMANN, Soziale Systeme, Grundriss einer allgemeinen Theorie, 1984 – W. HUBER, K. und Versöhnung, in J. ASSMANN/D. HARTH (Hg.), Kultur und K., 1990, 49–71 – A. HONNETH, Kampf um Anerkennung. Zur moralischen Grammatik sozialer K., 1992 – R. DAHRENDORF, Der moderne soziale Konflikt, 1994 – H.-J. GIEGEL (Hg.), K. in modernen Gesellschaften, 1998 – T. BONACKER (Hg.), Soz.wissenschaftliche K.theorien. Eine Einführung, 2008[4] (Lit.) – P. IMBUSCH, R. ZOLL (Hg.), Friedens- und K.forschung, Eine Einführung, 2010[5] – P. SCHLOTTER/S. WISOTZKI (Hg.), Friedens- und Konfliktforschung, 2011.

Hans-Ulrich Dallmann

Königsherrschaft Christi

1. Begriff. Die Lehre von der K. Chr. erweitert das ntl. Bekenntnis „Jesus Christus ist der Herr" (Phil 2,11) zur geschichtstheologischen Erwartung, dass der auferstandene Christus über alle Mächte und Gewalten herrscht und richtet. Vor allem in der reformierten Theologie nach Barmen wird mit K. Chr. ein ethisches Selbstprüfungskonzept für kirchliches und politisches Handeln entfaltet (H. LINDENLAUF). Mit K. Chr. als Grundbegriff der →Sozialethik wird politische Praxis christologisch, beispielsweise im Horizont der →Bergpredigt reflektiert. Der sachlichen Nähe zum Begriff →Reich Gottes entspricht die inhaltliche Ausrichtung auf prophetische Kritik politischer Zustände nach biblischen Kriterien der →Gerechtigkeit und des →Friedens.

2. Geschichte. *2.1* Ausgangspunkt ist die reformatorische Ausweitung des Begriffs Regnum Christi zu einem theologischen Gesellschaftsentwurf (M. BUCER, De regno Christi, 1551). Im Unterschied zur →Zwei-Reiche-Lehre verankert er das Verhältnis von Kirche und Staat bzw. von Religion und Politik nicht in einem allgemeinen, sondern in einem christologischen Gottesbegriff und ist weniger durch ein statisches Konzept von Schöpfungsordnungen geprägt, wie es die neulutherische Ordnungsethik kennzeichnet (G. THOMAS).

2.2 Im Kirchenkampf begründete K. Chr. auf der Basis der →Barmer Theologischen Erklärung, insbesondere These II, die ekklesiologische Bestimmung der Kirche als Leib Christi zu dem Ort, an dem die K. Chr. aufgerichtet wird (A. DE QUERVAIN): Durch sie handelt er – im Bekenntnis zu ihm – als ihr Herr in der Welt.

2.3 In der Nachkriegszeit wurde etwa von E. WOLF K.Chr. gegen restaurative Tendenzen und eine unkritische Fortsetzung der konstantinischen Tradition in der →Volkskirche angeführt und zur Begründung einer politischen →Ethik der Weltveränderung im Horizont des →Reiches Gottes. K. Chr. steht gegen die der neulutherischen Zwei-Reiche-Lehre zugeschriebene Tendenz, das weltliche →Recht, die staatliche Gewalt und die ökonomischen Gesetze aus dem normativen Zusammenhang theologischer→Ethik auszugliedern und als Eigengesetzlichkeiten zu behandeln.

2.4 Der Begriff bildete in der kirchlichen Friedensbewegung (Wiederaufrüstungsdebatte der 1950er Jahre und Ablehnung des NATO-Doppelbeschlusses in den 1980er Jahren) den Legitimationsrahmen, um in der Friedensfrage den *status confessionis* zu erklären (in analoger Weise im Streit um die Apartheid in den südafrikanischen Kirchen und in der Ökumene). Auch in →Denkschriften der EKD spielt er im Verhältnis von →Öffentlichkeit und Kirche eine zentrale Rolle.

2.5 Im Bund der evang. Kirchen in der DDR wurden die K. Chr. und die Zwei-Reiche-Lehre als wechselseitig sich ergänzende und korrigierende Interpretationsmodelle für die Standortbestimmung der →Kirche im Sozialismus verstanden.

2.6 In der →Ökumenischen Bewegung wurde der Begriff seit Amsterdam 1948 mit dem Konzept der →Verantwortlichen Gesellschaft verbunden, das den Weg aus der ideologischen Alternative von →Kapitalismus und →Kommunismus weisen sollte.

3. **Problematik.** *3.1* Die Metaphorik des Begriffs muss als politische Symbolik gerade nach seinem eigenen theologischen Anspruch dekonstruiert werden (→Theokratie). Im Kontext der postsäkularen Zivilgesellschaft (→Säkularisierung) kann ein theopolitischer Anspruch im Sinne der K. Chr. im Zusammenwirken pluralistischer Kräfte und Interessen in der deliberativen Öffentlichkeit (→Pluralismus) nicht mehr erhoben und durchgesetzt werden. Auch wenn spezifisch religiöse Motive unter postsäkularen Bedingungen den politischen Prozess bereichern (J. HABERMAS) – bspw. als Kritik einer expansiven →Marktwirtschaft (B. WANNENWETSCH), müssen ihre Geltungsansprüche doch unter Verzicht auf theopolitische Vorzeichen argumentativ geprüft werden können.

3.2 Mit der Transformation zu „God's federal republic" (W. J. EVERETT) wird ein Anschluss an →zivilgesellschaftliche Politik und →Öffentlichkeit intendiert, um theol. Sozialethik für die Probleme und →Institutionen in der postsäkularen Gesellschaft und für die kritische Reflexion der Praxislogik von Politik (→Macht), Ökonomie (→Markt) und Öffentlichkeit (→Massenmedien) gesprächsfähig zu machen. Gegen eine Tendenz zu ihrer Ontologisierung erinnert K. Chr. daran, dass Institutionen nicht den Charakter von *ordo* im Sinne von Natur- oder Geschichtsordnung haben, sondern von *ordinatio* im Sinne einer funktionalen Zweckbestimmung (G. THOMAS). Gegenüber der Zwei-Reiche-Lehre, die auf den ersten Blick eine flexiblere Bezugnahme auf die funktionale Ausdifferenzierung (→Systemtheorie) zu ermöglichen scheint, hält der Begriff K. Chr. an einem Zukunftsüberschuss von solidarischer Praxis (→Solidarität) gegenüber einer funktionalen Einbindung in das Bestehende fest. Dieser kann allerdings nur als „Wagnis der →Freiheit" in gesamtgesellschaftliche Steuerungsprozesse wie individuelles Handeln eingespielt werden.

A. DE QUERVAIN, Die Herrschaft Christi über seine Gemeinde, EvTh 5, 1938, 45–57 – E. WOLF, Art. K. Chr., in: EStL, [1]1987[3], 1802–1804 – M. HONECKER, Weltliches Handeln unter der Herrschaft Christi. Zur Interpretation von Barmen II, in: ZThK 69, 1972, 72–99 – DERS., Art. K. Chr., in: ESL, 1980[7], 725–727 – DERS., Die neuere Diskussion zur Bedeutung der K. Chr., in: EStL, [1]1987[3], 1804–1805 (Lit.) – H. LINDENLAUF, Karl Barth und die Lehre von der „K. Chr.". Eine Untersuchung zum christozentrischen Ansatz der Ethik des Politischen im deutschsprachigen Protestantismus nach 1934, 1988 – W. J. EVERETT, God's federal republic. Reconstructing our governing symbol, Mahwah 1988 – C. WALTHER, Art. K. Chr., in: TRE, [XIX]1990, 311–323 (Lit.) – J. HABERMAS, Glauben und Wissen, 2001 – B. WANNENWETSCH, Art. K. Chr. ethisch, in: [4]RGG[4], 2001, Sp. 1588–1589 – G. THOMAS, Die politische Aufgabe der Kirche im Anschluss an das reformierte Modell der K. Chr., in: I. DINGEL/C. TIETZ (Hg.), Die politische Aufgabe der Religion, 2011, 299–328 – G. LÄMMLIN, Das Wagnis der Freiheit, in: DERS., Protestantische Religionspraxis in der post-säkularen Gesellschaft, 2013, 231–238.

Georg Lämmlin

Konjunktur / Konjunkturpolitik

1. **Konjunktur.** Der Begriff K. bezieht sich auf die wirtschaftliche Lage einer →Volkswirtschaft. Das gesamtwirtschaftliche *Produktionspotential*, das sich aus den vorhandenen Produktionsfaktoren (insb. Arbeit und Sachkapital) ergibt, wird nicht immer in gleichem Maße genutzt. Vielmehr treten temporäre Schwankungen im Auslastungsgrad der Produktionskapazitäten auf, die mit entsprechenden Veränderungen gesamtwirtschaftlicher Schlüsselgrößen einhergehen. Wenn das reale →*Bruttoinlandsprodukt* unter dem bei normaler Auslastung möglichen Niveau liegt, kommt es zu k.eller →*Arbeitslosigkeit*, im umgekehrten Fall zu k.eller →*Inflation*.

Der *K.zyklus* beschreibt die Schwankungen der gesamtwirtschaftlichen Aktivität um die Normalauslastung des Produktionspotentials (→Produktion) als wellenförmige Abfolge von vier unterschiedlichen *K.phasen*. In einem *Abschwung* (*Rezession*) geht der Auslastungsgrad zurück. Im Umfeld des unteren konjunkturellen Wendepunktes liegt eine *Depression* (*Krise*) vor. Der Wiederanstieg der wirtschaftlichen Aktivität charakterisiert den *Aufschwung* (*Expansion*). Der Bereich des oberen Wendepunktes wird als *Hochkonjunktur* (*Boom*) bezeichnet. Die K.forschung unterscheidet Zyklen verschiedener Länge. Im Vordergrund steht der *Juglar*-Zyklus (7 bis 11 Jahre), der auf die k.ellen Schwankungen der Investitionen abstellt. An den Veränderungen der Lagerhaltung orientiert sich der wesentlich kürzere *Kitchin*-Zyklus (3 bis 4 Jahre). Besonders lange, von Basis→innovationen getriebene Wellen der wirtschaftlichen Aktivität werden als *Kondratieff*-Zyklus (50 bis 60 Jahre) bezeichnet.

In der Realität findet sich kein regelmäßiges K.muster. Zudem gehen die k.ellen Schwankungen im Auslastungsgrad mit einem im Trend wachsenden Produktionspotential (→Produktion, →Wachstum) einher, so dass sich K. und *Wachstum* überlagern. Sie hängen zudem voneinander ab, denn die für das Wachstum entscheidenden →Investitionen werden stark von der K.lage mitbestimmt. Anhaltende Rezessionsphasen ziehen Investitionstätigkeit und Wirtschaftswachstum auch dauerhaft nach unten.

Gemessen wird die k.elle Entwicklung an verschiedenen *K.indikatoren*. Als Frühindikatoren, die der k.ellen Entwicklung vorauslaufen, verwendet man z. B. die Entwicklung von Auftragseingängen und Auftragsbeständen sowie Indexwerte für das Geschäftsklima oder die K.erwartungen. Präsenzindikatoren für die aktuelle K.lage sind das →Bruttoinlandsprodukt (relativ zum Produktionspotential) oder der Produktionsindex für das verarbeitende Gewerbe. Spätindikatoren wie die Zahl der Arbeitslosen (→Arbeitslosigkeit) oder die Verbraucherpreise reagieren mit einer gewissen Zeitverzögerung auf k.elle Einflüsse.

K.theorien versuchen, die zyklischen Bewegungsmuster der wirtschaftlichen Aktivität zu erklären. *Exogene* K.theorien stellen natürliche, gesellschaftliche oder technische Veränderungen in den Vordergrund, die von außen auf den Wirtschaftsprozess einwirken. Eine permanent zyklische Entwicklung lässt sich damit allein nicht begründen. *Endogene* K.theorien versuchen dagegen, die wirtschaftliche Entwicklung anhand von Faktoren zu erklären, die aus dem Wirtschaftsprozess entstehen und seinen zyklischen Verlauf erklären.

Ungleichgewichte zwischen Konsum- und Investitionsgüterproduktion sind ein wichtiges Element endogener Erklärungsansätze. Während *Unterkonsumtionstheorien* Rezessionen auf ein zu schwaches Wachstum der Konsumgüternachfrage relativ zum Produktionspotential zurückführen, sehen *Überinvestitionstheorien* die Ursache in einem zu starken Wachstum des Produktionspotentials gegenüber den Absatzmöglichkeiten. *Monetäre K.theorien* betonen in diesem Kontext die Rolle der →Zinsen und der im Zeitablauf unterschiedlichen Versorgung der Wirtschaft mit →Geld und →Krediten. Dagegen stellen *psychologische Theorien* die wechselhaften Zukunftserwartungen der Konsumenten und Investoren in den Vordergrund. Vor allem weit in die Zukunft reichende Investitionsentscheidungen werden stets unter Unsicherheit getroffen und sind besonders anfällig für Wellen von Optimismus und Pessimismus. In jedem Falle gehen die Auf- und Abschwünge mit Diskrepanzen zwischen geplanten *Ersparnissen* (→Sparen) und *Investitionen* einher. Letztere können durch Zufälle bzw. exogene Störungen ausgelöst werden, gehen aber auch auf das simultane Wirken der makroökonomischen Größen zurück. Einen wichtigen Beitrag zur teils endogenen Erklärung zyklischer Produktionsschwankungen liefert das *Multiplikator-Akzelerator*-Modell. Höhere Investitionen, die z. B. durch technischen →Fortschritt angestoßen werden, erzeugen *Multiplikatoreffekte* (auf den →Konsum) und *Akzeleratoreffekte* (auf die →Investition), deren Zusammenspiel eine zyklische Entwicklung des Inlandsprodukts (→Bruttoinlandsprodukt) hervorrufen kann.

2. Konjunkturpolitik. K.schwankungen sind mit der Verletzung wirtschaftspolitischer Ziele verbunden und begründen im Falle anhaltender und gravierender Abweichungen wirtschaftspolitischen Handlungsbedarf. In Rezessionsphasen steigt die →Arbeitslosigkeit, in Hochk.phasen das Preisniveau. Damit sind die beiden zentralen *Stabilitätsziele* angesprochen. Die *K.politik*, die auch als *Stabilisierungspolitik* bezeichnet wird, ist im Wesentlichen darauf gerichtet, einen hohen Beschäftigungsstand (→Vollbeschäftigung) und ein stabiles Preisniveau zu gewährleisten. Nach dem *Gesetz zur Förderung der Stabilität und des Wachstums der Wirtschaft* (Stabilitätsgesetz) werden darüber hinaus außenwirtschaftliches Gleichgewicht sowie stetiges und angemessenes Wirtschaftswachstum angestrebt (*Magisches Viereck*).

Über das Ziel eines gesamtwirtschaftlichen Gleichgewichts im Sinne eines hohen Beschäftigungsgrades bei weitgehend stabilem Preisniveau besteht weitgehende Einigkeit. Ob und in welcher Weise eine Stabilisierung durch wirtschaftspolitische Maßnahmen erfolgen soll, ist hingegen umstritten. *Neoklassiker* glauben, dass ein Marktsystem bei flexiblen Löhnen und Preisen von selbst zu einem Gleichgewicht bei Vollbeschäftigung tendiert. *Keynesianer* betonen demgegenüber, dass Diskrepanzen zwischen Gesamtnachfrage und Gesamtangebot, die über Multiplikator- und Akzeleratorprozesse verstärkt werden, zu dauerhafter Unterbeschäftigung führen können. Die unterschiedlichen theoretischen Positionen korrespondieren mit divergierenden stabilitätspolitischen Konzeptionen. Neoklassiker plädieren für eine *Verstetigung* der Wirtschaftspolitik und den weitgehenden Verzicht auf staatliche Interventionen. Darüber hinaus fordern sie mit Blick auf die Preisniveaustabilität eine am Produktionspotential orientierte →Geldpolitik. Keynesianer sprechen sich dagegen für eine *Globalsteuerung* der Wirtschaft im Sinne einer antizyklischen Beeinflussung der Gesamtnachfrage aus. Der Staat müsse prozesspolitische Verantwortung übernehmen und die Marktwirtschaft mittels geld- und finanzpolitischer (→Finanzpolitik) Instrumente stabilisieren.

Nach dem Konzept der Globalsteuerung ist in Rezessionsphasen eine expansive K.politik zur Belebung der Gesamtnachfrage und Produktion erforderlich, während eine restriktive K.politik in Hochk.phasen Gesamtnachfrage und Inflation dämpfen soll. Diese *antizyklische* Strategie setzt voraus, dass →Arbeitslosigkeit und →Inflation nicht gleichzeitig auftreten, dass also keine *Stagflation* vorliegt. Hierzu bedarf es stabiler *Angebotsbedingungen*, insbesondere stabiler Lohnstückkosten. Eine stabilitätskonforme, am Produktivitätsfortschritt (→Produktion) orientierte →Lohnpolitik ist daher wesentliche Voraussetzung für wirksame Nachfragepolitik.

Zentrale Teilbereiche der K.politik sind die *Fiskalpolitik (→Finanzpolitik)* und die *Geldpolitik*. Die Fiskalpolitik beinhaltet den antizyklischen Einsatz staatlicher Einnahmen und Ausgaben (→Haushalte, öffentliche). In der Rezession kann der Staat seine Ausgaben für öffentliche Investitionen und damit die staatliche Nachfrage erhöhen. Ebenso kann er die →Steuern der Konsumenten und Investoren senken, um die private Nachfrage anzuregen. In der Hochk. ist grundsätzlich umgekehrt zu verfahren, wobei in der Praxis oftmals keine starke Neigung zum restriktiven Einsatz der Fiskalpolitik besteht. Antizyklische Fiskalpolitik geht mit entsprechenden Defiziten und Überschüssen im Staatshaushalt (→Haushalt, öffentliche) einher. Schon die K.schwankungen selbst erzeugen Budgeteffekte. In der Rezession entstehen automatisch *k.bedingte Defizite* infolge rückläufiger Steuereinnahmen und wachsender Transferzahlungen an Arbeitslose (→Arbeitsmarktpolitik). Expansive Maßnahmen erfordern darüber hinaus *antizyklische Defizite* zur Vorfinanzierung der Mehrausgaben oder Steuersenkungen. Diese Defizite haben jedoch erhebliche *Selbstfinanzierungseffekte*, denn der Staat profitiert von den Mehreinnahmen und Ausgabenersparnissen, die aus der staatlich induzierten Belebung von Nachfrage, →Produktion und Beschäftigung entstehen.

K.bedingten und antizyklischen Defiziten in der Rezession stehen entsprechende Überschüsse in der Hochk. gegenüber. Über den K.zyklus hinweg gleichen sich diese Effekte weitgehend aus. Ein Schuldenproblem (→Staatsverschuldung) entsteht nur dann, wenn der Staat unabhängig von der K.lage *strukturelle Defizite* eingeht. Dies geschieht vor allem in Zeiten, in denen die Fiskalpolitik eigentlich restriktiv wirken müsste, dies aber aus wahlpolitischen Gründen unterlässt. Umgekehrt wird das eigentlich angemessene *Deficit Spending* in der Rezession durch bereits vorhandene strukturelle Defizite behindert.

Die Geldpolitik kann mit ihren Instrumenten die gesamtwirtschaftliche Nachfrage nicht direkt steuern. Sie ist jedoch in der Lage, die Finanzierungsbedingungen über Veränderungen der Zinssätze und der Geldmenge (→Geld) zu beeinflussen. Zinssenkungen in der Rezession sollen die zinsabhängige Nachfrage, insbesondere die privaten →Investitionen anregen. Analog dazu sollen Zinserhöhungen in der Hochk. die zinsabhängige Nachfrage reduzieren und der →Inflation entgegenwirken. Funktionieren kann das nur, wenn die Geschäfts→banken eine Variation der Leitzinsen →Zentralbank) an die Kreditnachfrager weitergeben, die wiederum ihre kreditfinanzierten Ausgaben den neuen Konditionen anpassen.

Der Wirkungskanal der Geldpolitik ist insbesondere in der Rezession häufig gestört, weil die Geschäftsbanken aufgrund gestiegener Risiken bei der Vergabe neuer →Kredite zurückhaltend sind und die Unternehmen mangels Nachfrage wenig Investitionsbedarf erkennen. Die Wirtschaft kann sich in einer *Liquiditäts-* und *Investitionsfalle* befinden, in der eine rein monetäre Expansion verpufft. Dies spricht für eine Kombination von Geld- und Fiskalpolitik, die unmittelbar nachfragewirksame staatliche Maßnahmen mit einer höheren Geldversorgung verknüpft. Allerdings sind die Kooperationsmöglichkeiten in der Eurozone (→Europäische Wirtschafts- und Währungsunion) begrenzt. Die Europäische Zentralbank (→Zentralbank) kann national unterschiedlichen K.lagen der Mitgliedstaaten nur begrenzt Rechnung tragen.

O. BLANCHARD/G. ILLING, Makroökonomie, 2014[6] – J. PÄTZOLD/D. BAADE, Stabilisierungspolitik, 2008[7] – G. TICHY, K. Stilisierte Fakten, Theorie, Prognose. 1994[2] – H. WAGNER, Stabilitätspolitik, 2014[10].

Wolfgang Scherf

Konservatismus

K. (auch *Konservativismus*, von lat. *conservare* = bewahren, erhalten) bezeichnet diverse politische und soziale →Weltanschauungen, →Ideologien und Bewegungen, deren primäres Ziel die Erhaltung bestimmter als →Tradition bewährt empfundener →Werte (WerteK.) und →Ordnungen (StrukturK.) ist und die sich gegen die gleichzeitig im 18. und 19. Jh. entstandenen Bewegungen des →Liberalismus und →Sozialismus richten. K. bildete sich zunächst in Frankreich vor allem als Gegenbewegung zur →Französischen Revolution und in England unter Einfluss von E. Burke heraus. Mit der Umbenennung der Tories 1830 in *Conservative Party* wird die Bezeichnung K. zum parteipolitischen Programm und zum Vorbild anderer politischer →Parteien in Europa.

Im Rahmen der Verbreitung des K. über Europa hinaus entstanden verschiedene, bis heute nachwirkende Profile von K. In der europäischen →Tradition des K. nimmt der →Staat eine relativ starke Funktion ein als natürlicher Ort politischer →Autorität, →Macht und sozialer →Verantwortung. Dagegen spielen im angloamerikanischen K. das Individuum, in der Form des NeoK. auch →Nation, →Heimat und Religion die entscheidende Rolle. Rechtsextremismus, Nationalismus oder Fundamentalismus sind aufgrund ihrer extremen, radikalen Ideologien mit dem Ziel einer utopischen Gesellschaftsordnung unter gewaltsamer Vernichtung aller bestehenden Ordnungen vom K. zu differenzieren. Im gesellschaftlichen und politischen Bereich ist der K. zu einer parteiübergreifenden Handlungsmaxime geworden. Bewahrung der Schöpfung, behutsamer Umgang mit Fortschritt und Fragen nach Geltung überkommener →Werte bestimmen die Programmatik vieler unterschiedlicher Gruppierungen und →Parteien des K.

M. GREIFFENHAGEN, K. in Deutschland, 1986 – C. v. SCHRENK-NOTZING (Hg.), Lexikon des K. 1996 – A. SCHILDT, K. in Deutschland, 1998 – C. v. SCHRENK-NOTZING (Hg.), Stand und Probleme der Erforschung des K., Bd. 1, 2000 – J.-B. MÜLLER, K. – Konturen einer Ordnungsvorstellung, 2007 (Lit.) – S.-U. SCHMITZ, K., 2009 – P. U. HOHENDAHL/E. SCHÜTZ, Perspektiven konservativen Denkens. Deutschland und die Vereinigten Staaten nach 1945 (Publikationen zur Zeitschrift für Germanistik 26), 2012 – K. V. BEYME, K., Theorien des K. und Rechtsextremismus im Zeitalter der Ideologien 1789–1945, 2013 – M. PORSCHE-LUDWIG/J. BELLERS (Hg.), Was ist konservativ? Eine Spurensuche in Politik, Philosophie, Wissenschaft, Literatur, 2013.

Peter Schneemelcher

Konsum / Konsumgesellschaft

1. Definition und Begriff. In den fortgeschrittenen Industrieländern lässt sich seit dem 20. Jahrhundert eine starke Steigerung des Massenkonsums beobachten, die mit Begriffen wie „Consumerism" oder „Konsumgesellschaft" charakterisiert wird. Zentrale Aspekte dieser von den USA ausgehenden Entwicklung waren die sprunghafte Zunahme der Ausstattung der Haushalte mit langlebigen K.gütern (Automobile, Telefone, Fernsehgeräte, elektrische Haushaltsgeräte, Unterhaltungselektronik), die Veränderungen der Lebensgewohnheiten der →Bevölkerung im Zuge der Zunahme von Freizeit und Urlaub, die Angleichung der Lebensstile zwischen den sozialen Schichten sowie das Vordringen der Werbung in der öffentlichen →Kommunikation. Der Lebensstandard breiter Bevölkerungsschichten ist nicht nur quantitativ gestiegen, sondern auch die Zusammensetzung des „Warenkorbes" hat sich erheblich verändert: Güter, die ursprünglich Luxusgüter waren, wurden für immer breitere Kreise der Bevölkerung erschwinglich (Beispiele bei KAELBLE 1997: 199f.). Im Zusammenhang damit kam es zu einer Beschleunigung der K.moden und -innovationen.

2. Erklärungsversuche zum Entstehen der K.gesellschaft. Zur Erklärung des Phänomens der K. gesellschaft wird von wirtschaftswissenschaftlicher Seite auf die lang anhaltende Prosperitätsphase nach dem 2. Weltkrieg sowie auf die Steigerung der industriellen →Produktivität und der →Einkommen verwiesen.

Über die rein materiellen Erklärungsfaktoren hinaus wird von soziologischer und kulturanthropologischer Seite das in der sozio-kulturellen Symbolik des K. s angelegte Expansionspotential betont (im Überblick STIHLER 1998). K.güter erfüllen „symbolische" Funktionen für die Konsumenten, indem sie Dritten gegenüber sozial geschätzte Eigenschaften (Status, →Macht, Prestige, Kompetenz u. a.) signalisieren, oder Phantasien und Träume wecken. Der Horizont möglicher Symbolisierungen ist nie abschließbar, und daher kann es, anders als bei physischen Bedürfnissen, auch letztlich keine „Sättigung" geben. Die Expansion symbolischen K. s wird durch Marketing-Kampagnen der →Industrie und eigene, auf ihn spezialisierte Kommunikationsmedien (Werbung, Marken, Moden) vorangetrieben (HELLMANN).

In historischer Sicht ist die Symbolik des Konsums kein grundlegend neues Phänomen. Schon in der europäischen Ständegesellschaft hatte der Konsum eine Distinktionsfunktion: Die Mitglieder der verschiedenen Stände mussten sich nach außen durch einen spezifischen, in Kleidung, Essgewohnheiten, Möblierung u. a. zum Ausdruck kommenden Lebensstil ausweisen (TANNER). Charakteristisch für moderne →Gesellschaften ist nicht die positionale Symbolik des Konsums selbst, sondern ihre Dynamisierung, die als „Trickle Down-Effekt" (BAUDRILLARD, MCCRACKEN) beschrieben wird: Kleinbürgerliche Aufsteiger versuchen, ihren Status anzuheben, indem sie die K.gewohnheiten höherer Schichten nachahmen. Die →Eliten reagieren darauf, indem sie ihre alten Statussymbole aufgeben und neue Moden entwickeln, durch die sie sich wieder von der Masse abheben können. Es entsteht eine sich selbst perpetuierende Dynamik der K.muster, durch die ursprünglich exklusive Güter zu Massengütern werden, mit der Folge der Entstehung exklusiver Güter usw. →Geld und →Kredit machen Privilegien zugänglich, die ursprünglich unverrückbar durch die individuelle Herkunft zugeteilt schienen (CALDER). Der Erklärungswert des Trickle-down-Konzepts in Bezug auf die heutige Gesellschaft ist freilich umstritten. Verwiesen wird auf die Entgrenzung der sozialen Referenzsysteme unter dem Einfluss der Medien mit der Folge, dass statt des Lebensstils der nächsthöheren Schichten die K. symbole der Medienstars zum allgemeinen Idol werden (SCHOR). Beobachtet wurde auch, dass die Diffusion der K. symbole nicht mehr nur von oben nach unten erfolgt, sondern auch seitwärts und sogar aufwärts („trickle up"). Die dem K. zugrunde liegenden Leitbilder sind offener geworden und werden nicht mehr allein durch die für den Positionskonsum charakteristische Konkurrenz um sozialen Aufstieg geprägt.

Dem trägt die Theorie des imaginären K.s Rechnung, die auf COLIN CAMPBELL (1987) zurückgeht. Ihr zufolge sind Konsumenten primär nicht an materiellen Befriedigungen interessiert (die als gesichert vorausgesetzt werden). Die Aufmerksamkeit der Konsumenten dreht sich um ihre eigenen „Tagträume", d. h. Phantasien über eine schönere Welt, die ihnen unvergleichlich mehr Befriedigung bieten, als materielle Objekte es je könnten. Sie nutzen den K. wie ein Theaterrequisit für die Inszenierung ihrer Träume. Die Tagträume der Konsumenten entstehen unter dem Einfluss der Umwelt (Medien, Werbung, Einkaufsparadiese). Gleichwohl geht es den Konsumenten primär um das Ausleben ihrer persönlichen Träume und Ich-Ideale; weder das Bedürfnis nach Nachahmung, noch die soziale Statuskonkurrenz spielen eine entscheidende Rolle (ULLRICH). Dieses primär ichbezogene Motiv findet sich auch in vordergründig altruistischen K.inszenierungen, z. B. in dem sog. „ethischen" K., oder in Bildern „romantischer" Liebe (ZICK-VARUL, ILLOUZ).

Die individualistische Interpretation des hedonistischen K.s bei CAMPBELL ist freilich umstritten. In der neueren Forschung dominiert eher die Auffassung, dass auch die ästhetischen Idole der Konsumenten durch soziale Muster, d. h. Konsummilieus und entsprechende Lebensstile bestimmt sind. Einflussreiche Milieumodelle dieser Art sind die durch SCHULZE (1993) bzw. im Anschluss an ihn oder die durch das SINUS-INSTITUT (SINUS 2005) entwickelten. Im Unterschied zur positionalen K.ästhetik stehen die Milieus nicht mehr in einem eindeutigen hierarchischen Verhältnis zueinander. Gleichwohl spielen die →Bildung und damit indirekt auch das Einkommen als hierarchisierende Prinzipien nach wie vor eine wichtige →Rolle.

3. Grundsätzliche Bewertung des K.s. Wie der Positionsk. ist der hedonistische K. seiner Natur nach unersättlich. Irgendwann müssen die Konsumenten den Schritt in die Realität wagen und den Kauf tätigen. Aber jeder Kauf endet in Enttäuschung, denn das gekaufte Objekt bleibt notwendigerweise hinter den Wünschen und idealisierten Erwartungen zurück, die man mit ihm verknüpft hatte. Sehnsucht – Kauf – Desillusionierung – neuer Kauf: dies ist das Muster, nach dem sich der imaginäre K. entwickelt. „Erlebnisorientierung" – so formuliert es SCHULZE – „wird zum habitualisierten Hunger, der keine Befriedigung mehr zulässt. Im Moment der Erfüllung entsteht bereits die Frage, was denn als nächstes kommen soll, so dass sich Befriedigung gerade deshalb nicht mehr einstellt, weil die Suche nach Befriedigung zur Gewohnheit geworden ist" (SCHULZE 1993: 65).

C. CAMPBELL, The Romantic Ethic and the Spirit of Modern Consumerism, 1987 – G. D. MCCRACKEN, Culture and Consumption, Indiana University Press Bloomington, 1988 – G. SCHULZE, Die Erlebnisgesellschaft. Kultursoziologie der Gegenwart, 1993 – H. KAELBLE, Europäische Besonderheiten des Massenk.s, in: H. SIEGRIST/H. KAELBLE/J. KOCKA (Hg.): Europäische K. geschichte. Zur Gesellschafts-und Kulturgeschichte des K. (18.-20. Jh.), 169–204, 1997 – J. BAUDRILLARD, The Consumer Society. Myths and Structures, London: SAGE, 1998 (Original: La societé de consommation, Paris 1970) – A. STIHLER, Die Entstehung des modernen K.s. Darstellungs- und Erklärungsansätze, 1998 – J. B. SCHOR, The Overspent American. Why we want what we don't need, 1998 – L. CALDER, Financing the American Dream. A Cultural History of the Consumer Credit, 1999 – K.-U. HELLMANN, Soziologie der Marke, 2003 – E. ILLOUZ, Der K. der Romantik. Liebe und die kulturellen Widersprüche des Kapitalismus, 2003 – SINUS-INSTITUT, Informationen zu den Sinus-Milieus, 2005. – W. ULLRICH, Haben wollen. Wie funktioniert die K. kultur?, 2008 – J. TANNER, K. theorien in der Wirtschaftswissenschaft, in: H.-G. HAUPT/C. TORP (Hg.): Die K. gesellschaft in Deutschland 1890–1990. Ein Handbuch, 335–354, 2009 – M. ZICK-VARUL, Ethical Consumption. The Case of Fair Trade, in: J. BECKERT/C. DEUTSCHMANN (Hg.): Wirtschaftssoziologie. Sonderheft 49 der Kölner Zeitschrift für Soziologie und Sozialpsychologie, 366–385, 2010.

Christoph Deutschmann

Konzern

1. Begriff. Ein K. ist ein Zusammenschluss rechtl. selbstständiger →Unternehmen zu einer wirtschaftl. Einheit. Im Vordergrund steht die Nutzung von (Verbund-)Vorteilen durch eine einheitliche Leitung der K.unternehmen. Ein K. kann aus wenigen oder mehreren Hundert Unternehmen (Großk.) bestehen.

2. Bildung von K. K.e können durch den Erwerb von Beteiligungen an anderen Unternehmen, aber auch durch die Ausgründung von Teilbereichen in eigenständige Unternehmen entstehen. Die rechtl. Selbständigkeit der Unternehmen wird z. B. aus steuerlichen Überlegungen (→Steuern) oder aufgru. rechtl.er Vorschriften (u. a. Beteiligungen im Ausland) angestrebt bzw. beibehalten. Viele Großk.e sind Stammhausk.e, bei denen das oberste/ leitende K.unternehmen deutlich größer als die anderen K.unternehmen ist u. einen eigenen Geschäftsbetrieb aufweist. Dagegen übernimmt in einem Holdingk. die oberste Holding (nur) die K.steuerung. Eine Holding (Dachgesellschaft) ist ein Unternehmen ohne einen eigenständigen Geschäftsbetrieb, das ausschließlich Beteiligungen an anderen Unternehmen hält.

Die Bildung von K.en kann der Konzentration oder Diversifikation von Geschäftstätigkeiten dienen bzw. der →Globalisierung entspringen. Dabei kann z. B. der Zugang zu Rohstoffmärkten oder die Abdeckung der gesamten Produktionskette u. damit die Unabhängigkeit von k.fremden Unternehmen Anlass für den Zusammenschluss geben. Andere Gründe zur K.bildung liegen z. B. in der Ausweitung der Produktpalette oder des Marktanteils durch die Übernahme von (konkurrierenden) Unternehmen. Übernahmen können einerseits die Effizienz steigern u. – falls sich das übernommene Unternehmen in einer Schieflage befand – zum Erhalt von Arbeitsplätzen beitragen. Andererseits kann eine marktbeherrschende Stellung entstehen, was neben einzelwirtschaftl. Vorteilen auch volkswirtschaftl. Nachteile mit sich bringen kann (→Wettbewerbspolitik). Großk.e verfügen aufgrund ihrer wirtschaftl. Größe außerdem oft über ein nennenswertes (gesellschafts-)polit. Einflusspotenzial, aus dem besondere wirtschaftsethische Anforderungen erwachsen (→Wirtschaftsethik, →Corporate Social Responsibility).

3. Rechtl. Regelungen u. Anforderungen. *3.1 Recht der verbundenen Unternehmen.* Das K.recht ist vor allem im Aktiengesetz (AktG) geregelt. Die Vorschriften zum „Recht der verbundenen Unternehmen" (§§ 15ff. AktG) sind rechtsformneutral u. gelten grundsätzlich auch für Unternehmen anderer Rechtsformen, insbesondere Gesellschaften mit beschränkter Haftung oder Personengesellschaften. Das Aktiengesetz unterscheidet zwischen Unterordnungsk. u. Gleichordnungsk. In der Praxis vorherrschend sind Unterordnungsk.e, bei denen ein Unternehmen (Mutterunternehmen) mindestens ein anderes – abhängiges – Unternehmen beherrscht. Dabei kann die Abhängigkeit durch einen Beherrschungsvertrag (Vertragsk.) oder eine Mehrheitsbeteiligung (faktischer K.) bestehen. Letztere entsteht, wenn das Mutterunternehmen mehr als 50 % der Anteile bzw. Stimmrechte an dem K.unternehmen hält. In diesem Fall darf das herrschende Unternehmen seinen Einfluss nicht dazu benutzen, eine abhängige Gesellschaft zu einem für sie nachteiligen Rechtsgeschäft zu veranlassen, es sei denn, dass die Nachteile ausgeglichen werden. Zur Kontrolle muss der Vorstand einer abhängigen Gesellschaft einen sogenannten Abhängigkeitsbericht über die Beziehungen u. Rechtsgeschäfte mit verbundenen Unternehmen veröffentlichen (§ 312 AktG). Bei einem Gleichordnungsk. stehen mehrere Unternehmen unter einer einheitlichen Leitung, ohne dass diese von einem anderen Unternehmen abhängig sind.

3.2 Corporate Governance. Als „Corporate Governance" wird die Gesamtheit an Vorschriften u. (internen) Regelungen zur Unternehmensführung u. -überwachung bezeichnet. In einem K. obliegt der Unternehmensleitung des herrschenden Unternehmens (z. B. Vorstand der herrschenden Aktiengesellschaft, § 91 AktG) auch die Unternehmensleitung auf Gesamtk.ebene, d. h. K.leitung. Hierzu zählen die Festlegung der K.strategie u. K.ziele, aber auch K.struktur (z. B. K.erweiterung, Umstrukturierung), Einrichtung eines k.weiten Risikomanagements sowie die Überwachung der K.unternehmen. Die K.leitung ist auch für die Einhaltung der Gesetze im gesamten K., d. h. bei allen K.unternehmen, verantwortlich. Diese Verpflichtung zur k.weiten Regeltreue wird seit dem Siemens-→Korruptionsskandal oft als „Compliance" bezeichnet u. hat in den (großen) K.en zur Einrichtung von „Compliance-Abteilungen" geführt, die die Einhaltung der Gesetze u. internen Vorschriften u. damit die Vermeidung von Straftaten wie Bestechung sicherstellen sollen. Ferner sind die Vorschriften zur →Mitbestimmung auf K.ebene zu beachten, dabei wird die Gesamtzahl an →Arbeitnehmern in den K.unternehmen dem herrschenden Unternehmen zugerechnet (§ 5 MitbestG).

4. K.rechnungslegung. Für den K. als fiktive wirtschaftl. Einheit sind vom herrschenden Unternehmen ein konsolidierter Abschluss (K.abschluss) u. ein K.lagebericht aufzustellen (§ 290 Handelsgesetzbuch (HGB) bzw. § 13 Publizitätsgesetz (PublG)) u. von einem Wirtschaftsprüfer zu prüfen (§ 316 Abs. 2 HGB bzw. § 14 PublG). Der K.abschluss besteht aus einer K.bilanz, die das Vermögen u. die Schulden des K.s zeigt, einer K.-Gewinn- u. Verlustrechnung, die u. a. die Umsatzerlöse u. Aufwendungen für Material, Personal, Steuern etc. darstellt, u. einem K.anhang mit erläuternden u. zusätzlichen Angaben. Im K.lagebericht (§ 315 HGB) sind insbesondere der Geschäftsverlauf u. die zukünftige Entwicklung mit Risiken u. Chancen darzustellen u. zu erläutern.

J. BAETGE/H.-J. KIRSCH/S. THIELE, K.bilanzen, 2011 – V. EMMERICH/M. HABERSACK, K.recht, 2013 – DIES., Aktien- u. GmbH-K.recht Kommentar, 2013 – C. GRUNDMEIER, Rechtspflicht zur Compliance im K., 2011 – K. KÜTING/C.-P. WEBER, Der K.abschluss, 2012 – E. SCHEFFLER, K.management, 2005.

Caroline Flick

Konziliarer Prozess

1. Begriff. Der Aufruf, die „Mitgliedskirchen in einen k.P. gegenseitiger Verpflichtung (Bund) für →Gerechtigkeit, →Frieden und Bewahrung der ganzen Schöpfung einzubinden", ging von der sechsten Vollversammlung des Ökumenischen Rates der Kirchen (ÖRK) 1983 in Vancouver (Kanada) aus. Der Weg gemeinsamen Lernens und Handelns, auf den dieser Impuls zielte, wird häufig abgekürzt als K.P. bezeichnet. Der K.P. betont die Verbindlichkeit des gemeinsamen Zeugnisses und Dienstes der Kirchen im Gegenüber zu jenen drei, eng miteinander verflochtenen und für Leben und Zukunft von Menschen und Mitwelt entscheidenden Problembereichen der ungerechten Strukturen der Weltwirtschaft, der Massenvernichtungswaffen und Kriege sowie der Umweltzerstörung. Die Kirchen sollen die Welt durch Bekenntnis, →Widerstand und alternative Praxis zur Umkehr veranlassen.

2. Vorgeschichte. Dem Beschluss der Vollversammlung vorausgegangen war eine an den ÖRK gerichtete Aufforderung des Exekutivausschusses des Reformierten Weltbundes (RWB) vom März 1983, die ihren Ursprung in der Auseinandersetzung über nukleare Aufrüstung in Europa und Nordamerika hatte und auf Erfahrungen mit dem Kampf gegen den →Rassismus im südlichen Afrika aufbaute. Der ÖRK wurde gebeten, eine ökumenische Versammlung aller Kirchen mit dem Ziel eines Bundesschlusses für Frieden und →Gerechtigkeit vorzubereiten. Für die Vollversammlung selbst gab ein Antrag der Delegierten des Bundes der Evangelischen Kirchen in der DDR, die dabei auf D. BONHOEFFERS Gedanken zu einem Konzil des Friedens Bezug nahmen, den entscheidenden Anstoß zum K.P. Im ÖRK war bereits in den 1970er Jahren die enge Wechselbeziehung zwischen →Gewalt und struktureller Ungerechtigkeit mit der Zerstörung der natürlichen Lebensgrundlagen in der Leitidee einer gerechten (→Gerechtigkeit), partizipatorischen (→Partizipation) und nachhaltigen (→Nachhaltigkeit) →Gesellschaft zum Thema geworden. Das biblische, aber besonders in reformierter Tradition wichtige Motiv des Bundesschlusses wurde vom ÖRK in Verbindung gebracht mit Überlegungen zu frühen Formen der Konziliarität in der Kirche, die bereits vor der Vollversammlung in Uppsala 1968 zur Prägung des Begriffs K.P. geführt hatten. K.P. bezeichnete danach eine für die frühe Kirche typische Form der Verständigung und Gemeinschaft zwischen Ortskirchen, die erst im 4.Jh. durch universale Konzilien ersetzt wurde.

3. Deutschland und Europa. *3.1* Breitenwirkung erzielte der K.P. in Deutschland, als der Deutsche Evangelische Kirchentag 1985 in Düsseldorf die Kirchen der Welt aufforderte, ein Konzil des Friedens einzuberufen. Sowohl in der Bundesrepublik wie in der DDR schlossen sich Kirchengemeinden, Kirchen und ökumenischen Gruppen zu Netzwerken zusammen, erprobten öffentlichkeitswirksame Methoden und entwickelten neue Formen der Spiritualität und des Gottesdienstes. Von den ökumenischen Versammlungen in Königstein, Stuttgart, Magdeburg und Dresden (1989) fanden insbesondere die Texte der Dresdner Versammlung in der weltweiten ökumenischen Bewegung Beachtung. Der K.P. hatte wesentliche Bedeutung für die Entstehung der Massenbewegung, die 1989 zum Fall der Berliner Mauer führte.

3.2 Höhepunkt des K.P. in Europa war die von der Konferenz Europäischer Kirchen (KEK) und dem Rat der katholischen Bischofskonferenzen Europas (CCEE) gemeinsam vorbereitete Erste Europäische Ökumenische Versammlung in Basel (1989). Zum ersten Mal seit der Kirchentrennung von 1054 versammelten sich Vertreterinnen und Vertreter aller christlichen Konfessionen Europas. Das von ihnen verabschiedete Schlussdokument mit dem Titel „Friede in Gerechtigkeit für die ganze Schöpfung" ist deutlich beeinflusst von der Sehnsucht nach →Versöhnung, →Frieden und →Gerechtigkeit, die unter dem Eindruck der Veränderungen in der Sowjetunion die Situation in Europa kennzeichnete.

3.3 Unter den veränderten Bedingungen der 1990er Jahre wurde das Thema der →Versöhnung in den Mittelpunkt der Zweiten Europäischen Ökumenischen Versammlung 1997 in Graz gestellt. Eine Dritte Europäische Ökumenische Versammlung fand 2007 in Sibiu (Rumänien) statt.

4. Weltweit. *4.1* Von 1983 bis 1986 wurde an einer engen Verknüpfung der ethischen, ekklesiologischen und praktisch-aktionsorientierten Aspekte des K.P. gearbeitet. Besondere Aufmerksamkeit galt den unterschiedlichen →Traditionen und Methoden christlicher Konfessionen und Kirchenfamilien, die Fragen nach dem Kirchesein der Kirche und dem bekennenden Handeln miteinander zu verbinden.

4.2 Im letztlich vergeblichen Bemühen, den Vatikan als Partner für die geplante Weltversammlung im K.P. zu gewinnen, wurde jedoch auf die von Rom als problematisch empfundene ekklesiologische Zuspitzung verzichtet und der Zusammenhang der drei ethischen Themenbereiche Gerechtigkeit, Frieden und Schöpfungsbewahrung in den Vordergrund gestellt. Die Beziehungen zum Vatikan wie auch zu orthodoxen Kirchen wurden durch Unklarheiten in der Verhältnisbestimmung zwischen K.P. und einem großkirchlichen Konzil, die mit dem Aufruf zu einem Friedenskonzil verknüpft waren, ebenso belastet wie durch Differenzen in der theologischen Interpretation des Bundesbegriffs.

4.3 Wichtigste Ergebnisse der Weltversammlung 1990 in Seoul waren die Formulierung von zehn Grundüberzeugungen und vier Bundesschlüssen: für eine gerechte Weltwirtschaftsordnung und die Befreiung von den Fesseln der Auslandsschulden, für eine Kultur der Gewaltlosigkeit und →Sicherheit für alle →Staaten und Völker, für die Erhaltung der Erdatmosphäre und ein Leben in Harmonie mit der Schöpfung und für die Überwindung von →Rassismus und →Diskriminierung. Die Themen der zehn Grundüberzeugungen Seouls spiegeln sich in den großen Weltkonferenzen der Vereinten Nationen in den 1990er Jahren, in denen manche eine säkulare Entsprechung des K.P. gesehen haben. Sicherlich stärkte der K.P. die zivilgesellschaftlichen Aspekte (→Zivilgesellschaft) kirchlichen Zeugnisses in der Gesellschaft. Als schwierig erwies sich jedoch die Übernahme der im K.P. artikulierten Ziele und Verpflichtungen durch die beteiligten Kirchen und ihre Entscheidungsgremien u.a. wegen der nicht hinreichend geklärten ekklesiologischen Voraussetzungen.

4.4 Seoul markierte einen Wendepunkt im K.P., der durch die Vollversammlung des ÖRK 1991 in Canberra bestätigt wurde. Die im K.P. erzielten Ergebnisse wurden zu Leitlinien der neu gebildeten Einheit III Gerechtigkeit, Frieden, Schöpfung. Zwischen den Vollversammlungen von Canberra und Harare (1998) trugen das Programm zur Theologie des Lebens und die Studie zur Ekklesiologie und →Ethik zur Weiterentwicklung der theologischen und methodischen Grundlagen des K.P. bei. Neue Akzente setzte die Mitte der 1990er Jahre stärker werdende Debatte zur →Globalisierung.

4.5 Die Vollversammlung 1998 in Harare fokussierte die Weiterarbeit im Beschluss einer Dekade zur Überwindung der →Gewalt und dem neuen Arbeitsschwerpunkt der →Globalisierung. Für beide war die Auseinandersetzung mit dem Missbrauch von →Macht vor allem in politischen und wirtschaftlichen Strukturen von entscheidender Bedeutung. Rückwirkend erscheint der 1983 von der Vollversammlung in Vancouver erfolgte Aufruf zum K.P als Reaktion auf erste Wahrnehmungen der durch die →Globalisierung verstärkten →Risiken und Gefahren.

4.6 Die Internationale Ökumenische Friedenskonvokation 2011 in Kingston (Jamaika) markierte den Höhepunkt der Dekade, deren Ergebnisse im Aufruf zum gerechten Frieden zusammengefasst wurden. Seit der 10. Vollversammlung des ÖRK 2013 in Busan (Korea) nimmt die Einladung zum Pilgerweg der Gerechtigkeit und des Friedens Grundanliegen des K.P. in veränderten politischen, wirtschaftlichen, sozialen, kulturellen und religiösen Kontexten auf.

W. MÜLLER-RÖMHELD (Hg.), Bericht aus Vancouver 1983, 1983 – G. SMYTH, O.P., A Way of Transformation: A Theological Evaluation of the Conciliar Process, 1995 – W. STIERLE/D. WERNER/M. HEIDER (Hg.), Ethik für das Leben, 1996 – T. BEST/M. ROBRA (Hg.), Ecclesiology and Ethics, 1997 – U. SCHMITTHENNER, Der konziliare Prozess, 1998 – S. BROWN, Von der Unzufriedenheit zum Widerspruch: der konziliare Prozess für Gerechtigkeit, Frieden und Bewahrung der Schöpfung als Wegbereiter der friedlichen Revolution in der DDR, 2010 – K. RAISER, Ökumene unterwegs zwischen Kirche und Welt, 2013.

Martin Robra

Kooperation

1. **Begriff.** Im Unterschied zu Kampf, Konkurrenz, →Konflikt oder auch Desinteresse bezeichnet K. das koordinierte Zusammenwirken von (mindestens zwei) Akteuren (Individuen oder Organisationen) zum Zwecke einer gegenüber dem singulären Vorgehen gesteigerten Zielerfüllung. Divergieren bei der K. die Motive und Interessen, spricht man von **antagonistischer K.**

2. **Historisches.** Nahezu in allen kulturellen Traditionen (so auch in der Bibel wie in der klassischen Philosophie) wird K. positiv bewertet, **Defektion** (Nicht-K.) dagegen getadelt. Während die „alteuropäische Tradition" K. als Grundlage der Polis (PLATON; ARISTOTELES) sieht oder theol.-anthropol. Interesse an Möglichkeit und Grenze der K. von Gott und Mensch (*Christologie; Pneumatologie*) zeigt, verengt sich das Verständnis in der Neuzeit vielfach: Zum einen wird *Selbstinteresse als Motiv* für K. *prinzipiell gefasst*, damit die Gemeinwohl- und die metaphysisch-rel. Orientierung des Begriffes häufig zurückgedrängt und schließlich vor allem im 19. Jh. (über OWEN, SMITH zu MILLS Verständnis als Arbeitsteilung zur Steigerung von Produktivität) auf einen *ökonomischen Gehalt* konzentriert. Diese Bedeutung repräsentiert sich noch in der **klassischen Definition** von MARX: „Die Form der Arbeit vieler, die in demselben Produktionsprozess oder in verschiedenen, aber zusammenhängenden Produktionsprozessen planmäßig neben- und miteinander arbeiten, heißt K." In jüngerer Vergangenheit hat der K.-Begriff in der Spieltheorie (RAPOPORT/CHAMNAH; AXELROD), der politischen Philosophie, der theologischen →Sozialethik (W. HUBER), der Sozialkapitaltheorie, der Organisationsökonomie und -psychologie, aber auch der Gabetheorie (HÉNAFF) reges Interesse gefunden. Ob es gelingen wird, ihm einen normativen Gehalt (als Verbindung [nicht nur] von strategischem und kommunikativem Handeln) zurückzuerobern, lässt sich noch nicht absehen. Die damit gegebene *semantische Uneindeutigkeit*, aber auch die *Plastizität* dieses vor allem in der jüngeren Zeit als *political-correctness-Label* inflationär verwendeten Begriffes sollte jedem verantwortlichen Gebrauch bewusst sein.

3. **Systematisches.** Trotz und wegen der „ungeselligen Geselligkeit" (KANT) der Menschen, die nicht nur aus dem Konflikt gleicher Interessen an knappen Gütern resultiert, sondern auch die conditio humana (theologisch qualifiziert als *Sünde*) ausmacht, ergibt sich auf allen Ebenen mikro-, meso- und makrosoz. Interaktionen die Notwendigkeit zur K. Einander durchdringende Hauptgründe dafür sind (nach HUME): 1. Der Drang zur Bewältigung von Aufgaben, die die Kapazitäten Einzelner überfordern, 2. steigender Ertrag durch arbeitsteilige Spezialisierung, 3. Streuung von Risiken, 4. Notwendigkeit wechselseitiger Anerkennung. Trotz dieser Angewiesenheit auf K. stellt sich unter den Bedingungen der Neuzeit (vgl. 2.) a) die Frage, *ob* K. entscheidungs- und handlungstheoretisch und sittlich überhaupt sinnvoll und geboten ist (3.1.), und b) wann, wie und unter welchen Umständen sie ethisch gerechtfertigt ist (3.2.). (K. ist nicht per se wünschenswert, wie das Beispiel des gemeinsamen Verbrechens zeigt.) Deshalb müssen bei einer soz.eth. Beurteilung immer auch die (semantischen und strukturellen) Rationalitäten und Strategien einzelner soz. Systeme (zum Zwecke des jeweiligen K.gewinns) beachtet werden.

3.1 Die Legitimationsfrage. Spätestens mit der neuzeitlichen Orientierung von K. an Selbstinteresse und Ökonomie wird um die Legitimation von intentionaler soz. Koordination gerungen: Lohnt sich K. überhaupt oder ist nicht angesichts des Risikos doppelter Kontingenz (d. h. der Unsicherheit im Umgang mit Erwartungserwartungen) die *free-rider-* oder *moral-hazard-* oder *Defektions-Mentalität* erfolgversprechender? Spieltheoretisch wird die Frage intensiv im *Modell des Gefangenendilemmas* (RAPOPORT/CHAMNAH) diskutiert. Bei einmaligem Spiel (unter Egoisten) scheint sich Defektion zu lohnen. Allerdings erweist sich *im iterierten* Gefangendilemma der *Reziprozitätsansatz* als gewinnsteigernder. Die entsprechende Methode des **Tit-for-Tat** („Wie du mir, so ich dir"), die allein dem Selbstinteresse gehorchen soll, zeichnet sich durch Eröffnung der K. und anschließende Wiederholung des jeweiligen Verhaltens des Spielpartners aus, wobei sich darüber hinaus als handlungsstrategische Kriterien begrenzte Nachsichtigkeit, Verzicht auf Neid, Sorge um Reputation und der „große Schatten der Zukunft" bewähren (AXELROD). Allerdings kann nur in der viel rezipierten Modellkonstellation der für nicht wenige verlockende Eindruck aufrechterhalten bleiben, dass Eigeninteresse, Freiheit von zwangsbefugten Sozialordnungen und →Gerechtigkeit zum auch langfristigen K.sgewinn koinzidieren. Aus soz.eth. Sicht ist gegenüber der *Gefahr eines modelltheoretischen Fehlschlusses* die qualitativ andere Ernsthaftigkeit soz. Wirklichkeit einzuklagen. Was spieltheoretisch prämoralisch erscheint, nämlich den ersten Schritt zu tun, ist es „im Ernstfall", d. h. unter den Bedingungen von mehreren (nicht nur zwei) Verhaltensalternativen, konkreten Machtverhältnissen, wechselnden Koalitionsmöglichkeiten, Risikobereitschaft und Defektion einzelner Teilnehmer, Informationsabhängigkeit und beschränkter Rationalität, keineswegs. Im Ethos der Feindesliebe (Mt 5,44) erinnert sich die christl. Tradition nicht nur an die **moralische Asymmetrie der K.seröffnung**, sondern weiß auch im geglaubten Zuspruch (Gottes) um den transmoralischen Grund solchen Verhaltens. Jenseits der spieltheoretischen Abstraktion, die die faktische Legitimation nicht klären kann, sind daher die konkreten Bedingungen für gelingende K. (zugleich als sozialethische Legitimationskriterien) in den Blick zu nehmen.

3.2 Bedingungen von K. Trotz des Hinweises auf die moralische Bedeutung der K.seröffnung müssen in einer strukturell hochkomplexen und semantisch pluralen Gesellschaft soz.- und struktureth. vor allem die formellen und informellen Rahmenbedingungen von K. beachtet werden. Über die im Ernstfall nicht ausgeräumte moral-hazard-Gefahr müssen je nach systemischer Rationalität intra- und interorganisationell *negative Sanktionsbewehrungen* und *positive Anreizverfahren* implementiert werden. Über diese an dem direkten Handlungszusammenhang ansetzenden Maßnahmen hinaus setzt sich in unterschiedlichen Theoriedesigns (vgl. 2.) immer mehr die (teils normativ, teils deskriptiv formulierte) Einsicht durch, dass für die Gestaltung der formellen und informellen Rahmenbedingungen von K. nicht nur *funktionale Verfahrensregelungen* vonnöten sind, sondern vor allem *Werte* wie Vertrauen, Ehrlichkeit und →Anerkennung *semantisch* zu stärken und strukturell zu fördern sind. Durch eine solche die *Identitäten* erziehende, den Handlungsspielraum der Akteure absichernde K.sstärkung wird nicht nur die Reziprozität im Gefolge der Trägheit von Ordnungen (→Ordnung; Organisation) um das Moment der *Dauer* positiv erweitert, sondern wird zugleich ein Rückkopplungseffekt für eine vertiefte Akzeptanz von soz. Handlungsrahmen freigesetzt. Christl. Tradition kann eine solche am →Gemeinwohl orientierte Gestaltung von K.sbedingungen begrüßen und aus ihrer Tradition fördern, indem sie a) (in K. mit anderen der Humanität verpflichteten Lebensdeutungstraditionen) auf die **kommunitäre Sinnhaftigkeit** von K.seröffnung im Ernstfall hinweist, b) Rahmenbedingungen für K.en, die an **Befähigung, Partizipation und Transparenz** (→Gerechtigkeit) orientiert sind, einfordert, aber c) auch auf den kulturellen Sinn der Grenze von K. hinweist und für den sozialkohäsiven Charakter von einseitiger →**Solidarität** wirbt.

A. RAPOPORT/A.M. CHAMNAH, Prisoner's Dilema. A Study in Conflict and Cooperation, 1965 – F. LANDWEHRMANN, K., in: HWPh, [IV]1976, 1091 (Orig. amerik. The Evolution of Cooperation) – O. HÖFFE, Politische Gerechtigkeit, 1987 – D. GAMBETTA (Hg.), Trust: Making and Breaking Cooperative Relations, 1988 – H. KLIEMT, K., in: G. ENDERLE u. a. (Hg.), Lexikon der Wirtschaftsethik, 1993, 566–571 – O. HÖFFE, Kategorische Rechtsprinzipien, 1994 – R. AXELROD, Die Evolution der K., 1995[3] – P. DE GIJSEL u. a. (Hg.), Soziale K., in: Jahrbuch Ökonomie und Gesellschaft, [XII]1995 – T. RIPPERGER, Ökonomik des Vertrauens. Analyse eines Organisationsprinzips, 1998 – E. SPIESS (Hg.), Formen der K., 1998 (Lit.) – W. HUBER, Kirche in der Zeitenwende, 1999[2] – J. NIDA-RÜMELIN, Demokratie als K., 1999 – M. HÉNAFF, Die Gabe der Philosophen, 2014.

Peter Dabrock

Korporatismus

1. Definition. K. bezeichnet eine privilegierte Rolle von organisierten Interessen („Verbänden") in politischen Prozessen, bei denen verbandliche Organisationsmacht der Koordinierung politischer Entscheidungen zwischen Regierung und gesellschaftlichen Interessengruppen dienstbar gemacht wird. Dies setzt ein (formelles oder faktisches) Repräsentationsmonopol der Verbände voraus.

2. Begriffsgeschichte. *2.1 K. als „berufsständische Ordnung".* K. (oder „Korporativismus") bezeichnete seit dem späteren 19. Jh. Vorstellungen von einer „funktionalen Repräsentation" organisierter Interessen, mit der vor allem die zunehmende Intensität der Konflikte zwischen Unternehmerschaft und Arbeiterbewegung aufgefangen werden sollte. Dem sollten berufsständische Vertretungskörperschaften dienen, sei es als Alternative zur parlamentarischen Repräsentation aus der Basis des allgemeinen Wahlrechts, sei es komplementär dazu.

Diese Idee einer „berufsständischen Ordnung", wie sie nicht zuletzt von katholischen Sozialtheoretikern entwickelt wurde, fand ihren Niederschlag insbesondere in den päpstlichen Enzykliken „Rerum Novarum" (1891) und „Quadragesimo Anno" (1931).

Autoritäre und faschistische Diktaturen (Italien unter MUSSOLINI, Spanien unter FRANCO, Portugal unter SALAZAR, österreichischer „Ständestaat" unter DOLLFUSS) errichteten „korporative" Körperschaften mit Zwangsmitgliedschaft als Surrogat für gewählte Parlamente. Nachahmer fanden sich insbesondere in autoritären Regimes Südamerikas. Dem verdankte der Begriff lange nachwirkende antiliberale und antidemokratische Konnotationen.

2.2 Sozialpakte als „neuer K." Nach dem zweiten Weltkrieg bildeten sich in einer Reihe von westlichen demokratischen Industrieländern Formen der wirtschaftspolitischen Koordination zwischen Regierung, Unternehmerverbänden und Gewerkschaften aus, insbesondere für einkommenspolitische „Sozialpakte", die zwischen staatlichen Akteuren und Spitzenverbänden ausgehandelt wurden („Konzertierung"). Leitend waren dabei keynesianische Konzepte einer makroökonomischen Wirtschaftspolitik („gesamtwirtschaftliche Steuerung"), wie sie in der früheren Nachkriegszeit auch von der OECD propagiert wurden. Erfolgsvoraussetzung solcher Sozialpakte waren eigentümliche Strukturen des Verbandswesens, die in der Sozialwissenschaft als eine neue, nicht durch staatlichen Zwang begründete, sondern auf freiwilliger Zusammenarbeit beruhende Form des K. („Neokorporatismus") begriffen wurden (SCHMITTER und LEHMBRUCH). Dieser Sprachgebrauch hat den älteren K.begriff weitgehend verdrängt.

2.3 Voraussetzungen des „neuen" K. Eine Politik der (neo-)korporatistischen Sozialpakte setzte voraus, daß die daran teilnehmenden Verbände sowohl der Arbeitnehmer als auch der Arbeitgeber dank eines hohen Organisationsgrades und starker Autorität der Verbandsspitzen über ausreichende Organisationsmacht verfügten, um ihre Mitglieder auf eine mit der Regierung ausgehandelte Politik zu verpflichten. SCHMITTER hat das zu einem idealtypischen Konstrukt des „gesellschaftlichen K." verdichtet, in dem hierarchisch aufgebaute zentralisierte Verbände ein (faktisches) Vertretungsmonopol für bestimmte Interessen haben. Das beschrieb insbesondere die „Sozialpartnerschaft" in den mittel- und nordeuropäischen Ländern mit starken Industriegewerkschaften und Spitzenverbänden der Unternehmerschaft und ihren privilegierten Beziehungen mit der Regierung. Deutlich davon unterschieden sind insbesondere die Strukturen der Interessenpolitik in den USA.

2.4 Erosion und Krise des „neuen" K. Seit den 1970er Jahren hat der K. in der Wirtschaftspolitik stark an Bedeutung eingebüßt. Dazu trugen einerseits Erosion der zentralisierten Verbandsstrukturen insbesondere in den Beziehungen zwischen Kapital und Arbeit bei, zum andern aber auch die Verdrängung der keynesianischen Makroökonomie durch die Renaissance liberaler ökonomischer Theorien. Hingegen spielen in anderen Politikfeldern – in der Agrarpolitik, in der Gesundheitspolitik und Sozialpolitik –insbesondere in Deutschland und benachbarten europäischen Ländern zentralisierte Spitzenverbände nach wie vor eine überaus starke Rolle in der Formulierung und Umsetzung der Regierungspolitik. Entwicklungsgeschichtlich läßt sich solche ausgeprägte Resilienz korporatistischer Strukturen daraus erklären, daß diese Ländern der Bruch mit vormodernen Formen korporativer Repräsentation nie so radikal vollzogen haben wie insbesondere Großbritannien und die USA.

PH. SCHMITTER/G. LEHMBRUCH (Hg.)Trends toward corporatist intermediation, 1979 – S. BERGER (Hg.), Organising interests in Western Europe: pluralism, corporatism and the transformation of politics, 1981 – P. GERLICH/E. GRANDE/W. MÜLLER, Sozialpartnerschaft in der Krise: Leistungen und Grenzen des Neokorporatismus in Österreich, 1985 – W. ABELSHAUSER, Wandlungen der Sozialen Marktwirtschaft, 2009.

Gerhard Lehmbruch

Korruption

Über die moralische Verwerflichkeit der K. besteht weithin Einigkeit. Der Missbrauch anvertrauter →Macht gilt als „Krebsübel" in →Politik und →Wirtschaft. Wenn der „habitus corruptus" der Erbsünde (AUGUSTINUS) das ethische Gebot der Goldenen Regel gegenüber der persönlichen Vorteilsnahme zurücktreten lässt, wird das von allen Weltreligionen verurteilt, so etwa in der →Bibel am Beispiel des ungerechten Richters. Der Kampf gegen K. ist Teil des Weltethos und zentrales Thema der →Wirtschaftsethik.

1. Wirkung. Der →Vertrag zum Schaden Dritter oder der Allgemeinheit ist kostspielig und in seiner Wirkung systemzersetzend in Gemeinwesen und Wirtschaft. K. greift die sachgerechte Funktion öffentlicher →Verwaltung und des wirtschaftlichen Wettbewerbs (→Wettbewerbspolitik) an und damit die Grundlagen der gesellschaftlichen →Ordnung. Der Vermengung öffentlicher und privater Interessen müssen →Staat und →Gesellschaft daher strikte Grenzen setzen, die korruptes Verhalten von Funktionsträgern eindeutig als normwidrig kennzeichnen und sanktionieren. Das ist im Prinzip allgemein anerkannt.

Umso erstaunlicher ist es, wie weit korrupte Praktiken und fehlendes Unrechtsbewusstsein verbreitet sind. In den 1990er Jahren hat es in Deutschland vielerlei Anlass zu solchem Staunen und schließlich zu Reaktionen des Gesetzgebers und in Wirtschaftskreisen gegeben. Diese Ereignisse sind auf dem Hintergrund einer entsprechenden internationalen Entwicklung zu sehen, die weltweit zu einer stärkeren Sensibilisierung in Sachen der K. geführt hat.

Deutlicher Ausdruck davon ist die Tätigkeit von „TRANSPARENCY INTERNATIONAL (TI)", einer privaten →Organisation, die sich die Bekämpfung der K. zur Aufgabe gestellt hat. Sie wurde 1993 in Berlin von PETER EIGEN gegründet und verfügt über ein Netz von nationalen Zweiggesellschaften und enge Kontakte zu →transnationalen Unternehmen. TI veröffentlicht jährlich den sog. K.sindex, in dem die Länder entsprechend dem Grad ihrer K. anhand von Erfahrungswerten eingeordnet sind. Im Jahre 2000 wurde erstmalig auch ein Branchenindex erstellt, der auf Befragungen von rund 800 Fachleuten der Wirtschaft beruht. Danach gelten Bauwesen, Rüstungsindustrie und Energiewirtschaft weltweit als die Branchen, in denen die Bestechung ausländischer Beamter und Politiker am verbreitetsten ist. Das entspricht der Erfahrung hierzulande. Auch die Systeme der Gewährleistung durch die öffentliche Hand im Außenhandel, in Deutschland z. B. die sog. Hermesbürgschaft, haben gelegentlich Anreize zu zweifelhaften Geschäften gegeben, bei denen Provisionen und „kickbacks" entscheidende Motivationen bildeten. Selbst die →Entwicklungszusammenarbeit hat sich nicht immer als k.sfrei erwiesen. Internationale Organisationen wie das Entwicklungsprogramm der Vereinten Nationen (UNDP) und die Weltbank haben der K.sbekämpfung zunehmend ihre Aufmerksamkeit zugewandt.

2. Gesetzgebung. In Deutschland hat in den 1990ern eine intensive politische Diskussion zur Verschärfung der Vorschriften gegen K. stattgefunden, an der sich auch die Kirchen, insbesondere durch die GKKE und die christlichen Unternehmerverbände, beteiligten. Die Vorschriften im Strafgesetzbuch (StGB) und im Gesetz gegen den unlauteren Wettbewerb (→Wettbewerbspolitik) wurden als unzureichend erkannt, und die steuerliche Absetzbarkeit des K.saufwandes im Ausland als skandalös kritisiert. Im internationalen Bereich übten die USA, die schon 1977 ein entsprechendes Gesetz verabschiedet hatten, erheblichen Druck auf die anderen Industrieländer aus, was schließlich 1998 zu der Anti-K.s-Konvention der OECD führte. Inzwischen ist auch in Deutschland die Bestechung im Ausland strafbar, und die Aufwendungen sind nicht mehr absetzbar.

3. K. in Deutschland. Im Vergleich zählt Deutschland nach dem K.sindex zwar zu den zwanzig weniger betroffenen Ländern, aber nicht zur Spitzengruppe der praktisch k.sfreien Nationen. Sorgebereiche sind nicht nur in der Kommunalverwaltung zu verzeichnen, wo die faire Vergabe öffentlicher Aufträge von Kartellen, Vetternwirtschaft und politischem Filz bedroht ist, sondern auch in Konzernen, Landes- und Bundesbehörden. Der Deutsche Städtetag und der Bundesverband der Deutschen Industrie haben Empfehlungen zur K.sbekämpfung herausgegeben. Konzerne wie Shell haben Verhaltensregeln (codes of conduct, →Corporate Social Responsibility) verabschiedet, die vor allem präventiv wirken sollen. Damit sollen der Vorstellung von K. als einem Kavaliersdelikt oder einem landes- oder branchenüblichen Normverhalten entgegengewirkt und durch Transparenz ein Anreiz zur Überwindung korrupter Praktiken geschaffen werden.

4. K. in Politik und Parlament. Die Parteienfinanzierung über schwarze Auslandskonten wird als „Einfallstor zur K." (EIGEN) bezeichnet. Im Verfolg entsprechender Skandale stellte sich die Frage, ob eklatante Verstöße gegen das Parteiengesetz und die Vorteilsannahme von Abgeordneten unter Strafandrohung gestellt werden sollten. Deutschland gehörte zwar 2003 zu den Unterzeichnern des Übereinkommens der →Vereinten Nationen gegen K., schuf aber erst 2014 die Voraussetzungen für seine Ratifizierung. Das Übereinkommen ist umfassend gestaltet und enthält Vorschriften zu K.sprävention, Strafrecht, internationaler Zusammenarbeit, Beschlagnahme von durch K. erlangte Vermögenswerte und Grundlagen für einen Überwachungsmechanismus. Die Bestechung von Abgeordneten sollte nach dem Übereinkommen wie die der Amtsträger behandelt werden. Der Bundestag hat entsprechend eine Änderung von § 108e StGB beschlossen. Seit September 2014 ist die aktive und passive Bestechung von Volksvertretern mit einer Haftstrafe bis zu fünf Jahren bedroht. Auch andere internationale Organisationen wie OECD, G-20 und APEC haben Vereinbarungen über Verfolgung und gegenseitige Information von internationaler K. beschlossen. Als Grenzbereich wird in Deutschland die Frage der Karenzzeiten für den Übergang von Regierungsmitgliedern und leitenden Beamten in bereichsrelevante Positionen der Wirtschaft diskutiert.

W. VAHLENKAMP/I. KNAUSS, K. – hinnehmen oder handeln?, 1995 – K., Kursbuch 120, 1995 – GEMEINSAME KONFERENZ KIRCHE UND ENTWICKLUNG (Hg.), K. als Entwicklungshindernis, 4 Bde, 1995–1998 – THE WORLD BANK, Helping Countries Combat Corruption – the Role of the World Bank, 1997 – M. PIETH/P. EIGEN, K. im internationalen Geschäftsverkehr – Bestandsaufnahme, Bekämpfung, Prävention, 1998 – UNITED NATIONS DEVELOPMENT PROGRAMME, Fighting Corruption to Improve Governance, 1999 – TRANSPARENCY INTERNATIONAL, TI Newsletter, Zeitschrift – R. FRANCUSKI, Die Neuregelung der Abgeordnetenbestechung, HRRS, 06/2014.

Manfred Kulessa

Krankenhaus

1. Statistik. Im Jahr 2013 gab es in Deutschland 1.996 K.er mit 500.671 Betten. 596 davon waren in öffentlicher Trägerschaft (240.632 Betten), 706 in freigemeinnütziger (170.086 Betten) und 694 (89.953 Betten) in privater Trägerschaft. Die Zahl des ärztlichen Personals betrug 146.988 Personen und die des nichtärztlichen Personals 703.111, davon 316.275 Pflegepersonal. Es wurden insgesamt 18.787.168 Patienten behandelt mit einer durchschnittlichen Verweildauer von 7,5 Tagen und einer durchschnittlichen Bettenauslastung von 77,3 %. Insgesamt wurden im Jahr 2013 in Deutschland 314,9 Milliarden Euro für Gesundheit ausgegeben (11,2 % des Bruttoinlandsprodukts, 3.910 Euro je Einwohner). Die Ausgaben im ambulanten Bereich machten mit 155,5 Mrd. Euro jedoch fast die Hälfte der Ausgaben im Gesundheitsbereich aus, auf den (teil-)stationären Bereich entfielen 118,7 Mrd. (davon 82,4 Mrd. auf die Krankenhäuser).

2. Geschichte. Die Ausbreitung von K.ern in Europa ist eng mit dem Liebesgebot verbunden. Zwar gab es in der Antike auch med. Versorgungsstätten wie die Asklepien der Griechen, die den Pilgern auf ihrer Wallfahrt zu den Heiligtümern des Gottes der Heilkunst, Asklepios, als Herbergen dienten, oder die röm. Valetudinarien, deren Funktion es war, die Arbeitskraft von Sklaven und Legionären wiederherzustellen. Aber erst das Christentum machte mit seinem Bezug auf →Nächstenliebe und Barmherzigkeit aus den antiken Herbergen sozial-karitative Hospize. „Christus medicus", der „die dienende Liebe an den Kranken in den Mittelpunkt der Religion gestellt und sie allen Jüngern auf die Seele gelegt" (A. v. HARNACK) hat, wird zum Vorbild der Zuwendung zu den Leidenden und Kranken. Ausbreitung erfuhr die Krankenpflege in der benediktinischen Tradition, aber auch durch die Ritter der Kreuzzüge, die zunächst im Heiligen Land, aber auch nach ihrer Rückkehr Hospitalgemeinschaften gründeten, in die sie auch arabisches Heilwissen einfließen ließen. Im 17. Jh. erlebte die Krankenfürsorge durch den Orden der Barmherzigen Brüder eine Innovation, die jedem Kranken ein eigenes Bett mit frischem Laken zuwies und so hygienische Probleme bekämpfte. Damit entwickelten sich die Hospitäler von der allgemeinen Armenfürsorge zur reinen Krankenpflege. Der Einsatz von Ärzten wurde immer häufiger am Standard. Während der Industrialisierung entstanden Staatskrankenanstalten, um der Verelendung des Proletariats und neuer Krankheiten und Seuchen aufgrund des Handels Herr zu werden. Das 19. Jh. brachte auch entscheidende Fortschritte in der med. Entwicklung sowie das Interesse des Staates für die Gesundheit seiner Bürger, auch aus Gründen seiner Wehr- und Finanzkraft. Die christlichen Kirchen erhielten das Recht, eigene Wohltätigkeitsanstalten zu gründen, was zur Gründung konfessioneller K.er genutzt wurde. Barmherzige Schwestern und Diakonissen trugen zu ersten professionellen Handlungsformen in der Krankenpflege bei und zur Entstehung eines neuen Berufsbildes: das der Krankenschwester. Christliche K.er wurden mit dem Siegeszug der modernen Medizin zu professionellen K.ern, die bis heute vom Ethos einer von der Liebe Gottes motivierten menschenfreundlichen Sorge um diejenigen in vulnerablen Situation profitieren.

3. Auftrag. Kranken Menschen beizustehen und für sie zu sorgen, ist ein durchgängiges christliches Verhalten. „Kranke besuchen" ist eines der entscheidenden Werke, die Jesus in der Endgerichtsrede (Mt 25, 31–46) nennt. Die tatkräftige Sorge für die seelisch und leiblich Kranken ist die kirchlich-diakonische Übersetzung des Liebesgebots in einen humanisierenden Dienst für die Kranken und gehört zu den zentralen Aufgaben christlicher Religionspraxis. Sie gehört somit zu den strategischen Ressourcen kirchlicher K.er auch in Zeiten des Wettbewerbs und stark regulierten Gesundheitsmarktes, welcher die Frage nach ihrer christlichen Identität verschärft hat. Die Sorge für den kranken Nächsten lässt christliche K.er als vertrauenswürdiger erscheinen, auch wenn ihre medizinische Kompetenz zwar als hoch, jedoch nicht immer so hoch eingeschätzt wird wie die der Konkurrenten in privater Trägerschaft. Aufgrund ihrer gemeinnützigen Orientierung haben konfessionelle K.er erhebliche Verantwortung in der sozialpolitischen Lobbyarbeit für ein menschenwürdiges Gesundheitswesen in Deutschland und können damit die christliche Option für Arme und Bedrängte aller Art konkretisieren.

4. Herausforderungen. Das K.wesen in Deutschland steht unter hohem ökonomischem Druck. Die Einführung von DRG-Fallpauschalen hat zu einem noch stärker regulierten Wettbewerb auf dem Gesundheitsmarkt geführt, der sich in der Reduzierung von Bettzahlen und Verweiltagen niederschlägt, um höhere Auslastungsquoten zu erreichen, sowie zu Verkauf oder Schließungen von Kliniken. Darüber hinaus wurden ambulante Operationen vor stationären bevorzugt. Während Versorgungskosten zunehmen, lässt sich die Leistung nur bedingt steigern, weil eine Ärztin nicht noch schneller heilen, ein Pfleger nicht noch schneller pflegen kann, ohne Qualität od. Menschlichkeit zu reduzieren. Das K. ist zu einer Dauerbaustelle geworden, die manche als „Medizinfabrik" bezeichnen, weil der Fall, nicht der Mensch im Mittelpunkt stehe. Moniert wird eine verbesserte Kommunikation zwischen Arzt und Patient, angedacht wird das patientengerechte K., bei dem alle Abläufe vom Patienten aus organisiert werden. Heutige Trends sind individualisierte →Medizin einschl. der Frage, ob eine geschlechtsspezifische Versorgung für Frauen notwendig ist. Ein menschliches K. soll verlässlich und berechenbar sein, klare Informationen an die Patienten geben, keine demütigenden Situationen zulassen und über „Inseln der Integrität" Situationen im K.betrieb einplanen, in denen Mitgefühl erfahrbar wird. Letzteres rückt gerade bei der palliativen Versorgung, die im K. ausgebaut wurde, in den Vordergrund.

5. Seelsorge im K. Krankheit wurde im christlichen Glauben nicht nur als körperliche Fehlfunktion, sondern zugleich auch als seelisch-geistige Schwächung verstanden. Die Seelsorge an Kranken war seit Beginn Teil der Krankenpflege und erhielt durch Martin Luther eine stärkere Ausrichtung auf Tröstung und Beistand. Auch wenn die mod. Medizin grundsätzlich ohne Seelsorge auskommt und von Religion unabhängig ist, so ist der Bedarf an Beistand in existenzieller körperlicher und oftmals damit einhergehender seelischer Not groß und wird in dem modernen Dienstleistungskomplex K. von Klinikpfarrstellen sowie ehrenamtlichen Kreisen (z. B. „Grüne Damen") geleistet. Die Bedeutung liegt nicht nur in der bes. Kontaktmöglichkeit als Fenster zum Leben außerhalb des K., sondern in einer Kommunikationsmöglichkeit, die in einer bedrohlichen Situation Aufmerksamkeit, Wertschätzung, Akzeptanz und Eingehen auf individuelle Bedürfnisse ermöglicht. Zugleich werden Fragen nach dem Sinn des Lebens angesichts von Krankheit und Leiden in einen religiösen Horizont gestellt und christliche Deutungsangebote eröffnet. Heute wird diskutiert, ob K.Seelsorge nicht neben od. gegenüber dem K., sondern integriert in ein ganzheitliche Behandlungskonzept die Ziele des K. mitvertreten solle. Dagegen wird eingewandt, dass dies eine Verzweckung als Behandlungsmethodik einer Berufsgruppe bedinge und die zielfreie Seelsorge unterlaufe, welche die Stärke der K.Seelsorge als rel. Dimension unabhängig von der Behandlungsperspektive einbringen könne.

I. KARLE, Perspektiven der Krankenhausseelsorge, in: Wege zum Menschen 62/2004, 537–555 – T. ROSER, Spiritual Care, 2007 – M. KLESSMANN (Hg.), Handbuch der Krankenhausseelsorge, 2008 – K. BAUMANN/J. EURICH/K. WOLKENHAUER (Hg.), Konfessionelle Krankenhäuser, 2013.

Johannes Eurich

Kredit

1. Begriff. Als K. wird die zeitlich befristete Überlassung von Kaufkraft bezeichnet. Als Entgelt für den Nutzungsverzicht des überlassenen Kapitals hat der K.nehmer dem K.geber einen Zins (→Kapital und Zins) zu entrichten, der häufig umso höher ist, je länger die Laufzeit des K.geschäfts ist. Meist wird der K.betrag dem K.nehmer in einer Summe zur Verfügung gestellt. Die Rückzahlung kann in einem Betrag oder in Teilbeträgen erfolgen. Neben reinen Gelddarlehen versteht das K.wesengesetz (§ 21 KWG) unter K. noch zahlreiche zusätzliche Sachverhalte wie z. B. Bürgschaften oder den Ankauf von Wertpapieren, Wechseln oder Schecks durch ein K.institut. Da der K.geber die zukünftige wirtschaftliche Situation des K.nehmers und die Ernsthaftigkeit der Rückzahlungsabsicht nicht mit Sicherheit kennt, setzt die K.vergabe stets auch das Vertrauen (lat.: „*credere*") des K.gebers in die Bereitschaft und Fähigkeit des K.nehmers zur Erfüllung seiner eingegangenen Verpflichtung voraus.

2. K.arten. Die große Innovationsfreude der Finanzmarktakteure hat zu einer Vielzahl verschiedener K.arten geführt, die neben den traditionellen Bankk. wie dem Dispositionsk., Ratenk., Hypothekark., Bauspardarlehen oder Schuldscheink. noch sehr spezielle, „maßgeschneiderte" K.produkte umfasst. Die verschiedenen K.geschäfte lassen sich im Hinblick auf bestimmte grundsätzliche Merkmale unterscheiden. Die am häufigsten genannten sind: (1) *K.geber*: →Zentralbank (Notenbank), Geschäftsbanken (→Banken, Kreditinstitute), →Unternehmen (Lieferanten, Produzenten, Versicherungen, Kapitalanlagegesellschaften), öffentliche →Haushalte, Privatpersonen. (2) *K.nehmer*: Zentralbank, Banken, Unternehmen, Privatpersonen, öffentliche Hand. (3) *Befristung*: kurz- (lt. Bankenstatistik K. mit Laufzeit oder Kündigungsfrist bis 1 Jahr einschl.), mittel- (von über 1 Jahr bis 5 Jahre einschl.) und langfristig (über 5 Jahren). (4) *Verbriefung*: Buchk., Wertpapierk. (5) *Besicherung*: unbesichert (Personalk.), besichert (Hypothekark., Lieferantenk.). (6) *Verwendungszweck*: Konsumentenk., Wohnungsbauk., Produzentenk. (Betriebsmittelk., Investitionsk.), Refinanzierungsk., Ausfuhr- und Einfuhrk.

Meist wird der K.begriff im Kontext mit der Darlehensgewährung der Banken verwendet. Dies liegt daran, dass die gewerbsmäßige K.vergabe aus rechtlicher Sicht nur durch K.institute vorgenommen werden darf. Gleichwohl sind die K.-beziehungen zwischen Nichtbanken quantitativ ebenfalls bedeutend. So stellen Handelskredite und Kredite im Unternehmensverbund für den Unternehmenssektor eine ebenso wichtige Finanzierungsquelle dar.

3. Ökonomische Bedeutung des K. Sie liegt vor allem im zeitlichen Auseinanderfallen von Leistung und Gegenleistung. Der K. erlaubt es K.nehmer und K.geber, das zeitliche Profil ihrer erwarteten Einkommensströme mit der angestrebten zeitlichen Verteilung ihrer Ausgabenströme in Einklang zu bringen. Der K.nehmer kann Ausgaben vorziehen und der der K.geber kann vorübergehend nicht benötigte Kaufkraft ertragbringend anlegen. K.märkte üben somit eine wichtige ökonomische Pufferfunktion aus und tragen zu einer Verstetigung der Wirtschaftsaktivitäten bei. Die Summe der nach Erfüllung aller K.verpflichtungen an den K.geber gezahlten Beträge übersteigt meist den ursprünglich ausgezahlten Betrag. Dieser Aufschlag ist der Preis für die frühere Verfügbarkeit von Kaufkraft (Zins). Der Zinssatz ist also ein Maß für die Bevorzugung von gegenwärtigem →Konsum gegenüber zukünftigem. Neben dem intertemporalen Effekt erlaubt die K.aufnahme dem K.nehmer die Aufstockung vorhandener

Finanzierungsmittel und ermöglicht so die Durchführung umfangreicher Investitionsvorhaben (→Investition, →Innovation). Die knappen ökonomischen Ressourcen gelangen so möglicherweise in eine ertragreichere Verwendung; gesamtwirtschaftliche Wohlfahrtsgewinne können realisiert werden.

4. K. in makroökonomischer Betrachtung. Zwischen der K.vergabe und der wirtschaftlichen Entwicklung einer →Volkswirtschaft besteht eine Wechselwirkung. Zum einen wird die Nachfrage nach K.en sowohl vom K.zinssatz wie auch von der konjunkturellen Situation bestimmt (→Konjunktur). Letztere beeinflusst vor allem die Ertragsaussichten der im Wirtschaftsprozess eingesetzten K.mittel. Je dynamischer sich die Gesamtwirtschaft entwickelt, umso besser können →Unternehmen ihre Produkte verkaufen und umso eher lohnen sich Neuinvestitionen. Umgekehrt wirkt auch die K.vergabe auf die Konjunkturentwicklung ein. Verringern bspw. die →Banken im Gefolge einer →Finanzkrise ihr K.angebot, weil die Refinanzierung der K. nicht gesichert ist, kann die Verknappung des K.angebots ihrerseits den konjunkturellen Abschwung verstärken. Die Befürchtung solch eines Prozesses hat z. B. die Europäische →Zentralbank im Herbst 2008 dazu veranlasst, den Banken im Euro-Raum nach dem Zusammenbruch der US amerikanischen Investmentbank Lehman Brothers (→Finanzkrise) über verschiedene Maßnahmen großzügig Liquidität zur Verfügung zu stellen (→Geldpolitik). Zudem wurde der Zinssatz, zu dem die Geschäftsbanken kurzfristig Zentralbankgeld bekommen, auf immer neue Tiefstände gesenkt. Eine Senkung dieses Satzes, des sog. Leitzinses, verbilligt die Refinanzierung der Banken und regt damit ihre Bereitschaft zur K.vergabe an. Umgekehrt kann die →Zentralbank mit einer Erhöhung des Leitzinses die Refinanzierung der Banken verteuern und so ihre Bereitschaft zur K. dämpfen. Mit dem Leitzins verfügt die Zentralbank somit über einen Hebel, mit dem sie die Geld- und K.schöpfung der Banken beeinflussen und damit auf mittlere Sicht die Entwicklung des allgemeinen Preisniveaus (→Inflation) steuern kann.

H. E. BÜSCHGEN (Hg.) – Das kleine Bank-Lexikon, 2006³ – DEUTSCHE BUNDESBANK, Die Entwicklung der K. an den privaten Sektor in Deutschland während der globalen Finanzkrise, Monatsbericht September 2009, S. 17–36 – H. GISCHER/B. HERZ/L. MENKHOFF, Geld, K. und Banken, 2012³ – http://www.bundesbank.de/Redaktion/DE/Downloads/Veroeffentlichungen/Buch_Broschuere_Flyer/geld_und_geldpolitik.html – http://www.gesetze-im-internet.de/kredwg/index.html.

Christina Gerberding

Krieg

1. Begriff und theologische Deutung. Unter K. versteht man eine mit Waffengewalt geführte Auseinandersetzung zwischen mindestens zwei Gruppen, von denen wenigstens eine eine reguläre Armee oder bewaffnete Streitkraft ist. In der Geschichte der (ev.) Theologie sind drei bzw. vier grundsätzlich unterschiedliche Auffassungen des K. vertreten worden. Zum einen der *Bellizismus*. K. wird hier akzeptiert als unvermeidlicher Bestandteil des politischen Lebens (politischer Realismus) oder gar im Sinne des *„Heiligen K."* als probates Mittel zur Durchsetzung vermeintlich christlicher Werte angesehen. Zum zweiten gibt es verschiedene Ansätze, die zwar kriegerische Gewalt in der gefallenen Welt als unvermeidbar, gleichwohl als nicht wünschenswert ansehen. Sie zielen, wie etwa die Lehre vom gerechten K. oder seit der Aufklärung der Institutionalismus (Internationale Organisationen) auf die *graduelle Delegitimation und Minimierung von Gewalt*. Schließlich formuliert der Pazifismus eine *grundsätzliche Delegitimation des K.*, die ihn auch als Mittel der Notwehr und Nothilfe obsolet erscheinen lässt. Diese Positionen haben in der Christentumsgeschichte unterschiedliche Ausprägungen erfahren. Sie können sich alle, wenn auch mit unterschiedlichem Gewicht, auf biblische Überlieferungen beziehen.

2. Biblische Überlieferung. Obwohl auch im Neuen Testament K. als soziale Institution bekannt ist, fehlen doch weitgehend Aussagen zum K., wohl schon deshalb weil Israel zur Zeit Jesu und zur Zeit der Abfassung der ntl. Schriften der Staatlichkeit entbehrte. Im Gegenteil, Versöhnung und Frieden mit ihren politischen Implikationen werden zu zentralen Heilsbegriffen ntl. Theologie. Das schließt allerdings nicht aus, dass die atl. Deutungen des K. als gültig vorausgesetzt werden. Die kriegerischen Auseinandersetzungen Israels mit seinen Nachbarn und auch dieser untereinander nehmen breiten Raum in der atl. Überlieferung ein. In den Berichten von den K. Israels kann Gott selber als Gewalttätiger und als Befürworter der kriegerischen Gewalttaten Israels dargestellt werden (Jahwek. vgl. u. a. Jos 6; Mirjam-Lied Ex 15). Diese Texte bringen zum Ausdruck, dass Jahwe es ist, der über die (legitime) Gewalt verfügt, die somit der Verfügung der Menschen entzogen ist. So wird es Jahwe selbst, der die Gewalt bindet und überwindet (Hos 11). Diese biblische Tradition des Jahwek. lässt sich dem Paradigma des *Heiligen K.* zuordnen. Erfolgreiche Führung von K. wird hier zum göttlichen Herrscherattribut.

Daneben finden sich auch Anschauungen des *Realismus*, die den K. zwar nicht verherrlichen, ihn aber als unvermeidbares und legitimes Mittel der Politik etwa zur Eroberung und Erhaltung des davidischen Reiches ansehen. Des weiteren gibt es Traditionsstränge, die auf die *Minimierung kriegerischer Gewalt* abzielen, indem sie durch Regeln eingehegt wird. Besonders bedeutsam ist hier Dtn 20. Hier findet sich exemplarisch der Ansatz, durch Verrechtlichung der sozialen Beziehungen (kriegerische) Gewalt zu minimieren und zu überwinden.

Schließlich finden sich in der Bibel – und zwar je jünger die Texte sind desto häufiger – auch Motive, in denen die generelle Überwindung kriegerischer Gewalt in den Blick gerät. Eine der grundlegenden Visionen dafür findet sich im Buch Micha, wo die endzeitliche Herrschaft Jahwes als Friedensreich dargestellt wird (Mi 4, 3f; vgl. Jes 2, 2–4, aber auch Joel 3). In dieser Vision wird deutlich, wie Wohlergehen und Gewaltüberwindung zusammenhängen: die Ressourcen des Krieges werden für die Landwirtschaft eingesetzt, deren Früchte dann unbedroht genossen werden können. Schalom wird so zur Leitvision atl. Theologie, die auf die Überwindung des K. zielt.

Damit ist eine Position der grundlegenden Delegitimation des K. als sozialer und kultureller Institution erreicht, die in der Neuzeit im *Pazifismus* ihre Entsprechung findet. An diese Erfahrungen, Zeugnisse und theologischen Deutungen knüpfen die ntl. Autoren an. Sie nehmen diese Motive auf, variieren sie und radikalisieren sie an wesentlichen Punkten (→Frieden).

3. Bellizismus. Die Auffassung, dass K. entweder unvermeidlich oder gar begrüßenswert sei, wurde stark durch die Kultur der griechisch-römischen Antike geprägt. Wenn es auch erhebliche Unterschiede in der ethischen Bewertung des K. in den uns überlieferten Texten gibt, so kann man doch für die griechische Antike festhalten, dass der K. überwiegend als Normalzustand angesehen wurde, was in der Bedeutung des Wortes für Frieden (*eirene*) zum Ausdruck kommt. Eirene wird als Unterbrechung eines als normal und dauernd erfahrenen Kriegsgeschehens angesehen. Ins Programmatische überhöht findet sich die Einschätzung, dass der Krieg eine gottgegebene Notwendigkeit und Zentrum der menschlichen Gesetzgebung sei, in der Sentenz des Heraklit, der Krieg sei „Vater und Herrscher aller Dinge" (Heraklit VS B 53).

Auch im römisch-lateinischen Bereich herrschte ein Verständnis vor, das den K. als unabdingbares, ja notwendiges Mittel der Politik zu akzeptieren bereit war: Die *pax Romana* basierte auf der durch militärische Mittel durchgesetzten römischen Zentralgewalt.

Die positive Deutung des Krieges hat innerhalb der christlichen Theologie ihren Höhepunkt in den als Heiligen K. aufgefassten Kreuzzügen gefunden. Die Kreuzzugsmentalität findet ihre Fortsetzung in den kolonialen Eroberungskriegen, den Religions- und Konfessionskriegen in Europa. Allerdings wurde im Zeitalter des Absolutismus durch das den neuen, absoluten Staaten zugesprochene freie K.sführungsrecht, das *liberum ius ad bellum* eine Deutung des K. im Sinne des politischen Realismus gestärkt. Das freie K.führungsrecht der Staaten stellt es diesen anheim, den K. jederzeit als Mittel der Politik einzusetzen. Nur die K.führung selbst ist dann an bestimmte Regeln gebunden (förmliche K.erklärung, Schonung der Zivilbevölkerung etc.). Hier verlagert sich die normative Deutung des K. von der Theologie hin zur Jurisprudenz. Allerdings verbindet sich im Zeitalter der Nationalstaaten das *liberum ius ad bellum*, zumindest in Deutschland, mit einer national-religiösen bellizistischen Grundierung. Spätestens seit den Befreiungskriegen wurde der K. überwiegend als legitimes Mittel nationalstaatlicher Politik aufgefasst. Als einen Grund wird man dafür die enge Verbindung der Landeskirchentümer mit den jeweiligen Territorialstaaten ansehen können. So entwickelte sich im Kulturprotestantismus des 19. und frühen 20. Jh. eine nahezu positive Haltung gegenüber dem K., indem durch die enge Bindung des Protestantismus an eine national verstandene Kultur die militärische Verteidigung oder gar Erweiterung des nationalen Kulturstaates als selbstverständlich angesehen wurde. In der Weimarer Republik blieb der national-konservativ gefärbte Protestantismus, mit wenigen Ausnahmen, prinzipiell an einem bellizistischen Paradigma orientiert. Geändert hat sich diese Lage erst nach dem Zweiten Weltk. Kann heute die bellizistische Position im deutschen Protestantismus als weitgehend überwunden angesehen werden, haben die evangelikalen Unterstützer des Neo-Konservatismus in den USA gezeigt, dass in globaler Perspektive diese Position keineswegs gänzlich aufgegeben worden ist.

4. Gewaltminimierung/Lehre vom gerechten K. Schon in der griechisch-römischen Antike zeichnete sich gegenüber dem Konsens, der die Normalität des K. zu tolerieren bereit war, Ansätze zu dessen Überwindung ab. CICERO etwa sieht die gewaltsame Austragung von Konflikten als defizitär im Vergleich zur *argumentativen* Auseinandersetzung an. Deshalb stellt er bestimmte Bedingungen auf, wann ein K. moralisch gerechtfertigt sein kann. Dies sind Vergeltung und die Abwehr von Feinden (CICERO, De officiis, I,11,34). Damit hat er eines der ersten Kriterien für eine „Lehre vom gerechten K." entwickelt. An sie schließt AUGUSTIN an und prägt damit die bestimmende christliche Auffassung des K. im Mittelalter. So wie im innerstaatlichen Bereich Gewalt durch die Bindung an das Recht überwunden oder zumindest minimiert werden sollte, versuchte christliches Denken, die zwischenstaatliche Gewaltausübung durch Regeln zumindest einzudämmen und einzuhegen.

Er nimmt urchristliche Gedanken auf, wenn er den Frieden als das höchste Gut nicht nur des Glaubens, sondern auch des politischen Gemeinwesens postuliert (De civitate Dei, XIX,11). Jedoch geht er davon aus, dass man nicht umhin kann, K. zu führen. Für einen aus seiner Sicht gerechten K. entwickelt er Kriterien, welche die weiteren Überlegungen zu dieser Frage nachhaltig beeinflussen. THOMAS VON AQUIN (1225–

1274) arbeitet diese Konzeption in seiner *Summa theologica* systematisch aus. Er sieht es als notwendig an, den K. als *ultima ratio* in Ausnahmefällen zu erlauben. Die Rechtfertigung eines K. knüpft er an die Erfüllung von drei Kriterien: „Zu einem gerechten K. sind drei Dinge erforderlich: Erstens die Vollmacht des Fürsten [auctoritas principis], auf dessen Befehl hin der K. zu führen ist. [...] Zweitens ist ein gerechter Grund [causa iusta] verlangt. Es müssen nämlich diejenigen, die mit K. überzogen werden, dies einer Schuld wegen verdienen. [...] Drittens wird verlangt, dass die K.führenden die rechte Absicht [intentio recta] haben, nämlich entweder das Gute zu mehren oder das Böse zu meiden" (Summa theologica, II-II q 40,1). In der weiteren Entwicklung der „Lehre vom gerechten K." treten neben diese Kriterien des *ius ad bellum*, des Rechtes zum Beginn eines K., auch Kriterien für die K.führung, das *ius in bello*. Insbesondere wird die Verhältnismäßigkeit der Mittel (*debitus modus*), vor allem die Unterscheidung von Kombattanten und Nichtkombattanten bei K.handlungen, gefordert. Zwar akzeptiert die Lehre vom gerechten K. nach wie vor den K. als *ultima ratio*, aber der K. wird nicht mehr als Normalzustand, sondern höchstens als Notmaßnahme anerkannt, die auf den Frieden zielen muss. Nicht nur die Berechtigung zum K. wird eingeschränkt, durch das *ius in bello* wird eine „Hegung" (rechtliche Eindämmung) der K.führung intendiert.

Martin Luther (→Luthertum) geht mit seinen Stellungnahmen zur Problematik des K. über die vorgegebene und von ihm verarbeitete Lehre vom gerechten K. hinaus. Er vertritt eine deutliche Präferenz für die Vermeidung von K. und eine Orientierung auf den Frieden hin. Deshalb schließt er Angriffskriege kategorisch aus. Allerdings ist im Spätwerk Luthers eine Tendenz auszumachen, in bestimmten Fällen einer K.führung durchaus zuzustimmen, etwa im Kampf gegen die Türken. Die Lehre vom gerechten K. stellte im Kontext des Mittelalters und der frühen Neuzeit den Versuch dar, die willkürliche Ausübung von Gewalt durch die Bindung an rechtliche Regeln einzudämmen. K.dienst, der im Rahmen eines solchen als gerecht angesehenen K. geleistet wurde, wurde dann als nicht nur zulässig, sondern geradezu als christlicher Beruf (→Beruf) angesehen.

5. **Delegitimation des K./Gerechter Friede/K.sdienstverweigerung.** Schon auf der Gründungsversammlung des Ökumenischen Rates der Kirchen 1948 in Amsterdam wurde als Überschrift eines Sektionsberichtes formuliert: „K. soll nach Gottes Willen nicht sein". Aufgrund der Erfahrungen des Zweiten Weltk. war man sich einig, dass die Institution des K. überwunden werden muss, auch wenn man sich uneinig war, wie das zu erreichen sei.

Im Zusammenhang des (ökumenischen) Konziliaren Prozesses für Gerechtigkeit, Frieden und Bewahrung der Schöpfung wurde das Konzept des „Gerechten Friedens" entwickelt. Es nimmt den biblischen Begriff des Schalom auf, der den Zusammenhang von Frieden und Gerechtigkeit umspannt. Das entspricht der Einsicht der Friedensforschung, dass Frieden – im Inneren wie im Äußeren – mehr ist als die Abwesenheit offener Anwendung physischer Gewalt. Insofern wurde nicht nur die soziale Institution des K. im engeren Sinne kritisch hinterfragt, sondern zunehmend auch Formen struktureller Gewalt. Die Institution des K. soll durch die Verrechtlichung der internationalen Beziehungen, die gerechte Verteilung von Lebenschancen und gewaltfreie Konfliktbearbeitung überwunden werden. Dies kann man wohl als den Grundkonsens des liberalen Mainstreams des Protestantismus ansehen.

Dem entspricht, dass neben den traditionellen Friedenskirchen, die den K.dienst in der Regel generell ablehnen, heutzutage die meisten christlichen Kirchen die K.dienstverweigerung anerkennen und sich für den Gewissensschutz (→Gewissensfreiheit) der K.dienstverweigerer einsetzen.

6. **Herausforderungen und Perspektiven.** Durch die Veränderung der politischen Situation nach 1989/90 sind neue Herausforderungen entstanden. Insbesondere wurde die Frage neu virulent, unter welchen Bedingungen der Einsatz kriegerischer Gewalt zur Verhinderung massiver Menschenrechtsverletzungen, zur Hilfe für Bevölkerungen in zusammenbrechenden Staaten sowie zur Unterbrechung bereits eskalierter Formen bewaffneter Gewalt mit dem Ziel der Gewaltminimierung ethisch gerechtfertigt sein kann. Während die einen das bereits bestehende internationale Recht und seine Fortentwicklung als ausreichend für die Bearbeitung dieser Probleme ansehen, schlagen andere vor, die Kriterien der Lehre vom gerechten K. in einer zeitgemäßen und auf den internationalen Rechtsrahmen bezogenen Weise fort zu entwickeln. Neue Herausforderung stellen die sog. Neuen K. dar, in denen nicht-staatliche Akteure zu Trägern kriegerischer Gewalt werden und die Zivilbevölkerung oft intentional zum Ziel der Gewalt wird. Hier, wie auch beim internationalen Terrorismus, scheinen die bisher gängigen Konzeptionen der Überwindung kriegerischer Gewalt durch Verrechtlichung der internationalen Beziehungen und den Einsatz gewaltfreier Konfliktbearbeitung zumindest vorläufig an eine Grenze zu kommen. In der Perspektive des Post-Kolonialismus wird der klassische Kriegsbegriff in Frage gestellt und rücken die globalen Vernetzungen von unterschiedlichen Gewaltphänomenen zunehmend in den Fokus. Diese aktuellen Phänomene stellen eine noch zu bewältigende Herausforderung für die politische Ethik des Protestantismus dar, die auf den Schalom und damit auf die Überwindung der Institution des K. orientiert ist.

M. LUTHER, Ob Kriegsleute auch in seligem Stande sein können (1526), in: WA 19, 616–662. Übersetzung: K. BORNKAMM – G. EBELING (Hg.), Martin Luther. Christsein und weltliches Regiment, (Ausgewählte Schriften, Bd. 4) 1995 (1982) – W. HERRMANN, Ethik, 1904³ – J. EBACH, Das Erbe der Gewalt. Eine biblische Realität und ihre Wirkungsgeschichte, 1980 – W. LIENEMANN, Gewalt und Gewaltverzicht. Studien zur abendländischen Vorgeschichte der gegenwärtigen Wahrnehmung von Gewalt, (Forschungen und Berichte der Ev. Studiengemeinschaft, Bd. 36), 1982 – KIRCHENKANZLEI DER EKD (Hg.), Frieden wahren, fördern und erneuern. Eine Denkschrift der Evangelischen Kirche in Deutschland, 1982³ (1981) – NATIONAL CONFERENCE OF CATHOLIC BISHOPS, The Challenge of Peace. God's Promise and Our Response. A Pastoral Letter on War and Peace by the National Conference of Catholic Bishops, May 3, 1983, Washington D.C.: United States Catholic Conference 1983 – G. BEESTERMÖLLER, Thomas von Aquin und der gerechte Krieg. Friedensethik im theologischen Kontext der Summa Theologiae, (Frieden und Theologie 4) 1990 – W. HUBER/H. R. REUTER, Friedensethik, 1990 – H. SCHMOLL, Der Friedensgedanke in der griechischen Welt, in: DERS.: Die Lebenswelt der Antike. Einsichten und Zugänge, 1994 – E. OTTO, Krieg und Frieden in der Hebräischen Bibel und im Alten Orient (Theologie und Frieden 18), 1999 – J. T. JOHNSON, Morality and Contemporary Warfare, New Haven/London: Yale University Press 1999 – KIRCHENAMT DER EKD (Hg.), Schritte auf dem Weg des Friedens. Orientierungspunkte für Friedensethik und Friedenspolitik. Ein Beitrag des Rates der EKD (1993), (EKD Texte 48), 2001³ (1993/1994) – M. HASPEL, Friedensethik und Humanitäre Intervention. Der Kosovo-Krieg als Herausforderung evangelischer Friedensethik, 2002 – DERS., Einführung in die Friedensethik, in: PETER IMBUSCH; RALF ZOLL (Hg.), Friedens- und Konfliktforschung. Eine Einführung (Friedens- und Konfliktforschung Bd. 1), 2010⁵, 513–536. – F. CRÜSEMANN, Maßstab: Tora. Israels Weisung für christliche Ethik, 2004² – EVANGELISCHE KIRCHE IN DEUTSCHLAND (Hg.): Aus Gottes Frieden leben – für gerechten Frieden sorgen. Eine Denkschrift des Rates der Evangelischen Kirche in Deutschland (DEKD), 2007. – TH. BONACKER/P. IMBUSCH, Zentrale Begriffe der Friedens- und Konfliktforschung: Konflikt, Gewalt, Krieg, Frieden, in: P. IMBUSCH/R. ZOLL (Hg.), Friedens- und Konfliktforschung. Eine Einführung, 2010⁵, 62–141.

Michael Haspel

Kritische Theorie

1. Begriff, Programm und Paradigma. „K.T." ist die Selbstbezeichnung eines sozialphilosophischen Paradigmas, das eng mit dem Namen MAX HORKHEIMER (1895–1973) und mit dem „Institut für Sozialforschung" (gegr. 1924 in Frankfurt/M.), dessen Direktor er (ab 1930) war, und mit der von ihm (ab 1931) herausgegebenen „Zeitschrift für Sozialforschung" (1932–1941) verknüpft ist. K.T. ist der Inbegriff eines Verständnisses von sozialwissenschaftlicher und sozialphilosophischer Theorie, das sowohl an verschiedene Varianten des →Materialismus (v. a. der französischen Aufklärung und der deutschen Idealismuskritik) sowie an MARX' Projekt einer „Kritik der Politischen Ökonomie" anknüpft, sich darüber hinaus in die Tradition kritischen Denkens der europäischen →Aufklärung, insbesondere der drei „Kritiken" KANTs und schließlich auch der HEGELschen KANT-Kritik, einbeschreibt. Das programmatische Ziel lässt sich formulieren als eine „interdisziplinäre, empirische Geschichtsphilosophie in praktischer Absicht" (exempl. sei verwiesen auf die von ADORNO 1950 u. d. Titel „The Authoritarian Personality" hg. Studien zum Autoritären Charakter).

Zu den Mitarbeitern des Instituts gehörten u. a. F. POLLOCK, E. FROMM, L. LÖWENTHAL, T. W. ADORNO, H. MARCUSE, W. BENJAMIN; alle hatten ihre je eigenständige Theorieentwicklung und haben insbesondere im und nach dem Exil des Instituts (1933–1950) recht unterschiedl. biografische und theoriepolit. Entscheidungen getroffen. K.T. ist ein Paradigma, dessen Grenzen offen sind und fluktuieren, dessen Ausführung je nach Autor, Epoche und in verschiedenen Generationen sehr unterschiedl. ausfällt, zu dessen personellem Kern in jedem Fall HORKHEIMER und ADORNO zu zählen sind. Seit dem programmatischen Aufsatz HORKHEIMERS „Traditionelle und kritische Theorie" von 1937 ist „traditionell" der komplementäre Inbegriff der jeweils von der K.T. kritisierten Theorien.

Als Leitmotive in der Polyphonie des Programms der K.T. lassen sich ein „skeptischer eudämonistischer Materialismus" und eine vielgestaltige „Kritik der instrumentellen bzw. funktionalistischen →Vernunft" rekonstruieren, die sich wechselseitig stützen bei der einen zentralen gemeinsamen Aufgabe: einer „*Kritik der Herrschaft*". Mit dem Wandel der geschichtlichen Konstellationen sowie der sozialen und institutionellen Kontexte verändert sich der Erfahrungsgehalt der Autoren, und in ihren verschiedenen fachlichen und biografischen Perspektiven kann demzufolge stets etwas anderes als „das Wesen der Herrschaft" erscheinen. Ihre Erscheinungsform, ihr Wesenskern, ihre tragenden Interessen, Akteure und Apologeten werden höchst divergent, nicht nur kontrovers, sondern bisweilen auch miteinander unvereinbar, beschrieben und gedeutet. Dabei geht es vor allem um (1) die Funktion und Bedeutung der Wissenschaften, insbes. der Sozialwissenschaften, bei der Aufrichtung, Aufrechterhaltung und Verteidigung dessen, was jeweils als Herrschaft gilt; sowie (2) um die Verfassung des Bewusstseins der ihr unterworfenen und sie doch zugleich durch ihre Arbeit und Praxis reproduzierenden Akteure – an deren Wesen als „Subjekte" alle Vertreter der K.T. stets festgehalten haben. Das Interesse an der →*Emanzipation* von jeglicher Herrschaft – letztlich durch die arbeitenden Menschen selbst als den „Produzenten" und Subjekten der Geschichte – ist das notwendige politisch-praktische Komplement zur theoretischen Herrschaftskritik der K.T. In diesem praktisch-politischen Interesse am Wohlergehen selbstbestimmt kooperierender (→Kooperation) und gemeinsam genießender Subjekte, sowie im Festhalten an dieser Idee als einer „konkreten

→Utopie", auch in den „schwärzesten" Zeiten und Texten, verschafft sich der eudämonistische Materialismus der K.T. am deutlichsten Geltung. Ein dialektischer, kritischer Gebrauch des Naturbegriffs ist insbes. für das Werk von ADORNO konstitutiv. Das zeigt sich früh in den während des Exils gem. mit. M. HORKHEIMER verfassten Essays, die 1947 unter dem Titel „Dialektik der Aufklärung" veröffentlicht wurden. Gerade die sich selbst naturalisierende Herrschaft und die ihr entsprechenden naturalistischen Ansätze in den Human- und Sozialwissenschaften machen sich als „zweite Natur" unangreifbar und werden doch selbst naturvergessen. Sie vergessen sowohl, dass sie sich dem Gattungsinteresse an der Beherrschung der äußeren Natur verdanken, als auch, dass sie jene fortsetzen und betreiben als Herrschaft über die innere Natur der Menschen und schließlich, dass sie darin genau die auf Herrschaftsfreiheit und Selbstbestimmung drängende Wesensnatur des Menschen verfehlen. In der „Dialektik der Aufklärung" werden eudämonistischer Materialismus und Kritik der instrumentellen Vernunft, als die beiden Medien der Herrschaftskritik, noch zusammengedacht in einer spannungsreichen geschichtsphilosophischen Kritik an einer Vernunft, die die massenhafte technische Produktion „unnötiger" Güter, die falschen Sinn stiftende Kulturindustrie und autoritäre politische Herrschaft ermöglicht und legitimiert. Emanzipation erscheint in dieser Perspektive nur möglich im Rückgriff auf *„ein Anderes der Vernunft"*, wie Leiblichkeit, Natur oder authentische Kunstwerke. Dies verdichtet und steigert ADORNO in einer eigenständigen philosophischen Wirklichkeits- und Wahrnehmungstheorie, in der er Motive einer post-metaphysischen Anthropologie der Negativität mit einer post-theologischen Geschichtsphilosophie der Versöhnung verwebt. Sie wird u. d. Titel „Ästhetische Theorie" 1970 nach seinem Tode veröffentlicht.

Der im Frühwerk von HORKHEIMER entwickelte skeptische Materialismus des →Glücks wird in der sog. „zweiten Generation" der K.T. von A. SCHMIDT (1931–2012) zur Geltung gebracht und weiterentwickelt.

2. Die Transformation und Neufundierung des Paradigmas durch J. HABERMAS. Im Theorieentwurf von JÜRGEN HABERMAS (geb. 1927) hat sich schon früh eine eigenständige und selbst längst paradigmatisch gewordene Variante der K.T. herausgebildet. In seinem Horizont von Herrschaftskritik und Emanzipationsprogrammatik wirken jene materialistischen, eudämonistischen und ästhetischen Motive nur noch residual und untergründig fort. Die „Kritik der instrumentellen Vernunft" erneuert er dezidiert als „Kritik der *funktionalistischen* Vernunft". Eine entscheidende Weichenstellung vollzieht er in diesem Prozess in seiner, nicht nur werkimmanenten, sondern für die sozialwissenschaftl. Theorie insgesamt (nicht nur im deutschsprachigen Raum) theoriestrategisch außerordentlich folgenreichen, oft genug polarisierenden Kontroverse mit funktionalistischen und systemtheoretischen Ansätzen (→Systemtheorie), insbes. mit dem Werk von N. LUHMANN. HABERMAS setzt, spätestens mit seiner 1981 veröffentlichten „Theorie des kommunikativen Handelns", auf eine *„andere Vernunft"*: auf die „kommunikative Vernunft" (→Kommunikation). HABERMAS vollzieht seine Transformation des „klassischen" Paradigmas der K.T. (vom produktionskritischen Paradigma zum kommunikationstheoretischen Paradigma) im Nachvollzug des „linguistic turn" der angelsächsischen Philosophie. Er öffnet damit weit über sein eigenes Denken hinaus die deutsche Sozialphilosophie für die amerikanische Theorietradition. Der „linguistic turn" geht davon aus, dass philosophische Probleme letztlich Probleme der Sprache sind; er vollzieht folglich eine Verschiebung des epistemologischen Interesses von der Frage nach dem, was „die Dinge" sind und was wir mit ihnen machen, zur Frage danach, wie wir von ihnen sprechen und wozu wir sie dadurch machen. Für HABERMAS bekommen deshalb Sprache und Kommunikation paradigmatische Funktion. Die „kommunikative Vernunft" ist mit der menschlichen Sprache gegeben und zielt auf herrschaftsfreien Konsens und auf Verständigung. In der Vorbereitung, Ausarbeitung und Verteidigung dieses Entwurfs im Gesamtwerk von HABERMAS (in der zweiten Phase des sog. „Positivismusstreits" 1964–1969) wird dann auch wieder die Wissenschaftskritik zum zentralen Medium der Gewinnung und Artikulation der Theorie. HABERMAS erarbeitet sein Konzept in der sprachphilosophisch inspirierten Rekonstruktion und Rekombination von Vorgängertheorien. Damit einher geht sein Interesse an der expliziten Artikulation und Rechtfertigung der normativen Grundlagen kritischer Theorie, die auch dem erreichten Stand der sprachanalytischen →Ethik zu entsprechen vermag. Dies gewinnt Gestalt in der seit 1982 erfolgten sukzessiven Ausarbeitung einer „Diskurstheorie der Moral" (→Diskursethik). Emanzipation wird nun mittels eines emphatischen Begriffs von „Intersubjektivität und Verständigung" gedacht – und nicht mehr in den Kategorien von „Subjekt und Praxis". Das Konzept kommunikativer Vernunft verbindet sich bei HABERMAS mit einer evolutionstheoretisch fundierten und hochgradig normativen Idee der Moderne. All diese Elemente bilden ein theoretisches Dispositiv, das deutungshoheitliche Ansprüche sowohl im Blick auf deskriptive wie auf normative Theorien der Moderne erhebt und das außerordentlich beweglich und erfolgreich zur Kritik und Destruktion alternativer und konkurrierender Ansprüche – metaphysischer, postmoderner, systemtheoretischer Art – eingesetzt wird.

3. Die Rückkehr der Subjekte: die Dialektik der Anerkennung bei AXEL HONNETH. Angesichts des kaum noch überbietbaren transzendentalen und normativen Geltungsanspruchs herrschaftskritischer Vernunft bei HABERMAS verschaffen sich an unterschiedlichen Orten der unübersichtlichen Theorielandschaft der Gesellschaftstheorien auf verschiedene Weise die Fragen danach Geltung, ob die Herrschaft der herrschaftskritischen Vernunft ihrerseits noch vernünftig kritisierbar ist. In äußerster topographischer und schulmäßiger Nähe und deshalb mit umso deutlicherer und ernst zu nehmender Distanz vollzieht sich dies im Werk von A. HONNETH, der das repräsentiert, was man bisweilen die „dritte Generation" der K.T. nennt. HONNETH geht seit seiner Habilitationsschrift „Kampf um Anerkennung" (1992) auf das Frühwerk HEGELS zurück und entwickelt seither im Gespräch mit Theorien aus sehr unterschiedlichen Schulen und nationalen Traditionen eine nicht auf Überlegenheit, sondern auf Wechselseitigkeit in Kommunikation und Kooperation zielende Philosophie der *Anerkennung* in den Alltagswelten der ihr Leben stets selbst *und* gemeinsam führenden Menschen. Dies erlaubt ihm dann auch, „die Idee des Sozialismus" (2015) zu formulieren, die die frühesten programmatischen Intuitionen der K.T. reformuliert und skizziert, wie die Wirtschaft nach Maßgabe einer „solidarisch verstandenen Freiheit" zu gestalten wäre.

M. JAY, Dialektische Phantasie. Die Geschichte der Frankfurter Schule und des Instituts für Sozialforschung 1923–1950 (engl. 1973), 1991 – A. SCHMIDT, Zur Idee der K.T. Elemente der Philosophie Max Horkheimers, 1974 – D. M. RASMUSSEN, The Handbook of Critical Theory, Oxford 1999 (Lit.) – R. WIGGERSHAUS, Die Frankfurter Schule (1986), 2001 – H. DUBIEL, K.T. der Gesellschaft (1988), 2001³ – A. HONNETH (Hg.): Schlüsseltexte der K.T., 2006 – R. JAEGGI/T. WESCHE, Was ist Kritik?, 2009 – A. HONNETH, Das Ich im Wir. Studien zur Anerkennungstheorie, 2010 – E. WALTER-BUSCH, Geschichte der Frankfurter Schule, 2010 – G. MIKL-HORKE, Soziologie, 2010⁶ – S. E. BRONNER, Critical Theory – A Very Short Introduction, 2011 – A. HONNETH, Das Recht der Freiheit, 2011 – J.-M. DURAND-GASSELIN, L'École de Francfort, 2012 – J. URBICH u. a. (Hg.), Der Ausnahmezustand als Regel. Eine Bilanz der K.T., 2013 – J. RITSERT, Themen und Thesen kritischer Gesellschaftstheorie. Ein Kompendium, 2014 – A. HONNETH, Die Idee des Sozialismus, 2015.

Fritz Rüdiger Volz

Kritischer Rationalismus

Der k.R. ist die wesentlich von K. R. POPPER (1902–1994) zunächst als Erkenntnistheorie begründete philos. Richtung, die zu einer allg. Methode rationaler Problemlösung weiter entwickelt worden ist. Nach POPPER vollzieht sich menschliche Erkenntnis durch eine Abfolge von Vermutungen und Widerlegungen, die zu vorläufigen Problemlösungen führen, die ihrerseits stets neu kritisch zu prüfen und auf diese Weise zu modifizieren oder als unbrauchbar abzulehnen sind. Im Unterschied zur herkömmlichen Erkenntnistheorie, die wesentlich nach Gründen sicherer Erkenntnis gesucht hat, geht es dem k.R. darum, menschliche Annahmen und Vermutungen so lange als richtig gelten zu lassen, wie sie alle Einwände überstehen. Dementsprechend müssen Vermutungen kritisierbar sein, um ernsthaft in Betracht gezogen zu werden, und zwar wesentlich durch eine empirische Kontrolle. Dieses Verfahren der Falsifikation bedeutet, durch Methoden kritischer Prüfung mögliche irrige Vermutungen und Fehler zu entdecken und zu korrigieren, Was der kritischen Prüfung der Falsifikation standhält, kann als bewährt gelten und mit guten Gründen für wahr gehalten werden, jedoch keinen prinzipiellen Wahrheitsanspruch erheben. Wissen bleibt damit stets hypothetisch, da es auch zukünftigen kritischen Überprüfungen unterzogen werden muss. Auf den Bereich der Politik bezogen argumentierte POPPER, dass es in diesem Feld wesentlich darauf ankommt, unkontrollierbare oder nicht bzw. kaum zu korrigierende Fehler von vorneherein zu vermeiden. Insofern äußerte er sich kritisch zu weitreichenden gesellschaftspolitischen, speziell sozialreformerischen Initiativen, da diese zu Missständen führen könnten, die kaum oder nur schwer zu beseitigen wären und daher die Offenheit des gesellschaftlichen Prozesses gefährdeten. Stattdessen forderte er, durch demokratische Institutionen die Freiheit gegen jede Form der Tyrannei zu sichern. In weltanschaulicher Hinsicht entspricht dem k.R. eine Grundhaltung der Skepsis.

K. R. POPPER, Logik der Forschung, 1945 – K. R. POPPER, Die offene Gesellschaft und ihre Feinde, 1958 – H. ALBERT, Traktat über kritische Vernunft, 1968 – K. R. POPPER, Die Zukunft ist offen, 1985 – A. MUSGRAVE, Alltagswissen, Wissenschaft und Skeptizismus, 1993 – H. ALBERT, K.R., 2000.

Traugott Jähnichen

Kultur / Kulturpolitik

1. K. und Religion. An der Wende zum 21. Jahrhundert initiierten →EKD und die Vereinigung der Evangelischen Freikirchen den Konsultationsprozess „Gestaltung und Kritik. Zum Verhältnis von Protestantismus und Kultur im neuen Jahrhundert", aus dem 2002 die →Denkschrift „Räume der Begegnung" hervorging. In ihr wird K. definiert als „Gesamtheit von Sinnhorizonten, in denen Menschen sich selbst und ihre Welt mit Hilfe von Worten, Zeichen und Bildern gestalten und sich über ihre Deutungen verständigen. K. gestaltet sich stets in einer Pluralität solcher Sinnhorizonte". Diese Definition schließt an den weiten K.begriff an, der seit der UNESCO-Weltkonferenz von 1982 die internationalen Diskurse bestimmt. Er umfasst „die Gesamtheit der unverwechselbaren geistigen, materiellen, intellektuellen und emotionalen Eigenschaften" einer →Gesellschaft oder sozialen →Gruppe und „über Kunst und Literatur hinaus auch Lebensformen, Formen des

Zusammenlebens, →Wertesysteme, →Traditionen und Überzeugungen". Die EKD-Denkschrift geht aus von Differenz- und Fremdheitserfahrungen, wie sie durch die Umbrüche seit 1989 und in Folge kultureller Modernisierung und →Globalisierung auftreten. Drei Modelle des Verhältnisses von Religion und K. werden vorgestellt: Die k.stiftende Kraft des Protestantismus in der Entwicklung der Moderne mit ihren ambivalenten Aspekten, religiöse Dimensionen in der gegenwärtigen K. und protestantische Perspektive auf das Ganze der K., für die die fundamentalen Unterscheidungen des Glaubens leitend sind (Schöpfer/Geschöpf, →Person/ Werk, Gesetz/Evangelium). Im Gedanken der Unverfügbarkeit des →Lebens, der →Anerkennung des Andern als mit unverlierbarer →Würde ausgestatteten Menschen und der →Freiheit und Verantwortung zur Lebens- und Weltgestaltung sind Ressourcen für die Deutung kultureller Prozesse im Modus von Kritik und Gestaltung enthalten. Die Denkschrift ermutigt zur Begegnung und Auseinandersetzung mit zeitgenössischer K., vor allem mit der Kunst und Kunstschaffenden. Sie setzt den gegenseitigen Respekt vor der Freiheit und →Autonomie der Bereiche voraus.

2. K.politik. *2.1 K.p. der Kirchen.* Die Denkschrift erinnert an die K.trägerschaft der →Kirchen und die Dimensionen ihrer eigenen kulturellen Reflexion und Praxis. Sie schließt sich in ökumenischer Übereinstimmung den k.politischen Forderungen des Zentralkomitees der Deutschen Katholiken in „Kultur als Aufgabe von Staat und Kirche (1999) an. Die Forderungen richten sich an den →Staat und erinnern an die Freiheit der Kunst (nach Art. 5 Abs. 3 →Grundgesetz) und an die →föderale Struktur der K.p. K.förderung soll auch in Zeiten zurückgehender Finanzen verlässlich bleiben und auf die Teilhabe möglichst aller Bürger abzielen. Der Staat muss Anreize für privates Kulturengagement (→Stiftungen; →Fundraising) geben, damit das kulturelle Erbe gepflegt und zugleich gegenwärtiges K.schaffen ermöglicht werden kann. Die Arbeit von K.schaffenden muss →sozialpolitisch abgesichert sein (Künstlersozialkasse). Das Urheberrecht muss an die veränderte Lage durch Entwicklungen der Digitalisierung (→Medienpolitik, →Internet, Internetrecht) angepasst werden. Zu einer zukunftsfähigen K.p. gehört kulturelle →Bildung. Neben den Forderungen an den →Staat steht aber die Verpflichtung aller →Bürger, sich der K. bewahrend und fördernd anzunehmen. Die Kirchen gewinnen damit Aufmerksamkeit für Umfang und Bedeutung ihrer eigenen kulturellen Aktivitäten, setzen sich aber zugleich der Kritik aus, wo sie hinter den eigenen Ansprüchen zurückbleiben.

2.2 Ebenen der K.p. International. Die internationalen k.politischen Debatten werden von der UNESCO bestimmt, die für die Bereiche →Bildung, Wissenschaft, K. und →Kommunikation/Information zuständig ist. In ihrer „Mittelfristigen Strategie" sind Grundorientierungen und strategische Leitziele für die Jahre 2014 bis 2021 festgelegt. Zu ihnen gehören die Stärkung der Rolle der K. für gesellschaftliche Entwicklung, die Förderung des interkulturellen Dialogs und Bewahrung kultureller →Werte und ethischer Prinzipien, der Schutz, die Erhaltung und Weitergabe des k.ellen Erbes sowie die Förderung von Kreativität und der Vielfalt kultureller Ausdrucksformen. Entsprechend der Forderung der globalen K.verbände in ihrem Manifest „The Future We Want Includes Culture" von 2014 will die UNESCO darauf hinwirken, die k.ellen Grundlagen für →nachhaltige Entwicklung in den Prozess der Post-2015-Entwicklungsagenda der →Vereinten Nationen einzubringen. Die Agenda soll universelle Ziele einer nachhaltigen Entwicklung formulieren, die ab 2016 die Millenniums-Entwicklungsziele ersetzen. Noch ist offen, ob sich die Sicht auf K. als Kreativwirtschaft (→Ökonomie) und zugleich als grundlegende Dimension menschlichen Lebens mit Orientierungsfunktion im politischen Prozess durchsetzen wird.

Europa. Auf europäischer Ebene ist der Europarat für die K.p. zuständig. Er behandelt k.elle Vielfalt und interkulturelle Bildung und Dialog als integrale Bestandteile der →Demokratiebildung. Die Rolle der EU ist im sog. „K.-Artikel" Art. 167 des Vertrags von Lissabon festgeschrieben. Im Sinne der Subsidiarität liegt die K.p. bei den Mitgliedsstaaten. Die EU fördert ihre kulturelle Zusammenarbeit, die Bewahrung des K.erbes sowie zeitgenössisches Kunstschaffen und Kreativwirtschaft. Seit 2007 ist die EU-K.agenda in Kraft, die die Bedeutung der k.ellen Vielfalt und des interkulturellen Dialogs betont sowie den Zusammenhang von K. und Kreativität und die Rolle von K. in internationalen Beziehungen. Wie im internationalen Bereich üblich, liegt auch bei der EU ein starker Fokus auf der wirtschaftlichen Dimension kultureller Aktivitäten. In Verhandlungen zum internationalen Handel ist umstritten, welche Besonderheiten der deutschen K.förderpraxis künftig noch erlaubt sein werden (z. B. die Buchpreisbindung).

National Die „Kulturhoheit" liegt bei den Ländern. So soll die k.elle Vielfalt bewahrt werden. Länder und Kommunen (→Kommunalverwaltung) als die zweiten großen K.förderer haben teilweise eigene Konzeptionen entwickelt, in denen sich sowohl der weite K.begriff findet (Bsp. (inter)kulturelle Bildung) als auch der engere (Förderung der zeitgenössischen Kunst). Der Bund ist für auswärtige K.p. und Projekte von nationaler Bedeutung zuständig. Seine Rolle wurde im Zuge der Wiedervereinigung gestärkt durch die Einrichtung des Staatsministeriums für K. und →Medien. Der Schlussbericht der Enquetekommission des Deutschen Bundestages „Kultur in Deutschland" (2008) gibt einen umfassenden Überblick über öffentliche und private K.förderung und die relevanten Entwicklungen im nationalen und internationalen Vergleich. Eine wichtige Rolle spielen Akteure aus der →Zivilgesellschaft, unter ihnen die →Kirchen, →Stiftungen sowie Nichtregierungsorganisationen (→NGO) wie der Deutsche Kulturrat e.V. als der Dachverband der Bundeskulturverbände.

3. Herausforderungen. Wesentliche Bereiche der K.p. sind die kulturelle →Bildung (Zukunft), die Pflege des Kulturerbes (Vergangenheit) und die Künstlerförderung (Gegenwart). Angesichts knapper Mittel und einer vielfältigen k.ellen Landschaft werden Kriterien, Umfang und Schwerpunkte von K.förderung umstritten bleiben. Die Digitalisierung ermöglicht neue Kunst- und K.formen und macht K. in bisher ungekanntem Maß verfügbar. Dadurch entstehen noch ungelöste Zielkonflikte zwischen dem öffentlichen Interesse, dem Urheberschutz und der digitalen →Wirtschaft. Eine zukunftsfähige K.p. wird sich verstärkt den Herausforderungen der →Globalisierung und der →Migration stellen müssen. In der Begegnung der Vielfalt der K.en ist ein Verständnis von K. als ständiger Prozess des Austausches von Konzepten hilfreicher als ein statischer Bestand von Errungenschaften. „Weniger, älter, bunter" wird unsere Gesellschaft durch den →demografischen Wandel. Die Auswirkungen auf den K.bereich und geeignete Maßnahmen sind erst in Ansätzen sichtbar. Der Anspruch auf möglichst umfassende →Partizipation bleibt bestehen. Wer sich mit dem steten Wandel der →Gesellschaft auseinandersetzt, braucht kulturelle Kompetenz, die durch lebensbegleitende →Bildung erworben und gestärkt werden kann. Ein zentrales Moment muss um der →Freiheit der Menschen willen das Festhalten an der Zweckfreiheit von Kunst und K. sein. Die Kirchen sind herausgefordert, sich in der Breite mehr als bisher dem interkulturellen und interreligiösen Dialog zu öffnen und den christlichen Glauben als pluralitätsfähige Stimme zu bewähren. Ihre eigenen globalen Netzwerke können dabei helfen, überzeugende Modelle für K.dialoge und veränderte Haltungen zu entwickeln, um die globalen Ziele nachhaltiger Entwicklung auf allen Ebenen besser verfolgen zu können. →Menschenrechte, →Demokratisierung und ökonomisch-soziale Entwicklung werden nur zusammen mit dem Faktor K. zu denken sein. Kunst und K. werden an Bedeutung für die Selbstentfaltung der Bürger einer demokratischen →Gesellschaft gewinnen, je weniger materielle Güter zu verteilen sind. K.elle Aktivitäten dienen nicht zuletzt dem sozialen Zusammenhalt einer vielfältiger werdenden →Gesellschaft.

UNESCO, Erklärung der Weltkonferenz über Kulturpolitik, Mexico 1982 – EKD und VEF (Hg.), Gestaltung und Kritik. Zum Verhältnis von Protestantismus und Kultur im neuen Jahrhundert, EKD-Texte Nr. 64, 1999 – Kultur als Aufgabe von Staat und Kirche, Erklärung des Zentralkomitees der deutschen Katholiken, 1999 – UNESCO, Allgemeine Erklärung zur kulturellen Vielfalt, 2001 – EKD und VEF (Hg.), Räume der Begegnung. Religion und Kultur in evangelischer Perspektive, Denkschrift der EKD und VEF, 2002 – UNESCO Konvention zum Schutz und zur Förderung der Vielfalt kultureller Ausdrucksformen, 2005 – UNESCO document 37 C/4 2014–2021 Medium Term Strategy, 2014 – DEUTSCHER BUNDESTAG (Hg.), Kultur in Deutschland. Schlussbericht der Enquete-Kommission des Deutschen Bundestags, 2008 – The Future We Want Includes Culture. Declaration on the Inclusion of Culture in the Sustainable Development Goals, 2014 – SIEVERS (Hg.) für das Institut für Kulturpolitik der Kulturpolitischen Gesellschaft e.V., Jahrbuch für Kulturpolitik 2014, Bd. 14: Thema: Neue Kulturförderung, 2015.

Susanne Wolf

Laie

1. Geschichte. Im deutschen nichtreligiösen Sprachgebrauch ist der Begriff des „L.n" häufig als Gegenüber zum „Fachmann" verwendet – das hat seinen Ursprung im frühen Mittelalter. Denn in der kirchlichen Gegenüberstellung von „L.n" und „Klerikern" war der L. aufgrund der nicht vorhandenen theologischen Bildung der Unkundige. Ursprünglich entstammt der Begriff aus dem Griechischen „laos" (Volk) und ist als Gegenüber zu Priestern oder Mönchen zu verstehen; dieses Gegenüber trifft auf viele Religionen zu (z. B. Buddhismus), aber nicht auf alle (z. B. nicht auf den Islam).

Im Christentum hat sich die Unterscheidung zwischen L.n und Klerus bereits in den ersten Jahrhunderten ergeben, wobei die Beteiligung der L.n in der Kirchenorganisation immer schwächer wurde (z. B. bei der Bischofswahl). Nach einer Relativierung des Gegenübers von L.n und Klerikern im Früh- und Hochmittelalter aufgrund des politisches Einflusses von König und Adel (zumindest im germanischen Bereich) wurde im Spätmittelalter die Mitwirkung der L.n deutlich reduziert; laizistisch organisierte Bewegungen wurden verfolgt (Katharer, Waldenser) oder klerikalisiert (Franziskaner).

In der Reformation ergab sich ein theologisch begründeter Bruch zum Gegenüber von L.n und Klerikern, weil sowohl die Wittenberger als auch die Genfer Reformation die Priesterweihe ablehnte – die Reformation war zu großen Teilen eine L.nbewegung; begünstigt in Deutschland durch den starken politischen Einfluss der laikalen Fürsten. Trotz nicht vorhandener kirchenrechtlicher Unterscheidung zwischen Geweihten und Nichtgeweihten hielt sich die Unterscheidung zwischen Pastoren und L.n auch im evangelischen Bereich durch, wobei es immer wieder Phasen gab, in denen die Betonung der →Verantwortung aller für die Kirche stärker im Vordergrund stand (z. B. Pietismus, Erweckungsbewegung, Vereinsbildungen im 19. Jahrhundert, Bekennende Kirche, Kirchentag). Mit den neuen unierten Kirchenverfassungen im 19. Jahrhundert entwickelten sich dann auch in vielen lutherischen Gebieten Kompetenzzuwächse in Leitungsgremien (z. B. Presbyter). In der Gegenwart wird in den Kirchen statt des

Begriffs L. zunehmend das →Ehrenamt betont, das v. a. in Zeiten des Priester- und Pastorenmangels besondere Wertschätzung erfährt.

2. Bedeutung. 2.1 Röm.-kath. und orthodox. Seit dem II. Vatikanum wird die Bedeutung der L. in der röm.-kath. Kirche immer stärker betont (z. B. erkennbar im Zentralkomitee der deutschen Katholiken oder auch im Vereinswesen im Katholizismus), weil alle am Sakrament der Taufe und Firmung teilhaben und deshalb gemeinsam die kirchliche Gemeinschaft bilden. Dennoch bleibt die Grundunterscheidung zwischen den L. auf der einen und dem geweihten Priesteramt auf der anderen Seite grundlegend wichtig: Die Sakramente können (bis auf das Ehesakrament) nur die (allein männlichen) Priester spenden, die Priesterweihe wird als unauslöschliches geistliches Siegel verstanden, das besondere Vollmacht (auch zur Sündenvergebung) verleiht. Die Grundunterscheidung zwischen L.n und Priestern gilt auch in den *orthodoxen Kirchen*, auch hier können nur die geweihten Priester die Sakramente (auch das Ehesakrament) spenden.

2.2 Evangelisch. In den evangelischen Kirchen gibt es theologisch den Begriff des L. als Gegenüber zum Priesteramt nicht: Alle Christen sind L.n, weil sie zum Volk Gottes gehören. Vor allem im Luthertum ist hier der metaphorische Ausdruck des allgemeinen Priestertums geläufig (vgl. 1Pt 2,9); dieser drückt aus, dass aufgrund der direkt von Gott in Jesus Christus geschenkten Rechtfertigung kein menschliches Mittleramt zwischen Gott und Mensch möglich ist. Stärker im reformierten Bereich ist die Akzentuierung auf die allen Christen geschenkten Gaben üblich, die sie „willig und mit Freuden zum Wohl und Heil der anderen gebrauchen" (Heidelberger Katechismus 55) sollen.

Aus beiden Begründungen ergeben sich verschiedene Folgerungen:
a) Alle Ämter in der Kirche können nur funktional verstanden werden: Aus der →Gemeinde heraus werden Menschen zur Erfüllung bestimmter Aufgaben berufen, ohne dass sie dadurch in einen bes. Stand versetzt würden. LUTHER hat hier das Amt der Wortverkündigung in den Mittelpunkt gestellt; CALVIN das gegliederte Amt von Pastoren, Lehrern, Ältesten und Diakonen. Kritisch ist hier festzustellen, dass manche Interpretationen der Ordination als Übertragung besonderer Vollmachten auch im ev. Bereich zu einem neuen Gegenüber von Pastoren und L.n geführt haben.
b) Notwendig ist für die ev. Kirche die Betonung der Mündigkeit aller; allgemeine und geistliche →Bildung (Katechismen) sind notwendig.
c) Die Kirche ist als →Gemeinschaft der Heiligen vor allem als communio zu verstehen; dem Leben als Gemeinschaft kommt darum hoher Stellenwert zu.

H.-M. BARTH, Einander Priester sein. Allg. Priestertum in ökum. Perspektive, 1990 – DERS., Art. L. II. (TRE 20. 1990. 385–393) – K.-P. VOSS, Der Gedanke des allg. Priester- und Prophetentums, 1990 – H. GOERTZ, Allg. Priestertum und ordiniertes Amt bei Luther, 1997 – G. SCHULZE-WEGENER, Kirche als Basisbewegung. Die Bedeutung der L. für die Kirche innerhalb der Diskussion im ÖRK von 1948–1968, 2000 – L. STAN, Die L.n in der Kirche, 2011.

Georg Plasger

Leben

1. Biologisch. Kennzeichen von L. ist, dass es seine eigene Erhaltung besorgen kann. Bedingung sind Stoffwechsel, Bewegung, Wachstum, Vermehrung. Sie sind an das Vorhandensein von Zellen mit Erbgut (→Genetik) gebunden. L. ist ein *Geschehen*, das sich auf verschiedenen Integrationsstufen (Zellen, Organe) abspielt, die eine sich selbst regulierende und zentrierte *Ganzheit* bilden, den *Organismus*, der als *L.-sträger* das Individuum konstituiert. Bei höheren Organismen mit geschlechtlicher Fortpflanzung *beginnt das L.* mit der Verschmelzung von weiblichem und männlichem Erbgut. Dessen Neukombination bildet die Grundlage eines genetisch einmaligen *Individuums* und setzt einen kontinuierlichen Entwicklungsprozess von L. in Gang, der mit dessen Tod endet. Der Organismus dient der Weitergabe des Erbguts und stirbt danach, während das Erbgut in den Nachkommen weiterlebt. Der *Tod* tritt mit dem unwiderruflichen Zusammenbruch der integrierenden Funktionen des Organismus (Zentralnervensystem, Herz-Kreislauf-System) ein. Bei höheren Tieren bildet das Gehirn die zentrale integrierende Instanz, so dass nach dem *Hirntod* (Tod des Gesamthirns) der Organismus in kurzer Zeit unwiderruflich in seine Teile zerfällt (→Transplantationsmedizin). Organismen sind sich selbst organisierende aktive „offene Systeme", die nur in Wechselbeziehungen mit ihrer Mit- und Umwelt leben und sich fortpflanzen können.

2. Anthropologisch. In der abendländischen Tradition hat man unterschieden zwischen körperlichem und seelischem L., hat den „Innenaspekt" des L.s als *Seele* bezeichnet, im Gegensatz zum „Außenaspekt", dem Körper. In den Beziehungen zur Mit- und →Umwelt bilden Körper und Seele eine Ganzheit, den *Leib*. Er ist konstitutives Ausdrucksfeld der „Seele" und Eintrittsfeld der Mit- und Umwelt (H. PLESSNER). L. ereignet sich in Beziehungen des Leibes zur Mit- und Umwelt und innerhalb des Leibes als Verhältnis der Seele zum Körper. Dabei baut sich die „Innenwelt" (Seele, Selbst) in den Beziehungen zur Mit- und Umwelt auf. Das *Angewiesensein* auf andere und anderes hat also seinsmäßigen Vorrang vor dem „Selbststand", dem „Aus-sich-selbst-leben".

Die *Seele* wird als das L. schaffende Prinzip betrachtet. Die Besonderheit *menschlichen* L.s wird seit PLATON meist damit begründet, dass ihm eine *Geistseele* eingestiftet ist, die seinshaft am „Göttlichen" Teil habe. Dem entsprach der Dualismus von Körper und Seele, die Abwertung des körperlichen L.s, sofern es den Menschen von der Verwirklichung seines geistigen Wesens abhält. ARISTOTELES betonte mehr die Einheit des seelischen L.sprinzips, gliederte dieses in eine vegetative, animalische (sensitive) und rationale Seele, die Teil habe am göttlichen Weltgeist (Nous). Letztere zeichne menschliches L. aus (animal rationale). Im Gefolge griechischen Denkens vertraten die Kirchenväter die Ansicht, dass die Geistseele eine vom Körper getrennt existierende, wenn auch von Gott geschaffene „Substanz" sei, durch deren Einwohnung L. erst zu gottebenbildlichem L. werde. Daraus resultiert die Frage, *wann* die Geistseele dem Körper eingestiftet wird. Einige Kirchenväter (TERTULLIAN, AUGUSTINUS, LUTHER) vertraten die Ansicht, dass sie zugleich mit der biologischen Zeugung des Körpers von den →Eltern geschaffen und weitergegeben werde (Traduzianismus), andere, dass die Eltern das körperliche L. erzeugen, Gott selbst ihm aber in einem besonderen Akt die Seele einstiftet (Kreatianismus), entweder zeitgleich mit der Zeugung des körperlichen L.s durch die Eltern (so die meisten Kirchenväter, CALVIN) oder zeitlich versetzt dazu (THOMAS V. AQUIN mit ARISTOTELES). Die Frage nach dem Zeitpunkt der Beseelung spielt heute in der →Bioethik eine entscheidende Rolle (vgl. 4.).

Der platonische Dualismus von Körper und Seele fand in der Neuzeit eine Fortsetzung in der Entgegensetzung von Geist und Materie durch DESCARTES, der den Körper als Maschine betrachtete, die durch die Vernunftseele regiert wird (→Vernunft). Dieses Maschinenmodell des L.s ist gerade heute in der Medizin sehr beherrschend und erfolgreich. In der Philosophie des Idealismus orientierte man sich an den höchsten geistigen Fähigkeiten des Menschen. Mensch ist, wer über Geist, Vernunft verfügt und sich kraft des Geistes in →Freiheit über die Eingebundenheit in das natürliche L. erhebt. Demgegenüber hat die L.s-Philosophie (L. KLAGES, F. NIETZSCHE) und die Psychoanalyse (S. FREUD) den Vorrang der triebhaften und unbewussten L.skräfte und der Gefühle für den L.svollzug herausgestellt und der Materialismus das Bewusstsein nur als ein Epiphänomen materieller Hirnprozesse verstanden. Durch die Evolutionstheorie von C. DARWIN wurde das menschliche L. ins Tierreich eingeordnet. Seine Sonderstellung wurde nicht mehr durch die Teilhabe an der geistigen Welt und aus der Beziehung zu Gott begründet sondern aus dem Vergleich mit empirischen Leistungen der höchst entwickelten Tiere. Menschliches L. ist weniger durch seine biologische Antriebsstruktur auf bestimmte L.sziele festgelegt (J. G. HERDER, A. GEHLEN, H. PLESSNER). Sein L.ssinn sei daher nicht wie beim Tier identisch mit den biologischen L.szwecken (Erhaltung der Art). Daher muss der Mensch nach dem Sinn seines L.s suchen und ihn in →Freiheit gestalten, ohne den Grenzen biologischen L.s entrinnen zu können. Solche Besonderheiten vermögen allerdings eine qualitative Sonderstellung menschlichen L.s auf empirischer Basis nicht hinreichend zu begründen. Bei einigen Primaten sind z. B. Ansätze von Selbstbewusstsein erkennbar. Trotz neuer Methoden der →Neurowissenschaften ist bisher aber nicht geklärt, wie sich Bewusstsein aus materiellen Hirnprozessen entwickelt. Dem Naturalismus verpflichtete Denker und Forscher gehen davon aus, dass nur materiellem Sein Wirklichkeit zukommt und dass alle seelisch geistigen Phänomene Begleiterscheinungen materieller Hirnprozesse sind, die keinen wirksamen Einfluss auf körperliche L.sprozesse haben. Damit wird ein monistischer Naturalismus zum alleinigen Deutungshorizont des L.s erklärt. Demnach stehen alle kulturellen, nicht zuletzt moralische und religiöse Phänomene im Dienste biologischer Zwecke, des Überlebens der Art oder gar nur der Gene (R. DAWKINS). Zugleich wird negiert, dass menschlichem L. ein besonderer Wert allein deshalb zukommt, dass es zur biologischen Gattung „Mensch" gehört. Dies wird als Gattungsegoismus verworfen (P. SINGER).

3. Theologisch. Im Gegensatz zur griechischen Tradition betrachtet die →Bibel Körper und Seele nicht als zwei seinsmäßig getrennte Substanzen. L. ist nur in leiblichen Vollzügen möglich, und die Seele ist primär L.skraft des Leibes und als solche sterblich. L. hat seinen ermöglichenden und tragenden Grund nicht in sich selbst. Der Mensch verdankt sein begrenztes irdisches Leben anderen, und zwar letztlich nicht den →Eltern (diese sind nach der theol. Tradition nur *causae secundae*) sondern Gott, dem Schöpfer (*causa prima*). „Ich glaube, dass mich Gott geschaffen hat samt allen Kreaturen" (M. LUTHER, Kl. Katechismus). Der Mensch ist hinsichtlich seines Seins und Werdens nicht nur am Anfang sondern das ganze L. hindurch von der Gabe des L. schaffenden Geistes Gottes abhängig (Gen 2,7; Ps 104,29f. u. ö.). Er lebt nicht aus und durch sich selber. Die Zuwendung Gottes ist die alles L. schaffende und erhaltende Seinsbeziehung. Das *Angewiesensein* auf die Zuwendung und →Liebe Gottes und der Mitmenschen ist die fundamentale, Selbstsein ermöglichende und begrenzende Grundstruktur des L.s. Indem der Mensch diese Abhängigkeit bejaht, versteht er sich als endliches Geschöpf, zu dessen begrenzten L.skräften die Fähigkeit zu Leistung und →Glück, aber auch zu Entsagung, Leiden und Annahme des Todes gehört. Gelingendes L. ist nicht mit ungebrochener →Gesundheit und Glück zu verwechseln. Irdisches L. ist unvermeidbar mit Leiden verbunden. Nicht der Tod als Grenze des L. ist ein Übel sondern das Leiden unter der L. frühzeitig und gewaltsam zerrüttenden Macht des Todes (Röm 8,19ff.).

L. ist dem Menschen nicht nur von Gott *vorgegeben* sondern auch zur Gestaltung *aufgegeben*. Er kann den Sinn seines L.s zwar nicht „machen", sich ihm als Angebot oder Herausforderung aber öffnen oder ihn verfehlen, und er kann an Sinnlosigkeit leiden (→Suizid). Nach christl. Sicht gelingt das L. nur, wenn der Mensch nicht auf seine Selbstverwirklichung ausgerichtet bleibt (Mk 8, 35) sondern sich im Glauben auf Gott hin und in der Liebe zum Nächsten hin öffnet (→Nächstenliebe). L. verwirklicht sich im Mit- und Füreinander, aus und in Beziehungen der Liebe. Irdisches L. ist bestimmt, teilzuhaben am *ewigen L.* Gottes, das nicht erst nach dem Tod beginnt, sondern das irdische L. qualifiziert als von Gott bejahtes, geliebtes und daher durch den Tod hindurch bewahrtes und vollendetes L. (Joh 11,15; 17, 3). Die Verheißung des ewigen L.s gibt dem irdischen L. einen „ewigen Wert". Dem ewigen L. gegenüber ist das irdische L. also ein „vorletztes Gut" (D. BONHOEFFER). Die Besonderheit menschlichen L.s besteht darin, dass Gott den Menschen zu seinem Partner, zum Hören und zur Antwort auf sein Wort geschaffen hat. Er ist bestimmt und befähigt, →Verantwortung für sein eigenes L., das seiner Mitmenschen, der Mitkreatur und die →Umwelt zu übernehmen.

4. Lebensrecht. Nach dem →Grundgesetz Deutschlands konkretisiert sich die Achtung der →Menschenwürde (Art. 1.1) in erster Linie im „Recht auf Leben und körperliche Unversehrtheit" (Art. 2.2). Umstritten ist heute, welches L. zu schützen ist, der biologische L.sträger vom Beginn bis zum Ende des L.s oder nur bestimmte empirisch feststellbare spezifisch menschliche L.squalitäten (die vom Selbstbewusstsein abhängen), an deren Vorhandensein empiristisch argumentierende Philosophen (J. LOCKE, P. SINGER u. a.) das Prädikat →Person und ihre →Würde binden. Ihre physischen Voraussetzungen entstehen erst im Laufe der Embryonalentwicklung (→Schwangerschaftsabbruch) oder können durch Fehlentwicklungen, Krankheit bzw. Behinderung vor und nach der Geburt gar nicht entwickelt sein (z. B. hirngeschädigte Säuglinge) oder in Verlust geraten. Solches L. wäre dann nur „biologisch menschliches", aber noch kein, nie oder nicht mehr spezifisch menschliches L., dem Würde und entsprechende Schutzrechte zukommen. Seine Tötung wäre demnach keine Tötung von Menschen, denn ihm wird die Anerkennung von Würde verweigert, oder es wird eine je nach Entwicklungsgrad des L.s gestufte Schutzwürdigkeit behauptet, die erst mit oder eine geraume Zeit nach der Geburt (P. SINGER) eine der Menschenwürde gemäße volle Schutzwürdigkeit gebiete. Damit wird L. vor allem an seinem Anfang und Ende als reines Objekt verfügbar. Es darf als nicht „zumutbares" bzw. „lebensunwertes" L. eingestuft werden (→Euthanasie; →Pflegeethik).

Aus christl. Sicht hat menschliches L. sein L.srecht dadurch, dass es *ist*, von Gott gewollt und zur Gottebenbildlichkeit bestimmt ist, die erst im →Reich Gottes (Ewigen L.) vollendet sein wird. Diese in Gottes Handeln begründete, realiter noch zukünftige und transzendente *Menschenwürde* ist schon jetzt als Kontinuum bleibend jedem Moment des biologischen L.strägers von Gott *zugesprochen*, so dass sie weder durch Krankheit noch durch moralisches Versagen in Verlust geraten kann. Das L. ist nicht in sich „*heilig*" sondern aufgrund der Verheißung der Teilhabe am ewigen L. Gottes. Die Prädikate →*Würde* und →*Person* kommen nicht nur bestimmten neurophysiologischen, selbstbewusstes L. ermöglichenden Hirnleistungen sondern dem biologischen L.sträger als Ganzheit zu. Sie können selbst den frühen L.sstadien und dem endenden L. ohne Bewusstsein nicht abgesprochen werden. Es gibt keine Entwicklung *zum* Menschen sondern nur *als* Mensch (R. SPAEMANN). Insofern biologisches L. selbstbewusstes L. erst ermöglicht, ist es der immer zu schützende „Basiswert". Die unterschiedlich ausgeprägten L.squalitäten können nur im Falle von Konflikten zwischen L und L. ethisch bedeutsam werden (→Schwangerschaftsabbruch). Kein L. muss erst durch besondere Qualitäten und Leistungen den Nachweis seines Rechts auf L. erbringen. Diese Sicht ist innerhalb der ev. Theologie umstritten. Es gibt Stimmen, die nicht mehr von der Bestimmung zur vollendeten Gottebenbildkeit im ewigen L. bei Gott her argumentieren sondern von der rein innerweltlichen Bestimmung des M. und den biologischen Voraussetzungen zu ihrer Erfüllung (→Bioethik).

Person ist der Mensch durch das, was Gott an ihm und für ihn tut, zur empirisch fassbaren *Persönlichkeit* (→Person) wird er durch sein eigenes oder das Handeln anderer (→Erziehung u. a.). Auch hinter der zerrütteten Persönlichkeit haben wir die von Gott gewollte und geliebte Person zu achten und sie entsprechend ihrer Würde und Hilfebedürftigkeit zu behandeln. „L.sunwert" ist christlich gesehen kein denkbarer Begriff (K. BARTH). Der besondere Beitrag, den das christliche Verständnis von Menschenwürde in die →Ethik einbringt, muss vor allem in der Unterscheidung von →*Wert* (im Sinne von →Würde) und →*Nutzen* entfaltet werden. Menschliches L. stellt einen Selbstwert dar, der wenigstens hinsichtlich seines Daseins selbst nicht nach seinem Nutzen verrechnet, nicht bloß als Objekt und Mittel zum Zweck gebraucht werden darf (I. KANT).

Umstritten ist ethisch und theologisch, ob auch *nichtmenschlichem L.* ein entsprechender Eigenwert und Rechte zukommen. L.sphilosophische Ansätze gehen davon aus, dass allem L. eine verschieden kräftige Ausprägung eines allgemeinen Willens zum L. innewohnt, dass der im Menschen seiner selbst bewusst gewordene Wille zum L. *Ehrfurcht* vor allem Lebendigen gebietet (A. SCHWEITZER), dass das Dasein selbst ein solches Sollen impliziert (H. JONAS). Ob und wie dies ohne Rückgriff auf theologische Aussagen zu begründen ist, ist umstritten (→Umwelt). Aus christl. Sicht ist Gott der Schöpfer allen L.s und verleiht ihm ein Daseinsrecht auch um seiner selbst willen (Ps 104). Der Mensch hat die *Mitgeschöpflichkeit* allen L.s zu achten, trägt Verantwortung für die Bewahrung der Schöpfung, besonders des L.s (Gen 2,15). Seinen Eigenwert kann und soll er aber nicht unterschiedslos sondern abgestuft nach der Höhe seiner Entwicklung und dem Grad der L.sdienlichkeit für anders L. schützen, insbesondere das des Menschen,.

5. Lebensqualität. Der Begriff bezeichnet die materiellen, seelischen und sozialen Bedingungen für eine human gelingendes L., sowohl in Hinsicht auf objektiv beschreibbare L.sumstände (Ernährung, Gesundheitsleistungen, Arbeitsbedingungen, natürliche →Umwelt, →Bildung, Teilhabe am sozialen Leben u. a.) als auch das *subjektive Wohlbefinden* (→L.sstandard, Existenzminimum). Der Begriff entstand in den ökologischen Krisenerfahrungen der 1960/70er Jahre, als man die Bedrohtheit des L.s durch technische Zivilisation und Bevölkerungswachstum erkannte (→Club of Rome). Insbesondere in der →Medizin wird der Begriff heute gebraucht, um die einseitige Bemessung des Erfolgs von Behandlungen an der Verlängerung der Lebenszeit durch das subjektiv wahrgenommene und bewertete Wohlergehen der Patienten zu korrigieren (→Gesundheit). Durch diesen „Subjektbezug" will man auch erreichen, dass die Bemessung der L.squalität nur dem Zweck dient, das Wohlergehen der einzelnen Patienten zu fördern, ihnen durch Behandlungen nicht mehr zu schaden als zu helfen, nicht aber dazu, Menschen mit mangelnder L.squalität aus ökonomischen oder sozialen Gründen Gesundheitsleistungen vorzuenthalten oder gar ihren L.swert und ihr L.srecht zu bestreiten. Durch den zunehmenden Verlust des Patienten als Subjekt in der technisierten und ökonomisierten →Medizin wird es aber immer schwerer, die subjektive Seite der L.squalität angemessen zu berücksichtigen.

K. BARTH, Die Kirchliche Dogmatik, III/4 1951, 366–683 – H. JONAS, Das Prinzip Verantwortung. Versuch einer Ethik für die technische Zivilisation, 1979 – W. PANNENBERG, Anthropologie in theologischer Perspektive, 1983 – A. SCHWEITZER, Die Ehrfurcht vor dem L. Grundtexte aus 5 Jahrzehnten, 1988[5] – EKD/DEUTSCHE BISCHOFSKONFERENZ, Gott ist ein Freund des Lebens, 1989 – M. HONECKER, Grundriß der Sozialethik, 1995, 77–149 – P. SINGER, L. und Tod. Der Zusammenbruch der traditionellen Ethik, 1998 – T. FUCHS, Leib, Raum, Person. Entwurf einer phänomenologischen Anthropologie, 2000 – H. BARANZKE, Würde der Kreatur?, 2002 – U. EIBACH, Autonomie, Menschenwürde und Lebensschutz in der Geriatrie und Psychiatrie, 2005 – H. W. WOLF, Anthropologie des Alten Testaments, 2010[2] – C. LINK, Schöpfung. Ein theologischer Entwurf im Gegenüber von Naturwissenschaft und Ökologie, 2012.

Ulrich Eibach

Lebensstandard

Der Begriff Lebensstandard soll ausdrücken, welche Mittel Menschen zur Befriedigung ihrer Bedürfnisse zur Verfügung stehen. Der Begriff L. war über Jahrzehnte hinweg in der Alltagssprache und auch in wissenschaftlichen Veröffentlichungen populär, obwohl er nie präzise definiert war. Der Begriff ist seit der Jahrtausendwende in wissenschaftlichen Veröffentlichungen nicht mehr von großer Bedeutung, da mehr über Lebensqualität und (soziale) Indikatoren geredet wird.

Der Begriff L. ist insofern in sich verwirrend, da er keinen normativen Standard definiert, der erreicht werden soll, damit einem Menschen genügend Mittel zum (guten) Leben zur Verfügung stehen. Mit dem Begriff „Standard" wird vielmehr das Ausmaß der empirisch vorfindbaren Mittel bezeichnet, die einer ganzen Bevölkerung (seltener: einzelnen Menschen oder Menschengruppen, etwa sozialen Schichten) im Durchschnitt zur Verfügung stehen.

Theoretisch kann man die zum Leben zur Verfügung stehenden Mittel mit Hilfe ganz unterschiedlicher Indikatoren beschreiben. Etwa – und dies wird bei weltweiten Darstellungen auch durchaus getan – die Menge an Kalorien, die (im Durchschnitt) einer Bevölkerung (täglich) zur Verfügung steht. Die Messung mit Hilfe von Nahrungsmitteln ist unabhängig von ökonomischen Messungen, etwa dem realen Einkommen, das für viele Länder der Welt nur sehr ungenau gemessen wird und mehr oder weniger von Statistikern geschätzt werden muss. Die Benutzung der durchschnittlichen Körpergröße einer Bevölkerung als Indikator für den Lebensstandard ist eine Messmethode, die nicht nur anhand der Vermessung von lebenden Bevölkerungen möglich ist, sondern auch mit Hilfe von Skeletten verstorbener Bevölkerungen. Anhand der Skelett-Methode zeigt sich, dass in den letzten Jahrtausenden keineswegs ein stetiger Fortschritt des Lebensstandards zu verzeichnen war, sondern es seit Jahrzehntausenden ein historisches „Auf" und „Ab" gab.

Beginnend nach dem zweiten Weltkrieg (erst seit damals standen entsprechende Statistiken bereit) dominierte der durchschnittliche Lebensstandard einer Bevölkerung eines Landes die „verteilungspolitische" Diskussion. Eine beliebte Messgröße für den L. ganzer Bevölkerungen und Länder ist das Bruttoinlandsprodukt (BIP) pro Kopf. Das →Bruttoinlandsprodukt (BIP) misst die Produktion von Waren und Dienstleistungen im Inland nach Abzug aller Vorleistungen (dadurch werden Doppelzählungen vermieden, die entstehen würde, wenn man z. B. einfach die Umsätze aller Firmen aufaddiert). Das BIP ist ein Maß für die gesamte wirtschaftliche Leistung in einer Volkswirtschaft in einer Periode. Da das BIP Auskunft über die Produktion von Waren und Dienstleistungen im Inland nach Abzug der Vorleistungen und Importe gibt, dient es als Produktionsmaß und damit als Indikator für die wirtschaftliche Leistungsfähigkeit einer Volkswirtschaft (Inlandskonzept; das früher gebräuchliche Brutto*sozial*produkt (BSP) basiert auf dem Inländerkonzept).

Das BIP pro Kopf macht keinerlei Aussagen darüber wie das BIP – in Form von Einkommen – in einer Bevölkerung verteilt ist. Länder mit einer relativ großen Oberschicht und ggf. wenigen „Superreichen", aber vielen armen Menschen können dann besser „aussehen" als Länder mit einer menschenwürdigen Einkommensverteilung und einem relativ niedrigen BIP bzw. Durchschnittseinkommen. Besonders krass kann das Bild verzerrt sein für Länder, in denen temporäre Arbeitsmigranten, die bettelarm sind und faktisch als Sklaven gehalten werden, nicht zur statistisch gemessenen Bevölkerung gezählt werden.

Das BIP bezieht ferner wirtschaftliche Aktivitäten und Wertschöpfungen, die nicht über Märkte laufen, nicht in seine Berechnung mit ein. In Ländern, in denen Haushaltsproduktion (noch) eine große Rolle spielt, wird der effektive Lebensstandard unterschätzt. Auch für Probleme, die sich aus (zu viel) Haushaltsproduktion ergeben können, insbesondere für Frauen, die i. d. R. für Haushaltsproduktion zuständig sind, ist das BIP blind. Das BIP macht auch keinerlei Aussage darüber, wie zufrieden oder glücklich Menschen sind, die über ein niedrigeres oder höheres BIP verfügen. Um ein differenziertes Bild vom Wohlstand einer Nation und ihrem (gruppenspezifischen) Lebensstandard zu gewinnen, wird inzwischen eine Vielzahl von Sozialindikatoren benutzt. Diese werden nicht nur von der Amtlichen Statistik (z. B. dem Statistischen Bundesamt), sondern auch von vielen Forschungseinrichtungen berechnet. Vielen Indikatoren liegt die seit 1984 laufende, große Sozialstrukturerhebung des →Sozio-oekonomischen Panels (SOEP) zugrunde.

M. Horvarth/R. K. Freiherr von Weizsäcker, Bruttoinlandsprodukt (BIP), in: Gabler Wirtschaftslexikon. http://wirtschaftslexikon.gabler.de/Definition/bruttoinlandsprodukt-bip.html.

Gert G. Wagner

Legalität / Legitimität

1. Unter Legalität versteht man die Übereinstimmung der →Handlungen staatlicher Organe oder des Einzelnen mit dem Gesetz. Die Legalität staatlichen Handelns gehört zu den zentralen Organisationsprinzipien des modernen →Staates und kennzeichnet den (formellen) →Rechtsstaat. Die Einhaltung der Gesetze garantiert ein Mindestmaß an Egalität (→Gleichheit), →Freiheit und →Sicherheit. Durch die Bindung von →Verwaltung und Rechtsprechung an das Gesetz wird persönliche Willkür vermieden und →Macht begrenzt. Ein Nichtbeachten der Rechtsordnung kann durch Rechtsschutz unterbunden werden.

2. Im Gegensatz zu Legalität bezeichnet Legitimität die Rechtfertigung der staatlichen Herrschaft durch allgemeinverbindliche Prinzipien und letzte Verbindlichkeitsgründe. Seit Entstehen des modernen Staates hat eine Vielzahl von Prinzipien allein oder nebeneinander zur Legitimation der Staatsgewalt beigetragen. Hierzu zählen in historischer Perspektive insbesondere die ordnungs- und friedensstiftende Funktion des Staates (→Ordnung; →Frieden), die Förderung allgemeiner →Wohlfahrt, die Bewältigung sozialer →Konflikte, die Kontinuität einer politisch-rechtlichen Ordnung, die charismatische Autorität eines Herrschers, die theologische Rechtfertigung weltlicher Herrschaft (→Staat, theologisch) sowie die Gewährleistung von Freiheit und Selbstbestimmung. Die politischen Auseinandersetzungen des 19. Jh.s entzündeten sich an der Frage, ob die „alte" Fürstensouveränität der Restaurationspolitik oder die „neue", heute allseits anerkannte Volkssouveränität der liberalen Doktrin mit einer Staatsorganisation und Staatswillensbildung nach den Grundsätzen der →Demokratie, des Schutzes grundrechtlicher Freiheit, der Gewaltenteilung und des Rechtsstaates legitimitätserzeugend wirken.

3. Bis zu den Werken von Max Weber blieb Legitimität vornehmlich eine Kategorie ethischer bzw. normativer Bewertung staatlicher Herrschaft. Unter einem soziologisch-typisierenden Ansatz analysiert Weber die möglichen Gründe für den Gehorsam der Bürger gegenüber staatlicher Macht. Als Typen der Motivation für den Gehorsam bezeichnet er den Glauben an die legitimierende Kraft der →Tradition, an das Charisma des Herrschers, an eine Wertordnung (→Werte) oder Hoffnung auf Förderung eigener →Interessen. Seit dem beginnenden 20. Jh. ist die sozialpsychologische Dimension der Rechtfertigung politischer Macht in den Vordergrund getreten. Die politisch-rechtliche Ordnung muss ebenso wie die staatliche →Politik von den Rechtmäßigkeitsüberzeugungen der Bevölkerung getragen sein. Die staatliche Ordnung beruht bei Legitimitätsverlust nicht mehr auf Zustimmung und damit auf weitgehend freiwilliger Befolgung, sondern bedarf zu ihrer Durchsetzung harten Zwanges.

Wie alles Recht sind auch dessen legitimitätserzeugende sozialpsychologische Basis sowie dessen ethisch-normativen Rechtfertigungsgründe im Wandel begriffen. Als historische Kategorie orientiert sich Legitimität an einer geschichtlich wandelbaren Idee des Richtigen. Die treibende Kraft politischer Ideen, Verschiebungen in der Sozialstruktur oder Sozialmoral, politische Zäsurereignisse, Veränderungen im Zeitgeist u. a. m. können zum Wandel in den kollektiven Legitimitätsvorstellungen, aber auch in den normativen Legitimitätskonzepten führen.

4. Im Verfassungsstaat und damit unter dem →Grundgesetz lassen sich Legitimität und Legalität weitgehend gleichsetzen. Legalität erringt dadurch Legitimität, dass die von der Verfassung vorgesehenen Rechtsetzungsverfahren, die grundrechtlich gesicherten Freiheitssphären und die in der Verfassung festgeschriebenen Staatsziele und Staatsaufgaben beachtet werden. Einem Gesetz, das den Anforderungen des vom Grundgesetz verfassten demokratischen →Rechts- und →Sozialstaates entspricht, kommt nicht allein eine bloß formelle Legalität, sondern auch Legitimität zu. Die legitimitätsstiftenden verfassungsrechtlichen Vorgaben für die Rechtsordnung erfahren ihrerseits eine Legitimation durch die Tradition des Rechts. Im Grundgesetz gibt es eine Vielzahl von Regelungen, die in der Vergangenheit als Bedingungen legitimer staatlicher Herrschaft gefordert und mit wechselndem Erfolg realisiert wurden. Angeknüpft wird an die Ideen des politischen →Liberalismus und der sozialstaatlichen Demokratie. In diesem Sinne mag man in der „Ewigkeitsgarantie" des Art. 79 Abs. 3 GG eine Positivierung der Legitimität politischer Macht sehen. →Menschenwürde, Grundrechtssystem (→Grundrechte) und Sozialstaatlichkeit begründen die unverzichtbaren Inhalte; Demokratie, Rechtsstaat, Gewaltenteilung und →Föderalismus sind die historisch bewährten verfahrensmäßigen Voraussetzungen legitimer Staatsgewalt. Mitunter versucht man die verfassungsstaatliche Legalität und Legitimität des Rechts durch eine neue →Moral in Frage zu stellen. Der Kampf für den Weltfrieden oder für den Umweltschutz soll →zivilen Ungehorsam und Bruch der demokratisch legitimierten Rechtsordnung rechtfertigen. Einen solchen Kampf gegen die demokratische Legalität im Namen einer elitären Moralität muss der Einzelne vor dem Forum seines →Gewissens verantworten. Verantwortungsbewusster ziviler Ungehorsam im Namen einer alternativen Moralität kann in der Rechtsgemeinschaft Respekt finden, im Verfassungsstaat bleibt er aber mit dem Makel der Illegalität behaftet und unterliegt ggf. strafrechtlichen Sanktionen.

5. In dem Maße, wie eine umfassende Rechtfertigung der Staatsgewalt aus obersten Werten fragwürdig wird, tritt die Legitimation der staatlichen Politik in den Vordergrund. Hier kommt dem wirtschaftspolitischen Erfolg (→Wirtschaftspolitik) als Voraussetzung allgemeinen Wohlstandes eine besondere sozialpsychologische Legitimationskraft zu. Die Entwicklung der konkreten Politik muss nach dem Modell des kritischen Diskurses bzw. der deliberativen Demokratie in einem konsens- und akzeptanzstiftenden Dialog erfolgen. So werden die Medien (→Massenmedien), die wichtigen gesellschaftlichen Gruppen und Repräsentanten in den Willensbildungsprozess einbezogen, wenn die Legitimation politischer Macht im politischen System, nämlich z. B. in den Gesetzgebungs- und Verwaltungsverfahren erarbeitet wird. Nach LUHMANN handelt es sich bei diesen sowie bei den Gerichtsverfahren um rechtlich geordnete rationale Verfahren, die auf Umstrukturierung sozialer Erwartungen abzielen, so dass derart gefundene Entscheidungen als verbindlich anerkannt werden. Der neuerdings stärker beachtete Verfahrensgedanke im Recht vertraut zudem auf die Legitimationskraft diskursiver Verfahren (→Diskursethik). Dem Verwaltungsverfahren wird nicht mehr allein die Aufgabe der Rechtsverwirklichung, sondern auch der Akzeptanzsicherung zugewiesen, dass nämlich die von der Verwaltungsentscheidung Betroffenen durch und aufgrund eines offenen Diskurses von der Richtigkeit, mindestens aber von der Vertretbarkeit der Entscheidung überzeugt sein können. Dieser Perspektivenwechsel lässt neben die alte generalisierende Frage nach der Legitimität politischer Macht die Frage nach der Legitimation von Recht und Politik durch die Leistung der →Institutionen treten.

C. SCHMITT, Legalität und Legitimität, 1968² – N. LUHMANN, Legitimation durch Verfahren, 1969 – M. WEBER, Gesammelte Aufsätze zur Wissenschaftslehre, 1973 – T. WÜRTENBERGER, Die Legitimität staatlicher Herrschaft, 1973 – DERS., Art. Legitimität, Legalität, in: Geschichtliche Grundbegriffe, III1982, 677ff – DERS., Legitimationsmuster von Herrschaft im Laufe der Geschichte, in: Juristische Schulung, 1986, 344ff – D. CZYBULKA, Die Legitimation der öffentlichen Verwaltung, 1989 – J. HABERMAS, Faktizität und Geltung, 1992, 541 ff – W. BRUGGER (Hg.), Legitimation des Grundgesetzes, 1996 – R. ZIPPELIUS, Allgemeine Staatslehre (Politikwissenschaft), 2010¹⁶.

Thomas Würtenberger

Leistung / Leistungsgesellschaft

Unter L. kann im ersten Zugang ein grundlegendes Phänomen der conditio humana verstanden werden: die Tatsache, dass schon die Aufrechterhaltung einfacher menschlicher Lebensstrukturen eine Verarbeitung von Energie und damit die Erbringung spezifischer L. erfordert. Dies gilt bereits für simple Naturvorgänge, aber es steigert sich je komplexer ein Gesellschaftssystem wird, und d. h. je mehr Arbeitsteilung in einer Gesellschaft vorhanden ist. Dann sind die einen gesellschaftlichen Akteure darauf angewiesen, dass jeweils andere L. erbringen, um in der gesellschaftlichen Kooperation lebenswerte Verhältnisse aufrechterhalten zu können. Insofern erstellt L.serbringung ein universelles menschliches Phänomen dar, dem sich in der einen oder anderen Form niemand entziehen kann. Diese L.serbringung wird sozial gestaltet und erfolgt in der traditionalen Gesellschaft sozial eingebettet in moralische und solidarische Ordnungen. L. wird entsprechend reguliert, was Grenzen nach „unten" („Faulheit") aber auch nach oben („Ehrgeiz") anbetrifft. Mit der Herausbildung von Hierarchien bildet sich gesellschaftliche Stratifikation und damit Klassen heraus, mit der Folge, dass die L.serbringung der einen das gute Leben der anderen und damit auch deren Herrschaftsausübung erst ermöglicht (Ausbeutung). Umgekehrt sind damit dann auch Vorstellungen guter Herrschaft verbunden, in denen die Herrschaftsausübung als spezifische L.serbringung zugunsten der Beherrschten verstanden wird (Fürsorge, Schutz). Die traditionelle Gesellschaft stellt in dieser Hinsicht ein statisches Gefüge dar, in dem die Vermeidung der Entwicklung von gesteigerten Ansprüchen aus eigener L. geregelt werden. Jeder hat seinen Platz in der Ordnung der Gesellschaft, den er oder sie auch nicht verlassen sollten – bei Strafe der Exklusion.

Diese moralische Ökonomie der L.serbringung wird mit der beginnenden bürgerlichen Gesellschaft durchbrochen. Der nunmehr pathetische, starke Bezug auf die eigene L.sfähigkeit, die mit der Würde und dem Wert des Individuums gekoppelt zu sein scheint, ja sie begründet, sprengt die Fesseln traditionaler und feudaler Gesellschaftsordnungen und stellt die Macht der l.slosen, adeligen Elite infrage. Jeder und (später auch) Jede ist nun seines Glückes Schmied – gemäß seiner Leistung. Wer sich anstrengt hat alle Chancen und der Faule ist selbst schuld, wenn aus ihm nichts wird. Mit dieser Stoßrichtung ist das Konzept einer l.sgerechten Gesellschaft jahrhundertelang ein zutiefst revolutionäres Konzept gewesen, da es die bestehenden Herrschaftsstrukturen infrage stellte. Gerechtigkeit bedeutete nun nicht mehr Menschen in spezifische (Standes-)Ordnungen einzuordnen und ihnen das zukommen zu lassen, was ihrem Ort in der Gesellschaft herkömmlich entsprach, sondern dem Einzelnen gemäß seiner L. seinen Platz in der Gesellschaft einzuräumen. An die Spitze gehören die Tüchtigsten – nicht die Edelsten. Die Parole von der „freien Bahn dem Tüchtigen", gewann enorm an Bedeutung und entfesselte gesellschaftliche Dynamiken. Nun konnten im Prinzip auch Menschen der unteren sozialen Schichten bis in höchste Ämter aufsteigen – so klangen jedenfalls die revolutionäre Umwälzungen legitimierenden Parolen der bürgerlichen Gesellschaft.

Mit diesen Vorstellungen einer gingen schon früh – spätestens seit den reformatorischen Umwälzungen – Vorstellungen einer Verfleißigung der Bevölkerung. Die Reformatoren gaben sich betont antifranziskanisch, d. h., sie kritisieren Armut, wo sie selbst verschuldet aus Faulheit oder einer bestimmten Spiritualität resultiert, und fordern die L.serbringung aller in der Gesellschaft als Beitrag zur gesellschaftlichen Solidarität. Die Folge ist eine neue Form der gesellschaftliche Arbeitsverwaltung mit der Einrichtung von Arbeitshäusern und anderem, damit insgesamt ein beträchtlicher Disziplinierungsschub der arbeitenden Bevölkerung, bis hin zur Formatierung der Arbeiterklasse, wie sie dann im 19. und 20. Jahrhundert ihre Höhepunkte erreicht. Diese Bestrebungen zur Verfleißigung der Bevölkerung greifen auch in einer weltweiten Perspektive: Arbeitserziehung und -nötigung (durch Vertreibung von den angestammten Ländereien) gehen mit Kolonialismus (und auch der Weltmission) einher, stoßen aber auch bei autochthonen Bevölkerungen (z. B. bei Afrikanern, Aborigines) vielfach an ihre Grenzen. Die christlichen, gerade protestantischen, Vorstellungen einer Hochschätzung der Arbeit als Gottesdienst (und der Faulheit als Sünde) gehen ebenfalls in diese Richtung. Der aufkommende Kapitalismus greift dann diese Bestrebungen auf und führt in der Form des rastlosen Unternehmers, aber auch des dauernd tätigen Arbeitnehmers, zu einer Ausdehnung und Intensivierung von L., wie es sie in der Geschichte noch nicht gegeben hat.

Parallel verselbstständigt sich das L.sstreben im 19. Jahrhundert und dann im 20. Jahrhundert geradezu explosiv im Bereich des Sports. Der Sport kann als ein Feld begriffen werden, in dem sozusagen die pure (körperliche) L. gefeiert wird, die außerhalb eigentlich keinen Sinn hat. Der moderne Sport ist die Anbetung der körperlichen L. als solche. In dieser Hinsicht ist er nicht nur völlig kompatibel mit den L.imperativen der bürgerlichen Gesellschaft – sondern liefert ihre Legitimation.

In der Entwicklung der modernen Arbeitswelt werden die L.imperative immer weiter getrieben. Die Rationalisierung der Arbeitstätigkeiten führt zu beständigen Produktivitäts- und damit L.zuwächsen. Menschliche Arbeit wird durch die Nutzung vielfältiger technischer und verbesserter kommunikativer Möglichkeiten immer produktiver, aber auch durch einen wissenschaftlichen geplanten und regulierten Arbeitseinsatz der Arbeitskräfte. Einen Höhepunkt in dieser Hinsicht stellen die tayloristischen und fordistischen Arbeitsstrukturen im 20. Jahrhundert dar, in denen die menschliche Arbeitskraft in Kleinstteile zerlegt und in den Maschinenprozess eingebunden wird. Dadurch erreicht die L. der Arbeitnehmer noch einmal gesteigerte Ausmaße. Diese Entwicklung kommt allerdings in den 1980er Jahren in den industrialisierten Ländern an ihre Grenzen. Nunmehr zeigt sich, dass alleine die mechanische Verknüpfung von menschlicher Arbeitskraft und Technik nicht ausreicht, um weitere Produktivitätsgewinne zu schaffen. Deswegen werden nun neue Formen der selbstverantwortlichen Arbeit in Projekten entwickelt, in denen der Arbeitnehmer anders als vorher direkt den Marktkräften und der Konkurrenz ausgesetzt wird und sich so noch einmal weitere L.ssteigerungen erbringen lassen. Mit diesen Vorgängen geht ein neuer Geist des Kapitalismus (BOLTANSKI) einher. Er ist dadurch gekennzeichnet, dass die L.sbereitschaft vollkommen internalisiert worden ist und das Selbstwertgefühl der Menschen in einem starken Ausmaß bestimmt. Großer Wert wird in diesem Zusammenhang nun auf der Performanz der Arbeitskräfte gelegt: In den Vordergrund tritt die Orientierung am Erfolg spezifischer Tätigkeiten, die die ursprüngliche Orientierung am Energieaufwand, sprich an der L., ablöst. Nicht mehr die L. als solche führt zur Anerkennung und zu einer entsprechenden Entlohnung, sondern das am Markt und im Wettbewerb erzielte Ergebnis. In dieser Hinsicht nähert sich die Wirtschaft den im Sport bereits entwickelten Kriterien an. Die Situation führt zur ständigen Klage, dass der Druck in den Arbeitswelten immer weiter zunehmen würde und sich solidarische und kollegiale Kooperationsbeziehungen auflösen. Zudem vervielfältigen sich in dieser Situation psychische Krankheiten wie Stresserscheinungen, Burn-out-Phänomene bis hin zu Formen des Tinnitus und anderer stressbezogener Krankheiten. Demgegenüber lassen die rein körperbezogenen, klassischen in der Industrie auftretenden Krankheiten nach. Mit größerer individueller Freiheit in der Arbeitswelt nimmt so gleichzeitig der L.sdruck beträchtlich zu, was auch zu einer Auflösung einer klaren Trennung von Arbeit und Freizeit führt.

Die modernen L.sanforderungen sind seit ihrer Entstehung immer wieder scharf kritisiert worden. Die Kritik geht dabei von einer Verselbstständigung des L.sstrebens als solchen aus, dass ebenso inhaltsleer wie das Kapitalprinzip sei. Die voll sich der L. unterwerfenden Menschen werden zu Maschinen einer letztlich sinnlosen eigenen L.serbringung. Das Ziel dieser L.serbringung besteht darin, eigene Kraft zur Erringung eines gesteigerten Lebensstandards einzusetzen und in dieser Hinsicht seine eigenen Fähigkeiten in der gesellschaftlichen Kooperation durchzusetzen. Tatsächlich aber, und dies zeigen soziologische Studien heute sehr deutlich, existiert in den modernen Gesellschaften keine reale Chancengleichheit. Die Entwicklung der Leistungsfähigkeit der Einzelnen ist stark durch ihre familiäre Herkunft und durch ein in dieser Hinsicht nach wie vor an Standesstrukturen gebundenes Bildungssystems – insbesondere in Deutschland – gekoppelt. Nach wie vor entwickeln die Menschen spezifische L.sverhalten, je nach dem in welcher Klasse oder welchem Stand sie sich als zugeordnet erleben. Insofern ist die alte Vorstellung, dass man über die eigene Anstrengung in der Gesellschaft zu mehr Flexibilität und Demokratisierung kommt, in vielen Bereichen nach wie vor illusionär. Eine gleiche Gesellschaft auf der Basis von L. ist nicht in Aussicht. Nach wie vor gibt es gesellschaftliche Eliten, die die L.sfähigkeit anderer Menschen abschöpfen, obwohl nach dem herrschenden Code zur gesellschaftlichen Elite nur gehören kann, wer selbst eine hohe L. erbringt. In dieser Hinsicht gibt es z. B. erhebliche Diskussionen über die beträchtlichen Summen, die in den modernen Industriestaaten in den letzten Jahren vererbt werden. Hier geht es um den Transfer eines im Prinzip l.slosen Einkommens auf die nachwachsende Elite, was angesichts des wichtigen Legitimationsfaktors, den der Bezug auf L. beinhaltet, nicht unproblematisch ist.

Seitens von Theologie und Kirche ist die einseitige Ausrichtung an gesteigerter L. als Form der Selbstrechtfertigung und Selbsterlösung des Menschen aus seiner Einbindung in die von Gott geschaffene Welt immer wieder kritisiert worden. Nicht die Selbsterlösung durch eigene L. sei das christliche Ideal, sondern die Erbringung spezifischer L. für andere, wie sie aus dem eigenen Geschöpfsein zwanglos heraus erwächst. Das christliche Ideal ist das der „kreativen Passivität": aus dem Empfang der Würde und der Gerechtigkeit erwachsen spezifische L.sbereitschaften, die sich insbesondere im Dienst am Nächsten und am Dienst am Gemeinwohl ausrichten, damit aber nicht als solche des Feierns würdig sind, sondern nur von diesem Ziel her.

M. WEBER, Die protestantische Ethik und der Geist des Kapitalismus Reprint 1934 (urspr. 1905) – C. OFFE, Leistungsprinzip und industrielle Arbeit, 1970 – EKD, Leistung und Wettbewerb, 1978 – E. HERMS, ERFOLG, in: DERS. Gesellschaft gestalten, 1991, 380–398 – L. BOLTANSKI/E. CHIAPELLO, Der neue Geist des Kapitalismus, 2003 (franz. 1999) – L. BOLTANSKI/L. THEVENOT, Über die Rechtfertigung, 2007 (franz. 1991.).

Gerhard Wegner

Leitbild

Zur Profilierung von →Organisationen und zur Klärung ihrer besonderen Rolle in einer pluralistischen (→Pluralismus), sich ausdifferenzierenden →Gesellschaft wird seit Mitte der 1980er Jahre zunehmend auf Konzepte der Wirtschaft zurückgegriffen. Das gilt für Einrichtungen des Sozial- und Gesundheitswesens wie für →Vereine und Verbände, Kommunen und auch Kirchengemeinden. Nicht zuletzt durch den Wettbewerb im Dritten Sektor des zusammenwachsenden Europa und die damit verbundene Ökonomisierung des Sozialen verstehen sich diakonische Einrichtungen heute als Unternehmen, die ihre Corporate Identity beschreiben müssen, um Mitarbeiter, Kunden und →Märkte zu gewinnen oder zu halten. Zur Adaption moderner Managementmethoden gehört die Entwicklung eines L.s, das die Unternehmensphilosophie zusammenfasst, handlungsleitende Ziele definiert, die Grundlage für spezifische Qualitätsanforderungen darstellt, Selbstregulation nach innen strategisch geplante →Kommunikation nach außen ermöglicht und schließlich eine für alle verbindliche Grundlage der Arbeit darstellt. Dabei ist die L.entwicklung selbst ein Prozess der Strukturreflexion, der Strukturveränderungen und Reformprozesse auslöst. In diesem Sinne kann auch Kirchenreform als Managementaufgabe verstanden werden, bei der ein L.prozess Selbstverständigung über die Zukunftsaufgaben wie über den vorgegebenen Auftrag ermöglicht. Ein vieldiskutiertes Beispiel dafür ist der EKD-Text „Kirche der →Freiheit" von 2006.

L.prozesse geben eine aktuelle und verbindliche Antwort auf elementare Fragen: Wer sind wir? Was tun wir? Wo kommen wir her? Welche Ziele haben wir? Mitarbeiter- wie Kundenbeteiligung in diesem Prozess können sichern, dass realistische und glaubwürdige Antworten gefunden werden, die auch in Führungsgrundsätze eingehen und das Leitungshandeln bestimmen. In Überlegungen zum Menschenbild, zu Führung und Zusammenarbeit wie zu ethischen Fragen müssen gerade Kirche und →Diakonie deutlich machen, was ihre Prägung durch das Evangelium angesichts neuer Herausforderungen bedeutet. Das Diakonische Werk der EKD legte im Jahr 1997 nach einem zweijährigen Konsultationsprozess mit den Landes- und Fachverbänden einen L.text in acht Thesen vor, der in dieser Hinsicht „Orientierung geben, Profil zeigen, Wege in die Zukunft weisen" will. Das L. beschreibt „Diakonie, wie sie ist, mehr noch wie sie sein kann" und versteht sich als Selbstverpflichtung, die mit Leben gefüllt werden muss (Einführung in der Diakoniedenkschrift zur 150-Jahrfeier der Gründung der Inneren Mission 1998). Die vielfältigen L.entwicklungen innerhalb des Verbandes aufeinander zu beziehen, ist allerdings kaum gelungen, wenn auch einzelne Formulierungen immer wieder aufgegriffen werden. L.prozesse ermöglichen einen breiten Diskurs über das Selbstverständnis und bilden mit ihren Formulierungen die Grundlage für Qualitätsprozesse, Personalentwicklung und Zielformulierungen der Fachbereiche, die sich in früheren Jahrzehnten in Ordnungen, Dienstanweisungen und Symbolen niederschlugen und damit die →Organisationskultur prägten und Identifikation schufen. Ohne eine historisch-kritische Klärung der eigenen Tradition und der Wirkung von Gründungsideen, Leitbegriffen und Führungspersönlichkeiten bleiben heutige Prozesse an der Oberfläche. Im Rückblick wird auffallen, wie viel frühere Generationen der prägenden Kraft von Personen und Traditionen zutrauten, ohne sich hinreichend mit deren Schattenseiten auseinander zu setzen, wie L.er angesichts gesellschaftlicher Entwicklungen Konjunktur hatten oder verfielen („Mutter"- und „Brüderhäuser" in der Diakonie, „Kirche für andere") und wieder neue entstanden (von der Fürsorge zur Selbstbestimmung). Historische Kritik und Bereitschaft zur Weiterentwicklung bewahren davor, dass L.er zu reinen Führungs- und Marketinginstrumenten (→Marketing) verkommen oder zur →Ideologie werden.

W. HELBIG (Hg.), Positionen und Erfahrungen. Unternehmensphilosophie in der Diakonie, 1997 – KIRCHENAMT DER EKD (Hg.), Herz und Mund und Tat und Leben. Grundlagen, Aufgaben und Zukunftsperspektiven der Diakonie, 1998 – EVANGELISCHE KIRCHE VON WESTFALEN (Hg.), „Kirche mit Zukunft". Zielorientierungen für die Evangelische Kirche von Westfalen, 2000 – SONJA A. SACKMANN, Erfolgsfaktor Unternehmenskultur, Gabler/Bertelsmann Stiftung, 2004 – „Kirche der Freiheit", EKD, 2006.

Cornelia Coenen-Marx

Liberalismus

Der L. ist die politische Lehre, die die →Freiheit des Individuums und seine Selbstbestimmung in den Mittelpunkt ihres Denkens und Handelns stellt. Im L. ist der →Staat konstitutionell an den Freiheitswert gebunden und somit in seiner →Macht beschränkt.

1. Wurzeln. Obwohl man vom Liberalismus als eigentliche politische Strömung erst seit dem frühen 19. Jahrhundert sprechen kann, reichen seine geistigen und kulturellen Wurzeln weit in die europäische Geschichte zurück. Das antike und christliche →Naturrecht führte die Idee der Rechtsbindung von Macht ein, der Städterepublikanismus die Idee bürgerlicher Partizipation und wirtschaftlicher Selbstbestimmung. In der →Aufklärung wurde – in Auseinandersetzung mit der Kirche – die Idee der Vernunftbindung der →Politik (oft im Sinne einer Theorie des Gesellschaftsvertrags) entwickelt, verbunden mit der Forderung nach geistiger Freiheit. Als erkennbare Lehre wurde der L. in dieser Zeit erstmals klar identifizierbar.

2. Begriff. Der Begriff des L. leitet sich aus dem lateinischen Wort *libertas* (Freiheit) ab und wurde erstmals von den Befürwortern der freien Verfassung von Cádiz im Jahre 1812 in Spanien als Selbstbezeichnung einer politischen Bewegung verwendet. Der zugrunde liegende Freiheitsbegriff hat im Laufe der Zeit immer wieder Wandlungen durchlebt. In seiner Schrift „Two Concepts of Liberty" (1958) hat ISAIAH BERLIN dabei im Wesentlichen zwei Freiheitsvorstellungen, eine „negative" und eine „positive" unterschieden.

Die „negative Freiheit" wird hier im Sinne von Schutzrechten für das Individuum gegenüber Gewalt gesehen. Daraus erwachsen einzelne Freiheiten wie →Meinungs-, unternehmerische, religiöse oder Versammlungsfreiheit, aber auch Schutz vor willkürlicher Verhaftung. Dadurch soll formal der Freiraum legitimen selbstbestimmten Handelns definiert werden. Diese „negative Freiheit" macht den eigentlichen Kern des L. aus.

Die „positive Freiheit" basiert auf dem Gedanken, dass der rechtliche Schutz der Freiheitssphäre des Einzelnen nicht per se die Möglichkeiten erlebter Selbstbestimmung garantiert. Daraus erwächst entweder die Forderung nach positiven Rahmenbedingungen für die Freiheit wie →Demokratie und →Rechtsstaat oder nach materiellen Rechten wie Mindesteinkommen, Schutz vor Hunger, sozialer Versorgung. Besonders die Dimension der „positiven Freiheit" hat in der Geschichte des L. immer wieder zu Auseinandersetzungen geführt, da die staatliche Durchsetzung materieller Rechte zugunsten bestimmter →Personen immer wieder zu einer Beschränkung von Freiheit anderer Personen führen kann. Das betrifft u. a. Einschränkungen der Nutzungsmöglichkeiten selbstbestimmt erworbenen →Eigentums, die bei exzessiver Anwendung zu allgemeinen Wohlstandsverlusten und einer Untergrabung bürgerlicher Mündigkeit und unternehmerischer Initiative führen kann.

3. Ideengeschichte. Die ersten liberalen Ideen entstehen in der Auseinandersetzung mit dem Absolutismus. Der „negative Freiheitsbegriff" steht dabei folgerichtig im Mittelpunkt. Als Gegenentwurf zur absolutistischen Gesellschaftsvertragstheorie von THOMAS HOBBES entwickelte JOHN LOCKE in seinen „Zwei Abhandlungen über die Regierung" 1689 die Idee, dass Menschen einem Staat nur konstituierend zustimmten, wenn er den Schutz von →Leben, Freiheit und Eigentum garantiere, wobei er das materielle Eigentum aus dem Eigentum des Einzelnen an sich selbst (Selbstbestimmung) als Naturrecht ableitete. Locke vertiefte diesen Gedanken in seinem „Brief über Toleranz", in dem er weitgehende Glaubensfreiheit forderte.

Bei LOCKE zeigt sich erstmals die Tendenz, das bis dato theologisch fundierte Naturrecht durch ein vernunftgestütztes zu ersetzen. Führend war hier IMMANUEL KANT, der in seiner politischen Schrift „Über den Gemeinspruch: Das mag in der Theorie richtig sein, taugt aber nicht für die Praxis" von 1793 ethische Regeln für die Politik als a priori gegeben und durch die →Vernunft erkennbar postulierte. Daraus folgerte er, dass jeder Bürger dem →Gesetz unterworfen sein solle, das seine Freiheit, Gleichheit und Selbständigkeit garantiere. Dieser Denkansatz inspirierte die Festschreibung von Grundrechten in Verfassungen.

Neben dem naturrechtlich inspirierten L. gibt es auch die utilitaristische Strömung, die ihr Politikverständnis aus dem mittelbaren oder unmittelbaren →Nutzen für den Einzelnen ableitet. Hauptvertreter dieser Schule war Jeremy Bentham, dessen Buch „Eine Einführung in die Prinzipien der Moral und Gesetzgebung" (1789) Forderungen nach mehr Demokratie, Gefängnisreform und Wirtschaftsfreiheit mit dem „Glück der größten Zahl" begründete. Während diese Begründung die Grundlage für eine wirksam vermittelbare Reformpolitik bot, blieb das Problem, dass durch sie im Namen des →Glücks auch Freiheitsverletzungen rechtfertigbar wurden (etwa Zwangsbeglückung), die das Naturrecht ausschloss.

Parallel zu dem →Utilitarismus entwickelte sich der Wirtschafts-L. Aufbauend auf den französischen Kritikern des Absolutismus und Merkantilismus wie PIERRE LE PESANT, sieur de Boisguilbert (Denkschrift zur wirtschaftlichen Lage im Königreich Frankreich, 1695) und den agrarreformerischen Physiokraten (z. B. FRANÇOIS QUESNAY) bildete sich früh im L. eine Strömung heraus, die sich gegen Privilegienwirtschaft und Standesbeschränkungen wandte, und die sich für weitestgehende Wirtschafts- und Handelsfreiheit einsetzte. In seinem Buch „Über den Wohlstand der Nationen" von 1776 argumentiert ADAM SMITH, dass es keinem Staat möglich ist, die komplexen wirtschaftlichen Aktivitäten in einer →Volkswirtschaft zu steuern, weshalb die „natürliche Freiheit" der Bürger die größte Wohlstandsentwicklung ermögliche. Dieses auf wirtschaftliche Koordinationsprozesse abzielende Argument wurde später von Ökonomen der „Österreichischen Schule" wie LUDWIG VON MISES (Die Nationalökonomie, 1940) und FRIEDRICH AUGUST VON HAYEK (Preise und Produktion, 1931) verfeinert und bildete später das Fundament der Sozialen →Marktwirtschaft nach dem Zweiten Weltkrieg.

Das Aufkommen der Sozialen Frage Ende des 19. Jahrhundert führte zu einer Konkurrenz des L. zum →Sozialismus. Dies förderte den Aufstieg von Konzepten der „positiven Freiheit". Als typisches Beispiel für diesen Umschwung gilt JOHN STUART MILL. In seiner Schrift „Über die Freiheit" 1859 verfocht er noch einen klassischen „negativen" Freiheitsbegriff, der sich im Sinne WILHELM VON HUMBOLDTS aus der Persönlichkeitsentwicklung speiste. Später befürwortete er ein hohes Maß an Staatsintervention zugunsten von →Bildung und Sozialreform.

Exponenten dieses „neuen Liberalismus", der die „positive Freiheit" als Ergänzung zur „negativen" einforderte, waren in Deutschland FRIEDRICH NAUMANN (Neudeutsche →Wirtschaftspolitik, 1902) und in Großbritannien LEONARD HOBHOUSE (Liberalism, 1911). Insbesondere NAUMANN setzte seine Hoffnung auf die Stärkung von Mitbestimmung in Betrieben, um so das Los der Arbeiter zu verbessern. Mit diesem Abrücken von der ursprünglichen Herleitung des Liberalismus aus dem Naturrecht wuchs aber auch die Gefahr, dass Kompromisse mit anderen politischen Strömungen das intellektuelle Profil verwässerten. Viele „neue Liberale" unterstützten auch kollektivistische Anliegen, die sie teilweise diskreditierten, wie etwa Imperialismus oder (insbesondere nach dem Ersten Weltkrieg) kriegswirtschaftliche Politiken. In der Zeit vom Ersten zum Zweiten Weltkrieg gab es nur noch wenige Liberale, die sich dem Kollektivismus entgegenstellten, darunter etwa der Pazifist LUDWIG QUIDDE und der Ökonom LUDWIG VON MISES.

Erst während und nach dem Zweiten Weltkrieg erlebte der L. wieder einen Aufschwung. Zu erwähnen sind der Philosoph KARL POPPER, der in seinem Werk „Die offene Gesellschaft und ihre Feinde" (1945) gegen utopische Planungsvisionen argumentierte, und das schrittweise Experimentieren als Politik empfahl, sowie der Ökonom FRIEDRICH AUGUST VON HAYEK, der mit seinem Buch „Der Weg zur Knechtschaft" dem Kollektivismus eine Absage erteilte.

Auch die Väter der Sozialen Marktwirtschaft in Deutschland (WALTER EUCKEN, WILHELM RÖPKE u. a.) gehören dazu. Sie versuchten zur Lösung der Sozialen Frage den Gegensatz zwischen „negativem" und „positivem" Freiheitsverständnis zu überbrücken, indem sie zwar gegen Eingriffe in ökonomische Entscheidungen der Einzelnen waren, aber positive staatliche Rahmenbedingungen setzen wollten, etwa zur Gewährleistung fairer Wettbewerbsbedingungen.

Am Vorabend des Sturzes des Sowjetimperiums kam es zu selbstbewussteren Verteidigungen des Liberalismus. Dazu gehören die Werke des Ökonomen MILTON FRIEDMAN (Chancen, die ich meine, 1980) und des Philosophen ROBERT NOZICK (Anarchie, Staat, Utopia, 1974). Deren Ideen beeinflussten u. a. viele Intellektuelle in den postkommunistischen Ländern nach 1989.

4. Politische Entwicklung. In seiner Entstehungsgeschichte im Kampf gegen den Absolutismus hat der L. vor allem für die Entstehung des modernen Verfassungsstaats, der sich aus Grundrechten ableitet, die entscheidende →Rolle gespielt. Dies schlug sich in den Großereignissen der amerikanischen Unabhängigkeit (1776), der →Französischen Revolution (1789) und der europäischen Revolution von 1848 nieder, die maßgeblich von Liberalen geprägt waren.

In der Mitte des 19. Jahrhunderts begann sich auch das wirtschaftliche Potenzial des L. zu entfalten. Die Abschaffung der Getreidezölle in England 1846 war ein Signal für den Abbau von Beschränkungen und Privilegien, der bis in die 1870er Jahre zu einem weitgehend freien Markt in ganz Europa führte. Damit wurde erstmals Massenwohlstand denkbar, wenngleich sich in den Industriezentren die →Soziale Frage mit großer Dringlichkeit stellte. Eine Antwort des L. war die Selbstorganisation der Arbeiter (Genossenschaften).

Jedoch wurde der L. Ende des 19. Jh.s als führende Strömung immer mehr von Sozialismus und Konservativismus verdrängt. Insbesondere in Deutschland spalteten sich die liberalen →Parteien mehrfach. Die Zersplitterung der L. war eine der Ursachen für das Scheitern der Demokratie in der Zwischenkriegszeit.

In der Nachkriegszeit gab es eine Wiederbelebung des L. in der westlichen Welt, die sich als resistent gegenüber der kommunistischen Bedrohung erwies. Dazu trug nicht zuletzt der Erfolg der Demokratie als Herrschaftsform, aber auch der wirtschaftliche Erfolg bei (z. B. das Wirtschaftswunder in der Bundesrepublik). Der Fall der Sowjetunion trug die →Werte des L. auch in viele Länder Ost- und Mitteleuropas. Die Zukunftsaufgabe des L. liegt seither in der Einlösung des universalistischen Anspruchs seines Freiheitsversprechens. Dabei gewinnen supranationale →Institutionen wie die EU als „Föderalismus freier Staaten" im Sinne von Kant und seiner Schrift „Zum Ewigen Frieden" (1795) für den L. an Gewicht.

E. K. BRAMSTED/K. J. MELHUISH (Hg.), Western Liberalism. A History in Documents from Locke to Croce, 1978 – F. A. VON HAYEK, L., 1989 – J. G. MERQUIOR, Liberalism: Old and New, 1991 – E. FAWCETT, Liberalism. The Life of an Idea, 2014.

Alexander Graf Lambsdorff

Liebe (biblisch-theologisch)

L. ist eine einseitige oder wechselseitige (zwei- oder mehrstellige) affektbegleitete Beziehung, in der Wohl, unbedingtes Wohl oder sogar Heil gesucht wird. Die L. kann sich auf Menschen, Gegenstände, Zustände, Formen oder Ideale beziehen, aber auch auf Verbindungen dieser Beziehungen (z. B. auf die Schönheit eines Menschen, die Farbgebung einer Landschaft). In der L. kann das eigene Wohl, das wechselseitige Wohl oder das Wohl eines oder mehrerer anderer Geschöpfe gesucht werden. Die L.sbeziehungen und die damit verbundenen Affekte können sich in vielfältiger Weise wechselseitig verstärken, steigern oder blockieren. Schließlich können sie sich auch (aktiv und empfangend) auf Gott und auf Heilszustände beziehen, die jede Vorstellung von Wohl übersteigen. Die L. umfasst also ein äußerst breites und komplexes Spektrum von Empfindungen und Erfahrungen und bereitet notorisch Definitionsprobleme.

Gängige Versuche, mit Hilfe des „Ich-Du-Schemas" und der „Dialektik von Selbstbezogenheit und Selbstlosigkeit" das Phänomen der L. zu erfassen, führen zu Unterbestimmungen und problematischen Konstrukten, da die L. nicht in vertraulicher Zweisamkeit aufgeht. Auch die häufig verwendete Differenzierung von „eros, agape und philia" (seltener: „cupiditas, caritas und amicitia") erfasst nur Teilaspekte des Phänomenbereichs. In den verschiedenen Kulturen und Epochen sind unterschiedliche Gewichtungen und Taxonomien (Nussbaum) im Blick auf den Phänomenbereich „L." zu beobachten.

Das biblisch orientierte christliche Verständnis von L. unterscheidet und verbindet
(1) die L. Gottes, in der Gott schöpferischer, bewahrender, rettender und erlösender Gott ist,
(2) die L. Gottes, in der der dreieinige Gott sich in lebendiger Weise auf sich selbst bezieht,
(3) die L. der Menschen zu Gott,
(4) die L. von Menschen zueinander und
(5) die menschliche L. zu sich selbst, die nicht einfach gleichzusetzen ist mit der negativ bewerteten sogenannten „SelbstL.".

1. Die L. Gottes wird von den alttestamentlichen Überlieferungen als leidenschaftliche und treue Beziehung primär zu seinem erwählten Volk dargestellt, in der Gott diesem Volk seine schöpferische Güte, Gerechtigkeit und Barmherzigkeit zuwendet. Diese Zuwendung ist mit der Erwartung verbunden, dass das erwählte Volk sowohl Gott selbst gegenüber als auch den Mitgeschöpfen gegenüber dieser liebenden Güte, Gerechtigkeit und Barmherzigkeit entspricht. Die neutestamentlichen Überlieferungen sehen diese L. Gottes in Jesus Christus vollkommen geoffenbart, und zwar in seinem Verhältnis zum Schöpfer, den er „Vater" nennt, und zu seinen Mitmenschen. Der Zusammenhang von

– der innergöttlichen L., in der Gott sich zu sich selbst verhält und lebendig ist (2),
– der L. Gottes, in der Gott die Welt schafft, erhält, befreit und erhebt (1),
– der L., in der Gott von den Geschöpfen angerufen und geehrt werden will (3), und
– der L., in der sich die Menschen zu sich selbst und zueinander verhalten sollen (5 und 4), wird für den christlichen Glauben durch das Leben und Wirken Jesu Christi erschlossen.

Die neutestamentlichen Überlieferungen nehmen die alttestamentlichen Verheißungen auf, dass auch den Heiden die L. Gottes zuteil werden soll, und verkünden die Erfüllung dieser Verheißung.

2. Die christlich-theologische Dogmatik betont seit der Zeit der Alten Kirche, dass Gott nicht nur nach außen, sondern auch in sich selbst durch die Beziehungsgestalt der L. geprägt ist. In verschiedenen Ausprägungen der Gotteslehre und der Trinitätstheologie wurde immer wieder versucht, die Überzeugung der Johanneischen Theologie zu durchdringen, dass die L. nicht nur zu den zentralen Eigenschaften Gottes gehört, sondern dass Gottes Wesen die L. ist („Gott ist L.", 1Joh 4,16b).

Die L. Gottes zwischen dem Vater und dem Sohn ist nicht eine abstrakte Beziehung oder „Reziprozität", an der die Menschen nur irgendwie „mystisch" Anteil gewinnen. Es handelt sich vielmehr um eine L., die mit der Bekanntmachung und Offenbarung des Vaters bzw. seines Namens unter den Geschöpfen (Joh 17,26) sowie mit der Offenbarung des Sohnes und seinem „Wohnen" bei den Seinen (Joh 14,21ff) verbunden ist.

Die göttliche L. sucht die Ehre des Geliebten, und zwar über die eigene ehrende Beziehung auf den Geliebten hinaus. Sie ist eine „ansteckende", Nachahmung und Einstimmung suchende L. Sie gibt Anteil an sich. Die L., mit der Gott liebt und geliebt werden will, wird also den Menschen offenbart, und Gott wird in dieser L. offenbar. Gott gibt damit in der L. die göttliche Identität und schöpferische Macht zu erkennen. So wie der Schöpfer über die L.sbeziehung zu Jesus Christus diesem die schöpferische Macht anvertraut, so sollen auch die Menschen über die L. mit Gott vertraut werden und an Gottes Macht Anteil gewinnen. Die biblischen Überlieferungen verbinden diese Machtübertragung mit dem Wirken und der „Ausgießung" des Heiligen Geistes.

3. Die biblischen Überlieferungen betonen über das ganze Spektrum des Kanons und damit über Jahrhunderte hinweg die strenge Verbindung der „L. zu Gott", also der authentischen menschlichen Gottesbeziehung, mit dem „Achten und Halten der Gebote" bzw. mit dem „Festhalten an Gottes Wort" (z.B. Ex 20,6; Dtn 7,9; Lk 11,42; Joh 14,15.21ff; 15,9; 1Joh 5,3). Diese Verbindung von „L. zu Gott" und Handeln in Gottes Sinn und Auftrag wird besonders deutlich im Verhältnis Jesu zum Schöpfer. In den Johanneischen Schriften wird sie mit besonderer Ausführlichkeit dargestellt. Generell heißt „L. zu Gott", Gottes Intentionen, Gottes Interessen an der Wohlordnung und am Gedeihen der Schöpfung aufzunehmen und zu verfolgen. Die L. zu Gott schließt die gesetzestreue, gerechte und barmherzige, (AT) bzw. die an Jesu Leben und Lehre orientierte (NT) liebende Beziehung zur Welt bzw. zu den Mitmenschen im Sinne Gottes ein. Das sogenannte „Doppelgebot der L." (Mk 12,28ff par, vgl. Dtn 6,4f und Lev 19,18) verleiht dem Ausdruck. Wenn die L. allgemein als „Erfüllung des Gesetzes" bezeichnet wird (Röm 13,8; Gal 5,14), so wird darauf abgestellt, die liebende Beziehung zu Gott und die liebenden Beziehungen zu den Mitgeschöpfen zu verbinden.

4. Die Interessen Gottes an der Wohlordnung und am Gedeihen der Schöpfung werden von den Menschen nicht hinreichend in der Beschränkung auf die L. im Rahmen von Familie und Freundschaft aufgenommen, auch dann nicht, wenn die L. über die Interessen an Selbsterhaltung und Reproduktion hinausweist: „Wenn ihr nur die liebt, die euch lieben, welchen Dank erwartet ihr dafür? Auch die Sünder lieben die, von denen sie geliebt werden." (Lk 6,32; vgl. 6,33ff und Mt 5,46f). Schon in den alttestamentlichen Überlieferungen wird das Gebot der L. zum „Nächsten" einerseits in einem komplexen Nachbarschaftsethos entfaltet (Dekalog), andererseits wird es auch auf die Fremden und sogar auf die Feinde ausgeweitet (Lev 19,34 u. Dtn 10,18; Gen 23, 4f; vgl. Mt 5,42ff par). Die L. wird als eine Steigerung des Erbarmens mit akut oder chronisch Schwachen angesehen, das vom Gesetz Gottes normativ erwartet wird. Die volle Bedeutung dieser Steigerung wird erst verständlich, wenn das Phänomen des „Wachsens in der L." erfasst wird.

Viele kanonische Texte – besonders die neutestamentlichen Briefe – suchen die L. als eine soziale Kommunikationsform zu verstehen und zu beschreiben, in der sich das Verhältnis zu Gott, das Selbstverhältnis des Menschen, Person-zu-Person-Verhältnisse und soziale Beziehungsgeflechte wechselseitig positiv beeinflussen. Die L. Gottes gibt Teil an Gottes Macht, und die Wahrnehmung der schöpferischen L. Gottes führt zu einem persönlichen Wachsen in der L., das auch dem von L. geprägten Selbstverhältnis zugutekommt.

(1–4) Paulus beschreibt die in der L. erfolgende Teilgabe und Teilhabe an der Macht Gottes mit der Figur der „Ausgießung der L. Gottes durch den Heiligen Geist in unsere Herzen" (Röm 5,5). Mehrere biblische Überlieferungen charakterisieren den dynamischen Prozess, der diejenigen vervollkommnet, die sich von Gottes L. und von der L. zu Gott ergreifen und prägen lassen. Sie treten in ein Verhältnis zum lebendigen Gott, und diese Beziehung verwandelt sie. Sie können sich in der L. nicht mit einem distanziert-objektivierend erkennenden Verhältnis zu Gott zufriedengeben. In der L. zu Gott, die immer auch die L. zu den Nächsten einschließt, werden die Menschen nicht nur an Gottes Vorhaben mit der Schöpfung aktiv beteiligt, sie werden – in dieser L. und Beauftragung wachsend – sich selbst erschlossen.

Der Wachstumsprozess, in dem die lebendige L.nde Gottesbeziehung zum unsichtbaren Gott mitsamt der Beauftragung zur L. unter den Geschöpfen Gestalt gewinnt, wird von den verschiedenen neutestamentlichen Überlieferungen bemerkenswert ähnlich beschrieben. In der L. erhalten die Menschen so Anteil an der Identität und Wahrheit Gottes, dass diese in ihnen, in ihrem Leib und Leben Gestalt und Wirklichkeit gewinnen.

— Paulus beschreibt das so, dass die „L. Christi" die Menschen geradezu „drängt" zur Erkenntnis: Gottes Handeln lädt sie in Christus ein, an Christus Anteil zu gewinnen und „eine neue Schöpfung" zu werden (2Kor 5,14–17).
— Der Kolosserbrief betont, dass wir im Zusammenhalt der L. „tiefe und reiche Einsicht erlangen und das göttliche Geheimnis erkennen, dass Christus der ist, in dem alle Schätze der Weisheit und Erkenntnis verborgen sind" (Kol 2,2f).
— Dem Epheserbrief zufolge wird durch die Verwurzelung in der L. und gegründet auf sie nicht nur die L. Christi verstanden, „die alle Erkenntnis übersteigt". Die L.nden erhalten vielmehr einen immer größeren Anteil an Gottes Kraft und Wesen: „So werdet ihr mehr und mehr von der ganzen Fülle Gottes erfüllt" (Eph 3,19; vgl. 17ff).

5. Wird dieser komplexe Zusammenhang wahrgenommen, so kann auch deutlich werden, dass die L. des Menschen zu sich selbst nicht einfach von der L. zu Gott und der L. zum Nächsten abstrakt verneint und zurückgewiesen wird. Die wahre und erfüllende L. des Menschen zu sich selbst (die von anderen affektbegleiteten Selbstbeziehungen und der sogenannten „Selbstl." zu unterscheiden ist) ist in der L. Gottes, die die L. zu Gott und die L. zu den Mitgeschöpfen weckt, gegründet. Nicht ein „amour pur" (Fénelon) im Blick auf Gott ist damit gemeint, sondern ein Wachsen in der Achtung der Freiheit, der Würde und des Geheimnisses der geliebten Person (Gottes, des Mitmenschen und des eigenen Selbst). Die L. bewirkt dabei eine Selbstentfaltung, weil sie die Kraft hat und die Kraft gibt, einerseits das geliebte Gegenüber erkennen zu wollen, andererseits sein Geheimnis, seine Würde und seine Freiheit zu respektieren. Sie hat und gibt die Kraft, dem Geliebten die Freiheit der Entfaltung einzuräumen und an dieser Entfaltung Freude zu empfinden und Anteil zu gewinnen. Sie kann dabei bald stärker die affektive Reziprozität betonen (romantische L.), bald die einseitige oder wechselseitige Wahrnehmung der Interessen des anderen (bundesförmige L.) oder die einseitige Hingabe zugunsten des Geliebten (kenotische L.). Aber auch die kühleren Formen der L.: z.B. die freundschaftliche gegenüber der romantischen oder die barmherzige gegenüber der kenotischen L., nicht zuletzt – konstruktive oder die L. zerstörende – Verrechtlichungen und Institutionalisierungen der L. können in diesem umfassenderen Spektrum systematisch gewürdigt werden.

H. Haas, Idee und Ideal der Feindesliebe in der außerchristlichen Welt 1927 – A. Nygren, Eros und Agape 2 Bde 1930 u.1937 – V. Warnach, Agape 1951 – E. Walter, Wesen und Macht der Liebe 1955 – C. Spicq, Agape dans le NT, 3 Bde 1958f – H. U. v. Balthasar, Glaubhaft ist nur Liebe 1963 – C. S. Lewis, Vier Arten der Liebe, 1964 – E. Spranger, Stufen der Liebe 1965 – I. Eibl-Eibesfeld, Liebe und Hass 1970 – J. B. Lotz, Die drei Stufen der Liebe, 1971 – P. Prenter, Der Gott, der Liebe ist, ThLZ 96, 1971, 401–413 – J. Pieper, Über die Liebe, 1972 – E. Biser u.a., Prinzip Liebe, 1975 – H. Kuhn, Liebe. Geschichte eines Begriffs, 1975 – E. Fromm, Die Kunst des Liebens, 1977 – E. Jüngel, Gott als Geheimnis der Welt, 1977, 430ff – J. B. Lotz, Die Drei-Einheit der Liebe: Eros, Philia, Agape, 1979 – K. Hemmerle (Hg.) Liebe verwandelt die Welt, 1979 – G. Newlands, Theology of the Love of God, 1980 – N. Luhmann, Liebe als Passion, 1982 – H. P. Mathys, Liebe deinen Nächsten wie dich selbst, 1986 – W. Härle, Die Rede von der Liebe und vom Zorn Gottes, ZThK Beih 9, 1990, 50–96 – A. Giddens, Wandel der Intimität, 1993 – H. Schmitz, Die Liebe, 1993 – R. Sennett, Fleisch und Stein, 1995 – M. Nussbaum, Love, in: Routledge Encyclopedia of Philosophy, 1998, 842–846 – Ch. Schwöbel, God is Love. The Model of Love and the Trinity, NZSTh, 1998, 307–328 – M. Welker, Romantic Love, Covenantal Love, Kenotic Love, in: J. Polkinghorne (Hg.), The Work of Love. Creation as Kenosis 2001, 127–136 – M. Nussbaum, Konstruktionen der Liebe, des Begehrens und der Fürsorge, 2002 – H. Frankfurt, Gründe der Liebe, 2014 – B. Kuchler/St. Beher, Soziologie der Liebe, 2014 – M. Welker, The Power of Mercy in Biblical Law, Journal of Law and Religion 29/2, 2014, 225–235 – G. Oberhänsli/M. Welker (Hg.), Liebe, JBTh 29, 2015.

Michael Welker

Liebe (ethisch)

1. Der Begriff Liebe ist vielschichtig und daher vieldeutiger. Er ist nicht vor Missbrauch gesichert. L. ist jedenfalls ein kommunikativer Sachverhalt. Seit der Antike meint L. ein Doppeltes: (a) Eine Einheit stiftende Beziehung zwischen beseelten oder als beseelt gedachten Wesen. Sie ist der Freundschaft verwandt. (b) Die auf solche Vereinigung hinwirkende und als solche empfundene Kraft. L. meint dann Vergleichbares wie Begehren, Verlangen, Zuneigung. L. kommt folglich in verschiedensten Zusammenhängen vor. Platon beschreibt im „Symposion" Eros als kosmisches, kosmogonisches Prinzip. Das Reden von L. hat seinen Ort in Metaphysik, Anthropologie, Psychologie, Moral und Theologie. In der Tradition wird L. beschrieben als Gefühl, als Tu-

gend, als Lebenshaltung, als Motivation wie als Tat. Insofern ist das Wort unbestimmt.

2. Grundsätzlich unterscheiden kann man drei verschiedene *Bezüge*: L. geschieht im Medium der *Leiblichkeit*. Sie äußert sich in Worten, Handlungen, Zeichen und Symbolen: (a) Somatisch äußert sie sich in der sexuellen Dimension, (b) ferner in einer psychischen, emotionalen Dimension, zu der Freundschaft wie Erotik gehören, und (c) in einer moralischen, sozialen Dimension.

Dementsprechend sind die *Objekte* der L. unterschiedlich: L. als Anziehungskraft zwischen Mann und Frau, Eltern-, Kindes-, Nächsten-, Tier-, Kunst-, Musik-Heimat- Vaterlandsliebe (→Patriotismus) usw. So heißt L. zur Weisheit Philosophie. Aristoteles hat die Freundschaft (philia) besonders ausgezeichnet. Der Sprachgebrauch des Wortes L. ist folglich je nach Anwendung auf Objekte und Lebensgebiete zu differenzieren. Es sind Beziehungskontexte zu unterscheiden.

3. Unter *ethischer* Perspektive hat L. *Handlungscharakter*. L. kennzeichnet die Qualität einer Interaktion. Man kann sie phänomenologisch als Zuneigungsbeziehung darstellen. Dies wird besonders deutlich an der Nächstenl. Nächstenliebe ist mehr als Ausdruck von Sympathie, Wohlwollen. Sie kann zwar auch Emotion, Gefühl sein; aber sie äußert sich konkret als Handlung und Haltung einer Zuwendung, des Wohltuns (vgl. Lk 10, 25–37, barmherziger Samariter). Wegen der Aufforderung zum Tun nannte die Tradition L. eine Tugend. Dabei ist die Frage der Universalität und der Radikalität der L. zu bedenken. Nahestehende zu lieben ist selbstverständlich (Mt 5, 46–48). Denn Nächstenl. ist auf Reziprozität angelegt. Freilich: Wer ist gemeint? Wie steht es jedoch mit der Aufforderung zur Feindesl.? Und wer ist der Nächste? Gibt es nicht auch eine Verpflichtung zur Fernstenliebe? Aber nicht nur der Bezug der L., sondern auch Verbindlichkeit und Anspruch der L. sind zu prüfen. Denn sie ist nicht dasselbe wie ein genereller Humanitarismus. Ebenso wenig ist allerdings – wie bei A. Nygren – streng zwischen *Eros*, der von unten nach oben strebenden menschlichen L., und der *Agape*, der L. Gottes, die von oben herab sich neigt, zu trennen. Eine Dichotomie und Antithetik zwischen menschlicher und christlicher L. ist Manichäismus. Ferner ist die Polarität von L. und Macht zu beachten. L. als Beziehung hat die Selbstbestimmung des Anderen, der geliebten Person achten.

4. Augustin postuliert einen „*ordo amoris*". Die L. Gottes zum Menschen und zur Kreatur schafft die antwortende L. des Menschen. Das Doppelgebot der Gottes- und Nächstenl. (Dtn 6, 3; Lev 19, 18; Mt 22, 36–38) ist freilich nicht so zu verstehen, als wäre L. das einzige Attribut Gottes.

Aus einer Ordnung der L. ergibt sich die Wahrnehmung unterschiedlicher *Gestalten* und Erscheinungsformen von L. Im Blick auf personale Beziehungen in den Erscheinungsformen von →Sexualität, →Ehe, Familie, Gemeinschaft wurde unterschieden zwischen: Eros (amor concupiscentiae), Begehren; Agape (amor benevolentiae), Wohlwollen gegenüber anderen, die in fürsorgender L., Caritas sich manifestiert; Philia (amor amicitiae), L. in Gestalt der Freundschaft.

5. In der *christlichen* Ethik und Lebensführung hat L. eine zentrale Bedeutung. Neben dem Doppelgebot der Gottes- und Nächstenl. ist insbesondere zu verweisen auf 1. Kor. 13, wonach Glaube, Liebe Hoffnung Kennzeichen des Christseins sind. Die L., Agape, ist Gnadengabe Gottes. Sie ist Charisma. L. ist einerseits ein grundmenschliches Vermögen (vgl. Mt 5, 44f), andererseits steht sie nicht in der Verfügung und Macht des Menschen. Man kann L. nicht befehlen; sie kann nicht erzwungen werden. Deshalb ist sie nach christlicher Sicht Gabe. Sie ist die Erfüllung des Gesetzes (Röm 14, 10). Der Glaube wird tätig in der L. (Gal 5, 6. 23) Liebe wird sogar das Band der Vollkommenheit genannt (Kol 3, 14).

Die johanneischen Schriften betonen die *Bruderl.* in der Gemeinde (vgl. 1. Joh 2, 9f.; 3, 14ff; 4, 20f). Die Bergpredigt fordert darüber hinaus die Jünger auf zur *Feindesliebe* (Mt 5, 43–48). Die Aufforderung will eine Ethik der Feindschaft zugunsten einer Ethik der Freundschaft überwinden. Man hat diese Aufforderung im Sinne einer „intelligenten Feindesliebe" (C. F. von Weizsäcker) gedeutet als Orientierung an einer gemeinsamen Zukunft. Die Forderung bezieht sich besonders auf den Notfall und die Situation des Konfliktfalls. Die Forderung der Feindesl. überschreitet jedoch menschliches Maß.

Thomas v. Aquin nennt die Agape die Form und Wurzel aller Tugenden (S Th II/ II, 23, 6–8 u.ö.) Der Satz Augustins „dilige, et quod vis fac", Liebe und dann tue, was du willst, wird oft für eine *Situationsethik* beansprucht. Übersehen wird dabei, dass bei Augustin das „quod" inhaltlich durch das Gute bestimmt ist.

6. Strittig sind die Berechtigung von *Selbstliebe* und das Verhältnis von Selbstl. zu Selbstlosigkeit. Ist Selbstl. Egoismus? Verlangt L. nicht die Anerkennung des Anderen (→Altruismus)? Im Blick auf Selbstl. ist zu unterscheiden zwischen einer Selbstannahme und einer Selbstverwirklichung zu Lasten und auf Kosten von anderen. Ohne Selbstl. als Selbstwertgefühl, als Bejahung des eigenen Lebens ist der Mensch nicht fähig zur Liebe gegenüber anderen. Selbstsucht ist gleichbedeutend mit Liebesunfähigkeit.

Bei der Bewertung von L. sind zwei *Extreme* zu vermeiden. Das eine Extrem ist eine Überbewertung. Der

Agapismus, sei es als Handlungs- oder als Regelagapismus, gründet Ethik insgesamt allein auf das „Prinzip des Wohlwollens" (W. Frankena). Eine Verabsolutierung der L. verkennt, dass in der Ethik noch andere Kriterien bedeutsam sind, wie →Gerechtigkeit, →Freiheit, →Solidarität. Ein anderes Extrem ist eine Unterbewertung. Kant unterscheidet zwischen praktischer und pathologischer L. Praktische L. orientiert sich am Gebot der Pflicht als Wohltun, wohingegen pathologische L. Ausdruck eines Empfindens, nur Neigung ist.

7. Eine Missachtung des L.sgedankens ist genauso zu vermeiden wie eine Verabsolutierung der L. als ethisches Prinzip. L. ist weder Norm noch Prinzip, sondern *Metanorm* im Sinne einer Beurteilungsinstanz (nicht eines Kriteriums). Sie leitet an zur Wahrnehmung von Sachverhalten (vgl. Phil 1, 9). Die Erkenntnis und Bewertung des Guten und Gerechten kann nicht durch eine Berufung auf L. substituiert werden. L. ist Sehbedingung von Gerechtigkeit. Darum ist eine Kasuistik der L. und eine gesetzliche Anwendung nicht möglich. L. ist keine Pflicht, hingegen gibt es eine Verpflichtung zur Gerechtigkeit. Gerechtigkeit ist Ziel von Verantwortung. Wenn L. keine Norm und kein Prinzip für ethische normative Entscheidungen ist, dann ist sie auch nicht unmittelbar durch Institutionen zu realisieren. Die Formel „Liebe durch Strukturen" ist insoweit problematisch. Denn L. ist Selbstüberschreitung. Sie wirkt kommunikativ als personale Zuneigungsbeziehung. So verstanden ist sie zwar auch Gefühl, aber nicht nur. Sie sagt: „Gut, dass es dich gibt" und bewährt sich als „Wohlwollen" und „Wohltun". Dadurch gestaltet sie als Gestaltungsform des christlichen Ethos Lebensform und Lebensäußerungen des Glaubens.

A. Nygren, Eros und Agape, 2. Bd. 1930/1937 – J. Fletcher, Situation Ethics, London 1966 (dt. Moral ohne Normen?, 1967) – J. Pieper, Über die Liebe 1972 – U. Beck/E. Beck-Gernsheim, Das ganz normale Chaos der Liebe, 1990 – P. Bartmann, Das Gebot und die Tugend der Liebe, 1998 – Konrad Stock, Gottes wahre Liebe, 2000 – M. Honecker, Evangelische Ethik als Ethik der Unterscheidung, 2010, S. 290–300.

Martin Honecker

Lohn / Lohnpolitik

1. Begriff. Das Wort L. wird i. d. R. als Sammelbegriff für alle Formen der Vergütung von Arbeitsleistungen verwendet. Neben dem gewerblichen Arbeitsl. zählen dazu insbesondere auch die Gehälter der Angestellten und Beamten. In einem weiteren Sinne werden auch Honorare von Freiberuflern und Gagen von Künstlern als L. bezeichnet. Im ökonomischen Sprachgebrauch existiert darüber hinaus der Begriff Unternehmerl. für die kalkulatorische Erfassung der Arbeitsleistungen von Unternehmern, die in der Praxis zumeist durch Geschäftsführergehälter abgegolten werden.

Zur L.festsetzung können verschiedene Systeme zur Anwendung gebracht werden: Beim Zeitl. bestimmt sich die Vergütung nach der am Arbeitsplatz verbrachten Zeit; beim Leistungs- oder Akkordl. ergibt sich die Höhe des L.s in Abhängigkeit von der erbrachten Leistung. Zudem können im Sinne eines Familienl.s auch der Familienstand bzw. die Anzahl der Kinder bei der L.festsetzung berücksichtigt werden. Hinzu kommen verschiedene Formen variabler Erfolgsbeteiligungen durch Prämien, Boni etc.

2. Lohn aus betriebswirtschaftlicher Sicht. In der Kalkulation des →Unternehmens stellt der L. einen maßgeblichen Kostenfaktor dar, der durch die mit Marktpreisen bewertete Leistung des L.empfängers erwirtschaftet werden muss, wobei neben der Höhe des Bruttol.s auch noch die vom Arbeitgeber zu tragenden Sozialabgaben relevant sind.

Bedingt durch die →Globalisierung und den damit verbundenen Wettbewerbsdruck sind in den vergangenen Jahrzehnten besondere Herausforderungen für die L.politik entstanden, da Unternehmen vermehrt mit der Notwendigkeit konfrontiert sind, sich gegen Konkurrenz aus Ländern mit niedrigerem L.niveau zu behaupten. Ein erfolgreiches Bestehen dieses Wettbewerbs gelingt nur dann, wenn höheren Löhnen eine entsprechend höhere Produktivität der Beschäftigten gegenübersteht.

3. Lohn aus volkswirtschaftlicher Sicht. Aus volkswirtschaftlicher Sicht ist der L. zunächst das maßgebliche Instrument zur Aufteilung des Volkseinkommens auf die Produktionsfaktoren →Kapital und →Arbeit. Ausdruck dieser Verteilung ist die L.quote, die den Anteil der L.einkünfte am Volkseinkommen beschreibt. Bei Betrachtungen im Zeitverlauf bietet sich eine Heranziehung der bereinigten L.quote an, die diejenigen Veränderungen herausrechnet, die sich aus Fluktuationen bei den Beschäftigtenzahlen ergeben. Für Deutschland zeigt sich in den letzten Jahrzehnten zunächst ein Anstieg der bereinigten (Brutto-)L.quote bis 1980 auf mehr als 75 % des Volkseinkommens, an den sich ein Abwärtstrend anschloss. 2012 lag die bereinigte L.quote bei 68 %. Ursächlich für diesen Rückgang war neben der sinkenden Tarifbindung vor allem eine Zunahme atypischer Beschäftigungsformen, wie Leih- und Teilzeitarbeit sowie Minijobs.

Angebotsseitig spielt der L. als Preis des Produktionsfaktors Arbeit eine entscheidende Rolle für die Wettbewerbsfähigkeit der Unternehmen einer Volkswirtschaft im internationalen Vergleich. Als Maßstab hierfür bieten sich die L.stückkosten an, die neben Veränderungen des L.niveaus auch den Produktivitätsfortschritt berücksichtigen. Mit einem überdurchschnittlichen Anstieg der L.stückkosten in einzelnen Ländern gehen mittelfristig Gefahren für die Attraktivität als

Produktionsstandort und die Stabilität von Arbeitsplätzen einher. Besonders ausgeprägt sind diese Risiken in kleinen, offenen Volkswirtschaften mit starker Einbindung in den internationalen Wettbewerb.

Nachfrageseitig stellt der L. eine maßgebliche Einflussgröße der gesamtwirtschaftlichen Nachfrage dar, da er die Konsummöglichkeiten der Arbeitnehmer determiniert. Veränderungen in der L.politik haben daher zumeist unmittelbar Auswirkungen auf die Auslastung des gesamtwirtschaftlichen Produktionspotentials, da andere Einflussfaktoren der Nachfrage, wie die Investitionsnachfrage oder die Konsumgüternachfrage der Bezieher von Gewinneinkünften, vielfach nicht unmittelbar ausgleichend wirken. Daher kann eine rückläufige L.entwicklung zumindest kurzfristig zu einer gedämpften konjunkturellen Dynamik führen, während die langfristigen Folgen durch eine Vielzahl von Faktoren, u. a. Wettbewerbsfähigkeit, Absatzerwartungen im In- und Ausland sowie Investitionsbereitschaft, bestimmt werden.

In den genannten Wirkungszusammenhängen ist weniger die Veränderung des Nominall.s relevant als die Reall.entwicklung, die sich unter Berücksichtigung der Inflationsrate ergibt. Daher spielen bei der L.politik die Inflationserwartungen eine maßgebliche Rolle, da die Inflationsraten sowohl die aus den L.veränderungen resultierenden Auswirkungen auf die Kaufkraft der Arbeitnehmer als auch die Konsequenzen für die Kostenveränderungen auf Unternehmensebene beeinflussen.

4. Lohnpolitik. Ein konstitutiver Faktor der L.politik in Deutschland ist die Tarifautonomie, die in ihrem Kernbereich durch die Koalitionsfreiheit verfassungsrechtlich geschützt ist (Art. 9 Abs. 3 Grundgesetz) und den Tarifparteien im Sinne einer Sozialpartnerschaft die eigenverantwortliche Regelung der L.e und Arbeitsverhältnisse aufgibt. Dabei spielt die Marktmacht der Tarifparteien eine entscheidende Rolle, die sich durch strukturellen Wandel in der Wirtschaft laufend verändert. Im Konfliktfall kommt es zu Arbeitskämpfen (Streiks). Die von Gewerkschaften und Arbeitgeberverbänden ausgehandelten Tarifverträge sind für große Teile der abhängig Beschäftigten maßgeblich. Zwar ist die Tarifbindung in Deutschland seit der zweiten Hälfte der neunziger Jahre von rund 75 % auf unter 60 % der Beschäftigten im Jahr 2012 zurückgegangen, aber gleichwohl geht von den Tarifverträgen neben der unmittelbaren Geltung für die tarifgebundenen Unternehmen unverändert eine Orientierungswirkung für weitere Arbeitsverhältnisse aus. Bei tarifgebundenen Unternehmen sind Abweichungen grundsätzlich nur zugunsten der Arbeitnehmer zulässig. Ausnahmen von diesem sog. „Günstigkeitsprinzip" sind durch Öffnungsklauseln in Krisenfällen möglich, um den Erhalt von Arbeitsplätzen zu sichern. In Zeiten einer guten konjunkturellen Entwicklung kommt es oftmals zu einer positiven L.drift, d. h. die von den Unternehmen tatsächlich gezahlten Löhne steigen stärker als die Tarifsätze. In Krisenzeiten fällt die L.drift regelmäßig negativ aus, d. h. übertarifliche Zulagen werden abgebaut. Die Eingruppierung der Beschäftigten in L.- oder Gehaltsgruppen durch Tarifverträge erfolgt primär anhand der erforderlichen Qualifikation, der Schwere der Arbeit und der individuellen Berufserfahrung.

Im Laufe der bundesdeutschen Nachkriegszeit war die Tarifpolitik der großen Gewerkschaften lange Zeit durch die Idee einer „solidarischen L.politik" gekennzeichnet. Ziele waren die Umverteilung von Einkommen zugunsten der Arbeitnehmer und die überdurchschnittliche Erhöhung der Bezüge in den unteren Verdienstgruppen zur Verringerung der L.spreizung. Diese umverteilungsorientierte L.politik kam jedoch durch den dauerhaften Anstieg der Arbeitslosigkeit seit den siebziger Jahren zunehmend an ihre Grenzen, da Löhne, die nicht durch entsprechende marktbewertete Leistungen ihrer Empfänger getragen wurden, mittelfristig dazu führten, dass die entsprechenden Arbeitsplätze wegfielen. Beispiele dafür waren die Verdrängung unrentabler Arbeitsplätze durch Automatisierung oder der Wegfall einfach qualifizierter Hilfstätigkeiten im Dienstleistungsbereich. Daher erwies sich die L.politik letztlich als ungeeignetes Instrument zur Korrektur sozialpolitisch unerwünschter Einkommens- und vor allem Vermögenskonzentrationen, sodass an dieser Stelle eher die Verteilungs- und Ordnungspolitik des Staates gefordert ist. Vor diesem Hintergrund hat die Bedeutung einer „produktivitätsorientierten L.politik" inzwischen breite Akzeptanz bis hin zu den Gewerkschaften gefunden. Diese Konzeption der L.politik, die u. a. von Ludwig Erhard entschieden vertreten wurde, zielt darauf ab, L.erhöhungen im Umfang des Produktivitätsfortschritts und der erwarteten bzw. von der Zentralbank in Aussicht gestellten Inflationsrate zu realisieren. Hinsichtlich der konkreten Ausgestaltung einer solchen L.politik bestehen gleichwohl in Tarifverhandlungen regelmäßig konträre Ansichten, bspw. bei der Frage der Messung des Produktivitätsfortschritts oder der Notwendigkeit von Nachholeffekten.

Mit der Einführung des Euro ist die Bedeutung einer „produktivitätsorientierten L.politik" in allen Ländern der Europäischen Währungsunion deutlich gestiegen, da Divergenzen in der Wettbewerbsfähigkeit nicht länger durch Wechselkursanpassungen ausgeglichen werden können. Daher spielt der L. als realwirtschaftlicher Anpassungsmechanismus nunmehr eine maßgebliche Rolle.

5. Lohnfestsetzung als ethische Herausforderung. Die ethische Relevanz des L.s resultiert in erster Linie daraus, dass die empfangenen Arbeitsentgelte zumeist unmittelbar maßgeblich sind für die Höhe des Lebensstandards der Bezieher und damit für die soziale Schichtung innerhalb der Gesellschaft. Hinzu kommt, dass die Entlohnung auch als Wertschätzung für die während eines erheblichen Teils der eigenen Lebenszeit erbrachten Leistungen empfunden wird und damit direkte Auswirkungen auf das Selbstwertgefühl der Beschäftigten hat. So ist das Bewusstsein, sich und seine Familie mittels eigener Arbeit auf einem akzeptablen Niveau versorgen zu können, elementarer Ausdruck der menschlichen Selbstachtung.

Hinzu kommt aus Sicht der christlichen Sozialethik die herausgehobene Bedeutung der menschlichen Arbeit als Mitgestaltung der Welt im göttlichen Auftrag und als zentrales Instrument zur Sicherung des Lebensunterhaltes der Arbeitenden, die sich sowohl naturrechtlich als auch auf der Grundlage einer biblisch begründeten Ethik fundieren lässt. Daraus ergibt sich die Forderung, die Erbringer von Arbeitsleistungen so zu entlohnen, dass der ethischen Dignität der Arbeit und der Menschenwürde der Betroffenen Genüge getan wird. So erscheint es aus christlicher Sicht inakzeptabel, dass Menschen, die notwendige bzw. gesellschaftlich erwünschte Arbeit verrichten, trotzdem in Armut leben müssen. Daher wurde der Arbeitsmarkt in der katholischen Soziallehre und der evangelischen Sozialethik von Anfang an als „Markt sui generis" angesehen, für den besondere Schutzmaßnahmen zu gelten haben. Dazu zählt insbesondere ein Schutz gegen den Zwang zum Verkauf von Arbeitsleistungen unter entwürdigenden Bedingungen, wozu vor allem die Systeme der sozialen Absicherung dienen.

Darüber hinaus wird auch eine angemessene Berücksichtigung der individuellen Leistung bei der L.festsetzung als Postulat der Gerechtigkeit empfunden. Als ethisch relevante Kernnormen im Kontext der L.politik treten daher die Bedarfsgerechtigkeit und die Leistungsgerechtigkeit auf, die beide als Ausdrucksformen sozialer Gerechtigkeit wahrgenommen werden.

Konflikte zwischen diesen beiden Normen entstehen insbesondere dann, wenn Arbeitsergebnisse am Markt so gering bewertet werden, dass der daraus abgeleitete L. zur Existenzsicherung nicht ausreicht. Ein Mindestl. kann hier nur in begrenztem Umfang Abhilfe schaffen, da im Falle einer zu hohen Festlegung die Gefahr von Arbeitsplatzverlusten besteht. Daher bietet sich in diesem Fall als ergänzende Maßnahme die Kombil. an, d. h. eine Aufstockung des leistungsorientierten L.s durch ergänzende Sozialtransfers.

Aus ethischer Sicht fragwürdig erscheint auch, wenn vergleichbare Arbeitsleistungen unterschiedlich entlohnt werden. Ein Beispiel dafür sind L.differenzen zwischen Männern und Frauen (sog. „Gender Pay Gap"). Empirische Untersuchungen für Deutschland zeigen, dass die l.politische Realität nach wie vor durch geschlechtsspezifische Ungleichheiten gekennzeichnet ist, die sich nicht durch Unterschiede bei der Berufserfahrung oder Qualifikation rechtfertigen lassen. Hier besteht demnach weiterhin Handlungsbedarf.

L. Erhard, Wohlstand für alle, 1964 – I. Becker/R. Hauser, Soziale Gerechtigkeit – eine Standortbestimmung. Zieldimensionen und empirische Befunde, 2004 – EKD, Gerechte Teilhabe – Befähigung zu Eigenverantwortung und Solidarität. Eine Denkschrift des Rates der EKD zur Armut in Deutschland, 2006 – C. Hecker, Lohn- und Preisgerechtigkeit. Historische Rückblicke und aktuelle Perspektiven unter besonderer Berücksichtigung der christlichen Soziallehren, 2008 – H. Lesch, Europäische Währungsunion und Lohnpolitik, in: Institut der deutschen Wirtschaft: Zehn Jahre Euro. Erfahrungen, Erfolge und Herausforderungen, 2008, S. 86–99 – W. Franz, Arbeitsmarktökonomik, 2013[8] – P. Gallego Granados/J. Geyer, Brutto größer als Netto: Geschlechtsspezifische Lohnunterschiede unter Berücksichtigung von Steuern und Verteilung, DIW-Wochenbericht, Jg. 80 (2013), H. 28, S. 3–12 – B. Unger et al., Verteilungsbericht 2013: Trendwende noch nicht erreicht, WSI Report Nr. 10 (2013) – EKD/DBK, Gemeinsame Verantwortung für eine gerechte Gesellschaft. Initiative des Rates der Evangelischen Kirche in Deutschland und der Deutschen Bischofskonferenz für eine erneuerte Wirtschafts- und Sozialordnung, 2014 – H. Görgens, Zur Ausschöpfung des Verteilungsspielraums. Lohnformel und Verteilungsneutralität, 2014.

Christian Hecker

Lohntheorie

1. Begriff. Der Begriff L. ist eine Sammelbezeichnung für alle Arten von Hypothesen für die Erklärung der Höhe und der Entwicklung des →Lohnes, insbesondere der Lohnsätze je Arbeitsstunde, aber auch der – regionalen, sektoralen und qualifikationsspezifischen – Struktur der verschiedenen Einzellöhne (Lohnstruktur) und der Gesamtheit der in einem →Unternehmen oder der →Volkswirtschaft insgesamt anfallenden Bruttolöhne und Gehälter.

2. Entwicklung der L. *2.1 Klassik.* Die klassische Ökonomie, aber auch deren sozialistische Kritiker (→Sozialismus), wie K. Marx, waren, v. a. aufgrund der tatsächlichen historischen Verhältnisse, fast durchgängig von der Idee bestimmt, dass der „natürliche Preis" der →Arbeit (Marx spricht korrekter von: Arbeitskraft) durch die Kosten für die Erhaltung der Arbeitskraft und der Arbeitsbevölkerung bestimmt ist, so dass dieses „Existenzminimum" als Gravitationszentrum aufgefasst wird, um das aufgrund der kurzfristigen Bedingungen von Angebot und Nachfrage auf dem →Arbeitsmarkt die tatsächlichen Löhne schwanken. Diese Grundvorstellung gibt es in verschiedenen Varianten, z. B. in Form von Marx' „Arbeitswerttheorie" oder der von J. St. Mill vertretenen „Lohnfondstheorie". Nicht selten wird dabei das Arbeitskräfteangebot als endogene Variable des Wirtschaftsprozesses betrachtet, z. B. in der Weise, dass hohe Löhne zu einer größeren Nachkommenschaft bei der arbeitenden Bevölkerung und damit zum Entstehen oder zur Vergrößerung einer die Löhne senkenden „industriellen Reservearmee" führen würden.

2.2 Neoklassik. In der zweiten Hälfte des 19. Jh.s entwickelte sich die „Grenzproduktivitätstheorie" der Entlohnung, der zufolge der Einsatz menschlicher Arbeit – im Grundsatz nicht anders als der anderer Faktoren – nach dem Gewinnmaximierungsprinzip (→ Gewinn) in einer funktionierenden Wettbewerbswirtschaft (→ Wettbewerb) so erfolgt, dass der zusätzliche Ertrag der jeweils letzten Arbeitseinheit (z. B. Arbeitsstunde) gerade gleich den Kosten dieser Einheit ist, also z. B. gleich dem Reallohnsatz pro Arbeitsstunde. Diese neoklassische Betrachtungsweise hat mit der früheren klassischen Schule gemein, dass beide von einer Tendenz zur → Vollbeschäftigung in dem Sinne ausgehen, dass jeder, der zum herrschenden Lohnsatz seine Arbeitskraft anbietet, auch Arbeit findet. Zwar wurde die Möglichkeit von temporärer Unterbeschäftigung zugestanden (z. B. Friktions-, Such- und saisonale → Arbeitslosigkeit), jedoch wurde generelle „unfreiwillige Arbeitslosigkeit", also eine allgemeine Unterbeschäftigung infolge des Mangels an kaufkräftiger Nachfrage, jedenfalls längerfristig als unmöglich erachtet.

2.3 Keynesianismus und Renaissance der Neoklassik. Hier setzte die „Allgemeine Theorie der Beschäftigung, des Zinses und des Geldes" von J. M. KEYNES (1936) an, und auf dieser Grundlage wurden seit den 1930-er Jahren in den verschiedensten Industrieländern staatlich finanzierte oder subventionierte (→ Subventionen) Beschäftigungsprogramme initiiert, die nicht nur auf einen Abbau der Arbeitslosigkeit, sondern auch auf eine Stabilisierung der Lohnhöhe und damit der effektiven Nachfrage hinausliefen. Gesamtwirtschaftliche Überlegungen standen auch im Zentrum der Verteilungstheorie von N. KALDOR (1955/56). Aus theoretischen, aber auch empirischen Gründen (geringe Effektivität staatl. Beschäftigungspolitik, Inflationstendenzen usw.) sahen sich der Keynesianismus und verwandte makroökonomische Verteilungstheorien seit den 1960er Jahren zunehmender Kritik ausgesetzt: Es wurde eine zu KEYNES' Theorie alternative Erklärung der Weltwirtschaftskrise auf Basis falscher → Geldpolitik präsentiert, kreditfinanzierte staatliche Beschäftigungsprogramme wurden als Verdrängung privater Investitionstätigkeit (→ Investition) gedeutet („crowding out-Effekt"), und generell wurde auf den im Zeitraum zwischen 1870 und 1970 in nahezu allen Industrieländern dramatisch gewachsenen Staatsanteil (z. B. am Sozialprodukt) verwiesen, der eine quantitative und qualitative Verringerung staatlicher Eingriffe aus Gründen wirtschaftlicher Effizienz, aber auch individueller und gesellschaftlicher → Freiheit unabdingbar mache. Gegenwärtig herrscht demzufolge wieder ein modifiziertes neoklassisches Muster zur Erklärung von Lohnhöhe, Lohnstruktur und Verteilung vor, wobei es zu einer Vielzahl von Ausdifferenzierungen in verschiedenste Richtungen (Bargaining-Theorien, Segmentationstheorien u. v. a. m.) gekommen ist.

2.4 Institutionenökonomische Ansätze. In diesem Zusammenhang wurden zugleich neue Erklärungsansätze für die Beobachtung entwickelt, dass sich in der Praxis zumeist kein Arbeitsmarktgleichgewicht bei Vollbeschäftigung einstellt. Diese Ansätze basieren auf Informationsasymmetrien bzw. Transaktionskosten. Ein Beispiel ist die sog. Effizienzlohntheorie von AKERLOF, YELLEN u. a., die begründet, dass es für Unternehmen rational sein kann, Löhne oberhalb des Marktgleichgewichtslohns zu zahlen, um die Motivation ihrer Beschäftigten zu sichern, da es sich bei Arbeitsverträgen um sog. unvollständige bzw. relationale Verträge handelt, die keine vollumfängliche Darstellung sämtlicher Rechte und Pflichten umfassen, sondern deren Wirksamkeit vom guten Willen aller Beteiligten abhängt. Somit kann es für Unternehmen selbst im Krisenfall sinnvoll sein, auf Lohnsenkungen zu verzichten, um eine adverse Selektion ihrer Beschäftigten, insbesondere durch Abwanderung von Leistungsträgern, zu verhindern. Als Folge ergeben sich Löhne oberhalb des Marktgleichgewichtes in Verbindung mit unfreiwilliger Arbeitslosigkeit. In die gleiche Richtung zielen Insider-Outsider-Ansätze, die davon ausgehen, dass Beschäftigte in bestehenden Arbeitsverhältnissen Lohnsteigerungen über das Niveau des Marktgleichgewichtes hinaus durchsetzen können, da Unternehmen Fluktuationskosten vermeiden wollen. Darüber hinaus werden Lohnrigiditäten im Sinne einer Theorie impliziter Kontrakte damit erklärt, dass Arbeitsverträge im Einverständnis aller Beteiligten oftmals einen implizit vereinbarten Versicherungsbestandteil enthalten, der eine Verstetigung der Löhne im Vergleich zum Marktgleichgewicht beinhaltet.

3. Fazit. Dass unter marktwirtschaftlichen Bedingungen (→ Marktwirtschaft) Arbeitskraft eine Ware „wie jede andere auch" ist, stellt eine gefährliche Halbwahrheit dar: Richtig ist der Hinweis darauf, dass der Einsatz menschlicher Arbeitskraft unter Wettbewerbsbedingungen wesentlich über den Preis geregelt wird, so dass als Ausgangshypothese eine entgegen gerichtete Beziehung zwischen Lohnhöhe und Beschäftigung zu erwarten ist. Dies schließt aber weder die Wirkung gesamtwirtschaftlicher (makroökonomischer) Bestimmungsgründe aus, noch wird damit die besondere Bedeutung von Arbeit als Ausdruck menschlicher Tätigkeit, als Grundlage des Lebensunterhalts und als zentraler Ansatzpunkt für qualifikatorische, organisatorische und technische Verbesserungen menschlicher Existenzbedingungen überhaupt außer Kraft gesetzt.

H. BARTMANN, Verteilungstheorie, 1981 – R. K. v. WEIZSÄCKER, Theorie der Verteilung von Arbeitseinkommen, 1986 – K. GERLACH/R. SCHETTKAT (Hg.), Determinanten der Lohnbildung. Theoretische und empirische Untersuchungen, 1995 – R. RICHTER/E. G. FURUBOTN, Neue Institutionenökonomik. Eine Einführung und kritische Würdigung, 2010⁴ – T. BLEICH/C. PAUL, Lohntheorien und Arbeitslosigkeit. Lohnfindung oberhalb des Marktgleichgewichts bei Unterbeschäftigung, in: Wirtschaftswissenschaftliches Studium, 42 (2013), S. 573–576 – W. FRANZ, Arbeitsmarktökonomik, 2013⁸.

Christian Hecker, Hans G. Nutzinger

Luthertum und Sozialethik

1. Begriff. →Sozialethik ist die Theorie der strukturellen, gemeinschaftlich konstituierten Rahmenbedingungen menschlichen Handelns unter dem Gesichtspunkt, dass diese nicht nur jedem Handeln vorgegeben sind, sondern in jedem Handeln implizit und in bestimmtem Handeln explizit zum Gegenstand der Gestaltung oder zumindest der Bestätigung werden, damit in gewissem Rahmen zurechenbar sind und individuell wie kollektiv verantwortet werden müssen. *Christliche* S. reflektiert diese Rahmenbedingungen unter dem Aspekt, dass sie als Ausdruck von Gottes Schöpfungs- und Erhaltungswillens heilsam und verpflichtend und als Ausdruck menschlicher Sünde depraviert und korrekturbedürftig bzw. ethisch gutem Handeln hinderlich sind; dies mit dem Ziel, Kriterien für beides zu benennen.

2. Grundlegung in der Reformationszeit. *2.1 Abgrenzungen.* Die *spezifisch lutherische* S. erhielt ihre grundlegende Prägung und ihr für die gesamte Folgezeit typisches Grundproblem in den Auseinandersetzungen LUTHERS, MELANCHTHONS und anderer Reformatoren mit den Positionen des „linken Flügels" der Reformation. Dort wurde in unterschiedlicher Weise das Programm einer Gestaltung der →Gesellschaft nach göttlich sanktionierten, aus der Schrift erhobenen Rechtsgrundsätzen vertreten (Ablehnung des Zehnten durch die Bauern, Ablehnung staatlicher →Gewalt insgesamt, bzw. des Soldatenberufes oder des →Eigentums bei bestimmten Täufergruppen) oder auch das Projekt einer unmittelbar vom Heiligen Geist bzw. seinen Trägern regierten, spezifisch christlichen Sozialgestalt (Identität von Kirche und Sozialgemeinschaft).

2.2 Die theologischen Fundamente. Die Gegenposition der lutherischen Reformatoren ist entgegen gängigen Interpretationen weniger von politischen Rücksichten als von theologischen Motiven geleitet (so richtig DUCHROW), genauer von zwei Grundeinsichten: Die Befreiung von der Sünde ist ein individuelles und unvertretbar individuell anzueignendes Geschehen; der Akt des Glaubens, in dem diese Aneignung erfolgt, ist unverfügbar und somit als Grundlage der Gestaltung eines Kollektivs nicht geeignet. Die Befreiung von der Sünde hat zweitens ihr Zentrum in der Vergebung bzw. dem Zuspruch der fremden Gerechtigkeit Christi, die coram Deo kontrafaktisch gilt und zugerechnet wird, die sich am Glaubenden empirisch aber in einem (von Rückschlägen begleiteten) Prozess durchsetzt und immer unvollkommen bleibt (simul iustus et peccator). Der Versuch, auf die Gerechtigkeit des Glaubenden eine Sozialordnung zu errichten, würde die Fundamentalunterscheidung der fremden von der folgeweise realisierten eigenen Gerechtigkeit überspringen und die bleibende Angewiesenheit des gerechtfertigten Sünders auf jene fremde Gerechtigkeit Christi in Frage stellen. In der Konsequenz würde das dazu führen, dass die geschenkte Gerechtigkeit in die Forderung des Verhaltens nach den →Normen einer wie immer definierten christlichen Gemeinschaft überführt, das Evangelium also zum Gesetz depraviert wird.

2.3 Grundprinzipien. 2.3.1 Die obrigkeitliche Gewalt. Das sozialethische Grundprinzip des lutherischen Flügels der Reformation besteht darin, dass jede soziale Gestaltung der Realität der bis zum Ende der Zeiten bleibenden Sünde Rechnung zu tragen hat, d. h.: Die Sozialgestalt menschlichen Lebens hat ethische Grundlagen, die nicht dem Glauben bzw. der aus ihm fließenden Gesinnung der →Liebe entspringen, sondern die zum einen jedem Menschen einsichtig sind und jeden Menschen verpflichten; und die zum anderen ohne Rücksicht auf eine etwa zuwiderlaufende innere Grundhaltung auch am widerstrebenden Subjekt mit dem Ziel äußerlicher Konformität durchgesetzt werden. Die Sozialgestalt weist daher gewaltbewehrte Strukturen und →Institutionen auf. Das von der Erfahrung der Selbstlosigkeit Gottes und daher aus dem Motiv und nach der Norm des Liebesgebotes bestimmte christliche Handeln in der Welt bedarf im Idealfall dieses Zwanges selbst nicht, gewinnt aber gerade als selbstloses Liebeshandeln aufgrund der Einsicht in die Gefährdung menschlicher →Gemeinschaft nötigenfalls die Gestalt der Teilnahme am Gewaltcharakter dieser Institutionen – in der Tätigkeit als Staatsmann, →Soldat, oder auch als Henker (LUTHER, WA 11,254f.).

2.3.2 Der Berufsgedanke. Zweitens gehen die Theologen des lutherischen Flügels der Reformation unter Berufung auf Röm 1,24ff und durchaus in Fortführung der Scholastischen Lehre vom natürlichen Gesetz davon aus, dass der Mensch natürlicherweise um den Willen Gottes weiß und zumindest auf das Verfehlen dieses Willens ansprechbar ist. Diese Grundprinzipien der →Ethik manifestieren sich einerseits im →Dekalog, aber ebenso auch in der aristotelischen Ethik, die jeweils klärende Wiederholungen (Dekalog) oder Explikationen und Begründungen (ARISTOTELES) des natürlichen Wissens um das Gesetz sind. Zum anderen geht die von LUTHER geprägte Theologie davon aus, dass es natürliche soziale Strukturen und Gefüge (Stände) gibt, in denen sich der Mensch vorfindet und die ihn in der Weise regelmäßiger Verpflichtung anderen Menschen zuordnen (→Amt, →Beruf) – fundamental ist hier die elterliche Gewalt bzw. die Zuordnung von Hausherr und Gesinde, das ebenfalls aus dem vierten Gebot abgeleitete Verhältnis von Obrigkeit und Untertan, und das wesentlich als Über- und Unterordnung gefasste Verhältnis der Ehepartner (→Ehe). Auch hier gilt, dass diese Strukturen nicht erst durch die Schrift erkannt oder konstituiert werden; sie sind damit etwa mit den Konstitutionsprinzipien menschlicher Gemeinschaft bei ARISTOTELES vermittelbar. Wohl aber erschließt die Schrift den ursprünglichen Willen Gottes mit denselben im Unterschied zur Depravation durch die Sünde; und sie erschließt die mit diesen Strukturen verbundene Verheißung.

Auch das Leben des Christen vollzieht sich grundsätzlich im Rahmen des natürlichen Gesetzes und innerhalb dieser Institutionen, damit in den Strukturen des weltlichen Berufs; diese institutionellen Gestalten der Sozialität gelten insgesamt nicht nur als dem Willen Gottes entsprechende menschliche Strukturen, sondern selbst als „Gottes Larven" (LUTHER), als Manifestationen göttlichen Willens und Handelns durch menschliche Medien.

2.4 ARISTOTELES-*Rezeption bei* MELANCHTHON.
2.4.1 Gebot und rationale Deduktion. Zu einer ausdrücklichen Rezeption der Aristotelischen Ethik und Politik unter der Voraussetzung der Unterscheidung von →Gesetz und Evangelium (CR 16, 20ff; 168f) kommt es insbesondere bei MELANCHTHON: Er ordnet die aristotelische Ethik der Sinaitora als Begründungstheorie zu (a. a. O. 25f) und gelangt so zu einer systematischen Deduktion und tugendethischen (→Tugend, Tugendethik) Reformulierung der biblischen Gebote (60–62), wobei MELANCHTHON davon ausgeht, dass die Gebote der ersten Tafel erst unter der Voraussetzung der Christusoffenbarung in ihrem vollen Sinn verständlich werden, dass auch erst der Christ den wahren finis des menschlichen Lebensvollzuges und damit die Grundlage aller Ethik erkennt (29f; 61); die Gebote der zweiten Tafel und darin begründeten Sozialformen (4./6. Gebot) aber sind jedem Menschen natürlicherweise einsichtig. Methodisch interpretiert MELANCHTHON die aristotelische Ethik als ein deduktives Verfahren, in dessen Verlauf aus bestimmten natürlichen Basissätzen sozialethische Strukturen abgeleitet werden (170–179; 214–222, vgl. 26; 423f).

2.4.2 Gerechtigkeit. Sozialethisch relevant ist dabei die Zentralstellung der Tugend der →Gerechtigkeit (vgl. 63ff; 221ff), die als iustitia universalis (Gehorsam gegenüber allen Gesetzen) gleichsam zur Grundtugend der zweiten Tafel wird, deren erstes (das vierte) Gebot Strukturen von Gehorsam installiert (Eltern-Kinder; Herr-Knecht; Obrigkeit-Untertan; Obrigkeit-Gesetz); die Grundtugend des fünften bis siebten Gebotes ist die iustitia particularis, die jedem das Seine zuweist. Das Leitprinzip dieser Deduktionen der Gebote der zweiten Tafel ist dabei jeweils die sozietäre Struktur der menschlichen Existenz, für deren Erhalt der Gehorsam gegenüber jenen Geboten notwendig ist (bonum commune 215); dieses Leitprinzip steht dabei insgesamt unter dem gestaltenden Vorbehalt des Endzwecks des Menschen, der auch nach Einsicht der recht belehrten Vernunft zur Erkenntnis Gottes, nach christlicher Einsicht zur Erkenntnis Christi, bestimmt ist (28f).

2.4.3 Natürliches und positives Gesetz. MELANCHTHON unterscheidet dabei das unveränderliche, mit dem Willen Gottes identische, aus der menschlichen Natur und Bestimmung (finis, vgl. 434f) sowie in Analogie zu natürlichen Gesetzmäßigkeiten erschließbare Naturgesetz (→Naturrecht) vom positiven Gesetz des Magistrates, das dessen Auslegung unter bestimmten und veränderlichen Bedingungen darstellt. Das Naturgesetz bleibt dabei die beständige kritische Instanz des positiven Rechtes und die Grenze der Gehorsamspflicht (124ff), wobei aber MELANCHTHON zu unterscheiden anweist zwischen Abweichungen vom Naturgesetz, die den zu schützenden →Wert zerstören, und solchen Abweichungen, die ohne wesentlichen Schaden für das jeweilige Gut bleiben und somit tolerable Abweichungen vom Naturgesetz darstellen (73). Weder aber ist das politische Amt an besondere, übervernünftige göttliche Gesetze gebunden – MELANCHTHON votiert für eine Geltung des Römischen Rechtes (447f) –, noch ist die Gehorsamspflicht bedingt durch die Teilhabe der Obrigkeit am Heiligen Geist (449f).

2.4.4 Legitimation und Begrenzung des Faktischen. Insgesamt dient das deduktive Verfahren bei MELANCHTHON nicht als Basis des Entwurfes einer idealen Gesellschaft, sondern der →Legitimation und zum Teil der auf das Naturrecht rekurrierenden Begrenzung (265) vorhandener Normen und Herrschaftsstrukturen, deren Faktizität im Vollzug des Ausweises ihres Grundes (27) als Ausdruck göttlichen Willens fassbar wird; die konkrete Gestalt weltlicher Herrschaft – angefangen von der Frage, ob diese Herrschaft absolut oder von konkurrierenden Instanzen kontrolliert ist wie die →Macht des Kaisers durch die Kurfürsten (433ff), bis hin zur Frage, ob der bloße Wille des Fürsten oder ein geschriebenes Gesetz regiert (78) – ist Gegenstand situativer und kontingenter Regelung. Das Wirtschaftsrecht erscheint in den ethischen Schriften MELANCHTHONs unter dem Titel „de contractibus" und ist wie bei LUTHER konzentriert um die juristischen und ethischen Probleme frühkapitalistischer Wirtschaftsformen (Zins [→Kapital und Zins]; gerechter Preis).

2.5 Zwei Bereiche unter Gottes Willen. Die Position der Reformatoren setzt, gerade in der bei MELANCHTHON fassbaren Denkbewegung des Rückganges von gegebenen Normen und Sozialstrukturen auf deren Grund, den Konsens hinsichtlich einer weitgehend stabilen Gesellschaftsstruktur und eines die Religionsparteien übergreifenden Rechtsbewusstseins, das sich als →‚Naturrecht' formuliert, voraus, das seinerseits schöpfungstheologisch begründbar ist; die Bindung des

Christen an eine dem Glauben und der christlichen Liebe vorgegebene, nicht aus ihm ableitbare normative Struktur bleibt somit in der grundsätzlichen Klammer einer Rückführung beider Normbereiche – des Liebesgebotes und des natürlichen Gesetzes – auf die Einheit des göttlichen Willens.

3. Nachreformatorische Ethik. *3.1 Sozialethik und Ekklesiologie.* Das hält sich im Rahmen der lutherischen Schultheologie grundsätzlich durch. Während im Rahmen der nach der loci-Methode verfahrenden Dogmatiken eigene Loci zur Ämterlehre vorgesehen sind, ordnen die analytischen Dogmatiken, insbesondere J. A. QUENSTEDT und seine Schüler (D. HOLLAZ, J. W. BAIER), die sozialethischen Themen unter pars IV in die Determinationen zur Ekklesiologie ein. Vorausgesetzt ist ausdrücklich die Situation einer Übereinstimmung von politischer und äußerer kirchlicher Gemeinschaft (respublica christiana), nach der es möglich ist, die drei Stände und deren Ämter – status/ministerium ecclesiasticus/m; politicus/m; status oeconomicus (coniugalis, paternus und herilis) – als status oder Ämter *in der Kirche* zu bezeichnen, wiewohl nach BAIER ausdrücklich gilt und gegen die römische Zuordnung festgehalten wird, dass die Kirche im →Staat ist und im Falle eines heidnischen Staates legitimerweise eine Partialgröße darstellt (HOLLAZ p. IV, cap 3, q 1, vgl. cap 2, q 1; BAIER IV, cap 16 § 1). Das Hauptgewicht liegt hier einerseits in Fortführung der reformatorischen Frontstellung auf dem Nachweis der Vereinbarkeit von Christsein und Tätigkeit im politischen Amt, andererseits aber in der Begründung und Begrenzung des Rechtes des öffentlichen Amtes zur Ordnung kirchlicher Angelegenheiten – vorausgesetzt ist hier der landesherrliche Summepiskopat bzw. entsprechende Regelungsrechte der Räte. Fundamental ist die Unterscheidung von konkreter →Person und →Amt; die Ämter sind jeweils gefasst als von Gott eingesetzte Strukturen, die von geordnet berufenen Personen wahrzunehmen sind, die sich im Falle legitimer Berufung – im Falle des öffentlichen Amtes durch Wahl, durch Sukzession oder durch „legitima occupatio" bspw. nach einem siegreichen Feldzug (HOLLAZ, a. a. O. cap 3 q 5 und 6) – in ihrer einsetzungsgemäßen Ausübung der Rechte und Pflichten einschließlich der Gehorsamsforderung göttlich sanktioniert wissen dürfen. Alle Ämter sind in den Dogmatiken hinsichtlich ihrer Existenz, ihrer Zweckbestimmung und der Normen ihrer Wahrnehmung biblisch begründet – insbesondere im Blick auf den status oeconomicus werden überwiegend die Vorgaben der biblischen Haustafeln systematisiert; der Gesamtentwurf ist aber geleitet von der Überzeugung, dass die biblische Weisung lediglich die Bekräftigung von auch der →Vernunft zugänglichen, grundsätzlich auch rational begründbaren Normen und Sozialstrukturen darstellt.

3.2 Das politische Amt. Die Aufgabe des magistratus politicus ist differenziert in das Amt des Entschlussfassens, des Gesetzgebens, des Richtens und des Strafens; im Rahmen der Bestimmung der Gegenstände des magistratus politicus werden die res einerseits, die personae andererseits unterschieden und diese Differenzierung unter Anführung von Schriftbelegen begründet, faktisch aber so der Anschluss zu den Grundunterscheidungen des Römischen Rechtes hergestellt.

Diese – insbesondere die legislatorischen – Grundbefugnisse des magistratus politicus begründen seine Gestaltungsvollmacht für die jeweilige Gemeinwesen, die ihre Grenze am göttlichen bzw. am Naturrecht findet (HOLLAZ IV 3 q 13). Die in Wahrnehmung des geistlichen Disziplinarrechtes durchaus vollzogene Kritik lutherischer Theologen an der Amtsführung konkreter Obrigkeit hat darin ihre Begründung, wobei allerdings die Gehorsamspflicht des Untergebenen auch gegenüber der ihr Amt missbrauchenden Obrigkeit eingeschärft wird. Das →Widerstandsrecht gegenüber dem öffentlichen Unrecht der Obrigkeit ist unter den Theologen strittig (LUTHER; MELANCHTHON 105f).

Die Obrigkeit erscheint insgesamt um das Gesetz konzentriert und ist damit die Manifestation und die Instanz der Wahrung des Gotteswillens, der die Norm und die Grenze obrigkeitlicher Rechtssetzung bleibt (Calixt).

3.3 Die Stärke und Leistungsfähigkeit dieser Ansätze liegt darin, dass ihnen in der Zuordnung von Natur/Vernunft und Offenbarung eine Vermittlung von rational-deduktiver und religiös-traditionaler Begründung von Normen und Gesellschaftsstrukturen gelingt. Die Vermittlung des deduktiven und des traditionalen Elementes erfolgt nach dem Modell der Zuordnung von Abstraktem und Konkretem, nach dem die lex naturae bzw. das von Gott eingesetzte Amt bzw. Stand eine Fülle konkreter und kontingenter Ausgestaltungen zulässt und sanktioniert, deren Grenze lediglich die höherstufigen, allgemeinen Vorgaben darstellen (CALIXT 96). Die natürlichen ethischen Prinzipien haben dabei eben nicht die Funktion, eine soziale Ordnung überhaupt erst herzuleiten, sondern die gegebene Ordnung unter sie zu subsumieren. Im Bereich des L.s fehlt in dieser Zeit jeder Ansatz zum apriorischen, bspw. aus der Schrift hergeleiteten Entwurf einer zur Realisierung bestimmten Gesellschaft – auch die „Christianopolis" des J. V. ANDREAE ist lediglich die Form eines Aufrufes zur Gesellschaftsreform, nicht eine zu realisierende Gesellschaftsutopie (→Utopie); sein Anliegen in abstracto ist die in Gestalt des die utopische Gesellschaft regierenden Triumviratskollegiums repräsentierte Harmonie von Religion, Vernunft und Wissenschaft.

4. Lutherische Sozialethik in der säkularen Gesellschaft. *4.1 Die Verselbstständigung der Vernunft.* Es deutet sich in dieser Schrift bereits an, dass das Verhältnis von positiver Religion und rational zugänglichem Naturgesetz mitnichten so unproblematisch ist, wie die Theologen voraussetzen. Faktisch stellen die orthodoxen Positionen eine Übergangsgestalt der Sozialethik dar. Die Verselbstständigung der rational-deduktiven Rechtsbegründung gegen konfessionell-christliche Vorgaben und der schrittweise weitergehende Verzicht auf eine konstitutive Funktion positiver Religion überhaupt für die Begründung von Sozialformen und Rechtsnormen trifft dieses Modell. Historisch manifestiert sich dieser Konflikt im Gefolge der →Aufklärung, in der →Französischen Revolution und den Preußischen Reformen als der Versuch, die heteronome Begründung von Recht und sozialer →Autorität auf die kontingenten Instanzen von Religion und →Tradition abzulösen durch den Rekurs auf die dem Anspruch nach jedermann einsichtige Verbindlichkeit der Vernunft. Damit wird keine neue Instanz in das Begründungsgefüge der Sozialethik eingeführt, wohl aber emanzipiert sich die immer schon in Anspruch genommene Instanz des Naturgesetzes gegen die schöpfungstheologische Integration und etabliert sich als unmittelbare, eigenständige und einer Bestätigung oder Korrektur durch die Offenbarung nicht bedürftige Quelle des Rechts und sozialer Gestaltung.

4.2 Reaktionen. Die lutherische Theologie setzte sich mit dieser neuen Situation in einer Fülle von Gestalten auseinander und verliert u. a. über dieser Auseinandersetzung ihre einheitliche Gestalt. Üblicherweise werden die Gestalten der liberalen Theologie nicht als Teil des Luthertums gefasst; das ist unsachgemäß, da diese den Prozess einer →Emanzipation von heteronomen Instanzen und Begründungsstrukturen in der Kirche (Schrift, Dogma, Amt) wie im →Staat bzw. der →Gesellschaft (göttliche Delegation von Macht) als genuine Fortführung und logische Konsequenz der Subjektivierung des Religiösen und des Freiheitsbegriffes (→Freiheit) der lutherischen Reformation betrachten (STRAUSS, BAUR; ROTHE).

4.3 Konfessionelles Luthertum. 4.3.1 Die Hochkonservativen. Für das im engeren Sinne konfessionelle L. stellt sich die Aufgabe einer Begründung einer vita christiana im Rahmen von Handlungsbedingungen, die sich selbst zunehmend und konsequent einer Legitimation und entsprechenden Limitation durch binnentheologische Instanzen entzieht. Dabei werden unterschiedliche Wege begangen: Entweder unternehmen die Theologen bzw. Juristen unter Rückgriff auf die großen idealistischen Systementwürfe und/oder in Auseinandersetzung mit den gegenläufigen Entwürfen die rationale Begründung traditionaler bzw. religiös begründeter Autorität; so verfährt etwa der Flügel der Hochkonservativen: die GERLACH-BRÜDER und F. J. STAHL; dieser Flügel des L.s etabliert sich so als (freilich mit neuzeitlichen Mitteln argumentierendes) Gegenmodell zur Neuzeit, die als Manifestation der Sünde begriffen wird.

Analoge Auseinandersetzungen haben im Rahmen des Streites um die Preußische Union die Frage demokratischer Strukturen in der Kirche zum Gegenstand (HENGSTENBERG; LÖHE etc.).

4.3.2 Die Erlanger. Als zweite Gestalt kann die Sozialethik im Rahmen der Erlanger Reformulierung aller christlichen Inhalte als Bestimmungen der christlichen Subjektivität (Wiedergeburt und Bekehrung) betrachtet werden. Hier wird der Versuch unternommen, die Faktizität der jeweils kontextuellen, theologisch nicht begründeten Sozialstrukturen von einem bei der Subjektivität und grundsätzlich offenbarungstheologisch ansetzenden, heilsgeschichtlichen Gesamtverständnis der Wirklichkeit her zu interpretieren und in ihrem theologischen Recht auszuweisen; es wird so eine Legitimation wie eine aus Finalbestimmungen (das Werden der Menschheit Gottes bei v. FRANK) abgeleitete Limitation der sich selbst religiös nicht begründenden Ordnung möglich, durch die das Recht und die Grenze und der Sinn einer Mitarbeit von Christen im Bereich sozialer Gestalten definierbar wird bzw. diese als Güter bestimmbar werden (HARLESS; v. HOFMANN, v. FRANK).

4.3.3 W. HERRMANN. Eine dritte Gestalt ist der etwa von TROELTSCH als Indiz einer grundsätzlichen sozialethischen Impotenz des L. kritisierte, aus neukantianischen Prinzipien gespeiste Ansatz WILHELM HERRMANNS: Im Zentrum steht eine Deutung der sittlichen Forderung als Bestimmung zur →Persönlichkeit – Selbständigkeit gegen die Naturbedingungen in der Gemeinschaft mit anderen Personen, die durch eine Begegnung mit dem in Schrift und Tradition begegnenden Lebensbild Jesu vermittelt ist und sich in einem entsprechenden Umgang mit den individuellen und kollektiven Naturbedingungen manifestiert, in die der Mensch in seiner Eigenschaft als Naturwesen eingelassen ist. Die Sozialität menschlicher Existenz und entsprechenden geschichtlichen Strukturen derselben (→Ehe/→Familie) werden damit einer über die christliche Subjektivität bzw. Intersubjektivität vermittelten Zweckbestimmung (dem Werden zur Persönlichkeit) als Mittel zugeordnet, auf diese hin finalisiert und so auch wie jeder vorgegebene Naturzustand der Entwicklung des Reiches der Persönlichkeiten untergeordnet. Sie sind nach HERRMANN nur nach Maßgabe der jedem Menschen geltenden sittlichen Forderung, Zweck über der Natur zu sein, normativ bestimmt. Abgesehen davon sind sie bloße, „eigengesetzliche" Naturbedingungen menschlichen Existierens. Die christliche Ethik hat es nicht mit diesen, sondern mit deren Gebrauch im Vollzug der fortschreitenden Herrschaft des Geistes über seine Naturbedingungen zu tun.

5. Nach dem 1. Weltkrieg. *5.1 Versuche der Rückgewinnung der Deutungskompetenz.* Die in diesem Konzept sich manifestierende und von TROELTSCH konstatierte Unfähigkeit des L.s zur Sozialethik im eigentlichen Sinne ist zu fassen als die Unfähigkeit, den Verlust der schöpfungstheologischen Begründung der Gestalt gegebener Ordnung anders als durch eine Konzentration der Ethik auf die religiöse Individualität, die in ‚eigengesetzlichen' Lebensbereichen tätig ist, zu bewältigen. Dies ist der eigentliche Grund für die Konjunktur ordnungstheologischer Konzepte (→ Ordnung, Ordnungstheologie) innerhalb des L.s in der Zeit nach dem 1. Weltkrieg. Es handelt sich weitestgehend um erst in zweiter Linie rein sozialethische Konzeptionen; das eigentlich treibende Motiv ist der Versuch einer Reformulierung der Schöpfungstheologie nach der insbesondere in der RITSCHLschen Theologie vollzogenen offenbarungstheologischen Reduktion und der Konzentration der Ethik auf das christliche Subjekt – dies mit dem impliziten Ziel, die Deutungs- und Integrationskompetenz des christlichen Glaubens in der Neuzeit wiederzugewinnen. Die Theologie bietet sich dabei an als Instanz der Bewältigung der Krisenerfahrung des 1. Weltkriegs und der als Indizien des Konkurses der neuzeitlichen Weltorientierung insgesamt gedeuteten Krisen der Weimarer → Demokratie und verbindet sich dabei (GOGARTEN, HIRSCH) eng mit der Kulturkritik der ‚Konservativen Revolution'.

5.2 Ordnungstheologische Ansätze. 5.2.1 ALTHAUS. Auf der einen Seite stehen dabei eher schlicht gestrickte Ordnungstheologien, die außerchristlich erkennbare Gemeinschaftsordnungen theologisch als Schöpfungs- und Erhaltungsordnungen qualifizieren (ALTHAUS, Ordnungen 1 und 2) und unter dem Maßstab ihrer Zweckbestimmung normiert sehen (ALTHAUS; vgl. BRUNNER); die Ordnungen sind dabei gefasst als Strukturen, die für ein Handeln in ihnen nach dem Kriterium der Liebe bestimmt sind, ihre Verbindlichkeit aber auch dann nicht verlieren, wenn sich in ihnen die Sünde manifestiert. Die These, dass diese Ordnungstheologien zur Passivität gegenüber dem staatlichem Unrecht prädestiniert seien, ist durch die Auslegung von Röm 13 durch ALTHAUS falsifizierbar, der 1933 in seinem Röm-Kommentar die → Revolution gegen eine Obrigkeit, die die ihr als Zweck vorgegebene Größe – das Volk – zerstört, für geboten hält. Die Problematik dieser These erweist sich damit, dass ALTHAUS so die nationalsozialistische „Revolution" (→ Nationalsozialismus) legitimiert sieht.

5.2.2 GOGARTEN. Auf der anderen Seite stehen Positionen wie die GOGARTENs, die den autoritären Charakter der Ordnungen als Instanz der ursprünglichen Sozialität menschlicher Existenz fassen und somit als Widerspruch gegen die neuzeitliche Rekonstruktion aller Wirklichkeit unter dem Vorzeichen eines rationalen und solipsistischen Subjektivismus verstehen; die Krise der Weimarer Republik wird so als Indiz des Scheiterns der Neuzeit, die völkische Bewegung als „sich Melden" des ursprünglichen Gotteswillens, der totale Staat hingegen als Instanz der Durchsetzung dieses Willens in der Situation eines durch die Subjektivierungstendenzen in seiner Existenz gefährdeten Volkes gefasst; sachlich wird hier die Tradition des neuzeitkritischen L.s des 19. Jh.s fortgeführt.

5.2.3 HIRSCH. Die anspruchsvollste Gestalt der lutherischen Sozialethik dieser Zeit stellt zweifellos die Theologie HIRSCHs dar, die im Zusammenhang des Programms einer Umformung der theologischen Tradition unter dem Schicksal der Neuzeit steht. HIRSCH votiert grundlegend für eine entschiedene Gegenwärtigkeit des theologischen Denkens, die sich in einer kritischen Deutung der gegenwärtigen Selbst- und Welterfahrung als religiöse Erfahrung vollzieht, auf die als Gewissensphänomen hin die christliche Tradition zur Auslegung zu bringen ist. Diese dem Grundschema von → Gesetz und Evangelium verpflichtete, das Gesetz aber geschichtlich vermittelnde und identifizierende Position prägt die sozialethische Option, nach der der Christ je in einer Situation in einem unvertretbaren Wagnis die unbedingte Forderung Gottes identifiziert und hört. Die Ordnungen erscheinen hier nicht als unveränderliche Strukturen, sondern als das menschliche Leben tragende und verpflichtende ‚Mächte', in denen sich der Wille Gottes als Anruf an das → Gewissen meldet; gerade der aktualistische Zug dieser Sozialethik war ein Grund für die Anfälligkeit HIRSCHs gegen die nationalsozialistische → Ideologie.

5.2.4 ELERT. W. ELERT wiederum deutet in seiner Ethik die Ordnungen als Seinsgefüge, die unter der Voraussetzung der Sünde unter das Vorzeichen des Gesetzes zu stehen kommen und in denen dem Sünder das Gericht Gottes begegnet, der Christ hingegen die gute Ordnung Gottes erfahren kann (§ 12; 35; vgl. 51; vgl. den Ansbacher Ratschlag von 1934).

5.2.5 Verhältnis zum Nationalsozialismus. Die genannten lutherischen Theologen haben zumindest in den Anfängen des Dritten Reiches das nationalsozialistische Regime begrüßt. Dies ist weniger der ordnungstheologisch begründeten Sozialethik an sich zuzurechnen, die weder ein lutherisches proprium (BRUNNER) noch gegenüber der konkreten Gestalt der jeweiligen Ordnung prinzipiell unkritisch ist (vgl. ASMUSSEN, KÜNNETH; gegen BARTH), sondern der Wahrnehmung des Nationalsozialismus als Gestalt einer Neuzeitkritik und somit als Gegeninstanz gegen die spezifisch neuzeitlichen Begründungsprobleme des Christentums.

6. Nachkriegszeit. *6.1 Begrenzungen der → „Eigengesetzlichkeit".* In der Zeit nach dem Krieg freilich wurde das außerhalb und auch innerhalb des L.s diagnostizierte kollektive Versagen der lutherischen Ethik als Anfrage an eine ordnungstheologische Begründung der Sozialethik verstanden. O. DIBELIUS bspw. sucht unter grundsätzlichem Festhalten einer Ordnungstheologie und entsprechend einer traditionellen Deutung von Röm 13 dort angelegte immanente Kriterien staatlichen Selbstverständnisses für eine Unterscheidung legitimer und pervertierter →Macht fruchtbar zu machen (DIBELIUS, Obrigkeit, vgl. bes. 91 und Kontext; vgl. auch KÜNNETH). Daneben wird der in unterschiedlichem Umfang von BARTHS christozentrischer Deutung der sozialen Wirklichkeit inspirierte Versuch unternommen, der schöpfungstheologischen Begründung der Ordnungen eine christologisch begründete kritische Instanz zur Seite zu stellen. H. THIELICKE bspw. reformuliert, geleitet von den Erfahrungen des Dritten Reiches, eine Ordnungstheologie unter Betonung der schon bei BRUNNER und ALTHAUS angelegten Konfliktstruktur von kommendem neuen und unter dem Vorzeichen der Sünde stehenden alten Äon, die den Christen in ein kontrolliert kritisches Verhältnis zur Faktizität der Ordnungen (vergleichbar TRILLHAAS), zugleich aber vor die Notwendigkeit verantwortlicher Kompromisse stellt (vgl. auch TRILLHAAS; LANGE; KÖRTNER). Ähnliche Versuche der Etablierung einer Instanz der Kritik der Faktizität der Rahmenbedingungen christlicher Praxis formulieren sich im Umfeld der Studienarbeit des LWB zum Thema der →,Zwei-Reiche-Lehre' und zum damit thematisierten Problem der ‚Eigengesetzlichkeit' und damit der Normativität der Rahmenbedingungen christlichen Handelns (DUCHROW); als Instanz der Kritik bietet sich – geleitet von den gesellschaftskritischen Motiven der jüngeren Barthschule – der christologisch konzentrierte Begriff des Reiches Gottes an, womit aber die lutherische Ethik Gefahr läuft, sich unter Aufgabe ihrer Vermittlungsfähigkeit in die letztlich wirkungslose apokalyptische Antithetik der Angehörigen des →Reiches Gottes zur Welt unter der Sünde zu verlieren (GOLLWITZER); hier sieht die luth. Sozialethik auch Anschluss an die Tradition der →Befreiungstheologien, deren Grundimpetus ihr aber eher wesensfremd ist.

6.2 Ordnungstheologie und demokratische Willensbildung. Ein wichtiger unterschwelliger Zug der jüngeren lutherischen Sozialethik ist das Problem der Vermittelbarkeit des von vorgegebenen Ordnungen ausgehenden traditionell-lutherischen Konzeptes mit den Grundprinzipien und Leitwerten einer pluralistischen und demokratischen →Gesellschaft (Delegation der Macht von unten, Freiheitsverständnis; →Pluralismus; →Demokratie). Der sozialethische Ansatz M. HONECKERS versteht sich als Reformulierung einer Zwei-Reiche-Lehre, in der einerseits öffentliches Handeln dem zum rechtfertigenden Ausweis nötigenden öffentlichen Diskurs und in diesem Sinne der Vernunft – dem Kriterium allseitiger Nachvollziehbarkeit – verpflichtet ist, während sich im Bereich der Motivation des Handelns – der gesellschaftlich wirksamen Prägung von Einstellungen und Grundoptionen – spezifisch christliche Intentionen geltend machen und öffentlich wirksam werden können, freilich nur im Medium und nach den Kriterien der Rationalität. Bei O. BAYER werden die überindividuellen normativen Vorgaben menschlichen Selbstvollzuges unter Rezeption des soziologischen Institutionenbegriffs (→Institution) in den Rahmen einer Auseinandersetzung mit der neuzeitlichen Deutung der Subjektivität eingezeichnet unter dem Vorzeichen, dass sich hier das ursprüngliche worthafte Gesetztsein als Angesprochensein menschlicher Existenz im Modus des Gesetzes und des Evangeliums, zuletzt also als Eröffnung von antwortender Freiheit, manifestiert; die existentiale Unterscheidung von Gesetz und Evangelium dient hier als kritisches Prinzip des Verständnisses und der Gestaltung faktischer Ordnung. E. HERMS hingegen hat eine Reformulierung der Ordnungstheologie vorgeschlagen, die diese nicht nur als Rahmen, sondern zugleich als Produkt von Interaktion deutet. Die Existenz dieser Ordnungen begründet HERMS im Wesen der Interaktionssituation – deren Funktionen – überhaupt (74), während deren Variabilität in einem interdependenten individuellen und kollektiven Bildungsprozess begründet ist; dabei vermittelt gerade die Herleitung der Ordnung aus Prozessen der Interaktion einerseits die Ordnungsethik mit den Bedingungen von Verbindlichkeit in einer offenen Gesellschaft, begründet aber andererseits die unableitbare konstitutive Funktion von weltanschaulichen Bindungen bzw. die Bedeutung der das Lebensinteresse und so die faktische Interaktion gestaltenden Bildungsinstitutionen; genau hier erweist sich der Bildungsprozess faktischer Ordnung, die ethisch positiv qualifiziert sein soll, als angewiesen auf eine ethische bzw. möglicherweise religiöse Grundlegung.

7. Themen. Die im Rahmen einer Sozialethik üblicherweise behandelten Themen werden jeweils von den zeitgenössischen Grundproblemen vorgegeben, zumeist dann aber aus den Grundbeziehungen menschlicher Existenz eigens deduziert. Die Drei-Stände-Lehre des klassischen L.s wird im 19. Jh. langsam ergänzt durch wirtschaftsethische Fragestellungen (→Wirtschaftsethik), die durch die Probleme der Industrialisierung und durch die sehr unterschiedlichen innerkirchlichen Reformbemühungen (WICHERN, STOECKER, NAUMANN) nach sozialethischer Reflexion riefen. Zu Beginn des 20. Jh.s wird die Lehre vom Staat ergänzt, teilweise auch begründet durch den Rekurs auf eine Ordnung des Volkes, in einigen Entwürfen auch der Rasse unter Aufnahme der zeitgenössischen Rasselehre. Seit den 1970er Jahren standen Fragen der Wirtschaftsordnung (→Gerechtigkeit), in 1980er Jahren steht das Paradigma des Friedens im Zentrum der sozialethischen Diskussion, das in der jüngsten Vergangenheit wieder durch verantwortungsethisch orientierte Fragestellungen nach dem ‚gerechten Krieg' abgelöst wird. Insgesamt ist zu beobachten, dass das Bewusstsein der Fernwirkungen wissenschaftlicher und technologischer Entwicklungen (→Medizinethik; Biotechnologie; →Umweltethik) neue Problemstellungen aufwirft, die sich der Subsumtion unter traditionelle theologische Kategorien schwer fügen.

M. LUTHER, WA 6, 202–276, 404–469; 7, 676–687; 11, 245–281; 15, 293–322; 18, 291–334, 357–361, 367–374, 384–401 – PH. MELANCHTHON, Scripta ad ethicen et politicen spectantia, CR 16 – J.A. QUENSTEDT, Theologia didactico-polemica, 1691 – D. HOLLAZ, Examen theologicum acroamaticum, 1707 – A. V. HARLESS, Christliche Ethik, 1874[7] – F.J. STAHL, Die Philosophie des Rechts, 1878[5] (Nachdruck 1963) – F. H. R. V. FRANK, System der christlichen Sittlichkeit, 1883/87 – W. HERRMANN, Ethik, 1913[5] – W. TRILLHAAS, Ethik, 1970[3] – E. TROELTSCH, Grundprobleme der Ethik, GS[II], 1922[2] (Nachdruck 1981), 552–672 – P. ALTHAUS, Theologie der Ordnungen, 1935[2] – DERS., Grundriß der Ethik, 1953[2] – E. HIRSCH, Leitfaden zur christlichen Lehre, 1938 – W. ELERT, Das christliche Ethos, 1949 – H. THIELICKE, Theologische Ethik, 3 Bde., 1958[2]ff – O. DIBELIUS, Obrigkeit, 1963[2] – G. KISCH, Melanchthons Rechts- und Sozialllehre, 1967 – G. CALIXT, Ethische Schriften, I. MAGER (Hg.), Werke in Auswahl III, 1970 – J. VAL. ANDREAE, Christianopolis, R. VAN DÜLMEN (Hg.), 1972 – U. DUCHROW/W. HUBER (Hg.), Die Ambivalenz der Zweireichelehre, 1977 – DERS., Zwei Reiche und Regimente, 1977 – M. HONECKER, Sozialethik zwischen Tradition und Vernunft, 1977 – DERS., Grundriß der Sozialethik, 1995 – J. W. BAIER, Compendium theologicae positivae, 3 Bde., Nachdruck 1879 – H. G. ULRICH (Hg.), Evangelische Ethik, 1990 – E. HERMS, Gesellschaft gestalten, 1991 – J. ROHLS, Geschichte der Ethik, 1991 – D. LANGE, Ethik in evangelischer Perspektive, 1992 – U. RIESKE-BRAUN, Zwei-Bereiche-Lehre und christlicher Staat, 1993 – O. BAYER, Freiheit als Antwort, 1995 – N. SLENCZKA, Das Ende der Neuzeit als volksmissionarische Chance?, in: KZG 11 (1998), 255–317 – U. H. J. KÖRTNER, Evangelische Sozialethik, 1999 (Lit.) – A. Stegmann, Die Geschichte der Erforschung von Martin Luthers Ethik, Lutherjahrbuch (LuJ) 79, 2012, 211- 342 (Lit.) – Arnulf von Scheliha, Protestantische Ethik des Politischen, 2013 – A. Stegmann, Luthers Auffassung vom christlichen Leben, 2014.

Notger Slenczka

Macht

1. Begriff und Erscheinungsformen. Das Erfahren von M. ist so alt wie die Menschheit. Der Herr „wird M. geben seinem Könige" heißt es schon in der Bibel (1. Sam 2,10). Als alltägliche Erscheinungsform begegnet sie uns in vielfältigen und sehr unterschiedlichen Beziehungen. Nach der zeitlosen und für die Sozial- und Politikwissenschaft immer noch grundlegenden Definition von M. WEBER bedeutet M. „jede Chance, innerhalb einer sozialen Beziehung den eigenen Willen auch gegen Widerstreben durchzusetzen, gleichviel worauf die Chance beruht". Der Begriff sei allerdings „soziologisch amorph"; alle denkbaren Qualitäten eines Menschen und alle denkbaren Konstellationen könnten jemanden in die Lage versetzen, seinen Willen in einer gegebenen Situation durchzusetzen. Der Einzelne begegnet M. zunächst allgemein in sozialen und gesellschaftl. Beziehungen (→Gesellschaft). Sie wird immer da empfunden, wo einer/eine oder mehrere das Verhalten anderer Personen beeinflussen oder beeinflussen können; dies unabhängig davon, ob ein solcher Einfluss angestrebt wird oder nicht. In einer →Gruppe kann einem Glied kraft persönlicher Ausstrahlung, fachlicher, geistiger oder geistlicher →Autorität M. zuwachsen (mit der Folge erhöhter →Verantwortung). „Wissen ist Macht", nicht nur im intellektuellen Sinn. Es kann die Ausübung von Druck ermöglichen und zu Abhängigkeiten führen. Ein Wort hat Gewicht – in einer Fakultät, in der Synode. Im beruflichen Umfeld hat ein Vorgesetzter stets M.; es kommt nur darauf an, wie er sie gebraucht. Auf M. stößt der Einzelne in →Vereinen, Verbänden und →Parteien nach Maßgabe der dort geltenden Regeln und Leitungsstrukturen. Jeder erfährt in irgendeiner Weise immer wieder persönlich M., positiv und negativ, am Ende seines Lebens die „M. des Todes".

Eine umfassendere Bedeutung hat der Begriff als M. der Verbände, der Wirtschaft, der →Banken, der →Gewerkschaften, der →Massenmedien, der →Parteien. Dies sind Erscheinungsformen faktischer M. Im staatlichen Bereich wird rechtliche, institutionelle M. ausgeübt. →Parlament und Regierung, →Verwaltung und Gerichte treffen für den Einzelnen sowie für →Staat und →Gesellschaft verbindliche Entscheidungen. Dies führt zur Frage der *Abgrenzung von M. und Herrschaft*. Die beiden Begriffe werden zwar nicht nur in der Alltagssprache oft synonym gebraucht (z.B. M., Herrschaft der Verbände; Herrschaft, M. der Parteien; aber nur: M. der Wirtschaft, M. des Geldes; andererseits: Herrschaft des Rechts). Schon M. WEBER hat indessen differenziert: „Herrschaft soll heißen die Chance, für einen Befehl bestimmten Inhalts bei angebbaren Personen Gehorsam zu finden". Nach M. HÄTTICH ist Herrschaft eine spezielle Verdichtung von M., „eine Beziehung von Befehl und Gehorsam, bei der die Inhalte der Befehle und der zum Gehorsam verpflichtete Personenkreis genau angebbar sind. Im Unterschied zur politischen M. bedarf die Herrschaft der institutionellen Legitimation". Für die freiheitl. →Demokratie sei die institutionelle Trennung von Herrschaft und M. konstitutiv. Eine solche Differenzierung hilft zur Unterscheidung von M. als praktischem Einfluss (= M.) und polit. institutionalisierter M. im speziellen Sinn (= Herrschaft). Im Staatsrecht ist diese begriffliche Unterscheidung aber nicht aufgenommen worden. Dies sieht man schon daran, dass der geläufige Begriff „Staatsmacht" sich auf die institutionalisierte Form der M.ausübung bezieht. Im Folgenden wird deshalb von einer Differenzierung abgesehen und der Begriff M. auch im Sinn von Herrschaft gebraucht, nämlich (in Anlehnung an R. HERZOG) allgemein als die Fähigkeit einer →Person oder →Institution, andere zu einem Verhalten zu veranlassen, das sie von sich aus so nicht an den Tag legen würden.

Einzuordnen in den Kontext von M. und Herrschaft ist allerdings die →Gewalt. Hierunter versteht man i. d. R. den Einsatz physischer Kraft (und von Waffen) als unmittelbaren oder mittelbaren Zwang. „Öff. Gewalt" meint demgegenüber denjenigen Teil polit. M., durch den im weitesten Sinn staatliche Organe das Recht wahrnehmen, anderen einseitig verbindliche Weisungen zu erteilen (Hoheitsakte zu erlassen) und diese ggf. durchzusetzen. „Gewaltherrschaft" kennzeichnet ein auf Unterdrückung der Menschen angelegtes totalitäres System.

2. Staatliche und polit. M. Der Staat hat die Aufgabe, für eine gerechte Ordnung zu sorgen (→Gerechtigkeit), die Bürger zu schützen und gedeihliche Lebensbedingungen in →Freiheit zu gewährleisten. Er erfüllt sie durch die in der verfassungsmäßigen Ordnung vorgesehenen Organe bzw. die in den Organen handelnden Personen. Jede Regulierung gesellschaftl. →Interessen und →Konflikte erfordert für ihre Effektivität M.; sie ist unverzichtbar, damit der Staat seinem Auftrag nachkommen kann. Ohne M. gibt es keine Freiheit. Im Parlament hat die jeweilige Regierungskoalition die M. der Mehrheit. Der Kampf um den Erwerb und die Erhaltung von polit. M. (→Politik) ist deshalb ein notwendiges Element im polit. Prozess (EKD-Demokratie-Denkschrift; →Denkschriften). Im Parlament hat aber auch die Minderheit M., z. B. die M., einen Untersuchungsausschuss einzusetzen oder ein Thema auf die Tagesordnung zu setzen und damit öffentlich zu machen. Auch die Wahl des Bundeskanzlers und seine Abwahl durch ein konstruktives Misstrauensvotum sind Ausübung von M.

Der Bundeskanzler bestimmt nach Art. 65 GG die Richtlinien der Politik. Die Regierungen und →Verwaltungen von Bund und Ländern sowie die Kommunen üben im Rahmen ihrer jeweiligen Zuständigkeit M. aus, letztere z. B. beim Erlass von Satzungen, bei der Entscheidung über eine Baugenehmigung oder eine Aufenthaltserlaubnis. Die Gerichte treffen Entscheidungen mit abschließender Verbindlichkeit, wenn Rechtskraft eingetreten ist. Das Bundesverfassungsgericht hat die M., sogar Gesetze des Parlaments für nichtig zu erklären. Insofern übt es polit. M. aus, wenn auch durch einen Rechtsspruch sowie inhaltlich gebunden an die Maßstäbe der Verfassung (→Grundgesetz) und an seinen sich aus der Verfassung und dem Bundesverfassungsgerichtsgesetz ergebenden Auftrag. All dies ist Wahrnehmung, Ausübung staatl. M., Ausdruck des *staatlichen Herrschaftsapparates*. Auch die soziale →Marktwirtschaft setzt einen ordnenden, starken Staat mit M.befugnissen voraus. Im Einzelfall kann es der Anwendung von Gewalt zur Durchsetzung rechtmäßig getroffener Entscheidungen bedürfen. Ein Faktor der M. ist auch das sog. *Gewaltmonopol* des Staates. Es besteht zum Schutz des inneren Friedens und besagt: Nur der Staat als Hoheitsträger (nicht der Bürger oder irgendeine Gruppierung der Gesellschaft) darf durch die jeweils zuständige Behörde oder den zuständigen Hoheitsträger Zwang zur Durchsetzung von Rechtsansprüchen (durch Polizei, Gerichtsvollzieher) und zum Schutz der inneren Sicherheit sowie der äußeren →Sicherheit (durch Streitkräfte) ausüben. Das Gewaltmonopol des Staates ist ein seit langem bestehendes Prinzip. Es stellt sicher, dass →Recht ausschließlich in einem geordneten rechtsstaatlichen Verfahren durch Organe des Staates durchgesetzt wird, und schützt den Schwächeren vor dem „Recht des Stärkeren".

M. in Form öff. Gewalt wird nicht nur durch nationale Organe ausgeübt, sondern auch durch internationale Gerichte, wie den internationalen Strafgerichtshof für Jugoslawien und den Europäischen Menschenrechtsgerichtshof in Straßburg sowie insbesondere durch die Organe der Europäischen Union. Die EU bildet eine neue öff. Gewalt, die gegenüber der Staatsgewalt der Mitgliedstaaten selbstständig und unabhängig ist. Nach Art. 288 des Vertrags über die Arbeitsweise der EU (AEUV) erlassen die Organe (Rat, Parlament, Kommission) zur Erfüllung ihrer Aufgaben und nach Maßgabe der jeweiligen Verfahrensregelungen (Art. 289 ff. AEUV) u. a. Verordnungen, Richtlinien und Beschlüsse mit Verbindlichkeit für die jeweiligen Adressaten. Die Verordnungen gelten unmittelbar in jedem Mitgliedstaat und haben Vorrang gegenüber nationalem Recht.

3. Legitimation. Jede Ausübung öff. Gewalt muss legal und legitimiert sein. Legalität bezeichnet die Gesetz- und Rechtmäßigkeit des Handelns, →Legitimität die innere Rechtfertigung. Die Legitimität staatlicher M. ergibt sich im demokratischen →Rechtsstaat im Grunde bereits daraus, dass alle staatliche M.ausübung unter dem Vorrang der Verfassung steht, nämlich in der Bindung an die in ihr enthaltenen Verfahrensregelungen und inhaltlichen Vorgaben. In der Bundesrepublik Deutschland ist dies das Grundgesetz als verbindl. rechtl. Grundnorm, als Auftrag und Rahmen zugleich. Das Grundgesetz selbst gewinnt seine Legitimation zum einen aus der Einigkeit des Volkes über seine Inhalte und aus seiner steten Praktizierung in freien Wahlen von Anfang an und über sechs Jahrzehnte hinweg; diese Gewährleistung muss durch das aktive Eintreten der Bürger für die Verfassungsordnung und durch die Leistungskraft der politischen Parteien in den Institutionen der parlamentarischen Demokratie immer wieder sichergestellt werden. Zum anderen ergibt sich die Legitimation aus der inhaltlichen Verpflichtung der Verfassung auf die Menschenwürde, die →Grund- und →Menschenrechte und die Prinzipien der →Demokratie, des →Rechts- und des →Sozialstaats mit den sich daraus ergebenden Maßgaben für die Übertragung und Ausübung von M. im Herrschaftssystem des GG. Das

Staatsvolk bekennt sich in den demokratischen Wahlen immer wieder neu zu diesem GG und erneuert damit jeweils die demokratische und rechtsstaatl. Verfasstheit. Als Inhaber der Staatsgewalt (Art. 20 Abs. 2 Satz 1 GG) überträgt es seinen Repräsentanten und durch diese den staatl. Organen jeweils neu die Befugnis – und verantwortliche Verpflichtung – zur M.ausübung. Insoweit beruht die M. der im demokratischen Staat Herrschenden auch auf Anerkennung. Sie ist Dienst an den Menschen und am Gemeinwesen und muss mit großer Verantwortung wahrgenommen werden.

4. **Grenzen.** Jeder Inhaber von M. ist in der Gefahr, sie zu missbrauchen. Die Fehlbarkeit der Regierenden – wie der Regierten – bestimmt deshalb zugleich die Ausgestaltung der Herrschaftsordnung. *Begrenzung der M. und Kontrolle* ihrer Ausübung sind Grundelemente einer demokratischen Verfassung. Diese Begrenzung äußert sich in inhaltlichen Bindungen und in der Verteilung von M. sowie in Verfahrensregeln zu ihrer Erlangung und Wahrnehmung. Sie ist nicht nur ein Gebot polit. →Ethik und staatsrechtlicher Erkenntnis; sie entspricht auch christlich-theologischer Sicht.

4.1 Inhaltl. Bindung. Das GG bekennt sich in Art. 1 zur Menschenwürde und zu unveräußerlichen und unverletzlichen Menschenrechten als Grundlage jeder menschlichen Gemeinschaft. Die Menschenwürde und Achtung der Freiheit und Gleichheit der Menschen sind Grundelemente des demokrat. Staates. Das Bekenntnis zum Rechtsstaat schließt das Gebot zur Herstellung von Gerechtigkeit ein. Die Präambel des GG bringt mit der Betonung der „Verantwortung vor Gott" und den Menschen zum Ausdruck, dass das Volk zwar souverän, aber nicht zu allem legitimiert ist. Es gibt überstaatliche Bindungen, die allen von Menschen geschaffenen →Normen vorausgehen und der Entscheidungsmacht des Menschen und der durch ihn legitimierten staatlichen Organe Grenzen setzen. Dieser Gedanke findet sich auch in der in Art. 20 Abs. 3 GG betonten Bindung von Exekutive und Rechtsprechung an Gesetz und Recht. Letztlich geht es um den Zusammenklang von M. und Recht. Erst in dieser Einheit ist die M. wahr und menschlich (K. SONTHEIMER). M. und Recht – beide zusammen konstituieren den Staat. M. ohne Recht, M. ohne Gerechtigkeit ist Willkür; umgekehrt ist Recht ohne M. nicht durchsetzbar. Insoweit verfehlt die alte Frage, ob M. vor Recht oder Recht vor M. geht, den Kern des Problems.

4.2 Strukturelle Bindungen. Ein Grundprinzip des demokrat. Rechtsstaats ist die Aufgabenteilung zwischen dem gesetzgebenden Parlament, der Exekutive (Regierung und Verwaltung) und unabhängigen Gerichten. Die Gewaltenteilung institutionalisiert die Kontrolle staatlicher Gewalt und begrenzt staatl. M. zugunsten der Freiheit des Bürgers. Eine besondere Rolle spielt hier das Bundesverfassungsgericht zur Durchsetzung der Bindung auch des Gesetzgebers an die Verfassung. Dies trägt zur Erhaltung des Nebeneinanders unterschiedlicher, annähernd gleichgewichtiger polit. Kräfte bei. Herrschaft auf Zeit erweist sich als ein weiteres Element der Begrenzung von M. Das polit. Mandat wird immer nur für eine bestimmte Wahlperiode übertragen. Durch diese befristete Übertragung polit. Verantwortung ergibt sich ein Ausgleich zwischen notwendigem Vertrauen und berechtigtem Misstrauen. Die freiheitlich demokrat. Ordnung verhindert jede absolute, zeitlich wie inhaltlich unbegrenzte M.ausübung und einen absoluten M.anspruch. Sie kann diese Aufgabe aber nur erfüllen, wenn die Bürger sich mit ihr identifizieren und wenn eine kritische Öffentlichkeit alles staatl. Tun wie auch das Handeln der polit. Parteien begleitet.

G. FERRERO, M., 1944 – B. WELTE, Über das Wesen und den rechten Gebrauch der M., 1960 – K. SONTHEIMER, Zum Begriff der M. als Grundkategorie der polit. Wissenschaft, in: D. OBERNDÖRFER (Hg.), Wissenschaftliche Politik, 1966², 197ff – H. P. PLATZ, Vom Wesen und dem rechten Gebrauch der M. – Versuch einer Erhellung in Auseinandersetzung mit F. Gogarten und G. Gundlach, 1971 – M. WEBER, Wirtschaft und Gesellschaft (1921/22), 1972⁵ – M. HÄTTICH, M., in: GÖRRES-GESELLSCHAFT (Hg.), Staatslexikon, III 1987⁷ – W. MAIHOFER, Prinzipien freiheitlicher Demokratie, in: E. BENDA/W. MAIHOFER/H.-J. VOGEL (Hg.), Handbuch des Verfassungsrechts, 1994², 427ff. – H. ARENDT, Macht und Gewalt, 2003¹⁵ – A. ANTER, Theorien der Macht, 2011 – R. NAUMANN, Die Macht der Macht, 2012.

Wolfgang Heyde

Manager

1. Begriff. Der M. oder die M.in ist eine Persönlichkeit, die in einer →Organisation im Angestelltenverhältnis Managementaufgaben wahrnimmt. Handelt es sich bei dieser Organisation um ein Wirtschaftsunternehmen, dann bestehen diese Managementaufgaben generell formuliert zum einen (soziologisch betrachtet) in der Autorität erfordernden Unternehmensführung im Sinne des zielorientierten Einwirkens auf andere und zum anderen (systemtheoretisch betrachtet) für die ranghöchsten M. darin, dafür zu sorgen, dass man im Hinblick auf die sich permanent verändernde Umwelt (vor allem der Märkte) die richtige Strategie verfolgt.

2. Managementhierarchie. Das Management einer größeren →Unternehmung – als Personengruppe verstanden – ist durch eine rangmäßige Differenzierung gekennzeichnet, wobei der jeweils übergeordnete Personenkreis gegenüber dem nachgeordneten Entscheidungs-, Anordnungs- und Kontrollrechte ausübt (SCHWINN). Dieser hierarchische Aufbau wird üblicherweise in einer dreifachen Abstufung sichtbar. Auf der obersten Rangstufe stehen die Top-M., der Vorstand oder die Geschäftsführung des Unternehmens, welches die strategischen Entscheidungen zu treffen hat, u. a. die Festlegung der Unternehmenspolitik, die grundsätzliche Planung und Koordination der verschiedenen Unternehmensbereiche sowie die Besetzung von Führungspositionen. Im mittleren Management, auf der Ebene von Direktoren und Abteilungsleitern, werden die operativen Einzelentscheidungen getroffen. Im unteren Management, auf der Ebene von Gruppenleitern und Meistern, fallen Routineentscheidungen über die ausführende Tätigkeit der Mitarbeiter.

3. Managementkompetenzen. Die Durchführung von M. aufgaben auf der jeweiligen Hierarchieebene erfordert vielfache Kompetenzen, die sich in technische, soziale und analytische Kompetenzen einteilen lassen (KATZ). Zu den technischen Kompetenzen zählen u. a. Kenntnisse der Technologie, der Projektplanung, der Investitionsrechnung und der Qualitätskontrolle. Zu den sozialen Kompetenzen gehören Führungsautorität sowie Fähigkeiten in der →Kommunikation, in der Motivierung und in der Konfliktlösung. Mit analytischen Kompetenzen sind die Fähigkeit zu strategischem Denken, zur Risikoabwägung, zur Problemlösung und zur ganzheitlichen Betrachtung des Unternehmens und der Interdependenz seiner einzelnen Bereiche gemeint.

4. Interessenkonflikte. Besonders in Aktiengesellschaften kommt es infolge von Informationsvorteilen des Managements (asymmetrische Informationsverteilung) leicht dazu, dass der Vorstand (auch) Ziele verfolgt, die nicht im Interesse der Aktionäre liegen (Prinzipal-Agenten-Problem). Die im deutschen Aktiengesetz vorgesehene Institution des Aufsichtsrats als Kontrollinstrument funktioniert nicht immer zuverlässig. Es haben sich daneben auch andere Mechanismen zur Lösung dieses Problems herausgebildet, zu denen die Beteiligung der M. am Erfolg des Unternehmens gehört. Dazu zählen auch die Abwanderung von Aktionären mit entsprechenden Kursverlusten oder die Drohung eines Verkaufs des Unternehmens mit der Folge, dass die Top-M. ausgewechselt werden. Mögliche Konflikte zwischen kurzfristiger Erfolgsorientierung (z. B. von beruflich sehr mobilen M.) und langfristigen Interessen (etwa von Eigentümern) lassen sich durch diese Mechanismen indes kaum lösen.

P. DRUCKER, Was ist Management? Das Beste aus 50 Jahren, 2002 – R. KATZ, Skills of an effective administrator, in: Harvard Business Review, 1955 – M. POHLMANN, Management und Führung. Eine managementsoziologische Perspektive, in: BERUFSVERBAND DEUTSCHER SOZIOLOGINNEN UND SOZIOLOGEN E.V. (Hg.), Sozialwissenschaften und Berufspraxis, 2007 – R. SCHWINN, A. SÜD-KAMP, Betriebswirtschaftslehre, 1996² – W. STAEHLE/P. CONRAD/J. SYDOW, Management: Eine verhaltenswissenschaftliche Perspektive, 2014⁹.

Gernot Gutmann

Marketing

1. Begriff. In den 50er u. 60er Jahren des 20. Jh.s veränderte sich die Situation auf den Märkten deutlich. Während zuvor die Nachfrage größer als das Angebot war (*Verkäufermarkt*) überstieg in den Industrieländern nun das Angebot die Nachfrage (*Käufermarkt*). In einem *Verkäufermarkt* hat der Anbieter die Macht im Absatzkanal. Er kann sich aus der großen Nachfrage seine Kunden auswählen und mit seinem knappen Angebot bedienen.

Heute hat der Käufer i. d. R. eine deutlich größere Macht; er kann aus dem überreichen Angebot auswählen. Um in einem *Käufermarkt* bestehen zu können, war somit eine Neuorientierung der Unternehmenspolitik notwendig. Der Engpass liegt nun für (kommerzielle) →Unternehmen weniger in der →Produktion, sondern in der Nachfrage. Dies erfordert eine konsequente Kundenorientierung. M. bedeutet im Idealfall, dass die →Bedürfnisse der Kunden in den Mittelpunkt möglichst aller unternehmerischen Entscheidungen und Aktivitäten gestellt werden: das Unternehmen lebt vom Markt. M. ist kein funktionaler Teilbereich des Unternehmens, es strahlt vielmehr auf alle Bereiche des Unternehmens aus. M. ist also viel mehr als die populäre, aber fälschliche Vorstellung von Absatzwerbung und Vertrieb. Es ist ein Gesamtkonzept.

M. impliziert, dass sich prinzipiell alle Aktivitäten des Unternehmens, damit auch der Mitarbeiter, auf die Erwartungen und Bedürfnisse der Kunden ausrichten. Der Markt muss kreativ und systematisch gesucht (mit den Instrumenten der →Marktforschung) und erschlossen werden. Dazu wird der Markt in unterschiedliche Segmente aufgeteilt und differenziert bearbeitet. Die eingesetzten M.instrumente müssen integriert werden, um eine optimale Gesamtwirkung zu erreichen.

2. M.-Instrumente. Die Instrumente, die im Rahmen des M.s zur Verfügung stehen, werden üblicherweise in vier Gruppen eingeteilt. In den USA werden diese M.instrumente sehr eingängig als die „*vier P*" bezeichnet. *Product* (Produkt, Angebot): In der Produkt- oder Angebotspolitik trifft das Unternehmen die Entscheidungen über die Produkte oder Dienstleistungen, die auf dem Markt offeriert werden. Die Produktpolitik wird als das „Herz des M.s" bezeichnet, weil sie den Ausgangspunkt für die anderen Instrumente darstellt. Die komplexeste Aufgabe in der Produktpolitik ist die Entwicklung und Einführung neuer Produkte. Die hohen Kosten für die Forschung und Entwicklung stehen der großen Gefahr, einen „Flop" zu produzieren, gegenüber. *Price* (Preis): Die Preispolitik umfasst alle Entscheidungen darüber, in welcher Preislage das Unternehmen operieren will, welche Preise für neue Produkte fixiert werden und welche Preisänderungen für bestehende Produkte beschlossen werden. Auch die Lieferungs- und Zahlungsbedingungen, Rabatte und Konditionen werden in diesem Zusammenhang entschieden. *Place* (Distribution, Vertrieb): Die Distributionspolitik beschäftigt sich mit allen Entscheidungen, die sich mit dem Vertrieb und der Logistik beschäftigen. *Promotion* (Werbung): Im Rahmen der Kommunikationspolitik wird geplant, mit welchen Kommunikationsinstrumenten und Medien (z. B. Werbung, Verkaufsförderung, Direktwerbung, Online-Kommunikation) die Abnehmer informiert werden sollen.

Diese als 4 P bezeichneten M.instrumente wurden ergänzt und erweitert. Gerade Dienstleistungsunternehmen bedienen sich häufig der 7 P. Dabei wird das klassische Instrumentarium ergänzt um *Personell* (Personal), *Processes* (Prozesse, Abläufe) und *Physical Facilities* (z. B. Ladenlokale).

3. Online-M. Das Mediennutzungs- und Informationsverhalten hat sich in den letzten Jahren deutlich geändert. Statt in klassischen Medien informieren sich die Menschen immer stärker im Internet, auf das sie mit PCs, Tablets und Smartphones zugreifen. Das Online-M. hat nicht nur die Kommunikation, sondern alle M.instrumente verändert. *Product:* Mit dem Internet und der Digitalisierung wurde es Verbrauchern und Kunden mehr und mehr möglich, Vergleiche zwischen Produkten/Dienstleistungen verschiedener Anbieter zu ziehen und Empfehlungen – sowohl von den Anbietern selbst, als auch von anderen Verbrauchern – einzuholen. Die Empfehlung erhält neue Plattformen und ungeahnte Reichweiten. *Price:* In jedem Markt kommen Anbieter, Verbraucher sowie Wettbewerber als Teilnehmer zusammen und üben Einfluss auf die Preisgestaltung aus. Durch die Infrastruktur des Internets ist jedoch eine neue Transparenz in die Märkte getreten, Preise können zeit-, standort- sowie kanalübergreifend miteinander verglichen werden. Das bedeutet einen neuartigen, viel stärker preisorientierteren Wettbewerb. *Place:* Neben den klassischen Verkaufsstätten und den Versandhäusern sind webbasierte Möglichkeiten entstanden, die ortsunabhängige Käufe ermöglichen. Länder- oder Ladengrenzen stellen keine Hürden mehr dar. *Promotion:* Die Kommunikationspolitik wurde in den vergangenen 20 Jahren um ein Vielfaches komplexer: neue Fernseh- und Radiosender, Zeitschriften, Magazine sind entstanden. Die mit dem Internet verbundenen Angebote wie E-Mail, Google AdWords, Banner, Microsites, Newsletter, Mobile, Suchmaschinenmarketing und Soziale Netzwerke ergänzen die Medien und erhöhen somit die Komplexität und Anforderungen.

4. Social M. M. beschränkt sich nicht auf kommerzielle Unternehmen, sondern die Erkenntnis der Notwendigkeit umfassender „Kunden"-Orientierung und damit des Ms. hat sich seit Jahrzehnten auch in →Non-Profit-Organisationen durchgesetzt. Social M. nutzt die Erkenntnisse und Erfahrungen des typischen Unternehmens-M. für die sozialen, umweltorientierten oder andere nicht-kommerzielle Anliegen dieser Organisationen. Zu dem Social M. zählt auch das Kirchen-M., das in Deutschland in den späten 1990er Jahren zum Thema wurde. Ein Grund dafür ist, dass auf dem „Markt der Sinnsuche" und im Bereich nicht-religiöser kirchlicher Tätigkeiten ein wachsendes und für manchen schwer überschaubares Angebot anzutreffen ist. Beim Social M. geht es nicht – wie gelegentlich angenommen – um die Kommerzialisierung sozialer oder gar religiöser „Dienstleistungen" (→Ökonomisierung). Das klassische M.-Konzept wird vielmehr an die spezifischen Ziele und Zielgruppen („Kunden") der jeweiligen Non-Profit-Organisation angepasst. „Beim Kirchenmarketing handelt es sich nicht darum, Liebe und persönliche Zuwendung zu vermarkten, sondern es geht um nichts anderes als um eine Verkündigung mit modernen Mitteln." (Raffée)

C. R. Famos/R. Kunz (Hg.), Kirche und M. 2006 – H. Holland (Hg.), Digitales Dialogm., 2014 – C. Homburg, M.management, 2012⁴ – P. Kotler/F. Bliemel, M.Management 2007¹² – H. Raffée, Irrweg oder Vernunft? in H. H. Bauer/ H. Diller, Wege des M. 1995.

Heinrich Holland

Markt

1. Begriff. Der Begriff M. kennzeichnet das Zusammentreffen von Angebot und Nachfrage. Dabei kann es sich um einen konkreten Ort (z. B. Wochenmarkt), einen virtuellen M.platz (z. B. Handelsplattformen im Internet) oder allgemein um die summarische Beschreibung des Angebots an und der Nachfrage nach bestimmten Gütern (z. B. der deutsche Automobilmarkt) handeln. Wesentlich ist die Unterscheidung zwischen Märkten für Güter (= Waren u. Dienstleistungen) und für Produktionsfaktoren (insbesondere der Arbeitsmarkt). Der M.begriff wird auch für andere Sachzusammenhänge genutzt, bei denen im weitesten Sinn mehrere Akteure mit komplementären Interessen zusammentreffen (z. B. Heiratsmarkt oder Wählerstimmenmarkt).

2. M.formen. Für die Unterscheidung der M.formen ist zunächst eine M.abgrenzung in räumlicher, zeitlicher und sachlicher Hinsicht vorzunehmen. In der Praxis werden dabei anhand der Substitutionsmöglichkeiten der Nachfrager häufig Ober- und Untermärkte unterschieden (z. B. für alkoholfreie Getränke, Fruchtsaft und Orangensaft).

Eine zentrale Rolle für die M.formenlehre spielt die Anzahl der M.teilnehmer auf den beiden M.seiten. Üblich ist die Unterscheidung zwischen einem, wenigen und vielen M.teilnehmern, woraus sich neun Kombinationsmöglichkeiten ergeben. Zudem gibt es Mischformen, bspw. Teilmonopol. Für das M.verhalten ist entscheidend, ob zwischen den Akteuren wechselseitige Interdependenzen vorliegen (wenige Akteure) oder ob der einzelne Akteur seine Entscheidungen treffen kann, ohne dabei mögliche Wechselwirkungen mit anderen Akteuren zu berücksichtigen (viele Akteure). Auf der Nachfrageseite lassen sich als typische Konstellationen die Nachfrage durch viele private Haushalte (M. für Konsumgüter), durch wenige Unternehmen (z. B. M. für Investitionsgüter) oder durch einen öffentlichen Haushalt (z. B. M. für Rüstungsgüter) unterscheiden. Gemäß der Anbieterzahl kann bei vielen Nachfragern zwischen den M.formen →Monopol (ein Anbieter), Oligopol (wenige Anbieter) und Polypol (viele Anbieter) differenziert werden.

Weitere relevante Merkmale eines M.es sind die Homogenität bzw. Heterogenität der Güter, das Ausmaß der M.transparenz sowie die Anpassungsgeschwindigkeit der Akteure. Die Analyse von M.prozessen erfolgt in der Volkswirtschaftslehre im Rahmen der Mikroökonomik, wobei sich Konstellationen mit wenigen Akteuren mithilfe der →Spieltheorie abbilden lassen.

3. M.gleichgewicht. Im *M.gleichgewicht* stimmen Angebots- und Nachfragemenge zum herrschenden Gleichgewichtspreis überein, sodass der M. geräumt ist. Im Gleichgewicht gehen die Wirtschaftspläne der Anbieter und Nachfrager in Erfüllung, sodass dieser Zustand stabil ist, solange sich die Rahmenbedingungen nicht ändern. Liegt in der Ausgangssituation ein M.ungleichgewicht vor (Angebots- oder Nachfrageüberhang), so besteht i. d. R. eine inhärente Tendenz zum M.gleichgewicht. Verändern sich Rahmenbedingungen, so werden diese durch Preisänderungen schnell erkennbar (Informationsfunktion des Marktes).

4. Staatliche Eingriffe auf Einzelmärkten. Unter der Voraussetzung, dass der Tauschprozess auf einem M. ohne Zwang erfolgt, verbessern beide M.teilnehmer durch den Tausch ihre Situation. Staatliche Eingriffe in den M.prozess bedürfen daher einer besonderen Rechtfertigung. Eine direkte Vorgabe von M.ergebnissen in Form von Höchst- oder Mindestpreisen, die dem Schutz der Nachfrager respektive Anbieter dienen sollen, ist in aller Regel mit unerwünschten Folgeproblemen und der Notwendigkeit weiterer Staatseingriffe (z. B. Rationierungen) verbunden. Neben der etablierten Monopolregulierung gewinnt in den vergangenen Jahren die Verbraucherschutzpolitik an Bedeutung, die von einer Verbraucheraufklärung über Informations- und Kennzeichnungspflichten und spezifische Verbrauchsteuern bis hin zum Verbot bestimmter Güter reicht (→Verbraucherpolitik). Inwieweit eine solche „paternalistische" Politik, die letztlich von einer Uninformiertheit des Nachfragers oder der Korrekturbedürftigkeit seiner Entscheidungen ausgeht, in einer freiheitlichen Wirtschaftsordnung zu rechtfertigen ist, wird angesichts der zunehmenden Zahl insbesondere ökologisch motivierter Produktnormen (z. B. Glühbirnenverbot) kontrovers diskutiert.

R. Pindyck/D. Rubinfeld, Mikroökonomie, 2013[8] – M. Fritsch, M. versagen und Wirtschaftspolitik, 2014[9].

Frank Fichert

Marktforschung

1. Begriff. M. ist die systematische Erforschung von Märkten, wobei insbesondere die Absatzmärkte und die Bedürfnisse sowie Erwartungen der Marktteilnehmer für die Ausgestaltung der →Marketinginstrumente wichtig sind. Die M. entstand in den USA in den 1930ern. Bei den →Unternehmen setzte sich die Erkenntnis durch, dass die bisherigen Einsichten über die Marktprozesse nicht ausreichten für ein professionelles Management. Eine entscheidende Ursache für das Etablieren der M. lag in dem Problem, dass durch das Unternehmenswachstum und die Marktexpansion viele Hersteller den direkten Kontakt zu dem Marktgeschehen und zu ihren Kunden verloren hatten. Die Waren wurden an den Handel verkauft und damit „aus den Augen verloren". Um die Marketingziele zu erreichen, war es erforderlich, systematisch Informationen über den Absatzmarkt und dessen Veränderungen zu beschaffen.

2. Formen. Die *Sekundärforschung* nutzt bereits vorliegende Daten für die Beantwortung der Fragestellung. Sie greift auf amtliche oder private Erhebungen zurück, die von den unterschiedlichsten Quellen veröffentlich werden (z. B. Statistische nationale oder internationale Ämter, Forschungsinstitute, Verbände, Interessensvertretungen). Sekundärforschung verursacht geringe Kosten und liefert schnell Ergebnisse, die aber nicht immer die Erwartungen entsprechen. Wenn die Fragestellungen z. B. das eigene Unternehmen betreffen (Bekanntheitsgrad, Image, Kundenzufriedenheit), müssen die Daten eigens für den Untersuchungszweck erhoben werden. *Primärforschung* bedeutet einen hohen Aufwand, erbringt aber auch die Daten, die gefragt sind. Methoden der Primärforschung sind Befragungen (schriftlich, online, mündlich, telefonisch), Beobachtungen (im Labor oder Feld), Experimente und Tests (apparative Verfahren) (→Statistik). Daten können aus dem eigenen Unternehmen stammen (interne M.), eine größere Rolle spielt in der Praxis die externe M., die die Rezeption von Medien oder das Verhalten der Wettbewerber oder Partner betrifft.

3. Anwendungsmöglichkeiten. M. beschäftigt sich einerseits mit breit angelegten Themen wie allgemeinen Marktcharakteristika und -entwicklungen. Andererseits können auch sehr eng gefasste Fragestellungen beantwortet werden, die Kundensegmente betreffen

(Identifikation der Kunden, Bedeutungsveränderung der einzelnen Segmente). Eine besondere Bedeutung hat im →Marketing die Erforschung von Kundenverhalten und -bedürfnissen. Im Rahmen des *Beziehungsmarketings* liegt der Schwerpunkt auf der Erforschung von Kundenzufriedenheit und -loyalität. Vor allem in Angebotsoligopolen (→Wettbewerbspolitik, →Monopol) werden die Wettbewerber im Rahmen der M. analysiert (Marktanteil, Ertragslage, Kostenstruktur, Kundenstruktur, Ressourcen, Ziele und Strategien der wichtigsten Wettbewerber). Ohne Kenntnis der eigenen Marktposition ist sinnvolles unternehmerisches Handeln nicht denkbar.

4. **Aufgaben.** Die Aufgaben der M. liegen in der →Innovationsförderung (Erkennen von Chancen und zukünftigen Trends) und in der Frühwarnung (frühzeitiges Erkennen von Risiken und Problemen). Intelligenzverstärkung bedeutet die Unterstützung der Entscheidungsprozesse in der Unternehmensführung sowie die Hilfe bei der Auswahl der optimalen Maßnahmen. Für die Erfolgskontrolle kann die M. die Wirkung der auf den Markt gerichteten Maßnahmen erkennen und die Abweichung von Zielvorgaben analysieren. Entscheidungen im Unternehmen werden unter Unsicherheit getroffen. M. dient der Reduktion dieser Unsicherheit und der Präzisierung und Objektivierung bei der Entscheidungsfindung.

J. KOCH, M., 2012^6 – H. WEIS/P. STEINMETZ, M., 2012^8.

Heinrich Holland

Marktwirtschaft, soziale

1. **Begriff.** S. M. ist ein wirtschaftspolit. Leitbild, wird aber auch zur Beschreibung für die in der Bundesrepublik Deutschland betriebene →Wirtschafts- u. Sozialpolitik verwendet. Die Urheberschaft des Begriffs wird dem Volkswirt u. Soziologen MÜLLER-ARMACK zugeschrieben. Das Leitbild war nach dem Krieg die „bundesdeutsche" Antwort auf die Frage nach einer Wirtschaftsordnung, die eine freie u. gerechte Gesellschaft ermöglicht. S. M. ist die Verbindung von →*Freiheit*, *Wettbewerb* u. *sozialem Ausgleich*.

2. **Dogmengeschichtliches.** Die v. a. mit BISMARCK einsetzende massive Vermachtung der Wirtschaft u. Instrumentalisierung des Staates für Verbands- u. Parteiinteressen führte spätestens nach dem 1. Weltkrieg zur Unterwerfung der Menschen unter wirtschaftl. u. staatl. Mächte. Damit war das Vertrauen in eine liberale Wirtschaftsordnung extrem geschmälert. Eine liberale Neuorientierung erfolgte in den 30er Jahren durch Wissenschaftler, die autoritären Regimen u. Zentralverwaltungswirtschaften eine freiheitl. Wirtschaftsordnung entgegenstellen wollten. Dieser Liberalismus wurde in klarer Abgrenzung zum klassischen und zum „Laisser-faire-Liberalismus" als →*Neoliberalismus* bezeichnet. Der spätere Begriff des *Ordoliberalismus* meint insb. die neoliberale „Freiburger Schule", aus der die S. M. im Wesentlichen hervorgegangen ist. Die S. M. ist aus einer Synthese von Gesellschafts- u. Wirtschaftspolitik entstanden, die in die Kernthese mündet, dass Staat u. Wirtschaft durch ethische Werte zu fundieren sind. Die Ordoliberalen waren sich einig, dass die Krisen in der ersten Hälfte des letzten Jhdts. nicht der Marktwirtschaft inhärent sind, sondern dass es – anders als im klassischen Liberalismus vorausgesetzt – an „moralischen Schranken" (SMITH) fehlte, die das Verhalten der Einzelnen zu einem für alle besten Ergebnis führt. Die Ordoliberalen konstatierten einen Niedergang geistiger u. moralischer Werte, mitbedingt u. a. durch Fehlorientierung der Historischen Schule und die Schwächung gewachsener Lebensbindungen (→Familie, →Gemeinden, Kirchen usw.).

Die Wettbewerbswirtschaft kann „*gemeinsame Haltungen und Gesinnungen, gemeinsame Wertnormen [nicht] ... setzen, ohne die eine Gesellschaft nicht zu existieren vermag. Sie zehrt an der Substanz geschichtlicher Bindungskräfte und stellt den einzelnen in eine oft schmerzvolle Isolierung, wie es im Übrigen auch der Kollektivismus tut. Sie bedarf daher der Ergänzung durch eine Gesellschaftspolitik, die den Menschen nicht nur funktionell als Produzenten und Konsumenten, sondern auch in seiner persönlichen Existenz sieht. Nur wenn es innerhalb einer freien Ordnung gelingt, den Menschen auch als Menschen einzugliedern, dürfte es möglich sein, das tiefe Misstrauen, das viele Menschen heute gegenüber freien Ordnungen beseelt, zu überwinden.*" MÜLLER-ARMACK

3. **Freiheit u. S. M.** S. M. ist im ursprüngl. Verständnis zuvorderst *Marktwirtschaft*, aber keine sich selbst überlassene, sondern von der *Gesellschaft* unterstützt u. vom *Staat* beschützt. Das erfordert, dass der Staat die Menschenrechte wahrt, private Gewalt u. Betrug verhindert, Recht schützt, Vertrags- u. Gewerbefreiheit sichert, Privilegien abschafft, Privateigentum schützt sowie die Individualhaftung für leichtsinniges, fehlerhaftes, betrügerisches u. missbräuchliches Planen u. Handeln einfordert. Hinzu kommen Aufgaben wie u. a. die Landesverteidigung, ein funktionsfähiges Geldwesen u. die Sicherstellung anderer öffentl. Güter, die Sicherung der →Bildung, der Bildungschancen u. der sozialen Aufstiegsmöglichkeiten sowie die Sorge für humane Arbeitsbedingungen. Schließlich zählt hierzu auch die Fürsorge für diejenigen, die ihren Unterhalt u. ihre Interessen nicht aus eigener Kraft sichern bzw. wahrnehmen können. Dies setzt einen *funktionsfähigen Staat* mit einer *soliden Finanzierung* voraus.

4. **Wettbewerb.** Wettbewerb ist für die S. M. kein „natürl. Organismus", der sich selbst überlassen zu

Kostensenkungen, kundenorientierter Güterversorgung, Innovationen u. Wirtschaftswachstum führt. Wettbewerb ist vielmehr ein auf Regeln beruhendes System, für das der Staat einen Rahmen schaffen u. das er schützen muss. Daher bedarf es der effektiven *Politik gegen Wettbewerbsbeschränkungen* – sowohl privater als auch staatl. Art (→Wettbewerbspolitik). Nur dann kann der Markt die ihm zugedachten Funktionen erfüllen, zu der neben (wirtschaftl.) Freiheit, Allokation, →Innovation und Verteilung auch die Verhinderung wirtschaftl. u. gesellschaftl. Machtballung zählt.

5. Sozialer Ausgleich. Dieser bezog sich ursprünglich v. a. auf eine Verbesserung der Lage der Arbeitnehmer, die zu einem erhebl. Teil in dem Maße erwartet wurde, wie der Staat die unter 3. u. 4. genannten Voraussetzungen für eine prosperierende Marktwirtschaft aufrechterhält, so dass die Beschäftigung, die Lohneinkommen u. der allgemeine materielle Wohlstand steigen. Damit nehmen auch die verfügbaren Mittel für die Eigenvorsorge (individuell o. in Versicherungsgemeinschaften) u. die Fürsorge zu. Angesichts der sich verändernden gesellschaftl. Bedingungen u. Wahrnehmungen steht heute weniger der soziale Ausgleich zwischen Arbeitskräften u. Unternehmern – deren Abgrenzung ohnehin zunehmend verwischt – im Vordergrund, sondern es geht (auch) um den Ausgleich zwischen Bevölkerungsgruppen, die anders abgegrenzt werden, sei es z. B. durch die Kinderzahl, die Erwerbschancen o. das Niveau der (berufl.) Qualifizierung. Die *Kernprinzipien des sozialen Ausgleichs* sind indes nach wie vor die der *Selbstverantwortlichkeit*, der *Versicherung*, der *Gegenleistung* sowie das →*Solidarprinzip*. Letztgenanntes wird v. a. als Verantwortung jedes Einzelnen sowohl für sich als auch für die Gemeinschaft verstanden. Das staatl. *Fürsorgeprinzip* ist in der S. M. zwar unverzichtbar, soll aber grundsätzlich nur angewendet werden, wenn es um Menschen geht, denen die Möglichkeit zur selbstverantwortl. Abicherung – auch in einer gemeinschaftl. Gruppe – fehlt (Deckung des Existenzminimums) oder um Menschen, deren elementarste Interessen verletzt werden, weil sie noch nicht mal diese wahrnehmen können (z. B. Kinder, Menschen mit fortgeschrittener Demenz).

6. Gewichtung von Freiheit, Wettbewerb u. sozialem Ausgleich. Anhänger einer „*freiheitlichen Marktwirtschaft*" gewichten die drei Grundsätze tendenziell von links nach rechts. Die Konzepteure der S. M. betonen hingegen, dass es darum geht, den Wettbewerb in den Dienst von Freiheit und sozialem Ausgleich zu stellen. Soweit ein starker Staat für die Funktionsfähigkeit des Wettbewerbs sorgt und den Missbrauch wirtschaftl. Freiheit verhindert, erzeugt der Wettbewerb nämlich zum einen (Markt-)Leistungsgerechtigkeit u. kann zum anderen den materiellen Wohlstand herbeiführen, welcher die Basis des sozialen Ausgleichs ist.

7. Verhältnis zur christl. Gesellschaftslehre. Freiheit, Wettbewerb u. sozialer Ausgleich haben mit den Postulaten *Personalität*, →*Subsidiarität* u. →*Solidarität* vieles gemeinsam, aber es existieren Meinungsverschiedenheiten, v. a. hinsichtlich: (1) Soll der Staat die Sozialpolitik primär als Ergebnis bzw. Teil der aktiv geschützten Wettbewerbsordnung oder als eigenständige zweite Säule neben diese Ordnungspolitik setzen? (2) Soll sich der Staat bei der sozialen Sicherung auf die Rahmensetzung u. selbstverantwortl. Eigen- u. Gruppenvorsorge stützen, oder soll er entsprechende Einrichtungen in eigener Regie u. finanzieller Verantwortung lenken – ohne z. B. versicherungswirtschaftl. Grundsätze zu beachten? (3) Inwieweit soll der Staat über die Ordnungspolitik hinaus aus wirtschafts-, sozial- u. gesellschaftspolitischen Gründen Einfluss nehmen, z. B. auf individuelle Lebensformen, betriebl. Mitbestimmung, Verbände, Wirtschaftsstruktur, Konjunktur u. auf andere Ergebnisse marktwirtschaftl. u. gesellschaftl. Prozesse?

8. Entwicklungen in den letzten Jahrzehnten. Von Anbeginn teilten sich die Meinungen, wie *Freiheit, Wettbewerb, sozialer Ausgleich* u. *Solidarprinzip* institutionell zu begrenzen, gewichten u. gestalten sind. Die weltanschaul. u. sozialtheoretischen Meinungsunterschiede lassen sich außer auf den klassischen u. den Ordoliberalismus v. a. auf die christl. Sozialehre, den demokratischen Sozialismus u. einen eher radikalen Wirtschaftsliberalismus zurückführen. Mittlerweile wird der Begriff „S. M." für eine fast beliebige Mischung aus wettbewerbs- u. industriepolit. Rahmensetzung, wettbewerbl. u. staatl. Steuerung sowie Wettbewerbs-, Sozial- u. Umverteilungspolitik verwendet. Folge dieser Beliebigkeit war im Zuge des Parteienwettbewerbs eine Zunahme von staatl. marktkonformen Interventionen u. direkten Eingriffen in wettbewerbl. Abläufe u. Strukturen. Industrie- u. umverteilungspolit. Ziele wurden zusehends stärker gewichtet – Freiheit, Eigenverantwortung u. Wettbewerb verloren an Gewicht. Dies führte zu einer Politik, die sich vom Leitbild der S. M. entfernte. Dazu zählen die systematische Bindung der sozialen Versicherungen an die Arbeitsverhältnisse trotz sich ändernder sozial- u. gesellschaftspolit. Herausforderungen, die Besitzstandswahrung und das Festhalten an den in unveränderter Form kaum zu finanzierenden gesetzl. Zwangsversicherungen, eine Arbeitsmarktpolitik, die mit den Erfordernissen wettbewerbl. Produktmärkte kollidiert u. die Deregulierung des Finanzsektors ohne zugleich Haftungsprinzipien Rechnung zu tragen. Dies alles trug bei zu neuen sozialen Schieflagen, steigender Arbeitslosigkeit, wachsender Staatsverschuldung, leichtsinnigerem Verhalten der Finanzmarktakteure u. sinkendem Wirtschaftswachstum. Hierauf reagierte der deutsche Staat ab der Jahrhundertwende. Manche der Reformen verringerten den entstandenen Abstand zur S. M.; andere Maßnahmen führten noch weiter weg vom Leitbild, da sie marktinkonform u.

letztlich auch zielunwirksam sind, was weitere Interventionen nach sich zieht.

Es lässt sich nicht absehen, ob sich die deutsche bzw. europäische Wirtschaftsordnung dem Leitbild der S. M. langfristig annähern wird bzw. der *„sozialen und ökologischen Marktwirtschaft"*. Diese spiegelt die zeitgemäße Heraufstufung des „Natur- und Umweltschutzes" zum Ziel der *ökologischen Nachhaltigkeit* semantisch wider und impliziert, dass innerhalb einer freiheitl. Wettbewerbsordnung außer wirtschaftl. u. sozialer auch ökologische Nachhaltigkeit erzielt werden kann. Für eine Annäherung der Praxis an die S. M. bräuchte es aber zumindest der Zustimmung der Wähler, welche die Vorstellungen vom Staat als – wohlmeinendem u. allwissenden – Lenker der Volkswirtschaft u. großzügigem Umverteiler abstreifen müssten. Andernfalls wird via Parteienwettbewerb die Gefahr einer Wirtschafts- u. Sozialpolitik begünstigt, in der immer mehr Gruppen ihre Interessen darauf richten, ihre Einkommen durch staatl. Privilegien u. Zuwendungen zu sichern anstatt durch Markt- o. andere gemeinwohlfördernde Leistungen. Solch eine gelenkte „Marktwirtschaft" ist mit dem Verständnis von sozialer Gerechtigkeit, wie es dem Leitbild der S. M. zugrunde liegt, nicht vereinbar.

W. Eucken, Grundsätze der Wirtschaftspolitik, 1952[1], 2004[7] – J. Höffner, Christliche Gesellschaftslehre, 2011[3] – A. Müller-Armack, Soziale Irenik (1950), in: Religion und Wirtschaft, 1981[3] – A. Schüller/H.-G. Krüsselberg (Hg.), Grundbegriffe zur Ordnungstheorie und Politischen Ökonomik, 2004[6] – A. Lorch, Freiheit für alle, 2014.

Alfred Schüller, Margareta Kulessa

Marxismus, Religionskritik des Marxismus

Im Unterschied zur ideologischen Funktionalisierung (→Ideologie) des M. im →Kommunismus sollen im Folgenden die Motive und Intentionen der philos. Religionskritik von Karl Marx dargestellt werden. Seit dem Erscheinen des „Wesens des Christentums" (1841) von Ludwig Feuerbach, der die Religion naturalistisch-anthropologisch interpretiert, wird die Religionskritik als Voraussetzung emanzipativer Philosophie immer mehr das Thema der „Junghegelianer". Bereits als politischer Publizist ist Marx vor allem an der politischen Rolle von Religion im zeitgeschichtlichen Obrigkeitsstaat und in der bürgerlichen Gesellschaft (→Bürgertum) interessiert. Seine großen Themen werden →Freiheit und →Emanzipation, Freiheit des Denkens und der Presse und Befreiung aus unterdrückenden Herrschaftsverhältnissen. Im Vormärz ist Marx einer der radikalsten Kritiker des preußischen Monarchismus und damit der Verschränkung von →Politik und Religion, von „Thron und Altar".

In dem für seine Religionskritik grundlegend bleibenden Aufsatz „Zur Kritik der Hegelschen Rechtsphilosophie. Einleitung" rezipiert Marx zunächst das Ergebnis der Religionskritik als Voraussetzung aller Kritik von Feuerbach: Religion ist ein Produkt des Menschen selbst. Gott ist Inbegriff für die Ideale und die nicht erfüllbaren Wünsche des Menschen, die er an den Himmel projiziert. Alle Aussagen, die der Mensch über Gott macht, sind im Kern Aussagen über sich selbst. Theologie ist →Anthropologie. Der Mensch sucht in Gott seinen eigenen „Übermenschen", den die Kritik aber als seinen eigenen „Unmenschen" entlarvt. Religion ist die phantastische Erscheinung eines geistigen Überbaus, dem konkrete alltägliche Verhältnisse und Erfahrungen zugrunde liegen. „Und zwar ist die Religion das Selbstbewußtsein und das Selbstgefühl des Menschen, der sich selbst entweder noch nicht erworben oder schon wieder verloren hat. Aber der Mensch, das ist kein abstraktes, außer der Welt hockendes Wesen. Der Mensch, das ist die Welt des Menschen, →Staat, Sozietät. Dieser Staat, diese Sozietät produzieren die Religion, ein verkehrtes Weltbewußtsein, weil sie eine verkehrte Welt sind. Die Religion ist die allgemeine Theorie der →Welt…, ihre moralische Sanktion, ihre feierliche Ergänzung, ihr allgemeiner Trost- und Rechtfertigungsgrund. Sie ist die phantastische Verwirklichung des menschlichen Wesens, weil das menschliche Wesen keine wahre Wirklichkeit besitzt. Der Kampf gegen die Religion ist also unmittelbar der Kampf gegen jene Welt, deren geistiges Aroma die Religion ist."

Religion ist also Indikator für den Verlust des real Menschlichen. Religion hat der Mensch, solange er sich nicht als selbsttätiger Mensch gewonnen hat. Da dieser Mensch kein abstraktes Einzelwesen ist, sondern eng eingebunden ist in gesellschaftliche und politische Verhältnisse und Strukturen, ist es diese reale Welt, die Religion als verkehrtes Weltbewusstsein produziert. Sie, die Sozietät als Inbegriff aller Lebensverhältnisse, zwingt von ihrer Qualität her die Menschen, Religion als Mittel des Trostes für vorenthaltenes Leben und Religion als Rechtfertigung für inhumane Ordnungen zu produzieren. Ohne Religion hält der Mensch seine biographisch-existentielle Situation in vielfachen →Entfremdungen nicht aus.

Die Konsequenz, die Marx zieht, ist nicht ein freidenkerischer Kampf gegen die Religion und den Religionsbetrieb als solche, sondern die politische Kritik an der Welt, die bislang der Religion bedurfte. Religionskritik wird politische Kritik an gewordenen und vorfindlichen gesellschaftlichen und politischen Machtverhältnissen (→Macht). Der psychologisch-anthropologische Ansatz von Feuerbach wird durch einen historisch-soziologischen Ansatz weitergeführt. Marxistische Religionskritik wird die Voraussetzung der realgeschichtlichen Überwindung des faktischen Elends dieser Welt in allen seinen geistigen und ökonomischen

Formen: „Das religiöse Elend ist in einem der Ausdruck des wirklichen Elendes und in einem die Protestation gegen das wirkliche Elend. Die Religion ist der Seufzer der bedrängten Kreatur, das Gemüt einer herzlosen Welt, wie sie der Geist geistloser Zustände ist. Sie ist das Opium des →Volks. Die Aufhebung der Religion als des illusorischen →Glücks des Volkes ist die Forderung seines wirklichen Glücks. Die Forderung, die Illusionen über seinen Zustand aufzugeben, der der Illusionen bedarf. Die Kritik der Religion ist also im Keim die Kritik des Jammertales, dessen Heiligenschein die Religion ist… Die Kritik des Himmels verwandelt sich damit in die Kritik der Erde, die Kritik der Religion in die Kritik des →Rechts, die Kritik der Religion in die Kritik der →Politik."

Diese Religionskritik hat als radikale Provokation aller religiös legitimierten Systeme in Ökonomie und Politik Geschichte gemacht. Sie impliziert die Notwendigkeit der Aufhebung der Lebensbedingungen der Menschen unter den Gesetzmäßigkeiten einer kapitalistischen Wirtschaftsgesellschaft (→Kapitalismus) wie die Notwendigkeit der Aufhebung der politischen Unterdrückungsmechanismen eines obrigkeitlich organisierten Staatsapparates. Politisch-strategisch heißt dies nach MARX: freiheitliche und gerechte Kommunikations- und Kooperationsstrukturen in der Zukunft zu schaffen, die religiöser Ausdrucksformen nicht mehr bedürfen. Religion stirbt gemäß dieser Sichtweise in dem Maße ab, wie eine Welt ohne Ausbeutung und Unterdrückung sich im historischen Prozess durchsetzt. „Die Kritik der Religion endet mit der Lehre, daß der Mensch das höchste Wesen für den Menschen sei, also mit dem kategorischen Imperativ, alle Verhältnisse umzuwerfen, in denen der Mensch ein erniedrigtes, ein geknechtetes, ein verlassenes, ein verächtliches Wesen ist…"

Den Prozess dieser Emanzipation als Selbstbefreiung nimmt stellvertretend die →Klasse der Proletarier (→Proletariat) in die Hand, die „durch ihre unmittelbare Lage, durch die materielle Notwendigkeit, durch ihre Ketten selbst dazu gezwungen wird." Das Proletariat hat die Auflösung der bisherigen Weltordnung zu vollziehen. Es hat die historische Aufgabe, „die völlige Wiedergewinnung des Menschen" zu leisten. Dieses historisch-politische Mandat kann in Deutschland nur radikal-revolutionär vollzogen werden. Denn: „In Deutschland kann keine Art der Knechtschaft gebrochen werden, ohne jede Art der Knechtschaft zu brechen. Das gründliche Deutschland kann nicht revolutionieren, ohne von Grund aus zu revolutionieren. Die Emanzipation des Deutschen ist die Emanzipation des Menschen. Der Kopf dieser Emanzipation ist die Philosophie, ihr Herz das Proletariat. Die Philosophie kann sich nicht verwirklichen ohne die Aufhebung des Proletariats, das Proletariat kann sich nicht aufheben ohne die Verwirklichung der Philosophie." Philosophie und Politik arbeiten in gegenseitiger Verschränkung und Kombattantenschaft für den „deutschen Auferstehungstag" als Beginn einer religionslosen Welt. Alle Wirklichkeit wird religionsfrei sein, weil eine entfremdungsfreie Geschichte beginnt.

Diese radikale Religionskritik von MARX, die mit großen politischen Zukunftserwartungen verbunden ist, hat seit den Zeiten des Vormärz viele Philosophen und viele philosophisch engagierte Politiker fasziniert. Jedoch hat keine sozialistische oder kommunistische →Partei in ihrem Selbstverständnis und in ihrer Praxis diese Religionskritik zum Kern ihrer Ideologie und Politik gemacht. Meistens hat man Christentums- und Kirchenkritik getrieben, vermischt mit freidenkerischen Polemiken gegen einzelne Riten, Dogmen oder christliche Moralvorstellungen.

MARX selbst hat sich nach seiner ersten Fassung der Religionskritik bis zu seinem Tod im Jahr 1883 immer wieder bei verschiedenen Anlässen mit dem Religionsthema befasst. Seine „Frühschriften" (bis 1848) sind nur interpretierbar im Rahmen seiner religionskritischen Intentionen. MARX gehört zu den großen Religionskritikern der bürgerlichen Epoche. Auch seine späteren Entwürfe für eine sozialistisch/kommunistische Ordnungswelt lassen seine anfängliche Religionskritik immer wieder durchscheinen. Auch greift er häufig zur Verdeutlichung seiner Analysen und Positionen zum Bildmaterial aus der Bibel, die er, wie FRIEDRICH ENGELS, in ihren Inhalten bestens kennt. MARX hat immer gewusst, dass die religiöse Weltinterpretation die bedeutendste Widersacherin zur eigenen historisch-materialistischen Weltanschauung ist. Seine ganze wissenschaftliche Arbeit im Exil bleibt getragen von dem frühen Impuls, die „Heiligenscheine" der Religion erbarmungslos zu zerstören, um eine human-emanzipative Selbstgewinnung des Menschen unter den Bedingungen einer sozialistisch/kommunistischen Denk- und Lebenswelt sich real ereignen zu lassen.

Mit ENGELS zusammen hat er die Entwicklung der sog. religionsgeschichtlichen Schule in Europa mit ihrer sog. kritischen Theologie ebenso wie die Herausbildung des sozialen Katholizismus kommentiert, wie er auch die protestantischen Kathedersozialisten kritisch würdigte. Ebenso hat er das englische kirchliche Leben zur Kenntnis genommen, gerade in seinem Gastland zeigte sich ihm, welcher Stabilitätsfaktor die englische Kirche ist. Und immer wieder machte er das preußische System mit seiner Vermischung von staatlichem Absolutismus und protestantischem Obrigkeitschristentum zum Gegenstand seiner Analysen.

Auch in seinen „Theorien über den Mehrwert" (1862/63) wie in seinem Hauptwerk „Das Kapital" (1867) finden sich viele religions- und kirchenkritischen Passagen. So greift er in dem Kapitel „Der Fetischcharakter der Ware und sein Geheimnis" zur Verdeutlichung bestimmter Zusammenhänge des kapitalistischen Produktionsprozesses (→Produktion) auf religionsgeschichtliche Erscheinungen und Metaphern zurück. Auch an anderen Stellen finden sich sprachliche und inhaltliche Analogien zwischen Religion und Ökonomie. Das biblische Sprach- und Sachmaterial ist ihm voll verfügbar. Auch seine historischen Rückblicke auf LUTHER als den „ältesten deutschen Nationalökonomen" wie die Rolle des Protestantismus für die Genese des Kapitalismus (lange vor MAX WEBER) und vieles andere mehr zeigen MARX als Kenner der Christentums- und der Protestantismusgeschichte, die er dialektisch in ihren Leistungen wie in ihren Grenzen und Verfehlungen interpretiert.

Die evangelische Theologie seiner Zeit hat die Herausforderung, die in seiner historisch-materialistischen Religionskritik liegt, kaum aufgenommen. M. ist für sie Ausdruck eines materialistischen und atheistischen Denkens und eine Theorie für politisch-revolutionäres Handeln (→Revolution). Die deutsche Arbeiterbewegung wird in der Regel als theoretisches und praktisches Kind der marxistischen Philosophie und Politökonomie verstanden und entsprechend als radikale Bedrohung der „christlichen →Gesellschaft" interpretiert und politisch bekämpft. Nur einige Evangelisch-Soziale (→Evangelisch-Sozialer Kongreß), wie RUDOLF TODT oder FRIEDRICH NAUMANN, haben versucht, den M. als Phänomen „zwischen Wahrheit und Lüge" zu analysieren und entsprechend differenziert auf ihn zu antworten. Aber erst die sog. Bewegung des →religiösen Sozialismus vor und nach dem Ersten Weltkrieg erkennt die produktive Kraft der MARXschen Religionskritik für eine eigene sozialethische und -politische Position aus christlicher →Verantwortung für →Freiheit und →Gerechtigkeit in dieser Welt. Männer wie PAUL TILLICH und EDUARD HEIMANN entwickeln die traditionelle Gegnerschaft der Kirche und ihrer Theologie zu einer konstruktiv-kritischen Begegnung zwischen marxistischer und christlicher →Sozialethik. Aber diese Ansätze werden in der Zeit des →Nationalsozialismus zerschlagen. Erst in der Nachkriegszeit beginnt nicht nur ein neues Kapitel des Verhältnisses von Kirche und Arbeiterschaft wie von Kirche und Sozialdemokratie, sondern unter den Bedingungen des Ost-West-Konfliktes setzt eine intensivere Beschäftigung von Christen mit dem M. der Vergangenheit und der Gegenwart ein. Vor allem ist es die Religionskritik von MARX, die größtes Interesse findet. Besonders die sog. „Marxismuskommission" entfaltet im Auftrag der evangelischen Kirche eine umfangreiche Forschungs- und Tagungsarbeit, die großen Anteil an einer allmählichen Neuorientierung im Verhältnis von M. und Christentum hat. In der sog. „Paulusgesellschaft" treffen sich Katholiken, Protestanten und Marxisten aus Ost und West, um über den prinzipiellen Dialog zu neuen politischen Kommunikations- und Kooperationsformen zu kommen. Vor allem tschechoslowakische und polnische Philosophen und Ökonomen spielen eine große Rolle im Vorfeld der späteren friedlichen Überwindung des Ost-West-Konfliktes. Die Wiederentdeckung eines gemeinsamen europäischen Humanismus ist eine der vielen Folgen dieses jahrzehntelangen Dialoges zwischen Intellektuellen lange vor dem politischen Ende des kalten Krieges. Dabei haben marxistische Religionstheoretiker wie Machovec, Kolakowski und Gardavsky die Potenz der Religion, speziell des Christentums, hervorgehoben, einen wesentlichen Beitrag zur Lösung der Menschheitsprobleme zu leisten. Diese Perspektive ist speziell in der Befreiungstheologie Lateinamerikas aufgenommen worden, welche die Beteiligung von Christen an gesellschaftsverändernden Prozessen reflektiert.

In der Gegenwart gibt es diese geschichtlich so bedeutsamen Dialoge kaum noch. Auch der religionskritische Diskurs ist eingeschrumpft auf Expertenkreise. Allerdings häufen sich angesichts religiöser und pseudoreligiöser Angebote und Strategien die Anzeichen für die Notwendigkeit, sich in Zukunft wieder der scharf geschliffenen Waffen einer human-emanzipativen Religionskritik zu bedienen.

K. MARX, Die Frühschriften, SIEGFRIED LANDSHUT (Hg.), 1953 – K. MARX/F. ENGELS, Werke (MEW), 39 Bde., Ergänzungsband in zwei Teilen, 1956ff – M.studien, hg. im Auftrag der M.-Kommission der Ev. Studiengemeinschaft von I. FETSCHER u.a., 1954ff – E. THIER, Das Menschenbild des jungen Marx, 1957 – H. GOLLWITZER, Die marxistische Religionskritik und der christliche Glaube, 1965 – P. TILLICH, Der Mensch im Christentum und im M., in: DERS., Für und wider den Sozialismus, 1969 – G. BRAKELMANN/K. PETERS, Karl Marx über Religion und Emanzipation, 2 Bde., 1975 (Lit.) – K. PETERS, Friedrich Engels über Religion und Freiheit, 1978 – G. BRAKELMANN, Die soziale Frage des 19. Jh.s, 1981[7] – E. LÖSCHCKE, Auf dem Weg zur Religion des Lebens., 1988 – M. WEINRICH, Religion und Religionskritik, 2011.

Günter Brakelmann

Massenmedien

1. Begriff. M. sind Medien der öffentlichen und aktuellen →Kommunikation. Sie dienen zur Verbreitung von Inhalten an eine Vielzahl von Menschen. Indem diese Massenkommunikation öffentlich erfolgt, hat im Prinzip jeder Zugang zu den verbreiteten Inhalten. In einer →Demokratie haben M. auch die Aufgabe, insbesondere journalistisch aufbereitete Inhalte zu verbreiten (→Journalismus); sie ermöglichen damit Bürgerinnen und Bürgern die Teilhabe am Diskurs und ein mündiges Entscheiden und Handeln. M. sind ein Schlüsselbegriff in der Mediengesellschaft, für das heutige Verständnis von M. ist charakteristisch, dass M. immer eine über Technik hinausgehende soziale Ausgestaltung bedeuten.

2. Technikzentrierte Sicht auf M. Lange hingegen wurde →Kommunikation über M. technikzentriert betrachtet (G. MALETZKE): M. vermittelten demnach Aussagen öffentlich (also ohne eingegrenzte und definierte Empfängergruppen = Rezipienten), durch technische Verbreitungskanäle (Medien), indirekt (die Kommunikationspartner waren räumlich und/oder zeitlich getrennt) und einseitig (Produzent und Rezipient wechselten in der Regel nicht die Rollen) an ein disperses Publikum (Rezipienten-Gruppe ist inhomogen, unstrukturiert und meist untereinander nicht verbunden). M. wurden z. B. kategorisiert: 1. nach ihrer technischen Form (Schreib-/Druckmedien wie Zeitungen, Zeitschriften, Flugblätter, Plakate; elektronische Medien – nochmals unterscheidbar in Funkmedien wie Radio oder Fernsehen und in Netzmedien wie Newssites – sowie in Bildmedien). 2. nach Räumen – in Telekommunikationsmedien, die geografisch den Raum überwinden, und in Speichermedien (DVD, CD etc.), die zudem Zeiträume überwinden. 3. nach Wahrnehmungsmodalitäten, wobei in der Massenkommunikation Sehen und Hören zentral sind, in der Individualkommunikation zudem noch Berührung, Geruch, Geschmack und Temperatur.

Sortiert nach Produktions- und Rezeptionsbedingungen (H. PROSS), ergibt sich die Dreigliederung: primäre Medien ohne Technik (Sprache), sekundäre (nur der Kommunikator braucht ein Gerät: eine Zeitung z. B. lässt sich nur mit aufwendiger Druck- und Satztechnik produzieren, der Leser hingegen braucht keine Technik) und tertiäre (auch der Konsument benötigt ein Gerät – etwa ein Radio oder einen Fernseher). Das →Internet könnte man zwar den tertiären zuordnen, aber es macht auch Sinn, hier eine weitere Mediengruppe einzuführen: die quartäre (R. BURKHART) für Medien, bei denen zwar alle Beteiligten Geräte benötigen, um zu kommunizieren, bei denen die Kommunikation aber nicht ausschließlich massenmedial verläuft, sondern auch interpersonal – und bei denen man zwischen primären, sekundären und tertiären Eigenschaften hin- und her wechseln und sie multi- und crossmedial mischen kann.

3. M. als soziales Handlungsgefüge. Die technikzentrierte Perspektive greift allerdings zu kurz. Um M. und ihre Bedeutung zu erfassen, müssen sie als Handlungsgefüge und kombiniert mit institutionellen und organisatorischen Kriterien betrachtet werden. Das gründet in der Überzeugung, dass man jede Technikentwicklung als sozialen Prozess auffassen muss; soziale Bedeutungszuschreibungen sind entscheidend für Entwicklung und Erfolg einer Technik. Diese sich in den 80-Jahren etablierende Theorie der sozialen Konstruktion von Technik, kurz SCOT (Social Construction of Technology) (W. BIJKER/T. PINCH), basiert auf Überlegungen des Sozialkonstruktivismus (T. BERGER/L. LUCKMANN). Sie korrespondiert mit in der Kommunikationswissenschaft sich mehrenden Reflexionen über den sozialen Charakter von M., aber die Korrelation dieser Reflexion und der SCOT-Theorie muss freilich keine Kausalität bedeuten. Offensichtlich wurde jedoch: Durch die nun „neuen" Medien, die sich aus dem Internet entwickelten, galten gleich zwei Kriterien der gängigen, oben (1.) ausgeführten M.-Definition (G. MALETZKE) nicht mehr – ausschließlicher Massenbezug und weitreichende Einwegkommunikation. Denn nun gab es beispielsweise interaktive Dienste und sie konnten zudem Elemente interpersonaler Kommunikation enthalten.

Indem Medien neben der technischen Dimension auch in ihrer gesellschaftlichen Dimension erfasst wurden, war definitorisch die Brücke gebaut (F. RONNEBERGER; M. RUEHL, U. SAXER). Wichtiger Baumeister war mit Ulrich Saxer ein der konstruktivistischen Systemtheorie zugewandter Forscher: Seiner Darstellung nach prägen M. als komplexe institutionalisierte Systeme um organisierte Kommunikationskanäle von spezifischem Leistungsvermögen folgende Merkmale (U. SAXER): a) Sie sind technische Kanäle, die Zeichensysteme (visuelle wie z. B. Zeitungen, auditive wie z. B. Radio und audiovisuelle wie z. B. Fernsehen) leistungsstark transportieren. b) Sie sind zudem →Organisationen, unter deren Dach arbeitsteilig und bestimmten Arbeitsroutinen folgend Technik wirkungsvoll angewendet wird (das heißt M. agieren als Medienunternehmen und sie integrieren verschiedene Medienberufe). c) Sie agieren ferner als Institutionen mit →Normen- und Regelsystemen. d) Sie erbringen →Leistungen für andere soziale Systeme und für die Gesellschaft. Diese Leistung besteht nicht nur, aber auch aus dem Verbreiten journalistischer Leistung; M. sind also ein mit →Journalismus als System gesellschaftlicher Selbstbeobachtung und als →Beruf korrespondierendes Handlungssystem.

Das Internet erzeugt eine Hybrid-Situation und damit Unschärfen bei der Definition von M., denn es kann Ausspielkanal und Handlungsebene für Gruppen- oder Individualkommunikation (Mail, Facebook-Nachrichten) sein, bei der die Empfänger gezielt ausgewählt werden, es kann aber auch wie klassische M. funktionieren. Das führt zu dem plausiblen Vorschlag, „Netz-Medien" als Überbegriff für Online-Kommunikationen zu etablieren (I. NEVERLA).

M. vermitteln heute über technische und soziale Strukturen Inhalte an ein Publikum, das anonym, weitverstreut und sehr zahlreich sein kann und nicht präsent sein muss an einem Ort (wie etwa Theaterpublikum); diese Kommunikation kann in Echtzeit oder zeitlich versetzt und auch dialogisch erfolgen (Interaktion, Social TV, Nutzerbeiträge im Web, Shitstorms etc.); die in M. angewendeten Techniken müssen in Massenkommunikation eingebunden sein; Beispiel: Wenn für die Videoüberwachung eines Hauses Fernsehtechnik eingesetzt wird, fungiert Fernsehen natürlich nicht massenmedial.

G. Maletzke, Psychologie der Massenkommunikation, 1963 – H. Pross, Medienforschung, 1972 – F. Ronneberger, Kommunikationspolitik, Band 1, 1978 – P. Berger/T. Luckmann, Die gesellschaftliche Konstruktion von Wirklichkeit, 1980 – U. Saxer, Grenzen der Publizistikwissenschaft. Wissenschaftswissenschaftliche Reflexionen zur Zeitungs-/Publizistik-/Kommunikationswissenschaft seit 1945. In: Publizistik 4/1980, 525–543 – W. Bijker/T. Pinch, The Social Construction of Facts and Artifacts: Or How the Sociology of Science and the Sociology of Technology Might Benefit of Each Other. In: W. Bijker/T. Hughes/T. Pinch (Hg.), The Social Construction of Technological Systems. New Directions in the Sociology and History of Technology, 1987, 17–50 – I. Neverla (Hg.), Das Netz-Medium, 1998 – M. Rühl, Von fantastischen Medien und publizistischer Medialisierung, in: B. Dernbach et al. (Hg.), Publizistik im vernetzten Zeitalter, 1998, 95–107. – R. Burkhart, Kommunikationswissenschaft, 2002 – M. Kunczik/A. Zipfel, Publizistik. Ein Studienhandbuch, 2005² – K. Meier, Journalistik, 2007.

Marlis Prinzing

Materialismus

M. ist ein aus der philosophischen Terminologie auch in die „politisch-soziale Sprache der Neuzeit" und folglich auch in die Alltagssprache gewanderter Begriff. Er dient – spätestens seit der Mitte des 19. Jh.s – dem Kampf, der in vielerlei Disziplinen und auf unterschiedlichen Ebenen um die Definitionsmacht von Wirklichkeit, um die Bestimmung der richtigen Haltung und Einstellung zur Wirklichkeit geführt wird: in metaphysischer, ontologischer, erkenntnistheoretischer, praktischer, politischer und nicht zuletzt moralisch-sittlicher Hinsicht. Die Akteure, Schauplätze und Medien dieser ideenpolitischen Auseinandersetzungen sind, sowohl diachron wie synchron, sehr heterogen; entsprechend groß ist die Vielfalt konkurrierender und teilweise miteinander unverträglicher Verwendungsarten und Bedeutungen des Wortes „M.". Dabei ist es von besonderer Wichtigkeit, dessen Verwendung als Selbst- oder aber als Fremd-Etikett zu unterscheiden. Der Bedeutungskern vieler im Gebrauch befindlicher, gerade „positiv" gemeinter M.begriffe kann als die Auffassung beschrieben werden, alle realen Dinge und Ereignisse seien in letzter Hinsicht nichts anderes als materielle, physische Dinge und Ereignisse und könnten nicht nur, sondern müssten dementsprechend physikalisch, und d. h. „kausal", erklärt werden. Genauere Bedeutung gewinnen die möglichen M.begriffe durch die Gegen- und Nachbarbegriffe, mit denen sie jeweils auftreten.

Die erste nachweisbare Verwendung war die in einem theologisch-ontologischen Streit (um die Mitte des 18. Jh.s); der damals geläufigere Begriff war „Mechanismus", der Gegenbegriff war „Spiritualismus". Seither hat jede Verwendung des Begriffes einen unvermeidbaren Bezug auf die Theologie und die Gottesfrage; stets wird mit dem Stichwort M. – positiv oder negativ – eine *antireligiöse und antitheologische Pointe* verbunden – und entsprechend gerechtfertigt oder zurückgewiesen. Diese Herkunft aus weltanschaulichen Kontroversen der frühen →Aufklärung macht den bis heute wirksamen polemogenen Charakter des Begriffes verständlich und vermag zu erklären, warum er im Zeitraum seit 1750, und vor allen Dingen im letzten Drittel des 19. Jh.s, sowohl als „Bezichtigungsbegriff" wie auch als „Programmbegriff" in den verschiedenen Varianten des „M.streites" Verwendung fand. Schließlich mag von daher auch plausibel werden, dass im letzten Viertel des 20. Jh.s frühere Nachbarbegriffe, wie Physikalismus, Evolutionstheorie, Naturalismus, Objektivismus und Realismus, meist – vor allem in ontologisch-epistemologischen Kontexten – als euphemistische Varianten oder auch als präzisere Synonyme verwendet werden.

Seit den 1920er Jahren haben Freund und Feind Etikett und Programm des M. allermeist mit den verschiedenen Projekten von „→Sozialismus" zusammengebracht. Dabei wurde nahezu vergessen, dass es im 19. Jh. auch Varianten eines „bürgerlichen" M. gab, der gleichfalls in einer folgenreichen Verbindung von wissenschaftstheoretisch-epistemologischer mit politisch-praktischer Programmatik bestand. Es waren vor allem die in ihrer technischen Verwertung so überaus erfolgreichen Naturwissenschaften generell, und insbes. die Evolutionstheorie, wie sie Darwin und seine Nachfolger vorgelegt haben, die solchen weltanschaulichen Programmatiken Stoff und Plausibilität verschafften. Auch die neue „Politische Ökonomie" im Gefolge von A. Smith und der →Utilitarismus von und nach J. St. Mill basierten letztlich auf einer materialistischen Ontologie und einem dementsprechenden Menschenbild. Bereits an seinem Entstehungsort, in einer theologischen Streitfrage, verstärkt durch die programmatische →Anthropologie eines „Homme-Machine" in der franz. Aufklärung, verschaffte sich definitiv nach 1850 der Umstand Geltung, dass es letztlich um einen Streit um die richtige Antwort auf die *Frage nach dem Wesen des Menschen selbst* ging: um „Menschenbilder", die einem durch und durch wissenschaftlich, technisch und ökonomisch geprägten Zeitalter und seiner Kultur angemessen zu sein vermöchten.

Außer dem auf Erkenntnis und Veränderung von →Gesellschaft und Geschichte zielenden „historischen" M. (in all seine Varianten) haben die an Fortschritten und Leistungsfähigkeit moderner Naturwissenschaften und Ökonomie orientierten Materialismen (und M.kritiken!) im 20. Jh., vor allen Dingen in dessen zweiter Hälfte, sich soweit entdramatisiert und ihren programmatischen, kämpferischen und weltanschaulichen Charakter soweit minimiert, dass man der Auffassung sein konnte, jener M. des 19. Jh.s habe im 20. Jh. gar keine Entsprechungen, Fortsetzungen und Folgen. Dahinter verbirgt sich aber, dass ein gleichsam milder ontologischer M. längst zur ganz selbstverständlichen

Hintergrundannahme über die Wirklichkeit der Natur, der Geschichte und des Menschen geworden ist: nicht nur bei Naturwissenschaftlern und anderen in Wissenschaft, Forschung und →Technik Tätigen, sondern zugleich als Massenerscheinung. Gerade außerhalb von Wissenschaft und Technik im engeren Sinne, im Alltagsleben unserer Gesellschaften, herrscht ein *naturalistischer Polytheismus*, in dem verschiedene, durchaus gegensätzliche, Formen weltanschaulicher und religiöser, aber auch moralisch-sittlicher Orientierung, konvergieren. Die klassischen Themen und die darüber geführten Debatten, wie das Leib-Seele-Problem oder Willensfreiheit und Determinismus, Monismus oder Dualismus in der Ontologie, nehmen in der Gegenwart die Gestalt einer breit geführten Kontroverse um die Leistungsfähigkeit und Grenzen der Hirnforschung an.

F. A. LANGE, Geschichte des M. und Kritik seiner Bedeutung in der Gegenwart, 1866, hg. von A. SCHMIDT, 2 Bde., 1974 – E. BLOCH, Das M.problem, seine Geschichte und Substanz, 1972 – A. SCHMIDT, Emanzipatorische Sinnlichkeit. Ludwig Feuerbachs anthropologischer M., 1973 – J. HABERMAS, Zur Rekonstruktion des Historischen M., 1976 – A. SCHMIDT, Drei Studien über M.. Schopenhauer, Horkheimer, Glücksproblem, 1977 – H. BRAUN, M.-Idealismus, in: GG, III1982 – F. v. KUTSCHERA, Die falsche Objektivität, 1993 – E.-M. ENGELS (Hg.), Die Rezeption von Evolutionstheorien im 19. Jh., 1995 – P. K. MOSER/J. D. TROUT (Hg.), Contemporary Materialism, New York 1995 – A. WITTKAU-HORGBY, M. , 1998 – J. QUITTERER/E. RUNGGALDIER (Hg.), Der neue Naturalismus – eine Herausforderung an das christliche Menschenbild, 1999 – A. BARSCH/P. M. HEJL (Hg.), Menschenbilder. Zur Pluralisierung der Vorstellung von der menschlichen Natur (1850–1914), 2000 – G. KEIL/H. SCHNÄDELBACH (Hg.), Naturalismus, 2000 – A. RECKWITZ, Die Transformation der Kulturtheorien, 2000 – W. SINGER, Ein neues Menschenbild? Gespräche über Hirnforschung, 2003[4] – K. BAYERTZ u. a., Der Materialismus-Streit, 2012 – F. HASLER, Neuromythologie: Eine Streitschrift gegen die Deutungsmacht der Hirnforschung, 2013[3].

Fritz Rüdiger Volz

Mediation

1. Begriff. M. ist ein freiwilliges, außergerichtliches Verfahren, welches einen konstruktiven Umgang mit Konflikten ermöglicht. Mit Unterstützung von vermittelnden, am Konfliktgeschehen unbeteiligten externen Dritten (MediatorInnen), die sich den Konfliktbeteiligten allparteilich verpflichtet fühlen und für einen ergebnisoffenen und vertraulichen Kommunikations- und Verhandlungsprozess Sorge tragen, entwickeln alle an einem →Konflikt Beteiligten selbstverantwortlich eine für sie akzeptable, tragfähige und fallspezifische Lösung. Mittels einer professionellen Leitung und Vermittlung erarbeiten die Konfliktbeteiligten verlässliche und umsetzbare Vereinbarungen. Durch die kooperative und kreative Lösungssuche entstehen oftmals völlig neue Perspektiven und Einigungsräume. Das zentrale Prinzip der *Eigenverantwortlichkeit der Beteiligten* unterscheidet die M. fundamental von den meisten anderen Konfliktregelungsansätzen. Die →Verantwortung für die Inhalte der M. und die Lösung des Konfliktes liegt ausschließlich bei den Konfliktbeteiligten. Die MediatorInnen bestimmen weder eine Lösung, noch schlagen sie eine solche vor. Sie fördern hingegen durch ihre interessenorientierte Gesprächsführung und das strukturierte Vorgehen ein gegenseitiges Verstehen und Verstanden-werden der Konfliktparteien und bereiten damit den Boden, dass diese selbst wieder zu Lösungen gelangen können. Entsprechend gefragt ist eine Haltung von MediatorInnen, welche die Konfliktbeteiligten als Experten für ihre eigenen Anliegen in den Mittelpunkt stellen. Durch die Sicherstellung eines als fair empfundenen und vertraulichen Verfahrens fördern die MediatorInnen bei den Konfliktparteien das Vertrauen in die M. und die Bereitschaft zu einer konstruktiven Auseinandersetzung. Eine wesentliche Voraussetzung für eine erfolgreiche Vermittlung in Konflikten ist zudem die umfassende Berücksichtigung und freiwillige Teilnahme aller von einem Konflikt betroffenen →Personen, →Organisationen und →Interessengruppen.

2. Geschichte und Anwendungsfelder der M. Die Idee der M. ist so alt wie die Menschheit. Ursprünge von M. finden sich in Stammesgesellschaften, bei denen in der Regel keine Gerichte zur Durchsetzung eines ausdifferenzierten rechtlichen Regelwerkes existieren und statt dessen respektierte Persönlichkeiten einer →Gemeinschaft zwischen den Streitenden vermitteln (z. B. das afrikanische „Palaver"; historische Formen in Europa sind das germanische Thing, der mittelalterliche „love-day" in England oder die Tradition des Ombudsmannes). Auch in der modernen westlichen Welt hat M. eine lange Tradition, v. a. in der internationalen Diplomatie. Ein berühmtes Beispiel dafür waren die Verhandlungen zum Westfälischen Frieden 1648, bei dem mehrere kirchliche und weltliche Mediatoren zwischen den Kriegsparteien vermittelt haben. Als methodisch ausgefeilte Alternative zum Rechtsweg und als professionell eingesetzte Konfliktregelungsmethode wurde M. in Deutschland v. a. seit den 1980er Jahren weiterentwickelt. Die heutigen Formen von M. zeichnen sich v. a. durch den systematischen Einsatz bei Konflikten in →Politik, →Gesellschaft, im Wirtschaftsleben und im zwischenmenschlichen Bereich aus. Wie auch in vielen anderen Ländern, gibt es in Deutschland seit Juli 2012 ein Mediationsgesetz (M.sG), welches v. a. die Förderung der M. zum Ziel hat.

Die Anwendungsbereiche der M. sind in Deutschland vielfältig: Am weitesten verbreitet ist die Familienm. (→Familie), in der es vorrangig um die Vorbereitung von Trennungs- und Scheidungsvereinbarungen (→Ehescheidung) geht. Weitere Felder sind Nachbarschaftsm. (Community M.; →Nachbarschaft), Täter-

Opfer-Ausgleich (TOA), Schulm., interkulturelle M., M. im öffentlichen Bereich (Planung, Bau, →Umwelt), private Baum., Wirtschaftsm. (in Unternehmen am Arbeitsplatz bzw. bei Auseinandersetzungen zwischen →Unternehmen, mit Kunden, Zulieferern, Vertragspartnern und unternehmensexternen Anspruchsgruppen) sowie Erbstreitigkeiten (u. a. M. zur Regelung von Unternehmensnachfolgen). Zunehmend findet auch ein Transfer mediativer Kompetenzen in andere Kontexte statt, z. B. bei der Gestaltung von Veränderungsprozessen oder als mediative Beratungen.

3. Zentrale Aspekte der M. M. basiert auf den folgenden zentralen Bausteinen einer auf Kooperation ausgerichteten →Kommunikation: *Verständnissicherung:* Die Beteiligten erkennen, was die Anliegen des/der Anderen sind und vermeiden Missverständnisse aufgrund von Wahrnehmungsunterschieden und Fehlinterpretationen. *Strukturierung:* Die MediatorInnen leiten durch die Phasen der M. und ermöglichen den Beteiligten durch dieses strukturierte Vorgehen ein zielorientiertes und gemeinsames Arbeiten. *Interessenorientierung:* Im Zentrum der mediativen Arbeit steht die Herausarbeitung dessen, was den Beteiligten jeweils wirklich wichtig ist. Die MediatorInnen unterstützen die Konfliktbeteiligten, die hinter den Positionen liegenden Bedürfnisse und Interessen für sich selbst zu erkennen, diejenigen der anderen zu verstehen und neue Perspektiven zu gewinnen. Eine präzise Interessenklärung eröffnet den Raum für neue Lösungsoptionen und bildet die Grundlage für zukunftsfähige Regelungen, die von allen Beteiligten getragen werden können. In allen kommunikativ herausfordernden Situationen liegen die Interessen und Bedürfnisse der Konfliktbeteiligten immer auf zwei Ebenen: auf der inhaltlichen Ebene des WAS („Was soll besprochen und geregelt werden?") und auf der Verfahrensebene des WIE („Wie wollen die Beteiligten miteinander arbeiten und umgehen?"). Durch die Veränderung von festgefahrenen Kommunikations- und Konfliktmustern (→Kommunikation) gilt es, die positiven Energien von Konflikten für das Entdecken neuer Optionen zu nutzen. Ziel einer Mediation ist eine kooperative Lösung statt nur eines Kompromisses.

4. Phasen eines M.sverfahrens. Die Steuerung des Ablaufs durch die MediatorInnen ermöglicht eine strukturierte und problembezogene Auseinandersetzung. Dabei sind Inhalt und Form der M.sphasen stets variabel, fallspezifisch und werden von den Konfliktbeteiligten selbst bestimmt. Ein M.sverfahren läuft in der Regel in 6 Phasen ab: *1. Vorbereitung und M.svertrag:* Die M. kann nur stattfinden, wenn sich alle Beteiligten darauf einlassen wollen und die jeweiligen Erwartungen an das Verfahren geklärt sind. Die Konfliktbeteiligten schließen einen →Vertrag mit den MediatorInnen, in dem Aufgaben und Kosten vereinbart werden, sowie ein Arbeitsbündnis, welches die Zusammenarbeit in der M. regelt. *2. Themensammlung:* Die Beteiligten formulieren, worum es ihnen geht und welche Themen sie im M.sverfahren besprechen möchten. *3. Interessenklärung:* Die entscheidende Phase in der M. ist dann die Interessenklärung. Diese bildet die Grundlage für die spätere Suche nach Lösungen, die von allen Beteiligten getragen werden können, weil ihre individuellen Interessen und Bedürfnisse eingeflossen sind. *4. Kreative Suche nach Lösungsoptionen:* Die vielen unterschiedlichen Interessen, die hinter den Positionen stehen, eröffnen den Raum für neue Lösungsmöglichkeiten. Gemeinsam entwickeln die Konfliktbeteiligten eine Vielzahl von Ideen, die für das zu lösende Problem hilfreich sein können. Dabei kommen regelmäßig auch ganz neue und für alle Seiten vorteilhafte Optionen heraus. *5. Bewertung und Auswahl der Optionen:* Die unterschiedlichen Ideen werden nun gemeinsam bewertet. Am Ende stehen Vorschläge, mit denen alle leben können und die den Interessen möglichst weitgehend gerecht werden. *6. Vereinbarung und Umsetzung:* Die Lösungen werden in einem Abschlusspapier zusammengefasst. Häufig ist das Ergebnis eines M.sverfahrens nicht nur ein konkreter Lösungsvorschlag, da es gleichzeitig oft zur Verbesserung der Beziehungen zwischen den Beteiligten beiträgt.

C. BESEMER, M., Vermittlung in Konflikten, 2001[8] – S. KESSEN/M. TROJA, Die Phasen und Schritte eines M.sverfahrens, in: F. HAFT/K. VON SCHLIEFFEN (Hg.), Handbuch Mediation, 2009[2], 293–320 – S. KESSEN/B. VOSKAMP, Präzise Interessenklärung, in: Perspektive Mediation 2, 2010, 66–71.

Stefan Kessen

Medienethik

M. ist die systematische Reflexion über die in medialen Kommunikationsprozessen gegenwärtigen moralischen Orientierungen. M. kann entweder deskriptiv-metaethisch oder kritisch-normativ ausgestaltet sein. Neben philosophischen Traditionen sind es auch religiöse Überzeugungen, die Quellen solcher Orientierungen sein können. M. fließt ein in rechtliche Regelungen zur Ausgestaltung der „Medienordnung" einer Gesellschaft und wird von diesen gesetzlichen Vorgaben stets flankiert. Konflikte darüber, welche Probleme (z. B. Gewaltdarstellungen) auf der Ebene der Moral und welche in der Form des Rechts gelöst werden sollen, sind selbst Teil der M. Die M. ist hierin eine Bereichsethik, wobei ihre Ausgestaltung stets von neueren technischen Entwicklungen und sozialen Veränderungen überholt wird. Ob das Mediensystem spätmoderner Gesellschaften durch eine normative Ethik in der Tat steuerbar ist, muss mit Fragezeichen versehen werden. Der vielfach geäußerte Ruf nach mehr Medienethik nährt sich aus einem Prozess der zunehmenden ‚Medialisierung', im Zuge dessen mehr und mehr direkte durch medienvermittelte Interaktion ersetzt wird.

M.en müssen zumindest drei Ebenen von Medien unterscheiden:
a) elementare Kommunikationsmedien wie z. B. Sprache, Gestik, Bilder, Gerüche, Rauch, Feuer, architektonische Formen oder andere komplexe Zeichengruppen wie Erzählungen, Rituale, Theater oder der Zirkus. Auf dieser Ebene reicht die M. zurück bis auf die platonische Argumentation gegen Schriftlichkeit und für Mündlichkeit oder auch aristotelische Debatten um die Wirksamkeit des Theaters und fiktionaler Kommunikation.
b) direkte Interaktion räumlich und zeitlich überschreitende technische Verbreitungsmedien wie z. B. Brief, Telegrafie, Buch, Radio, Zeitung, Kino, Computer, Internet, Telefon.
c) die systemische Medienkommunikation mit ihrer eigenen Codierung, ihren Einflüssen auf und ihren Leistungen für andere Teilsysteme wie z. B. Wirtschaft, Bildung, Sport, Recht, Religion und Politik.

Medienethische Entwürfe lassen sich entlang mehrerer Unterscheidungen ordnen:

Entlang des klassischen Kommunikationsmodells „Rezipient/Distribution/Rezipient", ist eine Produzentenethik (z. B. als Ethik des Journalismus) von einer Distributionsethik (z. B. der Medienkonzerne und deren internationalen Verflechtungen und nicht zuletzt der internationalen Kommunikationsgerechtigkeit) und einer Rezipientenethik (der angemessenen Mediennutzung, der Medienaskese etc.) abzuheben.

M. differenziert sich auch entlang verschiedener Verbreitungsmedien und ihren Gegenstandsfeldern z. B. in eine M. des Fernsehens, des Internets, der Zeitung oder des Smartphones. Im Vordergrund steht dann die jeweilige Eigenkomplexität und Materialität wie auch die spezifische Wirkung dieses Mediums auf die Alltagsvollzüge des Mediums.

Trotz mancher Vorbehalte an der Unterscheidung selbst gliedert auch die kommunikationspragmatische Gegenüberstellung von Information und Unterhaltung oder die ähnlich gelagerte Unterscheidung von real/fiktional medienethische Bemühungen. Speziell religiös oder kritisch aufklärungsphilosophisch inspirierte M.en haben Mühe mit der spätmodernen Dominanz unterhaltender Medienkommunikation. Unterhaltende Kommunikation wirkt über mimetische Prozesse selbst moralbildend – sowohl durch die Darstellung verdichteter und typisierter moralischer Modelle als auch durch eine niederschwellige Vorbildfunktion.

Prägend für die M. ist auch die Frage der sozialphilosophischen Basisannahme einer Ausrichtung am Individuum oder an der Gesellschaft und ihren sozialen Systemen. Speziell stark arbeitsteilige Produktionsprozesse und komplexe Handlungsketten lassen nach den Möglichkeiten und Grenzen einer individualethischen Orientierung fragen.

Unter dem Stichwort der ‚Mediatisierung' diskutiert die M. die Effekte des Mediensystems auf andere gesellschaftliche Teilsysteme (z. B. Medien auf Recht im Fall von Kameras im Gerichtssaal; Medien auf Sport im Fall der Organisation von Sportereignissen; Medien auf Politik im Fall der Veränderung der Selbstdarstellung und Themenkonjunktur der politischen Akteure). Grundlage der ‚Mediatisierung' ist, dass andere Teilsysteme antizipieren, wie sie selbst vom Mediensystem beobachtet werden und dies durch eine Selbsttransformation in ihre eigene Handlungslogik einbauen.

Mediale Kommunikation wirkt weitgehend auf implizite Weise normativ, indem sie Standards der soziokulturellen ‚Normalität' einspielt. Zugleich spielt im Kampf um die gesellschaftliche und die individuelle Aufmerksamkeit mediale Kommunikation gezielt mit der Verletzung von Normalität in Form des Skandals.

Unter dem Stichwort einer Medienökologie sammeln sich Beobachtungen und Reflexionen zum Ensemble verschiedener Verbreitungsmedien und ihrer Beziehungen zueinander (z. B. Zeitung versus Tablet und Internet) und zu anderen alltäglichen Praktiken. Eine solche Betrachtung macht auf die Tatsache aufmerksam, dass alle Kommunikation die gesellschaftlich knappe und prinzipiell begrenzte Ressource der Aufmerksamkeit verbraucht.

Eine besondere Herausforderung der Medienethik stellt der Umgang mit sogenannten Big Data dar. Solche Big Data sind sehr große Datenmengen, die ‚im Hintergrund' anderer Kommunikationsprozesse über die Beteiligten gesammelt werden. Grundlegende freiheitspolitische Fragen werden aktuell durch die Ausbreitung der „Surveillance Society"/Überwachungsgesellschaft aufgeworfen.

C. CHRISTIANS, „Justice and the Global Media", in: Studies in Christian Ethics 13 1, 2000, 76–92 – C. DRÄGERT (Hg.), Medienethik. Freiheit und Verantwortung, 2001 – L. CHOULIARAKI, The spectatorship of suffering, 2006 – B. DERENTHAL, Medienverantwortung in christlicher Perspektive : ein Beitrag zu einer praktisch-theologischen Medienethik, 2006 – A. ERLL/H. GRABES/A. NÜNNING, Ethics in culture : the dissemination of values through literature and other media, 2008 – L. WILKINS/C. G. CHRISTIANS, The handbook of mass media ethics, 2009 – C. SCHICHA (Hg.), Handbuch Medienethik, Wiesbaden, 2010 – B. DRUSHEL/K. M. GERMAN (Hg.), The ethics of emerging media : information, social norms, and new media technology, 2011 – R. S. FORTNER/M. FACKLER (Hg.), The handbook of global communication and media ethics. 2 Vol., 2011 – R. FUNIOK, Medienethik Verantwortung in der Mediengesellschaft, 2011 – L. CHOULIARAKI, The ironic spectator : solidarity in the age of post-humanitarianism, 2012 – N. COULDRY/M. MADIANOU/A. PINCHEVSKI (Hg.), Ethics of media, 2013.

Günter Thomas

Medienpolitik

1. Begriff. In einem weiten Sinne sind Medien Kommunikationsmittel jeglicher Art vom individuellen Brief und den sakramentalen Zeichen („media salutis") bis hin zum Internet. Wenn man von Medienpolitik spricht, denkt man meistens an Massenmedien, die man mit Ulrich Saxer wie folgt definieren kann: „Ein Medium ist ein institutionalisiertes System um einen organisierten Kommunikationskanal von spezifischem Leistungsvermögen mit gesellschaftlicher Dominanz". (U. SAXER zit. nach W. FAULSTICH (Hg.) Grundwissen Medien. 5. Aufl. 2004. 18).

Die Massenmedien vermitteln große Teile des gesellschaftlich geteilten „Wissens" über die Welt, einschließlich der politischen Realität. Sie sind gleichzeitig aber auch Orte der Erzeugung und der Gestaltung von Öffentlichkeit, wie sie für eine moderne Gesellschaft mit einer Vielzahl von Bürgerinnen und Bürgern unverzichtbar ist. Nach dem „Spiegel-Urteil" des BVerfG ist „eine freie, regelmäßig erscheinende politische Presse für die moderne Demokratie unentbehrlich" (1966). Unterschiedlichen Formen von Demokratien und autoritären Regimen entsprechen jeweils eigene Gestaltungen der Medienöffentlichkeit.

Medienpolitik wird klassisch verstanden als gesetzgeberisches und technische Ressourcen sowie Institutionen aufbauendes und regulierendes Handeln durch staatliche Institutionen. Von einem differenzierteren Politikverständnis aus muss man unter Medienpolitik auch den aktuellen Umgang staatlicher und substaatlicher Akteure mit und in den Medien („Media Policy") verstehen. Schließlich kann man Medienpolitik im klassischen wie im Sinn von Policy nur als ein Interaktionsgeschehen verstehen, bei dem die Medien durch ihre Funktionslogik und durch ihre Organisationen mit staatlicher und substaatlichen Akteuren zusammenwirken und nicht selten ihnen die Logik der Medien aufzwingen (Medioformität).

2. Typologie: die M. aktueller Staatsformen. Die Gestaltung der Medienöffentlichkeit entspricht in zahlreichen Fällen ziemlich exakt dem jeweiligen Konzept von Regierung, das in einem bestimmten Staatswesen leitend ist. Diktaturen, die stark an einer Kontrolle von Information und einer stabilen Besetzung der Senderrolle durch die den Staat beherrschende Partei interessiert sind, verwirklichen sich in staatlichen durch die herrschende Partei dominierten Medieninstitutionen einerseits und in der Repression alternativer medialer Information auf gesetzlichem, technischem oder ungesetzlich repressivem Wege.

Am anderen Ende des Spektrums stehen partizipative, deliberative Demokratien, die charakterisiert sind durch den freien Austausch von Informationen, die Möglichkeit, dass jeder Sender und Empfänger jeder Nachricht sein kann und die Pflege der öffentlichen Diskussions- und Entscheidungskultur (etwa per Internet durchgeführt als „Liquid Democracy"). Während Diktaturen eine Affinität zu asymmetrischen Medien, die Sender- und Empfängerrolle ein für allemal festlegen, besitzen, tendieren deliberative Demokratien zu symmetrischen Medien. Zwischen diesen Extremen verdienen aus der Sicht der politischen Ethik besondere Beachtung: Ethn(okrat)ische Demokratien zeichnen sich dadurch aus, dass die Bevorzugung einer ethnischen Gruppe sich auch in den Medien spiegelt, indem vorrangig in der Sprache dieser Gruppe Medienangebote gemacht werden. „Plutokratische" Demokratien zeichnen sich dadurch aus, dass wirtschaftliche Macht sich unangemessen in politische Macht umsetzt. In Demokratien ist ein Weg dieser Machtausübung der über die Medien. Autoritäre Demokratien nähern sich dem Medienverhalten von Diktaturen an, wobei sie manchmal diese an gezielter Fehlinformation der Bevölkerung noch übertreffen. Diesen Zug teilen sie auch mit populistischen Demokratien, die vor allem dadurch gekennzeichnet sind, dass sie auf Inhalte setzen, bei denen weiten Schichten der Bevölkerung Resonanz finden, ohne Rücksicht darauf, ob eine solche Politik transparent kommunizierbaren Sinn-, Qualitäts- oder Effizienzkriterien entspricht, die vom Erfolg bei Wahlen und Umfragen unterschieden sind.

3. Staatliche M. in der BRD. Die staatliche Medienpolitik in der BRD war trotz gelegentlichen Schwankungen vom Leitbild der partizipativen deliberativen Demokratie geprägt. Gegen die Gefahr einer diktaturähnlichen oder autoritären Gestaltung der Medien wurden gesetzliche Regelungen getroffen. GG Art. 30 und 70 verbieten den staatlichen Rundfunk und staatliches Fernsehen und erklären diese zur Länderangelegenheit. GG Art. 5,1 gewährleistet Presse- und Rundfunkfreiheit, seit 1984 wurde sukzessive ein duales Rundfunksystem mit Privatfernsehen aufgebaut. Gegen ethnokratische Tendenzen der deutschsprachigen Bevölkerung wurden Minderheitenprogramme in Dänisch und Sorbisch von den jeweiligen Sendern (NDR und MDR/RBB) fester Bestandteil des Programms. Gegen exzessiven Einfluss des Kapitals im Privatfernsehen wurden die Landesmedienanstalten und die Kommission zur Ermittlung der Konzentration im Medienbereich (KEK) gebildet. Gegen grob populistische Tendenzen steht der deutsche Presserat mit seinem Pressekodex, der eine Selbstkontrollorganisation der Medien ist, welche staatlicher Regulierung zuvorkommen soll, was auch daraus erhellt, dass der Text des ersten Pressekodex dem Bundespräsidenten G. Heinemann überreicht wurde.

4. Media Policy in der BRD. Die staatliche Media Policy zeigt sich in Pressekonferenzen, Interviews, informellen Treffen mit Journalisten, der Herstellung von

Medienprodukten (Zeitungsartikeln, Büchern) durch Politiker, Medienkampagnen, PR-Aktivitäten und eigene publizistische Aktivitäten des Bundes, der Länder und einzelner Ministerien. Dabei zeigt sich ein starker Einfluss der Medien auf die Politik. Diese stellt ihre Terminpläne, ihre Kommunikationsweisen und ihre Aktionen in einem hohen Maße auf Medioformität ein. Die Medien üben zudem einen starken Einfluss durch ihr Engagement bei Skandalen auf die Politik aus. Umgekehrt bemisst sich der Wert eines Journalisten für die Öffentlichkeit unter anderem an seinem Zugang zu Politikern. Die fragile Symbiose zwischen Journalisten und Politikern beinhaltet Elemente gegenseitiger Abhängigkeit.

Neben staatlicher Media Policy betreiben auch Unternehmen, Verbände und Kirchen ihre eigene Medienpolitik. Sie benutzt dieselben Mittel wie die staatliche Media Policy und steht in denselben Symbiosen. Kirchliche Media Policy hat sich bis zu einem gewissen Grade durch die kirchliche Publizistik von den Abhängigkeiten nicht kirchlich journalistischer Produktionen befreit. Im Rundfunk besitzen die Kirchen Privilegien wie Sendezeiten und Sondersenderrechte. Eine Analyse der Inhalte ergibt freilich, dass die kirchlichen Sendezeiten häufig für nicht spezifisch christliche Inhalte oder für die Übertragung von Gottesdiensten genutzt wird. Man kann deshalb mit einem gewissen Recht von privilegienbewusster Selbstsäkularisierung sprechen.

Nachdem sich die Kirche in den 1990er Jahren privaten Fernsehangeboten geöffnet hat, beteiligen sich heute beide großen Kirchen in Deutschland an Programmen wie Bibel-TV (über 50 %). In diesen Programmen ist nicht die Säkularität, sondern die theologische und politische Qualität anzufragen.

Die besondere Herausforderung der aktuellen Media Policy sind die neuen Medien.

W. Faulstich (Hg.), Grundwissen Medien, 2004[5] – L. Hachmeister, Grundlagen der Medienpolitik. Ein Handbuch, 2008 – Kirchenamt der EKD (Hg.), Mandat und Markt. Publizistisches Gesamtkonzept, 1997 – Kirchenamt der EKD/Sekretariat der Deutschen Bischofskonferenz (Hg.), Chancen und Risiken der Mediengesellschaft, 1997 – T. Meyer, Mediokratie. Die Kolonisierung der Politik durch das Mediensystem, 2001 – M. Puppis, Einführung in die Medienpolitik, 2010[2] – W. Schrag, Medienlandschaft Deutschland, Konstanz 2007 – D. Schwarzkopf (Hg.), Rundfunkpolitik in Deutschland I-II, 1999.

Martin Leiner

Medizin / Medizinische Ethik

1. M. *1.1 Begriff.* Die M. ist weder eine reine Naturwissenschaft, noch eine Geisteswissenschaft, sondern eine praktische oder Handlungswissenschaft. Zielsetzung und Anlass med. Handelns werden durch die Begriffe „→Gesundheit" und „Krankheit" benannt. Beide Begriffe lassen sich aber nicht rein med. definieren und unterliegen kulturellen und geschichtlichen Veränderungen. Die M. ist freilich auch nicht als bloße Anwendungswissenschaft zu betrachten, da es sich bei ihren beiden Grundbegriffen keineswegs um rein biologische oder naturwissenschaftlich-pathologische Kategorien, sondern in erster Linie um Wertbegriffe (→Werte, Wertethik) handelt, deren Gehalt von individuellen, gesellschaftlichen und auch religiösen Prämissen und Deutungsmustern abhängt. Insofern bedarf die M. einer Klärung ihrer anthropologischen und ethischen Prämissen (→Anthropologie, →Ethik).

1.2 Gesundheit und Krankheit. Allgemein lässt sich die Erfahrung von Krankheit als Krise im menschlichen Dasein, als Beeinträchtigung oder Verlust selbstbestimmter Lebens- und Handlungsfähigkeit charakterisieren. Gesundheit bezeichnet demgegenüber das Wohlbefinden einer uneingeschränkten Vitalität und Aktionsfähigkeit. Gesundheit und Krankheit sind aber keine abstrakt-normativen, sondern relationale Begriffe, die in komplexer Weise subjektive und objektive Elemente in sich vereinen und sich wechselseitig erläutern.

Wurden Krankheiten in der Antike und noch im Mittelalter als persönlichkeitsspezifische Gesundheitsstörungen betrachtet, als Schicksal, für das es eine metaphysische Begründung gibt, so entwickelte die M. im 19. Jahrhundert einen analytischen, von ontologischen oder metaphysischen Annahmen abgelösten Krankheitsbegriff. Seine scheinbare naturwissenschaftliche Objektivität wird freilich durch ein subjektives Element unterlaufen, muss doch der die Diagnose stellende Arzt eine Entscheidung treffen, wann ein organischer Prozess tatsächlich pathologisch oder nur einer Variante des normal Physiologischen ist. Den Reduktionismus einer von der Person des Kranken abstrahierenden M. sucht u. a. die Psychosomatik zu überwinden. Biopsychosoziale Modelle verstehen Gesundheit als dynamischen Zustand von Wohlbefinden und als Potential, die alters- u. kulturspezifischen Ansprüche des Lebens befriedigen zu können.

1.3 Die gesellschaftliche u. ökonomische Dimension der M. Zwischen med. Krankheitslehre und Diagnostik auf der einen Seite und gesellschaftlichen Wertvorstellungen auf der anderen Seite besteht ein kompliziertes Wechselspiel. Die hierbei eingetretenen Veränderungen und Erweiterungen der Begriffe „Krankheit" und „Gesundheit", aber auch von „Leben" und „Tod", führen in der hochtechnisierten modernen →Gesellschaft zu einer ständigen Ausweitung der Zuständigkeit der M. Abweichende Deutungssysteme und Sinnwelten werden ignoriert oder in die Außenseiterposition einer sog. Alternativm. abgedrängt.

M. ist in zweifacher ein wichtiges wirtschaftliches Gut. Zum einen dient sie der Erhaltung oder Wiederherstellung qualifizierter Arbeitskräfte. Zum anderen hat sich die moderne Hochleistungsm. zu einem wichtigen Segment der →Volkswirtschaft entwickelt. Zwischen Forschung, Wirtschaft und M. besteht ein enges Wechselverhältnis. Nötig ist eine Verständigung über die Ziele der M. und ihren individuellen und gesellschaftlichen Nutzen. Neben ökonomischen Faktoren ist dabei auch der weltanschauliche Aspekt der Gesundheit zu berücksichtigen.

2. Med. Ethik. 2.1 Begriff u. Aufgaben. →Ethik in der M. umfasst die ethischen Fragestellungen nicht nur des ärztlichen Handelns, sondern auch des Zusammenwirkens mit den anderen Gesundheitsberufen (siehe auch →Pflegeethik) im modernen arbeitsteiligen Gesundheitswesen. Im weitesten Sinne kann man die med. E. heute daher als Teilgebiet einer *E. des Gesundheitswesens* und seiner Institutionen definieren. So verstanden reicht med. E. über die Ebenen der Individual- oder Personalethik hinaus. Sie reicht über Fragestellungen des Berufsethos und des Standesrechtes hinaus in den Bereich der Organisationsethik. E. in der M. ist ein Teilgebiet der →Sozialethik. Fragen der med. E. können heute nur interdisziplinär diskutiert werden.

Die Fragehinsicht med. E. hat sich in den vergangenen Jahren grundlegend gewandelt. Lautete in der Vergangenheit die Frage, wie sich die Handlungsmöglichkeiten der M. erweitern ließen, so wird heute kritisch gefragt, ob die M. noch darf, was sie inzwischen alles kann. Das betrifft nicht allein die Therapie, sondern auch die Diagnostik, deren Entwicklung der Therapie weit voraneilt (z. B. im Bereich der Gentherapie), sowie die Forschung. Die Möglichkeiten, →Leben zu retten und zu verlängern, haben sowohl am Lebensanfang wie am Lebensende dank der Fortschritte auf den Gebieten von Intensiv-M., →Pränatal-M. und Neonatologie sowie der →Transplantationsmedizin enorm zugenommen. Zugleich stellt sich die Frage nach humanen Grenzen des Einsatzes medizinischer Mittel sowie der Lebenserhaltung und -verlängerung.

Ein besonderes Problem der modernen M. ist der Umgang mit *unheilbar Kranken*, d. h. mit chronisch Kranken oder todkranken Patienten. Die M. ist in der Regel einseitig auf das Ziel der Heilung ausgerichtet, d. h. der Wiederherstellung der Gesundheit. Chronisch Kranke oder verräterischerweise als „austherapiert" bezeichnete Patienten passen schwer in ihr Konzept. Ein Umdenken leitet die Palliativ-M. ein, deren Ziel es ist, die physischen, psychischen und sozialen Leiden zu lindern und spirituellen Beistand zu leisten.

2.2 Die ethische Frage nach dem Sinn der M. Im Kern aller medizinethischen Diskussionen geht es um grundlegende Fragen der →Anthropologie, genauer gesagt um die Einstellung des Menschen zu seinem Dasein, seiner Endlichkeit und Sterblichkeit. Die Frage, was der Mensch ist und was Krankheit und sein Tod für ihn bedeuten, lässt sich rein med. nicht beantworten.

2.3 E. und Recht in der M. Grundprinzipien med. E. sind in einer Reihe von international anerkannten Dokumenten kodifiziert. Erwähnt seien der Eid des Hippokrates, das Genfer Ärztegelöbnis (Weltärztebund 1948, 2. Fassung 1968), die Helsinki-Tokyo-Deklaration zur biomedizinischen Forschung (Weltärztebund 1975, letzte Revision 2013) und die Basic Principles of Nurses des International Council of Nurses (ICN). Zu den wesentlichen Voraussetzungen aller Ethik in der Moderne gehört die Unterscheidung von →Moral und →Recht, von Moralität und Legalität (I. KANT). Für die med. E. ist der Umstand von großer Bedeutung, dass die Verrechtlichung med. Handelns weit vorangeschritten ist. Ethische Fragen der M. lassen sich heute nicht mehr abgelöst von Rechtsfragen diskutieren. Neben E. in der M. hat sich als eigenständiger Zweig der Rechtswissenschaft das Fach M.recht herausgebildet.

International gibt es Bemühungen, den Schutz der →Menschenrechte insbesondere auf dem Gebiet der Bio-M. zu verstärken. Erwähnt seien das Übereinkommen zum Schutz der Menschenrechte und der Menschenwürde im Hinblick auf die Anwendung von Biologie und Medizin des Europarates (1997).

2.4 Ebenen der med. E. Im Anschluss an E. AMELUNG lassen sich drei Ebenen med. E. unterscheiden: *1. personale Ebene oder Ebene der interaktionellen Beziehungen* (Bereich des direkten diagnostischen und therapeutischen Kontaktes), *2. strukturelle Ebene oder Ebene der Institutionen* (Gesundheitswesen, →Gesundheitspolitik, soziale Faktoren von Gesundheit und Krankheit, Medizinökonomie), *3. kulturelle Ebene oder Ebene der Einstellungen und Werthaltungen* (individuelles und allgemeines Verständnis von Gesundheit und Krankheit, tatsächliches Gesundheitsverhalten). Auf der *personalen Ebene* ist u. a. der Zusammenhang von Gesundheit bzw. Krankheit und Lebensgeschichte des Patienten zu beachten (vgl. das sog. „story"-Konzept von D. RITSCHL). Es ist also auch zu fragen, welche Bedeutung bzw. welchen Sinn med. Maßnahmen oder der Verzicht auf solche im Zusammenhang der Biografie des Betroffenen haben. Auf der *strukturellen Ebene* zeigt sich, dass Gesundheit und Krankheit, Heilung und Krankheitslinderung abhängig vom System des Gesundheitswesens sind. Ein zentrales ethisches Problem ist die Verteilungsgerechtigkeit (Problem der Allokation auf der Mikro- und Makroebene [→Gerechtigkeit, →Verteilung]) und die zwangsweise (!) Beteiligung am (Ver-) Sicherungssystem im Sinne der Solidar- und Gefahrengemeinschaft (→Versicherung, →Solidarität). Gesundheit ist nicht nur ein individuelles, sondern auch ein soziales Zukunftsgut. Systembedingte Aporien bestehen u. a. im Missverhältnis zwischen Rationalität von Einzelentscheidungen und Irrationalitäten des Gesamtsystems. Auf der *kulturellen Ebene* sind allgemeine Wertsätze der abendländischen

→Kultur zu beachten. An vorderster Stelle steht die Idee der Menschenrechte, welche den Gedanken der Menschenwürde zur Voraussetzung hat. Grundlegende Prinzipen der med. Ethik sind die Patientenautonomie, das Nicht-Schadens-Prinzip, das Benefizienzprinzip sowie das Gleichheits- und Gerechtigkeitsprinzip.

Eine Kernfrage med. E. lautet, wie weit das Recht des Patienten auf Selbstbestimmung (→Autonomie) reicht, wo seine sittlich begründeten Grenzen liegen (z. B. in der Frage der →Euthanasie) und in welchem Verhältnis es zur ärztlichen Fürsorgepflicht und dem Recht auf Leben steht. In Judentum und Christentum wird der Gedanke der Menschenwürde aus der Gottebenbildlichkeit des Menschen abgeleitet, die ihm bedingungslos, d. h. unabhängig von seiner körperlichen und geistigen Verfassung zukommt. Sie widerspricht einem abstrakten Autonomieprinzip, welches die besondere Schutzbedürftigkeit von Schwerkranken und Sterbenden verkennt.

2.5 Heil und Heilung. In der modernen Gesellschaft ist Gesundheit ein geradezu religiöser Wert, der sich mit einer Vollkommenheitsutopie von Ganzheitlichkeit und Heil verbindet. Abzulehnen ist allerdings ein naturwissenschaftlich-reduktionistisches Verständnis von Gesundheit und Krankheit. Illusorisch ist jedoch die →Utopie, das Ziel med. Handelns könne die Herstellung eines Zustandes des →Glücks und der Vollkommenheit sein. Wird Gesundheit nicht als Fähigkeit, sondern – wie im Fall der Gesundheitsdefinition der →Weltgesundheitsorganisation (WHO) – als Zustand begriffen, so werden die Leidensmöglichkeit und Leidensfähigkeit des Menschen völlig ausgeblendet und können nicht mehr als zum Glück komplementäre Dimension gesunden Lebens angenommen werden.

Theologisch gesprochen wird die eschatologische Dimension menschlichen Lebens, dessen Vollendung die endzeitliche Hoffnung des christlichen Glaubens ist, ins Diesseits verlagert. Wird das Heil nicht mehr von Gott erwartet, sondern dem Menschen selbst als →Leistung aufgebürdet, nimmt die Sorge um die Gesundheit religiös-kultische Züge an.

Zum Wesen des Menschen, dessen →Würde zu schützen ist, gehört seine Fragmenthaftigkeit. Entgegen modernen Utopien von Ganzheitlichkeit und vollkommener Gesundheit ist theologisch geltend zu machen, dass Brüche, Fehler, Unvollkommenheiten und Schwächen konstitutiv zum Leben gehören. Die Grenzen des med. Verantwortlichen sind darum erreicht, wo die wesensmäßige Unvollkommenheit menschlichen Lebens nicht akzeptiert wird. Die Hoffnung des Glaubens richtet sich auf die innerweltlich gerade nicht zu leistende Vollendung unseres Lebens und der Welt. Heil und Heilung sind nicht strikt zu trennen, aber unbedingt zu unterscheiden. Der praktische Sinn dieser eschatologischen Einsicht besteht darin, die M. von allen soteriologischen Ansprüchen zu entlasten. Spätestens im Umgang mit den unheilbar Kranken, den Dauerpatienten und Sterbenden zeigt sich die strukturelle Unbarmherzigkeit einer von Vollkommenheitsutopien getriebenen M.

K. E. ROTHSCHUH (Hg.), Konzepte der M. in Vergangenheit u. Gegenwart, 1978 – W. WIELAND, Strukturwandel der M. u. ärztl. Ethik, 1986 – D. RITSCHL, Das „story"-Konzept in der med. Ethik, in: DERS., Konzepte. GAufs, 1986, 201–212 – J. WILLI/E. HEIM, Psychosoziale M. Gesundheit u. Krankheit in bio-psycho-sozialer Sicht, 2 Bde., 1986 – A. ESER/M. LUTTERONI/P. SPORKEN (Hg.), Lexikon M., Ethik, Recht, 1989 – E. AMELUNG (Hg.), Eth. Denken in der M., 1992 – L. HONNEFELDER/G. RAGER, (Hg.), Ärztl. Urteilen u. Handeln. Zur Grundlegung einer med. Ethik, 1994 – B. IRRGANG, Grundriss der med. Ethik, 1995 – TH. V. UEXKÜLL/W. WESIACK, Theorie der Humanmedizin, 1998³ – J. WALLNER, Ethik im Gesundheitssystem, 2004 – CL. WIESEMANN/BILLER-ANDORNO, Medizinethik, 2004 – J. BIRCHER/K.-H. WEHKAMP, Das ungenutzte Potential der M., 2006 – G. Pöltner, Grundkurs Medizinethik, 2006² – T. L. Beauchamp/J. F. Childress, Principles of Biomedical Ethics, 2008⁶ – H. KRESS, Medizinische Ethik, 2009² – U. WIESING (Hg.), Ethik in der M., 2012⁴ – J. C. JOERDEN/E. HILGENDORF/F. THIELE (Hg.), Menschenwürde und M., 2013.

Ulrich H. J. Körtner

Meinungsforschung

1. Begriffsbestimmung. Synonym zu Demoskopie (= Volksbeobachtung) ist M. Umfrageforschung. Je nach interessierendem Thema werden Stichproben, in seltenen Fällen auch Totalpopulationen, bestimmter Bevölkerungsgruppen zu ihren Meinungen, Ansichten, Einstellungen befragt.

2. Geschichte. Die M. hat ihre Ursprünge in den USA der 1930er Jahre als GALLUP mit den ersten repräsentativen Wahlumfragen deren Potential für die →Politik aufzeigte. Bereits kurz nach Kriegsende wurden durch die US-Militärregierung in den westlichen Besatzungszonen Deutschlands Umfragen durchgeführt, um das demokratische Potential messen und Strategien der Demokratisierung erarbeiten zu können. Mit der Gründung des Instituts für Demoskopie (IfD) in Allensbach durch NOELLE-NEUMANN etablierte sich die M. 1947 in der BRD. Seitdem sind zahlreiche weitere Institute hinzugekommen. Im anderen Teil Deutschlands bestand von 1964 bis 1979 das „Institut für Meinungsforschung in der DDR".

3. Einsatzgebiete. *3.1 In der Politik.* M. ist gängiges Mittel für Wahlprognosen. →Parteien, Regierungen, politische →Stiftungen und auch Verbände beauftragen M.-Institute mit verschiedenen Zielsetzungen, um Information über die jeweiligen Stimmungslagen in der →Bevölkerung zu erhalten. Diese Kenntnis ermöglicht den Entwurf von Programmen wie von Kampagnen, regt an, eigene Leitideen zu überdenken, macht auf dysfunktionale Responsivitätslücken aufmerksam. Es geht aber auch darum, die öffentliche Meinung zu beeinflussen. Umgekehrt verbirgt sich hinter der Warnung vor einer „Demoskopiedemokratie" (WEIZSÄCKER) die Befürchtung, eine allzu starke Konzentration auf Befunde der M. könne eine Selbstentmachtung politischer Akteure nach sich ziehen. Diese Gefahr nimmt in dem Maße zu, in dem durch die Publikation der M. im Auftrag anderer Akteure der →Öffentlichkeit die Politik unter Druck gerät.

3.2 *In den →Massenmedien.* Rundfunkanstalten wie Printmedien (auch in ihrer Online-Version) geben häufig M. in Auftrag, z. T. als regelmäßige Berichterstattung wie das Politbarometer (ZDF, Forschungsgruppe Wahlen), der Deutschlandtrend (ARD, Infratest dimap) oder die monatliche Seite des IfD in der FAZ. Hier dient die M. sowohl der Information und Aufklärung als auch der Aufmerksamkeitsgewinnung – mit aktuellen Daten lassen sich gut Schlagzeilen produzieren und Auflagen steigern.

3.3 *In der Wissenschaft.* Auch in der (Sozial)Wissenschaft hat M. ihren festen Platz. Gesellschaftliche Trends wie der Wertewandel oder Veränderungen in der Lebensphase →Jugend, wären ohne Zuhilfenahme der M. nicht zutage gefördert worden. Empirische Studien zur Untersuchung gesellschaftlicher Integration und Desintegration, deren Ursachen und Trends sind angewiesen auf die Daten einiger „Dauerbeobachtungen" wie die Allgemeine Bevölkerungsumfrage in den Sozialwissenschaften (Allbus), das Sozio-ökonomische Panel (→SOEP), den Freiwilligensurvey, die European Values Study (EVS) u. ä. Mit der GESIS, dem Leibnitz-Institut für Sozialwissenschaften, wurde eine Infrastruktur geschaffen, die neben der Erhebung von Daten auch für alle Phasen des Forschungsprozesses sachgerechte Unterstützung anbietet.

4. →*Methoden – und Probleme.* Die M. arbeitet überwiegend mit der Methode der standardisierten Befragung. Je nach Fragestellung wird für eine zuvor festgelegte Population, über die generelle Aussagen getroffen werden soll, eine repräsentative Stichprobe gezogen – dies kann die gesamte →Bevölkerung eines Landes sein, nur Jugendliche und junge Erwachsene, nur Schüler bzw. Schülerinnen, nur Erwerbstätige, ausschließlich die Bewohner bzw. Bewohnerinnen eines Bundeslandes, einer →Stadt usw. Die größte Schwierigkeit besteht darin, ein Sample zu ziehen, das (1) die Kriterien der Repräsentativität erfüllt und (2) deren Mitglieder bereit sind, an der Umfrage teilzunehmen. Angesichts einer stets wachsenden Zahl von Umfragen, nimmt die Verweigerungsquote zu und damit die Wahrscheinlichkeit systematischer Ausfälle. Damit wird die Generalisierbarkeit fraglich. Weil bei Veröffentlichung von Ergebnissen der M. Angaben zu Stichprobe, Frageformulierungen, Ausschöpfungsquoten, Gewichtung u. a. kaum berichtet werden, lässt sich die Qualität der Studien kaum prüfen.

5. **Einsatz im kirchlichen Bereich.** M. in der evangelischen Kirche wird seit 1972 prominent in den im Abstand von 10 Jahren durchgeführten Kirchenmitgliedschaftsuntersuchungen (KMU) eingesetzt. Ansteigende Kirchenaustritte und Abnahme des kirchengemeindlichen Lebens verlangten nach Informationen über die Einstellungen der Kirchenmitglieder zur Kirche, deren religiöse Praxis, Glaubenselemente, Sozialisation u. v. m., um kirchliches Handeln mit der Realität der Lebenswelt ihrer Mitglieder vergleichen zu können und Handlungsoptionen zu entwerfen. Gesellschaftlicher Wandel hinterlässt auch hier Spuren und wird vergleichbar analysiert.

H. NIEMANN, Meinungsforschung in der DDR, 1993 – E. NOELLE-NEUMANN/Th. PETERSEN, Alle, nicht jeder, 2005[4] – A. KRUKE, Demoskopie in der Bundesrepublik Deutschland, 2012 – AUS POLITIK UND ZEITGESCHICHTE (APuZ) 43–45/2014: Demoskopie – EKD (Hrsg.), Engagement und Indifferenz, 2014.

Hilke Rebenstorf

Meinungsfreiheit

bezeichnet das Recht, seine Meinung in Wort, Schrift und Bild frei zu äußern und zu verbreiten, in einem weiteren Sinne ein Ensemble von Kommunikationsfreiheiten, die in Art. 5 GG als Meinungsäußerungs- und Informationsfreiheit sowie Presse-, Rundfunk- und Filmfreiheit differenziert werden. Vergleichbare Vorschriften finden sich in Art. 10 EMRK, Art. 11 GRCh, Art. 19 AEMR und Art. 19 Abs. 2 IPbpR. Sie schützt, basierend auf der Menschenwürde, das menschliche Bedürfnis nach Wissen, Mitteilung und Kommunikation und ermöglicht die Suche nach Wahrheit. Sie fördert den sozialen Zusammenhalt, ermöglicht die öffentliche Auseinandersetzung und somit einen Prozess demokratischer Öffentlichkeit, der für eine freiheitliche Demokratie „schlechthin konstituierend" ist (BVerfGE 7, 198 [208]).

Der Begriff der Meinung ist weit zu verstehen und umfasst jede Äußerung wertenden Inhalts. M. schützt gerade die Subjektivität der Wertung und verbietet eine Einschränkung auf bestimmte Themen oder Zwecke oder auf wertvolle, richtige oder rationale Meinungen. Meinungen können in beliebiger Weise geäußert und verbreitet werden. Über die geistige Wirkung hinaus Macht- oder Druckmittel einzusetzen, ist nicht geschützt.

M. findet nach Art. 5 Abs. 2 GG ihre Schranken in den Vorschriften der allgemeinen Gesetze, die sich „nicht gegen die Äußerung der Meinung als solche" richten, sondern dem „Schutze eines schlechthin, ohne

Rücksicht auf eine bestimmte Meinung, zu schützenden Rechtsguts dienen" (BVerfG 7, 198). Außerdem sind Beschränkungen zum Schutz der Jugend und der persönlichen Ehre möglich. Dabei ist stets zwischen diesen Schutzgütern und der M. abzuwägen und bei der Anwendung von Vorschriften der herausragenden Bedeutung der M. Rechnung zu tragen.

M. ist darauf angewiesen, dass Pluralismus und Toleranz das öffentliche Klima bestimmen. Der Staat ist darum verpflichtet, Verzerrungen auszugleichen, die sich insbesondere durch technische und wirtschaftliche Erfordernisse von Presse, Rundfunk und Film ergeben können. Damit ist auch der abgabenfinanzierte öffentlich-rechtliche Rundfunk begründet worden, der angesichts von technischen Beschränkungen und hohem Kostenaufwand ein plurales Programm gewährleisten soll.

K. ROTHENBÜCHER/R. SMEND, Das Recht der freien Meinungsäußerung, in: VVDStRL 4 (1928), 3–43, 44–74 – D. GRIMM, Die M. in der Rechtsprechung des Bundesverfassungsgerichts, in: NJW 1995, 1697–1705 – W. HOFFMANN-RIEM, Kommunikationsfreiheiten, 2002 – H. SCHULZE-FIELITZ, Art. M., in: EvStL, Neuausgabe 2006, 1509–1516.

Hendrik Munsonius

Mennoniten

Die Wurzel der Friedenskirche (→Frieden) ist das Täufertum der Reformationszeit. Radikale Kritik an der Kirche und Sehnsucht nach Erneuerung führten zur Infragestellung der Säuglings- und Einführung der Bekenntnistaufe, zuerst 1525 im Umfeld ZWINGLIS. Die erste literarische Verteidigung, „Vom christlichen Tauf der Gläubigen", schrieb BALTHASAR HUBMAIER (c. 1485–1528). Es entstand ein neues Kirchenbild, das 1527 in der „Brüderlichen Vereinigung" von Schleitheim mit der Forderung nach Entflechtung von Kirche und Obrigkeit einherging. Nachdem sich der Priester MENNO SIMONS (1496–1561) aus Witmarsum 1536 zum Täufertum bekehrt hatte, sammelte er Gemeinden nach der Katastrophe von Münster (1534/35) aus den friedfertigen Täufern in Norddeutschland und in den Niederlanden. Nach ihm wurde die Gemeinschaft benannt, zuerst 1544/45 „Meniten" in einer Polizeiordnung in Ostfriesland. Seit Mitte des 17. Jh.s setzte sich die Bezeichnung M. auch in schweizerischen und süddeutschen Gebieten durch. In Holland heißen sie *Doopsgezinde*. Verwandte Gruppen sind die Hutterischen Brüder und die Amisch-Gemeinden. Erstere pflegen auf landwirtschaftlicher Grundlage auf „Bruderhöfen" einen christlichen Produktions- und Konsumkommunismus nach Apg. 2,44 und 4,32, während Letztere auf JAKOB AMMAN zurückgehen, der eine rigorose Bannpraxis und eine Meidung der Gebannten predigte, die Fußwaschung einführte und schlichte Kleidung verordnete Die Abspaltung erfolgte 1693.

Überall sahen sich M. z. T. heftigen Verfolgungen ausgesetzt. Zürich und Bern erließen 1585 Mandate gegen die Täufer. Der Berner Rat schickte ab 1671 gefangene Täufer auf Galeerenschiffe und ließ die Güter der Verurteilten oder Geflüchteten von einer „Täuferkammer" konfiszieren. Manche konnten auf die Landschaft ausweichen und hielten sich dort (z. B. Emmental, Berner Oberland), andere flohen ins Elsass oder in die Pfalz; seit Mitte des 18. Jh.s erfolgte ein steter Strom von Auswanderern nach Nordamerika. 1683 gründeten M. und →Quäker die Siedlung German-Town und verfassten ein Manifest gegen die Sklaverei. In einigen Gebieten wurden sie geduldet; so unterschrieb Kurfürst KARL LUDWIG 1664 die „Mennistenkonzession", die den aus der Schweiz Eingewanderten das Bleiberecht in der Pfalz ermöglichte.

Die Utrechter Union erließ 1579 ein Toleranzedikt, so dass sich Gemeinden dort entwickeln konnten. Dank nachlassender Verfolgung geschah dies auch in Ostfriesland, am Niederrhein, in den Städten Altona, Glückstadt, Friedrichstadt, sowie in Elbing, Danzig und in der Weichselniederung, wo sie die Sumpfgebiete urbar machten. M. waren im Handel, in der Schifffahrt (Altona, auch Hamburg) und in der Seidenfabrikation in Krefeld erfolgreich. MICHAEL DRIEDGER hat die Reaktionen auf Verfolgung und obrigkeitliche Duldung in die Formel einer *conforming nonconformity* gekleidet: Je nach historischer Situation kam es eher zur Adaption oder zum Festhalten ursprünglicher Nonkonformität. Auch im Norden gab es Wanderbewegungen, als westpreußische M. ab 1788 in die Ukraine zogen und Mitte des 19. Jh.s preußische M. an der Wolga siedelten. Die Einführung der Wehrpflicht in Russland ließ viele M. und alle Hutterer ab 1873 nach Nordamerika auswandern, wo sie sich entfalten konnten und bis heute Züge ihrer Herkunft aufweisen. Nach dem Zweiten Weltkrieg flohen M. in großer Zahl nach Südamerika (Chaco). Zahlreiche M. übersiedelten seit den 1970er Jahren aus der Sowjetunion in die Bundesrepublik. Missionarische Aktivitäten in Lateinamerika, Asien und Afrika führten zur Bildung von selbständigen Gemeinden in großer Zahl.

Weltweit schätzt man die Zahl der Getauften auf ca. 1,3 Mill. In Afrika leben die meisten M., in Europa die wenigsten, in Nordamerika etwa 500.000. In Deutschland bestehen mehrere Bünde, die sich 1990 zur Arbeitsgemeinschaft Mennonitischer Gemeinden zusammengeschlossen haben (ca. 8.000 Mitglieder in 130 Gemeinden); die Rückwanderer aus Russland umfassen ca. 30.000 Mitglieder. Seit 1925 gibt es die Mennonitische Weltkonferenz, die Vollversammlungen durchführt, um die Gemeinschaft zu fördern und Erfahrungen (→Diakonie, Mission) auszutauschen. Sie hat mit Lutheranern, Reformierten, →Baptisten, Katholiken und Adventisten theologische Gespräche zur „Heilung der Erinnerung" (F. ENNS) geführt.

Die M. legen auf Selbständigkeit und →Freiheit großen Wert. Bekenntnisschriften sind häufig durch äußere Umstände und zum Erweis ihrer Friedfertigkeit angefertigt, aber auch, um interne Unstimmigkeiten zu überwinden, was oft nicht gelang. Am bekanntesten ist das Dordrechter Bekenntnis (1632). Zu einer breiten Meinungsvielfalt haben unterschiedliche Außeneinflüsse geführt: Eigenart der Länder, Grad der Anpassung an Sprache und →Sitten, Bildungsstand, Gegensatz von Stadt und Land, Tendenz zur Gesetzlichkeit und Gefahr einer Gerinnung zur Familienkirche. Begünstigt durch eigene Ausbildungsstätten in Nordamerika kam es zu einer Rückbesinnung auf ihre Geschichte, die im 20. Jh. mit Quelleneditionen und wissenschaftlichen Studien einherging. Dies führte zu dem Versuch, das täuferische Leitbild wiederzuentdecken: Die Nachfolge Christi (John Howard Yoder), Pazifismus (oft, auch im Dritten Reich aufgegeben) bzw. Wehrlosigkeit (Gordon Kaufman), Eidesverweigerung und das Wissen, dass Christsein in der Welt mit Leiden, auch Martyrium, verbunden sein kann. Die Hilfswerke arbeiten vorbildlich. Die M. sind in der ACK, der VEF und z. T. auch im ÖRK.

Mennonite Encyclopedia – M. Geschichtsblätter – M. Jahrbuch – Mennonite Quaterly Review – Journal of Mennonite Studies – http://www.mennlex.de/ im Auftrag des Menn. Geschichtsvereins hg. von Hans-Jürgen Goertz, Teil 1: Personen, Teil 2: Geschichte, Kultur, Theologie, Teil 3: Verbreitung, Gemeinden, Organisationen; Band V – Revision und Ergänzung – John Howard Yoder, Die Politik Jesu – der Weg des Kreuzes, 1981 (orig. engl. The Politics of Jesus, 1994²) – Gordon Kaufmann, Theologie für das Nuklearzeitalter, 1987 (orig. engl. Theology for a Nuclear Age, 1985) – Gordon D. Kaufman, God-Mystery-Diversity: Christian Theology in a Pluralistic World, 1996 – John Howard Yoder, Bibliography of the Writings of John Howard Yoder, in: Mennonite Quaterly Review 71, 1997, 93–145 – Gordon Kaufmann, M. Friedenstheologie in einer religiös pluralistischen Welt, in: Mennonitische Geschichtsblätter 2006, 111–132.

Erich Geldbach

Menschenrechte / Menschenwürde (ethisch)

1. Bedeutung. Die Menschenrechte (M.) sind heute Maßstab der Beurteilung politischen Handelns, der Bewertung einer staatlichen Ordnung und der internationalen Beziehungen (→Entwicklungspolitik). Sie schützen →Leben, →Freiheit und →Würde des Einzelnen. Die Begriffe M., Bürgerrechte, →Grundrechte, Freiheitsrechte u. Grundfreiheiten sind begrifflich nicht scharf zu unterscheiden. Unter M.n versteht man i.a. die jedem Menschen als →Person eigenen Rechte; in der →Aufklärung wurden diese Rechte bezogen auf den status naturalis, den Naturzustand. Die Bürger- oder Grundrechte werden dagegen im status civilis, dem bürgerlichen Zustand, vom →Staat gewährleistet. Bürgerrechte konstituieren den Status des Staatsbürgers. Von den Bürgerrechten zu unterscheiden sind die staatsbürgerlichen Rechte im engeren Sinn, z. B. das Wahlrecht oder der freie Zugang zu öffentlichen Ämtern. Seit der Paulskirchenverfassung von 1848 ist „Grundrechte" der Oberbegriff. Grundrechte sind verfassungsrechtlich garantierte Fundamentalrechte des Menschen und Bürgers.

Die M. sind eine Errungenschaft der Aufklärung. Heute unterscheidet man drei Generationen der M. (a) Ursprünglich waren M. Freiheitsrechte des Einzelnen, Abwehrrechte gegen staatliche Eingriffe in Leben, Glaubensüberzeugung (→Religionsfreiheit), Berufs- u. →Meinungsfreiheit und →Eigentum des Einzelnen. (b) Die „liberalen" Freiheitsrechte werden ergänzt, z. T. auch im Gegensatz gesehen zu Teilhaberechten, Gleichheitsrechten (→Gleichheit) wie Recht auf Gesundheitsfürsorge, →Bildung, →Arbeit u. a. (c) Eine neue, „dritte" Generation sind kollektive Rechte wie ein Recht auf →Frieden, auf Entwicklung, auf →Umwelt, Rechte künftiger Generationen. Das Thema M. ist somit sehr umfassend u. nicht frei von Spannungen zwischen verschiedenen Auffassungen u. Interpretationen.

2. Geschichte. *2.1 Ideengeschichtlich.* Der Gedanke der M. als angeborener, unverzichtbarer u. als unantastbar geltender Rechte ist eine neuzeitliche Konzeption, die das aufgeklärte, rationale Staatsverständnis, die Selbstbestimmung des Menschen (→Autonomie), ein darauf aufbauendes Rechtsdenken und die Forderung nach Sicherung der Freiheit des Subjekts voraussetzt. Geistesgeschichtliche Wurzeln sind auch der Gleichheitsgedanke der griechisch-römischen Stoa u. biblisch-christliche Anschauungen wie die Gottebenbildlichkeit (Gen 1, 26), die Gotteskindschaft aller Menschen und deren Freiheit (1. Kor 12, 13; Gal 3,.28).Eine entwicklungsgeschichtliche Kontinuität zur stoischen Gleichheitsidee und zur biblisch-christlichen →Anthropologie besteht jedoch nur indirekt. Eine Vielfalt von Faktoren wirkten vielmehr zusammen bei der Gestaltung der M. Die Auflösung der mittelalterlichen Einheitswelt u. die religiösen Bürgerkriege im konfessionellen Zeitalter (z. B. Dreißigjähriger Krieg 1618–1648, England) führten zur Forderung nach →Toleranz, Religionsfreiheit, Schutz des Individuums. Dabei bot der traditionelle Gedanke von ständischen Rechten (z. B. Magna Charta 1215) einen Anknüpfungspunkt für die Entwicklung politischer Freiheitsansprüche gegenüber der politischen Macht. In England entstanden im Rahmen der Auseinandersetzung zwischen König und Parlament Rechteerklärungen (Petition of Rights 1628, Habeas-Corpus-Akte 1679, Bill of Rights 1689). Eine besondere Rolle spielte der Schutz vor willkürlicher Verhaftung. Im Zeitalter des Absolutismus u. staatlicher Souveränität wurden die mittelalterlichen Freiheitsgewährleistungen u. Herrschaftsrechte transformiert in Abwehrrechte des Individuums gegen Eingriffe der Staatsgewalt.

Dazu kam die Ablösung eines metaphysisch begründeten →Naturrechts, das Inbegriff göttlicher Weltordnung war, durch ein rationalistisches Naturrecht, ein Vernunftrecht. Das natürliche Recht der →Vernunft besteht in Vereinbarungen der Bürger zum Schutz von Leben, Eigentum und Freiheit (J. LOCKE). Ein säkulares Staatsverständnis begreift den Staat anhand eines Gesellschaftsvertrags. M gehen aus von einem aufgeklärten Verständnis des Menschen, seiner Freiheiten, des Staates und eines Vernunftrechts. Ihr Adressat ist der Staat, der die Freiheit seiner Untertanen u. Bürger zu respektieren hat.

2.2 *Verfassungsgeschichtlich*. Juristisch-politisch formuliert wurden M. erstmals 1776 in den USA bei der Verkündigung der Unabhängigkeit in der Verfassung von Virginia. Ausgangspunkt der Virginia Bill of Rights sind nicht historische Rechte, sondern Prinzipien des Naturrechts. Der Satz „all men are by nature equally free and independent and have certain inherent rights" ist grundlegend. Gewährleistet werden das Recht auf Leben, auf Freiheit, auf Eigentum, Pressefreiheit u. a. Die 1789 verabschiedete Bundesverfassung der USA u. deren erste 10 Amendments (Zusatzartikel) enthalten den vollständigen Katalog der Grundrechte. Wesentlich ist auch die Bindung an die Rechtsprechung und das Prinzip des „due process of law".

In Europa wegweisend wurde die 1789 von der frz. Nationalversammlung verabschiedete Déclaration des droits de l'homme et du citoyen (Erklärung der Menschen- u. Bürgerrechte). Während jedoch die amerikanische Erklärung einen Staat durch die Verfassung neu begründete, enthielt die französische Erklärung eine revolutionäre Kritik am ancien régime. In Frankreich konnte außerdem – bis zur Einführung des „Conseil Constitutionnel" in der Verfassung 1958 – die Einhaltung der Grundrechte nicht gerichtlich überprüft werden. M. wurden nicht als unmittelbar geltende Rechtssätze verstanden, sondern als rechtspolitische Prinzipien für Gesetzgebung und Verwaltung. In England (und Israel) gibt es bis heute keinen kodifizierten Katalog von Grundrechten; man setzt auf das common law und vertraut der Rechtsprechung.

Die Französische Revolution setzte im 19. Jh. eine anhaltende Diskussion um Verfassung u. Grundrechte in Europa in Gang. In den Verfassungen des süddeutschen Frühkonstitutionalismus 1818/19 (Baden, Bayern, Württemberg) finden sich die ersten Grundrechtskataloge. Die Verfassung der Frankfurter Nationalversammlung (Paulskirche) beschloss einen umfangreichen Grundrechtsteil, der zwar am 27. 12. 1848 als besonderes Gesetz in Kraft gesetzt wurde, aber da die Verfassung insgesamt scheiterte, rechtlich unwirksam blieb und nur als Vorbild wirkte. Erst die Weimarer Reichsverfassung von 1919 enthält einen umfassenden Grundrechtskatalog, mit wirtschaftlichen u. sozialen Rechten, freilich in Form von Programmsätzen. Das →Grundgesetz der Bundesrepublik Deutschland enthält in den ersten 19 Artikeln einen umfassenden Katalog von Grundrechten. Nach Art. 1 Abs. 3 binden die Grundrechte „Gesetzgebung, vollziehende Gewalt u. Rechtsprechung als unmittelbar geltendes Recht". Das Grundgesetz hat damit einen besonders umfassenden Schutz der M. als Grundrechte festgelegt.

2.3 *Internationales Recht*. Die Diskussionen des Völkerrechts erörtern seit dem 16. Jh. (Entdeckung Amerikas; Theorie der spanischen Völkerrechtsschule, F. VITORIA, F. SUAREZ), welche Rechte einem Menschen unter allen Umständen zukommen, auch dem Indio. Das Völkerrecht wurde an das Naturrecht gebunden. Im 19. Jh. setzten Verträge gegen die Sklaverei Mindeststandards für M.

Die Erfahrungen mit schweren Menschenrechtsverletzungen durch autoritäre u. totalitäre Staaten im 20. Jh. führten zur Neubesinnung. M. sind Reaktion auf manifestes Unrecht. Die Atlantik-Charta 1941 stellte ein Programm der künftigen Friedensordnung auf. Sie verkündete „vier Freiheiten" (Meinungsäußerung, Religionsfreiheit, Freiheit von Not, Freiheit von Furcht) als Leitvorstellungen der künftigen Weltordnung. Die Satzung der Vereinten Nationen nennt, neben der Wahrung des Weltfriedens, als Ziel „die Achtung vor den M.n und Grundfreiheiten für alle ohne Unterschied der Rasse, des Geschlechts, der Sprache oder der Religion zu fördern und zu festigen" (Art. 1). Die „Allgemeine Erklärung der Menschenrechte" (1948) hat zwar nur den Charakter einer Deklaration und kann nicht vor einem internationalen Gericht eingeklagt werden; aber sie hat große politische Bedeutung; sie enthält die liberalen Grundfreiheiten, Rechtsschutzgarantien sowie wirtschaftliche, soziale und kulturelle Rechte. 1966 verabschiedete die UN-Vollversammlung zwei Pakte, den „Internationalen Pakt über bürgerliche und politische Rechte" und den „Internationalen Pakt über wirtschaftliche, soziale und kulturelle Rechte". Das Nebeneinander zweier Pakte ist Folge des damaligen Antagonismus von liberalem, westlichem und sozialistischem Verständnis der M. Beide Pakte enthalten ein eher schwaches Überwachungssystem: Es besteht Berichtspflicht. Dazu kommen weitere Übereinkommen der UN. Zu nennen ist die Kinderrechtskonvention 1989

Neben den Verträgen zum Menschenrechtsschutz der UN gibt es einen regionalen Menschenrechtsschutz. Hervorzuheben ist die Europäische Menschenrechtskonvention von 1950, nicht nur wegen ihres Inhalts, sondern vor allem wegen ihrer effektiven Durchsetzung durch die Rechtsprechung der Europäischen Kommission und des Europäischen Gerichtshofs. Die Charta der Europäischen Union wurde 2000 vereinbart. Die Europäische Union war bislang kein grundrechtsfreier

Raum, weil die Europäische Menschenrechtskonvention gilt.

Die Organisation amerikanischer Staaten hat 1969 eine amerikanische Menschenrechtskonvention angenommen (Pakt von San José). 1981 wurde im Rahmen der Organisation für Afrikanische Einheit (OAU) die „Banjul Charta der Menschenrechte und Rechte der Völker" verabschiedet. Zu erwähnen ist schließlich auch die Schlussakte der Konferenz für Sicherheit d Zusammenarbeit in Europa (KSZE, heute OSZE), die am 1. 8. 1975 in Helsinki verabschiedet wurde. Sie war völkerrechtlich unverbindlich, hatte aber erhebliche politische Bedeutung für die Wende in Europa 1989/90, vor allem aufgrund der Bestimmungen zum Schutz der Gedanken-, Gewissens-, Religions- und Überzeugungsfreiheit (Glaubens-, Bekenntnis-, →Gewissensfreiheit).

Trotz der Konventionen bestehen nach wie vor erkennbare Unterschiede im Verständnis der M.

3. Menschenrechte als Rechte. M. bilden einerseits einen Kristallisationspunkt rechtl.-politischen Verständnisses von →Humanität;sie konkretisieren Freiheit und Würde der Person. Die Wirksamkeit von M.n hängt andererseits von deren rechtlicher Durchsetzung ab. Die Rechtsprechung des Gerichtshofs der Europäischen Gemeinschaften hat dafür Erhebliches geleistet. Auch die Charta der Vereinten Nationen sieht einen Internationalen Gerichtshof vor.

Neben der Frage, ob M. als subjektiv-öffentliche Rechte einklagbar sind, ist strittig sowohl die Interpretation wie der Kerngehalt der M. wie deren Schranken und Grenzen. Dabei bestehen Unterschiede zwischen Freiheitsrechten und Sozialrechten. Zum Grundbestand zählen: Schutz des Lebens und der körperlichen Unversehrtheit, Glaubens- und Religionsfreiheit, freie Meinungsäußerung, Pressefreiheit, Brief-, Post-, Fernmeldegeheimnis, freie Berufswahl, Schutz des Eigentums. Solche klassischen Freiheitsrechte sind Abwehrrechte gegenüber Eingriffen des Staates. Man kann unterscheiden zwischen status negativus (Verbot staatlicher Eingriffe), status activus und status positivus des Bürgers. Der status activus betrifft Teilhaberechte, wie die Gleichheit vor dem Gesetz, das Wahlrecht. Der status positivus begründet darüber hinaus Leistungsansprüche an Staat und Gesellschaft, wie Rechte auf Bildung, Gesundheitsfürsorge, Arbeit usw. Es ist offensichtlich, dass die Unterlassung staatlicher Eingriffe rechtlich leichter durchzusetzen ist als die Gewährung staatlicher Leistungen. Über rechtsstaatliche (→Rechtsstaat) Garantien hinaus werden damit soziale Ansprüche geltend gemacht, deren Erfüllung von Vermögen und Leistungsfähigkeit von Staat und Gesellschaft abhängig ist. Sozialistische Staaten (z. B. die Verfassungen der UdSSR 1936, 1977) sahen deshalb nicht das Individuum, sondern Kollektive als Träger der M. Rechte auf Arbeit (einen Arbeitsplatz) und auf Bildung bezeichnen in freiheitlichen Staaten zwar zentrale Staatsaufgaben, aber kein subjektiv einklagbares individuelles Recht. Folglich ist nach Freiheitsrechten und Sozialrechten zu differenzieren; im →Sozialstaat besteht freilich auch ein rechtlich einklagbarer Anspruch auf Daseinsfürsorge. Neben einem effektiven Rechtsschutz und der staatlichen Garantie fundamentaler Rechte der Person spielen im nationalen Bereich auch Forderungen nach materieller Gleichstellung, sozialem Ausgleich und damit der →Gerechtigkeit in der Menschenrechtsdiskussion eine Rolle.

In der internationalen Debatte zeigt sich eine weitere Tendenz zur Ausweitung der Menschenrechtsidee über die Grundfreiheiten und Individualrechte der Person hinaus ab. Gefordert wird ein Recht auf Frieden, Entwicklung, Umwelt, Rechte künftiger Generationen und der Natur. Diese Rechte sind nicht von Einzelnen, sondern von Völkern und Kollektiven geltend zu machen (sog. Rechte der Dritten Generation). Friede, Entwicklung, Umwelt enthalten moralische Forderungen und Mindeststandards, für deren Verwirklichung im Recht kein konkreter Adressat zu benennen ist. Die Gleichsetzung wesentlicher ethischer Ansprüche mit M.n kann jedoch die Menschenrechtsidee unterhöhlen und deren rechtliche Konturen undeutlich machen. Die Gleichsetzung von Bedürfnissen (→Bedarf, Bedürfnis), →Interessen und Wünschen mit M.n ist überdies ein Einfallstor für Ideologisierung. Deshalb ist es erforderlich, den Rechtscharakter der M. zu beachten und an ihm festzuhalten.

4. Menschenrechte und gesellschaftliche Initiativen. Von Haus aus sind M. Schutzmaßnahmen gegen staatliche Übergriffe. Die Berufung auf unveräußerliche M. unterscheidet →Staat und →Gesellschaft, wenn sie für die bürgerliche Freiheit einen der Staatsgewalt entzogenen Bereich der Freiheit fordert und andererseits die rechtliche Gleichheit aller vor dem Gesetz verlangt. Im 19. Jh. erweiterte sich die Thematik, vor allem angesichts der industriellen Revolution (→Industrie, Industrialisierung) und der →Sozialen Frage, durch die Frage nach dem gleichen Zugang zu Rechten und nach →Partizipation an gesellschaftlichen Gütern. M. sollen deshalb nicht nur Freiheit sichern, sondern auch soziale Gerechtigkeit herstellen, die erst den Gebrauch rechtlich gesicherter Freiheit ermöglicht. Das ist das Thema sozialer Grundrechte im Sozialstaat. Neben Freiheitsgarantien treten Gleichheitsgarantien und Mitwirkungsrechte, bei denen es um die Realbedingungen der Freiheit geht.

Damit verbindet sich die Frage, ob Grundrechte und M. nur staatliche Instanzen binden oder auch gesellschaftliche Mächte, z. B. Wirtschaftsunternehmen, Verbände (sog. Drittwirkung der Grundrechte). Hat der Staat gegen freiheitsbedrohende Aktivitäten gesellschaftlicher Kräfte einzuschreiten? Die Schutzwirkung des Rechtsstaats ist nämlich nicht auf den staatlichen

Bereich begrenzt. M. sind zudem immer auch Antwort auf Unrechtserfahrungen und offenkundige Menschenrechtsverletzungen.

Das wachsende Bewusstsein für die Notwendigkeit von M.n und Bürgerrechten hat zu einer weltweiten Sensibilisierung für Menschenrechtsfragen geführt. Vereinigungen prangern Menschenrechtsverletzungen an und kämpfen für die Durchsetzung der M. Genannt seien: die „Liga für M." (Ligue pour la Défense des Droits de l'Homme et du Citoyen, gegr. 1898); „Amnesty international" (gegr. 1961); die 1919 gegründete „Deutsche Liga für M."; 1972 wurde in Frankfurt vor allem zur Bekämpfung von Menschenrechtsverletzungen im kommunistischen Bereich die „Gesellschaft für M." (GFM) gegründet, 1981 umbenannt in „Internationale Gesellschaft für M." (IGFM).

5. Kirche und Menschenrechte. M. verdanken sich der →Aufklärung, dem →Liberalismus, einem Vernunftrecht, sind somit Folge neuzeitlichen Denkens. Gleichwohl haben sie tieferreichende geistige Wurzeln im abendländischen Denken. M. bilden eine Brücke zwischen Ethik u. Recht, Moral u. Politik. Daher sind sie auch ein Schlüsselbegriff der Ethik. Die Kirchen in Europa haben freilich bis nach dem 2. Weltkrieg M. abgelehnt als Ausdruck individualistischen, rationalistischen, anthropologischen Denkens und als Erzeugnis der Französischen Revolution. M. galten als Instrumente antikirchlicher Politik. Die Trennung von Staat und Kirche und die Verpflichtung des säkularen Staates zu weltanschaulicher Neutralität wurden abgelehnt. Auch rechtliche Freiheit sei nur legitim, sofern sie der religiösen Wahrheit entspreche. M. wurden als Inbegriff neuzeitlichen Emanzipationsstrebens (→Emanzipation) bewertet.

5.1 Römisch-katholische Kirche. Wie andere Päpste hat PIUS IX. (Enzyklika „Quanta Cura", Syllabus 1864) die Kultus-, Gewissens-, Meinungs- und Pressefreiheit und die Freiheitsrechte insgesamt aufs schärfste bekämpft. In den M.n äußere sich der Geist des Säkularismus (→Säkularisation), Indifferentismus, Naturalismus und eines schrankenlosen →Individualismus.

Erst die Erfahrungen mit totalitären Staaten in der ersten Hälfte des 20. Jh.s führten zu einer Neubewertung. Papst JOHANNES XXIII. griff in den Enzykliken „Pacem in terris" (1961) und „Mater et Magistra" (1963) den Menschenrechtsgedanken auf; ebenso Johannes Paul II. „Redemptor hominis", 1979. Begründet werden die M. in der Würde des Menschen. Das 2. Vatikanische Konzil brachte mit der Pastoralkonstitution „Gaudium et Spes" (1965) und in der Erklärung über die Religionsfreiheit „Dignitatis humanae" (1965) die völlige Wendung. Leitend ist die naturrechtliche Perspektive (→Naturrecht). Im Vordergrund der kath. Rezeption steht freilich nicht die individualrechtliche Perspektive, also die institutionell-rechtliche Bedeutung der M., sondern deren ethisch-appellativer Gehalt. Das Individualrecht der Religionsfreiheit und der Wahrheitsanspruch des kirchlichen Lehramts können nach wie vor in Spannung zueinander treten. Besonders betont wird der Lebensschutz; soziale Forderungen sind gleichfalls wichtig. Die kirchliche Interpretation wendet sich gegen eine Verengung der M. auf egoistische Selbstbehauptung. Die strukturellen und politischen Bedingungen und Voraussetzungen werden mit der Forderung sozialer Gerechtigkeit aufgegriffen (z. B. die Botschaften der Bischofssynoden „Gerechtigkeit in der Welt", 1971, und die „Botschaft über M. und Versöhnung", 1974). Die M. sind heute ein zentraler Bezugspunkt →Kath. Soziallehre (vgl. z. B. die Dokumentation „Die Kirche und die M.", ein Arbeitspapier der päpstlichen Kommission Justitia et Pax, 1976).

5.2 Evangelische Kirche und Theologie. Während angelsächsische Kirche und Theologie von Anfang an die Menschenrechtsidee unbefangen aufnahmen und mit Argumenten christl. →Ethik unterstützten, lehnte die evangelische Theologie auf dem Kontinent – von Ausnahmen wie E. TROELTSCH abgesehen – M. als Ausdruck des revolutionären Geistes von 1789, als Folge westlichen Denkens, das von der Autonomie des Individuums ausgeht, und unter Berufung auf Gemeinschaftspflichten ab. Hinter M.n stehe ein geschichtsfremder Rationalismus. Zudem nahm man Anstoß an der nichtreligiösen, säkularen Begründung.

Erst nach den Erfahrungen mit dem NS-Totalstaat (→Nationalsozialismus) erfolgte eine Umorientierung. Wirksam wurde der Neuansatz freilich erst in den 1960-er und 70-er Jahren, als die theologische Ethik sich verstärkt säkularen Herausforderungen und Phänomenen öffnete. Eine wichtige Rolle spielte dabei die →ökumenische Bewegung; sie trat seit 1948 für Glaubens-, Gewissens- und Religionsfreiheit ein und lehnte →Rassismus ab (vgl. das Antirassismusprogramm des ÖRK). Die Weltkirchenkonferenzen von Uppsala 1968 und Nairobi 1975 richteten das Augenmerk auf die M., unter besonderer Betonung sozialer Gerechtigkeit. Eine Reihe kirchlicher Äußerungen thematisierte die theologische Begründung und die praktische Verwirklichung der M. Die Kammer für öffentliche Verantwortung der →EKD veröffentlichte einen Beitrag „Die M. im ökumenischen Gespräch" (1975); der Lutherische Weltbund deutete in einem Bericht „Theologische Perspektiven der M." (1976) sie als „Erscheinungen im Prozeß des weltlichen Regiments Gottes" und stellt die die Humanität schützende Funktion des Rechts heraus. Der Reformierte Weltbund begründete in einer Erklärung „Die theologische Basis der M." (1976) diese im „Recht Gottes auf den Menschen" und interpretierte sie in Analogie von Recht Gottes und M.n als Zukunfts- und Befreiungsrechte.

Theologische Begründung und konkretes Verständnis der M. sind in den inzwischen zahlreichen kirchl.

Äußerungen unterschiedlich. Teilweise werden die Sozialrechte gegenüber den Individualrechten betont. Gelegentlich wird, besonders unter dem Eindruck der Dekolonialisierung, vor allem auf das Selbstbestimmungsrecht der Völker abgehoben. Gelegentlich werden M. nur als „Rechte der Armen" verstanden und aus der Perspektive der Schwachen gesehen. Immer wieder wird die rechtliche Verbindlichkeit unterbewertet und werden M. zu sozialen Postulaten.

5.3 Theologische Begründung. In kirchl. Stellungnahmen zeigen sich Divergenzen bei der Begründung. Trotz allgemeiner Zustimmung zu den M.n gibt es unterschiedliche Begründungsansätze, z. B. naturrechtliche, schöpfungstheologische, befreiungstheologische, versöhnungstheologische. Diese Ansätze konkurrieren z. T. miteinander. Theologische Differenzen prägen sich auch bei der Interpretation der Menschenrechtskataloge aus. Die seit der Aufklärung gestellt Frage nach allgemeinen Prinzipien und →Normen der →Humanität ist damit aufgeworfen (→Ethik). M. sind keine „Christen"rechte. Sie sind nicht aus biblischen Aussagen und dogmatischen Lehrsätzen abzuleiten. Bei der Spannung zwischen Individual- und Sozialrechten wird auch die Spannung zwischen →Freiheit und →Gleichheit manifest. Derartige Spannungen sind nicht einfach durch theologische Entscheidungen zu beseitigen. Die „Grundfigur der M." (HUBER/TÖDT) von Freiheit, Gleichheit und (politischer) Partizipation ist je neu zu bestimmen. Theologische „Begründung" steht somit in der Gefahr, eine bestimmte Sicht der M. religiös zu legitimieren. Historisch gesehen sind M. nur indirekt Folge des Christentums, und sie beruhen auf Einsichten der Aufklärung. Der säkulare (weltliche) Charakter der M. ist zu wahren; in lutherischer Tradition bietet dazu die Unterscheidung von →Gesetz und Evangelium und die →Zweireichelehre einen Ansatz. Christliche und reformatorische Anthropologie enthält überdies Berührungspunkte mit den M.n: die Unverfügbarkeit der Person, Mitmenschlichkeit und →Solidarität, die Freiheit in der Weltgestaltung, die Einsicht in die Wirklichkeit des Bösen wie der Glaube an die Überwindung von Bösem u. Ungerechtigkeit (Sünde) (→Rechtfertigung).

Erforderlich ist es ferner, sich über einen Kernbestand der M. zu verständigen, nämlich das Recht auf Leben, die Rechte der physischen Person (körperliche Unversehrtheit), der geistigen Person (Meinungs-, Gewissens-, Glaubensfreiheit) und der politischen Person.

5.4 Menschenrechte in der Kirche. Durch ihre ökumenischen Verbindungen können Kirchen beitragen zur Entwicklung eines globalen Menschenrechtsbewusstseins. Sie sollen Hilfe leisten für Opfer von Menschenrechtsverletzungen und die Stimme der Vergessenen und Stummen sein. Dabei ist Religionsfreiheit ein, aber nicht das einzige Thema. Auf dem Prüfstand steht dabei immer auch die Glaubwürdigkeit der Kirche selbst. Fundamentale M. (Schutz des Lebens, Freiheit der Person, rechtliches Gehör, Einhaltung sozialer Mindeststandards) binden deshalb die Kirche selbst.

Von der Bedeutung der M. als Beurteilungsmaßstab kirchl. Verhaltens zu unterscheiden ist die Frage nach innerkirchl. Grundrechten. M., Grundrechte wenden sich nämlich an Inhaber politischer Macht. Besondere innerkirchl. Grundrechte sind entweder Fragen der kirchl. Verfassung oder ethische und religiöse Forderungen, wie Zugang zum Glauben, Anspruch auf innerkirchl. Mitwirkung, auf ökumenische Gemeinschaft u. a.

Die katholische Kirche kann innerkirchl. Grundrechte nicht analog zu den weltlichen M.n vertreten. Zwar ist Religionsfreiheit durch das staatliche Recht des Kirchenaustritts zu sichern; aber es gibt kein Recht auf innerkirchliche Lehrfreiheit. Für die katholische Kirche sind konstitutiv ferner der Unterschied zwischen Klerus und →Laien, die Rechte der Hierarchie, der Ausschluss von Frauen vom Priesteramt u. a. Kirchenrecht und M. sind in einigen Punkten unvereinbar.

Die evangelische Kirche vertritt das Allgemeine Priestertum. Daraus folgt in Kirchenverfassungen eine andere Sicht von Rechten kirchlicher Partizipation, der Gleichheit und Freiheit aller Christen. Das reformatorische Verständnis von Freiheit, Gleichheit und Glaubensunmittelbarkeit hat Entsprechungen zu den M.n. Innerkirchlich hat dies freilich Bedeutung für die Gestaltung der Kirchenordnung (Synode), bei kirchl. Mitspracherechten, Verfahrensordnung, nicht aber in Gestalt von kirchlichen Grundrechtskatalogen.

6. Universalität und Kontextualität der Menschenrechte. M. sind eine Errungenschaft der Aufklärung und somit des westlichen Verständnisses von Freiheit und Würde der Person. Aufgrund dieser historischen Herkunft wird ihre Universalität bestritten. Dem westlichen →Individualismus wird ein asiatisches Gemeinschaftsverständnis, der Gruppenzusammenhalt, die Einfügung ins Kollektiv entgegengesetzt. Der Einwand lautet, die westlich-liberale Sicht der M. verkenne deren Kulturgebundenheit und beachte nicht das Selbstverständnis anderer Religionen, sondern setze unreflektiert das Christentum voraus. Der Marxismus-Leninismus (→Marxismus), als Leitideologie kommunistischer Staaten, lehnte ebenfalls seit K. MARX M. als Ausdruck bürgerlichen Klassendenkens ab. An die Stelle individueller Rechte sollten vom Staat gewährte Rechte des Kollektivs treten. Der →Islam besteht auf dem Vorrang der Scharia (einschließlich von Körperstrafen), verbietet Apostasie und Religionswechsel und lehnt eine gleichberechtigte Stellung der Frau ab. Auch das kosmische Denken und die Kastenordnung des Hinduismus in Indiens politischer Kultur oder die Werteordnung afrikanischer Stammesgesellschaften haben Vorbehalte gegen die M.

Nun ist die Menschenrechtsidee unbestreitbar Folge westlicher Geschichtserfahrung und abendländischen Personverständnisses. Dennoch eignet ihr relative Universalität, und die Verschiedenheit kultureller Traditionen ist nicht Beweis für einen prinzipiellen ethischen Relativismus. Auch ist zwischen Idee und Verwirklichung, Realität zu unterscheiden.

Im Blick auf die konkrete Verwirklichung der M. ist allerdings zwischen der unbedingten Anerkennung des Menschenrechtsgedankens als solchem, nämlich Achtung der physischen, geistigen und politischen Person, und der kontextabhängigen Umsetzung einzelner M. zu unterscheiden. Häufig ist eine Prioritätensetzung notwendig (z. B. Recht auf Leben im Verhältnis zum Recht auf informationelle Selbstbestimmung, Eigentum, Arbeit). Die politischen Durchsetzungsmöglichkeiten sind verschieden. Zwischen M.n und sozialen Bedürfnissen ist ebenfalls zu differenzieren. Universal gültig ist freilich das Recht jedes Menschen, überhaupt Rechte zu haben und in einem Staat zu leben, der jeden Bürger als rechtsfähige Person behandelt (H. ARENDT). Deshalb ist der Universalitätsanspruch der M. unverzichtbar, auch wenn die Praxis kulturbedingt und kontextuell variiert. M. sind der Schlüsselbegriff globaler Ethik. Sie gelten unabhängig von unterschiedlichen weltanschaulichen und religiösen Begründungen. Sie können auch nicht durch ein „Weltethos" (H. KÜNG) oder durch universale Menschenpflichten überboten und ersetzt werden. Ihr Sinn ist es, die Unantastbarkeit der →Würde des Menschen unabhängig von →Geschlecht, →Rasse, →Nation und →Klasse sicherzustellen.

Unverkennbar besteht jedoch weltweit ein Vollzugsdefizit (Folter, Diskriminierung, Gleichheit von Mann u. Frau).

7. Menschenwürde als Grundnorm. Im Begriff der Menschenwürde verdichtet sich Anspruch und Problematik der M. Eine Berufung auf die Menschenwürde findet sich erstmals in der irischen Verfassung 1937. Im Grundgesetz der Bundesrepublik Deutschland (Art.1 Abs. 1), aber auch in der Erklärung der M. der UN und in der Verfassung der DDR hat die Menschenwürde eine exponierte Stellung erhalten. Sie wird sowohl als Grundwert wie als rechtliche Grundnorm angesehen. Die juristische Verbindlichkeit dieser Grundnorm als Grundrecht ist freilich strittig. Nur in Verbindung mit anderen Grundrechten wird die Achtung der Menschenwürde rechtlich handhabbar.

In der Vorstellung von der Menschenwürde (→Würde) fließen unterschiedliche Anschauungen und Begründungen zusammen. Die biblisch-christliche Auszeichnung des Menschen als Gottes Ebenbild (imago dei) ist eine Wurzel, eine andere bildet die stoische Vorstellung von der Würde der menschlichen Natur als Inbegriff der Humanität. Traditionell meint „Würde" freilich die Stellung eines Menschen in der Öffentlichkeit. Würde (dignitas) ist gleichsinnig mit Ehre (honor). Die Aufklärung demokratisiert die ständische Würde zur allgemeinmenschlichen Würde der Person. KANT unterscheidet Würde und Wert. Dinge haben einen relativen Wert, einen Preis, der Mensch hat als Person keinen bloß relativen, sondern einen inneren Wert, d. h. ihm eignet Würde. Daraus folgt für KANT hinsichtlich der Ethik für den Menschen ein Instrumentalisierungsverbot. Zum christlichen, antik-humanistischen und aufgeklärten Verständnis von Menschenwürde kommt im 19. Jh. hinzu die Verwendung als politisches Schlagwort. Der →Sozialismus fordert programmatisch „menschenwürdige" Zustände, ein „menschenwürdiges" Dasein. Unterschiedliche Denker wie ERNST BLOCH und KARL JASPERS stellen der Entwürdigung durch totalitäre Herrschaft die Würde des Menschen gegenüber. Menschenwürde ist also kein spezifisch christlicher, sondern ein säkularisierter Begriff. Das Wort ist auch verschieden auslegbar. Rechtliche Bedeutung gewinnt daher die Unantastbarkeit der Menschenwürde durch die Beschränkung staatlicher Gewalt. Rechtlich gesehen ist Menschenwürde eine „uninterpretierte Formel" (TH. HEUSS), die zur bloßen Rhetorik, zur Leerformel werden kann. Menschenwürde bedeutet auch nicht eine Festlegung auf das christliche Menschenbild oder auf eine bestimmte aufklärerisch-idealistische Freiheitsidee. Ihr Sinn ist es vielmehr, menschenunwürdige Maßnahmen und Unrecht offenzulegen. Zu vermeiden ist sowohl ein „schwaches" Verständnis als bloße Zuschreibung wie ein zu „starkes" metaphysisches, das eine theol Begründung fordert.

In der Rechtspraxis sind Rechte wie die freie Entfaltung der Persönlichkeit, Schutz vor ungerechtfertigter Verhaftung, Verbot der →Folter, Schutz von Leben, körperlicher Unversehrtheit, Erfüllung menschlicher Grundbedürfnisse u. a. Entfaltung der Grundnorm der Menschenwürde. Mit einer abstrakten, bloß formalen und absoluten Beanspruchung der Menschenwürde sollte man daher zurückhaltend sein (z. B. in der →Bioethik) und bestrebt sein, konkrete Menschenrechtsverstöße zu benennen. Menschenwürde setzt jedoch ein kommunikatives, nicht-individualistisches Verständnis des Menschen voraus. Es geht um Mitmenschlichkeit. Besonderes Augenmerk, gerade von Christen, wird dabei dem rechtlichen Schutz der Würde des →Kindes, des alten (→Alter), behinderten (→Behinderung), kranken Menschen gelten, also der Wahrung der Rechte und Würde derjenigen, die ihre M. nicht oder nur begrenzt selbst einfordern können und deren fundamentale Rechte dadurch verkürzt oder missachtet werden. Strittig ist insbesondere, inwieweit Embryonen Menschenwürde haben. Insoweit ist dann die Achtung der Menschenwürde der Schlüssel zur und das Kennzeichen von praktischer Verwirklichung der Menschenrechte.

J.M. LOCHMAN/J. MOLTMANN (Hg.), Gottes Recht und M. Studien und Empfehlungen des Reformierten Weltbundes, 1976 – W. HUBER/H.E. TÖDT, M. Perspektiven einer menschlichen Welt (1977), 1988³ – M. HONECKER, Das Recht des Menschen.

Einführung in die evangelische Sozialethik, 1978 – J. SCHWARTLÄNDER (Hg.), M. Aspekte ihrer Begründung und Verwirklichung, 1978 – E.W. BÖCKENFÖRDE/R. SPAEMANN, M. und Menschenwürde. Historische Voraussetzungen – säkulare Gestalt – christliches Verständnis, 1987 — L. KÜHNHARDT, Die Universalität der M., 1987 – M. HECKEL, Die M. im Spiegel der reformatorischen Theologie, 1987 (GS II 1989, 1122–1193) – U. LÖST (Hg.), Von der Würde des Menschen, 1989 – W. HUBER, Art. M./Menschenwürde, in: TRE 22, 577–602 (Lit.) – W. VÖGELE, M. zwischen Recht u. Theologie, 2000 – H. BIELEFELDT, Philosophie der M., Grundlagen eines weltweiten Freiheitsethos,, 2005 – CH.MENKE, A.POLLMANN, Philosophie der M. 2007 – W. HÄRLE, Menschenwürde, 2010 – S-L HOFFMANN, (Hg) Moralpolitik – Geschichte der M. im 20. Jahrhundert, 2010 – H. JOAS, Die Sakralität der Person. Eine neue Genealogie der M. 2010 – P. SCHABER, Menschenwürde 2011 – H. BIELEFELDT, Auslaufmodell Menschenwürde?, 2011.

Martin Honecker

Menschenrechte / Menschenwürde (politisch)

1. Historischer Durchbruch. Polit.-rechtl. relevant wurden MR im Gefolge der demokr. Revolutionen seit Ende des 18. Jh.s zunächst in einzelstaatl. Verfassungen. Erst mit Gründung der Vereinten Nationen (VN) wurden sie auch Gegenstand internat. Rechts. Die Allg. Erkl. der MR vom 10. Dez. (seitdem „Tag der MR") 1948 markiert den Beginn einer sukzessiven Transformation des Völkerrechts von einer staatenzentrierten Ordnung hin zu einer weltbürgerl. Verfassungsstruktur, die an Würde, Freiheit und Gleichberechtigung aller Menschen Maß nimmt. Die Präambel der Allg. Erkl. setzt ein mit der „Anerkennung der inhärenten Würde und der gleichen und unveräußerlichen Rechte aller Mitglieder der menschlichen Familie" und führt damit – wie später Art. 1 des GG – die MR insgesamt auf die Würde des Menschen zurück.

2. Internationale Konventionen. Im Gefolge der Allg. Erkl. entstanden mehrere internat. MR-Konventionen: zur Abschaffung rassist. Diskriminierung (1965), über wirtschaftl., soziale und kulturelle Rechte (1966), über bürgerl. und polit. Rechte (1966), zur Abschaffung der Diskriminierung der Frau (1979), Antifolterkonv. (1984), Kinderrechtskonv. (1989), Wanderarbeitnehmerkonv. (1990), Behindertenrechtskonv. (2006) sowie Konv. zur Bekämpfung des „Verschwindenlassens" (2006). Freiwillige Zusatzprotokolle erweitern diese Konventionen sowohl inhaltlich als auch prozedural. Die traditionelle Vorstellung, dass es sich bei den bürgerl. und polit. MR einerseits und den wirtschaftl., sozialen und kulturellen MR andererseits um zwei wesenhaft unterschiedl. MR-Typen handele, gilt inzwischen als überholt. Nach überwiegender Ansicht ergänzen sich die jeweiligen MR-Normen wechselseitig.

Die Garantenfunktion für die Durchsetzung der MR obliegt den Staaten. Sie sollen die MR als Grenze legitimer Staatstätigkeit respektieren („Achtungspflicht"), sie zugleich gegen Verletzungen durch nicht-staatl. Akteure schützen („Schutzpflicht") und durch geeignete Infrastruktur ihre wirksame Inanspruchnahme ermöglichen („Gewährleistungspflicht").

Mit der Ratifizierung internat. MR-Konventionen verpflichten sich die Staaten zur regelmäßigen Berichterstattung gegenüber Monitoring-Ausschüssen („treaty bodies") der VN, die ihre Funktion auf der Basis der jew. Konventionen wahrnehmen. Zu den Vorzügen dieses Verfahrens gehören Mitwirkungsmöglichkeiten für zivilgesellschaftl. Organisationen, die parallel zur staatl. Berichterstattung ihre eigenen Befunde („Schattenberichte") an die Monitoring-Ausschüsse senden können. Die Ausschüsse können ggf. auch individuelle Beschwerden bearbeiten. Außerdem führt ihre Jurisdiktion dazu, die jeweiligen Konventionen in Auseinandersetzung mit Fällen interpretativ zu „living instruments" weiterzuentwickeln.

3. VN MR-Rat und VN-Hochkommissariat. Wichtigstes polit. MR-Gremium der VN ist der MR-Rat, der 2006 seine Vorgängerin, die MR-Kommission, ablöste und mindestens drei Mal jährlich in Genf tagt. Er fungiert als Unterorgan der VN-Generalversammlung. Vom MR-Rat ernannte Sonderberichterstatter arbeiten als unabhängige Sachverständige zu spezifischen Themen bzw. Ländern. Seit 2008 gibt es ein eigenes Prüfungsverfahren des MR-Rats, dem sich alle Mitgliedstaaten der VN zu unterziehen haben: den UPR (= „universal periodic review"). Zu den Vorzügen gehört die erhöhte polit. Aufmerksamkeit; Kehrseite ist eine problematische Politisierung des UPR-Verfahrens, die auch daher rührt, dass allein Staaten in einem „peer review" Bewertungen abgeben können, was Absprachen begünstigt.

Administrativ werden die verschiedenen polit. bzw. fachlichen MR-Mechanismen vom VN-Hochkommissariat für MR (in Genf) begleitet. Der Hochkommissar für MR, seit Herbst 2014 Prinz ZAID, gibt der internat. MR-Politik ein Gesicht.

4. Wirksamkeit des int. MR-Schutzes. Obwohl das internat. MR-Schutzsystem durchaus praktische Resultate zeigt, weist es doch unverkennbare Schwachstellen auf. Während die polit. MR-Gremien durch ideolog. und machtpolit. Auseinandersetzungen immer wieder polarisiert werden, leiden die fachlich operierenden Monitoring-Ausschüsse an mangelnder öffentl. Aufmerksamkeit; außerdem bestehen Gefahren der Fragmentierung. Vordringlich ist eine Koordination der unterschiedl. MR-Instrumente mit dem Ziel, Synergien herzustellen. Ein vielversprechender Ansatz besteht in der Verkopplung internat. MR-Normen bzw. internat. Supervision mit nationalen MR-Institutionen. Das VN-Hochkommissariat fördert die Entwicklung nationaler MR-Institutionen weltweit. In Deutschland hat das Dt. Institut für MR, gegründet 2001, diesen Status inne.

5. Regionale (insbes. europ.) Instrumente. Zwischen internat. und nat. Ebene befindet sich noch eine regionale Ebene des MR-Schutzes; eine solche besteht allerdings nicht in allen Regionen der Welt. Besonders ausgeprägt ist sie in Europa; Relevanz haben auch die regionalen MR-Instrumente im Rahmen der Organisation der Amerik. Staaten (OAS) bzw. der Afrik. Union (AU). Der europ. MR-Schutz ist komplex, bewegt er sich doch zwischen zwei (oder sogar drei) verfassten „Europas". Führend in MR-Fragen ist nach wie vor der 1949 gegr. Europarat, der mit derzeit 47 Mitgliedstaaten (darunter Russland, Ukraine, Türkei) weit in den asiatischen Kontinent hineinreicht. Auf der Grundlage der Europ. MR-Konvention arbeitet der Europ. Gerichtshof für MR mit Sitz in Straßburg. Vor allem seit seinem Ausbau zu einem ständig tagenden Voll-Gericht (1998) hat er eine weitreichende Judikatur entwickelt. Daneben hat der Europarat weitere MR-Instrumente ausgebildet, u. a. die Europ. Sozialcharta und das Komitee zur Folterprävention. Während der Europarat von Anfang an den Schutz der MR zu seinen Hauptaufgaben zählte, verfolgte die Europ. Union (EU) zunächst andere Zielsetzungen. Erst mit zunehmendem polit. Einfluss der EU-Institutionen wurde deutlich, dass für diese eine eigene MR-Grundlage geschaffen werden musste. Die 2000 entwickelte EU-Grundrechtecharta trat im Dez. 2009 im Rahmen des Lissabonner Vertrags in Kraft. Zuständig für ihre gerichtl. Überwachung ist letztinstanzlich der Europ. Gerichtshof der EU in Luxemburg. Um eine gegenläufige Entwicklung der beiden „Europas" mitsamt den beiden Gerichtshöfen zu vermeiden, ist vorgesehen, dass die EU als Ganze der MR-Konvention des Europarats beitreten wird. Nach einer Entscheidung des Luxemburger EU-Gerichtshofs vom Dezember 2014 ist dieser Prozess aber vorläufig blockiert. Als dritte europ. Institution sei die Organisation für Entwicklung und Zusammenarbeit in Europa (OSZE) mit Hauptsitz in Wien genannt, die 1994 aus der Konferenz für Entwicklung und Zusammenarbeit in Europa (KSZE) hervorgegangen ist. Vor allem für den Durchbruch der MR in Osteuropa spielte die KSZE-Schlussakte von Helsinki (1975) eine historisch bedeutende Rolle.

6. Schlussbemerkung. Insg. hängt die Wirksamkeit des MR-Schutzes vom öffentl. Interesse ab, das nicht zuletzt von zivilgesellschaftl. Institutionen befördert wird. Zu den vordringlichen Aufgaben zählt die Koordination der MR-Instrumente, um Synergien zu fördern und Fragmentierungsgefahren entgegenzuwirken.

C. KRAUSE/M. SCHEININ (Hg.), International Protection of Human Rights: A Textbook, 2009 – J. REHMAN, International Human Rights Law, 2010² – J. KÜNZLI/W. KÄLIN, Universeller Menschenrechtsschutz, 2013³ – O. DE SCHUTTER, International Human Rights Law. Cases, Materials, Commentary, 2014².

Heiner Bielefeldt

Methoden, sozialwissenschaftliche

1. Theorie und Empirie. Das Grundanliegen der empirischen S. ist die regelgeleitete Gewinnung von Erkenntnissen über die soziale Wirklichkeit. Dabei bewegt sie sich in einem Kreislauf: Ausgehend vom theoretischen Hintergrund werden Forschungsfragen entwickelt und operationalisiert, geeignete Verfahren und M. gewählt und aus der Interpretation der Daten Theorie überprüft (Deduktion) oder generiert und angereichert (Induktion). Von hier aus können dann neue Forschungsfragen entstehen. Den M. vorgeordnet sind also methodologische Überlegungen, in denen sich theoretische Annahmen über die Möglichkeit abbilden, aus Daten Rückschlüsse auf die Wirklichkeit zu ziehen.

2. Überprüfen und Entdecken. Empirische S. kann über zwei Zugänge Erkenntnisse gewinnen: Sie kann Hypothesen prüfen oder auch Zusammenhänge erst entdecken und damit ein Forschungsfeld explorativ beschreiben. Entdeckende Verfahren werden überwiegend mit M. der qualitativen S. (nicht-standardisierte Verfahren) entwickelt, Hypothesen prüfende Verfahren mit M. der quantitativen S. (standardisierte Verfahren). Viele M. der empirischen S. sind in beiden Forschungszugängen anwendbar, beispielsweise die Befragung oder die Beobachtung. In neueren Studien findet sich zunehmend eine Verknüpfung beider Zugänge (Triangulation/Mixed Methods), etwa indem zuerst das Forschungsfeld explorativ erkundet wird und anschließend die aus den Ergebnissen abgeleiteten Hypothesen überprüft werden oder indem zunächst mit standardisierten M. Hypothesen geprüft und die Ergebnisse anschließend mit entdeckenden Verfahren weiter ausgeleuchtet werden.

3. Ansprüche an die Qualität. Für alle Verfahren der empirischen S. gelten die Anforderungen an die Qualität des methodischen Vorgehens. Sie richten sich auf Objektivität, Reliabilität (Zuverlässigkeit der Messung) und Validität (Gültigkeit der Messung). Standardisierte Verfahren müssen Rückschlüsse auf die Grundgesamtheit ermöglichen. Für nicht-standardisierte Verfahren werden Ergebnisse in intersubjektiven und transparenten Interpretationsprozessen bestätigt, Validität kann durch kommunikative Rückkopplung erreicht werden. Außerdem sind die Angemessenheit der Operationalisierung von Forschungsfragen, ein sinnvolles Sampling

(Auswahl der Stichprobe) oder eine empirisch verankerte, kohärente Theoriebildung als Qualitätskriterien zu nutzen.

4. Gewinnung von Daten. *4.1 Befragung.* Die Befragung als Methode zur Gewinnung primärer Daten kann ebenso zur Prüfung von Hypothesen wie in explorativen Verfahren angewendet werden. Sie kann persönlich, telefonisch oder schriftlich erfolgen, auch auf digitalem Weg. Es sind unterschiedliche Grade der Standardisierung möglich: Die vollständig standardisierte Befragung enthält feste Antwortkategorien, die teilstandardisierte Befragung enthält außerdem offene Fragen. Die vollständig offene Befragung ermöglicht eigene Antwortformulierungen und arbeitet mit Leitfäden oder Gesprächsimpulsen. Es können Einzelpersonen sowie Gruppen befragt werden. Befragungen eröffnen vielfältige thematische Bezüge, können themenzentriert, ereigniszentriert, personenzentriert oder auch biographisch orientiert sein. Als angestrebte Sinngehalte sind beispielsweise denkbar: Sachkenntnis, Erfahrungen, Meinungen, Deutungen, Argumentation. Über die zu wählende Form muss ausgehend von der Fragestellung und dem methodologischen Gesamtkonzept entschieden werden. Aus verschiedenen Formen erwachsen Vor- und Nachteile, was die Kosten der Befragung anbetrifft, die Ausschöpfungsquote, die Quote der Abbrüche einer Befragung, die Qualität der Antworten, der zu erwartende Aufwand der Datenerfassung und Auswertung oder die Motivation zur Teilnahme.

4.2 Beobachtung. In der M. der Beobachtung liegt die wesentliche Unterscheidung zwischen der teilnehmenden Beobachtung (Forschende nehmen am erforschten Geschehen teil) und der nicht-teilnehmenden Beobachtung (Forschende beobachten ohne eigene Teilnahme, u. U. verdeckt). Abhängig ist die Entscheidung über die angemessene Form davon, wie Forschende sich im Feld bewegen können, ohne die Ergebnisse der Beobachtung zu stark bzw. unkontrolliert zu beeinflussen, indem die Beobachteten auf die Beobachtungssituation reagieren. Eine solche Reaktivität kann durch die Teilnahme der Forschenden am Geschehen, aber ebenso durch deren bloße Beobachtung hervorgerufen werden. Eine Beobachtungsstudie wird konzipiert durch Festlegung des Umfangs der Beobachtung (z. B. Zeitraum, genaue Szene, zu beobachtenden Merkmale) durch Operationalisierung. Daten der Beobachtung liegen als Protokolle in der jeweils geeigneten Standardisierung vor und werden für entdeckende sowie Hypothesen prüfende Verfahren genutzt. Eine Beobachtung kann durch Fotografie oder Videografie ersetzt oder ergänzt werden. Auch Experimente können Gegenstand der Beobachtung sein, etwa als Labor- oder Feldexperimente.

4.3 Bereits vorliegende Daten. Neben selbst generierten Daten können in der empirischen S. auch bereits vorliegende Daten gesammelt und sinnvoll genutzt werden. Zum Teil sind diese bereits zum Zweck wissenschaftlicher Analyse und unter den hier herrschenden Qualitätsansprüchen entstanden, etwa in Paneldaten und Datenbanken. Zum Teil handelt es sich aber auch um Daten bzw. Dokumente aus anderen Zusammenhängen, etwa um den Online-Auftritt einer Organisation, Leitbilder, Architektur, Kleidungsstil etc. Bei der Analyse solcher Artefakte ist es notwendig, zunächst den hermeneutischen Rahmen zu klären, innerhalb dessen die Daten nutzbar sein sollen.

5. Auswertung. Die M. der Auswertung der gewählten oder gewonnenen Daten werden vom theoretischen/methodologischen Rahmen eines Forschungsvorhabens abgeleitet. In der Analyse qualitativer Daten stehen M. der Interpretation und damit des Sinnverstehens im Mittelpunkt. Quantitativen Daten werden auf Einzelmerkmale hin untersucht (univariate Verfahren), ebenso können unter Nutzung mehrerer Merkmale Rückschlüsse auf Korrelationen zwischen Merkmalen getroffen werden (bi- oder multivariate Verfahren). Mit Faktoren- und Clusteranalyse lassen sich Typen bilden, wie sie etwa in der Milieu- und Habitusforschung verwendet sind.

6. Forschung in Handlungsfeldern. In den vergangenen Jahrzehnten haben sich solche M. stark entwickelt, die empirische S. auf Praxisfelder beziehen oder sogar in diese einbetten: M. der Aktionsforschung schaffen Beteiligung von unterschiedlichen Disziplinen und Menschen aus Wissenschaft und Praxis. M. der Sozialraum- und Netzwerkforschung dienen dazu, soziale Wirklichkeiten in ihrem Raumbezug und im konkreten sozialen Gefüge zu erkunden. M. der Sozialraumforschung sind vor allem entdeckender Natur, es finden vorwiegend M. der qualitativen S. Anwendung (Interviews, Rundgänge, Raumbeobachtungen), ergänzt durch eine Analyse statistischer Daten und Geodaten. Die Netzwerkforschung nutzt M. entdeckender, vor allem jedoch standardisierter Verfahren, die Erkenntnisse über Muster von Beziehungen generieren oder Inhalte der erforschten Beziehungen fokussieren. Die Evaluationsforschung untersucht Prozesse sozialen Handelns (z. B. einer sozialen Dienstleistung) prozessvorbereitend (präformativ), prozessbegleitend (formativ) oder im Rückblick (summativ). Alle M. der empirischen S. können hier Anwendung finden. Häufig werden M. der S. in die Kommunikation mit der Klientel integriert (z. B. Abschlussgespräch eines Beratungsprozesses als Element der Evaluation) oder sogar vorrangig für diese genutzt (z. B. M. der Biografiearbeit als M. des helfenden Handelns).

J. BORTZ/N. DÖRING, Forschungsm. und Evaluation in den Sozial- und Humanwissenschaften, 1984, 2015[5] – B. H. RUSSELL, Social Research Methods. Qualitative and Quantitative Approaches, 2006, 2013² – J. W. Creswell/V. L. Plano Clark, Designing and Conducting Mixed Methods Research, 2007, 2011² – F. Früchtel/W. Budde/G. Cyprian, Sozialer Raum und Soziale Arbeit. Fieldbook: M. und Techniken, 2007, 2013³ – U. Kelle, Die Integration qualitativer und quantitativer M. in der empirischen S. Theoretische Grundlagen und methodologische Konzepte, 2007, 2008² – A. Przyborski/M. Wohlrab-Sahr, Qualitative Sozialforschung. Ein Arbeitsbuch, 2008, 2013⁴ – N. Baur/J. Blasius (Hg.), Handbuch M. der empirischen Sozialforschung, 2014.

Claudia Schulz

Methodismus

1. Begriff. Historisch ist zwischen Methodismus und methodistischen Kirchen zu unterscheiden. Der Methodismus ist eine von den Theologen John und Charles Wesley (1703–1791 u. 1707–1788) zusammen mit George Whitefield (1714–1744) ausgehende Erweckungs- und Erneuerungsbewegung. Sie wurde innerhalb vieler Kirchen wirksam, im 19. Jahrhundert auch in der Erweckungs- und der Gemeinschaftsbewegung. In Deutschland wurde der Begriff „Methodismus" umfassend „zur Chiffre für erwecklichen Protestantismus angelsächsischer Prägung" (Thomas Hahn-Bruckart). Führende Männer der Heiligungs- und Gemeinschaftsbewegung wie Theodor Christlieb und Elias Schrenk, die den Auftrag evangelistischer Arbeit an bereits Getauften übernahmen, wurden als „methodistisch" bzw. als „Methodisten" bezeichnet.

2. Das Werden der methodistischen Kirche. Die Missionsarbeit der Wesleys und G. Whitefields überschritt von Anfang an nationale und konfessionelle Grenzen. Alle drei waren und blieben lebenslang anglikanische Pfarrer. Ihr Verkündigungsziel war die Erweckung und Bekehrung als bewusste Erfahrung mit der Folge eines Lebens in der Nachfolge Christi (Heiligung). Theologisch unterschieden sie sich in der Bekämpfung der doppelten Prädestination (Wesleys) und der Verkündigung dieser Lehre (Whitefield).

1784 erwuchs aus der inneranglikanischen Bewegung in Großbritannien in den politisch selbständig gewordenen USA eine Kirche neuen Stils. Sie hatte sich nicht aus Gründen der Lehre, was seit dem 16. Jahrhundert die Ursache kirchlicher Neubildungen war, organisiert, sondern um den „verlorenen Schafen ohne Hirten" nachzugehen. Als eine bis dahin unter der Aufsicht des Bischofs von London stehende Kirche waren die Anglikaner nach der politischen Verselbständigung der USA führungslos. Anglikanische Pfarrer kehrten in die Heimat zurück. In dieser Phase bildete sich aus der anglikanischen „Episcopal Church" nun die „Methodist Episcopal Church" weiter. Diese historischen Umstände gaben den methodistischen Kirchen ein einmaliges Profil: (1) Sie bestanden nicht auf einer „neuen Lehre", denn die anglikanischen Homilien hatten das reformatorische Anliegen der Rechtfertigung allein aus dem Glauben ausdrücklich formuliert. (2) Sie verstanden sich nicht als Territorialkirche, denn sie hatten ihre Mission längst grenzüberscheitend ausgeübt. (3) Sie waren ökumenisch, denn ihr Selbstverständnis bezogen sie nicht aus der Abgrenzung. (4) Die gesamte Kirchenstruktur entwickelte sich pragmatisch im Vollzug des methodistischen Sendungsauftrags, „in Mission" zu sein. So entstand eine weltweit verbundene Connexio, die sich nicht als Konfession verstand, sondern als Denomination, die sich nicht im Gegenüber zu anderen, sondern im Miteinander mit anderen verwirklichte ohne darum profillos zu sein.

Dieser zur *methodistischen Kirche* gewordene Teil des Konfessionen übergreifenden *Methodismus* breitete sich in Amerika auch unter den europäischen Einwanderern aus. Drei deutschsprachige Zweige der methodistischen Kirchenfamilie, (1) die von Jacob Albrecht gegründete Evangelische Gemeinschaft („Albrechtsbrüder"), (2) die Bischöfliche Methodistenkirche und (3) die Kirche der Vereinigten Brüder sorgten für die Aussendung von Missionaren nach Deutschland, sobald dort Religionsfreiheit angesagt war. Bald nach der Revolution von 1848 begannen sie ab 1849 ihre Missionsarbeit in der Heimat. Ihr ekklesiologischer Ansatz konnte von einer flächendeckend strukturierten, staatlich gelenkten Kirche nicht erkannt werden. Darum behandelte man die methodistischen Missionare als Eindringlinge. Später gewannen sie Einfluss auf die Entwicklung der innerdeutschen Ökumene.

3. Die methodistische Kirche heute. Die Evangelisch-methodistische Kirche in Deutschland (EmK) ist ein integrierter Zweig innerhalb der United Methodist Church (UMC). Die Aufsicht führt Bischöfin Rosemarie Wenner. Der Weltrat Methodistischer Kirchen erfasst heute reichlich 70 Millionen Anhänger, was in etwa der Größe des Lutherischen Weltbunds entspricht.

Heute haben die Methodisten ihr missionarisches Profil evangelistischer Verkündigung eingebüßt. Dieses Charisma ist nicht tradierbar. Ihre diakonische Kompetenz führen sie in allgemein üblichen Formen weiter. Ökumenisch haben sie sich zunehmend engagiert. Für eine Kirche mit einem erkennbaren evangelistischen Profilverlust und einer weiten Diaspora führt ihr ökumenisches Bewusstsein automatisch zu statistischen Verlusten. In einer von Fluktuation und Ortswechseln geprägten Gesellschaft sind Kirchenwechsel nicht selten, die in der neuen Umgebung eine aktive Mitarbeit in einer Gemeinde anderer Konfession ermöglichen. Die Evangelisch-methodistische Kirche steht in voller Kirchengemeinschaft mit der EKD. Sie ist Mitglied der Leuenberger Kirchengemeinschaft.

Walter Klaiber (Hg.), Methodistische Kirchen. Kirchen der Gegenwart, Bd. 2, 2011 – Walter Klaiber/Manfred Mar-

QUARDT, Gelebte Gnade. Grundriss einer Theologie der Evangelisch-methodistischen Kirche, Göttingen 2006² – KARL HEINZ VOIGT, Ökumene in Deutschland, Bd. 1 (1848–1945) u. Bd. 2 (seit 1945), 2014/2015.

Karl Heinz Voigt

Migration

1. Begriff. M. bezeichnet die Wanderung von Individuen, →Gruppen oder →Gesellschaften im geographischen und sozialen Raum soweit diese mit Wechsel des Wohnortes verbunden ist. Nach der Reichweite wird zwischen der internationalen M., bei der die Staatsgrenzen überschritten werden, und der Binnenm., nach dem Umfang zwischen der Einzel-, Gruppen- und Massenwanderung, nach der Dauer zwischen begrenzter und dauerhafter M. unterschieden. Ferner wird M. in freiwillige (Arbeitsm.) und erzwungene (Flüchtlinge und Vertriebene) eingeteilt. M. ist Objekt der M.forschung. Diese untersucht die vielfältigen Arten von M. in ihren relevanten Dimensionen, ihre Auswirkungen in den Herkunftsländern und die durch sie hervorgerufenen gesellschaftlichen und politischen Reaktionen.

2. Geschichte. Die Menschheitsgeschichte ist durch zahlreiche große und kleine Wanderungsbewegungen gekennzeichnet. Diese haben die kulturelle und politische Weltkarte nachhaltig geprägt. M. förderte den Austausch von Sprachen, Rechtssystemen und Moralvorstellungen (→Moral). So wanderten Völkerstämme auf der Suche nach Nahrung, legten Kaufleute und Soldaten zur Sicherung wirtschaftlicher und militärischer Interessen Handelswege und Stützpunkte an und besiedelten Kolonisten große Landstriche. Nord- und Südamerika, Australien und Neuseeland, Teile Asiens und Afrikas wurden in den letzten vierhundert Jahren durch M. bevölkert. Während →Europa früher ein von Auswanderung geprägter Kontinent war, wandelte er sich nach dem Zweiten Weltkrieg zu einem Einwanderungskontinent. Auch Deutschland war lange Zeit vor allem ein Auswanderungsland. Im 19. Jh. wanderten mehrere Millionen Menschen aus den deutschen Teilstaaten, später dem Deutschen Reich in die USA und Südamerika aus. Ein großer Teil der Bevölkerung Deutschlands ist heute ethnisch heterogen zusammengesetzt. Hierzu haben vor allem die verschiedenen Wanderungen nach dem Zweiten Weltkrieg beigetragen: die Zuwanderung und Eingliederung einiger Millionen Flüchtlinge und Vertriebene vor allem aus Ostpreußen und Schlesien, die Einwanderung von Aus- und Übersiedlern aus Osteuropa, die Anwerbung von Gastarbeitern und der Zuzug von Familienangehörigen und schließlich die Zuwanderung von Flüchtlingen und Asylsuchenden (→Asyl). Die Zuwanderung von Gastarbeitern erfolgte ursprünglich im Rahmen einer aktiven Beschäftigungspolitik, die mit dem Anwerbestop 1973 endete. Seither standen die Gastarbeiter vor der Alternative, endgültig in ihre →Heimat zurückzukehren oder ihre →Familie nach Deutschland zu holen. Drei Viertel der Arbeitsmigranten, die zwischen 1960 und 1990 in die Bundesrepublik kamen, wanderten zurück. Die gebliebenen, ihre Familienangehörigen und Nachkommen sind faktisch Einwanderer. Die geforderten Konzepte für Einwanderungs- und Eingliederungsfragen blieben jedoch aus. Flüchtlinge aus Kriegsgebieten und Asylbewerber spielten im Vergleich dazu früher eine weit geringere Rolle. Durch die weltweiten sozialen und ökonomischen Transformationsprozesse, dem Niedergang des →Kommunismus, dem Krieg auf dem Balkan sowie den Konflikten in Asien und Afrika hat die internationale M. heute wieder zugenommen.

3. Ursachen. Theorien der M. versuchen die Frage zu klären, warum Individuen, Gruppen oder ganze Gesellschaften wandern. Ältere Modelle setzen die Abstoßung vom Herkunftsland mit der Anziehung durch das Aufnahmeland in Beziehung. Der materiellen Not, dem Überschuss an Arbeitskräften, →Krieg und →Frieden in vielen Teilen der Welt stehen ökonomischer Wohlstand, Mangel an Arbeitskräften und politische Stabilität in anderen gegenüber. Zu den Schubkräften können Überschwemmungen, Erdbeben und Hungernöte gehören. Motiv zur M. ist in vielen Fällen der Erwerb minimaler Lebensbedingungen. Auch wirtschaftliche Not und →Arbeitslosigkeit können zum Verlassen der →Heimat führen. Zu den Sogkräften zählen soziale, wirtschaftliche und politische Bedingungen der Zielländer (z. B. politische →Freiheit, persönliche Sicherheit, materieller Wohlstand), die als erstrebenswert empfunden werden. Die sozialwissenschaftliche Forschung versteht M. heute als einen komplexen sozialen Vorgang. Individuelle Handlungen (Mikroebene) und gesellschaftliche Strukturen (Makroebene) greifen ineinander. Die Entscheidung zur Wanderung wird durch ein Bündel von Determinanten beeinflusst. Hierzu zählen individuelle Kontexte wie die Familienkonstellation und die Berufs- und Einkommenssituation sowie politische, gesellschaftliche und ökonomische Bedingungen im Herkunfts- und Aufnahmeland. Ferner kommt der Verkürzung der Transport- und Informationswege sowie den vorhandenen Netzwerken und Aufenthaltsbedingungen im Aufnahmeland nachhaltige Bedeutung zu. Die Ursachen von Flucht sind in erster Linie Bürgerkriege, zwischenstaatliche Kriege, Verletzungen der →Menschenrechte und →Terror linker und rechter sowie religiös fundamentalistischer Bewegungen. Menschen fliehen aus ihrer →Heimat, weil sie politisch oder religiös verfolgt und gedemütigt werden.

4. Rechtliche Aspekte. Nach dem Völkerrecht hat jeder →Staat das Recht, den Erwerb und Verlust der

Staatsangehörigkeit frei zu bestimmen. Ihr Erwerb erfolgt entweder durch Geburt oder durch Einbürgerung. Was den Erwerb der Staatsbürgerschaft durch Geburt angeht, wird zwischen dem „ius-sanguinis-Prinzip" (Abstammungsprinzip) und dem „ius-soli-Prinzip" (Territorialprinzip) unterschieden. Während sich die Staatsbürgerschaft des Kindes im ersten Fall aus der Staatsangehörigkeit seiner Eltern ergibt, erwirbt es im zweiten Fall unabhängig von der Staatsbürgerschaft seiner →Eltern die Staatsbürgerschaft des Landes, in dem es geboren wird. Traditionelle Einwanderungsländer wie die USA und Kanada orientieren sich am Territorialprinzip. Dagegen gilt in der Bundesrepublik das Abstammungsprinzip, wenngleich mit den neuesten Reformen auch das Territorialprinzip zur Geltung kommt. Eine Besonderheit der Rechtslage in der Bundesrepublik besteht in der Unterscheidung zwischen Deutschen mit und ohne deutsche Staatsangehörigkeit. Aussiedler nehmen eine besondere Rechtsstellung ein. Nach Art. 116 GG sind Aussiedler „deutsche Volkszugehörige" und gelten damit als deutsche Staatsangehörige. Nach dem Bundesvertriebenengesetz von 1953 umfasst diese Gruppe alle Personen, die „sich in ihrer →Heimat zum deutschen Volkstum (→Volk, Volkstum) bekannt" haben, „sofern dieses Bekenntnis durch bestimmte Merkmale wie Abstammung, Sprache, →Erziehung und →Kultur bestätigt wird". Mit der Erklärung der Allgemeinen →Menschenrechte 1948 und der Verabschiedung der Genfer Flüchtlingskonvention 1951 ist das →Asylrecht international abgesichert worden. Als Flüchtling gilt danach eine Person, die eine begründete Furcht „vor Verfolgung wegen ihrer →Rasse, Religion, Nationalität, Zugehörigkeit zu einer bestimmten sozialen Gruppe oder wegen ihrer politischen Überzeugung" hat. Die Zunahme von Wanderungen Ende des letzten Jh.s hat in einer Reihe von Industrieländern zu einer Verschärfung der Asyl- und Einwanderungsbedingungen geführt. Zur Begrenzung der Zuwanderung wurde in der Bundesrepublik das Asylrecht als Art. 16a GG 1993 neu gefasst. Dieser gewährt politisch Verfolgten zwar weiterhin Asyl, faktisch bedeuten die Ergänzungen jedoch weitgehende Einschränkungen desselben. Kein Asylrecht genießt, wer über einen sicheren Drittstaat einreist oder aus einem sicheren Herkunftsstaat stammt. Die Bundesrepublik ist damit für Asylbewerber auf dem Landweg legal nicht mehr erreichbar. Im Hinblick auf die Stellung der Einwanderer und ihrer Nachkommen hat sich die Bundesrepublik in einer Reihe von internationalen Abkommen verpflichtet, ihre Diskriminierung auch durch rechtliche Maßnahmen zu unterbinden. Die wichtigsten sind die UN-Konventionen zur Beseitigung aller Formen der Rassendiskriminierung (1965), die Europäische Menschenrechtskonvention, die UN-Konvention über den Schutz der Rechte für Migranten (1990) und das Europäische Übereinkommen über die Rechtsstellung von ausländischen Arbeitnehmern (1977).

5. M., ethisch. Nicht nur in Westeuropa ist es zu nachhaltigen Auseinandersetzungen um die politische und gesellschaftliche Gestaltung der Zuwanderung, der Einwanderungs- und Flüchtlingspolitik gekommen. Im Zentrum stehen die Steuerung von Zuwanderung und gesellschaftliche Ausschlussmechanismen. Aus Sicht der christlichen Soziallehre gilt es, in den Zielländern gesellschaftliche und politische Voraussetzungen zu schaffen, die auch den zugewanderten Personen ein menschenwürdiges Dasein und eine gerechte Teilhabe an den Gütern erlauben. Der Mensch ist in seiner personalen →Würde zu sehen. Eine christliche →Gemeinschaft bewährt sich vor allem im Umgang mit Fremden. Christen sind aufgefordert, Migranten als Brüder und Schwestern auf- und anzunehmen und auf die Verbesserung ihrer Lage hinzuwirken, gegen die Benachteiligung von Migranten das Wort zu ergreifen und die gesellschaftlichen Bedingungen für ihre Integration zu fördern. Nach Auffassung der Kirchen sind zugleich die Ursachen der M. in den Herkunftsländern durch Verbesserung der Lebensbedingungen zu bekämpfen. Zur Verminderung der Fluchtursachen sollten die politischen Rahmenbedingungen und die Maßnahmen der Katastrophenvorbeugung in den Herkunftsländern verbessert werden. Zur Verminderung der ökonomisch und sozial motivierten M. sind ferner die wirtschaftlichen und sozialen Verhältnisse zu verbessern.

K. J. BADE (Hg.), Deutsche im Ausland, Fremde in Deutschland. Migration in Geschichte und Gegenwart, 1992 – B. SANTEL, Migration in und nach Europa, 1995 – M. WEINER, The Global Migration Crisis. Challenge to States and to Human Rights, 1995 – R. COHEN (Hg.), The Sociology of Migration, 1996 – I. OSWALD, Migrationssoziologie, 2007 – E. M. UCARER/D. J. PUCHALA (Hg.), Immigration into Western Societies. Problems and Policies, 1997 – A. TREIBEL, Migration in modernen Gesellschaften, 2008[4].

Jürgen R. Winkler

Migration – Ausländer / Migrationspolitik

1. Begriffsklärungen. *1.1 (Internationale) Migration.* Internationale Migration (dt.: Wanderung; Einwanderung bzw. Auswanderung) ist nach internationalen Statistikkriterien ein Prozess der grenzüberschreitenden Wanderung für wenigstens ein Aufenthaltsjahr im Land der Ansiedlung. Üblicherweise werden auch Saisonarbeitende, die wiederholt, aber für kürzere Aufenthalte ihr Herkunftsland verlassen, als Migranten oder Migrantinnen bezeichnet. Die Begriffsvariante „Zuwanderung" wurde um die Jahrhundertwende migrationspolitisch verwendet, um eine Identifikation von Deutschland als Einwanderungsland zu vermeiden (4.1).

1.2 Ausländer. Ausländer oder Ausländerinnen (A.) sind Personen, die nicht über die Staatsangehörigkeit des Landes ihres Aufenthalts verfügen. Im deutschen →Recht ist A., wer nicht Deutscher im Sinne des Grundgesetzes Art. 116–1 ist.

Erst das Reichs- und Staatsangehörigkeitsgesetz von 1913 schuf eine deutsche Staatsbürgerschaft. Es fußte allein auf dem Abstammungsprinzip, also deutschen Eltern als Bedingung. Das Geburtsortsprinzip, also die Geburt in Deutschland als Voraussetzung, wurde erst 2000 ansatzweise eingeführt.

Umgangssprachlich wird der Begriff auch für →Personen mit Herkunft aus einem anderen Land, und, zuweilen mit abwertendem Unterton, auch als Synonym für Menschen nicht-„weißer" Hautfarbe verwendet, ungeachtet ihrer tatsächlichen Staatsangehörigkeit, bzw. für Muslime und Muslimas.

1.3 Migrationspolitik. M. ist die Politik und Gesetzgebung zur Förderung, Steuerung, Begleitung oder Begrenzung von Einwanderung sowie der sozio-ökonomischen und kulturellen Eingliederung bis hin zur Einbürgerung. In der Zuständigkeit des Bundes liegen das Ausländerrecht, die Regelung von Einwanderung und das Staatsangehörigkeitsrecht. Die EU hat in den vergangenen Jahrzehnten einige Zuständigkeiten vor allem im Bereich der Aufnahme aus humanitären Gründen erlangt. Die Länder und →Gemeinden sind zuständig für Umsetzung und Gewährleistung der tatsächlichen Teilhabe Eingewanderter.

2. Wichtige Aspekte der Migration. *2.1 Migration historisch und in der Gegenwart.* M. ist als Anpassung des Menschen an räumlich verschiedene Lebensbedingungen und damit historisch als „Normalfall" zu betrachten: Viele historische Entwicklungen haben mit Migrationsbewegungen zu tun, ursächlich oder als Folge – vom antiken Rom über die Wirtschaftskrisen im 19. Jh. mit der Auswanderung aus →Europa nach Nord- und Südamerika bis zur gegenwärtigen krisenbegleiteten →Globalisierung, deren technische Errungenschaften eine nahezu grenzenlose →Mobilität ermöglichen.

In der Bundesrepublik gab es 1955 bis zum Anwerbestopp 1973 Anwerbeabkommen mit Italien, Spanien, Griechenland, der Türkei, Marokko, Südkorea, Portugal, Tunesien und Jugoslawien, in der DDR gab es entsprechende Vereinbarungen mit Vietnam, Kuba, Mosambik, Polen und Angola.

Der Anteil von A. an der deutschen →Bevölkerung stieg infolge der Öffnung der europäischen Grenzen 1989 an, blieb seither mit 8 % weitgehend stabil, stieg aber 2014 auf 10 %. Zuzüge von A. nach Deutschland werden durch Fortzüge und Einbürgerungen zahlenmäßig weitgehend ausgeglichen. In den 1980er Jahren schwankte ihr Bevölkerungsanteil in Westdeutschland um 7,5 %. In der DDR war er deutlich niedriger.

Staatsangehörige der EU genießen Freizügigkeit in den Mitgliedstaaten. Rechtlich sind sie Inländern weitgehend gleichgestellt. Über die künftige Ausgestaltung der Gleichstellung, vor allem im sozialen Leistungsrecht, gibt es in der EU allerdings unterschiedliche Ansichten. Nach der Erweiterung der EU nach Ost- und Südosteuropa und der krisenhaften wirtschaftlichen Entwicklung in einigen Mitgliedstaaten hat die europäische →Mobilität ab 2010 stark zugenommen.

2.2 Internationale Perspektive. Die Internationale Organisation für Migration (IOM) schätzt 2013 die Zahl der Ausgewanderten auf 214 Millionen weltweit. Das entspricht 3 Prozent der Weltbevölkerung. Zu etwa drei Vierteln stammen sie aus Ländern des Südens. Von diesen drei Vierteln sind etwas mehr als die Hälfte in Länder des Nordens gezogen. Allerdings ist im Verhältnis zur Gesamtbevölkerung die Zahl der Ausgewanderten im Norden höher: 4–5 % im Gegensatz zu unter 3 % im Süden.

In ihrer überwiegenden Mehrzahl verlassen die Auswandernden ihr Land, um ihre Lebensverhältnisse zu verbessern, zu studieren oder ihren Familienangehörigen nachzufolgen. Nur etwa ein Zehntel sind Flüchtlinge. Wer über große Entfernungen flieht oder auswandert, benötigt dafür Ressourcen und Kontakte und gehört damit meist nicht zu den Ärmsten der Armen. Die entsprechende Entscheidung ist mit erheblichen, oft existenziellen Risiken verbunden. Die IOM schätzt, dass die in Länder des Nordens Auswandernden ihren Lebensstandard tendenziell verbessern können, jedoch nicht bis auf das Niveau der Einheimischen. In den Zielländern des Südens gelingt eine Verbesserung des Lebensstandards noch seltener.

Migration wird es auch zukünftig geben, mit wechselnden Dynamiken, so dass immer wieder neue migrationspolitische Herausforderungen entstehen. Die zunehmenden globalen Verflechtungen, Krisen und erleichterten →Kommunikations- und Reisemöglichkeiten dürften den Trend zu mehr, dabei vor allem auch zu zeitweiliger oder wiederholter Migration verstärken. Die IOM erwartet, dass Verbesserungen der Lebensverhältnisse in den Herkunftsländern die M. nicht bremsen, sondern verstärken wird, da dann mehr Menschen über die unabdingbaren finanziellen Mittel, Bildungsabschlüsse und Auslandskontakte verfügen werden (IOM 2013).

3. Kirchlicher Bezug. Die evangelische →Kirche ist spätestens seit Ende des Zweiten Weltkriegs einer der wichtigsten gesellschaftspolitischen Akteure des Flüchtlingsschutzes und auch der Aufnahme insbesondere von aus Gebieten der Sowjetunion Ausgesiedelten (→Migration – Aussiedler und Vertriebene). Kirchliche Arbeit vor Ort wird geprägt durch freiwilliges Engagement sowie hauptamtliche Tätigkeit in nahezu 1.000 Stellen der Flüchtlingssozialarbeit und Migrationsfachdienste. Die innerkirchliche Bewegung für das Kirchenasyl (→ Asyl) hat das flüchtlingspolitische Profil gestärkt.

→ Diakonie und Brot für die Welt fordern eine an den → Menschenrechten ausgerichtete Migrationspolitik, die an den Bedürfnissen und der Migrierenden bzw. Migrationswilligen ansetzt.

Die → Ökumene hat sich auch unter dem Stichwort Rassismus mit M. beschäftigt.

4. Politische Fragestellungen und Handlungsperspektiven. *4.1 Migrationspolitische Fragestellungen.* In den migrationspolitischen Auseinandersetzungen seit 2000 stehen die als notwendig angesehene Öffnung für mehr Fachkräfte und die Aufnahme von Flüchtlingen dem Wunsch nach Abschottung gegenüber.

Darin spiegelt sich zum Beispiel das Interesse verschiedener Wirtschaftszweige an einem höheren Arbeitskräfteangebot und die zuweilen populistisch geprägten Sorgen Einheimischer – einschließlich von in der Vergangenheit eingewanderten Gruppen – um den Verlust an Arbeitsplätzen, Beeinträchtigung des Lebensstandards und Bedrohung des kulturellen Milieus bis hin zur Sicherheit im öffentlichen Raum. Die Erfahrungen mit der Eingliederung von Flüchtlingen und Kriegsheimkehrern nach dem Zweiten Weltkrieg zeigen jedoch, dass die Eingliederung großer Zahlen von Menschen in regionalen Wirtschaftsräumen unter geeigneten Aufbauhilfen erfolgreich sein kann.

Wie viele Flüchtlinge oder Migranten eine Gesellschaft ohne massive Konflikte „verträgt", hängt wesentlich davon ab, wie groß die Bereitschaft und die Fähigkeit aller gesellschaftlicher Organisationen und Subsysteme zur Öffnung sind. Der Prozess der Akkulturalisierung Eingewanderter kann sich über mehr als eine Generation hinziehen. Strukturelle rassistische Diskriminierung im Aufnahmeland kann ihre allmähliche Eingliederung allerdings systematisch behindern (→ Rassismus).

Um den Bedürfnissen der Wirtschaft zu entsprechen, aber auch um den Befürchtungen Einheimischer vor Verdrängung entgegen zu wirken, wurde in der Bundesrepublik die Einwanderungsgesetzgebung für Drittstaatenangehörige nach 2000 auf die Attraktion Hochqualifizierter zugeschnitten. Dieser Ansatz war bisher nur sehr bedingt erfolgreich, so dass 2015 eine bislang nicht abgeschlossene Debatte begann, wie zusätzlich auch die reichen, aber ungenutzten Potenziale von Asylsuchenden und anderen bereits Eingewanderten für höher qualifizierte berufliche Tätigkeiten erschlossen und gefördert werden können. Die Ansatzpunkte dafür sind vielfältig und erfordern einige → Investitionen:

Die soziale und wirtschaftliche Teilhabe Eingewanderter sollte frühestmöglich gefördert werden. Dazu gehören Angebote zum Deutschlernen, ein wirksames System zur Anerkennung ausländischer → Berufs- und Bildungsabschlüsse, durch Fördermaßnahmen unterstützte Arbeitsvermittlung, Verstetigung von Aufenthaltstiteln sowie Diversity Management und interkulturelle Öffnung aller Einrichtungen und Betriebe.

4.2 Staatsangehörigkeit und Einbürgerung. Die deutsche Staatsangehörigkeit garantiert alle Grundrechte und eine sichere Aufenthaltsperspektive in Deutschland. Dazu gehören zum Beispiel das aktive und passive Wahlrecht. Das Recht auf Freizügigkeit erstreckt sich auf die gesamte EU. Auch ist die Einreise in viele Drittstaaten leichter als ohne deutschen Pass. Deutsche Staatsangehörige können in der EU und der Schweiz uneingeschränkt studieren und arbeiten. Für A. aus Drittstaaten bestehen je nach Aufenthaltsstatus Einschränkungen beim Zugang zum deutschen und europäischen → Arbeitsmarkt.

Die Einbürgerungszahlen für in Deutschland lebende A. sind im internationalen Vergleich sehr niedrig. Die Bundesrepublik bürgert jährlich nur 15 von 1.000 A. ein und belegt damit im europäischen Vergleich einen Platz auf den hinteren Rängen. In den EU-Ländern sind es dagegen durchschnittlich 23 von 1.000, im Nachbarland Polen sogar 50. Bei den 2014 vorhandenen 5,2 Millionen Einbürgerungsberechtigten und lediglich rund 108.000 Einbürgerungen pro Jahr würde es in Deutschland fast 50 Jahre dauern, bis alle eingebürgert sind (vgl. BMI 2015, S. 160–164).

Eine volle rechtliche Gleichstellung lässt sich für A. nur durch eine Einbürgerung erreichen, auf die unter bestimmten Voraussetzungen nach acht Jahren Aufenthalt ein Anspruch besteht. Unter Ermessensbedingungen können die Behörden auch früher einem Einbürgerungsantrag entsprechen.

Kirchenamt der EKD und Sekretariat der Deutschen Bischofskonferenz, Und der Fremdling, der in deinen Toren ist. Gemeinsames Wort der Kirchen zu den Herausforderungen durch Migration und Flucht, 1997 – Diakonie Deutschland, Leitlinien Arbeitsmigration und Entwicklung, 2012 – International Organization for Migration (IOM), World Migration Report 2013, 2013 – Beauftragte der Bundesregierung für Migration, Flüchtlinge und Integration, 10. Bericht über die Lage der Ausländerinnen und Ausländer in Deutschland, 2014 – Bundesministerium des Innern (BMI), Migrationsbericht der Bundesregierung 2013, 2015 – Sachverständigenrat SVR, Jahresgutachten 2014 mit Integrationsbarometer, 2015.

Johannes Brandstäter

Migration – Aussiedler / Vertriebene

1. Historische Einordnung. Umsiedlung, Vertreibung, ethnische und religiöse Säuberungen sind im 20. und 21. Jh. an vielen Orten zu Mittel politischer Durchsetzung von Strategien und Zielen. Das Phänomen Flucht und Vertreibung ist so alt wie die Menschheitsgeschichte und diente schon immer der Durchsetzung von Machtansprüchen und sowie der Unterdrücken von ethnischen und religiösen → Gruppen. Der im 20 Jh. begonnen Anstieg der Unterdrückung von Völkern, Volksgruppen und religiösen Minderheiten hat sich bis in 21 Jh. hinein gesteigert. Nach den Grausamkeiten der Balkankriege 1912 und 1913 verloren eine Mil. Menschen ihre →Heimat, darunter 450.000 Griechen und ca. 100.000 slawischer Mazedonier und 100.000 Bulgaren. In Folge des ersten Weltkrieges wurden Grenzen neugezogen, was dazu führte das Mil. von Menschen ihre Heimat verloren haben. In Folge des Lausanner Vertrages von 1923 wurden mehr als 1,5 Christen aus der Türkei vertrieben und ca. 370.000 Muslime verließen Griechenland. Das Schicksal der Armenier, Umsiedlungen in Indien und Pakistan, Ruanda und Burundi zeigen nicht nur das globale Ausmaß der Vertreibung, sondern bringen Jahrzehnte danach erneut Flucht und Vertreibung. So Ruanda mit seinem Völkermord im Jahre 2004. Oder Pakistan nahm im Jahr 2014 weltweit die höchste Zahl, nämlich über 1,6 Mil. Flüchtlinge auf. In →Europa begann mit dem Einmarsch der Deutschen Wehrmacht in die UdSSR eine Deportation von Völkern, wie Deutsche, Tschechinnen, Tataren und andere Völker aus dem europäischen Teil in den asiatischen Teil der UdSSR. Am Ende des zweiten Weltkrieges wurden aus dem Osten des Deutschen Reiches mehr als 12 Millionen Deutsche vertrieben. Die Konferenz von Potsdam sanktionierte 1945 die Vertreibung und Zwangsumsiedlung. Seit 1978 kommt Afghanistan nicht zur Ruhe, immer wieder fliehen Menschen vor Gewaltherrschaften, zum Teil zu erst in den Iran, wo sie nicht willkommen, aber als billige Arbeitskräfte geduldet sind. Ein Teil der Nachkommen dieser Flüchtlinge fliehen heute nach →Europa, unter anderem auch nach Deutschland. Der →Krieg in ehemaligen Jugoslawien 1992 und folgenden Jahren, brachte hunderttausenden von Menschen den Tod, und anderen die Vertreibung und die Flucht. Der Arabische Frühling 2011 ist eine historische Zäsur in der Region – mit weitreichenden Folgen in politischer, wirtschaftlicher und geostrategischer Hinsicht. Eine weitere Fluchtbewegung nach →Europa wurde ausgelöst. Die Organisation Islamischer Staat propagiert offen die Vertreibung und Vernichtung von religiösen Minderheiten. Die Ausläufer von Flucht und Vertreibung auf dem afrikanischen Kontinent erreicht unübersehbar →Europa.

2. **Integration der Aussiedler.** Im Jahr 1953 hat der Deutsche Bundestag das Bundesvertriebenen-Gesetz verabschiedet um die Aufnahme und die Beheimatung der Deutschen aus den Ostgebieten des Deutschen Reiches zu regeln. Dadurch wurde zum Teil im Nachhinein der gesetzliche Rahmen für der Deutschen, welche nach 1945 nach Deutschland (alte Bundesrepublik) kamen, sowie die Aufnahme derer die noch kommen werden. Bei Flucht und Deportation verloren etwa 2,1 Mio. Deutscher das Leben, 800.000 Zivilpersonen darunter viele Russlanddeutsche wurden 1945 in die UdSSR verschleppt. Im Zeitraum von 1951 bis 1987 kamen etwa 1,4 Mio. Aussiedler in die Bundesrepublik, zum überwiegenden Teil aus Polen und Rumänien. Seit 1988 stieg die Zahl der Aussiedler sprunghaft an und erreichte 1990 mit fast 400.000 Menschen einen Höhepunkt. Seitdem geht der Zuzug von Aussiedlern bzw. Spätaussiedlern stetig zurück. Dazu haben auch die gesetzlichen Änderungen seit 1992 deutlich beigetragen wo es zum Teil zu schmerzlichen Trennungen von →Familien kam. Insgesamt haben mehr als 4,5 Mio. seit 1950 als (Spät-)Aussiedler in der Bundesrepublik Aufnahme gefunden. Bereits in den 50er Jahren des 20. Jh.s fanden durch Unterstützung des Roten Kreuzes erste Familienzusammenführungen nach Deutschland aus der CSSR und Polen. Im Rahmen der Entspannungspolitik kam es zu Abkommen, mit Polen, UdSSR und Rumänien auf deren Grundlage die Aussiedler in die BRD eingereist sind. Der wirkliche Zustrom aus diesen Ländern begann 1988, der ständig anwuchs auf fast 400.000 im Jahr 1992. Ende dieses Jahres kam es dann zu dem sogenannten Asylkompromiss, von dem dann auch die Aussiedler betroffen waren. Die Zahl wurde auf 200.000 pro Jahr begrenzt. Seit 1.1. 1993 heißen sie „Spätaussiedler". Nach dem Bundesvertriebenengesetz kann als Spätaussiedler anerkannt werden „wer sich in seiner →Heimat zum deutschen Volkstum bekannt hat, sofern er dieses Bekenntnis durch die Merkmale, wie Abstammung, →Erziehung, Sprache und →Kultur bestätigt wird" und vor 1993 geboren ist. Von 1950 bis 2012 wurden als (Spät)aussiedler 4.509.458 Personen aufgenommen, davon 2.361.485 aus der UdSSR bzw. Nachfolgestaaten, 1.445.170 aus Polen, 430.269 aus Rumänien und 272.534 aus den sonstigen →Staaten. Die wirtschaftliche und soziale Integration stellte hohe Herausforderungen an →Politik, →Verwaltung und die →Gesellschaft. Heute kann man von einer gelungenen Integration sprechen, auch wenn es hier und da Fälle von scheitern in diesem Prozess gab. Die konfessionelle Zugehörigkeit ist stark von den Herkunftsländern abhängig und Schwankt noch einmal je nach dem Zeitpunkt der Einreise. Im Durchschnitt kann davon ausgegangen werden, dass 50 % der evangelischen →Kirche angehören. Jedes 10. Mitglied der EKD ist selber als Aussiedler, Spätaussiedler eingereist oder stammt von einem Aussiedler oder Spätaussiedler ab. →Diakonie und →Caritas mit den Kirchen habe die Aufgabe der Seelsorge und der Beheimatung in die →Gemeinde übernommen, dieser Prozess dauert noch an, kann noch nicht als abgeschlossen bezeichnet werden.

3. **Auseinandersetzung mit Flucht und Vertreibung.** Die Aussiedler, wie die Spätaussiedler sind nach Art. 116 GG deutsche Staatsangehörige. Damit stellt sich die politische Frage nach →Heimat und Vertreibung, wie die langwierige und kontroverse Diskussion um das Zentrum „Flucht, Vertreibung und Versöhnung", dessen Bau im Jahr 2013 begonnen wurde. Bereits in den 1960er Jahren begann diese Diskussion, damals mit der Fragestellung, ob es ein Recht auf →Hei-

mat als →Naturrecht gibt. 1950 verzichteten die dt. Heimatvertriebenen auf Rache und Vergeltung und forderten die gleichberechtigte Teilnahme der Vertriebenen am Wiederaufbau Deutschlands und Europa. Die Denkschrift der EKD „Die Lage der Vertriebenen und das Verhältnis zu des deutschen Volkes zu seinen östlichen Nachbarn" (Ostdenkschrift, 1965) löste eine grundsätzliche Debatte um das Recht auf →Heimat, um Rechtsverzicht, Schuld, Widergutmachung und Versöhnung aus. 2003 erschien die Dokumentation „25 Jahre Aussiedlerseelsorge in der Evangelischen Kirche in Deutschland" in welcher die zentrale Aufgabe der EKD und ihrer Gliedkirchen beschrieben wird, „Während die →Diakonie sich der praktischen Probleme des Einlebens annimmt, sind die Kirchengemeinden in die Lage zu versetzen und zu ermutigen, auf die Zuwanderer zuzugehen und ihnen zu helfen, eine neue Heimat in Deutschland und auch im christlichen Glauben zu finden."

KIRCHENAMT DER EKD (Hg), Die Lage der Vertriebenen und das Verhältnis des deutschen Volkes zu seinen östlichen Nachbarn, 1965 – L. KÜHNHARD, Die Flüchtlingsfrage als Weltordnungsproblem, Massenzwangswanderung in Geschichte und Politik, 1989 – KIRCHENAMT DER EKD/SEKRETARIAT DER DBK (Hg.), „… und der Fremdling der in deinen Toren ist". Gemeinsames Wort der Kirchen zu den Herausforderungen durch Migration und Flucht, gemeinsame Texte 12, 1997 – R. GRUHLICH, „Ethnische Säuberung" und Vertreibung als Mittel der Politik im 20 Jahrhundert, 1999² – KIRCHENAMT DER EKD (Hg.), „25 Aussiedlerseelsorge in der Evangelischen Kirche in Deutschland" Information 2003 – CHR. EYSELEIN, „Russlanddeutsche Aussiedler verstehen" Praktisch-theologische Zugänge, 2006² – LOTHAR WIESS (Hg.), Russlanddeutsche Migration und Evangelische Kirche, Bensheimer Hefte 115, 2013.

Reinhard Schott

Militärseelsorge

1. Definition. M. ist Seelsorge an →Soldaten und ihren Angehörigen. Sie wird verstanden als kirchliches Handeln in kritischer Solidarität mit der Bundeswehr.

In der ev. M. begegnen sich der Wunsch der Soldaten, ihren christlichen Glauben zu leben, der Dienst der Kirche in Verkündigung, Seelsorge, ethischer Orientierung und diakonischem Handeln sowie die Verpflichtung des Staates, den Soldaten das Grundrecht auf ungestörte Religionsausübung (Art. 4 GG) und den Anspruch auf Seelsorge (§ 36 Soldatengesetz) zu gewährleisten. An der M. ist eine Vielzahl von Institutionen und Einrichtungen beteiligt. Die Arbeit der M. ist mithin ein partnerschaftliches Zusammenwirken von Gemeinde, Kirche und →Staat zur Seelsorge an Soldaten.

2. Rechtliche Grundlagen. *2.1 Zusammenwirken von Staat und Kirche.* Das Zusammenwirken von Staat und Kirche als gleichberechtigte Partner ist für die ev. M. im Vertrag der BRD mit der →EKD zur Regelung der ev. M. vom 22. 02. 1957 (MSV) geregelt. Gemäß Art. 2 MSV Abs. 1 ist M. „Teil kirchlicher Arbeit" und wird „im Auftrag und unter Aufsicht der Kirche ausgeübt." Dem Staat kommt nach Abs. 2 die Aufgabe zu, für den organisatorischen Aufbau und die Kosten Sorge zu tragen. M. wird von Militärgeistlichen (MilG) ausgeübt. Sie sind Geistliche einer Gliedkirche der EKD und werden von dieser für ihren Dienst in der M. 6 bis 12 Jahre freigestellt. I. d. R. sind sie Bundesbeamte auf Zeit, bleiben aber in ihrem geistlichen Auftrag von staatlichen Weisungen unabhängig (Art. 4 + 16). Sie tragen keine Uniform und sind nicht Teil der militärischen Hierarchie. Im MSV wird also die Eigenständigkeit und Unabhängigkeit des kirchlichen Handelns in der M. garantiert.

2.2 Zusammenwirken von EKD und Gliedkirchen. Nach heftigen innerkirchl. Diskussionen um die M. nach der Wiedervereinigung wurde zum 01. 01. 2004 ein neues Kirchgesetz zur Regelung der evangelischen Seelsorge in der Bundeswehr von der Synode der EKD beschlossen. Hiernach ist die M. eine Gemeinschaftaufgabe der EKD und ihrer Gliedkirchen. Die Vertretung der kirchl. Aufgaben gegenüber dem Staat wird für die M. durch die EKD wahrgenommen. Die MilG bleiben Geistliche ihrer Gliedkirche und sind an das Bekenntnis ihrer Gliedkirche und die gliedkirchlichen Regelungen ihres geistlichen Dienstes gebunden. Die M. wird verstanden als Teil kirchl. Leben der jeweiligen Gliedkirche.

2.3 Die kirchl Leitung der M. Die Leitung der M. und die kirchliche Dienstaufsicht über die MilG nimmt der ev. Militärbischof (MilB) wahr (seit 15. 07. 2014 hauptamtlich). Er wird vom Rat der EKD ernannt und ist beratendes Mitglied der Kirchenkonferenz der EKD. Zur Beratung des Rates der EKD und des MilB in Fragen der M. wird ein Beirat berufen, der sich aus Vertretern der Gliedkirchen und Soldaten zusammensetzt. Zu den Aufgaben des MilB gehören insbes. die Einführung der MilG in ihr kirchliches Amt, die Visitation der MilG sowie die inhaltliche Orientierung und Fortbildung in ihrem Dienst. In Abstimmung mit dem Rat der EKD und dem Friedensbeauftragten der EKD nimmt er zu friedensethischen und -politischen Fragen öffentlich Stellung. Zur Unterstützung in kirchl. Leitung und staatlichen Organisationsaufgaben ist das Evangelische Kirchenamt für die Bundeswehr (EKA) eingerichtet, das vom Militärgeneraldekan geleitet wird. In kirchl. Fragen untersteht es dem MilB, in Fragen der staatlichen Organisation ist es dem Bundesverteidigungsministerium unmittelbar nachgeordnet. Für Koordinierung der Seelsorge vor Ort und zur Kontaktpflege zu den Gliedkirchen sind vier Militärdekanate zuständig.

3. Theologische Grundlagen. „Kritischen Solidarität" ist ein Leitbegriff der ev. M. M. ist in einem dialektischen Verhältnis kritisch zu und solidarisch mit der Bundeswehr wie den Soldaten. Dies konkretisiert insbes. im friedensethischen und sicherheitspolitischen Diskurs: Das Leitbild vom gerechten Frieden als Konsens im friedensethischen Diskurs der EKD gilt auch für die M.: Ziel allen friedensethischen Nachdenkens muss zunächst sein, nach den Bedingungen des Friedens zu fragen. Zwar wird in Form einer Ethik rechtserhaltender Gewalt die Androhung und Anwendung militärischer Gewalt als äußerste Erwägung und Möglichkeit gedacht. Es werden aber zugleich Grenzen militärischen Gewaltgebrauchs aufgezeigt. Selbst bei bester Güterabwägung schließt der Einsatz militärischer Gewalt die Gefahr des Schuldigwerdens mit ein. In dieser Gefahr stehen Soldaten die wie die politisch Verantwortlichen. Daher bedürfen sie der kritischen Solidarität der Kirche. Angesichts der veränderten sicherheitspolitischen Rahmenbedingungen hat die Militärseelsorge die Aufgabe, Impulse für den breiten u. öffentlichen Diskurs über künftigen Auftrag und Ausrüstung der Bundeswehr zu geben. Hierbei ist sie solidarisch, in dem die Verantwortung der Gesellschaft für die Streitkräfte in einer Demokratie anmahnt, und zugleich kritisch, wenn der Diskurs nur über militärische Zweckmäßigkeiten geführt wird.

4. Aufgaben der Militärgeistlichen. Mit vier Kernbegriffen lassen sich die Aufgaben umschreiben: begleiten, ermutigen, verkündigen und orientieren. MilG begleiten seelsorgerlich Soldaten und ihre Familien in ihrem Alltag sowie in besonderen Lebenssituationen (z. B. Auslandseinsatz). Sie ermutigen zu einem Leben im Glauben, zu verantwortlichen Entscheidungen und dem Umgang mit eigenen Schwächen. In Gottesdiensten verkündigen sie das Evangelium. Im Lebenskundlichen Unterricht und Rüstzeiten geben sie Soldaten Orientierung in Glaubens-, Gewissens-, Sinn- und ethischen Fragen.

P. H. BLASCHKE/H. OBERHEM, M. Grundlagen, Aufgaben, Probleme, 1985 – EVANGELISCHES KIRCHENAMT FÜR DIE BUNDESWEHR/KATH. MILITÄRBISCHOFSAMT, Dokumentation zur kath. und ev. M., 2005 – RAT DER EKD, Aus Gottes Frieden leben – für gerechten Frieden sorgen. Eine Denkschrift, 2007 – EV. KIRCHENAMT FÜR DIE BUNDESWEHR, Friedensethik im Einsatz, 2009 – DASS., Soldatinnen und Soldaten in christlicher Perspektive, 2014.

Dirck Ackermann

Millenniumsziele

1. Begriff und Bedeutung. Als M., oder auch Millennium Entwicklungsziele (englisch „Millennium Development Goals", Abkürzung „MDG") wird der Katalog von acht internationalen Entwicklungszielen mit 21 Unterzielen und 60 Indikatoren verstanden, auf den sich die Staatengemeinschaft unter dem Dach der →Vereinten Nationen im Anschluss an die Millenniums-Erklärung des Jahres 2000 geeinigt hat. Die Ziele konzentrieren sich auf die Reduzierung von Armut und Hunger und den Schutz der Umwelt und benennen dafür konkrete quantifizierte Vorgaben für das Zieljahr 2015. Die M. waren der zentrale Referenzrahmen für die internationale Entwicklungszusammenarbeit im Zeitraum 2000 bis 2015 und traten damit an die Stelle der bisherigen „Entwicklungsdekaden", die die UN seit 1960 insgesamt vier Mal ausgerufen hatten. Die M. sind im September 2015 durch die Ziele für eine nachhaltige Entwicklung („Sustainable Development Goals", SDG) abgelöst worden.

2. Die Millenniumserklärung. Vor dem Hintergrund des anbrechenden neuen Jahrtausends verabschiedeten die Repräsentanten von 189 Staaten beim Millenniums-Gipfel der Vereinten Nationen – dem bis dahin größten Gipfeltreffen von Staats- und Regierungschefs – im September 2000 auf Vorschlag des UN-Generalsekretärs KOFI ANNAN die Millenniumserklärung. Mit dieser Erklärung bekannten sich die Staaten dazu, sicherzustellen, dass die →Globalisierung zu einer positiven Kraft zur Gestaltung der Welt wird und verpflichteten sich, für die Überwindung von →Hunger und →Armut sowie zum Schutz der natürlichen Lebensgrundlagen zusammenzuarbeiten. Neben Armutsbekämpfung und Umweltschutz wurden auch die Sicherung des →Friedens und die Förderung von →Menschenrechten und guter Regierungsführung als Handlungsfelder benannt. Bekräftig wurden normative Prinzipien der internationalen Politik, die von den Werten →Freiheit, →Gleichheit, →Solidarität, →Toleranz, Achtung vor der Natur und gemeinsam getragener →Verantwortung geleitet sein soll. Die Erklärung umfasste einen konkreten befristeten Zielekatalog mit sieben Entwicklungszielen im Bereich von Armutsbekämpfung und sozialer Entwicklung, zu dessen Umsetzung sich die Staaten verpflichtet haben. Diese Ziele bildeten allerdings nicht das gesamte Spektrum des Handlungsrahmens der Erklärung ab und rekurrierten ihrerseits auf einen Vorschlag von OECD, Weltbank und IWF, in dem diese die Quintessenz der Verpflichtungen und Forderungen der Weltgipfel der 1990er Jahre zusammenzufassen versuchten. Die Millenniumserklärung wurde auch von der zur „Gruppe der 77" zusammengeschlossenen Entwicklungs- und Schwellenländer unterstützt, diese kritisierte jedoch die starke Verkürzung der Ziele und deren Begrenzung auf Verpflichtungen seitens der Entwicklungsländer. In seiner Road Map zur Umsetzung der Erklärung, die der UN-Generalsekretär 2001 vorlegte, fügte ANNAN daher noch ein achtes Ziel hinzu, das unter dem Stichwort „Aufbau einer globalen Entwicklungspartnerschaft" auch die Aufgaben der Industrieländer benannte. Die Road Map von 2001 spricht von den hierin benannten Zielen erstmals als den M. und markiert damit den Kernbestand der MDGs. Der Zielekatalog selbst wurde in den Folgejahren noch mehrfach verändert und erweitert, u. a. mit Unterzielen zur menschenwürdigen →Arbeit für alle, zur Begrenzung der Biodiversitätsverluste und zum Zugang zur Sanitärversorgung oder zu HIV/Aids-Therapie.

3. Acht Ziele und der Stand ihrer Umsetzung. Im jährlichen Millenniumsentwicklungsbericht berichteten die Vereinten Nationen regelmäßig über den weltweiten Stand der Umsetzung der acht Ziele. Zum Abschluss der Frist 2015 wertet der Bericht (UN 2015) die M. als eine Erfolgsgeschichte. In Anbetracht der erzielten Ergebnisse habe die Menschheit Grund zum Feiern. Zu den wichtigsten Errungenschaften hinsichtlich der gesetzten Ziele zählen:

3.1 Beseitigung der extremen Armut und des Hungers. Das Unterziel, den Anteil der Menschen, die in extremer Armut leben, zu halbieren, wurde deutlich und auch schon vor Ablauf der Frist erreicht. 1990 lebten noch 47 Prozent der Menschen in Entwicklungsländern von weniger als 1,25 US-Dollar täglich, 2015 sind es nur noch 14 Prozent. Knapp verfehlt wurde allerdings das Unterziel, auch den Anteil der Hungernden an der Bevölkerung der Entwicklungsländer zu halbieren: An Hunger litten 1990 23,3 Prozent der Bevölkerung, bis 2015 ist der Anteil auf 12,9 Prozent gesunken.

3.2 Verwirklichung der allgemeinen Grundschulbildung. Die Beteiligungsquote im Grundschulbereich ist zwischen 2000 und 2015 von 83 auf 91 Prozent gestiegen, die Zahl der Kinder, die keine Schule besuchen, von 100 Millionen auf 57 Millionen gesunken.

3.3 Förderung der Gleichstellung der Geschlechter und Ermächtigung der Frauen. Die Entwicklungsländer als Ganze haben das Ziel erreicht, die Geschlechterdisparität in Grund- und Sekundarschulen zu beseitigen. Frauen machen heute 41 Prozent der unselbständigen Erwerbstägigen außerhalb der Landwirtschaft aus, 1990 waren es 35 Prozent.

3.4 Senkung der Kindersterblichkeit. Zwischen 1990 und 2015 sank die Rate die Sterblichkeitsrate von Kindern unter fünf Jahren um mehr als die Hälfte.

3.5 Verbesserung der →Gesundheit von Müttern. Die Müttersterblichkeitsrate sank seit 1990 weltweit um 45 Prozent.

3.6 Bekämpfung von HIV/Aids, Malaria und anderen Krankheiten. Die Zahl der HIV-Neuinfektionen fiel zwischen 2000 und 2013 um 40 Prozent.

3.7 Sicherung der ökologischen Nachhaltigkeit. 91 Prozent der Weltbevölkerung haben Zugang zu besserer Trinkwasserversorgung, gegenüber 76 Prozent im Jahr 1990.

3.8 Aufbau einer globalen Entwicklungspartnerschaft. Die öffentliche →Entwicklungshilfe ist zwischen 2000 und 2014 um real 66 Prozent gestiegen. Allerdings belief sich der Anteil der Entwicklungsausgaben der OECD-Länder in 2014 nur auf 0,29 Prozent ihres Bruttoinlandsprodukts.

4. Fazit. Durch die Fokussierung der internationalen Politik auf gemeinsame Ziele und die daraus resultierende Bündelung der Ressourcen und des gemeinsamen Handelns haben die M. eine erkennbare Entwicklungsdynamik ausgelöst und beachtliche Erfolge erzielt. Anders als bei den makroökonomischen Wachstumszielen der vorausgegangenen Entwicklungsdekaden wurde dabei auch mehr Wert auf Armutsminderung und die konkrete Verbesserung sozialer Lebensumstände gelegt. Dennoch gibt es aus Wissenschaft, Kirche und Zivilgesellschaft auch Kritik an dem einseitig verkürzten Zielekatalog, der vor allem den Entwicklungsländern die Last des Handelns auferlegte und hinsichtlich der Verpflichtungen der Industrieländer sehr vage blieb. Bemängelt wird, dass die M. entsprechend einseitig ohne hinreichende Einbeziehung der Entwicklungsländer ausgehandelt wurden, sich mit einer menschenrechtlich fragwürdigen Halbierung von Hunger und extremer Armut zufrieden geben und zudem der Multidimensionalität von Armut nicht gerecht werden (Brot für die Welt 2010). POGGE (2014) erklärt die M. aus moralphilosophischer Sicht zum „Skandal". Der letzte M.-Bericht der UN macht auch deutlich, dass ein großer Teil der Weltbevölkerung an den bilanzierten Entwicklungserfolgen nicht teilhat, die Kluft zwischen Bessergestellten und Armen damit auch in vielen Ländern immer größer wird. Die Armen bleiben zurück. Das betrifft insbesondere verletzliche Bevölkerungsgruppen im ländlichen Raum sowie die Menschen, die in fragilen oder von Gewaltkonflikten geprägten Staaten leben. Dazu kommt, dass der →Klimawandel und fortschreitende Umweltzerstörung erreichte Erfolge im Kampf gegen →Hunger und →Armut wieder zunichte zu machen drohen.

BROT FÜR DIE WELT/EED, Keine halben Sachen machen, 2010. – T. POGGE, Die MDGs sind moralisch ein Skandal, in: Vereinte Nationen 4/2014, S. 250 – UN, Millenniums-Entwicklungsziele, Bericht 2015, 2015.

Klaus Seitz

Minderheiten / Minderheitenrechte / Minderheitenschutz

1. Einführung. Charakteristisch für den Begriff der M. ist die implizite Abgrenzung zur Mehrheit. Worin die Andersartigkeit beider →Gruppen auch begründet liegt (religiöse, sprachliche, ethnische M.), ihr Verhältnis zueinander ist von Ambivalenz gekennzeichnet: Einerseits folgt aus der zahlenmäßigen Unterlegenheit die besondere Schutzbedürftigkeit der M., andererseits wird ihre bloße Existenz häufig als Infragestellung des generell Geltenden, als Gefährdung der von der Mehrheit getragenen Ordnung empfunden.

Ziel des (völker-)rechtlichen M.schutzes ist es, diese Spannung aufzulösen und ein friedliches Zusammenleben in einem gemeinsamen →Staat zu ermöglichen. Die Idee eines ethnisch homogenen Nationalstaates war immer eine gefährliche →Utopie, deren Realisierungsversuche durch Vertreibung und „ethnische Säuberung" eine der schlimmsten Verirrungen des 20. Jh.s war.

M.schutz kann auf staatlicher und (zusätzlich) völkerrechtlicher Ebene gewährleistet werden. Letzterer macht den Schutz von M. zu einer Angelegenheit der Staatengemeinschaft, auf dessen Durchsetzung gedrungen werden kann.

2. Entwicklung des internationalen M.schutzes bis 1945. Zu einem völkerrechtlich ausgebauten M.schutz ist es freilich erst allmählich gekommen. Waren die Angehörigen einer M. gleichzeitig fremde Staatsangehörige, galt für sie das Fremdenrecht; sie konnten vom diplomatischen Schutz ihres Heimatstaates profitieren. Waren sie Staatsangehörige des Mehrheitsstaates, so galt ihre Behandlung als dessen innere Angelegenheit. Erst nachdem es im Gefolge des Ersten Weltkrieges zu zahlreichen Staatsneubildungen und Grenzverschiebungen in →Europa gekommen war, suchte man nach internationalen Lösungen. Das M.schutzsystem des Völkerbunds sollte es den M. ermöglichen, friedlich mit der Mehrheitsbevölkerung zusammenzuleben, aber gleichzeitig die sie unterscheidenden Eigenschaften zu bewahren und besondere Bedürfnisse zu befriedigen. Zu den Schwächen dieses Systems gehörte es jedoch, dass es nur den besiegten und neu entstandenen Staaten Pflichten auferlegte und sich nicht mit der Lage von M. in den Staaten der Sieger beschäftigte.

3. M.schutz durch die Vereinten Nationen. Seit der Gründung der Vereinten Nationen im Jahr 1945, deren Satzung die Mitgliedstaaten auf die Achtung und Förderung der →Menschenrechte verpflichtet, ist die Behandlung selbst der eigenen Staatsangehörigen aus dem innersten Kernbereich der Souveränität, in die sich andere Staaten nicht einzumischen haben, herausgenommen worden. Die Beachtung von Menschenrechten ist zu einer Angelegenheit des sog. „international concern" geworden.

3.1 M.rechte oder Menschenrechte? Zunächst allerdings schienen die M.rechte hiervon wenig zu profitieren: Die Vereinten Nationen und ihre Mitgliedstaaten vollzogen zunächst eine klare Abkehr vom M.schutzsystem des Völkerbundes. Es überwog die Ansicht, M. seien die Integrität des Staates gefährdende Sprengkörper. In den Vordergrund trat der Assimilierungsgedanke, der auf der Basis gleicher Rechte für alle realisiert werden könne. Folgerichtig enthält die Allgemeine Erklärung der Menschenrechte (1948) keine besondere Vorschrift zum M.schutz.

Dieser allein die Nichtdiskriminierung betonende Ansatz wurde allerdings in der Folgezeit aufgegeben. Er ist zwar notwendige, aber nicht hinreichende Bedingung für die Existenz und Identität von M. Dazu bedarf es vielmehr besonderer Schutzmaßnahmen, die besser als jeder Assimilierungszwang die M. mit ihrem Staat zu versöhnen und daher →Friede und staatliche Einheit bewahren können.

3.2 Art. 27 des Internationalen Paktes über bürgerliche und politische Rechte (IPbpR). Diese gewandelte Konzeption findet in Art. 27 IPbpR (1966) ihren Niederschlag. Begünstigt werden ethnische, religiöse und sprachliche M., deren Angehörigen der Staat das →Recht nicht vorenthalten darf, gemeinsam mit anderen Angehörigen der Gruppe ihr eigenes kulturelles Leben zu pflegen, ihre Religion zu bekennen und auszuüben oder sich ihrer eigenen Sprache zu bedienen. Die Deklaration der UN Generalversammlung vom 18. Dezember 1992 geht über diesen Ansatz kaum hinaus.

Eine verbindliche Definition der M. existiert nicht. Weit gehende Zustimmung findet aber die Beschreibung F. CAPOTORTIS aus dem Jahre 1978, der zufolge M. Gruppen darstellen, die *„zahlenmäßig kleiner als der Rest der →Bevölkerung sind, die sich in einer nichtdominierenden Position befinden, deren Mitglieder als Staatsangehörige des Aufenthaltsstaates ethnische, religiöse oder sprachliche Eigenschaften aufweisen, die sie vom Rest der Bevölkerung unterscheiden, und die – wenn auch nur implizit – ein Gefühl der →Solidarität im Hinblick auf die Erhaltung ihrer →Kultur, →Tradition, Religion oder Sprache erkennen lassen".* Es gibt jedoch auch Versuche, den Begriff der Minderheit wesentlich weiter zu fassen. So hat der Menschenrechtsausschuss der Vereinten Nationen (MRA), der die Einhaltung der Verpflichtungen aus dem IPbpR überwacht, im Jahr 1994 ausdrücklich auch Ausländer in den M.begriff einbezogen und Wanderarbeiter und Touristen dem geschützten Personenkreis zugerechnet. Die Staaten halten dagegen überwiegend am Merkmal der Staatsangehörigkeit fest.

Art. 27 IPbpR enthält die negative Formulierung „darf nicht das Recht vorenthalten werden", die Vertragsstaaten verpflichtet, Maßnahmen zu unterlassen, von denen ein Integrations- oder Assimilationsdruck ausgehen könnte. Eine darüber hinausgehende Verpflichtung zu positiver Gewährleistung wird vom MRA bejaht. Eine entsprechende Formulierung konnte sich bei den Vorarbeiten zum Pakt allerdings nicht durchsetzen.

4. M.schutz in Europa. Der universelle Menschenrechtsschutz wird in Europa durch regionale Menschenrechtsübereinkommen ergänzt. Insoweit ist vor allem auf die Arbeit der folgenden Regionalorganisationen hinzuweisen:

4.1 Europarat. Der Europarat legte mit der Europäischen Konvention zum Schutze der Menschenrechte und Grundfreiheiten (EMRK) vom 4. November 1950 den ersten völkerrechtlich verbindlichen und mit einem

Kontrollmechanismus zur Durchsetzung versehenen Katalog von Menschenrechten vor. Dieser enthält zwar keine ausdrückliche Bestimmung zum Minderheitenschutz, doch werden Art. 8 (Schutz der Privatsphäre) und Art. 14 (allgemeines Diskriminierungsverbot →Diskriminierung) für den Schutz von M. in speziellen Situationen fruchtbar gemacht.

Darüber hinaus hat der Europarat spezielle Instrumente zum Schutz von M. geschaffen. Die Rahmenkonvention zum Schutz nationaler M. (1994) ist seit dem 1. Februar 1998 (auch für Deutschland) in Kraft. Ihr Ziel ist es, in pluralistischen und demokratischen →Gesellschaften (→Pluralismus; →Demokratie) die ethnische, kulturelle, sprachliche und religiöse Identität aller Angehörigen einer nationalen Minderheit nicht nur zu achten, sondern auch angemessene Bedingungen zu schaffen, die es diesen ermöglichen, ihre Identität zum Ausdruck zu bringen, zu bewahren und zu entwickeln.

Der M.schutz im Rahmen des Europarates wird durch die Europäische Charta der Regional- und Minderheitensprachen, die seit dem 1. März 1998 (für Deutschland seit dem 1. Januar 1999) in Kraft ist, ergänzt. Ihre primäre Schutzrichtung besteht darin, die existierenden Regional- und Minderheitensprachen als Facette des kulturellen europäischen Erbes zu fördern und zu bewahren. Die Staaten sind daher zu entsprechenden Fördermaßnahmen verpflichtet. Individuelle oder gar kollektive Rechte werden damit aber nicht geschaffen.

4.2 Europäische Union. Während die Rechtsprechung des Europäischen Gerichtshofs (EuGH) früher den Schutz der Menschenrechte fallbezogen gewährleistete, steht ihr seit dem 1. Dezember 2009 neben der EMRK die EU-Grundrechtecharta zur Verfügung. Sie enthält neben einer allgemeinen Nichtdiskriminierungsklausel (Art. 21) in Art. 22 die Verpflichtung der Union auf Achtung der Kulturen, Religionen und Sprachen. Versuche des Europäischen Parlaments, einen ausgefeilteren gemeinschaftsinternen M.schutz zu schaffen, sind bisher gescheitert. In der Kopenhagener Schlusserklärung (1993) wird die Gewährleistung eines umfassenden Menschenrechtsschutzes, insbesondere auch M.schutzes, zur Bedingung eines Beitritts zur Union gemacht (→Erweiterung, europäische).

4.3 KSZE/OSZE. Der Rechtsstatus von M. ist mit dem Kopenhagener Schlussdokument der KSZE und der „Charta von Paris für ein neues Europa" (beide 1990) zu einem herausragenden Thema des KSZE-Prozesses (seit 1994: OSZE) geworden. Das Dokument, das von den Mitgliedstaaten zur Leitlinie ihres politischen wie rechtlichen Handelns erklärt wird, enthält nicht nur für einen effektiven M.schutz wesentliche Ansätze zur Herausbildung von Gruppenrechten, sondern auch die wichtige Feststellung, dass es das Recht jeder Person sei, über ihre Zugehörigkeit zu einer Minderheit selbst zu entscheiden. Die Achtung der Rechte von M. wird nicht als Gefahr betrachtet, sondern als „ein wesentlicher Faktor für Friede, Gerechtigkeit, Stabilität und Demokratie in den Teilnehmerstaaten" gewürdigt. M. werden als kulturelle Bereicherung ihrer Heimatstaaten erkannt. Dem M.schutz dient auch die Einrichtung des Hohen Kommissars für Nationale Minderheiten. Seine primäre Aufgabe ist es, mögliche Konfliktpotentiale frühzeitig zu erkennen und durch Information, Diskussion und Vermittlung im Vorfeld zu entschärfen.

5. Deutschland und M.schutz. Das →Grundgesetz enthält keine ausdrückliche M.schutzklausel. Der Bund ist nur durch völkerrechtliche Verträge wie den IPbpR, das Rahmenübereinkommen zum Schutz nationaler M. und die Europäische Sprachencharta zu Schutzmaßnahmen verpflichtet. Der Schutz in Deutschland lebender M. wird vor allem durch die Bundesländer, in denen sie siedeln, wahrgenommen. M.schutz ist für Deutschland aber auch eine Frage des Schutzes im Ausland lebender Personen deutscher Volkszugehörigkeit, insbesondere in Mittel- und Osteuropa, und in einigen Nachfolgestaaten der früheren UdSSR.

5.1 M. in Deutschland. Deutschland hat bei der Ratifikation des Rahmenübereinkommens zum Schutz nationaler M. erklärt, dass dieser Vertrag auf die Dänen in Südschleswig, die Sorben in Brandenburg und Sachsen, die in Niedersachsen lebenden Friesen und auf die Sinti und Roma Anwendung findet. Damit handelt es sich bei diesen vier Gruppen um die von Deutschland anerkannten nationalen M. Zunehmend wird der M.status aber auch für hier seit längerem lebende Migrantengruppen (→Migration), wie etwa Türken oder Menschen aus dem früheren Jugoslawien erörtert.

Die Frage nach dem Status dieser sog. „neuen M." erhielt durch die Neuregelung des Staatsangehörigkeitsrechts im Jahr 2000 eine neue Dimension. Entscheidend wird es hierbei darauf ankommen, ob diese Gruppen von sich aus eine Assimilierung anstreben oder ihre besondere Identität ungeachtet des Erwerbs der deutschen Staatsangehörigkeit aufrechterhalten wollen.

5.2 Deutsche M. im Ausland. Der Rechtsstatus im Ausland lebender deutscher M. wird zunächst vom Völkerrecht, im Verhältnis zum Aufenthaltsstaat von dessen Recht und im Verhältnis zur Bundesrepublik Deutschland vom deutschen Recht geprägt. Es wird geschätzt, dass sich außerhalb des geschlossenen deutschen Sprachraums gegenwärtig 12 bis 15 Mio. Menschen zur deutschen Sprache und Kultur bekennen.

Für sie gilt überwiegend Art. 27 IPbpR; die Nachbarschaftsverträge der Bundesrepublik Deutschland mit Polen, der (damaligen) Tschechoslowakei, Ungarn und Rumänien haben zur Anerkennung deutscher M. in diesen Staaten geführt. Ihnen wird nun ein Recht auf Existenz, Identität und Heimat garantiert; es besteht kein Assimilierungszwang. Fördermaßnahmen, etwa beim muttersprachlichen Unterricht, sind möglich.

C. Brölmann u. a. (Hg.), Peoples and Minorities in International Law, Dordrecht 1993 – J. Niewerth, Der kollektive und der positive Schutz von M. und ihre Durchsetzung im Völkerrecht, 1996 (Lit.) – C. Scherer-Leydecker, M. und sonstige ethnische Gruppen, 1997 (Lit.) – G. Brunner/B. Meissner (Hg.), Das Recht der nationalen M. in Osteuropa, 1999 – D. Engel, Die sprachenrechtliche Situation von Minderheiten im Völkerrecht, 2002 – G. Pentassuglia, Minorities in International Law, 2002 – N. Weiss, Völkerrechtlicher Minderheitenschutz und seine Bedeutung für die Bundesrepublik Deutschland, in: H. Bielefeldt/J. Lüer (Hg.), Rechte nationaler Minderheiten, Ethische Begründung, rechtliche Verankerung und historische Erfahrung, 2004, S. 71–90 – E. Klein, Status des deutschen Volkszugehörigen und Minderheiten im Ausland, in: J. Isensee/P. Kirchhof (Hg.), Handbuch des Staatsrechts, Bd. X, 3. Aufl. 2012, 225–264.

Eckart Klein

Mindestlohn

1. Definition. Mit M. wird das geringste Arbeitsentgelt beschrieben, zu dem eine Beschäftigung auf dem Arbeitsmarkt oder auf einem Teilarbeitsmarkt auf Grundlage einer gesetzlichen oder →tarifvertraglichen Regelung erlaubt ist. Der M. bindet somit →Arbeitgeber und →Arbeitnehmer bei der freien Ausgestaltung des Arbeitsvertrages, ganz ähnlich wie gesetzliche oder tarifvertragliche Vorgaben zur →Arbeitszeit. Der M. bezieht sich im Regelfall auf den Stundenlohnsatz, aber auch eine Untergrenze der Monatslöhne bei Vollzeitarbeit ist möglich.

2. Begründung. Die Einführung eines M. kann →verteilungspolitisch begründet werden, aber auch als Instrument zur Behebung von Marktversagen verstanden werden. Beide Begründungen treffen sich mit →sozialethischen Erwägungen. Die verteilungspolitische Begründung zielt auf eine Verhinderung des Phänomens „→Armut trotz Vollzeiterwerbstätigkeit", von dem überproportional Beschäftigte mit geringer →Ausbildung, aber auch Beschäftigte im Care-Sektor und damit häufig Frauen betroffen sein können. Extreme Niedriglöhne sind mit den Vorstellung einer gerechten Teilhabe und eines gerechten →Lohnes, die sich als →Leitbilder der →Evangelischen Kirche in Deutschland zur Bewertung wirtschaftlicher und sozialer Tatbestände bewährt haben, nicht vereinbar, bedrohen →Würde und Wert der →Arbeit und können soziale Exklusion verursachen oder verfestigen. Während Niedriglöhne zum Teil mit der geringen Arbeits→produktivität der betroffenen Beschäftigungsverhältnisse begründet werden, hat die ökonomische Theorie Ansätze entwickelt, die Niedriglöhne als ineffizientes Ergebnis mangelhafter Marktstrukturen ausweisen. Das asymmetrische →Machtverhältnis zwischen einzelnen Arbeitsnachfragern und einer großen Zahl von Arbeitsanbietern (Monopsonistischer Arbeitsmarkt) führe systematisch zu Löhnen unterhalb des Grenzproduktes der →Arbeit und zu einem zu geringen Beschäftigungsniveau, weil →Arbeitnehmer nicht bereit sind, sich unter Wert zu verkaufen. Ein M. kann in dieser Situation zu einem effizienten →Lohn und zu mehr Beschäftigung führen. Marktversagen kann zudem Folge der Existenz eines →Grundsicherungssystems sein. Beschäftigung zu Niedriglöhnen ist danach überhaupt nur möglich, weil →Arbeitnehmer ihre nicht existenzsichernden Löhne mit staatlichen Leistungen aufstocken können, so dass das Grundsicherungssystem eine versteckte →Subventionierung von →Unternehmen mit einer Lohndumpingstrategie darstellt, die den Wettbewerb verzerrt. Ein M. erfüllt dann eine wettbewerbsförderliche Funktion und sorgt zudem für →leistungsgerechte →Löhne.

3. Kontroversen. Die Kritik am M. entzündet sich überwiegend an der Frage, ob er zu einer Verringerung von Beschäftigung führt. Er stelle insbesondere für seine Zielgruppe, also für Beschäftigte mit geringer Ausbildung oder anderen Vermittlungshemmnissen, keine Verbesserung dar, weil sich ihre Beschäftigung zum M. nicht mehr lohne und sie daher vom Arbeitsmarkt verdrängt würden. Es existiert mittlerweile eine große Zahl von Studien, die Effekte der Einführung oder Erhöhung eines M. untersucht haben. Je nach verwendetem Datenmaterial, einbezogenen Teilarbeitsmärkten, Beschäftigtengruppen und beobachteten Ausgestaltungsvarianten des M. variieren die Ergebnisse erheblich. Es kann mittlerweile jedoch als gesichert gelten, dass ein M. nicht generell zu Arbeitsplatzverlusten führen, wohl aber Teilbereiche des Arbeitsmarktes negativ – oder auch positiv – von der Einführung eines M. betroffen sein können.

4. Der gesetzliche Mindestlohn in Deutschland. Zum 1. Januar 2015 ist in Deutschland ein allgemeinverbindlicher gesetzlicher Mindestlohn in Höhe von 8,50 Euro eingeführt werden. Dabei wurden erhebliche Ausnahmebereiche bestimmt. Er gilt beispielsweise nicht für die Beschäftigung von Jugendlichen bis 18 Jahren ohne Berufsabschluss, für Langzeitarbeitslose in den ersten sechs Monaten der Beschäftigung oder für Teilnehmer an Maßnahmen der Bundesagentur für Arbeit. Ausnahmeregelungen gelten zudem für Zeitungszusteller und Saisonarbeitnehmer. Wichtige Ausnahme- und Übergangsregelung gelten darüber hinaus für Branchen, in denen allgemeinverbindliche tarifliche Mindestlöhne nach dem Entsendegesetz, Arbeitnehmerüberlassungsgesetz oder Tarifvertragsgesetz festgelegt worden sind. Trotz der vielen Ausnahmen wird geschätzt, dass wenigstens 4,4 Prozent der Beschäftigten von der Mindestlohnregelung betroffen sind. In den ersten sechs Monaten nach Einführung des M. hat die Beschäftigung in Deutschland insgesamt und auch in besonders betroffenen Branchen – beispielsweise im Gastgewerbe – zugenommen. Erkennbar ist zudem, dass der M. die Struktur der Beschäftigung verändert hat. Während geringfügige Beschäftigungsverhältnisse abgebaut werden, nimmt die →sozialversicherungspflichtige Beschäftigung zu, so dass von einer Umwandlung prekärer Beschäftigung in Normalarbeitsverhältnisse ausgegangen werden kann. Auch die Zahl der Aufstocker ist rückläufig.

D. CARD/A. B. KUEGER, Myth and Measurement: The new Economics of the Minimum Wage, 1995 – A. MANNING, Monopsony in Motion: Imperfect Competition in Labour Markets, 2003 – S.MEHLICH, Der gesetzliche M.: Chance oder Risiko für den deutschen Arbeitsmarkt? – BUNDESMINISTERIUM FÜR ARBEIT UND SOZIALES (Hg.), Bestandsaufnahme: Einführung des allgemeinen M. in Deutschland, 2015 – KIRCHENAMT DER EKD, Solidarität und Selbstbestimmung im Wandel der Arbeitswelt: Eine Denkschrift, 2015 – S. KÖRZELL/C. FALK (Hg.), Kommt der M. überall an? Eine Zwischenbilanz, 2015.

Andreas Mayert

Mitbestimmung (allgemein)

1. Begriff. M. bezeichnet in sozialethischer Perspektive unterschiedlich weit reichende Rechte der Partizipation von Arbeitnehmern an Entscheidungsprozessen in Unternehmen, Betrieben und an ihrem unmittelbaren Arbeitsplatz. Gegen die einseitige kapitalgebundene Entscheidungsbefugnis im Unternehmen, nach der das Direktionsrecht im Betrieb und die Leitungskompetenz im Unternehmen allein aus dem Eigentum an den Produktionsmitteln abgeleitet werden, bedeutet die M. der Arbeitnehmer eine Veränderung der Entscheidungsstrukturen, indem ergänzend, kontrollierend oder paritätisch-mitbestimmten Partizipationsrechte eingeräumt werden. Dies gilt unmittelbar für die M.rechte des Betriebsrates in sozialen und personellen Fragen sowie für die M. im Aufsichtsrat zur Kontrolle des Unternehmensvorstandes bis hin zur Integration von Arbeitnehmerinteressen in den Vorstand durch den Personaldirektor in montan-, d. h. paritätisch mitbestimmten Unternehmen. M. eröffnet somit Teilhabe und Mitverantwortung in dem zentralen Lebensbereich der Arbeitswelt.

Seit den Anfängen der M.sdiskussion in der Mitte des 19. Jh.s spielen theologisch-sozialethische Begründungen eine wesentliche Rolle. Im Unterschied zur Mehrheit der wirtschaftsliberalen und der marxistischen Traditionen haben sich Sozialethiker beider Konfessionen engagiert an der konzeptionellen Entwicklung und der Durchsetzung von M.srechten beteiligt. Dabei sind anthropologische, ordnungs- und gesellschaftspolitische Gesichtspunkte zu unterscheiden.

2. Historische Entwicklungen. Die Sozialauffassungen der Kirchen waren im 19. Jh. wesentlich durch ein gemildert-patriarchalisches Leitbild bestimmt. Ausgehend von einer Ableitung und Deutung aller gesellschaftlichen Verhältnisse im Horizont des Modells der Familie – so auch LUTHERs idealtypische Auslegung des Elterngebots – wollte man auch das neu entstehende Fabriksystem nach dem Familienprinzip ordnen. So sollte – wie es exemplarisch die Denkschrift der IM „zu den wirtschaftlichen und gesellschaftlichen Kämpfen der Gegenwart" von 1884 zum Ausdruck brachte – der Unternehmer „zum Hausvater, die Arbeiterschaft zum erweiterten Hause werden". Gemäß der Tradition des christlichen Liebes-Patriarchalismus (E. TROELTSCH) wurde eine weitreichende Verantwortung der Unternehmer gegenüber der Arbeiterschaft eingefordert, u. a. die Zahlung eines gerechten Lohnes, eine die „persönliche Ehre" der Arbeiter achtende Arbeitsordnung und nicht zuletzt ein umfassendes System betrieblicher Sozialfürsorge. Dem sollte auf Seiten der Arbeiterschaft eine „über die Grenzen der Rechtspflicht" hinausgehende Treueverpflichtung entsprechen. M.smöglichkeiten waren hier nur sehr begrenzt im Blick, indem man die Einrichtung von beratenden „Ältestenkollegien" vorschlug, in denen ältere oder sehr werkstreue Arbeiter mitwirken konnten.

Dieses an personalen Verhältnissen ausgerichtete Leitbild, das bis ins 20. Jh. hinein einzelne christliche Unternehmer geprägt hat, erwies sich angesichts der fortschreitenden Industrialisierung mit zunehmenden Betriebsgrößen sowie der gesellschaftlichen Emanzipation der Arbeiterschaft als unzureichend. Spätestens in den 1890er Jahren waren sich die Protagonisten des sozialen Protestantismus wie auch des Sozialkatholizismus in der Unterstützung der Gewerkschaftsbewegung, vorrangig der interkonfessionell ausgerichteten christlichen Gewerkschaften, sowie in der Forderung nach einer Verrechtlichung der Arbeitsbeziehungen weitgehend einig. Auf der Grundlage der gesetzlichen Anerkennung von Gewerkschaften als den Interessenvertretungen der Arbeitnehmer strebte man den Aufbau eines Tarifvertragssystems sowie M.srechte der Arbeitnehmer an, wie sie mit der Begründung des kollektiven Arbeitsrechts in der Weimarer Zeit in D erstmals verwirklicht und nach 1945 im Sinn eines sozialen Gründungskompromisses zwischen der CDU-geführten Bundesregierung und den Gewerkschaften institutionalisiert wurden.

3. Begründungen und Ausgestaltungen der M. Systematisch kommt der Sicherung der Menschenwürde unter den Bedingungen moderner, hochtechnisierter Arbeitsbeziehungen eine zentrale Rolle bei der Begründung der M. zu. M.srechte sind Ausdruck der Würde der arbeitenden Menschen, wie sie theologisch in einer der Gottebenbildlichkeit entsprechenden mitmenschlichen Struktur der Arbeit verankert sind. M. sichert diese Würde im Arbeitsprozess, indem sie „eine Berechtigung des Arbeiters nicht nur aus seiner Arbeit, sondern in und an seiner Arbeit" (E. Heimann) festschreibt.

Neben dieser anthropologischen Begründung spielt in theologisch-sozialethischen Stellungnahmen der Gedanke der Sozialpartnerschaft eine zentrale Rolle. Da ein „partnerschaftliches Verhältnis zwischen sozialen Gruppen" der Würde des Menschen, als Gottes Mitarbeiter in Freiheit und Mitverantwortung die Welt zu gestalten, am besten entspricht, soll – so die EKD-Studie zur M. aus dem Jahr 1968 – die M. so geregelt werden, dass sie die Sozialpartnerschaft zwischen den Tarifparteien fördert. Während der Gedanke der Sozialpartnerschaft in älteren Stellungnahmen zumeist eine harmonisierende Verhältnisbestimmung von Kapital und Arbeit implizierte, beinhaltet er im Sinn des M.sgedankens auch das Wahrnehmen und Austragen von Konflikten. Wirtschafts- und sozialpolitische Interessenauseinandersetzungen sollen mit Hilfe der Formen der M. fair ausgetragen werden. Schließlich steht die M. auf der Unternehmensebene angesichts der Gefahren, die von unkontrollierter und konzentrierter ökonomischer Macht ausgehen können – diese hatte bereits die Weltkirchenkonferenz von Oxford 1937 als „Tyrannei" bezeichnet – für den Versuch einer Einbindung von Arbeitnehmerinteressen in die unternehmerischer Entscheidungsprozesse.

Im Sinn dieser sozialethischen Grundlegung hat sich die EKD mehrfach zur M. geäußert. Die Erklärung des Rates der EKD zur Frage der M. von 1950 argumentierte vorwiegend anthropologisch, indem sie eine Überwindung des bloßen Lohnarbeitsverhältnisses forderte und dafür eintrat, den Arbeiter als „Mensch(en) und Mitarbeiter" ernst zu nehmen. Auf der Grundlage einer partnerschaftlich interpretierten Zuordnung der Produktionsfaktoren Arbeit und Kapital wurden in abgestufter Form Mitwirkungs- und Mitbestimmungsrechte der Arbeitnehmer eingefordert.

Eine grundsätzliche Würdigung der M. erfolgte im Rahmen der EKD-Studie des Jahres 1968, in der verschiedene Vorschläge zur institutionellen Ausgestaltung erarbeitet worden sind. Grundsätzlich soll in der Arbeitswelt – ungeachtet der betriebstechnisch notwendigen Hierarchie – den Arbeitnehmern eine Entfaltung ihrer Persönlichkeit und tätige Mitverantwortung ermöglicht werden. M. leitet sich aus den ineinander gefügten Rechten von Kapital und Arbeit ab, die beide für Unternehmen konstitutiv sind. Eigentum und Arbeit sind in dieser Perspektive aufeinander angewiesen und „als gleichwertige Faktoren begriffen". In der Konsequenz dieses sozialethischen Urteils forderte ein Minderheitenvotum die generelle Einführung des Modells der paritätischen Mitbestimmung. Das Mehrheitsvotum plädierte für eine einvernehmliche Einigung der Tarifparteien, um ein sozialpartnerschaftliches Verhältnis zu fördern. In diesem Sinn wurde eine leicht unterparitätische Vertretung der Arbeitnehmermandate gefordert, wie sie in ähnlicher Weise das deutsche Mitbestimmungsgesetz von 1976 festgelegt hat. Einen besonderen Akzent legte die Studie auf Möglichkeiten der direkten Beteiligung der Arbeitnehmer. Aus diesem Grund sollten die Arbeitnehmervertreter im Aufsichtsrat direkt von der Belegschaft gewählt werden, und es wurde vorgeschlagen, durch Rahmenbestimmungen im Betriebsverfassungsgesetz die M.möglichkeiten der Arbeitnehmer und der Arbeitsgruppen an der Regelung der sie unmittelbar betreffenden Fragen auszuweiten. Dadurch soll, wie es Arthur Rich ausgedrückt hat, die „repräsentativ kollektive Mitbestimmung auf der Unternehmens- und Betriebsebene ... durch die individuelle Mitbestimmung am Arbeitsplatz" ergänzt „und zu einer unmittelbaren, die Person aufwertenden Erfahrung werden." Speziell die Anregungen zu einer Ausweitung der M. am Arbeitsplatz und in Arbeitsgruppen sind seither von der kirchlichen Industrie- und Sozialarbeit aufgegriffen und konkretisiert worden. Diese Initiativen zielen auf eine Humanisierung der Arbeitsprozesse, wobei der sozialen Grundstruktur der Arbeit Rechnung zu tragen ist.

4. Aktuelle Entwicklungen. In verschiedenen neueren EKD-Stellungnahmen wird immer wieder die Bedeutung der deutschen M.sgesetzgebung gewürdigt. Im Sinn der Beteiligungsgerechtigkeit hebt die EKD-Wirtschaftdenkschrift „Gemeinwohl und Eigennutz" den hohen Wert einer partizipativen Entscheidungsfindung hervor. Diese gelte es – so die Denkschrift „Verantwortung für ein soziales Europa" – angesichts des Entstehens neuer Rechtsformen, „die eine ausreichende Einbindung von Rechten der Arbeitnehmer vermissen lassen", zu sichern. Dies wird zusehends schwierig, da etwa durch die EU-weite Niederlassungsfreiheit neuerdings in EU-Staaten gegründete Kapitalgesellschaften, auch wenn sie ihren Verwaltungssitz in ein anderes EU-Land – etwa nach Deutschland – verlegen, die jeweils ursprüngliche Rechtsform behalten und damit z. B. die deutschen M.regelungen umgehen können. Solche durch die europäische Integration und zunehmend durch die Globalisierungsprozesse bedingten Entwicklungen sowie die durch die Digitalisierung verstärkten Trends einer Flexibilisierung betrieblicher Strukturen bedeuten eine tief greifende Herausforderung und erfordern eine Weiterentwicklung der M. Dies gelingt gegenwärtig vermehrt durch betriebliche Vereinbarungen auf der Basis der M., etwa bei der Umsetzung flexiblerer Arbeitszeiten. Auch die erfolgreiche Bewältigung der durch die Instabilitäten der Finanzmärkte 2007/08 ausgelösten Wirtschaftskrise hat gezeigt, dass das deutsche System der M. in der Lage ist, zugleich effiziente und sozialpartnerschaftliche Lösungen herbeizuführen. Insofern trägt die Institution der M. nach wie vor wesentlich zum sozialen Frieden und damit auch zur wirtschaftlichen Stabilität bei, wie die EKD in ihrer Denkschrift zum „Wandel der Arbeitswelt" hervorgehoben hat.

Die von der allgemeinen M. aufgrund des kirchlichen Selbstbestimmungsrechts abweichenden kirchlichen M.sregelungen sind ein politisch wie juristisch kontrovers diskutiertes Thema, vor allem zwischen den Kirchen und den Gewerkschaften.

E. Heimann, Soziale Theorie des Kapitalismus, 1929 – Kirchenkanzlei der EKD (Hg.), Sozialethische Überlegungen zur M., 1968 – O. von Nell-Breuning, M. – wer mit wem? 1969 – A. Rich, M. in der Industrie, 1973 – F. J. Stegmann, Der soziale Katholizismus und die M. in Deutschland, 1974 – G. Brakelmann, Zur Arbeit geboren? 1989 – Kirchenamt der EKD (Hg.), Gemeinwohl und Eigennutz, 1991 – Kirchenamt der EKD (Hg.), Verantwortung für ein soziales Europa, 1991 – T. Jähnichen, Vom Industrieuntertan zum Industriebürger, 1993 – H. G. Nutzinger (Hg.), Perspektiven der M., 1999 (Lit.) – S. Edenfeld, Betriebsverfassungsrecht. M. in Betrieb, Unternehmen und Behörden, 2014 – E. Rose, M. in der europäischen Aktiengesellschaft (SE), 2014 – Kirchenamt der EKD (Hg.), Solidarität und Selbstbestimmung im Wandel der Arbeitswelt, 2015.

Traugott Jähnichen

Mitbestimmung (kirchlich)

bezeichnet die Form der innerbetrieblichen →Partizipation der Dienstnehmer in Einrichtungen der Kirche, →Diakonie und der →Caritas, die sich innerhalb sog. Mitarbeitervertretungen (MAV) vollzieht. Gültige Rechtsgrundlage für die M. bei der evangelischen Kirche sowie der Diakonie ist das Mitarbeitervertretungsgesetz der EKD (MVG.EKD) vom 6. 11. 1992 i. F. vom 15. 1. 2010. Im Gegensatz zu ähnlichen Regelungen des PersVGe oder des BetrVG wird das MVG.EKD vom zunehmend unter Legitimationsdruck stehenden →Leitbild der →Dienstgemeinschaft geprägt, welches ein konsensuales Miteinander zwischen Dienstgebern und Dienstnehmern innerhalb des kirchlichen Sendungsauftrags intendiert. Die spezifischen M.regelungen in Kirche und Diakonie leiten sich aus dem grundgesetzlich verankerten Recht ab, dass Religionsgemeinschaften ihre Angelegenheiten selbstständig ordnen und verwalten dürfen (Art. 140 GG i. V. m. Art. 137 Abs. 3 WRV). Trotz des „andersartigen Wesenscharakter" (R. Richardi) sind Kirche und Diakonie jedoch an das Prinzip des →Sozialstaats und der diesem immanenten M. gebunden und unterliegen somit dem „Gebot zur Schaffung eines kircheneigenen Mitarbeitervertretungsrechts" (A. Pahlke). Neben dem theologischen Profilierungsbedarf ist die M. bei gleichzeitiger Bestätigung des konfessionellen Sonderwegs auch durch die Rechtsprechung hinsichtlich der Einbindung von →Gewerkschaften auf notwendige Korrekturen des M.prozesses hingewiesen worden (BAG Erfurt, 20. 11. 2012, 1 AZR 179/11). Streitfragen der M. werden in erster Instanz überwiegend von formal paritätisch besetzten Schlichtungsstellen behandelt, ehe als finale Instanz Verwaltungsgerichte der EKD über etwaige Konflikte entscheiden. Die M. beschränkt sich rein formal zuvorderst auf die MAV der konkreten Arbeitseinheiten vor Ort, wohingegen das MVG.EKD für die sog. „Arbeitsrechtlichen Kommissionen", die für die Tarifautonomie im kirchlich-diakonischen Bereich innerhalb des →Dritten Wegs zuständig sind, keinen Referenzrahmen bildet. Überregionale Interessenvertretungen für kirchlich-diakonische Mitarbeitervertretungen sind daher aufgrund dieser Unterscheidung zwischen inner- und überbetrieblicher M. nur wenig durchsetzungsfähig. Auf Bundesebene gibt es so z. B. keinen „formalen kollektiven bundesweiten Akteur" (T. Jakobi). Die Folge dieser Absenz sind u. a. Versuche der Einflussnahme und Mobilisierung von bisher eher im öffentlich-rechtlichen Bereich tätigen Gewerkschaften.

A. Pahlke, Kirche und Koalitionsrecht, 1983 – T. Jakobi, Konfessionelle Mitbestimmungspolitik. Arbeitsbeziehungen bei Caritas und Diakonie am Beispiel des Krankenhaussektors, 2007 – R. Richardi, Staatliches Arbeitsrecht und kirchliches Dienstrecht, 2012.

Malte Dürr

Mittelstand / Mittelstandsförderung

1. Mittelstand. Die Begriffe Mittelstand, Mittelklasse oder Mittelschicht stammen aus der Soziologie und bezeichnen das (Klein-)Bürgertum nach dem Feudalismus. Heute wird der Begriff M. aufgrund seiner wirtschaftspolitischen Bedeutung vor allem im ökonomischen Sinne gebraucht. Es gibt jedoch keine allgemein anerkannte Definition des M. bzw. des Synonyms KMU (kleine und mittelständische Unternehmen). Gemeint sind Unternehmen aller Branchen, das Handwerk und die freien Berufe.

1.1 Abgrenzung. Quantitative Kriterien. Das Bonner Institut für M.forschung (IfM) definiert KMU als Unternehmen mit weniger als 500 Beschäftigten und weniger als 50 Mio. € Umsatz. Die EU verwendet für ihre Abgrenzung die Beschäftigtenzahl und den Umsatz oder alternativ die Bilanzsumme:

Unternehmen	Mitarbeiter	Umsatz in Mio. €	Bilanzsumme in Mio €
Kleinst~	< 10	≤ 2	≤ 2
Kleine ~	< 50	≤ 10	≤ 10
Mittlere ~	< 250	≤ 50	≤ 43
			entweder/oder

Weiterhin darf kein Großunternehmen mit mehr als 25 % an einem KMU beteiligt sein. Die EU-Definition wird i. d. R. für die Gewährung staatlicher Fördermittel angewandt.

Diese quantitativen Abgrenzungen wirken eher willkürlich. So wird ein Unternehmen mit 300 Beschäftigten und 60 Mio. € Umsatz nicht mehr zum M. gezählt, obwohl es in seinen Charakteristika und Strategien durchaus mittelständisch geprägt sein kann. Eine pragmatische Sichtweise verfolgt das Deloitte M.institut. Die Schwellen werden deutlich nach oben versetzt mit ca. 3.000 Beschäftigten und ca. 500 Mio. € Umsatz; dabei wird auf die Bedeutung der qualitativen Kriterien großen Wert gelegt.

Qualitative Abgrenzungskriterien stellen insbesondere auf die Rolle des Unternehmers ab. I.d.R. werden vier wichtige Kriterien genannt: (1) Einheit von →Eigentum und Haftung, (2) Verantwortlichkeit des Unternehmers für alle wichtigen Unternehmensentscheidungen, (3) ein ausgeprägtes soziales Verhalten verbunden mit einer hohen Verantwortung für die Belegschaft und (4) Unabhängigkeit von Großunternehmen. Diese Kriterien erklären auch das für KMU typische Zusammengehörigkeitsgefühl zwischen Belegschaft und Unternehmensleitung. Der weitaus größte Teil der KMU wird als *Familienunternehmen* geführt. Die Familie hält die Mehrheit der Anteile und Familienmitglieder leiten das Unternehmen bzw. üben maßgeblichen Einfluss auf die Unternehmensführung aus. Familienunternehmen sind nicht an eine bestimmte Größe oder Rechtsform gebunden. So gibt es auch große Familienunternehmen, wie z. B. Boehringer Ingelheim oder die Oetker Gruppe.

1.2 Bedeutung und Funktionen. Der M. wird als wesentlicher Garant der Beschäftigung und Wettbewerbsfähigkeit in Deutschland angesehen. Laut Bundeswirtschaftsministerium (BMWI) zählten 99,6 % aller deutschen Unternehmen 2012 zu den KMU (gemäß IfM-Definition). Sie steuerten 35 % zum Gesamtumsatz aller deutschen Unternehmen bei. In den KMU arbeiteten knapp 16 Mio. Beschäftigte, fast 60 % aller sozialversicherungspflichtigen Beschäftigten. Der M. beschäftigte knapp 85 % aller Auszubildenden. Der Exportumsatz lag bei knapp 200 Mrd. € oder 18 % der deutschen Exportumsätze.

Die *Funktionen* des M. werden in Anlehnung an E. HAMER wie folgt zusammengefasst: *(1)* →*Gesellschaftspolitik.* In einer demokratischen Gesellschaftsordnung hat der Bürger die Möglichkeit zu einer eigenen Lebensplanung. Die Selbständigkeit bietet für den Einzelnen die Übernahme von mehr Eigenverantwortung und Selbstentfaltung im Vergleich zu einer abhängigen Tätigkeit. *(2)* →*Wirtschaftspolitik.* Die marktwirtschaftliche Ordnung (→Marktwirtschaft, soziale) der Bundesrepublik basiert auf einem funktionierenden Leistungswettbewerb, der als Triebfeder der wirtschaftlichen Entwicklung gilt. KMU müssen sich ständig an Marktveränderungen anpassen und über →Innovationen ihre Wettbewerbsvorteile ausbauen und entwickeln. Auf diese Weise werden Auswahlfreiheiten für Anbieter und Nachfrager geschaffen; die Entstehung von Machtpositionen wird gehemmt. *(3) Strukturpolitik.* Die hohe Flexibilität der KMU sorgt für eine schnellere Bewältigung struktureller Veränderungen in der Volkswirtschaft. Der M. schafft Beschäftigungsmöglichkeiten in strukturschwachen Regionen und trägt zu einer regional ausgewogeneren Beschäftigung bei. *(4) Angebotsfunktion.* Der M. hat große Bedeutung bei der Bedarfsdeckung im Konsumgüterbereich. Weiterhin übernimmt er wichtige Zulieferfunktionen in vielen Branchen (z. B. Maschinenbau, Chemie). Viele KMU spezialisieren sich auf Einzelfertigungen und Kleinserien. *(5) Beschäftigungs- und Ausbildungspolitik.* KMU fangen konjunkturelle Schwankungen eher mit Anpassungen der Arbeitszeit und/oder Lieferfristen und weniger mit Entlassungen auf. Eine besonders wichtige Funktion spielt der M. auf dem Gebiet der beruflichen →Ausbildung bis hin zur Meisterprüfung. So trägt der M. hierzulande zu einer international vergleichsweise niedrigen Jugendarbeitslosigkeit bei. *(6)* →*Wachstumspolitik.* Die Forschung der KMU konzentriert sich häufig auf die Anwendung bzw. Fortentwicklung von Erfindungen hin zur Markteinführung. Als „*Hidden Champions*" oder unbekannte Weltmarktführer bezeichnet H. SIMON die nicht wenigen KMU mit sehr ehrgeizigen Wachstumszielen, die über Exporte und den Ausbau des internationalen Geschäfts starke Positionen auf internationalen Märkten aufbauen, hierbei aber weitgehend unbekannt bleiben (→Globalisierung, →transnationale Unternehmen).

Die große *Bedeutung* und *Einzigartigkeit* des M. wird auch im angelsächsischen Sprach- und Wirtschaftsraum gesehen; M. wird entsprechend mit „*German M.*" übersetzt.

2. M.förderung. Für alle Bundesregierungen stellte die Förderung des M. ein wichtiges Element der Wirtschaftspolitik dar.

2.1 Begründung und Ziele. Die verschiedenen Förderprogramme unterstellen, dass der M. aufgrund größenbedingter Nachteile eine besondere Unterstützung braucht. Nachteile gegenüber großen Unternehmen ergeben sich insb. im Hinblick auf beschränkte Möglichkeiten der Risikodiversifikation, Finanzierungsprobleme aufgrund eines beschränkten Zugangs zum Kapitalmarkt und einer geringeren Eigenkapitalbasis. Das *Ziel* der Mittelstandsförderung besteht darin, die Wettbewerbsnachteile gegenüber Großkonzernen abzubauen. Diese Förderung soll nach dem Subsidiaritätsprinzip (→Subsidiarität, pol.) bzw. dem Grundsatz „Hilfe zur Selbsthilfe" erfolgen.

2.2 Träger und Förderformen. Träger sind die EU, der Bund, sowie Länder und Kommunen. Die Zahl der Förderprogramme wird auf 3.500 geschätzt; aufgrund fehlender bundeseinheitlicher Vorschriften spricht M. ROWEDDER vom „Förderdschungel". Die Förderung des M. erfolgt auf unterschiedliche Weise: *(1) Steuerli-*

che *Vergünstigungen* wie z. B. Erleichterungen bei der Erbschaftssteuer oder die steuerliche Absetzbarkeit von Handwerkerrechnungen für Privathaushalte. *(2) Finanzierungsfördermittel* in Form von Darlehen, Bürgschaften und Beteiligungen. Hier ist insb. auf die Rolle der Mittelstandsbank der Kreditanstalt für Wiederaufbau (KFW) zu verweisen. *(3) Nicht rückzahlbare Zuschüsse*, bspw. zur Unterstützung von innovativen Forschungs- und Entwicklungsvorhaben.

2.3 Förderbereiche. Wichtige Förderprogramme beziehen sich auf: (1) Existenzgründung und -festigung, (2) Unternehmensfinanzierung zur Abdeckung wichtiger Investitionsvorhaben, (3) Infrastruktur und Regionalförderung, (4) Innovation zur Förderung spezifischer F&E-Vorhaben, (5) Beratung, z. B. für Unternehmensberatung oder Schulungen, (6) Umweltprogramme und Energie, z. B. für Umweltschutzinvestitionen, (8) Arbeitsmarkt, (7) Unterstützung von Messen und Ausstellungen, (8) Außenwirtschaftshilfen zur Erschließung und Sicherung ausländischer Märkte.

BUNDESMINISTERIUM FÜR WIRTSCHAFT UND ENERGIE (HG.), German M.: Motor der Deutschen Wirtschaft, 2014 – B. FELDEN/A. HACK, Management von Familienunternehmen, 2014 – E. HAMER, Die volkswirtschaftliche Bedeutung des M., in: H.-C. PFOHL (HG.), Betriebswirtschaftslehre der Mittel- und Kleinbetriebe, 2013, S. 27–54 – M. ROWEDDER, Praxishandbuch Fördermittel, 2013 – H. SIMON, Hidden Champions, 2012 – J. WOLF/H. PAUL/T. ZIPSE, Erfolg im Mittelstand, 2009.

Herbert Paul

Mobbing

Der Begriff M. bezieht sich in der Regel auf M. in Arbeitsbeziehungen. Weitere Formen sind Schulm. und Cyberm.

Der Begriff M. wird auf den englischen Ausdruck „mob": Mob, Meute, Pöbel bzw. „to mob" zurückgeführt: jemanden angreifen, schikanieren, bedrängen. Der Verhaltensforscher KONRAD LORENZ übernahm in den 1960er Jahren den Begriff M. zur Umschreibung von Gruppenangriffen von unterlegenen Tieren auf einen an sich stärkeren Gegner. Als Bezeichnung für eine besondere Form von →Konflikten in Arbeitsbeziehungen wurde der Begriff Anfang der 1990er Jahre durch den schwedischen Psychologen und Psychiater HEINZ LEYMANN erstmals in Deutschland verwendet.

In der Literatur und im →Arbeitsrecht gibt es keine einheitliche Definition von M., jedoch werden ähnliche Merkmale hervorgehoben: M. setzt sich aus einer Vielzahl von *feindseligen* Handlungen zusammen, *wiederholt* ausgeübt von einer oder mehreren Personen gegen eine andere Person, die durch das Geschehen in eine *unterlegene Position* gerät. Die M.handlungen haben *destruktiven* Charakter und werden *systematisch* eingesetzt, um eine Person *auszugrenzen*. Das Geschehen umfasst einen *längeren Zeitraum* von einigen Wochen bis über ein Jahr. Der Jurist P. WICKLER bezeichnet M. als „systematische psychosoziale Misshandlung von Personen". Von Konflikten unterscheidet sich M. v. a. durch die Konzentration auf eine Person, Verheimlichung von Interessen, verdeckte Handlungen, die fehlende Klärungsbereitschaft der Mobber sowie die Unterlegenheit der Gemobbten.

M. umfasst eine Vielzahl von möglichen verbalen wie nonverbalen Handlungen. Die negative Zielrichtung und Systematik der Handlungen wird oft erst nach einiger Zeit durch die Häufung verschiedener, an sich eher harmlos erscheinender Handlungen deutlich. Zu den typischen M.handlungen zählen bspw. die Verbreitung von Gerüchten, falsche Bewertungen von →Leistung, Hänseleien, massive und ungerechte Kritik, das Vorenthalten wichtiger Informationen, soziale Isolierung. Mit Cyberm. werden M.handlungen bezeichnet, die durch den Einsatz der sozialen Medien im Internet (social media) verbreitet werden.

M. ist ein soziales Geschehen mit mehreren Beteiligten: der/die M.betroffene, der/die Mobber (Kolleg/innen, Vorgesetzte, seltener Untergebene) und weitere Beteiligte im Umfeld. Personen, die das Geschehen beobachten, aber nicht eingreifen, werden von LEYMANN als „Möglichmacher" bezeichnet. Zu diesen gehören auch Vorgesetzte, wenn sie das Geschehen nicht unterbinden. Oft beginnt eine einzelne Person mit M. und andere schließen sich an, wenn die M.handlungen unwidersprochen bleiben.

Strittig ist die Verwendung der Begriffe „M.opfer" und „M.täter". Einerseits haben sie juristische Relevanz, sind für konstruktive Lösungen meist nicht hilfreich und blenden die Dynamik des Geschehens aus. Andererseits kann die Vermeidung dieser Begriffe das Leiden der M.betroffenen relativieren und Rechtsverletzungen verharmlosen.

M. hat gravierende Auswirkungen auf die Gemobbten. Persönlichkeitsveränderungen, Depressionen und psychosomatische Beschwerden sind häufige Folgen. M. wirkt sich auf das Verhalten und die →Leistung der M.betroffenen aus, was zu Fehleinschätzung des Geschehens durch Vorgesetzte führen kann. Krankheit und sinkende Arbeitsleistung auch anderer Beteiligter verursachen betriebs- und volkswirtschaftliche Kosten.

M. entsteht meist aus ungelösten Konflikten im Betrieb. Dabei ist der Führungsstil der Vorgesetzten ebenso von Bedeutung wie die Unternehmenskultur, das Betriebsklima, die Arbeitsorganisation und die Strukturen des Betriebes sowie die zur Verfügung stehenden Ressourcen. Weitere Faktoren sind die Persönlichkeit der Mobber und ihre Motive wie z. B. →Neid, Konkurrenz, Angst vor Verlust von Status und →Macht, aber auch Lust an Schikane und Demütigung. Auch die M.betroffenen und ihre Fähigkeiten, mit Konflikten und Belastungen umzugehen, sind in Blick zu nehmen.

Die Beendigung von M. setzt eine genaue Analyse des Geschehens und des Systems voraus, um eine Strategie zur Klärung zu entwickeln. Notwendig ist die Stabilisierung der M.betroffenen, um ihre Handlungsfähigkeit zu fördern. Die „Ermöglicher" können viel zur Beendigung von M. beitragen, wenn sie ihre beobachtende Rolle aufgeben und sich hinter den M.betroffenen stellen. Bei fortgeschrittenem M. gelingt vielfach keine einvernehmliche Lösung, sondern das M. wird durch die organisatorische Trennung der Beteiligten beendet – bis hin zum Arbeitsplatzverlust für die M.betroffenen.

M. zu vermeiden und zu unterbinden, gehört zur Fürsorgepflicht der Arbeitgeber. Ein partizipativer Führungsstil wirkt ebenso präventiv wie eine Unternehmenskultur, die M. für möglich hält, klare Regeln für den Umgang damit aufstellt, z.B. über Betriebsvereinbarungen, und Mechanismen fairer Konfliktaustragung zur Verfügung stellt. Strukturen und Arbeitsorganisationen müssen Fairness und Respekt in der Zusammenarbeit fördern. Vorgesetzte und Beschäftigte sind gefordert, destruktive Handlungen anzusprechen, die Würde der Beteiligten zu achten und sich für eine Beendigung des Geschehens einzusetzen.

Die ev. Kirchen beraten Unternehmen und M.betroffene, moderieren klärende Gespräche und bieten Raum für ethische Fragen wie die nach der Bedeutung von →Widerstand oder Nachgeben, Recht und →Gerechtigkeit, →Versöhnung und Vergebung.

Schulm. weist ähnliche Merkmale wie M. auf, allerdings haben die organisationalen Bedingungen eine geringere Bedeutung und die Lösungswege unterscheiden sich.

K. LORENZ, Das sogenannte Böse, 1963 – H. LEYMANN, M., 1993 – B. MESCHKUTAT/M. STACKELBECK/G. LANGENHOFF, Der M.-Report, 2002 – P. WICKLER (Hg.), Handbuch M.-Rechtsschutz, 2004 – C. KOLODEJ, M., 2005[2] – M. WOLMERATH, M., 2007[3] – M. RIEDEL, Coaching von M.-Opfern, 2009 – P. TEUSCHEL, M., 2010 – J. EISERMANN/E. DE COSTANZO, Die Erfassung von M. – Eine Konstruktvalidierung aktueller Datenerhebungsverfahren, 2011 – BÜNDNIS GEGEN CYBERMOBBING E.V. (Hg.), M. und Cyberm. bei Erwachsenen, 2014 – A. ESSER/M. WOLMERATH, M. und psychische Gewalt, 2015[9].

Monika Neht

Mobilität

1. Begriff und Definitionen. M. bezeichnet in jeweils speziellen Handlungs- und Gegenstandszusammenhängen den Wechsel zwischen Positionen oder Orten in sozialen, physischen, virtuellen und geografischen Räumen. Der Begriff kommt aus den Sozialwissenschaften und wurde von P. SOROKIN 1927 als „soziale Mobilität" geprägt. Im heutigen Sprachgebrauch ist damit die räumliche M., meist auf die Bewegung technischer Verkehrsmittel reduziert. Damit meint das herkömmliche Verkehrswesen und die →Verkehrspolitik bewegte Objekte auf Bahnen. In zeitgenössischen Definitionen fehlt meist die Erwähnung der geistigen M. Darunter ist das Erkennen von Zusammenhängen und der Umgang mit diesen zu verstehen, die Fähigkeit des flexiblen Denkens, die Beweglichkeit des Geistes. Wissen und geistige M. unterscheiden sich daher grundsätzlich, obwohl ein Zusammenhang besteht. Geistige und physische M. stehen in gegenseitiger Wechselwirkung, weil beide →Energie beanspruchen. Die Volksweisheit „Was man nicht im Kopf hat, hat man in den Beinen" beschreibt diesen Zusammenhang treffend.

2. Ursachen der M. Ursachen sind Potentialunterschiede, die in Form von Reizen wahrgenommen werden. Sie können von außen oder von innen kommen. Diese →Bedürfnisse treten in verschiedenen Formen sowohl bewusst wie auch unterbewusst auf und lösen die M.saktivitäten aus. Diese dienen zur Beseitigung der Mängel und bedeuten immer Aufwand, gleichgültig ob innen oder außen. Äußere sind beobachtbar und können selektiv in Daten abgebildet werden. Damit beobachtet man allerdings nur die Symptome der Ursachen wie bisher im Verkehrswesen. Die Ursachen räumlicher M. liegen immer in den Mängeln am Ausgangspunkt. M. als Aufwand, ist der Ausdruck lokaler Not, um diese Mängel zu kompensieren. Die Entwicklung unseres Großhirns und der geistigen M. sind u. a. auch durch die beschränkte physische M. des Fußgängers gefördert worden. Die Sozialisierung, die Dorf-, Stadt- und Kulturentwicklung bis zum Mittelalter sind die Folgen eingeschränkter räumlichen M. der Fußgänger. Treibende Kraft ist dabei das Streben nach Vermeidung von persönlichem Energieaufwand. Dieser ist für die geistige M. ungleich höher als für die physische Bewegung. Die Neigung diesen Aufwand zu vermeiden kann nachhaltige Folgen nach sich ziehen, wenn Strukturen geschaffen werden, die zu hoher physischer M. zwingen, wie dies seit der allgemeinen Motorisierung in der Raum- und Stadtplanung geschieht.

3. Wirkungen der Mobilität. Jede Form von M., da sie mit Energieaufwand verbunden ist, führt zu →Bildung oder Veränderung von Strukturen und kann daher auch zu deren Zerstörung führen. Die Wirkungen sind innen und/oder außen. Die bisherige Erfolgsgeschichte der Menschheit beruht auf der Entwicklung der geistigen M. und dem dazugehörigen Organ, dem Hirn. Die Anforderungen für Sozialbeziehungen, die Kenntnis des Verhaltens der →Umwelt und die richtigen Voraussagen sind bei begrenzter räumlicher M. um ein Vielfaches höher als bei „billiger" und schneller räumlicher M. Diese stand bis zur Nutzung fossiler Energie nur sehr begrenzt zur Verfügung und zwang zur geistigen M., die im Neolithikum zur Landwirtschaft und festen Siedlungen führte. →Städte waren daher Orte, um der Makromobilität der Jäger und Sammler mit ihren Risiken zu entgehen, zwang aber zur Sozialisierung über die Grenzen der →Familie und der Clans. Kulturentwicklung die Folge. Die Vielfalt der Bedürfnisse musste auf engem Raum erfüllt werden, intelligente Strukturbildung war gefragt. Der Höhepunkt dieser Entwicklung wurde in den Städten des europäischen Mittelalters erreicht (L. MUMFORD). Die M. der Fußgänger führt zu menschengerechten Strukturen, gibt ihnen Maßstab für Gebäude und öffentliche Räume, Vielfalt und Schönheit. Städte, die auf dieser M. beruhen, können nachhaltig sein.

4. Technische Mobilitätsbehelfe. Zu Fuß gehen ist aufwendig. Die Nutzung von Wind und Wasser wie auch von Nutztieren erleichterte die M. Technik war dabei schon gefragt. Aber erst die Nutzung billiger fossiler Energie oder von elektrischem Strom führte zu neuen Formen der M., für die wir keine evolutionäre Erfahrung mitbringen und veränderten die Strukturen der Städte und der →Wirtschaft. Mit den Eisen-, Straßen- und U-Bahnen nahmen die Disparitäten zwischen →Stadt und Land zwar zu, den lokalen Maßstab bestimmte aber nach wie vor die M. der Fußgänger. Die Städte Europas sind davon bis in die Mitte des 20. Jahrhunderts geprägt. Mit dem Auto als Massenverkehrsmittel nach dem Zweiten Weltkrieg wurde eine noch nie dagewesene Mobilitätsform dominierend, deren Faszination sich weder die Fachwelt noch die Gesellschaft und die Politik entziehen konnte. Die individuelle →Freiheit der Mobilität schien zunächst grenzenlos.

5. Mobilitätsirrtümer. Mit zunehmendem Autobesitz nahm die Zahl der Autofahrten zu. Da nur diese erfasst wurden, entstand der Glaube an ein „Mobilitätswachstum", von denen noch viele, auch an den Universitäten, bis heute überzeugt sind. Da jeder Weg außer Haus (auch in diesem) dem Zweck dient, am Ziel den Mangel der Quelle zu beseitigen, hätte die Zahl der Zwecke in einer motorisierten Gesellschaft zunehmen müssen. Dies ist nicht der Fall. Die Zahl der Wege pro Person und Tag ist global im Durchschnitt gleich. Nehmen die Autofahrten zu, nehmen Wege zu Fuß, mit dem Rad oder mit dem öffentlichen Verkehr ab. Es gibt im System kein „Mobilitätswachstum". M. verändert nicht nur die Strukturen, diese wirken auch wieder auf die M. zurück. Der zweite Irrtum ergab sich aus der Annahme – und individuellen Erfahrung –, man könne durch höhere Geschwindigkeiten „Mobilitätszeit sparen". Daher wurden und werden die →Investitionen in schnelle Systeme mit „Zeiteinsparungen" berechnet und begründet. Gäbe es diese, müssten Gesellschaften mit schnellen Verkehrssystemen mehr Zeit und Muße haben. Leider ist dies nicht der Fall. Hohe Geschwindigkeiten führen *im System* nicht zu Zeiteinsparungen, sondern zu Strukturveränderungen durch längere Wege mit gleichem Zeitaufwand, zur Zersiedlung und gleichzeitig Konzentration der Wirtschaft. Den kleinen lokalen Betrieben wird durch die billigen und schnellen Verkehrsmittel ihre Grundlage entzogen, Großstrukturen, Konzerne also, erhalten unverdiente Wettbewerbsvorteile in mehrstelliger Größenordnung (H. KNOFLACHER). Die Geschäfte in den Städten gehen zugrunde, die Kaufkraft wird in die Einkaufszentren am Stadtrand oder an Autobahnknoten abgezogen. Die Berechnungen für Verkehrsinvestitionen erfolgen daher mit einem Faktor, den es im System gar nicht gibt. Die technische Entwicklung hat das evolutionäre Verständnis – auch der einschlägigen Disziplinen – mühelos überrollt und überwuchert. Der Preis für diese Art von M. sind jährlich weltweit 1,2 Millionen Tote durch Verkehrsunfälle und über vier Millionen vorzeitige Tote als Folge der Abgase. Noch verheerender wirken sich die digitalen M.ssysteme des Finanzwesens aus, die zu beispiellosen Raubzügen der Reichen gegen den Rest der Welt führen, weil man deren Systemwirkungen ebenso wenig verstanden hat wie im Autoverkehr. Dies liegt im dritten Irrtum herkömmlichen Verkehrsverständnisses, der Glaube an eine folgenlose →Freiheit, die es nicht gibt, begründet. Beim Autoverkehr die der Verkehrsmittelwahl, im Finanzwesen die der globalen Freiheit des Finanzkapitals. Die menschliche Freiheit ist einerseits durch die evolutionären Strukturen beschränkt, wir können weder aus eigener Kraft fliegen noch unter Wasser leben, um nur zwei Barrieren zu nennen. Auch endet unsere Freiheit in der Gesellschaft dort, wo sie jene anderer Menschen oder Lebewesen einschränkt oder zerstört. Über letztere haben sich Planer, Politiker und die Gesellschaft durch das Faszinosum des Autos längst hinweggesetzt, denkt man an →Kinder, Behinderte, Alte und das Wohnumfeld und die Fahrbahnen verkommenen öffentlichen Räume. Diese wurden für die M. des Autoverkehrs und nicht mehr für die der Menschen umgestaltet. Der Mensch und seine →Würde wurden vergessen, wie auch im Finanzsystem. Die Antwort findet man auch nicht in den Ingenieurwissenschaften, der Ökonomie, der Psychologie oder den Naturwissenschaften, sondern durch die Anwendung der Evolutionstheorie und evolutionären Erkenntnistheorie (K. LORENZ, R. RIEDL). Die Bindung des Menschen an das Auto findet auf der Ebene der körpereigenen Energieverrechnung statt, ist also physisch. Mit der Übernahme des § 2 der Reichsgaragenordnung (RGO 1939) in die Bauordnungen der Nachkriegszeit müssen zu jeder →Wohnung und sonstigen menschlichen Aktivität Abstellplätze für Autos errichtet werden. Damit entsteht der Zwang zur Autobenutzung. Das Auto „setzt sich im Stammhirn" fest und veränderte unsere Kultur, die Strukturen und unser Wertesystem. Die Prinzipien von Ethik und Moral wurden von innen unterlaufen und von außen technisch überwuchert.

6. Mobilität zur Freiheit. Kennt man die Zusammenhänge, weiß man, dass die Lösung weder in der Technik, noch in der Form der →Energie liegen kann. Erst wenn die Hierarchie der Werte wieder stimmt, findet man die Antwort. Nicht im Kampf oder der Ablehnung des Autos liegt die Lösung. Allein die absolute Priorität für den Schutz von Leben, →Gesundheit, der Schwachen und Gebrechlichen vor Bequemlichkeit und Verantwortungslosigkeit zwingt zu einer anderen Ordnung des Parkens. Denn zu jedem Abstellplatz muss eine Fahrbahn führen, die jede andere Form der M. verhindert oder einschränkt. Verlegt man die Autoabstellplätze aus den Siedlungen und Städten, kann sich in ihnen wieder die nachhaltige M. der Menschen entwickeln. Dies regt die bisher weitgehend brachliegende geistige M. an, ohne dass die Freiheit zum Schlagwort verkommt. Die Ziele müssen wieder in die Nähe, die Geldkreisläufe in der Wirtschaft werden wieder lokal aktiviert anstatt global zu verschwinden, wie heute. Bewegen sich wieder alle Menschen im öffentlichen Raum im Puls des Tages, ist dies der Ausdruck eines lebendigen Organismus →Stadt, wie der Puls beim Menschen.

P. SOROKIN, Social Mobility, 1927 – Reichsgaragenordnung 17. Februar 1939, (REICHSGESETZBLATT I S. 219) – L. MUMFORD, The City in History, 1961 – K. LORENZ, Die Rückseite des Spiegels, 1973 – R. RIEDL, Evolution und Erkenntnis, 1982 – DERS., Kultur: Spätzündung der Evolution? Antworten auf die Fragen der Evolutions- und Erkenntnistheorie, 1987 – H. KNOFLACHER, Verkehrsplanung für den Menschen, 1987 – DERS., Einzelhandel, die Geschwindigkeit des Verkehrssystems und Shoppingcenter, Salzburger Institut für Raumforschung, Mitteilungen und Berichte 1–4/1990 – DERS., Economy of Scale, die Transportkosten und das Ökosystem, GAIA Heft 4 1995 – DERS., Grundlagen der Verkehrs- und Siedlungsplanung, Band 1 und 2, Böhlau Wien 2009/2011.

Hermann Knoflacher

Monopol

1. Begriff. Das M. ist eine Marktform mit einem Anbieter u. vielen Nachfragern. Wenn mehrere →Unternehmen auf einem →Markt aktiv sind, ein Anbieter jedoch einen sehr hohen Marktanteil hat (z. B. 90 %), wird auch die Bezeichnung Teilm. oder Quasim. verwendet. Ist auf der Marktgegenseite lediglich ein Nachfrager präsent, wird von einem bilateralen M., bei wenigen Nachfragern von einem beschränkten Angebotsm. gesprochen. Bei einem Nachfrager u. vielen Anbietern handelt es sich um ein Nachfragem. (bzw. sprachlich korrekt Monopson). Auch außerhalb der ökonomischen Sphäre wird der M.begriff verwendet, um eine Alleinstellung zu kennzeichnen (z. B. Gewaltm. des →Staates).

2. Ursachen. Eine M.situation kann durch unterschiedliche Ursachen entstehen. Definitionsgemäß führt jede erfolgreiche Produkt→innovation zumindest vorübergehend zu einem M. Auch die überlegene Marktleistung eines Unternehmens kann ein M. begründen. *Marktstrukturelle Ursachen* für M.stellungen sind zum einen Größenvorteile in der Produktion. Bei einer „subadditiven" Kostenfunktion kann die Marktnachfrage durch einen Anbieter zu geringeren Gesamtkosten bedient werden als durch mehrere Anbieter im Wettbewerb, z. B. bei einem hohen Anteil an Fixkosten. Eine solche Konstellation liegt oftmals im Bereich der Infrastruktur vor. Da hier Wettbewerb marktstrukturell nicht möglich ist, wird auch von Tendenzen zum „natürlichen" M. gesprochen. Speziell auf Märkten für digitale Güter spielen zudem Netzwerkeffekte auf der Nachfrageseite eine Rolle, z. B. bei Software oder Plattformen im →Internet. Hier nimmt der Nutzen der Nachfrager mit steigender Zahl der Kunden eines Unternehmens zu. M.e können auch durch wettbewerbsbeschränkende Verhaltensweisen der Unternehmen (Fusionen) oder durch staatliche Wettbewerbsbeschränkungen hervorgerufen werden (→Wettbewerbspolitik). Auf Märkten, auf denen der Staat selbst Güter anbietet, nutzt er des Öfteren seine hoheitliche Macht, um Wettbewerb zu verhindern. Beispiele sind das frühere Postm. sowie das Verbot des Fernlinienbusverkehrs in Deutschland bis Ende 2012, das die staatliche Bahn vor Wettbewerb geschützt hat. Staatlich geschützte M.e sind auch Ergebnis des gewerblichen Rechtsschutzes (Patentrecht u. ä.). Durch zeitlich begrenzte M.rechte in Verbindung mit der Offenlegungspflicht sollen zum einen Anreize für Innovationen erhöht werden, zum anderen das neue Wissen nach Ende der Patentdauer allen zugänglich sein u. der Wettbewerb belebt werden (→Eigentum, geistiges).

3. Marktergebnisse. Im Vergleich zu allen anderen Marktformen weist das M. den höchsten Preis, die geringste Angebotsmenge u. den höchsten →Gewinn auf, der durch m.istische Preisdifferenzierung unter bestimmten Umständen weiter gesteigert werden kann. Oftmals sind M.e auch durch geringe Innovationsdynamik u. eine generell niedrige Produktqualität gekennzeichnet. M.stellungen können auch zu gesellschaftlicher Macht führen, wobei etwa Medienm.e besonders kritisch gesehen werden (z. B. „Einzeitungskreise"). Allerdings ist bei niedrigen Marktzutrittsschranken die Stellung eines M.isten stets durch potenzielle Konkurrenz gefährdet, die im theoretischen Grenzfall dazu führen kann, dass ein M.ist seine Alleinstellung nicht ausnutzen kann („bestreitbare Märkte"). Ein hoher gesamtwirtschaftlicher M.isierungsgrad führt zu einem höheren Anteil der Gewinneinkommen am Volkseinkommen, d. h. der Anteil des →Einkommens aus Löhnen u. Gehältern ist geringer (→Lohnpolitik).

4. Wirtschaftspolitische Konsequenzen. Wenn auf einem Markt Wettbewerb strukturell möglich ist, so lassen sich M.e durch eine geeignete Liberalisierungspolitik (z. B. Telekommunikation) sowie eine adäquat ausgestaltete Wettbewerbspolitik verhindern. Auf Märkten mit Tendenzen zum natürlichen M. ist entweder ein staatliches Angebot (z. B. kommunale Ver- u. Entsorgungsm.e) oder eine Regulierung privater M. üblich.

R. Pindyck/D. Rubinfeld, Mikroökonomie, München 2013⁸ – M. Fritsch, Marktversagen und Wirtschaftspolitik, München 2014⁹.

Frank Fichert

Moral

1. Begriff. In seiner Übertragung des griechischen „ethike" prägte Cicero (de fato 1) den terminus „philosophia moralis". Etymologisch ist damit auf die Reflexion geltender Gewohnheit und →Sitte/n (mos, mores) verwiesen. Die lateinischen Äquivalente kennzeichnen die Mehrdeutigkeit des Begriffs im Sinne der konstatierenden Beschreibung bzw. der präskriptiven Wertung menschlichen Verhaltens. Die deskriptive und die normative Ebene sind zur Vermeidung eines homonymen Gebrauchs zu unterscheiden. Stets ist dabei mehr als die rein rechtliche Normierung des Verhaltens im Blick. M. ist vor diesem Hintergrund der Inbegriff derjenigen →Normen und →Werte, deren Verbindlichkeit sich aus ihrer gemeinsamen Anerkennung ergibt. Als geschichtlich entstandener Kanon von Konventionen ist sie eine Gruppenm., die weder unveränderlich ist, noch ohne weiteres über den Kreis der jeweiligen Mitglieder hinaus ausgedehnt werden kann. In diesem Sinne ist bspw. die Rede von politischer, bürgerlicher, feudaler, Räuber-, Sexual-, Zahlungs-, Grenz-, Hyper-, Geschäfts-, Arbeits-, kommunistischer oder christlicher M. Pejorative Konnotationen haften dem Moralismus an, der nach E. Durkheim in wirklichkeitsfremder Weise an den Bedürfnissen der jeweiligen →Gesellschaft vorbeigehend nur die Art ausdrückt, in der sich ein Moralist die M. vorstellt. Als die Wissenschaft vom moralischen →Handeln versteht sich die philosophische →Ethik. Zu den geläufigsten strategischen M.-Begründungsformen im Alltag zählt sie: den Bezug auf normativ interpretierte Fakten und Zwangslagen, auf Gefühle, auf mögliche Folgen, auf herrschende M.kodizes, auf als Autoritäten anerkannte Personen (→Autorität), auf das →Gewissen, auf die Vernunftregel (→Vernunft) und auf die Praxisregel. Innerhalb sowie zwischen M.en und M.systemen kann es zu Normenkollisionen kommen, die sich nicht ohne weiteres lösen lassen.

2. Grundlegende M.theorien sind in den miteinander verwobenen philosophischen, psychologischen und politisch-ethischen Diskursen entwickelt worden. Für Th. Hobbes (Leviathan, 1651) kann die Normativität von M. im Sinne einer Überwindung der „selfishness" nur unter der Bedingung ihrer umfassenden Durchsetzbarkeit Bestand haben. Dementgegen sieht die britische M.philosophie im „moral sense" eine alle Menschen verbindende und motivierende Erfahrung, die ein Urteil über gute/schlechte Handlungen ermöglicht. So betont Shaftesbury (An Inquiry Concerning Virtue or Merit, 1699) die Motivationskraft der „benevolence" und D. Hume (A Treatise of Human Nature, 1740) sowie A. Smith (Theory of Moral Sentiments, 1759) die Relevanz der „sympathy". Nach I. →Kant ist es die praktische →Vernunft, die die moralisch und rechtlich vernünftigen Normen des Handelns erkennt. Die moralische →Freiheit der Akteure zeigt sich, indem moralische Handlungsvorschriften aus dem autonomen guten Willen heraus formuliert werden. Das „Princip der M." ist der Kategorische Imperativ. Er beruht als Ausgangspunkt aller kognitivistischen Ethiken auf der Achtung und Verpflichtung gegenüber dem selbstgegebenen Gesetz. Der bloßen „Legalität", die auf nichtsittlichen und äußerlichen Motiven beruhen kann, stellt Kant die „Moralität" gegenüber, als das Handeln aus Sittlichkeit, d. h. aus einer mit innerer Triebfeder übernommenen →Pflicht. Ähnlich sah Fichte in der äußeren Zwangsordnung von →Staat und →Recht eine von ihm als niedere Moralität gewertete, lediglich objektive Legalität, der er die wahre Sittlichkeit und höhere Moralität des schaffenden Gesetzes gegenüberstellt. Hegels Kantkritik setzt bei dieser Begründung der M. im subjektiven Wollen an: „Die Lorbeeren des bloßen Wollens sind trockene Blätter, die nie gegrünt haben" (Rechtsphilosophie 124, Zusatz). Während Kants „Metaphysik der Sitten" die Sittlichkeit im Grundsatz losgelöst hatte von der empirischen Sitte des konkreten Lebens, interpretiert Hegel Sittlichkeit ausdrücklich als jene Pflicht, die der subjektive Geist gegenüber dem objektiven Geist, mithin das Individuum gegenüber der sozio-politischen Wirklichkeit hat. Die Sittlichkeit als Erfüllung der M. verweist damit bei Hegel auf einen Sozialverband, der dem Geist des Individuums entspricht. Das wirft die Frage auf, ob dies nicht notwendigerweise zu einer „Rechtfertigung des Bestehenden" (E. Tugendhat) führen müsse. Ein erster Nachruf auf alle systematischen Versuche einer rationalen Rechtfertigung der M. findet sich bei S. Kierkegaard (Entweder Oder, 1842). Geradezu als „Kriegserklärung an M. und M.isten" versteht F. Nietzsche (Zur Genealogie der M., 1887) seine Kritik der „Herdentier-M.": Sie ist ihm nur das Ressentiment zur Selbstbehauptung der Schwachen. Als Immoralist sieht er sich selbst jenseits von Gut und Böse. Aus Sicht des *Marxismus-Leninismus* ist die in antagonistischen Klassengesellschaften herrschende M. stets die M. der herrschenden Klasse (vgl. F. Engels, MEW 20, 88; →Marxismus). Nach dem Sieg der sozialistischen Revolution sollte die proletarische M. in die sozialistische M. münden (→Sozialismus). Hier würden sozialistische Persönlichkeiten frei von Ausbeutungsverhältnissen eine politisch-moralische Einheit des Volkes prägen, die die Voraussetzungen für den Übergang zum →Kommunismus schafft. Grundlegend für die moralpsychologisch beeinflusste Debatte wurde L. KOHLBERGS Stufenmodell der M.entwicklung von Kindern und Jugendlichen. Seine Stadientheorie führt ausgehend von Stufe 1, in der Gehorsam und →Strafe das m.konforme Verhalten gewährleisten über die interpersonale Orientierung des Verhaltens (Stufe 3) hin zur utilitaristischen Haltung (Stufe 5; →Utilitarismus), um schließlich die höchste moralische Reife in einer kantischen Orientierung an universellen ethischen Prinzipien (Stufe 6) zu erklimmen. Im Anschluss an Untersuchungen seiner Mitarbeiterin C. GILLIGAN stellte die feministische M.philosophie die darin deutlich werdende – auch die vertragstheoretische Gerechtigkeitstheorie (→Gerechtigkeit) von J. RAWLS prägende – kognitivistische M. der Prinzipien und Rechte in Frage und konfrontierte sie mit der eigenständigen Konzeption einer an Erwartungen und Beziehungen orientierten M. der Fürsorge, die gerade nicht als Stufe-3-Moralität abzuwerten sei. Für die christlich-theologische und religionssoziologische Debatte markiert nach E. TROELTSCH der Begriff der M. das grundsätzliche Dilemma, das in der Staatsgewalt präsente relative Naturgesetz des Sündenstandes mit einer auf Selbstdurchsetzung verzichtenden religiösen Liebesmoral zu vereinen. M. →LUTHER habe dieses Dilemma zwischen innerer M. der Person und äußerer M. des Amtes nur reformuliert. Dem wurde in den Ethik-Entwürfen von W. ELERT und D. BONHOEFFER entgegengehalten, dass die Amtsm. stets an die Liebesm. gebunden bleibe. Da keine weltliche Ordnung über den Gehorsam gegen Gott zu stehen komme, könne auch bei LUTHER nicht von einer doppelten M. gesprochen werden.

3. Aktuelle M.theorien rekurrieren weniger auf wesenhafte Prädispositionen der Menschen zu moralischem Handeln, als auf die Logik moralischer Diskurse. Sie lassen sich der Tendenz nach hinsichtlich ihrer diskursethischen (→Diskursethik), kommunitaristischen (→Kommunitarismus) und differenztheoretischen Leitüberzeugungen differenzieren. Indem K. O. APEL nach dem Verhältnis real-existierender moralischer Traditionen zu der im Gespräch antizipierten Kommunikationsgemeinschaft fragt (→Kommunikation), zielt er auf einen dritten Weg, der in verantwortungsethischer Perspektive über manichäistischen M.terror ebenso wie über eine von M. befreite Politiktechnik hinausweist. Auch J. HABERMAS versucht, im Rekurs auf die faktisch funktionierende Sittlichkeit des kommunikativen Handelns in der Lebenswelt die Trennung von M. und Recht zu unterlaufen. O. HÖFFE möchte die Differenzierung von Moralität und Legalität für Ethik und Rechtsphilosophie neu fruchtbar machen. V. HÖSLE hält das sozialwissenschaftliche Axiom, dass die Vermischung von Politik und M. absurd sei, für gefährlich und macht es sich zum Ziel, ein moralisches Verständnis des Politischen in einem Moment wiederzugewinnen, in dem das Projekt der Moderne an seine Grenzen gestoßen ist. A. MACINTYRE geht davon aus, dass in unserer Kultur in den endlosen Debatten mit unvereinbaren moralischen Prämissen keine moralische Übereinstimmung mehr erzielt werden kann. Da der Kontext der moralischen Schlüsselbegriffe verloren gegangen ist, hält er das Vorhaben der aufklärerischen M.begründung für gescheitert. Dennoch plädiert er – vergleichbar den Positionen von A. SEN und M. NUSSBAUM – für eine Reformulierung der aristotelischen Tugendlehre des guten menschlichen Lebens in globaler Verantwortung. Für eine Umsetzung kommunitaristischer Zielvorstellungen in politisch-soziale Bewegungen schließlich steht die bewusst mit moralischem Furor verbundene und auf →sozialen Wandel zielende Programmatik der „moralischen Rekonstruktion" von A. ETZIONI. Der ausgearbeitetste differenztheoretische Ansatz findet sich bei N. LUHMANN. Die ausdifferenzierten Teilsysteme der Gesellschaft mit ihrer unterschiedlichen Semantik binärer Codes sehen sich einer permanenten Störung durch den M.-Code gut/schlecht ausgesetzt (→Systemtheorie). Die M. selbst bildet kein eigenes Funktionssystem, sondern steht vor der Konstituierung der Teilsysteme. Da die autopoietischen Teilsysteme funktionale Äquivalente zur M. entwickelt haben, verändert sich die Aufgabe der Ethik. Sie hat vor einer M. zu warnen, die verkennt, dass sie lediglich im Nahbereich noch bedeutungsvoll ist; sie hat Institutionen zu schaffen, mit denen man sich den Zumutungen der M. entziehen kann und die soll somit als Beobachter zweiter Ordnung für die moralisierenden Beobachter der Gesellschaft fungieren. Entsprechende Vorbehalte gegenüber der M. finden sich für den wirtschaftlichen Bereich bei F. A. v. HAYEK und K. HOMANN. M. wird hier als unverzichtbar für die Evolutionsfähigkeit der Gesellschaft bezeichnet und behält ihren Wert in überschaubaren Gruppen. Aber Normen sind in modernen Gesellschaften angesichts von Dilemmastrukturen nicht übertragbar. Nach HAYEK muss daher mit zwei Formen von M. gelebt werden, je nach Gruppengröße. Als systematischen Ort der neuen M. sieht HOMANN eine die Solidarität institutionalisierende Rahmenordnung. In der Kunst der Trennungen sieht M. WALZER den Weg der politisch und moralisch notwendigen Anpassung an die Komplexität des Lebens. Anders als RAWLS will er nicht eine M. „erfinden", sondern auf die Autorität der stets vorhandenen und potenziell subversiven Sittlichkeit rekurrieren. M. unterliegt unabdingbar dem permanenten gesellschaftskritischen Streit um ihre Auslegung. Auch für R. RORTY ereignet sich moralischer Fortschritt nicht in der Entdeckung von Grundwahrheiten, sondern in der Konstruktion befreiender Gebräuche. Im Konfliktfall zwischen philosophischen Ansprüchen und konkreter, demokratischer Realität gibt er der gelebten →Demokratie den Vorrang vor der Philosophie. Nicht die Objektivität, sondern die →Solidarität der sich entwickelnden Sittlichkeit ist dann die Wurzel von Gemeinsamkeiten.

4. Aufgabe. M. spielt im Erfahrungsbereich eine große Rolle. Selbst für Theorien einer ausdifferenzierten Gesellschaft bleibt sie mit einer unentbehrlichen Appell- und Erinnerungsfunktion verknüpft. So können Verweise auf Sachzwänge in Wirtschaftsfragen sich als Ausdruck von Blindheit in sozialen Kooperations- und Orientierungsfragen erweisen. Eine Überbewertung des methodologischen Individualismus eines homo oeconomicus gegenüber der M. trägt dazu bei, die Bedeutung von über den Eigennutz hinausgehenden menschlichen Kooperationsformen zu unterschätzen. Globale Zukunftsfragen und die Relevanz öffentlicher Güter erfordern die Ausweitung moralischer Achtsamkeits- und Verpflichtungsfragen. Das kirchliche Verhältnis zur M. ist daher im Zusammenhang von →Öffentlichkeit und Kirche zu reflektieren. Die „ultimate loyality" der Kirche kann hier weder einem →Staat, noch einer geübten →Sitte gelten. Sie wird realisiert im Hören auf das Evangelium in einer ökumenischen Gemeinschaft und in einer →Diakonie, die gruppenspezifische Schranken und Kulturen übergreift. M. kann im Vollzug eines kritisch reflektierenden Aktes christlicher →Freiheit als wandlungsfähige, gefährdete und unverzichtbare Komponente des „guten Lebens" gewürdigt werden. Zugleich ist M. besonderer Gegenstand der seelsorgerlichen Reflexion. Moralische Konflikte werden nicht selten als quälende Abwägung zwischen Werten im persönlichen Leben erkannt. Wo sich angesichts komplexer Konfliktsituationen pauschale Lösungen verbieten, ist im Rahmen der Seelsorge darauf zu achten, dass die Lösung von M.konflikten nicht in das alleinige Leiden des/der betroffenen Konfliktträgers/in mündet. In empirischen Erhebungen kommt der Bildung und dem kommunikativen Milieu der →Familie als einer intermediären →Institution nach wie vor eine zentrale Rolle beim Austrag moralischer Differenzen und für die individuelle und kollektive Sinnorientierung zu. Für die praktische Theologie bleibt vor diesem Hintergrund die differenzierte und kritische Auseinandersetzung mit den phylo- und ontogenetischen Aspekten der M.entwicklung aktuell.

F. NIETZSCHE, Jenseits von Gut und Böse. Zur Genealogie der Moral (1887), 1999 – E. TUGENDHAT, Selbstbewußtsein und Selbstbestimmung, 1979 – L. KOHLBERG, Die Psychologie der Moralentwicklung (1981), 1997[2] – C. GILLIGAN, Die andere Stimme: Lebenskonflikte und Moral der Frau (1984), 1999[7] – A. GEHLEN, Moral und Hypermoral, 1986[5] – N. LUHMANN, Paradigm lost: Über die ethische Reflexion der Moral, 1990 – O. HÖFFE, Moral als Preis der Moderne 1993[2] – E. TUGENDHAT, Vorlesungen über Ethik, 1993 – A. MACINTYRE, Der Verlust der Tugend. Zur moralischen Krise der Gegenwart, 1995 – J. RITTER u. a. (Hg.), Historisches Wörterbuch der Philosophie, 1995[9] – E. DURKHEIM, Physik der Sitten und des Rechts. Vorlesungen zur Soziologie der Moral, 1996 – H. PAUER-STUDER, Das Andere der Gerechtigkeit. Moraltheorie im Kontext der Geschlechterdifferenz, 1996 (Lit.) – TH. W. ADORNO, Minima Moralia, in: GS, [IV]1997 – V. HÖSLE, Moral und Politik. Grundlagen einer Politischen Ethik für das 21. Jahrhundert, 1997 – W. REESE-SCHÄFER, Grenzgötter der Moral. Der neuere europäisch-amerikanische Diskurs zur politischen Ethik, 1997 (Lit.) – K. E. NIPKOW, Bildung in einer pluralen Welt, 1. Moralpädagogik im Pluralismus, 1998 – J. BERGMANN/TH. LUCKMANN, Kommunikative Konstruktion von Moral, 1. Struktur und Dynamik der Formen moralischer Kommunikation, 1999 – DIES., Konstruktion von Moral, 2. Von der Moral zu den Moralen, 1999 – N. STEHR, Die Moralisierung der Märkte. Eine Gesellschaftstheorie, 2007 – Unternehmerisches Handeln in evangelischer Perspektive. Eine Denkschrift des Rates der EKD, 2008 – K. HOMANN, Sollen und Können. Grenzen und Bedingungen der Individualmoral, 2014.

Wolfram Stierle

Moralpsychologie

Gegenstand der M. ist insbesondere die Beschreibung und Erklärung des moralischen Denkens, Fühlens und Handelns. Je nach inhaltlichen Schwerpunkten lassen sich drei Perspektiven der M. unterscheiden: (1) Die kognitive Perspektive akzentuiert vor allem die Unterschiede im moralischen Denken, (2) die emotionale Perspektive (→Emotion) geht davon aus, dass für moralisches Handeln vor allem Gefühle bestimmend sind und (3) die situative Perspektive legt den Schwerpunkt auf Merkmale der Situation, die das Handeln aus dieser Sicht stärker beeinflussen als intrapersonale Faktoren (H. HEIDBRINK 2008).

1. Die kognitive Perspektive. Mit der Genese des moralischen Urteils beschäftigen sich die entwicklungspsychologischen Theorien von J. PIAGET (1932/1976) und L. KOHLBERG (1969/1974, 1995).

1.1 PIAGETs Sequenzmodell. PIAGET postuliert eine Entwicklungssequenz von der heteronomen zur autonomen Moral, die zum ersten Mal zwischen Kindheit und Pubertät durchlaufen wird. Heteronome moralische Urteile sind durch eine starke Orientierung an erwachsener →Autorität gekennzeichnet. Regeln werden nach ihrem Wortlaut, nicht nach ihrem Sinn interpretiert, Handlungen nach ihren Konsequenzen, nicht nach den zugrunde liegenden Intentionen beurteilt. Gerecht ist das, was die Erwachsenen erwarten. In der Übergangsphase zur Autonomie können Kinder nach PIAGET wahre „Gleichheitsfanatiker" sein, die auf strike Gleichbehandlung pochen. Die autonome Moral beruht auf Zusammenarbeit und →Kooperation der Kinder untereinander. Der strikte Gleichheitsgedanke wird relativiert, indem die besondere Situation jedes einzelnen berücksichtigt wird („Billigkeitsgefühl").

Nach PIAGET muss für jeden neuen Gegenstandsbereich die Heteronomie-Autonomie-Sequenz erneut durchlaufen werden, die Entwicklung des moralischen Urteils ist also keineswegs bereits in der Pubertät abgeschlossen.

1.2 KOHLBERGs Stufenmodell. Für KOHLBERG verläuft die Entwicklung des moralischen Urteils in sechs Stufen, die qualitativ unterschiedliche Denkweisen beschreiben, mit denen moralische Probleme dekodiert und gelöst werden.

Auf Stufe 1 erfolgt die Orientierung vorrangig an Bestrafung und Belohnung, Stufe 2 beinhaltet eine zweckrationale →Moral („Eine Hand wäscht die andere"), auf der dritten Stufe wird die Übereinstimmung mit relevanten Bezugsgruppen bestimmend. Die Stufe 4 erweitert den Bezugsrahmen um eine gesellschaftliche Perspektive (Gesetze und →Pflichten). Die postkonventionellen Stufen lassen sich mit den Stichworten „Sozialvertrag und individuelle Rechte" (5) sowie „ethische Prinzipien" (6) charakterisieren (L. KOHLBERG, 1995; H. HEIDBRINK, 2008). Die Stufen sind nach KOHLBERG hierarchisch integriert, d. h. jede Stufe baut auf der vorhergehenden auf. Von daher ist das Überspringen einzelner Stufen theoretisch ausgeschlossen und auch das Zurückfallen auf bereits überwundene Stufen (Regression) soll in der Regel nicht vorkommen. Das Erreichen einzelner Entwicklungsstufen setzt jeweils bestimmte kognitive Fähigkeiten sowie eine entsprechend entwickelte Fähigkeit zur sozialen Perspektivenübernahme (R. SELMAN, 1984) voraus. Mögliche Diskrepanzen zwischen moralischen Urteilen und konkreten moralischen Handlungen sollen mit zunehmender Stufenhöhe geringer werden.

Empirisch gibt es eine Reihe von Hinweisen auf die Gültigkeit der KOHLBERGschen Annahmen (vgl. HEIDBRINK, 2008). Mittlerweile existieren auch neuropsychologische Studien, die Zusammenhänge zwischen Strukturen in bestimmten Bereichen des Frontalhirns und der moralischen Urteilsdifferenziertheit im Sinne KOHLBERGs nachweisen (K. PREHN et al., 2015).

2. Die emotionale Perspektive. KOHLBERGS Verknüpfung des moralischen Urteils mit der kognitiven Entwicklung ist vielfach kritisiert worden, u. a. von J. HAIDT (2001), der bezweifelt, dass moralische Urteile im Alltag in der Regel auf Denkprozessen basieren. Es gibt vielfältige empirische Hinweise, dass moralische Urteile vor allem „intuitiv" (→Intuition) gefällt und Denkprozesse erst nachträglich (z. B. durch Nachfragen) ausgelöst werden. In der Tradition von D. HUME (1711–1776) geht der „intuitive" Ansatz in der M. davon aus, dass das stärkste Gefühl jeweils bestimmt, für welche Handlungsalternative man sich entscheidet. Die Plausibilität intuitiver moralischer Urteile wird häufig anhand bestimmter Dilemmasituationen demonstriert, z. B. mit dem sog. Trolley-Dilemma: Hier muss sich der Befrage entscheiden, ob durch das Umstellen einer Weiche ein führerloser Schienenwagen nur einen anstelle von fünf Arbeitern überfahren wird.

Konfrontiert mit Dilemmata dieser Art entscheiden sich viele Personen relativ schnell, allerdings fällt es ihnen meist schwer, ihre Urteile rational zu begründen. Aus Sicht der emotionalen Perspektive der M. spricht dies gegen die Annahme, moralische Urteile würden auf vorausgehenden rationalen Erwägungen beruhen.

Da die moralischen Urteilsstufen (KOHLBERG) als Assimilationsschemata für die Lösung moralischer Problemlagen aufgefasst werden können, sind sie allerdings mit der Annahme einer „gefühlsmäßigen" Auslösung moralischer Urteile durchaus vereinbar.

In engem Zusammenhang mit moralischen Gefühlen stehen insbesondere Ekelgefühle. Beispielsweise kann ein bitteres Getränk zu härteren moralischen Urteilen führen als ein süßes oder neutrales Getränk (K. J. ESKINE et al., 2011). In anderen Studien wurden positive Zusammenhänge zwischen erhöhter Ekelsensitivität einerseits und sexuellen Vorurteilen sowie konservativen politischen Einstellungen andererseits gefunden (Y. INBAR et al., 2009; 2012).

3. Die situative Perspektive. Im berühmten Gehorsamkeits-Experiment von S. MILGRAM (1982) ging es um die Frage, ob Versuchspersonen bereit sein würden, in der Rolle als Lehrer in einem angeblichen Lernexperiment den jeweiligen Schülern schmerzhafte bis lebensbedrohliche Stromschläge zu verabreichen. Entgegen den ursprünglichen Erwartungen verabreichten im ersten Experiment 65 Prozent der Versuchspersonen aufgrund der Anordnungen des Versuchsleiters Stromschläge bis zur Höchstgrenze.

MILGRAM zieht aus den Resultaten seines Experiments den Schluss, es sei weniger die Wesensart eines Menschen, die dessen Handlungsweise bestimmt, sondern die Eigenart der Situation, in der er sich befindet (1982, S. 235).

In der neueren experimentellen Wirtschaftsforschung werden vorrangig unterschiedliche Spielsituationen zur Bestimmung der Bedingungen benutzt, unter denen sich Personen kooperativ oder eigennützig verhalten. In „Public-Good-Games" (→Öffentliche Güter) können die Mitspieler Geld in einen Gemeinschaftstopf geben, von dem dann alle profitieren. Wenn die Spielregeln einzelne Trittbrettfahrer gegenüber kooperativen Spielern bevorzugen, zeigt sich in aufeinander folgenden Spieldurchgängen ein kontinuierlicher Rückgang der Spendenbereitschaft. Interessanterweise kann das Kollabieren der Kooperation durch die Möglichkeit der Bestrafung unkooperativer Mitspieler verhindert werden (E. FEHR/S. GÄCHTER, 2000). Mittlerweile gibt es zahlreiche Studien, die kooperatives und eigennütziges Handeln unter verschiedenen Spielbedingungen testen.

Nicht nur situative Besonderheiten, sondern auch die Aufeinanderfolge individueller Handlungsweisen scheint einen Einfluss auf die Art des moralischen Handelns zu haben. In einer Reihe von Studien zum „Moral Licensing" zeigte sich, dass „gute" Taten offenbar ein sich anschließendes Übertreten moralischer Regeln begünstigen (vgl. I. BLANKEN et al., 2015).

4. Integration der Perspektiven. Insgesamt ist der M. bislang nur wenig gelungen, ihre unterschiedlichen Perspektiven einigermaßen widerspruchsfrei zu integrieren. Leider werden die Unterschiede häufig zu Lasten der offensichtlichen Gemeinsamkeiten überbetont.

J. PIAGET, Das moralische Urteil beim Kinde, 1976² (Orig. franz. Le Jugement Moral Chez L'Enfant, 1932) – L. KOHLBERG, Zur kognitiven Entwicklung des Kindes, 1974 (Orig. 1969) – S. MILGRAM, Das Milgram-Experiment. Zur Gehorsamsbereitschaft gegenüber Autorität, 1982 – R. L. SELMAN, Die Entwicklung des sozialen Verstehens. Entwicklungspsychologische und klinische Untersuchungen, 1984 – L. KOHLBERG, Die Psychologie der Moralentwicklung, 1995 – E. FEHR/S. GÄCHTER, Cooperation and punishment in public goods experiments, in: American Economic Review, 90, 980–994, 2000 – J. HAIDT, The emotional dog and its rational tail: A social intuitionist approach to moral judgment, in: Psychological Review, 108, (4), 814–834, 2001 – H. HEIDBRINK, Einführung in die Moralpsychologie, 2008 – Y. INBAR/D. A. PIZARRO/J. KNOBE/ P. BLOOM, Disgust sensitivity predicts intuitive disapproval of gays, in: Emotion, 9(3), 435–439, 2009 – K. J. ESKINE/N. A. KACINIK/J. J. PRINZ, A bad taste in the mouth: Gustatory disgust influences moral judgment, in: Psychological Science, 22(3), 295–299, 2011 – Y. INBAR/D. PIZARRO/R. IYER/J. HAIDT, Disgust sensitivity, political conservatism, and voting, in: Social Psychological and Personality Science, 3(5), 537–544, 2012 – I. BLANKEN/N. VAN DE VEN/M. ZEELENBERG, A meta-analytic review of moral licensing, in: Personality and Social Psychology Bulletin, 41(4), 540–558, 2015 – K. PREHN/M. KORCZYKOWSKI/H. RAO/Z. FANG/J. A. DETRE/D. C. ROBERTSON, Neural correlates of post-conventional moral reasoning: A voxel-based morphometry study, in: PLoS ONE, 10(6), 2015.

Horst Heidbrink

Motivation

1. Der Begriff M. Der Terminus ist ein theoretisches Konstrukt. Das Wort stammt aus der Psychologie des 20. Jh. Sie versteht darunter ein Erklärungsmodell für Handeln und Verhalten. Zugrunde liegt demnach dem Handeln eine Verhaltensdisposition. Die Auswirkung dieser Haltung wird unterschiedlich erklärt. Dementsprechend gibt es sehr unterschiedliche Modelle u. Theorien der M. Die M.spsychologie findet vielfache Verwendung u. a. in Erziehung, Arbeitswelt, Berufstätigkeit, Sport u. a. mehr. Erklärt wird mithilfe eines psychologischen Schemas ein bestimmtes Handeln u. Verhalten durch eine Verhaltensdisposition. Weitgehend einig ist man sich im Blick auf die Bestimmung der M. anhand von vier Kriterien: (a) Zu ermitteln ist einmal die Richtung (wohin?), (b) sodann die Intensität des Handelns und Verhaltens (Stärke), (c) des Weiteren die Persistenz (mit welcher Beständigkeit und Dauer wird durchgehalten?) u. schließlich (d) der Umgang mit Hindernissen (wie wird Widerstand standgehalten?).

Motivation hat zwei Aspekte, positive oder negative M., d. h. sie ist appetitiv, zielstrebig oder aversiv, ablehnend; bildlich gesprochen geht es um eine Wirkung als Antrieb, Beschleunigung oder als Bremse. Psychologisch unterschieden wird auch zwischen intrinsezischer, aus eigenem Willen stammender oder extrinsezischer, von außen bewirkter M., beispielsweise durch Belohnung oder Bestrafung. Die Aktualisierung einer Handlungsbereitschaft, der M. nennt man Volition. Das Gegenteil eines Willens, eines Ansporns, ein Ziel zu erreiche, ist Demotivierung.

Der Begriff M. verweist somit darauf, dass Handeln, auch ethisches Handeln nicht durch ein bloßes Vernunftkalkül entsteht und sich ausbildet. Vielmehr wird eine Aktivierung emotionaler u. neuronaler Aktivität keineswegs allein durch Vernunft erreicht.

2. Äquivalente. Die Einsicht in das Phänomen der M. ist wesentlich älter als der Begriff. Die theol. Tradition unterschied beim Glauben zwischen Kenntnis (intellectus), Wille (voluntas) u. Zustimmung (assensus). Dabei spielt beim assensus die innere Überzeugung eine Rolle. ARISTOTELES kennt bereits den Beweggrund als kinesis, lateinische motivum, das „Bewegende". Dieses Bewegende, Motivierende wird sehr unterschiedlich bezeichnet: Begriffe sind Affekt, Triebkraft, auch Wille, beschrieben gelegentlich auch als Grundorientierung (optio fundamentalis) eines Menschen, Grundentscheidung oder Charakter. Gelegentlich wird dem Phänomen M. auch einem Bedürfnis oder Interesse zugeordnet. Metaphorisch steht für M. auch Herz. Bei Luther ist das Herz ein zentraler anthropologischer Begriff. „Woran du nun dein Herz hängst, das ist dein Gott." (Großer Katechismus) „Der Glaube fordert das Herz, nicht den Verstand." (WA 4, 356, 13–14). Solche Wahrnehmung von grundmenschlichen Phänomenen soll weithin mit dem Begriff M. erfasst werden. Darum enthält das Wort M. immer auch etwas Unbestimmtes u. wird leicht mit der Beliebigkeit von (guten) Motiven verwechselt.

3. Die Bedeutung von M. in der *Ethik*. Das anthropologische Phänomen, das mit Motivation bezeichnet wird, ist auch für Ethik relevant. Sittliches Handeln entsteht nämlich nicht allein u. erst aufgrund eines rationalen Kalküls. Es geht vielmehr um die Grundeinstellung, die Grundorientierung einer Person, um das „Herz". Man mag zwischen Vernunftm. u. Erfahrungsm. differenzieren (E. Husserl); aber damit ist noch nicht das entscheidende Thema einer Verhaltensm. angesprochen. Einerseits ist die sittliche Aktivität nicht einfach ein Produkt der Vernunft – man denke nur an die Nächstenliebe! – andererseits wird es auch durch Einübung in einer Gemeinschaft und Vermittlung bestimmt. In diesem Sinne kann man den Glauben als M., Veranlassung zum Tätigwerden und zum Tun des Guten und Richtigen bezeichnen. Ethisches Handeln ist stets anthropologisch mehrdimensional und bedarf zudem einer Befähigung und Ermutigung zum Wahrnehmen und Verwirklichen des Guten und des notwendigen sittlichen Handelns.

F. Rheinberg, M, 1997² – B. Stolt, Luthers Rhetorik des Herzens, 2000 – H. Heckhausen, M. und Handeln, 2006 – M. Honecker, Evangelische Ethik als Ethik der Unterscheidung, 2010.

Martin Honecker

Multikulturalismus

1. Begriff und Entwicklung des M. Der Begriff M. wird in Bezug auf politische und gesellschaftliche Zusammenhänge verwendet, um einen Zustand zu beschreiben, bei dem Menschen aus verschiedenen Kulturen in einer Gesellschaft oder einem sozialen Gemeinwesen in ihrer Verschiedenheit, in einem friedlichen und freien Miteinander, ihre Kulturen leben können. Der Begriff umfasst eine weite inhaltliche Spannbreite, wobei dessen Inhalt kontrovers diskutiert wird.

Nicht nur klassische Einwanderungsländer wie die USA, Kanada oder Australien haben Strategien und Theorien entwickelt, wie mit einem Pluralismus, der sich aus der Einwanderung aus unterschiedlichen Ländern ergibt, umgegangen werden kann. Als Phänomen ist M. nichts Neues und lässt sich durch die Menschheitsgeschichte verfolgen, aber als Analysemuster und politisches Ziel ist es zum Leitbild insbesondere seit den 1970–80er Jahren geworden und wird eng mit den Rechten von Minderheiten, kulturellen Identitäten und einem Überdenken von dem, was die Mitglieder einer Gesellschaft verbindet, verknüpft. War die Vorstellung der Assimilation bzw. auch des „melting pot" im 19. und 20. Jh. stark, d.h., dass sich die eigene kulturelle Ausrichtung der Mehrheitsgesellschaft anpasst oder die neue Identität des Landes angenommen wird, die sich aus einer Vielzahl von kulturellen Identitäten zusammensetzt, so wird mit der Vorstellung des M. dagegen die Eigenständigkeit einzelner Kulturen in einem Land betont. Kanada hat mit dem „Canadian Multiculturalism Act" von 1988 eine Politik des M., die sie 1971 begonnen hatte und welche die kulturelle und ethnische Vielfalt und die Freiheit für alle Mitglieder der kanadischen Gesellschaft, ihr kulturelles Erbe zu erhalten, weiterzugeben und zu entwickeln, ermöglichen soll, festgeschrieben (Tierney). Auch weitere Länder wie bspw. Australien machten sich den M. als grundlegende gesellschaftspolitische Ausrichtung zu eigen (Baringhorst).

In Deutschland verliefen die Debatten etwas anders, da sich die Idee des „M." in den achtziger und neunziger Jahren des 20. Jh.s gegenüber der Vorstellung einer homogenen Gesellschaft von Deutschen bzw. der Idee einer „Leitkultur" durchzusetzen suchte. Obwohl das Phänomen von grundlegender Bedeutung geblieben ist, gibt es eine Diskussion, inwiefern der Begriff als „überholt" (Leggewie) gilt bzw. es zu einer veränderten Konzeption oder ob wieder Assimilation zentral ist, und auch, was an die Stelle dieses Begriffs treten könnte, wie Interkulturalität oder Integration oder ein „aufgeklärter Multikulturalismus" (Bielefeldt).

2. Formen des theoretischen M.verständnisses. Theoretische Analysen zum M. spiegeln die Spannbreite der unterschiedlichen Auffassungen der Konzeption wieder. Dabei unterscheiden sich die Theorien dreifach: erstens in ihrem Verständnis und der Bedeutung von „der Kultur" und in der Frage, inwiefern kulturelle Vielfalt einen Wert an sich darstellt, der gefördert werden sollte, zweitens in dem Grad und der Rolle von Freiheit, insbesondere der Denk- und Entscheidungsfreiheit (Sen), und damit auch der Rolle der Rechte und Menschenrechte, drittens in der Bedeutung von Kollektiven und Individuen und ihrer kulturellen Selbstbestimmung. Ein wichtiger Referenzpunkt für die M.debatte ist u. a. der Ansatz des kanadischen Philosophen Charles Taylor. Er geht davon aus, dass Anerkennung zentral ist im Hinblick auf die Ausbildung einer (kulturellen) Identität angesichts der Würde jedes Menschen und spricht sich für eine Politik der Differenz aus, die er einer Politik des Universalismus gegenüberstellt und die Vorstellungen des Guten Lebens politisch zu verwirklichen sucht. Die Annahme der gleichen Behandlung aller Kulturen kann auch das kollektive Ziel der „kulturellen Selbsterhaltung" umfassen.

3. Kritik am M. Die Kritik ist vielfältig und erstreckt sich von der grundlegenden Ablehnung des M. aus Gründen, die eine nationale Politik der Assimilation oder der „Homogenität" befürworten, bis zur detailreichen Analyse theoretischer Ansätze sowie zwischen politischen, im Sinne von praxisorientierter Kritik, und theoretischer.

Die Kritik bezieht sich oft auf ein Kulturverständnis, welches als zu normierend und monolithisch verstanden wird. Für die Ausbildung einer kulturellen Identität gilt es daher auch eine freiheitliche Aneignung, Interpretation und Erneuerung der jeweiligen Kultur zu ermöglichen (BENHABIB) sowie zu bedenken, dass Menschen multiple Identitäten haben, die sich zumeist nicht auf eine einzige Kultur „beschränken" lassen (SEN). Damit einher geht eine kritische Auseinandersetzung um das Verhältnis der Kulturen miteinander: wird unter M. ein „pluraler Monokulturalismus" (SEN) verstanden, der Kulturen im unvermittelten Nebeneinander stehen sieht oder ein produktives Miteinander, in dem Kulturen im Austausch und in der Veränderung stehen. Die Fokussierung auf die Kultur berge dazuhin die Gefahr, dass andere Ausgrenzungsmechanismen einer Gesellschaft und Machtverhältnisse nicht thematisiert werden Desweiteren stellt sich die Frage nach dem Verhältnis von Grund- und Menschenrechten im M., inwiefern Freiheitsrechte als zweitrangig gegenüber dem Anspruch der Gleichwertigkeit aller Kulturen gesehen werden. M. kann dann auch abgelehnt werden und an seine Stelle ein interkultureller Dialog, der auf Grundlage der Menschenrechte geführt wird, gestellt werden (GÖTZE).

4. Theologische Anknüpfungspunkte. Theologischerseits kann die Vorstellung des M. als Umgang mit kulturellen Verschiedenheiten einer Gesellschaft positiv, dabei jedoch differenziert betrachtet werden. Jenseits des Begriffes M. bedarf eine Gesellschaft der Verständigung über Prozesse der Organisation und Formen des Zusammenlebens von Menschen unterschiedlicher kultureller Kontexte und dem freiheitlichen Umgang mit der Entwicklung von Kulturen. Theologische Sozialethik kann für den öffentlichen Diskurs dazu beitragen, Perspektiven einzubringen, die an biblischen Gerechtigkeitsvorstellungen, einem reformatorischen Freiheitsverständnis und dem Gebot der Nächstenliebe orientiert sind. Gleichzeitig können Kirche und Diakonie vor Ort konkrete Beiträge leisten, wie es zu einem gelingenden Miteinander vor dem Hintergrund unterschiedlicher Kulturen kommen kann.

Theologische Anthropologie versteht den Menschen als Geschöpf Gottes, das jenseits seiner kulturellen Prägungen (Gal 3, 28) vor Gott steht. Gleichzeitig ist jedoch auch die soziale Bedingtheit des Menschen zu berücksichtigen, die gekennzeichnet ist durch Nächstenliebe und Gerechtigkeit. Daher ist die Anerkennung kultureller Unterschiedlichkeiten zu gewährleisten, wobei diese in Relation zu den entsprechenden Gerechtigkeits- und Freiheitsvorstellungen zu setzen sind und dies bedeutet, dass sie auch im Einklang mit den Menschenrechten sein sollten. Theologische Diskussionen im deutschsprachigen Bereich erstrecken sich vom Umgang mit →Migration und →Inklusion (DALLMANN), hin zu praktisch-theologischen Untersuchungen und systematisch-theologischen Analysen auch des interkulturellen und interreligiösen Dialogs (bspw. BERNHARDT, SCHMIDT-LEUKEL).

S. BENHABIB, Kulturelle Vielfalt und demokratische Gleichheit. Politische Partizipation im Zeitalter der Globalisierung, 1999 – H.-U. DALLMANN, Das Recht, verschieden zu sein: Eine sozialethische Studie zu Inklusion und Exklusion im Kontext von Migration, 2002 – S. BARINGHORST, Australia – The Lucky Country? M. und Migrationspolitik im Zeichen neokonservativer Reformen, in: APuZ (B 26/ 2003), S. 12–18 – H. BIELEFELDT, Menschenrechte in der Einwanderungsgesellschaft. Plädoyer für einen aufgeklärten M., 2007 – C. LEGGEWIE, Multi-Kulti 2011. Aktualität und Veraltung eines Begriffs, in: DERS. (Hg.), Multikulti. Spielregeln für die Vielvölkerrepublik, 2007, S. 7–27 – S. TIERNEY (Hg.), Multiculturalism and the Canadian Constitution, 2007 – R. BERNHARDT und P. SCHMIDT-LEUKEL (Hg.), Multiple religiöse Identitäten: aus verschiedenen Traditionen schöpfen, 2008 – L. GÖTZE, M., Hyperkulturalität und Interkulturelle Kompetenz, in: Info DaF 36, 4 (2009), S. 325–333 – C. TAYLOR, Die Politik der Anerkennung, in: C. TAYLOR, Multikulturalismus und die Politik der Anerkennung, 2012², S. 11–69 – A. SEN, Die Identitätsfalle. Warum es keinen Krieg der Kulturen gibt, 2015³.

Gotlind Ulshöfer

Nachbarschaft

1. Begriff und Sprachgebrauch. Im ursprünglichen Wortsinn umfasst N. den lokalen Raum nah gelegener Häuser und die soziale Gesamtheit der dort wohnenden Menschen. N. ist die „soziale Gruppe, deren Mitglieder primär wegen der Gemeinsamkeit des Wohnortes miteinander interagieren" (HAMM) und auf der sich jede Ortsgemeinde aufbaut. Jeder Mensch lebt in einer N., deren jeweilige Vorfindlichkeit und Geschichtlichkeit wahrgenommen und gestaltet sein will. Die traditionell in dörfliche oder stadtteilbezogene Strukturen eingebundene N. kann dabei einmal als polyvalente soziologische Größe, als eine im Wesentlichen primäre und mikrosoziale Form beschrieben werden, zum anderen als ambivalentes Phänomen sozialer (Netzwerk-) Beziehungen zwischen Distanz und Nähe (face-to-face). N. markiert im überschaubaren Zusammenhang neben Familie und Freundeskreis auch ein erwünschtes solidarisches Verhalten der Gegenseitigkeit und ordnet sich zugleich in den Kontext des biblisch nicht emotional aufgeladenen und umfassenderen Begriffs der Zuwendung zum Nächsten ein (vgl. z. B. den Sprachgebrauch in LUTHERS Auslegung zum Dekalog im Kleinen Katechismus; Nächstenliebe). Die sich in dieser bibl.-theol. Horizonterweiterung andeutende fundamentale Integration der Fremden und Unbehausten in die N. ist ein wesentlicher Impuls für die jüdisch-christliche Tradition. In dieser Richtung ist auch die Übertragung des Sprachgebrauchs zu verstehen, z. B. von der Entwicklung von N. zwischen Städten, Regionen oder Staaten zu sprechen (vgl. der europäische Einigungsprozess, der von der Aufarbeitung der Geschichte der N. zwischen Deutschland und Frankreich, Polen, usw. begleitet ist).

Globale Abhängigkeiten und Kommunikation in der Gegenwart führen zur Rede von *globaler N.*, einer symbolisierenden Ebene, die ökumenisches Bewusstsein der Verantwortlichkeit für das „eine Haus" spiegelt und gegen Tendenzen einer entfremdenden Globalisierung und sich auflösender Lokalisierung des Lebens an den Gedanken der N. im Sinne von Verantwortung und Solidarität erinnert; ökumenische Diakonie wird als Partnerschaftsarbeit begründet und lokal verortet (vgl. der konziliare Prozess der Ökumenischen Bewegung oder die Kampagne „Schuldenerlass 2000").

2. Neuere Entwicklungen. Seit Beginn des 20. Jh.s führt die anwachsende Aushöhlung von N. angesichts fortschreitender Zentralisierung die Sozialwissenschaft und Stadtplanung zuerst in den USA zur Idee der N.seinheit (neighbourhood-unit) als Planungskategorie des Städtebaus (Kriterien u. a. fußläufige Erreichbarkeit und eigene Infrastruktur), die gleichzeitig als kleinste Einheit im Prozess basis-demokratischer Willensbildung entwickelt wird. Die für den Städtebau wichtige Charta von Athen (1933) spiegelt die z. T. dahinter stehenden sozial regressiven Leitbilder (z. B. Sehnsucht nach dem Dorf), die sich fatal in der N.sideologie des deutschen Nationalsozialismus (politische Kontrolle durch das Blockwartsystem) zeigten.

N. als soziale Einheit für Selbsthilfe an der Basis zu begreifen wird gegenwärtig in Stadtteilforen oder Bürgerinitiativen umgesetzt, indem sie eine Sozialkultur zwischen Solidarität und Subsidiarität neu zu beleben und so u. a. die Kehrseiten von Regionalisierung und Zentralisierung ausgleichen.

3. Von der N.shilfe zum N.szentrum. Neuere kommunale und kirchliche Gemeinde- und Organisationsentwicklung versucht das N.sprinzip für personale und soziale Gestaltung im Nahbereich festzuhalten.

3.1 N.shilfe. Dabei kann an die mit der Erfahrung gelebter N. verbundene urspr. *spontane, unentgeltliche* personale N.shilfe angeknüpft werden. In Anlehnung an den Ansatz der Gemeinwesenarbeit bzw. an Konzepte befreiungstheologisch profilierter Gemeindeentwicklung (sehen – beurteilen – handeln) wird N.shilfe gefördert, die auf die Nutzung personeller und materieller Ressourcen der N. zielt, Strukturen schafft und bürgerschaftliches Engagement fördert.

N.shilfe vermittelt Unterstützungsangebote, wo familiäre und soziale Beziehungen sich ausdünnen (z. B. bei Alleinerziehenden oder allein lebenden älteren Menschen) und geringere Mobilität den Lebensraum einschränkt. Die Netzwerke reichen von Kinderbetreuung zur Pflege kranker und behinderter Menschen und zu umfassender Hilfe im Alltag (Haus und Garten, Behördengänge, u. a. m.) – oder ermöglichen neue Formen, N. zu leben und z. B. in Wohngemeinschaften und -projekten gemeinsam alt zu werden. Kern der Dienstgruppen bilden oft Freiwillige, Jugendliche im Schul- oder Gemeindepraktikum bzw. altersunabhängig Absolventen eines Freiwilligen Sozialen Jahrs. Akteure können an häusliche oder berufliche Erfahrung anknüpfen oder werden von Fachkräften weitergebildet. Die nicht nur ökonomisch zu veranschlagende, sondern vor allem auch für niederschwellige Seelsorge bedeutende intermediäre Rolle dieser Mitarbeitenden zwischen Engagement und der Professionalität wird in der Regel als lohnende und sinnvolle Tätigkeit erlebt, die auf die individuelle Leistungsfähigkeit abgestimmt werden kann.

3.2 N.szentrum. Auf der Ebene kirchl. Gemeinden ist v. a. der *Kindergarten* vielschichtiges N.szentrum, das die Lebensqualität eines Wohnquartiers nachhaltig verbessert und auch für interkulturelles Zusammenleben entscheidende Impulse geben kann. Auch *Schul- und Gemeindezentren* können eine solche Funktion in der N. gewinnen, wenn sie sich über ihre jeweilige Klientel hinaus öffnen und N. pflegen. Gemeinsame Gestaltung von Schul- oder Gemeindefesten (vgl. die Bedeutung der Gottesdienst- und Kasualpraxis) kann in besonderer Weise solche Prozesse der N. von Schule und Gemeinde beeinflussen. Eine besondere Form der N.sarbeit breitet sich in Deutschland seit etwa 1990 als diakonisch und kulturell akzentuierte Citykirchenarbeit aus.

H. KLAGES, Der N.sgedanke und die nachbarliche Wirklichkeit in der Großstadt, 1968[2]. – B. HAMM, Betrifft: N. Verständigung über Inhalt u. Gebrauch eines vieldeutigen Begriffs, 1973. – G. BORN, Probleme praktisch lösen. N.shilfe in einer Gemeinde, 1978. – B. UFFRECHT, Nachbarn helfen sich selbst, 1980 – H. B. KAUFMANN, N. von Schule u. Gemeinde, 1990 – W. GRÜNBERG u. a. (Hg.), Kirche in der Stadt, bisher 8 Bde., 1991ff – BUNDESMINISTERIUM FÜR RAUMORDNUNG, BAUWESEN U. STÄDTEBAU (Hg.), N.sladen 2000 als Dienstleistungszentrum für den ländlichen Raum, 1995 – N. WOHLFAHRT/H. BREITKOPF, Selbsthilfegruppen und soziale Arbeit, 1995 – EKD/SEKRETARIAT DER DBK (Hg.), Für eine Zukunft in Solidarität und Gerechtigkeit. Wort des Rates der EKiD und der Dt. Bischofskonferenz zur wirtschaftlichen u. sozialen Lage in Deutschland, 1997 – DIAKONISCHES WERK DER EKD (Hg.), Leitlinien zum Ehrenamt und freiwilligem sozialem Engagement, in: Diakonie Korrespondenz 10/1999 – F. SCHMIDT, Kindergarten als N.szentrum in der Gemeinde, 1999 – M. VOGT, Globale N. Christl. Sozialethik vor neuen Herausforderungen, 2000 – G. DROESSER u. a. (Hrsg.): Kreuzungen. Ethische Probleme der modernen Stadt, 2002.

Günter Ruddat, Clemens Wustmans

Nachfolge

1. Der biblische Sprachgebrauch kennt ein Abstraktnomen „Nachfolge" nicht. In den ntl. Geschichtsbüchern bezeichnet das Verbum „folgen" (*akolouthein*) zunächst das tatsächliche Hinterhergehen, dann in metaphorisch-übertragener Bedeutung die Sukzession im

Sinne einer Gewinnung durch und für die performative Botschaft und Wirksamkeit Jesu (paradigmatisch: Bartimäus in Mk 10,52) als Ausdruck des nahegekommenen →Reichs Gottes.

2. Die einschlägigen N.-Aussagen haben Berührungspunkte zur atl. Rede vom „Hinterhergehen" des Prophetenschülers hinter dem Propheten (vgl. Elisa und Elia: 1. Kön 19,19–21) bzw. zu der vom „Gott-Folgen" im Sinne des Haltens seiner Gebote (1. Kön 14,8; 2. Kön 23,3; Dtn 13,5LXX; vgl. im Blick auf die Ausschließlichkeit Gottes: 1. Kön 18,21). Das Verhältnis zwischen Schüler und Toralehrer, wie es die (späteren) rabbinischen Quellen zeigen, ist dagegen zur Erklärung von Nachfolge und Jüngerschaft Jesu insuffizient (vgl. HENGEL, 46–79). Gewisse Parallelen ergeben sich zu den besitzlosen kynisch-stoischen Wanderphilosophen, vor allem zum Bild des APOLLONIOS VON TYANA, wie PHILOSTRAT es im 3. Jh. entwirft.

3. Der Ruf Jesus nachzufolgen hat defamiliarisierende Konsequenzen. Ob hierbei für die sog. „Wandercharismatiker" und ortsresidente Jesusanhänger unterschiedliche zielgruppenspezifische Grade vorauszusetzen sind (so THEISSEN, Studien, 83ff.; hierzu SCHRAGE, 54–57), ist umstritten. In der synoptischen Tradition sind beide Konzeptionen von N., sofern sie sich motivisch überhaupt differenzieren lassen, insgesamt zusammengehalten (LUZ). N. konstituiert sich im Schnittfeld von Volksmenge und Jüngerschar (vgl. Mk 3,7 par.; Mt 4,25; Mk 5,24 u. a. m.). Die Adressaten sind mit der Forderung der Aufgabe von schützendem Haus, Besitz und Familie konfrontiert (vgl. Lk 9,58 par.; 10,4 par.; Mk 10,17–30 par.; Lk 14,26f. par.). N. exemplifiziert sich in der Bereitschaft, sogar auf die Bestattung des toten Vaters zu verzichten (Lk 9,59f. par. Mt 8,21f.), sie impliziert den Verzicht auf die Arbeit für den Unterhalt (vgl. Lk 12,24.27 par.) sowie die Teilhabe an Jesu Schicksal bis hin zum Leiden (Mk 8,34 par.; Lk 10,26 par.; vgl. Joh 21,19).

4. Den disintegrativen Implikationen stehen mit der N. verknüpfte positive Beauftragung und Funktionen gegenüber, wie sie sich aus der neuen Gemeinschaft mit Jesus ergeben (vgl. den Spezialfall der „Zwölf" nach Mk 6,7–13 par.; vgl. die Jüngeraussendung nach Lk 10,3–12 par.). Nach Lk 9,60b wird ein Nachfolger mit der Verkündigung der Gottesherrschaft beauftragt. In vergleichbarer nachösterlicher Tendenz sind Jüngerberufungen und -beauftragungen erzählt (vgl. Mk 1,16–20 par.).

5. Die N.-Traditionen erfahren in nachösterlicher Zeit verschiedene Interpretation und Akzentuierung. Die disintegrativen Züge sind in unterschiedlicher Ausformung stärker betont in der Q-Tradition und im ersten Evangelium und haben Nachwirkungen bei frühchristlich-prophetischen Gestalten (vgl. Did 11–13) sowie bei Paulus. Die Evangelien aktualisieren die N.-Aussagen für eine veränderte Gegenwart, der ein eigentliches Hinter-Jesus-Hergehen nicht mehr möglich ist. Mt arbeitet den Konnex von N. und wunderbarer Heilung heraus. Lk arbeitet an der Transparenz der unterschiedlichen Zeitebenen von N. (vgl. das „täglich" in Lk 9,23). N.-Aussagen werden historisch eingeordnet, zielen so aber zugleich auf kritische Selbstprüfung der Adressaten (vgl. Lk 5,11; 18,28). Der vierte Evangelist zielt mit der Opposition von Licht und Finsternis auf eine christologisch motivierte Gegenwartsentscheidung (Joh 8,12; vgl. 10,4f.27).

6. Die Rezeption der unterschiedlichen N.-Aussagen von der Alten Kirche bis in die Neuzeit ist komplex und vielfältig. Früh gewinnt die im NT unterschiedene Vorstellung der imitatio Christi (bzw. des Apostels) an Dominanz (vgl. 1. Kor 4,16; 11,1; 1. Thess 1,6; Phil 3,17; vgl. Eph 5,1f.; 1. Petr 2,21–25). Bei den Apostolischen Vätern kann kreuzesförmige N. auf das blutige Martyrium bezogen werden. Unblutige N. Jesu wird dagegen im Sinn asketischer Praxis begriffen. Versuche einer lebenspraktischen Rezeption der defamiliarisierenden N.-Aussagen der Jesustradition begegnen in der Geschichte des Mönchtums. Mit der „peregrinatio propter Christum" wird im Frühmittelalter an die Wanderexistenz der ersten Jesusanhänger angeknüpft. In den THOMAS VON KEMPEN zugeschriebenen spätmittelalterlichen vier Büchern „De imitatione Christi" ist N. als Chiffre für ein persönlich-mystisches Verhältnis zu Jesus im individuell-alltäglichen Glaubensleben begriffen (vgl. II 12; vgl. III 37; IV 8).

7. Unter dem Vorzeichen der neu zur Geltung gebrachten paulinischen These der →Rechtfertigung des Menschen nicht aus Gesetzeswerken, sondern allein aus Glauben an Christus (vgl. Gal 2,16; Röm 3,28) halten auch die Reformatoren fest, dass N. im Sinn der →Liebe von Christen gefordert ist (vgl. z. B. WA 46, 774f.; CALVIN, Inst. III 6,2f.; IV 2,3 u. a. m.). Diese hängt dabei ganz und gar an Christus als Möglichkeitsbedingung. N. hat sich zudem in der Welt zu bewähren und nicht in eine Sonderexistenz zu münden. Im →Pietismus wird im Vergleich zur Reformationszeit ungebrochener auf das demütige, sanftmütige und wohltätige Vorbild Jesu als Orientierungspunkt der N. zurückgegriffen (PH. J. SPENER; A. H. FRANCKE; N. L. G. v. ZINZENDORF; G. ARNOLD). In der →Aufklärung tritt die Vorstellung der N. unter das Vorzeichen des allgemein-vernünftigen Sittengesetzes.

8. Nachhaltige Bedeutung für die Wirkungsgeschichte des Begriffs der N. im 20. Jh. hat D. →BONHOEFFERS gleichnamiges Werk. Erschienen 1937 in der Zeit des Kirchenkampfes setzt es mit der Kritik einer

verkürzten Gnadenlehre (→Gnade) ein und rekurriert auf Jesu „eigenes Wort", das einen Bruch in den menschlichen Bindungen fordert. Nach BONHOEFFER impliziert die biblische Rede von der N. gegenüber allen Verzerrungen „… die Befreiung des Menschen von allen Menschensatzungen, von allem, was drückt…", damit aber erst die Ermöglichung, „… den rechten Weg ohne Ermatten zu gehen" (vgl. STRUNK, 173–217). BONHOEFFER bleibt in der Sache dem Dictum LUTHERS in der Galaterbriefvorlesung von 1519 verpflichtet: „Non imitatio fecit filios, sed filiatio fecit imitatores" (WA 2,518,16; vgl. die Rezeption BONHOEFFERS durch K. →BARTH [KD IV/2, 603ff.; vgl. IV/3, 615ff.]).

9. N. gilt in verschiedenen Entwürfen politisch-theologischer →Ethik als Inbegriff eines befreienden Handelns, das leidend-aktiv in die bestehenden Strukturen eingreift (vgl. bereits A. V. BRESCIA, TH. MÜNTZER; die Täufer, →Quäker, →Mennoniten; vgl. den →Religiösen Sozialismus). J. MOLTMANN fragt exemplarisch nach der „N. Christi im Zeitalter der Massenvernichtungsmittel" (180–192; vgl. auch die lateinamerikanische →Befreiungstheologie).

10. N. erweist sich damit als ein offener Begriff, der präskriptiv in unterschiedlicher Weise gefüllt wird. Ntl. gewinnt sie ihr Profil im Zusammenhang einer Weg- und Schicksalsgemeinschaft, ist hier von bloßer Mimesis unterschieden und materialiter nicht jenseits dessen zu definieren, was über die Distanz zur eigenen Habe und Sicherung bzw. über eine entsprechende soziale Aktivität ausgesagt ist (→Armut, →Eigentum, Existenzminimum, →Geld, →Verteilung, →Wohlfahrt).

TH. V. KEMPEN, N. Christi, 1985³ – D. BONHOEFFER, N. (1937), DBW, IV 2002³ – H. D. BETZ, N. und Nachahmung Jesu Christi im NT, 1967 – M. HENGEL, N. und Charisma, BZNW 34, 1968 – G. THEISSEN, Soziologie der Jesusbewegung, ThEx 194, 1991⁶ – R. STRUNK, N. Christi, 1988² – J. MOLTMANN, Politische Theologie – Politische Ethik, FThS 9, 1984 – W. SCHRAGE, Ethik des Neuen Testaments, GNT, IV 1989⁵ – U. LUZ/K. S. FRANK/J. K. RICHES, Art. N., in: TRE, XXIII 1994, 678–710 (Lit.) – P. KRISTEN, Familie, Kreuz und Leben. N. Jesu nach Q und dem Markusevangelium, MThS 42, 1995 – M. TIWALD, Wanderradikalismus, ÖBS 20, 2002.

Reinhard von Bendemann

Nachhaltigkeit

1. N. als positiv besetzter Begriff. Die Begriffe „N.", und „Zukunftsfähigkeit" sind in den letzten Jahren zu weitreichend verwendeten Schlüsselbegriffen geworden. Dabei wächst die Gefahr ihrer missbräuchlichen Verwendung besonders dann, wenn sie abstrakt und damit weitgehend inhaltsleer gebraucht werden. Viele Wissenschaftler haben sich deshalb in letzter Zeit verstärkt bemüht, die Erwartungen an den Begriff der N. zu begrenzen und seine Verwendung wieder auf den ursprünglich beschränkten Verwendungszusammenhang der Ökologie zu reduzieren. Durch die Etablierung konkurrierender Übersetzungen, vor allem durch die Einführung des Begriff der Zukunftsfähigkeit, waren diese Bemühungen jedoch zum Scheitern verurteilt. Die Begriffe führen ein Eigenleben, weil sie sehr hohe Erwartungen wecken. Sie sind eindeutig positiv besetzt, erlauben aber einen weiten Interpretationsspielraum. Damit können sie leicht zu einer Art von Beschwörungsformel degenerieren, die je nach Interessenlagen (→Interesse) und politischen Intentionen mit den verschiedensten Bedeutungen angefüllt werden kann.

2. Ursprünge. Seinen Ursprung hat der Begriff in der spätmittelalterlichen dt. Forstwirtschaft. In diesem Zusammenhang hatte das Konzept zunächst betriebswirtschaftliche Bedeutung: Statische N. bezeichnet hier die Erhaltung von Waldflächen und Holzvorrat, dynamische N. – das wichtigere Konzept – eine Waldbewirtschaftung, die dem Eigentümer des Waldes eine gleichbleibende Menge und Güte der Holzerträge sichern sollte. Die statische N. zielt dabei auf den Erhalt der Bestände, dynamisch N. auf die Konstanz der Nutzung.

Der forstwirtschaftliche Begriff der N. erwies sich im Rahmen der entstehenden Forst*wissenschaft* als so erfolgreich, dass er im Laufe des 19. Jh.s in anderen Ländern – darunter Großbritannien und die USA – übernommen und auch auf andere Bereiche (wie den Fischfang) übertragen wurde. In Deutschland wurden in der kameralistischen Ökonomie weitere Funktionen des Waldes in das Verständnis des Begriffs mit hineingenommen. Ein umfassender forstwissenschaftlicher Begriff der N. bezieht sich heute auf alle positiven Eigenschaften eines Waldes: nicht nur auf kontinuierliche Holzerträge und damit auf bleibende Rentabilität, sondern auch auf die Erhaltung des Landschaftsbildes, auf ökologische Schutzwirkungen – Wasserspeicherung, Schutz vor Bodenerosion und so weiter – und nicht zuletzt auf den Erholungswert bewaldeter Flächen.

3. Nachhaltiges Wachstum oder dauerhafte Begrenzung. Der nachhaltige Ertrag – „sustainable yield" aus der Begriffsbestimmung der klassischen Forstwirtschaft ist in der traditionellen ökonomischen Theorie langsam durch das →Leitbild des nachhaltigen Wachstums – „sustainable growth" – ersetzt worden. Die Vorstellung eines prinzipiell grenzenlosen →Wachstums von Wirtschaft und Wohlstand konnte in die Wirtschaftstheorie dabei nur Eingang finden, indem die Natur aus der Produktionsfunktion (→Produktion) verdrängt und durch →Kapital substituiert wurde. Wenn in der Betrachtung von Produktionszusammenhängen die Kooperation von →Arbeit und Natur durch die Kooperation von Arbeit und Kapital ersetzt wird, erscheint auch der →Boden als eine Ware. Er ist nur so viel „wert", als er dazu taugt, Mehrwert zu erzielen. Dieser Mehrwert wird aber dann folgerichtig nicht mehr dem Boden, sondern dem Kapitalwert des Bodens zugeschrieben – dem Kapital also, das im Boden „angelegt" ist. Dieser Kapitalwert des Bodens ist in der Regel gleich seinem Veräußerungspreis. Diese Betrachtungsweise führt von den natürlichen Bedingungen des Wirtschaftens weg, die die Wirtschaftslehre der Physiokratie um François Quesnay in den Mittelpunkt gestellt hatte. Boden erscheint dann nicht als natürliche Ressource, sondern als ein Teil des in der Theorie beliebig vermehrbaren Kapitals. Auf diese Weise kann die Fiktion entstehen, die Produktion könne vermittels einer Hebelwirkung des →Geldes immer weiter wachsen, ohne dass diese Produktion an natürliche Grenzen des Wirtschaftens stoßen würde. Diese Fiktion des „sustainable growth" wurde in der zweiten Hälfte des 20. Jh.s durch die Vorstellung eines prinzipiell schrankenlosen Wachstums des Bruttoinlandsprodukts pro Kopf symbolisiert.

Dass Wirtschaftswachstum nicht nur keine Grundvoraussetzung für gesellschaftlichen Fortschritt ist, sondern, ganz im Gegenteil, letztlich den Fortbestand der Menschheit bedrohen könnte, ist seit Beginn der 1970er Jahre und intensiviert durch den ersten Bericht an den →Club of Rome mit der Diskussion um Wachstumsgrenzen gerade unter dem Aspekt der ökologischen N. thematisiert worden (→Ökologie). Der Begriff des „sustainable yield" wurde in dieser Diskussion wieder auf seine ursprüngliche Bedeutung zurückgeführt – allerdings wird der Begriff immer wieder auch im Sinne von „nachhaltigem Wachstum" verwendet. Bereits auf der Ebene der begrifflichen Perspektive stehen sich damit unterschiedliche Theorielinien der Ökonomie – die ökologische Ökonomie und Weiterentwicklungen der neoklassisch geprägten Wachstumstheorie – mit gänzlich unterschiedlichen Prämissen gegenüber. Dabei erhielten in den letzten Jahren wachstumskritische Ansätze der „Degrowth"- oder Postwachstums-Bewegung immer mehr Aufmerksamkeit.

4. Enge versus weite Begriffe der N. Ein „enges" Verständnis will den Begriff der N. ausschließlich im Bereich der Ökologie verortet wissen. N. wird hier als „*ökologisch* dauerhafte Entwicklung" verstanden, und auf diesem Zugangsweg soll der Begriff dann ausschließlich zur Analyse der Bedingungen für ein optimales Ressourcen- und Umweltmanagement verwendet werden. Wird die bestmögliche Verwendung der Natur in ökonomischen Kategorien untersucht, so kann optimale Nutzung in diesem Ansatz stets nur unter der Voraussetzung der Erhaltung der Funktionsfähigkeit der ökologischen Systeme gedacht werden. Auch in dieser Betrachtungsweise ist ein dem Wirtschaftsprozess übergeordnetes Ziel die langfristige und umfassende Erhaltung der natürlichen Lebensgrundlagen. Dieser Grundgedanke der starken N. ist durch die neuere Diskussion um die „planetaren ökologischen Grenzen" wieder neu ins Zentrum der Diskussion gerückt.

Von anderen Autoren wird die Definition von N. so angelegt, dass zusätzliche Gegenstandsbereiche notwendig dazu genommen werden müssen. Eine besonders häufige Form ist das Dreieck aus der ökologischen, der ökonomischen und der sozialen Dimension. Man findet eine Variante, die dem gerade beschriebenen engen Verständnis nahe steht und bei der eine hierarchische Beziehung zwischen den Dimensionen oder Zielsystemen unterstellt wird, da die Erhaltung der Natur als Lebensgrundlage für die Menschen die Existenz zukünftiger Generationen erst ermögliche. Bei dieser Herangehensweise werden klar definierte Mechanismen eingefordert, die bei Zielkonflikten den Vorrang des Erhalts der Natur sicherstellen sollen. In der Regel verbindet sich mit dieser Definitionsvariante jedoch eher eine harmonistische Vorstellung der Notwendigkeit des Ausgleichs von Konflikten zwischen Teilzielen der verschiedenen Dimensionen bzw. die Vorstellung, dass keines der Zielsysteme auf Kosten eines anderen vorrangig optimiert werden könne.

Im weitest möglichen Verständnis des Begriffs werden der kulturelle Bereich (→Kultur) sowie der Bereich der →Politik – die Entwicklung von →Demokratie, die Herausbildung partizipativer Strukturen (→Partizipation), die Aktionsfähigkeit politischer →Institutionen und anderes mehr – in die Begriffsdefinition mit hineingenommen. Definitionen dieser Art benutzen den Begriff der N. zur Umformulierung – zuweilen nur zur Umbenennung – älterer entwicklungspolitischer Konzepte; die Nähe der gerade angeführten Begriffsbestimmung zum Konzept des „Ecodevelopment" und zu „self-reliance"-Konzepten ist unverkennbar. In der Regel erscheint N. – vor allem in der Begriffsfassung als „Zukunftsfähigkeit" – bei derartig weiten Definitionen als umfassende regulative Idee, an der generell globale und innergesellschaftliche Entwicklungen geprüft werden sollen. Hier schließt die Diskussion um „Sustainable Development Goals", die im September 2015 von den UN verabschiedet werden, direkt an.

Eine Sonderrolle nehmen die Themenbereiche des intergenerationellen Ausgleichs sowie des oft als *intra*generationeller Ausgleich thematisierten Nord-Süd-Verhältnisses ein, auf die bei einem Teil der Definitionen explizit Bezug genommen wird (→Entwicklungspolitik); von anderen Autoren werden diese Themenbereiche unter andere Gegenstandsbereiche subsumiert. Weitestgehende Akzeptanz hat in der *theoretischen* N.sdiskussion die Gerechtigkeitstheorie von JOHN RAWLS erlangt (→Gerechtigkeit). Das Postulat der Maximierung der →Wohlfahrt des jeweils am schlechtesten gestellten Mitglieds einer →Gesellschaft wird dabei nicht nur auf die Beziehung verschiedener Länder zueinander – also auf das Nord-Süd-Verhältnis – angewendet, sondern auch auf den intergenerativen Kontext übertragen. Aber auch der „Capability"-Ansatz von AMARTYA SEN und MARTHA NUSSBAUM werden in diesem Zusammenhang – oftmals kontrovers – diskutiert.

Eine Sonderrolle hat auch die Frage, ob der Natur ein Eigenrecht jenseits der Bedürfnisse jetziger oder zukünftiger Generationen eingeräumt werden müsse; eine Minderheit der Definitionen spricht diese Frage schon bei der Bestimmung des Begriffs der nachhaltigen Entwicklung (→Entwicklung, nachhaltige) an sich an, die Mehrheit der Autoren betrachtet diese Frage jedoch entweder gar nicht oder erst zu einem späteren Zeitpunkt ihrer jeweiligen Arbeit, zu dem es dann nicht mehr um Begriffsbestimmungen, sondern um politische Strategien geht.

5. Dissens bei der Begriffsbestimmung: Die Rolle der Substitution. Der Konsens hinsichtlich einer innerwissenschaftlichen Verständigung über den Begriff der N. löst sich vollends auf, wenn die nächstfolgende Konkretionsstufe angesprochen wird: Dies lässt sich am Gegenstandsbereich der →Ökologie besonders gut verdeutlichen. Weitestgehender Konsens besteht hinsichtlich der abstrakten Forderung, das Naturkapital zu erhalten. Der natürliche Kapitalstock muss konstant bleiben, die Menschheit muss lernen, von dessen Erträgen zu leben und nicht von dessen Plünderung. In welcher Form dies jedoch zu geschehen habe, um dem Kriterium einer entsprechend definierten N. zu genügen, darüber gehen die Meinungen weit auseinander:

(1) Eine *radikal-ökologische Variante* fordert den strikten Erhalt der einzelnen Arten von natürlichem Kapital und damit den völligen Verzicht auf die Nutzung nicht erneuerbarer Ressourcen.

(2) Eine *„kritische" ökologische N.* erfordert eine differenzierte Betrachtung des jeweiligen Umweltraumes, der nicht zerstört werden darf; weltweit dürften dann erneuerbare Ressourcen nur noch im Rahmen der Regenerationsfähigkeit verwendet werden, nicht erneuerbare nur noch im Rahmen der gesicherten Substituierbarkeit durch erneuerbare Ressourcen, getrennt betrachtet für jeden Verwendungszweck der Ressource; die Aufnahmekapazität der Umweltmedien für Schadstoffe aller Art dürfte nirgendwo mehr überschritten werden. Diese Kriterien werden häufig auch als „Managementregeln der N." bezeichnet.

(3) Ein Versuch eines Kompromisses zu den nachfolgend beschriebenen Varianten der „schwachen" N. ist der Ansatz, Substitution von Ressourcen dann, aber nur dann zuzulassen, wenn die *Befriedigung menschlicher Grundbedürfnisse* in Gefahr ist. Diese Variante hat sich in der wissenschaftlichen Diskussion nicht durchsetzen können, zumal sie ungeklärte definitorische Folgeprobleme birgt – z. B. bei der Bestimmung der Grenzen von Grundbedürfnissen.

(4) Die *vorsichtigere Variante der schwachen ökologischen N.* lässt generell Substitutionen *innerhalb* des natürlichen Kapitalstocks zu, in gewissem Ausmaß auch Kompensationen mit Verlusten: Danach kann es noch immer „nachhaltig" sein, wenn die natürliche Umwelt etwa durch Versiegelung neuer Flächen an bestimmten Stellen zerstört wird, wenn dafür andere Flächen dauerhaft als Landschafts- oder gar Naturschutzgebiete ausgewiesen werden.

(5) Die *radikale Variante der schwachen N.* lässt Substitution nicht nur innerhalb des natürlichen Kapitalstocks, sondern, schier unbegrenzt, im Rahmen des gesamten aggregierten gesellschaftlichen Kapitals zu. Dieses Kapital umfasst das natürliche Kapital, von Menschen produziertes Kapital, wie Maschinen oder Einrichtungen der →Infrastruktur, sowie das Humankapital, zu dem Wissen und Fertigkeiten der Menschen selbst gehören. Das natürliche Kapital könnte hypothetisch weitgehend durch andere Kapitalformen ersetzt werden, ohne dass eine in diesem Sinn definierte N. verletzt würde.

Die vorstehende Typologie zeigt, dass die Wissenschaften keine eindeutige Definition des Begriffs der N. vorgelegt haben. Die Entwicklung hat in den letzten Jahren eher zu einer Diversifizierung der Vorstellungen geführt, wobei manche der Begriffsbestimmungen vorrangig von politisch-strategischen Überlegungen geleitet sind. Wer mit den Begriffen N., Zukunftsfähigkeit oder dauerhaft umweltgerechter Entwicklung arbeiten will, muss sich daher – wie bei dem Begriff der →Gerechtigkeit – der Mühe unterziehen, das eigene Begriffsverständnis präzise auszuweisen.

V. HAUFF (Hg.), Unsere gemeinsame Zukunft. Der Bericht der Weltkommission für Umwelt und Entwicklung, 1987 – Der Rat von Sachverständigen für Umweltfragen, Umweltgutachten, 1994ff. Für eine dauerhaft-umweltgerechte Entwicklung, 1994ff. – J. ROCKSTRÖM et al., A safe operating space for humanity, Nature 461, 472–475, 2009.

Hans Diefenbacher

Nächstenliebe

1. Biblisch. Mit dem Gebot: „Du sollst deinen Nächsten lieben wie dich selbst", zitiert Jesus das AT (Lev 19,18). Dort war der Nächste primär der Angehörige des eigenen Volkes, doch stand nicht Ausgrenzung im Vordergrund. Vielmehr sollte man das Recht der Fremden im Lande schützen (Ex 23,9; Dtn 27,19). Es gibt auch kein Gebot, den Feind zu hassen, wie Mt 5,43 suggeriert. Allerdings hatte Feindeshass durchaus einen Platz in der Frömmigkeit des AT (vgl. Ps 139,21f u. ö.). Im Übrigen war das Gebot der N. nur eines unter vielen. Jesus dagegen fasste in ihm sowie im Gebot der Gottesliebe (Dtn 6,5) den ganzen Willen Gottes zusammen (Mt 22,37–40). Allerdings tat er das nicht als Erster. Etliche jüd. Autoren sind ihm darin vorangegangen (CH. BURCHARD). Man kann also nicht in der Erhebung der N. zum eth. Grundgebot die originale Leistung Jesu oder gar mit A. v. HARNACK das spezifisch Christliche erblicken. Dagegen spricht auch das oft ganz universale Verständnis der N. im Judentum. Zeugnis dafür ist dessen starkes soz. Engagement in vielen Ländern. Auch in anderen Religionen ist N. zentral, so in der buddhist. Barmherzigkeitsethik.

Neu war in Jesu Verständnis der N. einmal die prinzipielle *Universalität*. So stellt das Gleichnis vom barmherzigen Samariter (Lk 10,30–35) einen Nichtisraeliten als Vorbild hin, weil er über alle nationalen Animositäten hinweg dem unter die Räuber Gefallenen hilft. In dieser Grundsätzlichkeit ist das ohne Vorbild im AT.

Die zweite Veränderung war die *Radikalisierung* der N. in der Feindesliebe (Mt 5,44). Zwar gibt es auch zu ihr Parallelen. So wurde von einem Kyniker verlangt, sich schlagen zu lassen und dabei den Schlagenden wie einen Bruder zu lieben. Aber der Sinn solchen Verhaltens war der Erweis von Seelenstärke (EPIKTET).

Damit ist auf das Besondere im christl. Verständnis der N. hingewiesen: auf seine *Begründung*. Sie liegt nach der Bergpredigt in der bedingungslosen „Feindesliebe" Gottes. Wer sich von ihr leiten lässt, wird zu dem, was er nach dem Willen des Schöpfers schon ist: zu seinem Kind (Lk 6,27–36). Diese Liebe Gottes äußert sich als Vergebung, die den Menschen befähigt, seinerseits zu vergeben (Gleichnis vom Schalksknecht, Mt 18,23–25).

Im 1. Joh verengt sich die Perspektive, insofern hier nur die Liebe zum Bruder, d. h. zu den Gliedern der christl. Gemeinde, aus der Gottesliebe abgeleitet wird.

2. Ethisch. Solche Konzentration der N. auf die Gemeinschaft der Christen vertrat in neuerer Zeit K. →BARTH. Die Nähe der „Nächsten" sei die der Zeugen Jesu Christi. Der Feind werde durch →Liebe „proleptisch in die Gemeinde hineingenommen". Liebe zu allen Menschen, →Humanität, sei „latente Liebe"; die Tat der Liebe aber geschehe primär innerhalb der →Gemeinde, wenngleich diese kein Selbstzweck sei (KD IV/2, 913). Der Sinn des Gedankens ist nicht Exklusivität, sondern Konkretion statt abstrakter, unverbindlicher Allgemeinheit. Doch entsteht der Eindruck einer Bevorzugung der christl. Gemeinde.

Freilich hat der Begriff N. zweifellos mit der „Nähe" derer zu tun, die konkret als Hilfsbedürftige begegnen. Nicht nur weil Liebe mit Emotionalität assoziiert wird, sondern auch wegen des begrenzten Handlungsspielraums ist es berechtigt, N. zuerst auf die „*Nächsten*" im Sinne persönlich Nahestehender zu beziehen. Intime menschliche Gemeinschaft wie →Ehe, →Familie, Freundschaft impliziert besondere →Verantwortung. Zudem trägt die moderne →Gesellschaft so vielfältige Rollenanforderungen an ihre Glieder heran, dass eth. Vorzugsregeln unentbehrlich werden. Doch ist zu beachten, dass alle Versuche ethischer Abwägung die Radikalität und Universalität der N. zu reduzieren drohen. LUTHER, S. KIERKEGAARD, K E. LØGSTRUP haben mit dem Gleichnis vom barmherzigen Samariter darauf hingewiesen, dass die Notlage eines Menschen diesen mir unabhängig von persönl. Nähe zum Nächsten macht. LUTHER hat die Unmittelbarkeit der N. auf Gottes Gegenwart im Glauben zurückgeführt: Ein Christ „lebt nicht in sich selbst, sondern in Christus und seinem Nächsten, in Christus durch den Glauben, im Nächsten durch die Liebe" (Von der Freiheit eines Christenmenschen (1520), WA 7, 38, 6–8). Doch bleibt die Spannung zwischen Güterabwägung und jener unbedingten Forderung Kennzeichen christl. →Ethik.

Diese Spannung scheint freilich nur in der unmittelbaren Konfrontation mit persönl. eth. Anforderungen zu begegnen. Dementsprechend gilt N. oft für die mit Institutionen und großen gesellschaftl. Zusammenhängen befasste →Sozialethik als untaugliche „*Nahbereichsmoral*". Zwar gesteht man ein, dass sie in der →Diakonie, sowohl in der Wohltätigkeitsarbeit kath. Orden (→Kommunitäten) als auch in der prot. →Inneren Mission, eindrucksvolle soziale Auswirkungen gehabt hat. Doch habe man lange nicht die Wurzeln soz. Elends pol. bekämpft. Das trifft zu. Aber seit Ende des 19. Jh. setzte sich sowohl in der kath. (1891 Sozialenzyklika *Rerum Novarum*) als auch in der prot. Kirche (Christl.-soz. Konferenz) zunehmend die Einsicht durch, dass N. auch eine pol. Dimension hat. Das ist dann kein Widerspruch, wenn man N. mit G. AULÉN als „sachliche Fürsorge für den Nächsten" versteht (*Den allmänneliga kristna tron*, Stockholm 1943⁴, 209).

In neuester Zeit ist eine weitere Horizonterweiterung erfolgt, die das Verständnis der N. veränderte. Der Fortschritt der Verkehrs- und Kommunikationstechnik (→Massenmedien) hat uns Ereignisse in anderen Erdteilen näher gerückt. Wirkungen von Naturkatastrophen, Hungersnöten und Epidemien treten im Fernsehen unmittelbar vor Augen. Menschen ferner Länder werden zu „Nächsten". Damit verliert die „*Fernstenliebe*", die FR. NIETZSCHE als Alternative zu einer der Entwicklung zum Übermenschen hinderlichen N. propagiert hatte (*Also sprach Zarathustra*, WW Hanser Bd. 2, 324f.), ihren ironischen Sinn und wird in der →Entwicklungszusammenarbeit zu einer Form der N.

Auch der Machtfaktor im pol. Bereich wurde für eine Ethik der N. zum Problem, sobald die Kirche 380 durch THEODOSIUS I. Staatskirche und damit in pol. Handlungsfelder einbezogen war. Die im Verbund mit dem Kaiser und nach dem Niedergang des röm. Reiches eigenständig herrschende Kirche begriff schnell, dass „man mit der Bergpredigt nicht regieren kann". Diese Einsicht geriet allerdings zu einem eth. Dualismus von

N. im persönl. und Machtpolitik im soz. Bereich. So konnte N. neben Ketzer- und Hexenverfolgung und neben Beteiligung an Kriegen bestehen.

Dies ist nicht der Sinn der auf LUTHER zurückgehenden →Zwei-Reiche-Lehre. Nach ihr lässt sich N. zwar nicht *unmittelbar* pol. umsetzen. Doch bleibt sie letzter Maßstab. Soz. →Gerechtigkeit ist eine Annäherung an N. Die neuluth. Ordnungstheologie, die im 20. Jh. dem →Staat eine materiale „Eigengesetzlichkeit" zugestand, interpretierte LUTHER einseitig. Damit nicht zu verwechseln ist die Achtung vor dem Gewissen des Andersdenkenden in einer pluralist. Gesellschaft. Nach dem 2. Weltkrieg zeigten sich pol. Auswirkungen der N. in Völkerversöhnung und Rassenintegration.

Auch das persönl. Verständnis der N. ist umstritten. A. NYGREN sah die christl. Agape als Gegensatz zum griech. Eros als selbstsüchtigem Begehren. Doch weder bedeutet N., den Nächsten *mehr* zu lieben als sich selbst, noch ist eine asketische Abwertung sinnlicher Liebe genuin christlich. Beides geht auf AUGUSTINS Entgegensetzung von Selbstliebe und Gottesliebe zurück. Für ihn war N. nicht um des Nächsten, sondern um Gottes willen zu üben, um nicht egoistisch zu werden. Ebenso wenig konnte er die →Sexualität in die N. einbeziehen, weil sie ihm als Medium der Erbsünde galt. Doch wird man weder die Verbreitung der Sünde biolog. erklären noch die Sexualität als solche für sündig ansehen können. Diese ist eine Gabe der Schöpfung und N. in dem speziellen Sinn, dass sie der Person gilt, die mir am „nächsten" steht. Aber auch wer den anderen um seiner selbst willen liebt, ist gegen Egoismus nicht gefeit und bedarf der N. im Sinne von Agape als der „umformenden Vollendung des Suchens in der menschlichen Liebe" (D. D. WILLIAMS, 205).

M. LUTHER, Von der Freiheit eines Christenmenschen (1520), WA 7, 20–38 – S. KIERKEGAARD, Der Liebe Tun (Orig. dän. Kjerlighedens Gjerninger) GW 19. Abt., 1966 – A. v. HARNACK, Das Wesen des Christentums, 1900 – A. NYGREN, Eros und Agape. Gestaltwandlungen der christl. Liebe (Orig. schwed. Den kristna kärlekstanken genom tiderna), [I]1930, [II]1937 – K. BARTH, KD IV/2, 910–936 – D. D. WILLIAMS, The Spirit and the Forms of Love, Lanham MD 1968 – CH. BURCHARD, Das doppelte Liebesgebot, in: FS J. Jeremias, 1970, 39–62. – K. E. LØGSTRUP, Norm und Spontaneität. Ethik und Politik zwischen Technik und Dilettantokratie (Orig. dän. Norm og spontaneitet), 1989 – E. NOORT/R. NEUDECKER/H. BALZ/H. RINGELING, Art. Nächster, [XXIII]TRE, 1994, 712–731 (Lit.).

Dietz Lange

Nation / Nationalismus

1. Begriff und Problemgeschichte. N. und N.ismus sind ideengeschichtlich zugleich deskriptive und politische Begriffe für ein Ensemble historischer Konstruktionen und Mentalitäten des späten 18. und 19. Jh.s, des Zeitalters der politisch-industriellen Doppelrevolution. Als Signatur der europäisch-atlantischen Moderne fanden sie im 20. Jh. vor allem durch die Dekolonisierung globale Verbreitung als Schlüsselbegriffe einer Meta- und Container-Ideologie, die emanzipatorische und chauvinistische, defensive und aggressiv-imperialistische, progressive wie konservative politische Botschaften bündelte und polarisierend verstärkte.

Die Analyse von N. und N.ismus wird seit Mitte des 20. Jh.s weniger durch die Vieldeutigkeit der Begriffe und die Pluralität von N.is*men* als durch den moralischen Imperativ erschwert, zwischen einem legitimen ‚guten' N.ismus (Befreiungs-N.ismus., Patriotismus, Vaterlandsliebe) und einem zu verurteilenden ‚schlechten' N.ismus (Chauvinismus, extremer N.ismus) zu unterscheiden. Die Mechanismen mobilisierender, zwischen *Us and Them* unterscheidender nationalistischer →Kommunikation sind jedoch bei allen Formen des N.ismus strukturell die gleichen. Auf der Ebene der Unterscheidung von N.is*men* greift die moralische Dichotomie schon deshalb nicht, weil diese selbst Argument im nationalistischen Diskurs werden kann. Weder erhärtet der Vergleich nationalistischer Exzesse eine historische Teleologie, nach der eine bestimmte N. für N.ismus-Exzesse historisch prädestiniert erscheint, noch ist Rassismus eine logische Steigerungsform von N.ismus. Rassistische, insbesondere →antisemitische Diskriminierung, ist allerdings häufig ein *cultural code* des N.ismus.

Der N.ismusforscher DEUTSCH spricht auf der Meta-Ebene vom National→staat, der Zielprojektion des Nationalismus für die politische Gestalt der Nation, als dem „mächtigste[n] Instrument, das im Laufe der Menschheitsgeschichte entwickelt wurde, um für viele Menschen möglichst effektiv viele Dinge zu verrichten." In dieser sozial(de)konstruktivistischen Perspektive ist der N.ismus die Leitideologie zur Durchsetzung und Erhaltung des wichtigsten politischen Organisationsprinzips der Moderne, das sich daher auch im Namen der *United Nations* findet: nicht mehr und nicht weniger.

Die Brisanz der in ihrer Dynamik charakteristisch modernen Begriffe N. und N.ismus, die zumindest Aspekte praktisch aller kriegerischen Auseinandersetzungen seit der zweiten Hälfte des 19. Jh.s berühren, lässt sich nur aus dem historischen Kontext und multifaktoral erklären. Bestimmte politische →Eliten nach 1750 engagierten sich in nationalistischen Diskursen zur Umsetzung einer bestimmten politischen Agenda, die sich z. T. aus sozioökonomischen und kulturellen Voraussetzungen erklärt, ohne in ihnen aufzugehen. Der nationalistische Elitendiskurs von Multiplikatoren in Schule, Universität, Presse und insbesondere reformatorischen →Kirchen trug zur Entstehung politischer Massenmärkte und damit des Massen-N.ismus bei, ist also Teil eines nationaldemokratischen Politisierungsprozesses der Aushandlung von Macht und Herrschaft zwischen den legitimistischen Kräften der Beharrung und dem Spektrum partizipatorischer Bewegungen im 19. Jh.

2. Interpretationen. Die N.ismusforschung beginnt mit einem Vortrag von E. Renan an der Sorbonne 1882, dessen Titel ebenso wie seine zentrale These oft aus dem Zusammenhang zitiert werden: „Qu'est-ce qu'une nation?" (dt. Was ist eine Nation?). Renans Antwort war: „un plébiscite de tous les jours" (dt. ein Plebiszit, das sich jeden Tag wiederholt). Dieser voluntaristisch-politische Nationsbegriff wird nur verständlich, wenn man berücksichtigt, dass Renan vorher Rasse, Sprache, Religion, →Wirtschaft und Geographie als Definitionskriterien ablehnte. Gemeinsames Erinnern und Vergessen in dem Willen, eine politische Gemeinschaft zu sein, bestimme die N. Mitteleuropäische, insbesondere deutsche Antworten auf Renans Frage betonten in Abgrenzung oder anderer Ausrichtung den Unterschied zwischen westlicher Staats- und deutscher Abstammungs- sowie Kulturnation (Meinecke), frühen westeuropäischen und späteren mittel- bzw. osteuropäischen Nationsbildungen (Schieder), die sozial-kommunikative Struktur des N.ismus (Deutsch), die anthropologische Dimension von nationaler Modernisierung (Gellner), die Rezeption westlicher N.svorstellungen in Ostmitteleuropa (u. a. Hroch). Die entscheidende Wende in der N.ismusforschung trat mit der sozialkonstruktivistischen Beschreibung von N.en als *imagined communities* (dt. vorgestellte →Gemeinschaften) durch Anderson 1983 ein.

K. W. Deutsch, Nationalism and social communication, 1966² – E. Renan, Was ist eine Nation? und andere Schriften, 1995 (zuerst frz. 1882) – B. Anderson, Die Erfindung der Nation, 1998 – (zuerst engl. 1983) – E. Gellner, Nationalismus. Kultur und Macht, 1999 – R.-U. Kunze, Nation und Nationalismus, 2005.

Rolf-Ulrich Kunze

Nationalsozialismus

1. Begriff und Definition. Unter N. versteht man 1. ein totalitär-diktatorisches Herrschaftsregime, dessen Beginn die Übertragung des Reichskanzlerpostens auf A. Hitler am 30. Januar 1933 markiert und das mit der bedingungslosen Kapitulation des Deutschen Reiches gegenüber den Alliierten am 8. Mai 1945 endete; 2. eine sich auf rassistischen und biologistischen Kategorien aufbauende Ideologie, die dem Herrschaftsregime des N. zugrunde lag. Gelegentlich firmiert der N. auch unter der Bezeichnung „Drittes Reich", die als propagandistische Selbstbezeichnung des Regimes jedoch für den wissenschaftlichen Sprachgebrauch ungeeignet erscheint. Unter staatsrechtlichen Aspekten kann der N. nicht als ein eigenständiges Regime aufgefasst werden, da das 1871 gegründete Deutsche Reich formaljuristisch bis 1945 weiter existierte. Aufgrund des realgeschichtlichen Unterlaufens von positivem Recht und geltender Verfassung erscheint die Verwendung des Begriffs N. als Epochenbezeichnung mit Blick auf die politische Praxis jedoch angemessen.

2. Das Regime. Die n. Bewegung organisierte sich zunächst im Rahmen der 1919 gegründeten völkisch-nationalistisch ausgerichteten Deutschen Arbeiterpartei (DAP), die 1920 in NSDAP umbenannt wurde und deren Vorsitzender Adolf Hitler 1921 wurde. Bei den Reichstagswahlen vom Juli 1932 erlangte die NSDAP 37,4 % der abgegebenen Stimmen, weigerte sich jedoch, der Regierung beizutreten, wenn ihr nicht die volle Regierungsverantwortung übertragen werde. Anfang Januar 1933 wurde Hitler das Amt des Reichskanzlers übertragen. Nach dem Tod des Reichspräsidenten Paul von Hindenburg übernahm Hitler auch das Amt des Reichpräsidenten und trug fortan den Titel „Führer und Reichskanzler". Zwar bestand die Weimarer Reichsverfassung formal weiterhin fort, wurde jedoch durch exekutive Maßnahmen zunächst unterlaufen und später immer weiter ausgehöhlt. Das führte zum charakteristischen Nebeneinander von „Normen- und Maßnahmenstaat" (E. Fraenkel). Wesentliche Machtbasis war die NSDAP, die zur allumfassenden Staatspartei ausgebaut wurde. Getreu dem Grundsatz von der Einheit von Partei und Staat sollten ihre Gliederungen und angeschlossenen Verbände die gesamte Gesellschaft durchdringen, wofür der Begriff „Gleichschaltung" verwendet wurde.

Außenpolitisch war das n. Regime bereits sehr früh durch eine aggressive Expansionspolitik charakterisiert. Nach der Einführung der allgemeinen Wehrpflicht im März 1935 und der Förderung der Rüstungswirtschaft wurden nach dem Einmarsch deutscher Truppen in das Rheinland 1936 ab 1938 zunächst Österreich und dann das Sudentenland sowie Teile der Tschechoslowakei als „Reichsprotektorat Böhmen und Mähren" an das Deutsche Reich „angeschlossen". Der Nichtangriffspakt mit der Sowjetunion erlaubte es dem n. Deutschland, mit dem Feldzug gegen Polen am 1. September 1939 den 2. Weltkrieg zu entfesseln. Nach den ersten siegreichen Feldzügen gegen Polen, Dänemark, Norwegen, Frankreich, Jugoslawien und Griechenland wendete sich das Blatt im Zuge des ursprünglich anvisierten, aber erst 1941 begonnen „rassischen Vernichtungskrieges" gegen die Sowjetunion sowie mit dem Kriegseintritt der USA und mündete schließlich in die Niederlage gegen die Alliierten im Mai 1945, mit der gleichzeitig auch ein Besatzungsregime über das besiegte Deutschland errichtet wurde.

Wesentliches Movens der n. Politik war die Rassenpolitik und die damit verbundene „Vernichtung" der Juden. Beginnend in den 1930er Jahren mit Maßnahmen rechtlicher Diskriminierung (Nürnberger Gesetze

1935), wirtschaftlicher Enteignung („Zwangsarisierungen") und politischer Verfolgung, die in der Reichspogromnacht vom 9. November 1938 gipfelten, wurde während des 2. Weltkriegs ein System n. Konzentrationslager aufgebaut, in denen mit großem logistischen Aufwand die industriemäßige Tötung von ca. 5,7 Millionen europäischen Juden organisiert wurde (Shoah).

Kontrovers diskutiert wurden und werden in der Forschung u. a. die Frage nach dem Verhältnis von Personen und Strukturen („Faktor Hitler"), nach einem eher polykratischen versus einem eher monokratisch geführten Herrschaftsgefüge, von Intentionalismus und Funktionalismus im N., seine typologische Einordnung als Totalitarismus oder →Faschismus, sein „moderner" Charakter, die Singularität der n. Verbrechen, der N. als Sonderweg der deutschen Geschichte sowie die Historisierung des N.

3. Die Ideologie. Beim N. handelt es sich im Unterschied zu seinem weltanschaulichen Antipoden, dem sowjetkommunistischen Marxismus-Leninismus, nicht um ein eigenständiges Gedankengebäude, sondern vielmehr um ein Amalgam aus ebenso vielfältigen wie heterogenen ideologischen Versatzstücken unterschiedlicher Denkströmungen des 19. Jahrhunderts, die zwar analytisch getrennt voneinander darstellbar sind, sich aber aufs Engste wechselseitig beeinflusst und gegenseitig verstärkt haben.

Die wesentlichen Elemente sind: (1) ein aggressiver Nationalismus, verbunden mit einer massiven Deutschtümelei, der bereits in den völkischen Bewegungen des Kaiserreichs kultiviert worden war und in dessen Kontext auch der sogenannte „Germanenmythos" eine Rolle spielte, in dem sich die Idee einer Kontinuitätslinie von den Germanen der antiken Welt zu den zeitgenössischen Deutschen verdichtete; (2) die Anknüpfung an die Rassentheorie mit ihren charakteristischen Elementen der Ethnozentrik, Xenophobie und „Blutreinheit", die sich als Kombination der mit naturwissenschaftlicher Methodik arbeitenden Biologie C. Darwins mit der Sozialphilosophie H. Spencers darstellte; (3) die Übersteigerung des zuvor primär ökonomisch imprägnierten Antijudaismus in einen politischen und rassistisch-biologistisch begründeten Antisemitismus; (4) der Anschluss an den Diskurs um Modernitätskrise und Modernitätskritik in Verbindung mit dezidiert antiliberal und antiparlamentarisch ausgerichtetem „antidemokratischem Denken" (K. Sontheimer); (5) Elemente von Lebensraumkonzept und Geopolitik, die die Legende vom „Volk ohne Raum" stilisierten und zur Grundlage der expansiven Außenpolitik erklärt wurden; (6) die Aufnahme von sozialistischen Denkströmungen, mit denen ein gangbarer Mittelweg zwischen Kapitalismus und Sozialismus – wie es die Namensbildung N. wiederspiegelt – propagiert wurde.

Eines der auffälligen Kennzeichen der n. Ideologie waren ihre Negationen bzw. Feindbilder. Ein klar entworfenes Bild von Dystopie, Bedrohung und Zerfall war die Voraussetzung, um eine hoffnungsvolle Zukunftsutopie entwickeln zu können. Das Judentum und der Bolschewismus waren die wichtigsten Feindbilder, auf denen sich dichotomische Deutungsmuster und dämonisierende Freund-Feind-Stereotype aufbauten.

Träger und Determinanten der Geschichte waren für den N. weder Klassen noch Religionen oder Staaten, sondern es waren lediglich Rassen, die zum Formprinzip geschichtlicher Entwicklung hypostasiert wurden. Jede dieser Rassen, so eine weitere Prämisse, zeichne sich durch einen natürlichen Selbsterhaltungstrieb aus, der die Grundlage aller menschlichen Gemeinschaftsbildung ausmache. Dieses Streben nach Arterhaltung muss im Zusammenhang mit der angeblichen Knappheit des zu verteilenden Lebensraums gesehen werden, in dem sich die Rassen niederlassen, entwickeln und große Taten vollbringen können. Die explosive Mischung aus natürlichem Selbsterhaltungstrieb und kontingenter Begrenztheit des Raums, so die Schlussfolgerung, müsse notwendigerweise in einen dauerhaften Überlebenskampf zwischen den verschiedenen Rassen münden. Der Sinn von Staat und Politik wurde auf die Bereitstellung des Instrumentariums für die Rassen reduziert, den Kampf um Selbsterhaltung führen zu können. Klassische geschichtliche Kategorien wie Staat und Politik waren nach dieser Lesart kein Zweck an sich, sondern bloß Mittel im Dienste der Arterhaltung. Für den N. war der Krieg insofern der geschichtliche Normalzustand und Friedenszeiten dienten lediglich der Vorbereitung von neuen Lebensraumkriegen. Der N. unterstellte eine Hierarchie verschiedener höherwertiger und minderwertiger Rassen. Eine Vermischung zwischen diesen Rassen galt es in den Augen des N. zu vermeiden, da die höherwertige Rasse dadurch verunreinigt werde. Auf der höchsten Stufe der Rassenhierarchie throne der „Arier", der ästhetisch und attraktiv vorgestellt wurde, was anhand der optischen Erkennungsmerkmalen „blond" und „blauäugig" identifiziert wurde. Der „Arier" sei zudem naturverbunden und von ursprünglich authentischem Charakter, womit er als das genaue Gegenbild des modern-urbanen Massenmenschen fungierte. Im Gegensatz zu dem für den N. kulturlosen bzw. kulturzerstörenden Juden war der Arier der historisch auserkorene Kulturbegründer. Das finale Ziel des „Ariers" sollte daher nichts weniger als die Weltherrschaft sein.

Was die äußere Gestalt und Performanz anging, steht es außer Zweifel, dass sich der N. aus dem Arsenal kirchlicher, christlicher und naturreligiöser Riten, Symbole und Mythen bediente. Der N. offerierte das Heilsversprechen einer weltimmanenten Erlösung. Die Geschichte selbst wurde zum Ort desjenigen Heilsversprechens, das klassische Religionen stets geschichtstranszendent definiert haben, sei es in einer außerweltlichen Paradiessituation oder in einer Erfüllung versprechenden postmortalen Existenz. Das von der Natur geschichtlich vorbestimmte Gesetz sollte nicht am Ende aller Tage, sondern im Hier und Jetzt eingelöst werden: der Endsieg des arischen Herrenmenschen. Das spezifisch Moderne dieses Denkens zeigt sich in dem ihm zugrunde liegenden tief verwurzelten Glauben an die Möglichkeit einer zukünftigen Verbesserung der Welt. Damit eng verwoben war dessen machtpolitischer Vorzug: Entbehrungen und Widrigkeiten ließen sich durch das Versprechen einer besseren Zukunft leichter rechtfertigen. Dem alles dominierenden Fortschrittsgedanken und der kreationistischen Perfektionierung des Menschen wurde dabei in der konkreten politischen Praxis die Humanität geopfert. In dieser Hinsicht war der N. seinem weltanschaulichen Gegner, dem Marxismus-Leninismus sowjetkommunistischer Prägung, nicht ganz unähnlich.

K. BAUER, Nationalsozialismus. Ursprünge, Anfänge, Aufstieg, Fall, 2008. – K. D. BRACHER, Die deutsche Diktatur: Entstehung, Struktur, Folgen des Nationalsozialismus, 1996[6]. – M. BURLEIGH, Die Zeit des Nationalsozialismus. Eine Gesamtdarstellung, 2002 – U. v. HEHL, Nationalsozialistische Herrschaft, 2001[2] – K. HILDEBRAND, Das Dritte Reich, 2009[7] – H.-U. THAMER, Der Nationalsozialismus, 2002 – I. KERSHAW, Der NS-Staat. Geschichtsinterpretationen und Kontroversen im Überblick 2006[4] – F.-L. KROLL, Utopie als Ideologie. Geschichtsdenken und politisches Handeln im Dritten Reich, 1998 – M. WILDT: Geschichte des Nationalsozialismus, 2008 – B. ZEHNPFENNIG, Hitlers Mein Kampf. Eine Interpretation, 2006[3].

Manuel Becker

Naturrecht

1. Begriffsbestimmung, sachliche und geschichtliche Wurzeln. Unter N. wird die, in ersten Anfängen auf die ionische Naturphilosophie, dann vor allem auf die Stoa zurückgehende, Auffassung verstanden, dass sich aus der Struktur des Gewordenen – im weitesten Sinne, d. h. unbeschadet der Frage, ob ein naturförmiges Werden oder die Schöpfung durch einen persönlichen Gott als Letztursache angenommen wird – normative Grundregeln für die Ordnung der Lebenswelt und das Handeln in ihr ableiten lassen. Vielfach verbindet sich das mit dem, u. a. in der älteren Stoa (ab dem 4. Jh. v. Chr.) formulierten, Gedanken einer Widerspiegelung der Ordnung der Dinge in der Natur des Menschen. Hieraus lassen sich dann Regeln für das Leben und Zusammenleben ableiten, deren Gesamtheit – vormodern gegenüber Religion, Konvention und Ethos kaum differenziert – als Recht bezeichnet werden kann. Oft wird dafür der wesentlich auf den Stoiker ZENON (ca. 336–264) zurück gehende Begriff des *kathekon* (d. h. des Angemessenen, Pflichtgemäßen) verwendet. So ergibt sich die Argumentationsstruktur des N.: „Menschen und Göttern ist größtes Vorrecht, (die) Weltensatzung – die eine – nach Würdigkeit ewig zu preisen" (Hymnus des KLEANTHES (ca. 331–232): Kranz 303). Die argumentative Grundfigur besteht also in der Forderung, sich einerseits an dem zu orientieren, was die Dinge aus sich heraus, d. h. ihrer Natur (*Weltensatzung*) gemäß, sind, und – andererseits – die hiervon untrennbaren Werturteile richtig (*nach Würdigkeit*) zu treffen. Die kaiserzeitliche jüngere Stoa stellt in diesem Zusammenhang vor allem das individuelle Leben in den Mittelpunkt, so etwa in EPIKTETS (ca. 50–138) *Handbüchlein der Moral*.

Ein wesentlicher Aspekt naturrechtlichen Denkens ist, dass die Handlungssituation unmittelbar zur Natur der Sache gestellt wird. Komplexe normative Transformationen werden so vermieden wie etwa die platonische Reflexion auf einen Staatsaufbau, der der Relation der Seelenteile entsprechen muss und erst mit dieser Struktur die Angemessenheit gegenüber der Idee – der wahren Natur – des Zusammenlebens und damit die Normativität seiner Gesetze erreicht. Gegenüber dem platonischen (und auch aristotelischen) Typus politisch-ethischen Denkens, der als eigener Begründungsansatz für das N. gelten kann, stellt dessen stoische Begründung also eine wesentliche Vereinfachung dar. Das gilt auch, wo (teilweise unter christlichem Einfluss) differenziert wird zwischen einer absoluten (*lex aeterna*) und einer kriteriologisch-konkreten (*lex naturalis*) Dimension des N.

2. Antike, älteres Christentum; Reformation. Haupttradent des antiken naturrechtlichen Denkens an spätere Epochen ist M. T. CICERO (106–43 v. Chr.), der stoisch-naturrechtliche Überlieferungen mit altrömischen (Orientierung an der Sitte der Vorfahren: *mos maiorum*) und platonisch-aristotelischen Elementen verbindet und so die „Politikfähigkeit" des N.-Gedankens gegen die Tendenz zur überwiegenden Betonung individualethischer Aspekte sichert.

Eine neue Wendung erhält der Gedanke des N. durch seine christliche Deutung bei Paulus: Den Heiden ist „in ihr Herz geschrieben, was das Gesetz fordert" (Röm 2,15), weswegen sie „von Natur tun, was das Gesetz fordert" (2,14), bzw., wo dies unterbleibt, nicht anders als die Juden, die unter dem offenbarten Gesetz stehen, sündigen und „Trübsal und Angst" zu gewärtigen haben (2,9). Das N. ist hier sachlich identisch mit dem Dekalog (und damit expliziter Ausdruck des Willens Gottes), der Dekalog wiederum erscheint in humaner Allgemeinverbindlichkeit auch jenseits der alttestamentlichen Offenbarungsgeschichte. In den paulinischen Paränesen klingen gelegentlich stoisch-naturrechtliche Motive an (z. B. Phil 4,8), wobei, entsprechend der sozialen Stellung der ersten christlichen Gemeinden, die auf die individuelle

Lebensführung bezogenen Aspekte stoischen Denkens betont werden.

Die weitere Geschichte des N.-Gedankens kann hier nicht dargestellt werden. Ihr zunächst entscheidendes Ergebnis war die, klassisch durch THOMAS V. AQUIN (1225–1274) reflektierte und formulierte, These, daß dem Menschen zwar ein authentisches Wissen um das objektiv Gute (die *synderesis*) zueigen sei, die handlungsleitende Anwendung dieser Gewißheit auf Lebensfragen (in der *conscientia*) freilich infolge der Sünde nie wirklich gelingt, weswegen ein die Sünde überwindendes Leben nur in der und durch die Kirche als Trägerin und Vermittlerin der übernatürlichen Gnade möglich ist. Die für das antike N. kennzeichnende Konvergenz zwischen der Ordnung der Dinge als dem objektiv Guten und einem Wissen hierum als anthropologische Konstante wird in den Rahmen einer Wirklichkeitsauffassung eingetragen, in deren Mittelpunkt die Zuordnung von Natur und Gnade steht.

Die Reformation nimmt hierzu eine zwiespältige Haltung ein: In Fortführung bestimmter Tendenzen schon der mittelalterlichen Theologie lehnt MARTIN LUTHER (1483–1546) die Vorstellung eines prinzipiell unverstellten Wissens um das Gute, das aufgrund des von der Kirche ermöglichten sündenaufhebenden Glaubens handlungsleitend auflebt, grundsätzlich ab. Das *Gesetz* widerspiegelt für den sündigen Menschen nicht primär die gottgewollte Ordnung der Dinge, sondern verweist ihn als Sünder darauf, den schöpfungsmäßigen Sinn dieser Ordnung nicht erreichen zu können. Der durch das Evangelium ermöglichte Glaube führt demgegenüber zu einem Identitätswechsel, der sich nur in christologischen, nicht aber in den Kategorien des Gesetzes, auch nicht in denen eines durch den Glauben einhaltbaren N. beschreiben lässt. Dennoch beantwortet Luther konkret-ethische Fragen vielfach mittels einer stoisch-naturrechtlichen Auslegung der zweiten Tafel des Dekalogs, insb. des vierten Gebots, womit seine Sozialethik ein konservatives Gepräge annimmt. Im partiellen Widerspruch dazu weist Luther naturrechtliche Argumente gegen bestehende Rechtsnormen als Anmaßung der Vernunft zurück. Darin wirkt sich zwar auch die Anlehnung der Reformation an den frühabsolutistischen Fürstenstaat aus, darüber hinaus deutet sich aber ein in Ansätzen vorhandenes Bewusstsein an für die grundsätzliche historische Relativität von Recht, die mit der Vorstellung eines unveränderlichen N. unverträglich ist.

PHILIPP MELANCHTHON (1497–1560) teilt anfangs Luthers Position, weicht aber in der Rückbesinnung auf seine humanistischen Anfänge immer stärker davon ab. Die Zurechnung der Rechtfertigungsgnade ermöglicht den Neuanfang eines christlichen Lebens, das nun im *neuen Gehorsam* (*Augsburger Bekenntnis*, Art. VI) gegenüber den Geboten gelebt werden muss. Auch hier dominiert zwar zunächst der rechtfertigungstheologische Aspekt. Im Zusammenhang mit der Bejahung einer zwar verdunkelten, aber im Prinzip noch wahrheitsfähig-vorhandenen, Gottes- und Geboterkenntnis auch des sündigen Menschen beim späteren Melanchthon ergeben sich Anknüpfungspunkte für naturrechtliche Deutungen des christlichen Lebens in der protestantischen Theologie der Folgezeit.

Die sowohl bei Luther als auch bei Melanchthon gegebene konservative Tendenz ist auch Reaktion auf naturrechtliche Argumentationsschemata bei den Theologen des linken Flügels der Reformation. Damit wird ein zentrales Problem des N. deutlich: Naturrechtlich lässt sich, wie etwa in Luthers Dekalogauslegungen, für die Unterschiedenheit der „Stände" ebenso argumentieren wie für die Gleichheit aller Menschen, die THOMAS MÜNTZER (um 1489–1525) und andere Wortführer der aufständischen Bauern betonen.

3. Aufklärung, modernes Wahrheitsbewußtsein. Die Umdeutung des N. in der Frühaufklärung versucht, sachliche Ambivalenzen zurückzudrängen: SAMUEL PUFENDORF (1632–1694) differenziert das N. als geltungsermöglichende Rahmensetzung vom positiven Recht, das den Gegenstand der Jurisprudenz darstellt, die es somit mit dem N. nur indirekt zu tun hat. Ebenso nimmt er die *Moraltheologie*, in der es um ein biblisch begründetes, im eigentlichen Sinne christliches, Ethos geht, aus der philosophischen N.lehre heraus.

Aber auch wenn man das N. auf Rahmenannahmen zurückdrängt, behält es seine richtungsweisende Funktion und kann damit Unterschiedliches begründen: Für THOMAS HOBBES (1588–1679) reduziert sich das N. der Sache nach darauf, den Weg zu weisen von einem chaotischen Naturzustand zum auf einem Unterwerfungsvertrag beruhenden Herrschaftszustand, dessen positivrechtliche Ausgestaltung (einschließlich der Begründung einer Staatskirche) dem absoluten Herrscher zusteht. Hier begründen pessimistische Annahmen über die Natur des Menschen autoritäre Strukturen des Zusammenlebens. Umgekehrt ist bei ROUSSEAU (1712–1778) die optimistische Anthropologie Grundlage für einen Gesellschaftsvertrag, der die natürliche Güte des Menschen zur gesellschaftlichen Entfaltung bringt (sie freilich außerhalb dieses Vertrages für irrelevant und den Menschen damit für rechtlos erklärt).

Sowohl HOBBES wie auch ROUSSEAU deuten auf eine Auffassung voraus, die sachlich das Ende der Diskussion um das N. markiert: Das geschichtlich Gegebene ist, mit G. W. F. HEGELS (1770–1831) *Rechtsphilosophie*, das Vernünftige, zumindest in dem Sinne, dass weder individueller noch von einem abstrakten Ordnungsdenken herkommender Protest gegen die konkret-gewordene Gesellschaftsordnung Bedeutung haben kann: Die Natur des Menschen kommt – womit der Historismus des 19. Jahrhunderts HEGEL konsequent weiterdenkt – im jeweils Gegebenen zur relativen

Erfüllung. Damit werden das N. und verwandte Kategorien wie die *Natur des Menschen* zu Aussageformen für die Ergebnisse geschichtlichen Lebens: Das historische Denken als wesentliches Moment des modernen Wahrheitsbewußtseins löst die Kategorie des N. auf.

4. Neuere Positionen; Bedeutung unter Gegenwartsbedingungen. Dennoch bleibt zu erinnern, dass mit dem christlichen Glauben sich der Gedanke der Nichtbeliebigkeit der Lebensformen verbindet. Zur Vermeidung der Aporien des N. hat man hier Argumentationsformen entwickelt, die sich um größere theologische Deutlichkeit bemühen als dies im Rahmen des N. und ihm folgender Argumentationsstrategien (z. B. der Schöpfungsordnungen in der konfessionell-lutherischen Theologie des 20. Jh.s) möglich erscheint:

a) Man betont die christologisch-eschatologische Bedeutung bestimmter innerweltlicher Aufgabengebiete (*Mandate*) und leitet hieraus Handlungsmaximen ab, so etwa Dietrich Bonhoeffer (1906–1945) und – diesen modifizierend – Helmut Thielicke (1908–1986).

b) Der Mensch wird als Adressat eines geschichtlichen Gestaltungsauftrages gesehen, dessen Ausführung in den Zusammenhang einer innerweltlich unverrechenbaren, aber geschichtlich wirksamen Theonomie gestellt wird (mit eher subjektivitätstheoretischer Akzentuierung: Hirsch (1888–1972), geschichtstheologisch argumentierend: Pannenberg (1928–2014).

c) Unter Rückgriff auf die philosophische Ethik Friedrich D. E. Schleiermachers (1768–1834) wird versucht, Grundformen der Lebenswelt zu benennen, deren Ausgestaltung zwar variabel ist, deren Funktionen den Wandel aber auch begrenzen, so dass Veränderlichkeit und Identität der Normen innerweltlichen Handelns gleichzeitig ausgesagt werden können (insb. E. Herms, geb. 1940).

Die Kategorie des N. bleibt also als Näherbestimmung einer wesentlichen theologisch-ethischen Aufgabe bedeutsam, nämlich die prinzipielle Beständigkeit der christlich als Schöpfung gedeuteten Lebenswelt zusammenzudenken mit Veränderungsdynamiken, ohne die geschichtliches Leben nicht denkbar ist.

E. Troeltsch, Die Sozialalehren der christlichen Kirchen und Gruppen, 1912 (ND 1994) – H. Thielicke, Kirche und Öffentlichkeit, 1948 – W. Kranz, Griechische Philosophie, 1950 – E. Wolf, Quellenbuch zur Geschichte der deutschen Rechtswissenschaft, 1949; A. Arndt, Rechtsdenken unserer Zeit, 1955 – E. Hirsch, Ethos und Evangelium, 1966; G. W. F. Hegel, Grundlinien der Philosophie des Rechts, hg. v. H. Reichelt, 1972 – Th. Müntzer, Schriften und Briefe, hg. v. G. Wehr, 1973 – W. Pannenberg, Ethik und Ekklesiologie, 1977 – J.-J. Rousseau, Gesellschaftsvertrag, dt. hg. v. H. Brockard u. E. Pietzcker, 1977 – Th. Hobbes, Leviathan, dt. v. J. P. Mayer, hg. v. M. Diesselhorst, 1980 – M. Luther, Von der Freiheit eines Christenmenschen, in: Luther Deutsch, hg. v. K. Aland, II, 251–174 – Ders., Von den guten Werken, in: Luthers Werke in Auswahl I, hg. v. O. Clemen, [6]1966, 227–298 – Ders., Der große Katechismus, Luther Deutsch, hg. v. K. Aland, III, 11–150 – F. D. E. Schleiermacher, Ethik (1812/13), hg. v. H.-J. Birkner, 1981 - E. Herms, Gesellschaft gestalten, 1991 – D. Bonhoeffer, Ethik, hg. v. I. Tödt u. a., 1998 – J. Rohls, Geschichte der Ethik, 1999[2] – Ph. Melanchthon, Glaube und Bildung, hg. v. G. R. Schmidt, 2004 – M. Lasogga, Menschwerdung, 2009 – M. T. Cicero, Über die Gesetze. Stoische Paradoxa/De legibus/Paradoxa Stoicorum, hg. v. R. Nickel, 2011 – E. Narducci, Cicero, dt. v. A. Wurm, 2012 – Epiktet, Handbüchlein der Moral, dt. v. K. Steinmann, 2014.

Matthias Heesch

Naturschutz und Landschaftspflege

1. Begriff. N. und L. sind (wissenschaftliche) Fachgebiete, die sich an der Anerkennung komplexer ökologischer Zusammenhänge als Erkenntnisbasis orientieren. N. dient der Erhaltung schutzwürdiger Landschaften, Landschaftsbestandteile und Biotope. Der Begriff wird in fachwissenschaftlichen, rechtlichen und planerischen Kontexten ebenso verwendet wie in der öffentlichen Debatte („N.organisation"). Wichtigstes Instrument von N. und L. ist die Landschaftsplanung.

2. Ziele. L. strebt im besiedelten und unbesiedelten Bereich den Erhalt, die Pflege, die planmäßige Entwicklung und, wenn nötig, die Wiederherstellung von Landschaft und Natur in ihrer Vielfalt, Eigenart und Schönheit an. Ziel von N. und L. ist es, Natur und Landschaft in ihrer biologischen Vielfalt aufgrund ihres Eigenwertes, aber auch als Grundlage für Leben, Gesundheit und Nutzen des Menschen zu sichern. Methodisch lässt sich der N. in den Biotopschutz und den Artenschutz gliedern; beide sind eng miteinander verschränkt, bergen jedoch teilw. auch Interessenkonflikte. Schutzgüter sind also sowohl biotisch (Fauna, Flora) als auch abiotisch (Biotope, Mikroklima, Böden und Gewässer; Natur- und Kulturlandschaften; auch Klima, Meere, Luft). Die Notwendigkeit von N. und L. kann sehr unterschiedlich begründet werden: ethisch (Eigenwert der Natur), wissenschaftstheoretisch (Natur und Landschaft als Gegenstand menschlichen Erkenntnisstrebens), anthropozentrisch-pragmatisch (fundamentale Angewiesenheit des Menschen auf intakte Natur und Biodiversität, auch um diese als Ressource zu nutzen) oder historisch-kulturell (v. a. landwirtschaftlich gestaltete Landschaft als kulturelles Erbe der Menschheit). Als Pflegeverfahren kommen maschinelle und (kostenintensivere) manuelle Verfahren (also menschliches Eingreifen) ebenso in Frage wie biologische, also v. a. die Beweidung durch Paarhufer.

3. Entwicklung. Menschen gestalten ihre Umwelt verstärkt, seit sie sesshaft wurden. Von einer bewussten

Gestaltung der unmittelbaren Landschaft zu ihrem Nutzen ist in Mitteleuropa spätestens seit dem frühen Mittelalter auszugehen; aus einer Natur- wurde eine Kulturlandschaft. Spätestens die Neuzeit und die zunehmende Industrialisierung hatten weitreichende Eingriffe in die verbliebene Naturlandschaft zur Folge, also neben Waldrodung zur Anlage von Siedlungen, Weiden und Äckern sowie der Trockenlegung von Mooren zur Urbarmachung des Lands auch zunehmende Flussbegradigungen, Ausbreitung der Industrie und nicht zuletzt den Bergbau und die Suche nach Rohstoffen in seinen verschiedenen Ausprägungen. Mitte des 19. Jh.s wurden L. und N. angesichts der Auswirkungen des Industriezeitalters als Aufgabe wahrgenommen, zunächst als bürgerschaftliches Engagement. Prägend war u. a. A. v. Humboldt, auf den der Begriff „Naturdenkmal" zurückzuführen ist.

Als erstes Naturschutzgebiet in Deutschland wurde 1836 der Drachenfels im Siebengebirge bei Bonn eingerichtet; nach harten Auseinandersetzungen mit der Steinbruchindustrie (Bau des Kölner Doms) wurde das Gelände auf bürgerschaftliche (also eine sehr frühe zivilgesellschaftliche) Initiative hin durch den Staat erworben; der N.gedanke wurde jedoch durch romantisch-symbolische Beweggründe (Drachenfels als aufgeladenes Nationalsymbol) teilw. überlagert. Entscheidende Anstöße gehen von E. Rudorff und der Gründung des „Deutschen Bund Heimatschutz" (1904) sowie der Prägung des Begriffs L. durch E. Gradmann (1918) aus. Auch der „Naturschutzbund Deutschland" (NABU) geht auf N.vereine im 19. Jh. zurück. Der Staat erkannte mit der Weimarer Reichsverfassung von 1919 L. und N. als seine Aufgabe an. Beispiel für regionale Verantwortungsübernahme ist der 1920 gegründete „Siedlungsverband Ruhrkohlenbezirk" als regionalem Planungsverband. Rechtliche Regelungen auch als verfahrensmäßige Grundlage für L. und N. wurden erstmals 1935 mit dem Reichsnaturschutzgesetz geschaffen. Im Mittelpunkt standen als Schutzkategorien das Naturschutzgebiet, das Landschaftsschutzgebiet und das Naturdenkmal zum Schutz bestimmter Landschaftsbestandteile wegen deren Seltenheit, Eigenart oder ästhetischem Wert. Praktisch wurde das normative Programm jedoch zumeist ignoriert.

Im 21. Jh. wird zunehmend das seit den 1970er Jahren entwickelte Konzept der Resilienz vertreten; N. hat demnach die Aufgabe, die Widerstandsfähigkeit von Ökosystemen zu erhöhen oder das Ausmaß an Störungen so zu begrenzen, dass diese nicht zu irreparablen Schäden führen.

4. Gesetzliche Regelungen. Maßgebliche gesetzliche Regelung in Deutschland ist das Bundesnaturschutzgesetz von 1976 (zentrale wissenschaftliche Behörde ist das Bundesamt für Naturschutz), die Länder besitzen jedoch eine Abweichungskompetenz. Hinzu treten internationale Abkommen (Washingtoner Artenschutzabkommen 1973, Konvention von Rio 1992, u. v. a.) sowie europäisches Recht (u. a. Natura 2000, das als Netzwerk von Schutzgebieten etwa 18 % der EU umfasst, jedoch in ganz Europa mit Nutzungskonflikten verbunden und national unterschiedlich erfolgreich ist).

W. Zundel, Landschaftspflege tut Not: Beiträge zur Landschaftspflege und Walderhaltung 1962–2002, 2004 – H. W. Frohn u. a. (Hg.), Natur und Staat. Staatlicher Naturschutz in Deutschland 1906–2006, 2006 – B. Davy, Land Policy. Planning and the Spatial Consequences of Property, 2012 – M. Succow u. a., Naturschutz in Deutschland: Rückblicke, Einblicke, Ausblicke, 2012 – M. Hupke, Naturschutz. Ein kritischer Ansatz, 2015 – Ch. Haaren, Landschaftsplanung, 2016².

Clemens Wustmans

Neid

1. Begriff und Bedeutung. N. lässt sich definieren als die „Empfindung [bzw.] Haltung, bei der j[e]m[an]d einem anderen einen Erfolg oder einen Besitz nicht gönnt oder Gleiches besitzen möchte" (Duden). Als eine der sieben Tod- bzw. „Wurzelsünden" hat der N. in der kath. Tradition bis heute eine negative moralische Bedeutung (Katechismus der Kath. Kirche, Abs. 2539). In der gesellschaftlichen Diskussion wird „Sozialneid" oder die Warnung vor einer „Neiddebatte" nicht selten herangezogen, um Ansprüche oder Kritik an der Verteilung von Einkommen oder →Eigentum abzuweisen. Auf der anderen Seite wird Neid aber auch als „Motor der gesellschaftlichen bzw. ökonomischen Entwicklung" verstanden (nach K. H. Nusser, 33). Das Phänomen N. erfordert in sozialethischer Perspektive also offensichtlich einige Differenzierungen.

2. Anthropologische und psychologische Grundlagen. Empirischen Studien zufolge sind N.reaktionen erst bei solchen Kleinkindern zu beobachten, die zwischen einem erstrebenswertem Objekt und sich selbst unterscheiden können. Aus individualpsychologischer Sicht lässt sich N. als Ausdruck eines unsicheren Selbstwertgefühls (A. Adler) bzw. als „Folge missglückter Versuche der Selbstwertregulation" (U. Lukan) verstehen. Aus dieser Perspektive wird für die Bearbeitung destruktiver N.gefühle, nicht aber für die moralische Verurteilung plädiert. Nach psychoanalytischer Tradition kann N. auch zu sozial erwünschten Folgen führen, wenn als Reaktionsbildung Gerechtigkeitssinn (→Gerechtigkeit) im Sinne einer →Gleichheit für alle herausgebildet wird (S. Freud).

3. Sozialwissenschaftliche Ansätze. Die sozialen Folgen von N. werden seit der Antike diskutiert: Bereits in der vorklassischen Philosophie wird N. als Gefahr für den gesellschaftlichen Zusammenhalt bezeichnet. Bei Aristoteles wird die Frage diskutiert, ob eine verordnete Gleichverteilung der Güter der Begierde wirksam beggenen kann; der Philosoph plädiert für eine Erziehung bzw. Gesetze, die zu einem freiwilligen Verzicht auf Übermaß führen (Politeia 1266b/1267a). Im 20. Jh. hat H. Schoeck Politik generell als „N.beschwichtigung" bezeichnet; als Beispiel für die von ihm kritisierte Unfähigkeit, Ungleichheit zu akzeptieren, nennt er die progressive Besteuerung. Dagegen verteidigt J. Rawls das Konzept einer gerechten →Gesellschaft, das er nicht auf N., sondern auf allgemeine Gerechtigkeitsgrundsätze im Sinne der Fairness zurückführt. Einer „wohlgeordneten Gesellschaft" mit ihren Partizipations- und Aufstiegschancen (→Partizipation) und ihrer →Anerkennung des Individuums attestiert er eine Reduzierung sozial störenden N.s. Zudem unterscheidet er von N. eine „gerechtigkeitsorientierte Unzufriedenheit". Während Rawls sein Konzept entwirft, „als gäbe es keinen N." (576), werden in anderen Entwürfen N. bzw. Wettbewerb als Ausdruck sozialkomparativen Handelns beschrieben (F. Nullmeier). Nach Nullmeier ist es Aufgabe des Sozialstaats, solches Handeln als „Bestandteil subjektiver →Freiheit" zu ermöglichen, aber auch einzuhegen (421).

4. Aktuelle Diskussion. In der öffentlichen Auseinandersetzung wird der Vorwurf des N.es auch heute noch als Kampfbegriff verwendet, um bestimmte Gleichheitsforderungen kritisch abzuwehren („Neidkeule"). Aktueller Anlass für diesen Vorwurf kann z. B. die Kritik an hohen Managergehältern (→Manager) oder an Einzelheiten des →Steuersystems („Neidsteuer") sein. Hier kann die Polemik nicht das Argument ersetzen. Dagegen lässt sich eine ablehnende Haltung gegenüber Asylsuchenden (→Asyl) als Ausdruck von Missgunst und Ressentiment bezeichnen; hier wäre dann nach einer entsprechenden sozialen Verunsicherung bzw. Deprivation zu fragen.

5. In theologischer Perspektive. In der kath. Theologie wird N. deshalb zu den Wurzelsünden gezählt, weil dieser Affekt zahlreiche negative Folgen aus sich heraussetzt (Katechismus der kath. Kirche, Abs. 2539). Nach der Bibel zählt N. zu den „Werken des Fleisches", also des natürlichen Menschen (Gal. 5,19–21). Hier wird auf die potentiell destruktiven Folgen des N.es hingewiesen; sie lassen sich als Ausdruck der Selbstbezüglichkeit der Menschen deuten, die ihnen den Kontakt zu Gott und zum Mitmenschen verbaut (incurvatio in seipsum). Jedoch erscheint eine reine Abwehr des N.es als nicht angemessen. Das sozialkomparative Handlungsmotiv lässt sich beim N. zwar als „egozentrierte Orientierung" bezeichnen (Nullmeier, 290) – in Gestalt des „Verwirklichungsn.es", der den Vergleich mit anderen zur konstruktiven Entfaltung der eigenen Möglichkeiten nutzt (S. R. Dunde), kann er jedoch auch Realisation des gottgeschenkten Werts des Individuums sein. Die gerechtigkeitsorientierte Unzufriedenheit (Rawls) kann sich auf das biblische Hungern und Dürsten nach Gerechtigkeit (Mt. 5,6) berufen. Individualethisch gesehen ist die Güte als Frucht des Hl. Geistes das positive Gegenbild zum N. (Gal. 5,22). Sozialethisch gesehen führt das Leitbild einer Gesellschaft weiter, die über „gerechte Teilhabe" und Inklusion gegenseitige soziale Wertschätzung realisiert (Rat der EKD) und damit destruktiven Folgen sozialkomparativer Impulse möglichst vorbeugt.

A. Adler, Menschenkenntnis, 1927 – H. Schoeck, Der N., 1966 – S. Freud, Massenpsychologie und Ich-Analyse, in: Ders., Gesammelte Werke, Bd. 13, 1978, 71–161 – J. Rawls, Eine Theorie der Gerechtigkeit, ²1984 – S. R. Dunde, Andere haben es gut. Der notwendige N., 1989 – F. Nullmeier, Politische Theorie des Sozialstaats, 2000 – Rat der EKD (Hg.), Gerechte Teilhabe. Eine Denkschrift, 2006 – U. Lukan, Einige Theorien, Konzepte und Ergebnisse der N.forschung, in: Zs. für Individualpsychologie, 2008, 8–22 – K. H. Nusser, Wieviel darf ein leitender Manager verdienen? N. und Therapie des N.es, in: P. Nickl (Hg.): Die Sieben Todsünden, 2009, 31–46.

Gunther Schendel

Neoliberalismus (wirtschaftlich)

1. Mehrdeutigkeit des Begriffs. Im deutschsprachigen Raum werden unter N. sowohl in der wissenschaftlichen als auch der politischen Diskussion verschiedene Strömungen verstanden. Verkürzt geht es um zwei recht unterschiedliche wirtschaftspolitische Konzeptionen. Die einen verstehen unter N. nach wie vor den Ordoliberalismus und ähnliche Vorläuferkonzeptionen der →Sozialen Marktwirtschaft, die von einigen ebenfalls zum N. gezählt wird. Seit den 1980ern verstehen jedoch immer mehr Personen unter wirtschaftl. N. ein weitestgehend ungezügeltes System des Laissez-faire Kapitalismus (auch: Paläoliberalismus). Der Begriff des N. wird mittlerweile abwertend oder gar als „Schimpfwort" für eine (radikale) Liberalisierung, →Deregulierung und →Privatisierung der Wirtschaft genutzt. Jedoch ist seine Verwendung im ursprüngl. Sinne auch noch verbreitet. Daher ist es sinnvoll, kenntlich zu machen, welche Konzeption konkret gemeint ist.

Beide Konzeptionen plädieren für ein →Wirtschaftssystem, in dem die Pläne der Einzelwirtschaften (private →Haushalte und →Unternehmen) überwiegend dezentral koordiniert werden, d. h. via den Marktmechanismus (→Marktwirtschaft). Es wird jeweils auch das Privateigentum an Produktionsmitteln (→Kapital u. →Produktion) befürwortet. Ansonsten unterscheiden sich die zwei jedoch erheblich, sowohl was den „Glauben" an die Effizienz der Märkte, als auch was die Rolle des →Staates betrifft.

2. N. im Sinne des Ordoliberalismus. *2.1 Geschichtliche Entwicklung.* Bereits unter Bismarck (Reichskanzler 1871–1890) setzte unter dem Deckmantel der vom Liberalismus postulierten Vertragsfreiheit eine massive – vom Staat teils geförderte – Kartellierung und Vermachtung der Wirtschaft ein. Hinzu kam die Instrumentalisierung des Staates für Verbands- u. Parteiinteressen. Beide Tendenzen setzten sich in der Weimarer Republik (1919–1933) fort und verschlechterten die wirtschaftl. u. soziale Lage breiter Bevölkerungsschichten, die sich durch die Wirtschaftskrisen – erst mit Hyper→inflation (1923), dann mit Deflation (1929–33) – noch gravierend verschlimmerte. Damit war das Vertrauen in den wirtschaftl. Liberalismus erheblich erschüttert.

Eine liberale Neuorientierung erfolgte in den 1930er Jahren durch Wissenschaftler, die dem Trend zu autoritären Regimen u. Zentralverwaltungswirtschaften – sei es sozialistischer oder faschistischer Prägung – eine freiheitl. u. zugleich soziale Wirtschaftsordnung entgegenstellen wollten. Diese Wissenschaftler wählten 1938 in Paris N. als Bezeichnung für ihre wirtschaftspolitische Ausrichtung. Zu den deutschen Neoliberalen zählten Wirtschaftswissenschaftler wie CONSTANTIN DIETZE und ADOLF LAMPE, die 1944 von der Gestapo verhaftet wurden und als Initiatoren des 1938 gegründeten oppositionellen *Freiburger Konzil* gelten, das mit der *Bekennenden Kirche* verknüpft war. Diesem Konzil gehörten u. a. auch WALTER EUCKEN und FRANZ BÖHM an. Sie alle zählten auch zu dem Freiburger Kreis, dessen wirtschaftspolitische Konzeption später als Freiburger Schule des *Ordoliberalismus* bezeichnet wurde. Zu den bekannteren Neoliberalen zählen ferner WILHELM RÖPKE und ALEXANDER RÜSTOW, die beide 1933 ins Exil gingen.

2.2 Wirtschaftspolitische Konzeption. N. wurde als Synthese von liberaler →Demokratie (→Liberalismus), wettbewerblicher Wirtschaftsordnung und einem starken →Staat verstanden, der die Märkte primär ordnend gestaltet. Ergänzend sind Eingriffe in wirtschaftliche Prozesse zulässig, soweit dies marktkonform geschieht, d. h. die Funktionsfähigkeit des Wettbewerbs- und Preismechanismus darf nicht erheblich vermindert werden. Zu den wirtschaftspolitischen Aufgaben des Staates zählen: Schaffung und Erhalt eines funktionierenden Wettbewerbs (→Wettbewerbspolitik), Sicherung gesamtwirtschaftlicher Stabilität, insb. der Geldwertstabilität (→Inflation), Schutz des Menschen und insb. der Arbeitnehmer vor Ausbeutung, Teilhabe Aller am wachsenden Wohlstand, Wahrung des →Subsidiaritätsprinzips, Bevorzugung freiwilliger Kollektivlösungen (z. B. Versicherungen), Bereitstellung →öffentlicher Güter, Förderung von Bildung und Forschung, Schutz natürl. Ressourcen/Umwelt vor Übernutzung und Raubbau.

2.3 Entwicklung zur Sozialen Marktwirtschaft. Die Konzeption der Sozialen Marktwirtschaft geht über den EUCKENSchen *Ordoliberalismus* hinaus und sieht den Staat z. B. stärker in der Pflicht, für eine Korrektur der Verteilung zum Zwecke der Bedarfs- und Chancengerechtigkeit zu sorgen, wobei parallel die (Markt-)Leistungsgerechtigkeit aufrechtzuerhalten ist. Hinzu kommt u. a. die Aufgabe, konjunkturellen Schwankungen und strukturellen Krisen entgegenzuwirken. Die Regulierung systemrelevanter Branchen (z. B. Finanzsektor) sowie eine effektive Politik gegen Wettbewerbsbeschränkungen sind ebenso vorgesehen wie die staatliche Aufsicht über unabwendbare („natürliche") →Monopole (Näheres unter →Soziale Marktwirtschaft).

3. Österreichische Schule. *3.1 v. HAYEK u. a.* Neben der Freiburger Schule erlangte die Österreichische Schule des N. starke Beachtung. Sie ist geprägt von einem methodologischen →Individualismus und Subjektivismus sowie einem evolutorischen Wirtschaftsverständnis – womit sie sich von der neoklassischen Gleichgewichtstheorie und dessen Konstrukt des *homo oeconomicus* deutlich abgrenzt. Außerdem verbindet die „Österreicher" eine Abneigung gegen die neoklass. Versuche, sämtliche wirtschaftliche Zusammenhänge in mathematische Gleichungen zu pressen. Bekannte Vertreter sind LUDWIG V. MISES und FRIEDRICH AUGUST V. HAYEK. Die österreichische Schule erhebt die individuelle Freiheit zum wichtigsten Ziel. Das später von ERICH HOPPMANN entwickelte Leitbild der Wettbewerbsfreiheit (→Wettbewerbspolitik) folgt dieser Tradition.

Die Neoliberalen der Österreichischen Schule sprachen sich mehrheitlich durchaus für einen starken Staat aus, wenngleich sie prozesspolitische Eingriffe des Staates – anders als die Freiburger Schule – weitestgehend ablehnten. Die Befürwortung eines ordnungspolitisch aktiven Staats gilt zumindest anfangs auch für HAYEK (Nobelpreis 1974), der seit der Veröffentlichung „Der Weg zur Knechtschaft" (1944) oft vereinfachend mit einem marktradikalen „Laissez-faire-Kapitalisten" gleichgesetzt wird. Weder seine Selbsteinordnung und wissenschaftliche Karriere, noch seine Werke sind in der Gesamtschau jedoch eindeutig. So argumentiert er 1960 für einen Staat, der die Wirtschaft nach allgemeinen und transparenten Regeln regulieren soll. Ad hoc-Maßnahmen und jede Art des Interventionismus hätten hingegen zu unterbleiben. Diese Haltung rührt primär aus HAYEKs großem Misstrauen in die Fähigkeiten und Absichten des Staats – genauer: der Regierungen/Politiker. Direkte Umverteilung lehnt er außer zur Sicherung eines Mindesteinkommens ebenso kategorisch ab wie Eingriffe in den Preismechanismus, weil er beides als Einfallstore für Partikularinteressen (Lobbyismus) fürchtet. Der Staat verfüge außerdem nicht über das für zielwirksame Eingriffe notwendige zentralisierte Wissen, zumal sich die Pläne und das Verhalten der Marktteilnehmer im Laufe von ungleichgewichtigen Prozessen laufend änderten. HAYEK überwarf sich als Präsident der liberalen MONT PELERIN GESELLSCHAFT jedoch mit mehreren Vertretern der Freiburger Schule, so dass diese 1960 austraten. Als Grund nannten sie, dass der „amerikanische Flügel" um HAYEK eine „adjektivlose" →Marktwirtschaft anstrebe und paläoliberal argumentiere, während sie bzw. der „europäische Flügel" aus der Vermachtung der Wirtschaftsstrukturen im Laissez-Faire-→Kapitalismus und aus den Weltwirtschaftskrisen gelernt hätten und das neoliberale Leitbild der Sozialen Marktwirtschaft verföchten.

3.2 Exkurs: Austrian Economics. Die Österreichischen Schule des N. darf nicht mit den →naturrechtlich argumentierenden (amerikanischen) *Austrian Economists* verwechselt werden, auch wenn sich etliche auf MISES, der 1940 in die USA emigrierte, und HAYEK, der 1950–62 in Chicago lehrte, berufen. Im Gegensatz zum N. erachten viele von ihnen nahezu jede staatliche Tätigkeit als unvereinbar mit dem natürlichen Recht auf Eigentum, dem „absoluten und natürlichen Recht an und auf sich selbst" und die „Früchte eigener Arbeit". Wenngleich nicht alle *Austrian Economists* einen „Anarchokapitalismus" vertreten, so können sie doch als Anhänger eines kapitalistischen Libertarismus eingestuft werden, nicht aber eines N.

4. Milton Friedman u. Chicago School. Zu dem unter 3.1 erwähnten „amerikanischen Flügel" zählte MILTON FRIEDMAN (Nobelpreisträger 1976). Er gilt neben JOHN MAYNARD KEYNES als einer der prägendsten Ökonomen des 20. Jh.s FRIEDMAN teilte etliche Ansichten der Österreichischen Schule, da es auch ihm um eine liberale, an der (wirtschaftlichen) Freiheit des Individuums ausgerichteten Wirtschaftsordnung ging. Er folgte jedoch weniger dem evolutorischen Ansatz, sondern hing der neoklassischen Gleichgewichtstheorie an. Er hielt HAYEKs frühe Konjunkturtheorie für verfehlt und dessen Vorschlag, dass der Staat das Geldangebot sogar in wirtschaftlichen Krisenzeiten den Marktkräften überlassen solle, erachtete er gerade auch angesichts der Deflationserfahrungen Deutschlands (1929–33) für gefährlich.

FRIEDMAN bezeichnete sich selbst nicht als neo-, sondern als klassisch liberal. Dies schlägt sich im *Monetarismus* nieder, der auf der klassischen Quantitätstheorie des Geldes basiert. Als Gegenkonzept zum *Keynesianismus* hält der *Monetarismus* eine antizyklische →Konjunkturpolitik für falsch. Vielmehr sei eine Verstetigung des Geldmengenwachstums anzustreben, um Planungssicherheit und langfristig Preisniveaustabilität (→Inflation) herzustellen. Der *Monetarismus* ist ferner mit einer Angebotsorientierung verbunden: Nicht die Güternachfrage bestimme letztlich die Höhe von →Bruttoinlandsprodukt und Beschäftigung, sondern die Angebotsbedingungen für Unternehmen, also z. B. die Kosten, die Marktzugangsmöglichkeiten und die Verfügbarkeit und →Produktivität der Arbeitskräfte und des Realkapitals.

FRIEDMAN stand seit den 1960ern im Zentrum der *Chicago School of Economics*, die für freie Märkte und Angebotspolitik steht. Bekannte Vertreter sind auch die zwei Nobelpreisträger GARY S. BECKER und ROBERT LUCAS. Ihre These effizienter Märkte fußte wesentlich auf der extremen neoklassischen Annahme des *homo oeconomicus* – des vollständig ökonomisch rationalen u. informierten Menschen, der entsprechend handelt. GEORGE STIGLER u. RICHARD POSNER stehen wiederum u. a. für die minimalistische Wettbewerbskonzeption der *Chicago School* (→Wettbewerbspolitik).

Die *Chicago School* fand viele Anhänger, darunter etliche mit einer naiv anmutenden Marktgläubigkeit, und ebnete ab den 1970ern den Weg für umfassende →Deregulierungs- und Liberalisierungsmaßnahmen nicht nur in den USA.

5. N. als Verabsolutierung freier Märkte. *5.1 Umdeutung des Begriffs.* Obwohl FRIEDMAN sich selbst explizit nicht als Neoliberaler bezeichnete, so waren es doch Schüler der *Chicago School*, die den Bedeutungswandel des Begriffs N. mitherbeiführten. Diese sog. *Chicago Boys* wurden während der Militärdiktatur in Chile (1973–90) von *Pinochet* mit der radikalen Deregulierung u. Privatisierung der Volkswirtschaft beauftragt. In Folge wurde „neoliberal" zunehmend synonym für Pinochets kapitalistische Wirtschaftspolitik verwendet und erhielt nicht zuletzt angesichts der brutalen und eklatanten →Menschenrechtsverletzungen des Regimes eine extrem negative Konnotation.

5.2 Wirtschaftspolitische Konzeption. Seither wird unter N. mehrheitlich eine wirtschaftspolit. Haltung verstanden, die auf nicht regulierte, binnen- und außenwirtschaftl. weitestgehend liberalisierte Märkte (einschl. Arbeits- und Finanzmärkte) sowie nahezu vollständige →Privatisierung der Produktionsmittel setzt. Die wirtschaftspolit. Aufgaben des Staates beschränken sich im Wesentlichen auf: Nachtwächterfunktion (Produktion innerer und äußerer →Sicherheit), Sicherstellung des Angebots anderer öffentlicher Güter (aber nicht deren Produktion), Schutz der Vertrags- und Handlungsfreiheit, Sorge für Rechtssicherheit, Schutz privater Eigentums- und Nutzungsrechte sowie Haftungsregelungen (und ggfs. weitere marktwirtschaftl. Maßnahmen zur Internalisierung externer Effekte), Geldversorgung u. Preisstabilität sowie eine minimale Politik sozialer Fürsorge. Teils wird sogar die elementare ordoliberale Erkenntnis, dass Wettbewerb eine „staatliche Veranstaltung" (MIKSCH) sei, negiert. Marktbeherrschung bis hin zum Monopol wird etwa von der *Chicago School* als effizienzbedingt hingenommen, zumal diese ebenso wie Kartelle etc. meist nur vorübergehender Natur wären (→Wettbewerbspolitik).

Dieser „Neo-Laissez-faire-Liberalismus" wurde zwar nirgends in Gänze umgesetzt und nur von wenigen politisch gefordert, aber seine Grundüberzeugungen dominierten ab den 1980er Jahren die Lehre der Nationalökonomie und wurden zum *mainstream*. Gleichwohl blieben selbst in den USA der „altmodische" N. und die keynesianische Lehre weiterhin gut sichtbar. Zudem verbreitete sich nahezu zeitgleich mit der *Verhaltensökonomik* (Behavioural Economics) ein Ansatz, der die strenge Rationalität der Akteure und – ebenso wie die →Spieltheorie und die wiederauflebende *Evolutionsökonomik* – die These effizienter Märkte in Frage stellt.

Die *Chicago School* und der umgedeutete N. unterstützten die in den 1980er Jahren einsetzende →Privatisierung und →Deregulierung, welche im Zuge der →Schuldenkrise der 1980er Jahre auch die „Dritte Welt" erreichte. Unter dem Schlagwort des *Washington Consensus* führten viele Entwicklungsländer Stabilisierungs- bzw. Strukturanpassungsprogramme durch, die ihre Volkswirtschaften grundlegend veränderten. Die v. a. vom →Internationalen Währungsfonds und der Weltbank getriebenen Länderprogramme umfassten: Konsolidierung des →Haushalts, kontraktive →Geldpolitik, Sozialabbau und Rückführung von →Subventionen, Abwertung der Währung bis hin zur Freigabe des Wechselkurses, Privatisierung und binnen- wie außenwirtschaftliche Liberalisierung. Mit dem Zusammenbruch des „Ostblocks" erreichte der N. dann nahezu die gesamte Welt. Liberalisierung und →Globalisierung verstärkten sich gegenseitig.

5.3 Kritik. Insbesondere dort, wo diese Politik nicht durch eine effektive Sozial- und Bildungspolitik abgefedert bzw. begleitet wurde, stieg die Ungleichverteilung und soziale Probleme verschärften sich. Die Hypothese der Effizienz der Finanzmärkte führte mit zu deren Liberalisierung. Diese hat zu den →Finanz- und →Schuldenkrisen seit Mitte der 1990er Jahre beigetragen. Außerdem wird der N. zunehmend für die wachsende Umweltbelastung und Zerstörung der Schöpfung verantwortlich gemacht. Wachstumskritische Ansätze (→Postwachstumsökonomie) erachten den N. u. a. daher als gescheitert.

6. Ausblick. Mittlerweile ist eine Generation marktorientierter Wirtschaftswissenschaftler herangewachsen, die sich einer Etikettierung zu entziehen versuchen und eher pragmatische Ansätze vertreten. Sie messen institutionellen Bedingungen und *good governance* einen hohen Stellenwert bei. Konjunktursteuerung wird nicht per se abgelehnt und die These effizienter Märkte wird vor dem Hintergrund nichtrationalen Verhaltens der Marktteilnehmer oder wegen Unsicherheiten (s. auch →Spieltheorie) relativiert. Die →Finanzkrise ab 2007 tat das ihre, um die Notwendigkeit einer effektiven Regulierung systemrelevanter Sektoren – also bes. des Finanzsektors – auch bei Anhängern liberaler Wirtschaftsordnungen wieder fest zu verankern. Inwieweit sich der „liberale wirtschaftspolitische Pragmatismus" zu einer eigenen konsistenten wirtschaftspolitischen Konzeption entwickelt, ist abzuwarten.

W. Eucken, Grundlagen der Nationalökonomie (1939), 1989[9] – K. W. Nörr, An der Wiege deutscher Identität nach 1945: Franz Böhm zwischen Ordo und Liberalismus, 1993 – Ch. Müller, Neoliberalismus und Freiheit, in: ORDO, Bd. 57, 2007, S. 99ff. – C. Butterwegge/B. Lösch/R. Ptak, Kritik des N., 2008[2] – R. B. Emmet (Hg.), The Elgar Companion to the Chicago School of Economics 2010 – K. I. Horn, Die Soziale Marktwirtschaft, 2010 – H. Maier, Die Freiburger Kreise. Akademischer Widerstand und Soziale Marktwirtschaft, 2014.

Margareta Kulessa

Neurowissenschaften und Ethik

Die N. untersuchen in interdisziplinärer Arbeitsweise die Struktur und Funktionsweise des Nervensystems. Angesichts der aktuellen und sich abzeichnenden medizintechnischen und pharmakologischen Möglichkeiten stellen sich ethische Fragen. Umgekehrt erforscht die Neurowissenschaft auch das ethische Urteilen bzw. Verhalten z. B. in moralischen Dilemmasituationen.

1. Ethik der N. *1.1 Therapeutische Eingriffe.* Der Versuch, therapeutisch auf das Gehirn einzuwirken, geht zurück bis in die Steinzeit. Die Schädelöffnungen, die im Neolithikum an vielen Orten der Welt praktiziert wurden, haben neben kultischen Zwecken vermutlich auch therapeutische Motive gehabt, ob sie nun auf psychische (Entweichen eines Dämons), psychophysische (Schmerzbehandlung, Schwindel) oder physische (Taubheit, Blindheit) Gesundung zielten. Dem entsprechen die „Behandlungen", die für Ostafrika schon seit dem 19. Jh. berichtet und in den 1950er Jahren dokumentiert wurden.

Nicht viel differenzierter verfuhr die westliche Medizin seit 1936 (bis in die 1980er Jahre!) mit der „Lobotomie", bei der Nervenbahnen zwischen Thalamus und Frontallappen sowie Teile der grauen Substanz durchtrennt wurden.

In der heutigen Neurochirurgie spielen die Behandlung von Hirnverletzungen und Infektionen sowie die operative Entfernung von Hirntumoren eine zentrale Rolle.

Zur Therapie von Parkinson-Erkrankten, schwer depressiven Menschen oder schwer Zwangserkrankten werden zunehmend sog. Hirnschrittmacher eingesetzt, bei denen ins Hirn eingepflanzte Elektroden Impulse senden. Selbst diese eindeutig therapeutischen Maßnahmen erscheinen ethisch nicht unproblematisch, da sie das Zentrum des Selbst betreffen. So kann ein Hirnschrittmacher von Parkinson-Patienten als extrem hilfreich oder aber als bedrohlich bzw. selbstentfremdend empfunden werden. Damit stehen Fragen der Personalität, Selbstbestimmung und Identität zur Diskussion.

Mit den Fortschritten der Stammzellforschung rückt auch die Möglichkeit der Transplantation von Stammzellen in den Fokus von Forschung und Therapie.

1.2 Neuroenhancement. Enhancement könnte definiert werden als Intervention, die darauf abzielt, menschliche Funktionen zu verbessern über das hinaus, was notwendig ist, um Gesundheit zu bewahren oder wiederherzustellen. Doch die Grenze zwischen Therapie und Enhancement ist schwer zu ziehen. Man denke an „natürliche" kognitive Alterungsprozesse, denen „therapeutisch" begegnet wird. Wird die Definition von Enhancement als „nicht-medizinisch" häufig mit Kritik verbunden, versteht der sog. *„welfarist approach"* (B. D. EARP et al.) Enhancement (grundsätzlich positiv) als jede gezielte Veränderung in der Biologie oder Psychologie einer Person, die die Chancen für diese erhöht, unter den gegebenen Umständen ein gutes Leben zu führen.

Eine Vielzahl von Verbesserungen sind denkbar und werden erhofft: von Gedächtnis-, Konzentrations- und Reaktionsleistungen bis hin zu genereller Stimmungsaufhellung oder erhöhter Selbstkontrolle im Blick auf das Ernährungsverhalten. Unstrittig betrifft kognitives Enhancement das komplexeste und wichtigste menschliche Organ. Ein genereller Einwand hebt darauf ab, dass bei einer gesunden Person die kognitiven und psychischen Prozesse in einem ausbalancierten Gleichgewicht stehen und jede Verbesserung (z. B. des Gedächtnisses) dieses Gleichgewicht in der Regel stört. So empfinden Personen mit extremem autobiographischem Gedächtnis (Hyperthymesia) diese Fähigkeit meist als belastend. Nicht zufällig wird darum auch die Frage diskutiert, ob auch *diminishment* Enhancement bedeuten kann. So könnte Soldaten ein Medikament gegeben werden, das die emotionale Intensität von Kriegserlebnissen abschwächt. Aber ist das damit verbundene Absenken der Hemmschwelle ethisch akzeptabel? Und wie ist die Gabe eines Medikamentes zu bewerten, das traumatische Erinnerungen reduziert und damit ggf. auch Schuldgefühle?

Bisher beschränkt sich das Arsenal des pharmakologischen Enhancement auf wenige Wirkstoffe und intendierte Verbesserungen. Zu nennen sind u. a.: Methylphenidat (Aufmerksamkeit), Modafinil (Wachheit), Donepezil (Gedächtnis), MDMA (Offenheit, Empathie). Die Effekte sind individuell unterschiedlich und mit Nebenwirkungen verbunden, zu denen auch Selbstüberschätzung gehören kann. Die bisher zu erzielenden Effekte lassen sich überwiegend auch durch Bewegung oder Meditation erreichen.

Ein besonderer Problemkreis stellt die Frage dar, ob Enhancement für bestimmte Berufsgruppen zur Verpflichtung gemacht werden darf. Schon im spanischen Bürgerkrieg wurde synthetisiertes Amphetamin eingesetzt, um die Wachheit der Soldaten zu erhöhen. Auch für andere belastete Berufsgruppen wie z. B. Piloten könnte sich diese Frage zunehmend stellen.

Neben den ethischen Problembereichen von Nutzen und Schaden, von Personalität und Identität sind mit den potenziellen Möglichkeiten des Enhancement auch Fragen von Gerechtigkeit und Fairness berührt: Finanziell Bessergestellte könnten sich durch Enhancement einen weiteren Vorteil verschaffen.

Eine positive Grundeinstellung gegenüber Bestrebungen des Enhancement findet sich generell bei Vertretern liberalistischer Ethiken (z. B. A. BUCHANAN), während insbesondere Ethiken, die sich an der „Natur des Menschen" orientieren, diesen kritisch bis ablehnend gegenüberstehen.

1.3 Gehirn und Computer. Sensorik. Seit 1957 ermöglichen Cochlea-Implantate durch Stimulation des noch intakten Hörnervs das Hören. Seit kurzem werden Blinden Retina-Implantate ins Auge eingepflanzt mit bisher noch mäßigen Seheindrücken. Obwohl die Hirnregionen für die verschiedenen Sinneswahrnehmungen klar getrennt sind, können überraschenderweise auch Seheindrücke über die Nerven der Zunge (grob) verarbeitet werden. Dies lässt selbst die Möglichkeit einer elektronisch vermittelten Wahrnehmung im Gehirn von unsichtbaren Wellen (wie Ultraschall) oder gar für Radioaktivität nicht unmöglich erscheinen.

Motorik. Es ist inzwischen möglich, über ein *Brain-Computer-Interface* Roboterarme durch Gedanken zu steuern oder sich von einem Exoskelett bewegen zu lassen.

Der Transhumanismus erwartet mit R. KURZWEIL eine „Verschmelzung von uns selbst und der Technologie, die wir erschaffen". Ebenfalls spekulativ bleibt die Möglichkeit, die gesamten in einem Gehirn gespeicherte Informationen zu scannen und auf einen Computer zu übertragen.

2. N. der Ethik. Die enormen Fortschritte bei den bildgebenden Verfahren in den N. führen zu einem immer differenzierteren Verständnis der Gehirnaktivitäten. Dies gilt auch für moralische Bewertungen und (simulierte) Entscheidungen in Dilemmasituationen und sogar ethischen Grundeinstellungen.

Grundsätzlich zeigt sich, dass bei Personen, für die die Werte Fürsorge und Fairness zentral sind, das Volumen des dorsomedialen präfrontalen Cortex (PFC) erhöht ist, während sich bei Personen mit einer stärkeren Orientierung an Autorität, Loyalität und Heiligkeit (→Intuition) ein stärkerer Gyrus subcallosus findet. Dies kann durch eine erhöhte Beschäftigung mit den jeweiligen Problemkomplexen bedingt sein, die zur verstärkten Ausbildung von Neuronen bzw. Nervenverbindungen führt.

Neuerdings zeigte sich, dass Studenten, die höhere Stufen der Moralentwicklung nach L. KOHLBERG (→Moralpsychologie) erreicht haben, u. a. mehr graue Hirnsubstanz im ventromedialen PFC zeigen (K. PREHN et al.). Diese Personen zeigen auch höhere Werte bezüglich der „Offenheit für Erfahrungen". Auch hier liegt die Vermutung nahe, dass diese Personen geübter sind in der Einnahme verschiedener Perspektiven, in der Aufmerksamkeit für ethische Probleme und für die Bedürfnisse anderer Menschen.

Bei moralischen Dilemmata, die nahelegen, sich gegen die sozial-emotionale →Intuition für ein größeres Gut zu entscheiden (z.B eine verfolgte Gruppe, die sich versteckt hält, dadurch zu retten, dass einem schreienden Kind auf die Gefahr der Erstickung Mund und Nase zugehalten wird), zeigt sich (auch zeitlich) der Aufwand für die kognitive Arbeit des PFC, die schnelle Reaktion des limbischen Systems zu überstimmen.

Moralische Entscheidungen beruhen immer auf dem primär emotionalen Ansprechen auf ein Problem, der schnellen emotionalen Beurteilung, der Überprüfung und Modifikation durch die Reflexion und der motivationalen Initiierung einer →Handlung.

Die Erforschung der Wirkungsweise des Neurotransmitters Oxytocin zeigt seine Wirkung auf das Sozialverhalten. Die (z.B. intranasale) Einnahme von Oxytocin erhöht die Bereitschaft, Vertrauen zu schenken. Bei Autisten verbessert die Gabe von Oxytocin die Fähigkeit, Gesichter wiederzuerkennen (→Emotion). Bei der ethischen Frage, ob eine solche „Therapie" angewandt werden soll, münden die N. der Ethik beispielhaft in die Ethik der N.

Die Forschungen zur Neurowissenschaft des Verhaltens tangieren zwar die Frage der Willensbildung, vermögen aber in der grundsätzlichen Frage der Freiheit des Willens keine Klärung herbeizuführen (→Willensfreiheit).

R. KURZWEIL, The Singularity Is Near, 2005 – R. VAAS, Schöne neue Neuro-Welt. Die Zukunft des Gehirns. Eingriffe, Erklärungen und Ethik, 2008 – J. CLAUSEN/O. MÜLLER/G. MAIO, Die ‚Natur des Menschen' in Neurowissenschaft und Neuroethik, 2008 (Lit.) – A. BUCHANAN, Beyond Humanity? The Ethics of Biomedical Enhancement, 2011 – AUSSCHUSS FÜR BILDUNG, FORSCHUNG UND TECHNIKFOLGENABSCHÄTZUNG, Pharmakologische Interventionen zur Leistungssteigerung als gesellschaftliche Herausforderung, Bundestagsdrucksache 17/7951 vom 24. 11. 2011 – B.-J. KOOPS et al., Engineering the Human. Human Enhancement Between Fiction and Fascination, 2013 – B. D. EARP et al., When is diminishment a form of enhancement? Rethinking the enhancement debate in biomedical ethics, in: Frontiers in Systems Neuroscience 8, 2014, 1–8 – K. PREHN et al., Neural Correlates of Post-Conventional Moral Reasoning: A Voxel-Based Morphometry Study, in: PLoS ONE 10(6), 2015 – M. FRINGS/R. J. JOX, Gehirn und Moral. Ethische Fragen in Neurologie und Hirnforschung, 2015 (Lit.).

Günter Renz

Nichtregierungsorganisation (NGO)

1. Definition. In allgemeiner Hinsicht kann man den Terminus N. als Inbegriff von Organisationen nutzen, die nicht vom Staat organisiert oder beherrscht werden. Implizit ist dabei, dass keine privatwirtschaftlichen Organisationen gemeint sind. Der Terminus ist dann in etwa umfangsgleich zur angelsächsischen Third Sector Organisation (Drittsektororganisation), →Nonprofit Organisation oder einfach zivilgesellschaftlichen Organisation. Damit sind dann Organisationen gemeint, die jenseits von Staat und Markt agieren und auf die Förderung des Gemeinwohls hin orientiert sind.

Es gibt zahlreiche Versuche, eine allgemeine Definition für solche Organisationen zu finden. Häufig wird die strukturell-operationale Definition von *Salamon und Anheier* (1992) zugrunde gelegt, die versucht einer rein negativen Bestimmung in Abgrenzung gegen Staat und Markt zu entkommen und zugleich offen für die Vielfalt an Organisationen zu bleiben. Danach ist eine zivilgesellschaftliche Organisation durch fünf Merkmale gekennzeichnet. Zunächst braucht sie ein Minimum an Organisation und Dauerhaftigkeit. Dann ist sie privat, das heißt deutlich von der Regierung getrennt (was staatliche Zuschüsse nicht per se ausschließt). Sie lässt keine private Gewinnentnahme zu, sollten Überschüsse aus wirtschaftlicher Tätigkeit entstehen. Sie muss selbstbestimmt sein, d. h. ihre eigenen Angelegenheiten kontrollieren können und schließlich ist sie freiwillig, d. h., sie besteht entweder aus freiwillig Tätigen oder sie muss zumindest in leitenden Funktionen von Freiwilligen gesteuert werden.

Eine engere Bestimmung von N. sieht diese als zivilgesellschaftliche Organisationen, die vor allem auf Felder agieren, die von staatlichem Handeln geprägt sind oder geprägt sein sollten. Ebenso wie Nonprofit Organisationen oft sehr nahe an Märkten agieren und daher betont werden muss, dass sie dennoch keine normalen Wirtschaftsakteure sind, die nach Profiten streben, so sind N. mit Themen befasst, die sie nahe an Parteien, Lobbyorganisationen und staatliche Institutionen rücken. Um ihren hiervon unterschiedenen Charakter hervorzuheben wird daher betont, dass sie eben nicht Teil des Regierungssystems sind. Oftmals ist es nicht leicht, Organisationen eindeutig einer Kategorie zuzuweisen. Die deutschen Wohlfahrtsorganisationen sind zum Beispiel in mehr als einer Rolle tätig. Sie sind Hilfsorganisationen im In- und Ausland, sie stellen soziale Dienstleistungen bereit und sie sind anwaltschaftlich tätig. Es muss hier immer eine Abwägungsfrage bleiben, welche dieser Funktionen dominiert.

Viele N. zeichnen sich dadurch aus, dass sie zwar auf nationaler Ebene gegründet sind aber grenzübergreifende Fragen behandeln. Dabei treten sie insbesondere als internationale Hilfsorganisationen auf, zunächst vor allem um Kriegsfolgen zu lindern, aber auch um Unterstützung nach Naturkatastrophen zu leisten. Eine zweite Rolle finden N. in anwaltschaftlichem Eintreten gegen Missstände, zunächst vor allem mit Bezug auf Menschenrechte, später dann auch in Umweltfragen. Es kann sich dabei auch um Organisationen handeln, die öffentlich kaum in Erscheinung treten. Dann ähneln sie Lobbygruppen, nur dass sie universelle und keine partikularen Interessen vertreten.

Heutzutage wird der Begriff der N. meist für zivilgesellschaftliche Organisationen verwendet, die überwiegend in humanitären oder Entwicklungsfragen engagiert sind, bzw. allgemein humanitäre Aktivitäten auf lokalem, nationalem oder internationalem Niveau unternehmen, aber die Begriffsverwendung ist schwankend.

Um der Vielfalt der Formen mehr Rechnung zu trage, werden vielfältige Untertypen unterschieden. So werden etwa internationale N. als INGOs (international non governmental organizations) bezeichnet, solche die von staatlichen Akteuren gegründet oder gesteuert werden als GONGOs (goverment organized non governmental organizations). Andere, die im strengen Sinne nicht alle Eigenschaften von N. erfüllen, etwa wegen spezieller rechtlicher Auflagen werden QUANGOs (quasi non governmental organizations) genannt.

2. Historische Entwicklung. Schon früh finden sich Organisationen, die wir heute als N. bezeichnen würden. Markante Beispiele sind etwa die verschiedenen Friedensgesellschaften, die sich in der zweiten Hälfte des 19. Jh.s Gründeten wie die Gesellschaften zur Abschaffung der Sklaverei, das Internationale Rote Kreuz (1863) oder auch der Save the Children Fund (1919) und Oxfam (1942).

Obwohl sie also der Sache nach schon früher existierten, werden N. erst nach dem zweiten Weltkrieg explizit erwähnt. In der Charta der Vereinten Nationen werden in Art. 71 explizit N. erwähnt als Organisationen, mit denen der Wirtschafts- und Sozialrat Abmachungen bezüglich Konsultationen treffen kann. (BGBl. 1973 II S. 430, 431) Hier ging es vor allem darum, zivilgesellschaftlichen Akteuren Zugang zu den Verhandlungen des Staatenbundes zu ermöglichen. Seit dem zweiten Weltkrieg kann eine massive Zunahme von N. verzeichnet werden. Aktuell (2015) sind mehr als 4000 N. beim ECOSOC registriert – was allerdings nur einen Bruchteil der weltweit existierenden N. ausmacht. N. scheinen ein Erfolgsmodell zu sein.

3. N. als nationale Akteure. Im nationalen Kontext eignet sich der Begriff N. um Organisationen zu beschreiben, die vor allem anwaltschaftlich oder bewusstseinsbildend aktiv sind. Sie unterscheiden sich dann vor allem von Organisationen, die besonders als Dienstleister tätig sind. Typische Themen, für die sich N. einsetzen, sind soziale Gerechtigkeit, Interessenvertretung benachteiligter Gruppen, Umweltschutz, Beobachtung des politischen Systems oder auch die Stärkung überwiegend universalistischer Werte. Viele dieser Aktivitäten weisen über den nationalen Kontext hinaus.

Auch Nonprofitorganisationen sind in der Regel anwaltschaftlich tätig. Sie sind aber in viel größerem Umfang engagiert, die von Ihnen bearbeiteten Themen auch vor Ort durch Angebote von Dienstleistungen zu bearbeiten.

4. N. als internationale Akteure. Immer häufiger werden vor allem international agierende zivilgesellschaftliche Organisationen mit sozial- entwicklungs- oder umweltpolitischen Agenden als N. bezeichnet. Neben alteingeführten Organisationen, die vor allem auf Nothilfe spezialisiert sind, sind in den 1970er und 1980er Jahren neue Organisationen entstanden. Die Probleme der stark technokratisch ausgelegten Entwicklungsprojekte im Rahmen staatlicher Entwicklungshilfeprogramme ließen die N. als Alternative attraktiv werden. Häufig operierten sie kleinräumig und im engen Kontakt mit Partnern vor Ort, mit denen gemeinsam sie Interventionsstrategien entwickelten. Nicht alle Hoffnungen erfüllten sich jedoch, was auch mit dem unbestimmten Charakter von N. zusammenhängt. nicht immer ist leicht zu erkennen, ob es sich tatsächlich um eine zivilgesellschaftliche Organisation handelt, oder ob nur eine Fassade besteht. Die Organisationsform als N. eröffnet die Möglichkeit, in Kontakt zu insbesondere internationalen N. zu kommen und Zugriff auf Spendengelder und andere Mittel zu erhalten.

In Bereich der Nothilfe kann es dazu kommen, dass mehrere Organisationen unkoordiniert und ohne hinreichende Kenntnis der Situation vor Ort agieren und so ineffiziente Doppelstrukturen aufgebaut werden. Entwicklungspolitisch wird angemerkt, dass N. zuweilen unreflektiert westliche Werte propagieren und regionale und lokale Erfahrungen, Traditionen und Strukturen nicht hinreichend berücksichtigen.

Dennoch muss den N. zugestanden werden, dass sie meist mit hoher Sachkenntnis gemeinsam mit lokalen Partner Veränderungen zum Besseren anstoßen. Ihr Vorteil ist dabei gerade die Möglichkeit, an den (oft korrupten und inkompetenten) Regierungen vorbei zu operieren.

BGBl. 1973 II S. 430, 43 – L. SALAMON & H. ANHEIER, In search of the non-profit sector: In search of definitions. Voluntas, 13(2), 1992, 125–52.

Georg Mildenberger

Nihilismus

1. Der Begriff „N." wird meist mit revolutionären Richtungen verbunden, die im Antitheismus der Neuzeit wurzeln. Er hat also Bedeutung für die *Ontologie* sowie für die *Theologie*; und er muss – zumal in ethischer Hinsicht – als Negation einer idealen Welt der *Werte* betrachtet werden. Eine thetische Proklamation des Nichts widerspricht allerdings der Intention des Nihilismus.

2. **Praktische Konsequenzen des N.** treten erst seit dem Ende des 19. Jh.s hervor. Das gilt vor allem von jener *russischen Bewegung*, die den Begriff des „N." überhaupt erst populär gemacht hat. Sie war zutiefst skeptisch. TURGENJEVS Roman „Väter und Söhne" bezog sich auf einen Generationenkonflikt, in dem eine Generation mit materialistischen und antihumanistischen Überzeugungen aufkam. Nihilistische Tendenzen waren auf verborgene Weise auch in *theoretische Positionen* eingeschlossen:

2.1 Erlaubte ein *absolutes Ich* (s. FICHTE) überhaupt, an einer Wirklichkeit, die dem Ich gegenübersteht, festzuhalten (einem Nicht-Ich)? F. H. JACOBI interpretierte FICHTES Philosophie als den Versuch, alle Gegenständlichkeit in die Reflexion aufzuheben. Philosophen des deutschen Idealismus mussten sich deshalb mit der Frage, was denn *wirklich* sei, beschäftigen. HEGEL hielt das Nichts für ebenso abstrakt wie das Sein; selbst Gottes Sein bedurfte der unterscheidenden *Kraft der Negation*, um sich zu bestimmen. Das Nichts war nicht absolut, sondern gehörte zur Macht eines Absoluten, das am andern zu sich selbst kommen sollte. Wird das Nichts so zur Kraft der Vermittlung, dann kann kein N. als Negation des Wirklichen *schlechthin* aufkommen.

2.2 Wenn aber die *Frühromantik* an einem absoluten Subjekt als Quelle des Entwurfs aller Wirklichkeit festhielt und dieses zum ästhetischen Konstrukteur der Welt bestimmte, lief sie Gefahr, das *Unendliche* ergreifen und das widerständig Endliche vernichten zu wollen (vgl. JEAN PAUL).

2.3 Ähnlich verhielt es sich mit der Kritik an den großen Entwürfen der Geistesphilosophie, etwa durch SCHOPENHAUER, dessen Interesse am *Nirwana* der indischen Religion hing.

3. „N." war anfänglich Gegenstand eines Vorwurfs, kaum jedoch in sich selbst bestimmt. NIETZSCHE profilierte den N. als Alternative zu dem, was er selbst als abendländische Metaphysik betrachtete. Er wollte den N. vor allem an der **Geschichte der** →**Moral** demonstrieren. Deren Selbstauflösung münde in den N. Am Anfang lebe der Mensch nach Maßgabe einer Herdenmoral, dann entfalte er (mit PLATON) ein Wahrheitsbewusstsein, das doch nur Schein sei. Dieser lasse sich aufdecken, wenn antimoralische Interessen hinter der Wahrheit identifiziert würden. Schließlich sollte sich erweisen, dass es gar *keine Wahrheit* gibt. Der geschichtliche Abschluss wäre die „Umwertung aller Werte". Dann trete an die Stelle eines letzten Ziels, eines Telos der Geschichte und der Natur, die *Ziellosigkeit*, an die Stelle des an →Werten orientierten Willens, der „**Wille zur** →**Macht**". Die zielgerichtete Geschichte werde durch die **ewige Wiederkehr des Gleichen** ersetzt; der Wille zur Macht gehe in das befreite Spiel über.

4. NIETZSCHES Antiphilosophie hat allerdings die *ästhetische Umsetzung* des N. nicht verhindert. In Zeiten geschichtlichen Niedergangs wurde der N. zur intellektuellen Mode (BENN, JÜNGER). In der →„Kritischen Theorie" meinte man, dass der N. ein Vorwand werden könnte, doch noch einen Sinn in eine sinnlose Welt zu zwingen (ADORNO). HEIDEGGER begriff den N. als Krönung, weniger als Ende der abendländischen Metaphysik, die auf dem Willen beruhe. Er wollte nach der Metaphysik des Seins auch der des Willens (SCHOPENHAUER) absagen und das Ausbleiben des Seins bedenken.

5. *5.1* Ethisch gesehen ist der N. *inkonsequent*. Wenn nichts als nur Macht hinter der aufzuhebenden Geschichte der Menschen zu finden ist, kann es nicht einmal mehr eine kritische Analyse der Machtverhältnisse geben (gegen FOUCAULT). Sie spielen sich dann von selbst fort und lassen das menschliche Subjekt verschwinden.

5.2 Soll es dennoch etwas wie Moral oder reflektierende Ethik geben, müsste sie auf einer Entscheidung beruhen, die ohne Anhalt an einer Tradition oder einem Wertesystem ist.

5.3 Daraus lässt sich eine **ethische Konsequenz** ziehen: Der N. lässt sich nicht durch die Erkenntnis objektiv wahrgenommener Werte und ihrer Ordnungen widerlegen; denn die Werte können selbst zum Instrument der Beherrschung anderer – etwa durch Zyniker – werden. Der N. würde also auf die Moralphysik der sog. „Ideologen" in der Zeit NAPOLEONS I. antworten, der zufolge Werte der politisch-sozialen Steuerung des Volkes dienen sollten.

5.4 Demgegenüber ist zu fragen, ob Menschen nicht auch in tiefster Skepsis *von gelebten, aber vorreflexiven Sinnsetzungen* herkommen oder ob sie nicht auch in radikaler Verneinung alles dessen, was gut sein könnte, doch über sich hinaus leben und irgendwie nach einer sinnhaften Zukunft fragen (vgl. WEISCHEDEL).

6. Wenn sich die **Theologie** mit der Modeströmung des N. auseinander setzen will, wird ihr die am Leben selbst erfahrene **Negation** zum Problem. Während LEIBNIZ mit Hilfe der Wissenschaftslogik seiner ‚Theodizee' das Positive und das Negative in eine metaphysische Balance bringen wollte, kann die Theologie nach der Konfrontation durch den N. das Nichtige nicht mehr als Negation der sich durchhaltenden Position – etwa des mit der Schöpfung Gesetzten – verstehen. Sie wird die abgründige Bedrohung des Geschaffenen nicht relativieren können. Der Mensch kann dem Nichts keinen Platz in einer selbstgewählten *Ontologie* anweisen. Eine *Ästhetisierung* verbietet sich ebenso wie die Ein-

klammerung der Sinnfrage durch einen „Willen zur Macht' und ein bodenloser moralischer Dezisionismus. Der N. wurde – vor allem nach dem Zweiten Weltkrieg – zum intellektuellen Ausdruck einer sich allem verschließenden Hoffnungslosigkeit. Der Glaube muss sich hingegen der offenen Dialektik stellen, die nicht mehr die Lösung LEIBNIZ' anerkennt. Das könnte ihn von der wieder modisch gewordenen Religion unterscheiden und den Sinn der Kreuzestheologie erschließen.

7. Die theologische →Ethik wird sich gegenüber dem N. nicht zuerst auf die Evidenz Gottes und seiner Gebote berufen, sondern auf die nicht hinweg zu diskutierenden **Anderen**, die immer eine lebendige Anfrage an bloße Machtverhältnisse sind. Das Gebot der →Liebe zu Gott sichert auch die *Unverfügbarkeit des* →*Nächsten*, die dem Nihilismus und seiner Macht oder auch der Ideologie nicht das letzte Wort lässt.

G. W. F. HEGEL, Glaube und Wissen (1802), in: SW 1, 1927 – JEAN PAUL, Vorschule der Ästhetik, 1804 – A. SCHOPENHAUER, Die Welt als Wille und Vorstellung, ^{I}1819, ^{II}1844 (in: SW, hg. v. A. HÜBSCHER, Bd. II-III) – J. TURGENJEV, Väter und Söhne (russ.: 1862), 1957 – F. NIETZSCHE, Zur Genealogie der Moral, 1887 (in: KSA 5, 245–512) – H. RAUSCHNING, Die Revolution des N., 1938^3 – TH. W. ADORNO, Negative Dialektik, 1966 – K. JASPERS, Der philosophische Glaube, 1948 – CH. GRAF VON KROCKOW: Die Entscheidung, 1958 – M. HEIDEGGER, Gelassenheit, 1959 – DERS., Nietzsche, 1961 – M. FOUCAULT, L'ordre du discours, 1971 – W. WEISCHEDEL, Der Gott der Philosophen. Eine phil. Theol. im Zeitalter des N., ^{I}1971, ^{II}1972 – D. ARENDT, Der „poetische N." in der Romantik, 1972 – A. SCHWAN (Hg.), Denken im Schatten des N., FS W. Weischedel, 1975 – O. PÖGGELER, „Nihilist" und „N.", in: Archiv für Begriffsgeschichte 19 (1975), 197–210 – M. RIEDEL, Art. „N.", in: Geschichtliche Grundbegriffe 4 (1978), 390–404 – U. DIERSE, Art. „Ideologie", in: Geschichtliche Grundbegriffe 3 (1982), 131–169.

Christofer Frey

Nonprofit Organisation, freie, private

1. Definition. Nonprofit Organisationen (NPO) bezeichnen solche Organisationen, die nicht gewinnorientiert und vom Staat unabhängig operieren. Die Bezeichnung Nonprofit steht dafür, dass die erwirtschafteten Überschüsse der Organisationen nicht an die Eigentümer oder an das Management als Gewinn ausgeschüttet werden dürfen, sondern in die Erfüllung des in der Satzung festgelegten (gemeinnützigen) Zwecks reinvestiert werden müssen (H. HANSMAN 1980). Zwar dürfen wirtschaftliche Aktivitäten betrieben werden, aber nur unter der Voraussetzung, dass damit Mittel erwirtschaftet werden, die für die Verwirklichung der satzungsmäßigen Zwecke verwendet werden. Das Nichtausschüttungsgebot ist in Deutschland u. a. in der rechtlichen Bestimmung zur Gemeinnützigkeit von Vereinen verankert (§ 55 AO).

Das aus den USA stammende Konzept der NPO basiert auf der Annahme abgrenzbarer gesellschaftlicher Sektoren, namentlich des Staates, des Marktes und des Nonprofit-Sektors. Die einflussreiche, aus dem Johns-Hopkins-Projekt zum internationalen Vergleich der Nonprofit-Sektoren hervorgegangene strukturell-operationale Definition bestimmt NPO anhand ihrer institutionellen und organisatorischen Unabhängigkeit vom Staat, ihrer Fähigkeit selbst die Kontrolle über ihre Geschäfte auszuüben, dem Nicht-Ausschüttungs-Gebot, einem gewissen Grad an Freiwilligkeit in Form von freiwilligem Engagement oder freiwilligen Spenden sowie einer gewissen organisationalen Verfasstheit. Diese Definition steht in einer Spannung zum Verständnis von Organisationen des Dritten Sektors in der europäischen Tradition (L. SALAMON/H. K. ANHEIER 1992). Der Dritte Sektor wird hier stärker als intermediärer Sektor zwischen Staat, Markt und privaten Haushalten konzeptioniert. Der Begriff *Dritte-Sektor-Organisation* ist breiter gefasst und legt den Schwerpunkt auf deren Vermittlungsleistung, den sozialen bzw. gemeinnützigen Zweck der Tätigkeit und damit auf die Erwirtschaftung kollektiver Erträge.

In Deutschland werden typischerweise eingetragene und gemeinnützige Vereine, Geselligkeitsvereine, Stiftungen, Einrichtungen der freien Wohlfahrtspflege, gemeinnützige GmbHs, gemeinnützige AGs, Wirtschafts- und Berufsverbände, Gewerkschaften, Verbraucher- und Selbsthilfeorganisationen und Bürgerinitiativen als NPOs bezeichnet. NPOs können dabei sehr unterschiedlichen Zwecken dienen, die in der International Classification of Non-Profit-Organisations (ICNPO) festgehalten sind, dazu zählen u. a. Kultur und Erholung, Bildung und Forschung, Gesundheitsweisen, Soziale Dienste, Umwelt- und Naturschutz, Entwicklung, Wohnungswesen und Beschäftigung, Bürger- und Verbraucherinteressen, Stiftungs- und Spendenwesen, Internationale Aktivitäten, Religion. In Deutschland sind die Kirchen Körperschaften des öffentlichen Rechts, während sie in anderen Ländern als NPO bezeichnet werden.

2. Theoretische Begründung. In den ökonomischen Theorieansätzen zur Existenz von NPOs finden sich drei Begründungsmuster.

2.1 Theorien des Marktversagens – Staatsversagens. Der Erklärungsansatz des Markt- oder Staatsversagens (B. WEISBROD 1977) begründet die Existenz von NPOs durch Effizienzvorteile bei der Bereitstellung teilöffentlicher oder öffentlicher Güter. Öffentliche Güter zeichnen sich durch ihre Nichtrivalität im Konsum und Nichtausschließbarkeit des Konsums aus, was zu einem Versagen des Preismechanismus auf privaten Märkten führt (Marktversagen). Wenn nun zusätzlich zum Marktversagen ein Staatsversagen eintritt, also eine Bereitstellung von Kollektivgütern durch den öffentlichen

Sektor nur eingeschränkt zustande kommt, weil sich demokratische Entscheidungsprozesse an den Präferenzen des durchschnittlichen Wählers orientieren, dann treten NPOs als Bereitsteller in Erscheinung. NPOs sind nicht in derselben Weise wie der öffentliche Sektor an die Präferenzen des Medianwählers gebunden und können in ihrem Angebot auf qualitative und quantitative Nachfrageabweichungen reagieren.

2.2 Theorien des Kontraktversagens. Theorien des Kontraktversagens begründen Vorteile in der Güterbereitstellung durch NPOs in Märkten mit ungleichen Informationsbedingungen für Kunden und Anbieter. Unter Bedingungen der Informationsasymmetrie zwischen Kunden und Anbietern, können Kunden nicht problemlos Qualität und Preise von Gütern vergleichen (Kontraktversagen) und brauchen andere *Entscheidungs*kriterien für ihren Kauf (E. HANSMAN 1980). Um der Gefahr, überhöhte Preise zu zahlen oder minderwertige Qualität zu kaufen, zu entgehen, suchen Kunden nach Anbietern, denen sie vertrauen können. Nach HANSMAN ist das Vertrauen in NPOs dann größer als in privatwirtschaftliche Unternehmen, weil diese keine Gewinnausschüttung vornehmen dürfen, und so keinen Anreiz haben, überhöhte Preise zu verlangen.

2.3 Unternehmertheorien. Ein dritter Theoriestrang begründet die Existenz von NPOs nicht wie die vorangegangenen Ansätze durch die Betrachtung der Nachfragesituation, sondern über die Angebotsseite. Diese Theorien argumentieren, dass es NPOs gibt, weil es wertorientierte Unternehmer gibt (Sozialunternehmer), die kein Interesse am Profit, sondern primär an der Erreichung gesellschaftlicher oder wertorientierter Ziele haben (E. JAMES 1987).

3. Gesellschaftliche Bedeutung von NPOs. Seit 1985 wurden Studien zur Größe und wirtschaftlichen Bedeutung von NPOs in Deutschland erstellt. Aktuelle Erhebungen gehen von 615.000 NPOs in Deutschland aus, wovon Vereine (580.000) die bei weitem häufigste Organisationsform sind, gefolgt von Stiftungen (18.000), gGmbHs (9.000) und Genossenschaften (8.000) (E. PRILLER et al. 2012). In NPOs waren im Jahr 2007 2,3 Millionen Arbeitnehmer (in Vollzeitäquivalenten) beschäftigt, was 9 % der Beschäftigten in der Gesamtwirtschaft ausmacht. Der Beitrag der NPOs zum Bruttoinlandsprodukt lag bei 4,1 %. Die Zahl der Beschäftigten steigt seit den 1970er Jahren. Die meisten Beschäftigten arbeiten dabei in den Einrichtungen der freien Wohlfahrtspflege (ca. 1,7 Mio.). Darüber hinaus sind dort bis ca. 2,5 Mio. Menschen freiwillig engagiert. Die beiden beschäftigungsintensivsten Branchen für NPOs in Deutschland sind das Gesundheitswesen und Soziale Dienste. Die öffentliche Hand war 2007 für 64 % der Einnahmen verantwortlich, 32 % wurden aus Gebühren und Entgelten erwirtschaftet, während 4 % aus Spenden und Stiftungsbeiträgen stammten.

Damit liegt der öffentliche Finanzierungsanteil deutlich über dem internationalen Durchschnitt von 42 % (N. SPENGLER/PRIEMER 2011).

Dies weist auf ein besonders komplementäres und partnerschaftliches Verhältnis von Staat und NPOs in Deutschland hin, das durch die Erbringung von sozialen Dienstleistungen und Bereitstellung öffentlicher Güter durch NPOs und das →Subsidiaritätsprinzip geprägt ist. Insgesamt übernehmen NPOs klassischerweise vier Rollen in demokratischen Wohlfahrtsstaaten: als Dienstleister im Sinne der direkten Erbringung von Dienstleistungen bevorzugt in Situationen von Staats- und Marktversagen; als Innovator im Sinne eines Entwicklungs- und Testlabors für neue soziale Dienstleistungen; als werterhaltende Organisationen, die die Pluralität von Werterhaltungen und Traditionen in demokratischen Gesellschaften sicherstellen, und schließlich als Themen- und Sozialanwalt, indem unterrepräsentierte Themen und Interessen anwaltschaftlich im gesellschaftlichen Diskurs vertreten werden (KRAMER 1981).

H. HANSMAN, The role of Nonprofit Enterprise. The Yale Law Journal 98(5), 1980, 835–901 – E. JAMES, The Nonprofit Sector in Comparative Perspective, in: W. W. POWELL (Hg.), The Nonprofit Sector – A Research Handbook. New Haven and London, 1987, 397–415 – R. KRAMER, Voluntary Agencies in the Welfare State. Berkeley: University of California Press, 1981 – E. PRILLER et al., Dritte-Sektor-Organisationen heute: Eigene Ansprüche und ökonomische Herausforderungen. Ergebnisse einer Organisationsbefragung. Discussion Paper SP IV 2012, Berlin WZB, 2012, 402 – B. L. SALAMON/H. K. ANHEIER, In search oft he nonprofit sector. The question of definitions. In: VOLUNTAS Vol. 3(2), 1992, 125–151 – N. SPENGLER/J. PRIEMER, Zivilgesellschaft in Zahlen Bd. 2. Daten zur Zivilgesellschaft. Essen, 2011 – B. WEISBROD, The Voluntary Sector, Lexington, 1977.

Andreas Schröer

Norm / Normen

1. Begriff. (lat. norma = ursprünglich ein Winkelmaß, sodann „Richtschnur" bzw. „Regel"). Als N. wird eine allgemeine Vorgabe bezeichnet, an der einzelne Gegenstände oder Situationen gemessen werden. In die ethische Diskussion wurde der Begriff erst am Ende des 19. Jh.s eingeführt. Weitreichende Bedeutung erlangte er im 20. Jh. Es gibt keine eindeutige Definition. In der Biologie und →Soziologie bezeichnet N. zunächst einen Durchschnittswert. In der Technik gibt die N. einen bestimmten Herstellungsstandard wieder (z. B. DIN). Von diesen deskriptiven N.begriffen sind die Verwendungen in Rechtswissenschaft und →Ethik zu unterscheiden. Hier werden N.en in ihrer präskriptiven Funktion verwendet. Sie beschreiben keine Zustände, sondern eine Sollensforderung.

2. Rechtswissenschaft. Der N.begriff wird hier meist mit dem „Gesetz" identifiziert. Kennzeichen der

Rechtsn. ist im Gegensatz zur Verwaltungsvorschrift ihre überindividuelle Gültigkeit im Blick auf →Personen und Situationen. Eine N. besteht immer aus einer Tatbestandsbeschreibung und einer Rechtsfolge: Wenn X gegeben ist, dann soll Y geschehen. Insofern ist eine Rechtsn. stets eine Kombination aus Beschreibung und Beurteilung einer Situation oder eines Vorgangs. N.kontrollverfahren klären die Gültigkeit von Gesetzen und ihre Kompatibilität mit übergeordneten Rechtsn.en (z. B. Verfassungsrecht gegenüber Strafrecht).

3. Philosophie und Ethik. Der N.begriff verdrängt im 20. Jh. einerseits die älteren Äquivalente „Gesetz" und „Gebot", wie andererseits die ethischen Leitbegriffe „→Tugend" und „→Pflicht". Die erstgenannte Entwicklung spiegelt wieder, dass ethische Prinzipien nicht mehr als von einem Gesetzgeber (etwa Gott) verordnet betrachtet werden, sondern die →Vernunft als Urheber und Prüfinstanz moralischer Vorgaben gilt. Die Orientierung an N.en statt an Pflichten und Tugenden zeigt darüber hinaus die Dominanz des Sozialethischen (→Sozialethik) gegenüber individualethischen Problemstellungen sowie eine zunehmende Konzentration des ethischen Diskurses auf Strukturfragen unter Hintanstellung traditioneller Fragen nach der moralischen Dignität des Einzelnen. Die Debatte um N.en kreist in der ethischen Diskussion im 20. Jh. um vier Probleme: a) Wie ist das Verhältnis von deskriptiven und präskriptiven Elementen in jeder N. zu bestimmen? b) Soll die Ethik sich eher an vorgegebenen N.en oder an spezifischen Situationen orientieren? c) Sind N.en absolut oder relativ? d) Wie lassen sich N.en begründen?

3.1 Jede N. hat sowohl beschreibende als auch wertende Elemente. Diese in der Rechtswissenschaft klar erkennbare Spannung wurde in der Ethik zuweilen versucht, in die eine oder andere Richtung aufzulösen. So bewegen sich ethische Diskurse oft in der Gefahr, im Interesse der Untermauerung von Geltungsansprüchen entweder einen situationsunabhängigen, absoluten Charakter von N.en zu behaupten oder einen Sachverhalt so darzustellen, dass die in seine Beschreibung eingegangenen Wertungen unsichtbar bleiben und das gewünschte →Handeln gleichsam natürlich zwingend erscheint. Demgegenüber zeigt sich bei genauerer Betrachtung, dass alle empirischen Aussagen n.ative Aspekte beinhalten, wie sich umgekehrt vermeintlich objektive N.en immer einem bestimmten Kontext verdanken.

Der Grundspannung zwischen beschreibenden und wertenden Aspekten des N.begriffs verdankt er seine Diffusität. Diese wird auch in der unentschiedenen Verhältnisbestimmung zum Wertbegriff deutlich (→Werte).

3.2 Die in den 1970er Jahren geführte Debatte um die Alternative zwischen N.ethik und →Situationsethik ist inzwischen dem Bewusstsein gewichen, dass es sich hierbei um eine falsche Alternative handelt. Denn weder lassen sich aus allgemeinen N.en direkt Handlungsvorschläge für konkrete Situationen deduzieren, noch kann man irgendeine Konfliktsituation beurteilen, ohne – wie bewusst auch immer – N.en in Anschlag zu bringen. Es geht in der ethischen Urteilsfindung stets um die Anwendung und Modifizierung bestehender N.en im Blick auf eine konkrete Situation. Damit ist die Anerkenntnis verbunden, dass N.en relativ sind. Dieser von der Geschichtswissenschaft und Kulturanthropologie bestätigte Sachverhalt ist unhintergehbar. Das ändert jedoch nichts daran, dass N.en sich in je spezifischen Situationen begründen lassen und von daher mehr Geltung erlangen können als andere.

3.3 Die Begründung von N.en wird in der Gegenwartsphilosophie auf unterschiedlichen Wegen versucht. Übereinstimmung herrscht in der Überzeugung, dass Letztbegründungen von N.en unmöglich sind. Dennoch nimmt faktisch jeder Versuch einer N.enbegründung ein oberstes Prinzip als „regulative Idee" in Anspruch. Gegenüber substanztheoretischen Begründungsversuchen haben sich transzendental-pragmatische und diskursethische Theorien (→Diskursethik) durchgesetzt.

4. Theologie. Der N.begriff nimmt in der evangelischen Ethik – anders als im katholischen Bereich – keinen prominenten Platz ein. Der neueren katholischen Moraltheologie dient der N.begriff einer kritischen Abgrenzung vom Autoritätsanspruch des Lehramtes unter gleichzeitiger Beibehaltung des Allgemeinheitsanspruches ethischer Aussagen. Als oberste N. wird dabei die Personwürde verstanden (→Würde), die im Rahmen des Liebesgebotes in Handlungen umzusetzen sei.

In der evangelischen Theologie hat der N.begriff seinen Ort traditionell in der Bekenntnisfrage. So stellte die Konkordienformel (1577) fest, dass die →Bibel als einzige „Richtschnur und Regel" (norma et regula) (BSLK 767) zu gelten habe.

Die evangelische Ethik des 20. Jh.s hat sich dem N.begriff dagegen eher verschlossen. Darin kamen zunächst die Vorbehalte der Theologen gegenüber autonomer ethischer Reflexion zum Tragen. Später trug die Wahrnehmung der moralischen Komplexität der Neuzeit dazu bei, die Leistungskraft von N.en kritisch zu beurteilen. In der ev. Ethik wird daher gegenwärtig eher von „Kriterien" gesprochen, die in den ethischen Konflikten der Gegenwart Orientierung bieten und verantwortliches Handeln (→Verantwortung) im Blick auf die Wahrung der →Menschenwürde ermöglichen sollen.

Die Anwendung von N.en hat stets auch ausgrenzende Wirkungen. Soweit davon Menschen betroffen sind, ist das Grund zu besonderer Aufmerksamkeit. So zeigen gegenwärtige Debatten etwa im Erziehungswesen (ADHS, Gesamtschule), dass insbesondere stillschweigend vorausgesetzte Normen (z. B. Kinder müssen stillsitzen) von der Ethik bewusst gemacht und kritisch reflektiert werden müssen.

H. HOFMANN/W. H. SCHRADER, Norm, in: HWPH, VI1984, 906–920 – M. HONECKER, Einführung in die Theologische Ethik, 1990, 166–169, 211–243 – A. ANZENBACHER, Einführung in die Ethik, 1992, 110–134 – L. H. ECKENSBERGER/U. GÄHDE (Hg.), Ethische Norm und empirische Hypothese, 1993 – W. KORFF/G. HUNOLD, Normtheorie. Die Verbindlichkeitsstruktur des Sittlichen, in: HchrE, ¹1993², 114–167 – W. SCHRADER/W. KORFF/H. KRESS, Normen, in: TRE, XXIV1994, 620–643 (Lit.) – J. FISCHER, Leben aus dem Geist. Zur Grundlegung christlicher Ethik, 1994, 88–110, 196–207 – G. H. v. WRIGHT, Normen, Werte, Handlungen, 1994 – U. ZELINKA, Normativität der Natur – Natur der Normativität, 1994 – A. KAUFMANN, Rechtsphilosophie, 1997² – M.-S. LOTTER (Hg.), Normenbegründung und Normenentwicklung in Gesellschaft und Recht, 1999 – S. HAHN, Norm und Verantwortung, in: ARSP ¹⁰⁰2014, 429–449.

Christian Schwarke

Nutzen

1. N. ist sowohl ein Grundbegriff der →Ethik als auch der Lehre vom wirtschaftlichen Handeln (Ökonomik). Umgangssprachlich wird das Wort N. assoziiert mit Vorteil, →Gewinn, Ertrag oder Brauchbarkeit. Ähnlich wie „gut" oder „richtig" wird im umgangssprachlichen Gebrauch der Terminus „nützlich" verwendet als ein handlungsorientierender bzw. handlungsbewertender Begriff (→Handlung).

2. Grundthemen, Grundunterscheidungen und die Konstellation der Grundprobleme, die die ethische Behandlung des N.begriffes bis in die Gegenwart hinein begleiten, sind bereits in der antiken Ethik vorgebildet. So entwirft →ARISTOTELES in der Politik im Zusammenhang der Haushaltslehre einen ökonomischen N.begriff, wobei zwischen der Nutzung eines Gutes zum Gebrauch (Gebrauchswert) und seiner Nutzung zum Tausch (Tauschwert) unterschieden wird. In der Rhetorik und der Topik erfährt das Nützliche als Beratung über die Mittel, wodurch Zwecke erzielt werden, seine Anerkennung als eine der entscheidenden Motivationsquellen menschlicher Handlungsorientierung. In der Ethik des ARISTOTELES erfährt die enge Beziehung zwischen dem Guten und dem Nützlichen, die bereits in Rhetorik und Topik unterstellt wird, eine weitere Differenzierung, orientiert an den Grundbedeutungen des Guten. Gut ist das, was nützlich ist („bonum utile"), was lustvoll ist („bonum delectabile") oder was in sich selbst gut ist („bonum honestum"). Das Nützliche (Vorteilhafte oder Brauchbare) und der N. sind in diesem Konzept ausschließlich gut unter dem Gesichtspunkt der Relation (als Mittel) auf etwas, was gut an sich selbst oder lustvoll (angenehm) ist, nicht aber an sich in einem substantiellen oder positiv qualitativen Sinn. Die Relation zwischen dem Guten und dem Nützlichen, die Unterscheidung zwischen dem gemeinsamen N. aller („utilis communis omnium", CICERO) und dem partikularen Vorteil einiger, das Verhältnis zwischen dem N., dem Guten und dem Lustvollen und das Verhältnis von Sittlichkeit und Haushaltslehre (Ethik und Ökonomik) bilden im Lexikon der Ethik den traditionellen Kanon strittiger Grundprobleme.

3. Der Aufstieg des N.begriffes zu einem Leitbegriff der Moraltheorie setzt mit der Neuzeit ein und vollzieht sich in der praktischen Philosophie der →Aufklärung außerhalb Deutschlands. Im Rahmen der Moraltheorie erfährt der N.begriff im →Utilitarismus seine wirkmächtigste Fassung. Parallel oder in Affinität zum Utilitarismus rückt der N.begriff in das Zentrum der ökonomischen Theoriebildung. Kennzeichen der utilitaristischen Denkströmung, die vor allem durch die britische Moralphilosophie (→HOBBES, HUME, HUTCHESON) vorbereitet ist, ist die enge Verzahnung bzw. Gleichsetzung von N., Lust (pleasure) und Vorteilsorientierung. Auf der Basis einer hedonistischen →Anthropologie (→Glück) sind vor allem die Überlegungen zur quantitativen Bestimmung des N.s (BENTHAM) einflussreich. Fragen der individuellen N.maximierung, des sozialen N.s (als Maximierung des Glücks der größten Zahl) und Messbarkeitsprobleme (empirische Verifikation und rationale Kalkulation) treten in der Vordergrund der Überlegungen und bestimmen maßgeblich die weitere Theorieentwicklung.

4. 4.1 Mit der Ausdifferenzierung der Wirtschaft als einem eigenen Funktionssystem der →Gesellschaft (→Systemtheorie) rücken seit der Phase der Frühindustrialisierung Koordinationsmechanismen der Ökonomie (Konkurrenz, →Markt und →Wettbewerb, Preis und →Geld, Knappheit und Entscheidung, →Produktion, →Konsum und Güterverteilung [→Verteilung], →Arbeit und →Kapital) in das Zentrum der Aufmerksamkeit. Die klassische Frage nach dem Verhältnis von Eigennutz (Selbstinteresse, Geiz, Habgier) und gemeinem N. (Goldene Regel, Liebesgebot, →Bergpredigt) wird dabei aus dem Rahmen personaler Zuschreibung, personal-moralischer Beurteilung und Ständeordnung und Ständeethos gelöst und als Problem „unsichtbarer" Koordinationsmechanismen und Systemergebnisse thematisiert. Wirkungsvoll für die neue Verbindung von Moralphilosophie und Ökonomik ist die Metapher der „unsichtbaren Hand" (ADAM →SMITH): der freie Wettbewerb des Marktes hat den paradoxen Effekt, dass durch das Wechselspiel von Angebot und Nachfrage *allgemeiner N.* erzielt wird, obwohl alle an dem Koordinationsmechanismus beteiligten Einzelnen nur ihren *Eigennutzen* verfolgen.

4.2 Weitere Fragen der wirtschaftswissenschaftlichen Lehrbildungen bestehen in der Frage nach dem N. der Güter in Beziehung auf ihren ökonomischen Wert. Die wirtschaftswissenschaftliche Diskussion über den N. arbeitet sich dabei vor allem an der klassischen Distinktion zwischen dem *Gebrauchswert* und dem *Tauschwert* eines Gutes (value in use/value in exchange) ab. In der Ökonomik führt die Frage nach dem „principle of utility", die der Utilitarismus als Grundlage seines ethischen Denkansatzes erklärt hatte, in die Formulierung und Konkurrenz unterschiedlich orientierter *Wertlehren*. Von Bedeutung ist die Ausbildung der sog. „Grenznutzenschule" gegen Ende des 19.Jh.s. Während die objektivistischen Wertlehren (→RICARDO, →MARX) annehmen, dass der Tauschwert eines Gutes (Ware, Produkt) sich durch objektive Größen bestimmt (Produktionsbedingungen, Produktionskosten, Arbeitszeit), basiert die Grenznutzenschule auf einer subjektivistischen Wertlehre: der Tauschwert einer Ware bestimmt sich dabei an dem Gebrauchswert der letzten (an der „Grenze" liegenden) verbrauchten Gütereinheit. Für Austausch- und Kaufvorgänge ist nicht die durchschnittliche Bewertung einer Sorte von Gütern maßgebend, sondern der Wert in der Reihenfolge des Erwerbs; der Grenznutzen eines Gutes sinkt mit dem zunehmendem Konsum dieses Gutes. Mit der Grenznutzenschule wird die Mathematik zum Instrument der Wirtschaftstheorie (Berechnung und Darstellung der N.funktionen und der N.messung). Im Zuge des Ausbaus und der Verallgemeinerung der Grenznutzenschule wird die Verbindung von N. und qualitativen Gesichtspunkten subjektiver Bewertung gelöst: N. ist für alle Werte offen. Mit und seit VILFREDO PARETO (1848–1923) setzt sich die Auffassung durch, N. und N.erwartungen lediglich als Ausdruck von Präferenzen, Vorlieben und Abneigungen eines Individuums anzusehen.

4.3 Die weitere Entwicklung des präferenztheoretischen Ansatzes führt ab der zweiten Hälfte des 20. Jh.s zur Ausbildung neuer Disziplinen: zu einer Theorie der Wahlakte (*rational choice*) in Zusammenhang mit einer Theorie strategischer Spiele. *Entscheidungs-* (Folgenabschätzung und N.maximierung unter Risikobedingungen) und *Spieltheorie* (Präferenzverhalten, Wahrscheinlichkeit und N.erwartungen unter dem Aspekt von Intention, Koordination und Restriktion) bestimmen seitdem den Ausbau der ökonomischen Theoriebildung. Als heuristische Modellfiktion tritt dabei der Akteurstyp des *homo oeconomicus* seine Karriere in der ökonomischen Handlungstheorie an.

5. 5.1 An der Karriere des „homo oeconomicus" (Modellfiktion und Menschenbild) haben sich in regelmäßigen Abständen ethiktheoretische Kontroversen über die Vollständigkeit des Bildes praktischer Rationalität entzündet, das die „*rational-choice*-Modelle" bieten, so wie sie der modernen ökonomischen Theorie zugrunde liegen.

5.2 Neben der Diskussion über die Grundlagen und die Reichweite der Entscheidungstheorien besteht eines der aktuellen Grundprobleme der Ethik und der praktischen Philosophie in der Frage, wie die Unterscheidung zwischen dem N.begriff und N.erwartungen (in Anerkennung der ethischen Dimension der →Interessen, Vorlieben, Neigungen, Wünsche und Wertungen) und dem reinen Nützlichkeitsdenken (Zeitdimension: kurzfristige Vorteile; Sozialdimension: individuell begrenzte Vorteilserwägungen; Rationalitätsdimension: Verkehrung der Zweck-Mittel-Relation) zu vollziehen ist. Dabei hat sich herausgestellt, dass die Reformulierung der Relation zwischen dem Nützlichen, dem N. und dem Guten (in der Rehabilitierung der Frage nach dem guten Leben; →Güterethik) eine Schlüsselstellung für die Beantwortung der Frage nach der Unterscheidung zwischen dem N. und dem Nützlichen einnimmt.

5.3 Für die Frage, wie →Gerechtigkeit und N. in Aufnahme einer Theorie der rationalen Wahl unter Unsicherheit in ein Steigerungsverhältnis zu überführen sind, hat JOHN RAWLS im 20. Jh. den engeren utilitaristischen Denkrahmen verlassen und eine Neubegründung der Gerechtigkeitstheorie vorgelegt.

5.4 Die zahlreichen Debatten über das Verhältnis von Ökonomik und Ethik (→Wirtschaftsethik) haben gezeigt, dass die Ethik nicht erst dort beginnt, wo das Wirtschaften aufhört. N. im Spannungsfeld von Ethik und Ökonomik verlangt in der Moderne Übersetzungen zwischen den Sphären unterschiedlicher Rationalitäten, →Leitbildern, Redeweisen und Spezialethiken. Die Aufgabe der Übersetzung wird durch eine eindimensionale Normativitätsproduktion ökonomischer, sozialphilosophischer oder religiöser Ethiken nicht zu ersetzen sein.

J. V. NEUMANN/O. MORGENSTERN, Theory of Games and Economic Behavior, 1943 – JJ. RAWLS, Eine Theorie der Gerechtigkeit (1971), 1979 – G.S. BECKER, Der ökonomische Ansatz zur Erklärung menschlichen Verhaltens (1976), 1982 – M. NEUMANN, Art. N., in: HdWW, ^{V}1980, 349–361 (Lit.) – B. BIERVERT/J. WIELAND, Der ethische Gehalt ökonomischer Kategorien – Beispiel: Der N., in: B. BIERVERT/M. HELD (Hg.), Ökonomische Theorie und Ethik, 1987, 23–50 – D. BIRNBACHER, Der Utilitarismus und die Ökonomie, in: B. BIERVERT/K. HELD/J. WIELAND (Hg.), Sozialphilosophische Grundlagen ökonomischen Handelns, 1990, 65–85 – M.C. NUSSBAUM/A.K. SEN, The Quality of Life, 1992 – N. BRIESKORN/J. WALLACHER (Hg.), Homo oeconomicus: Der Mensch der Zukunft?, 1998.

Joachim von Soosten

Öffentliche Güter

Allgemein werden ö.G. durch zwei Eigenschaften charakterisiert, nämlich die Nicht- Ausschließbarkeit einzelner Nutzer, die dazu führt, dass sich kein Marktpreis für die Bereitstellung durchsetzen lässt, und eine weitgehende Nicht-Rivalität des Konsums, die die gleichzeitige Nutzung durch eine größere Anzahl von Nutzern ermöglicht, ohne dass der Nutzen für den Einzelnen eingeschränkt wird.

Ökonomisch betrachtet sind ö.G. solche, die nicht durch private Angebote auf dem Markt bereitgestellt werden, weil sich mit ihnen kein individueller Gewinn erzielen lässt, gleichwohl für ihre Produktion bzw. Bereitstellung Ressourcen aufgewendet werden müssen.

Schließlich kann die mit ihrer Nutzung verbundene Entstehung positiver externer Effekte der Grund dafür sein, dass Güter oder Leistungen überhaupt als ö.G. angeboten werden oder dass ein Angebot bereitgestellt wird, das über das hinausgeht, was über eine Versorgung allein über privatwirtschaftliche Angebote entstehen würde.

Grundsätzlich ist die Entscheidung darüber, ob und in welchem Umfang eine Leistung ein öffentliches oder privates Gut ist, das Ergebnis gesellschaftlicher und politischer Entscheidungen.

Zu den Aufgaben, die fast ausnahmslos als öffentliche Aufgaben wahrgenommen werden, gehören vor allem die Gewährleistung der inneren und äußeren Sicherheit, die sich in einer Vielzahl von Aufgaben und Institutionen konkretisiert. Wirtschaftlicher Wettbewerb und →Globalisierung sowie die wachsende Bevölkerung und Siedlungsdichte führten zu immer komplexeren Verkehrs- und Rechtsverhältnisse sowie komplexerer staatlicher Aktivität.

Gleichzeitig fand eine deutliche Akzentverschiebung im Verständnis des Sicherheitsbegriffs statt. Im United Nations Development Programm (UNDP) wird festgestellt: Menschliche →Sicherheit bedeutet →Freiheit von Furcht und Freiheit von Mangel. Die alltägliche Bedrohung durch Krankheiten, Hunger, Arbeitslosigkeit, Verbrechen, soziale Konflikte, politische Repression und Umweltschäden sollen ein Ende haben. Dazu braucht ein Gemeinwesen verlässliche Regeln, Stabilität, öffentliche Daseinsvorsorge in den Passagen menschlichen Lebens und sicheren Zugang zu allen Gütern, die für die menschliche Existenz wesentlich sind und die Individuen oder Familien nicht aus eigenen Ressourcen in ausreichendem Umfang und Qualität gewährleisten können.

Die Voraussetzungen für menschliche Sicherheit in diesem Sinn zu schaffen und dauerhaft zu gewährleisten ist eine öffentliche Aufgabe, die dafür erforderlichen Güter und Dienstleistungen, Prozesse und Strukturen sind ö.G. Dies kann an private Träger wie (Sozial-)Unternehmen oder gemeinnützige Einrichtungen übertragen werden. Wenn diese aus den o. g. Gründen keine kostendeckenden Preise für ihre Leistungen erzielen können oder sollen, ist der Staat auch verantwortlich für eine ausreichende Finanzierung der Leistungserbringer.

Parallel zu diesem Verständnis von menschlicher Sicherheit, das die Bedürfnisse des einzelnen Menschen in den Mittelpunkt stellt, entstand auch ein neues Verständnis für globale ö.G. (GPG) und Umweltsicherheit. Die Bereitstellung von GPG kann erreicht werden durch politisches Handeln (Klima, Biodiversität), die Etablierung internationaler Vereinbarungen und Institutionen (Schutz der Menschenrechte, Wirtschafts- und Geldstabilität, internationale Sicherheit und Frieden), die Bündelung und Bereitstellung von Wissen (Gesundheit, Seuchenschutz) und Bereitstellung von materiellen Ressourcen.

Dazu können u. a. die Ansätze und praktischen Erfahrungen aus Projekten der Solidarischen Ökonomie sowie aus der Theorie der Gemeingüter (Elinor Ostrom) und entsprechender Praxisprojekte maßgeblich beitragen.

Im Gegensatz zu ö.G. werden Gemeingüter nicht „produziert" sondern vorgefunden (natürliche Ressourcen, Bodenschätze). Als Gemeingüter wird all das verstanden „wovon wir alle leben". Als gemeinsames Erbe oder als kollektiv entwickelte Ressource (Sprache, Schrift, Elemente der Musik, traditionelles Heil- und Naturwissen) werden sie von einer Gemeinschaft in dem Bewusstsein gemeinsam genutzt und verwaltet, dass niemand rechtmäßig davon mehr beanspruchen kann als andere und dass alle Nutzer gemeinsam dafür Verantwortung tragen (kein Gemeingut ohne Gemeinschaft).

Gemeingüter der Zukunft könnten zu einer neuen Haltung zu →Eigentum und Besitz beitragen und damit auch zur Entwicklung neuer Gemeinschaftsformen und zu einer Revitalisierung von →Bürgertum (Citizenship) und Demokratie führen. Sie könnten zu einem neuen Bewusstsein kollektiver Interessen führen und damit auch zur Entwicklung von Alternativen zu weiterer Privatisierung und →Ökonomisierung beitragen.

A. Wagner, Grundlegung der politischen Oekonomie, 1. Theil, Leipzig 1892³, 893ff. – V. Stollorz, Elinor Ostrom und die Wiederentdeckung der Allmende, in: APUZ 28–30, 2011 – H. Zimmermann/K.-D. Henke/M. Broer, Finanzwissenschaft, 2012¹¹.

Brigitte Bertelmann

Öffentliche Wirtschaft

Von öW. bzw. von Staatsunternehmen wird dann gesprochen, wenn es sich um öffentlich rechtliche oder privatrechtlich organisierte →Unternehmen im mehrheitlichen oder vollen Eigentum des Staates oder seiner Untergliederungen handelt. Das Attribut öffentlich bezieht sich somit in der Regel auf die Trägerschaft des Unternehmens – es kann sich aber auch von ihrem Zweck her nahelegen. So kann der öffentliche Personennahverkehr (ÖPNV) auch dann als öffentliche Unternehmen (öU.) bezeichnet werden, wenn er im Auftrag der betreffenden Kommune von einem privaten Unternehmen durchgeführt wird. Ähnliches gilt nicht selten auch für die Wasserversorgung. Entsprechende Konstruktionen finden sich auch in anderen ursprünglich im öffentlichen Eigentum befindlichen Unternehmensbereichen seid es zur vermehrten Privatisierung solcher Unternehmen gekommen ist. Wichtige öU. sind zudem auch oft Körperschaften des öffentlichen Rechtes, so z. B. an prominenter Stelle die Sparkassen, die als Akteure der Finanzversorgung der →Bevölkerung ohne primäres Profitziel operieren.

Enger gefasst werden Unternehmen als öffentlich bezeichnet, wenn die öffentliche Hand die Kapital- oder Stimmrechtsmehrheit besitzt. Solche Unternehmen müssen stets einen öffentlichen Zweck verfolgen – so z. B. laut § 107 Gemeindeordnung NRW. Damit nicht vereinbar sind Unternehmen, deren ausschließlicher und vorrangiger Zweck →Gewinne sind. Innerhalb dieser Kriterien haben öU. ihre Schwerpunkte in den Bereichen Versorgung und →Verkehr (Stadtwerke, öffentlicher Personalverkehr) bei Kreditinstituten (Sparkassen, Landesbanken, Kreditanstalten für Wiederaufbau) und bei Versicherungen (z. B. Versicherungsgruppe Hannover (VGH), Provinzial – ursprünglich aus öffentlich-rechtlichen Versicherungen hervorgegangen).

Entsprechende Unternehmen gibt es in der →Markt- aber auch in der Zentralverwaltungswirtschaft. Stets gilt das rein erwerbswirtschaftliche fiskalische Unternehmen den →Gemeinden untersagt, wenn kein Bezug zu öffentlichen Aufgaben besteht. Seit dem EG-Vertrag vom 2. Oktober 1997 ist die Bezeichnung der öU. auch auf EU-Ebene eingeführt, dort als Unternehmen, die mit →Dienstleistung vom allgemeinen wirtschaftlichen Interesse betraut sind. Die Betätigung als öU. setzt einen öffentlichen Zweck voraus, der nicht oder nicht besser durch ein privates am Markt ausgerichtetes Unternehmen erbracht werden kann. Entsprechend wird laut der konventionellen marktwirtschaftlichen Argumentation ein öU. dann tätig, wenn in irgendeiner Form ein Marktversagen vorhanden ist. Das öU. dient dann – gemäß diesem Denkweg – dessen Korrektur. Auf der anderen Seite kann es auch sein, dass ein öffentliches Unternehmen als ein geeignetes Instrument der Steuerung im Bereich wirtschaftspolitischer Ordnungsstrukturen, aber auch in sozialpolitischer Hinsicht (z. B. Beschäftigungsfirmen für Arbeitslose, Werkstätten für Menschen mit Behinderungen) eingesetzt wird. So gibt es immer wieder breite Diskussionen darüber, ob nicht bestimmte grundlegende öffentliche Güter in ihrer Bewirtschaftung nicht dem privatwirtschaftlichen Erwerbsdenken ausgesetzt werden sollen, sondern ausschließlich öffentliche Dienstleister vorbehalten sein sollen, die nicht primär gewinnorientiert verwaltet werden. Dies betrifft z. B. die Bereiche Wasser, öffentlicher →Verkehr oder auch die Finanzdienstleistungen.

Infrage kommt hier auch die Bewirtschaftung von Wohnraum im Sinne sozialen Wohnungsbaus in größeren Städten. Hier haben seit der Weimarer Republik klassisch öffentlich rechtliche oder gemeinnützige Wohnungsbauunternehmen bzw. Genossenschaften das Feld weitgehend bestimmt und die Kommunen haben sich entsprechend mit Wohnungsbauprogrammen engagiert. Über diesen Weg haben sie steuernden Einfluss auf eine soziale Wohnungsbaubewirtschaftung genommen, um soziale Verwerfungen durch höchste Mieten zu vermeiden und bezahlbaren Wohnraum zur bereitstellen zu können. Herausragend in dieser Hinsicht ist nach wie vor die Stadt Wien in Österreich, die auf diese Weise besonders strikt für soziale Wohnungsmarktverhältnisse sorgt. In Deutschland ist die Situation je nach Kommune sehr unterschiedlich. Einige Kommunen haben im Zuge der neoliberalen Welle ihre →Wohnungen an private Investoren verkauft, sodass hier nicht mehr von öffentlicher Wohnungsbaubewirtschaftung gesprochen werden kann. Von stärker marktwirtschaftlich argumentierender Seite werden entsprechende Vorhaben stets als wettbewerbsverfälschend gebrandmarkt und als effizienzmindernd dargestellt.

Die öU. haben in nicht geringem Teil in den letzten 20, 30 Jahren immer mehr zu Wirtschaftseinheiten mutiert, die isomorph denen in der privaten Wirtschaft gleichen. Was ehedem dem als Abnehmer, Antragsteller, Beförderungsfall, Benutzer, Besucher, Heiminsasse, Pflegefall oder Teilnehmer bezeichnet wurde, ist mehr oder minder zum Kunden mutiert. Diese Kunde wird dann mit Mitteln der Werbung, wie auch sonst in der Wirtschaft, umworben und ihm werden spezifische Leistungen verkauft. Über dieses der privaten Wirtschaft sich angleichende Verhalten wird durchaus kritisch diskutiert, da es mit den Gemeinwohlverpflichtungen der öffentlichen Wirtschaft kollidieren kann, Kunden, wie in der privaten Wirtschaft auch, zum Kauf aller möglichen Produkte zu verleiten. Aber insgesamt gesehen werden heute von staatlichen öffentlichen Unternehmen im Bereich der kommunalen Daseinsvorsorge Dienstleistungen erwartet, die genauso flexibel und wirtschaftlich effizient erbracht werden, wie dies auch in der privaten Wirtschaft geschieht. Dafür sind in der Vergangenheit eine ganze Reihe von modernen Governance-Strukturen entwickelt worden. Der Legitimationsbedarf gegenüber der privaten Wirtschaft und den privaten Wettbewerbsmärkten ist groß und führt in dieser Hinsicht zu einer Angleichung der Strukturen. Manche der öffentlichen Unternehmen, so insbesondere im medialen Bereich (ARD, ZDF), haben sich zu Unternehmen gemausert, die im Wettbewerb mit den privaten Unternehmen nicht nur mithalten können, sondern sogar Marktführerschaft gewinnen.

Zuletzt haben öU. in der Krise der Finanzmärkte 2008/9 wieder dadurch an Legitimität gewonnen, dass sie sich nicht so stark wie private Akteure in spekulative und rein börsenorientierte Aktionen haben hineinziehen lassen und entsprechend resilienter durch die Krise kamen. Das galt in Deutschland besonders für die Sparkassen, deren Ableger Landesbanken allerdings mit zu den Treibern der →Spekulationen gehört hatten.

J. BACKHAUS, Öffentliche Unternehmen, 1980² – G. PÜTTNER, Die öffentlichen Unternehmen, 1985² – P. EICHHORN/F. W. ENGELHARDT (Hg.), Standortbestimmung öffentlicher Unternehmen in der Sozialen Marktwirtschaft, 1994 – D. BUDÄUS/P. EICHHORN (Hg.), Public – Private – Partnership, 1997 – U. CRONAUGE, Kommunale Unternehmen, Berlin 2003⁴ – F. BÖLLMANN, Formalprivatisierung kommunaler Aufgabenerfüllung, Leipzig 2007.

Gerhard Wegner

Öffentlicher Dienst

1. Begriff. Der ö. D. ist die Tätigkeit im Dienste des Bundes, eines Landes, einer Gemeinde (eines Gemeindeverbandes) oder anderer Körperschaften, Anstalten und Stiftungen des öffentlichen Rechts oder Verbänden von solchen (BVerfGE 55, 227ff.; BVerwGE 30, 81). Der ö. D. umfasst damit die Gesamtheit derjenigen Berufe, die in die Staatsorganisation eingegliedert sind. Maßgeblich für die Zugehörigkeit zum ö. D. ist weder die Wahrnehmung öffentlicher Aufgaben noch die rechtliche Ausgestaltung des Beschäftigungsverhältnisses, sondern die Rechtsform der Anstellungskörperschaft als eine juristische Person des öffentlichen Rechts. Obwohl es sich bei den Kirchen um Körperschaften des öffentlichen Rechts handelt, sind deren Beschäftigten nicht dem ö. D. zuzurechnen. Trotz ihrer formalen Stellung sind die Kirchen Träger von verfassungsrechtlich gewährleisteten Grundrechten und damit materiell nicht Teil des Staates. Das sog. kirchliche Selbstbestimmungsrecht garantiert zudem Ausgestaltungsbefugnisse abweichend vom ö. D.recht.

Nicht zum Bereich des ö. D.es zählen Personen, die in einem speziellen öffentlich-rechtlichen Amtsverhältnis stehen wie Bundes- und Landesminister, Abgeordnete oder Parl. Staatssekretäre. Ebenso wenig gehören Personen zum ö. D., die bei privatrechtlich organisierten Unternehmen tätig sind, auch wenn es sich bei diesen Unternehmen um eine Tochtergesellschaft einer juristischen Person des öffentlichen Rechts handelt und öffentliche Aufgaben wahrgenommen werden. Auch Notare und andere sog. Beliehene, welche als Private Verwaltungsaufgaben erfüllen, sind mangels Eingliederung in die Staatsorganisation keine Angehörigen des ö. D.es. Die zuletzt genannten Gruppen wären nur dann dem ö. D. zuzurechnen, wenn man dem Begriff ein weites, funktionelles Verständnis zugrunde legt.

2. Verfassungsrechtliche Grundlagen. Vorgaben zur Ordnung des ö. D.es finden sich in den Art. 33 Abs. 2–5 GG (→Grundgesetz). Art. 33 Abs. 2 GG gewährleistet zunächst allen Deutschen gleichen Zugang zu jedem öffentlichen Amte nach den Kriterien der Eignung, Befähigung und fachlichen Leistung (sog. Bestenauslese). Der Begriff des öffentlichen Amtes ist weit zu fassen, er schließt jedenfalls den gesamten ö. D. mit ein. Die Vorschrift statuiert ein grundrechtsgleiches Recht (→Grundrechte), dessen Verletzung mit der Verfassungsbeschwerde rügefähig ist. Inhaltlich erstreckt dieses sich nicht nur auf den Eintritt in den ö. D., sondern auch auf Beförderungen nach dem Eintritt. Der Begriff des Deutschen in Art. 33 Abs. 2 GG ist unionsrechtskonform (→Europarecht) dahingehend auszulegen, dass er im Anwendungsbereich der Arbeitnehmerfreizügigkeit des Art. 45 AEUV (Vertrag über die Arbeitsweise der EU) auch Unionsbürger erfasst.

Ebenfalls für den gesamten ö. D. gilt das religiöse Differenzierungsverbot des Art. 33 Abs. 3 GG: Dieses stellt sicher, dass die Zugehörigkeit oder Nichtzugehörigkeit zu einem Bekenntnis oder einer Weltanschauung keine Auswirkungen auf die Beschäftigung im ö. D. haben darf. Es handelt sich um eine für jedermann geltende spezielle Gleichheitsgewährleistung, deren Einhaltung mit der Verfassungsbeschwerde eingefordert werden kann.

Art. 33 Abs. 4 und 5 GG enthalten zusammen eine institutionelle Garantie des sog. Berufsbeamtentums. Im Gegensatz zum D.recht der Beschäftigten des ö. D.es sind die grundlegenden Strukturen des Beamtenrechts damit verfassungsrechtlich vorgegeben und unterliegen einer Bestandsgarantie. Art. 33 Abs. 4 GG beinhaltet einen sog. Funktionsvorbehalt des Berufsbeamtentums, indem er „die Ausübung hoheitlicher Befugnisse" in der Regel dauerhaft Beamten vorbehält, die „in einem öffentlich-rechtlichen Dienst- und Treueverhältnis stehen". Der Anwendungsbereich der Norm ist freilich umstritten: Einigkeit besteht lediglich darüber, dass der Bereich der Eingriffsverwaltung – d. h. wann immer der Staat mit Zwang und Befehl tätig wird – unter den Begriff „hoheitliche Befugnisse" fällt.

Bei der Ausgestaltung des Beamtenrechts muss der Gesetzgeber nach Art. 33 Abs. 5 GG die „hergebrachten Grundsätze des Berufsbeamtentums" berücksichtigten. Hierbei handelt es sich nicht nur um einen Teil der institutionellen Garantie des Berufsbeamtentums, sondern gleichzeitig um ein grundrechtsgleiches Recht. Ein Grundsatz ist hergebracht, wenn er ganz überwiegend und während eines längeren Zeitraums als verbindlich anerkannt und gewahrt worden ist. Zu den hergebrachten Grundsätzen i. S. d. Art. 33 Abs. 5 GG zählen neben dem in Art. 33 Abs. 4 GG hervorgehobenen Charakter des Beamtenverhältnisses als öffentlich-rechtlichem Dienst- und Treueverhältnis und dem Funktionsvorbehalt im Wesentlichen der besondere Status des Beamtenverhältnisses, die grundsätzliche Anstellung auf Lebenszeit, das Hingabe- und Hauptberuflichkeitsprinzip, die Treue- und Gehorsamspflicht des Beamten, die das Eintreten für die Verfassungsordnung einschließt (Verfassungstreue) und kollektive wirtschaftliche Kampfmaßnahmen ausschließt (Streikverbot), die Fürsorgepflicht des Dienstherrn, der Anspruch auf amtsangemessene Besoldung (Dienstbezüge, Alters- und Hinterbliebenenversorgung, sog. Alimentationsprinzip) und Beschäftigung, das Recht auf amtsangemessene Dienstbezeichnung, das Laufbahnprinzip, das Leistungsprinzip, der Grundsatz der unparteiischen Amtsführung, die Pflicht zur Amtsverschwiegenheit, das Haftungsprivileg des Beamten, der Anspruch auf eine Regelung der Besoldung und Versorgung sowie einer Beendigung des Beamtenverhältnisses unmittelbar durch Gesetz und die Garantie gerichtlichen Rechtsschutzes, insbesondere für vermögensrechtliche Ansprüche des Beamten. Der Gesetzgeber hat das Beamtenrecht unter Berücksichtigung dieser Grundsätze „zu regeln". Mit der Föderalismusreform I aus dem Jahr 2006 wurden in Art. 33 Abs. 5 GG jedoch die Wörter „und fortzuentwickeln" angefügt. „Berücksichtigung" bedeutet, dass dem Gesetzgeber bei der Ausgestaltung des Beamtenrechts ein weiter Spielraum eingeräumt ist, der allerdings nicht so weit reichen darf, dass ein hergebrachter Grundsatz des Berufsbeamtentums vollständig negiert wird.

Bzgl. der Rechtsverhältnisse der im Dienste des Bundes und der bundesunmittelbaren Körperschaften des öffentlichen Rechts stehenden Personen (Beamte und sonstige Beschäftigte) hat der Bund gem. Art. 71, 73 Abs. 1 Nr. 8 GG eine ausschließliche Gesetzgebungskompetenz. Im Hinblick auf das Personal des ö. D.es der Länder und Kommunen kommen dem Bund seit der Föderalismusreform I lediglich eingeschränkte Gesetzgebungsbefugnisse zu: Gem. Art. 72, 74 Abs. 1 Nr. 27, Abs. 2 GG hat er weiterhin die konkurrierende Gesetzgebungskompetenz über die Statusrechte und -pflichten der Beamten der Länder, Gemeinden und anderen Körperschaften des öffentlichen Rechts sowie der Richter in den Ländern. Das Besoldungs-, Versorgungs- und Laufbahnrecht liegt hingegen nunmehr vollständig in der Gesetzgebungskompetenz der Länder.

3. *Personal.* Die Beschäftigung im ö. D. erfolgt zum Teil in beamtenrechtlichen und zum Teil in privatrechtlichen Dienstverhältnissen (sog. Zweispurigkeit des ö. D.es). In den Kernbereichen der öffentlichen Verwaltung, insbesondere im Bereich der Eingriffsverwaltung (z. B. Polizei, Finanzverwaltung) sowie in Leitungsfunktionen sind überwiegend Beamte beschäftigt, was auch verfassungsrechtlich geboten ist. Insgesamt beträgt der Anteil der Beamten gegenüber den Beschäftigten im ö. D. jedoch weit weniger als die Hälfte. So waren im Jahr 2012 von den ca. 4,6 Mio. Beschäftigten in Bund, Ländern und Kommunen ca. 1,8 Mio. Beamte. Ebenfalls zum Personal des ö. D. zählen aufgrund ihrer Anstellungskörperschaft (Bund und Länder) die in den genannten Zahlen mit eingerechneten Richter und Soldaten. Ihre Rechtsstellung gleicht derjenigen der Beamten, erfährt jedoch in den Richtergesetzen des Bundes und der Länder und im Soldatengesetz eigenständige gesetzliche Ausgestaltungen und amtsspezifische Modifizierungen.

3.1 *Beamte.* Beamter im status- bzw. beamtenrechtlichen Sinne ist derjenige, der bei einer juristischen Person des öffentlichen Rechts (dem Dienstherrn) durch Aushändigung einer Ernennungsurkunde in ein öffentlich-rechtliches Dienst- und Treueverhältnis berufen worden ist. Die Ernennung stellt einen Verwaltungsakt dar. Die verschiedenen Aufgaben des ö. D.es werden von den Beamten in unterschiedlichen Laufbahngruppen wahrgenommen, die jeweils unterschiedliche Abschlüsse voraussetzen (Laufbahnsystem). Das aufgrund der alten Rahmengesetzgebungskompetenz des Bundes erlassene Beamtenrechtsrahmengesetz (BRRG), das weitgehende Vorgaben für die Beamtengesetze des Bundes und der Länder enthielt, wurde mittlerweile abgelöst. Die Rechtsstellung der Bundesbeamten ist im Bundesbeamtengesetz (BBG), deren Besoldung- und Versorgung im Bundesbesoldungsgesetz (BBesG) und Beamtenversorgungsgesetz (BeamtVG) normiert. Für die Landes- und Kommunalbeamten hat der Bund aufgrund seiner verbleibenden konkurrierenden Gesetzgebungskompetenz nur statusrechtliche Regelungen im Beamtenstatusgesetz (BeamtStG) getroffen. Das Besoldungs-, Versorgungs- und Laufbahnrecht für die Landes- und Kommunalbeamten findet sich in eigenen landesrechtlichen Regelungen.

3.2 *Sonstige Beschäftigte.* Die sonstigen Beschäftigten im ö. D. arbeiten auf Grundlage eines D.vertrages. Für sie gilt das zum Privatrecht gehörende Arbeitsrecht, welches jedoch für den ö. D. teilweise besonders geregelt und durch öffentlich-rechtliche Elemente ergänzt ist. So finden sich insbesondere Elemente, die dem Beamtenrecht entlehnt oder zumindest angenähert sind. Dieses besondere D.recht für die Beschäftigten des ö. D.es findet sich in Tarifverträgen. Für die Beschäftigten beim Bund und bei den Kommunen gilt seit Oktober 2005 der Tarifvertrag für den ö. D. (TVöD). Die Länder schlossen mit den Gewerkschaften 2006 einen eigenen Tarifvertrag (gesondert für Ost- und Westdeutschland) für den ö. D. der Länder (TV-L), der sich inhaltlich jedoch nur in Details vom TVöD unterscheidet. Das Land Hessen besitzt zudem einen gesonderten Tarifvertrag, ebenso wie besondere Berufsgruppen (z. B. Lehrer, Pflegedienst). Die im Bundesangestelltentarif (BAT) noch vorhandene Differenzierung zwischen Angestellten und Arbeitern im ö. D. wurde mit den neuen Tarifverträgen – TVöD und TV-L – aufgehoben. Für die Tarifbeschäftigten gibt es kein Laufbahnsystem. Die Vergütung erfolgt jedoch auch anhand von Eingruppierungen, die an entsprechende allgemein bildende Abschlüsse sowie in betrieblichen Ausbildungen oder Studiengängen erworbene berufliche Qualifikationen anknüpfen.

4. Ausblick. Die Übertragung der Gesetzgebungskompetenz bzgl. der Besoldung der Landes- und Kommunalbeamten und die Verankerung von „Schuldenbremsen" haben in den Ländern teilweise zu einer prognostizierten Absenkung der Besoldungshöhen geführt, was das Bundesverfassungsgericht veranlasst hat, für die Hochschullehrer und Richter bestimmte verfassungsrechtliche Untergrenzen festzulegen, die auch für die anderen Beamten Bedeutung haben.

M. WICHMANN/K.-U. LANGER, Ö. D.recht, 2014[7] – H. SCHELLENBACH, Beamtenrecht in der Praxis, 2013[8] – A. THIELE, in: Der Staat 49 (2010), S. 274ff.

Pia Lange

Öffentlichkeit

1. Herkunft und Wandel des Begriffs und seiner Bedeutung. Der Begriff Öffentlichkeit hat im deutschen Sprachgebrauch bis zum Beginn des 18. Jh.s keine prominente Stellung inne. Das bedeutet allerdings nicht, dass die mit ihm verbundenen Bedeutungsaspekte nicht schon zuvor sowohl in der wissenschaftlichen, v. a. juristischen und philosophischen Literatur, als auch in der offiziellen Amtssprache vertreten waren. Das Adjektiv „öffentlich" („publicus") sowie die Rede vom „Publikum" und von der „Publizität" sind weit früher fester Bestandteil des Sprachgebrauchs. L. HÖLSCHER sprach von zwei wesentlichen Bedeutungsschwellen, die das Wort „öffentlich" in seiner Begriffsgeschichte durchlaufen hat: zunächst im 17. Jh., als es um die Ausbildung des modernen Staatsrechts ging, und dann im 18. Jh. in Verbindung mit dem Vernunftdenken der Aufklärung, v. a. im Anspruch auf Publizität bei KANT (HÖLSCHER).

Im Großen und Ganzen konturierte sich das, was später als „öffentlich" auch in die Formierung des Öffentlichkeitsbegriffs an Bedeutung einging, zunächst über zwei Differenzsetzungen: Dem „Öffentlichen" stand *erstens* das *Verborgene, Geheime* gegenüber. Diese Abgrenzung, die sich auch bei der Beurteilung einer „guten Obrigkeit" (LUTHER) als Kriterium wiederfand, war bis zum 16. Jh. die maßgebliche. Vom *Öffentlichen* wurde sodann *zweitens*, wenngleich in höchst diverser Weise, das *Private* abgegrenzt. Schon seit der Antike und in der römischen Rechtstradition sprach man von „res publica" im Gegenüber zu „res privatae", was jedoch eher auf die Trennung verschiedener Herrschafts- und Eigentumsbereiche bezogen war und nicht die von jedem Bürger einklagbare Trennung eines privaten von einem öffentlichen Lebens- und Wirkbereichs meinte. Vom Recht auf Privatheit kann jedenfalls bis weit ins 20. Jh. hinein nicht die Rede sein.

Ganz unabhängig von der diffizilen Begriffsgeschichte des Öffentlichkeitsbegriffs, für die gilt, dass sie vor allem von den politischen und sozialen Entwicklungen im englischen und französischen Sprachraum geprägt wurde, sind die wesentlichen Bedeutungsfaktoren, die in das zeitgenössische Verständnis von Öffentlichkeit eingegangen sind, wesentlich älter und reichen bis in die Antike zurück. So lässt sich in gewisser Hinsicht die *Agora*, der Markt- und Versammlungsplatz des attischen Stadtstaates, als räumliche Verkörperung dessen bezeichnen, was *Öffentlichkeit* für ein selbstreguliertes, in diesem Sinne demokratisches Gemeinwesen bedeutet: Der *soziale Raum*, in welchem die Bürger über die *öffentlichen Angelegenheiten* (*res publica*) diskutieren und abstimmen. Auch der altrömische Grundsatz, der von CICERO zur ethisch-politischen Maxime ausgerufen wurde, „salus populi suprema lex", deutet an, inwiefern die öffentlichen Angelegenheiten, die durch die Gesetze geregelt werden, sich am Ort der Öffentlichkeit, nämlich für deren Repräsentanten, die Bürger, das Volk („populi"), bewähren müssen. Öffentlichkeit meint demnach einerseits den *sozialen Raum für Kommunikation als die Bedingung für selbstregulierendes, politisches Handeln*, und andererseits meint es die Menge derjenigen, die diesen Raum beleben (sollen), weil sie als *autonome Bürger* das Gemeinwesen (*res publica*) bilden.

Dabei gehört es zum Erbe der griechisch-römischen Antike, dass die Konnotation des Öffentlichen mit dem Politischen tiefer greift als nur bis zur Ebene von Recht und Staat. Weil der Mensch sowohl nach PLATON und ARISTOTELES als auch nach CICERO ein *zoon politikon* bzw. ein *animal sociale* ist, rückt das Motiv des Öffentlichen bzw. der Öffentlichkeit in den Rang eines *Anthropologicums*. Dies ließe sich bspw. schon an Platons Höhlengleichnis verdeutlichen, in welchem die Lichtmetaphorik auf den Zusammenhang von Wahrheit und ihrer öffentlichen, nicht im Verborgenen bleibenden Geltung für die im Licht der Öffentlichkeit lebenden Menschen aufmerksam macht. Entgegen der üblichen, gerade in den *Sozial- und Politikwissenschaften* sowie der *Sozialethik* dominierenden Fokussierung der *Öffentlichkeitsthematik* auf das Feld des *Politischen* und *Gesellschaftlichen*, war das Stichwort der Öffentlichkeit auch nach dem 18. Jh. Thema anthropologischer Erörterungen.

2. Öffentlichkeit in der neuzeitlichen Philosophie.
2.1 Öffentlichkeit in der Rechts- und Staatsphilosophie. Die Prominenz des Öffentlichkeitsthemas zeigt sich im 18. Jh. vor allem in der Konzeption aufgeklärter Staats- und Rechtstheorien. Exemplarisch lässt sich dies an der Philosophie I. KANTs verdeutlichen. Kants philosophisches Denken lässt sich insgesamt als Explikation des „öffentlichen Vernunftgebrauchs" auf den Feldern der Erkenntnis- und Vernunfttheorie, der Ethik sowie der Rechts-, Religions- und Geschichtsphiloso-

phie begreifen. Noch in seiner Ästhetik spielt der Begriff des „sensus communis" (KdU § 40) eine wichtige Rolle, dessen prominente Stellung in der Tradition der schottischen Aufklärungsphilosophie (SHAFTESBURY, HUTCHESON, HUME, HAMILTON) wesentlich zur Formung des ebenfalls im 18. und 19. Jh. relevant gewordenen Begriffs der „öffentlichen Meinung" beigetragen hat. Bei KANT kommen zwei grundlegende Aspekte des Öffentlichkeitsthemas zusammen: „Im öffentlichen Gebrauch seiner (des Menschen) Vernunft" meldet sich der Freiheitsanspruch der Aufklärung unter dem Ideal der Selbstbestimmung an und zugleich vermittelt das *Prinzip der Publizität* zwischen Moral und Politik, jedenfalls dann, wenn diese unter autonomen Bedingungen gedacht werden sollen. Denn alles, was politisch ist, fällt dergestalt unter das Gebot der Publizität, das besagt: Will es für alle gleichermaßen gelten, so muss es allen auch zur Kenntnis gebracht und vermittelt werden, andernfalls bliebe die freie Zustimmung aller hinfällig. Vor diesem Hintergrund wird die Rechtsdimension des Öffentlichen bei Kant deutlich: „Alle auf das Recht anderer Menschen bezogenen Handlungen, deren Maxime sich nicht mit der Publizität verträgt, sind unrecht." (EwF 381) So wie das Prinzip der Publizität als Öffentlichkeitskriterium für die legitime Ausgestaltung von Recht und Politik ausschlaggebend ist, so notwendig sieht Kant das freie „Publikum" als Subjekt jener Öffentlichkeit, als Bedingung für die Durchsetzung einer aufgeklärten Denkungsart. Hier zeigt sich, was J. HABERMAS in seinen historischen Analysen als *Strukturwandel der Öffentlichkeit* herausgearbeitet hat: die *Transformation von Staat und Gesellschaft* um 1800 durch Herausbildung einer auf *Meinungsbildung und Pressefreiheit* (→ Massenmedien; → Meinungsfreiheit) gegründeten, an Diskussion in Zirkeln und kleineren Gesellschaften interessierten, zunächst literarischen, „bürgerlichen" Öffentlichkeit, die langfristig auch das Machtverhältnis zwischen den politischen Herrschaftsstrukturen und den breiten Gesellschaftsschichten unter Druck brachten.

Natürlich gilt dies für Staaten, die längst parlamentarische bzw. demokratische Strukturen aufwiesen, in verstärktem Maße. So wird die „öffentliche Meinung" als Organ und Stimme der Öffentlichkeit bei einflussreichen Denkern wie J. ST. MILL und A. DE TOCQUEVILLE in der Mitte des 19. Jh.s zu einem wichtigen Thema für ihre Betrachtungen zum Funktionieren einer freiheitlichen Gesellschaft und eines demokratischen Staates. Demgegenüber wurde in Deutschland das Thema der Öffentlichkeit vor allem durch HEGEL besetzt. Im Unterschied zu liberalen Traditionen verpflichteten Denkern, wie KANT, stellt er die Öffentlichkeit in das *Spannungsfeld* von dem den *konkreten Allgemeinwillen repräsentierenden Staat* und der von *Gegensätzen privater Interessen und Bedürfnissen geprägten bürgerlichen Gesellschaft*. HEGELS Öffentlichkeitsverständnis, wie es in seiner Rechtsphilosophie (RPhil § 315) entfaltet wird, bleibt von daher ambivalent. Auf der einen Seite weist er der (korporativen) Öffentlichkeit als Bildungsmittel für die *öffentliche Meinung* einen wichtigen Stellenwert zu, auf der anderen Seite bleibt diese aber gegenüber dem Staat als Institution vollendeter sozialer Vermittlung weit zurück. Anhänger einer „offenen Gesellschaft" (POPPER) haben ihn deswegen im gleichen Atemzug wie MARX zu deren Feinde erklärt.

Auf HEGEL haben sich immer wieder Denker berufen, die vor einer Überidealisierung des Prinzips der Öffentlichkeit für das Zustandekommen und das Funktionieren demokratischer Strukturen warnten. So lässt sich als ein typisches Merkmal liberalkonservativer Politiktheorien ausmachen, dass diese zumeist harte rechtsstaatliche Institutionen (→ Staat; → Grundrechte) mit gewachsenen sittlichen Formationen wertschätzen, wohingegen dem öffentlichen Austausch und Organisieren von Interessen im Sinne diskursiver Meinungs- und Willensbildungsprozesse weniger Aufmerksamkeit gezollt wurde. Das hat zwar mit der Wiederentdeckung der Zivilgesellschaft als Thema politischer Theorie zu erheblichen Modifikationen geführt, dennoch bleibt die Einschätzung und die Einordnung von Öffentlichkeit als eines sozialen Gestaltungs- und Machtraums eine umstrittene Angelegenheit zwischen sog. „realistischen" und sog. „anspruchsvollen" Demokratietheoretikern (PETERS).

2.2 Öffentlichkeit als Thema der Anthropologie. Am Problem der gesellschaftlichen und politischen Öffentlichkeit und ihrer Organisation spiegelt sich nicht nur das Verständnis von Politik und ihrer Rolle für die menschliche Lebensführung wider. Vielmehr erfährt man damit zugleich etwas Grundlegendes über die menschliche Lebensform überhaupt. Zumindest ist es dieser Impuls, der Denker wie H. ARENDT und H. PLESSNER dem Öffentlichkeitsbegriff eine grundsätzliche *anthropologische Relevanz* einräumen lässt. Bei Arendt ist die Öffentlichkeit der öffentliche Raum des Gemeinsamen, in dem die kulturellen Leistungen, die Menschen, vor allem durch politisches Handeln, zustande bringen, ihre Wirkung entfalten. Entscheidend ist, dass hier die einzigartigen Fähigkeiten des Menschen – Sprechen und Denken – zur gemeinsamen Lebensgestaltung beitragen, die letztlich die individuelle Existenz des Einzelnen überdauern kann, und insofern als kulturstiftend anzusehen ist. Bei ARENDT, wie schon bei K. JASPERS und später auf ganz andere Weise bei J. HABERMAS, wird die *Öffentlichkeit als Verkörperung der kommunikativen*, d. h. vor allem *sprachlichen und politischen, Verfasstheit des Menschen* ausgezeichnet. Sie greift von daher weit über den engeren politischen Rahmen hinaus und wird im Grunde zu einer *Kulturkategorie mit stets ethischer Prägung*.

Dem nicht unähnlich, aber stärker die Auseinandersetzung um „Gemeinschaft und Gesellschaft" (TÖN-

NIES) thematisierend, hat der Anthropologe H. PLESSNER der Öffentlichkeitsfigur eine wichtige Stellung in seinem Denken eingeräumt. Für PLESSNER bedarf der Mensch sowohl Formen der Gemeinschaft, die auf geistige oder physische Nähe aufbauen, als auch Formen der Gemeinschaft, die durch ihre prinzipielle Offenheit in die Ferne reichen und daher die ersteren Formen übergreifen können. Öffentlichkeit kann als fluide Größe fungieren, als „ein offenes System von Vorkehrungen", die als „systematisierte", z. B. als Staat, auf öffentlich wahrgenommene Probleme reagieren kann und die „zwischen einer unbestimmten Zahl von Personen" als ein „unausschreitbarer, offener Horizont" (PLESSNER) besteht. Man sieht hier, dass dieser prozedurale, gleichwohl auf einer anthropologischen Beobachtung beruhende Öffentlichkeitsbegriff so offen ist, dass er auch neue Formen von Öffentlichkeit, wie etwa die *global postulierte* oder *medial inszenierte Weltöffentlichkeit* zu fassen vermag.

Diese verschiedenen Ansätze verbindend und in Kantische Bahnen lenkend, hat unlängst V. GERHARDT die Öffentlichkeit zur *politischen Form des Bewusstseins* erklärt. Für ihn sind alle Formen der Gesellschaft, und *eo ipso* der Politik wie der autonomen Moral, fundiert in der Fähigkeit des Menschen, dank seines Bewusstseins einen öffentlichen Raum mit anderen und in der Welt zu teilen und zu gestalten. Erst darüber kann dann auch die Leistung und Funktion des Rückzugs aus der Öffentlichkeit verständlich gemacht werden, ohne die Selbstbestimmung und Individualität der einzelnen Personen sich nicht auszudrücken vermag.

2.3 Öffentlichkeit und Demokratietheorie. Die Relevanz von Öffentlichkeit und der mit ihr zusammenhängenden Momente der „öffentlichen Meinung" und der Publizität zeigt sich nirgends deutlicher als in den empirischen und normativen Überlegungen zur →*Demokratie als Staats-* und *als darüber hinaus greifende Lebensform*. In diesem Zusammenhang ist es J. DEWEY gewesen, der unter dem Stichwort der „Öffentlichkeit und ihrer Probleme" seine politische Philosophie und Demokratietheorie verhandelt hat. In Kritik an Überlegungen, wie diejenigen von W. LIPPMANN, der ein Grundproblem von Demokratien darin sieht, dass sie mit einem Konzept des „omnikompetenten Individuums" als dem allseits aufgeklärten und interessierten Bürger operieren muss, plädiert DEWEY demgegenüber – vor einer Expertokratie warnend – für ein umfassenderes Konzept von Demokratie, das sich handlungslogisch über den Aufbau verschiedener Öffentlichkeiten ergibt. Öffentlichkeiten entstehen immer dann, wenn Subjekte oder in Assoziationen zusammengeschlossene Handlungspartner so agieren, dass die Folgen ihres Handelns auch unbeteiligte Dritte trifft. Dann entsteht das *Problem der Öffentlichkeit*, d. h. die Notwendigkeit zur strukturierten Kontrolle bzw. Steuerung solcher komplexen Handlungsvorgänge. Der *Staat* darf dann als die *Öffentlichkeit der* verschiedenen *Öffentlichkeiten* gelten, in der jene öffentlichen Handlungs- und Steuerungsprobleme angegangen werden, die Auswirkungen auf alle, wenngleich in unterschiedlichem Maße, zeitigen. Entscheidend ist dabei, dass dieses *Modell von sozialer und politischer Öffentlichkeit als Demokratie* davon lebt, dass es stetige Debatten unter allen darüber geben muss, was als „öffentlich" und was als „privat" zu gelten hat. *Demokratie* als *egalitäre, umfassende Lebens-* und nicht nur *Regierungsform* ist die *kultivierte* und *institutionalisierte Praxis von Kommunikation*. Diese aber erfolgt im *sozialen Raum der Öffentlichkeit*, in der die einzelnen Akteure zu *geteilten Praxen der Koordination* und *Kooperation* finden können.

DEWEYS Konzeption von Öffentlichkeit ähnelt in manchem den späteren Ausführungen von J. HABERMAS. Dieser vertritt eine normative Konzeption von politischer Öffentlichkeit im Rahmen seiner deliberativen Demokratietheorie. Dabei übernimmt Öffentlichkeit keine spezifische Funktion innerhalb der demokratischen Gesellschaftsordnung, sondern stiftet vielmehr einen *sozialen Kommunikationsraum*, der durch seine *nicht institutionalisierte* Form die Möglichkeit bildet, einerseits *zwischen den privaten und den politischen Sphären* ein *Scharnier* zu bilden, andererseits den zivilgesellschaftlichen Akteuren (d. h. potentiell allen Bürgern) die Forcierung öffentlicher Meinungen erlaubt, die als kommunikative Macht – auf weite Strecken gegenüber der Administration – das Krisen-, Kritik- und Erneuerungspotential demokratischer Autonomie darstellt.

HABERMAS operiert mit einem *normativen Begriff* von Öffentlichkeit, der jedoch auch auf eine *empirische Basis* bezogen bleiben muss. Die wichtigsten Überlegungen zu einem disziplinär übergreifenden, empirische und normative Perspektiven integrierenden und deswegen für die Sozialethik besonders fruchtbaren Begriff bzw. Konzept von Öffentlichkeit stammen von B. PETERS. Öffentlichkeit hat nach ihm drei Grundbedeutungen: Als Begriff verweist sie (a) auf *institutionalisierte Handlungssphären*, (b) auf *Formen der Kommunikation* und *des Wissens*, und (c) auf eine *soziale Handlungssphäre*. Als grundlegende Merkmale dieser dritten Bedeutung nennt er *Gleichheit* und *Reziprozität*, *Offenheit* und *adäquate Kapazität* sowie die *diskursive Struktur*. Fließen die ersten beiden Bedeutungen in die Konturen der Öffentlichkeit als sozialer Handlungssphäre mit ein, so ist deren grundlegende *Funktion* diejenige der *Bildung von reflektierten öffentlichen Meinungen, Überzeugungen* und *Urteilen über relevante kollektive Probleme und Herausforderungen*. In diesem Konzept wird sowohl auf empirische Beobachtungen zurückgegriffen, von denen her Politik- und Sozialwissenschaften von (kritischen) Öffentlichkeiten in Gesellschaften reden, als auch die normativen Momente rekonstruiert, die immer schon in einem Begriff von Öffentlichkeit enthalten sind. Dabei verhilft diese doppelte Herangehensweise auch zu Kriterien für eine normative Fortschreibung des Konzepts von Öffentlichkeit angesichts der *Ausdifferenzierung, Fragmentierung* und *medialen Virtualisierung* gesellschaftlicher Bereiche. Ein offenes Problem ergibt sich zudem aus der engen Verzahnung eines diskursiven Kommunikationsideals mit der Konzeption von Öffentlichkeit; andere Aushandlungsstrategien, die den sozialen Raum und insbesondere die Politik beherrschen, fallen demgegenüber als defizitär ab. Auch daran entzündete sich stets die Kritik „realistischer" Ansätze angesichts des idealistischen Moments solcher Konzeptionen und Theorien.

3. Öffentlichkeit als Problem der Ethik. Aus der Mehrperspektivität, die dem Öffentlichkeitsbegriff im philosophischen und politischen Denken der Neuzeit zuteil geworden ist, lässt sich seine Bedeutung für die gegenwärtige, sozialethische Theoriebildung erschließen. Zum einen ist das Thema der Öffentlichkeit, wie bei DEWEY gesehen, geeignet, den prinzipiellen Bereichsbestand sozialethischer Theorien genauer abzustecken. Statt nach Individual- und Sozialethik ließe sich dann eher nach der Grenze zwischen Öffentlichkeit und Privatheit fragen (3.1). Zum zweiten lässt sich der mediale Wandel, den unsere Gegenwart dank der Digitalisierung und der neuen Möglichkeiten sozialer Netzwerke z. Zt. durchläuft, auch als ein grundsätzlicher Wandel der Formen von Öffentlichkeit begreifen, insofern dieser Wandel nicht nur einzelne Segmente, z. B. die Presse- und Medienlandschaft, betrifft (3.2). Schließlich erlebt drittens die alte Fragestellung nach dem Rang der Öffentlichkeit als gesellschaftliches Bindeglied zwischen den eigentlich politischen, nämlich staatlichen Instanzen einerseits und dem privaten Bereich persönlicher Interessen andererseits, eine Wiederauflage, nämlich in der Frage nach einer europäischen Öffentlichkeit, mit der sich sowohl das häufig diagnostizierte Demokratiedefizit der EU-Institutionen abmildern als auch die politische Form der Union überhaupt erst konstituieren ließe (3.3.). Diese drei – den Bereichen der Fundamental-, der politischen und der Medienethik – entnommenen Probleme sollen auf die grundsätzliche Bedeutung der Öffentlichkeitsthematik für die sozialethische Theoriebildung verweisen. Ihre Auswahl ist daher sowohl exemplarischer als auch paradigmatischer Art.

3.1 Die Grenze zwischen Öffentlichkeit und Privatheit. Die Grenze zwischen Öffentlichkeit und Privatheit ist zu einem wichtigen Grundsatzthema im 20. Jh. geworden. Insbesondere in demokratischen Gesellschaften, die auf liberale Verfassungstraditionen zurückgehen, gab es immer wieder heftige Auseinandersetzungen um die legitimen Grenzziehungen zwischen Öffentlichem und Privatem, standen damit doch zugleich die Freiheitsspielräume der Individuen und die Eingriffsrechte des Staates auf dem Spiel. Zwar kennt die deutsche Rechtsprechung – anders als ihr US-amerikanisches Pendant – kein gerichtlich verbrieftes Recht auf Privatheit („right of privacy"). Dennoch kämpfen die Gerichte auch hierzulande mit analogen Problemfällen. Besonders massiv stellt sich die Frage nach der stets fluiden, von daher auch rechtlich, politisch wie ökonomisch verschiebbaren Grenze zwischen öffentlicher und privater Sphäre z. Zt. im Bereich der informationellen Selbstbestimmung und des →Datenschutzes. Zieht man DEWEYS Kriterium der Differenzsetzung von Öffentlichkeit und →Privatsphäre heran, zeigen sich schnell deren Grenzen. Denn was im klassisch öffentlichen Raum als private Assoziation gilt, von deren Agieren nur ihre Mitglieder, aber keine unbeteiligt Dritte betroffen sind, ist für die digitale Welt des Netzes so gar nicht mehr eindeutig identifizierbar.

Auch in einer anderen Hinsicht zeigt sich, wie sensibel sich die Grenzziehung zwischen öffentlichen Angelegenheiten und privaten Interessen derzeit gestaltet. Im Zuge der neuen Bedrohungen durch internationale terroristische Bewegungen kommt es erneut zur Frage, wie viel an Freiheitseinschränkungen dem Einzelnen zuzumuten ist, um dem öffentlichen Gut an Sicherheit gerecht zu werden. Auch hierbei steht zur Debatte, inwiefern eine begrenzte, nämlich den Sicherheitsinteressen dienende, Öffentlichkeit (konkret: Polizei, Verfassungsschutz) unter Abschirmung der breiteren Öffentlichkeit in die unmittelbare *Privatsphäre der Einzelnen* eingreifen darf. Die beiden Beispiele belegen, dass sowohl die Frage nach dem, was unter ethischen Gesichtspunkten „verborgen" im Schutz der Intim- und Privatsphäre bleiben soll und was öffentlich gemacht werden muss – die Frage nach der *Transparenz* in der Politik und dem „gläsernen Mandatsträger" wäre ein weiteres Beispiel – als auch die Definitionshoheit über das, was „*private*" und was „*öffentliche*" Angelegenheiten sind, stets neuer Klärung bedarf, und zwar sowohl seitens des Rechts und der Politik als auch seitens der zivilgesellschaftlichen Öffentlichkeit (RÖSSLER).

3.2 Der mediale Wandel der Formen von Öffentlichkeiten. Von jeher ist das Thema der Öffentlichkeit bezogen auf die Generierung öffentlicher Meinungsbildungsprozesse. Insofern ist Öffentlichkeit ein Grundthema der *Medienethik*, da *Medien*, ob nun als „vierte Gewalt" verstanden oder nicht, die wichtigsten *Instrumente* sind, um eine *kommunikative Verständigung über die politischen* und *gesellschaftlichen Herausforderungen* und ihre *Lösungen* herzustellen (FILIPOVIC). Durch den rasanten Wandel in der Medien- und Kommunikationstechnologie, der beinahe alle Lebensbereiche durchdrungen hat, sind neue Formen der sozialen Vernetzung und damit neue Formen von Öffentlichkeit (via Netz) möglich geworden, deren Spezifikum es ist, sowohl räumliche als auch zeitliche Grenzen weitgehend überwunden zu haben. Damit verflüssigen sich die Grenzen und Konturen von Öffentlichkeit, aber auch die Grenzen von *öffentlicher* und *privater Kommunikationssphäre*. Hinzu kommt ferner, dass mit den neuen Medien auch die *Standards* dessen, was diskursive Kommunikationsformen ausmachen und was als relevante Informationen in die *Meinungsbildungsprozess* einfließt, zerfließen. Verstärkt wird dies durch den wachsenden Einfluss ökonomischer Interessen, aber auch *demoskopischer Methoden* (→ Meinungsforschung) in allen Bereichen der Massenkommunikationsmittel (→ Massenmedien). Schließlich ist auch das weitverbreitete Bild zu hinterfragen, ob mit dem *digitalen Wandel* die *Egalisierung* von Öffentlichkeiten wirklich ihrer umfassenden Realisierung näher kommt. Denn so offen die Weiten der digitalen Öffentlichkeiten sind, so diffus sind ihre Konturen, da anders als in den klassischen Öffentlichkeiten die Möglichkeit zur *Anonymität* viel stärker gewahrt bleibt. Zwar lässt sich mit der *weltweiten Vernetzung ein transnationales Bewusstsein gemeinsamer Verbundenheit angesichts geteilter Probleme* vermitteln und insofern hat der mit der digitalen Revolution verbundene mediale Wandel die *Möglichkeit einer wirklichen Weltöffentlichkeit als sozialem Raum für das gemeinsam zu Gestaltende* allererst geschaffen. Dennoch bleibt es eine offene Frage, wie sich diese neuen *user*-orientierten digitalen Öffentlichkeiten zu den durch politische und rechtlichen Rahmenstrukturen gebildeten Öffentlichkeiten nationaler und transnationaler Art verhalten. Ein *Digital Divide*, d. h. die soziale Spaltung im Umgang mit den neuen Medien verbunden mit einer Aufmerksamkeitsverlagerung weg von den öffentlichen hin zu den privaten Interessen, die bekanntlich auch politischer Art sein können, ist jedenfalls nicht auszuschließen (HONNETH). An den Folgen, die uns der *Transformationsprozess* der *Formen* und *Foren von Öffentlichkeiten* durch den medialen Wandel vor Augen führt, zeigt sich einmal mehr, dass die für die Sattelzeit der Moderne diagnostizierte *Herausbildung der politischen aus der bürgerlichen Öffentlichkeit als Ausdruck* und *Form von Volkssouveränität* kein ein für alle Mal gesicherter Prozess ist, dem jedoch mittels der neuen technischen Bedingungen des *World Wide Web* zugleich auch neue Impulse gegeben werden könnten.

3.3 *Die Frage nach einer europäischen Öffentlichkeit.* Wenn Öffentlichkeit nicht nur als in eine Vielzahl kultureller Sparten diversifizierte Teilöffentlichkeiten verstanden werden, sondern weiterhin als Ort der politischen Meinungs- und Willensbildungsprozesse gelten, mithin als politische Kategorie ernstgenommen werden soll, dann stellt sich mit Blick auf den europäischen Integrationsprozess in besonderem Maße die Frage, wie es zu einer europäischen Öffentlichkeit kommen kann, die den Besonderheiten dieses transnationalen, rechtlich-politischen Gebildes (der Europäischen Union) Rechnung trägt. Hier zeigt sich zunächst die Bedeutung der Medien für die Konstitution und permanente Restitution von Öffentlichkeiten als soziale Bewusstseinsräume. Denn es genügt für das anspruchsvolle Ideal und Ziel einer europäischen Öffentlichkeit, die auch das Organ politischen Bewusstseins und der Willensbildung wäre, nicht, lediglich den europapolitischen Themen mehr Berichtszeit einzuräumen. Vielmehr gehört es zur Medienberichterstattung, aber auch zur Aufgabe der europapolitischen Akteure, per Agenda-Setting und anderer Maßnahmen zur Erzeugung eines europäischen Problembewusstseins beizutragen, so dass die Herausforderungen als gemeinsame wahrgenommen werden. Erst dann zeigt sich, ob es im diskursiven Austausch der Argumente eine umfassende Legitimationsbasis sowohl für die politische Grundstruktur wie für die einzelnen Maßnahmen und Entscheidungen gibt. Das Wagnis, das hier als *Lernprozess* zugleich ein *Experiment* darstellt, ist die Chance, für eine *transnationale Demokratie* eine *transnationale*, aber eben *nicht konturlose Öffentlichkeit* herauszubilden. Nicht nur müssen die politischen Interakteure öffentlich unter Beobachtung stehen, sondern die einzelnen nationalen Öffentlichkeiten müssen sich selbst wechselseitig beobachten, im Austausch miteinander stehen und darüber versuchen, eine *kollektive Identität* zu bilden, die nachgerade nicht einzelne kulturelle Identitäten zu ersetzen, wohl aber in eine weitere Öffentlichkeit hineinzustellen vermag. Am Problem der europäischen Öffentlichkeit wird somit deutlich, dass die ethische Aufgabe zur Konstitution, Stabilisierung und Erneuerung von Öffentlichkeiten als soziale Räume der Integration und Identifikation keineswegs auf einzelne Professionen (Politik, Medien) beschränkt ist, sondern auch anderen zivilgesellschaftlichen Akteuren obliegt.

4. **Öffentlichkeit und Theologie.** Öffentlichkeit als sozialer Raum *bzw.* Öffentlichkeiten *als* soziale Foren von Diskussion, Partizipation und Mitgestaltung von öffentlichen Angelegenheiten sind als Theorieparameter in den letzten vierzig Jahren auch für eine Standort- und Aufgabenbestimmung der Theologie herangezogen worden. Einschlägig hierfür ist vor allem der Versuch von D. TRACY, Theologie als „public discourse" mit unterschiedlichen Öffentlichkeiten zu verknüpfen. Dieser Grundgedanke sog. Öffentlicher Theologie verortet Theologie damit zugleich in den drei Foren der gesellschaftlichen Öffentlichkeit („society"), der Wissenschaft am Ort der Universität („academy") sowie in den Kirchen („churches"). Je nach Bezugspunkt hat die Theologie ihrer Aufgabe in unterschiedlicher Argumentations- und Darstellungsform zu entsprechen. TRACYs Ansatz will nicht nur der pluralen Verortung christlicher Gemeinschaften und Gruppen in ausdifferenzierten Gesellschaften Rechnung tragen, sondern auch der Pluralität von Vernunftpraktiken in den diversen Öffentlichkeiten gerecht werden.

Orientiert sich diese Öffentliche Theologie daran, dass es Öffentlichkeit in pluralistischen und demokratischen Gesellschaften streng genommen nur im Plural geben kann und dementsprechend mit einer *Pluralität an Weisen öffentlichen Vernunftgebrauchs* gerechnet werden muss, so rekurrieren im deutschsprachigen Raum die Ansätze öffentlicher Theologie stärker an einer thematischen Fokussierung auf „öffentliche Angelegenheiten" (F. HÖHNE). Das hat zum einen mit der veränderten Wahrnehmung und Verantwortung von Kirche („Öffentlichkeitsauftrag") in einer als →Zivilgesellschaft begriffenen Öffentlichkeit zu tun (W. HUBER, →Öffentlichkeit und Kirche). Zum anderen stehen die Vertreter einer *Öffentlichen Theologie* selbst in der *Tradition evangelischer Sozialethik* und verstehen sich somit als Anwälte einer sozialethische Perspektiven und Probleme in den Fokus rückenden Theologie. Damit rücken der Begriff und das Thema der Öffentlichkeit in den Rang eines Rahmentheorems zur Verortung und zur Verantwortung theologischen und kirchlichen Denkens und Handelns. Insofern erhält das „publice docere" aus CA XIV ein neues Eigengewicht, das für eine die Botschaft des Evangeliums unter sozialen Rahmenbedingungen und Fragestellungen zu rekonstruierende Theologie und Ethik nur von Vorteil sein kann.

M. T. CICERO, Über die Rechtlichkeit (De legibus), 1969 – L. HÖLSCHER, Art. Öffentlichkeit, in: Geschichtliche Grundbegriffe. Historisches Lexikon zur politisch-sozialen Sprache in Deutschland, Bd. 4, hg. von O. BRUNNER/W. CONZE/R. KOSELLECK, 1978, 413–467 – K. POPPER, Die offene Gesellschaft und ihre Feinde, 2. Bde., Tübingen 1980⁶ – D. TRACY, The Analogical Imagination. Christian Theology and the Culture of Pluralism, Crossroad, 1981 – I. KANT, Beantwortung der Frage: Was ist Aufklärung? (1784), in: Kant. Werke in sechs Bänden, Bd. VI: Schriften zur Anthropologie, Geschichtsphilosophie, Politik und Pädagogik, hg. von W. WEISCHEDEL, Darmstadt ⁵1983, 51–61 – DERS., Zum ewigen Frieden. Ein philosophischer Entwurf (1795), in: Kant. Werke in sechs Bänden, Bd. VI, 191–251 – G. W. F. HEGEL, Grundlinien einer Philosophie des Rechts oder Naturrecht und Staatswissenschaft im Grundrisse, Werke Bd. 7, 1986 – J. HABERMAS, Strukturwandel der Öffentlichkeit. Untersuchungen zu einer Kategorie der bürgerlichen Gesellschaft. Mit einem Vorwort zur Neuauflage, 1990 – DERS., Faktizität und Geltung. Beiträge zur Diskurstheorie des Rechts und des demokratischen Rechtsstaats, 1992 – J. DEWEY, Die Öffentlichkeit und ihre Probleme (1927), hg. und mit einem Nachwort versehen von H.-P. KRÜGER, 1994 – W. LIPPMANN, Public Opinion (1922), 1997 – W. HUBER, Kirche in der Zeitenwende. Gesellschaftlicher Wandel und Erneuerung der Kirche, 1999 – B. RÖSSLER, Der Wert des Privaten, 2001 – H. PLESSNER, Grenzen der Gemeinschaft. Eine Kritik des sozialen Radikalismus (1924), in: Gesammelte Schriften Bd. V: Macht und menschliche Natur, Frankfurt/M. 2003, 7–133 – H. ARENDT, Vita activa, oder Vom tätigen Leben, 2006⁴ – B. PETERS, Der Sinn von Öffentlichkeit. Mit einem Vorwort von J. HABERMAS, 2007 – V. GERHARDT, Öffentlichkeit. Die politische Form des Geistes, 2011 – A. HONNETH, Das Recht der Freiheit. Grundriß demokratischer Sittlichkeit, 2011 – A. FILIPOVIC/M. JAECKEL/CHR. SCHICHA (Hg.), Medien- und Zivilgesellschaft, 2012 – F. HÖHNE, Öffentliche Theologie. Begriffsgeschichte und Grundlagen (ÖTh 31), 2015.

Christian Polke

Öffentlichkeit und Kirche

1. Begriff der Ö. „Ö." ist in der deutschen Sprache ein Kunstwort des späten 18. Jh.s. Es gehört zu den Neubildungen dieser Schwellenzeit, die auf die politisch-gesellschaftlichen Verschiebungen der Neuzeit reagieren. In dieser Zeit tritt die bürgerliche →Gesellschaft als eigenständige Größe zwischen die Sphären des →Staates auf der einen, des Hauses auf der anderen Seite.

Die Bipolarität von Staat und Haus, von *polis* und *oikos*, von *praxis* im politischen Gemeinwesen und *poiesis* in der wirtschaftlich-familiären Einheit des Hauses bestimmte die Lebenswirklichkeit wie die Theoriebildung seit den Stadtstaaten der griechischen Antike. Ihr entspricht ein Sprachgebrauch, der zwischen dem Politischen und dem Öffentlichen nicht unterscheidet. Auch die römische Antike differenziert nicht zwischen diesen beiden Perspektiven, wie die Rede von der *res publica*, der Republik, zeigt.

Die christliche K., die in ihren Anfängen weithin auf die Sphäre des Hauses beschränkt war, musste sich im Lauf der ersten christlichen Jahrhunderte mühsam den Weg zur Anerkennung ihres politisch-öffentlichen Anspruchs bahnen. Die daraus entstehenden Konflikte wurden in der Lehre von den zwei Schwertern in ein durchaus realistisches Bild gebracht. Dass die Verantwortung der K. sich weiterhin auf das Haus genauso bezog wie auf den Staat, kam in den Konzeptionen zum Ausdruck, die eine dreifache Gliederung des Gemeinwesens enthielten. Unter ihnen ist die Lehre von den drei Ständen – *politia, oeconomia, ecclesia* – die auch für den Protestantismus folgenreichste geworden.

Im Übergang zur Neuzeit ergibt sich eine doppelte Verschiebung: Einerseits emanzipiert sich die Wirtschaft vom Haus und wird zu einer eigenständigen gesellschaftlichen Größe; der Begriff der National-Ökonomie kommt auf. Andererseits weitet der Staat seine Funktionen so aus, dass er das Funktionieren dieser von Grund auf veränderten Ökonomie sicherzustellen vermag; der moderne, die legitime Gewaltausübung monopolisierende Staat entsteht. Das Resultat dieser Verschiebungen ist etwas, das es in vergleichbarer Form zuvor nicht gab: die →Gesellschaft.

H. ARENDT hat diese Entstehung der Gesellschaft als eine Zerstörung des öffentlichen Raums beschrieben. Nach ihrer Auffassung ist der Begriff des Öffentlichen durch seinen Gegensatz zum Privaten konstituiert. Diese Entgegensetzung aber hat ihre geschichtliche Basis im Gegenüber von *polis* und *oikos*. Die *polis* ist der Raum eines gemeinsamen →Handelns auf der Basis der →Gleichheit. Der *oikos* ist derjenige Bereich, in dem sich die Ungleichheit der Menschen entfalten kann. Indem die Gesellschaft als eine eigenständige Größe entsteht und im öffentlichen Bereich den Vorrang beansprucht, lösen sich die Bedingungen gemeinsamen Handelns auf; an seine Stelle tritt bloßes „Sichverhalten". Da die modernen Massengesellschaften keinen Raum mehr für *praxis* im emphatischen Sinn des Wortes lassen, zerfällt der öffentliche Raum.

Eine Einseitigkeit dieser Überlegung lässt sich schon daran verdeutlichen, dass „öffentlich" keineswegs nur ein Gegenbegriff zu „privat", sondern ebenso zu „geheim" ist. An diesem Aspekt orientieren sich die Entwicklungen, an denen J. HABERMAS den „Strukturwandel der Ö." beschrieben hat. Dieser Strukturwandel vollzieht sich vor allem im Zeitalter der →Aufklärung. Entscheidend ist, dass sich ein eigenständiger Begriff der Ö. überhaupt erst angesichts der Differenzierung von Staat und Gesellschaft bildet. Vier Bedeutungsstränge von „Ö." treten im Lauf der Begriffsgeschichte in den Vordergrund.

1.1 Im 18. Jh. gewinnt zunächst, vor der Einführung des Substantivs „Ö.", das Adjektiv „öffentlich" an Boden. Es wird dabei vorrangig synonym mit „staatlich" verwendet. Diesem Wortgebrauch entspricht es, dass das Staatsrecht in Deutschland seit dem ausgehenden 18. Jh. als „öffentliches Recht" bezeichnet wird.

1.2 Doch ebenfalls bereits im 18. Jh. bahnt sich ein Sprachgebrauch an, der als öffentlich dasjenige bezeichnet, was dem →Interesse aller Mitglieder einer Sozietät entspricht und den →Nutzen aller Einzelnen zu fördern vermag. Dieser Ö.sbegriff ist nicht an der Hoheitsgewalt des Staates, sondern an der Gesellschaft als dem System der Bedürfnisse der einzelnen Gesellschaftsmitglieder orientiert. Infolgedessen werden gerade diejenigen →Institutionen als öffentlich angesehen, in denen sich die Bedürfnisse der Gesellschaftsmitglieder organisieren und artikulieren: Unternehmen und Verbände, →Parteien und Medien. Ö. konstituiert sich durch denjenigen Austausch, der durch die Bedürfnisse und Interessen der Gesellschaftsglieder gesteuert wird. Der →Markt, auf dem Güter ausgetauscht werden, gewinnt eine Führungsrolle für diesen Aspekt der Ö.

1.3 Doch zugleich wird geltend gemacht, dass Ö. mehr ist als die Summe privater Interessen. Das Öffentliche hat einen konstitutiven Bezug auf das Allgemeine, also allen Gemeinsame. Die gemeinsamen Verhältnisse, →Rechte und →Pflichten, Bedürfnisse (→Bedarf) und Interessen einer Gesellschaft gelten als öffentlich.

1.4 Diese aufs Allgemeine gerichtete Ö. ist auf eine öffentliche Meinung angewiesen. Auf dieser Ebene meint Ö. gestaltete Publizität. Das ist weit mehr als der Bereich der →Massenmedien und der medialen →Kommunikation im technischen Sinn. Ö. in diesem Sinn umfasst vielmehr den Gesamtbereich kultureller Kommunikation (→Kultur), durch welche Menschen sich einen Begriff des Allgemeinen bilden und sich über ihren je besonderen Ort in diesem Allgemeinen verständigen.

Die systematische Struktur dieser Unterscheidung zwischen vier Aspekten von Ö. lässt sich durch einen Vergleich mit T. PARSONS Theorie des sozialen →Handelns verdeutlichen. PARSONS sieht das Sozialsystem in vier Subsysteme gegliedert: Das kultur- und vertrauensbildende System (fiduciary system) nimmt die Funktion der Strukturerhaltung wahr; das Wirtschaftssystem (economy) erfüllt die adaptive Funktion; das politisch-rechtliche System (polity) dient der Zielerreichung; das System der sozialen Gemeinschaft (societal community) bewerkstelligt die Integration. Diese vier Subsysteme erweisen sich als vier Referenzbereiche von Ö. in dem gerade beschriebenen Sinn.

2. Plurale Ö.en. In allen vier Referenzbereichen ist die neuzeitliche Entwicklung durch Pluralisierungsschübe gekennzeichnet. Pluralität wird in all diesen vier Bereichen in spezifischer Weise gestaltet.

2.1 Der demokratische Rechtsstaat zielt darauf, die Entfaltung von Pluralität möglich zu machen. Sein freiheitlicher Charakter zeigt sich gerade daran, dass er das Zusammenleben der Verschiedenen sichert. Dem dient der staatliche Schutz der →Grundrechte, die in eins mit der Gleichheit vor dem Gesetz auch die freie Entfaltung der Persönlichkeit gewährleisten sollen. Der Sinn der Rechtsordnung besteht darin, genau dasjenige Maß an für alle Verbindlichem festzulegen, das die Pluralität lebbar macht. Deshalb ist die Rechtsordnung zugleich dazu verpflichtet, sich mit denjenigen Freiheitseinschränkungen zu begnügen, die um der →Freiheit selbst willen notwendig sind.

Eine bewusste und konsequente Weiterführung dieser Gestaltungsform von Pluralität auf der Ebene staatlichen Lebens würde heute auf eine Stärkung der Grundrechtsorientierung des Staates, auf eine Dezentralisierung staatlicher Machtausübung im Interesse der Mitwirkungsmöglichkeiten der Betroffenen und auf eine Erweiterung der partizipatorischen Momente des politischen Prozesses zielen (→Partizipation). Schon auf dieser staatlichen Ebene gilt heute, dass Ö. nicht mehr auf den Bereich eines Nationalstaates begrenzt werden kann, sondern diesen übergreift. Ö. ist tendenziell Weltö.

2.2 Die Ö. der Wirtschaftsgesellschaft wird durch den Eigensinn und den Wettkampf konkurrierender Interessen bestimmt. Dieser Wettkampf bezieht sich zum einen auf die gegenläufigen Interessen von →Kapital und →Arbeit und äußert sich in den dadurch ausgelösten Verteilungskämpfen (→Verteilung). Er bezieht sich zum andern auf die Konkurrenz von Anbietern um die Kaufbereitschaft von Konsumenten. Auch in diesem Fall ist der Bezugshorizont dieser Entwicklungen die Weltgesellschaft im Ganzen; das wird mit dem Begriff der →Globalisierung bezeichnet.

Eine bewusste und konsequente Gestaltung von Pluralität im Bereich des Marktgeschehens müsste auf eine weiterreichende Demokratisierung von Unternehmensmacht und damit eine demokratieverträgliche Gestaltung der Wirtschaft zielen. Sie hätte zudem zur Voraussetzung, dass der Marktmechanismus nicht die unumschränkte Führungsrolle in der Konstitution von Ö. erhält, sondern durch politisch gesetzte Rahmenbedingungen ebenso begrenzt wird wie durch die Selbständigkeit zivilgesellschaftlicher Assoziationen (→Zivilgesellschaft) und die Eigenständigkeit kultureller Kommunikation. Eine unumschränkte Führungsrolle der Wirtschaft für die Konstitution von Gesellschaft im Ganzen hat nämlich eine ungehemmte Individualisierung der Lebensformen und eine Aufzehrung derjenigen →Solidarität zur Folge, die das notwendige Gegengewicht zur Individualisierung des menschlichen Selbstverständnisses darstellt.

2.3 Unter anderem im Zusammenhang mit der Wende in Mittel- und Osteuropa wurde die Eigenständigkeit der →Zivilgesellschaft im Gegenüber zu den Ansprüchen des Staates neu wahrgenommen. Eine diskursive, auf den freien Austausch von Argumenten ausgerichtete Ö. kann, so zeigte sich, nur entstehen, wenn sich freie, staatsunabhängige Vereinigungen bilden und ihre Unabhängigkeit vom Staat auch gegen Anfeindungen und Repression selbstbewusst durchhalten.

Auch aus anderen Gründen ist die Wiederentdeckung der Zivilgesellschaft für die Konstitution von Ö. wichtig. Die Aufgabe, die Herrschaftsansprüche des Marktes zu begrenzen, erfordert nicht nur eine klare politische Rahmensetzung, sondern zugleich eine öffentliche Diskussion darüber, worin die universalistischen, an den gemeinsamen Interessen aller orientierten Prinzipien bestehen, die der Selbstdurchsetzung der wirtschaftlichen Interessen grenzziehend entgegentreten müssen.

Hinzu kommt die Einsicht, dass sich die Urteilsfähigkeit und damit auch die Fähigkeit der Einzelnen zur Teilnahme an der Ö. in aller Regel in überschaubaren Gruppierungen bildet, die sich auf eine gemeinsame Interpretation der Wirklichkeit verständigen, die ihre Aufmerksamkeit auf bestimmte Aufgaben in dieser Wirklichkeit konzentrieren und gerade so zu einer reicheren und gehaltvolleren Wahrnehmung der allen gemeinsamen öffentlichen Aufgaben beitragen. In Interpretationsgemeinschaften bilden sich unsere Auffassungen von →Würde, unsere Gedanken über ein gutes und gelingendes Leben, unsere Verpflichtungen zur Anerkennung der anderen und zum Respekt vor den Fremden.

Der Raum des Öffentlichen, in dem die allen gemeinsamen Aufgaben artikuliert werden und um ihre Lösung gestritten wird, bildet sich also durch die Interaktion zwischen einer Vielzahl von →Gemeinschaften. In diesem Sinn ist die Ö. eine „community of communities" (R. E. BERNSTEIN), ein „Handlungsraum von Handlungsräumen" (M. WALZER), eine „Ö. von Ö.en". Diese Einsicht wird vor allem von denjenigen kommunitaristischen Theoretikern vertreten (→Kommunitarismus), die das liberale Projekt universalistischer Grundrechte mit der Einsicht verknüpfen, dass sich das Identitätsbewusstsein von Menschen wie ihre Vorstellung vom guten Leben nicht in isolierter Individualität, sondern in der Zugehörigkeit zu einer Mehrzahl von Interpretationsgemeinschaften bildet.

2.4 Es gibt Gestaltungsformen der Zivilgesellschaft, die auf einer weitgehenden kulturellen Homogenität aufruhen, sich also im Rahmen einer kulturell monozentrischen Situation entfalten. Sie repräsentieren eine gemäßigte Form des →Pluralismus. Dieser gemäßigte Pluralismus ist zum einen durch die Erosionsprozesse gefährdet, die mit den Individualisierungsschüben der Gegenwart verbunden sind. Er ist zum andern aber vor allem durch die radikalere Form der kulturellen Pluralität moderner Gesellschaften herausgefordert. Beide Entwicklungen nötigen dazu, der kulturellen Kommunikation als eigenständigem Referenzbereich von Ö. besondere Aufmerksamkeit zuzuwenden.

3. Öffentliche K. Dass die K. Jesu Christi eine öffentliche Größe ist, dass sie in der Ö. wirkt und einen Auftrag hat, ist offenkundig, seit es sie gibt. Dieser Ö.sauftrag ist in der biblischen Tradition breit verankert; man kann zum Beleg an das öffentliche Wirken der Propheten ebenso denken wie an wichtige Beschreibungen der K., die in der Ö. der Welt von der in Christus geschehenen Versöhnung Zeugnis ablegt (2. Kor 5,19f.). In eindrucksvoller Bündelung bringt der neutestamentliche Missionsauftrag den öffentlichen Charakter kirchlichen Handelns zum Ausdruck (Mt 28,18–20).

Mission und Ausbreitung des Christentums sind demzufolge in der denkbar umfassendsten Ö. verankert. Sie erhalten ihren Ort in einer Ö., die den Kosmos im Ganzen als Herrschaftsraum Jesu Christi umgreift und alle Zeit bis ans Ende der Welt umfasst. Diese Himmel und Erde umspannende, die Zeit bis an die Grenze der Ewigkeit erfüllende Ö. bildet den Horizont für alles Leben der K., für ihre Verkündigung und ihre Lehre, für ihren Gottesdienst und ihr soziales Handeln. Das ist der für sie verbindliche Ö.shorizont.

Zugleich hat die K. den Auftrag, an besonderen Orten heimisch und ihrer jeweiligen Zeit gerecht zu werden. Doch richtet sie sich auf diese Weise in begrenzten sozialen Umwelten ein, so kann diese Anpassung an vorgegebene Ö.en doch immer nur von relativer und vorläufiger Bedeutung sein; gegenüber der säkularen Ö. von Gesellschaft und Staat kennt die K. gerade keine unumschränkte, sondern immer nur eine begrenzte, zur kritischen Prüfung verpflichtende Loyalität.

Das biblische Verständnis vom öffentlichen Auftrag der K. kann der Natur der Sache nach das neuzeitliche aufgeklärte Verständnis von Ö. noch nicht im Blick haben. Die Herausbildung von Ö. im neuzeitlichen Sinn kann jedoch zur Verdeutlichung des Ö.sauftrags der K. kritisch rezipiert werden. Sie verstärkt die Einsicht, dass die Verkündigung der K. den Charakter öffentlicher Kommunikation hat. Sie veranlasst zu der Einsicht, dass kirchliches Handeln nicht auf den innerkirchlichen Bereich beschränkt sein kann. Dabei kann ihr Ö.sauftrag nicht einfach an vorgefundenen gesellschaftlichen Bedürfnissen oder an funktionalen Imperativen des sozialen Systems seinen Maßstab haben; damit würde der christliche Glaube auf zivilreligiöse Funktionen beschränkt. Vielmehr ist die Botschaft von der →Rechtfertigung des Sünders und damit die Orientierung an Glaube, Hoffnung und →Liebe im Horizont der Gottesherrschaft der entscheidende Maßstab auch für die öffentliche Wirksamkeit der K. Gerade in diesem Horizont aber erweisen sich das Eintreten für die Wahrheit, der Einsatz für die bessere →Gerechtigkeit und die Kultur der →Barmherzigkeit als wichtige Leitlinien ihres öffentlichen Handelns.

4. Protestantismus und Ö. Die lange Symbiose zwischen K. und Staat unter dem Dach des landesherrlichen K.nregiments hatte für den deutschen Protestantismus eine Doppelwirkung. Zum einen hatte die Rolle der Landesherren als oberster Bischöfe der evangelischen K.n zur Folge, dass eine eigenständige Funktion der K.n gegenüber der Ö. sich nur in verhaltenen Formen ausbilden konnte. Zum andern aber bewirkte diese staatlich-kirchliche Symbiose, dass auch noch nach ihrem Ende der komplexe Ö.sbezug der K. zumeist nur in dem vereinfachenden Gegenüber von K. und Staat wahrgenommen wurde.

Das zeigt sich beispielhaft an der →Barmer Theologischen Erklärung von 1934. Sie konkretisiert die öffentliche →Verantwortung der Christen und der K. in ihrer fünften These ausschließlich an den Problemen staatlicher Existenz und am Gegenüber von Staat und K. Obwohl die zweite Barmer These ausdrücklich sagt, dass Jesus Christus als Gottes Zuspruch der Vergebung aller unserer Sünden auch Gottes Anspruch auf unser ganzes Leben ist, wurde auch in der Wirkungsgeschichte der Barmer Thesen dieser Anspruch auf „unser ganzes Leben" zumeist nur auf die Probleme staatlicher Existenz und der damit gegebenen politischen Verantwortung bezogen. Die Probleme einer Gesellschaftsethik, insbesondere die Probleme der →Wirtschaftsethik haben deshalb im deutschen Protestantismus nach 1945 nicht die notwendige Aufmerksamkeit gefunden.

Die Konzentration auf das Gegenüber von K. und Staat zeigte sich besonders markant, als im Westen Deutschlands nach 1945 nicht nur die Folgerungen aus dem bereits 1918 eingetretenen Ende des landesherrlichen Summepiskopats, sondern zugleich die Konsequenzen aus den Erfahrungen der Nazi-Diktatur (→Nationalsozialismus) zu verarbeiten waren. Das Resultat der 1945 fälligen Neuorientierung zeigte sich vor allem in zwei Formeln von einprägsamer Kürze. Die eine sprach von der nach der K.nfeindlichkeit des Nazi-Regimes neu errungenen „Partnerschaft zwischen Staat und K.". Die andere bestand in der nun erst neu geprägten und schnell durchgesetzten Rede vom „Ö.sauftrag" und vom „Ö.sanspruch" der K. Inzwischen hat sich jedoch die Einsicht weithin durchgesetzt, dass der Ö.sauftrag der K. nicht nur im Gegenüber zum Staat, sondern zugleich im Blick auf die Gesellschaft geklärt werden muss.

5. K. in pluralen Ö.en. Geschichtlich existieren die K.n selbst im Plural. Ihre öffentliche Rolle in Deutschland ist wesentlich durch ihre Mehrzahl geprägt. Sie ist historisch dadurch bestimmt, dass zwei große K.n überall, wo sie zugleich präsent waren und anerkannt wurden, mit dem Anspruch auf Parität auftraten; und sie ist dadurch gekennzeichnet, dass die kleineren Glaubensgemeinschaften christlicher wie nichtchristlicher Art, auch soweit ihnen die Rechte von Körperschaften des öffentlichen Rechts zuerkannt wurden, nur einen geringeren Anspruch auf öffentliche Wirksamkeit erheben konnten als die katholische und die evangelische K. Erst nach dem verbrecherischen Völkermord am europäischen Judentum wurde die Präsenz des Judentums im öffentlichen Raum neu wahrgenommen; erst mit der verstärkten Zuwanderung aus muslimisch geprägten Ländern wird darüber diskutiert, wie eine wachsende Rolle des Islam sich auf die öffentliche Präsenz von Religion insgesamt auswirkt. Dabei ist zu berücksichtigen, dass neben religiösen auch säkulare Überzeugungen die Ö. prägen.

Neben diese äußere tritt eine innere Pluralität der K.n. Im Prozess der Modernisierung haben auch die K.n an der Pluralisierung gesellschaftlicher Lebenslagen und Orientierungen Anteil. Mit charakteristischen Einschränkungen gilt beispielsweise, dass die Pluralität der in der Gesellschaft vorhandenen ethisch-politischen Orientierungen sich auch in den großen K.n wiederfindet. Darüber lagern sich dann häufig kirchenspezifische Konflikte. Pluralitäten dieser Art können jedoch für die K. keine letzte Gültigkeit haben; sie bilden Zwischenstadien im Streit um die Wahrheit, Etappen auf der Suche nach gemeinsam erkannter und anerkannter Wahrheit. Ein K.nverständnis, das den kirchlichen Pluralismus unabhängig von der Suche nach einer für alle verpflichtenden Wahrheit beschreiben würde, gäbe damit den Wahrheitsbezug des christlichen Glaubens und der kirchlichen Existenz preis. Dieser Wahrheitsbezug nötigt dazu, der Pluralität in der K. nur eine begrenzte und vorläufige Bedeutung zuzuerkennen. Umso dringlicher ist die Frage, über welche Kriterien zum Umgang mit (innerkirchlicher wie gesellschaftlicher) Pluralität die K. verfügt.

Die Deutung der Wirklichkeit im Licht der Gottesbeziehung, die wechselseitige Anerkennung der Menschen, die Hinwendung zu den Schwachen und die bewusste Wahrnehmung menschlichen Lebens inmitten der Schöpfung sind Grundmerkmale für die Existenz des Volkes Israel wie der christlichen K. Im christlichen Glauben tritt die Erneuerung des Gottesverhältnisses durch die Rechtfertigung in Christus allein aus Gnade und allein im Glauben hinzu. Aus diesen Grundmerkmalen ergeben sich Akzente für die Existenz einer öffentlichen K., die im Blick auf die Referenzbereiche pluraler Ö. (in umgekehrter Reihenfolge) skizziert werden sollen.

5.1 Nicht nur die Glieder der K., sondern alle Menschen sind darauf angewiesen, „in der Wahrheit zu leben" (V. HAVEL). Deshalb widerspricht die K. der Tendenz zur kommunikativen Enthaltsamkeit über Wahrheitsfragen, die den gesellschaftlichen Dialog von allen Wahrheitsansprüchen entlasten soll. Vielmehr will sie zu einer Form kultureller Kommunikation beitragen, in der Menschen sich wechselseitig Wahrheitsfähigkeit unterstellen, gemeinsam nach der Wahrheit suchen, unterschiedliche Wahrheitsansprüche austragen und sich dabei in ihrer →Würde achten. Im Blick auf alle Menschen tritt die K. für eine unbedingte Achtung ihrer Menschenwürde ein; denn für alle Menschen gilt, dass der Mensch mehr ist, als er selbst aus sich macht.

Die Möglichkeit, „in der Wahrheit zu leben", hängt entscheidend davon ab, dass der Staat als →Rechtsstaat die Freiheit der Wahrheitssuche – also die Freiheit des Gewissens, des Glaubens und der Religion (Glaubens-, Bekenntnis-, →Gewissensfreiheit) – achtet und darauf verzichtet, bestimmte Formen der Wahrheitserkenntnis staatlich zu privilegieren und andere mit den Mitteln staatlicher Gewalt auszuschließen. Die Bereitschaft der K., zur bewussten Gestaltung von Pluralität beizutragen, verbindet sich deshalb mit einer entschiedenen Stärkung derjenigen Institutionen des freiheitlichen Staates, ohne die das Zusammenleben der Verschiedenen nicht gelingen kann. Das hat die Demokratiedenkschrift der EKD von 1985 zu Recht herausgestellt.

5.2 Wenn die wechselseitige Anerkennung der Menschen als Gleicher gelingen soll, müssen Prozesse der Verständigung darüber organisiert werden, worin die gemeinsamen Interessen der Gesellschaftsglieder bestehen und wie sie gefördert werden können. An diesen Überlegungen beteiligen sich auch die K.n; die Evangelische K. in Deutschland tut dies vor allem in ihren →Denkschriften; mit ihnen leistet sie einen Beitrag zur zivilgesellschaftlichen Kommunikation. Ist diese Funktion von Denkschriften erst einmal erkannt, wird es auch möglich, ihr Profil und ihre Resonanz zu erhöhen. Das gemeinsame Wort der K.n zur wirtschaftlichen und sozialen Lage von 1997 ist dafür ein wichtiges Beispiel.

5.3 Prozesse zivilgesellschaftlicher Verständigung zielen darauf, Notwendigkeit und Grenzen marktförmig verfassten Wirtschaftens deutlicher wahrzunehmen, als dies bisher weithin geschieht. Das lässt sich an Äußerungen der EKD zu wirtschaftsethischen Fragen („Gerechte Teilhabe", 2006; „Unternehmerisches Handeln in evangelischer Perspektive", 2008; „Wie ein Riss in einer hohen Mauer", 2009) verdeutlichen. Die K. kann sich gerade im Blick auf die Ausübung wirtschaftlicher Macht der Aufgabe einer zugleich differenzierten und klaren Urteilsbildung nicht entziehen.

5.4 Die K. ist in besonderer Weise im Bereich kultureller Kommunikation verankert und leistet von hier aus einen spezifischen Beitrag zur zivilgesellschaftlichen Verständigung. Doch sie bildet zugleich, gerade in der Bundesrepublik Deutschland, einen wirtschaftlichen Faktor. Und nicht nur durch das Phänomen sich überschneidender Mitgliedschaft, sondern auch durch ihre Beteiligung an sozialstaatlichen Aufgaben und insgesamt durch die ihr aufgegebene kritische Loyalität ist sie mit der Sphäre des Staates verbunden, dessen freiheitlichen und friedensorientierten Charakter sie aus spezifischen Gründen stützt und zu fördern sucht. Der Ö.sauftrag der K. hat insofern mit allen Referenzbereichen von Ö. zu tun.

6. Die K. als intermediäre Institution in der Zivilgesellschaft. In der Wendezeit des Jahres 1989 ist den K.n in verschiedenen europäischen Ländern eine wichtige gesellschaftliche Aufgabe zugewachsen. In der Entwicklung seit 1989 hat die gesellschaftliche Rolle der K.n viel von ihrer Selbstverständlichkeit verloren. Auf beide Entwicklungen müssen die K.n dadurch reagieren, dass sie ihre öffentliche Aufgabe nicht nur im Gegenüber zum Staat, sondern als intermediäre Institution in der Zivilgesellschaft verstehen und wahrnehmen. Ausgehend vom Auftrag der K. zu Verkündigung und Seelsorge, zu →Diakonie und Mission lassen sich dabei drei Schwerpunkte erkennen: Die K. hat eine genuine Bildungsaufgabe (→Bildung), die sich nicht auf die Bildungsprozesse in den →Gemeinden und in kirchlichen Bildungseinrichtungen beschränkt, sondern das öffentliche Bildungswesen einbeziehen. Sie hat eine politische Verantwortung, die sich in ihrem Eintreten für →Gerechtigkeit und →Menschenrechte, für →Frieden und die Bewahrung der Natur konkretisiert. Sie trägt schließlich eine unaufgebbare Verantwortung dafür, dass in der Gesellschaft eine Kultur des Helfens Raum behält und weiterentwickelt wird. Einem solchen Verständnis der K. korrespondiert eine Theologie, die sich bewusst und reflektiert als „öffentliche Theologie" versteht.

H. ARENDT, Vita activa oder: Vom tätigen Leben, 1960 – M. HONECKER, Sozialethik zwischen Tradition und Vernunft, 1977 – L. HÖLSCHER, Ö. und Geheimnis, 1979 – E. HERMS, Gesellschaft gestalten, 1991 – W. HUBER, K. und Ö. (1973), 1991² – J. HABERMAS, Strukturwandel der Ö. (1962), 1992² – W. VÖGELE, Zivilreligion in der Bundesrepublik Deutschland, 1994 – E. HERMS, K. für die Welt, 1995 – M. HONECKER, Evangelische Christenheit in Politik, Gesellschaft und Staat, 1998 – W. HUBER, K. in der Zeitenwende. Gesellschaftlicher

Wandel und Erneuerung der K. (1998), 1999³ – V. GERHARDT, Ö. Die politische Form des Bewusstseins, 2012 – F. HÖHNE, Öffentliche Theologie. Begriffsgeschichte und Grundfragen, 2015 – F. HÖHNE, Einer und alle. Personalisierung in den Medien als Herausforderung für eine Öffentliche Theologie der K., 2015 – F. HÖHNE/F. V. OORSCHOT (Hg.), Grundtexte Öffentliche Theologie, 2015.

Wolfgang Huber

Ökologie (allgemein)

1. Begriff. Der Terminus Ö. wurde von E. HAECKEL 1886 eingeführt, um denjenigen Teilbereich der Biologie zu bezeichnen, der sich mit den Wechselwirkungen zwischen den Organismen und ihrer belebten und unbelebten Umwelt befasst. Die Gesamtheit dieser Wechselbeziehungen in einem Biotop oder Lebensraum wird als Ökosystem beschrieben. Ö. als Wissenschaft hat sich im Laufe der Jahrzehnte in Spezialdisziplinen ausdifferenziert, darunter Humanökologie, Tier- und Pflanzensoziologie sowie experimentelle Ö. Spezielle Arbeitsgebiete sind die Erforschung der Lebensbedingungen von Pflanzen und Tieren in verschiedenen Klimaregionen, der Auswirkungen von Klima-Änderungen oder die Erforschung der Beziehungen bestimmter Tier- und Pflanzenarten untereinander und der Auswirkungen von durch menschliche Aktivitäten hervorgerufene Umweltveränderungen.

Häufig wird auch eine Gliederung des Wissensbestandes der Ö. nach den sog. Umweltmedien – Wasser, Boden, Luft – vorgenommen, weiter differenziert nach Ökofaktoren wie Strahlung und Licht, Temperatur oder Radioaktivität. Die Ökosystemforschung unterteilt ihren Gegenstand in terrestrische und aquatische Ökosysteme, wobei in der erstgenannten Gruppe die tropischen Regenwälder für das globale Ökosystem von besonderer Bedeutung sind und bei den aquatischen Ökosystemen die Korallenriffe als besonders bedroht erscheinen. In letzter Zeit haben Funktionen und Gestaltungsmöglichkeiten von Kulturlandschafts-Ökosystemen verstärkt Aufmerksamkeit erhalten.

Die angewandte Ö. beschäftigt sich unter anderem mit konkreten Aufgaben des Naturschutzes, wie Einrichtung von Schutzgebieten, Erfassung und Kartierung gefährdeter Arten in den sog. „Roten Listen" und mit der Folgeabschätzung anthropogener Belastungen wie der Emission von Luftschadstoffen, Müll, der Ausbringung von Agrochemikalien oder Lärm.

Ökologische Probleme bilden eine der großen Herausforderungen des 21. Jh.s. Lokal begrenzte Störungen des ökologischen Gleichgewichts gibt es schon seit vielen Jahrhunderten, jedoch hat sich in den letzten Jahrzehnten durch die Änderung von Art und Ausmaß der Probleme eine gravierende Verschärfung der Schädigungen ergeben, da viele der Belastungen mittlerweile als globale Probleme betrachtet werden müssen – so etwa die Gefahr einer Klimaänderung durch die Emission von Treibhausgasen, die weitreichende Verschmutzung der Atmosphäre, von Gewässer- und Meeresressourcen, der teilweise extrem starke Rückgang der Artenvielfalt sowie die Verschlechterung der Böden durch Fehler bei der Bewirtschaftung.

Die Europäische Umweltagentur (EUA) veröffentlicht regelmäßig Berichte zur Lage der Umwelt in Europa. Der Zustand der Umwelt hat sich demnach in den letzten Jahren kaum verbessert, im Gegenteil: Bei einigen Problemen zeigen sich besorgniserregende Trends. Eine Wissenschaftlergruppe um JOHAN ROCKSTRÖM hat 2009 neun sogenannte „planetare Grenzen" des Ökosystems identifiziert, deren Belastung eine gewissen Grenze nicht überschreiten sollte, um das Gesamtsystem der Erde nicht zu gefährden: diese Grenzen beziehen sich unter anderem auf die Klimaveränderungen, das Artensterben und den Stickstoffkreislauf; bei diesen drei Bereichen sind die Grenzen bereits überschritten oder liegen sehr nahe. Nach wie vor ist es schwierig, durch Politikmaßnahmen den Gedanken der nachhaltigen Entwicklung (→ Entwicklung, nachhaltige; → Nachhaltigkeit) in den grundlegenden Strukturentscheidungen zu verankern. Sicher ist die Wertschätzung einer intakten Umwelt deutlich gestiegen, die Anstrengungen vor allem eines nachsorgenden Umweltschutzes haben in Industrieländern zugenommen, Anpassungs- und Vermeidungsmaßnahmen beginnen sich zu etablieren. Dennoch hat sich eine ökologisch orientierte Betrachtungsweise nur in wenigen Politikbereichen als Querschnittsaufgabe dauerhaft etablieren können.

2. Emission von Treibhausgasen. Bis etwa 1975 gingen viele Klimaforscher davon aus, dass eine neue Eiszeit bevorstünde. Vor allem die Berichte der 1988 gegründeten Arbeitsgruppe zur Untersuchung möglicher Klimaveränderungen (Intergovernmental Panel on Climate Change, IPCC) ergaben einen völligen Umschwung der Prognosen innerhalb zweier Jahrzehnte. Mittlerweile wird eine globale Erwärmung zwischen 0,5 und 10 Grad Celsius für möglich, eine Reduktion der Treibhausgas-Emissionen daher für dringend notwendig erachtet. Kaum einer der Vertragsstaaten der Weltumweltkonferenz von Rio de Janeiro aus dem Jahre 1992 (UNCED) ist seinen dort eingegangenen Selbstverpflichtungen jedoch tatsächlich nachgekommen. In den Weltklimakonferenzen ist es noch nicht gelungen, anspruchsvolle Klimaziele mit dem Grad an Verbindlichkeit zu koppeln, der zu ihrer Umsetzung notwendig wäre. Besonders einige der früh industrialisierten Länder und die Schwellenländer sind von den erforderlichen Politikmaßnahmen zur Erreichung von Reduktionszielen noch weit entfernt. Im Grunde gibt es zur Erreichung solcher Ziele nur noch zwei Wege: entweder eine strikte Begrenzung der Emissionsmengen durch den Handel mit Emissionsrechten, unterstützt durch „joint implementation", die gemeinsame Umsetzung von Maßnahmen durch Industrie- und Entwicklungsländer – oder ein möglichst rascher Einstieg in eine entschiedene Förderung von Energie-Einsparung und der Nutzung erneuerbarer Energiequellen (→Energien,). Für letzteres ist ein gesamteuropäisches Konzept jedoch noch nicht einmal in Ansätzen erkennbar.

3. Schädigung der Ozonschicht. Bis 1998 konnte die weltweite Produktion und Emission von Stoffen, die die Ozonschicht schädigen, um 80–90 % verringert werden. Es wird jedoch geschätzt, dass auch unter der Voraussetzung, dass selbst bei einer vollständigen Umsetzung des „Montrealer Protokolls" von 1987 über Stoffe, die zum Abbau der Ozonschicht führen, die durch Ozonabbau verursachten zusätzlichen Hautkrebsfälle bis zur Mitte des Jahrhunderts noch ansteigen. In Europa ist dabei im Nordwesten – Südengland, Frankreich, den Benelux-Staaten, Westdeutschland, der Schweiz und Norditalien – die Zunahme der jährlichen UV-Strahlendosis am höchsten.

4. Erfolge beim nachsorgenden Umweltschutz: Luft- und Wasserqualität. Die Umweltprobleme, die historisch als erste in der breiten Öffentlichkeit wahrgenommen wurden, waren die Luftbelastung und die Verschlechterung der Qualität der Oberflächengewässer. Auf beiden Gebieten können in Europa in den letzten Jahrzehnten deutliche Verbesserungen vornehmlich durch Maßnahmen des nachsorgenden Umweltschutzes verzeichnet werden: etwa eine starke Absenkung der Schwefeldioxid-Emissionen durch Rauchgasentschwefelungsanlagen oder eine Zunahme der Wassergüte durch den flächendeckenden Bau von Kläranlagen. Dennoch gibt es auch hier immer noch Problembereiche, bei denen noch keine entscheidende Verbesserungen in Sicht sind, zum Beispiel die Nitratbelastung des Grundwassers in vielen Gebieten, hervorgerufen unter anderem durch den starken Düngemitteleinsatz in der Landwirtschaft.

5. Chemikalien. Die Bewertung des →Risikos durch Chemikalien ist vor allem ein Informationsproblem. Nach der Europäischen Chemikalienverordnung REACH von 2007 müssen Hersteller, Importeure und Anwender ihre Chemikalien sicherstellen, dass Chemikalien sicher verwendet werden. Chemikalien müssen nun registriert werden, was eine Bewertung der von den Stoffen ausgehenden Risiken voraussetzt. Stoffe mit besorgniserregenden Eigenschaften werden EU-weit reguliert. In der Regel positiv wirken sich Recycling und andere Versuche zum Aufbau einer Kreislaufwirtschaft aus; sie führen allerdings nicht immer zu einer Verringerung der Gesamtbelastung von Menschen und Umwelt, da bei der Wiederaufbereitung von Abfällen – den sog. „Wertstoffen" – mitunter Schadstoffemissionen unvermeidlich sind. Trotz einer deutlichen Verbesserung und Systematisierung des Umgangs mit Chemikalien kommt es aufgrund der sehr großen Zahl und der nahezu ubiquitären Verbreitung von Chemikalien immer wieder zu Problemen de Anreicherung in Umweltmedien oder von Synergieeffekten, die die Lebensbedingungen in Ökosystemen stark beeinträchtigen können.

6. Müll. Die Abfallproblematik (→Abfall) wird trotz intensiver Anstrengungen zum Aufbau von Recyclingsystemen als „Einstieg" in eine Kreislaufwirtschaft nach wie vor als kritisch eingestuft. Auch sind gerade durch die Fortschritte bei der Verhinderung von Wasser- und Luftverschmutzungen neue Probleme im Abfallbereich entstanden: Klärschlamm und Rauchgasreinigungsrückstände sind zunehmend zu Massenabfällen geworden. Vor allem die Schwermetallfracht der Klärschlämme lässt die landwirtschaftliche Verwertung als bedenklich erscheinen. Abfall sollte so weit wie möglich vermieden werden; wo dies nicht gelingt, sollte er als Ressource wiederverwertet werden. Noch immer sind aber viele Produkte und vor allem auch Produktverpackungen nicht am Kriterium der Entsorgungsfreundlichkeit ausgerichtet.

7. Gentechnisch veränderte Organismen. Ein neuartiges ökologisches Risiko ist in den letzten Jahrzehnten durch die Freisetzung gentechnisch veränderter Organismen (GVO) in die Umwelt entstanden (→Gentechnik) – wobei noch immer keine eindeutigen Aussagen zur Einschätzung dieses Risikos gegeben werden können. Seit 1985 werden GVO als neuartige Nutzpflanzen zu Versuchszwecken freigesetzt. Abgesehen von der Lebensmittelsicherheit wurden auch Bedenken im Hinblick auf den Gen-Austausch mit heimischen Arten laut. Ein Ende der Unstimmigkeiten zwischen den Mitgliedsstaaten der EU ist nicht abzusehen. Jedes Land in der Europäischen Union kann im Prinzip selbst entscheiden, ob es den Anbau gentechnisch veränderter Pflanzen zulässt. Nach einer Umfrage des Bundesamtes für Naturschutz lehnten 2014 in Deutschland 84 Prozent der Bevölkerung den Anbau gentechnisch veränderter Nutzpflanzen ab. Im Streit um die grüne Gentechnik könnte der Ausgestaltung des TTIP-Abkommens eine wichtige Rolle zufallen.

8. Bodenverschlechterung und Bedrohung der Artenvielfalt. Die nahezu ungebrochene Zunahme der Siedlungs- und Verkehrsflächen und die damit verbundene Zersplitterung naturnaher und natürlicher Lebensräume ist eine anhaltende Bedrohung der Funktionsfähigkeit von Öko-Systemen und der Artenvielfalt. 1990 galten in Deutschland 8 % der Säugetier- und Vogelarten als ausgestorben und knapp über 50 % dieser Arten als gefährdet. Die Landbewirtschaftung ist dabei – deutlich vor industriellen Aktivitäten und dem

Bau von Siedlungen oder Verkehrswegen – der wichtigste Gefährdungsfaktor. Auch bei den Farn- und Blütenpflanzenarten galten 1993 insgesamt 27 % als ausgestorben oder aktuell gefährdet. Der Index der Artenvielfalt im Fortschrittsbericht zur Deutschen Nachhaltigkeitsstrategie zeigt gerade in den letzten Jahren einen deutlichen Rückgang.

Parallel zur Gefährdung der Biodiversität findet eine Verschlechterung der Böden statt (→Boden), die das Ergebnis sehr komplexer und regional zum Teil ganz unterschiedlicher Wirkungszusammenhänge ist. In den am stärksten industrialisierten und besiedelten Ländern in West- und Nordeuropa ist die Versiegelung der Böden durch die verstärkte Urbanisierung der wichtigste Grund für die Bodenverschlechterung, im Mittelmeerraum ist der erosionsbedingte Bodenverlust, zum Teil aufgrund der Intensivierung der landwirtschaftlichen Nutzung, besonders gravierend.

Ein nach wie vor drängendes Problem, vor allem im Blick auf anstehende Finanzierungsfragen und Sanierungstechnologien, ist der Umgang mit kontaminierten Flächen, von wilden Müllkippen bis zu aufgelassenen Industriebrachen. Europaweit verbessert sich die Erfassung von Verdachtsflächen. Die Zahl der Verdachtsflächen in den EU-Ländern beläuft sich schätzungsweise auf 2,5 Mio.; bei etwa 350.000 dieser Standorte sind Voruntersuchungen insoweit abgeschlossen, dass sich der Verdacht auf das Vorhandensein von Altlasten im Boden bestätigt hat. Häufigste Verursacher sind Bergbau, Metallindustrie und Tankstellen, Mineralöle und Schwermetalle sind die häufigsten Schadstoffe.

9. Siedlungsstrukturen, Verkehr und Lärm. Die Entwicklung der Siedlungsstrukturen, vor allem die weitreichenden und immer noch zunehmende Trennung zwischen Arbeiten (→Arbeit), →Wohnen und Freizeitaktivitäten (→Freizeit) ist zu einem Hauptfaktor der Umweltbelastung geworden, vor allem im Blick auf die prognostizierte weitere Zunahme des →Verkehrs. In Deutschland wurden 2010 mehr als die Hälfte aller Wege und mehr als drei Viertel der Beförderungsleistung vom motorisierten Individualverkehr erbracht. Noch stärker war der Zuwachs im Güterverkehr, und auch hier erbringen Lkw mittlerweile den Großteil der Beförderungsleistungen; im Vergleich zu 1999 stieg ihr Anteil um 37 Prozent auf nunmehr 72 Prozent der Beförderungsleistungen insgesamt. Schätzungen der Europäischen Umweltagentur zufolge leben mehr als 30 % der EU-Bürgerinnen und -Bürger in Wohnungen, die infolge des Straßenverkehrs einem erheblichen Lärmpegel ausgesetzt sind – obwohl seit 1970 die Lärmgrenzwerte für Pkw um 85 % und die für Lkw um 90 % gesenkt worden sind. Insbesondere die dramatische Steigerung des Güter- und dort vor allem des Güterfernverkehrs hat die positiven Effekte der technischen Neuerungen bei weitem überkompensiert. Dieser Trend ist nach wie vor ungebrochen: So wird allein für den Güterfernverkehr über die Alpen für die nächsten 20 Jahre eine Zunahme von weiteren 50 % erwartet.

10. Wachstum und Wohlstand. In ökologisch orientierten Politikbereichen hat sich die Erkenntnis durchgesetzt, dass ein dauerhaftes Wirtschaftswachstum (→Wachstum) zunehmend zu ökologischen Problemen führen wird, insbesondere im globalen Maßstab. Der wachsende materielle Wohlstand der europäischen Gesellschaften muss als wichtige Ursache für die Umweltbelastungen angesehen werden. Besonders bedeutsame Komponenten sind hierbei der steigende Endverbrauch an Konsumgütern, die zunehmende Mobilität sowie die Tatsache, dass immer mehr Menschen in der EU in Ein- oder Zwei-Personen-Haushalten leben. Diese Entwicklungen und die damit verbundenen Folgen drohen die umweltpolitischen Bemühungen der Mitgliedsstaaten auf vielen Gebieten wieder zunichte zu machen. Da die →Wirtschaftspolitik nach wie vor durch die Ausrichtung am Wachstumsziel bestimmt wird, ist die Gefahr gegeben, dass →Umweltpolitik über die Rolle eines Reparaturbetriebes nicht hinauskommen kann. Eine Abkehr vom derzeit noch bestimmenden Wachstumsparadigma ist jedoch auch in den neuesten Politiken der EU – Economic Governance, „European Semester" – nicht erkennbar.

Zwei Appelle richtete die Europäische Umweltagentur als Ergebnis ihrer Analysen in eindringlicher Form an die Politik der EU und ihrer Mitgliedsstaaten. Zum einen: Das Prinzip der nachhaltigen Entwicklung (→Entwicklung, nachhaltige) müsse in Zukunft als Leitbild struktureller Reformen unbedingten Vorrang eingeräumt werden. Nach Inkrafttreten des Amsterdamer Vertrages gehöre dieses Prinzip zu den erklärten Zielen der Europäischen Union. Außerdem böten sich im Zuge der Umsetzung der grundlegenden Richtlinien der europäischen Umweltpolitik durchaus Handlungsspielräume für politische Korrekturen. Umweltpolitik muss in dieser Perspektive zur Gesellschaftspolitik werden und sich um eine stärkere Integration und Verzahnung mit Arbeits-, Sozial und Wirtschaftspolitik bemühen.

R. Odum, Ökologische Grundbegriffe, 1988 – H. Bick, Ökologie, 1989 – Katalyse e.V. (Hg.), Umweltlexikon, 1993 – D. Kalusche, Ökologie in Zahlen, 1996 – J. Galler, Lehrbuch Umweltschutz, 1999 – Europäische Umweltagentur (Hg.), Umwelt in der Europäischen Union – an der Wende des Jahrhunderts, 1999 – Statistisches Bundesamt (Hg.), Statistisches Jahrbuch für die Bundesrepublik Deutschland, jährlich – J. Rockström et al., Planetary Boundaries – a Safe Operating Space for Humanity, Nature 461, 472–475.

Hans Diefenbacher

Ökologie (kirchliche Aktivitäten)

1. Allgemein. Kirchliche Aktivitäten in den Bereichen →Ökologie und →Nachhaltigkeit repräsentieren eine große Bandbreite an Formen, angefangen von Denkschriften oder Synodalerklärungen, über Studien, Verhaltenstipps oder thematisch-spirituelle Gottesdienste, bis hin zu praktischem Handeln von Kirchen→gemeinden und kirchlichen Einrichtungen. Inspiriert und getragen sind diese Aktivitäten in der Regel von den drei Säulen des →Konziliaren Prozesses und dem Bemühen, politisch wie praktisch auf globale Umweltzerstörung und Ungerechtigkeit zu antworten.

2. Herausforderungen. Derzeit ist die Menschheit dabei die Erde und alles Leben darauf zu zerstören. wie Papst FRANZISKUS in der Enzyklika „Laudato si'" schreibt: „wir zerstören unser aller Haus, unsere Erde, unsere →Heimat wird zur Müllkippe" und weiter „die Menschheit ist aufgerufen, sich bewusst zu machen, dass sie ihren Lebensstil, ihre Produktionsweisen und ihr Konsumverhalten ändern muss". Die dringende Herausforderung „unser Haus zu schützen schließt die Sorge ein, die Menschheitsfamilie in der Suche nach einer nachhaltigen Entwicklung zu begleiten, denn wir wissen, dass sich die Dinge ändern können." Da nach dem Motto „Wie im Westen so auf Erden" sich derzeit Menschen weltweit an dem stark christlich geprägten materialintensiven Entwicklungsmodell orientieren, liegt hier eine besondere →Verantwortung der Kirchen.

3. Politische Initiativen und politischer Widerstand. Ein Gedenkstein am Ev. Gemeindehaus in Weisweil erinnert an die erste Informationsveranstaltung im Jahr 1973 gegen das geplante Kernkraftwerk in Whyl. Seitdem gab es im Kampf gegen Waldsterben, Flughafenerweiterungen, Bahnhofsumbauten, gegen Atomenergie, schmutzige Kohle, →Klimawandel oder die Auswirkungen von Futtermittel- oder Kaffeeimporten, Blumenkauf oder Fleischkonsum auf die →Bevölkerung im Süden der Erde immer auch die Mitwirkung einzelner engagierter Christen im Widerstand von Umwelt- und entwicklungspolitischen Gruppen. Die verfassten →Kirchen haben sich eher auf an die Gesellschaft gerichtete →Denkschriften zurückgezogen, ab 1973 Umweltbeauftragte auf EKD und landeskirchlicher Ebene installiert und kirchliche (Beschaffungs-)Entscheidungen weitgehend neoliberaler kirchlicher Betriebswirtschaft überlassen. Inzwischen gibt es in allen Landeskirchen Klimaschutzkonzepte, deren breite Umsetzung noch zu wünschen übrig lässt. Noch wird die Marktmacht der Ev. Kirchen und ihrer Einrichtungen mit fast 60 Mrd. € in den Bereichen →Energie, →Mobilität, →Ernährung und allgemeine Beschaffung zu wenig genutzt. Dabei heißt es in der Denkschrift „Umkehr zum Leben: „Kirchen werden ihrem Auftrag gerecht, wenn sie selbst zu einem Leben umkehren, das sich an den Leitwerten der Gerechtigkeit und der Nachhaltigkeit orientiert".

4. Vom Reden zum Tun – praktische kirchliche Umweltaktivitäten. Mittlerweile arbeiten weit über 200 *Kirchengemeinden* und kirchliche Einrichtungen in Deutschland bereits erfolgreich mit dem Umweltmanagementsystem „Der Grüne Gockel/Der Grüne Hahn". Umwelt- und Energiemanagement sind nicht nur ein zentraler Beitrag zur Schöpfungsbewahrung, sondern entlasten – bei durchschnittlich 35.000 € Energiekosten pro Kirchengemeinde und Jahr – den Etat. Zusätzlich den Reststrom erneuerbar zu produzieren, eröffnet Perspektiven einer Plus-Energiekirche, die mit dem Verkauf von grünem Strom ihre Aufgaben mitfinanzieren kann. Kirchengemeinden und ihre Mitglieder können auch über Anteile an ökumenischen Energiegenossenschaften (→Genossenschaften) zur Stärkung dezentraler erneuerbarer Energieerzeugung beitragen. Weitere Akteure sind →*Akademien*, die in sinnlich erfahrbarer Ergänzung ihrer inhaltlichen Arbeit praktisch versuchen den Widerspruch zwischen der Formulierung inhaltlicher Ansprüche und der wirtschaftlichen Praxis in den Bereichen Einkaufen, Kochen, Heizen, Fahren etc. zu überwinden, so dass der „Bauch" keine andere Botschaft erhält als vorher der Kopf. In ähnlicher Weise versucht der *Deutsche Evangelische Kirchentag* in der Praxis seines Wirtschaftens ein Reallabor einer nachhaltigen Entwicklung zu sein. Herausgefordert wie handlungsmotivierend waren für die vorgenannten Aktivitäten u. a. die von *Brot für die Welt* herausgegebene Studie „Zukunftsfähiges Deutschland" mit ihrer Orientierung an „weniger, anders, besser" (→Suffizienz, Konsistenz und Effizienz).

5. Ökumenische Aktivitäten – voneinander lernen, gemeinsam handeln. Der Aufruf der Generalversammlung des Ökumenischen Rates der Kirchen 1983 in Vancouver zur wechselseitigen Verpflichtung zu →Gerechtigkeit, Frieden und Bewahrung der Schöpfung (→Konziliarer Prozess) führte nicht nur zu mehreren Ökumenischen Versammlungen in Basel (1989), Graz (1997), Sibiu (2007) und Mainz (2014), sondern führte auch zu einer verstärkten Kooperation der Europäischen Kirchen. Erste „grenzüberschreitende" Aktivitäten gab es beim „Klima-Fasten" des ÖRK, im Umweltmanagement, bei der Gestaltung der „Schöpfungszeit" oder der gemeinsamen Entdeckung „gesegneter Vielfalt". Das Thema →Klimagerechtigkeit wird durch eine Vertretung des ÖRK bei den UN Klimaverhandlungen hochgehalten. Pilgerwege sind Zeichen und gemeinsame Erfahrung zugleich. Gemeinsamer Nenner ist die Abkehr vom Wachstumsdogma, die Überwindung des derzeitigen Entwicklungsmodells, die Beendigung der Ausbeutung der Mitwelt (Natur und Mensch) und die Anerkennung der ökologischen Vielfalt der Kulturen.

6. Ausblick. Kirchen sind noch weitgehend in der Fläche vertreten, in Dörfern und städtischen Quartieren. So könnten sie – selbst glaubwürdig und mit gutem Beispiel vorangehend – Motoren einer nachhaltigen Entwicklung sein und der Hamburger Kirchentagslosung entsprechend „so viel du brauchst" Bürger wie Kommunen und Staat in eine reduktive Moderne oder eine ökologische Zivilisation mitnehmen, die nach W. Sachs durch 4 „E"s geprägt ist: Entschleunigung, Entrümpelung, Entflechtung und Entkommerzialisierung. Hierzu braucht es eine attraktive Vision, den Mut zum Handeln und die christliche Hoffnung, dass Veränderung entgegenkommt.

GESCHÄFTSFÜHRERKONFERENZ DER EVANGELISCHEN AKADEMIEN IN DEUTSCHLAND, Vom Reden zum Tun – Institutionen lernen umweltgerecht wirtschaften, 1989 – EPD-ENTWICKLUNGSPOLITIK, Energisch Energie sparen, Perspektiven der CO_2 Reduktion im Bereich der Evangelischen Kirchen, 1995 – W. WEGNER u. a. (Hg.), „Im Haus der Schöpfung leben – Die ökologische Frage in der Ev. Kirche", 1998 – DEUTSCHE BUNDESSTIFTUNG UMWELT, Umwelt schützen – Schöpfung bewahren, DBU – Projekte mit Kirchen und kirchlichen Einrichtungen, 2008 – BROT FÜR DIE WELT, EVANGELISCHER ENTWICKLUNGSDIENST u. a. (Hg), Zukunftsfähiges Deutschland in einer globalisierten Welt, 2008 – A. CIERJACKS u. a., Umweltmanagement von Großveranstaltungen – Ein Leitfaden am Beispiel des Deutschen Ev. Kirchentages, 2008 – RAT DER EVANGELISCHEN KIRCHE IN DEUTSCHLAND (Hg.), Umkehr zum Leben, Nachhaltige Entwicklung im Zeichen des Klimawandels, 2009 – DIAKONIE HAMBURG u. a. (Hg.), Zukunftsfähiges Hamburg – Zeit zum Handeln, 2010 – DIAKONISCHES WERK DER EKD (Hg.), Ökofaire Beschaffungspraxis in Kirche und Diakonie, 2011 – C. DAHM, Energie-Agentur NRW (Hg.), Energiesparen in Kirchengemeinden – Ein praktischer Leitfaden, 2011 – J. KRAUS, Umsteigen in eine ökologisch-solidarische Zivilisation. Perspektiven für eine zukunftsfähige Kirche, Deutsches Pfarrerblatt, 2011 – EUROPEAN CHRISTIAN ENVIRONMENTAL NETWORK (Hg.), Gesegnete Vielfalt-Kirchen in Europa aktiv für Artenschutz, 2011 – ARBEITSGEMEINSCHAFT DER UMWELBEAUFTRAGTEN u. a. (Hg.), Kirchen für gutes Klima – Klimaschutz in den Evangelischen Landeskirchen, 2013 – O. FOLTIN u. a., Klimaschutz in kirchlichen Gebäuden – Auswertung von Klimaschutz-Teilkonzepten katholischer und evangelischer Kirchengemeinden in Deutschland, 2013 – U. SCHNEIDEWIND u. a., damit gutes Leben einfacher wird, 2013 – U. SCHMITTHENNER u. a., Die Zukunft, die wir meinen – Leben statt Zerstörung, 2014 – J. KRAUS u. a., Evangelischer Kirchentag als Beispiel für nachhaltige Großveranstaltungen, 2015 – Papst FRANZISKUS, Laudato Si', 2015 – MINISTERIUM FÜR UMWELT; KLIMA UND ENERGIEWIRTSCHAFT, KirchengemeindeN! Wettbewerb: Nachhaltig handeln, Schöpfung bewahren – ein Rückblick, 2015.

Jobst Kraus

Ökonomisierung / Ökonomie

1. Begriffliche Klärung. Mit dem Begriff der Ökonomisierung wird im Allgemeinen die Übertragung markt- bzw. betriebswirtschaftlicher Prinzipien und Instrumente auf gesellschaftliche Bereiche gekennzeichnet, die dem kapitalistischen Verwertungsprozess teilweise oder gänzlich entzogen sind (DAHME/WOHLFAHRT 2014). Für den sozialen Sektor gilt grundsätzlich der Tatbestand, dass die Nachfrage nach sozialen Diensten und Einrichtungen im Wesentlichen staatlich gestiftet ist. Zugleich stellen die produzierten Dienstleistungen öffentliche bzw. meritorische Güter dar: Für sie soll das für private Güter charakteristische Ausschlussprinzip explizit nicht gelten. Damit sorgt der Staat über die Finanzierung sozialer Dienste und Einrichtungen zugleich für ihre De-Kommodifizierung: Sie werden größtenteils nicht wie kommerzielle Dienstleistungsangebote als preisbewertete Güter bzw. Waren auf Märkten gehandelt. Die Bereitstellung und Finanzierung sozialer Dienste ist damit bewusst aus dem Wettbewerbs- und Rentabilitätsdenken herausgenommen und wird nicht nach den Kriterien von kaufkräftiger Nachfrage und renditeinduziertem Angebot reguliert (M. BUESTRICH/ N. WOHLFAHRT 2008). Die Steuerung von Produktion, Verteilung und Finanzierung sozialer Dienste findet nach wie vor nach (sozial-)politischen Vorgaben zwischen dem staatlichen Finanzier, der deshalb oft monopolistischer Nachfrager ist, und in Deutschland auf Grundlage des Subsidiaritätsprinzips statt. Weil Markt- und Wettbewerbsmechanismen in diesem Bereich „versagen" (FINIS-SIEGLER 1997) ist es danach Aufgabe des Staates, die rechtlichen, finanziellen und infrastrukturellen Voraussetzungen zu schaffen, wobei er die konkrete Durchführung i. d. R. an Dritte (freigemeinnützige und private) Träger delegiert. Zwar wäre es prinzipiell möglich, Angebot und Nachfrage sozialer Dienstleistungen, wie andere personenbezogene Dienstleistungen auch, über den Markt zu organisieren. Eine Steuerung über Preise würde im Hinblick auf die erläuterten sozialpolitischen Zielsetzungen jedoch nur ein auf bestimmte Bedarfslagen und entsprechend zahlungsfähige Empfängergruppen ausgerichtetes Versorgungsniveau entstehen lassen.

Noch deplazierter wirkt der Begriff der Vermarktlichung bei solchen Leistungen, die als „gesellschaftlicher Auftrag" (Normalisierungsfunktion) und damit aus einem übergeordneten öffentlichen Interesse heraus einen Eingriffs- und Kontrollcharakter besitzen. Sie werden deshalb teilweise gegen den Willen der Betroffenen „geleistet" und müssen von diesen in Anspruch genommen werden (z. B. Straffälligenhilfe und Heimunterbringung), womit keine „exit"-Option besteht. Neben der Rolle des Finanziers von Sozialleistungen (Gewährleistungs- und Durchführungsfunktion) übt der Sozialstaat damit als Teil der Exekutive in Gestalt der Sozialadministration zugleich sozialpolitisch definierte und insofern nicht marktkonforme Eingriffs- und Überwachungsfunktionen („Garantenstellung" und „Wächteramt") aus.

2. Instrumente und Folgen der Ökonomisierung. Grundsätzlich muss festgehalten werden, dass die unter dem Begriff der Ökonomisierung zusammengefassten Entwicklungen primär nicht darin bestehen, zahlungsfähige Nachfrage nach sozialen Dienstleistungen zu mobilisieren, sondern dass sie darauf abzielen, Leistungsreserven bei den Leistungserbringern (Anbietern) freizusetzen und die Kosten der sozialen Dienstleistungserbringung insgesamt zu senken. Durch Leistungs- und Kostenvergleiche soll eine Markttransparenz hergestellt und auf diese Weise das öffentlich finanzierte bzw. den Klienten zugängliche Angebot gesteuert werden (Benchmarking und Outcomesteuerung) (KGST 1993, 22).

Zentrales Steuerungsinstrument ist das sog. Kontraktmanagement (Ziel- und Leistungsvereinbarungen), das zur Etablierung von Auftraggeber-Auftragnehmer-Verhältnissen zwischen der lokalen Verwaltung und subsidiären Trägern führt. Durch Rückgriff auf das New Public Management soll eine unternehmensähnliche Restrukturierung des sozialen Dienstleistungssektors erfolgen; mittels Maßnahmen wie Deregulierung, Privatisierung, Auslagerung und Verselbstständigung von Verwaltungsaufgaben, Einführung von Markt- und Wettbewerbselementen in das Verwaltungshandeln sowie die Einführung privatwirtschaftlicher Managementmethoden und betriebswirtschaftlicher Steuerungsinstrumente soll der gesamte soziale Dienstleistungssektor modernisiert werden.

Für die Leistungserbringer im Sozialsektor (insbesondere die Träger und Einrichtungen der gemeinnützig organisierten Freien Wohlfahrtspflege) führt die Ökonomisierung zu einem Rationalisierungsdruck, der sich auf alle Ebenen des Verbandes und der ihm angeschlossenen Träger bezieht. Es entsteht eine Sozialwirtschaft, die ihre Leistungsprozesse nach unternehmerischen Prinzipien organisiert. Die Sozialorganisationen werden durch die Ablösung des Selbstkostendeckungsprinzips durch prospektive Entgelte dazu gezwungen, das „unternehmerische Risiko" zu tragen und demzufolge konzentrieren sie sich in immer stärkerem Maße auf Leistungsbereiche, die (noch) eine einigermaßen stabile Refinanzierung versprechen (DAHME/KÜHNLEIN/WOHLFAHRT 2005). Die Beziehungen zu den öffentlichen Trägern werden (betriebs-)wirtschaftlich restrukturiert. Hierunter fallen Strategien der Verbetrieblichung der Freien Wohlfahrtspflege, d. h. einer Stärkung der einzelbetrieblichen Ebene der Leistungserbringung, die Neuordnung der Geschäftsfeldpolitik der Träger, u. a. durch die Tendenz zur Bildung größerer Geschäftseinheiten im Rahmen von Netzwerken und Fusionen. Zugleich kommen flächendeckende Ausgliederungsstrategien („Outsourcing") und die Nutzung neuer, privatwirtschaftlicher Rechtsformen (GmbH- und Holding-Lösungen) zum Tragen.

Durch Tarifreform, neue Personalführungskonzepte und eine durchgreifende Flexibilisierung der Beschäftigungsbedingungen sollen Personalkosten gesenkt, leistungsorientierte Bezahlungssysteme implementiert und eine Ausweitung prekärer Beschäftigung erfolgen (DAHME/WOHLFAHRT (Hg.) 2013).

Sowohl auf europäischer als auch auf nationaler Ebene wird in jüngster Zeit verstärkt die Forderung nach der Nutzung privaten Anleihekapitals zur Finanzierung sozialer Dienste erhoben (National Advisory Board 2014). Hierdurch könnte die Ökonomisierung des Sozialsektors einen weiteren Schub erfahren, der durch die Kombination von renditeorientierter Kapitalanlage und vergleichender Wirkungsmessung entsteht (BURMESTER/WOHLFAHRT 2014). Die Ökonomisierung des Sozialen – so lässt sich bilanzieren – bewegt sich im Widerspruch zwischen sozialpolitischer Regulierung und marktwirtschaftlicher Deregulierung zwecks Effizienzgewinn und Kostenersparnis. Traditionelle ordnungspolitische Prinzipien wie bspw. das Subsidiaritätsprinzip werden dabei in Frage gestellt bzw. ganz ausgehebelt. Insofern ist es durchaus angemessen, von einer veränderten Politischen Ökonomie des Sozialsektors zu sprechen.

KGSt, Das Neue Steuerungsmodell. Begründung, Konturen, Umsetzung, 1993 – B. FINIS-SIEGLER, Ökonomik sozialer Arbeit, 1997 – M. BUESTRICH/M. BUMESTER/H.-J. DAHME/N. WOHLFAHRT, Die Ökonomisierung Sozialer Dienste und Sozialer Arbeit, Entwicklung – Theoretische Grundlagen – Wirkungen, 2008 – M. BUSTRICH/N. WOHLFAHRT, Ökonomisierung des Sozialen, in: Das Parlament, 2008³ – C. SPATSCHECK/M. ARNEGGER/S. KRAUS/A. MATTNER/B. SCHNEIDER, Soziale Arbeit und Ökonomisierung, 2008 – G. CREMER/N. GOLDSCHMIDT/S. HÖFER, Soziale Dienstleistungen, Ökonomie, Recht, Politik, 2013.

Norbert Wohlfahrt

Ökumenische Bewegung

Unter dem Begriff Ö.B. werden i. d. R. die drei großen ökumenischen Richtungsinitiativen verstanden, die sich in der ersten Hälfte des 20. Jahrhunderts bildeten und seit 1948 in den „Ökumenischen Rat der Kirchen" integriert wurden (*Abkürzung*: ÖRK; *engl*. World Council of Churches, *Abkürzung*: WCC): Die „Bewegung Praktisches Christentum" (*engl*. Life and Work Movement), die „Bewegung Glaube und Kirchenverfassung" (*engl*. Faith and Order Movement) und der „Internationale Missionsrat" (*engl*. International Missionary Council/*Abkürzung*: IMC). Heute repräsentiert der ÖRK mit 349 Mitgliedskirchen in mehr als 140 Ländern auf allen sechs Kontinenten mehr als 580 Millionen Christen.

1. Ursprünge und Vorläufer. Die Wurzeln der modernen Ö.B. liegen in der englischen und amerikanischen Erweckungsbewegung, die seit Mitte des 19. Jahrhunderts die Entstehung überkonfessionell agierender, zugleich aber an Bibel und persönlicher Glaubenserfahrung orientierter Jugendbewegungen anregte. Aus diesem Kontext ging z. B. der „Young Men's Christian Association" hervor (*Abkürzung*: YMCA; *deutsch*: Christlicher Verein Junger Männer/*Abkürzung*: CVJM), der 1844 in London gegründet wurde und aus dem rasch weitere YMCA-Landesgruppen in Australien, Frankreich, Indien und in den USA hervorgingen. 1855 erfolgte die Gründung des „Young Women's Christian Association" (*Abkürzung*: YWCA, deutsch: Christlicher Verein Junger Frauen) in London und die Gründung des YMCA-Weltbundes in Paris (1855). Die erfolgreiche Kombination aus missionarischer Aktivität, christlichem Bildungsangebot und transnationaler Vernetzung machten YMCA und YWCA in der Folgezeit nicht nur zu einem attraktiven Modell einer jungen, urban orientierten christlichen Bewegung, sondern brachte auch eine neue Generation ökumenischer Führungspersönlichkeiten wie etwa den charismatischen amerikanischen Methodisten JOHN RALEIGH MOTT (1865–1955) oder die englische Missionarin RUTH CLARA ROUSE (1872–1956) hervor. Beide, MOTT und ROUSE, engagierten sich zusätzlich beim Aufbau des 1895 gegründeten „World Student Christian Federation" (*Abkürzung* WSCF, deutsch: Christlicher Studentenweltbund), der unter ihrer Leitung zu einer auf allen Kontinenten vertretenen, rund 300 000 Mitglieder zählenden nichtkonfessionell gebundenen Vereinigung heranwuchs. Unter dem Einfluss von YMCA und WSCF kam es 1910 zur ersten Weltmissionskonferenz im schottischen Edinburgh, an der rund 1200 Vertreter aus den 159 weltweit vertretenen protestantischen Missionsgesellschaften zur internationalen Analyse der gegenwärtigen Situation in der Mission zusammentrafen. Der hier erstmals in dieser geographischen und konfessionellen Weite erfahrene Austausch, der maßgeblich von MOTT und dem englischen Missionar JOSEPH HOULDWORTH OLDHAM (1874–1969) geprägt wurde, machte „Edinburgh 1910" zur Chiffre eines sich vom Westen aus erneuernden, weltweit agierenden und vernetzten Christentums und zu einer der drei Säulen der Ö. B. 1921 konstituierte sich daraus der Internationale Missionsrat (Englisch: International Missionary Council/*Abkürzung*: IMC). Neben der Missionsbewegung gehörte auch die Bewegung für Praktisches Christentum (engl.: Life and Work Movement) zum ökumenischen Aufbruch des neuen Jahrhunderts. Ihre Mitglieder kamen überwiegend aus dem YMCA, dem WCSF und dem 1914 gegründeten Weltbund für Freundschaftsarbeit der Kirchen (Englisch: The World Alliance of Churches for Promoting International Friendship). Ausgangspunkt ihrer Aktivitäten, deren Grundzüge vor allem nach dem Ersten Weltkrieg auf den Konferenzen von Stockholm 1925 und Oxford 1937 festgelegt wurden, war die Suche nach gemeinsamen christlichen Ansätzen und Positionen in den sozialethischen Herausforderungen der Gegenwart. Einen anderen inhaltlichen Schwerpunkt setzte dagegen die Bewegung für Glaube und Kirchenverfassung (Englisch: Faith and Order Movement), die erstmals 1927 im schweizerischen Lausanne mit über 400 Teilnehmern aus allen christlichen Kirchen (außer der Römisch-Katholischen Kirche) zusammentrat. Für sie stand die Frage nach der kirchlichen und christlichen Einheit im Mittelpunkt ihrer Arbeit, folgerichtig war sie stärker theologisch, dogmatisch und systematisch orientiert.

2. Formierung und Gründung des Ökumenischen Rates der Kirchen. 1938 beschlossen Mitglieder aus der Bewegung Praktisches Christentum und aus der „Bewegung Glaube und Kirchenverfassung" in Utrecht, ihre nebeneinander agierenden Gruppierungen zu einer gemeinsamen ökumenischen Institution zu vereinigen und daraus einen ÖRK mit Hauptsitz in Genf zu bilden. Zukünftiger Generalsekretär sollte der niederländische Theologe WILLEM VISSER 'T HOOFT (1900–1985) werden. Nachdem der Ausbruch des Zweiten Weltkrieges alle diesbezüglichen weiterführenden praktischen Schritte auf diesem Weg verhindert hatte, konnten VISSER 'T HOOFTS und seine Kreise in Genf 1945 beim Neuaufbau der Ökumene gezielt an die Verbindungen der Vorkriegszeit anknüpfen. Englische und amerikanische Mitglieder des IMR gründeten 1946 die „Kommission der Kirchen für Internationale Angelegenheiten" (Abkürzung: KKIA; Englisch: Commission of Churches on International Affairs, Abkürzung: CCIA), eine Art ökumenische Auslandsabteilung. Zugleich wurde bei Genf das internationale Studienzentrum Bossey gegründet. Hier sollten insbesondere Laien in ihrem Einsatz für ein erneuertes Christentum in Europa, aber auch in der Welt, gestärkt werden und eine Brücke zur säkularen Gesellschaft bilden. Bis 1954/55 wurde Bossey von SUZANNE DE DIETRICH (1891–1981) und dem Niederländer HENDRIK KRAEMER geleitet; später dann von HANS-HEINRICH WOLF (1955–1966); NIKOS A. NISSIOTIS (1958–1974), JOHN MBITI (1974–1980), KARL H. HERTZ (1978–1983), ADRIAAN GEENSE (1983–1989), SAMUEL AMIRTHAM (1989–1990), JACQUES NICOLE (1989–1997), HEIDI HADSELL (1997–2001), IOAN SAUCA (seit 1998).

Die lange geplante offizielle Gründung des ÖRK wurde dann mit der Ersten Vollversammlung von Delegierten aus protestantischen, anglikanischen und orthodoxen Kirchen weltweit im August 1948 in Amsterdam vollzogen; die „Bewegungen Glauben und Kirchenverfassung", die „Bewegung Praktisches Christentum" und seit 1961 dann auch der IMR gingen nun als eigene Programmeinheiten im neuen ÖRK auf.

VISSER 'T HOOFT wurde in Amsterdam zum ersten Generalsekretär ernannt; ihm folgten der Amerikaner EUGEN CARSON BLAKE (1966–1972), PHILIP POTTER von der Karibikinsel Dominica (1972–1984), EMILIO CASTRO aus Uruguay (1985–1992), KONRAD RAISER aus Deutschland (1993–2003), SAM KOBIA aus Kenia (2004–2009) und OLAF TYSKE FEIT aus Norwegen (seit 2009).

In der Verfassung, der sog. „Basisformel", von Amsterdam definierte sich der ÖRK als eine „Gemeinschaft von Kirchen, die ihren Herrn Jesus Christus als Gott und Heiland bekennen"; diese Formulierung wurde 1961 auf Betreiben der orthodoxen Mitgliedskirchen trinitarisch erweitert und vervollständigt. Eine weitere Profilierung des Selbstverständnisses des ÖRK traf die V. Vollversammlung in Nairobi 1975, die die Funktion des ÖRK um das Ziel der „sichtbaren Einheit" ergänzte. Theologisch brachte 1982 die von der „Kommission Glaube und Kirchenverfassung" erarbeitete Studie über Taufe, Eucharistie und Amt, die auch als „Lima-Papier" bezeichnet wird, einen ökumenischen Durchbruch, da sie erstmals Übereinstimmungen und Unterschiede unter den Kirchen im Verständnis von Taufe, Abendmahl und Amt herausarbeitete.

Nach wie vor zeichnet sich der Einheitsbegriff der Ö.B. durch seine geographische und konfessionelle Weite aus. Einen Meilenstein bedeutete in dieser Hinsicht die III. Vollversammlung 1961 in Neu Delhi, als 23 neue Mitgliedskirchen, darunter elf Kirchen aus Afrika, fünf aus Asien und drei Kirchen aus dem lateinamerikanischen/karibischen Raum; aber auch vier orthodoxe Kirchen Russlands, Bulgariens, Rumäniens und Polens sowie zwei chilenische Pfingstkirchen aufgenommen wurden. Eine Stärkung des Dialoges zwischen dem ÖRK und der röm.-kath. Kirche, die kein Mitglied im ÖRK ist, brachte schließlich das Zweite Vatikanische Konzil (1962–1965) mit seiner Aufwertung der Ökumene. Seit 1965 gibt es eine gemeinsame Arbeitsgruppe; 1969 erfolgte der erste Besuch eines Papstes im ÖRK.

Das offene Einheitskonzept des ÖRK setzt Dialog- und Kompromissfähigkeit seiner Delegierten und Mitgliedskirchen in den jeweiligen aktuellen theologischen, kirchlichen, sozialethischen und politischen Debatten der Ö.B. voraus. Kritiker bemängeln die dadurch forcierte Konsensorientierung und fehlende Eindeutigkeit des ÖRK; sie gehört jedoch zur Geschichte des ÖRK von Anfang an dazu und zeigte sich bereits auf der Gründungsversammlung des ÖRK in Amsterdam 1948, als zwei völlig entgegengesetzte Auffassungen über die Frage vertreten wurden, welchen Weg die Ökumene angesichts der Spannungen zwischen Ost und West, zwischen →Kommunismus und →Kapitalismus, zwischen kollektiven und individuellen →Menschenrechten einnehmen sollte. Der ÖRK erklärte daraufhin, dass die Kirchen sowohl die Ideologie des Kommunismus als auch des Kapitalismus verwerfen und stattdessen einen von den Supermächten USA und UdSSR unabhängigen, →„Dritten Weg" einschlagen sollten.

In der Praxis war dieser Dritte Weg allerdings steinig. Das sog. „Antirassismusprogramm" (Englisch: Programme to Combat Racism, Abkürzung: PCR), das nach der IV. Vollversammlung von Uppsala 1969 eingesetzt wurde, sorgte z. B. aufgrund seiner offenen Haltung und finanziellen Unterstützung gegenüber bewaffneten Befreiungsbewegungen für heftige Auseinandersetzungen in den Mitgliedskirchen.

Aber auch die ökumenische Sozialethik war Wandlungen und Konflikten unterworfen. Bis Mitte der 1960er Jahre dominierte im ÖRK das wesentlich von OLDHAM und dem Schweizer Theologen KARL BARTH (1886–19689 geprägte Konzept der „Verantwortlichen Gesellschaft" (Responsible Society), das die Verantwortung vor allem der gesellschaftlichen Eliten in einer freien Gesellschaft vor Gott und den Menschen betonte. Ihm lag ein heils- und verheißungsgeschichtliches Modell mit einem starken „christozentrischer Universalismus" (VISSER 'T HOOFT) zugrunde. Offene Kritik erfuhr diese Leitidee bei der „Weltkonferenz für Kirche und Gesellschaft" in Genf 1966. Vertreter aus der sog. Dritten Welt argumentierten gegen die ihrer Meinung nach eindeutig westlich-demokratische Verankerung der „Verantwortlichen Gesellschaft" – diese ziele immer auf den Erhalt der bestehenden öffentlichen Ordnung ab, was aber weder globale Gültigkeit beanspruchen könne, noch die aktuellen postkolonialen, sozialrevolutionären Umbrüche in Asien, Afrika und Lateinamerika berücksichtige. In der Folgezeit setzte sich, auch unter dem Einfluss lateinamerikanischer Repräsentanten in der Ö.B., eine von der →Befreiungstheologie inspirierte „Politische Theologie" durch, die Jesus Christus in Solidarität mit den Armen und Marginalisierten als Befreier der Menschen aus Unterdrückung deutete. Besonders klar kam dieser Paradigmenwechsel auf der „Weltmissionskonferenz" in Bangkok 1972/3 zum Ausdruck, wo erstmals die theologische Kategorie des Heils i. S. der Befreiung von der Dominanz westlich-theologischen Denkens und als ein ganzheitlicher Prozess, der die Menschen zu ihrem wahren Sein miteinander und vor Gott führe, als neue Leitlinie der Ö.B. formuliert wurde.

In den 1960er und 1970er Jahren entwickelten sich neue Allianzen zwischen Erster, Zweiter und Dritter Welt, die z. B. den auf Osteuropa gerichteten, traditionellen Antikommunismus der frühen Ö.B. auflösten. Folgerichtig veränderte sich auch die Interpretation der →Menschenrechte im ÖRK. Das in der Anfangszeit der Ö.B. noch stark an den bürgerlichen und politischen Individualrechten und der Religionsfreiheit orientierte Menschenrechtsverständnis wich einer stärkeren Betonung der zweiten (wirtschaftliche, soziale und kulturelle Rechte) und dritten (Kollektivrechte) Dimension der Menschenrechte. Diese neue Orientierung zeigte sich deutlich am seit den späten 1970er Jahren erfolgten Einsatz des ÖRK gegen das Apartheidsregime in Südafrika, jedoch führte diese auch dazu, dass der ÖRK den Aufbruch der osteuropäischen Bürgerrechtsbewegungen und das Ende der sozialistischen Regime in Osteuropa (→Sozialismus) 1989/90 aus dem Blick verlor. Auf der anderen Seite folgte die ökumenische Globalisierung des Menschenrechtsdiskurses den entsprechenden Entwicklungen anderer internationaler Organisationen, z. B. der Vereinten Nationen. Das Ende des Kalten Krieges bedeutet für den ÖRK eine tiefe Zäsur, die sich insbesondere durch anhaltende Konflikte mit den orthodoxen wie auch anderer Mitgliedskirchen aufgrund der als zu liberal angesehenen ökumenischen Sozialethik bemerkbar macht (u. a. Menschenrechte, Frauenordination, kirchlicher Umgang mit →Homosexualität).

R. Rouse/S.C. Neill (Hg.), A History of the Ecumenical Movement 1517–1948, 1954 – H. E. Fey (Hg.), The Ecumenical Advance: A History of the Ecumenical Movement, Bd. 2, 1948–1968, 1970 – W. A. Visser 't Hooft, Die Welt war meine Gemeinde. Autobiographie, München 1972 – R. Frieling, Der Weg des ökumenischen Gedankens, 1992 – G. Besier/A. Boyens/G. Lindemann (Hg.), Nationaler Protestantismus und ökumenische Bewegung. Kirchliches Handeln im Kalten Krieg 1945–1990, 1999 – J. Briggs/M. A. Oduyoye/G. Tsetsis (Hg.), A History of the Ecumenical Movement, Bd. 3, 1968–2000, 2004 – K. Kunter/A. Schilling (Hg.), Globalisierung der Kirchen – Der ÖRK und die Entdeckung der Dritten Welt in den 1960er und 1970er Jahren, 2014.

Katharina Kunter

Ordnung

1. Begriff. Sowohl im biblischen Denken als auch in der antiken Philosophie verbindet sich der **Begriff** der O. (lat.: ordo) aufs Engste mit dem der →Gerechtigkeit. Geordnete Verhältnisse sind dort gegeben, wo verschiedene Bestandteile sich so zu einem Ganzen zusammenfügen, dass sie sich wechselseitig unterstützen und zu ihrem Recht kommen lassen. O. ist „die Verteilung gleicher und ungleicher Dinge, die jedem den gebührenden Platz anweist" (Augustin, Vom Gottesstaat, XIX, 13). In einer O. ist alles Einzelne so aufgehoben, dass seiner Vereinzelung ebenso wie seiner Unterdrückung gewehrt wird. O.en regulieren das Verhalten ihrer Mitglieder, werden aber zugleich auch durch deren →Handeln konstituiert.

2. Ebenen und Grundlagen. Zum einen ist O. Gegenbegriff zu Chaos und Inbegriff des schöpferischen Handelns Gottes, der durch sein Wort die Geschöpfe ins Sein ruft und mit sich und untereinander verbindet. Allen Dingen ist damit ihr Maß gesetzt (vgl. Hi 38,4–11; Weish 11,21). Alle Werke des Schöpfers sind „weise geordnet" (Ps 104,24). Wie im griechischen Begriff des Kosmos, aber auch in der biblischen Weisheit deutlich wird, ist O. auch ein ästhetisches Phänomen. In der Schönheit und Harmonie der Natur manifestiert sich die Güte des Schöpfers, der seiner Schöpfung in Treue verbunden bleibt. Eben von der aktuellen Präsenz seines schöpferischen Wortes her ist der Gedanke der Beständigkeit (vgl. Ps 111,7) zu verstehen. O.en sind verlässlich, sofern sie als O.en des Rechts vom Bundeswillen Gottes getragen sind. Dieses Gemeinschaftsverhältnis von Schöpfer und Geschöpf bestimmt auf einer zweiten Ebene auch die menschlichen Sozialbeziehungen. „Gott ist nicht ein Gott der Unordnung, sondern des →Friedens" (1.Kor 14,33); daher sind alle Glieder der →Gemeinde gehalten sich „ordentlich" (V. 40) zu verhalten. Das gilt nicht nur innerhalb der Kirche als des Leibes Jesu Christi. Es gilt auch für die eheliche Gemeinschaft von Mann und Frau, sofern diese von Jesus auf die Einsetzung Gottes zurückgeführt wird (Mk 10,6–9; Mt 19,4–6), und für das Verhältnis zur Staatsgewalt (→Staat), sofern diese nach Paulus (Röm 13,1f) eine von Gott „verordnete" Rechtsgewalt ausübt. In den drei Lebenskreisen, →Kirche, →Ehe und →Politik, ist die O. freilich stets als eine „durch Christus" (vgl. 1. Petr 2,13; Eph 5,25–33) vermittelte und normierte O. zu verstehen. Nicht die Unterwerfung unter vorgegebene Lebensformen, sondern die Freiheit, diese im Geist der →Liebe zu gestalten, ist der Skopus der neutestamentlichen Ermahnung.

3. Seinsordnung und O. der Liebe. Die Spannung zwischen einem an einer ursprünglichen Setzung orientierten Begriff der O., die es zu wahren gilt, und einem teleologischen Verständnis, das auf die noch unerfüllte Verheißung eines Lebens in Gerechtigkeit und Frieden verweist, hat in der Geschichte der christlichen →Ethik zu immer wieder neuen Schwerpunktbildungen geführt. Dabei geht die Suche nach geordneten und zu ordnenden Lebensverhältnissen davon aus, dass diese weder in der Natur als solcher noch in den vorhandenen Lebensformen einfach gegeben sind. Quelle der O. ist vielmehr das Wort Gottes, von dem her die Gegebenheiten in Natur und Geschichte wahrzunehmen und zu gestalten sind. Insbesondere unter dem Einfluss Augustins hat der Begriff der O. auf lange Sicht als Hauptverbindungsbegriff zwischen Ontologie und Ethik fungiert. Der O. des Seins, die in abgestufter Weise alles Seiende mit dem höchsten Sein in Gott verbindet, entspricht die sittliche O. als „O. der Liebe" (ordo amoris; vgl. Thomas von Aquin, S. th. IIa IIae, q. 26: De ordine caritatis): Ist Gott über alle Dinge zu lieben, so sind auch alle Dinge um Gottes willen zu lieben, wobei sich das Maß der ihnen gebührenden Liebe nach dem Maß ihrer Teilhabe am Guten richtet. Das Verständnis der O. im Sinne einer Rangordnung bestimmt nicht zuletzt auch die gesellschaftliche O., sofern in ihr der geistliche Stand den weltlichen Ständen gegenübergestellt und übergeordnet wird.

4. In Auseinandersetzung mit dieser Konzeption hat Luther die in der einen Taufe begründete →Würde und prinzipielle Gleichrangigkeit aller weltlichen „→Berufe" hervorgehoben. Entgegen dem ersten Anschein erweist sich seine **Lehre von den drei Ständen** (ecclesia, oeconomia und politia; vgl. die volkstümliche Fassung: Lehrstand, Nährstand und Wehrstand) als eine kritische, dynamische Auffassung der sozialen O.en. Wenn LUTHER die Stände schöpfungstheologisch begründet und interpretiert, geht es ihm darum, Grundverhältnisse aufzuweisen, an denen alle Menschen teilhaben und in denen sie zur →Verantwortung gerufen sind. Dabei sind Kirche als O. des Gottesverhältnisses und der Hausstand im Sinne von →Ehe, →Familie und →Ökonomie schon in der Schöpfung vorgesehen, während die politische Ordnung im Sinne der Staatsgewalt erst durch den Sündenfall notwendig geworden und somit als Notordnung zu verstehen ist. Für alle Stände gilt freilich, dass sie nicht an sich heilig sind, sondern durch das Wort Gottes allererst geheiligt werden. Ihre göttliche Einsetzung zielt auf den Glauben, der sich vom Wort Gottes bewegen lässt und der sich dann in Liebe und →Vernunft (vgl. dazu die Goldene Regel Mt 7,12; →Bergpredigt) als wirksam erweist. „Der allgemeine Orden der christlichen Liebe, darin man (…) einem jeglichen Bedürftigen mit allerlei Wohltat dient", steht über allen Ordnungen und durchdringt sie" (Bekenntnis, 1528). Entsprechend weist die Augsburgische Konfession die Christen dazu an, „in den O.en" des politischen und ökonomischen Lebens „Liebe zu üben" (CA XVI).

5. Sind O.en im Sinne der reformatorischen Theologie Räume der Bewährung christlicher →Freiheit, wird verständlich, inwiefern der Wandel im neuzeitlichen Freiheitsbegriff auch einen Wandel der O.svorstellungen heraufgeführt hat. Versteht man unter Freiheit primär individuelle →Autonomie, kommen O.en nicht so sehr als Voraussetzungen und Konstitutionsbedingungen, sondern vielmehr als grundsätzlich variable Ausdrucks- und Vergesellschaftungsformen menschlicher Subjektivität in den Blick. Die Relativierung von zuvor als statisch angesehenen Gesellschaftsstrukturen wird zusätzlich gefördert durch das Verständnis der Schöpfung als eines offenen Prozesses, der die kulturelle Tätigkeit des Menschen als Weiterführung der Schöpfung einschließt und auf das Ziel des →Reiches Gottes hinordnet (u. a. R. ROTHE, A. RITSCHL). Die sog. **O.stheologie**, die in dem erstmals 1854 bei TH. KLIEFOTH auftauchenden Begriff der Schöpfungsordnung ihr Signalwort gefunden hat und vor allem von lutherischen Theologen vertreten worden ist, lässt sich auf dem Hintergrund des spezifisch modernen Autonomiekonzepts als eine ebenso kritische wie konservative Theorie deuten (F.W. GRAF). Ihre Intention liegt weder in der Affirmation der gegebenen politischen Verhältnisse, noch geht es ihr darum, das politische und kulturelle Leben einer vermeintlichen „→Eigengesetzlichkeit" zu überlassen. Der Rekurs auf die im Handeln Gottes begründeten Grundformen des Gemeinschaftslebens, die im Anschluss an die lutherische Dreiständelehre als Ehe bzw. Familie, Staat und Kirche gefasst werden (vgl. z. B. G. C. A. HARLESS), hat vielmehr die Funktion einer kritischen politischen Ethik, die nicht nur dem revolutionären Umsturz der gesellschaftlichen Verhältnisse, sondern vor allem auch den dissoziierenden Tendenzen des modernen →Liberalismus zu wehren sucht.

Dass und in welchem Sinne die Debatte über die sozialethische Bedeutung (→Sozialethik) der O. im Kern ein Streit über den Begriff der Freiheit ist, tritt besonders deutlich bei F. GOGARTEN heraus, dessen „→Politische Ethik" (1932) den Begriff der O. theologisch als Gestalt des Gesetzes auslegt. O.en sind notwendig, um das menschliche Leben als ein „Vom-Andern-her-sein und Für-den-Andern-da-sein" zu erhalten. Dabei unterscheidet GOGARTEN ebenso wie auch andere zeitgenössische Vertreter der O.stheologie (insbes. P. ALTHAUS, W. ELERT, E. BRUNNER) grundsätzlich zwischen der O. als Werk Gottes und den konkreten Ausformungen der O. in der Geschichte, zwischen Schöpfung und Erhaltung, zwischen göttlicher Vorgabe und menschlicher Aufgabe. Gleichwohl hat während der nationalsozialistischen Herrschaft (→Nationalsozialismus), die am Begriff der O. orientierte Theologie (zumal in ihrer vergröberten Form bei den Deutschen Christen) zur Verwischung der Differenzen beigetragen, vor allem indem sie nicht nur den →Staat, sondern auch das Volkstum (→Volk) in den Rang einer göttlichen O. erhoben und Volksgesetz und Gottesgesetz gleichgesetzt hat (W. STAPEL). Dass der nationalsozialistische Staat durch den Versuch, eine totalitäre O. zu etablieren (→Totalitarismus), grundlegende O.en des →Rechts aufgehoben und sich so als Feind der O. erwiesen hat, wurde in dieser Perspektive zu spät, wenn überhaupt erkannt.

6. Die Krise der O.stheologie in den 1930-er Jahren hat zu ihrer grundsätzlichen **Revision**, aber auch zu ihrer **differenzierten Weiterführung** herausgefordert. Zu nennen ist hier insbesondere die →Barmer Theologische Erklärung, die in ihrer 5. These pointiert den Begriff der O. durch den der Anordnung ersetzt und damit den Staat an seinen Auftrag bindet, „für Recht und Frieden zu sorgen". Die hier zugrunde liegende christologische Interpretation des göttlichen Gebots, wie sie in der „Kirchlichen Dogmatik" K. BARTHS entfaltet wird, findet sich auch bei D. BONHOEFFER, der schon 1932 dafür plädiert, den Begriff der Schöpfungsordnung durch den der Erhaltungsordnung zu ersetzen und diese vom Gebot Christi her zu interpretieren. In seinen Fragmenten zur Ethik führt BONHOEFFER den Begriff des Mandats ein, unter dem er die in vier Lebensbereichen (→Kirche, →Ehe und →Familie, →Arbeit bzw. →Kultur, Obrigkeit) sich entfaltende „Wirklichkeit der Liebe Gottes" zu

fassen sucht. Mit *Mandat* wird einerseits der verantwortlich wahrzunehmende Auftrag gegenüber der Zuständlichkeit geschichtlicher O.en betont, andererseits aber auch die Bindung der Ethik an die in Christus begründete Wirklichkeit der Welt verdeutlicht. Das von Gott Gegebene ist nicht identisch mit vorfindlichen Gegebenheiten, will aber doch in ihnen als die wahre Wirklichkeit wahrgenommen werden.

Die spannungsgeladene Einheit von Vorgabe und Auftrag, von Ordnung und Anordnung, wie sie für BONHOEFFERS Begriff des Mandates kennzeichnend ist, weist zurück auf die Grundproblematik des Begriffs der O. als eines zwischen Ontologie bzw. Schöpfungslehre und Ethik vermittelnden Begriffs. Die Problematik bleibt auch dort virulent, wo der Begriff der Schöpfungsordnung kritisch interpretiert und vornehmlich im Sinne der Erhaltungsordnung ausgelegt wird (so bei W. KÜNNETH, H. THIELICKE), und nicht zuletzt auch dort, wo die Sozialethik dezidiert als Ethik der →Institutionen entworfen wird (E. WOLF). Dieser Begriff, der weithin die Nachfolge des Begriffs der O. angetreten hat, teilt insofern dessen Problematik, als auch in ihm sich der Stiftungsgedanke, der die Grundformen menschlicher Sozialität als anzunehmende Vorgaben versteht, mit dem Gestaltungsauftrag verbindet. Wie wenig sich ordnungstheologische Fragen erledigt haben, hat sich schließlich auch in der Debatte um eine „ökologische Ethik" gezeigt. So sehr der Begriff der Schöpfungsordnung durch seine Verwendung zur →Legitimation unrechtmäßiger politischer Herrschaft diskreditiert worden ist, so notwendig erscheint es im Kontext des Umgangs mit der Natur, ein im Schöpfungshandeln Gottes begründetes O.sgefüge aufzuweisen, das der menschlichen Verfügungsgewalt Grenzen setzt. Die im „→Konziliaren Prozess" ausgegebene Maxime „Bewahrung der Schöpfung" setzt ein Verständnis von Schöpfung als weisheitliche O. voraus und erinnert damit an die biblischen Grundlagen des Begriffs der O.

H. KRINGS, Ordo. Philosophisch-historische Grundlegung einer abendländischen Idee, 1982² – F. W. GRAF, Konservatives Kulturluthertum. Ein theologiegeschichtlicher Prospekt, in: ZThK 85 (1988), 31–76 – M. HONECKER, Einführung in die Theologische Ethik. Grundlagen und Grundbegriffe, 1990 (Lit.) – E. HERMS, Grundzüge eines theologischen Begriffs sozialer O., in: DERS., Gesellschaft gestalten. Beiträge zur evangelischen Sozialethik, 1991, 56–94 – D. LANGE, Schöpfungslehre und Ethik, in: ZThK 91 (1994), 157–188 – O. BAYER, Natur und Institution. Luthers Dreiständelehre, in: DERS., Freiheit als Antwort, 1995, 116–146 – H. BEDFORD-STROHM, Schöpfung, 2001.

Johannes von Lüpke

Organisation

1. Begriff. O. stammt von griech. organon, Werkzeug. O. sind Einrichtungen, die hierarchische Strukturen aufweisen und spezifische Ziele durch bewusst geregelte Kooperation erreichen wollen. Die Systemtheorie beschreibt O. als Spezialfall sozialer Systeme, die auf der operativen Basis der Kommunikation von Entscheidungen prozessieren (LUHMANN). Im Gegensatz zu →Institutionen sind O. ein spezifisch modernes Phänomen, sie setzen ein hohes Maß gesellschaftl. Differenzierung und Arbeitsteilung voraus.

2. O.theoretische Ansätze. Die O.th. ist eine junge Wissenschaft, deren Entwicklung gewöhnlich in drei Phasen klassifiziert wird:

Die *klassische O.theorie* entwickelte sich aus Überlegungen WEBERS über den Idealtypus der →Bürokratie auf der einen, und dem Scientific Management (TAYLOR) auf der anderen Seite. Es geht in ihr um Idealkonstruktionen von O. und ihrer internen Struktur. An diesem normativen Modell werden reale O. gemessen, sie erscheinen als Instrument zur Durchsetzung rational gesetzter Ziele. Die *neoklassische Theorie d. O.* fragt nach dem Verhältnis von normativer Struktur und beobachteter Realität. Hierzu gehört v. a. die Unterscheidung formaler und informeller O.strukturen. Folgenreich ist hier (ausgehend von den Hawthhorne-Experimenten) die sog. Human-Relations-Bewegung in der betriebswirtschaftl. O.lehre, die in der O.psychologie ihre Fortsetzung findet. Die *moderne O.soziologie* besitzt kein einheitliches Paradigma; sie ist gekennzeichnet durch eine kritische Einstellung gegenüber normativen und zweckrational orientierten O.theorie. Systemtheoretische O.soziologie versteht O. als System von →Handlungen (oder Kommunikationen), das sich von einer Umwelt abgrenzt und sich nach eigenen Maßgaben reproduziert. Die Frage ist, wie sich O. in ihrer Umwelt erfolgreich behaupten können. Strukturen, Zwecksetzungen und Normen sind hierfür Beiträge zur Erhaltung des Systems (LUHMANN). Ethnomethodologische und phänomenologische O.theorien betonen den Wert der Interpretations- und Kommunikationsbeiträge der O.mitglieder für den Erhalt der O., sie finden eine Weiterentwicklung in Theorien der O.kultur. Eine Überwindung der Dichotomie von →Handlung und Struktur strebt GIDDENS' Theorie der Strukturierung an: Soziale Akteure reproduzieren durch ihr Handeln die Strukturen, die das Handeln ermöglichen, Strukturen sind daher sowohl Medium als auch Ergebnis sozialen Handelns. Eine Erweiterung der Perspektive wird durch neoinstitutionalistische Theorien vollzogen. Bei ihnen steht der gesellschaftliche Kontext im Fokus und der Blick auf gesellschaftliche Sektoren, in denen bestimmte O. verbreitet sind und damit die Analyse gesellschaftlicher O.weisen.

3. O.theoretische Probleme. O. lassen sich beschreiben durch ihre spezifische Ausprägung der Variablen: Zweck, Mitglieder, Normen, materieller Apparat. Hinsichtlich der *Zwecke* ist z. B. zu fragen, inwieweit in O. nach deren Maßgaben gehandelt wird und in welchem

Verhältnis offizielle und inoffizielle Zwecke stehen. Als *Mitglieder* von O. gelten nicht konkrete Personen, sondern spezifische →Rollen. Die Differenzierung der Rollen innerhalb einer O. gibt Auskunft über Art und Ausmaß der Arbeitsteilung und der Hierarchie. Damit verbunden ist die Perspektive nach der *normativen Ausstattung* der O. Hier geht es z. B. um die Fragen nach formaler Autorität und informeller Macht, formalen Regeln und informellen Routinen und Abläufen. Der *materielle Apparat* liefert Aufschluss über Austauschprozesse mit der Umwelt.

Gegenwärtig liegt der Schwerpunkt der O.theorie auf betriebswirtschaftl. Gebiet. Fragestellungen sind v. a. Probleme der O.entwicklung, der Modellierung von Entscheidungen in O. unter Bedingungen mehrdeutiger Situationen. Ziele sind insgesamt flexible und anpassungsfähige Strukturen, die sich lernend auf Veränderungen der Umwelt einstellen können (lernende O.).

4. O. in theologischer und ethischer Perspektive. Lange Zeit herrschten in der ethischen Debatte o.kritische Stimmen vor, die in der zunehmenden Durchsetzung von O. Herrschafts- und Machtinteressen im Spiel sahen, und in der Mahnung vor der verwalteten Welt (HORKHEIMER) und der Kolonisation der Lebenswelt (HABERMAS) gipfelten. Tatsächlich tendieren O. zu einer einseitigen Betonung zweckrationalen Handelns mit der Folge, O.erfordernisse als →Eigengesetzlichkeit zu verabsolutieren. Allerdings weist gerade die moderne O.theorie darauf hin, dass das zweckrationale Handlungsmodell *in* O. enge Grenzen hat. Umso wichtiger wird es, statt allein nach einer Ethik *der*, nach einer Ethik *in* der O. zu fragen und etwa Probleme der Entscheidung, von →Leitbildern, →Werten und O.ethiken zu thematisieren.

Ekklesiologisch sind insbesondere o.theoretische Analysen der →Kirche von Bedeutung. Es zeichnet sich hier eine Abkehr von soziolog. O.theorien und eine Hinwendung zu betriebswirtschaftl. Theorien der O.entwicklung ab.

A. GIDDENS, Die Konstitution der Gesellschaft. Grundzüge einer Theorie der Strukturierung, 1992 (Orig. engl. The Constituion of Society. Outline of the Theory of Structuration 1984) – N. LUHMANN, O. und Entscheidung, 2000 – J. HERMELINK, Kirchliche O. und das Jenseits des Glaubens. Eine praktisch-theologische Theorie der evangelischen Kirche, 2011 – P. PREISENDÖRFER, O.soziologie. Grundlagen, Theorien und Problemstellungen, 2011[3] – T. KUHN, J. WEIBLER, Führungsethik in O., 2012 – G. BONAZZI, Geschichte des organisatorischen Denkens, 2014[2] – A. KIESER, M. EBERS (Hg.), O.theorien, 2014[7].

Hans-Ulrich Dallmann

Organisationskultur / Organisationsethik

1. Begriffsklärung. O.K. beschreibt die Alltagspraktiken und Wertorientierungen, die in einer →Organisation gelten. Schein definiert sie als „ein Muster gemeinsamer Grundprämissen, das die Gruppe bei der Bewältigung ihrer Probleme externer Anpassung und interner Integration erlernt hat, das sich bewährt hat und somit als bindend gilt; und das daher an neue Mitglieder als rational und emotional korrekter Ansatz für den Umgang mit Problemen weitergegeben wird." (SCHEIN, 1995, 25) Im wirtschaftlichen Kontext ist eher der Begriff „Unternehmenskultur" gebräuchlich. Organisationsethik fokussiert eine Dimension von O.K., nämlich die Ebene der Werte und Normen, die in der Organisation gelten. O.E. analysiert die organisationalen Rahmenbedingungen für werteorientiertes Handeln und ethische Reflexion in einer Organisation (Ethik organisieren) und reflektiert das organisationale Handeln im Blick auf seine normativen Implikationen.

2. Organisationskultur. O.K. wird seit den 1980er Jahren intensiv erforscht, weil es als zentraler Faktor bei der Bewältigung von Veränderungsprozessen und für nachhaltigen Erfolg von Organisationen identifiziert wurde. O.K. entsteht überall dort, wo Menschen miteinander leben oder arbeiten. Über sie wird geregelt, was in der Organisation gilt und was sie typisch macht. O.K. beantwortet die Frage: „Wie wird das hier gemacht?". SCHEIN beschreibt drei Ebenen der O.K., die anhand ihrer Sichtbarkeit und Bewusstheit unterschieden werden: Die Ebene der Artefakte beschreibt das Sichtbare, das äußere Erscheinungsbild (Gebäude, Kleidung, Homepage, Corporate Design), die Symbole, Rituale, Legenden und Anekdoten. Darunter liegt die Ebene der →Werte und →Normen, die z.B. in Leitbildern und Führungsgrundsätzen zum Ausdruck kommt. Die Wurzel der O.K. liegt in der Weltsicht, die die Beziehungen zu Umwelt, Zeit, Raum, Selbst und Transzendenz beschreibt. Wegen ihres teilweise unbewussten, aber wirkungsmächtigen Charakters beschreibt RÜEGG-STÜRM (2003, 56) O.K. als „Organisationsgrammatik". Als zentrale Funktionen von O.K. werden Stabilisierung, Komplexitätsreduktion, Sinngebung und Orientierung für die Mitglieder bzw. Mitarbeitenden einer Organisation beschrieben (SACKMANN 2002, 40).

Umstritten ist, inwieweit sich O.K. beeinflussen lässt. Eher mechanistische Ansätze sehen die Kultur als eine Variable, die das Management zu gestalten hat. Andere, eher kulturanthropologische Zugänge zielen auf das Verstehen der Kultur einer Organisation. Dazwischen liegen Konzepte, die den dynamischen Charakter von Kultur betonen, der durch gezielte Interventionen von Führungskräften beeinflusst werden kann (SACKMANN, 2006, 21). Solche Schlüsselmomente liegen u. a. in der Gestaltung von unterschiedlichen Schwellensituationen in der Beziehung zu den Zielgruppen der Organisation, in der Begleitung der Mitarbeitenden in ihrer Organisationsbiografie (Bewerbung, Stellenantritt, Jubiläen, Verabschiedung), in der Gestaltung von Kommunikation

(Sitzungen, Außendarstellung, Projekte) und Mitarbeitergemeinschaft (Betriebsausflug, Weihnachtsfeier, Geburtstage) und in der Wahrnehmung von Räumen und Zeiten (HOFMANN, 2010).

In →Diakonie und →Caritas wurde das Konzept einer diakonischen O.K. im Kontext von Profil- und Qualitätsentwicklung rezipiert. Über die Beschreibung von „Rahmenbedingungen einer christlichen Unternehmenskultur in Caritas und Diakonie" (2011) wurde versucht, spirituelle und ethische Elemente mit den professionellen und ökonomischen Aspekten diakonischen Handelns zu verknüpfen, um zu beschreiben, wie der christliche Glaube im organisationalen Handeln Ausdruck finden kann. In den Diskursen um diakonische Identität in religiöser Pluralität erhält O.K. neue Beachtung als Träger von organisationaler Identität. Auch in Veränderungsprozessen, z. B. bei Fusionen oder Dezentralisierung, wurde die bewusste Wahrnehmung und Gestaltung bzw. Anpassung der O.K. an die neuen Rahmenbedingungen zu einem zentralen Faktor für das Gelingen des Prozesses.

3. Organisationsethik. O.E. beschäftigt sich mit der Organisation ethischer Reflexionsstrukturen in Organisationen. Sie zielt nicht vorrangig auf ethische Entscheidungen von Einzelpersonen, sondern auf die Etablierung ethischer Standards und ethischer Reflexion des organisationalen Handelns. Dazu gehört die Verankerung ethischer Reflexionsrahmen, um einen Diskursraum für unterschiedliche ethische Perspektiven und Positionen zu schaffen, desweiteren ethisch relevante Steuerungsinstrumente (Ethik-Kodex, Leitbild, Qualitätsmanagement) und Zuständigkeiten und Verantwortliche sowie prozedurale und partizipative Verfahren. O.E. ist ein „dauerhaft zu erneuernder Prozess in Organisationen" (KROBATH/HELLER, 2010, 19). O.E. kreist um folgende Kernfragen: „Wie, durch wen und woraufhin werden Entscheidungen in Organisationen getroffen? Was wird entschieden? Wie kommt es zu partizipativ abgesicherten und nachhaltig wirksamen Entscheidungen?" (KROBATH/HELLER, 2010, 20).

Ursprungsort der O.E. ist das Krankenhaus, wo sie auch besondere Relevanz entfaltet hat. Klinische Ethik-Komitees, Ethik-Foren, Fallgruppen oder Beschwerdemanagement sind typische Orte o.e. Diskurses. O.E. ist nicht medizinethisch geprägte klinische Ethik, sondern eine verschiedene Professionsethiken verbindende eigenständige Ethik, die der Multirationalität moderner Organisationen Rechnung trägt und auch Rahmenbedingungen der Arbeit in einem Krankenhaus reflektiert. Häufig werden als Reflexions- und Entscheidungshilfe strukturierte Verfahren ethischer Urteilsfindung angewendet, die die Berücksichtigung unterschiedlicher Perspektiven absichern. Im Hintergrund stehen →Diskursethik und systemisches Denken. Das Ziel von O.E. liegt nicht in einheitlichen Moralvorstellungen, sondern in geordnetem Austausch und Entscheidungsverfahren angesichts unterschiedlicher Einschätzungen.

4. Zum Zusammenhang von O.K. und O.E. O.E. ist eng mit O.K. verbunden, weil sich in ihren Organisationsformen das Bemühen um ethische Profilierung und partizipative Prägung der O.K. manifestiert. „Die Förderung einer konstruktiv-kritischen Unternehmenskultur verlangt dazu die fortwährende Vermittlung zwischen den unterschiedlichen Kulturen und Wertsystemen von Management/Verwaltung/Betriebswirtschaft einerseits und den Heilberufen andererseits" (WEHKAMP in KROBATH/HELLER, 2010, 389).

E. SCHEIN, Unternehmenskultur. Ein Handbuch für Führungskräfte, 1995 – S. SACKMANN, Unternehmenskultur erkennen, entwickeln, verändern, 2002 – J. RÜEGG-STÜRM, Das neue St. Galler Management-Modell 2003[2] – S. SACKMANN, Messen, werten, optimieren – Erfolg durch Unternehmenskultur, 2006 – R. BAUMANN-HÖLZLE/C. ARN (Hg.), Ethiktransfer in Organisationen. Handbuch Ethik im Gesundheitswesen 3, 2009 – B. HOFMANN, Diakonische Unternehmenskultur, 2010[2] – T. KROBATH/A. HELLER (Hg.), Ethik organisieren. Handbuch der Organisationsethik, 2010 – DIAKONIE BUNDESVERBAND UND DEUTSCHER CARITASVERBAND (Hg.), Rahmenbedingungen einer christlichen Unternehmenskultur in Caritas und Diakonie, 2011.

Beate Hofmann

Orthodoxe Kirche

1. *1.1* Während westliche Theol. der Neuzeit in der *Trinitätslehre* den monotheistischen Aspekt betont, dem das Individuum als Abbild Gottes gegenübersteht, weisen orth. Ansätze seit der Zeit der Kirchenväter hin auf den Aspekt der Gemeinschaft der drei göttlichen Personen, Vater, Sohn und Heiliger Geist, die außer ihren persönlichen Eigenschaften alles gemeinsam haben. Man kann von einer soz. Trinitätslehre der Orth. sprechen (J. MOLTMANN), nach der auf unvergleichliche Weise die drei göttlichen Personen miteinander und ineinander in der Gemeinschaft der Liebe durchdrungen und vereint sind. Das Leben und Sein selbst kann letztlich nur als Gemeinschaft (J. ZIZIOULAS) definiert werden. Dieser Liebesgemeinschaft (→Liebe) entspricht auf Erden das Ideal der eucharistischen Gemeinschaft der Kirche, in der die Menschen die himmlischen und irdischen Güter gemeinschaftlich teilen und füreinander da sind. In der slawischen Tradition wird dieses kirchl. Ideal der Liebesgemeinschaft mit dem Begriff „Sobornost", der kirchenslawischen Übersetzung von *ekklesia* (Kirche) umschrieben. Die Erneuerung der Welt geschieht durch das göttliche Prinzip der Philanthropie, der Brudergemeinschaft der Gläubigen und die Hineinnahme der Welt in den Prozess der Vergöttlichung. Weil die orth. Lehre nicht nur die persönliche Umkehr, sondern die Umgestaltung der ganzen Menschheit, ja sogar den Bau einer neuen Welt zum Ziel hat, kommt ihr insgesamt sozialeth. Charakter zu (S. AGOURIDES).

1.2 Die *Göttliche Liturgie* ist der Ort, an dem die Christen die trinitarische Liebesgemeinschaft Gottes mit seiner Kirche und der ganzen Schöpfung feiern und an dem die letztliche eschatologische Rettung des gesamten Kosmos schon ausgesagt ist. 1989 lud der Ökum. Patriarch DIMITRIOS die ganze orth. und christl. Welt ein, jährlich am 1. September, dem Beginn des orth. Kirchenjahres, einen bes. Gebetstag um den Wohlbestand der Schöpfung zu begehen. Entsprechende Gebets- und Hymnentexte wurden dazu vom Hymnographen GERASIMOS vom Berg Athos verfasst. Der von orth. Seite in die ökum. Diskussion der letzten Jahrzehnte eingebrachte Begriff „Liturgie nach der Liturgie" soll deutlich machen, dass die Teilnahme an der Liturgie für die Gläubigen und die Kirche untrennbar verbunden ist mit ihren Verpflichtungen gegenüber der →Gesellschaft und →Kultur. Dieser Ansatz kann sich auf JOHANNES CHRYSOSTOMOS selbst berufen, der von den zwei Altären gesprochen hat, an denen Christen zu dienen haben, dem Altar im Heiligtum und dem Altar auf dem Platz des öffentlichen Lebens.

2. 2.1 **Die staatskirchl. Idee** des byz. Reiches geht zurück auf EUSEBIOS VON CAESAREA mit seinen Gedanken der christl. rel. Begründung des Kaiseramtes, der in der Autorität Gottes wie ein zweiter Moses als Schirmherr und Stellvertreter Gottes für den Staat Verantwortung trägt (→Kirche und Welt). Die Macht des Patriarchen als Oberhaupt der christl. Kirche beschränkt sich auf die geistlichen Ordnungen der Kirche. Kirche und Staat sind in einer Art Harmonie, der *Symphonie* miteinander verbunden, da sie sich beide von der unteilbaren göttlichen Autorität herleiten. Die Kirche behält jedoch die Verantwortung, das prophetische Wort Gottes in jeder Situation zu verkünden. Diese Idee der Symphonie ist aber letztlich offen für die kirchl. Partnerschaft mit verschiedenen Staatsformen und soll die aktive Solidarität der Kirche mit den soz. und pol. Aufgaben des Staates zum Ausdruck bringen. Die Welt befindet sich in der Tragik, einerseits von Gott geschaffen, andererseits der Sünde unterworfen zu sein. Die Staaten können daher niemals Idealsysteme sein, an die sich die Kirche letztlich binden könnte. Die vom Geist der Symphonie getragene Haltung entlässt den Staat nie aus einer ganzheitlichen Verantwortlichkeit. So erinnert der gegenwärtige Patriarch von Konstantinopel, BARTHOLOMAIOS I., die Staaten an die ihnen von Gott gesetzte geistliche Aufgabe und fordert „einen priesterlichen Charakter der Politik, einen prophetischen Charakter der Wissenschaft, einen philanthropischen Charakter der Wirtschaft und einen sakramentalen Charakter der Liebe".

2.2 Die Orth. hält dabei auch an ihrer Verbundenheit mit der →Nation fest, die nicht gleichzusetzen ist mit nationaler Politik. Die Kirchl. Hierarchie ist für ihr Territorium eigenverantwortlich, Predigt und Liturgiesprache werden der Landessprache angepasst, die Kirche erfüllt so ihre Aufgabe, eine lokale →Gemeinschaft zu sein. In den langen Jahrhunderten der Fremdherrschaft in Ost- und Südosteuropa übernahm die Kirche auch die Aufgabe, ein Hort nationaler Identitäten zu sein.

Sozialethische Reformideen in Russland vor der Revolution von 1917 finden sich bei Vertretern des niederen Klerus, der von Laien formulierten Religionsphil. und in Kreisen der russ. Altgläubigen, die seit ihrer Verfolgung durch den Patriarchen NIKON (1652) den Staat und die Staatskirche als Antichristen zu betrachten pflegten. In der Religionsphil. werden die Ansätze der *Sobornost* entfaltet. Das Dogma der Dreifaltigkeit wird als Sozialprogramm angesehen, die Orth. sogar als „russ. →Sozialismus" bezeichnet (N. F. FEDOROW). Es kommt zur Loslösung der Orth. vom Zarentum. Zurückzuweisen sind Meinungen, die Ideen des Sobornost hätten den Bolschewismus (→Kommunismus) vorbereitet und die kommunistische Gesellschaft Russlands sei sozusagen die weltliche hist. Seite der orth. Kirche (J. F. SAMARIN).

Die Periode der kommunistischen Herrschaft verbot den orth. Kirchen in ihren Heimatländern weitestgehend die soz. Tätigkeiten und schränkte auch ihr liturgisches Leben ein. Kirchen wurden, um zu überleben, zur Mitarbeit mit dem Staat gezwungen. Aber mit solchen Systemen war das Ideal der Symphonie nicht zu verwirklichen. Die Kirche ging in dieser Periode eine Symphonie mit der Seele des Volkes ein (A. V. KARTASCHOV) und blieb Hüterin ihrer geistigen, geistlichen und ethischen Identität. Nach der pol. Wende hält die Mehrzahl der orth. Kirchen eine Trennung von Staat und Kirche für angezeigt und strebt nicht zum Staatskirchentum zurück. Sie wird allerdings von der pol. Seite oft in eine solche Rolle gedrängt. Es besteht aber weiter ein enges Verhältnis zwischen Kirche und Kultur. Die Märtyrer, die die Kirchen zur Zeit der kommunistischen Verfolgung hervorgebracht haben, werden zugleich als Märtyrer des Landes angesehen, die mit ihrem Glaubenszeugnis und ihren Gebeten vor dem Thron Gottes zum Wandel der pol. Verhältnisse beigetragen haben. Der Begriff *kanonisches Territorium* wurde von orth. Seite nach der pol. Wende aufgegriffen, um zum Ausdruck zu bringen, dass die natürliche Zugehörigkeit der Völker Ost- und Südosteuropas zur Orth. nicht von außen her durch die Missionstätigkeit fremder Gruppierungen unterwandert werden darf.

3. **Die diakonische Arbeit** (→Diakonie) der Orth. erwuchs aus ihren sozialeth. Ansätzen. Darum ist es kein Zufall, dass JOHANNES CHRYSOSTOMOS und BASILIOS D. GR., deren Namen mit der Entstehung der östlichen Liturgien unzertrennlich verbunden sind, zugleich als Impulsgeber zur kirchl. Sozialverantwortung ange-

sehen werden können. CHRYSOSTOMOS protestierte gegen soz. Missstände und ermutigte die Christen zum Opfer für die Benachteiligten (*Mikrodiakonie*), BASILIOS verstand das Mönchtum als eine in Gemeinschaft gelebte Form des Glaubens und der Askese, die die Gesellschaft verändert (*Makrodiakonie*). Er richtete Armenhaus, Altersheim und Krankenhaus ein. Unter osmanischer Herrschaft wie zu totalitärer kommunistischer Zeit konnten sich die orth. Kirchen in der Diakonie nicht entfalten. Nach der Wende wurden aber von der Russ. Orth. Kirche durch Kanonisierung zwei diakonisch tätige Persönlichkeiten zu Vorbildern erklärt: JOHANN VON KRONSTADT (1828–1908) gründete eine Bruderschaft und umfangreiche diakonische Einrichtungen: Waisenhaus, Kindergarten, Armenhaus für Frauen, einen Volksspiseraum für 800 Personen, Werkstätten und Schulen. ELISABETH VON HESSEN UND BEI RHEIN gründete nach der Ermordung Ihres Mannes, des Großfürsten SERGIUS, eine Schwesternschaft nach dem Vorbild ev. Diakonissenhäuser im Martha-Marien-Stift in Moskau. Sie wurde 1918 mit anderen Angehörigen der Romanov-Familie ermordet.

Die Griech. Orth. Kirche leistete angesichts der großen geschichtlichen Katastrophen des 20. Jh.s intensive Sozialarbeit und gründete als Instrument 1936 die „Apostolische Diakonie", die sich in ihren Aktivitäten nicht auf karitative Maßnahmen beschränkt, sondern auch innerhalb der staatlichen →Sozialpolitik christl. Gesichtspunkte zur Geltung bringen will.

Der indische orth. Bischof MAR OSTHATIOS leitete 1979 aus der soz. Trinitätslehre eine *trinitarische Sozialehre* ab und entwarf die für den indischen Kontext bedeutsame „Theol. der klassenlosen Gesellschaft". Als →Klasse bezeichnet er jede Aufteilung in der Gesellschaft, die zur Ausbeutung und zu Ungerechtigkeiten führt. Christl. Mission muss für ihn zur *Sarvodaja* (ein von MAHATMA GANDHI gebrauchter Begriff der „Entwicklung für alle") werden.

4. **Die Einigung Europas** ist von den orth. Kirchen als Teil ihrer sozialethischen Verantwortung angenommen worden. Seit den 1990-er Jahren unterhalten mehrere orth. Kirchen, darunter auch das Ökum. Patriarchat von Konstantinopel, eigene Vertretungen am Sitz der Europäischen Union in Brüssel. Bei seiner hist. Rede vor der Vollversammlung des Europa-Parlaments in Straßburg im April 1994 sah Patriarch BARTHOLOMAIOS I. in der Verabsolutierung von Nationalismus und →Rassismus und in der Problematik von →Arbeitslosigkeit und Umweltzerstörung (→Umweltethik) die größten Probleme für eine Einigung, die letztlich eine Einheit im gemeinsamen Sinn des Lebens als dem gemeinsamen Ziel des zivilisierten Lebens sein müsse. Er hat die demokratische Organisation der Orth. Kirche mit ihrem „beträchtlichen Grad an administrativer Freiheit und Unabhängigkeit seiner lokalen Bischöfe, Patriarchen und ihrer autokephalen Kirchen, die sich gemeinsam der eucharistischen Einheit des Glaubens erfreuen" als ein auch für die EU relevantes fortschrittliches Modell von Einheit gewürdigt.

5. **Die Sozialkonzeption der Russ.-Orth.-Kirche** aus dem Jahr 2000 ist die erste kirchenamtliche Stellungnahme der Orth. zu politischen, gesellschaftlichen, kulturellen und technisch-wissenschaftlichen Fragen. Der Staat wird verstanden als eine von Gott gewährte Möglichkeit, das öffentliche Leben auf der Grundlage der freien Willensäußerung zu ordnen. Diese Ordnung ist eine Antwort auf die durch Sünde verdorbene irdische Wirklichkeit und hilft mittels der Organe weltlicher Gewalt, noch größeren Sünden zu entkommen. Die Kirche ist gehalten, dem Staat den Gehorsam zu verweigern, wenn der Staat die Gläubigen zur Abkehr von Christus und seiner Kirche und zu sündhaften Taten nötigt. Ein ergänzendes Dokument zum Thema „Menschenrechte" von 2008 beruft sich auf die orth. Tradition der Konziliarität, um die Bewahrung der sozialen Einheit aufgrund der unaufgebbaren moralischen Werte zu fordern, damit egoistisches Verlangen nicht zu Spaltungen und Feindschaft im Gemeinwesen führt.

N. NISSIOTIS, Die Theologie der Ostkirche im ökumenischen Dialog, 1968 – E. BENZ, Geist und Leben der Ostkirchen, 1971[2] – MAR OSTHATIOS, Theologie einer klassenlosen Gesellschaft, 1979 – D. SAVRAMIS, Zwischen Himmel und Erde, 1982 – BARTHOLOMAIOS I., Über die Versöhnung der Nationen und den Frieden der Welt, in: H. KÜNG (Hg.), Ja zum Weltethos, 1995, 166–175 – J. PRYSZMONT, Die Orth. und die sozialethischen Ideen, in: SOrth 3/1997, 93–95 – G.-A. SCHRÖDER, Das orth. Verständnis von Diakonie, in: R. THÖLE (Hg.), Zugänge zur Orth., 1998[3] – R. FRIELING u. a., Konfessionskunde, 1999 – K. STOECKL, The Russ. Orth. Church and Human Rights, 2014 – J. THESING/R. UERTZ (Hg.), Die Grundlagen der Sozialdoktrin der Russ.-Orth. Kirche, 2001.

Reinhard Thöle

Parlament / Parlamentarismus

1. **Begrifflichkeit.** Der Begriff P. wird vor allem in zwei Verwendungen gebraucht. Im weiteren Sinne bezeichnet P. eine zu Beratungen zusammentreffende Versammlung von Repräsentanten einer Gruppe. Im engeren Sinne steht P. für eine aus freien Wahlen hervorgegangene, in regelmäßigen Abständen neu zu besetzende, die staatliche Willensbildung prägende Vertretungskörperschaft. In parlamentarischen Regierungssystemen fungieren P. als Agenten der Bürger, die P.e beauftragen, politische Programme zu verabschieden. Als Prinzipale beauftragen P.e weitere Instanzen damit, die verabschiedeten politischen Programme zu realisieren. Der Begriff des P.arismus bezeichnet zum einen ein Regierungssystem, in dem die Regierung von der Mehrheit der Abgeordneten eines frei gewählten P.s abhängt. Entzieht die Mehr-

heit der Regierung das Vertrauen, muss diese zumeist zurücktreten. In der BRD kann der Bundestag mittels des konstruktiven Misstrauensvotums mit der Mehrheit seiner Mitglieder eine neue Regierung bestellen. Ferner steht P.arismus für die Tätigkeit von P. in politischen Systemen unterschiedlichster Art. Die empirisch orientierte P.arismusforschung bezieht sich auf P. im zuletzt genannten Sinne. Sie untersucht u. a. die Zusammensetzung, Zirkulation und Funktionen sowie die Struktur und Arbeitsweise der P.

2. **Geschichte.** Als Mutterland des neuzeitlichen P.arismus gilt England. Bereits im 13. Jh. wurde der Kreis der Kronvasallen, die den König berieten, um gewählte Vertreter der Grafschaften und Städte erweitert. Im 14. Jh. bedurften finanzielle Abgaben an die Krone der Zustimmung des P. In diese Zeit fällt auch die Teilung des P. in ein Unter- und Oberhaus, die als Quelle des modernen Zweikammersystems westlicher Demokratie angesehen werden kann. Im 17. Jh. erkämpfte sich das Unterhaus das Steuerbewilligungs- und Gesetzgebungsrecht, und im folgenden Jh. setzte sich die Abhängigkeit des Prime Ministers von der P.mehrheit durch. Die Abhängigkeit der Regierung vom P. ist heute das wichtigste Kriterium parlamentarischer politischer Systeme. Mit der Ausdehnung des Wahlrechts und dem Aufkommen der →Parteien setzte sich auch das Prinzip durch, dass der Monarch den Führer der in einer Parlamentswahl siegreichen Partei zum Prime Minister zu ernennen hat. Zu den ideengeschichtlichen Vorreitern und Begründern des neuzeitlichen P.arismus zählen besonders JOHN LOCKE, CHARLES MONTESQUIEU und JOHN STUART MILL. Von England aus breitete sich der P.arismus zunächst in den USA, dann auf dem europäischen Kontinent und schließlich über die ganze Welt aus. Im 19. Jh. nutze zunächst das lose organisierte Bürgertum im Kampf gegen die Vormacht des Adels die P. Mit der Ausdehnung des allgemeinen Wahlrechts und dem Einzug von Vertretern der Arbeiterparteien in die P. veränderte sich deren Struktur grundlegend. Das in den Honoratiorenp. vertretene Besitz- und Bildungsbürgertum wurde zu Beginn des 20. Jh.s von Vertretern der neu entstehenden Parteiorganisationen, die bis heute die P. prägen, verdrängt.

3. **Funktionen.** Nach der politischen →Systemtheorie müssen alle Akteure eines Systems spezifische Leistungen zur Aufrechterhaltung desselben erbringen. Zu den wichtigsten Funktionen von P. in parlamentarischen Demokratien wie der Bundesrepublik zählen die Regierungsbildung, die Kontrolle von Regierung und Verwaltung sowie die Gesetzgebung. Die Artikulation und Aggregation von Interessen gehört dagegen zu den zentralen Funktionen der Verbände und →Parteien. Ein P. kommt der Regierungsbildungsfunktion nach, wenn es eine Regierung bestellt, deren Angehörige die grundlegenden Prinzipien liberaldemokratischer Systeme verinnerlicht haben, in der Lage sind, die Herausforderungen, vor denen eine Regierung steht, zu meistern, und die Regierungsentscheidungen den Bürgern zu vermitteln. Zur Kontrolle stehen den P. unterschiedliche Instrumente zur Verfügung. Eine effektive Kontrolle der Regierung liegt vor, wenn insbes. Abgeordnete der Oppositionsparteien diese nutzen, um die Entscheidungen einer Regierung zu beeinflussen und Regierungen geäußerte Absichten korrigieren. Die Gesetzgebung schließlich bemisst sich nicht nur daran, dass in P. Gesetze verabschiedet. Konflikte können nur dann friedlich ausgetragen werden, wenn die Konfliktparteien die Regeln der Konfliktaustragung kennen und anwenden können.

4. **Probleme.** Die P. der Gegenwart können ihre Funktionen nur bedingt erfüllen. Um ihre Aufstiegs- und Wiederwahlchancen nicht zu schmälern, üben die P.mehrheiten kaum Kritik an der Regierung, was eine zwingende Voraussetzung der Kontrollfunktion ist. Die P.opposition verfügt über keine scharfen Kontrollinstrumente und ist dem Informationsvorsprung der Regierung und der sie tragenden Fraktionen nicht gewachsen. Zunehmend kritisch betrachtet wird auch die legislative Rolle der P.e. Weder diskutierten die P.e die Probleme noch träfen sie die Entscheidungen. Anstelle der P.e treten die Regierungen, zum Teil sogar in den Verfassungen nicht erwähnte informelle Gremien. P.e nickten Entscheidungen anderer Akteure nur noch ab. Der Machtverlust der P.e führe letzten Endes zur Entparlamentarisierung. Unabhängig davon hat im letzten Drittel des 20. Jh.s eine Exekutivierung stattgefunden. Sie äußert sich darin, dass die Mehrheit der Gesetzgebungsinitiativen nicht mehr aus den P.en, sondern den Regierungen kommen.

K. KLUXEN (Hg.), Parlamentarismus, 1967 – K. v. BEYME, Die parlamentarischen Regierungssysteme in Europa, 1970 – W. STEFFANI, Parlamentarische und präsidentielle Demokratie, 1979 – S. MARSHALL, Parlamentarismus, 2005 – W. ISMAYR, Der Deutsche Bundestag, 2012[3].

Jürgen R. Winkler

Parteien / Parteiensystem

1. **Begriff der politischen P.** Allgemein bezeichnet P. eine Gruppe gleichgesinnter Personen, die sich in unterschiedlicher organisatorischer Form an der politischen Willensbildung beteiligt und danach strebt, ihre Ziele in einem Gemeinwesen durchzusetzen. In liberalen →Demokratien werden nur solche Gruppen als P. bezeichnet, die sich zum Zwecke der politischen Einflussnahme dem →Wettbewerb stellen und an *Wahlen* teilnehmen. M. WEBER versteht unter P. voluntaristische →Organisationen, die das Ziel verfolgen, →Macht zu erwerben. SCHUMPETER sieht in P. vor allem Instrumente der Elitenrekrutierung (→Elite) unter Konkur-

renzbedingungen. Nach SARTORI heißt P. eine politische Gruppe, die sich mit dem Ziel an Wahlen beteiligt, Kandidaten in öffentliche Ämter zu bringen. Die empirische P.forschung fasst in Anlehnung an SORAUF P. als aus drei Teilen bestehende Gebilde auf: P. als Organisationen, P. an der Regierung und P. im Elektorat. Sie untersucht die Entstehung und Geschichte, Funktionen und innerparteilichen Strukturen von P. Darüber hinaus analysiert sie ihre politische Führung, ihre Mitglieder, Anhänger und Wähler.

2. Begriff des P.systems. In Anlehnung an den allgemeinen Systembegriff kann man unter P.system eine Menge von P. und die zwischen ihnen und ihren Eigenschaften bestehenden relevanten Beziehungen verstehen. Ein P.system ist somit mehr als die Summe seiner P. DUVERGER bezeichnet es als die Form und Art der Koexistenz der P. ECKSTEIN versteht darunter die Wettbewerbsbeziehungen zwischen P. Ein weiter gefasster Begriff berücksichtigt ferner den Bezug der Systemeinheiten zur sozialen Umwelt, insbesondere zur Wählerschaft. Das Ziel der P.systemanalyse besteht darin, Konzepte zur vergleichenden Beschreibung und Klassifizierung von P.systemen zu entwickeln, die Bedingungen für die Herausbildung, Verfestigung und Transformation von P.systemen zu untersuchen sowie ihre Wirkungen auf →Politik und →Gesellschaft zu erforschen.

3. Einteilung von P. P. werden u. a. unterschieden nach ihrem Verhältnis zur staatlichen Organisation in Wähler- und Mitgliederparteien, nach der Struktur ihrer Mitglieder und Wähler in Interessen-, Klassen- und Volksp., nach der sozialen Herkunft ihrer Wähler in Arbeiter-, Bauern- und Mittelstandsp., nach ihrer Organisationsstruktur in Honoratioren-, Kader- und Massenp., nach ihren gesellschaftlichen Zielen in rechtsextreme, konservative, christliche, liberale, grüne, sozialdemokratische, sozialistische und kommunistische P., nach ihrem Einzugsbereich in Volks- und Interessenp., nach ihrer Stellung zum politischen System in systemkonforme und systemfeindliche, nach dem Grad der Institutionalisierung in etablierte und nichtetablierte, nach ihrem Herrschaftsanspruch in demokratische, autoritäre und totalitäre bzw. in Staats- und Einheitsp. Nach S. NEUMANN wicklungsstufe stellen die liberalen Repräsentations- bzw. Honoratiorenp., in denen sich das Besitz- und *Bildungsbürgertum* in lockeren Zusammenschlüssen politisch organisierte, die erste Entwicklungsstufe von P. dar. Ihr Zweck bestand neben der Koordinierung der parlamentarischen Arbeit vor allem in der Kandidatenauslese und Wahlkampfführung. Die zweite Entwicklungsstufe ist durch die Herausbildung der Integrations- bzw. Massenp. gekennzeichnet. Dieser zuerst in der *Arbeiterbewegung* auftretende Organisationstypus führte Aktivitäten auch zwischen Wahlen fort und diente über die Durchführung von Wahlkämpfen hinaus dem Aufbau eines festen Mitgliederstammes. Zu diesem Zweck bauten sie einen Stab hauptamtlich tätiger Funktionäre und eine hierarchisch gegliederte →Organisation auf. Eine dritte Entwicklungsstufe sieht NEUMANN in der Herausbildung der absolutistischen Integrationsp., die in totalitären politischen Systemen ein Monopol der politischen Meinungs- und Willensbildung für sich in Anspruch nimmt. Totalitäre P. zeichnen sich durch eine geschlossene *Weltanschauung* aus und sind, wenn sie die →Macht erobert haben, im Besitz der staatlichen Herrschaftsorgane, die sie zur Kontrolle aller gesellschaftlichen Bereiche nutzen. In der faschistischen und nationalsozialistischen Spielart (→Nationalsozialismus) identifizierten sie sich mit dem Staat, im Falle der *Sowjetunion* und der *DDR* mit der *Arbeiterklasse*. Totalitäre P. lehnen jede Art von →Pluralismus und →Wettbewerb ab. Nach KIRCHHEIMER hat sich die Integrationsp. zu einer Volksp. bzw. Allerweltsp. als der nach dem Zweiten Weltkrieg charakteristischen P.form gewandelt. Sie gibt den Versuch der geistigen Eingliederung der Massen auf, verzichtet auf ideologisch fundierte *Programme* und rekrutiert ihre Wähler aus allen sozialen Gruppen der →Gesellschaft. Während die Massenp. tief in der Sozialstruktur der Gesellschaft verankert ist und soziale →Gruppen repräsentiert, nimmt die Allerweltsp. die Rolle eines Mittlers zwischen →Staat und →Gesellschaft ein. Nach KATZ und MAIR ist in den 70er Jahren des 20. Jh.s eine weitere Entwicklungsstufe eingeleitet worden. Danach wandeln sich die P. zu Kartellp. Hierbei handelt es sich um P. der *Berufspolitiker*, die eine neue parteiübergreifende politische Klasse bilden. Kartellp. sind weder Repräsentanten gesellschaftlicher →Konflikte noch Mittler zwischen Staat und Gesellschaft. Vielmehr kolonialisieren sie den Staat, der sie finanziert.

4. Einteilung von P.systemen. Ausgangspunkt der meisten Beschreibungen von P.systemen ist die Anzahl ihrer Einheiten. Die ältere Forschung unterscheidet zwischen Ein-, Zwei- und Vielp.systemen. Vage oder willkürlich gewählte Abgrenzungskriterien haben zwar zu einer heftigen Kritik hieran geführt, dennoch dominiert diese Perspektive noch heute. Daneben werden P.systeme nach der Stärke der P. u. a. in multipolare, bipolare und dominante und nach den Wählerschwankungen bzw. der Bildung von Regierungen in stabile und instabile P.systeme unterschieden. Schließlich werden sie im Hinblick auf die programmatisch-ideologischen Distanzen zwischen den P. in polarisierte und nicht-polarisierte, nach der vorherrschenden Richtung des P.wettbewerbs in zentripetale und zentrifugale, nach der Praxis der Machtausübung in hegemoniale und alternierende eingeteilt. Die einflussreiche Typologie von SARTORI kombiniert die Anzahl der P. mit den zwischen ihnen bestehenden ideologischen Distanzen.

Nach der Anzahl der P. unterscheidet er zunächst zwischen Ein-, Zwei- und Vielp.systemen, wobei letztere in begrenzt pluralistische (drei bis fünf P.) und extrem pluralistische (mehr als fünf P.) unterteilt werden. Vielp.systeme mit geringen ideologischen Distanzen kennzeichnen den Typus des moderaten, solche mit großen Distanzen den Typus des polarisierten →Pluralismus. Das Zweip.system gilt als klassisches Modell der angelsächsischen Demokratien. Die Distanzen zwischen den beiden P. ist gering, die Wettbewerbsrichtung zentripetal. Beide P. stellen überdies alternierend die Regierung. Im Fall des moderaten Pluralismus konkurrieren P. mit nur geringen Distanzen zueinander um die Regierungsmacht. Der P.wettbewerb ist zentripetal ausgerichtet, alle P. können eine →Koalition miteinander eingehen. Moderate Systeme kennzeichnen z. B. Schweden und Norwegen, die Niederlande und Belgien sowie die Bundesrepublik und die Schweiz. Charakteristisch für polarisierte Systeme sind die Existenz von *Antisystemparteien*, große ideologische Distanzen zwischen den P., begrenzte Möglichkeiten der Koalitionsbildung und ein zentrifugaler P.wettbewerb. Beispiele hierfür sind die Weimarer Republik, die IV. Französische Republik und zeitweise Italien. Einen Sonderfall der Mehrp.systeme stellen nach SARTORI Prädominanzsysteme dar. Dabei handelt es sich um Systeme mit mehreren P., wobei eine davon jedoch eine Vorherrschaft ausübt. Sie gewinnt fortwährend die Wahl und bildet eine Alleinregierung, wie dies lange Zeit in Indien und Japan der Fall war.

5. Funktionen von P. Die P.forschung schreibt den P. verschiedene *Funktionen* zu. Häufig werden P.funktionen rein enumerativ aufgeführt, ohne dass klar wird, warum gerade diese und nicht andere genannt werden. Häufig bezieht sich der Funktionsbegriff auf Leistungen, die P. im Hinblick auf Eigenschaften politischer Systeme erbringen. In liberalen Demokratien geht es dann vor allem um die Frage, welche Auswirkungen die Aktivitäten der P. auf andere Strukturen und Prozesse haben. Darüber hinaus wird er im Sinne von Leistungserwartungen an P. benutzt. Angesichts der Vieldeutigkeit und mangelnden Konsistenz des Begriffs besteht kein Konsens über die Funktionen von P. in der Demokratie. Die meisten Funktionskataloge lassen offen, ob es sich bei der Auflistung um empirische oder normativ erwünschte P.funktionen handelt. Dessen ungeachtet variieren die Funktionen der P. je nach Herrschaftssystem. In liberalen Demokratien haben P. andere Funktionen als in autoritären oder totalitären Gesellschaftsordnungen. Zu häufig genannten Funktionen der P. in liberalen politischen Systemen zählen die *Elitenauslese* und -rekrutierung (→Elite), die Formulierung von politischen Zielen und Programmen, die Artikulation und Aggregation von →Interessen, die →Kommunikation zwischen politischen →Eliten und den Bürgern, die personelle und inhaltliche Koordinierung des Regierungshandelns ebenso wie dessen Kontrolle sowie die *Systemintegration*. Wählt man die Stabilität politischer Systeme als Bezugspunkt der Bestimmung von P.funktionen, fragt sich, welchen spezifischen Beitrag P. hierzu leisten. P. sichern mehr oder weniger die Unterstützung der die politischen Ordnung tragenden Prinzipien und →Institutionen, indem sie für den notwendigen emotional verankerten Massenrückhalt sorgen. Der P.wettbewerb trägt zur Stabilisierung der politischen Orientierungen bei, regelt und mäßigt die Austragung politischer Konflikte und begrenzt politische →Macht durch Regierungswechsel. Gefördert werden derartige Leistungen einerseits durch eine responsive Politik und die →Kommunikation mit den Bürgern, andererseits durch die Rekrutierung geeigneten Personals. Betrachtet man P. in erster Linie als Instrumente des Machterwerbs und sieht man mit SCHUMPETER die Hauptaufgabe der P. darin, rivalisierende Mannschaften von Politikern zu unterstützen, so besteht der primäre Beitrag der P. in der Stimmenwerbung. Betrachtet man P. dagegen vor allem als politische Interessenorganisation, besteht ihre wichtigste Funktion darin, die in der →Gesellschaft vorhandene Vielfalt von Zielen, Bedürfnissen und Interessen zu artikulieren, in praktikable Alternativen zu transformieren und in den Entscheidungsfindungsprozess einzubringen. Die Funktionen von P. stehen im engen Zusammenhang mit der institutionellen Ausgestaltung politischer Systeme, insbesondere der Regierungsform. Im Konstitutionalismus des Kaiserreiches hatten die P. zum Beispiel einen bedeutenden Einfluss in Haushaltsfragen, die Regierungsübernahme aber war ihnen versagt. Unter den veränderten institutionellen Rahmenbedingungen der *Weimarer Republik* vermochten sie daher weder ihre Strukturen den Erfordernissen liberaldemokratischer Systeme anzupassen noch die notwendigen Leistungen zur Aufrechterhaltung desselben zu erbringen. So wiesen sie große Defizite auf, die mit zum Untergang der Weimarer Demokratie und der Machtergreifung HITLERS führten.

6. P.organisation. Als Mittel zur Zielerreichung haben sich P. eine mehr oder weniger festgefügte und dauerhafte Organisationsform gegeben. Mit dem Wachstum einer P. und dem Ausbau ihres organisatorischen Apparates vollzieht sie jedoch eine Umwandlung. Die Erhaltung des Apparates selbst wird Ziel, während der Zweck, weswegen sie ins Leben gerufen wurde, in den Hintergrund rückt. Bereits 1910 hat MICHELS auf *Oligarchisierungstendenzen* in P. hingewiesen. Sobald eine P. eine gewisse Größe erreiche, erfolge eine Trennung zwischen der P.führung und den P.mitgliedern. Wegen ihrer Größe seien sie gezwungen, einigen Mitgliedern Führungsaufgaben zu übertragen. Die Delegation von →Macht nach oben bewirke auf der einen Seite ein sinkendes Interesse der Mitglieder an innerparteilicher

→Partizipation und auf der anderen eine Verselbstständigung der Gewählten. Die Führer bemächtigten sich der →Organisation, um ihre eigenen Ziele – vor allem die Erhaltung ihrer Position – durchzusetzen. Die *politische Willensbildung* werde durch oligarchische Führung ersetzt. Die P.führung werde nicht mehr kontrolliert. Vielmehr bediene sie sich des Apparates, um die Mitglieder zu dirigieren. Unter Einfluss der MICHELSschen These hat die P.forschung erst nach dem Zweiten Weltkrieg verstärkt Untersuchungen über den Aufbau von P.organisationen und Interessengruppierungen innerhalb von P., über die soziale Zusammensetzung von Mitgliedern, Anhängern und Wählern, über die Führungsauslese, die Prozesse der innerp. Willensbildung und über die Einstellungen der P.mitglieder durchgeführt. Dabei zeigte sich, dass die Oligarchiebildung u. a. der Arbeitsteilung in komplexen P., der Stellung der P.führer in der gesellschaftlichen *Sozialschichtung* und dem Partizipationsinteresse der P.mitglieder geschuldet ist. Die *innerparteiliche Demokratie* wird durch eine dezentrale Struktur, eine schwach ausgeprägte →*Bürokratie*, durch Chancen für das einzelne P.mitglied zum Erwerb politischer Fähigkeiten und durch die Institutionalisierung und den Schutz der Rechte einer innerparteilichen *Opposition* gefördert. Die Bildung von Führungscliquen wird u. a. durch eine insgesamt geringe →Partizipation der Mitglieder an der Willensbildung innerhalb der P. begünstigt.

7. Entstehung von P. Das moderne P.wesen hat sich parallel zur Parlamentarisierung (→Parlamentarismus) und *Demokratisierung*, insbesondere der Herausbildung von Parlamenten und der Ausdehnung des *Wahlrechts* entwickelt. Es ist Folge zunehmender Ansprüche der *Staatsbürger* auf Teilhabe an politischen Entscheidungsprozessen. Innerhalb von Parlamenten bildeten sich zunächst auf der Grundlage gemeinsamer gesellschaftlicher und politischer Interessen parlamentarische Clubs, Komitees und Faktionen, aus denen gering organisierte Honoratiorenp. hervorgingen. Mit der Erweiterung des Wahlrechts und der →Partizipation großer Teile der Bevölkerung am politischen Prozess wurden sie durch neue Organisationen verdrängt, deren Zweck u. a. darin bestand, ihren Führern die notwendige Unterstützung durch das Volk zu sichern. Die Ausdehnung des Wahlrechts führte zugleich zur Herausbildung erster Massenp., die die P. des zuvor genannten Typus zunehmend verdrängten. Ihre organisatorische Überlegenheit und Vernetzung mit gesellschaftlichen Vorfeldorganisationen ermöglichte die Durchführung überregionaler *Wahlkämpfe*, stärkte sie im Prozess der politischen Willensbildung und erhöhte ihre Chancen, hinreichend viele Wähler zu rekrutieren. Mit ihrem Aufstieg bildete sich zugleich der Typus des Berufspolitikers heraus, der sich einerseits ganz auf die Politik zu konzentrieren vermag, andererseits mehr und mehr in Abhängigkeit von der P. gerät. Je mehr auch die liberalen und konservativen P. auf die flächendeckende Unterstützung angewiesen waren, desto eher versuchten sie, das Erfolgsmodell der sozialdemokratischen P. zu kopieren.

8. Herausbildung und Entwicklung der P.systeme. P.systeme sind Ausdruck soziokultureller und institutioneller Strukturen. Veränderungen in der sozialen Umwelt und im institutionellen Gefüge wirken sich ihre Struktur und Entwicklung aus. Die ältere P.forschung ging davon aus, dass vor allem *Wahlsysteme* die Anzahl und die Stärke von P. bestimme. Verhältniswahlsysteme führten zu zersplitterten P.systemen, aus denen keine stabilen Regierungen hervorgingen. Im Gegensatz dazu führten Mehrheitswahlsysteme zu stabilen P.systemen, die ihrerseits effektive Regierungen trügen. Die Erfahrung hat allerdings gezeigt, dass der Wechsel von der Mehrheits- zur Verhältniswahl in den meisten westeuropäischen Ländern keine Fragmentierung der P.systeme nach sich zog, sondern bestehende Vielp.systeme lediglich stabilisierte. Auch haben Mehrheitswahlsysteme nicht überall stark konzentrierte Systeme hervorgebracht, wie das P.system in Deutschland 1871–1912 belegt. Die neuere Forschung rückt daher die sozioökonomischen Verhältnissen ins Zentrum. Nach LIPSET und ROKKAN repräsentieren P.systeme grundlegende Konfliktlinien der Gesellschaften. Diese bilden sich in Abhängigkeit von der Sozialstruktur, den Werthaltungen der Wähler und dem Handeln der politischen →Eliten heraus. Die Struktur der westeuropäischen P.systeme ist auf der Basis territorialer, religiöser, sozialer und politischer Konfliktkonstellationen während der Industrialisierung (→Industrie) und Demokratisierung entstanden. Zunächst führten die politischen Ansprüche der Bürger auf Teilhabe an den Entscheidungen und Fragen der verfassungsmäßigen Ordnung der Nationalstaaten in nahezu allen Ländern Europas zur Entstehung liberaler und konservativer Parteien. Konflikte zwischen Staat und Kirche sowie zwischen Anhängern unterschiedlicher Konfessionen führten in konfessionell-gemischten Staaten wie dem Deutschen Reich zur Herausbildung und Stabilisierung des Zentrums oder wie im Falle der Niederlande zur Bildung verschiedener religiöser P. (Katholiken, Calvinisten und Reformierte). Gegensätze zwischen der dominanten und unterworfenen Kultur, zwischen regionalen →Minderheiten (Peripherie) und dem Zentrum zogen die Entstehung von Regionalp. und ethnischen P. wie den Polen im Osten des Deutschen Reichs, der Südtiroler Volkspartei im Norden Italiens, den schottischen Nationalisten im Norden Großbritanniens oder den P. der Basken und Catalanen in Spanien nach sich. Divergierende Interessen von Stadt- und Landbewohnern führten vor allem in Skandinavien zur Herausbildung von Agrarparteien. Die stärkste Wirkung allerdings ist vom *Klassenkon-*

flikt (→Klasse) ausgegangen, der in nahezu allen westlichen Demokratien zum Aufstieg sozialistischer und sozialdemokratischer P. führte. Die russische →Revolution leitete schließlich in vielen Ländern eine Abspaltung kommunistischer von den sozialistischen P. ein. Die P.systemforschung ist sich lange darin einig gewesen, dass die meisten westeuropäischen P.systeme am Ende ihrer Formatierungsphase in den 1920er Jahren eingefroren seien. Die Verankerung der P. in sozialen Großgruppen habe ihre außerordentliche Stabilität garantiert. Zu größeren Umschichtungen ist es dort gekommen, wo tief greifende politische Krisen zu einer Unterbrechung in der Kontinuität der P.organisationen führten (Italien, Deutschland, Österreich). Radikale Kritik gegen die sich etablierenden Demokratien und übersteigerter →Nationalismus führen nach dem Ersten Weltkrieg zum Aufstieg faschistischer P. Nach dem Zweiten Weltkrieg kam es in einigen Ländern zur Entstehung überkonfessioneller Sammlungsp. wie der CDU/CSU in der Bundesrepublik, der DC in Italien und der CVP/PSC in Belgien. Im Zuge der *Modernisierung* lösen sich die Milieus und politischen Bindungen zwischen P. und Bürgern in neuerer Zeit jedoch langsam auf. Die Klassen- und Konfessionswahl verloren an Bedeutung. Als Folge davon nimmt die Volatilität und Fragmentierung von P.systemen zu.

9. P.system der Bundesrepublik. Die Gründung der P. nach dem Zweiten Weltkrieg wurde wesentlich durch die *Lizensierungspolitik* der Alliierten und das tradierte P.spektrum Deutschlands bestimmt. Im Vergleich zum Deutschen Reich wies das System der Bundesrepublik vor allem zwei Neuerungen auf. Zum einen wurde mit der Gründung der FDP die Spaltung des organisierten politischen →Liberalismus aufgehoben, zum anderen kam es zu einer interkonfessionellen Sammlung der christlichen und konservativen Strömungen in CDU und CSU, die sich schnell zu Volksp. entwickelten. Die mit der Aufhebung der Lizensierungspolitik eintretende P.zersplitterung wurde 1953 durch die Einführung der Fünf-Prozent-Klausel gebannt. Von wenigen Ausnahmen abgesehen, zerfielen die Kleinp. oder schlossen sich der CDU/CSU an. Begleitet von einem bemerkenswerten Wirtschaftswachstum, einem wachsenden Antikommunismus und der Westintegration führte der einsetzende Konzentrationsprozess zu einem asymmetrischen P.system. Mit dem Godesberger Grundsatzprogramm und der programmatischen Öffnung wandelte sich auch die SPD zur Volksp., so dass sich das Ungleichgewicht zwischen den beiden größten P. drei in den 1960er Jahren aufhob. Auf der parlamentarischen Ebene überlebte allein die FDP, die sich nach innerparteilichen Kämpfen zwischen CDU/CSU und SPD positionierte. Die Bildung der Großen Koalition aus CDU/CSU und SPD, der Wegfall einer starken parlamentarischen Opposition und die erste wirtschaftliche Rezession stärkten jedoch die radikalen Kräfte. Auf der elektoralen Ebene stieg mit der NPD in der zweiten Hälfte der sechziger Jahre kurzzeitig eine neue Antisystemp. auf. Die Bildung der sozialliberalen Koalition verbannte die CDU/CSU erstmals in die Opposition. Trotz des partiellen Wandels der P. und dem Wechsel von Regierung und Opposition werden im Allgemeinen in der Kontinuität der etablierten P. und in der Stabilität des Wählerverhaltens wichtige Strukturmerkmale des P.systems der Bundesrepublik gesehen. Sich wandelnde Partizipations- und Politikansprüche und *Protest* gegen die Umweltzerstörung führten zu einem Anstieg von lokalen und regionalen →Bürgerinitiativen, aus denen schließlich die Grünen hervorgingen. Ihr Aufstieg führte Anfang der 1980er Jahre zu einer nachhaltigen Umwandlung des deutschen P.systems. Ein noch größerer Einschnitt erfolgte durch den Beitritt der DDR zum Geltungsbereich des Grundgesetzes (→Einigung, deutsche). Mit der Etablierung der PDS in den neuen Bundesländern, die sich später mit der WASG zur Linkspartei vereinigte, vollzog sich eine Zweiteilung des P.system in ein west- und ostdeutsches.

Die Organisationsstrukturen der bundesdeutschen P. orientieren sich weitgehend am Aufbau der staatlichen Verwaltung. Die vertikale Gliederung in Ortsvereine, Kreis-, Bezirks- und Landesverbände wird durch eine horizontale Gliederung in Vereinigungen, Arbeitskreise und Fachausschüsse ergänzt. Nicht alle P. sind flächendeckend präsent. FDP hat ihre kommunale Verankerung weitgehend verloren; der Linkspartei fehlt sie in vielen Regionen Westdeutschlands. Die traditionellen Schwerpunkte der P. in der Wählerschaft haben sich auf einem niedrigeren Niveau erhalten. Während kirchengebundene Christen beider Konfessionen stärker zur CDU/CSU tendieren, neigen gewerkschaftsgebundene Arbeitnehmer zur SPD und zur Linkspartei. Die Universitätsstädte bilden das Rückgrat von Bündnis90/Die Grünen. Neben moderaten Veränderungen im Wählerverhalten hat der soziale Wandel die Zusammensetzung der P. in Bezug auf ihre Wählerschaft, aber auch ihre Mitgliedschaft verändert. Der Anteil der Arbeiter, der Selbständigen und der Hauptschüler verringerte sich stark. Dagegen nahm der Prozentsatz der Angestellten und Beamten sowie der Abiturienten zu. Heute bildet in der Wählerschaft aller P. der neue Mittelstand die Mehrheit. Das Übergewicht der Angestellten und Beamten gilt noch mehr für die soziale Zusammensetzung der P.mitglieder sowie der P.funktionäre und Kandidaten für öffentliche Ämter. Vor allem der Anstieg der Mitgliederzahlen in den siebziger Jahren veränderte ihr soziales Profil. Der P.eintritt insbesondere von jüngeren Beamten und Angestellten mit einer formal hohen Bildung verjüngte nicht nur die P., er verdrängte Arbeiter und kleine Angestellte. Wegen der Dominanz dieser Personengruppen unter den Aktivisten werden Entscheidungen in politischen Gremien faktisch durch Angehörige der gut gebildeten und gut verdienenden neuen *Mittelschicht* getroffen. Stark rückläufige Mitgliederzahlen und eine nachlassende Rekrutierung jüngerer Bürger seit den achtziger Jahren haben bei CDU/CSU, SPD und FDP zu einer Überalterung der Mitgliederstruktur geführt. Eine Folge davon sind Defizite im Hinblick auf die Auslese des politischen Führungspersonals. Am Ende des 20. Jh.s hat sich zudem eine diffuse P.verdrossenheit und -kritik ausgebreitet, die u. a. durch die Parteienfinanzierung, eine umfassende Personalpatronage der P., Defizite in Bezug auf die innerparteiliche Willensbildung und Führungsauswahl gespeist worden ist.

10. Parteienrecht. Die Verfassung weist den P. in der Bundesrepublik einen besonderen Platz zu. Nach dem PartG sind P. „Vereinigungen von Bürgern, die dauernd oder für längere Zeit für den Bereich des Bundes oder eines Landes auf die politische Willensbildung Einfluss nehmen und an der Vertretung des Volks im Deutschen Bundestag oder einem Landtag mitwirken wollen, wenn sie nach der Zahl ihrer Mitglieder und nach ihrem Hervortreten in der Öffentlichkeit eine ausreichende Gewähr für die Ernsthaftigkeit dieser Zielsetzung bieten." Zu den Aufgaben der P. gehört demnach u. a. die Beeinflussung der öffentlichen Meinung, die politische Bildung der Bürger, die Förderung der Teilnahme der Bürger an der Politik, die Rekrutierung des politischen Führungspersonals und die Beteiligung an Wahlen. Nach Art. 21 GG muss die innere Ordnung der P. demokratischen Grundsätzen entsprechen. Aufbau und Willensbildung muss von unten nach oben erfolgen. Entsprechend ist eine Mitglieder- bzw. Delegiertenversammlung oberstes Willensbildungsorgan einer P. Art. 21 GG und § 24 PartG verpflichten P. zur öffentlichen Rechenschaftslegung, d. h., sie müssen nicht nur über die Herkunft ihrer Mittel, sondern auch über die Verwendung derselben sowie über ihr Vermögen Auskunft geben. P. finanzieren sich durch Beiträge, Einnahmen aus Vermögen, Spenden und staatlichen Geldern wie der Wahlkampfkostenerstattung. Als Konsequenz aus dem Untergang der Weimarer Republik zogen die Verfassungsväter ferner den Schluss, P. frühzeitig zu bekämpfen, die ihre →Freiheit gegen die →Demokratie der Bundesrepublik missbrauchen. Nach Art. 21 GG kann eine P. auf Antrag von Bundesregierung, Bundestag oder Bundesrat durch das BVerfG verboten werden, wenn sie nach ihren Zielen oder dem Verhalten ihrer Anhänger darauf hinarbeitet, „die freiheitlich demokratische Grundordnung zu beeinträchtigen oder zu beseitigen oder den Bestand der Bundesrepublik Deutschland zu gefährden". Nach dieser Regel sind 1952 die Sozialistische Reichspartei (SRP) und 1956 die Kommunistische Partei Deutschlands (KPD) für verfassungswidrig erklärt und verboten worden.

M. DUVERGER, Die politischen Parteien, 1959 – O. KIRCHHEIMER, Der Wandel der westeuropäischen Parteiensysteme, in: PVS 6 (1965), 20–41 – S. M. LIPSET/ST. ROKKAN, Cleavage Structures, Party Systems and Voter Alignments, in: DIES. (Hg.), Party Systems and Voter Alignments, 1967, 1–64 - H. KAACK, Geschichte und Struktur des deutschen Parteiensystems, 1971 – G. SARTORI, Parties and Party Systems, 1976 - S. NEUMANN, Die Parteien der Weimarer Republik, 1977[5] – K. v. BEYME, Parteien in westlichen Demokratien, 1982[2] – D. TH. TSATSOS/M. MORLOCK, Parteienrecht, 1982 - A. MINTZEL, Die Volkspartei, 1984 – R. MICHELS, Soziologie des Parteiwesens in der modernen Demokratie, 1989[4] – A. LIJPHART, Electoral Systems and Party Systems, 1994 – K. NICLAUSS, Das Parteiensystem der Bundesrepublik Deutschland, 1995 – A. WARE, Political Parties and Party Systems, 1996 – O. W. GABRIEL/O. NIEDERMAYER/R. STÖSS (Hg.), Parteiendemokratie in Deutschland, 1997 – P. MAIR, Party System Change, 1997 – E. WIESENDAHL, Parteien in Perspektive, 1998.

Jürgen R. Winkler

Partizipation

1. Begriff. P. setzt sich aus den lat. Worten pars (dt.: An-Teil) und capere (dt.: nehmen) zusammen und bedeutet Teilnahme, Teilhabe. Ursprünglich in der ökonomischen und juristischen Sphäre verwandt, umschreibt der Begriff Formen der aktiven Mitwirkung an Entscheidungsprozessen in →Institutionen verschiedener gesellschaftlicher Bereiche mit dem Ziel des Abbaus hierarchisch strukturierter Willensbildung. P. steht als Oberbegriff für in ihrer Intensität unterschiedliche Beteiligungsrechte. Je nach dem Grad der Einwirkung auf Entscheidungsprozesse kann zwischen Informations- und Anhörungsrechten, die streng genommen lediglich eine Voraussetzung von P. beinhalten, Mitspracherechten als indirekter Form der Einwirkung, da nur ein konsultativer Effekt zugestanden wird, und Mitwirkungsrechten unterschieden werden. Nur diese bedeuten eine direkte, unmittelbare Einwirkung auf die Entscheidungsbildung, wobei zwischen einer nicht-qualifizierten und einer qualifizierten Form, die einen dezisiven Effekt auf die Entscheidung auszuüben vermag, zu differenzieren ist.

2. Historische Entwicklung und Dimensionen der P. Historisch ist die Forderung nach P. eng mit dem Entstehen des demokratischen →Rechts- und Verfassungsstaates verbunden. Seitdem der demokratische →Staat seine →Legitimation von der Zustimmung seiner Bürgerschaft abhängig gemacht hat, sind verschiedene Verfahren einer regelmäßigen und kontrollierten P. entwickelt worden, wie sie klassisch in der repräsentativ-parlamentarischen →Demokratie ihre Institutionalisierung fanden. Die traditionelle P.sforschung hat vorrangig die Beteiligung der Bürgerschaft an der politischen →Öffentlichkeit und an parlamentarischen Verfahren (Wahlbeteiligung, Mitgliedschaft in →Parteien u. a.;

→Parlament, Parlamentarismus) thematisiert. Im Zuge der Kritik einer ausschließlich repräsentativ ausgerichteten P. entwickelten sich insbesondere in den letzten drei Jahrzehnten neuartige Beteiligungsmöglichkeiten, wie sie auf der Ebene der →Zivilgesellschaft von →Bürgerinitiativen eingefordert und vom Gesetzgeber vor allem im Rahmen administrativer Prozesse durch Beiräte, Bürgerforen oder durch Anhörungen bei Planungsentscheidungen eingeräumt worden sind. So wird in jüngster Zeit zur Erweiterung von P.smöglichkeiten und damit einer Stabilisierung der Demokratie vor allem im lokalen Bereich mit dem Modell der Planungszellen gearbeitet, die streng aufgabenorientiert und befristet zur Erweiterung der Expertenlogik die Perspektiven von betroffenen Bürgergruppen in die repräsentativ-parlamentarischen Entscheidungsprozesse einbringen sollen. Speziell in Deutschland gibt es ferner eine breite Tradition der P. im Bereich der Wirtschaft, die unter dem Stichwort →Mitbestimmung vor 1914 fakultative, seit der Weimarer Republik und dem Mitbestimmungsgesetz von 1950 (novelliert 1976) sowie dem Betriebsverfassungsgesetz (→Betrieb, Betriebsverfassung) von 1952 (zuletzt novelliert 2001) den →Arbeitnehmern P.srechte bis hin zur paritätischen Mitbestimmung in der Montanindustrie eingeräumt hat. Auch hier lassen sich im Zuge der Organisationsreformen vieler →Unternehmen mit der Abflachung von Hierarchien neuartige und erweiterte P.sformen nachweisen, die allerdings häufig in einem ungeklärten Verhältnis zu der rechtlich geordneten Struktur von P. stehen. Über die Bereiche von →Politik und Wirtschaft hinaus dient die Forderung nach P. seit den 1960er Jahren als Kennzeichen eines Reformprojekts, das P. als eine „Lebensform" (FRITZ VILMAR) versteht und „allgemeine und gleiche Chancen der Teilhabe" (JÜRGEN HABERMAS) an Entscheidungen in allen Gesellschaftsbereichen verwirklichen will. Diese Impulse zur Erweiterung der P. haben seit den 1970er Jahren die meisten gesellschaftlichen Bereiche (Schulen, Hochschulen, Streitkräfte, auch die Kirchen u. a.) erfasst, wo jeweils unterschiedlich weit reichende P.srechte präzisiert oder neu verankert worden sind. (MARTIN GREIFFENHAGEN). Ferner ist im Umfeld der antiautoritären Bewegung mit partizipativen Lebensformen (freie Schulen und Kinderläden, Wohngemeinschaften u. a.) experimentiert worden, um durch die Verwirklichung von Mit- und Selbstbestimmung das Alltagsleben, vor allem im Blick auf das Geschlechterverhältnis, teilweise auch hinsichtlich des Verhältnisses von Erwachsenen zu Kindern, zu verändern. Während die Erweiterung von P.srechten in den genannten Institutionen seither vereinzelt wieder eingeschränkt (etwa im Hochschulbereich), insgesamt gesehen jedoch dauerhaft verwirklicht worden ist, lässt sich ein abschließendes Urteil über die Etablierung neuer partizipativer Lebensformen nur schwer fällen. In der neueren soziologischen Diskussion wird – im Unterschied zu den 1960er und 70er Jahren – auch die Grenze von partizipativen Beteiligungsmöglichkeiten betont. Da sozialer Status, etwa Einkommen, formale Bildung oder Berufsprestige, eng mit P.sbereitschaft verknüpft ist, sind bestimmte Fähigkeiten als Voraussetzungen von P. zu entwickeln und können nicht vorausgesetzt werden. Aus systemtheoretischer Sicht (→Systemtheorie) wird die wachsende Komplexität von Entscheidungsprozessen betont, die durch erweiterte P. oft lediglich parasitär vermehrt wird und das Zeitbudget für Entscheidungen überfordern kann. Schließlich werden in der Übertragung der P.sforderung auf alle Lebensbereiche einerseits Gefahren der Überforderung und letztlich Aushöhlung von Beteiligung bis hin zur Apathie breiter Bevölkerungsschichten und andererseits eine willkürliche Untergrabung von persönlichen Autoritätsverhältnissen (→Autorität), etwa in der Familie, gesehen. In den gesellschaftspolitischen Auseinandersetzungen (→Gesellschaftspolitik) um P.srechte aktualisieren sich klassische demokratietheoretische Fragen. Nachdem die P.semphase der 1960er und 70er Jahre deutlich abgeklungen ist, bleibt die Aufgabe einer bewussten Nutzung und Vertiefung der P.srechte, welche die Anerkennung legitimierter Herrschaft nicht aus-, sondern notwendigerweise einschließen.

3. Theologische Bedeutung der P. Während das patriarchalische Sozialmodell der christlichen Tradition P.srechte kaum gewährt hat, ist P. in der neueren ev. →Sozialethik zu einem grundlegenden Kriterium des Menschengerechten geworden. Einen Ausgleich zwischen dem traditionellen Patriarchalismus und der P. hat ERNST TROELTSCH zu Beginn des 20. Jh.s eingefordert: Das patriarchalische Prinzip legitimiert die Ergebung in die Ungleichheit; der christliche Personalismus, der die Gleichheit aller Menschen vor Gott hervorhebt, ist demgegenüber eine der Wurzeln des partizipativen Gedankens. Ohne Ungleichheiten und legitime Herrschaftsausübung zu leugnen, betont heutige Sozialethik stärker die Rechte der P. So folgt nach ARTHUR RICH aus der christlich interpretierten Humanität der Mitmenschlichkeit auf der Ebene gesellschaftlicher →Institutionen das „Teilhabenkönnen aller Beteiligten oder Betroffenen an den durch diese Strukturen begründeten Mächten, Rechten, Befugnissen und Gütern" (A. RICH), so dass der Bildung einseitiger Privilegien entgegen gewirkt werden kann. Obwohl sich im NT nur wenige sozialstrukturelle Aussagen finden, sieht RICH den Grundgedanken der P. in dem Modell der Jerusalemer Urgemeinde und in der ökumenischen Kollektensammlung für Jerusalem verwirklicht. Einen anderen Aspekt der P. betont die →ökumenische Sozialethik: Der ÖRK hat sein Leitbild seit den 1980-er Jahren in der Formel einer „just, participatory and sustainable society" zum Ausdruck gebracht. Hier bedeutet P. unter der Perspektive einer „vorrangigen Option für die Armen" in erster

Linie eine Erhöhung der Beteiligungschancen derer, die aufgrund von Armut, Arbeitslosigkeit, mangelnder Bildung u. a. von wichtigen Bereichen gesellschaftlichen Handelns ausgeschlossen sind. Die EKD hat in neueren Denkschriften das Leitbild der Teilhabe als wesentlichen Impuls zur Bekämpfung von Armut und sozialer Ungleichheit aufgenommen. Dabei ist der Gedanke der Befähigungsgerechtigkeit als Voraussetzung zur Realisierung von Teilhabe stark in den Mittelpunkt gerückt worden. Befähigungsgerechtigkeit zielt auf Verwirklichungschancen von Teilhabe an den Grundgütern der Gesellschaft. Dies gilt für den sozialen, politischen und kulturellen Bereich, vorrangig für die Teilhabe an der Erwerbsarbeit. Auf diese Weise soll der faktische Ausschluss vom gesellschaftlichen Geschehen, welcher häufig eine Negativspirale von materieller, sozialer und kultureller Armut in Gang setzt, wirksam bekämpft werden. Darüber hinaus setzt Teilhabe im Fall von Arbeitslosigkeit, mangelnden Einkommensmöglichkeiten u. a. auch die Gewährung materieller Voraussetzungen der Lebensführung voraus. Das Leitbild der Teilhabe zielt somit auf eine Integration aller Menschen in die Gesellschaft, wobei Befähigung als Schlüsselfaktor anzusehen ist, damit gerade die Ausgangsnachteile von sozial schwächer Gestellten durch Formen des Empowerments ausgeglichen werden können.

E. TROELTSCH, Die christliche Ethik und die heutige Gesellschaft, 1904 – F. VILMAR (Hg.), Strategien der Demokratisierung, I/II 1973 – M. GREIFFENHAGEN (Hg.), Demokratisierung in Staat und Gesellschaft, 1973 – J. HABERMAS, Theorie kommunikativen Handelns, 1981 – A. RICH, Wirtschaftsethik, I 1984 – T. JÄHNICHEN, Vom Industrieuntertan zum Industriebürger, 1993 – P. C. DIENEL, Die Planungszelle, 1997 – KIRCHENAMT DER EKD (HG.), Gerechte Teilhabe, 2006 – A. SEN, Die Idee der Gerechtigkeit, 2010 – P. DABROCK, Befähigungsgerechtigkeit, 2012.

Traugott Jähnichen

Partnerschaft, globale

1. Begriff. In der Entwicklungspolitik hat sich GP zum Leitbegriff der von den VN 2015 vereinbarten „Sustainable Development Goals" (SDGs) entwickelt. Über vielfältige und nicht abgeschlossene Wandlungen ist so der Ursprung im euphemistischen „partnership"-Begriff der britischen Kolonialpolitik des 20. Jh.s. überwunden. GP soll das Ende von Patenschafts-Paternalismus und karitativen Nord-Süd-Mustern markieren. Kennzeichen der Entwicklungsagenda bis 2030 wären demnach: Universalität der Ziele, gemeinsame Verantwortung für globale öffentliche Güter, entwicklungsförderliche Rahmenbedingungen, Transparenz, Monitoring und Rechenschaftspflicht. Staat, Zivilgesellschaft, Wirtschaft und Wissenschaft kooperieren dabei in „multi-stakeholder partnerships". In Mission und Ökumene steht P. für eine Grundhaltung, die geprägt ist von dem Motiv der Menschen als Partner des Schöpfergottes in einer von den Kirchen des Südens betonten „P. im Gehorsam" (Weltmissionskonferenz Whitby 1947). Theologisch konstitutiv ist die Koinonia der Kirche als Leib Christi und die ökumenische Ethik des „Miteinander Teilens" (ÖRK Konferenz El Escorial 1987) und Lernens in einer „Verantwortlichen Weltgesellschaft" (ÖRK Vollversammlungen Amsterdam 1948/Uppsala 1968).

2. Entwicklungspolitische Hintergründe. Von GP wird verstärkt seit den 1970er Jahren gesprochen. 1969 forderte der *Pearson-Bericht* in einer Bestandsaufnahme der Entwicklungspolitik eine P, die auf reziproken Rechten und Pflichten für Geber und Nehmer beruht. 1980 nimmt unter dem Vorsitz von Willy Brandt der *Nord-Süd-Bericht* die Idee der gemeinsamen globalen Verantwortung auf. Der *Brundtland-Bericht* betont 1987 die Notwendigkeit kooperativer Problemlösungen zur nachhaltigen Bewältigung globaler Zukunftsfragen. 1994 und 1995 verankern Weltbank und der Entwicklungsausschuss der OECD (DAC) die GP als Leitprinzip ihrer Entwicklungspolitik. GP wurde im *Millenniumsentwicklungsziel 8 im Jahr 2000* eine Zielkategorie bevor die VN 2015 mit den SDGs die GP zum Leitprinzip erhob, mit dem allein nachhaltige Entwicklung gelingen kann.

3. Kirchliche Hintergründe. Der Gedanke gemeinsamer Verantwortlichkeit und Eigenständigkeit („self-reliance") prägt die ökumenische Sozialethik und die neuere Missionstheologie. In den deutschen Sprachgebrauch gelangt die Rede von P nach dem 2. Weltkrieg im Zusammenhang mit US-Stipendienprojekten und erlebte einen Höhepunkt in den 1970er und 1980er Jahren. Sie verdrängt die Rede der Gemeinschaft (Koinonia) und gewinnt als Direkt-P zwischen Gemeinden Bedeutung im Rahmen ekklesiologischer Herausforderungen der gemeinsamen Teilhabe an der Mission Gottes. Gemeint ist die Selbstverpflichtung zweier Parteien im Blick auf gemeinsam vereinbarte Ziele und den Einsatz von Ressourcen.

4. Beispiele. Entwicklungspolitisch geht es um Implementierungsfragen, Wissenstransfer oder das Setzen von Standards. Beispiele finden sich in den Bereichen Gesundheit *(Impfallianz GAVI)*, Bildung *(Global Education First)*, Rohstoffe *(Extractive Industries Transparency Initiative EITI)*, Ernährung *(Zero Hunger Challenge)*, Wasser *(Global Water Partnership)*, Unternehmensverantwortung *(Global Compact)* oder Energieversorgung *(Sustainable Energy for All)*. Kirchliche Ausprägungen sind die konfessionellen Weltbünde, regionale Zusammenschlüsse, Entwicklungsorganisationen, sozialdiakonische Einrichtungen sowie Kirchenkreis- und Gemeinde-P. Die Typen einer GP können bi-

oder multilateral sein, befristet-projektorientiert oder langfristig-strategisch, Förder-P, Bündnis-P oder Personalentsendungs-P.

5. Bewertung. GP kann zwischen Anspruch und Wirklichkeit als „leeres Schlagwort" (Weltmissionskonferenz Bangkok 1972) Asymmetrien verschleiern. Empirisch erreicht nur jede vierte GP ihr Ziel. Trotz definitorischer und empirischer Mängel sowie einer Inflationierung des Begriffs ist die GP ein wichtiger Weg, politisch zu wirken, Aufmerksamkeit für Defizite zu wecken und emanzipatorische und zukunftsweisende Impulse zu geben. Kooperationen, die die Markt- und Konkurrenz-Interaktion ergänzen, erweisen sich beim Schutz globaler öffentlicher Güter obendrein als unumgänglich. Die Glaubwürdigkeit einer GP entscheidet sich an Legitimation, Partizipation, Transparenz, Rechenschaft sowie darin, ob Lebensstile universalisierbar sind. Kritik gilt der westlichen Prägung des Begriffs, dem Euphemismus, der Unbestimmtheit der Indikatoren sowie dem Fehlen einer Weltwirtschaftsordnung. Postkoloniale Sichtweisen kritisieren GP als Formen der Disziplinierung und Einbindung in westliche Strukturen. Für die Kirchen bleiben in der Koinonia strukturelle Ungleichheiten in Spannung zur Kircheneinheit und Chancengleichheit. Zugleich steht GP für die konstitutive ökumenische Dimension des Leibes Christi und die wechselseitige Bezogenheit der Mitglieder. Durch themenbezogene Mitsprachemöglichkeiten, Empathie, wechselseitige Lernbereitschaft und Infragestellung, Miteinander-Teilen, Rechenschaft sowie Unterlassen von Gefährdungen der Koinonia können Differenzen reduziert und parochiale Begrenzungen überwunden werden.

KOMMISSION FÜR INTERNATIONALE ENTWICKLUNG, Der Pearson-Bericht. Bestandsaufnahme und Vorschläge zur Entwicklungspolitik, 1969 – UNABHÄNGIGE KOMMISSION FÜR INTERNATIONALE ENTWICKLUNGSFRAGEN, Das Überleben sichern. Gemeinsame Interessen der Industrie- und Entwicklungsländer, 1980 – WELTKOMMISSION FÜR UMWELT UND ENTWICKLUNG, Unsere gemeinsame Zukunft. Der Brundtland-Bericht der Weltkommission für Umwelt und Entwicklung, 1987 – ÖRK Konferenz „Koinonia: Geteiltes Leben in weltweiter Gemeinschaft" in El Escorial, vgl.: W. STIERLE u. a. (Hg.): Ethik für das Leben: 100 Jahre Ökumenische Wirtschafts- und Sozialethik", Quelledition, 1996, 498ff., 1987 – L. BAUEROCHSE: Miteinander leben lernen. Zwischenkirchliche Partnerschaften als ökumenische Lerngemeinschaften, 1996 – DEVELOPMENT ASSISTANCE COMMITTEE. Shaping the 21st Century. The Contribution of Development Co-operation, 1996 – WELTBANK, Partnership for Development. Proposed Actions for the World Bank, 1998 – J. M. BRINKERHOFF. Partnership for International Development: Rhetoric or Results, 2002 – R. ABRAHAMSEN. The power of partnerships in global governance, in: Third World Quarterly 25 (8), 2006 – P. C. GRUBER. Nachhaltige Entwicklung und Global Governance, 2008 – G. F. SCHUPPERT/M. ZÜRN (Hg.). Governance in einer sich wandelnden Welt, 2008 – A. BARNES/ G. W. BROWN. The Idea of Partnership within the Millennium Development Goals, in: Third World Quarterly 32 (1), 2011 – VEREINTE NATIONEN. The Report of the High-Level Panel of Eminent Persons on the Post-2015 Development Agenda. A new Global Partnership, 2013 – O. WIDERBERG: Transnational Multi-Stakeholder Partnerships for Sustainable Development, 2014 (Lit.).

Wolfram Stierle

Patriotismus

1. Begriff. P. bezeichnet die affirmative und zugleich rational reflektierte Bindung des einzelnen an →Heimat, →Volk, →Nation, Vaterland (lat. *patria*). Bedeutung gewinnt P. insofern, als die Bestimmung des Menschen und des jeweils rechten Lebens in einen konstitutiven Zusammenhang zum konkreten „Ort des Wohnens" (griech. *ethos*), d. h. zu der durch je eigene Traditionen, Gesetze und Institutionen verfassten politischen →Gemeinschaft, den →Staat, gesetzt wird. So macht christliches Ethos den Patrioten zum Weltbürger und wiederum den Weltbüger zum Patrioten, denn wie der Christ Weltbürger ist im Sinne göttlicher Berufung, Mensch zu sein, so ist er zugleich freier Diener seiner jeweiligen *patria*. Die Unterscheidung des P. vom Nationalismus ist mithin keine rein wörtliche, sondern eine wesentliche semantische: Beruht P. auf dem Primat von Freiwilligkeit und Freiheitlichkeit von Handelndem und Handlungszweck, so negiert Nationalismus beide Dimensionen zugunsten einer Verabsolutierung von Kollektivismen wie Nation, Staat oder Volk.

2. Hist. Entwicklung. War der sokratisch-platonische P. auf das seit früher Jugend Vertraute, auf die überschaubare *polis* Athen gerichtet, die in ihrer unmittelbaren Evidenz Identität und Lebensführung des einzelnen prägte, so unterschied CICERO zwei Varianten von *patria* eines jeden Römers: die *patria naturae* als jenen heimatlichen Raum des Privaten, Intimen und Familiären, zu dem neben Vaterhaus, Muttersprache, Andenken an Vorfahren und ihre vorbildliche Lebensführung, der Kult der Haus- und Lokalgottheiten gehörte, von der *patria civitatis*. Diese stand für jene politische Idee, die alle Individuen, die das römische Bürgerrecht besaßen, zu einer Gemeinschaft, dem römischen Staat, verband. Eben dieses zunehmend abstraktere Konzept, in dem alle Wertvorstellungen enthalten waren, die mit dem Römischen Reich als *patria* identifiziert wurden, ermöglichte es, den zunächst auf das Landsmannschaftliche und Überschaubare hin gerichteten P. schließlich auf den modernen Nationalstaat zu übertragen. In der deutschen Diskussion tritt der Begriff des P. seit etwa 1750 verstärkt hervor. Beeinflusst durch französische Denker wie LA BRUYÈRE („Es gibt kein Vaterland in der Despotie") oder MONTESQUIEU, für den P. als politische Tugend Kennzeichen allein der →Demokratie ist, wird er zu einem Kampfruf der deutschen →Aufklärung in ihrem Ringen um Emanzipation im feudalen, partikularistischen Heiligen Römischen Reich. Auch wenn der weltoffene, auf der westeuropäischen Aufklärung und der →Franz. Revolution basierende P., den FICHTE, SCHILLER oder HÖLDERLIN in ihren Schriften postulieren, zur Zeit der Freiheitskriege sowie der Politischen Romantik eine verstärkt nationale Dimension erhält, mündet dieser aufgrund divergierender Werteloyalitäten keineswegs zwangsläufig im →Nationalismus bzw. im →Nationalsozialismus.

3. Gegenwärtige Bedeutung. In den meisten Nationalstaaten selbstverständlich und respektiert, wird P. in Deutschland in den Jahrzehnten der staatlichen Teilung vielfach als Relikt der Geschichte negiert bzw. in der Zielperspektive des europäischen Einigungsprozesses transzendiert. Infolge der Wiedervereinigung 1990 und der Freiheitsrevolutionen in Mittel- und Osteuropa, aber auch im Zuge der fortschreitenden ökonomischen und politischen Globalisierung, setzt in Deutschland eine gesellschaftliche wie politische Wiederannäherung an Patriotismus als politischer Tugend ein. So verweisen DOLF STERNBERGER oder RALF DAHRENDORF zu recht auf die Notwendigkeit, politisches Weltbürgertum und moralischen Universalismus in partikulär und regional gelebten Handlungs- und Traditionsgemeinschaften zu verankern (→Kommunitarismus). Eben dies ermöglicht STERNBERGERS Konzept des „Verfassungsp.", das als Synthese eines Gefühls- und Rechtsverhältnisses jeder nationalistischen Engführung ebenso widerstrebt wie einem abstrakten Normativismus.

H.-D. WENDLAND, Nationalismus und P. in der Sicht der Christlichen Ethik, 1965 – CH. PRIGNITZ, Vaterlandsliebe und Freiheit. Deutscher P. von 1750 bis 1850, 1981 – D. STERNBERGER, Verfassungsp., in: P. HAUNGS u. a. (Hg.), Verfassungsp., Dolf Sternberger Schriften Bd. X 1990, 17–31 – T. EICHENBERGER, Patria. Studien zur Bedeutung des Wortes im Mittelalter (6.-12. Jh.), 1991. – V. KRONENBERG, Patriotismus in Deutschland. Perspektiven für eine weltoffene Nation, 2013³.

Volker Kronenberg

Person / Persönlichkeit / Personenrecht

1. Tragweite und Gehalt des Begriffs Person (P.). Der Begriff P. bildet eine Schnittstelle zwischen geistes- und naturwissenschaftlichen Deutungen der menschlichen Existenz sowie kulturellen und ethischen Werturteilen. In den zurückliegenden Jahrzehnten hat er auch deshalb so große Beachtung gefunden, weil sich an ihm neuartige gesellschaftliche Herausforderungen verdeutlichen lassen. Die moderne →Medizin vermittelt neue Erkenntnisse über die genetischen und neuronalen Grundlagen des Menschseins, eröffnet Eingriffsmöglichkeiten in das Genom und das Gehirn und beeinflusst mit der Reproduktionstechnologie die menschliche Fortpflanzung. Auf diese Weise betrifft sie das Innere, den Kern des menschlichen Seins. Durch die Informationstechnologie werden die Privatsphäre sowie die äußeren Lebens- und Arbeitsbedingungen der Menschen in einem Maße verändert, wie dies zuvor durch die Industrialisierung des 19. Jh.s der Fall gewesen war. Es ist unabweisbar geworden, die Handlungsmacht, die neue Technologien besitzen, am Wohl der menschlichen P. zu bemessen. Insofern besitzt die Frage, was der Begriff der P. anthropologisch und ethisch besagt, erheblichen Stellenwert. Summarisch ist folgendes hervorzuheben. *1. Anthropologisch:* Auf der Grundlage der abendländischen Geistesgeschichte bedeutet P., den Menschen als individuelle Einheit von Geist, Seele und Leib zu sehen und ihn in seiner Beziehung zu anderem Sein zu verstehen. Tragende Aspekte des P.seins sind Individualität sowie Individuation, geistig-leibliche Integration und Relationalität. *2. Ethisch:* a) Jeder menschlichen P. ist eine →Würde zuzuerkennen, die bedingungslos und vorbehaltlos gilt. Aus der P.würde resultieren die individuellen Schutzrechte jedes Menschen. b) Eine anders gelagerte Komponente des menschlichen P.seins enthält der Begriff Persönlichkeit. I. KANT bezeichnete den einzelnen Menschen als Persönlichkeit, insofern dieser „ein der Verpflichtung fähiges Wesen" ist und →Vernunft und →Gewissen besitzt. Ethisch rückt der Begriff P. daher nicht nur die Schutzrechte jedes Einzelnen, sondern ebenfalls die moralische →Verantwortung und den individuellen Entscheidungsspielraum des mündigen, urteilsfähigen Menschen ins Licht.

2. Die abendländische Tradition. Die geistesgeschichtlichen Hintergründe dieser Gesichtspunkte sind vielschichtig. In ihnen spiegeln sich Grundgedanken abendländischer Theologie- und Philosophiegeschichte. Im Kern ist für das abendländische P.verständnis charakteristisch, dass es das Sein und die Würde der Einzel-P. in den Vordergrund rückte, wohingegen andere kulturelle Traditionen (afrikanisch, buddhistisch, japanisch) besonderen Wert auf das Eingebundensein der Menschen in die Gemeinschaft und auf eine „Wir-Individualität" legten.

2.1 Geistesgeschichtliche Entwicklungslinien. Vor- und außerchristlich bedeutete P. (lat. persona) ursprünglich die Maske oder Rolle des Schauspielers und auch die Rolle, die Stellung oder den sozialen Stand eines Menschen. Im Christentum wurde der Begriff P. zunächst gar nicht in der Anthropologie, sondern in der Gotteslehre bedeutsam. Die altkirchliche Theologie verwendete ihn, um die christliche Trinitätslehre zu entfalten, indem sie von den drei göttlichen P.en in ihren wechselseitigen Relationen sprach. Die mittelalterliche Theologie und Philosophie übertrug das Wort P. von der Gotteslehre auf die Anthropologie. Mittelalterliche Denker machten unterschiedliche Komponenten des

P.begriffs für die Deutung des Menschseins geltend: die Individualität, den Eigenstand und die Substantialität, die Vernunftnatur oder auch die Relationalität, das In-Beziehung-Sein der menschlichen Existenz. Die Reformation legte den Akzent ganz auf die relationale Komponente. Anstatt die Eigenständigkeit und die personale Vernunft des Menschen zu betonen, hob LUTHER die Konstituierung der menschlichen P. durch das Gegenüber Gottes hervor. Ihm zufolge entsteht das P.sein des Menschen aus der Beziehung Gottes zum Menschen bzw. aus der →Rechtfertigung des Menschen durch Gott; der Glaube an Gott macht den Menschen zur P. („fides facit personam"). Demgegenüber setzte die Aufklärungsphilosophie dann weitere, nämlich subjektivitätstheoretische Akzente, die bis heute maßgebend sind: Der Mensch ist P., insofern er zum eigenverantwortlichen ethischen Handeln befähigt ist. Ein Fazit der abendländischen Geistesgeschichte kann man in der dialogischen Philosophie des 20. Jh.s ablesen, zu deren Vordenkern der jüdische Philosoph MARTIN BUBER gehörte. Er formulierte: „Jede wirkliche Beziehung in der Welt ruht auf der Individuation". So betrachtet ist für die menschliche personale Existenz beides tragend: die Einbindung in interpersonale, mitmenschliche Beziehungen ebenso wie die unverwechselbare individuelle Eigenständigkeit.

2.2 *Die Würde der P.* Die menschliche P. besitzt →Würde; sie darf nicht erniedrigt oder verdinglicht werden. Diese ethische Leitidee hat sich ebenfalls im Verlauf der abendländischen Geistesgeschichte herausgebildet. Alte Wurzeln finden sich in der stoischen Philosophie, namentlich bei CICERO. Indirekt kann sie aber auch auf den alttestamentlichen Gedanken gestützt werden, dem zufolge jeder Mensch Gottes Ebenbild sei. Anders als ägyptische oder andere altorientalische Belege bezeichnete die hebräische Bibel – und später das hellenistische Judentum – nicht nur den König oder sonstige herausgehobene Gestalten als Gottes Bild. Das Würdeprädikat der Gottebenbildlichkeit wurde vielmehr universalisiert und allen Menschen gleicherweise zugesprochen, unabhängig von ihrem sozialen Stand, dem Geschlecht, der Volkszugehörigkeit oder anderen Voraussetzungen (Gen 1,27). In seiner programmatischen „Rede über die Würde des Menschen" (publiziert 1496) transformierte der Renaissance-Philosoph PICO DELLA MIRANDOLA die religiöse Vorstellung der Gottesebenbildlichkeit in den Begriff der Würde, der in der Neuzeit dann geläufig wurde. Wegweisend waren die Argumente, mit denen I. KANT die Würde, die Selbstzwecklichkeit und den unverrechenbaren Eigenwert der menschlichen P. zur Sprache brachte. Bei ihm wurde – erneut – deutlich, dass der Begriff P. der Deutung der individuellen menschlichen Existenz dient. Dies gerät aus dem Blick, wenn andere Denkmodelle – im 19. Jh. z. B. die Rechtslehre F.J. STAHLS – den →Staat als Persönlichkeit überhöhten oder wenn sich die römisch-kath. Kirche bis heute kirchenrechtlich als „moralische Person" begreift (CIC 1983 can. 113). Tragend für ein heute adäquates Verständnis des Begriffs P. ist es, das P.verständnis und die P.würde a) mit dem Schutz des menschlichen Lebens zu verbinden, b) jedem Menschen das Recht auf Freiheit und Selbstbestimmung zuzugestehen – hierauf deutete bereits hin, dass KANT die Autonomie jeder menschlichen P. betonte und dass für ihn „Freiheit" und „Persönlichkeit" Wechselbegriffe waren – sowie c) das „P.recht", d. h. die Gleichheit aller Menschen hervorzuheben. Der personrechtliche Gleichheitsgedanke verdankt sich dem neuzeitlichen profanen Natur- bzw. Vernunftrecht sowie modernen Verfassungen. Einen klassischen Beleg bietet das Allgemeine Bürgerliche Gesetzbuch der Österreichischen Monarchie von 1811. Dort lautete § 16: „Jeder Mensch hat angeborne, schon durch die Vernunft einleuchtende Rechte, und ist daher als eine Person zu betrachten. Sklaverei oder Leibeigenschaft […] wird […] nicht gestattet". Grundsätzlich wird der P.begriff, der auf die Freiheit jedes Einzelnen und die Gleichheit aller Menschen abzielt, inzwischen weltweit bejaht. Diesem Sachverhalt verleihen die einschlägigen internationalen Menschenrechtskonventionen Ausdruck, z. B. die Menschenrechtsdeklaration der Vereinten Nationen von 1948, die Kinderrechtskonvention von 1989 oder die Behindertenrechtskonvention von 2006.

3. Heutige Anschlussfragen. Intensive Debatten fanden in den zurückliegenden Jahrzehnten zu der Frage statt, ob sich die Zuschreibung des P.-seins an empirische Eigenschaften knüpfen lasse, z. B. Rationalität und Selbstbewusstsein (J. FLETCHER, P. SINGER), Gedächtnis (D. PARFIT), die Fähigkeit, einen Begriff von sich selbst zu bilden (M. TOOLEY), zu kommunizieren (E. TUGENDHAT) oder zu zukunftsbezogenen Wünschen in der Lage zu sein (N. HOERSTER). Derartige Begriffsbildungen vermögen das Profil des P.begriffs zu schärfen. Andererseits besteht die Gefahr, dass sie den Gleichheitsgedanken relativieren, zur Diskriminierung z. B. von Menschen mit Behinderung führen und das Lebensrecht einzelner Menschen von Vorbedingungen abhängig machen könnten. Dennoch sind in der Gegenwart bestimmte Differenzierungen geboten. Für den Umgang mit vorgeburtlichem Leben setzt sich aus gewichtigen Gründen ein gradualistisches Verständnis durch. Ihm zufolge steigen die Schutzwürdigkeit bzw. die P.würde von Embryonen und Feten ihrem Entwicklungsgrad gemäß sukzessive an. Umgekehrt wird Verstorbenen ein nur noch abgeschwächter, nachwirkender Persönlichkeitsschutz zuerkannt. – Überragendes Gewicht kommt in der Gegenwart auf jeden Fall der Einsicht zu, dass aus dem P.sein und der P.würde eines Menschen sein Recht folgt, frei und selbstbestimmt über sich selbst entscheiden zu dürfen. Hieraus resultiert z. B. die Legitimität von Patientenverfügungen, in denen interessierte Menschen im Vorhinein Festlegungen über ihr künftiges hypothetisches Sterbeschicksal treffen, indem sie das Unterlassen medizinischer Behandlungen anordnen (passive Sterbehilfe). Ggf. kann dies so weit gehen, dass ein Mensch aufgrund seines freien personalen Willens vorsorglich verfügt, im Fall einer späteren Demenz solle sein künftiger „natürlicher" Wille, nämlich eine spontane leiblich lebensbejahend erscheinende Willensäußerung, unbeachtlich bleiben. Strittig ist zurzeit, ob Körpermaterialien (Gewebe), die einem Menschen zu Forschungszwecken entnommen werden, sachenrechtlich oder persönlichkeitsrechtlich einzuordnen sind. Ganz außer Frage steht allerdings, dass die Entnahme von Biomaterialien nur unter Wahrung des Selbstbestimmungsrechts des Betroffenen, d. h. nur nach seiner informierten Zustimmung erfolgen darf. – Abgesehen von der Korrelation von P.würde und Selbstbestimmungsrecht ist die Orientierung am menschlichen P.sein heutzutage für zahlreiche weitere sozialethische Problemstellungen von Interesse, z. B. im Blick auf menschenwürdige Arbeitsbedingungen, die Förderung von →Toleranz, die Nichtdiskriminierung oder die Respektierung der Privatsphäre und des Privatlebens.

W. PANNENBERG, Anthropologie in theologischer Perspektive, 1983 – M. FUHRMANN u. a., P., in: HWPh [VII] 1989, 269–338 – TH. KOBUSCH, Die Entdeckung der P., 1993 – U. KÖRNER u. a., Organtransplantation und Vorstellungen über Leben und Tod in Japan, in: Ethik in der Medizin 11 (1999), 195–204 – A. G. WILDFEUER/E.-J. LAMPE, P., in: Lexikon der Bioethik [III] 1998, 5–12 – N. KNOEPFFLER, Der Beginn der menschlichen Person und bioethische Konfliktfälle, 2012 – CHR. LENK u. a. (Hg.), Handbuch Ethik und Recht der Forschung an Menschen, 2014.

Hartmut Kreß

Pflegeethik

1. Begriff und Gegenstand. P. ist der übergreifende Begriff für die ethische Reflexion, die auf der einen Seite als Ethik pflegerischen Handelns klassische berufsethische Themen aufgreift und auf der anderen Seite als Ethik der Pflege sowohl ethische Grundlagen der Pflege wie spezifische Prinzipien und Werte thematisiert als auch die pflegerische Perspektive auf Probleme und Handlungsfelder im Gesundheitswesen zur Sprache bringt. Sie umfasst damit alle klassischen Felder, in denen professionell Pflegende tätig sind, wie z. B. die Gesundheits- und Krankenpflege, die Kinderkrankenpflege, die Altenpflege, die Intensivpflege und die Heilerziehungspflege, sowie als neu hinzugekommene Arbeitsbereiche z. B. Prävention, Rehabilitation und Gesundheitsförderung.

2. Geschichtliche Entwicklung. Zumindest für unseren Kulturkreis gilt, dass die Krankenpflege ihre Wurzeln in der christlichen Kranken- und Armenfürsorge hat, wie sie im Mittelalter durch Orden und Hospitäler geleistet wurde. Die wachsende Bedeutung der Städte führt dazu, dass diesen die Verwaltung der Hospitäler übertragen wird; es entsteht das Lohnwartsystem, also Krankenpflege durch bezahlte Männer und Frauen zumeist aus den ärmeren Schichten. Seit dem 18. Jahrhundert übernehmen naturwissenschaftlich ausgerichtete Ärzte die Krankenversorgung, dadurch entsteht ein wachsender Bedarf an Pflegepersonal, das den Ärzten die pflegerischen Tätigkeiten abnimmt. Die Pflege wird zu einem Heilhilfsberuf, der der Medizin untergeordnet wird.

Auf die Neuordnung der Pflege im 19. Jahrhundert hat die kirchlich-diakonische Pflege durch die Etablierung des Diakonissenamtes einen großen Einfluss. Ein überkommenes christliches Liebesideal und bürgerliche Tugenden der Weiblichkeit bilden die Grundlage für die Unterordnung der Pflege unter die Autorität der Medizin. Auch die stärker emanzipatorisch ausgerichtete bürgerliche Pflege konnte an dieser Weichenstellung wenig ändern. Nicht zuletzt diese Unterordnung war die Voraussetzung für die Funktionalisierung der Pflege für die völkische und rassenhygienische Gesundheitspolitik der Nationalsozialisten.

Die gegenwärtige Pflege ist geprägt durch eine zunehmende Professionalisierung, die sich auch in ihrer Akademisierung ausdrückt. Bedeutenden Einfluss hat die Entwicklung in den angloamerikanischen Ländern, in denen sich die Pflege schon früh als eigene Wissenschaft und Profession etabliert hat. Von dort stammten auch erste Impulse für eine eigenständige P.; im deutschsprachigen Raum entwickelten sich p. Ansätze insbesondere im Rahmen von unterschiedlich ausgerichteten Studiengängen an den Hochschulen.

3. Pflegeethische Themenfelder. Ein zentraler Bezugsrahmen auch für die P. sind die von Beauchamp und Childress formulierten Prinzipien der biomedizinischen Ethik: Autonomie, Non-Malefizienz, Benefizienz und Gerechtigkeit. Diese verpflichten die professionell Tätigen darauf, sich am Wohlergehen der zu Pflegenden zu orientieren (und ihnen deswegen auch keinen Schaden zuzufügen) sowie vor allem deren Autonomie zu wahren, wobei der Patientenautonomie in den letzten Jahrzehnten sowohl in der P. als auch in der medizinischen Ethik der grundsätzliche Vorrang eingeräumt wird. Entsprechend entstehen ethische Probleme in der Praxis häufig als Konflikt zwischen Autonomie und Fürsorge. Letztlich kulminieren diese in der Frage, ob – und wenn ja unter welchen Bedingungen – um des Wohles der Patientinnen deren Autonomie – zumindest zeitweise – eingeschränkt werden darf. Von besonderer Bedeutung sind hier Konstellationen, in denen die Betroffenen ihren Willen aktuell oder grundsätzlich nicht (mehr) deutlich machen können. In diesem Zusammenhang ist auch die Einbeziehung von Angehörigen in eine (gemeinsame) Entscheidungsfindung und deren Anwesenheit – insbesondere in kritischen Situationen – von besonderer Bedeutung.

Hinsichtlich der Rolle der Pflegenden entstehen ethische Probleme durch deren „Sandwich-Position" zwischen den Erwartungen der zu Pflegenden und deren Angehörigen (denen jene in erster Linie verpflichtet sind) sowie denen der jeweiligen Organisation. Insbesondere unter der Bedingung knapper Ressourcen wird es zunehmend schwieriger, hier eine angemessene Balance zu finden und nicht entweder auf Kosten der zu Pflegenden deren legitimen Ansprüchen nicht gerecht zu werden oder sich selbst zu überfordern. In diesem Zusammenhang ist auch das Verhältnis zu anderen Berufsgruppen im therapeutischen Team zu verorten, zumal die Pflege immer noch in ihrer Kompetenz weitgehend der ärztlichen untergeordnet ist.

Viel diskutierte Themen sind Fragen, die sich verstärkt am Lebensende der zu Pflegenden stellen. Hier stehen die Wahrung der Würde der Personen und die Achtung deren Autonomie im Zentrum. Dabei geht es um angemessene Formen der Sterbebegleitung ebenso wie um den Erhalt einer möglichst hohen Lebensqualität sowie die Gewährleistung von Autonomie, insbesondere wenn diese – etwa bei demenziellen Erkrankungen – nur noch eingeschränkt wahrgenommen werden kann. Immer noch aktuell sind in diesem Zusammenhang das besondere Problem der Pflege hirntoter Patienten und die Kontroverse um das Hirntodkriterium. Demgegenüber wenig diskutiert wird die Frage eines Umgangs mit dem menschlichen Leichnam, der dessen Würde auch über das Lebensende hinaus respektiert.

Die pflegeethische Reflexion beschränkt sich nicht auf eine normative Dimension, sondern nimmt auch die aristotelische Frage einer gelingenden (guten) Praxis in den Blick. Hier überschneiden sich pflegeethische und pflegetheoretische Perspektiven. Zu klären ist, was eine gute Pflegepraxis ausmacht und auf welche Ziele sie ausgerichtet ist: z. B. die Orientierung an Bedürfnissen, an Autonomie (Selbstpflege), an kommunikativen Netzwerken oder sozialen Beziehungen. Hier wird das jeweils zugrunde liegende Menschenbild thematisch, das entweder die Autonomie, die Leiblichkeit, das soziale Eingebunden-Sein oder die Geschöpflichkeit besonders hervorhebt. In dieser Perspektive sind auch die Haltungen und Tugenden bzw. Kompetenzen der Pflegenden zu erörtern, insbesondere weil diesbezügliche Vorstellungen sich in Ablehnung von oder Anlehnung an überkommene Vorstellungen von Nächstenliebe und Fürsorge profilieren. Da Pflegen sowohl eine allgemein menschliche Handlungsweise als auch eine professionalisierte Tätigkeitsweise ist, stellt sich die Frage nach dem angemessenen Verhältnis zwischen „Nursing" und „Caring". In einem ähnlichen Zusammenhang bewegt sich die Diskussion über die Rolle evidenzbasierter Pflege (EBN), die sich z. B. in Leitlinien und Standards manifestiert. Kontrovers ist, welche Rolle hier Erfahrungswissen spielt und wann – und wenn ja unter welchen Bedingungen – legitimerweise von Standards abgewichen werden kann oder gar muss.

Von sozialethischer Relevanz sind Gerechtigkeitsfragen, die sich insbesondere im Zusammenhang der Diskussion um Rationierung und Priorisierung im Gesundheitswesen stellen, von denen die Pflege mitbetroffen ist. Diese betreffen nicht allein die Versorgung und Behandlung Erkrankter, sondern auch die Mittelallokation im Gesundheitswesen selbst, die in den Krankenhäusern über DRGs (Diagnosis Related Groups) gesteuert wird. Verkürzte Liegezeiten, erhöhter Pflegeaufwand und das Schnittstellenmanagement zwischen den beteiligten Einrichtungen (Rehabilitation, Altenpflege, ambulante Pflege, hausärztliche Versorgung) prägen diese Situation. In diesem Kontext ist die Einführung technologischer Innovationen (Robotik) von zunehmender Bedeutung, die nicht nur auf die Ermöglichung alltäglicher Aktivitäten und die Unterstützung bei Pflegehandlungen zielen, sondern auch zur Gestaltung emotionaler Beziehungen genutzt werden (z. B. Roboterpuppen oder -tiere). In Frage gestellt wird von Seiten der P. hier, inwieweit diese Technologien mit der Würde der zu Pflegenden vereinbar sind.

4. Theologische Perspektiven. Im Blick auf die Geschichte der Pflege stellt sich aus theologischer Perspektive zunächst die Frage nach einem angemessenen Verständnis der Nächstenliebe, da der Rekurs auf diese in der kirchlich-diakonischen Pflege häufig mit Vorstellungen von einem Dienst einherging, der die Sorge um sich selbst der Sorge um den Nächsten eindeutig unterordnete. Insbesondere im 19. Jahrhundert wurde Nächstenliebe als Selbstaufopferung und Unterordnung unter die Kranken und die Autorität der Ärzte (miss-)verstanden. Diesem überkommenen Verständnis gegenüber gilt es deutlich zu machen, dass Nächstenliebe – bis auf seltene und nicht zur Regel zu machende Ausnahmen – nicht mit der Sorge um sich selbst in Konflikt steht, sondern dass das Nächstenliebegebot von der Goldenen Regel her zu interpretieren ist.

Ein besonderes Augenmerk gebührt der Frage nach dem Spezifikum der Pflege in kirchlich-diakonischer Trägerschaft. Gibt es Merkmale, die diese von anderen pflegerischen Dienstleistungen unterscheiden? In diesen Zusammenhang gehört auch die besondere Gestaltung der Dienstverhältnisse bei kirchlichen Trägern.

W. Heffels, Pflege gestalten. Eine Grundlegung zum verantwortlichen Pflegehandeln, 2003 – H.-U. Dallmann/A. Schiff, Ethik der Pflege, in: A. Lob-Hüdepohl/W. Lesch (Hg.), Ethik Sozialer Arbeit. Ein Handbuch, 2007, S. 311–330 – M. Rabe, Ethik in der Pflegeausbildung. Beiträge zur Theorie und Didaktik, 2009 – U. Körtner, Grundkurs Pflegeethik, 2012² – S. Monteverde (Hg.), Handbuch Pflegeethik. Ethisch denken und handeln in den Praxisfeldern der Pflege, 2012 – M. Hiemetzberger, Ethik in der Pflege, 2013.

Hans-Ulrich Dallmann

Pflegeversicherung / Pflegegeld / Pflegekosten

1. Entwicklung und Grundlagen der P.versicherung.

P.bedürftigkeit ist aufgrund des demographischen Wandels in Deutschland und Europa zunehmend ein gesellschaftliches Problem. Für Deutschland wurde zur Absicherung des Risikos der P.bedürftigkeit die soziale P.versicherung als 5. Säule der Sozialversicherung geschaffen (§ 1 SGB XI). Die soziale P.versicherung trat im Jahr 1995 in Kraft – nach rund 20jähriger Debatte. Nach ersten Weiterentwicklungen (P.-Qualitätssicherungsgesetz, P.leistungen-Ergänzungsgesetz) fand 2008 eine umfangreiche Novellierung mit dem „Gesetz zur strukturellen Weiterentwicklung der P.versicherung" statt, das Veränderungen der Finanzierung, der Leistungen und des leistungsberechtigen Personenkreises brachte. Mit dem P.-Neuausrichtungs-Gesetz (2013) und dem P.-Stärkungs-Gesetz (2015) erfolgten Leistungsverbesserungen für demenziell Erkrankte und deren Angehörige.

2. Allgemeine Vorschriften.

Träger der sozialen P.versicherung sind die P.kassen (§ 1 Abs. 3 SGB XI). Die P.versicherung folgt der Krankenversicherung, daher gehören gesetzlich Krankenversicherte der gesetzlichen P.versicherung an, Privatversicherte schließen einen privaten P.versicherungsvertrag ab. Die Leistungen der P.versicherung soll es den P.bedürftigen ermöglichen, trotz Hilfebedarfs ein möglichst selbständiges und selbstbestimmtes Leben zu führen (§ 2 Abs. 1 SGB XI). Das SGB XI (§ 3) räumt der häuslichen P. Vorrang ein: Die P.bereitschaft der Angehörigen/Nachbarn soll unterstützt und ein möglichst langer Verbleib der P.bedürftigen in der häuslichen Umgebung ermöglicht werden. Leistungen der teilstationären P. und KurzzeitP. gehen der stationären P. vor. Um den Eintritt von P.bedürftigkeit zu vermeiden, haben Prävention, Krankenbehandlung und med. Rehabilitation Vorrang (§ 6 SGB XI).

Das Leistungsspektrum der P.versicherung umfasst Dienst-, Sach- und Geldleistungen für den Bedarf an GrundP. und hauswirtschaftlicher Versorgung sowie Kostenerstattung (§ 4 SGB XI). Art/Umfang der Leistungen richten sich nach der Schwere der P.bedürftigkeit und danach, ob häusliche, teilstationäre oder vollstationäre P. beansprucht wird. Bei häuslicher und teilstationärer P. ergänzen die Leistungen der P.versicherung die familiäre, nachbarschaftliche oder sonstige ehrenamtliche P. und Betreuung. Bei teil- und vollstationärer P. werden die P.bedürftigen von p.bedingten Aufwendungen entlastet. Aufwendungen für Unterkunft/Verpflegung tragen die P.bedürftigen. P.leistungen sollen wirksam und wirtschaftlich erbracht und nur im notwendigen Umfang in Anspruch genommen werden, P.einrichtungen müssen nach dem allgemein anerkannten Stand medizinisch-p.rischer Erkenntnisse pflegen (§ 11 SGB XI).

3. Leistungsberechtigter Personenkreis.

P.bedürftig sind laut SGB XI (§ 14) solche Personen, die wegen einer körperlichen, geistigen oder seelischen Krankheit/Behinderung für die gewöhnlichen und regelmäßig wiederkehrenden Verrichtungen im Ablauf des täglichen Lebens auf Dauer, voraussichtlich für mindestens sechs Monate, in erheblichem oder höherem Maße der Hilfe bedürfen. Für die Gewährung von Leistungen sind P.bedürftige einer von drei P.stufen zuzuordnen (§ 15 SGB XI): P.stufe I bei erheblich P.bedürftigen (P.bedarf durchsch. mind. 90 Min. täglich, davon 45 Min. GrundP.). P.stufe II bei SchwerP.bedürftigen (P.bedarf mind. 3 Std., davon 2 Std. GrundP.) und SchwerstP.bedürftigen (P.bedarf mind. 5 Std., davon 4 Std. GrundP.). Die Zugehörigkeit einer P.stufe wird durch den medizinischen Dienst der Krankenversicherung (MDK) geprüft (§ 18 SGB XI).

4. Leistungen der P.versicherung.

Bei häuslicher Versorgung wird notwendige GrundP. und hauswirtschaftliche Versorgung als P.sachleistung (§ 36 SGB XI) erbracht durch geeignete P.kräfte (z. B. von ambulanten P.einrichtungen) bis zu 468 € (P.stufe I) bzw. 1.612 € (P.stufe III). Anstelle P.sachleistungen können P.bedürftige P.geld (§ 37 SGB XI) für eigenverantwortlich sichergestellte P. erhalten, (244 € P.stufe I bis 728 € P.stufe III). Auch eine Kombination von Geldleistungen und Sachleistungen (§ 38 SGB XI) ist möglich. Weiter sind Leistungen bei Verhinderung der P.person (§ 39 SGB XI) und für P.hilfsmittel und technische Hilfen (§ 40 SGB XI) sowie für P.bedürftige in ambulant betreuten Wohngruppen (§ 38a) vorgesehen. P.bedürftige haben Anspruch auf Tages- und NachtP. (§ 41 SGB XI) in teilstationären P.einrichtungen, wenn häusliche P. nicht sichergestellt werden kann. KurzzeitP. in einer vollstationären Einrichtung (§ 42 SGB XI) kommt in Betracht, falls die häusliche P. zeitweise nicht, noch nicht oder nicht im erforderlichen Umfang erbracht werden kann und auch die teilstationäre P. nicht ausreicht. Ist die häusliche oder teilstationäre Leistung nicht möglich, hat der P.bedürftige Anspruch auf vollstationäre P. in stationären Einrichtungen (§ 43 SGB XI). Hierfür sind pauschale Leistungsbeträge unter Berücksichtigung medizinischer BehandlungsP. und soziale Betreuung vorgesehen (1.064 € P.stufe I bis 1.612 € P.stufe III). Bei P.bedürftigen in vollstationären Einrichtungen der Hilfe für behinderte Menschen werden bis zu 256 € geleistet (§ 43a SGB XI). Mit dem P.-Neuausrichtungs-Gesetzes (PNG) sind verbesserte Leistungen für Menschen mit eingeschränkten Alltagskompetenzen in häuslicher und ambulanter P. eingeführt worden, bis monatlich 104 € (Grundbetrag)/208 € (erhöhter Betrag) (§ 45b SGB XI).

Weiter sind Leistungen zur sozialen Sicherung der P.person durch die P.versicherung vorgesehen (§ 44 SGB XI): Für P.personen können bei wöchentlicher Erwerbstätigkeit < 30 Std. Beiträge an die gesetzliche Rentenversicherung entrichtet werden, auch besteht eine gesetzliche Unfallversicherung. Beschäftigte welche geringfügig beschäftigt sind, können Zuschüsse zur Kranken- und P.versicherung erhalten. P.kurse, die Fertigkeiten für eigenständige Durchführungen der P. vermitteln, werden für Angehörige und ehrenamtliche P.personen durch die P.kassen unentgeltlich angeboten (§ 45 SBG XI).

5. Finanzierung. Die P.versicherung ist im Umlageverfahren finanziert. Für jedes Mitglied werden die Beiträge aufgrund der beitragspflichtigen Einnahmen bis zur jeweils gültigen Beitragsbemessungsgrenze berechnet (§ 55 SGB XI). Der Beitragssatz beträgt bundeseinheitlich 2,35 Prozent (ab 2017 plus 0,2 Prozentpunkte), die vom Versicherten und ggf. Arbeitgeber zu tragen sind. Zur Kompensation der Belastungen der Arbeitgeber wurde bei Einführung der P.versicherung der Buß- und Bettag als gesetzlicher Feiertag abgeschafft (Ausnahme Sachsen). Das Gesetz sieht Befreiungsgründe und Sondertatbestände vor, u. a. für beitragsfreie Mitversicherung von Familienangehörigen, für Studierende und Beihilfeberechtigte. Für Kinderlose ist ab dem 23. Lebensjahr ein Zuschlag in Höhe von 0,25 Beitragssatzpunkten vorgesehen. Bei Rentnern wird die Hälfte der Beiträge durch die gesetzliche Rentenversicherung getragen, der Rest wird von der Rente abgezogen. Bei Personen, die einen privaten P.versicherungsvertrag abgeschlossen haben, richtet sich die Prämienhöhe nach dem individuellen Versicherungsrisiko.

Die P.kassen sind nach § 64 SGB XI verpflichtet, zur Sicherstellung ihrer Leistungsfähigkeit eine Rücklage zu bilden. Im Jahr 2013 betrugen die Rücklagen der P.versicherung 6,17 Mrd. € (BMG 2014).

6. Statistik. Die gesetzliche P.versicherung sichert rund 70,7 Mio., die private P.versicherung rund 9,5 Mio. Menschen ab. Laut P.statistik 2015 erhielten 2,74 Mio. Personen P.leistungen, davon sind knapp 2,6 Mio. gesetzlich und 0,16 Mio. privat Versicherte. In der eigenen Häuslichkeit versorgt werden in der gesetzlichen P.versicherung 1,93 Mio. (P.stufe I 63 %, II 28,7 %, III, 8,2 %, Härtefälle 1,9 %), in der privaten P.versicherung rd. 115.000 Leistungsempfänger. Stationär sind in der gesetzlichen P.versicherung rund 788.000 (Stufe I 42,8 %; II 37,4 %; III 19,8 %. Härtefall 4,8 %), in der privaten P.versicherung rd. 47.000 Menschen betreut. Im Jahr 2014 summierten sich die Leistungen der P.versicherung auf rund 25,5 Mrd. € (BMG 2015).

Bis zum Jahr 2030 soll die Anzahl der P.bedürftigen von 2,74 Mio. auf 3,31 Mio. Menschen ansteigen. Ursächlich für diese Entwicklung ist der demographische Wandel, insbesondere die steigende Lebenserwartung und die steigende Wahrscheinlichkeit einer P.bedürftigkeit mit höherem Alter: Für 60- bis 80-Jährige liegt diese Wahrscheinlichkeit bei 5,1 % (Destatis 2015).

7. Kritische Einschätzung und mögliche Handlungsoptionen. Die Einführung der P.versicherung war eine wichtige Ergänzung des Systems der sozialen Sicherung. Jüngste Reformen (P.stärkungsgesetze) verbessern die Situation für P.bedürftige und deren Angehörige. Wesentlich ist die Weiterentwicklung des P.bedürftigkeitsbegriff (§ 14 SGB XI); zumindest partiell wird hier den Forderungen aus P.praxis und -wissenschaft gefolgt. Durch die Ausweitung der Betreuungsleistungen soll die Lebensqualität der P.bedürftigen erhöht werden. Dagegen fehlt es aber weiterhin an einer umfassenden Absicherung durch angemessene Leistungen – insbesondere stationäre P.bedürftigkeit bedeutet auch weiterhin häufig Fürsorgeabhängigkeit. Die Diakonie Deutschland sieht zudem, dass die fehlende Anpassung der Leistungen an die Lohn- und Preisentwicklung zu einer Reduktion der Kaufkraft führt und somit zu einem Verlust des Wertes der P.leistungen. „Diese Absenkung des realen Leistungsniveaus ist (…) auf das Ausgangsniveau anzuheben, das bei der Einführung der P.versicherung gegeben war" (Diakonie Deutschland 2014)

Aufgrund der demografischen Entwicklung ist eine zentrale Herausforderung, qualifiziertes Personal für die Betreuung der P.bedürftigen zu finden. Der Deutsche Berufsverband für P.berufe (DBfK) fordert die Verbesserung der Attraktivität der P.berufe. Dies beinhaltet die Gestaltung der Arbeitsbedingungen in den P.einrichtungen, hier insbesondere der Aspekte der Personalausstattung und der Vereinbarkeit von Familie und Beruf, weiter die Anpassung der Ausbildung in Richtung generalistischer Ausbildung und die Akademisierung der P., aber auch eine Verbesserung der Vergütung der P.nden (DBfK 2015). Auch eine auskömmliche Finanzierung der P.einrichtungen verbessert die Rahmenbedingungen der P. (DBfK 2014).

Eine weitere Herausforderung ist die Finanzierung der P.versicherung. Rücklagenbildung (§ 64 SGB XI) kann den finanziellen Herausforderungen alleine nicht gerecht werden. Die Bundesregierung (2015) konstatiert, dass die Auswirkungen der demografischen Entwicklung in der umlagefinanzierten sozialen P.versicherung nur mittels steigender Beitragssätze finanziert werden kann. Auf eine Verbreiterung der Einkommensbasis der sozialen P.versicherung, beispielsweise durch die Berücksichtigung weiterer Einkommensarten, soll offensichtlich verzichtet werden. Allerdings ist seit 2013 die freiwillige, zusätzliche P.vorsorge durch Gewährung staatlicher Zulagen gefördert, damit das Umlagesystem durch ein kapitalgedecktes Finanzierungselement ergänzt.

T. Gerlinger/M. Röber, Die P.versicherung, 2009 – BMG, P.versicherung: Einnahmeüberschuss auch im Jahr 2013, Pressemitteilung Nr. 26 vom 20. Mai 2014 – DBfK Stellungnahme des Deutschen Berufsverbands für P.berufe, 2014, in: Deutscher Bundestag. Ausschuss f. Gesundheit, Ausschussdrucksache 18(14)0049(11) – Diakonie Deutschland, Stellungnahme. Stellungnahme der Diakonie Deutschland – Evangelischer Bundesverband zum Referentenentwurf für ein Fünftes Gesetz zur Änderung des Elften Buches Sozialgesetzbuch – Leistungsausweitung für P.bedürftige, P.vorsorgefonds (Fünftes SGB XI-Änderungsgesetz – 5. SGB XI-ÄndG), 2014 – BMG, Zahlen und Fakten zur P.versicherung, Stand 13. 3. 2015 – Deutscher Caritasverband, Das neue SGB XI mit eingearbeitetem 1. P.stärkungsgesetz und Familienpflegezeitgesetz: Gesetzestext mit gekennzeichneten Änderungen, Überblick und Stellungnahme, 2015 – Destatis, 13. koordinierte Bevölkerungsvorausberechnung, 2015, www.destatis.de.

Reinhold Wolke

Pflicht

Der antike und vorneuzeitliche Begriff der P.en bezeichnet ein Bündel von Verhaltens- und Handlungsanweisungen, die in einem sozialen Zusammenhang für angemessen und verbindlich erachtet werden; P. ist das, „was sich geziemt/gehört" (Cicero u. a.). Die christliche Tradition bis zur Reformation greift die antike Unterscheidung von unvollkommenen und vollkommenen P.en auf und ordnet die Vielfalt biblischer Verhaltensregeln unterschiedlichen Adressaten und Verbindlichkeitsgraden zu (christliche Laien/Mönche; 10 Gebote (→Dekalog)/→Bergpredigt, evangelische Räte).

Erst die Neuzeit bildet eine *P.enethik* als Teil einer moderner Subjekttheorie (Kant) aus: *Die P. wird als ein aus der Vernunftbestimmung des Menschen und seiner Selbstbestimmung* (→Autonomie) *entspringendes formales Prinzip* begriffen, das den Willen, die Maxime des Handelnden und die →Handlung auf seine *Universalisierung* hin prüft. Im Mittelpunkt steht ein *unbedingtes* Sollen – jenseits von Neigungen, Triebfedern, Glücksstreben, individuellem wie kollektivem →Nutzen (→Utilitarismus) – im Sinne einer alle einbeziehenden *unbedingten* Verbindlichkeit. Protestantische Ethiken (W. Hermann, A. Ritschl) knüpften an die Frage unbedingten moralischen Sollens an und verbanden sie mit Hilfe der theologischen Kategorie des Gesetzes mit der religiösen Dimension menschlichen Lebens.

Davon losgelöst entfaltete der Begriff der P. teilweise eine höchst ambivalente kulturelle Verselbstständigung: als formale, zwanghafte, hierarchieorientierte P.*en*erfüllung (Preußentum u. Ä.) von Sekundärtugenden (Pünktlichkeit, Ordnung, Sauberkeit), die die Potentiale von →Zivilcourage und →zivilem Ungehorsam veröden ließ. Die Psychoanalyse des 2. Jh.s hat die identitätsdeformierenden und dehumanisierenden Mechanismen sowohl aufgedeckt wie kritisiert („versteinertes Gewissen").

Das NT kennt die P. als formales, abstraktes und unbedingtes Sollen nicht. Die Goldene Regel (Mt 7,12) leitet dazu an, sich in den Anderen auf der Basis von Gegenseitigkeit hineinzuversetzen. Das Doppelgebot der →Liebe (Mk 12,30f.) hält den konkreten Anspruch Gottes als Gebot Gottes fest und verbindet ihn substantiell mit der Liebe zum Nächsten (→Nächstenliebe), dessen Bedürftigkeit, Andersartigkeit und Recht auf Anerkennung unter sich verändernden Situationen immer wieder durch das Aufbrechen eingeübter Freund-Feind-Festlegungen (Mt 5,43ff.) entdeckt und welchem Rechnung getragen werden muss. Die Reformation hat deshalb die Zwei-Stufen-Ethik und die Zweiteilung von unvollkommenen und vollkommenen P.en aufgegeben. In ethisch-theologischer Hinsicht hat vor allem Dietrich Bonhoeffer wichtige Anstöße für eine kritische Bearbeitung des P.enbegriffs initiiert.

I. Kant, Grundlegung zur Metaphysik der Sitten, 1965[3] – Cicero, De officiis – Vom pflichtgemäßen Handeln, 1976 – D. Bonhoeffer, Widerstand und Ergebung, 1985[3] – I. Kant, Die Metaphysik der Sitten, 1989[8] – W. Kersting/A. Hügli, Art. P., in: HWP 7 (1989), 405–460 – D. Bonhoeffer, Ethik, 1992 – C. Frey, Theologische Ethik, 1990, 197–212 – M. Brumlik (Hg.), Vom Missbrauch der Disziplin: Antworten der Wissenschaften, Weinheim 2007[4].

Wolfgang Maaser

Pietismus

1. Begriff. Der Begriff *Pietismus*, abgeleitet vom lat. pietas (Frömmigkeit), bezeichnet diverse, im 17. Jh. einsetzende, mit der europäischen →Aufklärung parallel verlaufende, religiöse Erneuerungsbewegungen im Protestantismus, die vielfältige theologische wie frömmigkeitspraktische Varianten sowie regionale Eigentümlichkeiten ausprägten und als bedeutendste nachreformatorische Reformbewegungen gelten. Gemeinsam war ihnen eine Erneuerung und Intensivierung der *praxis pietatis*. In der neueren internationalen Forschung stehen Begriff und Wesensbestimmung des P. zur Debatte: Strittig sind nicht nur Anfang und Ende der Bewegung, sondern auch die Frage, ob der Begriff P. im engeren historischen Sinn als Epochenbezeichnung oder typologisch zu gebrauchen sei. Der zunächst als Spottname für die Anhänger P. J. Speners (1635–1705) verwendete Terminus P. avancierte im ausgehenden 17. Jh. neben „Pietisterey" und „Pietisten" zu einem verbreiteten Schlagwort. Mitte des 18. Jh.s konnte der P. lexikalisch (z. B. bei Zedler) nicht nur negativ konnotiert, sondern von Vertretern der Aufklärung zudem als vergangenes Phänomen beurteilt werden.

2. Historische Entwicklung. Seit der Mitte des 17. Jh.s entstanden im kontinentaleuropäischen Raum innerhalb wie außerhalb der verfassten protestantischen Kirchen pietistische Erneuerungsbewegungen, die im 18. Jahrhundert – lokal unterschiedlich ausgeprägt – an gesellschaftlichem wie kirchlichem Einfluss gewinnen konnten. Mit der gleichzeitigen Frühaufklärung verband der P. u. a. die Betonung von Individualität und Erfahrung, Zukunftsoptimismus („Hoffnung besserer Zeiten") sowie ausgeprägte pädagogische wie soziative Anliegen. Früh schon etablierten sich die für den P. charakteristischen Formen dezentraler Gemeinschaftsbildung als vielfach von Laien geführte private Erbauungsversammlungen (Konventikel), die der Vertiefung von Lehre und Frömmigkeit sowie der Seelsorge dienten und auch Frauen religiöse Praxisfelder eröffneten. An zahlreichen Ort entstanden zeitlich vor dem kirchlichen P. multiple Formen eines entschiedenen und konsequenten P., für die der ebenfalls umstrittene Begriff des radikalen P. steht. Diese schon ursprünglich konfessionsübergreifend agierenden Gruppen lassen Kontinuitäten zu spiritualistischen und täuferischen Vereinigungen erkennen. Auf der Basis eines häufig stark dichotomisch und endzeitlich-chiliastisch geprägten Weltbildes bildeten sie ein markantes Bewusstsein von „Reinheit" oder „Heiligkeit" aus, das zum Auszug aus der als sündiges „Babel" verworfenen Kirche sowie zur Gründung separierter Gemeinden führen konnte. In diesen meist autonomen, häuslich-privat organisierten Versammlungen, vermuteten Kirche und Obrigkeit, eine Bedrohung der überkommenen kirchlichen wie gesellschaftlichen Ordnungen, der man mit obrigkeitlichen Edikten zu begegnen versuchte. Doch schon vor 1690 fand der P. in Gießen erstmalig Eingang an einer Universität, dann vornehmlich in Halle a. S., wo unter A. H. Francke ein imposantes Zentrum pietistischer Bildungs-und Sozialtätigkeit entstand. Francke bemühte sich zudem im Kontext seiner intendierten „Generalreformation der Welt" durch seine diakonischen Predigten, für soziale Belange zu sensibilisieren und ein pietistisches Arbeitsethos zu vermitteln. Damit ist allerdings nur ein für Halle typischer Ansatz benannt; auch in diesem Zusammenhang erweist sich der P. als pluralistisch und keineswegs alle Pietisten verfolgten sozialethische Ziele. Wirkungsgeschichtlich hervorzuheben ist allerdings das auch im gesellschaftlichen Diskurs verbreitete Bemühen um rationale Lebensführung, mit der Disziplinierung, Produktivität und Arbeitsamkeit einhergehen sollten.

Da es sich beim P. um eine überaus komplexe Bewegung handelt, zu der neben der bis in die Gegenwart bestehenden Herrnhuter Brüdergemeine – als der bedeutendsten Gemeindegründung im P. – aber auch Inspirationsgemeinden, Philadelphier sowie die Buttlarsche Kommune oder die Schwarzenauer Neutäufer zählten, ist die Bestimmung seiner Wesensmerkmale problematisch wie umstritten. Denn nicht einmal die Konzentration auf die Bibel kann – wie spiritualistische Beispiele zeigen – für alle Gruppen als verbindend gelten. Neben dem Anspruch die Reformation der Lehre des 16. Jh.s durch eine solches des Lebens zu vollenden, waren Askese und Buße sowie die Kritik an überkommenen Formen kirchlicher Lehren (Orthodoxie) und Institutionen sowie die Ausbildung spezifischer theologischer Konzepte verbreitet, wie der breite, auch mediale Einsatz für eine Rechristianisierung der Gesellschaft und die Bildung länder- und konfessionsübergreifender kommunikativer Netzwerke, mit der die Pflege persönlicher Kontakte der intensive Austausch von Medien wie Briefen, Traktaten oder Zeitschriften einherging. Über den binnenkirchlichen Bereich hinaus gab der P. der Entwicklung von Pädagogik, Äußerer Mission und →Diakonie sowie dem kulturellen und wissenschaftlichen Leben wichtige Impulse. Die in weiten Teilen des P. praktizierte religiös motivierte Selbstreflektion wie sie sich in Tagebüchern gerade auch von Frauen niederschlagen konnte, unterstreicht die Bedeutung des Individuums im P. und kann wie der Einsatz des vornehmlich radikalen P. für Glaubensfreiheit, individuelle Religiosität und Toleranz als elementarer Beitrag auf dem Weg in die Moderne gelten. Neben Formen entschiedener Abkehr von der Welt gab es auch solche eines überaus weltzugewandten und politisch wie ökonomisch agierenden radikalen P., wie die Entstehung der bald auch wirtschaftlich prosperierenden Stadt Ronsdorf aus der Gemeinde der radikalpietistischen Zioniten im Wuppertal zeigt. In den Erweckungsbewegungen des ausgehenden 18. und frühen 19. Jh. lebten zentrale pietistische Anliegen fort, ohne dass man hier von einer bruchlosen Fortsetzung ausgehen sollte. Diese neuen Bewegungen forcierten indes das pädagogische, diakonische und missionarische Engagement als Ausdruck einer aktuellen chiliastischen Endzeiterwartung, wie es sich in zahlreichen Rettungshäusern, Lehrerseminaren und Missionsanstalten manifestierte.

M. Brecht/U. Gäbler/H. Lehmann (Hg.), Geschichte des Pietismus, 4 Bde., 1993–2003 – T. K. Kuhn, Religion und neuzeitliche Gesellschaft. Studien zum sozialen Handeln in Pietismus, Aufklärung und Erweckung, 2003 – J. Wallmann, Der Pietismus, 2005 – W. Breul/M. Meier/L. Vogel (Hg.), Der radikale Pietismus. Perspektiven der Forschung 2010[2].

Thomas K. Kuhn

Planung

1. Herkunft und Merkmale des Begriffs. Das Wort *Planung* leitet sich, wie auch der Begriff des *Plans*, vom lateinischen Wort *planta* (Fußsohle) ab. Im Laufe der Geschichte wandelte sich die Bedeutung dann von *Grundriss* zu *Entwurf* und *Vorhaben*. Vor allem als Komposita verwendet, zeigt sich der schillernde Gebrauch des Wortes Plan. So kennen wir sowohl in Wirtschaft als auch in der Politik verschiedene Formen des Strukturplanes, wohingegen in der Moralphilosophie der Terminus des *Lebensplanes* (z. B. J. Rawls) in Gebrauch ist. Planung hingegen verweist zum einen deutlicher auf den *Prozess*, der auf die Erstellung und Konzeption eines Planes oder auch auf die *Steuerung* diverser Prozessabläufe zielt; zum anderen ist der Begriff überwiegend im *politischen*, mehr noch im *fiskalischen* und *ökonomischen Bereich* in Gebrauch (z. B. die mittlere Finanzplanung des Bundes). Generell dient Planung der (zumeist mittelfristigen) Steuerung und Lenkung von Prozessen, Abläufen und Prozeduren in der *Zukunft*, bei denen ein gewisses *Unsicherheits-, Risiko- oder Innovationspotential* mitgegeben ist, das auf Seiten der Planenden bewusst ist und in die konkrete Erstellung der Planungsaspekte und -schritte mit einfließt. Planung im Sinne des Aufstellens und Organisierens von Plänen ist demnach ein *strukturierender Vorgang*, bei dem es vornehmlich auf die Interdependenzen zwischen den einzelnen Schritten und Planungsfaktoren ankommt. *Planung* stellt mithin eine Form von hochgradig *(zweck-)rationalem Handeln* dar.

Dem widerspricht nicht, wenn man in anderer Hinsicht davon ausgeht, dass das Planen oder die Planung dem eigentlichen Handeln mit Blick auf das zu Planende oder durch die Planung strukturell Anvisierte vorangeht. Planung steht immer auch im Zeichen möglicher *Kontrolle* von *Folgen, Nebenfolgen* und *Auswirkungen* einzelner *Handlungssequenzen* oder *Entscheidungsvorgänge*. Dieser Kontrollaspekt, der zur Planung gehört, kann sich entweder in der konkreten Ausgestaltung der einzelnen Planungsschritte oder in deren sequentiellen Anordnung, kurzum in deren Koordination, bemerkbar machen. Gerade weil der Anlass zur Planung häufig genug *Situationen* und *Lagen* mit einem erhöhten *Unsicherheitsfaktor* oder *Entscheidungs-* bzw. *Handlungsrisiko* sind, ist es verständlich, dass Planungen häufig einen höheren Flexibilitätsgrad mit Blick sowohl auf die veranschlagten Mittel als auch ihre Ziele aufweisen. *Planen* als solches verdankt sich somit nicht zuletzt der *einzigartigen Fähigkeit des Menschen*, dank *kultureller Techniken* bestimmte – *natürliche, soziale* und *technische* – *Regelabläufe* und *Prozesse* so *vorausblickend* in *Rechnung* zu *stellen*, dass diese sein *Handeln als Zukunftsgestaltung* realitäts-, d. h. erwartungs-, und darin *erfolgsgemäß* werden lässt.

Vor diesem Hintergrund wird plausibel, warum insbesondere in hochdifferenzierten Gesellschaften vielfältige soziale Prozesse permanenten Planungsoptionen als Steuerungsmechanismen unterzogen werden. Mit der Komplexität des Planungs'objektes' wachsen zugleich die Planungsmöglichkeiten, aber auch der Zwang zur Korrektur von Planungen.

In zeitgenössischer Perspektive kommt dem Planungsbegriff, aber auch der Figur des Planungsmodells meist eine eher negative Einstellung entgegen. Zumal aus der Sicht der Praktischen Philosophie, Sozialtheorie und (theologischer) Ethik wird dem Begriff der Planung kaum eine Relevanz für das Proprium dieser Disziplinen zugeschrieben. Allenfalls wird auf seine kaum zu unterschätzende Funktion als Instrument technisch verfahrender, praktischer Vernunft hingewiesen. Dies hat sowohl kultur-, sozial- wie auch ideologiegeschichtliche Gründe, die sich in der Prominenz der Verwendung des Begriffs der Planung, etwa bei konservativen Vertretern funktionalistisch argumentierender Sozialtheorien (H. SCHELSKY, H. LÜBBE), widerspiegelt.

2. Zur Kritik der planenden Vernunft. Ein wesentliches Kennzeichen unserer wissenschaftlich-technologischen Zivilisation ist es, dass wir umgeben sind von Produkten und Resultaten einer immer weitere Umfänge annehmenden technischen Organisation unserer Lebenswelten durch und dank Planung. Von der Verkehrsplanung vor Ort angefangen durchzieht ein *Netz von Planungsorganisationen, -strukturen und -mechanismen* unseren Alltag. Nicht anders erfolgt die Organisation und Durchführung politischer Entscheidungen ebenfalls in der Umsetzung von Plänen.

Durch den Erfolg umgreifender und teils umsichtiger Planungsstrukturen in den Bereichen von Verwaltung, Ökonomie und Technik avancierte das Planungsdenken immer stärker zu einem Modell auch gesellschaftlicher Organisation. Vor diesem Hintergrund formten sich ab den 1970er Jahren kritische Stimmen gegen die Dominanz dieser *Form praktischer Rationalität* als *„planende Vernunft"* (F. TENBRUCK). Schon die Auseinandersetzung zwischen J. HABERMAS und N. LUHMANN über den Sinn der Systemtheorie und die Kritik an den Paradigmen instrumentellen Handelns lässt sich auch als implizite Kritik an der bereits in der Aufklärungszeit (SAINT-SIMON, COMTE) vertretenen Vision umfassender Gesellschaftsplanung – jetzt in Gestalt von *Sozialtechnologie* – lesen. Im Kern geht es darum, wie weit die kritische Autonomie der Handlungssubjekte sich gegenüber der Eigenlogik steuernder Systemfunktionen, auf die eine umfassende Gesellschaftsplanung hinausläuft, verteidigen lässt.

Es macht gerade die Stärke von LUHMANNs Systemtheorie aus, dass sie auf ihren ursprünglichen Anwendungsgebieten bzw. Entstehungskontexten, insb. der Bürokratie und der politischen Verwaltung, gezeigt hat, dass die Komplexität von Entscheidungsprozessen in den einfachen Zweck-Mittel-Schemata der klassischen Handlungstheorien nicht mehr rekonstruierbar sind. Die Operationalisierbarkeit von Problemen und deren Lösung wie auch die Implementierung sich selbststeuernder Kontrollmechanismen lässt sich hingegen dann als systemimmanent begreifen, wenn deren Ausführung gerade nicht mehr auf einzelne Entscheidungen zurückgehen muss, sondern mit Blick auf den 'Output' (Endzweck) im Vorfeld Teil der Programmplanung war. Aus der Entscheidungsinstanz wird nunmehr die Planungsinstanz.

F. TENBRUCK wiederum hat in seiner soziologischen Analyse des Planungsbegriffs und des Planungsdenkens diesen als eine wichtige Erscheinungsform moderner

Zweckrationalität gewürdigt, zugleich aber die grundsätzliche Spannung benannt, die mit dem wachsenden Bedarf bzw. Bedürfnis nach Planung verbunden ist: Die Grenzen der Planbarkeit wachsen mit der Reichweite und dem Umfang von Planungen. Wichtige Bereiche des Lebens – das wäre in ethischer Hinsicht auch gegen die Figur des „Lebensplanes" zu sagen – lassen sich kaum durch planerisches Handeln mit seinen wesentlichen Elementen von Prognose und Kontrolle gestalten (z. B. individuelle Lebensqualität und Glück). Ohnehin muss zwischen einem Rationalitäts- und Handlungstyp unterschieden werden, der im engeren Sinne als Planung verstanden und mit den entsprechenden normativen Erwartungen und Kriterien verbunden ist, und anderen Formen von rational orientiertem Handeln, die ohne als Planung zu gelten, deswegen trotzdem nicht planlos sind. In diesem Sinne lässt sich weiterhin von der Ausbildung eines Lebensplanes als Aufgabe ethischer Bildung sprechen (RENDTORFF).

Schließlich darf nicht vergessen werden, dass der Planungsbegriff sehr wohl auch eine anti-ideologische und keineswegs strikt sozialtechnologische Komponente aufgewiesen hat. In der heute kaum mehr diskutierten Demokratietheorie K. MANNHEIMS lautet die Schlüsselformel: „Planung für Freiheit", wobei unter Planung die „rationale Beherrschung der irrationalen Kräfte" vornehmlich verstanden wird, ohne dass dabei die stärker technischen Seiten der Sozialplanung außen vorgelassen werden. Zur „geplanten Demokratie" und Freiheit gehört es, sich der Gefahren des bloßen *laissez-faire* strikt liberalistischer Systeme ebenso bewusst zu sein, wie deren gerade in Massendemokratien gefährliches Umkippen in totalitäre und ideologische Regime. Der Planungsbegriff bei MANNHEIM verweist demgegenüber auf ein umfassendes, nicht nur instrumentelles Verständnis von Planung, zu dem sogar religionssoziologische Überlegungen gehören.

3. Planung im Bereich der Ökonomie. Mehr noch als auf dem Feld der Politik aber ist der Bereich der Ökonomie ein Experimentier- und Gestaltungsfeld planerischen Handelns. Planungsmodelle sind dabei heute vor allem wesentliche Bestandteile betriebswirtschaftlicher und volkswirtschaftlicher Strategien und Marketingmodelle. Im Bereich der politischen Ökonomie ist dagegen eine wachsende Zurückhaltung gegenüber dem programmatischen Gebrauch der Planungssemantik wahrzunehmen. Das hat nicht unwesentlich damit zu tun, dass zum einen das mehr oder minder lineare Fortschrittsdenken der 1960er und 1970er Jahre kaum mehr verbreitet ist; zum anderen aber mit dem Zusammenbruch der Blocksysteme auch das unter dem Stichwort der „*Planwirtschaft*" verhandelte ökonomische Alternativmodell, das als Wirtschaftssystem ganz auf die politische Notwendigkeit und effektive Möglichkeit der zentralen Lenkung und Steuerung ökonomischer Prozesse ausgelegt war (→ Kommunismus), weggebrochen ist. Angesichts stark ausdifferenzierter, weitgehend voneinander entkoppelter und global unterschiedlich agierender Teilsysteme, wie diejenigen von Politik und Ökonomie, wachsen auch die Schwierigkeiten *kompetenter*, d. h. zugleich *effektiver* und *zielgerichteter*, Planungen als Einflussnahmen.

Auch die betriebswirtschaftlichen Überlegungen, z. B. zur strategischen Planung, im Anschluss an das Modell der *Harvard Business School*, knüpfen an das Dilemma an, inwiefern effektive Planung aufrecht erhalten werden kann, wenn zugleich flexible Reaktions- und Korrekturbereitschaft immer erforderlicher werden, da die jeweiligen Markt- und Wettbewerbsbedingungen sich stetig wandeln können. Generell lässt sich trotz der Vielfalt an Planungsmodellen und Planungsstrategien eine relativ einheitliche Logik der Abfolge von Planungsprozessen angeben: Zu den Elementen der Planung gehört neben dem Abstecken des unternehmerischen Zieles die Analyse der Markt- und Umwelt-, d. h. Konkurrenzbedingungen, die Ausarbeitung alternativer Strategien und ihre Evaluierung, die Erstellung von Maßnahmenkatalogen sowie von Budget- und Zeitplänen und Konzepten zur Erfolgsbilanzierung und Fortschrittskontrolle (MÜLLER-STEVENS/LECHNER). Ferner lässt sich dabei die Phase der *strategischen Planung* von derjenigen der *operativen Planung* unterscheiden. Der ersteren geht es wesentlich um Evaluierung von Chancen und Potentialen sowie die Aufstellung von Koordinationsabläufen zum Zwecke der optimalen Nutzung von jenen. Die zweite hingegen orientiert sich zwar an der strategischen Planung, hat aber zur Aufgabe, die konkreten Entscheidungsprozeduren und ggf. Fertigungsprozesse zu koordinieren und aufeinander abzustimmen.

Insgesamt ist seit den 1980er Jahren auch mit Blick auf die Bereiche des *Managements* und des *unternehmerischen Handelns* allgemein der Trend festzustellen, von allzu harten Planungsmodellen Abstand zu nehmen, ohne den Wert und die Effizienz von Planungsmodellen sowie die Notwendigkeit kreativer Weiterentwicklung von Modellen betriebswirtschaftlicher Planung zu leugnen. Neben den klassischen Vorteilen gelungenen planerischen Handelns – *umfassende Einordnung* bestimmender Faktoren, *Kontinuität* und *Erwartungssicherheit*, *Kontrollmöglichkeit*, *Effektivität* und *Effizienz* – stehen nunmehr verstärkt die Werte der *kreativen Adaptivität* und *Flexibilität*, der *Lernoffenheit* und der *Optimierung der Selbstorganisation* von Planungsprozessen im Vordergrund.

4. Planung als Thema der Ethik. So lässt sich abschließend festhalten, dass Planung nach wie vor ein entscheidendes Instrument für die (Selbst-)Organisation und Steuerung der komplexen Gebilde unserer sozialen Welt darstellt. Ohne Planungsprozesse wären

Organisationen, Institutionen und Unternehmen den gegenwärtigen, mehrheitlich marktorientierten Bedingungen der Wissens- und Technologiegesellschaft ausgeliefert, ohne auf sie kontrolliert und effektiv einwirken zu können. Dabei sind, auch dafür steht im positiven wie im negativen Sinn beispielhaft die Unternehmenskultur, das *Gelingen* sowie die *Transparenz von Planungsprozessen*, ihren *Absichten* und *Zwecken*, wichtige *Mittel* zum Erhalt jenes *sozialen Gutes*, ohne das die stets *notwendige Komplexitätsreduktion* mit noch mehr Unsicherheiten belastet als mit *Erwartungssicherheit* und *Problemsensibilität* ausgestattet würde: *Vertrauen* (N. LUHMANN). Darin bleibt Planung, bleiben Planungsmodelle genuine Themen (sozial-)ethischer Urteilsbildung.

N. LUHMANN, Zweckbegriff und Systemrationalität. Über die Funktion von Zwecken in sozialen Systemen, 1968 – K. MANNHEIM, Freiheit und geplante Demokratie, 1970 – H. LÜBBE, Herrschaft und Planung. Die veränderte Rolle der Zukunft in der Gegenwart, in: DERS., Theorie und Entscheidung. Studien zum Primat der praktischen Vernunft, 1971, 62–84 –F. TENBRUCK., Zur Kritik der planenden Vernunft, Freiburg/München 1972 – J. RAWLS, Eine Theorie der Gerechtigkeit, Frankfurt/M. 1975 – H. SCHELSKY, Technische und soziale Aspekte der Planung, in: DERS., Die Soziologen und das Recht. Abhandlungen und Vorträge zur Soziologie von Recht, Institution und Planung, 1980, 276–287 – DERS., Über die Abstraktheiten des Planungsbegriffs in den Sozialwissenschaften, in: DERS., Die Soziologen und das Recht, 262–275 – A. RICH, Wirtschaftsethik, Bd. 2: Marktwirtschaft, Planwirtschaft, Weltwirtschaft aus sozialethischer Sicht, 1992 – N. LUHMANN., Vertrauen: Ein Mechanismus der Reduktion sozialer Komplexität, 2000[4] – G. MÜLLER-STEVENS/CHR. LECHNER, Strategisches Management. Wie strategische Initiativen zum Wandel führen, 2001 – T. RENDTORFF, Ethik. Grundelemente, Methodologie und Konkretionen einer ethischen Theologie, 2011[3].

Christian Polke

Pluralismus

„P." bezeichnet in weitester – philosophischer – Bedeutung Ereigniszusammenhänge, für die mehrere, im Prinzip unübersehbar viele, irreduzible Erklärungsprinzipien konstitutiv sind. W. JAMES entwarf das Konzept eines „Pluralistic Universe". Ob es konsistent ist und ob eine konsequent pluralistische Ontologie bzw. Kosmologie konsistent sein kann, ist strittig. Jedenfalls muss zwischen einem P. des deutenden und gestaltenden Umgangs mit Gegebenem und einem P. des Gegebenen selbst unterschieden werden. Heute ist das dominierende Anwendungsgebiet das Verständnis von →Gesellschaft. Entsprechend der angemahnten Unterscheidung kann eine Gesellschaft in zwei Hinsichten „pluralistisch" genannt werden: hinsichtlich der Vielzahl der gleichzeitig wirksamen Zentren gesellschaftsgestaltender Initiative und hinsichtlich der Vielzahl von expliziten oder impliziten Leitüberzeugungen über Natur und Bestimmung des Daseins und über die entsprechende Wohlordnung des Zusammenlebens, die die deutende und gestaltende →Partizipation der Menschen am Zusammenleben im Ganzen steuern; P. begegnet als gesellschaftlicher und als weltanschaulich/religiös-ethischer. Der gesellschaftliche P. ist Folge der Ausbildung von demokratisierten und funktional ausdifferenzierten Großöffentlichkeiten. Demokratisierung (→Demokratie) löst jedenfalls die Einheit des Zentrums von Herrschaft auf zugunsten eines formellen Zusammenspiels der politischen Funktionssysteme Souverän (→Volk), Repräsentant des Souveräns mit legislatorischen Befugnissen (→Parlament), Exekutive, Judikative und eines informellen Zusammenspiels zwischen dem Bereich des politischen Handelns und anderen Funktionssystemen der Gesellschaft, insbesondere Wirtschaft und der von ihr abhängigen Technologie (→Technik und Gesellschaft). Der weltanschaulich/religiöse P. speist sich in den westlichen Gesellschaften aus drei Quellen: (a) Konfessionalisierung des Christentums, (b) die im Zuge der Demokratisierung auftretende Pluralisierung der Zentren politischer Willensbildung, von denen sich jedes – in der Tradition der Antike und des Absolutismus – nicht nur selbst von einer Gesamtvision des Menschseins und des Zusammenlebens leiten lässt, sondern jeweils auch *ein* solches, nämlich das eigene, wenigstens zum Fundament der gesamtgesellschaftlichen Praxis von Herrschaft, also der Entscheidungen des Gewaltmonopolisten über die Ordnung des Gemeinwesens und seine Entwicklung zu machen strebt, (c) Migrationsbewegungen (→Migration), die – seit dem 18. Jh. stets aus letztlich ökonomischen Motiven – zur Einbürgerung von Kulturen aus anderen Staaten und Regionen führten. Fraglich ist, ob auch die für entwickelte Großöffentlichkeiten strukturtypische Individualisierung (Freisetzung von Individuen aus der Prägung und Kontrolle durch Gemeinschaften) zum weltanschaulich-ethischen P. beiträgt. Das wäre der Fall, wenn damit nur die faktische Vielfalt *individueller* Interessen und Meinungen in einer Großöffentlichkeit gemeint wäre sowie die Unvermeidlichkeit für die Einzelnen, sich jeweils für ein Angebot auf dem Markt der Weltanschauungen zu entscheiden und sich dieses individuell anzueignen (BERGER). Faktisch ist jedoch jede derartige individuelle Position kommunikativ konstituiert. Sie existiert nur in einem – mehr oder weniger bewussten und dichten – Traditions- und Gemeinschaftsbezug. Somit ist der reale Kern des religiös/weltanschaulich-ethischen P. die Koexistenz unterschiedlicher Traditions- und Ethos*gemeinschaften* in ein und demselben Gemeinwesen. Diese Situation wirft Deutungs- und Gestaltungsprobleme auf.

1. Unter den Deutungsproblemen ist das *erste*, wie sich gesellschaftlicher und weltanschaulich/religiöser P. zueinander verhalten. Wenn man den gesellschaftlichen

P. als eine Folge menschlichen Handelns (→Handlung) versteht und die Abhängigkeit jedes Handelns von einer zumindest impliziten inspirierend wirksamen Daseinsüberzeugung (Weltanschauung) anerkennt, ist der weltanschaulich/religiöse P. fundamental. Voraussetzung schon dieser Fragestellung und ihrer Beantwortung ist freilich die Option für ein bestimmtes Verständnis der universalen Bedingungen des Menschsein und menschlichem Handeln, also die Einnahme eines Standpunkts *im* Feld des expliziten weltanschaulich/religiösen P. Auch die weiteren Fragen können nur jeweils aus solch einer Perspektive gestellt und beantwortet werden.

Zunächst, als *zweite* Frage, die nach dem Verhältnis zwischen implizitem und explizitem P. der Daseinsüberzeugungen und der geschichtlichen Dynamik dieses Verhältnisses. Hier gilt aus einer christlichen Perspektive, für die die Befindlichkeiten des „Herzens", d. h. die in unverfügbarer Bestimmtheit des Lebensgefühls wurzelnde Gestimmtheit von Affekt und Streben, die Möglichkeitsbedingung für alles explizite Verstehen ist, dass der implizite P. stets früher und darum einerseits naiver, andererseits aber auch verbreiteter und auch mächtiger ist als der explizite. Vor allem ist zu sehen, dass der implizite P. auch in ausdifferenzierten Großöffentlichkeiten faktisch keineswegs unbegrenzt ist, sondern sich wirksam reduziert. Hier ist nämlich zu unterscheiden zwischen der Ebene der Lebenswelt aller Bürger, die in Großöffentlichkeiten nur die gesamtgesellschaftliche Entwicklung spiegelt aber nicht bestimmt, auf der einen Seite und der Ebene der Entscheidungen über die gesamtgesellschaftliche Entwicklung im Zusammenspiel der führenden →Organisationen in den gesellschaftlichen Funktionsbereichen und ihren Eliten auf der andern. Auch wenn der weltanschaulich/religiöse P. in der Lebenswelt hochgradig ist, bleibt er hier in seiner gesamtgesellschaftlichen Bedeutung neutralisiert, beschränkt aufs Private. Auf der Entscheidungsebene hingegen ist auch in Großöffentlichkeiten sehr wohl die Dominanz weniger und letztlich gar einer einzigen Perspektive denkbar, solange sie sich einerseits über eine passende Gestaltung von Ausbildungsstandards und Karrierebedingungen das Profil ihrer faktischen Grundvision wirksam reproduziert, es gleichzeitig aber andererseits im impliziten Status erhält. Sie darf sich nicht durch das Explizitwerden ihres weltanschaulich/religiösen Charakters unangenehmen historischen Vergleichen aussetzen, sich aber auch nicht systematisch relativieren und dadurch an der Durchhaltung ihres gesamtgesellschaftlichen Machtanspruchs behindern. Dies wird am wirksamsten vermieden durch Erklärung der dominierenden Position als „neutral" gegenüber allen anderen. Auch Großöffentlichkeiten können relativ einheitlich formiert werden, etwa aus der Perspektive eines Verständnisses des Menschen als homo oeconomicus, der in Konkurrenz mit seinesgleichen – und unterstützt durch künstliche Intelligenz – den Gesamtnutzen (→Nutzen) der Gattung steigert, solange als plausibel hingestellt werden kann, dass diese Perspektive „weltanschaulich neutral" ist, und die von ihr gesteuerte Praxis keinen Armen ärmer macht als er ist, aber wenigstens einen besser stellt (Pareto-Optimum; →Utilitarismus).

Drittens lässt sich auch das Urteil über den weltanschaulich/religiösen P. nur perspektivisch fällen. Aus einer christlichen Perspektive, die damit ernst macht, dass zum *Inhalt* ihrer Daseinsgewissheit gehört, dass diese Daseinsgewissheit durch die Selbstvergegenwärtigung Gottes in seinem Wort (dem inkarnierten Logos und dessen Evangelium) selbst geschaffen ist und dass es zum Wesen dieses Gottes gehört, in unverfügbarer Weise sich selbst durch Wort und Sakrament Gewissheit schaffend für Menschen aus allen Traditionen zu vergegenwärtigen, gilt dann: (1) Die Überführung des impliziten P. in einen expliziten entspricht der Natur der Sache – so, wie der Übergang von einem naiven in ein reifes Verhältnis zur Lebenswirklichkeit. (2) Das gilt gerade auch für die Entscheidungsebene von Großöffentlichkeiten. Gerade auf dieser Ebene ist der bloß implizite P. mit seinen restriktiven Wirkungen als gefährlich für das Gemeinwesen insgesamt zu beurteilen. (3) Jeder Versuch, Einheit durch eine innerweltliche Instanz herzustellen und zu garantieren, ist als Anmaßung eines Werkes zu verurteilen, dessen Erbringung allein Gott vorbehalten ist. Solche Anmaßung erschwert es der Menschheit, ihre Bestimmung zu erreichen. (4) Ängste vor zerstörerischen Folgen eines unrestringierten weltanschaulich/religiösen und damit auch ethischen P. (→Ethik) für das Zusammenleben sind verständlich, aber letztlich unbegründet, weil die Verfassung des geschaffenen Daseins, die den P. der Daseinsüberzeugungen unvermeidlich macht, zugleich auch eine Verständigung über diese Differenzen ermöglicht, die sie zwar nicht zum Verschwinden bringt aber in gegenseitiger Anerkennung lebbar macht.

2. Die Gestaltungsprobleme, vor die sich ein solcher christlicher P. – „P. aus Prinzip" (HERMS), „positionaler P." (HÄRLE) oder „P. aus Glauben" (SCHWÖBEL) – gestellt sieht, umfassen zwei Kreise. **Erstens**: Wie kann eine gesamtgesellschaftliche Aufklärung gelingen, die gerade auf der gesamtgesellschaftlichen Entscheidungsebene den impliziten weltanschaulichen P. als solchen durchsichtig macht, ihn dadurch in einen expliziten überführt und seiner gefährlichen Engführungen beraubt? Diese Aufgabe ist deshalb extrem schwierig, weil sie unter den Bedingungen der Herrschaft des bloß impliziten, restringierten P. und gegen seine mannigfachen institutionellen Absicherungsmechanismen geleistet werden muss. Diese Aufgabe kann überhaupt nur im Vertrauen auf die befreiende Selbstdurchsetzung der Wahrheit (Joh 8,32) in Angriff genommen und unbeirrt verfolgt werden. Sie kann nicht gelingen, wenn nicht gleichzeitig eine Kultur der warnenden Erinnerung an die verheerenden Folgen von Verstößen gegen den „P. aus Glauben" durch Christen und Kirchen selbst gepflegt wird. Der erste und grundlegende Beitrag der Christen, der Kirchen und der Theologien zu dieser Aufklärung muss darin bestehen, dass sie in diesem Vertrauen auf die Selbstdurchsetzung der Wahrheit zu einer deutlichen und zuverlässigen Praxis des christlichen P. im Umgang mit innerkirchlichen Differenzen und zwischenkirchlichen Gegensätzen gelangen. Insbesondere die →ökumenische Bewegung kann zum Beispiel für eine aus dem Glauben heraus gelebte wechselseitige Anerkennung des Verschiedenen werden. **Zweitens:** Wie kann – parallel zu jener Aufklärung – im Rahmen des gesellschaftlichen P. das Leben eines unrestringierten expliziten P. gesellschaftliche Form gewinnen? Das scheint nur gelingen zu können, wenn vier Aufgaben gelöst werden: Das politische System ist aus seiner verdeckten Fremdsteuerung durch andere Systeme, insbesondere das wirtschaftliche, zu lösen. Es ist auf seine Grundaufgaben – Sicherung des →Friedens – zurückzuführen. Es ist durch geeignete institutionelle Maßnahmen im Bildungsbereich vor sich selbst und der in ihm liegenden Versuchung zu schützen, sich durch Homogenisierung der Innerlichkeit der Bürger selbst stützen zu wollen. Gleichzeitig sind →Institutionen für die öffentliche →Kommunikation der Daseinsüberzeugungen und für die Verständigung zwischen ihnen zu finden, in denen die politisch erforderlichen Konsense jeweils sicher und zuverlässig erreicht werden können.

Dass praktikable Perspektiven zur Lösung der zweiten Aufgabe – nicht nur theoretisch, sondern auch durch ermutigende Beispiele – aufgezeigt werden, ist eine notwendige Bedingung für das Gelingen der ersten Aufgabe.

Es gibt Anzeichen dafür, dass die migrationsbedingte Zunahme eines muslimischen Bevölkerungsteiles, dem die Strategie der Unterscheidung zwischen staatlicher Rechtsgemeinschaft und religiös/weltanschaulicher Ethosgemeinschaft ebenso fremd ist wie die laizistische Strategie der Beschränkung eines jeden explizit religiös/weltanschaulichen Ethos auf Nischen, die durch den implizit bleibenden agnostischen Humanismus des Rechtssystems definiert werden, einen hartnäckigen Impuls zur Besinnung auf die Öffentlichkeitsrelevanz explizit religiös/weltanschaulich fundierter Ethosgestalten sowie auf die Bedingungen ihrer Pluralismusfähigkeit freisetzt und beiträgt zu einer entsprechenden Überwindung der Neutralitätsprätention des politischen Systems zugunsten einer sich explizit aus unterschiedlichen religiös/weltanschaulichen speisenden, also keineswegs „neutralen" Praxis der Äquidistanz zu allen pluralismusfähigen religiös/weltanschaulich fundierten Ethosgemeinschaften.

P. L. BERGER/TH. LUCKMANN, Aspects sociologique du pluralisme, in: A rchives de Sociologie des Religions 23 (1967) 117– 127 – DERS., Der Zwang zur Häresie, 1992 – E. HERMS, Pluralismus aus Prinzip, in: DERS., Kirche für die Welt, 1995, 467– 485 – J. MEHLHAUSEN (Hg.), Pluralismus und Identität, 1995 – P. GERLITZ/CH. SCHWÖBEL/A.GRÖZINGER, Art. Pluralismus, TRE 26, 1996, 717–742 (Lit.). – W. HÄRLE, Aus dem Heiligen Geist. Positioneller Pluralismus als christliche Konsequenz, in: LuM 7/1998, 21–24 – E. HERMS, Anforderungen des konsequenten weltanschaulich/religiösen Pluralismus an das öffentliche Bildungswsesen, in: DERS., Zusammenleben im Widerstreit der Weltanschauungen (2007) 342–373 – DERS., Politik und Recht im Pluralismus, 2008 – S. HEINE/Ö. ÖZSOY/CHR. SCHWÖBEL/A. TAKIM (Hg.) Christen und Muslime im Gespräch, 2014.

Eilert Herms

Politik

1. Definition. In der P.-wissenschaft wird P. im Anschluss an D. EASTON (1965) gemeinhin als die autoritative Herstellung sowie sanktionsbewehrte Implementation und Durchsetzung kollektiv verbindlicher Entscheidungen definiert.

2. Voraussetzungen von P. Es existieren zwei Voraussetzungen für die Ausbildung von P.: Die →Systemtheorie (D. EASTON) argumentiert, dass eine →Gemeinschaft von Personen erstens ein hinreichendes Maß an systemischer Komplexität und funktionaler Differenzierung ausgebildet haben muss, sodass eine dezidierte Instanz oder Institution, die sich ausschließlich der Implementation und autoritativen Durchsetzung kollektiver Regeln widmet, notwendig ist. Die politische Anthropologie basierend auf A. GEHLEN (1940) argumentiert, dass der Mensch ein „Mängelwesen" ist und aufgrund seiner Instinktunsicherheit und physischen Schutzlosigkeit ein „institutionenbedürftiges" Wesen ist und hieraus die Notwendigkeit von P. erwächst (D. ZOLO 1992). P. erwächst zweitens aus der Einsicht in die Notwendigkeit kollektiver Entscheidungen in Abwesenheit von Wahrheit oder letzter epistemischer Sicherheit. P. impliziert daher immer Dezision im Bewusstsein von Kontingenz (M. TH. GREVEN 2009). Existiert keine Alternative, wird objektive Notwendigkeit bloß exekutiert oder besteht Konsens über die „wahre" P., so existiert sie nicht (mehr). P. ist damit kulturell voraussetzungsreich, da sie nicht nur kollektives Bewusstsein von Kontingenz und individueller Gestaltungskompetenz voraussetzt, sondern mit dem Ideal der politischen →Autonomie des Individuums (normativer →Individualismus) auch die →Verantwortung für eigenes Handeln und dessen sachliche, politische und soziale Konsequenzen für andere verankert (→Verantwortungsethik). P. und das Politische sind untrennbar miteinander verbunden, wobei das Politische als jene Sphäre definiert ist, in der darüber deliberiert wird, welche Fragen einer politischen, d. h. kollektiv verbindlichen Regelung zugeführt werden sollen und sie sich somit direkt aus dem kollektiven Bewusstsein von Kontingenz ergibt (E. VOLLRATH 2003).

3. Historische Entwicklungsphasen von P. *3.1 Die Entstehung der P.* CH. MEIER (1983) setzt historisch die Entstehung der P. in Europa im ausgeführten Sinne bei den Griechen in den antiken Poleis an. Er entwickelt ein phänomenologisch-historisches Konzept des Politischen, das maßgeblich auf dem „Könnensbewußtsein" des Individuums basiert. Historisch parallelisiert MEIER die Entstehung des Politischen mit der historischen Transformation des nomistischen zu einem kratistischen Verfassungsmodell. Das nomistische Modell symbolisiert das unverfügbar Gegebene; d.h., jenes, das gilt, weil es ist. Die Entdeckung des „Könnensbewußtseins" und der damit verbundenen „Verfügungsmacht" führt historisch über die Politisierung der *Nomoi* hin zu einem dezisionistischen Verständnis von →Recht und Gesetz, welche zum primären Medium der politischen Selbsteinwirkung und -steuerung einer →Gemeinschaft avancierten. Einher mit dem „Könnensbewußtsein" und der „Verfügungsmacht" geht jedoch nicht nur ein Gewinn an individueller wie kollektiver Autonomie, sondern auch ein Verlust an individueller und kollektiver Sicherheit, da handlungsanleitende Gewissheiten im Zuge jeder Politisierung unweigerlich verloren gehen. Prototypisch zeigt sich diese der P. selbst eingeschriebene Ambivalenz in Aischylos' Tragödie „Die Eumeniden", in der eine blutige Fehde nur durch eine *politische* Dezision des Areopag beendet werden kann, d.h. durch eine Entscheidung, die durch das vorgängige nomistische Verfassungsmodell nicht gedeckt war und deren →Legitimation die P. aus sich selbst heraus generieren muss.

Einher mit der Entstehung der P. geht die Entwicklung einer Ontologie, die das Wesen und die Natur des Menschen als eine genuin Politische begreift. ARISTOTELES beschreibt den Menschen in seiner P. (I, 2 und III, 6) als *zoon politikón*, dessen Seinszweck teleologisch im Leben in der politischen →Gemeinschaft besteht. H. ARENDT (1993) kritisiert in ihrer ARISTOTELES-Rezeption, dass diese Ontologie das Politische fälschlich im Individuum verortet und nicht korrekt intersubjektiv als Ergebnis ihres gemeinsamen Handelns. Die Frage nach der Natur des Menschen und ihrem Verhältnis zur P. durchzieht die politische Theorie- und Ideengeschichte und wird heute im Kontext der politischen Anthropologie (D. JÖRKE 2005) wieder intensiv diskutiert.

3.2 Die Emanzipation der P. Im normativen Zentrum der Staatstheorie des Mittelalters stand die Stabilität der Gesellschaftsordnung (die *ordo universi*), die von Gott gewollt sei und innerhalb derer jeder seine ihm zugewiesenen Aufgaben und Pflichten zu erfüllen habe. Die Wiederentdeckung der P. erfolgte vor diesem Hintergrund in der Renaissance durch ihre gleichzeitige Emanzipation von der →Ethik und der Theologie. Dieser Emanzipationskampf wurde realhistorisch (Ludwig IV, insb. die Krönungsenzyklika aus dem Jahr 1312, sowie Papst Clemens V., insb. seine Bulle „Romani Principes") und theoretisch geführt (H. BIELEFELDT 1987). Exemplarisch hervorgehoben sei M. V. PADUAS „Defensor Pacis" (1324), der im Bezugssystem der →Zwei-Reiche-Lehre die Souveränität des säkularen →Staates gegenüber der katholischen Kirche betonte (→Säkularisierung). Von ideengeschichtlich herausragender Bedeutung sind auch die Schriften von N. MACHIAVELLI und TH. HOBBES. MACHIAVELLIS (1531) „Il Principe" etabliert die P. theoretisch als eigensinnige Sphäre, die von ethischen (→Ethik) und moralischen Reflexionen (→Moral) unabhängig ist und maßgeblich auf den Bestand von Herrschaft zielt. TH. HOBBES (1651) entwickelt im „Leviathan" den modernen Kontraktualismus, dessen revolutionäre Leitidee der freiwillige →Vertrag zwischen Herrschaftsunterworfenen und Herrschenden zur Konstitution und Legitimation aller staatlichen →Macht – und damit auch P. – ist (→Naturrecht). A. SMITH (1776) nahm ideengeschichtlich die vorletzte grundlegende Rekonfiguration der P. vor, indem er sie als distinkte Sphäre der ebenso distinkten Sphäre der Ökonomie gegenüberstellte, auf der die bis heute wirkungsmächtige Differenzierung von P. und →Wirtschaft basiert (→Kapitalismus, →Markt). Der →Marxismus schließlich verneinte den gestalterischen Primat der P. Im theoretischen Bezugssystem des historischen Materialismus und entlang der Differenzierung von Basis und Überbau bestimmen für K. MARX (1859) und F. ENGELS (1878) die ökonomischen Produktionsverhältnisse das gesellschaftliche Leben (→Gesellschaft, →Proletariat) und die institutionelle Ausgestaltung des →Staates. Die P. folgt daher nur der Ökonomie; den Staat zu ändern erfordert daher, die ökonomischen Produktionsverhältnisse grundlegend zu transformieren (→Kommunistisches Manifest).

4. Das zeitgenössische Verschwinden der P. Seit den 1980er Jahren hat der ökonomische →Neoliberalismus so stark an Bedeutung gewonnen, dass er inzwischen als hegemoniale →Ideologie bezeichnet werden kann und ökonomische Rationalität inzwischen in den meisten Bereichen der →Gesellschaft Einzug gehalten hat (→Kapitalismuskritik). Der →Neoliberalismus ist verbunden mit einer Rhetorik der Alternativlosigkeit – die historisch wegweisend von Margaret Thatcher („There is no alternative"-Rhetorik) genutzt wurde – die das Politische der P., letztlich jedoch die P. selbst zum Verschwinden bringen wird, weil nur noch „Sachzwänge" zu exekutieren sind (W. FACH 2008). Im Zuge der Modernisierung (→Kultur) der Moderne erfolgt eine immense Beschleunigung aller Bereiche der →Gesellschaft (H. ROSA 2005). Alle Verfahren und Proze-

duren der P., so z. B. die dreifache Lesung von Gesetzentwürfen, sind jedoch auf Entschleunigung hin optimiert, um die Reflexionszeit zu generieren, derer eine verantwortungsvolle P. bedarf (→Verantwortung). Zwischen der irreversiblen Tendenz allgemeiner Beschleunigung und der unhintergehbaren Entschleunigung der P. besteht ein Konflikt, der nur auf Kosten der P. auflösbar ist und der in absehbarer Zeit droht, die (epistemische) Qualität von P. zu verschlechtern. Die Notwendigkeit von P. resultiert aus Kontingenzerfahrungen, d. h. zugleich, dass Herrschaftsunterworfene und Herrschende P. auch im Bewusstsein ihrer unhintergehbaren Kontingenz erfahren. Daher entzieht jeder Rekurs und jeder Anspruch auf eine höhere Wahrheit jenseits der →Grund- und →Menschenrechte der P. nicht nur ihre epistemische Grundlage, sondern auch ihr zivilisierendes Potenzial. Denn politische Diskurse über Wahrheit sind moralische Diskurse, in denen der politische Gegner keine andere, sondern eine objektiv falsche Position vertritt. CH. MOUFFE (2014) argumentiert daher, dass Moral heute die Antithese der P. darstellt und eine ähnlich zersetzende Wirkung auf die zivilisierende Kraft der P. besitzt wie deren Fundamentalisierung, die im Kern auf ähnlichen Prinzipien beruht. P. bedarf daher einer entgegenkommenden politischen Kultur, in der im vollen Bewusstsein der Abwesenheit letzter Sicherheiten und Wahrheiten verantwortungsvolle Entscheidungen getroffen werden müssen, die jedoch immer vorläufig und reversibel sein können. P. stellt somit hohe Anforderungen – Zumutungen mitunter – an die →Toleranz, Einsichtsfähigkeit und Begründungsbereitschaft aller von P. Betroffenen.

A. SMITH, Der Wohlstand der Nationen, 1776 (letzte dt. Aufl. 1978) – D. EASTON, A Systems Analysis of Political Life, 1965 – A. GEHLEN, Der Mensch, 1940 – D. ZOLO, Democracy and Complexity, 1992 – M. TH. GREVEN, Die politische Gesellschaft. Kontingenz und Dezision als Probleme des Regierens und der Demokratie, 2009 – CH. MEIER, Die Entstehung des Politischen bei den Griechen, 1983 – ARISTOTELES, P. Schriften zur Staatstheorie, 1998 – H. ARENDT, Was ist P.?, 1993 – D. JÖRKE, Politische Anthropologie, 2005 – M. v. PADUA, Defensor Pacis, 1324 – N. MACHIAVELLI, Il Principe, 1531 – TH. HOBBES, Leviathan, 1651 – E. VOLLRATH, Was ist das Politische?, 2003 – K. MARX, Zur Kritik der politischen Ökonomie, 1859 – F. ENGELS, Anti-Dühring, 1878 – F. FACH, Das Verschwinden der P., 2008 – H. ROSA, Beschleunigung, 2005 – H. BIELEFELDT, Von der päpstlichen Universalherrschaft zur autonomen Bürgerrepublik. Aegidius Romanus, Johannes Quidort von Paris, Dante Alighieri und Marsilius von Padua im Vergleich, in: Zeitschrift der Savigny-Stiftung für Rechtsgeschichte. Kanonistische Abteilung 73, 1987, 70–130 – CH. MOUFFE, Agonistik. Die Welt politisch denken, 2014.

Gary S. Schaal

Politikberatung

1. Gegenstand und Begriff. Die Erfüllung politischer Aufgaben erfordert Fachwissen. Verfügt das Regierungs- und Verwaltungspersonal (→Verwaltung) darüber nicht selbst, ist es auf externe P. angewiesen. Deren Bedarf steigt mit der Ausdehnung und Komplexität der Staatstätigkeit.

P. liegt in reiner Form dann vor, wenn Wissen und Macht getrennt sind, d. h. Politiker werden von Nicht-Politkern bzw. formal nicht entscheidungsbefugten externen Sachverständigen beraten. Dies kann von der Bereitstellung relevanter Informationen über Anhörungen und Konsultationsverfahren, die Erstellung von Gutachten bis zur Erarbeitung umfassender Entscheidungsvorlagen reichen.

Formen der P. umfassen persönliche Beratungsnetzwerke, „Think-Tanks" oder „Denkfabriken", kommerzielle Beratungsfirmen, Kommissionen, formelle und informelle Expertengremien, Kontaktnetzwerke von Regierungs- und Verwaltungsakteuren mit Verbänden und →Nichtregierungsorganisationen bis hin zur Grauzone des Lobbying. Dabei können Information, Beratung und Beeinflussung der Politik in der Praxis oft nicht klar getrennt werden. Die Frage der Abhängigkeit politischer Entscheidungen von Experten und Interessengruppen ist Gegenstand der Forschung über P. Weiter eröffnen sich Forschungsfragen nach den Organisationsgrundlagen, Ursprüngen und Begleitumständen sowie den Leistungen und Auswirkungen unterschiedlicher Institutionen und Praktiken der P.

2. Entwicklungsgeschichte der P. Das Verhältnis von Rat und Tat im politischen Gemeinschaftshandeln hat schon die griechische Philosophie beschäftigt. Auch die großen Weltreligionen und frühe Schriften zur Staatskunst widmen sich diesem Zusammenhang. Wie lässt sich politischer Rat organisieren, ohne die Autorität der Mächtigen in Frage zu stellen oder gar herauszufordern? „Hofnarren" waren eine Antwort auf diese Frage, ebenso die Vermittlerrolle von höfischen Mätressen und Günstlingen, „Grauen Eminenzen" und Angehörigen der „Hofkamarilla", die in vordemokratischen Systemen als Berater und Ideengeber tätig waren. Eine bis heute gültige, neuzeitliche Form der P. wird mit ihrer Institutionalisierung, Akademisierung und Spezialisierung im modernen Staat erkennbar. Die zunehmende Komplexität und Vielfalt politischer Handlungsfelder führte zu einer wachsenden Bedeutung von wissenschaftlich ausgewiesenen Sachverständigen und zur Einrichtung ständiger Beratungs- und Expertengremien. Die Arbeit der EU Kommission und ihrer Generaldirektionen sowie zunehmend auch das EU Parlament sind in besonderem Maße durch P. gekennzeichnet.

In der Technokratiedebatte der 1960er und 70er Jahre waren sich linke Kritiker und konservative Befürworte von „Expertenherrschaft" einig, dass politische Entscheidungen zunehmend rational begründet und fachlicher Expertise unterworfen werden, mit dem Unterschied dass dies einmal als „Verdinglichung und Entfremdung" (T. W. ADORNO) und Gefahr für die Demokratie, zum anderen als Entideologisierung und „Befreiung von menschlicher Herrschaft" (H. SCHELSKY) gedeutet wurde.

Tatsächlich hat technisch-wissenschaftlicher Sachverstand das politische Kalkül keineswegs verdrängt oder gar die Politik der Herrschaft von Experten ausgeliefert (A. BOGNER/W. MENZ; I. KUSCHE). Im Gegenteil: Die Vielfalt von Beratungsgegenständen, Sachverständigen und Expertenmeinungen, Zugangswegen und Beratungsformen sowie mehr Transparenz, Öffentlichkeit und Wettbewerb auf einem wachsenden Beratungsmarkt haben die Position der Politik als Auftraggeber und Finanzier gestärkt. Zugleich untergruben technische Störfälle und politisches Steuerungsversagen in einer von →Globalisierung geprägten →Risikogesellschaft frühere Machbarkeitsillusionen und damit die Autorität von Expertenrat.

3. Praxis der P. Das Spektrum der Staatsaufgaben unterscheidet sich im internationalen wie im historischen Vergleich erheblich. Ein Wohlfahrtsstaat mit zahlreichen Einrichtungen öffentlicher Daseinsvorsorge und sozialer Sicherung, staatlichem Bildungswesen und überwiegend öffentlicher Infrastruktur erfordert mehr P. als ein wirtschaftsliberaler Minimalstaat, in dem diese Handlungsfelder privaten Anbietern überlassen bleiben. Und selbst bei gleichen Aufgaben offenbart der Vergleich höchst unterschiedlich verfasste Systeme der P. Die in Kontinentaleuropa noch immer vornehmlich auf die politische Verwaltung ausgerichtete P. steht im Gegensatz zur angelsächsischen Tradition freier Beratungsmärkte und öffentlicher Expertenanhörungen. Sie sind in den USA vom Widerstreit der Experten und Gegenexperten geprägt, während deutsche Verwaltungen an der juristischen Fiktion neutralen Sachverstandes festhalten. Das Aufkommen von Gegenexperten führte in Deutschland zur Wahrnehmung eines „Expertendilemmas" (H. MOHR) und zur Vertrauenskrise etablierter Institutionen der P.

P. in Deutschland erfährt seit der Jahrtausendwende einen fundamentalen Wandel, zum einen durch die Bedeutungszunahme von Public-Affairs-Agenturen, politischen Ideengebern (*spin-doctors*) und kommerziellen Beratungsfirmen, die nicht auf einzelne Politikfelder spezialisiert sind, sondern Strategien von Machterwerb und Machterhalt sowie der Öffentlichkeitsbeeinflussung anbieten. Zum anderen sind korporatistische (→Korporatismus) Organisationsformen vielfach durch öffentlichkeitswirksame, staatlich inszenierte Dialogforen ergänzt worden. In Konsultationsgremien wie der „Deutschen Islamkonferenz" oder der mit dem deutschen Atomausstieg befassten „Ethik-Kommission Sichere Energieversorgung" (→Energiewende) kommt ein neuer Begriff von Sachverstand zum Vorschein, der nicht an technisch-wissenschaftlicher Beherrschbarkeit, sondern an Fragen der Ethik und Verantwortung politischen Entscheidens ansetzt. Hier kann auch ein Teil der internationalen P. in der Entwicklungszusammenarbeit und Demokratieförderung (→Entwicklungspolitik) verortet werden.

H. MOHR, Das Expertendilemma, in H.-U. NENNEN/D. GARBE (Hg.), Das Expertendilemma. Zur Rolle wissenschaftlicher Gutachter in der öffentlichen Meinungsbildung, 1996 – A. BOGNER/W. MENZ, Wissenschaftliche P. Der Dissens der Experten und die Autorität der Politik, 2002 – S. DAGGER u. a. (Hg), P. in: Deutschland. Praxis und Perspektiven, 2004 – S. FALK u. a. (Hg.), Handbuch P:, 2006 – HEIDELBERGER AKADEMIE DER WISSENSCHAFTEN (Hg), P. in: Deutschland, 2006 – S. DAGGER/M. KAMBECK (Hg:), P. und Lobbying in Brüssel, 2007 – I. KUSCHE, P. und die Herstellung von Entscheidungssicherheit im politischen System, 2009 – S. FALK/A. RÖMMELE, Der Markt für P, 2009 – BMBF, Möglichkeiten und Grenzen politikberatender Tätigkeiten im internationalen Vergleich, 2014 – P. WEINGART/G. G. WAGNER/U. TINTEMANN (Hg.), Wissenschaftliche Politikberatung im Praxistest, 2015.

Roland Czada

Politische Ethik

1. Begriff. Die P.E. ist ein normativer (→Norm, Normen) Teilbereich der polit. Philosophie, der von den moralischen (→Moral) Standards und Kriterien der Bewertung polit. Ordnungen (polity), Programme (policy) und Prozesse (politics) sowie des Verhaltens polit. Akteure handelt. Mit Bezug auf polit. Strukturen und →Institutionen ist die P.E. ein Unterfall der →Sozialethik, mit Bezug auf das Verhalten von Akteuren in und gegenüber diesen Strukturen und Institutionen ist sie ein Unterfall der Individualethik (→Ethik). In der ersten Hinsicht fragt sie nach der „Tugend sozialer Institutionen" (J. RAWLS), in der zweiten Hinsicht fragt sie nach der →Tugend von Personen als Trägern polit. Ämter oder als Bürgern. In beiden Hinsichten ist jedoch umstritten, ob nicht die besonderen Merkmale des Politischen eine unvermittelte Anwendung moralischer Normen und Prinzipien auf polit. Materien verbieten. Im Grenzfall wird die Möglichkeit einer moralischen Beurteilung des Politischen pauschal verneint. Doch auch viele Vertreter einer P.E. warnen vor einer „Moralisierung" oder „Tribunalisierung" des Politischen. Gegenstand der P.E. ist daher auch die metatheoretische Klärung des Verhältnisses von Moral und Politik überhaupt.

2. Historisch und systematisch sind die individualethische und die sozialethische Dimension (→Sozialethik) der P.E. nicht immer klar zu unterscheiden. So bestimmte ARISTOTELES die gute Ordnung des Gemeinwesens als Ziel des Politischen, und die Qualität der Ordnung wiederum bemaß er wesentlich an der Tugendhaftigkeit ihrer Bürger. →Gemeinwohl und Gemeinsinn waren in dieser Konzeption intern verknüpft, gute Ordnung und gute Bürger waren konstitutiv aufeinander bezogen. Noch die ma. Fürstenspiegel legten dem polit. Herrscher ein tugendhaftes Verhalten nicht zuletzt deshalb nahe, weil er den sittl. Zustand des Gemeinwesens, für das er handelte, zugleich symbolisch repräsentiere. Das moderne polit. Denken hat diese Ansicht einer Untrennbarkeit der akteursbezogenen und der ordnungsbezogenen Perspektive einer P.E. von Anbeginn zurückgewiesen.

2.1 Seit der frühen Neuzeit gilt ein moralisches nicht selten als genuin unpolit. Handeln, da die Erreichung polit. Ziele unter kompetitiven Vorzeichen von einem sittlich unbesorgten Gebrauch aller geeigneten Mittel abhänge. Vor allem im Diskurs der Staatsraison (→Staat, Staatsethik) wurden die polit. Akteure von der Zumutung tugendhaften Handelns entlastet. Die Erhaltung der Ordnung schien in vielen Fällen eine nur mehr instrumentelle Berücksichtigung oder sogar eine offene Missachtung normativer Erwartungen zu gebieten (Machiavellismus). Polit. Handeln wurde damit zu einem paradigmatischen Typ erfolgsorientierten Tuns; umstritten blieb allerdings, ob dies allein für Zeiten des Notstands gelte oder zum Wesen des Politischen als solchem gehöre. Auch die theol. Unterscheidungen von zwei Gewalten, zwei Reichen und zwei Regimenten (→Zweireichelehre) trugen zur Anerkennung einer gewissen Eigenlogik des polit. Handelns bei. LUTHERS Trennung von →Amt und →Person sollte dem Christen ein von den Geboten der →Bergpredigt entlastetes polit. Engagement erlauben, das seine Rechtfertigung in der Bedrohung der weltl. Güter durch das Böse finde. Mit der Unterscheidung von Gesinnungs- und Verantwortungsethik hat im 20. Jh. MAX WEBER dem polit. Akteur eine eigene Moralität zugesprochen: Wer Politik als Beruf betreiben wolle, brauche vor allem Augenmaß und Leidenschaft; er dürfe sich moral. Maximen nicht folgenblind anvertrauen. Diese Kritik trifft allerdings nicht die moral. Bewertung polit. Handelns als solche, sondern lediglich eine moral. Kritik, welche die konsequenzialist. Komponente polit. →Verantwortung ignoriert. Zudem hat WEBER eine Unterscheidung von verschiedenen Ebenen und Bereichen polit. Zuständigkeit angemahnt. Dies erlaubt eine – über WEBER hinaus gehende – differenzierte Beurteilung der Möglichkeiten und Grenzen moral. Handelns im Horizont des Politischen. Akteure in Ämtern etwa unterliegen anderen formalen und faktischen Restriktionen und verfügen über andere Möglichkeiten des Ge- und Missbrauchs von Macht als Akteure in sozialen Bewegungen und bürgergesellschaftl. Assoziationen (→Zivilgesellschaft). Quer zu dieser Unterscheidung verläuft die handlungstheoret. (→Handeln, Handlungstheorie) Kontroverse, ob polit. Akteure allein erfolgsorientiert oder auch normenreguliert handeln können: ob sie unter günstigen Randbedingungen zur einsichtigen Selbstbindung an normativ gebotene Regeln bereit und in der Lage sind. Vor allem von der Beantwortung dieser Frage hängt heute die Relevanz einer Individualethik des Politischen ab.

2.2 Geändert hat sich seit der frühen Neuzeit auch der normative Bezugsrahmen der Bewertung polit. Institutionen. Unter dem Eindruck von Reformation und Religionskriegen erwies sich die →Toleranz als Voraussetzung des sozialen Friedens. →Aufklärung und →franz. Revolution verlangten in Theorie und Praxis nach einer Säkularisierung der Legitimationsgrundlagen polit. Ordnungen. An die Stelle des thomistischen →Naturrechts setzte die Aufklärung ein Vernunftrecht, dessen Geltung allein den autonomen (→Autonomie) Willen der Menschen ausdrücken sollte. Die Zustimmung freier und gleicher Personen wurde zum basalen *Legitimationsprinzip* polit. Herrschaft. *Methodisch* entsprachen dieser normativen Leitidee die verschiedenen Modelle des Sozialvertrages, aber auch die Auszeichnung von Standards faktischer Teilnahme, die als Ausdruck unverfälschter Zustimmung zu einem Gemeinwesen gelten dürfen. Noch heute sucht das normative polit. Denken einen Weg zwischen einer lediglich kontrafaktisch zugeschriebenen und einer bloß tatsächlich artikulierten Einwilligung von Bürgern in polit. Institutionen und Entscheidungen.

Inhaltlich sollten sich legitime Ordnungen in jedem Fall durch eine Wahrung von →Frieden und Sicherheit auszeichnen (Hobbesianisches Minimum). In historischer Abfolge kamen die Einräumung best. →Freiheiten, die Ermöglichung polit. Partizipation (→Demokratie) und die Verbürgung sozialer Leistungen (→Sozialstaat) hinzu, die jeweils in rechtl. Gestalt garantiert sein sollten (→Rechtsstaat). Vor allem die soziale Komponente enthebt diese Konzeption der Kritik, allein die Privilegien eines Besitzbürgertums staatl. sichern und vernunftrechtlich überhöhen zu wollen. Mit der demokrat. Komponente wird die Reflexivität einer vernünftigen Rechtsordnung anerkannt: Die Adressaten sollen sich zugleich als Autoren des Rechts verstehen können. Zur Debatte steht damit zugleich das Verhältnis von Demokratie und Moral: Bedarf die Volkssouveränität einer genuin moralischen Begründung oder steht sie legitimationstheoretisch auf eigenen Füßen; wird sie durch die Moral extern begrenzt oder gibt sie dieser ihrerseits best. Grenzen der Geltung vor?

Die drei Kategorien von Rechten heißen →Menschenrechte, soweit sie allen Menschen kraft ihres Menschseins zustehen, und Bürgerrechte, soweit ihre Geltung an einen Bürgerstatus gebunden ist. Der Kernbestand der Menschenrechte markiert heute einen unbedingten Schwellenwert polit. Legitimität; mit ihm haben sich die Staaten auch juristisch an Standards der P.E. gebunden. Damit haben sie zugleich eine Grenze anerkannt, deren Verletzung ein Recht auf →Widerstand zu begründen vermag.

Zugleich durchzieht die moderne P.E. eine Spannung zwischen dem universalist. Gehalt ihrer Rechtsprinzipien und der vorwiegend partikularist. Form der Verwirklichung dieser Prinzipien: Die faktische Geltung der Menschenrechte ist an die Existenz von Einzelstaaten gebunden, und in der Konkurrenz der Einzelstaaten droht das Recht des Individuums auch zerrieben zu werden (→Asyl, juristisch). Die Partikularität polit. Zugehörigkeiten geht zudem mit einer erheblichen Versuchung zu rücksichtsloser Parteilichkeit einher. Vor allem die nationalist. Bewegungen (→Nation, Nationalismus) seit der →franz. Revolution haben die P.E. vor das Problem gestellt, wie sich der Anspruch auf besondere polit. Loyalitäten mit der staatl. Aufgabe der Friedenssicherung (→Frieden, Friedensethik) und den grundlegenden Rechten aller Menschen vereinbaren lässt. Dieses Problem findet mittlerweile eine grundsätzliche völkerrechtliche Auflösung in der zwischenstaatl. Anerkennung menschenrechtl. Grundnormen und im generellen Gewaltverbot. Diesen Fortschritten entsprechen allerdings noch keine zureichenden Möglichkeiten der Durchsetzung völkerrechtlicher Normen im zwischenstaatl. Verkehr (Internationale Organisationen).

3. Heutige Positionen und Probleme. Eine regelrechte Renaissance erfuhr die P.E. mit dem Erscheinen der *Theorie der Gerechtigkeit* von JOHN RAWLS im Jahr 1971. Mit diesem Werk wurde das moderne polit. Denken an die Dimension der distributiven →Gerechtigkeit erinnert. Umstritten ist jedoch, ob materiale Regeln der Gerechtigkeit universale Geltung beanspruchen dürfen oder ob sie nur besondere Wertgemeinschaften zu binden vermögen. Die zweite Position ist namentlich von kommunitaristischen Autoren (→Kommunitarismus) gegen liberale Theorien der Gerechtigkeit vorgebracht worden. Diese Autoren heben zugleich hervor, dass auch und gerade liberaldemokrat. Gemeinwesen auf einen republikanischen Bürgersinn angewiesen seien: dass ihr Gedeihen ein Gefühl der Verpflichtung im Angesicht polit. Zugehörigkeiten erfordere. Ohne Bürgersinn sei weder die von liberalen Theorien der Gerechtigkeit verlangte Bereitschaft zu solidarischer Umverteilung noch etwa eine intergenerationelle Bereitschaft zur Aufarbeitung der eigenen kollektiven Vergangenheit realistischerweise zu erwarten.

Die kommunitarist. Position hat jedoch systematische Schwierigkeiten mit dem tiefen →Pluralismus der Werte, Perspektiven und Lebensformen in modernen Gesellschaften. Vor allem feministische und postmoderne Autor/innen haben gegen ein republikanisches Gemeinschaftsethos ein Recht auf Differenz eingeklagt. Wie auch immer diese Forderung jeweils gemeint ist: Für sich genommen unterstreicht sie den Vorzug liberaldemokrat. Ordnungen, ein hohes Maß an Neutralität gegenüber konkurrierenden weltanschaulichen Positionen zu wahren. Allerdings verlangen die zunehmend multikulturelle Binnenstruktur moderner Gemeinwesen und die fortgesetzte Relativierung und Überschreitung ihrer Außengrenzen (→Globalisierung, →Migration) heute nach einer Überprüfung der Reichweite und der argumentativen Grundlagen liberaler Neutralität.

Will man den Anspruch auf polit. Verbindlichkeit mit dem Faktum eines tiefen Pluralismus vereinbaren, so wird man sich immer häufiger mit einem primär prozeduralen Verständnis von polit. Integration begnügen müssen. Dieser Umstand macht die Berufung auf besondere Traditionen der P.E. nicht unzulässig; eine solche Berufung kann jedoch nur mehr der Klärung der je eigenen hermeneut. Voraussetzungen im dialogischen Versuch einer Verschränkung der Horizonte dienen. In dieser Hinsicht macht auch das Christentum als eigenständige Quelle der Begründung von Recht und Gerechtigkeit keine Ausnahme.

ARISTOTELES, Politik – M. LUTHER, Von weltlicher Obrigkeit, wie weit man ihr Gehorsam schuldig sei, 1523 (Calwer Luther-Ausgabe, ^{IV}1979³) – I. KANT, Zum ewigen Frieden. Ein philosophischer Entwurf, 1795 (Werkausgabe, ^{XI}1991) – M. WEBER, Politik als Beruf, 1919 (1991⁹) – T. H. MARSHALL, Bürgerrechte und soziale Klassen, 1992 (Orig. engl. Citizenship and Social Class, 1963) – J. RAWLS, Eine Theorie der Gerechtigkeit, 1975 (Orig. engl. A Theory of Justice, 1971) – D. STERNBERGER, Drei Wurzeln der Politik, 1978 – M. WALZER, Sphären der Gerechtigkeit. Ein Plädoyer für Pluralität und Gleichheit, 1992 (Orig. engl. Spheres of Justice, 1983) – H. MÜNKLER, Im Namen des Staates. Die Begründung der Staatsraison in der Frühen Neuzeit, 1987 – E. VOLLRATH, Art. P.E.: StL⁷, 1988, 453–459 - W. KYMLICKA, Politische Philosophie heute. Eine Einführung, 1998 (Orig. engl. Contemporary Political Philosophy. An Introduction, 1990) – D. HELD (Hg.), Political Theory Today, 1991 – J. HABERMAS, Faktizität und Geltung. Beiträge zur Diskurstheorie des Rechts und des demokratischen Rechtsstaats, 1992 – A. HONNETH (Hg.), Kommunitarismus. Eine Debatte über die moralischen Grundlagen moderner Gesellschaften, 1993 – J. RAWLS, Politischer Liberalismus, 1998 (Orig. engl. Political Liberalism, 1993) – W. KERSTING, Die politische Philosophie des Gesellschaftsvertrages, 1994 – K. BAYERTZ (Hg.), Politik und Christentum, 1996 – M. HONECKER, Artikel Politik und Christentum , TRE 27, 1997, 6–22 – M. KAUFMANN, Aufgeklärte Anarchie. Eine Einführung in die politische Philosophie, 1999 – R. ANSELM, Politische Ethik, in: W. HUBER u. a. Handbuch der Evangelischen Ethik, 2015, 196–236.

Bernd Ladwig

Polizei / Polizeirecht

Rechtsanwendung ist auf ein Ethos angewiesen, das →Recht und Gerechtigkeit vermittelt. Protestantische →Anthropologie und →Ethik zielen auf die Bereitschaft und Fähigkeit des Menschen, das →Frieden stiftende weltliche Recht (usus legis politicus) auch unter Gefahren für Leib und Leben zum Nutzen des Nächsten zu gestalten, zu achten und durchzusetzen.

1. Der Begriff politeia (gr.) / politia (lat.) bezeichnet ursprünglich die Gesamtheit einer (guten) öffentlichen →Ordnung.
1.1 Als „policey" gelten seit dem 15. Jh. (1) der die öffentl. Verwaltung umfassende Zustand des weltlichen Gemeinwesens, sowie (2) alle Maßnahmen, mit denen die jeweilige Obrigkeit einen erwünschten Ordnungszustand patriarchalisch verstandener Fürsorge, Sicherung eigener Herrschaft und Schutz der Bürger herbei führt oder aufrechterhält.
1.2 Die aufklärerische Trennung zwischen →Wohlfahrtspflege und Schutz der bürgerlichen →Freiheiten und des →Eigentums entspricht dem Interesse des liberalen Bürgertums. Sie wird einerseits gegen den Polizeistaat der absolutistischen Fürstenherrschaft gewendet (Bürgerrechte als Abwehrrechte gegenüber der Staatsmacht), dient jedoch im Bündnis mit den alten Eliten auch als Instrument des Klassenstaats zur Bekämpfung der mit P.gewalt unterdrückten sozialen und politischen Forderungen der Arbeiterschaft.

2. Im demokratischen Verfassungsstaat des GG hat alle staatliche →Gewalt die Aufgabe, die →Menschenwürde jeder einzelnen Person zu achten und zu schützen.
2.1 Die Gesetzgebungskompetenz für die P. liegt entsprechend dem föderalistischen Staatsaufbau bei den Bundesländern. Das Bundeskriminalamt (BKA) und die Bundespolizei obliegen jedoch der Bundesgesetzgebung.
2.2 Die P. schützt die Bürger und die Verfassungsorgane gegen Gefahren (Gefahrenabwehr) und verfolgt als Hilfsorgan der Staatsanwaltschaft strafbare Handlungen (Strafverfolgung). Darüber hinaus wird sie vorbeugend tätig (Prävention). P.liche Maßnahmen erfolgen aufgrund spezieller Ermächtigungsnormen und, soweit diese nicht vorhanden sind, aufgrund der polizeilichen Generalklausel nach pflichtgemäßem Ermessen (nur bei der Gefahrenabwehr). Jede Maßnahme der P. muss formell und materiell rechtmäßig und verhältnismäßig sein und kann jederzeit durch ein unabhängiges Gericht überprüft werden (Rechtmäßigkeit der Verwaltung).
2.3 Um dem Recht Geltung zu verschaffen, ist die P. befugt und verpflichtet, auch unmittelbaren Zwang anzuwenden (staatliches Gewaltmonopol). Polizeiliche Zwangsmittel schließen u. U. als ultima ratio auch den gezielten tödlich wirkenden Schusswaffengebrauch gegen Menschen ein („finaler Rettungsschuss").

3. In der liberalen demokratischen Tradition steht die P. unter der Kontrolle unabhängiger Gerichte und einer kritischen Öffentlichkeit und bildet ein Ethos aus, das →Humanität, Herrschaft und Hilfe verbindet.
3.1 Die Verstrickung und umfassende Einbindung der dt. Polizei in die nationalsozialistische Terrorherrschaft resultierte gleichermaßen aus der planmäßigen politischen Instrumentalisierung der Polizei durch die NSDAP und einer weitgehenden historisch bedingten Bereitschaft zur Kollaboration. Personelle, strukturelle und mentale Kontinuitäten beim Wiederaufbau erschwerten die Demokratisierung der P. nach 1945.
3.2 Die Volkspolizei der ehemaligen DDR war Ausdruck und Instrument des kommunistischen Herrschaftssystems. Der Neuaufbau der P. in den neuen Bundesländern seit 1990 ist nach dem Vorbild der jeweiligen Partnerländer erfolgt.

4. Die moralische Qualität der P. und des Pr.s ist zu jeder Zeit und überall bedroht. 4.1 In der Diktatur dienen P. und Pr. der Entrechtung von Personen und Gruppen, die nach ideologischen Kriterien zur Ausgrenzung und →Aggression freigegeben werden.
Im Namen vermeintlich übergeordneter →Werte und →Interessen werden Grund- und Bürgerrechte relativiert oder negiert.
4.2 Alle Polizeiorganisationen müssen sich dem Problem von Gruppendruck (Korpsgeist) und moralisch fragwürdiger informeller Normen stellen. Weitere Gefährdungen resultieren aus einer Abwehr gegen interne und öffentliche Kritik sowie aus der Gewöhnung an den Einsatz von Zwangsmitteln, die zu einer Reduktion von Mitleidsempfinden bis hin zur Ausschaltung des Gewissens führen können.
4.3 Die Integration der P.en in offene →Gesellschaften demokratischer Verfassungsstaaten inmitten der internationalen Völkergemeinschaft und sich verändernden nationalen und internationalen Sicherheitsarrangements und –architekturen fördert und stabilisiert demgegenüber ein den Menschenrechten entsprechendes Berufsethos der P.

A. LÜDTKE (Hg.), ‚Sicherheit' und ‚Wohlfahrt'. Polizei, Gesellschaft und Herrschaft im 19. und 20. Jahrhundert, 1992 – D. BEESE, Studienbuch Ethik. Problemfelder der Polizei aus ethischer Perspektive, 2000 – R. BEHR, Polizeikultur. Routinen – Rituale – Reflexionen. Bausteine zu einer Theorie der Praxis der Polizei, 2006 – E. DENNINGER/F. RACHOR (Hg.), Handbuch des Polizeirechts – Gefahrenabwehr, Strafverfolgung, Rechtsschutz, 2012[5].

Dieter Beese, Werner Schiewek

Positivismus

Der P. erhebt programmatisch den Anspruch, alle Erkenntnis im Ausgang von unmittelbar in der Erfahrung Gegebenem zu gewinnen.
In der Wissenschaftstheorie bzw. als philosophische Haltung zur Wissenschaft betont der P. die Abgrenzung zur Metaphysik und weist tiefergehende Warum-Fragen, ebenso wie den Rückgriff auf die Kausalität zur Erklärung von Zusammenhängen und Regelmäßigkeiten zurück. Nicht wahrnehmbare Entitäten lehnt er ab.

Positivisten bestreiten nicht, dass die Akkumulation von Wissen theoriegeleitet erfolgt; theoretische Sätze müssen indes durch ein bestimmtes Verfahren prüfbar sein.

Als Begründer des P. gilt A. Comte, der den Begriff von Schülern Saint-Simons übernahm. Comte stellte in seinem „Cours de philosophie positive" ein Stufenschema der Wissenschaftsentwicklung auf, in dem auf eine theologische eine metaphysische Phase folgt und schließlich die positive Wissenschaft erreicht wird. Während die Theologie nach ersten Ursachen suche und Götter erfinde, ersetze die Metaphysik diese durch theoretische Wesenheiten. Die positive Wissenschaft verzichte auf beides und fordere eine Beschränkung auf Tatsachen. Deren theoriegeleitete Verknüpfung ermöglicht Erklärung, Vorhersage und Vorbeugung und damit die Verfügung des Menschen über Natur und →Gesellschaft. Das Positive ist für Comte daher nicht nur das Tatsächliche, sondern auch das Nützliche. Comtes P. ist zugleich Wissenschaftstheorie und Weltanschauung. Er gründete eine positivistische Kirche zur Beförderung freidenkerischer Tugenden.

Auch der neuere P. (Neop.) steht vor dem Eindruck des Erfolgs der Naturwissenschaften und will diesen durch eine Vereinheitlichung der Methode auf alle anderen Wissenschaften übertragen. Im Rahmen der „Berliner Gesellschaft für empirische Philosophie" und des „Wiener Kreises" entwickelte sich zu Beginn des 20. Jh.s die vom älteren P. abweichende Auffassung, dass logische und mathematische Sätze erfahrungsunabhängig und gleichwohl sinnvoll seien. Dies hat dem neueren P. auch den Namen logischer P. eingetragen. Die Logik wird für R. Carnap und B. Russell zur Grammatik der Wissenschaftssprache. Die Philosophie solle durch die logische Analyse der Sprache eine solche Wissenschaftslogik vorbereiten und Scheinfragen und Scheinsätze, wie sie in der traditionellen Metaphysik begegneten, aufklären, d. h. als unmöglich oder sinnlos erweisen. Diese Selbstbeschränkung der Philosophie wie auch die Festlegung der Wissenschaften auf einen Einheitstypus hat viel Widerspruch erfahren. Auch als Theorie der Naturwissenschaften kann der P. nicht befriedigen, da der Verzicht auf theoretische Entitäten und auf weiterreichende Erklärungen der neueren Entwicklung der Naturwissenschaften nicht gerecht wird.

In der Rechtstheorie trennten J. Bentham u. J. Austin in England sowie F. C. v. Savigny u. B. Windscheid in Deutschland die Frage nach der Geltung des →Rechts vollständig von der seiner moralischen Legitimation. Unter Bezug auf Comtes Programm und auf die aristotelisch-scholastische Unterscheidung zwischen ius positivum (gesetztes Recht) und ius naturale (→Naturrecht) wird diese Position als Rechtsp. bezeichnet. H. Kelsen gab ihr in seiner „Theorie des reinen Rechts" die klassische Ausprägung. Er teilt mit dem logischen P. die Auffassung, dass nur empirische und analytische Aussagen wissenschaftlichen Charakter haben. Urteile über die →Gerechtigkeit scheiden aus der reinen Rechtslehre aus. „Daher kann jeder beliebige Inhalt Recht sein. Es gibt kein menschliches Verhalten, das als solches, kraft seines Gehalts, ausgeschlossen wäre, Inhalt einer Rechtsnorm zu sein." (Rechtslehre, 201) Die Geltung des Rechts gründe allerdings nicht auf der Macht zu seiner Durchsetzung, sondern auf der Befugnis der rechtsetzenden Instanz. Die Befugnisse sind nach Kelsen durch ein hierarchisches System geregelt. Die Geltung der Grundnorm, von der alle anderen Stufen des Rechtssystems abhängen, muss vorausgesetzt werden. Sowohl die Berechtigung einer solchen Setzung wie auch die Frage, ob das Rechtssystem nicht offen sein muss für Einflüsse seitens der Politik wie auch für eine gesellschaftliche Debatte über die moralische Angemessenheit des geltenden Rechts haben in der Rechtstheorie und -philosophie viele gegenläufige Ansätze auf den Plan gerufen.

A. Comte, Cours de philosophie positive, 6 Bde., Paris, 1830–42 – H. Kelsen, Reine Rechtslehre. Einführung in die rechtswissenschaftliche Problematik, 1934 – O. Höffe, Politische Gerechtigkeit. Grundlegung einer kritischen Philosophie von Recht und Staat, 1989 – J. Habermas, Faktizität und Geltung, Beiträge zur Diskurstheorie des Rechts und des demokratischen Rechtsstaats, 1992 – I. Hacking, Einführung in die Philosophie der Naturwissenschaften, 1996 – M. Singer, The legacy of positivism, 2005.

Michael Fuchs

Postwachstumsökonomie

1. Hintergrund und Entstehung. Anknüpfend an die Wachstumsdebatte (→Wachstum) der 1970er Jahre durch (D. Meadows et al.) entstand die P. innerhalb einer zweiten Welle wachstumskritischer Strömungen in den 2000er Jahren; insb. als Reflex auf die gescheiterte Entkopplung wirtschaftlichen Wachstums von Umweltschäden durch ökologische *Effizienz* oder *Konsistenz*. Basierend auf thermodynamischen Gesetzen (N. Georgescu-Roegen) konstituiert die P. ein ökomisches System, das innerhalb ökologischer Grenzen (→Ökologie) ohne Wachstum des →Bruttoinlandsproduktes stabilisiert werden soll. Die nötige Transformation verliefe in modernen Konsumgesellschaften (→Konsum) reduktiv, teilweise als De-Industrialisierung (→Industrie) und De-Globalisierung (→Globalisierung). Konträr zum sog. „*Grünen Wachstum*", aber auch abweichend von anderen wachstumskritischen Positionen akzentuiert die P. u. a. eine mikroökonomische Fundierung individueller Lebens- und Versorgungspraktiken, deren notwendige Begrenzung daraus folgt, dass industrielle Spezialisierung und entgrenzte →Mobilität nicht ökologisch neutralisiert werden können.

2. Inhaltlicher Rahmen und Umsetzungsschritte. Um ökologische Grenzen zu operationalisieren, wird

u. a. Bezug auf das Zwei-Grad-Klimaschutzziel (→Klimawandel und Klimagerechtigkeit) genommen. Demnach stünde jeder Person ein jährliches CO_2-Kontingent von etwa einem Fünftel des derzeitigen EU-Durchschnittswertes zu (vgl. Budget-Ansatz des WGBU). Dies impliziert ein vierstufiges Reduktionsprogramm.

2.1 Sesshaftigkeit und →Suffizienz. Die P. setzt materiell begrenzte Konsum- und Mobilitätsansprüche voraus, rekurriert dabei auf drei Kausalitäten: Suffizienz (1) als Reaktion auf Erschöpfungsphänomene (A. Ehrenberg), „Befreiung vom Überfluss" (N. Paech), zeitökonomische Rationalität eingedenk überstrapazierter Aufmerksamkeitsressourcen, (2) als Grundlage für ökonomische Souveränität, →Autonomie, insb. „Resilienz" (R. Hopkins) und (3) als „Prinzip →Verantwortung" (H. Jonas) angesichts mangelnder ethisch vertretbarer Alternativen zur Reduktion.

2.2 Prosumenten und →Subsistenz. Die P. sieht u. a. vor, industrielle Fremdversorgung graduell und punktuell durch urbane Subsistenz zu ersetzen: (1) Eigene →Produktion (z. B. in Gemeinschaftsgärten), (2) Instandhaltung/Reparatur von Konsumgütern (z. B. in Repair Cafes), (3) Gemeinschaftsnutzung (z. B. vier Nachbarn teilen sich ein Auto) sowie (4) Gesundheit/Selbstwirksamkeit (z. B. durch körperliche →Arbeit, Bewegung, gesunde Ernährung, künstlerische Aktivitäten). Subsistenzleistungen speisen sich aus drei dekommodifizierten Ressourcen: (i) Handwerkliche, manuelle, künstlerische Fähigkeiten, (ii) eigene Zeitressourcen und (iii) soziale Vernetzung. Diese Ressourcen wären synchron zum partiellen Industrierückbau zu generieren, um den Output- und Einkommensrückgang durch Subsistenzpraktiken sozial verträglich zu gestalten. Duale Versorgungsstile, bestehend aus 20 Stunden Erwerbsarbeit (→Arbeitszeit) und 20 Stunden Eigenarbeit verweisen auf sog. „Prosumenten" (A. Toffler).

2.3 Regionalwirtschaft. Als ergänzendes Versorgungssystem mit geringerem Spezialisierungsgrad, Technik- und Kapitalaufwand nutzt die Regionalökonomie unternehmerische Spezialisierungsvorteile, jedoch de-globalisiert, basierend auf arbeitsintensiveren Prozessen sowie komplementären Regionalwährungen. Handwerkliche Produkte, Ökolandbau, wissensintensive Dienst- und Reparaturleistungen sowie Sharing-Services und kleinräumige Kreislaufwirtschafts- und Energiesysteme zählen u. a. zu den Outputs.

2.4 Angepasste Industriesysteme. Der nach Ausschöpfung obiger Reduktionspotenziale verbleibende Bedarf an industrieller Neuproduktion beschränkt sich auf den optimierten Ersatz nicht mehr zu erhaltender Objekte, somit auf die Aufrechterhaltung einer konstanten, prinzipiell nicht mehr wachsenden Güterausstattung. Zusätzlich würden Konzepte der Bestandspflege, technischen Aufwertung, Renovation, Konversion, Sanierung, Nutzungsdauerverlängerung und Nutzungsintensivierung zur produktionslosen Wertschöpfung beitragen; ebenso Märkte für gebrauchte und aufgearbeitete Güter sowie Sharing- und Verleihsysteme, insb. ein langlebiges, reparables Produktdesign.

3. Institutionelle Maßnahmen. Boden-, Geld- und Finanzmarktreformen, insb. Regionalwährungen mit einer das Zinsniveau gegen Null senkenden Geldumlaufsicherung könnten systemimmanente Wachstumszwänge mildern. Veränderte Unternehmensformen (z. B. →Genossenschaften, Gemeingüter) würden die Gewinndynamik dämpfen. Ein Abbau Wachstum fördernder →Subventionen könnte ökologische Schäden und die öffentliche Verschuldung (→Schuldenkrise) reduzieren. Die P. sieht zudem ein Bodenversiegelungsmoratorium und Rückbauprogramme vor. Insb. Flughäfen, Industrieflächen, Autobahnen, Parkplätze und wären teilweise zu entsiegeln, zu renaturieren oder für Anlagen zur Nutzung erneuerbarer →Energien zu nutzen, um die Landschaftsverbräuche dieser Technologie (→Technikfolgenabschätzung) zu reduzieren. Produkte wären mit dem CO_2-Fußabdruck entlang ihres Lebenszyklus zu kennzeichnen. Nötig wären auch eine Vermögenssteuer (→Vermögen), ein Bildungssystem, das zur urbanen Subsistenz befähigt, die Verkürzung der Erwerbsarbeitszeit etc.

N. Georgescu-Roegen, The Entropy Law and the Economic Process, 1971 – D. Meadows et al., Die Grenzen des Wachstums, 1972 – H. Daly, Steady-State Economics, 1977 – L. Mumford, Mythos der Maschine. Kultur, Technik und Macht, 1977 – H. Jonas, Das Prinzip Verantwortung, 1979 – R. Hueting, New scarcity and economic growth, 1980 – A. Toffler, The Third Wave, 1980 (Lit.) – M. Gronemeyer, Die Macht der Bedürfnisse, 1988 – S. Sakar, Die nachhaltige Gesellschaft, 2001 – L. Kohr, Das Ende der Großen. Zurück zum menschlichen Maß, 2002 – A. Ehrenberg, Das erschöpfte Selbst. Depression und Gesellschaft in der Gegenwart, 2004 – M. Pallante, La decrescita felice. La qualità della vita non dipende dal PIL, 2005 – R. Hopkins, The Transition Handbook, 2006 – S. Latouche, Le pari de la décroissance, 2006 – P. A. Victor, Managing Without Growth: Slower by Design, Not Disaster, 2008 – H. C. Binswanger, Vorwärts zur Mäßigung, 2009 – T. Jackson, Prosperity without Growth: Economics for a Finite Planet, 2009 – J. Martínez-Alier, Socially Sustainable Economic De-Growth, in: Development and Change 40 (6) 2009, 1099–1119 – WGBU, Kassensturz für den Weltklimavertrag. Der Budgetansatz, 2009 – M. Miegel, Exit – Wohlstand ohne Wachstum, 2010 – I. Illich, Selbstbegrenzung. Eine politische Kritik der Technik, 2011 – J. B. Schor, Plenitude. The New Economics of True Wealth, 2011 – N. Paech, Befreiung vom Überfluss. Auf dem Weg in die Postwachstumsökonomie, 2012 – Ders., Nachhaltiges Wirtschaften jenseits von Innovationsorientierung und Wachstum, 2012 – E. F. Schumacher, Small is Beautiful, 2013.

Niko Paech

Pragmatismus

1. Begriffsgeschichte. Unter der Bez. „P./pragmatism" (gr. pragma, praxis) werden diejenigen philosoph. Ansätze zusammengefasst, die alle menschl. Vollzüge und die daraus resultierenden philosoph. Fragen unter dem *Aspekt des →Handelns* im Blick auf die *Bewältigung praktischer Aufgaben* innerhalb des menschl. Lebens betrachten. Als philosoph. Strömung ist der „P." – von CH. S. PEIRCE (1839–1914) und auf andere Weise von W. JAMES (1842–1912) begründet – am Ende des 19. Jh.s in den USA entstanden.

2. Denken und Erkennen. Da gegenüber den anderen Vermögen des Menschen das menschl. Handeln für den P. eine hervorgehobene Stellung besitzt, sind auch theoret. Denken und Erkennen auf das Handeln bezogen, so dass *praktische Erfolge und Nützlichkeiten* (JAMES) zu Kriterien gültiger Erkenntnis werden (Praktikabilität). Als Konsequenz aus seinen semiotischen Überlegungen formuliert PEIRCE die „p. Maxime": „Überlege, welche Wirkungen, die denkbarerweise praktische Relevanz haben könnten, wir dem Gegenstand unseres Begriffs in unserer Vorstellung zuschreiben. Dann ist unser Begriff dieser Wirkungen das Ganze unseres Begriffes des Gegenstandes". Wird die Bedeutung eines Begriffs durch den praktischen Handlungskontext bestimmt, dann ist Realität als das in der Gemeinschaft interpretierbare Handeln erfahrbar und als *„wahr"* gilt dasjenige, was sich in der *Lebenspraxis* bewährt (JAMES) oder zu deren Grundlage machen lässt (PEIRCE). In diesem Sinne interpretiert R. RORTY – dessen Ansatz auch als „Neo-P." bezeichnet wird – die Deutung von Begriffen als „lebensangemessen". Die p. Wahrheitsauffassung, die sich u. a. gegen skeptizist. und gegen formalist. Auffassungen richtet (H. PUTNAM), kann dann in einen wissenschaftl. *Operationalismus* (P. W. BRIDGEMAN, H. DINGLER) überführt werden.

3. →Gesellschaft und →Handeln. Ein *Konsens über Handlungsregeln* soll innerhalb der Gemeinschaft der Handelnden und Kommunizierenden eine Handlungssicherheit herstellen. Prozedural bestimmen *Zweifel (doubt)* und *Überzeugungen (belief)*, die gleichermaßen der Rechtfertigung bedürfen, diese im Blick auf ihre „beliefs" prinzipiell fallible Gemeinschaft (PEIRCE). Moralisches Handeln wird durch die langfristige Herausarbeitung einer „konkreten Vernünftigkeit" als oberster Zweck aller Handlungen bestimmt. Den Glauben an die Existenz einer *moralischen Ordnung* interpretiert – im Unterschied zu PEIRCE – JAMES in seiner empirischen Variante des P. als pragmatisch im Sinne der Befriedigung von Grundbedürfnissen und Erfüllung von Erwartungen entsprechend dem, „was für jeden Teil des Lebens am besten passt" (JAMES). Im Blick auf die Bedürfnisbefriedigung spricht F. C. S. SCHILLER (1864–1937) auch vom P. als *Humanismus*. Die praktische Anwendung p. Prinzipien in *Pädagogik* und *→Politik* ist das Anliegen von J. DEWEY (1859–1954), der Denken und Erkennen entsprechend den Anforderungen des Lebens und seiner praktischen Probleme deutet (*Anpassung* an wechselnde Bedingungen).

4. Wirkung und Kritik. Einflüsse des P. findet man in diskurstheoret. Ansätzen (→Diskursethik) der →Sozialethik. Die Bemühungen der p. Ansätze, Denken, Handeln und Lebenswelt als eine *einheitl. funktionale Struktur* aufzufassen, sind unverkennbar. Im Inferentialismus werden p. Momente durch Betonung der Explikation habitualisierter Praxen hervorgehoben (BRANDOM). Einige der Autoren neigen aber auch zu *reduktionist. Interpretationen* ontolog., epistemischer und eth. Zusammenhänge. Die utilitarist. (→Utilitarismus), konsequenzialist., relativist. und positivist. (→Positivismus) Elemente des P. werden hierbei erkennbar. Kritisch betrachtet beschränken die p. Ansätze die „→Vernunft auf ein bloßes Instrument" zweckrationalen Handelns (→HORKHEIMER). Damit wird eine problematische Übertragung ökonom. und naturwiss. Effektivitätsdenkens auf philosoph. Denkprinzipien deutlich. War der P. ursprünglich als ein Gegenbegriff zum →Fundamentalismus (ALBERT) formuliert worden, zeigt jedoch die Krisenerfahrung der Moderne die Grenzen eines scheinbar ideologiefreien P. bei der Lösung von Problemen der modernen Handlungsgemeinschaft.

F. C. S. SCHILLER, Humanismus. Beiträge zu einer pragmatischen Philosophie, 1911 – W. JAMES, Der P. Ein neuer Name für alte Denkmethoden, 1928 – J. DEWEY, Wie wir denken, 1951 – C. S. PEIRCE, Schriften, 1967f. – M. HORKHEIMER, Zur Kritik der instrumentellen Vernunft, Gesammelte Schriften, [VI]1991 – F. SCHNEIDER u. a. (Hg.), P. versus Fundamentalismus. Mit Beiträgen von H. ALBERT u. a., 1993 – H. PUTNAM, P. Eine offene Frage, 1995 – R. B. GOODMAN, P. A Contemporary Reader, 1995 – A. WÜSTEHUBE (Hg.), Pragmatische Rationalitätstheorien, 1995, R. BRANDOM, Perspectives on Pragmatism: Classical, Recent, and Contemporary, 2011.

Dirk Lanzerath

Pränatalmedizin

1. Begriff, Aufgabe und Gegenstand. Die P. ist die vorgeburtliche Medizin, die sich auf den Embryo bzw. den Fötus wie auf die Schwangere bezieht. Ihre Aufgabe beginnt also erst, wenn eine Schwangerschaft besteht. Sie ist daher von der extrakorporalen →Fortpflanzungsmedizin, d. h. den verschiedenen Therapieformen der assistierten Reproduktionstechnik (ART) und den unterschiedlichen Verfahren der Präimplantationsdiagnostik (PID) abzugrenzen, auch wenn es bei den Indikationen eine Reihe von Überschneidungen gibt. Die P. hat zwei unterschiedliche Adressaten, wobei die medizinische Versorgung des Ungeborenen nur bei gleichzeitiger Versorgung der werdenden Mutter und folglich auch nur mit ihrer Zustimmung und ihrer aktiven Unterstützung erfolgen kann. Die medizinische Versorgung der Schwangeren geschieht jedoch nicht nur um des ungeborenen Kindes, sondern auch um der Frau selbst willen. Wiederum erfolgt die medizinische Versorgung des Fötus nicht nur um seiner selbst willen, sondern auch im Interesse der Gesundheit der Mutter. Aus diesem Umstand können Zielkonflikte entstehen, wenn Leben und Gesundheit des Fötus gegen Leben und Gesundheit der Mutter stehen. Was die medizinische Betreuung und Versorgung des Embryos bzw. des Fötus betrifft, so besteht die P. aus zwei Hauptgebieten, nämlich der Pränataldiagnostik (PND) und der pränatalen Therapie (PT), also der vorgeburtlichen Therapie im Uterus, wobei beides Sammelbezeichnungen für unterschiedliche Verfahren sind. Auch ist die P. ein interdisziplinäres Fachgebiet, auf dem Gynäkologie und Geburtshilfe, Perinatologie, →Genetik und klinische Psychologie zusammenarbeiten.

2. Pränatale Diagnostik. Als PND fasst man eine Reihe von Diagnoseverfahren zusammen, mit deren Hilfe bereits während der Schwangerschaft beim Embryo bzw. Fötus Krankheiten oder genetische Auffälligkeiten festgestellt werden können. Dabei kann es sich um genetisch bedingte (Erbkrankheiten) oder um erworbene Schädigungen handeln, z. B. in Folge einer Erkrankung (Beispiel: Rötelinfektion) oder Verletzung der Mutter während der Schwangerschaft. Missbildende Faktoren, die für den Fötus ein gesundheitliches Risiko darstellen, sind z. B. Alkohol- und Nikotinkonsum, Viruserkrankungen, Medikamente oder Chemikalien.

Sofern es sich um genetische Untersuchungen handelt, gehören sie in den weiteren Bereich der genetischen Beratung und der prädiktiven Medizin. Hierunter versteht man die Diagnostik a) zur Feststellung einer Prädisposition für eine Krankheit, insbesondere die Veranlagung für eine möglicherweise zukünftig ausbrechende Erbkrankheit, b) zur Feststellung eines Überträgerstatus. Die prädiktive Medizin kann unterschiedliche Ziele verfolgen, nämlich a) therapeutische Ziele, b) den Zweck der medizinischen Vorsorge, c) Lebens- und Familienplanung (→Geburtenregelung), d) Selektion von erwünschten oder unerwünschten Eigenschaften.

Die Methoden der PND werden in invasive und nichtinvasive unterteilt. Nicht invasiv sind Ultraschalluntersuchungen und Untersuchungen des Blutes der Schwangeren, die mittelbar Rückschlüsse auf den Gesundheitszustand bzw. auf mögliche Erkrankungen des Fötus zulassen. Beispiele sind die Nackenfaltenmessung im Ultraschall oder Blutuntersuchungen bei der Schwangeren, durch die sich z. B. schon frühzeitig ein Down-Syndrom (Trisomie 21) feststellen lässt. Invasive Methoden sind solche, bei denen ein diagnostischer Eingriff an der Fruchtblase oder am Embryo bzw. Fötus selbst vorgenommen wird. Hierzu zählen Amniozentese (Fruchtwasserspiegelung), Chorionzottenbiopsie (im Bereich des Nabelschnuransatzes), Nabelschnurpunktion, Embryo- bzw. Fetoskopie sowie Leber- oder Hautbiopsie am Fötus. Wiederum lassen sich vier Untersuchungsebenen unterscheiden: a) morphologische bzw. Phänotyp-Ebene (z. B. Ultraschall), b) biochemische Ebene (Beispiel: Triple-Tests auf Trisomie 21, 13 u. 18), c) chromosomale Ebene (Amniozentese etc.), sowie d) DNA-Ebene. Auffällige Befunde auf den ersten beiden Ebenen können weitere Untersuchungen auf den beiden anderen Ebenen nach sich ziehen.

Während nichtinvasive Methoden wie Ultraschalluntersuchungen längst zur Routine der Schwangerschaftsbegleitung gehören, werden invasive Untersuchungsmethoden nur bei begründetem Verdacht, bei einem bekannten erhöhten Risiko (z. B. bei Schwangerschaften ab dem 36. Lebensjahr) oder auch in Fällen eingesetzt, bei denen die werdende Mutter in hohem Maße beunruhigt oder ängstlich ist. Hierbei gilt es zwischen der Wahrscheinlichkeit eines positiven Befundes und dem Risiko einer Schädigung des Fetus durch die Untersuchung selbst abzuwägen, die bis zur Fehlgeburt reichen kann.

Grundsätzlich gilt, dass die PND wie auch sonst medizinische Untersuchungen nur nach entsprechender Aufklärung und freiwilliger Zustimmung der Schwangeren (informed consent) vorgenommen werden darf. Eine besondere Problematik stellt jedoch nicht nur die mögliche Risikoabwägung dar, sondern auch die Klärung des Untersuchungszwecks. Es ist also zu prüfen, welche Konsequenzen gegebenenfalls aus einem positiven Befund gezogen werden sollen. Sie können von einer engmaschigeren Kontrolle während der weiteren Schwangerschaft über die Einleitung vorgeburtlicher therapeutischer Maßnahmen bis hin zum Schwangerschaftsabbruch reichen. Im Unterschied zu Ländern wie Österreich ist die embryopathische Indikation zwar aus dem deutschen Strafrecht gestrichen worden. Faktisch kommt sie aber auch in Deutschland nach wie vor zur Anwendung, auch wenn Abtreibungen in diesen Fällen damit gerechtfertigt werden, dass die Fortführung der Schwangerschaft für die werdende Mutter eine zu große psychische und damit gesundheitliche Belastung darstellt. Bei entsprechenden Befunden sind Abtreibungen nicht nur nach dem Ende der ersten drei Schwangerschaftsmonate erlaubt, sondern auch noch nach der 22. Schwangerschaftswoche, d. h. zu einem Zeitpunkt, zu dem der Fötus bereits außerhalb des Mutterleibes lebensfähig ist.

3. Pränatale Therapie. Sofern nicht die Schwangere, sondern der Fötus Adressat medizinischer Behandlung ist, lässt sich zwischen indirekter und direkter pränataler Therapie unterscheiden. Indirekt sind alle therapeutischen Maßnahmen zugunsten des Kindes, die an der Mutter vorgenommen werden. Direkt sind solche, die unmittelbar am Fötus vorgenommen werden. Möglich sind z. B. Bluttransfusionen über die Nabelschnur bei Blutarmut (Anämie) oder bei Rhesusunverträglichkeit. Durch die vorgeburtliche Substitution fehlender Hormone lässt sich auch das androgenitale Syndrom bereits während der Schwangerschaft erfolgreich behandeln, wobei die Therapie auch nach der Geburt lebenslang fortzusetzen ist. Auch eine Herzinsuffizienz ist pränatal therapierbar. Fortschritte sind außerdem auf dem Gebiet der Fetalchirurgie zu verzeichnen. Sie reichen von der Beseitigung von Hohlraumverschlüssen (Obstruktionen) über die vorgeburtliche Trennung von lebensgefährlichen Gefäßverbindungen bei Zwillingen bis zu operativen Verschlüssen von Formen der spina bifida aperta („offener Rücken"), die schon vereinzelt gelungen sind. Das Ziel pränataler therapeutischer Maßnahmen ist es, dass das Kind lebensfähig zur Welt kommt und möglichst ohne bleibende Schäden leben kann.

4. Rechtliche Aspekte. P. und PND werfen eine Reihe von rechtlichen Fragen auf. Sie betreffen zum einen medizinrechtliche Regelungen und gesetzlich geregelte Leistungsansprüche von Schwangeren. Sodann geht es um Fragen der Sorgfaltspflicht und zwar nicht nur bei der Durchführung der Untersuchungen, sondern auch bei der ärztlichen Aufklärung, insbesondere hinsichtlich möglicher Risiken, die bei einzelnen Untersuchungsmethoden bestehen, aber auch hinsichtlich der Möglichkeit einer Fehldiagnose. So kommt es vereinzelt selbst bei Einhaltung diagnostischer Standards nicht nur dazu, dass ein positiver Befund übersehen wird, sondern dass auch fälschlicherweise eine Erkrankung oder Schädigung des Fötus diagnostiziert wird, die unter Umständen zur Abtreibung eines gesunden Kindes führt. Hier stellt sich eine Reihe von haftungsrechtlichen Fragen, bis hin zu Schadensersatzforderungen in Fällen, in denen ein behindertes Kind aufgrund einer Fehldiagnose zur Welt kommt. Derartige Fälle von „wrongful birth" sind in den zurückliegenden Jahren wiederholt bei Gerichten anhängig gewesen. Dabei steht außer Streit, dass ein Kind selbst niemals ein Schaden sein kann, wohl aber der Mehraufwand für die Versorgung eines behinderten Kindes.

5. Ethische Probleme. Die Option einer möglichen Abtreibung gehört zu den grundlegenden ethischen Problemen der P. Abgesehen von der Frage, wie die schadensrechtliche Behandlung von Fällen von „wrongful birth" ethisch zu bewerten ist, muss man grundsätzlich feststellen, dass die „Schwangerschaft auf Probe" zu den Schattenseiten der modernen P. gehört. Empirische Studien zeigen, dass sich die Schwangerschaft für viele Frauen in zwei Phasen einteilt, nämlich in die Zeit vor und nach dem Untersuchungsergebnis.

Die P. hat einerseits zu einer deutlichen Verbesserung der medizinischen Versorgung nicht nur der Schwangeren, sondern auch der ungeborenen Kinder geführt. Ihr Preis ist andererseits eine fortschreitende Medikalisierung von Schwangerschaft und Geburt, bis dahin, dass inzwischen der Berufstand der freiberuflichen Hebamme aus haftungsrechtlichen Gründen in seiner Existenz gefährdet ist. Waren Frauen in vergangenen Epochen „guter Hoffnung", so sind sie heute von dem Moment, in dem ihre Schwangerschaft festgestellt wird, engmaschigen Kontrollen unterworfen, dabei möglicherweise wiederholt mit der Frage konfrontiert, ob sie das Kind bis zur Geburt austragen sollen oder nicht.

Dass sich P. nicht nur auf die Individuen, sondern auf die Gesellschaft im Ganzen auswirkt, zeigt sich auch im Umgang mit Behinderungen. Obwohl sich z. B. die Lebenserwartung und die Lebensqualität von Menschen mit Down-Syndrom dank des medizinischen Fortschritts erheblich verbessert haben, nimmt ihre Zahl dramatisch ab. Mehr als 90 Prozent von ihnen werden nach PND legal abgetrieben, zumal die Diagnose inzwischen deutlich vor Ablauf der Dreimonatsfrist stellen lässt, innerhalb derer eine Abtreibung ohne besondere Indikation straffrei ist. Eltern, die sich trotz der heutigen Möglichkeiten der PND dazu entschließen, ein behindertes Kind anzunehmen, geraten unter gesellschaftlichen Rechtfertigungsdruck. So wenig die Gesellschaft betroffene Mütter oder Eltern zur Fortführung der Schwangerschaft zwingen kann, so sehr ist doch alles dafür zu tun, dass sie durch umfassende Aufklärung und Beratung wie auch durch wirksame sozialpolitische Maßnahmen ermutigt werden, von einer Abtreibung Abstand zu nehmen. Um in derartige Dilemmata gar nicht erst hineinzugeraten, kann auch der Verzicht auf PND eine ethisch verantwortliche Entscheidung sein, die keine Diskriminierung nach sich ziehen sollte. Abzulehnen ist die Selektion von Embryonen oder Feten nach ihrem Geschlecht oder sonstigen Eigenschaften, sofern hierfür keine ernsthaften medizinischen Gründe vorliegen (Beispiel: Hämophilie).

Wie die prädiktive Medizin im Allgemeinen leidet auch die PND an dem Dilemma, dass oftmals eine Diagnose möglich ist, ohne dass ein Therapieangebot besteht. In diesem Fall gilt es abzuwägen, worin der Nutzen diagnostischen Wissens besteht, wenn doch Behandlung oder Heilung nicht möglich ist, und wie das Recht der Eltern auf Wissen gegen das Recht des Kindes auf Nichtwissen abzuwägen ist.

Generell sollte der Einsatz von P. und PND vor allem aus dem Blickwinkel beurteilt werden, wieweit er dem Wohl des ungeborenen Kindes dient. Die Medizinethik hat an dieser Stelle eine advokatorische Funktion (H. KRESS), die Verbesserungen im Bereich der gesundheitlichen Aufklärung und Beratung von Schwangeren einschließt.

P. G. Fedor-Freybergh (Hg.), Pränatale und Perinatale Psychologie und Medizin, 1987– B. Maier, Ethik in Gynäkologie und Geburtshilfe, 2000 – H. Schneider/P. Husslein/K. T. M. Schneider (Hg.), Geburtshilfe, 2000 – B. Duden/J. Schulmbohm/P. Veit (Hg.), Geschichte des Ungeborenen, 2002 – U. Riedel, „Kind als Schaden", 2003 – G. Pöltner, Grundkurs Medizin-Ethik, 2006², 133–159 – Chr. Kopetzki, „Wronful birth" – Haftung bei fehlerhafter pränataler Diagnose, RdM 2008/38, 56–59 – Chr. Wewetzer (Hg.), Spätabbruch der Schwangerschaft, 2008 – H. Kress, Medizinische Ethik, 2009², 193ff. 212–216 – K. Wassermann/A. Rohde, Pränataldiagnostik und psychosoziale Beratung, 2009 – H. Haaker, Hauptsache gesund? Ethische Fragen der Pränatal- und Präimplantationsdiagnostik, 2011 – E. Griessler, „Selbstbestimmung" versus „Kind als Schaden" und „Familie", 2012 – W. Holzgreve (Hg.), Pränatale Medizin, 2012 – F. Steger/S. Ehm/M. Tchirikov (Hg.), Pränatale Diagnostik und Therapie in Ethik, Medizin und Recht, 2014.

Ulrich H. J. Körtner

Predigt, politische

Predigt ist die kirchliche Verkündigung der Frohen Botschaft von Jesus Christus als dem gekreuzigten, auferstandenen und wiederkommenden Herrn zum Wohl und Heil aller Menschen. Politische Predigt ist keine Sonderform der Predigt, sondern betrifft die Auseinandersetzung mit gesellschaftspolitischen Fragen und Positionen in der Predigt.

Der Begriff „Politische Predigt" wird zuerst 1797 von Johann Zacharias Hahn verwendet, allerdings noch nicht als feststehender Ausdruck. Er findet sich neben den Begriffen der „patriotischen" und „vaterländischen" Predigt.

Erst nach 1945 beginnt die wissenschaftliche Reflexion, angestoßen einerseits durch die Erfahrung im Kirchenkampf, die sich in der Diskussion um den Gegenwartsbezug der →Barmer Theologische Erklärung und um den Öffentlichkeitsauftrag der Kirche spiegelt; andererseits hat sie ihre Ursache in der Ubiquität des Politischen durch die Ausweitung des politisch-gesellschaftlichen Lebens in der Demokratie. Die Politisierung des öffentlichen Lebens seit 1945 hat auch Theologie, Kirche und Pfarrerschaft erfasst, sie dürfte sogar nicht unerheblich durch sie mit gefördert worden sein. Eben dadurch wurde notwendig auch eine intentional nicht-politische Predigt zu einer indirekt politischen.

Grundsätzlich lassen sich drei Typen der politischen Predigt voneinander unterscheiden:
– die sich an ein politisches System anpassende,
– die es kritisch reflektierende und
– die es negierende politische

Predigt. Beispiele dafür lassen sich durchaus in einer Epoche finden, im 1. Weltkrieg etwa stehen die kriegsverherrlichende Predigt (beispielsweise eines Bruno Doehring), die politisch besonnene Kriegspredigt (beispielsweise eines Otto Baumgarten) sowie die den Krieg und das ihn treibende System ablehnende Predigt (beispielsweise eines Leonard Ragaz) für die verschiedenen Typen.

Im 20. Jahrhundert verschiebt sich erstmalig ihre quantitative Gewichtung. Bis in die fünfziger Jahre hinein ist die herrschaftskonforme Predigt ungleich verbreiteter, während seit den sechziger Jahren die herrschaftskritische Predigt ein stärkeres Gewicht erhält (vergleiche z. B. die Kirchentagspredigt).

Der Sache nach gibt es das Politische in der Predigt zu allen Zeiten.

Die Predigt der Propheten, die Synagogenpredigt, ebenso die Predigt Jesu und der Apostel, die freilich von der Predigt der Kirche zu unterscheiden sind, ist insbesondere von Außenstehenden und Gegnern auch politisch aufgefasst worden. In der Geschichte finden sich in jeder Epoche Beispiele für politische Predigten. Besonders in der Reformationszeit zeigten viele Predigten eine politische Wirkung. Martin Luther (1483–1546), der allein Christus predigen wollte, hat kaum eine Schrift geschrieben oder Predigt gehalten, die nicht auch politisch bedeutsam gewesen wäre.

Vor dem Hintergrund seiner „patriotischen Predigten" gilt Friedrich Daniel Ernst Schleiermacher (1768–1834) als der politische Prediger der Neuzeit. Beispiele für die vom Rationalismus herkommende politische Predigt finden sich bei Johann Heinrich Bernhard Draesecke (1774–1849) in seinen „Predigten über die Wiedergeburt Deutschlands" von 1814.

Im Zeitalter der →Industrialisierung wurde in der Predigt die →Soziale Frage aufgegriffen insbesondere von Freiherr Wilhelm Emmanuel Von Ketteler (1811–1877), Adolf Stoecker (1835–1909) und Friedrich Naumann (1860–1919). Die Predigt während der Zeit des →Nationalsozialismus wird in ihrer politischen Wirkung als von besonderer Bedeutung angesehen. Nicht nur die völkischen oder antisemitischen Predigten der deutsch-christlichen Pfarrer waren politische Predigten. Weil in einer politisch überreizten Atmosphäre das Wort Gottes unvermeidlich politisch wirkt und wird, war auch die Predigt der Bekennenden Kirche ein Politikum, selbst wenn sie einer politischen Entscheidung aus dem Weg gehen wollte. Nach 1945 waren das ungewisse Schicksal vieler deutscher Kriegsgefangener, die Not der Vertriebenen, die Sorge um die Einheit Deutschlands (→Einigung, deutsche), seine besondere Situation durch die Besatzungsmächte und die mit der Entnazifizierung verbundenen Probleme Themen der Predigt. Während sich die Generation der Kirchenkämpfer dieser Situation mehr aus der Not der Zeit heraus stellte, entwickelte sich in den 1950er und 1960er Jahren vor allem bei der jüngeren Generation ein Selbstverständnis, das in der politischen Äußerung von der Kanzel weniger die Not, als vielmehr ein Recht oder sogar die Pflicht auf →Mitbestimmung und

Wahrnehmung von öffentlicher →Verantwortung sah. Ihre Themen sind insbesondere: Alliierte Besatzung, atomare Aufrüstung, Studentenproteste der späten 1960er Jahre. Seit den 1970er Jahren werden die →Friedensproblematik, die Eine Welt und die →Umweltfrage aufgenommen. Darüber hinaus sind die Stärkung der →Menschenrechte, der Demokratie, die Frage der sozialen Sicherheit und die Gleichberechtigung (fem. Theologie) zu Themen der politischen Predigt geworden. Seit Beginn des neuen Jahrhunderts kommen wirtschaftsethische und medienethische Themen hinzu.

Die systematisch-theologische Diskussion ist zunächst vor allem geprägt von der Streitfrage, ob das politische Reden und Handeln der Christen von der →Königsherrschaft Christi her oder im Rahmen der →Zwei-Reiche-Lehre zu begründen sei. Insbesondere die Berufung auf die Barmer Theologische Erklärung, die primär als theologisches Selbstverständnis lutherischer, reformierter und unierter Kirchen in der Zeit des Kirchenkampfes gemeint war, erlangt nun in einem anderen politischen Kontext eine Relevanz im Hinblick auf die Diskussion über Möglichkeit und Grenze kirchlicher Äußerungen zu politischen, wirtschaftlichen oder gesellschaftlichen Themen. War die Barmer Erklärung ein politisches Faktum wider Willen, so sucht man nach 1945 das Politische. Seit den 1960er Jahren lehnt sich die Diskussion zunehmend an die theologischen Konzeptionen der *Neuen Politischen Theologie* von JOHANN BAPTIST METZ, JÜRGEN MOLTMANN und DOROTHEE SÖLLE an. Anliegen dieser, von der lateinamerikanischen →Befreiungstheologie geprägten, in sich aber wiederum sehr verschieden argumentierenden neuen politischen Theologie war es, die eschatologische Botschaft des Neuen Testaments in politische Bewegung umzusetzen. Die politische Predigt stand jetzt in der Gefahr, die gesellschaftliche Relevanz der kirchlichen Verkündigung, zwar nicht zum einzigen, aber doch zum wichtigsten Kriterium für deren Bewertung zu erheben.

In der homiletischen Diskussion besteht Konsens darüber, dass es faktisch und praktisch keine unpolitische Predigt gibt. Weil jede Predigt die Menschenliebe Gottes in die konkrete Weltwirklichkeit hinein bezogen, haftet ihr stets ein politischer Gehalt an – impliziert oder explizit. Demnach wäre es eine Tautologie von politischer Predigt im Sinne eines spezifischen Gattungsbegriffes zu sprechen. Wenn die Predigt den politischen Ereignissen verfällt oder die politische Überzeugung des Predigers politisch leitend ist, spricht man von politisierender Predigt, wobei politische Einseitigkeit oder Ratschläge zu konkreten politischen Entscheidungen in der Predigt kritisch zu bewerten sind. Allerdings gibt es Tendenzen, die politische Predigt als konkreten Ruf zur Mitarbeit für eine Verbesserung der politischen bzw. gesellschaftlichen Verhältnisse zu verstehen. Sie greifen jedoch im Blick auf die Aufgabe der Predigt als Ganzes zu kurz.

Von der politischen Predigt zu unterscheiden ist die Politikerpredigt, deren Aufkommen besonders im letzten Drittel des 20. Jahrhunderts zu beobachten ist (JIMMY CARTER, JOHANNES RAU u. a.).

F. DELEKAT, Die Polit. P., 1947 – H. GOLLWITZER, Erwägungen zur polit. P. (1953/1956), in: DERS., Forderungen der Freiheit. Aufsätze und Reden zur polit. Ethik, 1962, 97–112 – M. JOSUTTIS, Zum Problem der polit. P., in: EvTh 10/1969, 509–523 – DERS., Veränderung im Diesseits. Polit. P.en, 1973 – W. EISINGER, Polit. P. und polit. Rede, in: H. REUTLINGER/G. G. WOLF (Hg.), Kreuzwege, FS für W. Hahn, 1984, 205–266 – H. E. TÖDT, Die politische Predigt, in: DIE ZEIT v. 7. Juni 1985 – F. WINTZER, Die polit. P. in der Neuzeit, in: CH. BIZER u. a. (H.g), Theologisches geschenkt. FS für N. Josuttis, 1996, 352–358 – M. SCHREIBER, Wenn Politiker predigen, in: EvKomm 10/1999, 19–21 – DERS., „Die Boten müssen Boten bleiben". Der Prediger Johannes Rau, in: Rheinischer Merkur vom 02.02. 2006 – H.-R. REUTER, Von der „Kriegstheologie" zur Friedensethik: Zum Wandel der Kriegswahrnehmung im deutschen Protestantismus der letzten 100 Jahre, in: DERS., Recht und Frieden: Beiträge zur politischen Ethik, 2013, S. 58–82.

Matthias Schreiber

Privatisierung

1. Begriff. Im engeren Sinne bezeichnet P. die Übertragung staatlicher Vermögensgegenstände an Private (*Vermögensp.*, z. B. die Veräußerung staatlicher Unternehmensbeteiligungen oder öffentlichen Immobilienbesitzes), bislang staatlich übernommener Verwaltungs- und Erfüllungsaufgaben an Private (*materielle P.*, z. B. im Bereich der Telekommunikation oder Briefbeförderung) und staatlicher Erfüllungsaufgaben an Private ohne Veränderung der staatlichen Verwaltungsverantwortung (*funktionelle P.*, z. B. die Beauftragung privater Unternehmen mit Aufgaben der →öffentlichen Daseinsvorsorge). Im weiteren Sinn umfasst der P.begriff zudem eine von staatlichen Verwaltungsträgern initiierte Gründung privatrechtlicher Unternehmensformen, an die zuvor nach öffentlichem Recht erbrachte staatliche Verwaltungs- und Erfüllungsaufgaben ausgegliedert werden, ohne dass ein Eigentumswechsel an Private stattfindet (*formelle P.*, z. B. die Gründung einer kommunalen AG oder GmbH, an die Aufgaben der öffentlichen Daseinsvorsorge übertragen werden). Formelle P. sind häufig Vorstufe bzw. Voraussetzung einer materiellen P., z. B. die Umwandlung eines Staatsbetriebs in eine AG und spätere vollständige (*Vollp.*) oder teilweise (*Teilp.*) Veräußerung von Anteilen an der →Börse.

2. Grenzen der P. Nicht alle staatlichen Verwaltungs- und Erfüllungsaufgaben stehen einer P. offen. Unbestritten ist eine P. – jedenfalls in Deutschland – aus verfassungsrechtlichen Gründen nicht in Bereichen möglich, in denen die Durchsetzung hoheitlicher Gewalt Zwangsmittel einschließen kann (→Polizei, Steuerverwaltung, Gerichtsbarkeit) oder Ziel der staatlichen Aufgaben die Sicherung der Rechts- und Friedensordnung (Gewaltmonopol) ist (→Polizei, Strafvollzug, Landesverteidigung). Im Bereich öffentlicher Aufgaben der Daseinsvorsorge werden hingegen nach h. M. funktionelle, formelle und materielle P. dann für zulässig gehalten, wenn beim Staat eine unbeschränkte Gewährleistungsverantwortung für die zuvor rein öffentlich wahrgenommenen Aufgaben verbleibt.

3. Ziele der P. Die Ziele der P. hängen stark davon ab, welche staatlichen oder öffentlichen Vermögensgegenstände und Aufgaben p. werden und welche Form der P. gewählt wird. Vermögensp. wird zum einen aus fiskalischen Gründen durchgeführt, zum anderen aber auch ordnungspolitisch mit einem notwendigen Rückzug staatlicher Aktivität aus Wirtschaftsbereichen begründet, die nicht zum Kern staatlicher Aufgaben gehören. Mit materiellen, funktionellen und formellen P. wird häufig die Erwartung einer effizienteren Leistungserbringung privater oder privatrechtlich organisierter öffentlicher →Unternehmen verbunden, woraus – falls die Erwartung zutrifft – wiederum eine Entlastung →öffentlicher Haushalte folgen kann. Effizienzgewinne sind vor allem dann zu erwarten, wenn die P. mit einer Ausweitung des →Wettbewerbs im betroffenen Wirtschaftssektor verbunden ist. Werden bisherige staatliche Monopolbetriebe in private Monopolbetriebe umgewandelt, was v. a. im Bereich von Netzinfrastrukturen sowie bei natürlichen →Monopolen (etwa im Bereich der →Abfallwirtschaft) kaum zu vermeiden ist, lassen sich Effizienzgewinne nur dann erwarten, wenn Private über größeres Know-How verfügen, P. im Bieterverfahren über Konzessionen nur für einen bestimmten Zeitraum vergeben werden und/oder die P. von einem strikten Regulierungsrahmen begleitet wird, der die Abschöpfung von Monopolgewinnen verhindert. Einen Sonderfall stellen die seit den 2000er Jahren deutlich vermehrt auftretenden funktionellen P. in Form öffentlich-privater-Investitionspartnerschaften (ÖPP) dar. Diese sollen v. a. Kommunen (→Kommunalpolitik) und Bundesländern Infrastrukturinvestitionen ermöglichen, für die – u. a. aufgrund der nationalen Schuldenbremse – öffentliche Mittel fehlen. Sie werden vom Bundesrechnungshof sowie von den Rechnungshöfen der Bundesländer scharf kritisiert, weil sie aufgrund höherer Finanzierungskosten der Privaten häufig teurer als konventionelle öffentliche Investitionen sind und zu einer versteckten Überschuldung von Kommunen führen können, da in die Zukunft verschobene Miet- und Pachtkosten im Zeitablauf zu finanziellen Überforderungen führen können.

4. P.bilanz. Eine allgemeine P.bilanz ist aufgrund der Vielzahl von P.formen nicht möglich. In den Bereichen der Vermögensp. und materiellen P. haben Bund und Länder in zwei Privatisierungswellen in den 1990er und 2000er Jahren in erheblichem Ausmaß Staatsunternehmen p. (v. a. in den Bereichen Post, Telekommunikation und →Energiewirtschaft). Im Bereich des Schienenverkehrs ist es bei einer formellen P. verblieben (Deutsche Bahn AG). Die P. konnten ihre Ziele zum Teil erreichen (Telekommunikation), zum Teil blieben Erfolge aufgrund defizitärer →Wettbewerbsregulierung aus (→Energie). Im Zuge der →Finanzkrise ist es zum Teil erzwungenermaßen auch zu einer Sozialisierung gekommen (Hypo Real Estate, Commerzbank), die allerdings temporär angelegt ist.

Auf kommunaler Ebene bleiben viele P. im Bereich der öffentlichen Daseinsvorsorge umstritten (insbesondere die P. der Wasserversorgung). Einige P. scheiterten zudem an →Bürgerinitiativen. P. waren auf kommunaler Ebene dann erfolgreich, wenn sie von vermehrtem und reguliertem →Wettbewerb begleitet wurden. Im Bereich der Umwandlung öffentlicher in private Monopolbetriebe blieben Erfolge hingegen häufig aus, führten bei →Arbeitnehmern zu Gehaltseinbußen und wiesen zum Teil erhebliche Qualitätsmängel auf, sodass einige Kommunen nach Ablauf zeitlich befristeter Konzessionen von der funktionellen P. zur formellen P. zurückwechselten (Rekommunalisierung der öffentlichen Daseinsvorsorge).

Eine Bilanz funktioneller P. in Form von ÖPP steht noch aus, da die überwiegende Zahl der Projekte aufgrund langer Laufzeiten noch keine Bewertung zulässt.

E. U. von Weizsäcker (Hg.), Grenzen der Privatisierung. Wann ist des Guten zu viel?, 2006 – W. Ruegemer, Privatisierung in Deutschland. Eine Bilanz: Von der Treuhand zu Public Private Partnership, 2008 – A. Truger, Privatisierung und öffentliche Finanzen, in: WSI Mitteilungen, 2008[10] – C. Hermann/J. Flecker, Privatization of Public Services. Impacts for Employment, Working Conditions, and Service Quality in Europe, 2012 – M. Hochhuth (Hg.), Rückzug des Staates und Freiheit des Einzelnen: Die Privatisierung existenzieller Infrastrukturen, 2012 – Bundesministerium der Finanzen, Die Beteiligungen des Bundes. Beteiligungsbericht, 2014 – S. Wolff, Public-Private Partnerships in Deutschland, 2014.

Andreas Mayert

Privatsphäre

1. Begriff und Thema. In einem allgemeinen Sinn meint P. den persönlichen Bereich eines Menschen, der äußerem Zugriff entzogen ist. In einem engeren Sinne wird von P. in der juristischen Sphärentheorie gesprochen, die verschiedene Sphären der Persönlichkeit mit unterschiedlicher Schutzbedürftigkeit unterscheidet. Die P. ist hiernach die Sphäre zwischen der Öffentlichkeits– und Sozialsphäre und der Intimsphäre. Die P. ist Ergebnis des allgemeinen Persönlichkeitsrechts nach Art. 2 Abs. 1 GG und Art. 1 Abs. 1 GG, das die freie Entfaltung der Persönlichkeit gewährleistet. Nach bisheriger Rechtsprechung des BVerfG umfasst die P. das Recht am eigenen Bild und am eigenen gesprochenen Wort; dabei ist sie nicht auf den Bereich der eigenen Wohnung beschränkt, sondern sie gilt für alle Bereiche, die nicht als öffentlich anzusprechen sind. Eingriffe in diesen Bereich sind nur nach Abwägung der Verhältnismäßigkeit zulässig (z. B. akustische Wohnraumüberwachung) und haben ihre Grenze im Schutz des unantastbaren Kernbereichs privater Lebensgestaltung (BVerfG 2004).

2. Historische Entwicklung. Das Konzept der P. setzt die Unterscheidung von „privat" und „öffentlich" sowie die Anerkennung eines Bereichs persönlicher Entfaltung und damit von elementaren Persönlichkeitsrechten voraus. Für die Herausbildung der P. waren folgende Entwicklungen wesentlich:

2.1 Trennung von Berufs- und Privatbereich. Die Herausbildung eines abgesonderten Berufsbereichs ist in der Breite Ergebnis der →Industrialisierung; jedoch begann die „Dissoziation von Erwerbs- und Familiensystem" (K. Hausen) in Deutschland schon gegen Ende des 18. Jh.s mit der Herausbildung des →Bürgertums.

2.2 Entwicklung von Öffentlichkeit und Privatheit. Dieser Privatbereich bildete nicht nur den Gegenpol zur Berufswelt, sondern war auch die Voraussetzung einer kritischen Öffentlichkeit (J. Habermas). In der Privatheit, die sich das Bürgertum mit seinem Privatbesitz ermöglichen konnte, entstanden die Autonomie, Subjektivität und Bildung, von denen die Lesegesellschaften und Salons als Orte bürgerlicher Öffentlichkeit profitierten.

2.3 Grundrechte als Abwehrrechte. Das Bürgertum war auch ein wesentlicher Träger der Forderung nach →Grundrechten; in Deutschland wurden sie erstmals in der Paulskirchenverfassung von 1848 formuliert – und zwar im Wesentlichen als Abwehrrechte zur Beschränkung der Staatsgewalt. Der Privatbereich sollte durch die Unverletzlichkeit der Wohnung und die Zusicherung des Briefgeheimnisses gesichert werden (§§ 140–142).

3. Aktuelle Themen und Herausforderungen. Die aktuelle Diskussion um die P. ist durch ein staatlicherseits formuliertes Interesse an →Sicherheit sowie durch die aktuellen Möglichkeiten der Datenverarbeitung und Datenspeicherung geprägt.

3.1 Staatliches Sicherheitsinteresse. Besonders nach den Terroranschlägen vom 11. 9. 2001 (→Terrorismus) sahen sich staatliche Stellen unter Hinweis auf die Sicherheitsinteressen von Bevölkerung und Öffentlichkeit zu erweiterten Eingriffsmöglichkeiten in die P. veranlasst. In Deutschland betreffen sie das Grundrecht des Brief-, Post- und Fernmeldegeheimnisses nach Art. 10 GG (Terrorismusbekämpfungsgesetz 2002; neues Gesetz zur Vorratsdatenspeicherung 2015). Nationalstaatlicher Kontrolle gegenwärtig weitgehend entzogen sind die Möglichkeiten internatonal agierender Geheimdienste zur Massenüberwachung der Telekommunikation (NSA-Skandal 2013).

3.2 Wirtschaftliches Interesse an der Nutzung von Big Data. Als Bedrohung der P. wird auch die Praxis von Unternehmen diskutiert, große personenbezogene Datenmengen zu speichern und miteinander zu verknüpfen (Big Data bzw. Data Mining). Das potentielle Problem für die P. besteht darin, dass hier (z. B. aus Nutzer- bzw. Kundendaten) umfassende Personenprofile mit sensiblen Informationen entstehen bzw. entstehen können (persönliche Vorlieben und Gewohnheiten, sexuelle Neigungen, Gesundheitszustand). 2014 wurde durch den EuGH das „Recht auf Vergessenwerden" im Internet gestärkt (mögliche Löschung von personenbezogenen Informationen auf Antrag der betreffenden Person).

3.3 Post-Privacy. Dieser Ansatz betont die Überholtheit des bisherigen Konzepts von P.: Einerseits lässt sich angesichts der technischen Möglichkeiten der Schutz der P. nicht mehr wirksam gewährleisten, andererseits praktizieren viele Internetnutzerinnen und -nutzer durch bereitwillige Datenbereitstellung bereits den Abschied von der bisherigen P. So wird von Vertreterinnen und Vertretern der Post-Privacy ein pragmatischer Umgang mit den digitalen Möglichkeiten vorgeschlagen und gefragt, ob die „offene Weite des Netzes" nicht mehr Chancen zum „Anderssein" erschließt als das bisherige Konzept der P., das „in engen, bedrückenden Gemeinschaften" und damit in der Zeit vor dem Internet seinen Sinn hatte (Chr. Heller). Hier werden die Möglichkeiten des „Identitätsmanagements" (J. Schmidt) in der digitalen Welt betont.

4. P. in theologischer Perspektive. *4.1 P. und Gottebenbildlichkeit.* Das Konzept der P. lässt sich als sachgerechter Ausdruck der Menschenwürde verstehen, die nach jüdisch-christlicher Überzeugung in der Gottebenbildbestimmung des Menschen wurzelt (W. Huber). Die P. ist dann als der Freiraum zu beschreiben, dessen der Mensch zur Aktualisierung seiner Gottebenbildlichkeit bedarf. Diese Gottebenbildlichkeit ist der tiefste Grund menschlicher Freiheit und Unverfügbarkeit (W. Pannenberg); das Individuum ist danach „als sich selbst und anderen entzogenes Subjekt [...] wesentlich über sein Geheimnis bestimmt" (P. Bahr). Das impliziert auch die Zukunftsoffenheit und Unvorhersehbarkeit menschlicher Lebensgeschichten (Pannenberg). Als Kernpunkt der Menschenwürde kann das Recht des Menschen auf „Achtung der Intimität gegen Beschämung" (W. Härle) formuliert werden.

4.2 Sozialethische und politische Konsequenzen. Diese Einsichten lassen es fraglich erscheinen, die P. nach Art des Post-Privacy-Ansatzes einfach zu verabschieden. Das Recht dieses Ansatzes liegt in der Beobachtung, dass sich die Formen des genannten Freiraums zur Entfaltung der Persönlichkeit verändern;

heute gehört auch die Weite des Netzes dazu. Das erhöht allerdings gerade die Notwendigkeit, den Schutz der P. auch im Internet zu gewährleisten. Nötig ist eine „Repolitisierung des Problems der P. unter den Bedingungen des Web 2.0" (BAHR). Erforderlich ist eine intensive öffentliche Diskussion über das angemessene Verhältnis von Freiheit und Sicherheit. Hier sind zivilgesellschaftliche und politische Akteure gleichermaßen gefordert, wobei auch eine verstärkte Internationalisierung der Diskussion (z. B. auf UN-Ebene) anzustreben wäre (vgl. die Resolution der UN-Generalversammlung zum „Recht auf P. im digitalen Zeitalter", 2013). Für Kirche und Diakonie, die mit zahlreichen personenbezogenen Daten umgehen, stellen der Datenschutz und damit die Sicherung der P. ebenfalls eine stetige Aufgabe dar. Seelsorgerliche Kontakte mit Geistlichen sind immer noch recht weitreichend geschützt (Aussageverweigerungsrecht, Verwertungsverbot von Kommunikationsdaten, vgl. Strafprozessordnung). Allerdings haben kirchliche Akteure auch ihrerseits eine Verantwortung für den sensiblen Umgang mit personenbezogenen Daten (Gemeindebrief, sorgfältige Auswahl der Internetnetzwerke für kirchliche Kommunikation).

4.3 Individualethische Konsequenzen. Allgemein lässt sich auf die Notwendigkeit einer „Kultur der Diskretion und der Scham" verweisen (BAHR), verbunden mit einer erhöhten Medienkompetenz. Sie konkretisiert sich z. B. im Bewusstsein der Akteurinnen und Akteure, dass die Kommunikation in den Social Media (Soziale Netzwerke) die Chance gibt, die Person nicht nur zu enthüllen, sondern durch bewusste Inszenierung auch zu verhüllen und damit Freiraum für das gottgeschenkte Geheimnis der Person zu lassen (CHR. ERNST).

K. HAUSEN, Die Polarisierung der „Geschlechtercharaktere", in: W. CONZE (Hg.), Sozialgeschichte der Familie in der Neuzeit Europas, 1976, 363–393 – W. HUBER, Menschenrechte, 1977 – W. PANNENBERG, Anthropologie in theologischer Perspektive, 1983 – J. HABERMAS, Strukturwandel der Öffentlichkeit, (1962) 1990 – K. JURCZYK/M. OECHSLE, Das Private neu denken, 2008 – W. HÄRLE, Würde, 2010 – CHR. HELLER, Post-Privacy, 2011 – J. SCHMIDT, Das neue Netz, 2011[2] – M. BECKEDAHL u. a. (Hg.), Jahrbuch Netzpolitik 2014 – P. BAHR, Ethik der Kultur, in: HEE, 2015, 401–450 – CHR. ERNST, Mein Gesicht zeig ich nicht auf Facebook, 2015.

Gunther Schendel

Produktion / Produktivität

1. Produktion. *1.1 Begriff.* Unter P. wird die Schaffung von Waren und →Dienstleistungen in einem Prozess verstanden, bei dem die *Produktionsfaktoren* miteinander kombiniert werden. Die Theorie der P. wird beherrscht von der Analyse der Produktionsfaktoren und von der Frage nach den Gesetzen, die bestimmen, welches Produktionsergebnis mit dem Einsatz einer gegebenen Kombination von Produktionsfaktoren erzielt werden kann.

1.1.1 Produktionsfaktoren aus volkswirtschaftl. Sicht. Bei den Physiokraten galt der Boden als der wichtige Produktionsfaktor. In der industriellen Revolution kam zur Arbeit der Faktor Kapital hinzu. KARL MARX unterschied ferner unter fixem und variablem Kapital, also maschinelle Aggregate und reale Anlagegüter. ALFRED MARSHALL fügte den Faktor Management hinzu. Mittlerweile gelten Wissen (Humankapital) und technischer Fortschritt als zentrale Produktionsfaktoren. In jüngerer Zeit wird statt von Boden oft von dem umfassenderen Faktor Umwelt-/Naturkapital gesprochen. Bisweilen werden auch die institutionelle Infrastruktur (z. B. funktionierendes Rechtswesen) oder das Sozialkapital (z. B. gesellschaftlicher Zusammenhalt, zwischenmenschliche Beziehungen) zu den gesamtwirtschaftlich relevanten Produktionsfaktoren gezählt.

1.1.2 Betriebswirtschaftl. Produktion. Die Betriebswirtschaftslehre unterscheidet dagegen die drei Elementarfaktoren objektbezogene Arbeit, Betriebsmittel und Werkstoffe sowie den dispositiven Faktor der Geschäfts- und Betriebsleitung, von dem die Faktoren →Planung, Organisation und Kontrolle abgespalten werden können. Hinzu kamen in den letzten Jahrzehnten, Organisationskapital, Wissenskapital (Forschung und Entwicklung, KLAUS BROCKHOFF) sowie Corporate Governance (→Corporate Social Responsibility) (HORST ALBACH) hinzu. Das betriebswirtschaftliche System der produktiven Faktoren ist anders als die Volkswirtschaftslehre frei von verteilungstheoretischen Fragestellungen und dient ausschließlich der Analyse der produktiven Beziehungen in Mensch-Maschine-Systemen.

1.2 Produktion von Dienstleistungen und Informationen. Mit der Expansion des Dienstleistungssektors, der mittlerweile 70 % des deutschen →Bruttoinlandsprodukts erwirtschaftet (2015), hat die Untersuchung der P. von Dienstleistungen erhebliche Bedeutung erlangt. Die P. von Dienstleistungen unterscheidet sich in einem wesentlichen Punkt: Sie erfordert die Mitwirkung des Kunden bei der P. Die P. ist nicht nur technisch bestimmt, sondern berücksichtigt, dass sich die Dienstleistung im Laufe des Diskussionsprozesses mit dem Kunden (Produktionsprozess) verändern kann. Bei Logistikleistungen besteht die P. heute nicht nur in der Bewegung von Ware von einem Ort zu einem anderen, sondern auch in der Bereitstellung spezieller Dienste wie der laufenden Überwachung der Ware auf ihrem Weg, der Bereitstellung von Möglichkeiten zur Veränderung des Transportweges, Übernahme des Inkasso und die Entsorgung.

Besondere Beachtung verdient die P. von →Informationen. Sie ist dadurch gekennzeichnet, dass die Herstellung der ersten Information sehr hohe Ausgaben verursacht („fixe Kosten" in Form von „sunk costs"), dass aber die Zusatzkosten jeder weiteren Einheit dieser Information gerade angesichts der jüngeren

Entwicklungen in den Kommunikationstechnologien (→Internet etc.) nahe null sind.

2. Produktivität. *2.1 Begriff.* P. bezeichnet ganz allgemein die Fähigkeit einer Person oder Sache, etwas zu leisten und zu erzeugen. Fasst man, wie im wirtschaftlichen Bereich, die Leistungserstellung als Prozess auf, in dem Such- und Dienstleistungen durch die Kombination verschiedener Faktoren (Produktionsmittel; →Produktion), z. B. menschliche →Arbeit, Betriebsmittel und Werkstoffe, hervorgebracht werden, so versteht man unter P. auch das Verhältnis zwischen der Ausbringung des Prozesses und dem Einsatz der Faktoren, jeweils angegeben in physischen oder monetären Einheiten pro Zeitperiode, z. B. Anzahl der Autos pro Arbeiter und Tag oder Ernteertrag pro ha Land und Jahr. P. ist also eine rein technische Kennziffer, die die mengenmäßige Ergiebigkeit der wirtschaftlichen Tätigkeit eines →Betriebes, eines →Unternehmens, einer Wirtschaftsbranche oder einer ganzen →Volkswirtschaft misst. Mit ihrer Angabe ist keinerlei Werturteil darüber verbunden, warum produziert wird und ob ein Erzeugnis wünschenswert ist. Im Gegensatz zu diesem statistisch-neutralen Maßbegriff, der sich im heutigen wirtschaftswissenschaftlichen Sprachgebrauch weitgehend durchgesetzt hat, wurde P. früher auch als Wertbegriff, der den Erfolg des Wirtschaftens auf einen wirtschaftstranszendenten →Wert (z. B. Volkswohlstand oder soziale →Gerechtigkeit) bezog und nur die Leistung produktiv nannte, die diesem Wert entsprach, und als Eigenschaftsbegriff, der sich am Nutzen der eingesetzten Faktoren orientierte und nur bestimmte Faktoren (z. B. →Arbeit) als nützlich einstufte, verwandt.

2.2 Arbeitsproduktivität. Die einzelne Kennziffer P. erhält erst durch den *Vergleich* mit Kennziffern verschiedener Wirtschaftseinheiten (z. B. Unternehmen oder Volkswirtschaften) oder einer Wirtschaftseinheit in aufeinanderfolgenden Zeitperioden seine volle Bedeutung. Von partieller, faktorbezogener P. spricht man, wenn die Ausbringung zu einzelnen Faktoren ins Verhältnis gesetzt wird, z. B. zum Arbeitseinsatz. Diese Kennziffer, auch *Arbeitsproduktivität* genannt, wird häufig verwandt und ihre Änderung im Zeitablauf ist oft auch ein Orientierungspunkt für die →Lohnpolitik. Bei ihrer Interpretation und der aller partiellen Kennziffern ist aber zu beachten, dass die P. eines Faktors im Allg. nicht kausal von der P. anderer Faktoren getrennt werden kann. Eine Steigerung der Arbeitsproduktivität kann sowohl eine Folge von Verbesserungen der manuellen Arbeit als auch ein Ergebnis besserer Maschinen und technischer Verfahren sein.

2.3 Totale Faktorproduktivität. Das Zusammenwirken der einzelnen Faktoren berücksichtigt die totale P. Diese Kennziffer gibt das Verhältnis der Ausbringung zu allen eingesetzten Faktoren an und kann z. B. bei der Analyse des →Wirtschaftswachstums darüber Auskunft geben, inwieweit technischer →Fortschritt eine höhere Ausbringung bei gleichem Faktoreinsatz bzw. eine gleiche Ausbringung bei niedrigerem Faktoreinsatz ermöglicht. Bei einer anderen Anwendungsmöglichkeit wird untersucht, wie effizient ein Unternehmen seine Ressourcen einsetzt; die Ausbringung dieses Unternehmens wird mit der möglichen Ausbringung anderer Unternehmen seiner Branche bei gleichem Faktoreinsatz verglichen. Die Schwierigkeit bei der Berechnung dieser Kennziffern besteht in der Zusammenfassung verschiedenartiger Faktoren zu einem einzigen Index. Eine Möglichkeit besteht darin, die Faktoren zu bewerten, z. B. mit ihren Kosten, und dann zu addieren. Da P. rein technische Gegebenheiten widerspiegelt, ist darauf zu achten, dass die Kosten von Preiseinflüssen freigehalten werden. Unterschiedliche Preisrelationen werden im Zusammenhang mit der Kennzahl „Wirtschaftlichkeit" erörtert. Bei der Interpretation solcher Zahlen ist daher immer zu überprüfen, ob ein dem jeweiligen Untersuchungszweck adäquater Ausdruck für die auftretenden Größen gefunden worden ist, denn nur dann können solche Zahlen sinnvoll verwandt werden.

E. GUTENBERG, Einführung in die Betriebswirtschaftslehre, 1958 – J. A. SCHUMPETER, Geschichte der ökonomischen Analyse, 1965 – FISCHER, KARL HEINZ, Die Messung von totaler Faktorproduktivität, Effizienz und technischem Fortschritt, 1984 – E. GUTENBERG, Die P., Grundlagen der BWL, Bd. 1, 1982[18] – TH. NEBL, P.wirtschaft, 2011[7] – H. BARTLING/F. LUZIUS, Grundzüge der Volkswirtschaftslehre, 2014[17].

Horst Albach, Margareta Kulessa

Profession / Professionalisierung

Der Begriff P. beschreibt in der Berufssoziologie einen besonderen Typus von →Berufen, die sich im Prozess der funktionalen Differenzierung moderner Gesellschaften entwickelt haben und mit wesentlichen gesellschaftlichen Problembezügen in Verbindung gebracht werden (Zentralwertbezogenheit). Kennzeichnend für P.en ist, dass sie eine Eigenständigkeit in der Bearbeitung von Geltungsfragen entwickelt haben bzw. sie diesen qua Mandat zugestanden wird. In Weiterentwicklung des klassischen P.skonzepts von T. PARSONS nennt U. OEVERMANN (1996, 88) drei Bereiche, die wesentliche Funktionsvoraussetzungen jeder Gesellschaft sind, deren Geltungsfragen im „professional complex" bearbeitet werden:

1. „Die Aufrechterhaltung und Gewährleistung einer kollektiven Praxis von Recht und Gerechtigkeit im Sinne eines die jeweils konkrete Vergemeinschaftung konstituierenden Entwurfs", 2. „Die Aufrechterhaltung und Gewährleistung von leiblicher und psychosozialer Integrität des einzelnen im Sinne eines geltenden Entwurfs der Würde des Menschen," 3. „die methodisch explizite Überprüfung von Geltungsfragen und -ansprüchen unter der regulativen Idee der Wahrheit".

Im professionalisierten Handeln sind nach U. OEVERMANN immer alle drei Foci relevant, allerdings ist jeweils ein Focus dominierend und bindend für den Professionellen. Als Prototypen der klassischen Professionen werden i. d. R. Ärzte, Juristen und Theologen genannt. P.en sind demnach besondere akademische Berufe, bei welchen eine Steigerung von Rationalität bei der Verwirklichung von Handlungszielen zu finden ist. Die gesellschaftlich als bedeutsam angesehenen Problemlagen, die von Professionellen durch Anwendung systematisch entwickelten Wissens bearbeitet werden, sind nach einer funktionalistischen Perspektive von herausragender Bedeutung sowohl für die betroffenen Klienten als auch für den Bestand der Gesellschaft (R. MERTEN/T. OLK; A. COMBE/W. HELSPER). Zugleich gehorcht das Handeln von Professionellen universalistischen Gesichtspunkten und nicht partikularen, wie etwa Antipathie oder Sympathie. Besondere Verantwortung erwächst für Professionelle aus der Tatsache, dass sie quasi lizensiert in die Lebenspraxis eingreifen. Die Intervention ist dem Ziel verpflichtet, die Autonomie der Lebenspraxis zu sichern oder wieder herzustellen, obwohl diese zugleich in die Autonomie eingreift. Nicht zuletzt daraus erwächst die Bedeutung einer besonderen →Professionsethik, der sich Professionelle verpflichtet sehen, die dem Schutz des Klienten sowie der professionellen Selbstverpflichtung und Selbstkontrolle dienen soll. Über die Bestimmung der Funktion des Handelns von P.en hinaus, nimmt eine strukturtheoretische Betrachtung die spezifische Handlungsstruktur professionalisierten Handelns in den Blick (U. OEVERMANN). Professionalisiertes Handeln gilt als Ort der Vermittlung zwischen Theorie und (Lebens)praxis, zwischen wissenschaftlichem Wissen und Alltagswissen. Neben wissenschaftlicher Kompetenz benötigen Professionelle daher hermeneutische Kompetenz, um einen Fall aus seiner eigenen Sprache heraus zu verstehen und in der Lebenspraxis (stellvertretend) zu deuten. Um mit dem Spannungsverhältnis zwischen Eingriff in die Autonomie und gleichzeitiger Sicherung oder Wiederherstellung derselben sowie der Vermischung diffuser und spezifischer Beziehungsanteile in der Interaktion zwischen Adressaten und Professionellen umzugehen, ist für U. OEVERMANN – vor allem im Focus 2 (s. o.) – eine besondere Beziehungspraxis in Form des Arbeitsbündnisses nötig.

Rekurrierend auf das klassische P.skonzept wurden in der Vergangenheit häufig P.smodelle diskutiert, die sich primär an den Attributen der klassischen P.en orientierten. Als charakteristisch für voll ausgebildete P.en werden die lange spezialisierte und akademische Ausbildung, eine spezielle Expertise und berufsspezifische Handlungskompetenz, das systematische, abstrakte Fachwissen einschließlich einer besonderen Fachsprache, eine begrenzte Kompetenzdomäne sowie die Ausrichtung auf wichtige individuelle und kollektive Probleme genannt. Daraus wird der Bedarf einer hohen professionellen Autonomie abgeleitet, die sich im Recht, den eigenen Nachwuchs auszubilden, der professionellen Selbstkontrolle und bei der Strukturierung des professionellen Berufsalltags niederschlägt. Die Attraktivität des kriterienbezogenen P.smodells lag auch in der guten berufspolitischen Nutzbarkeit begründet. Machttheoretisch ausgerichtete Analysen richten einen kritischen Blick auf dieses Modell. Sie betonen, dass es in Professionalisierungsprozessen immer auch um die Durchsetzung von Zuständigkeitsmonopolen und Sicherung professioneller Vorrechte und Kontrollchancen geht. Zu welchen Ergebnissen Professionalisierungsprozesse führen, hängt nicht nur von den gewählten professionsinternen Strategien, sondern stark vom jeweiligen historischen und sozialen Kontext ab. Den sogenannten klassischen P.en ist es – Kritikern zufolge – unter bestimmten historischen Bedingungen gelungen, sich vor allem eine große Autonomie und ein Zuständigkeitsmonopol zu sichern (B. DEWE/H.-U. OTTO). Einigen Autoren gilt dieses – vorrangig an Attributen orientierte – Modell inzwischen als historisch überholt. Zum einen müssen sich auch die klassischen P.en mit Begrenzungen ihrer Autonomie auseinandersetzen, zum anderen gibt es neue Dienstleistungsberufe, etwa in der →Sozialen Arbeit und der Pädagogik, die ähnliche strukturelle Merkmale (Zentralwertbezug, Wissenschaftsbezug, Berufsethik) aufweisen und Professionalität für sich beanspruchen, aber im Vergleich zu den „alten P.en" auch spezifische Unterschiede aufweisen.

Die heutige Professionalisierungsdiskussion differenziert in ihren Analysen zwischen P., Professionalisierung und Professionalität (D. NITTEL). Während P. die Form oder Struktur bestimmter Berufe beschreibt und auf die gesellschaftliche Makroebene verweist, beschreibt *Professionalisierung* einen Prozess oder Prozesse über die Zeit. Diese sind zum einen kollektiv auf Berufe bezogen und zum anderen individuell, berufsbiografisch bestimmt, z. B. bezogen auf die Entwicklung eines spezifischen professionellen Habitus. Die Beschäftigung mit *Professionalität* impliziert eine handlungstheoretische Betrachtungsweise und fokussiert auf die besondere Qualität der professionellen Tätigkeit, fragt z. B. nach deren Handlungslogiken sowie den erforderlichen Wissensbeständen und Kompetenzen der Professionellen, die zur Bewältigung der i. d. R. nicht standardisierbaren Situationen nötig sind. Die drei Ebenen P., Professionalisierung und Professionalität sind in verschiedenen Disziplinen zum Gegenstand von Professionsforschung geworden.

A. COMBE/W. HELSPER (Hg.), Pädagogische Professionalität. Untersuchungen zum Typus pädagogischen Handelns, 1996 – R. MERTEN/T. OLK, Sozialpädagogik als P., in: A. COMBE/W. HELSPER (Hg.), Pädagogische Professionalität, 1996, 570–613 – U. OEVERMANN, Theoretische Skizze einer revidierten Theorie professionalisierten Handelns, in: A. COMBE/W. HELS-

PER (Hg.), Pädagogische Professionalität, 1996, 70–182 – D. NITTEL, Die ‚Veralltäglichung' pädagogischen Wissens im Horizont von P., Professionalisierung und Professionalität, in: Z.f.Päd., 2004³, 342–357 – B. DEWE/ H.-U. OTTO, P., in: H.-U. OTTO/H. THIERSCH (Hg.), Handbuch Soziale Arbeit, 2011⁴, 1131–1142 – DEWE/ H.-U. OTTO, Professionalität, in: H.-U. OTTO/H. THIERSCH (Hg.), Handbuch Soziale Arbeit, 2011⁴, 1143–1153.

Hiltrud Loeken

Professionsethik

1. Begriffsbestimmungen. Der Ausdruck „P." bezeichnet den Diskurs über das Ethos einer Profession. Der Begriff „Ethos" (altgriechisch für Wohnort, Brauch, Sitte, Gewohnheit, Charakter, Tugend) enthält deskriptive und normative, individuelle und soziale Aspekte. Er wird etwa gleichbedeutend mit dem aus dem Lateinischen abgeleiteten Begriff der → „Moral" verwendet. → „Ethik" ist nicht gleichbedeutend mit Moral, sondern (als Untersuchung, Theorie und Kritik der Moral) auf einer höheren logischen Ebene situiert. Mit „P." werden moralbezogene Erörterungen, Anforderungen und Empfehlungen handlungsbezogener oder struktureller Art im Kontext professioneller Systeme bezeichnet. Die P. ist nicht auf explizit formulierte ethische Verhaltenskodizes zu reduzieren, sondern umfasst die Reflexion und Begründung jeglichen moralisch bewertbaren Handelns, sofern es für eine → Profession von besonderer Bedeutung ist. Sie ist eine Form der Angewandten Ethik im systematischen Sinn, was aber nicht heißt, dass hier Ethikexperten berufliche Fragestellungen von außen beurteilen. Stattdessen ist die P. selbst ein integraler Teil der fachlichen Kompetenz.

2. Geschichte der P. Die älteste P. ist die medizinische, die auf den legendären Eid des Hippokrates zurückgeht. Sie war und ist erforderlich, um das Überschreiten der sozial üblichen Intimitätsgrenzen auf das medizinisch Notwendige zu beschränken. Inhaber der älteren → Professionen sind neben den Ärzten Rechtsanwälte und Priester, die ebenfalls Standesethiken entwickelten. Infolge des sozioökonomischen Strukturwandels und seiner typischen Risikolagen kam im 20. Jh. der Bedarf nach Wirtschafts- und Technikethik hinzu. Auch Medienberufe und Psychosoziale Berufe mit personenbezogenen Dienstleistungen strebten erfolgreich nach dem Status von Professionen, indem sie, neben einer eigenen Fachlichkeit auf wissenschaftlicher Grundlage, eine besondere Verantwortung gegenüber den Klienten oder Adressaten sowie dem Gemeinwesen beanspruchten. Insofern entwickelte sich die P. generell zu einer Verantwortungsethik. In dieser sind die traditionellen philosophischen Unterscheidungen von Tugendethik, utilitaristischer, deontologischer Ethik usw. aufgehoben.

3. Systematik der P. Man kann die P. sozialer Berufe, aufbauend auf klassischen ethischen Unterscheidungen, nach verschiedenen Kriterien gliedern:

3.1 Normative vs. empirische (deskriptiv-explanatorische) Ethik. Die normative P. sucht nach Prinzipien dessen, wie man handeln soll, um den Betroffenen gerecht zu werden. Demgegenüber untersucht eine empirische P., wie und nach welchen Maßstäben Moral im Alltagsleben der Handelnden und Betroffenen tatsächlich funktioniert. Die normative und die empirische P. ergänzen sich, insofern man nur das fordern kann, was auch geleistet werden kann.

3.2 Individualethik vs. Sozialethik. Die individuelle P. untersucht und bewertet Einstellungen und Handlungen, insofern diese den Individuen zuzuschreiben sind, während es in der sozialen P. um die moralisch-kulturelle Verfasstheit von Institutionen und sozialen Systemen geht, innerhalb derer und an die angepasst die Einzelnen agieren. Der letztere Blickwinkel ist vor allem nötig, um ein verfehltes individuelles Moralisieren institutionell bedingten Handelns zu vermeiden.

3.3 Sollensethik vs. Strebensethik. Die nach dem moralischen Sollen fragende P. sucht nach vernünftigen Begründungen für intersubjektive Verpflichtungen. Demgegenüber verfolgt die ein vernünftiges Streben orientierende P. das Ziel eines besser gelingenden Lebens Einzelner oder sozialer Gemeinschaften. Die strebensethische Perspektive ist für den Klientenbezug der sozialen Berufe und ihre Beratungsaufgaben besonders wichtig.

4. Sachthemen der P. Als Grundlage einer Gliederung der möglichen Sachthemen der P. bietet es sich an, auf die Berufsfeldstruktur der sozialen Berufe zurückzugreifen. Dabei lassen sich mehrere Dimensionen unterscheiden:

4.1 Verantwortung gegenüber Klientel. Dieser zumeist im Vordergrund stehende Bereich umfasst den ethisch gebotenen Umgang mit Klienten unter Bedingungen psychosozialer Problemlagen wie Alter, Krankheit, Sterben, Migration, Arbeitslosigkeit, Wohnungslosigkeit, Behinderung. Letztlich geht es um die Hilfe bei Gefährdungen eines gelingenden, menschenwürdigen Lebens (→ Menschenwürde).

4.2 Gesellschaftliche Verantwortung. Professionelle psychosoziale Dienstleistungen erfolgen nicht nur zugunsten der unmittelbar Betroffenen, sondern auch im gesellschaftlichen Auftrag oder Rahmen. Damit erwächst zugleich auch die über die einzelne Fallbetrachtung hinausgreifende sozialethische Aufgabe, die normativen Grundlagen einer gerechten, solidarischen und inklusiven Gesellschaft zur Geltung zu bringen.

4.3 Verantwortung gegenüber Berufskolleginnen und -kollegen, institutionellen Trägern und Angehörigen anderer Berufe. Dies ist der Bereich der institutionellen Ethik oder Organisationsethik. Sie thematisiert

z. B. die Problematik der scheinbaren Verflüchtigung individueller Verantwortung im Rahmen institutioneller Kontexte oder auch die Geltung des Prinzips der →Subsidiarität in der intra- und interinstitutionellen Kooperation.

4.4 Verantwortung gegenüber der eigenen Berufsrolle. Hier geht es u. a. um die professionsethische Verpflichtung der Erfüllung fachlicher Standards, der Verpflichtung zur Fortbildung oder der Wahrung des öffentlichen Ansehens des eigenen Berufs.

5. Methoden der P. Die Entwicklung, Implementierung und Evaluierung professionsethischer Kompetenzen findet auf verschiedenen Ebenen und mit unterschiedlichen Mitteln statt. Die Verpflichtung der Mitglieder von Berufsverbänden auf professionsethische Kodizes ist nur eines dieser Mittel. Durch theoretische Fallkommentare und praktische Fallberatungen in Supervisionen können die allgemeinen Grundsätze vertieft werden. Weiterhin gibt es die Methode der ethischen Evaluation von Institutionen. In den akademischen Curricula der psychosozialen Berufe haben professionsethische Erörterungen zumeist einen festen Ort.

H. BAUM, Ethik sozialer Berufe, 1996 – E. MARTIN, Sozialpädagogische Berufsethik, 2001 – M. BRUMLIK, Advokatorische Ethik. Zur Legitimation pädagogischer Eingriffe, 2004² – D. KUHRAU-NEUMÄRKER, „War das o.k.?" Moralische Konflikte im Alltag Sozialer Arbeit, 2005 – S. DUNGS u. a. (Hg.), Soziale Arbeit und Ethik im 21. Jahrhundert, 2006 – J. SCHNEIDER, Gut und Böse – Falsch und Richtig. Zur Ethik und Moral der sozialen Berufe, 2006³ – A. LOB-HÜDEPOHL/W. LESCH (Hg.), Ethik Sozialer Arbeit, 2007 – H.-G. GRUBER, Ethisch denken und handeln. Grundzüge einer Ethik der Sozialen Arbeit, 2009² – W. MAASER, Lehrbuch Ethik. Grundlagen, Problemfelder und Perspektiven, 2010 – R. GROSSMASS/G. PERKO, Ethik für Soziale Berufe, 2011 – G. SCHMID NOERR, Ethik in der Sozialen Arbeit., 2012 – H.-U. DALLMANN/F. R. VOLZ, Ethik in der Sozialen Arbeit, 2013.

Gunzelin Schmid Noerr

Proletariat

Das Wort P. ist eng mit „Pöbel" verwandt (französisch „peuple"), ein Begriff, mit dem im Verständnis Luthers und der frühen Neuzeit die Menschen auf der untersten Stufe der Gesellschaft bezeichnet wurden, also jene, die immer dann in ihrer Existenz gefährdet waren, wenn Kriegs- und Hungerperioden, mithin besondere Notzeiten anbrachen. Solche Bevölkerungsgruppen waren aufgrund ihrer verzweifelten Lage oft bereit, ihr Los gewaltsam zu bessern, d. h. sie bildeten für die übrige Gesellschaft ein permanentes Unruhe- und Gefährdungspotential. Pöbelherrschaft identifizierte man mit Terror und Anarchie und übertrug dies in der Literatur des 18. Jahrhunderts häufig auf jede Form von Volksherrschaft, also auch auf die Demokratie. Der Verlauf der →Französischen Revolution schien diese Vorbehalte zu bestätigen und besiegelte endgültig die pejorative Bedeutung des Terminus. Nun begann man den Volksbegriff *positiv* in ‚Nation' und *negativ* in ‚Pöbel' zu spalten und ging in der Theorie so weit vorzuschlagen, den Angehörigen der letzteren Schicht das Staatsbürgerrecht zu verweigern (KANT).

Bis 1848 galt ‚Pöbelherrschaft' als Machtergreifung armer Massen unter Führung gewissenloser bürgerlicher Demagogen, die man in geistig-moralischer Hinsicht zum Pöbel rechnete. Sie war Gegenstand besorgter Reflexionen der sich ausbildenden bürgerlichen Wirtschafts- und Bildungsgesellschaft. Auf diesem Hintergrund entstanden im Vormärz zahlreiche Initiativen zur ‚bürgerlichen Verbesserung' des Proletariats, darunter auch die Innere Mission J. H. WICHERNS. Dieser überwand – im praktischen Vollzug ihrer Arbeit, weniger in der religiösen Theorie – allmählich die Vorstellung, dass Armut und Besitzlosigkeit letztlich die Folge persönlicher Schuld (Sünde) und für den Christen letztlich hinnehmbar seien und trat für soziale Hilfsprogramme aus religiöser Verantwortung als Voraussetzung für die intendierte Rechristianisierung ein.

Erst der in den 1830er Jahren in Deutschland auftauchende Terminus ‚Proletariat' löste die Allerweltsbezeichnung Pöbel ab; er enthielt aufs Neue eine soziale Zuordnung, die sich jetzt freilich zu einer andersartigen, nämlich klassenspezifischen Qualität wandelte: Proletariat bezeichnete K. MARX in Anlehnung an L. v. STEIN nun die Klasse der ausgebeuteten lohnabhängigen Arbeiter, deren (Selbst-)Bewusstsein als ‚Proletarier' ständig wuchs und in mentaler Hinsicht die antibürgerliche Basis der sich formierenden Arbeiterbewegung bildete. Die alte Bedeutung lebte weiter in dem verächtlich-negativen Etikett ‚Lumpenproletariat', mit der die klassenbewusste Arbeiterschaft jene Angehörigen der Unterschichten diskreditierte, die sich ihr verweigerten, weil sie der revolutionären Botschaft des Sozialismus nicht vertrauten oder auf eine Änderung ihrer Lage nicht mehr hoffen mochten. Mit dem Siegeszug der Bolschewiki nach 1917 verlor der Begriff P. seine Bedeutung für die Ideologie der Linken, da es in Russland damals noch kein Proletariat in mittel- und westeuropäischem Sinne gab. Der Leninismus proklamierte stattdessen das Bündnis von Bauern und Arbeitern und ersetzte ‚P.' mehr und mehr durch ‚Arbeiterklasse'.

Im Kontext der sich ausdifferenzierenden Gesellschaft der Gegenwart spielt der Terminus als Kampf- und Unterscheidungsbegriff mit Blick auf das Bürgertum wie auch für die geistig-mentale Identität einer ohnehin kaum noch existenten Arbeiterklasse keine Rolle mehr, obgleich das, was er ursprünglich bezeichnete – Armut ohne Besserungsperspektive – in gewandelten Formen noch immer zur Realität unserer Gesellschaft gehört.

TH. GEIGER, Die soziale Schichtung des deutschen Volkes, 1972 – C. D. KERNIG, Art. P., in: Marxismus im Systemvergleich. Grundbegriffe, Bd. 3, 1973, 141–177 – F. RUDOLPH, Art. P., in: ESL 1980[7], 1015–1017 – H. ZWAHR, Zur Konstituierung des Proletariats als Klasse, 1981 – W. CONZE, Art. P., Pöbel, Pauperismus, in: GGB, Bd. 5, 1985, 27–68 – H.-U. WEHLER, Deutsche Gesellschaftsgeschichte, Bd. 2, 1989[2], bes. 241 ff – M. SCHWARTZ, ‚Proletarier' und ‚Lumpen'. Sozialistische Ursprünge eugenischen Denkens, in: VZG 42. 1994, 437–470.

Jochen-Christoph Kaiser

Protektionismus

1. Begriff. P. umfasst alle staatl. Maßnahmen zur *Abschirmung* u. *Förderung* der einheimischen Wirtschaft gegenüber ausländischer Konkurrenz. Die traditionelle Eingrenzung auf direkte Eingriffe in den Außenhandel (→Welthandel) wurde inzwischen erweitert auf mittelbar wirkende Maßnahmen wie etwa den Wechselkursp., aber auch z. B. Produktstandards werden je nachdem als P. bezeichnet.

P. stellt eine Abweichung von der Doktrin des Freihandels dar, die untrennbar mit der wirtschaftspolitischen Konzeption des klass. →Liberalismus verknüpft ist, der als Gegenpol zum stark interventionistischen Merkantilismus entwickelt wurde. Im Laufe des 19. Jh.s kam es zum Abbau zahlreicher Handelsbeschränkungen, jedoch erlitt die Freihandelsbewegung gegen Ende des 19. Jh.s deutliche Rückschläge. Der wieder erstarkte P. erreichte seinen Höhepunkt in der Zeit zwischen den zwei Weltkriegen. Danach dokumentierte sich der Wille vieler Staaten, zu einer am Freihandel orientierten Welthandelsordnung zurückzukehren, im *Allgemeinen Zoll- u. Handelsabkommen (GATT)* von 1947, das zu einem kontinuierlichen Abbau von Zöllen u. anderen Handelshemmnissen beigetragen hat. 1995 ging das GATT in die →Welthandelsorganisation über. Im Zuge der →Finanz- und Wirtschaftskrise 2008/09 haben protektionistische Maßnahmen wieder zugenommen.

2. Ziele. P. zielt meistens auf die Erhaltung nicht mehr konkurrenzfähiger Wirtschaftssektoren oder den Aufbau noch nicht wettbewerbsfähiger Branchen. Neben struktur-, beschäftigungs- u. wachstumspolit. Begründungen spielen oftmals verteilungspolit. Motive eine Rolle. Diese können sich auf die Einkommensverteilung innerhalb einer Volkswirtschaft beziehen, aber auch auf die internationale Verteilung von Handelsgewinnen abzielen. Zölle werden darüber hinaus →finanzpolitisch begründet. Für einige Entwicklungsländer stellen Zolleinnahmen mangels eines funktionierenden Steuersystems nach wie vor eine wichtige staatl. Einnahmequelle dar. Außerdem werden einzelne Wirtschaftsbereiche aus sicherheitspolit. Gründen vor ausländischer Konkurrenz geschützt. Ebenfalls zu den metaökonomischen Zielen von Handelsbeschränkungen zählen der Schutz der inneren →Sicherheit u. der öffentl. Ordnung, der Schutz der →Gesundheit u. der →Umwelt.

3. Instrumente. P. bedient sich tarifärer u. nicht-tarifärer Instrumente. *Tarifärer P.* setzt unmittelbar am Preis der gehandelten Güter an. Klassisches tarifäres Instrument ist der Einfuhrzoll; weitere sind Einfuhrsubventionen, Ausfuhrzölle u. Ausfuhrsubventionen. Klassisches Instrument des *nicht-tarifären P.* sind Import- u. Exportmengenbeschränkungen (Kontingente, Embargos). Andere nicht-tarifäre Maßnahmen sind allgemeine →Subventionen u. Maßnahmen des *administrativen P.*

Unmittelbare Eingriffe in den Außenhandelsverkehr (z. B. Zölle u. Kontingente) lassen sich weitgehend problemlos als P. charakterisieren. Mittelbare Maßnahmen, die die Außenhandelsbeziehungen lediglich indirekt beeinflussen (sog. *„murky protectionism"*), lassen sich hingegen selten eindeutig dem P. zuordnen. Dies gilt für allgemeine – also nicht auf Exporte beschränkte – Subventionen u. ganz bes. für die vielfältigen administrativen Instrumente (Normen, Standards, Prinzipien der öffentlichen Beschaffungspol. usw.). So werden z. B. nationale gesundheits- u. umweltpolitische Produktstandards von Handelspartnern gelegentlich als protektionistisch kritisiert, ohne dass die Standards als solche intendiert sind.

4. Volkswirtschaftl. Wirkungen. Auf der Basis des (neo-)klassischen Freihandelsmodells (→Welthandel) und seiner Annahmen lässt sich zeigen, dass P. die globale wirtschaftl. Wohlfahrt gegenüber Freihandel schmälert. Zu den Gründen zählen, dass P. eine effiziente internat. Arbeitsteilung verhindert, den Innovationsdruck auf Unternehmen verringert und Güter für Verbraucher verteuert. Angesichts der realitätsfernen Annahmen dieses Gleichgewichtsmodells müssen die ökonomischen Wirkungen protektionistischer Maßnahmen in der Praxis jedoch differenziert betrachtet werden – je nach Instrument, dessen Gestaltung und situativem Kontext. So können z. B. degressiv gestaltete, zeitlich befristete protektionistische Maßnahmen volkswirtschaftlich sinnvoll sein, um einen aus beschäftigungs- und sozialpolitischer Sicht unerwünscht rasanten Strukturwandel zu entschleunigen, ein Entwicklungsland (EL) vor der *Spezialisierungsfalle* zu bewahren o. in EL erst eine diversifizierte, dauerhaft wettbewerbsfähige Wirtschaftsstruktur (*Erziehungszollargument*) aufzubauen. *Strategische Handelspolitik* (→Welthandel) ist ebenfalls P. Sie zielt darauf ab, (vermeintlich) zukunftsträchtige nationale Unternehmen z. B. durch Subventionen zu *first movern* u. durch die Realisierung von *economies of scale* (Größen- u. Massenproduktionsvorteilen) zu Weltmarktführern zu machen.

Grundsätzlich ist indes zu beachten, dass protektionistische Maßnahmen zumindest kurz- u. mittelfristig sowohl Gewinner (meist inländ. Produzenten) als auch Verlierer (meist inländ. Verbraucher und oft andere Länder) hervorrufen. Damit stellt sich die normative Frage des interpersonellen bzw. internationalen Wohlfahrtsvergleichs. Sprich, es bedarf der Entscheidung, ob es zugunsten einer Gruppe/eines Landes gerechtfertigt erscheint, anderen Gruppen/Ländern Nachteile zuzumuten, ohne diese wenigstens zu entschädigen. Gerade der P. wohlhabender ggü. wirtschaftlich ärmeren Ländern kann unter diesem Blickwinkel kritisch betrachtet werden.

P. LOVE/R. LATTIMORE, International Trade: Free, Fair and Open? 2009 – P. KRUGMAN/M. OBSTFELD/M.MELITZ, Internationale Wirtschaft, 2012^9.

Margareta Kulessa

Public Relations

1. Begriff und Definition. Bezeichnungen sollen Klarheit schaffen über den Gegenstand der Überlegungen. Das ist keineswegs einfach bei einem Kommunikationsfeld, zu dem es unzählige Definitionen gibt und das vom politischen, kulturellen und wirtschaftlichen System einer Gesellschaft entscheidend geprägt wird. Es gibt daher nur wenige Bezeichnungen, die in Wissenschaft und Praxis gleichermaßen anerkannt sind (J. GRUNIG/T. HUNT). Demnach ist PR das Management der →Kommunikation, also die bewusste und geplante Beeinflussung und Gestaltung von Kommunikationsbeziehungen aller Art. Die Interessensgebundenheit und Intentionalität der Kommunikation sowie die Managementperspektive der Betrachtung sind bis heute elementare Bestandteile des Verständnisses von PR als Kommunikationsfeld. PR gewinnt in allen Gesellschaften massiv an Bedeutung (R. HEATH). In den USA arbeiten bereits weit mehr PR-Profis als Journalisten. In Deutschland zeichnet sich eine vergleichbare Entwicklung ab. Der Einfluss der PR steigt, wohingegen Werbung zunehmend mit Glaubwürdigkeitsproblemen kämpft und Journalisten noch nach ihrer Position in den digitalisierten Kommunikationsnetzen suchen. Hinzu kommt, dass das Internet nicht nur die Kommunikationsprozesse enorm beschleunigt, sondern auch das Grundschema von „Kommunikator" (= Sender) und Rezipient (= Empfänger) aufbricht. Organisationen können – ohne Umwege über die klassischen Massenmedien – ihre Zielgruppen direkt ansprechen. Gleichzeitig verlieren sie aber die Kontrolle über die Kommunikationsverläufe (U. RÖTTGER/J. PREUSSE/J. SCHMITT).

2. Kommunikationsfeld PR. PR – verstanden als Kommunikationsmanagement – ist also Interessenskommunikation (C. MAST). Sie steuert und gestaltet Kommunikationsprozesse auf verschiedenen Ebenen: Für Personen (= Mikroebene) geht es vorranging um Akzeptanz, Bekanntheit und Einfluss. Organisationen (= Mesoebene) wollen durch eine aktive Kommunikationsarbeit ihren politischen, sozialen oder wirtschaftlichen Handlungsspielraum in der →Öffentlichkeit ausbauen oder absichern. „PR is the management of communication between an organization and its publics" (J. GRUNIG/T. HUNT). Gleichzeitig trägt aber PR auch durch effektive und effiziente Kommunikation dazu bei, dass die Organisationen ihre Ziele besser, schneller, kostengünstiger und mit einer guten Reputation erreichen. Auf gesellschaftlicher Ebene betrachtet (= Makroebene) will PR Interessen wirkungsvoll artikulieren und Verständnis für unterschiedliche Standpunkte vermitteln. Ziel von PR auf gesellschaftlicher Ebene ist letztlich die demokratische Legitimation von Interessen durch eine Darstellung und Diskussion in der Öffentlichkeit. „PR ist die persuasive Kommunikation und Interaktion der Gegenwartsgesellschaften" (F. RONNEBERGER/M. RÜHL). Die entscheidenden Rahmenbedingungen für PR setzen die politischen Ordnungen der Staaten, die wirtschaftlichen und sozialen Machtverhältnisse in den Gesellschaften sowie kulturelle Besonderheiten (K. SRIRAMESH/D. VERCIC). PR gestaltet – zusammen mit den Medien als Vermittlungsinstanzen und der Kommunikation im Internet – Öffentlichkeitsbereiche als Steuerungsinstanzen für pluralistische Gesellschaften. PR will als persuasive Kommunikation Interessen artikulieren bzw. zur Erreichung von Zielen beitragen.

3. Professionalisierung und Spezialisierung. Das Kommunikationsfeld ist inzwischen hoch professionalisiert und spezialisiert (C. MAST; A. ZERFASS/M. PIWINGER). Unter präventiven Gesichtspunkten analysieren und planen Issues bzw. Risk Management zum Beispiel Themen strategisch (R. HEATH/M. PALENCHAR). Kontroverse Diskussionen oder gar Krisen in der Öffentlichkeit werden im Rahmen der Konflikt- bzw. Krisenkommunikation theoretisch wie praktisch intensiv untersucht und gestaltet (T. COOMBS). Change- bzw. Innovationskommunikation in spezialisierten Forschungs- und Praxisfeldern befördert den Wandel (J. CORNELISSEN). Das Kommunikationsfeld ist auch mit Blick auf zahlreiche Zielgruppen ausdifferenziert, die beispielsweise von der Mitarbeiter- und Managementkommunikation über die Medienarbeit bis hin zu Public Affairs oder Investor Relations reichen, um nur einige Beispiele zu nennen (A. ZERFASS/M. PIWINGER; G. BROOM/S. BEY-LING/S. CUTLIP; G. BENTELE/R. FRÖHLICH/P. SZYSZKA). Das übergeordnete Ziel aller PR-Aktivitäten ist es, Vertrauen und Glaubwürdigkeit aufzubauen und zu pflegen. Hierbei kommt es entscheidend darauf an, ob die Handlungen der verantwortlichen Akteure im Einklang mit den öffentlichen Aussagen stehen. Ohne Konsistenz von Reden und Handeln ist Vertrauensaufbau unmöglich. Diskrepanzen jeglicher Art – zwischen Informationen und Sachverhalten, rechtlichen bzw. moralischen Normen und tatsächlichem Verhalten – zerstören Vertrauen und Glaubwürdigkeit gleichermaßen. Daher ist die Kommunikation von →Verantwortung zukunftsentscheidend geworden.

J. GRUNIG/T. HUNT, Managing PR, 1984 - F. RONNEBERGER/M. RÜHL, Theorien der PR. Ein Entwurf, 1992 – G. BENTELE/R. FRÖHLICH/P. SZYSZKA (Hg.), Handbuch der PR. Wissenschaftliche Grundlagen und berufliches Handeln, 2015^3 – R. HEATH/M.

PALENCHAR, Strategic Issues Management: organizations and public policy challenges, 2009² – U. RÖTTGER, Theorien der PR: Grundlagen und Perspektiven der PR-Forschung, 2009 (Lit.) – R. HEATH, The SAGE Handbook of PR, 2010² – K. SRIRAMESH/D. VERCIC, Culture and pr: links and implications, 2012 – T. COOMBS, Ongoing crisis communication, 2012³ – G. BROOM/S. BEY-LING/S. CUTLIP, Cutlip and Center's effective pr, 2013¹¹ – J. CORNELISSEN, Corporate communications: theory and practice, 2014⁴ – U. RÖTTGER/J. PREUSSE/J. SCHMITT, Grundlagen der PR: Eine kommunikationswissenschaftliche Einführung 2014² – A. ZERFASS/M. PIWINGER, Handbuch Unternehmenskommunikation: Strategie. Management. Wertschöpfung 2014² – C. MAST, Unternehmenskommunikation: Ein Leitfaden, 2015⁶.

Claudia Mast

Quäker

Q. = Zitterer, Spottname, wegen innerer Erschütterungen, die sich als Zittern äußern können; Selbstbezeichnung ist „Kinder des Lichts" bzw. „Gesellschaft der Freunde" (*Society of Friends*).

Begründer war GEORGE FOX (1624–1691), der auf der Suche nach einer lebendigen Religion eine Stimme hörte, die sagte, dass Jesus Christus – und nicht von ihm befragte Menschen – ihn lehren würde, wenn er innerlich still werde. Dieses Schlüsselerlebnis deutete FOX so, dass Gott jedem Menschen nahe ist und „Gottes Saat" oder das „Innere Licht" (*inward light*) zu einer geistlichen Wiedergeburt führen kann, die alles Denken und Tun bestimmt. Die Bibel ist als „äußerer Lehrer" nicht ersetzbar, weist aber über sich hinaus auf den durch den Heiligen Geist wirkenden „inneren Lehrer Jesus Christus" hin. Der erste systematische Q.-Theologe, ROBERT BARCLAY (1648–1680), beginnt seine *Theologiae Apologia* 1676 mit dem Kapitel „unmittelbare Offenbarung".

Die Konsequenzen dieses Ansatzes sind beträchtlich: Es entfallen kirchliche Hierarchie, Glaubensbekenntnis und Sakramente. Die Q. wollen eine „Religion ohne Dogma" verwirklichen; das ganze Leben soll ein Sakrament sein. Die Gottesdienste vollziehen sich weitgehend schweigend (*silent meeting*) und ohne Gesang, im Warten auf Gottes Führung. Fühlt sich jemand vom Geist gedrängt, etwas zu sagen, wird das Gesprochene schweigend bedacht. Aus der Gleichheit aller vor Gott werden radikale ethische Folgerungen gezogen: Unterschiede des Geschlechts, der gesellschaftlichen Stellung (Anrede mit „Du"), der Nationalität und Hautfarbe sind hinfällig, →Krieg und Kriegssteuer werden abgelehnt. Aus dem Willen, Kriege wie den englischen Bürgerkrieg oder das Gemetzel des Dreißigjährigen Kriegs zukünftig zu verhindern, entwarf WILLIAM PENN (1644–1718) den Plan für einen Europarat, in dem Verhandlungen am runden Tisch, ohne ein „Oben" und „Unten", erfolgen sollten. Die Sklaverei wurde bekämpft (JOHN WOOLMAN, 1720–1772). Unbedingte Ehrlichkeit führte zur Ablehnung des →Eides (Mt 5,37) und zu festen Preisen statt Feilschen. Durch Fleiß und Verlässlichkeit sowie durch Verzicht auf Luxus, Vergnügungen und Verpflichtung zur Abstinenz kamen viele Q. zu Wohlstand. 1947 erhielten der amerikanische und englische Hilfsdienst den Friedensnobelpreis. Die Quäkerspeisung nach beiden Weltkriegen machte Q. bekannt.

In England waren sie bis 1689 (Toleranzakte) schweren Verfolgungen ausgesetzt. FOX, seine Frau MARGARETE FELL (1614–1702, Witwe des Richters FELL in Swarthmoor Hall), W. PENN und viele andere waren zu langen Haftstrafen verurteilt. Daher setzten sich Q. stets für Gefängnisreformen ein (ELIZABETH FRY, 1780–1845, Einfluss auf WICHERN). PENN gründete 1682 auf der Grundlage der →Gewissensfreiheit (*soul liberty*) als „heiliges Experiment" die Kolonie Pennsylvania mit der Hauptstadt Philadelphia (Offbg. 3, 7ff.), wohin viele religiös Verfolgte auswanderten.

Die Mitgliederzahlen sind in vielen Ländern rückläufig. Weltweit gibt es ca. 200.000 Q., davon mehr als die Hälfte in den USA. Dort, aber auch in Afrika, gibt es Gemeinden, die auch Hymnen singen und Prediger angestellt haben. In Deutschland leben ca. 400 Q., die in der ACK den Beobachterstatus haben. Die Andachtskreise treffen sich monatlich (*monthly meeting*), die Bezirksversammlung zu *quarterly meetings*, und das *yearly meeting* tritt für jedes Land einmal jährlich zusammen. Die Q. sind bei der UNO und der EU vertreten, um Anliegen des Friedens, der →Menschenrechte und der →Gerechtigkeit zu unterstützen.

C. BERNET, Deutsche Quäkerbibliographie, Nordhausen ²2011 – Jahrbuch des Vereins für FreikirchenForschung.

Erich Geldbach

Randgruppen

1. Geschichte der Ausgrenzung von R. In der Sozialgeschichte der Menschheit hat es, lange bevor dieser Begriff aufkam, immer R. gegeben, die in ihrer Existenz aufgrund ihrer materiellen Lage, äußerer Merkmale und nichtkonformen Verhaltens bedroht waren – in der Antike die Witwen und Waisen, Alten, Fremdlinge, im Mittelalter die verschiedensten Häretiker, die Bettler, die Juden und auch die Frauen (als Hexen). Der Umgang mit diesen R. reichte vom Schutz (atl. Erbarmensrecht) über Ausgrenzung und →Diskriminierung bis zur physischen Vernichtung. Bettlerverordnungen im 16. Jh., die Einrichtung von Zucht-, Armen- und Arbeitshäusern im 17. Jh. sind erste Versuche einer repressiven R.arbeit seitens des →Staates. Die christliche Liebestätigkeit hat im 19. Jh. mit ihren Anstalten und Einrichtungen für Behinderte, Nichtsesshafte und schwer erziehbare Jugendliche zugleich mit der Hilfe ihren Teil zur Repression von R. geleistet. Mit der Tötung sog. lebensunwerten →Lebens und der Massenvernichtung der europäischen Juden erlebte die Ausgrenzung von R. ihren schrecklichen Höhepunkt im 20. Jh. In Terroraktionen (Al Quaida), aber auch in staatlicher Terrorbekämpfung (Guantanamo) wird heute der Gegner zur zu vernichtenden R. erklärt.

2. Definition. In den 1960-er Jahren wird in Aufnahme entsprechender amerikanischer Begriffe (marginalized groups) von R. zunächst in der Sozialwissenschaft (FÜRSTENBERG 1965) und dann auch in der Theorie der Sozialarbeit gesprochen. Mit R. werden unterprivilegierte →Gruppen bezeichnet, die aufgrund ihrer besonderen Lebenslage, ihrer ökonomischen Situation oder ihres abweichenden Verhaltens sich gezwungen sehen, am Rande der →Gesellschaft zu leben. Als sozial problematische Gruppen legitimieren sie die Tätigkeit von Instanzen sozialer Kontrolle und Hilfe. Eine erste genauere Erforschung der sozialen Situation einer Randgruppe galt den Obdachlosen (IBEN 1972); zu den R. zählten die Heimkinder, die psychisch Kranken, die Strafgefangenen, die sog. Gastarbeiter und Migranten (→Migration und Flucht). Allerdings wurde der Begriff dann in den 1970-er Jahren auf so viele und verschiedene Bevölkerungsgruppen angewandt, dass er seine Aussagekraft weitgehend verlor.

Der verstehende Ansatz der R.forschung sieht in den R. eher Subkulturen, die über eine eigene Sprache, Symbole und Strategien verfügen, in denen sie ihre →Würde ausdrücken, „um einigermaßen ‚ehrenhaft' zu überleben" (GIRTLER). Erst die moderne Großstadt hat mit ihrer Komplexität R. die Chance eröffnet, abweichendes Verhalten zu leben, ohne sogleich sanktioniert zu werden.

3. Von der Analyse der R. zur R.arbeit. Ende der 1960-er Jahre wird das R.theorem klassenanalytisch so gedeutet, dass es sich bei den R. um deklassierte Fraktionen der Arbeiterklasse handele. Isolation, Unterprivilegierung und Ohnmacht werden als Merkmale der R.zugehörigkeit genannt. Von studentischen in der Sozialarbeit tätigen Gruppen wird den R. der Heimkinder und psychisch Kranken, weil sie am stärksten unter der Repression des Systems leiden, zeitweise die Rolle eines revolutionären Potentials zugesprochen (beeinflusst von H. MARCUSE, 1967). Es kommt zu Heim-Kampagnen, in denen Studierende ihnen bekannten Heimjugendliche auffordern, ihre Heime zu verlassen und sich in Wohngemeinschaften und Lehrlingskollektiven zusammenzuschließen. Dadurch verstärkt sich der Reformgedanke, die Heime aufzulösen und durch dezentrale Jugendwohnungen zu ersetzen (so zuerst umfassend in der Jugendhilfe des Rauhen Hauses in Hamburg). Zwangsarbeit und Mißbrauch in den Erziehungsheimen besonders der Kirchen sind in den letzten Jahren endlich aufgearbeitet worden. Es kam zu von den Opfern allerdings als unzureichend betrachteten Entschädigungen (Runder Tisch Heimerziehung).

In den 1970-er Jahren kommt im Zuge einer Theorie des abweichenden Verhaltens und des labeling-Ansatzes (F. SACK 1972) die Einsicht hinzu, dass gesellschaftliche R. häufig durch Stigmatisierung gewissermaßen „produziert" werden (BRUSTEN/HOHMEIER 1975). Besonders an Kriminellen wird ersichtlich, wie Devianz durch soziale Kontrolle erzeugt wird. Inzwischen ist es dem selbstbewussten öffentlichen Auftreten abweichender Gruppen – wie den Homosexuellen (→Homosexualität) – gelungen, den R.status aufzuweichen. Dafür werden Arbeitslose als „Drückeberger" und besonders islamische Einwanderer als der deutschen Kultur Fremde diffamiert und ausgegrenzt.

4. Heutige Erscheinungsformen. Es ist zu fragen, ob der Begriff Randgruppe heute nicht zu ungenau und missverständlich ist, um noch sinnvoll verwendet werden zu können. Bei einer strukturellen →Arbeitslosigkeit von ca. 7 % ist es nicht länger möglich, die zeitweilig oder dauernd durch Arbeitslosigkeit betroffenen Bevölkerungsgruppen als Randgruppe zu bezeichnen. Die Armutsbevölkerung (→Armut), ob gemessen am Bezug von Arbeitslosengeld II (→Sozialhilfe) oder am →Einkommen, ist durch die Hartz IV-Reform von 2004 gewachsen. Zugenommen hat besonders die Kinderarmut (1,7 Mill. Kinder lebten 2013 in SGB II-Bedarfsgemeinschaften), zunehmen wird die Altersarmut. Durch die Ausweitung des Niedriglohnsektors (Zeit-, Leiharbeit; Minijobs)leben immer mehr Menschen in sog. prekären Arbeitsverhältnissen und müssen ergänzende Sozialleistungen in Anspruch nehmen (Kombilohn). Zugleich hat das neue „Arbeitsmarktregime" der Job-Center die Leistungsbezieher einer ständigen „Bewährungsprobe" (DÖRRE) inklusive Sanktionierungen ausgesetzt. In den Großstädten hat sich die soziale Spaltung verstärkt (DANGSCHAT). Die „armen" Stadtteile werden zahlreicher und zugleich ärmer. Armut und soziale Ausgrenzung sind – paradox genug – Folgen einer gleichzeitigen kräftigen Reichtums- und Wohlstandsentwicklung in den Städten (→Armut durch Wohlstand).

Allerdings gewinnt der Begriff Randgruppe vor allem in seinem räumlichen Bezug heute eine neue Aktualität, insofern diskriminierte Gruppen den Kampf um soziale Räume aufgenommen haben. Das wird besonders sichtbar an der Präsenz der Drogenabhängigen, Straßenkinder und Obdachlosen an den Hauptbahnhöfen der großen Städte. Indem diese R. den öffentlichen Raum der Innenstädte nutzen, betreiben sie eine Überlebensstrategie, die auf Sichtbarkeit und Austausch (Betteln, Stoffbesorgung) setzt. Zugleich nutzen sie das dichte Netz sozialer Angebote in den Innenstädten. Gegen diese Versuche sozialer Aneignung des städtischen Raums durch die R. reagieren die Städte schwankend – mal mit Toleranz, mal mit Repression gegen aggressives

Betteln, dauerhaftes Verweilen in Fußgängerzonen und Trinkertreffpunkte. Verstärkt hat sich das jugendliche R.potential – Anarchos liefern sich zum 1. Mai Schlachten mit der Polizei. Neonazis und Salafisten gehen aufeinander los.

5. →Diakonie und R. Christliche Sozialarbeit, die gemäß dem atl. Sozialrecht (Gott als Beschützer der R.; →Bibel) und der Barmherzigkeitspraxis Jesu (Annahme der Außenseiter; →Barmherzigkeit) an der Seite der Armen und Fremden steht, wird für die Rechte der R. eintreten (die Berechnungen der Caritas haben 2010 zu dem BVfG-Urteil zur Erhöhung der Hartz IV-Regelsätze für Kinder geführt), ihnen als Teil der →Zivilgesellschaft hilfreiche Angebote machen (Treffpunkte, soziale Dienste, Tafeln, Vesperkirchen) und zugleich versuchen, den Bürgern der Mitte ihre Ängste zu nehmen – durch Inszenierung von Begegnung und →Solidarität. Beispielhaft dafür kann das durch Obdachlose verkaufte Hamburger Straßenmagazin Hinz & Kunzt genannt werden. Doch die enorme Ausweitung von Tafeln und Kirchenküchen seit der Einführung von Hartz IV wird inzwischen kritisch gesehen. „Tafeln dürfen nicht zum Bestandteil einer staatlichen Strategie zur Überwindung von Armut werden." (Diakonie 2010).

F. Fürstenberg, R. in der Gesellschaft, in: Soziale Welt, 1965, 236ff – H. Marcuse, Der eindimensionale Mensch, 1967 – G. Iben, R. der Gesellschaft, 1971 – F. Sack, Abweichendes Verhalten, in: A. Bellebaum (Hg.), Die moderne Gesellschaft, 1972 – F. Ahlheit u. a., Gefesselte Jugend, 1974 – M. Brusten/J. Hohmeier (Hg.), Stigmatisierung, 1975 – R. Girtler, Vagabunden der Großstadt, 1980 – N. Sidler, am Rande leben, abweichen, arm sein, 1989 – H. Peters, Devianz und soziale Kontrolle, 1988 – M. Alisch/J. Dangschat, Die solidarische Stadt, 1993 – A. Honneth, Desintegration, 1994 – K. Ronneberger u. a., Die Stadt als Beute, 1999 – J. Eurich/F. Barth u. a. (Hg.) Kirche aktiv gegen Armut und Ausgrenzung, 2011 – C. Butterwege, Hartz IV und die Folgen, 2014 – K. Dörre/K. Scherschel u. a. (Hg) Bewährungsproben für die Unterschicht?, 2013 – Diakonisches Werk der EKD, Es sollte überhaupt kein Armer unter euch sein, 2010.

Hans-Jürgen Benedict

Rassismus

1. Begriff und Definition. R. im engeren Sinne bezeichnete in der 1. Hälfte des 20. Jh.s Ideologien und Lehren, welche die Menschheit in biologische Rassen mit genetisch vererbbaren Eigenschaften einteilten und die so verstandenen Rassen hierarchisch einstuften. In der Biologie wird der heute überholte Begriff „Rasse" nicht mehr auf den Menschen angewandt. Genetische Analysen zeigen eine enge Verwandtschaft aller heute lebenden Menschen. Die UNESCO hat 1950 die Staaten aufgefordert, den Rassebegriff nicht mehr zu verwenden, da er keine biologischen Tatsachen widerspiegelt. Seither wird unter „Rasse" das Resultat sozialer Konstruktion aufgrund von negativen Gruppenzuschreibungen verstanden, die sowohl biologische als auch kulturalisierende Merkmale einbeziehen. Eine von vielen aktuellen Definitionen von R. lautet:

„Rassismus umfasst Ideologien und Praxisformen auf der Basis der Konstruktion von Menschengruppen als Abstammungs- und Herkunftsgemeinschaften, denen kollektive Merkmale zugeschrieben werden, die implizit oder explizit bewertet und als nicht oder nur schwer veränderbar interpretiert werden." (Zerger, S. 81)

1.1 Abgrenzung von anderen Begriffen. Nach der Definition von Zerger und den Normen internationalen Rechts ist R. als Oberbegriff für →Antisemitismus, Muslimfeindlichkeit, →Antiziganismus, R. gegen Schwarze Menschen und alle weiteren gruppenbezogenen Feindlichkeiten zu sehen.

Der Begriff der Fremdenfeindlichkeit ist kein geeignetes Synonym für R., da diese auch ohne ideologischen Überbau auftreten kann. „Ethnie" ist kein kongruentes Synonym für „Rasse".

2. Wirkungsweisen und Dimensionen. Rassistische Diskriminierung und Gewalt äußern sich in Menschenrechtsverletzungen bis hin zum Völkermord. Beispiele sind der Kolonialismus, die nationalsozialistische Gewaltherrschaft oder das Apartheidsystem. Rassistische Taten hinterlassen schwere individuelle und kollektive Traumata. Zurzeit gelten in der EU Roma als die am stärksten abgewertete Gruppe.

Der rassistisch motivierte Massenmord von 2011 in Norwegen auf der Insel Utoya ist mit 77 Todesopfern der bislang größte Anschlag dieser Art in Europa. In Deutschland führten die 2010 bekannt gewordenen Mordtaten des NSU zur Frage, ob es institutionellen R. bei den Sicherheitsbehörden gibt.

2.1 Historische Dimension. Frühe Rassevorstellungen lassen sich bis ins späte Mittelalter zurückverfolgen. Sie finden sich auch bei Vertretern der Aufklärung und in der Wissenschaft bis zur ersten Hälfte des 20. Jh.s. Die als Pseudowissenschaft erkannte Rasselehre entstand im bürgerlichen Wissenschaftsbetrieb historisch vor dem Nationalsozialismus und dem zeitgenössischen politischen Rechtsextremismus. Die (kritische) wissenschaftliche Auseinandersetzung mit R. begann im deutschen Sprachraum erst mit der Zunahme rassistischer Gewalt nach 1990 im Zuge der Einwanderungsdebatte (→Migration).

2.2 Gesamtgesellschaftliche Dimension. R. ist nicht gebunden an autoritäre Regierungsformen, wie die Erfahrungen aus den USA zeigen. R. darf nicht als mit Rechtsextremismus kongruent oder darauf beschränkt angesehen werden, sondern wirkt als gesamtgesellschaftliches Phänomen.

Entscheidend für die Wirkweise von R. ist das gesellschaftlich vorhandene „rassistische Wissen" (Terkessidis). Gemeint sind damit die Vorurteile und Klischees über das „Anderssein" von rassistisch diskriminierten Menschen, die in den Köpfen aller – auch im Wissen der Institutionen – existieren, auch ohne bewusste Identifikation damit.

Rassistische Diskriminierung kann also auch ohne bekennende „Rassisten" als institutionelle Diskriminierung stattfinden. Rassistische Diskurse können selbst dann hohe Wirkung entfalten, wenn extremistische Akteure nur geringen politischen Einfluss besitzen. Umgekehrt benutzen rechtsextreme Parteien das Potenzial an rassistischem Wissen und Einstellungen für ihre Ziele.

2.3 Identitätsprozesse. Angehörige der von rassistischer Diskriminierung betroffenen Gruppen entwickeln unterschiedliche Haltungen zu ihrer gesellschaftlichen Stellung. Einige versuchen, ein „normales" Leben zu führen, andere sind bestrebt, ihre Zugehörigkeit bewusst mit einer positiven Identität zu verbinden, die sich auch in ihren Selbstbezeichnungen ausdrückt („Sinti und Roma", „Schwarze Menschen"). Eine neuere gruppenübergreifende Selbstbezeichnung ist „People of Color". Diskriminierungsbetroffene fordern, zu den sie betreffenden Angelegenheiten an der Entwicklung von Gegenstrategien maßgeblich beteiligt zu sein (KIEN NGHI HA).

Eine Bildungsarbeit des „Kritischen Weißseins" richtet sich an die Angehörigen der superioren Gruppen in der Gesellschaft mit dem Ziel, die Mechanismen und Strukturen weißer Hegemonie zu erkennen.

3. Internationale Normen und menschenrechtliche Schutzmechanismen. Über zwischenstaatliche Verträge wird rassistische Diskriminierung global geächtet und sanktioniert. Sie verpflichten die Vertragsstaaten zu Schutzmaßnahmen, die auch Förderinstrumente für von Diskriminierung Betroffene einschließen, sowie zu Berichts- und Beschwerdemechanismen.

3.1 Vereinte Nationen. Das Internationale Übereinkommen zur Beseitigung jeder Form von Rassendiskriminierung, kurz: Antirassismuskonvention, trat 1969 als erster Menschenrechtsvertrag der →Vereinten Nationen in Kraft. Die Definition umfasst nicht nur mit Absicht begangene Diskriminierungen, sondern auch Handlungen mit solcher Wirkung.

Der aufgrund des Pakts eingesetzte Überwachungsausschuss CERD fordert von den Vertragsstaaten Auskunft darüber, welche Gruppen unter welchen Bedingungen in seinem Staatsgebiet leben. Für Deutschland sieht der Expertenausschuss hierbei Nachholbedarf und empfiehlt Verbesserungen von Antidiskriminierungsrechtsvorschriften und ihrer Umsetzung, bei der Strafverfolgung sowie ihrer statistischen Dokumentation (CERD 2015).

Die Weltkonferenz gegen Rassismus 2001 in Durban endete mit einer Erklärung und einem umfassenden Aktionsprogramm, wonach alle Staaten Nationale Aktionspläne gegen Rassismus aufstellen sollen. Allerdings fanden die Nachfolgeveranstaltungen wenig Resonanz, da sie unter dem Eindruck der unmittelbar folgenden Ereignisse des 11. September standen.

3.2 Europarat. Die Europäische Menschenrechtskonvention des Europarats enthält ein Diskriminierungsverbot. Das weitergehende 12. Zusatzprotokoll zur Konvention hat Deutschland bislang nicht ratifiziert. Zum Umsetzungsinstrumentarium des Europarats gehört neben dem Europäischen Gerichtshof für Menschenrechte die Europäische Kommission gegen Rassismus und Intoleranz (ECRI), die in regelmäßigen Berichtsrunden detaillierte Situationsberichte zu den einzelnen Mitgliedstaaten erstellt.

3.3 Europäische Union. Die EU (→Europarecht) hat seit 2000 mehrere Richtlinien erlassen, die in der Bundesrepublik 2006 durch das Allgemeine Gleichbehandlungsgesetz umgesetzt wurden.

4. Kirchlicher Bezug. *4.1. Ökumene.* Während des →Nationalsozialismus unterstützte die Ökumene Ansätze zum Schutz der Juden vor rassistischer Verfolgung im damaligen Deutschland.

1968 erklärte die Generalversammlung des Weltrats der Kirchen (ÖRK) in Uppsala R. als „Sünde". Fortan und bis zum Beginn des 21. Jahrhunderts sollte der Einsatz gegen R. profilbildend für die Arbeit des ÖRK sein. Der Weltrat diente als eine entscheidende Plattform für den Kampf gegen die Apartheid in Südafrika.

Der ÖRK-Zentralausschuss stellte 1995 fest, dass „institutioneller R. und die rassistische Ideologie" weiterhin Gesellschaft und Kirchen betreffen.

In Reaktion auf die Weltrassismuskonferenz in Durban stellte der Zentralausschuss 2002 die Studie „Kirche sein und die Überwindung von R." vor. Der Ruf nach Gerechtigkeit der von rassistischer Diskriminierung Betroffenen gehe immer auch die Kirchen an. Sie seien aufgerufen, sich dem eigenen R. zu stellen.

4.2 Resonanz in der Evangelischen Kirche. Während in den Siebziger- und Achtzigerjahren dank der Aktivitäten der Evangelischen Frauenarbeit zum Früchteboykott die Ökumene in den deutschen Kirchen eine prägende Wirkung entfaltete, blieben ihre Impulse zur Frage von institutioneller Diskriminierung und der Schaffung einer inklusiven Kirche und Gemeinschaften nahezu ungehört.

In der 2. Hälfte des 20. Jh.s wurde die besondere Mitverantwortung der Kirche für die Judenverfolgung betont. Andere von rassistischer Diskriminierung betroffenen Gruppen wie Sinti und Roma oder schwarze Menschen erfuhren bei weitem nicht eine vergleichbare Aufmerksamkeit.

5. Ausblick und Gegenstrategien. Negativprojektionen auf einzelne Gruppen werden in den dynamischen Auseinandersetzungen um gesellschaftliche Vormacht immer wieder stattfinden. Zudem erweisen sich die

Rassismen gegen Roma, Juden, Muslime und Schwarze als besonders tief im europäischen Kulturkreis verwurzelt. Rassistische Diskriminierung zu bekämpfen ist daher eine Daueraufgabe, die der institutionellen Unterstützung bedarf.

Rassistische Zuschreibungen gilt es durch Sozialforschung und Aufklärung stets aufs Neue zu dekonstruieren. Menschenrechtsbildung und Antirassismusarbeit benötigen einen festen Platz in Bildungseinrichtungen und Lehrplänen. Hilfreich sind Anti-Bias-Trainings, wie sie von vielen Organisationen bereits angeboten werden. Von rassistischer Diskriminierung betroffene Gruppen benötigen Mittel für ihr →Empowerment (Selbstermächtigung).

Inklusive Strategien scheinen für alle politischen, gesellschaftlichen und betrieblichen Strukturen erforderlich. In Unternehmen und Behörden kann Diversity Management als Gegenstand von Organisationsentwicklung dazu dienen, die innerbetriebliche Stellung der von Diskriminierung bedrohten Beschäftigten zu stärken und diskriminierenden Wirkungen der erstellten Produkte und Dienstleistungen nach außen vorzubeugen.

Schließlich lassen sich die Gerichte auf dem Klagewege nutzen. Die Instrumente des Menschenrechtsschutzes können durch individuelle Beschwerden wie auch durch kritische Schattenberichte der Zivilgesellschaft eine Stärkung erfahren.

UNESCO, Statement on racism, Paris 1950 – St. Hall, Rassismus und kulturelle Identität, Ausgewählte Schriften II 1994 – J. Zerger, Was ist Rassismus? 1997 – ÖRK, Kirche sein und die Überwindung von Rassismus, 2002 – M. Terkessidis, Die Banalität des Rassismus – Migranten zweiter Generation entwickeln eine neue Perspektive, Bielefeld 2004 – Forum für Menschenrechte, Memorandum gegen Rassismus, 2007 – A. Sen, Die Identitätsfalle, 2007 – Kein Nghi Ha, Identität, Repräsentation und Community-Empowerment, in: APuZ, 64. Jg. 13–14/2014 – Ausschuss für die Beseitigung rassistischer Diskriminierung (Cerd), Schlussbemerkungen zu Deutschland, 2015.

Johannes Brandstäter

Ratingagenturen

1. Arbeitsweise der R. R. nehmen am globalen Finanzmarkt eine bedeutsame Rolle ein: Sie bewerten die Qualität von Anleihen, →Staaten und →Unternehmen. Von ihrem Anspruch her erleichtern sie den Investoren und Emittenten den Zugang zum Finanzmarkt, erhöhen deren Liquidität, tragen zu einer stabilen ökonomischen Entwicklung bei, verringern die Gefahr eines Kreditausfalls und schaffen damit Vertrauen in wenig leicht vorhersehbare Entwicklungen am Kapitalmarkt. R. erfüllen vom Grundsatz her den Bedarf nach Orientierungshilfen, zuverlässigen →Informationen und Risikoabschätzungen von Emissionen und Emittenten. Das Rating der bekanntesten Agenturen wird global in der Form von Bonitäts-Einstufungen zwischen AAA (bzw. Aaa) (höchste Stufe) und C (bzw. D) (niedrigste Stufe) vorgenommen. Der →Markt für Ratings wird von den drei US-amerikanischen R. dominiert: Standard & Poor's (S&P), Moody's und Fitch Ratings besitzen weltweit einen Marktanteil von 94 %, wovon jeweils 40 % Marktanteil auf Moody's und S&P entfallen. Je besser das Rating eines privaten oder staatlichen Emittenten ist, desto geringer sind das →Risiko seiner Zahlungsunfähigkeit und damit auch der Risikoaufschlag in der Form eines erhöhten Zinssatzes bei Kapitalaufnahme. Zur Festsetzung der Ratingstufe bedienen sich die R. quantitativer und qualitativer Faktoren. Dazu gehören beim Staaten-Rating Faktoren wie Pro-Kopf-Einkommen, →Wachstumsrate, Inflationsrate, Haushaltsdefizit, Leistungsbilanz, Auslandsverschuldung und wirtschaftliche →Entwicklung. Hinzu kommen politische und damit qualitative Faktoren wie Regierungsform, Ausmaß der politischen →Partizipation, Integration in das globale Wirtschaftssystem sowie interne Sicherheitsfaktoren. Ein Unternehmens-Rating orientiert sich an Kerngrößen wie →Gewinne, Liquidität, Verschuldungsgrad und Rentabilität. Zudem werden qualitative Merkmale wie Wettbewerbsfähigkeit, das Branchenumfeld oder die Arbeitsweise des Managements bewertet. In den USA zählen Ratings zu den verfassungsrechtlich geschützten Äußerungen der →Meinungsfreiheit, weswegen sich als falsch herausstellende Ratings keineswegs zu Sanktionen der R. führen.

2. Kritik an den R. Nach der Asienkrise 1997/1999, dem Zusammenbruch des US-amerikanischen Unternehmens Enron 1997, der Argentinienkrise 2001 und dann besonders nach der letzten großen Finanzkrise 2007/2008 ist die Kritik an der Arbeitsweise der R. erheblich gewachsen. Schon die Finanzierungsgrundlage der R. wird als zweifelhaft im Blick auf eine neutrale Beurteilung von verlässlichen Informationen bezeichnet: Der Emittent bringt die Kosten für das Rating auf. Da dieser ein Interesse an einem guten Rating besitzt, besteht die Gefahr, dass z. B. das Unternehmen der R. geschönte Informationen zukommen lässt. Zugleich hat die R. ein Interesse daran, den Kunden an sich zu binden: Eine zu schlechte Einstufung kann bei großen Unternehmen einen entscheidenden Vertrauensverlust gegenüber der R. zur Folge haben. Diese gegenseitige Abhängigkeit birgt die Gefahr in sich, dass verlässliche Informationen erst gar nicht entstehen. So haben R. in den drei genannten Krisen haben die bevorstehenden krisenhaften Entwicklungen nicht vorhersehen können – im Gegenteil: Vor der Asienkrise 1997/1999 z. B. gab es zwar ausreichende Informationen über verborgene strukturelle Defizite in den sogenannten „Tigerstaaten". Dennoch vergaben die

R. weiterhin hohe, letztlich zu hohe investment-grade-Ratings. Nach Einsetzen der Krise wurden die Ratings weit unterhalb der investment-grade-Marke gesenkt, was die Krise noch mehr vertiefte. Aufgrund dieser und vergleichbarer Erfahrungen werden die Qualität und der Informationsgehalt von Ratings stark in Zweifel gezogen. In Krisenzeiten, so die vielfach geäußerte Kritik, wirken die Rating-Urteile eher prozyklisch, vertiefen damit also die Probleme in einem nicht unerheblichen Maße. Wird in einer globalisierten Wirtschaftsgesellschaft der Eindruck vermittelt, R. würden ein quasi-öffentliches Gut, nämlich eine Transparenz von Informationen, Erwartungen und Einschätzungen produzieren, so stellt sich im Gegensatz dazu das Urteil ein, dass R. dieser Funktion in Wirklichkeit nicht effektiv genug nachkommen: Regelsetzung und Regelüberprüfung liegen bei den R. in ihrem aktuellen Zuschnitt in einer Hand. Die von den R. angewandten Kriterien sind praktisch nicht nachvollziehbar. Schließlich besteht kein unabhängiges Monitoring der Informationsbeschaffung und -verarbeitung. Im Wesentlichen ist der Rating-Prozess nicht transparent und auch nicht kontrollierbar. Deswegen kann nicht von der Schaffung eines →öffentlichen Gutes gesprochen werden. Somit genügen die R. weder den ökonomischen Kriterien einer stabilen Marktentwicklung noch ethischen Kriterien, wie sie sich am Leitbild der verantwortlichen →Gesellschaft und einer →Globalisierung der →Menschenrechte entwickeln lassen.

3. Reformmodelle und alternative Entwicklungen. Verschiedene Reformmöglichkeiten werden diskutiert: Der veränderten Rolle der professionellen Informationsdienstleister am Finanzmarkt könnte unter den genannten Gesichtspunkten erstens dadurch Rechnung getragen werden, dass R. einer öffentlichen Aufsicht unterstellt werden. Eine dazu legitimierte Aufsichtsinstitution sollte die Einhaltung von Regeln und Formen der Informationsverarbeitung kontrollieren. Zudem wird zweitens die Notwendigkeit gesehen, dass auch in anderen Wirtschaftsregionen starke R. entstehen, um die Dominanz der drei US-amerikanischen R. zu brechen. Schließlich gibt es drittens Überlegungen, dass R. sich einem freiwillig anzuwendenden →CSR-Kodex unterwerfen sollten. Insofern wird in diesem Reformvorschlag auf verbindliche Selbstverantwortung gesetzt. Damit im Zusammenhang steht auch die Forderung, dass R. Aspekte von →Nachhaltigkeit berücksichtigen sollten. Insbesondere in der EU werden seit 2009 mehrere Vorschläge für deutlich strengere Vorschriften für R. diskutiert und sind z. T. auch schon von der EU-Kommission erlassen worden. Ziel aller Reformmodelle ist es, dass R. informationseffizienter wirken, unabhängiger werden und damit ihre quasi-öffentliche Funktion erfüllen. In der Gegenwart steht die Verwirklichung dieser oder weiterer Reformschritte noch am Anfang.

J. Hübner, „Macht euch Freunde mit dem ungerechten Mammon!" Grundsatzüberlegungen zu einer Ethik der Finanzmärkte, 2009 – D. A. Bauer, Ein Organisationsmodell zur Regulierung der R. – ein Beitrag zur regulierten Selbstregulierung am Kapitalmarkt, 2009 – P. Andrieu, R. in der Krise – Über die Einführung von Qualitätsstandards für Ratings durch die Europäische Union, 2010 – W. Rügemer, R. Einblicke in die Kapitalmacht der Gegenwart, 2012 – U. G. Schroeter, Ratings – Bonitätsbeurteilungen durch Dritte im System des Finanzmarkt-, Gesellschafts- und Vertragsrechts. Eine rechtsvergleichende Untersuchung, 2014.

Jörg Hübner

Rationalisierung

Von lat. „ratio": Vernunft, Verstand. Der Begriff R. ist inhaltlich nicht eindeutig abgegrenzt und wird uneinheitlich verwendet. Allgemein geht es bei R. um den zielgerichteten Ersatz herkömmlicher Verfahrensweisen durch vernünftige und zweckmäßigere Alternativen zur Verbesserung des Status Quo. In einem engeren Sinne werden unter R. Maßnahmen subsumiert, die dazu dienen, ein verbessertes Verhältnis von Aufwand und Ergebnis zu ermöglichen. Dies bedeutet entweder ein bestimmtes Ergebnis mit möglichst geringem Aufwand oder bei gegebenem Ressourceneinsatz ein optimiertes Ergebnis zu erreichen. Somit steht die R. für die Anwendung des Wirtschaftlichkeitsprinzips (→Wirtschaft). In diesem Sinne handelt es sich bei der R. um einen permanenten Verbesserungsprozess, der nie vollständig abgeschlossen werden kann.

Aufgrund der Zielsetzung der Erhöhung des Produktionspotentials bzw. der Wirtschaftlichkeitssteigerung in der Leistungserbringung wird die R. als zentraler Treiber des Wirtschaftswachstums (→Wachstum) und des technischen Fortschritts gesehen. Die Effekte auf eine mögliche Erhöhung der →Arbeitslosigkeit sind nicht eindeutig.

Bei den Diskussionen um R. lassen sich ein betriebswirtschaftlicher und ein gesellschaftlicher Schwerpunkt differenzieren. Aus Sicht der Wirtschaftswissenschaft wird unter R. allgemein die vernünftige Gestaltung und Koordination von Produktionsfaktoren verstanden, die sich dabei an den Kriterien der Effizienz und Effektivität orientieren, um letztendlich eine höhere Wirtschaftlichkeit zu ermöglichen. Je nach Mitteleinsatz kann zwischen technikzentrierter (bspw. Mechanisierung und Automatisierung) und organisationszentrierter R. (also die Gestaltung von Arbeitsabläufen und Administrationsprozessen) unterschieden werden. Beide Ansätze sind eng miteinander verbunden und werden als technisch-organisatorische R. zusammengefasst.

In ihrer Entwicklung ist die betriebliche R. eng mit den Personen A. Smith, F. v. Gottl-Ottlilienfeld,

F. W. TAYLOR, F. B. GILBRETH und H. FORD verknüpft. Die Grundlagen der R. finden sich in der Industriellen Revolution angelegt, insbesondere in der Mechanisierung von Handarbeit durch Maschinen. Zu Beginn des 20. Jh. lag dann der Fokus auf der wissenschaftlichen Analyse der Betriebsführung (*Scientific Management*) zur Produktivitätssteigerung menschlicher Arbeit (F. W. TAYLOR, F. B. GILBRETH). Charakteristisch für den Taylorismus war die Aufteilung und Standardisierung einzelner Arbeitsprozesse in kleine Einheiten. Dies war u. a. Grundlage der Einführung des Fließbands in den Ford-Werken im Jahre 1913.

In den 1950er und 1960er Jahren lag ein Schwerpunkt auf der Automatisierung und damit auf der Ersetzung menschlicher Arbeitskraft. Bereits in den Post-Taylorismus-Jahren beginnend, rückte in den Folgejahren der zentrale Produktivitätsfaktor Mensch stärker in den Fokus (Human-Relations-Bewegung, →Humankapital). Die R. wurde daher stärker im Kontext der Technikfolgen und der betrieblichen Personalpolitik diskutiert. Mit den 1970er Jahren gewann die R.sthematik, insbesondere durch die Einführung neuer Informationstechniken und einer absehbar rückläufigen Wirtschaftsentwicklung, erneut an Dynamik. Hieraus entwickelte sich eine stärker systemische Sicht auf betriebliche Leistungserbringung. Im Zuge des globalen Wettbewerbs sowie der wachsenden Möglichkeiten der Informations- und Kommunikationstechnologie stehen die Flexibilisierung von Arbeitsprozessen sowie die Umgestaltung und bessere Vernetzung des inner- und überbetrieblichen Produktionssystems im Fokus der R. (*CIM-Konzept*, *Kaizen*, *Lean Production*, etc.).

Aus gesellschaftlich-soziologischer Perspektive findet sich R. v. a. als Schlüsselbegriff bei M. WEBER, der in der (okzidentalen) R. den zentralen Modernisierungsprozess der abendländischen Gesellschaft sieht. Er bezieht den Begriff der R. auf eine „Entzauberung der Welt". Durch die versachlichte und systematisierte Erfassung der Welt, wird diese als verstehbar und somit zweckrational gestalt- und beherrschbar angesehen. R. fände sich auch außerhalb des rein ökonomischen Kontexts als methodische, an Erfolg und Leistung orientierte, Lebensführung wieder. In seinen religionshistorischen Schriften identifiziert WEBER insbesondere die protest. →Ethik als die geistig–moralische Grundlage einer auf dem Rationalitätsprinzip beruhenden Gesellschaft. Insbesondere die Ausbildung des Kapitalismus beruhe auf dieser Entwicklung. HORKHEIMER und ADORNO beziehen sich mit ihren Ausführung zur unheilvoll sich verselbstständigenden Herrschaft der instrumentellen Vernunft auf WEBERS Gedanken der Zweckrationalität.

In aktuellen Diskussionen wird R. verstärkt i. S. einer Selbst-Optimierung reflektiert. Diese Selbst-Optimierung und Selbst-Ökonomisierung lässt sich sowohl im beruflichen (*Arbeitskraftunternehmer*) als auch im privaten Kontext (*Quantified-Self-Bewegung, Self-Tracking*) finden.

M. HORKHEIMER/T. W. ADORNO, Dialektik der Aufklärung, 1969 – H. D. MATHES, Rationalisierung, in: HdWW[6], 1981 – H. KERN/M. SCHUMANN, Das Ende der Arbeitsteilung? Rationalisierung in der industriellen Produktion, 1984 – N. ALTMANN/M. DEISS/V. DOEHL/D. SAUER, Ein „Neuer Rationalisierungstyp". Neue Anforderungen an die Industriesoziologie, 1986 – M. WEBER, Gesammelte Aufsätze zur Religionssoziologie (1920[1]), 1988 – F. W. TAYLOR, Die Grundsätze wissenschaftlicher Betriebsführung (Engl., The principles of scientific management, 1911), 1995 – D. HOSS/G. SCHRICK, Wie rational ist Rationalisierung heute? Ein öffentlicher Diskurs, 1996 (Lit.).

Benjamin Diehl

Raumordnung

1. Allgemeines. R. ist die planmäßige Koordination der Nutzungen innerhalb größerer Gebietseinheiten, mit dem Ziel, die unterschiedlichen Nutzungsansprüche mit ökonomischen, sozialen und ökologischen Belangen in Einklang zu bringen. Damit hat die R. den Charakter einer übergeordneten querschnittsorientierten Gesamtplanung, wodurch sie sich von sektoralen Fachplanungen unterscheidet (W. ERNST; J. SCHULTHEIS; S. GREIVING/F. REITZIG). Anders als die kommunale Bauleitplanung bezieht sich die R. in der Regel auf Regionen oder Bundesländer.

2. R. in Deutschland. In Deutschland ist die R. gesetzlich im R.sgesetz des Bundes (ROG) sowie in Landesplanungsgesetzen der Bundesländer geregelt. § 1 Absatz 1 ROG definiert die Aufgabe der R. als Entwicklung, Ordnung und Sicherung des Gesamtraumes sowie der Teilräume der Bundesrepublik Deutschland durch zusammenfassende, überörtliche und fachübergreifende R.spläne, durch raumordnerische Zusammenarbeit und durch Abstimmung raumbedeutsamer Planungen und Maßnahmen. Dies schließt eine Abstimmung unterschiedlicher Anforderungen an den Raum und den Ausgleich der auf der jeweiligen Planungseben auftretenden Konflikte ein.

2.1. Funktionen der R. Nach H. MÄDING verfolgt die R. bzw. Raumplanung Ordnungs-, Entwicklungs- Schutz- und Ausgleichsfunktionen. Als Ordnungsfunktion wird dabei die Aufgabe der R. verstanden, Raumnutzungskonflikte „weitsichtig und in gerechter Abwägung vorweg zu vermindern" und „möglichst zu vermeiden". Die Entwicklungsfunktion zielt dagegen auf eine Verbesserung der ökonomischen, sozialen und ökologischen Belange ab. Fraglich ist aufgrund von Zielkonflikten, ob sich die genannten Belange gleichermaßen nachhaltig verbessern lassen (C. VON HAAREN/B. JESSEL). Daher erfordert die Sicherung dauerhafter Funktionserfüllung den Schutz bedeutsamer und zugleich empfindlicher Räume und Landschaften, auch durch R. Mit der Ausgleichsfunktion ist gemeint, dass „Entwicklungschancen und -risiken" nach Möglichkeit „räumlich fair zu verteilen" sind (H. Mäding).

2.2 Leitvorstellung der R. Die Leitvorstellung der R. ergibt sich aus § 1 Absatz 2 ROG. Demnach ist bei der Erfüllung der Aufgaben der R. von einer nachhaltigen Raumentwicklung auszugehen, „die die sozialen und wirtschaftlichen Ansprüche an den Raum mit seinen ökologischen Funktionen in Einklang bringt und zu einer dauerhaften, großräumig ausgewogenen Ordnung mit gleichwertigen Lebensverhältnissen in den Teilräumen führt". Soweit erforderlich, sind im Sinne der Leitvorstellung einer nachhaltigen Entwicklung Grundsätze der R. durch Festlegungen in R.splänen zu konkretisieren (§ 2 ROG).

2.3 Planungsinstrumente der R. Zu den Planungsinstrumenten der R. werden unstrittig formelle Planungsinstrumente gezählt, die im R.sgesetz des Bundes (ROG) sowie in den Landesplanungsgesetzen der Bundesländer geregelt sind. Aufgrund unterschiedlicher Terminologie in den Bundesländern wird hier ausschließlich auf das ROG Bezug genommen. Dort werden bundeslandweite Raumordnungspläne, sowie für Teile eines Bundelandes Regionalpläne und regionale Flächennutzungspläne hinsichtlich Inhalten, Aufstellungs- und Beteiligungsverfahren und Verbindlichkeit in Abhängigkeit von der rechtlichen Form der planerischen Festlegungen mit den Kategorien „Vorranggebiet", „Vorbehaltsgebiet", und „Eignungsgebiet" geregelt (z. B. § 8 ROG). Gemäß § 9 ROG unterliegen die vorgenannten R.pläne einer Umweltprüfung, „in der die voraussichtlichen erheblichen Auswirkungen des Raumordnungsplans auf Menschen, einschließlich der menschlichen Gesundheit, Tiere, Pflanzen und die biologische Vielfalt, Boden, Wasser, Luft, Klima und Landschaft, Kulturgüter und sonstige Sachgüter sowie die Wechselwirkungen zwischen den vorgenannten Schutzgütern zu ermitteln und in einem Umweltbericht frühzeitig zu beschreiben und zu bewerten sind". Weiterhin kennt das R.sgesetz die Instrumente des Raumordnungsverfahrens (§ 15 ROG) sowie des vereinfachten Raumordnungsverfahrens (§ 16 ROG). Raumordnungsverfahren dienen der Prüfung der Raumverträglichkeit raumbedeutsamer Vorhaben unter Berücksichtigung von Standort- oder Trassenalternativen. Neuerdings besteht die Möglichkeit, für bestimmte Zwecke (z. B. länderübergreifende Standortkonzepte für See- und Binnenhäfen sowie für Flughäfen) Raumordnungspläne für den Gesamtraum oder die deutsche ausschließliche Wirtschaftszone durch den Bund aufzustellen (§ 17 ROG).

Neben den genannten Instrumenten existieren unterschiedliche informelle Planungsansätze (R. Danielzyk/J. Knieling; T. Wiechmann).

3. R. außerhalb Deutschlands. R. existiert nicht nur in Deutschland, sondern in teilweise ähnlicher oder unterschiedlicher Form auch in anderen europäischen Ländern, teilweise unterstützt durch das Europäische Raumentwicklungskonzept (S. Dühr) sowie in meist weniger anspruchsvoller Form in Entwicklungsländern (C. Weaver; M. Meshak).

4. Geschichte der R. H. Blotevogel hat aufgezeigt, dass R. dem Grunde nach keine Schöpfung der Neuzeit ist, sondern unter anderen Bezeichnungen bereits in der Antike, etwa in Griechenland oder dem Römischen Reich, aber auch im Mittelalter, z. B. durch den Zisterzienserorden als Instrument genutzt wurde, um bestimmte Regionen planvoll zu entwickeln oder weiterzuentwickeln. Eine unrühmliche Rolle spielte die R. dagegen im Dritten Reich, wo sie vor allem menschenverachtenden rassistisch-ideologischen Zielen diente (D. Gruehn). Im Nachkriegsdeutschland wurde die R. erstmals 1965 im R.sgesetz verankert. Seitdem war sie zahlreichen Weiterentwicklungen unterworfen (H. Mäding).

M. Meshak, Facing the Facts: Regional Development in an African District, in: K. Kunzmann/U. von Petz/K. Schmals (Hg.) 20 Jahre Raumplanung in Dortmund, 1990, 132–142 – C. Weaver, Concepts and Theories of Regional Development Planning: The State of the Art, in: K. Kunzmann/U. von Petz/K. Schmals (Hg.) 20 Jahre Raumplanung in Dortmund, 1990, 124–131 – W. Ernst, R., in: Handwörterbuch der R., 1995 – T. Wiechmann, Planung und Adaption. Strategieentwicklung in Regionen, Organisationen und Netzwerken, 2008 – R.sgesetz vom 22. Dezember 2008 (BGBl. I S. 2986), Stand: Zuletzt geändert durch Art. 9 G v. 31. 7. 2009 I 2585 – D. Gruehn, Aperçu historique sur le développement de l'aménagement du territoire en Allemagne au XXe siècle, in: Publications du Centre Régional Universitaire Lorrain d'Histoire 38, 2010, 155–166 – H. Blotevogel, Gelenkte Raumentwicklung als implizite R. in der Geschichte, in: Akademie für Raumforschung und Landesplanung (Hg.), Grundriss der R. und Raumentwicklung, 2011, 76–82 – R. Danielzyk/J. Knieling, Informelle Planungsansätze, in: Akademie für Raumforschung und Landesplanung (Hg.), Grundriss der R. und Raumentwicklung, 2011, 473–498 – S. Dühr, Raumplanung in europäischen Nachbarländern, in: Akademie für Raumforschung und Landesplanung (Hg.), Grundriss der R. und Raumentwicklung, 2011, 757–796 – S. Greiving/F. Reitzig, Gesamtplanung auf überörtlicher und örtlicher Ebene, in: Akademie für Raumforschung und Landesplanung (Hg.), Grundriss der R. und Raumentwicklung, 2011, 385–432 – C. von Haaren/B. Jessel, Umwelt und Raumentwicklung, in: Akademie für Raumforschung und Landesplanung (Hg.), Grundriss der R. und Raumentwicklung, 2011, 671–718 – H. Mäding, Raumplanung als öffentliche Aufgabe, in: Akademie für Raumforschung und Landesplanung (Hg.), Grundriss der R. und Raumentwicklung, 2011, 11–15 – J. Schultheis, Zur Rolle der Raumplanung in der Gesellschaft, in: Akademie für Raumforschung und Landesplanung (Hg.), Grundriss der R. und Raumentwicklung, 2011, 1–10.

Dietwald Gruehn

Recht / Rechtsstaat

1. Begriff und Inhalt R.sstaat (→Staat) ist eine Begriffsbildung der deutschsprachigen Verfassungslehre, für die in anderssprachigen R.straditionen kein exaktes Äquivalent existiert. Auch wenn er mit der „rule of law" der angelsächsischen R.stradition in der Sache viel gemein hat, kann doch nicht von einer völligen Übereinstimmung beider Begriffe gesprochen werden. R.sstaat bezeichnet – und legitimiert damit – ein Staatswesen, in dem sowohl die horizontalen Beziehungen der Staatsbürger untereinander, soweit sie einen staatlich beeinflussten Bereich betreffen, wie die vertikalen Beziehungen von Bürgern und Staatsgewalt durch R. und Gesetz geregelt sind. Damit ist auch die Ausübung von Staatsgewalt durch das R. geregelt und begrenzt. Der R.sstaat beruht formal auf dem staatlichen Gewaltmonopol (→Gewalt) und der Gewaltenteilung zwischen der R. setzenden Legislative, der das R. ausführenden und R.sverstöße sanktionierenden Exekutive/ →Verwaltung und einer unabhängigen R. sprechenden und auslegenden Judikative samt der, die Einhaltung der r.sstaatlichen Verfahren und R.ssetzungsakte kontrollierenden, Verfassungsgerichtsbarkeit. Material besteht das Staatsziel des R.sstaates im Gewähren und im Schutz der →Grund- und →Menschenrechte, in einer Gewährleistung von R.en, der Herstellung von →Gerechtigkeit im staatlich beeinflussten Bereich der →Gesellschaft, von R.ssicherheit und dem R.s-/Vertrauensschutz seiner Bürger. Mit dem Rekurs auf die Vorstellung von →Gerechtigkeit und auf die in der Menschenwürde eines jeden Individuums verankerten Grundrechte geht der R.sstaat von einer von ihm unabhängigen und vorgängigen Existenz von R. und Menschenrechten aus. Damit muss der R.sstaat letztendlich ein freiheitlicher und demokratischer sein, in dem sich die →Freiheit und die →Gleichheit seiner →Bürger verwirklichen können. Zugleich verweist die damit dem →Staat vorgeordnete Vorstellung von →Gerechtigkeit und Menschenwürde auch darauf, dass das Recht wie der „freiheitliche, säkularisierte Staat...von Voraussetzungen (lebt), die er selbst nicht garantieren kann...und (so) nur bestehen (kann), wenn sich die Freiheit, die er seinen Bürgern gewährt, von innen her, aus der moralischen Substanz des einzelnen...reguliert" (Böckenförde, 112).

2. Historische Entwicklungen Die Sache, um die es dem Begriff des R.sstaates geht, ist schon weit früher da und in Entwicklung. Das Konzept einer an das R. gebundenen Staatsmacht ist in der altägyptischen Vorstellung der Maat ebenso vorhanden wie in den biblischen (→Bibel) R.ssammlungen Israels oder in der griechischen Philosophie. Wegmarken hin zu einem an das R. gebundenen Staat sind in die englische Magna Carta 1215, welche das Handeln des Königs an das R. bindet (Verbot unrechtmäßiger Verhaftung, R. auf Schutz des →Eigentums). Die verfassungsmäßige Festschreibung von Grundrechten in der Bill of Rights als Teil der US-Verfassung seit 1789. Die Déclaration des Droits de l'Homme et du Citoyen der Französischen Nationalversammlung 1789 (→Französische Revolution und Kirche), aber auch das preußische Allgemeine Landrecht 1794. Anschließend an die R.s- und Staatsphilosophie der →Aufklärung (I. KANT: Staat als „Vereinigung von Menschen unter R.sgesetzen") findet sich der erste Beleg des Begriffes R.sstaat in T. WELCKERS 1813 erschienenem Werk „Die letzten Gründe von R., Staat und →Strafe". Aufgegriffen wird er in den r.stheoretischen Schriften des Früh→liberalismus, wo er von R. VON MOHL in seinem „Staatsrecht des Königreichs Württemberg" 1829 in die Diskussion eingebracht wird. R.sstaat wird zu einer Forderung im Vormärz, mit dem die Liberalen ihr politisches Ziel einer Verfassung beschreiben, in der das freie Individuum in seiner Privatsphäre wie in seinem (ökonomischen) Handeln vom Staat seine Freiheiten und die Gleichbehandlung durch das →Gesetz rechtlich garantiert bekommt und gegen staatliche Eingriffe geschützt ist. Im Kaiserreich wird der Begriff R.sstaat dann rein formal verwandt. R.spositivistisch meint R.sstaat das Gemeinwesen, in dem mit Gesetzen regiert wird. An eine soziale →Demokratie als Rahmen oder Bedingung des R.sstaates ist dabei nicht gedacht.

3. Der R.sstaat in der protestantischen Theologie Die Beschäftigung mit dem Staat im Protestantismus stand lange unter der Rö. 13,1 und CA 16 formulierten Pflicht zum Gehorsam gegenüber jeder Obrigkeit – unabhängig von der Staatsform. Noch in der Weimarer Republik blieb es bei einem distanzierten Verhältnis zum demokratischen und liberalen R.sstaat. Wirksam war hier auch das Diktum des lutherischen Kirchenrechtlers R. SOHM vom Antagonismus der christlichen Idee der →Liebe und dem R. als einer „Zwangsordnung". Erst die Erfahrungen mit dem nationalsozialistischen Unrechtsstaat, der rein formal als R.sstaat gelten wollte (vgl. z. B. R.slehre von C. SCHMITT) zwangen in Deutschland nach 1945 zur Arbeit an Maßstäben für richtiges R. Dies führte zu einer „Renaissance des →Naturrechtes" wie zu einer intensiven Verfassungsdiskussion, in der der Bezug auf die Menschenrechte konstitutiv für einen liberalen, demokratischen und nun auch sozialen R.sstaat sein sollten. Aber noch der Protestantismus in der Nachkriegszeit konnte lange nicht zu einer durchweg positiven Würdigung des liberalen R.sstaates und seiner Fundierung auf den Allgemeinen Menschenrechten finden. Zu den inhaltlichen Debatten um die Entstehung des →Grundgesetzes der Bundesrepublik Deutschland im Parlamentarischen Rat 1948/1949 hat Evangelische Theologie kaum einen Beitrag geleistet, die →EKD nur dort, wo kirchliche Interessen tangiert waren (z. B. Staatskirchenrecht,

→Erziehung, →Elternrecht, Konfessionsschulen →Geburtenregelung). Umso intensiver waren die Auseinandersetzungen zu r.sstaatlichen Themen seit 1945 in den Evangelischen →Akademien. Von seinem schweizerischen-reformierten Hintergrund her, konnte K. BARTH der protestantischen Theologie neue und wegweisende Zugänge zum liberalen und demokratischen R.sstaat jenseits naturrechtlicher oder schöpfungstheologischer R.stheologien (P. ALTHAUS, F. BRUNSTÄD, E. HIRSCH) eröffnen. Mit der V. These der →Barmer Theologischen Erklärung 1934 wird der säkulare →Staat in seiner Aufgabe gewürdigt, in der „noch nicht erlösten Welt…nach dem Maß menschlicher Einsicht und menschlichen Vermögens unter Androhung und Ausübung von Gewalt für R. und →Frieden zu sorgen." In seinen Schriften zum R. würdigt K. BARTH das positive R. nicht nur als notwendige Zwangsordnung, die in der Schöpfungslehre verortet wird (H. THIELICKE, W. KÜNNETH), sondern findet zu einer pointierten Würdigung des demokratischen R.sstaates in Christologie und Versöhnungslehre. P. TILLICH verortet seinerseits das menschliche R. in der Pneumatologie. Erst in der →Denkschrift zur Demokratie von 1985 bekennt sich die →EKD vorbehaltlos zum liberalen, demokratischen und sozialen R.s- und Verfassungsstaat des Grundgesetzes und nimmt ihn als „Angebot und Aufgabe" der Christen in der Bundesrepublik an, da der R.sstaat nur mit einer „ →Ethik der R.sbefolgung…bei Regierenden als auch bei Regierten" bestehen kann" und auf die verantwortliche Mitgestaltung des R.s durch die →Zivilgesellschaft angewiesen ist. Neuere Entwürfe evangelischer →Ethik finden in ihren großen Mehrzahl zu einer positiven Würdigung des R.sstaates und seines positiven R.s. M. HONECKER würdigt das R. als Teil der Kultur, in dem nach dem gerechten und „richtigen R." gesucht wird. Für J. FISCHER ermöglicht das R. „positive →Freiheit" und hilft der Strukturierung öffentlicher Normdebatten (→Norm). Bei W. HÄRLE kann das R. zusammen mit dem ihm entsprechenden „Ethos der Verantwortung" nach Gerechtigkeit suchen. Neuere Entwürfe einer theologischen R.ssethik von W. HUBER und H.-R. REUTER würdigen das positive R. auch aus der Perspektive biblischer →Gerechtigkeitskonzeptionen und stellen ihm damit einen Rahmen für eine entsprechende Weiterentwicklung des R.s im R.sstaat zur Verfügung.

4. Der R.sstaat im →Grundgesetz Auch wenn das R.sstaatsprinzip, anders als →Demokratie, Republik, →Sozialstaat und Bundesstaat im Art. 20 Abs. 1 GG nicht explizit erwähnt ist, wird es allgemein zu den Staatsmerkmalen der Bundesrepublik gerechnet. Das ergibt sich mittelbar aus dem den Ländern vorgegebenen R.sstaatsprinzip im Sinne des Grundgesetzes (Art. 28 Abs. 1 S. 1 GG) oder aus der Beschreibung des Strukturprinzips der EU (→Europa) als R.sstaat (Art. 23 Abs. 1 S. 1 GG). Die wichtigsten Bestimmungen der Bundesrepublik als R.sstaat finden sich in GG Art. 1 (→Menschenwürde, Bindung an die Grundrechte), Art. 20 Abs. 2 S. 2 (Gewaltenteilung), Art. 20 Abs. 3 Gesetzesbindung), Art. 19 Abs. 4 (Rechtsschutz), Art. 92 und 97 Abs. 1 (Unabhängigkeit der Justiz) und Art. 101 und 103 (faires Verfahren).

5. Aktuelle Herausforderungen an den R.sstaat 5.1. Aktuelle r.sphilosophische Ansätze Neuere Ansätze in R.sphilosophie/R.sethik versuchen eine Begründung von R. und R.sstaat jenseits einer naturrechtlichen oder rein positivistischen R.sbegründung. In der →Diskursethik entwickelt sich das R. und seine Ausgestaltung im R.sstaat in dem von diesem zu garantierenden freien, rationalen Diskurs der autonomen Staatsbürger in der deliberativen Demokratie (J. HABERMAS). In diesem Diskurs wird auch vereinbart, was als gerecht gelten soll. Die soziologische Beschreibung der Gesellschaft als →Risikogesellschaft schreibt dem R. die Aufgabe der Abklärung einer Risikofolgenabschätzung und die Zuschreibung von Verantwortung zu (U. BECK). Im angelsächsischen →Utilitarismus existiert eine einflussreiche ökonomische Theorie des R.s, in der jede Frage nach →Gerechtigkeit zugunsten einer Kosten-Nutzen-Abwägung sistiert ist. In der →systemtheoretischen Beschreibung des R.s ist dieses ein stabilisierendes und selbstreferentielles Teilsystem der →Gesellschaft. Auch hier ist jeder Zusammenhang von R. und →Gerechtigkeit eine systemfremde moralische (→Moral) Fremdzuschreibung (N. LUHMANN). Hilfreich an dieser Analyse des R.sstaates bleibt der Hinweis auf die ständige Gefahr des R.sstaates, sich selbst durch eine ausufernde Verrechtlichung, unübersichtliche bürokratische Verfahren (→Bürokratie) und aufgrund der zunehmenden Komplexität des R.ssystems ein Akzeptanzproblem zu schaffen.

5.2. Herausforderungen des demokratischen R.sstaates In der permanent beschleunigten digitalen Welt (→Datenschutz, →Internet) wie in der globalisierten →Ökonomie oder der →Genforschung entstehen ständig neue r.sfreie Räume, deren Regulierung aufgrund hoher Komplexität und niedriger Transparenz mit den Verfahren eines demokratischen R.sstaates nur schwer zu bewerkstelligen ist, die aber dringend durchgeführt werden muss. Außergerichtliche Schiedsverfahren bieten sich dabei aufgrund von rationalisierten Verfahren oftmals als naheliegend an. Allerdings entspricht dies nicht den Standards demokratisch legitimierter Regeln des R.sstaates. Aufgrund der →Globalisierung steht der R.sstaat zum anderen vor der Aufgabe, seine Maßstäbe in die internationale R.ssetzung und R.ssprechung einzubringen. Dies gilt für multinationale Zusammenschlüsse wie für international agierende →NGOs oder international aufgestellte Wirtschaftsverbände (zu den Schwierigkeiten vgl. Maus). Aufgrund der hohen Komplexität, vor der hier vor allen Dingen der R. setzende demokratisch legitimierte Gesetzgeber steht, besteht zudem die Gefahr, einer Entpolitisierung des R.sstaates durch eine Verlagerung der R.setzung von der gewählten Legislative mit ihrer Gesetzgebungskompetenz auf die Judikative und deren professionelle R.sauslegung (vgl. RÜTHERS).

Der R.sstaat steht zudem immer wieder vor der Frage, ob der Grundrechtekatalog (z. B. die Grundgesetzartikel 1–19) nicht zu erweitern ist (z. B. durch ein Recht auf →Arbeit, →Kinder- und →Tierrechte, →ökologische Aspekte). Der Einwand, hier fehle das autonome und mündige R.ssubjekt, das seine R.e auch einklagen und durchsetzen kann bzw. der Akteur, der einen R.ssanspruch einlöst, wird dabei wohl aufgewogen durch die Chance, diese R.e anderen Grundrechten gleichzustellen und sich damit intensiver um einen Ausgleich der Interessen bemühen zu müssen.

Herausgefordert ist der weltanschaulich neutrale R.sstaat des Weiteren durch eine individualisierte und heterogene →Gesellschaft, in der unterschiedliche Ethiken und Weltanschauungen zu ihrem R. kommen wollen (→Pluralismus), vielfältige Vorstellungen von →Gerechtigkeit und differente moralische Einstellungen die Akzeptanz des R.sstaates erschweren (vgl. z. B. die Auseinandersetzungen um die rituelle Beschneidung oder den assistierten →Suizid). Weniger Gefahr, als eine Herausforderung an den R.sstaat zur Fortentwicklung des R.s ist der →zivile Ungehorsam gegen Gesetze oder Verfahren, bei denen aus guten Gründen Ungerechtigkeit vermutet werden kann. Während →Widerstand gegen positives R. nach der Formel von G. RADBRUCH nur dort angebracht ist, wo der „Widerspruch des Gesetzes zur Gerechtigkeit ein so unerträgliches Maß erreicht, dass das Gesetz als ,unrichtiges R.' der →Gerechtigkeit weichen muss" (gedeckt durch Art. 20 Abs. 4 GG), kann ziviler Ungehorsam, z. B. beim Kirchen →asyl dem Nachdenken über R., Gerechtigkeit und →Barmherzigkeit und somit einer humanen Weiterentwicklung des R.sstaates helfen. Angesichts neuer terroristischer Gefährdungen im 21. Jh. ist die Vermittlung der grundlegenden Bedeutung r.sstaalicher Regeln und Standards für alle Menschen (auch die Straftäter) auch dort gefordert, wo aufgrund vermeintlich erfolgreicher Verbrechensbekämpfung diese Regeln aufgeweicht und verletzt werden (vgl.: Reemtsma, →Folter im R.sstaat?). Denn der liberale, demokratische und soziale R.sstaat gehört wie die „Herrschaft des Rechts" zu den „menschenfreundlichen Errungenschaften, deren Abwesenheit jedes Gemeinwesen über kurz oder lang in ernste Gefahr bringt" (H. A. WINKLER).

K. BARTH, Rechtfertigung und R., 1938 – DERS., Christengemeinde und Bürgergemeinde, 1946 – G. RADBRUCH, Gesetzliches Unrecht und übergesetzliches R., in: Süddeutsche Juristenzeitung, 1946, 105–108 – K. BARTH, KD[II/1] (1940), 1982[6] – I. KANT, Die Metaphysik der Sitten (1797), in: DERS.: Werke in zehn Bänden, hg. von W. WEISCHEDEL, Bd. 7, 1983[5], 309–634 – P. TILLICH, Systematische Theologie[III] (1966), 1984[4] – KIRCHENAMT DER EKD (Hg.), Evangelische Kirche und freiheitliche Demokratie. Der Staat des Grundgesetzes als Angebot und Aufgabe. Eine Denkschrift der EKD, 1985 – E. JÜNGEL/R. HERZOG/H. SIMON, Ev. Christen in unserer Demokratie, 1986 – R. ANSELM, Verchristlichung der Gesellschaft? Zur Rolle des Protestantismus in den Verfassungsdiskussionen beider deutscher Staaten 1948/49, in: J.-C. KAISER/A. DOERING-MANTEUFFEL (Hg.), Christentum und politische Verantwortung. Kirchen im Nachkriegsdeutschland, 1990, 63–87 – M. HONECKER, Grundriss der Sozialethik, 1995 – W. HUBER, Gerechtigkeit und R. Grundlinien christlicher R.sethik, 1996 – H.-R. REUTER, R.sethik in theologischer Perspektive, 1996 – E. OTTO/M. WOLTER/S. G. HALL/T. MAYER-MALY/H.-R. REUTER/A. BARUZZI, R./R.stheologie/R.sphilosophie I-VI, in: TRE[28], 1997 – W. REINHARD, Geschichte der Staatsgewalt. Eine vergleichende Verfassungsgeschichte Europas von den Anfängen bis zur Gegenwart, 2000[2] – U. BECK, Risikogesellschaft (1986), 2001[22] – J. HABERMAS, Faktizität und Geltung (1992), 2001[5] – D. VON DER PFORDTEN, R.sethik, 2001[2] – N. LUHMANN, Das R. der Gesellschaft (1993), 2010[6] – J. FISCHER, Theologische Ethik, 2002 – J. P. REEMTSMA, Folter im R.sstaat?, 2005 – P. MASTRONARDI, Verfassungslehre. Allgemeines Staatsrecht als Lehre vom guten und gerechten Staat, 2007 – W. HÄRLE, Ethik, 2011 – H. KRESS, Ethik der R.sordnung. Staat, Grundrechte und Religionen im Licht der R.sethik, 2012 – E.-W. BÖCKENFÖRDE, Die Entstehung des Staates als Vorgang der Säkularisierung (1967), in: DERS., R., Staat, Freiheit, 2013[5], 92–114 – DERS., Entstehung und Wandel des R.sstaatsbegriffs (1969), in: ebda., 143–169 – H. DREIER, Idee und Gestalt des freiheitlichen Verfassungsstaates, 2014 – M. LANGANKE/A. RUWE/H. THEISSEN (Hg.), Rituelle Beschneidung von Jungen. Interdisziplinäre Perspektiven, 2014 – B. RÜTHERS, Die heimliche Revolution vom R.staat zum Richterstaat, 2014 – H. A. WINKLER, Geschichte des Westens[1–4], 2009–2015 – W. HUBER, R.sethik, in: DERS./T. MEIREIS/H.-R. REUTER (Hg.), Handbuch der Evangelischen Ethik, 2015, 125–193 – K.-L. KUNZ/M. MONA, R.sphilosophie, R.stheorie, R.ssoziologie, 2015[2] – I. MAUS, Menschenrechte, Demokratie und Frieden. Perspektiven globaler Organisation, 2015.

Wolfgang Mayer-Ernst

Rechtfertigung

1. Nach reformatorischem Verständnis gilt die Lehre von der R. als der „erste u. Hauptartikel" (Schmalkald. Artikel II,1) u. als Mitte, Grenze u. Maßstab aller Glaubens- u. Lehraussagen. R. ist der Leitbegriff des ev. Glaubens für das Verständnis von Gott u. Welt, u. darum in seinen Auswirkungen auf Leben u. Ethik des Christen zu bedenken. In der Reformationszeit war die R. der Kernpunkt der Auseinandersetzung. Das Konzil von Trient hat in einer seiner bedeutendsten Lehraussagen im Dekret über die R. (1547) von der reformatorischen R.slehre abgegrenzt u. eine Reihe reformatorischer Sätze als häretisch verurteilt. Lehrgespräche nach dem 2. Vatikanum zwischen Rom u. Lutheranern haben eine bemerkenswerte Annäherung u. Verständigung im Verständnis der R. erzielt. Zu nennen sind u. a.

die Berichte „Evangelium u. Kirche" („Malta-Bericht", 1972), der Bericht „R. durch den Glauben" (1983) des kath.-luth. Dialogs in den USA, die Studie „Lehrverurteilungen – kirchentrennend?" (1986) des Ökum. Arbeitskreises ev. u. kath. Theologen in Deutschland u. zuletzt die „Gemeinsame Erklärung zur R.slehre" (GER, 1997) des Lutherischen Weltbundes u. der Katholischen Kirche, die am 31. 10. 1999 in Augsburg ratifiziert wurde. Entstehungsgeschichte u. Rezeptionsprozess der GER waren u. sind strittig. Unbestritten ist jedoch der hohe Stellenwert der R. im ökum. Dialog.

2. Das deutsche Wort „R." ist Übersetzung des paulinischen Worts Gerechtigkeit Gottes („Dikaiosyne theou", Röm 1,16f) u. des Verbs „gerechtfertigt werden" („iustificari", Röm 3,21-31). Paulus bezeichnet mit dem Wort die bedingungslose Annahme des sündigen Menschen durch Gott u. die Unverbrüchlichkeit der Bundestreue Gottes. In der Alltagssprache dagegen bedeutet R. Legitimation; sich rechtfertigen heißt legitimieren. Man rechtfertigt sich, indem man sich entschuldigt oder sein Verhalten begründet. Es geht dann nicht theologisch um *Gottes* Tat der R. des Gottlosen, sondern um eine Selbstrechtfertigung des *Menschen*. R. wird ferner oft auch immer häufiger als Frage nach Gottes Verantwortung für Böses u. Übel verstanden (Theodizee). Durch die Differenz zwischen Umgangssprache u. theologischer Fachsprache entstehen erhebl. Verständigungsschwierigkeiten, was denn überhaupt heißt, dass der Mensch als Sünder vor Gott der „R." (Annahme, Freispruch) bedarf u. „aus Gnaden" (sola fide) gerechtfertigt wird.

3. Das reformatorische Verständnis der R. wird durch vier Merkmale – den sog. „particulae exclusivae" – bestimmt. Allein aus →Gnade, allein im Glauben, allein die Schrift, allein Christus (sola gratia, sola fide, sola scriptura, solus Christus). Das vierfache „Allein" („sola") besagt nicht, dass es *nur* Gnade, Glaube, Christus, Schrift für ev. Kirche u. Theologie gibt, vielmehr benennt es den entscheidenden Beurteilungsmaßstab: Der Mensch empfängt von Gott allein aus Gnaden („gratis") das Heil; allein der Glaube bewirkt das Gottesverhältnis; das Kriterium „allein die Schrift" meint nicht, dass es neben der Schrift nicht noch andere →Traditionen, Bekenntnisse gibt, sondern dass alle anderen Traditionen an der Schrift zu messen sind. Das „allein Christus" lehnt andere Miterlöser ab (Maria, Heilige). Dem reformatorischen „Allein" ist in Trient ein „Und" entgegengesetzt worden: Schrift u. ungeschriebene Tradition, Natur u. Gnade, Glaube u. Werke, das Bemühen des Menschen um Mitwirkung. Auch die kath. Kirche gründet sich auf das „Christus allein", bestimmt freilich das Verhältnis von Christus u. Kirche (als Christus prolongatus) anders als die durch die drei anderen „Allein" (Schrift, Gnade, Glaube) geprägte ev. Lehre.

4. Aus dem unterschiedl. Verständnis von Gnade u. R. folgten im 16. Jh. einige grundlegende kontroverse Entscheidungen, die bis heute offene Fragen sind.

4.1 Verschieden bewertet wurde die Möglichkeit der Mitwirkung der Menschen am Heil (cooperatio). Nach reformatorischer Sicht ist die R. allein Gottes Tat, während kath. Lehre zwar das Geschehen der R. exklusiv Gottes Tat sein lässt, aber dem Menschen eine Fähigkeit zuspricht, sich für die Gnade vorzubereiten. Hinter dieser Differenz steht eine unterschiedl. Sicht des Menschen, zentriert auf den Begriff der Willensfreiheit, das „liberum arbitrium"(→Freiheit): Wieweit hat der Sünder (nach dem Fall noch) die Freiheit u. Fähigkeit sich um sein Heil zu bemühen, u. aufgrund einer unverdorbenen „Natur" nach der Gnade zu streben? (facere quod in se est, cooperatio hominis). Dabei geht es um die Passivität des Menschen vor Gott, nach reformatorischer Lehre ist die menschl. Natur völlig verdorben.

4.2 Damit zusammen hängt das Verständnis von Sünde. Gemeinsam bekennen ev. u. kath. Lehre eine Grundverlorenheit des Menschen (Erbsünde). Nach der R. bleibt jedoch nach kath. Lehre nur eine Begierde, Geneigtheit zur Sünde (concupiscentia), die freilich noch keine Sünde, sondern nur noch Anlass zum Sündigen ist. Nach reformatorischer Lehre bleibt hingegen auch der Gerechtfertigte Sünder, weil er als ganzer Mensch Fleisch (caro) ist. Die reformatorische Formel lautet „zugleich Sünder, zugleich Gerechter" (simul iustus, simul peccator). Auch die Konkupiszenz ist Sünde. Die Sünden des Gerechtfertigten sind freilich vergebene Sünden.

4.3 Bedingt durch das Verständnis von Sünde u. Freiheit stellt sich die Frage nach dem Verhältnis von Glaube u. Werken. Die guten Werke des Menschen sind keine Bedingungen des Heils. Was tragen sie jedoch nach der R. zur Bewahrung u. Vermehrung der Gnade (augmentum gratiae) bei? In der Frage der Verdienstlichkeit der Guten Werke (Verdienst, meritum) nach der R. bestand im 16. Jh. ein fundamentaler Gegensatz. Nicht strittig war die Verpflichtung des Christen, durch Werke, die dem Nächsten nützen, Mitmenschen Gutes zu tun. Strittig war (und ist z. T. noch) die Heilsbedeutung solcher „guten Werke": Tragen sie zur Seligkeit bei?

4.4 Im Verständnis von R. wird seit dem 16. Jh. kontrovers diskutiert, ob sie als Gerechtsprechung oder Gerechtmachung als forensisches Urteil Gottes oder als innere Erneuerung des Menschen zu verstehen ist (forensisches vs. effektives Verständnis von R.). Im einen Fall wird der Sünder nur als Gerechter *betrachtet*, für gerecht erklärt, im anderen Fall wird er innerl. erneuert. Die Alternative ist freilich fragwürdig, weil Gottes Gnade *wirksam*, effektiv ist. Die Differenzen in der theol. Bewertung von Freiheit, Sünde, Verdienst haben ihre Ursachen im Grundverständnis des rechtfertigenden Handelns Gottes.

4.5 Weitere Themen sind die Frage der Heilsgewissheit, die nicht als subjektive Gewissheit des Glaubenden, sondern als Vertrauen auf Gottes Treue zu interpretieren ist, sodann die Unterscheidung u. Zuordnung von Glaube u. →Liebe, ferner die Unterscheidung von →Gesetz (als Forderung Gottes) u. Evangelium (als Zuspruch u. Verheißung der Gnade), weil allein das Wort des Evangeliums dem Gottlosen Gottes R. bringt.

4.6 Zusammenfassen lassen sich die Fragen in der Leitfrage: *Wie* besteht der Mensch als Sünder u. als glaubender Gerechtfertigter in Gottes Urteil? Worauf beruht die Menschlichkeit des Menschen – auf seinen eigenen Bemühungen, Anstrengungen, Leistungen, Werken oder „allein" auf Gottes Handeln. Die reformatorische Definition des Menschen lehrt, dass der Mensch allein aus Glaube vom Gott gerechtfertigt wird (hominem fide iustificari) und dass dies die theologische Definition des Menschen ist.

5. Das Verständnis von R. hat Konsequenzen für das Verständnis auch für andere Glaubensaussagen u. für die →Ethik.

5.1 Im Blick auf die *Kirche* ist strittig, ob bereits die Übereinstimmung im Verständnis von Evangelium u. Gnade zureicht für Kirchengemeinschaft ist (CA 7: „Satis est") oder ob ein weiterer Konsens im Amts-, Lehramts- (Bischofsamt, Papsttum) u. in der davon abhängigen Sakramentslehre erforderl. ist. Aus der R. folgt reformatorisch verstanden das Allgemeine Priestertum. Das Thema „R. u. Kirche" ist im ökum. Dialog noch nicht geklärt u. entschieden.

5.2 Aus dem Grundverständnis von R. u. Zuordnung von Glauben u. Werken ergeben sich spezifisch reformatorische Ansätze.

5.3 Der Christ ist vor Gott frei im Glauben, zugleich befreit zur Liebe gegenüber dem Nächsten („Dienstbarkeit") LUTHER hat in seiner Schrift „Von der Freiheit eines Christenmenschen", 1520, eingehend dieses Freiheitsverständnis entfaltet in der Dialektik von Freiheit im Glauben u. von Dienstbarkeit in der Liebe, wie in einem spezifisch kommunikativen Verständnis des Freiseins aus Glauben.

5.4 Aus der Freiheit folgt die Orientierung an der persönl. Entscheidung u. Bindung. Die Autonomie des →Gewissens grenzt sich auch ab gegen Gehorsamsforderungen seitens eines Lehramtes (Heteronomie).

5.5 Gute Werke dienen nicht dem Heil des Handelnden, sondern sollen dem Anderen nützen. Daraus folgt ein Ethos des Dienstes im Alltag der Welt, in der Profanität, die Hochschätzung des weltl. →Berufes, eine spezifische „Weltfrömmigkeit". Das ethische Handeln u. Urteilen wird auf Sachlichkeit in →Freiheit u. →Verantwortung ausgerichtet.

5.6 Dies beinhaltet eine Unterscheidung von Glaube u. Welthandeln, von Heil u. Wohl, von Gottesverhältnis u. Umgang mit der Lebenswelt (coram deo – coram mundo; →Zweireichelehre). Die Weltgestaltung ist jedoch nicht nur profan, sondern im pragmatischen Sinne „vernünftig", „human" zu verstehen.

5.7 Das Evangelium befreit zum →Handeln, aber es vermittelt kein Normensystem, kein Programm der Weltgestaltung, auch nicht im Liebesgebot. Vielmehr sind die Regeln u. Grundbedingungen (Ordnungen) menschl. Zusammenlebens vom Christen selbst zu verantworten, situationsgerecht anzuwenden u. zu verwirklichen. Es gibt daher auf der Grundlage der R. ein eigenes protest. Profil, mit freilich je nach Geschichte u. Kontext unterschiedl. Konkretionen ev. Ethik.

6. In dem missverständl. Terminus „Kriterium" (GER 18) ist diese Funktion der R. formelhaft erfasst. R. meint danach nicht *ein* Teilstück der christl. Glaubenslehre, sondern ist der Inbegriff des christl. Glaubens an Gott u. sein Handeln in Jesus Christus, d. h. des Evangeliums. Alle Aussagen des christl. Glaubens u. der kirchl. Praxis haben nach ev. Überzeugung an der R. als Bezugspunkt, „Mitte der Schrift" u. „Grundaussage des Glaubens" sich messen zu lassen u. sich auszurichten. Sprachl. ist das Wort „Kriterium" freilich insofern unzulängl., weil nicht eine *Lehre* von der R., eine *Theorie* der R. den Maßstab setzt, sondern das Fundament, das Zeugnis des Evangeliums ist, das nicht auf bestimmte Lehrformulierung fixiert ist, sondern in vielfachen sprachl. Äußerungen sich zu Gehör bringt. Der Zuspruch von R. u. Gnade Gottes bringt zeitbezogen u. existentiell anredend die ev. Sicht von Gott, Welt u. Mensch aus der Perspektive des Heils zu Sprache u. Wirksamkeit

W. LOHFF/C. WALTHER (Hg.), R. im neuzeitlichen Lebenszusammenhang, 1974 – G. MÜLLER, Die R.slehre, 1977 – V. SUBILIA, Die R. aus Glauben. Gestalt und Wirkung vom Neuen Testament bis heute, 1981 – A. PETERS, R., 1984 – G. SAUTER (Hg.), R. als Grundbegriff evangelischer Theologie, 1989 – O. H. PESCH/A. PETERS, Einführung in die Lehre von Gnade und R., 1994[3] – E. JÜNGEL, Das Evangelium von der R. des Gottlosen als Zentrum des christlichen Glaubens, 1998 – M. BEINTKER, R. in der neuzeitlichen Lebenswelt, 1998 – J. BROSSEDER/ N. KÜHN/H. G. LINK, Überwindung der Kirchenspaltung. Konsequenzen aus der Gemeinsamen Erklärung zur R.slehre, 1999. – F. HAUSCHILDT/U. HAHN (Hg.), Rechtfertigung heute. Warum die zentrale Einsicht des Denkens Luthers zeitlos aktuell ist, 2005 – EKD (Hg.), Rechtfertigung und Freiheit, 500 Jahre Reformation 2017, 2. Aufl. 2014 – A. STEGMANN, Luthers Auffassung vom christlichen Leben, 2014.

Martin Honecker

Reich Gottes

Die Botschaft vom R. G. fordert die Sozialethik zu Antworten heraus, in denen sich grundlegende theologische Probleme bündeln. Dazu gehört insbesondere die Frage, wie das Handeln Gottes in der Geschichte im

Allgemeinen und das Aufeinandertreffen von Gottes Handeln und menschlichem Handeln im Besonderen spezifisch eschatologisch, also von Gottes zuvorkommendem Handeln her reflektiert werden kann. Als unstrittig gilt, dass das Kommen des R. G. ein Kernthema der jesuanischen Verkündigung ist und dass die neutestamentlichen Schriften ein Spannungsfeld zwischen dem „Schon jetzt" von Kreuz und Auferstehung Jesu als bereits geschehenem Anbruch der Gottesherrschaft und dem „Noch nicht" des Eschatons eröffnen. Unstrittig ist auch, dass die evangelische →Sozialethik in ihrer Rezeption der biblischen Rede vom R. G. auf rechtfertigungstheologischer Grundlage einen eindeutigen Primat des Handelns Gottes annimmt. Im hohen Maße umstritten ist aber, wie der Bezug menschlichen Handelns auf Gottes vorgängiges Handeln im Kommen seines Reiches verstanden und dargestellt werden kann.

1. Spannungsfelder der Rede vom R. G. Schon die kategorialen Differenzen von Gottes Handeln und menschlichem Handeln der verschiedenen biblischen Reflexionsgestalten vom Kommen des R. G. versetzen die Ethik in ein Spannungsfeld, das die ethische Urteilsbildung in Gang hält. Zu diesem Spannungsfeld gehören die Bedeutungsverschiebungen der Rede von der Königsherrschaft Gottes in der vorexilischen und der exilisch-nachexilischen Literatur der Hebräischen Bibel in ihrem schillernden Bezug zur Botschaft Jesu vom Kommen des R. G. Dazu gehören ebenfalls die (auch religionsgeschichtlich bedeutsame) Differenz von apokalyptischem und eschatologischem Verständnis vom R. G. sowie die problemgeschichtlich überaus produktive Unterscheidung von präsentischer und futurischer →Eschatologie. Spannungsvoll ist auch die Frage, ob das Kommen des R. G. als eine kontinuierliche Vollendung der alten Schöpfung, als restitutio ad integrum oder als ein radikaler Abbruch und Ersetzung des Alten durch das Neue verstanden werden soll. Kontroversen haben sich auch an der Frage entzündet, ob die Geschichte mit dem Kommen des Reiches Gottes endet oder ob es als Ereignis innerhalb der Geschichte verstanden werden muss, wie sich also Weltgeschichte und Heilsgeschichte aufeinander beziehen. Umstritten ist nicht zuletzt auch, ob das Kommen des R. G. eher die individuelle Existenz oder die ganze Schöpfung betrifft. (Vgl. zu diesen Differenzierungen auch den Überblick bei M. HONECKER, 1995, 32ff.)

2. Problemgeschichtliche Kristallisationspunkte der ethischen Rede vom R. G. Die ethische Reflexion hat sich immer wieder an problemgeschichtlichen Kristallisationspunkten der Rede vom R. G. festgemacht. Exemplarisch verbinden sich diese mit Namen wie AUGUSTINUS (und seiner Lehre von den beiden civitates), MEISTER ECKHART (und seiner Spiritualisierung der R. G.-Vorstellung), M. LUTHER (und seiner Unterscheidung der beiden Regierweisen Gottes), T. MÜNTZER (und seinem sozialrevolutionären Verständnis des R. G.), P. J. SPENER und A. H. FRANCKE (und ihrer Verinnerlichung des R. G.), SCHLEIERMACHER (und der Evolution des R. G. durch Gesinnungswandel) dem älteren und dem jüngeren BLUMHARDT (und ihren Reich-Gottes-Theologien), KIERKEGAARD (und seiner Orientierung an der Kategorie der Möglichkeit und des Augenblicks) den religiösen Sozialisten um L. RAGAZ (mit dem R. G. als politischem Programmbegriff), A. RITSCHL (und seiner Idee einer sittlichen Inkulturation des R. G.), J. WEISS (und seiner „konsequenten" Eschatologie), D. BONHOEFFER (und der Wegbereitung als Antwort auf die Botschaft vom Kommen des R. G.), W. BENJAMIN (und seines Begriffs der schwachen messianischen Kraft in der „Jetztzeit"), K. BARTH (und seiner Rede vom „Kairos" des R. G.), J. MOLTMANN (und seiner motivationalen Verbindung von Hoffnung und Ethik), G. SAUTER (und seiner Rede von der in Gottes Verheißung seiner Zukunft begründeten Hoffnung), M. WELKER (und seiner Beschreibung des R. G. als Emergenzgeschehen) sowie G. AGAMBEN (und dem „Ausnahmezustand" des messianischen Lebens).

3. Typologie der R.-G.-Rezeption in der Ethik Anhand dieser problemgeschichtlichen Kristallisationspunkte lassen sich drei Grundtypen der Auseinandersetzung der Ethik mit der Rede vom R. G. identifizieren:

Vertreter des ersten Typs schlagen vor, die Brücke zwischen biblisch-theologisch zu reflektierender Eschatologie (die „letzten Dinge") und Ethik abzubrechen – ein Vorschlag, wie er in klassischer Weise von den Theoretikern der „konsequenten Eschatologie" (z. B. J. WEISS, A. SCHWEITZER) unterbreitet wurde.

Einen zweiten Typ bilden vielgestaltige Vermittlungsversuche, in denen die Rede vom Reich Gottes mit jeweils prävalenten Ethiktypen verknüpft wird. Die Rede vom R. G. wird dabei teleologisch, deontologisch, utopisch oder futuristisch in die Ethik integriert. Das R. G. erscheint dann in unterschiedlichen Vermittlungsformen als Strebensziel oder Telos, als höchstes Gut, als Gegenstand von „Reich-Gottes-Arbeit", als Teil des Ethos, als Motiv, als Bewusstseinsinhalt, als sittliches Ideal, als Maxime oder Norm, als Hoffnungsgehalt oder als Utopie. Als besonders wirkmächtig für die gegenwärtige Sozialethik hat sich der Vorschlag erwiesen, das Reich Gottes als Inhalt einer zu realisierenden Hoffnung zu antizipieren (z. B. bei J. MOLTMANN).

Vertreter des dritten Typs versuchen, das Handeln Gottes im Kommen seines Reiches nicht nur in den Kategorien einer allgemeinen Ethik auf menschliches Handeln und den Fortgang der Geschichte zu beziehen, sondern das Handeln und geschichtliche Werden von Gottes erhaltendem und rettendem Ethos in Schöpfung und Erlösung her zum Thema zu machen. Im Vordergrund steht hier nicht die Frage, wie geschichtliche Ereignisse religiös zu deuten sind, sondern wie Menschen inmitten ihrer Wirklichkeitserfahrungen in der Erfahrung und der Erwartung des Kommens des Reiches Gottes bleiben und sich in ihrem Urteilen und Handeln auf Gottes vorgängiges Handeln einlassen (z. B. bei G. Sauter). Aus dieser Erwartung soll die Ethik demnach weder dadurch herausfallen, dass sie das Handeln unter dem Stichwort Zukunftsverantwortung auf eine (partielle oder antizipierte) Verwirklichung des R. G. richtet, noch dadurch, dass sie sich auf die Möglichkeitsräume natürlicher Transformations- und Erneuerungsprozesse begrenzt.

4. Forschungsperspektiven. Messianische Denkfiguren und Kategorien wie „Ereignis" und „différance" finden sich in zahlreichen Ethikdiskursen der Gegenwart. Motivisch scheint dies auf den ersten Blick mit der Metaphorik und Performanz der Botschaft vom „Kommen" des R. G. zu konvergieren. Vor allem der dritte der o. g. Typen könnte hier klärend wirken und neue Forschungsperspektiven eröffnen. Das ethische Nachdenken über die Erwartung des Kommens des R. G. würde sich dann nicht an einem allgemeinen Deutungshorizont, sondern an Gottes konkreten – und in ihrer Konkretheit strittigen – Zusagen orientieren, wie sie im Sprachstrom der biblischen Texte, insbesondere angesichts des komplexen Verhältnisses der jesuanischen Basileia-Verkündigung zum Traditionszusammenhang der hebräischen Bibel zum Ausdruck kommen. Als paradigmatisch für einen solchen Ansatz kann Bonhoeffers Vorschlag gelten, das Kommen des R. G. von der Auferstehung Jesu Christi her zu reflektieren und dadurch die Bestimmtheit von Gottes erhaltendem und neuschöpferischem Handeln zum Ausgangspunkt einer ethischen Antwort zu machen. Der Auferstehung als Ethos Gottes entspricht aufseiten der Ethik eine – auch institutionell vielgestaltige – Praxis des Bittens um das Kommen des R. G. auf Erden und des praktischen Zeugnisses für dieses Kommen. Bildet die Geschichte Gottes mit den Menschen den Erfahrungszusammenhang, auf den sich Menschen in ihrem Handeln einlassen, dann kann man eine derart responsive Praxis unter anamnetischen, epikletischen und explorativen Gesichtspunkten betrachten. Menschliches Handeln geschieht demnach in der Erinnerung an das, was Gott getan hat, was er tut und zu tun verheißen hat (Anamnese). Es bleibt in der Bitte um Gottes begrenzende, aus falschen Bindungen befreiende, tröstende, lebendig machende, erhaltende und erneuernde Gegenwart (Epiklese). Und es tritt ein in die Erkundung eines Handelns in Nachfolge und Wegbereitung, durch das hindurch Gottes Gegenwart aufscheint und sich sein Segen entfaltet (Exploratio). Kurz: es ist erwartungsvolles, Gottes Kommen bezeugendes Handeln. Ethisch auf das Kommen des R. G. zu antworten

heißt demnach nicht, Gottes Zusagen einzulösen. Es bedeutet vielmehr, das ethische Urteil an Gottes Zusagen auszurichten und diesen Zusagen im Handeln Raum zu geben. Diese Überlegungen zur ethischen Antwort auf die Botschaft vom R. G. verlangen nach einer intensiven systematisch-theologischen Verankerung, die Gottes Handeln als Grund des Kommens des R. G. expliziert, nach einer Kritik jedes Handelns, das sich auf den Vollzug eschatologischer Gehalte richtet oder Gottes Handeln für bestimmte ethische Ziele reklamiert sowie nach einer Reflexion der Konturen einer „explorativen Praxis" (H. G. Ulrich), die Gott Menschen durch sein Handeln eröffnet. Mit dieser Praxis verbindet sich für die →Sozialethik die Entwicklung einer eschatologisch qualifizierten Rede von den Institutionen als Orten, an denen menschliches Handeln unter dem Aspekt der Erhaltung, der Erneuerung und der Begrenzung durch Gottes Handeln in den Blick kommt. Trotz mancher Fortschritte in den sozialethischen Themenfeldern (genannt seien hier vor allem die Berufsethik, die →politische Ethik, die →Wirtschaftsethik und die Ethik des Zusammenlebens der Geschlechter) herrscht hier noch erheblicher Forschungs- und Explikationsbedarf.

G. Agamben, Die Zeit, die bleibt. Ein Kommentar zum Römerbrief, 2006 – I. Baldermann: G. R. – Hoffnung für Kinder. Entdeckungen mit Kindern in den Evangelien 2012[6] – W. Benjamin, Über den Begriff der Geschichte, in: R. Tiedemann und H. Schweppenhäuser (Hg.), Walter Benjamin, GS I,2, 691–704 – D. Bonhoeffer, „Dein Reich komme! Das Gebet der Gemeinde um Gottes Reich auf Erden", in: C. Nicolaisen/E.-A. Scharffenorth (Hg.), Berlin 1932–1933, DBW 12, 1997, 264–278 – Evangelische Kirche der Union (Hg.), Die Bedeutung der R.-G.-Erwartung für das Zeugnis der christlichen Gemeinde. Votum des Gemeinsamen Theologischen Ausschusses der Evangelischen Kirche der Union, 1986 – D. Finkelde, Politische Eschatologie nach Paulus: Badiou – Agamben – Žižek – Santner, 2007 – W. Härle/R. Preul (Hg.), R. G., MJT XI, 1999 – M. Honecker, Grundriß der Sozialethik, 1995 – H. Merklein: Jesu Botschaft von der Gottesherrschaft. Eine Skizze, 1989[3] – J. Moltmann, Theologie der Hoffnung. Untersuchungen zur Begründung und zu den Konsequenzen einer christlichen Eschatologie, 1997[13] – H. v. Sass, Wahrhaft Neues. Zu einer Grundfigur christlichen Glaubens, 2013 – G. Sauter: Erwartung und Erfahrung. Predigten, Vorträge und Aufsätze, 1972 – G. Thomas, R. G. Die Geduld der Hoffnung nach dem Ende der großen Utopien, in: U. Link-Wieczorek (Hg.), R. G. und Weltgestaltung. Überlegungen für eine Theologie im 21. Jahrhundert, 2013, 14–34 – H. G. Ulrich: Wie Geschöpfe leben. Konturen evangelischer Ethik, 2007[2] – J. Weiss, Die Predigt Jesu vom Reiche Gottes 1964[3] – M. Welker: Das Reich Gottes. Evangelische Theologie 52.6 (1992): 497–512, R. Zimmermann (Hg.): Kompendium der Gleichnisse Jesu, 2007.

Stefan Heuser

Reichtum

1. Begriff. R. Im Gegensatz zur →Armut wird R. (Wohlstand, Vermögen) wenig diskutiert. In Deutschland ist R. erst seit der Jahrtausendwende wieder zum Gegenstand wissenschaftlich-empirischer Analysen und politischer Diskussionen geworden. Unter R. wird ein – nach wie vor wissenschaftlich und politisch nicht näher bestimmtes – (weit) überdurchschnittliches Ausmaß (d. h. ein über einer bestimmten Schwelle liegender Wert) an materiellen Ressourcen verstanden (→Einkommen, →Vermögen). Ein Konzept für R., das diesen unstrittig wissenschaftlich untersuchbar macht, ist bislang nicht gefunden und allgemein akzeptiert, obwohl seit 2001 einmal pro Legislaturperiode ein Armuts- und R.sbericht der dt. Bundesregierung vorgelegt wird.

Aus der Besteuerung (→Steuern) kann man implizite Vorstellungen über R. ableiten. Weltweit akzeptiert ist die ökonomische Grenznutzentheorie, die besagt, dass der →Nutzen, der aus Gütern und →Geld fließt, pro zusätzlicher Einheit geringer wird („Sättigung"). Deswegen kann man höhere Einkommen stärker besteuern als niedrige und – theoretisch – das „Grenzleid", das bei jedem Steuerzahler verursacht wird, gleich groß machen. Eine R.sgrenze lässt sich allerdings aus diesem theoretisch-steuerrechtlichen Regelungen nicht ableiten. Auch hinter einer in vielen Staaten vorhandenen Vermögens- und/oder Erbschaftssteuer stehen nur unscharfe Vorstellungen von R. Hinweise auf die gesellschaftliche R.sgrenze gibt die Tatsache, dass verschiedene Formen von R. in der Besteuerung bzw. im Hinblick auf staatliche Förderung unterschiedlich bewertet werden. In Deutschland wird Immobilienvermögen, insb. selbstgenutztes Wohneigentum, steuerlich privilegiert (Abschreibung der Anschaffungskosten bzw. Eigenheimzulage, Erbschaftssteuer) und gezielt staatlich gefördert. Dahinter dürfte die archaische Vorstellung stehen, dass eine Wohnung kein R. ist (obwohl sie in vielen Ländern der einzige oder zumindest der weit überwiegende Vermögensbestandteil der meisten Menschen ist), sondern zu den Grundbedürfnissen gehört (Nahrung zählt offensichtlich auch zu den Grundbedürfnissen, wird aber gleichwohl durch Umsatzsteuer besteuert), und mit selbstgenutztem Wohneigentum kein Machtmissbrauch getrieben werden kann.

Im Gegensatz zur Armut wird R. in der Regel nicht im Zusammenhang mit immateriellen Ressourcen genannt. Während es immaterielle Armutsbekämpfung gibt (z. B. Sozialpädagogik), gibt es keine auf immaterielle Beeinflussung von R. zielende →Politik (man könnte eine gezielte Ausbildung von Bildungs-Eliten (→Elite) als eine immaterielle R.spolitik interpretieren; auch Apelle sich gemeinnützig und ehrenamtlich zu engagieren können als R.spolitik interpretiert werden). Traditionelle Diskussionen von R. haben sich mit wirtschaftlicher Macht (→Wettbewerb) beschäftigt, die aber oft nicht an Personen, sondern an →Unternehmen gebunden ist. Im Gegensatz dazu ist die Diskussion um R. personenbezogen. Gefragt wird, ob es gesellschaftlich problematisch ist, wenn bestimmte Personen bzw. Personengruppen bezüglich ihres Einkommens und ihrer Lebensmöglichkeiten (→Bedarf, Bedürfnis) weit besser gestellt sind als andere. Es geht also nicht mehr nur darum, ob reiche Personen wirtschaftliche oder politische →Macht missbrauchen, sondern darum, ob ihr R. gesellschaftlich inakzeptabel ist. In jüngster Zeit wird aber auch wieder das Problem eines potentiellen persönlichen Machtmissbrauchs international diskutiert.

R. ist ein relatives Konzept, da ein allgemeiner Anstieg des Einkommens (sofern er nicht negativ bewertete ökologische Folgen hat; →Ökologie) allseits – auch von der →Bibel (s. u.) – als positiv angesehen wird. Während Armut ein relevanter Untersuchungsgegenstand und ein relevantes politisches Konzept ist, weil man davon ausgehen kann, dass durch Armut fehlende Teilhabe am gesellschaftlichen Leben und insbesondere auch langfristige Benachteiligungen für die →Kinder von Armen ausgehen, ist bislang konzeptionell nicht geklärt, ob und inwieweit von R. Benachteiligungen auf Reiche und/oder Nicht-Reiche ausgehen.

Eine rationale Diskussion von R. kann sinnvollerweise nicht am bloßen Einkommen bzw. Vermögen festmachen. Die eigentlich interessanten Fragen sind: (1) Führt R. zu unkontrollierter wirtschaftlicher Macht bzw. anderem Machtmissbrauch? Wirtschaftliche Macht bedeutet, dass der Marktprozess nicht zu dem Optimum im Interesse aller führt, das bei ausreichender Konkurrenz erreichbar ist. Macht bzw. R. kann auch auf dem →Arbeits- und Ausbildungsmarkt eine Rolle spielen, wodurch das Gebot der Chancengleichheit verletzt wird. (2) Führt R. zu einem größeren Arbeitsanreiz oder zu Faulheit bei den Reichen? (3) Führt R. zu Ehrgeiz oder Faulheit bei den Kindern und Kindeskindern von Reichen? (4) Führt R. zur Demotivation der Nicht-Reichen? (5) Führt R. dazu, dass Reiche und/oder Nicht-Reiche kriminell werden?

2. R. in der Sicht der Bibel. Zu unterscheiden sind R. und reiche Menschen (Reiche). Nach der →Bibel ist R. ist nur dann ein Problem, wenn er dazu führt, dass Reiche nicht mehr nach Gott und ihren →Nächsten fragen („Ihr könnt nicht Gott und dem Mammon dienen", Mt 6, 24). Wenn R. mit →Gerechtigkeit verbunden ist, so wird er nicht als Problem gesehen. Das AT sieht R. als Belohnung für Fleiß an. „Den Faulen wird es mangeln an Hab und Gut, die Fleißigen aber erlangen R." (Prov 11,16). Abraham und Hiob werden als reich, aber auch besonders gottestreu beschrieben. Insgesamt wird R. im AT weit mehr als „Segen Gottes" positiv eingeschätzt als im NT, wo reichtumskritische Passagen überwiegen.

Die Gefahr, die von R. ausgeht, wird im NT als sehr groß angesehen: „Eher wird ein Kamel durch ein Nadelöhr gehen, als dass ein Reicher in den Himmel kommt" (Mt 19,24). Durch „guten Gebrauch" – sprich Wohltätigkeit – kann R. allerdings →Legitimität erlangen. Deswegen wird – auch im AT – R. im Zusammenhang mit der Bekämpfung von Armut besonders hervorgehoben. R. hat die Funktion, als Basis für Wohltätigkeit gegenüber den Armen zu dienen. Aus moderner Sicht dürfte diese Forderung der Bibel damit zusammenhängen, dass zu biblischen Zeiten der Staat Armenfürsorge nicht als seine Aufgabe ansah. Ohne die Mildtätigkeit der Reichen wären die Armen verloren gewesen. Diese Funktion von R. ist ein einem modernen →Staat mit einem Steuer-Transfersystem nicht mehr notwendig; insofern könnte man R. heutzutage negativer beurteilen als zu biblischen Zeiten. Dies gälte freilich nicht, wenn Reichtum hoch besteuert würde.

Auf jeden Fall soll R. rechtmäßig erworben sein und sich nicht in Wohltätigkeit erschöpfen. Die zwei Seiten von R. kann man besonders gut am atl. wie ntl. Gebot „Liebe Deinen Nächsten wie Dich selbst" (Lev 19,18; Mt 22,39) erkennen. Dieses ist ja nicht nur eine Aufforderung zur Nächstenliebe, sondern auch eine Bejahung der Eigenliebe. In moderner Interpretation stellt das Gebot „Liebe Deinen Nächsten wie Dich selbst" eine Aufforderung zur Schaffung von Chancengleichheit dar (JOHN RAWLS). In diesem Zusammenhang wird dem Grundbesitz eine besondere Bedeutung zugemessen, der ja nicht erarbeitet ist, sondern die Erde wurde den Menschen von Gott geschenkt. Deswegen soll es – als Basis für Chancengleichheit – ein „Erlassjahr" (jedes 50. Kalenderjahr, Lev 25,8ff) geben, in dem aller Grundbesitz wieder an die ursprünglichen Besitzer zurückgegeben wird.

3. R. in der kirchlichen und theologischen Tradition. In Kirche und Theologie sind Diskurse zu R. untrennbar mit denen über Armut verbunden und Diskurse zur Chancengleichheit wenig ausgeprägt (neuerdings spielt allerdings die →Befreiungstheologie eine größere Rolle). Sowohl in der kath. wie ev. Kirche betont die Mehrheitstradition die Ambivalenz des R.s und beurteilt ihn von seinem Gebrauch her. Entsprechend rechtfertigen die Kirchen auch ihren eigenen R. mit den guten Taten, die sie damit vollbringen können. Eine Minderheit in beiden Kirchen ist grundsätzlich reichtumskritisch, was sich z. B. darin zeigt, dass Bettelorden sich von den korrumpierenden Wirkungen von R. durch Armut zu schützen versuchen. Die kontroverse Bewertung von R. durch die Kirche zeigt sich nicht zuletzt daran, dass ein ausgeprägt positives Verhältnis der kath. Kirche zum R. der Kirche wesentlich mit zur Reformation beigetragen hat.

4. Problemfelder und Ursachen. Zum Ausmaß von R. und seinen Auswirkungen liegt bisher weltweit kaum aussagekräftige empirische Evidenz vor. Leider ergibt sich aus dem System der Einkommensbesteuerung keine R.sgrenze, die Vermögensteuer wird in Deutschland nicht (mehr) angewendet und die R.sgrenzen im Erbschaftssteuerrecht sind ungeeignet, da sie nach den familiären Beziehungen beim Erbschaftsfall und nach Vermögensarten differenziert sind. Vermögen als Grundlage einer R.sdefinition wird erst seit kurzem wieder in Deutschland wissenschaftlich-statistisch diskutiert, da es keine für sozioökonomische Analysen aussagekräftige amtliche Vermögensstatistik (→Vermögen) gibt. Mit der wissenschaftsgetragenen Erhebung des Sozio-oekonomischen Panels (→SOEP) gibt es seit 2002 im Fünfjahresabstand eine differenzierte Datengrundlage und mit dem Household Finance and Consumption Survey (HFCS) der Europäischen Zentralbank seit 2011 eine weitere Datengrundlage. Beide Erhebungen erfassen freilich nicht Multimillionäre und Milliardäre (deren statistische Erfassung weltweit ein Problem darstellt). Von 2002 bis 2012 war die Ungleichheit der Vermögen, auch im europäischen Vergleich, hoch und hat sich wenig geändert. In Deutschland beziehen sich statistische Analysen zu R. in der Regel auf das Einkommen, für das es eine Reihe von statistischen Datenbasen gibt und das SOEP jährliche Ergebnisse liefert. In der modernen empirischen Forschung wird R. analog zur Definition von Armut R. anhand des „bedarfsgewichteten Einkommens" gemessen („Äquivalenzeinkommen"), in das die Haushaltsgröße (→Haushalte, private) eingerechnet wird. Derselbe Einkommensbetrag kann ja offensichtlich mehr oder weniger den Bedarf decken, je nachdem, wie viele Personen davon leben müssen. In der aktuellen R.sforschung in Deutschland wird als R.sgrenze das Doppelte des durchschnittlichen Äquivalenzeinkommens diskutiert (in Analogie zur älteren Definition von Armut, die als gegeben angenommen wurde, wenn das Äquivalenzeinkommen einer Person niedriger als die Hälfte des durchschnittlichen Äquivalenzeinkommens ist. Inzwischen liegt die „Armutsrisiko-Grenze" üblicherweise bei 60 % des Einkommens). Eine R.sgrenze vom Doppelten des bedarfsgewichteten Durchschnittseinkommens, die in Deutschland ein kinderloses Lehrerehepaar bereits überschreitet, dürfte weder den Alltagsvorstellungen von R. entsprechen, noch ist empirisch geprüft, ob sie in irgendeinem Zusammenhang mit den oben genannten Problemfeldern der Anreize sowie der Schädigungen und Selbstschädigungen durch R. steht. Die R.sgrenze vom Doppelten des bedarfsgewichteten Durchschnittseinkommens ist allein der Tatsache geschuldet, dass es nur für eine derart niedrige R.sgrenze noch genügend Beobachtungen in den vorhandenen Stichproben gibt. „Superreiche" sind statistisch nicht fassbar; die empirische Evidenz, die über diese vorliegt, stammt weitgehend aus journalistischen Quellen. Akzeptiert man das doppelte bedarfsgewichtete Durchschnittseinkommen (Äquivalenzeinkommen) als R.sgrenze, so gibt es in Deutschland seit Jahrzehnten etwa 5 % reiche Personen. Dabei wurden in den letzten

20 Jahren die Reichen reicher, aber es gibt nicht immer mehr Reiche. Bei der Interpretation derartiger Statistiken muss freilich beachtet werden, dass steigende Aktienkurse nicht automatisch größere Ungleichheit der Einkommen bedeuten, da die meisten Aktienbesitzer Kursgewinne (wie auch Kursverluste) nicht realisieren, diese also rein buchhalterische Vorgänge sind. Deswegen ist es nicht widersprüchlich, wenn man gelegentlich gleichzeitig explodierende Aktienkurse und eine weitgehend gleichbleibende Einkommensverteilung beobachtet.

Zu den Zusammenhängen von R. und den oben angesprochenen Verhaltensweisen (Arbeitsanreiz bzw. Faulheit, Demotivation und Kriminalität) gibt es kaum empirische Untersuchungen. Zumindest in der kurzen Generationenfolge (von Eltern zu Kindern) hat R. eher positive Auswirkungen auf die Schulbildung und den späteren Erfolg von Kindern. Es ist weitgehend unbekannt, ob der Arbeitsanreiz der Kinder und Kindeskinder, die größere Beträge erben, vermindert wird.

Es gibt Hinweise, dass in Kulturen, die relativ stark von konservativen →Werten (→Konservatismus) und/ oder von neoliberalen Werten bzw. entsprechenden Staatsideen (→Liberalismus) beeinflusst sind (so z. B. die USA und Großbritannien) das Ausmaß von R. nicht nur größer ist als in Staaten mit sozialdemokratischer Tradition (so zum Beispiel den skandinavischen Staaten, den Niederlanden und Deutschland), sondern dass auch die demotivierenden Effekte und Kriminalität, die von R. ausgehen, in den erstgenannten Staaten deutlich größer sind als in der Gruppe von Staaten, zu der Deutschland gehört. Insbesondere gibt es stabile Hinweise darauf, dass in allen Ländern, außer den skandinavischen, R. Kinder bezüglich ihrer Schulausbildung privilegiert und das Gebot der Chancengleichheit verletzt.

5. Sozialethische Konsequenzen. Eine rationale Diskussion von R. würde erfordern, dass (1) der positive und negative Einfluss von R. auf den Arbeitsanreiz der Reichen selbst wie auf den ihrer (erbenden) Kinder sowie negative Effekte von R. auf die nicht-reiche Bevölkerung erforscht würden (insb. am Arbeits- und Ausbildungsmarkt) und (2) auf Basis dieser Zusammenhänge Konsequenzen für das Wettbewerbsrecht, die Arbeitsmarkt-Verfassung, das Bildungswesen und die Besteuerung von laufenden Einkommen, Vermögen und Erbschaften gezogen würden. Vgl. vor allem die sozialethische Konsequenzen von →Armut.

Armuts- und R.sberichte der Bundesregierung, seit 2001 (Bundestagsdrucksachen) – R. V. Burkhauser/J. Frick/J. Schwarze, A Comparison of Alternative Measures of Economic Well-Being for Germany and the United States, in: The Review of Income and Wealth, 1997- J. Goebel/M. M. Grabka/ C. Schröder, Einkommensungleichheit in Deutschland bleibt weiterhin hoch: junge Alleinlebende und Berufseinsteiger sind zunehmend von Armut bedroht, in: DIW-Wochenbericht, 2015 – M. M. Grabka/C. Westermeier, Reale Nettovermögen der Privathaushalte in Deutschland sind von 2003 bis 2013 geschrumpft, in: DIW-Wochenbericht, 2015.

Gert G. Wagner

Religionen und Wirtschaft

Für den Themenkomplex R. u. W. lassen sich grob vier Dimensionen unterscheiden: Den wirtschaftlichen Dimensionen religiöser Vergemeinschaftung vom Opfersen bis zu mildtätigen Stiftungen (1) stehen die religiösen Aspekte der W. gegenüber. Dazu gehören u. a. Fragen der religiösen W.sethik sowie ganz allgemein die Opportunitäten und Restriktionen verschiedener religiöser Traditionen für das Wirtschaftshandeln (2). Darüber hinaus sind wirtschaftswissenschaftliche Theorien in den vergangenen Jahrzehnten vermehrt zur Erklärung großräumiger Transformationsprozesse des religiösen Feldes herangezogen worden. Diese sogenannte Religionsökonomie greift auf W. bzw. Märkte als Heuristik für religiösen Wandel zurück (3). Davon zu unterscheiden ist die analytische oder normative Kontrastierung von R. und W., die in klassischen Unterscheidungen von „sakral" und „profan" ebenso zum Ausdruck kommt wie in der zeitgenössischen, häufig systemtheoretisch inspirierten, Kritik an einer „Ökonomisierung" des Religiösen (4).

1. Wirtschaftliche Dimensionen der Religion. Die wirtschaftlichen Dimensionen der R. ergeben sich unmittelbar aus ihrem „Sitz im Leben". Jede Religionsgemeinschaft und jede religiöse Bewegung muss zumindest die Subsistenz ihrer Anhänger gewährleisten. Dabei steigen die Anforderungen an den Umfang und die Nachhaltigkeit der W.stätigkeit mit zunehmendem Institutionalisierungsgrad und mit einer zunehmenden Arbeitsteilung des haupt- oder nebenamtlichen religiösen Personals an: Selbst eine junge charismatische Bewegung, die nur die Unterscheidung zwischen dem charismatischen Anführer und seinen Jüngern kennt, muss einen Mehrwert erzeugen, um den Charismaträger zu alimentieren und für seine religiöse Virtuosentätigkeit freizustellen. Entsprechend komplex sind die ökonomischen Herausforderungen größerer und stärker organisierter Religionsgemeinschaften. Sie müssen neben Gebäuden und Liegenschaften einen Stab von Kult- und Verwaltungspersonal unterhalten und sind dazu auf möglichst regelmäßige und dauerhafte Einnahmen angewiesen. Als typische Einnahmequellen können Beiträge oder Spenden gelten, die auch in Form einer Kirchen- oder Religionssteuer eingezogen werden können. Eine weitere Einnahmequelle ist der Verkauf bestimmter religiöser Leistungen oder Produkte gegen ein festgesetztes Entgelt, wie er bspw. für das antike Tempelwesen charakteristisch war (Gladigow 1995). Schließlich können Religionsgemeinschaften auch selbst unternehmerisch tätig werden. Ein Beispiel dafür sind christliche und buddhistische Klöster oder Orden, die wesentlich auf Erträgen eigener Ländereien oder Manufakturen basieren und sich auch zunehmend touristisch vermarkten.

2. Religiöse Aspekte der W. Anders als das konkrete W.shandeln religiöser Gemeinschaften sind die religiösen Aspekte der W. zunächst weniger greifbar. Besonders hervorzuheben ist dabei die Regulierung ökonomischer Tätigkeit durch ein religiöses Ethos, das seinerseits soteriologisch verankert sein kann. Diese Perspektive wurde prominent durch M. WEBER eingeführt, der einerseits in seiner Protestantischen Ethik den heilsgeschichtlichen Grundlagen des modernen Kapitalismus nachgegangen ist (WEBER 2010) und andererseits die W.sethik der Weltreligionen als erster systematisch vergleichend untersucht hat (WEBER 1984). Webers Arbeiten mögen im Einzelnen kritikwürdig sein, machen aber prinzipiell dreierlei deutlich: Erstens, religiöse Weltbilder und Verhaltensregulierungen können sich im ökonomischen Institutionengefüge ebenso wie in der volkswirtschaftlichen Leistungsbilanz niederschlagen. Zweitens, die sozioökonomische Konstellation der „Trägerschichten" bestimmter religiöser Traditionen kann ihrerseits religiöse Weltbilder und W.sethiken prägen. Drittens, religiöse Ideen und Interessen können unmittelbar (über eine explizite W.sethik) oder mittelbar (über den Umweg der Heilsungewissheit) auf das W.ssystem einwirken. Im Unterschied zur protestantischen Ethik, die nach Weber einen spezifischen Ermöglichungszusammenhang für den „anstaltsmäßigen Betriebskapitalismus" darstellt, lassen sich religionsvergleichend v. a. Beispiele für religiöse Restriktionen des W.shandelns finden. Dazu gehören zum einen w.sethische Maßgaben i. e. S. wie das Zinsverbot im Islam oder mehr oder minder weitreichende Regulierungen der w. Tätigkeit religiöser Virtuosen (etwa im Falle buddhistischer Mönche). Zum anderen sind hier sozialethische Maßgaben zu nennen, die auf die W.serträge und ihre Umverteilung im Dienste des Gemeinwohls abstellen. Klassische Beispiele dafür sind das Sabbatjahr als Entschuldungsinstanz, die Pflichtabgabe als eine der Säulen des Islam sowie der Katalog sozialer Unterstützungsleistungen in Mt 25,31ff, deren Erbringung bzw. Unterlassung als unmittelbar heilswirksam verstanden werden kann.

3. Religionsökonomische Ansätze. Von der angezeigten konkreten Verschränkung von Religion und W.shandeln zu unterscheiden sind theoretische Ansätze, die religiösen Wandel in w.swissenschaftlichen Kategorien analysieren. So hat bereits P. BERGER religiöse Pluralisierung aus wissenssoziologischer Perspektive als „Marktlage" beschrieben (BERGER 1973). Er kam dabei zu dem (mittlerweile umfassend revidierten) Schluss, dass der Wettbewerb verschiedener exklusiver religiöser Wahrheits- und Geltungsansprüche letztlich zu Relativismus und Indifferenz und mithin zu einem umfassenden Bedeutungsverlust von Religion führen müsse. In deutlicher Frontstellung dazu hat sich in der Folge eine Reihe amerikanischer Autoren positioniert (STARK/FINKE 2000). Die von ihnen vertretene „religionsökonomische" Perspektive ging ebenfalls von religiösen Märkten aus, betont aber die aktivierende Wirkung interreligiöser Konkurrenz. Diese führe perspektivisch zu besseren und innovativen religiösen Angeboten und mithin zu einem gesamtgesellschaftlichen Bedeutungsgewinn von Religion.

4. R. u. W. als Spannungsfeld. Sowohl inner- als auch außerreligiös wird das Verhältnis von R. u. W. häufig als spannungsvoll oder widersprüchlich bestimmt. Religionsintern finden sich z. T. umfangreiche Restriktionen des W.shandelns religiöser Virtuosen. Besonders ausgeprägt ist dies im buddhistischen Klosterwesen, wo die Mönche durch Sach- und Geldspenden alimentiert werden müssen, um sie von profanen Tätigkeiten wie Erwerbsarbeit (und politischer Betätigung) freizuhalten. Auch im hinduistischen Kontext ist der Zugang zu verschiedenen Berufsgruppen aufgrund der Kastenzugehörigkeit und den damit verbundenen Reinheitsvorschriften streng reglementiert. So kann ein Brahmane seine Kastenehre verlieren, wenn er mit „unreinen" Substanzen wie Alkohol Handel treibt. Die christlichen Konfessionen präsentieren sich im Vergleich dazu w.sfreundlich. Den Zusammenhang zwischen der calvinistischen Prädestinationslehre, Berufsmenschentum und wirtschaftlichem Erfolg hat Max Weber in seiner Protestantischen Ethik prominent herausgearbeitet. Auch einige Mönchsorden beruhen auf der engen Verbindung von religiösen Praktiken und wirtschaftlicher Tätigkeit. Dem stehen aktuelle Debatten über die „Ökonomisierung" der Kirche gegenüber, die u. a. die Verwendung w. Instrumente zur Steuerung kirchlicher Organisationen und die daraus vermeintlich resultierende Zielunschärfe problematisieren. Auch außenperspektivisch ist die Kontrastierung von Religion und W. v. a. bei sozialwissenschaftlichen Autoren verbreitet. So stellte für E. DURKHEIM das alltägliche W.en den Inbegriff einer „profanen" Tätigkeit im Unterschied zum ekstatischen Erleben der „sakralen" Gemeinschaft dar (DURKHEIM 1981). Auch für M. WEBER ist das Charisma des religiösen Virtuosen durch eine prinzipielle „W.sfremdheit" gekennzeichnet, die sich allerdings mit zunehmender Institutionalisierung abschwächt (WEBER 1984). Eine normative Wendung dieser Gegenüberstellung findet sich bei J. CASANOVA, der im Anschluss an J. HABERMAS die Kolonialisierung der Lebenswelt durch Markt und Staat kritisiert. Religionsgemeinschaften erscheinen in dieser Lesart als Rückzugsorte und Brückenköpfe kommunikativen Handelns

(Casanova 1994). Für die Kirchen bietet die inner- und außerreligiöse Ökonomisierungskritik Chancen zur Selbstvergewisserung und Profilschärfung. Aus organisationssoziologischer Sicht geht eine puristische Kritik an der Ökonomisierung kirchlicher Vollzüge allerdings fehl, da moderne hochaggregierte kirchliche Organisationen nicht ohne umfassende ökonomische und administrative Infrastruktur bestehen können.

P. Berger, Dialektik von Religion und Gesellschaft, 1973 – E. Durkheim, Die elementaren Formen des religiösen Lebens, 1981 (1912) – M. Weber, Wirtschaft und Gesellschaft. Grundriß der verstehenden Soziologie, 1984 (1922) – J. Casanova, Public religions in the modern world, 1994 – B. Gladigow: Religionsökonomie, eine Subdisziplin der Religionswissenschaft, in: H. G. Kippenberg/B. Luchesi (Hg.), Lokale Religionsgeschichte, 1995 – R. Stark/ R Finke., Acts of faith. Explaining the human side of religion, 2000 – M. Weber, Die Protestantische Ethik und der Geist des Kapitalismus, 2010 (1904).

Alexander-Kenneth Nagel

Religionsfreiheit

Die Religionsfreiheit umfasst traditionell unterschiedliche individuelle, kollektive und korporative Freiheitsrechte, die sich in spezifischer Weise auf Religion(en) beziehen: die Glaubens-, Bekenntnis-, Kultus- und sonstige Religionsausübungsfreiheit – in der Sprache der Tradition: conscientia libera, exercitium religionis privatum et publicum. In engem systematischen und historischen Zusammenhang mit der Religionsfreiheit stehen die Weltanschauungs- und Gewissensfreiheit sowie das Gebot der Gleichbehandlung aller Bürger ungeachtet ihrer religiösen Überzeugungen. Verfassungs- und völkerrechtlich verankert ist die Religionsfreiheit u. a. in Art. 4 Abs. 1 und 2 GG, in Art. 8 der EU-Grundrechtecharta, in Art. 9 Abs. 1 EMRK und in Art. 18 AEMR.

1. Problem- und Begriffsgeschichte. Die zentralen ideengeschichtlichen Grundlagen für unser heutiges Verständnis von Religionsfreiheit wurden in der frühen Neuzeit geschaffen. Mit der Reformation trat religiöse Vielfalt in Gestalt der zwei bzw. drei Konfessionen als praktisches Problem des politischen Alltags so in Erscheinung, dass Marginalisierung, Verdammung und Verfolgung als Reaktionsmuster ausscheiden mussten. Doch die individuelle Religionsfreiheit trat erst allmählich hervor. Im Gefolge der Reformation und der konfessionellen Bürgerkriege wurde zunächst der Grundsatz *cuius regio eius religio* festgeschrieben. Der Landesherr entschied über die Religion der Bürger. Im Vordergrund stand die Idee konfessioneller Geschlossenheit der sich ausbildenden Territorialstaaten. Zugleich wurde mit dem ius reformandi das religiöse Selbstbestimmungsrecht der Reichsstände anerkannt. Es bildete einen späterer Individualisierung zugänglichen Nucleus der Religionsfreiheit. Auch etablierte sich eine erste Form individueller Religionsfreiheit: Wer von der Religion des Landesherrn dissentierte, konnte unter Garantie der Mitnahme seines Hab und Gut auswandern (ius emigrandi). Schließlich führte der Westfälische Friede auf der Reichsebene zu einer Strategie der Bewältigung religiöser Vielfalt, die bis heute unser freiheitliches Religionsrecht prägt: die Parität, d. h. die vollständige und gegenseitige Gleichheit beider Bekenntnisse wie es in Art. 5 § 1 IPO heißt.

Die Idee konfessioneller Geschlossenheit des einzelnen Territorialstaates ließ sich aus verschiedenen Gründen nie in Reinform verwirklichen. Die andere Konfession wurde deshalb mehr oder weniger geduldet. Ihr Wirken in der Öffentlichkeit wurde allerdings streng begrenzt (siehe Art. 5 § 34 IPO: Beschränkung tolerierter Religionen auf Hausandachten). Eine explizite Kodifizierung fand das Recht zur Duldung anderer Religionsparteien in § 63 Reichdeputationshauptschluss von 1803, der zugleich die Grundlage legte für die im 19. Jahrhundert sich durchsetzende bürgerlich-rechtliche und staatsrechtliche Gleichstellung der Angehörigen der christlichen Konfessionen. Zu der Zeit hatte Preußen mit dem Allgemeinen Landrecht schon ein auf Gleichbehandlung von Katholiken und Protestanten ausgerichtetes Religionsrecht eingeführt. Dieses räumte auf der individuellen Ebene zudem zaghaft Freiheitsrechte ein: „Glaube und innerer Gottesdienst können kein Gegenstand von Zwangsgesetzen sein; Jedem Einwohner im Staate muss vollkommene Glaubens- und Gewissensfreiheit gestattet werden; Jeder Hausvater kann seinen häuslichen Gottesdienst nach Gutbefinden anordnen."

Auf korporativer Ebene gestalteten sich die Trennung von Staat und Kirche sowie die formale Gleichstellung aller Religionsgesellschaften langwieriger. Hier standen das landesherrliche Kirchenregiment, aber auch das von den katholischen Herrschern beanspruchte jus circa sacra, die Religionsfürsorge des Staates, einer freiheitlich-paritätischen Lösung entgegen. Die fortschrittliche Paulskirchenverfassung mit ihren umfangreichen Garantien religiöser Freiheit scheiterte 1849. Die oktroyierte preußische Verfassungsurkunde von 1850 befand, dass die christliche Religion den Einrichtungen des Staates zugrunde lag. Zugleich kannte sie eine vielgestaltige Garantie der Religionsfreiheit: „Art. 12: Die Freiheit des religiösen Bekenntnisses, der Vereinigung zu Religionsgesellschaften und der gemeinsamen häuslichen und öffentlichen Religionsausübung wird gewährleistet. [...] Art. 15: Die evangelische und die römisch-katholische Kirche so wie jede andere Religionsgesellschaft ordnet und verwaltet ihre Angelegenheiten selbständig."

Die Zeichen der Zeit standen auf gleiche Freiheit für alle Bürger in religiösen Angelegenheiten und auf wechselseitige Emanzipation von Staat und Kirche, oder sozialwissenschaftlich ausgedrückt: auf funktionale Differenzierung. Der säkulare Staat bahnte sich an, der 1919 mit der Weimarer Republik dann Wirklichkeit wurde. Die Reichsverfassung sah mit Art. 135 WRV eine umfassende Garantie der Religionsfreiheit vor. Unter dem Eindruck der Erfahrungen im Nationalsozialismus fasste der Parlamentarische Rat die Bestimmung dann neu. In Art. 4 des Grundgesetzes heißt es nun: „(Abs. 1) Die Freiheit des Glaubens, des Gewissens und die Freiheit des religiösen und weltanschaulichen Bekenntnisses sind unverletzlich. (Abs. 2) Die ungestörte Religionsausübung wird gewährleistet." Von der Aufnahme eines ausdrücklichen Gesetzesvorbehaltes wurde Abstand genommen und das Grundrecht so in seiner besonderen Bedeutung herausgestrichen.

2. Religionsfreiheit unter dem Grundgesetz heute: Probleme und Herausforderungen. Das Bundesverfassungsgericht versteht Art. 4 Abs. 1 und 2 GG traditionell als einheitliches Grundrecht auf Religionsfreiheit und interpretiert den sachlichen Schutzbereich, also die Umschreibung des freiheitlich geschützten Lebensbereichs, denkbar weit. In ständiger Rechtsprechung heißt es, die Religionsfreiheit „erstreckt sich nicht nur auf die innere Freiheit, zu glauben oder nicht zu glauben, das heißt einen Glauben zu haben, zu verschweigen, sich vom bisherigen Glauben loszusagen und einem anderen Glauben zuzuwenden, sondern auch auf die äußere Freiheit, den Glauben zu bekunden und zu verbreiten, für seinen Glauben zu werben und andere von ihrem Glauben abzuwerben [...] . Umfasst sind damit nicht allein kultische Handlungen und die Ausübung und Beachtung religiöser Gebräuche, sondern auch die religiöse Erziehung sowie andere Äußerungsformen des religiösen und weltanschaulichen Lebens [...] . Dazu gehört auch das Recht der Einzelnen, ihr gesamtes Verhalten an den Lehren ihres Glaubens auszurichten und dieser Überzeugung gemäß zu handeln, also glaubensgeleitet zu leben; dies betrifft nicht nur imperative Glaubenssätze" (BVerfG, Beschluss vom 27. 1. 2015, Az. 1 BvR 471/10, Rn. 85 – Kopftuch II). Das Grundrecht der Religionsfreiheit nach dem Grundgesetz steht, anders als in der EMRK und im Unionsrecht, zudem nicht unter Gesetzesvorbehalt, d. h. es kann nicht zur Verfolgung beliebiger politischer Zwecke eingeschränkt werden. Einschränkungen der Religionsfreiheit sind nur gerechtfertigt, wenn sich Grundrechte Dritter oder sonstige Rechtsgüter mit Verfassungsrang im Einzelfall unter Berücksichtigung der Verhältnismäßigkeit als vorrangig erweisen.

Betrachtet man die in der Bundesrepublik verfassungsgerichtlich ausgetragenen Streitigkeiten mit religiösen Bezügen in den letzten vierzig Jahren, fallen thematische Verschiebungen auf. Sie spiegeln einen Wandel der religiösen Landschaft in Deutschland wider, der das Recht vor die Herausforderung stellt, bei gleichlautendem Textbestand unter veränderten Umständen seine Leistungen zur sozialen Integration zu bewahren und auf mögliche gesellschaftliche Konflikte angemessene Antworten zu entwickeln. Seit Beginn der 1990er diskutiert man in der deutschen Staatsrechtslehre angesichts der Entwicklung vom Bikonfessionalismus zur religiös-weltanschaulich hyperdiversifizierten Gesellschaft, ob der Schutzbereich der Religionsfreiheit entgegen der Auslegungstradition des Bundesverfassungsgerichts nicht eng zu interpretieren ist. Ebenso wird vorgeschlagen, die Einschränkbarkeit des Grundrechts zu erleichtern. Insbesondere solle das Diskriminierungsverbot des Art. 140 GG i. V. m. Art. 136 Abs. 1 WRV zugleich als Gesetzesvorbehalt fungieren: Die staatsbürgerlichen Pflichten würden durch die Ausübung der Religionsfreiheit nicht beschränkt – gälten also ungeachtet der Religionsfreiheit.

Beide Vorschläge führen in die Irre. Grundbedingung einer angemessenen Interpretation des Grundrechts auf Religionsfreiheit ist seine Offenheit für „neue" Erscheinungsformen der Religion. Art. 4 Abs. 1 und 2 GG kann die ihm angesonnene Freiheits- und Friedensfunktion nur erfüllen, wenn er ohne exkludierende Tendenz ausgelegt wird. Grundrechtliche Freiheit ist eine formale Freiheit, die einen „richtigen" Gebrauch nicht zur Voraussetzung ihres Genusses macht. Geboten ist eine Interpretation der Religionsfreiheit, die sich „impliziter" religiöser Aufladungen enthält. Deshalb ist bei der Bestimmung des Schutzbereichs der Religionsfreiheit das Selbstverständnis des Grundrechtsträgers mit zu berücksichtigen. Versuche, Religion und Religionsausübung staatlicherseits rein „objektiv" zu bestimmen, stehen wegen der notwendigen Bekenntnisprägung im Widerspruch zum intendierten Freiheitsraum wie auch zur religiös-weltanschaulichen Neutralität. Auch überindividuelle Autoritäten wie das Lehramt einer Religionsgesellschaft können hinsichtlich der Religionsfreiheit des einzelnen nicht maßgeblich sein.

Dem Missbrauch der Religionsfreiheit ist selbstverständlich vorzubauen. Dies erfolgt durch die Anforderung an den Grundrechtsträger, sein religiöses Selbstverständnis zu plausibilisieren. Hierbei bieten äußerliche Merkmale einen Indikator, insbesondere eine gewisse Umfänglichkeit des Sinnsystems und der Umstand, dass das Sinnsystem von mehreren geteilt wird, dass es zu einer Kommunikation über diese Sinngehalte und zu gemeinsamen Praktiken (Ritualen) unter diesen Vorstellungen kommt. Nicht jede Selbstberührung als Religion oder Weltanschauung muss vom Recht akzeptiert werden.

Aus der Prägung des Schutzbereichs der Religionsfreiheit durch das Selbstverständnis der Grundrechtsträger folgt zugleich, das Merkmal der Religionsausübung in Abs. 2 weit zu verstehen: Was ihm Religionsausübung ist, kann nur der Grundrechtsträger selbst entscheiden. Deshalb ist die vom Bundesverfassungsgericht verfochtene Linie, die Religionsfreiheit als einheitliches Grundrecht unter Einschluss der religiösen Handlungsfreiheit zu verstehen, richtig.

Ausweislich des Wortlautes kennt Art. 4 Abs. 1 und 2 GG keinen Gesetzesvorbehalt. Die Schranken anderer Grundrechte, etwa zur Meinungsfreiheit, können nicht einfach übertragen werden. Und auch Art. 136 Abs. 1 WRV taugt nicht als Gesetzesvorbehalt. Der Verfassungsgeber des Grundgesetzes wollte das Grundrecht auf Religionsfreiheit, anders als in der Weimarer Reichsverfassung nicht mit einem Vorbehalt versehen. Gerade vor dem Hintergrund der nationalsozialistischen Religionspolitik wollte man der Gefahr begegnen, die effektive Garantie der Religionsfreiheit durch einschränkende „allgemeine" Gesetze zu unterlaufen.

Es besteht für einen Gesetzesvorbehalt auch kein praktischer Bedarf. Eingriffe in die Religionsfreiheit lassen sich durch die sogenannten „immanenten Schranken" rechtfertigen, also dadurch, dass gleichrangige Verfassungsgüter mit der Ausübung der Religionsfreiheit konfligieren und unter dem Gesichtspunkt der Einheit der Verfassung ein Ausgleich hergestellt werden muss. Die Religionsfreiheit ist einschränkbar, wenn ihre unbegrenzte Ausübung andere Verfassungspositionen, insbesondere die Grundrechte anderer, beeinträchtigt. Auf dieser Ebene kann dem Selbstverständnis desjenigen, dessen Grundrecht eingeschränkt wird, keine dominante Bedeutung zuerkannt werden, da das kollidierende Recht gerade nicht zu seiner Disposition gestellt ist. Soweit kein mit Verfassungsrang ausgestattetes Rechtsgut auszumachen ist, das in einem bestimmten Fall gegen die Religionsfreiheit streitet, hat das mit dem Eingriff verfolgte Anliegen zurückzutreten. Dies ist der konstitutiven Bedeutung der Religionsfreiheit für eine demokratische Gesellschaft durchaus angemessen. Gerade weil es bei der Religion um letzte Fragen geht, die für die Identität der Menschen von höchster Bedeutung sind, bedürfen ihre freie Ausübung begrenzende Anliegen einer gesellschaftlichen Mindestrelevanz.

U. SACKSOFKY/C. MÖLLERS, Religionsfreiheit als Gefahr, in: Veröffentlichungen der Vereinigung der Deutschen Staatsrechtslehrer 68 (2009), S. 7ff. und S. 47ff. – A. v. UNGERN-STERNBERG, Religionsfreiheit in Europa, 2008 – H. M. HEINIG, Religionsfreiheit, in: S. GOSEPATH u. a. (Hg.), Handbuch der politischen Philosophie und Sozialphilosophie, 2008, S. 1109ff. – DERS., Was ist unter Religionsfreiheit zu verstehen?, in: DERS., Die Verfassung der Religion, 2014, S. 105ff. – M. MORLOK, Religionsfreiheit im Grundgesetz, in: H. M. HEINIG/H. MUNSONIUS (Hg.), 100 Begriffe aus dem Staatskirchenrecht, 2015[2], S. 203ff. – DERS., Religionsfreiheit im Völkerrecht, ebenda, S. 209ff.

Hans Michael Heinig

Religionssoziologie

1. **Begriffsbestimmung.** Die R. ist eine spezielle Soziologie, die sich mit den sozialen Sachverhalten der Religion (im Unterschied zu einer Wesensbestimmung) befasst. Dazu gehören die interpretative Analyse religiöser Weltbilder und Praktiken in ihrem gesellschaftlichen Entstehungs- und Wirkungszusammenhang, die Bedeutung von Religion für den gesellschaftlichen Zusammenhalt sowie die theoretische und empirische Analyse von Religionsgemeinschaften. Dabei bedient sich die R. einer Vielzahl unterschiedlicher Erhebungsmethoden von der Beobachtung über verschiedene Formen der Befragung bis hin zur Inhaltsanalyse und umfasst quantitative ebenso wie qualitative Forschungsstrategien. Im Folgenden soll die R. anhand relevanter Themenfelder und Hinsichtnahmen umrissen werden. fachgeschichtliche Aspekte stehen demgegenüber im Hintergrund.

2. **Themenfelder der R.** *2.1 Religion und soziale Ordnung.* Eine zentrale Fragestellung der R. war und ist der Beitrag religiöser Ideen, Zugehörigkeiten oder Praktiken für den gesellschaftlichen Zusammenhalt. Die engste Assoziation von Religion und sozialer Ordnung findet sich bei E. DURKHEIM, der auf die prinzipielle Sakralität des Sozialen hingewiesen hat. In gesellschaftlichen Vollzügen wächst das Individuum über sich hinaus und nimmt Anteil an einem großen Ganzen, das seinem Willen und Einfluss weitgehend entzogen ist und daher als transzendent erlebt wird (DURKHEIM 1977). Kritisch äußerte sich hingegen K. MARX: Er betrachtete Religion als ideologische Stütze einer überkommenen kapitalistischen Gesellschaftsordnung, als falsches Bewusstsein, das es zu überwinden gilt. Nach dem zweiten Weltkrieg waren es v. a. strukturfunktionalistische und systemtheoretische Ansätze, die sich mit der ordnungsstiftenden Kraft der Religion befassten. Während T. PARSONS Religion noch als integralen Bestandteil der gesellschaftlichen Werteordnung ansah (PARSONS 1976), rückte N. LUHMANN immer mehr von der Idee ab, dass das religiöse System eine globale Integrationsfunktion für moderne differenzierte Gesellschaften erfüllen könnte (NASSEHI 2008). Seit der Jahrtausendwende erlebte die Frage nach Religion und gesellschaftlichem Zusammenhalt eine gewisse Renaissance in Debatten über Religion und Sozialkapital (PUTNAM 2000) und „Postsäkularität" (HABERMAS 2003).

2.2 Konjunkturen des Religiösen: Säkularisierung, Gegensäkularisierung und Deprivatisierung. Eine weitere makrosoziologische Problemstellung der R. bezog sich auf die Gestalt und Transformation des Religiösen unter Bedingungen gesellschaftlicher Modernisierung. Im Anschluss an A. COMTE ging der Sozialanthropologe A. WALLACE von einem umfassenden und irreversiblen „Aussterben" religiöser Überzeugungen als Resultat des zunehmenden wissenschaftlichen Fortschritts aus (WALLACE 1966). Die frühe Wissenssoziologie nahm diesen Gedanken auf, rückte aber von der szientistischen Begründung ab: Für P. Berger war es die religiöse Pluralisierung und die damit verbundene Konkurrenz exklusiver Wahrheits- und Geltungsansprüche, die zu einem umfassenden Plausibilitäts- und Bedeutungsverlust der Religion führen müsste (BERGER 1973). Demgegenüber vertraten Vertreter der sog. Religionsökonomie die Auffassung, dass gerade der interreligiöse Wettbewerb zur Verbesserung des religiösen Angebots und mithin zu einem gesamtgesellschaftlichen Bedeutungsgewinn der Religion führen müsse (FINKE/STARK 2000). Als moderate Varianten der Säkularisierungsthese können Überlegungen zur religiösen Privatisierung oder Individualisierung gelten (LUCKMANN 1996; empirisch: POLLACK/PICKEL 1999). Im Unterschied dazu hat eine Reihe religionssoziologischer Autoren auf die „Rückkehr der Religionen" nach dem Ende des Kalten Krieges hingewiesen, darunter der späte P. BERGER (1999) und M. RIESEBRODT (2000). Auch J. CASANOVAS These von der religiösen Deprivatisierung lässt sich hier verorten. Im Anschluss an frühere Debatten konzediert er, dass sich in der Tat ein Säkularisierungsprozess in Form der zunehmenden Ausdifferenzierung und Emanzipation säkularer Sphären sowie des partiellen Niedergangs religiöser Überzeugungen und Praktiken ereignet habe. Von einer dauerhaften Privatisierung der Religion könne indes nicht die Rede sein. Vielmehr kehrten Religionsgemeinschaften im Rahmen von politischer Mobilisierung und Protestbewegungen zunehmend auf die öffentliche Bühne zurück (CASANOVA 1994).

2.3 Wandel religiöser Sozialformen. Auf der Mesoebene beschäftigt sich die R. mit dem Formenreichtum religiöser Gemeinschaften. Klassisch ist hier E. TROELTSCHS Unterscheidung von Kirche, Sekte und Mystik (TROELTSCH 1977). Sie hebt v. a. auf den Aggregations- und Professionalisierungsgrad religiöser Organisationen ab und ist in der Folge vielfach modifiziert worden. Eine Prozessperspektive findet sich bei M. WEBER, der religiöse Institutionalisierung in erster Linie als Ergebnis der Versachlichung des persönlichen Charismas eines Religionsstifters betrachtet (WEBER 1984). In der aktuellen Debatte steht hingegen weniger die Institutionalisierung als die augenscheinliche Deinstitutionalisierung der Religion im Vordergrund. Den o. a. Thesen einer zunehmenden Privatisierung und Subjektivierung des Religiösen in modernen Gesellschaften steht die Annahme eines tiefgreifenden Formenwandels religiöser Gemeinschaften gegenüber. So hat W. GEBHARDT auf Szenen, Events und Lifestyles als Modi religiöser Vergemeinschaftung verwiesen (GEBHARDT 2002). Dahinter steht die Auffassung, dass religiöse Zugehörigkeit nicht mehr (nur) durch Mitgliedschaft, Kontinuität und Vis-a-vis-Interaktion, sondern auch durch situative Performanz und eine geteilte Ästhetik hergestellt werden kann. Für die angewandte Organisationssoziologie stellt sich schließlich die Frage, wie religiöse Organisationen empirisch von nicht-religiösen Organisationen unterschieden werden können. In diesem Zusammenhang hat TH. JEAVONS sieben Dimensionen zur Beurteilung des religiösen Charakters einer Organisation unterschieden, namentlich ihr Selbstverständnis, ihre Mitglieder, ihre Ressourcen, Ziele und Angebote, ihre Entscheidungsprozesse und Machtverteilung sowie ihre Interaktionspartner im organisationalen Feld (JEAVONS 2004).

2.4 Religiöse Weltbilder und soziales Handeln. Mikrosoziologisch hat die R. seit ihren Anfängen den Zusammenhang von religiösen Ideen und sozialem Handeln erforscht. Ein klassisches Beispiel dafür sind M. WEBERS Überlegungen zur Protestantischen Ethik, in denen er die calvinistische Prädestinationslehre und die damit verbundene Heilsunsicherheit als Ermöglichungszusammenhang für innerweltliche Askese und ein planvolles kapitalistisches Wirtschaftshandeln herausstellt (WEBER 2010). Dabei war Webers Augenmerk in erster Linie auf den verstehenden Nachvollzug religiöser Sinnzusammenhänge gerichtet. In dieser Tradition stehen auch Religionswissenschaftler wie H. KIPPENBERG, die eine Rekonstruktion der religiösen Weltbilder und „Anleitungen" hinter neueren Erscheinungen religiös begründeter Gewalt unternommen haben (KIPPENBERG/SEIDENSTICKER 2004). Demgegenüber steht eine Vielzahl quantitativer Analysen mit einem dezidierten Erklärungsanspruch. Religiöse Einstellungen, Zugehörigkeiten und Handlungsweisen fungieren hier in der Regel als unabhängige Variablen zur Erklärung für bestimmte Verhaltensweisen den unterschiedlichsten Lebenskontexten (Politik, Familie, Gesundheit etc.).

A. WALLACE, Religion. An anthropological view, 1966 – P. BERGER, Dialektik von Religion und Gesellschaft, 1973 – T. PARSONS, Zur Theorie sozialer Systeme, 1976 – E. DURKHEIM, Über soziale Arbeitsteilung, 1977 (1893) – E. TROELTSCH, Die Soziallehren der christlichen Kirchen und Gruppen, 1977 (1912) – M. WEBER, Wirtschaft und Gesellschaft. Grundriß der verstehenden Soziologie, 1984 (1922) – J. CASANOVA, Public religions in the modern world, 1994 – TH. LUCKMANN, Die unsichtbare Religion, 1996 (1967) – P. BERGER (Hg.), The Desecularization of the World. Resurgent Religion and World Politics, 1999 – D. POLLACK/G. PICKEL, Individualisierung und religiöser Wandel in der Bundesrepublik Deutschland, in: Zeitschrift für Soziologie 28, 1999, 465–483 – R. PUTNAM, Bowling Alone: The Collapse and Revival of American Community, 2000 – M. RIESEBRODT, Die Rückkehr der Religionen. Fundamentalismus und der „Kampf der Kulturen", 2000 – R STARK./R.FINKE, Acts of faith. Explaining the human side of religion, 2000 – W. GEBHARDT, Signaturen der religiösen Gegenwartskultur. Die Verszenung der Kirchen und die Eventisierung der Religion, in: W. Isenberg (Hg.), Orte für den Glauben. Die zukünftige Gestalt des Christentums in einer säkularen Welt, 2002 – J. HABERMAS, Glauben u. Wissen. Friedenspreisrede 2001, in: J. Habermas, Zeitdiagnosen. Zwölf Essays, Frankfurt 2003, 249–262 – TH. JEAVONS, Religious and Faith-Based Organizations: Do We Know One when We See One?, in: Nonprofit and voluntary sector quarterly 33, 2004, 140–145 – H. KIPPENBERG/T. SEIDENSTICKER (Hg.), Terror im Dienste Gottes. Die ‚Geistliche Anleitung' der Attentäter des 11. September 2001, 2004 – A. NASSEHI, Religiöse Eliten zwischen Management, Corporate Governance und geistlicher Führung. Gutachten für die Bertelsmann Stiftung, 2008 – M. WEBER, Die Protestantische Ethik und der Geist des Kapitalismus, 2010 (1904).

Alexander-Kenneth Nagel

Rente / Rentenformel / Rentenreform

1. Rente. Mit dem Begriff R. wird nach allgemeinem Sprachgebrauch eine der Altersversorgung dienende, ab einem bestimmten Alter einsetzende und prinzipiell bis ans Lebensende andauernde regelmäßige Geldzahlung verstanden, auf die Individuen durch vergangene Beitrags- bzw. Prämienzahlungen an einen →Versicherungsträger einen Anspruch erworben haben. Der Anspruchserwerb durch Beitragszahlungen und die Mitgliedschaft in einem Versichertenkollektiv unterscheiden R. von Alterssicherungsleistungen, die aufgrund von Bedürftigkeit (z. B. →Grundsicherung im Alter) geleistet werden oder sich aus einem öffentlich-rechtlichen Beschäftigungsverhältnis ableiten (z. B. Pensionszahlungen im Rahmen der Beamtenversorgung). Die wichtigsten Gestaltungsmerkmale eines R.systems betreffen die Trägerschaft (staatlich, privat), die Bedingungen der Mitgliedschaft (obligatorisch, freiwillig), die Finanzierungsweise (Umlageverfahren, Kapitaldeckungsverfahren), die versicherten →Risiken (nur Altersr. oder zusätzlich Erwerbsunfähigkeitsr. und/oder Hinterbliebenenr.), den Solidarausgleich innerhalb des Versichertenkollektivs (Grad der Äquivalenzbeziehung zwischen Zahl und Höhe der monetären Beitragszahlungen und der R.höhe), die R.dynamisierung (regelmäßige Anpassung der R.zahlbeträge an Veränderung der Lebenshaltungskosten oder des allgemeinen Lohn- und Gehaltsniveaus) und das Absicherungsziel der R.zahlungen (Zuschuss zum Lebensunterhalt, Existenzsicherung, Sicherung des Lebensunterhalts).

Wenn in Deutschland von R. gesprochen wird, sind zumeist die Leistungen der Gesetzlichen R.versicherung (GRV) gemeint, zumal diese immer noch die mit Abstand wichtigste Säule des deutschen Alterssicherungssystems darstellt, das daneben mit der Betriebsr. und der privaten Alterssicherung – sofern in Form eines Leibr.vertrags ausgestaltet – noch weitere Säulen kennt, die obige Begriffsdefinition einer R. erfüllen und denen im Zuge jüngerer R.reformen eine zunehmende Bedeutung zugekommen ist. Die folgenden Ausführungen konzentrieren sich weitestgehend auf die GRV, während auf die anderen Säulen der Alterssicherung eingegangen wird, soweit sie in ihrem Bezug zur GRV relevant sind.

Die Trägerschaft der GRV ist staatlich, auch wenn die organisatorische Zuständigkeit mit der Deutschen R.versicherung Bund als Dachverband von 14 Regionalträgern (früher: Landesversicherungsanstalten) und der Deutschen R.versicherung Knappschaft-Bahn-See bei rechtlich selbstständigen Körperschaften öffentlichen Rechts mit Selbstverwaltung liegt, die allerdings keine Kompetenz zur Bestimmung der Beitrags- und Leistungsstruktur besitzen und daher eher verwaltende Aufgaben wahrnehmen und Vorgaben der gesetzgebenden Körperschaften umsetzen. Lediglich im Bereich der Zuerkennung und Ausgestaltung von Rehabilitationsleistungen besitzen die Selbstverwaltungsorgane über nennenswerte Autonomie, die allerdings über eine gesetzlich bestimmte Obergrenze der Rehabilitationsausgaben („Reha-Deckel") beschränkt wird.

Für den Hauptteil der Arbeitnehmer ist die Mitgliedschaft in der GRV obligatorisch. Im Laufe ihrer Geschichte wurde der Kreis der Pflichtversicherten der GRV deutlich erweitert und umfasst heute auch Auszubildende, Mütter und Väter während Zeiten der Kindererziehung, nicht erwerbsmäßige Pflegepersonen, Wehrdienstleistende, Personen im Bundesfreiwilligendienst, Bezieher von Krankengeld oder Arbeitslosengeld I (aber nicht Arbeitslosengeld II), Menschen mit Behinderung und Studenten, die eine Nebenbeschäftigung ausüben. Zusätzlich sind einige Selbständige in der GRV pflichtversichert (→Handwerker, Hausgewerbetreibende, selbstständige Lehrer, Hebammen und Erzieher, Künstler und Publizisten, sog. Solo-Selbständige mit einem Auftraggeber und ohne eigene versicherungspflichtig Beschäftigte sowie Seelotsen und Küstenschiffer). Nicht versicherungspflichtig sind geringfügig Beschäftigte, die jedoch auf die Versicherungsfreiheit verzichten und freiwillige Beitragszahlungen leisten können.

Seit dem 3. R.versicherungs-Änderungsgesetz 1969 finanziert sich die GRV durch ein reines Umlageverfahren, d. h. die jährlichen Ausgaben der GRV für R. und Rehabilitationsleistungen werden aus den laufenden Einnahmen des gleichen Jahres gedeckt, die hauptsächlich aus Beitragszahlungen der Versicherten und den aus Steuermitteln erbrachten Bundeszuschüssen bestehen. Das von der GRV praktizierte Umlageverfahren wird häufig als „Zwei-Generationen-Vertrag" bezeichnet. Gemeint ist damit, dass die gegenwärtig erwerbstätige Generation mit ihren Beitragszahlungen die R. der nicht mehr erwerbstätigen Generation finanziert und dadurch einen Anspruch erwirbt, im eigenen R.alter von der ihr nachfolgenden Generation finanziert zu werden. Der fiktive Zwei-Generationenvertrag ist häufig als unvollständig kritisiert worden, weil er offensichtlich die Frage außer Acht lässt, wer die Lasten für die Erziehung und Ausbildung der auf die aktuell Erwerbstätigen folgende Generation trägt und so zur Funktionsfähigkeit des Zwei-Generationenvertrags beiträgt („Familiengerechtigkeit"). Ein weiterer Kritikpunkt ist, dass demografische Veränderungen dazu führen können, dass sich das Verhältnis zwischen geleisteten Beitragszahlungen und empfangenen R.leistungen im Zeitablauf stark verändern kann und so die Frage aufwirft, ob der Zwei-Generationenvertrag generationengerecht ist. Beide Kritikpunkte waren bereits Anlass für verschieden R.reformen.

Die GRV deckt neben dem Langlebigkeitsrisiko, dem in Form von Ansprüchen auf Altersr. bei Erreichen von Regelaltersgrenzen begegnet wird, zusätzlich die Risiken der teilweisen oder vollständigen Erwerbsunfähigkeit durch die Zahlung von Erwerbsminderungsr., das →Risiko des Todes durch die Zahlung von Hinterbliebenenr. sowie das Risiko eines medizinisch-beruflichen Rehabilitationsbedarfs ab.

Die GRV zeichnet sie sich (noch) durch einen hohen Grad an Äquivalenz zwischen Beitragszahlungen und R.leistungen aus. Durch die Art der individuellen R.bemessung im Rahmen der R.berechnungsformel spiegelt sich die durchschnittliche Einkommensposition eines Versicherten im Erwerbsleben in der R.höhe wider. Dennoch enthält die GRV auch Elemente des Solidarausgleichs, beispielsweise durch die Anerkennung und Bewertung beitragsloser Zeiten (z. B. während der Kindererziehung oder Pflege eines Angehörigen) sowie durch die an bestimmte Bedingungen geknüpfte Höherbewertung von Beitragszeiten (z. B. die sog. R. nach Mindesteinkommen). Ihr solidarischer Charakter kam in der Vergangenheit zusätzlich immer dann zum Ausdruck, wenn Personenkollektive, die keine Beitragszahlungen geleistet hatten, in die GRV integriert wurden, z. B. im Rahmen der Zuerkennung von Fremdr. für Aussiedler sowie durch die Integration der Ostr. in das System der GRV.

Seit der großen R.reform 1957 werden die Bestandsr. der GRV dynamisiert, wobei sich die Berechnungsgrundlagen der R.anpassungsformel mehrfach verändert haben und von einer formelgerechten Dynamisierung zum Teil auch abgesehen wurde, vgl. hierzu das nächste Teilkapitel. Zweck der Dynamisierung ist es, die Bestandsrenten an allgemeinen Wohlstandssteigerungen teilhaben zu lassen („Teilhabeäquivalenz"), auch wenn dieses Ziel mittlerweile deutlich relativiert wurde. Das R.system der DDR kannte keine regelmäßige Dynamisierung, die R. wurden dort – wie bis 1957 auch in Westdeutschland – nur sporadisch erhöht. Erst seit Überleitung der Ostr. in die GRV findet auch in den neuen Bundesländern eine regelmäßige Dynamisierung der Bestandsr. statt.

Bis 1957 galten die R. der GRV nur als Zuschuss zum Lebensunterhalt. Mit der R.reform 1957 änderte sich das grundlegend. R.zahlungen sollten – jedenfalls bei langjähriger Vollbeschäftigung – ausreichend hoch sein, um auch im →Alter einen angemessenen Lebensunterhalt zu gewährleisten. Seit den R.reformen der frühen 2000er Jahre hat sich das grundlegend geändert. Durch verschiedene Maßnahmen, die auf eine deutliche Senkung des R.niveaus ausgerichtet sind, soll →Lebensstandardsicherung im Alter nur noch dann gewährleistet werden können, wenn neben der gesetzlichen R. ausreichend Eigenvorsorge im Rahmen der betrieblichen und privaten Alterssicherung betrieben worden ist, denn nur so kann die Lücke, die durch die R.niveausenkung entstanden ist, geschlossen werden.

2. Rentenformel. Es sind zwei aufeinander bezogene R.formeln zu unterscheiden. Die erste R.formel dient der Berechnung des Wertes einer individuellen Zugangsr. (R.berechnungsformel), die zweite R.formel dient der periodischen Neuberechnung des aktuellen R.wertes und bestimmt darüber im Regelfall über die jährliche Anpassung der Bestandsr. im dynamischen R.system (R.anpassungsformel).

Der Wert einer individuellen (monatlichen) Zugangsr. ergibt sich aus dem Produkt von vier Faktoren: Der Summe der individuellen Entgeltpunkte (EP), dem R.zugangsfaktor (Zf), dem R.artfaktor (Rf) und dem aktuellen R.wert (aRw). Die Summe der EP gibt grundsätzlich Aufschluss über die Beitragsjahre und das Verhältnis der in diesen Jahren gezahlten monetären Beiträge eines Versicherten zu den durchschnittlichen Beitragszahlungen aller Versicherten. Hat ein Versicherter bspw. 45 Jahre Beiträge gezahlt und dabei stets genau das Durchschnittseinkommen verdient und somit jeweils genau den Durchschnittsbeitrag gezahlt, erhält er pro Jahr genau einen EP, also insgesamt 45 EP. Wer 30 Jahre durchschnittliche Beiträge und 15 Jahre aufgrund eines geringeren Einkommens nur 50 % der durchschnittlichen Beiträge gezahlt hat, erhält 37,5 EP. Abweichend vom Grundsatz werden EP zum Teil auch für beitragslose Zeiten gewährt (bspw. 3 EP für die Erziehung eines nach 1991 geborenen Kindes), können unter bestimmten Bedingungen höher gewertet werden (bspw. im Rahmen der R. nach Mindesteinkommen) oder werden einem erwerbsunfähigen Rentner für die Jahre zwischen dem Eintritt der Erwerbsunfähigkeit und dem 62. Lebensjahr zugerechnet. Der Zf regelt eventuell Ab- oder Zuschläge auf die individuelle Zugangsr., wenn der R.eintritt vor (Abschläge) oder nach (Zuschläge) Erreichen der maßgeblichen Regelaltersgrenze erfolgt. Erfolgt der R.eintritt genau zur Regelaltersgrenze, beträgt der Zf 1. Erfolgt der R.eintritt ein Jahr vor Erreichen der Regelaltersgrenze, wird der Zf pro Monat um 0,003 verringert und beträgt so 0,964. Wird der R.eintritt um ein Jahr verschoben, dann wird der Zf pro Monat um 0,005 erhöht und beträgt so 1,06. Der Rf richtet sich danach, welche R.art in Anspruch genommen wird. Bei Altersr., vollen Erwerbsminderungsr., Erziehungsr. und in den ersten 3 Monaten einer Witwen oder Witwerr. beträgt er 1. Nach den ersten 3 Monaten einer Witwen- oder Witwerr. kann er 0,6 (große Witwen- oder Witwerr., Ehe vor 2002 geschlossen), 0,55 (große Witwen- oder Witwerr., Ehe seit 2002 geschlossen), 0,25 (kleine Witwen- oder Witwerr.), 0,2 (Waisenr.) oder 0,1 (Halbwaisenr.) betragen. Der aRw misst den gemäß Zf und Rf normierten EP schließlich einen monetären Wert zu und verbindet so – im Prinzip – die abstrakten individuellen R.anwartschaften mit dem Lohn- und Gehaltsgefüge der aktuellen Beitragzahler, wobei zurzeit noch zwischen den alten und neuen Bundesländern differenziert wird. Im Juli 2015 betrug der aRW 29,21 € in West- und 27,05 € in Ostdeutschland. Ein Westdeutscher, der 45 Jahre zum Durchschnittseinkommen beschäftigt war (EP= 45), bei Erreichen der Regelaltersgrenze einer Altersrente in Rente geht (Zf=1 und Rf=1), erhält somit eine monatliche Bruttor. von 1314,45 €.

Die Anpassung der Bestandsr. über die jährliche Neuberechnung des aRw ist in den letzten Jahren so verkompliziert worden, dass die hierfür maßgebliche R.anpassungsformel an dieser Stelle nur in Grundzügen dargestellt werden kann. Ursprünglich erfolgte die R.anpassung auf denkbar einfache Weise. Mit der R.reform 1957 wurde festgelegt, dass die Bestandsr. gemäß der Entwicklung der durchschnittlichen Bruttoeinkommen der Erwerbstätigen angepasst werden sollten („Bruttoanpassung"). Hiervon wich man zwar bereits 1958 ab – in diesem Jahr wurde die R.anpassung ausgesetzt, in den Folgejahren wurde jedoch zumeist formelgerecht verfahren, auch wenn in den Jahren 1979 bis 1981 abweichend von der R.anpassungsformel nur eine Anpassung in Höhe der Inflationsrate erfolgte. Als Problem der Bruttoanpassung stellte sich heraus, dass die Steuer- und Abgabenbelastung der Erwerbstätigen schneller zunahm als die entsprechende Belastung der Rentner, so dass die Nettor. schneller stiegen als die Nettoeinkommen. Mit der R.reform 1992 ging man daher zur Nettoanpassung über, indem die Nettoquoten der Arbeitnehmereinkommen und R. in die R.anpassungsformel eingefügt wurden. Diese Veränderung führte im Regelfall zu einer Dämpfung der R.anpassungen. Sorge darüber, dass die demografische Entwicklung künftig einen übermäßigen Anstieg der Beitragssätze zur GRV nach sich ziehen könnte, führten Ende der 1990er Jahre zu Überlegungen einer weiteren Veränderung der R.anpassungsformel. Angedacht wurde zunächst, einen demografischen Faktor in die Formel einzufügen, der sich immer dann dämpfend auf die R.anpassung ausgewirkt hätte, wenn die durchschnittliche Lebenserwartung und damit auch die R.bezugsdauern zunehmen. Die 1998 gewählte rot-grüne Regierung nahm hiervon jedoch wieder Abstand und veränderte nach einer Aussetzung der formelgerechten R.anpassung im Jahr 2000 ab dem Jahr 2001 die R.anpassungsformel grundlegend. Die prinzipiell wieder der Veränderung der Bruttoeinkommen folgenden R.anpassungen konnten nun durch den aus zwei Elementen bestehenden „Riester-Faktor" gedämpft werden: Zum einen immer dann, wenn sich der Beitragssatz zur GRV erhöht, zum zweiten bei Erhöhungen eines fiktiven Altersvorsorgeanteils (AVA), der den prozentualen Anteil vom Nettoeinkommen der Erwerbstätigen zum Ausdruck bringt, der für staatlich geförderte private Altersvorsorge aufgewendet werden kann. Angenommen wurde dabei ein zwischen 2002 und 2009 schrittweise von 0,5 % auf 4 % steigender AVA („Riester-Treppe"). Unabhängig davon, ob tatsächlich im vorgegebenen Ausmaß staatlich geförderte Altersvorsorge betrieben wurde, dämpfte die exogen vorgegebene Steigerung des AVA die R.anpassungen fortan automatisch um ca. 0,64 Prozentpunkte. Bereits 2004 wurde die formelgerechte R.anpassung jedoch erneut ausgesetzt und eine Nullrunde beschlossen. 2005 wurde die R.anpassungsformel dann erneut geändert, indem sie um einen sog. Nachhaltigkeitsfaktor ergänzt wurde. Dieser wirkt sich immer dann dämpfend auf die R.anpassung aus, wenn sich der Quotient aus (normierten) R.empfängern und (normierten) R.beitragszahlern erhöht („Äquivalenzrentnerquotient"). Ein zusätzlich eingefügter Faktor α =0,25 führt dazu, dass sich der dämpfende Effekt des Nachhaltigkeitsfaktors nur zu einem Viertel auswirkt, wobei der Wert von α als variabler Faktor stets den politischen Beitragssatz- oder R.niveauzielen angepasst werden kann. Um zu vermeiden, dass die kombinierte Wirkung des Riester-Faktors und des Nachhaltigkeitsfaktors trotz steigender Bruttoeinkommen eine negative R.anpassung nach sich zieht, wurde ergänzend eine Schutzklausel eingeführt, die in solchen Fällen eine Nullanpassung der R. vorschreibt. Die Schutzklausel führte bereits in den Jahren 2005 und 2006 dazu, dass eine formelgerechte negative R.anpassung unterbleiben musste. Um ausgesetzte negative R.anpassungen im Zeitablauf auszugleichen, wurde der Schutzklausel ein Ausgleichsfaktor an die Seite gestellt, der immer dann, wenn in der Vergangenheit formelgerechte R.minderungen unterlassen wurden, in den Folgejahren eigentlich angezeigte formelgerechte R.erhöhungen verringert, bis der gesamte Ausgleichsbedarf wieder Null beträgt. 2009 wurde schließlich noch eine Garantieklausel in das R.recht eingefügt, die eine negative R.anpassung auch dann untersagt, wenn die Bruttoeinkommen sinken. Auch eine Inanspruchnahme der Garantieklausel zieht in späteren Jahren ein Wirksamwerden des Ausgleichsfaktors nach sich.

Zusammenfassend lässt sich feststellen, dass die erheblichen Veränderungen der R.anpassungsformel dazu geführt haben, ein einfaches, regelgebundenes und transparentes R.dynamisierungsverfahren hochgradig komplex, in Teilen willkürlich und beinahe undurchschaubar zu machen. Die R.anpassung wurde im Ergebnis weitestgehend von der Lohn- und Einkommensentwicklung abgekoppelt und erfolgt heute – wenn auch unausgesprochen – diskretionär nach Kassenlage.

3. Rentenreform. Reformen der GRV haben in der Zeit nach dem Zweiten Weltkrieg deutlich gemacht, wie ausgesprochen anpassungsfähig dieses System an veränderte wirtschaftliche und sozio-demografische Bedingungen, aber auch an veränderte politische Stimmungslagen ist. Die GRV hat sich dabei allerdings in den letzten 15 Jahren so erheblich gewandelt, dass sie ihren ursprünglichen Charakter als bereits allein →lebensstandardsichernde Säule des Altersvorsorgesystems – politisch gewollt – verloren hat.

Die R.reformen der vergangenen Jahrzehnte können in zwei Phasen eingeteilt werden. Eine erste Phase, die von 1957 bis 2000 reicht, weist trotz durchaus widersprüchlicher Reformschritte das gemeinsame Merkmal auf, dass das prinzipielle Ziel der R.versicherung die Sicherung eines →lebensstandardsichernden R.niveaus für langjährig Vollbeschäftigte mit einem wenigstens durchschnittlichen Einkommen war. In der Zeit zwischen 2001 und 2014 erfolgte hingegen ein Paradigmenwechsel in der Form, dass nun als explizites und vorrangiges Ziel die Einhaltung von Obergrenzen der Beitragssatzentwicklung vorgegeben wurde, während das R.niveau nun mittels einer deutlichen Absenkung zu einem Instrument wurde, Beitragssatzziele zu erreichen. Es ist durchaus nicht unwahrscheinlich, dass sich an die zweite eine neue Phase anschließen wird, die auf Grundlage aktualisierter Informationen – beispielsweise zur Entwicklung des Problems der Altersarmut – wieder ein stärkeres Gewicht auf die R.niveausicherung legen wird, auch wenn ein grundlegender erneuter Paradigmenwechsel aufgrund der demografischen Entwicklung nicht zu erwarten ist.

Der Beginn der ersten Phase, die R.reform 1957, stellte gleich in mehrfacher Hinsicht einen Paradigmenwechsel dar. Erstens galten die Altersr. zuvor nur als Zuschuss zur Lebenshaltung. Nachdem im Zuge der Kriegsfolgen und der Währungsreform ein großer Teil privater Altersvorsorge verloren gegangen war und das Problem der Altersarmut unübersehbar wurde, sollte die R. künftig lebensstandardsichernd sein. Zielgröße war nun, dass 40 Jahre Vollzeiterwerbstätigkeit mit einem durchschnittlichen Einkommen zu einem R.anspruch führen sollten, der 60 % Bruttoeinkommens eines aktuellen Durchschnittsverdieners entspricht. Zweitens waren R.ansprüche zuvor statisch gewesen, so dass sie bei steigendem Einkommen immer weiter hinter das allgemeine Wohlstandsniveau zurückfielen. Die regelmäßigen R.anpassungen im Ausmaß steigender Bruttoeinkommen sollten das künftig verhindern. Drittens belohnte das bisherige R.system kaum die Lebensleistung der Beitragszahler, denn die R. bestand aus einem relativ hohen allgemeinem Grundbetrag und relativ geringen beitragsabhängigen Steigerungssätzen. Der Grundbetrag wurde nun abgeschafft und die R.ansprüche folgten künftig dem Prinzip der Beitragsäquivalenz. Viertens begann 1957 die Abkehr vom bis dahin noch für notwendig gehaltenen Kapitaldeckungsprinzip, auch wenn erst 1969 vollständig zu einem reinen Umlageverfahren gewechselt wurde. Die Geschichte der R.versicherung hatte bis dahin gezeigt, wie unsicher es sein kann, sich auf die vermeintliche Wertsicherheit von Anlagen zu verlassen.

Die folgenden Jahre brachten neben einer schrittweisen Erweiterung des Kreises der Pflichtversicherten und der Ermöglichung einer freiwilligen →Versicherung (1972) auch erste Reaktionen auf sozio-demografische Veränderungen mit sich. Der wirtschaftliche Strukturwandel hatte zur Folge, dass die Mitgliedszahl in der Angestelltenr.versicherung weit stärker zunahm als in der Arbeiterr.versicherung, so dass 1969 ein umfassender Finanzverbund der R.versicherungsträger geschaffen wurde. Die beginnende Gleichstellungspolitik von Mann und Frau schlugen sich in der GRV durch die Einführung des Versorgungsausgleichs bei →Ehescheidung (1977) und die rechtliche Gleichbehandlung bei der Gewährung von Hinterbliebenr. (1986) nieder. Auch wurde mit der r.rechtlichen Anerkennung von Kindererziehungsleistungen (1986) erstmals der generative Beitrag zur langfristigen Funktionsfähigkeit eines umlagefinanzierten R.systems anerkannt. Nachdem 1972 nochmals umfangreiche Leistungsverbesserungen eingeführt worden waren (z. B. Einführung der Möglichkeit vorgezogener Altersr. für langjährig Versicherte und Schwerbehinderte, Aufwertung geringer R.ansprüche durch die R. nach Mindesteinkommen), machte die Mitte der 1970er Jahre beginnende Massenarbeitslosigkeit aber auch erste Leistungseinschnitte notwendig (z. B. Erschwerung des Zugangs zur Erwerbsminderungsr., geringere Anrechnung von Ausbildungszeiten, Eigenbeteiligung der Rentner an Krankenversicherungsbeiträgen).

In den 1980er Jahren rückte schließlich das Problem des →demografischen Wandels langsam in den Fokus der R.reformpolitik. Das Aufeinandertreffen der seit Mitte der 1960er Jahren sinkenden Geburtenraten mit dem zu erwartenden R.eintritt der „Baby-Boom-Generation" im zweiten Jahrzehnt der 2000er Jahre wurde in verschiedenen Studien aufgegriffen und führte zu Prognosen massiver Beitragssatzsteigerungen. Das 1989 verabschiedete und 3 Jahre später wirksam werdende R.reformgesetz 1992 kann als erster Reformschritt angesehen werden, der nicht auf aktuelle, sondern auf künftig erwartete Finanzprobleme der GRV zugeschnitten wurde. Neben dem Übergang zur Nettolohnanpassung der R., der zur Folge hatte, dass sich steigende R.beitragssätze dämpfend auf die R.anpassung auswirkten, so dass es automatisch zu einem Lastenausgleich zwischen Beitragszahlern und Rentnern kam, wurden auch versicherungsmathematisch begründete Abschläge auf Zugangsr. beschlossen, die vor Erreichen der Regelaltersgrenze in Anspruch genommen werden. Zur gleichen Zeit wurde der generative Beitrag zum R.system durch eine deutliche Aufwertung der Kindererziehungsleistungen für nach 1991 geborene

Kinder beschlossen. Am R.niveausicherungsziel wurde noch nicht gerüttelt.

Vollzogen wurde der Paradigmenwechsel erst mit den Altersvermögens- und Altersvermögensergänzungsgesetzen des Jahres 2001 und dem R.versicherungs-Nachhaltigkeitsgesetz 2004. Die hierin enthaltene Modifizierung der R.anpassungsformel ist bereits beschrieben worden. Die Zielsetzung dieser Reformen war ausdrücklich, den Anstieg des R.beitragssatzes auf maximal 20 % im Jahr 2020 bzw. 22 % im Jahr 2030 zu begrenzen. Weil der Einnahmeseite der GRV hierdurch enge Grenzen gesetzt werden, ist eine entsprechende Begrenzung der Ausgaben unausweichlich, die in ausreichendem Ausmaß nur bei einer Senkung des R.niveaus möglich ist. Festgelegt wurde daher, dass das Standardr.niveau vor Steuern von damals 53 % bis 2020 auf 46 % und bis 2030 auf 43 % sinken soll, was einer relativen R.kürzung von knapp 20 % entspricht. Weil ein solches R.niveau offensichtlich nicht mehr →lebensstandardsichernd sein kann, wurde zugleich – ein weiterer Paradigmenwechsel – eine teilweise Rückkehr zum Kapitaldeckungssystem beschlossen, das allerdings außerhalb der GRV im Privatversicherungsbereich verortet und nicht verpflichtend gemacht wurde. Mit dem R.versicherungsanpassungsgesetz 2007 wurde zudem eine stufenweise Anhebung der Regelaltersgrenze von 65 auf 67 beschlossen. Damit soll es Versicherten einerseits ermöglicht werden, das geringere R.niveau durch den Erwerb einer höheren Zahl von Entgeltpunkten abzufedern, andererseits entsteht aber die Gefahr, dass bei einer schlechten Arbeitsmarktsituation für Ältere das genaue Gegenteil bewirkt wird, wenn bei einem erzwungenen frühzeitigen R.eintritt die Wirkung des geringeren R.niveaus zusätzlich durch R.abschläge verstärkt wird.

Vom Paradigmenwechsel der zweiten Phase des R.reformprozesses wurde in den folgenden Jahren mit Ausnahme kleinerer Korrekturen (Schutz- und Garantieklausel bei R.anpassungen, Abschlagsfreie vorgezogene R.eintrittsmöglichkeit für langjährig Versicherte) nicht mehr grundsätzlich abgewichen.

Wirft man einen Blick in die Zukunft, könnten sich als paradoxes Ergebnis des Paradigmenwechsels der frühen 2000er Jahre in den nächsten Jahren erneut jene Probleme einstellen, die ursächlich für die R.reform 1957 waren. Durch die Senkung des R.niveaus und durch zunehmend unstetige Erwerbsbiographien der Versicherten könnte das Problem der Altersarmut wieder virulenter werden. Durch die Veränderungen der R.anpassungsformel nehmen Rentner künftig nur noch in geringem Maß an allgemeinen Wohlstandssteigerungen teil. Und selbst durch langjährige Erwerbstätigkeit lässt sich kaum noch ein R.anspruch erwerben, der wesentlich über der →Grundsicherung im Alter liegt, so dass auch der Leistungsbezug der R. immer weniger gegeben ist. Unter der unbestreitbaren Restriktion des →demografischen Wandels werden sich alle künftigen R.reformen daher dadurch auszeichnen müssen, das Spannungsverhältnis zwischen Finanzierungsbeschränkungen und der Gewährleistung auskömmlicher und leistungsgerechter R. so zu gestalten, dass dem in der Gesamtschau bislang überaus erfolgreichen Grundgerüst der GRV kein entscheidender Schaden zugefügt wird.

J. Steffen, Die Anpassung der R. in der R.versicherung der Arbeiter und Angestellten von der R.reform 1957 bis zum AVmEG, 2002 – H. Rische, Handbuch der gesetzlichen R.versicherung, 2011 – J. Steffen, Die Anpassung der Renten in den Jahren 2003 bis 2013, 2013 – Deutsche R.versicherung Bund (Hg.), 125 Jahre gesetzliche R.versicherung, 2014 – W. Schäffer, Reform der R.versicherung – es bleibt viel zu tun, in: Deutsche R.versicherung 2014[2].

Andreas Mayert

Revolution

Die Reflexion des Phänomens „R." im Protestantismus wird vorrangig von der Interpretation der Ereignisse und Prinzipien von 1789, also der →Französischen Revolution bestimmt. Noch die dritte Auflage der „Realenzyklopädie für protestantische Theologie und Kirche" kennt nur einen Artikel *französische* Revolution. Dabei vollzieht sich in dieser Auseinandersetzung zugleich eine umfassende Positionsbestimmung des eigenen Verhältnisses zur Moderne und zu den entsprechenden gesellschaftlichen wie politischen Ordnungsvorstellungen. Die „Ideen von 1789" werden zum Kürzel für eine von weiten Teilen des Protestantismus unter der Führung des lutherischen Konservatismus abgelehnte Grundhaltung, die in der Akzeptanz der R. zugleich die Abwendung von Gott und seinen Gesetzen vollzieht. Maßgeblicher Repräsentant dieser Position, die bis weit ins 20. Jh. hinein die dominierende Sichtweise innerhalb des Protestantismus darstellt, war Friedrich Julius Stahl. Er erblickte in den revolutionären Vorgängen nichts weniger als die Pervertierung der gottgegebenen, ewigen Gesetze menschlicher →Ordnung, bei denen nun eben nicht mehr Gottes Wille, sondern das Handeln des Menschen zum alleinigen Maßstab gemacht werden solle.

Diese Deutung war jedoch nur möglich, indem das semantische Umfeld des Begriffs „R." gegenüber dem Sprachgebrauch des ausgehenden Mittelalters und der beginnenden Neuzeit charakteristisch verändert wurde. Denn hier konnte „R." sowohl eine planerische Aktivität seitens des Menschen, als auch einen unveränderlichen, als Naturgesetz außerhalb menschlicher Möglichkeiten liegenden Sachverhalt bezeichnen: Dem entsprechend werden am Ausgang des Mittelalters in den italienischen Stadtrepubliken alle Verfassungsänderungen ohne jede moralische Wertung als „rivolutione", als durch politische Gestaltung geschaffene Veränderung gekennzeichnet. Auf der anderen Seite veröffentlicht NIKOLAUS KOPERNIKUS sechs Bücher „De revolutionibus orbium caelestium"; seine Überlegungen werden nur wenig später zum Ausgangspunkt einer physikopolitischen Theorie, bei der die gesellschaftlichen Veränderungen im Positiven wie Negativen nach dem Vorbild der unbeirrbar ihre Bahn ziehenden Planeten unverrückbar feststehen. Jeder Versuch, die dadurch gesetzten Vorgaben zu ignorieren oder zu verändern, ist daher zum Scheitern verurteilt.

Dieser zunächst deskriptive Revolutionsbegriff erhält schon bald einen normativen Unterton: THOMAS HOBBES verurteilt den Umsturz CROMWELLS, begrüßt aber die Vertreibung JAKOBS II. und den Herrschaftsantritt WILHELMS III. als „Glorious Revolution", als die Wiederherstellung der legitimen, wohlgeordneten Verhältnisse, die durch die Usurpation eines Einzelnen in Frage gestellt worden waren. Diesen semantischen Zuschnitt des Begriffs nimmt die französische R. in ihrer Selbstdeutung auf: In den Ereignissen von 1789 bricht sich unabänderlich Notwendiges die Bahn; die politischen Akteure präsentieren sich lediglich als Anwälte eines Prozesses, der sich mit objektiver Gesetzmäßigkeit vollziehen muss, – ein Gedanke, der sodann auch die Konzeptionalisierung der marxistischen R.stheorie (→Marxismus) maßgeblich prägt: Die R., die die Aufhebung der Verdinglichung des Menschen, das Ende seiner Herabstufung zur bloßen Ware bringen wird, erfolgt notwendig im dialektischen Prozess der Geschichte.

Diese Proklamation der R. als eines objektiv notwendigen, naturgegebenen Vorgangs stellte eine besondere Herausforderung für das →Luthertum dar. Denn da hier, seit der Auseinandersetzung mit den „Schwärmern" in der Reformationszeit, eine grundsätzliche Prävalenz des Vorgegebenen gegenüber dem Neuen tradiert wurde – eine Einschätzung, die auch das gesamte konservative Kulturluthertum im 19. und 20. Jh. prägt und sich noch in D. BONHOEFFERS →Ethik niederschlägt – konnte sich der theologische Konservatismus des 19. Jh.s nicht einfach darauf zurückziehen, den Sturm auf die Bastille als Verstoß gegen die gegebene, und das heißt: gottgegebene Ordnung zu brandmarken. Zusätzlich musste die theologische Kritik alles daran setzen, einen objektiven R.sbegriff zurückzuweisen und stattdessen die französische R. eben als menschlichen Akt, als Zeugnis verblendeter Selbstüberschätzung des Menschen darzustellen. Diese Argumentation ist es dann auch, die von A. F. C. VILMAR über A. HARLESS und J. H. WICHERN bis hin zu W. KÜNNETH und P. ALTHAUS bestimmend bleibt und für die das Luthertum in der Folgezeit einen hohen Preis zahlen muss. Denn wenn die Legitimität einer vom Volk ausgehenden Gesellschaftsverfassung bestritten und der Rekurs auf eine – im Einzelnen allerdings durchaus diffuse – naturgegebene →Ordnung als Quelle für eine eigene →politische Ethik zumindest dort diskreditiert wird, wo diese Ordnung die Umgestaltung der herrschenden Verhältnisse nahelegt, bleibt als dritte Möglichkeit nur ein Weg übrig, der die gerade herrschenden Verhältnisse mit einer suprarational legitimierten Autorität ausstattet und damit jeder menschlichen Disposition entzieht. Erst beides gemeinsam, die Ablehnung der emanzipativen Ideale der französischen R. und die theologische Überlegitimation der bestehenden Ordnung führt zu jener verhängnisvollen Gemengelage, die in letzter Konsequenz den Schulterschluss zwischen dem Luthertum und der nihilistisch-faschistischen →Ideologie des →Nationalsozialismus bewirkt. Programmatisch bringt der rechtskonservative lutherische Jurist WILHELM KAHL jene unkritische theologische Überhöhung der gegebenen politischen Verhältnisse zum Ausdruck, wenn er die Akzeptanz jeder gegebenen staatlichen Ordnung unmittelbar mit dem im ersten Artikel des Credo formulierten Gottesglauben kombiniert: „Es bleibt nur die Wahl: entweder es gibt keinen Gott, der alles in seiner Hand hat, Kleines und Großes – oder es sind auch Usurpationen und Revolutionen Zulassungen des allmächtigen Gottes." Bei KAHL mündete diese Einschätzung noch in die grundsätzliche Akzeptanz der Weimarer Republik. Nachdem aber zahlreiche lutherische Theologen die Legitimität der jungen →Demokratie bestritten, weil sie als Auswuchs eines „individualistischen, demokratischen Egoismus" (P. ALTHAUS) gerade die gottgegebene Ordnung konterkariere, erscheint nun die Machtergreifung der Nationalsozialisten lediglich als die Wiederherstellung einer durch die Einsetzung Gottes legitimierten, staatlichen Ordnung. Darum fallen die Ereignisse vom Frühjahr 1933 erst gar nicht unter das über die R. ausgesprochene Verdikt, sondern gelten als Korrektur eines Irrwegs, als Restitution der alten Ordnung, die, nach überkommenem Muster, sogleich wieder theologisch überhöht wird. Die hier skizzierte Tendenz zu einer Überlegitimation historischpolitischer Konstellationen ist aber nicht nur dem konservativen Luthertum eigen. Sie zeigt sich ebenso in der unkritischen Akzeptanz der R. als „Revolutionen Gottes" (H. KUTTER) bei den →Religiösen Sozialisten, eine Sichtweise, die in den 1960-er und 70-er Jahren in der Debatte um die „Theologie der Revolution" wieder aufgenommen wurde. So postulierte R. SHAULL, der nach Vorarbeiten von P. LEHMANN mit seinem Vortrag „Die revolutionäre Herausforderung an Kirche und Theologie" auf der Weltkonferenz für Kirche und Gesellschaft in Genf 1966 den Grundgedanken der Theologie der R. zu weltweiter Beachtung verhalf: die Gegenwart Gottes könne dort am deutlichsten erkannt werden, wo die Kräfte der alten Ordnung mit den neuen messianischen Bewegungen für menschliche Befreiung konfrontiert werden, d. h. inmitten des Zusammenbruchs der alten Institutionen, der Eruption von

Konflikt und Gewalt und der Suche nach neuen Lösungen für unsere drängendsten sozialen Probleme.

In der kontrovers geführten Diskussion, die sich an SHAULLS Thesen in den Folgejahren anschloss, vermischten sich sehr unterschiedliche Traditionsstränge und Motivationen. Sie konvergieren aber alle in dem gemeinsamen Bemühen, das Verhältnis zwischen Christusglauben und politischer Ordnung neu – und d. h. entsprechend den Herausforderungen der Gegenwart – zu bestimmen. So ist SHAULL von der in die →Befreiungstheologie mündenden Fragestellung geprägt, wie sich die befreiende Botschaft des Evangeliums in die Situation von wirtschaftlicher Abhängigkeit, Elend und →Armut hinein konkretisieren lasse und welche politischen Folgerungen darum im Namen des Evangeliums zu ziehen seien. Dagegen verbinden sich bei D. SÖLLE und bei J. MOLTMANN die Neubewertung der →Eschatologie im Horizont der Entwürfe von P. ALTHAUS, K. BARTH und R. BULTMANN und die an F. GOGARTEN anschließende Säkularisierungsthese (→Säkularisierung) zu einer politischen Theologie (J. B. METZ). Die eschatologisch begründete Hoffnung wird, so die Argumentation, für den Christen zum Quellgrund „immer neuer Impulse für die Verwirklichung von →Recht, →Freiheit und →Humanität" (J. MOLTMANN), und die kritische Sicht des Schöpfungsglaubens, der die Welt säkularisiert und ihrer numinosen Tabus entkleidet, verleiht diesen Bestrebungen zusätzliche Schubkraft. Trotz dieser Anleihen an eine spezifisch neuzeitliche Theoriebildung eignet J. MOLTMANNS und D. SÖLLES Konzeptionen immer auch ein modernitätskritischer Grundzug, der zugleich ihre Sympathie für die „Theologie der R." begründet: Der Moderne und den mit ihr verbundenen theologischen Entwürfen wird der Vorwurf einer individualistischen Engführung gemacht. Insbesondere R. BULTMANNS Existenzverständnis dient hier als Negativfolie. Demgegenüber aktualisiere der christliche Glaube recht verstanden immer ein auf die ganze →Gesellschaft gerichtetes Potenzial; gerade die eschatologischen Verheißungen der biblischen Tradition, wie Freiheit, →Friede, →Gerechtigkeit, →Versöhnung, lassen sich, so J. MOLTMANN, nicht privatisieren, sondern begründen stets eine christliche →Verantwortung für die gesamte Gesellschaft.

Obwohl sich in der deutschen Debatte um den Begriff und das Profil der R. neben M. HONECKER vor allem H. E. TÖDT und T. RENDTORFF vehement gegen ein solches Konzept aussprachen und obwohl gerade in der Stellung zur Moderne in der Theologie eine tiefgreifende Differenz zwischen den Befürwortern und Kritikern der Theologie der R. vorherrschte, darf dies doch nicht darüber hinwegtäuschen, dass – von wenigen Ausnahmen abgesehen – jenseits aller Rhetorik rückblickend eine recht weitreichende Übereinstimmung zu konstatieren ist, die im Grunde auf einen evolutionären Prozess setzt, den christlichen Glauben dabei als eine, wenn nicht sogar als die entscheidende Motivationskraft betrachtet und →Gewalt nur im äußersten Falle im Sinne einer Notwehr als ethisch legitim erachtet. Mit der Absage an einen gewaltsamen Umsturz wird sodann im Grundsatz jene Mittelposition im Verhältnis zu den Ideen der französischen R. wieder aufgenommen, die schon K. G. BRETSCHNEIDER in die einprägsame Formel fasste: Man muss vernünftig reformieren, damit nicht gewaltsam revoltiert werde. Dementsprechend betonte dann auch T. RENDTORFF, dass der Ethik selbst ein unaufgebbarer Zug evolutionärer Weiterentwicklung innewohne. In diesem Zusammenhang ist auch der Gebrauch des R.sbegriffs bei H.-D. WENDLAND zu sehen, der es allein dem Christentum zutraute, sich den durch eine immer weiter ausgreifende Technisierung der Gesellschaft (→Technik und Gesellschaft) ergebenden „Sachzwängen" entgegenzustellen und dies mit der Forderung nach einer „totalen R." verband, die aber im Grunde einen allumfassenden, radikalen Strukturwandel der Lebensverhältnisse auf dem Weg einer evolutionären Veränderung meint.

Mit den einschneidenden politischen Veränderungen in Deutschland und Osteuropa sieht sich die theologische Theoriebildung vor neue Herausforderungen gestellt. Unabhängig davon, ob man diese Veränderungsprozesse sachgerecht als R., vielleicht sogar als „protestantische R." (E. NEUBERT) beschreiben kann, dürfte für eine erste Bilanz doch eines deutlich sein: die Aufgabe der Ethik, gerade auch der theologischen Ethik, kann nicht auf die Herbeiführung des Neuen beschränkt werden. Gerade nach einer grundstürzenden Veränderung bedarf es der steten, evolutionären Begleitung durch die ethische Reflexion. Im Rückblick auf die durch den Zusammenbruch des Ostblocks angestoßenen Veränderungen sind gerade in dieser, den Neuaufbau von Staat und Zivilgesellschaft betreffenden ethischen Begleitung deutliche Defizite zu konstatieren; Gleiches gilt in weit höherem Maße im Blick auf die grundstürzenden Wandlungsprozesse auf dem Balkan sowie im Nahen und Mittleren Osten und in Nordafrika, in die europäische Akteure immer auch mit einbezogen waren und sind.

Die Notwendigkeit einer Begleitung revolutionärer Transformationen stellt sich aber nicht nur im Blick auf gesellschaftlich-ökonomische Strukturen, sondern auch hinsichtlich technischer Entwicklungen der Gegenwart, einschließlich deren Auswirkungen auf die Ökologie. Denn der →Fortschritt in der Informations- und Biotechnologie (→Information; →Bioethik; →Gentechnik) zeigt, dass sich aktuelle, grundstürzende Veränderungen vor allem durch technisch induzierte Wandlungen ergeben. Die durch die Digitalisierung erst möglich gewordene Globalisierung, sowie die personalisierte Medizin, die prädiktive genetische Diagnostik und die Methoden der Reproduktionsmedizin markieren nur ein kleines Feld solcher Veränderungen. Damit aber ist zugleich die Theologie aufs Neue und in einem ihr weit weniger bekannten Terrain als im Bereich der politischen Ethik dazu aufgefordert, zusammen mit dem Verhältnis zur Geschichte ihre Stellung zur Moderne und damit auch zu den „Ideen von 1789" zu bestimmen.

K. G. BRETSCHNEIDER, Die Theologie und die R. Oder: Die theologischen Richtungen unserer Zeit in ihrem Einfluß auf den politischen und sittlichen Zustand der Völker, 1835 – F. J. STAHL, Die R. und die constitutionelle Monarchie. Eine Reihe ineinandergreifender Abhandlungen, 1849² – DERS., Was ist die R.?, 1852³ – H. KUTTER, Die R. des Christentums, 1908 – DERS., Sie müssen. Ein offenes Wort an die christliche Gesellschaft, 1910 – W. KAHL, Kirche und Vaterland, in: Verhandlungen des 2. Deutschen Kirchentages in Königsberg 1927, 234–250 – P. ALTHAUS, Obrigkeit und Führertum. Wandlungen des evangelischen Staatsethos, 1936 – K. GRIEWANK, Der neuzeitliche R.begriff (1955), 1992³ – J. MOLTMANN, Theologie der Hoffnung (1965), 1997 – R. SHAULL, Die revolutionäre Herausforderung an Kirche und Theologie, in: Appell der Kirchen an die Welt. Dokumente der Weltkonferenz für Kirche und Gesellschaft, 1967, 91–99 – H.-D. WENDLAND, Die Kirche in der revolutionären Gesellschaft, 1968² – T. RENDTORFF/H. E. TÖDT, Theologie der R. (1968), 1970² – P. TSCHACKERT, Art. R., französische, in: RE XVI1971³, 713–734 – E. NEUBERT, Eine protestantische Revolution, 1990 – TH. STROHM, R. und politischer Wandel, in: Handbuch der Christlichen Ethik, II1993, 281–299 – CHR. ALBRECHT/M. MARQUARD, Art. R. I/II, in: TRE XXVIII1997, 109–131 (Lit.) – P. KOSLOWSKI (Hg.), Business ethics and the electronic economy, Berlin u. a. 2004 – F. GROSSER, Theorien der Revolution zur Einführung. Hamburg 2013.

Reiner Anselm

Risiko / Risikogesellschaft

1. Risiko. Der Begriff „Risiko" entstammt dem Italienischen und bezieht sich in seiner ursprünglichen Wortbedeutung auf „Gefahr", „Wagnis". Er war bis ca. in den 1970er Jahren wenig geläufig, hielt dann aber in Debatten zur →Technikfolgenabschätzung (v. a. von Atomenergie) Einzug (HANSSON). Im alltäglichen Sprachgebrauch bezeichnet man als Risiken wahrscheinlich eintretende, schädliche Konsequenzen menschlichen Handelns, die bei Entscheidungsprozessen zu bedenken sind. Im Bereich Technik spielen R.n bei der R.bewertung technischer Anlagen, insbes. bei Innovationen, eine große Rolle. In den Wirtschaftswissenschaften und im Finanzwesen wird R. im Sinn jener Faktoren verstanden, die es erschweren, die Konsequenzen wirtschaftlichen Handelns genau abzuschätzen bzw. die die erwarteten Profite eines →Unternehmens beeinträchtigen könnten. Ähnlich ist das Verständnis von R. im Gesundheitswesen, in dem der Druck zu Privatisierung und Gewinnmaximierung die flächendeckende Gesundheitsversorgung für jeden Einzelnen gefährden kann (R. für Verbraucher). Aus Patientensicht hingegen sind mit dem Stichwort R. die lebensweltlichen und umweltbezogenen Faktoren gemeint, die eine Gefährdung für die →Gesundheit bestimmter Gruppen darstellen. Als Gesundheitsr.n zählen mangelnde ärztliche Versorgung, geringe Einkommen, umweltbedingtes hohes Unfallr., Konsum von legalen und illegalen Rauschmitteln, Nikotinkonsum und Unter- und Übergewicht. Gesundheitsr.n sind gleichzeitig sozial-strukturell wie durch individuelles Handeln bedingt.

2. Risikogesellschaft. Als Urheber des Konzepts der Rg. gilt ULRICH BECK (1944–2015), der es in enger Verbindung mit und in Anlehnung an ANTHONY GIDDENS Strukturationstheorie entwickelt hat.

2.1 Becks „Risikogesellschaft" (1986). Mit „Rg." hat BECK eine umfassende Gesellschaftstheorie vorgelegt. Zwar seien Individuen heute nicht mehr durch ihre soziale Herkunft an best. Berufsbilder oder Regionen gebunden, so wie es in der →Industriegesellschaft der Fall war. Jedoch wird die soziale →Mobilität einzelner im →Individualismus faktisch durch die nicht intendierten Folgen der →Industrialisierung, die sich v. a. in Umweltschäden ausdrücken, wieder eingeschränkt. BECK bezeichnet diese Folgen summarisch als „Modernisierungsr.n". Sie ergeben sich zwangsweise aufgrund der Unvorhersehbarkeit der Konsequenzen menschlicher Entscheidungen und seien für alle unumgänglich, denn „Smog ist demokratisch" (S. 48). Die Rg. ist daher, positiv gewendet, eine demokratischere Gesellschaft. Anderseits sind sich die Individuen durch die Medien der permanenten Gefährdung ihrer Lebenswelt bewusst. Dies resultiert in einem erhöhten Streben nach →Sicherheit. Auf der Ebene der →Gemeinschaft führe das zur „→Solidarität aller lebenden Dinge" (S. 99), auf der Organisationsebene des Staates zu einer umfassenden Flexibilisierung. Der →Sozialstaat wird teilweise abgebaut; Individuen werden dadurch freier, sind diversen R.n aber auch direkter ausgesetzt. →Arbeit wird flexibler geregelt, wovon v. a. Frauen profitieren. Zugleich ist sie jedoch gekennzeichnet von Unterbeschäftigung und lebensphasenspezifischer →Arbeitslosigkeit. Für den Einzelnen ist in der Rg. mehr →(Entscheidungs-)Freiheit möglich, wenn die Zunahme des →Armutsr.s durch den Sozialstaat aufgefangen wird (S. 236).

Rezeption. Die Erstveröffentlichung von „Rg." fiel mit der Reaktorkatastrophe von Tschernobyl 1986 zusammen; Becks Thesen erhielten dadurch eine geradezu unheimliche Brisanz. „Rg." wurde breit rezipiert und avancierte international schnell zum soziologischen Standardwerk.

Kritik. „Rg." stellt eine wertvolle Zeitanalyse dar, ist empirisch jedoch nur teilweise belegbar. 1) Die These von der Ubiquität der R.n bspw. ist hauptsächlich in Bezug auf Umweltr.n haltbar, nicht aber bei anderen R.n wie bspw. Finanzr.n oder Gesundheitsr.n. 2) Klassen- o. Schichtzugehörigkeit haben weiterhin einen

Einfluss auf die Anfälligkeit für R.n, da sozial Schwächere weniger Möglichkeiten haben, drohenden R.n aus dem Weg zu gehen (MYTHEN). 3) Die Freisetzung der Individuen benachteiligt sozial Schwächere generell.

2.2 Ethik der Risikogesellschaft. In der Rg. sei dringend zu erörtern, wie wir leben wollen (BECK). Das von sozialen Zwängen (angeblich) befreite Individuum der Spätmoderne wird in höherem Maße für die Folgen seiner/ihrer Entscheidungen verantwortlich gemacht. →Verantwortung ist daher das entscheidende Stichwort unserer Zeit. Globale R.n als unvermeidbare Folgen zu betrachten, stiftet jedoch ein gewisses Ohnmachtsgefühl u. untergräbt d. Bereitschaft, Verantwortung zu übernehmen (KÖRTNER). Da die Rg. auf die moralische Kompetenz sowohl einzelner Mitglieder als auch von gesellschaftl. Gruppen angewiesen ist, müssen Wege gefunden werden, diese zu stärken.

U. KÖRTNER, Solange die Erde steht, 1997 – G. MYTHEN/ULRICH BECK, A critical introduction to the Risk Society, 2004 – U. BECK., Weltrisikogesellschaft, 2007 – DERS., Risikogesellschaft, 2012[21] – S. O. HANSSON, „Risk". In: The Stanford Encyclopedia of Philosophy (Spring 2014 Edition), 2014.

Antje Bednarek-Gilland

Rohstoffe

1. Definition und Bedeutung. R. sind die Grundlage jeglichen menschlichen Handels und aller gesellschaftlicher Strukturen; ohne die Inanspruchnahme von R.n wäre weder die Geschichte des Menschen noch unser aktueller Lebensstil (→Lebensstandard) vorstellbar (S. BRINGEZU/R. BLEISCHWITZ). Primäre R. sind materielle natürliche Ressourcen, die der Natur entnommen, bisher aber noch nicht für eine finale Verwendung aufbereitet wurden. R. umfassen ein breites Spektrum sehr unterschiedlicher Stoffe und Stoffgemische; grundsätzlich kann zwischen fossilen und biotischen R.n unterschieden werden; zur ersten Gruppe zählen z. B. Mineralien, Erze und Energieträger (→Energie) wie Uran, zur zweiten Gruppe sämtliche kohlenstoffbasierte Stoffe, die aus oder in Lebewesen entstanden sind. Eine weitere grundsätzliche Unterscheidung wird zwischen erneuerbaren und nicht-erneuerbaren R.n getroffen: Biogene R. wie Pflanzen, aber auch Luft und Wasser können sich prinzipiell erneuern und stehen dann erneut z. B. in Produktionsprozessen (→Produktion) zur Verfügung. Bei nicht-erneuerbaren R.n wie Mineralien oder fossilen Energieträgern ist die globale Verfügbarkeit dagegen limitiert. Diese Differenzierung ist jedoch abhängig vom gewählten Zeithorizont, in der Regel werden 100 bis 1000 Jahre als Zeitraum für eine vollständige Erneuerung herangezogen (KOSMOL et al.). Getrieben von steigendem Wohlstand, insbesondere einer schnell wachsenden globalen Mittelschicht und einer steigenden Weltbevölkerung (→Bevölkerungsentwicklung) hat sich die Extraktion von R.n aus der Erde innerhalb der letzten 30 Jahre um ca. 80 Prozent erhöht, dabei ist insbesondere der Anteil nicht-erneuerbarer R. angestiegen (DITTRICH et al.). Globale Materialflussanalysen beziffern die jährliche Gesamtextraktion auf ca. 70 Mrd. Tonnen, bis 2030 wird ohne drastische Interventionen ein Anstieg auf bis zu 100 Mrd. Tonnen erwartet (C. LUTZ/S. GILJUM). Charakteristisch ist dabei die ungleiche regionale Verteilung: Die Vorkommen vieler R. sind auf einzelne rohstoffreiche Länder konzentriert, gleichzeitig beanspruchen die ca. 20 % der Weltbevölkerung in den industrialisierten (→Industrie, Industrialisierung) →Staaten etwa 80 % der verfügbaren R. (K. KUHN/M. RIECKMANN).

2. Endlichkeit und Kritikalität. Die endliche Verfügbarkeit von R.n und die daraus folgenden Konsequenzen sind spätestens seit der ersten Ölpreiskrise (Erdölkrise) in Deutschland und dem Bericht des →Club of Rome zu den „Grenzen des →Wachstums" (MEADOWS et al.) ein auch öffentlich intensiv diskutiertes Thema. Für konventionelles Öl geht selbst die Internationale Energieagentur davon aus, dass das Maximum der globalen Förderung bereits überschritten wurde („peak oil") (OECD/ IEA), andere Autoren sprechen bereits vom „peak everything" (R. HEINBERG). Der technische →Fortschritt zum Beispiel im Bereich der Förderung nicht konventionellen Öls zeigt aber auch die Schwierigkeiten solcher Prognosen. Speziell für nicht-erneuerbare R. muss dabei zwischen Ressourcen und Reserven unterschieden werden: Als Ressource gilt der gesamte geologisch nachgewiesene Bestand eines Rohstoffs in der Erde, die Reserve bezeichnet nur den zum aktuellen Stand der Technik ökonomisch abbaubaren Teil der Ressource. Aus dem Verhältnis von aktuellem jährlichen Bedarf und Reserve wird häufig die statische Reichweite als Indikator berechnet, wie lange ein Rohstoff unter den aktuellen Bedingungen noch zur Verfügung steht. Bei dieser Betrachtung wird jedoch nicht ausreichend berücksichtigt, dass steigende Knappheit in der Regel zu steigenden Preisen führen, die wiederum die Anreize zur Exploration neuer Rohstoffvorkommen erhöhen. Trotz dieses regelmäßigen Preiszyklus gilt die Versorgung mit bestimmten R.n als besonders kritisch, so veröffentlichte z. B. die Europäische Kommission eine Liste solcher „kritischen R." (Europäische Kommission). Dabei steht jedoch weniger die globale Verfügbarkeit als der Zugang zu Rohstoffvorkommen im Fokus. Auch aus einer →Nachhaltigkeitsperspektive wird intensiv diskutiert, welches Niveau einer R.ntnahme noch als langfristig zukunftsfähig einzuschätzen wäre (H. ROGALL): Während z. B. die Managementregeln der Enquete-Kommission „Schutz des Menschen und der Umwelt" (Deutscher Bundestag) verlangen, dass die Nutzung die Rate des

Ersatzes all ihrer Funktionen nicht überschreiten soll, verweisen Vertreter der „starken →Nachhaltigkeit" auf die Nicht-Substituierbarkeit des ökologischen Kapitals (→Kapitalismus) (G. SCHERHORN/H. WILTS). Die aktuelle Diskussion fokussiert dabei stark auf nicht-erneuerbare R., gleichzeitig zeigen sich auch beim Ersatz durch biotische R. die zunehmenden Nutzungskonflikte um Anbauflächen als limitierender Faktor (BRINGEZU et al.).

3. Geostrategische Bedeutung. Der gesicherte Zugang zu R.n war schon immer von hoher geostrategischer Bedeutung. Bis heute sind R. einer der wichtigsten Anlässe für bewaffnete Konflikte, das Heidelberger Konfliktbarometer verzeichnet für das Jahr 2014 weltweit insgesamt 96 →Konflikte um R., davon 9 auf der höchsten Stufe des →Kriegs (HIIK). Gleichzeitig sind R. und die mit ihnen erzielten Profite wichtige Finanzierungsquellen für militärische Konflikte. Es ist zu befürchten, dass bewaffnete Konflikte zunehmend um den Zugang zu Trinkwasser geführt werden (C. FRÖHLICH). Ein Automatismus zwischen Rohstoff-Vorkommen und Gewaltkonflikten ist dennoch nicht feststellbar, allerdings verweisen Studien auf eine Korrelation zwischen Rohstoffreichtum und Bürgerkriegen. P. COLLIER und A. HOEFFLER zufolge besteht in Ländern, die stark von Rohstoffexporten abhängig sind, ein größeres Risiko für Bürgerkriege, da sich viele Länder mit großen Rohstoffvorkommen durch schwache Regierungsführung (→Korruption) und wirtschaftliche Instabilität auszeichnen. Gleichzeitig zeigen aber auch Beispiele wie Malaysia oder Norwegen, dass →Staaten den →Reichtum an R.n zur langfristigen Steigerung ihrer Wirtschaftsleistung (→Wachstum) nutzen können. Da gerade auch die fortschreitende Digitalisierung auf der Verfügbarkeit von R.n basiert, geraten zunehmend sekundäre, aus Recyclingprozessen zurückgewonnene R. in den Fokus (→Abfall).

D. MEADOWS/D. MEADOWS/J. RANDERS/W. W. BEHRENS III, The Limits to Growth, 1972 – DEUTSCHER BUNDESTAG, Abschlußbericht der Enquete-Kommission „Schutz des Menschen und der Umwelt – Ziele und Rahmenbedingungen einer nachhaltig zukunftsverträglichen Entwicklung", 1998 – G. SCHERHORN/H. WILTS, Schwach nachhaltig wird die Erde zerstört, in: GAIA, [10/4] 2001 – P. COLLIER/A. HOEFFLER, Greed and grievance in civil war, in: Oxford Economic Papers, [56] 2004 – C. FRÖHLICH, Zur Rolle der Ressource Wasser in Konflikten, in: APuZ, [25] 2006 – K. KUHN/M. RIECKMANN, Nachhaltige Entwicklung, in: Themenblätter im Unterricht, 2006[57] – R. HEINBERG, Peak Everything, 2007 – H. ROGALL, Ökologische Ökonomie: Eine Einführung, 2008 – S. BRINGEZU/R. BLEISCHWITZ, Sustainable Resource Management – Global Trends, Visions and Policies, 2009 – S. BRINGEZU/H. SCHÜTZ/M. O'BRIEN/L. KAUPPI/R.HOWARTH/J. MCNEELY, Assessing Biofuels, 2009 – C. LUTZ/S. GILJUM, Global resource use in a business-as-usual world until 2030, 2009 – OECD/IEA (Hg.), World Energy Outlook 2010, 2010 – M. DITTRICH/S. GILJUM/S. LUTTER/C. POLZIN, Green economies around the world?, 2012 – J. KOSMOL/ J. KANTHAK/F. HERRMANN/M. GOLDE/C. ALSLEBEN/G. PENN-BRESSEL/S. SCHMITZ/U. GROMKE, Glossar zum Ressourcenschutz, 2012 – EUROPÄISCHE KOMMISSION, Report on Critical Raw Materials for the EU, 2014 – HEIDELBERG INSTITUTE FOR INTERNATIONAL CONFLICT RESEARCH (Hg.), Conflict Barometer, 2014.

Henning Wilts

Rolle / Rollentheorie

1. Die Rolle als Begriff und Metapher. *1.1* Der Begriff „R." gilt als einer der Zentralbegriffe der Soziologie. Im Kern seines zeitgenössischen Gebrauchs bezeichnet er Regelmäßigkeiten (Muster) des „typischen", normenorientierten und legitimerweise erwartbaren Verhaltens (→Handelns und Unterlassens) von individuellen Akteuren (→Personen), insofern sie nicht-beliebige, institutionalisierte „Positionen" in Systemen gesellschaftlicher Arbeits- und Funktionsteilung einnehmen und insofern sie sich dabei zugleich „wechselseitig" auf andere Akteure als Träger von R.n beziehen. Der R.nbegriff erlaubt die Thematisierung zweier Grundprobleme neuzeitlicher Moral- und Sozialphilosophie im Horizont der Sozialwissenschaften und dient ihrer soziologischen Analyse: (a) Was sind die Ermöglichungs- und Gelingensbedingungen individuellen „sozialen Handelns" (M. WEBER) und (b) welche sind – unter der Voraussetzung „freier" Individuen – die Bedingungen der Möglichkeit „sozialer" Ordnung ((TH. HOBBES/T. PARSONS). Die recht unterschiedlichen Varianten seines Gebrauchs lassen sich anordnen auf einem Kontinuum – sozialphilosophisch gesprochen – zwischen Determinismus und →Autonomie, bzw. – soziologisch – zwischen sozialem Zwang und individueller Handlungsfreiheit. Der Aspekt des des *Sozialen* dominiert, wenn mittels des R.nbegriffs an einer komplexen Handlungswirklichkeit all das betont wird, was dem individuellen Akteur als „vorgegeben" entgegentritt: was ihm als Komplex von Regeln und →Normen zur Befolgung zugemutet, bzw. was ihm als Routinen und Selbstverständlichkeiten zur Entlastung angeboten wird. Der Aspekt des *Personalen* dominiert, wenn all das hervorgehoben wird, was das Individuum als „aufgegeben" wahrnimmt: was es an Freiheitsspielräumen hat und inwiefern es durch seine Deutungen und mit seinen Kompetenzen vermag, die R. nicht nur zu spielen, sondern gleichsam mit ihr zu spielen – sie auch zu gestalten und zu verändern.

1.2 Die „R." hat als Metapher, als Teil der umfassenderen Theatermetaphorik unserer →Kultur, auch im Alltagswissen der Gesellschaftsmitglieder eine große Bedeutung, dies sichert dem sozialwissenschaftlichen Gebrauch eine hohe Anschaulichkeit und Plausibilität in außerfachlichen Milieus und erlaubt eine unkomplizierte Übertragung soziologischer Theorieelemente in nicht-soziologische Verwendungskontexte. Dem Thema und Begriff der R. kommt in der deutschsprachigen, gesellschafts- und handlungstheoretisch anspruchsvollen Soziologie seit dem Ende der 1980er im Unterschied zu den 1960er und 1970er Jahren (s. u.) – eine eher geringe Bedeutung zu. Er behauptet seine Stellung als Zentralbegriff am ehesten in „angewandten" Soziologien, v. a. im Bereich von (sozial-)pädagogischen Sozialisations- und Professionstheorien, sowie in „Lehrbuch"-Soziologien: also dort, wo aus eher didaktischen Gründen seine plausibilitäts- und akzeptanzstiftende Funktion benötigt wird.

2. R.nbegriffe und R.ntheorien. *2.1* Die Geschichte der „R." als Element soziologischer Theoriebildung ist naheliegender weise von der Geschichte der Soziologie nicht zu trennen. Trotz der sich anbietenden anthropologischen Bühnen-Metaphorik taucht er aber erst im 20. Jh. – etwa bei SIMMEL – gelegentlich auf; er wird dann in der amerikanischen Sozialanthropologie und Sozialpsychologie der 1930er Jahre – bei LINTON 1936 und MEAD 1934 – im strengeren Sinne zu einem soziologischen Begriff, und er wird erst – durch MERTON und PARSONS - in den 1950er und 1960er Jahren ein tragender Begriff strukturfunktionalistischer Theorien sozialer Systeme (→ Systemtheorie). In der theoretischen Kritik an letzteren gewinnt dann ab den 1970er Jahren das „wiederentdeckte" R.nverständnis des Symbolischen Interaktionismus, im Anschluss an MEAD, zunehmend an Bedeutung.

2.2 T. PARSONS zielte mit seiner Theorie insgesamt auf eine Überwindung des noch aus der Gründerzeit der Soziologie stammenden Dualismus von „zwei Soziologien": einem „holistischen Paradigma", das den Primat des Sozialen und einem „individualistischen", das den Primat des Personalen betont; er versuchte folglich eine Synthese von DURKHEIM und WEBER. Er nimmt den R.nbegriff des Kulturanthropologen LINTON auf und macht ihn zu einem Zentralbegriff seiner Gesellschaftstheorie: er dient ihm zur Thematisierung der „Schnittstelle" von handelndem Individuum und sozialem System. Der auf andere Akteure bezogene „Sinn" des sozialen Handelns wird als Deutung von Erwartungen gefasst, in seiner verhaltenssteuernden bzw. handlungsorientierenden Funktion präzisiert, und es wird das Merkmal der Wechselseitigkeit, die Reziprozität von Erwartungen und Erwartungsdeutungen, stärker betont. Zugleich geht die soziale Nicht-Beliebigkeit dieser Erwartungen, ihr Charakter als vorgegebene institutionalisierte „soziale Tatsache", der das → Handeln in Befolgung und Erfüllung zu entsprechen hat, gleich bedeutsam in PARSONS Theorie ein. Der sozialen Institutionalisiertheit (→ Institution) der normativ verstandenen Erwartungen in „R." entspricht auf der Seite des Individuums die Erfordernis der „Verinnerlichung" dieser R.nerwartungen im Prozess seiner Vergesellschaftung: Individualisation und Sozialisation eines Akteurs sind in diesem Verständnis eins; sie können nur analytisch als zwei Dimensionen desselben Prozesses unterschieden werden. Da aber in modernen Gesellschaften unmittelbarer Zwang nicht legitimerweise durchsetzbar ist, kommt der „Verinnerlichung", also der Fähigkeit der Individuen zum „Selbstzwang", eine besondere Bedeutung zu für die gesellschaftliche Integration und für die Erhaltung der → Gesellschaft als Funktionssystem. Die soziologische R.ntheorie ist seither nicht ohne Bezugnahme auf die hier in ihrem Kern skizzierte „integrative" R.ntheorie von PARSONS denkbar. Deren paradigmatischer Kern erlaubt es dann auch, andere R.ntheorien als ihre „Lesarten" zu rekonstruieren, als Fortsetzungen, Umbauten, Kritiken und Alternativen.

2.3 Für R. DAHRENDORF (1958/1964) ist die R.ntheorie in besonderem Maße geeignet zur Analyse gesellschaftlicher → Institutionen und Prozesse. Er kritisiert allerdings das harmonistische Gesellschaftsbild von PARSONS und den mangelnden Realitätssinn, mit dem dieser quasi „präetablierte" Passungen und Entsprechungen von Normen und Verhalten von Institutionalisierungen und Internalisierungen, kurz: von Gesellschaft und Individuen, unterstellt. PARSONS" Modell enthält eine „Oversocialized Conception of Man". DAHRENDORF vertritt eine konflikttheoretische Variante der Soziologie (→ Konflikt); er kritisiert an PARSONS, dass dieser die – für die Individuen – „ärgerliche Tatsache der Gesellschaft" prinzipiell verfehlt. Das von ihm selbst in die R.ntheorie eingeführte Modell eines „homo sociologicus" versucht idealtypisierend genau diejenigen Züge eines „Individuums" zu zeichnen, das sich durch und durch von der Gesellschaft abhängig weiß und gerade dieses Wissen zur Grundlage eines realistischen Selbstverständnisses macht.

Wichtig für eine differenzierte Sicht des R.nkonzepts bleiben die DAHRENDORFschen Ausdifferenzierungen von R.n nach dem Grad des Zwanges und der Stärke der mit ihnen verbundenen (negativen) Sanktionen in „Kann-, Soll- und Muss-Erwartungen" und seine Differenzierungen von R.nkonflikten in Intra-R.nkonflikte und Inter-R.nkonflikte: Konflikte innerhalb einer R., eines R.nträgers und Konflikte zwischen verschieden R.n ein und desselben R.nträgers.

2.4 Während bei PARSONS das „role playing" im Vordergrund stand, bei DAHRENDORF das „role taking", so gilt das Interesse G.H. MEADs und des an ihn anschließenden **„Symbolischen Interaktionismus"**, im „interpretativen" Ansatz der R.ntheorie, stärker dem „role making", d. h. der Aushandlung von wechselseitigen Erwartungen und Normen im Prozess der Interaktion selbst. Dieser Typus von R.ntheorie wird entwickelt in eher sozialpsychologischen Theoriebildungsprozessen, in denen es stärker um das Verstehen von Sozialisationsprozessen geht, also um Prozesse der Bildung von „Selbst" und „Identität" von Menschen, die als „self-interpreting animals" verstanden werden.

In der rasch sich wandelnden gesellschaftlichen und gesellschaftstheoretischen Landschaft der 1970er und 1980er Jahre stellt sich die „Frage nach dem Subjekt" mit neuer Dringlichkeit als Frage nach einem sowohl empirisch als auch normativ angemessenen „Selbst-Verständnis". Hier werden, als Alternative zu dem von PARSONS gestifteten Paradigma, G. H. MEAD, H. BLUMER und der „Symbolische Interaktionismus" wieder aufgenommen. MEAD hatte seine Vorstellungen von R.nspielen und R.nübernahme aus Beobachtungen spielender Kinder gewonnen, dabei wurde ihm klar, dass R.n und Regeln als vorgefundene interpretiert und gespielt werden, und dass sie in der gemeinsamen Interpretation spielerisch ausgehandelt und in entscheidendem Sinne von den Interaktionspartnern allererst „gemacht" werden.

2.5 E. GOFFMAN radikalisiert in seiner dramaturgischen R.ntheorie, die man auch „existentialistisch-funktionalistisch" nennen könnte, den r.ntheoretischen Ansatz des Symbolischen Interaktionismus noch einmal. Im R.nverhalten sind die Individuen Autoren, Regisseure, Schauspieler und Publikum in eins. Ihre vorherrschende Handlungsform ist die (strategische) Selbst-Inszenierung, ihr (funktionales) Ziel ist die Selbst-Behauptung. Die ontologische Spannung von individuellem Verhalten und kollektiven Verhältnissen verschafft sich auch hierin Geltung. Der ontologische Primat der Sozialität ist in diesen Dimensionen des Strategischen und Funktionalen anthropologisch unauflösbar verschränkt mit dem moralischen Primat der Personalität: die Individuen *müssen* überall und immer „Spieler" sein. Die Verhältnisbestimmung von Freiheit und Ordnung, von Spontaneität und Zwang bleibt prinzipiell unabgeschlossen und muss in jeder historisch konkreten Gesellschaft erneut als eine gemeinsame Aufgabe wahrgenommen werden. Menschliches Leben als Zusammenleben ist prinzipiell sowohl misslingensbedroht wie gelingensorientiert. Dies bestimmt sowohl die Verfassung der Gesellschaft wie die des Individuums. Es ist diese, in modernen Gesellschaften gesteigerte, Wechselseitigkeit von gesellschaftlichen Leiden und dem Leiden an der Gesellschaft, das DREITZEL in einer „Pathologie des R.verhaltens" zum Thema einer anspruchsvollen soziologischen Theorie macht.

R. K. MERTON, THE ROLE-SET, IN: BRITISH JOURNAL OF SOCIOLOGY, VIII, 1957, 106–120 - H. P. DREITZEL, Die gesellschaftlichen Leiden und das Leiden an der Gesellschaft. Vorstudien zu einer Pathologie des R.verhaltens (1968), 1988[4] – Art. „R." in: Historisches Wörterbuch der Philosophie, VIII 1992, 1064–1070 – M. I. MACIOTI, Il concetto di ruolo nel quadro della teoria sociologica generale, 1993 (Lit.) – F. HAUG, Kritik der R.theorie (1972), 1994 – R. L. COSER/L. A. COSER, Soziale R.n und soziale Strukturen, 1999 – E. GOFFMAN, The Presentation of Self in everyday life (1959), dt.: Wir alle spielen Theater (1969), 2003[10] – H. JOAS/W. KNÖBL, Sozialtheorie, 2004 – R. DAHRENDORF, Homo Sociologicus, (1958/1964), 2006[16] – H. P. HENECKA, Grundkurs Soziologie, 2009[10] – L. KRAPPMANN, Soziologische Dimensionen der Identität (1969), 2010[11] – U. SCHIMANK, Handeln und Strukturen, 2010[4] – B. MIEBACH, Soziologische Handlungstheorie, 2013[4] – L. PRIES, Soziologie, 2014.

Fritz Rüdiger Volz

Rüstung

Die Entwicklung und Produktion von Waffen und wehrtechnischem Material, von Kleinwaffen *(Handwaffen)* bis zu komplexen Waffensystemen (z. B. Kampfpanzer, Flugzeuge, Kriegsschiffe) einschließlich der zugehörigen Munition. R. dient der Ausstattung der Streitkräfte eines →Staates/Bündnisses, zunehmend auch nichtstaatlicher Organisationen des internationalen Terrorismus (z. B. IS, Al-Qaida). Elektronisierung, Computerisierung und die Vernetzung nahezu aller militärischen Bereiche verleihen der R. eine neue Qualität. Moderne Informationstechnik *(cyber war)* und weltraumgestützte Systeme *(Satelliten, Anti-Satellitenwaffen)* gewinnen zunehmend an Bedeutung. R. an sich ist weder gut noch böse. Nicht die durch R. erlangten *Fähigkeiten* an sich bedrohen andere, sondern die *Absicht*, diese zur gewaltsamen Durchsetzung politischer Ziele einzusetzen. Umfang und Fähigkeitsspektrum der R. eines Staates/Bündnisses hängen ab von dessen technologischen und wirtschaftlich-finanziellen Möglichkeiten (→R.swirtschaft) sowie seinen politischen Entscheidungen. Die weltweiten *R.sausgaben* sind in den vergangenen Jahren trotz →R.skontrollvereinbarungen und z. T. deutlicher Reduzierung der Streitkräfteumfänge (vor allem in den Mitgliedsstaaten von NATO und EU als Folge der Aussetzung/Abschaffung der Allgemeinen Wehrpflicht) kontinuierlich gestiegen. R.sausgaben sind nur schwer oder gar nicht miteinander vergleichbar, weil einerseits die Personalkosten große Unterschiede aufweisen, andererseits R.sausgaben außerhalb der offiziellen Verteidigungshaushalte „versteckt" werden (z. B. Russland, China). *Aufrüstung*, d. h. Modernisierung alter, Einführung neuer Waffen oder die Erhöhung des Streitkräfteumfangs einer Seite, aber auch Unkenntnis/Fehleinschätzung der auf der Gegenseite tatsächlich vorhandenen oder angenommenen Fähigkeiten und die Sorge um sich schnell verändernde politische Absichten führen häufig zu einem *R.swettlauf* zwischen Staaten/Bündnissen. Zur Wahrung oder Wiederherstellung eines R.stechnischen *Gleichgewichts* folgen auf neue Waffen Gegenwaffen *(Nachrüstung)*. Der sog. *NATO-Doppelbeschluss* vom 12.12. 1979, mit dem die Stationierung der Mittelstreckenraketen SS 20 durch die UdSSR mit der *Gegenstationierung* von Pershing II-Raketen und Cruise Missiles beantwortet wurde, war eine typische *Nachrüstungsmaßnahme*, verbunden mit dem Angebot eines beiderseitigen Stationierungsverzichts.

The Military Balance 2014. The annual assessment of global military capabilities and defence economies (jährlich), The International Institute of Strategie Studies (IISS), London – Brockhaus Enzyklopädie, 25 Bd., S. 633ff, Wiesbaden, 1981.

Hartmut Bagger

Rüstungskontrolle

Ein Teilbereich von Außen- und →Sicherheitspolitik. Der Begriff R. (engl. *Arms control*) hat sich international als Oberbegriff auch für *Abrüstung, Rüstungsbegrenzung* und *Nichtverbreitung* durchgesetzt. R. dient der Friedenssicherung durch aktive Krisen-/Konfliktprävention und Post-Konfliktstabilisierung. R. umfasst begrenzende und ausschließende Bestimmungen zu Qualität und Quantität der Ausstattung von Streitkräften (→Rüstung), ihren Aktivitäten und der militärischen →Infrastruktur eines →Staates oder einer geographisch begrenzten Region. R. schließt im Regelfall Maßnahmen zur Vertrauensbildung durch *Transparenz* und *Verifikation* ein. Abkommen zur R. können einem Staat durch Diktat *(Versailler Vertrag)* zur einseitigen Beschränkung der militärischen Handlungsfähigkeit oder zur totalen Entmilitarisierung auferlegt, im Konsens zwischen zwei oder mehreren Staaten/Bündnissen vereinbart oder unilateral als Selbstbeschränkung (Verzicht der BRD auf die Herstellung und den Besitz von ABC-Waffen) festgelegt werden. Seit dem Zweiten Weltkrieg hat sich R. von nachsorgenden (Zwangs-)Maßnahmen gegen einen besiegten Staat zu einem vorbeugenden, stabilisierenden Mittel zur Konfliktverhütung auf der Basis eines *relativen Gleichgewichts* auf möglichst niedrigem Niveau gewandelt. R.vereinbarungen liegen als völkerrechtliche →Verträge vor und decken das derzeit bekannte Spektrum militärischer Fähigkeiten nahezu vollständig ab, wobei räumlicher Geltungsbereich, Zahl der Teilnehmerstaaten und Bestimmungen zur Verifikation variieren. Voraussetzung für das Inkrafttreten von R.vereinbarungen ist im Regelfall die Ratifikation durch die nationalen →Parlamente der Teilnehmerstaaten. Die Dichte der bestehenden R.vereinbarungen ist aufgrund der historischen Entwicklung am größten in Europa, vorwiegend vereinbart unter dem Dach der Organisation für Sicherheit und Zusammenarbeit in Europa (OSZE). Die R. für *konventionelle Streitkräfte* bedarf der Modernisierung, weil Russland 2007 die Implementierung des geltenden Vertrages mit der Begründung ausgesetzt hat, er entspreche nicht mehr russischen Sicherheitsinteressen. Der Stand der R.vereinbarungen zu *Nuklearwaffen* und *zugehörigen Trägermitteln* ist unbefriedigend und bedarf der Aktualisierung. Neuartige Gefahrenpotenziale (→Rüstung) müssen in R.vereinbarungen einbezogen werden. Gegen die Verbreitung von *Kleinwaffen* gibt es bisher außer nationalen Selbstbeschränkungen keine international gültigen R.vereinbarungen, obwohl der Einsatz von Kleinwaffen weltweit die größten Verluste an Menschenleben fordert. Ein Meilenstein in der Geschichte der R. ist das *Ottawa-Übereinkommen von 1999* zur weltweiten *Ächtung von Antipersonenminen*.

Jahresabrüstungsbericht 2013. Bericht der Bundesregierung zum Stand der Bemühungen um Rüstungskontrolle, Abrüstung und Nichtverbreitung sowie über die Entwicklung der Streitkräftepotenziale. Jährlich hg. vom Ausw. Amt, Berlin (Vollständige Übersicht) – SIPRI yearbook 2014. Stockholm International Peace Research Institute (jährlich).

Hartmut Bagger

Rüstungswirtschaft

(in der BRD als Verteidigungswirtschaft bezeichnet) R. ist ein Teilbereich der Wirtschaft, der alle Maßnahmen eines →Staates in Produktion, Verwaltung und Handel zur Gewährleistung seiner Verteidigungsfähigkeit umfasst. Aufgaben der R. sind die quantitative und qualitative Bedarfsdeckung der Streitkräfte, die Sicherstellung ihrer Einsatzbereitschaft und Durchhaltefähigkeit sowie die Bereitstellung der für Ausbildung und Einsatz erforderlichen Infrastruktur. Grundlage ist eine leistungfähige *Rüstungsindustrie*, um Abhängigkeiten in der →Rüstung in Krisen- und Kriegszeiten zu vermeiden. Trotz wichtiger „Abfallprodukte" für die zivile Nutzung (z. B. GPS) ist die R. zu großen Teilen *unproduktiv* und deshalb von staatlichen Aufträgen und Investitionen abhängig und eng mit der öffentlichen →Finanzpolitik verflochten. In einigen Staaten sind R.unternehmen in staatlicher Hand. Der Werbeslogan „Verteidigungsbereitschaft *produziert Sicherheit"* verleiht der Sicherheit den Charakter eines Produkts und wirbt damit um Verständnis für hohe Verteidigungsausgaben. Sinkende Stückzahlen beim Verkauf von R.sgütern aufgrund reduzierter Streitkräfteumfänge und stagnierender Verteidigungausgaben in Mitgliedsstaaten der NATO und EU zwingen vermehrt zu multinationaler Kooperation in der R. (EDA = European Defence Agency) und einzelner R.sunternehmen (EUROCOPTER u. a.), um ausgabenwirksame Synergieeffekte zu erzielen. In Deutschland werden Produktion von und Handel mit R.gütern durch Art 26 (2) GG, das „Gesetz zur Kontrolle von Kriegswaffen" sowie den Genehmigungsvorbehalt des Exports durch den Bundessicherheitsrat staatlich reglementiert. Im Krieg kann die R. zu einem bedeutenden Wirtschaftsbereich werden. So waren 1940 über 4 Mio. Menschen in der R. in Deutschland beschäftigt (z. Vgl. in der BRD 2014 ca. 100.000). 1940 wurde ein eigenständiges „Reichsministerium für Bewaffnung und Munition" geschaffen.

The Military Balance 2014. The annual assessment of global military capabilities and defence economies (jährlich), The International Institute of Strategie Studies (IISS), London – Das

Deutsche Reich und der Zweite Weltkrieg. Ed 5/I, S 466ff. DVA, Stuttgart, 1988.

Hartmut Bagger

Säkularisierung / Säkularisation

1. Annäherung. S., kurz Verweltlichung, ist eine in allen Geistes- und Gesellschaftswissenschaften geläufige Kategorie zur Beschreibung von *Umwandlungsprozessen religiöser (oder auch nur christlicher) Sinngehalte, Deutungsmuster, Vorstellungswelten* und/oder deren Institutionalisierungen und materielle Substrate aus einem religiösen Bereich in einen weltlichen oder, unter Absehung jeglicher genealogischen Komponenten, schlicht die *zunehmende Bedeutung nicht-religiöser kultureller Erscheinungsformen* zu Lasten religiöser. Ein gesicherter Gehalt des S.begriffs lässt sich aufgrund seines divergierenden Gebrauchs nicht ausmachen. Eine Erschließung des Wortsinnes ist nur aus dem jeweiligen Kontext möglich. Gerade die darin zum Ausdruck kommende *Vagheit, metaphorische Eignung und assoziative Vielschichtigkeit haben* die Karriere des Begriffs im 19. und 20. Jh. maßgeblich befördert. Typischerweise wird seine juristische Bedeutung als Überführung von →Eigentum aus geistlicher in weltliche Hand (*Enteignungsdimension*) von einem *kulturtheoretischen Bedeutungsstrang* unterschieden. Säkularisierung und Säkularisation werden dabei z. T. synonym, z. T. in differierender Bedeutung benutzt, ohne dass eine abschließende Zuordnung zu einer Bedeutungsebene möglich ist. Der Rede von der S. ist stets die Bestimmung zweier Differenzen eigen: a) der von Vorher und Nachher, d. h. einer historisch-zeitlichen Differenz und b) der von Weltlichem und Geistlichem oder Profanem und Sakralem (saeculum lat. = Zeit(alter) – Weltzeit in Abgrenzung von aeternum = Ewigkeit – Heilszeit).

2. Kanonistik/Staatskirchenrecht. Eine der ältesten Bedeutungsschichten im Gebrauch des Begriffs S. ist im katholischen Kirchenrecht zu suchen. Hier hat er sich etabliert, um die erlaubte Rückkehr eines Ordensgeistlichen in die „Welt" zu umschreiben. Unter S. verstand die Kanonistik neben dem personalen Übergang *von einem mönchs- zu einem weltgeistlichen Stand* auch den institutionellen oder materiellen Übergang, z. B. die Verweltlichung eines Klosters. Diese Dimension erstarkte zu einem eigenständigen staatskirchenrechtlichen Begriff nach den Verhandlungen zum Westfälischen Frieden. In deren Folge werden mit S. *Übertragungsprozesse von kirchlichen Hoheits- oder Vermögensrechten (insb. Eigentum) auf weltliche Träger* bezeichnet. Das markanteste Datum in der Geschichte der Verweltlichung von Kirchengütern ist im Reichsdeputationshauptschluss von 1803 zu sehen, dem in den evangelischen Territorien zahlreiche S.en vorausgingen.

3. Staatsrecht. Unter S. wird über den engen staatskirchenrechtlichen Bereich hinaus eine „Entchristlichung" der staatlich-politischen Instanzen im Generellen verstanden. In diesem Sinne umfasst die S. des →Staates zum einen die *institutionelle Trennung von Staat und Kirche* durch die Eliminierung mannigfaltiger staatskirchlicher Elemente. Sie lässt sich treffend als „Rahmensäkularisierung" (HECKEL) bezeichnen, weil sie nicht mit einer Verdrängung der Religionen der Bürger aus dem säkularen (d. h. religiös-weltanschaulich neutralen) Staat einhergeht.

Als S. begreift man daneben die *Ablösung religiöser Legitimationsfiguren von Staatlichkeit* durch eine Semantik der Selbstbegründung. Ob moderne Erscheinungsformen staatlich verfasster →Gesellschaften einer zumindest mittelbaren religiösen Fundierung bedürfen, erscheint fraglich. C. SCHMITT arbeitet mit solchen Mustern, wenn er behauptet, dass „alle prägnanten Begriffe der modernen Staatslehre ... säkularisierte theologische Begriffe" sind. Während auch andere Rechtstheorien (KELSEN) durchaus Analogien zwischen juristischen und theologischen Argumentationsfiguren sehen, suggeriert SCHMITTS S.theorem weitergehend eine metaphysische Qualität staatlicher Ordnung. Doch seine „politische Theologie" bleibt material Leerstelle. Sie beschränkt sich darauf, die staatsrechtliche Kategorie der Souveränität zu personalisieren („Souverän ist, wer über den Ausnahmezustand entscheidet") und als s.ierte Form göttlicher Allmacht einzuführen. Ein solch eklektizistischer Rückgriff auf theologische Topoi dient SCHMITT argumentationsstrategisch zur Fundierung seiner autokratischen Staats- und dezisionistischen Rechtstheorie. Gerade bei ihm tritt damit die metapherologische Qualität des S.sparadigmas hervor.

Eine prominente Formulierung für geläufige Vorstellungen der Verwiesenheit des modernen Staates auf christliche Paradigmen findet man bei E.-W. BÖCKENFÖRDE: „Der freiheitliche, säkularisierte Staat lebt von Voraussetzungen, die er selbst nicht garantieren kann." Diese seien in „jenen Antrieben und Bindungskräften" zu suchen, „die der religiöse Glaube seiner Bürger vermittelt". Richtig ist, dass eine freiheitliche politische Ordnung entgegenkommende Lebensformen und ein freiheitliches Ethos vermittelnde Kulturträger braucht. Doch Legitimationsfiguren und Funktionsprozesse staatlicher Herrschaft müssen mit der religiösen Pluralisierung der Gesellschaft kompatibel bleiben. Die Entstehung des neuzeitlichen Staates ist gerade eine Reaktion auf die konfessionellen Bürgerkriege. Dies schließt Religion als staatstheoretisches Konstitutivum aus. Staatlichkeit rechtfertigt sich in der Moderne *funktional* aus der ordnungspolitischen Aufgabenerfüllung und *normativ* aus der Gewähr individueller Freiheit und Sicherheit selbst. Dass ein solcher Staat christliche Freiheit zur vollen Entfaltung kommen lässt, macht ihn für den Protestantismus jenseits jeder religiösen Fundierung erstrebens- und beteiligungswert.

4. Geistesgeschichte/Ideenpolitik. Besondere Wirkmächtigkeit erfährt die Rede von der S. in der abendländischen Geistesgeschichte des 19./20. Jh.s als Auseinandersetzung um Prozesse ideeller Verweltlichung. So machen G. W. F. HEGEL und im Anschluss C. L. MICHELET eine Überwindung mittelalterlicher Dichotomien zwischen geistlichem Streben und weltlichem Darben im Prinzip des „christlichen, sittlichen" Staates als „vernünftiger" Verwirklichung christlicher →Freiheit aus. In einer derart gestalten Staatlichkeit versöhne sich Begriff und Realität. Die prozesshafte Verweltlichung des Christentums führe zu seiner konsequenten Realisierung. R. Rothe übersteigt diesen Ansatz dahin, dass „im vollendeten Staat sich die Idee des Gottesreiches realisiert." Von da aus liegt es nahe, wie K. MARX im Anschluss an L. FEUERBACH, die Erlösung der Welt unter Verzicht auf jegliche christliche Komponente ganz im materialistischen Sinne umzuschreiben und dem Begriff der Verweltlichung eine dezidiert religionskritische Wendung zu geben. Ein solches antichristliche Programm als „Gebot der Vernünftigkeit" machten sich auch positivistische Freidenkergruppen zu eigen, die eine „Enttheologisierung der Philosophie" forderten. HOLLYOAKES Secular Society oder die Deutsche Gesellschaft für christliche Kultur standen in der Mitte des 19. Jh.s für ein solches religionsbekämpfendes Emanzipationsverständnis.

K. LÖWITH versucht nachzuweisen, dass die hinter all diesen Entwicklungslinien stehenden geschichtstheoretischen Fortschrittsideen eine S. christlicher Erlösungs- und Heilsvorstellungen bilden. Gegen solche und jegliche andere Versuche der Rückführung neuzeitlicher Denkformen und Sinndeutungen auf christliche Ursprünge wendet sich H. BLUMENBERG, der damit den Gebrauch des S.sbegriffs umfassend in Frage stellt. Die Rede von der S. als kulturhistorische Deutungskategorie impliziere, dass es eine illegitime substantielle Aneignung christlicher Gehalte gebe, und postuliere damit eine *Kulturschuld* der Neuzeit. Eine solche geistige Enteignungsgeschichte des Christentums gäbe es aber nicht. Die als S. ausgemachte Zunahme nichtchristlicher Wahrnehmungskategorien und ideeller Fundierungen sei vielmehr in radikaler *Diskontinuität* zur christlich geprägten Vorstellungswelt des Mittelalters zu sehen. Diese sei *vom neuzeitlichen Denken legitimer Weise abgelöst* worden, weil sie keine geistesgeschichtlich adäquaten Reflexionsmuster habe generieren können.

5. Theologie. In der christlichen Theologie reüssierte der Begriff der S. im Anschluß an RUFUS JONES' Referat „Secular Civilizatian and the Christian Task" auf einer internationalen evangelischen Missionstagung 1928 vor allem als prägnante Chiffre für die „Entchristlichung der modernen Menschheit" (SCHLUNK) und gewann dabei eine dezidiert *kultur-, zivilisations- und auf- klärungskritische Konnotation,* die sich in einem gegenweltlichen Selbstverständnis innerhalb des Protestantismus fortsetzt. Daneben und in teilweiser Überschneidung wird die S. theologisch als durchaus *religionsproduktive Entwicklung* verstanden; durch die Verweltlichung der Welt erst komme die Religion zu sich selbst. Ansätze einer solchen S.sdeutung finden sich z. B. bei K. BARTH, R. BULTMANN oder D. BONHOEFFER. Eine explizite theologische Auseinandersetzung mit der S. hat F. GOGARTEN vorgelegt, für den sie eine legitime Autonomisierung der Welt darstellt, die den Glauben von der Welt und weltlicher Inzwecknahme befreie und damit „die notwendige und legitime Folge des christlichen Glaubens ist". Von der S. will er aber den aus theologischer Sicht illegitimen Säkularismus unterschieden wissen, der in der Monopolisierung rein innerweltlicher Existenz- und Geschichtsdeutungen und der Negierung der Gottesfrage zu sehen sei. F. OVERBECK radikalisiert den theologischen Zugang zum S.sverständnis durch die Anwendung auf die eigene Disziplin. Die Theologie selbst sei stets bereits „ein Stück der Verweltlichung des Christentums", zu dem nur das Urchristentum in nichtverweltlichtem, nunmehr aber nur noch über die Kategorie des Mythos erschließbaren Kontrast zu setzen sei. Eine gänzlich andere theoretische Erschließung der S. bietet E. TROELTSCH, der die „Bedeutung des Protestantismus für die Entstehung der modernen Welt" analysiert und diese auf den Gebieten der Wirtschaft, Wissenschaft, →Familien, Staatlichkeit, →Recht und Kunst vor allem in den neuprotestantischen, als synkretistisch/häretisch verfemten Bewegungen ausmacht. Den gewichtigsten *protestantischen Beitrag zur Moderne* sieht TROELTSCH in *der Herausbildung einer modernen Religiosität,* d. h. einer „subjektivistisch-individualistischen, dogmatisch nicht autoritativ gebundenen ... Gefühls- und Überzeugungsreligion".

6. Soziologie. Ähnlich wie TROELTSCH ging der Soziologe erster Generation M. WEBER der protestantischen Prägekraft im Zuge der S. nach. Dabei wird der *calvinistischen Vorhersehungslehre* (→Calvinismus) eine besondere Bedeutung für die Ausbildung des „kapitalistischen Geistes" (→Kapitalismus) zugeschrieben. Nach Weber hat ein Prädestinationsverständnis, das in weltlichen Erfolgen ein Indiz für den künftigen („jenseitigen") Heilszuspruch sehen will, eine spezifische Form des ökonomischen Strebens und damit der „in- nerweltlichen Askese" der Arbeit- und Sparsamkeit entstehen lassen. Diese habe die als „religionsgeschichtlichen Prozess der Entzauberung der Welt" beschriebene S. durch die Eliminierung der „sakramentalen Magie als Heilsweg" zum Abschluss gebracht und ihrerseits den

Grund für die *Ausbildung der modernen →Wirtschaftsethik* und damit der gesamten spezifisch auf Weltlichkeit angelegten *okzidentalen Rationalitätsform* bereitet. Einen ganz anderen Strang als solche mentalitätsgeschichtlichen S.sforschungen stellt die stark empirisch geprägte *Kirchensoziologie* dar, die insbesondere in Kirchenaustritten ein Anzeichen fortschreitender S. ausmachte. Dieser Ansatz wurde ob seiner Engführung auf kirchliche Institutionalisierungen kritisiert und mit einem programmatisch Religion zum Forschungsgegenstand habenden soziologischen Theorieprogramm konfrontiert. Autoren wie R. L. BERGER oder TH. LUCKMANN betonen gegenüber der These vom Religionsverlust als Folge der S. die *Transformation religiöser Erscheinungsformen* in der Gesellschaft. Von einem Rückgang an Religion in der Gesellschaft könne nicht ausgegangen werden, die gesellschaftliche Integrationskraft von Religion bestehe in veränderter Form weiter – Thesen die sich in jüngster Zeit dezidierter religionssoziologischer Kritik ausgesetzt sehen (POLLACK). Schlagworte wie Individualisierung, Enttraditionalisierung und -institutionalisierung, Erlebnisfixierung oder vagabundierende Religion prägen diese Debatten. N. LUHMANNS religionssoziologische S.analyse steht dem gegenüber ganz im Zeichen seines systemtheoretischen Gesellschaftsverständnisses (→Systemtheorie). Als S. werde *religionsintern* wahrgenommen, was sich dem Soziologen als gesamtgesellschaftlicher Evolutionsprozess der *Ausdifferenzierung* einer vormals stratifikatorischen (Stände-) Gesellschaft in funktional eigengesetzliche Teilsysteme wie der →Politik, der Wirtschaft, der Wissenschaft oder eben der Religion darstelle. Aus systemtheoretischer Sicht besteht die gesellschaftliche Funktion von Religion nicht in sozialer Integration oder der Schaffung von Moralkonsensen, sondern in der sozialen Bearbeitung von Kontingenzen, also Ungewissheiten. Der als S. erfasste Umbau der Gesellschaft erfordere im Religionssystem Anpassungsleistungen an die Bedingungen funktional ausdifferenzierter Gesellschaften, stelle Religion als soziales Phänomen insgesamt aber nicht in Frage.

7. Ausblick. Die Rede von der S. stellt nicht nur den Versuch einer deskriptiven Kategorie dar, sondern impliziert zugleich *Fragen* nach der Bewertung und *der Legitimation* der diagnostizierten Verschiebungen. Wenn (christliche) Religion das Ursprungsfeld moderner Erscheinungsformen der Welt bildet, mutet die Verwandlung religiöser Gehalte in weltliche als illegitime Aneignung der Moderne an, die entweder rückgängig zu machen ist – so die kulturkritische Sicht – oder die zumindest einer Entschädigung in Form einer Rücksichtnahme auf oder eine privilegierte rechtliche und kulturelle Stellung von (christlicher) Religion und Kirchen bedarf. Begreift man – wie BLUMENBERG – dagegen die Ausbildung der Moderne in entschiedener Diskontinuität zur bis dahin bestehenden religiösen Tradition, ist dieser kein kultureller Vorrang geschuldet. Konsequenterweise müssten die Theologen, die eine purgatorische Wirkung der S. in Bezug auf das Christentum konzedieren, d. h. annehmen, dass die (christliche) Religion erst durch die Weltlichkeit der Welt zu sich selbst, zum „wahren Christentum" komme, zu dem gleichen Ergebnis kommen. Dies ist zumeist jedoch nicht der Fall. Gegen alle drei Ansätze ist einzuwenden, dass die *aufgestellte Alternativität* theologisch ebenso wie kulturgeschichtlich *verfehlt* ist. Die S. und ihr Produkt, die Moderne, lässt sich weder auf einen Prozess der Aneignung und Umwandlung ursprünglich religiöser Gehalte reduzieren, noch handelt es sich ausschließlich um eine radikale Neuerung noch um eine trennscharfe Scheidung. Die als S. ausgemachten deutlichen Verschiebungen von religiösen Fundierungen, Legitimierungen, Grammatiken zu weltlichen sind ohne den *Hintergrund der Traditionsbestände christlicher Theologie* nicht hinreichend erklärbar. Letztere wurden im Prozess der S. in Neuzusammensetzungen wie fraktalen Abarbeitungen fruchtbar gemacht. Die S. hat weder bloß ein gewandeltes Christentum generiert, noch ist das Christentum durch die S. zum Gegenüber und damit zu einem Außerhalb der Welt geworden. Gerade in der Verweisung über diese Welt hinaus ist die Wirkungsmächtigkeit von Religion in dieser Welt zu suchen. Dabei stellt sich der Protestantismus als ein maßgeblicher Initiator und Katalysator von S.prozessen (WEBER, TROELTSCH) dar. Zugleich weist der Protestantismus *religionstheoretisch eine hohe Kompatibilität* mit der durch die S. geprägten Moderne auf: deren idealtypische Merkmale (→Rationalisierung, Autonomisierung [→Autonomie], Ausdifferenzierung) sind dem protestantischen Verständnis der →*Rechtfertigungslehre* (allein aus Glauben, allein der Schrift verpflichtet, allein aus Gnade, allein aus Christus) ebenso eigen wie seiner realistischen →*Anthropologie* (LUTHERS Bild vom Menschen als einem ambivalenten Mangelwesen: zugleich Sünder und Gerecht[fertiger]). Das einem allein der Schrift verpflichtete Glaubensverständnis speist den wirkmächtigen und zukunftsweisenden protestantischen *Bildungsbegriff* (→Bildung); die Verweisung auf den eigenen Glauben und der Ausschluss Heil vermittelnder Instanzen (Kirche) und Personen (Priester) statuiert ein *Verständnis von personaler Autonomie*. Ferner sei auf den Beitrag protestantischer Deutungsmuster zur politischen Ethik der Moderne (→Demokratie, →Menschenwürde, →Grundrechte, soziale Rechtsstaatlichkeit [→Sozialstaat; →Rechtsstaat], Republikanismus) verwiesen. Schließlich ist genuin protestantisch die Erkenntnis von der *Autonomie der Religion* selbst gegenüber anderen funktional ausdifferenzierten, eigengesetzlichen Bereiche wie →Staat, →Recht, Wirtschaft aber auch →Moral (SCHLEIERMACHER: „dass ihr [der Religion] eine eigene Provinz im

Gemüthe angehört"). Diese Einsicht nimmt vorweg, was sich als letzte Entwicklungsstufe der S. ausmachen lässt: ihr Reflexivwerden, die S. der S., d. h. eine auf rationaler Erkenntnis beruhende Erfassung der Beschränktheit s.ender, rationalisierender Prozesse Die Religionskritik/-feindlichkeit der S. findet hier, in der wider einem Totalitarismus der →Vernunft verpflichteten Rationalität, ihre Grenze. S. lässt sich nicht als einsinnig-linearen Prozess verstehen. Sie wäre auch als geschichtsteleologische Kategorie missverstanden. Solchen Reduktionen ist entgegenzuhalten, was auch Titel einer protestantischen Entgegnung auf BLUMENBERG sein könnte: Die Legitimität der Differenz, und die schließt Religion mit ein.

M. WEBER, Gesammelte Aufsätze zur Religionssoziologie, 1920 – C. SCHMITT, Politische Theologie, 1934² – K. LÖWITH, Weltgeschichte und Heilsgeschehen, 1953 – F. GOGARTEN, Verhängnis und Hoffnung der Neuzeit, 1958 – H. LÜBBE, Säkularisierung. Geschichte eines ideenpolitischen Begriffs, 1975²- N. LUHMANN, Die Funktion der Religion, 1977 – E.-W. BÖCKENFÖRDE, Die Entstehung des Staates als Vorgang der Säkularisation, in: H.-H. SCHREY (Hg.), Säkularisierung, 1981, 67–90 – M. HECKEL, Das Säkularisierungsproblem in der Entwicklung des deutschen Staatskirchenrechts, in: G. DILCHER/I. STAFF (Hg.), Christentum und modernes Recht. Beiträge zum Problem der Säkularisierung, 1984, 35–95 – H. W. STÄTZ/H. ZABEL, Art. Säkularisation/Säkularisierung, in: O. BRUNNER U. A. (Hg.), Geschichtliche Grundbegriffe, ⱽ1984, 789–829 (Lit.) – H. BLUMENBERG, Die Legitimität der Neuzeit. Erneuerte Ausgabe, 1988² – G. MARRAMAO, Die Säkularisierung der westlichen Welt, 1996 (Lit.) – D. POLLACK, Säkularisierung – ein moderner Mythos?, 2003 – C. TAYLOR, Ein säkulares Zeitalter, 2009 – H. DREIER, Säkularisierung und Sakralität, 2013.

Hans Michael Heinig

Scham

S. ist eine schmerzhafte Emotion, die häufig übersehen oder mit →Schuld verwechselt wird (W. BLANKENBURG); selbst in der Psychologie galt sie lange Zeit als „Aschenputtel" unter den Gefühlen (C. RYCROFT). Sie ist der soziale Affekt, der in jeder Begegnung, in jeder Arbeit mit Menschen akut werden kann, z. B. in Pädagogik, →Soziale Arbeit oder Pflege, wenn Klienten sich für Scheitern, →Armut oder Abhängigkeit u.v.m. schämen (U. IMMENSCHUH/S. MARKS).

S. gehört zum Menschen-Sein. Gleich die ersten Menschen im AT – Adam, Eva, Kain – schämten sich (T. BASTIAN/M. HILGERS): ein Hinweis, wie sehr S. mit der Menschwerdung verbunden ist. Alle Menschen (solange kein Gehirndefekt vorliegt) kennen dieses Gefühl, das individuell verschieden ausgeprägt ist; hierbei wirken genetische, familiengeschichtliche und sozioökonomische Faktoren zusammen (B. CYRULNIK). Darüber hinaus ist S. geschlechts- und kulturspezifisch unterschiedlich ausgeprägt und historisch veränderbar. Menschen unterscheiden sich nicht zuletzt darin, wofür sie sich jeweils schämen und wie sie damit umgehen. Diese Unterschiede müssen zuallererst anerkannt werden; dies ist für die interkulturelle Kommunikation bedeutsam.

S. kann von leichter Peinlichkeit bis zu abgrundtiefer Verzweiflung reichen; sie kann flüchtig bis chronisch wirken. Die S.forschung unterscheidet zwischen „gesunder S." (wenn das Ich diese Gefühle noch ertragen und daran wachsen kann) und „traumatischer S." (wenn das Ich von S.gefühlen überflutet wird) (M. HILGERS). Letzteres ist wie ein Schock, der höhere Funktionen der Gehirnrinde zum Entgleisen bringt (D. NATHANSON). Das sog. „Reptilienhirn" tritt dann in den Vordergrund; alles Verhalten ist darauf ausgerichtet, der S.quelle zu entkommen: angreifen, fliehen oder verstecken. Neurologisch betrachtet ist traumatische S. mit einer Fehlregulation von Sympathikus und Parasympathikus verbunden, insofern beide extrem aktiviert sind (normalerweise arbeiten diese beiden Nervensysteme antagonistisch [A. SCHORE]).

Weil S. so schmerzhaft ist und ein bewusster Umgang mit ihr nur selten erlernt werden kann, wird sie häufig durch andere Verhaltensweisen ersetzt, etwa Arroganz, Trotz, Wut, Zynismus oder Gewalt; oder es werden andere gezwungen sich zu schämen, z. B. indem sie zum Gespött gemacht, verachtet, gemobbt, zu Objekten gemacht werden u.v.m. S. kann aber auch in Selbstabwertung, Depression, Sucht oder →Suizid münden (S. MARKS). Charakteristischerweise kreist die sich-schämende Person in narzisstischer Weise um sich selbst (L. WURMSER).

S.gefühle werden ausgelöst, wenn ein Mensch missachtet, bloßgestellt, ausgegrenzt oder in seinen Werten verletzt wurde – aktiv durch sich selbst oder passiv durch andere (K. SCHÜTTAUF u. a.); dies kann (in Anlehnung an J. GALTUNG) in personaler oder struktureller Weise geschehen. Diese Gefühle werden auch bei den Zeugen ausgelöst, indem diese die S. der Entwürdigten empathisch mitfühlen, wie wenn dies ihnen selbst geschehen würde („fremdschämen"); Neurobiologen führen dies auf die Wirkung der Spiegelneuronen zurück (J. BAUER). Daher dient es traditionell als Machtmittel, Menschen mit S. zu erfüllen, indem sie gezwungen werden, Zeuge von Unrecht zu sein (z. B. Pranger, öffentliche Hinrichtungen).

S. ist wie ein Alarmsignal, das die Verletzung unverzichtbarer Grundbedürfnisse anzeigt: nach →Anerkennung, Schutz, Zugehörigkeit und Integrität. Positiv gewendet ist sie die „Wächterin" der menschlichen →Würde (L. WURMSER): Gesunde S. motiviert zu starken Lernanstrengungen (F. OSER/M. SPYCHIGER) und die Sorge für Anerkennung und Selbstwertgefühl; sie reguliert Nähe und Distanz und initiiert Zugehörigkeit, moralische Entwicklung, Entschuldigung und Versöhnung.

C. Rycroft, A critical dictionary of psychoanalysis, 1968 – J. Galtung, Strukturelle Gewalt, 1975 (1984) – D. Nathanson, A timetable for shame. In: Ders. (Hg.). The many faces of shame, 1987, 1–63 – T. Bastian/M. Hilgers, Kain. Die Trennung von Scham und Schuld am Beispiel der Genesis, in: Psyche 44, 1990, 1100–1112 – L. Wurmser, Die Maske der Scham. Zur Psychoanalyse von Schamaffekten und Schamkonflikten. 1990 (1998) (engl., The mask of shame)– W. Blankenburg, Zur Differenzierung zwischen Scham und Schuld, in: R. Kühn u. a. (Hg.), Scham – ein menschliches Gefühl. Kulturelle, psychologische und philosophische Perspektiven, 1997, 45–55 – A. Schore, Early Shame Experiences and Infant Brain Development, in: P. Gilbert/B. Andrews (Hg.), Shame. Interpersonal Behavior, Psychopathy, and Culture, 1998, 57–77 – K. Schüttauf u. a., Das Drama der Scham, 2003 – J. Bauer, Warum ich fühle, was du fühlst. Intuitive Kommunikation und das Geheimnis der Spiegelneuronen, 2005 – F. Oser/M. Spychiger, Lernen ist schmerzhaft. Zur Theorie des Negativen Wissens und zur Praxis der Fehlerkultur, 2005– B. Cyrulnik, Scham. Im Bann es Schweigens – Wenn Scham die Seele vergiftet. 2011 – M. Hilgers, Scham. Gesichter eines Affekts, 1996 (2012) – U. Immenschuh/S. Marks, Scham und Würde in der Pflege. Ein Ratgeber, 2014 – S. Marks, Scham – die tabuisierte Emotion, 2007 (2015).

Stephan Marks

Schuld

1. Begriff. S. ist (1.) ein menschliches Versagen, Verfehlen oder Vergehen (culpa), das sich als Komplex von Verletzungen grundlegender sittl. und rechtl. →Normen und zugleich als lastvoller Tatbestand der durch diese Verletzungen ausgelösten Folgen darstellt, (2.) spezieller: Ausdruck des Sollgehalts (debitum) einer →Handlung, zu der man verpflichtet ist: auf der Ebene des Zivilrechts eine Verbindlichkeit (obligatio), die Personen zu S.nern von Leistungen disponiert, die sie vertragsgemäß zu erbringen haben (z. B. „Miets."), oder auf der Ebene grundlegender Interaktionsordnungen ein moral. gefordertes Sollen (z. B. „Dank schulden" oder „seine S.igkeit tun"). Wird der Sollgehalt verfehlt, so entsteht wiederum S. im Sinne von (1). Für beide S.begriffe ist die Unterscheidung einer jurist., eth. und theol. Bezugsebene bedeutsam.

2. Strafrechtlich. Das Strafrecht basiert auf dem S.prinzip, nach dem die S. des Täters „Grundlage für die Zumessung der Strafe" ist (§ 46,1 StGB). Niemand darf s.los verurteilt werden. S. muss bewiesen werden. Sie muss normativ bestimmt sein, bevor dem Täter ein S.vorwurf gemacht werden kann (Rückwirkungsverbot, vgl. § 1 StGB). Die Vermengung von jurist. und moral. S.vorwürfen ist nicht zulässig. Das jurist. S.prinzip erfasst nur die strafrechtl. definierten Taten und orientiert sich überwiegend am „ethischen Minimum" (G. Jellinek) derjenigen Sachverhalte, die die →Gesellschaft in ihrer Gesetzgebung als Rechtsgut ausgezeichnet und unter den Schutz des Rechts gestellt hat. Es bemisst die Vorwerfbarkeit der Tat an der Verantwortungs- und Zurechnungsfähigkeit des Beschuldigten und soll differenzierte Abstufungen in der strafrechtlichen Würdigung des s.haften Verhaltens ermöglichen. Die hier als „die bewusste und gewollte Entscheidung zum Unrecht, d. h. zur Verletzung oder Gefährdung eines Rechtsguts" (A. Kaufmann) definierte S. schließt eine Vielzahl von s.mindernden Faktoren (z. B. Fahrlässigkeit, Verbotsirrtum, Notstand) und S.ausschließungsgründen (z. B. Strafunmündigkeit, psychische Erkrankungen) ein. Als entscheidendes Kriterium gilt die normative Ansprechbarkeit des Täters zum Zeitpunkt der Tat. Das S.prinzip erweist sich faktisch als ein Verantwortungsbemessungsprinzip für die rechtliche Behandlung einer Straftat.

3. Ethisch. Die meisten Menschen neigen heute zur Verkürzung des S.problems auf die extremen, strafrechtl. relevanten Fälle. Demgegenüber kennt die verantwortungseth. Perspektive Phänomene der S., die deutlich über die jurist. definierbaren Sachverhalte hinausgehen und das S.igwerden als Merkmal des Menschlichen erkennbar machen. Wird vorausgesetzt, dass sich das richtige Handeln an den Kriterien einer mit dem Menschsein verbundenen →Verantwortung ausrichtet, so lässt sich das Scheitern an dieser Verantwortung als S. im eth. Sinne ansprechen. Dabei müssen individualeth. (→Ethik) und sozialeth. (→Sozialethik) Verantwortungsfelder unterschieden werden. Unter dem Eindruck der bedrängenden S.frage nach 1945 hat K. Jaspers auf den Unterschied zwischen moral. und polit. S. hingewiesen. Da das Maß der Verantwortung mit dem Maß der den Verantwortungsträgern zukommenden →Macht wächst, müssen sich die sog. Funktionseliten der Gesellschaft ihrer besonderen Verantwortung bewusst sein. Trotz des starken Einflusses überindividueller systemischer Zwänge lässt sich S. in der Geschichte nicht einfach auf die gesellschaftl. Strukturen und Prozesse zurückführen, denen die Menschen ausgesetzt sind. Die monokausale Anklage der gesellschaftl. Verhältnisse muss vielmehr kritisch als ein Merkmal der neuzeitl. Depersonalisierung des S.verständnisses durchschaut werden. Die Ethik wird an dieser Stelle zur Einsicht in individuelle Verantwortung und Selbstreflexion ermutigen. Gerade die Kontroversen zur sog. Kollektivs. haben das Bewusstsein für die individuelle S.verantwortung geschärft, obwohl eine kollektive Mithaftung für polit. S. nicht zu bestreiten ist.

4. Theologisch. Im Kontext des christl. Glaubens wird die eth. Sicht von S. vertieft, radikalisiert und zugleich in das Licht der versöhnenden →Gnade Gottes gerückt. Auf dem Hintergrund des Verhältnisses zwischen Gott und Mensch erscheint S. als Ausdruck der tief greifenden →Entfremdung des Menschen von Gott und damit als Phänomen der Sünde. Die Sünde besteht in der Verweigerung des Vertrauens zu Gott; sie stürzt den Menschen in das Elend s.hafter Desorientierung und Verfehlung der ihm von seinem Schöpfer geschenkten Möglichkeiten (vgl. Röm 1,18ff). Sie potenziert sich in der selbstgerechten Abschirmung gegen Jesus Christus, in dessen Kreuz und Auferstehung Gott die →Versöhnung mit dem ihm entfremdeten Menschen aufrichtet. So wird der Mensch als Sünder in dreifacher Hinsicht schuldig: a) indem er sich von Gott zurückzieht und damit aus seiner geschöpflichen Bestimmung herausfällt, b) indem er sich deshalb an sich selbst und an den Mitmenschen und Mitgeschöpfen versündigt, c) indem er sich der ihn befreienden und von seiner S. erlösenden Gnade Gottes verweigert. Indem sich die (nur theol. angemessen erfassbare) Sünde in einzelnen Aktsünden konkretisiert, kommt sie in die Erfahrung und vergegenständlicht sich als S. So gesehen lässt sich S. als Sünde im Präteritum darstellen: als das Getane und das Unterlassene, das als lastvolle Vergangenheit des Menschen gegenwärtiges Tun und Lassen überschattet. Aus dieser Lage kann sich der Mensch nicht selbst befreien. Er ist darauf angewiesen, dass er von seiner S. unterschieden wird und Vergebung empfängt. Das vergebende Handeln sucht einen neuen Anfang, ohne die S. ignorieren oder verleugnen zu müssen. Fehlt die Gewissheit der Vergebung, so muss der Mensch die eigene S. beharrlich bestreiten und verleugnen. Gelingende S.einsicht ist stets und überall auf ein Klima der Vergebungsbereitschaft angewiesen.

5. S. und Sühne. Die Vorstellung, dass S. gesühnt werden muss, ist so alt wie die S.erfahrung selbst. In allen Kulturen sind kultische Sühneriten, Bußübungen und -auflagen, Vergeltungs- und Strafaktionen sowie Regularien der Wiedergutmachung anzutreffen. Das jeweils zugrunde liegende Sühneverständnis ist freilich nicht eindeutig: „Sühne" kann sowohl für Genugtuung, Vergeltung und Bestrafung als auch für Versöhnung stehen. Sie stellt den Versuch dar, der S. und ihren Folgen so zu begegnen, dass der →Gerechtigkeit Geltung verschafft wird und der Makel der S. kompensiert wird. Sühne zeigt, dass das Zusammenleben der Menschen unerträglich würde, wenn man S. einfach hinnähme.

Die Wirkung von Sühnemaßnahmen wird angesichts der ihnen innewohnenden Tendenz, manchen S.konflikt eher zu verschärfen oder zu verlagern als abzukühlen, heute sehr kontrovers beurteilt. Man muss sehen, dass sich die Möglichkeiten der Sühne rasch erschöpfen und dass sie größeren S.komplexen nicht gewachsen sind. Es gibt keine S. größeren Ausmaßes, die jemals angemessen sühnbar wäre. Allenfalls entstandener Sachschaden kann repariert werden; der durch die S. entstandene Tatbestand ist in seiner Komplexität irreparabel. Die einzige Strategie, die an dieser Stelle Zukunft öffnen und Vergangenheit klärend weiterführt, ist die der Vergebung. Aus der Sicht des christl. Glaubens stellt sich Vergebung als der einzige realist. Weg zur Überwindung von S.konstellationen dar. Vergebung unter den Menschen wurzelt im Versöhnungshandeln Gottes. Sie wird durch dieses in ihr Recht gesetzt. Menschen werden durch die Erfahrung der sich ihnen schenkenden Vergebung Gottes zur Vergebung befreit. Deshalb befürwortet christl. Ethik entschieden die Strategien der Vergebung und Aussöhnung – auch dort, wo Menschen von der lebenserschließenden Vollmacht zur Vergebung nichts wissen. Es gibt eine durch Erfahrung und Weisheit wachsende humane Bereitschaft zur S.entlastung, Entschuldigung, Verzeihung, Mäßigung und Nachsicht, an die man aussichtsreich anknüpfen kann und die sich in bestimmten Grenzen auch stabilisieren lässt. Polit. S.konstellationen lassen sich durch besonnene Deeskalation und →Mediation und durch allmähliche „Vernarbung" (D. BONHOEFFER) befrieden. Das vergebende Handeln steht nicht im Gegensatz zu den vom →Rechtsstaat vorgesehenen Sanktionen gegenüber straffällig gewordenen Personen. Vergebung auf Kosten des allgemeinen Rechtsfriedens macht sich unglaubwürdig. Wohl aber sollen sich das Verständnis der →Strafe und die Weisen ihres Vollzuges an den Einsichten der Vergebung orientieren. Ihr vordringlichstes Leitziel muss deshalb die Wiedereingliederung des straffällig Gewordenen in die Rechtsgemeinschaft sein.

K. JASPERS, Die S.frage. Zur polit. Haftung Deutschlands (1946), 1987 – P. RICOEUR, Symbolik des Bösen. Phänomenologie der S. II (Orig. franz.: 1960; dt.: 1971), 1988[2] – A. KAUFMANN, Das S.prinzip. Eine strafrechtl.-rechtsphil. Untersuchung (1961), 1976[2] – G. BESIER/G. SAUTER, Wie Christen ihre S. bekennen. Die Stuttgarter Erklärung 1945, 1985 – W. HUBER (Hg.), S. und Versöhnung in polit. Perspektive, 1996 – G. SCHWAN, Politik und S. Die zerstörerische Macht des Schweigens, 1997 (Lit.) – M. BEINTKER, Rechtfertigung in der neuzeitl. Lebenswelt, 1998, 18–48 – D. SITZLER-OSING/A. VAN DEN BELD/H. GENEST, Art. S., in: TRE, Band 30, 1999, 572–591 (Lit.) – K. GÜNTHER, S. und kommunikative Freiheit. Studien zur personalen Zurechnung strafbaren Unrechts im demokratischen Rechtsstaat, 2004 – K. STAUSS, Die heilende Kraft der Vergebung, 2010 (2014[3]). – M. BONGARDT/R. K. WÜSTENBERG, Versöhnung, Strafe und Gerechtigkeit. Das schwere Erbe von Unrechtsstaaten, 2010 – K.-M. KODALLE, Verzeihung denken. Die verkannte Grundlage humaner Verhältnisse, 2013 – J. ENXING, S. Theologische Erkundungen eines unbequemen Phänomens, 2015.

Michael Beintker

Schuldenkrisen, internationale / Schuldenpolitik / Verschuldung

1. Höhe und Struktur der V. V. kann in den vier Sektoren des →Staates, der privaten →Haushalte, der →Unternehmen und der Finanzinstitute auftreten. Betrug die weltweite V. der vier Sektoren in Relation zum jeweiligen BIP im Jahr 2000 noch 87 Billionen, bzw. 246 Prozent des Welt-BIP, so stieg sie 2007 vor der →Finanzkrise auf 142 Billionen US-Dollar bzw. 269 Prozent des Welt-BIP. Bis zum Jahr 2014 stieg sie trotz zahlreicher Austeritätsprogramme erneut um 57 auf 199 Billionen US-Dollar, was 286 Prozent des Welt-BIP entspricht. Der Anstieg der Staatsverschuldung fiel besonders hoch aus, was mit den zahlreichen staatlichen Rettungsaktionen (Bail-Outs) in Reaktion auf die Große Finanzkrise seit 2007 zusammenhängt. So stieg v. a. in den entwickelten Ländern die Staatsverschuldung, Versuche des Privatsektors in den Hauptkrisenländern USA, Großbritannien, Spanien und Irland, sich zu entschulden (deleveraging), blieben nur begrenzt erfolgreich, da einer erhöhten Sparquote durch eins schrumpfendes BIP (Bilanzrezession) ein Strich durch die Rechnung gemacht wird. Die Schuldenzunahme in allen Sektoren erklärt sich auch zum Teil durch die Generalstrategie, eine internationale „Reinigungskrise" zu vermeiden. Man zog es vor, einem Schrumpfen der entstandenen Superblase auch angesichts des negativen Vorbildes der Großen Weltwirtschaftskrise in der EU v. a. durch diverse Bankenrettungen, die eine Konsolidierung des Finanzsektors verhinderten, entgegenzuwirken. Auch relevante Schwellenländer weisen stark ansteigende V.grade auf. Chinas V. vervierfachte sich seit 2007 auf 282 Prozent, 50 Prozent beziehen sich dort auf den Immobiliensektor bei einem jährlichen Wachstum des intransparenten Schattenbanksektors um 35 Prozent. Selbst unter Ausschluss der Schulden im Finanzsektor befinden sich unter den 10 weltweit am höchsten verschuldeten entwickelten Ländern 8 europäische Länder. So beträgt Spaniens V. aller vier Sektoren 400 Prozent (Japan: 517, USA: 270 Prozent). Die durchschnittliche V. in der Eurozone bewegt sich 2015 auf 100 Prozent Staatsv. zu. Nebenbei sei bemerkt, dass es durchaus gute ökonomische Gründe für eine gewisse staatliche Kreditaufnahme gibt (Konjunkturglättung, intertemporale Lastenverteilung bei Investitionen usw.), denen u. a. die Verminderung staatlicher Handlungsspielräume durch Zinszahlungen und die Abhängigkeit von den Kapitalmärkten gegenübersteht. Bei der Beurteilung der V.entwicklung sollten auch die zu erwartenden längerfristig geringen Wachstumsraten, nicht zuletzt bedingt durch den demographischen Wandel, eine Rolle spielen. Es ist umstritten, ab welchem V.niveau das Wachstum einer Volkswirtschaft beeinträchtigt wird (gelegentlich werden 90 Prozent pro Sektor genannt), unstrittig ist aber mittlerweile, dass steigende V.grade die Stabilität des Finanzsektors beeinträchtigen und (zuweilen auch int.) Schuldenkr. (iSK) provoziert.

2. Ursachen von Schuldenkrisen (SK). SK sind als staatliche Zahlungsunfähigkeit v. a. in Fremdwährungen gegenüber dem Ausland ein seit Jahrhunderten weit verbreitetes Phänomen, das oft in Kombination mit hoher Inflation, Währungscrashs und →Bankenkrisen auftritt. Über bestimmte, längere Zeiträume befanden sich bis zu 40 Prozent aller Länder im Zustand der Zahlungsunfähigkeit. Dies gilt für die Zeit der Napoleonischen Kriege, von 1820–1840, 1870–1890, von der Großen Depression der 19030er bis in die 1950er Jahre bis hin zu den SK der Schwellenländer in den 1980er bis 1990er Jahren. Als relativ ruhig sind die zwei Jahrzehnte vor dem I. Weltkrieg und zwischen 2003–2007 zu bezeichnen, gefolgt von der Großen Finanzkrise. SK sind die →Norm, sie treten in allen Weltregionen, auch häufig in Europa, auf. Nach REINHART und ROGOFF erfolgen SK oft nach Deregulierungen und erhöhter internationaler Kapitalmobilität. Dies gilt besonders für Schwellenländer, die in guten Zeiten erhebliche Zahlungszuflüsse erfahren, die bei Verschlechterung der Wirtschaftslage einem plötzlichen Abzug (Sudden Stopp) unterliegen. Nach KINDLEBERGERS wirtschaftshistorischen Untersuchungen erfolgen SK oft am Ende eines Kernprozesses irrationalen Überschwangs, von der Tulpenzwiebelmanie im 17. Jahrhundert, über den Mississippi-Schwindel, die Gründerkrise bis hin zur Subprime-Krise in den USA am Anfang der Großen Finanzkrise. Solche Blasen konnten sich auf Rohstoffe, →Infrastruktur, Aktien usw. beziehen, aber das Phasenablaufschema ist immer gleich: Auf eine vermutete Bonanza (neue Gewinnmöglichkeit) erfolgten Boom, Euphorie, Abweisung, Unbehagen, Panik und Misskredit (Depression). Diese Blasen (Bubbles) sind fast immer mit hoher V. (Leverage) in der Aufschwungphase verbunden (Ausnahme: Die 2000 geplatzte Internetblase). Generell gilt: Die Heftigkeit von Krisen nach Bubbles hängt vom Grad der V. ab. Je höher die V., umso härter muss dann die Vollbremsung sein (um einen Euro Eigenkapitalverlust auszugleichen, müssen Banken 33 Euro Kredite weniger vergeben, um die Eigenkapitalvorschriften einzuhalten). Überhaupt wohnt den Geld- und Finanzmärkten eine stark selbstverstärkende Dynamik nach oben und unten inne. Auf ihnen werden Erwartungen über eine ungewisse Zukunft gehandelt, was Herdenverhalten (Orientierung am Nebenmann) hervorruft. Steigen die Asset-Preise (z. B. Aktien, Anleihen), sinkt die Nachfrage nicht wie auf den Gütermärkten, sondern sie steigt, usw. In der Phase der Euphorie werden Kredite aufgenommen, die oft nur durch die Erwartung ständig steigender Asset-Preise bezahlt werden könnten (Ponzi Finance). Neben diese Prozyklizität können – sie verstärkend – verschiedene Antriebsfaktoren treten, die oft in Kombination zu hohen Schuldenständen als Voraussetzung für SK. führen: (1.) Die heutige Geldordnung ist von vornherein ein Schuldgeldsystem, da die Geldschöpfung (und -vernichtung) durch die Vergabe (und Tilgung) von →Krediten von Privatbanken an Kreditnehmer erfolgt, was u. a. zu

Kreditbooms führt. (2.) Die Deregulierungen der letzten Jahrzehnte und die folgenden Finanzinnovationen führten neben dem Eröffnen von Wetten in Billionenhöhe (Derivate) auch dazu, dass Vorschriften zu Verschuldungsgrenzen (z. B. Eigenkapitalhinterlegungen der Banken) legal unterlaufen werden konnten (Verbriefungen, Kreditausfallversicherungen usw.). (3.) Der Aufbau von Geldvermögen in einem Land ist zwangsläufig mit einem Schuldenaufbau verbunden, da Geldanlagen i. d. R. nur eine Rendite bringen, wenn sich ein Kreditnehmer findet, der einen Leihzins zu zahlen bereit ist. (4.) Es gab v. a. bis zur →Finanzkrise keine Kreditlenkung bzw. -kontrolle, so dass „unproduktive Kredite" vergeben wurden, die z. B. im Immobilienbereich für bereits bestehende Objekte verwandt wurden, was zwar die Gesamtschulden, nicht aber das BIP erhöhten, so dass die Schuldenquote anstieg. (5.) Der Steuerunterbietungswettbewerb bei der Kapitalbesteuerung führte auch in der EU (mit Steueroasen in Luxemburg, Österreich, Zypern, Irland, Großbritannien usw.) neben teilweisen Ausgabenexzessen zu massiven Einbrüchen auf der Einnahmeseite. (6.) Die zunehmende Polarisierung bei der Einkommens- und Vermögensverteilung führt zu höherer V., da das obere eine Prozent der Wohlhabenden mangels kaufkräftiger Nachfrage im Realgüterbereich nur noch im Finanzsektor (Schein)Gewinne einfahren kann, der →Staat oft über V. als Nachfrageersatz in die Bresche springt und z. B. in den USA die zunehmende Ungleichheit und der damit verbundene deflationäre Impuls ausgeglichen wurde, indem die Reichen mit hoher Sparquote den Ärmeren das Geld (z. B. über hohe Kreditkartenverschuldung) liehen und so die Privatv. der unteren Schichten in die Höhe ging. (7.) In entwickelten Ländern ist eine allgemeine Abflachung des realen Wachstums pro Kopf zu beobachten; bei Unterstellung einer langfristigen Realrendite von um die vier Prozent (PIKETTY) und einem BIP-Wachstum von 1–2 Prozent muss ohne gegengelagerte (Steuer)Maßnahmen der V.grad ansteigen und z. B. die Lohnquote zugunsten von →Einkommen aus Unternehmertätigkeit und →Vermögen sinken, was den V.prozess weiter antreibt. (8.) Der einheitliche Zins im Euroraum führte zu plötzlich sinkenden (Konsumenten)Krediten in vielen Ländern, deren Bewohner dann z. B. einen Hypothekenkredit aufnahmen; der freie Kapitalverkehr und das Entfallen des Wechselkursrisikos führte dazu, dass sich in einigen Ländern enorme Leistungsbilanzdefizite mit entsprechender V. aufbauten, da die auch dank Lohnzurückhaltung starken Exportländer wie Deutschland die eingenommenen Gelder für Exportprodukte über die Geldsammelstellen den Defizitländern zur Verfügung stellten und sich so über viele Jahre ein V.karussell drehte. (9.) Ein ganz zentraler Faktor beim weltweiten V.aufbau war und ist natürlich die nachlässige „neoliberale" Deregulierungsphilosophie der letzten Jahrzehnte, die z. B. dank der Theorie effizienter Märkte unterstellte, das →Banken im eigenen Interesse keine exzessive Kreditvergabe betreiben, private →Ratingagenturen die Risiken von Staatsanleihen am besten bewerten und Banken auch gerne interne Risikomodelle zugrunde legen können. Leider trogen die Hoffnungen auf Disziplinierung durch die Marktkräfte. Anstatt maßvolle Gegengewichte aufzubauen, forcierte der Staat häufig den irrationalen Überschwang und die damit einhergehende V., in Deutschland z. B. durch diverse Kapitalmarktgesetze.

3. Schuldenpolitik (SP). Eine konzeptionell durchdachte SP aus einem Guss gibt es weder auf europäischer noch auf internationaler Ebene. Dies liegt neben der Nichtexistenz demokratisch legitimierter internationaler →Institutionen in →Europa u. a. an einer erfolgreichen Interessenpolitik der Finanzgroßwirtschaft (Lobbying, z. B. Verhinderung der →Transaktionssteuer), an nationalem Interessenegoismus der Mitgliedsstaaten, an einem in Wissenschaft und →Politik nach wie vor starken Glauben an die Selbstorganisation der Märkte (sehr vorsichtige Reregulierung, z. B. kein Verbot gedeckter Leerverkäufe) und an der Vorsicht, ein fragiles europäisches Bankensystem, dazu noch in Zeiten der Staatssk., nicht allzu sehr belasten und umgestalten zu können. Die SP in der EU ist neben einer Vielzahl von angedachten (Eurobonds, Schuldentilgungspakt) und ausgeschlossenen Vorschlägen (z. B. Währungsreform) durch folgende Elemente gekennzeichnet: (1.) Herbeiführen einer moderaten →Inflation, die die Nominalschulden real sinken lässt. (2.) Einführung einer Schuldenbremse (Fiskalpakt). (3.) Makroprudentielle Regulation, d. h. frühzeitige Datenerhebung und Überwachung (Monitoring) v. a. durch die EZB (z. B. Bankenunion) und die EU-Kommission (Europäisches Semester). (4.) Höhere Eigenkapitalhinterlegungspflichten (Basel III). (5.) Einrichtung von Rettungsschirmen (z. B. EFSF, ESM), die u. a. die Risiken von Privatgläubigern auf staatliche Haftungsträger überwälzen, meist verbunden mit Schuldenstreckungen (niedrige →Zinsen, Beginn der Tilgung in der Zukunft, Verteilung der Rückzahlungen auf Jahrzehnte, Bsp. Griechenland und Irland). (6.) Begrenzte Verlustbeteiligung von Gläubigern (Griechenland, Zypern). (7.) Sparmaßnahmen, Lohn- und Preissenkungen und Steuererhöhungen in den Krisenländern, führt zu Zielkonflikt mit (8.) Wachstumsinitiativen (Juncker-Plan), die zumeist mit neuer Schuldenerhöhung zwecks Kreditaufnahme anderswo verbunden sind und (9.) Reformen der staatlichen Einrichtungen (mehr Effizienz, weniger →Korruption), die zu mehr Wachstum und →Wettbewerbsfähigkeit führen sollen. (9.) Ultraexpansive Geldpolitik der EZB (konfligiert mit deflationären Wirkungen von 7.): Nullzins, Vollzuteilung, Minuszinsen auf Einlagen, kostenlose Vollversicherung für Finanzinstitute (OMT-Programm), Aufkauf von Staatsanleihen in

Billionenhöhe (Quantitative Easing) mit dem Effekt der Heruntermanipulierung der Zinsen für Staatsanleihen und als indirekte →Subvention für die Finanzgroßwirtschaft. Teils aus dem Bereich der Wissenschaft und insbesondere von vielen zivilgesellschaftlichen Gruppen wird diese SP für unzureichend, für teilweise illusorisch (Abwicklung einer Megabank übers Wochenende), für kontraproduktiv (führt die Geldpolitik der EZB zu neuen Blasen?) und verteilungspolitisch für ausgesprochen ungerecht gehalten (Enteignung der Kleinsparer, Hilfe für Finanzinstitute und reichere Anleger).

4. Perspektiven zur Überwindung von Schuldenkrisen. Zur Überwindung der Schuldenkrisen unterstützen v. a. viele Basisgruppen, oft im Anschluss an alttestamentarische Vorüberlegungen (Zinskritik- und -streichungen, Jubeljahre usw.) Teile folgender Vorschläge: (1.) das Ende des Geldschöpfungsprivilegs der →Banken durch eine Vollgeldreform (HUBER); (2.) eine europäische oder internationale Schuldentilgungskonferenz, auf der offen unter wirtschaftsethischen Gesichtspunkten ein massiver V.abbau betrieben wird; (3.) eine verbundene regelgebundene Banken- und Staateninsolvenzverordnung zur Vermeidung des Widerholungsfalles. (4.) Damit diese glaubwürdig sind: eine Zerschlagung der Megabanken, auch damit die implizite Staatsgarantie entfällt (Too-big-to-fail), die zu höherer V. verführt. (5.) Gegen-Steuern über eine (einmalige) Vermögensabgabe (zur Schuldentilgung), Mindeststeuersätze in der EU, ein Ende der Steueroasen, nachhaltige Erbschafts- und Vermögens- und progressivere Einkommensteuern; (6.) eine produktivitätsorientierte →Lohnpolitik u. a. zur Vermeidung von Leistungsbilanzungleichgewichten; (7.) Einführung einer Finanz→transaktionssteuer, die bei richtiger Ausgestaltung das Derivatevolumen und den Hochfrequenzhandel deutlich schrumpfen würde; (8.) echter Verbraucherschutz (Provisionsverbot, kein Verkauf von Wett-Zertifikaten an Kleinanleger usw.); (9.) Einführung von Parallel- und Regionalwährungen zur Abschaffung des →Zinses(zinseffektes) und der Stärkung alternativer sozialer, ökologischer und regionaler Geldsysteme (siehe PEUKERT zur Diskussion auch weiterer Vorschläge. Aus solch einer Sicht steht SP und die Verringerung von Abhängigkeiten schaffender V. (GRAEBER), die Schrumpfung des Finanzsektors zwecks Konzentration auf das Lebensdienliche und eine Überwindung der in heutigen Geldsystemen schnell entstehenden Gier immer im größeren Rahmen des Bewahrens der Schöpfung (→Postwachstum). Stets stellt sich mit Matth. 16:26 die Frage, „Was hülfe es dem Menschen, so er die ganze Welt gewönne und nähme Schaden an seiner Seele?" (→Suffizienz).

C. M. REINHART/K. S. ROGOFF, This time is different, 2009 – CH. P. KINDLEBERGER/R. Z. ALIBER, Manias, panics and crashes, 2011[6] – CHR. ANSELMANN, Auswege aus Staatsschuldenkrisen, 2012 – ERLASSJAHR.DE, Schuldenreport 2014, Mimeo – D. GRAEBER, Debt, 2014 – J. HUBER, Monetäre Modernisierung, 2014[4] – McKINSEY GLOBAL INSTITUTE, Debt and (not much) deleveraging, Februar 2015 – A. MIAN/A. SUFI, House of debt, 2014 – H. PEUKERT, Das Moneyfest, 2015[2].

Helge Peukert

Schwangerschaft / Schwangerschaftsabbruch

1. Schwangerschaft und Schwangerschaftsabbruch als biologische und soziale Phänomene. Die S. ist eine Phase der biologischen Reproduktion, die allen Säugetieren (außer Schnabeltier) gemeinsam und wesentliche Bedingung für den Fortbestand der Art ist. Beim Menschen beträgt sie regulär neun Monate, in denen eine befruchtete Eizelle im Uterus der Frau zu einem lebensfähigen Kind heranwächst. Notwendig ist hierfür die Verschmelzung von weiblichen und männlichen Erbanlagen, die herkömmlich die Reproduktionstriade aus Mutter, Vater, Kind konstituieren. Unsicher ist nicht nur der Vater gewesen, solange kein genetischer Nachweis ihn eindeutig zuordnen konnte, sondern oft auch das soziale Umfeld und der Verlauf der S. Unsicherheit und sozialer Druck dürfen als Ursachen für die überall anzutreffende Praxis des S.abbruchs (S.a.) gesehen werden, die zwar allgemein missbilligt und zugleich in allen Gesellschaften von einer gewissen Toleranz begleitet wird (vgl. BOLTANSKI 2007, 35ff).

Die Zeugung eines Lebewesens der eigenen Art, das zugleich Mitglied einer Klasse und unverwechselbares Individuum (bibl.: Gottesebenbildlichkeit) ist, macht auf die Tatsache aufmerksam, dass der gesamte Vorgang von Zeugung über Schwangerschaft bis Geburt nicht allein biologisch, sondern auch sozial verstanden werden muss – so in der Konstituierung der Eltern, der Zuordnung zu einer Genealogie und in der Vergabe eines eigenen Namens. Menschwerdung vollzieht sich demnach als Werden im Fleisch und in der Annahme durch das Wort (vgl. BOLTANSKI 2007, 79ff), das zugleich als Versprechen und Bestätigung der Individualität verstanden werden kann (vgl. RICŒUR 2006).

Den Beginn der christlichen Heilsgeschichte markiert eine (biologisch) uneindeutige Empfängnis, die Annahme durch den Vater Josef, damit die Zuordnung zu einem bestimmten Stamm und schließlich die Namensgebung – Sinnbild für die (wahre) Menschwerdung, die eben nicht allein in der biologischen Geburt besteht (vgl. Joh 3,5f), sondern ihrer Verhältnisbestimmung zu den Menschen und zu Gott bedarf.

So autochthon das Phänomen der S. auch sein mag, die heute allgemein zugänglichen Vorstellungen von Entstehung und Verlauf der S. sind noch sehr jungen Datums (vgl. HORNUFF 2014). Auch wenn Beginn und Verlauf der S. für die Betroffene und Außenstehende nicht immer klar war (vgl. Duden et al. 2002), so entwickelten sich im Laufe der Zeit Konzeptionen der S., die zwischen Mutter und ihrer ‚Leibesfrucht' im Rahmen einer das Leben von Mutter oder Kind gefährdenden Geburt unterschieden und klare Abwägungen trafen.

Die Vorstellung, dass eine von der Frau moralisch und rechtlich eigenständige Person in utero heranwächst, ist den gynäkologischen Erkenntnissen des 19. und frühen 20. Jahrhundert, sowie der Visualisierung des Ungeborenen im Mutterleib durch Ultraschalluntersuchungen und die Fotos von NILSON (1967) zu verdanken. Erst in dem Moment, wo der Fötus als eigene Rechtsperson auftrat, konnte die Emanzipationsbewegung dagegen den Selbstbestimmungsanspruch der Frau plausibel geltend machen und eine Liberalisierung des S.a. in den westlichen Gesellschaften voranbringen. Diese war wiederum wesentliche Voraussetzung für die Etablierung der →Fortpflanzungsmedizin (vgl. BOLTANSKY 2007, 14f).

Reproduktionsmedizinische Innovationen verbunden mit sozialem Wandel haben die S. verstärkt zu einer ‚öffentlichen Angelegenheit' werden lassen, was sich auch in der Visualisierung des Ungeborenen und seiner sozialen und medialen Inszenierung (vgl. HORNUFF/FANGERAU 2016) zeigt. Dieser fokussierten Aufmerksamkeit entsprechen zunehmend kommerzielle Angebote im Rahmen der S. (vgl. SCHÄFERS/KOLIP 2015). Es deutet sich eine Bedeutungsverschiebung an: S. dient zwar auch der Generativität, stellt sich jedoch zunehmend als Moment der Selbsterfahrung und -verwirklichung in einer globalen Öffentlichkeit dar.

Dem steht eine weitgehende ‚Unsichtbarkeit' des S.a. gegenüber. Auch wenn der S.a. heute öffentlich geregelt ist, bleibt die Praxis einschließlich ihrer sozialen und moralischen Bewertung ein marginaler Diskurs. Diese Diskrepanz zeigt sich wohl am stärksten in der Debatte um den „moralischen Status des Embryo", die hinsichtlich des in vitro existierenden weitaus intensiver geführt und dessen Schutz rechtlich stärker ausgeprägt ist als des in utero.

Die S. ist eine Phase, in der eine enge psychosoziale Beziehung zwischen Mutter und Fötus entsteht (vgl. LEVEND/JANUS 2011). Der Fötus ist vollständig auf die Mutter angewiesen, was über weite Strecken der S. technisch (‚Brutkasten') noch nicht substituierbar ist. Aus dieser radikal asymmetrischen Situation erwachsen auch die besonderen ethischen Konfliktlagen: Die Not, in welche die Mutter aufgrund der S. geraten ist, lässt sich ohne Gefährdung oder sogar Tötung des Kindes nicht beheben. Umgekehrt legt das Wissen um diese Asymmetrie und die Verantwortung für das absolut abhängige Leben der Mutter eine enorm hohe Verantwortung auf, die von Außenstehenden so nicht übernommen werden kann und muss.

2. Rechtliche Perspektive. Die rechtlichen Regelungen resultieren in Deutschland zum einen aus einer langen politischen Debatte um die Selbstbestimmung der Frau in Reproduktionsfragen, die wesentlich auch mit einem Recht auf Abtreibung einherging („Mein Bauch gehört mir"). Zum anderen hat die Wiedervereinigung von 1991 es notwendig gemacht, unterschiedliche soziale Praktiken und Rechtsverständnisse in Ost und West zu konkordieren. Während es in der BRD bis dato eine am Indikationsmodell orientierte Regelung des S.a. gab, konnte in der DDR ohne Indikation, aber mit Beratung zu empfängnisverhütenden Maßnahmen bis zur 12. S.woche (SSW) legal abgebrochen werden. Nach der Wiedervereinigung hat sich ein „notlagenorientiertes Diskursmodell" (vgl. Eser 1998, S. 268) durchgesetzt, das Beratung und Indikation miteinander kombiniert.

Eingriffe vor Nidation, die eine Schwangerschaft verhindern, gelten nach § 218 nicht als S.a. Dementsprechend fällt die „Pille danach" nicht unter dieses Gesetz. Anders das Präparat RU 486, dem eine „möglicherweise abortive Wirkung" zugeschrieben wird.

Ein S.a. stellt den Tatbestand der Tötung (werdenden) menschlichen Lebens dar und kann rechtlich nicht legitimiert werden. So halten § 218 und das Schwangeren- und Familienhilfeänderungsgesetz (SFHÄndG 1995) an dessen Rechtswidrigkeit fest, wenngleich sie für bestimmte Ausnahmetatbestände nicht nur eine Straffreiheit, sondern sogar Legitimität attestieren und entsprechend eine kassenfinanzierte Unterstützung (indizierter S.a.) festlegen.

Straffrei ist der Schwangerschaftsabbruch in Deutschland innerhalb der ersten 12 Wochen nach Empfängnis, sofern die Schwangere diesen Abbruch unter Vorlage einer Beratungsbescheinigung von einem Arzt vornehmen lässt. Die Beratung soll mindestens drei Tage vor dem Abbruch stattgefunden haben (Bedenkfrist), von einer anerkannten Beratungsstelle (i. d. R. kommunale, staatliche Einrichtungen, freie Träger sowie dafür qualifizierte Ärzte) durchgeführt und dabei ergebnisoffen beraten werden. Die Schwangere soll die Gründe für ihren Abbruchwunsch vorlegen und über die Möglichkeiten der Weiterführung der S. und der hierfür in Frage kommenden Unterstützungen in medizinischer, rechtlicher, sozialer und praktischer Hinsicht informiert werden.

Straffrei und nicht rechtswidrig ist der S.a., wenn er indiziert ist: medizinisch oder kriminologisch. Auf 715 000 Geburten 2014 in D. kamen insgesamt 99 715 S.a. 96 080 fielen unter die Beratungsregel, 3594 unter die medizinische und 41 unter die kriminologische Indikation (Stat. Bundesamt 2015). Letztere bezieht sich vor allem auf Vergewaltigungen. Im Unterschied zur bis 1995 geltenden eugenischen (auch: genetische oder embryopathische) hebt die medizinische Indikation nicht auf die Behinderung des Kindes ab, was einer Diskriminierung und Verwerfung behinderten Lebens gleich käme, sondern stellt auf die Lebenssituation der Frau ab, die glaubhaft machen muss, dass sie mit einer weiteren S. und der Versorgung des Kindes überfordert wäre. Damit sind auch S.a. nach der 22 SSW möglich (anders als bis 1995); eine Steigerung der Spätabbrüche lässt sich statistisch ablesen. Zugleich ist ein moderates Sinken der Abbruchrate zu verzeichnen (2007: 16,77 %, 2014: 13,94 %). Denkbar ist, dass durch entsprechende Diagnostiken (u. a. praena-Test) eine frühere Indikation die Zahl der Spätabbrüche senken könnte.

Der S.a. erfordert die Einwilligung der Schwangeren, was bei Minderjährigen nicht unproblematisch ist und neben der elterlichen auch die öffentliche Verantwortung (Beratung und Begleitung) aufruft.

Kein Arzt darf zum S.a. gezwungen werden; umgekehrt gilt, dass die Durchführung eines indizierten S.a. alle Beteiligten (Schwangere, Arzt, OP-Team, Berater) rechtskonform stellt.

3. Schwangerschaftsabbruch als ethisches Problem. Ethisch wird man das Problem des S.a. nicht nur in der Tötung werdenden Lebens sehen müssen, sondern auch in den Umständen, die Schwangere zu einer Abtreibung bringen (vgl. KOHLER-WEISS 2003). Dabei wird man beachten müssen, dass auf globaler Ebene in 2008 ca. 43 Mio. S.a. vorgenommen worden sind, ein großer Anteil in sog. Entwicklungsländern unter unsicheren Bedingungen und aufgrund einer sozialen Notlage; in manchen Regionen mit dem Charakter einer →Geburtenregelung (vgl. WHO 2012). Der ethische Diskurs um den Schwangerschaftsabbruch ist jedoch im Wesentlichen ein Thema der nordwestlichen Hemisphäre. Für diesen Kontext erweisen sich eine Identifizierung von Straffreiheit mit Berechtigung des beratungsgebundenen S.a., die Spätabbrüche eines u. U. schon lebensfähigen Fötus, sowie die Fetozide bei Mehrlingsss. als besonders drängend. Die Tatsache, dass bei moralisch gleichem Status der rechtliche Schutz von Embryonen in vitro und Embryonen bzw. Föten in utero divergiert, forderte eine öffentliche Diskussion über die Praktiken und ihre Begründung heraus. Hierbei wird man auf individueller Ebene eine Debatte um Verantwortlichkeit ohne Moralisierung (Beratung und Begleitung) und auf gesellschaftlicher Ebene um familien- und behindertenfreundliche Strukturen und Atmosphäre führen müssen (BBAW/Leopoldina 2012).

Sofern S. (noch) eine notwendige Phase zur Generierung von Kindern ist, wird sie zunehmend von technischen (→Fortpflanzungsmedizin) und kommerziellen Impulsen flankiert, die Generativität und Natalität (vgl. ARENDT 1994, 15) in die Verfügbarkeit des Menschen zu stellen suchen. Eine vollständige Ektogenese ist technisch noch nicht möglich, sollte aber rechtlich wie ethisch verstärkt im Horizont reproduktionstechnischer Innovationen und sozialer Verschiebungen bedacht werden (vgl. HEIM 2004). Die technischen Möglichkeiten und sozialen Veränderungen stellen ihrerseits eine Herausforderung an Ethik und Anthropologie dar, ihre wirklichkeitserschließende und normative Kraft in den Dienst der Freiheit des Menschen zu stellen, die sich nicht zuletzt als Natalität artikuliert.

L. NILSSON, Ein Kind entsteht, 1967 – H. ARENDT, Vita activa, 1994 – A. ESER, Art. Schwangerschaftsabbruch – rechtlich, in: W. KORFF/L. BECK/P. MIKAT (Hg.), Lexikon der Bioethik 1998, Bd. 3, 267–274 – B. DUDEN/J. SCHLUMBOHM/P. VEIT (Hg.), Geschichte des Ungeborenen, 2002 – C. KOHLER-WEISS, Schutz der Menschwerdung, 2003 – U. HEIM, Ektogenese, 2004 – P. RICŒUR, Wege der Anerkennung, 2006 – L. BOLTANSKI, Soziologie der Abtreibung, 2007 – H. LEVEND/L. JANUS (Hg.), Bindung beginnt vor der Geburt, 2011 – WHO, Facts on induced abortion worldwide, 2012 – BERLIN BRANDENBURGISCHE AKADEMIE (BBAW) UND NATIONALE AKADEMIE DER WISSENSCHAFTEN LEOPOLDINA, Zukunft mit Kindern, 2012 – D. HORNUFF, Schwangerschaft, 2014 – R. SCHÄFERS/P. KOLIP, Zusatzangebote in der Schwangerschaft, in: Gesundheitsmonitor 3/2015 – STAT. BUNDESAMT, Schwangerschaftsabbrüche (online-Übersicht: https://www.destatis.de/DE/ZahlenFakten/GesellschaftStaat/Gesundheit/Schwangerschaftsabbruche/Tabellen/RechtlicheBegruendung.html), 2015 – D. HORNUFF/H. FANGERAU (Hg.), Visualisierung des Ungeborenen, 2016.

Arne Manzeschke

Selbstverwaltung

1. Begriff. Zu unterscheiden ist zwischen einem weiten (politischen) und einem engen (juristischen) Begriff der S. Als politisches Prinzip umfasst sie alle Formen der Mitwirkung von einzelnen →Gruppen der →Bevölkerung an administrativen Entscheidungsprozessen, d. h. unterhalb der parlamentarischen Gesetzgebung. Die öffentliche →Verwaltung wird partiell für gesellschaftlichen Einfluss geöffnet. S. als Rechtsbegriff wird definiert als eigenverantwortliche Verwaltung bestimmter öffentlicher Angelegenheiten durch die dadurch besonders betroffenen Personen. Voraussetzung ist ein abgrenzbarer Personenkreis mit einem speziellen Interesse an einer staatlichen Aufgabe. Die Betroffenen werden in der Regel in einer Körperschaft des öffentlichen Rechts organisiert, die nur der Rechtsaufsicht der Staatsverwaltung untersteht. Ausnahmsweise ist auch eine anstaltliche Organisation möglich.

2. Geschichte. Die ältesten Wurzeln hat die korporative universitäre S., die auch im Absolutismus nie ganz beseitigt wurde. Als Keimzelle der S. in der Gründungsphase des modernen Verwaltungsstaates gilt jedoch die preußische Städteordnung aus dem Jahre 1808, die die ehrenamtliche Mitwirkung der Bürger an der Kommunalverwaltung durch gewählte Organe eingeführt hat. Im 19. Jh. ungelöst und bis heute latent vorhanden ist der Konflikt zwischen dem demokratischen Ziel der Betroffenenpartizipation, das die →Gemeinden als unterste Stufe im Staatsaufbau versteht, und dem etatistischen Zweck der Einbindung gesellschaftlicher Kräfte in die Erledigung von Sachaufgaben, der S. als Entlastung der Staatsbürokratie durch Honoratioren konzipiert. Ein solches Disziplinierungsinteresse verfolgte auch in der Bismarck-Ära die Einbeziehung der Arbeiterbewegung (und der →Arbeitgeber) in die Verwaltung der →Sozialversicherung. Parallel dazu entwickelte sich aus ständischen Vorläufern die berufliche und wirtschaftliche S. der Kammern. Der öffentlich-rechtliche Rundfunk (→Massenmedien) wurde erst nach dem 2. Weltkrieg unter dem Einfluss der Alliierten in Anstalten mit S. überführt, um ihn dem unmittelbaren politischen Einfluss der zentralen Staatsorgane zu entziehen.

3. **Grundgedanken.** Die Einrichtung von S. gliedert einzelne Bereiche der öffentlichen →Verwaltung aus der Hierarchie aus und schafft dadurch Einflussmöglichkeiten zwischen →Gesellschaft und →Staat, die nicht über das volksgewählte →Parlament vermittelt werden. Eine Konzeption sieht darin eine Fragmentierung des Staates. S. erscheint so als Abweichung vom Idealbild des Einheitsstaates, deren Rechtfertigung allein in der größeren Sachnähe der beteiligten Gruppen liegt. Im Vordergrund steht also die Expertise der ehrenamtlich Tätigen. Mehr spricht für eine andere Sichtweise, die S. als Erweiterung der demokratischen Legitimation des Staatshandelns begreift. Der gesellschaftliche →Pluralismus wird so nicht nur durch allgemeine Wahlen auf die parlamentarische Repräsentation fokussiert, sondern auch die Legitimität der unmittelbaren Mitwirkung der Bürger an Verwaltungsaufgaben und eine sektorielle Politisierung der öffentlichen Verwaltung anerkannt. Gruppenmitbestimmung ersetzt die Steuerung durch die zentrale Regierung.

Kehrseite der →Partizipation ist die Pflicht zur Beteiligung an der Finanzierung der Aufgabenerfüllung durch gruppenbezogene Abgaben. Ihr Zwangscharakter wird durch das besondere Interesse der Beteiligten an eigenverantwortlicher Aufgabenwahrnehmung gerechtfertigt. Es muss allerdings sichergestellt werden, dass die autonomen Regelungsbefugnisse der S.seinheiten keine →Interessen Dritter verletzen oder →Minderheiten innerhalb der Gruppe der Betroffenen diskriminiert (→Diskriminierung) werden. Für eine geeignete Abgrenzung der Befugnisse und Organisation der Entscheidungsprozesse hat deshalb der parlamentarische Gesetzgeber als Vertreter der allgemeinen Interessen zu sorgen. Die Kontrolle der gesetzlichen Vorgaben erfolgt durch die Staatsaufsicht sowie durch die Gerichte, die nicht nur ein (positives) Recht auf Mitwirkung, sondern auch ein (negatives) Recht der einzelnen Mitglieder auf Einhaltung der Kompetenzgrenzen anerkannt haben.

4. **Typen.** *4.1 Die kommunale S.* gewährleistet, dass alle örtlichen Aufgaben grundsätzlich durch von den Gemeindebürgern gewählte Organe wahrgenommen werden, während die Kreise auf übergemeindlicher Ebene v. a. Ergänzungs- und Ausgleichsaufgaben erfüllen. Sie ist verfassungsrechtlich garantiert, jedoch durch Gesetz einschränkbar. Wichtige Elemente sind die Planungs-, Rechtsetzungs-, Personal- und Finanzhoheit. Eine weitere wichtige Funktion ist die Schaffung öffentlicher Einrichtungen zur Versorgung der Bevölkerung. Durch die räumliche Verflechtung mit der dadurch notwendigen Hochzonung von Regelungsbefugnissen und die knappe Finanzausstattung wird die kommunale S. praktisch zunehmend gefährdet. Neben den Wahlen zu den kommunalen Volksvertretungen gibt es mittlerweile in allen Bundesländern Instrumente direkter Bürgerbeteiligung wie Bürgerbegehren und Bürgerentscheid als Sonderformen der Betroffenenpartizipation.

4.2 Die kulturelle S. umfasst zum einen die öffentlich-rechtlichen Rundfunkanstalten, durch die eine staatsferne Grundversorgung im Bereich der →Massenmedien gewährleistet wird. Die Leitungsgremien der Sendeanstalten werden überwiegend durch Vertreter gesellschaftlicher Verbände besetzt, die den Pluralismus der Nutzergruppen repräsentieren sollen. Zum anderen gehört zu ihr die universitäre S., die die wissenschaftliche Selbstbestimmung durch eine körperschaftliche Organisation der verschiedenen Gruppen von Hochschulangehörigen mit abgestuften Mitwirkungsrechten flankiert. Entscheidungen mit unmittelbarer Relevanz für Forschung und Lehre müssen von gewählten Organen der Hochschule getroffen werden. Die Autonomie der Schulen durch die Beteiligung von Lehrern, Schülern und Eltern ist dagegen bisher nur schwach ausgebildet und keine vollwertige S. im juristischen Sinn.

4.3 Die wirtschaftliche S. ist organisiert in den Kammern der freien →Berufe (Ärzte, Rechtsanwälte, Wirtschaftsprüfer etc.), des →Handwerks sowie von →Industrie und Handel. Die Kammern sind zuständig für die Berufsordnung, die Förderung und Vertretung der Interessen der Mitglieder und z. T. auch für die Berufsausbildung (→Ausbildung). Die Zwangsmitgliedschaft und die damit verstandene Finanzierungslast wird v. a. in diesem Sektor als Beschränkung der unternehmerischen Freiheit in Frage gestellt. Daneben gibt es weitere Verbände wie Jagdgenossenschaften oder die Wasser- und Bodenverbände, die eine autonome Regelung der Nutzung natürlicher Ressourcen ermöglichen.

4.4 Die soziale S. beteiligt gewählte Vertreter der Versicherten und meist auch der →Arbeitgeber an den Organen der Sozialversicherungsträger in den Bereichen →Renten-, Kranken-, →Pflege-, Unfall- und Arbeitslosenversicherung (→Sozialversicherung). Durch die starke Stellung der →Gewerkschaften bzw. Arbeitgeberverbände (→Arbeitgeber) ist das partizipatorische Element zugunsten einer korporatistischen Vermachtung zunehmend verdrängt worden. Signifikant hierfür ist das Institut der „Friedenswahl", das den Wahlvorgang durch eine Verbändeabsprache ersetzt. Andererseits hat der Gesetzgeber v. a. in der Kranken- und der Rentenversicherung immer detailliertere Regeln erlassen, so dass der Spielraum für die soziale S. stark eingeengt wurde.

H. HEFFTER, Die deutsche S. im 19. Jahrhundert, 1969² – R. HENDLER, S. als Ordnungsprinzip, 1984 – W. KLUTH, Funktionale S., 1997 – A. ENGELS, Die Verfassungsgarantie kommunaler S., 2014.

Thomas Groß

Sexualität / Sexualethik

1. Sexualität. Als anthropologisches Grundphänomen (→Anthropologie) hat Sexualität vielfältige Erscheinungsformen, ist kulturell, biografisch, geschlechtlich usw. variant und entzieht sich damit den Versuchen eindeutiger Definition und Fixierung. Während biologische Modelle vor allem die vermeintlich natürliche Determiniertheit des Sexualtriebs und eine damit zusammenhängende quasi natürliche Ordnung der Sexualbeziehungen behaupten, tritt in sozio-kulturellen Erklärungsansätzen in den Vordergrund, dass sexuelle Motivation kulturell vermittelt, erlern- und damit veränderbar ist.

Angemessen scheint eine Bestimmung der Sexualität als eines dialektischen Zusammenhangs von biologischen Voraussetzungen, wie dem Sexualtrieb (Libido), und der jeweiligen kulturellen Ausformung sowie der je individuellen (geschlechtsspezifischen) Aneignung. Dem korrespondiert die Unterscheidung von „sex" (biologische Geschlechtszugehörigkeit) und „gender" (sozialisierte Geschlechtsrolle) in der feministischen Theorie.

Als konstitutives Element menschlicher Existenz beinhaltet Sexualität unterschiedliche Ausdrucksformen und Sinnkomponenten. Nach UWE SIELERT können vier Aspekte unterschieden werden: Mit dem *Identitätsaspekt* wird zum Ausdruck gebracht, dass Sexualität unter anderem die Erfahrung der selbstbestimmten leiblichen Identität des Individuums in seiner körperlich-seelischen Ganzheit erfahrbar macht. Dies ist eine subjektive Voraussetzung für die Fähigkeit, die Integrität anderer zu achten und in Beziehung zu treten. Unter dem *Beziehungsaspekt* werden die in sexuellem Kontakt erfahrbare Nähe, Wärme, Vertrauen und Geborgenheit mit anderen Menschen gefasst. Daraus kann das Bedürfnis nach Vertrautheit und Dauerhaftigkeit entstehen. Der *Lustaspekt* verweist auf die durch Sexualität möglichen körperlichen und seelischen Lusterfahrungen, Leidenschaft und Ekstase, die Ausdruck und Quelle von Vitalität sind. Daraus entsteht die lebensspendende Kraft von Sexualität, die mit dem *Fruchtbarkeitsaspekt* zur Sprache gebracht wird. Dabei ist, aber nicht nur, an die Zeugung von Kindern zu denken. Auch in Hinsicht auf die Beziehung, auf das soziale Umfeld und die individuelle Entwicklung kann Sexualität Produktivität ermöglichen.

Die vier Aspekte stehen alle in einem dynamischen Zusammenhang. Die Gewichtung der unterschiedlichen Aspekte variiert dabei je nach biographischer Phase, sozial-kulturellem Kontext und individueller Ausgestaltung. In der Jugendphase (→Jugend) werden andere Aspekte im Vordergrund stehen als z. B. in einer Familienphase. In Hinsicht auf gelingende Sozialisation und befriedigende Sexualität ist konstitutiv, dass die verschiedenen Aspekte im Zusammenhang bleiben und immer wieder eine gewisse Balance erreicht wird. Die Abspaltung eines der Aspekte ist problematisch und kann pathologisch werden.

2. Sexualethik. *2.1 Begriff.* Sexualethik ist prinzipiell zu unterscheiden von Sexual*moral*, welche den Bestand der faktisch geltenden bzw. diskursiv geforderten sexuellen Normen einer Gesellschaft zu einer bestimmten Zeit bezeichnet. Sexual*ethik* ist hingegen systematische *Reflexion* der Sexualmoral, sexueller Praxis sowie gesellschaftlicher Rahmenbedingungen und struktureller Voraussetzungen von gelebter Sexualität (→Ethik, →Sozialethik, →Moral). In Bezug auf die Sexualmoral kann Sexualethik die Funktion der Begründung respektive der *Kritik* haben, hinsichtlich der sexuellen Praxen wird sie nach normativen Problemen fragen und versuchen, Handlungsorientierungen zu entwickeln. Hinsichtlich der gesellschaftlichen Dimension geht es zunächst um die Aufklärung sozialer Bedingtheiten und historischer Konstitutionsbedingungen sowie weiterhin um die kritische Offenlegung und ggf. Veränderung gesellschaftlicher Verhältnisse, welche (individuelle) Sexualität beeinflussen.

2.2 Evangelische Sexualethik Diese findet ihre Begründung und Motivation in der gegenwärtigen Entfaltung reformatorisch-theologischer Anthropologie. Ein kurzschlüssiger, biblizistischer Rekurs auf einzelne, vermeintlich aussagekräftige Textpassagen der biblischen Schriften kann für sich keine autoritative Geltung beanspruchen, wenngleich in der Auseinandersetzung mit biblischen Texten existentielle Einsichten gewonnen und kritische und heuristische Aspekte entfaltet werden können. Für die Gewinnung sexualethischer Orientierung ist die Auseinandersetzung mit human- und sozialwissenschaftlichen Erkenntnissen und Theorien konstitutiv. Inhaltlich grundlegend ist die theologische Entfaltung der biblischen Rede von der Schöpfung der Menschen als Mann und Frau als Gottes Ebenbild. In dieser theologischen Grundeinsicht ist sowohl die gleiche Würde aller Menschen begründet als auch die ganzheitliche Auffassung des Menschen als leibliches Wesen angelegt. In der reformatorischen Ausführung der paulinischen Rechtfertigungslehre wird daran angeknüpft und bekräftigt, dass die individuelle Anerkennung vor Gott nicht von menschlichen Leistungen abhängt, sondern in der Anerkennung der eigenen Grenzen – in der Sprache der protestantischen Tradition: durch den Zuspruch göttlicher →Gnade – die →Freiheit eröffnet wird, diese Grenzen auch zu überwinden. Die →Rechtfertigung der Sünderinnen und Sünder eröffnet die Freiheit für eigene Lebensgestaltung und verweist zugleich darauf, dass mit der eigenen Anerkennung gleichursprünglich auch die Anerkennung aller Menschen mitgesetzt ist, so dass die individuelle Gottesbeziehung die soziale Beziehung zu den anderen Menschen mitkonstituiert. Diese sozialen Beziehungen können und sollen dann in Orientierung der →Nächstenliebe, die auf Gerechtigkeit zielt, verwirklicht werden. Diese Bestimmungen sind grundlegend für das evangelische Verständnis der Sexualität und Lebensformen, da die Differenz der Geschlechter und sexueller Orientierung auf ihre prinzipielle Gleichberechtigung hingeordnet ist (so z. B. Gal 3, 28). Aus den beiden Aspekten des ganzheitlich-leiblichen Verständnisses menschlicher Existenz, zu dem die Sexualität als „gute Gabe Gottes" ohne Fixierung auf Generativität gehört, und der prinzipiell gleichen Würde aller Menschen lassen sich Grundorientierungen für die Sexualethik gewinnen.

2.3 Relativität der Sexualmoral. Dabei ist weiterhin die Einsicht leitend, dass die Formen der Sexualmoral relativ zu ihrem jeweiligen geschichtlichen Kontext sind. Die repressive Sexualmoral des Mittelalters und der vorindustriellen Neuzeit fungierte als spezifische Form der Geburtenregelung. Indem gerade ungleiche moralische Vorschriften für Männer und Frauen, bestimmte Stände und hinsichtlich der politischen und ökonomischen Stellung galten, wurde Sexualität normativ an die Heiratserlaubnis für eine relativ kleine Gruppe der Bevölkerung gebunden. Das Heiratsverbot für die, welche keine wirtschaftliche Vollstelle, in der Regel ein Bauerngut oder einen Handwerksbetrieb, inne hatten, funktionierte als Mechanismus zur Regelung der Bevölkerungsentwicklung, d. h. in der Regel zur Begrenzung der →Bevölkerung gemäß den Ertragsmöglichkeiten der Landwirtschaft. Diese Regelungen galten zum Teil bis in die Mitte des 19. Jh. und wurden erst mit der beginnenden Industrialisierung (→Industrie, Industriegesellschaft, Industrialisierung) aufgehoben bzw. wirkungslos.

Im gesellschaftlichen Modernisierungsprozess verändert sich die Gesellschaftsstruktur, indem durch Ausdifferenzierung gesellschaftlicher Teilsysteme, wie Wirtschaft, Politik, Bildung, Religion etc., traditionale Lebensformen aufgehoben werden. Damit zusammenhängend kommt es zu einer strukturellen Pluralisierung von Kultur und Lebensstilen und zur Individualisierung von Entscheidungen und Biografien. Im Zuge gesellschaftlicher Modernisierung verändern sich die gesellschaftsstrukturellen Voraussetzungen der Geschlechtsrollenzuweisung, insbesondere für Frauen, aber auch der Familienstrukturen (→Familie, Familienpolitik). Durch die Frauenbewegung wird die →Diskriminierung thematisiert und die →Emanzipation mit einigem Erfolg vorangebracht. Dies hat zur Konsequenz, dass die traditionelle, repressive Sexualmoral nicht nur in ihrer Begründung fraglich, sondern ihrer sozial-strukturellen Grundlage und Funktion beraubt wird, wenngleich sie als Leitbild im Bürgertum und nicht zuletzt in den Kirchen weiter wirksam bleibt. Durch das zunehmende Auseinandertreten von geschlechtlicher und sozialer Reife sowie durch die mögliche Entkoppelung von Sexualität und Generativität durch die Verfügbarkeit zuverlässiger hormoneller Antikonzeptiva seit 1961 (→Geburtenregelung) verliert die traditionelle Sexualmoral vollends Plausibilität und Orientierungspotential. Durch solche Einsicht in die Relativität materialer sexualmoralischer Normen ist allerdings die Problematik der Gewinnung ethischer Orientierung in der Gestaltung sexueller Beziehungen und der Beurteilung ihrer gesellschaftlichen Voraussetzungen keineswegs obsolet. Im Gegenteil, die zu begrüßende Eröffnung neuer Freiheiten für individuelle Lebensentwürfe und die Gestaltung von Sexualität bedarf sexualethischer Reflexion und der Bereitstellung von Orientierungsangeboten, anhand derer individuelle Lebensführung und gesellschaftliche Strukturen verantwortlich gestaltet werden können.

2.4 Sexualethische Orientierungen. Wenn man die oben dargestellten Grundorientierungen (evangelischer) Anthropologie, Sozialethik und Sexualethik auf die ebenfalls oben entfalteten vier Aspekte der Sexualität bezieht, ergeben sich folgende sexualethische Orientierungen.

Betrachtet man den Aspekt der *Identität* in normativer Perspektive ergibt sich als positives sexualethisches Kriterium die *Selbstbestimmung* und wird in negativer Hinsicht die Vermeidung von physischen und psychischen Verletzungen zur grundlegenden sexualethischen Orientierung. Dies kann in dem grundlegenden Kriterium der *Gewaltfreiheit* (→Gewalt) zum Ausdruck gebracht werden. Dies gilt und ist evident in Hinsicht auf explizite physische Gewaltanwendung wie Vergewaltigung (auch in der →Ehe bzw. in festen Beziehungen), Kindesmissbrauch, Klitoridektomie und andere Eingriffe in die leibliche Integrität, die in unserem Rechtskreis weitgehend auch durch das Strafrecht sanktioniert sind. Darüber hinaus erstreckt sich das Kriterium der Gewaltfreiheit auf die wechselseitige Verantwortung zur Vermeidung von Infektionen mit sexuell übertragbaren Krankheiten, vor allem AIDS. Im weiteren Sinne ist mit diesem Kriterium auch die Sexualisierung destruktiver →Aggressionen generell abzulehnen. Daraus folgt für die Konkretion, dass auch dort, wo Gewalt in wechselseitigem Einverständnis zur Erzielung sexuellen Lustgewinns angewendet wird, wie etwa in sado-masochistischen Praktiken, alle Formen, die zu einer Schädigung eines der Beteiligten führen, abzulehnen sind. Gewaltsame Praktiken, die nicht zu einer Schädigung führen, können unter sexualethischer Perspektive allenfalls toleriert werden. Des Weiteren treten aber unter dem Aspekt der Gewaltfreiheit strukturelle Formen der Gewalt in den Blick: Sexistische und patriarchale Strukturen, die das →Geschlechterverhältnis und z. T. auch gleichgeschlechtliche Beziehungen prägen und strukturell Ungleichheit, Asymmetrie und Abhängigkeit erzeugen.

Mit dem *Beziehungsaspekt* der Sexualität werden in sexualethischer Perspektive die Kriterien der *Freiwilligkeit* und *Gleichheit* thematisch. Im Horizont individueller Beziehungen können diese Aspekte durch kommunikativ herzustellende Transparenz der wechselseitigen Bedürfnisse und Erwartungen eingeholt werden. Die Bedürfnisse betroffener Dritter sind dabei zu berücksichtigen. Über die individuellen Konstellationen hinaus sind auch unter diesem Aspekt gesellschaftliche und psychische Ursachen von Abhängigkeit und Ungleichheit im Sinne der Verletzung von Gleichberechtigung aufzudecken und zu beheben. Patriarchale und sexistische Zuschreibungen von Geschlechtsrollensterotypen sind ebenso abzulehnen wie die Fixierung auf Zwangsheterosexualität (→Gleichberechtigung, Gleichstellung von Frauen und Männern, Homosexualität). Positiv können die Flexibilisierung von Geschlechts- bzw. Beziehungsrollen und die Ermöglichung der Pluralisierung von Lebensformen (→Ehe) als sexualethische Aufgaben in Hinsicht auf den Beziehungsaspekt der Sexualität genannt werden. Als Ziel der individuellen biographischen Gestaltung von Sexualität kann ihre personale Integration angesehen werden. In dieser Hinsicht können wechselseitige →*Liebe* und die Perspektive der *Dauerhaftigkeit* und Verlässlichkeit als beziehungsfördernde sexualethische Orientierungen benannt werden.

Mit dem *Lustaspekt* der Sexualität sind vielfältige ethisch-normative Probleme der Abspaltung der Lust und Entfremdung der Sexualität im bürgerlich-kapitalistischen System berührt (→Kapitalismus, →K.kritik), die gegen das Prinzip der Autonomie bzw. *Selbstbestimmung* verstoßen. Die Kommerzialisierung von Sexualität, die Übertragung von Konsum- und Leistungskategorien in den Bereich des Sexuellen sind aufgrund der entwickelten sexualethischen Kriterien abzulehnen. Dabei sind **Prostitution** und **Pornographie** nur die eklatantesten Formen einer sublimen und umfassenden Durchdringung von Medien und Werbung (→Marketing) mit kommerzialisierten Stereotypen von Sexualität, deren Wirkung durch die mediale Omnipräsenz aufgrund der Neuen Medien (→Massenmedien, Medienethik) noch gesteigert wird. Die Konsequenzen solch zunehmend entfremdeter Darstellungen von Sexualität sind nicht nur die Fremdbestimmung sexueller Leitbilder, sondern auch die latente Gewaltausübung in der Regel gegen Frauen, die auf stereotype sexuelle Bilder festgelegt werden. Als Konsequenz dieser zunehmenden medialen Sexualisierung der Öffentlichkeit ist die Entfremdung der Sexualität in Form der Enterotisierung des Privaten zu beobachten.

Verstärkt werden diese sexistischen Strukturen durch die Überlagerung mit politischen und ökonomischen Dependenzen im durch die Differenz von Metropolen und Peripherie strukturierten Weltsystem (→Globalisierung). Durch die massive Ungleichheit zwischen nördlich-westlicher und südlicher Hemisphäre werden sexistische, oft kombiniert mit rassistischen (→Rassismus) Ausbeutungsstrukturen erzeugt. Sextourismus, erzwungene Prostitution und exploitative Partnerschaftsvermittlung sind nur die markantesten Signaturen dieses Problemkreises, so dass die sexualethische Reflexion hier auf die Kritik und Veränderung des kapitalistischen Weltwirtschaftssystems (Weltwirtschaft, W.ordnung) zielt.

Untersucht man den Bereich der *Fruchtbarkeit* als Aspekt der Sexualität, hat auch dieser eine Reihe normativer Implikationen. Im Sinne der Generativität bedarf es der besonderen Verantwortung der (heterosexuellen) Partnerinnen und Partner hinsichtlich der Geburtenplanung. Sowohl die Entscheidung für und verantwortliche Durchführung von Verhütung als auch die Entscheidung für die Zeugung eines Kindes und die Übernahme verantworteter Elternschaft liegt in der gemeinsamen Verantwortung der Beteiligten und sollte transparent und einvernehmlich wahrgenommen werden. Ein Sonderfall des Aspektes der Fruchtbarkeit stellt die Frage der **künstlichen Insemination** dar. Wird von römisch-katholischer Seite artifizielle Insemination aufgrund der wechselseitigen Fixierung von Sexualität und Generativität an einander grundsätzlich abgelehnt, werden im protestantischen Bereich gegen die homologe Insemination in der Regel keine Einwände erhoben, die heterologe Insemination aus unterschiedlichen Gründen zumeist jedoch noch kritisch betrachtet, was insbesondere hinsichtlich des Kinderwunsches lesbischer Paare von nicht unerheblicher Bedeutung ist.

Wenn die Dimension der Fruchtbarkeit der Sexualität nicht verengt mit Generativität gleichgesetzt wird, ergibt sich daraus, dass Formen von Sexualität, die auf Dauer nicht auf Zeugung abzielen, nicht als deviant angesehen werden können. Wenn dies nicht willkürlich auf heterosexuelle Beziehungen eingegrenzt wird, hat dies Auswirkungen für die Bewertung von Homosexualität, so dass sich aus dieser Beurteilung in der Konsequenz die sozialethische Aufgabe der Ermöglichung und gesellschaftlichen Unterstützung einer Vielfalt von Lebensformen ergibt. Für nicht-eheliche, auch gleichgeschlechtliche Lebensformen bedarf dies vor allem der weiteren rechtlichen Absicherung; für familiale Lebensformen, also für das dauerhafte Zusammenleben von Erwachsenen mit Kindern, ist eine weitere sozial- und familienpolitische Unterstützung notwendig, so dass mehr Wahlfreiheit für alle und die eigenverantwortliche Gestaltung der jeweiligen Lebensform ermöglicht wird.

Die hier entwickelten sexualethischen Kriterien sind keine konkreten Handlungsanleitungen oder gar Normen, die kasuistisch einzelne Verhaltensweisen und Sexualpraktiken moralisch bewerten (obwohl sie Konsequenzen dafür implizieren), sondern haben den Status von Prinzipien und Maximen, die es jeweils zu konkretisieren gilt. Dafür beanspruchen sie allerdings normative Geltung im Rahmen der hier dargestellten Begründung. Sie unterscheiden sich aber auch untereinander hinsichtlich dem Anspruch ihrer Geltung. So ist z. B. das Kriterium der Gewaltfreiheit kategorisch auf den Ausschluss von (schädigender) Gewalt gerichtet. Dabei handelt es sich um →Normen, die nicht nur ethisch wünschenswert sind, sondern auch als rechtlich zwingend angesehen werden (Muss-Normen). Andere Kriterien sind dagegen nur in bestimmten Konstellationen und Situationen relevant (Soll-Normen; Kann-Normen). Als allgemeine Orientierungen bedürfen sie der situativen Anwendung, die je konkret und individuell geschehen muss. Dies stellt erhebliche Anforderungen an die Beteiligten, die in der Wahrnehmung von Selbstverantwortung und wechselseitiger Verantwortung auch Selbstbegrenzung und Disziplin entwickeln müssen. Dies bedarf der gesellschaftlichen Unterstützung, so dass Sexualerziehung, -aufklärung und -beratung zur Aufgabe von Kirche und anderen gesellschaftlichen Institutionen werden. Die aufgezeigte Relativität der sexualethischen Orientierungen ist nicht mit Beliebigkeit (Arbitrarität) zu verwechseln. Gerade in der kommunikativ und individuell verantworteten Applikation wird die ethische Orientierung in Freiheit verbindlich zur Geltung kommen. Dies steht oft in Gegensatz zu dem immer noch wirksamen Bild der traditionellen kirchlichen Sexualmoral.

3. Tradition kirchlicher Sexualmoral. Das Alte Testament hat im Ganzen kein negatives Verständnis der Sexualität. In Abgrenzung zu Religionen der altorientalischen Umwelt wird in der Bindung der Sexualität an die (eheliche) Beziehung ihre Personalisierung eingeleitet. Daran knüpft die Verkündigung JESU an; er betont den monogamen Beziehungsaspekt, der vor allem eine Aufwertung der Stellung der Frauen im damaligen gesellschaftlich-kulturellen Kontext bedeutet (Mt 5, 31f; 19, 3ff). Durch die Entsakralisierung der Sexualität, z. B. durch die Abkehr von kultischer Prostitution aber auch durch ihre Bindung an exklusive personale Beziehungen, wird sie gleichermaßen relativiert. Gleichwohl werden vor allem die von eschatologischer Naherwartung geprägten Vorstellungen PAU-LUS' wirksam, der die Ehe als der Enthaltsamkeit nachgeordnet betrachtet und sie lediglich von ihrer negativen Funktionalität her, zur Einhegung der Sexualität und der Abwehr von Unzucht, als notwendig anerkennt (1. Kor 7). Damit ist eine Auffassung von Sexualität in der christlichen Tradition angebahnt, die bei AUGUSTIN im Kontext seiner Sündenlehre entfaltet wird. Die augustinische Auffassung der Sexualität ist dabei stark von einem dualistischen Welt- und Menschenbild geprägt. Seine anthropologische Grundauffassung beruht auf der griechischen Philosophie, die mit ARISTOTELES zwischen höheren und niederen Begehrensvermögen unterscheidet. Sexualität wird dem niederen, triebhaften zugeordnet und in der Konsequenz dieser biologistischen Auffassung nur in ihrer Funktionalität hinsichtlich der Vermehrung anerkannt. AUGUSTIN nimmt diese zeugungsbiologische Auffassung auf und verknüpft sie mit den Kategorien der Sündenlehre. Durch den Zeugungsakt wird nach der Auffassung AUGUSTINS die Erbsünde generativ weitergegeben. Der Sexualtrieb (concupiscentia) wird für ihn zum Ausdruck der Macht der Sünde und sexuelle Aktivität als eine der schweren Sünden bezeichnet. In der Konsequenz wird Sexualität nur in der Ehe und auch dort nur zur Zeugung von Nachkommenschaft als legitim angesehen, jedoch keineswegs positiv bewertet, sondern nur als Konzession an die Schwachheit des Fleisches verstanden. Der einzelne sexuelle Akt, der nicht auf die eheliche Zeugungsabsicht ausgerichtet ist, wird im Gefälle der augustinischen Theologie zur Tatsünde. Diese sexualfeindliche Sicht wird im Wesentlichen auch bei THOMAS VON AQUIN reproduziert und prägt, eingebettet in naturrechtliche Begründungen, die römisch-katholische Auffassung bis heute, wenn auch durch die Pastoralkonstitution „Über die Kirche in der Welt von heute" (Gaudium et spes) des Zweiten Vatikanischen Konzils und dem Apostolischen Schreiben Papst JOHANNES PAULS II. „Familiaris consortio" *neben* der Reproduktionsfunktion der Sexualität auch ihre eigene Bedeutung für die eheliche Kommunikation anerkannt, aber die heterosexuell-genitale und reproduktive Fixierung nicht prinzipiell aufgegeben wird. In der Konsequenz werden in der „Erklärung der Kongregation für die Glaubenslehre zu einigen Fragen der Sexualethik" von 1975 Masturbation, außereheliche Sexualität und homosexuelle Aktivitäten als schwere Sünde und Verirrungen inkriminiert.

4. Entwicklungen im dt. Protestantismus. Obwohl in der Reformation Sexualität als natürliche Funktion des Leibes durchaus positiv gesehen wurde, konnte die Zuordnung der Sexualität zur Generativität nicht völlig überwunden werden. Dies hat zur Ausbildung einer repressiven Sexualmoral im Protestantismus geführt, die im Gegensatz zum römischen Katholizismus nicht naturrechtlich, sondern ordnungstheologisch begründet wurde und eine sexistische Koalition mit der bürgerlichen Moral einging. Erst in der Mitte des 20. Jh.s finden sich bei KARL BARTH und DIETRICH BONHOEFFER Ansätze zur Lösung der exklusiven Bindung der Sexualität an die Zeugung von Nachkommenschaft. Bei ihnen geschieht dies allerdings noch nicht in emanzipatorischer Absicht, und die Sexualität bleibt streng an die heterosexuelle Ehe gebunden. Erst mit der Auseinandersetzung mit human- und sozialwissenschaftlichen Erkenntnissen in den 1960er Jahren wird die Trennung von Sexualität und Generativität und gleichzeitig die Öffnung für eine Vielfalt von Lebensformen durch das ganzheitliche Verständnis der Sexualität in emanzipatorischer Absicht konsequent vollzogen. Dies findet in der „Denkschrift zu Fragen der Sexualethik" der EKD von 1971 teilweise Niederschlag. In Folge der Diskussion um die Auswirkungen von AIDS kommt es zu Versuchen, eine repressive Sexualmoral im Protestantismus zu restaurieren. Obwohl in Fragen der Sexualethik im Protestantismus weiterhin unterschiedliche Positionen vertreten werden, hat sich doch seit Anfang der 1970-er Jahre ein deutlicher Wandel vollzogen, und die Anerkennung der Sexualität als Teil eines ganzheitlichen Menschenbildes und die Loslösung der Beurteilung von Sexualität von ihrer generativen Funktion hat sich weitgehend durchgesetzt. Gleichwohl bleibt die prinzipielle Anerkennung der legitimen Pluralität von Lebensformen und sexuellen Orientierungen im kirchlichen Diskurs umstritten, so dass die jüngsten Arbeiten an einer aktuellen Denkschrift zur Sexualethik gestoppt wurden.

KIRCHENAMT DER EKD (Hg.), Denkschrift zu Fragen der Sexualethik (1971), in: Denkschriften der EKD, III/1 1993³, 139–209 – DASS., Mit Spannungen leben. Eine Orientierungshilfe des Rates der EKD zum Thema „Homosexualität und Kirche", 1996 – U. SIELERT, Sexualpädagogik. Konzeptionen und didaktische Anregungen, 1993² – A. GIDDENS, The Transformation of Intimacy. Sexuality, Love & Eroticism in Modern Societies 1992 – K. SÖDERBLOM, Grenzgängerinnen. Die Bedeutung von christlicher Religion in den Lebensgeschichten lesbischer Frauen in (West-)Deutschland, in: K. FECHTNER/M. HASPEL (Hg.), Religion in der Lebenswelt der Moderne, 1998, 48–66 – J. E. FORD, Love, Marriage and Sex in the Christian Tradition from Antiquity to Today, London 1998 – S. KEIL/M. HASPEL (Hg.), Gleichgeschlechtliche Lebensgemeinschaften in sozialethischer Perspektive. Beiträge zur rechtlichen Regelung pluraler Lebensformen, 2000 (Lit.) – M. HASPEL, Christian Sexual Ethics in a Time of HIV/AIDS – A Challenge for Public Theology, in: Verbum et Ecclesia 25 (2), 2004, 480–501 – DERS., Die Liebe Gottes und die Liebe der Menschen. Ehe, Lebensformen und Sexualität, in: U. LINK-WIEZOREK u. a., Nach Gott im Leben fragen: Ökumenische Ein-führung in das Christentum, 2004, 71–94 – I. KARLE, Liebe in der Moderne. Körperlichkeit, Sexualität und Ehe, 2014 – Christian Sexual Ethics in a Time of HIV/AIDS – A Challenge for Public Theology, in: Verbum et Ecclesia 25 (2), 2004, pp. 480–501.

Michael Haspel

Shareholder Value

1. Zur Begriffs- und Problemgeschichte. Mit dem Shareholder Value (SV-)Konzept verbreitete sich, angeregt durch ALFRED RAPPAPORT, vor mehr als 30 Jahren ein Führungs- und Steuerungskonzept zunächst in den stark kapitalmarktorientierten Ländern USA und Großbritannien, später in Kontinentaleuropa und als wertorientierte →Unternehmensführung schließlich auch in Deutschland (RAPPAPORT).

Im Gegensatz zum Stakeholderkonzept, dem die Koalitionstheorie zugrunde liegt (BARNARD), folgt das SV-Konzept der Kontrakttheorie, bei der die vertraglichen Ausgestaltungen zwischen einem →Unternehmen und seinen Stakeholdern im Vordergrund stehen (JENSEN/MECKLING). Da die Aktionäre (Prinzipal) an der Entstehung des Unternehmens primär beteiligt sind, hat die Unternehmensführung (Management) die vorrangige Aufgabe, den Aktionärsinteressen zu dienen. Die →Gruppe der Prinzipale profitiert vom Kursanstieg der Unternehmensaktien und/oder von einer Dividendenausschüttung.

2. Berechnung des SV. Das SV-Konzept dient sowohl der Unternehmensbewertung als auch der Unternehmenssteuerung. Am Buchwert orientierte Steuerungsgrößen wie Gewinn, ROI (Return On Investment, Gesamtkapitalrendite) oder ROS (Return On Sales, Umsatzrendite) werden durch am Marktwert orientierte Steuerungsgrößen substituiert, die von buchhalterischen Verzerrungen und aperiodischen und außerordentlichen Einflüssen befreit sind, dafür aber Fristigkeit und Zeitpräferenz des →Geldes sowie Risiko berücksichtigen (SIEGERT). Diese Sichtweise wird von der neoklassischen Theorie unterstützt.

Nach der DCF-Methode (Discounted Cash-Flow-Methode) erfolgt die SV-Berechnung über drei Größen: Der vom →Gewinn zu unterscheidende *Cash-Flow* ist das zentrale Rechenelement zur Ermittlung des Unternehmens- bzw. Aktienwertes (BÜHNER/WEINBERGER). Der Free Cash-Flow ist der Finanzmittelüberschuss, der zur Zahlung der Fremdkapitalzinsen, der Dividenden und der Tilgung von Finanzverbindlichkeiten verwendet werden kann. Insofern dient er als Indikator für die Investitions-, Schuldentilgungs-, Gewinnausschüttungs-, Liquiditätsgenerierungs- sowie Innenfinanzierungsfähigkeit eines Unternehmens. Die durchschnittlichen Kapitalkosten (WACC/Weighted Average Costs of Capital) sind das zweite wesentliche Element zur Ermittlung des Unternehmenswertes (SCHULZE 1994). Die ermittelten Cash-Flows werden mit den durchschnittlichen Kapitalkosten auf einen Gegenwartswert diskontiert. Gewichtete Kapitalkosten bilden eine Art Mindestrendite, die aus Unternehmens- und Anlegersicht erwirtschaftet werden muss, um den SV auf seinem Niveau zu halten und damit die Existenz des Unternehmens zu sichern. Der WACC ergibt sich aus den gewichteten Fremd- und Eigenkapitalkosten. Der *Residualwert* definiert als drittes Element den →Wert einer Unternehmenseinheit für denjenigen Zeitraum, der nach dem Prognosezeitraum liegt.

Mit den ermittelten Größen lässt sich der Unternehmenswert aus der Summe der mit den gewichteten Kapitalkosten diskontierten Cash-Flows einer bestimmten künftigen Periode zuzüglich des diskontierten Residualwertes berechnen bzw. als Summe aus Eigenkapitalwert (SV) und Fremdkapitalwert (Marktwert des Fremdkapitals) darstellen. Der SV ist damit gleich Unternehmenswert minus Marktwert des Fremdkapitals bzw. gleich den diskontierten Cash-Flows plus dem diskontierten Residualwert minus dem Marktwert des Fremdkapitals. Neben der DCF(Discounted Cash-Flow)-Methode nach RAPPAPORT wurde in den 1990er Jahren die EVA(Economic-Value-Added)-Methode durch STERN/STEWART u. a. entwickelt (STERN/SHIELY/ROSS).

3. Kritik am SV. Das SV-Konzept wird v. a. hinsichtlich seiner Prämissen kritisiert, insbesondere bzgl. der Langfristigkeitsprämisse, der Konstanz der Gesamtmarktdaten (→Zinsen, →Inflation, Wechselkursentwicklung), der Rationalität und der Bedingungen des vollkommenen Kapitalmarktes (BRINK/JANISCH). Am misten gravierend gefährdend sind in diesem Zusammenhang Unsicherheiten bei der Cash-Flow- bzw. WACC-Berechnung bzw. die Glaubwürdigkeit der Ergebnisse einer SV-Analyse bei der Schätzung des Residualwertes.

Letztendlich zielt die Kritik im Allgemeinen auf die einseitige, v. a. kurzfristige, Ausrichtung des Konzepts auf den Aktionär, die andere Stakeholderinteressen nicht berücksichtigt. FREEMAN hat aus der Kritik am SV-Konzept sein Stakeholderkonzept entwickelt (FREEMAN). In den vergangenen Jahren hat die Kritik am SV-Konzept stark zugenommen (KENNEDY/MITCHELL).

C. I. BARNARD, The Functions of the Executive, 1938 – M. C. JENSEN/W.H. MECKLING, Organization Theory and Methodology, in: Accounting Review, 1976, 319–339 – R. E. FREEMAN, Strategic Management: A Stakeholder Approach, 1984 – A. RAPPAPORT, Creating SV: The New Standard for Business Performance, 1986 – R. BÜHNER/H.-J. WEINBERGER, Cash-flow und SV, in: Betriebswirtschaftliche Forschung und Praxis, 1991, 187–208 – M. JANISCH, Das strategische Anspruchsgruppenmanagement: vom SV zum Stakeholder Value, 1993 – S. SCHULZE, Berechnung von Kapitalkosten: Ein Konzept für nationale und internationale Unternehmen, 1994 – T. SIEGERT, SV als Lenkungsinstrument, in: Zeitschrift für betriebswirtschaftliche Forschung, 1995, 580–607 – A. BRINK, Holistisches SV-Management. Eine regulative Idee für globales Management in ethischer Verantwortung, 2000 – L. M. MITCHELL, Der parasitäre Konzern – SV und der Abschied von gesellschaftlicher Verantwortung, 2002 – J. M. STERN/J. S. SHIELY/I. ROSS, The EVA Challenge: Implementing Value-Added Change in an Organization, 2003 – A. A. KENNEDY, The End of SV: Corporations at the Crossroads, 2008.

Alexander Brink

Sicherheit / Sicherheitspolitik

1. Sicherheit: Begriff. S. wird wie →Frieden *ad negatione* definiert (lat. „se-cura" – ohne Sorge), als ein Zustand, welcher durch die Abwesenheit von Phänomenen mit gefährdenden oder zerstörerischen Auswirkungen auf die individuelle oder kollektive Lebenswelt einhergeht. Das Gegenteil ist *Unsicherheit*, die durch *Bedrohung* hervorgerufen wird. Wie viel S. nötig ist, um Bedrohungen zu begegnen, wird unterschiedlich eingeschätzt. Während bei einer Bedrohung tendenziell klar ist, wer der bedrohende Akteur ist, was seine Intentionen sind und welche Mittel ihm zur Verfügung stehen, sind diese Merkmale bei →*Risiko* und *Gefahr* weniger offensichtlich.

Im traditionellen Verständnis, das sich am →Staat orientiert, hat S. zwei Dimensionen; sie sind seine zentrale Legitimationsgrundlage: Innere S. meint einen Zustand, in dem durch Aufrechterhaltung von Ordnung und Gesetz im Innern eines Staates Bedrohungen für den Einzelnen minimiert sind. Äußere S. meint einen Zustand, in dem Staat und →Gesellschaft vor einer externen Bedrohung geschützt sind. S. ist stets prekär und damit ein Prozess permanenten Strebens nach S. Allerdings sind innere und äußere S. zunehmend verschränkt, etwa durch transnationalen →Terrorismus, organisierte Kriminalität oder Flucht und Vertreibung. Zudem deutet sich durch die wachsende Bedeutung von →Menschen- und Minderheitenrechten ein Perspektivwechsel von staatlicher zu menschlicher S. an.

2. S.spolitik: Begriff. S.spolitik trägt zur Herstellung von innerer und äußerer S. bei. Aufgrund seines Gewaltmonopols ist der Staat hier der klassische Akteur; er greift vornehmlich auf polizeiliche und militärische Mittel zurück. Dies stößt dort an Grenzen, wo S. mit diesen Mitteln nicht mehr gewährleistet werden kann. S.spolitik muss heute komplexen Risiken und Gefahren entgegentreten, etwa Pandemien oder Staatszerfall, und zugleich multidimensionale Aufgaben etwa in der Konfliktnachsorge übernehmen, die sich der Lösung allein durch polizeiliche oder militärische Mittel entziehen.

3. S. und S.spolitik im klassischen Sinne. S. im klassischen Sinne wird nach innen über das Gewaltmonopol legitimiert und durch Polizei und Justiz gewährleistet. Nach außen folgt aus der Logik der Anarchie im internationalen System, also der Abwesenheit einer zentralen Regelungs- und Sanktionsinstanz und damit eines Gewaltmonopols, permanente Unsicherheit, die Notwendigkeit der Selbsthilfe und das S.sdilemma als Teufelskreis wechselseitiger S.s„vorsorge". In der klassischen Konfliktkonstellation – Staat gegen Staat – basiert äußere S. auf der Kombination völkerrechtlicher Schutzmechanismen (Gewaltverbot, Schutz territorialer Integrität, Souveränität und Nicht-Einmischung nach Art. 2 der VN-Charta) und individueller und kollektiver Maßnahmen zur Wahrung des physischen Überlebens und der Unabhängigkeit staatlichen Handelns. Hier sind Mittel und Logik des Militärs vorherrschend, weshalb S.sbemühungen auf Rüstungspolitik, Abschreckung und Bündnisbildung wie auch →Rüstungskontrolle, Abrüstung und Entspannung abzielen.

4. S. und S.spolitik im erweiterten Sinne. Seit dem Ende des Kalten Krieges und der zunehmenden →Globalisierung kommt es zu einem tief greifenden Wandel des S.verständnisses. Es fand eine horizontale Erweiterung des S.begriffs statt, so dass nun auch nicht-militärische Bedrohungen, Risiken und Gefahren Aufgabe von S.spolitik werden. Ebenso fand eine vertikale Vertiefung statt: nicht mehr allein der Staat ist Objekt und Produzent von S., sondern auch andere gesellschaftliche Akteure können Gegenstand von S.spolitik und Ursache von Unsicherheit sein. Diese Erweiterung und Vertiefung lässt sich in vier Dimensionen fassen:

4.1 Sachdimension. Die Sachdimension bestimmt, welche Politikbereiche sicherheitsrelevant sind. Durch die Möglichkeit der „Versicherheitlichung" kann S. prinzipiell alle Fragen internationaler Politik erfassen (etwa →Energie), wird S. dynamisch und kontingent in Ort und Zeit. Neben *militärischer S.* prägen insbes. *ökonomische S.*, *ökologische S.* und *humanitäre S.* den Diskurs. Problematisch ist dabei die Übertragung der Logik der klassischen militärischen S.politik auf diese nicht-militärischen Bereiche, aber auch die unreflektierte Ausweitung des S.begriffs auf alle denkbaren Sachbereiche.

4.2 Referenzdimension. Das Referenzobjekt bestimmt, wessen S. gewährleistet werden soll. So wird zwischen *nationaler S.*, *gesellschaftlicher S.* und *menschlicher S.* unterschieden. Die Fokussierung auf eine Referenzdimension bedeutet implizit eine Priorisierung zu Lasten anderer S.en.

4.3 Raumdimension. Mit der Raumdimension wird erfasst, wo S. angestrebt wird: territorial, regional, international oder global. So fokussiert territoriale S. allein auf staatliches Gebiet. Regionale Ansätze gehen davon aus, dass Staaten so miteinander verbunden sind, dass die nationale S. nicht unabhängig von der S. benachbarter Staaten hergestellt werden kann. S. auf internationaler Ebene fokussiert auf zwischenstaatliche Stabilität und Kooperation. Globale S. emanzipiert sich vom Staatensystem und hat die Sicherung der grundlegenden menschlichen Bedürfnisse der Weltgesellschaft zum Ziel.

4.4 Gefahrendimension. Die Gefahrendimension meint den Grad der *Verwundbarkeit*. Sie bestimmt, wie hoch die Kosten sind, diesen Gefahren zu begegnen (und ob dies für den Staat noch autonom möglich ist). Mit den abstufenden Begriffen *Bedrohung*, *Risiko* und *Gefahr* werden verschiedene Zustände erfasst, die sich darin unterscheiden, wie sie Unsicherheit generieren und welche Gegenmaßnahmen notwendig sind.

4.5 Herausforderungen aktueller S.spolitik. Der erweiterte S.sbegriff erfordert neue Fähigkeiten, um S. zu gewährleisten. Dies macht eine Neuausrichtung der S.spolitik notwendig. Gleichzeitig bleiben die traditionellen Bedrohungen bestehen. S.spolitik befindet sich hier in einem Dilemma, da die Mittel i. d. R. eine Abdeckung des gesamten S.sbegriffs nicht erlauben. Resultat ist eine zunehmend multilaterale und transnationale S.spolitik, die allerdings durch das weiter bestehende Autonomiestreben der Staaten begrenzt wird. S.spolitik wird dadurch zur Aufgabe eines komplexen Netzwerks staatlicher und nicht-staatlicher Akteure, wobei deren Koordination auf nationaler und internationaler Ebene zur zentralen Herausforderung wird (Security Governance). Ergebnis dieser Koordination können gemeinsame S.sstrategien (z.B. Europäische S.sstrategie) sein, die Ausdruck einer gemeinsamen S.skultur sind. S.skulturen spiegeln ein kollektiv geteiltes Verständnis von S. wider, welche durch gemeinsame Normen konstituiert werden.

Eine weitere Herausforderung ergibt sich aus der Beschaffenheit des erweiterten S.sbegriff selbst: durch seine Komplexität und die Interdependenz der verschiedenen Dimensionen sind sinnvolle S.politiken und deren Wirkungen nur schwer zu identifizieren und zu evaluieren. Dies mindert die Effizienz von S.spolitik.

5. Varianten zur Herstellung und Wahrung von S. – S.sinstitutionen. *5.1 Kollektive S.* Kollektive S. zielt auf ein System gemeinsamer S. zwischen Staaten. Es dient dazu, Konflikte unter den Mitgliedsstaaten friedlich zu regeln. Kollektive S. richtet sich nicht gegen einen äußeren Gegner. Systeme kollektiver S. können universal sein (Völkerbund, →Vereinte Nationen) oder auch regional (OSZE). Bei einer Bedrohung oder einem Bruch des Friedens obliegt es dem *Sicherheitsrat der Vereinten Nationen*, Zwangsmaßnahmen zu ergreifen (Art. 39) oder Regionalorganisationen dazu zu ermächtigen (Art. 53). Der Sicherheitsrat kann einstimmig nicht-militärische (Art. 41) und militärische (Art. 42) Maßnahmen beschließen und durchsetzen.

5.2 Kollektive Verteidigung. Kollektive Verteidigung orientiert sich am traditionellen S.sbegriff und zielt darauf ab, bei einem Angriff auf einen der Vertragspartner wechselseitigen Beistand zu leisten. Kollektive Verteidigung ist in multilateralen Bündnissen und in bilateralen Abkommen institutionalisiert. Das Ausmaß der Beistandsverpflichtung reicht von politischen Absichtserklärungen bis zu automatischem militärischem Beistand. Solche Allianzen können aufgrund äußerer Bedrohung wie auch gemeinsamer Werte entstehen. Mit der Erweiterung des S.sbegriffs hat auch die NATO neue Aufgaben etwa im Wiederaufbau von Nachkriegsgesellschaften übernommen.

5.3 S.gemeinschaften. S. kann auch durch Mitwirkung in formellen und informellen Institutionen entstehen. Dabei kann eine gemeinsame Identität auf Grundlage gemeinsamer →Werte und →Normen ausgebildet werden. Da wachsendes Vertrauen lässt verlässliche Erwartungen friedlichen Miteinanders entstehen, so dass das S.dilemma unter den Beteiligten gemindert wird. Der europäische Integrationsprozess steht dafür beispielhaft.

J. H. Herz, Idealist Internationalism and the Security Dilemma, in: World Politics,[2] 1950, 209–236 – E. Adler, M. Barnett (Hg.) Security Communities, 1998 – B. Buzan/O. Waever/J. De Wilde (Hg.), Security. A New Framework of Analysis, 1998 (Lit.) – H. Gärtner/A. Hyde-Price/E. Reiter (Hg.), Europe's New Security Challenges, 2001 – C. Daase/S. Feske/I. Peters (Hg.), Internationale Risikopolitik: Der Umgang mit neuen Gefahren in den internationalen Beziehungen, 2002 (Lit.) – H. Haftendorn/R. O. Keohane/C. A. Wallander, Imperfect Unions: Security over Time and Space, 2002 – C. Daase, Der erweiterte Sicherheitsbegriff, in: Ferdowski, Internationale Politik als Überlebensstrategie, 2009, 137–154 – P. Williams (Hg.), Security Studies: An Introduction, 2012 (Lit.) – A Collins (Hg.), Contemporary Security Studies, 2013[3] (Lit.) – S. Böckenförde/S. B. Garies (Hg.), Deutsche Sicherheitspolitik: Herausforderung, Akteure und Prozesse, 2014[2] – S. Enskat/C. Masala, Internationale Sicherheit, 2014 – W. Bredow, Sicherheit, Sicherheitspolitik und Militär, 2015.

Sven Morgen, Rafael Biermann

Sicherheit, digitale

In den öffentlichen Sprachgebrauch hat sich hinsichtlich des IT-technisch getriebenen Umbaus von Wirtschaft, Arbeitswelt, Verwaltung und Konsum der Begriff „Digitale Sicherheit" eingebürgert. Die eher populär-fachliche Bezeichnung stellt keine interdisziplinär abgestimmte wissenschaftliche Definition dar. Der Begriff fasst vielmehr verschiedene Aspekte von Sicherheitsanforderungen an die Nutzung der IT-Technik und des Internets zusammen. Dabei bündelt die Wortkombination Facetten im Blick auf Infrastrukturen, Technik, Transaktionsprozesse, Management, Schutz von Systemen, Personendatenschutz und Anwenderkulturen.

Zugleich gibt der Begriff eine Richtung an: Er dringt darauf, der digitalen Welt das Qualitätsmerkmal der ganzheitlich angelegten digitalen Sicherheit als Fundament zu unterlegen. „Digitale Sicherheit" bildet heute die Grundlage von Stabilität und Lebensqualität. Die zu erreichende Qualitätsstufe schafft die Voraussetzung für die ebenso ganzheitlich zu handhabende „Digitale Souveränität": „Dies[e] bedeutet, dass wir Zugang zu verifizierbar vertrauenswürdigen Technologien haben, mit der IT-Sicherheit gewährleistet werden kann – für unsere öffentliche Verwaltung, für unsere Industrie und für Bürgerinnen und Bürger" (Bundesministerium für Wirtschaft und Energie – BMWi, 2015, 5).

Um den Weg in diese Sicherheit nachhaltig beschreiten zu können, zielt die Sicherheitsforschung darauf ab, alle Verwundbarkeiten der Technik, der Netze und der Anwendungen vorausschauend zu erkennen. Einer der zentralen methodischen Ansätze zur Bewerkstelligung digitaler und sicherer Abläufe liegt in der Resilienz (Resilience-by-Design): Das Konzept der Resilienz bietet einen „ganzheitlichen Ansatz", um „die menschlichen, ökonomischen und ökologischen Schäden, die durch widrige Ereignisse verursacht wurden, so gering wie möglich zu halten" (acatech, 2014). Für den einschlägigen Technikverband ist „Resilienz die Fähigkeit, tatsächlich oder potenziell widrige Ereignisse abzuwehren, sich darauf vorzubereiten, sie einzukalkulieren, sie zu verkraften, sich davon zu erholen und sich ihnen immer erfolgreicher anzupassen".

Die Wortkomposition „Digitale Sicherheit" fußt auf unterschiedlichen Gesichtspunkten. Im Hinblick auf die Bereitstellung von Infrastrukturen wie etwa Glasfaserkabel oder LTE bedeutet Sicherheit die Stabilität und uneingeschränkte Zugänglichkeit sowie Verfügbarkeit der Netze. Im Besonderen liegt ein Augenmerk auf den sogenannten „Kritischen Infrastrukturen" (KRITIS). Darunter werden jene Zugänge gefasst, die das Funktionieren öffentlicher Einrichtungen, die Sicherung von Versorgung (Strom, Wasser etc.), von Verkehrswegen und die Aufrechterhaltung öffentlicher gesellschaftlicher Ordnung gewährleisten.

Anknüpfend an diesen Aspekt beschreibt „Digitale Sicherheit" die grundsätzliche Garantie und den Schutz von Vertraulichkeit, Zuverlässigkeit, Integrität und Verfügbarkeit der IT-technischen Systeme (z. B. Cloud Services, Transaktionsplattformen, Software-as-a-Service-Angebote, Infrastructure-as-a-service etc.) und Inhalte. Dies gilt umso mehr, als der fortschreitende Prozess der Digitalisierung nicht nur innerhalb von Unternehmens- und Verwaltungseinheiten bereits höchste Anforderungen (E-Government-Systeme) stellt. Hinzu tritt vermehrt die Konvergenz bislang getrennter, virtueller Handlungsräume wie etwa die Vernetzung der Maschinen mit dem Internet im Innovationskonzept „Industrie 4.0" oder die Vernetzung von Industrie und städtischer Infrastruktur wie zum Beispiel die Verknüpfung von Energieversorgungswegen (Smart Grids) mit neuen Elektromobilitätsimpulsen im Konzept „Smart City".

Ein weiterer Gesichtspunkt ist der des Schutzes von Systemen, Prozessen und Personen gegen innere oder äußere Destabilisierungsversuche wie etwa „Cyber-Angriffe" oder Bedrohungen aus dem Cyberspace durch Schadsoftware und Hackerangriffe: „Unter Cyber-Angriffen werden vorsätzlich herbeigeführte Beeinträchtigungen des korrekten und verlässlichen Funktionierens der Informationstechnik (IT) verstanden, die aus dem ‚Cyber-Raum' erfolgen. Cyber-Angriffe können sowohl die Verfügbarkeit von Diensten oder Geschäftsprozessen beeinträchtigen, als auch die Störung von Produktionsprozessen, die Gewinnung von vertraulichen Entwicklungsdaten oder die Destabilisierung von Kommunikationsnetzen zum Ziel haben" (Bundesamt für Sicherheit in der Informationstechnik – BSI).

Um die Verlässlichkeit, Integrität und Verfügbarkeit von technischen Systemen oder entsprechenden Serviceangeboten vertrauenswürdig zu gestalten (z. B. Trusted Cloud), werden in der Regel angepasste Zertifizierungen (z. B. für Cloud-Infrastrukturen), Cyber-Sicherheits-Checks und präventive Maßnahmen („vertrauenswürdigen Dritte") vorgehalten.

„Digitale Sicherheit" als Handlungsanleitung dient nicht nur dem Schutz vor ungewollten Fremdeinwirkungen (z. B. Cyberkriminalität), sondern sie setzt bewusst gerade auch auf die Stärkung und Optimierung der Eigenverantwortung der Nutzerinnen und Nutzer. Erweiterte Medien- und Onlinekompetenz soll die Anwendenden in die Lage versetzen, sich mit Hilfe von digitalen Werkzeugen selbst zu schützen wie zum Beispiel mit Hilfe von Anonymisierungs- bzw. Pseudonymisierungstechniken, elektronischen und digitalen Signaturen, Biometrien, Verschlüsselungsverfahren (Kryptografie), Authentifizierungs- bzw. Autorisierungssoftware. Die angepasste Verteidigung und Bewahrung von Privatheit (Privacy-by-design) gehört zu den Eckpunkten digitalen Kommunikationsverhaltens. Digitale Signaturen und Authentifizierungsverfahren tragen dazu bei, dass Dokumenteninhalte unverfälscht (Integrität) transferiert und die Zuordnung zur urhebenden Person unzweideutig (Nicht-Abstreitbarkeit) vollzogen werden können.

Für die Gewährleistung von maximaler Sicherheit in Unternehmen, Verwaltungen, Produktionsumgebungen und Büros ist ein transparentes Informationssicherheitsmanagement (vgl. Compliance-Ordnungen) unerlässlich. Diese Regelungen für den Umgang mit Technik und Daten gehören zum nicht-technischen Bestandteil der digitalen Sicherheit. Zu den nicht-technischen Aspekten sind ebenso Fragen der erlernten Anwenderkulturen, der Organisation, des Rechtes und des datenschutzgerechten Umganges mit personenbezogenen Angaben sowie Fragen nach dem Schutz der Identität in der Virtualität zu rechnen.

Ein wesentliches Kernelement von Sicherheit in digitalen Umgebungen ist der technische und rechtliche Schutz personenbezogener Daten (Datenschutz). Dabei gilt im Grundsatz, dass die jeweilige Person Herrin ihrer Daten ist und diese nicht gegen den Willen der Betroffenen innerhalb oder außerhalb des Netzes benutzt werden dürfen. Die Verwendung personenbezogener Daten benötigt in geschäftlich-kaufmännischen Kontexten einer vertraglich abgesicherten Auftragsdatenverarbeitung. In der Arbeitswelt, in Unternehmen der Privatwirtschaft wie auch in der öffentlichen Verwaltung gilt der gesetzliche Arbeitnehmerdatenschutz. Betriebs- bzw. Personalräte handeln mit ihren Arbeitgebern ergänzende Rahmenbedingungen (z. B. Benutzerrechte, Rollen) in Betriebs- bzw. Dienstvereinbarungen aus.

Um ein größtmögliches Sicherheitsniveau bei der Nutzung fester Infrastrukturen, Software, elektronischer Werkzeuge (z. B. Apps) und Endgeräte (Smartphones, Smartcards, Tablets) zu erreichen, werben Datenschützer und Tarifpartner dafür, dass die Anwendenden eine aktive Kultur des Schutzes und des Vertrauens erlernen. Die meisten Fehler und Regelverletzungen in der Praxis des Digitalen erfolgen durch Unkenntnis, mangelnde Sensibilität und Unkonzentriertheit auf Seiten der „User".

BUNDESAMT FÜR SICHERHEIT IN DER INFORMATIONSTECHNIK, Sicherheit und Verantwortung im Cyber-Raum, 2012 – ACATECH (Hg.), Resilienz-Tech, 2014 – BUNDESMINISTERIUM FÜR WIRTSCHAFT UND ENERGIE, Industrie 4.0 und Digitale Wirtschaft, 2015.

Welf Schröter

Sitte / Gewohnheit / Brauch

1. Das *Begriffsfeld* gehört der Alltagssprache an. Im deutschen Sprachgebrauch findet sich die Formel „nach S. u. Brauch". Dem Wort *Sitte* entspricht das griechische Ethos, das lateinische mos, mores – die sprachl. Wurzel des Wortes „→Moral". Vom Wort „S." abgeleitet sind auch die Vorstellungen von Moralität u. Sittlichkeit. Nach KANT ist Sittlichkeit, Moralität die Übereinstimmung einer →Handlung mit universal verbindl., rational verstehbaren →Normen, die frei anerkannt u. ohne Zwang durchgesetzt werden. *Gewohnheit*, consuetudo, bezeichnet hingegen das Gewöhnl., Herkömml., eingeübte Verhaltensweisen. Der Mensch ist ein „Gewohnheitstier". Eingeübte Verhaltensweisen nennt man lat. habitus. Das Wortfeld von S., G., B. beruht somit einerseits auf der Natur des Menschen, stellt aber andererseits auf eine „andere", zweite Natur der Menschen, auf Lebensgestaltung, Lebensführung. *Brauchtum* sind durch Tradition festgelegte Verhaltens- u. Handlungsweisen (Volksbräuche). Aus dem Wort „Gebrauch", i. S. von Verwendung wurde ein Synonym zu S. G. ist Derivat von „wohnen", u. gleichsinnig mit Eigenart, Neigung. Die drei Begriffe S., G., B. lassen sich deshalb thematisch zusammenfassen.

G. ist ein weiträumiges, schillerndes Wort u. meint das Übliche. Das Übliche wird erworben durch Übung, Wiederholung, Aneignung. G.en beruhen ferner auf Verhaltensmustern. →Kultur u. →Bildung tradieren G.en u. S.en. S., G., B. dienen ferner der Erhaltung von Sozialkonformität. G.en sind „Regelmäßigkeiten im sozialen Handeln" (MAX WEBER), dienen damit der Regulierung der Lebensführung u. schaffen einen Gruppenzusammenhalt (→Gruppe). Sie sind verhaltensstabilisierend un führen ein „Eigenleben". Aus der Pflege des B.s bildet sich ein Wir-Gefühl u. eine Gruppenmoral. S., G., B. entlasten von fallweisen Entscheidungen u. sind daher die Erscheinungsform „traditionalen" Handelns.

2. Eine besondere Rolle spielt seit alters her das *Gewohnheitsrecht*. Das ungeschriebene →Gesetz war v. a. im römischen Recht wichtig (Mos Maiorum). Auch im Judentum spielt das Gewohnheitsrecht (Mischna) eine zentrale Rolle. Das frühe Mittelalter war die Blütezeit des Gewohnheitsrechts. Auch im *Kirchenrecht* ist es von erhebl. Gewicht: Im kanonischen Recht ist consuetudo ein Oberbegriff bei Gratian. In den luth. Bekenntnisschriften nimmt die Auseinandersetzung mit den traditiones humanae breiten Raum ein (CA 15,1.3; 26,40.43). Mit der Kodifikation von Gesetzen wird das Gewohnheitsrecht zurückgedrängt. Gewohnheitsrecht ist ungeschriebenes Recht (longa consuetudo). Lokales Gewohnheitsrecht heißt auch Observanz. Heute spielt das Gewohnheitsrecht noch eine wesentl. Rolle im Völkerrecht, solange es noch kein Vertragsrecht gibt.

3. S. normiert, was anständig ist; S. u. Anstand sind sich wechselseitig erläuternde Begriffe. Die S.nlehre definiert was justum, honestum et decorum ist. „Gute S.en" werden „schlechten Angewohnheiten" konfrontiert. Der Mensch gewöhnt sich durch die Orientierung an die S.en mithilfe von Ritualisierungen u. Tabuisierungen an die übliche →Moral. Hegel formulierte: „erst durch diese Gewöhnung existiere ich als denkendes für mich".

S. bestimmt die Lebensweise, die Lebensart u. konstituiert die Zugehörigkeit zu einer →Gemeinschaft. Man spricht deshalb von S. der *Völker*(→Volk). Die Vielfalt *partikularer* S.en steht freilich zum Universalitätsanspruch eines *allgemeinen* Sittengesetzes im Widerspruch. Gerade ein Kulturvergleich zeigt die Relativität u. Verschiedenheit der S. Nietzsche meinte: „Ursprüngl. war alles S." Ein Evolutionsmodell (Evolution) der →Ethik sieht darum die Entwicklung von Sittlichkeit u. Moralität bestimmt durch die →Emanzipation von der herrschenden S. hin zur →Autonomie, der Selbstbestimmung des Subjekts. Der „Freigeist", der außergewöhnl. Mensch macht sich unabhängig vom Üblichen, Konventionellen der S. Auch die →Diskursethik legitimiert Ansprüche der S. erst nach kritischer Prüfung. Die formale Berufung auf das allgemeine Sittengesetz (bzw. die Schranke der Sittenwidrigkeit als Generalklausel im →Recht) wird damit fragwürdig.

Eine besondere Bedeutung hat die kirchl. S., wenn sie in Kirchenordnungen normiert u. reglementiert ist.

4. S., G., B. sind insgesamt ambivalente Phänomene. Sie enthalten den Stoff, das *Material* der Ethik. Moral ist zunächst das, „was man tut", also konventionell. Das Konventionelle kann Anpassung, Gruppenzwang erzeugen. Gegen die →Macht der G. hat man in der Theologie den Satz gestellt, Christus habe sich nicht als G., sondern als Wahrheit bezeichnet („Ego sum veritas, non consuetudo"). Fichte sah in der Trägheit, im Bleibenwollen beim gewohnten Zustand sogar die eigentl. Untugend. G. kann zum Trott werden. Ethik setzt zwar S. voraus; aber sie hat in kritischer Reflexion die Berufung auf S., G., B. zu prüfen. Die „normative Kraft des Faktischen", wie sie S. verkörpert, ist noch kein ethisches Argument. Überdies sind S. u. B. von Sozialwissenschaften u. Volkskunde zu erheben u. kritisch zu analysieren.

Ferdinand Tönnies, Die Sitte 1909 – G. Funke, G., 1958, 1961² – E. S. Gerstenberger, G., G.srecht, in: ^{XIII}TRE, 1984, 241–256 – W. Wartinger, Religion und B., 1992.

Martin Honecker

Situationsethik

1. Begriff und Allgemeines. „S." ist die Selbst- und Fremdbezeichnung ansonsten sehr unterschiedlicher (fast ausschließlich theol.-)eth. Theorien, die darin übereinstimmen, das Urteil über die moral. Angemessenheit einer Handlung präferenziell oder (vermeintlich) ausnahmslos aus dem (angeblich) unmittelbaren Anspruch der Entscheidungssituation selbst zu entwickeln. Nicht an obersten moral. *Prinzipien* oder gesch. gewachsenen sittl. →*Normen* will sich die S. orientieren, sondern sie gibt vor, sofern sie theol. begründet ist, das eth. Urteil exklusiv vom *Doppelgebot der Liebe* (→Liebe) bestimmen zu lassen. Ihr Theoriedesign ist geprägt von der Absicht, der „neuen Unübersichtlichkeit" (J. Habermas) einer semantisch pluralen und strukturell ausdifferenzierten Gesellschaft nicht mit einer Bankrotterklärung der „Moral überhaupt begegnen zu müssen. Erkauft wird dieses Aktualitätsverlangen ideengesch. durch eine einseitige, soz.eth. unzureichende Rezeption existentialistischer und personalistischer Theorieelemente wie z. B. dem Pathos, die ethische Entscheidung auf die *Entschlossenheit* des Einzelnen zu konzentrieren. (Hier findet sich die Übereinstimmung mit den nichttheol. S.en von Sartre oder von v. Hildebrand.)

2. Theol.gesch. Hintergrund. Als Motto der S. wird immer wieder ein – selbst von Bultmann – falsch zitiertes Wort Augustins: „ama et fac quod vis" angeführt. Nicht diese trivialisierte Form, sondern erst das im Übrigen dekontexualisierte Originalzitat „dilige et quod vis fac" setzt die Pointe einer theol. S. angemessener: Die speziell im „diligere" zum Ausdruck gebrachte Gottesliebe, die weder als Gesinnung noch als Gefühl, sondern als responsive Identitätsaussage zu verstehen ist, ist Grund und Motivation für die bedingungslose Hinwendung zum Nächsten in seiner Not. Mit ihrer

These, dass die Frage der (theol.) →Ethik keinem Prinzip, sondern der (durch die vorausgehende Gottesliebe besonders) qualifizierten Beziehung zum anderen zu dienen hat, folgt die S. durchaus einem genuin jesuanischen Impuls. Findet sich doch als durchgängiges Charakteristikum seiner Verkündigung die These, dass Handlungssouveränität primär aus der *unmittelbaren*, im Topos von der Gottesherrschaft artikulierten Gottesbeziehung und nicht primär aus der Normen *vermittelnden* Tora gewonnen wird. Diese unmittelbare „Freiheit eines Christenmenschen" gegenüber einer Normen setzenden und kontrollierenden →Institution prägt auch das reformatorische Verständnis christl. Handelns. In dieser Traditionslinie, die sich (in Modifikationen) von LUTHER zu BARTH und BONHOEFFER hinaufzieht, wird S. aber nicht so sehr als exklusive Berücksichtigung der empirischen hic-et-nunc-Umstände, sondern als *theozentrische*, andere Sichtweisen durchbrechende Neuerschließung der jeweiligen Situation verstanden. Im Unterschied zur S. (zumindest der von FLETCHER; vgl. 3.) hat weder bei JESUS noch bei AUGUSTIN noch bei LUTHER, BARTH oder BONHOEFFER der glaubensidentitätsethische Ansatz die Konsequenz, die Möglichkeit von intrinsisch Schlechtem oder von gesch. *Normen* überhaupt zu bezweifeln. Vielmehr dient deren theozentr. Ethik, hierin durchaus in Übereinstimmung mit der S., dem Zweck, auf die *Grenze jeder vernünftigen Ethik* hinzuweisen.

3. Hauptvertreter im 20. Jh. Trotz Unterschieds in der Methode, in der Einschätzung des Verhältnisses von nat. Sympathie und Nächstenliebe, im Verständnis der Radikalität der Sünde und der Relevanz des Vergebungswortes Gottes (in der Person Jesu Christi) für die Bewältigung der exklusiven Situationsanforderung zielen sowohl BULTMANNS als auch LØGSTRUPS s. Ansätze auf die genannte Dekonstruktion der trad. Ethikfrage „Was soll ich tun?". Die eigentliche existentielle und damit quasi-transeth. Forderung, die die S. aufzudecken hat, besteht für beide darin, im Angesicht des Anderen seinem stummen Appell um das für ihn Gute sua sponte zu gehorchen. Auch wenn für LØGSTRUP soz. Normen nicht bedeutungslos sind, kongruieren sie nicht mit dem exzeptionellen Ernst dieser ethischen Forderung.

Der eigentliche Hauptvertreter der S., J. FLETCHER, untergräbt den gesamten Fragebereich der Ethik (→Pflichten, →Tugenden, →Güter, →Normen, →Werte) einschließlich der Anwendungsebene durch das Modell eines umfassenden *Agapismus*: Der S.er „kennt das *Was*, die Liebe. Er kennt das *Warum*, um Gottes Willen. Und er kennt das *Wer*, seinen Nächsten, die Menschen. Aber die anderen ... Fragen lassen sich nur in und aus der Situation beantworten: Wann? – Wo? – Welches? – Wie?". Weil dieser s. Liebesholismus auf der Ebene des Letzten sich nicht mehr – wie bei BONHOEFFER – explizit und kritisch-konstruktiv auf die Ebene des Vorletzten vermitteln will, liefert er sich implizit einer angloamerikanischen Common-sense-Ethik, bestehend aus existentialistisch-personalistischer Entschlossenheit, (neo-)kasuistischer Fallanalyse, handlungsutilitaristischem Gesamtnutzenkalkül (allerdings unter Berücksichtigung des distributiven Vorteils des Einzelnen und seiner Würde), einem puren Pragmatismus und sich daraus ergebenden eth. Relativismus, aus. Moral. und sittl. Schuld resultiert immer nur aus einer mangelnden Analyse der Situation (weshalb in FLETCHERS S. die fehlende sittl. Urteilsebene durch eine nahezu elitäre Informationsverarbeitungskompetenz ersetzt werden muss), nie aus einer Kollision nicht abwägbarer moral.-sittl. Ansprüche (wie es BONHOEFFER in seiner Reflexion auf →Verantwortung noch sehen konnte).

4. Kritik, Würdigung und weiterführende Perspektiven. Die Selbstbindung der S. an den personalistischen Existentialismus, die damit verbundene unterkomplexe Thematisierung der Normen- und Anwendungsfrage (M. HONECKER: „Normen ohne Situation sind leer; Situation ohne Norm ist blind.") und die inadäquate Polemik gegen scheinbar menschenverachtenden Legalismus oder Formalismus anderer Ethikansätze sowie das Fehlen mittlerer (sittl.) Axiome, an denen sich eine →Sozialethik abarbeiten kann, haben nach einer kurzen Blüte in den 1950er und 1960er, einem literarischen Nachhall in den 1970er und 1980er Jahren anschließend zu Recht zum fast vollständigen Verschwinden der S. von der eth. Theoriebühne geführt. Ihr bleibender Verdienst besteht darin, auf die Disproportionalität jeder Anwendung von Allgemeinem auf Besonderes und damit auf die Grenze jeder Eth. nachdrücklich hingewiesen zu haben. Dieser Impuls lässt sich aber auch in anderen, von der S. kritisierten Theoriedesigns entdecken, so z.B. in KANTS Urteilskraft oder in LUHMANNS Einsicht, dass psych. Systeme sich nicht in das soz. System integrieren lassen, oder in der inventio der rhet. Tradition. Entsprechend kann die artifizielle Alternative zwischen Norm und Gesetz auf der einen und Situation auf der anderen Seite zugunsten einer Differenzsensibilität für das Außerordentliche, Fremde und Individuelle in den normativen Interferenzen der Lebenswelten überwunden und so die Beachtung des „blinden Fleckes" jeder Moral gefördert werden.

R. BULTMANN, Das christl. Gebot der Nächstenliebe, GuV [1]1933, 229–244 – J. FLETCHER, Moral ohne Normen? (Orig. amerik. Situation Ethics, 1966), 1967 – K. E. LØGSTRUP, Die eth. Forderung, (1958) 1968[2] – DERS., Leben ohne Moral? (Orig. amerik. Moral Responsibility. Situation Ethics at Work, 1967), 1969 – M. HONECKER, Das Recht des Menschen, 1978, 38–45 – G. OUTKA, S., in: TRE, [XXXI]2000, 337–342 (Lit.) – R. KLEIN, Nächstenliebe als transgressive Norm, in: ZEE, [LVI]2012, 36–48.

Peter Dabrock

Soldat / Soldatin

1. Begriff. S. ist ein Angehöriger von regulären Streitkräften eines Landes. Zu seinen Aufgaben gehört, im staatlichen Auftrag militärische Gewalt anzudrohen und notfalls auszuüben.

Der Begriff leitet sich von *Sold* her, der seit dem MA den Lohn des Berufskriegers bezeichnet. Zu *Sold* vgl. lat. solidus (dicht u. insbes. Goldmünze). Seit dem 17. Jh. ersetzt S. zunehmend die bisher gebrauchten Begriffe (Ritter, Landsknechte, Kriegsleute, Kriegsgurgel).

2. Berufsbild. *2.1 Berufsbild im Wandel.* Das Berufsbild des S. hat sich im Laufe der Zeit gewandelt und differiert in der Beurteilung der Zeitgenossen. Folgende Faktoren sind dabei beeinflussend: die prinzipielle Einstellung zu militärischer Gewalt, die Form der Kriegsführung, die Regierungsform, unter denen die Streitkräfte ihren Dienst tun, und das Verhältnis des S. zum eigenen beruflichen Handeln und zum Auftraggeber. Sind im 17. u. 18. Jh. unter absolutistischer Herrschaft der Zwang zum Dienst und im Dienst bestimmende Momente, so sind es im 19. Jh. Pflicht und Ehre als überhöhte Rechtsfiguren in einer militarisierten Gesellschaft. In der Zeit der Wehrmacht unter A. HITLER ist der „unbedingte Gehorsam" des S. prägend für das Berufsbild.

2.2 Die Traditionsquellen des Berufsbildes des S. der Bundeswehr. Das heutige Selbstverständnis des S. in der Bundeswehr (Bw) beruft sich auf drei Traditionslinien der deutschen Militärgeschichte. In der *preußischen Heeresreform* (1807–1813) wird die Unterscheidung von S. und Staatsbürger aufgehoben. Der S. ist ein Staatsbürger, dessen Aufgabe auch die Verteidigung des Vaterlands ist. Der S. dient nicht unter Ausübung von Zwang, sondern aus Überzeugung (vernünftiger Gehorsam). Im *militärischen Widerstand* gegen HITLER und das NS-Regime stellt der S. sein Gewissen über den Gehorsam. Gehorsam beinhaltet auch die Pflicht zum Widerstand gegen Unrecht. Schließlich versteht die *Bundeswehr* ihre eigene Geschichte als Streitkräfte in der Demokratie als wegweisend für das Selbstverständnis des S.

2.3 S. der Bundeswehr. Die Aufstellung der Bw 1955 bedeutete einen konzeptionellen Neuansatz. Bw und Streitkräfte werden als Teil der Exekutive in der Demokratie verstanden und rechtlich eingebettet. Ihr Einsatz ist an das Grundgesetz gebunden, unterliegt der politischen Führung und der parlamentarischen Kontrolle (Primat der Politik). Maßgeblich für den Auftrag der Bundeswehr ist Art 1 GG: Die Achtung der Menschenwürde sind Grund und Ziel allen soldatischen Handelns. Auch die innere Ordnung der Bw orientiert sich an den Grundsätzen des Grundgesetzes. Der S. hat die gleichen Rechte wie jeder andere Staatsbürger. Einschränkungen sind nur zulässig, wenn sie durch Pflichten des S. gesetzlich begründet werden. Dies wird im *Gesetz über die Rechtstellung des S.* von 1956 festgeschrieben.

2.4 Innere Führung. Grundgelegt wird das Berufsbild des S. der Bw in der Konzeption der Inneren Führung mit seinem Leitbild des Staatsbürgers in Uniform. „Die Soldatinnen und Soldaten der Bundeswehr erfüllen ihren Auftrag, wenn sie aus innerer Überzeugung für Menschenwürde, Freiheit, Frieden, Gerechtigkeit, Gleichheit, Solidarität und Demokratie als den leitenden Werten unseres Staates aktiv eintreten." (A2600/1 Zentrale Dienstvorschrift Innere Führung Ziffer 106). Innere Führung will gewährleisten, dass die Bw Teil der freiheitlich demokratischen Gesellschaft bleibt (Ziffer 101). Nach WOLF GRAF BAUDISSIN, entscheidender Impulsgeber der Inneren Führung, sind folgende Momente als leitend für das Berufsbild des S: das gewissensgeleitete Individuum, der verantwortliche Gehorsam und die konflikt- und friedensfähige Mitmenschlichkeit (vgl. A. DÖRFLER-DIERKEN, 2006). Die veränderte sicherheitspolitische Lage seit 1990 hat zu einer Veränderungen der Bundeswehr und der Aufgaben des S. geführt. Die Bundeswehr befindet sich im Wandel zu einer Einsatzarmee ohne allgemeine Wehrpflicht. Der S. wird weltweit eingesetzt in internationaler Konfliktverhütung und -bewältigung. Neben friedensstabilisierenden Maßnahmen begegnet der S. militärischen Szenarien, die durch Entstaatlichung, Kommerzialisierung, Asymmetrisierung und Automatisierung militärische Gewalt geprägt sind. Die Nichtachtung von Normen und Regeln stellen dabei eine besondere Hausforderung dar. Es sind Tendenzen wahrzunehmen, auf diesem Hintergrund ein Berufsbild des S. jenseits der Konzeption der Inneren Führung zu suchen und das Soldatische aus dem allgemein Gesellschaftlichen herauszunehmen und unter ein Sonderethos zu stellen. Demgegenüber wird seitens der Führung der Bw mit Unterstützung der christlichen Kirchen betont, dass die geistig-moralischen Grundlagen der Gesellschaft leitend für das soldatische Handeln bleiben.

3. S. in ev. Perspektive. Nach einer Zeit widerstreitender Meinungen hat die Evangelische Kirche in Deutschland zu einem Konsens in friedensethischen Fragen gefunden (EKD-Friedendenkschrift 2007). Die grundlegende Bereitschaft zum Gewaltverzicht wird als grundlegend für das christliche Ethos betrachtet. In einer noch nicht erlösten Welt kann aber der Dienst am Nächsten es nötig machen, den Schutz von Recht und Leben durch den Gebrauch von Gegengewalt zu gewährleisten. Beide Wege, Waffenverzicht wie Militärdienst, können aus Sicht christlicher Friedensethik komplementäre Formen der Befolgung des Gebotes der Nächstenliebe sein. Auftrag des S. kann es nur sein, im System einer internationalen Friedensordnung Menschen in bestimmten Situationen vor Gewalt, Not und Unfreiheit zu schützen. Insofern kann der S. dem gerechten Frieden dienen.

MGFA (Hg.), Handbuch zur dt. Militärgeschichte 1648–1939, 6 Bde, 1967–1981 – A. Dörfler-Dierken, Graf von Baudissin. Als Mensch hinter den Waffen, 2006 – U. Hartmann, Innere Führung, 2007 – Rat der EKD, Aus Gottes Frieden leben – für gerechten Frieden sorgen. Eine Denkschrift, 2007 – Ev. Kirchenamt für die Bundeswehr, Friedensethik im Einsatz, 2009 – Dass., Soldatinnen und Soldaten in christlicher Perspektive, 2014 – A. Dörfler-Dierken/M. Rogg (Hg.), M. Luther, Ob Kriegsleute auch in seligem Stande sein können, 2014.

Dirck Ackermann

Solidarität

1. Begriffsdefinition und -geschichte. Im Alltagsgebrauch zielt der S.begriff auf eine soziale Verbindung, die zu wechselseitiger Unterstützung motiviert. Das Konzept, in dieser Form von frz. Juristen des 19. Jh. geprägt, geht einerseits auf das röm. Recht der Gesamthaftung zurück und verweist andererseits auf die christliche Vorstellung geschwisterlicher →Liebe, die in der frz. Revolution im Konzept der Brüderlichkeit (fraternité) aufgenommen wird. In der Arbeiterbewegung des 19. Jh.s tritt der S.sbegriff an die Stelle der Brüderlichkeit und nimmt dabei die Bedeutung einer durch gemeinsame Interessen motivierten Verbindung an. Wirksam wird zudem die soziologische Rezeption durch É. Durkheim, der „mechanische" als durch vergleichbare Lagen bestimmte S. von „organischer S." unterscheidet, die er als in der Moderne durch arbeitsteilige wechselseitige Abhängigkeit erzeugte soziale Bindung fasst. Durkheims Organismusthese wird soziologisch nicht mehr vertreten, weil sie die Verbindung von arbeitsteiliger Abhängigkeit und moralischer Verbindung nur postuliert, bleibt lebensweltlich als Vorstellung eines sozialen Bandes aber aktuell.

2. Systematische Ansätze. Die Differenz von Partikularität und Universalität in den S.quellen – gleiche, besondere Lagen und Interessen oder allgemeine Verbundenheit – lässt sich auch als Unterschied der moralischen Begründung fassen, indem S. entweder als Verbindung einer besonderen Gemeinschaft oder als universales Prinzip verstanden wird. Im ersten Fall stellt sich das moralische Problem, wer mit welchen Gründen von der Gemeinschaft ausgeschlossen werden soll, im zweiten die Frage nach der Differenz von S. und Gerechtigkeit. Für eine erste, im Kontext einer bestimmten Gemeinschaft liegende Deutung des S.begriffs lässt sich die im katholischen Zusammenhang ausgebildete, auf H. Pesch und O. v. Nell-Breuning zurückgehende Konzeption des Solidarismus heranziehen. S. wird dort als auf den Schöpferwillen Gottes zurückgehendes anthropologisches Grundprinzip gefasst, in dem Beschreibung und Normierung konvergieren. Die wechselseitige Abhängigkeit der Menschen in Geschlechterfolge und Arbeitsteilung soll als „Gemeinverstrickung" die „Gemeinhaftung" begründen (Nell-Breuning). Die Menschheit wird dabei als Verbund von Gemeinschaften verstanden, die sich durch ihr jew. zentrales Ziel unterscheiden und anhand dieser Ziele zu hierarchisieren sind, sodass eine gegliederte Gesamtordnung der Menschheit in den Blick rückt, in der der römisch-kath. Kirche als Verkörperung Christi der höchste Wert zukommt, eine Differenz von Kirche und Menschheit aber nicht denkbar ist. Für eine zweite Deutung lässt sich das von H. Brunkhorst entwickelte Verständnis der S. als demokratischer Wechselseitigkeit aufnehmen – als Kern der modernen S.konzeption, in die das Gleichheitsmoment der christlichen Brüderlichkeitsethik, das Freiheitsmoment der antiken Bürgerfreundschaft und der Verantwortungsaspekt des Solidarhaftungsgedankens eingegangen sei, identifiziert Brunkhorst Rousseaus emphatischen Demokratiebegriff, der auf die Identität von Herrschenden und Beherrschten durch das Element der selbstbestimmten Gesetzesherrschaft abzielt und als dessen Geltungsgrundlage die Verfassung verstanden wird. S. wird so zum Programmbegriff weltbürgerlich-universaler wechselseitiger politischer Verpflichtung zu Anerkennung, Beteiligung und der Gewährleistung ihrer materiellen Grundlagen.

Der Begriffsgehalt der S. als partikularer Verbundenheit mit einer bestimmten Gruppe von Menschen wird in beiden Fällen überboten – im ersten Fall wird sie der Menschheit als letztlich göttlich strukturiertem Organismus eingegliedert, im zweiten durch den Bezug auf ein projektiertes Weltbürgertum entgrenzt.

3. Ausblick. S., die als Verpflichtung aus faktischer Verbundenheit mit einer bestimmten Gruppe etwa als Begründung sozialstaatlicher Sicherung jenseits von Gerechtigkeitsansprüchen in Anspruch genommen wird (Kersting) bleibt normativ hoch ambivalent, weil bereits die Abgrenzung solcher Gruppierungen moralisch problematisch ist und Gruppenegoismus nahelegt (Bayertz). Entgrenzte S., auf die hin auch in christlicher Perspektive die Konzeption der Nächsten- und Feindesliebe gedeutet werden kann (Sozialwort), ist als S. kontraintuitiv, weil sie den lebensweltlich plausiblen Bezug auf konkrete Gemeinschaften auflöst und so zeigt, dass ihre Ansprüche letztlich in Forderungen universaler →Gerechtigkeit einmünden.

O. v. Nell-Breuning, Baugesetze der Gesellschaft. S. und Subsidiarität, 1990 – É. Durkheim, Über soziale Arbeitsteilung. Studie über die Organisation höherer Gesellschaften, 1992 – Kirchenamt der EKD, Sekretariat der DBK (Hg.), Für eine Zukunft in S. und Gerechtigkeit. Wort des Rates der EKD und der DBK zur wirtschaftlichen und sozialen Lage in Deutschland, 1997 (Sozialwort) – K. Bayertz, Begriff und Problem der S., in: Ders. (Hg.): S. Begriff und Problem, 1998, 11–53 – W. Kersting, Theorien sozialer Gerechtigkeit, 2000 – H. Brunkhorst, S. Von der Bürgerfreundschaft zur globalen Rechtsgenossenschaft, 2002.

Torsten Meireis

Sonntag

1. Aktuelle Entwicklungen. In den letzten 25 Jahren ist das Thema S.sschutz wieder politisch aktuell geworden. Dabei spielen die deutsche Einheit, die sogenannte neoliberale Wende seit Beginn der 1990er Jahre und die Entwicklung des freien →Marktes auch im Osten Europas eine entscheidende Rolle. Auf dem Hintergrund der →Globalisierung wie der elektronischen Entwicklung entstand eine „Rund-um-die-Uhr-Gesellschaft" mit tendenziell unbegrenzten Arbeitszeiten in Callcentern und Internetfirmen, die z. T. aus dem Ausland, bedient werden. Zusammen mit den immer schon selbstverständlichen Ausnahmen in Rettungsstellen und Krankenhäusern, bei Polizei, Feuerwehr oder Verkehrsbetrieben ist damit der Anteil der Berufstätigen, die auch am S. arbeiten, deutlich gestiegen. Aktuellen Zahlen des Statistischen Bundesamtes zufolge lag der Anteil der Wochenendarbeiter 2013 bei 28 Prozent. 2002 waren es noch 24,2 Prozent und 1992 nur 20,6 Prozent. Die rechtlichen Auseinandersetzungen der letzten Jahre, an denen auch Landeskirchen als Kläger beteiligt waren, drehten sich um die Ladenöffnungszeiten (nicht nur) an Kurorten und die Arbeitszeiten in Call-Centern. Mit dem „zweiten Ladenschlussurteil" des Bundesverfassungsgerichts von 1. Dezember 2009 und dem Urteil des Bundesverwaltungsgerichts vom 24. November 2014, in dem das Land Hessen in einer Klage von ver.di und zwei Dekanaten unterlag, wurde der im Grundgesetz verankerte S.sschutz im Grundsatz bewahrt und öffentlich gestärkt.

2. Theologisch und juristisch. Als Tag der Auferstehung und erster Tag der Woche wurde der S. im Jahr 321 von Kaiser KONSTANTIN zum öffentlichen Ruhetag erklärt, an dem die Ausübung sämtlicher Gewerbe untersagt war. Kirchlich war er schon zuvor als Feiertag an die im Judentum besonders hervorgehobene Stelle des Sabbats (Dtn. 5, 12–15) als krönendem siebenten Tag der Woche getreten. Die Wurzeln der Rechtssetzung zu den Feiertagen liegen im 5. Jahrhundert; dabei führte die sprunghaft steigende Zahl der Feiertage im Mittelalter zu erheblichen Beeinträchtigungen der →Wirtschaft. Reformation, Aufklärung und schließlich die Industrielle Revolution führten anschließend wieder zu einer starken Reduktion, sodass schließlich im 19. Jh. auch der S. für die Mehrzahl der →Bevölkerung regulärer Arbeitstag war (UNRUH, § 16, I.1.). Die damals durchaus konträren Interessen von →Kirchen und Arbeiterbewegung trafen sich auf dem Höhepunkt dieser Entwicklung in der gemeinsamen Forderung nach einem ausreichenden Sonn- und Feiertagsschutz, die ihren Niederschlag in der Gewerbeordnung von 1891 fand.

In Artikel 139 der Weimarer Reichsverfassung sowie – in Übernahme – in Artikel 140 des Grundgesetzes der Bundesrepublik Deutschland bekam der Sonn- und Feiertagsschutz in Deutschland Verfassungsrang, geriet aber seit den 1980er Jahren erneut unter politischen Druck. Neben den o. g. wirtschaftlichen und technischen Veränderungen spielen dabei auch →Säkularisierung, religiöse →Pluralisierung und verändertes Freizeitverhalten eine entscheidende Rolle.

Art. 140 GG i. V. mit Art. 139 WRV schützt den S. und die staatlich anerkannten Feiertage als „Tage der Arbeitsruhe und der seelischen Erhebung". Der Schutz des S.s steht damit nicht nur in enger historischer Verbindung mit dem Grundrecht der →Religionsfreiheit, sondern auch mit dem →Sozialstaatsprinzip und der Garantie der →Menschenwürde, indem er dem ökonomischen Denken eine Grenze setzt und nicht nur den einzelnen und ihrer persönlichen Erholung, sondern auch der Pflege von familiären und freundschaftlichen Kontakten dient. Als Kulturgut erinnert der S. daran, dass unser Leben mehr ist als Arbeit, Kaufen und Besitzen und zu seinem Gelingen auf Zeiten angewiesen ist, die der Begegnung, unseren Beziehungen und dem gemeinsamen →Feiern dienen. Die Bedeutung des S.s geht damit weit über die Feier des Gottesdienstes hinaus und seine Garantie gilt nicht einfach den Interessen der christlichen Religionsgemeinschaften; als Tag der „seelischen Erhebung" dient er in einem umfassenden Sinne dem Aufatmen und Auftanken von Leib und Seele. Dabei bleibt der gemeinsame Arbeits- und Lebensrhythmus, in dem der Einzelne mit seinem Leben aufgehoben ist, ein entscheidender Aspekt.

Um die gemeinsame Zeit von →Familien und Freundeskreisen, →Vereinen und →Gemeinden zu schützen, bleibt es notwendig, der Entgrenzung von →Arbeit und der →Ökonomisierung aller Lebensbereiche entgegen zu treten. Dazu gehören kulturelle Traditionen genauso wie rechtliche Rahmenbedingungen im Feiertagsrecht, im Gewerberecht, bei den Ladenschlusszeiten, im Straßenverkehrsrecht und im Arbeitsschutzrecht. Dabei ist die entsprechende Gesetzgebung weitgehend – und durchaus unterschiedlich – auf Länderebene geregelt. Die religiöse Pluralisierung wird dabei zunehmend aufgenommen. Nachdem in Bayern und NRW bereits der Schutz jüdischer Feiertage einbezogen ist, wird derzeit in anderen Bundesländern über Religionsgesetze verhandelt, die der wachsenden Zahl muslimischer Gläubiger Rechnung tragen.

Während die „institutionelle Garantie" dafür sorgt, dass der arbeitsfreie S. in seinem Kernbereich unangetastet bleibt, drehen sich die Konflikte um die Frage, wieweit Einschränkungen des „Randbereichs" verfassungsmäßig legitimiert werden können. Immerhin gab es bereits im Edikt von Kaisers KONSTANTIN Ausnahmen für die Landwirtschaft. Traditionell waren auch Tätigkeiten in Verkehrsbetrieben, Krankenhäusern oder der Hotellerie ausgenommen. Eine Nivellierung von Sonn- und Werktagen, die den S. unter Hinweis auf Produktivität und Rentabilität, Auslastung und

→Wettbewerb zu einem Tag „wie jedem anderen" macht, ist aber verfassungswidrig. „Der S.s- und Feiertagsschutz hat wirtschaftliche Kosten, die aber vom Grundgesetz gewollt sind." (HÄBELE)

Während Kirchen und →Gewerkschaften seit den 1960er Jahren gemeinsam für das arbeitsfreie Wochenende kämpften („Samstags gehört Vati mir"), haben sich auf dem Hintergrund der Flexibilisierung von Arbeitszeiten inzwischen neue und breitere Bündnisse für den S.sschutz gebildet, an denen auch →Sport, Kultur und eine Vielfalt von Vereinen beteiligt sind. Die „Allianz für den freien S.", die nach der Entwicklung von Landesnetzwerken 2006 auf Bundesebene gegründet wurde, entstand im Kontext der Föderalismusreform, die dazu führte, dass Bundesländer um längere Ladenöffnungszeiten und verkaufsoffene S.e konkurrierten. Sie wird von →EKD und Deutscher Bischofskonferenz unterstützt und inzwischen auf die europäische Ebene getragen. Dort zeigt sich allerdings, dass die gesellschaftlichen, kulturellen und rechtlichen Rahmenbedingungen zum Beispiel im säkularisierten Tschechien oder in Großbritannien vollkommen andere sind. Der verfassungsrechtliche Schutz des S.s in Deutschland ist im europäischen Vergleich eine Besonderheit. Gegen die zunehmende Säkularisierung und alle Tendenzen zur Individualisierung und Ökonomisierung auch des Freizeitverhaltens sind deshalb gute Argumente zum Schutz dieses sozialen und kulturellen Guts notwendig. Darüber hinaus fordert die Allianz für den freien S. in Deutschland einheitliche und klare Grenzen für die S.arbeit durch nähere Bestimmungen im Arbeitszeitgesetz, eine bundesweite Bedarfsgewerbeverordnung und länderübergreifende Standards für verkaufsoffene S.e sowie einen regelmäßigen S.sschutzbericht der Bundesregierung, der die Entwicklung der S.arbeit analysiert und die Wirksamkeit des S.sschutzes überprüft.

A. VON CAMPENHAUSEN/H. DE WALL, Staatskirchenrecht, Eine systematische Darstellung des Religionsverfassungsrechts in Deutschland und Europa, 2006⁴ – P. UNRUH, Religionsverfassungsrecht, 2015³.

Cornelia Coenen-Marx

Soziale Arbeit

Soziale Arbeit lässt sich 1. als menschliche Notwendigkeit verstehen, wenn mit ihr in einem weiten Verständnis (un)entlohnte (erziehende, helfende, pflegende, sorgende usw.) *Tätigkeiten* bezeichnet werden, denen das Attribut sozial zugeschrieben wird. 2. verfügt S. A. über eine facettenreiche Entwicklungsgeschichte. Diese hat 3. einen (auch als ‚Sozialwesen' umschriebenen) Bereich gesellschaftlicher *Institutionen* (Ämter, Dienste, Initiativen, Verbände usw.) hervorgebracht sowie 4. eine spezifische Profession (S. A. als Beruf).

1. Anthropologische Perspektive. Als (entwicklungs-)bedürftiges Wesen (→Bedarf) ist der neugeborene, aufwachsende, gebrechliche usw. Mensch auf Unterstützung angewiesen und zur (wechselseitigen oder weitergebenden) Hilfe aufgerufen. Hinzu kommen spezifische Lebenslagen als Arme/r, Ausgegrenzte/r, Flüchtling, Gewaltopfer, Häftling, Witwe/r, Waise usw., die Hilfebedürftigkeit und -leistung provozieren. Familiäre Unterstützung, Freundes- und Nachbarschaftshilfe sowie ehrenamtliches Engagement finden hier ihre Motivation und Tätigkeitsfelder. Auch für Fachkräfte S. A. (s. 4.) stellt helfen zu wollen eine der zentralen Berufsmotivationen dar.

Die o. g. Hilfeanlässe sind jedoch nicht voraussetzungslos zu bearbeiten, mit Interessen verbunden und von sozialen Normen abhängig (→Sozialpolitik). Sie unterliegen also gesellschaftlichem Streit um Anerkennung als Bedarf, um Klärung von Zuständigkeiten und um Professionalisierung sozialer Hilfe (einschließlich ihrer Kritik).

2. Historische Perspektive. Hinweise zu Hilfeverpflichtungen und -leistungen lassen sich historisch schon für die Antike (B. RATHMAYR) sowie zahlreich ab dem Mittelalter (CHR. SACHSSE/F. TENNSTEDT) und theologisch rund um die Zentralbegriffe →Barmherzigkeit, →Gerechtigkeit und →Nächstenliebe in allen drei Buchreligionen finden (K. GABRIEL). In den christlich geprägten Regionen Europas werden Almosen und religiöse Stiftungen (etwa von Hospitälern) jahrhundertelang zentrale Institutionen der Vermittlung von Hilfebedarf und -leistung, mit zentraler Bedeutung für die Frage nach der →Rechtfertigung durch gute Werke. Zur Zeit der Reformation verändern sich dabei die Zuschreibungen von Verantwortung zur Abhilfe bei Notlagen, bzw. differenzieren sich konfessionell, ab dem 19. Jh. auch wohlfahrtsstaatlich, aus (S. KAHL; PH. MANOW).

Erst mit der →Aufklärung, wirtschaftlicher Prosperität und industrieller Ausbeutung von Lohnabhängigen sowie damit einhergehend schließlich sozialen Bewegungen (insbes. der Arbeiter- und Frauenbewegung) wird dabei die soziale Lage verschiedener Bevölkerungsgruppen als prinzipiell veränderbar und veränderungsbedürftig aufgefasst. Über soziale Reformen (Sozialpolitik) oder sozialistische →Revolutionen (als Zwischenschritt hin zu einer klassenlosen Gesellschaft) sollen Bedürftigkeit und Hilfe vermittelt bzw. weitgehend überwunden werden.

Das Aufgreifen von Not und tätige Hilfe sind dabei loyalitäts- und identitätsstiftend, nicht nur bezogen auf demokratische Institutionen. Wo Hilfe ausbleibt oder existenziell unzureichend ist, zeigt sich nicht nur geschichtlich, dass Hilfehandeln auch etwa für faschistische Zwecke instrumentalisiert und über die Auslese hilfe(un)würdiger Menschen bis hin zu ihrer Vernichtung pervertiert werden kann (H.-U. Otto/H. Sünker). Auch in der S. A. kann daher Protest bis hin zum →Widerstand und →zivilen Ungehorsam eine zentrale Bedeutung zukommen.

3. Institutionelle Perspektive. Neben den bereits genannten sozialen Bewegungen wurden für die weitere Entwicklung der S. A. zunächst Jugend- und konfessionelle soziale Bewegungen, später auch etwa die Behinderten-, Randgruppen- und die Selbsthilfebewegung relevant (R. Roth). Sie führten in Deutschland zum Aufbau der sechs Wohlfahrts- und zahlreicher weiterer Verbände (→Wohlfahrt). Die Behinderten(rechts)bewegung etwa zielt(e) auf Kritik der Hilfeformen und mangelnde Mitbestimmung in etablierten sozialen Diensten. Kirchenasyle verbinden aktuell Hilfe und Protest gegenüber menschenrechtlich zweifelhaften Entscheidungen von Politik(erInnen) und Verwaltung(sbeamtInn)en.

S.A. in dieser institutionellen Perspektive vollzieht sich insbesondere in kommunalen und frei-gemeinnützigen Organisationen, daneben aber auch in privat-gewerblichen (s. Betriebssozialarbeit und inzwischen etwa auch gewinnorientierte Jugendreise- und Pflegeanbieter). Handlungsfeldspezifisch sind etwa die Landschaftsverbände/Landeswohlfahrtsverbände sowie die Lebenshilfe (Behinderung) oder kommunale Jugendämter und die Jugendverbände (Jugendarbeit) zentral. Handlungsfeldübergreifend dient den Wohlfahrtsverbänden dabei die Bundesarbeitsgemeinschaft der Freien Wohlfahrtspflege (BAGFW) als gemeinsames Sprachrohr. Zur Koordinierung öffentlicher und frei-gemeinnütziger Träger/innen S. A. dient der Deutsche Verein für öffentliche und private Fürsorge (DV).

Als Fachverbände auf die Berufsgruppe der Sozialarbeiter/innen und Sozialpädagog/inn/en fokussiert sind in Deutschland insb. für die *Praxis* der Deutsche Berufsverband für S. A. (DBSH), für die *Wissenschaft* S. A. die Deutsche Gesellschaft für S. A. (DGSA) und die Sektion Sozialpädagogik der Deutschen Gesellschaft für Erziehungswissenschaft (DGfE) sowie für die akademische *Ausbildung* der Fachbereichstag S. A. (FBTS). Auf internationaler Ebene (mit kontinentalen Untergliederungen) sind insb. die International Association of Schools of Social Work (IASSW) sowie die International Federation of Social Workers (IFSW) zu nennen.

4. Professionelle Perspektive. Diese Organisationen sind Ausdruck der Professionalisierung S. A., zunächst im Sinne der Verberuflichung (insbes. weiblicher) sozialer Hilfstätigkeit um die vorletzte Jahrhundertwende herum, in vielen Ländern inzwischen weitergehend auch ihrer Akademisierung. Betont wird hierzu etwa, dass *professionelle* S. A. für wirksame Hilfeleistung, die Einhaltung sinnvoller Interventionsschwellen, den Einsatz zielführender Methoden (M. Galuske) sowie das Erkennen, Beachten und Benennen ihrer Voraussetzungen, Chancen, Grenzen und Risiken nicht allein quasi weisungsgebunden im Auftrag von KlientInnen und/oder Kosten- und AnstellungsträgerInnen agieren kann. Hierzu muss sie vielmehr auch auf (berufs)ethischem und wissenschaftlichem Fundament handeln und argumentieren (S. Staub-Bernasconi).

Erschwert wird die interne Kommunikation des Faches und die Außenwahrnehmung ihrer Angehörigen in der Praxis durch eine Vielzahl unterschiedlicher (Selbst-)Beschreibungen als Berufsbetreuer, Jugendreferentin, Sozialmanager usw. In Forschung und Lehre wiederum ist die Integration ‚bezugswissenschaftlichen' Wissens weiterentwicklungsbedürftig. Ferner wirkt hier die erst zum Teil überwundene Unterscheidung zwischen stärker universitär im Rahmen der Erziehungswissenschaft verankerter Sozialpädagogik (mit dem Schwerpunkt: außerschulischer Jugend(bildungs)arbeit und Erziehungshilfe) sowie vornehmlich an (Fach-)Hochschulen (darunter zwölf in evangelischer Trägerschaft) gelehrter und beforschter Sozialarbeit (mit stärkeren Wurzeln in der Armenhilfe) nach (A. Mühlum). Schließlich beziehen sich Forschung, Lehre und Praxis heute auf zahlreiche Handlungsfelder, von der Adoptionsvermittlung über die Schulsozialarbeit bis zur Katastrophenhilfe.

Handlungsfeldübergreifend gelten in vielen Theorien S. A. *soziale Probleme* als Gegenstand der S. A. (E. Engelke/St. Borrmann/Chr. Spatschek). Da diese meist zahlreiche individuelle und gesellschaftliche (Person-Umwelt-) Aspekte umfassen und nur unter Mitwirkung hilfreich zu lindern oder zu überwinden sind, benötigen Sozialarbeiterinnen und Sozialpädagogen neben einer professionellen Haltung umfangreiche Wissensbestände aus verschiedenen Disziplinen sowie Handlungskompetenzen bezogen auf die Zusammenarbeit mit einzelnen KlientInnen und sozialen Gruppen, als auch mit gesellschaftlichen Institutionen und Gemeinwesen (etwa Kirchengemeinden und Wohnquartieren).

A. Mühlum, Sozialpädagogik und Sozialarbeit, 1982 – H.-U. Otto/H. Sünker (Hg.), S. A. und Faschismus, 1989 – Chr. Sachsse/F. Tennstedt, Geschichte der Armenfürsorge in Deutschland, 4 Bände, 1998²/1988/1992/2012 – S. Staub-Bernasconi, S. A. als Handlungswissenschaft, 2007 – E. Engelke/St. Borrmann/Chr. Spatscheck, Theorien der S. A., 2008⁴ – Ph. Manow, Religionen und Sozialstaat, 2008 – S. Kahl, Religious Doctrines and Poor Relief: A Different Causal Pathway, in: K. van Kersbergen/Ph. Manow (Hg.), Religion, Class Coalitions, and Welfare States, 2009, 267–295 – M. Galuske, Methoden der S. A., 2013¹⁰ – B. Beuscher/H. Mogge-Grotjahn (Hg.), Spiritualität interdisziplinär, 2014 (Lit.) – B. Rathmayr, Armut und Fürsorge, 2014 – K. Gabriel, Religionen und S. A., in: H.-U. Otto/H. Thiersch (Hg.), Handbuch S. A., 2015⁵, 1320–1331 – R. Roth, Soziale Bewegungen, in: ebd., 1465–1473.

Benjamin Benz

Soziale Frage

1. Begriff. Der Ausdruck S.F. leitet sich aus dem Französischen („question sociale") ab; in Deutschland setzte er sich ab 1840 durch, nach dem Eindringen des Terminus „sozial" in die deutsche Sprache (GECK). Dabei wurde zunächst in der Regel von s.n F.n gesprochen. Der Begriff signalisiert einen Wechsel der Perspektive, indem die Situation des Individuums und die Organisation und Entwicklung der →Gesellschaft nun in einem engeren, systemischen Zusammenhang gesehen wurden und nicht mehr im Blickwinkel unabänderlicher Bedingungen. Der Begriff dringt damit zu den grundlegenden Strukturfragen durch und beschreibt ein wichtiges, allgemein beobachtbares Phänomen der Industrialisierungs- und Modernisierungsprozesse. In diesem Sinne änderte sich auch immer wieder der Inhalt dessen, was mit der S.F. konkret gemeint ist. Er lässt sich definieren als „Sammelbegriff für die spezifische soziale Problemlage einschließlich der zeitgenössischen Erkenntnis und Verarbeitung der komplexen Strukturprobleme, die sich auf den Stufen der Herausbildung und Fortentwicklung der →Industriegesellschaft jeweils ergaben" (REULECKE). Die Antworten auf die S.F., auf die Frage nach dem erlebten gesellschaftlichen Wandel und den als notwendig erachteten Veränderungen (→sozialer Wandel), die in kritischer Distanz zur Gegenwart formuliert wurden, variieren dabei vom jeweiligen Standpunkt des Betrachters aus.

2. Historische Entwicklung. *2.1 Die S.F. im Vormärz und in der 1848er Revolution.* Schon in der Zeit der Frühindustrialisierung reifte die Erkenntnis, dass die sich ausbreitende Massenarmut (→Armut), der Pauperismus, besondere gesellschaftliche und ökonomische Ursachen hatte und eine „soziale Politik" (PANKOKE), die diese Not lindern oder beseitigen konnte, erforderte. Besonders der Aufstand der schlesischen Weber 1844 intensivierte die öffentliche Diskussion. Die Bevölkerungsexplosion, die Ernährungskrisen oder die Auflösung der ständischen Gesellschaft durch die Aufhebung vieler Beschränkungen (u. a. Heiratsverbote, Berufsbeschränkungen, →Emanzipation) bestimmten die Zeit. Die möglichen Antworten, die in dieser ersten Phase gesucht wurden, waren unterschiedlich. Während die einen hofften, eine weitere Liberalisierung der Gesellschaft und eine fortschreitende Industrialisierung würde die S.F. lösen können, sahen die anderen gerade in der fortschreitenden Auflösung der ständischen Gesellschaft eine Verschärfung der Problemlage, der u. a. durch Moralität und Sittlichkeit entgegengetreten werden müsse.

Sehr früh schon hatte G. W. F. HEGEL in seiner Rechtsphilosophie (1821) die Auswirkungen des Pauperismus auf die sich verändernde Gesellschaft erkannt und als Krise des Prozesses der gesellschaftlichen Modernisierung charakterisiert, die auf strukturelle Bedingungen zurückzuführen seien. HEGEL setzte seine Erwartungen in den →Staat. Innerhalb des Protestantismus war es z. B. der sozialkonservative VICTOR A. HUBER, der die Herausforderung, die insbes. das Aufkommen des recht- und besitzlose →Proletariats, das von der althergebrachten Ständeordnung nicht mehr erfasst wurde, für die Gesellschaft darstellte, erkannte. HUBER, der eine Ursache für die soziale Not in einem ethischen Fehlverhalten sah, propagierte dabei besonders die Idee der →Genossenschaften, die zur Lösung der S.F. beitragen sollten. Der wohl wichtigste sozialkonservative Theoretiker der S.F. war LORENZ VON STEIN, er gilt als Schöpfer der Idee des →Sozialstaates (RITTER). STEIN, der hier von HEGEL beeinflusst war, hatte erkannt, dass die S.F. mit der fortschreitenden Industrialisierung nicht gelöst war, sondern sich verschärfte; durch seine Studien zu den Bedingungen in England und Frankreich kam er zur Bestimmung des Proletariats als →Klasse, er formulierte klar den Gegensatz von →Kapital und →Arbeit. Seine Antwort auf die Problemlagen der industriellen Gesellschaft war die Forderung nach einer sozialen Reform, nach einer staatlichen →Sozialpolitik. Diese Politik, die er für Deutschland als Idee eines „sozialen Königtums" konzipierte, war antirevolutionär ausgerichtet, sie sollte zugleich dem Einzelnen einen Freiraum gegenüber dem Staat gewähren. STEIN übte mit seiner Vorstellung einer staatlich regulierenden Sozialpolitik großen Einfluss auf die sozialkonservativen Theoretiker des Kaiserreichs (u. a. HERMANN WAGENER, THEODOR LOHMANN) und das Konzept der Bismarckschen Sozialpolitik aus (BISMARCK).

Anders konzipierte KARL MARX seine Antwort auf die soziale Frage (→Kommunismus). Er sah im Proletariat, das zu einem politischen Bewusstsein komme, die Träger einer →Revolution, die auch die S.F. lösen werde. Diese revolutionäre Antwort auf die S.F. war innerhalb der sozialistischen Arbeiterbewegung umstritten, wie etwa die Position FERDINAND LASSALLES zeigt, der eine staatliche, soziale Politik und eine Organisierung der Arbeiterschaft forderte.

2.2 Die S.F. als „Arbeiterfrage". Im Kaiserreich konzentrierte sich die grundsätzlich gestellte S.F. auf eine Vielzahl von gesellschafts- und sozialpolitischen Einzelproblemen, wobei besonders die „Arbeiterfrage" im Mittelpunkt der Diskussion stand. Diese Konzentration bedeutete zugleich, dass die S.F. zu einer „Strukturfrage" (PANKOKE) verallgemeinert wurde, die allerdings nicht auf eine grundsätzliche System- und Gesellschaftskritik abzielte, sondern vielmehr auf eine evolutionäre, die vorfindlichen Bedingungen verändernde Reform. Es wurden nun nicht nur die realen Arbeitsbedingungen der Arbeiterschaft reflektiert, sondern auch die organisierte Arbeiterschaft und ihre Forderungen in diese Diskussion mit einbezogen. Besonders die bürgerlichen Sozialreformer bestimmten diese Diskussion um die Suche nach gangbaren Wegen, die gesellschaftlichen

Gegensätze und →Konflikte zu überwinden, auszugleichen oder institutionell zu verankern und damit zu regeln. Foren für diese Diskussionen waren der Verein für Socialpolitik, die Gesellschaft für soziale Reform oder auch der →Evangelisch-soziale Kongreß. Die behandelten Themen betrafen neben dem →Koalitionsrecht die Frage der Tarifverträge (→Tarifautonomie), die Regelung der Frage →Streik und Aussperrung, die Einrichtung sog. Arbeiterkammern oder auch die Schaffung eines Schlichtungswesens. Dazu traten die Fragen der →Sozialversicherung. Gesprächspartner der liberalen Sozialreformer waren besonders der reformorientierte Teil der Gewerkschaftsbewegung (→Gewerkschaften) und der Sozialdemokratie. In dem Maße, in dem die S.F. zu einer Frage der praktischen →Politik wurde und sie als „Arbeiterfrage" diskutiert wurde, zogen sich Teile des organisierten sozialen Protestantismus von der Debatte zurück. Die sozialliberalen Protestanten im Evangelisch-sozialen Kongreß warben für eine demokratische, soziale Politik, und die sozialkonservativen Protestanten in der →Kirchlich-sozialen Konferenz verbanden praktische Sozialarbeit mit der Forderung nach einer Weiterführung der staatlichen Sozialpolitik. Die →Innere Mission dagegen, die noch bis zum Beginn des Kaiserreichs die „Arbeiterfrage" öffentlich diskutiert hatte, überließ diese Debatte nun anderen Teilen des Vereinsprotestantismus (→Verein); sie konzentrierte sich auf die konkrete diakonische Hilfe (→Diakonie) und baute große Wohlfahrtseinrichtungen auf. Die aus der Inneren Mission kommenden politischen Impulse, besonders von THEODOR LOHMANN, wirkten stärker in anderen Teilen des sozialen Protestantismus. Dabei kümmerte sich die Innere Mission, wie auch die anderen Wohlfahrtsorganisationen, um diejenigen Menschen, die konkret von der S.F. durch →Armut, Krankheit o. ä. betroffen waren.

2.3 Die S.F. im 20. Jh. Die Konstituierung der Weimarer Republik als ein sozialer und demokratischer →Rechtsstaat (→Demokratie) war ein „qualitativer Sprung" (RITTER). Mit der Absicherung und dem Ausbau der Sozialversicherung und der Formulierung sozialer →Grundrechte wurde versucht, die Klassengesellschaft des Kaiserreichs zu überwinden und die verschiedenen Gruppen der Gesellschaft in den neuen Staat zu integrieren. Damit galt auch die S.F. als ein legislativ und gesellschaftspolitisch lösbares Problem. Allerdings zeigten sich schon in der Weimarer Republik sofort wieder die aufbrechenden Gegensätze zwischen Kapital und Arbeit. Der schnelle Niedergang der sozialen Sicherungssysteme in der Weltwirtschaftskrise offenbarte, wie trügerisch das Denken war, die S.F. sei mit einer staatlichen Sozialpolitik regulierbar.

In der Zeit des →Nationalsozialismus ist es zu einer „Perversion des Sozialstaates" (RITTER) gekommen; die S.F. wurde unter dem Einfluss einer rassistischen Wohlfahrtspolitik (→Rassismus) und einer am Begriff der „Volksgemeinschaft" orientierten Sozialpolitik an den Rand gedrängt und als gelöst betrachtet, unter Ausschluss von Teilen der Bevölkerung.

Die 1949 gegründete Bundesrepublik versteht sich, wie auch das wiedervereinigte Deutschland, in Anlehnung an die Weimarer Reichsverfassung als →Sozialstaat, auch wenn auf weitergehende Präzisierungen im →Grundgesetz bewusst verzichtet wurde. Das wirtschaftspolitische Konzept (→Wirtschaftspolitik) der sozialen Marktwirtschaft (→Marktwirtschaft, Soziale) stellt in diesem Sinn eine Ergänzung und Präzisierung der Idee des Sozialstaates dar. Besonders in den ersten Jahrzehnten in der Phase des Wiederaufbaus hielt man die S.F. für beherrschbar. Nach der Lösung der „Arbeiterfrage" durch ein kooperatives, regulierendes Miteinander von Kapital und Arbeit (u. a. →Betriebsverfassungsgesetz, →Mitbestimmungsgesetze) sorgte besonders der schnelle Ausbau des Sozialstaates für eine optimistische Sicht. Die Dynamisierung der →Rente (1957), das Bundessozialhilfegesetz (1961; →Sozialhilfe) und besonders die →Familienpolitik (Mutterschutz, Kindergeld etc.) waren wichtige Bestandteile des Gründungskonsenses der BRD. Erst das unter dem Eindruck der gesellschaftlichen Umbrüche der 1960er Jahre, der Wirtschaftskrise und der besonders nach 1973 („Ölkrise") in das öffentliche Bewusstsein getretene ökologische Problem (→Ökologie) hat wieder Zweifel laut werden lassen. Die S.F. bekam eine neue Aktualität. Die „neue soziale Frage" (GEISSLER) wollte dabei darauf aufmerksam machen, dass es neben der S.F. als Arbeiterfrage, die als weitgehend gelöst angesehen wurde, andere Herausforderungen und Notlagen gab, die nicht durch das bewährte und nun kritisierte Wechselspiel der organisierten Interessenvertretungen (Gewerkschaften, Arbeitgeberverbände) erfasst wurden. Alte Menschen (→Alter), →Kinder, große →Familien und Sozialschwache oder auch Behinderte (→Behinderung) wurden als Herausforderungen für eine neu ausgerichtete staatliche Sozialpolitik entdeckt. Trotz der intensiven und kontroversen Diskussion, die parteipolitische Hintergründe hatte, konnten diese Ansätze des sozialpolitischen Flügels der CDU in den 1980-er und 90-er Jahren in der Zeit der Regierungsverantwortung nur ansatzweise politisch umgesetzt werden. Nach der Wiedervereinigung kam es auch von sozialdemokratischer Seite zu einer Diskussion über die S.F. (LAFONTAINE).

3. Fazit. Neue Herausforderungen, die z. B. durch die →Globalisierung oder auch durch die gesellschaftlichen Veränderungsprozesse (→sozialer Wandel) in das Blickfeld geraten, lassen die S.F. wieder aktuell erscheinen. Die anhaltend hohe →Arbeitslosigkeit oder die zu beobachtende Entwicklung einer sozialen Ungleichheit (→Armut und →Reichtum im Sozialstaat) sind nur einige genannte Probleme. Die Kirchen haben sich in dem Diskussionsprozess für eine „Zukunft in →Solidarität und Gerechtigkeit" stark gemacht. Damit haben sie sowohl auf die weiter bestehende Aktualität der S.F. für die Entwicklung der demokratischen Gesellschaft hingewiesen wie auch auf die Notwendigkeit, einen sozialen Ausgleich zwischen den einzelnen →Interessen und Bedürfnissen (→Bedarf, Bedürfnis) herzustellen. In den letzten Jahren hat sich, gerade unter dem Aspekt der Debatten um ein „Prekariat", wiederum die soziale Frage im globalen Kontext neu gestellt (R. CASTEL).

L. H. A. GECK, Über das Eindringen des Wortes „sozial" in die deutsche Sprache, 1963 – E. PANKOKE, Sociale Bewegung – Sociale Frage – Sociale Politik. Grundfragen der deutschen „Socialwissenschaft" im 19. Jh., 1970 – H. GEISSLER, Die Neue S.F., 1976 – H. J. BECHER, Die Neue S.F. Zum sozialpolitischen Gehalt eines sozialpolitischen Konzeptes, 1982 – R. v. BRUCH, Weder Kommunismus noch Kapitalismus. Bürgerliche Sozialreform in Deutschland vom Vormärz bis zur Ära Adenauer, 1985 – J. REULECKE, S.F., in: W. MICKEL (Hg.), Handlexikon zur Politikwissenschaft, 1986, 454–458 – O. LAFONTAINE, Deutsche Wahrheiten. Die nationale und die soziale Frage, 1990 – KIRCHENAMT DER EKD/SEKRETARIAT DER DBK (Hg.), Für eine Zukunft in Solidarität und Gerechtigkeit. Wort des Rates der EKD und der DBK zur wirtschaftlichen und sozialen Lage in Deutschland, 1997 – F.-X. KAUFMANN, Herausforderungen des Sozialstaates, 1997 – G. A. RITTER, S.F. und Sozialpolitik, 1998 – E. PANKOKE, S.F./Soziale Probleme, in: B. SCHÄFERS (Hg.), Grundbegriffe der Soziologie, 2000⁶, 314–320 – T. JÄHNICHEN/N. FRIEDRICH, Geschichte der sozialen Ideen im deutschen Protestantismus, in: H. GREBING (Hg.), Geschichte der sozialen Ideen in Deutschland, 2000, 867–1103 – R. CASTEL/K. DÖRRIE (Hg.), Prekariat, Abstieg, Ausgrenzung. Die soziale Frage am Beginn des 21. Jahrhunderts, 2009.

Norbert Friedrich

Soziale Innovation

1. Definition. I. wurde lange für die Bezeichnung von Neuerungen im Bereich von Technologien und Forschung verwendet. Heute werden verschiedene Dimensionen von I. unterschieden: technische, ökonomische, soziale, politische, ökologische und kulturelle. Der Akzent liegt immer noch auf der technologischen I., weil sie als Impulsgeberin für die ökonomische Entwicklung gilt. Aber weil technische Neuerungen immer sozial eingebettet sind, gelten technische und s.I. heute als hochgradig verschränkt. Zudem spielen s.I. eine immer größere Rolle. Sie verändern die Art, wie wir zusammenleben, wie wir arbeiten, wie wir konsumieren, wie wir mit Krisen umgehen. Zentral für I. ist der Aspekt der Neuheit, der sowohl Produkt-, als auch als Prozess-I. umfasst und sich in drei Dimensionen manifestiert: Der Objekt-Dimension geht es um die Relation alt-neu (Was ist neu?), der Zeit-Dimension um die Relation gleichartig-neuartig (Wie kam es dazu?) und der sozialen Dimension um die Relation normal-abweichend (Für wen ist es neu?). S.I. sind somit neue soziale Praktiken mit dem Ziel, gesellschaftliche Probleme oder soziale Bedürfnisse besser als bisherige Praktiken zu beantworten.

2. Gesellschaftliche Herausforderungen. S.I. sind Antworten auf eine Reihe von gesellschaftlichen Herausforderungen oder neuen Bedürfnissen. Der demografische Wandel lässt den Anteil der über 65-Jährigen kontinuierlich ansteigen und mit ihm den Bedarf an medizinischen und pflegerischen Interventionen. Familien werden kleiner, ihre Mitglieder wohnen in großer Entfernung zueinander, Geschlechterrollen ändern sich. Persönliche →Autonomie hat eine größerer Bedeutung erhalten wie auch die Erwartungen an die Lebensqualität. Neue gesellschaftliche Gruppen treten infolge von Migration auf, insgesamt ist die soziale Struktur heterogener geworden. Auch ökonomische Veränderungen sind Treiber für s.I. Aufgrund der europäischen Wirtschaftskrise wurden Investitionen in sozialen Dienstleistungen reduziert, gleichzeitig sind aber neue Märkte entstanden. Allgemein werden s.I. begünstigt durch Fortschritte im Bereich von Wissenschaft und Technik. So erhöht die IT-Technologie die Möglichkeit des Zugangs, der Vernetzung und der telemedizinischen Versorgung. Hinderlich für s.I. sind Pfadabhängigkeiten sozialer Dienste, da s.I. vor allem cross-sektoral entstehen und hierfür eigene Förderbedingungen etabliert werden müssten.

3. Auswirkungen sozialer Innovationen. S.I. können Auswirkungen auf ganz unterschiedlichen Ebenen haben: auf Nutzer- und Qualitäts-Ebene, auf professioneller, organisationaler, kooperativer, regulatorisch-legislativer sowie sozialpolitischer Ebene. Nutzer können in die Entwicklung von Dienstleistungen eingebunden werden, neue Qualitätsstandards etablieren sich durch enge Kooperation von Organisationen, Professionellen, Angehörigen mit leichterem Zugang zu Leistungen. IT-Technologie kann zu neuen Ansätzen, Kompetenzen oder innovativen Werkzeugen bei sozialen Dienstleistungen führen. Mit neuen sektorenübergreifenden Angeboten können neue Bedarfe bedient und die Art der Zusammenarbeit mit den Nutzern verändert werden. Es können Netzwerke und Initiativen von Freiwilligen, Nutzern, Professionellen und Wissenschaftlern entstehen, neue Wege zur Umgehung der Budgetlimitierung beschritten sowie neue Formen der Kooperation zwischen Organisationen, Behörden und privaten Anbietern möglich werden. S.I. spielen somit für die Entstehung neuer sozialer Modelle eine zentrale Rolle. Zugleich ist zu bedenken, dass nicht alle Folgen einer I. von vornherein absehbar sind und unbeabsichtigte negative Folgen auftreten können. Weiterhin wird befürchtet, dass unter dem Begriff s.I. eine Deregulierung sozialer Standards herbeigeführt werden könnte.

4. Trends bei sozialen Innovationen. Es lassen sich drei Arten von Entwicklungstrends bei s.I. identifizieren: A. neue Produkte: Dienstleistungen, die Nutzer und Freiwillige einbeziehen, wodurch sektorenübergreifende Kooperationen entstehen; neue IT-Technologien, die Teilhabe fördern. B. neue Prozesse: Entwicklung von Organisationen befördern durch ein Management, das innovationsfreundliche Atmosphäre schafft; Wirkmessung der Qualität nicht nur unter ökonomischen, sondern auch unter Aspekten wie Lebensqualität, Zugang, Wahlmöglichkeiten; neue Formen der Governance durch Netzwerke und Partnerschaften, die staatlich gefördert bottom-up entwickelt werden. C. veränderte Rahmenbedingungen: Verbreitung transnationaler Werte wie Menschenrechte und Gleichstellung, Kampf gegen Exklusion, good governance; erhebliche systemische und kulturelle Unterschiede auf organisationaler und institutioneller Ebene als Herausforderung für die Transferierbarkeit von good practices von s.I.

J. Howaldt/H. Jacobsen (Hg.), Soziale Innovation, 2010 – A. Langer/J. Eurich, Innovationen in sozialen Dienstleistungen in europäischer Perspektive, in: B. Wüthrich/J. Amstutz/A. Fritze (Hg.), Soziale Versorgung 2015, 89–109 – W. Zapf, Über soziale Innovationen, in: Soziale Welt, 40. Jg. H. 1–2, 170–183.

Johannes Eurich

Soziale Netzwerke (Soziologie)

1. Einleitung und Definition. Die Termini „Netzwerk" und „s. N." werden in vielfältigen Bedeutungszusammenhängen verwendet. So können unter s. N. „identifizierbare Beziehungsmuster [...] unter Individuen und sozialen Systemen jeder Art und Größe" verstanden werden, die „im Vergleich zu anderen sozialen Gebilden offener im Hinblick auf Mitgliedschaftsstrukturen und zumeist von kürzerer Dauer" sind (B. Schäfers 2013, 116). In der soziologischen Netzwerkforschung besteht ein s. N. aus einer Menge von Akteuren und Beziehungen.

Bis in die 1950er-Jahre stellten Gruppen ein Kernkonzept der Soziologie dar. Der Gruppenbegriff verliert in den 1960er-Jahren jedoch an Bedeutung und wird zunehmend durch den Netzwerkbegriff verdrängt. Dieser wird als geeigneter betrachtet, um die komplexen sozialen Strukturen der Moderne zu erfassen. Gruppen werden als Spezialfall von Netzwerkstrukturen betrachtet (J. Fuhse 2006).

In der Organisationssoziologie wird unter Netzwerken weniger die formale Struktur von Beziehungen als vielmehr eine spezifische Form der Handlungskoordination verstanden. Das Netzwerk ergänzt die Formen Hierarchie und Markt und kann, wie in der Politikwissenschaft diskutiert, als Idealtyp einer Governance-Form gesehen werden (B. Hollstein 2013, 746; A. Wald/D. Jansen 2007).

2. Die s. N.analyse. *2.1 Methodik der Netzwerkanalyse.* Mit der soziologischen Netzwerkanalyse wurde der als paradigmatisch beschriebene Ansatz der „relationalen Soziologie" entwickelt. Hierbei handelt es sich um eine theoretische Perspektive, die betont, Beziehungsgefüge, Netzwerkstrukturen und -dynamiken anstelle von einzelnen Akteuren und ihren Handlungspräferenzen oder gesellschaftlichen Rahmenbedingungen zu analysieren (R. Häussling 2010, 63). Dadurch verbindet sie die gesellschaftliche Mikro- und die Makro-Ebene (B. Hollstein 2013, 745). Die Methodik der s. N.analyse wird jedoch nicht nur im Rahmen des Ansatzes der relationalen Soziologie angewendet, sondern auch im Kontext anderer theoretischer Zugänge wie des Methodologischen Individualismus und der Systemtheorie (R. Häussling 2010, 63).

Im Zentrum der Netzwerkanalyse stehen zum einen Akteure als Knoten des s. N. und zum anderen Beziehungen (Relationen) als „Kanten" des Netzwerkes, über die die Akteure miteinander verbunden sind. Die Akteure (Knoten) können nicht nur individuelle Personen, sondern beispielsweise Gruppen oder Organisationseinheiten sein. Die Beziehungen können unterschiedlicher Art sein, es kann sich z. B. um Freundschafts- und Unterstützungsbeziehungen oder die Zugehörigkeit zu Gruppen oder Vereinen handeln. Die Personenbeziehungen werden mittels sogenannter „Namensgeneratoren", also Stimuli, die nach konkreten Kontaktpersonen fragen und inhaltlich vom Forschungsinteresse abhängen, erhoben (M. Hennig 2010). Es kann sich um soziale Rollen oder soziale Interaktionen handeln. Erprobte Namensgeneratoren sind bspw. der Burt-Generator, der nach Gesprächspartnern in wichtigen Angelegenheiten fragt (R. S. Burt 1984), der Ressourcen-Generator (M. Van Der Gaag/T. A. B. Snijders 2005), der in engem Zusammenhang zum Sozialkapital-Ansatz steht, und das von Fischer und McCallister entwickelte Erhebungsinstrument, das aus zehn Namensgeneratoren besteht und verschiedene Dimensionen sozialer Kontakte und Unterstützungsleistungen erhebt (L. McCallister/C. S. Fischer 1978).

Zur näheren Charakterisierung der Beziehung zwischen der befragten Person und den von ihr genannten Personen des Netzwerks (Alteri) werden weitere Details zu den Alteri erhoben – neben soziodemographischen Angaben bspw. auch die Beziehungsart, Kontakthäufigkeit oder emotionale Verbundenheit (C. Wolf 2010, 474). Auch Beziehungen zwischen den genannten Alteri (Alter-Alter-Beziehungen) können erhoben werden.

Zu unterscheiden ist zwischen Gesamtnetzwerken und „egozentrierten Netzwerke". Eine Gesamtnetzwerkerhebung zielt darauf ab, alle Akteure eines definierten Netzwerks zu befragen. Ein egozentriertes Netzwerk stellt die Beziehungen einer zentralen Person (Ego) zu den Alteri dar. (C. Wolf 2010, 471).

Neben quantitativ orientierten Ansätzen stellt die qualitative Netzwerkanalyse einen weiteren netzwerkanalytischen Zugang dar. Er kann sinnvoll angewendet werden, wenn ein Forschungsfeld weitgehend unerforscht und ein exploratives Vorgehen erforderlich ist, wenn Deutungen der Akteure wie subjektive Wahrnehmungen, individuelle Relevanzsetzungen und handlungsleitende Orientierungen im Mittelpunkt der Analyse stehen oder wenn die konkreten Interaktionen und Handlungsvollzüge der Subjekte in ihrem jeweiligen Kontext rekonstruiert werden sollen (B. Hollstein 2006, 20f.).

2.2 Strukturmerkmale von Netzwerken. Netzwerkstrukturen bieten einen wichtigen Beitrag zur Erklärung sozialen Handelns. Verschiedene Ebenen quantitativer Analysen lassen sich unterscheiden (B. Hollstein 2013, 745ff.): So können zum einen Berechnungen auf der Ebene des Gesamtnetzwerkes oder von Teilnetzwerken vorgenommen werden (z. B. Netzwerkgröße und -dichte), zum zweiten Strukturmerkmale von Beziehungen erfasst und auf Netzwerkebene zusammengefasst werden (Kontakthäufigkeit z. B.) sowie drittens Strukturmerkmale einzelner Akteure und auf Netzwerkebene analysiert werden (Merkmale und Positionen wie z. B. Zentralität, Gatekeeper, Brückenposition, Grad der Homogenität oder der Heterogenität der Akteure). Personen oder Organisationen, die strukturelle Löcher des Netzwerks überbrücken, besitzen Informations- und Kontrollvorteile (N. Scheidegger 2010, 146; R. S. Burt 1992). Wichtig kann darüber hinaus eine Differenzierung zwischen „strong ties" und „weak ties" sein. Die Bedeutung von „weak ties" hat bspw. Granovetter aufgezeigt (M. S. Granovetter 1973).

M. S. Granovetter, The Strength of Weak Ties, in: American Journal of Sociology[78], 1973, 1360–1380 – L. McCallister/C. S. Fischer, A Procedure For Surveying Personal Networks, in: Sociological Methods & Research[7], 1978, 131–148 – R. S. Burt, Network Items and the General Social Survey, in: Social Networks[6], 1984, 293–339 – R. S. Burt, Structural Holes. The Social Structure of Competition, 1992 – M. Van Der Gaag/T. A. B. Snijders, The Resource Generator: social capital quantification with concrete items, in: Social Networks[27], 2005, 1–29 – J. Fuhse, Gruppe und Netzwerk. Eine begriffsgeschichtliche Rekonstruktion, in: Berliner Journal für Soziologie[16], 2006, 245–263 – B. Hollstein, Qualitative Methoden und Netzwerkanalyse. Ein Widerspruch?, in: B. Hollstein /F. Straus (Hg.): Qualitative Netzwerkanalyse. Konzepte, Methoden, Anwendungen, 2006, 11–35 – A. Wald/D. Jansen, Netzwerke, in: A. Benz/S. Lütz/U. Schimank/G. Simonis (Hg.), Handbuch Governance, Theoretische Grundlagen und empirische Anwendungsfelder, 2007, 93–105 – R. Häussling, Relationale Soziologie, in: C. Stegbauer/R. Häussling (Hg.), Handbuch Netzwerkforschung, 2010, 63–87 – M. Hennig, Mit welchem Ziel werden bestehende Netzwerke generiert?, in: C. Stegbauer (Hg.), Netzwerkanalyse und Netzwerktheorie, 20102, 295–307 – N. Scheidegger, Strukturelle Löcher, in: C. Stegbauer /R. Häussling (Hg.), Handbuch Netzwerkforschung, 2010, 145–155 – C. Wolf, Egozentrierte Netzwerke: Datenerhebung und Datenanalyse, in: C. Stegbauer/R. Häussling (Hg.), Handbuch Netzwerkforschung, 2010, 471–483 – B. Hollstein, Soziale Netzwerke, in: S. Mau/N. M. Schöneck (Hg.), Handwörterbuch zur Gesellschaft Deutschlands, 2013, 745–757 – B. Schäfers, Einführung in die Soziologie, 2013.

Tabea Spieß

Sozialer Wandel

1. Begriff. Der Begriff des s.W. wurde 1922 von Ogburn in Abgrenzung zu älteren, oft wertgeladenen Begriffen wie „→Fortschritt", „Entwicklung" oder „Evolution" in die →Soziologie eingeführt. Er bezeichnet langfristige Vorgänge gesellschaftlichen Strukturwandels, durch die sich typische Elemente eines sozialen Systems oder das System insgesamt verändern. S.W. unterscheidet sich somit von sozialen Prozessen, die als ständige Vorgänge innerhalb sozialer Systeme eine geringere Reichweite aufweisen, wohl aber Auslöser oder Voraussetzung s.W. sein können. Der auf die gesellschaftliche Dynamik zielende Begriff des s.W. steht in einem dialektischen Spannungsverhältnis mit dem eher statischen Strukturbegriff.

Immer häufiger wird der Begriff des s.W. durch den der „Modernisierung" im Sinne einer eigenlogischen und selbstreflexiven Transformation von Industriegesellschaften ersetzt (vgl. Beck et al.).

2. Begriffsgeschichte. Als historische Vorläufer der Theorien s.W. können alle philosophischen Entwürfe verstanden werden, die sich mit der Frage nach der Ordnung des Zusammenlebens und des →Staates, mit Sinn und Ziel der Geschichte oder auch mit den Möglichkeiten des menschlichen Eingreifens in die Geschichte befassen. Im Zuge von →Aufklärung und →Säkularisierung und im Kontext der politischen und technisch-ökonomischen Umwälzungen des 17. u. 18. Jh.s löste sich das Nachdenken über die Bedingungen und Formen menschlichen Zusammenlebens von religiösen Deutungen und wandte sich der Suche nach den quasi-„natürlichen" Gesetzen gesellschaftlicher Entwicklung und Ordnung zu (vgl. Mogge-Grotjahn). Hieraus entstanden diejenigen Gesellschaftsverständnisse (→Gesellschaft), die Eingang in die heute existierenden unterschiedlichen Theorien s.W. gefunden haben.

3. Theorien sozialen Wandels. Alle Theorien s.W. fragen nach dessen Ursachen. Unter exogenen Ursachen werden Einflüsse verstanden, die von außen auf eine bestehende Gesellschaft einwirken, wie beispielsweise Kolonialisierung oder ökologische Katastrophen. Als endogen werden innergesellschaftlich verursachte Veränderungsprozesse bezeichnet. Endogener Wandel kann sich aus der Komplexität von Gesellschaften, aus der Dynamik einzelner Subsysteme, aus den Interessenkonflikten gesellschaftlicher Teilgruppen, aber auch aus der bewussten und geplanten Transformation ihrer politischen, ökonomischen und sozialen Strukturen ergeben. Die Analyse historischer wie auch aktueller Prozesse s.W. zeigt jedoch, dass eine strenge Unterscheidung von exogenen und endogenen Ursachen s.W. an der tatsächlichen Verflochtenheit beider Dimensionen vorbeigeht.

Wird in Hinblick auf die Prozesse der Veränderung von Gesellschaften von (sozialer) Evolution gesprochen, so wird ein im naturwissenschaftlichen Kontext entstandenes Verständnis gesetzmäßiger Entwicklungen auf gesellschaftliche Prozesse übertragen. Geschichte insgesamt erscheint dann als gleichbedeutend mit →Fortschritt, in dessen Verlauf sich die leistungsfähigsten Gesellschaftsformen durchsetzen.

Der dialektische und historische →Materialismus konzipierte gesellschaftliche Entwicklung dagegen als Folge von →Konflikten, die sich aus widerstreitenden →Interessen ergeben (Klassenkämpfe [→Klasse]), die verschiedene, notwendig aufeinander folgende Stadien der gesellschaftlichen Entwicklung hervorbringen.

Verhaltens- bzw. lerntheoretisch fundierte Theorien wie auch Handlungstheorien (→Handeln) stellen den Einzelnen als Träger s.W. in den Mittelpunkt. Während sich aber erstere stark an der Ökonomie entlehnten Modellen („rational choice") orientieren, sind letztere dem Symbolischen Interaktionismus verpflichtet. In diesem Verständnis, das Gesellschaft als letztlich über Interaktion hervorgebrachte soziale Konstruktion versteht, erscheint permanenter s.W. als einzig mögliche Daseinsform alles Sozialen und nicht als Gegensatz zur stabilen Ordnung (vgl. WEYMANN).

Eine gesonderte Position nimmt ELIAS mit seiner prozess- und figurationssoziologischen Zivilisationstheorie ein. Demnach entwickeln sich Gesellschaften langfristig in einer nicht umkehrbaren Weise zu immer komplexeren und rational gesteuerten sozialen Gefügen (Soziogenese des Zivilisationsprozesses), doch ist dieser Prozess weder eine „Höherentwicklung" im Sinne der tradierten Evolutionstheorie noch ein geplanter, gezielt herbeigeführter Vorgang. Aus absichtsvollen (intentionalen) einzelnen Handlungen entstehen nach ELIAS unbeabsichtigte (nicht-intendierte) gesellschaftliche Folgen. Gesellschaft als Figuration von Individuen befindet sich in einem stetigen Wechsel der Wir-Ich- und der Macht-Balancen, worin ELIAS den „Motor" jeglichen s.W. sieht.

4. Subjekt des sozialen Wandels. Mit der Frage nach den Ursachen des s.W. ist auch die Frage nach seinem Subjekt gestellt. Als Akteure können sowohl einzelne als auch →Gruppen oder Kollektive, oder auch →Parteien, →Unternehmen, rechtliche und politische Institutionen etc. als in einer gegebenen Situation handelnde Einheiten verstanden werden. In modernen Gesellschaften gelten häufig soziale Bewegungen als Träger bzw. Katalysatoren s.W. Angenommen wird ein Wechselverhältnis zwischen gesamtgesellschaftlichem s.W. und individuellen Lebensverläufen, so dass struktur- und subjektorientierte Ansätze miteinander zu verknüpfen sind (vgl. WEYMANN).

5. Erforschung des sozialen Wandels. Viele Gesellschaftstheorien enthalten implizite Annahmen über Ursachen, Dynamiken und Akteure des s.W. (vgl. JÄGER/WEINZIERL). Empirische Studien zum s.W. beschäftigen sich mit wirtschaftsbezogenen quantitativen Daten und Sozialberichterstattung einerseits, Lebensstil-, Milieu- und Wertewandelsforschung andererseits. Unterschieden werden Prozesse s.W. unter anderem nach ihrem Umfang, ihren Verlaufsformen, ihren Folgen sowie nach dem Ausmaß ihrer Planbarkeit (vgl. WISWEDE). LUHMANN wiederum verneint grundsätzlich die Steuerbarkeit von Gesellschaften als sozialen Systemen.

Bei allen Versuchen der empirischen Erfassung s.W. bestehen erhebliche methodologische und methodische Probleme: Welche Kriterien sollen zur Erfassung s.W. herangezogen werden? Welche Indikatoren werden gewählt? Welche Zeiträume (Anfangs- und Endpunkte) können definiert werden? Wie können qualitative Wandlungsprozesse quantifiziert werden?

6. Offene Fragen. Damit sind bereits einige offene Fragen der Theorien s.W. und seiner Erforschung angesprochen. Ob und wann soziale Prozesse zu so gravierenden Veränderungen der gesamten Gesellschaft führen, dass von s.W. gesprochen werden kann oder muss, ist oft nur schwer bzw. im Nachhinein zu erkennen. Auch die Langfristigkeit s.W. erschwert es, Prognosen der gesellschaftlichen Entwicklung oder auch nur angemessene Gegenwartsdiagnosen zu gewinnen (vgl. HRADIL). Die Schwierigkeiten angemessener Gegenwartsdiagnosen und Zukunftsprognosen zeigen sich auch in den „Konjunkturen" von Gesellschaftsbegriffen (z.B. →Informationsgesellschaft, →Risikogesellschaft, →Konsumgesellschaft, u.v.a.m.). Die Kurzlebigkeit der meisten solchen Begriffe lässt Zweifel an der Tauglichkeit eindimensionaler Konzepte s.W. angebracht erscheinen.

W. OGBURN, Social Change, 1922 – N. ELIAS, Über den Prozeß der Zivilisation. Soziogenetische und psychogenetische Untersuchungen (1939), 2 Bde., 1976 – N. LUHMANN, Soziale Systeme. Grundriss einer allgemeinen Theorie, 1987 – U. BECK/A. GIDDENS/S. LASH, Reflexive Modernisierung. Eine Kontroverse, 1996 – A. WEYMANN, Sozialer Wandel. Theorien zur Dynamik der modernen Gesellschaft, 1998 – W. JÄGER/U. WEINZIERL, MODERNE SOZIOLOGISCHE THEORIEN UND SOZIALER WANDEL 2011[2] – H. MOGGE-GROTJAHN, SOZIOLOGIE. EINE EINFÜHRUNG FÜR SOZIALE BERUFE, 2011[4] – S. HRADIL, SOZIALER WANDEL. GESELLSCHAFTLICHE ENTWICKLUNGSTRENDS, 2013[3].

Hildegard Mogge-Grotjahn

Sozialethik

1. Begriff und Definition. Die S. ist eine recht junge theologische Disziplin, wichtige Aspekte sind jedoch bereits in der reformatorischen *Dreiständelehre* und in den protestantisch geprägten *Rechtsphilosophien* des frühen 19. Jh.s bearbeitet worden. Den Begriff S. hat der luth. Theologe A. VON OETTINGEN mit seinem 1868 erschienenen Werk „Moralstatistik. Versuch einer Sozialethik auf empirischer Grundlage" eingeführt. Er versuchte auf der Grundlage statistischen Materials (→Statistik) die „sittlichen Bewegungsgesetze" der Menschheit zu analysieren und sie einer ethischen Beurteilung zu unterziehen. Eine deskriptive und eine präskriptive Aufgabenstellung sind somit von Beginn an in der S. zu unterscheiden und zu verbinden. Die „*Moralstatistik*" des 19. Jh.s thematisierte moralisch abweichendes Verhalten (Selbstmordquoten, Relationen der ehelichen zu den unehelichen Geburten, Kriminalitätsraten u. a.) als Konsequenz gesellschaftlicher Wandlungsprozesse, so dass die wechselseitigen Bedingungsverhältnisse von individuellem Verhalten und gesellschaftlichen Zuständen aufgezeigt und die Formen abweichenden Verhaltens durch volksmissionarische und durch gesellschaftsreformerische Aktivitäten bekämpft werden sollten. In diesem Sinn impliziert das Programm der S. eine Kritik der traditionellen *Individualethik* (→Ethik), deren Defizit eine mangelnde Beachtung der sozialen Einbettung des Verhaltens ist. Begriff und Anliegen der S. sind eng mit den gesellschaftlichen Wandlungsprozessen des 19. Jh.s verknüpft, welche die agrarisch-feudalen Lebensordnungen aufgelöst haben. An die Stelle der traditionalen Ordnungen, die im Protestantismus seit der Reformationszeit im Horizont der *Dreiständelehre* legitimiert wurden und im Sinn eines *verchristlichten Liebes-Patriarchalismus* (E. TROELTSCH) eine ethische Deutung erfuhren, trat eine sich funktional ausdifferenzierende →Gesellschaft, die sich den traditionellen Interpretations- und Beeinflussungsmöglichkeiten christlicher Verkündigung mehr und mehr entzog. Die neu entstehende Wissenschaft der →Soziologie beanspruchte eine besondere Kompetenz bei der Deutung und Bewältigung der Folgeprobleme der gesellschaftlichen Wandlungsprozesse. Gegen die mechanistische „Sozialphysik" A. COMTES und gegen marxistisch inspirierte Gesellschaftstheorien (→Marxismus), die je auf ihre Weise in der Gesellschaft quasinaturwissenschaftliche Gesetzmäßigkeiten festzustellen glaubten, betonten die Begründer der evangelischen S. die ethische Verantwortung von einzelnen und kollektiven Akteuren im Bereich des Sozialen, ohne den Sachbezug gesellschaftlicher Tatbestände in Abrede zu stellen. S. kann vor diesem Hintergrund definiert werden als „die Theorie und Praxis verantwortlicher Existenz des Menschen (→Verantwortung) im Verhältnis zu den Mitmenschen und der →Umwelt, soweit dieses Verhältnis keinen unmittelbaren Charakter hat, sondern durch gesellschaftliche →Institutionen vermittelt ist" (A. RICH). Sie thematisiert im Dialog mit der Soziologie und anderen Humanwissenschaften Fragen einer ethisch verantwortbaren Gestaltung sozialer Strukturen und Ordnungen.

2. Geschichte der S. Seit dem Ende des 19. Jh.s beginnt sich die S. neben der Individualethik zu etablieren. Waren es zunächst kirchliche und theologische Außenseiter, welche sozialethische Studien betrieben und veranlassten, bedeutete die Gründung des →Ev.-sozialen Kongresses (ESK) 1890 einen wichtigen Kulminationspunkt dieser Bemühungen. In seiner Satzung von 1891 formulierte der Kongress eine bis heute grundlegende Aufgabenbeschreibung der S.: Es sind „die sozialen Zustände unseres Volkes vorurteilslos zu untersuchen, sie an dem Maßstabe der sittlichen und religiösen Forderungen des Evangeliums zu messen und diese selbst für das heutige Wirtschaftsleben fruchtbarer zu machen als bisher." Daraus lässt sich ein methodischer Dreischritt von Sehen (Sachanalyse), Urteilen (normative Ebene) und Handeln (Reformperspektive) ableiten, der bis heute s. Denken bestimmt.

Problematisiert wurde angesichts der sich ausbildenden systemischen Bedingungen des Handelns sehr früh die Frage der prinzipiellen Möglichkeit einer ethischen Beeinflussung der modernen Gesellschaft. So hob bereits um 1900 F. NAUMANN in Anknüpfung an die lutherische Unterscheidung der *Zweireichelehre* die Bedeutung der jeweiligen Sachgesetzlichkeiten der sich ausdifferenzierenden *Kulturgebiete* hervor und hielt das seinerzeit verbreitete Bemühen um eine erneute „Verchristlichung" von Politik oder Wirtschaft für vergeblich. Im wissenschaftlichen Diskurs nahm E. TROELTSCH diese Problemstellung auf. Die moderne →Kultur, die nur in bestimmten Anteilen auf Einflüsse des Protestantismus zurückgeführt werden kann, ließ auch in seiner Sicht Möglichkeiten einer verbindlichen, unmittelbar kirchlichen Beeinflussung nicht mehr zu. Bei der von TROELTSCH erhofften Entwicklung einer neuen kulturellen Synthese zur Überwindung der Desintegrationstendenzen der Moderne betonte er die Notwendigkeit eines christlichen Beitrags und beschrieb diesen wie folgt: Die ev. S. „wird sowohl mit ihrem Gemeinsinn wie mit ihrem metaphysischen →Individualismus an ihm (d. h. dem neuen Haus der Kultur, TJ) bauen. Aber sie wird sich mit anderen Bauherren zu teilen haben und gleich diesen an die Besonderheiten des Bodens und Materials gebunden sein." Die hier formulierten Einsichten in den nicht zu hintergehenden →Pluralismus der Moderne sowie in die Sachgesetzlichkeiten der einzelnen Kulturgebiete gehören seither zu den grundlegenden Voraussetzungen ev. S. Angesichts der tiefen Krisenerfahrungen der Zwischenkriegszeit kam es zu einem offenen Streit unterschiedlicher s. Positionen im Protestantismus: Die →religiösen Sozialisten versuchten theologisch – so L. Ragaz und P. Tillich – die prophetisch-eschatologische Dimension des christlichen Glaubens s. fruchtbar zu machen (→Eschatologie und Ethik). Sozialkonservative Theologen wie R. Seeberg und F. Brunstäd votierten demgegenüber für ein *autoritäres* Gesellschaftsmodell. Der Tradition des *Luthertums* verpflichtete Theologen wie W. Elert und P. Althaus postulierten mit ähnlichen Zielsetzungen die unbedingte Geltung von allgemeinen *Schöpfungsordnungen* (→Ordnung), die sie mit dem Verweis auf die Gesetzesstruktur der Wirklichkeit und mit einer Neuprofilierung der →Zweireichelehre zu begründen versuchten. Die im Kontext des Kirchenkampfs durch die →*Barmer Theologische Erklärung* 1934 markierte Neuorientierung des Protestantismus führte zu einer Begründung der S. durch die Lehre von der →*Königsherrschaft Christi.* So zeigt sich nach K. Barth – ausgehend von dem Bekenntnis zur universalen Herrschaft Christi – eine *Gleichnisfähigkeit* und *-bedürftigkeit* der sozialen und politischen Wirklichkeit zu dem Versöhnungshandeln Gottes in Christus, so dass *Strukturanalogien* zwischen beiden Bereichen Perspektiven ethischer Gestaltung erkennen lassen. Umstritten blieben jedoch die Plausibilität und Reichweite *christologischer* Aussagen gerade für die S. Der Streit zwischen Vertretern einer *christologischen* und einer *schöpfungstheologischen* Begründung der S. hat die Diskussion in Deutschland während der 1950er und 60er Jahre weitgehend dominiert. Gleichzeitig sind s. Neuansätze entwickelt worden, welche die Aporien jenes Streits überwinden halfen. Die →ökumenische Bewegung hat – basierend auf Vorarbeiten seit den 1920er Jahren – auf ihrer ersten Vollversammlung 1948 in Amsterdam das sozialethische Leitbild der "→*verantwortlichen Gesellschaft*" entwickelt. Aus der personalen Verantwortlichkeit des Menschen wurden Partizipationsrechte (→Partizipation) abgeleitet, die auf eine demokratische Struktur (→Demokratie) der Gesellschaft zielten. In Deutschland wurde dieses Leitbild breit rezipiert und mit Ansätzen zur Überwindung ordnungstheologischer Entwürfe verknüpft, um das Problem der Geschichtlichkeit und Wandelbarkeit gesellschaftlicher Strukturen angemessener berücksichtigen zu können. So stellte E. Wolf den Institutionenbegriff – die Ansätze der *Mandatenlehre* D. Bonhoeffers aufnehmend – in den Mittelpunkt seiner S. Unter Institutionen, die er anthropologisch begründete (→Anthropologie), verstand Wolf "soziale Daseinsstrukturen der geschaffenen Welt als Einladung Gottes zu ordnender und gestaltender Tat in der Freiheit des Glaubensgehorsams gegen sein Gebot." Unter dem Stichwort der *"gestaltenden Annahme"* von Institutionen konzipierte er S. als kritische Reflektion der bundesdeutschen Gesellschaftsentwicklung der 1950er und 1960er Jahre. Die ökumenische "Weltkonferenz für Kirche und Gesellschaft" 1966 in Genf markiert einen wichtigen Perspektivenwechsel der S. Angesichts einer forcierten technologischen Modernisierung der Industriegesellschaften und wachsender Ungleichheiten zwischen den Ländern des Nordens und des Südens wurde das Leitbild der "verantwortlichen Gesellschaft" radikal in Frage gestellt und nach Möglichkeiten *revolutionärer Gesellschaftsveränderung* gefragt. Angeregt durch die Studentenproteste und die vor allem in Lateinamerika entwickelte →Befreiungstheologie entwickelte sich seit Mitte der 1970er Jahre in der ökumenischen Bewegung und in Teilen der europäischen und nordamerikanischen Kirchen im Kontext des →*konziliaren Prozesses* für "→Frieden, →Gerechtigkeit und Bewahrung der Schöpfung" eine S., die – bestimmt von der Meta-Norm einer *"vorrangigen Option für die Armen"* – in kritischer Distanz zum westlichen Gesellschaftsmodell für eine grundlegende Umgestaltung politischer und ökonomischer Strukturen eintrat. In der deutschsprachigen Theologie setzte demgegenüber verstärkt eine Rückbesinnung auf das Erbe der liberalen Theologie ein, welche die Errungenschaften der Moderne anerkennt und gleichzeitig deren Ambivalenzen zum Ausgangspunkt ethischer Reflexionen (T. Rendtorff) werden lässt. In diesem Sinn wird sowohl im Rahmen der EKD-Denkschriften wie auch in der akademischen Theologie zumeist eine verantwortungsethisch begründete S. vertreten. Rich hat in diesem Horizont eine klassisch zu nennende Konzeption entwickelt, die allgemein einsichtige Kriterien einer theologisch begründeten *"Humanität aus Glaube, Liebe und Hoffnung"* als Ausdruck des *Menschengerechten* mit den Ansprüchen des *Sachgemäßen* zu vermitteln sucht. Das Ziel ev. S. ist es, in theologischer Perspektive ein Ethos der Achtung der Menschenrechte zu pflegen und dieses auf die jeweiligen Sachanforderungen der einzelnen Kulturbereiche zu beziehen. In der Öffentlichkeit finden die seit 1962 vom Rat der →EKD herausgegebenen →*Denkschriften* zu wichtigen Fragen der gesellschaftlichen Ordnung Aufmerksamkeit. Mit diesen von Expertengremien verfassten Stellungnahmen versucht die EKD den öffentlichen Diskurs durch theologisch-s. Beiträge zu bereichern. Seit den 1980er Jahren zeichnet sich zunehmend eine s. Ökumene in Deutschland ab: Verschiedene Stellungnahmen – so die Bemühungen um den Schutz des →Sonntags, das viel beachtete Sozialwort "Für eine Zukunft in →Solidarität und →Gerechtigkeit" (1997) oder die "Sozialinitiative" (2014) – werden gemeinsam von der ev. und der kath. Kirche verantwortet.

3. Theologische Begründung und Methodik. Eine grundlegende Bestreitung ev. S., wie sie mit dem Verweis auf die alleinige Relevanz der Sittlichkeit des je Einzelnen im 19. und vereinzelt auch im 20. Jh. behauptet wurden, ist in Kirche und Theologie überwunden. Die Einsicht, dass die "Grundbeziehungen, in denen jeder Mensch unmittelbar steht, immer auch vermittelt sind durch die Struktur gesellschaftlicher Institutionen" (A. RICH), ist unhintergehbar. Umstritten sind eher theologische Begründungsfragen und der Grad der Konkretion der Positionierungen. In der selbstreflexiv argumentierenden Denkschrift zum öffentl. Auftrag der Kirche „Das rechte Wort zur rechten Zeit" (2008) werden s. Stellungnahmen mit dem Verweis auf den umfassenden *Verkündigungs- und Sendungsauftrag* durch Jesus Christus legitimiert. Allerdings können kirchliche und theologische Stellungnahmen zu s. Fragen keine besondere Autorität in Anspruch nehmen, wie es etwa die Vorstellung vom „*prophetischen Wächteramt*", die ein statisches Gegenüber von Kirche und Gesellschaft impliziert, nahelegt. Vielmehr sind sie angesichts grundlegender gesellschaftspolitischer Fragen als spezifisch christliche Beiträge zur öffentlichen Diskussion zu verstehen, die durch Argumente aus christlicher Sicht überzeugen und von einer pluralismusfähigen Haltung des Respekts und der Achtung anderer Positionen geprägt sein sollen.

Diese Aufgabenbeschreibung lässt sich mit Hilfe des s. Ansatzes von A. RICH und dessen zentralem Kriterium der Relationalität präzisieren. Relationalität umschreibt den Versuch, zu gesellschaftlichen Wertvorstellungen (→Werte) und sozialen Entwicklungen sowohl die Haltung einer kritischen Distanz wie auch einer relativen Rezeptivität zu wahren. Kritische Distanz warnt davor, bestimmte Entwicklungen oder Projekte der Gesellschaft unbesehen als das Gute zu charakterisieren. Vielmehr ist damit zu rechnen, dass sich die Realität des Bösen auch in geschichtlich gewachsenen oder sich entwickelnden Strukturen von Gesellschaftssystemen verfestigen kann. Theologisch entspricht dem das Wissen um die Gebrochenheit aller menschlicher Existenz und geschichtlicher Gestaltung. Demgegenüber meint die Haltung der relativen Rezeptivität das Bemühen, in den jeweiligen gesellschaftlichen Entwicklungen nach Anknüpfungsmöglichkeiten für eine humanere Gestaltung zu suchen. Abgewiesen ist damit eine prinzipiell kritische Haltung zur Wirklichkeit, da diese trotz aller Brüche als Gottes Schöpfung durch dessen *providentia* vor dem Fall in die reine Negativität bewahrt bleibt. Die Haltung der Relationalität befreit vor Vereinseitigungen und Ideologisierungen (→Ideologie) und hält dazu an, in den gegebenen Verhältnissen die dehumanisierenden Tendenzen zu minimieren und im Sinn einer „Ethik des Komparativs" (G. BRAKELMANN) mit Hilfe weiterer Kriterien des Menschengerechten wie Geschöpflichkeit, Mitmenschlichkeit, Mitgeschöpflichkeit und Partizipation eine humanere Gesellschaftsgestaltung zu ermöglichen. Eine in diesem Sinn die Ambivalenzen gesellschaftlicher Prozesse bearbeitende S. kann ihre theologische Legitimation – so das Selbstverständnis der Denkschriften – durch die Kriterien der „*Schrift- und Sachgemäßheit*" erweisen, die sich jeweils „im Vollzug bewähren" müssen. *Schriftgemäßheit* bedeutet in sozialethischen Perspektive nicht die autoritative Berufung auf biblische Texte, welche durch eine theologisch und historisch argumentierende Sachkritik ausgeschlossen ist, sondern meint die Suche nach theologischen Kriterien und Regeln des *Menschengerechten*, wie sie der biblischen Tradition entsprechen. Darüber hinaus ist auch an die „Inhalte der christlichen Überlieferung und des in ihr festgehaltenen Traditionswissens" (M. HONECKER) konstruktiv anzuknüpfen. Das korrespondierende Kriterium der *Sachgemäßheit* verbietet eine deduktive Ableitung s. Urteile, da die jeweiligen Sachanforderungen der einzelnen Kulturgebiete einzubeziehen sind. Für die s. Urteilsbildung gilt als Maßstab: „Es kann nicht wirklich menschengerecht sein, was nicht sachgemäß ist, und nicht wirklich sachgemäß, was dem Menschengerechten widerspricht" (A. RICH). Diesem Grundgedanken entspricht methodisch ein von H. E. TÖDT entwickeltes und von A. RICH präzisiertes „*Verfahren ethischer Urteilsbildung*", das mit einer Situationsanalyse und einer exakten Klärung der s. relevanten Problemstellung einsetzt. Daraufhin sind die unterschiedlichen Beurteilungs- und Gestaltungskonzepte normenkritisch (→Norm) zu prüfen, um im Anschluss einer solchen normativen Sichtung ein Urteil mit einer Option für ein Gestaltungskonzept zu fällen, wobei der Grad der Konkretion dieser Option und die entsprechenden Konsequenzen noch zu klären sind. Das Urteil selbst ist schließlich einer kritischen Relevanzkontrolle zu unterziehen, was auf die Unabgeschlossenheit und den hohen Aktualisierungsbedarf s. Urteile verweist.

4. Themen und Aufgabenfelder. In Entsprechung zu dem Prozess der funktionalen Differenzierung hat sich auch die S. in verschiedene Bereichsethiken ausdifferenziert: →Wirtschafts-, →Friedens-, →Wissenschafts-, →Medien-, →Bio-, →Gen-, →Medizinethik, Ethik des Politischen (→Politische Ethik) u. a. Diese *Bereichsethiken* ermöglichen es, den jeweiligen Sachgesetzlichkeiten gerecht zu werden. Gerade auf diesen Feldern hat sich der Ansatz der S. zu bewähren, angesichts ständig neuer Entwicklungen und Herausforderungen das tradierte Ethos kritisch zu reflektieren und nach allgemein einsichtigen Gründen für eine verantwortliche Gestaltung der jeweiligen Kulturgebiete gemäß den Kriterien des Menschen- und des Sachgerechten zu fragen. Allerdings sollte sich ev. S. nicht auf diese der gesellschaftlichen Differenzierung folgenden Aufgliederung in einzelne Kulturbereiche beschränken. Es ist ebenso „erforderlich, die einzelnen Lebens- und Sachbereiche als Teil einer umfassenden Lebenswirklichkeit zu begreifen und zu bedenken. Die einzelne Bereichsethik bedarf der →Kommunikation nicht nur mit anderen Bereichsethiken, sondern des Blicks auf die gesamte Lebenswirklichkeit" (M. HONECKER). Anzustreben sind interne Vernetzungen der Bereichsethiken, wobei es sich anbietet, die den einzelnen Gesellschaftsbereichen gemeinsamen Strukturprinzipien wie u. a. Prozesse der Verrechtlichung, die Ausbildung von Organisationssystemen (→Organisation), der Einsatz von Technologien (→Technik) und deren nicht zuletzt unter ökologischen Gesichtspunkten zu reflektierende Folgewirkungen zum Ausgangspunkt der Kommunikation zwischen den Bereichsethiken zu machen. Gegen Tendenzen einer Abkapselung einzelner Bereichsethiken lassen sich auf diese Weise vergleichbare Gestaltungsaufgaben in sozialethischer Perspektive thematisieren. Von besonderer Bedeutung könnte die Entwicklung organisationsethischer Ansätze sein, da die Sicherung der Leistungserstellung in den einzelnen Kulturbereichen wesentlich auf der Funktionsweise von Organisationen beruht. Über diese interne Vernetzungsaufgabe hinaus stellen sich Fragen nach den Möglichkeiten und Bedingungen bereichsübergreifender kultureller Wertorientierungen und einer politischen Gesellschaftssteuerung. Gerade der dt. Protestantismus hat sich seit der Reformationszeit in besonderer Weise auf die Ordnungsfunktionen staatlichen Handelns konzentriert. Es gehört zu den sozialethischen Grundüberzeugungen des Protestantismus im 19. und 20. Jh., den →Staat nicht allein als Machtstaat (→Macht), sondern ebenso als Kultur- und →Sozialstaat zu begreifen und das Setzen von gemeinwohlorientierten Rahmenbedingungen in seiner Verantwortung zu sehen. Angesichts der neuartigen Herausforderungen einer fortschreitenden →Globalisierung sowie einer zunehmenden gesellschaftlichen Pluralisierung nehmen die Steuerungspotentiale nationalstaatlichen Handelns offenkundig ab, und es stellt sich s. die Aufgabe, die drängenden Probleme der Sozialintegration moderner Gesellschaften in transnationaler Perspektive (EU) und im Blick auf die governance-Leistungen von Unternehmen, Non-Profit-Organisationen u. a. zu thematisieren. Ev. S. hat in diesem Kontext die Welt- und Lebensdeutungen der christlichen Tradition einzubringen und diese in ihrer gesellschaftsgestaltenden und -prägenden Kraft zur Geltung zu bringen. Ein wesentlicher theologischer Beitrag des Protestantismus besteht darin, die im Glauben begründeten „Freiheit eines Christenmenschen" (M. Luther) zur Verantwortung für und in den gesellschaftlichen Institutionen fruchtbar zu machen.

E. Troeltsch, Die Soziallehren der christlichen Kirchen und Gruppen, 1921 – W. A. Visser't Hooft/J. Oldham, The church and its function in society, 1937 – D. Bonhoeffer, Ethik, 1949 – H. D. Wendland, Einführung in die S., 1963 – A. v. Oettingen, Die Moralstatistik und die christliche Sittenlehre. Versuch einer S. auf empirischer Grundlage, 1868 – E. Wolf, S. Theologische Grundfragen, 1975 – M. Honecker, Das Recht des Menschen. Einführung in die ev. S., 1978 – A. Rich, Wirtschaftsethik, 2 Bde., 1984/1990 – H. E. Tödt, Perspektiven theologischer Ethik, 1988 – T. Rendtorff, Ethik, 2 Bde., 1990 – W. Huber, Konflikt und Konsens. Studien zur Ethik der Verantwortung, 1990 – E. Herms, Gesellschaft gestalten. Beiträge zur ev. S., 1991 – M. Honecker, Grundriß der S., 1995 – Ders., Gerechtigkeit und Recht, 1996 – U. Körtner, Ev. S., 1999 – J. Fischer, Handlungsfelder angewandter Ethik, 1998 – J. Hübner, Globalisierung – Herausforderung für Theologie und Kirche, 2003 – Kirchenamt der EKD (Hg.), Das rechte Wort zur rechten Zeit. Eine Denkschrift zum Öffentlichkeitsauftrag der Kirche, 2008 – M. Haspel, S. in der globalen Gesellschaft, 2011 – P. Dabrock, Befähigungsgerechtigkeit, 2012 – W. Huber/T. Meireis/H.-R. Reuter (Hg.), Handbuch ev. Ethik, 2015.

Traugott Jähnichen

Sozialgeschichte

1. Begriff. S. untersucht die geschichtliche Entwicklung von Schichten und →Gruppen, Ständen und →Klassen (→Gesellschaft), Strukturen und →Institutionen, kollektiven Handlungen (→Handeln) und Beziehungen, z. B. die Lage, Interessen, Konflikte und Organisation von und in Wirtschafts- und Sozialverbänden wie →Familie, →Gewerkschaft, →Unternehmen, öffentlichen Einrichtungen. S. ist je nach Verständnis Sektor oder Aspekt der Geschichtswissenschaft, an vielen Universitäten mit der →Wirtschaftsgeschichte im Fach „Wirtschafts- und S." verbunden.

2. Entstehung, Gegenstand und Methodik. Als Wissenschaftsdisziplin hat S. mehrere Wurzeln: (a) Die Ältere und Jüngere Historische Schule der deutschen Nationalökonomie im 19. Jh. setzten der Klassischen Nationalökonomie ein sozialwissenschaftliches Verständnis entgegen und bezogen dabei auch gesellschaftliche Entwicklungen ein, oft in sozialreformerischer Absicht (Empirie, Soziale Frage, praktische →Sozialpolitik; Verein für Socialpolitik, Gesellschaft für Soziale Reform). (b) Auch Landesgeschichte, Volkskunde und die entstehende →Soziologie thematisierten bereits im 19. Jh. gesellschaftliche Entwicklungen, insbes. Max Weber und Georg Simmel. Weber rückte mit seinen universalhistorisch angelegten Interpretationen der Entwicklung der westlichen →Gesellschaft – historisch ausgreifend und systematisch vergleichend – die Bedeutung zunehmender →Rationalisierung, Bürokratisierung (→Bürokratie) und die Durchsetzung des →Kapitalismus in den Blick. (c) In der Geschichtswissenschaft unternahm Karl Lamprecht in den 1890er Jahren einen vielbeachteten, aber von den zeitgenössischen Historikern meist abgelehnten Versuch, statt der herrschenden historistischen Konzentration auf politische Ereignisse und Personen den Fokus auf „Kulturgeschichte" zu legen, also auf →Wirtschaft und →Gesellschaft, Alltag, Mentalitäten und Religion.

Die heftigen zeitgenössischen (gesellschafts-)politischen Auseinandersetzungen um Sozialreform oder Revolution in der →Industrialisierung förderten teils die

Diskussion über „das Soziale", teils belasteten sie sie durch Politisierung. So war der Klassenbegriff einerseits marxistischer Kampf-, andererseits wissenschaftlicher Analysebegriff (im Sinne MAX WEBERS). Auch die Auseinandersetzungen in den 1960er Jahren zwischen →Kritischer Theorie (Frankfurter Schule, THEODOR W. ADORNO, MAX HORKHEIMER) und kritischem Rationalismus (KARL R. POPPER) stimulierten und polarisierten sozialgeschichtliche Forschungen.

Als Brückenfach zwischen Historiographie und Sozialwissenschaften verwendet S. historisch-hermeneutische und systematisch-analytische Methoden, typisierende und quantifizierende Verfahren. Je nach Fragestellung kann jede überlieferte Lebensäußerung von Menschen als sozialgeschichtliche Quelle dienen: willkürlich Hervorgebrachtes ebenso wie unwillkürlich Überliefertes – Texte, Bilder, Gegenstände, Zahlenreihen und mündliche Überlieferung (*oral history*).

3. Hauptthemen. Hauptthemen der S. auf der Makro- und der Mikroebene sind von jeher soziale Ungleichheit und Schichtung, Auf- und Abstiegsprozesse. Der Begriff des Standes hebt auf rechtliche Ungleichheit (durch Geburt, Beruf) ab, der der Klasse auf ökonomische. Der Begriff Schicht (Stratifikation, Status) ist für unterschiedliche Kriterien offen (multifaktoriell, z. B. Herkunft, →Einkommen, →Vermögen, (→Aus-)→Bildung, Position); er ist insofern besonders gut geeignet, moderne →Gesellschaften zu untersuchen, die rechtliche →Gleichheit, aber multifaktorielle Unterschiede kennzeichnen.

Die Themen der S. weiteten sich im 20. Jh. stark aus. Ursprünglich lag der Fokus auf den Unterschichten, ihrer →Armut, →Arbeitslosigkeit, Krankheit, ihren schlechten Wohn- und Lebensverhältnissen. Durch die Weltkriege, →Inflationen, Flucht und Vertreibung, →Migration wurden dies Probleme der Gesamtgesellschaft. Weitere Felder der S. sind u. a. die Bevölkerungs-, Frauen- bzw. Geschlechtergeschichte, die Elitenforschung (→Elite), die historische Untersuchung der bäuerlichen Bevölkerung und der Handwerker, der Arbeiter und Angestellten, von →Randgruppen und →Minderheiten, sozialer Sicherung, die Alltags-, →Freizeit-, Konsumgeschichte sowie – methodisch – die Probleme der Wahrnehmung und Deutung kultureller, auch sprachlicher Phänomene. Solche Forschungen, die nach Mentalitäten, Motiven und →Interessen in der Geschichte fragen, sind damit konfrontiert, dass es dabei um relativ schwer fassbare immaterielle Strukturen geht, was wiederum spezielle Herausforderungen an die Methodik darstellt.

J. KOCKA, S. Begriff, Entwicklung, Probleme, 1986² – P. N. STEARNS (Hg.), Encyclopedia of European Social History from 1350 to 2000, 6 Bde., 2001 – G. SCHULZ (Hg.), Sozial- und Wirtschaftsgeschichte. Arbeitsgebiete – Probleme – Perspektiven, 2005 – R. WALTER, Einführung in die Wirtschafts- und S., 2008² – F.-W. HENNING, Wirtschafts- und S., Bd. 1: Das vorindustrielle Deutschland 800–1800, Bd. 2: Die Industrialisierung in Deutschland 1800–1914, Bd. 3: Das industrialisierte Deutschland 1914–1992, ¹1994⁵, ᴵᴵ1995⁹, ᴵᴵᴵ1997⁹ – DERS.: Handbuch der Wirtschafts- und S. Deutschlands, 4 Bde., ¹1991, ᴵᴵ1996, ᴵᴵᴵ/¹2003, ᴵᴵᴵ/²2013 – H. KAELBLE, S. Europas, 1945 bis zur Gegenwart, 2007 – Vierteljahrschrift für Sozial- und Wirtschaftsgeschichte (VSWG) – Archiv für S. (AfS) – Geschichte und Gesellschaft. Zeitschrift für Historische Sozialwissenschaft.

Günther Schulz

Sozialgesetzbuch

1. Gegenstand, Aufgaben und Entstehung. Im S. wird seit 1975 in Stufen, soweit der Bund die Gesetzgebungskompetenz hat, das Sozialrecht geregelt, das den →Sozialstaat, bes. „soziale Gerechtigkeit" und „soziale Sicherheit", verwirklichen soll. Das Sozialrecht, gegliedert nach Vorsorge (bes. →Sozialversicherung), Entschädigung (für Opfer des Krieges, des Bundeswehr- und Zivildienstes, von Entwicklungshilfe, Impfschäden, Gewalttaten und SED-Unrecht) und Ausgleich (bes. Arbeitslosen- u. Sozialhilfe), war und ist bis zum Entstehen der einzelnen Bücher des S.s in zahlreichen selbstständig entwickelten Einzelgesetzen geregelt. Das S. soll das Sozialrecht vereinheitlichen, vereinfachen und überschaubarer gestalten. Dies soll dem Bürger den Zugang zu den ihm zukommenden Leistungen erleichtern. Aber nur eine „begrenzte Sachreform" wird angestrebt. Bis zur Eingliederung gelten die bestehenden Spezialgesetze als besondere Teile des S.s. Einzelne überkommene Vorschriften bleiben sogar neben dem zuständigen Buch des S.s in Kraft. Die Zusammenfassung vieler Einzelgesetze im S. ist nützlich. Gleichwohl wird sie den Bürgern noch keine Gewissheit über ihre →Rechte und →Pflichten ohne ergänzende sachkundige Beratung verschaffen. Außerdem wird das S. laufend wegen Änderungen der konfliktreichen →Sozialpolitik (Sozialgerichtsbarkeit) neu geregelt.

2. Inhalt und Gliederung. Der Allgemeine Teil des S.s (I. Buch) regelt u. a. die allgemeinen Aufgaben und Ziele des Sozialrechts aus der Sicht des →Grundgesetzes (insbesondere Menschenwürdegarantie [Art. 1 Abs. 1] und Sozialstaatsprinzip [Art. 20 Abs. 1]), Grundsätze des Leistungsrechts, Mitwirkungspflichten der Berechtigten, Aufklärungs-, Beratungs- und Auskunftspflichten der Leistungsträger, die besonderen Funktionen der einzelnen Leistungszweige und die zuständigen Verwaltungsstellen. Dadurch werden nicht schon Leistungsansprüche der Berechtigten begründet.

Von den Sozialrechtsbereichen sind bereits im S. geregelt: Grundsicherung für Arbeitssuchende (II. Buch) kombiniert mit Teil der Sozialhilfe (XII. Buch), Arbeitsförderung mit der Arbeitslosenversicherung (III. Buch; →Sozialversicherung), gemeinsame Vorschriften der

Sozialversicherung, u. a. Versicherungspflicht, Beitragsrecht, Selbstverwaltung der Träger (IV. Buch), gesetzliche Krankenversicherung (V. Buch; →Sozialversicherung), gesetzliche Rentenversicherung (VI. Buch; →Rente), gesetzliche Unfallversicherung (VII. Buch; →Sozialversicherung), soziale →Pflegeversicherung (XI. Buch), Kinder- und Jugendhilfe (VIII. Buch), Rehabilitation u. Teilhabe behinderter Menschen (IX. Buch), Sozialhilfe (XII.) Buch.

Nach dem Aufgabenkatalog sind im S. noch zu regeln: Ausbildungsförderung (→Ausbildung), Soziale Entschädigung (s. o.), wie bisher: BVG u. NebenGe.; Kinder- und Wohngeld.

Das Verwaltungsverfahren (X. Buch) ist für alle Leistungszweige vereinheitlicht, weitgehend übereinstimmend mit dem allgemeinen Verwaltungsverfahrensrecht, z. T. aber ungünstiger als das frühere Verfahrensgesetz der Kriegsopferversorgung (vor dem S. das einzige vollständige des Sozialrechts). Das Verwaltungsverfahren ist wichtig für die Durchsetzung „sozialer Rechte" im ersten Abschnitt; sie können bei negativem Ausgang des Verfahrens auf dem Rechtsweg geltend gemacht werden, hauptsächlich in der Sozialgerichtsbarkeit.

H. PLAGEMANN (Hg), Anwaltshandbuch. Sozialrecht, 2013 (Lit).

Traugott Wulfhorst

Sozialhilfe

Das BSHG (1961–2004) ist auf verschiedene Daseinsthemen hin in das System der Sozialgesetzbücher systematisch aufgegangen. Die Gesetzgebungskompetenz für die S. liegt gemäß GG beim Bund, die Länder führen die S. als eigene Angelegenheit aus. Das in der ambivalenten Tradition der Armenpolitik stehende System steuerfinanzierter Grundsicherung ist subsidiär den Sozialversicherungszweigen nachgelagert. Es basiert auf Bedürftigkeitsfeststellung. Die Leistungen des SGB XII beziehen sich auf die Grundsicherung im Alter und bei Erwerbsminderung sowie (residual) auf Hilfe zum Lebensunterhalt. Im SGB II ist die Grundsicherung für Arbeitssuchende geregelt (Arbeitslosengeld II; Sozialgeld für nichterwerbstätige Kinder und Partner in der Bedarfsgemeinschaft).

Im „Sozialbudget 2013" des BMAS von 2014 beläuft sich die S. (getragen von Bund, Länder, Gemeinden) auf 3,5 % des BIP. Die gesamte Sozialleistungsquote beträgt mit 812.2 Mrd. Euro 29,7 % des BIP. Die Grundsicherung für Arbeitssuchende (hier dominiert der Bund gegenüber den Gemeinden als Lastenträger) macht 4,9 % des BIP aus.

Ziel der S. ist gemäß § 1 Satz 1 SGB XII im Lichte von Art. 1 SGB I (bei sparsamen Wirtschaften und zu beachtendem Lohnabstandsgebot) die Existenzsicherung angesichts der Würde des Menschen (Art. 1 GG) i. V. m. Art. 20 GG und ist (einklagbar) teilhaberechtlich (auch im Lichte der grundrechtlichen Unionsbürgerschaft des EUV/AEUV und des relevanten Völkerrechts) auszulegen (zu verweisen sei auf die „Existenzminimumberichte" der Bundesregierung). Das Existenzminimum ist nur angemessen verstehbar als soziokulturelles Definitionskonstrukt.

Die Grundsicherung für Arbeitssuchende ist im SGB II zentriert. Die Abgrenzung von S. und Arbeitslosengeld II ist nominal richtig, kulturgrammatisch folgen beide Bereiche der gleichen Logik der Fürsorge. Realiter bleibt auch das SGB II (Träger sind die Bundesagentur für Arbeit und kommunalen Träger der kreisfreien Städte und der Landkreise) eine S.praxis. Die ältere hybride Rechtslogik in der Arbeitslosensicherung zwischen Versicherungs- und Fürsorgeprinzip bleibt im Rahmen der neuen Ordnung von Arbeitslosengeld I und II bestehen. Das im Diskursfeld von Missbrauchsdebatten verortete sozialdisziplinäre Effizienzregime von Fördern und Fordern im Modus von Zielvereinbarungen ist an sich nicht neu („Hilfe zur Arbeit" der §§ 18–20 BSHG). Diese Logik marktanreizkompatibler Befähigung im Lichte eines (europäisierten) Employability-Paradigmas „investiver Sozialpolitik" (workfare statt welfare) hat an Intensität zugenommen. Aus Sicht einer historischen Soziologie ist auf die These einer impliziten kulturellen Grammatik der neo-calvinistischen Arbeitsethik abzustellen, die Hilfe an Arbeit koppelt. Die moderne Gesellschaft erweist sich als zur sozialen Exklusion neigende erwerbsarbeitszentrierte Gesellschaft.

Die Bilanz des SGB II nach 10 Jahren fällt überaus gemischt aus. Die Re-Integrationseffekte dauerarbeitsloser Menschen sind insgesamt gering. Die Professionalisierungsdefizite des Fallmanagements sind ausgeprägt. Problematischer Indikator der Verwaltungskultur ist z. B. die Stigmatisierungspraxis, wenn in den Agenturen von Kunden gesprochen wird, in den Jobcentern von Klientel. Hier werden Insider (Zentrum) und Outsider (Peripherien) konstruiert. Das Evaluationsurteil fällt aus der rechtsphilosophischen Sicht einer Grundrechtstheorie der Teilhabechancen für das Sozialrecht in Deutschland eher negativ aus. Teilhabe darf nicht auf die erwerbsarbeitsökonomische Dimension (employability und workability) reduziert werden. Es geht auch um die soziale, politische und kulturelle Teilhabe.

Die wesentlichen Kostenbereiche der S. sind die Hilfe für Menschen mit Behinderungen (vor allem die Eingliederungshilfe) und ergänzend zum SGB XI die Hilfe bei Pflegebedürftigkeit. Die Prävalenzen für angeborene Formen der Behinderungen nehmen nicht rapide ab; die Zahl spät erworbener Behinderung infolge chronischer Erkrankungen nimmt zu. So wird auch in diesem Feld angesichts der demographisch-epidemiologischen Transformationen trotz der Varianz des Alter(n)s die nachrangige Ergänzungsrolle der S. von steigender Bedeutung sein. § 71 SGB XII verweist teilhaberechtlich über die Pflegezentriertheit hinaus auf ein weiteres Verständnis von alltagsbezogenen Hilfen im Alterungsprozess als kommunale Soll-Aufgabe. Die Grundsicherung im Alter wird im Lichte der vielfachen brüchigen Erwerbs- und Versicherungsbiographien in naher Zukunft wieder an Bedeutung gewinnen.

W. SCHÜTTE (Hg.), Abschied vom Fürsorgerecht. Von der „Eingliederungshilfe für behinderte Menschen" zum Recht auf soziale Teilhabe, 2011 – P. NEUENSCHWANDER u. a., Der schwere Gang zum Sozialdienst, 2012 – R. MÜLLER DE MENEZES, Soziale Arbeit in der S., 2012 – U. SCHWARZE, S. in Schweden und Deutschland, 2012 – F. SCHULZ-NIESWANDT, „Sozialpolitik geht über den Fluss". Zur verborgenen Psychodynamik in der Wissenschaft von der Sozialpolitik, 2015.

Frank Schulz-Nieswandt

Sozialismus

1. Begriff: Der S. entwickelte sich im 19. Jahrhundert als Antwort auf die sogenannte soziale Frage, d. h. als Reaktion auf die gesellschaftlichen Desintegrationsprozesse angesichts der Durchsetzung kapitalistisch-industrialisierter Wirtschaftsverhältnisse. In Entsprechung zu dem lateinischen Grundbegriff „socius" (deutsch: Genosse) zielen alle sozialistischen Konzeptionen und die entsprechenden politischen Bewegungen darauf, an die Stelle eines ungezügelten Laissez-faire-Kapitalismus mit privatwirtschaftlichen Unternehmen genossenschaftliche, gemeinwirtschaftliche oder staatssozialistische Organisationsformen des Wirtschaftslebens zu setzen. In diesem Sinn ist der S. wesentlich eine gesellschaftspolitische Reformbewegung des 19. und des 20. Jahrhunderts, die sich bereits im letzten Drittel des 19. Jahrhunderts in verschiedene Strömungen ausdifferenziert und in unterschiedlichen Exponenten wesentlich die Kulturgeschichte sowie insbesondere die Politik- und Wirtschaftsgeschichte im 20. Jahrhundert mitbestimmt hat.

2. Geschichte: Im ersten Drittel des 19. Jahrhunderts entstehen frühsozialistische Ideen und Bewegungen, die sich wesentlich auf die nicht eingelösten sozialen Impulse der französischen Revolution (Gleichheit, Brüderlichkeit) beziehen. Die Frühsozialisten können insgesamt als utopische Sozialisten bezeichnet werden, da ihre Schriften wesentlich davon geprägt sind, der defizitär erfahrenen Wirklichkeit ein Ideal gesellschaftlicher Vergemeinschaftung – gerade für den wirtschaftlichen Bereich – entgegen zu setzen. Neben eher technokratischen Modellen, für die Saint-Simon steht, finden sich genossenschaftliche Ansätze der Frühsozialisten bei Owen, Fourier und Proudhon sowie ein stark auf staatsinterventionistisches Handeln konzentriertes Konzept bei Louis Blanc. Gemeinsam ist diesen Konzeptionen das Ziel der Überwindung des Privateigentums an Produktionsmitteln, die Kritik der totalen ökonomischen und rechtlichen Abhängigkeit der entstehenden Industriearbeiterschaft sowie eine Infragestellung der durch den Marktmechanismus erfolgten Koordination wirtschaftlichen Handelns. Gegenüber diesen die gesellschaftliche Ungleichheit vertiefenden und die Abhängigkeit breiter Massen verstärkenden Tendenzen des Frühkapitalismus stellen die Frühsozialisten ihre Utopie einer solidarischen und letztlich herrschaftsfreien Gesellschaft. Auf große Resonanz sind diese Ideen vor allem in Handwerkerkreisen sowie in der entstehenden Arbeiterbewegung gestoßen.

Demgegenüber wird im „Kommunistischen Manifest" von Karl Marx und Friedrich Engels eine scharfe Abgrenzung von allen Formen des utopischen Sozialismus formuliert, wobei alle bisherigen sozialistischen Traditionen einer radikalen Kritik unterworfen werden. Stattdessen soll die auf der Gesellschaftsanalyse von Marx und Engels gründende Konzeption einer gesetzmäßig zu vollziehenden Überwindung der bürgerlichen Klassengesellschaft durch die Überführung des Besitzes an Produktionsmitteln in die „Hände der assoziierten Individuen" den Weg zur sozialistischen Gesellschaft eröffnen. Zunächst hat dieses Modell in der sich herausbildenden sozialistischen Bewegung nur eine untergeordnete Rolle gespielt. In Deutschland ist es der 1863 gegründete „Allgemeine deutsche Arbeiterverein" – wesentlich geprägt durch den radikalen Demokraten der 1848er Revolution, Ferdinand Lassalle –, der den Beginn einer sozialistischen Arbeiterbewegung in Deutschland markiert. Im Zentrum der Programmatik steht das Ziel der Errichtung von Produktiv- und Konsumgenossenschaften, ggfl. Gefördert durch Staatszuschüsse. Stärker auf die Konzeption von Marx und Engels begründet sich demgegenüber die von August Bebel und Wilhelm Liebknecht 1869 in Eisenach gegründete Sozialdemokratische Arbeiterpartei, die insbesondere demokratische Freiheiten als Voraussetzung der Befreiung der arbeitenden Klassen und die Abschaffung der kapitalistischen Produktionsweise gefordert hat. Beide Arbeiterparteien schließen sich 1875 auf dem Einigungskongress von Gotha zusammen, wobei das verabschiedete Programm durch einen Kompromiss zwischen den Tradition und Ideen Lassalles sowie marxistischen Elementen bestimmt ist. Erst unter dem Eindruck des 1878 erlassenen Sozialistengesetzes, welches der Sozialdemokratie und ihren Organisationen, mit der Ausnahme der Teilnahme an Wahlen und der Wahrnehmung von Parlamentsmandaten, jedes öffentliche politische Handeln verboten hat, radikalisiert sich die deutsche Sozialdemokratie und gibt sich nach der Aufhebung des Sozialistengesetzes im Jahr 1891 das streng marxistisch geprägte Erfurter Programm, das wesentlich von Karl Kautsky formuliert worden ist. Allerdings brechen recht schnell innerhalb der Sozial-demokratie theoretische

Auseinandersetzungen auf, die vor allem durch Eduard Bernstein veranlasst worden sind, der unter dem Eindruck des wirtschaftlichen Aufschwungs seit Mitte der 1890er Jahre die marxistische Theorie einer scharfen Kritik unterzogen hat. Er kritisiert die Erwartung eines baldigen Zusammenbruchs der kapitalistischen Gesellschaft und fordert von der Sozialdemokratie, sich als demokratisch-sozialistische Reformpartei zu verstehen und eine evolutionäre Entwicklung des S. unter demokratischen Bedingungen anzustreben. Während die praktische Arbeit der Sozialdemokratie im Sinn einer „sozialistischen Realpolitik" (Walter Euchner) sich konkreten Fragen der Sozialpolitik, der Arbeiterschutzgesetzgebung, des entstehenden Tarifvertragsrechts und der Genossenschaftsbewegung zugewandt hat, verharrt die Partei rhetorisch bei der Haltung eines revolutionären Attentismus, d.h. sie erwartet den baldigen Zusammenbruch des Kapitalismus und proklamiert einen revolutionären Wandel hin zum S.

Als im Jahr 1914 eine Mehrheit der sozialdemokratischen Reichstagsfraktion der Bewilligung der Kriegskredite und damit indirekt der deutschen Militärpolitik zugestimmt hat, verschärfen sich die internen Konflikte in der Sozialdemokratie. Im Ergebnis kommt es, ähnlich wie bereits 1903 in Russland durch die von Lenin betriebene Abspaltung der Mehrheitsrichtung der marxistisch geprägten „Bolschewiki" von den eher sozialdemokratisch orientierten „Menschewiki", auch in Deutschland zu einer Spaltung der Arbeiterparteien in eine sozialdemokratische und in eine kommunistische Partei. Während die kommunistischen Parteien, seit der Oktoberrevolution zunehmend gelenkt durch die KP der Sowjetunion, auf dem Weg einer Diktatur des Proletariats, das sich durch die Machtübernahme der kommunistischen Partei realisieren soll, über den Zwischenschritt des S. die klassenlose, kommunistische Gesellschaft anstreben, entwickeln die sozialdemokratischen Parteien neue Konzepte einer sozialistischen Gesellschaftsordnung. Dabei spielen in den 1920er Jahren der auf den Kantianismus zurückgehende ethische Sozialismus des Kreises um Leonard Nelson und auch religiössozialistische Konzeptionen vor allem im Umfeld des Protestantismus eine nicht zu unterschätzende Rolle, wenngleich die SPD programmatisch weitgehend einer marxistischen Konzeption verhaftet bleibt. Als neues Element werden in den Gewerkschaften wie in der Sozialdemokratie wirtschaftsdemokratische Ideen diskutiert.

Auch nach der gewaltsamen Zerschlagung der Arbeiterparteien durch den Nationalsozialismus, nach der brutalen Verfolgung sozialistischer und kommunistischer Parteien und Gruppen in den von NS-Deutschland besetzten Ländern und gemeinsamen Leidenserfahrungen in Konzentrationslagern kommt es nach dem Zweiten Weltkrieg nicht zu einer Wiederannäherung der unterschiedlichen sozialistischen Bewegungen.

Durch den sich verschärfenden West-Ost-Konflikt wird vielmehr der Gegensatz zwischen demokratisch-sozialistischen Konzeptionen und kommunistischen Vorstellungen verschärft. In der deutschen Sozialdemokratie werden neben dem Marxismus zunehmend ethische und auch christlich begründete Zugänge zum S. als Bereicherung der Programmatik und Strategie der Sozialdemokratie gewürdigt. Insbesondere mit dem Godesberger Programm von 1959 vollzieht die SPD die Abkehr von einer klassengebundenen und stark weltanschaulich geprägten Partei hin zu einer reformorientierten Volkspartei. Seit der Kanzlerschaft Willy Brandts kann die Zeit der späten 1960er und der 1970er Jahre geradezu als „sozialdemokratisches Jahrzehnt" (Bernd Faulenbach) bezeichnet werden, da sozialdemokratische Politikkonzepte wie der Ausbau der sozialen Sicherungssysteme, die Durchsetzung von Mitbestimmung und Partizipation in nahezu allen Bereichen des gesellschaftlichen Lebens und insbesondere die neue Ostpolitik die bundesdeutsche Gesellschaft tiefgreifend reformieren. Zunehmend spielen nicht vorrangig Arbeitnehmer und Gewerkschafter, sondern auch Angehörige bürgerlicher Schichten, nicht zuletzt eine große Anzahl engagierter Christen, in der Sozialdemokratie eine führende Rolle. Als Leitbild des politischen Handelns gilt die Konzeption des demokratischen S., die auf der Grundlage des Grundgesetzes eine zunehmende Demokratisierung vor allem des Bereiches der Wirtschaft mit umfassenden Mitbestimmungsmöglichkeiten der Arbeitnehmer und ihrer Vertreter anstrebt sowie staatliche Interventionen und Lenkungsmodelle des gesamtwirtschaftlichen Geschehens beinhaltet. Dieses Modell ist scharf vom sogenannten real existierenden S. in den von der Sowjetunion beherrschten Ländern abzugrenzen, in denen die Diktatur der kommunistischen Parteien demokratische Mitwirkungsmöglichkeiten in der Gesellschaft sowie reale Mitbestimmungsmöglichkeiten der Arbeitnehmer in den Betrieben faktisch ausgeschlossen hat.

In den westlichen Gesellschaften haben sich seit den 1970er Jahren zunehmend neue soziale Bewegungen gebildet, etwa die neue Frauenbewegung, die Ökologiebewegung oder die Friedensbewegung, die teilweise Anliegen sozialistischer Konzeptionen unter veränderten Bedingungen aufgenommen haben. Diesen Bewegungen gelingt zunehmend die Prägung der Mentalität größerer Bevölkerungsgruppen und sie gewinnen vor allem durch die Gründung der Partei der Grünen, teilweise in bewusster Abkehr von der Sozialdemokratie, zunehmend politischen Einfluss. Nach dem Zerfall des Sowjetkommunismus und dem Ende der DDR in den Jahren 1989/90 transformiert sich die DDR-Kaderpartei SED in die Partei der „Linken", die nun ebenfalls das Leitbild des demokratischen S. vertritt. Zwischen Sozialdemokratie und Linken gibt es im Blick auf die Sozialpolitik einige Überschneidungen, während vor allem in der Außen- und Militärpolitik wie auch in anderen Politikfeldern nach wie vor große Differenzen bestehen. Ungeachtet dessen ist es in den neuen Ländern der Bundesrepublik verschiedentlich zu einer Regierungszusammenarbeit von Sozialdemokraten und Linken gekommen.

3. **Ausblick**: Während der Zusammenbruch des Kommunismus für die Mehrzahl der demokratisch-sozialistischen Konzeptionen kaum eine tiefgreifende Infragestellung bedeutet hat, sind durch den Prozess der Globalisierung seit den 1980er Jahren grundlegend neue Herausforderungen im sozial- und wirtschaftspolitischen Bereich entstanden, auf welche sozialistische Politikkonzeptionen bisher nur unzureichend eine Antwort gefunden haben. Ein Hauptproblem besteht darin, dass sozialistische Konzeptionen im 19. und weithin im 20. Jahrhundert wesentlich auf den Nationalstaat als Handlungseinheit bezogen gewesen sind, dessen Regelungskompetenzen angesichts der „porösen Grenzen" (Jürgen Habermas) der Nationalstaaten im Prozess der Globalisierung zunehmend zurücktreten. Die für sozialistische Konzeptionen maßgeblichen Impulse der Verringerung gesellschaftlicher Ungleichheit, einer sozialen und ökonomischen Absicherung der Arbeitnehmer sowie einer dem Gemeinwohl verpflichteten Wirtschaftspolitik sind unter den veränderten Bedingungen der Globalisierung deutlich schwieriger umzusetzen als in den 1960er oder 1970er Jahren. Notwendig ist insofern eine neue Form der Internationalisierung sozialistischer Programmatik und Handlungsstrategien, zu der es bisher jedoch – wie etwa am Beispiel der weltweiten Schuldenkrise deutlich wird – bestenfalls in Ansätzen gekommen ist. Als weiter wirkende Grundidee des S. lässt sich für die Gegenwart mit Axel Honneth die Zielperspektive sozialer Freiheit anführen, die insbesondere im Blick auf eine solidarische Gestaltung der Wirtschaft zu konkretisieren ist. In diesem Sinn können die emanzipatorischen Potenziale sozialistischer Ideen wesentliche Impulse für eine menschenrechte Gesellschaftsentwicklung vermitteln, an deren Begründung, Ausgestaltung und konzeptioneller Weiterentwicklung sich auch die evangelische Sozialethik beteiligen kann.

W. Schieder, Sozialismus, in: O. Brunner/W. Conze/R. Kosel-Leck (Hg.), Geschichtliche Grundbegriffe, Bd. 5, 1984, Spalte 923–966 – K. Fritzsche, Sozialismus – Konzeptionen und Perspektiven gesellschaftliche Egalität, in: S. Neumann (Hg.), Handbuch politischer Theorien und Ideologien, Bd. 2, 1996, S. 1–75 – W. Euchner, Ideengeschichte des S. in Deutschland I; H. Grebing, Ideengeschichte des S. in Deutschland II, beide in: H. Grebing (Hg.), Soziale Ideen in Deutschland, 2005, S. 15–350 bzw. S. 353–595 – B. Faulenbach, Das sozialdemokratische Jahrzehnt. Von der Reformeuphorie zur neuen Unübersichtlichkeit 1969-1982, 2011 – A. Honneth, Die Idee des Sozialismus. Versuch einer Aktualisierung, 2015.

Traugott Jähnichen

Sozialismus, religiöser

1. **Entstehung und Organisationsstruktur.** Unter dem Eindruck der gesellschaftlichen Neuordnung 1918/19 und vor dem Hintergrund der Weltkriegserfahrungen entstehen in D. unabhängig voneinander kleinere religiös-sozialistische Gruppen (→ Sozialismus). Ihre Sprecher sind jüngere, zumeist liberal geprägte Pfarrer und Theologen, die häufig Anregungen von Christoph Blumhardt und den Schweizer Religiös-Sozialen um Leonhard Ragaz und Herrmann Kutter aufnehmen. Die r.-s. Bewegung lässt sich als ein regional gegliedertes, polyzentrisches Netzwerk bezeichnen. Die wichtigsten Zentren sind der badische Volkskirchenbund um Erwin Eckert, Georg Wünsch und Hans Ehrenberg, kleinere Gruppen in Berlin um Paul Piechowski und Günther Dehn sowie in Köln um Georg Fritze, ein Thüringer Arbeitskreis um Emil Fuchs, der von der Jugendbewegung beeinflusste Neuwerk-Kreis mit Siedlungs- und Genossenschaftsprojekten (→Genossenschaften) in Hessen um Eberhard Arnold, Emil Blum und Herrmann Schafft sowie der akademisch ausgerichtete Kairos-Kreis um Carl Mennicke und Paul Tillich. Zur Ausbildung reichsweiter Organisationsstrukturen kommt es 1926 durch die Gründung des „Bundes der Religiösen Sozialisten Deutschlands", dem allerdings der Neuwerk- und der Kairos-Kreis nicht beitreten. Der polyzentrischen Struktur der Bewegung entsprechend ist kaum von einer einheitlichen Profilierung der religiösen Sozialisten zu sprechen. Das einigende Band sind Optionen für den Sozialismus, über den es allerdings unterschiedliche Auffassungen gegeben hat, sowie das Bemühen um eine europäische Friedensordnung.

2. **Typologie r.-s. Konzeptionen.** Die im „Bund der religiösen Sozialisten Deutschlands" organisierten Gruppen streben eine kirchenpolitische Aktivierung der sozialistischen ArbeiterInnen an, um auf dem Weg der Kirchenwahlen die evangelischen Kirchen zu einer die Interessen der Arbeiterschaft aufnehmenden, echten →Volkskirche umzugestalten, die einen antikapitalistischen Sozialprotest zu einem integralen Bestandteil der Verkündigung erhebt. Innerhalb der Arbeiterbewegung bemüht man sich um die Akzeptanz religiös-ethischer Zugänge zum Sozialismus. In der Programmentwicklung des Bundes spielt die Diskussion um die →Marxismus-Rezeption eine zentrale Rolle. Mehrheitlich setzt sich eine Linie um den Bundesvorsitzenden Eckert und um den theoretischen Kopf der Bewegung, G. Wünsch, durch, wonach die biblisch-theologische Tradition die gewissensmäßige Entscheidung für das sozialistische Engagement begründet, das konkrete „Wie" des Handelns als Sache einer nüchternen Situationsanalyse zu verstehen ist, wie sie der Marxismus und insbesondere dessen Verständnis der Geschichte als Geschichte von →Klassenkämpfen bietet. Die 1928 ver-

abschiedeten Richtlinien bestätigen nach heftigen Kontroversen diese Position und rufen zum aktiven Eintritt in die Arbeiterparteien auf. Die dem Marxismus kritisch gegenüberstehenden Mitglieder des Bundes können lediglich das Zugeständnis durchsetzen, dass eine Ergänzung oder Vertiefung der Erkenntnisse der marxistischen Forschungs- und Arbeitsmethode grundsätzlich möglich ist. Neben dieser Position werden von einzelnen r.-s. Gruppen genossenschaftliche und volksgemeinschaftlich begründete Sozialismuskonzeptionen vertreten. Ihnen geht es um die Entwicklung von Genossenschaftsmodellen mit dem Ziel, im Sinn der christlichen Brüderlichkeit die moralisch als Ausdruck des Egoismus verurteilte Kapitalherrschaft zu überwinden. R.S. bedeutet hier in der Hoffnung auf das kommende →Reich Gottes als ethische Maxime die „große Gegenbewegung auf den Egoismus, Materialismus und Militarismus" (L. RAGAZ) der Zeit. In das Umfeld der frühen r.-s. Bewegung fällt ferner die grundsätzlich theologische Kritik KARL BARTHS an einer verbürgerlichten Kirche, die aber auch die r.-s. Syntheseversuche trifft. Schließlich hat der interdisziplinär arbeitende Kairos-Kreis eine eigenständige Geschichtsdeutung entwickelt. Grundüberzeugung dieses Kreises ist der von TILLICH entworfene Versuch, den r.S. in prophetischer Tradition als eine in der gegenwärtigen Wirklichkeit angelegte, kommende Wirklichkeit zu deuten, die dazu drängt, den Geist der bürgerlichen →Gesellschaft zu überwinden und eine neue soziale Ordnung aufzurichten. In diesem Sinn charakterisiert TILLICH das kapitalistische System als „zentrale Dämonisierung" der Gegenwart, während der Sozialismus die Forderung nach einer Gesellschaft umschreibt, die es jedem einzelnen und jeder Gruppe erlaubt, menschenwürdig zu leben und so ihren Lebenssinn zu erfüllen.

3. Wirkung und Würdigung. Eine Beurteilung der Wirkungen der r.-s. Gruppen ist schwierig: Vor dem Hintergrund eines Stimmenanteils von max. 15 % bei Kirchenwahlen in ihren Hochburgen Baden und Thüringen ist die Effizienz ihrer volkskirchlichen Aktivitäten begrenzt. Der Anteil der r.-s. Pfarrer beträgt ca. 1 % der Pfarrerschaft, so dass sich viele lokale Gruppen ohne Unterstützung von Pfarrern gebildet haben. Ferner ist der oft erbitterte Widerstand konservativer kirchlicher Kreise als erschwerende Bedingung r.-s. Aktivitäten zu bedenken. Ähnliche Schwierigkeiten sind den religiösen Sozialisten auch in einigen Landesverbänden der SPD, speziell in Preußen, begegnet. Für die theologische →Sozialethik bedeutsam ist die Überwindung des patriarchalischen Ordnungsdenkens und die Thematisierung von Fragen der →Wirtschafts- und der →Friedensethik, wenn auch manche theologischen Begründungszusammenhänge kurzschlüssig geblieben sind. Sozialethisch innovativ haben vor allem GEORG WÜNSCH als erster Lehrstuhlinhaber für Sozialethik in Marburg und der Kairos-Kreis gewirkt. Aufgrund ihrer sozialistischen Optionen und ihrer vielfach pazifistischen Haltung wurden die religiösen Sozialisten von den meisten Theologen ihrer Zeit als Schwärmer diskreditiert. Hervorzuheben ist ihr frühes und entschiedenes Wirken gegen den →Nationalsozialismus, der als „fanatische Religion völkischer und rassenhafter Selbstvergottung" charakterisiert worden ist, dessen →Antisemitismus und Gewaltverherrlichung (→Gewalt) man scharf verurteilt. Nach 1945 gelingt es kaum mehr, an r.-s. Tradition anzuknüpfen. Wenn die religiösen Sozialisten in der Weimarer Zeit auch eine Minderheit geblieben und mit wichtigen Anliegen kirchen- und gesellschaftspolitisch gescheitert sind, so sind von ihnen dennoch wichtige Impulse ausgegangen. Die Öffnung des Verhältnisses der Kirche zur Sozialdemokratie sowie die allmähliche Abkehr kirchlicher Kreise von weithin vorindustriell geprägten Auffassungen nach 1945 geht auch auf ihre Aktivitäten zurück.

G. WÜNSCH, Evangelische Wirtschaftsethik, 1927 – G. DEHN, Die alte Zeit, die vorigen Jahre, 1962 – J. MOLTMANN (Hg.), Die Anfänge der dialektischen Theologie, 1962 – R. BREIPOHL, R. S. und bürgerliches Geschichtsbewusstsein in der Weimarer Republik, 1971 – DIES. (Hg.), Dokumente zum r. S. in Deutschland, 1972 – W. DERESCH (Hg.), Der Glaube der religiösen Sozialisten, 1972 – F.-M. BALZER, Klassengegensätze in der Kirche, 1993³ – S. HEIMANN/F. WALTER, Religiöse Sozialisten und Freidenker in der Weimarer Republik, 1993 – U. PETER, Der Bund der religiösen Sozialisten in Berlin, 1995 – K. LIPP, Religiöser Sozialismus und Pazifismus, 1995 – F. ZIESCHE, Evangelische Wirtschaftsethik. Eine Untersuchung zu Georg Wünsch, 1996 – Protestantismus und Antifaschismus vor 1933, hg. von F.-M. BALZER, 2011.

Traugott Jähnichen

Sozialpartnerschaft

1. Definition. S. zwischen Arbeitgeberverbänden und Arbeitnehmerorganisationen (→Gewerkschaften) hat sich auf der rechtlichen Basis der →Koalitionsfreiheit (Art. 9 →Grundgesetz) entwickelt. S.tliche →Kooperation dient dem Interessenausgleich (→Interesse) der beteiligten →Gruppen (der Arbeitgeber- bzw. organisierten Erwerbstätigen) im Rahmen eines freiheitlich-sozialen Staatswesens. Sie konkretisiert sich als Verhandlungs- und Entscheidungspraxis auf den Ebenen der →Betriebe und →Unternehmen wie der Wirtschaftssektoren, jedoch auch der →Arbeitsmarkt- und →Sozialpolitik. Kritisch wird gegen die Bezeichnung „S." der Einwand vorgebracht, dass sie trotz gemeinsamer Anliegen der Beteiligten die sachlich gegebenen Interessengegensätze verwischt und zugleich eine gleichrangige Verhandlungsmacht der beteiligten Gruppen ungerechtfertigter Weise unterstellt. Gleichwohl trug die praktizierte S. bislang wesentlich zur Stabilisierung der wirtschaftlichen und sozialen Verhältnisse wie der Arbeitsbeziehungen in der BRD bei.

S. kann einerseits als eine konzeptionelle Leitidee und andererseits als Netzwerk von →Institutionen zur Regulierung der Arbeitsbeziehungen und Lebensbedingungen unterschieden werden. Als konzeptionelle Leitidee steht S. im direkten Zusammenhang mit dem Ordnungsmodell der Sozialen Marktwirtschaft (→Marktwirtschaft, Soziale), das den Interessenorganisationen der abhängig Beschäftigten ein unmittelbares Mitwirkungs- und Mitbestimmungsrecht (→Mitbestimmung) im Zusammenwirken mit den Spitzenorganisationen der Arbeitgeber einräumt. Auf institutioneller Ebene entfaltet sich die S. als eine konsensual orientierte Kooperation von Gremien und →Organisationen der →Arbeitgeber und →Arbeitnehmer. Es handelt sich um Verhandlungen und Vertragsabschlüsse zwischen den tariffähigen Verbänden der Arbeitgeber und den Gewerkschaften, sowohl in der privaten Wirtschaft als auch in den öffentlich-rechtlichen Sektoren wie den nicht erwerbswirtschaftlichen Bereichen im Rahmen der →Tarifautonomie. Der Grundgedanke einer gleichberechtigten S. basiert auf der Forderung nach mehr →Demokratie auch im wirtschaftlichen Bereich und wendet sich gegen eine Allein-Bestimmung der Kapitaleignerseite (→Kapital) wie gegen ein rein konfliktorientiertes Klassenkampfdenken (→Klassenkampf).

Die Praxis der S. basiert auf einem Netzwerk institutioneller Regulierungen zum Zwecke des Interessenausgleichs zwischen Arbeitgebern und Arbeitnehmern sowie der Gestaltung des betrieblichen und wirtschaftlichen Lebens. Im Sinne einer potenziellen Konfliktpartnerschaft wird auf der Basis des Tarifvertraggesetzes (1949; Novellierung 1969 und weitere Veränderungen) gemeinsam in Tarifverhandlungen nach Lösungen für die Entlohnung sowie Gestaltung der Arbeits- und Ausbildungsbedingungen u. a. m. gerungen. Der Rahmen für partnerschaftliches Handeln in Betrieben und Unternehmen wurde nach Gründung der Bundesrepublik Deutschland durch eine Reihe von Gesetzen aufgestellt, die in der Folgezeit durch mehrfache Novellierungen fortentwickelt wurden. Durch das Betriebsverfassungsgesetz (1952 und folgende Novellierungen; →Betrieb) und das Personalvertretungsgesetz für Betriebe und Verwaltungen des öffentlichen Dienstes (1955 und folgende Novellierungen) wurden der Arbeitnehmerschaft unterschiedliche Mitwirkungs- und Mitbestimmungsrechte in sozialen, personellen und wirtschaftlichen Fragen eingeräumt. Darüber hinaus wird die paritätische Mitbestimmung im Aufsichtsrat der Stahl- und Kohleunternehmen durch das Montanmitbestimmungsgesetz (1951 und Ergänzungsgesetz) reguliert, während in allen anderen Unternehmen über zweitausend Beschäftigte nur eine unterparitätische Sitzverteilung im Aufsichtsgremium seit Verabschiedung des Mitbestimmungsgesetzes (1976) zugestanden wird.

2. Theologisch-ethische Beurteilung. Die theologische Begründung der S. basiert auf dem biblischen Menschenbild, wonach der Mensch in seiner Subjekthaftigkeit zur Mündigkeit und →Freiheit berufen ist. Die Mitbestimmungsstudie der →EKD von 1968 spricht von der Aufgabe des Menschen, als Mitarbeiter Gottes in der Welt tätig zu sein, von seiner Mitverantwortung zur Gestaltung der Welt und ihrer gesellschaftlichen Ordnungen. Auch die Wirtschaft soll als ein Lebensbereich gestaltet werden, in dem der Mensch seine ihm von Gott gegebenen Anlagen entfalten kann. In der hochindustrialisierten →Gesellschaft werden wesentliche Befugnisse an gewählte Vertreter von →Kapital und →Arbeit übertragen werden müssen, die in „sozialrechtlicher Partnerschaft" in gegenseitiger Achtung und im gemeinsamen Dienst mehr soziale →Gerechtigkeit anstreben sollen. Dabei schließt – so die EKD-Mitbestimmungsstudie – S. die Existenz gegensätzlicher Standpunkte und Konfliktaustragungen nicht aus. Allerdings werden die Akteure zur gegenseitigen Verständigung und Zusammenarbeit verpflichtet. Kapitaleigner und Arbeitnehmer sind somit aufeinander angewiesen, weshalb beiden Seiten Mitbestimmungsrechte zustehen, die allerdings weder zum Schaden der einen noch zum Übergehen der anderen Seite führen dürfen. Für diese ineinander gefügten Rechte von Kapital und Arbeit müssen adäquate Sozialformen einer Zusammenarbeit der Sozialpartner entwickelt werden. Dieser Grundgedanke ist in mehreren Denkschriften der EKD aufgenommen, wonach die ethische Qualität einer Entscheidung auch von der Verfahrensweise der Entscheidungsfindung abhängt, weshalb Beteiligungsgerechtigkeit eingefordert wird. Zudem haben Tarifpartnerschaft und soziale Sicherung einen sozialen Frieden geschaffen, der sich als ein bedeutsamer Standortvorteil erwiesen hat. Als Basis der S. lässt sich, so der frühere EKD-Ratsvorsitzende Nikolaus Schneider, die paritätische Montanmitbestimmung ansehen.

Die Sozialpartner werden generell in die →Verantwortung gestellt, für faire Arbeitsbedingungen in der Wirtschaft einzutreten, Lösungen zur Überwindung der Massenarbeitslosigkeit (→Arbeitslosigkeit) zu entwickeln, die Verpflichtung zur →Ausbildung von Jugendlichen (→Jugend) im notwendigen Umfang einlösen zu helfen sowie sich für eine gleichmäßigere Vermögens- und Eigentumsverteilung einzusetzen (→Vermögen; →Einkommen; →Verteilung).

3. Perspektiven der S. Die vielschichtigen Umgestaltungsmaßnahmen der Wirtschaft stellen die Sozialpartner stetig vor große Aufgaben. Die angemessene Methode der Anpassung an schwieriger gewordene wirtschaftliche Bedingungen wird von vielen in einer kooperativen Modernisierung in der Tradition der S. gesehen. Gleichwohl gibt es aktuelle Gefährdungen des Systems der Tarifautonomie wie der S., nämlich durch ein Unterlaufen von geltenden Flächentarifverträgen oder durch Austritte von Unternehmen aus den Arbeitgeberverbänden. Grundsätzliche Kritiker streben eine Entmachtung des „Tarifkartells" an und fordern eine →Deregulierung des korporatistischen Arrangements zwischen Gewerkschaften und Verbänden. Von großer Bedeutung sind demgegenüber neue Vorbilder einer profilierten S. Die Kultur der S. auf Basis gemeinsamer Werte und Überzeugungen hat sich unterdessen in einigen Wirtschaftsbereichen weit entwickelt, z. B. in Gestalt der gemeinsam vom Bundesverband Chemie und der Gewerkschaft IGBCE gegründeten „Chemie-Stiftung Sozialpartnerakademie (CSSA)", Wiesbaden, für Betriebsräte und Führungskräfte. Ihre Aufgabe ist es u. a., heutigen und künftigen Entscheidungsträgern in Wirtschaft, Politik und Gesellschaft ethische Kompetenzen zu vermitteln. Auch die IGM sieht in gemeinsam getragenen Werten die Basis für gewerkschaftliches Handeln hinsichtlich der Gestaltung von Wirtschafts- und Arbeitsprozessen, ohne dabei mögliche Interessenunterschiede von Arbeitnehmern und Arbeitgebern aus dem Blick zu verlieren. Die Internationalisierung der Wirtschaft bedeutet für das deutsche Modell der S. eine große Herausforderung, nicht allein wegen der Ausbreitung der gewerkschaftsfreien Zonen weltweit. Die national institutionalisierte S. kann in Spannung zur übernationalen Solidarität geraten, beispielsweise in Folge von länderübergreifender Standortkonkurrenz zwischen den Unternehmen(-steilen) eines international aufgestellten Konzerns, v. a. bei einer absehbaren Gefahr von hohen Beschäftigungsverlusten. Solche Szenarien können in transnationalen Konzern-Betriebsräten (z. B. in einem Europäischen Betriebsrat/EBR) massive Konflikte heraufbeschwören und solidarisches Handeln unterminieren. Denn hier sind den Betriebsräten enge Grenzen gesetzt, weil sie prioritär als Mandatsträger ihrer jeweiligen Belegschaft und für deren Interessen agieren. Eine länderübergreifende S. und Solidarität verlangen jedoch, über ein bloßes Co-Management im Interesse des Unternehmenswohls bzw. der einzelnen nationalen Unternehmen hinauszublicken.

KIRCHENKANZLEI DER EKD (Hg.), Sozialethische Überlegungen zur Mitbestimmung, 1968 – KIRCHENAMT DER EKD (Hg.), Gemeinwohl und Eigennutz, 1991 – DASS./SEKRETARIAT DER DT. BISCHOFSKONFERENZ (Hg.), Für eine Zukunft in Solidarität und Gerechtigkeit, 1997 – INDUSTRIEGEWERKSCHAFT BERGBAU, CHEMIE, ENERGIE (IGBCE), Verantwortliches Handeln in der Sozialen Marktwirtschaft. Der Wittenberg-prozess der Chemiepartner, 2009 – NIKOLAUS SCHNEIDER, 60 Jahre Montanmitbestimmung – Die Würde des Menschen im Zentrum der Arbeit, 2011 – HARRY W. JABLONOWSKI, Bedeutung von Kirche und Religion für gewerkschaftliche Akteure in Organisationen und Betrieben, Texte aus dem SI, 2013.

Harry W. Jablonowski

Sozialpolitik

1. Begriff. S. entscheidet Zielkonflikte zwischen widerstreitenden sozialen Interessen bei der Bewältigung gesellschaftlich anerkannter Problemlagen u. der dafür notwendigen Zuteilung materieller u. immaterieller Ressourcen. Damit unterscheidet sich S. von privaten Hilfestellungen, die ihren Inhalt u. ihre Zielrichtung nicht öffentlich bestimmen, auch wenn sie mit S. in einem ergänzenden Zusammenhang stehen können. S. hat sich geschichtlich mit dem bürgerlichen Staat herausgebildet, auch wenn es schon vor dieser Zeit öffentliche Handlungen zur Befriedigung sozialer Bedarfe gegeben hat. S. ist nicht an einen Staatstyp gebunden. Sie kann vielmehr in unterschiedl. Weise zur Legitimation von Herrschaft eingesetzt werden. Demokratie aber ist ohne eine S. nicht denkbar, die der sozialen Integration ihrer BürgerInnen verpflichtet ist. S. ist normativ an Vorstellungen von →Gerechtigkeit gebunden. Deshalb bestimmen geschichtlich u. aktuell immer wieder auch Wertvorstellungen der jüdisch-christlichen Tradition den sozialpolitischen Diskurs mit, auch wenn andere, meist säkulare Vorstellungen eine besondere Bedeutung haben.

2. Geschichte. Mit der Neuordnung des Gemeinwesens seit der Neuzeit treten Staat u. Gesellschaft auseinander. Nicht zuletzt Luthers →Zwei-Reiche-Lehre schaffte dem weltlichen Regiment einen eigenen Stellenwert. S. meint seit dem 16. Jh. (neben vereinzelten Standesregelungen etwa im Bergbau u. in Zünften) kommunale Armenfürsorge (Edikt Kaiser KARLS V. von 1531). Die Protagonisten der Reformation – LUTHER u. CALVIN – berieten kommunale Einrichtungen u. festigten zugleich die kirchliche Armenfürsorge. Das Allgemeine Preußische Landrecht von 1794 regelte erneut die kommunale Verantwortung in der Armenpflege.

Erst mit der Industrialisierung wurde das staatliche Augenmerk auf neue soziale Problemlagen gerichtet, in Preußen erstmals 1839 mit dem „Regulativ über die Beschäftigung jugendlicher Arbeiter in Fabriken". Diese Initialzündung erhob zum Prinzip, dass es Aufgabe des Staates sei, Fehlentwicklungen im Wirtschaftsprozess zu regulieren. Der öffentliche Meinungsbildungsprozess zur Bestimmung sozialer Probleme u. Ansprüche benötigt Träger. Im 19. Jh. waren dies einerseits christliche Kreise, die über die Gründung kirchlicher Hilfswerke (→Diakonie, →Caritas) hinaus auf staatliche Regelungen zur Lösung der →„sozialen Frage" drängten. Es meldeten sich Vertreter des Protestantismus zu Wort, die sich später im →Evangelisch-Sozialen Kongress zusammenschlossen. Daneben forderten einzelne Persönlichkeiten aus der Wirtschaft, wie A. KRUPP, R. BOSCH oder F. HARKORT, staatliche Eingriffe. Und schließlich setzten sich in der Staatsbürokratie zunächst in Preußen, dann im neugegründeten Reich Vorstellungen durch, man müsse das gutsherrschaftliche Fürsorgedenken auf die Industriearbeiter übertragen u. entsprechende soziale Leistungen für sie vorsehen. Zugleich wollte man den wachsenden Einfluss der Selbstorganisationen der neuen Arbeiterbewegung (→Gewerkschaften u. Sozialdemokratie) eindämmen. Diese Interessenkonstellation führte zur Einführung einer →Sozialversicherung in den 1880er Jahren (Krankheit, Unfall, Alter).

In der Republik von Weimar gewannen die sozialreformerischen Vorstellungen von Sozialdemokratie, Zentrum u. sozialem Liberalismus an Einfluss. Deren Reformansätze sahen sich zunächst mit der Bewältigung der Kriegsfolgen konfrontiert. Gleichwohl war die Politik in drei Punkten erfolgreich: der Herausnahme der Jugendfürsorge aus der allgem. Armenfürsorge (1922 u. 1924) einschließlich einer staatlichen Regelung des Verhältnisses zwischen öffentlicher u. privater Jugendpflege, dem Einstieg in die Vereinheitlichung der Armenfürsorge (1924) u. schließlich drittens der Verabschiedung einer Arbeitslosenversicherung (1927). Die Weltwirtschaftskrise (ab 1929) wirkte sich verheerend auf die Haushaltspolitik aus.

Die faschistische Diktatur hob große Teile dieser Reformpolitik auf, betrieb aber weiter S. – allerdings nur im Sinne ihrer völkischen Ideologie. Sie finanzierte diese Politik u. a. durch Ausplündern der Sozialkassen, später durch Raub von Eigentum. Opfer waren insbesondere Personen, die sich zur Emigration gezwungen sahen, u. Millionen Menschen, die von den Faschisten umgebracht wurden. Das Dritte Reich war kein Sozialstaat, aber es instrumentalisierte S. für seine verbrecherischen Ziele.

Mit der Kapitulation am 8. Mai 1945 hatte das Deutsche Reich aufgehört zu existieren. In Deutschland herrschten Not u. Elend, es gab keine S. Mit Einbeziehung Westdeutschlands in die Aufbauhilfe der USA (Marshall-Plan) u. einer Neuordnung der Finanzen (Währungsreform 1948) wurden die Grundlagen für den wirtschaftlichen Aufstieg gelegt, allerdings um den Preis der Hinnahme der deutschen Teilung bzw. der Teilung Europas.

Bereits zu Beginn der 1950er Jahre setzte, nachdem große Teile des alten Sozialversicherungssystems einschließlich der Selbstverwaltung wieder in Kraft gesetzt worden waren, eine breite Diskussion ein, wie neuer Wohlstand auch jenen zu Gute kommen könne, die nicht mehr oder noch nicht daran beteiligt waren. Daraus folgten insbesondere die →Rentenreform von 1957 u. der sukzessive Auf- u. Ausbau von Kinderfreibeträgen u. Kindergeldzahlungen ab den 1950er Jahren. Mit dem Bundessozialhilfegesetz von 1961/62 (→Sozialhilfe) schließlich wurde ein sehr flexibles, einheitliches Recht für all die Notfälle geschaffen, die von den großen sozialen Sicherungssystemen nicht erfasst wurden. Die erste große Koalition schließlich ersetzte die alte Arbeitslosenversicherung von 1927 durch ein modernes Arbeitsförderungsgesetz (AFG), das – in einer Phase der Vollbeschäftigung – vor allem präventive Maßnahmen zur Abwehr der Entstehung von Arbeitslosigkeit vorsah.

War solchermaßen das alte Sozialversicherungssystem in deutlich erweiterter u. leistungsgerechterer Form wieder hergestellt, zeigten sich gleichwohl Lücken, die nunmehr geschlossen wurden, insbesondere bezogen auf die Chancengleichheit von sozialen Gruppen (Bundesausbildungsförderungsgesetz u. a. m.) u. dann insbesondere bezogen auf die Situation von Frauen (Rente nach Mindesteinkommen, Gleichberechtigung von Mann u. Frau in der Ehe).

Die wirtschaftliche Strukturkrise, sichtbar seit Mitte der 1970er Jahre, setzte dieser Politik der inneren Reformen zunächst ein Ende. Es wurden vielmehr erste Schnitte hin zu einer restriktiveren S. getätigt, rigoros dann fortgesetzt in den 1980er Jahren. Insbesondere die Gesetzliche Rentenversicherung, die Krankenversicherung u. die Arbeitslosenversicherung waren u. sind immer wieder Gegenstand gesetzlicher Veränderungen. Gleichwohl blieb die Bewältigung weiterer Problemlagen auf der Agenda, insbesondere das der Finanzierung von Pflegedürftigkeit. (→Pflegeversicherung).

Aus der Herstellung der deutschen Einheit u. der zunehmenden europäischen Integration haben sich neue Herausforderungen für die S. ergeben. Zum einen wurde das gesamte Sozialsystem der ehemaligen DDR nach den Grundsätzen des bundesdeutschen Sozialversicherungssystems umgestellt. Eine Regelung der DDR wurde für Gesamtdeutschland übernommen: eine Mindestsicherungsleistung für Erwachsene zwischen 18 u. 65 Jahren, die dauerhaft nicht erwerbsfähig sind.

Die Herstellung eines einheitlichen Wirtschaftsraumes (→Europ. Wirtschafts- u. Währungsunion) in der Europäischen Union (EU) u. die Einführung des EUROs als Gemeinschaftswährung in nunmehr 19 der 28 EU-Mitgliedstaaten haben einerseits die Bedingungen für die Wirtschaft u. die Freizügigkeit der Menschen (→EU-Grundfreiheiten) deutlich verbessert. Gleichzeitig aber bleiben die steuer- u. sozialpolitischen Handlungsfelder weitgehend national (→Europ. Sozialpolitik). Dieses hat zur Folge, dass die einzelnen Mitgliedsstaaten, die untereinander im Wettbewerb bleiben, letztlich über die Steuer- u. die S. versuchen, die Bedingungen für ihre Wirtschaft auf dem europ. Markt günstiger zu gestalten. Eine europ. Harmonisierung ist hier nicht vorgesehen bzw. derzeit nur vereinzelt (so bei bestimmten Steuerarten) durchsetzbar. Gleichwohl versucht die Europ. Kommission u. a. mit Instrumenten einer „weichen Steuerung" (B. BENZ; Informationen, Zielvereinbarungen) soz.pol. Themen, wie etwa die Bekämpfung von Armut u. sozialer Ausgrenzung, auf der Agenda zu halten u. wenigstens kleine Schritte umzusetzen. Dort, wo die EU soz.pol. Kompetenzen zur Rechtsetzung hat, wie etwa bei der Abwehr von Geschlechterdiskriminierung u. beim Gesundheitsschutz, nutzt sie diese konsequent, unterstützt auch von der integrationsfreundlichen Rechtsprechung des Europ. Gerichtshofes.

Die aktuelle sozialpolitische Diskussion umfasst ein weites Spektrum. Machen die einen eher die nach wie vor hohe →Arbeitslosigkeit u. die vermehrt prekären Beschäftigungsverhältnisse als Ursache soz. Probleme aus, verweisen andere stärker auf den →demografischen Wandel. Auch bei der Frage, wie man mit den Folgen weltweiter Armut u. Migration umgeht, besteht kein Konsens. Ein für die S. in Deutschland wichtiger Kompromiss wurde mit der Einführung eines gesetzlichen Mindestlohnes seit 2015 erzielt. Es zeichnet sich aber ab, dass nicht wenige soz.pol. Entscheidungen zunehmend auf EU-europ. Lösungen drängen, gleichwohl ein Konsens innerhalb der EU darüber keineswegs schon erreicht ist.

3. Grundnormen. S. wird von Grundnormen getragen, seit dem 18. Jh. haben sich hier drei zentrale herausgebildet.

3.1 Eigenverantwortung. Mit Auflösung der Feudalordnung bildete sich sukzessive die bürgerliche Gesellschaft heraus. So forderte JEAN JAQUES ROUSSEAU (1712–1778) die Aufhebung der Standesprivilegien u. die Freisetzung des Einzelnen. Jeder soll *Eigenverantwortung* übernehmen u. entsprechend seiner Leistung bewertet werden. Gerecht ist also, was der individuellen Leistung entspricht.

3.2 Solidarität. Rousseau konnte noch nicht sehen, dass mit dem Bürgertum zugleich eine neue Klasse entstand, das Proletariat. Die Arbeiter/innen waren – eine Formulierung von KARL MARX (1818–1883) aufgreifend – zwar einerseits als Menschen *frei*, also aus dem feudalen Zwangsverhältnis der Leibeigenschaft entlassen, andererseits aber auch ‚frei' von Produktionsmitteln u. waren deshalb auf den Verkauf ihres einzigen Vermögens – ihrer Arbeitskraft – angewiesen. Mit neuen Kampfformen – der solidarischen Arbeitsverweigerung – wurden neue kollektive Vereinbarungen neu in Gestalt von Tarifverträgen durchgesetzt. Zugleich entstanden von den ArbeiterInnen selbst organisierte u. finanzierte *freiwillige Hilfskassen* zur solidarischen Absicherung gegen Risiken wie Krankheit u. Invalidität. Es blieb aber die Frage offen, ob (zunächst) lediglich die Arbeits- u. Lebensbedingungen innerhalb des kapitalistischen Systems verbessert werden sollen (Reform) oder aber dieses System selbst überwunden werden müsse (→Revolution). Die Entwicklung folgte im weiteren geschichtlichen Verlauf insbesondere in Deutschland stärker den reformorientierten Vorstellungen von FERDINAND LASSALLE (1825–1864), wenngleich es immer auch Rückbezüge zum →Marxismus gegeben hat. Der Begriff Gerechtigkeit ordnet sich nun der Vorstellung eines solidarischen Ausgleichs zwischen Menschen mit gleichen sozialen Risiken zu.

3.3 Subsidiarität. Und schließlich wurde im 19. Jh. ein drittes normatives Element weiter entwickelt, das der *subsidiären Gerechtigkeit* (→Subsidiarität). Diese vor allem in der kath. Soziallehre entfaltete Sicht griff auf den Gedanken der hebräischen Schöpfungsgeschichte zurück, dass der Mensch als Ebenbild Gottes eine unbedingte, von Gott abgeleitete Würde hat. Es verpflichtet das Gemeinwesen, Menschen in Not zu helfen, bis sie wieder in die Lage sind, sich selber zu helfen. „Hilfe zur Selbsthilfe" bedeutet, dass die Hilfe der jeweils höheren Einheit voraussetzungslos zu erfolgen hat, aber auch nur so weit gehen darf, dass die Eigeninitiative dadurch nicht eingeschränkt wird. Auch im Protestantismus wird diese Sichtweise geteilt, abgeleitet aus der →Rechtfertigungslehre, aber nicht in einer Soziallehre gefasst.

Gerechtigkeitsvorstellungen in den meisten europäischen Sozialsystemen fußen (in unterschiedl. Ausprägungen u. Mischungsverhältnissen) wesentlich auf diesen Grundnormen. Allerdings besteht zwischen u. innerhalb kollektiver sozialer Interessenträger ein Dissens darin, welches Gewicht welchem Element zukommen soll. Zahlreiche evang. Denkschriften u. auch gemeinsame Erklärungen der christlichen Kirchen bringen sich in diesen Diskurs ein. (EKD; EKD/DBK).

4. Prinzipien. Bei der Übersetzung von Gerechtigkeitsvorstellungen u. -ansprüchen in konkrete S. gilt es, Entscheidungen zwischen konkurrierenden soz.pol. Prinzipien zu treffen. Dies sind erstens das Kausal- u. Finalprinzip, auf die sich etwa Sozialleistungsansprüche gründen lassen. Das *Kausalprinzip* fragt nach der Verursachung des Bedarfs (etwa einer Heilbehandlung nach einem Unfall) u. entscheidet danach die Zuständigkeitsfrage (hier: eigene Krankenversicherung, Unfallversicherung der Arbeitgeberin/des Arbeitgebers, Privathaftpflicht des Dritten). Mit dem *Finalprinzip* hingegen wird der Anspruch formuliert, der Notlage unabhängig von einer Ursachenklärung hinreichend (final) abzuhelfen. Beispiele hierfür sind etwa erzieherische Hilfen für Familien.

Zweitens folgen das Äquivalenz- u. das Solidarprinzip unterschiedl. Grundnormen von Gerechtigkeit. Anknüpfend an die Idee der Eigenverantwortung lassen sich soziale Anspruchsrechte mit dem *Äquivalenzprinzip* etwa danach bemessen, wieviel Beiträge der Einzelne zur Finanzierung einer Versicherungsleistung beigetragen hat (dominierend in der Gesetzlichen Arbeitslosen- u. Rentenversicherung). Das *Solidarprinzip* hingegen entkoppelt Beitrag u. Leistung stärker voneinander u. verteilt intersozial um (dominierend in der Gesetzlichen Kranken- u. Pflegeversicherung).

5. Funktionen. Ohne Betreuungs- u. Bildungsangebote für Kinder u. Jugendliche stünden dem Arbeitsmarkt wesentlich weniger gut qualifizierte Erwerbspersonen (insbes. als Auszubildende u. de facto als erwerbstätige Mütter) zur Verfügung. S. ist also konstitutiv für die Durchsetzung konkreter Gesellschafts-, Wirtschafts-, u. Geschlechterordnungen (*Konstitutionsfunktion*). S. hat ferner eine *Kompensationsfunktion*. So ersetzen bspw. das Krankengeld u. die Rente den Ausfall von Erwerbseinkommen. Und schließlich hat S. eine *Präventionsfunktion*. Sie trägt über gesundheitliche Vorsorge, Früherkennung u. Rehabilitation zum Erhalt von Gesundheit bzw. zur Verhinderung schwerer Erkrankungen bei.

6. Felder, Systeme und Interventionen. Vom Finanzvolumen her sind die Alterssicherung u. der Gesundheitssektor die gewichtigsten Bereiche der S., die jedoch insgesamt von der Wohnungsbauförderung bis zur akzeptierenden Drogenhilfe reicht.

Prägend sind dabei immer wieder drei unterschiedl. Finanzierungs- u. Leistungssysteme. Am gewichtigsten sind dabei die genannten *Versicherungssysteme*, in denen Leistungen nur an Mitglieder gezahlt werden, die diese wiederum wesentlich über Beiträge finanzieren. Davon zu unterscheiden sind *Versorgungssysteme* (etwa Kindergeld u. Kriegsopferversorgung). Diese werden aus dem allgem. Steueraufkommen finanziert u. knüpfen bei ihren Leistungen an einen Schadensausgleich oder einen besonderen Dienst für die staatliche Gemeinschaft an. Hinzu kommen *Fürsorgesysteme* (insbes. Jugend- u. Sozialhilfe). Auch sie werden über Steuern finanziert, knüpfen auf der Leistungsseite aber an im-/materielle Bedürftigkeit an (Anspruch dem Grunde nach).

In zwei anderen Systematiken lassen sich die Vielzahl soz.pol. Leistungen u. Regelungen danach unterscheiden, in welcher Form sie erbracht werden. So stellt das Persönliche Budget in der Behindertenhilfe eine *Geldleistung* dar, während eine Heilbehandlung *Dienstleistung* u. eine soziale Infrastruktureinrichtung (Bsp. Bürgerhaus) *Sachleistung* ist.

Darauf, *wie* diese Regelungen u. Leistungen bei ihren Empfänger/inne/n wirken, hebt die Systematisierung „soz.pol. Interventionen" (F.-X. KAUFMANN) ab. So beeinflusst das Bürgerhaus die konkreten Lebensumstände vor Ort (*ökologische* I.). In ihm finden Bildungsangebote (*pädagogische* I.) u. Tauschbörsen (*ökonomische* I.) statt. Von der Nutzung des Hauses dürfen etwa MigrantInnen nicht ausgeschlossen werden (*rechtliche* I.).

7. Ebenen, Akteure und Prozesse. Die Beispiele machen deutlich: S. ist in doppelter Weise Mehrebenenpolitik. *Vertikal* sind für sie alle (im weiteren Sinne) staatlichen Ebenen relevant. Auf örtlicher Ebene werden von der Schwangerschaftskonfliktberatung bis zur Hospizarbeit die sozialen Dienste erbracht. Bundesländer u. der Zentralstaat sind hingegen insbesondere für die Sozialgesetzgebung zuständig. Auf EU-europäischer Ebene werden inzwischen alle Subpolitikfelder der S. mitgestaltet. Sozialstandards in der Handels- u. Entwicklungspolitik u. soz.pol. Reformforderungen von internationalen Gläubigern gegenüber überschuldeten Staaten schließlich sind Beleg für die gewachsene Bedeutung der internationalen S.

Horizontal treten nicht nur ‚parastaatlich' die Sozialversicherungsträger neben den Staat, sondern auch frei-gemeinnützige Akteure (von Selbsthilfeinitiativen bis Wohlfahrtsverbänden; Dritter Sektor), gewerbliche (etwa private Pflegedienste) u. honorarbasierte freie Berufe (insbes. Ärzte/Ärztinnen). Dies betrifft die Leistungserbringerseite, in der die öffentliche Hand in der S. häufig auf die Zusammenarbeit mit Dritten angewiesen ist bzw. diese favorisiert.

Die vertikale u. horizontale Gliederung der S. spielt jedoch nicht nur in der Umsetzung, sondern auch in politischen Forderungen, Festlegungen u. Infragestellungen von S. eine Rolle. Wohlfahrtsverbände skandalisieren die Armutsentwicklung, Kommunen fordern die Übernahme von Kosten der Flüchtlingshilfe durch den Bund, zwischen Bund u. Ländern werden soz-pol. Paketlösungen geschnürt, die Aufwendungen zwischen den beteiligten Ebenen aufteilen (so bei den Hartz-IV-Reformen). Und schließlich spielen internationale Akteure bei der Evaluation soz.pol. Maßnahmen u. der (Re-)Formulierung soz.pol. Probleme eine gewichtige Rolle (s. die UN-Behindertenrechtskonvention u. ihre Monitoring-Instrumente). Auch Kirchen u. ihre Hilfswerke sind dabei zwischen Partnerschaft (s. den Vorrang ‚freier Träger' in der Jugend- u. Sozialhilfe) u. →zivilem Ungehorsam (s. Kirchenasyl) herausgeforderter u. herausfordernder, verstrickter u. Impulse setzender Akteur stets vorläufiger S.

8. Ergebnisse und Herausforderungen. Es gab u. gibt zahlreiche Linderungen u. Lösungen von sozialen Problemen, u. es findet über S. soziale Integration weiter Bevölkerungskreise statt. Die andere Seite aber ist: Soziale Verhältnisse sind prinzipiell in alle Richtungen veränderbar, letztlich von der Stärke u. Schwäche einzelner sozialer Interessen abhängig. Eine auf sozialen Ausgleich zielende S. ist deshalb auf einen fairen Interessenausgleich angewiesen, wie ihn der demokratische u. soziale Rechtsstaat verspricht, aber für sich alleine nicht garantieren kann. Die Bewahrung des sozialen Friedens erfordert eigenes Engagement. S. setzt auf Teilhabe. Dieses ordnet die protestantische Theologie in einen heilsgeschichtlichen Kontext ein: „Das christliche Verständnis von Teilhabe gründet in der den Menschen geschenkten Teilhabe an der Wirklichkeit Gottes.(…) Aus diesen theologischen Überlegungen folgen individualethische Konsequenzen für die von Einzelnen u. Gemeinden im konkreten Umfeld auszuübende persönliche Barmherzigkeit ebenso wie sozialethische Konsequenzen für die Gestaltung einer gerechten Gesellschaft im Ganzen." (RAT DER EKD, S. 11)

EKD, Soziale Ordnung, Denkschriften, Band 2, 1978 – EKD/DBK, Für eine Zukunft in Solidarität und Gerechtigkeit, Wort des Rates der EKD und der DBK zur wirtschaftlichen und sozialen Lage in Deutschland, 1997 – RAT DER EKD, Gerechte Teilhabe. Befähigung zu Eigenverantwortung und Solidarität, 2006 – G. BÄCKER u. a., S. und soziale Lage, 2 Bände, 2010⁵ – J. BOECKH/E.-U. HUSTER/B. BENZ/J. D. SCHÜTTE, S. in Deutschland, 2016⁴.

Benjamin Benz, Ernst-Ulrich Huster

Sozialstaat

1. Definition. S. bezeichnet die Ausrichtung staatlicher Aktivitäten auf die Sicherung sozialer Rechte und Bedarfe im Rahmen einer kapitalistischen →Marktwirtschaft. Als generelle Sozialbindung öffentlichen Handelns beinhaltet der S. die politische Überformung der Marktprozesse nach Maßstäben sozialer →Gerechtigkeit. S. ist ein normativ gehaltvoller Begriff, der die gesamte staatliche Intervention an Kriterien wie Vermeidung von Armut und Not, Gerechtigkeit, Sicherung gegen Risiken und Verringerung sozialer Ungleichheit bemisst. Der S. umfasst mehr als nur →Sozialpolitik, auch wenn diese den Kernbestand ausmacht.

2. Historische Entwicklung. Die Bezeichnungen „S." bzw. „welfare state" für den angelsächsischen Sprachraum werden erst seit dem Zweiten Weltkrieg verwendet. Staatliche Interventionen zur sozialen Sicherung in eine industrialisierte Marktökonomie haben dagegen eine weit in das 19. Jh. zurückreichende Geschichte. Seit dem Vormärz wird über die „soziale Frage" bzw. „Arbeiterfrage" debattiert, kulminierend in den Bestrebungen der Arbeiterbewegung nach Vergesellschaftung der Produktionsmittel und Schaffung einer sozialistischen Gesellschaft. Dem stand das staatszentrierte und sozialintegrative Konzept sozialer Reform und sozialer Demokratie bei Lorenz *von Stein* gegenüber, der oft als Begründer des S.gedankens genannt wird. Mit der Einführung der Arbeiterversicherungen unter dem Reichskanzler *Bismarck* wurden die Grundlagen der in D dominanten Tradition des Sozialversicherungsstaates gelegt. Die Etablierung der beitragsfinanzierten →Sozialversicherungen in den 1880er Jahren wird häufig auch als weltweiter Beginn sozialstaatlicher Entwicklung angesehen. Ausgehend von den bereits in der Weimarer Republik entwickelten Theorien Eduard *Heimanns* und Hermann *Hellers* bürgerte sich erst in den 1950er Jahren Begriff und Konzept des „S.s" in D ein. Die Sozialreformen in den USA seit 1935 unter F. D. *Roosevelt* und in Großbritannien nach dem Zweiten Weltkrieg sowie die völkerrechtliche Anerkennung der sozialen Sicherung durch Deklarationen der International Labour Organization (ILO-Konferenz Philadelphia 1944) und in der Allgemeinen Erklärung der →Menschenrechte der Vereinten Nationen von 1948 bildeten die Grundlage der weltweiten Verbreitung des S.s.

Allerdings basierte der britische Wohlfahrtsstaat nicht auf der Idee der Sozialversicherung, sondern einer staatlich-steuerfinanzierten Sicherung des Grundbedarfs gemäß den Konzepten von Lord *Beveridge*. Seitdem wird in der Entfaltung des S.s zwischen dem Bismarck- und dem Beveridge-Modell unterschieden. Die international vergleichende Wohlfahrtsstaatsforschung bezeichnet D wegen seiner Sozialversicherungszentrierung und der bis in die 1990er Jahre wenig ausgeprägten frauen- und familienpolitischen Komponenten als „konservativen" S. im Unterschied zum „liberalen" (angelsächsischen) und „sozialdemokratischen" (skandinavischen) Wohlfahrtsstaatstyp (ESPING-ANDERSON). Diese Ausdifferenzierung nach S.typen ist deutlich geprägt von den religiösen Spaltungen und divergierenden kirchlichen Organisationsformen seit der Reformation.

Im internationalen Vergleich zeichnet sich der dt. S. durch eine starke Stellung der Verbände, den Vorrang erwerbsarbeitsbezogener Sozialversicherungssysteme und die kollektiv-vertraglichen Regelungen des →Arbeitsrechts als staatlich geschützter Sphäre verbandlicher Sozialgestaltung aus. Politisch wird der dt. S. getragen von der dauerhaften Zusammenarbeit der beiden Volksparteien der Sozial- und Christdemokratie und die institutionalisierte Zusammenarbeit der →Sozialpartner (→Korporatismus).

Mit der Ausbreitung des S.s auch in Schwellen- und Entwicklungsländern des Globalen Südens wird auf globaler Ebene zwischen sozialschutzzentrierten (folgend dem Bismarck- oder Beveridge-Modell) und produktivitätszentrierten S.en (Konzentration auf Bildung und Markt unterstützenden Politiken) unterschieden. Bis in die 1970er Jahre war der S. vom Ausbau sozialer Leistungen geprägt („Goldenes Zeitalter des S.s"). Die Globalisierung und Liberalisierung der (Finanz-)Märkte haben eine wirtschaftsliberale Politik begünstigt, die zu Kürzungen und Teilprivatisierungen auch in den sozialen Sicherungssystemen geführt hat, das Sozialausgabenniveau ist aber dennoch gestiegen. Im Zuge der weltweiten Finanzmarktkrise und der Staatsschuldenkrise im Euro-Raum sind in vielen Ländern Austeritätspolitiken der Einschränkung sozialer Sicherung durchgesetzt worden. Neben der Bewältigung finanzieller und demographischer Herausforderungen hängt die Zukunft des S.s davon ab, wie soziale Gerechtigkeit angesichts zunehmender sozialer Ungleichheiten in einem vereinten Europa und einer liberalisierten Weltökonomie geschaffen werden kann.

3. S. als sozialethischer und Rechtsbegriff. Der S. ist im Grundgesetz mit den Formulierungen „sozialer Bundesstaat" (Art. 20,1) sowie „sozialer Rechtsstaat" (Art. 28,1) als allgemeine Staatszielbestimmung normiert. Das Gemeinwesen wird durch dieses S.gebot zur Förderung sozialer Gerechtigkeit als allgemeiner

Richtschnur der Erfüllung aller öffentlichen Aufgaben verpflichtet. Damit sind nicht nur die Armuts- und Grundsicherungspolitik, das Arbeitsrecht und die Tarifautonomie, die klassischen Felder der Sozialversicherungspolitik (Alter, Gesundheit, Pflege, Arbeitslosigkeit, Unfall) und die Bereiche der Jugend-, Kinder-, Familien-, Inklusions- und Geschlechterpolitik Teil s.lichen Handelns. Vielmehr ist das gesamte staatliche Handeln unter dem Gesichtspunkt des Sozialen zu steuern. So ist insbesondere die progressive Einkommensteuer ein zentrales s.liches Politikinstrument. Eine juristisch-schulmäßige Definition des S. hat sich bis heute auch in der Rechtsprechung des Bundesverfassungsgerichtes nicht herausgebildet. Prinzipiell wird die Offenheit des S.sprinzips betont, wonach es dem Gesetzgeber obliegt, die angemessenen Mittel und Wege zur Realisierung sozialer Gerechtigkeit zu bestimmen. Die Forderung nach Schaffung sozialer Sicherheit richtet sich an den Staat, dieser muss aber nicht alle Maßnahmen und Leistungen in eigener Regie erbringen.

Die sozialethische Interpretation von Gerechtigkeit, Gleichheit und sozialen Rechten bestimmt die Beurteilung des jeweiligen Standes der S.-Entwicklung und die Überlegungen zu seiner Reform. Ein egalitaristischer Gerechtigkeitsbegriff (J. Rawls, A. Sen) steht dabei wirtschaftsliberalen Interpretationen. (R. Nozick, F. A. von Hayek) gegenüber. Trotz der Rolle der evangelischen Theologie in der Entwicklung des Konzepts →soziale Marktwirtschaft sind sozialethische Gesamtentwürfe aus der Theologie, die konkrete S.-Themen mit der philosophischen Gerechtigkeitsdiskussion verbinden, nicht sehr verbreitet (aber: P. Dabrock).

G. Esping-Andersen, The Three Worlds of Welfare Capitalism, 1991 – F. Nullmeier, Politische Theorie des S.s, 2000 – N. Rudra, Globalization and the Race to the Bottom in Developing Countries, 2008 – K. van Kersbergen/P. Manow (Hg.), Religion, Class Coalitions, and Welfare States, 2009 – F. G. Castles/S. Leibfried/J. Lewis/H. Obinger/C. Pierson (Hg.), The Oxford Handbook of the Welfare State, 2010 – G. A. Ritter, Der S. Entstehung und Entwicklung im internationalen Vergleich, 2010³ – P. Dabrock, Befähigungsgerechtigkeit, 2012 – A. Hemerijck, Changing Welfare States, 2013 – P. Masuch/W. Spellbrink/U. Becker/S. Leibfried (Hg.), Grundlagen und Herausforderungen des S.s, Band 1, 2014 – Beramondi/S. Häusermann/H. Kitschelt/H. Kriesi (Hg.), The Politics of Advanced Capitalism, 2015 – F.-X. Kaufmann, S. als Kultur, 2015 – S. Leibfried/E. Huber/M. Lange/J. D. Levy/F. Nullmeier/J. D. Stephens (Hg.), The Oxford Handbook of Transformations of the State, 2015 – G. Wegner (Hg.), Die Legitimität des S.s, 2015.

Frank Nullmeier

Sozialunternehmer / Social Entrepreneur

Mit Social Entrepreneurship (SE) haben sich Ansätze entwickelt, aus einem gemeinwohlorientierten Antrieb heraus mithilfe unternehmerischer Methoden sozialen Mehrwert zu generieren und gesellschaftliche Probleme nachhaltig zu lösen, sei es in der Armutsbekämpfung, im Bildungswesen, im Umweltbereich, in der Entwicklungspolitik oder im Gemeinwesen. In der Verbindung von marktwirtschaftlicher Rationalität und solidarischem Handeln streben SE eine Versöhnung von Unternehmertum und Gemeinwohl an. Dem Selbstverständnis nach sind die zivilgesellschaftlichen Akteure Veränderer, die mit einer innovativen Geschäftsidee, einem fundierten Geschäftsmodell, Verantwortungs- und Risikobereitschaft jenseits etablierter Strukturen agieren oder bestehende Herangehensweisen neu gestalten (z. B. bei Ausgründungen innerhalb von Wohlfahrtsverbänden als sog. Social Intrapreneurs), damit gemeinnützige Ziele effektiver, effizienter und nachhaltiger erreicht werden können. Bislang hat sich in Deutschland für diese Gründer noch keine einheitliche Definition des aus dem angelsächsischen Bereich stammenden Begriffs – sehr verkürzt mit Sozialunternehmer (SU) übersetzt – durchgesetzt.

Die Europäische Kommission definiert SU als „Unternehmen, für die das soziale oder gesellschaftliche gemeinnützige Ziel Sinn und Zweck ihrer Geschäftstätigkeit darstellt, was sich oft in einem hohen Maße an sozialer Innovation äußert, deren Gewinne größtenteils wieder investiert werden, um dieses soziale Ziel zu erreichen und deren Organisationsstruktur oder Eigentumsverhältnisse dieses Ziel widerspiegeln, da sie auf Prinzipien der Mitbestimmung oder Mitarbeiterbeteiligung basieren oder auf soziale Gerechtigkeit ausgerichtet sind."

Geschäftsmodelle reichen dabei von Kooperationsplattformen über Multiplikatorenprojekte, Qualifizierungsprogramme, Mikrofinanz, Anteilseignerschaft bis zu Marktkatalysatoren. SU weisen kein Selbsterhaltungsinteresse auf, nach Lösung des Problems lösen sie sich selbst auf, bzw. widmen sich der Lösung anderer Probleme. Die Größe der SU fällt meist in den Bereich des Kleinst- und Kleinunternehmertums. Typische Rechtsformen sind Vereine, Genossenschaften, Stiftungen und gGmbHs. Die Anzahl von gGmbH-Gründungen ist im Gegensatz zu Vereinsgründungen massiv gestiegen. Insbesondere für junge, gut ausgebildete Menschen scheint es attraktiv zu sein, sich eines von ihnen wahrgenommenen sozialen Problems anzunehmen und zu versuchen, dieses wirtschaftlich tragfähig zu lösen. Neue Arbeitsformen (z. B. sog. Co-working spaces und die intensive Nutzung ebenfalls junger Medien wie Internet und Social Media) tragen zur Passung bei. Gründungsschwierigkeiten bestehen insbesondere bei der Finanzierung. SU erzielen zwar einen erheblichen Teil ihrer Einnahmen jenseits von Zuwendungen oder Spenden – auch hier spielen moderne Formen wie das massenhafte Einsammeln kleinster Beträge (sog. crowdfunding oder crowdinvesting) über Internetplattformen eine große Rolle – je stärker sie aber auf

Finanzierungsformen wie z. B. Spenden angewiesen sind, desto mehr Ehrenamtliche engagieren sich in der Organisation. Gelder können akquiriert werden – häufig als Mix aus verschiedenen Quellen – bei der Öffentlichen Hand, Stiftungen, Banken (wie z. B. GLS-Bank oder KfW-Bank, klassische Geldinstitute sind eher ungeeignet), der Zielgruppe selbst (z. B. über Schulungen oder Mitgliedsbeiträge), Spenden oder Soziale Investoren. Letzteren liegt häufig ein Konzept zugrunde, welches Ansätze der Wagnis-Kapital-Finanzierung auf die Philanthropie überträgt (Venture Capital und Venture Philanthropy), indem gemeinnützige Organisationen und Initiativen im Rahmen einer aktiven Partnerschaft längerfristig finanziell und ideell unterstützt werden. Ein weiteres Finanzierungsinstrument stellen Social Impact Bonds als vertraglich abgesicherte Kooperationen zwischen sozialen Dienstleistern, privaten Investoren und dem Staat dar: Der soziale Dienstleister verpflichtet sich, eine bereits erprobte Maßnahme zu erbringen und damit eine messbare soziale Wirkung zu erzielen (z. B. die dauerhafte Reintegration einer zuvor festgelegten Anzahl junger, schwervermittelbarer Langzeitarbeitsloser oder die signifikante und nachhaltige Senkung der hohen Rückfallquote von Kleinkriminellen); finanziert wird diese zunächst durch den privaten Investor. Wird das vereinbarte Ziel innerhalb des festgelegten Zeitraums und unter Einhaltung der vereinbarten Kriterien erreicht, erhält der Investor das eingesetzte Kapital nebst einer Prämie zurück. Beides wird vom Staat gezahlt, da durch diese erfolgreiche Maßnahme Einsparungen (wie Transferleistungen) und/oder Mehreinnahmen (Steuern und Beiträge zur Sozialversicherung) in den öffentlichen Kassen erwartet werden. Die Prämie, Rendite oder Verzinsung generiert sich also aus vermiedenen öffentlichen Folgekosten.

In liberal verfassten Wohlfahrtsstaaten wie Großbritannien oder USA ist solches wirkungsorientiertes Investieren (Impact Investing) weiter verbreitet als in Deutschland. Einerseits erlaubt dieses eine begrenzte Verzinsung des eingesetzten Kapitals. Somit kann es gelingen, gesellschaftliche Probleme zu lösen und gleichzeitig die Interessen von Kapitalgebern an einer Rendite zu befriedigen. Andererseits werden mit einer solchen Öffnung auch die Grenzen hin zu Profit orientierten Unternehmen fließend.

Das Phänomen SE/SU selbst ist nicht neu, sondern in eine lange Tradition einzuordnen: Schon in der Gründerzeit der Diakonie im 19. Jahrhundert spielten Gemeinwohlökonomie, Mikrofinanzierung und Genossenschaften eine wichtige Rolle. Sozialreformer wie Friedrich Wilhelm Raiffeisen oder Wilhelm Merton, Maria Montessori oder Florence Nightingale wirkten gerade in der Zeit der großen Umbrüche der Industrialisierung als soziale Innovatoren. Neu hingegen sind die Strategien, sei es bei der Akquirierung unterschiedlichster Finanzierungsquellen oder aber in Bezug auf eine kreative Öffentlichkeitsarbeit.

Insgesamt zeigt sich die Situation in Deutschland ambivalent: Einerseits hat die Idee in den letzten Jahren enorme Verbreitung gefunden. Andererseits etablieren sich erfolgreiche Konzepte und Leistungen modernen sozialen Unternehmertums eher verhalten, denn sie liegen quer zum bisherigen sozioökonomischen Pfad: Der deutsche Wohlfahrtsstaat ist bisher durch einen hohen Regulierungsgrad entlang der Säulen der Sozialgesetzgebung mitsamt entsprechender institutioneller und finanzieller Arrangements gekennzeichnet. Im Diskurs um SU wird das damit korrespondierende, traditionell verbreitete Rollenverständnis, welches der Wirtschaft die Wertschöpfung und dem Staat wie der Zivilgesellschaft die Umverteilung und das Soziale zuschreibt, neu ausgelotet. Aus sozialwissenschaftlicher Perspektive handelt es sich bei SE/SU häufig um eine Form von hybriden Organisationen, d. h. innerhalb einer Organisation werden Elemente kombiniert, die bisher üblicherweise den einzelnen Sektoren Staat – Markt – Gemeinschaft zugeordnet wurden.

Sozialunternehmertum ist deshalb bedeutsam, weil es einen Beitrag zu gesellschaftlicher Verantwortung leistet, und sich an Nachhaltigkeit und Solidarität und nicht an Profitmaximierung orientiert. Der bisweilen kritisierte Hype um Gründerpersönlichkeiten kann auch in Deutschland dazu beitragen, die vielfach in Wirtschaft und Gesellschaft vermissten Vorbilder zu generieren. Gesellschaftliche Verantwortungsübernahme durch eine neue Generation von Unternehmer-Persönlichkeiten hin zu einer konsequenten Werteorientierung zeigt die Chancen sozialen Wirtschaftens heute.

Bertelsmann Stiftung (Hg.), Wirkungsorientiertes Investieren: Neue Finanzierungsquellen zur Lösung gesellschaftlicher Herausforderungen, Abschlussbericht NAB Deutschland, 2014 – Centrum für Soziale Investitionen und Innovationen (CSI), Social Entrepreneurship in Deutschland - Potentiale und Wachstumsproblematiken, Gesamtreport, erstellt von T. Scheuerle/G. Glänzel/R. Knust/V. Then, Eine Studie im Auftrag der KfW, 2013 – Europäische Kommission, KOM, 2011, 682 endgültig, S. 2–3 – H. Hackenberg/S. Empter (Hg.), Social Entrepreneurship – Social Business: Für die Gesellschaft unternehmen, 2011 – E. Priller/M. Alscher/P. J. Dross/F. Paul/C. J. Poldrack/C. Schmeisser/N. Waitkus, Dritte-Sektor-Organisationen heute: Eigene Ansprüche und ökonomische Herausforderungen, Ergebnisse einer Organisationsbefragung, Wissenschaftszentrum Berlin für Sozialforschung, 2012 – W. Spiess-Knafl/R. Schues/S. Richter/T. Seuerle/B. Schmitz, Eine Vermessung der Landschaft deutscher Sozialunternehmen, in S. A. Jansen/M. Beckmann/R. G. Heinze (Hg.), Sozialunternehmen in Deutschland, Analysen, Trends und Handlungsempfehlungen, 2013.

Helga Hackenberg

Sozialversicherung

1. Charakteristika. Der bundesdeutsche Sozialstaat ist durch die drei Begriffe →Versicherung, Versorgung und Fürsorge geprägt. Die soziale Sicherung ist somit im Spannungsfeld zwischen Verteilung (→ Verteilungstheorie; -politik) und Versicherung angesiedelt. Zum einen sollen verteilungspolitisch nicht gewünschte Ergebnisse durch redistributive Maßnahmen zumindest abgeschwächt werden und zum anderen sollen allokative Mängel versichert werden. Insgesamt erscheint der deutsche Sozialstaat aufgrund des Schwerpunkts der sozialen Sicherung vor allem als ein Sozialversicherungsstaat. Dieses Modell basiert auf der von BISMARCK geschaffenen Sozialgesetzgebung in den 80-er Jahren des 19. Jh.s, in der die Grundlagen für eine Kranken-, Unfall- und Altersversicherung sowie der später eingeführten Arbeitslosenversicherung und der Pflegeversicherung festgelegt wurden.

Als Säulen und damit die Ausgestaltung bestimmende Randbedingungen lassen sich historisch die folgenden drei Punkte identifizieren: Das Normalarbeitsverhältnis, die Ein-Verdiener-Familie und die Lebensstandardsicherung des Sozialversicherungssystems. Im Kontext der ökonomischen und gesellschaftlichen Veränderungen wurden diese Grundpfeiler jedoch zunehmend aufgeweicht. Unterbrochene Erwerbsbiographien, die zunehmende Erwerbsbeteiligung von Frauen und die Reformen zur teilweisen Privatisierung der Alterssicherung haben letztlich dazu geführt, dass es zu Akzeptanzverlusten bei Versicherten kam.

2. Arbeitslosenversicherung. 2.1 Die Arbeitslosenversicherung ist von der Pflegeversicherung einmal abgesehen der historisch jüngste Teil des deutschen Sozialversicherungssystems, bis dahin waren Arbeitslose auf die Armenfürsorge der Gemeinden angewiesen. Der Grundstein für das heutige System wurde erst 1927 mit dem Gesetz für Arbeitsvermittlung und Arbeitslosenversicherung (AVAVG) gelegt. Arbeitsvermittlung und Arbeitslosenversicherung wurden bei einer rechtlich selbstständigen und finanziell unabhängigen Reichsanstalt zusammengefasst. Zentrale Säule der Finanzierung der Reichsanstalt waren Beiträge, das Reich übernahm lediglich die Verpflichtung zur Darlehensgewährung. Mit dem AVAVG wurde das Fürsorgeprinzip durch das Versicherungsprinzip abgelöst.

Das Arbeitsförderungsgesetz (AFG) von 1969 war in seiner damaligen Zielrichtung geprägt von einer Situation der Vollbeschäftigung und Arbeitskräfteknappheit. 1998 wurde das AFG vollkommen überarbeitet und in das Sozialgesetzbuch (SGB III) eingegliedert, welches sämtliche Leistungen und Maßnahmen zur Arbeitsförderung sowie zur Arbeitslosenversicherung umfasst. Damit wurden die bisherigen Instrumente der Arbeitsförderung erweitert und neue arbeitsmarktpolitische Maßnahmen eingesetzt. Außerdem wurden die Gestaltungsmöglichkeiten der Arbeitsämter erweitert, um möglichst effektiv reagieren und fördern zu können. Träger der Arbeitslosenversicherung ist die Bundesagentur für Arbeit (BA) mit Sitz in Nürnberg. Neben den Unterstützungsleistungen bei Arbeitslosigkeit übernimmt sie auch die Aufgabe der Berufsberatung sowie der Ausbildungs- und Arbeitsvermittlung. Die BA ist eine Körperschaft des öffentlichen Rechts mit Selbstverwaltung. Diese wird durch die → Arbeitnehmer, die → Arbeitgeber und die öffentlichen Körperschaften (Bund, Länder, Gemeindeverbände und Gemeinden) ausgeübt.

2.2 Die **Sicherungsziele** der Arbeitsmarktpolitik werden in § 1 SGB III unter der Überschrift „Aufgaben der Arbeitsförderung" allgemein auf den Arbeitsmarktausgleich bezogen. → Arbeitsmarktpolitik umfasst somit alle Regelungen, die die Interaktionen von Angebot und Nachfrage auf und zwischen den externen und internen Arbeitsmärkten beeinflussen sollen. Unter Arbeitsmarktpolitik fallen damit alle Maßnahmen, die direkt am Arbeitsmarkt ergriffen werden und das berufliche, sektorale oder auch regionale Diskrepanz-Problem zwischen Arbeitsangebot und Arbeitsnachfrage verbessern.

Schließlich ist noch zwischen *aktiver und passiver Arbeitsmarktpolitik* zu trennen. Letztere umfasst alle Lohnersatzleistungen im Falle der Arbeitslosigkeit und dokumentiert insbesondere die sozialpolitische Zielsetzung. Die aktive Arbeitsmarktpolitik umfasst dagegen alle Maßnahmen, die auf eine Wiedereingliederung in den Arbeitsmarkt ausgerichtet sind und betont damit die Marktausgleichsfunktion.

2.3 Beitragspflichtig sind grundsätzlich alle → Personen, die gegen Arbeitsentgelt oder zu ihrer Berufsausbildung beschäftigt sind (versicherungspflichtige Beschäftigung). Im Juni 2014 lag die Zahl der sozialversicherungspflichtig Beschäftigten in Deutschland bei ca. 30,2 Mio. und die Zahl der Empfänger von Arbeitslosengeld I bei etwa 888.000.

2.4 Die **Finanzierung** der Arbeitslosenversicherung erfolgt aus Beiträgen, die zu gleichen Teilen von Arbeitgebern und Arbeitnehmern getragen werden. Die Beitragshöhe beläuft sich gegenwärtig auf 3 % des Bruttoarbeitsentgelts bis zu einer Bemessungsgrenze von monatlich 6.050 Euro (West) bzw. 5.200 Euro (Ost) (2015). Der Bund leistet nur kurzfristige und zurück zu zahlende Liquiditätshilfen.

2.5 Der Anspruch auf **Arbeitslosengeld I** setzt voraus, dass der Arbeitnehmer arbeitslos ist und sich bei der Arbeitsagentur arbeitslos gemeldet hat; dass er der Arbeitsvermittlung zur Verfügung steht, d. h. arbeitsfähig und arbeitswillig ist und wenigstens 15 Stunden pro Woche arbeiten kann. Die Anwartschaft hat in der Regel erfüllt, wer in den letzten zwei Jahren vor der Arbeitslosmeldung mindestens 12 Monate versicherungspflichtig beschäftigt war. Die Dauer des Anspruchs auf Arbeitslosengeld I ist gestaffelt. Mindestbezugsdauer bei Erfüllung der Anwartschaftszeit sind sechs Monate. Dieser Zeitraum verlängert sich, abhängig von der Beschäftigungszeit und dem Lebensalter des Arbeitslosen auf maximal 24 Monate. Das Arbeitslosengeld I richtet sich nach der Höhe des beitragspflichtigen Arbeitsentgelts des Versicherten und beträgt grundsätzlich 60 %. Für Arbeitslose, die mindestens ein Kind haben, erhöht sich der Leistungssatz auf 67 %. Nach Ausschöpfung des Anspruches auf Arbeitslosengeld erhalten Arbeitssuchende unter bestimmten Voraussetzungen ein steuerfinanziertes Arbeitslosengeld II gemäß SGB II.

3. Gesetzliche Rentenversicherung (GRV). *3.1* 1889 wurde die Versicherungspflicht für eine Invaliditäts- und Alterssicherung eingeführt. Die Leistungen entsprachen einer Art Grundversorgung und orientierten sich am physischen Existenzminimum der Armenfürsorge. Die Altersrente galt als Zuschuss zu den Lebenshaltungskosten der Versicherten. Sie sollte ein im Alter noch vorhandenes Arbeitseinkommen ergänzen. Faktisch war jedoch nicht die Altersrente, sondern die Invalidenrente vorherrschend, da in Anbetracht der damaligen Lebenserwartung kaum ein Versicherter die hohe Altersgrenze von 70 Jahren erreichte, ohne vorher invalide zu werden.

3.2 Mit der Rentenreform von 1957 war das Ziel der GRV nicht mehr allein die Existenzsicherung im Alter. Kernstück der Reform war die Einführung der lohnbezogenen, dynamischen Rente. Die **Leistungen** in der GRV orientierten sich an dem im Erwerbsleben erreichten Lebensstandard der Versicherten. So konnte ein Versicherter nach 45 Versicherungsjahren rund 60 % seines durchschnittlich erzielten Nettoeinkommens erreichen. Die Rente erfüllte nun eine Lohnersatzfunktion. Des Weiteren wurde die Rentensteigerung an die Entwicklung des durchschnittlichen Bruttoentgelts aller Versicherten angepasst. Die jährlichen Rentenanpassungen ermöglichen den Rentnern am Einkommenszuwachs und am wachsenden Wohlstand der Gesellschaft zu partizipieren. Als Indikator zur Beurteilung des Sicherungsniveaus wird die sogenannte Eckrente herangezogen. Sie wird zum durchschnittlichen Nettoarbeitsentgelt des betreffenden Jahres ins Verhältnis gesetzt. Sie zielt damit *nicht* auf ein individuelles Sicherungsniveau ab, sondern auf das Verhältnis der Einkommenssituation zwischen der Generation der Rentner und der Erwerbstätigen.

Mit der Rentenreform von 2001 erfolgte eine Abkehr von der Lebensstandard- und Statussicherung durch die GRV mit dem Ziel der nachhaltigen Finanzierung und der Stabilisierung des Beitragssatzes. Erreicht werden soll dies durch die Absenkung des Rentenniveaus in der GRV und durch die substantielle Stärkung der ergänzenden betrieblichen und privaten Altersvorsorge, insbesondere in Form der freiwilligen Riester-Rente, bei der sich der Sparbeitrag aus privater Eigenleistung und staatlichen Zulagen bzw. Steuervergünstigungen zusammensetzt.

3.3 Kennzeichnend für die GRV ist die sogenannte **Teilhabeäquivalenz**. Sie besagt, dass der Rentner im Vergleich zu allen anderen Rentenbeziehern rangmäßig die gleiche Einkommensposition innehaben soll, die er während seines Erwerbslebens eingenommen hat. Einkommensdisparitäten zwischen Erwerbstätigen während ihrer aktiven Erwerbsphase setzen sich damit im Alter fort.

3.4 Die **Versicherungspflicht** knüpft grundsätzlich an die Ausübung einer Erwerbstätigkeit an. Sie besteht sowohl bei allen unselbständigen Arbeitnehmern und Auszubildenden, als auch bei bestimmten Gruppen von Selbständigen (z. B. Künstler, Handwerker, selbständige Lehrer und Erzieher, Seelotsen). Des Weiteren sind auch Selbständige versicherungspflichtig, die im Rahmen ihrer Tätigkeit auf Dauer und im Wesentlichen nur für einen Auftraggeber tätig sind und keinen versicherungspflichtigen Arbeitnehmer beschäftigen. Zu den Pflichtversicherten gehören weiterhin Mütter oder Väter während der Zeiten der Kindererziehung, nicht erwerbsmäßig tätige Pflegepersonen, Bezieher von Lohnersatzleistungen (z. B. Kranken- oder Arbeitslosengeld I) sowie Wehr- und Bundesfreiwilligendienstleistende. Seit 2013 sind auch geringfügig Beschäftigte versicherungspflichtig, können sich jedoch auf Antrag befreien lassen. Versicherungsfrei kraft Gesetzes sind insbesondere Bezieher einer Altersvollrente, Beamte, Richter, Berufssoldaten und Soldaten auf Zeit.

Mit Ausnahme der Geringfügigkeitsgrenze ist die Höhe des Entgelts für die Versicherungspflicht der Arbeitnehmer in der Rentenversicherung unerheblich. Die Beitragsbemessungsgrenze ist die Grenze für die Höhe des beitragspflichtigen Entgelts sowie für das später für die Rentenleistung zugrunde liegende Einkommen. Beschäftigte mit einem Arbeitsentgelt über der Beitragsbemessungsgrenze bleiben versicherungspflichtig. Die Beitragsbemessungsgrenze beträgt 2015 monatlich 6.050 Euro (West) und 5.200 Euro (Ost). Weiterhin gibt es die Versicherungsfreiheit auf Antrag. Hierunter fallen Personen, die wegen ihres Berufsstandes (Ärzte, Rechtsanwälte etc.) Mitglieder einer öffentlich-rechtlichen Versorgungseinrichtung sind. Schließlich gibt es die Versicherungspflicht auf Antrag, die insbesondere für diejenigen Gruppen von Selbständigen besteht, die nicht der Versicherungspflicht kraft Gesetzes unterliegen. Die Rentenversicherungspflicht kann allerdings nur innerhalb von fünf Jahren nach Aufnahme der selbständigen Tätigkeit beantragt werden.

3.5 Das **Umlageverfahren** löste mit der Rentenreform von 1957 das **Kapitaldeckungsverfahren** ab. Beim Umlageverfahren werden die laufenden Ausgaben aus den aktuellen Einnahmen bestritten. Die heutigen Renten werden von den momentan Erwerbstätigen finanziert. Dafür erwirbt die heutige aktive Generation Rentenansprüche, die von den Beiträgen der nachrückenden Generation befriedigt werden. Daraus entstehen wechselseitige, solidarische Verpflichtungen zwischen den Generationen, was als Generationenvertrag bezeichnet wird. Die Funktionsfähigkeit eines solchen Systems kann nur dann gewährleistet werden, wenn die nachfolgende Generation bereit und in der Lage ist, mit ihren Beiträgen die Einkommen der gegenwärtigen Leistungsempfänger zu finanzieren. Dies hängt u. a. von der demographischen und der ökonomischen Entwicklung sowie der Akzeptanz des Systems bei Beitragszahlern und Beitragsempfängern ab. Das Umlageverfahren verfolgt einen Ausgleich von Einnahmen und Ausgaben ohne Vermögensansammlung.

Die **Finanzierungsquellen** der GRV sind die drei Komponenten Beiträge (2015: 18,7 % des Arbeitsentgelts, zu gleichen Teilen auf Arbeitnehmer und Arbeitgeber verteilt), allgemeiner sowie zusätzlicher Bundeszuschuss und sonstige Finanzierungsmittel. 2013 verfügte die GRV über Einnahmen in Höhe von ca. 254,7 Mrd. Euro. Davon entfielen ca. 193,6 Mrd. Euro auf Beiträge, ca. 38,9 Mrd. Euro auf den allgemeinen Bundeszuschuss, ca. 21 Mrd. Euro auf den zusätzlichen Bundeszuschuss und der Rest auf Zinserträge.

3.6 Das **Leistungsspektrum** der GRV umfasst Zahlungen von Altersrenten, von Renten wegen verminderter Erwerbsfähigkeit und von Hinterbliebenenrenten sowie die Zahlung von Zuschüssen an die Krankenversicherung der Rentner, die Durchführung von Rehabilitationsmaßnahmen und die Beratung und Information für Versicherte und Betriebe. Der erfasste Personenkreis sind die Versicherten sowie die Hinterbliebenen eines Versicherten im Todesfall.

3.7 Entsprechend dieser unterschiedlichen Gründe für einen Rentenbezug ergibt sich die monatliche Rentenhöhe aufgrund der geltenden **Rentenformel** folgendermaßen:

Die Entgeltpunkte (*EP*) werden aus dem Verhältnis zwischen dem in einem Kalenderjahr erzielten persönlichen Entgelt und dem Durchschnittsentgelt aller Versicherten ermittelt. Sie nehmen daher Bezug auf die individuelle Beitragsleistung und die Versicherungsdauer.

Der Zugangsfaktor (*Zf*) wird durch den Zeitpunkt des Renteneintritts des Versicherten bestimmt. Er mindert die Rente bei vorzeitigem, erhöht sie bei aufgeschobenem Rentenbeginn. Die aus Entgeltpunkten und Zugangsfaktor gebildeten Persönlichen Entgeltpunkte (*PEP*) stellen den individuellen Teil in der Rentenformel dar.

Darüber hinaus gibt es zwei allgemeine Faktoren: Der Rentenartfaktor (*Raf*) gewichtet die einzelnen Renten je nach Sicherungsziel unterschiedlich und der aktuelle Rentenwert (*aRW*) schafft einen Bezug zur gesamtwirtschaftlichen Entgeltentwicklung. Er wird jährlich zum 1. Juli festgesetzt.

Die Eck- oder Standardrente, die zum Feststellen der Lebensstandardsicherung herangezogen wird, ist diejenige Rente, die ein Versicherter mit einer Versicherungsdauer von 45 Jahren bei durchschnittlichem Verdienst erzielt. Dieser sogenannte Eckrentner hat somit 45 Entgeltpunkte erreicht. Der Rentenartfaktor beträgt 1,0. Zusammen mit dem oben angegeben aktuellen Rentenwert errechnet sich hieraus eine Brutto-Monatsrente von rund 1.287 Euro (West) bzw. 1.187 Euro (Ost) (Stand: 1. Januar 2015). Nach Abzug des Beitragsanteils zur Kranken- und Pflegeversicherung erhält man die Netto-Standardrente. Die Netto-Standardrente wird mit dem Netto-Arbeitsentgelt aller Versicherten ins Verhältnis gesetzt, woraus sich das Netto-Eckrentenniveau ergibt.

4. Gesetzliche Krankenversicherung (GKV). *4.1* Träger der GKV sind die 131 Krankenkassen (Stand: 1. Juli 2014), die zum Teil regional (vornehmlich Orts- und Betriebskrankenkassen), teilweise aber auch bundesweit (die meisten Ersatzkassen) organisiert sind. Die GKV versicherte 2013 knapp 70 Mio. Menschen. Davon waren 30,5 Mio. pflichtversichert (ohne Rentner), 16,7 Mio. Rentner, 5,3 Mio. freiwillig versichert und 17,4 Mio. familienversichert.

4.2 **Versicherungspflichtig** nach SGB V sind in erster Linie Arbeitnehmer und Auszubildende, deren regelmäßiges Arbeitsentgelt die Versicherungspflichtgrenze, gleichzeitig auch Beitragsbemessungsgrenze, nicht überschreitet, außerdem Studenten bis zum Abschluss des 14. Fachsemesters, längstens bis zur Vollendung des 30. Lebensjahres, Landwirte, ihre mitarbeitenden Familienangehörigen und Altenteiler, Künstler und Publizisten, Arbeitslose, die vor Eintritt der Arbeitslosigkeit versichert waren und Rentner, wenn sie bestimmte Versicherungszeiten in der GRV als Arbeitnehmer zurückgelegt haben. Familienversichert sind der Ehepartner und die Kinder, sofern sie ihren Wohnsitz oder gewöhnlichen Aufenthalt in Deutschland haben und ihr monatliches Einkommen eine bestimmte Einkommensgrenze nicht überschreitet. Versicherungsfrei kraft Gesetzes sind insbesondere Beamte, Richter, Berufssoldaten und Soldaten auf Zeit.

4.3 Die **Leistungen** werden von der GKV in der Regel in Form von Sachleistungen erbracht und sind in einem Katalog ambulanter und stationärer Maßnahmen geregelt, der selbst immer wieder Verhandlungsgegenstand zwischen den Kassen, den Ärzten und der Politik ist.

Für bestimmte Leistungen, vor allem die Versorgung mit Arzneimitteln, sind Zuzahlungen der Versicherten in fester Höhe oder prozentual gesetzlich festgelegt.

4.4 Die GKV arbeitet nach dem **Umlageverfahren**. Dabei finanzieren die Krankenkassen ihre Ausgaben hauptsächlich durch Beiträge der Versicherten, wobei diese von Arbeitgebern und Arbeitnehmern jeweils zur Hälfte übernommen werden. Eine Abweichung vom Prinzip der paritätischen Finanzierung wurde mit der dritten Stufe der Gesundheitsreform eingeführt, die es den Krankenkassen erlaubt, versichertenfinanzierte Zusatzleistungen einzuführen.

Der Beitrag eines Versicherten wird nicht risikoäquivalent kalkuliert, sondern als ein bestimmter Anteil des Bruttoarbeitsentgelts von jeder Krankenkasse im Rahmen ihrer Selbstverwaltungseigenschaft festgesetzt. Durch die Beitragsbemessungsgrenze, die bei ca. 130 % des Durchschnittslohns liegt, wird ein maximales Einkommen festgelegt, das als Basis zur Beitragsbemessung dient.

Familienversicherte zahlen keine eigenen Beiträge. Rentner zahlen Beiträge aus der Rente, der Rente vergleichbaren Einkommen und eventuellen Arbeitseinkommen. Die Beiträge aus der gesetzlichen Rente übernimmt zur Hälfte die gesetzliche Rentenversicherung.

Sowohl die Einnahmen als auch die Ausgaben einer Krankenkasse hängen in erster Linie von ihrer Versichertenstruktur ab. Ein hohes Pro-Kopf-Beitragsaufkommen wird eine Krankenkasse mit alleinstehenden Arbeitnehmern als Mitgliedern erreichen, während Krankenkassen mit kinderreichen Familien oder Rentnern ein geringeres Pro-Kopf-Beitragsaufkommen erzielen. Da es sich mit den Ausgaben tendenziell umgekehrt verhält, wurde 1994 der sogenannte Risikostrukturausgleich eingeführt, um Wettbewerbsverzerrungen aufgrund der unterschiedlichen Versichertenstruktur zwischen den Krankenkassen zu vermeiden.

Dieser gleicht Unterschiede in den beitragspflichtigen Einkommen (Grundlohnsumme), in der Zahl beitragsfrei Mitversicherter und in den Morbiditätsrisiken (nach Alter und Geschlecht) einnahmeseitig aus. Damit werden die primär vom Lohn der Versicherten abhängigen Einnahmen der Krankenkassen in risikoäquivalente Einnahmen umgewandelt.

5. Gesetzliche Pflegeversicherung (GPV). Die Pflegeversicherung wurde 1995 als jüngster Zweig der Sozialversicherung eingeführt. Die Notwendigkeit dafür erschließt sich aus zwei gesellschaftlichen Trends: Die Auflösung familiärer Pflegenetze und die zunehmende Pflegebedürftigkeit einer immer älter werdenden Bevölkerung führen zu einer Unterversorgung mit Pflegeleistungen. Jeder, der gesetzlich oder privat krankenversichert ist, muss eine Pflegeversicherung abschließen. Der Versicherungszwang umfasst somit weitere Kreise als sonst üblich. Die Leistungen umfassen bei häuslicher und stationärer Pflege Geld- oder Sachleistungen, die nach dem Grad der Bedürftigkeit gestuft sind. Finanziert wird die GPV durch einen bundeseinheitlichen Beitragssatz von 2,35 % des Bruttolohns, Kinderlose zahlen 2,6 %. Zur Kompensation der damit verbundenen Belastung der Arbeitgeber wurde in den meisten Bundesländern ein Feiertag gestrichen. Wo nicht, tragen die Arbeitnehmer die ganze Beitragslast.

6. Gesetzliche Unfallversicherung. Die seit 1884 bestehende Unfallversicherung wird von den gewerblichen und landwirtschaftlichen Berufsgenossenschaften sowie den Unfallversicherungsträgern der öffentlichen Hand getragen. Versichert sind alle Arbeitnehmer und Auszubildenden sowie Landwirte, Kinder in Kindergärten und -tagesstätten, Schüler, Studenten, Helfer bei Unglücksfällen, Zivil- und Katastrophenschutzhelfer sowie Blut- und Organspender.

Die Leistungen umfassen Heilbehandlung, Verletztengeld, berufsfördernde Leistungen zur Rehabilitation, Leistungen zur sozialen Rehabilitation, Verletztenrente, Pflegegeld, Sterbegeld, Hinterbliebenenrente, Waisenrente und Rentenabfindung. Die Unfallversicherung wird nur durch Arbeitgeberbeiträge finanziert.

7. Herausforderungen an die S.en. Die Herausforderungen setzen an den konstitutiven Säulen der S. an und führen zu Einnahmenverlusten, Ausgabensteigerungen und Leistungskürzungen. Ausschlaggebend für das Sozialsystem bzw. dessen Sicherung ist die *Beschäftigungsstruktur*, an der sich die Organisation des Sozialsystems orientiert. Diese Beschäftigungsstruktur wiederum ist sowohl eine Reaktion auf die institutionelle Ausgestaltung des Sozialsystems als auch eine Funktion des sektoralen Wandels. Der sektorale Wandel ist durch einen starken Tertiarisierungstrend gekennzeichnet (→Dienst, Dienstleistungsgesellschaft). Hinzukommt, dass das S.ssystem auf dem Normalarbeitsverhältnis im industriellen Sektor (→Industrie) fußt, während die gegenwärtige und zukünftige Dynamik im Dienstleistungsbereich vor allem in atypischen Arbeitsverhältnissen liegt und liegen wird: Teilzeitarbeit, geringfügige Arbeitsverhältnisse, neue Selbständigkeit, befristete Arbeitsverhältnisse und Leiharbeit. Die Ausbreitung dieser atypischen Beschäftigungsverhältnisse in Zusammenhang mit Zeiten von Arbeitslosigkeit bringen zunehmend die Finanzierung der S. in eine Zwangslage. Aber nicht nur die Finanzierung wird unsicherer, auch die in atypischen Beschäftigungsverhältnissen tätigen Personen erwerben unter den gegebenen institutionellen Bedingungen weniger oder überhaupt keine sozialen Leistungsansprüche.

Die *demographische Entwicklung* wird dazu führen, dass der Anteil der unter 20-jährigen an der Gesamtbevölkerung von heute etwa 17 % bis 2060 auf unter 16 % fallen wird, der Anteil der über 65-jährigen sich von heute 23 % auf 33 % erhöhen und der Anteil der 20 bis 65-jährigen von derzeit 59 % auf 52 % sinken wird. Im Zuge dieser Strukturverschiebung ist davon auszugehen, dass innerhalb der nächsten 45 Jahre die deutsche Bevölkerung von derzeit 80 Mio. auf etwa 70 Mio. zurückgehen wird.

Für die S. ergeben sich aus den Änderungen der Randbedingungen vielfältige Konsequenzen, die in den letzten Jahren zu Reformen mit dem Ziel der Vermarktlichung und Ökonomisierung der Sozialversicherung führten. Die daraus resultierende Etablierung von

Wohlfahrtsmärkten verlangt von den Versicherten ein hohes Maß an Eigenverantwortung für die Vorsorge. Damit ergibt sich als zukünftige Herausforderung insbesondere eine zunehmende Verknüpfung von sozial- und verbraucherpolitischen Fragestellungen.

In der Vergangenheit wurde dabei vielfach angenommen, dass gerade bei konservativ-kontinental-europäischen Wohlfahrtsstaaten, zu denen auch Deutschland zählt, aufgrund institutioneller Trägheit von einer starken Kontinuität des Systems und geringen Wandlungsmöglichkeiten auszugehen ist. Die paradigmatischen Reformen der letzten Jahre haben jedoch immer wieder ihre Beweglichkeit und Wandlungs- bzw. Reformfähigkeit gezeigt.

http://www.arbeitsagentur.de – http://www.deutsche-rentenversicherung.de – http://www.gkv-spitzenverband.de – http://www.dguv.de – J. ALTHAMMER/H. LAMPERT, Lehrbuch der Sozialpolitik, 2014 – S. BOTHFELD/W. SESSELMEIER/C. BOGEDAN (Hg.), Arbeitsmarktpolitik in der sozialen Marktwirtschaft, 2012 – M. HAUPT, Konsumentensouveränität im Bereich privater Altersvorsorge. Informationen und Institutionen, 2014 – H. HINTE/K. F. ZIMMERMANN (Hg.), Zeitenwende auf dem Arbeitsmarkt, 2013 – D. MATUSIEWICZ/J. WASEM (Hg.), Gesundheitsökonomie. Bestandsaufnahme und Entwicklungsperspektiven, 2014 – W. SESSELMEIER, Widersprüche sozialer Integration in Zeiten der Ökonomisierung sozialer Sicherung. Sozialer Fortschritt, 61 (5), S. 104–110, 2012.

Marlene Haupt, Werner Sesselmeier

Soziologie

1. Begriff und Gegenstandsbereich. S. ist eine empirisch fundierte Sozialwissenschaft. Ihre Aufgabe ist, das Soziale als eigene Realität kenntlich und in seinen spezifischen Ausprägungen sichtbar zu machen. Das Soziale umfasst sowohl die täglichen Umgangsformen und Gewohnheiten (→Sitten und Bräuche), die epochal- und gesellschaftstypischen Formen sozialer Gebilde (→Gruppe; →Institution; →Organisation) als auch die Strukturen der betreffenden →Gesellschaft (daher wird die S. auch Gesellschaftswissenschaft genannt).

Der Begriff S. ist ein Kunstwort, das sich aus lat. *socius* (der Gefährte, Mitmensch) und griech. *logos* (Wort; Wahrheit; i. e. S.: Lehre, Wissenschaft) zusammensetzt. Er findet sich seit 1838 in Schriften von A. COMTE (1798–1857), einer der wichtigsten Vorläufer der S. als sich verselbstständigender Einzeldisziplin.

Einige Grundfragen der S. können ihren Gegenstandsbereich verdeutlichen: Wie ist soziales, aufeinander bezogenes Handeln verschiedener Individuen möglich (→Normen); welche Formen der sozialen Differenzierung und damit der sozialen Ungleichheit lassen sich aufweisen (z. B. →Klassen); welche Macht- und Herrschaftsstrukturen gibt es; wie entstehen soziale →Konflikte und wie werden sie gelöst; welche Bedeutung haben Symbole und Kommunikationssysteme für die Handlungsorientierung und die Integration der Gesellschaft; was sind die Ursachen und welches sind die Formen des →sozialen Wandels?

2. Systematik der S. Anderen Wissenschaften vergleichbar lässt sich die S. einteilen in a) Allgemeine S., b) Spezielle S.n und c) sozialwissenschaftliche bzw. soziologische Forschungsmethoden.

Die Allgemeine S. klärt und entwickelt die wichtigsten Grundbegriffe, z. B. soziales Handeln, Institution, Gesellschaft. Ziel ist die Aufstellung soziologischer Theorien, also der widerspruchsfreie Formulierung von begründeten Aussagezusammenhängen über Objektbereiche des Sozialen (vgl. 4.). Ein weiterer Bereich der Allgemeinen S., die Geschichte der S., untersucht die Zusammenhänge mit der allgemeinen Wissenschafts- und Gesellschaftsgeschichte.

Die Speziellen S.n, die auch materielle oder Bindestrich-S.n genannt werden, leisten die eigentliche Analyse des Sozialen und damit der Gegenstandsbereiche der S. Es gibt etwa 50 verschiedene Spezielle S.n, von der Arbeits- und Berufs-S. bis zur Wahl-S., von der Bevölkerungs-S. bis zur Wissens-S. (wichtige Spezielle S.n sind weiterhin: S. der Ehe und Familie, der Gemeinde, des Rechts, der Wirtschaft, der Medizin, der Technik). In den Inhalten und Forschungsaufgaben der Speziellen S.n liegen auch die Bezugspunkte zu den Praxisfeldern der S. (vgl. 6.).

Die soziologischen Forschungsmethoden erlauben, die für den jeweiligen Untersuchungsbereich wichtigsten Daten zu erheben, nach überprüfbaren Verfahren aufzubereiten und zu interpretieren. Im Vordergrund stehen die sog. „quantitativen" Methoden, die sozialstatistische Verfahren zulassen, um die Repräsentativität, die Verlässlichkeit und die Signifikanz der Aussagen zu gewährleisten und zu prüfen. Nach 1970 gewannen jedoch auch „qualitative" Methoden wieder an Gewicht, die sich letztlich auf hermeneutische und phänomenologisch orientierte Verfahren des „Verstehens" sozialer Tatsachen zurückführen lassen.

Eine andere Systematik ergibt sich durch die Einteilung in Mikro-S., die ihren Ausgang auf der Ebene des individuellen sozialen Handelns hat; in Meso-S., die die „mittlere Ebene" des Sozialen, wie Institutionen oder Organisationen zum analytischen Ausgangspunkt nimmt, und schließlich in Makro-S., die von der Dominanz gesellschaftlicher Strukturen auf alle anderen Ebenen ausgeht.

3. 3. Entwicklung der S. Die genannten Grundfragen der S. zeigen, dass viele Themen und Problembereiche der S. so alt sind wie das Nachdenken über die Grundlagen und Formen des menschlichen Zusammenlebens. S. als sich verselbstständigende Wissenschaft vom Sozialen, die nicht mehr den philosophisch oder theologisch vorgegebenen Menschenbildern folgt, sondern diese empirisch hinterfragt und wie J.-J. ROUSSEAU, 1754, den „Ursprung der Ungleichheit unter den Menschen" aufdecken will, entsteht jedoch erst mit der bürgerlichen Gesellschaft seit Ende des 18. Jh.s. S. entwickelt sich in dem Maße, wie durch die „Doppelrevolution" (E. HOBSBAWM), das sich wechselseitige Verstärken von industrieller und politischer Revolution, ein radikaler Bruch in den bisherigen Formen des ständisch und gemeinschaftlich orientierten Zusammenlebens entsteht. S. wurde auch als Umbruch- oder als Krisenwissenschaft bezeichnet.

Die definitive Verselbstständigung der S. und ihre Lösung von den „Mutterwissenschaften" Philosophie und Ökonomie, Staatswissenschaften und der Völkerkunde gelingt jedoch erst mit der Wende vom 19. zum 20. Jh.; sie ist mit folgenden Namen verknüpft: H. SPENCER (1820–1903); F. TÖNNIES (1855–1936); E. DURKHEIM (1858–1917); G. SIMMEL (1858–1918); M. WEBER (1864–1920). Doch auch das überragende gesellschaftswissenschaftliche Werk von K. MARX (1818–1883) und F. ENGELS (1820–1895) ist dem Themenkanon der S. zuzurechnen und bis heute die Grundlage eines spezifischen theoretischen Ansatzes.

4. Soziologische Theorien. Methodologische Grundannahmen. Die Entwicklung soziologischer Theorien hängt eng mit der allgemeinen gesellschaftlichen und kulturellen Entwicklung, der Ausdifferenzierung sozialer Teilbereiche und der Individualisierung sozialer Positionen (→ Individualismus) zusammen. Den Ansätzen der soziologischen Theoriebildung liegen unterschiedliche Annahmen zur Methodologie der Sozialwissenschaften, ihrer erkenntnistheoretischen Fundierung, zugrunde. So geht z. B. der ontologisch-normative Theoriebegriff der marxistischen S. davon aus, dass es objektiv gültige Einsichtsmöglichkeiten in Struktur und Entwicklung von Gesellschaft und Geschichte gibt und auf dieser Basis auch der Politik und Sozialpolitik die Gestaltungsaufgaben vorgegeben sind. Hier liegt eine der Wurzeln für den v. a. von M. WEBER heftig ausgetragenen „Werturteilsstreit", der in verschiedenen Etappen (zuletzt während der Studentenrevolte 1967ff.) das Fach zu spalten drohte.

M. WEBERS Position hat sich weitgehend durchgesetzt: auch soziologische Theorien können und müssen trotz ihres steten Bezuges auf die Lebenswelt der Menschen und die Wert- und Normbasis ihres Handelns „wertfrei" in dem Sinne arbeiten, dass sie aus ihren Forschungsergebnissen und Theorien nicht selbst normative Forderungen ableiten.

Allen soziologischen Theorien liegt weiterhin das Problem zugrunde, die individuelle Ebene des sozialen Handelns mit der Meso-Ebene der sozialen Gebilde und schließlich mit der makro-strukturellen Ebene der Gesellschaft zu verknüpfen. J. HABERMAS (geb. 1929) versuchte dem Dilemma dadurch zu entgehen, dass er die Gesellschaft gleichzeitig als „System" und als „Lebenswelt" konzipierte. Für die Lebenswelt sind die Handlungstheorien zuständig, für die Systeme und ihre Probleme der Integration die Systemtheorien.

Die nachfolgend genannten Ansätze haben im Hinblick auf die genannten Ebenen unterschiedliche Gewichtungen; sie unterscheiden sich aber auch dadurch, welche „Mechanismen" der Integration und „Vermittlung" der Ebenen thematisiert werden.

I. Theorien auf der Mikro-Ebene: 1. Verhaltenstheorien, incl. psychol. und sozialpsychol. fundierter Lerntheorien. Diese Theorien basieren auf der Tradition des (amerik.) Behaviorismus. 2. Handlungstheorien; im Mittelpunkt steht das individuelle soziale Handeln als Bezugspunkt der sozialen Wirklichkeit. 3. Symbolischer Interaktionismus, eine v. a. auf G. H. MEAD (1863–1931) zurückgehende Forschungsrichtung, die die symbolvermittelte soziale Interaktion in den Mittelpunkt stellt; dieser Ansatz verbindet verhaltenstheoretische und handlungstheoretische Aspekte. 4. phänomenologisch begründete Theorien des sozialen Handelns; sie rücken die Konstitution der alltäglichen Lebenswelt und des Alltagshandelns, wie es sich tatsächlich (d. h. auch: unabhängig von soziologischen Begriffen und Konstruktionen) vollzieht, ins Zentrum. 5. Ethnomethodologie, ein v. a. auf H. GARFINKEL (1917–1952) zurückgehender Ansatz, der in ethnologischer Perspektive nach den „Basisregeln" des Alltagshandelns fragt.

II. Theorien auf der Meso-Ebene: Hier sei nur der Ansatz der Theorie der Institution erwähnt. Institutionen standen schon bei E. DURKHEIM im Mittelpunkt der soziologischen Analyse, weil mit ihnen alles das erfasst wird, was für die handelnden Individuen als „Einrichtung" und damit als Vorstrukturierung des Handlungsfeldes bereits da ist.

III. Theorien auf der Makro-Ebene: Gesellschaftstheorien: 1. Marxistische S. Diese auf der Philosophie des Hist. Materialismus basierende Theorie geht davon aus, dass der Stand der Produktivkräfte die Basis für die auf Eigentum beruhenden historisch spezifischen Produktionsverhältnisse wie aller anderen Phänomene des Überbaus (z. B. Herrschaft und Staat, Recht und Kultur) ist. 2. Strukturell-funktionale Theorie. Diese v. a. auf die Soziologen T. PARSONS (1902–1979) und R. K. MERTON (1910–2003) zurückgehende Theorie war von ca. 1950 für längere Zeit in der westlichen Welt das vorherrschende Paradigma. Diese komplexe und weiterhin wichtige Theorie versuchte einen allgemeinen Ansatz zu entwickeln, das personale, soziale und kulturelle System in möglichst harmonische Übereinstimmung zu bringen, um eine optimale Zuordnung von entsprechenden Strukturen und den durch sie gewährleisteten Funktionserfüllungen zu erreichen. 3. Kritische Theorie; sie verdankt ihren Namen einem programmatischen Aufsatz von M. HORKHEIMER (1895–1973) aus dem Jahr 1937; sie verbindet sich mit der Geschichte des 1923 gegründeten Frankfurter „Instituts für Sozialforschung" und wird seit den 1960-er Jahren auch Theorie der „Frankfurter Schule" genannt. Bekanntester Vertreter: T. W. ADORNO (1903–1969); Ziel ist eine „dialektische Theorie der Gesellschaft", die die dominant gewordenen Tauschverhältnisse aufbricht und →Humanität verwirklichen hilft. 4. Theorie komplexer, selbstreferentieller sozialer Systeme (→Systemtheorie); diese v. a. von N. LUHMANN (1927–1998) im Anschluss an PARSONS entwickelte Theorie erreichte immer höhere Komplexitätsgrade dadurch, dass die Selbstreferentialität und Autopoiesis der Systeme ebenso in das sehr ausdifferenzierte Begriffssystem einbezogen wurde wie die Semantik und die „Codes" der Kommunikation (Kommunikation wurde, nach dem anfänglich favorisierten Sinnbegriff, schließlich zum Schlüsselbegriff dieser Theorie).

5. **Institutionalisierung.** In Deutschland wurde die Institutionalisierung der S. durch die beiden Weltkriege und den Nationalsozialismus unterbrochen. Nach dem Ersten Weltkrieg kam es in Köln, Frankfurt und Leipzig zur Einrichtung erster soziologischer Forschungsinstitute und Lehrstühle (letztere auch an verschiedenen Pädagogischen Hochschulen, weil sich die Politik, zumal in Preußen, hierdurch soziologisch angeleitete Aufklärung versprach). Doch die eigentliche Etablierung der S. als Massenfach an Universitäten und Päd. Hochschulen (als Fach für die sozialkundliche Bildung) begann erst Ende der 1950er Jahre, im Zusammenhang der allgemeinen Bildungsexpansion. 1956 wurde an der FU Berlin der erste Diplom-Studiengang für S. eingerichtet.

Zur Institutionalisierung gehört auch eine spezifische Infrastruktur für die empirische Forschung. 1960 wurde in Köln ein „Zentralarchiv für empirische Sozialforschung" und 1969 in Bonn ein „Informationszentrum Sozialwissenschaften" gegründet. 1974 entstand in Mannheim das „Zentrum für Umfragen, Methoden und Analysen" (ZUMA). Diese Einrichtungen, die nicht nur Forschungen dokumentieren, sondern inzwischen über sehr große Datenbanken für Sekundäranalysen, Zeitreihenuntersuchungen usw. verfügen, wurden 1986 zur GESIS, der „Gesellschaft Sozialwissenschaftlicher Infrastruktureinrichtungen e.V.", zusammengefasst. Seit dem Jahr 2008 ist diese größte deutsche Infrastruktureinrichtung für die Sozialwissenschaften ein Leibniz-Institut.

1909 wurde in Berlin die Deutsche Gesellschaft für S. (DGS) gegründet, die Ende 2014 2730 Mitglieder hatte. 1976 erfolgte die Gründung des „Berufsverbandes Deutscher Soziologen" (BDS). Die erste deutschsprachige Zeitschrift für S. erschien ab 1921 in Köln (1954 umbenannt in „Kölner Zeitschrift für S. und Sozialpsychologie"). Inzwischen gibt es sieben deutschsprachige Zeitschriften und mit der „Soziologischen Revue" ein Forum für Besprechungsessays und Rezensionen.

6. **S. und Praxis.** Entstehung und Entwicklung der S. sind eng mit der Entwicklung moderner Gesellschaften und ihrer einzelnen sozialen Systeme verknüpft. Durch die Breite der soziologischen Forschung, die Vielzahl der inzwischen im Haupt- und Nebenfach S. Ausgebildeten, die in zahlreichen Praxisfeldern Tätigen (von der Umfrageforschung bis zur Stadtplanung, von Statistischen Ämtern bis zu Redaktionen in den Medien) ist soziologisches Fachwissen in großem Umfang in das öffentliche Bewusstsein, die täglichen Nachrichten und das Allgemeinwissen eingedrungen. Die S. leistet mit ihren Untersuchungen in allen Sozialbereichen – ob Jugend und Familie, Kirche und Gewerkschaft, Gesundheit oder Kriminalität – einen Großteil der „angewandten Aufklärung". Es kann davon ausgegangen werden, dass bei der Lösung sozialer Fragen oder anstehenden politischen Entscheidungen mehr an soziologisch generiertem Faktenwissen zur Verfügung steht, als nachgefragt bzw. umgesetzt wird. S. ist ein integriertes Element der „wissenschaftlichen Zivilisation" (H. SCHELSKY).

F. JONAS, Geschichte der S., 4. Bde., 1981 – B. SCHÄFERS (Hg.), S. in Deutschland: Entwicklung, Institutionalisierung und Berufsfelder, 1995 – N. BAUR/H. KORTE/M. LÖW/M. SCHROER (Hg.), Handbuch Soziologie, 2008 – G. KNEER/M. SCHROER (Hg.), Handbuch Spezielle Soziologien, 2010 – H. KORTE, Einführung in die Geschichte der Soziologie, 2011[9] – B. SCHÄFERS, Einführung in die Soziologie, 2013.

Bernhard Schäfers

Sozio-oekonomisches Panel (SOEP)

Das SOEP ist eine weltweit vielgenutzte bevölkerungsrepräsentative Längsschnitterhebung bei privaten Haushalten mit dem Ziel, die individuellen und gesellschaftlichen Ursachen und Folgen des demographischen Wandels zu dokumentieren und besser zu verstehen sowie die arbeitsmarkt-, gesundheits- und sozialpolitischen Rahmenbedingungen und mögliche Reformschritte auf eine solide wissenschaftliche Basis zu stellen. Das SOEP wird nicht von der amtlichen Statistik durchgeführt, sondern ist Teil der weltweiten Forschungs-Infrastruktur. Die Erhebung und ihre Auswertungen erfolgen im Rahmen der Wissenschaftsfreiheit. Finanziert wird die „Leibniz-Längsschnittstudie SOEP" im Rahmen der Bund-Länder-Finanzierung der Forschung in Deutschland unter dem Dach der Leibniz-Gemeinschaft am Deutschen Institut für Wirtschaftsforschung (DIW Berlin), wo es als Einrichtung der Forschungsinfrastruktur andere Aufgaben hat als die Forschungsabteilungen des DIW Berlin. Beim SOEP steht die Unterstützung von Grundlagenforschung in Universitäten weltweit und die Nachwuchsausbildung im Vordergrund; politikrelevante angewandte Forschung ist nicht das Hauptziel der Datenerhebung.

Im Rahmen des SOEP werden seit 1984 jährlich bei inzwischen insgesamt etwa 25.000 Haushalten für über 15.000 Kinder und Jugendliche (beginnend mit Neugeborenen) sowie etwa 35.000 Erwachsenen jeden Lebensalters umfassende Informationen zur Haushaltszusammensetzung, zu subjektiven Einstellungen und Persönlichkeitsmerkmalen, zur Erwerbs- und Familienbiographie, Erwerbsbeteiligung und beruflichen Mobilität, zu Einkommensverläufen und Vermögensverhältnissen sowie zur →Gesundheit und Lebenszufriedenheit erhoben. Bereits im Juni 1990, also noch vor der Währungs-, Wirtschafts- und Sozialunion, wurde das SOEP auf das Gebiet der ehemaligen DDR ausgeweitet, um die historisch einmalige Chance zu nutzen, in ausgewählten Lebensbereichen Längsschnittdaten zur Transformation einer Gesellschaft zu gewinnen. Im Jahre 2015 waren die 32. Erhebungswelle der SOEP-Kernstichprobe sowie die 4. Welle der SOEP-Innovationsstichprobe mit einer von der Hauptstichprobe getrennten Erhebung neuer und spezieller Fragen im Feld. Das SOEP erfasst überproportional viele Zuwanderer, darunter auch Flüchtlinge.

Die SOEP-Daten stehen für vertraglich registrierte Forscherinnen und Forscher im In- und Ausland unentgeltlich zur Verfügung. Bislang sind über 7500 wissenschaftliche Publikationen auf Basis des SOEP entstanden. Auch viele nationale und internationale Berichte beruhen u. a. auf Auswertungen der SOEP-Daten: So zum Beispiel der einmal pro Legislaturperiode vorgelegte „Armuts- und Reichtumsbericht der Bundesregierung", das Kapitel im Gutachten des Sachverständigenrats für die Begutachtung der gesamtwirtschaftlichen Entwicklung („Wirtschaftsweise") zum Thema „Einkommens- und Vermögensverteilung" oder die OECD-Berichte „Society at a Glance".

www.leibniz-soep.de.

Gert G. Wagner

Sparen

1. Begriff. Allgemein: Sparsamkeit – effizienter (wirtschaftlicher) Umgang mit Ressourcen – nicht nur Geld sondern auch Material und Energie, menschliche Arbeit und Zeit.

2. Privates S. Der Teil des laufenden Haushaltseinkommens, der nicht für →Konsum verwendet wird. Ziel des Konsumverzichts in der Gegenwart kann Vorsorge für Alter oder Notsituationen sein; auch die Erweiterung der zukünftigen Konsum- oder Handlungsoptionen durch den späteren Erwerb langlebiger Konsumgüter oder Einkommen aus →Vermögen. Bei →Einkommen, das höher ist als zur Deckung des gegenwärtigen Konsumbedarfs erforderlich, ist die individuelle Sparquote außerdem abhängig von der Höhe des Einkommens sowie der Höhe von Zinsen oder Erträgen und →Risiken verschiedener Anlagemöglichkeiten, der Lebenssituation/-phase, (subjektiven) Zukunftserwartungen und jeweiligen Zeitpräferenzen in Bezug auf gegenwärtigen oder zukünftigen Konsum. Reicht das Einkommen zur Deckung des gegenwärtigen →Konsumbedarfs bei gegebener Zeitpräferenz nicht aus, kann die Lücke durch Kreditaufnahme geschlossen werden. Für den Erwerb langlebiger Gebrauchsgüter, Kraftfahrzeuge, insbesondere aber für Wohnimmobilien findet der Konsumverzicht dann nach dem Erwerb, parallel zur Nutzung durch die Bedienung des →Kredits (Zinsen plus Tilgung) statt. Bei Notfällen oder →Arbeitslosigkeit kann außerdem ein unfreiwilliges Ents. – Auflösen von Ersparnissen – stattfinden.

Pflichtbeiträge zur Sozialversicherung können als Zwangss. (Konsumverzicht) verstanden werden. Sie unterscheiden sich von freiwilligem S. u. a. dadurch, dass ihre Höhe nicht individuell und freiwillig bestimmt werden kann, sie nicht direkt vererbt werden können und die Höhe der Leistungen, die versicherungspflichtige „Sparer" dafür erhalten, unsicher ist. Insofern ist das Einbeziehen von →Rentenansprüchen in die Errechnung und den Vergleich von privatem →Vermögen, wie dies z. B. in den →Armuts- und Reichtumsberichten der Bundesregierung oder in international vergleichenden Darstellungen der OECD geschieht, systematisch fragwürdig.

3. S. in Unternehmen. →Unternehmen bilden Rücklagen, teilweise gesetzlich vorgeschriebene, teilweise freiwillig, um →Investitionen oder erwartete Verbindlichkeiten zu finanzieren und schwankende Liquiditätsbedarfe zu decken. Je nach Rechtsform, Größe und Branche des Unternehmens werden Investitionen aber zu unterschiedlich großen Anteilen auch über Kredite finanziert und durch die späteren (höheren) Erträge, zurückgezahlt. S. wird in →Unternehmen oft auch als Prozess der Kostensenkung verstanden, der mit Stellenabbau und Umstrukturierung von Arbeitsabläufen verbunden ist. Bei Kapitalgesellschaften kann dies auch aufgrund der Renditeerwartungen der Anteilseigner (Anleger bzw. S.) geschehen.

4. Volkswirtschaftlich. S. bezeichnet aus volkswirtschaftlicher Perspektive den Teil des Volkseinkommens, der nicht in den Konsum fließt und damit für →Investitionen zur Verfügung steht. In einer Volkswirtschaft ermöglichen →Banken, Sparkassen, →Versicherungen etc. die zeitliche Anpassung oder allgemeine Koordination unterschiedlicher individueller Anlagehöhe, Liquiditätsbedarfe/-präferenzen und damit Anlagefristen einerseits und unterschiedliche Investitionsbedarfe (nach Höhen und Fristen). In geschlossenen Volkswirtschaften gilt S.

gleich Investieren. In der globalen Wirtschaft mit offenen Kapitalmärkten findet dies auch grenzüberschreitend statt. Ohne Berücksichtigung von Horten, das das Geld vorübergehend ganz dem Wirtschaftskreislauf entzieht.

5. Öffentliches S. In Bezug auf öffentliche Haushalte (Kommunen, Länder, Bund) Begrenzen oder Reduzieren von Ausgaben, Abbau von Schulden zur Haushaltskonsolidierung und Erweiterung oder Erhaltung späterer Handlungsspielräume (Schuldenbremse). Dies ist i. d. R. verbunden mit dem Abbau von öffentlichen Leistungen. Dabei können intergenerationale Zielkonflikte (Verteilungskonflikte) entstehen, wenn Sozialleistungen, →Bildungs-, →Kultur- oder →Gesundheitsleistungen reduziert oder für die Nutzer aufgrund höherer Eigenleistungen/Gebühren teurer werden, bzw. nicht mehr im gewünschten Umfang in Anspruch genommen werden können. Werden Infrastrukturinvestitionen z. B. für →Verkehrsinfrastruktur, Gebäudeunterhaltung, nachhaltige →Energie- und Kommunikationsversorgung, →Umwelt- oder →Klimaschutz gekürzt oder nicht in ausreichendem Umfang getätigt, bedeutet dies höhere Belastungen durch erhöhten →Investitionsbedarf oder Folgekosten für zukünftige Generationen (intergenerationale Verteilungskonflikte).

6. Austerität. Eine besonders strenge, konsequente Form des öffentlichen S.s wird „Austerität" genannt. Diese Form wird gewählt, um Schulden abzubauen und zukünftige Handlungsfähigkeit zu erhalten oder Bedingungen von Kreditgebern zu erfüllen, um Kreditwürdigkeit zu erhalten oder wiederzuerlangen. Kann zum Verlust an öffentlichem →Eigentum durch Privatisierungsdruck aber auch durch unterlassene Unterhaltungsinvestitionen (Investitionen geringer als Abschreibungen) oder unzureichende Investitionen in →Bildung, Forschung und Entwicklung führen (Beispiel: Konflikt zwischen Griechenland und EU, EZB und IWF).

Durch gesetzliche Vorschriften (Schuldenbremse) oder Verwaltungshandeln (Schuldenschirm, Rettungsschirm) erzwungene Haushaltsdisziplin wird kritisch auch als neo-liberal, kapitalistisch-ideologisch begründete Umverteilung von unten nach oben bewertet.

7. S. und Protestantismus. Sparsamkeit wird ethisch als Gegensatz zu Verschwendung und Verantwortungslosigkeit als Tugend verstanden (Protestantische →Sozialethik, →Calvinismus). Die Gewinne sind nicht zum späteren →Konsum vorgesehen, sondern werden zur weiteren Mehrung des →Vermögens reinvestiert. Nach calvinistischer Lehre galt wirtschaftlicher Erfolg als Zeichen göttlicher Gnade und Auserwählung.

H. Zimmermann/K.-D. Henke/M. Broer, Finanzwissenschaft. Eine Einführung in die Lehre von der öffentlichen Finanzwirtschaft, 2012[11].

Brigitte Bertelmann

Spekulation

1. S. und deren Bedeutung am Finanzmarkt. S. ist tragendes, bedeutsames und notwendiges Instrument am globalen Finanzmarkt. Sie kann als eine Art von →Dienstleistung betrachtet werden, die eine verantwortliche Anlage des →Kapitals erst möglich macht. Die S. übernimmt einen Teil der Unsicherheit über den zukünftigen Aktienkurs in den verschiedenen Investitionsperioden und steigert damit die Unabhängigkeit des Investors vor dem Zeithorizont der anderen Investoren, jetzt oder später in Unternehmensanteile zu investieren (Koslowski). Spekulative Informationsverarbeitung wird am Finanzmarkt berufsmäßig von Analysten wahrgenommen. Deren Dienstleistung kann vom Kern her als das intelligente Glücks- und Gewinnspiel betrachtet werden, dass mit der Wirkung einhergeht, das bestehende Risiko zu minimieren und damit den Handel mit Unternehmensanteilen zu erleichtern. Insbesondere durch spekulative Termingeschäfte wird die globale Ausdehnung des Handels erst ermöglicht. Die mit der Ausdehnung des →Marktes steigende Unsicherheit über zukünftige Werteentwicklungen wird durch Termingeschäfte auf spekulativer Basis aufgefangen und abgemildert, so dass die am meisten leistungsfähigen →Unternehmen mit ihren Produkten, Verfahren und Dienstleistungen effektiv zum Zuge kommen.

2. Die ethische Diskussion der S. in historischer Perspektive. Die ethische Bewertung der S. erfolgt erst seit Mitte des 19. Jahrhunderts (Mackay). Dieser hatte die 1637 in den Niederlanden ausgebrochene „Tulpenmanie" auf der Grundlage der ihm vorliegenden Berichte zum ersten Mal als S. bezeichnet. Traub, ein von M. Weber maßgeblich inspirierter Sozialethiker, verweist zu Beginn des 20. Jahrhunderts auf die großen Schäden, die von der S. ausgehen: Sie werde von vielen Unberufenen und Gewinnspielern missbraucht. „Man wettet auf Differenzen; man setzt unermessliche Summen um, die überhaupt nicht existieren; man verschleiert die wahren Verhältnisse der Produktion und des Konsums; man spekuliert mit fremden Geld; man macht in Preistreibereien und Preisstürzen." Damit wird die bis heute oft geäußerte Meinung zur S. klassisch zusammengefasst. 1928, also ein Jahr vor dem Börsencrash im Oktober 1929, erschien von Nell-Breuning seine bedeutsame Dissertation „Grundzüge der Börsenmoral", in der er die von Traub und Weber geäußerte Kritik differenziert: Ausführlich stellt er die positiven Aspekte der S. dar und versteht sie als eine →Versicherung gegen Preisschwankungen. Jedoch werde mit der berufsmäßigen S. dieses System der Versicherung durchbrochen: Der Analyst hat nämlich kein Interesse an einem stabilen Devisenkurs, sondern verdient sein →Geld mit Preisschwankungen, die er um seiner Existenz willen am Leben erhält. Eine S., die keine volkswirtschaftliche Funktion erfüllt, wird von Nell-Breuning fundamental verworfen; Publikums-S. ist für ihn ein „schädliches, privatwirtschaftlich gefährliches Glücksspiel", das zu verbieten ist.

3. Zur gegenwärtigen Situation. Spekulative Informationsverarbeitung macht am Finanzmarkt dann Sinn, wenn sie zur verantwortungsvollen Kapitalanlage anleitet, Unsicherheiten reduzieren hilft, den Grad an →Freiheit einer Entscheidung für oder gegen eine →Investition unter Einbeziehung kurzfristiger Motive erhöht und zugleich der Realwirtschaft dient, den Investitionsgrad vertieft und damit die Lebensexistenz einer wachsenden Zahl von Menschen absichern hilft. Diese Bedingung ist nur dann erfüllt, wenn die S. in Relation steht zu einem am Finanzmarkt erzielten Ergebnis. Im Idealfall besteht also eine Rückkopplungseffekt zwischen der spekulativen Informationsverarbeitung unter negativer Erwartungselastizität, der Nachfrage nach diesem Anlageprodukt und dem am Finanzmarkt erzieltem Ergebnis. Genau diese Rahmenbedingung besteht im Finanzmarktkapitalismus nicht mehr: Spekulativ operierende →Hedgefonds werden nicht mehr durch ein Unternehmensergebnis korrigiert, sondern setzen durch die von ihnen ausgehende Hebelwirkung selber Trends fest. Damit verursachen S.en sich verschärfende →Finanzkrisen und verlieren somit ihre ethische Rechtfertigung, die darin bestehen sollte, den Kapitalanleger von Unsicherheiten zu befreien und ihn zum verantwortungsvollen Umgang mit Kapitalanlagen anzuleiten.

4. Reformschritte. Die sich aus diesen ökonomischen wie ethischen Kriterien ergebende Forderung nach einer notwendigen Begrenzung der S. steht im Zusammenhang der Forderung nach einer staatlichen bzw. transnationalen Regulierung und Kontrolle der Tätigkeit von Hedgefonds. In diesem Sinne einigten sich 2009 die G20-Staaten darauf, eine Registrierungspflicht für die 100 weltweit größten Hedgefonds einzuführen. Damit besteht eine Verpflichtung, Bilanzrechnungen, Anlagestrategien und Beteiligungsformen gegenüber einer staatlichen Aufsichtsbehörde wie der BaFin, der US-amerikanischen Börsenaufsicht SEC oder der britischen Financial Services Authority (FSA) offenzulegen. Trotz dieser Regulierungsmaßnahmen versuchen Hedgefonds immer wieder, sich der vereinbarten Publikationspflicht zu entziehen. S.en sind damit weiterhin eine Achillesferse des globalen Finanzmarktes, weil nicht sicher vermieden werden kann, dass spekulative Informationsverarbeitung zur volkswirtschaftlich gefährlichen Blasenbildung am Finanzmarkt führt. Die →Transaktionssteuer dient dem Zweck, den Umfang der S.en am Finanzmarkt auf ein sinnvolles Maß zu beschränken.

C. Mackay, Memoirs of Extraordinary Popular Delusions and the Madness of Crowds, 1841 – G. Traub, Ethik und Kapitalismus. Grundzüge einer Sozialethik, 1904 – O. von Nell-Breuning, Grundzüge einer Börsenmoral, 1928 – U. Stäheli, Spektakuläre Spekulationen, 2007 – J. Hübner, „Macht euch Freunde mit dem ungerechten Mammon!" Grundsatzüberlegungen zu einer Ethik der Finanzmärkte, 2009 – J. Abele, S. und Finanzkrisen, 2013 – D. Potocki, S.en an den Finanzmärkten, 2014.

Jörg Hübner

Spieltheorie

1. Gegenstand. Gegenstand der S. sind strategische Entscheidungen, sog. Spiele. Strategisch sind Entscheidungen, die durch die Interaktion mehrerer strategisch denkender Akteure (Spieler) gekennzeichnet sind. Das Ergebnis eines Spiels hängt dann nicht alleine von der eigenen Strategiewahl, sondern auch von derjenigen der anderen Spieler ab. Anwendungsbeispiele für strategische Entscheidungen finden sich in allen Lebensbereichen, ob in der →Politik, der →Wirtschaft, beim Militär, bei sportlichen Wettbewerben oder auch im familiären Bereich. Grundsätzlich gilt: Da andere Spieler das eigene Ergebnis beeinflussen können, muss jeder Spieler die möglichen Handlungen der anderen berücksichtigen, deren mögliche Reaktionen antizipieren und seine Strategiewahl einbeziehen.

Für spieltheoretische Forschung wurde mehrfach der Nobelpreis für Wirtschaftswissenschaften vergeben, darunter auch an den einzigen Deutschen, der bisher diesen Preis bekam: R. Selten (Universität Bonn) erhielt ihn 1994 gleichzeitig mit J. Harsanyi und J. F. Nash (der als Hauptfigur des Films *A Beautiful Mind* weit über Fachkreise hinaus bekannt wurde).

2. Gefangenendilemma. In der S. werden Entscheidungssituationen klassifiziert, Prinzipien entwickelt, wie strategische Entscheidungen rational zu treffen sind und Ergebnisse abgeleitet. Die Herangehensweise kann mithilfe einer konkreten Entscheidungssituation dargestellt werden, einem bekannten Spiel für zwei Spieler mit jeweils zwei Handlungsalternativen (Strategien), dem sog. Gefangenendilemma. Beide Spieler wählen ihre Strategie ohne Kenntnis der Entscheidung des Gegners und können sich nicht absprechen. Konkret sind dies im Gefangenendilemma zwei potenzielle Kriminelle, die eines gemeinsam begangenen Verbrechens beschuldigt und getrennt verhört werden. Sie haben jeweils die Strategien „gestehen" (des gesamten Tathergangs) und „schweigen". Dieses Spiel wird als Matrix dargestellt.

Auszahlungsmatrix im Gefangenendilemma

		Spieler B	
		schweigen	gestehen
Spieler A	schweigen	1,1	6,0
	gestehen	0,6	4,4

In den vier Feldern sind die Auszahlungen (hier Haftstrafe in Jahren) der Spieler (an erster Position diejenige des Spielers A, dahinter diejenige von B) für die jeweilige Strategiekombination angeführt. Unterstellt wird Rationalverhalten.

Unabhängig davon, ob B gesteht oder nicht, ist für Spieler A die Strafe geringer, wenn er gesteht. Das Gleiche gilt für Spieler B. Eine Strategie, die unabhängig davon, welche Strategie der Gegner wählt, immer zu einem höheren Nutzen führt, wird als dominante Strategie bezeichnet. Diese sollte von jedem Spieler gewählt werden. Im Ergebnis zeigt sich: Bei Rationalverhalten wird ein Ausgang erzielt, der für beide schlechter ist als derjenige, der sich ergäbe, würden beide schweigen.

3. Anwendung auf soziale Regeln. Dieses Beispiel lässt sich auf Regeln in sozialen Systemen anwenden. Die Strategien für jedes Mitglied sind dann „Regel befolgen" oder „Regel brechen", wobei das Ergebnis für jeden Einzelnen davon abhängt, wie die anderen entscheiden. Halten sich etwa alle anderen an die Regeln, kann sich ein einzelner Vorteile verschaffen, indem er sie bricht. Dies ist anhand eines Zahlenbeispiels unten dargestellt. Zur Vereinfachung sind nur die Auszahlungen von Spieler A angegeben.

Auszahlungsmatrix ohne Sanktionssystem

		Spieler B	
		Regel befolgen	brechen
Spieler A	Regel befolgen	5	–4
	Regel brechen	8	–2

Hier ist die dominante Strategie „Regel brechen". Da dies für jeden einzelnen gilt, wirkt das Regelsystem nicht. Ziel muss es daher sein, die Entscheidungssituation der Akteure so zu verändern, dass sie einen Vorteil haben, wenn sie sich an die Regeln halten. Dies kann durch ein Sanktionssystem erfolgen, das die Auszahlungen verändert. Wird etwa bei Brechen der Regeln eine Strafe von 4 eingeführt, ändert sich die Matrix. Regeln einzuhalten wird somit zur dominanten Strategie, das Ergebnis ist dann für jeden einzelnen und für die Gruppe insgesamt besser.

Auszahlungsmatrix mit Sanktionssystem

		Spieler B	
		Regel befolgen	brechen
Spieler A	Regel befolgen	5	–4
	Regel brechen	1	–6

Unterstellt ist, dass jeder Regelverstoß tatsächlich bestraft wird. Ist dem nicht so, wird das Ahndungsrisiko berücksichtigt, bei z. B. 50 %igem Risiko wird die Hälfte der Strafe angesetzt („Erwartungswert").

4. Kritische Würdigung. Die S. wird häufig aufgrund des unterstellten rationalen Verhaltens kritisiert, da dies bedeute, dass uneigennütziges Handeln (z. B. Solidarität, Nächstenliebe) wegdefiniert würde. Allerdings wird dem – etwa im Rahmen der evolutionären S. – durchaus Rechnung getragen. Es ist weiterhin zu erwarten, dass sich die noch junge Disziplin weiterentwickeln wird.

S. Berninghaus/K.-M. Ehrhart/W. Güth, Strategische Spiele: Eine Einführung in die S., 2010[3] – M. Holler/G. Illing, Einführung in die S., 2009[7] – T. Riechmann, S., 2014[4].

Agnes Sputek

Sport (sozialethisch, wirtschaftlich)

1. Sozialethisch. *1.1 Begriff und Definition.* S. als ein universales Phänomen der Moderne (Begr.: lat. „desportare", engl. [di-]sports" = sich vergnügen mit körperbez. Handeln) ist ein (kontextuell und zeitlich beeinflusster) eigener „Kultursachbereich" bzw. ein Funktionssystem der →Gesellschaft (N. Luhmann). S. als körperbezogenes Handeln ist eine Form zur Intensivierung von Selbst- und Gemeinschaftserlebnissen, geprägt von →Leistung (Vergleich, Steigerung) und Erfolg. Die Verwendung von Begriffen wie Regelwerk, Kompetenz und Tüchtigkeit zeigt (Lernfeld S.) den originären Bezug zur Ethik, die den betriebenen S. ebenso wie die S.-→Organisation betrifft. Das Überschreiten der Todeslinie markiert die Grenze des sportlichen Wettkampfes schon in europ. Antike (agones a thioi).

1.2 Wesen des S.s Die E. des S. hat Verbindungen zu Philosophie und weiteren Bereichsethiken (Pädagogik, Theologie, Philosophie, Wirschaftswissenschaften). Das Thema Körper/Leib ist anthropologisch grundlegend: nicht das klassische dualistische Verständnis ist heute erkenntnisleitend, sondern das ganzheitliche. Der S.ler lässt sich vergleichen mit Künstler oder Priester: kultische Reinheit (de Coubertain als Erfinder der modernen Olympischen Spiele: „religio athletae") als religiöse Dimension, die in eine problematische Überhöhung („Fußballgott", „Schalke unser") führen kann. Die Komplexität des S.s ist in der Gegenwart gestiegen, wie sich u. a. an den Problemen des Profi-S.s und des ausgeweiteten Leistungsgedankens zeigt. S. transportiert agonale Ursituation menschl. Daseins in „geregelten Wettkampf" (Antriebsüberschuss im unzensierten Kampf), wobei die Konkurrenzsituation künstlich hergestellt werden muss. Die Forderung nach Vergleichbarkeit der Leistungen bei Chancengleichheit wird zur Norm als Fairness, (Frustrations-)→Toleranz und Gemeinschaftssinn. S. unterliegt einem anhaltenden Prozess der breiten Diversifizierung in Sportarten, Körperkulturen, Techniken. Im Hochleistungssport (citus, altius, fortius) wird im Gegensatz zum Breitensport (Spielfreude, Ausgleich, Vorsorge, Therapie) Verzicht geübt und Training forciert.

1.3 Diskursaufgaben des S.s. Seine Aufgabe erfüllt der S. durch die Organisation eines sinngerechten Sportbetriebs; positive Wirkung entfaltet der S. als Teilbereich der →Bildung (Schule, Universität, Vereine, internationale und kulturelle Begegnung). Er kann starke Impulse setzen durch Kampagnen zu Themen wie den →Menschenrechten insgesamt, zu Respekt und Toleranz, Integration oder →Inklusion. Da ihm kaum politische Macht zu eigen ist, bedarf es dazu des intensiven Dialogs mit anderen gesellschaftlichen Akteuren, wozu neben der →Politik (UNESCO/Europarat: Code of S. Ethics, 1992/2001; UNESCO: Internat. Convention against Doping in S., 2005), der Kunst und Philosophie etc. die Kirchen und Religionsgemeinschaften gehören (vgl. Charta des deutschen S.s, 1966; Gemeinsame Erklärung der Kirchen zum S., 1990). Seit den 1950er Jahren gibt es einen organisierten Austausch (Spitzengespräche, ev./kath. Arbeitskreise „Kirche und S.", s.eth. Tagungen). S.arten wie Basketball oder Volleyball als Erfindungen aus dem Bereich des YMCA setzen an bei einem möglichst fairen und körperlosen Spiel und fanden eine weltweite Verbreitung.

2. Wirtschaftlich. Der S. ist seit dem 19. Jh. zur größten gesellschaftlichen Massenbewegung geworden. Hatte in den 50er Jahren J. HUIZINGA den S. noch an den „homo ludens" angekoppelt und C. DIEM im Gegensatz zum Berufssport als Gewerbe den Zush. von Sport und Spiel betont, definierte die Kritische Theorie den Leistungssport als „entfremdete Arbeit", während F. EPPENHEIMER spielerische und kämpferische Momente/Kompetenzen im S. hervorhob. S. hat heute einen dominierenden Platz bei gesellsch. Bewusstseinsbildung, wird von Politik und Ökonomie umworben. Diese Dimensionen stehen im Zusammenhang der zunehmenden Kommerzialisierung (Sponsoring, Vermarktung, S.artikel, kommerzielle S.- und Freizeitanlagen). S. ist heute ein enormer Wirtschaftsfaktor mit hohen Umsätzen. Daran beteiligt sind die S.organisationen, die staatl. S.förderung, der S.markt (S.anlagen, Fachhandel, Dienstleistung, Studios) und die Medien (Übertragungsrechte, Werbung). Die Öffentlichkeit gewinnt an Bedeutung: für Jedermann im Breiten-S. (Selbstdarstellung) und im Leistungs-S., wo Einzelne/Mannschaft das Publikum braucht und umgekehrt (Kampf um Prestige). Durch die Medien (Fernsehen, Internet) wird das agonale Moment verstärkt und die Sieger vielfach belohnt.

Es herrscht weitgehende Einigkeit über Identifizierung (sozial-)eth. Probleme, die häufig mit marktökonomischen Aspekten zusammenhängen. Sie entstehen, wenn sich im Hochleistungs-S. Säkundäreinflüsse zu eigenen Zielgrößen verselbstständigen bzw. Vorrang gewinnen (Bestechung, Nötigung, Doping) oder geltende Regeln durch unfaires Verhalten unterlaufen werden. Weitere Aspekte: Zerstörung von körperlicher Integrität, Gesundheitsrisiken (→Gesundheit), Maximierung statt Optimierung, Hyperaktivität und Ideologisierung (auch: Verbände, Nationen = →Nationalismus, →Faschismus), Besessenheit, Ausnutzung, Abhängigkeiten u. Missbrauch u. a. von Minderjährigen, extreme S.lergehälter und Transferleistungen. Frage nach ethischer →Rechtfertigung stellt sich bes. bei Extrem-S.arten (Formel 1, Downhill, Mountainbiking, Rafting, Bungee, Boxen, Ski, Bergsteigen, Golf etc.): Todesfälle, Schädigungen von Gesundheit u. →Umwelt (Landschaftsverbrauch, Bauten). Zunahme von extrem teuren Sportgroßveranstaltungen (FIFA-WM, Olympische Spiele), Intransparenz und Kommerzialisierung von Internationalen Sportverbänden (FIFA, IOC) führt zu kritischer Auseinandersetzung: Vermittelbarkeit, ethische Provokation. Andererseits wird durch die kontinuierliche, auch ökonomische Aufwertung der Paralympic Games ein wesentlicher Beitrag zum Thema der Menschenrechte geleistet.

DEUTSCHER S.BEIRAT IM DSB (Hg.), Kirche und S., 1968 – F. ENZ, Sport im Aufgabenfeld der Kirche. Ein Beitrag zur pastoralpädagogischen Integrierung des S.s, 1970 – E. GELDBACH, S. und Protestantismus. Geschichte einer Begegnung, 1975 – E. FRANKE (Hg.), Ethische Aspekte des Leistungs-S., 1988 – E. STEFFEN (Hg.), S., Recht und Ethik, 1998 – E. HERMS, S. Partner der Kirche und Thema der Theologie, 1993 – O. GRUPE/T. KRÜGER, S. als Phänomen der Moderne, 1998 – O. GRUPE/D. MIETH (Hg.), Lexikon der Ethik im S., 1998 – W. KORFF/E. FRANCK, S., in: W. KORFF u.a. (Hg.), Handbuch der Wirtschaftsethik, Bd. 4, 1999, 510–554 – O. GRUPE/W. HUBER (Hg.), Zwischen Kirchturm und Arena. Evangelische Kirche und S. 2000 – C. PAWLENKA (Hg.): S.eth. Regeln – Fairneß – Doping, 2004 – G. GEBAUER/B. KRAIS, Konkurrenzkulturen in Europa: Sport – Wirtschaft – Bildung und Wissenschaft, 2009 – ELK FRANKE (Hg.), Ethik im Sport, 2011 – P. NOSS, Mit sich selbst eins. S. und Körperlichkeit in der Bibel, ZGP 3/2012, 2–5. – F. KIUPPIS/S. KURZKE-MAASMEIER (Hg.), S. im Spiegel der UN-Behindertenrechtskonvention. Interdisziplinäre Zugänge und politische Positionen, 2012 – B. SEGAERT/M. THEEBOOM/C. TIMMERMAN/B. VANREUSEL, S.s Governance, Development and Corporate Responsibility 2012 – J. HUIZINGA, Homo ludens, Vom Ursprung der Kultur im Spiel, 2013[23] – F. KREISS, Bewegt sein: Kirche und S., in: P. NOSS/T. ERNE (Hg.), unterwegs im experiment 2014, 177–194 – M. WELKER (Hg.), The Depth of the Human Person: A Multidisciplinary Approach, 2014 – F. M. BRUNN, Sportethik, Theologische Grundlegung und exemplarische Ausführung, 2014 – J. MITTAG/J.-U. NIELAND (Hg.), S. und soziale Inklusion 2015, www.kirche-und-sport.de.

Peter Noss

Staat (juristisch)

1. Begriff. Unter dem Begriff des S.es werden historisch ganz unterschiedliche Herrschaftsgebilde zusammengefasst. Allerdings lassen sich vorneuzeitliche Herrschaftsformen kaum sinnvoll mit dem heutigen, modernen S. vergleichen. Als Kennzeichen des modernen S.es werden, v. a. im Völkerrecht, im Anschluß an G. JELLI-

NEK drei Elemente herangezogen: 1. S.sgebiet, 2. S.svolk und 3. S.sgewalt. Der S. ist ein Personenverband, eine Körperschaft. Seine Herrschaft umfasst die →Bevölkerung eines abgegrenzten Teils der Erdoberfläche, er ist Gebietskörperschaft. Die im S.sgebiet ausgeübte S.sgewalt ist durch die Souveränität nach Innen und Außen gekennzeichnet. Sie ist die höchste, unabgeleitete Herrschaftsmacht und hat das Monopol legaler Ausübung physischen Zwangs (Gewaltmonopol). Auf die Legitimität s.licher Machtausübung kommt es für die Definition des S.sbegriffs und die Existenz eines S.es nicht an. Entscheidend ist vielmehr die Effektivität. Nach Außen bedeutet Souveränität die rechtliche Unabhängigkeit von anderen S.en. Sie wird durch faktische Abhängigkeiten nicht in Frage gestellt. Dieser völkerrechtliche S.sbegriff beschreibt die Mindestanforderungen für die Anerkennung eines S.es als Teil der Völkerrechtsgemeinschaft, die in den verschiedenen S.en in vielfältiger Weise konkret ausgeformt sind. Zur Zeit existieren 194 von den Vereinten Nationen (UNO) anerkannte S.en, von denen 193 Mitglied der UNO sind. Dazu kommt noch eine Reihe von Gebieten, die nicht allgemein als Staaten anerkannt sind.

2. **Entwicklung.** Der moderne S. ist (Zwischen-)Ergebnis einer historischen Entwicklung, nicht überzeitliche Erscheinung. Erste Frühformen der S.sbildung datieren vor etwa 5000 Jahren im Zweistromland. Von diesen Frühformen führt allerdings keine direkte Linie zum heutigen S. Von großer Bedeutung für die S.slehre war die von ARISTOTELES beschriebene Vielfalt der kleinräumigen griechischen Polis. Vorbild organisierter Herrschaft in großen „Reichen" im abendländischen Raum war das Römische (Welt-)Reich. Der moderne, neuzeitliche S. entstand indes auf dem Boden mittelalterlicher Herrschaftsformen, die idealtypisch als ein Geflecht vielfältiger persönlicher Herrschafts- und Treuebeziehungen mit wechselseitigen Rechten und Pflichten einer Vielzahl neben- und untergeordneter Herrschaftsträger beschrieben werden können. Indem diese unterschiedlichen Herrschaftsrechte zusammengefasst und auf einen Träger konzentriert werden, entsteht die Grundvoraussetzung moderner S.lichkeit, die einheitliche S.sgewalt. Im durch JEAN BODIN 1576 entwickelten Terminus der Souveränität wird diese Entwicklung auf den Begriff gebracht. Der Prozess der S.sbildung ist gekennzeichnet durch die Herausbildung einer Ämterordnung mit fest umrissenen Kompetenzen und zentraler Verwaltungen mit bürokratischer Organisations- und Arbeitsweise (→Bürokratie). Typische Erscheinungsform des modernen S.es waren zunächst die absolutistischen Monarchien des 17. und 18. Jh.s. Indem er seit dem späten 18. Jh. als politische Erscheinungsform der →Nation begriffen wurde, erhielt der S. als „Nationals." eine neue Grundlage. Die Entwicklung der Grundrechtsidee (→Grundrechte) und die Herausbildung von geschriebenen Verfassungen im ausgehenden 18. und 19. Jh. sowie der Übergang von monarchischer zu demokratischer Herrschaft (→Demokratie) kennzeichnen die Fortentwicklung zum demokratischen Rechts- und Verfassungss. (→Recht, Rechtss.), der freilich nur in einem Teil der S.en verwirklicht ist.

3. **Rechtfertigung und Aufgaben des S.es.** Soweit der S. als Ergebnis organischer, in der Sozialnatur des Menschen angelegter Entwicklung (ARISTOTELES) oder in christlicher Tradition als unmittelbare göttliche Stiftung angesehen wurde, bedurfte er keiner näheren Rechtfertigung. Wenn er hingegen – wie seit rationalem Naturrecht und Aufklärung nahezu ausschließlich – vor allem als menschengeschaffene, rational konstruierte Institution der Herrschaftsausübung verstanden wird, muss die S.sgewalt legitimiert werden. Dabei war die Herleitung der S.sgewalt und ihre Übertragung auf einen Herrscher als Ergebnis vertraglicher Übereinkunft der Gewaltunterworfenen vorherrschend. Allerdings beantwortet sie ihrerseits nicht die Frage, wozu es solch einer Übereinkunft bedarf. Auch hierfür ist die Sozialnatur des Menschen herangezogen worden. Im genauen Gegensatz dazu steht die Rechtfertigung des S.es als Ausweg aus der Gefahr des Bürgerkrieges, des Kampfes aller gegen alle. Diese Funktion des S.es als friedensstiftende Institution (→Frieden) ist vor dem Hintergrund des englischen Bürgerkriegs im 17. Jh. von THOMAS HOBBES hervorgehoben worden. Mit der fortschreitenden Etablierung der einheitlichen S.sgewalt im 18. Jh. rückten die Fragen nach ihren Grenzen und nach ihrer Vereinbarkeit mit der →Autonomie des Individuums in den Vordergrund. Dies führte zu verschiedenen Modellen der demokratischen Legitimation des S.es, die durch die Annahme eines „Gesellschaftsvertrags" ohne Übertragung auf einen Monarchen mit der überkommenen Vertragskonstruktion in Übereinstimmung gebracht werden konnte (ROUSSEAU), und zu der Idee, dass es zur Begrenzung der S.sgewalt der Gewaltenteilung, der Grundrechte und weiterer rechtss.licher Garantien bedarf (LOCKE, MONTESQUIEU, J. ST. MILL).

Wesentlich für die Legitimation des S.es und der S.sgewalt sind die Aufgaben, die sie erfüllen. Da diese Aufgaben je nach geschichtlicher Situation differieren, kann auch die Frage der Legitimation des S.es unterschiedlich beantwortet werden. Allerdings beruht die Übernahme solcher Aufgaben auf einer Entscheidung des Souveräns, sie bedarf m. a. W. im demokratischen S. ihrerseits der demokratischen Legitimation.

Als Folge der nach der Reformation einsetzenden allgemeinen Säkularisierungstendenz (→Säkularisation) spielt die frühere religiöse Funktion für den modernen Verfassungss. westlicher Prägung – anders als in anderen Kulturkreisen – keine Rolle mehr. Indes sind neben die Kernfunktion der Rechts- und Friedenssicherung eine Vielzahl weiterer Aufgaben getreten: z. B. soziale Sicherung und sozialer Ausgleich (→Sozialpolitik); Schaffung der Infrastruktureinrichtungen (→Infrastruktur) für Verkehr, Telekommunikation, Energie und Wasserversorgung etc. („Daseinsvorsorge"); das Schul-, Hochschul- und Ausbildungswesen (→Bildung, →Ausbildung); vielfältige andere kulturs.liche Aufgaben; Förderung grundrechtlicher →Freiheit, der Rahmenbedingungen wirtschaftlichen Handelns etc. Die Ausweitung der S.stätigkeit wirft aber in mehrerlei Hinsicht Probleme auf. So wird bei vermehrter s.licher Aktivität der Freiheitsbereich der Bürger immer weiter verkürzt. Auch sind die für die Erfüllung der s.lichen Kernfunktionen geschaffenen →Institutionen und Regeln nicht für alle diese Aufgaben gleichermaßen geeignet. Schließlich stellt sich die Frage, ob der S. zu ihrer Erfüllung überhaupt in der Lage ist und nicht selbst unbeeinflussbaren Sachzwängen unterliegt (z. B. →„Globalisierung"). Das Scheitern an diesen Aufgaben beeinträchtigt dann möglicherweise die Autorität des S.es insgesamt.

4. S.sformen und -typen. Nach dem formalen Kriterium, ob ein Monarch oder ein gewählter Präsident S.soberhaupt ist, werden Monarchien und Republiken unterschieden (z. B. „Königreich Belgien", „Republik Österreich"). Über die tatsächliche S.organisation ist damit allerdings wenig ausgesagt. Demgegenüber differenziert die klassische S.sformenlehre im Anschluss an ARISTOTELES danach, ob ein einzelner, wenige oder alle Träger der S.sgewalt sind, zwischen Monarchie, Aristokratie und Demokratie. Da die allermeisten S.en – unabhängig von der Frage des S.soberhaupts – für sich in Anspruch nehmen, Demokratien zu sein, spielt diese Dreiteilung heute kaum eine Rolle mehr. An ihre Stelle treten Unterscheidungen wie die zwischen Diktaturen und nicht-diktatorischen S.en, repräsentativer und direkter Demokratie, sozialistischer „Volks-" bzw. „Rätedemokratie" und parlamentarischer Demokratie, Bundes- und Einheitss., präsidialer und parlamentarischer Regierungsform etc.

Diese Differenzierungen verdeutlichen die große Bandbreite der Erscheinungsformen des modernen S.es, die anhand weiterer, ganz unterschiedlicher Kriterien kategorisiert werden können, so z. B. nach der Zielrichtung der S.stätigkeit vom aufgeklärten Wohlfahrtss. über den liberalen „Nachtwächters." zum gegenwärtigen Sozials., nach der Intensität weltanschaulicher Beeinflussung vom totalitären bis zum pluralistischen S. etc. Durch Kombination entsprechender Kategorien lassen sich eine Fülle von Typologien entwickeln. Ohne dass sich eine bestimmte Typologie durchgesetzt hätte, lassen sich für das 20. Jh. als Gegenpole die weltanschaulich-totalitäre Diktatur einerseits und der pluralistische (→Pluralismus), parlamentarisch-demokratische Rechtss. auf der anderen Seite gegenüberstellen. Allerdings gibt es nicht nur zahlreiche Zwischenstufen, sondern auch S.en, die sich zwischen beiden Extremen kaum einordnen lassen.

5. S.stheorie. So unterschiedlich wie die S.stypen sind die Perspektiven und Fragestellungen, anhand derer der S. wissenschaftlich analysiert wird. Der S. wird juristisch, soziologisch (→Soziologie), ökonomisch, theologisch, philosophisch etc. betrachtet. Auch innerhalb einer Disziplin werden je nach wissenschaftlichem Standpunkt verschiedene Aspekte betont. In Abgrenzung von der formalistischen Betrachtung des S.es im →Positivismus zu Beginn des 20. Jh.s, ist z. B. in der juristischen S.slehre der Aspekt der Integration hervorgehoben worden: Der S. ist danach „als Lebensprozess und die Einordnung und Beteiligung des Einzelnen daran ebenfalls als ein Stück persönlichen Lebens, als ‚Integration'" zu verstehen (R. SMEND). Andere betonen die Eigenschaft des S.es als Handlungs- und Wirkungseinheit (H. HELLER). Wieder andere heben die politische Einheit des S.es hervor, die in der Abgrenzung von Freund und Feind gesehen wird (C. SCHMITT). Dagegen ist allerdings kritisch zu fragen, ob nicht die Konnotationen dieser Kategorien die eigentlich beabsichtigte Betonung der Friedensfunktion des S.es gefährden. Diese und weitere Sichtweisen (z. B. die systemtheoretische Betrachtung, N. LUHMANN, →Systemtheorie) heben je nach wissenschaftlichem Erkenntnisinteresse Teilaspekte des S.es hervor, die sich nicht unbedingt gegenseitig ausschließen. Eine schlüssige, auf einen Begriff oder eine These gebrachte Gesamtkonzeption des S.es kann es dagegen wegen der Mannigfaltigkeit seiner Erscheinungsformen und Aufgaben nicht geben. Eine rein juristisch-normative Betrachtung, vermag die Wirklichkeit des S.es nicht zu erfassen. Der S. ist auch nicht etwa allein – wie in der marxistischen S.stheorie – als Instrument der herrschenden →Klasse zu verstehen.

6. S., →Recht, Verfassung. Im modernen Rechtss. hat das Recht zweierlei Funktion: Es ist zum einen Instrument s.lichen Handelns. Der Erlass von Gesetzen und deren rechtlich geordneter Vollzug ist wesentliche Mittel seiner Aufgabenerfüllung. Seiner Friedensfunktion kommt er nach, indem er die Beziehungen seiner Bürger durch Gesetz regelt und für Konflikte streitentscheidende Instanzen einrichtet, deren Entscheidungen notfalls mit physischem Zwang durchgesetzt werden. Der S. ist insofern Quelle und Garant der Rechtsordnung. Auch dort, wo der S. nicht mit den Mitteln des Zwangs agiert, wie etwa bei Wirtschaftssubventionen oder bei der Daseinsvorsorge, ist s.liches Handeln rechtlich geregelt. Hier wird die zweite Funktion des Rechts deutlich: Es reguliert und begrenzt s.liches Handeln. Der S. erzeugt nicht nur das Recht, sondern ist auch dessen Adressat. Im Rechtss. kann das Recht vor Gericht gegen den S. durchgesetzt werden. Das Rechtss.sprinzip wird durch konkrete Regeln handhabbar gemacht: Rechtsbindung der Verwaltung, Verbot rückwirkender Gesetze, Bestimmtheitsgebot etc. Der S. wird auch überhaupt erst durch Recht statuiert, nämlich durch die Verfassung. Sie ist Kreationsurkunde und regelt zugleich die wichtigsten Regeln und Grenzen der Ausübung der S.sgewalt. Z.T. ist der S. sogar mit der Rechtsordnung identifiziert worden (H. Kelsen). Damit wird aber das Verhältnis von S. und Recht nicht hinreichend erfasst, weil die Funktion des S.es als Quelle und Garant der Rechtsordnung so kaum erklärbar ist. Zudem kommt nicht in den Blick, dass auch andere, „gesellschaftliche" Potenzen Recht setzen, etwa die Kirchen. Dies steht zwar unter dem Vorbehalt des s.lichen Gewaltmonopols: seine Durchsetzbarkeit mit physischem Zwang hängt damit von s.licher Sanktionierung ab. Gleichwohl kann es nicht dem S. zugerechnet werden.

7. S., Individuum, →Gesellschaft. Damit rückt das spannungsreiche Verhältnis von S., Gesellschaft und Individuum in den Blickpunkt. Im demokratischen Verfassungss. ist das Individuum Ausgangspunkt und Grenze der S.sgewalt: Die →Würde des Menschen ist unantastbar (Art. 1 Abs. 1 →Grundgesetz) – der S. ist um des Menschen, nicht der Mensch um des S.es willen da. Die Grenzen der S.sgewalt werden durch die Grundrechte rechtlich näher bestimmt. Diese sichern einen von s.lichen Eingriffen freien Bereich individueller Freiheit. Da diese Freiheit in Kommunikation und in Gemeinschaft mit anderen ausgeübt wird, markieren die Grundrechte auch die Unterscheidung von S. und Gesellschaft. Aus der Sicht des S.es ist gesellschaftliches Leben in Wirtschaft, →Parteien, Vereinen, Kirchen etc. kollektive Grundrechtsausübung. Allerdings ist die Unterscheidung von S. und Gesellschaft nicht im Sinne einer strikten Trennung zu verstehen. U.a. durch grundrechtliche Eingriffsvorbehalte legitimiert, reguliert der S. der Industriegesellschaft (→Industrie) – in unterschiedlichem Maße – auch die Gesellschaft und sichert deren Funktionsbedingungen – z.B. durch Interventionen in die Wirtschaft, durch Verhinderung des Missbrauchs wirtschaftlicher oder sonstiger gesellschaftlicher →Macht etc. Aus der Sicht der Gesellschaft ist der S. eines ihrer Teilsysteme mit bestimmten Ordnungsaufgaben. Der S. ist insofern eine Erscheinungsform der Gesellschaft.

In den parlamentarischen Demokratien bilden die politischen Parteien den Schnittpunkt von S. und Gesellschaft. Sie sind gesellschaftliche Zusammenschlüsse zur Mitwirkung an der s.lichen Willensbildung in den →Parlamenten. Sie sollen die in der Gesellschaft vorhandenen Vorstellungen bündeln und dabei politische Alternativen formulieren, zwischen denen bei der Parlamentswahl entschieden werden kann. Die Problematik des „Parteiens.es" liegt – neben der Gefahr des Machtmissbrauchs – darin, dass in den Parteien eine von der Gesellschaft zunehmend entfremdete „Politikerkaste" entsteht und dass die Parteien sich den S. u.a. durch Ämterpatronage zur „Beute" machen. Gegen diese Gefahren können Elemente direkter Demokratie gesetzt werden, die freilich in den großen Massengesellschaften nur begrenzt handhabbar sind.

8. Die Zukunft des S.es. Die wachsende internationale Verflechtung hat zum Teil Zweifel an der Funktionsfähigkeit des S.es, namentlich des Nationals.es, als politischer Organisationsform aufkommen lassen. Abhängigkeiten der S.en untereinander, aber auch die Bereitschaft zur Intervention in früher als interne Angelegenheiten der S.en verstandene Probleme, z.B. die Behandlung nationaler Minderheiten und sonstige Menschenrechtsfragen (→Menschenrechte), lassen die Souveränität des S.es zunehmend als fragwürdig erscheinen. Überdies werden einige S.en wegen des völligen Versagens bei der Erfüllung staatlicher Grundfunktionen als „failed states" bezeichnet. Eine mit bisherigen Kategorien schwer fassbare Besonderheit ist das Auftreten einer terroristischen Organisation „Islamischer Staat", die in Teilen Syriens und des Irak z.T. staatliche Funktionen übernommen hat. Mit der Digitalisierung und neuen Informationstechnologien sieht sich der S. nicht nur neuen Aufgaben im Bereich des Datenschutzes gegenüber, sondern auch nichtstaatlichen Akteuren, deren Einfluss auf das Privatleben, aber auch auf die Meinungsbildung durch staatliche Maßnahmen kaum zu kontrollieren sind. All diesen Herausforderungen zum Trotz ist bisher nicht erkennbar, dass der S. bei der Erfüllung seiner Aufgaben in näherer Zukunft obsolet bzw. durch eine andere Instanz – wie etwa die Vereinten Nationen – abgelöst werden könnte. Im Zuge der Auflösung der früheren Sowjetunion und des früheren Jugoslawien hat – im Gegenteil – gerade der Nationals.gedanke mit allen seinen Problemen eine Renaissance erfahren.

Eine markante Sonderentwicklung stellt freilich die Europäische Integration dar (→Europa, →Europarecht). Die Mitglieds.en übertragen zunehmend Aufgaben auf die europäische Gemeinschaft und verzichten dabei auf Teile ihrer Souveränität. Die Europäische Union ist damit nicht bloß eine zwischens.liche, sondern eine übers.liche →Organisation, ohne dass allerdings die s.liche Existenz der Mitglieds.en in Frage gestellt würde. Ob dies eine vorübergehende Zwischenstufe in der Entwicklung zu einem europäischen Gesamts. ist, oder ob sich hier eine neue Form politischer Organisation entwickelt, ist derzeit nicht absehbar.

J. Bodin, Les six livres de la République, 1576 – Th. Hobbes, Leviathan, 1651 – J. Locke, Two treatises of Government, 1690 – Ch. de Montesquieu, De L'Esprit des Lois, 1748 – J.J. Rousseau, Du Contract Social, 1762 – J. St. Mill, On Liberty, 1859 – G. Jellinek, Allgemeine S.lehre (1900), 1914[3] – H. Kelsen, Der soziologische und der juristische S.begriff (1922) 1928[2] – Ders., Allgemeine S.lehre, 1925 – H. Heller, Allgemeine S.slehre, 1934 – R. SMEND, Verfassung und Verfassungsrecht (1928), in: DERS., S.srechtliche Abhandlungen, 1994⁴ – C. SCHMITT, Verfassungslehre (1928), 1993⁸ – DERS., Der Begriff des Politischen, 1932 – H. MITTEIS, Der S. des hohen Mittelalters (1940), 1986¹¹ – O. BRUNNER, Land und Herrschaft (1959), 1984⁶ – H. NAWIASKY, Allgemeine S.slehre, 4 Bde., 1945–1958 – G. LEIBHOLZ, Strukturprobleme der modernen Demokratie (1958), 1964² – K. LOEWENSTEIN, Verfassungslehre (1959), 1975³ – P. BADURA, Die Methoden der neueren allgemeinen S.slehre (1959), 1998² – H. KRÜGER, Allgemeine S.slehre, 1966² – P.-L. WEINACHT, S. Studien zur Begriffsgeschichte des Wortes, 1968 – F. ERMACORA, Allgemeine S.slehre, 1970 – E. FORSTHOFF, Der S. der Industriegesellschaft, 1971 – R. HERZOG, Allgemeine S.slehre, 1971 – C. LINK, Herrschaftsordnung und Bürgerliche Freiheit, 1979 – N. LUHMANN, Rechtssoziologie (1972), 1983² – DERS., Soziale Systeme (1984), 1994⁴ – M. STOLLEIS, Geschichte des Öffentlichen Rechts in Deutschland, 4 Bde., ¹1988, ¹¹1992, ¹¹¹1999, ¹ᵛ2012 – E.-W. BÖCKENFÖRDE, S., Verfassung Demokratie, 1992² – DERS., Recht, S., Freiheit, 1992² – DERS., S., Nation, Europa, 1999 – TH. FLEINER-GERSTER, Allgemeine S.slehre, 1995² – U. DI FABIO, Das Recht offener S.en, 1998 – C. MÖLLERS/M. SCHUCK, Art. „Staat", in: W. HEUN/M. HONECKER et al., Evangelisches Staatslexikon, Neuausgabe, 2006, Sp. 2272–2295 – J. ISENSEE/P. KIRCHHOF, Handbuch des Staatsrechts, XII Bde, 2003ff.³ – M. KRIELE, Einführung in die Staatslehre, 2003⁶ – R. ZIPPELIUS, Allgemeine Staatslehre, 2010¹⁶.

Heinrich de Wall

Staat (theologisch)

1. Grundsätzliches. „S." ist ein Wort der *Neuzeit*. Das Wort kommt erst in der italienischen Renaissance auf. Als Kennzeichen eines S.es werden zumeist S.gebiet, S.svolk, S.sgewalt benannt (G. Jellinneks Dreielemente-Lehre). Äquivalente zu S. sind Herrschaft, Regiment, politische →Macht (lateinisch: res publica, civitas, regimen, imperium etc.). Es liegt folglich nahe, den Begriff S. an eine bestimmte geschichtl. Epoche zu binden u. erst ab der Neuzeit von S. zu sprechen; aber damit wird das Phänomen der politischen Macht als allgemeinmenschl. Gegebenheit verfehlt. Ein S. ist ein Gebilde der Geschichte. S.begriffe sind darum mehrdeutig. Eine schulmäßige Definition vom S. lässt sich überdies nicht geben. Zu unterscheiden ist das Prinzip der S.lichkeit von den jeweils geschichtl. Ausprägungen in S.sformen u. S.sverfassungen. Monarchie, Republik, →Demokratie, parlamentarische Regierungen, →Theokratie, →Anarchie, Nationalstaat u. a. sind unterschiedl. Erscheinungsformen des S.es. Als Aufgabe des S.es wird i.a. genannt, die Wahrung von →Frieden u. →Recht (pax et iustitia). Ursprüngl. bestand eine enge Verbindung von politischer Herrschaft u. Religion. Herrscher wurden religiös legitimiert („Von Gottes Gnaden"). Orientalische Herrscher – z. B. der ägyptische Pharao – waren Gottes Stellvertreter auf Erden, Gottes Sohn.

2. Das antike Erbe. Für das politische Denken des Abendlandes u. des Christentums grundlegend ist die griechische Philosophie. Das Modell war der griechische Stadtstaat, die Polis. PLATON (427–347 v.Chr.) begründete anhand seiner Ideenlehre die Vorstellung von der rechten politischen →Ordnung des Gemeinwesens mit einer streng hierarchischen Ordnung. Dem platonischen Idealstaat stellte ARISTOTELES (384–322 v.Chr.) eine phänomenologische Betrachtung politischer Organisationsformen entgegen. Er formulierte die These vom Kreislauf der S.sformen: Gute S.sformen entarten, werden diskreditiert, auf eine entartete S.sform folgt eine gute usw. Die drei guten S.sformen sind Monarchie (Alleinherrschaft), Aristokratie (Eliteherrschaft), Politik (Demokratie, Volksherrschaft im guten Sinne); die dazugehörigen negativen Gegenbilder sind: Tyrannis (Despotie des Alleinherrschers), Oligarchie (Cliquenherrschaft), Demokratie (Ochlokratie, im Sinne der Herrschaft des Pöbels). In der Neuzeit wird die S.sformenlehre reduziert auf die Alternative Monarchie oder Republik. Als Antitypus beider gilt die Despotie, die totalitäre Herrschaft.

ARISTOTELES, ihm folgend die stoische Anschauung von einer vernünftigen Ordnung menschl. Zusammenlebens u. das davon beeinflusste römische S.sdenken (CICERO, SENECA), begründen die Notwendigkeit des S. aus Natur u. →Vernunft des Menschen. Der Mensch ist von Natur ein soziales, politisches Wesen. Im S. vereinigen sich Menschen zum Zwecke des gemeinsamen Werkes (→Gemeinwohl), der Wahrung von →Frieden, →Recht u. →Gerechtigkeit. Der S. wird naturrechtl. begründet (→Naturrecht).

3. Biblische Sicht. Eine S.slehre oder S.stheorie findet sich in der Bibel nicht. Es geht stets um das konkrete Verhalten zur politischen Macht. Im AT steht im Mittelpunkt das Königtum (v. a. König DAVID), das Verhältnis von Prophet u. König, in der Spätzeit nach dem Exil die Leitvorstellung einer priesterl. Herrschaft oder direkter Gottesherrschaft (→Theokratie).

Im NT ist nur an wenigen Stellen vom Verhältnis zur politischen Macht die Rede: Für eine ev. Beurteilung des S.es einschlägig sind folgende Texte: Die Zinsgroschenfrage (Mk 12,13-17); Jesu Stellung zu den Zeloten; das Gewaltverzichtsgebot u. die Feindesliebe in den Antithesen der →Bergpredigt (Mt 5,38ff); Röm 13,1-7 (die Obrigkeit als Gottes Anordnung); Offb 13 (der S. der Endzeit als Tier aus dem Abgrund); das Gebet für die Obrigkeit (1. Petr 2,13ff; 1. Tim 2,2 – vgl. 1. Clemensbrief 60,4-61,2: das Gebet für den heidnischen Herrscher), Apg 5,29 (Ungehorsam um des Glaubens willen: „Man muss Gott mehr gehorchen als den Menschen"). Eine einheitl. S.sauffassung lässt sich aus dem NT nicht ableiten. Die einzelnen Aussagen sind kontext- u. situationsbezogen. Es geht um Paränese zum Verhalten des Christen gegenüber der politischen Macht (auch Röm 13), aber nicht um prinzipielle Aussagen zum „Wesen" des S.es. Die NT-Texte haben jedoch eine lange Auslegungsgeschichte, besonders Röm 13.

4. Alte Kirche u. Mittelalter. Bis zur konstantinischen Wende (312) hielten die Christen Distanz zu S. u. S.sdienst (abgesehen vom Gebet für die Obrigkeit). Als jedoch die Kaiser christl. wurden, war eine Neubestimmung des Verhältnisses von Kirche u. S. notwendig. Einflussreich für das MA wurde AUGUSTINS (354–430 n. Chr.) Werk „De civitate dei" mit einer – eher dualistischen – Unterscheidung von Gottesherrschaft u. Weltherrschaft, weil die Weltherrschaft (civitas terrena) der Herrschaft des Teufels nahegerückt wurde, sowie mit der Zuordnung von göttl. u. irdischer Gerechtigkeit. Für die mittelalterl. Sicht prägend wurde AUGUSTINS Rezeption des Naturrechts u. die Kooperation von Kaiser u. Papst, irdischer u. weltl. Gewalt (Zweischwerterlehre, Investiturstreit). Die offizielle Formulierung der kath. S.sanschauung stammt von THOMAS VON AQUIN. Sie wirkt bis heute in den lehramtl. kath. Aussagen zum S. nach: Der S. wird naturrechtl. begründet, am Ziel des Gemeinwohls ausgerichtet u. hat an Recht u. Gerechtigkeit seinen Maßstab. Die Selbständigkeit der weltl. Herrschaft gegenüber der geistl. Gewalt wird betont, auch wenn die Zusammenarbeit gefordert wird.

Die *orthodoxe Sicht* des S.es hingegen vertritt, anders als die westl. Unterscheidung von Kirche u. S., seit Kaiser JUSTITIAN in Byzanz ein S.skirchentum. Der Heilige Kaiser hat eine besondere Stellung auch in der Kirche; diese „Symphonie" hebt das Zusammenspiel von staatl. u. kirchl. Autorität hervor. Die byzantinische Tradition bestimmte auch noch das S.sverständnis im russischen Zarenreich u. im heutigen Rußland. Eine eigene Stellung zum S. nimmt die Orthodoxie im islamischen S. ein (z. B. im Osmanenreich).

5. Reformation. Auf dem Hintergrund der mittelalterl. Vorgaben ist LUTHERS Bewertung des S.es zu verstehen. Der Reformator sprach freilich nicht vom S., sondern von *Obrigkeit*; er denkt in personalen Bezügen, nicht in strukturellen Ordnungen, in Verfassungsstrukturen. Die Schrift „Von weltlicher Obrigkeit, wieweit man ihre Gehorsam schuldig sei", 1523, ist veranlasst durch HERZOG GEORGS VON SACHSEN Verbot, LUTHERS Bibelübersetzung zu verbreiten. Anhand der Hl. Schrift will LUTHER Recht, Zuständigkeit u. Grenzen obrigkeitl. Gewalt klären. Grundlegend ist das Spannungsverhältnis zwischen Gewaltverzicht der →Bergpredigt u. der Einsetzung der Obrigkeit nach Röm 13. Mithilfe von Fundamentalunterscheidungen wie geistl. u. weltl. Regiment, →Person u. →Amt, →Gesetz u. Evangelium gibt LUTHER Anweisung für das Verhältnis der Christen. Die Schrift ist paränetisch-seelsorgerl. orientiert. Für das Obrigkeitsverständnis bedeutsam ist die Unterscheidung der →Zwei Reiche. Die Obrigkeit ist unmittelbar von Gott eingesetzt, ohne Vermittlung der Kirche. Ihre Aufgabe ist es, dem Bösen zu wehren u. den weltl. Frieden zu sichern. Ein aktives →Widerstandsrecht der Untertanen vertritt LUTHER nicht, wohl aber Ungehorsam u. Leiden angesichts ungerechter Anordnungen. Obrigkeit wird patriarchalisch gesehen u. unter den Schutz des 4. Gebots gestellt. Von LUTHER beeinflusst ist im →Luthertum obrigkeitsstaatl. Denken.

ZWINGLI geht 1523 in Zürich von der Identität von bürgerl. u. christl. →Gemeinde aus. Er unterwirft auch politisches Handeln der Normativität der Bibel u. orientiert sein S.sideal an der →Theokratie.

CALVIN teilt einerseits LUTHERS Unterscheidung von geistl. u. weltl. Gerechtigkeit (→Zweireichelehre), unterwirft andererseits auch die Inhaber obrigkeitl. Ämter der Kirchenzucht. Von CALVINS Gemeindeverständnis aus gibt es eine Tendenz zur →Demokratie. Mit PHILIPP →MELANCHTHON, dem eigentl. Begründer des landesherrl. Kirchenregiments, teilt CALVIN die Verpflichtung christl. Obrigkeit auf die Überwachung beider Tafeln des →Dekalogs (custodia utriusque tabulae). Der konfessionelle „christl." S. wird damit begründet. Ein Widerstandsrecht der Untertanen kennt CALVIN nicht, es findet sich erst bei THEODOR BEZA (1519–1605) u. den „Monarchomachen". Die moderne Theorie des frühneuzeitl. S.es repräsentiert – anders als die Reformatoren – der Florentiner NICOLO MACHIAVELLI (1469–1527). Die S.sräson misst den S. allein an politischen Zwecken u. am Erfolg.

6. Das aufgeklärte S.sverständnis. MACHIAVELLI u. JEAN BODIN (1530–1596) mit seiner Souveränitätstheorie leiten die absolutistische S.theorie ein. THOMAS HOBBES (1588–1679) hat die absolutistische S.idee am schärfsten formuliert. Der S. hat nur noch weltl. Zwecken, vor allem der Wahrung des Friedens, zu dienen u. ist nicht mehr für das Seelenheil der Bürger zuständig. Die →Säkularisierung des S.es begründet diesen aus der Übereinkunft der Bürger. Nicht die Einsetzung der Obrigkeit durch Gott, sondern der Gesellschaftsvertrag legitimiert staatl. Autorität. MONTESQUIEU, J. J. ROUSSEAU, JOHN LOCKE (1632–1704), die „Federalist Papers" in den USA vertreten dieses S.sverständnis. Der S. wird zum Vernunftstaat (→Vernunft). →Menschenrechte, →Parlament, →Rechtsstaatlichkeit schützen den Bürger vor staatl. Übergriffen. Die Folge der Einführung von →Religionsfreiheit u. →Toleranz ist die Verpflichtung des S.es zur konfessionellen Neutralität.

Das →*Luthertum* hat dagegen zunächst am monarchischen Prinzip u. am christl. S. festgehalten. Die →Französische Revolution galt als negatives Gegenbild des richtigen S.es (Hinrichtung des Königs, Verfolgung der Kirchen, Schreckensherrschaft). Aus der Ablösung der Fürstensouveränität durch die *Volkssouveränität* entwickelte sich die Vorstellung von der →*Na-*

tion als Träger der Souveränität. J. G. FICHTE (1762–1814) verstand die Nation als Organismus. Geschichtstheol. wird der S. darum von der Sendung eines Volkes her gedeutet, als Gestaltungsordnung von →Nation u. →Volk. KANT (1724–1804) u. HEGEL (1770–1831) gingen hingegen aus von der Notwendigkeit einer rechtl. Sicherung der sittl. →Freiheit des Bürgers.

Das ev. S.sverständnis war weithin geprägt von der Ablehnung der westl. Ideen von Menschenrechten, →Demokratie u. Gewaltenteilung. Der Machtstaatgedanke war leitend, obrigkeitl. S.sordnung Leitbild. Teilweise wurde auch über die Verbindung von Luthertum u. Deutschtum die Vorstellung vom nationalen S. theol. sanktioniert.

7. Katholische S.slehre. Seit THOMAS VON AQUIN wird die Notwendigkeit des S.es nicht aus der Aufgabe der Verhinderung des Bösen (remedium peccati), sondern aus dem Ziel der Verwirklichung der →Gemeinwohls hergeleitet. Der S. ist eine natürl. Ordnung, nicht – wie in reformatorischer Sicht – eine Folge des Sündenfalls. Wegen der naturrechtl. Begründung (→Naturrecht) sind Kirche u. S. selbstständige Ordnungen (societates perfectae). Der S. ist „societas naturalis perfecta et completa". Seit LEO XIII. (1878–1903) liegt in den päpstl. Enzykliken eine lehramtl. begründete S.slehre vor. Der Ursprung des S.es liegt, wie bei ARISTOTELES, in der Natur des Menschen. Naturrechtl. S.sauffassung kann auch Vertragslehren, Menschenrechte u. Demokratie aufnehmen. Außer der Aufgabe der Verwirklichung des Gemeinwohls sind der *Solidaritätsgedanke* (→Solidarität) – als Grundlage des Sozialstaatsprinzips (→Sozialstaat) – u. das *Subsidiaritätsprinzip* Beurteilungskriterien. →Subsidiarität wehrt einer Allzuständigkeit des S.es u. fordert den Vorrang der kleineren Einheiten. Die Pastoralkonstitution des 2. Vatikanum „Gaudium et spes" (Art. 74) u. die Deklaration über die Religionsfreiheit („Dignitatis humanae") fassen die kath. S.slehre zusammen.

8. Evangelisches S.sverständnis im 20. Jh. Das 20. Jh. wurde das Jh. des totalen S.es; genannt seien beispielhaft lediglich HITLER, MUSSOLINI, LENIN, STALIN. In der Zeit vor 1933 herrschten im Protestantismus eine *autoritäre* S.sauffassung vor. Machtstaatl. Denken, der Gehorsam der Untertanen gegenüber der Obrigkeit, Dezionismus u. z. T. nationalistische Vorstellungen vom S. als Form, in der ein Volk Geschichte erlebt, waren herrschende Überzeugung.

In Auseinandersetzung mit der Kirchenpolitik des →Nationalsozialismus betonte die 5. Barmer These (→Barmer Theologische Erklärung) die Unterscheidung der Aufgaben des S.es u. des Auftrags der Kirche, im Sinn der →Zweireichelehre. Der S. wird nicht ontologisch definiert, sondern von seinem Zweck her bestimmt „für Recht u. Frieden zu sorgen." Er wird auch nicht als Schöpfungsordnung legitimiert. Für das funktionale S.verständnis ist der Einsatz von →Gewalt in „der noch nicht erlösten Welt" Mittel, nicht Selbstzweck. Es gibt kein zeitloses Wesen des S.s. Ein S. ist jeweils anhand seiner Funktion, seiner Aufgabe zu verstehen.

Gegen eine ordnungstheol. Legitimation der S.autorität setzt K. BARTH eine christolog. Begründung von Demokratie u. Rechtsstaat mithilfe der Einbeziehung des S.es in die →Königsherrschaft Christi („Christengemeinde u. Bürgergemeinde", 1946). Die *Kirche* hat eine prophetisch-kritische Funktion u. Aufgabe dem S. gegenüber wahrzunehmen u. ein eigenes politisches *Mandat*. Eine eschatologische Negation des S.es als Inbegriff der vergehenden Welt plädiert darüber hinausgehend sogar in der praktischen Erwartung des →*Reiches Gottes* für die →Anarchie u. lehnt den bürokratischen S. (→Bürokratie), auch als Sachwalter des →Kapitalismus ab (z. B. H. GOLLWITZER, ferner Vertreter einer „Theologie der →Revolution").

Angesichts unkritischer Legitimation staatl. Autorität wie eschatologischer Negation hat die →*Denkschrift der EKD* „Evangelische Kirche u. freiheitl. Demokratie. Der S. des Grundgesetzes als Angebot u. Aufgabe", 1985, die Verantwortung von Kirche u. Theologie für die Verfassungsordnung einer freiheitl. u. rechtsstaatl. Demokratie eingeschärft. Geschichtl. Erfahrungen mit dem totalitären S. u. die Nähe christl. Verständnisses des Menschen zu einer auf die Grundnorm des Schutzes der *Menschenwürde* u. die →*Menschenrechte* verpflichteten Verfassung machen die sozialethische Bedeutung u. Bewertung der institutionellen Verfassung des S.es bewusst.

9. Der S. am Ende des 20. Jh.s. Der kritische Rückblick verdeutlicht die geschichtl. Vielfalt der S.sformen wie der S.sauffassungen. Der moderne S. mit seinen Elementen Rechtsstaatlichkeit, Gewaltenteilung, Demokratie, Menschenrechten, Repräsentativsystem, Parlamentarismus, Mehrheitsprinzip ist eine geschichtl. Erscheinungsform. Das europäisch-amerikanische Demokratieprinzip ist in anderen Kulturen u. Ländern – in Asien u. Afrika – nur begrenzt funktionsfähig. So ist von einem →*Pluralismus* von S.sformen auszugehen. Die *eine* ev. Lehre vom S. gibt es nicht. Die Funktionsfähigkeit eines S.es ist primär von der Politik- u. Gesellschaftswissenschaft u. im Staats- u. Verfassungsrecht zu erörtern. Ev. →Ethik hat insbesondere auf die Kontrolle von →Macht, die Garantie u. Einhaltung der Menschenrechte aller Bürger, also auf die Anerkennung der Grenzen des S.es zu achten. Der Auftrag des S. ist es, →Frieden, →Sicherheit, →Freiheit, →Leben – u. damit auch Lebenschancen – seiner Bürger zu gewährleisten. Demokratische →Partizipation, →Rechtsstaat u. →Sozialstaat entsprechen dem Menschenbild ev. Ethik.

Im Zuge der →*Globalisierung* verliert der S. freilich an Macht u. Kompetenzen. Nur noch eine Weltmacht verfügt überhaupt über umfassende äußere u. innere Souveränität. Völkerrechtl. Verträge u. internationale Kooperation beschränken die Zuständigkeit von Nationalstaaten. Im Wirtschaftsverkehr mit globalen Märkten u. einem globalen Finanzsystem im Finanz- u. Währungssystem, im Umweltschutz, auch im Sport u. in der weltweiten →Kommunikation überlagern u. ersetzen häufig inzwischen internationale Abkommen u. völkerrechtl. Regelungen das innerstaatl. Recht. Es gibt freilich bislang weder einen *Weltstaat* noch eine *Weltinnenpolitik*. Die Globalität der Weltprobleme lenkt jedoch das Augenmerk auf die Notwendigkeit der Bändigung von Macht mithilfe des Völkerrechts. Die Gewährung u. Sicherung von Frieden u. Gerechtigkeit (iustitia et pax) wird verstärkt zur Aufgabe internationaler Kooperation.

Auch die europ. Einigung begrenzt nationalstaatl. Souveränität. Dazu kommen Probleme wie S.szerfall (failed states), Delegitimierung von S.sautorität u. a.

10. Der Beitrag von Kirche u. Theologie. Die christl. Botschaft hat immer auch eine *politische* Dimension. Die →Öffentlichkeit der Verkündigung schließt eine Anrede an alle ein, an Regierende u. Regierte, an S.smänner u. Bürger. →Kultur, Wissenschaft, Wirtschaft u. Religion sind nichtstaatl. Potenzen u. sollten als solche von staatl. Lenkung möglichst frei bleiben. Der S. sollte nur den verfassungsrechtl. u. politischen Rahmen setzen. In einer freiheitl. Demokratie setzt staatl. Willensbildung die öffentl. Diskussion voraus. In diese Diskussion sollen u. können Christen ihre Beiträge, Leitvorstellungen u. Wertsetzungen einbringen. Neben dem S. hat jedoch die →Gesellschaft, die →*Zivilgesellschaft* in freiheitl. Gesellschaften eine eigenständige Bedeutung als Ort politischer Willensbildung. Im *Dialog* um die politische Kultur eines S.swesens ist die Stimme von Christen u. Kirchen gewichtig, aber nicht die einzige. Durch ihre ökum. Verbindung, ihre Katholizität können Christen u. Kirchen staatl. Egoismen u. nationalstaatl. Blickverengung wehren. Wertvorstellungen wie Friede, Freiheit, Gerechtigkeit u. Erhaltung der Schöpfung sind dabei bedeutsamer als traditionelle metaphysische u. religiöse Legitimation von S.sautorität. Das Gegenüber eines christl. Dialogs mit und Anspruchs des christlichen Glaubens an S. u. Gesellschaft ist dabei der konkrete, durch seine Geschichte bedingte u. geprägte S. mit seinen spezifischen Aufgaben u. Problemen, gemäß der prophetischen Mahnung, der „Stadt Bestes zu suchen" (Jer 29,7).

K. Barth, Christengemeinde und Bürgergemeinde, 1946 – G. Hillerdal, Gehorsam gegen Gott und Menschen. Luthers Lehre von der Obrigkeit und die moderne evangelische S.sethik, 1955 – E. Dombois/E. Wilkens (Hg.), Macht und Recht, 1956 – A. Rich, Glaube in politischer Entscheidung, Zürich 1962 – W. Schweitzer, Der entmythologisierte S., 1968 – W. Schrage, Die Christen und der S. nach dem Neuen Testament,

1971 – M. Jacobs, Die evangelische S.slehre, 1971 – M. Honecker, Evangelische Theologie vor dem S.sproblem, 1981 – E. L. Behrendt, Rechtsstaat und Christentum, 2 Bde., 1982 – E. Jüngel/R. Herzog/H. Simon, Evangelisches Christentum in unserer Demokratie, 1986 – W. Hüffmeier, Für Recht und Frieden sorgen. Auftrag der Kirche und Aufgabe des S.es nach Barmen V. Theologisches Votum der EKU, 1986 – Kirchenamt der EKD (Hg.), Evangelische Kirche und freiheitliche Demokratie. Der S. des Grundgesetzes als Angebot und Aufgabe. Eine Denkschrift der EKD, 1986³ – E.-W. Böckenförde, Recht, S., Freiheit, 1992² – M. Honecker, Staat, Staatsphilosophie, TRE 32, 2001, 22–47.

Martin Honecker

Staatsverschuldung

1. Begriff. S. im engeren Sinne ist die i. d. R. verzinsliche Aufnahme von Fremdmitteln durch den →Staat. Werden alle Gebietskörperschaften und die Gesetzlichen Sozialversicherungen betrachtet, spricht man von öffentlicher Verschuldung (S. im weiteren Sinne). Kreditgeber sind inländische Kapitalsammelstellen (z. B. Kreditinstitute) und private Haushalte/Unternehmen sowie ausländische Kreditgeber oder Anleger. Kreditaufnahmen bei der →Zentralbank sind in der Europäischen Währungsunion (EWU, →Europäische Wirtschafts- und Währungsunion) verboten.

2. S. in der →Wirtschaftsgeschichte. Die Einschätzung der S. hat sich wiederholt geändert. Während im *Merkantilismus* (16.–17. Jh.) eine eher verschuldungsfreundliche Bewertung vorherrschte, lehnte die *ökonomische Klassik* (18.–19. Jh.) die S. als unproduktiv und gefährlich ab. Mit den *Kathedersozialisten* (seit Ende des 19. Jh.) wurde die S. zur Finanzierung von „produktiven" Staatsausgaben positiv gesehen. Daneben trat in der Lehre des *Keynesianismus* (1930ff.) eine Bejahung der S. als Mittel der antizyklischen →Konjunkturpolitik. Seit den 1970ern dominiert wiederum eine kritische Sicht auf die S. (z. B. *Monetarismus*, *Neue Politische Ökonomie*).

3. Rechtfertigung(sprobleme). Die Finanzierung von Staatsausgaben durch S. ist seit jeher gleichermaßen politisch beliebt wie theoretisch umstritten. So ist die S. aus Sicht der *Neuen Politischen Ökonomie* für Politiker eine bequeme, weil vermeintlich unsichtbare, Art der Finanzierung: Im Vergleich zu Steuererhöhungen trifft eine Kreditaufnahme auf geringere (psychologische) Widerstände und ist deshalb leichter durchsetzbar. Selbst wenn die mit einer S. einhergehende spätere Steuerlast für den Schuldendienst erkannt wird, wird sie als eine in die Zukunft verschobene Belastung oft unterschätzt (*Schuldenillusion*) und einer sofortigen Besteuerung vorgezogen. Eine Einengung des haushaltspolitischen Handlungsspielraums durch zunehmende

Zinslasten wird von Politikern häufig erst sehr spät als Problem registriert, nämlich wenn die Belastung zu unpopulären Ausgabenkürzungen oder Steuererhöhungen zwingt. Der eher verharmlosenden Einstufung der S. in Politikerkreisen steht eine differenzierte und überwiegend skeptische Einschätzung durch die *Finanzwissenschaft* gegenüber: Eine gewisse Berechtigung öffentlicher Verschuldung wird zur Finanzierung längerfristig nutzenstiftender staatlicher Investitionen anerkannt, weil dadurch Kosten und Nutzen staatlicher Maßnahmen über mehrere Generationen hinweg „gerechter" verteilt würden („*pay-as-you-use-Prinzip*", R. A. MUSGRAVE). Die auf Effizienz abstellende „*Theorie der Optimalbesteuerung*" sieht S. als sinnvoll an, wenn sie der Verstetigung der Steuerbelastung („*tax smoothing*") dient. Schließlich plädieren, wie oben (2.) erwähnt, Vertreter einer antizyklischen Konjunkturpolitik für eine vorübergehende S. in Rezessionsphasen.

4. Risiken. Im Mittelpunkt der finanzwissenschaftlichen Auseinandersetzungen stehen jedoch die gesamtwirtschaftlichen Risiken einer ausufernden S. Neben eventuellen inflationären Wirkungen geht es um negative Einflüsse auf die volkswirtschaftliche Effizienz und Wohlfahrt. So leistet die S. einer Erhöhung der Staatsquote (Verhältnis der Staatsausgaben zum →BIP) Vorschub. Vor allem aber kann erhöhte S. zu einem Anstieg der →Zinsen führen und dadurch private Investitionen verdrängen (sog. „*Zins-Crowding out*"). Solche Verdrängungseffekte sind zwar nicht zwingend, aber außer in Rezessionsphasen ist i.d.R. mit einem gewissen *Crowding out* zu rechnen. Die Verdrängung privater Investitionen läuft auf eine steigende Inanspruchnahme der volkswirtschaftlichen Ersparnis durch den Staat sowie auf *Beschäftigungs- und Wachstumseinbußen* im privaten Sektor hinaus. Ähnliche Probleme können sich aus Wechselkurseffekten im Zuge des Zinsanstiegs ergeben oder aus Preiseffekten und negativen Erwartungen. Außerdem werden der S. *unsoziale Verteilungswirkungen* zugunsten Vermögender zugeschrieben. Diese These setzt jedoch spezifische Annahmen über die Kapitalmarkteffekte der S. sowie die Einkommens- und Vermögensverteilung voraus

5. Europäische Union. Nahezu alle westlichen Industrieländer haben ihre Schuldenlast in den letzten Jahrzehnten drastisch erhöht. Davon ist nur ein Teil als konjunkturbedingt einzustufen, etwa zur Bekämpfung der weltweiten Wirtschafts- und →Finanzkrise seit 2008. Entscheidend waren daneben politische Versäumnisse und mangelnder Mut, die S. zum gängigen Finanzierungsweg der öffentlichen Haushalte gemacht haben. In Folge haben sowohl die Defizite als auch die Schuldenstände in fast allen Mitgliedern der EU Dimensionen erreicht, die weit über den dazu vereinbarten *Maastricht-Kriterien* (Defizit/Schuldenstand von max. 3 % bzw. 60 % des BIP) liegen. In der EWU sind zwar verschiedene Regelungen vorgesehen, mit denen eine übermäßige S. verhindert und abgebaut werden sollen (→Europäische Wirtschafts- und Währungsunion), allerdings werden diese Vorkehrungen in vielen Euro-Staaten sehr unzureichend beachtet. Hierin liegt die Hauptursache der krisenhaften Entwicklungen, die in verschiedenen Mitgliedern der EWU (z. B. Griechenland, Portugal, Italien) insb. seit 2008 aufgetreten sind. Diese oft zu Unrecht als Euro-Krise bezeichnete Entwicklung war im Wesentlichen Ausdruck der Verschuldungsprobleme der Staaten.

6. Schuldenbremse. In Deutschlands →Grundgesetz ist seit 2009 eine strengere Begrenzung der Neuverschuldung verankert (Art. 198 Abs. 3 und Art. 143 d). Diese „*Schuldenbremse*" sieht vor, dass „die Haushalte von Bund und Ländern ... grundsätzlich ohne Einnahmen aus Krediten auszugleichen" sind. Konkret gilt dies als erfüllt, wenn der Bund (ab 2016) ein Defizit von höchstens 0,35 % des BIP aufweist; die Bundesländer dürfen (ab 2020) keine Defizite mehr vorsehen. Temporäre Überschreitungen sind bei konjunkturellen Störungen sowie in „besonderen Ausnahmefällen" erlaubt, jedoch „konjunkturgerecht zurückzuführen". Die Erfahrungen in einigen Bundesländern lassen allerdings gewisse Zweifel aufkommen, inwieweit die *Schuldenbremse* in der Praxis auch eingehalten werden kann. Hinzu kommt das Problem der „*impliziten S.*", die weder von den juristischen Begrenzungsvorschriften noch in den offiziellen Statistiken erfasst wird; dies sind die künftigen Verpflichtungen insb. der Sozialversicherungen (v. a. Rentenversicherung). Diese *implizite S.* wird in Deutschland auf ein Mehrfaches der ausgewiesenen S. geschätzt.

J. M. BUCHANAN/R. E. WAGNER, Democracy in Deficit 1977 – SACHVERSTÄNDIGENRAT ZUR BEGUTACHTUNG DER GESAMTWIRTSCHAFTLICHEN ENTWICKLUNG, S. wirksam begrenzen, 2007 – R. CAESAR, Wirksame Grenzen für die S. – eine Illusion?, in: Jb. f. Wirtschaftswissenschaften, Bd. 61/2010 – CH. E. BLANKART, Öffentliche Finanzen in der Demokratie, 2011[8] – R. CAESAR, Die deutsche „Schuldenbremse" – ein Modell für Europa?, in: P. BIWALD u. a. (Hg.), Koordinierung der Finanzpolitik im Bundesstaat, 2011.

Rolf Caesar

Stadt (soziologisch)

Nach Prognosen der EU-Kommission werden bis 2050 in Europa über 80 % der Menschen in S.n leben. Ähnliche Entwicklungen deuten sich in einer weltweiten Perspektive ab: es entwickeln sich MegaS. mit gewaltigen Millionenzahlen von Bewohnern (Tokio, Mexiko-City, Shanghai usw.). Zudem existieren mittlerweile s.räumliche Agglomerationen, insbesondere in Afrika, Lateinamerika und Asien, die gewaltige Ausmaße annehmen

(z. B. Kairo, Luanda). Diese ersten Hinweise lassen bereits die Frage aufkommen, was denn genau mit dem Begriff der S. gemeint ist. Offensichtlich stellt nicht jede Ansammlung von Menschen schon eine S. dar. Mit „S." ist eine spezifische raumstrukturelle Form gemeint, die sich von denen einer reinen Anhäufung von Häusern und Menschen deutlich unterscheidet. Dies hängt zentral damit zusammen, dass die S.e auf die Kontrolle ihrer Grenzen im Laufe der geschichtlichen Entwicklung immer mehr verzichteten, freien Zugang für alle sicher stellten und entsprechend in ihren internen Ordnungen →Toleranzen garantieren mussten. Herkömmlich besteht in der S.soziologie Einigkeit darüber, dass diese Differenz vor allem darin besteht, in einer S. unablässig Fremden begegnen zu müssen und es zudem zu eine besonders starken Überflutung mit Reizen aller Art kommt, mit der Folge, dass Menschen zu einem prinzipiell distanzierten und indifferenten Verhalten genötigt werden. Durch die Verdichtung wird ein Ort erfahrener Routine- und Sinnkontexte geschaffen, der ein entsprechendes lebensweltliches Hintergrundwissen befördert.

Umstritten ist, ob es sich hierbei um die Herausbildung eines spezifischen urbanen Habitus handelt, der sich von ländlichen Lebensformen unterscheidet oder ob nicht vielmehr die S. der Ort ist, an dem sich so etwas wie eine identifizierbare, weil differente, Haltung überhaupt erst herausbildet. Die Herausbildung solcher Sozialcharakteristika folgt aus der in der pluralisierten Lebenswelt der S. immer wieder erfahrenen Krise jedweder traditionalen Orientierung, die nur durch eine in Eigenleistung der Menschen, auf Selbstreflexion beruhender, Konstruktion der eigenen Performanz bearbeitet werden kann. Insofern ist die S. auch der Ort, an dem sich – durchaus unter Artikulation von Indifferenz – Eigenverantwortung herausbildet – was eine Erfahrung von Freiheit im Unterschied zur Eingebundenheit in moralische Ordnungen im – in dieser Hinsicht definierten – ländlichen Bereich bedeutet. In dieser Hinsicht ist S. folglich durch ein „urbanes" Lebensgefühl gekennzeichnet. Homogene Wohnanlagen wie Bergarbeitersiedlungen oder aber auch in den in der Moderne entstandenen Schlafstädte der 1970er Jahre sind folglich in diesem Sinne nicht als S.e zu definieren.

Mit dem Begriff der S. ist folglich ein spezifisches Kraftfeld beschrieben, das seine Energie idealtypisch aus Widersprüchen und Gegensätzen gewinnt. Der S.liebhaber, die S.liebhaberin genießt förmlich die Ambivalenzen und die →Pluralität im S.leben als Indikatoren von →Freiheit. Was für die einen dreckig und abgewrackt ist, ist für die anderen authentisch und inspirierend. Dadurch, dass immer wieder Fremdes inkludiert wird, sprengt die S.gesellschaft bestehende Gemeinschaften und moralische Vorstellungen und setzt sie in neuer Form wieder zusammen. Fragmentarisierung auf der einen und die Stiftung temporärer →Gemeinschaften auf der anderen Seite hängen eng zusammen. →In-

klusion ist insofern das Thema der S.gesellschaft überhaupt, weit mehr als das der ländlichen Gemeinschaften – geht allerdings mit einer Bagatellisierung der Differenzen einher. In der Entfaltung dieser Ambivalenzen, Spannungen, schöpferischen Neuerschaffungen, ist die S. auch der Ort der beständigen Selbstinszenierung. Die Eventisierung und Performatisierung der modernen S. setzt nicht erst in den letzten Jahren ein, sondern begleitet die moderne S. solange sie existiert.

Zum Freiheitspathos der S. gehört auch die Entwicklung – und Tolerierung – spezifischer Ungleichheiten. Moderne Städten sind Orte extremer sozialer Ungleichheit – was sich in der Polarisierung von S.teilen abbildet. Trotz aller Bemühungen (in Deutschland) dem durch eine bewusste Mischung der sozialen Schichten in neuen S.teilen entgegenzuwirken, hat sich der Trend zur Polarisierung in den letzten Jahren wieder breiter durchgesetzt. Während sich die wohlhabenden Schichten gerne in S.randsituationen („Suburbia") niedergelassen haben, konzentrierten sich eine ganze Zeit lang im klassischen älteren S.siedlungen eher prekäre Lebenssituationen. Allerdings hat sich seit der Neuentdeckung der Innenstädte als Orte hoher Lebensqualität gerade in diesen S.teilen ein Trend zur Gentrifizierung durchgesetzt, der mit einem Austausch der →Bevölkerungen einhergeht, den Stadtraum aufwertet und so die ärmeren Bevölkerungsteile verdrängt. Gerade dieser Prozess kann mit einer Reaktualisierung des spezifischen S.gefühls als das Genießen von Ambivalenzen einhergehen. Die sanierten Orte werden zu Spielplätzen der kreativen Klasse.

Eine Kontroverse in der Soziologie der letzten Zeit geht darüber, ob die so verstandene S. prinzipiell als Subjekt ihrer selbst, d. h. von ihrer Eigenlogik her oder als abhängig von übergreifenden gesellschaftlichen Strukturen begriffen werden sollte. Während die klassische kritische S.soziologie von HÄUSSERMANN und SIEBEL sie als Ausdruck allgemeiner Strukturen und Entwicklungen versteht, in denen (eigentlich) für das Besondere der konkreten S. gar kein Platz ist, betonen die neueren Forschungen die großen Differenzen, die zwischen den S.en der Welt in ihren Inszenierungen, aber auch in ihrem konkreten Lebensgefühl existieren. Hier wird darauf gedrängt, die städtische Alltagswirklichkeit in ihren vielfältigen verschiedenen Formen und damit in ihrem →Reichtum ernst zu nehmen. Damit wird zugleich auch ihre Gestaltbarkeit betont, die eine gewisse →Autonomie gegenüber übergreifenden Tendenzen durch die Behauptung einer spezifischen S.identität aufrechterhält. Letztendlich können die beiden Ansätze keinen völligen Gegensatz bilden, da selbstverständlich die modernen S.e in gesellschaftlichen Grundstrukturen eingebettet sind und zudem auch von politischen Governance- Strukturen abhängig sind. Innerhalb dieser Abhängigkeiten gibt es gleichwohl zusammenhängende Wissensbestände und Ausdrucksformen, die städtisches Handeln leiten und lenken und zum Gegenstand des Genusses (aber auch des Leidens) ihrer Bewohner werden können.

Eine besondere Bedeutung haben in der Forschung prekäre S.teile gewonnen. Sie finden sich in der einen oder anderen Form überall, allerdings in Afrika, Asien oder Lateinamerika in Formen von Slums bzw. Ghettos, so auch in den USA, während sie in Europa und in Deutschland durch Vernachlässigungen städtebaulicher und sozialer Pflege entstehen. Spezifische soziale Programme seitens der Kommunen und des Bundes (Programm „Soziale S."), aber auch Aktivitäten der Wohlfahrtsverbände greifen an dieser Stelle. Die →Kirchen sind oft ein Teil dieser Aktivitäten, vor allem in Form von →Diakonie und Caritas. Sie setzen zugleich nach wie vor mit ihren zentralen Kirchenbauten städtebauliche und kulturelle Akzente in den Zentren der S.e.

R. E. PARK/E. BURGESS/R. McKENZIE, The City, 1925 – G. SIMMEL, Die Großstädte und das Geistesleben, 1995 – F. ECKARDT, Soziologie der Stadt, 2004 – H. HÄUSSERMANN/W. SIEBEL, Stadtsoziologie, 2004 – DERS., Walks on the wild Side, Eine Geschichte der Stadtforschung, 2004 – M. SCHROER, Räume, Orte, Grenzen. Auf dem Weg zu einer Soziologie des Raumes, 2006 – R. LINDNER, Die Entdeckung der Stadtkultur, 2007 – H. BERKING/M. LÖW, Die Eigenlogik der Städte, 2008 – M. LÖW, Soziologie der Städte, 2008 – A. GOFFMAN, On the Run, Fugitive Life in an American City, 2015.

Gerhard Wegner

Stadt (theologisch)

1. Globale Entwicklungen. A. Quantitative Veränderungen. Die S. löst im 12. Jahrhundert die Burg ab und zeichnet sich durch die Merkmale Marktrecht, Selbstverwaltung und →Sicherheit aus. Dadurch entsteht ein klar abgegrenztes Konglomerat von Gruppen, →Familien und Verbänden. Diese Grenzziehung, die durch die S.mauern symbolisiert wurde, geht im ausgehenden Mittelalter zunehmend verloren, wird jedoch durch rechtliche Konstruktionen ersetzt. Mit dem 21. Jahrhundert treten wir in das „Jahrtausend der S.e" (Kofi Annan) ein. Auch wenn sich keine einheitliche Definition des Begriffes S. durchgesetzt hat, ist unstrittig, dass die S.bevölkerung erheblich schneller wächst als die Weltbevölkerung. Seit 2007 lebt nach UN-Angaben die Mehrzahl der Erdbewohner in einer S., 2050 werden weltweit zwei von drei Menschen Städter sein. Diese dramatische Entwicklung hat keine historischen Vorbilder: Das gewaltige Wachstum der S.e im Zuge der Industrialisierung im 19. Jahrhundert verlief geradezu gemächlich verglichen mit der zunehmenden Urbanisierung rund um den Globus heute. Mexiko City wuchs in 30 Jahren von einer auf zwanzig Millionen Einwohner; London hat für diese Entwicklung 130 Jahre gebraucht. Und: Ein Großteil dieser Entwicklung ereignet sich in den Ländern des Südens. So wird erwartet, dass Mumbai bald die weltweit größte städtische Agglomeration ist. Auf Platz drei wird Lagos liegen, vor 50 Jahren eine S. mit 250.000 Einwohnern. Diese Tendenz zur Urbanisierung der Weltbevölkerung stellt das bisherige Leitbild, S.e systematisch zu planen und das Wachstum in geordnete Bahnen zu lenken, weitgehend in Frage bzw. vor neue und gewaltige Herausforderungen. B. S.e als Knotenpunkte im globalen Netz. Jedoch nicht nur die Quantitäten haben sich in den letzten Jahrzehnten erheblich geändert, sondern auch die Qualität dessen, was S. heute ausmacht und welches Erscheinungsbild sie bietet. Die skizzierte Entwicklung steht im Zusammenhang der voranschreitenden →Globalisierung: Die Bedeutung der Nationalstaaten als Steuerungsinstrumente im internationalen Geflecht geht zurück. Gesteuert wird das globale Geflecht in den Knotenpunkten der S.e. Dort nämlich gewinnt die →Globalisierung ihre Bodenhaftung. So beginnen sich S.e zunehmend zu verwandeln: In den Innenstädten finden sich immer mehr Dienstleistungszentren: →Banken, Beratungsgesellschaften und Firmenzentralen. Es wird für Mitarbeitende dieser Dienstleistungszentralen sowie für Singles wieder „chic", seine Wohnung im innerstädtischen Bezirk zu beziehen. Parallel zu dieser Entwicklung wandern Einkaufsmöglichkeiten an den Rand der S.e aus. Zugleich bilden sich dort mehr und mehr Wohnquartiere schlechteren Zuschnitts.

2. Ethische Fragestellung. Zur zunehmenden Verstädterung gibt es keine Alternative; andernfalls droht durch die demografische Entwicklung der ökologische Kollaps. Jedoch: Wirtschaftliche und soziale Entwicklung fallen in den S.en mehr und mehr auseinander. Auf der einen Seite bieten S.e eine bessere Versorgung mit Gesundheitsdienstleistungen. Oder: In den S.en gibt es weitaus geringere Bildungsunterschiede zwischen Männern und Frauen als in ruralen Regionen. Auf der anderen Seite steht der in den S.en rasch einsetzende Zusammenbruch der großfamiliären Solidarsysteme, die sich vertiefende soziale Fragmentierung in den Quartieren, die Überforderung der städtischen Infrastruktur oder das überproportionale Wachstum der Elendsviertel. Die sozialethische Fragestellung lautet also: Wie gelingt es, die Vorteile der Urbanität einer wachsenden Zahl von Menschen zugänglich zu machen? Mit welchem Instrumentarium ist es möglich, die in den S.en aufeinander prallenden Ansprüche auf die sich aus der →Globalisierung ergebenden Gewinne miteinander zum Ausgleich zu bringen?

3. Sozialethische Beurteilungen in christlicher Perspektive. Das 1965 von H. Cox veröffentlichte Buch „S. ohne Gott?" hat entscheidenden Einfluss auf die Urteilsbildung in christlicher Perspektive ausgeübt. H.

Cox stellt die These auf, dass die zunehmende Säkularisierung in den S.en, der Zusammenbruch großfamiliärer Solidarsysteme, das Wachsen von →Organisationen oder das Auseinanderfallen von Arbeitsplatz und Wohnort in den S.en durchaus nicht nur negativ zu beurteilen sei. Profanität und Pragmatismus als Zeichen des Städters sind nach seiner Einschätzung den biblischen Leitbildern näher als eine mythische Beurteilung des Vorhandenen in der Vergangenheit. Der Grad an Freiheit und Einflussnahme könne in den S.en zunehmen – und deswegen sei die Verstädterung „lieber als ein Handeln dessen zu erkennen, der schon einmal ein Volk aus der endlosen Mühsal ... in einen Land geführt hat, in dem Milch und Honig flossen." Weitergeführt wurde die Fragestellung von H. Cox insbesondere von der 1984 veröffentlichten Studie der EKD „Menschengerechte S. Aufforderung zur humanen und ökologischen S.erneuerung." Die Studie verfolgt das Ziel, den Lebensraum S. für adäquates kirchliches Handeln zu entdecken und verständlich zu machen. Leitbild der Studie ist die „offene gegliederte S.". Im Anschluss an das Konzept „→Verantwortliche Gesellschaft" der Vollversammlung des ÖRK in Amsterdam (1948) werden u. a. folgende Kriterien für eine „menschengerechte S." genannt: Förderung der nachbarschaftlichen und quartierbezogenen →Kommunikation als Beitrag zur gemeinschaftlichen Basis der S., Teilhabe der Bürger in allen Dimensionen städtischen Lebens, Einbindung der Quartiere in die Natur, Orientierung an den Schwächeren, die Durchdringung von Wohnen und Arbeiten in den Unterzentren sowie die „Schaffung überschaubarer, multifunktionaler Lebens- und Erlebnisbereiche". Deswegen ist die Studie bis heute ein bedeutsamer Beitrag zur ethischen Beurteilung von Urbanität in christlicher Perspektive; sie stellt die Forderung auf, in den Quartieren ortsnahe Einkaufszentren zu schaffen, die kulturelle Vielfalt zu beleben oder Grüngürtel bei der S.planung zu bedenken. Es stellt sich jedoch insgesamt die Frage, ob dieses Leitbild der EKD-Studie auf die oben genannten Veränderungen überhaupt noch angemessen reagieren kann. Angesichts der immer schneller wachsenden S.e wird eine geordnete S.planung kaum noch mithalten können. Aufgrund der personellen Ausstattung in den städtischen Ämtern sind Verantwortliche in den S.verwaltungen immer weniger in der Lage, die Dynamik insbesondere in den Elendsvierteln in gezielte Bahnen zu lenken. Hinzu kommen starke Interessen von Eigentümern und Investoren, die mit ihren Zielvorstellungen zu gewaltigen Machtzentren geworden sind. Angesichts dieser Beobachtungen klingen die Vorstellungen der EKD-Studie heute eher wie Sozialromantik. Mit kleinen und überschaubaren Räumen sowie engeren Nachbarschaften werden die starken Machtstrukturen, die sich aus den Eigentumsverhältnissen sowie aus den Einflussmöglichkeiten großer Investoren ergeben, nicht ausreichend gebändigt werden können.

4. Ein Modell von Urbanität für die Zukunft. Stärker als in der EKD-Studie wird es im „Zeitalter der S.e" darum gehen müssen, die Beteiligung der Bürger an den Planungen und Entscheidungen zu fördern. Dabei besteht das Gegenüber in einer wachsenden Zahl von Fällen nicht mehr aus Verantwortlichen der S.verwaltung, sondern aus Vertretern größerer Investoren oder Mitarbeitenden transnational tätiger Unternehmen. Beispielhaft ist hier die Wasserversorgung zu nennen: Es wird in städtischen Regionen in Zukunft nicht mehr mit kommunalen Wasserbetrieben zu rechnen sein, sondern mit →Unternehmen in privater Hand. Es geht um neue Instrumentarien, wie Bürgerinteressen in Unternehmensentscheidungen einfließen können. Hier zeigt sich, dass Unternehmen sehr viel offener für Partizipationsmöglichkeiten geworden sind, um deren Akzeptanz und Effizienz zu erhöhen. Wo diese Form von Partizipation nicht möglich ist, muss es um eine Kontrolle von aufeinander prallenden Ansprüchen gehen, also um eine sinnvolle Kontrolle von Gewalt – in den Mega-Cities ein sehr ernstes Problem. S.e werden mehr und mehr zu einem Beispiel dafür, ob eine politische Steuerungsfähigkeit des globalen →Marktes möglich ist und wie sie gelingen kann. Möglicherweise entsteht auf diesem Weg ein neues Leitbild von Urbanität, das weniger von Integration verschiedener Bevölkerungsgruppen ausgeht, sondern von den erhofften oder wirkungsvollen Mitwirkungsmöglichkeiten der Städter. Damit zeigt sich auch weiterhin eine Nähe zum Leitbild der „→Verantwortlichen Gesellschaft", aber auch zu biblischen Bildern und Visionen. Wenn dort von der zukünftigen S. oder der himmlischen →Heimat die Rede ist, geht es vorrangig um ein Bild für die Geborgenheit bei Gott. Die biblischen Bilder lassen sich sozialethisch nicht unmittelbar auswerten. Und doch fordern sie zur Verantwortung für die menschengerechte Entwicklung einer S. auf, in deren Mitte die Macht steht, von der Ströme „lebendigen Wassers" (Offenbarung des Johannes 22,1) ausgehen.

H. Cox, Stadt ohne Gott?, 1966 – K. Duntze, Der Geist, der Städte baut. Planquadrat – Wohnbereich – Heimat, 1972 – Kirchenamt der EKD (Hg.), Menschengerechte S. Aufforderung zur humanen und ökologischen Stadterneuerung. Ein Beitrag der Kammer der Evangelischen Kirche in Deutschland für soziale Ordnung, 1984 – S. Sassen, Metropolen des Weltmarktes. Die neue Rolle der Global Cities, 1996 – K. Breyer u. a., Agenda 21. Achte Schritte zur zukunftsfähigen Kommune, 2001 – UN-Habitat, State of the World's Cities 2004/2005 – Globalization and Urban Culture, 2004 – G. Droesser/S. Schirm (Hg.), Kreuzungen. Ethische Probleme der modernen Stadt, 2005 – V. M. Lampugnani, Die S. im 20. Jahrhundert. Visionen, Entwürfe, Gebautes, 2010 – R: Danielzyk (Hg.), Perspektive Stadt, 2010.

Jörg Hübner

Statistik

1. Begriff und Einsatzfelder. St. bezeichnet heute meist die Gesamtheit der Methoden, mit denen aus *Datenanalysen* quantitative Informationen gewonnen werden. Zwar stellen Daten – in der St. spricht man von *Merkmalen* (Charakteristika, z. B. „Haushaltseinkommen") deren *Ausprägungen* (Merkmalswerte, z. B. „3.525 €") zu *Merkmalsträgern* (Untersuchungsgegenstände, z. B. „Haushalte in Hessen") vorliegen – an sich schon Informationen dar, aber manchmal lässt sich der gewünschte Informationsgehalt nicht unmittelbar entnehmen. Statistische Methoden werden in zwei derartigen Situationen verwendet: Liegen so viele Merkmalsträger (Massendaten) vor, dass sich Strukturen nicht mehr erkennen lassen, liefert die St. Methoden zur Verdichtung und Zusammenfassung (sog. *deskriptive St.*). Ist andererseits die Datenbasis unvollständig, weil die Merkmalsträger nur teilweise vorliegen (Stichproben), trotzdem aber Aussagen über alle Merkmalsträger (Grundgesamtheit) getroffen werden sollen, liefert die St. Methoden, mit denen von der Stichprobe auf die Grundgesamtheit geschlossen werden kann (sog. *induktive St.*), siehe 2. Methoden zur Datenanalyse. In einem weiteren Sinn beinhaltet der Begriff St. auch Methoden zur *Datenerhebung* für statistische Analysen, siehe 3. Methoden zur Datenerhebung.

Ursprünglich war der Begriff St. enger gefasst: Bei seinem Aufkommen im frühen 18. Jahrhundert war ausschließlich die Datenerhebung zur Erfassung von Zuständen eines →*Staates*, wie →Bevölkerung, →Wirtschaft oder →Verwaltung gemeint. Dieses Einsatzfeld wird heute vor allem von statistischen Ämtern (in Deutschland: Statistisches Bundesamt) wahrgenommen.

Im Laufe der Zeit traten immer stärker analytische Fragen, etwa nach Zusammenhängen oder Gesetzmäßigkeiten, in den Vordergrund. Bahnbrechend dabei war die Verbindung zwischen Wahrscheinlichkeitsrechnung und St., die zur Entwicklung der induktiven St. führte. Gleichzeitig kam es neben öffentlich-staatlichen Verwendungen auch zum Einsatz in den *Wissenschaften*, ausgehend von den Naturwissenschaften, später in den Sozialwissenschaften (→Methoden in der Sozialforschung) und allen anderen empirischen Wissenschaften. St. ist das Bindeglied zwischen wissenschaftlicher Theorie und Empirie, indem sie Methoden liefert, mit denen in einer Fachwissenschaft entwickelte Theorien empirisch überprüft oder – umgekehrt – aus Beobachtungen Theorien entwickelt werden können. Das Fach St. wird daher als Hilfswissenschaft in allen empirischen Hochschulstudiengängen gelehrt und hat sich darüber hinaus auch als eigene wissenschaftliche Teildisziplin etabliert, meist der Mathematik zugeordnet.

Galt St. lange als Domäne von Staat und Wissenschaft, weil ein Einsatz aus wirtschaftlichen Gründen für andere Bereiche uninteressant war (Ausnahmen bildeten lediglich die →Marktforschung und →Meinungsforschung bzw. die Qualitätskontrolle betrieblicher Produktion), so erschloss die Verbreitung von Computern weitere Nutzerkreise. Heute werden statistische Auswertungen und Modelle etwa von vielen →*Unternehmen* bei betrieblichen Entscheidungen genutzt. Diese Entwicklung ist noch nicht abgeschlossen, denn die voranschreitende Digitalisierung führt zu enormen Datenbeständen („Big Data") und in der Folge zu statistischen Analysen in immer weiteren Lebensbereichen.

2. Methoden zur Datenanalyse. Eine grobe, weit verbreitete Einteilung st. Methoden zur Datenanalyse unterscheidet *deskriptive* und *induktive* St. Die *deskriptive St.* dient der Zusammenfassung und Beschreibung des Datenmaterials. Zu den wesentlichen Methoden zählen *Häufigkeitsverteilungen* und statistische Kennzahlen (*Parameter*). *Häufigkeitsverteilungen* zeigen graphisch oder tabellarisch, wie oft die einzelnen Ausprägungen eines Merkmals vorkommen. *Parameter* verdichten die gesamte Verteilung eines Merkmals auf einzelne Kennzahlen, die einen bestimmten Aspekt der Verteilung (Mitte, Streuung, Schiefe, Wölbung oder Konzentration) abbilden. Bei der *induktiven St.* steht der Schluss von der Stichprobe auf die Grundgesamtheit mit Hilfe der Wahrscheinlichkeitsrechnung im Vordergrund. Man unterscheidet die Methoden *Punktschätzung*, *Intervallschätzung* und *Hypothesentest*. Die *Punktschätzung* trifft eine Aussage über einen Parameter der Grundgesamtheit, indem aus den Stichprobendaten ein Schätzwert berechnet wird. Da dieser Schätzwert regelmäßig vom (unbekannten) Parameter der Grundgesamtheit abweicht (Stichprobenfehler), sollte die Formel zur Berechnung der Punktschätzung (Schätzer) unter wahrscheinlichkeitstheoretischen Aspekten die bestmögliche Alternative darstellen. Bei der *Intervallschätzung* wird ein Intervall ermittelt, in dem der Parameter der Grundgesamtheit mit einer vorgegebenen Wahrscheinlichkeit liegt (Konfidenzintervall). Mit dem *statistischen Hypothesentest* wird mit Stichprobendaten überprüft, ob eine Aussage über die Grundgesamtheit bei einer vorgegebenen Irrtumswahrscheinlichkeit verworfen werden kann.

Eine alternative Systematisierung teilt die Analysemethoden nach der Zahl der betrachteten Merkmale ein. Unterschieden werden *uni-*, *bi-* oder *multivariate* Methoden. *Univariate Methoden* betrachten nur jeweils ein einzelnes Merkmal für sich genommen, entweder dessen Häufigkeitsverteilung oder Parameter. *Bivariate Methoden* untersuchen die Beziehung zwischen zwei Merkmalen. Dazu zählen zweidimensionale Häufigkeitsverteilungen, die auf Zählungen des gleichzeitigen Auftretens aller Ausprägungskombinationen beruhen, und Korrelationsanalysen, bei denen die Stärke des Zusammenhangs gemessen wird. Regressionsanalysen passen Daten an vorgegebene Funktionen an. Da Kausalbeziehungen oft mit mathematischen Funktionen modelliert werden, ermöglichen sie die empirische Überprüfung vieler Kausalmodelle. *Multivariate Methoden* untersuchen mehr als zwei Merkmale gleichzeitig. Man unterscheidet strukturprüfende und explorative Verfahren. Bei *strukturprüfenden Verfahren* werden vorgegebene Strukturen anhand von Daten überprüft. Dazu zählen im Wesentlichen multiple Regressionsanalysen (zur Quantifizierung kausaler Zusammenhänge), Diskriminanzanalysen (zur Gruppenzuordnung), Varianzanalysen (zum Mittelwertvergleich zwischen verschiedenen Gruppen), neuronale Netze (zur Modellierung sich verändernder Strukturen), Conjoint-Analysen (zur Zerlegung einer Gesamtbewertung in einzelne Teile) und Strukturgleichungsmodelle (zur Quantifizierung teilweise nicht beobachtbarer Beziehungen). *Explorative Verfahren* hingegen zielen darauf, aus Daten Strukturen zu erkennen. Die wichtigsten Methoden hier sind Clusteranalysen (zur Gruppenbildung), Faktorenanalysen (zur Datenreduktion auf unbeobachtbare, unabhängige Faktoren) und multidimensionale Skalierung (zur Veranschaulichung von Distanzen).

3. Methoden zur Datenerhebung. Statistische Methoden zur Datenerhebung befassen sich mit Erhebungsarten und Stichprobenauswahlverfahren. Als wichtigste Erhebungsarten sind die *Beobachtung* (im Experiment, in realer Umgebung oder elektronisch) und die *Befragung* (Interview oder Fragebogen) zu nennen. Um statistisch auswertbare Daten zu erzeugen, müssen in beiden Fällen sowohl Merkmale als auch Ausprägungen soweit wie möglich vorgegeben werden. Neben Vorkenntnissen über die Fragestellung dienen dazu Pilotstudien.

Bei den Auswahlverfahren unterscheidet man die *Zufallsauswahl* (reine Zufallsauswahl, Schichtenauswahl, Klumpenauswahl) und die *bewusste Auswahl* (u. a. Quotenverfahren, Schneeballauswahl, Auswahl nach dem Konzentrationsprinzip). Nur die *Zufallsauswahl* erlaubt den statistischen Schluss, denn sie ermöglicht die Bestimmung von Auswahlwahrscheinlichkeiten für einzelne Merkmalsträger und damit letztlich den Einsatz der Wahrscheinlichkeitsrechnung in der induktiven St. Trotzdem werden oft auch *bewusste Auswahlverfahren* verwendet, etwa wenn die Zufallsauswahl zu aufwendig erscheint, die Zulässigkeit statistischer Schlüsse ist dann allerdings fraglich.

4. Missbräuchlicher Einsatz. Dank benutzerfreundlicher Software wird die Anwendung statistischer Methoden technisch immer einfacher. Das darf nicht darüber hinwegtäuschen, dass in jeder statistischen Analyse viele Einzelentscheidungen zu treffen sind, die starke Auswirkungen auf das Ergebnis haben können. Die Verfahren unterliegen außerdem theoretischen Annahmen, deren Gültigkeit der Nutzer im Einzelnen überprüfen muss. Unkenntnis kann zu Fehlschlüssen führen, bewusstes Ausnutzen dieser Spielräume, etwa um ein gewünschtes Ergebnis zu erzielen, ist leicht möglich, widerspricht aber ethischen Grundsätzen ebenso, wie die unautorisierte Verwendung und Weitergabe von Daten (→Datenschutz). Diese Gefahren erhalten angesichts der fortschreitenden Digitalisierung vieler Lebensbereiche eine neue Brisanz. Mehr denn je gilt, dass die Anwendung statistischer Methoden methodische Kompetenz und persönliche Integrität erfordert.

J. Borz/C. Schuster, Statistik für Human- und Sozialwissenschaftler, 2010 – P. M. Schulze/D. Porath Statistik mit Datenanalysen und ökonometrischen Grundlagen, 2012.

Daniel Porath

Steuern / Steuerpolitik

1. Begriff. S. sind Zwangsabgaben, die an öffentlich rechtliche Körperschaften (→Staat) geleistet werden müssen ohne Anspruch auf Gegenleistung. Damit unterscheiden sie sich von allen anderen staatlichen Einnahmen wie Gebühren, Beiträgen, →Sozialversicherungsabgaben oder Erwerbseinkünften und der staatlichen Kreditaufnahme. S. sind das wichtigste Instrument staatlicher Einnahmepolitik (→Haushalt, öffentlicher). Über die Hälfte der Einnahmen des deutschen Staates sind S.

2. Ziele und Prinzipien. Bei der S.politik ist zu unterscheiden, ob es ausschließlich um die Finanzierung des unentgeltlich bzw. nicht kostendeckend bereit gestellten öffentlichen Angebotes geht (*fiskalische Zielsetzung*) oder ob mit der Erhebung der S. (auch) eine Lenkungswirkung erzielt werden soll (*nichtfiskalische Zielsetzung*).

2.1 Fiskalische Zielsetzung. Hierbei geht es um die normative, d. h. letztlich politische Entscheidung, wie der staatliche Finanzierungsbedarf gerecht auf die S.pflichtigen verteilt wird. Die S.politik kennt zwei grundlegende Prinzipien gerechter Besteuerung: das *Äquivalenz-* und das *Leistungsfähigkeitsprinzip*.

2.1.1 Äquivalenzprinzip. Das Äquivalenzprinzip orientiert sich stark am →Liberalismus des 19. Jh. Es basiert auf dem marktwirtschaftlichen Konzept von Leistung und Gegenleistung und versucht die S.last des Einzelnen an dem Vorteil oder Nutzen zu bemessen, den er aus einer Staatsleistung zieht. Dieser Nutzen des jeweils S.pflichtigen wird im Sinne marktmäßiger Äquivalenz an dessen Zahlungsbereitschaft festgemacht. Dadurch sollen gleichzeitig Informationen über Art und Ausmaß der von staatlicher Seite bereitzustellenden Güter und Leistungen erzielt werden. Würde dies tatsächlich gelingen, wäre eine S.finanzierung allerdings überflüssig, und eine Entgeltfinanzierung etwa über Nutzungsgebühren würde zur Finanzierung staatlicher Tätigkeit ausreichen. Allerdings besteht eine solche marktmäßige Äquivalenz gerade bei den Leistungen nicht, die man als →öffentliche Güter (→Finanzpolitik) bezeichnet (z. B. innere und äußere Sicherheit oder Justizwesen). Anders gewendet: Ein marktwirtschaftliches Angebot und ein entsprechender Marktpreis (→Markt) kommen hier – ex definitione – erst gar nicht zustande. Der Versuch, stattdessen über eine kosten- oder gruppenmäßige Äquivalenz die Idee von Leistung und Gegenleistung als fundamentales Prinzip der Besteuerung aufrecht zu erhalten, scheitert u. a. daran, dass in sozialen →Marktwirtschaften die Sozialausgaben einen großen Anteil der staatlichen Leistungen ausmachen. Es wäre geradezu paradox, den „Nutzern" von Sozialleistungen zugleich deren Finanzierung anzulasten. Das Äquivalenzprinzip spielt deshalb heute in der s.politischen Praxis nur eine untergeordnete Rolle. So werden mitunter die Erhebung der Kfz- oder der Mineralöls. mit der Finanzierung der Verkehrsinfrastruktur oder die kommunale Gewerbes. mit der Nutzung der lokalen unternehmensbezogenen Infrastruktur durch ortsansässige Unternehmen gerechtfertigt.

2.1.2 *Leistungsfähigkeitsprinzip.* Das Leistungsfähigkeitsprinzip stellt bei der Verteilung der S.last keinen Konnex zu Art und Umfang der Bereitstellung öffentlicher Leistungen her, sondern setzt voraus, dass hierüber bereits entschieden wurde. Beim Leistungsfähigkeitsprinzip geht es somit allein darum, wie die hierfür notwendige S.erhebung gerecht erfolgen kann. Allgemein akzeptiert ist, dass eine Besteuerung nach dem Leistungsfähigkeitsprinzip zwei Normen erfüllen sollte: S.pflichtige in gleicher wirtschaftlicher Lage sollen gleich besteuert werden (*horizontale Gerechtigkeit*). S.pflichtige in unterschiedlicher wirtschaftlicher Lage sollen unterschiedlich besteuert werden (vertikale Gerechtigkeit). Um diese Normen zu erfüllen, müssen die „richtige" *Bemessungsgrundlage* und der geeignete *S.tarif* gefunden werden.

2.1.3 *S.bemessungsgrundlage.* Welcher ist der richtige Indikator bzw. was ist die richtige s.liche Bemessungsgrundlage für wirtschaftliche Leistungsfähigkeit? Mögliche Indikatoren sind insb. das Einkommen, der Konsum oder das Vermögen. In der Praxis hat sich in wohlhabenderen Marktwirtschaften das →Einkommen (bzw. der Unternehmens→gewinn) als Indikator durchgesetzt.

Eine Vermögens- oder Erbschaftss. kann nur komplementär eingesetzt werden, weil sie nur einen Bruchteil des notwendigen S.aufkommens generieren könnte. Dies hat auch damit zu tun, dass Vermögen und Erbschaften aus bereits versteuertem Einkommen entstanden sind und, dass sehr hohe S.sätze z. B. im Unternehmensbereich dazu führen können, dass es zu Veräußerungen von Betriebsvermögen in einem Ausmaß kommen könnte, das volkswirtschaftlich schädlich ist.

Der Indikator →Konsum ist ebenfalls begrenzt geeignet. Bezieher niedriger Einkommen müssen einen deutlich höheren Anteil ihres Einkommens für Konsum verwenden, um ihren Lebensunterhalt zu bestreiten. Damit sie aber nicht relativ mehr S. zahlen müssen (regressive Wirkung), bedürfte es höherer S.sätze auf den Konsum der Bezieher höherer Einkommen. Eine personenbezogene Differenzierung der Konsumsteuersätze ist aber mit dem international vorherrschenden System der Umsatzsteuerung nicht möglich, da die S. (z. B. Mehrwerts.) auf der Ebene der Unternehmen erhoben und über die Preise auf die Konsumenten überwälzt werden soll.

2.1.4 *S.tarif.* Welcher S.tarif kann bei geg. Bemessungsgrundlage die erwünschte vertikale Gerechtigkeit herstellen? Hiermit beschäftigen sich in der Finanzwissenschaft die sog. *Opfertheorien.* Ihre Ergebnisse bleiben am Ende normativ, der optimale oder richtige S.tarif lässt sich nicht berechnen. In vielen Gesellschaften wird bei der Einkommens. eine vertikale Differenzierung als gerecht angesehen, bei der Bezieher höherer Einkommen nicht nur absolut höhere S. zahlen müssen, sondern auch einen höheren Anteil ihres Einkommens als S. (Durchschnittssteuersatz) entrichten müssen. Steigt der Durchschnittssteuersatz mit steigendem Einkommen, spricht man von einem *progressiven Tarif.*

2.2 *Nichtfiskalische Zielsetzung.* Die moderne Finanzwissenschaft ordnet der →Finanzpolitik und damit grundsätzlich auch der S.politik drei Ziele zu, die staatliche Interventionen in einer marktwirtschaftlichen Ordnung (→Marktwirtschaft) rechtfertigen: Allokation, Distribution und Stabilisierung (→Finanzpolitik, →Volkswirtschaft). S. dienen nicht alleine der Einnahmebeschaffung, sondern können auch direkt für die Erreichung wirtschaftspolitischer Ziele (→Wirtschaftspolitik) eingesetzt werden.

Unter allokationspolitischen Aspekten geht es in erster Linie darum, bestimmte Ressourcen oder Konsumgüter zu verteuern, um deren Verbrauch zu reduzieren (z. B. Ökos., Alkohol- und Tabaks.). Abgesehen davon, dass die tatsächlichen Lenkungswirkungen und damit die Erreichung der umwelt- oder gesundheitspolitischen Ziele in der Praxis nur schwer vorherzusagen sind, besteht bei diesen S. ein latenter Konflikt zwischen dem Lenkungsziel und der Notwendigkeit des Staates, Einnahmen zu erzielen.

Unter stabilitätspolitischen Aspekten wird der progressiven Einkommensbesteuerung eine konjunkturpolitisch wünschenswerte automatische Stabilisierungswirkung zugesprochen, weil sie in Boomphasen dem privaten Sektor überproportional und in Rezessionsphasen unterproportional Kaufkraft entzieht (→Konjunkturpolitik). Eine größere Rolle spielen in der s.politischen Praxis S.vergünstigungen, mit denen wirtschaftliche Aktivitäten gefördert werden sollen. Hierzu zählen z. B. die s.liche Förderung von Forschungsausgaben oder des selbstgenutzten Wohneigentums. Solche s.lichen →Subventionen sind kritisch zu sehen. Im Vergleich zu Subventionen in Form staatlicher Zuschüsse sind sie intransparent und lassen sich budgetär nur schwer begrenzen. Schließlich wird das S.system durch eine Vielzahl solcher Tatbestände zunehmend komplizierter.

Ein S.system, das sich am Leistungsfähigkeitsprinzip orientiert (z. B. progressiver Einkommens.tarif), ist mit der distributionspolitischen Zielsetzung grundsätzlich vereinbar. Zielkonflikte können jedoch entstehen, wenn aus sozialpolitischen oder anderen Gründen Freibeträge (z. B. Kinderfreibetrag) gewährt werden, durch die Bezieher hoher Einkommen, die einem höheren S.satz unterworfen sind, absolut stärker entlastet werden als Bezieher niedriger Einkommen.

3. S.systeme. S.systeme entwickeln sich in der Regel evolutionär, und manches ist nur im historisch-gesellschaftspolitischen Kontext nachvollziehbar. HALLER (1965) hat versucht, Konturen eines rationalen S.systems zu entwickeln. Im Ergebnis kommt er dabei – zumindest was die zu erhebenden S.arten angeht, nicht die konkrete Ausgestaltung – dem bestehenden deutschen S.system sehr nahe. Ein solches System solle aus zwei Hauptsteuern bestehen: (1) eine progressive Einkommens., die das Leistungsfähigkeitsprinzip abbildet und (2) eine indirekte, d. h. im Unternehmensbereich erhobene, Umsatzs., die ertragreich und wachstumsfreundlich ist, weil sie Investitionen von der Besteuerung ausnimmt. Daneben können sog. Nebensteuerns wie z. B. eine Vermögens., eine Erbschafts. oder verschiedene Einzelverbrauchs. erhoben werden, um den nichtfiskalischen Zielen der Besteuerung gerecht zu werden.

H. HALLER, Die S., Grundlinien eines rationalen Systems öffentlicher Abgaben, 1981³ (1965¹) – W. SCHERF, Einführung in die Finanzwissenschaft, 2011² – DATENSAMMLUNG ZUR S.POLITIK (erscheint jährlich als Publikation des BUNDESMINISTERIUMS DER FINANZEN).

Carsten Kühl

Stiftung / Stiftungsrecht

1. Begriff. S. ist das in einem institutionellen Sinne rechtlich verselbständigte Vermögen, das ein (oder mehrere) Stifter nach seinem (ihrem) Willen zur dauerhaften Förderung eines bestimmten, meist gemeinnützigen Zwecks zur Verfügung gestellt hat (haben); S.szweck, S.svermögen und S.sorganisation sind damit für den S.sbegriff konstituierend. S. bezeichnet auch den Vorgang dieser Vermögenshingabe.

2. Entwicklung, Bedeutung. S. entspricht einem allgemeinen menschlichen Bedürfnis nach Verewigung. Hinzu treten *Motive* wie christliche →Nächstenliebe oder soziale →Verantwortung, der Wunsch, die Vermögensnachfolge zu regeln oder bei der Lösung gesellschaftlicher Probleme mitzuwirken.

S. begegnet in verschiedenen Kulturen. Im europäischen Kulturkreis verfestigte sich in der Spätantike und im Mittelalter ein Rechtsbegriff von S. als Dotation für *„piae causae"*. Die damit verbundene materielle Förderung wurde für kirchlich-religiöse (Kirchenfabrik, Pfründes., Messs.) und soziale Angelegenheiten (Spitals.) eingesetzt. Die Verwaltung dieser S.en lag in kirchlicher Hand. Noch vor der *Reformation* traten auch die Städte als Träger der S.sverwaltung in Erscheinung. In der jüngeren Neuzeit setzte eine allmähliche Verweltlichung des S.swesens ein, die etwa zur Herausbildung einer staatlichen S.saufsicht führte. →Aufklärung und →Säkularisation brachten zunächst ein „großes S.ssterben" (LIERMANN), sodann eine *Entkonfessionalisierung* des S.swesens hervor. Die Aufsicht wurde gestrafft, weltliche S.szwecke wurden zugelassen. Die dogmatische Klärung des Rechtscharakters der S. in Abgrenzung von der Mitgliederorganisation, zu der der Städelsche Erbschaftsstreit den Anstoß gegeben hatte, führte zu einem Verständnis der selbständigen S. als juristischer Person und damit zur Abgrenzung von der zuvor dominierenden unselbständigen S.streuhand. Im BGB wurden nur die privatrechtlichen Grundlagen der selbständigen, rechtsfähigen S. geregelt. Die Ausgestaltung von Genehmigung und Aufsicht blieb den Landesgesetzen vorbehalten. In den allgemeinen Vorschriften des Schuld- und Erbrechts fand die nicht rechtsfähige S. ihren Platz.

Durch →Inflation und →Totalitarismus wurde besonders in der 1. Hälfte des 20. Jh.s das wieder erblühte S.swesen in Deutschland stark in Mitleidenschaft gezogen. Angesichts der demografischen Entwicklung und des Wachstums privater Vermögen nimmt indes die Bereitschaft zu, die S. als Wunscherbin und *Instrument gemeinwohlorientierter Vermögensperpetuierung* vorzusehen. Heute sind in Deutschland wieder mehr als zwanzigtausend S.en tätig. Bei Berücksichtigung kirchlicher und unselbständiger S.en erhöht sich die Zahl erheblich.

3. Recht, Typen, Arten. *3.1* Grundtyp der S. ist die sog. *Allzweck-S. des bürgerlichen Rechts*. Sie findet ihren Rechtsrahmen in den §§ 80–88 BGB, den S.sgesetzen der Länder, daneben in den Steuergesetzen (→Steuern) und im stifter- oder selbstgesetzten Eigenrecht, besonders in der Satzung. Daneben existiert eine Reihe anderer, teilweise historisch entwickelter Sonderformen und Typenbildungen, mittels derer eine S.sidee verwirklicht werden kann.

3.1.1 Zur Errichtung einer *rechtsfähigen S. des bürgerlichen Rechts*, die mit eigener Rechtspersönlichkeit auftritt, bedarf es neben einer entsprechenden schriftlichen Willenserklärung des Stifters (S.sgeschäft) und seiner Verpflichtung, ihr ein bestimmtes *Vermögen* zu übertragen, einer konstitutiv wirkenden *Anerkennung*, auf deren Erteilung durch die zuständige S.sbehörde des Sitzlandes ein Rechtsanspruch besteht. Das S.sgeschäft kann der Stifter unter Lebenden oder von Todes wegen nach den Vorschriften über letztwillige Verfügungen (§§ 2231 ff. BGB) vornehmen. Inhaltlich müssen mindestens Name, Sitz, Zweck, Vermögen und innere Organisation der S. feststehen, wobei es mindestens der Bildung eines Vorstandes bedarf. Die so entstandene juristische Person unterliegt der *Rechtsaufsicht* durch die S.sbehörde des Landes. Diese soll die Erfüllung des Stifterwillens garantieren. Sie wirkt bei etwaigen Satzungsänderungen oder bei der Aufhebung der S. mit.

3.1.2 Zur Errichtung einer *nicht rechtsfähigen S.* (Treuhand-, fiduziarischen, unselbstständigen S.) reicht die Übereignung der Vermögensmasse an eine andere Person zur Erfüllung eines Treuhandvertrages oder einer Schenkung bzw. eines Vermächtnisses unter Auflage. Es sind i. d. R juristische Personen (Kommune, Universität, Kirche, →Verein, Dienstleister, rechtsfähige S.), die das S.svermögen dann treuhänderisch als Sondervermögen verwalten. Diese S. ist an keine Form gebunden, besitzt keine eigene Rechtspersönlichkeit (ggf. aber Steuersubjektivität) und unterliegt keiner staatlichen Aufsicht.

3.1.3 *S.en des öffentlichen Rechts* sind neben Körperschaften und Anstalten die dritte Form der juristischen Personen des öffentlichen Rechts und damit typischerweise in das System staatlicher →Verwaltung eingegliedert. Sie erfüllen staatliche Aufgaben und gehören zum Bereich der mittelbaren Staatsverwaltung. Sie werden durch Verwaltungsakt oder Gesetz errichtet. Die Befugnis kommt Bund und Ländern entsprechend der Kompetenzverteilung in den Art. 30, 83 ff. GG zu. In der Praxis überwiegen die von den Ländern errichteten S.en des öffentlichen Rechts, während die Anzahl der Bundess.en vergleichsweise gering ist. S.en gleich welcher Rechtsform, wie sie zunehmend von der öffentlichen Hand errichtet werden, fehlt es häufig an einer gesicherten Vermögensausstattung und damit an dem für S.en konstitutiven Merkmal des eigenen Vermögens, das aus den Erträgen eine dauerhafte und nachhaltige Zweckverwirklichung ermöglicht. Sie erhalten lediglich laufende Zuwendungen nach Maßgabe des Haushaltsrechts und der jeweiligen →Haushalte, was der für die S. typischen →Autonomie nicht gerecht wird.

3.1.4 Als Ersatz- und Sonderformen sind →Vereine, Gesellschaften mit beschränkter Haftung oder Aktiengesellschaften zu nennen, denen der Name einer S. gegeben wird und bei denen zur Zurückdrängung der mitgliedschaftlichen Elemente besondere satzungsmäßige Konstruktionen erforderlich sind.

3.2 Nach Zweck, Verwirklichung und organisatorischer bzw. rechtlicher Zuordnung bestehen verschiedene Arten von S.en.

3.2.1 Operative S.en erfüllen ihre Aufgaben durch die Trägerschaft von Einrichtungen (Anstaltss.en wie Altenheims.en Krankenhauss.en, Museumss.en) oder durch Eigenprojekte (Projektträgers.en) selbst. Fördernde S.en (meist Kapitals.en) stellen ihre Mittel Dritten (z. B. als Projektförderung, Preisgeld, Stipendium) zur Verfügung. Mischformen sind die Regel.

3.2.2 *Kirchliche S.en* sind Teil des Kirchenvermögens; sie zählen zum *Kirchengut* i. S. v. Art. 140 GG i. V. m. Art. 138 Abs. 2 WRV und fallen so in den Wirkungsbereich des kirchlichen Selbstbestimmungsrechts i. S. v. Art. 140 GG i. V. m. Art. 137 Abs. 3 WRV. Außer den allgemeinen staatlichen Regeln gelten deshalb für diese S.en auch die einschlägigen kirchenrechtlichen Bestimmungen. Die evangelischen Landeskirchen haben zum Teil kirchliche S.gesetze erlassen; im Bereich der katholischen Kirche bestehen S.sordnungen, die die Rahmenvorschriften des Codex Iuris Cononici ausfüllen. In Abgrenzung von der weltlichen S. bedarf es bei der kirchlichen S. der spezifischen Zweckbestimmung und organisatorischen Zuordnung zu einer Kirche sowie der Anerkennung durch die zuständige kirchliche Behörde. Hier wie dort können unterschiedliche S.stypen und S.sarten unterschieden werden.

3.2.3 Von ähnlicher Struktur sind *kommunale S.en*, die von →Gemeinden und Gemeindeverbänden im Rahmen ihrer Selbstverwaltungsbefugnis gem. Art. 28 GG zur Erfüllung öffentlicher Aufgaben des örtlichen Wirkungskreises errichtet oder nach Maßgabe des Kommunalrechts verwaltet werden. Sie unterliegen der Kommunalaufsicht.

3.2.4 Die *Bürgers.* ist in Orientierung am Konzept der US-amerikanischen Community Foundation wieder populär geworden und wird zur nachhaltigen Bündelung finanziellen Engagements von Bürgern für ein lokal begrenztes soziales oder kulturelles Wirkungsfeld besonders häufig angestrebt. Häufig verknüpft mit dem Modell der *Gemeinschaftss.* bietet sie sich als Adressatin für Zus.en, zweckempfohlene Spenden oder die Verwaltung von S.en ähnlicher Zwecksetzung an.

3.3 Neben diesen gemeinnützig wirkenden, öffentlichen S.en (die nicht mit der S. des öffentlichen Rechts zu verwechseln sind) bestehen privatnützige *Familiens.en* und *Unternehmenss.en*. Die Familiens. kommt einer oder mehreren bestimmten →Familien zugute; mit ihr sichert der Stifter den Destinatären Unterhalt, ohne ihnen Einfluss auf die Vermögensverwaltung einräumen oder den Nachlass aufteilen zu müssen. Die Unternehmenss. betreibt unter ihrer Rechtsform selbst ein →Unternehmen (Unternehmensträgers.) oder hält Beteiligungen an Personen- oder Kapitalgesellschaften (Beteiligungsträgers.).

4. S.ssteuerrecht. Grundsätzlich sind S.en wie alle anderen Rechtssubjekte steuerpflichtig. Das Steuerrecht (→Steuer) *privilegiert* aber S.en mit kirchlicher, mildtätiger oder sonst gemeinnütziger Zwecksetzung

(§§ 55 ff. AO; →Gemeinnützigkeit): Sie sind insbesondere von der Körperschaftsteuer befreit. Auch das Stiften selbst ist bei Stiftern und Zustiftern in verschiedenen Steuerarten steuerbegünstigt. Das Steuerrecht bietet deutliche Anreize mit Blick auf die Sondersituation der S.en, für deren Dotation weitaus größere Beträge erforderlich sind als bei der typischen Spende.

5. Reform. Bei der Regelung des S.privatrechts im BGB standen die eher auf Begrenzung und Kontrolle der S.en abzielenden Vorstellungen des 19. Jh.s im Vordergrund. Seit dem 44. Deutschen Juristentag wurde mit Blick auf die freiheitliche Verfassungsordnung des GG eine Reform des als „zersplittert, lückenhaft, uneinheitlich und veraltet" geltenden S.rechts gefordert. Diese Ansätze haben zu einer *Modernisierung der Landess.sgesetze* geführt; auf das zunächst geforderte einheitliche Bundess.sgesetz wurde indes verzichtet. Seit Mitte der 1980er-Jahre hat sich die Reformdiskussion auf das für die Praxis wichtige Gebiet des sog. S.ssteuerrechts verlagert, nicht zuletzt, um angesichts wachsender gesellschaftlicher Aufgaben und öffentlicher Haushaltsnöte das nachhaltige finanzielle Engagement des Bürgers anzuregen. Eine deutliche Verbesserung der stiftungs- und steuerrechtlichen Rahmenbedingungen erfolgte mit Beginn des 21. Jahrhunderts in mehreren legislatorischen Schritten; seit 2013 sind auch Verbrauchss.en ausdrücklich zugelassen. Durch diese Maßnahmen soll die Bereitschaft derjenigen geweckt werden, die wirtschaftlich dazu in der Lage sind, das →Gemeinwohl durch die Errichtung von S.en nachhaltig zu fördern.

H. LIERMANN, Handbuch des S.rechts, Bd. 1: Geschichte des S.rechts, 1963 (2002) – C. MECKING/E. STEINSDÖRFER/M. WEGER (Hg.), Stiftung&Sponsoring, 1998 ff. (Lit.) – O. WERNER/I. SAENGER (Hg.), Die S. Recht, Steuern, Wirtschaft, 2008 – A. Hense/M. SCHULTE (Hg.), Kirchliches S.swesen und S.recht im Wandel, 2009 – R. HÜTTEMANN/P. RAWERT, §§ 80–89, in: J. v. Staudingers Kommentar zum BGB, 2011 (Lit.) – A. FRHR. v. CAMPENHAUSEN/A. RICHTER (Hg.), S.srechts-Handbuch, 2014[4] (Lit.) – K. J. SCHIFFER (Hg.), Die S. in der Beraterpraxis, 2016[4] – BUNDESVERBAND DEUTSCHER S.EN (Hg.), Zahlen, Daten, Fakten zum deutschen S.swesen, 2014.

Christoph Mecking

Strafe

1. Allgemeines. S. wird in der Regel als ein Übel betrachtet, das einem Menschen von anderen Menschen oder Institutionen bei abweichendem Verhalten bewusst und absichtlich zugefügt wird. Jede S. setzt deshalb ein Geflecht von sozialen →Normen voraus, die gegenseitige Handlungserwartungen stabilisieren und eine →Ordnung generieren. Historisch ruhen solche Ordnungen zunächst auf einem System von Sitte und Sittenrecht, in der Neuzeit auf einem System von →Moral und →Recht auf (→Ethik). Erscheinungsformen des Sanktionssystems, Begründungen, Motive und Subjekte variieren daher und haben sich entsprechend differenziert.

2. Geschichte. Archaische Ordnungsvorstellungen waren durch eine substantielle Verbindung zwischen Gott/Göttern und irdischer →Ordnung geprägt. Durch diese Verknüpfung hatte die →Ordnung Anteil an der Heiligkeit Gottes; infolgedessen war die Verletzung einer →Ordnung auch ein unerlaubter Eingriff in bzw. Angriff auf das Heilige, der der Sühne bedurfte. Da das Verhältnis zwischen Gott und Mensch wesentlich in den Kategorien von →Schuld und S. gedacht wurde, wurde durch die Sühne auch einer Äquivalenzvorstellung Rechnung getragen. Dem entspricht, dass in den antiken und vorneuzeitlichen Auffassungen der S. spezifische Motive des Täter-Opfer-Ausgleichs dominieren: Rache implizierte nicht nur ein Vergeltungsstreben des einzelnen und die Zufügung eines gleichen Übels (Äquivalenzvorstellung), sondern ebenso die Wiedergutmachung gegenüber dem Betroffenen. Biblische Motive wie das *ius talionis* („Auge um Auge, Zahn um Zahn", Dtn 19,21) zielten darauf ab, die ausufernde Eigendynamik der Vergeltung zu begrenzen, förderten das Wiedergutmachungsmotiv und begünstigten die Entstehung von entsprechenden institutionellen Formen (Abkauf von Rache, Sühneverträge mit schadensersatzorientierten Bußzahlungen). Im Spätmittelalter treten zunehmend Leibes- und Lebenss.n deshalb hinzu, weil die Unfreien nicht zur Buße bzw. Bußzahlungen in der Lage waren.

Aufs Ganze gesehen ist aus heutiger Sicht vom Mittelalter in die Neuzeit ein Übergang von „privatrechtlichen" in „öffentlich-rechtliche" Regelungen zu verzeichnen. 1532 entstand die „Peinliche Gerichtsordnung" als eines der ersten staatlichen Gesetze, um die privaten Fehden des Spätmittelalters durch ein zentrales Rechtsinstitut öffentlich zu regeln. Die weiteren Formationen und Rechtfertigungen des S.ns entwickeln sich parallel zur Entstehung einer staatlich geordneten →Gesellschaft. Die moderne Freiheitss. (Zuchthaus in Amsterdam, 1592) und die Prügels. (letztere in Deutschland bis in die 2. Hälfte des 19. Jh.s) gewannen zunehmend an Bedeutung und lösten die grausameren Körpers.n (Folter u. Ä.) ab. Der Täter-Opfer-Ausgleich trat in den Hintergrund, die Einhaltung öffentlicher →Ordnung und die Bedeutung von allgemeiner Abschreckung (Generalprävention), Abschreckung anderer (negative Generalprävention), Einwirkung auf den Täter (Spezialprävention) und die Bestätigung des Rechtsbewusstseins (positive Generalprävention) in den Vordergrund.

3. Der Sinn und die Legitimation der S. Neuzeitliche und aktuelle Theorien über den Sinn und Zweck der S. orientieren sich fast ausschließlich an der öffentlichen

Bedeutung der S. Die sog. *absoluten* Strafrechtstheorien heben die Zweckfreiheit der S. hervor; S. ist ohne Ansehen des Nutzens für den Täter oder die Rechtsgemeinschaft zu sehen. Indem vom →Nutzen (z. B. Besserung, Resozialisierung) abgesehen wird, wird der Täter als Ursache der Tat, d. h. als freies und verantwortungsfähiges Subjekt (→Verantwortung) begriffen, das nicht zum Mittel werden darf (KANT). Die S. hat den Sinn des Ausgleichs und der Vergeltung schuldhaft begangener Rechtsverletzung. Sie bedeutet „Wiederherstellung des Rechts" (HEGEL). Als zweite Sinndimension der absoluten Straftheorie kann die Sühne hinzutreten; sie zielt darauf ab, dass der Bestrafte die S. sittlich bejaht.

Die sog. *relativen* Straftheorien verdanken sich vor allem utilitaristischen Ansätzen (→Utilitarismus; BENTHAM u. a.). Für sie besteht der Sinn und die Rechtfertigung der S. nicht in der S. selbst, sondern in ihrer General- und Individualprävention (allgemeine Abschreckung, Schutz der Bürger, Besserung des Bestraften).

Beide Straftheorien haben ihre spezifischen Begründungsprobleme (hierzu HUBER, S. 331–341). Deshalb verbindet man ihre zentralen Anliegen (Sicherung der Subjektstellung, zukunfts-, folgen- und integrationsorientierte S.) in sog. *Vereinigungstheorien*, die in etwa den Rahmenvorstellungen unseres gegenwärtigen Rechts entsprechen: Die Verfassung stellt die Subjektstellung des Menschen (Art. 1,1 GG) heraus, das Rechtsstaatsprinzip (Art. 20,3 GG) soll sichern, dass keine S. ohne schuldhafte Tat, d. h. nachgewiesenes Verschulden und Verhältnismäßigkeit bei der Bestrafung erfolgt. Die deutsche Verfassung hält die Abschaffung der Todess. fest (Art. 102 GG) und bringt damit zum Ausdruck, dass sie selbst in Grenzfällen an der grundsätzlichen Unterscheidung von Person und Tat (→Menschenrechte) festhält. Die gesellschaftliche →Verantwortung und der Auftrag der Resozialisierung des Täters werden programmatisch im Strafvollzugsgesetz (§§ 1–3) herausgestellt. Wichtige Impulse und Konkretionen gingen von den Einsichten der Humanwissenschaften in die Ursachen von Devianz, Kriminalitätskarrieren etc. aus, deren öffentlichkeitspolitischer Transfer die Strafrechtsreformen seit Ende der 1960er Jahre mitbestimmten (Abschaffung der Zuchthauss., erweiterte Möglichkeiten der Strafaussetzung, Neugestaltung des Sexualstrafrechts etc.).

Der Sinn und die Begründung der S. kann nicht von der grundsätzlichen Legitimation öffentlicher →Gewalt losgelöst werden. Eine ethische Legitimation wird deshalb nur vom Grundvollzug staatlichen Handelns und dessen legitimen Aufgabenstellungen her (→Staat) zureichend erfasst. Das Drohen, Verhängen und Vollstrecken ist nur als *ultima ratio* eines staatlichen Handelns gerechtfertigt, das mit den Mitteln des Rechts das Zusammenleben und die wechselseitige Anerkennung von Menschen ermöglicht, individuelle (körperliche Integrität u. a.) und soziale Rechtsgüter (Daseinsfürsorge durch den Staat) sichert. Ob diese rechts-, demokratie- und sozialstaatlichen Rahmenbedingungen der Neuzeit eine befriedigende Kontrolle von →Macht und damit eine verlässliche und letztgültige Gewährung von Humanität gewährleisten, erscheint als offene Frage, während hingegen machtkritische und die Sittlichkeit der neuzeitlichen Institutionen in Zweifel ziehende Analysen dies verneinen. Untersuchungen der Geschichte des Strafvollzuges (FOUCAULT) machen besonders auf die Metamorphosen der →Macht im Prozess der Moderne aufmerksam: Die modernen Straftechniken erscheinen im Kontrast zu vorneuzeitlichen S.n als weniger brutal und humaner; die umfassende Stratifizierung des S.ns durch Staat und Recht setzt aber andere, subtilere Formen der Kontrolle und Macht frei, die mit größerer Universalität die →Gesellschaft durchdringen.

4. Theologie. Sozialethische Entwürfe des 20. Jh.s gewinnen ihre unterschiedlichen Profile zumeist darin, dass sie der öffentlichen Ordnung schwerpunktmäßig unterschiedliche Funktionen zuordnen. Eher durch die lutherische Tradition des 19. Jh.s geprägte Ansätze betonen die Erhaltungs- und Bewahrungsfunktion, die Ordnungsbedürftigkeit des Menschen und die Bedeutung des staatlichen Drohpotentials, um die Folgen der Sünde einzudämmen und abzuwehren (ALTHAUS, THIELICKE). Dem korrelieren zumeist systematische Unterscheidungen über die Grundkategorien von →Gesetz und Evangelium und spezifische Ausformungen der →Zwei-Reiche-Lehre. Die Chancen der Umkehr und der Versöhnung zwischen Täter und Rechtsgemeinschaft im vorletzten Bereich des öffentlichen Lebens treten zurück. Andere Ansätze (BARTH u. a.) heben die sozialethischen Implikationen der →Versöhnung hervor und arbeiten deren rechtspolitische Relevanz für den öffentlichen Bereich (HUBER) aus, betonen die Mitverantwortlichkeit und Mitarbeit der Kirche als Teil der →Gesellschaft (Bearbeitung von Rachebedürfnissen, soziokulturellen Stigmatisierungsprozessen, Förderung von Integration).

Ein vorläufiger Konsens (EKD, 1990) im Verständnis der S. scheint sich abzuzeichnen, dessen gemeinsamer versöhnungstheologischer Ausgangspunkt seinen Ansatz findet bei der von Gott dem Menschen zugesprochenen →Würde, der daraus folgenden prinzipiellen Unterscheidung von →Person und Tat, der wahrzunehmenden Chancen der Umkehr des Einzelnen und Mitverantwortlichkeit der →Gesellschaft. Neuere sozialtherapeutisch begleitete Projekte des Täter-Opfer-Ausgleichs zielen darüber hinaus darauf ab, auch der Opferperspektive Raum zu geben.

Die versöhnungstheologische Perspektivierung der S. verdankt sich biblischen Perspektiven und Gesichtspunkten. Ntl. Texte greifen einerseits auf klassische Sühnevorstellungen zurück, um die Heilsbedeutung des Kreuzestodes Jesu zu versprachlichen (2. Kor 5,21;

Röm 3,25), zerbrechen aber gleichzeitig die mit der Sühnevorstellung mitgesetzte Äquivalenzvorstellung von →Schuld und Sühne: Jesus, der selber *ohne* Schuld war, tritt stellvertretend mit seiner ganzen Person an den Ort der Sühne und durchbricht so den Kreislauf von Schuld und Sühne „ein für alle mal" (Röm 6,10). Von hier aus verbietet sich auch, die weltliche S. in eine Äquivalenzperspektive (Vergeltung u. Ä.) zu stellen. Entsprechend muß jegliche substantielle Verbindung von göttlicher und weltlicher S. vermieden werden.

5. Pädagogik. Im Kontext erzieherischen Wirkens spielen die rechtlichen Dimensionen der S. eine untergeordnete und nur begrenzende Rolle. Sie beziehen sich vor allem auf den Schutz der körperlichen Integrität des Kindes (Verbot der Kindesmisshandlung). Wegweisend haben die Konzeptionen von Rousseau, Pestalozzi und ihre Traditionen dazu beigetragen. die heutige Akzeptanz der Prügels. als probates Mittel der →Erziehung kulturell zurückzudrängen.

Jedes Erziehungsgeschehen trifft naturgemäß auf das Problem, sich im Rahmen der kindlichen Sozialisation mit dem Problem der Abweichung, der Verweigerung bzw. der Einhaltung einer Vielfalt von vorrechtlichen, kulturellen Regeln auseinander zusetzen. Dieser vielschichtigen Spannung entspricht gleichzeitig eine Reihe von Sanktionen mit unterschiedlichem Gewicht, die insofern als erzieherisches S.n begriffen (Missbilligung, stratifikatorischer Liebesentzug, Ohrfeige, Verbote und Entziehung von Vergünstigungen etc.) werden, als sie bewusst und absichtsvoll zugefügt werden. In diesem Kontext sind vor allem den Folgen und Auswirkungen auf das Selbstwertgefühl, Grundvertrauen, Stabilitätsbedürfnis u. Ä. des Kindes Rechnung zu tragen und zu prüfen, inwieweit Sanktionen einer auf sozialpartizipative →Autonomie gerichteten →Erziehung diesem Ziel zuträglich ist; S. als Rückgriff auf das vielgliedrige Sanktionssystem ist immer nur als *ultima ratio* zu begreifen.

Besondere Berücksichtigung müssen deshalb die altersspezifischen Möglichkeiten der Selbstverantwortung (vgl. Piaget, Kohlberg) erfahren. Formen des erzieherischen, auf Regeleinhaltungen zielenden S.ns sind in den entwicklungsspezifischen emotionalen und kognitiven Verarbeitungshorizont von Kindern einzubetten.

Eine reflektierte Pädagogik hat sich dabei auch mit der Ambivalenz moralischer →Normen (→Ethik) in der →Erziehung auseinander zusetzen. Auch hier bleibt die *prinzipielle* Unterscheidung von →Person und bewerteter bzw. zu bewertender Tat, wie sie theologisch in der Rechtfertigungslehre festgehalten wird, maßgebend, um der Anerkennung und dem Geheimnis der Individualität Raum zu lassen. Sie gilt sowohl den Erziehenden (Eltern, professionelle ErzieherInnen, LehrerInnen etc.) als auch den Zu-Erziehenden. Notwendigen Konkretionen von erzieherischen S.n im konfliktu-

ösen Erziehungsprozess ist immer auch ein Wagnischarakter eigen, der auch die Bereitschaft zur Schuldübernahme (→Schuld) impliziert.

6. Aktuelle Diskussion. Die versöhnungstheologische Perspektivierung der S. wird sich in Zukunft in unterschiedlichen Problemfeldern hinsichtlich ihrer humanitätsstiftenden und vernünftigen Potentiale gegenüber einer sich verschärfenden Punitivität bewähren müssen, u. a. beim →Schwangerschaftsabbruch (Durchsetzung sittlicher Forderungen durch Strafrecht?), bei der Verschärfung des Sexualitätsstrafrechts (Grenzen der Schuldfähigkeit/Therapie statt S.?), bei der Kriminalisierung von Kleinkriminalität (Null-Toleranz-Modell?).

J. Piaget, Das moralische Urteil beim Kinde, 1971 – E. Schmidhäuer, Vom Sinn der S., 1971² – L. Kohlberg, Zur kognitiven Entwicklung des Kindes, 1974 – G. W. F. Hegel, Grundlinien der Philosophie des Rechts oder Naturrecht und Staatswissenschaft im Grundrisse, 1976 – M. Foucault, Überwachen und S.n. Die Geburt des Gefängnisses, 1976 – I. Kant, Die Metaphysik der Sitten, 1989⁸ – Kirchenamt der EKD, S., Tor zur Versöhnung? Eine Denkschrift der ev. Kirche zum Strafvollzug, 1990 – W. Hassemer, Einführung in die Grundlagen des Strafrechts, 1990² – E. Marks/D. Rössner (Hg.), Täter-Opfer-Ausgleich. Vom zwischenmenschlichen Weg zur Wiederherstellung des Rechtsfriedens, 1990² – J. C. Wolf, Verhütung der Vergeltung, 1992 (Lit.) – H. Müller-Dietz, Menschenwürde und Strafvollzug, Berlin/ New York 1994 – W. Huber, Gerechtigkeit und Recht. Grundlinien christlicher Rechtsethik, 1996 (Lit.). K. Berner/H. Sünker, Vergeltung ohne Ende? Über Strafe und ihre Alternativen im 21. Jahrhundert, Lahnstein 2012 – L. Wacquant, Bestrafung der Armen: Zur neoliberalen Regierung der sozialen Unsicherheit, Opladen 2013.

Wolfgang Maaser

Streik

1. Begriff. Ein S. ist eine kollektive Arbeitsniederlegung von →Arbeitnehmern und stellt ein legales Arbeitskampfmittel der in →Gewerkschaften organisierten Beschäftigten dar. Der S. als ultimo Ratio dient meist der Erzwingung gewerkschaftlicher Forderungen in Verhandlungen zu einem →Tarifvertrag. Die tariflichen Forderungen betreffen im Allgemeinen die Einkommens- und Arbeitsbedingungen der Beschäftigten. Ohne das Drohmittel S. und die gewerkschaftliche Fähigkeit zum Arbeitskampf wären Tarifverhandlungen laut Bundesarbeitsgericht nicht mehr als kollektives Betteln.

2. Geschichte. Der S. fällt mit dem Aufkommen der Arbeiterbewegung in der Mitte des 19. Jahrhunderts zusammen. Er ist das wichtigste Instrument zur Durchsetzung gewerkschaftlicher Forderungen und wird mit wechselnder Intensität immer wieder angewendet. Große S.s fanden besonders ab 1889/90 durch die gesetzliche Wiedererlaubnis gewerkschaftlicher Aktivitäten nach Aufhebung der Sozialistengesetze statt. In der Weimarer Republik ist vor allem der Generalstreik zur Bewahrung der jungen Demokratie während des reaktionären Kapp-Putsches herausragend. Nach dem Zweiten Weltkrieg waren besonders der Generalstreik in der Bizone im Zuge von Preisexplosionen nach der Währungsreform 1948, die S.s 1951/52 in der Auseinandersetzung um Betriebsverfassung und Montanmitbestimmung sowie der sechswöchige S. der IG Metall zur Lohnfortzahlung für Arbeiter 1956/57 neben vielen weiteren S.s für die Gewerkschaftsbewegung bedeutsam. Gerade hier wird deutlich, dass die tariflich erkämpfte faktische Gleichstellung von Arbeitern mit den Angestellten später Eingang in die Gesetzgebung des Bundes fand.

3. Rechtliche Grundlagen. Die Ausrufung eines unbefristeten S.s unterliegt in Deutschland strengen Regularien. Das aus Artikel 9 Abs. 3 Grundgesetz abgeleitete Streikrecht wurde erst in der Rechtsprechung konkretisiert. Ein S. darf erst nach dem Scheitern von Tarifverhandlungen eingeleitet werden, vorher gilt die Friedenspflicht. Die Verfahren zur Durchführung von S.s sind in den Satzungen der Einzelgewerkschaften festgelegt und variieren im Detail; meist muss sich die Mehrheit der Gewerkschaftsmitglieder einer Branche oder eines Tarifbereiches in einer Urabstimmung für einen S. entscheiden. Die streikenden Arbeitnehmer dürfen dafür vom Arbeitgeber weder benachteiligt noch gemaßregelt werden. Da während des S.s das Arbeitsverhältnis ruht, müssen die Beschäftigten keinen Weisungen der Vorgesetzten Folge leisten. Nach Beendigung des Streiks wird der Arbeitsvertrag mit allen Rechten und Pflichten wieder in Kraft gesetzt. Eine Zwangsschlichtung von Streiks wie in der Weimarer Republik existiert in der Bundesrepublik Deutschland nicht. Daher haben die Tarifpartner eigene Schlichtungsregelungen vereinbart, die sich je nach Branche unterscheiden. Betriebsräte dürfen laut § 74 Abs. 2 →Betriebsverfassungsgesetz unter Ausnutzung ihrer Funktion als betriebliche Interessensvertreter nicht streiken. Sie können dies aber durchaus als Arbeitnehmer und Gewerkschaftsmitglieder tun. Man unterscheidet zwischen Einzelstreiks in Betrieben und Flächenstreiks ganzer Branchen. Maßnahmen innerhalb der Friedenspflicht können befristete Warnstreiks, Tarifaktionen, Bummelstreik, Ausstände, Flashmobs, Dienst nach Vorschrift sein. Sympathie- oder auch Solidaritätsstreik sind rechtlich umstritten und stellen eine seltene Ausnahme dar. Neuerdings wird auch die Möglichkeit eines kalten S.s angewendet, bei dem die Ankündigung eines S.s schon Druck auf die Arbeitgeberseite ausüben soll. Ein politischer S. wie etwa ein Generalstreik zur Durchsetzung nicht tariflicher Ziele sind nach herrschender Meinung rechtswidrig. Beamte dürfen laut h. M. nicht streiken. Von den ordnungsgemäßen Streiks sind die sogenannten wilden Streiks zu unterscheiden, die ohne Rechtsgrundlage und gewerkschaftliche Durchführung stattfinden. Der Aufruf oder die Teilnahme an einem wilden S. kann arbeitsrechtliche bis hin zu strafrechtlichen Konsequenzen nach sich ziehen.

4. Entwicklungen. Trotz eines Anstiegs der Streikhäufigkeit seit 2005 zählt Deutschland immer noch zu den Ländern mit den wenigsten S.s weltweit. Neben der starken rechtlichen Reglementierung von Arbeitskampfmaßnahmen, dem vorherrschenden Flächentarifvertrag spielt die deutsche Tradition der Sozialpartnerschaft gerade im industriellen Bereich eine große Rolle, der immer auch die Gemeinsamkeiten der Sozialpartner im Blick hat. Auch die herausgehobene Rolle der Betriebsräte, die eine deutsche Besonderheit darstellen, dämpft das Streikgeschehen. Allerdings ist eine zunehmende Konflikthäufigkeit im Dienstleistungsbereich zu verzeichnen, was jedoch mit der Ausdehnung des tertiären Sektors und der →Privatisierung ehemals öffentlicher Bereiche zusammenhängt. Fast 90 Prozent aller Arbeitskämpfe und gut 97 Prozent der Ausfalltage sind 2014 im Dienstleistungsbereich angefallen. Die im Deutschen Gewerkschaftsbund zusammengeschlossenen →Gewerkschaften sehen sich in der Regel nicht nur den spezifischen Mitgliederinteressen, sondern auch dem Gemeinwohl und einer Wahrung der Verhältnismäßigkeit bei Arbeitskampfmaßnahmen verpflichtet. So können auch gemäß sogenannter Notdienstvereinbarungen der Sozialpartner während eines Streiks Notstands- und Erhaltungsarbeiten durchgeführt werden, um gerade in industriellen Betrieben Schäden an den Anlagen zu vermeiden. Streiken dürfen auch Beschäftigte, die keiner Gewerkschaft angehören. Allerdings erhalten sie im Gegensatz zu den Gewerkschaftsmitgliedern keine rechtliche wie finanzielle Streikunterstützung. S.posten der Gewerkschaften sollen S.brecher mittels Zureden von ihrem unsolidarischen Verhalten abbringen. Problematisch ist die Einsetzung von Leiharbeitnehmern als S.brecher. S.bruchprämien für S.brecher werden als unzulässige Maßregelung der streikenden Arbeitnehmer angesehen.

Auch erschweren neue Arbeitsformen wie Soloselbstständigkeit, prekäre und atypische Arbeitsverhältnisse einen kollektiven S. Aufgrund der sich permanent verändernden organisatorischen Struktur von Unternehmen etwa durch Ausgliederungen sind die Gewerkschaften gezwungen, ihre Arbeitskampfformen immer wieder zu überdenken. Gegenmaßnahme der Arbeitgeber ist die Aussperrung, bei der es sich um eine befristete Suspendierung des Arbeitsvertrages auch der nicht streikenden Arbeitnehmer handelt. Da die Ausgesperrten keine Streikgelder erhalten, erhöht sich der Druck auf die Gewerkschaften zum Einlenken im Tarifkonflikt. Die Aussperrung ist gerade bei gewerkschaftsnahen Juristen umstritten, da es sich in der EU um einen deutschen Sonderweg handelt.

5. Neue Herausforderungen. Die zunehmende Zersplitterung der Tariflandschaft begründet die seit Mitte der 2000er Jahre zunehmende S.häufigkeit. Gerade im Zuge der vermehrten S.s sogenannter Sparten- oder Berufsgewerkschaften wird die Frage einer Einschränkung von S.s diskutiert. Auch nach Verabschiedung des Gesetzes zur Tarifeinheit im Sommer 2015 bleibt umstritten, ob beim Vorhandensein mehrerer Gewerkschaften in einem Betrieb nur die Mehrheitsgewerkschaft streiken darf oder ob dies einen Verstoß gegen die Koalitionsfreiheit des Grundgesetzes darstelle. Die christlichen Kirchen schließen im Zuge des →Dritten Weges das S.recht in ihren Einrichtungen aus, wohingegen das Bundesarbeitsgericht dort S.s unter bestimmten Bedingungen billigt.

M. KITTNER, Arbeitskampf, 2005 – W. DÄUBLER, Arbeitskampfrecht, 2011³ – F. BOLL/V. KALASS, Streik und Aussperrung, in: W. SCHROEDER, Handbuch der Gewerkschaften in Deutschland, 2014², S. 535–578.

Michael Linnartz

Subsidiarität (ethisch)

1. Definition und Begründung. S. (von lat. subsidium, Hilfe) ist eine Maxime der Zuständigkeitsverteilung zwischen Einzelnen, intermediären Gruppen und Staat. Sie impliziert eine doppelte normative Orientierung: Zum einen sollen Handlungsmöglichkeiten und -fähigkeiten zur Realisierung einer gelingenden Lebenspraxis dem Einzelnen und den ihn unterstützenden intermediären Gruppen nicht durch staatliche Übermacht entzogen werden. Zum andern verpflichtet S. das staatlich-polit. Gemeinwesen zur Herstellung von gesellschaftlichen Bedingungen, die eine eigenständige Lebenspraxis ermöglichen und zur hilfreichen Intervention dort, wo diese gefährdet erscheint.

Dem S.gedanken liegt ein Menschenbild zugrunde, das die Vergemeinschaftung des Einzelnen als konstitutiv für die Realisierung eines gelingenden Lebens betrachtet. Insofern unterscheidet er sich von Handlungsmaximen, die vom Einzelmenschen ausgehend die soz. Zusammenhänge als sekundär und als Ergebnis individueller strategischer Handlungsorientierungen betrachten. Insofern der S.gedanke die Ermöglichungsbedingungen für die Realisierung eines eigenständigen Lebens zum zentralen Bezugspunkt der Bewertung sozialer Strukturen macht, ist er im Ethos der Menschenrechte begründet.

2. S. in der kath. Soziallehre. Das S.sprinzip gilt als Kennzeichen der kath. Soziallehre. Die Idee der S. spielte schon in der zweiten Hälfte des 19. Jh.s eine wichtige Rolle. Erste Bezugnahmen finden sich praktisch-polit. ausgerichtet bei Bischof VON KETTELER und dem kath. Sozialpolitiker F. HITZE sowie theoretisch im System des Solidarismus von H. PESCH. Die Entdeckung und Ausarbeitung der S. als Prinzip stand im Zusammenhang mit der Rezeption aristotelisch-thomistischen Denkens im soz. und polit. Katholizismus. Die Bezugnahme darauf diente dem kath.-soz. Denken zu Kritik und Abgrenzung sowohl gegenüber einem individualistisch orientierten Liberalismus als auch gegenüber einem als kollektivistisch definierten Sozialismus. Gleichzeitig bot sie die Chance, die Souveränitätsansprüche des modernen Staates zu begrenzen und für die Familie, die traditionellen Korporationen und die Kirche Existenz- und Eigenrechte zu behaupten.

Die Formulierung des S.prinzips in der Enzyklika Pius XI. aus dem Jahr 1931 geht auf die deutschen Vertreter des Solidarismus G. GUNDLACH und O. VON NELL-BREUNING zurück. Eine Zuständereform ist – so die Enzyklika in Nr. 78 – dringend notwendig, weil „in Auswirkung des individualistischen Geistes" die Vielfalt von Vergemeinschaftungen „derart zerschlagen und nahezu ertötet wurde, bis schließlich fast nur noch die Einzelmenschen und der Staat übrig blieben – zum nicht geringen Schaden für den Staat selbst". Dem soll – so in Nr. 79 – „jener höchst gewichtige sozialphilosophische Grundsatz" Einhalt gebieten: „[W]ie dasjenige, was der Einzelmensch aus eigener Initiative und mit seinen eigenen Kräften leisten kann, ihm nicht entzogen und der Gesellschaftstätigkeit zugewiesen werden darf, so verstößt es gegen die Gerechtigkeit, das was die kleineren und untergeordneten Gemeinwesen leisten und zu guten Ende führen können, für die weitere und übergeordnete Gemeinschaft in Anspruch zu nehmen [...]. Jedwede Gesellschaftstätigkeit ist ja ihrem Wesen nach subsidiär; sie soll die Glieder des Sozialkörpers unterstützen, darf sie aber niemals zerschlagen und aufsaugen." Hinsichtlich der kontroversen Interpretation des Prinzips hat NELL-BREUNING entgegen anderen Deutungen darauf bestanden, dass mit Blick auf den Doppelaspekt der S. dem positiven „Hilfegebot" ein gewisser Vorrang gegenüber dem negativen „Kompetenzanmaßungsverbot" zukomme. Wie die Formulierungen der Enzyklika erkennen lassen, hat das S.prinzip eine metaphysisch in der Schöpfungsordnung grundgelegte „Stufenordnung" der Gemeinschaften zur Voraussetzung, aus der die ethische Maxime der S. abgeleitet wird.

Die Naturrechtsrenaissance nach 1945 führte zum Höhepunkt im soz.polit. Gebrauch des S.prinzips. Es diente in negativer Lesart zunächst dazu, die befürchtete Gefahr eines totalen „Versorgungsstaats" abzuwehren, die man im kommunistischen Ostblock und in Skandinavien auf dem Vormarsch sah. In der Diskussion über die gesetzliche Neuregelung von Jugend- und Sozialhilfe (1961) legitimierten kath. Kirche und Caritas mit dem S.sprinzip den in größerer Personnähe begründeten Vorrang der freien vor den öffentlichen Trägern der Wohlfahrtspflege.

3. S. in der evangelischen Sozialethik. Der Gedanke der S. galt lange als genuin kath. Diese Sicht ignoriert aber nicht nur seine Herkunft aus der aristotelischen Sozialphilosophie, sondern auch seine eigenständige protestantische Traditionslinie. So wurden im reformierten Protestantismus der frühen Neuzeit Prinzipien des föderalen – und damit der Sache nach subsidiären – Gemeinschaftsaufbaus von unten nach oben entwickelt: Die presbyterial-synodalen Kirchenordnungen des 16. Jh.s formulierten den Grundsatz, dass im Rahmen des der Einzelgemeinde übergeordneten dreistufigen Synodalsystems der höheren Instanz nur das vorgelegt werden soll, was sich auf den unteren Ebenen nicht entscheiden ließ oder aber alle Gemeinden gemeinsam betrifft. Politiktheoretisch entwarf der calvinistische Jurist JOH. ALTHUSIUS eine Gesellschaftslehre, die einen (kon)föderativen Aufbau des Gemeinwesens begründet; bei prinzipiellem Vorrang des Selbstverwaltungsrechts der kleineren Gemeinschaften impliziert dies eine von Fall zu Fall auszuhandelnde Verteilung der Kompetenzen auf die jeweils angemessenste institutionelle Ebene.

Dagegen betonte die luth. Ethik herkömmlich die fürstliche Souveränität einschließlich der damit verbundenen soz. Verpflichtung des Staates. Allerdings kreisen die Diskurse des soz. Protestantismus der Kaiserzeit von Anfang an um die gebotene Zuordnung von Selbsthilfe und Staatshilfe. Dabei wird der soz.konservative Flügel zunehmend konterkariert von (soz.)liberalen Stimmen, denen an Selbstverwaltung und Partizipation der Arbeiterschaft oder aber an der Wahrung individueller Selbständigkeit gelegen ist. Umkämpft blieb die Kompetenzzuordnung zwischen Staat, Individuum und intermediären Instanzen auch deshalb, weil sie unter reformatorischen Denkvoraussetzungen nicht durch Rückgriff auf eine seinshaft vorgegebene natürliche Ordnung beantwortet werden kann.

Die verbreitete Wohlfahrtsstaatskritik nach dem 2. Weltkrieg wurde zunächst auch in luth. Kreisen geteilt und in Anlehnung an die negative Lesart der S. formuliert. Aus anderen Gründen blieb die ev. Sozialethik in der Folgezeit gegenüber Begriff und Prinzip der S. distanziert: Erstens stieß das Konzept einer konzentrischen Stufenordnung der Gemeinschaften, das den prinzipiellen Vorrang kirchl. vor weltlichen Trägern sichern sollte, auf Kritik – nicht konfessionelle Versäulung, sondern Sozialstaat, Wahlfreiheit der Hilfeempfänger und wohlfahrtspluralistisches Zusammenwirken freier und öffentlicher Anbieter galt als Leitbild. Zweitens grenzte sich die EKD-Denkschrift „Die soz. Sicherung im Industriezeitalter" (1973) gegenüber dem nur negativen Verständnis von S. als Gebot der Nachrangigkeit staatlicher Hilfe ab.

4. Schluss. Auch wo die soz.ontologischen Voraussetzungen des S.prinzips nicht mehr geteilt werden, erhält die Maxime der S. heute innerhalb der christlichen Sozialethik beider Konfessionen eine Redefinition als Grundsatz soz. Handelns, der die Bedeutung individueller und zivilgesellschaftlicher Eigeninitiative unterstreicht, zugleich aber auf die Notwendigkeit soz.staatlicher Rahmenbedingungen verweist, die zu gemeinschaftlicher Selbsthilfe und persönlicher Selbstverantwortung befähigen (vgl. das Gemeinsame Wort von EKD und kath. Dt. Bischofskonferenz „Für eine Zukunft in Solidarität und Gerechtigkeit", 1997).

O. v. NELL-BREUNING, Baugesetze der Gesellschaft, 1968 – U. SCHOEN, S. Bedeutung und Wandel des Begriffs in der kath. Soziallehre und in der dt. Sozialpolitik, 1998 (Lit.) – P. BLICKLE/ TH. HÜGLIN/D. WYDUCKEL (Hg.), S. als rechtliches und polit. Ordnungsprinzip in Kirche, Staat und Gesellschaft, 2002.

Karl Gabriel, Hans-Richard Reuter

Subsidiarität (politisch)

1. Geltung. Das ethische Prinzip der S. findet sich der Sache nach im polit. Denken seit der Antike. Es lässt sich etwa in der polit. Philosophie von ARISTOTELES, ALTHUSIUS, HEGEL, MARX oder bei Politikern wie LINCOLN ausmachen. Seine Bedeutungsvielfalt und sein hohes Abstraktionsniveau lassen das S.sprinzip nicht als klar definierten Rechtssatz erscheinen, der eine konkrete Rechtsfrage entscheiden ließe, sondern als ein Rechtsprinzip, das der Wegweisung in polit. und juristischen Grundsatzfragen in eine die →Autonomie des Einzelnen gewährleistende Richtung dient. Das S.sprinzip gilt als allgemeiner gesellschaftlicher Gestaltungsgrundsatz für alle Zuordnungen menschlicher Lebenskreise zueinander, zwischen Einzelnem und →Gemeinschaft und zwischen kleineren und größeren Gemeinschaften bis hin zur globalen Ebene.

2. Deutschland. Nach dem Zweiten Weltkrieg wurde das S.sprinzip in Westdeutschland als grundlegendes Prinzip der Strukturierung des →Staates zur Aufnahme in das zu verfassende →Grundgesetz (GG) vorgeschlagen, was der Verfassungskonvent von Herrenchiemsee jedoch ablehnte. Ob das Prinzip einen ungeschriebenen Rechtsgrundsatz des GG darstellt, ist umstritten. Dennoch wurde es immer wieder als implizit mitgegebener Wesensbestandteil des GG gesehen, etwa in den →Grundrechten, in der bundesstaatlichen Ordnung (→Föderalismus), in der Selbstverwaltung der →Gemeinden oder der Autonomie der Kirchen. Erst mit der Ratifizierung des Maastrichter Vertrages (1992) ist der „Grundsatz der S." explizit im neu gefassten Art. 23 GG verankert, der sich aber ausschließlich auf die Europäische Union (EU) und nicht auf eine innerstaatliche Beachtung der S. bezieht.

Auch ohne ausdrückliche Erwähnung im GG hat das S.prinzip in der polit. Auseinandersetzung in der Bundesrepublik eine wichtige Rolle gespielt, so etwa bei der Ausgestaltung der →Sozialhilfe. Zwar wird das S.prinzip von den Unionsparteien, in deren Grundsatzprogrammen es schon lange namentlich erwähnt ist, besonders betont, doch ist es parteipolit. nicht einseitig zuzuordnen. Seit 1989 hat es auch in die Grundsatzprogramme von SPD, Grünen und FDP Eingang gefunden.

3. Europäische Union. *3.1 Rechtliche Verankerung.* Wie im GG so ist auch in den Gründungsverträgen der Europäischen Gemeinschaften das S.prinzip nicht ausdrücklich erwähnt, wohl aber lassen sich verschiedene Regelungen als sein Ausdruck deuten, so die einzelfallbezogene Generalermächtigungsklausel und der nur hinsichtlich des Zieles verbindliche Rechtsakt der Richtlinie. 1986 wurde das S.prinzip in der Einheitlichen Europäischen Akte erstmals der Sache nach in die Verträge aufgenommen, allerdings nur speziell für das Umweltrecht. Erstmals namentlich erwähnt wurde es – nicht rechtsverbindlich – in der Präambel der Gemeinschaftscharta der sozialen →Grundrechte der Arbeitnehmer 1992.

Mit dem Maastrichter Vertrag wurde das S.prinzip dann als allgemeines Strukturprinzip der EU in ihrem Primärrecht verankert. Nach der Reform durch den Vertrag von Lissabon regelt Art. 5 EUV, dass nach dem S.prinzip die Union in den Bereichen, die nicht in ihre ausschließliche Zuständigkeit fallen, nur tätig wird, „sofern und soweit die Ziele der in Betracht gezogenen Maßnahmen von den Mitgliedstaaten weder auf zentraler noch auf regionaler oder lokaler Ebene ausreichend verwirklicht werden können, sondern vielmehr wegen ihres Umfangs oder ihrer Wirkungen auf Unionsebene besser zu verwirklichen sind." Näheres regelt ein Protokoll. Mit dem Lissabonner Vertrag wurde auch eine S.kontrolle durch die nationalen Parlamente eingeführt, an der in Deutschland neben dem Bundestag auch der Bundesrat zu beteiligen ist. Mittel der S.kontrolle sind S.srüge und S.sklage.

3.2 Politische Bedeutung. In seiner vertraglichen Formulierung dient das S.prinzip zunächst der Beschränkung der Ausübung von EU-Kompetenzen. Dadurch wahrt es die Autonomie der kleineren Einheiten. Gleichzeitig ermächtigt es aber die EU zum Handeln. In Ermächtigung und Beschränkung dient es der →Legitimation der überstaatlichen polit. Ordnung EU. Über die rechtliche Bindung der europäischen Organe hinaus kommt dem S.prinzip damit eine erhebliche polit. Bedeutung zu. So ist die legitimatorische Wirkung auch die wichtigste Funktion des S.prinzips in den immer wieder aufkommenden europäischen Strukturdebatten, in denen es nicht nur um die Ausübung von Kompetenzen, sondern um deren grundsätzliche Verteilung und damit um die grundlegende Gestalt Europas geht.

J. ISENSEE, S.prinzip und Verfassungsrecht. Eine Studie über das Regulativ des Verhältnisses von Staat und Gesellschaft, 1968 – F. RONGE, Legitimität durch S. Der Beitrag des S.prinzips zur Legitimation einer überstaatlichen politischen Ordnung in Europa, 1998 (Lit.) – C. CALLIESS, S.- und Solidaritätsprinzip in der Europäischen Union, 1999² – P. BECKER, Die S.prüfung in Bundestag und Bundesrat – ein rechtliches oder ein politisches Instrument?, in: ZPol 23 (2013), 5–37.

Frank Ronge

Subsistenz

1. Begriff. Das Wort S. geht auf das lat. ‚subsistentia' ‚Selbständigkeit' zurück. Mit S. werden Güter zur Sicherung des Lebensunterhaltes bzw. der Befriedigung von materiellen wie sozialen oder kulturellen Grundbedürfnissen bezeichnet. In Ökonomie, Sozialpolitik und Familienrecht hat der S.-Begriff unterschiedliche Bezüge. In der Ökonomie wird unter S. als Begriff für – in der Regel – landwirtschaftliche Betätigung zur Eigenversorgung verwendet. In der Sozialpolitik wird er als Synonym für Existenzminimum und allgemeiner – etwas veraltet – auch für Lebensunterhalt verwendet.

2. S. als Merkmal rückständigen Wirtschaftens. In der Wirtschaftsgeschichte wird seit der klassischen Nationalökonomie im Gefolge von SMITH (Wealth of Nations 1776) die S.-wirtschaft von der Markt- bzw. Erwerbswirtschaft unterschieden.

Als Prototyp der S.-ökonomie gilt die landwirtschaftliche Bedarfswirtschaft mit Merkmalen wie Produktion nur zur Bedarfsdeckung, geringer makroökonomischer Arbeitsteilung, Märkten nur auf lokaler Ebene, wenig entwickeltem Geldsystem. Auch bei lokaler handwerklicher Güterproduktion kann von s.-wirtschaftlichen Strukturen gesprochen werden, sofern sie nur für einen begrenzten lokalen Markt produzieren oder nur eigene Rohstoffe verwenden.

Die S.-Wirtschaft gilt in der traditionellen Wirtschaftswissenschaft als inferior. Sie ermögliche den Gesellschaftsmitgliedern lediglich ein bescheidenes Lebensniveau, wenn sie sie nicht gar in einem dauerhaften Entbehrungs- und Armutsstatus beließe. Sie gilt als statisch und innovationsarm. Gesellschaften mit S.-Wirtschaft werden als „unterentwickelt" und starr angesehen. Mit der s.-wirtschaftlichen Produktionsform gehe starke ökonomische und soziale Abhängigkeit und Kontrolle der Mitglieder einer Wirtschaftseinheit einher (vgl. NAVE-HERZ).

Die markt- bzw. erwerbswirtschaftliche, die kapitalistische Wirtschaftsform gilt demgegenüber als dynamisch, innovativ und freiheitlich. Nach dieser Lesart stellen die marktwirtschaftlichen Ökonomien nicht nur eine Weiter-, sondern eine Höherentwicklung dar.

S. gehört heute zu den entwicklungspolitischen Strategien für ärmere Länder, die von andauernder wirtschaftlicher Hilfe aus dem Ausland abhängig sind, ohne dass diese eine sich selbst tragende Ökonomie aufzubauen vermocht hätten. Die sozialen und wirtschaftlichen Strukturen seien durch Kolonialismus und Postkolonialismus, durch Ausbeutung der Rohstoffe bzw. Enteignung des Bodens, durch Bürgerkriege und Oligarchien so stark zerstört, dass subsistenzwirtschaftliche Strukturen einen mehr oder weniger robusten Neuanfang wirtschaftlichen Eigenlebens – wenn auch zunächst auf bescheidenem Niveau darstellen könnten (vgl. BRÜNTRUP).

3. S. als Leitbild alternativen Wirtschaftens. Neuere Ansätze und praktische Versuche, Alternativen zum kapitalistischen wie staatswirtschaftlichen Wirtschaftssystem zu entwickeln, wurden seit den späten 1960er Jahren in zahlreichen westlichen Ländern entwickelt, u. a. alternative Wirtschaftsbetriebe, die neben s.-wirtschaftlicher Güterproduktion auch bestrebt waren, Umwelt und Rohstoffe zu schonen bzw. letztere wieder zu verwerten („Ökologische Kreislaufwirtschaft") sowie als Lebensform kommunitäre Alternativen zur traditionellen patriarchalen Kleinfamilie zu etablieren.

Damit erhielt der S.-Gedanke einen völlig neuen Rang als Ferment eines kritischen bzw. alternativen Ökonomie- und Gesellschaftsentwurfs. S.-Wirtschaft ist nach diesen Ansätzen der kapitalistischen Produktionsweise und Gesellschaftsordnung überlegen, weil sie die Trennung bzw. Entfremdung der Produzenten von den Gütern, die ausbeuterische Abhängigkeit und Verdinglichung der Sozialformen oder die Abhängigkeit von überflüssigem Konsum zu überwinden sich anschickt.

Jedoch gibt es auch in der kapitalistischen Ökonomie durchaus s.-wirtschaftliche Elemente, an die postkapitalistische S.-Wirtschaft anschließen könnte: Gärtnerische Eigenproduktion von Lebensmitteln, häusliche Zubereitungsformen von Nahrung u. a., auf die die postulierten Eigenschaften der alternativen S.-Ökonomie durchaus zuträfen: Orientierung am Eigenbedarf, Nachhaltigkeit, Kollektivität. (vgl. EWERS, BENNHOLD-THOMSEN).

4. S. als Kategorie und Bezugsgröße für Primär- und Sekundäreinkommen. S. wird als Kategorie zur Bezeichnung und Messung von zum Lebensunterhalt notwendigen Einkommen für Löhne (Primäreinkommen) und in der Sozialpolitik (Sekundär- bzw. Transfereinkommen) sowie im Unterhalts- bzw. Familienrecht verwendet.

4.1 S.-Lohn. In den Auseinandersetzungen um die Soziale Frage des 19. Jahrhunderts und besonders innerhalb der sozialdemokratischen Fraktionen bzw. Gruppierungen der Arbeiterbewegung Deutschlands hatte das von LASSALLE formulierte Eherne Lohngesetz großen Einfluss. Angelehnt an die Malthussche Bevölkerungstheorie besagt es, dass der durchschnittliche Arbeitslohn in der Tendenz nicht über das Existenzminimum steige, auch wenn es zu vorübergehenden Lohnerhöhungen kommen sollte. Denn in Gefolge von Einkommensverbesserungen sei eine Bevölkerungsvermehrung mit Überangebot an Arbeitskräften zu erwarten, die dann wiederum auf die Höhe der Löhne drücke. Auch in der Theorie der Produktionspreise von SRAFFA (1886–1983) findet sich die Kategorie des S.-Lohns: Dieser sei zur Reproduktion der Arbeiterbevölkerung notwendig. Variiere er nach oben, versuchten die Unternehmer durch Produktivitätssteigerungen und Rationalisierungen Arbeitskraft einzusparen und damit wiederum die Lohnhöhe möglichst auf S.-Niveau zu drücken.

Auch wenn diese lohntheoretischen Ansätze heute empirisch als weitgehend widerlegt gelten, so wird die Kategorie der S. bei den Begründungen und Auseinandersetzungen um den tariflichen oder gesetzl. Mindestlohn als Größe zur Fixierung einer unteren Lohngrenze herangezogen, u. a. gegen den sich ausbreitenden Niedriglohnsektor.

4.2 S. als Bezugsgröße für Grundsicherung. S. wird in der Sozialpolitik und im Familienrecht als Synonym für Existenzminimum verwendet und bezeichnet das Niveau an verfügbaren Einkommen, das vorhanden sein muss, um ein menschenwürdiges Leben führen zu können. Dieses S.-Niveau wird im Grundgesetz nicht explizit gefordert, ist aber nach einhelliger Ansicht gemäß Artikel 1 (Menschenwürde) und 20 (Sozialstaatsgebot) zu gewährleisten.

Die in Deutschland nach unterschiedlichen Rechtskreisen etablierten Systeme zur Grundsicherung verstehen sich als Maßnahmen zur Armutsbekämpfung (Sozialhilfe) und/oder zur Aktivierung von Langzeitarbeitslosen (Arbeitslosengeld II „Hartz IV"). Sie werden im Wesentlichen als Geldleistungen erbracht und nach Regelsätzen gewährt, die nach Familienstand gestaffelt sind und die in ihrer Höhe, so die Begründung, das „sozio-ökonomische Existenzminimum" abdecken sollen. Kritisiert wird, dass sie zu niedrig angesetzt sind und somit die S. nicht gewährleisten können. Der Gedanke der S. spielt auch im Unterhaltsrecht eine Rolle, etwa beim Kindes- oder Unterhalt des Partners hinsichtl. der Untergrenzen der Unterstützung („Düsseldorfer Tabelle"). Ebenso sind Regelungen zum steuerrechtlichen Grundfreibetrag gem. § 52 EStG, die gewährleisten sollen, dass das zur Bestreitung des Existenzminimums nötige Einkommen nicht durch Steuern gemindert wird, sowie die in der Zivilprozessordnung festgelegten unteren Grenzen für pfändungsfreies Arbeitseinkommen (§ 860c) am S.-Gedanken orientiert.

A. SMITH, Der Wohlstand der Nationen, 1776 (letzte dt. Aufl. 1978) – F. LASSALLE, Das Arbeiterprogramm (1862) und Das Offene Antwortschreiben (1863), in: F. JENACZEK, Ferdinand Lassalle Reden und Schriften, 1970 – P. SRAFFA, Warenproduktion mittels Waren, 1976 – H.-D. EVERS, Wage Labour and Subsistence Production in the Shadow Economy, Working Paper No. 73, 1985 – M. BRÜNTRUP, Für eine Entideologisierung der Subsistenzwirtschaft", in: EVANGELISCHE AKADEMIE BAD BOLL (Hg.), Subsistenzökonomie: ein neues – altes –Konzept in der Entwicklungspolitik", S. 65–80, 1995 – V. BENNHOLDT-THOMSEN, Subsistenzwirtschaft, Globalwirtschaft, Regionalwirtschaft, in: M. JOCHIMSEN, u. a. (Hg.), Lebensweltökonomie in Zeiten wirtschaftlicher Globalisierung, S. 66–88, 2006 – R. NAVE-HERZ, Ehe- und Familiensoziologie 2013.

Martin Bellermann

Subventionen

1. Begriff. S. sind „Geldzahlungen oder geldwerte Leistungen der öffentlichen Hand an Unternehmer, von denen an Stelle einer marktlichen Gegenleistung in der Regel bestimmte Verhaltensweisen gefordert oder doch erwartet werden" (SCHMÖLDERS). S. können als „Geschenke mit Erwartungen des Gebenden" charakterisiert werden, mit deren Hilfe der Staat bestimmte wirtschafts- u. gesellschaftspolitische Ziele erreichen möchte. In Wissenschaft u. Praxis wird allerdings kein einheitlicher S.-Begriff verwendet. So hat der Gesetzgeber in dem (alle 2 Jahre vorgeschriebenen) Subventionsbericht der Bundesregierung auf eine Legaldefinition verzichtet u. spricht dort lediglich von Finanzhilfen mit unterschiedlichen Zielsetzungen (Anpassungshilfen, Erhaltungshilfen, Produktivitätshilfen, Sonstige Hilfen) sowie von Steuervergünstigungen. Nach einer problemorientierten Definition, wie sie z. B. die deutschen Wirtschaftsforschungsinstitute zugrunde legen, gelten als S. alle staatlichen Unterstützungen an private Anbieter oder Nachfrager von speziellen Gütern oder Produktionsfaktoren, die für den S.-Empfänger die relativen Preise oder Kosten verändern u. entsprechende Verhaltensweisen auslösen sollen. In der finanzpolitischen Praxis wird der – meist negativ wertbeladene – S.-Begriff oft vermieden u. stattdessen verschleiernd z. B. von Prämie, Zuschuss, Zuwendung oder Beihilfe gesprochen.

2. Ausgestaltungsmöglichkeiten. S. werden vom Staat i. d. R. mit Auflagen verbunden. Diese lassen sich nach dem fallenden Freiheitsgrad in Empfangsauflagen, finanzielle Auflagen, Verhaltensauflagen u. Verwendungsauflagen unterteilen. Bei Empfangsauflagen ist lediglich der Nachweis der formalen Empfangsberechtigung erforderlich. Finanzielle Auflagen setzen eine gewisse Beteiligung des S.-Empfängers in Form einer Mitfinanzierung und/oder bei Krediten eine Übernahme des Schuldendienstes voraus. Verhaltensauflagen sollen eine gewünschte Änderung des Verhaltens des S.-Empfängers bewirken. Der geringste Freiheitsgrad liegt schließlich bei S. mit Verwendungsauflagen (Zweckzuwendungen) vor, bei denen die S.-Mittel für genau beschriebene Objekte (z. B. Investitionen) eingesetzt werden müssen.

3. Ziele. Traditionell werden einerseits die Vermeidung sozialer Härten (verteilungspolitische Ziele) u. andererseits die Förderung bestimmter Aktivitäten (Allokationsziele) genannt. Zu den Allokationszielen zählen z. b. die Forcierung des Strukturwandels, die Förderung wohlfahrtssteigernder, vom Markt unzureichend honorierter Aktivitäten wie z. B. anwendungsferner Grundlagenforschung oder die Sicherung eines funktionsfähigen Wettbewerbs (→Wettbewerbspolitik). In der politischen Realität dienen S. freilich häufig als Instrument der Konfliktlösung.

4. Normen. Anders als Steuern sind S. nicht systematisch in Normenkatalogen geregelt. In Deutschland existiert mit dem *S.-Bericht* zwar ein regelmäßiges Informationsinstrument. Am S.-Bericht ist allerdings aus der Wissenschaft vielfach Kritik – v. a. hinsichtlich Aussagefähigkeit u. Stellenwert für einen S.-Abbau – geäußert worden. Immerhin wird durch ihn die S.-Problematik in gewissen Abständen in das öffentliche Bewusstsein gerückt. Auf internationaler Ebene existieren insbesondere in der EU wichtige S.-Vorschriften, unter denen das grundsätzliche Verbot „wettbewerbsverfälschender Beihilfen" (Art. 107 AEUV) eine zentrale Rolle einnimmt (→Europarecht). Die in dem Art. vorgesehenen Ausnahmen (u. a. für „Beihilfen sozialer Art" und die „Förderung benachteiligter Gebiete") eröffnen aber erhebliche politische Spielräume für wettbewerbsverzerrende Beihilfen.

5. Probleme. Probleme von S. betreffen zunächst (1) *allgemeine Gestaltungsprobleme* (Einsatzstelle, Tarif, Auflagen), (2) *Effizienzprobleme* bei der Umsetzung (Zielgenauigkeit, Beherrschbarkeit) sowie (3) *fiskalische Probleme* (Beschränkung des fiskalischen Handlungsspielraums). Von entscheidender Bedeutung ist (4) die Tatsache, dass S. den *Strukturwandel behindern* können, indem sie nicht mehr lebensfähige Branchen oder Sektoren künstlich am Leben erhalten; typische Kennzeichen einer solchen Fehlentwicklung sind Folgesubventionen, Subventionswettläufe u. die Herausbildung einer Subventionsmentalität. Schließlich lässt sich (5) zeigen, dass S. zu *gesamtwirtschaftlichen Wohlfahrtsverlusten* führen können.

6. S.-Abbau. Grundvoraussetzung für den Abbau ist die Erhöhung der Transparenz der öffentlichen S.-Vergabe. Als Strategien bieten sich instrumentelle Ansätze (z. B. lineare S.-Kürzung, Plafondierung) u. institutionelle Ansätze (z. B. Automatismen, Kompetenzverlagerung an Institutionen außerhalb des politischen Prozesses) an. Alle Versuche eines durchgreifenden

Abbaus sind bislang allerdings weitgehend erfolglos geblieben, wofür die „Neue Politische Ökonomie" Erklärungsansätze liefert. So sind S. für Politiker ein geeignetes Mittel, um Wählerstimmen zu gewinnen; auch Bürokraten können durch S. ihren diskretionären Handlungsspielraum erhöhen; schließlich stellen S. ein typisches Betätigungsfeld für Interessengruppen (→Interesse) dar, die gegen den Abbau von S. erfolgreich Widerstand leisten.

N. ANDEL, Finanzwissenschaft, 1998[4] – K.-H. HANSMEYER, Transferzahlungen an Unternehmen (S.), Handbuch der Finanzwissenschaft, Bd. I, 1977[3] – G. SCHMÖLDERS, Finanzpolitik, 1970[3] – H. ZIMMERMANN/K.-D. HENKE/M. BROER, Finanzwissenschaft, 2012[11].

Rolf Caesar

Sucht

1. Verbreitung von Substanzkonsum und -abhängigkeit in Deutschland. Die verfügbaren Zahlen zu Ausmaß und Mustern des Konsums legaler und illegaler psychoaktiver Substanzen in Deutschland sind zwangsläufig statistischen Verzerrungen unterworfen. Insbesondere im Bereich des illegalen Drogengebrauchs werden nur Bruchteile der Gesamtpopulationen an Konsumenten über in erster Linie Hilfeeinrichtungen, aber auch die Polizei und das Justiz- und Haftsystem erfasst. Als näher an der tatsächlichen Situation können Zahlen hinsichtlich gesellschaftlich akzeptierter bzw. tolerierter Drogen wie Alkohol und Tabak beurteilt werden, da der legale Status hier den Zugang erleichtert. Des Weiteren gibt es keine einheitlichen Handhabungen von regions- und bundesrelevanten Konsumerhebungen in bestimmten zeitlichen, wie z. B. Jahresintervallen. Die bedeutendsten Repräsentativerhebungen zu deutschem Substanzkonsum auf Bundes- und z. T. Länderebene umfassen den vom Institut für Therapieforschung München (IFT) zuletzt 2012 erhobenen Epidemiologischen Suchtsurvey (ESA), im Jugendbereich die von der Bundeszentrale für gesundheitliche Aufklärung (BZgA) zuletzt 2011 erhobene Drogenaffinitätsstudie (DAS), die Europäische Schülerstudie zu Alkohol und anderen Drogen (ESPAD), vom IFT zuletzt 2011 erhoben, und spezifisch zu jugendlichem Alkoholgebrauch den Alkoholsurvey der BZgA, der zuletzt 2014 erhoben wurde. Weitere Konsumdaten werden ergänzend im Rahmen des Mikrozensus des Statistischen Bundesamtes sowie in substanzspezifischen und regionalen Studien v. a. von der BZgA und dem IFT erhoben. Weitere deutschlandrelevante Daten werden durch die *Health Behaviour in School-aged Children*-Studie (HBSC) und 2007 erstmals den Kinder- und Jugendgesundheitssurveys (KiGGS) bezogen (vgl. REITOX-Bericht 2013, S. 21–23).

Unter Berücksichtigung der genannten Uneinheitlichkeiten lassen sich dennoch Konsumtrends aus den zur Verfügung stehenden Daten ableiten wie im Folgenden exemplarisch für Alkohol und illegale Substanzen dargestellt wird.

1.1 Alkohol. Laut ESA haben zum Erhebungszeitpunkt im Jahr 2012 71,5 % der 18- bis 64-jährigen Deutschen in den letzten 30 Tagen Alkohol konsumiert (A. PABST et al.) In den letzten zwei Jahrzehnten konnte eine kontinuierliche leichte Konsumreduktion beobachtet werden von pro Kopf 11,1l reinen Alkohols 1995 über 10,0l 2005 zu 9,7l 2012 (GAERTNER et al.). Insbesondere sichtbar wurde der rückläufige Trend bei jungen Menschen im Alter von 12 bis 25 Jahre (BZgA, 2012, 2014).

Bei den 12- bis 17-jährigen gaben 2014 13,2 % an, in den letzten 30 Tagen regelmäßig mindestens einmal pro Woche Alkohol getrunken zu haben – im Vergleich zur Höchstzahl 28,5 % im Jahr 1986 weniger als halb so viele. Eine ähnlich deutliche Langzeitreduktion zeigen die 18 bis 25-jährigen mit 37,5 im Vergleich zu 70 % im Höchstjahr 1976. Auch das Rauschtrinken (bei Frauen 4, bei Männern 5 Alkoholkonsumeinheiten zu einer Trinkgelegenheit) spiegelt bei den 12- bis 17-jährigen mit 25,5 % im Jahr 2007 auf 15,4 % im Jahr 2014 eine signifikante Reduktion wider (B. ORTH/J. TÖPPICH, 2015).

Es wird vermutet, dass sich die Zahlen für missbräuchlichen bzw. abhängigen Konsum gemäß den Kriterien des DSM IV in der Allgemeinbevölkerung 2012 auf 3,1 bzw. 3,4 % (PABST et al., 2013) beliefen und jährlich mindestens 74000 Menschen (wahrscheinlich weitaus mehr) aufgrund von Alkoholkonsum sterben.

1.2 Illegale Drogen. Den aktuellsten ESA-Ergebnissen entsprechend haben 2012 74,1 % der Befragten noch nie illegale Drogen gebraucht und zum Erhebungszeitpunkt weniger als 4,9 % im letzten Monat. Bei den 12- bis 17-jährigen haben der DAS 2011 nach 7,2 % mindestens einmal in ihrem Leben eine illegale Droge, zumeist Cannabis, konsumiert, 4,9 % in den letzten 12 Monaten und 2 % in den letzten 30 Tagen. Regelmäßig, mehr als 10 Mal im Jahr, konsumierten 0,9 %. Sowohl bei jugendlichen als auch erwachsenen KonsumentInnen zeigt sich beim Cannabisgebrauch zwischen 2003 und 2012 eine fallende bzw. leicht fallende Tendenz (T. PFEIFFER-GERSCHEL et al.).

Die Prävalenz für problematischen illegalen Drogenkonsum in Deutschland wird im Vergleich zu Alkohol mit 0,47 % der 15- bis 64-jährigen Bevölkerung signifikant geringer (B. ORTH/D. PIONTEK/L. KRAUS) und im internationalen Vergleich (EMCDDA) relativ niedrig eingeschätzt. Eine Abhängigkeit von entweder Cannabis, Kokain oder Amphetamin wird auf insgesamt 319000 bzw. 0,5, 0,2 und 0,1 % unter den 18- bis 64-jährigen hochgerechnet (gemäß DSM-Kriterien, A. PABST et al., 2013). Wie auch beim Alkoholkonsum übersteigen die Zahlen der betroffenen Männer die der Frauen wesentlich (jeweils 0,8 im Vergleich zu 0,2 %).

Die Anzahl der registrierten Todesfälle aufgrund von illegalem Drogenkonsum belief sich 2013 auf 1002 (M. Hoffmann, 2015).

Bezüglich der gemessenen Gebrauchs-, Missbrauchs- und Abhängigkeitsraten bei sowohl legalen als auch illegalen Drogen übertreffen in allen Altersklassen grundsätzlich die Männer die Frauen bzw. die Jungen die Mädchen.

2. Prävention. In den 1970er und 1980er Jahren verfolgte die Drogen- und Suchtprävention, deren Zielgruppe v. a. junge Menschen sind, weitgehend völlige Abstinenz von illegalem und die Vermeidung von missbräuchlichem, legalen Drogengebrauch mittels Abschreckung. Mit dem Realisieren, dass abschreckende Informationsvermittlung meist zu erfolglosen oder sogar kontraproduktiven Ergebnissen führte, verschob sich der Fokus in den 1990er Jahren dahingehend, sogenannte *Life Skills* zu fördern (P. Franzkowiak/H. Schlömer, 2003). Seit der Jahrtausendwende etabliert sich das Verständnis von jugendlichem illegalem und riskantem legalem Substanzkonsum als tendenziell entwicklungsaufgabenbezogen und damit zeitlich begrenzt. Somit erfährt die Stärkung von Risikokompetenz und Resilienz seit Beginn des Jahrtausends eine wachsende Fokussierung in bundesdeutschen Präventionsprogrammen, wie z. B. HaLT (Hart am LimiT, Alkoholprävention bei Kindern und Jugendlichen auf Bundesebene, vgl. S. Lang/H. Kuttler, 2011).

Hier wie in der Erwachsenenprävention und -intervention bzgl. legalen und illegalen Gebrauchs findet zudem die Motivierende Gesprächsführung (W. R. Miller/S. Rollnick, 2015), deren Ziel die Förderung von Änderungsbereitschaft bei gesundheitsschädlichem Verhalten ist, erfolgreich Anwendung.

3. Intervention. Wie in der Prävention bestimmt auch in der Intervention das gängige Sucht- bzw. Abhängigkeitsverständnis das aktuelle Angebot der Suchthilfe. Ab Ende der 1960er Jahre (E. Bähren et al., 2011) dominierte das Verständnis von Substanzabhängigkeit als Krankheit lange Zeit die Suchthilfe mit dem Abstinenzparadigma und Interventionsformen wie Langzeittherapie und seit Mitte der 1970er Entwöhnungssubstitution für Opiatabhängige (H. H. Bräutigam, 1989). Im Zuge der sich etablierenden schadensminimierenden Drogenarbeit fanden seit den 80ern überlebenssichernde, niedrigschwellige Angebote wie Kontaktläden, Notunterkünfte, Safer Use-Maßnahmen und Konsumräume sowie partizipative Methoden wie Peeransätze in steigendem Maße Anwendung und Verbreitung. Heute ist die Auffassung von Abhängigkeit als einem bio-psycho-sozialen Phänomen weitverbreitet. Das aktuelle Suchthilfesystem setzt sich aus ambulanter Suchtberatung, niedrigschwelligen Angeboten, Entgiftung und Entzug, ambulanter und stationärer medizinisch-psychologischer und sozio-ökonomischer Rehabilitation und Selbsthilfe (Jahrbuch Sucht der DHS, 2013) sowie der Substitutionsbehandlung von Opiatabhängigen (Langer, Wittchen, Bühringer & Rehm, 2011, 202) zusammen.

Als Beispiel eines innovativen Ansatzes in der niedrigschwelligen, peerinvolvierenden Arbeit mit legalen und illegalen Drogenkonsumierenden und -abhängigen wird an der Evangelischen Hochschule Freiburg z. Z. ein Manual zur Gemeinsinnförderung in Substanzkonsumkulturen (vgl. M. Schreiber, 2014 und A. Stallwitz, 2012, 2014) entwickelt.

3.1 Behandlungs- und Einrichtungsträger. In der Behandlung von sog. Abhängigkeitserkrankungen werden die anfallenden Kosten bei Akutbehandlungen von den Krankenkassen und bei medizinischer Rehabilitation von den Rentenversicherungsträgern übernommen. Die ambulanten und stationären Suchthilfeeinrichtungen werden v. a. von staatlichen und kirchlichen, oftmals gemeinnützigen Trägern finanziert. Beispiele für auf Bundesebene etablierte evangelische, katholische und nichtkonfessionelle Einrichtungsträger umfassen die Diakonie und die Johanniter (evangelisch), den Caritas-Verband und die Malteser (katholisch) sowie die Guttempler und allgemein-staatliche Institutionen (nicht-konfessionell).

H. H. Bräutigam, Heroinentzug durch Remedacen. Daß es hilft, ist unerheblich, Die Zeit, 17. März 1989 – U. John/M. Hanke (2002), Alcohol-attributable mortality in a high per capita consumption country – Germany, in: Alcohol and Alcoholism 37(6), 581–585, 2002 – P. Franzkowiak/H. Schlömer, Entwicklung der Suchtprävention in Deutschland: Konzepte und Praxis, in Suchttherapie 2003; 4, 175–182 – S. Lang/H. Kuttler, Projekt HaLT – Hart am LimiT. Frühintervention und kommunal verankerte Strategie zur Verhinderung von riskantem Rauschtrinken bei Kindern und Jugendlichen, in: Wiener Zeitschrift für Suchtforschung, (30) 1, 27–37, 2007 – L. Kraus/A. Pabst/D. Piontek, Europäische Schülerstudie zu Alkohol und anderen Drogen 2011 (ESPAD), 2011 – M. Adams/T. Effertz, Die volkswirtschaftlichen Kosten des Alkohol- und Nikotinkonsums, in: M. V. Singer/A. Batra/K. Mann (Hg.), Alkohol und Tabak. Grundlagen und Folgeerkrankungen 57–61, 2011 – E. Bähren et al., Jugend. Sucht. Hilfe. Kooperationen zwischen den Hilfesystemen. Materialien M7. Münster: LWL-Landesjugendamt, Schulen und Koordinationsstelle Sucht, 2011 – Bundeszentrale für gesundheitliche Aufklärung, Die Drogenaffinität Jugendlicher in der Bundesrepublik Deutschland 2011, 2012 – A. Stallwitz, The role of community-mindedness in the self-regulation of drug cultures. A case study from the Shetland Islands, 2012, www.oapen.org/download?type=document&docid=418016 – A. Pabst et al., Substanzkonsum und substanzbezogene Störungen in Deutschland im Jahr 2012, in: Sucht, 59(6), 321–331, 2013 – T. Pfeiffer-Gerschel/I. Kipke/S. Flöter/L. Jakob/A. Budde/C. Rummel/A. Casati/H. Hergenhahn/B. Orth/B. Werse, Bericht 2013 des nationalen REITOX-Knotenpunkts an die EBDD. Neue Entwicklungen und Trends DEUTSCHLAND Drogensituation 2012/2013, München: Deutsche Beobachtungsstelle für Drogen und Drogensucht, 2013 – A. Stallwitz, Community-Mindedness: Protection against Crime in the Context of Illicit Drug Cultures? International Journal of Rural Criminology, (2)2, 166–208, 2014 http://hdl.handle.net/1811/61595 – European Monitoring Centre for

Drugs and Drug Addiction (EMCDDA) (2014). Data and statistics. Lisbon www.emcdda.europa.eu/data/2014 – M. SCHREIBER, Blick über die Grenzen – Nutzbarkeit des Gemeinsinns in Drogenkulturen. Suchttherapie 2014, 15(03), 98–99, 2014 – M. HOFFMANN, Rauschgiftlage 2013, in: Deutsche Hauptstelle für Suchtfragen (Hg.), Jahrbuch Sucht 2015 – B. GAERTNER/J. FREYER-ADAM/C. MEYER/U. JOHN, Alkohol – Zahlen und Fakten zum Konsum. In: Deutsche Hauptstelle für Suchtfragen (Hg.), Jahrbuch Sucht 2015 – W. R. MILLER/S. ROLLNICK, Motivierende Gesprächsführung. Freiburg: Lambertus Verlag 2015[4] – B. ORTH/D. PIONTEK/L. KRAUS, Illegale Drogen. Zahlen und Fakten zum Konsum, in: Deutsche Hauptstelle für Suchtfragen. (Hg.), Jahrbuch Sucht 2015 – B. ORTH/J. TÖPPICH, Der Alkoholkonsum Jugendlicher und junger Erwachsener in Deutschland 2014. Ergebnisse einer aktuellen Repräsentativbefragung und Trends. Bundeszentrale für gesundheitliche Aufklärung, 2015 – K. LANGER/H.-U. WITTCHEN/G. BÜHRINGER/J. T. REHM, Die Substitutionsbehandlung Opiatabhängiger: Grundlagen, Versorgungssituation und Problembereiche, in: Suchtmedizin in Forschung und Praxis, 13(5), 202–212.

Anke Stallwitz

Suffizienz

1. Begriff. Suffizienz ist ein Begriff aus der Nachhaltigkeitsdebatte und bezeichnet eine Lebensführung orientiert am „rechten Maß". Der Begriff der Suffizienz wird in der Diskussion über Nachhaltige Entwicklung oft im Dreiklang mit den Konzepten der „Effizienz" und der „Konsistenz" gesehen. Die Idee der Suffizienz sensibilisiert dafür, dass ein gutes Leben oft einhergeht mit Ansätzen eines „Weniger", „Langsamer" oder „Anders". Die Losung des 34. Evangelischen Kirchentages in Hamburg im Jahr 2013 brachte die Idee der Suffizienz mit der Losung „Soviel Du brauchst" prägnant auf eine Formel.

2. Hintergrund/Herkunft der Debatte. Lange konzentrierte sich die Diskussion über Nachhaltige Entwicklung auf Lösungen zur Erhöhung der ökologischen Effizienz, d. h. die Bereitstellung von Dienstleistungen mit ökologisch effizienteren Technologien, sowie der Konsistenz, d. h. die Einführung ökologisch verträglicher Produkte und Produktionsmethoden – wie z. B. Erneuerbaren Energien oder ökologisch abbaubaren Materialien. Man hoffte, damit ökonomisches Wachstum vom Umweltverbrauch zu entkoppeln. Trotz erheblicher Erfolge bei der Steigerung von ökologischer Effizienz- und Konsistenz haben die meisten relevanten globalen Umweltbelastungen dennoch weiter zu- und nicht abgenommen. Die ökologischen Produktivitätsgewinne wurden durch Wachstumseffekte mehr als überkompensiert.

Daher wird seit einigen Jahren in der Nachhaltigkeitsdebatte von der Notwendigkeit einer „doppelten Entkopplung" gesprochen: Demnach muss sich nicht nur die Umweltbelastung vom ökonomischen Wohlstand entkoppeln (durch ökologische Effizienz- und Konsistenzsteigerungen), sondern ist es auch notwendig, „gutes Leben" vom ökonomischen Wohlstand zu entkoppeln. Diese „Entkopplung 2. Ordnung" wird insbesondere durch Ansätze der Suffizienz erreicht. Die Diskussion über Suffizienz knüpft damit sowohl an Konzeptionen zur Postwachstumsgesellschaft (Zahrnt) als auch zu erweiterten Wohlstandsverständnissen an, wie sie u. a. von der OECD diskutiert werden („How is Life"-Indikatoren).

3. Ausprägungen. WOLFGANG SACHS hat schon Mitte der 1990er Jahre eine eingängliche Konkretisierung von Suffizienz geprägt. Er charakterisiert Suffizienz mit vier „E"s: (1) der Entrümpelung, (2) der Entschleunigung, (3) der Entflechtung und (4) der Entkommerzialisierung. (1) Entrümpelung zielt dabei auf ein „Weniger", die Beschränkung auf wirklich wichtige Dinge, denen dann aber ausreichend Aufmerksamkeit geschenkt wird. Entrümpelung ist eine Antwort auf das „immer Mehr" moderner Wohlstandsgesellschaften, ohne dass dieses „Mehr" zu einer Erhöhung der Lebensqualität beiträgt. (2) Entschleunigung ist die Antwort auf die Beschleunigungsprozesse moderner Gesellschaften. Gerade die Beschleunigung wird heute vielfach als wichtiger Grund für Stress und verminderte Lebensqualität wahrgenommen. (3) Entflechtung ist die Antwort auf Globalisierung und Phänomene der räumlichen Entwurzelung und zielt auf die Wiedererstarkung lokaler und regionaler Bezüge. (4) Entkommerzialisierung wendet sich gegen die ökonomische Durchdringung von immer mehr Lebensbereichen. Durch Suffizienz und die Verwirklichung der 4 „E"s sollen Lebensformen erleichtert werden, die wieder vermehrt „Resonanzerfahrungen" (H. Rosa) im Leben ermöglichen.

4. Suffizienzpolitik. Suffizienz zielt im ersten Schritt auf eine angepasste individuelle Lebensführung. Ideen der Suffizienz können sich dabei als individuelle Tugend sowohl auf schon in der europäischen Antike als auch in asiatischen und anderen Kulturen verankerte Wertvorstellungen stützen. Eine zentrale Frage ist, ob Suffizienz als grundsätzliche Handlungsorientierung ein Kompass für gesellschaftliches Handeln jenseits einzelner Lebensentwürfe dienen kann. Dieser Frage widmet sich die Konzeption einer „Suffizienzpolitik" (SCHNEIDEWIND/ZAHRNT), die darauf zielt, gutes, im Sinne von suffizienten Leben für viele Menschen „einfacher" zu machen. Die Idee der Suffizienzpolitik ist von der Überzeugung getragen, dass tägliche Lebens- und Handlungsmuster stark durch die vorgefundenen technologischen, infrastrukturellen, politischen und ökonomischen Rahmenbedingungen geprägt werden. Angepasste Lebensstile benötigen daher eine ermöglichende Politik: Diese reicht von fahrrad- und fußgängergerechten Städten über neue Formen der Arbeitszeitpolitik bis hin zu „ökologisch wahren Preisen" von Produkten und Dienstleistungen.

U. Schneidewind/A. Zahrnt, Damit gutes Leben einfacher wird. Perspektiven einer Suffizienzpolitik. oekom-Verlag, 2013.

Uwe Schneidewind

Suizid / Selbstmord

1. Geschichtlich. In den Religionen ist die Einstellung zum S. verschieden. Im *Islam* ist der S. streng verboten. Selbstmordattentate im Kampf gegen Ungläubige können aber als Märtyrertod eingestuft werden, wenn sie die Billigung religiöser Führer finden. Im *Buddhismus* wird der S. gebilligt, wenn er in einem konzentriert ruhigen Gemütszustand und im Vertrauen auf einen Buddha geschieht. Im *Hinduismus* kann der Freitod Lohn für ein frommes asketisches Leben sein. Die freiwillige Witwenverbrennung durch Springen ins Leichenfeuer des Ehemanns wird noch heute in Indien praktiziert und soll vor Wiedergeburten bewahren.

Die →Bibel erwähnt sechs S.e (NT nur Judas), nimmt aber keine eindeutigen Bewertungen vor. Erst Augustinus (De civitate Dei I,17–27) betonte, dass das Tötungsverbot (Ex 20,13) das Verbot des S. einschließe. Hintergrund war die Martyriumssehnsucht in der Alten Kirche und die vor allem von stoischen Philosophen (Seneca u. a.) vertretende Ansicht, dass der weise Mensch sich auch im Sterben als freier Herr seiner selbst erweisen und daher den frei gewählten dem natürlichen und entwürdigenden Tod vorziehen solle. Augustinus betont dagegen unter Bezug auf Platon (Phaidon 62 b-c), dass der Mensch nicht Besitzer seines Lebens sei und sich daher nicht töten dürfe. Die Synoden von Arles (452) und Braga (563) erklärten den S. zum Verbrechen. Thomas von Aquin ergänzte das theol. Argument gegen den S. mit dem Hinweis auf die →Pflicht, dem natürlichen Selbsterhaltungstrieb nicht zu widersprechen, und dem Argument des Aristoteles (Nikomachische Ethik 1138a), dass der S. ein Unrecht gegenüber der „Polis" sei. Im Mittelalter galt der S. als Todsünde, zumal er die Reue und den Empfang der Vergebung durch die Kirche unmöglich mache. Ein Begräbnis auf geweihtem Friedhof und Seelenmessen für den Toten wurden verweigert. Für M. Luther war der S. nicht Ausdruck von Hochmut und angemaßter →Autonomie. Er sah den wesentlichen Grund in der Schwermut, die von satanischen Anfechtungen des Glaubens an den offenbaren Gott begleitet ist, deren Opfer der Mensch wird. Zwar habe der →Staat abschreckende Maßnahmen zu ergreifen, Aufgabe der Kirchen aber sei es, durch Beschützung und Zuspruch des Evangeliums vor S. zu bewahren. Zwischen dem S. als Tat und dem Selbstmörder sei zu unterscheiden, letzterer sei nicht zu verdammen und durchaus wie andere Tote kirchlich auf Friedhöfen zu beerdigen; eine Empfehlung, die auch die ev. Kirchen schon bald nicht mehr befolgten. Eine grundsätzliche Änderung dieser Begräbnispraxis der Kirchen vollzog sich erst mit der veränderten Bewertung des S. nach dem 2. Weltkrieg.

Nach S. Kierkegaard ist der S. Ausdruck des Untergangs der →Freiheit in der *Angst*, in der der Mensch nicht zu Gott findet sondern sich an Endliches klammert und daran verzweifelt. Die philosophische Beurteilung folgt weitgehend der stoischen →Tradition, sieht im S. ein Spezifikum menschlicher Freiheit. Zwar verwirft I. Kant den S. mit der Begründung, dass die Autonomie des sittlichen Subjekts nicht das →Recht einschließe, die Bedingung der eigenen Möglichkeit auszulöschen, doch ziehen andere (D. Hume, J. G. Fichte) aus der Autonomie die gegenteiligen Schlüsse, loben den freien Tod, „der kommt, weil *ich* will" und nicht, weil die „Natur" oder „ein Gott" es will (F. Nietzsche). Vorausgesetzt wird, dass das →Leben Besitz des Menschen sei, er daher über es frei verfügen dürfe. In dieser Haltung sahen D. Bonhoeffer, K. Barth u. a. eine angemaßte Autonomie, eine Leugnung dessen, dass der Mensch Geschöpf und das Leben Leihgabe Gottes und nicht Besitz des Menschen ist. Das Leben zu nehmen ist nur „Sache dessen, der es dem Menschen gegeben" hat (K. Barth, III/4KD, 460f.). Der Mensch erleidet das Lebensende „in einer Passivität, die durch die Aktivität des Schöpfers bedingt ist" (E. Jüngel, Tod, 1971, 116). Seit Ende des 20. Jh.s vertreten auch Theologen (z. B. H. Küng) die These, dass Gott dem Menschen mit der Freiheit auch das →Recht gebe, Art und Zeitpunkt des eigenen Todes selbst zu bestimmen, um schwere Lebenssituationen zu vermeiden (→Euthanasie).

2. Humanwissenschaftlich. Der S. ist ganz überwiegend der „Abschluss einer krankhaften (seelischen) Entwicklung" (E. Ringel). Er ist Folge des Verlusts von Freiheit in psychischen und psychosozialen Krisen und meist eine Tat aus Verzweiflung. Die Zahl der vollendeten S. hat sich in Deutschland von ca. 18.800 im Jahre 1982 (BRD u. DDR) auf ca. 10.000 im Jahre 2013 verringert. Dabei kommen auf eine Frau zwei Männer und auf einen S. ca. 10 S.versuche (sie überwiegen bei Frauen), bei denen überwiegend weiche Methoden mit offenem Ausgang (z. B. Tablettenvergiftung) gewählt werden. Sie sind meist Hilfeschreie (besonders bei Jugendlichen; →Jugend). Wesentliche Ursachen sind seelische Erkrankungen (vor allem Depressionen), Suchtmittelabhängigkeit, soziale Faktoren wie Vereinsamung, schwere Lebenskrisen (Tod des Partners, Scheidung, →Arbeitslosigkeit u. a.), selten körperliche ohne gleichzeitige psychische Krankheiten. Die S.rate (im Jahre 1980 in der DDR 33, BRD 20, Deutschland 2012 ca. 12, Männer 18, Frauen 6 pro 100.000 Einwohner) steigt im →Alter stetig an, S.versuche enden meist tödlich. Der S. im Alter ist meist Folge reaktiver Depressionen aufgrund von Gefühlen der Nutz-, Sinnlosigkeit, sozialer Isolierung, Hilfsbedürftigkeit u. a., trägt oft Züge einer negativen *Lebensbilanzierung*, an der deutlich wird, dass der S. auch primär soziale Ursachen haben kann, insbesondere fehlende soziale Integration, Zerfall familiärer und auch religiöser Bindungen. Das bestätigt insbesondere für alte Menschen die „Anomiethese" von E. DURKHEIM, nach der die S.rate den Zerfall sozialer Ordnungen widerspiegelt.

Lerntheoretische Ansätze deuten S. als Folge erlernter Hilflosigkeit, psychoanalytische Theorien als Aggression, die eigentlich dem gilt, den die →Person als Liebesobjekt der frühen Kindheit internalisiert hat, durch den sie aber zugleich tief verletzt wurde (S. FREUD), oder als Versuch der Regression in einen Primärzustand, in dem ein Leben in Geborgenheit ohne Kränkungen des Selbstwertgefühls gesucht wird. Der S. ist so gesehen Ausdruck der Suche nach einem „erlösten" →Leben.

3. Rechtlich. Seit dem Reichsstrafgesetzbuch von 1871 wird auf eine Bestrafung des S.versuchs verzichtet. Die Rechtsprechung hat jedoch bis heute kein *Recht* auf S. anerkannt. Nach Ansicht vieler Philosophen und Juristen ergibt sich ein Recht auf S. aber aus einem Verständnis von *Menschenwürde* (GG Art. 1.1), deren Inhalt primär mit →*Autonomie* gefüllt wird. Da der S. straffrei ist, ist in Deutschland (im Gegensatz zu den meisten anderen Ländern) auch die Beihilfe zum S. straffrei, wenn die Letztentscheidung über die Tatherrschaft beim Betroffenen liegt. Seit 2015 ist sie strafbar, wenn sie als wiederholte Dienstleistung und auf Gewinn zielend betrieben wird. Nahestehende Personen, die Beihilfe zum Tode leisten, bleiben straffrei. Eine ausdrückliche →Pflicht des Staates, Menschen vor S. zu schützen, gibt es nicht, wohl aber ein Recht dazu, das im Polizeirecht allerdings doch als Pflicht zur Verhinderung des S. ausgelegt und in der Regel in Form einer Unterbringung in einer psychiatrischen Einrichtung durchgeführt wird. Personen, die eine „Garantenpflicht" haben (vor allem Ärzte) können nach S.versuchen zur lebensrettenden Hilfe verpflichtet sein. Eine zwangsweise präventive Behandlung bei Suizidalität und nach S.versuchen wird seitens der Ärzte mit der Pflicht begründet, Leben zu bewahren, und dem Hinweis, dass suizidale Menschen in ihrem freien Willen in krankhafter Weise eingeschränkt sind und sie eigentlich leben möchten. Über die Zwangsbehandlung wird derzeit ebenso gestritten wie über eine Erlaubnis ärztlicher Beihilfe zum S. (→Euthanasie).

4. Ethisch und seelsorgerlich. Derzeit wird wieder ein *Recht* auf S. gefordert. Es setzt voraus, dass der Mensch Herr und Besitzer seines Lebens ist und allein nach seinem Ermessen über es verfügen darf. Das kann theol. nicht bejaht werden, weil damit geleugnet wird, dass es „über den Menschen einen Gott gibt" (D. BONHOEFFER). Auch Urteile, nach denen das eigene Leben „menschenunwürdig" oder „lebensunwert" ist und deshalb beendet werden darf, sind theol. problematisch und rechtfertigen den S. und die Beihilfe zum S. nicht (→Euthanasie). Der S. ist eine ethisch nicht zu billigende Möglichkeit und Wirklichkeit, die immer zu verhindern die menschlichen Möglichkeiten übersteigt. Es ist davon auszugehen, dass suizidale Menschen überwiegend leben möchten, aber keine Kraft mehr haben zu leben. Aufgabe ihnen gegenüber ist daher die Hilfe zum Leben. Als Krisenintervention ist der vorübergehend aufgezwungene Schutz des Menschen vor sich selbst unverzichtbar. Dabei ist der Mensch in seinen mitmenschlichen Beziehungen zu sehen. Jeder S. und S.versuch hinterlässt bei Angehörigen tiefe seelische Wunden und Schuldgefühle (→Schuld). Auch um das Leiden anderer zu vermeiden, hat das Verbot des S. in Prävention, Therapie und Seelsorge Voraussetzung und Grundlage zu sein, selbst wenn jedes „Leben-Müssen" nur sinnvoll ist, wenn es zum „Leben-Können" hinführt, das immer das →Risiko eines erneuten S.versuchs einschließt. Fast jeder S. ist ein aus tiefem Leiden geborenes, sich letztlich moralischer Bewertung entziehendes tragisches Scheitern am Leben, das wiederum neues Leid erzeugt. Seine letztgültige Beurteilung ist Gott zu überlassen. Auch der Mensch, der aus Verzweiflung S. begeht, steht nicht außerhalb der →Gnade und →Liebe Gottes. Die Prävention von S. ist eine gesellschaftliche, staatliche und kirchliche Aufgabe, die sich nicht auf Hilfen in Krisensituationen (z. B. durch Telefonseelsorge) beschränken darf, sondern auch den Bedingungen in der →Gesellschaft entgegenwirken muss, die das Entstehen solcher ausweglosen Lebenskrisen begünstigen.

E. RINGEL, Der Selbstmord. Abschluß einer krankhaften Entwicklung, 1953 – C. HILLGRUBER, Der Schutz des Menschen vor sich selbst, 1992 – A. HOLDEREGGER, Suizid – Leben und Tod im Widerstreit, 2002 – F. DECHER, Die Signatur der Freiheit. Ethik des Selbstmords in der abendländischen Philosophie, 2004 – U. EIBACH, Autonomie, Menschenwürde und Lebensschutz in der Geriatrie und Psychiatrie, 2005 – E. DURKHEIM, Der Selbstmord (Orig. franz. 1897), 2006 – M. WOLFERSDORF/E. ETZERSDORFER, Suizid und Suizidprävention, 2011 – E. J. BAUER/E. FARTACEK/A. NINDL, Wenn das Leben unerträglich wird – Suizid als philosophische und pastorale Herausforderung, 2011.

Ulrich Eibach

Systemtheorie

1. Begriff. S., aus dem griech.: Zusammenstellung, Gliederung. S.th sieht ihre Gegenstände bestimmt durch die Unterscheidung zwischen S. und Umwelt. Ein

Zusammenhang von Elementen unterscheidet sich durch Grenzziehung von seiner Umwelt. Allgemein unterscheidet S.th. zwischen technischen S., Trivialmaschinen, die aufgrund festprogrammierter Koppelungen Inputs in Outputs umwandeln, lebenden S., Organismen, die aufgrund ihrer eigenen Struktur, psych. S. (Personen) und soz. S., die auf der Basis von Sinn operieren.

2. S.th. Ansätze. Die soziolog. S.th. hat ihre Wurzeln zum einen in der biolog. S.th. (VON BERTALANNFY) und der Kybernetik (WIENER), zum anderen in der strukturell-funktionalen Theorie von PARSONS. Dieser konzipiert Gesellschaft als Handlungss. und fragt nach den Funktionen, die erfüllt werden müssen, um →Ordnung zu gewährleisten (Anpassung, Zielerreichung, Integration und Strukturerhaltung, sog. AGIL-Schema). Entsprechend dieser Funktionen differenziert sich Gesellschaft in ein ökonom. S. (Anpassung), ein polit. S. (Zielerreichung), ein soziales S. (Integration) und ein sozio-kulturelles S. (Strukturerhaltung). Der Austausch zwischen den Subs. wird durch symbolisch generalisierte Kommunikationsmedien (→Geld, →Macht, Einfluss, Vertrauen) gesteuert. In einer übergeordneten Perspektive lässt sich Gesellschaft als Subs. eines allgemeinen S. menschlicher →Handlungen analysieren, für das die organismischen, personalen und kulturellen Subs. wechselseitig Umwelten bilden.

3. Die S.th. NIKLAS LUHMANNS. LUHMANN knüpft an PARSONS an und stellt dessen Theorie auf neue Grundannahmen um. In seiner Theorie soz. S. nimmt er das Autopoiesiskonzept von MATURANA auf und verbindet es mit der Logik der Form von SPENCER BROWN. Autopoietische S. stellen die Elemente, aus denen sie bestehen, selbst her und erhalten sie. Dies dient der operativen Schließung der S., die gleichwohl durch die Umwelt irritierbar sind, auf die sie, gemäß eigener Vorgaben, intern reagieren. Die Geschlossenheit dient der Sicherung der Reproduktion der S. und ist die Bedingung der Möglichkeit, sich auf anderen Ebenen an ihre Umwelt zu koppeln. S. ist die Form, mit der sie die Unterscheidung von innen und außen handhaben. Durch den Aufbau einer Grenze unterscheiden sie sich von ihrer Umwelt und bauen intern Komplexität auf. LUHMANN konzipiert dies als Selbstreferenz der S.

LUHMANN verknüpft diesen Ausgangspunkt mit kommunikationsth. Überlegungen: Soz. und psych. S. operieren mit dem Medium Sinn. Dieser wird bei psych. S. durch Bewusstsein, bei soz. S. durch →Kommunikation – als dreistelliger Selektion von Information, Mitteilung und Verstehen – aktualisiert. Jede Kommunikation steht unter der Bedingung doppelter Kontingenz: Die Beteiligten können sich wechselseitig der Selektionen nicht sicher sein und wissen das vom jeweils anderen. Die Entstehung soz. S. lässt sich daher als Versuch der Lösung des Problems der doppelten Kontingenz analysieren. Da unter der Bedingung der Komplexität moderner Gesellschaften das Gelingen von Kommunikation unwahrscheinlicher wird, entwickeln sich symbolisch generalisierte Kommunikationsmedien. Diese sind wie ein zweiwertiger Code strukturiert.

An dieser Stelle verbindet LUHMANN kommunikations- mit differenzierungsth. Überlegungen. Die Entwicklung funktionsspezifischer Codes ist verbunden mit der Ausdifferenzierung funktionsspezifischer Subs. wie Wirtschaft, Politik oder Religion. Deren Systemgrenzen stellen sich als Kommunikationsgrenzen dar, zum Subs. wird zugerechnet, was mit dem entsprechenden Code kommuniziert. Aus dieser Perspektive ist Kommunikation das Basiselement soz. S.; Personen gehören zur Umwelt der S., sie sind nicht Bestandteil, sondern Voraussetzung der S. In evolutionsth. Hinsicht bildet die Durchsetzung der funktionalen Differenzierung das Charakteristikum moderner Gesellschaften.

LUHMANN konzipiert seine Theorie – in Anschluss an SPENCER BROWN und mit konstruktivistischen Anleihen – beobachtungstheoretisch als Beobachtung zweiter Ordnung. Beobachtung ist die Handhabung einer Unterscheidung, die das Unterschiedene zugleich bezeichnet. Beobachtung zweiter Ordnung beobachtet, wie andere Beobachter unterscheiden. Jeder Beobachter kann nur sehen, was er sieht, und nicht, was er nicht sieht. Insofern ist jede Beobachtung kontingent, weil sie auf einer Selektion der Unterscheidungen beruht. Die Theorie der Beobachtung verbindet sich so mit der funktionalen Methode; sie fragt kann nach alternativen – und möglicherweise besseren – Beobachtungen.

4. Ethik in s.th. Perspektive. Im Zuge der gesellschaftl. Entwicklung hat sich der Moralcode von seiner Bindung an Religion gelöst. Moralische Kommunikation operiert mit dem Code Achtung/Nichtachtung und bezieht sich auf Personen. Da Moral keine bestimmte S.referenz besitzt, gehört sie zur Umwelt der gesellschaftl. Subs.; der Moralcode und die jeweiligen spezifischen Codes sind daher nicht kongruent. Sie stellen sich nur dann auf Moral ein, wenn Resonanzen entstehen, auf die sie reagieren können. Ethik wird s.th. konzipiert als Reflexionstheorie der Moral, die deren Anwendung steuert. Zu ihren Aufgaben gehört es, den Anwendungsbereich der Moral zu limitieren, um eine Inflation der Moral zu verhindern.

5. Die Bedeutung der S.th. für die Ethik. LUHMANNS S.th. versteht sich als Beobachtung der Gesellschaft, die einen umfassenden Blick auf prinzipiell alle gesellschaftl. Phänomene ermöglicht. Sie löst sich von kausalen Erklärungsmustern und stellt stattdessen die Kontingenz in den Mittelpunkt ihrer Analysen. Statt Begründungsfragen wird die Wahl von Unterscheidungen,

die die Beobachtung strukturieren, thematisiert. Für die eth. Theorie wird die Aufgabe formuliert, nach Funktion und Grenzen moralischer Kommunikation zu fragen und die gesellschaftlichen Bedingungen, Möglichkeiten und Beschränkungen moralischer Kommunikation zu reflektieren.

N. Luhmann, Soziale Systeme. Grundriß einer allgemeinen Theorie, 1984 – ders., Die Gesellschaft der Gesellschaft, 2. Bd., 1997 – H. Willke, Systemtheorie, III 1994–1999 – H. de Berg/J. F. K. Schmidt (Hg.), Rezeption und Reflexion. Zur Resonanz der Systemtheorie Niklas Luhmanns außerhalb der Soziologie, 2000 – D. Krause, Luhmann-Lexikon. Eine Einführung in das Gesamtwerk von Niklas Luhmann, 2005[4] (Lit.) – T. Günter/A. Schüle (Hg.), Luhmann und Theologie, 2006 – W. Reese-Schäfer, Niklas Luhmann zur Einführung, 2011[6] – O. Jahraus u. a. (Hg.), Luhmann-Handbuch. Leben – Werk – Wirkung, 2012.

Hans-Ulrich Dallmann

Tarifautonomie / Tarifvertrag

1. Begriff und hist. Entwicklung. Tarifautonomie bezeichnet das Recht der Sozialparteien, der →Gewerkschaften und der Arbeitgeberverbände (→Arbeitgeber), Tarifverträge abzuschließen und auf diese Weise in hohem Maße die Arbeitsbeziehungen gemeinsam autonom zu regeln. Tarifverträge sind als kollektives Recht zu interpretieren, das den freien Arbeitsvertrag zwischen dem →Unternehmer und einzelnen →Arbeitnehmern durch allgemein geltende Vereinbarungen normiert, um die strukturelle Unterlegenheit der Arbeitnehmer auszugleichen. Sozialgeschichtlich ist die Entwicklung kollektiver Arbeitnehmerrechte eine bedeutende Errungenschaft, da sie gleichberechtigte Verhandlungsmöglichkeiten von Gewerkschaften und Unternehmern bzw. deren Verbänden voraussetzt. Nach ersten freiwillig abgeschlossenen Tarifverträgen vor dem Ersten Weltkrieg kam es im November 1918 in D. zu einem Abkommen zwischen den Spitzenorganisationen der Arbeitgeber und den Gewerkschaften, der sogenannten „Zentralarbeitsgemeinschaft", in der die Gewerkschaften als Vertreter der Arbeitnehmerschaft von den Unternehmern als deren legitime Vertretung anerkannt wurden und beide Seiten sich verpflichteten, die Arbeits- und Lohnbedingungen sowie die Arbeitszeiten gemeinsam durch Tarifverträge zu regeln und Arbeiterausschüsse als Institutionen der →Mitbestimmung einzurichten. Diese Übereinkunft wurde von der Weimarer Nationalversammlung in wesentlichen Punkten in den Rang von Verfassungsartikeln erhoben, so dass schließlich in der Weimarer Reichsverfassung in Art. 159 die volle Koalitionsfreiheit der Gewerkschaften und Arbeitgeberverbände gewährt und in Art. 165 entsprechend der Zentralarbeitsgemeinschaft eine Gleichberechtigung von →Kapital und →Arbeit zur Regelung der Arbeitsbeziehungen anerkannt wurde. Im bundesdeutschen Grundgesetz ist die Koalitionsfreiheit in Art. 9, Abs. 3 aufgenommen, sie ist die Basis des Tarifvertragssystems. Gewerkschaften wie Arbeitgeberverbände müssen den Anforderungen des Begriffs der →Koalition entsprechen, um tariffähig zu sein.

2. Ausgestaltung und Herausforderungen. Tarifverträge (T.) regeln den Inhalt, den Abschluss und die Beendigung von Arbeitsverhältnissen, insbesondere das Entgelt einschließlich Zulagen und Prämien, die Arbeits- und Urlaubszeiten, Fragen der Ausbildung, der Freistellung und Weiterbildung, Kündigungsgründe und –fristen, ggf. Formen der betriebl. Altersversorgung, sowie betriebsverfassungsrechtliche Fragen. Damit stecken sie auch den normativen Rahmen für Betriebsvereinbarungen ab, z. T. wird dieser Rahmen durch Öffnungsklauseln flexibilisiert. T. können unter bestimmten Bedingungen für eine jew. Branche und Region allgemeinverbindlich erklärt werden. Die T. unterliegen jeweils einer bestimmten Laufzeit, während der eine Friedenspflicht bzgl. der durch den T. geregelten Tatbestände gilt. Nach Ablauf der Gültigkeit des Tarifvertrags treten beide Seiten in neue Verhandlungen ein, wobei unter bestimmten, rechtlich geregelten Bedingungen Arbeitskampfmaßnahmen (→Streik und Aussperrung) möglich sind. Es sind insbesondere die allgemeine wirtschaftliche Entwicklung, das Maß der Produktivität, die Niveaus der Qualifizierungen und die allgemeine Arbeitsmarktlage, die bei Verhandlungen das Machtverhältnis zwischen Anbietern und Nachfragern von Arbeitskraft und somit die konkrete Ausgestaltung der Tarifverträge und damit insbesondere die Lohnhöhe und die Arbeitszeiten bestimmen. Die Durchsetzung von T. hängt wesentlich von dem gewerkschaftlichen Organisationsgrad und damit der Verhandlungsmacht der Gewerkschaften ab. Generell lässt sich zeigen, dass Tarifbeschäftigte im Durchschnitt rund 6 % mehr Lohn (2014) erhalten als Beschäftigte ohne T., somit leisten T. einen deutlichen Beitrag zur Stärkung der Kaufkraft von Arbeitnehmern. Wo regional oder branchenspezifisch Arbeitnehmer schwach oder kaum organisiert sind, bestehen häufig keine T., hier gelten vielfach als Basisabsicherung seit 2015 gesetzliche →Mindestlöhne. Vor allem in den neuen Bundesländern sowie in Branchen mit vielen Kleinbetrieben sind relativ viele Unternehmen nicht Mitglied in Arbeitgeberverbänden, was in den letzten beiden Jahrzehnten zu einer vermehrten Tarifflucht geführt hat: In der alten Bundesrepublik ist die Tarifbindung von 70 % im Jahr 1996 auf 53 % im Jahr 2012 gesunken, in den neuen Bundesländern von 56 % 1996 auf 36 % im Jahr 2012. Damit wird ein bewährtes, sozialpartnerschaftliches Instrument der Regelung der Arbeitsbeziehungen unterminiert.

3. Sozialethische Würdigung. T. entsprechen der grundlegend kooperativen Struktur der Arbeit und können in diesem Sinn als Friedensverträge der Sozialparteien verstanden werden, wie die EKD in ihrer Denkschrift zum Wandel der Arbeitswelt „Solidarität und Selbstbestimmung" festgestellt hat. Beide Verhandlungsseiten stehen sich bei der Regelung der Arbeitsbedingungen gleichberechtigt gegenüber und einigen sich auf einen tragfähigen Kompromiss. Beim Zustandekommen von T.n sind Konfliktmaßnahmen nicht ausgeschlossen, die allerdings in fairer und gesetzlich geregelter Weise ausgetragen werden und insofern dem Gedanken der →Sozialpartnerschaft nicht widersprechen. Daher entsprechen T. wesentlich den Grundsätzen der Verfahrensgerechtigkeit. Im Sinn der Solidarität der Arbeitnehmerschaft hat sich die EKD ferner in kritischer Abgrenzung zum zunehmenden Einfluss von Spartengewerkschaften, die in der Regel die Partikularinteressen kleinerer, meist höher qualifizierter Teile der Belegschaften repräsentieren, für die Tarifeinheit, d. h. die Geltung eines Tarifvertrages in einem Unternehmen ausgesprochen.

Der soziale Protestantismus, namentlich der →Ev.-soziale Kongress, hat sich bereits seit den 1890er Jahren, also weit vor der rechtlichen Verankerung von T.en, für dieses Modell der fair geregelten Austragung von Interessenkonflikten (→Interesse) in den Wirtschafts- und Sozialbeziehungen ausgesprochen und entsprechende Regelungen unterstützt. Ausgehend von einer Würdigung der Gewerkschaften als den legitimen Vertretern der Arbeitnehmer, um die Gestaltung der Arbeitsverträge maßgeblich mitbeeinflussen zu können, sind die uneingeschränkte Koalitionsfreiheit der Gewerkschaftsorganisationen sowie eine kollektive Verrechtlichung der Arbeitsbeziehungen sozialethisch als Ausdruck einer partizipativen und partnerschaftlichen Struktur der Arbeitsvertragsparteien zu würdigen. Dabei ist insbesondere das Tarifvertragssystem als ein grundlegendes Mittel zu charakterisieren, das eine wirtschaftliche Stabilisierung und Integration der Arbeitnehmerschaft ermöglicht und auf diese Weise zum sozialen Frieden in der Gesellschaft beiträgt. Im Rahmen von Tarifauseinandersetzungen ist es nicht die Aufgabe theologisch-sozialethischer oder gar kirchlicher Verlautbarungen, sich in die konkreten Verhandlungen einzumischen oder hier Partei zu ergreifen. Lediglich übergeordnete Gesichtspunkte, wie die Verantwortung der Sozialparteien für die gesamtwirtschaftliche Entwicklung oder für die Situation am Arbeitsmarkt, können in den öffentlichen Diskurs eingebracht werden.

H. DUVERNELL (HG.), Koalitionsfreiheit und T., 1968 – T. JÄHNICHEN, Vom Industrieuntertan zum Industriebürger, 1993 – W. DÄUBLER, T.srecht, 1993³ – F. VON AUER/F. SEGBERS (HG.), Sozialer Protestantismus und Gewerkschaftsbewegung. Kaiserreich – Weimarer Republik – Bundesrepublik Deutschland, 1994 – G. ROPOHL (HG.), Erträge der interdisz. T.sforschung, 2001 – DER T., Handbuch für das gesamte Tarifrecht, 2013 – IAB (HG.), Aktuelle Daten und Indikatoren, Tarifbindung der Beschäftigten, 2013 – M. AMLINGER, Lohnhöhe und Tarifbindung, 2014 – KIRCHENAMT DER EKD (HG.), Solidarität und Selbstbestimmung in der Arbeitswelt, 2015.

Traugott Jähnichen

Technik und Gesellschaft

1. Begriff und Gegenstand. Das Verhältnis von T. und G. ist durch eine Vielzahl wechselseitiger Beziehungen und Einflüsse gekennzeichnet. So einleuchtend diese These auf den ersten Blick erscheint, so schwierig ist es doch, sie im Einzelnen präzise zu belegen. Dieses Problem teilt die Frage nach dem Verhältnis von T. und G. mit allen Versuchen, kulturelle Prozesse mit einfachen Relationsbestimmungen zu fassen. Die Allgegenwart des T.en in der modernen Welt erschwert dabei zusätzlich Aussagen mit prognostischem Wert, da Vergleiche zu nicht-technischen Prozessen fehlen. Die genannten Unsicherheiten bei gleichzeitiger Allgemeinheit des Phänomens spiegeln sich auch in der Forschungsgeschichte wieder. So befassen sich einerseits eine Mehrzahl von Disziplinen mit dem Verhältnis von T. und G. (T.soziologie, T.philosophie, T.geschichte, Kommunikationswissenschaft und T.ethik), ohne dass es – jenseits einzelner Institutionen – zu einer wirklich etablierten interdisziplinären Diskussion gekommen wäre. Andererseits ist es erst in jüngster Zeit gelungen, Modelle zu entwickeln, die die wechselseitigen Einflüsse nicht zugunsten einer der beiden Seiten auflösen.

Die meisten Auseinandersetzungen mit dem Thema verwenden einen engen T.begriff. Als T. wird demzufolge nicht jedes zielgerichtete Handeln betrachtet (wie M. WEBER es konzipierte), sondern nur solche Zusammenhänge, die mit der sogenannten Sacht. korrelieren. Zur T. gehören demnach alle Handlungen, Systeme, Symbole und Kommunikationen, die es mit dem zielgerichteten Einsatz von Artefakten (z. B. Werkzeugen, Maschinen, Bauwerken, Software, biologische Substanzen, Organismen) zu tun haben. Als G. wird andererseits meist implizit diejenige Gruppe von Menschen verstanden, aus der eine T. hervorgegangen bzw. von der sie genutzt wird. Das können Nutzergruppen (z. B. Autofahrer), Nationalgesellschaften oder etwa die westlichen Industrienationen sein.

Eine der grundlegenden Weichenstellungen in der Beschäftigung mit dem Verhältnis von T. und G. liegt in der Frage, ob T. der G. äußerlich ist oder als integraler Bestandteil jeder G. aufgefasst werden muss. Antworten auf diese Frage speisen sich nicht allein aus disziplinären Problemen (z. B.: wie kann T. zum Gegenstand der Soziologie als Wissenschaft von sozialen Kommunikationsakten werden?), sondern auch aus normativen Gesichtspunkten. So war die Idee einer gesellschaftlichen Konstruktion der T. (W. BIJKER, T. PINCH) ursprünglich eng mit dem Interesse verbunden, die technokratische Rede von der Alternativlosigkeit bestimmter T.en zu relativieren. Gegenwärtig bestreitet niemand mehr, dass T. und G. auf das Engste verflochten sind. Dennoch ist es notwendig, die beiden Größen methodisch zu unterscheiden. Andernfalls stünde man vor einem ähnlichen Problem wie der Bestimmung des Verhältnisses von Religion oder Kultur und G.: Die Durchdringung der G. durch die jeweiligen Phänomene ist so stark, dass sie nicht mehr als solche wahrgenommen werden können.

Ein weiterer wichtiger Gesichtspunkt betrifft die Frage, ob es „die" T. überhaupt gibt, oder ob nicht vielmehr höchst unterschiedliche T.en ebenso unterschiedliche Beziehungen zu unterschiedlichen G.en haben.

2. Einflüsse der T. auf die G. Dass T.en das gesellschaftliche Leben beeinflussen und z. T. radikal verändern, wurde früh wahrgenommen. Insbesondere an bahnbrechenden technischen Innovationen wurde dies deutlich. So hat der Buchdruck die gesamte Wissenskultur der G. verändert. Das Flugzeug veränderte die Raumwahrnehmung (CHR. ASENDORF). T.en wie die Kernenergie erfordern ein bestimmtes Maß an lebensweltlicher Präzision bei gleichzeitiger Anwendung eines hierarchiekritischen Systems von *checks and balances*, wie es in autoritären Systemen unüblich ist.

Bereits K. MARX stellte im Kapital (Bd. 1, Kap. 11–13) Zusammenhänge zwischen der Entwicklung der T. und dem vorwiegend ökonomisch gedachten Wandel der G. her. Ausgehend von diesen Überlegungen wurde insbesondere die Industriet. im 20. Jahrhundert nicht nur als Grund der Entfremdung der Menschen von ihrer Arbeit gesehen, sondern im Rahmen einer allgemeinen Kulturkritik als sich verselbständigender Transmissionsriemen einer (kapitalistischen) Herrschaft, der die G. nur ohnmächtig gegenübersteht. Insbesondere die 1920er Jahre in Deutschland und die Zeit der Großen Depression in den USA boten Anschauungsmaterial für die ambivalenten sozialen Folgen einer zunehmenden Technisierung.

Aber auch unabhängig von globalen Werturteilen, die sich dem krisenhaften Wandel der Welt in den ersten Jahrzehnten des 20. Jh. verdankten, wurden bereits damals Studien durchgeführt, die etwa die Wirkungen des Radios, des Automobils oder des Flugzeugs auf die G. beschrieben (W. F. OGBURN). Insgesamt waren für die Etablierung der modernen T. im 20. Jh. weitreichende Änderungen des traditionellen Lebensstils nötig (vom Straßenbau für Automobile bis zur Modifikation des Gebots der Sparsamkeit). Das Automobil, u. a. durch H. FORD vom Luxusartikel zum Massenprodukt entwickelt, hat nicht nur Straßensysteme, Gesetze und Behörden geschaffen, sondern auch die Trennung von Arbeits- und Wohnvierteln in den Städten ermöglicht und das Gefühl von Freiheit für viele Menschen des 20. Jahrhunderts mit der technisch ermöglichten individuellen Bewegung mit hoher Geschwindigkeit verbunden (worauf einige Werbekampagnen noch heute abzielen).

Nicht minder weitreichende Folgen für das gesellschaftliche Leben hat die Haushaltst. mit sich gebracht, auch wenn die Annahme, dass dadurch mehr Freizeit entstehen würde, sich nicht bestätigt hat.

Hatte die Technokratiebewegung der Zwischenkriegszeit versucht, G. nach dem Vorbild der T. vor allem effizient zu gestalten, so kehrte die Kulturkritik der Nachkriegszeit (Strömungen der 1920er Jahre aufnehmend) diese Vorstellung ins Negative. Die sog. Technokratiethese ging davon aus, dass T. nach ihren eigenen Entwicklungsgesetzen die G. dominiere. Befördert wurde eine solche Sichtweise durch die Verdichtung mehrerer T.en zu Systemen in der Fabrikation und vor allem in der Kernt., die erstmals die Zerstörung der gesamten G. durch T. möglich erscheinen ließ.

3. Einflüsse der G. auf die T. Gegen die These der Dominanz des Technischen etablierte sich in den 1980er Jahren eine Strömung der Soziologie, die vorherige Forschungen zur gesellschaftlichen Bedingtheit naturwissenschaftlicher Erkenntnisse (Edinburgh-School) auf die T. übertrug. Die als SCOT (Social Construction of Technology) bekannte Forschungsrichtung konnte zeigen, dass T. sich keineswegs allein ihrer Eigenlogik verdankt, sondern vielfältig von sozialen Rahmenbedingungen und Wertvorstellungen geprägt ist. Beispiele sind etwa die dezentrale Entwicklung des Eisenbahnnetzes im Deutschen Reich aufgrund der kleinstaatlichen Verfassung oder die verzögerte Verwendung des luftgefüllten Reifens am Fahrrad aufgrund einer befürchteten mangelnden Männlichkeit.

Aber nicht nur die allgemeinen mentalen Möglichkeiten einer G. bestimmen technische Entwicklungen. Vielmehr wird T. zunehmend durch die kurz- oder langfristige Finanzierung der G. gesteuert. Was erfunden und wie es verwendet wird, ist immer weniger das Produkt einzelner Erfinder, sondern das Ergebnis gezielter Anstrengungen großer Gruppen von Menschen in Korporationen. Dabei lässt sich bereits für TH. EDISON beschreiben, dass nicht die Glühbirne als einzelne Erfindung die umwälzende Innovation trug, sondern ein gesellschaftlich ermöglichtes System der Elektrifizierung mit der Entwicklung von Strom als Produkt (TH. HUGHES).

Technische Entwicklungen sind dabei weder gesellschaftlich determiniert, noch sind sie vollkommen kontingent. Vielmehr folgen sie Pfadabhängigkeiten, die sich mit der zunehmenden Etablierung von T.en verengen und schließen. Dass man das Auto als Kasten auf Rädern versteht, ist nicht notwendig, hat sich aber durchgesetzt. Dass eine Bahnreise in den USA eher am Modell der Schiffs- bzw. Flugreise orientiert ist als an der Straßenbahn- bzw. Wagenreise (wie in Deutschland), macht sich bis heute im Design der Wagons und beim Fahrkartenkauf bemerkbar. Ähnlich national bestimmte Differenzen in der Verfolgung technischer Pfade wurden für Kernkraftwerke beschrieben (J. RADKAU). Diesen der sog. T.geneseforschung entstammenden Erkenntnissen gingen die gesellschaftlichen Bemühungen voraus, technischen Entwicklungen entsprechend ihres Potentials zu steuern.

Bereits in den 1970er Jahren hatte sich die sog. T.folgenabschätzung entwickelt. Maßgebend dafür war die Gründung des amerikanischen Office of Technology Assessment (OTA) im Jahr 1972 (Schließung 1995). Das Büro für T.folgenabschätzung beim Deutschen Bundestag arbeitet seit 1990. Unter Einbeziehung möglichst aller erkennbaren Folgen für Umwelt und G. sollten neue T.en bewertet und Empfehlungen für deren Einsatz gegeben werden. Einen Rückschlag erlitt die T.folgenabschätzung durch die Erkenntnis, dass sie entweder zu früh oder zu spät einsetzt, um die Entwicklungsprozesse wirksam (auch gegen wirtschaftliche Interessen) zu steuern.

Eine Folge solcher Steuerungsbemühungen sind jedoch u. a. Mediationsverfahren etwa bei der Standortsuche für Deponien. T. wird darin als Gegenstand und Produkt von demokratischen Kommunikationsprozessen durch die G. mitgestaltet.

4. Vermittlung. Erst in jüngerer Zeit haben sich Forschungsansätze entwickelt, die beide Richtungen des Verhältnisses von T. und G. gleichwertig in den Blick nehmen. Dazu gehört die Akteur-Netzwerk-Theorie (B. LATOUR), die davon ausgeht, dass nicht nur einzelne Menschen und Korporationen als Akteure zu bezeichnen sind, sondern auch Maschinen und andere technischen Artefakte. Sowohl technische als auch menschliche Akteure sind dabei in einem Netzwerk verbunden, aus dem heraus ihre Aktionen zu verstehen sind.

Gegen diesen Ansatz wird u. a. eingewendet, dass er Machtaspekte zu wenig berücksichtige, und die Unterscheidbarkeit des T.en vom Sozialen unzulässig einebne. Pragmatistische Ansätze in der Folge von CH. S. PEIRCE und G. H. MEAD versuchen demgegenüber, die Relationen zwischen T. und G. als symbolisch vermittelte Handlungen zu beschreiben.

5. Theologie. Die Theologie ist zunächst im Rahmen der Ethik mit dem Verhältnis von T. und G. befasst. Dabei steht sie im Rahmen kirchlichen Redens vor dem Problem, als Teilmenge der G. mit einem spezifischen Profil gehört werden zu wollen, in Fragen der T. und ihrer sozialen Folgen aber meist nur den *common sense* der Öffentlichkeit wiedergeben zu können.

Einen biblischen Bezug, um das Verhältnis von T. und G. zu thematisieren, bietet sicherlich die Erzählung vom „Turmbau zu Babel" (Gen 11). Allerdings handelt es sich hierbei nicht um einen technikkritischen, sondern um einen gesellschaftskritischen Text.

Ein wichtiger Beitrag der Theologie besteht in der Behandlung der Frage, ob und wie neue T.en in die G. und ihre Tiefenstrukturen eingepasst werden können. Dabei ist entscheidend, dass bedeutende technische Innovationen in der Öffentlichkeit häufig mit Verweisen auf Transzendentes diskutiert werden. So wurde die Elektrizität zu Beginn des vorigen Jahrhunderts durch griechische Göttinnen beworben, die Kernt. evozierte die Apokalypse und die Gent. galt lange als „Eingriff in die Schöpfung". Fragen der Einpassung einer T. werden in der G. immer dann im Spiegel ihrer Transzendenzressourcen debattiert, wenn es scheinbar oder tatsächlich um das Ganze geht. In der Vergangenheit führte dies zu einem verdeckten Ringen der Kirchen bzw. der Theologie um gesellschaftliche Macht und Deutungshoheit gegenüber einer als säkularisierend wahrgenommen T. Es gibt jedoch allen Anlass, sich von der Frontstellung gegenüber der T. zu lösen, und stattdessen die traditionelle gesellschaftliche Rolle der Religion als Passageritus auf den technischen Wandel der G. zu übertragen und dies als Aufgabe wahrzunehmen.

K. MARX, Das Kapital Bd. 1, 1867 (2008[40]) – TH. HUGHES, Networks of Power, 1983 – W. BIJKER/TH. HUGHES/T. PINCH, The Social Construction of Technological Systems, 1987 (2012) – J. RADKAU, T. in Deutschland, 1989 (2008) – CHR. ASENDORF, Super Constellation, 1997 – N. DEGELE, Einführung in die T.soziologie, 2002 (Lit.) – A. GRUNWALD, T.folgenabschätzung – eine Einführung, 2002 (2010) – U. DOLATA, Unternehmen T., 2003 – J. STRÜBING, Pragmatistische Wissenschafts- und T.forschung, 2005 – B. LATOUR, Eine neue Soziologie für eine neue Gesellschaft. Einführung in die Akteur-Netzwerk-Theorie, 2007 (Orig. Reassembling The Social, 2005) – W. RAMMERT, T.-Handeln-Wissen, 2007 – E. HACKETT/O. AMSTERDAMSKA/M. LYNCH/J. WAJCMAN (Hg.), Handbook of Science and Technology Studies, 2008[3] – J. WEYER, T.soziologie, 2008 (Lit.) – A. BAMMÉ, Science and Technology Studies. Ein Überblick, 2009 (Lit.) – S. MATTHEWMAN, Technology and Social Theory, 2011 – D. LEE KLEINMAN/K. MOORE (Hg.), Routledge Handboook of Science, Technology, and Society, 2014 – CHR. SCHWARKE, T. und Religion, 2014 – R. HÄUSSLING, T.soziologie, 2015.

Christian Schwarke

Technikfolgenabschätzung

Angesichts einer Bevölkerung von über sieben Milliarden Menschen und einer Flut individueller Ansprüche an Gesundheit, Konsum und Lebensqualität ist der moderne Mensch mehr den je auf Technik angewiesen. Gleichzeitig ist die ganze Menschheit aber durch die Auswirkungen der Technik auf Umwelt, Sicherheit und Sozialleben bedroht. Zentral für die weitere Entwicklung des technischen und sozialen Wandels ist daher die Frage: Wie viel Technik und welche Art von Technik will die Gesellschaft einsetzen und welche Vor- und Nachteile handeln sich die Menschen damit ein? Wo befreit die Technik von Zwängen des Alltags und wo spannt sie die Menschen in ein neues Korsett von Abhängigkeiten und Lebensrisiken ein? Auf all diese Fragen versucht die Technikfolgenabschätzung (TA) eine Antwort zu geben.

Mit dem Begriff der TA verbindet sich der Anspruch auf eine systematische, wissenschaftlich abgesicherte und umfassende Identifizierung und Bewertung von technischen, umweltbezogenen, ökonomischen, sozialen, kulturellen und psychischen Wirkungen, die mit der Entwicklung, Produktion, Nutzung und Verwertung von Techniken zu erwarten sind. Mit TA verbindet sich das erklärte Ziel, für die Gesellschaft verlässliche und unparteiische Informationen bereitzustellen, die Auskunft über die zu erwartenden Konsequenzen von technischem Handeln geben. Besonderes Schwergewicht liegt dabei auf der Erfassung von unbeabsichtigten Folgen, seien sie Chancen oder Risiken. Je besser die Gesellschaft im Voraus die Folgen technischer Handlungen antizipieren kann, desto weniger braucht sie im Nachhinein durch Versuch und Irrtum schmerzlich zu lernen.

Ist eine solche Erwartung realistisch? Wenn auch der Anspruch auf Antizipation und Vermeidung von Irrtümern unmittelbar mit dem Auftrag der TA verbunden ist, so lässt sich dieser Anspruch nur zum Teil einlösen. Das liegt vor allem an drei Problemen: Ambivalenz, Komplexität und Unsicherheit.

Stichwort Ambivalenz: Die Hoffnung auf Vermeidung von negativen Technikfolgen ist trügerisch, weil es keine Technik gibt, nicht einmal geben kann, bei der nur positive Auswirkungen zu erwarten wären. Die Anerkennung der Ambivalenz besagt mehr, als dass sich mit jeder Technik Positives und Negatives verbinden lässt. Es ist eine Absage an alle kategorischen Imperative und Handlungsvorschriften, die darauf abzielen, Techniken in moralisch gerechtfertigte und moralisch ungerechtfertigte aufzuteilen. Es gibt keine Technik mit lauter positiven oder lauter negativen Technikfolgen. Bei jeder neuen technischen Entscheidung ist die Gesellschaft angehalten, immer wieder von neuem die positiven und negativen Folgepotenziale gegeneinander abzuwägen. Auch die Solarenergie hat ihre Umweltrisiken, wie auch die Verbrennung von fossilen Energieträgern ihre unbestreitbaren Vorteile aufweist. Ambivalenz ist das Wesensmerkmal jeder Technik.

Gefragt ist daher eine Kultur der Abwägung. Zur Abwägung gehören immer zwei Elemente: Wissen und Bewertung. Wissen sammelt man durch die systematische, methodisch gesicherte Erfassung der zu erwartenden Folgen eines Technikeinsatzes (Technikfolgen*forschung*). Bewertung erfolgt durch eine umfassende Beurteilung von Handlungsoptionen aufgrund der Wünschbarkeit der mit jeder Option verbundenen Folgen, einschließlich der Folgen des Nichtstun, der sogenannten Nulloption (Technikfolgen*bewertung*). Für das erste Element, die Technikfolgenforschung, braucht man ein wissenschaftliches Instrumentarium, das es erlaubt, so vollständig, exakt und objektiv wie möglich Prognosen über die zu erwartenden Auswirkungen zu erstellen. Für das zweite Element benötigt man Kriterien, nach denen man diese Folgen intersubjektiv verbindlich beurteilen kann. Solche Kriterien sind nicht aus der Wissenschaft abzuleiten: sie müssen in einem politischen Prozess durch die Gesellschaft identifiziert und entwickelt werden.

Beide Aufgaben wären weniger problematisch, gäbe es nicht die zwei weiteren Probleme aller Prognostik: die Komplexität der vernetzten Wirkungszusammenhänge und die unvermeidbare Ungewissheit über Inhalt und Richtung der zukünftigen Entwicklung. Mit Komplexität ist hier der Umstand gemeint, dass mehrere Ursache-Wirkungsketten parallel auf die Realisierungschancen von unterschiedlichen Technikfolgen einwirken und sich gegenseitig beeinflussen. Selbst wenn die Technikforscher jede einzelne Wirkungskette kennen würden, verbleibt das Problem der mangelnden Kenntnis der in der jeweiligen Situation wirksamen interaktiven Effekte. Diese im Einzelnen analytisch aufzuspüren, ist nicht nur eine kaum zu bewältigende Sisyphus-Arbeit, sie erfordert auch eine ganzheitliche Betrachtungsweise, für die es in der Wissenschaft noch keine allgemein akzeptierten Kriterien der Gültigkeit und Zuverlässigkeit im Rahmen der eingesetzten Methoden gibt.

Drittes Stichwort Unsicherheit: Wenn die TA-Experten in der Tat im Voraus wüssten, welche Folgen sich mit bestimmten Technologien einstellen, fiele es allen leichter, eine Abwägung zu treffen und auch einen Konsens über Kriterien zur Beurteilung von Folgen zu erzielen. Doch die Wirklichkeit ist komplizierter. Technikeinsatz ist immer mit unterschiedlichen Zukunftsmöglichkeiten verbunden, deren jeweilige Realisierungschance sich überwiegend einer gezielten Kontrolle entzieht. Die Frage ist, inwieweit sich die Gesellschaft auf die Gestaltung von riskanten Zukunftsentwürfen einlassen und sich von den nicht auszuschließenden Möglichkeiten negativer Zukunftsfolgen abschrecken lassen will. Pauschal auf Technik und damit auf Risiken zu verzichten, ist wohl kaum der gesuchte Ausweg. Stattdessen ist es notwendig, die zu erwartenden positiven und negativen Konsequenzen des Technikeinsatzes miteinander zu vergleichen und gegeneinander abzuwägen – trotz der prinzipiellen Unfähigkeit, die wahren Ausmaße der Folgen jemals in voller Breite und Tiefe abschätzen zu können. Um diese Aufgabe effektiv und demokratisch zu meistern, ist TA auf einen diskursiven Prozess der Wissenserfassung und der Wissensbewertung angewiesen. In einem solchen diskursiven Verfahren müssen die Sachfragen auf der Basis nachvollziehbarer Methodik geklärt, die Bewertungsfragen unter Beteiligung der Betroffenen erörtert und die Handlungsfolgerungen konsistent abgeleitet werden.

TA kann für Politik und Gesellschaft einen sinnvollen Beitrag zur Zukunftsbewältigung leisten, indem sie die Dimensionen und die Tragweite menschlichen Handelns wie Unterlassens verdeutlicht. Sie kann aber weder die Ambivalenz der Technik auflösen noch die zwingende Komplexität und Ungewissheit über die Zukunft außer Kraft setzen. Sie kann bestenfalls dazu beitragen, Modifikationen des technischen Handelns vorzuschlagen, die bessere Entscheidungen nach Maßgabe des verfügbaren Wissens und unter Reflexion des erwünschten Zweckes wahrscheinlicher machen.

K. Steinmüller, Methoden der TA – ein Überblick, in: S. Bröchler/G. Simonis/K. Sundermann (Hg.), Handbuch TA. Band 2, 1999 – A. Grunwald, TA – eine Einführung, 2010² – A. Bora, TA – ein utopisches Projekt?, in: M. Kraul/P.-T. Stoll (Hg.), Wissenschaftliche Politikberatung, 2011, S. 189–206 – A. Bauer/M. Pregering, Wissen für eine vorausschauende Politik: Der Umgang mit Unsicherheit in Strategischer Umweltprüfung, TA und Foresight, in: R. von Deten/F. Faber/M. Bemmann (Hg.): Unberechenbare Umwelt. Zum Umgang mit Unsicherheit und Nicht-Wissen, 2013, S. 91–120 – M. Dusseldorp, TA, in: A. Grunwald (Hg.), Handbuch Technikethik, 2013 – O. Renn, Auf dem Weg zu einer sozialökologischen Fundierung der TA, in: G. Simonis (Hg.): Konzepte und Verfahren der TA, 2013.

Ortwin Renn

Terrorismus

1. Allgemeine Definition. T. steht für die Formen von politisch motivierter Gewaltanwendung, die von nichtstaatlichen Akteuren in systematisch geplanter Form mit dem Ziel des psychologischen Einwirkens auf die →Bevölkerung durchgeführt werden und dabei die Möglichkeit des gewaltfreien und legalen Agierens zu diesem Zweck als Handlungsoption ausschlagen sowie die Angemessenheit, Folgewirkung und Verhältnismäßigkeit des angewandten Mittels ignorieren.

2. Begriffsgeschichte und Differenzierung „Terror" und „Terrorismus". Der Begriff T. leitet sich aus der lateinischen Bezeichnung „terror", also Schrecken ab. In einem politischen Sinne wurde die Bezeichnung erstmals breiter während der Französischen Revolution zur Kennzeichnung der Revolutionsregierung als „Regime des Terrors" genutzt. Von diesem seinerzeitigen Verständnis unterscheidet sich die heutige Auffassung zum Begriff T. in zwei grundlegenden Aspekten: Zum einen handelte es sich damals um eine Selbstbezeichnung mit positivem Beiklang, sahen die französischen Revolutionäre doch im Terror ein Mittel, um die →Tugenden der →Revolution gesellschaftlich zu verankern. Und zum anderen richtete sich der damit gemeinte Terror nicht gegen eine Regierung oder einen →Staat, sondern wurde von dieser Seite gegen Teile der →Gesellschaft angewandt. Um einer Differenzierung bei der Begriffsverwendung und der Vermeidung von Kommunikationsschwierigkeiten willen sollten daher auch die Bezeichnungen „Terror" und „T." unterschieden werden: „Terror" gilt in dieser Sicht als Mittel systematischer Gewaltanwendung im Dienste eines staatlichen Systems zur Aufrechterhaltung seiner Existenz, also als Instrument staatlicher Repressionspolitik in einer autoritären oder totalitären Diktatur. Im Unterschied dazu wäre T. ein negativ bewertetes Mittel, das nicht-regierende Akteure nutzen.

3. Kommunikationsfunktion des T. Mit dem Verweis auf die Akteure aus der →Gesellschaft als Anwender solcher Praktiken ist man allerdings nur einen ersten Schritt in Richtung einer trennscharfen Definition weiter. Terroristen wollen mit bestimmten Taten Furcht und Schrecken – darauf bezieht sich die ursprüngliche Wortbedeutung – verbreiten, um eine grundlegende gesellschaftliche Veränderung einzuleiten. Zu diesem Zweck nutzen Terroristen in der →Öffentlichkeit großes Aufsehen erregende Gewalttaten, die mitunter nur gegen Einrichtungen, überwiegend aber gegen Personen gerichtet sind. Ihnen kommt dabei die Funktion eines Kommunikationsmittels zu, sollen damit doch weitreichende psychologische Auswirkungen in Gesellschaft und Staat ausgelöst werden. Als terroristische Taten in diesem Sinne gelten Attentate, Bombenanschläge oder Entführungen, die mit dezidierten politischen Absichten im Sinne einer längerfristig angelegten Strategie systematisch geplant und konspirativ umgesetzt werden. Aber auch diese Ausführungen genügen noch nicht, um T. trennscharf zu definieren.

4. Differenzierung „Freiheitskampf" und „Terrorismus". Die damit zusammenhängende Problematik ergibt sich aus der negativen Bewertung des Begriffs, die sich auf die fehlende oder vorgenommene Unterscheidung von „Freiheitskampf" und T. bezieht. Die Zuordnung bestimmter Gruppen zu dem einen oder anderen Begriff erscheint daher häufig als parteiisch und willkürlich. Hier macht es Sinn, die rein formalen oder technischen Merkmale von T. noch um eine ethische oder kontextbezogene Dimension zu erweitern. So lassen sich verschiedene Grade der Legitimation politisch motivierter Gewaltanwendung unterscheiden und damit Differenzierungen von nicht-terroristischem und terroristischem Handeln vornehmen. Kriterien dafür wären erstens das mit den →Menschenrechten und dem Völkerrecht in Einklang stehende Anliegen, zweitens das Fehlen von anderen Handlungsoptionen aufgrund der politischen Gegebenheiten, drittens die Tauglichkeit des Mittels zur Verminderung des beklagten Unrechts, viertens die beschränkte Gewaltanwendung unter Vermeidung von unschuldigen Opfern und fünftens die Verhältnismäßigkeit des Mittels zum Schutz des verteidigten Gutes (Backes). Nur wenn diese Merkmale bei einer politisch motivierten Gewalttat erfüllt sind, kann bezogen auf das systematische Agieren eines Akteurs nicht von einer terroristischen Handlung gesprochen werden. Erfolgen derartige Taten in einem demokratischen Verfassungsstaat, so ist grundsätzlich vom T. zu sprechen, eröffnen die politischen Rahmenbedingungen in solchen politischen Systemen doch Möglichkeiten zur gewaltfreien und legalen Umsetzung der angestrebten Ziele.

5. Ideologieformen des T. In diesem Sinne definierte terroristische Organisationen können über ihre ideologische Ausrichtung wie folgt unterschieden werden: Erstens, autonomistisch bzw. separatistisch ausgerichtete Gruppierungen wollen für ethnische oder religiöse Minderheiten einen eigenen Staat schaffen oder sich von einem anderen →Staat abspalten (z. B. ETA, IRA). Zweitens, dem linksextremistischen bzw. sozialrevolutionären T. geht es um die Überwindung einer als repressiv und ungerecht empfundenen Staats- und Wirtschaftsordnung (z. B. RAF, „Revolutionäre Zellen"). Drittens, nationalistische bzw. rechtsextremistisch orientierte Gruppierungen streben die Errichtung einer autoritären oder totalitären Diktatur an (z. B. „Deutsche Aktionsgruppen", NSU). Und viertens religiöse Terroristen wollen mit systematischer Gewaltanwendung eine theokratische Herrschaftsordnung in ihrem Sinne herbeizwingen (z. B. Al-Qaida, Aum-Sekte).

P. WALDMANN, T. Provokation der Macht, 1998 – U. BACKES, Auf der Suche nach einer international konsensfähigen T. definition, in: M. H. W. MÖLLERS/R. C. VAN OOYEN (Hg.), Jahrbuch Öffentliche Sicherheit 2002/2003, 2003, 153–165 – W. DIETL/K. HIRSCHMANN/ROLF TOPHOVEN, Das T.-Lexikon. Täter, Opfer, Hintergründe, 2006 – B. HOFFMAN, T. Der unerklärte Krieg. Neue Gefahren politischer Gewalt, 2006 – L. RICHARDSON, Was Terroristen wollen. Die Ursachen der Gewalt und wie wir sie bekämpfen können, 2007 – A. PFAHL-TRAUGHBER, Extremismus und T. Eine Definition aus politikwissenschaftlicher Sicht, in: A. PFAHL-TRAUGHBER (Hg.), Jahrbuch für Extremismus- und T. forschung 2008, 9–33.

Armin Pfahl-Traughber

Theokratie

1. Th. heißt Gottesherrschaft (Wortverbindung von theos=Gott u. krateia=Herrschaft). Das Wort prägte JOSEPHUS FLAVIUS zur Beschreibung der Verfassungsform des nachexilischen Judentums; dabei verwies er auf die politisch-religiöse Rolle, die MOSES im Judentum spielte (Contra Apionem II, 165). In Kenntnis der griechischen Diskussion über Verfassungsformen stellt JOSEPHUS die Th. neben Aristokratie, →Demokratie u. Plutokratie. Allerdings wurde die Th. nicht unmittelbar durch Gott, sondern durch Mittelmänner, die Priester, ausgeübt. Geschichtlich ist sie realisiert in der Rolle des Hohenpriesters der Exils- u. der Makkabäerzeit. Das th. Modell verkörpert aufgrund des Bundesschlusses Jahwes mit seinem Volk (Ex 19,1-25) MOSES. Er vertritt Gott, wie es Ex 18,19 formuliert: „Vertritt du das Volk! Bring alle Rechtsfälle vor ihn". Beziehungen zur Jahwe-Königs-Theologie gibt es im AT. Das charismatische Königtum ist freilich nicht Th.

2. Th. vertritt die Einheit von →Politik u. Religion. Abfall vom Glauben ist deshalb auch politisch strafbar. Neben th. Vorstellungen im alten Israel (vgl. auch 1. Sam 8,7; Ri 10,1-5; 12,7-15) u. im nachexilischen Judentum findet sich die Idee ebenfalls im Islam wie im tibetanischen Lamaismus. Mohammed lehrte eine Art th. Monarchie, die im absoluten Führungsanspruch des Gesandten Gottes gipfelt: „Ihr Gläubigen! Gehorcht Gott u. dem Gesandten u. denen unter euch, die zu befehlen haben" (Sure 4,59 vgl. 33,21). Je nach geschichtlichen Umständen hatte der Kalif als Nachfolger Mohammeds oder der Imam die Herrschaft inne.

Im Lamaismus forderte die vom Reformator TSON-KHA-PA (1357–1419) begründete „Schule der Tugend" Th., die wegen der Farbe der Kopfbedeckung auch „Gelbmützen" genannt wird.

3. Im Anschluss an AUGUSTINS „De civitate dei" findet sich im Mittelalter die Idee eines christl. Reiches mit th. Modellen. Th. Züge trägt das Königsmodell unter den Karolingern. Th. Tendenzen enthalten vor allem jedoch die Weltherrschaftsansprüche der Päpste GREGOR VII. (1073–1085), INNOZENZ III. (1198–1216) u. BONIFATIUS VIII. (1294–1303). Danach ist „der wahre Kaiser der Papst".

Th.e Bestrebungen gab es u. a. im Täuferreich in Münster

4. In der Neuzeit wird die Idee der Th. durch die →Säkularisierung des →Staates obsolet. Es gibt zwar th. Tendenzen nicht nur in den politischen Ansprüchen der Päpste u. im Genf CALVINS. Das Wort Th. erhält jedoch metaphorischen Charakter, etwa in Formulierungen wie „Th. des Heilandes" (Brüdergemeinde). Häufig verbinden sich im Begriff Polemik mit antijüdischen (→Antijudaismus) u. antiklerikalen Ressentiments. Denn tatsächlich ist Th. Hierokratie, Priesterherrschaft, Klerikalismus. Denn eine direkte politische Herrschaft Gottes gibt es nicht; sie muss immer vermittelt werden. In einer offenen →Gesellschaft u. im weltanschaulich neutralen Staat sind Kirche u. Staat zu unterscheiden. Allenfalls fundamentalistische Vorstellungen können Th. als politische Alternative zu →Rechtsstaat u. →Demokratie zur Diskussion stellen.

O. PLÖGER, Theokratie und Eschatologie, Neukirchen 1959 – J. TAUBES, (Hg), Th.1987 – U. MELL, Die Zeit der Gottesherrschaft, 1998 – K. PHILLIPS, American Theocracy, The Peril and Politics, Oil and Borrowed Money in 21st Century, Viking Books 2006.

Martin Honecker

Tier / Tierethik

1. Begriff. Tiere sind in biologischer Logik meist die Gruppe der vielzelligen T., zu denen auch der Mensch (homo sapiens) zählt. Der Begriff T. (lat.: animal) wurde bereits im Altertum geprägt und ist ebenso Grundlage der von LINNÉ begründeten Taxonomie wie auch jüngerer biologischer Systematik.

Aus der anthropozentrischen Sicht des Menschen qualifiziert sich das T. oftmals durch metakognitive Defizite, jedoch höhere Spezialisierung auf seine Umwelt und einen größeren Reichtum an Instinkten. Der Sprachgebrauch ist oft abwertend, das T.ische wird als das „Unter-Menschliche" verstanden. Auch biologisch Gemeinsames wird sprachlich wertend verschieden benannt (z. B. „essen" statt „fressen").

Die T.ethik bemüht sich um die Entwicklung und Vertiefung der die Mensch-T.-Beziehung betreffenden eth. Paradigmen und daraus resultierende Normen. Der Begriff wurde vermutlich erstmals 1894 von I. BREGENZER verwendet, ohne zu diesem Zeitpunkt jedoch bereits eine entsprechende Bereichseth. zu etablieren. Gegenwärtige geisteswiss. Diskurse zum T. versuchen sich auch begrifflich von der Fokussierung auf die Mensch-T.-Beziehung zu lösen; im angelsächsischen Sprachraum wird statt von „human-animal-studies" dann eher von „animal studies" gesprochen. Diese nehmen seit Beginn der 2000er Jahre einen breiten Raum ein, so dass mancherorts von einem „animal turn" die Rede ist.

2. T. in der Philosophie. Traditionell sind auch Entwürfe phil. T.ethik anthropozentrisch. Unterschieden werden kann zwischen einem moralischen Anthropozentrismus, der einzig Menschen als Träger moralischer Werte erachtet (z. B. DESCARTES, KANT) und einem epistemischen Anthr., der erkenntnistheoretisch betont, dass die Welt dem Menschen nur in menschlichen Begriffen erschlossen werden kann. SCHOPENHAUER erweitert die anthr. Position um den Begriff des (generalisierten) Mitleids. Nicht anthr. Ansätze der phil. T.ethik lassen sich mit dem Oberbegriff des Physiozentrismus beschreiben, der sich in bio- und pathozentrische sowie in holistische Argumentationen unterteilen lässt.

Entscheidend für die t.ethische Debatte ist P. SINGERS Schrift Animal Liberation (1975), mit der die Ethik der Mensch-T.-Beziehung weltweit zum Thema wurde. Singer argumentiert pathozentrisch und präferenzutilitaristisch und sieht den moralischen Status der Person nicht an die Speziesgrenze zwischen Mensch und T. gebunden, sondern charakterisiert ihn als abhängig von bestimmten Fähigkeiten. Während der für die präferenzutilitaristische Abwägung entscheidende Personenstatus so Hunden, Menschenaffen und anderen T. zugesprochen wird, erkennt SINGER ihn z. B. für Säuglinge oder Menschen mit bestimmten geistigen Behinderungen nicht an. Diese Position führte zu heftigem Widerspruch und zu einer der kontroversesten Debatte um eine ethische Position in jüngerer Zeit, die auch in einer breiten Öffentlichkeit geführt wurde.

Weitere pathozentrisch argumentierende Vertreter der seit den 2010er Jahren stark diversifizierten Debatte sind T. REGAN, der analog zu SINGERS Personenbegriff ebenfalls bestimmten Tieren den Status als moral agents zuweist, sowie im deutschsprachigen Raum J.-C. WOLF, der einen starken Bezug seiner T.ethik auf die politische Dimension der Tierrechte bietet, oder U. Wolf.

Biozentrische Argumentationen finden sich bei P. W. TAYLOR oder CHR. KORSGAARD, neuere anthropozentrische Positionen bei M. NUSSBAUM oder P. CARRUTHERS. Die kanadischen Philosophen S. DONALDSON und W. KYMLICKA legen unter dem Titel „Zoopolis" einen Entwurf zur politischen Theorie der Tierrechte vor.

3. T. in der Theologie. Früher evang. Vertreter der T.ethik ist A. SCHWEITZER mit seinem Ansatz der Ehrfurcht vor dem Leben (1915) und der darin enthaltenen Maxime „Ich bin Leben, das leben will, inmitten von Leben, das leben will". Der meist als biozentr. rezipierte Ansatz sieht eine universelle Verantwortung des Menschen, ohne jedoch eine Kriteriologie zu entwerfen oder die Verantw. näher zu begründen. Eine originär theol. Verortung des eher metaphysischen Entwurfs bleibt aus. Die Position wurde bis in die 1980er Jahre nur spärlich rezipiert (u. a. K. BARTH, KD III, 4, § 55).

Grundlegende kirchl. Texte zur Mensch-T.-Beziehung sind die Erklärung „Gott ist ein Freund des Lebens" (1989) und die Studie „Zur Verantwortung des Menschen für das T. als Mitgeschöpf" (1991). Theol. Entwürfe zur T.ethik im engeren Sinne existieren erst seit den 2000er Jahren.

In der theol. Ethik herrscht ein gewisser Konsens, dass T. als Teil der moralischen Wertegemeinschaft zu beachten sind, jedoch nicht als Akteure auftreten. Theol. T.ethik bleibt also i. d. R. anthropozentrisch, jedoch in gemäßigter Form. Sie teilt die Kritik an einem moralischen Anthr., sieht jedoch, z. B. im Verweis auf das Modell der Verantwortungsethik, den Menschen in einer Sonderrolle. Mit dem Verweis auf die Verantw. vereinigt ein theol. Konzept der verantwortungsethisch begründeten T.ethik erkenntnistheoretische und moralische Aspekte. Als Kriteriologie der Verantw. kann dann im Verweis auf biblische Motive der Schöpfungsverantw. und der creatio continua bspw. der Erhalt von Biodiversität zum Maßstab menschl. Handelns gegenüber T. werden. Im Sinne des von F. BLANKE bereits 1959 geprägten Begriffs der „Mitgeschöpflichkeit" lässt sich auch zu Kontroversen wie der industriellen Haltung von Nutzt.en oder zu T.versuchen theol.-eth. Stellung beziehen.

H. Baranzke, Würde der Kreatur? Die Idee der Würde im Horizont der Bioethik, Würzburg 2002. – U. Wolf, Ethik der Mensch-Tier-Beziehung, Frankfurt a. M. 2012 – F. Schmitz, Tierethik. Grundlagentexte, Berlin 2014. – P. Singer, Animal Liberation. Die Befreiung der Tiere, Erlangen 2015. – C. Wustmans, Tierethik als Ethik des Artenschutzes. Chancen und Grenzen, Stuttgart 2015.

Clemens Wustmans

Todesstrafe

Die noch immer in vielen außereuropäischen Ländern angewandte oder rechtlich nicht ausgeschlossene Praxis der definitiven Bestrafung eines Menschen mit dem Tod für ein bestimmtes, als besonders schwerwiegend bewertetes Vergehen, dessen er in der Regel gerichtlich für schuldig befunden wurde, gehört zu den brisantesten Themen der →Sozialethik.

Die Wurzeln der T. liegen einerseits in der im Allgemeinen bereits in vorgeschichtlicher Zeit endenden, für die geschichtliche Zeit spärlich belegten Praxis des sakralen Menschenopfers, andererseits in der in segmentären (archaischen) Gesellschaften weitverbreiteten Institution der Blutrache, die es den Angehörigen eines Ermordeten erlaubte, an (einem) beliebigen Angehörigen der Sippe des Täters Rache zu nehmen. Während der ursprünglich kultisch-rituelle Hintergrund der T. im Laufe der Zeit verblasst, an der Hinrichtungsprozedur in modernen Gesellschaften aber noch erkennbar ist (z. B. Henkersmahlzeit, Kleidung), ist das Sippenrecht der Blutrache aufgrund der Verhältnis- und Maßlosigkeit bei der praktischen Ausübung (Blutfehde) schon in alttestamentlicher Zeit durch den Grundsatz der Verhältnismäßigkeit zwischen dem einem Opfer zugefügten und dem allein dem Täter zuzufügenden Schaden (Talion; vgl. z. B. Ex 21,23–27 mit Gen 4,15) eingedämmt worden.

Als gesellschaftlich verhängte Strafmaßnahme hat sich die T. in fränkischer Zeit herausgebildet, indem die von den Sippen als deren Angelegenheit betrachtete Rache durch ein der Zuständigkeit der Obrigkeit unterliegendes System von Wergeld und Buße sowie an Leib und Leben gehenden peinlichen Strafen ersetzt wurde. Im Zuge der Professionalisierung des Strafvollzugs entstand im 13. Jh. das entgeltlich ausgeübte Amt des Scharfrichters als Vollstrecker der zur Ahndung von immer mehr und auch vergleichsweise leichten Delikten in vielfältig variierter Form angewandten T.

Eine wirkliche Opposition gegen die von der röm.-kath. Kirche im Zuge von Christianisierung, Inquisition und Hexenverfolgung gerechtfertigte und von reformatorischer Theologie als Zeichen staatlicher Autorität gewertete und unter Verweis auf das von Gott eingesetzte Strafamt der Obrigkeit (Röm 13,4) auch Christen erlaubte Ausübung der T. ist erst in der Aufklärung aufgekommen (C. Beccaria; G.E. Lessing). Während sich im 19. Jh. nur ganz vereinzelt Theologen (F. Schleiermacher; J.U. Wirth; A. Bitzius) gegen die T. aussprachen, ist die protestantische Theologie bis zur Mitte des 20. Jh.s in dieser Frage durchaus gespalten, wobei die Trennlinie zwischen Zustimmung (E. Hirsch; W. Künneth; A. Schlatter) und Ablehnung (K. Barth; mit Einschränkung W. Elert) quer durch die theologischen Richtungen verlief.

Ausschlaggebender Grund für die Abschaffung der T. in Art. 102 GG (1949) als Abschluss eines hundertjährigen Ringens deutscher gesetzgebender Körperschaften war der exzessive Einsatz der T. als Machtmittel durch das nationalsozialistische Regime. Wie in vielen westlichen →Demokratien hat sich auch in Theologie und Kirche nach dem Zweiten Weltkrieg die Ablehnung der T. durchgesetzt (mit Ausnahme etwa der *Christian Right* in den USA). Der Rat der →EKD hat in verschiedenen Erklärungen die weltweite Ächtung der T. gefordert.

Die beiden in der gesellschaftlichen Diskussion um die T. allzu gern bemühten Zweckmäßigkeitsargumente zugunsten der T. – Wirtschaftlichkeit und Abschreckung (im Sinne von ‚Entmutigung durch Furcht' [A. Koestler]) – sind empirisch nicht haltbar. Zwischen der Zu- und Abnahme von Kapitalverbrechen und der Praxis der T. gibt es keinen statistischen Zusammenhang. Nicht Strafandrohung, sondern effektive Strafverfolgung ist die wirkungsvollste Prävention.

Der Verweis der Gegner der T. auf ein ‚absolutes' Recht auf Leben erweist sich indes als zahnlos, sobald es begründete Ausnahmen davon gibt (z. B. in Nothilfe- und Notwehrsituationen). Die stete Möglichkeit des Missbrauchs oder eines Justizirrtums als schlagender Grund gegen den Vollzug einer solchen irreversiblen →Strafe stellt überdies noch nicht das Wesen der T. in Frage.

Dem Täter, der bei aller Distanzierung von ihm immer Mensch und Geschöpf Gottes bleibt, wird durch die T. die Möglichkeit zu Einsicht *und* Besserung (statt bloßer ‚Galgenreue') genommen. Der Zweck der Strafe, auch zur Besserung zu dienen, wird damit konterkariert. Selbst wenn im Tod ein Sinn gesehen wird, ist das bewusste Erleben der gewährten Zeitspanne zwischen Todesurteil und Vollstreckung (Todes*angst*strafe) eine unmenschliche Grausamkeit (vgl. F. Dostojewskis ‚Der Idiot'). Die Vorstellung einer humanen Form staatlichen Tötens ist eine Illusion.

Die schon von I. Kant und G.W.F. Hegel vertretene vergeltungstheoretische (retributive) Begründung der T. dahingehend, dass die Strafe dem Täter das ihm Gebührende zum Zwecke ausgleichender Gerechtigkeit bzw. zur Wertgleichheit zwischen Verbrechen und Strafe zurückgebe, steht unter dem Vorbehalt, dass eine Symmetrie zwischen Tat (bzw. →Schuld) und Strafe in dieser Welt nur approximativ herzustellen und, etwa bei Sittlichkeitsdelikten, auch gar nicht erstrebenswert ist. Wie kann durch die Vergeltung eines Übels mit einem anderen Übel (Rache) eine Wieder*gut*machung erreicht werden? Was berechtigt uns dazu, aus dem Umstand, dass jemand getötet hat, zu folgern, dass *wir* berechtigt sind, auch ihn zu töten? Mit rationalen Argumenten ist die T. nicht zu rechtfertigen.

G. GLOEGE, Die Todesstrafe als theologisches Problem, 1966 – K.B. LEDER, Todesstrafe. Ursprung, Geschichte, Opfer, 1987² – M. HONECKER, Grundriß der Sozialethik, 1995, 599–608 – F. MÜLLER, Streitfall Todesstrafe, 1998 – W. WOLBERT, Du sollst nicht töten, 2000, 37–61 – W. SOFSKY, Traktat über die Gewalt, 2001³ – CH. BOULANGER, Zur Aktualität der Todesstrafe, 2002².

Gerhard Schreiber

Toleranz

1. Begriff. (lat. tolerare = erdulden, ertragen). T. meint die Duldung fremder Menschen, Handlungen und Meinungen, insbesondere religiöser und politischer Anschauungen. Dabei geht es meist um T. gegenüber →Minderheiten. T. kann entweder rechtlich das Prinzip benennen, durch das ein geordnetes Zusammenleben unterschiedlicher →Gruppen innerhalb einer →Gesellschaft ermöglicht wird, oder ethisch eine →Tugend, einen →Wert oder eine Haltung.

2. Geschichte. Historisch sind der T.gedanke und seine politische Umsetzung eng mit dem Phänomen des religiösen →Pluralismus verbunden. Bereits das persische Reich der Achämeniden und später das römische Weltreich versuchten, die notwendige politische Integration der eroberten Völker mit religiöser T. zu verbinden. Diese fand ihre Grenze dort, wo der Universalanspruch der Fremdreligion mit der geforderten politischen Loyalität konkurrierte, wie im Fall des Christentums. Obwohl die Christen im römischen Reich T. forderten, erwiesen sie sich selbst – an die →Macht gekommen – als intolerant. Insbesondere im Mittelalter übertraf der →Islam in den von ihm besetzten Gebieten Europas das Christentum an T. Dass es heute die christlich geprägten Länder Europas und Nordamerikas sind, die den T.gedanken am weitesten umgesetzt haben, stellt daher vor die Frage, inwieweit das Christentum an dieser Entwicklung beteiligt war.

Vorbereitet wurde der moderne T.gedanke durch die Reformation und den Humanismus. So trat M. LUTHER dafür ein, Ketzer nicht mit dem Schwert, sondern mit dem Wort zu bekämpfen. Dennoch hielten er und besonders J. CALVIN an der überlieferten Verbindung zwischen Glauben und Obrigkeitsgehorsam fest, so dass Ketzer nach wie vor wegen ihrer Eigenschaft als politische Aufrührer verfolgt werden sollten. Auch die oft für die Entwicklung der T. in Anspruch genommenen protestantischen →Freikirchen (etwa in den USA) haben die T. letztlich nur wider Willen gefördert. Indem sie selbst in erheblichem Maße intolerant waren, zwangen sie anders Denkende zur Emigration, was unter den Bedingungen der möglichen Besiedelung des amerikanischen Kontinents dann faktisch zu dem weitgefächerten →Pluralismus der USA führte.

Erst die →Aufklärung fand durch die Erfahrung der europäischen Religionskriege und durch die Rezeption des →Naturrechts zu der Erkenntnis, dass um des Überlebens aller willen das religiöse Bekenntnis von der Frage der politischen Loyalität entkoppelt werden muss. Richtungweisend waren hier etwa J. BODIN und J. LOCKE (A letter concerning toleration, 1689). Deutschland hinkte dabei in der Entwicklung hinter den angelsächsischen Ländern nach. Noch im berühmten Fragmentenstreit zwischen G. E. LESSING und J. M. GOEZE wurde LESSING als politischer Aufrührer denunziert. Im Drama „Nathan der Weise" versucht LESSING das Thema zu entpolitisieren und mit den Mitteln der poetischen Identifikation für T. zu werben. Faktisch haben sich die Kirchen auch noch bis weit in das 19. Jh. hinein intolerant verhalten. Differenzen zwischen den Konfessionen lassen sich dabei weniger in ihrer Dogmatik als in ihrer jeweiligen Situation festmachen. Sowohl Protestanten als auch Katholiken forderten T. immer dann, wenn sie in der Minderheit waren. Erst das 20. Jh. brachte eine allgemeine Anerkennung des T.gedankens im religiösen und politischen Raum. Dabei zeigen Diktaturen bis heute, dass T. im Weltmaßstab nach wie vor eine uneingelöste Forderung ist. Theologisch wird T. heute entweder wie die →Menschenrechte mit der Gottebenbildlichkeit des Menschen (Gen 1, 26) begründet, die allen Menschen eigne und daher von allen zu achten sei, oder mit der Rechtfertigung des Sünders. Gottes T. gegenüber dem Menschen fordere vom Menschen, seinerseits t. gegenüber seinen Mitmenschen zu sein.

3. Gegenwärtige Fragestellungen. Sowohl philosophisch-theologisch als auch politisch ist die Frage nach der T. prinzipiell unabschließbar, weil das zugrunde liegende Problem des Umgangs mit dem Fremden seiner Art nach immer neue Aushandlungsprozesse erfordert, die theoretisch verarbeitet und kulturell gedeutet werden müssen. In den letzten Jahren ist die T.frage wieder vermehrt an der Religion aufgebrochen. Die Rückkehr der Religion in den öffentlichen Bereich hat dabei sowohl innerchristlich (Kruzifixurteil) als auch in der Auseinandersetzung mit anderen Religionen (Kopftuchstreit, Schächten) gezeigt, wie eng die Grenzen der T. tatsächlich gesteckt sind. In der Asyldebatte ist die religiöse Frage jedoch nur Platzhalter für andere Interessen. Die in westlichen Gesellschaften seit der Mitte des 20. Jahrhunderts entstandene religiöse T. scheint dabei zunehmend gefährdet zu sein, ohne dass der Ablehnung fremder Religiosität ein eigenes fundiertes Bekenntnis entsprechen würde.

3.1 In Philosophie und Theologie wird neben dem Begründungsproblem (Herleitung aus den Menschenrechten) in erster Linie die Frage nach den Grenzen der T. diskutiert. Diese werden allgemein in der Int. gesehen. T. kann nichts dulden, was sie selbst abschaffen will. Hierbei handelt es sich nur scheinbar um ein Paradox, da T. als Bedingung der Möglichkeit von →Freiheit auf einer anderen Ebene liegt als die Durchsetzung konkreter Inhalte.

3.2 Kontrovers wird in der Neuzeit, ob T. überhaupt angemessener Ausdruck des Umgangs mit dem Fremden sein kann. Denn das Wort drückt eine herablassende Haltung aus (KANT). Fordert man demgegenüber nicht nur das „Ertragen", sondern eine positive Beziehung, wird man eher zu einem Begriff wie „Achtung" geführt. Diese aber ist umso schwerer aufzubringen, je überzeugter Individuen von der Richtigkeit und Tragweite ihrer Auffassungen sind. Der Begriff der T. wird also nicht überflüssig, verlangt aber nach einer rechtlichen Konkretion auf der Basis der Menschenrechte.

3.3 Unter den Bedingungen westlicher, pluraler →Gesellschaften (→Pluralismus) ist unklar, ob das T.konzept als Verhältnisbestimmung von Mehrheiten zu Minderheiten noch anwendbar ist. Denn tendenziell gibt es in modernen Gesellschaften nur relative Mehrheiten und unterschiedliche Gruppen, die koexistieren müssen. Das T.problem weitet sich zum Pluralismusproblem.

3.4 Insbesondere in der Theologie wird immer wieder die Auflösung der T. in Gleichgültigkeit befürchtet. Zugleich wird die Besorgnis zum Ausdruck gebracht, dass die Mitglieder der eigenen Kirchen sich nicht mehr auf dem festen Fundament der Lehre bewegten. Evangelischer Glaube kennt jedoch ausgehend von der Rechtfertigung weder Gründe für Abgrenzungsängste noch die Notwendigkeit, traditionelle Differenzen um ihrer selbst willen zu behaupten. Grenzen der T. wie der Gleichgültigkeit sind jewels im Einzelfall vor dem Hintergrund der →Tradition vernünftig zu begründen. Dabei zeigt die Geschichte, dass größeres Unrecht stets aus einem Mangel an T. erwuchs.

G. MENSCHING, T. und Wahrheit in der Religion (1955), U. TWORUSCHKA (Hg.), 1996 – T. RENDTORFF (Hg.), Glaube und T. Das theologische Erbe der Aufklärung, 1982 – DERS., Ethik. Grundelemente, Methodologie und Konkretionen einer ethischen Theologie, II1991², 120ff – K. SCHREINER/G. BESIER, T., in: Geschichtliche Grundbegriffe, VI1990, 445–605 – I. Broer (Hg.), Christentum und T., 1996 – W. BRÄDLE u.a., T. und Religion. Perspektiven zum interreligiösen Gespräch, 1996 – G. SCHLÜTER/R. GRÖTKER, T., in: HWPH X1998, 1251–1262 – M. WALZER, Über T. Von der Zivilisierung der Differenz, 1998 – A. DEBUS, Das Verfassungsprinzip der T. unter besonderer Berücksichtigung der Rechtsprechung des Verfassungsgerichts, 1999 – R. FORST, T. im Konflikt. Geschichte, Gehalt und Gegenwart eines umstrittenen Begriffs, 2012³ – H. HASTEDT, Toleranz, 2012 – D. POLLACK u. a., Grenzen der Toleranz. Wahrung und Akzeptanz religiöser Vielfalt in Europa, 2014.

Christian Schwarke

Totalitarismus

1. Begriff und geschichtl. Entwicklung. T. bezeichnet eine moderne Herrschaftsform, welche die erste Hälfte des 20. Jh.s, das „Zeitalter der Extreme" (E. HOBSBAWM), stark geprägt hat. Im Unterschied zu autoritären Regimen und Diktaturen ist der T. von dem Anspruch einer totalen Verfügungsmacht über alle Bereiche des öffentl. und des priv. Lebens bestimmt. Insofern besteht eine gewisse Nähe zur Tyrannei, die dadurch zu charakterisieren ist, dass der Herrscher gesetzlos und willkürlich „überall und auch außerhalb seines eigenen Bereiches" (B. PASCAL) Macht ausübt. Auch der T. ist von einer permanenten Übertretung des geltenden Rechts geprägt, Verfassungs- wie positives Recht werden den sich wandelnden Bedürfnissen des totalitaristisch. Systems angepasst, oft auf dem Weg von Verordnungen. Dies geschieht allerdings weniger im Sinn einer willkürlichen individuellen Herrschaftsausübung, sondern auf der Basis einer Ideologie mit dem Anspruch einer totalen Welterklärung, im NS einer sozialdarw. Rassenlehre, in der SU eines marxistisch-doktrinären Geschichtsverständnisses. Beiden Ideologien ist gemeinsam, dass sie sich im Einklang mit vorgeblich objektiven Prozessen der Natur bzw. der Geschichte wähnen und deren Entwicklungsgesetze unerbittlich glauben ausführen zu sollen. Daher ist das zweite Wesensmerkmal des T. der Terror, der bestimmte, als Feinde dieser „objektiven" Entwicklung identifizierte Bevölkerungsgruppen schonungslos verfolgt, häufig interniert und ermordet. Zudem wird stets nach möglichen Abweichlern oder Verrätern in den eigenen Reihen gesucht, so dass die Furcht vor dem Terror zur allumfassenden Lebenswirklichkeit wird. Neben totalitaristischer Ideologie und Terror sind eine Massenbewegung oder -partei, ein charismat. Führertum und eine die gesamte Öffentlichkeit bestimmende Propaganda kennzeichnend. Der italienische Faschismus wurde zuerst als T. bezeichnet, was von B. MUSSOLINI positiv als Selbstbezeichnung aufgenommen wurde. Während es dem ital. Faschismus kaum gelang, ein totalitäres Herrschaftssystem durchzusetzen, wurde dies sehr schnell zum Kennzeichen des NS und der stalinistischen SU. Im Kirchenkampf wurden ab 1933 von Vertretern der Bekennenden Kirche sehr früh der sich abzeichnende totale Charakter des NS-Systems kritisiert und die Eigenständigkeit sowie Unabhängigkeit kirchlichen Handelns betont. Der wissenschaftliche Diskurs konzentrierte sich vereinzelt bereits in den 1930er Jahren und vermehrt nach dem Zweiten Weltkrieg auf vergleichende T.studien zur NS- und zur SU-Herrschaft. Dabei wurde über eine mögliche Gleichsetzung der beiden Herrschaftssysteme kontrovers debattiert, die sich hinsichtlich der formalen Herrschaftsmechanismen und ihrer Machtapparate gut vergleichen lassen, ohne dass sich jedoch NS- und Kommunismus-Forschung in eine einheitliche T.forschung integrieren lassen.

2. Aktuelle Bedeutung. Totalitäre Bewegungen können als moderne politische Reaktion angesichts der

Kontingenzen der Moderne und insofern als radikalisierte Formen antiliberaler, extremistischer und fundamentalistischer Gruppen verstanden werden. Im Umfeld des politischen Extremismus wie des religiös-fanatischen Fundamentalismus sind auch in der Gegenwart zumindest Ansätze totalitaristischer Bewegungen zu identifizieren. Insbesondere lässt sich der radikale Islamismus programmatisch wie im Blick auf die Herrschaftspraxis durch die Verbindung einer Ideologie der totalen Welterklärung mit dem Handlungsprinzip des Terrors und der Verbreitung von Furcht mit den klassischen Bsp. des T gut vergleichen und als „dritte Form des T." (B. TIBI) interpretieren.

H. ARENDT, Elemente und Ursprünge totaler Herrschaft, 1955 – K. D. BRACHER, Zeitgeschichtliche Kontroversen. Um Faschismus, T., Demokratie, 1984⁵ – E. JESSE (Hg.), T. im 20. Jahrhundert. Eine Bilanz, 1999² – J. J. LINZ, T. und autoritäre Regime, 2000 – B. TIBI, Der neue T. „Heiliger Krieg" und westliche Sicherheit, 2004 – L. LUKS, Zwei Gesichter des T., 2007.

Traugott Jähnichen

Tourismus

1. T. als Wirtschaftsfaktor. Die Zahl der Auslandsreisen hat sich seit den 1960er Jahren verzehnfacht; der T. zählt heute weltweit zu den größten Wirtschaftszweigen. Die Einnahmen aus dem T. erzielten 2011 einen Umfang von 1030 Milliarden US-Dollar. Im Jahr 2020 werden nach Analysen der Welt-T.organisation WTO-OTM Einnahmen in Höhe von 2.000 US-Dollar erwartet. Rund 200 Mio. Menschen, das heißt jeder achte →Arbeitnehmer, ist weltweit direkt oder indirekt vom T. abhängig. Die Hauptreiseländer sind Länder des Nordens: 70 % der internationalen Ankünfte teilen sich Europa und Nordamerika. Jedoch holen die Länder des Südens zunehmend auf; der Anteil der weniger entwickelten Länder am T.boom steigt ständig. Insbesondere China, Mexiko, Hongkong, Malaysia, Südafrika, Singapur, Indonesien, Argentinien und Tunesien sind international bedeutende Zielländer des T. neben Europa und Nordamerika. Nach Analysen der Welt-T.organisation dürfte China in den nächsten Jahren zur „Boom-Region" des T. werden. 2011 gehörte China nach Frankreich und den USA zu den meist besuchten Ländern vor Spanien, Italien und der Türkei. Immer mehr Länder des Südens setzen auf den T. als Motor der wirtschaftlichen Entwicklung. Neben den *Deviseneinnahmen* und dem Wachstum des →Arbeitsmarktes versprechen sich die bereisten Regionen vom T. weitreichende *Entwicklungsimpulse*. Dabei ist nach einer Studie der Weltbank davon auszugehen, dass lediglich 50 % der T.einnahmen in der Urlaubsregion verbleiben. Die fortschreitende Liberalisierung des Welthandels im Rahmen des Abkommens über den Handel mit →*Dienstleistungen* (GATS) wird diese Tendenz verstärken: Durch die Öffnung der Märkte werden regionale Kleinanbieter durch die übermächtige Konkurrenz größerer →Unternehmen aus dem →Markt gedrängt oder aufgekauft. Auch die soziologisch zu ermittelnden Daten weisen erhebliche Veränderungen und Entwicklungen auf: Während nach wie vor die dominierende Form des T. sich an den Küsten abspielt, nutzen immer mehr Reisende das Kompaktangebot eines Veranstalters. Die Zahl der *Individualreisen* nimmt seit den 1960er Jahren ständig ab. Kürzere, dafür aber häufigere Reisen zu entfernteren Zielen liegen im Trend. Reisen mit einem Minimum an Zeitaufwand, jedoch mit einem Maximum an Erlebniswert werden zunehmend nachgefragt. Wichtigstes Entscheidungskriterium bei der Auswahl einer Urlaubsregion bildet die Umweltqualität (→Umwelt).

2. Globale Folgen des T. Insbesondere der intakte Naturhaushalt, die Grundlage der T.branche, kann durch die Aktivitäten des T. gefährdet werden. Das Ausmaß einer potentiellen *Gefährdung der* →*Umwelt* durch touristische Nutzung lässt sich nicht pauschal beschreiben: Es hängt von der T.intensität, der T.form und der Empfindlichkeit des jeweiligen Ökosystems ab. Die größten Umweltschäden werden jedoch eher durch den *Bau und Betrieb* touristischer Infrastruktur als durch Aktivitäten der Touristen verursacht. Dies gilt insbesondere für die dominierende Urlaubsform, den T. an den Küsten. Gerade Strände, Dünen und küstennahe Ökosysteme sind äußerst sensibel und artenreich; durch den Bau von T.anlagen werden gerade diese Betriebe stark beeinträchtigt. Auf kleinen Inseln ist insbesondere der hohe *Wasserbedarf* (600 Liter pro Tag und Person) sowie die adäquate *Entsorgung der Abwässer und des* →*Abfalls* ein immenses ökologisches Problem. Auch Center-Parcs, die vor allem Kurzurlaubern ein Kompaktangebot unterbreiten, gehören nicht zu den ökologisch vorbildlichen Projekten. Durch ihren hohen Flächenverbrauch (150 Hektar pro Park) in sensiblen Ökosystemen sowie durch ihren hohen Energie- und Wasserverbrauch (530 Liter pro Tag und Person) tragen sie nicht zur Entlastung der Umwelt bei. Durch An- und Abreise entstehen allerdings 58 % (Zugfahrt) bis 97 % (Fernflug) des Energieverbrauchs einer Urlaubsreise. Das Flugzeug ist das Verkehrsmittel mit dem höchsten spezifischen Energieverbrauch. Der *Flugverkehr* ist das größte Problem in der Ökobilanz einer Urlaubsreise. Neben den Folgen für die Umwelt führt der T. in den Zielländern zu erheblichen Veränderungen des *Arbeitsmarktes*. Touristische Aktivitäten schaffen bei guter Ausbildung zukunftsfähige Arbeitsplätze. Es überwiegen jedoch Jobs für un- und angelernte Kräfte. Wenn in einer Region die traditionellen Erwerbsformen durch eine touristische Monokultur verdrängt werden, kann der saisonale und krisenanfällige T. zur ökonomischen Gefährdung einer Region umschlagen. Von immenser Tragweite sind schließlich die mit dem T. einhergehenden →*Menschenrechtsverletzungen*, insbesondere der Sext. in einigen ostasiatischen Urlaubsregionen (Thailand, Philippinen). Nach Schätzungen der →Internationalen Arbeitsorganisation (ILO) arbeiten weltweit 13 bis 19 Mio. →Kinder und Jugendliche zu unterschiedlichen Bedingungen im T. Insbesondere hier wird der fließende Übergang zu ausbeuterischen und menschenverachtenden Tätigkeiten Zielpunkt einer aufmerksamen T.analyse sein.

3. **Nachhaltiger T.** Die Folgen des T. zeigen eindringlich einen Handlungsbedarf auf, Reisen global in nachhaltige Bahnen zu lenken. Auf der Ziellinie der christlichen →Sozialethik kann es nicht liegen, touristische Aktivitäten mit der diffamierenden Behauptung, Urlaub sei alleine Flucht, zu verdammen. Denn unzweifelbar gehört das Reisen zum Leben hinzu; es ist Ausdruck des sich selbst transzendierenden Menschen. T. ist ein ritualisierter Übergang in eine Sonderwelt; ohne dieses ständige Überschreiten der Grenzen würde die alltägliche Welt an Kreativität und Phantasie einbüßen. Zugleich kann der T. einen Beitrag zur zukunftsfähigen Entwicklung einer bereisten Region liefern; touristische Aktivitäten sind auch ökologisch wertvoller als die Nutzung eines Landes durch Brandrodung oder Bergbau. Aufgabe einer christlichen Sozialethik wird es sein, einen nachhaltigen T. (→Nachhaltigkeit) zu bejahen und an einer Entwicklung globaler Standards mitzuarbeiten. *Nachhaltig* ist eine touristische Aktivität dann, wenn sie die natürlichen Grundlagen in der Urlaubsregion so wenig wie möglich zu beeinflussen sucht. Nachhaltiger T. muss darüber hinaus soziale, kulturelle und wirtschaftliche Verträglichkeitskriterien in den bereisten Regionen erfüllen. Erst wenn diese Bedingungen erfüllt sind, kann der T. einen Beitrag leisten zur Völkerverständigung, zur Erhaltung der natürlichen Lebensgrundlagen, zur Bewahrung der kulturellen Identität der Bereisten sowie zu wirtschaftlicher und sozialer Entwicklung in →Gerechtigkeit. Akteure, die maßgeblich über das Gelingen oder Scheitern einer nachhaltigen T.entwicklung entscheiden, sind erstens die Reisenden selbst. Mit ihren Reiseentscheidungen üben sie Einfluss auf die Angebotspalette der Veranstalter aus. Seit den 2000er Jahren wachsen die Agenturen, die sich auf nachhaltigen T. spezialisieren, rasant an. Reisen muss grundsätzlich seltener, dafür aber länger und intensiver erfolgen, um vor allem den Umweltfolgen der Fernflüge entgegenzuwirken. Zweitens muss die T.industrie *Umweltstandards* einhalten. Regionale Produkte sind zu bevorzugen und ökologisch sensible Regionen zu meiden. Die großen Veranstalter sind im Verständnis eines nachhaltigen T. aufgefordert, eine Selbstverpflichtung im Sinne eines „Code of Conduct" einzugehen. Die *Berliner Erklärung*, die Umweltschutzerklärung der deutschen T.wirtschaft aus dem Jahre 1997, war ein erster Schritt in diese Richtung. Schließlich müssen drittens die politischen Akteure eine Entwicklung des nachhaltigen T. durch eine veränderte Verkehrspolitik (→Verkehr), in internationalen Verhandlungen zum Handel mit Dienstleistungen sowie in der Zusammenarbeit mit den Ländern des Südens unterstützen.

4. **Entwicklung eines globalen Code für den T.** Sowohl das Reiseverhalten der Touristen als auch die Selbstverpflichtung der T.branche für die Entwicklung eines nachhaltigen T. laufen im Zeitalter der →Globalisierung ins Leere, wenn nicht globale Standards eines nachhaltigen T. eingeführt und ausreichend kontrolliert werden. Seit Mitte der 1990er Jahre gibt es zahlreiche internationale Aktivitäten, die diese Notwendigkeit ausreichend erkannt haben. Angestoßen wurde die Entwicklung 1980 in Manila durch ein parallel zur WTO-OTM-Konferenz stattfindendes Hearing der Christian Conference of Asia, an dem Vertreter der Entwicklungsländer entscheidend beteiligt waren. Insbesondere die christlichen Kirchen thematisierten in der Folgezeit effizient die menschenverachtenden Praktiken des Sext. in Thailand und auf den Philippinen. Entscheidend erweitert wurde die Diskussion 1995 auf der von der UNESCO in Lanzarote verabschiedeten „*Charta für einen umweltverträglichen T.*", die u. a. eine international konsensfähige Definition für den nachhaltigen T. enthält. 1996 wurde in Stockholm ein Aktionsplan gegen Kinderprostitution von 119 Staaten verabschiedet. 1997 unterzeichneten 200 T.verantwortliche aus Staaten und der Privatwirtschaft die Manila-Erklärung, in der die sozialen Folgen des T. benannt werden und die Schaffung eines „Global Code of Ethics in Tourism" beschlossen wird. 1999 schließlich wurde von der in Rio eingesetzten „*Kommission für nachhaltige Entwicklung*" (CSD) der Vereinten Nationen ein umfangreicher Aktionsplan verabschiedet; zugleich veröffentlichte die WTO-OTM ihren „Global Code of Ethics", der umfangreiche Kontrollen durch ein internationales Gremium vorsieht. In der Zwischenzeit sind weitere Instrumente zur Umsetzung des „Global Code of Ethics" hinzugekommen; dazu gehört z. B. das Programm „ST-EP" (Sustainable Tourism – Elimination of Poverty), das in Anlehnung an die Millenniums-Entwicklungsziele den Einfluss des T. auf eine nachhaltige Entwicklung armer Regionen zu messen versucht. Es bleibt abzuwarten, ob diese vielversprechenden internationalen und nationalen Aktivitäten eine Veränderung in der T.branche hervorrufen. Auch nach mehr als 20 Jahren intensiver Diskussion um einen nachhaltigen T. ist es bisher nur in Ansätzen zu einer Veränderung der Trends in der T.industrie gekommen.

J. HAMMELEHLE, Zum Beispiel T., 1995[3] – C. BECKER/H. JOB/A. WITZEL, T. und nachhaltige Entwicklung, 1996. – K. VORLAUFER, T. in Entwicklungsländern. Möglichkeiten und Grenzen einer nachhaltigen Entwicklung durch Fremdenverkehr, 1996 – D. KRAMER, Aus der Region – Für die Region. Konzepte für einen T. mit menschlichem Maß, 1997 – H. SCHARPF, Freizeit, T. und Umwelt, 1998 – T. PETERMANN, Folgen des T. T.politik im Zeitalter der Globalisierung, 1999 – W. KAHLENBORN u. a., T.- und Umweltpolitik, 1999 – A. Donhauser, Trendbranche T., 2004 – W. KIEFL/R. BACHLEITNER, Lexikon der T.soziologie, 2005 – H. PECHLANER/F. RAICH (Hg.), Gastfreundschaft und Gastlichkeit im T., 2007 – J. JENKINS/R. SCHRÖDER (Hg.), Sustainability in Tourism. A Multidisziplinary Approach, 2013.

Jörg Hübner

Tradition

1. **Allgemein.** Der Mensch bedarf der T. „Traditio" (griech. „Paradosis") heißt „Überlieferung", „Weitergabe", Gepflogenheit. T. ist ein allgemeinmenschl. Grundphänomen. Sprache, →Kultur, Geschichte sind Inbegriff von T. J. ASSMANN nennt dies „kulturelles Gedächtnis". Zu differenzieren ist zwischen dem Prozess, Akt des Überlieferns (actus tradendi) u. dem Inhalt von T. (traditum). Erst in der Teilnahme am Überlieferungsprozess werden Kultur, →Normen, Rechtsinstitutionen, Gewohnheit, →Sitte, Brauchtum, →Werte, Urteilsmaßstäbe angeeignet. Nur eine abstrakte, rein rational konstruierende →Ethik kann prinzipiell auf den Rückgriff auf T. verzichten wollen. →Familie, →Recht, →Staat sind durch Geschichte geprägt. Eigentumsrechte (→Eigentum), Herrschaftsansprüche berufen sich auf T. Die →Erziehung ermöglicht Sozialisation durch Vermittlung von T. „Traditionell" meint: herkömmlich, üblich, überkommen.

2. **Theologisch.** T. prägte von Anfang an auch die Kirche (bischöfl. Sukzession, Kanonbildung regula fidei, d. h. Glaubensregel, Dogma). Christl. Theologie beruft sich auf geschichtl. Offenbarung u. beruht deshalb auf Überlieferung (Paradosis). Auch die biblischen Schriften sind ursprünglich Niederschlag von T.sprozessen (Kanonbildung, vgl. 1. Kor 11,23ff; 15,3-5 u. a.). Die Schrift verkörpert die apostolische T. Das Verhältnis von Schrift, T. u. Schriftauslegung ist somit von Anfang an ein Grundproblem christl. Theologie. Die traditio apostolica u. die successio apostolica wurde für die Kirchen in unterschiedl. Weise maßgebl. VINZENZ VON LERINUM formulierte das kath. Verständnis von T. als allgemein Anerkanntem („quod ubique, quod semper, quod ab omnibus creditur").

Durch das Konzil von *Trient* (1545–1563) wurde T. zu einem kontroverstheol. Thema. Dabei hat die Abgrenzung zur Reformation ein wesentlich theologisches Gewicht: Soll die Heilige Schrift einzige Offenbarungsquelle sein („sola scriptura"), oder ist die Offenbarung teils in der schriftl. Überlieferung des bibl. Kanons, teils auch ergänzend u. interpretierend in der mündl. T. enthalten? Die Gefahr des Schriftprinzips ist ein biblizistischer →Positivismus, die Gefahr der Definition der verbindl. T. durch den Papst ein Lehramtspositivismus. Dazu kommt seit der →Aufklärung eine Krise des Schriftprinzips durch historisch-kritische Exegese, durch die Kanonskritik und die Wahrnehmung einer mündlichen Überlieferung vor der Schriftwerdung. Die Kontroverse um das Traditionsverständnis in der theol. Dogmatik ist hier nicht näher zu entfalten.

3. **Ethisch.** Die *Neuzeit* hat eine T.skrise ausgelöst. Seit DESCARTES, HOBBES u. LOCKE besteht ein Konflikt zwischen T. und →Vernunft, Rationalität. Die *Aufklärung* stellt im Namen kritischer Vernunft die Autorität der T. prinzipiell infrage. Umgekehrt erklärt ein starrer *Traditionalismus* Überliefertes als solches für sakrosankt u. macht damit eine lebendige Aneignung unmögl. Beide Positionen – starrer Traditionalismus, wie eine hybride Fortschrittsidee, die radikale →Emanzipation vom Überkommenen („Kulturrevolution") – sind gleicherweise problematisch. SCHLEIERMACHER nannte ausgleichend Geschichte das Bilderbuch der →Ethik und Ethik das Formelbuch der Geschichte. KARL MARX formulierte traditionskritisch: „Die T. aller toten Geschlechter lastet wie ein Alp auf den Gehirnen der Lebenden." Die Balance zwischen unkritischer Verklärung der T., dem Überliefertem u. grundsätzl. Geschichtsvergessenheit, zwischen Aneignung u. Befreiung von Lasten der T. ist zu suchen u. zu finden. Die Kontinuität u. Identität des Menschseins bedarf nämlich der Orientierung an T., weil →Kultur auf Überlieferung u. Erfahrung beruht. Verschärft wird zudem der Umgang mit T. in der Unterscheidung von „Wertkonservativismus" u. „Strukturkonservativismus" (E. EPPLER). Denn gerade um der Bewahrung von Wertvorstellungen willen können Strukturänderungen erforderlich werden (→Konservatismus).

Bei der Frage des *Umgangs* mit T. ist nicht nur die Spannung zwischen T. u. Leben, sondern gerade auch die Unterscheidung von Buchstabe u. Geist (z. B. Paulus, 2. Kor 3,6) klärend. Ohne „Buchstabe", T. gibt es keinen Geist, der lebendig macht; aber ohne Geist bleibt T. nur *toter* Buchstabe.

In der Ethik erinnert T. an die Bedeutung der Erfahrung, an das Gewicht der Geschichte (Schuldfrage; →Schuld) u. zeigt damit zugleich, dass sich Ethik nicht allein mithilfe rationaler Konstruktion als zeitloses System von Kriterien entwerfen lässt, dass aber ebenso die kritische Prüfung autoritativer Überlieferungen notwendig ist. T. gilt nicht kraft der Evidenz zwingender Gründe, sondern wegen der Unmöglichkeit, ohne sie auszukommen. T. ist die Summe der Erfahrungen menschl. Einsichten u. Weisheiten, die von Generation zu Generation weitergegeben wird. Zentral ist T. für Religion u. →Recht. Lebenswelt. ist T. unentbehrlich für die Lebensorientierung. Heute führen die Möglichkeiten u. Ansprüche individueller Selbstbestimmung zur Infragestellung bisheriger kultureller Selbstverständlichkeiten u. dabei zur Frage nach der Identität in der Geschichte. Bei allem Wandel von T.

ist das Angewiesensein auf T. eine anthropologische Grundgegebenheit.

G. Krüger, Geschichte und Tradition, 1948 – ders., Freiheit und Weltverwaltung, 1958 – J. Pieper, Über den Begriff der Tradition, 1958 – ders., Überlieferung, 1970 – P. Lengsfeld, Überlieferung – Tradition und Schrift in der ev. und kath. Theologie der Gegenwart, 1960 – L. Reinisch (Hg.), Vom Sinn der Tradition, 1970 – H.G. Gadamer, Wahrheit und Methode, 1975⁴ – E. Feifel/W. Kasper (Hg.), Tradierungskrise des Glaubens, 1987 – W. Barner (Hg.), Tradition, Norm, Innovation, 1989 – H. Fechtrup u. a. (Hg.), Aufklärung durch Tradition, 1989 – J. Assmann, Das kulturelle Gedächtnis, 1992 – D. Wendebourg/R. Brandt, T.saufbruch, 2001.

Martin Honecker

Transaktionssteuer

1. Geschichte der T. Zum ersten Mal wurde die T. in den 1930er Jahren vom britischen Ökonomen Keynes ins Gespräch gebracht: Unter dem Eindruck der „Großen Depression" forderte er, dass alle Aktientransaktionen besteuert werden, um →Spekulationen am Finanzmarkt einzudämmen und zu begrenzen. In den 1970er Jahren griff der US-amerikanische Ökonom Tobin diese Idee auf. Ihm ging es nach dem Zusammenbruch des Systems aus fixen Wechselkursen um eine Besteuerung von Devisen zum Schutz der nationalstaatlichen Souveränität. Der „Fluss des heißen Geldes" müsse durch eine Devisentransaktionssteuer als „Sand im Getriebe" gebremst werden, damit die Nationalstaaten nach der Auflösung fixer Wechselkurse ein eigenes Besteuerungssystem samt Bankenaufsicht aufbauen könnten. Diese Vorstellung ließ sich politisch nicht durchsetzen; erst im Zuge der sich verstärkenden Finanzkrisen 1997 bis 2008 wurde diese Idee unter dem Begriff einer T. erneut öffentlich z. T. sehr heftig diskutiert. U.a. forderte der deutsche Ökonom Spahn eine Besteuerung aller Derivate mit einem sehr geringen Steuersatz, um spekulative Blasenbildungen am Finanzmarkt zu verhindern. In einer Fülle von wissenschaftlichen Studien in den 1990er Jahren wurde diese Idee auf ihre Machbarkeit hin überprüft – mit einem durchaus positiven Ergebnis. Mit der letzten globalen →Finanzkrise 2007/2008 nahm die öffentliche Diskussion einer T. an Heftigkeit zu: Es standen nun nicht mehr Devisenschwankungen im Vordergrund der Aufmerksamkeit, sondern die Bewältigung von Finanzkrisen, die Begrenzung spekulativer Eingriffe am Markt sowie die Beschaffung von Steuereinnahmen zur Bewältigung öffentlich bedeutsamer Aufgaben. Nicht die Machbarkeit, sondern die Frage der politisch gesteuerten Implementierung steht seit wenigen Jahren im Euro-Raum zur Debatte. Es soll eine T. auf den Handel mit Aktien, Anleihen, Devisen und Derivaten im Rahmen einer verstärkten Zusammenarbeit in →Europa eingeführt werden. In einzelnen Staaten des Euro-Raums steht die konkrete Umsetzung einer T. 2015 kurz vor der praktischen Umsetzung. Die Notwendigkeit einer Besteuerung von Finanztransaktionen wird unter den Gesichtspunkten Finanzmarktstabilität und Steuergerechtigkeit zunehmend mehr in der breiten →Öffentlichkeit sowie in der staatlichen →Politik akzeptiert.

2. Die beabsichtige Wirksamkeit der T. als Lenkungssteuer. Es hat sich in der modernen →Gesellschaft das Prinzip durchgesetzt, dass jedes zu erwerbende Objekt bzw. jede →Dienstleistung vom Nutzer und Anbieter einer Besteuerung unterzogen wird. Darin drückt sich aus, dass die Bereitstellung der öffentlichen Ressourcen zur Herstellung eines Produkts bzw. zur Bereitstellung einer Dienstleistung Gemeinkosten unterliegen. Die Ausnahme von dieser Regel bilden Dienstleistungen der Finanzindustrie, die bis heute keiner →Steuer unterliegen. Diese Lücke im Gesamtaufbau eines Steuersystems ist nicht mehr nachvollziehbar, da in der Zwischenzeit Finanzdienstleistungen aller Art zu wesentlichen Schaltstellen der Lebensführung geworden sind. Finanzdienstleistungen dienen nicht mehr nur der neutralen Verschiebung vorhandener Kapitalsummen, sondern einer Optimierung der Akkumulation des vorhandenen →Kapitals. Dabei lässt sich die T. präziser als Lenkungssteuer begreifen: Die Vermeidung einer beabsichtigten Wirkung am Finanzmarkt bzw. die Förderung nachhaltiger Anlageformen ist ihr Ziel. Ihr Ziel ist die →Versicherung gegen unbeherrschbare Finanzmarktvolatilitäten und damit die Sicherstellung des öffentlichen Gutes Finanzmarktstabilität. Dabei geht die T. nach dem Äquivalenzprinzip vor: Abgaben werden nach dem Maßstab der verursachten Kosten dem Nutzer einer Finanztransaktion auferlegt. Der Fiskalzweck der T. steht nicht im Vordergrund des Interesses, ist jedoch ein günstiges Nebenergebnis ihrer Erhebung. Innerhalb der EU beschloss 2013 der Rat für EU-Finanz- und Wirtschaftsminister nach kontroversen Diskussionen, dass 11 Staaten (u. a. Belgien, Deutschland, Frankreich, Spanien) die T. einführen dürfen. Die Steuer soll möglichst alle Finanzinstrumente erfassen und eine breite Bemessungsgrundlage mit einem niedrigen Steuersatz haben. Die Klage Großbritanniens gegen diesen Beschluss wurde 2014 vom Europäischen Gerichtshof abgewiesen. Erste Erfahrungen mit einer Steuer auf einzelne Finanzmarktinstrumente liegen aus Frankreich und Italien seit 2013 vor; die konkrete Einführung einer umfassenden T. im Sinne des 2013 erfolgten Beschlusses steht möglicherweise in einem der EU-Staaten gegenwärtig kurz bevor.

3. Kontroverse Diskussion. Auch gegenwärtig wird die T. weiterhin kontrovers diskutiert. Die Befürworter darauf verweisen darauf, dass die an den Finanzmärkten bestehende Überschussliquidität zu kurzfristigen →Spekulationen und damit zu Fehlanreizen führt. Dies werde durch die T. eingedämmt. Zudem sorge die T. für eine stabilisierende Wirkung auf Marktpreise und damit zu einem erheblichen volkswirtschaftlichen Vorteil. Dagegen verweisen die Gegner einer T. darauf, dass die T. zu Liquiditätslücken am Finanzmarkt führe, wodurch sich die Volatilität der Preise erhöhe. Zudem sei die Überschussliquidität Folge von Sicherungsgeschäften am risikoreicher werdenden globalen → Markt und damit als ein positives Instrument zum Risikotransfer zu bezeichnen.

4. Sozialethische Gesichtspunkte. Die T. hat sich unter ethischen Gesichtspunkten an den Maximen eines gerechten Steuersystems in einer freiheitlichen Gesellschaft messen zu lassen: Dazu gehören seit A. Smith die Maximen Gleichheit, Bestimmtheit, Bequemlichkeit und Effizienz. Eine Steuer ist also dann als gerecht zu bezeichnen, wenn jeder das gleiche Opfer erbringt, der Zweck der Steuer klar definiert ist, es zu keinen großen Ausweichbewegungen kommen kann und schließlich der betreffende Akteur zielgerichtet erreicht wird. Diese Bedingungen einer gerechten Steuer sind mit der T. gegeben, was die in den 1990er Jahren veröffentlichten Machbarkeitsstudien zeigen. Konkrete Erfahrungen und umfassende Feldversuche mit der T. liegen nicht vor; deswegen ist auch bei einer eher positiven Beurteilung der T. die Einführung einer solchen Steuer als risikohaft zu bezeichnen.

P. Wahl/P. Waldow, Devisentransaktionssteuer. Ein Konzept mit Zukunft. Möglichkeiten und Grenzen der Stabilisierung der Finanzmärkte durch eine Tobin-Steuer, 2001 – P. B. Spahn, Zur Durchführbarkeit einer Devisentransaktionssteuer. Gutachten im Auftrag des Bundesministeriums für Wirtschaftliche Zusammenarbeit und Entwicklung, 2002 – J. Hübner, „Macht euch Freunde mit dem ungerechten Mammon!" Grundsatzüberlegungen zu einer Ethik der Finanzmärkte, 2009 – S. Schulmeister, Implementation of a General Financial Transactions Tax, 2001 – H. Peukert, Die große Finanzmarkt- und Schuldenkrise, 2011 – D. Schäfer/M. Karl, Finanztransaktionssteuer. Ökonomische und fiskalische Effekte der Einführung einer Finanztransaktionssteuer für Deutschland, 2012.

Jörg Hübner

Transformation

Unter T. wird herkömmlich eine grundlegende Veränderung bestehender Strukturen bzw. vorhandener Muster in Richtung neuer Formen verstanden. In dieser Hinsicht unterscheidet sich der Begriff der T. von dem der *Reform*, bei dem es eher um die Weiterentwicklung bestehender Verhältnisse geht und nähert sich dem der → *Revolution* an, mit dem Unterschied, dass Revolution ein eher plötzlich auftretendes Umwandeln aller Verhältnisse bezeichnet, demgegenüber sich T. auf einen länger dauernden Prozess beziehen kann.

In dieser Hinsicht ist der Begriff in → Ökonomie und Sozialwissenschaften insbesondere durch die herausragende Studie von Polanyi „The Great Transformation. Politische und ökonomische Ursprünge von Gesellschaften und Wirtschaftssystemen" aus dem Jahre 1944 geprägt worden. Polanyi untersucht hier am Beispiel von England den Weg zur Einführung von entgrenzten Märkten und → Wettbewerb im 19. Jahrhundert, d. h. die ursprünglichen Bestrebungen, die schließlich in Umwälzung aller Verhältnisse zu einer liberalen kapitalistischen Gesellschaft führten. Er kann zeigen, wie diese T. mittels rechtlicher und ökonomischer Veränderungen bewusst inauguriert wurde und schließlich das gesamte gesellschaftliche soziale und kulturelle Leben vollkommen verändert hat. Durch neue Strukturen werden Menschen in einer neuen Weise miteinander in Beziehung gesetzt; es stellen sich neue Anforderungen der sozialen → Sicherheit, aber auch der persönlichen Lebensführung ein, die schließlich zur „Entbettung" ganzer Lebenszusammenhänge führten und in dieser Hinsicht dann aus sich heraus auch Gegenbewegungen provozierten, die zunächst einmal stets die alte moralische Ordnung wiederherstellen wollten, dann aber durch die Arbeiterbewegungen, den Sozialismus und Kommunismus nach vorne mit dem Ziel einer neuen → Gesellschaft orientierten. Aus der T. zum Kapitalismus wächst so die Notwendigkeit einer weiteren T. zu neuen Strukturen, in denen die Zerstörungen überwunden werden können.

Entscheidend in diesem Prozess ist, dass sich grundlegende Wertvorstellungen und Normen vollkommen ändern. Während die traditionale Ökonomie zum größten Teil moralisch eingehegt gewesen ist, sind nun ursprüngliche Untugenden, wie vor allem die Verfolgung von Eigennutz, legitimiert, und zwingen so die Individuen, sich auch in ihren inneren Orientierungen anders aufzustellen als bisher. Die christlichen Kirchen verhalten in diesem Übergangsprozess schwankend: auf der einen Seite sind sie natürlich mit der alten moralischen Ordnung eng verbunden und versuchen sie zu verteidigen, auf der anderen Seite sind aber auch viele der Protagonisten der neuen Welt durchaus christlich orientiert und legitimieren die nun erwachte gewaltige Produktivitätssteigerung von ihren Möglichkeiten zur Schaffung von mehr Gerechtigkeit her und der Bekämpfung von Armut.

Anknüpfend an die Begrifflichkeit von Polanyi wird der Begriff der T. allgemein zur Titulierung von Studien grundlegender gesellschaftlicher Veränderungen verwendet: „Transformational Studies". In der Theologie dient er zudem der Analyse existenzieller Wandlungsprozesse (klassisch: „Bekehrung", „Erweckung") vor allem in einer sozialethisch – missionstheologischen Perspektive.

Der Begriff der „Großen T." ist nun vor einigen Jahren im Rahmen der Debatte um globale Umweltveränderungen sehr pointiert als Leitbegriff für die anstehenden Veränderungen neu zum Leben erweckt worden. Er ist in dieser Richtung schon immer von einigen Autoren, so z. B. MICHAEL MÜLLER, für die Ausrichtung auf eine wirklich nachhaltige Wirtschaft und Gesellschaft eingeführt gewesen. Eine große Prominenz hat er sodann 2011 in Gutachten „Welt im Wandel – Gesellschaftsvertrag für eine große Transformation" des „Wissenschaftlichen Beirats der Bundesregierung globale Umweltveränderungen" erlangt. In diesem eindrucksvollen Text werden die Megatrends des Erdsystems, der Wirtschaft und der Gesellschaft beschrieben und aus ihnen Folgerungen für eine große T. zur Nachhaltigkeit gezogen. Hier geht es um notwendige Änderungen der Muster der →Institutionen und des Verhaltens im Gesamt der →Gesellschaft. So bezieht sich das Gutachten auf einen notwendigen Wandel im Bereich der Werte ebenso wie auf eine ganze Reihe von notwendigen Veränderungen im Bereich von Technik und Wirtschaft. Ausdrücklich bezieht sich dieses Konzept zurück auf die großen T., die es in der Geschichte schon immer gegeben hat, so auch auf die Verwandlung der Welt im 19. Jahrhundert, wie sie von POLANYI beschrieben werden. Als eine Reihe von T. mittlerer Reichweite werden z. B. der Abolitionismus im 18./19. Jahrhundert, die grüne Revolution in den 1960er Jahren, Strukturanpassungsprogramme in den 1980er Jahre, der Kampf um den Schutz der Ozonschicht, die IT-Revolution, das Internet oder auch die europäische Integration seit den 1950er Jahren beschrieben. Immer handelt es sich in der einen oder anderen Weise um Veränderungen grundlegender Einstellungen. Gefordert wird ein neuer globaler Gesellschaftsvertrag in Richtung einer T. zur Klimaverträglichkeit. In dem Gutachten werden die notwendigen Maßnahmen in 10 Maßnahmebündeln mit „großer strategischer Hebelwirkung" zusammengefasst. Das beginnt bei der Forderung nach einem gestaltenden Staat mit erweiterten Partizipationsmöglichkeiten, über die CO^2 Bepreisung, die Europäisierung der Energiepolitik, den Ausbau erneuerbarer Energien, der nachhaltigen Gestaltung rasanter Urbanisierung und endet mit dem notwendigen Anstreben einer „internationalen Kooperationsrevolution".

Diese Formulierung des T.gedankens – in diesem Gutachten, aber auch bei vielen weiteren Autoren – ist von einer ganzen Reihe von Akteuren der Zivilgesellschaft, aber auch aus dem Bereich der Wirtschaft und der Politik aufgegriffen worden. Unter dem Leitbegriff der T. wird eine Abkehr von einem reinen Reformkurs und hin zu einer gesteuerten Veränderung des marktwirtschaftlich wettbewerblich orientierten Industriesystems angestrebt. Dabei sind in den Diskussionen die menschlichen Aktivitäten im 20. Jahrhundert in ihrer Bedeutung für die Gestaltung der Ökosysteme zentral. Weit mehr als früher hängt nach der Auffassung dieser Autoren die Zukunft des Globus, und damit der Menschheit, vom menschlichen Verhalten ab, weswegen in dieser Hinsicht von einer „anthropozoischen Ära" gesprochen wird. Letztendlich geht es stets um eine Integration sozialökologischer Ziele in lokale, nationale und globale Zusammenhänge, um die notwendige wirtschaftliche und technologische Gestaltung einer absoluten Entkopplung des Wirtschaftswachstums vom Naturverbrauch, wenn nicht zu einem völligen Verzicht auf Wirtschaftswachstum überhaupt zu erreichen und um die Verbindung des ökonomischen Umbaus mit einem sozialen kulturellen Prozess, der mit der Veränderung von Lebensstilen und Konsummustern einhergeht. Sowie der Begriff der T. selbst auf Dramatik setzt, tun dies auch die entsprechenden Begründungen. Ohne eine entschiedene Umkehr der bisherigen ökonomischen Entwicklungspfade, hin zu Formen von Kreislaufwirtschaft und einer starken →Nachhaltigkeit, werde es zu Katastrophen kommen. Bei diesen Prozessen wird bisweilen eine Abkehr vom kapitalistischen Entwicklungsmuster diskutiert, jedoch auch die hohe Entwicklung von Effizienz und Rationalisierung im Blick auf die Nutzung von fossilen Rohstoffen, die der →Kapitalismus ermöglicht, wertgeschätzt. Letztendlich wird eine große T. nur unter Nutzung dieser Produktivkräfte des Kapitalismus bei ihrer gleichzeitigen nachhaltigen Einbettung sein. Der Rat der EKD hat in seiner Stellungnahme zur globalen →Finanz- und Wirtschaftskrise 2008 entsprechende Bestrebungen unterstützt.

K. POLANYI, The Great Transformation, 1978 (ursprünglich 1944) V. BRECHT/T. FAIX/J. REIMER (Hg.), Die Welt verändern. Grundfragen einer Theologie der Transformation, 2009 – EKD, Wie ein Riss in einer großen Mauer. Wort des Rates der EKD zur globalen Finanzmarkt- und Wirtschaftskrise, 2009 – R. REISSIG, Gesellschafts-Transformation im 21. Jahrhundert, 2009 – EPD DOKU, Transformationskongress 2012: Nachtig handeln – Wirtschaft neu gestalten – Demokratie stärken, 2012 – Transformation, Zeitschrift Philadelphia USA – WISSENSCHAFTLICHER BEIRAT DER BUNDESREGIERUNG GLOBALE UMWELTVERÄNDERUNGEN, Hauptgutachten. Welt im Wandel – Gesellschaftsvertrag für eine große Transformation, 2011 – G. WEGNER (Hg.), Wohlstand, Wachstum, Gutes Leben. Wege zur Transformation der Ökonomie, 2013.

Gerhard Wegner

Transnationale Unternehmen (TNU)

1. Begriff. Ein TNU (transnational corporation, TNC) ist nach der Definition der UNCTAD (Konferenz der →Vereinten Nationen für Handel und Entwicklung) ein Unternehmen mit Hauptsitz im Inland, das Anteile an mind. einem →Unternehmen im Ausland besitzt und dieses damit ganz oder wesentlich kontrolliert. Somit sind Auslandsdirektinvestitionen charakteristisch. TNU entstehen durch die Errichtung von Betriebsstätten („greenfield investment"), den Aufkauf („acquisition") von oder durch Zusammenschlüsse („merger") mit Unternehmen im Ausland. Gelegentlich wird zwischen TNU, multinationalen („Multis") und globalen Unternehmen unterschieden, wobei die Abgrenzungskriterien nicht einheitlich sind. In den amtlichen Statistiken werden TNC und Multinational Companies weitestgehend synonym verwendet. Die UNCTAD legt als Schwelle einen Stimmrechtsanteil von >10 % fest, den ein inländisches Unternehmen an einem Unternehmen im Ausland halten muss, damit es als TNU zählt.

In den letzten Jahrzehnten ist die Zahl der TNU laut UNCTAD von rund 10.000 (1970) im Zuge der binnen- und außenwirtschaftlichen Liberalisierung (→Globalisierung) bis 2008 auf weltweit über 80.000 TNU (inkl. 25.000 aus Entwicklungsländern) mit mind. 800.000 Unternehmen im Ausland angestiegen. Dies mag viel erscheinen, ist indes eher relativ wenig gegenüber z. B. insgesamt 3,7 Mio. Unternehmen in Deutschland (davon 25.000 auslandskontrolliert.)

2. Wirtschaftliche Bedeutung. *2.1 Beschäftigung, Produktion und Handel.* TNU beschäftigten 2013 etwa 70 Mio. Arbeitskräfte im Ausland und generierten dabei eine Bruttowertschöpfung von ca. 7.500 US-$ (ca. 10 % des geschätzten weltweiten BIP). An rund 70 % des Welthandels waren TNU direkt beteiligt. Hiervon fand wiederum ein Großteil innerhalb des Unternehmensnetzwerks statt, waren also Ströme in globalen Wertschöpfungsketten. Die Umsätze der Auslandsunternehmen von rd. 34.000 Mrd. US-$ wurden dennoch zu ca. 77 % auf dem jeweiligen Standortmarkt erzielt.

2.2 Auslandsdirektinvestitionen (ADI). 2013 machten ADI ca. 8 % aller Realinvestitionen aus, wobei ca. 60 % von TNU aus Industrieländern stammten und ca. 40 % in diese flossen. TNU aus asiatischen und lateinamerikanischen Entwicklungsländern tätigten 31 % der weltweiten ADI, während diese Länder das Ziel von knapp 50 % des ADI-Aufkommens waren (Afrika: 4 %). Etwa ein Drittel der ADI waren Zusammenschlüsse und Aufkäufe („mergers & acquisitions"), wobei bemerkenswerterweise über die Hälfte der Aufkäufe von TNU aus Entwicklungs- oder Transformationsländern (z. B. Russland) getätigt wurden.

2.3 Die „Top 100". Die Gruppe der mind. 80.000 TNU ist in Bezug auf die Größe und auch in vielerlei anderer Hinsicht äußerst heterogen. Die öffentliche Diskussion um „Multis" dreht sich im Wesentlichen nur um den Kreis der größten TNU. Die gemessen am Auslandsvermögen größten 100 TNU außerhalb des Finanzsektors werden von der UNCTAD jährlich gesondert ausgewiesen. 2013 waren 10 davon deutsch, nur 5 aus Entwicklungsländern (3 aus China). Diese „top non-financial 100 TNC" vereinen mit ihrer Auslandsproduktion knapp 4 % des weltweiten BIP auf sich. Das Auslandsvermögen und die Auslandsumsätze der größten 10 (darunter 6 Mineralölkonzerne) waren etwa halb so hoch wie die der 90 übrigen TNU zusammen.

3. Wirkungen. *3.1 Wachstums- und Beschäftigungseffekte.* TNU sorgen durch ADI grundsätzlich für eine international produktivere Verwendung von Kapital, da Realinvestitionen theoretisch dort getätigt werden, wo sie den höchsten Ertrag erzielen. Jedoch erwies sich die in den 1960er und 70er Jahren verbreitete These, dass Kapital dorthin fließt, wo es besonders knapp und daher wertvoll ist, als zu kurz gegriffen. Demnach hätte es primär in Entwicklungsländer fließen und zur internationalen wirtschaftlichen Konvergenz beitragen müssen – Jahrzehnte lang war eher das Gegenteil der Fall. Mittlerweile wird die Ansicht vertreten, dass ADI weniger durch Kapitalknappheit, sondern vielmehr durch einen wachsenden Binnenabsatz, geeignete physische und institutionelle Infrastruktur sowie durch gut ausgebildete, relativ günstige Arbeitskräfte angezogen werden. Für einen kleineren Teil der ADI sind sehr niedrige Löhne oder der Abbau von Rohstoffen das Hauptmotiv.

Nicht nur Entwicklungsländer erhoffen sich von ADI positive Wachstums- und Beschäftigungseffekte, jedoch spielen sie für kapitalarme Entwicklungsländer eine größere Rolle. Ob tatsächlich per Saldo positive wirtschaftliche Wirkungen eintreten, ist zu einem großen Teil davon abhängig, ob es zu wirtschaftlichen Verflechtungen mit der einheimischen Wirtschaft (Lieferanten, Abnehmern) oder zum Technologie- und Knowhowtransfer kommt. Ist die wirtschaftliche Einbindung gering (wie z. B. bei reinen Montagebetrieben) oder kommt es überwiegend zur Verdrängung einheimischer Zuliefer- oder Konkurrenzunternehmen, sind positive (Einkommens-)Wirkungen zweifelhaft. Viele Entwicklungsländer räumen im internationalen Wettbewerb um Kapital den TNU besondere Vorteile (z. B. finanzielle, regulatorische, politische) ein, die sich jedoch volkswirtschaftlich nicht immer rechnen.

3.2 Negative soziale und ökologische Effekte. Den TNU wird zum einen vorgeworfen, dass sie Arbeitsplätze von Industrieländern ins Ausland verlagern würden. Zum anderen werden sie aber bereits seit den 1960er Jahren vor allem für gravierende Missstände in Entwicklungsländern kritisiert: dass sie Arbeitskräfte ausbeuten, individuelle und kollektive Arbeitnehmerrechte missachten, sich nationale Ressourcen aneigneten, die natürliche Umwelt zerstören und unzureichend Vorkehrungen zum Schutz der Bevölkerung treffen (wofür die Bhopal-Katastrophe von 1984 nur ein, wenn auch besonders furchtbares Beispiel ist). Hinzu kommen Vorwürfe, dass TNU mit Menschenrechtsverachtenden Regimen kooperieren und ihre wirtschaftliche Macht politisch nutzen, um einer Politik →nachhaltiger Entwicklung entgegenzuwirken. Unzählige Einzelfälle rechtfertigen diese Vorwürfe, darunter nicht zuletzt das Vorgehen verschiedener Bergbau- und Erdölkonzerne. Insgesamt zeigt sich indes ein differenziertes Bild. Häufig sind Löhne, Sozial- und Umweltstandards in den Tochterunternehmen von TNU besser als in einheimischen Betrieben. Nicht zuletzt durch den öffentlichen

Druck auch und gerade seitens der Kirchen sind TNU zunehmend bemüht, die Bedingungen in den eigenen Betriebsstätten zu verbessern. Für mehrere Branchen – z. B. Textil/Bekleidung – stehen nunmehr verstärkt die lokalen Zulieferbetriebe im Fokus der Kritik.

In jüngerer Zeit werden TNU nicht mehr nur als Verursacher von Menschenrechts- und Umweltproblemen gesehen, sondern teils auch als Kooperationspartner bei deren Lösung erachtet. Der Hoffnung, durch einen kooperativen Ansatz eine Selbstregulierung der TNU herbeizuführen, stehen jedoch Befürchtungen entgegen: Es käme zu einer Verwischung der Verantwortlichkeiten, und TNU würden nur versuchen, eine effektive staatliche Regulierung zu verhindern.

3.3 Verhaltenskodizes. Während der Versuch scheiterte, unter dem Dach der →Vereinten Nationen verbindliche Regeln für TNU aufzustellen, wurden in den 1970ern von der der OECD und der →Internationalen Arbeitsorganisation jeweils unverbindliche Richtlinien aufgestellt, die weitgehend wirkungslos blieben. Erst durch ihre Überarbeitung 2000 haben die *OECD-Leitsätze für multinationale Unternehmen* an Gewicht gewonnen. Sie umfassen wesentliche Bereiche (u. a. Transparenz, Arbeitsbeziehungen, Umwelt, Verbraucherschutz, →Korruption, →Menschenrechte), sind für die Regierungen (2015: 34 OECD-Staaten und 12 weitere Unterzeichner) verpflichtend, nicht aber für TNU. Direkte Konsequenzen sind bei Verstößen nicht zu befürchten, womit nur die Hoffnung bleibt, über *„naming and shaming"* (via die offiziellen Kontaktstellen oder NGO) zu Verhaltensänderungen beizutragen. Galt der OECD-Kodex lange Zeit als wichtigster internationaler Kodex, findet der 2000 von den Vereinten Nationen ins Leben gerufene freiwillige Global Compact zunehmend an Unterstützung. 8.300 Unternehmen (2015) bekennen sich zu den 10 Prinzipien des Compacts (zu Menschenrechten, Arbeitsbeziehungen, Umwelt, Korruption). Der Compact ist ein Beispiel für den Trend, das Verhalten von TNU über Governance Mechanismen zu beeinflussen, in denen der Dialog mit anderen Stakeholdern (insb. Gewerkschaften, Kirchen, NGO) zur Selbstregulierung führt. In diese Kategorie fällt auch die Global Reporting Initiative (GRI). Demgegenüber sind die „UN-Leitprinzipien für Wirtschaft und Menschenrechte" von 2011 zwar weniger umfassend, aber immerhin von den Vereinten Nationen verabschiedet. Neben branchenübergreifenden, globalen Initiativen gibt es eine unüberschaubare Zahl von Verhaltenskodizes und Vereinbarungen für einzelne Branchen, Länder und Einzelthemen.

iUNCTAD, World Investment Report (insb. 2012), jährlich – M. Coni-Zimmer/A. Flohr, TNU – Problemverursacher und Lösungspartner? APuZ 1–3, 2014, S. 34–40 – G Ietto-Gillies, Transnational Corporations and International Production, 2012[2].

Margareta Kulessa

Transplantationsmedizin

1. Begriff und Allgemeines. Unter T. versteht man die med. Verfahren, mit deren Hilfe primär zum Heilungs-, aber auch zum therapeutischen Forschungszweck Organe, Organteile, Gewebe, Knorpel von lebenden oder (hirn-)toten arteigenen oder artfremden Spendern oder mechanische Ersatzorgane oder -organteile in einen fremden Körper übertragen werden. Gerade weil sie im Unterschied zur Gentherapie (→Genetik; Genforschung) das Experimentierstadium weitestgehend verlassen hat und als Standardverfahren etabliert ist, wird an der T. das gesamte Konfliktfeld der →med. Ethik „zwischen dem technisch Machbaren und moralisch Zulässigen" auf der einen und „zwischen dem moralisch Notwendigen und dem ökonomisch Vertretbaren" (W. Kersting) auf der anderen Seite deutlich. Wie durch kaum ein anderes med. Verfahren sind durch die T. zahlreiche Grundbegriffe der europäischen Kultur wie →Leben und Tod, →Person, Leiblichkeit, →Autonomie, →Menschenwürde, Pietät, aber auch das Verständnis von →Solidarität, →Gerechtigkeit, →Gemeinwohl und →Gemeinnützigkeit lebenspraktisch und eth. unsicher geworden. Die soz.eth. Beurteilung der T. muss neben der Verantwortung gegenüber den genannten Grundbegriffen und den sie prägenden Menschenbildern die (Strittigkeit der) pol.-pragmatischen und rechtl. Umsetzungsstrategien unter den Rahmenbedingungen eines weltanschaulich pluralen, aber nicht wertneutralen Gemeinwesens mitbedenken.

2. „Zwischen dem technisch Machbaren und dem moralisch Zulässigen". Die Ende der 1980er und Anfang der 1990er Jahre auch in den beiden gem. ev.-kath. Erklärungen „Gott ist ein Freund des Lebens" (1989) und „Organtransplantationen" (1990) vorzufindende überaus positive Würdigung der T. ist heute nüchterner bis skeptischer Einschätzung gewichen. Die anthropolog., med., rechtl. und eth. Konflikte (vgl. 2.1–3) prägen auch die ambivalente Haltung der Bevölkerung zur T.: Obwohl immer wieder breite Zustimmung zur dieser med. Hochtechnologie geäußert wird, sinkt die Bereitschaft zur Organspende. Die im Zusammenhang der Verabschiedung des Transplantationsgesetzes (TPG) 1997 erstmals geführte, in den letzten Jahren wieder aufgekommene Debatte um den Hirntod hat zur Verunsicherung geführt, aber auch den Bedarf an öffentl.er Aufklärung verdeutlicht. Insofern jeder Spende das Moment der Freiwilligkeit inhäriert, kann Organspende eth. nicht als unbedingte →Pflicht, wohl aber als eine moralisch und sittliche Wohltat, zu der jedoch niemand gezwungen werden darf, verstanden werden. Sie ist eth. höchstens als nachdrücklich empfehlenswert (je nach sittlichen Wertmaßstäben zwischen weak obligation und low-level supererogation) einzustufen. Es widerspricht der Vorstellung leiblicher Integrität und des Weiterwirkens von Persönlichkeits-

2.1 Lebendspende. Die eth. Probleme der Lebendspende von Organen sind relativ klar. Die Spende setzt Einwilligungsfähigkeit, Volljährigkeit, Freiwilligkeit, Aufgeklärtheit und geringes gesundheitliches Folgerisiko für den Spender voraus (§ 8 TPG). Ob die Sorge, nicht an eine nahestehende Person gerichtete Lebendspenden führten zum Organhandel, berechtigt ist, und ob die damit begründete enge Begrenzung der Spende auf nahe Verwandte oder in persönlicher Verbundenheit Stehende einen moral. schwer zu ertragenden Erwartungsdruck bei allen Beteiligten erzeugt, bedarf jenseits der Regelungen im TPG weiterer Untersuchungen und ggf. darauf aufruhender juristischer Korrekturen. Unter den gegebenen Umständen scheint eine angemessene Aufwandsentschädigung („rewarded gifting") legitim. Von ihr zu unterscheiden ist die Bezahlung von Lebendspendern im kommerziellen Organhandel, der in einem breiten nationalen und internationalen Konsens zu Recht verurteilt wird. Da zu beachten ist, dass die Spender im seltensten Fall aufgeklärt sind und diesen Eingriff nicht freiwillig vornehmen lassen, zudem meistens finanziell gering „entlohnt", wenn nicht gar ausgebeutet und med. äußerst schlecht behandelt werden, sodass sie mit bleibenden, gravierenden Gesundheitsschäden zu rechnen haben, da zudem nicht übersehen werden darf, dass eine derartige Organallokation (vgl. 3.) einseitig finanzkräftige Patienten bevorzugt und zudem die Asymmetrie zwischen entwickelten und unterentwickelten Ländern und Regionen symbolträchtig untermauert („Transplantationstourismus"), ist die marktförmige Organisation der Lebendspende abzulehnen.

2.2 Hirntoten-Spende. Die fundamentalen anthropolog. und eth. Probleme ranken sich jedoch um die Organspende von Hirntoten. (Die in der Literatur gängigen Formulierungen „postmortale oder Leichenspende" sind irreführend, weil sie bereits eine semantische Entscheidung in der strittigen Frage voraussetzen, ob die Spender tot sind oder nicht.) Insofern (bisher) alternative Transplantationsverfahren jenseits des Gesamttodes fehlen oder wie die „non-heart-beating donation" eth. und jur. neue Probleme erzeugen, ist man – wenn man die T. nicht aufgeben will – vor allem zur Transplantation von nichtpaarigen, lebensnotwendigen Organen (wie Herz oder Leber) auf Spender im **dissoziierten Hirntod** (also einem durch die Möglichkeiten der Intensivtherapie gegenüber der bis dato kurzen Zeitspanne zwischen Herz-, Hirn- und organischem Tod verlängerbaren Stadium) angewiesen.

2.2.1 Der Streit um den Hirntod. Die Beantwortung der fundamentalanthropolog. und -eth. Frage, ob Hirntote als lebendig und somit als Menschen- und Grundrechtsberechtigte anzusprechen oder als tot und somit nur noch den postmortalen Persönlichkeitsrechten und Pietätspflichten Unterstellte anzusehen sind oder ob ihnen gar ein dritter Status zwischen Leben und Tod zuzusprechen ist, hängt an hermeneutischen und wiss.theoret. Vorentscheidungen. Umstritten sind nicht die (keineswegs unproblematischen, aber in der komplexen Materie Orientierung schaffenden) Begriffsscheidungen zwischen Todesdefinition, Todeskriterium und Todestest: **Todesdefinitionen** können in weltanschaulicher, phänomenaler oder naturwiss. Perspektive sehr unterschiedlich, aber dann jeweils praktisch plausibel, adäquat und kohärent formulierend das Ende des Lebens bestimmen wollen. Allgemein ist anerkannt, dass unter menschlichen Bedingungen keine Todesdefinition umfassend und endgültig sein kann. Als Kandidaten für **Todeskriterien**, die nach dem zu einer bestimmten Zeit am besten abgesicherten Wissen die vereinbarten Bedingungen benennen, nach denen ein Mensch med. und jur. als tot gelten und der Statuswechsel vom Menschen zum Leichnam behauptet werden kann, gelten Totaltod (Verwesung), Herz- oder Hirntod. Für den pragmatischen Zweck der Statuswechselzuschreibung fällt das Totaltodkriterium als zu weit, das Herztodkriterium als (durch erfolgreiche Reanimation) falsifiziert aus. Das Hirntodkriterium, verstanden als „Zustand der irreversibel erloschenen Gesamtfunktion des Großhirns, des Kleinhirns und des Hirnstamms" (Wiss. Beirat der Bundesärztekammer) markiert am sichersten – darüber herrscht Konsens – den point of no return in ein eigenständiges selbstbestimmtes Leben. Möglichst komplementäre (klinische, elektrophysiologische und bildgebende) **Testverfahren** müssen dem Kriterium angemessen sein. Heftig umstritten ist die Interferenz der drei Ebenen: Weil bisweilen (z. B. in früheren, inzwischen jedoch korrigierten Stellungnahmen des Wiss. Beirates der Bundesärztekammer) kategorisch, ohne grenzbeachtende Perspektivangabe der Hirntod mit dem Tod des Menschen gleichgesetzt wurde, befürchteten Kritiker eine unangemessene Rückkopplung der kriterialen Ebene an die Definitionsebene. So richtig es ist, dass keine Todesdefinition einen Singularitätsanspruch stellen darf, so berechtigt ist die Forderung, in einer pluralen Gesellschaft zumindest ein Rechtssicherheit schaffendes Todeskriterium, das durch Testverfahren wiss. umgesetzt wird, zu etablieren. Ein solches Kriterium wäre gesellschaftlich inakzeptabel, wenn es sich trotz guter naturwiss. Fundierung gegen basale und umfassend vertretene kulturelle Selbstdeutungsmuster stellte. Insbesondere durch die Studien von SHEWMON wurde seit Ende der 1990er Jahre deutlich, dass zwar mit dem Hirntod die zentrale Steuerungs-, Wahrnehmungs- und Bewusstseinsfähigkeit des Menschen irreversibel beendet ist, (apparategestützt) aber nicht in jedem Fall die physiol. Stabilität (Homöostase) des Leibes selbst. Fälle von langanhaltendem intensivmed. Über„leben" Hirntoter mit an sich nur Lebenden zuzuschreibenden Fähigkeiten (u. a.

Verdauung, Wachstum bei Kindern, Erektion bei Männern, Austragen von Schwangerschaften) sind dokumentiert. Dies zeige – so Kritiker der Identifizierung von Hirntod und Tod –, dass die Homöostase des Leibes nicht exklusiv an das Gehirn gebunden und der Hirntote nicht als Toter zu bezeichnen sei. Entsprechend vertreten manche Kritiker des Hirntodkonzeptes die These, dass der Hirntote noch ein Lebender sei. Andere gehen davon aus, dass durch die medizinischen Möglichkeiten ein dritter Status geschaffen wurde, demgemäß der Hirntote weder ein Lebender noch ein Toter sei. Beide Kritikerpositionen sehen sich vor schwerwiegende Konsequenzen gestellt. Die erste Alternative muss dem Vorwurf begegnen, dass durch die Explantation der noch Lebende getötet würde, die zweite muss in Kauf nehmen, dass die gesamte Rechtsdogmatik, dass ein Lebender nicht tot und ein Toter ein Nicht-Lebender ist, mit Konsequenzen für das gesamte Recht unterlaufen wird. Diesen Vorwürfen wird entgegnet, dass es die T. selbst sei, die diese Probleme heraufbeschwöre, und nicht die Theorien, die versuchen, sie anthropol., theol. und jur. zu bändigen. Wer im Hirntod dann nicht – unabhängig von der Festlegung, ob der Hirntote als Toter, als Lebender oder in einem dritten Status Befindlicher angesehen wird – ein hinreichendes Kriterium zumindest für eine Organentnahme sieht, wird nur die Konsequenz ziehen können, jegliche Organspende jenseits der oben skizzierten Lebendspende abzulehnen. In jedem Fall zwingen die neueren Debatten um den Status des Hirntoten dazu, sich ehrlich über die anthropol., eth. und jur. Implikationen der T. Rechenschaft abzulegen. Die Theol. besitzt in diesen Debatten kein naturwiss. Sonderwissen. Eine Berufung auf die Auferstehung des Leibes bspw., gelegentlich als Argument gegen den Hirntod von um Ganzheitlichkeit besorgten Theologen und kirchl. Gruppen in die Diskussion gebracht, ist nicht haltbar, denn Paulus legt in 1. Kor 15,35–49 großen Wert darauf, dass die Kontinuität zwischen irdischer und himmlischer Leiblichkeit allein von Gott gewahrt wird. Eine theol. Ethik, die im Anschluss an BONHOEFFERS Unterscheidung einen Weg zwischen irrationalem „Vitalismus" und naturwiss.gläubiger „Mechanisierung" finden sollte, hat darauf zu achten, dass der Hirntod – wenn er denn als Entnahmekriterium präferiert wird – zumindest als **Gesamthirntod** verstanden wird. Denn **Teilhirntodkonzepte** sind nicht nur diagnostisch unsicher, sondern transportieren einen normativen Begriff menschlichen Lebens, der allein an Bewusstseinsfähigkeit und Interessenartikulationen orientiert ist und somit einem →Menschenwürde-Verständnis, das sich nicht am Vorhandensein bestimmter Eigenschaften orientiert, widerspricht.

2.2.2 Rechtliche Entscheidungsverfahren. Auch die Beurteilung der rechtl. Entscheidungsverfahren für oder gegen eine Organentnahme spiegelt das jeweils leitende Menschenbild unter dem Gesichtspunkt des Verhältnisses von Individuum und Gesellschaft wider. Wer für ein atomistisches oder ein radikal-autonomes Menschenbild votiert oder wer den Hirntoten für einen noch Lebenden erachtet, kann nur die Lösung akzeptieren, für die sich in der Literatur der Titel **enge Zustimmungslösung** eingebürgert hat. Darunter ist die zu Lebzeiten (möglichst rechtsverbindlich) dokumentierte Zustimmung zu einer Transplantation zu verstehen. Wer das →Person-Konzept stark von soz. Bindungen her und als Ergebnis soz. Prägungen begreift, wer zudem den gesamtgesellschaftlichen Nutzen als eth. und pol. Kriterium anerkennt, präferiert entweder (eher gemäßigt) die sog. **Informationslösung** (liegt keine ausdrückliche Zustimmung oder Ablehnung vor, wird transplantiert, es sei denn, die informierten Angehörigen haben innerhalb einer gesetzlich vorgeschriebenen Frist abgelehnt) oder (noch gemeinnutz-orientierter) die **Widerspruchslösung**: Allein ein zu Lebzeiten geäußerter und dokumentierter Widerspruch des „Spenders", nicht der Einspruch seiner Angehörigen kann die Transplantation verhindern. Schweigen gilt als Zustimmung. Gegen diese Radikallösung sprechen verfassungsrechtl., eth. und soz.theoret. Gründe: Es widerspricht der Würde des Menschen, seinen Leichnam, der an ihr mereologisch partizipiert, ungefragt zum Objekt des Gemeinnutzens zu erklären. Der Weg in eine „Kommandogesellschaft" (W. HUBER) täte sich auf. Durchgesetzt hat sich rechtl. in Deutschland die **erweiterte Zustimmungslösung** (§ 4 TPG). Das heißt: Bei Nichtvorliegen einer Äußerung des potenziellen Spenders werden die Angehörigen nach dessen mutmaßlichen Willen (nicht nach ihrer Zustimmung!) gefragt. Hintergrund der erweiterten Zustimmungslösung ist die anthropolog. Prämisse, dass vorrangig zu beachtende autonome Entscheidungen sich immer in Sozialität bilden und ein enges soz. Feld guten Gewissens in der Lage sein kann, den mutmaßlichen Willen des potenziellen Spenders zu eruieren. Insofern die erweiterte Zustimmungslösung, die – aber das ist noch nicht per se ein Grund gegen sie – allokationstechnisch (vgl. 3) effizienter ist als die enge, Autonomie und Relationalität (in lexikalischer Ordnung) zusammendenkt, ist sie eth. und pragmatisch die akzeptabelste Regelung der Entscheidungsfrage. Die 2012 gesetzlich eingeführte, sog. **Entscheidungslösung** fügt sich dieser Systematik nicht ein, weil sie nichts anderes darstellt als eine in regelmäßigen Abständen erfolgende Information über die T. für alle Bürger älter als 16 Jahre.

2.2.3 Psych. Probleme. Eine nicht nur psych. oder seelsorgliche Not, sondern ein auch die eth. Beurteilung beeinflussender Faktor ist die Berücksichtigung der psych. Grenzsituation nahezu aller Beteiligten. Unter dem Schock des (oft plötzlichen) Todes, inmitten ihrer eigenen Trauerarbeit sollen Angehörige des Hirntoten (sofern bei erweiterter Zustimmungslösung oder

Informationslösung keine zu Lebzeiten verfasste Willensäußerung des potenziellen Spenders vorliegt) die Distanz aufbringen, eine Entscheidung zugunsten des Wohles ihnen bleibend Fremder zu treffen. Wohl nicht unbeeinflusst von normativen Vorentscheidungen stehen psych. Untersuchungen mit unterschiedlichen Ergebnissen gegeneinander, ob diese Situationen nicht nur aktuell überfordern, sondern auch nachhaltig Schuldgefühle verursachen oder dem abrupten Verlust des geliebten Menschen einen letzten Sinn verleihen können. Unterschiedliche Studien und Erfahrungsberichte liegen auch zur psych. Belastung der Empfänger angesichts des Weiterlebens mit dem Organ eines fremden, meistens tödl. verunglückten Menschen vor. Ebenfalls ist die Situation von ÄrztInnen, Pflegenden und SeelsorgerInnen zu beachten. Für die Glaubwürdigkeit der T. und des Medizinsystems insgesamt steht hier viel auf dem Spiel. Ehrliche und sensible Kommunikation erweist sich daher als entscheidende conditio sine qua non für die sittliche und ethische Akzeptanz der T. Ob sie Schaden leidet, wenn Spender-Angehörige schon vor der Hirntoddiagnostik über mögliche Transplantationsabsichten informiert werden, wird neuerdings eth. debattiert.

2.3 Spezialfälle: Xenotransplantation, Hirngewebstransplantation, Organzüchtung. Um die eth. Probleme der Hirntoten-Spende zu umgehen, aber auch die Organknappheit zu überwinden, werden Forschungen zur Xenotransplantation vorangetrieben. Abgesehen von (weiterhin schwer überwindbaren) immunologischen Problemen deutet sich ein medizinwiss.-anthropolog. Konflikt zwischen cerebrozentrischem und genetisch orientiertem Menschenbild an. Zudem wird man mit →tiereth. Anfragen konfrontiert: Wie weit darf die Nutzung von Tieren zur Organgewinnung gehen? Bei der Transplantation von fötalem Neuronalgewebe zur Behandlung von Morbus Parkinson wird die Frage nach der personalen Identität ebenso akut. Eth. verwerflich ist die Gewinnung aus abgetriebenen Embryonen und Föten, insofern sie gefährliche Synergieeffekte entstehen lässt (→Schwangerschaftsabbruch bekommt einen Wohltätigkeitsaspekt). Selbst wenn die Möglichkeit der Embryonen und Föten schonenden Nutzung von induz. pluripotenten Stammzellen fortschreiten sollte, bleiben eth. Probleme wie die gerechte Allokation dieser bleibend teuren Technologie.

3. „Zwischen dem moralisch Notwendigen und dem ökonomisch Vertretbaren" – die Allokationsproblematik. Die T. steht nicht nur unter dem Druck der finanziellen, sondern auch der natürlichen Knappheit vorhandener Organe. Der Anspruch, eine wertneutrale oder gerechte Kriteriologie bspw. durch die Unterscheidung zwischen med. (Dringlichkeit, Gewebeverträglichkeit) und nichtmed. Kriterien (Wartezeit, regionaler Proporz, Alter, Lebensqualität, sozialer Status) zu gewährleisten, kann nicht eingelöst werden. Denn alle Kriterien (auch die scheinbar bloß med.) sind konstitutiv an kryptonormative Leitbilder von Leben (-squalität) und Menschsein gebunden, die zum Teil im Widerstreit miteinander liegen. Allen inhäriert eine mehr oder minder große Plausibilität, aber selbst die vermeintlich evidenten (Bevorzugung von Kindern oder jungen Müttern) und die scheinbar rein formalen (Lotterieprinzip) finden ihre berechtigten Einwände. Da die zur Überwindung der Ressourcenknappheit vorgeschlagenen Gruppenmodelle abzulehnen sind (gegen das exklusiv Organspendewillige mit Organen versorgende **Clubmodell** und das diese bevorzugende **Solidarmodell** sprechen verfassungsrechtl. Gründe, insofern die Bereitstellung der T. prinzipiell zur Aufgabe der öffentl. zu garantierenden Gesundheitsversorgung gehört und auch öffentl. finanziert wird; →öffentl. Güter), da Ungerechtigkeiten der Allokation also nicht gänzlich ausgeräumt werden können, ist es konfliktth. sinnvoll a) eine möglichst hohe prozedurale Transparenz (d. h. immer auch Kritisierbarkeit und Revidierbarkeit) von Kriterien und ihrer Gewichtung zu gewähren und b) Scoring-Systeme zu etablieren, die jedem Vor- und Nachteile zuteilen. Gerade der internationale Vergleich zeigt jedoch, dass die Organallokation am ehesten durch ein effektives System aus Transplantionsbeauftragten und sensiblen Kommunikationsstrategien (vgl. 2.2.3) gesteigert werden kann.

4. Ausblick. Theol. Soz.ethik und vor allem kirchl. Verkündigung haben die Entwicklungen der T. nicht nur dahingehend kritisch zu begleiten, dass sie (allerdings nicht indikationslos) auf Grenzverletzungen gegenüber der Menschenwürde und auf die Berücksichtigung soz. →Gerechtigkeit achten, sondern aus dem Auferstehungsglauben auch immer für eine hoffnungsvolle **Kultur der Endlichkeit** werben, die vom Optimismus in den Grenzen der gefallenen Welt geprägt ist, aber der mit Hilfe der T. bisweilen geträumten Illusion von unendlicher Lebensverlängerung eine Absage erteilt.

J. Hoff/J. I. D. Schmitten (Hg.), Wann ist der Mensch tot? Organverpflanzung und „Hirntod"-Kriterium, 1995[2] – J. Beckmann u. a. (Hg.), Organtransplantation, 2008 – R. Stoecker, Der Hirntod, 2010[2] – R. Denkhaus/P. Dabrock, Grauzonen zwischen Leben und Tod, in: ZfmE, LVIII 2012, 135–149 – W. Höfling u. a., TPG Kommentar, 2013[2] – Deutscher Ethikrat, Hirntod und Entscheidung zur Organspende, 2015.

Peter Dabrock

Tugend

1. T. ist ein ethischer Grundbegriff. Er bezeichnet ein Gefüge sittlicher *Tüchtigkeiten* und *Kräfte*, das sich in regelmäßigen, zielstrebigen und spontanen Akten der

Verhaltenswahl realisiert. Sein Gegenbegriff ist *Laster*. Aus theoriegeschichtlichen Gründen ist es zwischen röm.-kath. Moraltheologie und ev. →Ethik, aber auch innerhalb der Moralphilosophie strittig, ob und in welcher Weise der Begriff T. ein wesentliches Merkmal des ethischen Ereignisses bezeichnet, das in einer vollständigen ethischen Theorie erörtert werden muss.

2. *2.1* Das Konzept einer T.ethik wurde im Anschluss an SOKRATES von PLATON und von ARISTOTELES begründet. PLATON verstand die T. (aretä) als die sittliche Selbstgestaltung des →Lebens im Licht der Idee des wahrhaft Guten. Die Erkenntnis dieser Idee bewirkt, dass sich die verschiedenen Grundfunktionen der menschlichen Seele in den ihnen entsprechenden Tüchtigkeiten der Besonnenheit, des Mutes und der Weisheit verwirklichen. Weil die Erkenntnis des Guten →Gerechtigkeit begründet, bringt diese die einzelnen T.n in ein Verhältnis innerer Harmonie.

ARISTOTELES hat diese klassische Begründung der „Kardinal-T.n" revidiert. Er bezweifelt die Existenz einer transzendenten Idee des wahrhaft Guten. Stattdessen geht er von der Beobachtung aus, dass alle Menschen nach etwas Gutem streben und im Erreichen eines Zieles das glückselige Leben (Eudaimonia) suchen. Da nun aber der Mensch in der →Vernunft (logos) seine eigentliche Möglichkeit besitzt, besteht das glückselige Leben im vernünftigen Leben, das sich in den dauerhaften intellektuellen und charakterlichen Formen des Gut-Seins realisiert. Während der Mensch die Möglichkeit der Vernunft am reinsten in der theoretischen Lebensform verwirklicht, kommt es zum ethischen →Glück auf dem Weg der Bildung und der Einübung in die geltende Sitte, auf dem die Seele das richtige Verhältnis zu ihren Affekten gewinnt (Mesotes-Lehre). In der Beziehung des glückseligen Lebens auf die Vernunftbegabung des Menschen liegt das normative Element dieser T.ethik.

2.2 Die biblische Überlieferung kennt – abgesehen von Phil 4,8 und den sog. T.- und Lasterkatalogen – kein Äquivalent für den T.begriff des antiken Philosophierens. Gleichwohl beschreibt das NT das Heils- und Offenbarungsgeschehen in einer Weise, die das Folgeverhältnis von Glaube und →Liebe hervorhebt (Gal 5,6), und das christliche Leben als ein „Wandeln im Geist" (Gal 5,16.22) versteht. Der Geist zeitigt eine Fülle *unwillkürlicher Bereitschaften* (Gal 5,22f.), in welchen der Wille Gottes in Erfüllung geht (Gal 5,14; Röm 13,10). Aus diesem Grunde hat die Theologie in der Spätantike seit ATHENAGORAS und CLEMENS VON ALEXANDRIEN den T.begriff aus seinem mittel- und neuplatonischen bzw. stoischen Kontext übernommen und eine Synthese zwischen der Wirksamkeit der Gnade Gottes und den verschiedenen Tüchtigkeiten im privaten und im öffentlichen Leben zu erkennen gesucht. Ihre klassische Gestalt hat AUGUSTIN mit der Zuordnung der Kardinal-T. zur Liebe des Glaubens und der Hoffnung formuliert.

2.3 Die seit PETER ABÄLARD und PETRUS LOMBARDUS entstehende wissenschaftliche Theologie des Mittelalters hat diese Zuordnung systematisiert und rational zu begründen gesucht. Die dominikanische (THOMAS VON AQUINO) und die franziskanische (BONAVENTURA; DUNS SCOTUS) Schule setzen den Ausgang des pelagianischen Streits voraus. Deshalb betonen sie, dass die „theologischen" T.n des Glaubens, der Liebe und der Hoffnung allein durch die Wirksamkeit der Gnade Gottes „eingegossen" werden. Als solche sind sie nicht Gegenstand der menschlichen Entschlusskraft (geschweige denn der Einübung). Gleichwohl rechnet die Scholastik im Unterschied zu AUGUSTIN mit einer bleibenden Entscheidungsfreiheit des menschlichen Willens für das Gute und spricht deshalb dem *habituellen* menschlichen →Handeln einen *verdienstlichen* Charakter zu.

2.4 Die reformatorische Theologie hat die t.ethische Deutung der eingegossenen Gnade und deren habituelle Ausprägung in den scholastischen Theologien wegen der damit verknüpften Selbstdisposition des Menschen zum Heil leidenschaftlich bekämpft. Sie hat allerdings den ethischen Grundbegriff T. und dessen teleologische Ausrichtung auf das gute Leben keineswegs verabschiedet; sie hat vielmehr das heilsnotwendige Geschehen des im Doppelgebot der Liebe verpflichtend vorgegebenen schöpferischen Willens Gottes in einer Weise beschrieben, die die Intention des T.begriffs auf eine neue Grundlage stellt. Nach LUTHER ist es die *Gewissheit* des rechtfertigenden Glaubens im *Gewissen*, die die „Lust und Liebe zu allen Geboten Gottes" bewirkt, weil sie die Person in ihrer unaufhebbaren Sündhaftigkeit mit der Gerechtigkeit Christi und darin mit der *Kraft Gottes* vereint sein lässt. So wird sie zu einem nutzenorientierten Handeln in der sozialen Welt bewogen, die Luther durchaus schon in ihrer institutionellen (Kirche; Ökonomie; →Politik) und organisatorischen (Schule) Verfassung begreift.

3. *3.1* Theoriegeschichtlich markiert die englische Aufklärung einen tiefen Einschnitt, weil sie die T. unter offenbarungskritischen Prämissen von einem moralischen Gefühl für das Glück der Menschheit herleitet (HUTCHESON; HUME). Sie wird in KANTS Moralphilosophie vorausgesetzt, aber entscheidend modifiziert. KANT sucht nach einer kritischen Verknüpfung zwischen der T., die er im Anschluss an den reformatorischen Sprachgebrauch als *Gesinnung* versteht, und dem Streben nach Glückseligkeit. Er findet diese Verknüpfung in dem Begriff des *höchsten Gutes*, in dem das schlechthin verpflichtende Ziel des vernunftbestimmten Willens durch die Postulate der Existenz Gottes und der Unsterblichkeit mit dem Wohlergehen der Person als Glied der Sinnenwelt vereint wird. KANT vermochte

aber weder zu zeigen, wie diese Gesinnung im individuellen Subjekt zustande kommt, noch wie sie sich im Zusammenwirken mit anderen individuellen Subjekten realisiert.

3.2 Aus diesem Grund hat F. D. E. Schleiermacher (und ihm folgend R. Rothe) Kants Moralphilosophie überhaupt und sein Verständnis der T. im Besonderen in Zweifel gezogen, indem er ihre maßgebliche Offenbarungskritik religionstheoretisch erschütterte. Schleiermacher versteht unter T. die „Vernunft in dem einzelnen Menschen". Dementsprechend hat seine T.lehre ihren systematischen Ort zwischen der pflichtenethischen (deontologischen) und der güterethischen (teleologischen) Betrachtung des Sittlich-Guten. Sie bestimmt die innere Verfassung handlungsfähiger Subjekte nicht nur unter dem Gesichtspunkt der „Gesinnung", sondern auch unter dem der „Fertigkeit" und verknüpft auf diese Weise die Zielbestimmtheit einer handlungsleitenden *Überzeugung* und das *Können* in der gemeinsamen Gestaltung der sozialen Welt. Schleiermachers fundamentalethische Idee, die in seiner Sittenlehre nur fragmentarisch mitgeteilt wurde, lässt sich in eine konkrete Theorie der →Verantwortung überführen.

3.3 Die Theoriegeschichte seit Schleiermacher lässt vor allem die „Schwierigkeiten mit dem Begriff T." (M. Honecker) deutlich erkennen. Während im deutschen Sprachraum Friedrich Nietzsche im Zuge seiner vitalistisch orientierten Moralitätskritik auch den Sachverhalt der T. meinte erledigen zu können, ist es hier durch Max Scheler zu einer werttheoretischen und phänomenologischen Rehabilitierung des Begriffs T. gekommen. Im angelsächsischen Sprachgebiet haben vor allem die Arbeiten von Elizabeth Anscombe, Alasdair McIntyre und Martha Nussbaum dazu angeregt, die Idee einer T.ethik im Sinne einer Abkehr von einer Pflichtenethik durchzuführen (→Pflicht). Aus der Sicht der ev. Ethik sind diese theoretischen Konzeptionen als abstrakt zu beurteilen; denn sie vernachlässigen den Gedanken eines *äußeren Prinzips* der Sittlichkeit, das für die theologische Erkenntnis mit der in seinem Wesen begründeten Bestimmung des Menschen gegeben ist, und sie orientieren sich am Leitbild der Selbstvervollkommnung, das den reformatorischen Einsichten in die Konstitution eines *inneren Prinzips* der Sittlichkeit (durch das Heils- und Offenbarungsgeschehen) widerspricht.

4. Eine dem ethischen Phänomen entsprechende T.ethik hat ihren theoretischen Ort zwischen einer deontologisch verfahrenden Lehre von der normativen *Gültigkeit* einer Idee des guten Lebens und einer güterethisch verfahrenden Lehre von der individuellen Verantwortung in den interpersonalen und sozialen Relationen unseres Daseins. In dieser Zwischenstellung handelt sie von den notwendigen und den hinreichenden Bedingungen, unter denen sich das Gefüge der T.n als unwillkürlicher und regelmäßig erwartbarer *Stile* bildet. Es bildet sich aufgrund und im Rahmen eines Lebensinteresses an dem konkreten Dasein des Andern in seiner Eigenart, das das wesentliche *Aus-Sein* der Person auf Erfüllung ihres Daseins zu befriedigen verspricht. Somit lässt sich der klassische Kanon der Kardinal-T.n am Leitfaden eines Begriffs von Intersubjektivität reformulieren, der dann auch das Kriterium für die Beschreibung und Bewertung der Vielzahl sog. „Sekundärt.en" darstellt.

H. J. Krämer, Arete bei Platon und Aristoteles, 1959 (1967²) – W. Trillhaas, Ethik, 1970³ – P. Geach, Virtues, 1977 – A. MacIntyre, After virtue, 1981 – D. Mieth, Die neuen Tugenden, 1984 – E. Schockenhoff, Bonum hominis. Die anthropologischen und theologischen Grundlagen der T.ethik des Thomas von Aquin, 1987 – E. Herms, Virtue. A Neglected Concept in Protestant Ethics, in: Offenbarung und Glaube, 1992, 124–137 – K. Stock, Grundlegung der protestantischen Tugendlehre, 1995 – J. Pieper, Werke in acht Bänden, Bd. 4: Schriften zur Philosophie, Anthropologie und Ethik. Das Menschenbild der Tugendlehre, B. Wald (Hg.), 1996 – K. P. Rippe/ P. Schaber (Hg.), T.ethik, 1998 – P. Stemmer/R. Schönberger/O. Höffe/Ch. Rapp, Art. Tugend I-III, HWPh 10, 1998, 1532–1570 – K. Stock, Gottes wahre Liebe. Theologische Phänomenologie der Liebe, 2000 – J. Porter, Art. Tugend, TRE 34, 184–197 – K. Stock, Art. Tugenden; Tugendethik, RGG⁴ 8, 650–654 – K. Stock, Einleitung in die Systematische Theologie, 2011, 346–359.

Konrad Stock

Umwelt (theologisch-ethisch)

1. Begriffsgeschichte und -definition. Der Begriff der U., der die Umgebungselemente einer Entität bezeichnet wird – je nach wissenschaftlicher Disziplin – anders konzipiert: Geht es im biologischen Gebrauch um die Umgebungselemente eines Organismus, ist es soziologisch um die Umgebungsfaktoren sozialer Einheiten und ökologisch um die Wechselwirkungen zwischen organischen und nichtorganischen Komponenten bestehender Lebensräume (A. Klapperich) zu tun.

Der Begriff der U. (omegn, environment, medioambiente) entsteht Ende des 18. Jh.s in der dänischen Literatur und bedeutet zunächst ‚Umgebung', wandert dann in die Sprache der entstehenden Soziologie ein und ersetzte dort den Milieubegriff. Die seit Anfang des 20. Jh.s entwickelte erkenntnistheoretische Fassung des Biologen J. J. v. Uexküll – zunächst wirksamer als E. Haeckels Kunstwort der ‚Ökologie' – beschreibt die durch die jew. Erkenntnisleistung zugängliche (‚Merkwelt') und beeinflussbare (‚Wirkwelt') eines Organismus, wird dann jedoch auf alle Arten von Umgebungselementen erweitert und fachspezifisch angepasst (G. H. Müller).

In den 1970er Jahren rückt die ökologische Bedeutung des U.-begriffs in den Fokus öffentlicher Wahrnehmung, sodass das Konzept der U. die prägende Semantik ökologischer Fragestellungen liefert, sodass von U.-bewegung, U.-schutz, U.-fragen, U.-politik und U-recht gesprochen werden kann, wenn es um die Erhaltung von Lebensräumen geht.

Auch die Disziplin der U.ethik entsteht erst mit dieser Entwicklung. Sie richtet sich meist auf den moralischen Umgang mit nichtmenschlicher Natur und wird aus diesem Grund auch als ökologische →Ethik oder Naturethik bezeichnet (E. GRÄB-SCHMIDT), wobei ‚Natur' immer als soziokulturelles Konstrukt zu verstehen ist. Gegenüber der vormodernen Sichtweise der Natur als einsehbar (göttlich) determinierter Struktur wird damit der Einsicht Rechnung getragen, dass ein Schluss von Naturgegebenheiten auf normative Prinzipien nicht möglich ist, weil solche Prinzipien unmittelbar stets auf menschliche Setzung zurückgehen.

2. **Problemgeschichte.** Obgleich es historisch bereits in der Antike Klagen über U.zerstörung gibt (K.-W. WEEBER), werden Ressourcenknappheit und Raubbau doch erst in Neuzeit (H.C. V. CARLOWITZ) und Moderne (S. JEVONS) als problematisch empfunden und haben auch in der zivilisationskritischen Lebensreformbewegung des beginnenden 20. Jh.s v. a. kulturelle Bedeutung (J. RADKAU). Dies ändert sich erst in den 1960er und 70er Jahren, als Werke wie R. CARSONS ‚Silent Spring' auf die Gefahren der U.zerstörung durch den Pestizidgebrauch moderner Landwirtschaft, P. SINGERS „Animal Liberation" auf den problematischen Umgang mit Tieren und Studien wie die des →Club of Rome zu den ‚Grenzen des Wachstums' auf die Knappheit von Ressourcen und U.medien hinweisen. Zudem führen Havarien im Kontext technologischer Großprojekte zu einer Problematisierung von Technikfolgen. Weil u.bezogene Gefahrenpotentiale nun zunehmend als menschengemachte Risiken in den Blick treten (U. BECK), werden sie in geographisch spezifischer Weise problematisiert – im globalen Nordwestens wird Nuklearenergie, Luftverschmutzung, Landschaftszerstörung oder Massentierhaltung thematisch, im globalen Süden geraten große Dammprojekte wegen ihrer sozialen, ökologischen und ökonomischen Folgen in die Kritik (E. GOLDSMITH, N. HILDYARD 1984) und werden politisch folgenreich (→U.ethik, pol.) – dazu kommt seit dem großen Erdgipfel in Rio de Janeiro (1992) mit Beginn des 21. Jh.s auch die Frage des humaninduzierten →Klimawandels in den Blick.

Theologisch-ethisch bleiben Fragen des U.- und Lebensschutzes, obgleich etwa von A. SCHWEITZER prominent thematisiert, lange marginal, werden aber durch die ökumenische Entwicklungsdebatte der 60er und 70er Jahre des 20. Jh.s intensiv aufgenommen, wobei besonders die auf Gen 1,28 (dominium terrae) basierende, durch L. WHITE und C. AMERY vertretene These christlicher Mitverantwortung für die U.zerstörung, wiewohl exegetisch und historisch nicht haltbar (E. HARTLIEB), intensiv diskutiert wird. Die u.ethische Herausforderung wird durch eine breite theologische Beschäftigung mit der Thematik (u. a. G. LIEDKE, G. ALTNER, J. MOLTMANN) aufgenommen. Dabei ist eine Verschiebung der Semantik zu beobachten, die vom U.- über den Ökologie- zum Nachhaltigkeitsbegriff gelangt, sofern etwa in der Bukarester ÖRK-Konsultation der Begriff der →Nachhaltigkeit (*sustainability*) in den Fokus rückt und mit der Weltversammlung des ÖRK in Nairobi von 1975 zum Studienprogramm einer *just, participatory and sustainable society* führt, in dem U.- und Gerechtigkeitsfragen ausdrücklich zusammengedacht werden. Dieses wird durch die ÖRK-Weltversammlung in Vancouver in einen Konsultationsprozess zu →Frieden, →Gerechtigkeit und Bewahrung der Schöpfung überführt, während der Begriff der →Nachhaltigkeit seit 1982 durch die UN-Weltkommission für U. und Entwicklung entfaltet und zur Wirkung gebracht wird.

3. **Systematische Ansätze der U.- und Naturethik.** In der u.- und naturethischen Debatte werden – in Vereinfachung einer von W. FRANKENA entwickelten Typologie – i. d. R. anthropo-, patho-, bio- und physiozentrische Ansätze aufgeführt, die sich vorrangig durch die Objekte moralischer Berücksichtigung unterscheiden. Anthropozentrische Ansätze verstehen den Menschen nicht nur als Subjekt, sondern auch als einziges Objekt der Moral, sodass sich u.ethische Überlegungen allein am Interesse des Menschen orientieren. Vor allem in der Tierethik sind im Gefolge P. SINGERS und T. REGANS pathozentrische Konzepte entwickelt worden, die – am Maßstab der durch die Ähnlichkeit der Physiologie vermutete Schmerzempfindlichkeit – alle leidensfähigen Wesen zu Objekten moralischer Rücksicht erklären. Die klassische biozentrische Position findet sich in A. SCHWEITZERS Ethik der Ehrfurcht vor dem Leben, die jede Lebensform als schützenswert versteht und so zu fortlaufenden Abwägungsentscheidungen zwingt. Physiozentrische Konzepte wie A. NAESS' holistische *deep ecology* sehen ganze Ökosysteme als moralische Objekte an, denen Rücksicht geschuldet wird. Zu berücksichtigen bleibt dabei der epistemische Anthropozentrismus, die Tatsache, dass als Subjekt von Wertzuschreibungen und Schutzrechten allein der Mensch in Frage kommt.

Neben die Frage nach den relevanten Objekten u.ethischer Berücksichtigung tritt die nach dem angemessenen Umgang mit den Folgen menschlichen Eingreifens in die Natur, mit der sich die Technikfolgenabschätzung beschäftigt, die auch in der Bioethik der menschlichen und außermenschlichen Lebewesen relevant ist. Gegen fortschrittsoptimistische und technologische Machbarkeitserwägungen plädiert H. JONAS für eine tutioristische Ethik der →Verantwortung, die eine

"Heuristik der Furcht" (H. JONAS, 63) empfiehlt, die angesichts der Multiperspektivität der Problem- und Interessenlagen aber neue Probleme bietet, weil sehr unterschiedliche und nicht ohne Weiteres vergleichbare Problemkonstellationen gegeneinander abgewogen werden müssen, wie sie sich etwa in der Kontroverse um die Atomenergie zeigen, die von einigen Klimaforschern trotz ihrer Risiken als probates Mittel gegen den Klimawandel angesehen wird.

Die Komplexität der u.ethischen Problemlagen wird darüber hinaus durch den Sachverhalt der Interdependenz von Natur und →Kultur sowie der inhärenten Dynamik beider Größen verschärft, die zur technikethischen Forderung einer Gesamtvernetzung, „Retinität" (W. KORFF 1992, 168) geführt hat, die freilich nicht leicht einzulösen sein dürfte.

In theologischer Perspektive tritt die Welt als Schöpfung, Einheit von Natur und →Kultur, in den Blick, in der die Menschen am Maß ihrer Einsichts- und Eingriffsmöglichkeiten →Verantwortung für die als Mitgeschöpfe zu begreifenden Lebewesen und ökologischen Formationen zu übernehmen haben (Gen 1,28; 2,15), sodass trotz eines unhintergehbaren epistemischen ein ontologischer Anthropozentrismus der Kritik verfällt. Allerdings ist ein unmittelbarer Schluss von scheinbar natürlichen Gesetzmäßigkeiten auf materiale göttliche normative Ordnungen, wie er noch in der Ordnungstheologie vollzogen wurde, aufgrund der Einsicht in die menschliche Begrenzung und die göttliche Unverfügbarkeit genauso wenig möglich wie eine Bewahrung der Schöpfung im strengen Sinn (C. LINK). Die Ermöglichung der Verantwortungsübernahme trotz menschlicher Sünde, die sich in Fehlbarkeit und Gewaltneigung zeigt, liegt in ihrer prinzipiellen Überwindung in der Offenbarung Jesu Christi, geleitet wird die →Verantwortung durch die dem Geist zugeschriebene Orientierung an der Verheißung des Reiches Gottes, die eine Versöhnung von →Kultur und Natur in Aussicht stellt (Röm 8,22) und im Rahmen des „Vorletzten" (BONHOEFFER) auf die Einhegung menschlicher Gewalt gegenüber der menschlichen wie nichtmenschlichen Umwelt zielt, →Gerechtigkeit und Achtsamkeit (C. AUS DER AU) erfordert und so Anliegen der patho-, bio- und physiozentrischen Position aufzunehmen vermag.

4. Problemlagen- und Herausforderungen. Im Zuge des Wandels der Semantik hat sich auch die U.ethik ausdifferenziert, sodass viele klassisch u.ethische Fragen in den Bereich der Bioethik nichtmenschlicher Lebewesen, der Tier- und Pflanzenethik ausgewandert sind.

Besonders bedeutsam bleibt die Frage des Umgangs mit endlichen natürlichen Ressourcen und Senken sowie fragilen U.medien wie Luft, Wasser und Boden, die sich etwa in der Frage der Umstellung auf →erneuerbare Energien, aber auch der Eindämmung gefährlicher Emissionen stellt und aufgrund der weltwirtschaftlichen Verflechtung und der überregionalen Folgen nicht nur nationaler, sondern auch internationaler umweltpolitischer Regelungen bedarf, die sowohl an Fragen der →Gerechtigkeit wie der Achtsamkeit orientiert sein muss. Mit dem indizierenden Instrument der *global boundaries* (J. ROCKSTROM u. a.) werden Grenzen der menschlichen langfristigen Nutzung des Planeten aufgezeigt, die sich etwa auf den Nitrathaushalt (Stickstoffkreislauf), die Übersäuerung der Ozeane, den Verlust an →Biodiversität, die Süßwassernutzung oder den Klimawandel beziehen.

In diesem Zusammenhang bleibt auch der Umgang mit Risikotechnologien wie Atomenergie, dem Dammbau in ariden Regionen oder der ökologisch hochbelasteten Rohstoffgewinnung durch Fracking (der Auslösung von mineralisch gebundenem Gas durch die Einleitung hochgiftiger Chemikalien ins Erdreich), Teersandgewinnung oder andere Minierungstechniken strittig. Gleiches gilt für gegenwärtig bereits genutzte und intensiv beforschte Felder wie gentechnologische Veränderungen in der Landwirtschaft oder Technologien des *climate engineering*.

Als wegen der globalen Folgen – Überschwemmungen, Versteppung, Flüchtlingsströme – besonders relevant hat sich dabei der durch Emissionen menschlich induzierte Klimawandel erwiesen, dessen Eindämmung bisher trotz internationaler Thematisierung nicht gelungen ist. Er bietet auch massive Gerechtigkeitsprobleme, weil er die ärmsten Länder am härtesten trifft (A. LIENKAMP).

H. C. v. CARLOWITZ, Sylvicultura oeconomica oder Hauswirthliche Nachricht und naturmäßige Anweisung zur wilden Baum-Zucht, 1732 – A. SCHWEITZER, Kultur und Ethik, Sonderausgabe mit Einschluss von ‚Verfall und Wiederaufbau der Kultur', 1960 – R. CARSON, Silent spring, 1962 – W.S. JEVONS, The coal question. An inquiry concerning the progress of the nation and the probable exhaustion of our coal-mines, 1965 – G.H. MÜLLER, Art. Umwelt, in: J. Ritter, K. Gründer, G. Gabriel (Hg.), Historisches Wörterbuch der Philosophie Bd. 11, 1971–2007, 99–105 – D.L. MEADOWS u.a., Die Grenzen des Wachstums. Bericht des Club of Rome zur Lage der Menschheit, 1972 – H. JONAS, Das Prinzip Verantwortung Versuch einer Ethik für die technologische Zivilisation, 1979 – G. LIEDKE, Im Bauch des Fisches. Ökologische Theologie, 1979 – E. GOLDSMITH, N. HILDYARD, The social and environmental effects of large dams. 1984 – J. MOLTMANN, Gott in der Schöpfung. Ökologische Schöpfungslehre, 1985 – U. BECK, Risikogesellschaft. Auf dem Weg in eine andere Moderne, 1986 – G. ALTNER, Ökologische Theologie. Perspektiven zur Orientierung, 1989 – K.-W. WEEBER, Smog über Attika Umweltverhalten im Altertum, 1990 – W. KORFF, Wirtschaft vor der Herausforderung der Umweltkrise, ZEE 36/1992, 163–174 – E. HARTLIEB, Natur als Schöpfung Studien zum Verhältnis von Naturbegriff und Schöpfungsverständnis bei Günter Altner, Sigurd M. Daecke, Hermann Dembowski und Christian Link, 1996 – P. SINGER, Animal liberation. Die Befreiung der Tiere, 1996 – W.K. FRANKENA, Ethik und Umwelt, in: A. KREBS (Hg.), Naturethik. Grundtexte der gegenwärtigen tier- und ökoethischen Diskussion, 1997, 271–295 – A. NAESS, Die tiefenökologische Bewegung. Einige philosophische Aspekte, in: A. KREBS (Hg.), Naturethik. Grundtexte der gegenwärtigen tier- und ökoethischen Diskussion, 1997, 182–210 – A. KLAPPERICH, Art. Umwelt, in: W. KORFF, L. BECK, P. MIKAT (Hg.), Lexikon der Bioethik, 2000, 622 – C. A.D. AU, Achtsam wahrnehmen. Eine theologische Umweltethik, 2003 – J. ROCKSTRÖM u. a., A safe operating space for humanity, Nature 461/2009, 472–475 – J. RADKAU, Die Ära der Ökologie eine Weltgeschichte, 2011 – C. LINK, Schöpfung. Ein theologischer Entwurf im Gegenüber von Naturwissenschaft und Ökologie, 2012 – E. GRÄB-SCHMIDT, Umweltethik, in: W. HUBER, T. MEIREIS, H.-R. REUTER, Handbuch der Evangelischen Ethik, 2015, 649–709.

Torsten Meireis

Umweltethik (politisch)

1. Aufgabe. U. will die Einstellungen und Handlungen, mit denen Einzelne, Gesellschaften und die Menschheit die natürlichen Lebensgrundlagen und damit ihren eigenen Lebensraum schützen können, benennen und begründen. Die Dringlichkeit der U. ergibt sich aus der Voraussicht, dass die schon heute gravierende Übernutzung der Ressourcen der Erde und ihrer Fähigkeit Schadstoffe zu neutralisieren, in den kommenden Jahrzehnten durch die steigenden →Konsumansprüche der globalen Mittelklasse, eine expandierende Weltwirtschaft und zum Teil durch das Bevölkerungswachstum dramatisch zunehmen wird und damit diese Lebensgrundlagen bedroht.

2. Umwelt. Der geläufige Begriff Umwelt begünstigt freilich einen Irrtum und eine Kurzsichtigkeit: Einmal rückt er den Menschen in die dominierende Position. Was außerhalb seiner ist, was ihn umgibt, steht in dieser Sicht zu seiner Verfügung, wird als Ressource verstanden, die er nach seinen Wünschen und Bedürfnissen benutzen kann. Und dann verstärkt der Umweltbegriff die Neigung, nur das zu schützen, was der jeweiligen Menschengruppe als unmittelbar bedroht erscheint.

3. Natur. Ist darum U. besser orientiert, wenn sie sich vom Begriff Natur leiten lässt? Zunächst durchaus. Die Natur ist das Ganze, von dem der Mensch ein Teil ist, von dem er auch abhängig ist. Die außermenschliche Natur wird damit von der Umwelt zur „natürlichen Mitwelt" (MEYER-ABICH). An der Verletzlichkeit der Natur wird erkennbar, dass Menschen unausweichlich selbst Natur sind, in ihr und mit ihr leben müssen. Zugleich sind Menschen, als allein der Einsicht in die Natur und sich selbst fähig, „das Andere der Natur" (HÖSLE). Wiederum ist Natur auch etwas vom Menschen Unterschiedenes, etwas vor ihm und ohne ihn Bestehendes (möglicherweise auch ihn Überlebendes!). In diesem Sinn ist die außermenschliche Natur ein eigenes Subjekt, dem eigene Rechte zukommen. So weiß die Einsicht vieler Kulturen, aber inzwischen auch die heutige Erfahrung, dass wir Menschen uns selbst nachhaltig schaden, wenn wir der Natur ihre →Rechte verweigern, etwa das Recht auf die möglichst schonende Nutzung der Ressourcen, auf Einhaltung ihrer Belastungsgrenzen, auf Regionen der Unverletzlichkeit, auf den Schutz der Tiere. Die Verfassung von Ecuador (2007) verleiht der Natur bereits einen ausformulierten Rechtsstatus. (Art. 72)

4. Begründung. Der anhaltende Streit um die Begründung der U. darf die Gemeinsamkeit aller Ansätze nicht in Frage stellen. Es hat Sinn, nach Recht und Grenze einer auf den Vorrang des Menschen, auf die Rechte aller leidensfähigen Lebewesen oder auf die Rechte auch der unbelebten Natur gerichteten U. zu fragen (anthropozentrischer, pathozentrischer, holistischer Ansatz). Aber ob U. sich von den Interessen des Menschen leiten lässt, ob sie ihn den Zwecken der Natur einordnet oder ob sie auf einen göttlichen Willen zurückweist – konkrete Geltung erlangen die Ziele der U. nur in dem Maße, in dem sie sich im ethischen Nachdenken als diskursfähig erweisen.

5. Nachhaltige Entwicklung. Weder Menschheit noch natürliche Mitwelt lassen sich schützen, wenn nicht die gegenwärtige Naturkrise in ihrer historischen und politischen Dimension als die unsere Generation herausfordernde Zuspitzung der U. erkannt wird. Den Beginn der gegenwärtigen Diskussion markiert die von den →Vereinten Nationen berufene „Weltkommission für Umwelt und Entwicklung". Ihr 1987 erstatteter Bericht „Unsere gemeinsame Zukunft" (der sog. BRUNDTLAND-Bericht) bringt den Schutz der Umwelt in einen konstitutiven Zusammenhang mit der Überwindung von →Armut und Hunger und sieht die Lösung im Leitgedanken des „Sustainable Development". Nachhaltige, d. h. zukunftsfähige Entwicklung will die Grund→bedürfnisse aller Menschen befriedigen, der gegenwärtig Lebenden wie der zukünftigen →Generationen, und dabei die natürlichen Lebensgrundlagen auf Dauer bewahren. Die Suche nach Zukunftsfähigkeit ist also die Suche nach Naturschutz und →Gerechtigkeit. Beide Ziele gehören untrennbar zusammen. Gerechtigkeit ist die zentrale Kategorie für friedensfähige Beziehungen der Völker, und ohne mehr Gerechtigkeit wird der Menschheit der Schutz ihrer natürlichen Lebensgrundlagen nicht gelingen.

6. Zukünftige Generationen. Da sie noch nicht existieren, können sie keine Rechte einklagen. Dennoch: So wenig wir von ihnen wissen (nicht einmal, ob und wie lange es sie geben wird) – ihre Grundbedürfnisse bezüglich Atemluft, Nahrung, →Gesundheit wie auch die Voraussetzungen ihrer zivilisatorischen Entfaltung entsprechen vorhersehbar den unseren. Die heute Lebenden, die selbst eine Nachfolgegeneration vor ihnen Lebender sind, haben keine ethische Berechtigung, den ihnen potentiell Nachfolgenden die Lebensgrundlagen wissentlich oder fahrlässig zu entziehen. Darüber hinaus gilt: Mindestens bis zur Generation der Enkel haben Vorsorge und Fürsorge auch einen realen Adressaten und erlauben eine klare Voraussicht, worauf diese Nachgeborenen nicht werden verzichten können.

7. Mensch und Tier. Eines der dornigsten Probleme der U. ist das Verhältnis zwischen Mensch und Tier. Naturwesen wie wir, sind Tiere nach dem Belieben der Menschen entweder seine Gefährten oder auch dem reinen Nutzenkalkül unterliegende Sachen. Für die jeweilige Einstufung nehmen Menschen ihre Sonderstellung als vernunftgeleitete und mit Herrschaftsauftrag versehene Wesen in Anspruch. Zwiespältige Gefühle regieren darum die Beziehung. Den höheren Tieren wird von den meisten Menschen unseres Kulturkreises ein Eigenrecht auf Leben zuerkannt, auch ein Recht auf Schonung ihrer Empfindungs- und Leidensfähigkeit. Unmittelbare Tierquälerei gilt als abscheulich. Auch Tonnen vergifteter Fische am Ufer werden als verwerflicher Eingriff in die Tierwelt angesehen. Dagegen: Die mit Angst und Qual verbundene Praxis der Massentierhaltung, die übliche Schlachtung, die Tierversuche, auch genveränderte Rassen stoßen zwar auf scharfe Kritik von Minderheiten, begegnen in der Mehrheit aber einer mit kurzlebiger Entrüstung verbundenen Indolenz. Der Grund dieser Unempfindlichkeit liegt in der Instrumentalisierung der Tiere für Zwecke des Menschen: für leichten Gewinn, für billiges Fleisch, für wirksame Medikamente und Kosmetika.

Als Naturwesen leben Menschen und Tiere von anderem Leben. (Auch die Vegetarier und Veganer tun es und machen zur Begründung ihres Verzichtes auf Fleisch bzw. Tierprodukte einen kategorialen Unterschied zwischen Pflanzen und Tieren.) Eine weiter wachsende Menschheit wird für →Ernährung und Kleidung auf Nutzung und Verzehr von Tieren angewiesen sein. Das kann Massentierhaltung und fleischreiche Wohlstandsernährung freilich nicht rechtfertigen. U. wird bedenken, wie die Lebensbedürfnisse der Menschen und der Schutz der Tiere möglichst wirksam einander anzunähern sind. So kann artgerechte Haltung die Leidensfreiheit der Tiere ermöglichen. Schon das Schlachten von Lamm und Kalb freilich verwehrt ihnen das Eigenrecht auf Leben.

8. Zielkonflikte. Der auf der Konferenz von Rio de Janeiro 1992 bekräftigte Doppelbegriff der nachhaltigen Entwicklung hat sich, trotz oder wegen seiner Unbestimmtheit, als ein dauerhaftes Leitmotiv erwiesen. Dabei zeigt sich: Alle Bemühungen, die beiden Intentionen der Doppelforderung miteinander zu verwirklichen, führen in Interessengegensätze und erzeugen damit Zielkonflikte der unterschiedlichsten Art. Ihnen muss sich U. stellen. Einige seien genannt.

8.1 Verteilungsgerechtigkeit. Das inzwischen erreichte Niveau des Naturverbrauchs der reichen Länder ist schon in sich ökologisch unhaltbar. Umso weniger ist die Universalisierung ihres →Lebensstandards und Güterwohlstandes möglich. Dies aber erstreben auch die Entwicklungsländer. Die politisch bestimmenden Schichten im Süden wie im Norden verstehen nachhaltige Entwicklung faktisch als anhaltendes →Wirtschaftswachstum. Ein Teil dieses Wachstums, vor allem in den Entwicklungsländern, ist in der Tat unverzichtbar, um Hunger und Elend zu überwinden. Aber ihr Streben geht darüber hinaus auf gleiche →Marktmacht und gleichen Lebensstandard. Davon werden die Entwicklungsländer nicht ablassen, solange die reichen Länder nur zögerliche Korrekturen an ihrer Lebens- und Wirtschaftsweise vornehmen, statt sich ernsthaft um Verteilungsgerechtigkeit und Chancengleichheit zwischen Norden und Süden zu bemühen.

8.2 Starke oder schwache →Nachhaltigkeit? Vergleichbare Fragen stellen sich, wenn es um die sog. *starke oder schwache Nachhaltigkeit* geht. Müssen wir den Naturbestand (oft bezeichnend Naturkapital genannt) für die zukünftigen Generationen möglichst unversehrt erhalten (starke N.), oder können wir die Übernutzung der Ressourcen dadurch kompensieren, dass wir den Nachfolgern ein dadurch erwirtschaftetes höheres →Geld- und Technologiekapital hinterlassen, das sie zur Sicherung ihrer Lebensgrundlagen einsetzen können? Zu bedenken ist, dass Ökosysteme nicht nur Ressourcenspeicher sind sondern in ihrem Zusammenwirken das Gewebe des Lebens stabil halten und darin nicht zu ersetzen und auch nicht aufzuteilen sind. Zudem schafft die gegenwärtige →Generation mit der Ausbeutung der Natur keineswegs nur alternative →Gewinne für die Nachkommen, hinterlässt ihnen vielmehr auch irreparable Schäden.

8.3 Mitigation, Adaptation. In der Klimapolitik ist über den Vorrang von vorsorgendem oder nachsorgendem Handeln zu streiten und zu entscheiden. Ist die Erderwärmung möglichst zu verhindern durch Verzichte auf Klima schädigende Lebensweisen, Produkte und Technologien? Oder ist es berechtigt, die Klimaveränderungen abzuwarten und sich gegebenenfalls durch Adaptationsstrategien an sie anzupassen, etwa durch die Züchtung salzresistenter Pflanzen, verstärkten Küstenschutz oder durch großtechnische Verfahren? Welcher Art sind die →Risiken, und wer hat sie zu tragen? Angesichts des schon erfolgten und weiter fortschreitenden →Klimawandels ist auch auf Anpassung nicht zu verzichten. Die Verhinderung oder doch Minderung der Schäden ist jedoch das bei weitem wichtigere Ziel, wie sich an einem akuten Streit, dem Geo-Engineering, zeigen lässt.

8.4 Geo-Engineering. Die Diskussion um G. hat sich in den letzten Jahren intensiviert. Sie beruht auf dem drohenden Scheitern der Bemühungen, die weiter anwachsenden Emissionen von CO_2 und Methan in die Atmosphäre wirksam zu begrenzen. Da die Menschheit anscheinend ihren Verbrauch fossiler →Energie nicht durchgreifend einschränken will oder kann, soll Geo-Technik als letzter Ausweg die Folgen neutralisieren.

G. betrifft großräumige Eingriffe in die chemischen und biochemischen Kreisläufe der Erde, vor allem um den Anstieg der Treibhausgase und dadurch die Erwärmung der Erdatmosphäre und die Versauerung der Meere zu beenden. Diskutiert wird u. a., durch Ausbringen von Substanzen in die Atmosphäre die Sonneneinstrahlung zu verringern, das Meer zugunsten eines Algenwachstums, das CO_2 bindet, mit Eisen zu düngen bez. es mit Kalk zu entsäuern.

Die ethische Relevanz des G. besteht einmal in den einstweilen nur teilweise oder auch gar nicht zu überblickenden Risiken und Nebenwirkungen ihrer Anwendung und ebenso in dem Missbrauch für partikuläre Entlastung auf Kosten anderer oder aller. Vor allem kann G. die Bereitschaft zersetzen, die Ursachen der Erderwärmung durch möglichst baldigen Verzicht auf fossile Energie zu beheben, und diese Aufgabe stattdessen auf Technologien mit unvorhersehbarer Wirkung verschieben. G. würde zudem die fortgesetzte Ausbeutung fossiler Energiequellen legitimieren oder doch begünstigen.

9. Grenzen des kulturellen Wandels. Wie lässt sich Nachhaltigkeit in der Breite der →Bevölkerung einwurzeln? Große Hoffnungen verbinden sich mit einem kulturellen Wandel, in dem die immateriellen Werte des Lebens besser verstanden und höher geschätzt werden. Mit ihnen, so wird erwartet, kehrt Bedachtsamkeit zurück, Selbstbegrenzung wird als Gewinn erfahren. Eine Avantgarde erkennt, was nötig ist und beginnt damit, zukunftsfähig zu produzieren und zu leben, andere schließen sich an, eine Bewegung entsteht, und schließlich wird die kritische Masse erreicht, die eine dauerhafte gesellschaftliche Veränderung in Gang setzt. Das ist eine sympathische aber weder aus der sozialwissenschaftlichen Forschung noch aus der Erfahrung der letzten Jahrzehnte ableitbare Überschätzung des Handelns von Einzelnen und →Gruppen. Die freiwillig Veränderungsbereiten bilden in einer →Gesellschaft wie der unsrigen eine Minderheit von 10 oder auch 15 Prozent, und sie sind vor allem in den sozialen Mittelschichten zu finden. Die große Mehrheit der Bevölkerung ist viel fester eingebunden in ihre soziale Lebenswelt, viel stärker durch Milieu und Gewohnheiten festgelegt, also weit weniger beweglich. Diese Mehrheit lässt sich nicht einfach als →Person dazu aufrufen, anders und besser zu leben. Zudem haben die Lebensstile in unserer Gesellschaft Patchwork-Charakter (REUSSWIG). Und zwar auch die Lebensstile derer, die sich für eine nachhaltige Gesellschaft einsetzen. Dabei entstehen Widersprüche zwischen Einsichten und Wünschen und zwischen Wünschen und konkurrierenden Wünschen (etwa zur CO_2-Minderung beizutragen und doch in den Urlaub zu fliegen). Gerade bezüglich der →Nachhaltigkeit zeigen dieselben Menschen hier Betroffenheit, dort aber Indifferenz, folgen bisweilen ihrer Einsicht und bisweilen nicht. Jede und jeder kann das an sich selbst beobachten.

10. Zivilgesellschaft. Umso mehr hat in dieser Unentschiedenheit die →Zivilgesellschaft große Bedeutung für die →Transformation einer →Gesellschaft. Um die Einsicht in die Notwendigkeit des Wandels zu wecken und die Bereitschaft zu Maß und Bescheidenheit zu festigen, sind ihre Initiativen ebenso wie die vergleichbaren Bemühungen um soziales Lernen wichtig als Anreger, Treiber und Verstärker. Diese aktive Bürgerschaft zu fördern ist Aufgabe einer politisch verstandenen U. Die Zivilgesellschaft hat keine unmittelbare Macht, aber dafür andere Stärken. Sie kann Argumenten und innovativen Vorschlägen →Öffentlichkeit verschaffen; sie kann sich zum Sprecher latenter Einsicht machen und damit einer zur Veränderung bereiten Politik den Rücken stärken; sie kann den politischen Druck aufbauen, ohne den die Durchsetzung ungeliebter Maßnahmen kaum gelingen wird. Ihre Fermentierung der Gesellschaft mit neuem Denken und neuen Erfahrungen ist unverzichtbar. Und doch bleibt die Chance gering, dass ein nachhaltiger Lebensstil sich allein aus der eigener Einsicht der BürgerInnen durchsetzen wird. →Nachhaltigkeit lässt sich mit all diesen Impulsen vorbereiten – die ganze →Gesellschaft wird sie aus den genannten Gründen nur erreichen, wenn sie sich politisch durchsetzen lässt.

11. Politikfähige Ethik. U. wird darum erst als politikfähige →Ethik gesellschaftlich wirksam. Also wird sie gewiss dem Einzelnen eine Überprüfung seines Lebensstiles und seiner →Konsumgewohnheiten nahelegen, ihn also keineswegs von seinem Beitrag zur →Nachhaltigkeit entpflichten; aber sie wird ihm nicht auferlegen, was nur durch einen Wandel der gesellschaftlichen Leitbilder und durch wirtschaftliche und politische Systemveränderungen zu erreichen ist. Für unser Land hat die Studie „Zukunftsfähiges Deutschland" unter den drei Leitgedanken Effizienz, Konsistenz und →Suffizienz einen solchen ganzheitlichen Ansatz erarbeitet. Sie gelten als die drei Säulen der Nachhaltigkeit.

Effizienz richtet sich auf die ergiebige Nutzung von Materie und Energie. Konsistenz sucht naturverträgliche Technologien, die die Ökosysteme nutzen ohne sie zu zerstören. →Suffizienz erstrebt einen geringeren Verbrauch von Ressourcen durch eine verringerte

Nachfrage nach Gütern und →Dienstleistungen Die beiden ersten erhalten Geltung aus sich selbst heraus, weil sie Gewinne ohne Verzicht versprechen. Sie gelten als Motoren erfolgreichen Wirtschaftens. Auch die Protagonisten des sog. grünen Wirtschaftswachstums verlassen sich auf sie. Suffizienz wiederum ist als persönliche Lebenspraxis hoch geachtet. Dagegen gerät sie als gesellschaftliche →Tugend oft in Widerstreit zum herrschenden Lebensgefühl und Wirtschaftsdenken. Gerade darin erhält Suffizienz heute ihre ethische Relevanz. Ohne Rückkehr zu Maß und Bescheidenheit werden weder der →Klimawandel noch die weltweite Ernährungskrise zu beheben sein. Wer sich der begütigenden Vorhersage, eine Welt, in der neun Milliarden Menschen ein selbst bestimmtes Leben auf der Höhe ihrer soziokulturellen Bedürfnisse führen, sei möglich (FÜCKS), nicht anschließen kann, wird Suffizienz als die bewusste und geplante Verringerung des Bedarfes an Energie, vor allem fossiler Herkunft, an endlichen Rohstoffen und an Fläche als für →Nachhaltigkeit unentbehrlich erkennen, und zwar als verpflichtende und auch durch Gesetz und Verordnung durchgesetzte Maxime.

12. Institutionen. In der →Demokratie scheitern schmerzhafte Entscheidungen zur Zukunftsfähigkeit oft an kurzen Wahlperioden oder dem übermächtigem Einfluss partikularer Interessen. Um sie zu ermöglichen, ist an nationale, besser europäische →Institutionen zu denken, deren Träger demokratisch gewählt werden, aber in ihren Entscheidungen von Mehrheiten unabhängig sind und ein langfristiges Mandat erhalten. So könnte ein Ökologischer Rat selbst Gesetzesinitiativen vorlegen und ebenso ein (aufschiebendes) Vetorecht gegen Gesetze erhalten, die die →Nachhaltigkeit verletzen. Auch eine Ombudsperson ist im Gespräch als Anwältin zukünftiger Generationen, wird aber als bloße Fürsprecherin zu wenig ausrichten. Die globalen Gemeingüter wie Atmosphäre und Meere werden sich wirksam erst durch supranationale Institutionen mit Sanktionsgewalt schützen lassen. Ihre Verwirklichung ist noch nicht erkennbar; aber die rasch wachsende Gefährdung mag sie befördern.

H. JONAS, Das Prinzip Verantwortung. Versuch einer Ethik für die technische Zivilisation, 1984 – V. HAUFF (Hg.), Unsere gemeinsame Zukunft, 1987 – F. REUSSWIG, Die Gesellschaft der Lebensstile, 1994 – D. BIRNBACHER, Verantwortung für zukünftige Generationen, 2003 – G. ALTNER, Naturvergessenheit: Grundlagen einer umfassenden Bioethik, 1991 – V. HÖSLE, Philosophie der ökologischen Krise, 1991 – K. M. MEYER-ABICH, Praktische Naturphilosophie, 1997 – WISSENSCHAFTLICHER BEIRAT DER BUNDESREGIERUNG GLOBALE UMWELTVERÄNDERUNGEN, Welt im Wandel: Umwelt und Ethik, 1999 – BUND u. a., Zukunftsfähiges Deutschland in einer globalisierten Welt, 2008 – U. GROBER, Die Entdeckung der Nachhaltigkeit, 2010 – K. OTT, Umweltethik zur Einführung, 2010 – EDITION UNSELD, Das Raumschiff Erde hat keinen Notausgang, 2011 – B. GESANG, Klimaethik., 2011 – JAHRBUCH ÖKOLOGIE, Die Klima-Manipulateure, 2011 – WBGU, Welt im Wandel. Gesellschaftsvertrag für eine große Transformation, 2011 – M. LINZ, Weder Mangel noch Übermaß, 2012 – DERS., Suffizienz – unentbehrlich für Nachhaltigkeit, 2013 – R. FÜCKS, Intelligent wachsen, 2014 – B. GESANG (Hg.), Kann Demokratie Nachhaltigkeit?, 2014.

Manfred Linz

Unternehmen / Unternehmer

1. Begriff des Unternehmens. Die Bezeichnungen Unternehmen und Unternehmung werden üblicherweise synonym verwendet. Der Begriff des U.s wird sowohl in der rechts- als auch in der wirtschaftswissenschaftlichen Disziplin recht unterschiedlich gebraucht. Selbst in der Betriebswirtschaftslehre gibt es keine völlige Übereinstimmung darüber, wie ein U. zu definieren ist und in welchem Beziehungsverhältnis der Begriff des U.s zu dem des Betriebs steht. Einmal wird der Betrieb als Oberbegriff für alle Arten von Güter erzeugenden Wirtschaftseinheiten angesehen, hingegen die Unternehmung als eine historische Erscheinungsform des Betriebs (GUTENBERG, WÖHE), andererseits wird die Unternehmung als Oberbegriff verwendet und der Betrieb als Unterbegriff für den technisch-produktions-wirtschaftlichen Arbeitsbereich (LOHMANN). Mitunter werden U. und Betrieb auch gleichgesetzt (SCHWINN).

1.1 Unternehmensarten. Von verschiedenen Merkmalen ausgehend lassen sich mehrere U.sarten voneinander unterscheiden.

1.1.1 Nach der Rechtsform. Entsprechend der Unterscheidung der Rechtssphäre in die beiden Bereiche des Privatrechts und des Öffentlichen Rechts unterscheidet man in Deutschland die beiden weiter unterteilbaren Hauptkategorien der privatrechtlichen und der öffentlich-rechtlichen Rechtsform von Unternehmungen.

1.1.2 Nach dem Geschäftsprinzip. Unternehmungen lassen sich in der Praxis auch danach voneinander unterscheiden, welchem Geschäftsprinzip sie folgen. Das *erwerbswirtschaftliche Prinzip* liegt vor, wenn das U. (vorwiegend) darauf abzielt, für den Inhaber ein Einkommen bzw. für die am Kapital beteiligten Außenstehenden einen Ertrag zu erwirtschaften. Das *genossenschaftliche Prinzip* ist darauf gerichtet, die Mitglieder der Genossenschaft in bestimmter Hinsicht zu fördern. Vom *gemeinwirtschaftlichen Prinzip* spricht man dort, wo politische, kulturelle, soziale oder religiöse Zwecke vor dem Erwerbsprinzip stehen.

1.1.3 Nach der Unternehmensgröße. Eine beliebte Einteilung der Unternehmungen ist die in Klein-, Mittel- und Großunternehmen (→Mittelstand). Jedoch benötigt man hierzu einen Maßstab. Dieser wird häufig in der Anzahl der im U. beschäftigten Personen gesehen.

1.2 Unternehmensziele (Zielsysteme). Die Ziele des U.s, auf deren Erreichung die gesamte Güter erzeugende Tätigkeit ausgerichtet ist, sind in der Realität keine von vornherein gegebenen festen Größen. Nur im Modell einer „Ideal-Unternehmung" – wie sie häufig in der mikroökonomischen Theorie unterstellt wird – hat man es mit dem einen Ziel der (kurzfristigen oder langfristigen) Gewinnmaximierung als Zielgröße zu tun. In der U.spraxis – insbesondere in den multipersonalen Unternehmungen – sind die Ziele vielmehr regelmäßig das Ergebnis eines Prozesses der Zielentscheidung, in welchem versucht wird, die unterschiedlichen Ziele der Beschäftigten, der Anteilseigner, des Managements und der mit dem U. verbundenen anderen Wirtschaftseinheiten und gesellschaftlichen Gruppen („*stakeholder*") zu einem Ausgleich zu bringen.

1.3 Unternehmenszusammenschlüsse. U.szusammenschlüsse entstehen durch Verbindung von Unternehmungen, die bisher rechtlich und wirtschaftlich völlig selbstständig waren. Dabei kann die Intensität des Zusammenschlusses sehr unterschiedlich sein. Bleiben die beteiligten Unternehmungen rechtlich völlig selbstständig und bringen auch nur einen Teil ihrer wirtschaftlichen Entscheidungsautonomie auf Zeit in die Partnerschaft ein, dann spricht man von *U.skooperation*. Zu diesen Kooperationen zählen u. a. die Arbeitsgemeinschaft (z. B. im Baugewerbe), die Genossenschaft (soweit deren Mitglieder kooperierende U. sind), das Kartell und der Fachverband (z. B. Branchenverband). Auch bei den sogenannten *virtuellen Unternehmungen* handelt es sich um Kooperationen. Dies sind temporäre Netzwerke von selbstständigen Unternehmen, die vermittels der Informations- und Kommunikationstechnologie miteinander verknüpft sind, um bei der Herstellung und Lieferung eines Produkts Synergieeffekte zu erzeugen, z. B. Einsparungen, zu erzielen. Beim →Konzern hat man es damit zu tun, dass von zwei (oder mehreren) Unternehmungen eines eine wirtschaftlich herrschende Stellung einnimmt, die andere(n) eine abhängige Das herrschende U. übernimmt die einheitliche wirtschaftliche Leitung. Bei der *Fusion* verlieren die abhängigen U. nicht nur ihre wirtschaftliche, sondern auch ihre rechtliche Selbständigkeit, es entsteht nicht nur eine wirtschaftliche sondern auch eine rechtliche Einheit (→Wettbewerbspolitik).

1.4 Unternehmensverfassung. Unter der U.sverfassung (→Betriebsverfassung) versteht man die Gesamtheit der konstitutiven und längerfristig gültigen Strukturregelungen in einem U. Sie regelt insbesondere die Verteilung von Macht, →Einkommen und Risiko, und sie wird sowohl durch die Entscheidungsgremien der Unternehmung, als auch durch außenstehende Interessenten (→Staat, →Gewerkschaften, Geschäftspartner) geprägt. Zu den rechtlichen Grundlagen der U.sverfassung gehören in Deutschland neben anderen das Betriebsverfassungsgesetz und die Gesetze über die Mitbestimmung (→Betriebsrat).

2. Unternehmer. *2.1 Unternehmer und Unternehmerfunktion.* Nicht selten wird der U. als eine Persönlichkeit definiert, die ein Unternehmen gründet, plant und verantwortlich leitet. Nach klassischer Auffassung ist dieser U. (*Entrepreneur*) identisch mit dem Kapitaleigner, der das Unternehmen selbstständig in der Absicht leitet, eine Verzinsung seines eingesetzten Kapitals zu erzielen. Jedoch hat sich im Verlauf der Zeit die Vorstellung durchgesetzt, dass in erster Linie derjenige der U. ist, der sich zwar mit einer Kapitaleinlage am Unternehmen beteiligt, der aber bestimmte U. funktionen wahrnimmt und damit der „dispositive Faktor" im Unternehmen ist (Gutenberg). Die wichtigste dieser U.funktionen wird darin gesehen, die Kombination der Elementarfaktoren (Arbeitsleistungen, Werkstoffe, Betriebsmittel und Boden) zur Erzeugung von Produkten vorzunehmen. Erst in zweiter Linie ist auch derjenige U., der die Qualifikation zur Ausübung der U.funktionen besitzt, sich jedoch nicht mit einer Kapitaleinlage am Unternehmen beteiligt, sondern als Führungskraft (→Manager) angestellt ist.

2.2 Unternehmertypen. Von Schumpeter wurde der U. als Motor der wirtschaftlichen Entwicklung angesehen, jedenfalls der Typus des dynamischen Pionierunternehmers. Dessen Charakteristikum ist es, dass er Produkte, Kosten und die Nachfrage als von ihm gestaltbare Größen betrachtet. Er setzt kreativ neue Kombinationen der Elementarfaktoren durch, löst also Verfahrensinnovationen aus, entwickelt in seinem Unternehmen neue Produkte (Produktinnovationen) und er erschließt neue Absatzmärkte. Solche →Innovationen kommen aber nicht durch den Druck von außen zustande, sondern sie entspringen seiner Spontaneität. Einen Gegenpol hierzu bildet der konservative U., der nicht spontan agiert, sondern nur auf äußeren Marktdruck hin reagiert. Er versucht, sich notgedrungen an Veränderungen seiner Umwelt anzupassen, um der Existenzbedrohung zu entgehen. Diese Typologie erweiterte Heuss um den spontan imitierenden und den völlig immobilen U. Der erstere rückt spontan in die von einem Pionierunternehmer geschlagene Bresche ein, der letztere ist nicht einmal unter Marktdruck in der Lage oder gewillt, auf Neues zu reagieren. Sein Bestreben ist darauf gerichtet, sein Unternehmen bzw. den Wirtschaftssektor, dem es zugehört, dadurch in dem ihm vertrauten Zu-stand zu erhalten, dass er nach Interventionen des Staates ruft.

E. Heuss, Allgemeine Markttheorie, 1965 – E. Gutenberg, Grundlagen der Betriebswirtschaftslehre, 3 Bde., I 1983[24], II 1984[17], III 1987[8] – M. Lohmann, Einführung in die Betriebswirtschaftslehre, 1949 – R. Schwinn/A. Süd-Kamp, Betriebswirtschaftslehre, 1996[2] – G. Wöhe/U. Döring, Einführung in die Allgemeine Betriebswirtschaftslehre, 2013[25].

Gernot Gutmann

Unternehmensethik

1. Zur Begriffs- und Problemgeschichte. Die Wirtschafts- (W.E.) und Unternehmensethik (U.E.) ist eine Teildisziplin der angewandten Ethik bzw. der praktischen Philosophie. Die Ursprünge der W.E. reichen bis in die Antike. In der praktischen Philosophie des ARISTOTELES bildeten Ökonomie, Politik und Ethik eine Einheit. Während sich der politische Ökonom ADAM SMITH noch an der aristotelischen Trias orientierte, wurde diese Einheit durch JOHN STUART MILL im 19. Jh. aufgebrochen. Ende des 19. Jh.s gewann der neoklassische Ansatz mit dem Modell des Homo Oeconomicus zunehmend an Bedeutung. In den Jahren vor dem ersten Weltkrieg lehnten Vertreter einer wertfreien Wissenschaft (u. a. M. WEBER und W. SOMBART) – im Gegensatz zu den sogenannten Kathedersozialisten wie GUSTAV VON SCHMOLLER – jegliche Normativität von Wissenschaft ab und forderten eine möglichst formalisierbare Theorie nach naturwissenschaftlichem Vorbild (Werturteils- bzw. Methodenstreit im Verein für Socialpolitik). In der deutschsprachigen Literatur tauchte der Begriff W.E. erstmals 1907 bei IGNAZ SEIPEL auf und wurde dann insbesondere 1916 von MAX WEBER verwendet (I. SEIPEL 1907; M. WEBER 1915ff.). Wirtschaftsethische Fragen wurden im Fortgang in der katholischen und evangelischen Sozialethik diskutiert (D. MESSNER 1927; G. WÜNSCH 1927; O. VON NELL-BREUNING 1928). Nach dem zweiten Werturteilsstreit zwischen Vertretern der Kritischen Theorie und des Kritischen Rationalismus in den 1960er Jahren verstärkte sich die Abkopplung der Ökonomie von der Ethik (Positivismusstreit). Erst seit den 1980er Jahren werden normative Fragen innerhalb der Ökonomie wieder bedeutsamer. Die neue Disziplin versteht sich auch als Reaktion auf die Zunahme gegenwärtiger, durch ökonomisches Handeln induzierter praktischer Probleme.

2. Theorien der U.E. Das Verhältnis von Ökonomie und Ethik kann als Primat der Ethik über die Ökonomie, als Primat der Ökonomie über die Ethik oder als Interdependenzkonzept auf jeweils drei Ebenen rekonstruiert werden. Die individuelle (Mikro-)Ebene bezeichnet die Führungsethik, die institutionelle (Meso-)Ebene die U.E. und die gesellschaftliche (Makro-)Ebene die W.E.

Während wirtschafts- und unternehmensethische Ansätze angloamerikanischer Provenienz einen starken Anwendungsbezug aufweisen und weniger auf philosophischen Grundlagen basieren, haben sich im deutschsprachigen Raum vier „Schulen" bzw. „Denkströmungen" herausgebildet, die auch philosophische Elemente in ihre Theorien integrieren.

Der korrektive Ansatz von HORST STEINMANN (H. STEINMANN/A. LÖHR 1994) basiert auf der Erlanger konstruktivistischen Wissenschaftstheorie und der Frankfurter Schule (K.-O. APEL; J. HABERMAS). Im Zentrum steht der →Frieden als freier Konsens aller Betroffenen, bei dem formale und materiale Normen durch gute und rationale Argumente begründet werden (Vernunftethik).

Der integrative Ansatz von PETER ULRICH versteht sich als pragmatische Sozialökonomie. Sozialphilosophisch schließt Ulrich an die Kritische Theorie der Frankfurter Schule an. Ethik wird im Basisbereich der Ökonomie verankert. Es geht um die Transformation einer von außen moralisierenden Begrenzung ökonomischer Rationalität in eine von innen fundierte und legitimierte integrative W.E. und U.E. mit Hilfe einer kommunikativ-ethischen Vernunft.

Der institutionenethische Ansatz von KARL HOMANN (K. HOMANN/F. BLOME-DREES 1992) befasst sich mit der Frage, wie moralische Normen und Ideale unter den Bedingungen der modernen Wettbewerbswirtschaft (von den Unternehmen) zur Geltung gebracht werden können. Auf der Ebene der Rahmenordnung werden Spielregeln wirtschaftlichen Handelns festgelegt, auf der Ebene der →Handlungen vollziehen sich moralfreie Spielzüge. Der systematische – aber nicht der einzige – Ort der Moral in der Marktwirtschaft ist die Rahmenordnung.

Aufgrund von Steuerungsdefiziten nationalstaatlicher Rahmenordnungen weist der governancetheoretische Ansatz von JOSEF WIELAND (J. WIELAND 1999, 2004) dem Unternehmen als moralischem Akteur eine soziale Verantwortung zu. In einer Kooperationsökonomie herrschen Simultanität und Rekursivität von Wettbewerb und Kooperation. Eine freiwillige Bindung an moralische Normen reduziert die Transaktionskosten der Kooperation.

3. Normative Managementkonzepte. Stakeholdermanagement betrachtet unternehmerisches Handeln im komplexen Spannungsfeld divergierender Stakeholderinteressen (R. E. FREEMAN 1984). Dabei können Stakeholder sowohl abstrakte Institutionen (z. B. Fiskus, Umwelt), Gruppen (z. B. Aktionäre, Zulieferer) als auch einzelne Individuen (z. B. Mitarbeiter, Kunden) sein, die ein Unternehmen beeinflussen bzw. die durch unternehmerisches Agieren selbst beeinflusst werden.

Corporate Social Responsibility (CSR) steht für verantwortliches unternehmerisches Handeln in den operativen und strategischen Kernprozessen des Unternehmens, d. h. in der gesamten Wertschöpfungskette. CSR findet somit Eingang in betriebswirtschaftliche Kernprozesse wie F&E, Logistik, Marketing und Vertrieb, in die Entwicklung und Ausgestaltung von Produkten und Dienstleistungen sowie in den Umgang mit Stakeholdern. Unter Corporate Citizenship versteht man freiwilliges zivilgesellschaftliches Engagement von Unternehmen.

4. Instrumente zur Implementierung. Ethik-Kodizes sind schriftlich fixierte, explizite Sollensvorschriften, an die sich Institutionen sowie Individuen freiwillig binden (TALAULICAR 2006). Durch die Implementierung dauerhafter, verbindlicher Normensysteme wird die moralische Sensibilität innerhalb des Unternehmens verbessert. Ethik-Trainings bieten sich insbesondere in exponierten Abteilungen wie Einkauf oder Verkauf an. Whistleblowing bezeichnet das anonyme Aufdecken von Missständen und Unregelmäßigkeiten (z. B. Korruption). Dazu werden innerbetriebliche Beschwerdeinstanzen eingerichtet (Ombudsstellen oder Ethik-Hotlines). Mittlerweile berichten viele Unternehmen schriftlich über ihre Corporate-Responsibility- bzw. Nachhaltigkeitsaktivitäten.

I. SEIPEL, Die wirtschaftsethischen Lehren der Kirchenväter, 1907 – M. WEBER, Die W.E. der Weltreligionen, 1915 – G. WÜNSCH, Evangelische W.E., 1927 – J. MESSNER, Sozialökonomik und Sozialethik. Studie zur Grundlegung einer systematischen W.E., 1927 – O. VON NELL-BREUNING, Grundzüge der Börsenmoral, 1928 – R. E. FREEMAN, Strategic Management: A Stakeholder Approach, 1984 – K. HOMANN/F. BLOME-DREES, W.E. und U.E., 1992 – P. ULRICH, Transformation der ökonomischen Vernunft. Fortschrittsperspektiven der modernen Industriegesellschaft, 1993³ – H. STEINMANN/A. LÖHR, Grundlagen der U.E., 1994 – J. WIELAND, Die Ethik der Governance, 1999 – J. WIELAND, (Hg.), Handbuch WerteManagement, 2004 – K. HOMANN/C. LÜTGE, Einführung in die WE, 2005 – T. TALAULICAR, Unternehmenskodizes: Typen und Normierungsstrategien zur Implementierung einer U.E., 2006 – P. ULRICH, Integrative W.E. Grundlagen einer lebensdienlichen Ökonomie, 2008⁴.

Alexander Brink

Unternehmer, Evangelische

1. Begriff. Als getaufte Christen und Glieder der Kirche sehen sich ev. →U. in der →Verantwortung für die →Gesellschaft, in der sie leben und arbeiten. Sie engagieren sich in und für ihre Kirche und beteiligen sich am Dialog zwischen Wirtschaft und →Kirche. Als institutionelle Plattform wurde 1966 auf Initiative von WALTER BAUER (1901–1968), Mitglied des Freiburger (Bonhoeffer-) Kreises und nach 1945 Mitglied der EKD-Synode (→EKD) und des Diakonischen Rates der EKD (→Diakonie), der Arbeitskreis Evangelischer Unternehmer in Deutschland (AEU) gegründet. Der als eingetragener Verein konstituierte Arbeitskreis mit Sitz in Karlsruhe verfolgt keine wirtschaftlichen Interessen und ist von der verfassten Kirche rechtlich sowie organisatorisch unabhängig.

2. Selbstverständnis. Der Arbeitskreis Evangelischer Unternehmer ist ein von ehrenamtlichem Engagement getragenes Netzwerk protestantischer Unternehmer, Manager und Führungskräfte. Seine Mitglieder rüsten sich geistig und geistlich zu, um sich in ihrem Glauben zu vergewissern. Sie suchen ethische Orientierung und fachlichen Austausch, um sich in ihrem unternehmerischen Entscheiden und Handeln zu bestärken. Sie beteiligen sich an der kirchlichen Meinungsbildung zu wirtschafts- und sozialethischen Fragen, um Kirche und Soziale Marktwirtschaft (→Marktwirtschaft, Soziale) verantwortlich mitzugestalten.

3. Ziele. Der AEU versteht sich in wirtschaftlichen und unternehmerischen Fragen als institutioneller Gesprächspartner der Kirchen, ihrer Einrichtungen und Werke. Dabei hält er Kontakt nicht nur zu den Repräsentanten der EKD, sondern er pflegt den Dialog mit kirchlichen Verantwortlichen aller Ebenen. Die Mitglieder des AEU wollen ihr Können und ihre Erfahrung, eingebunden in ihren Glauben, in die Zusammenarbeit von Menschen in Wirtschaft und Kirche einbringen. Sie wollen ihrer Kirche wirtschaftliche Zusammenhänge erläutern und auch Verständnis für unternehmerische Entscheidungen wecken. Sie wollen die Kirche bei ihren vielfältigen Bemühungen um die Gestaltung der Wirtschafts-, Sozial- und Gesellschaftsordnung unterstützen und dadurch diese Ordnung verantwortlich mitgestalten.

4. Aufgaben. Die sich aus dem Selbstverständnis ergebenden Ziele und Aufgaben werden in ein regional und funktional ausdifferenziertes Angebot an Begegnungen und Veranstaltungen umgesetzt. Ergänzend zu den traditionellen Vortrags- und Diskussionsveranstaltungen werden regelmäßige Mittags- oder Abendtreffen zum informellen Informations- und Gedankenaustausch, regionale Mitgliedertreffen zur internen Meinungsbildung und Programmplanung, regionale Jahresempfänge zur besseren Vernetzung mit den Strukturen der einzelnen Landeskirchen sowie kleine Formate mit Gesprächscharakter im geschützten Raum zu theologischen bzw. unternehmerischen Fragen angeboten. Der AEU begleitet ev. U. und Führungskräfte mit spirituellen Angeboten, so z. B. Retraiten und Pilger-Touren. Als Beitrag zum (inner-)kirchlichen Meinungsbildungsprozess wirken ev. U. in Synoden, Ausschüssen und anderen kirchlichen Gremien mit und erarbeiten Stellungnahmen zu wirtschaftsethischen und gesellschaftspolitischen Fragen (→Wirtschaftsethik; →Gesellschaftspolitik). Ein weiterer wichtiger Schwerpunkt der Arbeit des AEU ist die Hilfe bei der Verbesserung kirchlicher Strukturen, Systeme und Arbeitsweisen, wie z. B. im Rahmen des Reformprozesses „Kirche der Freiheit".

5. Positionen. Der AEU nimmt zu wirtschaftlichen und sozialen Fragen Stellung. Ethisch begründetes und sozial verantwortliches Handeln sowie der Dienst an der Allgemeinheit werden als unverzichtbare Bestandteile der Sozialen Marktwirtschaft und einer an ihr ausgerichteten verantwortlichen Unternehmenspolitik (→Unternehmensethik) verstanden. Die Soziale Marktwirtschaft wird als diejenige Wirtschaftsordnung angesehen, die untrennbar mit der →Demokratie in Deutschland verbunden ist. Der AEU weist darauf hin, dass das Konzept der Sozialen Marktwirtschaft auf christlichen →Werten beruht und durch die sozialethische Tradition des deutschen Protestantismus geprägt ist. Im gesellschaftlichen Diskurs mit Vertretern von Kirche, Wirtschaft und →Politik soll vermittelt werden, dass die Soziale Marktwirtschaft nicht nur eine Wirtschafts-, sondern auch eine Werteordnung ist, in der →Freiheit, Initiative und Eigenverantwortung ein höherer Stellenwert zugemessen werden muss.

H. O. HERMANNI, Evangelische Kirche. Wirtschaft und Politik, 1989 – ARBEITSKREIS EVANGELISCHER UNTERNEHMER (Hg.), 1966–1991. Eine Chronik, 1991 – P. BOCKLET/G. FELS/H. LÖWE (Hg.), Der Gesellschaft verpflichtet. Kirche und Wirtschaft im Dialog, 1995 – Unternehmerisches Handeln in evangelischer Perspektive – Eine Denkschrift des Rates der Evangelischen Kirche in Deutschland, 2008.

Stephan Klinghardt

Utilitarismus

1. Der U. (von lat. utilitas = Nutzen) stellt neben dem Kantianismus und dem Aristotelismus eine der wichtigsten und einflussreichsten moralphilosophischen Positionen der Gegenwart dar. Obwohl der Fragehinsicht nach nicht neu, ist die →Ethik des U. erst im 19. Jh. zu einer eigenständigen Gestalt moraltheoretischer Reflexion ausgebildet worden. Als Schulrichtung ist der U. begründet worden von JEREMY BENTHAM (1748–1832), die wirkungsvollste Fassung fand die utilitaristische Ethik in JOHN STUART MILL (1806–1879), die einflussreichste Fortentwicklung des U. verbindet sich mit dem Namen von HENRY SIDGWICK (1838–1900). Sie bilden das Dreigestirn des klassischen U., auf das sich heute eine weit verzweigte und theoretisch ausdifferenzierte Gesellschaftsgemeinde utilitaristischer Positionen zurückführt.

2. Die historischen Ursprünge des U. sind durch eine intime Verbindung und Wechselwirkung von politischen Reformprojekten und der moralphilosophischen Verdichtung von unterschiedlichen Ideenkomplexen in Großbritannien im 19.Jh. gekennzeichnet. Ohne den Beitrag der Utilitaristen ist die wirtschaftliche und politische Emanzipation des Bürgertums und der englischen Mittelklassen in Verarbeitung der Folgen der Industriellen Revolution (→Industrie) kaum zu denken. Die Utilitaristen stritten für eine effiziente →Bürokratie des Staatsapparates (gegen Vetternwirtschaft und Filz) und die Sanierung der Staatsfinanzen (gegen Korruption); sie plädierten für den Ausbau eines tragfähigen und unabhängigen Justizwesen und die Vereinfachung der Gesetze (gegen bürokratische Verrechtlichung der Lebenswelt; Gefängnis- und Strafrechtsreform); sie setzten sich für →Meinungs- und Redefreiheit, →Toleranz und →Demokratie sowie für die Frauenemanzipation (→Emanzipation) unter dem Aspekt von „gender" (kulturell konstruierte Zuschreibungsmuster) ein und erstritten Verfassungs- und Wahlrechtsreformen. Die Fähigkeit des →Marktes, für eine angemessene Güterverteilung (→Verteilungstheorie, Verteilungspolitik) zu sorgen, sahen der U. staatlicher →Planung gegenüber für grundsätzlich überlegen an. Die auch noch heute gültige Verbindung von Marktwirtschaft mit der Verfassungsform der liberalen Demokratie in aktiver Gestaltung der Wohlfahrtspolitik (→Gesundheit, →Bildung, Sozialfürsorge) ist ein Ergebnis utilitaristischer Politik- und Denkströmungen. Vor dem Hintergrund der politischhistorischen Erfolgsgeschichte des utilitaristischen Dispositivs ist die Aktualität und ethische Relevanz des utilitaristischen Paradigmas nicht zu übersehen. Der U. ist inzwischen Teil der westlich geprägten Lebenswirklichkeit geworden.

3. Kennzeichen des U. als Ethiktheorie ist die Verbindung von vier Elementen ethischer Rationalität. 1. *Konsequenzenprinzip*: Die Beurteilung einer →Handlung erfolgt im Blick auf ihre Folgen, Resultate und Effekte. 2. *Utilitätsprinzip*: Kriterium der Beurteilung ist der →Nutzen, den eine Handlung erbringt. 3. *Hedonismusprinzip*: Der Nutzen einer Handlung und ihrer Folgen wird bemessen an der Frage, ob sie zu der Maximierung von →Glück (pleasure, happiness) beiträgt oder aber zur Vermeidung bzw. Minimierung von Leiden (pain) beiträgt. 4. *Sozialprinzip*. Die Frage nach den Folgen, dem Nutzen und der Glücksmaximierung bzw. Leidensminimierung ist bezogen auf die Frage nach dem größtmöglichen Glück der größtmöglichen Zahl. Es zählt die →Wohlfahrt *aller* Betroffenen, was eine unparteiliche Prüfung (*Universalisierungsprinzip*) aller →Interessen, Wünsche und Wertungen erfordert. Moralischer Orientierungsmaßstab einer Handlung ist folglich der gesellschaftlich-kollektive Gesamtnutzen einer Handlung. Das Glück, das den Maßstab des moralisch richtigen Handelns darstellt, ist nicht das Glück des Handelnden selbst, sondern das Glück aller von dieser Handlung Betroffenen. Die Verbindung dieser vier Elemente begründet das utilitaristische Prinzip: „Diejenige Handlung bzw. Handlungsregel ist moralisch richtig, deren Folgen für das Wohlergehen aller Betroffenen optimal sind." Die entsprechende utilitaristische Maxime lautet: „Handle stets so, dass die Folgen deiner Handlungen das Wohlergehen aller maximieren und die Unglückszustände minimieren." JOHN STUART MILL sieht in Prinzip und Maxime der utilitaristischen Ethik nichts geringeres als die zeitgemäße Fassung der *Goldenen Regel*. „In der goldenen Regel, die Jesus von Nazareth aufgestellt hat, finden wir den Geist der Nützlichkeitsethik vollendet ausgesprochen. Die Forderungen, sich dem anderen gegenüber so zu verhalten, wie man möchte, dass er sich einem selbst gegenüber

verhält, stellen die utilitaristische Moral in ihrer höchsten Vollkommenheit dar."

4. Die Diskussion innerhalb des utilitaristischen Ansatzes konzentriert sich auf die Frage nach der Präzisierung und Gewichtung der einzelnen Elemente bzw. auf die Verhältnisbestimmung der einzelnen Prinzipien zueinander. Diese Diskussion hat zu einer Vielzahl unterschiedlicher Spielarten des U. geführt.

4.1 Nutzen und →Gerechtigkeit. Ein Standardurteil über den U. lautet, dass das Prinzip der Nutzenvermehrung noch nichts aussagt über die Kriterien der Nutzenverteilung. Dieses Urteil ist nur dann zutreffend, wenn man den U. unangemessen verkürzt auf eine gerechtigkeitsblinde Maximierungsethik, die sich unbarmherzig über alle Traditionen und moralische Intuitionen hinwegsetzt, die sich nicht in das Utilitätsprinzip einpassen lassen. Nur in dem Fall, in dem das Prinzip der Nutzenmaximierung in eine stark generalisierte Fassung gebracht wird (Maximierungsgebot als Fundamentalprinzip), bleibt die utilitaristische Ethik gegenüber Fragen der Nutzenverteilung ethisch sprachlos. Sieht man hingegen das Sozialprinzip (gleiche Beachtung und Prüfung unterschiedlicher Interessen) als Fundamentalprinzip der utilitaristischen Ethik an, dann wird der Rekurs auf Prinzipien der Gerechtigkeit (insbesondere Fragen distributiver Gerechtigkeit) unausweichlich. Dem →Konflikt zwischen Nutzenprinzip und Prinzipien der Gerechtigkeit wird innerhalb der utilitaristischen Ethik insofern Rechnung getragen, als bereits SIDGWICK das Prinzip der Fairness als Korrektivprinzip zum Nutzenprinzip eingeführt hat. Auch die Weiterentwicklung der utilitaristischen Ethik vom *Handlungsu.* (Konzentration auf einzelne Handlungen, die Nutzen stiften bzw. Gesamtnutzen mehren; G.E. MOORE) zum *Regelu.*(normative Regeln, deren Befolgung Nutzen stiftet) durch RICHARD B. BRANDT versucht einen konstruktiven Bezug zu Gerechtigkeitsfragen aufzubauen. Strittig bleibt die Frage nach der angemessenen Verhältnisbestimmung zwischen Fairnessprinzip und Utilitätsprinzip. Die Gründe, die dafür sprechen, das Fairnessprinzip als elementarer als das Utilitätsprinzip anzusehen, haben JOHN RAWLS dazu bewogen, die utilitaristische Ethik auf eine Theorie der Gerechtigkeit umzustellen. Freilich darf nicht übersehen werden, dass bereits der klassische U. eine Reihe von Gerechtigkeitsaspekten und Regeln in sich integriert hat (insbesondere bei MILL), ohne sie in einen *direkten* und unmittelbaren Zusammenhang zum Nützlichkeitsprinzip einzustellen.

4.2 Folgen und →Verantwortung. Der U. ist ein Typ der Verantwortungsethik. Er erklärt die Folgen, die aus einer Handlung bzw. der Befolgung einer Handlungsregel resultieren, zum Prinzip der moralischen Beurteilung von Handlungen. Ein Problem dieses Ansatzes besteht in der Durchführung des Konsequenzprinzips. Berechnung der Folgen einer Handlung ist zwar der pragmatischen Anwendungsproblematik einer Ethik förderlich; Problem ist aber die Undurchschaubarkeit und Komplexität von Handlungen hinsichtlich ihrer langfristigen Folgen bzw. ihre Beherrschbarkeit und Berechnung auf der Grundlage verfügbarer Informationen. Das moralische Urteil steht in Gefahr, in die Abhängigkeit von Technologieentwicklung und Expertenwissen zu geraten. Der innerpragmatischen Grenze korrespondiert eine ethische Grenze des utilitaristischen Ansatzes. Der U. konzentriert sich hinsichtlich der Folgen einer Handlung auf Kosten-Nutzen-Kalkulationen. Kosten-Nutzen-Analysen sind selbstverständlicher Bestandteil der Güter- und Übelabwägung. Nutzen ist aber kein Gut an sich, sondern nur Gut in Bezug auf Güter, die in Kosten-Nutzen-Analysen jeweils auf dem Spiel stehen. Wo die →Würde der →Person negiert wird, diese Negierung aber einer Kosten-Nutzen-Kalkulation unterworfen wird, kann die Verletzung der Personenwürde allzu leicht in den Status einer lediglich negativen Nebenwirkung geraten.

4.3 Glück und hedonistisches Kalkül. Eine ursprüngliche Stärke des U. besteht in seinem konstruktiven Bezug auf die Tradition des Eudämonismus. Der U. trennt sich aber von substantiellen und umfassenden Glücksvorstellungen. Glück wird hedonistisch bestimmt (Lust/Unlust), subjektrelativ gefasst und in sozialer Hinsicht quantitativ als die maximale Gesamtlustbilanz definiert. Während für BENTHAM die Messung der Gratifikationsbilanz (hedonistisches Kalkül) noch als Grundlage der Organisation und Maximierung der Glücksherstellung dienen sollte, witterte MILL in dem Versuch von BENTHAM eine neue Form des Dogmatismus, der Bevormundung und des Despotismus der Glücksherstellung. Vor diesem Hintergrund stuft MILL die eudämonistischen Spuren des U. weiter herab zu dem Prinzip, dass es lediglich um die „Verwirklichung der eigenen Wünsche" zu tun ist. Der U. dieser Fassung nimmt Abschied von der →Utopie der gesellschaftlich-politischen Herstellung von Glück zugunsten der liberalen Ansicht, es sei künftig für den Schutz der Rahmenbedingungen Sorge zu tragen, innerhalb derer sich die jeweils unterschiedlichen Formen der Suche nach Glück, die subjektiven Glückserwartungen und die untereinander abweichenden Vorstellungen von Glück frei entfalten können, die nicht durch eine einheitliche und substantielle Idee von Glück zu zwingen sind. Der U. von MILL, hierin KANT nicht unähnlich, eröffnet der Ethik einen der Wege in die pluralistische Moderne (→Pluralismus). Der *Präferenzu.* schreitet diesen Weg aus. Er setzt an die Stelle einer quasi-objektiven Vorstellung von Glück und gelingendem Leben das moralische Handlungskriterium der unparteilichen *Abwägung von Interessen.*

5. Die deutschsprachige Diskussion über den U. hat in der Vergangenheit vielfach daran gelitten, dass sie den U. mit einer Reihe unzutreffender Vorurteile belegt hat, durch die sich eine sorgfältige Auseinandersetzung erspart hat (anders HÖFFE). Einfache und erkünstelte Antithesen zum U. füttern zwar das Empörungspotential, werden aber der Variationsbreite utilitaristischer Ethikansätze und der Diskussionslage innerhalb des U. nicht gerecht. Weder redet der U. einem gerechtigkeitsblinden Ökonomismus das Wort noch vertritt er eine verantwortungslose Maximierungsethik noch lässt er sich auf eine egoistische Ethik der Interessen reduzieren. Umgekehrt zeigt der Blick in die Geschichte der theologischen Ethik die konstruktive Bedeutung an, die die Fragen des Nutzens und des Genusses, der Glückseligkeit und des Ausgleichs von Selbstinteresse und Wohlwollen für die Ansätze der theologischen Ethik, insbesondere in der Konzentration auf die Güterethik als Frage nach der Wohlordnung menschlichen Zusammenlebens und die damit gestellte Frage der Güterabwägung, gespielt haben. Auch das gesellschaftskritische Potential des U. ist beileibe noch nicht ausgeschöpft (gerechte Weltwirtschaftsordnung, ökologische Ethik [→Umwelt], →Tierethik, Verhältnis der Generation, Kritik des hedonistischen Konsumismus, Wohlfahrtspolitik und Wohlfahrtsökonomik [→Wohlfahrt], →Demokratie und →Toleranz). Gerade die utilitaristische Konzentration auf die Frage von Präferenzen (Interessen und Wertungen), Konsequenzen (Folgen) und universalisierungsfähigen Regeln des Handelns im Horizont der Frage nach dem gelingenden Leben (Glückseligkeit) hat für eine außerordentliche Vertiefung ethischer Fragestellungen gesorgt, gerade auch dort, wo die Antworten, die utilitaristische Positionen bieten, nicht geteilt werden. Die **Grenze des U.** besteht trotz vielfacher Erweiterungen in einer zu engen und inadäquaten Fassung des Moralprinzips, der starken Stellung des Utilitätsprinzips (Nutzen als Gut an sich) in Verknüpfung mit datengesteuerten Kalkulationsverfahren, Bilanzierungstechniken und Entscheidungsmodellen. Diese Grenze zeigt sich in der Perspektive der theologischen Ethik vor allem in drei Hinsichten, von deren Profilierung die weitere Diskussion abhängt.

5.1 Topik. Der U. sucht den kritischen Anschluss an die Moral des *common sense* und den „natürlichen Übergang" (SIDGWICK) von der Sittlichkeit des gemeinen Menschenverstandes zu einer reflektierten Form des ethischen Regelbewusstseins. Die Verfahren und rational-formalen Verfahren der Kalkulation und die Entscheidungsmodelle, die der U. favorisiert, lösen sich aber von den Gewissheits- und Verständigungsebenen der Lebenswelt und den in sie eingelassenen Elementen der Sittlichkeit stark ab. Vor allem abstrahiert der Utilitarismus vom alltagsweltlichen Gebrauch der *phronesis*, von den Gesichtspunkten, dem Vorrat sittlichen Überzeugungen und Gesichtspunktsregeln der Urteilsfindung (*topoi*), die den Übergang von schwachen zu starken Wertungen von Interessen und Wünschen steuern und den Umstieg von der Innenperspektive der Beteiligten auf die Außenperspektive unparteilicher Bewertung und Urteilsfindung zumindest unterstützen. Topoi – dazu gehören auch die Symbolbildungen der Religionen – sind wichtiger Bestandteil der rationalen Bewältigung von moralischen Problemstellungen auf der Ebene der lebensweltlichen Sittlichkeit;die Kalkulations- und Entscheidungsmodelle des U. sind, obwohl sie auf der Ebene der Interessen, Wünsche und schwachen Wertungen einsetzen, weitgehend toposneutral konstruiert und stufen die Hermeneutik von Handlungen und rhetorischen Regeln (Topik) allenfalls zu einer unzureichenden Regionaltheorie der ethischen Urteilsfindung herab.

5.2 Person. Für den U., insbesondere den Präferenz-U., entscheidet sich die Bestimmung der Person weitgehend an der Frage, ob und inwieweit Menschen als Träger artikulierbarer Interessen gelten können (vgl. vor allem Singer). Das moralisch-anthropologische Artikulationsideal des Präferenz-U. macht das Personverständnis abhängig von den Aktivitäten und Akten ihrer moralischen Selbstverwirklichung, einschließlich der rationalen Lenkung, unparteilichen Abwägung und Kalkulation ihrer Akte. Insbesondere lassen die durch utilitaristische Urteilsbildungen mit entfachten Debatten um Abtreibung (→Schwangerschaft), Eugenik und →Euthanasie fragen, ob man mit dem utilitaristischen Personverständnis überhaupt angemessen auf die moralische Konfliktsituationen antworten kann, die zur moralischen Urteilbildung herausfordern. Ein anderer Zugang, wenn auch nicht gleich die Lösung, zu diesen Konfliktlagen eröffnet sich, wenn man die *responsorische passivitas* der Person berücksichtigt, die in religiöser und theologischer Perspektive in der Vorstellung von dem unverdienten und vor aller Eigenaktivität zuerkannten Geschenk und Gabe des Lebens ausgesagt wird: der →Würde und Glückswürdigkeit der Person vor jeder Interessenartikulation und jenseits der Gesamtlustbilanz einer Person unter dem utilitaristischen Vorrang des Aktivitäts- und Artikulationsideals.

5.3 Güter. Der U. schärft ein, dass die Ebene der subjektiven Wertschätzung eines guten Lebens (Präferenzen) nicht objektivistisch übersprungen werden kann. Allerdings ist zu fragen, ob die starke Ausrichtung des U. an Verfahren der formalen Universalität und rationalen Kalkulation, die für einen sozialen Ausgleich von individuellen Interessenlagen sorgen sollen, Vorstellungen des Guten bzw. Elemente der klassischen Güterethik nicht zu weit abschatten. Jedes Verfahren der Güter- und Übelabwägung kommt um eine Klärung des Guten, das in Güterkollisionen auf dem Spiel steht, nicht herum. Auch für die Frage nach der Distribution sozialer Güter, durch die die →politische Ethik geprägt ist, und der sich der U. in der →Wirtschaftsethik, Rechtsökonomik und Wohlfahrtspolitik explizit verpflichtet weiß, ist die Frage nach dem Guten und dem gemeinsam geteilten guten Leben schlechterdings zentraler als es der U. nahe zu legen scheint. Für Güterabwägungen sind aber die Gelingensbilder des guten Lebens (Glückseligkeit), wie sie unter anderem in den symbolischen „topoi" der Religionen aufbewahrt werden, nicht zu unterschätzen. In theologischer Hinsicht illustrieren sie die Aussicht, dass bei dem Misslingen und Scheitern von Perfektionserwartungen und Perfektionsstrategien (die Realität der *Sünde* als Möglichkeit der menschlichen Freiheit) das Versprechen auf das gelingende Leben (*Gnade* und Glückseligkeit) nicht untergeht – unabhängig von der Gratifikationsbilanz der individuellen Lebensführung und eines gemeinsam geteilten Lebens.

6. Würdigung. Man wird nicht behaupten können, dass der „Utilitarismus" es bis zu einer durchgearbeiteten Ethiktheorie geschafft hätte. Freilich sind seine spezifischen Perspektivierungen (Interessen, Präferenzen, Nutzen, Konsequenzen) genuiner und allgegenwärtiger Bestand von Bereichsethiken (vor allem der Wirtschaftsethik) geworden. In seiner Brückenfunktion der Übersetzung normativer (Ethik des Gerechten) und evaluativer (Ethik des guten Lebens) Gesichtspunkte auf pragmatische Spielräume der Gestaltung des gemeinsamen Handelns gehört er heute zum selbstverständlichen Bestand einer Verantwortungsethik.

J. BENTHAM, An Introduction to the Principles of Morals and Legislation (dt. Auszug in: O. HÖFFE (Hg.), Einführung in die utilitaristische Ethik. Klassische und zeitgenössische Texte, 1992², 55–83), London 1789 – J.ST. MILL, Die Hörigkeit der Frau, 1869 - DERSS., Der U. (engl. 1863), 1985 – DERS., Über Freiheit (engl. 1859), 1987 – H. SIDGWICK, Die Methoden der Ethik, 2 Bde. (engl. 1874), 1909 – A. BOHNEN, Die utilitaristische Ethik als Grundlage der modernen Wohlfahrtsökonomik, 1964 – G.E. MOORE, Principia Ethica (engl. 1903), 1970 – J. RAWLS, Eine Theorie der Gerechtigkeit (engl. 1972), 1975 – B. WILLIAMS, Kritik des U. (engl. 1973), 1979 —O. HÖFFE, Zur Theorie des Glücks im klassischen U., in: DERS., Ethik und Politik, 1979, 120–159. – DERS., Einführung in die utilitaristische Ethik. Klassische und zeitgenössische Texte, Tübingen 1992² (Lit.) – W.R. KÖHLER, Zur Geschichte und Struktur der utilitaristischen Ethik, 1979 – H. DEUSER, U. und Pragmatismus, in: ST.H. PFÜRTNER u. a. (Hg.), Ethik in der europäischen Geschichte II, 1988, 89–101 – R. SPAEMANN, Glück und Wohlwollen, 1989 – R.B. BRANDT, Einige Vorzüge einer bestimmten Form des Regelu. (engl. 1967), in: O. HÖFFE (Hg.), Einführung in die utilitaristische Ethik. Klassische und zeitgenössische Texte, Tübingen 1992², 183–222 – U. GÄHDE/W.H. SCHRADER (Hg.), Der klassische U., 1992 (Lit.) – J.-C. WOLF, Utilitaristische Ethik, in: A. PIEPER (Hg.), Geschichte der neueren Ethik 1, 1992, 151–180 – J. NIDA-RÜMELIN, Kritik des Konsequentialismus, 1993 – P. SINGER, Praktische Ethik (engl. 1984, 1991²), 1994 – D. BIRNBACHER, Verantwortung für zukünftige Generationen, 1995 – CHR. FREY, Konfliktfelder des Lebens, 1998 – J. NIDA-RÜMELIN (Hg.): Angewandte Ethik. Die Bereichsethiken und ihre theoretische Fundierung – Ein Handbuch, 2. Aufl.Stuttgart 2005.

Joachim von Soosten

Utopie

1. Begriff. U. ist ein Kunstwort, das sich aus „topos" (griech., Ort, Stelle, Gegend, Land) und der Verneinung „ou" (griech., nicht) zusammensetzt. Den Begriff U. hat THOMAS MORUS im Titel seines Werkes „De optimo rei publicae statu deque nova insula Utopia" (1516) geprägt, wobei er in seinen Ausführungen abwechselnd die Vorsilben „ou"- und „eu"- (griech., gut) verwandt hat. Seither bezeichnet U. als literarisches Genre wie als Fiktion gesellschaftlicher Gestaltung zumeist die Beschreibung einer idealen Gegenwelt. Daneben finden sich negative Konnotationen: U. steht häufig äquivalent für die Nicht-Realisierbarkeit eines Projektes, im 20. Jh. werden zudem U.n – besser: Dystopien – als zukünftige gesellschaftliche Fehlentwicklungen oder Katastrophen beschrieben. Im Medium der U. werden somit ideale wie auch katastrophale *Zukunftsorientierungen* konzipiert. Utopisches Denken in diesem weiteren Sinn lässt sich seit der Antike aufweisen, wobei einerseits biblische Traditionen des Messianismus und die Vorstellungen des „himmlischen Jerusalems" sowie andererseits PLATONS „Politeia" als Beispiele zu nennen sind.

2. Formen der U. Die klassische Form u. Denkens ist die politische U., wie sie MORUS verfasst hat. Ausgehend von einer kritischen Beschreibung der sozialen und politischen Realität Englands beschreibt ein fiktiver Reisender die Insel Utopia mit ihren vorbildlichen politischen und sozialen Ordnungen, die von den Normen der →*Gerechtigkeit, Billigkeit* und der Sorge um das →*Gemeinwohl* geprägt sind. Solche politischen Ideale werden in der Folgezeit in ähnlicher Weise von THOMAS CAMPANELLA (Der Sonnenstaat, 1623) und FRANCIS BACON (Neu-Atlantis, 1627) beschrieben. Eine stärker religiös orientierte Variante ist die Schrift „Rei publica christianopolitanae descriptio" (1619) von JOHANN V. ANDREAE. In ihr geht es um eine Verchristlichung des Individuums und der →Gesellschaft. Zu einer neuen Blüte utopischer Schriften kommt es in der ersten Hälfte des 19. Jh.s, wobei im Umfeld der frühsozialistischen Bewegungen nunmehr soziale U.n (HENRI DE SAINT-SIMON: Nouveau Christianisme, 1825; CHARLES FOURIER: Le Nouveau Monde Industriel, 1829; ROBERT OWEN: The New Moral World, 1836) im Zentrum stehen. Der ideale Gesellschaftszustand wird hier, nachdem kaum noch „weiße Flecken" auf der Landkarte zu verzeichnen sind, in die Zukunft verlegt. KARL MARX und FRIEDRICH ENGELS haben das u. Denken scharf kritisiert, indem sie auf der Grundlage der politischen Ökonomie den Nachweis gesetzmäßiger Prozesse der Gesellschaftsentwicklung an die Stelle der voluntaristisch geprägten U.n meinten setzen zu können. Demgegenüber steht das Werk ERNST BLOCHS für den Versuch, die Bedeutung eines positiven U.-Begriffs für eine neo-marxistische Theoriebildung (→Marxismus) herauszustellen. BLOCH versteht in deutlicher Anknüpfung an den jüdischen Messianismus die Hoffnung als anthropologische Universale (→Anthropologie), wodurch – als *docta spes* – das, „was noch nicht ist und im Kern der Dinge nach sich selbst treibt" (E. BLOCH), aufgedeckt werden soll. Die Rede vom „*Ende der U.n*" nach 1989/90 betrifft i. W. den Teil der Sozial-U.n, die von der Annahme einer systematisch-planbaren Gesellschaft ausgingen. Demgegenüber thematisieren U.n der Gegenwart – oft im Medium der Science-Fiction – die zukünftigen technologischen Entwicklungen oder sind im Bereich der Ökologie-Debatte (CALLENBACH, Ökotopia) zu finden.

Im Unterschied zu diesen auf die Einlösung menschlicher Hoffnungen zielenden U.n lassen sich die Werke ALDOUS HUXLEYS (Brave New World, 1932) und GEORGE ORWELLS (Nineteen Eighty-Four, 1949) als Dystopien, zu bezeichnen, die vor technokratischen Fehlentwicklungen im Dienst autoritärer Herrschaft warnen. In der Gegenwartsliteratur (HOUELLEBECQ, SOROKIN) sind Dystopien aufweisbar, welche die Gefahr einer Selbstaufgabe der europäischen Demokratien angesichts islamistischer Bedrohung skizzieren.

3. Funktionen utopischen Denkens. Die wichtigsten Funktionen u. Denkens lassen sich wie folgt bestimmen: U. Denken impliziert eine *Kritik* des Bestehenden, indem es durch einen *Richtungsakt* kognitiver und intentionaler Art für *Veränderungen* des Bestehenden eintritt und dafür in hohem Maße zu *motivieren* vermag. In der Regel wird das Erwünschte (oder bei Dystop. das Befürchtete) durch Abgrenzungen gegen bestimmte Aspekte des status quo sowie durch eine Projektion zukünftiger Entwicklungen präzisiert. U. Denken ist methodisch der Versuch, zukünftige Möglichkeiten in die *Vorstellungskraft* zu integrieren und erweitert somit den potenziellen Spielraum des Wirklichen. Dabei soll das Bestehende mittels *Distanzierung* und *Transgression* überwunden werden. Einer der schärfsten Kritiker des u. Denkens ist KARL POPPER: Da es keine rationalen Methoden gibt, das Ziel bzw. Ideal gesellschaftlicher Entwicklung festzustellen und auch die Mittel zur Realisierung wissenschaftlich nicht aufgewiesen werden können, tendiere u. Denken zur gewaltsamen Durchsetzung seiner Ideale. Angesichts dieses *Totalitarismusverdachts* (→Totalitarismus) steht u. Denken vor der Aufgabe einer Selbstbescheidung und der selbstreflexiven Integration der U.kritik.

4. Theologische Würdigung. U. Denken hat in der Theologie des 20. Jh.s vor allem in zwei historischen Phasen eine besondere Rolle gespielt: Es lässt sich zunächst in einigen religiös-sozialistischen Konzeptionen in der Zeit nach dem ersten Weltkrieg und sodann im Kontext der weltweiten Aufbruchstimmung der „langen" 1960er Jahre identifizieren. Dabei ist es vor allem die u. Philosophie ERNST BLOCHS, die theologisch rezipiert worden ist. So hat PAUL TILLICH seinen in den 1920er Jahren entwickelten *Kairos*-Begriff unter dem Eindruck des Blochschen Werkes präzisiert, indem er zwischen „Utopismus" als dem notwendig scheiternden Versuch der Berechnung und Planung der Zukunft und dem prophetischen „*Geist der U.*", der in der Erwartung einer Manifestation des göttlichen Geistes die Zukunft mitzugestalten wagt, unterschieden hat. Der „*Geist der U.*" zielt auf ein Zukunft gerichtetes Handeln, um „das fragmentarische, vorwegnehmende und immer gefährdete Bild des →*Reiches Gottes* in einer spezifischen Periode" der Geschichte anzustreben. JÜRGEN MOLTMANN hat von BLOCH vor allem die Kategorie des *Novum* aufgegriffen, um im Horizont eines *adventlichen* Zeitbegriffs die Hoffnung auf ein neues *Kommen* Gottes auszusagen. Ihm ging es wesentlich um die Ablösung der christlichen Eschatologie von den Kategorien des griechischen Logos durch das hoffnungsbegründende Wort der Verheißung; diese Perspektive ist von vielen Vertretern der Befreiungstheologie aufgenommen worden. Seit den 1970er Jahren und der Kritik u. Denkens u. a. durch HANS JONAS im Sinn des „Prinzips Verantwortung" wird in der Theologie eher der Aspekt des „Bewahrens" (der Schöpfung) denn derjenige der Veränderung betont.

K. POPPER, Die offene Gesellschaft und ihre Feinde, 2 Bde., 1957 – E. BLOCH, Das Prinzip Hoffnung, 3 Bde., 1959 – DERS., Geist der U., 1964 (2. Fassung) – M. WINTER, Compendium Utopiarum. Typologie und Bibliographie literarischer U.n, 1978 – W. VOSSKAMP (Hg.), U.-Forschung. Interdisziplinäre Studien zur neuzeitlichen U., 3 Bde., 1982 – L. HÖLSCHER, Art. U., in: Geschichtl. Grundbegriffe 6 (1990), 733–788 (Lit.) – J. MOLTMANN, Das Kommen Gottes. Christliche Eschatologie, 1995 – R. SAAGE, U.forschung. Eine Bilanz, 1997 – H. VORGRIMLER, Geschichte des Paradieses und des Himmels mit einem Exkurs zur Utopie, 2008 – TH. SCHÖLDERLE, Geschichte der Utopie. Eine Einführung, 2012.

Traugott Jähnichen

Verantwortliche Gesellschaft

Das →Leitbild „V.G." wurde von der 1. Vollversammlung des ÖRK in *Amsterdam* als gemeinsame Zielvorstellung der Kirchen 1948 entworfen: Im Blick auf die institutionelle Ordnung der →Gesellschaft wird festgestellt: „Eine V.G. ist eine solche, in der →Freiheit die Freiheit von Menschen ist, die sich für →Gerechtigkeit u. öffentl. Ordnung verantwortl. wissen, u. in der jene, die politische →Autorität oder wirtschaftl. →Macht besitzen, Gott u. den Menschen, deren →Wohlfahrt davon abhängt, für ihre Ausübung verantwortl. sind". Die 2. Weltkirchen-Konferenz des ÖRK in Evanston nahm dieses Leitbild auf, bekräftigte es u. entfaltete es weiter. Evanston betonte: „V.G. ist nicht ein besonderes soziales oder politisches System, sondern ein Maßstab, nach dem wir alle vorhandenen sozialen Ordnungen beurteilen, u. zu gleicher Zeit eine Richtlinie, die uns den Weg weist bei den speziellen Entscheidungen".

V.G. ist also ein allgemeinverbindl., nicht ein besonderer christl. Maßstab. Der Begriff ist vielseitig: Freiheit u. →Gerechtigkeit, →Person u. →Gesellschaft werden aufeinander bezogen. Menschenrechte und Solidarität sind Elemente der VG. Das Leitbild hat ferner eine *kritische* Funktion, nämlich die der Kontrolle der →Macht. „V.G." ist außerdem kein starres Prinzip, sondern will eine dynamische Orientierung im gesellschaftl. Prozess geben. V.G. ist Ziel einer →Partizipation an der Gestaltung der Gesellschaft, welche Christen sich vornehmen sollten, einer „*Gesellschaftsdiakonie*" (→Diakonie).

1948 waren wegen des Kalten Krieges u. der Ost-West-Spaltung Formulierungen wie: freiheitl. →Demokratie, demokratischer →Rechtsstaat, Menschenrechtsschutz (→Menschenrechte), Marktwirtschaft (→Markt) in sozialer →Verantwortung nicht ökum. konsensfähig. Das Modell „V.G." enthält freilich implizit eine Absage der ökum. Sozialethik an totalitäre Systeme u. an die Diktatur.

Andere Äquivalente sind freiheitl. Gesellschaft, menschenwürdige Gesellschaft, „offene" Gesellschaft, gesellschaftl. →Pluralismus. Kritisch infrage gestellt wird das Konzept „V.G." als westl. Gesellschaftsmodell nicht nur von kollektivistischen Gesellschafts- u. Sozialtheorien, sondern auch von einer „Theologie der Revolution" (Genf 1966) u. manchen Konzepten einer „Theologie der Befreiung" (→Befreiungstheologie), die radikale Änderungen u. Strukturreformen der Weltgesellschaft fordern. Eine Gefährdung der V.G. ist auch der →*Nationalismus*. Das ökum. Leitbild der „*just, participatory and sustainable society*" („IPSS") hat die Formel „V. G." in der ökum. Diskussion abgelöst. Neu kommt heute die Diskussion um →Globalisierung hinzu. Jede Gesellschaft steht vor der Herausforderung, Freiheit, Gerechtigkeit, sozialen Ausgleich →Solidarität, →Subsidiarität (Eigenverantwortung) u. ökologische Überlebensfähigkeit in eine Relation zueinander zu setzen sowie die Freiheits- u. Sozialansprüche der Bürger mit dem →Gemeinwohl, dem Wohl der Allgemeinheit verträgl. zu machen.

H.-D. WENDLAND, Person und Gesellschaft in evangelischer Sicht, 1965 – DERS., Der Begriff der „Verantwortlichen Gesellschaft" in seiner Bedeutung für die Sozialethik der Ökumene, in: DERS. (Hg.), Die Kirche in der revolutionären Gesellschaft, 1967, 99–116 – DERS., Einführung in die Sozialethik, 1971², 129ff. – L. VISCHER, VG. Über Zukunftsfähigkeit, Solidarität u. Menschenrechte, 2001.

Martin Honecker

Verantwortung

1. V. als Krisenbegriff. Im 20. Jh. ist V. zu einem Leitbegriff der →Ethik geworden, der ältere moraltheoretische Kategorien, z. B. Tugend, Gesetz oder Pflicht, abgelöst oder fortgeschrieben hat. Zwischen dem von I. KANT beeinflussten Begriff der Pflicht und der Idee ethischer V. fand ein fließender Übergang statt. So sprach ALBERT SCHWEITZER vom „Wagnis einer Ethik grenzenloser Pflichten und grenzenloser V.en", als er zu Beginn des 20. Jh.s seine Ethik der Ehrfurcht vor dem Leben konzipierte. Kulturgeschichtlich lässt sich V.sethik als Krisenethik deuten. Im 20. Jh. rückte der Begriff der V. immer wieder dann in den Vordergrund, als Umbruchserfahrungen aufzuarbeiten waren. Aufgrund des Kulturschocks des Ersten Weltkriegs sowie angesichts der Gefahren gesellschaftlicher Anonymisierung und Bürokratisierung sprach A. SCHWEITZER in seiner 1923 erschienenen Kulturphilosophie das skeptische Urteil aus, der ethische →Fortschritt sei hinter dem technischen Fortschritt zurückgeblieben. Im Gegenzug plädierte er für eine „Steigerung des V.sgefühls". Ihm lag daran, dass seine Zeitgenossen für ihre persönliche Gesinnung und für kulturelle ethische Werte verstärkt eigene V. übernehmen sollten. Dies biete zugleich einen Ansatz, der Krise der modernen Kultur zu wehren. – Vor dem gleichen zeitgeschichtlichen Hintergrund, der Katastrophe des Ersten Weltkriegs und dem Zusammenbruch der damaligen staatlichen Ordnung, entwarf MAX WEBER 1919 das Modell einer politischen Ethik, die verantwortliches Handeln am rationalen Kalkül und an der Abwägung konkreter Handlungsfolgen bemaß. Eine solche Ethik der Handlungsfolgenv. hielt er für der Moderne gemäß, da sie überpartikular und nachreligiös sei, der Säkularisierung des Denkens gerecht werde und für alle gelten könne. Hieran knüpfte sehr viel später HELMUT SCHMIDT an, als er im Rückblick auf seine Entscheidungsv. als Bundeskanzler von der Notwendigkeit einer „durchdringenden Anstrengung der eigenen Vernunft" sprach. – Andererseits ist der V.sbegriff durchaus auch theologisch bzw. religiös rezipiert worden. So proklamierte die Vollversammlung des Ökumenischen Rates der Kirchen in Amsterdam 1948 das Leitbild einer „verantwortlichen Gesellschaft", die sich an Freiheit und Gerechtigkeit orientieren solle. – Als nochmals drei Jahrzehnte später HANS JONAS vom „Prinzip V." sprach – so der Titel seines 1979 erschienenen einschlägigen Buches –, erfolgte dies wiederum angesichts eines Krisenszenarios. Der Ausgangspunkt seiner V.stheorie waren die ökologische Krise und die Besorgnis, die menschliche Existenz könne durch neue Technologien (Humangenetik, Apparatemedizin) überfremdet werden.

Kulturgeschichtlich und wissenssoziologisch ist das Postulat ethischer V. mithin Ausdruck von und Antwort auf Krisen. Die Ethiktheorie hat den Begriff V. dann in verschiedene Richtungen hin ausdifferenziert. Formal ist V. als mehrstelliger Relationsbegriff aufzufassen. Das handelnde Subjekt hat V. „vor" Normen und Werten zu übernehmen. Dabei geht es um V. „für" das Tun und Unterlassen, und zwar in Bezug auf einzelne Gegenstandsbereiche und Handlungsfelder sowie im Horizont der jeweiligen Gegenwart, aber auch in der Retrospektive auf die Vergangenheit sowie ausgerichtet auf die Zukunft.

2. Bezugspunkte ethischer V. *2.1 Das Subjekt ethischer V.* ist stets der einzelne Mensch, der auf sein →Gewissen, seine Gesinnung und seine sittliche →Vernunft hin ansprechbar ist. Im eigentlichen Sinn lässt sich ethische V. immer nur einer menschlichen Person und ihrem Gewissen zuschreiben. Dieser fundamentale Sachverhalt ist in der Gegenwart allerdings um den Gesichtspunkt zu ergänzen, dass im gesellschaftlichen Alltag faktisch oftmals Kollektivsubjekte, z. B. Ministerien, Parteien, Banken, Wirtschaftsunternehmen, die Akteure gesellschaftlich wirksamen Handelns sind. Wenn Einzelpersonen an kollektiven oder institutionellen Entscheidungsprozessen beteiligt und sie in überindividuelle Handlungszusammenhänge eingebunden sind, werden sie hierdurch von ihrer persönlichen ethischen V. nicht entbunden. Diese ist unteilbar und jedem Einzelnen seiner jeweiligen Rolle und Kompetenz gemäß zuzurechnen. Für Korporationen, z. B. Wirtschaftsunternehmen, ist darüber hinaus aber der Sachverhalt der rechtlichen V. (Haftungsv., rechtlich einklagbare Gefährdungshaftung, Produkthaftung usw.) zu unterstreichen. Daher ist es die Aufgabe der staatlichen Rechtsordnung, Rechtsnormen festzulegen, von denen die Schadenshaftung und generell die rechtliche V. wirtschaftlicher und gesellschaftlicher Kollektivsubjekte geregelt werden. Ggf. ist hierbei auch die Frage der Umkehr der Beweislast zu bedenken.

2.2 Dialogischer und normativer Aspekt. Zum gedanklichen Kern der V.sidee gehört die Einsicht, dass menschliches Handeln im Gegenüber zu den Mitmenschen und „vor" bestimmten Normen und Werten gerechtfertigt werden muss. Ethische V. ist am Mitmenschen zu orientieren sowie an sittlichen Maßstäben zu bemessen, die der Ethikgeschichte entstammen. Dabei ist die Ethiktradition dahingehend aufzuarbeiten, dass überlieferte Normen und Werte gegenwartsbezogen ausgelegt werden. Insofern ist zugleich die V. „für" ethische Werte zu betonen. Die heutige Gesellschaft ist von Säkularisierung, Pluralisierung und Traditionsabbrüchen geprägt. Moralische Werte, die in vergangenen Epochen gültig waren (z. B. Askese oder der „Gehorsam" gegenüber der Obrigkeit), haben ihre Funktion als normatives Fundament von Gesellschaft und →Staat verloren. Zudem wird die Lebenswelt von technologischen →Innovationen bestimmt. Angesichts dessen gilt es, „neue" Werte darzulegen, die den Anforderungen der technologischen Zivilisation gerecht werden (z. B. reproduktive Autonomie; informationelle Selbstbestimmung; Nachhaltigkeit; good governance).

2.3 Folgenabschätzung und bereichsspezifische Ausdifferenzierungen. Neben der normativen Komponente betrifft die Reflexion von V. die Pragmatik des Handelns. Hierbei geht es um die V. des Handelnden für sein Tun oder Unterlassen. V.sethik leitet dazu an, ein Kalkül über die konkreten Folgen des Handelns anzustellen, so dass die intendierten Handlungsfolgen sowie eventuelle, nichtintendierte Neben- und Negativfolgen gegeneinander abgewogen werden. Dieser Ansatz, der sich bereits bei MAX WEBER findet, bildet die Basis für die heutigen Bemühungen um Technikfolgenabschätzung. – Der Gegenstandsbezug verantwortlichen Handelns (V. in Bezug auf einzelne Gegenstandsbereiche und Handlungsfelder) ist in der heutigen sektoral ausdifferenzierten Gesellschaft von Bereichsethiken zu durchdenken. An dieser Stelle gelangen die politische Ethik, die →Wirtschafts-, →Medizin-, →Umweltethik usw. ins Spiel. Ethiktheoretisch lässt sich dies als moderne Fortentwicklung der klassischen ethischen Güterlehre deuten.

2.4 Zeitaspekt. Zu den Zeitmodi Vergangenheit, Gegenwart und Zukunft sind ebenfalls unterschiedliche Ausprägungen von V. zu betonen.

2.4.1 Oftmals wird verdrängt oder beiseitegeschoben – nicht nur von einzelnen Menschen, sondern auch auf institutioneller, staatlicher oder kirchlicher Ebene –, dass es geboten ist, die geschichtliche Vergangenheit als Gegenstand von V. ernst zu nehmen. Zur Verdeutlichung seien zwei Problembeispiele erwähnt, die den schleppenden Umgang mit der NS-Vergangenheit betreffen. Staatlicherseits kam in der Bundesrepublik Deutschland eine Regelung zur Entschädigung der Zwangs- und Sklavenarbeiter des NS-Staates nur ganz langsam und nur begrenzt zustande. Auch in den Kirchen erfolgte eine Aufarbeitung ihrer belasteten Vergangenheit nur äußerst zögernd. Ev. Kirchen rangen sich erst vier Jahrzehnte nach dem Zweiten Weltkrieg dazu durch, den jahrhundertelangen christlichen Antijudaismus einzugestehen und für die Verfolgung und Vernichtung von Juden im NS-Staat ihre „Mitv. und Schuld" einzuräumen (so schließlich eine Formulierung, die sich 1980 in einer Erklärung der Ev. Kirche im Rheinland über die „Erneuerung des Verhältnisses von Christen und Juden" fand). Grundsätzlich ist festzuhalten, dass jede jeweils lebende Generation unausweichlich von den geschichtlichen Voraussetzungen ihrer politischen und kulturellen Vergangenheit geprägt ist. Daraus begründet sich das verantwortungsethische Postulat, geschichtliche Schuld auf gegenwartsrelevante Konsequenzen hin zu durchdenken.

2.4.2 Seitdem in den 1970er Jahren die ökologische Krise bewusst wurde, ist – über den Gegenwarts- und den zeitlichen Nahhorizont hinaus – auch die Zukunft zum eigenständigen Bezugspunkt ethischer V. geworden. Globale Bedrohungen – Welternährungsproblem, Erwärmung der Erdatmosphäre, Störungen globaler ökologischer Kreisläufe – gefährden das Überleben zahlreicher Menschen. Das Postulat der zeitlichen Fernv. bzw. der präventiven V. hat im Jahr 1994 durch die Aufnahme von Art. 20a in das Grundgesetz – Schutz der natürlichen Lebensgrundlagen aus Gründen der „V. für die künftigen Generationen" – Verfassungsrang erhalten.

3. V. als Antwort der Ethik auf das Phänomen der →Macht. Der V.sbegriff leitet somit zu Reflexionen an, die den Menschen als Handlungssubjekt, ethische Werte, die Pragmatik sowie die Gegenstandsbereiche und die Zeitkomponente des menschlichen Tuns erfassen. Kulturgeschichtlich ist das Postulat ethischer V. als Ausdruck moderner Krisenerfahrungen zu verstehen. Ethisch-systematisch heißt dies, dass V. als Korrelat zum Phänomen menschlicher Macht und als Instrument zur Abwehr von Machtmissbrauch zur Geltung zu bringen ist. Herkömmlich ist das Phänomen der Macht vor allem mit Blick auf die staatlich-politisch ausgeübte Herrschaft bedacht worden. In der Moderne prägen sich jedoch neue Formen von Macht aus. Die Macht der Technik, z. B. von Hochtechnologien wie Kernenergie, Gentechnik, Hochleistungsmedizin, Informationstechnologie, durchdringt die Strukturen der Lebenswelt, prägt das Alltagsbewusstsein und verändert sogar das Menschenbild. Daher sind die Suche nach ethischen Verträglichkeitskriterien und die Übernahme von V. „für" Werte und „für" ein humanes Menschenbild unabweisbar. Um der Beschleunigung des technologischen Fortschritts und dem heutigen gesellschaftlichen Wertewandel gerecht zu werden, bedarf ethische V. ihrerseits der Steigerung und der Akzeleration.

G. Picht, Wahrheit, Vernunft, V., 1969 – W. Huber, Sozialethik als V.sethik, in: Ders., Konflikt und Konsens, 1990, 135–157 – K. Bayertz (Hg.), 1995 – H. Kress/W. E. Müller, V.sethik heute, 1997 – H. Schmidt u. a., Die V. des Politikers, 2008 – H. Kress, V.sethik/Gesinnungsethik, in: H. J. Sandkühler (Hg.), Enzyklopädie Philosophie, 2010, 2863–2867 – U. Pothast, Freiheit und V., 2011.

Hartmut Kreß

Verbraucher / Verbraucherpolitik

1. Rückblick. Das Wort Verbrauch ist im 18. Jh. als Übersetzung von consumtio entstanden; Menschen und private →Haushalte als V. zu bezeichnen wurde erst im 20. Jh. üblich, als sie mehr und mehr in die Rolle der Abnehmer von Marktgütern hineinwuchsen. Die Probleme der →Konsumgesellschaft kumulierten in den 1950er Jahren, als der Prozess der Kommerzialisierung des Lebens, angetrieben durch die Erschließung großer Erdölvorkommen und die scheinbar grenzenlose Verfügbarkeit billiger →Energie, von einem linearen in ein exponentielles →Wachstum überging (Pfister). An der Technisierung des Familienlebens wird die Beschleunigung für jeden anschaulich (Meyer/Schulze). Die technischen Arbeits- und Kommunikationsgeräte, die heute in den Industrieländern zur Standardausstattung der privaten Haushalte gehören, waren Mitte des 20. Jh.s teils erst wenig verbreitet, teils noch nicht auf dem →Markt. Die billige Energie ermöglichte ihre Entwicklung und Verbreitung, das resultierende Wachstum von →Produktion und →Einkommen schuf für die Masse der Menschen eine neue Situation, nämlich *discretion*, frei verfügbare Kaufkraft, und *latitude*, wachsenden Spielraum an wählbaren Gütern (Katona); dies machte sie zu V. Das brachte Qualitätsunsicherheit und Übervorteilung mit sich und rief politische Gegenwehr hervor. In den USA reagierte J. F. Kennedy mit der Deklaration der V.rechte auf freie Wahl, Produktsicherheit, Information und politisch/rechtliches Gehör; in allen Industrieländern kam es zu V.schutzgesetzen und V.institutionen, in Deutschland anfangs eher zum Schutz der Schwächeren, der z. B. beim Mieterschutz, aber auch bei der Gründung der V.zentralen und ihres Dachverbands, der heutigen AgV, Pate stand, dann aber zunehmend zur Verbesserung der Funktionsfähigkeit des Marktes (Stiftung Warentest, AGB-Gesetz, Produkthaftung, Abzahlungsgesetz). Der Entstehungszusammenhang zwischen Verbraucher- und Umweltproblemen (→Umwelt) blieb lange verborgen, für den Schutz der Umwelt bildeten sich gesonderte Initiativgruppen und Verbände, in die Definition des V.interesses haben Umweltschonung und →Nachhaltigkeit erst spät Eingang gefunden.

2. V.probleme. Die Marktwirtschaft ist auf eine Arbeitsteilung zwischen Produzenten und Konsumenten (→Konsum) gegründet, in der die Produzenten mit ihrem Angebot in Vorleistung treten, die Konsumenten also nur unter den angebotenen Produkten wählen können, mit ihrer Wahl aber darüber entscheiden, welche Angebote sich behaupten und weiterentwickelt werden. Die Probleme der V. und damit die Anlässe für V.politik entstehen aus dieser Rollenasymmetrie. Sie bringt (a) ein unterschiedliches Gewicht im politischen Prozess mit sich. Denn 1. schließen sich →Unternehmen wegen ihrer geringeren Anzahl und der Gleichrichtung ihrer Interessen leichter zu Verbänden mit politischem Einfluss zusammen als V. (Olson); 2. tendieren Regierungen zur Bevorzugung der Produzenteninteressen, weil die Unternehmen(sverbände) ihren Sachverstand (z. B. bei der Beurteilung von Produktionsverfahren und -chancen) und ihren Einfluss (z. B. auf die Beschäftigung in einer Region oder auf das Wahlbudget einer →Partei) wirksamer zur Geltung bringen (Downs). Der Rollenasymmetrie entspricht (b) meist eine asymmetrische Verteilung der →Informationen, denn die Unternehmen haben 1. Insiderwissen über Produkte und Produktion, und sie können durch 2. Beschäftigung von Spezialisten (Einkäufer, Marktforscher

[→Marktforschung], Verkäufer) über die Präferenzen, Gewohnheiten, Schwächen der V. informiert sein; diese dagegen müssen ihre Entscheidungen meist unter Qualitätsunsicherheit und in Unkenntnis der Anbieterstrategien treffen. Die reaktive Rolle der V. hat (c) zur Folge, dass diese 1. auf die Wahl zwischen Produktvarianten (z. B. verschiedenen Auto-Modellen der Mittelklasse) beschränkt sind, was es ihnen nur unter besonderen Umständen erlaubt, sich für ein alternatives Produkt (z. B. ein anderes Verkehrsmittel) zu entscheiden; und dass 2. die gesellschaftlich promovierten Muster für die Formierung ihrer Wünsche von dem Prinzip des passiven Befriedigt- und Stimuliertwerdens durch materielle Güter und redundante Vergnügungen dominiert werden, während für das aktive, kompetente, kreative Einbringen der eigenen Kräfte in ein Problem, eine Tätigkeit, ein Erleben nur marginale, benachteiligte oder esoterische Muster existieren. Die Produktion der Güterwünsche (→Bedarf, Bedürfnis) und die Abschottung der V.- von den Umweltproblemen haben in diesem dritten Aspekt der Rollenasymmetrie ihre Wurzel. Die konsumrelevanten gesellschaftlichen →Institutionen – wie etwa Haftungsbeschränkungen, Markenschutz, Preisrelationen, Verkehrssysteme, Werbung – erlegen den Konsumenten für verantwortliches Handeln oft unzumutbar hohe →Risiken auf. Wenn diese auf ein weniger verantwortungsgemäßes Handeln ausweichen, darf das nicht so gedeutet werden, als entspräche es zwar ihrer authentischen Intention, aber unter restriktiven Bedingungen, die – wie der zu hohe Preis oder das zu geringe Einkommen – den Kreis der wählbaren Möglichkeiten einengen, ohne die Präferenzen zu verändern. Vielmehr relativieren solche Institutionen die Präferenzen selbst, indem sie das moralische Urteil verunsichern, das ihnen zugrunde liegt und das durch Vorenthalten von Aufklärung, durch Desinformation, widersprüchliche Botschaften, unklare Verantwortungszuweisung oder Fehlen von Einspruchsmöglichkeiten geschwächt und abgelenkt werden kann (NEUNER).

3. *V.politik*. Es genügt deshalb nicht, dass durch V.politik die reaktiven Möglichkeiten der V., *Abwanderung* und *Widerspruch* (HIRSCHMAN), gestärkt werden. Doch wenn wenigstens das geschieht, ist schon viel erreicht. *V.schutz* durch rechtliche Vorschriften begrenzt den Verhaltensspielraum der Produzenten durch Verbote (z. B. gesundheitsschädliche Produkte, irreführende Werbung) und Gebote (Qualitätsstandards, Informationsauflagen, Gewährleistungs- und Haftungspflichten) und erweitert die Reaktionsmöglichkeiten der V. (Widerspruchsrecht gegen Mieterhöhung, Rücktrittsrecht bei Haustürkauf). *V.beistand* versetzt den einzelnen V. in die Lage, durch verbilligte Rechtsberatung und Rechtshilfe Widerspruchsmöglichkeiten gegen Unternehmen und Behörden wahrzunehmen. Denn im Allgemeinen sind die Kosten des Widerspruchs für V. zu hoch, weil sie im Vergleich zu Unternehmen und Behörden geringere Mittel auf kleinere Mengen von mehr Gütern aufteilen müssen. Auch die Kosten der Informationssuche und -verarbeitung sind aus diesem Grunde meist zu hoch. Daher ist das Risiko, infolge von Desinformation eine Fehlentscheidung zu treffen, den V.n oft gar nicht bekannt, und wenn es bekannt ist, sind die Informationen, die das Risiko reduzieren könnten, nicht zu vertretbaren Kosten an Geld, Zeit und psychischer Energie zu beschaffen. Durch *V.information* müssen daher die Risiken (für →Gesundheit, →Umwelt, Geldbeutel usw.) bewusst gemacht und die Kosten der risikoreduzierenden Informationen gesenkt werden. Durch *V.erziehung* schließlich muss die Konsumkompetenz gestärkt werden. Denn Kaufen und Konsumieren hat nicht nur den Aspekt der Befriedigung, sondern auch den der Aufgabe: Sowohl die Verwirklichung der eigenen Präferenzen als auch die Vermeidung unerwünschter Nebenwirkungen sind Ziele des V.handelns, die verfehlt werden können. V. wissen nicht von Natur, wie sie zu erreichen sind, weil die Agenten der V.sozialisation – →Eltern, Gleichaltrige, Medien – die zu lösende Aufgabe höchst unterschiedlich auffassen und der zunehmende Einfluss der Medien (→Massenmedien) eine eher unkritische, permissive Auffassung von der V.rolle fördert. Umso wichtiger erscheint es, dass die V.politik über die Stärkung von Abwanderung und Widerspruch hinauswächst zu einer kritischen Revision der Institutionen, die den V.n die eigenverantwortliche Entscheidung erschweren.

J. BOCK/K. G. SPECHT (Hg.), V.politik, 1958 – G. KATONA, Das Verhalten der V. und Unternehmer, 1960 – A. DOWNS, Ökonomische Theorie der Demokratie, 1968 – A. O. HIRSCHMAN, Abwanderung und Widerspruch, 1974 – G. SCHERHORN u. a., V.interesse und V.politik, 1975 – G. KLEINHENZ, Zur politischen Ökonomie des Konsums, 1978 – N. REICH/W. MICKLITZ, V.schutzrecht in der BRD, 1980 – B. BIERVERT u. a., Organisierte V.politik, 1984 – M. OLSON, Die Logik des kollektiven Handelns, 1986 – E. KUHLMANN, V.politik, 1990 – S. MEYER/E. SCHULZE (Hg.), Technisiertes Familienleben, 1993 – C. PFISTER (Hg.), Das 1950er Syndrom, 1995 – M. NEUNER, Verantwortliches Konsumentenverhalten, 2000 – P. KOSLOWSKI/B. PRIDDAT, Ethik des Konsums, 2004 – D. SALCHOW (Hg.), Unterschätzte V.macht. Potenziale und Perspektiven der neuen V.bewegung, 2005 – S. WETH, Consumer's mind. Die Psychologie des Verbrauchers, 2007 – D. SCHRAGE, Die Verfügbarkeit der Dinge, 2009.

Gerhard Scherhorn

Verein

1. Begriff. Ein V. ist der freiwillige Zusammenschluss einer Mehrzahl von Personen; er dient der dauerhaften Verfolgung gemeinsamer Zwecke und Ziele. Er ist eine der wesentlichen Formen, in der in demokratischen Gesellschaften (→Demokratie) das in den Verfassungen als →Grundrecht verankerte allgemeine Recht auf Vereinigungsfreiheit wahrgenommen wird (für die BRD: Art. 9 Abs. 1 →Grundgesetz). Eine darüber hinausgehende, umfassende und zugleich allgemein anerkannte Definition gibt es weder in den Sozialwissenschaften noch im Recht. In der BRD ist das V.srecht in den §§ 21–79 des BGB (im Kap. „Juristische Personen") geregelt. Trotz Fehlens einer materialen Definition nimmt das BGB Unterscheidungen in „wirtschaftliche" und „ideelle" V.e und in „nicht rechtsfähige" und „rechtsfähige" („eingetragene") V.e vor. Unbeschadet der jeweiligen Rechtsfähigkeit wird im Folgenden im Wesentlichen von „ideellen" V.en die Rede sein. Die Zwecke ideeller V.e werden (im BGB) zunächst negativ über die Verfolgung „nichtwirtschaftlicher" Ziele bestimmt. Deren Spektrum kann sich von geselligen, kirchlichen, sportlichen (→Sport) über wohltätige und künstlerische bis hin zu wissenschaftlichen Zielen erstrecken. V.e leisten einen wesentlichen Beitrag zur gesellschaftlichen Integration der Individuen und damit zugleich zur Stabilität moderner, pluralistischer Gesellschaften (→Pluralismus). Die Sozialwissenschaften, insbesondere die Soziologie, haben das Thema „V." eher „stiefmütterlich" behandelt. Das Thema gewinnt allerdings in den letzten Jahren im Zusammenhang mit Diskussionen um politische →Partizipation, →Zivilgesellschaft, bürgerschaftliches Engagement, →Ehrenamt, Sozialkapital und um den sog. „Dritten Sektor" stark an Bedeutung.

2. Vereine und bürgerliche Gesellschaft. Die Vernachlässigung des Themas V. durch die Soziologie ist umso erstaunlicher, als die Entstehung der bürgerlichen Gesellschaft, also der Gegenstand und zugleich der Entstehungskontext der Soziologie selber, ohne das soziale Phänomen V. gar nicht gedacht werden kann. Im Übergang vom 18. zum 19. Jh. bilden sich in den meisten Staaten Mittel- und Westeuropas, überall dort, wo die →Aufklärung sich Geltung und soziale Gestalt verschafft, V.e (damals auch unter Selbstbezeichnungen wie „Gesellschaften", „Societäten", „Assoziationen"); sie waren tragende Elemente der sich bildenden bürgerlichen Öffentlichkeit: Übungsplätze und Agenturen der Demokratisierung. Mit der zunehmenden →Emanzipation der Individuen aus den Ständen und Korporationen des „Ancien Régime" und mit der Einschränkung der Definitionsmacht von →Staaten und Kirchen über den Zweck und die Zwecke des individuellen Lebens, mit dem Zugewinn von Selbstbestimmung und Selbstregierung, wird der V. eine soziale Gestalt, in der die →Freiheit wirklich wird. Konstitutiv für diese neue soziale Wirklichkeit des V.s ist nicht nur die Freiwilligkeit, sondern auch ein hohes Maß an sittlicher Selbstbestimmung der sich zusammenschließenden Individuen im Blick auf die selbst gesetzten Zwecke und die selbst gewählten Mittel zu deren Erreichung. Von Anfang an ist der V. ein nicht nur politisch, sondern auch moralisch ambivalentes Phänomen: er ist Agentur der kulturellen und normativen Pluralisierung und zugleich einer zunehmend als Individualisierung sich vollziehenden Vergesellschaftung. Das macht ihn besonders geeignet, sozialen Zusammenhalt zu stiften und gesellschaftliche Aufgaben wahrzunehmen in Situationen gesteigerter Pluralität von →Interessen, Ordnungsvorstellungen und Sinnquellen, sowie in Zeiten, in denen die →Institutionen der modernen →Gesellschaft, vor allem Staat und →Markt, ihrerseits Funktionsdefizite zeigen und Plausibilitätsverluste erleiden.

3. Vereinstheorie im Kontext der Entdeckung des „Dritten Sektors". *3.1* Die vom V. mit heraufgeführten und beförderten Phänomene der Pluralisierung und des Pluralismus verschaffen sich dann auch auf der Ebene der theoretischen und wissenschaftlichen Erklärung der sozialen Wirklichkeit V. Geltung. Verschiedene Theorien zum V. kann man danach unterscheiden, welchen Aspekt der komplexen Wirklichkeit V. sie zum Ansatzpunkt ihrer jeweiligen V.stheorie und ihrer Fragestellungen machen: Welche Motive haben Individuen, Mitglied in einem V. zu werden; wie werden Individuen durch ihre Mitgliedschaft sozialisiert, welche Bedeutung hat diese in der Biografie; was hält V.e zusammen, was gefährdet ihren Zusammenhalt; welches sind schließlich die vielfältigen Wechselbeziehungen von V.en und Gesellschaft? Diesen Fragen lassen sich psychologische, soziologische, gesellschaftstheoretische und politikwissenschaftliche Theorien des V.s zuordnen.

3.2 Im Felde der zeitgenössischen „Dritte-Sektor"-Forschung lassen sich drei Erklärungsansätze unterscheiden:

3.2.1 Ein **„utilitaristisches"** Modell (→Utilitarismus), das mit der methodischen Unterstellung des „homo oeconomicus" operiert, der instrumentell und strategisch seinen individuellen →Nutzen maximiert. Hier erscheint der V. als Mittel der Interessenartikulation und -durchsetzung, das mit anderen vergleichbaren Medien, vor allem dem Markt, um die bessere Lösung konkurrieren muss. Dieses Modell hat Schwierigkeiten, gerade ideelle V.e und deren Mitgliederverhalten zu erklären.

3.2.2 Das **„normative"** Modell geht methodisch von einem „wertrational" handelnden Individuum aus und führt meist die legitime Geltung der →Werte und →Normen auf einen, von den Individuen geschlossenen, Gesellschaftsvertrag zurück. Mit diesem Modell können gerade diejenigen Aspekte am Zustandekommen und an der Bedeutung von solchen V.en erklärt werden, in denen nicht auf einen individuellen Nutzen Bezug genommen wird, sondern genau auf den Nutzen und die Interessen Anderer, die im Normalfalle nicht einmal Mitglieder des V.s sind, sowie auf das →Gemeinwohl oder auch ein anderes Kollektivgut.

Beide Modelle haben Schwierigkeiten, jeweils das zu erfassen, was sie aus methodologischen Gründen voraussetzen müssen und selber nicht mehr erklären können. Beide Modelle sind individualistische Modelle, die von einem „atomistischen" Verständnis vom handelnden Subjekt ausgehen.

3.2.3 **„Holistisch"** und **„kulturtheoretisch"** verfahrende Ansätze hingegen versuchen, die jeweiligen und komplementären Defizite des utilitaristischen bzw. des normativen Modells zu vermeiden. Ihr Interesse gilt denjenigen Formen von Vergesellschaftung, in denen sich Individuen immer schon vorfinden und in denen sie allererst →Personen werden und innerhalb derer sie auch dann verbleiben, wenn sie sich von bestimmten →Traditionen, →Institutionen und →Gemeinschaften emanzipieren. Solcherart verstandene Personen stellen sich die beiden Fragen „was kommt für mich dabei heraus?" und „was bin ich verpflichtet zu tun?" im Horizont der umfassenderen Frage „wie kann mein Leben und wie kann das Leben aller, mit denen ich zusammenlebe, gelingen?". Für das Verstehen der gesellschaftlichen Wirklichkeit „diesseits" von Staat und Markt, wie des Dritten Sektors und seines wichtigsten Phänomens, dem freiwilligen, bürgerschaftlichen Engagement in „non-profit"-orientierten V.en, erscheint diese anthropologisch-methodische Basisannahme (→Anthropologie) als grundsätzlich geeigneter. Teils in Ergänzung, teils in Konkurrenz zu solchen „holistischen" Verständnissen, verschaffen sich neuerdings stärker von P. BOURDIEU inspirierte Argumentationen mit dem Konzept des „Sozialen Kapitals" Geltung und transformieren in wichtigen Hinsichten die Theorien und Debatten zu Vereinen, Netzwerken und dem sog. Dritten Sektor.

4. **Vereine und Kirche.** *4.1* Der gesellschaftlichen Entwicklung im 19. Jh. entspricht auch im kirchlichen Leben die Bedeutung einer Fülle von recht unterschiedlichen V.en; dies gilt insbesondere bei der Herausbildung des „sozialen Protestantismus", etwa der „→Inneren Mission". Dem entsprechen Ansätze zu einer ev. „V.stheologie" bei R. ROTHE und J. H. WICHERN. Dieser Reflexionsgestalt eines „Christentums außerhalb der Kirche" bleibt im Kontext der zunehmenden „Verkirchlichung" die theologische Anerkennung versagt. In der gegenwärtigen Neubesinnung auf „Ehrenamt" und angesichts der Entdeckung der Potentiale des „Dritten Sektors" auch in der Kirche könnte dieses Lehrstück vielleicht wieder an Bedeutsamkeit gewinnen.

4.2 Die soziale Wirklichkeit der Kirchen selbst ist in der Gesellschaft der BRD durch ihren Doppelcharakter als „Anstalt" und als „V. wie jeder andere" gekennzeichnet. Die Schwierigkeiten mit einer sowohl empirisch-sozialwissenschaftlich wie zugleich ekklesiologisch-theologisch befriedigenden Kirchentheorie, sowie die mit der Artikulation eines zeitgemäßen Verständnisses „vom Amt und den Ämtern", verweisen auf die ungeklärte Basis im Verständnis der Wirklichkeit der Kirche und ihrer Zukunft. Neuere systematisch- und praktisch-theologische Diskussionen um diese Problemfelder von „Kirche und Gesellschaft" orientieren sich (wieder) stärker an umfassenderen sozialwissenschaftlichen Konzepten wie Religion und Institution, auch Organisation, sowie System und Profession als Horizonte für die Thematisierung des Pfarramtes und innerkirchlicher Funktions- und Arbeitsteilung. Zugleich gewinnt, ähnlich wie bereits im früheren Vereinsparadigma, die Frage nach den Motiven, Verhaltenspotentialen und Handlungsformen der jeweiligen sozialen Akteure, hier der Kirchenmitglieder, an Bedeutung für die Beantwortung der Frage nach der Zukunftsfähigkeit der Kirche.

T. NIPPERDEY, V. als soziale Struktur in Deutschland im späten 18. und frühen 19. Jh., 1972, in: DERS., Gesellschaft, Kultur, Theorie, 1976 – O. DANN (Hg.), V.swesen und bürgerliche Gesellschaft in Deutschland, 1984 – W. HARDTWIG, V., in: GG, VI 1990, 789–829 – R. VOLZ, Die Kirche – ein „V." wie jeder andere, in: J. MATTHES (Hg.), Kirchenmitgliedschaft im Wandel, 1990, 249–263 – M. MAYER, Der V. in der Spätmoderne, 2005 – P. DONATI/I. Colozzi, Terzo settore, mondi vitali e capitale sociale, 2007 – W. MÜLLER-JENTSCH, Der V. – ein blinder Fleck der Organisationssoziologie, in: Berliner Journal für Soziologie 18, 2008 – A. ZIMMER, V.e – Zivilgesellschaft konkret, 2010 – I. KARLE, Kirche im Reformstress, 2011[2] – J.-L. LAVILLE/R. SAINSAULIEU, L'association: Sociologie et économie, 2013 (Lit.) – K. GABRIEL/M. LAUBE, Von der Kirchensoziologie zur Christentumsforschung? Centrum für Religion und Moderne, 2014 – Engagement und Indifferenz – Kirchenmitgliedschaft als soziale Praxis, V. EKD-Erhebung über Kirchenmitgliedschaft, 2014.

Fritz Rüdiger Volz

Vereinte Nationen

1. Die V. als universelle Staatenorganisation. Die V. (englisch United Nations, UN, auch United Nations Organisation UNO) sind die umfassendste internationale →Organisation, der derzeit 193 Staaten angehören. Sie sind der einzige zwischenstaatliche Zusammenschluss, der universelle Zuständigkeit reklamieren kann. Nur wenige Länder, deren staatliche Souveränität nicht von allen V.-Mitgliedern anerkannt wird, wie Taiwan (Republik China), Westsahara oder Kosovo, sind keine Mitglieder. Palästina, Vatikanstadt und der Heilige Stuhl haben Beobachterstatus. Die V. wurden mit Zeichnung der völkerrechtlich verbindlichen Charta der V. am 26. Juni 1945 durch 50 Gründerstaaten als Völkerrechtssubjekt gegründet. Zu ihren wichtigsten Aufgaben zählen laut ihrer Charta, den →Frieden und die weltweite Sicherheit zu wahren, freundschaftliche Beziehungen zwischen den Nationen zu entwickeln, eine Zusammenarbeit zur Lösung internationaler Probleme wirtschaftlicher, sozialer, kultureller und humanitärer Art herbeizuführen und ein Zentrum für die Harmonisierung des Handelns der Staaten zu sein, um diese Ziele zu erreichen. Die Charta trat am 24. Oktober 1945 in Kraft. Die USA waren der erste Staat, der die Charta der V. ratifizierte. Die Bundesrepublik Deutschland und die Deutsche Demokratische Republik wurden am 18. September 1973 als Vollmitglieder in die V. aufgenommen. Seit der deutschen Wiedervereinigung am 3. Oktober 1990 vertritt die vergrößerte Bundesrepublik das wiedervereinigte Deutschland.

2. Entstehung. Die Gründung der V. stand unter dem Eindruck der Schrecken des Zweiten Weltkrieges und der vom deutschen Faschismus begangenen massenhaften Verbrechen gegen die Menschlichkeit. Dem Bemühen um die Schaffung einer stabilen Friedensordnung für die Nachkriegszeit gingen zahlreiche wenig erfolgreiche Versuche voraus, durch Staatenbünde den überregionalen Frieden zu sichern. Erstmals entwickelte GROTIUS in „de iure belli ac pacis" 1625 die Idee eines Völkerbundes im Sinne der Verbindung souveräner Staaten zum Zweck der Vermeidung von Kriegen und zur Wahrung des Völkerrechts. Er begründete die Notwendigkeit einer internationalen Schiedsgerichtsbarkeit. KANTS „Zum Ewigen Frieden" entfaltet die völkerrechtlichen Grundlagen einer internationalen Friedensordnung als Föderation freier Staaten und gilt als Inspiration der späteren Charta der V. Bei der Haager Friedenskonferenz 1907 haben Vertreter von 44 Staaten eine internationale Rechtsordnung ausgearbeitet und Verfahren für die friedliche Beilegung zwischenstaatlicher Rechtsstreitigkeiten festgelegt. Die Errichtung einer obligatorischen Schiedsgerichtsbarkeit scheiterte am Widerstand des Deutschen Reiches, dennoch konnte ein Internationaler Schiedshof in Den Haag seine Arbeit aufnehmen. Als Teil des Versailler Friedensvertrags wurde der Völkerbund 1919 auf Initiative des US-Präsidenten WILSON gegründet. Die 32 Gründerstaaten zählten zu den Siegerstaaten des Ersten Weltkrieges. Der US-amerikanische Senat blockierte allerdings eine Mitgliedschaft der USA, was von vornehrein zu einer entscheidenden Schwächung des Völkerbundes führte. Dessen Handlungsfähigkeit war aber dadurch beschränkt, dass fast alle Beschlüsse einstimmig gefasst werden mussten. Gegenüber der Aggression der späteren Achsenmächte erwies er sich als weitgehend ohnmächtig. In Anbetracht der kriegerischen Bedrohung durch Deutschland, Italien und Japan forderte ROOSEVELT 1937 eine „gemeinsame Anstrengung der friedliebenden Nationen" und ergriff mit dem Kriegseintritt der USA 1941 eine Initiative für die Errichtung einer Weltorganisation, die den Frieden wirksamer schützen könnte als der Völkerbund (WEBER 1984). ROOSEVELT und CHURCHILL legten in der Atlantikcharta 1941 gemeinsame außenpolitische Grundsätze fest, die die Selbstbestimmung der Völker und ein Gewaltverbot in den internationalen Beziehungen umfassten. 1942 unterzeichneten auf dieser Grundlage 26 Staaten eine „Deklaration für die V.", der sich bis Kriegsende weitere 21 Staaten anschlossen. 1944 entwickelten Experten der USA, Großbritanniens, der Sowjetunion und Chinas in Dumbarton Oaks das Statut für eine Weltorganisation. Die vier Großmächte, die sich in diesem Entwurf ein Veto-Recht im Exekutivrat (Sicherheitsrat) ausbedungen und der Generalversammlung nur eine untergeordnete Rolle zugedacht hatten, luden die Zeichnerstaaten zur Gründungskonferenz 1944 nach San Francisco ein. Die kleineren Staaten konnte dabei noch eine Aufwertung der Generalversammlung erreichen, deren Zuständigkeit sich zukünftig auf alle Fragen beziehen sollte, die in den Rahmen der Charta fallen. Am 10. Januar 1946 fand die erste Generalversammlung der V. in London statt. Erster Generalsekretär wurde der Norweger T. LIE.

3. Organe. In Artikel 7 Charta der V. werden die sechs Hauptorgane der V. eingesetzt: die Generalversammlung, der Sicherheitsrat, der Wirtschafts- und Sozialrat (ECOSOC), der (mittlerweile ruhende) Treuhandrat, der Internationale Gerichtshof und das Sekretariat. Der Generalsekretär führt den Vorsitz des Sekretariats. Seit 2007 hat der südkoreanische Politiker BAN KI-MOON dieses Amt inne. Seine zweite Amtszeit endet am 31. 12. 2016. In der Generalversammlung haben alle Mitgliedsstaaten eine Stimme. Der Sicherheitsrat, mit den ständigen Mitgliedern USA, Russland, China, Großbritannien und Frankreich ist das mächtigste Organ der V., da er verbindliche Resolutionen verabschieden und über friedenserzwingende Maßnahmen entscheiden kann. Artikel 7 und 22 der Charta eröffnen die Möglichkeit der Einrichtung weiterer Nebenorgane und Programme, Artikel 63 die Einsetzung rechtlich selbstständiger Sonderorganisationen. Derzeit gibt es 17 solcher Sonderorganisationen, zu denen unter anderem die Weltgesundheitsorganisation WHO, die Welternährungsorganisation FAO oder die Organisation für Erziehung, Wissenschaft und Kultur UNESCO zählen. Unter den rechtlich unselbstständigen Nebenorganen sind insbesondere das Entwicklungsprogramm UNDP, das Umweltprogramm UNEP, der Menschenrechtsrat und das Hochkommissariat für Flüchtling UNHCR hervorzuheben.

4. Die V. und die Ökumene. Die Kirchen hatten bereits am Vorabend des Ersten Weltkrieges mit der Gründung des „Weltbundes für Internationale Freundschaftsarbeit der Kirchen" 1914 zum Ausdruck gebracht, dass das Christentum wegen seines übernationalen Charakters die wichtigste Kraft für die Gestaltung einer friedlichen Weltordnung sei. Die internationale →Ökumene nahm auch Einfluss auf die Gründung der V. In die Verhandlungen über die Charta der V. brachten die US-Kirchen Impulse für „Sechs Säulen des Friedens" ein. Der in die Gründungskonferenz delegierte lutherische Theologe NOLDE konnte auf dieser Grundlage einige Änderungen, z. B. im Blick auf die Aufnahme von Menschenrechtsbestimmungen und die Bedeutung der →Zivilgesellschaft durchsetzen. Unter dem Dach des noch in Aufbau befindlichen Ökumenischen Rats der Kirchen und des Internationalen Missionsrats wurde 1946 die „Kommission der Kirchen für internationale Angelegenheiten" CCIA gegründet, dessen erster Leiter NOLDE wurde. Er wirkte auch an der Ausarbeitung der Allgemeinen Erklärung der →Menschenrechte 1948 mit. CCIA gehörte zu den ersten bei den V. akkreditierten →Nichtregierungsorganisationen und nahm später auch Einfluss auf die Schaffung der Menschenrechtskommission und die Ausarbeitung der Menschenrechtspakte. CCIA vertritt den ÖRK bei den Generalversammlung, den Weltgipfeln und ist Mitglied in mehreren NRO-Ausschüssen in New York. Seit der Weltkonferenz über Umwelt und Entwicklung sind auch viele ÖRK-Mitgliedskirchen und kirchliche NROs direkt bei ECOSOC akkreditiert. In einem Memorandum zum 50. Jahrestag der V.-Gründung bekräftig der ÖRK 1995 die eigene Rolle als Akteur einer Weltordnungspolitik und beleuchtet die Schwächen der V. Kritisch wird vor allem das überholte staatszentrierte Paradigma der internationalen Beziehungen gesehen und eine stärkere Betonung völker- und menschenrechtlicher Normen und Prinzipien angemahnt, die letztlich die staatliche Souveränität begrenzen (RAISER 2015).

5. Reform der V. und Ausblick. Die heutige Struktur der V. spiegelt trotz des deutlichen Übergewichts der Entwicklungs- und Schwellenländer in der Mitgliedschaft bis heute die Dominanz der siegreichen Mächte des Zweiten Weltkriegs wieder. Der ÖRK tritt daher ebenso wie die EKD für eine Reform der V. ein, die stärker der Multipolarität der globalisierten Welt Rechnung trägt und zugleich die Handlungsfähigkeit der V. bei der Lösung der globalen Herausforderungen wie →Klimawandel, Friedenssicherung, Armutsbekämpfung oder Menschenrechtsschutz stärkt. Angesichts der Zunahme grenzüberschreitender Probleme plädiert die EKD (2014) für den Ausbau von Global Governance Strukturen, die die internationale Politikkooperation qualifizieren und kritisiert eine zunehmende Diskrepanz zwischen V. und den verschiedensten Formen der „Club Governance" (G7, G20). Anstatt den Multilateralismus weiter zu unterhöhlen, sollten die V. gerade wegen ihrer bestehenden Mängel gestärkt werden. Hierzu unterstützt die EKD den Vorschlag, innerhalb der V. einen Global Council für wirtschaftliche, soziale und ökologische Fragen einzurichten, der in seiner Bedeutung dem Weltsicherheitsrat gleichkommt und auch über den Weltfinanzinstitutionen und der →Welthandelsorganisation steht. In einer interdependenten Weltlage zeigt sich, dass aus Kooperation weitreichende kollektive Souveränitätsgewinne resultieren (KAUL 2015). Aus protestantischer Sicht ist allerdings die Frage nach den angemessenen institutionellen Formaten gegenüber der Qualität der Werte und Normen, die deren Handeln leiten, sekundär. Die vielfach angemahnte „Kooperationsrevolution" in der internationalen Politik (WBGU 2011) ist daher auch eine ethische Herausforderung. So wie sich der ökumenische Bewegung nicht als „Ökumene der Institutionen", sondern als „Ökumene der Menschen" begreift, sind auch die V. vor allem daran zu messen, inwieweit sie einer menschenrechtsbasierten, nachhaltigen Entwicklung dienen.

H. WEBER, Vom Völkerbund zu den V., 1987 – H. VOLKER, Geschichte der V., 2008 – WBGU, Welt im Wandel, Gesellschaftsvertrag für eine Große Transformation, 2011 – EKD, Auf dem Weg der Gerechtigkeit ist Leben. 2014 – K. RAISER, Ökumene und Weltordnung, in: B. KAPPES/K. SEITZ (Hg.), Nachhaltige Entwicklung braucht Global Governance, 2015. S. 119–134 – I. KAUL, What makes Global Governance so hard? in: KAPPES/SEITZ 2015 S. 37–63.

Klaus Seitz

Verkehrspolitik / Verkehrsethik

1. Gegenstandsbeschreibung. Verkehr ist ein wichtiger „sach-orientierter" gesamtgesellschaftlicher Gestaltungsbereich mit einer Vielzahl von Bezügen zur „Werte-Ebene". Philosophische oder theologische Auseinandersetzungen mit dem Thema Verkehr sind jedoch eher selten und rudimentär.

Ethik fragt nach der Begründung und dem Geltungsbereich der Moral. Diese ist für jeden einzelnen Menschen gegenüber anderen Menschen, auch zukünftigen Generationen, der Natur als Lebensgrundlage und als „Gottes Schöpfung" handlungsleitend. Ethik identifiziert normative Aspekte und klärt Verbindlichkeiten. Dabei hat die „Verantwortung" eine zentrale Bedeutung mit den Dimensionen „Nicht-Schaden", „Wohltun", „Gerechtigkeit", „Sicherung von Autonomie" und „Gewährleistung von Nachhaltigkeit" (P. MICHEL-FABION, 228ff.).

In der Vp. – insbesondere als Verkehrsinfrastrukturpolitik – dominieren wachstums- und regionalpolitische Ziele. Ziele der sozialen Gerechtigkeit, der Umweltverträglichkeit und der Langfristwirkungen werden im Rahmen einer gesellschaftlichen Reflexion und (politischen) Willensbildung über die Ziele und Instrumente der Mobilitäts- bzw. Verkehrsgestaltung berücksichtigt.

Ethische Bezüge werden teilweise durch die Verfassung – insbesondere die Grundrechte – bestimmt und durch aktuelle politische Entscheidungen ausgestaltet. Rechtsgüter, die im Zusammenhang der im Gemeinwohlinteresse erfolgenden Ausgestaltung von Verkehrsinfrastrukturangeboten, Verkehrsdienstleistungen und Verkehrsregelungen berücksichtigt werden müssen, sind u. a. „freie Entfaltung der Persönlichkeit" (Art. 2 Abs. 1 GG), „Gleichheit" (Art. 3 GG), aber auch „Schutz der körperlichen Unversehrtheit" (Art. 2 Abs. 2 GG), „Schutz des Eigentums" (Art. 14 GG), „Gleichwertigkeit der Lebensbedingungen" (Art. 74 Abs. 1 Nr. 31 GG in Verbindung mit § 2 Abs. 2 Nr. 2+3 Raumordnungsgesetz ROG).

Im Mobilitäts- und Verkehrsbereich hat lange ein mit Nebenwirkungen verbundenes Freiheitspostulat („freie Verkehrsmittelwahl", „freie Fahrt für freie Bürger") die politischen Ziele dominiert. Dabei wurden bzw. werden nachhaltigkeitsorientierte Ziele wie Individualverträglichkeit (Bewegungsfreiheit), Sozialverträglichkeit (Teilnahme-Möglichkeiten, Gerechtigkeit) und Umweltverträglichkeit (Klima-/Ressourcenschutz) nicht (ausreichend) berücksichtigt. So führte eine unbegrenzte Überwindung des Raumes infolge erhöhter Geschwindigkeiten auf lange Frist nicht zu mehr Teilnahmemöglichkeiten oder Zeitdisponibilität, sondern infolge des Verlustes von Teilnahmeoptionen im Nahraum zu längeren Wegen sowie zu räumlichen Angebotskonzentrationen an wenigen – zum Teil entfernt(er)en Standorten.

Vp., Verkehrsplanung und Verkehrssystemgestaltung sind dem Gemeinwohl verpflichtet (F. FICKERT/H. GRANDJOT, 147 ff). Dies setzt geeignete Vorgehensweisen voraus – wie Integration aller Fachaspekte, aller Verkehrsmittel und aller Betrachtungsebenen sowie eine Prozessgestaltung unter Mitwirkung/Beteiligung der Betroffenen.

2. Mobilitäts- und Verkehrsursachen. Mobilität und deren physische Realisierung als Verkehr dienen u. a. der Teilhabe und der Teilnahme der Menschen – als soziale Wesen mit Kontakt- und Kommunikationsbedürfnissen – in einer arbeitsteiligen Gesellschaft sowie in einem funktionsteiligen Raumsystem. „Erreichbarkeit" setzt entsprechende Infrastrukturen und Verkehrsangebote der verschiedenen Verkehrsmittel – Fußgänger, Fahrradfahrer, Öffentlicher Personenverkehr, motorisierter Pkw-Verkehr – und auf der Seite der Verkehrsteilnehmer entsprechende Verfügbarkeiten über Verkehrsmittel, Zugangsrechte und Nutzungskompetenzen (Führerschein, Monatskarte ...) voraus.

Verkehrsanlagen und die Verkehrsabläufe haben Unfallrisiken, Flächenbeanspruchungen, Energieverbräuche und klimarelevante Emissionen, Schadstoff- und Schadgasimmissionen, Partikelimmissionen, Lärmbelastungen – gepaart mit sozialer Unsicherheit in Verkehrsräumen – zur Folge.

Mobilität hat intrinsische wie auch extrinsische Motivationen (S. FELDHAUS). Intrinsisch sind evolutionär begründete Fluchtbedürfnisse, Bedürfnisse der Selbstbestimmtheit/Freiheit sowie der Sicherheit, Bedürfnisse nach optischen, akustischen, haptischen oder olfaktorischen Reizen, nach Wahrnehmungs- und Erlebensmöglichkeiten sowie nach Gelegenheiten zur Selbstdarstellung durch Auftreten/Verhalten, äußere Erscheinung oder durch Verfügung über Verkehrsmittel als Statussymbole. Extrinsische Motivationen sind die Ausübung von Aktivitäten wie Arbeit oder Ausbildung, Versorgung, Freizeit oder soziale Kontakte. Extrinsische Einflüsse resultieren aus der Entwicklung von Sesshaftigkeit, über Jahrhunderte entstandenen Raumstrukturen sowie technologischen Innovationen im Bereich Verkehr und Kommunikation.

3. Mobilität und Verkehr als politisches Gestaltungsfeld. Das Gestaltungsfeld umfasst Sachaspekte wie „Welcher Verkehr?" oder „Wie finanziert?" und Wertediskussionen bezüglich der Gleichwertigkeit der Teilhabe, der Lebensverhältnisse, aber auch hinsichtlich der Betroffenheit durch Umfeld- und Umweltbelastungen (Umweltgerechtigkeit) sowie der Heranziehung zur Mitfinanzierung der Verkehrsangebote (Entgelte, Gebühren, Steuern, Mauten ...). Unter ethischen Aspekten geführte Diskussionen fehlen bisher weitgehend.

Im Vordergrund der Beurteilung der Strukturen, Abläufe und (Folge-)Wirkungen des Verkehrs steht das Recht auf „Leben und körperliche Unversehrtheit" (Art. 2 Abs. 2 GG) als Vermeidung oder Minimierung von Unfallrisiken. Dieses Anforderungsfeld findet Niederschlag in baulichen und betrieblichen Entwurfs- und Gestaltungsprinzipien durch Richtlinien und Normen für Fahrzeuge und Verkehrswege („engineering"), verkehrsbehördlichen Regelungen wie StVO, StVZO und deren Durchsetzung durch Kontrollen und Strafbewehrung („enforcement"), ökonomischen Anreizen („economy") sowie Verkehrserziehung („education"). Diese sind Ergebnisse von Abwägungsprozessen – bspw. zwischen „freier Geschwindigkeitswahl", Begrenzung der Unfallfolgen und Sicherung des Menschen-, Natur-, Ressourcenschutzes – also letztlich ethische Entscheidungen.

Eine steigende Bedeutung haben Regelungen des Umweltschutzes als „subjektive Rechte" der Begrenzung von Umweltbelastungen – beispielsweise bezüglich Lärm, NOx- und Partikelimmissionen – oder als Anforderungen zukünftiger Generationen hinsichtlich der Leistungskraft des Naturhaushalts (Art. 20a Abs. 4 GG). Die Befundlage, dass Umwelt- und Umfeldwirkungen des Verkehrs räumlich und sozial ungleich verteilt sind, führt zu Forderungen nach Stärkung der „Umweltgerechtigkeit" vor allem unter Betrachtung vulnerabler Gruppen.

4. Handlungsebenen der Vp. Der **Bund** hat die Infrastrukturverantwortung für die Bundesfernverkehrswege (Autobahnen, Bundesstraßen, bundeseigene Eisenbahnen, Bundeswasserstraßen nach Art. 90 Abs. 1 GG, Art. 87e GG sowie Art. 89 GG) durch strategische

Entwicklung, rechtliche Vorbereitung und Umsetzung sowie Finanzierung. Der Bund hat zudem die Gesetzgebungskompetenz für das Verkehrswegerecht der Bundesverkehrswege und das Straßenverkehrsrecht aller Straßen in öffentlicher Baulast.

Die Zuständigkeit der **Länder** umfasst das Straßen- und Wegerecht der Länder und Gemeinden, die Auftragsverwaltung für die Bundesfernstraßen sowie die Finanzierung der Landesstraßen, die Umsetzung des ÖPNV durch Einsatz der Regionalisierungsmittel nach RegG.

Den **Kommunen** (Städte, Kreise und kreisangehörige Gemeinden) obliegen die Angelegenheiten der örtlichen Gemeinschaft im Rahmen der Gesetze („Prinzip der Subsidiarität"). Zum Teil können die Kommunen Ortsrecht („Satzungen" wie Stellplatzsatzung, Parkgebührensatzung ...) schaffen, zum Teil sind sie im Übertragenen Wirkungskreis tätig.

5. Gesellschaftlicher Diskurs zu Zielen und Werten (in) der Vp. In der Vp. aller Handlungsebenen gewinnen zunehmend Grundgedanken des „Ökologischen Imperativs" (H. Jonas), der „Neuen Bescheidenheit" (N. Schneider) sowie der Nachhaltigkeit (M. Vogt) an Bedeutung. Vor dem Hintergrund endlicher natürlicher, geogener und finanzieller Ressourcen dürfen Belastungen und Verbräuche der Ressourcen nicht an die nachfolgenden Generationen weitergegeben werden – beispielsweise als Klimafolgen der kaum gebremsten CO_2-Emissionen des Verkehrs (Überschwemmungen, Trockenperioden, Stürme, ...), als Raubbau an knappen Rohstoffen (z. B. „seltene Erden") oder als Verschuldung zu Lasten zukünftiger Generationen.

Zur Umsetzung bedarf es eines Paradigmenwechsels der über viele Jahrzehnte dominierenden verkehrspolitischen Ziele, Handlungsstrategien und Methoden. Es sind dies unter anderem die offensive Ausgestaltung der Strategie „Vermeiden – Verlagern – Verträglich abwickeln", der Übergang von der fossilen und ressourcenbelastenden Mobilität zu einer postfossilen, ressourceneffizienten sowie sozial- und umweltverträglichen Mobilität. Es sind dies zudem die Kopplung bisher dominierender Ansätze zur „Effizienzsteigerung" („Besser") mit Ansätzen der „Konsistenz" („Anders"; andere Verkehrsträger, neue Mobilitätsformen) und der „Suffizienz" („Weniger"; Verkehrsvermeidung). Dies muss in integrierten Konzepten aller Verkehrsträger-/mittel, aller Maßnahmentypen (Bau, Management, Betrieb, Ordnungsrecht, (finanzielle) Anreize, Information und Beratung) und aller verkehrsrelevanten Fachpolitiken erfolgen – aber auch die Prüfung der Prinzipien einer ständigen „Beschleunigung" von sozialen Vorgängen wie auch von Verkehr.

Die Zielfestlegungen, Maßnahmenauswahlen und Abwägungen müssen in umfassenden Prozessen informeller und formeller Beteiligungen der Menschen erfolgen („gesellschaftlicher Diskurs", „governance"). Dies sind Erwartungen einer informierten und zunehmend selbstbewussten Zivilgesellschaft, von Wirtschaft, Interessengruppen, Verkehrsträgern, Politik, vor allem aber auch von „werte-bildenden" Gruppen wie Kirchen, Schulen oder Gewerkschaften. Hier bringen sich bisher Philosophie und Religion kaum als theoretische Reflexionsebenen noch in einer Aufmerksamkeitslenkung auf „Benachteiligte" ein.

6. Innovative Themen mit ethischer Positionierung. Innovationen in – vor allem städtischen – Verkehrssystemen sind der Einsatz von Elektro-Pkw oder Pedelec/E-Bike, von Sharing-Konzepten (standortfest, standortungebunden) für Pkw, Fahrräder oder Pedelec sowie die Förderung des inter- und multimodalen Verkehrsverhaltens unter Nutzung mehrerer Verkehrsmittel auf einem Weg („inter") oder situationsspezifisch mit verschiedenen Verkehrsmitteln („multi"). Hier bedarf es einer Klärung von Zugangsmöglichkeiten, Begünstigungen sowie Benachteiligungen. Elektroantriebe können bei Speisung aus regenerativen Energiequellen zur Einsparung von fossilen Energieträgern beitragen.

Der Einsatz von Fahrzeugen zum „autonomen" Fahren erfordert insbesondere eine gesamtgesellschaftliche Bewertung der Sicherheitsrisiken („Ausfall", „Fehlsteuerung") und der möglichen kontraproduktiven Folgen durch Rückverlagerung vom post-fossilen Verkehr („Umweltverbund") auf einen fossilen motorisierten Individualverkehr („Pkw").

Politische, gesellschaftliche und individuelle Verantwortung sind Voraussetzungen für Funktionsfähigkeit, Effizienz, weitgehende Belastungsfreiheit, Umweltgerechtigkeit und Nachhaltigkeit des Verkehrs.

H. Jonas, Das Prinzip Verantwortung. Versuch einer Ethik für die technologische Zivilisation, 1979 – M. Vogt, Nachhaltigkeit und christliche Ethik. Wie kann der Schöpfungsglaube zu ökologischer Verantwortung befähigen, in: Tagung der Akademie der Diözese Rottenburg-Stuttgart, 2000 – S. Feldhaus, Kulturanthropologische Grundlagen einer Ethik des Verkehrs, in: 25 Jahre ANL, Berichte der Bayerischen Akademie für Naturschutz und Landschaftspflege ANL, 25, 2001, 143–152 – P. Michel-Fabion, Ethik in der Raumplanung, in: Akademie für Raumforschung und Landesplanung (Hg.), Handwörterbuch für Raumordnung, 2005, 228–233 – F. Fickert/H. Grandjot, Akteure, Ziele, Instrumente, in: O. Schöller u. a. (Hg.), 2007, 138–155 – O. Schöller u. a. (Hg.), Handbuch Verkehrspolitik, 2007 – N. Schneider, Ethik des Genug. Impulse aus der Ökumene und der kirchlichen Entwicklungsarbeit, www.ekd.de/international/oekumene/vortraege/2013.

Klaus J. Beckmann

Vermögen

1. Begriff. V. bezeichnet die Fähigkeit, bestimmte Handlungen ausführen zu können, die nur möglich sind, wenn man zuvor ein V. angespart hat.

Bezogen auf eine Person kann diese Handlung zum Beispiel von der zuvor angehäuften bzw. erlernten Bildung abhängen. Deswegen sprechen Ökonomen – außerhalb der Wirtschaftswissenschaften in umstrittener Weise – vom Human-V. (→Humankapital).

Bezogen auf Verfügungsrechte spricht die Jurisprudenz beim V. ganz allgemein von den Verfügungsrechten, die einer natürlichen oder einer juristischen Person zur Verfügung stehen.

Umgangssprachlich und in öffentlichen Diskursen ist mit dem V. meist die Gesamtheit aller Wirtschaftsgüter (materiell oder immateriell, z. B. in Form von →Geld) gemeint, die einer Person als →Eigentum zur Verfügung stehen. Von diesem V. ist im Weiteren die Rede.

Wer sein →Einkommen immer vollständig konsumiert, kann nur über ein V. verfügen, wenn er es geerbt hat. Auch →Vermögenspolitik, die den Aufbau eines V.s durch Subventionen oder Steuererleichterungen ermöglichen soll, setzt in der Regel einen eigenständigen Sparbeitrag bzw. eine Investition voraus.

Im Vergleich zum Einkommen, das in einem bestimmten Zeitraum (z. B. Monat) die Vergrößerung (streng genommen: die Veränderung, die auch negativ sein kann) des V.s bewirkt (als Stromgröße), ist das V. eine Bestandsgröße. Wer sein Einkommen vollständig konsumiert bzw. konsumieren muss (da er ansonsten nicht (gut) leben könnte), kann kein V. durch →Sparen (immaterieller V.saufbau in Form von Finanz- oder Geldvermögen) und/oder →Investieren (materieller V.saufbau in Form von Real- oder Sachvermögen) aufbauen. Typische Arten von Finanz- oder Geldvermögen sind Bargeld, Bankguthaben, Forderungen und Aktien (Anteile an Unternehmen). Typische Arten von Real- oder Sachvermögen sind Eigentumsrechte an Gütern wie Immobilien, Produktionsmitteln oder Rohstoffen und an →geistigem Eigentum (Patente).

In einer Bilanz unterscheidet man zwischen Bruttovermögen (Sachvermögen plus Geldvermögen) und Rein- oder Netto-Vermögen (Bruttovermögen minus Verbindlichkeiten, d. h. Schulden) Das Nettovermögen wird auch als Eigenkapital bezeichnet. Als Betriebsvermögen wird der Wert des Besitzes eines Unternehmens bezeichnet, das Betriebsvermögen umfasst neben materiellen Gütern (z. B. Gebäude bzw. Anlagen, Maschinen bzw. Ausrüstungen, Bargeld und Kassenbestand, Vorräte, Beteiligungen) auch den Wert geistigen Eigentums (z. B. Patente, Trade Marks). Nicht zum Betriebsvermögen wird das Humanvermögen gerechnet, obwohl es durchaus betriebsspezifisches Humankapital gibt, d. h. sehr spezifische erlernte berufliche Fähigkeiten, die in einem anderen Betrieb wertlos sind.

Die →Volkswirtschaftlichen Gesamtrechnungen (VGR) definieren das Volksvermögen im Rahmen einer Vermögensbilanz als die Summe aller Reinvermögen innerhalb einer Volkswirtschaft.

Vermögen kann auch danach unterschieden werden, ob es sich um produzierten oder nichtproduzierten Vermögensgüter handelt. Die produzierten Vermögensgüter bestehen aus den Anlagegütern (Wohnbauten, die Nichtwohnbauten, die Ausrüstungen sowie die Nutztiere und Nutzpflanzungen), den Wertsachen und den Vorräten. Die Tatsache, dass nicht verkaufte Güter in der Volkswirtschaftslehre als Vorräte betrachtet werden, erklärt, warum in einer geschlossenen Volkswirtschaft gesamtwirtschaftlich die Summe aller →Investitionen (I) genau der Summe aller Ersparnisse (S) entspricht („I=S"). Nur aus Ersparnis können Investitionen finanziert werden (da der Rest des Einkommens konsumiert wird); da nicht-verkaufte Güter als Vorräte zu den Investitionen gezählt werden, entspricht auch dann, wenn die tatsächlichen Investitionen kleiner sind als die Ersparnis S trotzdem I, da Vorräte als Investitionen „gebucht" werden.

Die nichtproduzierten V.sgüter bestehen im Wesentlichen aus Grund und Boden, Bodenschätzen, freien Tier- und Pflanzenbeständen und Wasserreserven sowie – obwohl ursprünglich auch produziert, aber dann ohne weitere Produktion/Investition voll werthaltig – aus Patenten und Nutzungsrechten.

2. V. in der Welt und in Deutschland. In diesem Abschnitt (und im folgenden Abschnitt 3) wird als V. die **Gesamtheit aller Wirtschaftsgüter betrachtet (s. Abschnitt 1).** Für das Ausmaß und die Verteilung des globalen V.s liegen nur grobe Schätzungen vor, da V. auch mit hochentwickelten statistischen Systemen nur schwer messbar ist. Dies liegt daran, dass die Bewertung vieler V.sarten – unabhängig von der statistischen Erfassung – aus der Natur der Sache heraus schwer fällt. Nicht nur der Wert eines Unternehmens, sondern auch der Wert aller privaten Immobilien ist nur dann sicher zu ermitteln, wenn der Vermögensgegenstand verkauft wird. Auch eine V.ssteuer würde daran nichts ändern, da auch bei der Besteuerung des V.s – mit Ausnahme beim Verkauf – nur mit Schätzungen gearbeitet werden kann.

Für die globale V.sverteilung kann man mit großer Sicherheit davon ausgehen, dass die allermeisten Menschen kein V. – zum Gegenwartswert berechnet – in einem nennenswerten Ausmaß haben. Eine plausible Schätzung geht davon aus, dass die Hälfte der Weltbevölkerung, die die niedrigsten V. ihr Eigen nennen (davon mindestens ein Zehntel ohne jedes V.), insgesamt nur etwa 1 Prozent des weltweiten V.s besitzt. Die Hälfte der Weltbevölkerung, die höhere V. hat, vereint als etwa 99 Prozent des weltweiten V.s auf sich. Wobei auch innerhalb der vermögensten Hälfte die V. extrem ungleich verteilt sind. Es wird davon ausgegangen, dass das reichste Zehntel der Weltbevölkerung etwa 85 Prozent des globalen V.s besitzt und das zweitreichste Zehntel knapp 10 Prozent. Für die sechstreichsten bis achtreichsten Zehntel verbleiben also insgesamt nur 5 Prozent des globalen V.s.

Auch für Deutschland (und nahezu alle reichen Volkswirtschaften und funktionierenden Demokratien) sind die Statistiken über das Ausmaß und die Verteilung des öffentlichen und privaten V.s nicht so, wie man sie sich aus theoretischer Sicht wünschen würde. Für das öffentliche V. liegen nur grobe Schätzungen vor und für die immer wieder in der Diskussion befindliche V.sverteilung der Privaten liegen in Deutschland nur Messungen vor, die auf Befragungen beruhen, die das oberste Prozent der Vermögenden faktisch nicht erfasst (Multimillionäre und Milliardäre). Da die V.ssteuer nicht mehr angewandt wird, fehlt eine wichtige Quelle für eine voll aussagekräftige V.sstatistik (wobei zu bedenken ist, dass auch für die V.sbesteuerung die V. nur geschätzt werden können).

Dem in →Bevölkerungserhebungen (Surveys) verbreiteten Problem einer nicht aussagekräftigen Repräsentation der wenigen sehr hohen Einkommen und V. wird im →SOEP seit 2002 durch die Teilstichprobe „Einkommensstarke Haushalte" gezielt versucht, Rechnung zu tragen. Dennoch bleibt auch trotz dieser Sonderstichprobe das Problem bestehen, dass Multimillionäre nicht ausreichend und die wenigen Milliardäre, die in Deutschland leben, in allen repräsentativen Stichproben gar nicht vorkommen.

Sowohl die →Volkswirtschaftlichen Gesamtrechnungen (VGR), als auch die Schätzungen der V. auf Basis von bevölkerungsrepräsentativen Erhebungsdaten sind mit einer Reihe von methodischen und statistischen Problemen konfrontiert. Beiden Ansätzen gemeinsam ist, dass sie die Anwartschaften – wie das international üblich ist – an die gesetzliche →Rentenversicherung (GRV) nicht berücksichtigen. In ähnlicher Weise sind auch Ansprüche gegenüber Anwartschaften aus Betriebsrenten und Beamtenpensionen von Erhebungsproblemen betroffen. Es ist freilich offensichtlich, dass insbesondere die GRV-V.skomponente den am häufigsten in der Bevölkerung anzutreffenden V.sbestandteil darstellt.

Ein Vergleich aggregierter V.sbestände des →SOEP und anderer Stichproben mit den sektoralen und gesamtwirtschaftlichen V.sbilanzen des Statistischen Bundesamtes und der Deutschen Bundesbank ist durch diverse Probleme der Abgrenzung und unterschiedlicher Definitionen erschwert. Die VGR erfassen die privaten Haushalte (im Gegensatz zu Haushaltsstichproben wie dem SOEP) zusammen mit den privaten Organisationen ohne Erwerbszweck. Dadurch wird das persönlich zuordenbare V. in der VGR überschätzt. In der VGR werden auch V.sarten ausgewiesen, die in Stichproben (so dem SOEP) nicht enthalten sind. Hierzu zählen das Gebrauchsvermögen, das Bargeld, der Wert von Nutztieren und Nutzpflanzen, Ausrüstungen, immaterielle Anlagegüter, Ansprüche gegenüber privaten Krankenversicherungen, gewerbliche Kredite und gewerbliche Anteile von Wohnbauten. Außerdem wird in allen Stichprobenerhebungen der Wert einer Immobilie als subjektive Schätzung des aktuellen Marktwerts erfragt, während das Statistische Bundesamt – internationalen Konventionen folgend – Immobilien nach dem Wiederbeschaffungswert ansetzt. Eine oftmals unterschiedliche Entwicklung der Marktwerte und der Wiederbeschaffungspreise erklärt sich unter anderem daraus, dass bei einer Bewertung nach dem Wiederbeschaffungspreis die Kosten herangezogen werden, die nötig wären, um ein Gebäude so wieder herzustellen, wie es ursprünglich errichtet wurde. Der Marktwert kann von dem Wiederbeschaffungspreis deutlich abweichen, wenn die Nachfrage nach einem Objekt deutlich gestiegen (gefallen) ist und der sich daraus ergebende Marktpreis positiver (negativer) als der kalkulatorische Wiederbeschaffungspreis entwickelt hat.

Die Top-V. lassen sich lediglich an Hand von „Reichen-Listen" mit verschiedenen Szenarien simulieren. Kombiniert man etwa die Forbes-Liste (www.forbes.com/billionaires/), die rund 50 Dollar-Milliardäre mit deutscher Staatsbürgerschaft aufweist, mit den SOEP-Befragungsangaben, so wird die enorme Bedeutung der Milliardäre deutlich. Das aggregierte Nettogesamtv. aller privaten Haushalte in Deutschland 2012 erhöht sich durch die Milliardäre – je nach Szenario – um ein Drittel bis etwa 50 Prozent. Der Anteil der Top-0,1-Prozent (nur etwa 40.000 Haushalte) dürfte zwischen 14 und 16 Prozent des Gesamtv.s der Bevölkerung in Deutschland liegen. Der Anteil des reichsten einen Prozents liegt bei rund einem Drittel. Der V.santeil der reichsten zehn Prozent der Bevölkerung erreicht – je nach Szenario – zwischen 63 und 74 Prozent am gesamten Nettov. (dies ist weniger als der entsprechende Anteil weltweit, der auf 85 Prozent geschätzt wird).

3. Politikmaßnahmen. Für politische Maßnahmen zur Beeinflussung der V.sverteilung in Deutschland vgl. die Artikel →Vermögenspolitik und →Reichtum. Eine weltweite V.spolitik im engeren Sinne gibt es nicht. Um die Ungleichheit des V. in globaler Sicht zu verkleinern, ist in weniger reichen Staaten wirtschaftliches →Wachstum und der Aufbau von V. notwendig; Politikmaßnahmen zur Umverteilung (z. B. →Entwicklungshilfe) reichen nicht aus. Wie Wachstum erzeugt werden kann und welche Bedeutung dabei der Quantität und der Qualität des Wachstums zukommt, ist wissenschaftlich wie politisch höchst strittig. Der Gegensatz qualitativ/quantitativ hinsichtlich des Wirtschaftswachstums könnte kleiner werden, da inzwischen klar ist, dass Energieerzeugung ohne Ressourcenverbrauch erschöpfbarer Güter (z. B. Kohle) auf der Erde möglich ist (durch Sonnenenergie) und die technologische Beherrschung des →Klimawandels möglich sein kann.

Zur Bedeutung des V.s in der Sicht der Bibel und in der kirchlichen und theologischen Tradition vgl. den Artikel →Reichtum.

J. B. DAVIES (Hg.), Personal Wealth from a Global Perspective, Oxford 2008 – J. R. FRICK/M. G. GRABKA, Alterssicherungsvermögen dämpft Ungleichheit – aber große Vermögenskonzentration bleibt bestehen, in: DIW Wochenbericht, 3/2010 – M. G. GRABKA, Private Vermögen in Ost- und Westdeutschland gleichen sich nur langsam an, in: DIW Wochenbericht, 40/2014 – C. WESTERMEIER/M. G. GRABKA, Große statistische Unsicherheit beim Anteil der Top-Vermögenden in Deutschland, in: DIW Wochenbericht, 7/2015 – M. G. GRABKA/C. WESTERMEIER, Reale Nettovermögen der Privathaushalte in Deutschland sind von 2003 bis 2013 geschrumpft, in: DIW Wochenbericht, 34/2015.

Gert G. Wagner

Vermögenspolitik

Vermögenspolitik besteht aus Maßnahmen des Staates, die die Höhe und die Verteilung des →Vermögens einer Volkswirtschaft langfristig beeinflussen (wollen); oft geht es darum, eine breitere Vermögensbildung zu fördern. Dabei spielen verschiedene Sparförderungskonzepte eine Rolle, etwa Arbeitnehmersparzulagen nach dem Vermögensbildungsgesetz, Wohnungsbauprämien und vor allem Steuervergünstigungen nach dem Einkommensteuergesetz.

Beim Investivlohn wird einem Lohnempfänger ein bestimmter Prozentsatz seines Lohnes – unabhängig vom Unternehmensgewinn – vom Unternehmen vermögenswirksam gutgeschrieben, während Gewinnbeteiligungskonzepte an die Gewinnhöhe des Beschäftigungsbetriebs oder z. B. dem Durchschnittsgewinn einer Branche gebunden sind.

Seit Beginn des Jahrtausends spielt die staatliche Förderung der privaten Vermögensbildung zur Altersvorsorge (z. B. Riester-Rente, Rürup-Rente) eine besondere Rolle. Die Nachfrage nach dieser privaten Altersvorsorge ist allerdings nicht weit genug verbreitet, um künftig damit – was die politische Absicht bei ihrer Einführung war – den →Lebensstandard im Alter zusammen mit der gesetzlichen Rente halten zu können. Im Niedrigeinkommensbereich droht in den nächsten Jahren dadurch zunehmen →Armut im Alter.

H. KRÄMER, Vermögenspolitik, in: Gabler Wirtschaftslexikon, http://wirtschaftslexikon.gabler.de/Definition/vermoegenspolitik.html.

Gert G. Wagner

Vernunft

1. Zur Begrifflichkeit. „Vernunft" und „Verstand" sind einerseits Worte der Alltagssprache wie sie traditionell spezifisch philosophische Termini (Begriffe) sind. Die Umgangssprache nennt bspw. eine Entscheidung „vernünftig", einen Menschen „verständig", wenn diese einsichtig, allgemein zustimmungsfähig sind. V. und Verstand (lat. ratio/intellectus, engl. reasoning/understanding) werden sprachlich unterschieden, auch wenn die lat. Worte nicht eindeutig festgelegt sind. Eine begrifflich klare Unterscheidung von V. und Verstand hat erst KANT vorgenommen; nicht alle Philosophen haben jedoch diese begriffliche Differenzierung übernommen (z. B. B. A. SCHOPENHAUER nicht). Heute ist der Sprachgebrauch nicht eindeutig festgelegt, die Verwendung des Wortes V. also pluralistisch. V. bezeichnet die Fähigkeit des Wahrnehmens u. Denkens. Äquivalent zu V. ist Rationalität. Der Artikel konzentriert sich im folgenden auf die ethisch relevanten Fragen u. erörtert nicht alle erkenntnistheoretischen u. dogmatischen Themen.

2. Zur philosophischen Tradition des Vernunftverständnisses. Erkennen ist das Grundthema der Philosophie. Erkennen setzt V. als Vermögen voraus. In der Geschichte des V.begriffs wird zwischen dem subjektiven Erkennen u. der objektiven Erkenntnis, dem Objektivitätsideal des als solchem Vernunftgemäßen unterschieden. Die Wurzeln des phil. V.begriffs liegen in der Antike. Die griechischen Äquivalente sind nous und logos, die lateinischen ratio u. intellectus.

2.1 Antike und Mittelalter. PLATON (427–347) und ARISTOTELES (384–322 v.Chr.) bestimmen das antike u. mittelalterliche Denken bis zur Neuzeit. PLATON unterscheidet das auf das wahrhafte Sein der Ideen gerichtete V.wissen (Nous, Noesis) von der sinnlichen Wahrnehmung (Aisthesis) und der sinnlich bedingten Vorstellung bzw. Meinung (doxa). Eine entsprechende Dreiteilung findet sich in PLATONS Seelenlehre: Das vernunftgemäße Wollen (Logistikon) soll die sinnlichen Triebe und Affekte wie den muterfüllten Willen beherrschen. ARISTOTELES differenziert zwischen theoretisch-erkennender V. u. praktischer V., welche das Strebungsvermögen des Willen leitet. V. wird im griechischen Denken unterschieden von der sinnlichen Wahrnehmung. Eine weitere Differenzierung des antiken V.verständnisses blieb freilich bis KANT ungenau, nämlich die zwischen intuitiver V. (nous, lat. intellectus) u. diskursivem Verstandesdenken (dianoia, ratio). Das Wort ratio ist ebenfalls vielfältig, weil es mit Methode wie mit Theorie und auch mit System wiedergegeben werden kann.

2.2 Aufklärung. In der Aufklärung wird V. zum Leitwort u. zentralen Orientierungsbegriff. DESCARTES sieht in der V. das Organ des Erkennens u. das Fundament der Gewissheit der Erkenntnis (cogito, ergo sum). Die Rationalität, Vernünftigkeit des Denkens wie die Rationalität der Lebensordnung sind das Thema der Aufklärung. I. KANT (1724–1804) unterscheidet einen allgemeinen u. einen besonderen Gebrauch der V. Der allg. Begriff, der sich der V. wie des Verstandes bedienen kann, schließt das Vermögen des Verstandes, der

Urteilskraft und der V. ein und grenzt sich gegen die intuitive Erkenntnis der sinnlichen Anschauung ab. Der besondere Gebrauch differenziert zwischen Verstandeserkenntnis und V.denken. Während sich die Verstandeserkenntnis auf die Wahrnehmung der sinnlichen Anschauung bezieht, richtet sich V. als „Vermögen der Begriffe" nicht direkt auf Erfahrung, sondern nur auf den Verstand. V. „als oberste Erkenntniskraft" ist die Basis der Erkenntniskritik. Resultate der V.erkenntnis sind verallgemeinerbar. KANT vertritt ein apriorisches Verständnis der V., als „diskursive" V. KANTS transzendentale Kritik der V. bildet den Ausgangspunkt der neuzeitlichen Diskussion von V.

2.3 Diskussion nach KANT. HEGEL will über die Konstitution der Erkenntnis in der V. hinaus Inhalte der V., Manifestationen des Geistes einbeziehen. HEGEL stellte die These auf, V. beherrsche die Geschichte u. sucht nach der V. in der Geschichte. K. MARX trägt eine Ideologiekritik (→Ideologie) der „bürgerlichen" V. vor. Die Erkenntniskritik wird damit zur Geist- (u. Geschichts-) philosophie ausgeweitet. Die in der Mitte des 19. Jh.s einsetzende Wende zur sprachlich u. geschichtlich geformten Lebenswelt stellte die Konzentration der V. auf die bewusstseins-apriorische Grundlage in Frage. W. DILTHEY (1833–1911) entwickelte im Rahmen einer Theorie der Geisteswissenschaften ein Programm der „Kritik der historischen V.". Gegen eine bloß als formal eingeschätzte „reine" V. wird das Postulat einer vernehmenden V. gestellt, welche sich auf die Vielfalt u. Geschichtlichkeit kulturellen Lebens bezieht. Kantkritiker – wie J. G. HAMANN (1730–1788) und J. G. HERDER (1744–1803) – haben ebenfalls auf die „Sprachlichkeit" des Verstehens und die Unterschiedlichkeit der Sprache(n) verwiesen.

2.4 Vernunftkritik. Destruiert werden Ansprüche der V. auch von lebensphilos. Strömungen u. einer Kritik des Ressentiments, der →Ideologie, der Vorurteile (z. B. F. NIETZSCHE, 1844–1900). NIETZSCHE deckt in der Sprache Grundirrtümer der V. auf. Die aufgeklärte V. wird ferner von der „→Kritischen Theorie" einer Selbstkritik unterzogen (THEODOR W. ADORNO, 1903–1969, u. M. HORKHEIMER, 1895–1976). Diese Kritik an einer rein zweckrational ausgerichteten, instrumentellen V. wurde vielfach aufgenommen. Verbreitet ist eine Rationalitätskritik, welche in der Berufung auf die V. nur ein Mittel der Herrschaft u. Machtausübung (→Macht) sieht u. die unvernünftige Wirklichkeit u. irrationales Geschehen u. Verhalten gegen die V. ins Feld führt. In Frage steht, wie rational u. einsichtig die Unterscheidung von V. u. Unvernunft ist u., ob eine pluralistisch relativierte V. realer u. terroristischer Gewalt standhalten kann. Der Logozentrismus des abendländischen V.denkens wird aufgedeckt u. destruiert (DERRIDA u. a.).

3. Vernunft und Ethik. Bereits ARISTOTELES unterschied zwischen theoret. u. prakt. V. KANT schärfte diese Differenzierung ein. Praktische V. betrifft das Handeln (→Handlung). Sie setzt Handeln-Können, die →Freiheit zum Handeln voraus. Praktische V. gründet in der →Autonomie des verantwortlich handelnden Subjekts (→Verantwortung); sie besteht in vernünftiger Selbstgesetzgebung. In der Lebenspraxis bezeichnet V. die Forderung nach einer handlungsorientierten Verständigung. V. nimmt für sittliches Verhalten u. Handeln Evidenz in Anspruch u. beansprucht für Handlungsregeln allgemeine Verbindlichkeit, Universalisierbarkeit. So versteht auch das NT in einer philosophischen Verwendung von V. u. „vernünftig" V. als Mittel der →Kommunikation (Röm 12,1f: Vernünftiger Gottesdienst). V. ist in der →Ethik das Prinzip freier Argumentation, nicht eine inhaltlich gefüllte Theorie. KANT selbst stellte (gegen Ende der „Kritik der reinen Vernunft") fest, die menschliche V. bedürfe einer Disziplin, „um ihre Ausschweifungen zu bändigen". In diesem Sinne ist V. das regulative Prinzip einer universalisierbaren allgemeinen Ethik. V. als allgemeinmenschliches Prinzip stellt an das alltägliche Leben, auch in der →Politik, die Anforderung nach vernünftigen, d. h. menschlichen Regeln u. →Institutionen. Wird nämlich die →Gesellschaft als Verbindung vernünftiger Menschen, d. h. freier u. sittlicher Wesen begriffen, so folgt daraus die Achtung der →Menschenrechte als V.rechte. Die Aufgabe der Schaffung u. Sicherung einer „vernünftigen" Staatsordnung (nicht: einer „christlichen") ist eine Folge öffentlichen V.gebrauchs.

4. Vernunft und Erfahrung. *4.1* V. ist bei KANT eine apriorische Gegebenheit, wohingegen Erfahrung im Sinne der konkreten Vermittlung von Wirklichkeit aposteriorisch ist. Eine von Erfahrung u. Geschichte abstrahierende V. bleibt darum inhaltsleer. Zwischen V. u. Erfahrung besteht zwar ein Unterschied, aber kein völliger Gegensatz, keine Alternative. Lebensvollzüge, →Kultur u. Sprache sind in Geschichte eingebettet u. werden durch Erfahrung (→Tradition, →Sitte) vermittelt. Sie sind freilich stets sowohl einer kritischen Prüfung als auch der Verpflichtung zur argumentativen Vermittlung zu unterziehen. J: HABERMAS unterscheidet deshalb eine „technische" von einer „kommunikativen" V. (→Kommunikation; →Diskursethik). Das Programm ungeschichtlicher Rationalität (engl. reasonableness) und abstrakten Vernünftigkeit verfehlt die Situationsbedingtheit und die Kontextbedingtheit konkreter ethischer Fragestellungen u. moralischer Verantwortung u. Herausforderung. Ethik (u. Religion) können nicht „sola ratione" entworfen, also allein aus der Vernunft abgeleitet werden.

4.2 Vernunft und Glaubensvermittlung. Im Kontext von Kultur, Sprache u. Geschichte ist auch die Verhältnisbestimmung von V. und Glaube, von V. und Offenbarung entschärft. Die Zuordnung von Glaube und V., Offenbarung u. V. ist ein klassisches theol. Thema seit den christlichen Apologeten, AUGUSTIN, THOMAS V. AQUIN u. a. Sowohl das Verständnis von V. wie das von Glaube u. Offenbarung sind jedoch recht unterschiedlich. Das kath. Lehramt hat die Zuordnung von V. und Glaube explizit dogmatisiert (1. Vatikanisches Konzil). Auch die V. kann Gott erkennen, freilich nur unvollkommen. Neuzeitliche V.kritik kann einer Fundamentalkritik von Glaube und Religion dienen, indem sie diese als schlechthin un- und widervernünftig entlarvt. In der Aufklärung richtete sich die V.kritik gegen einen auf →Autorität berufenden Glauben, welcher sich Kritik verschloss. Glaube u. Offenbarung ihrerseits können als Supervernunft, übervernünftig, supranatural begriffen werden. Dieser Grundsatzkonflikt zwischen Rationalismus u. Suprarationalismus gründet einerseits in einer umfassenden Definition von Rationalität, die zur Ideologie eines V.glaubens, Szientismus werden kann, andererseits setzt sie ein Verständnis von Glaube und Offenbarung voraus, das den Glauben als das schlechthin Widervernünftige begreift (credo, quia absurdum). Wird jedoch Offenbarung nicht als unreflektierte Zustimmung zu nicht verstehbaren Glaubensinhalten verstanden, sondern als Kommunikations- u. Erschließungsgeschehen gedeutet, u. Glaube durch das Zeugnis der Gottesbegegnung bewirkt, so schließen sich vernünftige Einsicht u. Argumentation u. Ausrichtung des Glaubens auf ein Offenbarungszeugnis nicht prinzipiell aus (vgl. die Formel: „Fides quaerens intellectum"). Die theol. Reflexion betont traditionell die Begrenztheit der V. u. unterscheidet das Vermögen der V. im Blick auf die Gotteserkenntnis von der Freiheit des Handelns in der Welt. V. wird dem „freien Willen" gleichgesetzt (CA 18: liberum arbitrium; →Rechtfertigung). Diese Unterscheidung steht hinter Luthers widersprüchlichen Aussagen zur V. Menschliche V. ist immer begrenzte, irrtumsfähige V. Aus der Sicht der aufgeklärten V. („von außen") u. des Glaubens („von innen", anhand der Sprache der Glaubensüberlieferung) bleibt deshalb dennoch eine Verschiedenheit. Die Perspektive des Glaubens und der V. fallen somit nicht in eins. Eine rationaler Verständigung dienende Entfaltung des christl. Glaubens ist dennoch möglich. Theol. stehen V. u. Glaube unter dem „eschatologischen Vorbehalt" menschl. Unvollkommenheit (→Eschatologie und Ethik). Christl. Glaube verweist auf die Begrenztheit aller V. (Endlichkeit, Böses, Sünde).

4.3 Die Endlichkeit menschlicher V. u. die Mehrdimensionalität des Menschseins – neben V. sind Emotionen, Affekte und ästhetische Wahrnehmung bestimmende Kräfte – führt zum Schluss, dass von V. nur im Plural zu reden ist. V., Rationalität kann durch verschiedene Prädikate näherbestimmt werden. Die Unterscheidung der Kritischen Theorie zwischen instrumenteller V., die ausschließlich der Zweck-Mittel-Wahl verpflichtet ist, u. „kritischer" V., welche am Humanum ihren Maßstab hat, geht auf MAX WEBERS Unterscheidung von Zweckrationalität u. Wertrationalität (→Werte) zurück. WEBER kennt freilich darüber hinaus auch eine Rationalität, V. der Tradition und der Affekte. Die bloße ökonomische Rationalität der Zweck-Mittel-Wahl wie die Ausrichtung der Lebensführung auf durchgängige Berechenbarkeit verfehlten die Lebenswirklichkeit. Überlegungen zur kommunikativen Rationalität (J. HABERMAS) begnügen sich nicht mit einem rein formalistischen u. rationalistischen Verständnis von V. Die Vernünftigkeit von Ökonomie, Ethik, Kultur ist vielmehr kommunikativ zu ermitteln. Die Rede vom V.prinzip oder gar V.interesse benennt diese Aufgabe.

5. *Vernunft als Mittel der Verständigung.* Es gibt zwar keine anerkannte Definition „der" V., die Überlegungen zu den Grenzen u. zur Selbstkritik der V. sollen aber nicht der Unvernunft das Wort reden. V. ist als Prinzip der Argumentation und der diskursiven Verständigung keine Norm, kein Faktum, kein Gegenstand, keine bestimmte Meinung u. Theorie. Das V.prinzip zielt vielmehr auf Verständigung, Konsens. Das besagt aber: V. ist keine substantielle Gegebenheit (also nicht der Nous der platonischen Ideenlehre). Vielmehr: „Kritisiert werden kann die V. nur in ihrem Gebrauch" (U. ANACKER). Wird ferner der Zusammenhang von V. und Geschichte, Erfahrung bedacht u. zugleich das kritische Potential der V. genutzt, so können objektivistische Fehlschlüsse der Lebensphilosophie (z. B. zeitlose →Werte) u. z. T. auch der Hermeneutik vermieden werden. V. ist Mittel u. Maß der Verständigung, zielt praktisch auf reziproke Anerkennung u. ist insofern ihrem Wesen nach praktische V. V. ist in der Ethik als Kommunikationsmedium u. als verbindliche Forderung nach Verständigung fundamental. Die Berufung auf V. kann jedoch auch ideologisch benutzt u. zur Legitimation von individuellen Interessen (als „vernünftig", rational) verwendet werden. Sie ist außerdem weder die alleinige anthropolog. Basis (→Anthropologie) von Ethik – neben V. sind Emotionen u. Willensentschlüsse handlungsmotivierend u. -leitend –, noch kann mit Hilfe der V. ein System der Ethik konstruiert oder eine universale, von geschichtlicher u. alltäglicher Erfahrung losgelöste Theorie ethischer →Verantwortung legitimiert werden.

J. HABERMAS, Erkenntnis und Interesse, 1968 – M. HORKHEIMER/TH. W. ADORNO, Dialektik der Aufklärung (1944), 1969 – H. ALBERT, Traktat über kritische V., 1969² – U. ANACKER, V., in: Handbuch philosophischer Grundbegriffe, ⱽᴵ1974, 1597–1612 – H. SCHNÄDELBACH, V. und Geschichte, 1987 – H. SCHNÄDELBACH, V. 2007.

Martin Honecker

Versicherung

1. *Begriff.* V. bieten Sicherheit, eines der Grundbedürfnisse der Menschen. Für die Gewährung von Versiche-

rungsschutz ist der Versicherungsnehmer bereit, eine Prämie bzw. einen Beitrag an das Versicherungsunternehmen bzw. den Versicherungsträger zu zahlen. In der Bundesrepublik Deutschland gibt es zwei nebeneinander existierende Sicherungssysteme, die staatliche Sozialv. und die Privatv. (Individualv.). Sie unterscheiden sich in der Zielsetzung und Aufgabenstellung deutlich voneinander, sorgen aber in ihrer Gesamtheit für einen umfassenden V.schutz von Personen und Unternehmen.

2. Das Sozialversicherungssystem. Mit der Sozialv. verfolgt der Staat vor allem sozialpolitische Ziele. Deswegen sind die V.verhältnisse und der Umfang des V.schutzes gesetzlich vorgeschrieben. Insofern ist die Sozialv. zwar auch eine V., aber in einer durch den sozialpolitischen Zweck und durch die sozialpolitische Gestaltung bestimmten und auch verfremdeten Weise. Die Sozialv. soll den Bürgern eine Grundversorgung gewähren. Sie beschränkt sich daher auf die Deckung bestimmter, im Wesentlichen mit der Arbeitskraft im Zusammenhang stehender Risiken wie Krankheit, Berufsunfall, Invalidität, Arbeitslosigkeit und Alter. Die Sozialv. beruht auf dem Umlageverfahren, bei dem die jeweils Erwerbstätigen mit ihren Beiträgen die Leistungen finanzieren. Je nach gesetzlicher Regelung kann und muss ein Teil der Finanzierung auch aus allgemeinen Haushaltsmitteln und Steuern übernommen werden. Vor dem Hintergrund der schon heute hohen Sozialkostenbelastung sowie den demographischen Rahmenbedingungen in der Zukunft sind bei den gesetzlichen Sozialv.systemen durchgreifende Reformen unumgänglich. Dabei wird die Eigenverantwortung für die Zukunftsvorsorge der einzelnen Bürger eine größere Bedeutung erlangen und damit die Rolle der Individualv. stärken.

3. Das Individualversicherungssystem. Im strengen Sinne arbeitet nur die Individualv. nach v.technischen Grundsätzen. Wesentliches Merkmal ist die Gewährung von V.schutz. Es handelt sich um ein abstraktes Schuldversprechen des V.unternehmens, im Falle des Schadenseintritts den Schaden entsprechend den vertraglich getroffenen Vereinbarungen ganz oder teilweise finanziell zu ersetzen. Aus der Sicht des V.unternehmens (Produzenten) enthält der V.schutz folgende Elemente: a) das Risikogeschäft, b) das Spar- und Entsparungsgeschäft, c) das Dienstleistungsgeschäft (Beratung und Abwicklung des Risikos sowie des Spar- und Entsparungsgeschäftes).

V.unternehmen dürfen ihr Geschäft nur in Form von Aktiengesellschaften (AG), V.vereinen auf Gegenseitigkeit (VVaG) und Anstalten des öffentlichen Rechts führen. Das Versicherungsaufsichtsgesetz (VAG) gestattet V.unternehmen, neben den V.geschäften nur solche Geschäfte zu betreiben, die hiermit in unmittelbarem Zusammenhang stehen. In der Praxis ist eine Begrenzung oft schwierig (z. B. bei Finanzdienstleistungen). Aber das grundsätzliche Verbot dient der vom Gesetzgeber besonders hoch eingeschätzten Schutzbedürfigkeit der Versicherten.

Angebot und Nachfrage nach V.schutz vollziehen sich im freien Wettbewerb auf dem V.markt. Dieser unterscheidet sich z. T. erheblich von anderen Teilmärkten der Volkswirtschaft. Das liegt u. a. darin begründet, dass das immaterielle Wirtschaftsgut V.schutz geringer bewertet wird als andere materielle Güter, darüber hinaus an der Ungewissheit des Risikoeintritts, den stark erklärungsbedürftigen V.produkten, aber auch an der schwer verständlichen Struktur des V.geschäftes. Die Liberalisierung des V.marktes hat den Handlungsspielraum der V.unternehmen erheblich erweitert. Dies hat zu einer größeren Angebotsvielfalt, aber auch zu einem erheblichen Preiswettbewerb geführt.

Der V.markt hat sich von einem Verkäufer- zu einem Käufer-Markt gewandelt, auf dem intensiver als früher um den Kunden geworben wird und neue Vertriebswege sowie Vertriebsinnovationen an Bedeutung gewinnen. Da es keinen Innovationsschutz für V.produkte gibt, können sich V.unternehmen durch neue Produkte oder verbesserte Produktgestaltung nur kurzfristig Vorteile am Markt verschaffen. Besonders gravierend ist die Abkehr von einer spartenorientierten zu einer geschäftsfeldorientierten Unternehmenspolitik, verbunden mit einer starken Marktdifferenzierung (Privat- und Industriekunden) sowie einem konsequenten Kosten- und Ertragsdenken. V.unternehmen bedienen sich zur Minderung der übernommenen Risiken der Rückversicherer (Versicherer der Versicherer). Ohne die Existenz der V.wirtschaft wäre eine moderne Volkswirtschaft nicht funktionsfähig. Da V.nehmer ihre Prämie im Voraus zahlen und die Fälligkeit der Leistungen später erfolgt, spielen die Vermögensanlagen für V.unternehmen selbst, aber auch als Kapitalsammelbecken für die Volkswirtschaft, eine ganz bedeutende Rolle. Im Interesse der Versicherten sind die Gelder so anzulegen, dass eine möglichst hohe Sicherheit, Rentabilität, Liquidität sowie Mischung und Streuung gewährleistet sind.

H. LAMPERT/J. ALTHAMMER, Lehrbuch der Sozialpolitik, 2007^8 – D. FARNY, Versicherungsbetriebslehre, 2011^5 – P. ZWEIFEL/R. EISEN, Versicherungsökonomie, 2013^2 – J.-M. GRAF VON DER SCHULENBURG/U. LOHSE, Versicherungsökonomik, 2014^2.

Ute Lohse

Versöhnung

1. Begriff. V. bezeichnet die Wiederherstellung eines guten Verhältnisses zwischen Streitenden oder Feinden (Gott und Mensch, Menschen untereinander). Im neueren Sprachgebrauch kommt die Bedeutung einer Wiederherstellung gestörter Harmonie zwischen Mensch und Natur bzw. Kosmos hinzu. Der Begriff entstammt ursprünglich der religiösen Sphäre; das mit ihm beschriebene Geschehen ist in fast allen Religionen zu finden: →Schuld vor Gott wird ausgeglichen durch vorgeschriebene Kultpraktiken wie Gebet, Reinigung, Opfer (Gott als Objekt der V.) oder durch die neue Zuwendung Gottes (Gott als Subjekt der V.). Der Begriff V. (katallage/katalassein) ist im Neuen Testament nicht breit belegt (Zentralstellen: Röm 5,10f. und vor allem 2. Kor 5,19f.: „Gott war in Christus und versöhnte die Welt mit sich selber und rechnete ihnen ihre Sünden nicht zu und hat unter uns aufgerichtet das Wort von der V. So sind wir nun Botschafter an Christi Statt, denn Gott ermahnt durch uns; so bitten wir nun an Christi Statt: Lasst euch versöhnen mit Gott!"). Der Begriff kennzeichnet damit das Zentrum christlicher Theologie und zwar die Vorstellung vom Tode Jesu Christi als einem von Gott als Subjekt ausgehenden, stellvertretenden Sühnegeschehen, das für alle Menschen und den ganzen Kosmos die Wiederherstellung der schuldhaft verlorenen Gemeinschaft mit Gott bewirkt. V. hat die →Gerechtigkeit vor Gott (Röm 3), den Frieden mit Gott (Röm 5) und die Gewissheit künftigen Heils im Endgericht zur Folge.

Das *deutsche Wort* V. geht auf das mittelhochd. Wort „versüenen" zurück; „Süene" meint an sich soviel wie „V.", „Schlichtung", „Friede". Ende des 18. Jh.s wird der Begriff Sühne neu belebt und bedeutet nun vor allem „Wiedergutmachung", „Bußleistung", aber auch →„Strafe". Das zugehörige Verb „sühnen" gehört zusammen mit der Präfixbildung „versöhnen" und hat wohl die Grundbedeutung „still machen", „beschwichtigen", „Frieden schließen". Die englische Sprache unterscheidet „atonement" (Sühne) von „reconciliation" (Aussöhnung), das den Akzent auf die V. als sozialethische Aufgabe legt.

2. Theologiegeschichtlich. In der Theologie des Ostens wurde nicht der V.sbegriff, sondern der *Erlösungsgedanke* leitend: die Befreiung von Sünde und Tod zielt auf die Vergöttlichung des Menschen. Die abendländische Theologie hingegen hatte den V.sbegriff mit dem stellvertretenden Sühnetod Christi zum Zentrum theologischen Nachdenkens, wobei es über die Auswirkungen dieses Geschehens auf den Menschen unterschiedliche Auffassungen gab. Zwei Grundvorstellungen, den V.sbegriff zu fassen, haben sich mit ANSELM VON CANTERBURY und ABAELARD in der Theologiegeschichte des Westens entwickelt. Nach ANSELM muss die durch die menschliche Sünde verletzte Schöpfungsordnung (→Ordnung) durch die angemessene Wiedergutmachung/Sühne wiederhergestellt werden; nur Christus, der als wahrer Gott dies leisten *kann* und als wahrer Mensch dies stellvertretend für die Menschen leisten *muss*, ist zur Wiedergutmachung/Sühne fähig. V. wird in kultisch-rechtlichen Vorstellungen gedacht (in je eigener Akzentsetzung und kritischer Anknüpfung späte: TH. V. AQUIN, M. LUTHER, J. CALVIN, M. KÄHLER, K. BARTH, W. PANNENBERG, J. MOLTMANN u. a.). ABAELARD hingegen verstand V. ohne die kultisch-rechtlichen Termini von →Schuld und Sühne als Wirkung überströmender göttlicher →Liebe, die Menschen erfasst und ihnen die →Gerechtigkeit Gottes bringt. Gottes Liebe weckt auf psychologischem Wege die Gegenliebe der Menschen, geht auf sie über und breitet sich so weiter aus (in je eigener Akzentsetzung vor allem in der Neuzeit: F. SCHLEIERMACHER, A. RITSCHL, R. BULTMANN, D. SÖLLE u. a.). Eine V.slehre anselmischer Prägung geriet zudem in die neuzeitliche Kritik: I. →KANT betonte, dass moralische Schuld an der Person hafte und nicht stellvertretend getragen werden kann; F. NIETZSCHE sah in der grauenvollen Opferung eines Unschuldigen die Selbstaufhebung des Christentums und des Evangeliums; historische Forschung erklärte die Sühnopfervorstellung für zeitgebunden. Das Interesse am Begriff der V. verlagert sich von der Dogmatik weg hin zu dessen (sozial-)ethischem Gebrauch: das versöhnende Handeln Gottes wird zu Vorbild und Motivation zwischenmenschlicher V.sbemühungen.

3. Neuere Diskussion. Gegenwärtig wird der Begriff V. in Theologie und Kirche meist für den Ausgleich sozialer und politischer Gegensätze gebraucht: in der „Ostdenkschrift" der →EKD „Vertreibung und V." (1965) (→Denkschriften) und dem südafrikanischen „Kairos"-Dokument (1985); zunehmend auch für die Wiederherstellung der gestörten Harmonie mit der Umwelt („V. mit der Natur"); die EKD-Denkschrift zur Reform des Strafvollzugs „Strafe: Tor zur V.?" (1990) propagierte den Täter-Opfer-Ausgleich als Weg zur V; die Zweite Europäische Ökumenische Versammlung in Graz (1997) hatte zum Thema: „V. als Gabe Gottes und Quelle neuen Lebens" (V. wird zum Leitbegriff, um den →Dienst der Kirche für das neue →Europa und dessen regionale und strukturelle →Konflikte zu beschreiben: der Heilung der Wunden der Vergangenheit, des Konfliktes z. B. in Jugoslawien und Nordirland, Wiederaufbau der Potsdamer Garnisonkirche als Ort der V., V. mit der Natur, der globalen Nord-Süd-Beziehungen, der Interaktion gesellschaftlicher →Gruppen, der Gleichstellung und Gemeinschaft von Männern und Frauen, der V. der Kirchen untereinander und des Dialogs zwischen den Religionen). Der neuere Sprachgebrauch lebt davon, dass der V.sbegriff eine ethische Kategorie ist, die scheinbar unmittelbare Evidenz mit sich führt. Als „sozialer Beziehungsbegriff" und nomen actionis gibt der Begriff V. besser als das Wort →„Friede" einen Prozess und ein zukunftsoffenes Geschehen wieder, dem die „Sprachhandlung der Bitte" als „Mittel solidarisch-kommunikativen Handelns" entspricht (W. HUBER/H.-R. REUTER).

Wenn V. als eine sozialethische Aufgabe beschrieben wird, dann verhilft dies dazu, wieder die Dimensionen wahrzunehmen, die dem theologischen Begriff von Hause aus zu eigen sind: V. mit Gott *und* der Menschen untereinander. Die 5. Bitte des Vaterunsers („Vergib uns unsere Schuld, wie auch wir vergeben unseren Schuldigern", Mt 6,12; vgl. auch Mt 5,24) zeigt an, wie die vertikale und horizontale Dimension untrennbar aufeinander bezogen sind. Besonders sinnfällig wird dies in der mit Gott und unter den Menschen friedenstiftenden Funktion des Abendmahls; der Gottesdienst erweist sich als Quelle und Geschehen des Friedens. Nicht nur die Bitte um V., sondern das existenzielle „Hineingenommenwerden" in die V. bestimmt den christlichen V.sbegriff in seiner ethischen Perspektive. Wird V. zudem in Anlehnung an die abaelardsche Grundvorstellung ohne Schuldeinsicht, -bekenntnis und Sühne gedacht, so entsteht die Gefahr, den christlichen →Dienst der V. auf ethische Appelle zu reduzieren, ohne einen gangbaren Weg der V. zu beschreiben. V. kann in Analogie zum göttlichen V.shandeln differenziert als ein Geschehen verstanden werden, das Schuldeinsicht und -bekenntnis, Sühne als Zeichen der Reue und menschlich möglicher Wiedergutmachung, Vergebung als Nichtanrechnung von Schuld und den Zustand der Wiederherstellung eines guten Verhältnisses umfasst.

In verschiedenen nichttheologischen Wissenschaften wird zudem über den Sinn von Schuldeinsicht und -bekenntnis, Sühne und V. in gesellschaftlichen Zusammenhängen nachgedacht (Belege bei J. ZEHNER). Im *Strafrecht* werden neue, auf V. zielende Sanktionsformen erörtert: Dazu gehören der Ausgleich zwischen Täter und Opfer, dem Täter die bessere Einsicht in sein Fehlverhalten ermöglicht und dem Opfer das Vertrauen in die Gültigkeit der Rechtsordnung zurückgibt (C. ROXIN). Damit verbunden sind unterschiedliche Formen der Wiedergutmachung und des Schadensausgleichs (Täter-Opfer-Ausgleich, Truth-Commission Südafrika). In der *Politikwissenschaft* gewinnen Schuldeinsicht und -bekenntnis als Schritt zum gesellschaftlichen Ausgleich eine besondere Bedeutung: „Das Beschweigen von Schuld schädigt die →Demokratie" (G. SCHWAN). In der *Rechtsphilosophie* wird ein neu verstandener Vergeltungsbegriff grundsätzlich positiv eingeschätzt: die Idee der Gegenseitigkeit „bildet bis heute ein unstrittiges Prinzip der Sozialmoral, der Tauschgerechtigkeit" (O. HÖFFE).

Eine kritische Relecture des anselmischen V.sbegriffs, die die vertikale *und* horizontale Dimension in den Blick nimmt, kann in Aufnahme von Anstößen aus der nichttheologischen Forschung die kultischen, rechtlichen und personalen Merkmale des Begriffs zur Geltung bringen: im Heilshandeln Gottes bestätigt sich die auf Sühne, auf Ausgleich angelegte (Schöpfungs-)Ordnung; diese Ordnung wird aber durch die stellvertretende Sühne Jesu Christi überwunden und überboten. In einem zu staatlichen Sanktionsformen subsidiären kirchlichen Forum der V./Vergebung sollte eine frei zu wählende Alternative entstehen, die den Weg der V. ermöglicht. Jedoch müsste, da Christus stellvertretend gesühnt hat, nicht eine menschlich zu leistende Wieder*gut*machung, ein vom Grundsatz des Talionsprinzips äquivalenter Ausgleich angestrebt werden. Die Ausgleichsleistung hätte vielmehr den Charakter eines Zeichens der tätigen Reue, die die Eigenverantwortung anspricht, menschlich leistbar und begrenzt ist.

K. BARTH, Kirchliche Dogmatik. Die Lehre von der V., Band IV/1–4, 1986–1991 – G. WENZ, Geschichte der V.slehre in der evangelischen Theologie der Neuzeit, 2 Bde., 1984/1986 – W. HUBER/H.-R. REUTER, Friedensethik, 1990 – KONFERENZ EUROPÄISCHER KIRCHEN/RAT DER EUROPÄISCHEN BISCHOFSKONFERENZEN (Hg.), V. Gabe Gottes und Quelle neuen Lebens. Eine Arbeitshilfe für die Vorbereitung der Zweiten Ökumenischen Versammlung (1997), 1995 – D. W. SHRIVER, An Ethic for Enemies. Forgiveness in Politics, New York, Oxford 1995 – G. SAUTER (Hg.), „V." als Thema der Theologie, 1996 (Lit.) – P. KARNER (Hg.), V. Gabe Gottes und Quelle neuen Lebens. Texte – Impulse – Konkretionen. Zur Zweiten Europäischen Ökumenischen Versammlung Graz, 1997 – J. ZEHNER, Das Forum der Vergebung in der Kirche. Studien zum Verhältnis von Sündenvergebung und Recht, 1998 – B. A. ZIMMERMANN (Hg.), Versöhnt durch den Opfertod Christi? Die christliche Sühnopfertheologie auf der Anklagebank, 2009.

Joachim Zehner

Verteilung / Politiken der Verteilung

1. Diskursfelder. Fragen der V. und der Politiken der V. betreffen Grundfragen des Lebens in einem sozial und gesellschaftlich geteilten Ganzen. Für die Stabilität sozialer Systeme und die Weitergabe des Lebens sind Regeln des Teilens und der V. basal. Da V.skonflikte eine konstitutive Funktion für den Aufbau des Sozialen ausüben, liegt auf den Fragen und Konflikten der V.sproblematik ein besonderes Augenmerk von Ethiken. Im Zentrum ethischer Gesichtspunkte der V.sproblematik stehen die Frage der Gerechtigkeit und die damit notorisch verbundenen Diskurse über Ungleichheit. V.sfragen und die Sphären der Gerechtigkeit stehen von jeher im Spannungsfeld von Ökonomie, Sozialpolitik, Rechtsprechung, Macht und Religion. Im Anfang des 21. Jahrhunderts – auf der Schwelle zum *Anthropozän* – steht die V.sfrage vor Herausforderungen, für die andere Logiken und Formate der Problemlösung (Institutionen) allererst erfunden und gefunden werden müssen.

Für die Debatte über den Stellenwert der V.sproblematik sind fünf Diskursfelder in Erinnerung zu halten. (1) *Das alteuropäische Erbe der Ethik*: Die V.sfrage schließt in ihrem Ausgangspunkt an die Einsicht an, dass zwischen dem Gerechten und Rechten (*dikaion*), der Freundschaft (*philia*) und der geteilten Gemeinschaft (*koinonia*) ein „gemeinsames Band" (*iustitia commutativa*) besteht. Das Erbe der christentumskulturellen Tradition kann für die Frage nach dem gemeinsamen Band an den biblischen Begriff der Gerechtigkeit als „Gemeinschaftstreue" anschließen („Option für die Armen"). Der Axiomatik zufolge wirft der Ausgangspunkt der *iustitia commutativa* Fragen nach den Maßen und Proportionen auf, nach denen die Verhältnisse einer gemeinsam geteilten Gemeinschaft durch Regeln tatsächlich „geteilt" werden können. Diese Frage ist das vorzügliche Thema der „Tauschgerechtigkeit" (*iustitia distributiva*) und der Wertstufung nach den Fragen der „Freundschaft", „Brüderlichkeit" oder „Menschenliebe" (distributionsattraktive Solidaritätsökonomien) sowie den christentumsreligiösen Impulsen der Barmherzigkeit oder der *caritas* (gnadenkapital-orientierte Caritasökonomien im Modus des *pursuit of holiness*) vorgeordnet. Stets akute und gegenwärtige Fragen der „V.sgerechtigkeit" oder Forderungen nach „sozialer Gerechtigkeit" oder „mehr" sozialer Gerechtigkeit knüpfen an dieser Tradition an. (2) *Ökonomie als Haushaltungskunst*: Antworten auf die V.sproblematik waren und sind auf der Linie dieser Tradition eng mit der Frage nach dem Erwerb als Inbegriff der Haushaltungskunst (Ökonomie) verbunden. Die Frage nach dem Maß, nach dem eine V. von Gütern sich zu vollziehen hat, konzentriert sich nach diesem Vorstellungskreis dabei auf das kluge Vermögen, Reichtum in soziale Werte zu transformieren. Die Pointe solcher Fragestellungen, die den Kernbereich der alten Frage der „Tauschgerechtigkeit" bilden, besteht vorrangig darin, das politische Gemeinwesen gegen den Einbruch von Kontingenzen (Naturgewalt, Wissensgewalt, Kriegsgewalt) zu stabilisieren. Ökonomie ist in diesem Vorstellungskreis eine Unterabteilung von Politik. Aktuelle Fragen von V. und V.spolitik schließen sich an. Der Stellenwert der V. ist dabei immer auch eine innerökonomische Frage im Prozess des Wirtschaftens selbst (Produktion und V., Tausch und V., Gebrauch, Konsum und V.). (3) *Sinn für Ungerechtigkeit*: Die Bewegung für Fragen der V. rührt aus der Empfindlichkeit (pathische Intuitionen) gegenüber den Gestalten der Ungleichheit. Mit jeder Realisierung von Gleichheit (im Zielergebnis oder im Chancenbereich) wird allerdings der Sinn für „neue" Ungleichheiten mitproduziert. Insofern kommt die Frage nach gerechter V. positiv verstanden nie zur Ruhe. (4) *Das Skandalon der Ungleichheit*: Kein Fortschritt der Welt gestattet es zu ignorieren, dass in absoluten Zahlen gemessen noch nie so viele Frauen, Kinder und Männer von Gewalt und Ungleichheit, Ausschluss, Hunger und Raub an der lokalen Naturbasis ihres Überlebens betroffen waren. Es sind diese Stimmen aus dem Chor eines vielfältigen *Leidens*, welche die Frage nach den Modalitäten des Teilens, den Regeln der V.spolitik dringend und akut halten. Ethische Fragen von V. und V.spolitik (Leben und Überleben im Modus des Teilens) haben in dieser Aufmerksamkeit ihren substruktiven Motivationsrückhalt. (5) *Heil und Wohl*: Theologie und Ökonomie beziehen sich auf die Unterscheidung und die Spannung zwischen Heil und Wohl. Heilsökonomisch (religiös und theologisch) steht der Gesichtspunkt der V. im *Zeichen der Gabe* in der Verflechtung der materiellen, kommunitären und imaginativen Lebensfäden. Wohlstandsökonomien und die Wohlordnung des Zusammenlebens (politisch und ökonomisch) stehen dazu in Spannung, gerade im Wechsel der Moderne auf den *„pursuit of happiness"* (neoreligiöse Glücksökonomien und Selbstunternehmertum im Zeichen von *„enhancement"*). Bei „Gott" steht der Reichtum seines Gebens in einer unverhältnismäßigen Proportion zur Armut seines Nehmens. Für den Ausgangspunkt der Gestaltung von Verhältnissen sittlicher Freiheit (Ökonomie und Lebensformen des Menschen) sieht es genau anders herum aus: Beim Menschen steht die Armut seines Gebens in einer unverhältnismäßigen Proportion zum Reichtum seines Nehmens (Raub). Dieses doppelt proportionale Missverhältnis bezeichnet das Energiefeld, aus dem die ökumenische Sozialethik der christentumskulturellen Konfessionen ihre Unruhe und ihre Impulse für Fragen der V. bewahrt und gewinnt.

2. Grundfragen. Fragen der V. und der Politiken der V. betreffen Fragen des Reichtums unter der Bedingung der Knappheit von Gütern, Fragen der Produktion von Gütern (Distribution und Allokation) und Fragen des Gebrauchs von Gütern. Der intelligente Umgang mit knappen Ressourcen im Horizont der V.sproblematik bezieht sich dabei sowohl auf den Gesichtspunkt der *Distribution* („V." von Gütern, Dienstleistungen und Rechten aus dem Pool des erwirtschafteten Reichtums; Wertgebrauchsketten) als auch auf den Vorrang der *Allokation* („Zuteilung" von Produktionsfaktoren und Produktionsprozessen zur Erwirtschaftung des gesellschaftlichen Reichtums; Wertschöpfungsketten).

Die drei wechselseitig wie spannungsreich miteinander verflochtenen Grundfragen der V.sproblematik lauten: (1) *Was* steht jeweils zur V. an? (2) *Wie* und unter welchen Regeln vollzieht sich Teilen und Verteilen sowie wem wird verteilt? (3) *Wer* entscheidet über die Regeln der V.?

(1) *Was* zählt zu den Gütern? Zentral sind die Unterscheidung der *V. von Vorteilen* und die *V. von Lasten* sowie die V. von Vorteilen und Lasten untereinander. Vorteile können sein: Einkommen, Vermögen, Konsummöglichkeiten, Wohlfahrt, Lebensqualität, Handlungsspielräume. Lasten können sein: Arbeitsleistungen, Schulden, Belastungen, „Opfer" (freiwillige oder erzwungene Gaben; Lebensleistungen der Fürsorge oder Hingabe), Verödung des Lebensraums, Erosion sozialer Systeme. (2) *Wie* und nach welchen Regeln vollzieht sich V.? Die Ausbildung von Regeln kennt verschiedene Modelle. Technische Regeln können sein: *Transferleistungen* (Steuern, Sozialversicherungsbeiträge, Sozial-

transfers). Zu den technischen Regeln gesellen sich die Regelhaftigkeit sozialer Normen sowie *Gesichtspunkte der Gerechtigkeit* (Leistungs-, Tausch-, Bedarfs-, Chancengerechtigkeit). Hierbei sind zu unterscheiden Modelle, die den *Zielbezug* von V.sfragen akzentuieren (Herstellung von Gleichheit; Egalitarismus) von Modellen, die Ausgangsbezug betonen (V. von Chancen; Befähigungsgerechtigkeit). Zur Frage, unter welchen Regeln was verteilt wird, gesellt sich die Frage, *wem* verteilt wird. Mögliche Adressaten sind Unzugehörige, Gruppen und Haushalte, Unternehmen und Organisationen, Staaten. (3) *Wer* entscheidet über V.? Die Frage nach den Instanzen der V. wirft vornehmlich Fragen der *Macht* auf. Mögliche Instanzen sind politische Entscheidungsträger, Gruppenorganisationen mit Vertretungs- oder Appellationsmacht (Gewerkschaften, Verbände, Organisationen der Zivilgesellschaft, intermediäre Institutionen wie Religionsgemeinschaften und „Kirchen"), die Marktordnung selbst und die Marktteilnehmer (Produzenten, Konsumenten, Unternehmen).

3. **Epochenschnitte.** In Agrargesellschaften besteht eine wesentliche Komponente der V. darin, dass Bauern durch Bearbeitung des Bodens und in Einschaltung in natursolare Kreisläufe eine Ernte produzieren, von der sie Teile („Surplus") als Grundrente, Tribut, Steuer und sonstige Abgaben an ihren Herren abführen. Kennzeichen dieser V. ist nicht-reziproker Tribut und bloße *Abschöpfung von Reichtümern*. Die ökonomische Struktur beruht auf Arbeits-Leistung und parasitärer Verschwendung (Feudalismus, Absolutismus). Es erhalten sich Reste „regulierter Anarchie" in Kleingemeinschaften (Gabetausch; Allmende). Für den Wechsel zur Industriegesellschaft ist die Universalisierung von Leistung in Form von Arbeit zentral. Hieran schließen die *Programmatiken der sozialistischen Distribution* an. Die Grundidee dieser Programmatiken zielt darauf, Reichtum (Kapital als akkumulierter Mehrwert) wieder an die Quelle der Produktion (Arbeitskraft) zurückfließen zu lassen. Leitend ist die Konzentration auf das Paradigma der Produktion. Die Idee der Gerechtigkeit ist begriffsgeschichtlich noch nicht anzutreffen. Vielmehr dominiert die *Kritik der Eigentumsverhältnisse* (Frühsozialisten, MARX, ENGELS). Modelle der Umverteilung durch Sozialisierung des Eigentums an Produktionsmitteln schließen an. Hinzu kommt das neue Element der säkularen Effizienzsteigerung der Zentralisierung der V. durch Organisation (*Planungsbürokratien*). – Die große Alternative in der Aufstiegsphase des Wirtschaftsliberalismus besteht darin, dass bessere Effizienz (Nutzen) sowie bessere Optimierung der *Gleichheitskosten* durch dezentrale Mechanismen wie den *Markt* (Wettbewerb, Tausch und Kooperation) erzielt werden können. Es startet parallel die Frühphase der „sozialen" Marktwirtschaft. Sie führt zum Aufbau von Sozialsystemen, welche die Sozialisierung von Lebenskrisen durch *Versicherungssysteme* vorsehen und zugleich einer Umverteilung paternalistisch vertikal durch den Staat von oben nach unten (Transfers) den Weg bereiten. Die Erfolgsgeschichte dieses Modells führt im Erfolgsmodell des „rheinischen Kapitalismus" zur Sozialisierung fast aller generationsspezifischen Aufgaben durch den Staat im ausgebauten Sozialstaat. Die moralische Pointe dabei ist, dass das Hauptgeschäft des „Teilens" durch den Staat vorgenommen wird. Neben den Kampf um das Recht auf Arbeit tritt das Recht auf Versorgung.

In der ersten Hälfte der 1970er Jahre vollzieht sich für die Problematiken der V. zum ersten Mal ein weltweit (global) kommunizierter *Epochenschnitt* (1972/73): Es beginnt der Abstiegszyklus des distributiven Sozialismus (planungswirtschaftliche Lenkung der Umverteilung) sowjetleninistischer Prägung. Die soziale Marktwirtschaft im Modell des „rheinischen Kapitalismus" der BRD überschreitet ihrer Zenit (Lohnplus von 11 Prozent durch Erstreikung der westdeutschen Gewerkschaft ÖTV 1974). Die zweite Stufe der ökologischen Ära gewinnt an enormer Schubkraft („Grenzen des Wachstums", Club of Rome 1972). Die Globalisierung und Mobilisierung der Finanzmärkte wird durch den Abschied vom Bretton-Woods-System (1944//1971/73) eingeleitet. Globalisierung wird den engen Rahmen nationalstaatlich organisierter Wohlfahrtspolitiken sprengen. Der Ölpreisschock (Jom-Kippur Krieg 1973) trifft die brennstoff-fossil basierten Volkswirtschaften komplett unvorbereitet in der Energiefrage. Die Idee des uneingeschränkten also freien Marktes (ökonomisches Neo-Evangelium) findet neue Anhänger (1974, Wirtschaftsnobelpreis an FRIEDRICH A. VON HAYEK). Zugleich beginnt die Neulandgewinnung wirtschaftspolitischer Versuchsfelder (zuerst: Chile 11.9.1973). Nicht zufällig setzt die Renaissance des Topos „Gerechtigkeit" auf dieser Schwelle des Epochenwechsels ein (1971: JOHN RAWLS, Theory of Justice).

4. **Sphären der Gerechtigkeit.** In den Kanon ethischer Grundüberlegungen zum Problem von Gerechtigkeit und V. gehört das nach kurzer Zeit schon klassische Konzept, nach dem den am schlechtesten gestellten Gesellschaftsmitgliedern der *Vorrang* eingeräumt werden soll, mit dem Ziel, dass allen Bürgern „ein *fairer Anteil an materiellen Gütern* zu sichern ist, so dass sie genügend unabhängig sind und ihre gleichen Grundrechte, Grundfreiheiten und Chancen zum eigenen Vorteil nutzen können" (John Rawls; Gerechtigkeit als Fairness; Differenzprinzip). Einen anders akzentuierten Ansatz vertreten Konzepte, welche die V.sproblematik unter dem Chancenaspekt thematisieren; nicht die Ressourcenverteilung allein ist für die V.sfrage relevant, sondern die *Chancen* zur Realisierung eines selbstbestimmten Lebens stehen im Mittelpunkt solcher Ansätze (AMARTYA SEN, Chancenverteilung; MARTHA

NUSSBAUM, Befähigungsgerechtigkeit; V. unter dem Gesichtspunkt der „Teilhabe"). *Teilhaberechte* werden vor allem in den Konzepten akzentuiert, die unter machttheoretischen Gesichtspunkten das Recht betonen, an *politischen Entscheidungsprozessen* beteiligt zu sein (JÜRGEN HABERMAS, SEYLAH BENHABIB, RAINER FORST). V.sfragen sind schließlich unter ethischen Gesichtspunkten nie allein nur Fragen der V. von (materiellen) Gütern oder Chancen, sondern immer auch eine Angelegenheit von *Machtordnungsverhältnissen* (Politische Ökonomie, „Global Justice").

5. Ökologischer Zusatzartikel der V.spolitik. Im 21. Jahrhundert stellt die „Umweltfrage" die zentrale Herausforderung von V.spolitik dar. Das Ausmaß der Umweltverschmutzung (→Abfall und „Entsorgung"), der übermäßige Ressourcenverbrauch (→Energie), das Elend der Armen (→Armut), der überzogene Konsum privilegierter Bevölkerungsgruppen (→Konsum) lassen nach dem schonenden Umgang mit der Natur fragen. Die vergessene Kategorie der Güterethik, der in der Abteilung des „schonenden Handelns" ein erstes Asyl eingeräumt wurde, erfährt unter der Registratur „Nachhaltigkeit" eine neue Aufwertung. V.skonflikte sind programmiert, sollte der bisherige Weg der einsinnigen Fortschrittsmoderne (1789–1914) wie der Globalisierungsmoderne (ab 1989/90) ungebrochen und unberührt fortgesetzt werden.

Der kategorische Imperativ im Zeichen von Nachhaltigkeit und V. lautet: Handle stets nach der Maxime deines Handelns, von der Du zugleich wollen kannst, dass sie die Freiheit und den Spielraum künftiger Generationen im Umgang mit den Problemen der V. zu erweitern hilft.

V.sfragen in sozialer, politischer und ökologischer Hinsicht drehen sich um die Öffnung und Erweiterung von *Möglichkeitshorizonten* des Handels. Damit verbunden ist die Abkehr von der altbeschworenen „Bewahrung" des Gewöhnungsbedürftigen („Bewahrung der Schöpfung") zugunsten von Gestaltungsspielräumen des Handelns im Horizont vieler und irritationsfähiger Vermögen und Künste (*Poiesis*, „Bauen", „Humankapital"). Im Sinne dieses Imperativs kann auf technologischen Futurismus ebenso verzichtet werden wie auf ökospirituelle Neoromantik, verzichtet werden kann auf moralistische Betroffenheitsnötigung (Appelle) ebenso wie auf die Schematismen der Kapitalismuskritik althistorischer Manier.

6. Die kommende Gesellschaft. Die Suche nach Bewältigungsstrategien wachsender Ungleichheit und Politiken der V. steht vor einer Reihe von Herausforderungen. (1) *Daten*: Ein möglichst vollständiges Bild der V. muss Vorteile wie Lasten gleichermaßen berücksichtigen. Die Indikatoren sowie die Datenschürfung zur Erstellung von Bilanzen ist freilich selbst ausführlicher Streitgegenstand von methodischen Kontroversen; die Unvollständigkeit der Daten ist der methodischen Umsetzung der Bilanzerstellung selbst einprogrammiert. (2) *Preise*: Die Instrumente der ökonomischen Rationalität unter den Gesichtspunkten von Markt und Wettbewerb bestehen unter anderem darin, sich ehrlich zu machen über die „Preise" (Vorteile und Lasten) durch die Anzeige zahlungspflichtiger Werte (Gelder) über soziale Kosten, ausgelagerte Schuldfolgen (Verursacherprinzip; externe Effekte), bepreisbare Schäden unter Bedingungen von Markt und Tausch. (3) *Allmende*: Zugleich wird die Frage vordringlich, welche Güter dem Marktgeschehen ausgesetzt werden können und welche dem Gemeinwohl zuzuordnen sind. Einer der zentralen Ansätze zur Gestaltung der V.sproblematik besteht darin, den alten Begriff der Gemeinschaftsgüter (*common goods*) auszuweiten auf die Atmosphäre (Klima), Ozeane und Wälder (Biosphäre). Die Nutzung von Gemeinschaftsgütern soll nach ethischen Gesichtspunkten des Gemeinwohls, des Eigentums, der Gerechtigkeit („Fairness" als „Ausgleich" im Teilen) und der Verantwortung als Treuhänderschaft für die Umwelt (theologisch: Natur als Schöpfung) erfolgen. (4) *Freiheit*: Im Vordergrund der V.spolitik steht vor allem die Überwindung von institutionellen Lernpathologien. Die V.sproblematik braucht Spielräume der Freiheit ohne ideologische Vorentscheidungen. Im intelligenten Umgang mit Knappheit und Überfluss braucht es aufgrund des hohen Komplexitätsgrades der V.sproblematik die Intensivierung von revisionsoffenen Pragmatiken auf Zeit. Nicht zuletzt geht es um den Aufbau interdisziplinärer Vernetzungen von Wissensperspektiven (Bildungssysteme). (5) *Knappheit und Überfluss*: Die kommende Gesellschaft wird sich mit der Knappheit an materiellen Gütern (Versorgung mit dem Lebensnotwendigen) arrangieren müssen. Zugleich kennt sie den Überfluss an Zeichen, Informationen und „Bildern" (Digitalisierung). Wie aus dem zweiten Faktor ein Gewinn an Lösungsstrategien gezogen werden kann, ist offen. *Eine* Lösung gibt es nicht. Reichtum entsteht nur durch Investition in möglichst viele Lösungen.

7. Raub und Gabe: Inversionen der V. Fragen der V., der V.spolitik und der kaum versiegenden Diskurse über Ungleichheit sind unter ethischen wie religiösen Gesichtspunkten kulturelle wie gesellschaftspolitische Laboratorien, in denen daran gearbeitet wird, die wechselseitige Fronde zwischen den äußeren Kontingenzen der zeitlichen Existenz (Entsorgung, Ersterben, Verenden) und der innersten Zugehörigkeit zu einem unteilbaren und gemeinen Ganzen („Mehr als Leben" und Gerechtigkeit) zu überwinden. Die Erinnerung an die religiös symbolisierte *Inversion* von Raub und Gabe in den „Zeichen und Wundern" des verborgenen Gottes bildet das zentrale *Anregungspotential* und *Spannungsfeld* für Fragen gerechter V. von Gütern unter Bedingungen menschlicher Knappheit. Fragen der Gestaltung von V.skonflikten verlangen über den *Impuls* hinaus nach der Kunst der *Übersetzung* (einschließlich wechselseitiger Irritationen, unvermeidlichen Missverständnissen wie der Freude an kreativen Lösungen) verschiedener Systemlogiken und Rationalitäten (Ökonomie, Recht und Sozialpolitik, Ethik) füreinander. Solche Übersetzungsübungen verhindern, dass der Mensch erst seine natürlichen und kulturellen Reichtümer verlieren muss, um den Grundlagen seiner gemeinschaftlich geteilten Daseinsexistenz inne zu werden.

E. OSTROM, Die Verfassung der Allmende. Jenseits von Staat und Markt, 1999, (Orig. amerik. 1990) – J. DERRIDA, Marx' Gespenster. Der verschuldete Staat, die Trauerarbeit und die neue Internationale, 1995/2004 (Orig. franz. 1993) – TH. POGGE, Global Justice, 2001 – B. PRIDDAT, Politische Ökonomie, 2009 – TH. MACHO, Das Leben ist ungerecht. Unruhe bewahren, 2010 – TH. PICKETTY, Das Kapital im 21.Jahrhundert, 2014 – T. JÄHNICHEN, Wirtschaftsethik, in: Handbuch der Evangelischen Ethik, 2015, 331–400 (Lit.).

Joachim von Soosten

Vertrag

1. Vorzüge eines V.es in einer freien →Gesellschaft. V.e sind das Kennzeichen einer freien Gesellschaft: Ein V. stellt eine Entscheidung freier Partner (→Parteien, →Gruppen, →Institutionen) dar, da die Einigung auf gemeinsame Ziele am Ende eines Beurteilungsprozesses aller beteiligten →Parteien mit ihren anfänglich divergierenden Interessen steht. Dabei kommen die Parteien zu der gemeinsamen Erkenntnis, dass die Nutzenpotentiale einer →Kooperation stärker sind als die entstehenden Kosten, die sich aus einer Abgrenzung gegeneinander ergeben. Der V. als Entscheidung am Ende eines Beurteilungsprozesses ist ein Spiel, bei dem es nur Gewinner gibt. Ein V. ist dann eine angemessene Option, wenn die beteiligten Parteien zahlreich, die Probleme komplex und schwierig sind, der Entscheidungshorizont langfristiger Natur ist und strukturelle Fragen zu lösen sind. Die Unterzeichnung eines V.es nach intensiven und fairen Verhandlungen und Beurteilungsprozessen heißt, dass die Beteiligten gelernt haben, Vermittlung zu akzeptieren, Verständnis für die Sichtweisen und Interessen der anderen entwickelt und sich auf eine vereinbarte Form von Kooperation eingelassen haben, ohne ihre jeweiligen Positionen aufzugeben. Ein V. setzt zum Zustandekommen die →Freiheit der Partner voraus und ist zugleich die Kooperationsform, die zu einer freien Gesellschaft am meisten passt. Im Zeitalter der →Globalisierung ist der V. die angemessenste Form, um in einer Weltgemeinschaft ohne Weltregierung wachsende globale Probleme im Sinne einer freiheitlichen →Gesellschaft zu lösen.

2. Merkmale des V.es. Kennzeichen des V.es ist erstens die freie Zustimmung der V.spartner. Erst mittels der kreativen, kommunikativen und kreatürlichen Freiheit der Partner kommt es dazu, dass sozial und strukturell formatierte Grenzen in einem fairen Einigungsprozess überwunden werden können. Am Ende eines solches Prozesses stehen schriftliche Vereinbarungen, die von den jeweiligen Partnern unterzeichnet werden. V.e sind Interaktionsformen, in denen die Kraft der Freiheit als Öffnung des Menschen für seine Mitwelt manifest wird. Zweitens zielt ein jeder V. auf Kooperation ab. Da jedoch jede Kooperation durch gemeinsame und konfligierende Interessen gekennzeichnet ist, ist es im Normalfall nötig, dass im V.swerk das Zustandekommen der Kooperation durch geeignete Spielregeln flankiert wird. Diese flankierenden Regeln des V.es werden in Solidarisierungsformen greifbar, die die betroffenen V.spartner miteinander vereinbaren. Sie reichen von Formen des unverbindlichen Austausches von →Informationen bis hin zu Formen intensiver Zusammenarbeit und partnerschaftlichen Zusammenlebens. Auch die Formen des →Rechts können als Ergebnis dieses Geschehens verstanden werden, das seinen Ursprung im Versprechen sowie im V. hat. Die mit der gewählten Solidarisierungsform in Zusammenhang stehenden Spielregeln oder Rechtsformen ermöglichen es den Kooperationsparteien, jene Kooperationschancen effektiv zu nutzen, die sich aus dem Wahrnehmen recht verstandener Freiheit ergeben. Drittens ist es Ausdruck der Freiheit der V.spartner, dass sie im V. die zeitliche Beschränkung oder Dauerhaftigkeit des V.es festlegen. Es werden die jeweiligen Schuldverhältnisse bzw. die sich daraus ergebenden Rechte und →Pflichten der betroffenen Parteien und Personen auf Zeit hin in einem V. rechtlich bindend erfasst. Viertens können V.e sich auf Inhalte beziehen, die die Freiheitsrechte anderer erheblich einschränken. Dazu gehört z. B. ein V., der bewusst Kinderarbeit in Zulieferbetrieben eines →Unternehmens bzw. →Menschenrechtsverletzungen einschließt. Darüber hinaus besteht die Gefahr von Knebelv.en im →Arbeitsrecht, also das Ausnutzen von Machtpositionen zu Ungunsten der schwächeren Seite der betroffenen V.spartner. Die im V. zum Ausdruck kommende Freiheit findet dort ihre Grenzen, wo die elementaren Freiheitsrechte eines jeden Menschen, wie sie z. B. in der Allgemeinen Erklärung der Menschenrechte und den damit verbundenen Sonderabkommen formuliert sind, tangiert werden. Aufgabe der Nationalstaaten ist es, für diesen Rechtsrahmen zu schaffen und dafür zu sorgen, dass Fairness auch im V.sinhalt gewahrt wird.

3. V.e in der Weltgemeinschaft. Die Gruppe von Lissabon, eine aus 22 Wissenschaftlern bestehende Arbeitsgruppe unter der Leitung von PIETRONELLA schlägt vor, dass die globale Steuerung mittels der Etablierung von globalen Sozialv.en erfolgen soll. Dazu gehört erstens ein Grundbedürfnisv., dessen Zielrichtung die Beseitigung von Ungleichheiten in Bezug auf die Versorgung mit Wasser, →Energie und Nahrung ist. Zweitens bedarf es eines Kulturv.es, eben eines V.es, der →Toleranz und den interkulturellen Dialog durch Aufklärungs- und Erziehungskampagnen fördert. In einem →Demokratiev. werden drittens die →Zivilgesellschaft und die →Nichtregierungsorganisationen einbezogen. Schließlich ist viertens ein Erdv. nötig, der sich der Zukunft der Erde im Sinne einer nachhaltigen →Entwicklung widmet. Entscheidend ist nun, dass diese V.e ein Konglomerat aus einer Vielzahl von V.en unterhalb und oberhalb der Ebene des Nationalstaates darstellen. In der globalisierten Weltgemeinschaft ist eine Kooperation nicht mehr anders als durch V.e denkbar (Global Governance).

4. Kirchengemeinden als V.sgemeinschaften. Kirchengemeinden können als →Gemeinschaften verstanden werden, die auf die Zusage Gottes mit einem persönlichen Versprechen sowie einen Vertrag antworten, dass sie der Liebe Gottes zum Leben ausreichend Raum schaffen wollen. In ihrer institutionellen Form leben die Kirchengemeinden von V.en, die in aller Freiheit und nicht unter äußerlichem Zwang abgeschlossen werden. Die Synoden sind eine adäquate Form eines solchen kooperativen Handelns auf der Ebene des Denkens in V.en.

GRUPPE VON LISSABON, Grenzen des Wettbewerbs. Die Globalisierung der Wirtschaft und die Zukunft der Menschheit, 1997 – J. HÜBNER, Ethik der Freiheit. Grundlegung und Handlungsfelder einer globalen Ethik in christlicher Perspektive, 2011.

Jörg Hübner

Verwaltung

1. Begriff. Der Begriff der V. steht für eine zielgerichtete Erledigung laufender Aufgaben in einem festen Ordnungsrahmen. Mit solch allgemeiner Definition kommt V. in den verschiedensten Zusammenhängen von →Staat (z. B. Sozial-V.), Kommunen (z. B. kommunale Selbst-V.), Religion (z. B. Sakraments-V.), →Wirtschaft (z. B. Vermögens-V.), →Technik (z. B. Daten-V.) und selbst im Alltagsleben (z. B. Adress-V.) vor. V. lässt sich unterscheiden in einen materiellen Begriff, der die zu erledigenden inhaltlichen V.-aufgaben zum Gegenstand hat, in einen organisatorischen Begriff, der die Organisationseinheiten erfasst, die zur Erfüllung der Aufgaben eingerichtet sind (den „V.apparat") sowie in einen formellen Begriff, der alles Handeln der V. im organisatorischen Sinn beschreibt.

2. V. im freiheitlich-demokratischen Rechtsstaat. Im freiheitlich-demokratischen →Rechtsstaat bildet die V. (mit der Regierung) nach Art. 20 GG als „vollziehende Gewalt" (Exekutive) neben der Rechtsetzung (Legislative) und der Rechtsprechung (Judikative) eine der drei voneinander zu unterscheidenden Staatsfunktionen („Gewaltentrennung").

2.1 Bindung der V. an Gesetz und Recht. Da alle Staatsgewalt vom Volk ausgeht, bedarf auch die V. einer konsequenten demokratischen Legitimation. Diese wird durch die rechtsstaatliche Bindung der V. an →Gesetz und →Recht gewährleistet. Aus ihr folgt für das Handeln der V. der Vorrang von Gesetzen sowie der Vorbehalt des Gesetzes. Danach sind alle wesentlichen, d. h. vor allem für die Verwirklichung grundrechtlicher →Freiheiten bedeutsame Fragen vom Gesetzgeber zu regeln. Bei Entscheidungsspielräumen hat sich die Ermessensausübung der V. an Zweck und Grenzen der gesetzlichen Ermächtigung auszurichten. Über die Bindung des V.-handelns an Gesetz und Recht wacht die Judikative. Weitere wesentliche Elemente sind die weisungsgebundene Rückbindung an parlamentarisch verantwortliche Regierungen sowie ein mit besonderen Treuepflichten ausgestaltetes Regime des →Öffentlichen Dienstes, bei dem die Wahrnehmung von Kernfunktionen wie z. B. die Sorge für die innere und äußere Sicherheit, Berufsbeamten vorbehalten ist.

2.2 Funktionen der staatlichen V. Die staatliche V. im materiellen Sinn lässt sich weiter differenzieren: zum einen nach Zwecken u. a. in Ordnungs-V., Leistungs-V., Lenkungs-V. und Abgaben-V., zum anderen in die von Bund und Ländern wahrgenommene unmittelbare sowie die mittelbare Staats-V., mit der die Selbst-V. öffentlicher Aufgaben z. B. in kommunalen Gebietskörperschaften, Universitäten, verkammerten Berufen (bei Ärzten, Rechtsanwälten, Handwerkern) oder in der Sozialversicherung erfasst ist.

2.3 Handlungsformen der V. V. bedient sich einer Vielfalt von Handlungsformen, vom „klassischen" V.-akt (der hoheitlichen Regelung eines Einzelfalles, die auf unmittelbare Rechtswirkung nach außen gerichtet ist) über V.-verträge, Erklärungen, Warnungen, Realakte bis hin zur abgeleiteten Rechtsetzung in Verordnungen und Satzungen im Rahmen gesetzlicher Ermächtigungen sowie schließlich das Handeln in Privatrechtsform. V.verfahrensgesetze regeln dazu wesentliche Vorgaben, zu denen etablierte Verfahrensgrundsätze wie das Recht auf Gehör, das Willkürverbot oder der Grundsatz der Verhältnismäßigkeit der Mittel gehören.

2.4 Gliederung der V. In organisatorischer Hinsicht gliedert sich die V. in Behörden, d. h. in Stellen, die von einem V.-träger für einen örtlich, inhaltlich und hierarchisch bestimmten Bereich zur außenwirksamen Wahrnehmung von öff. Aufgaben eingerichtet und mit Personal- und Sachmitteln ausgestattet sind.

3. Kirchliche V. Die V. kirchlicher Körperschaften orientiert sich insbes. in der ev. Kirche an Strukturen und Handlungsformen der staatlichen V. Hintergrund ist zum einen die lange Tradition des Staatskirchentums, in dessen Folge die Kirchen sich als Körperschaften des öff. Rechts organisieren. Zum anderen bietet die öff. V. bewährte Muster der Aufgabenwahrnehmung, die in großer Freiheit an kirchliche Anliegen und →Bedürfnisse angepasst werden können. Denn für das Wirken der →Kirche ist ihre äußere Gestalt von nachgeordneter Bedeutung. Entscheidend kommt es für die Kirche als Versammlung der Gläubigen darauf an, dass das Evangelium rein gepredigt und die Sakramente dem göttlichen Wort gemäß gereicht werden (Art. VII CA). Darauf ist auch die V. in der Kirche auszurichten. Sie gliedert sich ebenfalls in Behörden mit örtlich, inhaltlich und ggf. hierarchisch bestimmten Aufgabenbereichen. In den Details zeigen sich bei den rd. 16.000 eigenständigen V.-trägern allein in der ev. Kirche erhebliche Unterschiede, die sich auf geschichtliche Entwicklungen, regionale Besonderheiten, theologische, bekenntnisorientierte Entscheidungen, oft aber auch einfach auf pragmatische Erwägungen zurückführen lassen.

4. **Maßstäbe für eine gute V.** Maßstäbe für gute V. ergeben sich aus der Recht- und Zweckmäßigkeit sowie der Wirtschaftlichkeit der Aufgabenwahrnehmung. Dazu hat die V.-lehre neue Steuerungsmodelle entwickelt, die mit ökonomischen Instrumenten auf mehr Effizienz und Effektivität der V. in →Staat und Kirche abzielen. Für die kirchliche V. ist dabei entscheidend, notwendige Organisationsreformen an geistlich geprägten Vorstellungen von einer zukunftsfähigen Gestalt der ev. Kirche nach den Möglichkeiten unserer Zeit auszurichten.

M. GERMANN, V., in: RGG VIII⁴, 2005, Sp. 1083–1086, 1087–1090 – J. BOGUMIL/W. JANN, V. und V.-wissenschaft in Deutschland, 2009² (Lit.) – CHR. MEYNS, Kirchenreform und betriebswirtschaftliches Denken, 2013 (Lit.).

Hans Ulrich Anke

Volk / Volkstum

1. 18. und 19. Jh. Als sich in der 2. Hälfte des 18. Jh. ein Nationalbewusstsein entwickelte, wurden V. und →Nation zu emotional hoch besetzten Werten. Seit HERDER sind sie synonym. V. ist bei ihm eine spirituelle, durch Sprache und Poesie konstituierte, auf gleichen inneren Werten beruhende Gemeinschaft. In Frankreich ist „peuple" das Staatsv.; der gemeinsame V.swille konstituiert die Nation Während des ganzen 19. Jh ist der Begriff der Nation der führende. Das ändert sich erst ab 1914.

2. 1914–1945. Im Erlebnis des 1. Weltkriegs manifestiert sich das V. (NAUMANN; SCHELER). Dieser emphatische Begriff des V. wurde als Realität gesetzt und hat damit Realität induziert. Nach dem Krieg kam keine Partei ohne den V.sbegriff als Letztinstanz aus, auch und gerade die Radikalen von links und rechts. Es entstand eine dt.-völkische Bewegung, die Religion und Nation miteinander verschmolz. Das V. ist hier eine von Gott geschaffene, biolog.-geschichtl. Ganzheit.

V.sgesetz ist Gottesgesetz (STAPEL). Es gilt, das **V.stum**, zu verwirklichen. Dieses ist nicht demokrat. zu ermitteln, sondern wird von Führerpersönlichkeiten in der „geschichtlichen Stunde" intuitiv erahnt. Ein Teil der dt., luth. Theol. (ALTHAUS; ELERT; GOGARTEN) sieht V. und V.stum als Schöpfungsordnung. Im konkreten, geschichtl. gegebenen V. begegnet der verpflichtende Wille Gottes. ALTHAUS unterscheidet zwar zw. der von der Sünde gezeichneten, bedingten Gestalt und dem unbedingten Wesen der Ordnung. Die theol. Vorbehalte wurden jedoch prakt. unwirksam. Während die →Barmer Theologische Erklärung (ohne Erwähnung des V.s) andere Quellen der kirchl. Verkündigung neben Jesus Christus ablehnte, kam es im Ansbacher Ratschlag zu einer theol. qualifizierten, nahezu bedingungslosen Annahme des nationalsoz. Staates.

3. Nach 1945. Nachdem →Nationalsozialismus und kommunist. Staatsideologie (V.sarmee etc.) V. und Nation als eth. Instanzen diskreditiert hatten, verschwanden sie aus den Entwürfen theol. Ethik. Die Bildung neuer, ethn begründeter Staaten nach dem Zerfall Jugoslawiens und der Sowjetunion, separatistische Bestrebungen in Westeuropa (Schottland, Baskenland, Katalonien) sowie ethn. und religiöse Konflikte in Afrika nach dem verbreiteten Scheitern des *nation building* stellen das Problem jedoch neu. Erste vorsichtige Vorschläge (VELKD, Leuenberg) orientieren sich nicht am V., sondern an der (ethn. nicht homogenen) Nation, der sie wichtige Funktionen zuschreiben, die positiv gefüllt, aber auch missbraucht werden können.

H. ZILLESSEN (Hg.), V. – Nation – Vaterland. Der dt. Protestantismus und der Nationalismus, 1970 (Lit.) – H. EDELMANN/N. HASSELMANN (Hg.), Nation im Widerspruch. Aspekte und Perspektiven aus luth. Sicht heute, 1999 (Lit.) – JAHRBUCH Mission 2002, Afrika? Afrika!: Staat, Nation und Kirchen, 2001 – W. HÜFFMEIER (Hg.), Kirche, V., Staat, Nation: ein Beitrag zu einem schwierigen Verhältnis; Beratungsergebnis der Regionalgruppe der Leuenberger Kirchengemeinschaft Süd- und Südosteuropa, 2002.

Jörg Rothermundt

Volkskirche

1. Volkskirche als Verhältnis- und Konzeptbegriff. Der Begriff V. kann als ein Verhältnisbegriff verstanden werden, der Kirche und Gesellschaft aufeinander bezieht und das Selbstverständnis der evangelischen Kirche unter den Bedingungen moderner gesellschaftlicher Differenzierungsprozesse konzeptionell zum Ausdruck bringt. Historisch begegnet er mit dieser Zuspitzung bei Friedrich Schleiermacher in der sog. Sattelzeit um 1800, in der die gesellschaftlichen Differenzierungsprozesse deutlich hervortraten. Schleiermacher hat den Begriff V. als Kirche *des Volkes* mit demokratischen Implikationen in Abgrenzung zu obrigkeitsförmigen Strukturen einer

Staatskirche zur Geltung gebracht. Die historische Entwicklung der evangelischen Kirche in Deutschland ist mit diesem Begriff insofern eng verbunden. Außerhalb von Deutschland findet er nur noch in Skandinavien Verwendung, wo ähnliche historische Konstellationen von Kirche, Gesellschaft und Staat wahrzunehmen sind.

Als ein Begriff, der Kirche und Gesellschaft aufeinander bezieht, ist V. auch ein praktisch-ekklesiologischer Konzeptbegriff, der den gesellschaftsöffentlichen Auftrag der Kirche betont und das kirchliche Leben handlungsorientierend offen hält für plurale Formen von Sozialität und gelebter Religion. Die Herausforderungen, die die gesellschaftliche Pluralisierung mit sich bringt, werden somit in das eigene Selbstverständnis der Kirche als V. zu integrieren versucht und zwar angesichts einer gesellschaftlichen Situation, in der die evangelische Kirche nicht den Anspruch erheben kann, die religiösen Bindungen einer Bevölkerungsmehrheit, etwa des ‚ganzen Volkes', abzubilden. Ernst Troeltsch hat die funktionell-segmentäre Differenzierung von Gesellschaft und ihre Rückwirkung auf Religion und Kirche zu Beginn des 20. Jahrhunderts beschrieben und auf die Dynamik hingewiesen, mit der sich durch die organisationelle Verkirchlichung der Religion außerkirchliche religiöse Bewegungen bilden (V. DREHSEN). Er entwirft eine wirkungsmächtige Typologie von Kirche, Sekte und Mystik, die er einerseits im Sinne einer religiösweltanschaulichen Pluralisierung für die Moderne bejaht, andererseits aber auch auf die Gefahr hinweist, dass die V. die unterschiedlichen Frömmigkeits- und Sozialitätstypen nicht länger zu integrieren verstehe.

2. Empirische Befunde. Die seit 1972 im 10-Jahres-Rhythmus stattfindenden Erhebungen der EKD zur Kirchenmitgliedschaft fragen nach dem Selbstverständnis von V. auch in der Perspektive des Selbstverhältnisses der Kirchenmitglieder zur Institution, ihrer Einstellungen und ihres Teilnahmeverhaltens. Sie zeigen – bei aller Vielfalt – eine Form distanzierter Kirchlichkeit (G. KRETZSCHMAR), die als typisch für die protestantische V. gelten kann.

Die erste KMU war wesentlich veranlasst durch Kirchenaustrittswellen Ende der 1960er Jahre. Die Austritte seit Ende der 1960er Jahre erschütterten die gefühlte Stabilität der jungen bundesrepublikanischen V. in hohem Maße. 1956 waren auf dem Gebiet der alten Bundesrepublik 96 % der Gesamtbevölkerung Mitglieder in einer der beiden christlichen Kirchen. Diese religiös homogenen Verhältnisse standen mit dem Selbstverständnis der christlichen Kirchen als V. im Sinne von Kirche des Volkes in der Bundesrepublik Deutschland vor 1989 in enger Verbindung (Statistisches Amt). Sie haben sich in dem verhältnismäßig überschaubaren Zeitraum von 55 Jahren mit großer Dynamik gewandelt. 2012 stellten evangelische und katholische Kirchenmitglieder 59,2 % der Bevölkerung. Die katholische Kirche bildet nunmehr gegenüber der ev. Kirche eine leichte Mehrheit von 30,2 % Katholiken gegenüber 29 % Protestanten (Kirchenamt der EKD (Hg.), Evangelische Kirche in Deutschland. Zahlen und Fakten zum kirchlichen Leben, Hannover 2012, 4). Diese Entwicklung lässt sich mit dem Begriff der religiösen Pluralisierung beschreiben. In Hinsicht auf *Pluralisierung* bleibt festzuhalten, dass 2/3 der deutschen Bevölkerung die Mitgliedschaft in einer der beiden christlichen Volkskirchen pflegen und in Hinsicht auf *religiöse* Pluralisierung bleibt auch festzuhalten, dass die Konfessionslosigkeit Anteil an der weltanschaulichen Pluralisierung hat.

3. Perspektiven. Für die Selbstorientierung von V. vor dem Hintergrund der Pluralisierungsprozesse ist ihr Verständnis als gesellschaftsöffentliche Kirche von zentraler Bedeutung. Die Kasualpraxis, sog. riskante Liturgien anlässlich von Notfällen und die Gestaltung von Gottesdiensten in öffentlichen Räumen (z. B. Einschulungsgottesdiensten) sind Handlungsfelder, in denen Kirche ihre öffentliche Funktion wahrnimmt (K. FECHTNER/T. KLIE). In der Netzwerkforschung kann Gemeinde relational als von dezentralen Strukturen bestimmtes Netzwerk mit unterschiedlichen Kontaktanlässen und einem regen kulturellem Austausch zwischen den kirchlichen und anderen lebensweltlichen Institutionen und Kontaktmöglichkeiten in den Blick kommen (C. STEGBAUER/F. GRUBAUER/B. WEYEL).

V. DREHSEN, Die „Normativität" neuzeitlicher Frömmigkeitsgeschichte. Zur aktuellen Bedeutung der klassischen Religionssoziologie Ernst Troeltschs, in: DERS., Der Sozialwert der Religion. Aufsätze zur Religionssoziologie, 2009, 283–311 – K. FECHTNER/T. KLIE (Hg.), Riskante Liturgien. Gottesdienste in der gesellschaftlichen Öffentlichkeit, 2011 – Kirchenamt der EKD (Hg.), Evangelische Kirche in Deutschland. Zahlen und Fakten zum kirchlichen Leben, Hannover 2012 – K. FECHTNER, 4.2 Volkskirche, in: R. KUNZ/T. SCHLAG (Hg.), Handbuch für Kirchen- und Gemeindeentwicklung, 2014, 161–168 – G. KRETZSCHMAR, Im Schatten des Indifferenztheorems. Die Wahrnehmung distanzierter Kirchlichkeit durch die fünfte EKD-Erhebung über Kirchenmitgliedschaft, in: EvTh 75 (2015) Heft 3, 179–194 – STATISTISCHES AMT DER LANDESHAUPTSTADT STUTTGART/ J. EICKEN/A. SCHMITZ-VELTIN (Hg.), Die Entwicklung der Kirchenmitglieder in Deutschland. Statistische Anmerkungen zu Umfang und Ursachen des Mitgliederrückgangs in den beiden christlichen Volkskirchen, in: STATISTISCHES BUNDESAMT (Hg.), Wirtschaft und Statistik 6/2010, 576–589 – C. STEGBAUER/F. GRUBAUER/B. WEYEL, Gemeinde in netzwerkanalytischer Perspektive. Drei Beispielauswertungen, in: H. BEDFORD-STROHM/ V. JUNG (Hg.), Vernetzte Vielfalt. Kirche zwischen Säkularisierung und Individualisierung. Die 5. EKD-Erhebung zur Kirchenmitgliedschaft, 2015, 400–434.

Birgit Weyel

Volkswirtschaft / Volkswirtschaftslehre

1. Begriffe: V. und V.lehre. Die V.lehre, häufig auch als Politische Ökonomie oder Nationalökonomie bezeichnet, besitzt als Sozialwissenschaft den Status einer Realwissenschaft. Sie grenzt aus dem „Erfahrungsobjekt" →Gesellschaft das „Erkenntnisobjekt" →Wirtschaft aus, d. h. sie betrachtet ein „Teilsystem" der Gesellschaft. Wodurch sich dieses gesellschaftliche Teilsystem konstituiert, wird am Begriff der „Politischen Ökonomie" sinnfällig: „Ökonomie" bezieht sich ursprünglich auf die Vorgänge im Rahmen eines „Oikos", d. h. auf eine weitgehend autarke Wirtschaftseinheit, z. B. auf einen mittelalterlichen Klosterhof. Ausgangspunkt ist dabei die Knappheit von Gütern und Produktionsfaktoren, die im Hinblick auf die Bedürfnisse der Wirtschaftssubjekte zweckmäßig einzusetzen sind. Der Begriff „Politische Ökonomie" verweist auf die Gesamtheit einer Vielzahl von Einzelwirtschaften – etwa innerhalb einer „polis" –, deren Beziehungen untereinander sie reflektiert. Sie trägt einer mehr oder weniger entwickelten Arbeitsteilung zwischen den Einzelwirtschaften Rechnung (gesellschaftliche Arbeitsteilung). „Technische" Arbeitsteilung gibt es freilich auch innerhalb eines Oikos. Während jedoch bei einem autarken Oikos neben der →Produktion auch die →Verteilung und der →Konsum der erstellten Güter ausschließlich oder ganz überwiegend innerhalb desselben erfolgen, kommt es bei nicht-autarken Wirtschaftseinheiten (priv. oder öffentl. →Haushalte, →Betriebe) entsprechend der arbeitsteiligen Spezialisierung zu Interaktionen zwischen den einzelnen wirtschaftl. Teilgebilden. Während die →Betriebswirtschaftslehre dieses Interaktionsgefüge aus der Perspektive einer einzelnen Wirtschaftseinheit analysiert, interessiert sich die V.lehre darüber hinaus für die Koordination der arbeitsteiligen Prozesse unter den Gesichtspunkten der Produktion, der Verteilung und des Konsums. Dabei erscheint der Begriff V.lehre insofern zu eng, als die Arbeitsteilung – insbesondere in der Gegenwart – weltweit entwickelt ist. Hier genügen die Stichworte Weltwirtschaft und →Globalisierung. Die V.lehre macht demzufolge nicht an den staatl. verfassten Grenzen einer „V." i. e. S. halt, sondern inkorporiert auch die „Außenwirtschaft" als Teil des Koordinationsprozesses. Die V.lehre befasst sich nicht nur mit der Analyse der Prozesse, sondern in der Teildisziplin der →Wirtschaftspolitik darüber hinaus mit normativen Fragestellungen, also der Frage nach wünschenswerten Ergebnissen und den wirtschaftspolitischen Maßnahmen, die zu ihrer Erreichung dienen sollen.

2. Koordinationsprozesse. *2.1 Zentrale oder dezentrale Koordination.* Es lassen sich zwei Formen der Koordination (→Wirtschaftssysteme) unterscheiden, die in der Realität freilich nicht in voller „Reinheit" anzutreffen sind: Die Koordination über die Erstellung eines zentralen Wirtschaftsplans und die Koordination über →Märkte auf der Grundlage von autonomen Plänen der Wirtschaftseinheiten. Von der „ordnungspol. Grundentscheidung" für eine dieser beiden Koordinationsformen werden die Gegenstände und Inhalte der V.lehre wesentlich mitgeprägt, was wegen der primären Betrachtung der Marktwirtschaft indessen nicht ausgeführt werden soll. Bei beiden Formen der Koordination müssen zur Abstimmung der arbeitsteiligen Prozesse →Informationen gesammelt, verarbeitet und kanalisiert werden. Auf ihrer Basis müssen Entscheidungen gefällt, d. h. Pläne erstellt, werden. Während in einer Zentralverwaltungswirtschaft der Idee nach die Produktion prinzipiell wie im einzelnen Oikos geplant werden soll, vollzieht sich die Koordination im System der dezentralen Planung auf der Basis einer die Entscheidungsfreiheit sichernden rechtl. Rahmenordnung durch die →Institution des Tausches auf der Grundlage von →Verträgen (→Wirtschaftssysteme). Durch die Tauschakte können die Wirtschaftssubjekte als autonome Planträger ihre Pläne aneinander orientieren und dadurch aufeinander abstimmen. Der Tausch ist hier Voraussetzung der Koordination und nicht lediglich ihre Folge wie in der Zentralverwaltungswirtschaft, wo es im techn. Sinne natürlich auch zum „Tausch" kommt. Dieser Austauschprozess und der mit ihm einhergehende Informationsvermittlungs- und Entscheidungsprozess wird nun wesentlich effektiver, wenn es nicht nur die Institution des Tausches als solche, sondern ein allg. Tauschmittel – gleichsam als Orientierungsmaßstab für die Entscheidungen – gibt. Dieses allg. Tauschmittel hat sich im Laufe eines langen Evolutions- und Erfahrungsprozesses herausgebildet und die Gestalt des →Geldes angenommen, auf das in der Praxis freilich auch die Zentralverwaltungswirtschaft zurückgreifen muss. Das Geld ermöglicht es, die Tauschrelationen in der Form von Preisen auszudrücken.

2.2 Begrenzte Zentralisierbarkeit des Wissens. Die Preise versetzen die Wirtschaftssubjekte in die Lage, sich wechselseitig Signale mit Informations-, Motivations- und Sanktionscharakter zu geben, diese zu verarbeiten und ihre Entscheidungen aufeinander zu beziehen. Dadurch wird gleichzeitig bei den anderen Planträgern vorhandenes Wissen genutzt. Die Koordination in der →Marktwirtschaft beruht somit weitgehend auf dem „Preismechanismus", wobei man sich freilich dessen Wirkungsweise nicht zu mechanisch vorstellen darf.

FIEDRICH AUGUST VON HAYEK hat mit Nachdruck darauf hingewiesen, dass das zu einem best. Zeitpunkt in der Gesellschaft vorhandene relevante Wissen nicht vollständig zentralisiert und mithin auch nicht zu einem bestimmten Zeitpunkt zentral vollständig verarbeitet werden kann. Für die Zentralverwaltungswirtschaft bedeutet dieser Tatbestand ein gravierendes Problem, weil die Güte des „ökonomischen Gesamtplanes" vom Grad der Zentralisierbarkeit des Wissens abhängig ist. Dies gilt insbesondere im Hinblick auf den →Innovationsprozess, weil dieser eine ständige Änderung des Wissens impliziert. Der marktwirtschaftl. – an dezentralen Entscheidungen orientierte – Koordinationsmechanismus ermöglicht zwar einerseits eine weitergehende Erfassung und Nutzbarmachung des über die Gesellschaft verstreuten Wissens, andererseits gilt jedoch die Nichtzentralisierbarkeit des relevanten Wissens auch für die einzelnen Wirtschaftssubjekte in der Marktwirtschaft, die somit notwendigerweise ihre Pläne auf Signalen gründen müssen, die wegen des anhaltenden Prozesses der gesellschaftlichen Wissensverwertung ebenfalls auf nicht vollständig verarbeitetem Wissen beruhen. Preissignale und daran orientierte Entscheidungen tragen somit immer den Charakter der Vorläufigkeit, sind mit der Verbesserung der wechselseitig vermittelten Informationen aufgrund der Inkorporierung von mehr – und damit auch von neuem – Wissen immer der Revision ausgesetzt. Daher können die Wirtschaftssubjekte nicht von der Konstanz der Signale, insbesondere der Preise, ausgehen. Da die Pläne in die Zukunft hineinreichen, müssen diese folglich auf mehr oder weniger unsicheren Erwartungen aufgebaut werden.

2.3 „Mechanismus" des Preissystems bei Unsicherheit. Erwartungen implizieren zudem eine subjektive Komponente, d. h. die gleichen Signale rufen bei den Wirtschaftssubjekten i. d. R. verschiedene Reaktionen hervor. Deshalb ist das Reden vom „Preismechanismus" missverständlich. Die Erwartungsgebundenheit der Pläne – verstärkt durch die Unsicherheit über die Stabilität der Signale im Zeitablauf – führt im Übrigen dazu, dass letztere eben nicht nur aus der Orientierung an Preisen hervorgehen, sondern auch auf anderen Informationen und Informationskanälen, die die Planträger nutzen können, basieren (z. B. →Marktforschung, Nachrichten von Wirtschaftsverbänden, von Forschungsinstitutionen, Regierungsstellen etc.). Unter dem Gesichtspunkt der Koordination mag der „Mangel an Mechanik" als gewisser Nachteil erscheinen, doch zwingt er die Wirtschaftssubjekte ständig zur Anpassung durch Suche nach weiteren Informationen (z. B. nach neuem techn. Wissen) und bewirkt damit durch Wettbewerb eine ständige Evolution des Prozesses der arbeitsteiligen Produktion, der Verteilung und des Konsums („Wettbewerb als Entdeckungsverfahren"). Es gehört heute zu den gesicherten Erkenntnissen der Theorie des Marktes bzw. des →Wettbewerbs, dass eine gewisse Trägheit des Wissensdiffusionsprozesses unter marktwirtschaftl. Bedingungen zur Voraussetzung der wirtschaftl. Entwicklung gehört, weil so (Wissens-)Vorsprünge einzelner →Unternehmen erst möglich werden. Wegen der zu erzielenden Pioniergewinne, d. h. temporären Vorsprungsgewinnen, werden die Unternehmen zu solchen Vorstößen bzw. Vorsprüngen immer erneut angereizt. Es sei betont, dass der Stellung des →Unternehmers als der für die Durchsetzung von Neuerungen entscheidenden Figur im Rahmen dieses marktwirtschaftl. Entwicklungsprozesses eine überragende Bedeutung zukommt. Was die Richtung des Such- bzw. Anpassungsprozesses angeht, so spielt die unternehmerische „Findigkeit" (Aufspüren von „Koordinationslücken") eine ebenso wichtige Rolle.

3. V.lehre. Ökonomisches Geschehen ist komplex. Es kann – zumindest im ersten Anlauf – nur unter Abstraktion von dieser Komplexität, d. h. ausschnittsweise, analysiert werden. Die auf diese Weise gewonnenen theoretischen Aussagen werden dann zu Aussagenkomplexen zusammengefügt, um so zum Verständnis größerer Zusammenhänge bis hin zu dem des Gesamtsystems zu gelangen. Hilfreich sind hierbei Modelle. Je nach der Art der Erfassung des Zeitelementes unterscheidet man statische, komparativ-statische, dynamische und evolutorische Modellvarianten. Mit Hilfe der Modelle werden Zusammenhänge im Rahmen bestimmter Datenkonstellationen analysiert bzw. simuliert. Dies gilt sowohl für die Mikroökonomie als auch für die Makroökonomie, d. h. für die beiden Gebiete, in die man die V.lehre gliedert.

3.1 Mikroökonomik. 3.1.1 Theorie des Unternehmens. Ausgangstatbestand der Produktion ist die Knappheit der Waren und →Dienstleistungen. Zu ihrer Erstellung sind Produktionsfaktoren (→Arbeitskraft, natürliche Ressourcen, produzierte Produktionsmittel bzw. Real→kapital) notwendig. Die Produktionstheorie versucht zu klären, nach welchen Prinzipien die Unternehmen ihre Produktionspläne aufstellen. Grundlegend ist dabei die Hypothese, dass sie die Produktionsfaktoren so zu kombinieren versuchen, dass möglichst geringe Kosten für die hergestellte Menge entstehen. Dabei spielen die Preise der Produktionsfaktoren (Lohnsätze, Bodenrente, Ressourcenpreise, Realkapitalgüterpreise und Zinssätze) eine bedeutende Rolle. Zunächst haben die Unternehmen freilich festzulegen, welche Güter sie überhaupt produzieren und in welcher Menge. Sie haben daher die Absatzverhältnisse zu erkunden bzw. müssen Vorstellungen darüber entwickeln, welche Nachfrage sich kreieren lässt, wenn neue oder verbesserte Produkte mit in die Überlegungen einbezogen werden sollen. Es ist also neben dem Produktionsplan zugleich ein Absatzplan aufzustellen. Beide Pläne werden durch das Gewinnstreben der Unternehmen miteinander verkoppelt. Die Gewinnorientierung bzw. das Gewinnmaximierungsprinzip entspringen auch der oben skizzierten marktbedingten Unsicherheitssituation, der die Unternehmen permanent ausgesetzt sind und die sie neben anderem dazu zwingt, den Überschuss des Umsatzes über die Kosten, d. h. den →Gewinn, so groß wie möglich zu machen, um für schlechtere Zeiten Reserven aufzubauen. Die sich auf Beschaffung, Produktion und Absatz beziehenden Aktivitäten müssen organisiert werden. Dies bedingt das Sammeln, das Verarbeiten und – da es wesentlich auch um Neuerungen geht – die Produktion von Informationen. Das damit benannte Wissensproblem ist für die Unternehmen zentral. In der Theorie der Unternehmung wird daher insbesondere der Frage nachgegangen, wie die Unternehmung organisiert sein muss und wie die Anreizstrukturen beschaffen sein müssen, damit die Unternehmung mit dem von ihr produzierten und genutzten Wissenspotential im Marktwettbewerb bestehen und sich auch die entsprechenden Erträge aneignen kann.

3.1.2 *Theorie des Haushalts.* Die Absatzverhältnisse, mit denen es die Unternehmen zu tun haben, spiegeln aber nur die Nachfrage wider, die von den Haushalten und den Unternehmen geäußert wird. Mit dem Nachfrageverhalten der Haushalte, d. h. mit den Konsumplänen und dem durch den Konsum entstehenden Nutzen beschäftigt sich die Theorie des Haushalts (Nachfrage- oder Konsumtheorie). Die Grundfrage lautet hier: Wie reagiert der Haushalt bei gegebener Präferenzstruktur mit seiner mengenmäßigen Nachfrage nach Gütern, wenn sich bei gegebenem →Einkommen die Güterpreise verändern oder wenn bei gegebenen Preisen das Einkommen variiert? Wie ändern sich die Präferenzen und welche Auswirkungen ergeben sich dadurch? Die Nachfrage der Unternehmen richtet sich auf Produktionsfaktoren, sie ist Reflex der Absatz- und Produktionspläne, weshalb man auch von abgeleiteter Nachfrage spricht. Durch den Verkauf von Faktorleistungen, die in den Produktionsprozess eingehen, erzielen die Haushalte als die Eigentümer von Produktionsfaktoren Einkommen. Um ein möglichst hohes Einkommen zu erreichen, muss der Faktoreigentümer Informationen darüber in Erfahrung bringen, welches Unternehmen den höchsten Faktorpreis zahlt oder – in längerfristiger Perspektive – welche Arten von Faktorleistungen gewünscht sind (z. B. Entwicklung von Humanvermögen) (→Human- und Sozialkapital). Solche und ähnliche Probleme werden in der Theorie des Haushalts und in der Theorie der Faktormärkte (Arbeitsmarkt-, Ressourcen- und Kapitalmarkt) analysiert. In engem Zusammenhang hiermit steht die Frage, wie das durch die Produktion und den Verkauf der Güter erzielte Einkommen, d. h. grob gesprochen die Netto-Einnahmen, auf die einzelnen Faktoren verteilt wird. Diese Frage konstituiert die →Verteilungstheorie, die auch Gegenstand der Makroökonomik (s. 3.3) ist. Hier werden auch Machtfragen thematisiert (→Macht).

3.1.3 *Gewinn- und Nutzenmaximierung.* Die Prinzipien der Gewinnmaximierung (Unternehmen) und der Einkommens- bzw. Nutzenmaximierung (Haushalte) werden in letzter Zeit zunehmend in Frage gestellt. Ausgehend von bestimmten Überlegungen der →Spieltheorie und der Experimentellen Ökonomik sucht man in der sog. Verhaltensökonomik nach Varianten, die stärker auf die Ungewissheit abheben und „realistischeres" Verhalten erklären können. Hier ist die Diskussion keineswegs abgeschlossen.

3.2 *Kreislaufprozesse.* Der Gesamtprozess stellt sich somit als ein über Preise und sonstige Informationskanäle gesteuerter Geld-, Güter- und Faktorstrom dar. Infolge des Kaufs von Faktorleistungen fließt ein Einkommen bildender Geldstrom vom Unternehmens- zum Haushaltssektor. Durch Verausgabung von Einkommen zwecks Erwerb von Gütern fließt ein Geldstrom zurück zum Unternehmenssektor. Daneben existieren Geld- und Güterströme (Produktionsgüter und Dienstleistungen) innerhalb des Unternehmenssektors selbst, die auf die Interaktionen und die damit verbundenen Austauschprozesse der Unternehmen untereinander verweisen. Man kann diesen gesamten Kreislaufprozess und seine Veränderung in der Zeit unter verschiedenen Aspekten betrachten. Die Markttheorie (Preis- und Wettbewerbstheorie) als Grundlage der →Wettbewerbspolitik analysiert z. B. wie die Austauschprozesse auf den Märkten (bezüglich Preise, Mengen, Qualitäten etc.) durch die jeweilige Anzahl und Konzentration der Anbieter und Nachfrager (Monopol, Oligopol, Polypol etc.), durch Erfahrungsprozesse ausgelöste Änderungen der Verhaltensweisen (polypolistische, oligo- und monopolistische Verhaltensweisen), durch das Alter des Marktes (Experimentier-, Expansions-, Ausreifungs- und Stagnationsphase) sowie durch Konzentrationsprozesse geprägt werden. Das Augenmerk ruht hier mehr oder weniger auf einem einzelnen Markt (Partialanalyse).

In der Totalanalyse versucht man hingegen, das gesamte Geflecht der Beziehungen mit all den Verästelungen des Einkommens-, Güter- und Faktorleistungsstromes und seine tendenzielle Ausrichtung auf eine volkswirtschaftl. Gleichgewichtslage hin nachzuzeichnen.

3.3 *Makroökonomik.* Interessiert man sich nicht für den Kreislaufprozess unter expliziter Berücksichtigung der einzelnen Wirtschaftssubjekte, Güter, Faktoren und Preisrelationen, sondern fasst man diese zu Gruppen (→Haushalte, →Unternehmen, →Staat) und Aggregaten (gesamter →Konsum, gesamte →Investition, gesamtes →Sparen, Sozialprodukt, Volksvermögen, gesamte Geldmenge, Preisniveau etc.) zusammen, so gelangt man in den Bereich der sog. Makroökonomik. Sie analysiert nicht das Koordinationsgeschehen zwischen den einzelnen Wirtschaftssubjekten, sondern das Zusammenspiel von auf Gruppen bezogenen Aggregaten auf der Basis von funktionalen Verknüpfungen (z. B. Konsumfunktion, Sparfunktion, Investitionsfunktion, gesamtwirtschaftl. Produktionsfunktion, Input-Output-Zusammenhänge etc.). Die Makroökonomik erstrebt nicht nur die Erklärung gesamtwirtschaftl. Zusammenhänge, sie liefert auch den Rahmen für ex-post-Betrachtungen (d. h. von Berichterstattungen im Sinne der →Volkswirtschaftlichen Gesamtrechnung) und liefert die Basis für ex-ante-Betrachtungen (Prognosen, Projektionen). In diesem Zusammenhang ist die Ökonometrie zu erwähnen. Dort verknüpft man theoret. Beziehungen, wahrscheinlichkeitstheoretische Überlegungen und empirisch-statistisches Zahlenmaterial zur

Erstellung gesamtwirtschaftl. Modelle. Anstoß zu der Entfaltung von Makroökonomik und Ökonometrie gab nicht zuletzt die Beobachtung, dass der oben skizzierte Produktions-, Verteilungs- und Konsumtionsprozess mehr oder weniger ausgeprägten rhythmischen Schwankungen unterworfen ist, d. h. der Kreislauf des Einkommens expandiert nicht gleichmäßig bzw. gleichgewichtig (→Konjunktur- bzw. Wachstumsschwankungen).

Aus diesem Grunde kommt es auch zu ständigen Veränderungen der Beschäftigung. Wegen der unerwünschten Begleiterscheinungen (→Arbeitslosigkeit) versucht man, durch →Wirtschaftspolitik solche Schwankungen zu glätten, d. h. übermäßige Kreislaufexpansion (ausgelöst etwa durch einen Investitionsboom) oder Kreislaufkontraktion (z. B. aufgrund zu starken Abfallens der Investitionen) zu vermeiden oder abzuschwächen. Angesprochen ist damit der Staat mit seinen Ausgaben und Steuererhebungen (→Steuer- und →Finanzpolitik), aber auch die von der Notenbank betriebene →Geldpolitik. Letzteres wird verständlich, wenn man sich vergegenwärtigt, dass Kreislaufveränderungen mit Änderungen der Geldmenge, der Umlaufgeschwindigkeit des Geldes (Kassenhaltungsdauer) und des Preisniveaus verbunden sind (→Inflation). Hierbei wird das Geld weniger in seiner Funktion als Informationsmedium wirksam – diese Rolle ist nur bedingt vom Niveau der Geldmenge abhängig – als vielmehr das Geld in seiner Rolle zur Anregung bzw. Dämpfung des Konsums und der Investition, es ist gleichsam als „Kreislaufmittel". Allerdings bleibt die Fähigkeit des Geldes, als Orientierungsmaßstab für die Koordinationsprozesse zu dienen, von dem Niveau der Geldmenge u. U. nicht unbeeinflusst (→Inflation). Umgekehrt kann das Geld in seiner Funktion als Informationsmedium, wenn es zum Vehikel „falscher" Signale – entstanden etwa durch Überreaktionen in die eine oder andere Richtung aufgrund von Ansteckungsprozessen (Optimismus-Pessimismus-Wellen) – wird, Anlass zu Geldmengenveränderungen geben. Diese Zusammenhänge werfen die wichtige Frage auf, wie das →Geld in das Kreislaufsystem gelangt, wie es – teilweise – wieder aus ihm verschwindet und wie dieser Prozess zweckmäßig zu steuern ist. Diesem Problemkreis widmen sich die →Geld- und Währungstheorie, welch letztere zugleich den Rückwirkungen des Außenhandels und damit fremder Währungen auf die nat. wirksame Geldmenge nachzugehen hat. Da die Güte der Koordinationsleistungen und damit die Stabilität des Kreislaufs (Preisniveau, →Vollbeschäftigung, →Wachstum) in einer Marktwirtschaft wesentlich durch eine gelungene Orientierung an in Geld ausgedrückten Preisen bestimmt wird, stellt sich somit der Geldpolitik eine wichtige und ständige Aufgabe. Hier wird nach wie vor um die „richtige" Strategie der Geldsteuerung gestritten. Dies gilt auch für die makroökonomische Steuerung insgesamt, also unter Einbeziehung der Finanzpolitik. Nach einer Phase ausgeprägten Glaubens an die Effizienz der Globalsteuerung bestehen heute erhebliche Zweifel an solchen Machbarkeitsvorstellungen, d. h. man setzt eher auf ordnungspolitische Maßnahmen (Rahmenpolitik). Mit anderen Worten, an die Stelle der Nachfrage- ist verstärkt die Angebotsorientierung der Wirtschaftspolitik getreten, also das Denken in Anreizstrukturen. Ausgelöst durch die Banken- und Schuldenkrise gewinnt wiederum die Geld- und Wäh-rungspolitik zunehmend an Interesse. Dies gilt insb. im Hinblick auf die bisher eher vernachlässigten Finanzmärkte, die eine bessere theoretische Durchdringung auf Basis der Verhaltensökonomik und ggfs. auch eine verfeinerte Regulierung erheischen.

4. Dogmengeschichte. Die Dogmengeschichte zeigt, dass die heutige V.lehre das Ergebnis einer langen Entwicklung ist. Diese ist stark von der hist. Entfaltung ihres Gegenstandes, der sich gerade in den beiden letzten Jh.en stark wandelnden →Wirtschaftsgesellschaft (industrielle Revolution, →Industrie, technologische Revolutionen im Hinblick auf →Kommunikation und →Verkehr) bestimmt. Dabei haben je nach (wirtschaftlichem) Entwicklungsstand der Gesellschaft unterschiedliche Probleme im Vordergrund gestanden und die Herausbildung der heute konkurrierenden Theorie- und Ordnungssysteme (→Liberalismus, →Sozialismus, →Kommunismus, →Soziale Marktwirtschaft) mitgeprägt. Nach dem Untergang der sozialistisch geprägten Wirtschaftssysteme hat sich diese Frage insofern gewandelt, als man stärker die aufgrund unterschiedlicher Entwicklungen und durch historische Pfadabhängigkeiten bedingten Unterschiede zwischen Marktwirtschaften thematisiert. Mit der stärkeren Betonung der →Institutionen in der gegenwärtigen V.lehre erfährt auch die →Wirtschaftsgeschichte wieder eine zunehmende Bedeutung.

H. V. Stackelberg, Grundlagen der theoretischen V.lehre, 1951² – J. A. Schumpeter, Geschichte der ökonomischen Analyse, dt. 1965 – K. Häuser, V.lehre, 1967 – W. Röpke, Die Lehre von der Wirtschaft, 1968¹¹ – S. Wendt, Geschichte der V.lehre, 1968² – G. Stavenhagen, Geschichte der Wirtschaftstheorie, 1969⁴ – H. G. Schachtschabel, Geschichte der v.lichen Lehrmeinungen, 1971 – E. Carell, Allgemeine V.lehre, 1972¹⁴ – W. Ehrlicher u. a. (Hg.), Kompendium der V.lehre, I 1980⁵, II 1975⁴ – J. Röpke, Die Strategie der Innovation, 1977 – H. Arndt, Irrwege der Politischen Ökonomie. Die Notwendigkeit einer wirtschaftstheoretischen Revolution, 1979 – E. Heuss, Grundelemente der Wirtschaftstheorie, 1981² – R. Richter u. a., Makroökonomik. Eine Einführung, 1981⁴ – W. Eucken, Die Grundlagen der Nationalökonomie, 1989⁹ – E. Helmstädter, Wirtschaftstheorie, 1991⁴, II, 1986³ – K. P. Hensel, Grundformen der Wirtschaftsordnung, 1992⁴ – R. Rettig/D. Voggenreiter, Makroökonomische Theorie, 1998⁷ – U. Fehl/P. Oberender, Grundlagen der Mikroökonomie, 2004⁹ – A. Woll, Allgemeine V.lehre, 2011¹⁶ – H. Bartling/F. Luzius, Grundzüge der V.lehre. Eine Einführung in die Wirtschaftstheorie und Wirtschaftspolitik, 2014¹⁷.

Ulrich Fehl

Volkswirtschaftliche Gesamtrechnung(en)

Die VGR ist ein statistisches Werk, das mit einem System unterschiedlicher Konten von Einnahmen u. Ausgaben den Kreislauf der in einer Volkswirtschaft produzierten Güter (Waren u. Dienstleistungen) u. der bei der Produktion entstandenen u. verteilten Einkommen beschreibt. Sie wird für Deutschland vom Statistischen Bundesamt in Wiesbaden im Auftrag der Bundesregierung jährlich erstellt u. bildet die Datengrundlage für die →Wirtschaftspolitik. Sie entsteht aus vielen Einzelstatistiken. So fragt man etwa die in Deutschland ansässigen Unternehmen nach ihren Produktionswerten u. Produktionskosten, die privaten →Haushalte (in Stichproben) nach ihren Einnahmen u. Ausgaben, u. aus den Haushaltsplänen von Bund, Ländern u. Gemeinden entnimmt man die entsprechenden Transaktionen des Staats. Aus der Tatsache, dass zu jeder Einnahme an einer Stelle eine gleichzeitige u. gleich große Ausgabe an anderer Stelle gehören muss, kann man die Verflechtungen des *Wirtschaftskreislaufs* rekonstruieren.

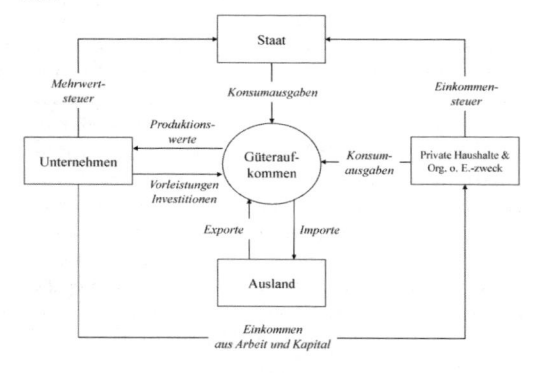

Das Güteraufkommen wird von den inländ. Unternehmen bestritten (Produktionswerte); Güter aus dem Ausland werden ebenfalls auf dem inländ. Markt angeboten (Importe). Die Pfeile bezeichnen die jeweils in Gegenrichtung als Einnahmen der beiden Anbieter fließenden Geldströme. Die zugehörigen Ausgaben werden von den privaten Haushalten u. dem staatl. Sektor getätigt u. führen zum Verbrauch der gekauften Güter. Ein Teil des Güteraufkommens wird ins Ausland exportiert, aus dem entsprechende Einnahmen zufließen. Ein erheblicher Teil der produzierten Güter verlässt den Unternehmensbereich gar nicht, sondern geht als Vorleistung in die Produktion weiterer Güter ein; ein anderer Teil wird als Investition für die Zukunft erstellt. Die Verteilung der produzierten Güter wird über die bei der Produktion entstandenen Einkommen, einerseits aus Arbeit (Löhne, Gehälter), andererseits aus Kapital (Gewinne, Dividenden, Zinsen) geregelt. Diese fließen den privaten Haushalten u. indirekt über Steuern auch dem Staat zu u. finanzieren deren Konsum. So schließt sich der Kreis.

Ein Ziel der Rechnung ist die Ermittlung des →Inlandsprodukts, das je nachdem, ob es vor oder nach Abschreibungen auf den eingesetzten Kapitalstock gerechnet ist, als Brutto- (BIP) oder Nettoinlandsprodukt ausgewiesen wird. Es gilt als zentraler Indikator für die wirtschaftliche Leistung, die in einem gegebenen Jahr erbracht wurde. Wirtschaftswachstum u. →Konjunktur werden an der Veränderungsrate des BIP gemessen. Es lässt sich aus dem zusammengefassten Güterkonto, – in der Abb. als zentraler Kreis dargestellt, auf dem sich alles Güterangebot mit der Nachfrage trifft, – wie folgt bestimmen: BIP = Konsumausgaben + Bruttoinvestitionen + Exporte − Importe. Vorleistungen der Unternehmen für die Produktion anderer Unternehmen sind zwar der größte Posten auf dem Güterkonto, aber weil sie den Produktionskreislauf nicht verlassen, sondern in weiterer Produktion sofort wieder untergehen, zählen sie nicht zum Endverbrauch u. damit nicht zur wirtschaftlichen Leistung. Für das Jahr 2013 ergibt sich ein BIP in Höhe von 2737 Mrd. Euro. Der Betrag von 47 Mrd. Euro bei den privaten Organisationen ohne Erwerbszweck enthält u. a. die Konsumausgaben der deutschen Kirchen.

Zusammengefasstes Güterkonto Deutschlands im Jahr 2013 (Mrd. Euro)			
Inländische Produktionswerte	5423	Vorleistungen	2686
Importe	1219	Konsumausgaben	
		der priv. Haushalte	1526
		der priv. Org. o. E.	47
		des Staates	531
		Bruttoinvestitionen	465
		Exporte	1387
Gesamtes Güteraufkommen	6642	Gesamte Güterverwendung	6642

Das BIP misst die inländische Güterproduktion u. bezeichnet damit die wirtschaftliche Größe u. Macht eines Landes. Es genügt nicht, um die Lebensbedingungen in einem Land zu beschreiben. Um darüber ein vollständiges Bild zu vermitteln, müssen neben den ökonomischen auch politische u. soziale Indikatoren herangezogen werden.

D. BRÜMMERHOFF/M. GRÖMLING, VGR.en, 2011[9] – U.-P. REICH, National accounts and economic value: a study in concepts, 2001.

Utz-Peter Reich

Vollbeschäftigung

1. Begriff. In einer weiten Definition wird unter V. verstanden, dass alle Produktionsfaktoren, d. h. Arbeit,

Boden und der Bestand an Realkapital, ausgelastet sind. Im Folgenden wird der wirtschaftspolitischen Praxis entsprechend enger definiert: „V. ist erreicht, wenn alle Menschen, die Arbeit aufnehmen können, auch Arbeit bekommen" (E. WEBER, 1). Die Erreichung von V. wird i. d. R. an der *Arbeitslosenquote*, die die Arbeitslosen in Relation zu den Erwerbspersonen setzt, oder der Zahl der Arbeitslosen im Vergleich zur Zahl der offenen Stellen festgemacht. Dabei ist neben der methodischen und statistischen Abgrenzung von →Arbeitslosigkeit die politische und gesellschaftliche Frage umstritten, welche Höhe der Arbeitslosigkeit hingenommen werden soll. Z. B. stuft E. WEBER 2–3 % Arbeitslosigkeit und damit rund 1 Mio. Arbeitslose für die Bundesrepublik als V. ein, während T. STRAUBHAAR/M. BRÄUNIGER 2–5 % als „V.-Korridor" bezeichnen und O. BLANCHARD/L. KATZ unter 5 % Arbeitslosigkeit V. verstehen.

2. Ursachen der Nichterreichung von V. *2.1. Ungleichgewicht am gesamtwirtschaftlichen Arbeitsmarkt.* Aus makroökonomischer (→Volkswirtschaftslehre) Sicht kommt es zu Unterbeschäftigung oder Arbeitslosigkeit, wenn die gesamtwirtschaftliche Arbeitsnachfrage der →Unternehmen (und des →Staates) kleiner ist als das gesamtwirtschaftliche Arbeitsangebot der privaten →Haushalte. (Umgekehrt ist denkbar, dass die Arbeitsnachfrage größer als das Arbeitsangebot ist, so dass Überbeschäftigung oder ein Arbeitskräftemangel auftritt.)

Dabei hängt die Arbeitsnachfrage der Unternehmen davon ab, wie viele Arbeitskräfte sie – bei gegebener Kapitalausstattung und gegebenem technischem Stand – für ihre →Produktion benötigen. Die Produktion der Unternehmen einer Volkswirtschaft hängt zum einen von ihren Absatzmöglichkeiten und damit von der gesamtwirtschaftlichen Nachfrage nach Gütern und Dienstleistungen ab; zum anderen wird sie von der Höhe des Reallohnniveaus bestimmt.

Das Arbeitsangebot hängt zunächst vom Umfang und Altersaufbau der Bevölkerung und damit von der demografischen Entwicklung und Wanderungsbewegungen ab. Personen der Wohnbevölkerung im Alter zwischen 15 und 65 Jahren (bzw. dem gesetzl. Renteneintrittsalter) bilden das sogenannte Erwerbspersonenpotenzial. Allerdings möchten nicht alle diese Erwerbsfähigen ihre Arbeitskraft am Arbeitsmarkt anbieten, vor allem weil sie noch eine Schul-, Hochschul- oder Berufsausbildung absolvieren, Familienarbeit leisten oder ihren Ruhestand vorgezogen haben. Dieses Arbeitsangebotsverhalten oder die Erwerbsbereitschaft spiegelt sich statistisch in je nach Geschlecht, Familienstand und Alter ganz unterschiedlichen Erwerbsquoten wider, die zeigen, welche Anteile der verschiedenen Bevölkerungsgruppen eine Erwerbstätigkeit ausüben bzw. ausüben möchten. Sie werden durch die Einstellungen in einer →Gesellschaft, z. B. zum Wert von →Bildung und →Ausbildung oder zur Arbeitsteilung in der →Familie, geprägt, die sich wiederum in der Ausgestaltung des Steuer- und Sozialversicherungssystems oder in der Bereitstellung von Kinderbetreuungseinrichtungen niederschlagen.

2.2. Friktionelle und strukturelle Arbeitslosigkeit. Aus mikroökonomischer (→Volkswirtschaftslehre) Sicht kommt es aufgrund von Unvollkommenheiten des Arbeitsmarktes (→Arbeitsmarktpolitik) und seiner Heterogenität auch dann zu →Arbeitslosigkeit, wenn in der Gesamtwirtschaft Arbeitsangebot und -nachfrage quantitativ übereinstimmen. Zum einen treten bei der Suche von Arbeitslosen nach geeigneten Stellen und bei der Suche von Unternehmen nach geeigneten Bewerbern Friktionen auf, die zu Such-Arbeitslosigkeit führen. Zum anderen passt die Struktur der Arbeitslosen hinsichtlich Qualifikation, Branche, Region und Arbeitszeitwünschen nur unvollkommen zur Struktur der zu besetzenden Stellen, so dass es zu struktureller Arbeitslosigkeit kommt.

3. Wirtschaftspolitik zur Erreichung von V. Die mikroökonomisch ausgerichtete →Arbeitsmarktpolitik zielt darauf ab, dass Arbeitsangebot und -nachfrage durch den Abbau von Informationsdefiziten sowie durch Vermittlungsaktivitäten schneller zusammenfinden und dass die strukturelle Arbeitslosigkeit durch Qualifizierungsmaßnahmen sowie durch mehr regionale und berufliche Mobilität sinkt. Hier steht die makroökonomisch ausgerichtete Beschäftigungspolitik im Mittelpunkt. Hinsichtlich ihrer Notwendigkeit und Sinnhaftigkeit werden in der Volkswirtschaftslehre zwei grundlegend unterschiedliche Auffassungen vertreten, die der „Stabilitätsoptimisten" und die der „Stabilitätspessimisten." (B. HEWEL/R. NEUBÄUMER; R. RICHTER u. a.).

3.1. Die „Stabilitätsoptimisten". Die Stabilitätsoptimisten leiten – ausgehend von der Klassik um ADAM SMITH und der Neoklassik (u. a. L. WALRAS, V. PARETO) – ab, dass eine sich selbst überlassene Marktwirtschaft quasi automatisch zu V. führt. Die Voraussetzung dafür ist vollkommener →Wettbewerb am Güter- und Geldmarkt (→Geld) und vor allem am Arbeitsmarkt (→Volkswirtschaftslehre, →Markt). Dann führt der Lohnmechanismus zu dem Reallohn, bei dem Arbeitsangebot und -nachfrage übereinstimmen und somit V. herrscht. Gleichzeitig wird die „natürliche Produktion" erzeugt, die durch die Auslastung des Arbeitsangebots (und des Kapitalbestandes) vorgegeben ist und der aufgrund flexibler Preise automatisch eine gleich große Güternachfrage gegenübersteht. Zu Unterbeschäftigung kommt es nur bei nach unten nicht flexiblen Löhnen und damit bei zu hohen Reallöhnen (sowie bei nach unten nicht flexiblen Preisen). Vor diesem Hintergrund schlussfolgern die (Neo-)Klassiker, dass

Interventionen des Staates zur Erreichung von Vollbeschäftigung nicht nur überflüssig, sondern sogar schädlich sind. Der Staat sollte nur die Rahmenbedingungen für einen funktionierenden Wettbewerb am Güter- und Arbeitsmarkt setzen.

Die Monetaristen (u. a. M. FRIEDMAN, H. G. JOHNSON) erklären darüber hinaus die – empirisch beobachtbare – Abweichung von V. mit der „natürlichen Arbeitslosigkeit", die auf die Macht der →Gewerkschaften und die Arbeitsmarkt- und Sozialgesetzgebung (→Arbeitsrecht, →Sozialgesetzbuch) und damit auf zu hohe Reallöhne und eine zu starre Lohnstruktur zurückzuführen ist. Zudem messen die Monetaristen der →Geldpolitik zentrale Bedeutung für die Entwicklung der →Produktion, und der Beschäftigung sowie der Preise bei. Sie lehnen Interventionen des Staates ab, weil durch eine diskretionäre Geldpolitik nur kurzfristig und zu Lasten höherer Preissteigerungsraten die „natürliche Rate der Arbeitslosigkeit" unterschritten werden kann. (Diese Rate wird deshalb auch als „Non Accelerating Inflation Rate of Unemployment" oder kurz als „NAIRU" bezeichnet.)

Schließlich kommen die Anhänger rationaler Erwartungen (u. a. J. F. MUTH, R. E. LUCAS) zu dem Ergebnis, dass wirtschaftspolitische Maßnahmen zur Ausweitung der Beschäftigung bei Wirtschaftssubjekten, die ihre Erwartungen rational bilden, unwirksam sind. So nehmen z. B. die Privaten →Haushalte bei einer Steuersenkung zur Anregung der →Konjunktur vorweg, dass sie später wieder höhere Steuern zahlen müssen, und verändern deshalb ihr Verhalten nicht.

3.2. Die „Stabilitätspessimisten". Die Stabilitätspessimisten kommen – ausgehend von der Theorie von KEYNES – zu dem Ergebnis, dass eine Marktwirtschaft „aus sich selbst heraus" zu starken Schwankungen der Produktion und der Beschäftigung führt, d. h., es immer wieder zu oft länger anhaltenden Phasen der Unterbeschäftigung (oder Überbeschäftigung) kommt, wie sie insbesondere in der Weltwirtschaftskrise ab 1929 zu beobachten war. Im *keynesianischen* Modell steht die Entwicklung der Güternachfrage im Mittelpunkt (und nicht wie bei den (Neo-)Klassikern der Arbeitsmarkt). Denn die Unternehmen orientieren sich bei ihrer Produktionsplanung am Absatz der Vorperiode und damit an der gesamtwirtschaftlichen Güternachfrage. Sinkt diese Nachfrage, z. B. weil viele Unternehmen aufgrund von sich verbreitendem Pessimismus weniger Investitionsgüter nachfragen, so führt das in der nächsten Periode zu niedrigerer Produktion und Beschäftigung und damit auch zu niedrigeren Einkommen der privaten Haushalte. Diese →Einkommen bestimmen wiederum die →Konsumnachfrage und damit die Produktion von Konsumgütern in der folgenden Periode sowie Beschäftigung und Einkommen usw. Durch solche Multiplikatorprozesse werden die Folgen von plötzlich einsetzendem Pessimismus (oder Optimismus) oder von anderen „Störungen von außen", wie eines nachlassenden Exports, verstärkt, sodass es in einer →Marktwirtschaft immer wieder zu Konjunkturschwankungen kommt.

Um den Wirtschaftsablauf zu verstetigen und die negativen Folgen von hoher Unterbeschäftigung zu vermeiden, sollte der Staat eine antizyklische Fiskalpolitik (→Konjunkturpolitik, →Finanzpolitik) betreiben, d. h. in der Rezession die Staatsausgaben erhöhen und Haushaltsdefizite in Kauf nehmen, um die fehlende Nachfrage zumindest teilweise zu ersetzen und negativen Multiplikatorprozessen entgegenzuwirken, (und im Boom die Staatsausgaben reduzieren, um Überbeschäftigung zu vermeiden). Die „Stabilitätspessimisten" sehen somit eine Steuerungsnotwendigkeit der →Marktwirtschaft.

Zu den zahlreichen Weiterentwicklungen der keynesianischen Theorie gehören zum einen post-keynesianische Ansätze (K. W. ROTHSCHILD; B. HEWEL/R. NEUBÄUMER). Sie untersuchen die Bedeutung von Unsicherheit für ökonomische Entscheidungen und leiten daraus eine allgemeine Tendenz zur Instabilität marktwirtschaftlicher Systeme ab, die noch durch institutionelle und historische Starrheiten verstärkt wird. Zum anderen gehört dazu die Ungleichgewichts- oder Rationierungstheorie, die insbesondere auf Arbeiten von A. LEIJONHUFVUD, R. J. BARRO/H. I. GROSSMANN und E. MALIVAUD zurückgeht und eine mikroökonomische, preistheoretische Basis für die makroökonomische Theorie von KEYNES entwickelte (→Volkswirtschaftslehre). Wichtiger ist jedoch, dass die Rationierungstheorie eine Synthese der gegensätzlichen Erklärungen für Unterbeschäftigung bietet. Sowohl überhöhte Reallöhne (*neoklassische Erklärung*) als auch ein Mangel an gesamtwirtschaftlicher Nachfrage (*keynesianische Erklärung*) sind Unterfälle der gleichen Theorie. Damit ist es kein Widerspruch mehr, für die Erreichung von V. einmal niedrigere Reallöhne und ein anderes Mal eine höhere gesamtwirtschaftliche Nachfrage als geeignetes Mittel anzusehen.

4. Fazit. V. kann nur erreicht werden, wenn das gesamtwirtschaftliche Arbeitsangebot mit der gesamtwirtschaftlichen Nachfrage nach Arbeitskräften übereinstimmt. In der volkswirtschaftlichen Theorie ist umstritten, ob das „quasi automatisch" durch Wettbewerb am Arbeitsmarkt (und Gütermarkt) und damit durch niedrigere oder höhere Reallöhne erreicht wird, oder ob der Staat die gesamtwirtschaftliche Güternachfrage aktiv beeinflussen muss, um eine Verstetigung der Produktion und der Arbeitsnachfrage zu erreichen (→Konjunkturpolitik). Aber selbst wenn in einer →Volkswirtschaft Arbeitsangebot und -nachfrage zahlenmäßig übereinstimmen, bedeutet V. keine Arbeitslosenquote von null, denn es wird immer Menschen geben, die nicht friktionslos zwischen zwei Beschäftigungsverhältnissen oder zwischen (Aus-)Bildungssystem und Berufstätigkeit wechseln: V. bedeutet zumindest eine →Arbeitslosigkeit von 2–3 %. Hinzu kommt strukturelle Arbeitslosigkeit, die zwar durch arbeitsmarktpolitische Maßnahmen (→Arbeitsmarktpolitik) und eine flexiblere Lohnstruktur (→Lohn) reduziert werden kann, aber nie auf null sinken wird.

K. W. ROTHSCHILD, Einführung in die Ungleichgewichtstheorie, 1981 – O. BLANCHARD/L. KATZ, What We Know and Do Not Know About the Natural Rate of Unemployment, in: Journal of Economic Perspectives [11/1] 1997, 51–72 – B. HEWEL/R. NEUBÄUMER, Makroökonomie, in: R. NEUBÄUMER/B. HEWEL/T. LENK (Hg.), Volkswirtschaftslehre – Grundlagen der Volkswirtschaftstheorie und Volkswirtschaftspolitik, 2011[5], 209–356 – T. STRAUBHAAR/M. BRÄUNIGER, Politik für die V., in: T. STRAUBHAAR (Hg.), Wege zur V., Gutachten des HWWI, 2011, 4–11 – M. DIETZ/M. STOPS/U. WALWEI, V. in Sicht? Zur Lage auf dem deutschen Arbeitsmarkt, in: APuZ [14–15] 2012, 20–30 – R. RICHTER/U. SCHLIEPER/W. FRIEDMANN, Makroökonomik: Eine Einführung, 2013[2] – E. WEBER, Das Ziel der V. in Deutschland. Fern, aber erreichbar, IAB-Kurzbericht 15/2014, 2014.

Renate Neubäumer

Wachstum / Wachstumspolitik / Wachstumstheorie

1. Begriff. Wirtschaftliches W. bezeichnet den Anstieg der in einer Volkswirtschaft erstellten Wertschöpfung, also der für den Endverbrauch bestimmten Waren und Dienstleistungen. Es wird jedoch i. d. R. durch die W.srate des *realen →Bruttoinlandsprodukts* (BIP) gemessen, wobei das BIP – vereinfacht gesprochen – eine bloße Aufsummierung der über den Markt verkauften oder vom Staat bereitgestellten Güter für den Endverbrauch während eines Zeitraums in einem Land darstellt. Insbesondere für internationale Vergleiche ist die Formulierung als W.srate pro Kopf gebräuchlich.

Wirtschaftsw. ist nicht Selbstzweck, sondern ein Mittel zur Erhöhung des Lebensqualität, d. h. Nutzens, also des Wohlbefindens der Bevölkerung. Die Annahme, dass Wirtschaftsw. (ein höheres BIP) den Wohlstand einer Nation steigert, fußt u. a. auf der Annahme, dass ein Mehr an Konsum und Investition zu mehr Lebensqualität führt. Mittlerweile stellt sich allerdings zumindest in den Industrieländern die grundsätzliche Frage, warum Wirtschaftsw. als zentrales (wirtschafts-)politisches Ziel verfolgt werden soll. Diese Grunderkenntnis findet sich bereits bei LUDWIG ERHARD (1957): „*Wir werden ... dahin gelangen, dass zu Recht die Frage gestellt wird, ob es noch immer nützlich und richtig ist, mehr Güter, mehr materiellen Wohlstand zu erzeugen, oder ob es nicht sinnvoll ist, unter Verzichtsleistung auf diesen „Fortschritt" mehr Freizeit, mehr Besinnung, mehr Muße und mehr Erholung zu gewinnen.*"

2. Bestimmungsgründe für Wirtschaftsw. *2.1 Neoklassische W.stheorie.* Die heutige W.sdiskussion wird von der auf *R. M. Solow* zurückgehenden *neoklassischen W.stheorie* und die daran anknüpfende *endogene W.stheorie* dominiert. Ihr Kernstück ist die makroökonomische Produktionsfunktion (→Produktion), mit deren Hilfe das Produktionsniveau in Abhängigkeit vom mengenmäßigen Einsatz der Produktionsfaktoren bestimmt werden kann. Üblicherweise werden für die Produktionsfunktion *konstante Skalenerträge* angenommen. Danach führt z. B. eine simultane Verdoppelung des Arbeits- und des Sachkapitaleinsatzes zu einer Verdoppelung des Produktionsniveaus. Wird hingegen nur ein Faktor verstärkt eingesetzt, steigt zwar ebenfalls die Produktion, die Produktionszuwächse nehmen jedoch sukzessive ab. Dies entspricht den geläufigen ertragsgesetzlichen Zusammenhängen, die *abnehmende Grenzerträge* (bzw. Grenzproduktivitäten) unterstellen. Bei gegebener Technologie führt somit eine Erhöhung der Kapitalintensität (=Kapitaleinsatz/Arbeitseinsatz) zu einer steigenden Produktion je Arbeitskraft (bzw. je Arbeitsstunde), jedoch bei sinkender Grenzproduktivität. Verstärkte Sachkapitalbildung allein kann daher auf lange Sicht die Produktion je Beschäftigten und damit letztlich das Pro-Kopf-Einkommen nicht erhöhen. Wirkliche Abhilfe schafft auf Dauer nur der technische Fortschritt (→Innovation).

Steigt der technische Fortschritt, kann die Produktion (das BIP) selbst bei konstanter Beschäftigung (von Arbeit und Sachkapital) erhöht werden. Diese Fortschrittskomponente ist deshalb von elementarer Bedeutung, weil ohne *technischen Fortschritt* langfristig kein W. des Pro-Kopf-Einkommens möglich ist. Während mit der Beeinflussung des Arbeitsangebots (→Arbeitsmarktpolitik) und der Investitionen die w.spolitischen Ansatzpunkte relativ leicht aufzudecken sind, ist dies bei der Produktivitäts- bzw. Fortschrittskomponente erheblich schwieriger. Hierzu müssen deren Ursachen und Beeinflussungsmöglichkeiten bekannt sein. Die herkömmliche neoklassische W.stheorie hilft hier nicht weiter, da die Bedeutung des technischen Fortschritts zwar nachdrücklich betont wird, der technische Fortschritt selbst aber als exogen determinierte Größe angesehen wird und sich damit der Erklärung entzieht. Dieser Mangel ist deshalb so gravierend, weil empirische Untersuchungen zu dem Ergebnis kamen, dass internationale und intertemporale W.sunterschiede nur zu einem geringen Teil auf einen Anstieg von Erwerbstätigkeit und Sachkapital zurückgehen. Dieses Defizit neoklassischer W.stheorien versucht die *endogene W.stheorie* zu überwinden, die seit den späten 1980er Jahren zum Standard der →Volkswirtschaftslehre zählt.

2.2 Endogene W.stheorie. In der *endogenen W.stheorie* werden die Prozesse und Effekte der Entstehung neuen Wissens (Invention u. Innovation) und der Wissensverbreitung (Diffusion) einschließlich dessen Aneignung durch Arbeitskräfte (Bildung von Humankapital) näher analysiert. Im Humankapital ist Wissen enthalten, das von vielen Anwendern genutzt werden kann. Als Verstärker dieses produktivitätssteigernden Wissens der Arbeitskräfte wirken Lerneffekte im Zuge der Anwendung und Nutzung von Neuerungen (*Learning by Doing*), welche Innovationen begünstigen und das Humankapital einer Volkswirtschaft stetig steigern. Neue Erkenntnisse bleiben dabei nicht auf den Entstehungsbereich beschränkt, sondern werden auch in anderen Bereichen genutzt und wirken dort ebenfalls produktivitätssteigernd (*Spill-Over-Effekte*). Wissen, Invention und technischer Fortschritt (Diffusion von →Innovationen) wirken so gleichermaßen als eingebautes Schwungrad der W.sbeschleunigung: W. erzeugt W.

2.3 Institutionen und Kultur. Es ist seit langem bekannt, dass institutionelle Rahmenbedingungen das Wirtschaftsw. deutlich beeinflussen. So weist EUCKEN (1952) darauf hin, dass eine staatlich geschützte Wettbewerbsordnung für ein leistungsgerechtes Marktergebnis, das Innovationen und Humankapitalbildung belohnt, essentiell für stetiges W. ist. Gesamtwirtschaftliche Stabilität und eine konstante (berechenbare) →Wirtschaftspolitik sind ebenso investitions- und w.sfördernd, da sie Planungsunsicherheit reduzieren.

Diese aus der Euckenschen Ordnungstheorie abzuleitenden Konsequenzen wurden zwar in einem Teil der (deutschsprachigen) W.sforschung – vor allem unter dem Einfluss von *Ernst Dürr* – weiter verfolgt, es dominierten jedoch von Ordnungsüberlegungen „freie" keynesianische und neoklassische Sichtweisen. Mit der „*Neuen Institutionenökonomik*" hat sich aber ein bemerkenswerter Wandel auch in der W.sforschung vollzogen. Zunehmend kristallisiert sich – empirisch gestützt – heraus, dass institutionelle Faktoren, also die Regeln, die die Anreizstrukturen für das politische, wirtschaftliche und gesellschaftliche Zusammenspiel festlegen, als tiefere Ursachen für w.srelevante Investitionstätigkeiten und Neuerungsaktivitäten anzusehen sind. In einem durch staatliche Regulierungen und bürokratische Kontrollen geprägten Umfeld, oder wenn der Staat die Wahl- und Entscheidungsfreiheiten seiner Bürger willkürlich beschneidet und er unwillig oder unfähig ist, →Korruption zu unterbinden, werden inländische und ausländische Unternehmer abgeschreckt. W.sschwäche ist die Folge. Positiv gewendet: Es besteht im weltweiten Querschnittsvergleich ein signifikanter positiver Zusammenhang zwischen dem Pro-Kopf-Einkommen und der „institutionellen →Infrastruktur" (gemessen durch den Grad der Rechtssicherheit, der Qualität der Bürokratie, der Korruptionsanfälligkeit, dem Enteignungsrisiko und dem Offenheitsgrad der Volkswirtschaften). Schließlich heben u. a. ACEMOGLU und ROBINSON die grundlegende Bedeutung von *Vertrauen* als Voraussetzung für die Entwicklung von Gesellschaften hervor, und zwar das Vertrauen in (staatliche) Institutionen, aber auch und gerade das Vertrauen der Menschen zueinander. „Einander vertrauen" bedeutet zugleich, kooperationsfähig zu sein, wodurch Inventionen, Innovationen und die Vermehrung von Humankapital durch Teilen gefördert werden. Vertrauen erspart zudem Kontroll- und Vertragskosten. Ähnliches kann für solche sozio-kulturellen Variablen wie gesellschaftlicher Zusammenhalt oder die Fähigkeit der Menschen, Beziehungen einzugehen, geschlossen werden.

3. Kritik der Glücksforschung am W.sziel. Wirtschaftsw. ist kein Selbstzweck, sondern als Mittel zur Erhöhung der Lebensqualität, des Wohlbefindens der Bevölkerung anzusehen. Diese Erkenntnis schlägt sich mittlerweile u. a. auch in wirtschaftsnahen Zeitschriften wie der Wirtschaftswoche nieder: „Glück schlägt Geld – wie Ökonomen unseren Wohlstand neu definieren"

Die interdisziplinäre Glücksforschung (→Glück) geht der Frage nach, was Menschen wirklich wollen. Sie basiert auf der ökonomischen Grundfrage (→Wirtschaften) des effizienten Umgangs mit Ressourcen. Für Menschen ist letztlich die knappe Ressource ihre (Lebens-)Zeit. Deshalb geht es darum, diese so zu nutzen, dass man glücklich und zufrieden ist. Es zeigt sich, dass der Einfluss des Materiellen sehr begrenzt ist. Auch die A-priori-Annahme „Mehr Materielles ist besser als weniger" ist im Lichte der Ergebnisse der interdisziplinären Glücksforschung nicht mehr ohne Weiteres haltbar. Mehr Materielles führt ab einem gewissen Versorgungsniveau kaum mehr zu einer Steigerung des subjektiven Wohlbefindens. Zumindest in den (westlichen) Industrieländern ist dies vermutlich seit einigen Jahrzehnten der Fall.

Ein Grund liegt darin, dass – sofern die materielle Grundbedürfnisse gedeckt sind – weniger das *absolute* →Einkommen, sondern vielmehr das *relative Einkommen* für den Einzelnen entscheidend ist. Die Summe der Rangplätze in einer Volkswirtschaft ist aber fix: steigt einer auf, muss ein anderer absteigen – ein Nullsummenspiel. Ein anderer Grund ist, dass sich die Ansprüche und Ziele an die tatsächliche Entwicklung anpassen, d. h. mit steigendem Einkommen steigen auch die Ansprüche, so dass daraus keine größere Zufriedenheit erwächst. Die Glücksforschung impliziert zugleich auch, dass ein Verzicht auf Wirtschaftsw. – in den Industrieländern – nicht gleichzusetzen ist mit einem Verzicht auf Wohlbefinden. Die Verteilungsfrage ist hingegen sehr relevant.

„Soziale Ungleichheit untergräbt das Wohl der Menschen, sie behindert das Wirtschaftsw. und ist doch in vielen Ländern so stark ausgeprägt wie seit Jahrzehnten nicht. Politische Maßnahmen mit dem Ziel, die Schere zwischen Arm und Reich zu schließen, werden nur erfolgreich sein, wenn sie neben der Einkommensverteilung auch den Zugang zu guter Bildung, zu Gesundheit und öffentlichen Infrastrukturen berücksichtigen." Der OECD-Bericht „All On Board: Making Inclusive Growth Happen" stellt neue Wege vor, um wirtschaftliches W. zu beurteilen. Dabei geht er über die Verwendung traditioneller monetärer Indikatoren hinaus und rückt das Wohlbefinden der Menschen in den Mittelpunkt. Er greift dabei auf einen analytischen Rahmen zurück, der sich mit mehrdimensionalen Fragen der Lebensqualität beschäftigt.

Langsam zeichnet sich daher – insbesondere im Zusammenhang mit den ökologischen Grenzen (→Ökologie, →Nachhaltigkeit) des Wirtschaftsw.s – auch in Thinktanks der Wirtschafts- (und Gesellschafts-)Politik ein Umdenken ab. Wirtschaftsw. wird keineswegs mehr als das (zentrale) Ziel der (→Wirtschafts-)Politik erachtet (s. z. B. den OECD „Better-Life-Index" und den UN-World-Happiness Report).

Die Bedeutung, die der Glücksforschung mittlerweile zukommt, spiegelt sich auch in der Vergabe des Nobelpreises für Wirtschaftswissenschaften 2015 an den Glücksforscher Angus Deaton (Princeton) für sein Lebenswerk wider. Deaton beschäftigte sich mit der Situation der Armen (weltweit), der Frage, wie sich Menschen verhalten und was Menschen glücklich macht.

Der größere Teil der Weltbevölkerung dürfte jedoch noch mehr oder weniger weit entfernt sein von einem Pro-Kopf-Einkommen, bei dem eine weitere Zunahme nicht mehr viel zu einer höheren Lebenszufriedenheit beiträgt. Weltweite Untersuchungen legen hier ein Pro-Kopf-Einkommen von etwa 10.000 US-$ als Schwelle nahe. Die Bundesrepublik Deutschland hat diese Schwelle in den 1970er Jahren erreicht.

Somit ist die Klärung der Frage nach den W.sursachen und den w.spolitischen Möglichkeiten für das Wohlbefinden der Menschen in vielen anderen Ländern nach wie vor außerordentlich bedeutsam. Das W.sziel bleibt dort oben auf der Tagesordnung. Allerdings besteht in vielen Ländern mit relativ niedrigen →BIP pro Kopf auch das Problem einer starken Ungleichheit bei der →Einkommensverteilung. Es geht somit nicht nur um Fragen des W.s (Größe des Kuchens), sondern auch Verteilungsfragen (Verteilung des Kuchens), sowohl auf intra- als auch internationaler Ebene.

GÖRGENS, E./RUCKRIEGEL, K.: Makroökonomik, 2007[10] – EUCKEN, W., Grundsätze der Wirtschaftspolitik, 2008[7] (1952[1]) – B. S. FREY/CLAUDIA FREY MARTI, Glück – die Sicht der Ökonomie, 2010 – R. WILKINSON/K. PICKETT, Gleichheit ist Glück – Warum gerechte Gesellschaften für alle besser sind, 2010 – D. ACEMOGLU/J. A. ROBINSON, Warum Nationen scheitern – Die Ursprünge von Macht, Wohlstand und Armut, 2013 – OECD: Better Life Index. 2013 – OECD, How's Life 2013 – Measuring Well-Being, Paris – A. DEATON, The Great Escape: Health, Wealth, and the Origins of Inequality, Princeton 2013 – K. RUCKRIEGEL/G. NIKLEWSKI/A. HAUPT, Gesundes Führen mit Erkenntnissen der Glücksforschung, 2014 – EUROSTAT, Wie zufrieden sind die Menschen in der Europäischen Union mit ihrem Leben? Eine neue mehrdimensionale Datensammlung, 2015 – EUROSTAT, Quality of life – facts and views, 2015 – OECD, In It Together: Why Less Inequality Benefits All, 2015 – OECD, All On Board: Making Inclusive Growth Happen, 2015 – JOHN F. HELLIWELL/RICHARD LAYARD/JEFFREY SACHS (Hg.), World Happiness Report, 2015 – WIRTSCHAFTSWOCHE, Glück schlägt Geld – wie Ökonomen unseren Wohlstand neu definieren (Titelthema), Nr. 15 vom 4. 4. 2015, S. 20–25 – J. STIGLITZ, The Great Divide: Unequal Societies and What We Can Do About Them, New York 2015 – J. STIGLITZ, Rewriting the Rules of the American Economy: An Agenda for Growth and Shared Prosperity, 2015 – K. RUCKRIEGEL, New Thinking in Economics – from Neoclassical Theory to Behavioral Economics and Happiness Research, 2016 – OECD, Income Inequality. The Gap between Rich and Poor, 2016.

Karlheinz Ruckriegel

Welt / Weltanschauung

1. Begriff. Nicht nur wegen der Vielfalt seiner Verwendungsweisen, sondern auch aus systematischen Gründen entzieht sich der Begriff W. einer bündigen Definition. Im Singular verweist W. auf die letzte Einheit aller möglichen Gegenstände des Wahrnehmens und Erkennens: Weil aber alles, was ist, in der W. ist, ist W. selbst kein mögliches Objekt des Anschauens und Erkennens. W. ist mithin ein unverzichtbarer Grenzbegriff, über den hinaus kein Denken gelangen kann, weil jede Bestimmung von W. selbst schon den Begriff enthalten muss. Die Vorstellung eines Jenseits der W., das den Begriff erst möglich macht, ist nur religiösem oder nicht-religiösem Glauben möglich.

Die unaufhebbare Paradoxie, die dem Begriff W. eignet, zeigt sich auch in den mannigfaltigen Zusammensetzungen und Genitivkonstruktionen, die zur Rede von einer Vielzahl von W.en führt. Hierbei umschreibt W. jeweils eine Ganzheit von Phänomenen; dabei ist aber kaum bestimmbar, worin die Einheit der unter dem Begriff zusammengefassten Gegenstände besteht und was berechtigt, diese Phänomene zu einer Einheit zusammenzufassen und andere auszugrenzen.

Es ist daher sinnvoll, die Perspektive umzukehren: W. ist nur in Beziehung auf die Menschen zu erfassen, die jeweils in der/einer W. leben und sie wahrnehmen. W. steht so für das Vorgegebene, in dem Menschen sich vorfinden; sie ist nicht vorrangig der Raum, in dem menschliches Leben sich vollzieht, sondern steht vielmehr für die Strukturiertheit, in der Leben erfahren wird. Solche Strukturierung wiederum ist sozial vermittelt: Die W., in der ein Mensch lebt, ist durch die jeweilige →Kultur – ihre Geschichte und Gegenwart – präformiert. Wird W. derart als sozial geformt – d. h. aber auch: veränderbar – wahrgenommen, löst sich die Paradoxie von Singular und Plural des W.begriffs: Als meine W. ist sie unhintergehbar und insofern immer eine; es ist aber auch eine elementare Erfahrung, dass andere Menschen in anderen W.en leben können: Sie bewerten die Dinge nicht nur anders und entscheiden sich vielleicht anders, sondern sehen und erfahren eine andere W.

2. **Weltanschauung.** Hier findet auch der Begriff der W.anschauung seinen Ausgangspunkt: Das →Handeln eines Menschen ist nicht einfach seine subjektive Wahl, sondern vollzieht sich im Rahmen seiner Wahrnehmungen, die sozial und kulturell strukturiert sind. Nicht erst eine theoretische Ausformung kann daher als W.anschauung. bezeichnet werden; vielmehr ist diese in aller Regel kaum ausdrücklich bewusst. Die übliche Ansicht, nach der W.anschauungen Sache der individuellen Entscheidung sind, trifft (auch in einer pluralistischen →Gesellschaft; →Pluralismus) insofern nicht zu, als die Wahl einer W.anschauung selbst schon die sinnhafte Erschlossenheit von W. voraussetzt, die nicht privat sein kann. Die Macht der W.anschauung besteht eben darin, dass sie als selbstverständlich erscheint, so dass andere Sichtweisen und Lebensformen zunächst unverständlich sind. Die Bereitschaft und Fähigkeit zur kritischen Prüfung der eigenen W.anschauung ist darum eine unerlässliche demokratische →Tugend.

In diesem weiten Sinn hat jeder Mensch eine W.anschauung, weil sein Wahrnehmen immer schon sinnhaft strukturiert ist. W.anschauungen sind auf diese Weise mit der Identität von Menschen und Kulturen untrennbar verbunden; die grundgesetzlich garantierte Freiheit des weltanschaulichen Bekenntnisses (Art. 4,1), das dem religiösen Bekenntnis gleichgestellt wird, ist darum die unmittelbare Konsequenz aus der Unantastbarkeit der →Würde des Menschen (Art. 1,1) (Glaubens-, Bekenntnis-, →Gewissensfreiheit). Ein Dilemma liberaler Verfassungsstaaten besteht darin, dass sie einerseits W.anschauungen nicht reglementieren können und wollen, andererseits aber darauf angewiesen sind, dass die W.anschauungen ihrer Bürger prinzipiell demokratiekonform sind.

Als juristischer Begriff erscheint W.anschauung vereinzelt seit der Mitte des 19.Jh.s, um solche Gruppen zu bezeichnen, die keiner der etablierten Kirchen angehören und sich in Konkurrenz bzw. Gegnerschaft zu ihnen verstehen. Die Bildung des Rechtsbegriffs W.anschauung ist somit die Konsequenz der Religionsfreiheit; er wird mit der WRV zum Terminus, der sich freilich einer klaren Bestimmung entzieht und zumeist in Analogie zu etablierten Religionsgemeinschaften definiert wird. Während aber Religionen und Konfessionen i.d.R. über identifizierbare Strukturen (z.B. in der kirchlichen Hierarchie) und Lehrzusammenhänge (z.B. Bekenntnisse, Katechismen) verfügen, ist das bei W.anschauungen keineswegs der Normalfall. Paradoxerweise muss gerade um der Freiheit der W.anschauung willen weitgehend auf eine inhaltliche Präzisierung des Begriffs verzichtet werden, da W.anschauung sich nicht auf eine konsistente Theorie oder sprachlich ausformuliertes System beziehen muss, – analoge Bildungen zu Religionen oder explizite →Ideologien sind eher die Ausnahme. Von W.anschauungsgemeinschaften nach Art. 137,7 WRV ist allerdings ein höherer Grad an Explikation zu erwarten als von persönlichen W.anschauungen.

Aufgrund der geopolitischen Entwicklungen der letzten Jahrzehnte verschob sich die Diskussion um die W.anschauungsfreiheit wesentlich auf die Frage nach der positiven und negativen Religionsfreiheit.

3. **W. und Schöpfung.** Weil W. nie anders als perspektivisch und gedeutet gegeben ist, gehört der Streit darum, wie die W. recht zu verstehen sei, zum Menschsein. Schon die griechische Rede vom *kosmos*, die die wissenschaftliche W.wahrnehmung und damit den technischen Umgang mit W. bis heute dominiert, ist keineswegs ‚objektiv', sondern ein spezifisches Konzept, das die vernünftige und damit rational erfassbare Ordnung der W. behauptet. Die neuzeitliche Transformierung dieser Anschauung in die Vorstellung eines W.mechanismus führt zunächst zur technischen Umgestaltung der W., droht aber mittlerweile die W. der Menschen zu zerstören.

In der Bibel erscheint W. summarisch als Himmel und Erde; die spezifisch kosmologische Perspektive als Ausgriff auf das „Ganze" ist der Bibel fremd. Schöpfung ist die W. einmal als der den Sinnen wahrnehmbare Ort des Lebens in aller Fragmentarität und Undurchschaubarkeit; Schöpfungsglaube erfährt und denkt die W. darüber hinaus noch einmal umgeben von Gott. Der Gegensatz von Gott und W. ist christlich aber gerade nicht als das Gegenüber von Gut und Böse zu verstehen. Als Schöpfung und durch den Schöpfungsmittler ist W. nicht antigöttlich, sondern der Raum, in dem sich menschliches Leben vor Gott und in Gott vollzieht: Gottes Eigentum ebenso wie im Widerspruch zu Gott. Hier ereignet sich menschliches Leben vor Gott als ein Leben, das die W. in ihrer Brüchigkeit lieben kann und zugleich darum weiß, dass diese W. noch ihrer Wahrheit harrt. Christlicher Glaube setzt darum menschliches Handeln zur humanen Gestaltung der W. frei, widerspricht aber auch seiner Überforderung, weil es im Handeln des Schöpfers umgriffen und gehalten ist.

O. H. STECK, W. und Umwelt, 1977 – B. SPIELDIENER, W.anschauung und W.anschauungsgemeinschaften im Recht der Bundesrepublik Deutschland, 1987 – C. F. GETHMANN (Hg.), Lebenswelt und Wissenschaft, 1991 – G. PICHT, Glauben und Wissen, 1991 – H. BRAUN, Art. W., in: GGB 7 (1992), 433–510 – CH. LINK, Die Erfahrung der W. als Schöpfung, in: DERS., Die Spur des Namens, 1997, 123–170 – J. HÜBNER/I.-O. STAMATESCU; Theologie und Kosmologie, 2004 – P. HOFMANN, Die W.anschauungsfreiheit, 2012.

Wolfgang Schoberth

Weltgesundheitsorganisation (WHO)

„→Gesundheit ist ein Zustand vollständigen körperlichen, psychischen und sozialen Wohlbefindens und nicht nur das Freisein von Krankheit oder Gebrechen". Mit dieser Gesundheitsdefinition beginnt die Satzung der WHO, sie ist zum wegweisenden Richtziel gesundheitspolitischen Handelns geworden. Die WHO wurde am 7.4.1948 als Sonderorganisation der →Vereinten Nationen (UN) gegründet, seit 1950 ist am 7. April Weltgesundheitstag. Der WHO mit Sitz in Genf gehören 194 Mitgliedsländer an, sie sind gegliedert in sechs Regionen (Afrika, Europa, Östlicher Mittelmeerraum, Panamerika, Südostasien, Westlicher Pazifikraum).

Zentrales Ziel der WHO ist, die →Staaten darin zu unterstützen, bestmögliche Gesundheitsbedingungen und größtmögliche gesundheitliche →Gerechtigkeit herzustellen. Dazu gehören v. a. das Bemühen um flächendeckende Gesundheitsförderung und -versorgung, die Reduzierung der (nicht) übertragbaren Krankheiten, das koordinierte Notfallmanagement sowie globale Gesundheits-Überwachung und Prioritätensetzung. Festgeschriebene Aufgabenfelder sind: Führungsfunktion bei globalen Steuerungserfordernissen; Forschungsaktivitäten zur Generierung und Implementierung evidenzbasierten Wissens; Formulierung legitimierter Normen und Standards für gesundheitliche Programme; Entwicklung qualifizierter Politik-Optionen; Unterstützung beim Aufbau nachhaltiger Strukturen. Da Gesundheit Querschnittsthema ist, arbeitet die WHO mit vielen Organisationen zusammen, z. B. dem UN-Kinderhilfswerk (UNICEF), Ärzte ohne Grenzen oder OXFAM.

Der Finanzrahmen beträgt rund 4 Mrd. US-Dollar pro zweijährigen Planungszeitraum. Drei zentrale Organe haben maßgebliche Steuerungsfunktionen: Der/die Direktor/in leitet die World Health Assembly (WHA). Diese Weltgesundheitsversammlung ist das Entscheidungsorgan, Delegierte aller Mitgliedsstaaten tagen jährlich. Die WHA ernennt den/die Direktor/in (auf Vorschlag des Exekutive Boards), legt zentrale Arbeitsinhalte fest und steuert den Haushalt. Der Exekutivrat besteht aus 34 gewählten Expert/innen, er bereitet die Entscheidungen der WHA fachlich vor und setzt sie um. Seit 2010 befindet sich die WHO in einem Reformprozess, der auf programmatische und organisatorische Optimierung abzielt. Dieser Prozess wird seit der 2014 ausgebrochenen Ebola-Epidemie in Westafrika noch intensiver vorangetrieben, um zu garantieren, dass die WHO in Krisensituationen ihrem koordinierenden Führungsauftrag schnell, flexibel und effizient gerecht wird.

MEDECINS SANS FRONTIERES, Pushed to the limit and beyond. A year into the largest ever Ebola outbreak. MSF: Geneva, 2014 – WHO, Basic Documents: Forty-eighth Edition. WHO: Geneva, 2014 – WHO, About WHO: Who we are; what we do; governance; collaborations and partnerships; planning, financing, and accountability. http://www.who.int/about/what-we-do/en/, Zugriff: Juni 2015.

Bettina Schmidt

Welthandel / Handelspolitik

1. Geschichte, Begriff, Ausmaß. W. und Weltgeschichte sind aufs engste miteinander verwoben. Seit jeher war die Suche nach Rohstoffen, Gewürzen, feinen Stoffen und anderen im eigenen Lebensraum nicht vorhandenen Gütern stärkste Triebkraft für Entdeckungen, Eroberungen und *Fernhandel*. Handelsstraßen (Seidenstrasse) und Seewege verbanden die entferntesten Völker miteinander, mussten allerdings gegen Wegelagerer und Piraten militärisch abgesichert werden. Der Fernhandel gedieh immer dann, wenn ein oder mehrere Großreiche die Sicherheit der Handelswege garantierten, und ging zurück, wenn die Sicherung in Kriegen zusammenbrach. Im Zuge der Erschließung und Absicherung von Handelswegen und Handelsniederlassungen entstanden die Kolonialreiche. Auf der Suche nach einem weiteren Zugang zu den in Europa hochgeschätzten Produkten Indiens, Chinas und Südostasiens wurde Amerika entdeckt. Die industrielle Revolution in England wurde gefördert durch die von Sklaven auf den Plantagen der Neuen Welt erzeugte billige Baumwolle, und die Aufnahmekapazitäten der neuen Märkte in Übersee erleichterten den Absatz der industriellen Massenwaren. Seit dem Ende des II. Weltkriegs und der Auflösung der Kolonialreiche arbeitet die Staatengemeinschaft an einer friedlichen, von allen Ländern akzeptierten W.sordnung (→W.sorganisation WTO) und an der Ablösung der Rolle der Hegemonialmächte durch die Vereinten Nationen.

Als W. wird die Gesamtheit aller grenzüberschreitenden Waren und Dienstleistungen bezeichnet. Seit 1970 hat sich sein Anteil an der Weltproduktion (globales →Bruttoinlandsprodukt) von 12 % auf 24 % (2014) verdoppelt. An diesem Gradmesser der Handelsintegration lässt sich der Fortschritt der wirtschaftlichen →Globalisierung ablesen. Ob sich der Trend zu vertiefter Integration auch in Zukunft fortsetzen wird, ist eine offene Frage. Zum einen könnten die Möglichkeiten weiterer Absenkung von Handelsbarrieren irgendwann ausgeschöpft sein, zum anderen nehmen in vielen Ländern die sozial- und umweltpolitisch motivierten Widerstände gegen die Globalisierung und die davon befürchtete Einschränkung nationaler Souveränität zu. Auch in der Vergangenheit hat es Rückschritte in der Handelsintegration gegeben. Der erste Globalisierungsschub des 19. Jh.s wurde durch die beiden Weltkriege und die Weltwirtschaftskrise unterbrochen; erst in den 1970er Jahren wurde das Niveau weltwirtschaftlicher Integration von 1913 (gemessen am Anteil des W.s an der Weltproduktion) wieder erreicht.

Der heutige W. unterscheidet sich erheblich von dem vor 1914. Damals exportierten die Industrieländer (IL) Industriegüter in die Kolonien und bezogen von dort Rohstoffe. Seit den 1970er Jahren wird die koloniale Arbeitsteilung – Austausch *komplementärer* Güter zwischen IL und Entwicklungsländern (EL) – allmählich abgelöst durch substitutiven Handel mit ähnlichen Industriegütern, zunächst vor allem der IL untereinander. Seit den 1980er Jahren wächst parallel der internationale Handel mit Dienstleistungen, die sich bis dahin fast ausschließlich auf Warentransport und Reisen beschränkt hatten. Dank fortschreitender Industrialisierung exportieren inzwischen auch viele EL neben Rohstoffen und Energieträgern immer mehr verarbeitete Industriegüter und Dienstleistungen sowohl in die Industrieländer als auch in andere EL. Die ärmsten EL, die weiterhin nur einige wenige Rohstoffe exportieren, fallen immer weiter zurück.

Aus der Sicht eines Landes werden die grenzüberschreitenden Transaktionen als *Außenhandel* bezeichnet. Zwischen zwei oder mehreren Ländern findet *internationaler Handel* (iH.) statt, dabei kann noch einmal zwischen *intra-regionalem Handel* (zwischen Ländern einer Freihandelszone oder einer Zollunion) und *inter-regionalem Handel* (zwischen Ländern, die nicht demselben Integrationsraum angehören) unterschieden werden. Mit fortschreitender Angleichung aller handelsrelevanten Rahmenbedingungen wird aus dem intra-regionalen Handel innerhalb der EU ein einheitlicher *gemeinsamer Binnenmarkt*.

Von *iH*. kann erst gesprochen werden, seit es Nationalstaaten gibt, die an ihren Grenzen alle grenzüberschreitenden wirtschaftlichen Transaktionen kontrollieren und besteuern. Seither ist die *Handelspolitik* (Hp.), d. h. Art und Umfang dieser Kontrollen und Besteuerung (Zölle), eine wesentliche Determinante der Handelsströme. Die Hp. eines Landes wird von den Interessen der jeweiligen Staatsführung und maßgeblicher Interessengruppen beeinflusst, wobei auch die Empfehlungen der Außenhandelstheorien eine Rolle spielen können. Daher lässt sich die Entwicklung des iH. nicht von der Entwicklung der Hp. und diese nicht von der Entwicklung der Handelstheorien trennen.

2. Merkantilistische Handelspolitik. Vom 16.-18. Jh. war der Merkantilismus die vorherrschende Lehre in Europa. Er rechtfertigte eine auf Mehrung der Staatseinnahmen ausgerichtete interventionistische Wirtschaftspolitik absolutistischer Herrscher. Durch Gewerbeförderung, Förderung der Exporte und Behinderung von Importen sollten Handelsüberschusse erzielt werden, mit denen Kapitalexport, Kolonialerwerb und Kriegsführung finanziert werden konnten. Gängige Meinung war, dass die Weltwirtschaft ein Nullsummenspiel ist, in dem ein Land sich nur auf Kosten anderer Länder bereichern kann.

3. Klassische Außenhandelstheorie und Handelsliberalisierung. Mit seiner Kritik des Merkantilismus legte ADAM SMITH (1723–1790) den Grundstein der modernen ökonomischen Theorie. SMITH übertrug den Nachweis der Vorteilhaftigkeit von Arbeitsteilung und Spezialisierung auf den internationalen Handel. Jedes Land gewinnt, indem es sich auf die Produktion und den Export von Gütern spezialisiert, die es produktiver herstellen kann als andere Länder. Durch den vergrößerten Markt kann Spezialisierung, Lernen und der Einsatz von Maschinen vorangetrieben werden. Damit war eine dynamische Theorie des internationalen Handels angelegt. DAVID RICARDO ging einen Schritt weiter und zeigte mit seinem – allerdings statischen – Theorem der komparativen Kosten dass sogar ein Land, das über keinerlei Produktivitätsvorteile gegenüber einem anderen Land verfügt, mit diesem vorteilhaft handeln kann, indem es sich auf diejenigen Produkte bzw. Branchen spezialisiert, in denen sein *komparativer* Vorteil (im Vergleich nicht zum anderen Land, sondern zu seinen übrigen Branchen) liegt.

RICARDOS Theorie – bis heute Kernstück der Außenhandelstheorie – hatte 1846 direkte Auswirkung auf die Liberalisierung der britischen Handelspolitik (*corn laws*). RICARDO zeigte, dass internationale Arbeitsteilung für beide Länder (für alle beteiligten Länder) vorteilhaft sein kann. Damit war der Grundstein für die moderne Außenhandelstheorie gelegt. Die Weltwirtschaft wird als Positivsummenspiel erkannt. Die beste Handelspolitik ist demnach die Öffnung des nationalen Marktes, um die Spezialisierung der einheimischen Produzenten zu fördern und durch Arbeitsteilung mit anderen Ländern den eigenen Lebensstandard anzuheben. Handelsökonomen vertreten diese dem merkantilistischen Rollenverständnis der meisten Wirtschaftspolitiker genau entgegengesetzte Empfehlung, wonach die beste Handelspolitik eine einseitige (unilaterale) Handelsöffnung sei. Wenn alle Länder einseitig ihre Märkte öffnen würden, gäbe es deutlich weniger Handelskonflikte, und die W.sordnung käme mit wenigen einfachen Grundregeln aus.

Einseitige Marktöffnung ohne Gegenleistung läßt sich jedoch kaum gegen den Widerstand importbedrohter Branchen durchsetzen. Insofern hat die von Ökonomen kritisierte merkantilistische Logik handelspolitischer Verhandlungen ihre politökonomische Berechtigung. Der Widerstand importbedrohter Branchen gegen Handelsliberalisierung lässt sich nämlich am einfachsten überwinden, wenn das Interesse der eigenen Exportbranchen am Zugang zu Exportmärkten mobilisiert werden kann. Dafür wird die Öffnung des eigenen Marktes gegen reziproke „Zugeständnisse" der Handelspartner angeboten.

4. Erziehungszollpolitik. Mit RICARDOS Theorie ließ sich auch die Öffnung der Märkte der Kolonien rechtfertigen, allerdings waren nicht alle peripheren und industriell rückständigen Länder von der Vorteilhaftigkeit des Freihandels mit Großbritannien überzeugt. Im 19. Jh. wurde der chinesische Markt im Zuge der „Opiumkriege" gewaltsam geöffnet, und Indien durfte sich als britische Kolonie nicht gegen Textilimporte aus England schützen. Diese Länder und ihre Ökonomen hatten ein Gespür dafür, dass es einen Unterschied macht, auf welche Produktionszweige sich ein Land spezialisiert. Industrialisierung und der damit einhergehende technische Fortschritt wurden als Schlüssel der wirtschaftlichen Entwicklung eines Landes erkannt. Wenn aber die internationale Arbeitsteilung einem wirtschaftlich rückständigen Land die Rolle des Rohstoff- und Agrarlieferanten zuweist, weil hier seine (statischen!) komparativen Vorteile liegen, während sich das andere Land – also England – auf Industriegüter spezialisiert, gerät das weniger industrialisierte Land in eine Spezialisierungssackgasse.

Dieses Problem haben im 19. Jahrhundert ALEXANDER HAMILTON für die Vereinigten Staaten und FRIEDRICH LIST für Deutschland am deutlichsten thematisiert. Beide Ökonomen überzeugten ihre Regierungen davon, den durch nationale Einigungsbestrebungen vergrößerten Binnenmarkt (USA bzw. deutscher Zollverein/ Deutsches Reich) für die nationale Industrieentwicklung zu nutzen, und zugleich gegen überlegene britische Waren zu schützen, um nach dem Aufholen des technologischen und Produktivitätsabstandes im Wettbewerb mit der britischen Industrie bestehen zu können.

Seit Mitte des 19. Jh.s verfolgte auch Japan die Strategie nachholender Industrialisierung durch „Erziehungszölle" und konnte nach dem II. Weltkrieg die Weltmärkte mit einer zunehmend diversifizierten Palette immer hochwertigerer Industriegüter erobern. Seit den 1960er Jahren folgten die sog. asiatischen Tigerstaaten dem japanischen Beispiel. Mit einer Mischung aus Importschutz, aktiver Industriepolitik, Technologie- und Exportförderung gelang es ihnen, ihre Exporte in Richtung höherwertiger Industriegüter zu diversifizieren und den Anschluss an das Technologieniveau der führenden Industrieländer zu schaffen. Seit den 1980er Jahren machen sich auch China und Indien auf diesen Weg. Diese beiden bevölkerungsreichsten Länder könnten in absehbarer Zukunft wieder ihre führende Position auf den Weltmärkten zurückerobern, die sie vor dem steilen Aufstieg Europas durch die industrielle Revolution schon einmal eingenommen hatten.

5. Importsubstitutionpolitik. Weniger erfolgreich als die Kombination von Erziehungszollpolitik und Exportorientierung war die Strategie der *importsubstituierenden Industrialisierung*, die viele EL lange Zeit als Alternative zur Eingliederung in den kapitalistischen Weltmarkt verfolgten. Der Import von Industriegütern wurde durch hohe Zölle und Importquoten mehr oder weniger weitgehend eingeschränkt. Dadurch kann zumindest in großen Ländern eine diversifizierte Industrie entstehen, die jedoch infolge fehlenden Importwettbewerbs und fehlender eigener Exportanstrengungen den Anschluss an die Technologie- und Produktivitätsentwicklung in den IL verliert (z. B. Indiens frühere Entwicklungsstrategie der *self-reliance*). Eine derart auf den Binnenmarkt fixierte Industrie wird schließlich zur Bürde anstatt zum Motor wirtschaftlicher Entwicklung.

6. Strategische Handelspolitik. Neben technologischen Entwicklungsvorsprüngen spielen Größenvorteile („Skalenerträge") eine wesentliche Rolle im internationalen Wettbewerb. Je größer der Absatzmarkt eines Unternehmens, umso größer ist die produzierte Stückzahl und umso geringer sind die Stückkosten. Um führenden nationalen Unternehmen einen größtmöglichen Weltmarktanteil und damit Vorteile zu verschaffen, greifen Regierungen in den Industrie- und den Schwellenländern zu Maßnahmen „strategischer Handelspolitik". Dazu zählen vor allem (Export-)Subventionen, staatliche Aufträge und eine mehr oder weniger verdeckte Behinderung ausländischer Wettbewerber, also ein Instrumentarium, das an den Merkantilismus erinnert.

7. Transparente und berechenbare Handelspolitik. Eine erneute Debatte um die „richtige" Handelspolitik wird in jüngerer Zeit im Zusammenhang mit der zunehmenden Bedeutung grenzüberschreitender und globaler *Wertschöpfungsketten* eingeläutet. Während die asiatischen Tigerstaaten noch ganze Industrien durch Importschutz, Industriepolitik und aktive Exportförderung aufbauen und damit Weltmarktanteile erobern konnten, erlaubt in jüngster Zeit die Senkung von Transport- und Kommunikationskosten die Aufspaltung komplexer Produktionsprozesse in mehrere Schritte, die auf verschiedene Länder verteilt werden können. Ein EL, das sich in globale Wertschöpfungsketten einklinken will, muss seine Infrastruktur für die heutigen Anforderungen globaler Kommunikation in Echtzeit und just-in-time Belieferungen modernisieren, die Arbeitskräfte entsprechend qualifizieren und das in den Wertschöpfungsketten eingesetzte →*geistige Eigentum* wirksam schützen. Eine wesentliche Voraussetzung, um →transnationale Unternehmen dafür zu gewinnen, Wertschöpfungsabschnitte in einem Land anzusiedeln, ist eine transparente und berechenbare Hp. Unter anderem deshalb akzeptieren auch EL weitgehend die Spielregeln der →WTO trotz ihrer Kritik an der Asymmetrie der bestehenden W.sordnung.

R. FINDLAY/K. H. O'ROURKE, Power and Plenty: Trade, War, and the World Economy in the Second Millennium, 2009 – B. HAHN, W.: Geschichte, Konzepte, Perspektiven, 2009.

Jürgen Wiemann

Welthandelsorganisation (WTO)

Die Ablösung des Allgemeinen Zoll- und Handelsabkommens GATT durch die WTO 1995 markiert einen

Quantensprung der Qualität und Verbindlichkeit der Welthandelsordnung. Das GATT bleibt multilateraler Rechtsrahmen für die Handelspolitik im Bereich des Warenhandels, daneben ist die WTO für neue Abkommen zum Dienstleistungshandel, zu den handelsbezogenen Aspekten des →Geistigen Eigentums, zu Handel und Investitionen etc. zuständig. Anders als das GATT-Sekretariat ist die WTO eine dem →Internationalen Währungsfonds (IWF) und der Weltbank gleichrangige internationale Organisation. Seit 1995 stieg die Zahl der WTO-Mitgliedsländer um 34 auf 160 (Stand 2014).

1. Geschichte. Auf der *Bretton Woods Konferenz* wurden 1944 die Weichen für die Weltwirtschaftsordnung nach dem Ende des II. Weltkriegs gestellt. Mit dem Zusammenspiel von IWF, Weltbank und Internationaler Handelsorganisation (*ITO*) sollten stabile Rahmenbedingungen für die Weltwirtschaft nach dem Krieg geschaffen und Handelskriege wie in den 1930er Jahren vermieden werden. Für die ITO sah die *Havana Charter* (Originalschreibweise!) ein umfassendes Mandat zur Eindämmung handelsbehindernder und wettbewerbsverzerrender Politiken vor. Doch ihre Gründung scheiterte am Widerstand im U.S. Kongress. Stattdessen fanden zwischen den beteiligten Regierungen Verhandlungen zur Absenkung der seit der Weltwirtschaftskrise exorbitant angestiegenen Zölle und mengenmäßigen Beschränkungen (→Protektionismus) statt. Das handelspolitische Kapitel der *Havana Charter* wurde 1947 von 23 Ländern als *General Agreement on Tariffs and Trade* ratifiziert und seither vom GATT-Sekretariat in Genf überwacht.

2. Ziele und Prinzipien. *2.1 Ziele der WTO.* Die Präambel der WTO nennt als Ziele: Erhöhung des Lebensstandards, Verwirklichung der Vollbeschäftigung, Zuwachs des Realeinkommens und der effektiven Nachfrage sowie die optimale Erschließung der Ressourcen der Welt im Einklang mit dem Ziel einer nachhaltigen Entwicklung. Wohlgemerkt: WTO einschl. GATT hat nicht Freihandel zum Ziel, sondern die Abkommen stehen im Dienst fortschreitender Handelsliberalisierung als *Mittel* zur Erreichung der aufgeführten Ziele.

2.2 Kernprinzipien des GATT. Oberstes Prinzip des GATT ist die Nichtdiskriminierung, also Gleichbehandlung aller Handelspartner. Die Importe aus einer GATT-Vertragspartei müssen ebenso (günstig) behandelt werden wie die gleichartigen Güter aus dem am *meisten begünstigten* Land. Allerdings wird das *Meistbegünstigungsprinzip* vielfach durchbrochen, vor allem durch die bevorzugte Behandlung der Importe aus Mitgliedsstaaten einer Freihandelszone oder einer Zollunion (z. B. EG), die als Ausnahmen vom Meistbegünstigungsprinzip erlaubt sind. Die jeweiligen Drittstaaten regionaler Zusammenschlüsse genießen keine Meistbegünstigung, sie wurden schon als *least favoured nations* tituliert. Darüber hinaus gilt die *Inländerbehandlung*, d. h. einmal verzollte Importgüter dürfen gegenüber vergleichbaren einheimischen Gütern nicht diskriminiert werden. Auch dieses Prinzip wird mit zunehmender Produktdifferenzierung und durch Herkunftsbezeichnungen für verbesserte Verbraucherinformation aufgeweicht. Weiteres Prinzip des GATT ist die *Reziprozität*, d. h. die Gleichwertigkeit handelspolitischer Zugeständnisse im Rahmen bilateraler Handelsverhandlungen und multilateraler Zollsenkungsrunden

2.3 Handel mit Dienstleistungen. Die genannten Prinzipien gelten zwar im Prinzip auch für den Handel mit Dienstleistungen, aber je nach Bereich gibt es erhebliche Einschränkungen – insb. die Inländerbehandlung betreffend. Zusätzlich wird das Prinzip der Niederlassungsfreiheit für Dienstleistungsanbieter angestrebt.

3. Marginale Rolle der Entwicklungsländer (EL). Das GATT galt anfangs als *Club der Industrieländer* (IL), die untereinander Zollverhandlungen führten. Trotzdem traten immer mehr EL dem GATT bei, um von der Öffnung der IL-Märkte zu profitieren. Allerdings beanspruchten sie einen Sonderstatus, da ihre Entwicklungsstrategie der Importsubstitution keine reziproken Marktöffnungszugeständnisse für die Öffnung der IL-Märkte zuließ. Somit hielten die IL an ihren relativ hohen Importbarrieren gegen die typischen Exportprodukte der EL fest. Eklatantes Beispiel ist der Agrarprotektionismus der EU; die Garantiepreise der *Gemeinsamen* →Agrarpolitik wurden mit Zöllen und Abschöpfungen gegen Billigimporte geschützt. Auch die Textil- und Bekleidungsimporte der EL trafen auf mengenmäßige Importbeschränkungen. Obwohl diese Politik gegen das GATT-Verbot neuer mengenmäßiger Beschränkungen verstieß, wurde mit dem Multifaserabkommen (MFA) 1974 eine weitere Ausnahme in die Welthandelsordnung eingefügt.

4. Übergang zur WTO: die Uruguay-Runde. Anfang der 1980er Jahre hatte sich erheblicher handelspolitischer Konfliktstoff zwischen IL und EL angesammelt. Die 1986 eröffnete 8. Verhandlungsrunde („Uruguay-Runde") sollte den Interessen der EL entgegenkommen, indem IL die Öffnung der Märkte für Agrarexporte der EL sowie das Auslaufen des Multifaserabkommens in Aussicht stellten. Im Gegenzug verlangten die IL, dass zumindest die Schwellenländer auch ihre Märkte für Importe öffnen sollten. Gleichzeitig waren infolge des in den GATT-Runden erreichten Abbaus von Zöllen und mengenmäßigen Handelsbeschränkungen die Handelswirkungen nationaler Wirtschaftspolitik sichtbar und der Bedarf an neuen Regeln, um den Handel zu erleichtern und Wettbewerbsverzerrungen einzudämmen, dringlicher geworden. Dem entsprachen die in der Uruguay-Runde ausgehandelten neuen Abkommen über handelsbezogene Aspekte *geistigen Eigentums* (TRIPS), über handelsbezogene Investitionsmaßnahmen (TRIMs) sowie das Allgemeine Abkommen über den *Handel mit Dienstleistungen* (GATS). Mit wenigen Ausnahmen sind die Abkommen der Uruguay-Runde für alle WTO-Mitglieder verbindlich. Die WTO verfügt über einen zweistufigen Streitschlichtungsmechanismus sowie das Mandat zur Überprüfung der Handelspolitik der Mitglieder und der Umsetzung der neuen Abkommen: Die auf der Website der WTO einsehbaren *Trade Policy Reviews* verbessern die Transparenz der Handelspolitik.

5. **Die Doha-Entwicklungsrunde** Seit dem Ende der Uruguay-Runde wird die Benachteiligung der EL stärker thematisiert. Diese sahen sich einem umfassenden Reformdruck ausgesetzt: Neben Zollsenkungen und einer Modernisierung der Zollsysteme mussten wettbewerbsverzerrende Subventionen abgebaut sowie Patente und Copyright effektiv geschützt werden. Dies erforderte erhebliche personelle und finanzielle Ressourcen. Dagegen ließ die Gegenleistung der IL auf sich warten. Das endgültige Auslaufen des Multifaserabkommens dauerte weitere zehn Jahre, und die Agrarmärkte wurden nicht so weit geöffnet, wie in Aussicht gestellt worden war. Zunächst wurden Mengenbeschränkungen in vergleichbare Zollsätze umgewandelt (*tariffication*); eine effektive Marktöffnung kommt aber erst durch Absenkungen der Zölle zustande – etwa im Rahmen weiterer Verhandlungsrunden. Für die erste WTO-Runde („Doha-Runde") strebten die IL an, dass Regeln für die neuen Bereiche Dienstleistungen, Telekommunikation etc. ausgebaut und neue Themen wie Handel und *Investitionen, staatliches Beschaffungswesen*, Handel und *Wettbewerbspolitik, Handelserleichterung* einbezogen werden. Dagegen verlangten die EL eine Korrektur der Asymmetrie der Uruguay-Runde, bevor sie sich auf neue Verhandlungsthemen einlassen wollten. Mit der Überschrift „Entwicklungsrunde" wurde ihnen Hoffnung gemacht, dass ihre Interessen stärker als in der Uruguay-Runde berücksichtigt werden sollten. Dreizehn Jahre nach Beginn der 2001 in Doha, Qatar, beschlossenen Runde ist immer noch kein erfolgreicher Abschluss absehbar. Das liegt zum einen an der extrem großen Komplexität der Themen, von denen immer mehr Interessengruppen in jedem einzelnen Land berührt sind, und zum anderen an den Interessenkonflikten zwischen den IL und den EL. Außerdem hat sich die Weltwirtschaft u. a. mit dem Aufstieg Chinas, das der WTO 2001 beitrat, so tiefgreifend verändert, dass die ursprüngliche Agenda teilweise obsolet geworden ist.

6. **Ausblick.** Die Herausforderung für die WTO besteht darin, die Vertiefung der Welthandelsordnung voranzutreiben und dabei die EL „mitzunehmen". Solange dies nicht möglich erscheint, weichen die großen Länder von der multilateralen auf die Ebene regionaler und bilateraler Handelsabkommen aus (z. B. TTIP – Transatlantisches Freihandelsabkommen – zwischen USA und EU). Darunter leidet die Glaubwürdigkeit nicht nur der WTO, sondern auch die der maßgeblichen Regierungen der IL, die regelmäßig ihren Willen bekunden, die Doha-Runde zum erfolgreichen Abschluss zu bringen, aber in den Verhandlungen selbst nicht bereit sind, den entscheidenden Schritt zu einem Kompromiss mit den EL zu tun. In vielen Ländern haben sich die innenpolitischen Voraussetzungen dafür im Zuge der internationalen →Finanzkrise und der „Eurokrise" eher verschlechtert als verbessert. Der mit der →Globalisierung verbundene Harmonisierungsdruck wird zunehmend als Bedrohung nationaler Souveränität und demokratischer Willensbildung über Wirtschafts-, Sozial- und Umweltpolitik empfunden.

M. Hilf/S. Oeter, WTO-Recht. Rechtsordnung des Welthandels, 2010 – A. Narlikar, The World Trade Organization. A Very Short Introduction, 2005 – A. Kwa/F. Jawara, Behind the Scenes at the WTO. The Real World of International Trade Negotiations/ Lessons of Cancun, 2004.

Jürgen Wiemann

Werte / Werteethik

1. **Das Profil des Begriffs Wert.** In juristischen, soziologischen oder politischen Debatten wird das Thema ethischer W.e stark beachtet. Erörtert werden die Begründbarkeit, Geltung und Durchsetzbarkeit ethischer W.e sowie die W.grundlagen und der W.wandel in der heutigen →Kultur. In der →Ethik selbst hat sich der W.begriff erst seit dem späten 19. Jh. durchgesetzt. Vor allem das Werk F. Nietzsches, das mit einer Grundsatzkritik an der christlichen →Moral das Vorhaben einer „Umwertung aller W.e" verband, rückte den W.begriff in den Vordergrund. Im 18. Jh. hatte I. Kant den W.begriff verwendet, um die Dignität des menschlichen Personseins zu verdeutlichen. In Abgrenzung zu instrumentalisierbaren, ökonomisch verrechenbaren Gegenständen bezeichnete Kant die menschliche →Person als Zweck an sich und absoluten Wert. Definitorisch sind ethische W.e als Maßstäbe des Sollens und Zielbestimmungen des sittlich Anzustrebenden aufzufassen. Sie sind diejenigen Kriterien der Ethik, denen besonders hohe Allgemeinheit, Geltung und Verbindlichkeit zukommt. Dies gilt etwa für die →Würde der menschlichen Person oder für Leitbilder wie Freiheit, Gleichheit, Gerechtigkeit, Frieden. Ethische W.e stellen keineswegs nur abstrakte Ideale dar. Sie gewinnen lebensweltliche Relevanz, sofern sie pragmatisch plausibilisiert, empirisch umgesetzt und auf konkrete Handlungsentscheidungen hin vermittelt werden. – Irreführend war es, dass sich die neuere ev. Theo-

logie (z. B. E. JÜNGEL) unter Berufung auf den Juristen CARL SCHMITT von einer Ethik der W.e teilweise schroff distanziert hat. Der W.begriff sei von der kath. Theologie geprägt; er entstamme der Ökonomie, verleite zum Subjektivismus, zur Beliebigkeit, zum Rigorismus, zur Tyrannei. Solche Einwände blieben zu plakativ, waren extrem einseitig angelegt und verkannten die kulturelle Funktion ethischer W.e. Die Reflexion ethischer W.e ist unerlässlich, weil diese für Menschen eine motivierende, orientierende, entlastende, handlungssteuernde Funktion besitzen und sie zu rationalen ethischen Abwägungen, begründeten Handlungsentscheidungen und zum ethischen Dialog anleiten. Im älteren Protestantismus, z. B. bei F. SCHLEIERMACHER ODER E. TROELTSCH, war eine Ethik der kulturellen Güter und W.e eigentlich bereits angelegt gewesen. Der ev. Theologe und liberale Parlamentarier F. NAUMANN hatte sich für den wertorientierten Grundrechtsteil der Weimarer Reichsverfassung von 1919 eingesetzt. Dieser Traditionsstrang ev.r Ethik sollte in der Gegenwart wieder rezipiert werden, und zwar in der Form, dass sie sich konstruktiv auf den W.wandel der modernen →Gesellschaft einlässt.

2. W.wandel in der Gegenwart. In der heutigen Gesellschaft ereignet sich ein erheblicher Wandel der W.e. In den letzten Jahrzehnten fanden in den westlichen Gesellschaften W.verschiebungen statt, aufgrund derer Freiheit, Selbstbestimmung, Selbstverantwortlichkeit (→Verantwortung) und →Glück anstelle von früheren Präferenzen wie Dienen, Gehorsam und Untertansein leitend wurden. Zugleich haben in der heutigen Bevölkerung kirchlich-konfessionelle Bindungen stark abgenommen. Weil überlieferte W.bindungen brüchig geworden sind, ergibt sich für die einzelnen Menschen die – kulturgeschichtlich neuartige, existentiell bislang unvertraute – Option, W.e in hohem Maß selbst wählen zu können. Z. B. ist es möglich geworden, sich bewusst und gezielt für bestimmte Lebensformen (→Ehe, Lebensformen) bis hin zur gleichgeschlechtlichen Partnerschaft mit Kindern oder für eine bestimmte Religion oder Weltanschauung zu entscheiden. – Ein weiterer bedeutsamer Faktor des heutigen W.wandels ist der technologische →Fortschritt. Existentielle Relevanz besitzt der Fortschritt der →Medizin. Er bewirkt einen Zugewinn an Lebensqualität, z. B. durch neue Therapiemöglichkeiten. Zugleich stellt er Patienten vor die Herausforderung, über existentiell weitreichende Fragen eigenverantwortlich entscheiden zu sollen. Konkret kann es um die Inanspruchnahme einer reproduktionsmedizinischen Therapie, um die Bereitschaft zur Organspende oder um den Verzicht auf Weiterbehandlung, im Extremfall bei schwerster Krankheit um terminale Sedierung oder um ärztlich begleiteten Suizid gehen. Die Betroffenen fällen ihre Entscheidung dann auch vor dem Hintergrund ihrer jeweiligen privaten W.überzeugungen. Zugleich ist zu beachten, dass die W.vorstellungen der Menschen ihrerseits von den technologischen und kulturellen Umbrüchen geprägt und verändert werden. Angesichts dessen wird oft davor gewarnt, dass die moderne Technik einen schleichenden W.wandel auslöse, der tendenziell inhuman sei. Z.B. bestehe die Gefahr, dass die heutige vorgeburtliche genetische Diagnostik (Präimplantationsdiagnostik; pränatale Diagnostik) dazu führe, Behinderung als technisch vermeidbar anzusehen und Menschen mit Behinderung zu diskriminieren.

3. Die Problematik der W.verfallsthese. Solche potenziellen indirekten Effekte moderner Technik, die das Ethos und die kulturellen W.e betreffen, bedürfen zweifellos der Diskussion. Unzutreffend ist aber die These, die moderne nachchristliche Gesellschaft sei generell von W.verfall und W.verlust gekennzeichnet. Die kath. Kirche spricht gar von „Entchristlichung" und „Verdunkelung fundamentaler sittlicher Grundsätze und W.e". Die These des W.verfalls ist schon deshalb einäugig und unplausibel, weil sich in der Gegenwart andererseits ein hohes Maß an W.sensibilisierung und eine Kultivierung ethischer W.e beobachten lassen. Beispiele bieten die Frauenbewegung, Friedens- oder Umweltinitiativen oder die Hospizbewegung.

4. Heutige rechts- und sozialethische Fragen. Insgesamt ist in der heutigen Gesellschaft ein hohes Maß an Heterogenität von W.einstellungen anzutreffen. Um eine gedeihliche Koexistenz und sozialen Ausgleich zu gewährleisten, ist auch im Pluralismus und im säkularen →Staat ein Minimalkonsens über elementare Grundrechte und W.e unerlässlich. Weltanschauliche Neutralität und ethische W.-Orientierung des Staates schließen einander nicht aus. Staat und →Zivilgesellschaft sind vielmehr auf einen konstruktiven W.-Diskurs angewiesen, an dem sich auch Religionen und Kirchen als Diskurspartner beteiligen können. Im heutigen religiös-weltanschaulichen Pluralismus kann es freilich nicht mehr überzeugen, „Religion" (als Abstraktum) oder gar eine konkrete einzelne Religion als W.basis von Staat und Gesellschaft zu begreifen. Deshalb ist es auch unplausibel, den Begriff Gott neu in Staatsverfassungen einfügen zu wollen. Ein entsprechender Vorstoß, der die Landesverfassung von Schleswig-Holstein betraf, fand 2014 im Kieler Landtag aus guten Gründen keine Mehrheit. Eine W.basis der pluralistischen Gesellschaft und des weltanschaulich neutralen Staates, die konsensfähig und plausibel begründbar ist, stellen vielmehr die Menschenwürde und die Menschenrechte dar. Die Menschenwürde ist dabei als „Ensemble grundlegender subjektiver Rechte" (E. HILGENDORF) zu verstehen. Die Menschenrechtsidee vermag einer modernen Gesellschaft inneren Zusammenhalt zu vermitteln, weil sie hinreichend formal, gleichzeitig konkret und elementar, orientierungsstiftend sowie universalisierbar ist. – Zur Signatur der Gegenwart gehört überdies hinzu, ethische W.e angesichts der Globalisierung zu bedenken. Auch in dieser Hinsicht ist der Stellenwert der Menschenrechte zu betonen. Diese gießen den W.begriff der Gerechtigkeit im internationalen Rahmen in Rechtsform. Es liegt auf der Hand, dass darüber hinaus global über weitere materiale Werte zu diskutieren ist. Bahnbrechend war z. B., dass in den 1980er-Jahren im internationalen politischen Diskurs der W. der Nachhaltigkeit („sustainable development") neu zur Geltung gebracht worden ist.

E. Jüngel, Wertlose Wahrheit, 1990 – H.J. Sandkühler, Pluralismus, in: Ders., Enzyklopädie Philosophie, 2010, 2057–2066 – H. T. Krobath (Hg.), Werte in der Begegnung, 2011 – H. Kress, Ethik der Rechtsordnung, 2012 – H. Dreier, Säkularisierung und Sakralität, 2013 – E. Hilgendorf, Problemfelder der Menschenwürdedebatte, in: ZEE 57 (2013), 258–271 – H. Kress, Gott in der Verfassung?, in: ZRP 48 (2015), 152–155.

Hartmut Kreß

Wettbewerb / Wettbewerbspolitik / Wettbewerbsrecht

1. Wettbewerb. *1.1 Markt und W.* →Marktwirtschaften können als sich selbst steuernde ökonomische Systeme verstanden werden, in denen die dezentralen Entscheidungen von Produzenten und Konsumenten über die Marktmechanismen „Preise" und „W." koordiniert und gesteuert werden (→Wirtschaftssystem). Als die zentrale Aufgabe des W.s kann eine gute oder preiswerte Erfüllung der Bedürfnisse von Konsumenten angesehen werden. Hierzu gehört, dass der W. kostennahe Preise, sinkende →Produktionskosten und →Innovationen hervorbringen soll. Phänomenologisch zeigt sich der W. zwischen Unternehmen als ein vom Gewinninteresse motivierter Rivalitätsprozess, in dem die Anbieter versuchen, die Waren und →Dienstleistungen zu verbessern oder zu niedrigeren Preisen anzubieten. Voraussetzung für den w.lichen Charakter dieses Prozesses ist erstens die Freiheit der Anbieter, selbst über ihre auf dem →Markt angebotene Leistung zu entscheiden (W.sfreiheit), und zweitens die Freiheit der Nachfrager, zwischen mehreren Anbietern auf dem Markt auswählen zu können. Zentrales Gegenstück zum W. ist das (staatliche oder private) →Monopol, bei dem die Nachfrager keine Anbieterwahl haben, so dass der Monopolist seine (Markt-)Machtposition durch schlechte Leistungen oder überhöhte Preise ausnutzen kann. Die Begrenzung von (wirtschaftlicher) Macht zählt insofern auch zu den zentralen Funktionen des W.s.

1.2 Konzeptionen des W.s. Im Laufe der Zeit sind unterschiedliche Konzeptionen des W.s entwickelt worden. Dies betrifft sowohl die normativen und theoretischen Grundlagen, was im Einzelnen als Beschränkungen des W.s anzusehen ist, als auch mit welchen w.politischen Mitteln diese adäquat zu bekämpfen sind.

1.2.1 Entwicklungen des 20. Jahrhunderts. Während W. bereits bei Adam Smith (1776) als ein zentraler Selbststeuerungsmechanismus im Rahmen der „unsichtbaren Hand" eines marktwirtschaftlichen Systems angesehen wurde, sind erst im frühen 20. Jahrhundert systematisch die Marktformen →Monopol, Oligopol, und Polypol (bzw. „vollständige Konkurrenz") in der mikroökonomischen Preistheorie analysiert worden. Dabei wurde die Kategorie der Marktmacht von Unternehmen als Preissetzungsmacht entwickelt, aus der Marktmachtgewinne entstehen können, mit entsprechenden negativen Wirkungen für Nachfrager (zu geringe Mengen und zu hohe Preise).

Von großer Bedeutung für die W.spolitik hat sich das in den 1950er und 1960er Jahren entwickelte Konzept des funktionsfähigen W.s (Workable competition, Harvard Schule) erwiesen. Die W.spolitik sollte w.liche Marktstrukturen aufrechterhalten (insbes. durch Fusionskontrolle) und w.sschädliches Verhalten der Marktteilnehmer verhindern. Der theoretischen und empirischen Industrieökonomik kommt dabei die Aufgabe zu, durch Untersuchung der Zusammenhänge zwischen Marktstruktur, Marktverhalten und Marktergebnissen die für den W. geeignetsten Marktstrukturen zu ermitteln und mögliche w.beschränkende Verhaltensweisen zu identifizieren (Struktur-Verhalten-Ergebnis-Paradigma).

In der angelsächsischen Diskussion hat in den 1970er und 1980er Jahren vor allem die Chicago Schule dieses Konzept des funktionsfähigen W.s stark angegriffen. Im Gegensatz zur Harvard Schule geht sie davon aus, dass sich die W.spolitik nur am Ziel der ökonomischen Effizienz orientieren soll. Eine steigende Unternehmenskonzentration wird von der Chicago Schule primär als Ausdruck eines Strebens nach effizienten Unternehmensgrößen gesehen und damit viel weniger kritisch beurteilt als von der Harvard Schule. Die Chicago Schule geht auch eher von der Wirksamkeit der Selbstheilungskräfte von Märkten aus, bspw. in der Form, dass Marktmacht über die Zeit von selbst durch neu in den Markt eintretende Unternehmen wieder abgebaut wird. Während die Harvard Schule hinter vielen Marktphänomenen Marktmacht vermutete und deshalb ein starkes Eingreifen der W.sbehörden forderte, interpretierte die Chicago Schule diese Phänomene meist als Ausdruck größerer Effizienz und forderte eine wesentlich größere Zurückhaltung der staatlichen W.spolitik.

Die deutsche w.spolitische Diskussion wurde in den 1950er Jahren stark von der Forderung nach einem W.sgesetz durch die Freiburger Schule (Ordoliberalismus) und durch die Auseinandersetzung zwischen dem Konzept des funktionsfähigen W.s (Kantzenbach) und dem W.sfreiheitskonzept von Hoppmann in den 1970er Jahren geprägt. Von besonderer Bedeutung ist dabei auch, dass in Deutschland seit den 1950er Jahren eine eigenständige dynamische (oder evolutorische)

Theorie des W.s entwickelt wurde. Diese verstand den W. in Anlehnung an SCHUMPETER als einen dynamischen Prozess des Vorstoßens von Pionierunternehmern mit Produkt- und Verfahrensinnovationen und des Nachziehens von Imitatoren, wodurch es in diesem (Innovations-)W. zu einem laufenden Auf- und Abbau von marktmächtigen Positionen kommt (HOPPMANN). Verbindet man dies mit HAYEKS Konzept vom W. als Entdeckungsverfahren, so lässt sich W. als ein Prozess verstehen, in dem die Anbieter neue Produkte als Hypothesen über die möglichst gute Erfüllung von Konsumentenbedürfnissen auf dem Markt ausprobieren und sich die Nachfrager als Schiedsrichter in diesem W. um möglichst gute Problemlösungen verstehen lassen, die mit ihren Kaufentscheidungen den Anbietern →Informationen über den Erfolg ihrer Leistungen rückkoppeln. Insofern kann W. auch als ein Prozess des Experimentierens zur Generierung und Ausbreitung neuen Wissens verstanden werden.

1.2.2 Aktuelle Wettbewerbskonzeption. Die W.spolitik des beginnenden 21.Jahrhunderts beruht auf Weiterentwicklungen der bisherigen W.skonzepte, wobei sich in der W.sökonomie auch ein neuer, breiterer Konsens über grundlegende normative und theoretische Grundlagen entwickelt hat (Post-Chicago Economics). Normativ wird inzwischen die Konsumentenwohlfahrt als zentrales Kriterium gesehen, d. h. Fusionen und Verhaltensweisen sollen danach beurteilt werden, ob sich durch sie negative Wirkungen auf die Konsumenten ergeben. Die theoretische Analyse wird stark von den vielfältigen Analysemöglichkeiten der modernen →spieltheoretischen Industrieökonomik bestimmt. Allerdings ist die W.sökonomie auch offen für andere Ansätze wie bspw. die Institutionenökonomie oder auch neuere Ansätze wie Verhaltensökonomie oder evolutorische Innovationsökonomie. Ein wesentliches Charakteristikum der heutigen W.sökonomie ist, dass sie gleichermaßen auf Marktmacht- und Effizienzeffekte abstellt und dabei festgestellt hat, dass es oft von den Umständen des Einzelfalls abhängig ist, welche dieser Effekte überwiegen und ob deshalb bestimmte Verhaltensweisen durch das W.srecht zugelassen oder verboten werden sollten. Hieraus hat sich die Folgerung ergeben, dass die W.spolitik stärker die konkreten Wirkungen im Einzelfall untersuchen müsse, was auch zur Entwicklung neuer empirischer Analysemethoden geführt hat.

2. W.sbeschränkungen. *2.1 Grundsätzliches.* Unabhängig von der verwendeten W.skonzeption herrscht seit langem ein breiter Konsens darüber, dass die Unternehmen große Anreize besitzen, sich dem W.druck durch w.sbeschränkende Verhaltensweisen zu entziehen. Da alle Wirtschaftssubjekte daran interessiert sind, einerseits zwar als Nachfrager vom W. in anderen Sektoren zu profitieren, andererseits selbst aber gerne vor W. geschützt wären, ist es von großer Bedeutung, den Selbststeuerungsmechanismus „W." als generelles Prinzip einzuführen. Nur wenn möglichst viele Leistungen in einer →Gesellschaft unter W.sbedingungen erstellt werden, kann die Wechselseitigkeit der Vorteile des W.s gesichert werden. W.sbeschränkungen können durch eine Vielzahl von Verhaltensweisen herbeigeführt werden, wobei zwischen staatlichen und privaten W.sbeschränkungen zu unterscheiden ist.

2.2 Staatliche W.sbeschränkungen. Der →Staat hat vielfältige Möglichkeiten, mit wirtschaftspolitischen Maßnahmen (→Wirtschaftspolitik) W. zu verhindern oder zu verzerren. So können inländische Produzenten durch Zölle, Importkontingente oder nicht-tarifäre Handelshemmnisse vor ausländischen W.ern geschützt werden (→Protektionismus). Insofern stellt Freihandel einen wichtigen Schutz vor W.sbeschränkungen dar. Obwohl staatliche Regulierungen (Genehmigungen, technische Standards, Sicherheitsvorschriften) helfen können, Marktversagensprobleme zu lösen, können sie auch als Marktzutrittsschranken missbraucht werden, um etablierte Produzenten vor W. zu schützen. Weiterhin verzerren staatliche →Subventionen den W. zugunsten der begünstigten Unternehmen oder schalten ihn gar völlig aus (Kohlenbergbau, Agrarprodukte). Außerdem sind in der Vergangenheit viele Leistungen durch staatliche →Monopole erbracht worden (Post, Telekommunikation, Elektrizität), die nicht als w.liche Ausnahmebereiche gerechtfertigt werden können (→Deregulierungen).

2.3 Private W.sbeschränkungen. 2.3.1 Kartelle und abgestimmte Verhaltensweisen. Bei Kartellen oder abgestimmten Verhaltensweisen koordinieren miteinander im W. stehende Unternehmen den Einsatz ihrer W.sparameter gegenüber der Marktgegenseite, um ihren Gewinn zu erhöhen oder Gewinneinbußen durch gegenseitigen W. zu verhindern. Insbesondere durch Absprachen über Preise (bzw. Preiserhöhungen) können Anbieter den zwischen ihnen bestehenden Preisw. beschränken und damit die Nachfrager schädigen. Absprachen zwischen W.ern können sich aber auch auf andere W.sparameter beziehen, wie bspw. Produktionsmengen, Verkaufsgebiete, Rabatte, Konditionen, Werbung oder Forschung und Entwicklung. Während weitgehende Einigkeit darüber besteht, dass Absprachen über Preise, Mengen und Verkaufsgebiete immer als W.sbeschränkungen anzusehen sind, durch die Konsumenten geschädigt werden, erfordern Vereinbarungen über andere W.sparameter eine differenzierte Beurteilung. Beispielsweise können durch Spezialisierungsvereinbarungen, durch die sich Unternehmen auf die Produktion bestimmter Produkttypen spezialisieren und sich anschließend wechselseitig beliefern, Kostenvorteile durch Massenproduktion erzielt werden. Ebenso können Unternehmen unter Umständen gemeinsam schneller oder besser neue Produkte oder

Technologien entwickeln, so dass entsprechende Forschungs- und Entwicklungs-Kooperationen auch zu gesamtwirtschaftlichen Vorteilen führen. Neben solchen „horizontalen" Vereinbarungen zwischen W.ern können auch „vertikale" Vereinbarungen zwischen Unternehmen aufeinander folgender Wirtschaftsstufen, bspw. Ausschließlichkeitsverträge oder selektive Vertriebssysteme (wie bei Kfz-Vertragshändlern) zwischen Herstellern und Händlern, geschlossen werden. Letztere können durch eine bessere Abstimmung zwischen den Leistungen von Herstellern und ihren Vertriebshändlern Vorteile für die Konsumenten haben. Da alle diese Vereinbarungen aber auch negative Wirkungen haben können, sind detaillierte ökonomische Analysen erforderlich, um festzustellen, unter welchen Bedingungen die Vorteile solcher Vereinbarungen deren Nachteile überwiegen. Auch wenn viele Fragen noch ungeklärt sind, unter welchen Bedingungen welche dieser Vereinbarungen erlaubt werden sollten, besteht über die grundsätzliche Notwendigkeit eines allgemeinen Kartellverbots mit Ausnahmen ein breiter Konsens.

2.3.2 Unternehmenskonzentration. Neben Absprachen zwischen W.ern kann der W. vor allem durch eine Verringerung der Anzahl der W.er, d. h. durch wachsende Unternehmenskonzentration, beschränkt werden. Im Gegensatz zu internem Wachstum von Unternehmen aufgrund besserer Leistung wird dabei vor allem das externe Wachstum, d. h. der Aufkauf von bzw. der Zusammenschluss mit anderen W.ern (Fusionen), als besonders problematisch für den W. angesehen. Je nachdem, ob ein direkter W.er auf der gleichen Wirtschaftsstufe, ein Unternehmen auf der vor- oder nachgelagerten Wirtschaftsstufe oder ein Unternehmen auf völlig anderen Märkten aufgekauft wird, spricht man von einem horizontalen, vertikalen oder konglomeraten Zusammenschluss. Während vertikale und konglomerate Zusammenschlüsse nur in Ausnahmefällen als bedenklich eingeschätzt werden, besteht Konsens bzgl. der möglichen Gefahren von horizontalen Zusammenschlüssen für den W. Während Unternehmenszusammenschlüsse eine Vielzahl von positiven Wirkungen haben können (bessere Ausnützung von Skalenvorteilen und Synergieeffekte, Vorteile durch gemeinsame Forschung und Entwicklung, Umstrukturierung und strategische Neuausrichtung von Firmen), sind auch verschiedene negative Wirkungen möglich. Die Erfahrungen mit Zusammenschlüssen zeigen, dass viele Fusionen auch aus betriebswirtschaftlicher Sicht nicht erfolgreich sind. Wichtiger für die W.spolitik ist aber, dass in der W.sökonomie gezeigt werden konnte, dass Unternehmenszusammenschlüsse durch die Verminderung der Anzahl der W.er zu höheren Preisen führen können. Allerdings konnte in der empirischen Industrieökonomik nicht gezeigt werden, dass eine höhere Unternehmenskonzentration generell zu höheren Preisen oder höheren (Marktmacht-)Gewinnen führt. Ob und in welcher Höhe solche Preissteigerungen entstehen, ist vielmehr von den spezifischen Marktumständen abhängig, die deshalb genauer ökonomisch zu untersuchen sind. Weiterhin können durch Fusionen auch negative Wirkungen auf den Innovationsw. entstehen, so dass Konsumenten durch die Entstehung weniger Innovationen geschädigt werden können. Insgesamt gilt eine Fusionskontrolle als notwendig, aber über deren notwendiges Ausmaß und die geeigneten Beurteilungskriterien bestehen teils erhebliche Meinungsverschiedenheiten.

2.3.3 Behinderungen. Im W. zwischen Unternehmen können sich – ähnlich wie bei Sportwettkämpfen – W.er auch dadurch durchsetzen, dass sie mit bestimmten Verhaltensweisen ihre Konkurrenten behindern. In solchen Fällen kann man von w.sschädlichen Verhaltensweisen oder von Behinderungsw. sprechen, wodurch der eigentlich intendierte Leistungsw.W. um Kunden beeinträchtigt wird (BÖHM: Leistungsw.). Diese Gefahr besteht insbesondere bei marktbeherrschenden Unternehmen, die besonders große Möglichkeiten haben, ihre Konkurrenten durch behindernde Verhaltensweisen zu schädigen. In der W.sökonomie wurde eine Anzahl von möglichen Behinderungspraktiken untersucht. Besonders wichtig sind dabei Kampfpreisstrategien (predatory pricing), bestimmte Kopplungspraktiken und Rabattsysteme, Diskriminierungen, Lieferverweigerungen und die Verweigerung des Zugangs zu „wesentlichen Einrichtungen". Am Beispiel von Niedrigpreisstrategien wird die Problematik der Differenzierung zwischen einem gewünschten W. mit niedrigeren Preisen und einer ruinösen Kampfpreisstrategie, die nur die Verdrängung von an sich effizienten W.ern bewirken möchte, besonders deutlich. Auch bei Kopplungspraktiken, d. h. dass ein Unternehmen den Bezug eines Produkts vom Bezug anderer Produkte abhängig macht (tying/bundling), ist es schwer zu bestimmen, unter welchen Umständen solche Praktiken antikompetitiv sind und zu Nachteilen für die Konsumenten führen. Während somit ein Verbot von behindernden Praktiken notwendig ist, hat es sich aus ökonomischer Sicht als schwierig erwiesen, verlässlich zwischen unproblematischen und w.schädlichen Verhaltensweisen zu unterscheiden.

3. W.spolitik. 3.1 Einleitung. W.spolitik im weiten Sinne umfasst alle rechtlichen Regeln und andere staatlichen Maßnahmen, die sich auf die Funktionsfähigkeit von W.sprozessen auswirken. W.spolitik lässt sich dann gleichsetzen mit der Gestaltung des gesamten institutionellen Rahmens für Markt- und W.sprozesse (W.sordnung im Sinne von EUCKEN). Üblicherweise wird W.spolitik jedoch nur in einem wesentlich engeren Sinne als rechtliche Regeln und staatliche Maßnahmen interpretiert, die sich gegen private Beschränkungen des W.s richten und damit den W. auf Märkten schützen.

Inzwischen gibt es in den meisten Ländern eigene Gesetze gegen solche privaten W.sbeschränkungen. Vorreiter waren die USA 1890 mit dem Sherman Act, die seither eine intensive und ausdifferenzierte W.spolitik mit teilweise sehr weitgehenden Eingriffsmöglichkeiten betreiben. In Europa setzte diese Entwicklung erst wesentlich später ein. So hat sich nach dem II. Weltkrieg neben Großbritannien vor allem in Deutschland eine eigenständige w.spolitische Tradition entwickelt, durch die wiederum die europäische W.spolitik stark beeinflusst wurde, die heute als die dominierende Politik gegen W.sbeschränkungen in Europa angesehen werden kann.

3.2 *Europäische W.spolitik*. Bereits der 1958 in Kraft getretene EWG-Vertrag enthielt ein Kartellverbot mit Ausnahmen sowie ein Missbrauchsverbot für marktbeherrschende Unternehmen. Allerdings hat sich die Praxis der europäischen W.spolitik nur langsam entwickelt. Erst seit der Einführung der europäischen Fusionskontrolle (1989) kann von einem vollausgebildeten europäischen W.srecht gesprochen werden, das inzwischen die nationalen W.spolitiken in der EU zunehmend an den Rand drängt. Eine Besonderheit der europäischen W.spolitik liegt darin, dass sie sich nicht nur gegen private W.sbeschränkungen, sondern auch gegen Beschränkungen des W.s durch die Mitgliedstaaten wendet. Ziel der europäischen W.spolitik ist außer der Sicherung des W.s auch die Marktintegration, insbesondere die Durchsetzung der vier Grundfreiheiten, d. h. des freien Verkehrs von Waren, →Dienstleistungen, →Arbeit und →Kapital. Seit Ende der 1990er Jahre hat die EU-Kommission die Anwendung der europäischen W.sregeln reformiert, insbesondere im Hinblick auf eine stärkere Anwendung ökonomischer Analysen zur Feststellung der Wirkungen von eventuell problematischen Verhaltensweisen auf die Konsumenten („more economic approach"). Die europäische Politik gegenüber privaten W.sbeschränkungen basiert auf den folgenden drei Säulen.

3.2.1 Kartellverbot mit Ausnahmen. In Art. 101 Abs. 1 AEUV ist ein allgemeines Kartellverbot normiert, nach dem Vereinbarungen und abgestimmte Verhaltensweisen zwischen Unternehmen verboten sind, wenn sie eine Verhinderung, Einschränkung oder Verfälschung des W.s bewirken und den Handel zwischen Mitgliedstaaten beeinträchtigen (Zwischenstaatlichkeitsklausel). Dies betrifft sowohl horizontale Vereinbarungen zwischen W.ern als auch die vertikalen Vereinbarungen zwischen Unternehmen innerhalb einer Wertschöpfungskette. Nach Art. 101 Abs. 3 AEUV sind Freistellungen vom Kartellverbot möglich, wenn die betreffenden Vereinbarungen vier Bedingungen erfüllen: (1) eine Verbesserung der Warenerzeugung oder -verteilung oder die Förderung des technischen oder wirtschaftlichen Fortschritts, (2) eine angemessene Beteiligung der Nachfrager am entstehenden Gewinn, (3) die Unerlässlichkeit der W.sbeschränkungen, wobei es (4) zu keiner Ausschaltung des W.s für einen wesentlichen Teil der Waren kommen darf. Leitidee der Prüfung von Kartellausnahmen ist dabei, ob die gesamtwirtschaftlichen Vorteile solcher Vereinbarungen die Nachteile aus ihren w.sbeschränkenden Wirkungen überwiegen. Inzwischen benötigen die Unternehmen hierfür keine expliziten Freistellungsentscheidungen der EU-Kommission mehr, sondern können selbst beurteilen, ob diese Voraussetzungen vorliegen. Allerdings hat die EU-Kommission mit Gruppenfreistellungsverordnungen und Richtlinien eine Fülle von detaillierten Regeln entwickelt, unter welchen Bedingungen sie diese Freistellungsvoraussetzungen für unterschiedliche Arten von Vereinbarungen erfüllt sieht. Solche spezifischen Regeln gibt es für FuE-Kooperationen, Spezialisierungs- und Technologietransfervereinbarungen (insbes. Lizenzvereinbarungen) sowie für die vielfältigen Formen von vertikalen Vereinbarungen, bei denen von positiven Effizienzeffekten ausgegangen werden kann. Da alle diese Vereinbarungen nur dann größere w.sbeschränkende Wirkungen entfalten können, wenn Marktmacht vorliegt, gibt es bei diesen Kartellausnahmen üblicherweise eine Marktanteilsgrenze für die beteiligten Unternehmen (von bspw. 25 oder 30 %), bei deren Unterschreitung angenommen wird, dass die Bedingungen für eine Freistellung vom Kartellverbot gegeben sind.

3.2.2 Kontrolle von Unternehmenszusammenschlüssen. Im Jahre 1990 trat in der europäischen W.spolitik die Fusionskontrollverordnung in Kraft (FKVO 139/2004), die Unternehmenszusammenschlüsse von gemeinschaftsweiter Bedeutung auf ihre Vereinbarkeit mit dem Gemeinsamen Markt überprüft. Für die Frage, ob Zusammenschlüsse unter die europäische Fusionskontrolle fallen, sind Umsatzschwellenwerte entscheidend, u. a. ist ein weltweiter Umsatz von mindestens 5 Mrd. € und ein Umsatz innerhalb der EU von mind. 250 Mill. € notwendig. Nach Art. 2 (3) FKVO sind alle „Zusammenschlüsse, durch die wirksamer W. im Gemeinsamen Markt oder in einem wesentlichen Teil desselben erheblich behindert würde, insbesondere durch Begründung oder Verstärkung einer marktbeherrschenden Stellung, für mit dem Gemeinsamen Markt unvereinbar zu erklären". Konkret wird geprüft, ob durch den Zusammenschluss eine so enges Oligopol entsteht, dass eine Koordinierung bei der Preissetzung wahrscheinlich wird (koordinierte Effekte) oder dass der W.sdruck anderweitig soweit gemindert wird, dass höhere Preise zu erwarten sind (nichtkoordinierte Effekte). Hierzu können eine Anzahl von Marktstrukturkriterien herangezogen werden, insbes. Marktanteile, Stärke der anderen W.er, Macht der Marktgegenseite, Stärke des potentiellen W.s, Zugang zu Absatz-und Beschaffungsmärkten und die Finanzkraft. Allerdings sind auch Effizienzvorteile des Zusammenschlusses zu berücksichtigen, soweit hiervon auch die Konsumenten profitieren. Im Wesentlichen geht es bei der Prüfung darum, ob durch den Zusammenschluss negative Wirkungen wie höhere Preise oder weniger Innovationen für die Konsumenten zu erwarten sind.

3.2.3 Missbrauchsverbot für marktbeherrschende Unternehmen. Mit Art. 102 AEUV gibt es in der europäischen W.spolitik ein Missbrauchsverbot für marktbeherrschende Unternehmen, das sich sowohl gegen zu hohe Preise für die Nachfrager (Preismissbrauch) als auch gegen w.sschädliche Behinderungspraktiken gegenüber anderen W.ern wendet. Ein Preismissbrauch liegt dann vor, wenn ein marktbeherrschendes Unternehmen wesentlich überhöhte Preise von Nachfragern fordert. Allerdings wird dies nur in Ausnahmefällen angewandt, da W.sbehörden keine allgemeine Preiskontrolle durchführen sollen. Wichtiger ist das Missbrauchsverbot von Behinderungspraktiken, wobei neben Kampfpreisstrategien insbesondere Marktausschließungspraktiken wie Lieferverweigerungen und Diskriminierungen, Kopplungsbindungen sowie Treuerabattsysteme im Mittelpunkt stehen. Eine wichtige Form des Missbrauchs kann es auch sein, wenn marktbeherrschende Unternehmen anderen W.ern den Zugang zu wesentlichen Ressourcen (wie bspw. Infrastruktureinrichtungen oder bestimmte Informationen) verweigern, ohne die diese W.er nicht auf dem Markt tätig sein können (Verweigerung des Zugangs zu wesentlichen Einrichtungen). Insgesamt stellt das Missbrauchsverbot für marktbeherrschende Unternehmen ein wichtiges Instrument der europäischen W.spolitik dar, obwohl die konkrete Feststellung eines Missbrauchs auch aus ökonomischer Sicht oft schwierig ist.

3.2.4 Politik gegen staatliche Wettbewerbsbeschränkungen. Sie geht zum einen gegen nationale Monopole und die Bevorzugung öffentlicher Unternehmen vor (Art. 106 AEUV). In diesem Zusammenhang ist auch das von der Kommission ausgelöste umfangreiche Deregulierungsprogramm zu sehen, das bspw. im Telekommunikationsbereich oder auf den Energiemärkten zur Einführung von W. auf vielen nationalen Märkten innerhalb der EU geführt hat. Zum anderen verfolgt die europäischen Beihilfenkontrolle (Art. 107ff. AEUV) das Ziel, Subventionen der Mitgliedstaaten an private Unternehmen umfassend zu kontrollieren und einzudämmen. Außerdem zielt die wechselseitige Anerkennung oder Harmonisierung von Rechtsvorschriften darauf ab, w.hemmende Wirkungen nationaler Regulierungen zu vermindern.

3.2.5 Institutionen. Für die Anwendung des europäischen W.srechts ist primär die Kommission zuständig (Generaldirektion W.), wobei im Bereich von Art. 101 und 102 AEUV auch nationale W.sbehörden und Gerichte tätig werden können. Die gerichtliche Überprüfung von Kommissionsentscheidungen wird vom Europäischen Gericht (EuG) und dem Europäischen Gerichtshof (EuGH) vorgenommen, der mit seinen Entscheidungen die Entwicklung des europäischen W.srechts wesentlich beeinflusst hat. Im Übrigen besitzt die Kommission ebenfalls erhebliche Befugnisse für Ermittlungen, Erlass von Verfügungen (Untersagungen) sowie Verhängung von Geldbußen.

3.3 W.spolitik in Deutschland. Das (1958 in Kraft getretene) Gesetz gegen W.sbeschränkungen (GWB) wurde mehrmals novelliert (zuletzt: 2013). Ähnlich wie das europäische W.srecht enthält es ein Kartellverbot mit Ausnahmen, eine Fusionskontrolle und ein Missbrauchsverbot für marktbeherrschende Unternehmen. Nach dem allgemeinen Kartellverbot des § 1 GWB sind Vereinbarungen und abgestimmte Verhaltensweisen zwischen miteinander im W. stehenden Unternehmen, die eine Verhinderung, Einschränkung oder Verfälschung des W.s bewirken, verboten. Nach dem § 2 GWB sind auch im deutschen Kartellrecht Ausnahmen vom Kartellverbot nach den prinzipiell gleichen Kriterien wie im europäischen W.srecht möglich. Seit 1973 enthält das GWB eine präventive Fusionskontrolle, die für Unternehmen mit einem Umsatz von mindestens 500 Mill. € gilt. Nach § 36 GWB muss das Bundeskartellamt einen Zusammenschluss untersagen, wenn er zu einer erheblichen Behinderung wirksamen Wettbewerbs führt, insbesondere durch Begründung oder Verstärkung einer marktbeherrschenden Stellung. Im Wesentlichen prüft das Bundeskartellamt eine Fusion nach ähnlichen Kriterien wie die europäische Fusionskontrolle. Allerdings kann in Ausnahmefällen bei einer Untersagung des Zusammenschlusses durch das Bundeskartellamt eine Ministererlaubnis beim Bundeswirtschaftsminister beantragt werden, der auch gesamtwirtschaftliche Vorteile des Zusammenschlusses oder überragende Interessen der Allgemeinheit in seine Beurteilung mit einbeziehen kann. Auch das Missbrauchsverbot für marktbeherrschende Unternehmen nach § 19 GWB wird nach ähnlichen Grundsätzen und Kriterien wie im europäischen W.srecht angewandt. Auch wenn das deutsche W.srecht nur noch eine eng begrenzte eigenständige Rolle spielt, so kommt dem deutschen Bundeskartellamt weiterhin eine große Bedeutung zu, da es auch europäisches W.srecht anwenden kann.

3.4 Internationale W.spolitik. Angesichts der zunehmenden →Globalisierung der Märkte und der Bedeutung internationaler Zusammenschlüsse und W.sbeschränkungen hatte sich in den 1990er Jahre eine intensive Diskussion über die Möglichkeiten der Etablierung einer internationalen W.spolitik entwickelt. Obwohl die nationalen W.spolitiken durch Anwendung des Auswirkungsprinzips auch im Ausland stattfindende W.sbeschränkungen, die sich auf das Inland auswirken, verfolgen können, ergeben sich bei einer solchen extraterritorialen Anwendung des nationalen W.srechts erhebliche praktische Durchsetzungsprobleme. Auch wenn die Versuche zur Etablierung internationaler

W.sregeln gescheitert sind, so ist es mit der Schaffung des International Competition Network (2001) immerhin gelungen, ein internationales Netzwerk von nationalen W.sbehörden zu kreieren, das sich sehr erfolgreich um die Identifizierung und Ausbreitung von Best Practices in der W.spolitik bemüht und das damit zu einer größeren Konvergenz der w.srechtlichen Praxis und einem besseren Schutz des W. beigetragen hat. Diese Entwicklung wurde begleitet von einer starken Ausbreitung von W.sgesetzen auch in Entwicklungs- und Schwellenländern.

F. M. SCHERER/D. ROSS, Industrial Market Structure and Economic Performance, 1990³ – M. MOTTA, Competition Policy, 2004 – D. W. CARLTON/J. M. PERLOFF, Modern Industrial Organization, 2005⁴ – S. BISHOP/M. WALKER, The Economics of EC Competition Law, 2010³ – D. GERADIN/A. LAYNE-FARRAR/ N. PETIT, EU Competition Law and Economics, 2012 – I. SCHMIDT/J. HAUCAP, Wettbewerbspolitik und Kartellrecht, 2013¹⁰ – W. KERBER, Wettbewerbspolitik, erscheint in: T. APOLTE u. a. (Hg.), Kompendium der Wirtschaftstheorie und Wirtschaftspolitik, 2016.

Wolfgang Kerber

Widerstand / Widerstandsrecht

1. Begriff. Das Widerstandsrecht (Wr.) rechtfertigt die Auflehnung des Individuums innerhalb einer nicht mehr als legitim empfundenen sozialen und politischen Ordnung gegen die Inhaber politischer Herrschaft. Ganz allgemein betrachtet, spiegelt sich im Wr. das *Spannungsverhältnis zwischen staatlichen Rechtsnormen* (→Recht), *sittlichem Recht und* →*Moral*. Konkret bezeichnet es eine Grenzsituation menschlichen Verhaltens, in welcher der Mensch verpflichtet ist, einer überstaatlichen Instanz – Gott (Apg 5,29), dem →Gewissen oder dem Recht – mehr zu gehorchen als den Gesetzen der Menschen. Aus Gehorsam gegenüber →Normen und Prinzipien, die den von Menschen geschaffenen Gesetzen übergeordnet sind, geht der widerständige Mensch mit seiner Widersetzlichkeit ein Risiko ein, denn durch sein „abweichendes Verhalten" stellt er sich in der Regel in Gegensatz zu vielen Angepassten, die aus Furcht, Begeisterung oder Blindheit einem „schlechten Herrscher" folgen, und zu den Herrschern, die Widerstehen mit dem Strafrecht bekämpfen. Und nicht selten wird sein „abweichendes Verhalten" von der Mehrheit der Bevölkerung moralisch geächtet und von staatlichen Institutionen bestraft.

Das Wr. ist alt und wird bereits in der antiken politischen Philosophie und Dichtung reflektiert. Vor allem in der klassischen Dichtung werden die antiken Vorstellungen in vielfältiger Weise – von der Ballade bis zur Tragödie – aufgenommen und prägen im 19. Jh. das Verständnis dieses Rechtes, das während der →Französischen Revolution oftmals in einem Atemzug mit den allgemeinen →Menschenrechten genannt wird. Denn zur Voraussetzung des Wr.s gehört die Verletzung der *Ziele und Zwecke politischer Herrschaft*. Zugleich markiert es so die Grenzen von politischer Verpflichtung der Bürger auf ihre Verfassungsordnung. Umstritten war zu allen Zeiten aber weniger das Recht als vielmehr die Pflicht zum Widerstand (W.). Die Berechtigung zur Auflehnung des Individuums gegenüber staatlichem Unrecht lässt sich ganz unterschiedlich begründen. Die Verpflichtung zum W. hingegen schließt die Frage ein, ob der Mensch letztlich zur Aufopferung seines Lebens verpflichtet werden kann. Das Wr. zielt nämlich in letzter Konsequenz – ohne Ansehen des für den einzelnen Menschen daraus entstehenden Schadens oder der Gefahr für sein Leib und Leben – auf das unbedingte Eintreten des Individuums für die göttlichen Gebote. Es verweist auf die *naturrechtliche Verpflichtung des Menschen* (→Naturrecht) und die konsequente Bindung des menschlichen Handelns an die Menschenrechte, nicht zuletzt auf den Versuch, Herrscher an ihre vertraglichen und verfassungsmäßigen Rechte zu erinnern. So spiegelt es die der eigenen Person gegenüber verantwortliche Treue dem eigenen Gewissen gegenüber. Wer sich zum Widerspruch bekennt und W. leistet, begibt sich nicht selten jeglichen Schutzes der positiven Ordnung, beweist Mut („→*Zivilcourage*") und die Fähigkeit zum konsequenten Handeln, das schließlich in letzter Radikalität auch von der eigenen Person absieht.

2. Tyrannenmord. Das Wr. kann passiv und aktiv ausgeübt werden – als Verweigerung des Gehorsams oder in der Bekämpfung oder gar Ermordung („Tyrannenmord") eines wegen seiner willkürlichen Handlungsweise abgelehnten Herrschers, dem unrechtmäßiges Handeln zugeschrieben wird. Der Tyrannenmord gilt als das letzte Mittel im Kampf gegen einen ungerechten Herrscher, der dem Individuum zumutet, sein eigenes Gewissen zu überwältigen oder Schuld auf sich zu laden. Der Mord am Tyrannen verhindert schwerstes Unrecht und muss deshalb, als wenngleich letztes, so doch unausweichliches Mittel im Versuch der Bewahrung eines Rechtsordnung begründet werden können. Vor allem der Tyrann, der gegen die göttliche Ordnung verstößt, verliert den Anspruch auf Bewahrung seines Lebens. Seit der Antike gilt der Tyrann als die Verkörperung einer „entarteten", ja als Vertreter der wohl schlechtesten und am meisten den Menschen verachtenden Herrschaftsordnung. Durch ARCHILOCHOS etwa 700 v. Chr. in Griechenland definiert, wird das Bild des Tyrannen, der als Gegensatz des „guten" Monarchen gilt und durch seine extrem ausgebildete Selbstsucht charakterisiert wurde, zum Sinnbild einer abzulehnenden politischen Ordnung, das später vor allem durch PLATON und ARISTOTELES geprägt wird. CICERO und SENECA leiten aus dieser Vorstellung die *Rechtfertigung des Tyrannenmordes* ab. Die Beseiti-

gung des Tyrannen gilt als Voraussetzung für die Wiederherstellung einer guten Herrschaftsordnung und sogar als heroische Tat. Im Mittelalter gilt der Tyrann als Verkörperung der Verletzung der Friedensordnung, der →Gerechtigkeit und der sozialen →Ordnung. THOMAS VON AQUIN deutete die Tyrannis einerseits als „Entartung" der Herrschaft, die den berechtigten W. derjenigen hervorrufen darf, die den Herrscher kraft ihrer Souveränität beauftragt haben. Andererseits sah THOMAS VON AQUIN in der Tyrannis den Ausdruck einer Usurpation von Herrschaft und →Macht durch einen Herrscher, der sich nicht mehr dem →Naturrecht unterwarf und dessen Verstöße gegen eine gute Ordnung deshalb selbst den W. des Einzelnen rechtfertigen konnten.

3. Ideengeschichte. Als Prototyp eines Gewaltherrschers gilt Kreon, der Gegenspieler der Antigone, dem SOPHOKLES mit einer Tragödie ein Denkmal gesetzt hat. Kreon verweigert dem toten Bruder der Antigone die Bestattung, die dem überkommenen *guten Recht* (dike) entspricht, und ruft so den W. von Antigone hervor. Diese rechtfertigt ihr Verhalten mit ihrer Verpflichtung gegenüber dem herkömmlichen Recht der Götter. Die Beseitigung von Tyrannen wird in der Regel durch das von ihnen begangene Unrecht gerechtfertigt. Dieses Bild wandelt sich unter dem Eindruck der Ermordung von CAESAR, der die Alleinherrschaft anstrebt und die republikanische Ordnung stürzen will, durch BRUTUS. In der Verurteilung dieses Attentäters durch die Nachwelt wird vor allem deutlich, in welchem Maße der Attentäter nach dem Erfolg seiner Tat bewertet wird. Sein Scheitern wird überdies mit dem Begriff des *Verrats* belastet.

Das Christentum bekennt sich ausdrücklich zu einer höheren →Verantwortung des Menschen, die weit über den Gehorsam hinaus weist, der (Röm 13) dem staatlichen Herrscher zu erweisen ist, scheidet aber zugleich die weltliche und die himmlische Sphäre in zwei Reiche. W. ist deshalb nicht mehr Ausdruck des Verrats, sondern der Treue, die sogar in der Blutzeugenschaft (*Martyrium*) bewiesen werden kann. Unstrittig ist dabei im Bewährungs- und Konfliktfall, der das Gewissen des gläubigen Christen herausfordert, die tief empfundene höhere Verantwortung des Menschen gegenüber den Geboten Gottes.

Im Mittelalter wird das Wr. zunehmend auf die politische Ordnung bezogen. Der Herrscher rechtfertigt sich auch durch seine Berufung auf das „gute alte Recht", das die Grundlage politischer →Legitimität darstellt und nicht verletzt werden soll. Zur Einhaltung dieses Rechtes hat sich der Herrscher nach mittelalterlicher Vorstellung verpflichtet und sich auf diese Weise Rechtsnormen unterworfen, deren Verletzung den W.sfall begründen kann. Genügt er diesem Anspruch, gilt seine Herrschaft als wohl begründet. Ein Rechtsbruch hebt hingegen die Verpflichtung der Untertanen zum Gehorsam auf. Insb. Vertreter der Kirche beanspruchen dieses Recht im Zuge der *Auseinandersetzung zwischen Papsttum und Kaisertum* und relativieren so den Gedanken, dass die königliche Herkunft an sich Legitimität verleiht. Der Konflikt zwischen Papsttum und Kaiser steigerte sich im Investiturstreit, der oft, keineswegs zutreffend, als Ausdruck des Wr.s gedeutet wurde. Dennoch stehen mittelalterliche Erfahrungen am Ausgang eines neuzeitlichen Wr.s, das schließlich im modernen Verfassungsstaat in das Verfassungsdenken integriert wird.

Seit der Beendigung des Investiturstreites verlagert sich die Bestimmung des Wr.s zunehmend in den weltlich-politischen Bereich. Besonders wichtig wird dabei die Entwicklung in England, wo Standesherren mit dem Vertreter der Zentralmacht einen →Vertrag schließen, dessen Einhaltung Gefolgschaft sichert, dessen Verletzung hingegen W. rechtfertigen kann. Der Monarch handelt nicht absolut, legitimiert durch Gottes Gnade, sondern leitet seine Funktion aus der Zustimmung seiner Stände und Untertanen ab. Sie übernehmen eine Verpflichtung (*obligation*) unter der Voraussetzung der Einhaltung vertraglicher Bestimmungen. Die politische Ordnung wird als Ausdruck eines durchaus aufzuhebenden Herrschaftsvertrages gedeutet, der beide Vertragsseiten zu Schutz und Schirm sowie zu Rat und Hilfe verpflichtet. Rechtsbruch durch den Herrscher gilt nun als Vertragsbruch und setzt das Recht der Untertanen zum W. in Kraft.

Dieser Gedanke entwickelt sich mit dem *neuzeitlichen Vertragsrecht* zum Gesellschafts-, Staats- und Herrschaftsvertrag fort. Dieser ist nicht mehr allein Unterwerfungsvertrag, sondern hebt den Naturzustand in die Gestalt eines Gesellschaftsvertrages, in dem sich die Individuen als bürgerliche →Gesellschaft (oder *civil society*) konstituieren. Die zweite Vertragsstufe begründet die Entstehung einer politischen Gesellschaft als Folge eines Herrschafts- oder Unterwerfungsvertrags. Er konstituiert eine Zwangsgewalt, die ein Gewaltmonopol beansprucht und sich zur Rechtmäßigkeit der Herrschaftsausübung verpflichtet. Dieses Monopol müssen alle anderen Menschen anerkennen und erhöhen so ihre Sicherheit im →Konflikt mit anderen. Legitimität entsteht nun durch Verfahren und →Institutionen.

Die mit dem Gewaltmonopol ausgestatteten Zentralgewalten werden als König, Regierung oder Staatsverwaltung bezeichnet. Sie verbürgen stabile Lebensverhältnisse, das →Eigentum und das Recht auf Leben. Eine Verletzung dieser Staatszwecke und -ziele durch die Herrscher kann den W. der Untertanen begründen. Im Falle von Bürgerkriegswirren gehen allerdings von der Gesellschaft selbst Gefahren aus. Sie kräftigen den →Staat, der den „Kampf aller gegen alle" beenden und verhindern soll. W. gegen die Zentralgewalt wird von THOMAS HOBBES als Rückfall der Gesellschaft in den allgemeinen Kriegs- und Naturzustand empfunden und verworfen. JOHN LOCKE hingegen unterscheidet den Gesellschafts- vom Herrschaftsvertrag und sieht im W. gegen den ungerechten, vertragsbrüchigen Herrscher keineswegs mehr den Rückfall der Bürger in die Barbarei der Vertragslosigkeit, sondern deutet deren Auflehnung als die Voraussetzung für die Rückkehr zu rechtmäßigen Verhältnissen, die im Einklang mit dem überkommenen Recht stehen, das zu schützen ein Gebot aller Bürger ist. Das Recht des Herrschers findet somit im Vertragsdenken seine Grenze in der Volkssouveränität und mündet in die Vorstellung, dass politische Herrschaft durch eine Konstitution sanktioniert wird.

In der Reformationszeit wandelt sich der W.sgedanke unter dem Eindruck der Konfessionsauseinandersetzungen. Soziale und konfessionelle Konflikte sind allerdings nicht immer zu trennen. Nicht selten bekennen sich Anhänger der Reformatoren auf ihr Wr. als das Recht des „Gemeinen Mannes" und verbinden geistliche Ziele mit sozialen →Interessen. LUTHER wendet sich im deutschen *Bauernkrieg* entschieden gegen die „räuberischen und mörderischen Rotten" der Bauern und bestreitet ein diesseitiges Wr., das von der Bindung an den Gehorsam gegenüber der Obrigkeit absieht. Er unterstützt die Entstehung des Landeskirchentums und die enge Verbindung von Thron und Altar, die den Landesherrn gleichzeitig auch zum geistlichen Herrn macht. Im Unterschied zum →Luthertum bekennen sich allerdings die Anhänger CALVINS und ZWINGLIS stärker zum konfessionell begründeten Wr. Ihre Anhänger, insb. die *Monarchomachen*, können so politische Aufstände in den Niederlanden und auch in Frankreich legitimieren, die nicht nur als Konfessions-, sondern als frühe Unabhängigkeitskriege verstanden werden sollten. Auch in der Auseinandersetzung mit der englischen Hochkirche wird ein Glaubensw. begründet, der sich als „reine Lehre" (Puritaner) oder als bewusste Abweichung von der staatskirchlichen Religion (Dissidenten, Nonkonformisten) begreift. Im Zuge konfessioneller Bürgerkriege verlassen viele Engländer und Schotten ihres Glaubens wegen England und Schottland und gründen jenseits des Atlantiks Kolonien, die sich nicht nur zur Glaubensfreiheit, sondern auch zum Recht auf W. aus Gewissensgründen bekennen (Glaubens-, Bekenntnis-, →Gewissensfreiheit).

Die Erfahrung der →*Französischen Revolution* beeinflusst die politischen Diskussionen in vielen Staaten Europas. Englische Theoretiker sehen im Wahlrecht ein Instrument, um gewaltsame Aufstände zu vermeiden, weil sich unter seinem Einfluss staatliche Institutionen ständig gewandelten Interessen der Gesellschaft anpassen. In Polen, das nach mehreren Teilungen als Staat nicht mehr existierte, wird das Wr. mit dem Selbstbestimmungsrecht verbunden. In Deutschland, wo die Französische Revolution zunächst vielfach begrüßt wird, setzt unter dem Eindruck der *Schreckensherrschaft* (*grande terreur*) eine Abkehr vom Wr. ein – Verhältnismäßigkeit wurde im Zusammenhang mit der Nicht-Bestimmung des Verhältnisses zwischen →Verantwortungs- und Gesinnungsethik zu einem wichtigen Bewertungskriterium. Dieses Spannungsverhältnis bestimmte vor allem die Auseinandersetzung mit dem Wr. im 20. Jahrhundert der modernen Diktaturen und wurde durch Argumente der politischen →Anthropologie angereichert.

4. Zeitgeschichtliche Erfahrungen. Weil Menschen sich in der Regel ihren Mitmenschen anzupassen versuchen, sind Neigung und Bereitschaft zu einem Leben im Gegensatz zur Mehrheit in der Regel schwach entwickelt. W. wird im Gegensatz zur Anpassungs- und Folgebereitschaft der breiten Bevölkerungsmehrheit als „Unangepasstheit", „Verweigerung" oder gar als „abweichendes Verhalten" gedeutet. Deshalb wird die Fähigkeit zur Widersetzlichkeit insb. in Gemeinwesen, die aus diktatorischen Systemen entstanden sind, als Besonderheit empfunden, respektiert, nach dem Ende der Diktatur nicht selten verehrt. Dies lässt sich an der Auseinandersetzung mit der Geschichte des W.s gegen den →Nationalsozialismus zeigen und gilt vor allem dann, wenn die Unbeirrbarkeit im Widerspruch zum Tod des Widerständigen führt. Dessen Tod gilt bei Nachlebenden nicht selten als Opfer, das den Nachlebenden zugute kommen soll.

In der Regel bezeichnet W. Reaktionen eines Menschen oder von Gruppen auf willkürlichen Gebrauch der Herrschaft, auf Machtmissbrauch, Verfassungsbruch und Menschenrechtsverletzungen. Diktatorische Systeme des 20. Jh.s zerstören überkommene politische und soziale Strukturen, →Traditionen und Milieus, denn sie rechtfertigen sich aus dem Anspruch, mit „neuen Menschen" eine „neue Gesellschaft" und einen „neuen Staat" errichten zu wollen. Deshalb verfolgen sie politische Gegner, zerstören deren Zusammenhalt, machen deren Traditionen verächtlich und versuchen, mit einem umfassenden weltanschaulichen Führungsanspruch ihre Gegner auszuschalten. Diese werden als angebliche Repräsentanten einer überkommenen Zeit verächtlich gemacht, isoliert, inhaftiert, schließlich „ausgemerzt". Die Verfolgten, vom Regime Bekämpften und dessen Polizeiorganen Unterdrückten berufen sich auf Menschen- und →Grundrechte, insb. auf ihre Glaubens- und →Gewissensfreiheit.

Deshalb erscheint W. immer dann als geboten oder gerechtfertigt, wenn Grundsätze des modernen Naturrechts oder Grundprinzipien einer demokratischen (→Demokratie), freiheitlichen (→Freiheit), rechtsstaatlichen (→Rechtsstaat) Ordnung gegen Übergriffe verteidigt werden sollen. In diesem Sinne findet zwischen dem klassischen Wr., das bereits in der Antike durchdacht worden ist, und dem modernen verfassungsstaatlichen Wr. eine Verbindung statt. Weil sich das Wr. vor allem auf die Verteidigung einer menschenwürdigen Ordnung bezieht, hängt seine innere Anerkennung von der Formulierung der Grenzen und Ziele des Staates ab, deren Gefährdung und Verletzung widerständiges Verhalten notwendig macht. Es wird in diktatorischen Systemen durch die Verletzung der Menschenrechte und der Minderheitenrechte (→Minderheiten) markiert.

In der Regel wird das moderne Wr. durch Attribute präzisiert. Dadurch soll deutlich gemacht werden, dass W. als eine Form abweichenden Verhaltens ein breites Verhaltensspektrum abdeckt – vom passiven W. und der Verweigerung über die innere Emigration, den ideologischen Gegensatz und die bewusste Nonkonformität zum Protest, zur offenen Ablehnung und schließlich zur Konspiration, die sich sowohl auf die gedankliche Vorbereitung der Neuordnung nach dem Ende des NS-Staates konzentrieren konnte als auch versuchen musste, aktiv den Umsturz des Regimes vorzubereiten und durchzuführen. Das Wr. bezeichnet ein Verhalten, dessen Voraussetzungen in Vorbehalten gegenüber dem Regime (*Resistenz*), in der inneren Kraft zur bewussten Distanzierung von den politischen Konventionen der Zeit und in der Befähigung zur Bewahrung traditional vermittelter Wertvorstellungen (→Werte) liegen. Im Verständnis der Deutschen wird der W. vor allem durch die Erfahrungen des NS-Zeit bestimmt und bezeichnet in diesem Zusammenhang jedes aktive und passive Verhalten, das sich gegen das NS-Regime oder einen erheblichen Teilbereich der NS-Ideologie richtete und mit hohen persönlichen Risiken verbunden war.

W. lässt sich deshalb nicht nur als Auflehnung gegen eine als Willkür empfundene Ordnung rechtfertigen, sondern hat die Wiederherstellung einer neuen politischen Ordnung zum Ziel. *Nach 1933* lassen sich vielfältige Neuordnungspläne feststellen. Regimegegner, die aus der Tradition der Arbeiterbewegung handeln, wollen ihren W. nicht nur als Reaktion auf den NS-Staat rechtfertigen, sondern beanspruchen auch, als Folge ihrer Auflehnung die in der Weimarer Republik nicht ganz verwirklichten sozialen Zielvorstellungen durchzusetzen. Die Ziele sind entsprechend vielfältig und reichen vom Versuch, eine Einheitsgewerkschaft zu schaffen, über die Absicht, →Sozialismus und →Demokratie besser als nach 1918 zu verbinden, bis zum Ziel, die Voraussetzungen für eine Ordnung zu schaffen, die sich an der sowjetischen Verfassung und den Zielen STALINS orientiert.

Die Neuordnungspläne des militärischen und bürgerlichen W.s werden zum einen durch BECK und GOERDELER im nationalkonservativen Sinn geprägt, andererseits durch die Mitglieder des Kreisauer Kreises und die jüngeren Regimegegner entscheidend durch den Versuch einer Verbindung von konservativen, sozialreformerischen, liberalen und sozialdemokratischen Ideen beeinflusst. Prinzipien der →Selbstverwaltung und des →Rechtsstaats werden mit den Grundsätzen der →katholischen Soziallehre verbunden. Innerhalb der Gesellschaft sollen Kultur, Kirche, Wissenschaft als autonome Bereiche gestärkt werden; im Hinblick auf Wahlrecht, →Parlament und Regierung finden sich unterschiedliche Vorstellungen, die sich nur schwer in Deckung bringen lassen. Unbestritten ist aber, dass diktatorische Verhältnisse beseitigt, föderative Grundprinzipien realisiert, eine einheitliche Vertretung der →Arbeitnehmer geschaffen und die „Rechtsschänder" bestraft werden sollen. Auf diese Weise sollen auch die Strukturen nationalsozialistischer Gewaltherrschaft überwunden werden. Außenpolitisch soll Deutschland nicht mehr als Hegemonialmacht die Herrschaft über Europa anstreben, sondern innerhalb Europas in Abstimmung mit anderen Staaten →Frieden und Zusammenarbeit sichern. Wirtschaftspolitisch (→Wirtschaftspolitik) konkurrierten lange Zeit →Markt- und Planwirtschafter miteinander. Die alliierte Forderung der bedingungslosen dt. Kapitulation empfanden die Angehörigen des dt. W.s als schwere Belastung ihrer Planungen für die Zeit nach dem Umsturz.

Immer wichtiger wird die Rechtfertigung des W.s als Verteidigung von Menschenrechten. Hieß es noch in den fünfziger Jahren, W. könne nur aus den Zentren der Macht erfolgen und ziele auf den Umsturz des politischen Gesamtsystems, so werden seit den siebziger Jahren vor allem die Kraft und das Recht zum Widerstand im Alltag hervorgehoben. Zivilcourage als die Befähigung, sich im alltäglichen Leben für Entrechtete und Verfolgte einzusetzen, lenkt den Blick auf „einfache Menschen", die bereit sind, stellvertretend mitmenschlich zu handeln. Ihre Bereitschaft verweist auf Regimegegner, die sich selbst durch den Bezug auf die Bibel, ihre Glaubensinhalte und ihr Gewissen zur Widersetzlichkeit ermächtigen.

5. Aktualität. Seit dem Ende des NS-Regimes wird vor allem in Deutschland intensiv über Voraussetzungen, Entwicklungen und Ergebnisse des W.s diskutiert. Unbestritten ist dabei die Notwendigkeit, gegen Menschenrechtsverletzungen W. zu leisten. Problematisch blieben jedoch stets die Unterscheidung von Landes- und Hochverrat sowie die Festlegung der Grenze von Befehl und Gehorsam. Unmittelbar nach 1945 haben die Alliierten zunächst die Auseinandersetzung mit den Zielen und Leistungen des anderen Deutschland erschwert. Erst HANS ROTHFELS gelang Ende der 1940er Jahre ein Durchbruch. Anfang der 1950er Jahre setzten sich Politiker – unter ihnen der damalige Bundespräsident THEODOR HEUSS – für die Anerkennung des W.s in der dt. Öffentlichkeit ein. Im Zusammenhang mit der dt. Wiederbewaffnung wurde seit der Mitte der 1950er Jahre die Erinnerung an den militärischen W. immer stärker betont; gleichzeitig setzte unter dem Eindruck der dt. Teilung und des globalen Systemgegensatzes eine unterschiedliche Würdigung des angeblich demokratischen und des angeblich totalitären W.s ein, die sich nach der Erhebung vom *17. Juni 1953* in der DDR und nach der Niederschlagung des Aufstandes in Ungarn verstärkte. Seit dieser Zeit konzentrierte sich die DDR auf die besondere Würdigung des kommunistischen W.s (→Kommunismus) und des Nationalkomitees Freies Deutschland, die Bundesrepublik auf den bürgerlich-militärischen W. im Umkreis des 20. Juli 1944. Anfang der 1960er Jahre wurde in der Forschung die Verbindung zwischen der Ordnung des →Grundgesetzes und dem W. des 20. Juli 1944 entschieden in Zweifel gezogen, indem hervorgehoben wurde, in welchem Umfang die Vorstellungswelt der Regimegegner aus →Bürgertum und Militär stets von den überkommenen politischen Ordnungsvorstellungen und den hegemonialen Zielen des dt. Obrigkeitsstaates geprägt blieb.

In den politischen Auseinandersetzungen berief man sich seit den späten 1950er Jahren immer häufiger auf den W. Nach der Anti-Atomtod-Kampagne führte insb. die Spiegel-Affäre zu einer intensiven Diskussion über die Grenzen staatlichen Handelns. Seit der Mitte der 1960er Jahre beeinflusste die Auseinandersetzung um die Notstandsgesetze die Debatte über das Wr. Die Entspannungspolitik begünstigte die Auseinandersetzung mit den W.sbildern des jeweils anderen dt. Staates und führte zu einer Veränderung des W.sbildes in beiden dt. Staaten.

Die politische Auseinandersetzung wurde hingegen vor allem im Zuge der dt. Notstandsgesetzgebung des Jahres 1968 geführt. Mit der Notstandsverfassung wurde auch *Art 20 Abs. 4 GG* verabschiedet, der das Recht zum W. für den Fall begründet, dass gegen einen Verfassungsbruch keine rechtsstaatlichen Mittel zur Verfügung stehen. In das Grundgesetz wurde unter dem Eindruck der Notstandsdebatten 1968 eine Verfassungsergänzung aufgenommen, nach der W. geboten ist, wenn sich auf rechtsstaatlich gebotene Weise nicht gegen die Verletzung der Grundrechte und die Zerstörung der freiheitlich-demokratischen Grundordnung einschreiten lässt.

Die W.sdiskussion unter den Oppositionellen der DDR wurde hingegen durch die *KSZE-Schlussakte* von Helsinki bestimmt, die ein deutliches Bekenntnis zu den Menschen-, den liberalen Abwehr- und den Freiheitsrechten ablegte. So überlagerten sich seit den frühen 1960er Jahren ganz unterschiedliche Erfahrungen, die im Zuge innergesellschaftlicher Konflikte in vielen Staaten – nicht nur Europas – gemacht wurden. Das Wr. wurde nun endgültig in den Kanon der zeitgemäßen Verfassungsbestimmungen integriert und beeinflusste zunehmend auch das historische Verständnis des W.s. Denn unter dem Eindruck der breiten Politisierung von Staat und Gesellschaft seit den Kontroversen über den Vietnam-Krieg, der Demonstrationen gegen die Notstandsgesetze und der Studentenunruhen öffnete sich der Blick für die soziokulturelle Breite und die politische Vielfalt des W.s im Dritten Reich: Jugendopposition, Widerstehen im Alltag, Häftlings-W., der Kampf gegen das Regime von außen oder aus der Kriegsgefangenschaft, und der W. Einzelner in den letzten Kriegstagen und die politisch motivierte Desertion fanden zunehmende Aufmerksamkeit. Ende der 1970er Jahre wurde durch eine *Empfehlung der deutschen Kultusminister* festgelegt, dass der W. gegen den Nationalsozialismus im Unterricht intensiv in seiner Breite und Vielfalt zu behandeln sei.

Seit den neunziger Jahren wird die Erinnerung an den Widerstand im NS-Staat und in der DDR zunehmend genutzt, um politische Interventionen zu rechtfertigen, die als Verteidigung von Menschenrechten und als Kampf gegen politische Unterdrückung interpretiert werden und militärische Interventionen legitimieren sollen. Zeitgeschichtliche Erfahrungen werden geschichtspolitisch instrumentalisiert. Als Reaktion darauf ist das breiter werdende Interesse an einem christlich motivierten Widerstand zu sehen, das sich auf Persönlichkeiten wie Dietrich Bonhoeffer und Alfred Delp, aber auch auf pazifistisch orientierte Regimegegner wie Franz Jägerstätter beruft. Vor allem Spielfilmen kommt dabei eine wichtige Rolle zu. Nicht selten gehen diese Filme, etwa über die Geschwister Scholl, Oskar Schindler oder Georg Elser, mit einem Perspektivenwechsel einher, der sogar politische Konsequenzen hat. So wurden in der Nachwirkung dieser Filme die Unrechtsurteile der NS-Justiz aufgehoben, Entschädigungen bewilligt oder Stiftungen gegründet, die begangenes Unrecht entschädigen sollten. Insgesamt bleibt so die Auseinandersetzung mit dem Widerstand ein entscheidender Faktor für die Bewertung und Ächtung von Unrechtssystemen.

F. KERN, Gottesgnadentum und Wr. im frühen Mittelalter, 1954 – M. BOVERI, Der Verrat im 20. Jahrhundert, 1956 – I. SCHOLL, Die Weiße Rose, 1956 – H. ROTHFELS, Die deutsche Opposition gegen Hitler, 1958 – K. W. FRICKE, Selbstbehauptung und W. in der Sowjetischen Besatzungszone, 1964 – F. BAUER, W. gegen die Staatsgewalt, 1965 – E. BETHGE, Dietrich Bonhoeffer, 1967 – A. KAUFMANN (Hg.), Wr., 1972 – FORSCHUNGSGEMEINSCHAFT 20. JULI (Hg.), Bibliographie W., 1984 – A. LEBER (Hg.), Das Gewissen steht auf, 1984 – W. BENZ/W. H. PEHLE (Hg.), Lexikon des deutschen W.es, 1994 – P. STEINBACH/J. TUCHEL (Hg.), W. gegen den Nationalsozialismus, 1994 – DIES., Lexikon des W.es 1933–1945, 2000[4] – P. STEINBACH, W. im Widerstreit, 2000[2].

Peter Steinbach

Willensfreiheit

1. Theologie. In der theologischen Diskussion ging es um die Frage, ob und in welchem Umfang der menschliche Wille zu seinem Heil, d. h. der Observanz des Gesetzes und der Erlangung der →Gnade beitragen kann, um auf dieser Grundlage das Gute zu tun. Dabei haben sich im Prinzip drei Lösungstypen herausgebildet. Lösungstyp eins legt den Schwerpunkt auf die Aktivität Gottes (Prädestination, →Rechtfertigung), Lösungstyp zwei auf den Menschen (*liberum arbitrium*, Mystik, Pelagianismus), Lösungstyp drei auf die Kooperation zwischen Mensch und Gott (Synergismus). Zwei davon sind bereits in den biblischen Schriften angelegt. Das Matthäusevangelium geht indirekt von der W. des Menschen aus, das von JESUS erneuerte Gesetz zu erfüllen. PAULUS hingegen thematisiert in Römer 7 die Unfähigkeit des Menschen, das Gesetz zu erfüllen. Bei ihm wird zum ersten Mal in der abendländischen Geistesgeschichte der Wille zu einer zentralen anthropologischen Kategorie, dessen Verhältnis zu →Vernunft, Affekt, Gnade, Gesetz, Providenz und Prädestination er thematisiert.

1.1. Alte Kirche. Der synergistische Lösungstyp beginnt mit ORIGENES, für den das Heil in der durch willentliche Selbststeuerung (αὐτεξούσιον, § 6 in *de principiis*, αὐτεξούσιον wird später durch die westlichen Kirchenväter vor AUGUSTINUS als *liberum arbitrium* übersetzt.) und Läuterung der Seele erlangt wird. Diesem Typus kann man auch später ERASMUS zuordnen, der ein ganzes System von willensmäßig angestrebten Gnadenzuständen entwickelt hat. AUGUSTINS Willensverständnis muss vor dem Hintergrund der mit ihm einsetzenden religiösen Verinnerlichung und der Selbstentdeckung des Willens gerade auch in seiner Zwiespältigkeit, Affektgebundenheit und nur bedingten Steuerbarkeit durch die Vernunft gesehen werden. In seinem Frühwerk der *de libero arbitrio* führt AUGUSTINUS die Willensschwäche auf den Sündenfall zurück, der sowohl den Verstand (*ignorantia*) wie auch den Willen (*difficultas*) in Mitleidenschaft gezogen habe. Zentral ist für AUGUSTINUS, dass er in seinen *Confessiones* im Willen (*voluntas*) die Quelle des Bösen sieht. So kommt es ähnlich wie bei PAULUS in Römer 7 zur Differenzerfahrung zwischen dem Wollen (*liberum arbitrium*) und dem Nicht-Können (*voluntas*). Insgesamt kommt es AUGUSTINUS darauf an, die bedingte Freiheit des menschlichen Willens mit der Gnade Gottes in einem System kunstvoller gedanklicher Differenzierungen zusammenzudenken, ohne einem Synergismus zu verfallen, um auf diese Weise sowohl eine Passivität des Menschen angesichts einer reinen Gnade, wie auch eine übertriebene Aktivität des Menschen zuungunsten der Gnade wie bei PELAGIUS zu vermeiden. Der eigene Gnadenstand wird bei AUGUSTINUS insbesondere durch positive Affekte erkennbar, der die Differenzerfahrung der inneren Zwiespältigkeit zwischen *liberum arbitrium* und *voluntas* zugunsten einer inneren Harmonieerfahrung aufhebt, wie in den *Confessiones* beschrieben. PELAGIUS kennt diese Zwiespältigkeit nicht, daher ist sein Konzept der W. nur am *liberum arbitrium* orientiert, sein Gnadenverständnis hat daher auch nur Verdienstcharakter. Dabei bleibt bei AUGUSTINUS das Verhältnis des eher vernunftorientierten *liberum arbitrium* zur affektbetonten *voluntas* noch unreflektiert.

1.2. Mittelalter. Dieses Verhältnis wird in der mittelalterlichen Theologie mit ihrer Definition des *liberum arbitrium* durch PETRUS LOMBARDUS geklärt (Sentenzen, Band II, dist. 24, 5: „Das liberum arbitrium ist ein Vermögen des Verstandes und des Willens, mit Hilfe der Gnade das Gute zu erwählen, ohne Gnadenstand aber das Böse.") und in ein neuplatonisches Stufenschema der Gnade und verschiedener Freiheitsgrade des Willens eingebaut. Die augustinische Prägung geht im Hochmittelalter zugunsten der Rezeption des ARISTOTELES und seiner Anthropologie zurück. Bei THOMAS VON AQUIN wird das *liberum arbitrium* schon zu einem floskelhaften Topos (*liberum arbitrium est facultas voluntatis et rationis*). Dominikaner wie Franziskaner lehren die W., sind jedoch hinsichtlich der Verhältnisbestimmung von Wille und Vernunft in Bezug auf eine willentliche Entscheidung unterschiedlicher Ansicht. Dominikaner lehren die Beeinflussbarkeit des Willens durch die Vernunft bei einer Willensentscheidung, währende die voluntaristischen Franziskaner die spontane Freiheit des ungebundenen Willens hervorheben, der sich sogar bewusst gegen bessere Einsicht entscheiden kann. In der spätmittelalterlichen Mystik (MEISTER ECKHART, JOHANNES GERSON) – wie überhaupt in der Mystik – kommt es auf die Überwindung des Eigenwillens und im Idealfall auf seine Einschmelzung in den göttlichen Willen an, um die höchstmögliche Freiheit zu erlangen.

1.3. Reformation. In der Theologie der Reformation wird dem Willen des Menschen (*voluntas* und *liberum arbitrium*) zur Erlangung des Heils und damit seiner Ethikfähigkeit vor dem Hintergrund eines verschärften Sündenbegriffs jedwede Bedeutung abgesprochen. Der Wille des Menschen kann nichts zu seinem Heil beitragen, insofern ist er unfrei, wiewohl er in Bezug auf die weltlichen Dinge frei ist. Frei wird der Mensch und sein Wille erst durch die Annahme des Evangeliums, das ihn rechtfertigt. Freiheit erlangt der Mensch gemäß reformatorischer Theologie nur durch göttliches Handeln, das er passiv empfängt, bei LUTHER in *de servo arbitrio* im Kontext von Gesetz und Evangelium, bei CALVIN durch die Prädestination.

2. Philosophie. In der philosophischen Debatte um die W. geht es um die Frage, ob sie mit Determinismus/Kausalität/Naturgesetz vereinbar ist. Hier haben sich zwei Lösungstypen herauskristallisiert, der Kompatibilismus und der Inkompatibilismus. Der Kompatibilismus behauptet, dass sich W. und Determinimus nicht ausschließen, der Inkompatibilismus leugnet die Vereinbarkeit beider. Dies geschieht in der Variante des Libertarismus, der spontane Willensfreiheit behauptet, und Determinismus leugnet und umgekehrt in der Variante des Impossibilismus, der an der Determiniertheit festhält und die →Freiheit leugnet. Eine wichtige Distinktion des Libertarismus ist der Unterschied zwischen Akteurskausalität, die der Freiheit zugute kommt und der Eventkausalität. Problematisch ist die Nähe des Libertarismus auf der Grundlage der Akteurskausalität zum Zufall. Für den Kompatibilismus ist das Modell von H. Frankfurt wichtig, das davon ausgeht, dass der Mensch die Freiheit hat, sich innerlich von seinen niederen Willensimpulsen zugunsten höherer Willensimpulse zu distanzieren („second order volitions"). Das Problem dieser Lösung besteht darin, dass das Sich-Lösen von Willensimpulsen zu einem unendlichen Regress führt und außerdem nicht jedes Handeln aus Willensimpulsen erfolgt, sondern auch aus Gründen.

3. Neurowissenschaft. In der neurowissenschaftlichen Debatte wird das Problem der W. im Sinne des philosophischen Determinismus um den Aspekt der Empirie erweitert. Grundlage ist das sogenannte Libet-Experiment auf der Grundlage des sogenannten Bereitschaftspotenzials, welches als unbewusster Energieimpuls einer jeden Handlung vorausgeht. Im Libet-Experiment wurde herausgefunden, dass das Bereitschaftspotenzial dem willentlichen Handlungsentschluss zeitlich vorausgeht. Daraus haben einige Forscher (G. Roth, W. Singer) geschlossen, dass der Wille aufgrund des vorausgehenden Bereitschaftspotenzials unfrei sei, andere hingegen nicht (B. Libet, H. H. Kornhuber), da der Mensch die Fähigkeit hat, diesem unbewussten Willensimpuls noch bis kurz vor dem Ausführen der Handlung zu widersprechen (Vetofunktion). Gegen einen strengen Determinismus spricht auch das neue Konzept der Neuroplastizität. Zudem erfolgen nicht alle Handlungen aus unbewussten Willensimpulsen, sondern aus rationalen Überlegungen („Gründen"), die aus anderen Hirnregionen gesteuert werden (Neocortex).

4. W. und Ethik. Da ethisch relevante Handlungen immer aus Willensimpulsen und rationalen Überlegungen gespeist werden, haben die neurowissenschaftlichen Ergebnisse als Neuauflage des mittelalterlichen Streits um das Verhältnis von *ratio* und *voluntas* keine Bedeutung für die Verantwortung des Menschen. Im Gegensatz zu Behauptungen mancher Neurowissenschaftler bleibt der Mensch in ethischer Hinsicht voll verantwortlich.

H. H. Kornhuber/L. Deecke, Wille und Gehirn, 2007 – A. Klein, Willensfreiheit auf dem Prüfstand. Ein anthropologischer Grundbegriff in Philosophie, Neurobiologie und Theologie, 2009 – W. Achtner, Willensfreiheit in Theologie und Neurowissenschaft, 2010.

Wolfgang Achtner

Wirtschaft / Wirtschaften

1. Definition. Bei der W. handelt es sich um einen Teilbereich des gesellschaftlichen Lebens, an dem jeder teilnimmt – ob bewusst oder unbewusst. W.liche Akteure können Einzelpersonen, Haushalte, Unternehmen, der Staat und seine Gebietskörperschaften sowie Verbände, Kirchen und andere gesellschaftliche Gruppen sein. W. umfasst sowohl die Entscheidungen einzelner Menschen als auch die Interaktion von Menschen in verschiedenen Austauschbeziehungen und nicht zuletzt das Zusammenwirken von diesen Entscheidungen und Märkten. Um Aussagen über die Gesamt-W. treffen zu können, müssen viele, auch politische, Faktoren mitberücksichtigt werden, wie z. B. Arbeitslosigkeit oder →Inflation.

Als Grundtatbestände des menschlichen Lebens waren W. und W. traditionell Gegenstand der Philosophie. Bereits Aristoteles unterschied zwischen der natürlichen Ökonomik und der unnatürlichen Chrematistik. Erstere bedeutet die schlichte Bedarfsdeckung ohne große Überschüsse im Sinne einer Subsistenzw., wohingegen mit letzterer der Gelderwerb gemeint war, der der reinen Akkumulation dient und über das hinaus geht, was die Haus- bzw. Staatsgemeinschaft zum Leben braucht. Die Lehre von der W. bezog sich daher in der Antike vor allem auf landwirtschaftliche Produktion, Fischerei, Handwerk und den Handel von Gütern des Grundbedarfs. Im Laufe der Zeit änderte sich einhergehend mit dem technischen Fortschritt und der gesellschaftlichen Entwicklung das Verhältnis der einzelnen W.ssektoren. Zunächst führte die Agrarrevolution im 18. Jahrhundert dazu, dass in der Landw. (Primärsektor) weniger Arbeiter benötigt wurden, wohl aber im wachsenden industriellen, verarbeitenden Gewerbe (Sekundärsektor). Der technische Fortschritt wiederum (z. B. Erfindung der Dampfmaschine, →Industrialisierung) perfektionierte auch in diesem Sektor die Methoden und bewirkte mit den gleichzeitig gestiegenen Bedürfnissen im Dienstleistungsbereich (Tertiärsektor) eine Arbeiterwanderung vom Sekundär- in den Tertiärsektor (→Wirtschafts- und Sozialgeschichte).

In der Systematik der modernen Wissenschaftslandschaft werden W. und W. sowohl aus der Unternehmungssicht (→BWL) als auch aus der Perspektive einzelner Märkte oder der gesamten W. (→Volkswirtschaftslehre) betrachtet. In der volkswirtschaftl. Analyse dient dabei die Unterscheidung in Mikro- und Makroökonomik: Mikroökonomik beschäftigt sich mit einzelnen W.sakteuren, ihren konkreten Entscheidungen in Bezug auf einzelne Güter und dem Zusammenspiel dieser einzelnen Handlungen auf dem Markt für ein solches Gut. Dahingegen konzentriert sich die Makroökonomik auf die Betrachtung aggregierter Akteure (Gesamtheit aller Haushalte, aller Unternehmen, aller Gebietskörperschaften, aller ausländischen Volkswirtschaften), auf ein aggregiertes volkswirtschaftliches Produktionsergebnis (→ Inlandsprodukt), dessen Schwankungen (Konjunktur) oder Erhöhungen (→ Wachstum).

2. Knappheit und Bedürfnis. Ein wesentliches Merkmal der W. ist die Knappheit der Güter und der zu ihrer Produktion aufgewendeten Ressourcen. Als Güter werden alle materiellen und immateriellen Mittel verstanden, die der Bedürfnisbefriedigung dienen. Bedürfnisse stellen den Wunsch dar, einen Mangel zu verringern oder zu beseitigen, und reichen von der nackten Selbsterhaltung bis hin zu modernen Formen der Selbstverwirklichung. Nur äußerst selten kommt es dazu, dass die Bedürfnisse vollständig befriedigt werden. Das hängt mit der Begrenztheit der Ressourcen (wie Arbeit, Kapital, Rohstoffe und Zeit) in ihrem Verhältnis zu den meist unbegrenzten Bedürfnissen zusammen. W.liche Akteure stehen immer vor Entscheidungen, müssen daher zwischen Handlungsalternativen wählen und überlegen, wie sie ihre begrenzten Ressourcen (z. B. Einkommen und Zeit) einsetzen. Entscheidet man sich bspw. für den Kauf eines Fernsehers, ist die Anschaffung eines neuen Laptops möglicherweise nicht mehr zu finanzieren. Entscheidet man sich für mehr Einkommen durch eine höhere Arbeitszeit, bedeutet dies weniger Freizeit. Mit w.lichen Entscheidungen gehen also auch Verluste einher, die aus dem Unterlassen alternativer Handlungen resultieren (Opportunitätskosten). Die Opportunitätskosten stellen einen Indikator für die relative Knappheit eines Gutes dar und werden im Preis ausgedrückt. Je teurer ein Gut ist, desto weniger Ressourcen bleiben übrig, die anderweitig genutzt werden könnten. Die W.lichkeit wird im Kosten-Nutzen-Verhältnis ausgedrückt, also dem Verhältnis von verbrauchten Ressourcen zum Nutzen, verstanden als Maß für das Wohlbefinden eines Akteurs.

Die W.lichkeit von Produktionsprozessen ist dabei wesentlich vom realisierten Grad der Arbeitsteilung abhängig. Zerlegt man einen Produktionsprozess in verschiedene Teilprozesse, die fortan von spezialisierten Arbeitern oder Maschinen verrichtet werden, kann die → Produktivität im Vergleich zur Eigenw. um ein Vielfaches erhöht werden. A. SMITH verwies in diesem Kontext auf das Musterbeispiel der Stecknadelproduktion: wenn jeder Arbeiter sich auf ein bestimmten Arbeitsschritt konzentriert (z. B. das Ziehen, Schneiden, Anspitzen, Schleifen des Drahtes oder das Herstellen und Aufsetzen des Kopfes), können weit mehr Stecknadeln produziert werden, als wenn der einzelne Arbeiter alle Arbeitsschritte selbst vollzieht. Mit der Spezialisierung geht somit eine erhöhte Geschicklichkeit der Arbeiter einher, da sie sich immer nur auf eine Aufgabe konzentrieren. Ebenso spart die Arbeitsteilung Zeit und ermöglicht die Erfindung von Maschinen, die einfacher einzelne Arbeitsschritte als den gesamten Produktionsprozess übernehmen können.

3. W.liche Allokation. Die Aufgabe des W.s ist die Allokation von Ressourcen und Gütern. Darunter versteht man die Zuweisung von knappen Ressourcen und Gütern an Orte ihrer Verwendung, d. h. auf verschiedene Branchen bzw. auf verschiedene Individuen oder Gruppen.

3.1 Der Markt als Allokationsverfahren. Der am weitesten verbreitete Allokationsmechanismus in der W. ist der → Markt. An diesem ökonomischen (nicht immer geographischen) „Ort" kommt es zum Zusammentreffen von Angebot und Nachfrage, zur Preisbildung und zum Tausch von Gütern. Die angebotene/nachgefragte Menge bezeichnet diejenige Gütermenge, die Verkäufer/Käufer veräußern/erwerben wollen bzw. können. Auf dem Markt sinkt i. d. R. die nachgefragte Menge eines Gutes, wenn bei sonst unveränderten Rahmenbedingungen (*ceteris paribus*) der Preis des entsprechenden Gutes steigt. Analog gilt das Gesetz des Angebots. Dieses besagt, dass die angebotene Menge eines Gutes dann i. d. R. steigt, wenn der Preis dieses Gutes steigt. Ein Marktgleichgewicht liegt vor, sobald die angebotene Menge der nachgefragten entspricht. Es kommt zur sog. Markträumung, bei der weder ein Nachfrageüberschuss noch ein Angebotsüberschuss vorliegt.

Nach dem Gegenstand des ausgetauschten Gutes unterscheidet man *Faktor-* und *Gütermärkte*: Auf Faktormärkten handeln die W.sakteure mit den Produktionsfaktoren, die im Produktionsprozess notwendig sind (z. B. Arbeit, Boden oder Kapital); auf den Gütermärkten werden Waren und Dienstleistungen gehandelt. Es lassen sich für die unterschiedlichsten Güter eine ganze Vielzahl an Partialmärkten aufführen.

Zumindest auf vollkommenen Märkten weisen die Gleichgewichte des W.s bestimmte normative Vorzüge auf:

Sie sind (nach dem sog. Ersten Hauptsatz der Wohlfahrtsökonomik) *paretooptimal*, insofern kein Beteiligter besser gestellt werden kann, ohne einen anderen schlechter zu stellen; gemessen an den Bedürfnissen der Individuen werden somit keine Ressourcen oder Güter verschwendet.

Sie sind *tauschgerecht*, insofern kein Marktteilnehmer Macht über einen anderen hat und daher niemand gegen seinen Willen zu einer Leistung oder Zahlung gezwungen werden kann.

Sie sind – für eine gegebene Ausgangsausstattung der Beteiligten – *wohlfahrtsmaximal*, indem im Gleichgewicht die Summe von Konsumenten- und Produzentenrente maximal ist.

Aufgrund solcher Vorzüge ist das W. über den Markt die besonders vom w.lichen → *Liberalismus* die in den meisten Fällen präferierte Allokationsform. Nach A. SMITH werden über diesen Mechanismus die individuellen Interessen und Bedürfnisse der W.sakteure wie von „unsichtbarer Hand" auf das → Gemeinwohl hin koordiniert. Die w.liche Triebkraft ist dabei nicht das „Wohlwollen des Metzgers, Brauers und Bäckers", sondern deren jeweiliges Eigeninteresse, das über den Markt dahin gebracht wird, „um einen Zweck zu fördern, den zu erfüllen er in keiner Weise beabsichtigt hat" (SMITH). In der extremen Form des →*Liberalismus* wird der W.spolitik entsprechend die Aufgabe zugewiesen, das Privateigentum der Staatsangehörigen zu schützen („Nachtwächterstaat"). Beispielhaft für ein solches W.ssystem ist der *Manchester-Liberalismus*, dessen Auswüchse im 19. Jahrhundert die →Soziale Frage hervorriefen.

Die Konzeption der *Sozialen Marktw.* – basierend auf den Konzeptionen der Katholischen Sozialehre und der ökonomischen Ordnungstheorie – geht von der Erkenntnis aus, dass das Theorem der unsichtbaren Hand nur für bestimmte, marktgängige Güter Geltung beanspruchen kann, der Markt selbst aber die Würde der w.lichen Akteure und die soziale Gerechtigkeit der W.ergebnisse nicht gewährleisten kann. In dieser – besonders von dem evangelischen Ökonomen W. EUCKEN formulierten Sicht – hat ein der W. vorgegebener Regelrahmen dafür zu sorgen, dass der Mensch „nicht nur Mittel zu Zweck, nicht nur Teilchen des Apparates" (EUCKEN) ist, sondern dass die W. dem Menschen dient. Dem Staat kommt in w.lichen Belangen also eine wesentlich aktivere Rolle zu als im w.lichen *Liberalismus* (→Soziale Marktwirtschaft, →Wirtschaftspolitik, →Neoliberalismus)

3.2 Alternative Allokationsverfahren. Als Gegenstück der →Marktw. gilt die sozialistische *Zentralverwaltungsw.* (→*Wirtschaftssystem*), welche die Prinzipien der zentralen Lenkung mit einem primär kollektiven Eigentum an Produktionsmitteln verbindet. Statt über den Knappheitspreis werden hier die Güter primär durch „*Hierarchie*" (WILLIAMSON), also durch *Anweisungen und Kontrolle*, alloziert. In der Praxis haben sich realexistierende Zentralverwaltungsw. als wenig innovativ und entwicklungsfähig erwiesen. Selbst dann aber, wenn die Zentralverwaltungsw. in der Lage wäre, genau die gleichen Resultate des W.s hervorzubringen wie unter den Bedingungen vollkommener Konkurrenz, wäre nach dem Entwicklungsökonom A. SEN der Markt vorzuziehen, weil nur dieser die Freiheit garantiere zu kaufen und zu verkaufen, zu tauschen und ein w.liches Auskommen finden zu wollen, und es „in sich selbst ein Makel für jede Gesellschaft" wäre, diese Freiheit jemandem vorenthalten zu wollen.

Neben beiden „idealtypischen" Lösungsmöglichkeiten des w.lichen Allokationsproblems lassen sich weitere denken und in der Praxis beobachten, darunter die Allokation durch *Warteschlangen* und *Wartelisten* (Methode des „Wer zuerst kommt, mahlt zuerst"), *Auktionen, Zufallsmechanismen* oder *Gutscheinsysteme*.

Die häufig geäußerte Kritik an der „Ökonomisierung aller Lebensbereiche" läuft darauf hinaus, dass zu viele Bereiche der Marktallokation statt solchen alternativen Verfahren überlassen würden. Wenn z. B. Karten für den Besuch einer US-Kongress-Sitzung oder menschliche Spenderorgane über den Markt verkauft statt durch Warteschlangen alloziert werden, kann sich die moralische Qualität eines solchen Gutes verändern mit der häufigen Folge einer menschlichen Entwürdigung der Beteiligten.

4. Rationales W. W.sakteure können hinsichtlich ihrer Handlungsmaxime auf verschiedene Weisen w.lich handeln.

Das ökonomische Prinzip stellt dabei eine Definition w.licher *Rationalität* dar, bei welcher das Verhältnis der eingesetzten Mittel zur jeweiligen Zielgröße relevant ist. Nach seiner *Maximumversion* besteht das ökonomische Prinzip darin, bei einer gegebenen Mittelausstattung (Input) das größtmögliche Ergebnis (Output) erzielt werden soll. Dahingegen beschreibt die *Minimumversion* die Erreichung einer gegebenen Zielgröße, wobei der Mittelaufwand möglichst gering zu halten ist. So können die ersparten Ressourcen anderweitig eingesetzt werden.

Die bekannteste Theorie rationalen w.lichen Verhaltens stellt das abstrakte idealtypische Modell des *Homo oeconomicus* dar. Diesem Modell zufolge versuchen die W.sakteure bei gegebener Mittelausstattung und unter Restriktion (Budget, Zeit etc.) ihren Nutzen (im Falle von Haushalten) bzw. Gewinn (im Falle von Unternehmen) zu maximieren. Der *Homo oeconomicus* wählt seine Handlungen streng rational entlang seiner eigenen Präferenzordnung aus. Demnach zieht er solche Handlungsalternativen vor, die ihm den höchsten realisierbaren Zielerreichungsgrad versprechen. Dieses Verhaltensmodell stellt aufgrund seiner uneingeschränkten Rationalitätsprämisse und anderer kaum realisierter oder realisierbarer Prämissen über die Handlungssituation kein realistisches Menschenbild dar und eignet sich eher im Sinne idealisierter „Erklärungen des Prinzips" (F. A. HAYEK), die keineswegs wertlos sein müssen. Die empirisch-experimentelle Forschungsrichtung der *Behavioral Economics* bemüht sich daher seit geraumer Zeit um die Gewinnung realistischerer Theorie des W.s, welche die in der W. handelnden Akteure als Personen mit mehreren Präferenzsystemen (THALER/SHEFRIN), als genügsamen Satisfizierer (SIMON) oder als ausgleichenden *Homo reciprocans* (DOHMEN et al.) zu modellieren versuchen.

H. A. SIMON, Models of man social and rational. Mathematical Essays on rational human behavior in a social setting, 1957 – F. A. VON HAYEK, Degrees of Explanation, in: DERS., Studies in Philosophy Politics, and Economics, 1967, S. 3–21 – R. H. THALER/H. M. SHEFRIN, An Economic Theory of Self-Control, Journal of Political Economy 89, 1981, S. 392–406. – O. E. WILLIAMSON, Markets and Hierarchies, 1975 – W. EUCKEN, Grundsätze der W.spolitik, 1990[6] – A. SEN, Ökonomie für den Menschen, 2000 – G. KIRCHGÄSSNER, Homo oeconomicus: Das ökonomische Modell individuellen Verhaltens und seine Anwendung in den W.s- und Sozialwissenschaft, 2008³ - T. DOHMEN/A. FALK/D. HUFFMAN/U. SUNDE, Homo Reciprocans: Survey Evidence on Behavioural Outcomes. The Economic Journal 119, 2009, S. 592–612.

Christian Müller, Michael Sendker

Wirtschaftsethik

1. Allgemein. *1.1 Systematische Ausgangslage.* Die *wissenschaftliche* W. ist ein interdisziplinärer Reflex auf die in der Wissenschaft zunehmend als defizitär empfundene Trennung des ökonomischen und des ethischen (moralischen) Sachbereichs (→Moral) und ihren vermeintlichen →Eigengesetzlichkeiten. Die Begriffszusammensetzung beschreibt die systematische Spannung, die sich in der Aufgabenstellung der Disziplin an sich wie in den aktuellen Ansätzen widerspiegelt: Der vermeintliche Antagonismus von ökonomischer (Minimal-, Maximal-, Extremumprinzip) und ethischer Rationalität (z. B. →Altruismus-, negatives Minimalprinzip). Verkürzt lässt sich der *hypothetische Imperativ* für den Kultursachbereich Wirtschaft auf die Formel bringen: „Handle so, dass das Ergebnis deiner Handlung für dich nach Abzug des Aufwandes möglich hoch ist", während der hypothetische Imperativ für die christliche →Ethik so formuliert werden kann: „Handle so, dass das Ergebnis deiner Handlung für das Gegenüber einen möglichst hohen Nutzen bringt, egal, was du dabei an eigenen Mitteln aufwendest." Diese Spannung zwischen den beiden Disziplinen ist das *theoretische Grundlagenproblem*, dessen Klärung als Voraussetzung der heutigen Debatte gelten muss. Anhand der unterschiedlichen (Be-)Deutung des Begriffes Wert, der von I. KANT in die philosophische Diskussion eingebracht wurde, zeigt sich die in der Sache liegende Spannung der W. W. muss als Bindestrich-Ethik die „Theorie der menschlichen Lebensführung" (T. RENDTORFF) in den Kontext einer praktischen Lebenswirklichkeit stellen.

1.2 Praktische Ausgangslage. Die Konjunktur der praktischen W. ist nicht zuletzt mit dem Zusammenbruch der östlichen Planwirtschaften und dem *Siegeszug des marktwirtschaftlichen Prinzips* in engen Zusammenhang zu bringen (→Markt), da die Marktwirtschaft durch die Entwicklung der Jahre 1990ff das ideologische (nicht: faktische!) Korrektiv verloren hat. Durch die rasante Entwicklung der Marktwirtschaft treten auch deren negative Folgen deutlicher zu Tage; infolgedessen wird das Bedürfnis nach ethischer Orientierung größer. Ein weiterer Grund für den Ethik-Bedarf liegt in einer durch verstärkte Medienpräsenz zunehmenden Durchleuchtung des wirtschaftlichen Handelns von Staaten und Unternehmen. Nicht zuletzt die überhand nehmenden negativen externen Effekte globalen Wirtschaftens wie auch durch Internet und Social Media schneller aufgedeckte, ökonomistisch motivierte Skandale machen ein Nachdenken über die Moral wirtschaftlichen Handelns notwendig. Neben gesetzlichen Regelungen in Form von Gesetzen und Anreizen, findet W. auch in *Kodizes, Codes of Conduct, Leitbildern* oder *Selbstverpflichtungen* ihre praktische Umsetzung. Seit dem Jahr 2011 liegt auch eine internationale ISO-Norm vor, die einen (nicht rechtsverbindlichen, nicht zertifizierbaren) „Leitfaden zur gesellschaftlichen Verantwortung" vorgibt (DIN ISO 26.000).

1.3 Zielbestimmung. W. hat eine *doppelte Zielbestimmung*: Zum einen geht es um das theoretische Problem, das sich mit der Verbindung der ökonomischen und der ethischen Rationalität zu befassen hat und klären muss, wie W. ihrem begrifflichen Anspruch, ein interdisziplinärer Fachbereich zu sein, gerecht werden kann. Zum anderen ist es die Frage nach konkreter Umsetzung eines „wohlgelingenden Lebens" im wirtsch. Handeln. W. lässt sich im analytischen Sinne nach den Adressaten in Führungsethik (Adressat: Individuum; Themen z. B.: Korruption, Führungsverhalten), →Unternehmensethik (Adressat: →Institution; Themen z. B.: Vergütung, Kartellbildung, →Mobbing) und W. (Adressat: System, Themen z. B.: Ordnungspolitik, Umweltschutz, →Globalisierung) trennen.

1.4 Eine erste wissenschaftliche Behandlung der W. findet zu Beginn des 20. Jh.s statt, als über eine systematische Einbeziehung ethischer und moralischer Fragen in die Wirtschaftstheorie in Folge des Methodenstreits in der Volkswirtschaftslehre (*historische Schule vs. Grenznutzenschule*) und in Folge der Weberschen Forderung nach Disziplinentrennung diskutiert wird (WEBER, SOMBART, TROELTSCH, BECHTEL, EUCKEN, MÜLLER-ARMACK u. a.). Die Krise der Marktwirtschaft in den Jahren 1929ff und die Ablehnung des →Kommunismus, dessen Ausgestaltung in der SU verfolgt werden konnte, förderten die Debatte um die Verbindung von →Wettbewerb und →Gerechtigkeit. Die Diskussion verstummte nach dem Zweiten Weltkrieg, erst zu Beginn der 1980er Jahre wird W. als systematisches Problem wiederentdeckt.

2. Geschichte. 2.1 Eine *systematisch-historische Aufarbeitung* der W. steht im engen Konnex zur Geschichte der →Ethik im Allgemeinen sowie im Konnex der Theorie und der Geschichte der Volkswirtschaftslehre. Bereits die griechische und römische Philosophie machte sich über Einzelfragen des wirtschaftlichen Handelns ausführlich Gedanken (Handel, Besitz, →Gerechtigkeit, vgl. PLATON, ARISTOTELES, CICERO), entwickelt aber keine umfassende Theorie der W. Auch mit Beginn des Christentums, über das Mittelalter und die Scholastik bis hin zur Reformation (LUTHER, CALVIN) bleiben die Aussagen der Wissenschaft auf einzelne Gebiete des ökonomischen Handelns (→ Eigentum, Zins, Wucher etc.) beschränkt.

2.2 Erst mit der Ausbildung einer *systematischen Wirtschaftstheorie* bei A. SMITH tritt die Aufgabenstellung der W. deutlicher zu Tage, wenngleich noch nicht als eigenständiger Forschungsbereich. Ethische Fragen werden innerhalb der →Wirtschaftsgeschichte und -theorie behandelt, was seinen Grund darin hat, dass die ersten Theoretiker der Geschichte der Volkswirtschaftslehre aus dem Kontext der *Moralphilosophie* kommen (SMITH, MILL u. a.) bzw. die Volkswirtschaftslehre in engen Kontakt zu den umliegenden Feldern der Geistesgeschichte bzw. der →Politik sehen (LIST, MARX u. a.). Volkswirtschaftslehre wurde weniger als isolierter Fachbereich, sondern in ihrer Verbindung zu ihrer gesellschaftlichen Ausprägung gesehen, was in dem Begriff „*Politische Ökonomie*" seinen Ausdruck findet. Erst durch das Postulat der Differenzierung der Disziplinen bei M. WEBER und deren in neuerer Zeit zunehmend als defizitär empfundenen fachbezogenen Spezialisierung kommt W. als eigenständiges, fächerübergreifendes Forschungsgebiet voll zur Entfaltung.

3. Ansätze der W. *3.1 Evangelisch-theologische Ansätze.* Nachdem sich LUTHER situativ zu Einzelfragen wirtschaftlichen Handelns geäußert hat, erneuert sich die evangelische W. im Kontext der sozialen Frage zur Zeit der Industrialisierung. Neben A. VON OETTINGEN ist es vor allem J. H. WICHERN, der in Hamburg-Horn das „Rauhe Haus" für Kinder aus schwachen Milieus gründet. R. TODT arbeitet 1877 die soziale Verantwortung des Staates anhand der Schriften des Neuen Testaments heraus. Allerdings reagierte die wissenschaftliche Theologie reserviert auf diese auf die Praxis angelegten Konzepte. Eine erstes akademisches Forum für Fragen von Wirtschaft, Ethik und Gesellschaft bildete der „Evangelisch-Soziale Kongress", gegründet im Jahr 1890 durch A. STOECKER, A. WAGNER und L. WEBER. Weitere Grundlagen und Einflüsse auf eine systematisch entwickelte W. nehmen die umfassenden sozialen Studien von M. WEBER und E. TROELTSCH. Die erste systematisch-theologische W. legt G. WÜNSCH im Jahr 1927 vor. Er sieht den Ansatzpunkt für eine Vermittlung von Wirtschaft und →Moral im handelnden Menschen, damit in der →Ethik als →Handlungstheorie. Sie müsse für die Wirtschaft materiale Wertbestimmungen (→Werte) vorgeben, während die Ökonomie die Grundlage dafür schaffen solle, dass sich höhere (geistige, religiöse, kulturelle) Werte verwirklichen lassen, denn die Werte, die die Wirtschaft verwirklicht, seien nur dienende Werte; sie seien zwar die wertstärksten, nicht aber die werthöchsten Werte, die der ethischen Diskussion vorbehalten bleiben. Zwischen dieser Publikation von G. WÜNSCH und neueren Ansätzen der W. liegen viele Jahre, obschon es auf unterschiedlichen Ebenen Ansatzpunkte wirtschaftsethischer Diskussionen gab. A. RICH ist es, der das lange systematisch-theologische Schweigen in einer evangelisch ausgerichteten W. bricht. Ausgangspunkt für ihn ist die Frage nach der verantwortlichen Gestaltung der drei Beziehungen Ich-Selbst (Individualaspekt), Ich-Du/Ihr (personaler Aspekt) und Ich/Wir-Es, (→Institutionen) (ökologischer Aspekt). Die Gestaltung der Beziehungen wird den Kriterien „sachgemäß" (Anforderungen des Systems/Vorgangs) und „menschengerecht" (Humanverträglichkeit) unterworfen. Wohlgelingende Gestaltung des Lebens müsse beide Kriterien berücksichtigen. H. RUH will Moral wieder an die Ökonomie binden, ihm geht es um ökologisches Wirtschaften, Humanisierung der Arbeitswelt und -bedingungen. Zentral sei der Ausgleich zwischen reichen und armen Ländern (→Armut, →Schuldenkrise). Die Bedürfnisse werden hierarchisiert, oberste Ebene nimmt die Natur und die Menschheit als Ganzes (Gattungsgeschichte) ein, es folgt die Ebene der menschlichen Bedürfnisse. U. DUCHROW kritisiert, dass in der Wirtschaft nur das Wettbewerbsprinzip gelte, und setzt auf eine neutestamentlich begründete Wirtschaftsordnung, die sich an christlicher Nächstenliebe (→Nächster) orientiert. Die Kraft der W. sieht Duchrow in der prophetischen Einmischung, mit dem Ziel, die aktuelle Form des →Kapitalismus zu überwinden und zu einem sozialökologischen Wirtschaftssystem zu gelangen, das sich auf demokratischen Werte stützt und den Elementen Partizipation und Transparenz Raum gibt. Aktuelle Konzeptionen evangelischer Wirtschaftsethik besinnen sich auf anthropologisch-biblische Ansätze (G. MECKENSTOCK, E. HERMS) oder besinnen sich auf die evangelischen Beiträge zum Modell der Sozialen Marktwirtschaft und fordern eine ökologisch-soziale Weiterentwicklung des Konzeptes (N. OERMANN, T. JÄHNICHEN).

3.2 Katholische Ansätze. F. HENGSBACH konzentriert seinen Ansatz der W. auf sozioökonomische und politische Aspekte mit dem Ziel, kapitalistische Strukturen zu demokratisieren. Er will eine kommunikative W., die auf dem Diskursprinzip beruht. So seien Privatorganisationen, Bürger- und Verbraucherinitiativen etc. als die eigentlichen Träger wirtschaftsethischer Ideen zu stärken. Für F. FURGER sind die Wirtschaftswissenschaften geschichtlich mit der Forderung nach W. verbunden. W. müsse auf dem Prinzip der Chancengleichheit (→Gerechtigkeit) sowie den beiden Leitprinzipien der →Solidarität und der →Subsidiarität beruhen. Deshalb müsse menschliche Arbeit vor dem Kapital stehen, →Eigentum als Sozialverpflichtung angesehen und die ökologische →Verantwortung in der Ökonomie wahrgenommen werden. Ziel R. LAYS ist es, mittels einer offenen ökonomischen Moral zu einer Steigerung des Gesamtertrags in ökonomischer, sozialer, ökologischer und psychischer Hinsicht zu kommen. Nur so gelinge es, ökonomische Transaktionskosten zu reduzieren und negative externe Effekte zu vermindern.

→Moral müsse sich auf die Steigerung des →Gemeinwohls konzentrieren und solle systematisch den Weg des Menschen zu einem ökologie- und sozialverträglichen Wirtschaften unterstützen. P. Koslowski stellt W. in eine umfassende Kulturtheorie, die mit deutlichen Appellen an das Individuum verbunden ist. Nicht die *Differenzierung der Gesellschaft* in Subsysteme soll das Handeln bestimmen, sondern der Weg zu einer Durchdringung von Wirtschaft, Wissenschaft, →Ökologie, →Politik, Kunst und Religion (ethische Ökonomie). Religion sei oberste Instanz, der im Zweifelsfall das Regelungsrecht gebühre.

3.3 Nichttheologische Ansätze. Ausgangspunkt für K. Homann ist das *Gefangenendilemma*, in dem zwei Individuen aufgrund von Informationsunsicherheit nicht kooperieren, obwohl es vom Grundgedanken her möglich sein müsste. Diese Wettbewerbssituation sei Grundlage unserer Marktwirtschaft, die den Konsumierenden Nutzen bringt. Moralische Appelle an die Agierenden in der Wirtschaft brächten nichts, da man sich mit der Befolgung moralischer Appelle in der Wettbewerbssituation Nachteile verschaffe. Moral und →Ethik müssen nach Homann weg von den individuellen Handlungsmotiven auf die Ebene der Rahmenordnung der Wirtschaft gebracht werden. Homann vergleicht sein System mit einem Fußballspiel: Ohne Regeln gäbe es kein funktionierendes Spiel, innerhalb dieser Regeln aber kann jede Mannschaft ihre Spielzüge frei gestalten. Die Schiedsrichter-Rolle müsse in der →Gesellschaft der Staat in gesetzgeberischer und anreizschaffender Kompetenz übernehmen. →Moral solle nicht als Einschränkung des wirtschaftlichen Handelns, sondern als Ermöglichung dienen. In neuerer Zeit haben Homann und seine Schüler (A. Suchanek, C. Lütge) den Ansatz um unternehmens- und führungsethischen Aspekten erweitert. P. Ulrich stützt sich auf die →Diskursethik von J. Habermas und K.-O. Apel. Ulrich bemüht sich um eine *Integration der beiden Rationalitäten* der Ökonomie und der →Ethik. Diese vollzieht Ulrich, indem er die handlungsleitenden Prinzipien in ein Hierarchieverhältnis bringt. An oberster Stelle steht das Handeln nach kommunikativethischen Leitprinzipien, die ökonomische Handlungsprinzipien in sich aufnehmen. Ulrich will eine republikanische Wirtschafts- und →Unternehmensethik, die er *Wirtschaftsbürgerethik* nennt. Diese zeichne sich durch zeitgenössische Bürgerrechte, durch praktizierte Mitverantwortung, und durch eine Zivilisierung des Marktes aus. H. Steinmann geht davon aus, dass das wohlverstandene Gewinnprinzip in Wirtschaftssystemen allgemein anerkannt ist. Also müsse auch eine W. dieses Gewinnprinzip als *Funktionsmechanismus der Wirtschaft* anerkennen und nicht mehr nach den Motiven der Akteure fragen. W., die bei Steinmann als →Unternehmensethik formuliert wird, müsse sich vor allem auf die Folgen der →Handlungen konzentrieren und dabei erreichen, dass alle Handlungen innerhalb einer →Gesellschaft friedlich koordinierbar sind. Diese friedliche Koordination der Handlungen könne nicht nur über die Rahmenordnung (Staat, Gesetzgeber), sondern müsse zugleich von den →Unternehmen kommen. J. Wieland setzt neben theoretischen Überlegungen zu einer Ethik der Governance auf die praktische Umsetzung moralischer Anforderungen in Unternehmen durch das von ihm entwickelte Konzept des Werte-Managements.

4. Ausblick. Die Debatte um W. muss auf der theoretischen Ebene die analytische Differenzierung der Systeme in ihrer Ausgangsdiskussion zur Kenntnis nehmen und zu einer gleichberechtigten Integration bringen, andernfalls gerät sie in Gefahr, die eine Rationalität der anderen zu oktroyieren. Das würde entweder zu einer *Funktionalisierung der* →*Moral* zugunsten der Ökonomie oder *zum Moralismus* führen. Zugleich muss sie den praktischen Anforderungen der in der Wirtschaft agierenden Menschen, die nach Orientierung in diesem Handeln fragen, Rechnung tragen. Zur Lösung dieser doppelten Aufgabenstellung kann ein *anthropologischer Ansatz* (→Anthropologie) gewählt werden, da das Individuum an mehreren Kultursachbereichen Anteil hat und sie gestaltet. Ein solcher Ansatz gelingt dann, wenn W. *als Stilfrage* formuliert wird. Dabei muss Ziel sein, ausgehend vom Individuum nach dem für alle wünschenswerten Lebensstil zu fragen, der die Bereiche der Ökonomie, der →Ethik wie anderer öffentlicher und privater Bereiche einschließt. Auf Basis des Stilbegriffs ist es möglich, einen antizipierten, *wohlgelingenden Lebensstil* als *sozioökonomischen Imperativ* für die Gegenwart zu formulieren und an seiner Ausgestaltung zu arbeiten. Konkret kann das Konzept der *Sozialen Marktwirtschaft* als Wirtschafts- und Gesellschaftsstil der Moderne formuliert werden. A Müller-Armack beschrieb die Soziale Marktwirtschaft als ein immer der „Gestaltung ausharrender Stilgedanke", der damit zum Thema der →Ethik wird. Das Stilkonzept bewahrt die Eigendynamik (nicht: →Eigengesetzlichkeit) der Kultursachbereiche und schließt die unterschiedlichen Adressatenebenen (individueller Lebensstil, institutioneller Unternehmensstil, systemischer Wirtschaftsstil) in gleichberechtigter Form ein. Als zukünftige Herausforderung gilt insbesondere für die praktische W., auf die sich durch die internationalen Herausforderungen ergebenden Fragen konkrete Antworten zu finden, die über die Appellebene hinausgehen. Die ökonomische →Globalisierung verlangt die Klärung der Rolle der W. in diesem Prozess, insbesondere in Folge der Finanz- und Wirtschaftskrise in den Jahren 2007ff. Dabei werden Fragen der Gleichberechtigung (→Geschlechtergerechtigkeit), der Inkulturation, der Kulturenvermischung, des interreligiösen Dialoges, aber auch Fragen von internationalen Sozialstandards und der Unterdrückung von →Minderheiten sowie der →Entwicklungs- und Entschuldungspolitik (→Schuldenkrise) auf der Tagesordnung zu stehen haben. Um dabei die oben genannte Appellebene zu verlassen, erscheint es nötig, zunehmend mit gesetzlichen und organisatorischen Regeln auf internationaler Ebene die negativen, mittlerweile für viele Menschen lebensbedrohlichen Effekte menschlichen Wirtschaftens wenn nicht einzustellen, so doch einzudämmen.

T. Rendtorff, Ethik. Grundelemente, Methodologie und Konkretionen einer ethischen Theologie (1980/1981), ^{1}1990^2, ^{II}1991^2 – H. Steinmann/A. Löhr, Grundlagen der Unternehmensethik, 1991 – A. Rich, W. (1984/1990), ^{1}1991^4, ^{II}1992^2 – K. Homann/F. Blome-Dress, Wirtschafts- und Unternehmensethik, 1992 – G. Enderle u. a. (Hg.), Lexikon der W., 1993 – P. Ulrich, Integrative W., Grundlagen einer lebensdienlichen Ökonomie (1997), 1998^2 – K. Pribram, Geschichte des ökonomischen Denkens, 2 Bde., 1998 – D. Dietzfelbinger, Soziale Marktwirtschaft als Wirtschaftsstil. Alfred Müller-Armacks Lebenswerk, 1998 – Ders., Aller Anfang ist leicht. Einführung in die Grundfragen der Unternehmens- und W., 1999 (Lit.) – W. Korff u. a. (Hg.), Handbuch der W., 4 Bde., 1999 (Lit.). – N. Oermann, Anständig Geld verdienen?, 2007 – T. Jähnichen, Wirtschaftsethik, 2008 – M. Assländer, Grundlagen der Wirtschafts- und Unternehmensethik, 2011 – Ders. (Hg.), Handbuch Wirtschaftsethik, 2011 (Lit.) – D. Dietzfelbinger, Praxisleitfaden Unternehmensethik, 2015^2.

Daniel Dietzfelbinger

Wirtschaftsgeschichte

1. Begriff und Inhalt. W. als wissenschaftliche Disziplin untersucht die historische Entwicklung des wirtschaftlichen Handelns und ihrer materiellen Grundlagen. Methodisch-theoretisch steht sie zwischen Geschichtswissenschaft und Ökonomie und nimmt dabei häufig eine Brücken- bzw. Mittlerfunktion ein. Als Teil der Historiographie arbeitet sie meist historisch-hermeneutisch, empirisch-analytisch und typisierend. Sie bezieht insbesondere die Spannung von Interesse und Macht, Individuum und Kollektiv, Ereignis und Struktur, Ordnung und Chaos ein. In der Ökonomie war sie in Deutschland – anders als in der systematisch argumentierenden angelsächsischen Klassik – seit dem 19. Jh. im Kontext der Sozialen Frage lange ein wichtiger Teilbereich. In dem Maße, in dem sich die Ökonomie von Fragen der gesellschaftlich-kulturellen Zusammenhänge und Gestaltung ab- und der Modellbildung sowie mathematischen Verfahren zuwandte, verlor die Wirtschaftsgeschichte dort an Interesse, teils verschwand sie an ökonomischen Fakultäten. Soweit die Ökonomie noch historisch arbeitete, tat sie dies meist modellhaft, zur Erprobung spezifischer, mathematisch-quantifizierender Zugriffe. Seit der Wirtschafts- und Finanzkrise 2008 rücken historische Prägungen, Kontexte und Erfahrungen wieder stärker in den Blick. Nun entstehen wieder Professuren für (meist) Makroökonomie mit auch wirtschaftshistorischem Interesse.

Wirtschaftsgeschichte erschließt Möglichkeiten, in der Geschichte lange Trends und wiederkehrende Muster zu erkennen. An den Universitäten wird sie meist gemeinsam mit der Sozialgeschichte im Fach „Wirtschafts- und Sozialgeschichte" gelehrt, da beider Gegenstände eng miteinander verbunden sind.

2. Entstehung und Entwicklung. Wirtschaftshistorische Untersuchungen gab es bereits bevor die modernen Wissenschaften entstanden, so in Merkantilismus und →Aufklärung. In Deutschland entstand die moderne W. im 19. Jh. vornehmlich aus der Nationalökonomie, der Landes- sowie der Kulturgeschichte. Ökonomen untersuchten vergangenes Wirtschaften, um ihre Theorien zu fundieren (z. B. A. Smith, K. Marx, F. List). Die englischen Klassiker interessierten sich allerdings vornehmlich für die →Verteilung, Preisbildung und verfuhren meist deduktiv. Als Gegenbewegung entstand in Deutschland die *Historische Schule der Nationalökonomie*: Die *Ältere* suchte allgemeine Aussagen in der Empirie zu fundieren und arbeitete v. a. Stufen des wirtschaftlichen Wandels heraus. Die *Jüngere* warnte, erst gründliche Empirie ermögliche Theoriebildung. Auch passe der Grundsatz der freien Konkurrenz (Klassik) für Deutschland nicht (Kleinstaaterei), und man müsse die Schattenseite des →Kapitalismus rasch und tatkräftig bekämpfen (Soziale Frage). Hauptsächlich aufgrund des bis in die 1920er Jahre anhaltenden Einflusses dieser Richtung (G. Schmoller u. a.) fand die W. zunehmend Interesse (Verein für Sozialpolitik). 1879–1901 erschien mit K. Th. von Inama-Sterneggs dreibändiger deutscher W. das erste Standardwerk. Nach 1870 bestimmte der „Methodenstreit" über den Nutzen historisch-genetischer bzw. abstrakt-rationaler Ansätze lange das Verhältnis von Nationalökonomie und Geschichte. W. Sombart und M. Weber trieben um die Jh.wende die Systematisierung und Einordnung ökonomischer Erkenntnisse in größere entwicklungsgeschichtliche Zusammenhänge voran.

Neben Nationalökonomen, die historisch arbeiteten, wandten sich auch einzelne Historiker der Ökonomie zu, v. a. in der Alten und Mittleren Geschichte. K. Lamprecht war der erste, der die Darstellung von Wirtschaft, →Kultur und →Gesellschaft zu verbinden suchte („Deutsches Wirtschaftsleben im Mittelalter", 1885/86).

3. Quellen und Methoden. W. hat es gemäß ihrem Doppelcharakter als historische und systematische Disziplin mit der Zeitgebundenheit und Individualität ihrer Gegenstände zu tun und sucht diese zu generalisieren. Zu ihren Methoden gehören die historische Aktenanalyse ebenso wie Typen-, Modellbildung und Ökonometrie. Ihre Quellen sind alle Texte, Gegenstände und Tatsachen, aus denen man Kenntnis über das Wirtschaften in der Vergangenheit gewinnen kann: Traditionsquellen (bewusst für die historische Überlieferung angefertigt, z. B. Memoiren), Überreste staatlichen und privaten Handelns (z. B. Steuer-, Lohnlisten, Haushaltsrechnungen), Sachquellen (z. B. Münzen, Handwerkszeug, Hausrat), ferner Tatsachen (z. B. Grenzverläufe, Siedlungsformen).

W. ist interdisziplinär ausgerichtet. Sie nutzt und erprobt ökonomische und historische Theorien und Fragestellungen, um das wirtschaftliche Geschehen zu beschreiben, zu analysieren und möglichst zu erklären. Teils hat die historische Entwicklung (z. B. das Einströmen des Silbers nach Europa im 16. Jh. und die nachfolgenden Preissteigerungen) bestimmte Theorien entstehen lassen (z. B. über den →Geldwert), teils suchen Theorien in der Historie Bestätigung. Die W. greift auf Ergebnisse u. a. der Allgemeinen, der Sozial-, Rechts-, Verfassungs-, Siedlungs-, Kirchengeschichte sowie der Geographie zurück und macht sich Hilfswissenschaften wie Numismatik, Metrologie, Historische →Statistik und Quellenkunde zunutze.

Die W. untersucht die Entwicklung und Einzelfragen von →Volkswirtschaften, Sektoren, Branchen und Wirtschaftssubjekten. Teilgebiete sind u. a. (unter Angabe der fachspezifischen *Zeitschriften*): Agrar- und Forstgeschichte *(Zeitschrift für Agrargeschichte und Agrarsoziologie),* Verkehrs- und Handelsgeschichte *(Scripta Mercaturae),* Firmen- und Unternehmensgeschichte *(Zeitschrift für Unternehmensgeschichte),* Bankgeschichte *(Bankhistorisches Archiv),* Technikgeschichte *(Technikgeschichte),* Bevölkerungs-, Industrialisierungs- bzw. Gewerbe-, Finanz- und Geldgeschichte. Die Firmengeschichte ist in den USA als „Business History" weitgehend verselbständigt. Die Wirtschaftsarchäologie erschließt ökonomische Zusammenhänge aus frühzeitlichen Funden und bei der Erhaltung von Industriedenkmälern.

4. Themen und Hauptfragen. Die W. untersucht, oft vergleichend, Volkswirtschaften, Wirtschaftsregionen, Verflechtung und Austausch, inter- und transnationale Themen (Kapitalbildung, Know-How-Erwerb, Regulierung, Institutionenbildung, Krisen etc.). Ihre zeitliche Grenzziehung weicht oft von der der Allgemeinen Geschichte ab. Z.B. ist unter wirtschaftshistorischem Aspekt die Zäsur um 1350 wegen der starken Bevölkerungsverluste durch die Pest mindestens ebenso wichtig wie in der Politischen und der Geistesgeschichte Reformation und Entdeckung der Neuen Welt um 1500.

Zur Analyse und Erklärung hat die W. *Wirtschaftsstufen* als typische Organisationsformen herausgearbeitet. Z.B. teilte B. HILDEBRAND (1864) die Entwicklung an Hand der Tauschmittel in Natural-, Geld- und Kreditwirtschaft ein. K. BÜCHER unterschied (1893) geschlossene Hauswirtschaft, Stadt-, →Volkswirtschaft; B. HARMS fügte die Weltwirtschaft hinzu. Mit der Abfolge von Urkommunismus, Sklavenhaltergesellschaft, Feudalismus, →Kapitalismus, →Sozialismus und Kommunismus entwickelte K. MARX die wohl bekannteste Stufenlehre (→Marxismus). W. W. ROSTOW stellte 1960 eine industriespezifische Stadienlehre auf: traditionelle (vorindustrielle) →Gesellschaft, Anlaufperiode, wirtschaftlicher Aufstieg („Take-off"), industrielles Reifestadium und Zeitalter des Massenkonsums. D. NORTH skizzierte 1981ff. die Abfolge: primitive soziale Ordnung (Jäger, Sammler, wenig Arbeitsteilung), Ordnung limitierten Zugangs (geringes Wachstum, Gefahr von Schocks, privilegierte Eliten, diskriminierte Gruppen) und Ordnung offenen Zugangs (Wettbewerb, Zivilgesellschaft, größeres Wachstum, weniger Schocks).

5. Entwicklung der W. im 20. Jh. Nach dem Ersten Weltkrieg verlor die W. in Deutschland an Gewicht, in den USA und England entwickelte sie sich in enger Beziehung zu den Wirtschaftswissenschaften weiter. Die Wachstumsüberlegungen der 1940er bis 1960er Jahre verschafften ihr wieder mehr Beachtung. Der amerikanische Zweig der Historischen Schule, der Institutionalismus, gelangte dabei eher zur Zusammenarbeit mit der Wirtschaftstheorie als dies in Deutschland der Fall war. Die jüngste Phase ist die modelltheoretisch ausgerichtete *New Economic History.* Sie stellt quantifizierende Ansätze und ökonometrische Methoden in den Vordergrund (*Cliometrics*) und formuliert hypothetische, kontrafaktische Fragen nach möglichen anderen Verläufen der Geschichte (*counterfactual history*). Bedeutung gewann auch die *Neue Institutionenökonomie,* insbesondere die Analyse von *Property Rights* und der *Transaktionskosten.* Schwerpunkte der gegenwärtigen wirtschaftshistorischen Forschung sind Postindustrialisierung, Globalisierung, Finanzwirtschaft, Krisen, Regulierung und wirtschaftliche Ordnung nach dem Ende der Staatswirtschaften (*Varieties of Capitalism*).

6. Grundzüge der wirtschaftl. Entwicklung Deutschlands. Hier stand am Anfang die Mischung germanischer und römischer Einflüsse. Die *Grundherrschaft,* in Ostdeutschland die strengere *Gutswirtschaft,* bestimmte die Agrarverfassung bis zum 19. Jh. Die Städtegründungen im 12./13. Jh. ließen neben Adel, Geistlichkeit und Bauern als weiteren Stand die Bürger entstehen. Diese bildeten in *Zünften* (Handwerker) und *Gilden* (Kaufleute) Sozial- und Interessenverbände. Viele Kaufleute organisierten sich überregional in Münzvereinigungen, Städtebünden und der *Hanse.* Im Hochmittelalter drohte starkes Bevölkerungswachstum den Nahrungsspielraum zu sprengen, doch Mitte des 14. Jh.s reduzierten Pestwellen die Bevölkerung in Mitteleuropa um ein Drittel. Es folgten *Agrarkrisen,* politisch zugespitzt in den Bauernkriegen (1525). Im gewerblich-kaufmännischen Bereich gelang es Deutschland nicht, die den Handel dominierenden italienischen

Stadtstaaten zu verdrängen; dies gelang nach Entdeckung der Neuen Welt den Atlantikrainern.

Das 16./17. Jh. prägte starker Verfall der Währung, verursacht durch Vermehrung der Edelmetallbestände und Münzverschlechterung, die den Territorialherren Mittel zur Erweiterung ihrer Macht bringen sollte. In Deutschland hatte der Dreißigjährige Krieg im Wortsinn „verheerende" Folgen. An der überseeischen Expansion (→Kolonialismus) nahm Deutschland weitgehend nicht teil. Der *Merkantilismus* – die Wirtschaftsverfassung des Absolutismus – wurde hier als *Kameralismus* ausgeprägt. Während England Kolonien und →Welthandel ausbaute, in Frankreich die Gewerbeförderung der Blüte des höfischen Lebens diente, waren die deutschen „Fürstendiener" bestrebt, Finanzwirtschaft und Verwaltung auszubauen. Dem Auffüllen der fürstlichen „Camera" dienten Staatsintervention und protektionistische Handelspolitik (→Protektionismus), Autarkiestreben und „Peuplierung". Der Aufbau von *Manufakturen* und der Ausbau des *Verlagssystems* sollten den Bedarf an gewerblichen Gütern sichern, insbesondere für das stehende Heer und die Hofhaltung. Seit 1727 wurden die Wirtschaftswissenschaften als Hochschuldisziplin eingerichtet, zuerst in Halle und Frankfurt/O. Mit staatlicher Förderung blühten Handel, Bergbau und Gewerbe auf.

Mit *Physiokratie* (Frankreich) und →*Liberalismus* (England) entstanden Ende des 18. Jh.s Gegenbewegungen zum *Merkantilismus*. 1776 erschien A. SMITHS „Wealth of Nations". Der *Liberalismus*, gestützt auf →Naturrecht, →Aufklärung und →Individualismus, ermöglichte in Verbindung mit technischem →Fortschritt (Dampfmaschine durch J. WATT 1765ff.) dem Unternehmertum (→Unternehmen), sich in einer von staatlichem Zwang und Reglementierung weitgehend befreiten Wirtschaft zu entfalten. Die Verbindung von Kraft- und Arbeitsmaschine (Dampf-, Spinnmaschine, Webstuhl), der Einsatz von Koks statt Holzkohle, der Ausbau von Bergbau und Verhüttung, die Aufhebung von Feudal- (*Bauernbefreiung*) und Zunftordnung (*Gewerbefreiheit*) sowie der Bau der Eisenbahn schufen die Voraussetzungen für die *Industrialisierung*. Dabei war Deutschland gegenüber England zunächst „Entwicklungsland".

Die Frühindustrialisierung ging mit dem Eisenbahnboom der 1840er Jahre in massive →Industrialisierung über („Take-off", s. o.). In Deutschland entstand 1834 der Zollverein und bewirkte zusammen mit dem Eisenbahnbau, dass sich →Produktion und Absatz stark ausweiteten. Langfristig entschärfte die Industrialisierung die Sprengkraft, die das große Wachstum der Bevölkerung seit dem 18. Jh. geschaffen und die zu Massenarmut (Pauperismus, Soziale Frage) geführt hatte. Dazu trug auch die staatliche Sozialgesetzgebung 1883/89 bei.

Bis 1914 war Deutschland durch den Übergang vom Agrar- zum Industriestaat, den Aufstieg zu industrieller Weltmachtgeltung und im Innern durch Auseinandersetzungen um die →Soziale Frage gekennzeichnet. 1879 ging Deutschland zum Schutzzoll über. *Verbände* und *Kartelle* sicherten ökonomische Interessen. Das erneute Vordringen obrigkeitlicher Verwaltung, im Kommunalbereich als Folge der Urbanisierung, in der Sozial- und Zollpolitik, bei der technischen Überwachung usw., ließ die Bezeichnung „Neomerkantilismus" für diese Zeit aufkommen.

Nach dem Weltkrieg nahmen die staatlichen Aufgaben weiter zu; Kriegsfolgen und →Sozialpolitik beanspruchten erhebliche Teile des Sozialprodukts (→Bruttoinlandsprodukt). Die →*Inflation* 1914/23 führte zu bedeutenden gesellschaftlichen Umschichtungen. Große technische Umwälzungen (fortschreitende Elektrifizierung, Arbeitsteilung, Rationalisierung u. a.) kennzeichnen die Friedenswirtschaft; Reparationspflichten wurden durch wachsende Auslandsverschuldung erfüllt. Dies führte zusammen mit hoher Arbeitslosigkeit, wachsender Verschuldung der Landwirtschaft und Auslandsverpflichtungen der →Banken dazu, dass die *Weltwirtschaftskrise* (1929/33) sich in Deutschland besonders stark auswirkte: Die Zahl der Arbeitslosen stieg auf über sechs Mio. Dies trug zum Erfolg des →Nationalsozialismus bei. Dieser setzte die schon eingeleiteten Arbeitsbeschaffungsmaßnahmen fort. 1931 wurde die Devisenzwangswirtschaft eingeführt. 1934 verdrängte der Bilateralismus den liberalen Außenhandel. Deutschland strebte nach Autarkie, rüstete auf und stellte im Zweiten Weltkrieg auf totale Kriegswirtschaft um.

Zu den Folgen des Weltkriegs gehören die Teilung Deutschlands, Hunger und Elend, verheerende Zerstörungen, rund elf Mio. Flüchtlinge und Vertriebene, alliierte Demontagen und „zurückgestaute" →Inflation. Auf restriktive folgte aufbauende Besatzungspolitik: Zusammenschluss der Zonen, Marshallplan, Währungsreform und Weichenstellung zu einer marktwirtschaftlichen, gleichwohl sozial gebundenen Ordnung (→Marktwirtschaft, soziale). Der *Wiederaufbau* integrierte Deutschland in die wirtschaftliche Zusammenarbeit Westeuropas und die liberale Weltwirtschaftsordnung. Gewerbe und →Industrie expandierten in den 1950/60ern stark und nahmen die Abwanderung vom Land auf. Der Aufschwung mündete in den 1970er Jahren in einen schwierigen *Strukturwandel* mit abflachendem →Wachstum, hoher →Arbeitslosigkeit und bis 1982 starkem Anstieg des Preisniveaus. Der Agrarsektor verlor dramatisch an Bedeutung (→Agrarpolitik). Der Dienstleistungs- (→Dienstleistungen) überholte den gewerblichen Sektor. Der Zusammenbruch der DDR bewirkte einen kurzfristigen Nachfrageboom und gewaltige finanzielle Transfers. Gegenwärtig verlagert sich der Schwerpunkt in der Dienstleistungsgesellschaft von den „alten" Branchen (→Banken, →Versicherungen) zu den neuen (→Massenmedien, →Kommunikation, Informationstechnologie, →Freizeit). Mit fortschreitender europäischer und weltwirtschaftlicher Integration, deren Potentialen und Krisen geht die wirtschaftshistorische in die aktuelle Diskussion über.

H. OTT/H. SCHÄFER (Hg.), Wirtschafts-Ploetz. Die W. zum Nachschlagen, 1985² – F.-W. HENNING, Handbuch der W. und Sozialgeschichte Deutschlands, 4 Bde., ¹1991, ᴵᴵ1996, ᴵᴵᴵ/¹2003, ᴵᴵᴵ/²2013 – C. BUCHHEIM, Einführung in die W., 1997 – H. BERGHOFF/J. VOGEL (Hg.), W. als Kulturgeschichte. Dimensionen eines Perspektivenwechsels, 2004 – M. NORTH (Hg.), Deutsche W. Ein Jahrtausend im Überblick, 2005² – T. PIERENKEMPER, W. Eine Einführung – oder: Wie wir reich wurden, 2005 – G. SCHULZ (Hg.), Sozial- und W. Arbeitsgebiete – Probleme – Perspektiven, 2005 – G. AMBROSIUS/D. PETZINA/W. PLUMPE (Hg.), Moderne W. Eine Einführung für Historiker und Ökonomen, 2006² – A. STEINER, Von Plan zu Plan. Eine W. der DDR, 2007 – R. WALTER, Einführung in die W. und Sozialgeschichte, 2008² – T. PIERENKEMPER, W. Die Entstehung der modernen Volkswirtschaft, 2009 – S. BROADBERRY/K.H. O'ROURKE, (Hg.), The Cambridge Economic History of Modern Europe. 2 Bde., 2010 – W. ABELSHAUSER, Deutsche W. von 1945 bis zur Gegenwart, 2011² – C. BURHOP, W. des Kaiserreichs, 1871–1918, 2011 – R. WALTER, W. Vom Merkantilismus bis zur Gegenwart, 2011⁵ – J.-O. HESSE, Entstehung und Wandel der modernen Wirtschaft, 2013 – M. SPOERER/J. STREB, Neue deutsche W. des 20. Jh.s, 2013 – Vierteljahrschrift für Sozial- und W. (VSWG, seit 1903) – Jahrbuch für W. (JWG, seit 1960).

Günther Schulz

Wirtschaftskriminalität

1. Begriff und Abgrenzungen. Der amerikanische Kriminologe E. SUTHERLAND (1949) gilt als Begründer einer Forschungslinie, die heute unter dem Begriff der W. besondere Bedeutung erlangt hat und fortgeführt wird. Mit „Weiße Kragen"-Kriminalität hat SUTHERLAND Straftaten bezeichnet, die von einer Person von hohem sozialem Status und anlässlich der Berufsausübung begangen werden. Damit hat Sutherland zentrale Merkmale aufgegriffen, die freilich den Sachverhalt der W. nicht erschöpfend beschreiben. Denn W. wird auch definiert über Bezüge zu einem Unternehmen bzw. zu einer Organisation und verweist damit auf die Nähe zur sogenannten Unternehmenskriminalität. Es geht bei W. dann um eine wirtschaftliche oder kommerzielle Betätigung und damit um den Bezug zum Markt (oder zur „sozialen Marktwirtschaft"). Ferner wird die Bedeutung der jeweiligen Wirtschaftsordnung für die jeweiligen Ausformungen von W. hervorgehoben (K. TIEDEMANN). W. ist so auch Ausdruck der politischen Ökonomie und der rechtlichen Rahmenbedingungen, unter denen sich wirtschaftliches Handeln entfalten kann. Schließlich werden der in W. angelegte Vertrauensmissbrauch und die geringe Sichtbarkeit von Wirtschaftsstraftaten hervorgehoben. Auch Kollektivität und Anonymität der Opfer werden teilweise als besondere Merkmale der W. genannt (G. KAISER, 840). W. überschneidet sich schließlich mit der „Kriminalität der Mächtigen" (S. SCHEERER) und lässt zudem Bezüge herstellen zu einer kritischen Betrachtung, die auch in den Begriffen des Klassenstrafrechts und der Klassenjustiz zum Ausdruck kommt.

Der deutsche Gesetzgeber hat mit der Einrichtung und Zuständigkeit von Wirtschaftsstrafkammern und von Schwerpunktstaatsanwaltschaften (§§ 74c, 143 Abs. 4 Gerichtsverfassungsgesetz, GVG) der Spezialisierung und dem Bedarf an wirtschaftsspezifischem Wissen besondere Aufmerksamkeit geschenkt und einen Katalog von Straftaten erstellt, die, soweit zu ihrer Beurteilung besondere Kenntnisse des Wirtschaftslebens erforderlich sind, als W. Schwerpunktstaatsanwaltschaften und Wirtschaftsstrafkammern zugewiesen sind. Der Katalog unterstreicht die große Bandbreite von Straftaten, die der W. zugerechnet werden und legt auch Zeugnis darüber ab, dass in den letzten Jahrzehnten eine signifikante Ausdehnung des Wirtschaftsstrafrechts erfolgt ist. Verstöße gegen Patent- und Urhebergesetz, die Insolvenzordnung, das Aktiengesetz oder das Lebensmittelgesetz, gegen die Steuergesetze, das Wirtschaftsstrafgesetz und das Außenwirtschaftsgesetz werden in § 74 c GVG genannt. Wettbewerbsdelikte, Konkursstraftaten, Korruption im Wirtschaftsleben, Geldwäsche, Wirtschaftsspionage, Insiderhandel, Betrug allgemein sowie spezielle Formen des Betrugs (z. B. Subventions- oder Anlagebetrug), ferner die Untreue können demnach ebenfalls zur W. gerechnet werden.

Die Katalogstraftaten des Gerichtsverfassungsgesetzes enthalten freilich andere und in der Praxis bedeutsame Formen strafbarer wirtschaftlicher oder kommerzieller Betätigung nicht. So fallen beispielsweise der Handel mit illegalen Drogen sowie andere Bereiche der informellen Ökonomie nicht unter den Begriff der W., obwohl auch hier nach wirtschaftlichen Überlegungen gehandelt wird (T. FISCHER) und der wesentliche Unterschied allein in der kompletten strafrechtlichen Prohibition von Gütern oder Dienstleistungen zu sehen ist.

2. Ambivalenz und paradoxe Befunde. Die W. ist durch paradoxe Befunde und durch Ambivalenz gekennzeichnet. Das (Wirtschafts)Strafrecht entfaltet offensichtlich keine eindeutigen Wirkungen (so wie bspw. bei Diebstahl und der Straßen- oder Gewaltkriminalität). Vielmehr steht in Fällen und Verfahren der W. zunächst die Frage im Vordergrund: „War das überhaupt eine Straftat?" und nicht, wie in Fällen der konventionellen und Alltagskriminalität, die Frage „Wer hat das getan?". Es fehlt offensichtlich in vielen Formen der W. an einer eindeutigen Typisierung oder Typisierbarkeit des Unrechts. Ob die Veranlassung von Bonuszahlungen in Millionenhöhe an ehemalige Vorstandsmitglieder der früheren Mannesmann AG durch den Aufsichtsrat eine strafbare Untreue war oder sich im Rahmen des aktienrechtlich Erlaubten hielt, ist ebenso umstritten (F. SALIGER) wie die Frage, ob es sich bei dem ohne Zustimmung des Parlaments erfolgten und durch einen Ministerpräsidenten veranlassten Ankauf von Aktien eines baden-württembergischen Energieversorgers um eine strafbare Verletzung der Vermögensbetreuungspflichten handelte (V. RIEBLE). In diesem Zusammenhang wird auch Bezug genommen auf eine Differenzierung zwischen „crimen mala in se" und „crimen mere prohibita", also zwischen Straftaten, die sofort als Unrecht erkennbar sind und solchen, die erst durch eine im Ermessen des Gesetzgebers liegende Entscheidung zu strafbarem Unrecht werden. W. gehört zu Letzteren. Erkennbar wird dies auch an den in der Regulierung von wirtschaftlichen Prozessen häufig eingesetzten Ordnungswidrigkeiten und an der nicht streng durchführbaren Unterscheidung zwischen Verwaltungs- und Kriminalunrecht. Insoweit überrascht es im Übrigen nicht, wenn Forschungen zur W. sich in den letzten Jahrzehnten auf die Frage der Entstehungsbedingungen von Wirtschaftsstrafrecht konzentriert haben. Anders als bei den „crimes in the streets" steht über lange Zeit für die „crimes in the suites" nicht die Frage nach den Ursachen von Wirtschaftsverbrechen im Vordergrund, sondern Fragen der Einflussnahme von Wirtschaftsverbänden und Lobbyisten auf die Strafgesetzgebung sowie besondere Bedingungen der Anwendung von Wirtschaftsstrafrecht (J. SAVELSBERG/P. BRÜHL).

Darüber hinaus werden paradoxe Befunde konstatiert. Denn W. wird vor allem von älteren Menschen begangen. Die für konventionelle Formen der Kriminalität wie Diebstahl und Körperverletzung beobachtete Konzentration auf das Jugend- und Heranwachsendenalter gilt demnach nicht für die W. Schadensintensive Formen der W. sind vielmehr mit einem durchschnittlich hohen Alter der Täter verbunden. Die Alters-Kriminalitäts-Kurve kehrt sich bei W. um. Sodann wird W. in höheren sozialen Schichten begangen und begründet somit auch in dieser Dimension einen Gegensatz zu verschiedenen Formen der Eigentums- und Straßenkriminalität, die ausweislich der Daten zu Tatverdächtigen und Verurteilten in größerem Umfang in unteren sozialen Schichten auftreten.

3. Ausmaß, Struktur, Entwicklungen. Aussagen über Ausmaß, Struktur und Entwicklungen der W. sind mit Problemen des Zugangs zu verlässlichen Daten konfrontiert. Polizeiliche Kriminalstatistik und polizeiliche Lageberichte zur W. (Bundeskriminalamt 2014) geben das strafbare Geschehen nur ausschnittsweise wieder. In weiten Bereichen ist W. nämlich sogenannte „Kontrollkriminalität". Das Bekanntwerden von Straftaten des Insiderhandels, der Steuerhinterziehung, gegen die Insolvenzordnung oder der Geldwäsche ist wesentlich bedingt durch das Ausmaß an Kontrolle, das durch Polizei oder durch die spezialisierte Wirtschaftsverwaltung implementiert werden kann. Dort, wo – wie bspw. beim Anlagebetrug – Opfer vorhanden sind, ist zu diesen nur wenig bekannt. Denn Dunkelfeld- oder Opferbefragungen haben sich bis heute auf die konventionelle Kriminalität konzentriert.

Das polizeiliche Lagebild zur W. (Bundeskriminalamt), das sich an die in § 74 c Gerichtsverfassungsgesetz enthaltene Definition anlehnt, weist für Deutschland und das Jahr 2013 71.331 Fälle der W. aus. Dabei handelt es sich um 1,2 % aller durch die Polizei in demselben Jahr registrierten Straftaten. Nicht enthalten sind dabei allerdings die Steuerstraftaten, die in der Zuständigkeit der Steuerstrafabteilungen der Finanzämter liegen. Auch insoweit ergeben sich Grenzen der Aussagekraft der polizeilichen Informationen über W. Zwar ist der Anteil der W. an der Gesamtkriminalität geringfügig. Doch ist der dadurch verursachte Schaden enorm. Durch W. entsteht fast die Hälfte der durch die Polizei registrierten und auf Straftaten zurückführbaren materiellen Schäden (in Höhe von insgesamt etwa 8 Milliarden Euro, Bundeskriminalamt, 6). Hingewiesen wird auch auf die durch W. bedingten immateriellen Schäden, die nicht abgebildet werden können, von denen jedoch angenommen wird, dass sie in Form von Vertrauensverlust, Reputationsverlust und Wettbewerbsverzerrungen erhebliches Gewicht erlangen können. Die Polizeiliche Kriminalstatistik hat bis zur Mitte des letzten Jahrzehnts tendenziell einen Anstieg der W. ausgewiesen. Seit mehreren Jahren sind die Zahlen allerdings rückläufig. Da es andere Datenquellen zur W. nicht gibt – sieht man von Untersuchungen ab, die sich mit subjektiven Einstellungen oder Risikowahrnehmungen von Personen aus dem Wirtschaftsleben befassen (KPMG, TRANSPARENCY INTERNATIONAL) – fällt eine Interpretation der polizeilich ermittelten Daten schwer. In Rechnung zu stellen ist ferner, dass sich auch die öffentliche Aufmerksamkeit wandelt und dass dadurch Veränderungen in der Intensität und der Richtung polizeilicher Ermittlungen verbunden sein mögen. Die Struktur der polizeilich erfassten W. ist durch den Betrug (und seine Unterformen) bestimmt. Knapp die Hälfte der Wirtschaftsstraftaten entfallen auf den Betrug. Von Bedeutung sind dann Insolvenzdelikte, Verstöße gegen arbeitsrechtliche und sozialrechtliche Bestimmungen (Vorenthalten von Arbeitsentgelt, Nichtabführen von Sozialbeiträgen etc.), Bestechung im Geschäftsverkehr und schließlich in neuerer Zeit auch der Abrechnungsbetrug im Gesundheitswesen. Im Übrigen lassen die empirischen Untersuchungen zur W. erkennen, dass Ermittlungsverfahren durch eine durchschnittlich hohe Zahl an Fällen (und Opfern) gekennzeichnet sind. Ferner werden gerade schwere Wirtschaftsstraftaten im Rahmen von juristischen Personen (bzw. Unternehmen) begangen (G. KAISER). Die Analyse der Praxis der Strafverfolgung bei W. ergibt zunächst eine hohe Einstellungsquote (V. MEINBERG).

Hinzu tritt eine im Vergleich zur konventionellen Kriminalität geringere Verurteilungsquote (G. KAISER). Dies schließt allerdings nicht aus, dass in Einzelfällen exemplarische (Freiheits)Strafen verhängt werden. Schließlich ist die durchschnittliche Verfahrensdauer vergleichsweise lang.

4. Theorie und Erklärung. In der Erklärung von W. stehen zunächst ökonomische Kriminalitätstheorien im Vordergrund. Dabei handelt es sich um eine Entscheidungstheorie, in der das Ergebnis durch eine Abwägung von Kosten und Nutzen einer Handlung bestimmt ist. Die Theorie des rationalen Akteurs verweist demnach auch auf die Bedeutung von durch Entdeckung und Kriminalstrafe ausgehenden Kosten und wird zur Begründung einer Kriminalpolitik herangezogen, die im Rahmen von W. auf Abschreckung setzt. Bereits früh wird dann darauf verwiesen, dass rechtliche Regulierung der Wirtschaft und staatliche Interventionen erst solche Gelegenheiten und Anreize für die Begehung von Straftaten verschaffen können. Nicht zuletzt stellt der Subventionsbetrug (insbesondere auch im Kontext der Agrarsubventionen der Europäischen Union) die Ausnutzung von staatlich geschaffenen Gelegenheiten zur Kriminalitätsbegehung dar. Dies wirft auch die Frage nach bereits im Stadium der Gesetzgebung angelegten Risikoanalysen auf. Teilweise werden „subkulturelle" Erklärungen auch für die W. herangezogen. In Teilbereichen der Wirtschaft können sich demnach informelle Wert- und Normensysteme und darauf gestützte Praktiken entwickeln, die im Widerspruch zu rechtlichen Regulierungssystemen stehen. Dieser Erklärungsansatz deckt sich teilweise mit einer Theorie der Sog- und Spiralwirkung. Diese nimmt darüber hinaus an, dass strafbare wirtschaftliche Praktiken aus dem Motiv des Erhalts der Wettbewerbsfähigkeit heraus einen Druck hin zur Anpassung an solche Praktiken erzeugen können. Darüber hinaus kann auf die Kontrolltheorie der Kriminalität zurückgegriffen werden. Danach ist es eine effektive Selbstkontrolle, die verhindert dass Straftaten, auch Wirtschaftsstraftaten, begangen werden. Intakte Bindungen (an andere Menschen und an die Gesellschaft selbst) verhindern (in Form einer Selbstkontrolle) Straftaten, weil derartige Bindungen nicht (oder jedenfalls nicht gerne) aufs Spiel gesetzt werden. Derartige Bindungen entstehen auch aus der Überzeugung, dass die durch Normen hergestellte Ordnung legitim ist und allein deshalb Geltung und Befolgung verlangen darf. Neuere verhaltensökonomische Experimente unterstreichen die Bedeutung einer solchen Selbstkontrolle. Die Verhaltensökonomie kann nämlich zeigen, dass für Entscheidungen nicht nur externe Anreize in Form von Kosten (Strafverfolgungsrisiko und Strafschwere) und (materiellen) Vorteilen eine Rolle spielen. Vielmehr sind auch interne Anreize von Bedeutung. So kann die Befolgung von Normen als Vorteil und lohnenswertes Handlungs-/Entscheidungsmotiv betrachtet werden, wenn die Entscheidung zur Normbefolgung das Gefühl mit sich bringt, man habe sich wie ein ehrlicher und anständiger Mensch (Übereinstimmung mit dem Selbstbild) verhalten (N. MAZAR/D. ARIELY). Aus diesen Forschungen ergibt sich demnach als mindestens so bedeutsam wie die Erhöhung der externen Kosten, also der Strafandrohung, die Beseitigung oder Reduzierung von Elastizität und Ambivalenz von Strafnormen. Die Reduzierung der Normambivalenz kann nach diesen Befunden, dazu führen, dass sich Abweichungen von den Normen eben nicht mehr mit dem Selbstbild eines anständigen Menschen vereinbaren lassen und damit in effektiver Prävention resultieren.

5. Strafverfolgung und Prävention. Untersuchungen der Strafverfolgung von W. heben seit langer Zeit Defizite in der strafrechtlichen Ahndung hervor. Dies wird auch erklärt mit der Komplexität der Sachverhalte sowie damit zusammenhängenden Beweisproblemen, teilweise wird auf Ressourcenprobleme verwiesen. Ferner erhalten Wirtschaftsunternehmen eine im Verhältnis zum Nationalstaat stärker werdende Position im Prozess der Globalisierung. Eine Steuerung durch nationales Recht wird schwieriger. Gerade die neueren Wirtschaftskrisen („Dotcom-Blase" 2000/2001; Finanzmarktkrise 2007/2008) haben gezeigt, dass trotz erheblicher Hinweise auf strafbare Handlungen im Zusammenhang mit „toxischen Finanzprodukten" eine systematische strafrechtliche Aufarbeitung wohl nirgendwo erfolgt ist (J. FISHER). Vielmehr ist es nur in Einzelfällen zur Einleitung von Strafverfahren gekommen. Dafür werden verschiedene Gründe genannt, unter ihnen eine weitreichende Diffusion der Verantwortlichkeit über Tausende von Personen und Unternehmen, die Furcht vor kontraproduktiven Folgen des Strafrechts oder die Annahme, dass „too big to fail" auch „too big to prosecute" bedeuten könne, schließlich die Komplexität. Die Komplexität von W. war in Deutschland im Übrigen Anlass dafür, Ressourcen schonende Reformen des Strafverfahrensrechts durchzuführen. So wurde bereits im Jahr 1975 § 153a Strafprozessordnung eingeführt, der es erlaubt, ein Ermittlungsverfahren (wenn die Schwere der Schuld nicht entgegensteht) gegen Geldauflagen einzustellen. Die Einstellungsvorschrift des § 153a Strafprozessordnung wurde einerseits begrüßt, andererseits jedoch mit der Kritik konfrontiert, sie erlaube gerade auch in Fällen schwerer W. den Freikauf von strafrechtlicher Verantwortlichkeit (V. MEINBERG). Vor allem Praktiker der Strafjustiz haben sich dann für eine Reform des Strafverfahrensrechts ausgesprochen, das seit 2009 Absprachen über die Strafzumessung erlaubt. Danach kann das Gericht eine mildere Strafe in Aussicht stellen und schließlich verhängen, wenn der Angeklagte ein (glaubhaftes) Geständnis ablegt und auf diese Weise eine ansonsten langwierig verlaufende Hauptverhandlung abkürzen hilft. Auch hier stellt die Kritik auf einen Handel mit Gerechtigkeit ab (U. MURMANN) und betont, dass gerade schwere Formen der W. bei einer effektiven Strafverteidigung privilegiert würden. Deutschland ist schließlich international eines der wenigen Länder, die eine Unternehmensstrafbarkeit nicht kennen. Dies wird im Wesentlichen begründet mit dem strafrechtlichen Schuldprinzip und persönlichen Vorwurf, der in der Feststellung strafrechtlicher Schuld enthalten ist und gegenüber einer juristischen Person nicht erhoben werden kann. Besondere Erwartungen richten sich schließlich in der Strafverfolgung von Wirtschaftsstraftaten auf die Einziehung der aus den Straftaten resultierenden Gewinne. Damit wird auch das Ziel verfolgt, Anreize für die Begehung von Wirtschaftsstraftaten zu reduzieren.

Jedoch kann das Strafrecht angesichts der Komplexität wirtschaftlicher Vorgänge wohl immer nur eingeschränkte Wirkung entfalten. In neuerer Zeit werden deshalb verstärkt präventive Instrumente in der Kontrolle von W. eingesetzt. Hier finden nicht zuletzt Erkenntnisse aus der Theorie der Selbstkontrolle Anwendung. Die Stärkung von Selbstkontrolle in Unternehmen beruht dabei auf der Implementierung von sogenannten „Compliance Programmen" oder einem Bündel von Ethik-Regeln, mit denen sich Unternehmen dazu verpflichten, interne Mechanismen und Normen einzuführen, die das Risiko von Straftaten im und durch das Unternehmen reduzieren (U. SIEBER/M. ENGELHART). Hierzu gehören unternehmensinterne Verfahren zu Risikofestellungen und Regelungen zum Umgang mit Risiken und Verstößen. Besondere Bedeutung hat in diesem Zusammenhang die Einsetzung von Beauftragten zur Prävention von Korruption oder Geldwäsche bekommen. Ferner wird in den letzten Jahren der Rolle von (internen) Informanten (Whistleblowing) und deren Schutz erhebliche Aufmerksamkeit gewidmet. Dabei geht es auch um die Frage, unter welchen Bedingungen Hinweise auf Straftaten im und durch das Unternehmen nach außen (an Polizei oder Medien) gegeben werden dürfen und welcher Schutz Informanten vor möglichen strafrechtlichen und arbeitsrechtlichen Konsequenzen gewährt werden soll. Diese Formen unternehmensinterner Selbstverpflichtung und Kontrolle greifen auch auf Regelungen zu internen Ermittlungen und zur Zusammenarbeit mit Strafverfolgungsbehörden aus. In Systemen, in denen eine strafrechtliche Haftung von Unternehmen gilt, können sich im Übrigen effektive Compliance Programme und effektive interne Ermittlungen sowie die Zusammenarbeit mit Strafverfolgungsbehörden in erheblichem Maße strafmildernd auswirken.

E. SUTHERLAND, White-Collar-Crime, 1949 – K. TIEDEMANN, W. als Problem der Gesetzgebung, in: K. TIEDEMANN, Die Verbrechen in der Wirtschaft, 1972, 9–28 – V. MEINBERG, Geringfügigkeitseinstellungen von Wirtschaftsstrafsachen: Eine empirische Untersuchung zur staatsanwaltschaftlichen Verfahrenserledigung nach § 153a Abs. 1 StPO, 1985 – J. SAVELSBERG/P. BRÜHL, Politik und Wirtschaftsstrafrecht, 1988 – S. SCHEERER, Kriminalität der Mächtigen, in: G. KAISER/H.-J. KERNER/F. SACK/H. SCHELLHOSS, Kleines Kriminologisches Wörterbuch, 1993, 246–249 – G. KAISER, Kriminologie, 1998 – N. MAZAR/D. ARIELY, Dishonesty in Everyday Life and Its Policy Implications, Journal of Public Policy and Marketing ^{XXV}2006, 117–126 – F. SALIGER, Gibt es eine Untreuemode? HRRS Onlinezeitschrift für höchstrichterliche Rechtsprechung im Strafrecht ^{VII}2006, 10–22 – U. MURMANN, Reform ohne Wiederkehr? Die gesetzliche Regelung der Absprachen im Strafverfahren, Zeitschrift für internationale Strafrechtsdogmatik ^{IV}2009, 526–538 – V. RIEBLE, Fall EnBW; T. FISCHER, W. und Korruption, in: J.-M. JEHLE/B. BANNENBERG, W., 2010, 3–24 – J. FISHER, Economic Crime and the Global Financial Crisis, in: Law and Financial Markets Review ^{V}2011, 1–14 – BUNDESKRIMINALAMT, W. Bundeslagebild, 2013 in: myops. Welt des Rechts ^{VI}2012, 46–60 – U. SIEBER/M. ENGELHART, Compliance Programmes for the Prevention of Economic Crimes, 2014 – KPMG, W. in Deutschland 2014, 2015 – TRANSPARENCY INTERNATIONAL, Corruption Perceptions Index 2014, 2015.

Hans-Jörg Albrecht

Wirtschaftspolitik

1. Begriff. In der W. nehmen politische Entscheidungsträger Einfluss auf das Wirtschaftsgeschehen. Die W. umfasst alle Teilbereiche der Politik, die Entscheidungen der Wirtschaftsakteure beeinflussen. Sie lässt sich nach ihren Zielen in →Konjunktur-, →Wachstums-, Beschäftigungs-, →Wettbewerbs-, Umwelt- und →Verteilungspolitik unterteilen (SCHLECHT). W. kann zudem gemäß ihren Instrumenten in →Finanz-, →Steuer-, →Geld-, →Arbeitsmarkt- und →Sozialpolitik gegliedert sein. Steht die Zuordnung politischer Entscheidungskompetenzen im Vordergrund, können internationale, europäische, nationale oder regionale W. unterschieden werden.

Die ökonomische Theorie der W. zeigt einerseits auf, wann staatliche Akteure wirtschaftspolitisch eingreifen sollten. Insofern handelt es sich um eine *normative* Analyse, die Ziele der W. identifiziert und Instrumente nahelegt. Die ökonomische Analyse der W. kann aber andererseits auch der Erklärung dienen, warum eine beobachtete W. durch die Entscheidungen wirtschaftspolitischer Akteure, die auf die ihnen gesetzten Anreize reagieren, zustande kommt und welche W. im politischen Entscheidungsprozess zu erwarten ist. Insoweit handelt es sich um eine *positive* Analyse. Hierfür spielen die Rahmenbedingungen und die Regeln des politischen Prozesses eine wichtige Rolle. Der Ordnungspolitik als einer Form der W. kommt daher eine besondere Bedeutung zu.

2. Ziele der W. *2.1 Allokative Zielsetzungen.* Ausgehend von einem Gedankenexperiment, in welchem Angebot und Nachfrage auf den Märkten frei spielen, leitet die Wirtschaftstheorie Bedingungen für ein effizientes Marktgleichgewicht ab. Anhand dieser Bedingungen lassen sich Situationen beschreiben, in denen Märkte versagen (FRITSCH, WEIN, EWERS).

Marktversagen kann auftreten, wenn: (1) →Wettbewerb auf den Märkten, etwa durch Monopole oder Kartelle, beschränkt ist. (2) Externe Effekte, z. B. Umweltschäden, auftreten; allgemein entstehen Externalitäten, wenn an einem Vertrag unbeteiligte Dritte aufgrund der zwischen den Vertragspartnern festgelegten Bedingungen Vor- oder Nachteile haben. (3) Bestimmte Güter von Märkten nicht bereitgestellt werden, weil sich von deren Verbrauch schwerlich jemand ausschließen lässt und daher kaum einer für die Nutzung freiwillig bezahlen würde („Trittbrettfahrerverhalten"); es handelt sich um →öffentliche Güter, wie etwa die Landesverteidigung. (4) Informationsasymmetrien vorliegen, also ein Vertragspartner besser informiert ist als der andere, z. B. auf dem Gebrauchtwagenmarkt oder auf Versicherungsmärkten. Korrigiert der Staat im Rahmen seiner W. solches Marktversagen, dann erhöht er die Effizienz des Marktsystems.

Die allokativen Ziele der W., etwa die Internalisierung externer Effekte oder die Bereitstellung öffentlicher Güter, sind vielfältig. Das beste Beispiel für Externalitäten sind Umweltprobleme: Ein Stahlproduzent und ein Automobilkonzern schließen einen Vertrag. Die Emissionen der Stahlproduktion belasten Dritte, die nicht Teil des Vertrages sind. Diese zusätzlichen externen Kosten, die anderen entstehen, führen zu Ineffizienzen, wenn marktliche Prozesse ohne geeignete Rahmenbedingungen ablaufen. Wie diese Rahmenbedingungen aussehen sollten, ist wiederum umstritten. So kann schon die Zuordnung exklusiver Eigentumsrechte durch die dadurch ausgelösten Verhandlungen zwischen Geschädigtem und Schädiger ein wesentlicher Lösungsansatz zur Internalisierung externer Effekte sein. Wenn solche Verhandlungsprozesse zu aufwendig sind, können preisliche Lösungen helfen; man denke an Umweltsteuern oder Emissionszertifikate. Handelt es sich um weltweite Umweltprobleme, wie die globale Erwärmung (→Klimawandel), muss jedoch eine Verhandlungslösung her, zumindest als Voraussetzung für ein globales Emissionshandelssystem.

Wesentliches Ziel der W. ist die Herstellung einer Wettbewerbsordnung. Dies erfordert Eingriffe in die Vertragsfreiheit, wenn wettbewerbsbeschränkende Maßnahmen ergriffen werden. Die →Wettbewerbspolitik zielt darauf ab, Kartelle und Preisabsprachen zu unterbinden und zu ahnden, Fusionen auf die Entstehung einer marktbeherrschenden Stellung zu prüfen sowie eine bestehende Marktbeherrschung zu korrigieren oder zu kontrollieren.

2.2 *Verteilungspolitische Zielsetzung.* Zudem können (5) durch die Marktkräfte Verteilungen von →Einkommen und →Vermögen resultieren, die politisch unerwünscht sind, und durch eine geeignete →Verteilungspolitik korrigiert werden können.

Die verteilungspolitischen Ziele der W. sind stark wertbeladen und daher in polit. Diskussionen zumeist höchst umstritten. Die ökonomische Analyse kann diese Verteilungsfragen nicht abschließend entscheiden. Sie kann lediglich Ansätze zur Klärung der Verteilungsproblematik beitragen, Instrumente zur Umverteilung entwickeln und diese im Hinblick auf ihre Sinnhaftigkeit im Allgemeinen sowie für die Erreichung gesetzter Ziele im Besonderen prüfen. Dadurch ergeben sich Anhaltspunkte, inwiefern Verteilungspolitik für die wirtschaftliche Entwicklung von Ländern vorteilhaft ist und in welcher Form sie wirtschaftlich eher schadet. Da jegliche Maßnahme der W. verteilungspolitische Implikationen hat, sind diese nicht zuletzt hinsichtlich der politischen Durchsetzbarkeit der W. bedeutsam.

2.3 *Stabilitätspolitische Ziele.* Ein großer Aktivitätsbereich für die W. ergibt sich (6) durch die gesamtwirtschaftlichen Entwicklungen. →Konjunktur und →Wachstum – gemessen an der Zuwachsrate des →Bruttoinlandsprodukts – können so ungünstig ausfallen, dass die gesamtwirtschaftliche Beschäftigung (→Vollbeschäftigung) sinkt und →Arbeitslosigkeit entsteht. Hinzu kommen Probleme der Preisstabilität, wenn das allgemeine Preisniveau sich erhöht (→Inflation) oder sinkt (Deflation). Die gesamtwirtschaftlichen Entwicklungen werden zudem von außenwirtschaftlichen Kräften beeinflusst; eine →Volkswirtschaft ist schließlich über Exporte und Importe von Waren und Dienstleistungen sowie über den Kapitalverkehr mit dem Ausland verbunden.

Im deutschen Recht sind diese gesamtwirtschaftlichen Zielsetzungen der W. im Stabilitäts- und Wachstumsgesetz (StabG) festgehalten: *„Bund und Länder haben bei ihren wirtschafts- und finanzpolitischen Maßnahmen die Erfordernisse des gesamtwirtschaftlichen Gleichgewichts zu beachten. Die Maßnahmen sind so zu treffen, daß sie im Rahmen der marktwirtschaftlichen Ordnung gleichzeitig zur Stabilität des Preisniveaus, zu einem hohen Beschäftigungsstand und außenwirtschaftlichem Gleichgewicht bei stetigem und angemessenem Wirtschaftswachstum beitragen."* (§ 1 StabG). Dadurch wird das Magische Viereck als Ziel der W. bestimmt.

Bei der Verabschiedung des StabG (1967) waren die Wirtschaftspolitiker noch zuversichtlich, dass eine weitgehende Steuerung der Konjunktur durch den Staat möglich sei, und die W. Konjunkturschwankungen mit den damit verbundenen ungünstigen Effekten wie →Inflation und →Arbeitslosigkeit erheblich abschwächen könne. Die W. schwamm auf der keynesianischen Welle (KEYNES). Als nach dem ersten Ölpreisschock in den 1970er Jahren zugleich relativ hohe Arbeitslosigkeit und relativ hohe Inflation auftraten, gewannen die Kritiker keynesianischer W. die Oberhand. Hier sind insbesondere der Monetarismus (u. a. FRIEDMAN) und die Theorie rationaler Erwartungen (LUCAS) zu erwähnen.

SIEVERT, 1970 bis 1985 Mitglied des Sachverständigenrates zur Begutachtung der gesamtwirtschaftlichen Entwicklung, fasst die Quintessenz dieser Debatten für die heutige W. zusammen: *„Nachfragepolitik ist ja zu bezahlen nur, wenn sie nicht in erster Linie Nachfragelücken direkt, also staatlicherseits schließen soll – dazu sind diese Lücken in Zeiten schlechter Wirtschaftslage viel zu groß –, sondern wenn sie, weil die Menschen den Wirtschaftspolitikern etwas zutrauen, in erster Linie die wirtschaftlichen Erwartungen verbessert und eben dadurch wirtschaftlichen Vorhaben der Privaten, die Zukunftsvertrauen voraussetzen, ein Fundament gibt."* (SIEVERT 2003).

3. Instrumente. *3.1 Überblick.* Allgemein hat der Staat im Rahmen seiner W. eine Vielzahl von Instrumenten zur Verfügung. Er kann durch Regulierungen in das Marktgeschehen eingreifen. Manche Regulierungen, etwa →Mindestlöhne oder der Kündigungsschutz, führen eher zu schädlichen Verzerrungen auf den betroffenen Märkten. Andere Regulierungen, etwa das Verbot einer Fusion zweier Unternehmen oder Vorgaben im Lebensmittelbereich, die dem Konsumentenschutz dienen, sind hingegen eher zielführend. In der →Finanzpolitik stehen dem Staat →Steuern, Gebühren und Beiträge sowie die gesamte Ausgabenseite zur Verfügung. Vor allem →Subventionen, sei es als direkte Finanzhilfen oder als Steuervergünstigungen, werden in der Regel als marktwidrig angesehen. Die →Geldpolitik nutzt vorwiegend ihren direkten Einfluss auf die Zinssätze, hat aber zudem durch den Ankauf von Vermögenstiteln auf den Märkten quantitative Instrumente zur Verfügung. Die Sozialpolitik hält mit den unterschiedlichen Sozialversicherungen, aber nicht zuletzt mit direkten Transfersystemen sehr unterschiedliche Instrumente bereit. Die Liste ließe sich exemplarisch für weitere Politikbereiche fortsetzen.

3.2 Zwischenziele u. Instrumente. Ziele, Zwischenziele und Mittel (Instrumente) der W. sind nicht immer leicht zu unterscheiden. Das magische Viereck der Stabilitätspolitik definiert Zwischenziele, mit deren Hilfe eine Stabilisierung der Wirtschaft im Konjunkturverlauf erreicht werden kann. Für diese kann man wiederum Unterziele definieren, die diese greifbarer machen. So gilt nach der Definition der Europäischen →Zentralbank (EZB) eine Inflationsrate von unter, aber nahe bei zwei Prozent als Preisstabilität. Dieses Unterziel kann nun durch eine Regelbindung, wie die sog. Taylor-Regel, zu erreichen versucht werden. Diese ermittelt den von einer Zentralbank festzusetzenden Leitzins aus der Abweichung der tatsächlichen Inflationsrate vom Inflationsziel (Inflationslücke) und derjenigen der tatsächlichen Wachstumsrate des →Bruttoinlandsprodukts vom langfristigen, trendmäßigen →Wirtschaftswachstum (Produktionslücke). Der Leitzins als Instrument der Geldpolitik ist somit abhängig von weiteren Zwischen- oder Unterzielen.

3.3 Marktkonformität. Eine beliebte Einordnung wirtschaftspolitischer Instrumente stellt auf die Marktkonformität ab (RÖPKE). Demnach sind marktkonforme Instrumente solche, die nicht in den Preismechanismus eingreifen, sondern diesen zur Erreichung der wirtschaftspolitischen Ziele nutzen. In der Umweltpolitik könnte man Verboten und Geboten als ordnungsrechtlichen Maßnahmen die Marktkonformität absprechen, während Umweltsteuern oder Emissionszertifikate zu Preisveränderungen führen, die externe Effekte internalisieren können. In der →Verteilungspolitik kann das Steuer-Transfersystem als marktkonforme Ausgestaltung angesehen werden, während →Mindestlöhne nicht marktkonform sind. Mit Mindestlöhnen versucht die W. Marktergebnisse auf gesetzlichem Wege ex ante zu erzwingen, während Steuern und Transfers erst ex post einsetzen, wenn die marktliche Verteilung von →Einkommen oder →Vermögen bereits feststeht.

Gleichwohl ist diese Einordnung unzureichend. So verursachen Steuern ebenfalls Verzerrungen der Marktergebnisse, die eine effizienzorientierte →Steuerpolitik zu minimieren versucht. Ähnliches gilt für Transfersysteme. So reduziert das durch die Gesetzliche Rentenversicherung erzwungene Sparen weitere freiwillige Sparbemühungen und führt zu geringeren Kapitalvermögen breiterer Bevölkerungsschichten. Die Zinspolitik einer →Zentralbank nimmt durch die Festlegung eines Leitzinses Einfluss auf die Zinsstruktur am Markt. Am ehesten lässt sich noch sagen, dass gesetzliche Festlegungen in Form von Geboten oder Verboten die größten Verzerrungen verursachen.

4. Akteure der W. Traditionell werden als Akteure (Träger) der W. die unmittelbar damit befassten Institutionen verstanden (SCHLECHT). Dazu gehören die Regierung, insbesondere die Bundesministerien der Finanzen, für Wirtschaft und Energie und für Arbeit und Soziales, und das Parlament (Bundestag und Bundesrat), zudem die entsprechenden Instanzen auf Länder- und Gemeindeebene, internationale Organisationen, wie die Europäische Union (EU), die EZB, der →Internationale Währungsfonds (IWF) und die Weltbank, nicht zuletzt aber die Wirtschaftsverbände. Arbeitgeberverbänden und →Gewerkschaften kommt im Rahmen der Tarifautonomie eine besondere Rolle für die →Arbeitsmarktpolitik zu.

Diese traditionell geprägte Aufzählung greift jedoch zu kurz. Entscheidend für die W. sind diejenigen Akteure, die Politik allgemein entscheiden. In Demokratien sind dies die Wähler und Interessengruppen auf der Nachfrageseite der Politik, die Politiker in Regierung und Parlament sowie die öffentliche →Verwaltung (Bürokratie) auf der Angebotsseite der Politik, die Justiz als eigenständige dritte Gewalt und weitere unabhängige Institutionen, wie →Zentralbank oder Kartellamt (→Wettbewerbspolitik). In ihrem Zusammenspiel bestimmen diese Akteursgruppen gemäß den ihnen durch die jeweiligen Rahmenbedingungen gesetzten Anreize die W.

5. Positive Analyse der W. Folgen politische Akteure ihren Anreizen, ist die W. nicht notwendigerweise an den ökonomischen Zielvorgaben ausgerichtet. Dadurch handelt der →Staat oftmals dann, wenn er gemäß ökonomischer Analyse nicht ins Marktgeschehen eingreifen sollte, oder er handelt nicht in hinreichendem Maße, wenn tatsächlich Marktversagen vorliegt und wirtschaftspolitisches Handeln gerechtfertigt wäre.

Die Anreize der politischen Akteure werden von der Ökonomischen Theorie der Politik herausgearbeitet (FREY und KIRCHGÄSSNER). Wähler haben z. B. kaum Anreize, sich über unterschiedliche wirtschaftspolitische Maßnahmen zu informieren. Politiker haben einerseits ein Wiederwahlinteresse und unterliegen bestimmten Karrieremechanismen, die in Deutschland vornehmlich durch die politischen Parteien bestimmt sind. Andererseits verfolgen sie zwischen den Wahlzeitpunkten eigennützige Motive und realisieren Maßnahmen, die ihnen selbst oder ihrer Klientel nützen. Interessengruppen haben in Abhängigkeit ihrer Größe oder der Homogenität der durch sie organisierten Interessen unterschiedliche Möglichkeiten, sich effektiv zu organisieren. Dadurch nehmen bestimmte Interessengruppen stärkeren Einfluss auf die Politik als andere. Die öffentliche →Verwaltung kann in einem bestimmten Ausmaß Einfluss auf die Politik nehmen und dadurch ein gewisses Eigenleben entfalten. Selbst die Justiz und die unabhängigen Institutionen sind nicht frei von Eigeninteresse und verfolgen dieses im Rahmen der ihnen gesetzten Restriktionen.

Unterschiedliche politische Systeme setzen unterschiedliche Rahmenbedingungen für die politischen Akteure. In Präsidialsystemen wirken andere Mechanismen als in parlamentarischen Systemen, das Mehrheitswahlrecht bietet andere Anreize für die Politik als das Verhältniswahlrecht. Direkte Demokratie unterscheidet sich von der repräsentativen Demokratie wirtschafts- und finanzpolitisch (FELD und KIRCHGÄSSNER).

6. Ordnungspolitik. Vor diesem Hintergrund wird die Bedeutung der Ordnungspolitik deutlich (EUCKEN). W. ist Ordnungspolitik, soweit sie sich auf die Rahmensetzung für die →Marktwirtschaft zurückzieht. Der Staat soll sich demnach aus dem täglichen politischen Geschäft mit seinen auf Ergebnisse abzielenden Prozessen heraushalten. Mit allgemeinen Regeln sollte der Staat Vorgaben machen, nicht aber in die Preisbildung auf Märkten eingreifen.

Für die Ordnungspolitik spricht zum einen, dass die Erfahrungen mit der W. hinsichtlich der Steuerbarkeit der Wirtschaft durch die Politik ernüchternd sind. Dies gilt nicht zuletzt für die Stabilitäts- und Beschäftigungspolitik. Zum anderen fordert die Ordnungspolitik einen Staat, der über den einzelwirtschaftlichen Interessen steht, sich nicht in die täglichen Verteilungskonflikte hineinziehen lässt. Daher benötigt der Staat für seine W. entsprechende Rahmenbedingungen, die durch formale und informale Regeln, z. B. die Verfassung oder die politische Kultur eines Landes, festgelegt werden.

Die deutsche Politik in der →Finanz- und Wirtschaftskrise der Jahre 2007 bis 2009 war ein Beispiel für pragmatische Ordnungspolitik. Die expansive Fiskalpolitik war begleitet von der Einführung einer Schuldenbremse in das Grundgesetz, die den Marktteilnehmern signalisieren sollte, dass Deutschland zu solider Finanzpolitik zurückkehrt. Damit wurde den Finanzpolitikern ein Rahmen gesetzt, der sie zu einer soliden Finanzpolitik zurückkehren lässt.

W. RÖPKE, Staatsinterventionismus, in: Handwörterbuch der Staatswissenschaften, 1929[4] – E. SOHMEN, Allokationstheorie und Wirtschaftspolitik, 1976[1], 1992[2] – O. SCHLECHT, Wirtschaftspolitik, in: Evangelisches Soziallexikon, 2001[8] – B. S. FREY, G. KIRCHGÄSSNER, Demokratische Wirtschaftspolitik: Theorie und Anwendung, 2002[3] – O. SIEVERT, Vom Keynesianismus zur Angebotspolitik, in: SACHVERSTÄNDIGENRAT ZUR BEGUTACHTUNG DER GESAMTWIRTSCHAFTLICHEN ENTWICKLUNG (Hg.), Vierzig Jahre Sachverständigenrat 1963–2003, 2003 – W. EUCKEN, Grundsätze der Wirtschaftspolitik, 1952[1], 2004[7] – L. P. FELD/G. KIRCHGÄSSNER, Fiscal Policy and Direct Democracy: Institutional Design Determines Outcomes, in: A. F. Ott/R. J. CEBULA (Hg.), The Elgar Companion to Public Economics: Empirical Public Economics, 2006, S. 215–241 – M. FRITSCH/T. WEIN/H.-J. EWERS, Marktversagen und Wirtschaftspolitik, 2007[7].

Lars P. Feld

Wirtschaftssystem

1. Begriff. In jeder arbeitsteilig organisierten →Volkswirtschaft stellt sich eine grundlegende Koordinationsaufgabe. Zu entscheiden ist, wie die vorhandenen Produktionsfaktoren (Arbeit, Boden, Kapital) im →Produktionsprozess eingesetzt, welche Güter produziert u. wie diese auf die einzelnen Wirtschaftssubjekte verteilt werden. Der Begriff W. wird meist für gedankliche Reinformen („Idealtypen") verwendet, während für konkrete Organisationsmodelle („Realtypen") der Begriff Wirtschaftsordnung üblich ist.

2. Elemente. Die Frage, welche Elemente für ein W. charakteristisch sind, wird in der Literatur unterschiedlich beantwortet. Im Kern geht es um die *Zentralität* bzw. *Dezentralität wirtschaftlicher Entscheidungen* u. – damit in einem engen Zusammenhang stehend – um das →*Eigentum an den Produktionsmitteln* Boden u. Kapital. Als theoretischer Extremfall lässt sich einerseits ein vollständig zentralisiertes W. vorstellen, in dem eine zentrale Instanz einen für alle Wirtschaftssubjekte bindenden Produktions- u. Konsumplan aufstellt. Andererseits können die einzelnen Wirtschaftseinheiten ihre individuellen Pläne aufstellen u. versuchen, diese in Tauschprozessen mit anderen Akteuren (→Markt) durchzusetzen. Im theoretischen Grenzfall kommt ein solches W. ohne eine zentrale Instanz aus.

Die Eigentumsordnung kann entweder privates (→Kapitalismus) oder kollektives (insbesondere staatliches) Eigentum (→Sozialismus) an Produktionsmitteln vorsehen. Dabei sind die Kombinationen aus dezentraler Planung u. Privateigentum (meist als →Marktwirtschaft bezeichnet) sowie aus zentraler Planung u. Staatseigentum (*Zentralverwaltungswirtschaft*) in sich konsistent. Die beiden anderen denkbaren Möglichkeiten werden in der Literatur häufig nur am Rande betrachtet u. haben auch eine geringe praktische Bedeutung. Wenn zentral aufgestellte Pläne für die nicht im Staatseigentum befindlichen Betriebe bindend sind („*kapitalistische Zentralverwaltungswirtschaft*", auch „*Wirtschaftslenkung*"), so ist zwar für Private eine Erzielung von Kapitaleinkommen (→Gewinne) möglich, es fehlt aber an der freien Entscheidung über die Nutzung der Produktionsmittel, sodass ein konstitutives Merkmal des Eigentumsbegriffs nicht erfüllt ist. Als eines der wenigen realen Beispiele für kapitalistische Zentralverwaltungswirtschaften wird die Kriegsökonomie des deutschen Nationalsozialismus genannt. Eine „sozialistische Marktwirtschaft" (auch „*Marktsozialismus*") ist denkbar, sofern das Eigentum nicht zentralisiert, sondern bei dezentralen Kollektiven angesiedelt ist. Als Beispiel fungiert häufig das ehemalige sozialistische Jugoslawien. Allerdings stellt sich in einem solchen W. die Frage nach den Anreizen der dezentralen Akteure.

3. Realtypische W.e. Realtypische W.e lassen sich nach der relativen Bedeutung zentraler bzw. dezentraler Steuerungselemente unterscheiden. Die im 20. Jh. existierenden *Zentralverwaltungswirtschaften* (insbesondere die UdSSR u. die von ihr beherrschten Staaten Mittel- u. Osteuropas) waren durch die Dominanz zentraler Produktionspläne gekennzeichnet. Die →Haushalte konnten jedoch (im Rahmen der angebotenen Güter) über die Verwendung ihres Einkommens entscheiden, wobei die Preise der Güter staatlich festgelegt waren. Das Ausmaß privater Produktion war generell gering, differierte jedoch zwischen den einzelnen Staaten. Vereinzelt gab es Versuche, in Zentralverwaltungswirtschaften marktwirtschaftliche Elemente zu integrieren.

Innerhalb der Gruppe der *Marktwirtschaften* ist sowohl international als auch intertemporal eine unterschiedlich starke Einflussnahme des →Staates zu erkennen. Als einfacher, aber auch nur bedingt aussagefähiger Indikator lässt sich die *Staatsquote* (Staatsausgaben in % des →BIP) nutzen, die bspw. in den USA typischerweise niedriger ist als in den meisten Staaten Westeuropas. In Deutschland liegt die Staatsquote (inkl. Ausgaben der gesetzl. →Sozialversicherungen) bei über 44 % (2013). Dabei kann weiter differenziert werden, inwieweit der Staat →öffentliche Güter bereitstellt, ob bestimmte Wirtschaftsbereiche verstaatlicht sind u. in welchem Umfang Einkommen umverteilt werden. Teilweise wurde (weitgehend erfolglos) versucht, Elemente einer zentralen Wirtschaftsplanung in Marktwirtschaften zu integrieren, wobei es sich stets um eine indikative Planung handelte, die sich auf makroökonomische Größen bezog (z. B. *Planification* in Frankreich, *Konzertierte Aktion* in Deutschland).

4. Interdependenz der Ordnungen. Zwischen dem W. u. der politischen Verfassung bestehen starke Interdependenzen. Die Marktwirtschaft baut auf Ideen des →Liberalismus auf u. basiert auf der Wahrnehmung individueller Freiheitsrechte im Wirtschaftsprozess, die insbesondere die freie Berufswahl u. die freie gewerbliche Betätigung sowie den Erwerb von →Eigentum (auch) an Produktionsmitteln umfassen. Alle modernen →Demokratien sind grundsätzlich als →Marktwirtschaft organisiert. Demgegenüber handelt(e) es sich bei Zentralverwaltungswirtschaften stets um Diktaturen, in der Regel in Form einer Einparteienherrschaft.

Zwischenformen sind möglich, weisen aber eine geringere Stabilität auf. Konkret gab bzw. gibt es zahlreiche Marktwirtschaften, in denen den Bürgern demokratische Freiheitsrechte vorenthalten wurden bzw. werden (z. B. Militärdiktaturen in Lateinamerika u. Asien). Allerdings ist grundsätzlich davon auszugehen, dass Menschen, die über Freiheitsrechte im wirtschaftlichen Bereich verfügen, auch politische Mitspracherechte einfordern werden, was zu Demokratisierungsprozessen führt. Mit besonderem Interesse wird vor diesem Hintergrund die Entwicklung in der VR China beobachtet, die sich seit den 1980er Jahren von einer Zentralverwaltungs- hin zu einer Marktwirtschaft entwickelt hat, jedoch noch am Macht→monopol der Kommunistischen Partei festhält.

Für die andere logisch denkbare Kombination (demokratische Zentralverwaltungswirtschaft) gibt es keine historischen Beispiele. Angesichts der Einschränkung der wirtschaftlichen Freiheitsrechte in einer Zentralverwaltungswirtschaft u. deren geringer Effizienz (siehe unten) ist generell nicht zu erwarten, dass sich die Bevölkerung in freien Wahlen für ein solches W. entscheidet.

5. Funktionsmechanismus, Anreizsystem u. W.vergleich. Marktwirtschaftlich organisierte W.e gehen grundsätzlich von eigennützig handelnden Akteuren aus. Dieses Eigennutzstreben wird durch den Wettbewerb zwischen Akteuren derselben Marktseite in gesamtwirtschaftlich vorteilhafte Handlungen gelenkt (*marktwirtschaftliches Scheinparadoxon*). Um sein Einkommen zu maximieren, hat jeder Anbieter den Anreiz, effizient zu produzieren (d. h. keine Produktionsfaktoren zu verschwenden) u. sein Angebot an den (sich wandelnden) Wünschen der Nachfrager auszurichten. Dabei handelt es sich letztlich um ein System des Trial-and-error, bei dem dezentral immer wieder neue Ideen ausprobiert werden, die sich – sofern erfolgreich – über die gesamte Volkswirtschaft ausbreiten. Dem Staat kommt in der Marktwirtschaft unter anderem die Aufgabe zu, den Rahmen für das wirtschaftliche Geschehen zu gestalten (→Wirtschaftspolitik). Dabei gilt es auch, Grenzen für den eigennützig handelnden Menschen zu setzen, beispielsweise durch Schutz des Eigentums, die Verhinderung eines „unbilligen" Wettbewerbs u. die Durchsetzung von Verträgen im Konfliktfall. Dem Staat obliegt es auch, durch eine wirkungsvolle →Wettbewerbspolitik die Vermachtung von Märkten zu unterbinden.

Im empirischen Vergleich der W.e hat sich die Zentralverwaltungswirtschaft als weniger effizient u. weniger innovativ erwiesen. Ein Grundproblem ist die Fülle der Informationen, über die eine zentrale Planbehörde verfügen muss, um eine industrialisierte Volkswirtschaft zu steuern. Dieser Schwachpunkt gilt selbst unter der (wenig realistischen) Annahme, dass alle Wirtschaftssubjekte ihre persönlichen Ziele dem →Gemeinwohl unterordnen. Hinzu kommen systemtypische Mängel, die sich durch das Verhalten egoistisch handelnder Akteure ergeben.

In der Zentralverwaltungswirtschaft erfolgt die (positive oder negative) Sanktionierung auf der Basis der Planerfüllung. Zudem wurden angesichts des (teils vordergründigen) politischen Ziels einer möglichst gleichmäßigen Einkommensverteilung wenig monetäre Leistungsanreize gesetzt. Da die zentrale Planbehörde auf dezentrale Informationen angewiesen ist, haben die Akteure in den Betrieben einen Anreiz, die eigene Leistungsfähigkeit gering, den eigenen Ressourcenbedarf hingen möglichst hoch erscheinen zu lassen, um so die Planerfüllung zu erleichtern (Tendenz zu „*weichen Plänen*"). Dies gilt auch für die Orientierung an relativ groben Kennziffern („*Tonnenideologie*"), die keinen Anreiz für Qualitätsdifferenzierungen bietet. Für Innovationen existieren in Zentralverwaltungswirtschaften ebenfalls nur schwach ausgeprägte Anreize. Hinzu kommen Ineffizienzen, wenn Haushalte mit Gütern verschwenderisch umgehen, deren Preis durch die Planbehörde besonders niedrig festgelegt wurde.

6. W.transformation. Insbesondere in der zweiten Hälfte des 20. Jhds. wurden von zahlreichen Autoren Konzepte für einen „*Dritten Weg*" zwischen Markt- u. Zentralverwaltungswirtschaft entwickelt u. teilweise eine Konvergenz der beiden unterschiedlichen W.e erwartet. In den 1990er Jahren führte der Zusammenbruch der UdSSR u. des von ihr beherrschten Staatensystems jedoch zur W.transformation von der Zentralverwaltungswirtschaft hin zur Marktwirtschaft. Die Transformationsprozesse in den einzelnen Ländern unterscheiden sich zum einen in ihrer Dauer, zum anderen in der Reihenfolge der einzelnen Transformationsschritte.

W. Eucken, Die Grundlagen der Nationalökonomie, Berlin (1940) 1989[9] – H. R. Peters, W.theorie u. Allgemeine Ordnungspolitik, München 2002[4] – H. J. Thieme, W., in: D. Bender et al. (Hg.), Vahlens Kompendium der Wirtschaftstheorie u. Wirtschaftspolitik, München 2007[9], S. 1–52 – K. P. Hensel, Grundformen der Wirtschaftsordnung, Berlin 2015[5].

Frank Fichert

Wissenschaftsethik

In einem schulmäßigen Sinn kann man W. als Reflexion über →Normen und Ziele des wissenschaftlichen, durch Wissenschaft ermöglichten und gesteuerten →Handelns verstehen. Sie fragt nach dem Wer (Subjekt), nach dem Warum (Ziel) und nach dem Wie (Qualität) wissenschaftlicher Prozesse. Damit steht sie an der Schnittstelle, an der heute der Konflikt zwischen Forschungsfreiheit, eindimensionalem Fortschrittsglauben und Zukunftsverantwortung ausgetragen werden muss. Sie benennt das Vakuum, das das öffentliche Bewusstsein an der Stelle hinterlässt, an der sich die Frage nach der →Verantwortung für die Folgen des technisch-rationalen Zugriffs auf Mensch und Natur meldet.

1. Problem und Thema der W. Dass die W. uns zur Aufgabe und zum Problem geworden ist, ist die Folge einer theoretischen Einstellung zur Wirklichkeit im Ganzen, die auf die frühe Neuzeit zurückgeht. Seit der griechischen Antike (Platon, Aristoteles) gilt als Wissenschaft das Ideal einer zweckfreien, weil aus wahren und schlechthin ersten Sätzen (Prinzipien) begründeten und deshalb notwendigen Erkenntnis. Daran hat sich bis zum Rationalismus der →Aufklärung (Hobbes, Descartes) nichts geändert. Die Neuzeit trennt sich jedoch von der überlieferten Prämisse, dass jene ersten Prinzipien in der Natur der Dinge selbst verankert seien, und setzt die skeptische These dagegen, dass wir den „wahren" Bauplan der Welt, ihre Absicht und ihren Zweck, kraft eigener Einsicht unmöglich begreifen können. Damit wird ein Keil zischen „Wissen" und „Wahrheit" getrieben, der den Rückschluss von der uns möglichen Erkenntnis der Wirklichkeit auf deren tatsächliche Gestalt nicht mehr erlaubt. Zwischen dem Weltentwurf der Wissenschaft und den „an sich" bestehenden Ordnungen der Natur tut sich eine theoretisch nicht zu schließende Lücke auf, zu deren lebenspraktischer Bewältigung nun die →Ethik aufgeboten wird.

Die sichtbare, wissenschaftlicher Erforschung zugängliche Welt, argumentiert DESCARTES, ist ein chiffriertes Buch. Weil wir den Code zur Entzifferung ihrer Schriftzeichen von uns aus nicht finden können, bleibt uns nur die Möglichkeit, ihr eine „fiktive" Ordnung zu unterstellen, die Ordnung unserer *Methode*, und zu prüfen, wie weit sie mit unserer tatsächlichen Erfahrung übereinstimmt. Mit der Ausschaltung aller „natürlichen" Zweckursachen, mit denen die Tradition gerechnet hatte, entsteht die Wissenschaft im neuzeitlichen Sinn. Die →Vernunft, so hat KANT ihr Vorgehen gerechtfertigt, sieht nur das ein, „was sie selbst nach ihrem Entwurfe hervorbringt" (KdrV). Damit ist das moderne Verfahren von „Vermutung" und „Falsifikation" (K. POPPER) im Prinzip entdeckt. Die Wissenschaft versteht ihre Aussagen lediglich als mehr oder weniger stark bewährte *Hypothesen*, die – der kritischen Überprüfung ausgesetzt – immer wieder neu modifiziert und revidiert werden können (kritischer Rationalismus, →Pragmatismus). Hand in Hand damit geht das neue Erkenntnisinteresse, die Menschen zu „maitres et possesseurs de la nature" (DESCARTES) zu machen, d. h. die Welt der Herrschaft des Menschen und seiner Vernunft zu unterwerfen.

Damit ist das *ethische Problem* des wissenschaftlichen Zeitalters geschaffen: Tritt der Wissenschaftler der Natur in der Distanz des Beobachters bzw. Experimentators gegenüber, ist er es, der als *Subjekt* die Perspektive bestimmt, unter der sie sich zeigen und zum *Objekt* seiner Forschung werden kann, dann lassen sich aus seinen Verfahrensregeln keine Kriterien mehr ableiten, die dem Eigensinn und Eigenrecht (intrinsic value) der von ihm untersuchten Prozesse Rechnung tragen könnten. Die Vorschriften seiner Methoden haben den Status von Anweisungen, die Natur so zu „präparieren", also genau das zu Gesicht zu bekommen, was er sehen will. Die Wissenschaft wird „wertneutral". Ihre Logik begründet das Denken des Quäkers wie des Mörders. Die Ethik muss als eine Art „extraterritoriale" Leihgabe aus Philosophie oder Theologie von außen in den wissenschaftlichen Diskurs eingeschleust werden, was die Praxis der Enquete-Kommissionen belegt. Die „exakte" Wissenschaft selbst kommt als Begründungszusammenhang ethischer Orientierung nicht mehr in Frage. Sie ist zum Anwendungsgebiet „fremder" Normen geworden. Umgekehrt hat der Zugriff namentlich der Naturwissenschaften (nukleare Technik, →Genetik) auf ihren Gegenstand ein Ausmaß erreicht, das die Lebensbedingungen nicht nur des Menschen in bedrohlicher Weise verändert und nach einer Korrekturinstanz verlangt, als welche die Ethik fungiert.

Im 20. Jh. hat die Wissenschaft erneut einen tief greifenden Wandel ihrer gesamten Struktur erfahren, der die wissenschaftlichen →Institutionen, ihre →Organisation und Planung erfasst und sich damit auch auf Berufshaltung und Lebenseinstellung der wissenschaftlich Arbeitenden aller Stufen auswirkt. Seit die Wissenschaften sich unmittelbar in technische Projekte oder in ökonomische und militärische Praxis übersetzen, haben sie – jedenfalls in diesen Bereichen – den angeblich verantwortungsfreien Raum der „reinen Theorie" durchbrochen. Sie sind auf die Mobilisierung von großen gesellschaftlichen →Interessen angewiesen. Im Zuge dieser Entwicklung haben sich folgerichtig auch die Kriterien, nach denen entschieden wird, was als wahr, d. h. als wissenschaftlich vertretbar gelten soll, teils explizit, teils im Hintergrund des wissenschaftlichen Bewusstseins verändert. Die Wissenschaft unseres Jh.s ist das Ergebnis einer →Emanzipation ihrer Spezialdisziplinen von der Philosophie (G. PICHT). Das zeigt sich daran, dass ihr ein wissenschaftlich geklärtes, allen Einzelwissenschaften gemeinsames Selbstverständnis fehlt. Das Kennzeichen der gegenwärtigen Situation besteht so gesehen darin, dass der undurchsichtige Komplex „Wissenschaft" kein einheitliches Subjekt hat. Es fehlt ihm die Möglichkeit einer gemeinsamen und reflektierten Urteils- und Willensbildung. Auf diese schwierige Lage hat die W. zu reagieren.

2. Traditionelle Aufgabenstellung. Die *traditionell* der W. zugeschriebenen Aufgaben ergeben sich aus der Herkunft der europäischen Wissenschaftsgeschichte. Danach beruht das Ethos der Wissenschaft auf dem Ideal der reinen Theorie (ARISTOTELES), die sich von den Interessengegensätzen der politischen, wirtschaftlichen und gesellschaftlichen Praxis fernhält und dadurch jenen Raum der Freiheit gewinnt, den der Mensch braucht, um mit ungetrübtem Blick zu erkennen, was wahrhaft ist. Forschung und Lehre sind – schon als Bedingung jeder →Kommunikation – kompromisslos der *Wahrheit* verpflichtet. Ob theoretische Neugier, ob ein natur- und sozialtechnisches oder ein therapeutisches Interesse die Wissenschaft motiviert: hinter der Idee objektiver Wahrheit haben alle persönlichen und gruppenspezifischen →Interessen zurückzutreten. Dementsprechend gehört die Überwindung von Vorurteilen und Autoritätsglaube, die Prüfung bloß überlieferter Meinungen, der kritische Umgang mit Gewohnheiten und Traditionen, auch das Hinausgehen über den einmal erreichten Erkenntnisstand und das Hinterfragen angeblicher Erkenntnisgrenzen zu dem klassischen Katalog wissenschaftsethischer Postulate. Wissenschaft soll die rationale Qualität öffentlicher Entscheidungsprozesse garantieren, ohne sich in den Dienst politischer oder privater Verwertungsinteressen zu stellen. Sie soll, um das Überleben der Menschheit zu sichern, Motor des technischen und sozialen →Fortschritts sein und zugleich den Menschen über die Bedingungen seiner natürlichen und gesellschaftlichen Existenz aufklären.

3. Moderne Problemstellung. Diese uns längst selbstverständlich gewordenen Forderungen behalten ihre Notwendigkeit auch in einer veränderten Welt. Mit ihnen sind die spezifisch *modernen* Probleme jedoch noch gar nicht berührt. Denn der Preis, den die Verwissenschaftlichung aller Lebensgebiete uns heute abzuverlangen droht, ist die *Trennung* einer Vernunft, die in rein formalen Verfahren sich selbst bestätigt, vom Lebensvollzug der Menschen, die sich ihr unterwerfen. In der fehlenden Reflexion auf die *Folgen* dieses Zustandes, d. h. auf das wachsende Leiden der Menschheit unter dem Druck technischer und zivilisatorischer Normen, auf ihre unterdrückten und darum kaum mehr artikulierten Sehnsüchte und Ziele, hat der Verlust eines gemeinsamen Selbstverständnisses der Wissenschaft seine Wurzeln. Die Vernunft ist zum reflexionslosen Instrument der Beherrschung geworden (M. HORKHEIMER). Dem entgegenzuwirken, wäre die Aufgabe einer zeitgemäßen W. Eine solche Ethik aber ist uns niemals schon als ein Faktum der kulturellen Lebenswelt gegeben; sie ist uns vielmehr aufgegeben als eine „Form des Selbstbezuges" (W. SCHULZ), der in einer bloß feststellenden Außenbetrachtung gar nicht eingefangen werden kann.

Als W. hätte sie die spezialisierten Einzelwissenschaften daran zu erinnern, dass ihre primäre Aufgabe darin besteht, die Bedingungen herzustellen und zu erhalten, unter denen ein für alle lebenswertes →Leben möglich ist und gelingt. Das schließt nicht aus, sondern ein, dass wir in die vorgefundene Wirklichkeit eingreifen und eingreifen müssen. Als geschichtlich existierende Wesen haben wir keine Alternative zu der Notwendigkeit, unsere Welt erkennend und handelnd aufzubauen. „Vernatürlichung" ist noch nie eine Möglichkeit des Menschen gewesen (ALTNER). Auf der anderen Seite kann jeder Einsichtige heute wissen, dass unser Schicksal unauflöslich mit dem Schicksal der subhumanen Natur verbunden ist, die wir unseren Bedürfnissen und Interessen nicht beliebig anverwandeln können. Ohne eine ethische Ausrichtung ist ein Aufbau der Welt nicht durchführbar. Die W. ist demnach an einer doppelten Front herausgefordert: Sie müsste den Prozess der Wissenschaft zurückbinden an den Lebensvollzug der von ihm betroffenen Menschen, und sie müsste das Bewusstsein dieser Menschen zugleich in Einklang bringen mit den Bedingungen ihres Lebensraums, den sie sich nicht selber gewählt haben. Sie müsste Unruhe wecken gegen die Bedenkenlosigkeit technologischer Trends, die sich als wertfreie Sachlichkeit ausgeben, also nach gangbaren Wegen suchen, das Sachgerechte mit dem Menschengerechten zu verbinden. So verstanden wäre sie – mit A. SCHWEITZER gesprochen – die „ins Grenzenlose erweiterte Verantwortung gegen alles, was lebt."

4. W. als Ethik der →Verantwortung. Die tiefe Zweideutigkeit der gegenwärtigen Stellung der Wissenschaft resultiert aus dem unreflektierten und darum unaufgeklärten Glauben an den Nutzen wissenschaftlicher Weltbeherrschung. An die Stelle der alten Frage: „Was kann ich *wissen*?" ist die neue Leitfrage: „Was kann man *machen*?" getreten. Gilt aber die Machbarkeit, der Erfolg, als Kriterium der Wahrheit, dann verliert die Wissenschaft die Frage nach den Folgen ihres Tuns – und damit die Dimension der *Verantwortung* – aus dem Blick. Die Irrationalität der Entscheidungen, die zum Bau und zum Einsatz der ersten Atombomben, zu den Großprojekten nuklearer Technik oder problematischen Anwendungen der Gentechnologie (Klonen von Tieren) geführt hat, ist die Kehrseite einer Rationalität, die sich allein am vermeintlichen Nutzen und der bloßen Machbarkeit orientiert. Aus diesem Grund wird in den letzten Jahrzehnten die bewusste Wahrnehmung von Verantwortung mit zunehmender Dringlichkeit als oberste Maxime einer zeitgemäßen W. geltend gemacht. (G. PICHT, H. JONAS, W. SCHULZ). Sie beginnt bei der Verantwortung der Wissenschaft für ihre eigenen Voraussetzungen, d. h. bei der Organisation ihres Betriebs und bei der Ausbildung eines Nachwuchses, der in der Lage ist, wissenschaftliche Denkweisen und Erkenntnisse in das allgemeine Bewusstsein zu übersetzen. Sie realisiert sich in der Bereitschaft, die Konsequenzen der durch den wissenschaftlichen Fortschritt ausgelösten Prozesse zu analysieren. Die Unglücke der Kernreaktoren in Tschernobyl und in Fukushima haben uns vor Augen geführt, dass diese Konsequenzen den engen Kompetenzbereich von Technikern und Ingenieuren weit übersteigen. Er nötigt uns zu der Erkenntnis, dass verantwortliches Handeln über den denkbaren Umfang jeder möglichen →Moral und jeder rechtlich geregelten Zuständigkeit hinausreicht. Es sind die *geschichtlichen* Aufgaben, vor denen wir stehen, die den Begriff der Verantwortung definieren.

Wichtige wissenschaftsethische Ansätze, wie solche Verantwortung wahrzunehmen ist, sind inzwischen auf vielen Feldern der Forschung formuliert worden. Seit der alarmierende Bericht des →Club of Rome (Meadows-Studie 1972) auf die „Grenzen des Wachstums" aufmerksam gemacht und erste Überlegungen zu einer →Umweltethik angestoßen hat, ist die Bewahrung bzw. Wiederherstellung des gefährdeten Gleichgewichts von Natur und Geschichte, d. h. der Einklang unserer gesellschaftlichen Entwicklung mit dem ökologischen Rhythmus der Natur, zur unhintergehbaren Forderung geworden. Wer sich der Tatsache stellt, dass wir selbst Teil der Natur sind, wird der Folgerung nicht ausweichen können, wissenschaftliche Forschungsstrategien an ökologische Notwendigkeiten anzugleichen und die Natur – ein derzeit noch umstrittenes Postulat – in das menschliche Rechtssystem einzubeziehen („Rechte der Natur"). Analog sieht die →*Bioethik* ihre Aufgabe darin, die Entfaltungsfähigkeit des →Lebens im offenen Spiel der Evolution zu gewährleisten. Dass wir die

„Grammatik" des Lebens bis in den Bereich des Genoms hinein zu entziffern lernen, ist für sich genommen kein problematischer Vorgang; das ethische Problem beginnt erst bei der Frage, was wir mit dieser Erkenntnis anfangen, ob wir dazu fortschreiten, natürliche Artenschranken mittels Gentransfer – losgelöst von der Frage des evolutionären →Risikos – zu durchbrechen und damit faktisch die Grenze vom cooperator Dei zum „created co-creator" (HEFNER) überschreiten. Im Unterschied zur utilitaristischen Ethik (P. SINGER; →Utilitarismus) ist das hier formulierte Handlungsziel daher nicht das Ideal eines leidfreien Lebens, sondern die weitestgehende Minimierung von Schmerz, Zerstörung und Tod unter Einschluss aller an der Überlebenskonkurrenz beteiligten Partner (ALTNER). Die moderne →Wirtschaftsethik schließlich sucht den Grundsatz der →Gerechtigkeit auf dem Gebiet der Ökonomie in einer Weise zur Geltung zu bringen, dass die Freiheit des →Marktes an den Bedürfnissen der Menschen *und* an dem endlichen Vorrat der Mittel, sie zu befriedigen, ihre Schranke erfährt (A. RICH). Sie plädiert für die Verwirklichung von →Menschenrechten im Wirtschaftsleben, für die bewusste Verringerung sozialer Ungleichheit, für den Übergang zu einer nachhaltigen Landwirtschaft und für eine ökologisch orientierte Produktpolitik.

Nimmt man diese Ansätze zusammen, dann wird man das *Kriterium* der Verantwortung in wissenschaftsethischer Perspektive so formulieren können: Wissenschaftliche Entwicklungen müssen sich daran prüfen lassen, ob sie lebensdienlich sind und die Lebensbedingungen künftiger Generationen (und deren Freiheit zur Selbstentfaltung) erhalten oder aufs Spiel setzen. Es liegt auf der Hand, dass die Erfüllung dieses Kriteriums auf die Wahrnehmung des humanen Maßes angewiesen ist. Was uns zukommt, was uns angemessen ist und was wir daraufhin mit dem Instrumentarium wissenschaftlicher Forschung realisieren, kann nicht allein Sache unserer freien Selbstbestimmung sein. Theologisch gesprochen: Menschliche →Freiheit ist geschöpfliche, d. h. endliche und begrenzte Freiheit. Daher ist das Wissen der Menschheit wesentlich von Gottes Weisheit zu unterscheiden, weil die partikulare menschliche Sicht niemals das Ganze der Welt überblicken kann. (VON LÜPKE). Die biblische Unterscheidung von Schöpfer und Geschöpf zieht eine Grenze zwischen dem, was uns möglich ist, und dem, was wir verantworten können. Zur Leitidee einer W., die diese Unterscheidung überzeugend zur Geltung bringen will, muss daher heute die *Selbstbegrenzung* aus Verantwortung (W. HUBER) werden.

A. SCHWEITZER, Kultur und Ethik, 1958 – C. F. V. WEIZSÄCKER, Die Verantwortung der Wissenschaft im Atomzeitalter, 1963[4] – DERS., Die Tragweite der Wissenschaft, 1971[3] – M. HORKHEIMER, Zur Kritik der instrumentellen Vernunft, 1967 – G. PICHT, Wahrheit, Vernunft, Verantwortung, 1969 – J. HABERMAS, Technik und Wissenschaft als Ideologie, 1975[2] – W. SCHULZ; Philosophie in der veränderten Welt, 1976[3] – H. JONAS; Das Prinzip Verantwortung, 1979 – A. RICH, Wirtschaftsethik, II1987[3] – W. HUBER, Konflikt und Konsens. Studien zur Ethik der Verantwortung, 1990 – L. VISCHER (Hg.), Rechte künftiger Generationen – Rechte der Natur, in: EvTh 1990 – G. ALTNER, Naturvergessenheit. Grundlagen einer umfassenden Bioethik, 1991 – H. V. SCHUBERT, Evangelische Ethik und Biotechnologie, 1991 – J. VON LÜPKE, Anvertraute Schöpfung, 1992 – K. M. MEYER-ABICH, Naturphilosophie, 1997 – PH. HEFNER, Biocultural Evolution and the Created Co-Creator, in: T. PETERS (Hg.), Science and Theology, 1998. 174–188 – C. LINK, Die Einführung des Subjekts, in: R.-M. E. JACOBI/D. JANZ (Hg.), Zur Aktualität Viktor von Weizsäckers, 2003, 227–245 – L. KLINNERT (Hg.), Zufall Mensch? Das Bild des Menschen im Spannungsfeld von Evolution und Schöpfung, 2007.

Christian Link

Wissensgesellschaft

1. Definition. Der Begriff W. bezeichnet eine Organisationsform von Gesellschaften, in denen individuelles und kollektives Wissen und seine Organisation vermehrt zur Grundlage des sozialen und ökonomischen Zusammenlebens werden. Die W. des 21. Jahrhunderts wird als Nachfolgerin der Industriegesellschaft des 19. und 20. Jahrhunderts verstanden.

Wissen wird grundsätzlich durch Unterscheidung geschaffen. Ein Gegenstand oder ein Individuum werden vom sonstigen unterschieden. Aus der Unterscheidung entsteht möglicherweise Information. „Information ist ein Unterschied, der einen Unterschied macht." Wir hören ein Signalhorn. Erst, wenn es sich unserem Hause oder, wenn es sich dem eigenen Auto nähert, wird daraus eine Information. Wir sorgen uns um unser Heim oder wir fahren beiseite, um den Krankenwagen durchzulassen. Wir werden informiert, oder besser, wir informieren uns. Wir bringen uns in eine andere Form, das Signal hat Informationswert für uns.

Mit dem Spurenlesen hat das menschliche Erkennen wohl begonnen. Es kann als die Urform der Information gelten. Es werden Unterschiede zum Kontext gebildet, die sich zu aktuellem Wissen entwickeln. Relevante Informationen werden aus Unterschieden von Figur und Grund gelesen. In sozialen Prozessen kann das Beobachten von Unterschieden sich als sehr schwierig herausstellen, da die beteiligten Akteure sich nicht über Zustände bewusst sein können, nicht alles kommunizieren, was sie erfahren, denken oder fühlen oder anders darüber berichten. Es gilt also geeignete Kontexte zu formen, in denen zumindest wahrscheinlicher wird, dass die Beteiligten Auskünfte über ihre Wahrnehmungen und Beobachtungen geben. Wissen kann explizit oder implizit sein, es ist erfahrbar und bewusst oder eben unbewusst.

Wissen ist individuell interpretierte Realitätserfahrung, was heißen soll, dass Menschen nur wissen können, was sie subjektiv auf gewisse Weise wahrnehmen und ganz spezifisch als ihre Sicht der Dinge auslegen. Das Lernen des Wissens geschieht mittels Kommunikation. Kommunikation ist ein gegenseitiger Verständigungsversuch. Es ist nie sicher, welche Informationen aus Signalen, Daten und Reizen ein Empfänger bildet. Am Anfang stehen die Unterschiede, welche sich zu Reizen und Signalen und damit zu Zeichen und Daten entwickeln und damit als Rohstoff der Information dienen. Eine Information entsteht erst aus der individuellen Bedeutungszumessung. Gelernte Informationen bilden das Wissen. Angewandtes Wissen wird zur Fähigkeit oder zum Können. Eine Kompetenz entsteht dann relational aus der Zuordnung dieser Fähigkeiten zu einem Akteur durch das soziale Umfeld. Eine Kernkompetenz ist eine herausragende Fähigkeit, die von anderen zugeordnet wird. Als universelle Kategorie kann es bis zur Metakompetenz, also einer Kontext unabhängigen Problemlösefähigkeit gehen. Metakompetenz äußert sich in einer in sich stimmigen Außenwahrnehmung eines Akteurs oder eines Systems. Der metakompetente Akteur kann sich auf sehr unterschiedliche Kontexte sehr effektiv einstellen und verliert dabei seine einzigartige Identität und Fähigkeit nicht. Metakompetenzen kann man insofern als absolute, nicht mehr relationale Kompetenz beschreiben.

2. Kollektives Wissen. Das kollektive Wissen oder eine kollektive Kompetenz sind die gemeinsamen, geteilten Wissensbestände und Fähigkeiten in einer Gemeinschaft, einem Unternehmen oder gesamten Gesellschaften. Heute spricht man von Commons oder Common Knowledge.

Die evolutionäre Erkenntnistheorie spricht davon, dass Informationen aus Erwartungen und Erfahrungen gebildet werden, die als wesentlicher Unterschied erkannt werden. Erkennen ist nur dann möglich, wenn man Unterschiede machen kann, wenn man „order from noise" bildet, wie es der Systemtheoretiker HEINZ VON FOERSTER ausgedrückt hat (VON FOERSTER 1960, 43). Man erkennt in gewisser Weise vor allem das, was man schon kennt, weil Wahrnehmungsmuster schon vorliegen müssen. Die ältere evolutionäre Erkenntnistheorie stand noch mehr oder weniger einer gänzlichen Außenorientierung des Erkennens nahe. Sie dachte, unser Erkenntnisapparat mit seinen Sinnesschleusen sei ein evolutionäres Abbild der äußeren Wirklichkeit. Wir erkennen die äußere Wirklichkeit mit unseren Möglichkeiten der Wahrnehmung und mentalen Verarbeitung, weil der Wahrnehmungs- und Erkenntnisapparat ein Produkt der Evolution ist.

Die konstruktivistische Erkenntnistheorie betont hingegen die zentrale Stellung der mentalen Konstruktion von Erkenntnissen. Das Gehirn konstruiert sich die Wirklichkeit „dort draußen", ob es sie so gibt wie sie von uns erfahren wird, ist nicht erkennbar. Das ist allerdings im Grunde auch nicht wichtig, da wir in dieser Wirklichkeit handeln und solange unser Handeln Reaktionen erzeugt, können wir sicher sein, dass wir uns auf die Wirklichkeit beziehen. Der Kreislauf der Erkenntnis speist sich so aus eigenen und fremden Quellen. Erkenntnis besteht aus der Reflexion von Erlebtem und der mentalen Konstruktion von Neuem. Neben systematisiertem Lernen gilt es Freiräume für Neues zu schaffen, um neue Erkenntnisse außerhalb unserer mentalen Erkenntnisstrukturierung zu gewinnen.

Wenn wir nur das erkennen, was wir kennen, wie ist dann überhaupt neue Erkenntnis möglich? Eigentlich nur in mehr oder weniger kleinen Schritten, die wegführen von unseren tradierten Mustern des Denkens und Fühlens. Kritisches Hinterfragen bisheriger Erkenntnisse gehört somit zum wesentlichen Prozess Neues zu produzieren. Ein bestmögliches Erkenntnissystem, ein optimales Lernsystem also, garantiert möglichst eine ganzheitliche Sichtweise des Problemgegenstandes und lässt viele unterschiedliche externe Informationen zu. Wie wir weiter oben gesehen haben, schränkt vertikales Denken diesen Prozess ein. Rein analytische, zerlegende Reflexionsprozesse verharren meistens zu sehr in althergebrachten Mustern. Diagnostische Verfahren mit ganzheitlichen Perspektiven eröffnen hingegen neue Erkenntnishorizonte. Bei zu geringer Selbstreflexion neigen Lernprozesse zu Stereotypisierung, zu „problemerzeugenden Pseudo-Lösungen (PePsel)" und „Selbstversiegelungen". Auf dieser Erkenntnisperspektive wird dann häufig „mehr desselben" produziert und vorgeschlagen, neue unkonventionelle Erkenntnisse und Lösungen werden nicht erreicht.

Erst der Dialog verschiedener Sichtweisen beziehungsweise Wirklichkeitskonstruktionen von Individuen ergibt ein umfassendes Bild der Wirklichkeit. Der Wahrheitsgrad der Wirklichkeitskonstruktionen steigt mit der Anzahl kritisch-dialogischer Reflexionen. Die unterschiedlichen Sichtweisen sind es, die Innovationsprozesse voranbringen. Einheitliches Denken und Handeln wirken oft letal, sie produzieren eine hermetische Atmosphäre. Zu starke Identifizierung des Einzelnen mit den Zielen der Organisation, eine übertriebenen, stromlinienförmige Zurichtung der Individuen auf die „Corporate Identity" der Unternehmung hat, aus der innovatorischen Perspektive gesehen, eher einen kontraproduktiven Effekt.

Da die W. anstelle der Verwertung von fixem Sachkapital von immateriellem Kapital ausgeht, das nicht mehr mit klassischen Methoden gemessen werden kann, wäre nach MICHEL SERRES die angemessene Ökonomie für eine W. eine Wissensallmende. Es geht also um den möglichst einfachen und freien Zugang zu Wissen, Bildung und Erkenntnissen. Wissen ist ein Rohstoff, der sich gerade durch Teilung vermehrt. Wissen entsteht erst, wenn man es in der Kommunikation zu anderen austauscht und dadurch erweitert. Da in der modernen Gesellschaft vielfältige Formen von Wissen und Kompetenzen gebraucht werden, ist es von entscheidender Bedeutung, möglichst vielen Menschen eine breite und fundamentale Bildung zu ermöglichen. Es geht dabei nicht unbedingt um eine Akademisierung von allen Bereichen, sondern vielmehr um die freie Bildung, die auch handwerkliche und technische Elemente integriert.

3. **Wissensgesellschaft.** Die Beschreibung unserer Gesellschaft als W. speist sich vor allem aus der Beobachtung, dass in Industrie und Dienstleistungen zunehmend anspruchsvollere Technologien eingesetzt werden und sich Wertschöpfung und Arbeitsplätze vom Industrie- in den Dienstleistungssektor verlagern.

Für SERRES wird die Informationsgesellschaft eine pädagogische Gesellschaft neuer Art sein, um dem System eines dynamischen Netzwerks entsprechen zu können. Sie beendet die Wissensmonopolisierung und schafft mehr Wissensaustausch. Das funktioniert nicht nach dem paternalistischen Modell (Lehrer-Schüler Verhältnis, traditionelle Entwicklungshilfe), sondern verläuft vieldimensional in weniger hierarchischen Beziehungen.

Die dritte Welt wird sich nicht länger im Abseits halten lassen und die freie Zirkulation des Wissens wird durch Copyrights nicht zu bändigen sein, meint SERRES. Das technische Potenzial provoziert immer auch seine uneingeschränkte Nutzung. SERRES bemüht hier den Götterboten Hermes, der nicht nur Kaufleute, sondern auch Diebe beschützt. So hat das globale Netzwerk des Wissens die Tendenz, die sozialen und politischen Ungleichheiten in der Verteilung von Wissen zu reduzieren. Ein Modell für alternative Kommunikation sieht SERRES im historischen Beispiel der von Frauen geführten Pariser Salons. Dort wurden weder Monologe noch Dialoge geduldet, sondern allein die umfassende Konversation, das Ensemble permanenter Übergänge.

„Der Pirat des Wissens ist ein guter Pirat. Wenn ich noch einmal jung wäre, dann würde ich ein Schiff bauen, das so hieße: Pirat des Wissens. Was in der Wissenschaft derzeit schlimm ist, ist dass die Firmen ihr Wissen kaufen und es deshalb geheim halten wollen. Und deshalb werden die Piraten morgen die sein, die im Recht sind. Man wird das Geheimnis piratieren."

Offener Zugang zu Wissen und offener Wissenstransfer sind die Merkmale zukünftiger Ökonomie und Politik. Zentral wichtig für die Erweiterung der Handlungsmöglichkeiten ist die Mitwirkung möglichst vieler und unterschiedlicher Akteure. Kreativität entsteht besonders dort, wo gleich berechtigter Zugang zu Ressourcen besteht und die notwendigen Basismittel frei zur Verfügung stehen. Es ist in einer vernetzten Erdgesellschaft kaum auszumachen, wer was entwickelt oder erfunden hat. Die meisten Neuerungen sind Ergebnisse kollektiver Prozesse. Ideen und Erfindungen werden aus dem Meer des Wissens „geschöpft", zuweilen von einzelnen Akteuren gefunden und isoliert, dennoch sind sie nur durch die Beziehung zu anderen, mit anderen und anderem schöpfbar. Die Urheber und Eigentumsrechte werden zunehmend hinterfragt. Worauf beruht die Legitimität leistungslos erworbenen Vermögens? Warum gehören Kunstwerke von längst verstorbenen Künstlern den Erben oder irgendwelchen Rechteinhabern? Werke von VAN GOGH oder MOZART gehören in öffentliche Museen und Konzertsäle, wo lediglich für die Präsentation und Aufführung bezahlt werden sollte. Das Wissen der Welt gehört allen Menschen. Die Knowledge Commons werden benötigt, um die gewaltigen Probleme gemeinsam und effektiv lösen zu können.

4. **Solution Cycle: der Prozess des Lernens.** Wissen entsteht aus Lernprozessen. Diese können weit über Wissen hinausgehen und zum Können, zu Kompetenzen und Bildung beitragen. Im Solution Cycle ist dieser Prozess beschrieben (→ Innovation).

Wenn ein offener Austausch über Wissen stattfindet, wenn gegenseitig Kompetenzen erweitert werden, kann eine kontinuierliche Weiterentwicklung, also eine Erweiterung von Handlungsmöglichkeiten erreicht werden. Das ganze System wird resilienter (widerstandsfähiger, robuster, multistabil). In einer modernen W., in der zunehmend ungewisse, kontingente und unüberschaubare Probleme gelöst werden müssen, kann der offene Austausch über Fähigkeiten und die freie, vielfältige Bildung zum Überleben des Systems und zur Entwicklung maßgeblich beitragen.

Verknüpft man nun die skizzierten Erkenntnisse miteinander, so lassen sich Lösungsansätze ableiten, die an die jeweiligen Anforderungen eines jeden Unternehmens angepasst werden können. Auf Basis des Solution Cycles lassen sich gezielte Interventionen durchführen, die dabei helfen, wichtige (Veränderungs-) Impulse anzustoßen, positive Atmosphären zu schaffen und die Rahmenbedingungen für die Veränderungsprozesse selbst zu gestalten.

G. BATESON, Ökologie des Geistes: Anthropologische, psychologische, biologische und epistemologische Perspektiven, 1981 – G. BERGMANN/J. DAUB, Systemisches Innovations- und Kompetenzmanagement, 2008[2] – H. VON FOERSTER, Self-Organizimg Systems and their environments in: M. C. YOVITS/S. CAMERON (Hg.), Self-Organizing Systems, 1960, S. 31–50 – M. SERRES, Der Pirat des Wissens ist ein guter Pirat, in: www.heise.de/tp/druck/mb/artikel/3/3602/1.html.

Gustav Bergmann

Wohlfahrt

1. **Definition.** Individuell: Die armutssichere Deckung der materiellen und sozialen Grundbedürfnisse sowie faire Teilhabe an Bildung, Kultur, Gestaltung von Ge-

sellschaft und die Möglichkeit, die eigenen Fähigkeiten und die eigene Persönlichkeit zu entwickeln als Voraussetzungen für ein selbstbestimmtes Leben.

Volkswirtschaftlich: Eine effiziente (Pareto optimale) Verteilung von Ressourcen, sowohl in Bezug auf die Versorgung mit privaten wie mit öffentlichen Gütern.

2. Diskussion. W. als Maß für Lebensqualität findet in Wissenschaft und Politik stärkere Beachtung seit das Bruttoinlandsprodukt (BIP) als gängiges W.maß zunehmend in die Kritik geraten ist. Aufgrund der Erkenntnis, dass mit der herkömmlichen Berechnung des BIP zahlreiche wohlfahrtsrelevante Faktoren nicht berücksichtigt werden, wurden in mehreren Ländern hochrangige Kommissionen damit beauftragt, alternative bzw. ergänzende W.maße zu entwickeln. Sie alle berücksichtigen die Tatsache, dass es Wirtschaftswachstum gemessen am BIP geben kann, ohne dass dies mit W.wachstum verbunden ist, wenn z. B. negative externe Effekte die Wachstumseffekte überkompensieren oder irreparable Verluste an Gemeingütern entstehen. Umgekehrt werden positive externe Effekte z. B. von Hausarbeit oder ehrenamtlichen Engagements nicht in die Berechnung des BIP einbezogen.

3. Alternative oder ergänzende W.maße. Von der OECD wurde auf der Basis von zwanzig Einzelindikatoren der „Your Better Life Index" entwickelt, der politische Entscheidungen, die auf die Verbesserung der individuellen Lebensqualität zielten, unterstützen sollte. Dies war auch Ziel der Stiglitz-Sen-Fitoussi-Kommission (Frankreich) sowie des „Integrated Household Survey" (England) und der „Enquetekommission Wohlstand, Wachstum, Lebensqualität" (Deutschland), die ergänzende Indikatoren zum BIP entwickelten.

Diefenbacher et al. entwickelten einen „Nationalen Wohlfahrtsindex", der sich von Wachstum als maßgebendem Erfolgsmaßstab für Wirtschaft und Politik und damit auch vom Wachstumsparadigma als primäres, handlungsleitendes Prinzip entfernt. Er fasst 21 Umwelt-, Gesundheits-, Sicherheits- und Konsumdaten, die auch die Einkommensverteilung sowie wertschöpfende Beiträge nichtbezahlter Arbeit in privaten Haushalten und ehrenamtliche Tätigkeit zu einer Kennzahl zusammen, die auch einen Vergleich mit der Kennzahl BIP ermöglicht.

J. STIGLITZ/A. SEN/J. P. FITOUSSI, Report by the Commission on the Measurement of Economic Performance and Social Progress, 2009 – http://www.sueddeutsche.de/wirtschaft/bhutanglueck-fuer-die-welt.1323930 – http://www.weiterdenken.de/de/2014/04/01/der-nationale-wohlfahrtsindex-als-beitrag-zu-einer-neuen-wachstumsdiskussion – https://www.nachhaltigkeit.info/artikel/stiglitz_sen_fitoussi_kommission_1858.htm.

Brigitte Bertelmann

Wohnen / Wohnungswirtschaft / Wohngeld

1. Recht auf W. und Versorgung mit Wohnraum. Im Gegensatz zur Weimarer Reichsverfassung (Art. 115 WRV) kennt das Grundgesetz kein Recht auf W., weder als Grundrecht, noch als Staatsziel. Jedoch kann das Fehlen einer Wohnung und die dadurch ausgelöste Obdachlosigkeit verschiedene Grundrechte, wie z. B. die →Menschenwürde (Art. 1 Abs. 1 GG), beeinträchtigen. Aus Art. 1 i. V. m. Art 20 GG wird ferner das Bedarfsdeckungsprinzip abgeleitet, nachdem mit Hilfe von Sozialleistungen die Anmietung und Beheizung einer Wohnung einfachen Standards am jeweiligen Ort ermöglicht wird. Demgegenüber bestimmen einzelne Landesverfassungen wie z. B. Art. 106 Abs. 1 Bayerische Verfassung als Staatsziel, dass jeder Bewohner Bayerns Anspruch auf eine angemessene Wohnung hat.

Die Versorgung mit Wohnraum ist in der Bundesrepublik Deutschland insgesamt als gut zu bewerten. Statistisch stehen 39,9 Mio. Haushalten – davon 41 % Einpersonenhaushalte – 40,5 Mio. Wohnungen gegenüber. Allerdings sind die Wohnungen häufig nicht dort gelegen, wo die →Haushalte sie nachfragen. Stellt man daher auf die über 100 regionalen Wohnungsmärkte in Deutschland ab, so lassen sich drei Typen unterscheiden. Den größten Anteil machen ausgeglichene Wohnungsmärkte aus, in denen das Wohnungsangebot und die Wohnungsnachfrage unter Einschluss einer Leerstandsreserve von 2 % weitgehend ausgeglichen sind. Dem stehen angespannte und schrumpfende Wohnungsmärkte gegenüber. Angespannte Wohnungsmärkte sind in erster Linie in den Wachstumsregionen mit ihren Großstädten (wie München, Stuttgart, Frankfurt, Düsseldorf, Hamburg, Berlin) sowie in einzelnen Mittelstädten zumeist mit Universitäten anzutreffen. Da dort das Arbeitsplatzangebot am höchsten ist, ziehen in diese Städte sowohl Personen und Haushalte aus anderen Regionen Deutschlands hin (Binnenwanderung) als auch Ausländer zumeist aus anderen EU-Staaten (Außenwanderung). Eine erhöhte Nachfrage nach Wohnraum ist die Folge, was zu steigenden Mieten, Haus- und Grundstückspreisen führt. In schrumpfenden Wohnungsmarktregionen sinkt dagegen die Nachfrage nach Wohnraum, weil die Bevölkerung durch Wegzug gerade jüngerer, erwerbstätiger Personen zurückgeht. Lag der Wohnungsleerstand im Bundesdurchschnitt 2011 bei 4,4 %, betrug er in den Schrumpfungsregionen mehr als das Doppelte.

Die Größe der Wohnungen schwankt je nachdem, ob sie in einem Ein- oder Zweifamilienhaus oder in einem Mehrfamilienhaus gelegen sind. Die durchschnittliche Wohnfläche einer Wohnung in einem Mehrfamilienhaus beträgt 68,9 qm, in Ein- und Zweifamilienhäusern dagegen 116,6 qm. Wohnungen in Deutschland verfügen durchschnittlich über 4,4 Räume, wobei hierzu alle Wohn-, Schlaf- und Esszimmer sowie abgeschlossenen Küchen zählen. Rund 70 % der Wohnungen sind zentral beheizt. Nahezu alle Wohnungen sind sanitär vollständig ausgestattet. Sie verfügen sowohl über ein WC als auch über eine Badewanne oder Dusche.

Das Mietrecht über Wohnraum ist in §§ 549–577a Bürgerliches Gesetzbuch (BGB) geregelt. Dieses enthält insbesondere vertraglich nicht abdingbare Vorschriften über die Kündigung von Mietverträgen sowie über Mieterhöhungen in laufenden Mietverträgen sowie nach Durchführung von Modernisierungsmaßnahmen.

2. Struktur der Wohngebäude und Nutzer. 65 % der 18 Mio. Wohngebäude sind Einfamilienhäuser, die meisten davon frei stehend. Nur 6 % des Bestandes sind große Mehrfamilienhäuser mit sieben und mehr Wohnungen.

Fast drei Viertel aller Gebäude und Wohnungen in Deutschland entstanden erst nach 1950. Die stärkste Bautätigkeit lag in den 1960er und 1970er Jahren.

Die Quote aller bewohnten Wohnungen, die von ihren Eigentümerinnen und Eigentümern selbst genutzt werden, lag in Deutschland 2011 bei 45,8 %. Mietwohnungen sind daher mit einem Anteil von 54,2 % in der Überzahl – etwa 23,3 Mio. Wohnungen. Da aber in selbstgenutzten Einfamilienhäusern mehr →Familien mit →Kindern wohnen, ist der Anteil der Selbstnutzer an der →Bevölkerung höher.

Im internationalen Vergleich ist die Wohneigentumsquote in Deutschland mit 45,8 % niedrig (selbstgenutzte Wohnungen ohne Berücksichtigung des Wohnungsleerstandes). Sie beträgt in Spanien 85 %, in Italien und Polen 77 % und in Frankreich 58 %. Die Ursache hierfür liegt in den Kriegszerstörungen und in dem Bestreben während der Wiederaufbauphase, schnell preiswerten Wohnraum zur Verfügung zu stellen.

3. Wohnungswirtschaft. Der Wohnungsbestand einschließlich der leer stehenden Wohnungen gehört zu 43 % den selbstnutzenden Eigentümern. 13,8 Mio. Wohnungen davon befinden sich in Ein- und Zweifamilienhäusern und 3,5 Mio. Wohnungen in Mehrfamilienhäusern insbesondere Eigentumswohnungen. Die zweitgrößte Eigentümergruppe sind mit 37 % private Kleinanbieter mit 4,5 Mio. Wohnungen in Ein- und Zweifamilienhäusern und 10,5 Mio. Wohnungen in Mehrfamilienhäusern. Professionell-gewerblichen Anbietern gehören etwa 20 % des Wohnungsbestandes oder 8,3 Mio. Wohnungen, darunter 3,2 Mio. Wohnungen privatwirtschaftlich professionell-gewerblichen Eigentümern, 2,3 Mio. Wohnungen kommunaler Wohnungsunternehmen gefolgt von Wohnungsgenossenschaften mit 2,1 Mio. Wohnungen sowie von →Kirchen und →Organisationen ohne Erwerbszweck mit 0,3 Mio. Wohnungen.

Auch hinsichtlich der Eigentumsformen an Wohnraum sind deutliche regionale Unterschiede feststellbar. So befindet sich in den ostdeutschen Flächenländern etwa jede vierte Wohnung in einem kommunalen oder genossenschaftlichen Wohngebäude. Ähnliche Verhältnisse bestehen in den Stadtstaaten. Dort beträgt der Anteil von Wohnungen kommunaler Gesellschaften und von Wohnungsgenossenschaften insgesamt 25,4 %. In westlichen Flächenländern liegt ihr Anteil dagegen bei 7,4 %. Sie sind dort zumeist nur in urbanen Zentren mit größeren Beständen vertreten.

4. Kosten der Unterkunft und Wohngeld. Die Wohnkosten setzen sich bei vermietetem Wohnraum aus der Miete (Nettokaltmiete) und den kalten sowie warmen Betriebskosten zusammen. Bei selbstnutzenden Eigentümern treten an die Stelle der Miete die Finanzierungskosten. Die Nettokaltmieten sind in den letzten Jahren bundesweit geringer als die allgemeine Preissteigerung gestiegen. Letztmalig 2010 erhöhten sich Bestandsmieten und Inflation in gleichem Umfang. Diese Entwicklung verlief aber regional sehr unterschiedlich. Zu unterscheiden ist ferner zwischen Mieten in bestehenden Mietverhältnissen und solchen bei Wiedervermietung, die zumeist deutlich höher liegen. Die Betriebskosten belaufen sich im Durchschnitt auf etwa die Hälfte der Kaltmiete, wobei der Anteil der kalten Betriebskosten wie Wasser, Abwasser und Müllabfuhr nach wie vor höher liegt als der der warmen Betriebskosten für Heizung und Warmwasser.

Zur Sicherung angemessenen und familiengerechten W.s gibt es in Deutschland zwei unterschiedliche Systeme: Zum einen Leistungen nach einzelnen Büchern des Sozialgesetzbuches (SGB) und zum anderen das Wohngeld nach dem Wohngeldgesetz.

So erhalten erwerbsfähige Leistungsberechtigte und die mit ihnen in einer Bedarfsgemeinschaft lebenden Angehörigen Leistungen nach dem SGB II. Diese umfasst neben den Regelleistungen zur Sicherung des Lebensunterhalts und Beiträgen zur Kranken- und Pflegeversicherung auch Leistungen für Unterkunft und Heizung in angemessener Höhe. Ende 2014 bezogen etwa 6 Mio. Personen in 3,3 Mio. Bedarfsgemeinschaften Grundsicherung für Arbeitsuchende nach SGB II. Erzielt der Leistungsberechtigte Erwerbseinkommen, um seinen Lebensunterhalt zu sichern, kann er die KdU (Kosten der Unterkunft und Heizung) auch gesondert beantragen und erhalten. Vergleichbare Regelungen gibt es auch im Rahmen des SGB XII für Empfänger von →Sozialhilfe sowie der Grundsicherung im Alter und bei Erwerbsminderung. Entsprechende Leistungen empfangen etwa 1 Mio. Menschen.

Wohngeld ist dagegen die Gewährung eines Zuschusses zur wirtschaftlichen Sicherung angemessenen und familiengerechten W.s. Es wird als Zuschuss zur Miete (Mietzuschuss) oder als Zuschuss zur Belastung (Lastenzuschuss) für das selbstgenutzte Wohneigentum gewährt. Das Wohngeld richtet sich an Bedarfsgemeinschaften mit geringem Einkommen oder kleiner →Rente, die oberhalb der Sätze des SGB liegen. Durch eigenes Erwerbseinkommen, Kindergeld, Kinderzuschlag und Wohngeld sollen diese Familien unabhängig von den Leistungen des SGB II werden. Das Wohngeld ist daher gegenüber den Leistungen des SGB als vorrangige Leistung zur wirtschaftlichen Sicherung angemessenen und familiengerechten W.s ausgestaltet. Aufstockende Leistungen nach dem SGB können damit grundsätzlich nur dann in Anspruch genommen werden, wenn der Regelbedarf für den Lebensunterhalt und die Wohnkosten nicht durch vorhandenes Einkommen und Wohngeld- bzw. Kinderzuschlagsleistungen gedeckt werden kann.

Beiden Leistungssystemen – KdU und Wohngeld – liegen zum Teil unterschiedliche Grundsätze zugrunde. So gewährt das Wohngeld nur einen Zuschuss zur Miete maximal bis zu einem Miethöchstbetrag, während die KdU die komplette angemessene Miete einschließlich der warmen Betriebskosten umfasst. Da die Miethöchstbeträge des Wohngeldes durch Gesetz festgestellt werden, die Angemessenheit der Mietkosten aber vom Marktgeschehen bestimmt wird, verschieben sich die Zahlen der Leistungsempfänger, die Wohngeld oder nur aufstockende KdU erhalten ständig. Nach einer Wohngeldstrukturreform steigt die Zahl der Wohngeldempfänger auf etwa 1 Mio. Bedarfsgemeinschaften, um dann kontinuierlich zu sinken, während die Zahl der Bedarfsgemeinschaften, die nur aufstockende KdU erhalten, in entsprechendem Umfang steigt.

Während die KdU-Leistungen von den →Gemeinden getragen werden und der Bund sich an deren Kosten mit durchschnittlich 30 % beteiligt (§ 46 Abs. 5 SGB II), trägt der Bund die KdU-Kosten der Grundsicherung im Alter und bei Erwerbsminderung voll (§ 46a SGB XII). Bund und Länder finanzieren das Wohngeld hälftig. Die Ausgaben für KdU und Wohngeld beliefen sich im Jahr 2013 auf insgesamt 17 Mrd. Euro, davon etwa 1,5 Mrd. Euro für Wohngeld.

Bundesinstitut für Bau-, Stadt- und Raumforschung, Soziale Absicherung des W.s, 2013 – Deutscher Städtetag, Positionspapier: Wohngeld und Kosten der Unterkunft nach dem SGB II, 2014 – Bundesverband Deutscher Wohnungs- und Immobilienunternehmen, Wohnungswirtschaftliche Daten und Trends 2014/2015, 2014 – Statistische Ämter des Bundes und der Länder, Gebäude- und Wohnungsbestand in Deutschland, 2014 – Statistik der Bundesagentur für Arbeit, Grundsicherung für Arbeitssuchende (SGB II), 2014.

Peter Runkel

Würde

1. Begriff und Geschichte. Von der Antike bis zur Schwelle der Neuzeit bezeichnete der Begriff der W. (lat.: dignitas) (1.) den besonderen Rang einer →Person innerhalb einer →Gesellschaft (z. B. männliche freie Bürger, Barone), aufgrund dessen einem *eingegrenzten* Personenkreis bestimmte Rechte zukamen. Die (2.) fundamentale Bedeutung des W.begriffs bestand darin, die besondere Stellung des Menschen, die man vor allem in seiner Vernunftfähigkeit begründet sah, gegenüber anderen Lebewesen hervorzuheben. In ähnlichem Sinn wurde in theologisch-philosophischen Synthesen auch die Gottebenbildlichkeit (Gen. 1, 26f.) als Kennzeichen der besonderen W. des Menschen begriffen.

Die sozialdifferenzierende und die egalisierende Bedeutung standen weithin konfliktlos nebeneinander. Die prinzipiell alle Menschen theologisch-inkludierende und egalisierende Bedeutung war bis zur Neuzeit durch die exkludierend-repressive Unterscheidung von Heiden/Ketzern und Christen überlagert. Man kombinierte sie mit korrespondierenden Bestreitungen einer prinzipiellen Vernunftbegabung, mit Differenzierungen von Zivilisierten und Barbaren und definierte den Kreis der menschlichen Lebewesen, die zur menschlichen Gattung gehören, entsprechend eng. Heiden/Ketzer bewegten sich zudem außerhalb ekklesiologischer Erlösungsmöglichkeiten. Diese Rahmenvorstellung begleitete häufig legitimierend die moralischen und theologischen Begründungen von Kreuzzügen, Eroberungen Lateinamerikas (1492ff.) etc. Als Träger von unveräußerlichen Rechten kamen Fremde/Heiden/Ketzer nicht in den Blick.

Im Übergang zur Neuzeit waren es vor allem die von spanischen Spätscholastikern (Bartolomeo de las Casas, Francisco de Vitoria) initiierten Debatten, die die substantielle Verbindung von naturgegebener, auch bei Indianern zu entdeckender Sozialität und Vernunftfähigkeit hervorhoben und damit die repressive Fundamentalunterscheidung von Heiden und Christen aufbrachen. Gleichzeitig deuteten teilweise Humanisten und Renaissancephilosophen wie Pico della Mirandola den biblisch-theologischen Gedanken der Gottebenbildlichkeit und menschlichen W. so, dass sie die im Menschen angelegte Fülle von Möglichkeiten betonten, aus der der Mensch zu wählen habe und sich entwerfen könne. Die Reformation und ihre zentrale Rechtfertigungslehre impliziert insofern den W.gedanke, als sie den Menschen als →Person nicht durch Leistung konstituiert sah, als das Resultat seiner empirischen Bedingungen oder seiner Selbstdefinitionen, sondern von Gottes *zugesprochener* W. her verstand. Sowohl der transempirische W.begriff der Reformation, die allgemeine kulturelle Aufwertung des Menschen durch Renaissance und Humanismus als auch die ansatzweise Problematisierung der auf die menschliche Gattung bezogenen Exklusions- und Inklusionskategorien weisen bereits in die neuzeitliche Konzeption des W.begriffs hinüber.

1.1 Neuzeitlicher W.begriff. In der Neuzeit bildet sich ein spezifischer W.begriff aus, dessen wegweisende Bedeutung darin besteht, die *Selbstzwecklichkeit jedes*

Menschen herauszustellen. W. kommt demjenigen zu, das „über allen Preis erhaben ist, mithin kein Äquivalent verstattet" (KANT, GMS, BA 77); der Mensch ist kein Mittel zum Zweck. Seine Selbstzwecklichkeit ist sowohl in der gegenseitigen Anerkennung personaler Beziehungen, seiner Selbstachtung als auch gegenüber staatlichen Institutionen geltend zu machen. Insofern steht der Begriff der W. auch bei den →Menschenrechten als Abwehrrechte (→Recht, Rechtsstaat) gegenüber dem →Staat Pate.

Die W. jedes Menschen erklärt ihn nicht nur zu einem Träger von unveräußerlichen Rechten gegenüber Institutionen, sie lässt ebenso nach der gleichen Verteilung empirischer Bedingungen und Lebensmöglichkeiten fragen, die ein der W. *entsprechendes Leben für alle* ermöglichen und fördern (→Sozialstaat), sowie nach politischen Teilhabemöglichkeiten als Ausdruck politischer →Freiheit (→Demokratie) und kollektiver Selbstbestimmung.

Differierende Verhältnisbestimmungen von Würde und tief in facettenreiche Prozesse der Selbstachtung hineinragende empirische Dimensionen führen typologisch zu zwei unterschiedlichen, folgenreichen Würdekonzeptionen: Die erste betont die transempirische Kategorizität der unverletzbaren Würde, die zweite hingegen das Junctim von Würde und Erfahrung und damit den kontextuellen sowie graduellen verletzbaren Charakter.

2. W. und Verfassung. Die Menschenrechte als Freiheits-, Gleichheits- und Teilhaberechte können als historische Konkretisierungen des Begriffs der W. verstanden werden. Sie sind teilweise als Grundrechte und Verfassungsprinzipien in die deutsche Verfassung positiviert worden (Art. 1–20 GG, ebenso Art. 101–104 GG). Die dem neuzeitlichen W.gedanken zugrundeliegende Grundfigur der *vorgängigen* Anerkennung des *Menschen als Menschen* findet seinen Ausdruck in der fundamentalen Unterscheidung von Person und Tat und einer Asymmetrie von Rechten und Pflichten im grundrechtlichen Bereich; Menschen, die die wechselseitige Anerkennung der Menschen durch ihre Taten (Mord etc.) nicht anerkannt haben, werden weiterhin zur menschlichen Gattung gezählt. Ihre Grundrechte sind zwar eingeschränkt, aber nicht aufgehoben. Aus diesem und anderen Gründen (→Strafe) ist die Todesstrafe durch die Verfassung ausgeschlossen (Art. 102 GG).

Obwohl die im Grundgesetz festgehaltene W. (Art. 1,1 GG) als nicht abstimmungsfähige „Ewigkeitsklausel" (Art. 79,3 GG) gilt, unterliegen die Konkretionen erheblichen Auslegungsspielräumen. In welchem Sinne die in Art. 1,1 GG herausgestellte W. in einem spezifisch rechtlichen Sinne, insbesondere bei sozialstaatlichen Leistungen, relevant ist (vgl. § 1 BSHG), unterliegt dementsprechend gesellschaftlichen Interpretationen und Subjekten (→Parteien, Bundesverfassungsgericht, Öffentlichkeit).

3. Evangelisch-theologische Ethik. Die Evangelische Theologie nimmt den neuzeitlichen W.begriff in schöpfungstheologischer und/oder rechtfertigungstheologischer Perspektive auf. Impulse für die Konkretisierung von vorgängiger, wechselseitiger und eigener Anerkennung geben sowohl die auf Gegenseitigkeit zielende Goldene Regel (Mt 7,12) als auch das Doppelgebot der →Liebe (Mk 12,30f.). Insbesondere das Gebot der Feindesliebe (Mt 5,43ff.) fordert dazu heraus, die eingeübten Freund-Feind-Festlegungen und damit konstituierten Exklusionsmechanismen kritisch zu bearbeiten. Inwieweit den Konkretisierungen auch eine strukturelle und rechtliche Dimension eigen ist, hängt von den systematischen Verhältnisbestimmungen von Liebe und →Gerechtigkeit ab.

4. Aktuelle Diskussion. Der Begriff der W. spielt eine zunehmend zentrale Rolle in der →Bioethik, insbesondere bei Fragen, die den Lebensanfang und das Lebensende des Menschen betreffen (→Schwangerschaftsabbruch, Pränatale Diagnostik, →Behinderung, Sterbehilfe u. ä.). Normative Vorentscheidungen hängen davon ab, wie die Relation von apriorischem W.begriff und kontextuellen Selbstachtungsprozessen sowie empirischer Lebensqualität (→Lebensstandard) bestimmt wird.

E. W. BÖCKENFÖRDE, Staat – Gesellschaft – Freiheit. Studien zur Staatstheorie und zum Verfassungsrecht, 1976 – CICERO, De officiis – Vom pflichtgemäßen Handeln, 1980 – W. HEIDELMEYER (Hg.), Die Menschenrechte. Erklärungen, Verfassungsartikel, Internationale Abkommen, 1982[3] – G. SCHARFFENORTH, Den Glauben ins Leben ziehen… Studien zu Luthers Theologie, 1982 – W. HUBER/H. E. TÖDT, Menschenrechte. Perspektiven einer menschlichen Welt, 1988[3] – I. KANT, Die Metaphysik der Sitten, 1989[8] – PICO DELLA MIRANDOLA, Über die W. des Menschen, Zürich 1989[2] – GOSEPATH/G. LOHMANN, (Hg.), Philosophie der Menschenrechte, Frankfurt/M. 1998 – E. W. BÖCKENFÖRDE S. Staat – Nation – Europa. Studien zur Staatslehre, Verfassungstheorie und Rechtsphilosophie, 1999 – R. STOECKER, (Hg.), Menschenwürde. Annäherungen an einen Begriff, Wien 2003 – C. THIES, (Hg.), Der Wert der Menschenwürde, Paderborn 2009 – C. HORN, Die verletzbare und die unverletzbare Würde des Menschen – eine Klärung, in: Information Philosophie 3/2011, 30–41 – U. H. KÖRTNER, Menschenwürde im Christentum – aus evangelischer Sicht, in: J. C. JOERDEN/E. HILGENDORF/F. THIELE (Hg.), Menschenwürde und Medizin: ein interdisziplinäres Handbuch, 2013, 321–347– D. MIETH, Menschenwürde im Christentum – aus katholischer Sicht, in: J. C. JOERDEN/E. HILGENDORF/F. THIELE (Hg), Menschenwürde und Medizin: ein interdisziplinäres Handbuch, 2013, 349–368.

Wolfgang Maaser

Zentralbank

1. Aufgaben. Zentralbanken sind Institutionen des öffentlichen Sektors, deren wesentliche Funktion heute die Durchführung der →Geldpolitik mit dem Ziel Preisstabilität ist.

Die Entstehung von Z.en – die ältesten Z.en sind die Sveriges Riksbank (1668) und die Bank of England (1694) – ist mit der Verbreitung von Banknoten als Zahlungs- und Wertaufbewahrungsmittel verbunden. Daher werden Z.en auch als Notenbanken bezeichnet, da eine ihrer Aufgaben die Emission von Banknoten ist. Neben der Sicherung von Preisstabilität, die mit dem Ende der Goldbindung von Papierwährungen zur zentralen Aufgabe der Z. wurde, haben viele Z.en auch eine wichtige Rolle bei der Wahrung der Stabilität des Finanzsektors, insbesondere als ‚Kreditgeber der letzten Instanz' und in der Bankenaufsicht.

Die meisten Z.en haben heute das (in der Regel in Z.gesetzen vorgegebene) Mandat, Preisstabilität zu gewährleisten, d. h. eine niedrige und möglichst stabile →Inflationsrate anzustreben. Dieses Mandat spiegelt die heute vorherrschende Meinung in der Wirtschaftswissenschaft wider, dass Preisstabilität einerseits und das Erreichen anderer wirtschaftspolitischer Ziele (z. B. Vollbeschäftigung und nachhaltiges Wirtschaftswachstum) andererseits keine Gegensätze darstellen, sondern Preisstabilität eine notwendige (wenn auch keine hinreichende) Voraussetzung zur Erreichung dieser Ziele ist. Zudem können Z.en mit ihrem Instrumentarium nur Preisstabilität gewährleisten, während das Erreichen anderer wirtschaftspolitischer Ziele im Wesentlichen vom Handeln anderer Entscheidungsträger (z. B. Regierung, Tarifparteien) abhängt.

Das Standardinstrument der Geldpolitik (→Geld) ist die Festlegung eines kurzfristigen Leitzinses, zu dem sich Geschäftsbanken bei der Z. refinanzieren können und der über einen komplexen Transmissionsmechanismus durch Banken und Finanzmärkte die Finanzierungsbedingungen in einer Volkswirtschaft und so letztlich die Preisentwicklung beeinflusst. Infolge der →Finanzkrise 2007/2008 haben viele Z.en in entwickelten Volkswirtschaften darüber hinaus weitere geldpolitische Maßnahmen ergriffen, um unter außergewöhnlichen Umständen ihr Mandat zu erfüllen.

2. Unabhängigkeit. Zur Erfüllung ihres Mandats sind viele Z.en heute unabhängige Institutionen innerhalb des öffentlichen Sektors, d. h. sie sind in der Formulierung und Ausführung der Geldpolitik keinen Weisungen von Regierungen, Parlamenten oder anderen Institutionen unterworfen. Die Unabhängigkeit von Z.en ist an das Mandat gebunden und entspringt der historischen Erfahrung, dass unabhängige Z.en besser dazu in der Lage sind, die Stabilität der von ihnen emittierten Währung zu sichern als Z.en, die politischen Einflüssen und den daraus folgenden kurzfristigen Erwägungen unterliegen. Die Unabhängigkeit korrespondiert in der Regel mit einer Rechenschaftspflicht im Hinblick auf die Erfüllung des Mandats.

3. Europäische Z. Seit Gründung der →Europäischen Wirtschafts- und Währungsunion und der Einführung des Euro im Jahre 1999 ist die Europäische Zentralbank (EZB) die Z. des Euroraums. Sie ist eine supranationale Z. und bildet mit den nationalen Z.en der Mitgliedstaaten des Euroraums das Eurosystem, das die Funktionen einer Z. für den Euroraum wahrnimmt. Das vorrangige Ziel (Mandat) der EZB und des gesamten Eurosystems ist die Gewährleistung von Preisstabilität. Der EZB-Rat (das oberste Entscheidungsgremium des Eurosystems) definiert Preisstabilität als einen Anstieg des Harmonisierten Verbraucherpreisindex im Euroraum von mittelfristig unter, aber nahe 2 %. Die EZB und die nationalen Z.en des Eurosystems sind zur Erfüllung dieses Mandats unabhängig; Mandat und Unabhängigkeit sind in den europäischen Verträgen festgeschrieben.

www.ecb.europa.eu – H. P. SCHELLER, Die Europäische Z. – Geschichte, Rolle und Aufgaben, 2004.

Michael Sturm

Zivilcourage

1. Definition. Z. ist eine (demokratische) →Tugend, die sich in individuellen öffentlichen Handlungen manifestiert, die persönlichen Mut erfordern und riskant sind. Z. zielt auf die Bewahrung oder Verwirklichung emanzipatorischer Werte und Normen (→Emanzipation) im Angesicht ihrer manifesten oder latenten Verletzung oder Bedrohung.

2. Historische und gesellschaftliche Voraussetzungen von Z. Der Begriff der Z. ist im Deutschen noch jung und findet zuerst bei BISMARCK Erwähnung. Sachlich bezeichnet jedoch bereits ARISTOTELES in seiner „Nikomachischen Ethik" mit dem „bürgerlichen Mut" (*andreía politikḗ*) ein ähnliches Konzept und auch im römischen Denken existiert mit der *fortitudo civilis* ein analoger Gedanke. In beiden Fällen wird damit die Tapferkeit angesprochen, „ethisch Verwerflichem in der Gemeinschaft entgegenzutreten" (HASENHÜTTL 2011: 116). Die historische Existenz von Z. ist voraussetzungsreich: Sozial bedarf sie eines freien →Bürgertums als Träger und Verteidiger emanzipatorischer Werte, politisch der Trennung zwischen →Staat und →(Zivil-)Gesellschaft und ontologisch der Vorstellung eines freien Willens (→Willensfreiheit), der sich im verantwortungsvollen und reflektierten moralischen Handeln des Einzelnen auch gegen die Vielen manifestiert (→Freiheit, →Individualismus, →Moral, →Verantwortung). So definiert, kann Z. nur in freien oder semifreien Gesellschaften existieren. Es ist in der Literatur daher umstritten, ob Z. ein sinnvolles Konzept zur Beschreibung mutigen Handelns in autokratischen oder totalitären Systemen darstellt. So erkennt G. NUNNER-

WINKLER (2007) in der Z. die Verteidigung rechtsstaatlich verfasster und verfassungsrechtlich kodifizierter demokratischer Werte (→Demokratie, →Rechtsstaat, Verfassung), während SINGER (2003) den Bezug auf abstrakte demokratisch-emanzipatorische Werte betont, die auch im Gegensatz zur kodifizierten Ordnung stehen können. Gerade in der analytischen Verortung couragierten Handelns in totalitären Systemen (nicht in seiner normativen Bewertung!) – so u. a. im Dritten Reich – unterscheiden sich diese Positionen grundlegend (KOSMALA 2004; GAUCK 1995).

3. **Analytische Dimensionen der Z.** Z. referiert auf bedrohte oder verletzte, kollektiv geteilte Werte und Normen, die demokratisch-emanzipatorischer Natur sein müssen. Die Wertgebundenheit von Z. schließt alle mutigen und sozial riskanten antiemanzipativen Handlungen von Minderheiten aus (HÖFFE 1992). Individuen oder Gruppen, die z. B. öffentlich gegen die Gleichheit aller Menschen agitieren, zeigen keine Z. Die Bedrohung der emanzipatorischen Werte kann akut und manifest sein – z. B. der Angriff Rechtsradikaler auf eine Migrantin (→Migration), die Vergewaltigung einer Frau in der U-Bahn – oder latent – subtile Unterdrückung oppositioneller Stimmen in einer öffentlichen Versammlung. Sie kann sich also sowohl auf ein konkretes, personales Opfer beziehen als auch auf abstrakte Werte der politischen →Gemeinschaft. Der Einsatz für diese Werte ist öffentlich, riskant und erfordert daher Mut, wobei zwischen physischem und moralischem Mut unterschieden werden kann. Physischer Mut bezieht sich auf das Risiko, durch Z. körperlich bedroht zu werden; moralischer Mut bezieht sich auf die Gefahr der sozialen Ausgrenzung aus der Gemeinschaft aufgrund von Z. Z. ist immer durch eine subjektiv wahrgenommene Machtasymmetrie gekennzeichnet und wird von Machtlosen gegen Machtvollere eingesetzt. Eine Mehrheit kann daher definitorisch keine Z. zeigen. Z. ist schließlich nicht nur prototypischer Ausweis des freien Willens, sondern auch Ausweis der Bereitschaft, nicht nur individuell Verantwortung für andere zu übernehmen, sondern auch den eigenen Beitrag als bedeutsam für die Auflösung einer konfliktiven Situation zu erachten; →Verantwortung und subjektive Handlungsmächtigkeit gehen in der Z. Hand in Hand.

4. **Konjunktur von Z.** In den letzten 30 Jahren hat sich die publizistische und politische Diskussion von Z. deutlich intensiviert. Diese Thematisierung zeigt, dass Z. nicht mehr selbstverständlich, sondern selbst eine bedrohte demokratische Tugend ist. Hierfür existiert eine Vielzahl von Ursachen: Im Zuge der Neoliberalisierung (→Neoliberalismus) aller westlichen Demokratien erfolgte ein Siegeszug ökonomischer Rationalität. Der damit verbundene hypertrophe →Individualismus führte zu Entsolidarisierungstendenzen und sinkender Bedeutung der politischen →Gemeinschaft. →Solidarität manifestiert sich empirisch zunehmend stärker innerhalb von Schichten oder sozialen Milieus als zwischen ihnen. Die zunehmende Prekarisierung (→Armut) innerhalb demokratischer Gesellschaften unterstützt diesen Trend, der mittelfristig zu einer Fragmentierung gesellschaftlicher →Solidarität und →Tugenden führen kann. Proportional zur empirisch manifesten Steigerung von gewalttätigem Handeln bzw. Bereitschaft dazu (→Gewalt) bedarf es einer Zunahme des physischen Mutes, der für Z. notwendig ist. Die Situation ist fatal: Einer höheren Notwendigkeit an Z. steht ein Weniger an gelebter Z. gegenüber. Entsprechend hat sich in den letzten 15 Jahren ein neues Forschungsfeld entwickelt, das sich der empirischen Analyse der Voraussetzungen von Z. widmet (JONAS et. al. 2004; MEYER 2011). Bedeutsame politische Resultate dieser Forschungen sind u. a. schulische Trainingsprogramme für Z. (G. MEYER et al. 2004).

G. MEYER, Lebendige Demokratie. Zivilcourage und Mut im Alltag, 2004 – G. MEYER/U. DOVERMANN/S. FRECH/G. GUGEL (Hg.), Zivilcourage lernen – Analysen, Modelle, Arbeitshilfen, 2004 – B. KOSMALA, Zivilcourage in extremer Situation: Retterinnen und Retter von Juden im Dritten Reich (1941–1945), in: G. MEYER/S. FRECH/U. DOVERMANN; Zivilcourage lernen. Analysen – Modelle – Arbeitshilfen, 2004, 106–115 – O. HÖFFE, Ethik und Politik, 1992 – K. SINGER, Zivilcourage wagen, 2003 – J. GAUCK, Wahrnehmen – Aushalten – Widerstehen. Zivilcourage: Erwägungen zu einem schwierigen Begriff in einem schwierigen Jahrhundert, 1995 – K. J. JONAS/V. BRANDSTÄTTER, Zivilcourage. Definitionen, Befunde, Maßnahmen. Zeitschrift für Sozialpsychologie, 35, 2004, 185–120 – G. NUNNER-WINKLER, Zum Begriff Zivilcourage, in: K. J. JONAS/M. BOOS/V. BRANDSTÄTTER (Hg.), Zivilcourage trainieren. Definitionen, Befunde, Maßnahmen, 2007, 21–32 – LANDESZENTRALE FÜR POLITISCHE BILDUNG BW, Der Bürger im Staat, Heft 3/2011: Aufrechter Gang: Zivilcourage im Alltag – G. HASENHÜTTL, Zivilcourage als christliche Botschaft, in: LfpB BW: Der Bürger im Staat, Heft 3/2011, 116–120 – G. MEYER, Jenseits von Gewalt – Zivilcourage als soziale Mut im Alltag, in: LfpB BW: Der Bürger im Staat, Heft 3/2011, 102–112.

Gary S. Schaal

Ziviler Ungehorsam

1. **Begriff.** Z.U. ist die unter bestimmten Umständen gewählte und unter bestimmten Umständen auch zu rechtfertigende Alternative zum (staats-) bürgerlichen Gehorsam. Es gibt deshalb gute Gründe dafür, im Deutschen statt von zivilem von bürgerlichem U. zu reden. Denn im Unterschied zum englischen „civil" wird das deutsche Wort „zivil" weithin als Gegenbegriff zu „militärisch" verwendet. So verhält es sich bspw. beim „Zivildienst" als Alternative zum Wehrdienst und beim „zivilen Friedensdienst" als Alternative zur militärischen Friedenssicherung. Der z.U. aber ist eine Handlungsweise, die dem Staatsbürger zugeordnet ist. Es

handelt sich um die Frage, ob in bestimmten Fällen statt der dem Staatsbürger gebotenen Rechtsbefolgung ein bürgerlicher Ungehorsam gerechtfertigt oder gar geboten sein kann.

Z.U. ist eine Nichtbefolgung staatlicher Gesetze oder Anordnungen, die im Rahmen einer relativ gerechten Ordnung um moralischer Motive willen erfolgt; Akte z.U.s sind von symbolischer Natur, tragen gewaltfreien Charakter und werden öffentlich vollzogen; wer sie als Handlungen des z.U. vollzieht, ist bereit, ihre rechtlichen Folgen auf sich zu nehmen.

2. Stufen. Der Amerikaner HENRY DAVID THOREAU (1817–1862) propagierte und praktizierte 1846 aus Protest gegen den Mexikanischen Krieg, gegen die Sklaverei und die Ausrottung der Indianer die Steuerverweigerung. Sein Grundsatz hieß: „Wenn das Gesetz so beschaffen ist, dass es notwendigerweise aus dir den Arm des Unrechts an einem anderen macht, dann brich das Gesetz. Mach dein Leben zu einem Gegengewicht, um die Maschine aufzuhalten." Die Legitimität des z.U.s hängt für ihn daran, dass er eine politisch-moralische *Motivgrundlage* hat und nicht eigennützigen →Interessen entspringt. Diese Motivgrundlage hängt mit der gleichen →Würde jeder menschlichen →Person zusammen.

In der Folgezeit wurde der z.U. zum Instrument der Befreiung von Fremdherrschaft und zur Durchsetzung von Minderheitenrechten (→Minderheiten). MAHATMA →GANDHI erreichte durch selektive gewaltlose Gesetzesverstöße den Rückzug der britischen Kolonialmacht aus Indien. MARTIN LUTHER →KING kämpfte mit gezielten Regelverstößen für die Bürgerrechte der Schwarzen in den USA. Seit MAHATMA GANDHI und MARTIN LUTHER KING gehört die Gewaltfreiheit zum Begriff des z.U.s untrennbar hinzu; seitdem ist Klarheit hinsichtlich der *Mittelwahl* untrennbar mit ihm verbunden. Gerade dadurch stellt er mit besonderem Nachdruck die Frage nach der Legitimität der jeweiligen Ausübung politischer Herrschaft.

Eine weitere Stufe wurde erreicht, als sich der z.U. mit den großen Zukunftsfragen angesichts der modernen Technikentwicklung verband. Nun wurde der z.U. an die *Ziele* der Lebenserhaltung und Naturbewahrung geknüpft. Aktionen des z.U.s richteten sich bspw. gegen die Stationierung neuer nuklearer Massenvernichtungswaffen oder gegen den Ausbau der Kernenergie. Wenn in diesem Sinn die Zukunft menschlichen Lebens und die „Bewahrung der Schöpfung" zum Ziel des z.U.s erklärt wird, liegen freilich fundamentalistische Kurzschlüsse oder Übertreibungen besonders nahe. Angesichts dieser Weiterentwicklung des z.U.s ist es besonders notwendig, sich über dessen Kriterien zu verständigen.

3. Kriterien. Die *Motive* des z.U.s sind im persönlichen →Gewissen verankert; vorausgesetzt ist, dass die Hinnahme einer politisch verantworteten Entscheidung mit der eigenen Gewissensüberzeugung unvereinbar ist. Die Verankerung im eigenen Gewissen schließt jedoch nicht aus, dass die Maßstäbe, die für diese Gewissensentscheidung in Anspruch genommen werden, universalisierbar, also an einer für alle geltenden →Moral überprüfbar sind. Deshalb ist es mit der Gewissensentscheidung nicht nur vereinbar, sondern geradezu für sie charakteristisch, dass sie im Dialog ausgewiesen und geprüft wird. Der Verweis auf das Gewissen ist keineswegs ein Rechtfertigungsgrund für das Beharren auf „eigensinnigen" Haltungen, die sich im Dialog weder darlegen noch begründen lassen.

Die *Mittel* des z.U.s sind Regelverletzungen, die gewaltfreien Charakter tragen, öffentlich sind und symbolisch eingesetzt werden. Diejenigen Rechtsverstöße, die im Rahmen des z.U.s unternommen werden, müssen so geartet sein, dass niemand durch sie zu Schaden kommt; denn das würde die Integrität der Ziele selbst beschädigen, um die es geht. Die Aktionsformen, die gewählt werden, müssen öffentlichen Charakter tragen. Eine Steuerverweigerung bspw. wird erst dann zu einer Handlung des z.U.s, wenn der Verweigerer sie öffentlich eingesteht und bereit ist, die Rechtsfolgen zu tragen; andernfalls wäre diese Steuerverweigerung von einer Steuerhinterziehung nicht zu unterscheiden. Symbolisch ist die Handlung des z.U.s darin, dass sie nicht beansprucht, das erstrebte Ziel unmittelbar herbeizuführen. Die Blockade einer Zufahrtsstraße zu einem Raketenlager verhindert die Stationierung der Raketen so wenig wie die Blockade einer Straße, auf der ein Transport radioaktiven Materials erwartet wird, die Zwischenlagerung dieses Materials unterbindet.

Wer z.U. praktiziert hat, kann sich gegebenenfalls darauf berufen, dass das Rechtsgut, das damit verteidigt werden sollte, höher wiege als das Rechtsgut, das verletzt wurde. Doch mit dem Sinn des z.U.s ist es unvereinbar, sich den Rechtsfolgen des eigenen →Handelns zu entziehen. Das bewusst übernommene Risiko, rechtlich belangt zu werden, gehört vielmehr zum Wesen des z.U.s.

Handlungen des z.U.s haben ihr *Ziel* darin, dass die angegriffenen Entscheidungen revidiert werden. Sie zielen auf öffentliche Bewusstseinsbildung, auf „Conscientisation". Die Hoffnung, von der Aktionen des z.U.s geleitet sind, besteht darin, dass das Ungewohnte an ihnen Nachdenklichkeit auslöst. Ein Umschwung in der öffentlichen Meinung soll zustande kommen, der indirekt eine Veränderung der politischen Entscheidungen und Handlungsweisen zur Folge hat.

Nicht in den Motiven, aber in den Handlungsformen und Zielen unterscheidet sich der z.U. vom politischen →Widerstand. Dieser richtet sich nicht auf die Revision einzelner Entscheidungen oder die Veränderung bestimmter Handlungsweisen; sein Ziel ist das Ende einer für illegitim gehaltenen Herrschaftsform. Im

Blick auf deren fehlende Legitimität ist der Widerstand im Unterschied zum z.U. nicht ausschließlich an öffentliche und gewaltfreie Mittel gebunden; er schließt vielmehr als Möglichkeit auch die Mittel der Konspiration und der →Gewalt ein.

4. Einwände. Besonders soweit er sich mit Verstößen gegen das Strafrecht verbindet, stößt der z.U. auf lebhafte Kritik. Gesetzwidriges Verhalten dieser Art enthalte die Einladung zur Nachahmung und gefährde deshalb die Rechtsordnung im Ganzen. Die geschichtliche Erfahrung bestätigt diese Kritik nicht. Der Appell des z.U.s richtet sich an die Inhaber der politischen Gewalt; er zielt auf die Änderung der kritisierten Rechtsnorm oder Maßnahme. Dabei werden auch die möglichen Rechtsfolgen ausdrücklich einkalkuliert. Das unterscheidet den z.U. von anderen Durchbrechungen des →Rechts, mit denen gerade die Hoffnung verbunden ist, dass sie nicht geahndet werden; daraus allein speist sich auch die Einladung zur Nachahmung.

Stärker wiegt der Einwand, dass gewaltlose Handlungen, die den Charakter des Rechtsbruchs tragen und ein staatliches Einschreiten auslösen, eine Eskalation in Gang bringen, die schließlich doch gewaltsame Formen annimmt. Diese Gefahr muss bei Aktionen des z.U.s ebenso wie bei der staatlichen Reaktion darauf bedacht werden. Dabei ist auch zu berücksichtigen, dass bei der Strafzumessung die Beweggründe und Ziele der Täter und die der Tat zugrunde liegenden Motive zu würdigen sind. Deshalb ist es nicht ein Zeichen für die Schwäche des Rechtsstaats, wenn eine „symbolische" Tat mit einer „symbolischen" Strafe beantwortet wird. Vielmehr betätigt und bestätigt sich darin die rechtsstaatliche Ordnung.

Es wird auch vorgebracht, z.U. könne Vorbildwirkung entfalten und dadurch in ein rechtliches und politisches Chaos führen. Für diese Befürchtung gibt es keine geschichtlichen Belege. Vielmehr spricht die geschichtliche Erfahrung dafür, dass z.U. Schrittmacher für Reformen sein kann. Das ist kein Anlass dafür, dass in der rechtsstaatlichen Reaktion die gesetzwidrige Aktion im Rahmen des z.U.s in besonderer Weise geschont oder gar privilegiert wird. Sehr wohl aber ist es ein Grund dafür, auf Handlungen des z.U.s besonnen und mit rechtsstaatlicher Sorgfalt zu reagieren und dabei Motive, Mittel und Ziele solcher Aktionen im Blick zu behalten.

5. Kirchliche Beurteilung. Es ist deshalb folgerichtig, dass die Kirche zwar einerseits im Rahmen ihrer Zustimmung zum demokratischen Rechtsstaat die Pflicht zur Rechtsbefolgung einschärft, aber zugleich auf die Grenzen des dem →Staat geschuldeten Gehorsams aufmerksam macht. Zu den Aufgaben der Kirche in Fällen des z.U.s gehört es, auf die Motive des Protests hinzuweisen und zugleich zu verdeutlichen, dass der Protest, der sich im z.U. äußert, nicht einen →Widerstand gegen den Staat darstellt, sondern die Forderung nach einer Revision bestimmter Entscheidungen im Interesse des →Rechtsstaats und eines friedlichen Zusammenlebens zum Ausdruck bringt.

In diesem Sinn hat die EKD in ihrer Demokratiedenkschrift (→Denkschriften) von 1985 erklärt: „Das Eintreten für die Freiheit des Gewissens gehört unverzichtbar zum Erbe des Protestantismus. Deshalb wird die evangelische Kirche Respekt und Schutz gerade denen nicht verweigern können, die nach gewissenhafter Prüfung auch persönliche Risiken auf sich nehmen, um vor Entwicklungen zu warnen, die sie für verhängnisvoll halten." Eine solche Einschätzung bringt die Überzeugung zum Ausdruck, dass z.U. die rechtsstaatliche Demokratie nicht in Frage stellt, sondern ihr dient. In diesem Sinn ist z.U. Ausdruck einer reifen Demokratie.

H. A. BEDAU (Hg.), Civil Disobedience. Theory and Practice, Indianapolis 1969 – J. RAWLS, Eine Theorie der Gerechtigkeit, 1975 – DERS., Gerechtigkeit als Fairness, 1977 – P. GLOTZ (Hg.), Ziviler Ungehorsam im Rechtsstaat, 1983 – KIRCHENAMT DER EKD (Hg.), Evangelische Kirche und freiheitliche Demokratie. Der Staat des Grundgesetzes als Angebot und Aufgabe. Eine Denkschrift der EKD, 1985 – TH. LAKER, Ziviler Ungehorsam. Geschichte – Begriff – Rechtfertigung, 1986 – H. ARENDT, Zur Zeit. Politische Essays, 1989 – W HUBER/H.-R. REUTER, Friedensethik, 1990 – H.-R. REUTER, Rechtsethik in theologischer Perspektive, 1996 – W. HUBER, Gerechtigkeit und Recht. Grundlinien christlicher Rechtsethik (1996), 2006³ – K. REMELE, Ziviler Ungehorsam. Eine Untersuchung aus der Sicht christlicher Sozialethik, 1999 – J. KASTNER/E. B. SPÖRR (Hg.), Nicht alles tun, 2008.

Wolfgang Huber

Zivilgesellschaft

Der Begriff Z. (Bürgergesellschaft; zivile Bürgergesellschaft) betrifft Fragen, die dem Bereich der →politischen Ethik angehören. Das deutsche Wort Z. ist eine Übersetzung aus den europäischen Vergleichssprachen (société civile, civil society, societas civilis und koinonia politike) und verweist in den möglichen Rückübersetzungen semantisch, ideenpolitisch und theoriegeschichtlich auf eine erstaunliche Kontinuität europäischer Fragestellungen in Fragen der Verfassung des Politischen und der →Demokratie. Z. meint in normativer Hinsicht die freie, assoziative, öffentliche und politische Selbstorganisation und Selbstbestimmung der Mitglieder der →Gesellschaft in Angelegenheiten, die alle betreffen. Z. bezeichnet immer *ein* Element von Demokratie, nicht schon die Herrschaftsform der Demokratie als solche; Z. meint immer *einen* Modus von Vergesellschaftung, ist nicht identisch mit dem Begriff von Gesellschaft im Ganzen.

Die zivilgesellschaftlichen Elemente in der Demokratie sind durch drei Elemente gekennzeichnet: (1) Die Architektur (Institutionen) der Z. besteht in der Existenz autonomer, nicht-staatlicher →Organisationen und →Institutionen. Der Begriff Z. setzt die neuzeitliche Unterscheidung von →Staat und bürgerlicher →Gesellschaft voraus. (2) Die Materialverstrebung dieser Architektur (→Rechte) beruht in ihrer Stabilisierung auf einem Ensemble von legitimen Ansprüchen in dem Dreiklang von bürgerlichen Freiheitsrechten (als institutionelles Gegengewicht zur staatlichen Herrschaftssphäre), politischen Teilhaberechten (als Ausdruck der gesellschaftlichen Kontrolle des politischen Herrschaftsgefüges) und sozialen Rechten (als Schutz oder Ausgleich der über Marktprozesse verursachten Härten unverschuldeter Ungerechtigkeit: →Bildung, Fürsorge, →Wohlfahrt). (3) Der Stil und die Eloquenz von Z.en (→Tugenden und →Moral) lebt von der Kultivierung von Zivilität: Gewaltverzicht, Gemeinsinn, Angemessenheit, Geschmack an der Selbstbestimmung, Freimut (→Zivilcourage), Bindung und Verpflichtung (Engagement, Vertrauen, Commitment).

Das normativ gehaltene Konzept der Z. stellt ein Bündel von Leistungen in Aussicht: Z.liche Elemente in der Demokratie befestigen die soziale Integration, sie eröffnen frei zugängliche *Zwischenräume* (corps intermédiaeres) für Mitsprache und Meinungsbildung in Angelegenheiten von öffentlichem Interesse, sie verstärken die Kultivierung von Zivilität, sie verlagern bestimmte Kompetenzen und Verantwortungen für die Lösung von Problemen von dem Staat, der →Bürokratie oder dem unreglementierten Spiel der Ökonomie an den Ort und in die Regie der Betroffenen selbst (→Subsidiarität).

Das ideengeschichtliche Profil des Diskurses, der sich um das Konzept einer Z. bemüht, ist deutlich geprägt von der anti-absolutistischen und liberalen Überzeugungstradition der neuzeitlichen Moderne, wie es in unterschiedlichen Varianten von JOHN LOCKE (1632–1704), CHARLES MONTESQUIEU (1689–1755) und ALEXIS DE TOCQUEVILLE (1805–1859) ausformuliert worden ist. Mit G.W.F. HEGEL (1770–1830) wurde die im modernen Begriff der Z. ausgesprochene Unterscheidung von Staat und bürgerlicher Gesellschaft analytisch und normativ verbindlich. Im 20.Jh. wurde der Begriff der Z. populär durch die Bürgerrechtsbewegungen Osteuropas, die mit dem Begriffssymbol Z. das freiheitliche Gegenbild zur Konsenstyrannei von Staat, Bürokratie und Einheitspartei lebendig gehalten haben – mit dem Ergebnis der Epochenwende von 1989.

Der Diskurs über die Z. einschließlich der Polyvalenz des Begriffes steht eingangs des 21.Jh.s für eine Reihe von Themen- und Problemstellungen, die die Zukunft von Gesellschaft und Demokratie betreffen. Ein wichtiges Themenfeld (1) wird durch die Dynamik der →Globalisierung und der supranationalen Verflechtung von Ökonomie und Politik bezeichnet. Das Stichwort Z. steht hier für die Frage nach dem Verhältnis von →*Globalisierung und* →*Demokratie* (Rolle und Funktion von Nichtregierungsorganisationen und transnationalen und mikroregionalen Netzwerken im Gegenüber zu transnationalen Unternehmen). Da Z. immer auch den Aufbau öffentlicher Räume als Medium demokratischer Selbstreflexion und Meinungsbildung meint, stellt sich (2) die Frage nach der Bedeutung neuer Kommunikationsmedien (→Internet) für die Herstellung von →Öffentlichkeiten (diskursive Vernetzung und symbolische Aufmerksamkeitslenkung in der *politischen* →*Kommunikation*). Ein weiteres Thema (3) bezieht sich auf das Problem der *Verfassungspolitik und Regierungsfähigkeit* im föderalen, nationalen und transnationalen Rahmen. Das Signalwort Z. verweist hier auf Aufgaben zur Entflechtung politischer Entscheidungsstrukturen (→Partizipation und Teilhabe an Entscheidungsprozessen; Elemente direkter Demokratie; Reform politischer Institutionen). Hinzu kommt die (4) unter dem Stichwort Z. geführte Debatte über die Frage nach den genuinen Aufgaben des Staates und den Aufgaben, die sich vorteilhafter durch die Gestaltungsphantasie z.licher und intermediärer Institutionen erfüllen lassen (Bürgerstiftungen [→Stiftung], Organisationen im Nonprofitsektor). Zentraler Bezugspunkt dieser Debatte ist die Frage nach der *Zukunft des* →*Sozialstaates* (→Subsidiarität und →Solidarität). Ferner steht der Begriff Z. (5) für die Bildung *demokratischer* →*Eliten*, die die Entscheidungsprozesse über die Richtung des technologischen und ökonomischen Fortschritts nicht allein den Machteliten und Experten überlassen (Inszenierung von Wertkonflikten zwischen unterschiedlichen Eliten). Zählt man die Religionsgemeinschaften im Sinne intermediärer Institutionen zu der Vielzahl von zivilgesellschaftlichen Akteuren, dann stellt (6) sich im Rahmen der europäischen Diskussion unter dem Fokus Z. die Aufgabe der Integration und Weiterentwicklung des deutschen Staatskirchenrechts in ein europäisches *Religionsverfassungsrecht*. Offen ist die Frage (7), ob und inwiefern das Konzept der Z. auf das angewiesen ist, was mit dem Begriff Zivilreligion bezeichnet wird. Weitgehend unstreitig ist, dass Z. und Demokratie einer mentalen Inkulturation ihrer Grundprinzipien (Selbstregierung als offener Prozeß unter Änderungsvorbehalt, Diversität kultureller Traditionen und Sinnprovinzen, Konvertierbarkeit dieser Pluralität unter dem Gesichtspunkt von Grundrechten, Diskursivität ohne kulturelle Häresiomachie) in Habitus, Ethos und Erfindungsreichtum der Gesellschaftsbürger bedürfen (Zivilreligion I); aus dem Blickwinkel der Z. bleibt umstritten, ob die Demokratie einer Geltungsversicherung unter der Leitwährung einer streitentzogenen Konsensfiktion (Zivilreligion II) bedarf.

Das normative Konzept Z. ist im demokratietheoretischen Rahmen nur sinnvoll im Bezug auf die Institutionen des Regierungshandelns und des Rechts; z.liche Institutionen, Organisationen und Netzwerke übernehmen Aufgaben nur im Ensemble unterschiedlicher Interaktionssphären (Lebensformen, Staatlichkeit und Ökonomie). In beiden Hinsichten verhindern sie die Verselbstständigung bestimmter Teilsysteme und Machteliten der Gesellschaft und des Politischen und erfüllen damit eine zentrale Funktion für den vielgestaltigen Aufbau und den Fortbestand einer demokratischen Kultur der Freiheit.

Zur zentralen Herausforderung für den Aufbau und die Gestaltung einer „Zivilgesellschaft" wird im 21. Jh. der Wandel der Gesellschaft im Zeichen der Digitalmoderne unter Bedingungen der Globalisierung. Die Vision einer urbanen „Einheit in Vielheit" im Sinne des alteuropäischen Konzepts der „res publica" erfährt dabei eine Fortsetzung im Zeichen einer „liquid democracy" (Ambivalenzen „Sozialer Netzwerke"). Die Auflösung herkömmlicher biopolarer Strukturen der Vergesellschaftung (zum Beispiel: privat/öffentlich, Urlaub/Alltag, Zugehörigkeit/Exklusion, Zugänglichkeit/Unzugänglichkeit, Präsenz/Absenz, Hier/Dort, Individualität/Masse/Vereinzelung) zugunsten von Uneindeutigkeit, Diffusität und Mobilität und neuen Formen des Regierungshandelns („governance") und der Zugehörigkeitsmerkmale Kunde, Nutzer, Konsument oder Terrorist brauchen dabei den Entwurf eines digitalen „code civil". Dabei ist es die „Zivilgesellschaft" selbst, der eine wichtige Aufgabe zur Gestaltung des technologischen Wandels zufällt.

H. MARSHALL THOMAS, Bürgerrechte und soziale Klassen. Zur Soziologie des Wohlfahrtsstaates (1950), 1992. – A. TOURAINE, The Voice and the Eye (Org.1978), New York 1981 – K. GYÖRGY, Antipolitik, 1985 – J. KEANE (Hg.), Civil Society and the State, London 1988 – CH. TAYLOR, Die Beschwörung der Civil Society, in: K. MICHALSKI (Hg.), Europa und die Civil Society, 1991, 52–81 – J.L. COHEN/A. ARATO, Civil Society and Political Theory, Cambrigde MA 1992 – J. FISCH, Art. Zivilisation, Kultur, in: GG 7, 1992,679–774 – M. WALZER, Zivile Gesellschaft und amerikanische Demokratie, 1992 – R. DAHRENDORF, Der moderne soziale Konflikt, 1992 – R. PUTNAM, Making Democracy Work, Princeton NJ 1993 – J. V. SOOSTEN, Civil Society, in: ZEE 37 (1993), 139–157 (Lit.) – E. GELLNER, Bedingungen der Freiheit. Die Z. und ihre Feinde (Org.1994), 1995. – B. VAN DEN BRINK/W. VAN REIJEN, Brügergesellschaft, Recht und Demokratie, 1995 (Sammlung der wichtigsten Aufsätze) – A. GIDDENS, Jenseits von Links und Rechts. Die Zukunft radikaler Demokratie (Org.1994), 1997 – U. BECK, Was ist Globalisierung 1997 – W.-D. BUKOW (Hg.), Die Z. in der Zerreißprobe, 1999 – J. RIFKIN, Access. Das Verschwinden des Eigentums, 2000 – R. SCHIEDER (Hg.), Religionspolitik und Zivilreligion, Opladen 2001 – Kommunikation des Evangeliums in der digitalen Gesellschaft. Kirchenamt der EKD im Auftrag des Präsidiums der 11.Synode der EKD, Frankfurt am Main, Oktober 2014 – F.Schirrmacher (Hg.), Technologischer Totalitarismus. Eine Debatte, Berlin 2015.

Joachim von Soosten

Zweireichelehre

1. Begriffsbestimmung. Eine terminologische Festlegung der Kurzformel „Zweireichelehre" erfolgte erst nach 1930. Insbs. der *Kirchenkampf* hat den Begriff geprägt, weil es um das Verhältnis von →Staat u. Kirche, deren wechselseitige Zuordnung u. Abgrenzung geht. Die Z. ist eines der strittigsten Theologumena des 20. Jh.s. JOH. HECKEL sprach 1957 von einem „Irrgarten"; mit gleicher Berechtigung kann man von einem „unentwirrbaren Problemknäuel" sprechen. In der Z. sind nämlich Fragen der Lutherdeutung (LUTHER) verbunden mit der Stellungnahme zu aktuellen Herausforderungen. Historische Sicht u. Gegenwartsdeutung fließen dabei ineinander. Eine Reihe unterschiedl. Deutungstypen hat sich deswegen herausgebildet. Dabei wird gelegentl. übersehen, dass die Z. keine ausgearbeitete theol. Theorie, auch nicht die polit. Theorie des Luthertums oder gar eine Staatslehre enthält, sondern von ihrer Intention her Beratung der →Gewissen u. hermeneutische Anleitung zur Wirklichkeitsdeutung insgesamt sein will. „Sie ist die unerlässliche Ortsbestimmung, die der Christ immer wieder für seinen Stand u. sein Tun in der Welt vorzunehmen hat" (H. BORNKAMM). Problematisch ist folglich eine undifferenzierte Verwendung der Z. als polit. Schlagwort. Zwar ist die Z. im 20. Jh. zum besonderen Kennzeichen des Luthertums geworden, aber ihre Fragestellungen sind gemeinchristl. Die Terminologie „Reich", „Regiment", „Bereiche", „Regierweise", „Sphären" (D. BONHOEFFER sprach von zwei „Räumen") war u. ist uneinheitl.

2. Theologischer Ansatz. Theol. geht es in der Z. um *Fundamentalunterscheidungen*, die sich aus der Weltdeutung des christl. Glaubens ergeben. Der christl. Glaube unterscheidet Gott u. Welt; er stellt den Christen in zwei Bezüge, Relationen, vor zwei Fora, vor Gott u. vor die Welt, die Mitmenschen (coram deo u. coram hominibus, coram mundo). Diese *Grundunterscheidung* hat weitere Unterscheidungen zur Folge, wie die Unterscheidung von Glaube u. →Liebe, von →Person u. Werk (Werken), von Glaube u. →Handeln; außerdem sind angesprochen die Unterscheidung von Schöpfung u. Erlösung, aber auch von Sünde u. →Gnade. Die Z. ist zwar nicht identisch, aber untrennbar verbunden mit der reformatorischen Unterscheidung von →Gesetz und Evangelium, mit dem reformatorischen Verständnis eines doppelten Gebrauches des Gesetzes (duplex usus legis: öffentl., weltl. Gebrauch u. geistl. Gebrauch, usus politicus legis u. usus theologicus legis). Eine Testfrage ist dabei, ob man mit der →Bergpredigt die Welt regieren, also →Politik gestalten könne. Die Untersuchung von HARALD DIEM 1938 fasst die Komplexität der Fragestellung prägnant schon im Titel zusammen: „Luthers Lehre von den Zwei Reichen untersucht von seinem Verständnis der Bergpredigt aus. Ein Beitrag zum Problem: Gesetz u. Evangelium." Ein weiterer zentraler Aspekt ist die Unterscheidung von geistl. u. weltl., von spiritualia u. sacralia, in der Neuzeit die

Abgrenzung der Zuständigkeit von →Kirche u. Staat. In der Augsburgischen Konfession (Art. 28) wird die Z. im Blick auf die Zuständigkeit, die „Gewalt" der Bischöfe eingeführt anhand der Unterscheidung von geistl. u. weltl. Gewalt (potestas ecclesiastica u. potestas gladii, Schwertgewalt). Die Verhältnisbestimmung von Kirche u. Staat wird in der Neuzeit erweitert durch die Entstehung einer selbstständigen →Gesellschaft. Im Blick auf gesellschaftl. Lebensbereiche wird die Frage gestellt, ob es Lebensbereiche gibt – z. B. Politik, Wirtschaft, →Wissenschaft, →Technik – die kirchl. Kontrolle u. theol. Normierung entzogen sind u. ihre eigene →Autonomie haben (→Eigengesetzlichkeit, →Königsherrschaft Christi). Die Z. bezieht sich so also auf unterschiedl. Zusammenhänge: Fundamentaltheologie, Menschenverständnis (→Anthropologie), Kirchenverständnis, →Staat, →Sozialethik.

3. Vorgeschichte u. Traditionsgeschichte. Die Anfänge der Unterscheidung von zwei Reichen reichen zurück bis auf PAULUS u. PLATON. PAULUS unterschied zwei Äonen, zwei Weltzeiten, den alten Äon der vergehenden Welt u. den in Christus angebrochenen neuen Äon. Die Tradition der Unterscheidung von zwei Äonen ist jedoch schon vorpaulinisch: Die Apokalyptik kennt eine dualistische Anschauung. Aus der zeitl. Abfolge von zwei Äonen (Weltzeiten) in der Apokalyptik wird bei Paulus eine Grundstruktur des Christseins. PLATON unterschied „inneren" u. „äußeren" Menschen („Politeia"), eine Begrifflichkeit, die PAULUS aufgreift (2. Kor 4,16; Röm 7,22; Eph 3,16). Während die eusebianische *Reichstheologie* nach der konstantinischen Wende die Symphonie von weltl. u. geistl. →Macht im Corpus Christianum vertrat, unterschied AUGUSTIN („De civitate dei") Gottesreich u. Weltreich (civitas dei u. civitas terrena). Die Welt setzte AUGUSTIN weithin mit dem Teufelsreich (civitas diaboli) gleich, eine dualistische Entgegensetzung, die wohl auf manichäischen Einfluss beruht. AUGUSTINS Dualismus wirkt noch z. T. bei LUTHER nach. AUGUSTIN sah in den beiden civitates, „Herrschaft"sbereichen Personenverbände (→Person), nicht →Institutionen.

AUGUSTINS Unterscheidung hat das Mittelalter bestimmt. Innerhalb des „Heiligen Römischen Reiches" ging es um die Zuständigkeiten von Kaiser u. Papst, von imperium u. sacerdotium. Durchgängig üblich war die Unterscheidung von zwei „Gewalten" (potestates), „Schwertern" (gladii), „Reichen" (imperia). Im Gegensatz zur theokratischen Anschauungen von Byzanz hat das abendl. Denken innerhalb der einen weltl.-geistl. Christenheit (des Corpus Christianum) Geistl. u. Weltl., res publica u. ecclesia unterschieden. Diese Unterscheidung war LUTHER bereits vorgegeben.

4. Reformatorische Sicht. Aus LUTHERS Glaubens- u. Freiheitsverständnis (→Freiheit) folgt für den Reformator die Befreiung des weltl. Lebens von klerikaler Bevormundung, die neue Erfassung des weltl. →Berufs u. die Eigenständigkeit der weltl. Gewalt, der Obrigkeit. Grundlegend ist Luthers Schrift „Von weltl. Obrigkeit, wie weit man ihr Gehorsam schuldig sei" (1523). Konkreter Anlass war das Verbot der Verbreitung von LUTHERS Übersetzung des Neuen Testament durch Herzog GEORG VON SACHSEN; LUTHER ruft in diesem Fall nicht zum Gehorsam auf, sondern zum leidenden →Widerstand. Im Spannungsverhältnis des Gewaltverbotes der Bergpredigt (Mt 5,38f, 4. Antithese) u. der Anerkennung der Obrigkeit bei PAULUS (Röm 13) entwickelt LUTHER Fundamentalunterscheidungen: Zu unterscheiden sind Glaube u. weltl. →Handeln, die Predigt des Evangeliums, die →Gewissen anspricht, von der notfalls mit physischen Zwang durchzusetzende äußeren →Ordnung. Zu unterscheiden sind auch Zuständigkeiten von Predigtamt u. weltl. Macht. Vor allem unterscheidet LUTHER göttl. u. irdische, bürgerl. →Gerechtigkeit (iustitia spiritualis u. iustitia civilis). Gegen die mönchische Weltflucht u. eine schwärmerische Vollkommenheitsethik betont LUTHER das (begrenzte) Recht irdischer Gewalt u. Gerechtigkeit. Dabei bedient er sich der Unterscheidung von →Amt u. →Person. Im „Amt" hat der Christ Übel mit dem Schwert zu wehren, für seine Person kann er Verzicht üben. V. a. gegen eine Unterscheidung von Amt u. Person richtet sich der Vorwurf der Doppelmoral (z. B. G. WÜNSCH, E. TROELTSCH), aber auch K. BARTHS Einspruch. Bei LUTHER bildete die Z. in den Bauernkriegsschriften (1525) wie in der Schrift „Ob Kriegsleute auch in seligem Stand sein können" (1526) die Grundlage theol. Zeitdeutung. Die damaligen historisch bedingten Konkretionen können freilich heute nicht mehr verbindl. sein (z. B. Patriarchalismus, Obrigkeitsverständnis, ständische Gliederung der Gesellschaft, Ketzerrecht, Gerechter →Krieg, →Todesstrafe).

CALVIN stellt gleicherweise die theol. Sicht der Stellung des Christen zu polit. Problemen in den Rahmen der Z. (Inst 1559, IV, 20 De politica administratione).

Die Z. war im 16. Jh. – abgesehen von ZWINGLI – gemeinsame reformatorische Weltanschauung. Gottes Reich zur Rechten u. zur Linken, das „Reich" des Glaubens u. das „Weltreich", das ein „Vernunftreich", auch ein „Bauchreich" ist, sind von Christen im konkreten Lebensvollzug zu unterscheiden. Ebenso sind Gerechtigkeit des Glaubens u. äußere, „bürgerl." Gerechtigkeit, innere Freiheit („Frei im Glauben") u. äußere polit. Freiheit zu unterscheiden.

An dieser Unterscheidung setzt prinzipielle *Kritik* an. Sie wendet sich grundsätzlich gegen die Z.; es hat nämlich unbestreitbar einen Missbrauch der Z., eine fatale Trennung von Glaube u. Welt gegeben. Solche Trennungen übersahen jedoch, dass beide Regimente, „Wirkweisen" Reiche *Gottes* sind, dass *Gott* in beiden „Reichen" handelt, im geistl. „Regiment", „Reich" durch das Wort des Evangeliums, im weltl. durch die Ordnung des Gesetzes, die äußerstenfalls mit Gewalt („Schwert") zu wahren ist. Der *Christ* muss zudem das Leben in beiden Reichen in seinem Gewissen vereinbaren können; beide Bereiche sind ferner am Maßstab der Liebe zu messen, wenn auch in unterschiedl. Weise. Dies kann sogar zur geistl. begründeten Widerstandspflicht führen.

5. **Nachwirkung.** Im konfessionellen Territorialstaat trat die Z. zurück. Melanchthonische Vorstellungen von einer cura religionis Magistratus Christiana, einem Religionsrecht der Obrigkeit waren vorherrschend (landesherrl. Kirchenregiment). Auch SCHLEIERMACHER wollte mit christl. Leben u. Geist die Gesellschaft durchdringen u. vertrat ein Einheitskonzept (Kulturprotestantismus). Unterschiedl. Ursachen führten im 19. Jh. zu einer Wiederentdeckung u. -aufnahme der Z.: →Säkularisierung, die Zurückdrängung der Kirche aus dem öffentl. Leben („Religion ist Privatsache", das Christentum ist „reine" Innerlichkeit), die Wahrnehmung der →Eigengesetzlichkeit technischer u. wirtschaftl. Abläufe wirkten mit dem Siegeszug naturwissenschaftl. Welterklärung u. neukantianischer Trennung von Tatsachen u. →Werten zusammen. Geistesgeschichtl. bedeutsam wurde F. NAUMANNS schroffe Trennung von zwei Sphären, der innerl. Erfahrung von Erlösung u. der Eigengesetzlichkeit von Politik, Wirtschaft usw., die u. a. Anregungen von MAX WEBER u. E. TROELTSCH aufnahm. Die Inanspruchnahme der Z. zur Legitimation deutscher Machtpolitik im *Ersten Weltkrieg*, danach die kirchenpolit. Instrumentalisierung im Dritten Reich, wonach die Kirche im Dritten Reich in der ihrem Auftrag u. in ihrer rechtl. Ordnung sich der nationalsozialistischen →Ideologie anzupassen habe, diskreditierten die Z. Die Z. konnte sich einem weltanschaul. Totalitätsanspruch anpassen.

6. **Probleme u. Bedeutung.** Die Z. gehört zu den innerkirchl. strittigsten Themen nach 1945. Sie ist ein Reflexionsbegriff. Sie wird für eine lutherische „Untertanenmentalität", ein „Obrigkeitsdenken" haftbar gemacht. Es wurde sogar eine Linie LUTHER – BISMARCK – HITLER konstruiert. Weitere Einwände sind: die eschatolog. Dynamik der Weltveränderung werde in einem statischen Nebeneinander zweier Bereiche aufgehoben (H. D. WENDLAND, J. MOLTMANN). Der Universalitätsanspruch der Herrschaft Christi über alle Bereiche der Welt (→Königsherrschaft Christi) werde verleugnet (K. BARTH). Dagegen ist aber daran zu erinnern, dass das Reich Christi unter dem Kreuz steht („Regnum Christi tectum cruce", CA Apol. VII,18). Außerdem sei die Z. eine zeitgeschichtl. bedingte Abgrenzung u. Polemik gegen die römische Kirche (W. PANNENBERG) u. folglich durch eine christl. Theorie von Geschichte u. Gesellschaft zu überbieten. Das 2. Vatikanum selbst hat hingegen die „Autonomie der irdischen Wirklichkeit" (Pastoralkonstitution über die Kirche in der Welt von heute „Gaudium et spes") ausdrückl. anerkannt u. damit eine neue Weltsicht vertreten, wie sie der Z. entspricht.

Die grundlegende *Intention* der Z. ist freilich nicht die einer polit. Konzeption, sondern eine Anleitung zu differenzierter Wahrnehmung von Wirklichkeit u. zur Urteilsbildung. Fundamentaltheol. bedeutsam ist die Unterscheidung des Gottesverhältnisses im Glauben vom weltl. Handeln. Sie enthält damit eine Anleitung zur →Verantwortung. Im Umgang mit Weltgestaltung u. im Handeln des Menschen zum →Nutzen anderer Menschen unterliegt auch der Christ den Maßstäben des Vernünftigen (→Vernunft). Die Zuordnung von Glaube u. Vernunft, Glaube u. →Liebe, Humanität u. christl. Glaube sind Grundfragen der Z.

Auch der Christ lebt nämlich nicht in einer Welt ohne Böses (simul iustus, simul peccator). Die Z. rechnet mit der Realität von Sünde, Unrecht, Verfehlungen; sie ermöglicht dadurch eine realistische Sicht von Mensch u. Welt u. motiviert zur Bekämpfung u. Beseitigung vermeidbarer Übel. Sie hält eine eschatolog. Dimension offen u. setzt frei zur vernünftigen prakt. Gestaltung menschl. Zusammenlebens u. einer humanen →Politik. Dabei ist grundlegend die Unterscheidung von Person u. Werk, von Glaubensgewissheit u. Handlungsnormierung (→Rechtfertigung).

Vor allem zeigt die Z. die Grenzen u. den Auftrag der *Kirche* auf, indem sie die Unterscheidung zwischen Aufgaben des Staates u. Auftrag der Kirche einübt (vgl. Barmen 5, →Barmer Theologische Erklärung). Daraus folgt auch eine Differenzierung zwischen Heil u. Wohl. Dabei kann ein bloß formelhafter Gebrauch oder eine Festlegung auf bestimmte Denkschemata auch die Z. ideologisch verkehren, sofern dadurch eine sorgfältige Wahrnehmung der Sachverhalte u. der argumentative Bezug auf theol. Entschlüsselungen u. Auslegung unterbleibt. Die Z. hat dagegen Bedeutung als *hermeneutische* Interpretationshilfe bei der Klärung u. Begründung ethischer Urteilsfindung u. Lebensorientierung. Damit gewinnt sie *ideologiekritische* Bedeutung sowohl für die allgemeine Wirklichkeitswahrnehmung als auch für die innertheol. u. innerkirchl. Reflexion.

J. HECKEL, Im Irrgarten der Zweireichelehre, 1957 – H. BORNKAMM, Luthers Lehre von den zwei Reichen im Zusammenhang seiner Theologie, 1969³ – H. H. SCHREY (Hg.), Reich Gottes und Welt. Die Lehre Luthers von den zwei Reichen (Lit.), 1969 – U. DUCHROW, Christenheit und Verantwortung. Traditionsgeschichte und systematische Struktur der Zweireichelehre, 1970 – DERS. (Hg.), Zweireiche und Regimente, Ideologie oder ev. Orientierung?, 1977 – G. SAUTER (Hg.), Zur Zweireichelehre Luthers, 1973 (enthält: H. DIEM, Luthers Lehre von den zwei Reichen, 1938 – H. DIEM, Luthers Predigt in den zwei Reichen, 1947) – H. KUNST, Glaube und politische Verantwortung. M. Luther als politischer Berater seines Landesherrn und seine Teilnahme an den Fragen des öffentlichen Leben, 1977 –

J. ROGGE/H. ZEDDIES (Hg.), Kirchengemeinschaft und politische Ethik. Ergebnis eines theologischen Gesprächs zum Verhältnis von Zwei-Reiche-Lehre und Lehre von der Königherrschaft Christi, 1980 – H.-J. GÄNSSLER, Evangelium und weltliches Schwert. Hintergrund, Entstehungsgeschichte und Anlaß von Luthers Scheidung zweier Reiche oder Regimente, 1983 – E. HERMS, Theol. u. Politik, in: Gesellschaft gestalten 1991, S. 95–124 – V. MANTEY, Zwei Schwerter, zwei Reiche. Martin Luthers Zwei-Reiche-Lehre vor ihrem spätmittelalterlichen Hintergrund, 2005.

Martin Honecker

Register

Abbruch 194
Abendland 1, 393, 406
Abendmahl 381
Abendmahlsgemeinschaft 440
Abfall / Abfallwirtschaft 6
Abfall 846, 1546
Abfallwirtschaft 6
Abrüstung 1341, 1379
Absatz 93
Abschreckung 1504, 1550
Absolutismus 927, 976, 1002, 1222, 1364
Absprachen 1733
Abstieg 182
Abtreibung 178, 535, 1246, 1360
Abwehr 1236
Abwehrrechte 1254
Abwertung 223, 710, 1085
Achtsamkeit 1584
Achtung 504
administrative Kontrollfunktion 673
Adoption 333, 458, 683
Adorno, Theodor W. 126, 1231
Adressat 9
advokatorische Ethik 737
Affekt 141, 340, 1068, 1223, 1633
Afrika 815, 1655
Afro-Amerikaner 133
Agape 935 f.
Agapismus 937
Agenda 2000 1158
Agenda 21 12 f., 232, 313, 357, 374, 497, 641 f.
Aggression 14, 864, 1236, 1529
Agrarpolitik 16, 271, 420
Agrochemikalien 1153
AIDS 362
Akademien 22, 209, 370 f., 447, 547, 1160
Akademien, kirchliche 22, 1289
Akkumulation 1239
Akteur 1547
Akteur-Netzwerk-Theorie 1536
Akteure 1406, 1466
Aktien 541, 678, 1561
Aktiengesetz 877
Aktionär 735
aktivierender Sozialstaat 557
Aktivierung 555
Aktivität 62, 139, 398, 436, 455, 1077, 1326, 1374, 1473, 1528, 1557
Aktualität 811, 1274, 1402 f., 1600, 1710
Alleinerziehende 334, 458
Allianz 1380
Allmende 572
Allokation 275, 366, 607, 994, 1498, 1575 f., 1718
Allokationsproblem 829
Alltag 468
Alltagsnormen 774
Alltagswirklichkeit 1488
Alte Kirche 112
Alter 27, 119, 242, 303, 329, 516, 630, 1373, 1402, 1449 f., 1453, 1529, 1575, 1707
Alternativbanken 543
Alternativlosigkeit 1228
Altersarmut 459
Altersgrenze 517, 1449
Alterssicherung 567, 1449
Altersvorsorge 567
Alterung 27, 177
Altruismus 31, 831, 936
Ambulantisierung 35
Amnesty International 481
Amt 37, 161 f., 217, 296, 909, 946, 948–950, 1130, 1233, 1479, 1620, 1782
Ämterpatronage 144
Analphabetismus 359
Analyst 1464
Anarchie 40, 42, 333, 1236, 1477, 1482
Anarchismus 40
Anarchokapitalismus 1103
Anbieter 1057
Anerkennung 42, 82, 87, 216, 230, 253, 267, 284, 297, 305, 336, 395, 438, 586, 806, 809 f., 857, 905, 961, 1011, 1040, 1059, 1121, 1124, 1144, 1147, 1150 f., 1196, 1214, 1224 f., 1233, 1235, 1369, 1375, 1471, 1482, 1502, 1505, 1507, 1552, 1619, 1638, 1709 f., 1767 f., 1782
Angebot 196, 327, 513, 942, 1122, 1448, 1482, 1484, 1614
Angebotspolitik 1103
Angehörige des öffentlichen Dienstes 144
Angestellte 93, 707, 1192
Anglikaner 1019
Anglikanische Gemeinschaft 134
Angst 341

Ankerwährung 540
Anlage 734
Anlageprodukte 735
Anleihen 1561
Anpassung 100, 119, 370, 602, 1001, 1062, 1385, 1432
Anstand 1385
Anthropologie 44, 396, 587, 733, 804, 807, 915, 974, 982, 992, 1002, 1009, 1122, 1136, 1202, 1205, 1236, 1368, 1370, 1580, 1708
Anthropozentrismus 1096, 1547, 1583
anthropozoische Ära 1566
Antijudaismus 50, 54
Antirassismusprogramm 1167
Antisemitismus 52, 54 f., 1086, 1089, 1275, 1430
Antiziganismus 56, 1275
Antropologie 27
Ancien Régime 498
Apartheid 209
Apokalyptik 140, 1781
AQTIV-Gesetz 78
Äquivalenzprinzip der Besteuerung 1496
Arabischer Frühling 502, 1029
Arbeit 41, 58, 69, 71, 73, 81, 86, 89 f., 92, 99, 103, 119, 156, 161, 165, 180, 182, 196, 215, 230 f., 242, 274 f., 299–302, 318 f., 354 f., 371 f., 445–447, 453 f., 468, 506 f., 510, 515 f., 534, 557, 595, 637, 639, 660, 666, 699, 736, 759, 778 f., 829, 832–834, 851, 854 f., 882, 900, 938, 941–944, 976, 1002, 1005, 1038, 1043, 1075, 1078, 1081, 1122, 1172, 1185, 1241, 1259, 1332, 1400–1402, 1432, 1448, 1598, 1724
Arbeit 4.0 705
Arbeiter 209, 707
Arbeiterbewegung 41, 60, 248, 250, 516, 977, 1365, 1400, 1424, 1428, 1441, 1564, 1709
Arbeiterfrage 1402
Arbeiterklasse 707, 921
Arbeiterwohlfahrt 66
Arbeitgeber 67, 69, 80 f., 84–100, 239, 842, 1366, 1431, 1448, 1453, 1533
Arbeitgeberverband 840, 939, 1367
Arbeitnehmer 68 f., 80–98, 100, 239, 274, 312, 402, 637, 758, 840, 842, 922, 939 f., 1192, 1431 f., 1448, 1452–1454, 1515, 1555, 1710
Arbeitnehmerschaft 833, 1431
Arbeitnehmerüberlassung 87
Arbeitnehmervertretung 171
Arbeits- und Sozialpolitik 738
Arbeitsangebot 1669
Arbeitsbedingungen 81, 83, 86, 96, 170, 1202, 1205, 1400, 1432
Arbeitsbeschaffung 300
Arbeitsbeschaffungsmaßnahmen 78
Arbeitsbewertung 71, 1072
Arbeitseinkommen 81, 944, 1449, 1453

Arbeitsethos 1215
Arbeitsförderung 76, 1420, 1447
Arbeitsgericht 239
Arbeitskampf 841 f.
Arbeitskraft 97, 311, 354, 695, 789, 840, 854, 922, 942–944
Arbeitslose 1127, 1447
Arbeitslosengeld 80, 1448–1450
Arbeitslosenhilfe 1448
Arbeitslosenquote 1669
Arbeitslosenversicherung 1366, 1420, 1447 f.
Arbeitslosigkeit 69, 73, 81, 101, 116, 120, 328, 355, 846, 940, 943, 1022, 1181, 1274, 1282, 1332, 1402, 1448, 1454, 1528
 natürliche 1671
 strukturelle 1670, 1673
 Sucharbeitslosigkeit 1670
Arbeitsmarkt 76, 86, 117, 259, 637, 677, 841, 941 f., 966, 1448, 1670
Arbeitsmarktpolitik 75, 1448
Arbeitsnachfrage 1669
Arbeitsplatz 71, 94, 178, 274, 355, 985, 1027
Arbeitsproduktivität 328, 454, 1259
Arbeitsrecht 69, 80, 96, 628, 736, 747, 1652
Arbeitsschutzgesetz 83
Arbeitsteilung 162, 272, 354, 677, 695, 832, 881, 920, 1189, 1659
Arbeitsunfähigkeit 92
Arbeitsverhältnis 1534
Arbeitsvermittlung 1447 f.
Arbeitsvertrag 85–88, 171
Arbeitswelt 116 f., 163, 183, 275, 355, 454, 517, 833, 849, 1724
Arbeitszeit 81, 93, 99, 455
Aristokratie 1473, 1478, 1545
Aristoteles 1098, 1227, 1770
Armee 894
Armenfürsorge 262
Armut 103, 161, 178, 329, 360, 656, 705, 857, 916 f., 921, 1033, 1077, 1274, 1300–1305, 1329, 1401 f., 1586, 1628, 1632 f., 1724
Armutsbekämpfung 12, 1301
Armutsrisiko 1332
Armutsvermeidung 1633
Armutswanderungen 414
Artenschutz 189, 1096, 1547
Artenvielfalt 192, 1154, 1156
Arzt 607
Asien 357, 815
Askese 162, 225, 391, 1181, 1215
Assimilation 1070
Assistenz 105, 152, 718
Assistierte Reproduktionstechnologie 488
Asyl (juristisch) 107
Asyl (theologisch) 112
Asylbewerber 417

Asylpolitik 414
Asylrecht 1023
Atomenergie 1583
Aufklärung 1 f., 113, 136, 138, 214 f., 226, 268, 293, 304, 306, 338, 340, 391, 393, 397, 454, 480 f., 497, 509, 579, 596, 627, 633, 899 f., 951, 982, 1001 f., 1007, 1009–1011, 1076, 1091, 1122, 1145, 1201, 1214 f., 1224 f., 1234, 1288, 1368, 1408, 1459, 1472, 1500, 1549, 1552 f., 1560 f., 1570, 1578, 1615, 1617, 1634, 1637 f., 1728, 1750
Aufmerksamkeit 747, 1107
Aufnahmefähigkeit der EU 377
Aufrüstung 1340
Aufsichtsrat 963, 1431
Aufstieg 90, 215, 1122, 1189, 1191 f.
Aufwertung 59, 1373, 1766
Augsburger Bekenntnis (Confessio Augustana) 1091, 1171, 1288
Ausbeutung 339, 355, 395, 482, 854, 921, 975, 1181
Ausbildung 4, 72, 115–117, 161, 163, 221, 225, 274, 295, 326, 331, 392, 455, 579, 596, 604, 815, 849, 1123, 1222, 1301, 1374, 1417, 1428, 1432, 1556, 1723, 1754
Ausbildungsförderung 1421
Ausbildungswesen 1473
Ausgaben 328, 517, 1450–1453
Ausgrenzung 1236
Ausgründung 448
Ausländer 86 f., 112, 1025, 1038
Auslandsdirektinvestitionen (ADI) 1567
Auslese 331, 1193
Außenbeitrag 206
Aussiedler 1029
Aussperrung 97, 1401
Austerität 1355, 1463
Austrian Economics 1103
Austritt aus der EU 379
Auswahlverfahren 1495
Auswanderung 759, 1021
Authentizität 64
Autismus 341, 1109
Automatisierung 706, 1282
Automobil 1057, 1536
autonome Moral 123
Autonomie (sozialpolitisch) 123
Autonomie 45, 114, 121, 133, 181, 306, 340, 372, 391, 393 f., 397, 435, 535, 594, 659, 666, 905, 1008, 1171, 1254, 1295, 1336, 1366, 1371, 1385, 1472, 1501, 1507, 1514 f., 1527 f., 1570, 1574, 1636, 1781, 1784
Autonomie, individuelle 1227
Autonomie, kollektive 1227
Autonomieprinzip 995
Autopoiese 122

Autorität 41, 124, 133 f., 257, 607, 622, 753, 760, 764, 918, 951, 958, 1062, 1179, 1328, 1415, 1473, 1479 f., 1482, 1560, 1608, 1637
Autoritätskritik 250

Babel 1215
BaFin 200
BAGFW 229
Bahn 1624
Bank 640, 958
Bank für Gemeinwohl 563
Bank run 131
Banken / Kreditinstitute 127
Bankenkrise 130, 1356
Baptisten 132, 513 f.
Barmer Theologische Erklärung 135, 139, 234, 251, 439, 447, 607, 645, 1172, 1289
Barmherzigkeit (biblisch) 139
Barmherzigkeit (diakonisch) 142
Barmherzigkeit 139, 302, 645–647, 1149
Basis und Überbau 1228
Basisgemeinde 152
Baugesetzbuch 199
Bauland 197
Bauleitplanung 196
Beamte / Beamtenrecht 144
Beamte 84, 304, 1130, 1450, 1452
Beamtenrecht 144
Bedarf 58, 64, 116, 163, 273, 455, 556, 593, 641, 665, 675, 1006, 1234, 1302, 1304, 1403, 1570, 1615, 1721
Bedarfsgerechtigkeit 941
Bedrohung 1378
Bedürfnis / Bedarf 146
Bedürfnis 337, 355, 504, 787, 818, 1055, 1144, 1367, 1499, 1655, 1721
Bedürftigkeit 294, 1214, 1453
Beeinträchtigung 153
Befähigung 152
Befragung 1017, 1495
Befreiungstheologie 150, 556, 1303, 1329, 1414, 1606
Behaviorismus 732, 1458
Behavioural Economics 1105
Behinderte 630, 1272, 1402
Behindertengleichstellungsgesetz 124
Behinderung 152, 433, 718, 1248, 1768
Behörde 1654
Beichtgeheimnis 235
Beihilfe 1519
Bekehrung 527
Bekennende Kirche 55, 439, 1101
Bekenntnis 132, 138, 224, 257, 305, 337, 527, 866, 878, 961, 1001, 1023, 1171, 1413, 1552, 1679, 1711
Bekenntnisfreiheit 1309

Bekenntnisschriften 138, 227, 1001, 1385
Bellizismus 894
Belohnung 1302
Bemessungsgrenze 1448
Beobachtung 1495
Beratung 154, 194, 255, 1121, 1373, 1420, 1780
Bereichsethik 986, 1416
Bergbau 272, 1557
Bergpredigt 41, 156, 303, 392, 606, 613, 866, 1083 f., 1213, 1233, 1478 f., 1780, 1782
Beruf 22, 34, 96, 100, 116, 161, 226, 370, 455, 457, 595, 778, 850, 980, 1233, 1236, 1260, 1460
Berufsausbildung 1366, 1448
Berufsbeamtentum 1130
Berufsberatung 1448
Berufseintritt 776
Berufsethos 830, 1236
Berufsfreiheit 82
Berufsgenossenschaften 1454
Berufstätigkeit 1393
Berufswahl 1005
Berufswelt 677
Beschäftigtendatenschutz 235
Beschäftigung 82, 86, 99, 117, 119, 161, 414, 696, 739, 803, 943 f., 977, 1614
Beschäftigungsleitlinien der EU 418
Beschäftigungspolitik 414, 943, 1022, 1670
Beschleunigung 1229
Beschneidung 1291
Besitz 307
Bestrafung 1068
Beteiligung 815, 1624
Betrieb / Betriebsverfassung 165
Betrieb 81, 83, 89, 91, 94, 97, 117 f., 165, 355, 1056, 1195
Betriebsbeauftragte für den Datenschutz 235
Betriebskosten 1764
Betriebsrat 84, 93, 95–98, 170 f.
Betriebsrätegesetz 171
Betriebsvereinbarung 1534
Betriebsverfassung 82, 96, 165, 168
Betriebsverfassungsgesetz 171
Betriebsverfassungsrecht 171
Betriebswirtschaft 1216
Betriebswirtschaftslehre 174, 560, 730, 1260
Betroffenenrechte 237
Betrug 1733
Bettelorden 1303
Bevölkerung / Bevölkerungspolitik 177
Bevölkerung 81, 177, 242, 247, 454, 760, 764, 918, 1021, 1038, 1189, 1305, 1364, 1366, 1369, 1402, 1452 f., 1471, 1570, 1703
Bevölkerungsentwicklung 1369
Bevölkerungspolitik 12
Bevölkerungsstruktur 567
Bevölkerungswachstum 367, 1585

Bewahrung der Schöpfung 1160, 1173
Bewegung 1107
Bewegung Glaube und Kirchenverfassung 1164
Bewegung Praktisches Christentum 1164
Beweislastumkehr 756
Bewohner 997
Bewusstseinsbildung 13
Beziehungen 1406
Bibel 63, 115, 126, 133, 179, 183, 303, 604, 660, 881, 957, 976, 1120, 1215, 1271, 1302 f., 1478, 1480, 1527, 1628, 1633, 1680
Bibel, soziale Themen der 179
Biblizismus 800
Big Data 710, 988
Big-Data-Biology 569
Bilanz 783, 1330
Bildung / Bildungspolitik 184
Bildung 117, 120, 179, 216 f., 221 f., 242, 253, 255 f., 328, 333, 355, 360, 370, 372–375, 380, 410, 452, 457, 465, 506, 511, 516, 546, 580, 596, 599, 637, 658, 660, 665, 733, 855, 858, 875, 905, 909, 1000, 1002, 1005 f., 1186, 1189–1193, 1196, 1254, 1339, 1369, 1384, 1473, 1577, 1600, 1679, 1777 f.
Bildungsbiografie 776
Bildungsmilieu 775
Bildungssystem 923
Bildungswesen 833, 1152, 1305
Bill of Rights 650, 1288
Binnenmarkt 412
Binnenplausibilität 553
Biodiversität 189, 357, 368, 1096, 1547, 1584
Bioethik 189, 191, 910, 1330, 1582, 1754, 1756, 1768
Biogene Rohstoffe 1333
Biologie 44, 191, 684, 848, 994, 1118, 1153, 1547
Bioökonomie 488
Biopolitik 488
Biosicherheit 571
Biotechnologie 309
Biotop 198, 1153
BIP 204, 562, 916, 1668, 1674
Blutfehde 1549
Blutrache 1549
Boden / Bodennutzung 195
Boden 313, 854, 1078 f., 1153, 1157, 1258, 1471
Böhm, Franz 1101
Böhmische Brüder 201
Bolivien 815
Bolschewismus 215, 1180
Bonhoeffer, Dietrich 1091
Bonität 1279
Bonuszahlung 1733
Börse 199, 1464
Böse 605
Bourgeoisie 311, 854

Bowen, Howard R. 232
Branche 1260
Brauch 386, 1384
BRD 315, 647
Bretton-Woods-System 423, 741, 1687
Brot für die Welt 365, 692, 1160
Brüder-Unität 201
Bruderliebe 936
Bruderrat 234
Bruderschaften 857, 860
Bruttoinlandsprodukt 204, 1673
Bruttonationaleinkommen 204
Bruttosozialprodukt 204, 916
Bruttowertschöpfung 205, 677
Budget 673
Budgetfunktionen 673
Bund der Ev. Kirchen in der DDR (BEK) 440
Bundesagentur für Arbeit 75, 86
Bundesarbeitsgemeinschaft der Freien Wohlfahrtspflege 418
Bundesrat 1193
Bundesregierung 820
Bundessozialhilfegesetz 1402
Bundesstaat 480
Bundestag 1193
Bundesverband Evangelischer Arbeitnehmerorganisatoren (BVEA) 669
Bundesverfassungsgericht 412, 459, 1443
Bundeswehr 1031
Bürger 245, 507, 812, 1236
Bürgerbegehren 1366
Bürgerbeteiligung 208, 572, 1366
Bürgerentscheid 1366
Bürgergeld 506
Bürgergesellschaft 214, 216, 561, 602, 1289, 1776
Bürgerinitiative 103, 212, 572, 1073, 1116, 1192, 1195
Bürgerkommune 555
bürgerliche Gesellschaft 921
bürgerliches Weltbild 705
Bürgerrechte 515
Bürgerrechtsbewegung 216, 634
Bürgerschaftliches Engagement 37
Bürgertum / Bürgergesellschaft 214
Bürgertum 116, 214–217, 300, 497, 1370, 1711, 1770
Büro 81
Bürokratie 217, 595, 1174, 1599, 1777
Bürokratisierung 1610
Business 1216
Buße 1215, 1549
Bußsakrament 381

Calvin, Johannes 908
Calvinismus 132, 220
Caritas 227, 587, 936

Cash Flow 754, 1376
Centralausschuss der Inneren Mission 229
Chancengleichheit 120, 310, 327, 923, 1302 f., 1305, 1724
ChangeManagement 1175
Charisma 934
charismatisch 1306, 1315
Charismen 37
Charta von Paris 1039
Chartaoecumenica 408
Chicago Boys 1104
Chicago School 1103
Chiliasmus 1215
China 357, 788
Chrematistik 1716
Christian Right 1550
Christianisierung 1549
christliche Kirche 1564
Christlicher Studentenweltbund 1165
Christuswirklichkeit 643
Churchill, Winston 406
Cicero, Marcus Tullius 1091
Club of Rome 230, 275, 356, 1079, 1754
Comenius, Jan Amos 405
Compliance 877, 1383, 1733
Computer 1108
Computerisierung 706
Corporate Citizenship 233
Corporate Governance 167, 233, 877, 1258
Corporate Identity 552, 924
Corporate Responsibility 233
Corporate Sustainability 233
CO^2 Bepreisung 1565
CO^2 Emissionen 708
CRISPR / CAS 571
crowdfunding 1444
Crowding Out 1484
crowdinvesting 1444
CVJM 1165
cyber war 1340
Cybermobbing 1051

Dammbruchargument 194
Dämonisierung 52
Dankbarkeit 343, 643
Darmstädter Wort 234
Darwinismus 526
Daseinsfürsorge 452, 1006, 1505
Daseinskompetenzen 689
Daseinsvorsorge 144, 414, 675, 717, 1128, 1474
Daten 997, 1018, 1254, 1493
Daten, personenbezogene 235
Datenanalyse 1493 f.
Datenerhebung 1460, 1493, 1495
Datengeheimnis 236, 238
Datenkomplexität 569

Datenschutz 235, 746, 849, 1254, 1290, 1383
Datenschutzaufsichtsbehörden 235
Datenschutzrecht 747
Datensparsamkeit 236
Datenspeicherung 238
Datenverarbeitung 164, 274
Datenvermeidung 236
Davis, Keith 232
DDR 315, 1236
de La Mettrie, Julien Offray 684
Deal 1733
Deficit Spending 871
Deflation 425, 709, 1101
Dekalog 140, 180, 223, 240, 660, 946, 1072, 1091
Delegation 951, 955, 1188
Deliberation 1226
Delors, Jacques 408
Demografische Entwicklung 144
Demografischer Wandel 211, 242, 414, 717, 907
Demokratie 22, 67, 137 f., 208, 216, 225, 245, 254, 331, 333, 447, 502, 513, 560, 572, 594, 631, 649, 747, 764, 846, 884, 918 f., 953, 958, 960, 962, 1040, 1063, 1080, 1087, 1137, 1187 f., 1193–1195, 1200, 1234, 1236, 1288, 1328, 1431, 1441, 1473, 1476–1478, 1480–1484, 1545 f., 1550, 1598, 1600, 1603, 1609, 1616, 1653, 1709, 1748, 1771, 1776–1779
Demokratiebildung 906
Demokratisierung 134, 355, 446, 557, 641, 907, 923, 1146, 1190, 1222, 1617
Demotivierung 1067
Denkschrift 251, 253, 523, 757, 822, 831, 867, 904, 1151, 1159, 1375
Denomination 1019
Deontologie 395 f.
Dependenztheorie 150
Depression 1356
Deregulierung 257, 511, 634, 1163, 1433
Derivate 201, 678, 1561
Despotie 42, 1478
Determinismus 1336
Deutsche Evangelische Kirche (DEK) 439
Deutscher Bundestag 55, 906
Deutscher Evangelischer Kirchenbund 439
deux Frances 501
Devisen 1561
Devisentransaktionssteuer 1561
Dezentralisierung 849
Dezentralität 1747
Dezisionismus 1115, 1226
Diagnose 1245
Diakon / Diakonisse / Diakonin 259
Diakonat 37
Diakonie 134, 156, 183, 226, 236, 261, 365, 557, 1000, 1027, 1030, 1063, 1073, 1152, 1181 f., 1216, 1275

Diakonische Dienste 413
Diakonischer Auftrag 888
Dialektik 222, 265, 340, 384, 901, 1295, 1638
Dialog 22, 268
Dialog, interreligiöser 268, 906
Dienst / Dienstleistungen 271
Dienst 63, 119, 137, 140, 155, 271, 301, 398, 453, 606, 697, 833, 961, 1432, 1454, 1598, 1607, 1642 f., 1752
Dienst- und Treueverhältnis 144
Dienstgemeinschaft 275, 1047
Dienstleistung 89, 259, 401, 412, 414, 675, 1258, 1490, 1561, 1591
Dienstleistungsfreiheit 402, 415
Dienstleistungsgesellschaft 119
Dienststellenleitung 239
Dietze, Constantin 1101
Digitalisierung 245, 706, 708, 768, 905, 1330, 1494, 1496
Diktatur 695, 1236, 1473, 1553, 1609, 1748
Dilemma 754
Dilemma, moralisches 1106
Diplomatie 984
Disagio 782
Diskriminierung 90 f., 133, 277, 339 f., 402, 480, 590, 629 f., 681 f., 880, 1023, 1027, 1272, 1275, 1370
Diskriminierungsverbot 741
Diskurs 22, 122, 864, 904
Diskursethik 282, 385, 667, 1725
Dissenters 514
Distribution 1604
Disziplin 164, 267, 801, 804, 1373, 1411, 1474, 1636
Disziplinierung 1215
DNA 568
DNS 568
Doha-Runde 1689
dominante Strategie 1467
Doping 1469
doppelte Kontingenz 864, 1531
Dow Jones Sustainability Index 233
Drei-Domänen-Modell 233
Dreigliedrigkeit 738
Dreiständelehre 1172 f.
Dritter Weg 284, 700, 1047, 1167, 1749
Drittes Reich 1087
Drittwirkung 841, 1006
Dual-Use Problematik 571
Dublin-Verordnung 110
Dunkelziffer der Armut 655
Dürninger 201
Dynamisierung 1402

economies of scale 1268
Effekte, externe 1741

Effektivität 1282, 1655
Effizienz 1282, 1461, 1566, 1590
Effizienzlohntheorie 944
EG-Vertrag 1127
Egalitarismus 587
Egalität 277
Egoismus 1064
Ehe / Lebensformen 286
Ehe 157, 256, 293–296, 457, 535, 622, 630, 658, 664 f., 683, 1083, 1170–1172, 1370, 1374 f., 1456
Ehegattensplitting 457
Eherecht 293, 296
Ehescheidung 157, 293
Eheschließung 456
Ehre 225 f., 296, 300, 311, 665, 1011
Ehrenamt 38, 299, 572, 909, 1617
Eid 302, 994
Eigengesetzlichkeit 137, 226, 305, 1171, 1175, 1781, 1783
Eigeninteresse 736
Eigennutz 831, 1564
Eigenständigkeit 1144
Eigentum (sozialethisch) 309
Eigentum 41, 183, 196, 215, 297, 309, 313 f., 510, 594, 658, 665, 699 f., 731, 757, 761, 763, 818, 850, 1002 f., 1011, 1043, 1077, 1236, 1288, 1458, 1680, 1706, 1723 f., 1747
Eigentum, geistiges 307
Eigentümer 1763
Eigentumsrechte 175
Eigenverantwortung 120, 123, 216, 607, 809, 1487, 1599, 1644
Ein-Euro-Jobs 78
Einbürgerung 1025
Eingliederung 1027
Eingriffsverwaltung 144
Einigung, deutsche 314
Einigung, europäische 316
Einigungsvertrag 83, 314
Einkommen / Einkommenspolitik 318
Einkommen 198, 205, 318, 454, 516, 638, 875, 1241, 1274, 1301 f., 1304 f., 1432, 1450–1453, 1614 f., 1748, 1765
Einkommenspolitik 318
Einkommensungleichheit 794
Einkommensverteilung 1305
Einnahmen 1193, 1450 f., 1453, 1555
Einrichtungen der freien Wohlfahrtspflege 1116
Einsegnung 37, 259
Einstellung 31 f., 91, 120, 296, 647, 810, 981, 1750
Einwanderung 1021, 1024, 1069
Einwilligung 238
Einzelhandel 272
Eisenbahn 1624
EKD 236, 239, 358, 364, 822, 1030, 1032, 1288, 1491, 1566

Ekel 341
Ektogenese 1360
Elektrizität 1055
Elite 188, 252, 330, 333, 631, 1086
Eltern 333, 335–337, 451, 453, 456, 460, 689, 811 f., 818, 911 f., 1023, 1305, 1366, 1507, 1616
Elterngeld 457
Elternhaus 776
Elternrecht 335
Emanzipation 1, 123, 154, 164, 248, 306, 338, 393, 395, 854, 901 f., 951, 973, 975, 978, 1201, 1370, 1385, 1560, 1599, 1617, 1752
Embryo 1244
Embryonenforschung 194
Embryonenschutz 506
Embryonenschutzgesetz 488
Embryonenspende 488
Emergenz 1296
Emigration 1551, 1709
Emission 1153–1155
Emotion 340, 934, 1109
Empathie 341
Empfängnis 488
Empfangsauflagen 1519
Empfehlungen 740
Empirische Sozialforschung 1405
Empörung 342
Empowerment 178, 343
EMRK 625
Energie / Energiewirtschaft / Energiepolitik 345
Energie 658, 846, 1054, 1241, 1333, 1473, 1613 f., 1616, 1653
Energiegenossenschaften 572
Energiekosten 1160
Energien, erneuerbare 349, 1583
Energiepolitik 12, 1565
Energiewende 351
Energiewirtschaft 258, 272
Engels, Friedrich 787
Enhancement 488, 1107
Enquete-Kommission 906, 1751
entbettete Märkte 787
Entbettung 1564
Enteignung 855
Entfremdung 22, 60, 65, 186, 354, 395, 708, 1352, 1371 f., 1536
Entgrenzung 791
Entlassung 338
Entlohnung 63, 99, 321 f., 943, 1431
Entrepreneurship 448
Entschädigung 1420 f.
Entscheidung 342, 753, 1217
Entscheidungsprozesse 12
Entsolidarisierung 1771
Entsorgung 1556

Entwicklung   31, 64 f., 83, 94, 120, 136, 155, 163 f., 192–194, 198, 256, 266, 271 f., 297, 313, 321 f., 333, 335 f., 354, 359, 371, 389, 446, 481, 496, 498, 510 f., 516, 554, 556 f., 559, 581 f., 594 f., 598, 635 f., 642, 732, 734, 759, 762, 802–804, 809, 815, 832, 848 f., 919, 942, 952, 976, 993, 1002, 1006, 1009, 1037, 1072, 1080–1082, 1084, 1119, 1123, 1146, 1152, 1154, 1157 f., 1160, 1181, 1190, 1194, 1200, 1222 f., 1258, 1368, 1385, 1399, 1402 f., 1408–1410, 1412, 1417, 1419, 1429, 1449, 1454, 1456 f., 1460, 1471 f., 1476, 1499, 1508, 1530, 1551 f., 1555, 1557–1559, 1582, 1607, 1614, 1619, 1706, 1721, 1729, 1752, 1754
Entwicklung, moralische   1064
Entwicklung, nachhaltige   189, 355
Entwicklungsdekade   360
Entwicklungshilfe   271, 356, 1033, 1420
Entwicklungsländer   177, 356, 359, 582, 637, 692, 1033, 1155, 1688
Entwicklungspolitik   189, 358 f., 692, 1033
Entwicklungsprojekte   740
Entwicklungsziele   356
Entwicklungszusammenarbeit   359
Entwurf   1216
EpiG.   568
Epiktet   1091
Erbauungsversammlung   1215
Erbgut   570
Erbkrankheit   1245
Erbrecht   763
Erbringung sozialer Leistungen   413
Erbsünde   697, 1374
Erdvertrag   1653
Erfahrung   72, 301, 390, 508, 512, 599, 605, 858, 946, 954, 957, 1060, 1073 f., 1190, 1215, 1238, 1353 f., 1367, 1552, 1560, 1598, 1635 f., 1638, 1678, 1680, 1707, 1751, 1783
Erfolg   922
Erholung   455, 516
Erinnerung   1107
Erkenntnis   903
Erklärung der Menschenrechte, Französische Revolution   1288
Erklärungen   740
Erklärungsmodell   176
Erlebnis   875
Ermessen   1654
Ernährung   366
Ernennungen   144
Eros   934–936
Erwachsene   997
Erwachsenenbildung   369
Erwachsenheit   774
Erweckungsbewegung   514, 1019, 1216
Erweiterung der EU   375
Erweiterung, europäische   376–379
Erwerbsarbeit   60 f., 64, 516, 677
Erwerbsarbeitsvermögen   691
Erwerbspersonenpotenzial   1669
Erwerbsunfähigkeit   329
Erzieher   812
Erziehung   61, 125, 184, 186, 255, 295, 335–339, 380, 455, 595, 658, 855, 1023, 1289, 1507, 1559
Erziehungsurlaub   95
Erziehungszoll   1685
Erziehungszollargument   1268
Eschatologie   62, 340, 382, 384 f., 1296, 1329, 1413, 1546, 1608, 1637
Eschatologie und Ethik   382
ESI-Fonds   420
Etat   673
Ethik (allgemein)   386
Ethik   32–34, 59, 123, 136–138, 165, 181 f., 185, 189, 192, 195, 222 f., 226 f., 241, 284, 295 f., 299, 306 f., 333, 335, 337 f., 340, 342, 382–386, 399 f., 445, 457, 482 f., 513, 515, 583, 603, 606 f., 634, 638–640, 642, 657, 660, 664 f., 691, 732, 734, 761, 765, 856, 866 f., 880 f., 902, 946 f., 949, 952–955, 957, 961, 991, 993 f., 1008, 1011 f., 1056, 1059, 1062, 1068 f., 1077, 1084 f., 1108, 1118–1122, 1124, 1170, 1172 f., 1176, 1201, 1203, 1205, 1214, 1232, 1236, 1289, 1295 f., 1327 f., 1330 f., 1352, 1354, 1368, 1385–1388, 1415–1418, 1482, 1527, 1553, 1559 f., 1570, 1573, 1577, 1579 f., 1599–1605, 1609 f., 1612 f., 1624, 1635 f., 1638, 1690 f., 1721–1723, 1725–1727, 1751, 1753, 1755 f., 1768, 1776, 1785
Ethik, analytische   399
Ethik, liberale   1108
Ethik-Kodex   1177
Ethikfonds   542
Ethnische Konflikte   1655
Ethos   529, 1236, 1384
EU-Arbeitszeitrichtlinie (2003/88/EG)   415
EU-Finanzrichtlinie   735
EU-Grundfreiheiten   84, 259, 400, 412
EU-Grundrechte   401
EU-Grundrechte-Charta   630, 747
EU-Kommission   259, 1358
EU-Sozialfonds   417
EU-Staaten   1561, 1762
EU-Struktur- und Investitionsfonds   418
EU-Verträge   412
Eucken, Walter   1101
Eudaimonia   643
Eugenik   194
Euro-Raum   1561
Eurokrise   420
Europa   1, 3–6, 133, 215, 248, 252, 302, 580, 594, 599, 642, 700, 764, 878 f., 924, 976, 984, 1003,

1005, 1007, 1021, 1024, 1029, 1037 f., 1055, 1154 f., 1356, 1358, 1393, 1460, 1476 f., 1516, 1555, 1642, 1710, 1768, 1779
europa reformata 410
Europa und die Kirchen 404
Europäische Bischofskonferenz (CCEE) 408
Europäische Dienstleistungsrichtlinie 259
Europäische Menschenrechtskonvention 411, 630, 747
Europäische Sozialcharta 415
Europäische Sozialpolitik 413
Europäische Strukturpolitik 420
Europäische Union 5, 235, 316, 402, 906, 1024, 1133, 1230, 1275, 1279, 1289, 1470
Europäische Wirtschafts- und Währungsunion (EWWU) 423, 1484
Europäische Wirtschafts-, Währungs- und Sozialunion 259
Europäische Zentralbank (EZB) 797, 1770
Europäischer Binnenmarkt 259
Europäischer Gerichtshof (EuGH) 235, 404, 409, 415, 429, 1561
Europäischer Hilfsfonds für die Ärmsten 419
Europäischer Integrationsprozess 1381
Europäischer Kohäsionsfonds 422
Europäischer Regionalfonds (EFRE) 420 f.
Europäischer Sozialfonds (ESF) 421
Europäischer Wirtschafts- und Sozialausschuss (EWSA) 417 f.
Europäisches Recht 1096
Europäisches Semester 417
Europäisches Sozialmodell 413
Europäismus 2
Europarat 316, 906, 1275
Europarecht 84, 411 f., 429 f., 432, 630, 747, 1013, 1519
Euthanasie / Sterbehilfe 433
Euthanasie 195, 433, 1604
Evaluation 557, 881
Evangelisch-sozialer Kongress 445
evangelische Akademie 700
Evangelische Kirche 254, 301, 374, 513, 1008, 1482, 1484, 1599, 1776
Evangelische Kirche in Deutschland (EKD) 173, 439, 831
Evangelischer Verband Kirche Wirtschaft Arbeitswelt 700
Evangelium 136, 156, 159 f., 181, 222 f., 372, 393, 397 f., 512, 603, 946 f., 954, 956, 1009, 1063, 1075, 1293, 1295 f., 1479, 1506, 1780, 1785
Eventisierung 1488
Evolution 31, 44, 231, 391, 593, 599, 732, 884, 1409, 1754
Evolutionstheorie 982, 1409
EWG 316, 412
Exekutive 246, 764, 961, 1222, 1287, 1653

Existentialismus 1388
Existenz 49
Existenzgründung 448
Existenzminimum 761, 808, 910, 942, 1077, 1421, 1449
Existenzsicherung 519, 1449
Exklusion 242, 717
Expansion 115, 273, 843
Expertendilemma 1231
Explorative Ethik 1296
externe Effekte 258, 717
Extremismus 450, 1545, 1553

Fabrik 705, 708
Fairer Handel 815
Fairness 585, 753, 1108, 1468, 1652
Familie 61, 93, 100, 164, 178, 183, 256, 287, 300, 339, 374, 380, 386, 414, 451, 459 f., 481, 488, 554, 658, 664 f., 676, 707, 778, 811, 864, 952, 1022, 1055, 1063, 1072, 1075, 1077, 1083, 1171 f., 1181, 1370, 1456, 1460, 1502, 1559, 1763
Familienarbeit 63, 301, 459
Familienplanung 536
Familienpolitik (aktuell) 457
Familienpolitik (historisch) 459
Familienpolitik 457, 488, 1402
Familienunternehmen 1049
Faschismus 215, 332, 465, 1089
Fehlallokation 258
Feiertag 92, 1394
Feindesliebe 34, 157 f., 883, 935 f., 1083, 1478, 1768
Feminismus 138
Fernsehen 848, 980, 986, 990
Feste und Feiern 225, 337, 468
Fetozid 488
Feudalismus 854
Fichte, J. G. 684
Finanzen 134
Finanzialisierung 471
Finanzielle Auflagen 1519
Finanzindustrie 735
Finanzinstrumente 1561
Finanzintermediär 128
Finanzkrise 129, 470, 678, 797, 1279, 1357, 1561
Finanzmarkt 507, 678, 734 f., 791, 1279, 1356, 1464, 1561
Finanzmarktkrise 258
Finanzmarktreform 1279
Finanzmarktregulierung 678
Finanzmarktstabilierungsfonds 131
Finanzmarktstabilität 1561
Finanzpolitik 474
Finanzrendite 562
Finanzsektor 130, 1355

Finanzsystem 1056
Finanztransaktionssteuer 1358 f.
finanzwirtschaftliche Ordnungsfunktion 673
Finanzwissenschaft 474, 1498
Fiskalpolitik, antizyklische 1672
Flächennutzungspläne 1285
Fleischkonsum 1159
Fleiß 705
Fließband 706
Flucht 108, 1029
Flüchtling 109, 112, 417, 1023, 1026, 1029
Flüchtlingshilfe 362
Flüchtlingspolitik 414
Flüchtlingsschutz 1026
Föderalismus 477, 919
Föderalismusreform 144
Folter 480 f., 483, 1012, 1504
Förderung der Allgemeinheit 551
Forderungen 157–160, 309, 388, 445, 482, 602, 632, 660, 1006, 1008, 1010, 1400, 1412, 1457, 1508, 1600, 1753
Forschung 135, 193, 195, 272, 579, 581, 983, 993 f., 1022, 1186, 1190, 1258, 1272, 1304, 1366, 1459 f., 1589, 1618, 1642 f., 1711, 1751 f., 1754 f.
Forschung, angewandte 483
Forschungsförderung 483
Forschungsinfrastruktur 1460
Forschungslandschaft 486
Forschungspolitik 483
Forstwirtschaft 271, 1078
Fortbildung 272, 274, 371
Fortpflanzung 910, 1202
Fortpflanzungsmedizin 488, 1360
Fortschritt 193, 338, 356, 496, 506, 635, 705, 803, 1063, 1079, 1084, 1260, 1409, 1610, 1691, 1754
Fortschrittsglaube 1750
Frankfurter Schule 267, 903, 1419
Frankreich 501
Französische Revolution 1003, 1480, 1707
Französische Revolution und Kirche 498
Frau 536, 564, 591
Frauenbewegung 209
Frauenforschung 677
Frauenquote 630
Frauenrechtsbewegung 590
free rider Verhalten 475
Freiburger Konzil 1101
Freiburger Schule 1101 f., 1694
Freie evangelische Gemeinden 513
Freie Wohlfahrtspflege 262, 417 f., 1163
Freihandel 1687
Freihandelszone 416
Freiheit (sozialethisch) 501
Freiheit (theologisch und ethisch) 507

Freiheit 34, 40, 63, 123, 134, 139 f., 155, 161, 165, 180, 183, 223, 225 f., 248, 250, 302, 306 f., 311–313, 333, 338, 340, 363, 382 f., 390, 393–396, 398, 402, 405, 417, 497, 501, 505, 555, 559, 594 f., 597, 604, 606 f., 622, 628, 633, 651, 658, 660, 665, 667–669, 681, 753, 757, 800, 805–807, 809 f., 883, 911 f., 917 f., 924, 934, 943, 956 f., 959, 961, 973, 977 f., 1001–1007, 1009 f., 1013, 1022, 1057, 1060, 1063, 1084 f., 1124 f., 1146, 1151, 1170–1173, 1181, 1193, 1201, 1236, 1254, 1287 f., 1294 f., 1329, 1332, 1366, 1369, 1373, 1387, 1413, 1417, 1432, 1473, 1475, 1477, 1481–1484, 1491, 1528, 1553, 1561, 1599, 1605, 1608 f., 1617, 1624, 1636 f., 1651, 1679, 1690 f., 1752, 1755, 1767 f., 1776, 1779, 1782
Freiheit der Kunst 905
Freikirche 513
Freitod 1527
Freizeit 103, 274, 455, 515, 595, 873, 1559
Freizeitverhalten 1394
Fremdbestimmung 509, 1372
Freundschaft 934–936, 1083
Frieden / Friedensethik 518
Frieden 137, 139, 223, 253 f., 256, 374, 482, 497, 518, 558, 613, 805, 878–880, 895, 984, 1002, 1006, 1022, 1152, 1170, 1172, 1182, 1234–1236, 1414, 1432, 1477 f., 1480–1484, 1641, 1710
Friedensbewegung 867
Friedensethik 1429, 1644
Friedenspflicht 1534
Friedenssicherung 413, 1341
Fromm, Erich 125
Frömmigkeit 507, 1082, 1214 f.
Frühindustrialisierung 99, 1122, 1399
Frühinvalidität 355
Frühkapitalismus 830
Führung 925
Führungsfunktion auf Zeit 144
Fundamentalismus 133, 526, 760, 1244, 1553
Fundamentalunterscheidungen 1479, 1782
Fundraising 529, 905
funktionale Differenzierung 1226, 1314, 1532
Funktionenplan 674
Funktionsvorbehalt 144
Fürsorge 140, 242, 458, 753, 921, 1061, 1084, 1236, 1447, 1777
Fürsorgearbeit 591, 677
Fürsorgepflicht 91, 995
Fusion 1058, 1697
Fußgänger 1054
Futurologie 531

G-20-Staaten 678
Gabe 242, 530
Gallikanismus 498
Garantenpflicht 1529

garantiertes Grundeinkommen 656
Gastarbeiter 1022, 1273
GATS 1689
GATT 1267
Gebietskörperschaften 328
Gebote 1091
Geburt 1360
Geburtenhäufigkeit 535
Geburtenrate 242
Geburtenregelung 535, 1360, 1369
Geburtlichkeit 1360
Gedächtnis 1107
Gedanken 342
Gefahr 1236
Gefährdetenhilfe 155
Gefahrenabwehr 1236
Gefangenendilemma 1466
Gefängnis 682
Gefühl 115 f., 301, 340, 934, 1038, 1235, 1385 f., 1578
Gegenmacht 842
Gegenwart 469
Gehalt 792
Gehirn 1106
Gehirn-Computer-Schnittstelle 1108
Gehorsamkeit 1064
Geist 47
geistliches Regiment 586
Geld / Geldsysteme / Geldpolitik 536
Geld 138, 163, 453, 709, 731, 786, 1077, 1122, 1301, 1464, 1531, 1616, 1660
Geldanlage 541, 1357
Geldanlage, ethische 541
Geldmenge 710
Geldpolitik 1768
Geldwertstabilität 1101
Geldwirtschaft 163, 225, 759
Geltung 1236
Gemeinbesitz 572
Gemeinde (kirchlich) 544
Gemeinde (politisch) 547
Gemeinde 112, 133, 135, 137, 159, 199, 296, 310, 337, 375, 452, 506, 544, 557, 594, 631 f., 759, 1074, 1083, 1170, 1456, 1480, 1502, 1658, 1765
Gemeindeleitung 37
Gemeingüter 506, 1124, 1591
gemeinnützige AG 1116
gemeinnützige GmbH 1116
Gemeinnützigkeit 416, 550, 1115, 1503, 1570
Gemeinsame Außen- und Sicherheitspolitik (GASP) 409
Gemeinschaft 1, 62, 134, 182, 259, 295, 300, 333, 335, 372, 447, 480, 504, 554, 594–596, 599, 604, 646, 684, 759–761, 802, 807, 855, 860, 879, 909, 946 f., 949, 952, 961, 984, 999 f., 1010, 1024, 1063, 1075, 1083, 1133, 1146, 1170, 1178,
1180 f., 1200, 1243, 1332, 1385, 1475 f., 1487, 1514, 1641 f.
Gemeinschaft evangelischer Kirchen in Europa (GEKE) 408
Gemeinschaftsbewegung 1019
Gemeinschaftsgüter 572
Gemeinsinn 215, 659, 1232, 1412, 1777
Gemeinwesen 13, 223 f., 299, 558, 560, 602, 950, 961, 1144, 1184, 1224, 1232, 1234–1236, 1708
Gemeinwesenarbeit 555, 1073
Gemeinwohl 42, 116, 189, 211, 215, 254, 300, 309, 312 f., 510, 550, 558, 602, 607, 763, 807, 884, 1232, 1433, 1503, 1570, 1606, 1609, 1618, 1624
Gemeinwohl-Ökonomie 561, 572
Gemeinwohlinteresse 414
Gemeinwohlorientierung 552
Gender 564, 590 f.
Gendergerechtigkeit 813
Generation 242, 356, 452, 676, 773, 1586
Generationenverhältnisse 565
Generativität 1360
Genetik 192, 567, 607, 910, 1570
Genfer Flüchtlingskonvention 109
Genforschung 578 f.
Genom 568
Genomchirurgie 570
Genomik 568
Genossenschaft 554, 572, 640, 1117, 1128, 1160, 1242, 1400
Gentechnik / Gentechnologie / Genforschung 578
Gentechnik 193, 368
Gentechnologie 308
Gentrifizierung 1488
Geo-Engineering 1585
Gerechtigkeit 32, 34, 40, 137, 143, 181, 189, 192, 224, 242, 278, 313, 327, 330, 342, 374, 383–385, 387, 394 f., 501, 524, 559–561, 566, 583, 603, 607, 627, 633 f., 639, 646, 658, 660, 759, 762–764, 804–806, 808–811, 866, 878–880, 883 f., 921, 934, 945–947, 961, 977, 994, 1006, 1008, 1040, 1064, 1082, 1085, 1108, 1124, 1149, 1152, 1160, 1169 f., 1235 f., 1240, 1272, 1287, 1291, 1293, 1302, 1329, 1353, 1369, 1403, 1414, 1432 f., 1478–1480, 1483, 1508, 1557, 1570, 1576–1578, 1582, 1601, 1605 f., 1608 f., 1641 f., 1690, 1705, 1722, 1755, 1768, 1776, 1782
Gerichte 412
Gerichtsbarkeit 522
Gerichtshof 412
Gerontologie 28
Gerücht 1052
Geschäfte 1056
Geschichtsphilosophie 6, 395, 496, 900
Geschlecht 286, 591
Geschlechtergerechtigkeit 590
Geschlechtermetaphysik 291

Geschlechterordnung 564
Geschlechterverhältnis 339, 590 f., 683, 865, 1371
Geschlechtsidentität 564, 775
geschlechtsspezifische Ungleichheiten 941
Geschwindigkeit 1055
Gesellenverein 802
Gesellschaft 31, 41, 60 f., 64, 81, 100, 103, 116 f., 119, 134, 138, 155, 162, 164, 179, 183, 215–217, 225 f., 230 f., 242, 253 f., 257, 267, 274, 283, 297, 300, 305 f., 312, 318, 327, 333, 335, 338 f., 354, 369 f., 372–375, 385, 434, 445–447, 452 f., 455 f., 460, 465, 482, 511, 513, 554, 557–560, 593, 599–601, 607, 632 f., 639, 657–661, 667, 684, 698–700, 732, 734, 759 f., 765, 801–803, 805–810, 832, 849 f., 854–856, 864, 867, 879 f., 883, 903 f., 945, 948, 950 f., 955–958, 962, 973, 982, 984, 995, 1005–1007, 1059, 1062 f., 1069, 1080, 1083, 1121 f., 1133, 1144 f., 1147 f., 1150, 1152, 1173, 1179–1182, 1185 f., 1188, 1191, 1221, 1236, 1239, 1243, 1271, 1273, 1275, 1287, 1328–1331, 1338, 1351 f., 1365, 1368, 1386, 1399–1401, 1403, 1408–1411, 1413, 1415, 1418, 1429, 1432, 1449, 1455–1459, 1475 f., 1483, 1504, 1506, 1516, 1530 f., 1536, 1546, 1551, 1572, 1574, 1597, 1599, 1606–1609, 1611 f., 1617–1620, 1636, 1679, 1691 f., 1706 f., 1710 f., 1725 f., 1728, 1766, 1768, 1776 f., 1779, 1781–1783
Gesellschaft, bürgerliche 921
Gesellschaftspolitik 599, 603
Gesellschaftsreform 446, 950
Gesellschaftsstruktur 948, 1369
Gesellschaftsvertrag 311, 632, 1091, 1480, 1565, 1618
Gesetz 82–84, 86, 100, 136, 181, 222–225, 284, 295, 303, 305, 327, 337, 384, 389, 393 f., 397, 559, 594, 603, 632, 660 f., 758 f., 820, 917, 919, 946–948, 950, 954, 956, 961, 1003, 1005 f., 1009, 1060, 1091, 1172, 1288, 1295, 1366, 1385, 1388, 1447, 1474, 1479, 1501, 1506, 1614, 1773, 1780
Gesetz und Evangelium 603
Gesetzgeber 235
Gesetzgebung 82, 394, 1003 f., 1351, 1364
Gesetzgebungszuständigkeit 144
gesetzlicher Mindestlohn 259
Gesetzmäßigkeit 1327
Gesinnung 829
Gesinnungsethik 160, 664, 1708
Gespräch 193
Gestaltung 1096, 1144
Gesundheit / Gesundheitspolitik 607
Gesundheit 91, 96, 193–195, 237, 336, 359, 387, 581, 607, 664, 682, 846, 912, 992–995, 1057, 1107, 1241, 1267, 1332, 1460, 1586, 1600, 1616, 1680

Gesundheitspolitik 607, 994
Gesundheitssystem 416, 607
Gesundheitsversorgung 178, 242, 607
Gesundheitswesen 1117
Gesundheitswissenschaften 607
Gewalt 41 f., 137, 225, 256, 311, 338, 519, 612 f., 700, 862, 867, 879, 881, 894, 945 f., 959–961, 1004, 1012, 1236, 1329 f., 1371, 1373, 1479, 1482, 1505, 1543, 1635, 1775, 1781–1783
Gewaltanwendung 1370
Gewaltenteilung 246, 649, 918 f., 961, 1287, 1290, 1472, 1481 f.
Gewaltenteilung, vertikale 480
Gewaltentrennung 1654
Gewaltfreiheit 614
Gewaltlosigkeit 41, 521, 880, 1772
Gewaltmonopol 137, 612, 960, 1287, 1378, 1706
Gewaltverzicht 1479, 1777
Gewerkschaft 41, 65, 68, 80, 82, 96 f., 102, 209, 249, 370, 373, 601, 614, 731, 758, 833, 840–842, 939 f., 958, 1043, 1047, 1116, 1366, 1402, 1431, 1433, 1533
Gewerkschaftsoffenheit 553
Gewinn 394, 617, 786, 1058, 1121
Gewinner 1651
Gewinnmaximierung 619
Gewissen 251, 305, 396, 438, 619, 624, 954, 1059, 1202, 1236, 1611, 1703–1705, 1712, 1773 f., 1780, 1782 f.
Gewissensfreiheit 304, 514, 624, 1272, 1708
Gewohnheit 386, 452, 1059, 1384, 1559
Gewohnheitsrecht 1385
Gewöhnung 1236
GKKE 364
Glaube 604–606, 907, 1068, 1171
Glaubensfreiheit 514, 1216, 1309, 1707
Glaubwürdigkeit 1270
Gleichbehandlung 277
Gleichberechtigung 339, 460, 631, 640, 1369, 1371, 1726
Gleicheit 607
Gleichgewicht 967
  finanzielles 755
Gleichheit (juristisch) 627
Gleichheit (theologisch) 631
Gleichheit 247, 590, 594 f., 631, 660, 762, 764, 808, 810, 814, 961, 1005 f., 1009 f., 1013, 1091, 1144, 1146, 1196, 1236, 1271, 1287, 1690
Gleichstellung 90, 100, 277, 339, 1006, 1371, 1642
Global Compact 233, 1569
Global Governance 361, 1620, 1653
Global Reporting Initiative 233
Globale Partnerschaft 360
globale Umweltveränderung 1564
Globales Gemeinschaftsgut 365

Globalisierung 68, 217, 231, 245, 252, 259, 357, 369f., 405, 502, 506, 546, 554, 598, 602, 634, 681, 736, 738, 757, 791, 810, 843, 849, 880f., 905, 907, 938, 1073, 1125, 1133, 1146, 1236, 1240, 1281, 1290, 1330, 1402, 1417, 1442, 1490, 1558f., 1609, 1651, 1726, 1777, 1779
Glokalisierung 554
Glück 34, 60, 388, 392, 394, 643, 664, 763, 912, 1577f., 1600, 1602, 1605, 1691
Glücksforschung 1676
Gnade 137, 139, 142, 161, 241, 268, 393, 398, 603f., 631, 643, 645, 1151, 1293–1296, 1352f., 1369, 1530, 1577f., 1706, 1780
GO.EKD 439
Godesberger Programm 658
Goldene Regel 606, 1122, 1171, 1213, 1768
Gott 815
Gottebenbildlichkeit 49, 62, 64, 910, 995, 1002, 1203, 1254, 1360, 1552
Gottesherrschaft 158, 182, 1075, 1149, 1387, 1478f., 1545
Gottespfennig 232
Gouvernementalität 512
Governance 167, 1128
Greenpeace 602
Greenwashings 234
Grenznutzen 1123
Grenznutzentheorie 1301
Grenzproduktivitätstheorie 943
grenzüberschreitende Sachverhalte 414
Gross National Happiness 643
Großfamilie 594
Großstadt 1273, 1275, 1762
Grundbedürfnisse 360, 587, 1012
Gründer 448
Grundgesetz (Verfassung) 647
Grundgesetz 83, 100, 107, 196, 235, 335, 458, 625, 628, 650, 747, 820, 841, 846, 913, 919, 960, 1004, 1011, 1013, 1040, 1288, 1393, 1402, 1442, 1514, 1711, 1767
Grundkonsens 659, 808
Grundlagenforschung 483
Grundordnung der EKD 439
Grundorientierung 1068f.
Grundrechte 87, 107, 124, 235, 246, 411f., 624, 648, 650, 659, 681, 747, 802, 1001–1004, 1006, 1010, 1146, 1148, 1254, 1287, 1401, 1472, 1475, 1515, 1624, 1692, 1708, 1711, 1762, 1767
Grundsicherung, soziale 652
Grundversorgung 182, 1366, 1449, 1639
Grundwerte 409, 412, 414, 657, 1013
Gruppe 158, 182, 214, 268, 322, 386, 451f., 572, 661, 809, 958, 1023, 1038, 1072, 1153, 1184f., 1305, 1365, 1369, 1429, 1455
Gruppe von Lissabon 1652
Gruppenarbeit 706

Gruppendruck 1236
Gruppendynamik 662, 697, 849
Gruppenkohäsion 661
Gruppierungsplan 674
Gut, höchstes 684
Gute Werke 1295
Gute, das 754, 1067
Güter 665, 901, 907, 1242, 1387, 1602, 1604, 1717
Güterethik / Güterlehre 664
Güterethik 189, 664, 1603
Gütergemeinschaft 310f., 631, 664, 850
Güterlehre 189
Gütermärkte 1356
Güterverkehr 664
Gutes Leben 586, 1107
Gütesigel 362

Habitus 1384, 1487
Handel 12, 225, 273, 635, 642, 731, 787, 1154, 1366, 1555, 1558, 1722
Handeln 1067, 1169, 1216
Handeln Gottes 1296
Handelshemmnisse 259
Handelsliberalisierung 1687
Handelspolitik 1682
Handlung / Handlungstheorie 666
Handlung 89, 303f., 343, 394, 435, 480, 621, 935, 1109, 1174, 1213, 1351, 1384, 1386, 1531, 1600–1602, 1721, 1774
Handlungstheorie 390, 400, 1123, 1340, 1723
Handwerk 669, 787, 1241
Harmonisierter Verbraucherpreisindex (HVPI) 709
Harmonisierung 415
Härteklausel 294
Hartz IV 76, 78
Hartz-Gesetze 259
Hartz-Reform 415
Häufigkeitsverteilungen 1494
Haus 453
Hausarbeit 676
Haushalt 1501, 1663, 1747, 1762
Haushalte, öffentliche 673
Haushalte, private 675
Haushaltsgesetz 673
Haushaltsgrundsätze 674
Haushaltsgrundsätzegesetz 673
Haushaltskreislauf 674
Haushaltsperiode 673f.
Haushaltsplan 673
Haushaltsproduktion 916
Haushaltstechnik 674
Havanna Charter 1687
healthy-ill people 570
Hearing 1558
Hedgefonds 678, 734, 1464
Hegel, Georg Wilhelm Friedrich 1091

Hegelianismus 596
Heil 62, 134, 221, 340, 393, 604, 606 f., 645, 802 f., 995, 1293–1295, 1578, 1784
Heilbehandlung 336, 1454
Heiligkeit 753, 1215
Heiligung 606
Heiligungsbewegung 1019
Heilsgabe 606
Heilswirken 603
Heilung 609
Heim 1273
Heimat 582, 680, 761, 1022 f., 1030, 1041, 1200, 1492
Henkersmahlzeit 1549
Herder, Johann Gottfried 684
Herkunft 1025
Herkunft, ethnische 237
Herms, Eilert 684, 1091
Herrnhuter Brüdergemeine 201
Herrschaft 245 f., 1236, 1553
Herrschaftsausübung 921
Herrschaftssystem 411
Herz 604, 1068 f.
Heteronomie 121
Hexenverfolgung 1549
Hidden Champions 1050
Hierarchie 37, 219, 631, 665, 707, 920, 1010, 1179, 1271, 1365
Hilfe 1236
Hinterbliebenenrente 1454
Hirnforschung 684
Hirsch, Emanuel 1091
Hobbes, Thomas 927, 1091, 1228
Hochtechnologie 1570
Hoffnung 140, 180, 267, 274, 295, 310, 382–385, 398, 482, 497, 512, 558, 660, 803, 918, 995, 1296, 1329, 1331, 1429, 1578, 1607 f., 1774 f.
Hoheitsrechtliche Befugnisse 144
Holding 876
Holocaust 56, 1087
Homo oeconomicus 45, 677, 1104, 1124, 1720
Homosexualität 291, 682, 1169, 1372, 1375
Hörer 766
Hörfunk 848
horizontale Gerechtigkeit 1497
Hort 1180
Hospital 609, 888
Hospiz 437
human capital 689
human resources 690
Humanisierung 355, 1043, 1724
Humanismus 114, 221, 223, 454, 978, 1244, 1551, 1766
Humanität 138, 340, 355, 509, 660, 684, 884, 1005, 1008 f., 1011, 1083, 1196, 1236, 1414, 1459, 1506, 1784

Humankapital 313, 689, 716, 1082, 1258, 1283, 1628
Humanum 589, 1637
Humanvermögen / Humankapital 689
Humanvermögen 452, 459, 676, 689, 1628
Hunger 141, 182, 359, 692, 1033
Hybrid-Medien 978
Hypothesentest 1494

Ich 1113
Ich-Du-Beziehung 387
Ideal 800, 860
ideale Gerechtigkeit 584
Idee 2, 6, 215 f., 268, 384 f., 392, 446 f., 558, 561, 699 f., 762, 804, 900, 902 f., 918, 995, 1011, 1037, 1073, 1080, 1173, 1179, 1200, 1400, 1402, 1472, 1546, 1577, 1579, 1602, 1643, 1752
Identität 46, 48, 52, 55, 123, 775, 1106
Identitätsmanagement 1254
Ideologie 54, 192, 306, 333, 594, 695, 872, 954, 976, 1089, 1114, 1328, 1553, 1635, 1637, 1709, 1756, 1783 f.
Ideologie des freien Marktes 414
ILO – International Labor Office 815
Immigration 242
Immunität 112
Imperialismus 305
Importsubstitution 1685
In-vitro-Fertilisation 194, 335
Independentisten 514
Indien 815
Indifferenz 1487
Indikatoren 319, 323, 1410
Individualethik 1232, 1234
Individualisierung 1315
Individualismus 4, 134, 513, 698, 700, 733, 802, 856, 1007, 1010, 1216, 1332, 1412, 1771
Individualität 684, 1215
Individualkommunikation 979
Individuum 411, 586, 650, 684
Industrialisierung 65, 81, 99, 170, 214, 271, 297, 331, 339, 360, 502, 802, 956, 1190, 1332, 1369, 1399 f., 1420, 1434, 1731
Industrie / Industriegesellschaft / Industrialisierung 704
Industrie 214, 272 f., 354, 454, 515, 855, 1006, 1366, 1369, 1536
Industrie 4.0 705
Industrie- und Sozialpfarramt 700
Industriearbeit 65
Industriegesellschaft 60, 154, 497, 801, 830, 834, 1332, 1369, 1399, 1475, 1477
Industrieländer 271, 1688
industrielle Revolution 174, 705
Industriestaaten 356
Industriesystem 1565

Inflation 297, 708, 1356, 1500, 1769
Inflationsrate 939 f.
Information 194, 210, 256, 274, 389, 598 f., 678, 710, 768, 848, 1040, 1279, 1330, 1614, 1749
  asymmetrische Information 450
Informationelle Selbstbestimmung 710
Informationsfreiheit 710
Informationsgesellschaft 505, 660, 710, 1410
Informationstechnologie 239
informeller Sektor 815
Infrastruktur 198, 328, 572, 716, 808, 1058, 1082, 1459, 1556, 1624
ingroup 661
Inklusion 185, 242, 248, 717, 1098, 1275, 1488
inklusiver Sozialraum 557
Inländerbehandlung 1688
Innere Mission 720
Innovation 116, 340, 598 f., 603, 723, 1058, 1561
Inquisition 1549
Institution 159, 246, 257, 371, 373, 405, 452–454, 456, 460, 633, 696 f., 730, 807, 832, 958, 1063, 1152, 1173 f., 1387, 1455 f., 1458, 1472, 1549, 1722
Institutionalisierung 1185, 1189, 1194, 1459 f.
Institutionelle Anleger 734
Institutionelle Förderung 485
Institutionen, ökologische 1585
Institutionenkritik 249
Instituts für Arbeitsmarkt- und Berufsforschung 78
Integration 4, 116 f., 242, 332 f., 404, 409, 554, 580, 594, 821, 951, 1024, 1030, 1070, 1072, 1202, 1236, 1338, 1371, 1456, 1458, 1474, 1476, 1529, 1551, 1617, 1725 f., 1777 f.
Integrität 239
Intelligenz 342
Interaktion 666, 849, 956, 980, 1147, 1338, 1409, 1458, 1466, 1642
Interaktionismus 849, 1337, 1339, 1409, 1458
Interessen 33, 90, 97, 117, 163, 196, 214, 231, 284, 434, 556, 560, 581, 593 f., 602, 665, 696 f., 736, 841, 881 f., 900, 918, 959, 985 f., 1006, 1021, 1124, 1145 f., 1151, 1187–1190, 1236, 1365 f., 1403, 1409, 1428, 1597, 1600, 1602–1604, 1614, 1618, 1638, 1707, 1752 f.
Interessenausgleich 841
Interessengegensätze 1430
Interessengruppen 1519
Interessenskommunikation 1269
Interkulturalität 1070, 1275
Internalisierung externer Kosten 475
Internationale Arbeitskonferenz 738
Internationale Arbeitsorganisation (IAO) 738
Internationaler Handelsorganisation 1687
Internationaler Missionsrat 1164
Internationaler Währungsfonds (IWF) 358, 741, 797
Internationalisierung 119, 599

Internet 308, 506, 598, 636, 744, 747, 768, 849, 905, 980, 987, 989, 1058, 1254, 1290, 1381
Internetrecht 747
Interreligiös 268
Intervallschätzung 1494
Intervention 556, 1476
Intimsphäre 1254
Intuition 753
Intuitionismus 754
Investition 162, 754, 786, 1461, 1464
Investitionsgüter 967
Investiturstreit 1706
Investivlohn 756, 1633
Investment 678
Irrtumslosigkeit 526
Islam 5, 268, 405, 528, 536, 758 f., 761–765, 1010, 1546, 1551
Islam und Sozialethik 758
Islamophobie 56
Israel 54, 604, 606, 1287
IT 1381
IT-Recht 747
IT-Sicherheit 237, 1381
IVF-Technologien 571

Japan 788
Jobcenter 75
Journalismus 765, 767, 978, 987, 989
Juden 181, 339, 764, 1272 f.
Judentum 138, 157, 181, 183, 240, 385, 390, 515, 536, 607, 619, 759, 995, 1385, 1545 f.
Judentum und Ethik 770
Judikative 1287
Jugend 178, 255, 372, 457, 691, 773, 997, 1200, 1275, 1460
Jugend- und Altenhilfe 551
Jugendarbeit 416
Jugendarbeitslosigkeit 414
Jugendforschung 775
Jugendfürsorge 155
Jugendhilfe 1273, 1421
Jugendschutz 747
Jugendvertretung 95
juristische Person 1733
Justiz 246, 588, 1290

Kalter Krieg 234, 248, 1379
Kant, Immanuel 927, 1288
Kanzel- und Abendmahlsgemeinschaft 440
Kapital 162, 197, 225, 318 f., 321, 332, 507, 510, 637, 678, 689, 735 f., 834, 842, 851, 854 f., 864, 948, 1043, 1078, 1081 f., 1258, 1356, 1400–1402, 1432, 1463, 1561, 1724, 1747
Kapital und Zins 778
Kapitalanlage 1464
Kapitalintensität 1674

Kapitalismus 59, 162, 165, 227, 248, 258, 331, 633, 705, 759, 765, 786, 830, 867, 922, 977, 1100, 1161, 1228, 1371, 1403, 1482, 1566, 1724, 1747
Kapitalismuskritik 689, 707, 793
kapitalistische Gesellschaft 1564
Kapitalstock 1081
Kapitalverbrechen 1550
Kapitalwert 1079
Kartell 788, 1696
Kasualpraxis 684, 1658
Kasuistik 303, 389, 391, 800
Kathedersozialismus 1484
Kathedersozialisten 976
Katholische Soziallehre 801, 1511
Katholizismus 2–4, 6, 790, 801 f., 976, 1374
Käufermarkt 964
Kaufkraft 709, 939, 1614
Kernenergie 532, 1159, 1536, 1613, 1773
Keynes, John Maynard 1672
Keynesianismus 870, 943, 1484, 1671
Kierkegaard, Søren 684
Kinder 161, 178, 194, 255, 294, 323, 335, 338, 452 f., 455–457, 460, 516, 620, 634, 774, 811, 818, 855, 947, 1271, 1302, 1305, 1339, 1402, 1452, 1454, 1557
Kinderarbeit 81, 639, 741, 815, 1652
Kinderarmut 813
Kinderbetreuung 458
Kindergarten 1181
Kindergeld 1402, 1765
Kindergottesdienst 381
Kinderlosigkeit 488
Kinderrechte 506, 811, 818
Kinderrechtskonvention 815
Kindersterblichkeit 361
Kindeswohl 337, 821
King, Martin Luther 135
Kirche 4, 41, 51, 112 f., 133–139, 155, 223–227, 242, 253 f., 256 f., 295 f., 301–305, 307, 331, 337–339, 370–375, 384 f., 413, 445, 447, 481, 498, 513, 536, 544, 557, 595, 603, 622, 631–634, 645, 658, 661, 696, 747, 801–803, 832–834, 859 f., 867, 879 f., 884, 905, 908, 945, 949, 951 f., 976 f., 998 f., 1007–1010, 1063, 1076, 1084, 1144, 1160, 1170–1172, 1175, 1178 f., 1181, 1190, 1195, 1226, 1239, 1293, 1303, 1328, 1331, 1373 f., 1413–1415, 1429 f., 1460, 1479–1484, 1501 f., 1506, 1508, 1527, 1546, 1559, 1578, 1597–1599, 1609, 1619 f., 1642, 1644, 1692, 1706, 1710, 1775 f., 1780 f., 1783 f.
Kirche für die Armen 151
Kirche und Gesellschaft 1657
Kirche und Welt 822
Kirche und Wirtschaft 828
Kirchenasyl 1027, 1291
Kirchenaustritt 998

Kirchengemeinde 1653
Kirchengerichtsbarkeit 444
Kirchenkampf 138, 447, 866
Kirchenkonferenz der EKD 444
Kirchenkritik 1216
Kirchenmarketing 966
Kirchenmitgliedschaft 1657
Kirchenordnung 236, 515
Kirchenrecht 113, 293, 304, 338, 1010, 1288, 1385
Kirchensoziologie 1347
Kirchensteuer 364
Kirchentag 53, 209, 251, 908, 1161
Kirchenverfassung 250
Kirchenzucht 223, 1480
Kirchlich-soziale Konferenz 832
Kirchlicher Dienst in der Arbeitswelt 700
Klasse / Klassenkampf / Klassengesellschaft 834
Klasse 214, 394, 559, 597, 695, 854 f., 865, 975, 1011, 1060, 1181, 1186, 1400, 1474
Klassengesellschaft 1401
Klassenkampf 332, 863
Klassenordnung 707
Kleanthes 1091
Kleinbetrieb 415
Klient 9
Klientelbeziehungen 790
Klima 72, 306, 1096, 1353
Klimagerechtigkeit 192
Klimarahmenkonvention 356, 362
Klimaschutz 357, 1463
Klimawandel / Klimagerechtigkeit 836
Klimawandel 211, 357, 367, 1159, 1588
Klinik 888
Kloster 682
Knappheit 829, 1717
Koalition / Koalitionsfreiheit 840
Koalition 600, 840, 1187, 1191 f., 1375
Koalitionsfreiheit 82, 97, 840, 1430
Koalitionsrecht 1401
Kodifikation 1385
Koexistenz 513, 1185, 1692
Kohärenz 571
Kollaboration 1236
Kollektiv 697, 1010
Kollektivgut 572
Kollektivismus 699 f.
Kolonialismus / Postkolonialismus 843
Kolonialismus 638, 922, 1275
Kombilohn 941
Kommerzialisierung 517, 1371, 1470, 1613
Kommunalverwaltung / Kommunalpolitik 845
Kommunalverwaltung 1364
Kommune 12, 906, 1161
Kommunikation 134, 186, 210, 274, 313, 382, 452, 504, 529, 555, 596, 598, 636, 733, 848, 883, 902, 924, 978, 986, 1133, 1145, 1147–1149, 1151 f.,

1187 f., 1225, 1374, 1416 f., 1459, 1475, 1483, 1531, 1624, 1636, 1752
Kommunikationsmanagement 1269
Kommunikationsmedien 1532
Kommunikationsmittel 989
Kommunikationstechnik 790
Kommunismus 234, 697, 759, 835, 850, 867, 973, 1022, 1061, 1167, 1403, 1564, 1722
Kommunistisches Manifest 787, 853
Kommunitarismus 559, 855, 1236
Kommunitäten / Orden / Bruder- und Schwesternschaften 857
komparative Kosten 1684
komparative Vorteile 1684
Komplexität 1532
Kompromiss 445, 560, 860
Kondratieffsche Entwicklungskurven 791
Konferenz europäischer Kirchen (KEK) 407
Konfirmation 381
Konflikt 4, 293, 373, 834, 842, 854, 881 f., 951, 983 f., 1051, 1329, 1364, 1417, 1560, 1575, 1601, 1613, 1706, 1750, 1756, 1779
Konfliktberatung 1360
Konfliktregelung 985
Konflikttheorie 862
Konfliktverhütung 1341
Konformität 662
Konfuzianismus 790
Konfuzius 684
Königsherrschaft Christi 137, 305, 866, 1482
Konjukturpolitik 1484
Konjunktur / Konjunkturpolitik 868
Konjunktur 131, 799, 848, 953, 1355, 1721
Konkurrentenklage 144
Konkurrenz 321, 459, 594, 730, 881, 1064, 1122 f., 1146, 1223, 1235, 1302, 1556, 1679
Konkurrenzdruck 555
Konservatismus 234, 872, 1326 f.
Konsistenz 1590
Konstitutionalismus 1188
Konsultationsprozess 12
Konsum / Konsumgesellschaft 873
Konsum 186, 197, 205, 272, 873, 1122 f., 1628
Konsument 502, 675, 1357
Konsumentenrolle 778
Konsumentensouveränität 258
Konsumgesellschaft 418, 1410, 1613
Konsumgewohnheit 1590
Konsumgüter 967, 1461
Kontingenz 1226, 1532
Kontraktualismus 584, 1228
Kontraktversagen 1117
Kontrolle 904, 1236
Kontrollkriminalität 1733
Konzentration 61, 393, 598, 953, 1056, 1083, 1119, 1400, 1601, 1603, 1635

Konzeption 40, 194, 311, 393 f., 397, 698, 1002, 1038, 1061, 1170, 1232, 1234, 1365, 1414 f., 1766, 1784
Konzern 876
Konziliarer Prozess 358, 363, 822, 878, 1173
Kooperation 181, 388, 456, 556, 598, 638, 732, 788, 881, 920, 923, 1064, 1078, 1430 f., 1479, 1483, 1651
Kooperationsbeziehung 923
Kooperationsform 707
Kooperationspartner 22
Kopftuchfrage 412
Körper 608, 1468
Körperlichkeit 778
Körperschaft 253, 846, 1364, 1448, 1471, 1654
Körperschaft des öffentlichen Rechts 515, 1116, 1127, 1129
Korporatismus 884
Korpsgeist 1236
korrektive Gerechtigkeit 584
Korruption 886, 1722
Kosmos 1169
Kosten 197, 224, 602, 636, 809, 942 f., 986, 1080, 1260, 1354, 1615 f.
Krankenhaus 609, 888, 1181
Krankenkasse 1452 f.
Krankenversicherung 457, 607, 1421, 1452
Krankheit 60, 82, 92, 94, 140, 194 f., 294, 329, 569, 608, 682, 914, 992, 994 f., 1401, 1681
Krankheitsbild 570
Krankheitsrisiko 570
Kreativität 503, 788, 906
Kreativwirtschaft 906
Kredit 782, 891, 1356, 1462
Kreditgeschäft 128
Kreditinstitut 127, 130, 892
Kreditwesengesetz 131
Kreislaufwirtschaft 1155 f., 1566
Krieg 305, 469, 496, 518, 858, 862, 893, 954, 1002, 1022, 1271, 1340, 1342, 1356, 1711, 1773, 1782
Kriegsopferversorgung 1421
Kriminalität 1305, 1460
Kriminalitätstheorie 1733
Krise 3, 61, 301, 382, 384, 854, 953, 1172, 1399, 1560, 1610, 1612, 1722
Kriterium 60, 225, 392–394, 804, 953, 955, 1081, 1196, 1293, 1352, 1370, 1373, 1415 f., 1473, 1572, 1574, 1576, 1580, 1600, 1754
Kritik 1052
Kritische Theorie 186, 283, 554, 689, 899, 1419, 1458
Kritischer Rationalismus 903
KSZE 407
Kultur / Kulturpolitik 904

Kultur 2–4, 215, 217, 221, 226, 231, 242, 256, 298 f., 306, 312, 341, 372, 390, 392, 397, 433, 506, 555, 582, 594 f., 598, 636, 640, 660 f., 665, 667, 682, 708, 753, 765, 775, 809, 846, 865, 880, 982, 995, 1010, 1023, 1038, 1040, 1055, 1062, 1070, 1149, 1152, 1172, 1179, 1190, 1225, 1289, 1336, 1369, 1384, 1412, 1483, 1559 f., 1570, 1576, 1583, 1610, 1620, 1636, 1638, 1678, 1690, 1710, 1755, 1779
Kulturalität 51
Kulturanthropologie 1120
Kulturbegriff 906
Kulturerbe 907
Kulturförderung 904, 906
Kulturhoheit 906
Kulturindustrie 517, 901
Kulturkritik 1536
Kulturluthertum 1327
Kulturprotestantismus 297, 446 f.
Kulturschaffende 905
Kunde 10, 925, 1128
Kündigung 90, 93–95, 98
Kündigungsschutz 80, 93–95
Kunst 506, 904
Kybernetik 1531
Kyoto-Abkommen 357

Laie 22, 908
Lampe, Adolf 1101
Landesbanken 1129
Landeskirche 591
Landesplanung 196
Landflucht 415
Landschaft 1096
Landschaftspflege 189, 1096
Landwirtschaft 12, 16, 193, 271 f., 359, 692, 707, 1155, 1369, 1581, 1755
Landwirtschaftspolitik 16
Lärm 72, 198, 1153, 1157
Lärmpegel 1157
Lateinamerika 150
Leben 59 f., 64, 81, 83, 91, 96, 116, 119, 136, 160 f., 189, 191 f., 194 f., 216, 223, 242, 257, 294, 305, 313, 337, 372, 382 f., 385 f., 390–392, 433–436, 438, 452 f., 456, 468, 497, 508–510, 512 f., 558, 607, 638, 646, 659 f., 664 f., 732, 760, 762, 806–808, 858, 860, 878, 880 f., 905, 910–915, 947, 954, 974, 976, 993, 995, 1001–1003, 1009, 1011 f., 1038, 1057, 1063, 1077, 1121, 1124, 1147–1149, 1152, 1171 f., 1178, 1180, 1182, 1188, 1205, 1225, 1271, 1302, 1375, 1388, 1475, 1482, 1527–1530, 1557, 1560, 1570, 1576–1578, 1602 f., 1605, 1619, 1636, 1678, 1680, 1704, 1706, 1708, 1753, 1767 f., 1773, 1783 f.
Lebensabschnitt 776

Lebensalter 27
Lebensbedingung 1025
Lebensbewältigung 152
Lebenserwartung 242, 1449
Lebensformen 180, 390, 511–513, 904, 1147, 1170, 1195, 1235, 1369, 1371 f., 1375, 1679, 1690, 1779
Lebensführung 46, 583, 588
Lebensgemeinschaft 535
Lebenshaltungskosten 1449
Lebenslage 456, 1273
Lebensmittel 177
Lebensmittelverteilung 419
Lebensordnung 252
Lebenspartnerschaft 683
Lebenspartnerschaftsgesetz 459
Lebensphase 774
Lebensqualität 162, 456, 915, 1074, 1575, 1673, 1691, 1768
Lebensstandard 572, 641, 910, 916, 1026, 1633
Lebensstil 454, 658, 873, 1159, 1726
Lebensunterhalt 1764
Lebensverlängerung 1576
Lebensweise 247
Lebenswelt 667, 863
Lebenszeit 293, 915
Lebenszeitprinzip 144
Lebenszyklus 27
Legalität / Legitimität 917
Legalität 1772
Legislative 246, 764, 1287
Legitimation 139, 241, 384, 388, 613, 737, 882 f., 918–920, 948, 951 f., 960, 1173, 1194, 1227 f., 1239, 1270, 1293, 1365, 1415, 1472, 1482 f., 1504 f., 1515, 1638, 1783
Legitimationsprinzip 1234
Legitimität 136, 283, 388, 460, 581, 917–920, 960, 1234, 1303, 1327 f., 1365, 1471, 1516, 1705 f., 1773
Lehramt 257, 622, 801, 1637
Lehrer 144
Leib 607, 1468
Leib-Seele-Dualismus 607
Leiblichkeit 44, 935
Leibniz Gemeinschaft 1460
Leiden 193, 384, 480, 912, 993, 1001, 1063, 1075, 1480, 1530, 1600, 1753
Leiharbeiter 173
Leistung / Leistungsgesellschaft 920
Leistung 60, 62 f., 91, 99, 116, 168, 215, 301, 329, 581, 587, 633, 808 f., 912, 920, 938, 995, 1083, 1259, 1766
Leistungserbringung 416, 707
Leistungsfähigkeit 100, 294 f., 318, 599, 660, 808, 950, 982, 1005, 1074
Leistungsfähigkeitsprinzip der Besteuerung 1497

Leistungsgerechtigkeit 941
Leistungsgesellschaft 61
Leistungsprinzip 144
Leistungsverwaltung 144
Leitbild 125, 275, 298, 399, 639, 699, 924 f., 1001, 1078, 1158, 1175, 1177, 1196, 1370, 1413 f., 1481, 1579, 1608 f.
Leitkultur 1070
Leitziele 906
Leitzins 893, 1769
lender of last resort 473
Lernen 118–120, 373, 556
Leuenberger Konkordie 440
Leviathan 1228
Liberalisierung 134, 163 f., 273, 370, 511, 634 f., 1399, 1555
Liberalismus 52, 246, 258, 510, 698, 919, 926, 969, 1007, 1172, 1191, 1236, 1267, 1748
Libertarismus 1103
Liebe (biblisch-theologisch) 930
Liebe (ethisch) 934
Liebe 32–34, 62, 141, 183, 192, 194, 225, 241, 298, 342, 383, 397 f., 508 f., 631, 683, 731, 800, 804, 807 f., 864, 912 f., 934, 936 f., 946, 949, 953, 1076, 1083, 1085, 1170–1172, 1178, 1214, 1288, 1295, 1303, 1375, 1387, 1414, 1530, 1577 f., 1580, 1642, 1768, 1780, 1783 f.
Liebesgebot 33, 305, 604, 1085, 1122, 1296
Liebestätigkeit 1272
Liquidität 1561
Literatur 904
Lizenz 308
Lobbying 1230
Lobotomie 1106
Locke, John 927
Lohn / Lohnpolitik 937
Lohn 64, 81, 86, 89, 92 f., 760 f., 792, 942, 1357, 1453
Lohn-Preis-Spirale 710
Lohndrift 940
Lohnersatzleistung 76
Lohnmechanismus 1670
Lohnpolitik 328, 477, 1259
Lohnquote 205, 319, 321, 938
Lohnspreizung 940
Lohnstückkosten 938
Lohntheorie 942
Lokalpolitik 213
Lorenzkurve 323 f.
Loyalität 753
Luftbelastung 1155
Luftverschmutzung 1581
Luther, Martin 829, 909, 1091
Lutherischer Weltbund 134
Luthertum 139, 222, 633, 945, 951, 1327 f., 1480 f., 1707

Luthertum und Sozialethik 945

Maastricht-Kriterien 424
Maastricht-Vertrag 316, 1485
Maat 1287
Machiavelli, Niccolò 1228
Macht 124, 160, 181, 215, 224 f., 295, 304, 306, 311, 331 f., 438, 510, 605, 634, 697, 764, 766, 834, 842, 855, 862, 881, 917–920, 948, 955, 957, 1002, 1010, 1043, 1113, 1152, 1175, 1179, 1184, 1186, 1188, 1233, 1240, 1301 f., 1352, 1354, 1374, 1386, 1475, 1477 f., 1482 f., 1491, 1506, 1531, 1551, 1553, 1608 f., 1613, 1679, 1705, 1781 f.
Machtverhältnisse 556
Mädchen 777
Magisches Viereck der Wirtschaftspolitik 74, 870, 1742
Magna Carta 1287
Majorität 278
Makroökonomie 1662
Makroökonomik 1716
Management 331, 1220, 1258
Managementgehalt 790
Managementmethode 924
Manager 640, 707, 962
Mandat 64, 660, 962, 975, 1091
Mann 564, 591
Marketing 964
Markt 163, 197, 216, 354, 375, 416, 511, 532, 582, 594, 637, 640 f., 705, 746, 788, 794, 863, 923, 966, 1057, 1122, 1127, 1145, 1242, 1556, 1564, 1614, 1618 f., 1718, 1747
Marktdominanzen 415
Marktforschung 272, 968
Marktgleichgewicht 967
Marktkonformität 1744
Marktkraft 922
Marktmacht 734, 1693
Marktmechanismus 1147
Marktunvollkommenheit 76
Marktversagen 257, 1116, 1127, 1741
Marktwirtschaft 97, 197, 313, 474, 511, 559, 561, 602, 736, 799, 841, 928, 959, 1402, 1431, 1598–1600, 1609, 1614, 1721 f., 1725–1727, 1747
Marktwirtschaft, soziale 969
Marktzugang 403
Marktzutritt 448
Martyrium 1527
Marx, Karl 779, 786, 942
Marxismus 151, 234, 248, 497, 596, 658, 695, 698, 736, 794, 834, 973, 1228, 1428 f.
Marxismus, Religionskritik des Marxismus 973
Maschine 354
Masse 331, 1614
Massenbewegung 1553

Massenkommunikation 978
Massenmedien 126, 765, 848, 958, 978, 989, 1145, 1366, 1371
Massenvernichtungswaffen 1772
Materialismus 899, 901, 911, 981, 983, 1409, 1429, 1458
Materialismus, historischer 1228
Mechanisierung 193, 706, 1282 f.
Medellín 151
Mediation 294, 602, 983, 1354
Medien 118, 230, 256, 380, 517, 598, 768, 848 f., 874 f., 901, 919, 947, 980 f., 997, 1133, 1145, 1371, 1616, 1618
Medienethik 986
Mediengesellschaft 506
Medienordnung 986
Medienpolitik 905, 989
Medikalisierung 488
Meditation 1107
Medizin / Medizinische Ethik 991
Medizin 191–193, 195, 242, 400, 436, 579, 608, 682, 915, 991, 994, 1201, 1205, 1248, 1456, 1691
Medizintechnik 1106
Mega-City 1492
Mehrwert 780, 1079
Meineid 303
Meinung 246, 768
Meinungsforschung 996
Meinungsfreiheit 87, 252, 660, 998, 1002
Meistbegünstigungsprinzip 1687
Melanchthon, Philipp 1091
Mennoniten 134, 159, 513, 999, 1077
Mensch 684, 1096, 1547
Menschen mit Behinderungen 1127
Menschenbild 236, 925
Menschenopferung 1549
Menschenrechte / Menschenwürde (ethisch) 1001
Menschenrechte / Menschenwürde (politisch) 1013
Menschenrechte 137, 178, 195, 215, 256, 284, 339, 395, 411, 453, 481 f., 502, 585, 613, 619, 633, 642 f., 661, 681, 692, 804, 806, 811, 821, 856, 907, 960, 994 f., 1001, 1005–1007, 1009 f., 1012, 1022 f., 1027, 1037 f., 1152, 1167–1169, 1234 f., 1272, 1275, 1287 f., 1480–1482, 1552 f., 1620, 1636, 1652, 1704, 1709, 1767 f.
Menschenrechtskonventionen 1204
Menschenrechtsverletzungen 1004, 1007, 1009, 1708, 1710
Menschenwürde 191, 435, 482, 488, 607, 641, 647, 659, 804, 914, 919, 941, 960 f., 994 f., 1001, 1011–1013, 1043, 1120, 1151, 1236, 1287, 1394, 1508, 1570, 1576, 1690
menschenwürdige Arbeit 738
Menschheit 1054
Menschsein 180, 509, 1223, 1352, 1576, 1680

Menschwerdung 1360
Merkantilismus 258, 927, 1484, 1728, 1731
Metanorm 934
Metaphysik 45
Methoden, sozialwissenschaftliche 1016
Methodismus 134, 513 f., 1019
Miete 1765
Mieterschutz 1614
Mietpreisbremse 259
Migranten 211, 405, 681
Migration – Ausländer / Migrationspolitik 1024
Migration – Aussiedler / Vertriebene 1028
Migration 112, 177, 215, 417, 907, 1021, 1024, 1069, 1182, 1273, 1275
Mikrofinanzanlage 544
Mikroökonomie 1662
Mikroökonomik 967, 1662, 1716
Milieu 221, 301, 777, 875, 1063
Militär 481, 1340, 1711
Militärseelsorge 1031
Millenium Development Goals 356
Millenniumsziele 692, 1033
Millenniumsentwicklungsziele 361
Mimik 341
Minderheiten / Minderheitenrechte / Minderheitenschutz 1036
Minderheiten 339, 417, 1029, 1036, 1040 f., 1190, 1205, 1365, 1476, 1551, 1553, 1727
Minderheitenschutz 1036, 1039
Mindestlohn 941, 1041
Mindestreserve 538
Mindeststandards 417
Ministerialplan 674
Minorität 278
Mission 134 f., 142, 201, 253, 642, 833, 1084, 1148, 1152, 1181, 1216, 1401
Mitarbeitende 239, 758, 925
Mitarbeitervertretung 284, 1047
Mitarbeitervertretungsrecht 239
Mitbestimmung (allgemein) 1043
Mitbestimmung (kirchlich) 1047
Mitbestimmung 69, 355, 658, 1047, 1195, 1431, 1433
Mitgliedsstaaten 404, 415
Mitleid 1236
Mitmenschlichkeit 64, 1009, 1012, 1196, 1415
Mittelstand / Mittelstandsförderung 1048
Mittelstand 1192
Mitverantwortung 561, 1432, 1725
Mitwelt 1160
Mitwirkung 72, 221, 355, 393, 700, 1010, 1293 f., 1364 f., 1475
Mobbing 1051
Mobilität 197, 369, 373, 401, 517, 547, 636, 1025, 1053, 1073, 1158 f., 1240, 1332, 1624
Mobilität von Arbeitnehmern 417

Mobilitätskultur 1624
Mobilitätsursachen 1624
Moderne 22, 1086, 1216
Modernisierung 600, 905, 1150, 1228, 1370, 1399, 1414, 1432, 1503
Modernisierung der Sozialsysteme 415
Modernismus 526
Monarchie 181, 227, 248, 514, 764, 1331, 1473, 1477 f., 1546
Monetarismus 472, 1103, 1484, 1671
Monismus 44
Monopol 163, 258, 660, 717, 746, 967, 1057, 1186, 1471, 1693, 1706
Monotheismus 180
Montanindustrie 1195
Moral 31–34, 115, 121, 183, 195, 257, 385 f., 388, 393, 395, 397, 400, 659, 681, 919, 994, 1057, 1059 f., 1063 f., 1113, 1232, 1234, 1375, 1384–1386, 1388, 1503, 1532, 1601, 1603, 1606, 1690, 1723–1725, 1754, 1774
moralische Ökonomie 921
Moralisches Urteil 1064
Moralphilosophie 754
Moralpsychologie 753, 1064
Moralstatistik 386, 1411, 1417
Moraltheologie 386, 396 f., 1120, 1577
Motiv 1067
Motivation 216, 240, 299–301, 343, 396, 621, 918, 934, 955, 1067, 1367 f., 1386, 1633, 1642
Müll 1153, 1156
Müller, Eberhard 700
Müller-Armack, Alfred 969
Multifaserabkommen 1689
Multikulturalismus 189, 1069
Multiplikatorprozess, gesamtwirtschaftlich 1671
Multis 1567
Mündigkeit 165, 340, 1432
Müntzer, Thomas 1091
Muslime 1029
Muslimfeindlichkeit 1275
Mussolini, Benito 465
Mut 1770
Mutation 570
Mutter 139
Mutterhausdiakonie 259
Mutterschutz 1402
Mystik 699, 1712

Nachbarschaft 198, 452, 554 f., 557, 1072, 1491
Nachfolge 161, 284, 374, 391, 606, 860, 1001, 1074 f., 1173
Nachfrage 100, 156, 197, 327 f., 637, 942 f., 1122, 1448
Nachfrager 966, 1057
nachhaltige Entwicklung 18, 906
nachhaltige Wirtschaft 1565

Nachhaltigkeit 13, 17, 313, 356, 459, 497, 532, 552, 555, 643, 808, 821, 1033, 1077, 1279, 1306, 1590, 1614, 1624
Nachhaltigkeitsbericht 14
Nachhaltigkeitspreis 14
Nachkommen 535
Nachrichten 766
Nächste/r 606
Nächstenliebe 33 f., 141 f., 165, 241, 263, 311, 391, 393, 482, 604, 633 f., 910, 935 f., 1082, 1303, 1369, 1387 f., 1499, 1724
Nachtarbeit 82
Nachtwächterstaat 1104
nachwachsende Generation 691
NAIRU 1671
Natalität 1360
Nation / Nationalismus 1085
Nation 1, 4, 215, 333, 1011, 1085, 1179 f., 1200, 1235, 1471, 1477, 1481, 1768
Nationalisierung 1085
Nationalismus 305, 465, 1089, 1181, 1191, 1201
Nationalökonomie 1658, 1728
Nationalsozialismus 57, 133, 185, 251, 447, 822, 833, 954, 977, 1073, 1087, 1096, 1172, 1201, 1328, 1401, 1430, 1459, 1708, 1712
Nationalstaat 446, 602, 634, 637, 865, 1200, 1477
NATO 1380
Natur 61, 63 f., 192, 231, 266 f., 310–313, 335, 340, 393, 508, 581 f., 607, 665, 698, 700, 733, 901, 948, 952, 983, 1006, 1011, 1078–1081, 1096, 1121, 1169 f., 1173, 1222, 1224, 1239, 1293 f., 1384, 1478, 1481, 1547, 1581, 1585, 1616, 1624, 1640, 1642, 1724, 1750 f., 1753 f., 1756, 1773
Naturhaushalt 1556
natürliche Ökonomik 1716
natürliches Monopol 258, 1058
Naturphilosophie 1756
Naturrecht 123, 312, 393, 584, 803, 806, 948, 950, 1003 f., 1091, 1288, 1472, 1508, 1705
Naturschutz 189, 1096, 1547
Naturwissenschaft 192
Naturzustand 863
Negation 1113
negative Freiheit 926
Neid 883, 1098
Neoaristotelismus 48
Neoklassik 870, 943
Neoklassik, ökonomische 1670
Neoliberalismus (wirtschaftlich) 1100
Neoliberalismus 793, 1228, 1694, 1771
Nettonationaleinkommen 205
Netzwerk 22, 211, 530, 547, 554, 595, 598, 662, 744, 907, 1073, 1380, 1405, 1778
Netzwerkanalyse 1406
Netzwerke, kommunikative 1216

Netzwerkforschung 1658
neue Bundesländer 418
Neue Politische Ökonomie 1484, 1519
neuere Wirtschaftskrisen 1733
Neugeborene 535
Neurowissenschaften 910
Neurowissenschaften und Ethik 1106
Neuschöpfung 1296
Neuzeit 1144
Nichtdiskriminierung 273, 1037, 1205
Nichtregierungsorganisation (NGO) 212, 249, 507, 555, 820, 907, 1109, 1290
Nichtsesshafte 1272
Niederlassungsfreiheit 1688
Nihilismus 1112
Nitratbelastung 1155
no-bail-out-Klausel 427
Nonkonformist 514
Nonkonformität 1709
Nonprofit Organisation, freie, private 1115
Norm / Normen 1118
Norm 328, 389 f., 666, 800, 821, 860, 937, 946, 950, 1085, 1118, 1121, 1232, 1236, 1388, 1414, 1561, 1564, 1638
normativer Individualismus 1226
Normativismus 1201
Normdebatte 1289
Normen 739
Notenbank 1769
Notwehr 1330
NPO 1115
NSDAP 1236
Nullmeier, Frank 1098
Nürnberger Gesetze 1088
Nutzen 31, 34, 323, 394, 433, 558, 914, 993, 1107, 1121, 1213, 1259, 1301, 1505, 1574, 1600–1603, 1618, 1721, 1725, 1754, 1784
Nutzenmaximierung 1601
Nutzer 12
Nutzung 1055
Nutzungsrecht 307

Oberflächengewässer 1155
Obrigkeit 223–225, 453, 947 f., 950, 953, 955, 957, 999, 1236, 1288, 1331, 1478–1481, 1483, 1549, 1707, 1782 f.
Obrigkeitsstaat 248, 833, 973
Observanz 1385
Ochlokratie 1478
OECD „Better-Life-Index" 1677
OECD 358
OECD-Leitsätze für multinationale Unternehmen 1569
Offenbarung 115, 136, 138, 226, 266, 398, 496, 764, 803, 807, 950 f., 1559, 1580, 1636 f.
Offene Methode der Koordinierung 417

öffentliche Finanzwirtschaft 673
Öffentliche Güter 258, 717, 1124, 1127
öffentliche Theologie 409
Öffentliche Wirtschaft 1126
Öffentlicher Dienst 144, 1129, 1654
öffentlicher Personennahverkehr 1126
öffentliches Gesundheitswesen 551
Öffentlichkeit 13, 215, 230 f., 246, 253, 255 f., 297, 385, 445, 456, 529, 594 f., 660, 662, 747, 766, 768, 850, 962, 997, 1011, 1063, 1133, 1144, 1155, 1193 f., 1254, 1270, 1372, 1414, 1483, 1617, 1710
Öffentlichkeit und Kirche 867, 1144
Öffentlichkeitssphäre 1254
Ökodorf 555
Ökologie (allgemein) 1153
Ökologie (kirchliche Aktivitäten) 1158
Ökologie 14, 189, 560, 637, 642, 1079, 1081, 1153, 1158, 1240, 1582, 1725
ökologische Ethik 1173
Ökologischer Fußabdruck 177
ökologisches Gleichgewicht 708
Ökonometrie 1664
Ökonomie 189, 226, 267, 560, 585, 642, 734, 787, 867, 882, 884, 942, 975, 977, 982, 1079, 1122, 1124, 1171, 1216, 1409, 1457, 1578, 1606, 1616, 1638, 1691, 1723–1727, 1755, 1777
Ökonomik 61, 386, 884, 1122–1124
Ökonomische Klassik 1484
ökonomisches Prinzip 1720
Ökonomisierung / Ökonomie 1161
Ökonomisierung 165, 189, 787, 1306, 1308, 1394
Ökonomisierungstendenz 416
Ökonomismus 1603
Ökosystem 193, 1153, 1582, 1588
Ökumene 138, 358, 447, 515, 587, 639 f., 867, 1019, 1027, 1275, 1414, 1609, 1620
Ökumenische Bewegung 822, 1164
ökumenische Sozialethik 1168
Öl 1334
Oligarchie 1478
Oligopol 415, 967
Olympische Spiele 1468
OMT 428
Online-Kommunikation 980
Ontologie 1114, 1227
Open Content 710
Open Data 710
Open Educational Resources 710
Operations Research 176
Opfer 141, 860, 1009, 1181, 1420, 1527, 1641, 1643, 1708
Opfertheorien, steuerliche 1498
Opportunitätskosten 1717
Opposition 140, 214 f., 248, 251, 1076, 1189, 1191 f., 1712

Optimalbesteuerung 1484
Option 201
Orden 159, 338, 857, 1084, 1171
Ordination 37, 909
Ordnung 2, 6, 40 f., 59, 137, 139, 163, 196, 215, 224, 255–257, 295 f., 304, 310–313, 386 f., 392, 454, 482, 508, 510, 559, 584, 605, 661, 666, 700, 733, 759, 801, 803, 809, 863, 883, 918, 949 f., 952–954, 956, 959, 962, 1001, 1036, 1061 f., 1169, 1171, 1173, 1188, 1190, 1193, 1213, 1222, 1232 f., 1236, 1267, 1326–1329, 1336, 1367, 1408 f., 1414, 1429, 1478, 1481, 1503 f., 1506, 1514–1516, 1598, 1608, 1643, 1703–1706, 1708 f., 1711, 1751, 1773, 1775, 1782 f.
Ordnung der Dinge 1091
Ordnungspolitik 1722, 1740, 1745
Ordnungstheologie 954–956, 1085, 1169
Ordnungstheorie 258, 1675
ordo universi 1227
Ordoliberalismus 970, 1100 f.
Organisation 169, 217, 225, 230, 299 f., 374 f., 445, 529, 546, 594, 731, 733, 808, 833, 980, 1005, 1173, 1176, 1181, 1185 f., 1189, 1216, 1258, 1364–1366, 1399, 1417, 1454, 1476, 1501, 1571, 1602, 1752, 1754
Organisationsethik 1175
Organisationsformen 1655
Organisationskultur 925, 1175
Organisationspsychologie 662
Organismus 569
Organtransplantation 1205
ÖRK 364, 406, 523, 1160, 1491, 1582
Orthodoxe Kirche 1178
Orthodoxie 1216
Örtlich Beauftragte für den Datenschutz 235
Ostdenkschrift 1031
Österreichische Schule 928, 1102
Osterweiterung der EU 316, 375
Osteuropa 251
Ostkirchen 1182
Ostpolitik 253
OSZE 1380
outgroup 661
Outright Monetary Transactions 428
Over-The-Counter-Handel 200
Ozonschicht 1155

Paarbeziehungen 291
Pädagogik 125, 380, 517, 558, 1216, 1243, 1262, 1507
Paläoliberalismus 1100
Palliativmedizin 436
Paneuropa 316
Pannenberg, Wolfhart 684, 1091
Pantheismus 47
Papst Franziskus 410
Papst Johannes Paul II. 406
Paradigmenwechsel 154, 1624
Paragraf 218 1360
Paralympic Games 1470
Paränese 388, 1478
Parlament / Parlamentarismus 1182
Parlament 246, 252, 638, 649, 846, 958 f., 961, 1002, 1195, 1365, 1480, 1710
Parlamentarischer Rat 1288
Parlamentarismus 215, 1482
Partei 246, 251 f., 840, 872, 1651
Parteibuchwirtschaft 144
Parteien / Parteiensystem 1184
Parteien 80, 93, 209, 601, 840, 855, 958, 960, 962, 1145, 1184, 1186, 1190, 1194, 1409, 1475 f., 1611, 1767
Parteiensystem 764, 1184
Partialanalyse, volkswirtschaftliche 1664
Partikularismus 856
Partizipation 69, 208, 245, 256, 556, 810, 815, 821, 907, 1006, 1009 f., 1043, 1047, 1144, 1189, 1194, 1222, 1234, 1365, 1415, 1482, 1609, 1617, 1624, 1724, 1778
Partnerschaft 164, 286, 1150, 1179
Partnerschaft, globale 1197
Partnerschaftsprinzip 418
Paten 334
Patentierbarkeit 571
Patentrecht 308, 1058
Patriarchalismus 1782
Patriotismus 935, 1086, 1200
Paulus 1091
Pauperismus 801, 1399
Pay-as-you-use-Prinzip 1484
Pazifismus 523, 894, 1001
PEGIDA 406
Pensionsfonds 734, 758
Performanz 1487
Performatisierung 1488
Person / Persönlichkeit / Personenrecht 1201
Person 92, 122, 134, 162, 237, 297 f., 311, 337, 383, 393 f., 396 f., 399, 412, 480, 482, 515, 580, 607, 659, 667, 675, 733 f., 758, 802, 804, 807, 809, 905, 913 f., 949, 958, 1001, 1005 f., 1009–1012, 1023, 1039, 1061, 1085, 1201, 1233, 1241, 1254, 1259, 1304, 1387, 1479, 1500 f., 1505–1507, 1529, 1547, 1570, 1578, 1580, 1602, 1604, 1609, 1642, 1690, 1704, 1766 f., 1773, 1780, 1782, 1784
personalisierte Medizin 569
Personalität 807, 1106, 1339
Persönliches Budget 123
Persönlichkeit 88, 122, 313, 370, 391, 446, 452, 660, 759, 764, 775, 849, 914, 952, 1012, 1201–1203, 1254
Persönlichkeitsrecht 90, 236

Perversion 1401
Petition 1002
Pfarrhaus 454
Pfingstbewegung 134
Pflege 93, 295, 335 f., 455, 888, 1073, 1096, 1384, 1453
Pflegebedürftigkeit 329, 1453
Pflegeberufe 259
Pflegeethik 1205
Pflegegeld 1454
Pflegeversicherung / Pflegegeld / Pflegekosten 1209
Pflegeversicherung 457, 1421, 1447, 1453, 1764
Pflicht 65, 87, 89, 91 f., 121, 161, 335 f., 388, 390, 395 f., 761, 800, 802, 810, 860, 1060, 1213, 1365, 1527, 1529, 1570, 1610, 1652, 1704, 1775
Phänomenologie 44
Pharmakologie 1106
Philosophie 1232, 1547
Physiokraten 1258
Physiozentrismus 1547
Pietismus 115, 184, 201, 331, 632, 1076, 1214
Pietismus, radikaler 1215
Plan 1271
Planung 196, 274, 557, 603, 732, 985, 1096, 1216, 1258, 1285, 1600, 1608, 1624, 1752
Planungshoheit 199
Planungszelle 602
Planwirtschaft 1747
Plessner, Helmuth 684
Pluralisierung 546, 1394, 1657
Pluralisierung, religiöse 1307, 1315
Pluralismus 138, 249, 390, 395, 660, 850, 955, 1039, 1069, 1148, 1150, 1186 f., 1221, 1226, 1235 f., 1365 f., 1412, 1482, 1551, 1609, 1618, 1692
Pluralität 1143
Pneumatologie 1289
Polarisierung 333
Polis 584, 1227
Politik 3, 165, 189, 194, 230 f., 242, 257, 305–307, 331, 391, 400, 433, 455, 595, 598, 601, 642, 659, 833, 849, 867, 918–920, 947, 959, 962, 973, 975 f., 984, 997, 1007, 1055, 1062, 1080, 1085, 1102, 1121, 1133, 1152, 1158, 1170, 1179, 1185, 1188 f., 1193, 1195, 1226, 1232 f., 1236, 1301, 1354, 1369, 1400 f., 1403, 1412, 1457, 1459, 1478, 1546, 1599, 1605, 1624, 1636, 1723, 1725, 1777, 1780 f., 1783 f.
Politikberatung 1229
politische Anthropologie 1226
Politische Ethik 189, 1172, 1232
politische Gemeinde 846
politische Kontrollfunktion 673
Politische Ökonomie 1658
politische Programmfunktion 673
politische Theologie, Nationalprotestantismus 1086

politische Verfolgung 107
politisches Engagement 213
Polizei / Polizeirecht 1236
Polizei 481, 612 f., 960
Polizeirecht 1529
Polizeistaat 1236
Polypol 967
Portabilität 417
positive Freiheit 926
Positivismus 1238, 1474, 1559
Postmoderne 554
postsäkular 1314
Postsäkulare Gesellschaft 867
Postwachstumsökonomie 572, 1240, 1359
Prädestinationslehre 221, 225 f.
Prädikant/Prädikantin 37
Prädiktion 607
prädiktive genetische Diagnostik 1330
Pragmatismus 659, 1242, 1388, 1605
Präimplantationsdiagnostik 488, 1244
Präimplantationsgesetz 488
Pränataldiagnostik 488, 1245
Pränatalmedizin 1244
Prävention 571, 607, 614, 1236
Praxis 32, 92, 154, 181, 225, 267, 355, 370, 372 f., 384, 391 f., 394, 456, 507, 510, 561, 763, 806, 849, 866, 900, 955, 976, 1011, 1018, 1076, 1186, 1222, 1224 f., 1234, 1296, 1368, 1411, 1431, 1460, 1501, 1503, 1751 f.
Predigt 116, 295, 645, 1180, 1782, 1784
Predigt, politische 1249
Preis 97, 196, 321, 354, 944, 1012, 1122, 1268, 1327, 1615, 1747, 1753, 1767
Preisbildung 730
Preismechanismus 197, 1660 f.
Preisniveau 708
Preisniveaustabilität 424 f., 709
Preisstabilität 1770
Preiswettbewerb 417
prekäre Beschäftigungsverhältnisse 173
Prekarisierung 1772
Presse 973, 986, 990
Pressefreiheit 990, 1003, 1005, 1007
Prestige 163, 331
Priestertum 134, 331, 632, 1010, 1295
Priestertum aller Getauften 37
Primärer Sektor 204
Primärmarkt 200
Priorisierung 607
Privathaushalt 675
Privatheit 1139
Privatisierung 135, 257, 415, 848, 1163, 1252
Privatsektor 1355
Privatsphäre 1133, 1254, 1288
Privatversicherung 1639
Privilegien 515

Produkt 403, 496, 956, 974, 1615
Produktion / Produktivität 1257
Produktion 115, 193, 196 f., 225, 271 f., 455, 635, 854 f., 901, 1079, 1122, 1155, 1257, 1614 f.
Produktionsfaktoren 61, 197, 318 f., 321, 938, 1257, 1662, 1668, 1746
Produktionsfunktion 1674
Produktionsmittel 41, 354, 789, 850, 854, 1259
Produktionstheorie 1662
Produktivität 64, 705, 1368
Produktivitätsfortschritt 940
Produktivitätsgewinne 922
Produktivkraft 863, 1566
Produktivvermögen 312
Profession / Professionalisierung 1260
Professionalisierung 22, 156, 984
Professionalität 1262
Professionsethik 1263
Profit 761
Profitinteressen 419
Prognose 273, 435, 531
Projekt 922
Projektförderung 485
Projektion 1607
Proletariat 248, 311, 834, 851, 854 f., 975, 1265, 1400
Propaganda 1553
property rights 175
Prophetie 182, 699
Prostitution 1372 f.
Protektionismus 1267
Proteomik 568
Protest 209, 213, 251, 1772
Protestantische Ethik 1307 f., 1316
Protestantismus 2, 4, 65, 136, 256, 439, 446 f., 454, 513, 790, 832, 834, 905, 977, 1144, 1149, 1214, 1326, 1374 f., 1400 f., 1403, 1411–1413, 1417, 1428, 1481, 1599, 1691, 1776
Prozess 1216, 1241
Psychoanalyse 911, 1213
Psychologie 31, 339, 342, 483, 732, 1063
Psychotherapie 662
Pubertät 774
Public Health 607
Public Relations 1269
Publikum 767, 979, 1133, 1469
Publizistik 115, 849
Publizität 1133, 1145
Pufendorf, Samuel 1091
Punks 775
Punktschätzung 1494
Puritanismus 59

Quäker 159, 303, 1000, 1077, 1271
Qualifizierung 418
Qualität 706
Qualitätsentwicklung 1177

Rache 1549
Radio 980
Randgruppen 22, 1272
Rasse 54, 596, 956, 1004, 1011, 1023, 1278
Rassendiskriminierung 1023
Rassismus 57, 878, 880, 1008, 1027, 1086 f., 1181, 1275
Rat der Bischofskonferenzen der Europäischen Gemeinschaft (ComECE) 408
Rat der EKD 444
Ratifizierung 739
Rating-Agentur 543, 1279, 1358
Rationalisierung 789, 1282, 1566
Rationalismus 114, 116, 1008, 1637, 1750 f.
Rationalität 676, 1218
Rationalität, ökonomische 1228, 1771
Rationierungstheorie 1672
Raum 1055
Raumnutzung 1284
Raumordnung 196, 1284
Raumplanung 1096
Rawls, John 1098
Realinvestitionen 755
Realkapital 174
Rechristianisierung 1216
Recht / Rechtsstaat 1287
Recht 235, 402, 504, 523, 606, 847, 860, 864, 1091, 1169 f., 1172, 1236, 1652
Recht der neuen Medien 747
Rechte 452, 587
Rechte bei der Arbeit 739
Rechtfertigung 33 f., 137, 226, 284, 295, 393, 397, 400, 508, 581, 604, 606, 647, 660, 800, 859 f., 902, 918 f., 960, 974, 1060, 1076, 1149, 1151, 1203, 1233, 1243, 1292, 1354, 1365, 1369, 1472, 1505, 1552 f., 1704, 1776
Rechtfertigungsbotschaft 605
Rechtfertigungstheologie 606
Rechtsanspruch 413
Rechtsprechung 239, 412
Rechtsschutz 411, 809, 917, 1006
Rechtsstaat 60, 137, 252, 647, 917, 919, 960 f., 1146, 1151, 1234, 1354, 1401, 1441, 1470, 1482, 1484, 1546, 1609, 1771, 1775 f.
Recycling 1155
Reflexion 1109
Reform 246, 331, 658, 733, 759, 810, 832, 1023, 1358, 1400 f., 1420, 1449, 1503, 1563, 1642, 1778
Reformation 1 f., 114, 222 f., 225, 250, 303, 311, 393, 822, 829, 849, 860, 945 f., 951, 1091, 1203, 1213–1215, 1234, 1303, 1374, 1472, 1479, 1551, 1559, 1722, 1766
reformatorische Theologie 605

Reformierter Weltbund 134
Regeln, soziale (Spieltheorie) 1466
Regierung 649, 1654
Regierungsform 245
Regionalisierung 636, 1073
Regionalpolitik 717
Regionalwährung 554, 1359
Regulierung 257, 1059, 1307
Rehabilitation 1454
Reich Gottes 222, 482, 496, 866, 910, 1171, 1296, 1429, 1606, 1784
Reichspogromnacht 1089
Reichtum 301, 333, 664, 675, 705, 763, 828, 854, 916, 1300, 1402, 1628, 1633
Reichtum und Armut 414
Reinheit 1215
Reiz 341
Relativismus 527
Religion 4, 41, 91, 115 f., 121, 135 f., 138, 181, 217, 268, 304, 306, 337 f., 375, 385, 393, 447, 513, 536, 595, 607, 660, 665, 681, 695, 733, 758 f., 788, 904, 950 f., 973–978, 1004, 1023, 1038, 1151, 1271, 1343, 1369, 1375, 1386, 1430, 1477, 1483, 1546, 1553, 1560, 1637, 1657, 1691, 1707, 1725, 1783
Religionen und Wirtschaft 1306
Religionsfreiheit 134, 246, 304, 337, 505, 514, 620, 622, 632, 658, 764, 821, 1002, 1004 f., 1007–1010, 1019, 1309, 1394, 1480 f., 1679
Religionsgemeinschaft 249, 1394
Religionskrieg 1234
Religionskritik 852
Religionsökonomie 1306, 1315
Religionssoziologie 165, 183, 1313
religiöser Sozialismus 1606
Religiosität 1346
Renaissance 41, 226, 454, 603, 763, 1235, 1476 f., 1766
Rendite 678
Rentabilität 1078
Rentabilitätsvorteile 707
Rente / Rentenformel / Rentenreform 1317
Rente 27, 1402, 1449, 1451, 1453
Rente, dynamische 459
Rentenformel 1451
Rentenreform 1449 f.
Rentensystem, deutsches 459
Rentenversicherung 242, 458, 1367, 1421, 1449, 1453
Reproduktion 1360
Reproduktionsmedizin 488, 1330, 1360
Reproduktionstriade 488, 1360
Reproduktive Autonomie 488
Republik 515, 1470
Resilienz 1096
Resozialisierung 1505

Ressentiment 1098
Ressourcen 177, 367, 675, 1125, 1241, 1282, 1333, 1585
Restauration 681
Rettungsdienste 416
Rettungsschirm 426
Revision 98, 116, 1616, 1774, 1776
Revolution 1, 41, 208, 214, 246, 271, 331, 338, 454, 457, 481, 498, 556, 595, 633, 695, 745, 853, 855, 951, 953, 1006 f., 1061, 1180, 1191, 1201, 1234 f., 1258, 1326, 1331, 1399 f., 1457, 1563, 1599, 1703
Rezession 868, 871, 1192, 1672
Reziprozität 883, 1337
Reziprozität, handelspolitische 1688
Riester-Rente 1633
Risiko / Risikogesellschaft 1331
Risiko 329, 607, 734, 1156, 1216, 1358, 1378, 1530, 1581, 1616, 1703, 1770, 1774
Risikoabschätzung 1279
Risikofaktor 570
Risikogesellschaft 1290, 1410
Ritus 555
Rohstoffe 7, 312, 635, 658, 1333, 1356
Rolle / Rollentheorie 1336
Rolle 13, 32, 119, 160, 167, 223, 226, 253, 293, 297, 302, 327, 332, 354, 372–374, 517, 554, 556, 579, 582, 639, 642, 658, 763, 806, 848, 854, 863 f., 961, 973, 977 f., 1002, 1006, 1008, 1022, 1063, 1074, 1081, 1158, 1175, 1180, 1186, 1202, 1273, 1302, 1336, 1385, 1428, 1472 f., 1507, 1515, 1545, 1607, 1613, 1615, 1725 f., 1768, 1777
Rollenerwartungen 661
Roma 57 f., 1275
Romantik 1, 1113
Römerbrief, Kap. 13 1288
Ronsdorf 1216
Röpke, Wilhelm 1101
Rousseau, Jean-Jacques 1091
Rückkopplung 1572
Rückwirkungsverbot 1351
Ruhe 62, 240, 515, 1393
Ruhestand 28
Rundfunk 990, 1365
Rundfunkfreiheit 990
Rürup-Rente 1633
Rüstow, Alexander 1101
Rüstung 1340
Rüstungskontrolle 1341
Rüstungswirtschaft 1342

Sabbat 180
Sachtechnik 1536
Säkularisation 1, 1500
Säkularisierung / Säkularisation 1343

Säkularisierung 114, 303, 526, 545, 1234, 1314 f., 1394, 1408, 1480, 1546, 1611, 1783
Säkularisierungstheoreme 409
Säkularismus 1007
Sanierung 1241
Schaden 1107, 1639
Schadstoffe 1081
Scham 1349
Scharfrichter 1549
Schattenbank 129, 1355
Schattenwirtschaft 415
Schätzung 1494
Scheidung 288
Schelsky, Helmut 1231
Schicht 195, 453
Schichtung 597
Schiedsverfahren 1290
Schiller, Friedrich 684
Schleiermacher, Friedrich Daniel Ernst 684, 1091, 1656
Schlichtungsstelle 1047
Schoeck, Helmut 1098
Scholastik 1578, 1722
Schöpfer / Geschöpf 905
schöpferische Zerstörung 789
Schöpfung 192, 605, 684, 1169, 1171 f., 1606
Schöpfungslehre 1289
Schöpfungsordnung 1171, 1173, 1655
Schöpfungstheologie 953
Schrift 40, 136 f., 221, 398, 607, 849, 859, 945, 947, 950–952, 1293, 1295, 1479, 1559, 1561, 1606, 1782
Schriftverständnis 526
Schuld 183, 295, 482, 512, 621 f., 624, 1351, 1388, 1411, 1504, 1507, 1550, 1612, 1641–1643, 1704
Schulden 1355
Schuldenbremse 206, 1358, 1463, 1486
Schuldenillusion 1484
Schuldenkrise 797
Schuldenkrisen, internationale / Schuldenpolitik / Verschuldung 1354
Schuldenpolitik 1358
Schuldzusammenhang 469
Schule 253, 339, 375, 380 f., 400, 453, 455, 695, 777, 813, 858, 976, 985, 1074, 1195, 1546, 1578, 1722
Schulmobbing 1051
Schulpflicht 381, 774
Schulsystem 719
Schusswaffengebrauch 1236
Schutz 1236
Schwangerschaft / Schwangerschaftsabbruch 1360
Schwangerschaft 95, 155, 194, 536, 1244
Schwangerschaftsabbruch 155, 194, 658, 1508, 1575, 1768
Schwangerschaftsberatung 1360

Schwärmer 695, 1430
Schwartz und Carroll 233
Schwarze Menschen 1275
Schweiz 1289
Schwellenländer 356, 359, 506, 1356
Schwesternschaften 857
Seelsorge 156, 295, 370, 374, 858, 1031, 1063, 1074, 1152, 1215, 1530
Segen Gottes 829
Segnung 684
Seignorage 537
Sekundärer Sektor 204
Sekundärmarkt 200
Selbständigkeit 14, 69, 774, 952, 1001, 1147, 1454, 1479
Selbstbestimmung 87, 121, 124, 162, 192, 239, 360, 435, 509 f., 517 f., 557, 622, 718, 831, 901, 918, 995, 1002, 1011, 1063, 1106, 1195, 1213, 1366, 1385, 1560, 1617, 1691, 1755, 1767, 1776 f.
Selbstbestimmung, informationelle 746
Selbstentfaltung 64, 512, 699, 907
Selbsterlösung 924
Selbstgesetzgebung 393, 509, 1636
Selbsthilfe 82, 154, 556, 572, 802, 809, 1073, 1084
Selbsthilfegruppen 209
Selbstliebe 936, 1085
Selbstlosigkeit 551
Selbstmord 1527, 1530
Selbstorganschaft 572
Selbstrechtfertigung 924
Selbstreflexion 1487
Selbststeuerung 120
Selbstüberschreitung 934
Selbstverantwortung 572, 1373, 1507
Selbstversorgung 640
Selbstverwaltung 40, 209, 572, 597, 1364, 1421, 1448, 1514, 1709
Selbstverwaltungsautonomie 173
Selbstverwirklichung 913, 1604
Seminar für kirchlichen Dienst in der Industriegesellschaft 700
Separation 1215
Separatisten 514
sex 591
Sexualerziehung 1373
Sexualethik 180, 1368–1370, 1375
Sexualität / Sexualethik 1367
Sexualität 287, 622, 683, 1085, 1367–1372, 1374 f.
SGB 1765
Shared Value 619
Shareholder Value 1376
Sicherheit / Sicherheitspolitik 1378
Sicherheit 60, 72, 81, 163, 455, 580, 880, 917, 960, 1005, 1022, 1124 f., 1216, 1234, 1236, 1254, 1267, 1332, 1342, 1482, 1638, 1706
Sicherheit, digitale 1381

Sicherheitspolitik 1341, 1379
Sicherheitsverordnung 239
Siedlung 1057
Sinn 667
Sinngebung 162
Sinnhorizont 904
Sinti 57 f.
Sippe 1549
Sippenrecht 1549
Sitte / Gewohnheit / Brauch 1384
Sitte 389, 452, 595, 631, 1060, 1063, 1384, 1503, 1559, 1577
Sittengesetz 1385
Sittlichkeit 283, 299, 383, 394, 957, 1060–1063, 1122, 1384 f., 1399, 1414, 1506, 1579, 1603 f.
Situationsethik 936, 1119, 1386
Skalenerträge 1686
Skinheads 775
Sklaverei 57, 59, 182, 764, 1000, 1004, 1271, 1773
Smith, Adam 928, 1228, 1731
Social Entrepreneurship 1443
social freezing 488
Social Marketing 966
social media 746
Social Washings 234
Sockel-Arbeitslosigkeit 80
SOEP 1304, 1628
Software 635, 1384
Soldat / Soldatin 1389
Soldat 946, 1031
Solidarität 34, 66, 193, 242, 256, 312 f., 358, 452, 554, 560, 603, 607, 634, 638, 640, 642, 646, 658, 660, 700, 804, 808, 831, 864, 1009, 1038, 1062 f., 1073, 1147, 1179, 1275, 1332, 1391, 1403, 1414, 1433, 1570, 1609, 1724, 1772
Solidaritätsgruppen 208
Solidaritätsprinzip 559, 808 f., 1516
Solidarprinzip 1438
Solution Cycle 728
Sonntag 1393
Sonntagsarbeit 241
Sonntagsheiligung 253
Sonntagsschutz 700, 1393
Souveräne Demokratie 561
Souveränität 225 f., 502, 642, 645, 758, 1002, 1037, 1471, 1476, 1481, 1483, 1705
Sowjetunion 879, 1476
Sozialakademie 833
Sozialakademie Friedewald 700
Sozialanthropologie 48
Sozialarbeit 155, 301, 555 f., 1181, 1273, 1275, 1401
Sozialberufe 259
Sozialdarwinismus 192
Sozialdemokratie 248, 1424

Sozialdemokratische Arbeiterpartei 1424
Sozialdialog 415
soziale Arbeit 417, 1262, 1395
soziale Demokratie 1441
soziale Dienste 413, 1117, 1161
soziale Folgenabschätzung 415
soziale Frage 1399
soziale Gerechtigkeit 738, 941
soziale Grundsicherung 1421
soziale Gruppen 1405
soziale Inklusion 415
soziale Innovation 1403
soziale Investoren 1443
soziale Isolierung 1052
soziale Marktwirtschaft 68, 414, 572, 789, 791, 831, 1101, 1431
soziale Medien 746
soziale Netzwerke (Soziologie) 1405
soziale Netzwerke 127
soziale Sicherungssysteme 242, 607
soziale und wirtschaftliche Kohäsion 418
soziale Ungleichheit 717
sozialer Ausgleich 971
sozialer Bundesstaat 1442
sozialer Dialog 739
sozialer Friede 741
sozialer Raum 1134
sozialer Rechtsstaat 1442
sozialer Schutz 739
sozialer Wandel 1408, 1410
sozialer Wohnungsbau 1128
soziales Gebilde 661
Sozialethik 42, 222, 227, 242, 299, 305 f., 312 f., 355, 387, 496, 558, 560, 607, 633, 661, 665, 733 f., 758 f., 801, 805, 811, 866 f., 882, 945, 949–952, 954–957, 977, 993, 1013, 1084, 1152, 1172 f., 1178, 1196, 1232, 1244, 1368, 1370, 1388, 1411, 1429 f., 1549, 1557, 1609, 1613, 1781
Sozialforschung 903, 1016
Sozialgerichtsbarkeit 1421
Sozialgeschichte 180, 183, 1272, 1418, 1728
Sozialgesetzbuch 124, 1420, 1447
Sozialhilfe 329, 458, 629, 847, 1421
Sozialinvestition 417
Sozialisation 380, 849, 1337, 1368, 1507, 1559
Sozialisationserfolg 691
Sozialismus 235, 248, 339, 447, 633, 658, 695, 763, 790, 855, 867, 977 f., 1012, 1169, 1423, 1428 f., 1564, 1709, 1747
Sozialismus, religiöser 1428
sozialistisch 830
Sozialkultur 1073, 1411
Soziallehre 312, 559, 599, 733, 759, 762, 801 f., 957, 1008, 1024, 1710
Sozialleistung 413, 1162, 1762

Sozialleistungsstandards 419
Sozialneid 1098
Sozialpakte 885
Sozialpartei 1533
Sozialpartner 418, 1432
Sozialpartnerschaft 82, 841, 885, 939, 1043, 1430
Sozialpflichtigkeit 312, 607, 1571
Sozialphilosophie 354, 1336
Sozialpolitik 123, 143, 242, 258, 445, 447, 516, 599 f., 607, 629, 739, 802, 905, 1181, 1400–1403, 1418, 1420, 1430, 1433, 1457
sozialpolitische Standards 417
Sozialprodukt 271
Sozialpsychologie 850, 1337
Sozialrecht 416, 629
Sozialreform 135
Sozialsekretär 700
Sozialsphäre 1254
Sozialstaat 60, 264, 629, 642, 791, 808, 1006, 1162, 1234, 1332, 1402, 1417, 1420, 1441, 1446 f., 1482, 1511
sozialstaatliche Aufgaben 419
Sozialstaatsprinzip 841, 1443
Sozialstandards 362
Sozialsystem 413
Sozialsysteme der EU-Mitgliedsstaaten 413
Sozialunternehmen 417
Sozialunternehmer / Social Entrepreneur 1443
Sozialverhalten 1109
Sozialversicherung 1365, 1401, 1421, 1435, 1441, 1446, 1462, 1639
Sozialversicherungssystem 413
Sozialwirtschaft 1161
Sozialwissenschaft 354, 1073, 1273, 1455
Sozio-oekonomisches Panel (SOEP) 1460
soziokulturelles Existenzminimum 655
Soziologie 165, 333, 666, 698–700, 903, 1077, 1118, 1194, 1313, 1336–1338, 1340, 1346, 1403, 1408, 1410–1412, 1455, 1536, 1617, 1779
Sparen 785, 1359, 1461 f., 1628
Sparförderung 1633
Sparkasse 1127
Sparquote 1355
Spätaussiedler 1030
Spekulation 735, 1464, 1561
Spenden 529
Spezialisierungsfalle 1268
Spiel 225, 882, 1575, 1602, 1604, 1725, 1754 f., 1777
Spielregel 1652
Spieltheorie 967, 1466
Spill-Over-Effekte 1675
Spiritualismus 1215
Spiritualisten 1215
Spiritualität 142, 393, 860, 879

Spital 888
Sport (sozialethisch, wirtschaftlich) 1468
Sport 516, 846, 922 f., 1483
Sprache 47, 112, 241, 268, 373, 388, 400, 452, 594–596, 598, 681, 731, 902, 981, 1001, 1004, 1023, 1038, 1040, 1239, 1273, 1296, 1368 f., 1399, 1403, 1559, 1635–1637, 1641
Sprecherausschüsse 80
Staat (juristisch) 1470
Staat (theologisch) 1477
Staat 1, 4, 80, 82, 117, 134, 136–139, 163, 180 f., 183, 196, 216–218, 223 f., 293, 303 f., 306, 318, 327 f., 333, 335 f., 339, 370, 411, 434, 438, 445, 453, 482, 513, 561, 594, 597, 601 f., 620, 632 f., 658–661, 664, 681, 700, 759, 762–764, 767, 790, 792, 809 f., 820, 832, 846, 864, 905, 918, 949, 951, 953, 956–961, 974, 1001, 1003, 1005–1007, 1010 f., 1022, 1037 f., 1060, 1063, 1085, 1126, 1144 f., 1147–1152, 1170–1172, 1179 f., 1186, 1190, 1194, 1200, 1203, 1228, 1233, 1236, 1240, 1303, 1354, 1365, 1400 f., 1417, 1458, 1470, 1516, 1527, 1546, 1559, 1611, 1618 f., 1692, 1706 f., 1709, 1711, 1725 f., 1767 f., 1775–1777, 1780 f.
Staat und Kirche 125, 1655
Staateninsolvenz 1359
Staatsangehörigkeit 402, 1025
Staatsanleihen 1358
Staatsaufgaben 1231
Staatsausgaben 476, 1484
Staatsbürgerschaft 1025
Staatsethik 1655
Staatsformen 225, 1179
Staatsgewalt 1287
Staatskapitalismus 790
Staatskirche 1084, 1180
Staatskirchenrecht 1288, 1343
Staatsorganisation 1129
Staatsversagen 258, 1116
Staatsverschuldung 328, 1355, 1484
Staatsziel 1287, 1762
Staatszielbestimmung 1442
Stabilisierungspolitik 870
Stabilität 327, 660, 763, 1022, 1040, 1188, 1191 f., 1617
Stabilitätsoptimisten 1670
Stabilitätspessimisten 1670
Stadt (soziologisch) 1486
Stadt (theologisch) 1489
Stadt 1001, 1055, 1275, 1483, 1490, 1754
Städtebau 1073
Stagflation 871
Stakeholder 618, 1593
Stakeholderkonzept 1376
Stammzellen 194
Stammzellforschung 1106

Stand 59, 81, 89, 162, 214, 224, 293, 300, 310, 446, 801, 902, 949 f., 1170 f., 1202 f., 1369, 1452, 1458, 1706, 1780, 1782
Ständegesellschaft 297, 339, 632
Ständestaat 885
Statistik 98, 272, 1460, 1493, 1729
Status 874
status confessionis 500
Sterbegeld 1454
Sterbehilfe 433, 438, 506, 1527, 1768
Stereotyp 663
Steuer 318, 320, 404, 847, 1358, 1484, 1500, 1502, 1561
Steuerbegünstigte Zwecke 550
Steuerbemessungsgrundlage 1497
Steuergerechtigkeit 1496
Steuerhinterziehung 1774
Steuern / Steuerpolitik 1496
Steuerrecht 627
Steuersystem 1561
Steuertarif 1498
Steuerungsmodell 1655
Steuerverweigerung 1774
Stichwort 423, 536, 1108
Stiefeltern 458
Stiftung / Stiftungsrecht 1499
Stiftung 763, 905, 1116, 1472, 1499, 1614
Stiftungsrecht 1499
Stiglitz-Sen-Fitoussi-Kommission 207
Stigma 57
Stigmatisierung 419
stille Reserve 73
Stoa 684, 1091
Strafaussetzung 1505
Strafe 82, 434, 480 f., 760 f., 1061, 1354, 1503, 1550, 1642, 1775
Strafgesetzbuch 747
Strafmaßnahme 1549
Strafverfolgung 1236
Strafvollzug 1508
Strafvollzugsgesetz 1505
Straße 1624
Straßenbau 1624
strategische Entscheidung 1466
Streik 65, 97, 939, 1401, 1508
Streikrecht 144
Streitkräfte 894, 1340–1342
Struktur 64, 97, 216, 301, 326, 328, 581, 597, 947, 949, 1055, 1185, 1189 f., 1194 f., 1413, 1415, 1428, 1457, 1502, 1605, 1620, 1751, 1784
Strukturpolitik 420
Strukturwandel 115, 119, 532, 1145, 1152, 1330, 1519
Student/in 1454
Subjekt 46, 121
Subjektivität 1254

Subprime-Krise 472
Subsidiarität (ethisch) 1511
Subsidiarität (politisch) 1514
Subsidiarität 660, 700, 906, 1073, 1481, 1514, 1609, 1724, 1778
Subsidiaritäts- und Partnerschaftsprinzip des SGB 413
Subsidiaritätsprinzip 264, 809 f., 1118
Subsistenz 1306, 1516
Subsistenzökonomie 787
Subsistenzwirtschaft 787
Subvention 198, 1359, 1519
Subventionsabbau 1519
Subventionsbericht 1519
Suchmaschine 746 f.
Sucht 1521
Suffizienz 1160, 1359, 1525, 1590
Sühne 1353, 1504 f., 1507, 1641–1643
Suizid / Selbstmord 1527
Suizid 195, 434, 910, 1291, 1527
Sünde 63, 268, 295, 340, 392, 397 f., 604, 697, 830, 865, 945–947, 951, 953–955, 1085, 1098, 1171, 1179, 1294, 1352 f., 1374, 1387, 1506, 1641, 1780, 1784
Sünder 607
Supermarktkette 419
Sustainable Development Goals (SDGs) 358 f., 1033
Symanowski, Harald 700
Symbol 1536
Symbolökonomie 788
Symphonia 406
Synode 236, 1653
Synode der EKD 443
Synthetische Biologie 569
System 46, 60 f., 117, 122, 299 f., 318, 321, 331, 389, 394, 600, 607, 667, 762, 863, 919, 957, 959, 976, 1145 f., 1174, 1185, 1191, 1194, 1225, 1240, 1303, 1337, 1371, 1388, 1408, 1429, 1447, 1458, 1501, 1503, 1608, 1634, 1638, 1679, 1722, 1725
Systemtheorie 595 f., 765, 980, 1314, 1530

Tafeln 655
Tagebuch 1216
Tagung 22
Talion 1549
Talmud 241
Tarifautonomie / Tarifvertrag 1533
Tarifautonomie 68, 83, 97, 840 f., 939, 1431 f.
Tarifbindung 939
Tarifverhandlungen 940
Tarifvertrag 89, 94, 284, 840, 939 f., 1043
Täter-Opfer-Ausgleich 180, 985, 1504, 1508, 1642 f.
Täufer 514, 1215
Taufkatechumenat 381

Tausch 967, 1121
Tauschgerechtigkeit 584
Taylorismus 1283
tayloristische Arbeitsgestaltung 706
Technik 3, 192, 265 f., 305–307, 328, 369, 481, 496, 533, 600, 708, 848, 979, 983, 1055, 1085, 1118, 1216, 1222, 1330, 1536, 1613, 1751, 1754, 1756, 1781
Technik und Gesellschaft 1536
Technikfolgenabschätzung 571, 583, 1331, 1536, 1540, 1581, 1612
Technikgenese 1536
Technisierung 1536
Technokratie 1230, 1536
Technologie 4, 231, 511, 1216, 1222, 1575
Technologietransfer 637
Teilhabe 457, 507, 545, 717 f., 1194, 1491, 1624
Teilhabechance 564
Teilhaberechte 1005, 1767
Teilnahme 1624
Teilzeitarbeit 91, 1454
Telekommunikation 117, 258, 1473
Telemedien 747
Teleologie 48, 395 f.
Termingeschäft 1464
Terror 1022, 1236, 1553
Terrorismus 1291, 1543
Tertiärer Sektor 204
Tertiarisierung 275
Testament 142, 183, 303, 385, 1296, 1373, 1483, 1641
Theokratie 1477, 1480, 1545 f.
Theologie 48, 268, 1112
theologische Ethik 1655
Theorie der Selbstkontrolle 1733
Theorie optimaler Währungsräume 426
Theorie rationaler Erwartungen 1671
Therapie 1107
Thielicke, Helmut 1091
Think Tanks 1230
Thomas von Aquin 1091
Tier / Tierethik 1547
Tier 189, 191, 578, 581, 1478, 1547, 1586
Tierethik 189, 368, 1603
Tod 82, 93, 382 f., 434–436, 439, 645, 699, 760, 854, 910, 912 f., 915, 976, 1205, 1527 f., 1570–1572, 1641, 1708, 1755
Todesangststrafe 1550
Todesstrafe 242, 1549, 1767
Toleranz 117, 216, 513, 619, 640, 697, 1002, 1205, 1216, 1234, 1480, 1551, 1599
Tora 157, 180 f., 183, 241, 392, 1387
Totalanalyse, volkswirtschaftliche 1664
Totalitarismus 466, 855, 1089, 1172, 1500, 1553
Tötung 183, 437 f., 1272
Tourismus 636, 1555

Tradition 1, 4, 32 f., 41, 59 f., 62, 64, 141, 165, 181 f., 223, 305, 310, 340, 387, 390, 395, 397, 498, 507–509, 513, 515, 531, 595, 605, 621, 664, 699, 764 f., 802 f., 860, 866, 872, 879, 883 f., 899, 905, 918 f., 951 f., 954 f., 957, 1009, 1038, 1072, 1075, 1178, 1195 f., 1202, 1213, 1222, 1293, 1303, 1305, 1329, 1369, 1373–1375, 1384, 1388, 1413, 1416 f., 1428–1430, 1432, 1458, 1472, 1479, 1506, 1528, 1553, 1559, 1561, 1599, 1602, 1634, 1636, 1638, 1709, 1751, 1781
Trägerschicht 1307
Transaktionskosten 175, 1724
Transaktionssteuer 1561
Transatlantische Handels- und Investitionspartnerschaft (TTIP) 259, 1690
Transferleistung 83
Transfersystem 1303
Transformation 22, 297, 496, 503, 881, 902, 983, 1185, 1240, 1409, 1563, 1590
Transnationale Unternehmen (TNU) 1566
Transparenz 119, 1076, 1371, 1576, 1724
Transplantation 1571, 1574 f.
Transplantationsmedizin 195, 1570
Transzendenz 45
Trauer 469
Trauma 1107
Trauung 684
Trennung von Kirche und Staat 514, 552
Treue 1169, 1295, 1704 f.
Treuepflicht 305
Treuhandanstalt 321
Trieb 392, 1634
TRIMs 1689
triple bottom line 232
TRIPS 1689
Troeltsch, Ernst 1657
Tschernobyl 1754
Tugend 32, 389 f., 392, 496, 583, 647, 810, 856, 935, 937, 947, 1200, 1232, 1551, 1576, 1580, 1679, 1770
Tugend, demokratische 1771
Tugendethik 400
Tyrannei 659, 661, 1553
Tyrannis 1478, 1705

Übereinkommen 739
Übergangsregion 418
Überwachung 747
Überzeugung 341
UdSSR 1747
UEK 440
ultima ratio 1236
Umfrage 997
Umlageverfahren 1450–1452
Umverteilung 327, 940, 1235
Umwelt (theologisch-ethisch) 189, 1580

Umwelt 12, 40, 58, 63, 138, 180 f., 198, 231, 375, 452, 506, 581, 809, 910, 913, 915, 985, 1002, 1006, 1082, 1096, 1126, 1153–1156, 1158, 1185, 1190, 1267, 1285, 1373, 1411, 1547, 1556, 1559, 1580, 1614, 1616, 1642, 1680
Umwelt und Entwicklung 232
Umweltbelastung 357, 532, 1158
Umweltethik (politisch) 1585
Umweltethik 189, 191, 1585, 1612
Umweltschutz 1624
Umweltverträglichkeit 1624
UN-Behindertenrechtskonvention 124, 718
UN-Charta 411, 1378
UN-World-Happiness Report 1677
Unabhängigkeit 123, 1144
UNESCO 904
Unfall 60, 1366
Unfallversicherung 1421, 1453 f.
Ungerechtigkeit 1159
Ungleichbehandlung 277
Ungleichgewichtstheorie 1672
Ungleichheit 556, 792, 834, 1488
Universalien 341
Universalisierung 587
Universalismus 283, 1201
Universalität 1010 f., 1013, 1084, 1506, 1604
Unterbeschäftigung 1670
Unterhalt 294 f., 457, 1075, 1502
Unterhaltung 731, 768
Unternehmen / Unternehmer 1592
Unternehmen 71, 94 f., 197, 272, 313, 318, 321, 355, 374, 416, 448, 602, 635, 707, 731, 756, 789, 876, 942, 985, 1126, 1195, 1259 f., 1279, 1301, 1331, 1354, 1409, 1430–1432, 1502, 1556, 1614–1616, 1652, 1662, 1721, 1726
Unternehmensbegriff 414
Unternehmensethik 1595, 1722, 1725, 1727
Unternehmensfusion 1593
Unternehmensgründung 418
Unternehmenskooperation 1593
Unternehmenskriminalität 1733
Unternehmenskultur 707, 1176
Unternehmensphilosophie 924
Unternehmensstrafbarkeit 1733
Unternehmer 65, 1043, 1597, 1616
Unternehmer, Evangelische 1597
Unterschichten 453
Untersuchungsausschuss 959
Urbanisierung 1157, 1490, 1565
Urheberrecht 313, 849, 905
Urlaub 92, 99, 103, 1557
Uruguay-Runde 1688
USA 248, 1536
Utilitarismus 342, 394 f., 664, 927, 982, 1122–1124, 1505, 1547, 1599, 1603
Utopie 40, 850, 995, 1296, 1606

VELKD 440
Verantwortliche Gesellschaft 1491, 1608
Verantwortung 63, 72, 116, 120, 137, 165, 215, 253, 255 f., 306, 312, 331, 335, 372, 385, 387, 390 f., 396, 398, 405, 447, 453, 460, 513, 605, 607, 642 f., 659, 665, 668 f., 697, 733, 762, 769, 807 f., 810, 905, 908, 913, 915, 961 f., 977, 984, 1008, 1083, 1096, 1144, 1149, 1152, 1171, 1179, 1181, 1202, 1233, 1293, 1295, 1329, 1333, 1352, 1370, 1372 f., 1411, 1417 f., 1432, 1482, 1492, 1499, 1505, 1547, 1570, 1579, 1583, 1597, 1601, 1605 f., 1609, 1624, 1636, 1638, 1690, 1705, 1724, 1750, 1753–1756, 1784
Verantwortungsethik 664, 1233, 1601
Verbände 301, 371, 597, 731, 958, 1006, 1366, 1614
Verbesserung 1282
Verbindlichkeiten 282, 510
Verbrauch 1613
Verbraucher / Verbraucherpolitik 1613
Verbraucher 193, 675, 1359, 1613
Verbraucherorganisation 1116
Verbraucherpolitik 1613
Verbraucherpreisindex 709
Verbraucherschutz 418, 747
Verbraucherschutzpolitik 967
Verbriefung 1357
Verein 370, 545, 1117, 1501, 1616 f., 1619
Vereinigung Evangelischer Freikirchen 515
Vereinigungsfreiheit 741
Vereinte Nationen 178, 359, 906, 1013, 1275, 1380, 1586, 1620
Verfahren 1287
Verfassung 133, 135, 166, 199, 387, 509 f., 559, 647, 652, 842, 900, 919, 959–962, 995, 1003, 1010 f., 1224, 1227, 1236, 1287, 1305, 1474 f., 1477, 1482, 1505, 1578 f., 1709, 1767, 1776
Verfassungsgericht 1287
Verfassungspatriotismus 1570
verfassungsrechtliches Selbstbestimmungsrecht 413
Verfassungsstaat 651, 1289
Verfleißigung 921
Verfügungsrechte 1628
Vergaberecht 414
Vergabesystem 416
Vergebung 136, 165, 296, 945, 1083, 1353 f., 1527, 1643 f.
Vergehen 1549
Vergeltung 681, 1353, 1504 f., 1507 f., 1550
Vergesellschaftung 214, 597, 1337, 1618 f., 1776
Verhalten 1067
Verhaltensauflagen 1519
Verhaltensökonomik 1105, 1663
Verhältnismäßigkeit 628
Verkäufermarkt 964
Verkehr 1054, 1624

Verkehrsethik 815
Verkehrsinfrastruktur 1624
Verkehrsmittel 1624
Verkehrsplanung 1624
Verkehrspolitik / Verkehrsethik 1624
Verkehrspolitik 1558
Verkehrssystemgestaltung 1624
Verkündigung 136, 139, 157, 160, 182, 370, 372, 374, 508, 758, 801, 805, 849, 1003, 1075, 1148 f., 1152, 1373, 1387, 1411, 1428, 1483, 1576
Vermassung 554
Vermittlung 1651
Vermögen 247, 318 f., 337, 393, 396, 457, 512, 638, 691, 779, 1005, 1193, 1243, 1302, 1304 f., 1432, 1461 f., 1499–1501, 1628, 1633–1635, 1637
Vermögensabgabe 1359
Vermögenspolitik 1633
Vermögensungleichheit 794
Vermögensverwaltung 1502
Vernetzung 708, 1189, 1417, 1778
Vernunft 115, 121, 138, 216, 253, 266–268, 283, 311, 339, 383, 385 f., 389 f., 393–397, 482, 496, 508 f., 512, 596, 607, 621, 633 f., 665, 753, 760, 804 f., 807, 901 f., 911, 948–951, 955, 957, 1003, 1060, 1068 f., 1119, 1171, 1202, 1244, 1478, 1560, 1577, 1579, 1611, 1613, 1633, 1635 f., 1638, 1751, 1753, 1755, 1784
Vernunftrecht 584
Verpflichtung 13
Verschiedenheit 405
Verschuldung 182, 792, 830, 1280
Versetzung 296
Versicherung 994, 1127, 1446 f., 1464, 1638
Versicherungsschutz 1638
Versöhnung 132, 266, 407, 865, 879, 1148, 1182, 1329, 1353 f., 1506, 1508, 1640
Versorgung 1366, 1446, 1452
verspätete Nation 314
Verständnis 1270
Verteidigungswirtschaft 1342
Verteilung / Politiken der Verteilung 1644
Verteilung 100, 103, 198, 207, 216, 257, 274, 312 f., 319–322, 324 f., 327–329, 638, 759, 864, 916, 943 f., 961, 1077, 1169, 1447, 1516, 1614, 1728, 1767
Verteilungsgerechtigkeit 584
Verteilungspolitik 327–330
Verteilungstheorie 326 f., 943 f., 1447, 1600
Verteilungswirkung 1484
vertikale Gerechtigkeit 1497
Vertrag 85, 93, 395, 506, 594, 700, 789, 985, 1040, 1228, 1515, 1651, 1706
Vertrag von Lissabon 407, 906
Vertrag von Maastricht 401, 408

Vertragsfreiheit 81 f., 85
Vertrauen 1216, 1270, 1531
Vertraulichkeit 239
Vertreibung 1029, 1037, 1327, 1642
Vertriebene 1021
Verwaltung 211, 217, 230, 917, 920, 958, 1003, 1192, 1236, 1287, 1364 f., 1475, 1500–1502, 1653
Verwaltungsakt 1654
Verwaltungslehre 1655
Verwaltungsverfahren 1654
Verweltlichung 1343
Verwendungsauflagen 1519
Verwirklichkeit 689
Vielfalt 13, 274, 332, 392, 395, 400, 456, 594, 640, 764, 806, 860, 981, 1002, 1188, 1213, 1372, 1375, 1385, 1471, 1482, 1491, 1507, 1635, 1678, 1712
Vielfalt, kulturelle 906
virtuelles Unternehmen 1593
Vitalpolitik 554
Vitalvermögen 690
Volatilität 1191
Volk / Volkstum 1655
Volk 139 f., 159, 182, 224 f., 245 f., 596, 953, 961, 1023, 1189, 1200, 1327, 1481, 1546
Völkerbund 738
Völkermord 58
Völkerrecht 411 f., 747, 1470
Volkseinkommen 205, 938
Volkskirche 866, 1428, 1656
Volkspolizei 1236
Volkssouveränität 632, 918, 1234, 1480, 1707
Volkstum 1023, 1172
Volkswirtschaft / Volkswirtschaftslehre 1658
Volkswirtschaft 318 f., 562, 716, 809, 942, 993, 1259, 1355, 1729, 1746
Volkswirtschaftliche Gesamtrechnung(en) 204, 1667
volkswirtschaftliche Lenkungsfunktion 673
Vollbeschäftigung 943, 1447, 1668
Vorbehalt des Gesetzes 1654
Vorgehen, methodisches 1016
Vorhaben 1216
Vormärz 973, 976, 1288, 1399, 1403
Vorsorge 82, 1420
Vorurteil 55, 663, 696
Vorurteilsforschung 696

Wachstum / Wachstumspolitik / Wachstumstheorie 1673
Wachstum 133, 272, 327 f., 365, 506, 532, 631, 635, 910, 1078, 1158, 1160, 1188, 1282, 1355, 1490, 1555, 1613 f., 1628
Wachstumskritik 360
Wachstumspolitik 327 f.
Wachstumstheorie 1079

Waffe 893, 1340
Waffenhandel 525
Wahl 209, 252, 996
Wahlberechtigung 774
Wahlfreiheit 393, 1373
Wahlrecht 208, 215, 248, 631, 1002, 1005, 1707, 1710
Wahrheit 527, 667, 1144
Wahrheitsanspruch 526
Wahrheitsbewusstsein 1091
Währung 539, 1241
Währungsordnung 540
Währungsschlange 423
Währungssystem 539
Währungsunion 400, 420
Waisenhaus 1181
Wandel, sozialer 863
Wanderarbeitnehmer 416
Waren 791
Warenkorb 709
Warenverkehrsfreiheit 403
Wartezeit 1575
Washington Consensus 1105
Wasser 1492, 1583, 1764
Wehrdienst 1772
Wehrdienstverweigerung 304
Wehrtechnik 1340
Weimarer Republik 41, 82, 445, 447, 833, 953, 1101, 1187 f., 1193–1195, 1288, 1328, 1401, 1709
Weimarer Verfassung 515
Weisheit 1169
„Weiße Kragen"-Kriminalität 1733
Weiterbildung 116, 119, 370 f., 375
Welt / Weltanschauung 1678
Welt 1 f., 62–64, 137, 155, 158, 165, 225 f., 256, 295, 371 f., 374, 385, 393, 399, 453, 482, 497, 509, 512, 606, 633, 635 f., 639 f., 642, 645, 697, 759, 764, 803, 805, 854 f., 866, 878 f., 946, 955, 974–977, 995, 1001, 1012, 1022, 1076, 1148, 1152, 1173, 1179, 1182, 1203, 1226, 1275, 1295 f., 1329, 1331, 1374, 1413, 1432, 1458, 1482, 1557, 1576, 1578 f., 1637, 1641, 1678, 1750 f., 1753, 1756, 1768, 1780–1784
Weltanschauung 4, 695, 733, 761, 872, 976, 1239, 1678 f., 1691, 1782
Weltbank 358, 641, 1555
Weltbevölkerung 1026, 1490
Welternährung 367
Weltfriede 738
Weltgemeinschaft 502, 1651, 1653
Weltgesellschaft 252, 374, 532, 638, 642, 1146, 1609
Weltgesundheitsorganisation (WHO) 682, 1680
Welthandel / Handelspolitik 1682
Welthandel 362, 638, 642, 1682

Welthandelskonferenz 207
Welthandelsorganisation (WTO) 641, 1686
Weltkindergipfel 820
Weltkirchenkonferenz 363
Weltklimakonferenz 358
Weltkrieg 359, 523, 1029, 1088
Weltmacht 815
Weltoffenheit 45
Weltregierung 524, 1651
Weltregiment 586
Weltumweltkonferenz 12
Weltverantwortung 684
Weltwirtschaft 640, 642, 878, 1372
Weltwirtschaftskrise 640, 943, 1103, 1401
Weltwirtschaftsordnung 639, 880, 1603
Werbung 272, 767, 874 f., 1371, 1615
Wergeld 1549
Werk 606
Wert 668, 910, 1175
Werte 189, 216, 283, 387, 395, 452, 497, 559, 621, 636, 659, 661, 753, 807, 906, 992, 1059, 1121, 1123, 1176, 1235 f., 1559, 1611, 1613, 1618, 1690, 1723 f.
Werte, emanzipatorische 1770
Werteethik 189, 665, 1690
Wertegemeinschaft 4
Wertewandel 164, 997
Wertpapiere 541
Wertschätzung 909
Wertschöpfung 61, 204, 1242
Wertsetzungen 1483
Wertvorstellung 516, 558, 621, 992, 1200, 1415, 1483, 1560, 1564, 1709
Wettbewerb / Wettbewerbspolitik / Wettbewerbsrecht 1693
Wettbewerb 88, 116, 326, 705, 736, 788, 791, 862, 923, 1058, 1064, 1101, 1122, 1163, 1184, 1186, 1308, 1395, 1564, 1693, 1722, 1749
Wettbewerbsdelikte 1733
Wettbewerbsfähigkeit 274, 938
Wettbewerbsfreiheit 1102
Wettbewerbsordnung 554
Wettbewerbspolitik 257, 1058
Wettbewerbsrecht 257, 1305
Wettbewerbswirtschaft 970
Wettkampf 1468
Whistleblowing 1733
Widerstand / Widerstandsrecht 1703
Widerstand 135, 180, 182 f., 224, 311, 333, 407, 482, 636, 638, 878, 1234, 1291, 1429, 1703 f., 1774–1776, 1782
Widerstandsrecht 224, 304, 482, 950, 1480, 1703
Wiederaufbau 1236
Wiedergeburt 527
Wiedergutmachung 391, 1353, 1504, 1643

Wiederheirat 288
Wiedervereinigung 314, 321, 906, 1402
Wien 1128
Wille 121, 1068
Willensbildung 331, 600, 955, 1073, 1184–1186, 1189, 1193, 1222, 1475, 1483, 1752
Willensfreiheit 505, 666, 1712, 1770
Willkürverbot 628, 1654
Wirkungsorientiertes Investieren 1443
Wirtschaft / Wirtschaften 1716
Wirtschaft 14, 64, 116 f., 119 f., 131, 230 f., 254, 256, 275, 306 f., 327, 400, 414 f., 453, 596, 600, 641, 664, 759, 849, 924, 958, 962, 993, 1057, 1078, 1122, 1144, 1146 f., 1179, 1195, 1222, 1369, 1412, 1431 f., 1456, 1475, 1483, 1597–1599, 1721, 1723–1726, 1781, 1783
Wirtschaft 4.0 700
Wirtschaftlichkeit 1282, 1461, 1550
Wirtschafts- und Währungsunion 316
Wirtschafts- und Wettbewerbspolitik 414
Wirtschaftsethik 192, 226, 313, 447, 634, 831, 884, 1149, 1417, 1598, 1604, 1721, 1755 f.
Wirtschaftsgeschichte 1418, 1723, 1727
Wirtschaftskonzept 677
Wirtschaftskreislauf 1667
Wirtschaftskriminalität 1733
Wirtschaftskrise 418, 1355, 1402
Wirtschaftskrise 2008/2009 792
Wirtschaftsordnung 66, 306, 313, 328, 561, 763, 804, 841, 956, 969, 1598, 1724, 1746
Wirtschaftspolitik 258, 599, 1158, 1740
Wirtschaftsstil 789
Wirtschaftsstrafrecht 1733
Wirtschaftssystem 636, 1746
Wirtschaftssystemtransformation 1750
Wirtschaftstheorie 1078, 1123, 1722, 1741
Wirtschaftswachstum 206, 328, 330, 360, 791, 1079, 1158, 1191, 1566, 1591
Wissen 64, 597, 763, 904, 958, 1001, 1082, 1239, 1338, 1415, 1572, 1680
Wissenschaft 165, 267 f., 299, 306, 331, 399, 511, 583, 597 f., 601, 664, 695 f., 801 f., 905, 950, 962, 983, 1059, 1153, 1179, 1238 f., 1359, 1411, 1456, 1483, 1680, 1710, 1721 f., 1725, 1750–1756, 1781
Wissenschaftsethik 1750
Wissensgesellschaft 1756
Witwenverbrennung 1527
Wohlbefinden 607
Wohlfahrt 327, 559, 607, 639, 664, 675, 678, 809, 918, 1080, 1161, 1600, 1608, 1760
Wohlfahrtsökonomik 1718
Wohlfahrtspflege 259, 1236, 1511
Wohlfahrtspluralismus 1511
Wohlfahrtsstaat 218, 264
Wohlfahrtsverband 413

Wohlfahrtsverlust 1519
Wohlstand 356, 451, 558, 828, 916, 1022, 1078, 1158, 1272, 1300, 1449, 1673
Wohlstandsentwicklung 1274
Wohltun 937
Wohlwollen 192, 935–937
Wohnen / Wohnungswirtschaft / Wohngeld 1762
Wohnen 196, 1157, 1491, 1762
Wohngeld 457, 1421, 1765
Wohnung 295, 1301
Wohnungsbau 198
Wohnungsmarkt 1762
World Wide Web 745
Wort 1169
Wort Gottes 126, 605, 607, 1170 f.
Wort-Gottes-Theologie 49
„wrongful birth" 1247
Wuppertal 1216
Würde 62, 64 f., 158, 165, 193, 223, 298, 435, 482, 621, 700, 804, 807 f., 854, 905, 913 f., 995, 1001, 1005, 1007, 1010–1013, 1024, 1147, 1151, 1170, 1202 f., 1273, 1368 f., 1475, 1506, 1574, 1602, 1604, 1679, 1690, 1765, 1773
Württemberg 1288

YMCA 1165

Zahlungsunfähigkeit 1355
Zeit 451, 1055
Zeitung 979
Zeitwohlstand 103
Zenon 1091
Zensur 767
Zentralarbeitsgemeinschaft 1533
Zentralbank 132, 328, 709, 1768
Zentralisierung 224, 855, 1073
Zentralität 1746
Zentralverwaltungswirtschaft 850, 1101, 1660, 1747
Zerrüttung 294–296
Zeugung 488
Ziel 60, 65, 83, 120, 222, 225, 230, 339, 372, 390, 392, 396, 445, 456, 481, 510, 531, 580 f., 639, 664, 806, 808, 833, 855, 878, 900, 945 f., 953, 993, 995, 1004, 1036, 1039, 1062, 1079, 1171, 1179, 1181, 1184 f., 1188, 1232, 1339, 1364, 1371, 1408, 1449, 1456, 1459, 1479, 1481, 1507, 1578, 1607, 1609, 1709, 1724, 1726
Zielgruppe 547
Zigeuner 56–58
Zins 736, 830, 891, 948, 1242, 1355, 1358, 1462, 1723
Zinssatz 1279
Zinsverbot 182, 786, 803, 1307
Zinzendorf, Nikolaus Ludwig v. 201
Zivil- und Katastrophenschutz 417

Zivilcourage 1213, 1770
Zivildienst 1772
Ziviler Ungehorsam 1291, 1772, 1776
Zivilgesellschaft 13, 22, 210, 214, 249, 409, 572, 810 f., 907, 1147 f., 1152, 1195, 1275, 1330, 1443, 1565, 1590, 1617, 1653, 1692, 1776
Zivilisation 221, 513, 597, 612, 801, 1410, 1611, 1779
Zivilkonstitution des Klerus 499
Zivilreligion 500, 1152, 1778 f.
Zugangsfaktor 1451
Zugewinn 1617
Zukunft 242, 1772
Zukunftserwartung 1215
Zukunftsfähigkeit 465, 532, 1078, 1082, 1586

Zukunftsforschung 531 f.
Zukunftsvision 601
Zunft 163
Zuordnungsgesetz der EKD 551
Zusammenhalt 907, 1314
Zusammenleben 905
Zuschauer 766
Zuwanderungspolitik 179
Zwang 1236
Zwangsarbeit 741
Zweck 1174
Zweckfreiheit 907
Zweireichelehre 250, 866 f., 955, 1228, 1506, 1779, 1785
Zweites Vatikanisches Konzil 150, 822

Jörg Hübner (Hrsg.)

**Theologische
Sozialethik
als Anleitung
zur eigenständigen
Urteilsbildung**

Martin Honecker zum 80. Geburtstag

2015. 205 Seiten. Kart. € 34,90
ISBN 978-3-17-025647-7

auch als EBOOK

Martin Honecker, Mitherausgeber des Evangelischen Soziallexikons, hat in besonderem Maße zur Profilierung der Evangelischen Soziallehre in der Zeit zwischen 1970 und 2000 beigetragen. In diesem Band soll die geschichtliche Entwicklung der Sozialethik dieser Zeit in den Blick genommen werden, es soll aber auch gefragt werden, welche Herausforderungen sich mittlerweile – insbesondere angesichts des gegenwärtigen theologisch-sozialethischen Diskurses – für die Aufgabenfelder einer Evangelischen Soziallehre ergeben. Eröffnet wird der Band mit der Wiedergabe eines Gesprächs zwischen Martin Honecker und Jörg Hübner zur Genese der sozialethischen Position Honeckers. Es folgen Beiträge zu zentralen Themen heutiger Sozialethik. Eine Würdigung des theologisch-sozialethischen Ansatzes Honeckers unter Einbeziehung einer vollständigen Liste seiner Veröffentlichungen beschließt den Band.

Prof. em. Dr. Martin Honecker lehrte Sozialethik und Systematische Theologie an der Evangelisch-Theologischen Fakultät der Universität Bonn.

Prof. Dr. Jörg Hübner ist Geschäftsführender Direktor der Evangelischen Akademie Bad Boll und lehrt Sozialethik und Systematische Theologie an der Evangelisch-Theologischen Fakultät Bochum.

Leseproben und weitere Informationen unter www.kohlhammer.de

W. Kohlhammer GmbH · 70549 Stuttgart
Fax 0711 7863-8430 · vertrieb@kohlhammer.de

150 Jahre **Kohlhammer**

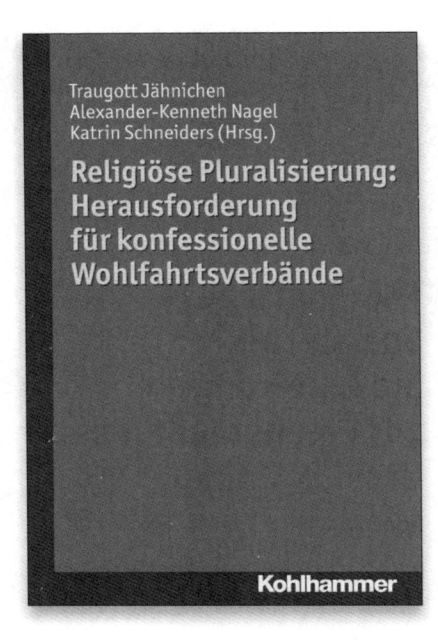

Traugott Jähnichen/Alexander-Kenneth Nagel/Katrin Schneiders (Hrsg.)

Religiöse Pluralisierung: Herausforderung für konfessionelle Wohlfahrtsverbände

2015. 184 Seiten, 6 Abb., 4 Tab.
Kart. € 35,-
ISBN 978-3-17-030314-0

auch als EBOOK

In den vergangenen Jahrzehnten hat die religiöse und kulturelle Vielfalt in Deutschland zugenommen und als gesellschaftspolitisches Thema an Gewicht gewonnen. Im Hintergrund stehen globale Wanderungsbewegungen ebenso wie eine generell fortschreitende Ausdifferenzierung von Lebenslagen. Diese Entwicklungen stellen auch die öffentliche Organisation sozialer Wohlfahrt vor Herausforderungen, eröffnen aber auch neue Möglichkeiten. Im Besonderen gilt das für konfessionelle Wohlfahrtsverbände wie Diakonie und Caritas, die sich auf ein christliches Wertefundament berufen, das nunmehr mit den Realitäten moderner Einwanderungsgesellschaften und den Tendenzen wohlfahrtsstaatlichen Wandels in Einklang gebracht werden muss. Mit Beiträgen von Johannes Eurich, Jutta Friese, Karl Gabriel, Rolf G. Heinze, Beate Hofmann, Traugott Jähnichen, Alexander-Kenneth Nagel, Katrin Schneiders, Dorothee Steiof, Joachim Wiemeyer, Ioanna Zacharaki

Prof. Dr. Traugott Jähnichen lehrt Christliche Gesellschaftslehre an der Universität Bochum.

Prof. Dr. Alexander-Kenneth Nagel lehrt Religionswissenschaft mit dem Schwerpunkt sozialwissenschaftliche Religionsforschung an der Universität Göttingen.

Prof. Dr. Katrin Schneiders lehrt Wissenschaft der Sozialen Arbeit mit Schwerpunkt Sozialwirtschaft an der Hochschule Koblenz.

W. Kohlhammer GmbH · 70549 Stuttgart
Fax 0711 7863-8430 · vertrieb@kohlhammer.de

150 Jahre **Kohlhammer**

Gotlind Ulshöfer

Soziale Verantwortung aus protestantischer Perspektive

Kriterien für eine Ethik der Handlungsräume angesichts des Corporate-Social-Responsibility-Diskurses

2015. 400 Seiten. Kart. € 49,99
ISBN 978-3-17-028344-2

auch als EBOOK

Der Diskurs um soziale Verantwortung angesichts neuerer „Governance-Strukturen" im politischen und ökonomischen Bereich ist dringlicher denn je. Immer deutlicher zeigt sich die Notwendigkeit, eine Verantwortung des Sozialen im globalen Kontext zu einer Ethik der Handlungsräume zu entwickeln, die den neuen Verschränkungen von Politik und Wirtschaft im transnationalen Kontext gerecht werden kann. Das Aufgabenfeld wird in der vorliegenden Arbeit theoretisch positioniert und insbesondere auch an den vielfältigen wirtschaftsethischen Diskussionen konkretisiert, die die Entscheidungsformen wirtschaftlichen Handelns seitens der Unternehmen und des Finanzmarkts thematisieren. Dabei werden zwei Ziele verfolgt: eine Bestimmung sozialer Verantwortung in Auseinandersetzung mit der Debatte um die Corporate Social Responsibility vorzunehmen sowie eine Ethik der Handlungsräume zu entwickeln, die soziale Verantwortung in ihrer interindividuellen und institutionellen Komplexität begreifen kann.

PD Dr. Gotlind Ulshöfer ist Studienleiterin an der Evangelischen Akademie Frankfurt.

Leseproben und weitere Informationen unter www.kohlhammer.de

W. Kohlhammer GmbH · 70549 Stuttgart
Fax 0711 7863-8430 · vertrieb@kohlhammer.de

150 Jahre
Kohlhammer